提到纳粹德国的覆灭，我们在脑海中总会浮现出两幅画面，其中一幅是昏暗幽深的元首地堡里，阿道夫·希特勒正在指挥柏林的最后一战；而另一幅画面中，“镰刀锤子”旗正飘扬在满目疮痍的德国国会大厦上空，昭示着苏军的胜利。作为德国在二战中的最后一役，柏林防御战打得艰苦惨烈，很多人认为，它是由希特勒本人策划和指挥的——虽然这种说法早已广为流传，但与事实相去甚远。

同样，德国的最后一役也并非始于4月16日，而是1945年3月20日——换言之，苏军发动夺取柏林的大规模攻势不是它的起点，戈特哈德·海因里齐（Gotthard Heinrici）大将接管维斯瓦河集团军群（Heeresgruppe Weichsel）时才是。另外，决定长期坚守奥得河这条战略防线、放任西方盟国渡过易北河（Elbe）的人也不是希特勒，而是海因里齐。

海因里齐对两件事心知肚明：德国输掉了战争；其残余领土将注定被苏联占领。正是这种想法，让他决定坚守奥得河，并引诱艾森豪威尔率部开入预定的苏联占领区［事实上，盟军早已制订了一份类似的绝密计划——日食（Eclipse）行动］，让数百万东部民众逃离迫在眉睫的报复。海因里齐下令，德军将不会保卫柏林，也不会让它沦为第二个“斯大林格勒”。然而，国防军最高统帅部（OKW）却在4月23日决定在柏林展开最后的决战，这导致了海因里齐与上级的龃龉——由于无力在这种情况下抵御苏军，他最终被解除了职务。

此前，A.斯蒂芬·汉密尔顿（A. Stephan Hamilton）出版了《血街》（*Bloody Streets*）一书，并赢得了成功和盛誉，作为该书的补充，汉密尔顿利用各种未公开的私人日记、战后采访以及维斯瓦河集团军群的作战日志和指挥部队的每日电话记录，逐日重现了奥得河防线的构建和部署。其介绍重点是第3装甲集团军、第9集团军、第12集团军和第21集团军的作战行动，并用60多幅战时地图展现了下属各部队的调动。为配合叙事，本书还收入了大量附录，包括集团军群主要军官的生平逸事、高度详细的作战序列，以及维斯瓦河集团军群原始记录的翻译稿——这些都是由德军高级军官在战后写成的。此外，本书还附带了若干黑白照片和59幅的全彩作战地图。

A.斯蒂芬·汉密尔顿（A. Stephan Hamilton）是《血街：苏军对柏林的突击，1945年4月》［*Bloody Streets: The Soviet Assault on Berlin, April 1945*，由赫利昂出版公司（Helion）于2008年出版］一书的作者，也是许多历史文章的撰稿人。他的《奥得河前线1945》系列讲述了从波罗的海沿岸到西里西亚的东线战事。而本书就是《奥得河前线1945：德军在东线的最后防御》的第1卷，主要从战役层面介绍了德军的防御措施。在本卷中，作者利用维斯瓦河集团军群各级主官从未发表的个人记录、集团军群的作战日志和每日作战地图，展现了指挥层的决策如何影响德军的防御。至于后续的作品仍将依靠未公开的德国档案材料和记录，以及最近公开的苏联文件，全面呈现东线最后几个月的鏖战。

A.斯蒂芬·汉密尔顿先生拥有历史学学士和硕士学位，这本书是他在全职工作的闲暇之余完成的，如今，他与妻子和两个孩子生活在一起。

奥得河前线1945

德军在东线的最后防御

Vol.1

全2卷

[英] A. 斯蒂芬·汉密尔顿 / 著
邢天宁 / 译

民主与建设出版社
·北京·

图书在版编目（CIP）数据

奥得河前线 1945. 第 1 卷 /（英）A. 斯蒂芬・汉密尔顿著；邢天宁译．-- 北京：民主与建设出版社，2023.9

书名原文：The Oder Front 1945. Volume 1: Generaloberst Gotthard Heinrici, Heeresgruppe Weichsel and Germany's Final Defense in the East, 20 March–3 May

ISBN 978-7-5139-4340-6

Ⅰ．①奥… Ⅱ．① A… ②邢… Ⅲ．①第二次世界大战战役 – 史料 – 德国 – 1945 Ⅳ．① E516.9

中国国家版本馆 CIP 数据核字（2023）第 165661 号

奥得河前线 1945. 第 1 卷

AODE HE QIANXIAN 1945 DI 1 JUAN

著　　者　［英］A. 斯蒂芬・汉密尔顿
译　　者　邢天宁
责任编辑　宁莲佳
封面设计　杨静思
出版发行　民主与建设出版社有限责任公司
电　　话　（010）59417747　59419778
社　　址　北京市海淀区西三环中路 10 号望海楼 E 座 7 层
邮　　编　100142
印　　刷　重庆长虹印务有限公司
版　　次　2023 年 10 月第 1 版
印　　次　2023 年 10 月第 1 次印刷
开　　本　787 毫米 ×1092 毫米　1/16
印　　张　43
字　　数　680 千字
书　　号　ISBN 978-7-5139-4340-6
定　　价　299.80 元（全 2 卷）

献给我的妻子
她的关爱与支持让我笔耕不辍

致谢

首先我要感谢俄亥俄大学（Ohio University）奥尔登图书馆（Alden Library）曼恩中心（Mahn Center）的道格·麦凯布（Doug McCabe），他是科尼利厄斯·瑞恩档案（Cornelius Ryan Collection）的主管人，在提供和阅览资料方面给了我很大帮助。科尼利厄斯·瑞恩在1974年去世，其留下的浩瀚文献后来被捐赠给俄亥俄大学，它们也是本书中海因里齐和维斯瓦河集团军群参谋人员亲身记录的主要来源。事实上，如果一名研究者要探索二战末期的欧洲战事，就注定无法绕过科尼利厄斯·瑞恩收藏的丰富档案。另外，在我刚刚开始研究柏林之战的时候，美国国家档案馆（US National Archives）的詹姆斯·凯林（James Kelling）先生告诉我，他们保存着一份未翻译的海因里齐手稿——军事研究文件MS T–9《奥得河之战》（*Military Study T–9 Der Kampf um die Oder*）。这些都充当了本书的资料基础。尤其要感谢的还有理查德·哈格里夫斯（Richard Hargreaves），这位军事历史作家和专业研究员为海因里齐的个人战时日志提供了极好的资料补充，还慷慨分享了他翻译的海因里齐私人日记和信件。此外，理查德还主动翻译和提供了其他研究资料，如收藏的古德里安私人信件和德军"槲寄生"子母机（Mistel）作战报告。另一个需要感谢的人是汤姆·彼得斯（Tom Peters），他对陆军最高司令部（OKH）档案微缩胶片的丰富知识提供了巨大帮助，并为我填补了第12集团军行动的诸多空白。

此外，这本书还离不开S. D–H.（化名）、约翰·凯恩（John Kane）和米里亚姆·布鲁姆（Miriam Blume）提供的专业德语翻译帮助。没有他们，本书将不会如此丰富多彩。我还要感谢汤姆·霍利汉（Tom Houlihan），他私人出版的《德军军语》（*Kriegssprache*）一书在快速查阅和翻译二战德军缩写和专业术语方面发挥了巨大作用。在翻译维斯瓦河集团军群的作战日志时，这本书始终在我身边。

保罗·梅里亚姆（Paul Merriam）翻译了《强击柏林》（*Shturm Berlina*）中的一些内容，其中包含了苏方关于柏林战略进攻行动的第一手权威资料。

另外我还必须感谢我的母亲，由于军事研究文件MS R-69和MS B-606的翻拍片质量很差，其文字的誊抄、转写都是由她完成的。没有她的工作，本书将很难这么快问世。

本书“战况概览”一章中的地图由汤姆·霍利汉绘制。在军事史上，地图历来是战斗倍增器，本书同样如此。汤姆出色的制图技术，为本书起到了锦上添花的作用。

德国科布伦茨（Koblenz）联邦档案馆（Bundesarchiv）的布里吉特·库尔（Brigitte Kuhl）女士则一如既往热心地为我提供了许多特别的相关照片。英国伦敦帝国战争博物馆（Imperial War Museum）照片档案馆馆长艾伦·韦克菲尔德（Alan S. Wakefield）先生则发现了许多有趣而罕见的图像，其中展现了英国第21集团军群于1945年4月下旬在易北河下游作战时的情景。

另外，汤姆·霍利汉、米歇尔·斯密茨（Michael Simitz）、弗朗茨·施乌霍夫（Franz Schwuchow）、弗雷德里克·克莱门斯（Frederick Clemens）、理查德·哈格里夫斯、道格·纳什（Doug Nash）、凯文·杜克（Kevin Duke）和我的妻子通读了部分手稿，他们的真知灼见在成书期间给我提供了很多帮助。

本书是我在行伍之余完成的，历时大约一年。其间，我从参谋作业层面学习了战争的艺术——正是这些知识，让我从一种独特的角度了解了海因里齐的参谋们面临的挑战，以及维斯瓦河集团军群下属各集团军司令面临的困难。同样，正是在指挥和参谋培训中获得的经验，让我的论述重点始终没有偏离战役层面。对于我的同班同学，我想说一句历久弥新的罗马谚语：“汝欲和平，必先备战（si vis pacem para bellum）”。

最后，我要感谢赫利昂出版公司的邓肯·罗杰斯（Duncan Rogers）在研究和写作期间给予的不懈指导和支持。

作为作者，本人愿对内容负一切责任。

前言

1945年的3月至5月，东线的最后一场惨烈战斗在德国展开。其中，有三个目标始终贯穿着本系列（奥得河前线1945）的撰写：首先，本书将深入介绍海因里齐大将，以及他作为维斯瓦河集团军群司令在奥得河防御战中的决策。其次，我们还利用众多高级军官的评注、保存至今的作战日志、电话记录以及作战地图（来自国防军最高统帅部、陆军最高司令部和维斯瓦河集团军群）还原奥得河前线[1]（不包括柏林）的战斗细节。第三，将从德军的角度审视德国东部的最后一役——由两场彼此独立的战斗组成，其中之一是柏林之战，另一场则是奥得河前线的交锋。不仅如此，这两场战斗还由不同的司令部指挥，其目标也各不相同。由此导致的冲突不仅令海因里齐无力守住奥得河前线，还注定了维斯瓦河集团军群和德国残余领土的命运。

在动笔《奥得河前线1945》时，我只做了一册的写作计划，但在2010年1月，即本手稿完成的6个月后，越来越多的第一手资料和亲历叙述涌现出来，让奥得河前线的战斗细节变得更加清晰翔实，并给老事件提供了新切口。这些信息很难被简单整合到《奥得河前线1945》中——除非其体量扩充一倍——本书的第2卷由此应运而生。《奥得河前线1945》第2卷是第1卷的附录，详细介绍了维斯瓦河集团军群两位关键主官的领导风格，以及下属部队的人员和装备情况，德军战时编制的调整及其对集团军群下属各师级战斗部队的影响；此外，该书还介绍了阿道夫·希特勒在东线的关注重点，并提供了一份第3装甲集团军高层军官留下的战况详情。和本卷不同，第2卷的资料主要来自维斯瓦河集团军群、德国陆军最高司令部和党卫队全国领袖在1945年1月至5月期间的第一手档案。

希望本书及其后续作品能填补西方史学界的空白——无论是对第三帝国

的瓦解，还是东线战场最后几个月的深重灾难。

斯蒂芬·汉密尔顿，于2010年12月

本章尾注：

1.“奥得河前线（Oderfront）”这个词来自德语，指维斯瓦河集团军群的前线，它从北部的斯维内明德（Swinemünde）①、维斯瓦河潟湖（the Haff）②和斯德丁（Stettin）③沿着奥得河蜿蜒南下，一直延伸到尼斯河（Neiße）和奥得河的交汇点。在德语中，维斯瓦河被称为“Weichsel”，它从波兰中部穿过首都华沙，并在波罗的海南部汇入大海。

---

① 译者注：即今天波兰的斯维诺乌伊希切（Świnoujście）。本文脚注均为译者注，后面将不再重复说明。

② 又名维斯图拉潟湖，它位于波罗的海南岸，长约90千米，面积330平方千米，并由一座狭长的半岛——维斯瓦半岛——与波罗的海分开。除了维斯瓦河之外，其中还有东部的诺加特河（Nogat）等河流注入。

③ 即今天波兰的什切青（Szczecin）。

引言

在苏占区，数以百计的苏联军事纪念碑和烈士墓点缀着当地的风景。这些位于前“民主德国”（Deutsche Demokratische Republik，DDR）境内的纪念物永远提醒着我们斯大林时代苏联的丰功伟绩：在1941—1945年，是它，让希特勒的纳粹德国灰飞烟灭。与之形成对比的是，在西方盟军占领的德国土地上，从来没有类似的纪念物颂扬美国、英国或自由法国军队的进军。不仅如此，在德国境内，纪念二战战场的国家级军事博物馆也只有一座——泽劳高地纪念馆/博物馆（Gedenkstätte/Museum Seelower Höhen），它坐落在泽劳高地上，划分德国–波兰边境的奥得河就在东面数英里。在博物馆和苏联纪念碑的脚下，就是当年苏军开始强袭柏林的地方——在俄国人的历史中，这次战役也被称作柏林战略进攻行动。

论规模，柏林战略进攻行动在二战苏军的历次攻势中排名第四，但在图上作业期间，他们却从未料到会在泽劳高地遭遇如此顽强的抵抗。在这场苏德战争的落幕之战中，苏军的每日人员损失超过了斯大林格勒战役，每日装备损失则比库尔斯克战役还多。在对柏林的最后攻势中，白俄罗斯第1方面军（指挥官：格奥尔基·朱可夫元帅）的伤亡高达18万人；仅在泽劳高地的4天战斗中，其损失便数以万计。[1]按照苏联历史学家的说法，德军就像凶神恶煞一样战斗，其狂热程度在东线战场上前所未见。这一点不值得奇怪，因为德国人在守卫本土，而普鲁士和波美拉尼亚发生的一切，早已让他们清醒地意识到了被征服后的命运。不仅如此，奥得河前线的德军还规划和构建了一套复杂的机动防御体系——和1942年希特勒制定的东线防御方针大相径庭。沿着泽劳高地——奥得河前线，德国的最后一战拉开了序幕，而指挥这场战斗的，是一位鲜为人知的指挥官——陆军大将戈特哈德·海因里齐。

在奥得河前线，苏军最大的战争纪念碑坐落在泽劳高地上。在附近的每个主要城市和村镇，都有一座苏联时代的陵园或纪念碑。这些纪念物永远提醒着人们，为了占领后来的“苏占区”，他们付出了怎样的代价——而这片区域，又恰恰是由海因里齐和维斯瓦河集团军群守卫的。（作者 2005 年 4 月游历时拍摄）

我接触到戈特哈德·海因里齐这个名字，是在撰写《血街：苏军对柏林的突击，1945年4月》期间。泽劳高地是柏林的门户，在6年的研究中，我一直在分析当地的战斗。遗憾的是，虽然这位将军明显在二战中扮演着重要角色，但关于他的英语/德语资料却少得可怜。我逐渐感觉到，无论是对于海因里齐本人，还是他在奥得河前线的战斗，都应当得到更全面的审视。

苏联对柏林的进攻不仅规模空前，还被视为二战欧洲战场的定格之战。按照有些作品的说法，这场声势浩大的进攻不仅是苏联在前线的最后一击，也是希特勒在绝望之中的负隅顽抗（或垂死挣扎）之战。但这种解读太俄国视角了，基本来自冷战时期的苏联宣传，在事实上也有许多不妥之处。[2]从某种意义上说，当时发生的是两场不同的战斗，由不同的高层指挥，目标也截然迥异。这种南辕北辙让海因里齐的防御构想注定无法实现。

在这场战役中，海因里齐的任务是守卫奥得河前线，尽可能久地抵御苏军进攻，诱使西方盟国越过易北河分界线，侵入战后的苏占区。由于在东线的亲身经历，海因里齐对未来可谓心知肚明，并决心将柏林和德国东部从苏军的报复中解救出来。如果苏军突破防线，海因里齐准备命令部队绕过柏林向西部撤退，并避免让欧洲大陆最宏伟的城市群变成另一个“斯大林格勒”。但在德国最高指挥层内部，无论是希特勒，还是国防军最高统帅部或陆军最高司令部，他们对海因里齐的思路都一无所知。换言之，海因里齐和维斯瓦河集团军群的高级军官们想绕过希特勒和最高指挥部，从战役层面将上述最终战略付诸实施。

无论是3月20日至4月14日的布防期间，还是4月15日至4月28日战斗进行时，海因里齐的工作都遭遇了掣肘，它们来自纳粹体制内的政治对抗、大区领袖的各自为政，更来自国防军和陆军最高司令部的号令不一。另外，希特勒也插手进来，不予通知便直接向维斯瓦河集团军群发号施令。在这种混乱之下，德军仓促在柏林构建了一道防御体系，并让海因里齐失去了集团军群的指挥权。

事实上，希特勒并不看好1945年1月构建的奥得河前线。尽管该防线是保卫柏林的最后屏障，但希特勒始终抱持着一种同归于尽的想法——不管战略形势或德军的部署如何演变。在他看来，如果德意志民族想证明自己是优秀的，就必须打赢这场战争；如若不然，那么他们就活该毁灭。带着这种心态，在4月16日苏军的最后进攻开始之前，希特勒从来没有准备在柏林进行最终决战。在最初的城防计划中，内容仅仅包括设置防区、构建局部路障，并对国民突击队营开展半定期训练。不仅如此，最先提议保卫柏林、与苏军决战的也不是希特勒，而是陆军最高司令部的高层，直到苏军突破了维斯瓦河集团军群的防线并包围这座城市之后，希特勒才在4月22日或23日接受了这种观点。在此之前，希特勒的亲信敦促他逃到巴伐利亚，并在当地继续抵抗。但希特勒拒绝了这个建议，决心与德国的首都一起迎接毁灭。他留在柏林，最终在元首地堡内自杀，为尚在帝国各地战斗的部队扫清了投降的阻碍。

随着苏军完成对柏林和第9集团军的双重包围，奥得河前线的战斗于4月25日结束。另外，在上述灾难发生后不久，苏军还在施韦特（Schwedt）和斯德丁之间突破了第3装甲集团军把守的沃坦防线（Wotan Stellung）。在这一天，海因里齐擅自命令第3装甲集团军最北翼的部队向西撤退，以避免被苏军包围。也正是因为这次自作主张，他在4月28日被解除了指挥权。5月3日，维斯瓦河集团军群不复存在。其指挥部和下属官兵从未正式投降，相反，有些德军指挥官率部在德国西北部同伯纳德·蒙哥马利元帅的部队进行了接洽，还有一些在易北河畔向美军部队交出了武器。而西方盟军则从未像海因里齐希望的那样，跨过位于马格德堡（Magdeburg）–柏林轴线上的易北河，支援苏联同行击败奥得河前线的维斯瓦河集团军群。[3]

在过去的64年中，海因里齐和奥得河前线几乎没有得到关注，相较之下，人们的目光都投向了更引人注目的战役，比如诺曼底、阿登或斯大林格勒，相关作品也汗牛充栋。而涉及战争最后几个月的书籍，大部分都将目光集中在了希特勒本人和元首地堡中的活动上。这种情况之所以存在，显然是因为“希特勒之死”这个题材更加诱人（当然还有他亲信们的命运），而纳粹德国如何在奥得河前线规划和组织最后的防御？——这个问题显然不太有吸引力。

但对于海因里齐和奥得河前线的战斗，有几本英文书的独特贡献仍然值得一提。最著名的是于尔根·托尔瓦尔德［Jürgen Thorwald，其真名为海因茨·邦加茨（Heinz Bongartz）］的作品——《冬季的溃逃》（*Flight in Winter*），其删节版在1951年被译为英文，首次向非德语读者介绍了海因里齐和1945年1—5月的浩劫，其中还引用了缴获的“盟国最高机密”，即日食行动（其内容将在稍后的第1章进行讨论）——尤其令人惊讶的是，在托尔瓦尔德的作品出版时，日食行动仍在西方盟国被视为机密 。由于这本书是在采访德国老兵的基础上写成的，它也有力地表明，在战争结束前夕，德军指挥官早已对日食行动有所察觉。不仅如此，托尔瓦尔德的作品还在1966年被科尼利厄斯·瑞恩的《最后一役》（*The Last Battle*）引用，而在这部作品之外，瑞恩还添加了大量的新信息和个人访谈，其中不仅叙述了柏林战役，还有维斯瓦河集团军群及其指挥官。有许多决策影响着德军东西两线的最后战斗。在著作中，瑞恩公开了其中的许多新细节，但也犯下了一个错误——宣称自己首次披露了日食行动的存在。早在约15年前，托尔瓦尔德便做到了这一点。但即便如此，历史学家们仍然没有研究过一个问题：缴获的日食行动文件如何影响了希特勒的战略决策？另外，这些书也大体上以亲历者的叙述为主要资料来源。

在托尔瓦尔德和瑞恩聚焦于战略层面的同时，托尼·勒蒂西埃［Tony Le Tissier，他是鲁道夫·赫斯自杀时施潘道监狱（Spandau Prison）的典狱长，也是该监狱的最后一任长官］则广泛利用德国和俄国的资料，游刃有余地为我们从战术层面呈现了奥得河前线和柏林的战斗。他的第一本书《柏林之战》（*Battle for Berlin*）于1988年出版，并充当了本类题材的首个分水岭。随着苏联解体和档案解密，勒蒂西埃获得了更多信息，并结合实际战局，将柏林之战分成了几个部分。在1996年出版的作品——《朱可夫在奥得河畔：柏林的决战》（*Zhukov at the Oder: The Decisive Battle for Berlin*）中，他以详细的战术细节介绍了在攻势的最初4天，苏军对第9集团军的进攻，并为介绍这场战斗的历史作品树立了一个标杆。[4]

在第二次世界大战结束后65年间，还出现了许多德语作品。对于最后几个月的战斗，其佼佼者莫过于威廉·提克（Wilhelm Tieke）的《奥得河和易北河之间的终曲：1945年的柏林之战》（*Das Ende zwischen Oder und Elbe: Der Kampf um Berlin 1945*），该书于1981年出版。在作品中，提克详细叙述了德军在奥得河前线和柏林之战中的行动。不仅如此，这本书还首先引用了大量第一手档案。尽管问世已有近30年，但它仍然是本领域最权威的作品之一。遗憾的是，它从未被翻译成英文。

近年来，在德语和英语界还出现了一些奥得河之战亲历者的文集和回忆录。在2001年出版的《我们的背后是柏林》（*With Our Backs to Berlin*）中，勒蒂西埃收集了一系列德国老兵的回忆。随后在2003年，德国也出版了《1945年春季：柏林之战和西逃》（*Frühjahr 1945: Kampf um Berlin und Flucht in den Westen*）一书，其作者汉斯-约阿希姆·埃勒哈特（Hans-Joachim Eilhardt）是明谢贝格装甲师（Panzer Division Müncheberg）的一名无线电员。另外，格拉尔德·拉姆（Gerald Ramm）也在2001年和2007年分别出版了《上帝与我们同在》（*Gott Mit Uns*）和《奥得河前线终点站》（*Endstation Oderfront*）两书，它们为德方记录提供了极佳的补充。

但是，对于海因里齐在军事史上扮演的角色，相关文献却少之又少，唯一的例外是德国教授约翰尼斯·赫特尔（Johannes Hürter）在2001年撰写的《一位德国将军在东线：戈特哈德·海因里齐书信和日记集，1941—1942》（*Ein deutscher General an der Ostfront: Die Briefe und Tageb ü cher des Gotthard Heinrici 1941—1942*）。利用海因里齐的战时日记和私人信件，赫特尔揭示了他人格的复杂一面，他身上打着时代的烙印，战火摧残和宗教信仰经常让他的内心挣扎不已。不幸的是，对于海因里齐的戎马生涯，目前的研究也仅限于此。

在这里，难免会有人提出一个问题：《奥得河前线1945》属于上述历史文献的哪一类？

笔者想指出的是，本书从德国人的视角解答了以下问题：奥得河前线的最后一战是如何筹划的？它们又得到了怎样的执行？其间，我们利用了海因里齐本人和其他德军高级军官的论述，如各级指挥部的作战日志和各种未公开的文件。《奥得河前线1945》一共分为三个主要部分。第一部分介绍了战争末年德国的战略形势，并为维斯瓦河集团军群组建的前因后果提供了背景信息。其中，我们着重关注了纳粹德国为何会继续抵抗，以及这些因素如何影响了希特勒对未来整体战局的判断。另外，我们还简要介绍了维斯瓦河集团军群在其首任司令——党卫队全国领袖海因里希·希姆莱指挥下的历史，时间是1945年1月至3月。在该部分的最后，我们详细介绍了戈特哈德·海因里齐的生平，尤其是他的宗教信仰和早期战争经历，以及它们如何影响了此人在指挥奥得河前线时的决定。第二部分介绍了海因里齐1945年3月20日至4月12日间下达的命令，并详细审视了他的防御计划以及集团军群的战备状态。第三部分则逐日介绍了4月14日至5月4日间奥得河前线的战斗情况。另外，这一部分还包含了第3装甲集团军撤退和投降，第9集团军被围以及第12集团军解围行动的信息。

另外，本书还提供了大量附录，其中有集团军群主要指挥官的生平简介，其下属部队各个时期的结构和实力，以及反映维斯瓦河集团军群和第12集团军最后时刻的战后研究文件——这也是它们首次问世。

其中，海因里齐战后撰写的手稿——军事研究文件MS T–9《维斯瓦河集团军群防区内的奥得河之战，1945年2月至4月》（*Military Study T–9:The Battle for the Oder River in the Heeresgruppe Weichsel's Sector: February to April 1945*）构成了本书的核心——也是这份文件首次被翻译为英语和出版。该手稿厚达100页，并附有海因里齐手绘的地图，是他在战后应美国陆军历史司（US Army's Historical Division）的要求编写的。此手稿撰写的确切时间尚不清楚，很有可能是在1947年10月9日至11月2日期间，当时，这位将军正被拘押在一座专为德国军官设置的美军战俘营中。尤其值得一提的是，在编写这份文件期间，他无法参照任何作战日志、官方记录，也无法与其他亲历者直接通信。虽然在军事研究文件MS T–9中，海因里齐无法事无巨细地记录奥得河前线战术防御态势的每个层面，但仍然很好地从战役层面呈现了战况。不可否认，虽然本手稿存在记忆上的偏差，而且有文过饰非的可能性，但仍然称得上真实可信。在本书中，我尽力将这些内容与国防军最高统帅部、陆军最高司令部和维斯瓦河集团军群的第一手档案做了核查和比对，还参考了现有的作战地图以及各种战后访谈和回忆录，其中没有发现刻意的作伪。与现存历史记录相比，他的记忆非常准确。这也忠实反映了他的品格——严谨、务实、专注于军事，可谓文如其人——一位典型的普鲁士军官。

该书的结构旨在充分组织相关资源，并澄清1945年3月至4月间的混乱事件。经过翻译之后，海因里齐撰写的军事研究文件MS T–9已经按照日期分成了几个小节，并散见于全书各处。为方便读者分辨，其引用的部分将以“海因里齐在军事研究文件MS T–9中写道”的开头表示。之所以用这种做法，是因为完整引用的意义不大，而且读者无疑更希望将他的看法与集团军群作战日志的相关细节进行比对。此外，本书还从科尼利厄斯·瑞恩档案中补充了大量未出版的采访稿。依托现有材料，本书又将每一天的战事分成了多个小节。通常情况下，每天的介绍将以“军事研究文件MS T–9”开场，随后是一份作战报告（接收人是陆军最高司令部）的概要。接下来是各部队给维斯瓦河集团军群的详细战报，这些战报均按照集团军和军（偶尔还有师）做了分门别类。同时，本人还对每天的报告做了评论，并将其合并成了军级信息摘要，以此对战况进行概括。此外，本书还引用了各种无线电和电话记录，以及其他转引自集团军群每日公报中的指示文件、命令和报告，还有国防军最高统帅部作战日志的摘要。最后，我们还会在每日的结尾处附上一段简短的评价，以此充当背景信息。除此之外，我们还用“东线战斗态势图”（Lage Ost）和维斯瓦河集团军群的每日作战地图补充了若干细节。

我想对本书的德语术语和翻译稍作解释。在研究科尼利厄斯·瑞恩档案期间，我发现了维斯瓦河集团军群作战日志的部分译稿，其始于4月20日，一直持续到1945年5月。由于无法验证其准确性或查明原件来源，我有些瞻前顾后。经过进一步研究，我发现其内容都能在美国国家档案馆馆藏的T–311系列文件第169/170号卷宗《德国陆军野战司令部记录》（*Records of German Army Field Commands*）中找到对应——但这项工作并不容易。20世纪60年代初期，在翻译浩如烟海的文献材料时，瑞恩手下的研究员们做得非常出色。他们翻译了很多手写注释，尽管后者的字迹几乎难以分辨。在比对译文和原始微缩胶片记录时，我还查看了其内容的准确性和完整性。在引述时，我基本没有改动翻译的内容，只有在少数情况下，我才会稍作修改，或将当年未翻译的部分补全。我注意到，有很多文稿属于“摘译”——换言之，这只是某报告的局部，或者只是其中的总结。如果没有添加内容的必要，本书将保留原样，并在正文中将其标记为“摘译”。整理完上述文件之后，我又从头翻译了3月20日至4月19日的相关内容，以便尽可能补全整个作战日志。但需要指出的是，在作战日志中，我只是翻译了相关的关键内容，还有许多部分未能呈现。另外，我还注意到，许多报告都数易其稿，甚至被推翻重写，以便强调或隐瞒某些战场事件。在阅览期间，我经常惊讶地发现，对于一项事件，早期报告中的记录是“某地于今天上午落入敌手”，成稿却是“我军已立刻在某地对敌人展开反击”——不过这样的反击根本没有发动。之所以玩这种文字游戏，是因为集团军群想敷衍元首地堡或陆军最高司令部的反击命令。

本书全篇采用了德国军事术语。但由于参考资料、速记员和撰写者的不同，其用词可能存在差异。例如，在引用二手英文资料时，我们可能会看到Third Panzer Army（第3装甲集团军）的提法。它对应的正是该集团军在德语中的名称，即“3.Panzer Armee”或“3.Pz.Armee”。在有些第一手档案中，该部队还会被写作“3.Pz.A.”甚至是“AOK 3Pz”。正是这种情况导致了本书的用词存在差异。

对于本书引用的无线电和电话记录，其中一部分由本人直接从德国原始资料翻译而来（即4月19日及其之前的部分，来自作战日志的微缩胶片），另一部分则来自科尼利厄斯·瑞恩档案中的译文（即4月20日至4月末的部分）。它们为呈现集团军群指挥机构的运作提供了独特的切入点，并反映了指挥决策背后的思路和心态。

在撰写本书期间，我们面临的另一个问题是确定德国地名。笔者需要提醒读者，在正文中，有些村镇名称可能无法找到对应地点。不仅如此，无论是维斯瓦河集团军群的作战日志，还是科尼利厄斯·瑞恩档案中的各种译稿，其中都经常使用简写或缩写的地名，拼写错误也时有出现。为了寻找和补充正确的地名，笔者花费了大量时间。

本人使用了大量“东线战斗态势图”来阐明作战日志中的态势。这些地图均来自国防军最高统帅部“东线每日部队部署”系列和“维斯瓦河集团军群”系列卷宗——它们均由美国国家档案馆收藏，并在1999—2000年间被拍摄为8英寸×10英寸的微缩胶片，之后，其原件被送回了位于科布伦茨的德国联邦档案馆。需要指出的是，并非每一天的战斗都有配图：4月20日至23日，以及27日和28日的地图均荡然无存。虽然拍照用的彩色胶片质量极佳，但由于拍摄问题，有些图片难免会模糊不清。而且不幸的是，图上的地名尤其难以辨认，在有些情况下，读者需要依靠大型市镇的位置确定某些地点和居民点的名称。本书使用的图像均来自美国国家档案馆的翻拍胶片，同时，笔者还竭尽所能，以保证它们在本书中放大后的质量。

最后，笔者还对书中转录和翻译的部分内容做了评论。这些评论将用（作者按：×××××）的格式表示。

本章尾注：

1. 苏军共有3个方面军参加了柏林战略进攻行动，投入的官兵总数为2062100人。截至1945年5月9日，这3个方面军共有361367人阵亡、受伤或失踪。

2. 苏军的进攻并非意在结束整个战争，而是要赶在西方盟军之前占领柏林。他们不仅从未在作战规划中讨论过这一点，而且也不可能预测希特勒的举动，或者他企图逃往何处；同样，在柏林陷落后，从北极圈到地中海的德国军队是否会放下武器也是个未知数。对于进攻柏林的苏联人来说，结束战争只是其动机之一，而且是相对次要的动机。其主要目标是在突向柏林的竞赛中击败西方盟国，将这个战利品收入囊中，并让对东欧的占领成为合法事实。

3. 应当指出，英军确实越过了易北河，并抵达了波罗的海沿岸的维斯马（Wismar），而美军则进入了德国南部和捷克斯洛伐克。

4. 除了《朱可夫在奥得河畔》（*Zhukov on the Oder*）之外，托尼·勒蒂西埃还撰写过另一本关于柏林战役的著作《突向德国国会大厦》（*Race for the Reichstag*）——它们都是关于本主题的优秀作品。

序章

5月5日，维斯瓦河集团军群的前司令戈特哈德·海因里齐给妻子写了一封信，当时，他正在德国的弗伦斯堡（Flensburg）附近等待战争结束。7天前，海因里齐被解除了奥得河前线的指挥权，因为他命令剩余的野战部队撤退，以免被苏军包围歼灭。

4年前，作为第43军的军长，海因里齐越过了苏德边境，那时，摆在他眼前的是一幅完全不同的景象。1941年6月时，他相信巴巴罗萨行动会顺利进行，苏联红军将输掉这场夏季战役，斯大林的统治将土崩瓦解，就像一年前法国战役的重演。但海因里齐没有预料到，对苏联的入侵将演变成一场持久战，其中的野蛮残酷将永远改变他对军事艺术的认识。1941年至1944年间，海因里齐的内心始终在挣扎和疑惑，但他从未公开反抗过纳粹政权。但另一方面，他也是一个虔诚的新教徒，并娶了一位犹太混血妻子，还在战场上经常顶撞希特勒，这让他成了纳粹政权眼中的隐患。正因如此，当1945年3月20日，海因里齐奉命接过奥得河前线的指挥权时，他可谓万分惊讶——这是陆军最高司令部中最重要的职务，他将面对复仇的红军，指挥保卫德国的最后一战。随着战争临近结束，这些在海因里齐的脑海中越来越挥之不去，并产生了一种离奇吊诡的感觉。

在海因里齐给妻子的信中，他反思了战争中的决定及其带给德国的影响，并总结了内心感受。其中，他似乎特别关注指挥部队的最后几周：

你哀伤的另一半坚持到了最后。终曲已经奏响——正如我过去一直预测的那样。上帝的审判不仅将验证报应，还会异常可怕。现在，它已经开始，未来还有什么灾厄？——没有人知道。过去三周，我经历着剧烈的折磨——我曾怀疑、挣扎，曾惊恐万状。在我内心深处，责任、服从、良心和信念正在相互冲击和震荡。[1]

海因里齐的这番话无疑反映了他内心的斗争，这是一场军人天职与良知的较量。但海因里齐并没有选择良知，而是继续为希特勒和纳粹政权效忠。就像他的很多同僚一样，这最终导致了一场集体悲剧，并让德国在战争中走上了一条种族屠杀和自我毁灭的道路。

当德国在5月8日投降时，“上帝的审判”也猝然而至，并且异常惨烈。虽然海因里齐试图全力抵御苏军的猛攻，还幻想西方盟国能抢先占领柏林和易北河东岸，但最终，这些土地遭遇的报应却最为残酷。

本章尾注：

1. 海因里齐在尼比尔（Niebüll）致妻子的信，1945年5月5日（出自德国联邦档案馆-军事档案分馆文件 N265/258第137—146分页），转引自赫特尔所著的《三十年战争般的行径：海因里齐将军在苏德战争第一年的书信》（*Es herrschen Sitten und Gebräuche, genauso wie im 30-Jährigen Krieg，Das erste Jahr des deutschensowjetischen Krieges in Dokumenten des Generals Heinrici*），出自德国《近代史季刊》第48卷，第2期，第362页。

目录

CONTENTS

目录

CONTENTS

第一部分

战斗背景

“必须对德国进行彻底的再教育，抹消他们阴暗的过去，以及自视为‘优等民族’的野蛮传统，并清除其对军功和武力的粗鄙信仰，让这个国家经历重生……如果此举成功，将注定彪炳史册。”

——摘自德军1945年1月在比利时缴获的“日食行动1号备忘录”，由第21集团军群参谋长F.W.德·甘冈（F.W. de Guingand）少将签署。

第一章

1944年6月至1945年3月，德国在战争末期的战略

直到今天，阿道夫·希特勒在战争最后一年的防御策略仍有许多令人费解之处。在1944年夏天之前，他最重要的战略目标是守住意大利的防线，在法国滩头击败西方盟军，随后，他将迅速把部队调往东线，一举击败苏联人。这种战略和弗里德里希大王（Frederick the Great）在七年战争中使用的内线防御思路非常类似——希特勒本人很可能是从中得到了启示。作为希特勒的宣传部部长和亲信，约瑟夫·戈培尔也在2月27日的日记中写道："我们必须像弗里德里希大王那样行动。我对元首说，我们应当立下雄心壮志，哪怕德国在150年后出现同样严重的危机，我们的子孙也能把我们当成坚韧不拔的英雄典范。对此元首完全表示赞同。今天的元首奉行着一种斯多葛派的处世哲学，这也让人在很大程度上联想到了弗里德里希大王。"[1]德国陆军最高司令部的总参谋长海因茨·古德里安将军也在战后写道："（希特勒）指着挂在书桌上的，格拉夫（Graff）创作的弗里德里希大王肖像，向我们说道：'当有坏消息到来，让我濒临崩溃时，凝望这幅画像总会给我带来振作的勇气。看那坚毅而碧蓝的眼睛，还有宽阔的眉毛。真是个了不起的人物！'随后，我们继续讨论这位伟大国王的军事和政治领袖才能。希特勒心中最崇拜、最想模仿的，就是这位伟大君主。不幸的是，他心有余而力不足。"[2]而且雪上加霜的是，德国国防军最高统帅部的军官们还拒绝接受败局，更不用说败在劣等的苏联人手中。

整个战争期间（甚至直到1945年1月），德国人都认为他们必将战胜

苏联。这种信念也渗透进了莱因哈德·格伦中校［Oberstleutnant Reinhard Gehlen，他是东线外军处（Fremde Heere Ost）的主管，也是古德里安最倚重的参谋军官］发布的军事情报中。自1942年以来，格伦的参谋班子每天都会编写针对苏军在东线意图的情报摘要。开展情报预判是一项高难度的技艺，即使在今天都是如此，格伦下辖的机构也不例外。他的预测不时偏离事实，并在军事层面酿成了大祸。他最大的失败之一，是没能察觉苏军在1944年夏天对中央集团军群的进攻。在1945年1月，虽然他提供了充分的证据，证明苏联在波兰中部对德军的攻势已经箭在弦上，但希特勒和国防军最高统帅部对这些情报视若无睹，甚至大加嘲讽。有一次，在元首地堡的简报会上，情况十分尴尬，连古德里安都被迫出面为格伦辩护。[3]总之，在战争的最后阶段，希特勒已经陷入了一种典型的偏执状态，拒绝相信苏军能聚集起如此惊人的兵力开展这样浩大的攻势。在权威著作《希特勒的间谍：第二次世界大战中的德国情报》（*Hitler's Spies: German Intelligence in World War II*）中，作者戴维·卡恩（David Kahn）总结道：

> 这种预判失败的原因有两个。其一是在于洞见未来之难。但更重要的是傲慢——德国人高估了自身的能力。它们以两种相反的方式，影响了格伦的预判。有些情况下，他会对苏军的力量视而不见，导致他低估了俄国人；在另一些情况下，他又会以己度人，对敌人过于高看——但事实上，指导俄国人行动的是一套独创的理论……
>
> 格伦的这种优越感是如此根深蒂固，令他无法看清东线战争的基本事实：德国有输掉这场战争的危险。[4]

事实上，战争末期德国所有的战略计划，都可以被视为希特勒对弗里德里希大王的仿效。希特勒试图在防御战中模仿这位君主，还伴随着一种无可救药的德国式优越感。

在这种情况下，纳粹德国的第一次战略灾难在1944年夏天降临了。在6月到8月这3个月期间，西方盟国先是于6月6日在诺曼底登陆（即霸王行动），随后又在8月15日的铁砧-龙骑兵行动（Operation Anvil-Dragoon）中踏上了法国南部。经过在诺曼底树篱中的血战，以及罗纳河谷（Rhône valley）隘道上的恶斗，西线最高司令部（Oberbefehlshaber West）力不能支，被赶出法国，退入了战前的德国边界。在东部，苏军也于6月22日发动了巴格拉季昂行动，将中央集团军群一举击溃。在西面，美英盟军解放了巴黎；在东面，苏军抵达了华沙郊外。在这两大标志性事件发生前，罗马已在6月初获得了解放。在这一连串失败期间，克劳斯·冯·施陶芬贝格（Claus von Stauffenberg）上校试图在“狼穴”（Wolfsschanze，位于东普鲁士）刺杀希特勒；反对纳粹领导人的兵变——瓦尔基里行动也在柏林展开。虽然后两次行动失败了，但从表面上来看，第三帝国已处于崩溃的边缘。盟国阵营中的许多人认为，欧洲战事很可能会在1944年秋天结束，但这种愿望并没有实现。

希特勒奇迹般地逃过暗杀，同时，柏林政变的密谋人员也被连根拔起。[5]在同年9月的市场花园行动中，西方盟国未能横渡莱茵河，突入德国腹地，其迅速结束战争的梦想也化为泡影。西方盟国不仅补给线漫长，遭遇的德军抵抗也越来越激烈。在齐格菲防线（Siegfried Line，也被德国人称为“西墙”）附近，盟国卷入了血腥惨烈的冬季战役，两军一度僵持不下。在东面，苏军同样补给不继，止步于维斯瓦河沿岸。无论是突入东普鲁士，还是穿过波兰抵达帝国腹地，他们都需要时间养精蓄锐。

对于希特勒来说，这次大难不死还标志着他思想的转折。虽然在元首的一生中，这种暗杀并不是第一次，但比之前的暗杀都更接近得手，这让他脑海中形成了一种历史使命感。幸存下来的希特勒开始清除那些有不忠嫌疑的将军，并这样宣布：

> 无论什么情况，我们都将继续战斗下去。我们将战斗到弗里德里希大王所说的“吾之贱敌厌战而去”时；我们将战斗到和平降临，保证德意志民族还能在接下来的50年或100年里依然屹立时；这种和平绝不能像1918年那样再次玷污我们的荣誉……我还幸存于世，我必须感谢上天的旨意。[6]

振作之余，他立即启动了一场“肃清将军密谋集团”的运动。在此期间，他一共逮捕了5000名高级指挥官，处决了其中的200人，国防军内部的纳粹化风潮也变本加厉。[7]

9月，重燃信心的希特勒审视了战略形势，并拾起了对最后胜利的信念。也许是从弗里德里希大王七年战争的战略形势中获得了启发，他决定利用内线作战的优势，同时对付数路敌军。尽管两种形势的相似之处仅限于此，但希特勒仍然决定朝一个目标倾注资源，即突破阿登高原、夺取安特卫普、分割英美联军，重演他在1940年的胜利。按照他的设想，一旦盟军在西线被一分为二，英美两国将退出战争，届时，德国将倾其全部工业和军队在东线对抗苏联。也正是在这种情况下，希特勒在1944年9月16日（即市场花园行动开始的前一天）签署了守望莱茵行动（Operation Wacht Am Rhein）的指令。[8]

在此期间，纳粹德国还推出了新一代的秘密武器，比如被称作“复仇武器”的V1飞弹（又名“嗡嗡炸弹”）和V2火箭，第一代喷气式战斗机也登上了德国本土保卫战的舞台。然而，无论是V1、V2还是喷气式战斗机，都无法打击敌方的工业设施或部队集结区，换言之，尽管拥有这些武器，德国仍然无力回天。但与此同时，卡尔·邓尼茨（Karl Dönitz）元帅领导的德国海军开发出了下一代潜艇，即XXI和XXIII型，它们足以影响战争的成败。采用革命性设计的XXI型和XXIII型是真正的潜艇，可以轻易躲避盟军的搜索，这赋予了它们摧毁盟军补给船队和运兵船队，影响西北欧地面战事的潜力。不仅如此，它们还可以像1940年那样绞杀英国经济，迫使其退出战争。不过，这两种潜艇要想扭转战局，就需要批量建造，并配备经过专业训练的艇员。为实现这一点，德国就必须守住波罗的海、波美拉尼亚和普鲁士地区的海岸线。其中，位于西普鲁士沿岸的但泽（Danzig）①正是XXI型潜艇的三大生产基地之一，另外，其艇员的培训也需要波罗的海这个安全的环境。[9]总之，德国必须将波罗的海牢牢攥在手里。正是因此，在继续保卫“西墙”，准备守望莱茵行动的同时，希特勒也需要坚守东线，尤其是波罗的海沿岸，为邓尼茨部署下一代潜艇争取时间。为了实现上述目标，希特勒推行了一种名叫“防波堤”（Wellenbrecher）的防御策略，它要求德军“像斯大林格勒”一样坚守

① 即今天波兰的格但斯克（Gdansk）。

各个要塞，牵制2—3倍的苏联士兵。[10]在他看来，在战略重心从东线转移之后，要塞提供了一种弥补野战部队数量的最好方法，并让德军有机会抵御数倍于己的苏军。

随着希特勒下令在西线发动进攻，东线成了一个次要战场。为了准备守望莱茵行动，德军需要对许多部队进行重组，并为此组建了一支新的元首预备队（Führerreserven）。[11]按照战后古德里安为美国陆军编纂的研究报告，德军组建了100个要塞营，用于守卫各种永备工事，其中78个被派往西线。另外，西线还汇集了所有75毫米及以上口径的反坦克炮，至于威力更弱的50毫米和37毫米反坦克炮则被派往了东方。对于备弹250发以上/以下的缴获火炮，分配情况亦然。类似的情况也体现在了指挥官上，许多善战之将从东线调走。更重要的是，在9月之后，所有的第1类和第2类补充兵都被派往西线，而东线只收到了第3类补充兵。国防军最高统帅部和陆军最高司令部的军需部门也开始合作，为西部战线储存粮秣和马匹。根据希特勒的命令，11月1日之后，新坦克被暂时停止运往东方，新卡车和装甲运兵车也大量开赴西部，以充实当地的元首预备队。[12]希特勒这些举动背后的思路是：抢在苏军恢复攻势前迫使西方盟国退出战争。换言之，虽然“防波堤”理论的目的之一是守住波罗的海，为邓尼茨提供支持，但究其本质，这种左支右绌的战略仍是为了给守望莱茵行动调集兵力。古德里安认为，“防波堤”理论是对东线德军兵力的浪费。在他看来，坚守库尔兰（Kurland）和波罗的海沿岸的要塞是一种虚耗，一旦苏军大举突向德国腹地，他将无法调集起足够的战役预备队。此外，他还公开反对守望莱茵行动，认为这是对德军有生力量的浪费。[13]

古德里安更倾向于在东线保存实力，并将这些部队投入到德国东部和中部地区。在圣诞节前夕，即守望莱茵行动有失败迹象时，他与希特勒争辩，要求在西线停止进攻，并将第6装甲集团军调往东方，以加强中部的战线，但希特勒拒绝了。[14]1月9日，古德里安再次向希特勒提出了一系列建议，包括：（1）从库尔兰全面撤军，加强东线其他地区；（2）立刻将第6装甲集团军从西线调往东线；（3）如果第二项请求无法获准，请立刻让第4集团军撤出东普鲁士，充当前线预备队；（4）批准A集团军群的雪橇滑行行动（Operation Sleigh Ride），包括在苏军攻势发起前撤出普瓦维（Pulawy）和巴拉诺夫

（Baranov）之间的部队，并用这些师充当战役预备队。希特勒再次表示拒绝，随后将第6装甲集团军从西线调往匈牙利[15]——这种重南轻北的做法是因为匈牙利的石油产量占到了德国石油储备的80%，让希特勒认为有必要加强当地的防御。[16]这一点也引起了盟国情报部门的注意，他们估计："在数量上，防御德国南部的师是北部的2倍。到目前为止，敌军的大部分装甲师和党卫军师都在南面。"[17]

代价不久便降临在东部守军身上。1月12日，苏联人发动了冬季攻势——所谓的维斯瓦河–奥得河战略进攻行动。这次行动将德国人完全赶出了波兰，其前锋抵达了距离柏林仅50千米的奥得河畔。面对这种情况，古德里安再次要求从库尔兰全面撤军，但希特勒依旧表示拒绝。邓尼茨也支持希特勒的看法，理由是德国海军运力不足，不能将驻扎在库尔兰的重兵集群运往其他地区。但邓尼茨之所以拒绝提供海军运输，更可能是不愿让东波罗的海落入苏联手中，让他失去潜艇训练区。[18]另外，古德里安还表现出了一种态度，即面对希特勒在关键战略或战役问题上的错误，他已经不打算再等待其回心转意，而是开始自行其是。早年他与北方集团军群指挥官费迪南德·舍尔纳（Ferdinand Schörner）将军的串谋便是证明：在一次名叫柯尼斯堡图上推演（Planspiel Königsberg）的行动中，他们违背希特勒的旨意，将德军秘密撤出了纳尔瓦（Narva）地区。[19]这不是古德里安最后一次违反希特勒的指令，由于这种忤逆态度，1945年3月底，他最终被革去了德国陆军总参谋长的职务。

另外，随着希特勒将大量部队调往德国南部，而非用于守卫德国东部或柏林，关于"民族堡垒"（National Redoubt）的传言也不胫而走。按照其说法，"民族堡垒"是纳粹领导层带领少数国防军和党卫军精锐师团藏身的地方，这座山间堡垒位于德国南部的阿尔卑斯地区，在这里，驻军将坚守下去，打一场持久战。在战后对"民族堡垒"真实性的调查中，受审的德国人表示，他们的防御计划并非源自希特勒或纳粹领导层的授意，而是受了一份盟军备忘录的启发。在战争期间，该备忘录通过瑞士使团转到了德国军方手中，并被后者揶揄为"堡垒臆想症"。[20]受此影响，德国人很快起草了一份计划，一面准备趁机构建一个真实的防御区，一面打算在战略上虚张声势，迫使盟军放弃"无条件投降"的要求。总之，希特勒并没有真正决定如何从战略角度利用

“堡垒臆想症”——自守望莱茵行动失败后，他便开始听天由命。不过，虽然希特勒和国防军最高统帅部没有什么动作，但西方盟国却把德国南部当成了新的战略重心。一份美国第7集团军情报部门对“民族堡垒”的研究文件显示了盟军内部对这种情况的担心。该报告共有5页，详细介绍了德国南部的部队和补给调动，以及德军在意大利、巴尔干和捷克斯洛伐克的部署——仿佛其中真的别有图谋。文件还指出，德国几乎丢掉了西里西亚和东普鲁士，但第6装甲集团军仍部署在维也纳地区，这似乎进一步证明，敌人正试图在南部垂死挣扎。[21]由于不了解德国在战争末期的战略重点，西方情报机构显然如坠云雾。

1944年9月至12月，希特勒的主要目标可以概括为在西线发动攻势、击败盟军，同时守住东部战线。但对于1945年前半年希特勒的战略意图，我们又该怎样评判？守望莱茵行动并未重创西方盟国，而在东线，国防军则顽强地据守着立陶宛–拉脱维亚边境一带的波罗的海沿岸地区。与此同时，苏军则继续为向西横扫波兰的新攻势做准备；在南面，乌克兰第2方面军突入了匈牙利，并包围了布达佩斯。由于西线攻势遭遇失败，再加上重要盟友的首都陷入围困，希特勒的战略也越来越被动——这也清楚地反映在了他对战略问题的听天由命上。另外，由于一份俘获的“盟军最高机密文件”，事情变得更复杂了。

在守望莱茵行动（参见地图1）期间，德军从一名英国情报军官手中缴获了日食行动的计划。该行动属于最高机密，涉及了战后瓜分德国的方案。其中包括了盟国对德国的态度，以及战后对德国人的处置。计划还附带了一张地图，上面标注了西方盟国和苏联的政治势力分界线。据记载，希特勒花了整夜时间阅读和思考这份文件。虽然目前我们还不清楚它带来了多大影响，但我们仍可以从后来希特勒的举动中找到一点答案。另外，德国国防军最高统帅部和陆军最高司令部也检查了这份文件，并审视了当中蕴藏的战略信息，尤其是西方盟国与苏联之间的关系。对于国防军最高统帅部，他们最想试探的是“无条件投降”的要求是否有所松动——在盟军的政策中，它一直被看作是其政策的基石。该文件似乎证明，1943年盟军在卡萨布兰卡发布的宣言（即要求德国“无条件投降”）不只是一种威吓——这让国防军最高统帅部作战局局长阿尔弗雷德·约德尔（Alfred Jodl）大将颇为警觉。[22]随后，盟国1945年2月举行的雅尔塔会议更再次印证了日食行动的真实性。德国情报部门随即奉命联系各种

地图 1：官方解密的日食行动地图——其中大致划分了未来占领区的地理边界。值得注意的是，其中没有法国占领区，后者是战后设置的，目的是向德国人灌输一种思想：尽管在 1940 年被击败，还有与德国合作的维希政府，但法国仍然是战胜国之一。1945 年，西方盟国实际越过了这条分界线：在北面，他们向维斯马前进；在南面则试图抵达布拉格；但在易北河中游，他们却停下脚步，因为艾森豪威尔将军已经明确作出指示，不要渡河沿着马格德堡－柏林轴线前进。

线人，查明西方盟国与苏联之间的关系有多牢固。[23]不久，报告再次传来，战胜国之间发生冲突的可能性确实存在。[24]美国也制定了防御策略，以提防西方盟国与苏联直接开战的情况，为此，他们准备从德国的各个偏远地区撤军，强化中部地区的兵力。当希特勒和德国陆军最高司令部审视日食计划时，西方盟国仍在莱茵河西岸，而苏军则渡过了波兰中部的维斯瓦河。

正如日食行动所述，其中的关键一环是“无条件投降”，因此，德国人决定战斗下去，以求博取一个更好的停战条件。但盟军并没有给纳粹德国或普通人其他选择。这项政策自然引发了争议，在战争的最后几个月，甚至部分西方媒体也表达了反对意见。1月15日，《纽约时报》的一篇文章指出对意大利的无条件投降政策过于苛刻，导致该国未能及早退出战争，并增加了双方的人员伤亡。另一方面，苏联却抛弃了卡萨布兰卡会议上的政策宗旨，向巴尔干半岛的轴心国附庸政权开出了更有利的条件，以促使其迅速调转阵营。[25]在报纸的同一版面上，还刊登了蒙大拿州美国民主党参议员伯顿·惠勒（Burton K. Wheeler）在参议院的讲话，谴责无条件投降为野蛮。他抨击这种做法延长了战争，并导致数以千计的人丧命。[26]次日，温斯顿·丘吉尔迅速做出回应，否认此举延长了战争，并坚持贯彻“无条件投降”的条款。[27]在雅尔塔会议上，各方重申了这项政策，其目的既是让批评者闭嘴，也是向阿道夫·希特勒和纳粹领导人传递一个明确的信息——盟国根本没有与德国谈判的打算。他们认为：“从（占领开始），就必须让德国人接受战败者的身份。”[28]在俘获的“日食行动1号备忘录”中，其撰写人——英国第21集团军群参谋长德·甘冈少将这样向英军的同僚们介绍盟国在战后的立场：

1. 日食行动旨在确保每个德国人都永远记住第三帝国的军事力量已被摧毁……

简而言之：我们将把德国划分为三个主要占领区——美占区、苏占区和英占区。这些区域的事务将通过一个设在柏林的三方理事会协调。

2. 为击败全副武装的德国，盟军付出了多年的“鲜血、辛劳、眼泪和汗水”，但日食行动要解决的问题同样重要：消灭德国的纳粹主义和军国主义，裁撤、解散和控制德国所有的海上、地面和空中武装部队以及准军事组织。考

SHAEF (44) 34 ~~TOP~~ SECRET

10th November, 1944 Copy No......284

OPERATION 'ECLIPSE'

APPRECIATION AND OUTLINE PLAN

SECTION I

INTRODUCTION AND OBJECTS

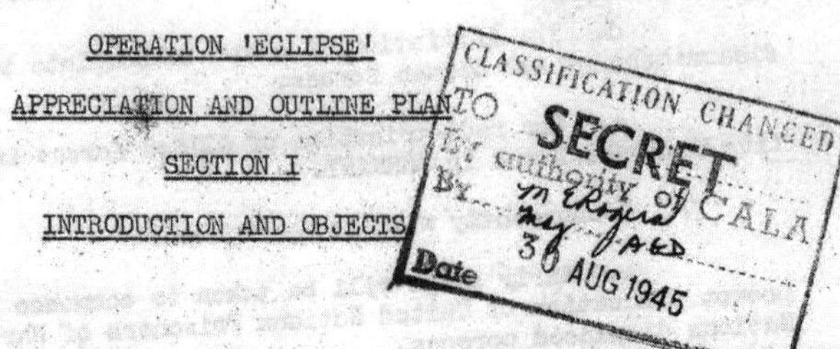

INTRODUCTION

1. The code word 'ECLIPSE' is defined as "Plans and preparations for operations in EUROPE (excluding NORWAY and the CHANNEL ISLANDS) in the event of German surrender".

2. "Operations in EUROPE" will include:-

a. Operations in the liberated countries until control is taken over by their respective indigenous governments or by US or British Commanders upon the termination of the responsibility of the Supreme Commander.

b. Operations in GERMANY until control there is taken over from the Supreme Commander by the Tripartite Military Government or by US and British Commanders

3. The definition of "surrender" is as follows:-

a. When a German Government and/or German High Command formally signs the Instrument of Surrender,

OR

b. When the major portion of the German forces opposing us has capitulated or been overpowered. In this alternative a decision will be taken by the Supreme Commander as to when 'OVERLORD' gives place to 'ECLIPSE' and an arbitrary date for the change over will be fixed.

It is considered that the second of these two alternatives is the more likely.

4. The first day of Operation 'ECLIPSE' will be known as 'A' Day.

5. Many of the aspects of Operation 'ECLIPSE' will apply to Operation 'OVERLORD' in GERMANY prior to 'A' Day.

OBJECTS

6. The objects of Operation 'ECLIPSE' are to carry out, within the sphere of responsibility of the Supreme Commander in EUROPE (excluding NORWAY and the CHANNEL ISLES, regarding which see paragraphs 9 and 10 below):-

解密后的日食行动文件，发布于1944年11月。需要注意的是，一旦德国正式投降，或大部分国防军部队停止战斗（就像在1945年3月30日西线的情况一样），日食行动将取代霸王行动，成为盟军的最高指导方针。

虑到这个国家的人民生来就被灌输为优等民族，无论是执行投降条款还是重建法制都将困难重重，至于无差别地尊重当地的一切更是毫无意义。它需要所有相关人员保持警惕、活力和决心。

3. 因此，在审视日食行动时，我们不仅要站在历史的视角上，还要放眼未来。**因为它的成败不仅将决定我们子孙后代的和平与福祉，还将决定整个文明世界的未来（粗体为本书作者所加）**。[29]

在1944年起草日食行动时，盟军便将纳粹主义视为德国军国主义结出的恶毒果实，并决心将两者铲除干净。[30]也正是因为这些，他们并没有给予德国内部的反希特勒和反纳粹势力任何实质上的帮助。在盟军看来，如果德国由内而外地推翻了希特勒，他们将无法贯彻自己的战后政策，并给德国军国主义的死灰复燃创造条件。

换言之，盟军从未打算以“解放者”的身份进入德国，而多是以“征服者”自居。对他们来说，任何推翻希特勒的内部反抗，只会影响他们对战后德国的处置。另外，一旦政变成功，盟军将无法进行裁军和占领，其短期和长期目标也将无从实现。关于盟国对德国内部反纳粹活动的态度，阿格斯蒂诺·冯·哈塞尔（Agostino von Hassell，他是一名“720”暗杀希特勒密谋参与者的儿子）在作品《与敌人结盟》（*Alliance of Enemies*）中根据最新解密的文件总结道：

在德国的抵抗人士勇敢跳出叛国阴影，与心目中的邪恶势力战斗时，其最初举措和其他抵抗运动截然不同。在20世纪30年代后期，亚当·冯·特罗特（Adam von Trott）和其他德国外交人员发起了所谓的“抵抗外交”，但这些并没有产生外交层面的影响，更没有在传统意义上被视为抵抗运动的组成部分。毫不奇怪，保守的英国政界对此深表怀疑，认为这些做法可能是在欺骗英国，破坏英国的国家利益。

随着战争爆发，形势变得更加严峻。由于形势使然，抵抗运动开始演变成军事政变，对此，盟国的立场也越来越顽固，从不信任和困惑转变为熟视无睹，甚至直接拒绝合作。从投入–回报的角度，或是从最谨慎的事后观点看，支持德国本土的抵抗力量似乎都是一种合理（甚至是明智）之举。但就算各路抵抗力量愿意放弃领土主张或其他要求，盟国也拒绝在政策上给“另一个德国”回旋的余地。他们拒绝与之展开谈判，虽然艾伦·杜勒斯［Dulles Allen，他是美国战略情报局（Office of Strategic Services）的成员］等少数人对反抗势力有所耳闻，并对其角色有正确认识，但他们没能说服政府在官方政策上做出丝毫调整。总之，盟军并没有向抵抗运动发出任何信号，他们的强硬立场只是增加了德国人的恐惧。[31]

无论是“无条件投降”，还是日食行动的战后规划，都让德国的高级将领们别无选择，只能盲目地继续战斗下去。毕竟，在1944年7月20日的密谋失败之后，推翻希特勒的风险实在太大，而且盟军还试图瓜分德国，这让他们失去了任何幻想的余地。有些高级指挥官曾阅读过日食行动的文件，或是对其内容有一定耳闻，对于他们来说，他们之所以继续战争，很可能只是相信西方和苏联的同盟会在某天分崩离析。当时的德国流行一句话，“享受战争，因为和平将是地狱”——从某种程度上来说，这句话也表达了人们对日食行动的普遍看法。无论如何，希特勒都不会主动结束战争。只要他还活着，战争就将进行下去，至于宣誓效忠元首的德国军人也只能战斗到底。

如前所述，希特勒读过日食行动的文件，对他产生的影响也显而易见。海因里齐对此评论道：

战争刚开始时，希特勒就明确表示他将永不妥协。在阿登攻势期间，德军又俘获了日食行动的方案。该文件直言不讳地提到，德国的对手——同盟国，准备肢解这个国家，以此根除纳粹主义和军国主义，并让占领区从工业化退回农业经济。希特勒非常清楚敌人的和平计划究竟是什么。他知道，这一切的主使者必定是罗斯福，丘吉尔则在一旁支持，而斯大林也不遗余力地和他们站在一起。换言之，敌人要求的“无条件投降”无异于死刑，对德国和希特勒本人来说都是如此。他是否甘愿屈服于这种命运？有一点是毫无疑问的，他将带着一种囚徒的绝望心态面对这一切，直到末日降临。他还产生了一种与国家同归于尽的想法。在被惊涛骇浪吞没前，他将拼尽全力拉着这片土地一起毁灭。换言之，这个深陷危机和绝望的国家正被一群寻死之人掌握着，忤逆他们的人已永远不可能再发表意见（即被处决）。希特勒就是这样要求身边人和亲信们的，比如凯特尔、约德尔、鲍曼（Bormann）和里宾特洛甫（Ribbentrop），从始至终，这些人都忠诚地站在他的身边。[32]

尽管知道日食行动的存在，但在战略层面，希特勒仍不断向其他战场分散兵力。波罗的海港口的陷落让调整战略方针成为必然，但最后什么都没有改变。甚至情报领域的另一次重大成就——让西方盟国陷入“堡垒臆想症”——都没能让希特勒顺势制订一份真正的防御计划，更没有进行任何战略上的虚张声势。

对于战略形势和东线作战的最佳策略，古德里安也有自己的看法，并因此陷入了内心挣扎。他阅读过日食行动的文件，对内容有所了解。随着守望莱茵行动在西线失败，东线重新成了他的关注对象。古德里安试图调集兵力，应对迫在眉睫的苏军攻势——但对于格伦提供的情报，希特勒再次选择了无视。最让古德里安无法接受的是，希特勒居然把最强大的部队调往了前线的次要地段。他尤其反对把第6装甲集团军从阿登调往南方集团军群的做法，因为希特勒要用这支部队朝被围的布达佩斯发动攻击。[33]这一行动毫无意义可言，还影响了柏林的防御，把这座城市推向了浩劫边缘。和柏林一样，德军最初也不打算保卫布达佩斯，但在被包围之后，希特勒却命令向当地投入大量资源和人力，以便营救最初留下的守军部队。对于波罗的海沿岸的行动，古德里安也在与“防波堤”理论（支持这一理论的主要是邓尼茨）[34]斗争，试图将大量作战装备调回到德国中部的走廊地带上去。第6装甲集团军和库尔兰集团军群的部队一共有数十万战斗人员和600多辆坦克和突击炮。仅在库尔兰一地，其装甲车辆数量便超过了整个西线！[35]

当时唯一的应急计划（参见地图2）似乎是陆军最高司令部制订的。在该指挥机构的一次会议上，与会者普遍认为，如果苏军突破奥得河并占领柏林，其余的德军应向北和向西撤退。[36]海因里齐认为，除非德军敞开城市，不再保卫柏林，否则这种作战构想很难实现。在海因里齐看来，鉴于日食行动的内容，希特勒和国防军最高统帅部已不相信美国人会朝柏林推进。但颇为矛盾的是，此时他们本该把战略重点放在德国中部和维斯瓦河集团军群身上，但他们并不愿意在当地全力抵挡苏军，而是继续将德军的有生力量调往别的地区。另外，希特勒和高级将领们在看法上也出现了明显的分歧。德国陆军最高司令部认为西方盟国不会渡过易北河，并相信让维斯瓦河集团军群撤退到梅克伦堡（Mecklenburg）完全可行，但国防军最高统帅部似乎仍然对俘获的盟军秘密计划表示怀疑，否则，他们就不会将那些有生力量用于别处，而是肯定会立刻将其调拨给东部的维斯瓦河集团军群。[37]

另外，日食行动还将盟国的立场不加掩饰地暴露了出来。如果希特勒立

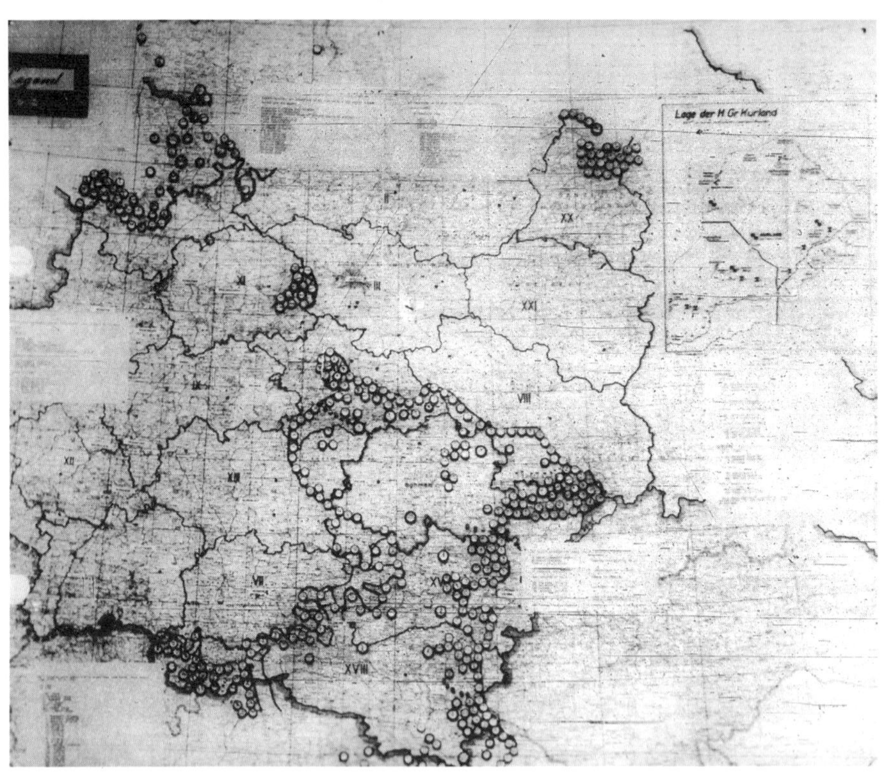

地图 2：这张地图是国防军最高统帅部为西方盟国准备的，其中显示了 1945 年 5 月 12 日德国投降时国防军各师的所在位置。从中不难看到，在战争结束前，德军本可以针对日食行动，将大量作战部队调回德国中部，由此拖延时间，加剧盟军之间的紧张关系，但希特勒什么也没有做。图中正中央，位于柏林左侧的一小群部队是第 9 集团军和第 12 集团军，但在左上，第 3 装甲集团军或第 21 集团军已无影无踪，这表明在战争最后几天，他们可能已在向西撤退期间自行瓦解了。

刻根据情况采取行动，他很有可能选择一种军事战略：在易北河这条自然分界线附近继续拖延战争，加剧西方盟国与苏联之间的政治分歧。如果德军在这条政治分界线上向盟国施加战略压力，西方盟国与苏联便有可能爆发战斗，使纳粹德国获得喘息之机。但即便有这个情报上的意外收获，德国也没有制定出一份协调的战略；唯一的例外是在1945年春天，他们转移了一部分物资，但由于盟军的战略空袭使德国国内的铁路系统瘫痪了，其成果（如运走的弹药，以及燃油等各种原料）实际非常有限。[38]现在，苏联人离柏林只剩下50千米，希特勒却搬进了沃斯大街（Voßstraße）新帝国总理府下方的“元首地堡”，迟迟没有发布相关的战略指示。就算偶尔有决定做出，也往往为时已晚，而且大多不过是一些抵抗到底的空谈，甚至在希特勒无法有效行使权力时都不例外。4月15日，即苏军进攻柏林的前一天，希特勒发布了第73号元首令，为德国被腰斩后的情况作了指示——这表明，他可能已经接受了这种情况将发生的事实，并试图处理一些可能的指挥问题，这样一来，就算他本人身亡或无法理事，德国也将继续抵抗下去。[39]另外，在4月2日，或许是有感于缴获的盟军文件，希特勒提到，现在他唯一要做的就是“继续战斗，直到最后，哪怕没有一丝希望”，“但我本人将不会生活在第三帝国被征服后的残山剩水里”。[40]以上这一切，就是1945年1月底组建之后，维斯瓦河集团军群面对的战略环境。

本章尾注：

1. 参见《最后的记录，1945年：戈培尔日记》（*Final Entries 1945: The Diaries of Joseph Goebbels*），由休·特雷弗-罗珀编辑和作序（巴恩斯利：笔与剑军事出版社，2007年出版），第1页。戈培尔的日记为我们形象地呈现了战争最后几个月希特勒的内心世界。该书内容独特，展示了希特勒在战争末期的行为逻辑，以及纳粹政权在垂死之际对未来的幻想。就像本书中使用的其他日记和回忆录一样，戈培尔提到的大部分内容都可以得到其他回忆录和现有第一手文件的印证。

2. 参见海因茨·古德里安《装甲指挥官》（ *Panzer Leader*）（纽约：德·卡波出版社，1996年出版），第416页。

3. 参见海因茨·古德里安《装甲指挥官》，第387页。

4. 参见戴维·卡恩《希特勒的间谍：第二次世界大战中的德国情报》（*Hitler's Spies: German Military Intelligence in World War II*）（纽约：麦克米伦出版社，1978年出版），第441页。关于希特勒判断失误的情况，也可在该书第539—541页找到。

5. 在这方面，我们不得不提的一个人是奥托-恩斯特·雷默少校，他是希特勒的狂热支持者，并在奉希特勒之命占领柏林的宣传部大楼时被直接晋升为上校。他负责全权镇压兵变，为希特勒重新控制了首都局势。

6. 参见伊恩·克肖《希特勒，1936—1945：复仇之神》（*Hitler 1936—1945: Nemesis*）（纽约：W.W.诺顿出版社，2000年出版），第696—697页。

7. 7月20日的兵变发生后，古德里安立即颁布了一条命令，内容如下：“每个总参谋部军官也必须成为一位民族社会主义指导军官。他的作用不仅将体现在对战术和战略的娴熟掌握上，还要在政治问题上充当模范；他需要根据元首的思想方针，向年轻的指挥官进行政治灌输……”上述段落引自曼弗雷德·梅塞施密特编写的《纳粹国家中的国防军》（*Die Wehrmacht Im NS-Staat*）（汉堡：R.V.德克尔出版社，1969年出版），第435页。另外可参见杰拉德·瑞特林格撰写的《党卫队：国家犯罪的托词，1922—1945》（*The SS: The Alibi of a Nation, 1922-1945*）（伦敦：武器与铠甲出版社，1981年出版），第384—385页，其中讨论了7月20日政变之后，德军增设“民族社会主义指导军官”（Nationalsozialistischer Führungsoffizier，NSFO）这一职务的问题。

8. 参见美国军事研究文件MS A-862《德军在阿登的进攻准备》（*The Preparations for the German Offensive in the Ardennes*），第28页。

9. 参见霍华德·格里尔《希特勒、邓尼茨和波罗的海：第三帝国的最后希望，1944—1945》（*Howard D. Grier, Hitler, Dönitz and The Baltic Sea: The Third Reich's Last Hope, 1944—1945*）（马里兰州安那波利斯：美国海军历史学会出版社，2008年出版），第33—34页。另请参阅卡尔·邓尼茨的《回忆录：十年与二十天》（ *Memoirs: Ten Years and Twenty Days*）（马里兰州安那波利斯：美国海军历史学会出版社，1990年出版），第398—399页。

10. 参见霍华德·格里尔《希特勒、邓尼茨和波罗的海：第三帝国的最后希望，1944—1945》，第147—148页。格里尔在书中指出，在战争最后一年，希特勒的战略思想主要受到了邓尼茨的影响。后者向他保证，将通过部署革命性的U型潜艇重新为德国夺回战争主动权。他的观点也为希特勒命令东线德军死守要塞提供了极好的见解。但需要指出，希特勒也在西线发布了类似的要塞指令，尤其是对法国和海峡沿岸的各个港口。另外，1944年9月至12月间希特勒的战略行动也并不符合格里尔的论点，其中最鲜明的例子是守望莱茵行动的准备和执行。此外，在1945年1月至3月间，德国也在不断从波罗的海沿岸抽调部队。如果守望莱茵行动成功地让西方盟国退出战争，希特勒自然就不需要新式U型潜艇了。总之，格里尔的专著有助于解释希特勒和邓尼茨关系的某些方面，但在阐述战争末期德国的战略时，它并没能给出一份足够令人信服的答案。

11. 参见美国国家档案馆文件T-77/790/5518280《武器、弹药和燃油储备情况概览，1944年6月10日》（*Bildung von Waffen, Munitions und Betriebsstoffreserven, 6.10.1944*）。

12. 参见美国军事研究文件MS T-42《东西线的相互关系》（*Interrelation of Eastern and Western Fronts*），第38—40页（其中，文中提到的第2类兵员主要由海外德裔和素质较低的新兵组成）。另请参阅美国军事研究文件MS A-862《德军在阿登的进攻准备》第234—235页和美国国家档案馆文件T-77/790/5518282《西线的物资储备和场地利用情况，1944年9月27日》（*Bevorratung und Landesausnutzung West 9.27.44*）。

13. 参见海因茨·古德里安《装甲指挥官》，第381页。有趣的是，关于如何在此时赢得战争，古德里安并没有给出自己的战略见解。

14. 参见海因茨·古德里安《装甲指挥官》，第381页。另请参见于尔根·托尔瓦尔德《冬季的溃逃》（*Flight in Winter*）（纽约：万神殿出版社，1951年出版），第14—15页

15. 参见于尔根·托尔瓦尔德《冬季的溃逃》，第16—18页。

16. 参见格奥尔格·迈尔《布达佩斯和维也纳之间的戏剧》（*Drama between Budapest and Vienna*）（温尼伯：J.J.费多罗维茨出版社，2004年出版），第113页。

17. 参见盟军远征部队最高司令部联合情报中心（SHAEF JIC）于4月20日起草的报告（科尼利厄斯·瑞恩档案：第42号文件盒/第3-4号档案袋）。

18. 参见于尔根·托尔瓦尔德《冬季的溃逃》，第147—148页。但在邓尼茨的回忆录中，他从未提到过海军运输船不足导致库尔兰撤军无法完成的问题。不仅如此，他还进一步表示，希特勒坚守库尔兰的决策并没有受到德国海军的影响（参见卡尔·邓尼茨《回忆录：十年与二十天》，第399—400页）。在必要情况下，德国海军确实有足够的运输船只完成从库尔兰撤军的行动：在战争的最后几个月，波罗的海沿岸一共有数十万平民和数万军人从海上撤往西方。

19. 参见霍华德·格里尔《希特勒、邓尼茨和波罗的海：第三帝国的最后希望，1944—1945》，第47页。

20. 参见F.霍弗，美国军事研究文件MS B-458《“民族堡垒”》（*National Redoubt*），第9页。

21. 参见美国第7集团军司令部《情报参谋部门对“民族堡垒”的研究，1945年3月25日》（*G-2 Study on National Redoubt, Mar 25, 1945*）（科尼利厄斯·瑞恩档案：第65号文件盒，第4号档案袋）。但讽刺的是，这些部署完全是源于希特勒的战略无能，与通过保卫堡垒延长战争的宏大设想毫无关系。

22. 参见科尼利厄斯·瑞恩《最后一役》（*The Last Battle*）（纽约：口袋图书公司，1985年），第101页。

23. 参见《德国人对雅尔塔会议的看法》（*German View of Yalta Conference*）（科尼利厄斯·瑞恩档案，第246柜，第441号文件盒，第855号档案袋）。

24. 参见《德国人对雅尔塔会议结果的讨论》（*German Discussion of Yalta Conference Results*）

（科尼利厄斯·瑞恩档案，第246柜，第441号文件盒，第969号档案袋）。

25. 参见《纽约时报》1月15日，意大利人对卡萨布兰卡会议的政策感到遗憾。

26. 参见《纽约时报》1月15日，惠勒抨击盟国的目标。

27. 参见《纽约时报》1月17日，丘吉尔否认战争因无条件投降立场而延长。如文中所述，罗斯福总统始终坚持无条件投降的要求，并在美国引发了一场论战，这件事情也引起了戈培尔的关注，甚至3月24日，戈培尔仍在日记中饶有兴致地提到，罗斯福正在承受美国参议院的巨大压力，要求他与德国签订较为宽容的和平协议。以上内容出自《最后的记录，1945年：戈培尔日记》第219页。

28. 参见《日食行动/弗伦斯堡政府文件》（科尼利厄斯·瑞恩档案，第44号文件盒，第6号档案袋），第1页。

29. 参见《日食行动/弗伦斯堡政府文件》，第7—8页。

30. 需要指出，日食行动的文件展现了一种对德国问题的短视，这种短视建立在对德国民族主义和身份认同的刻板印象之上。

31. 参见阿格斯蒂诺·冯·哈塞尔和西格里德·麦克雷合著的《与敌人结盟：美国与德国结束二战的秘密合作——一个不为人知的故事》（*Alliance of Enemies: The Untold Story of the Secret American and German Collaboration to End World War II*）（纽约：托马斯·邓恩出版社），第203—204页。

32. 参见海因里齐访谈稿（第4号录音带）（科尼利厄斯·瑞恩档案，第68号文件盒，第6号档案袋），第4页。

33. 参见古德里安《装甲指挥官》，第382—385页。

34. 参见格里尔《希特勒、邓尼茨和波罗的海：第三帝国的最后希望，1944—1945》，第119—120页。另外，不顾古德里安的反对，邓尼茨给德国陆军在柯尼斯堡（Königsberg）和波罗的海沿岸的行动施加了很大影响。在此期间，他承诺每天为柯尼斯堡的德国守军提供2000吨物资。不仅如此，他还敦促必须守住海岸地带，受此鼓舞，希特勒在3月11日指示陆军最高司令部，必须坚守包括但泽、哥滕哈芬（Gotenhafen）和皮劳（Pillau）在内的海岸地区。

35. 参见格里尔《希特勒、邓尼茨和波罗的海：第三帝国的最后希望，1944—1945》，第84—85页。1945年2月中旬，库尔兰的德军一共拥有632辆坦克和突击炮，其中包括69辆豹式和虎式坦克。3月，其坦克和突击炮共有550辆，其中330辆可以出动。古德里安也提到，库尔兰的装甲车辆和整个西线几乎一样多。战争结束时，滞留在当地的德国士兵达到了数十万之多。

36. 参见海因里齐访谈稿（第3号录音带）（科尼利厄斯·瑞恩档案，第68号文件盒，第3号档案袋），第6页。

37. 参见海因里齐访谈稿（第4号录音带），第2页。

38. 在1944年8月到12月间，盟军对德国铁路编组站的投弹量从2058吨上升到了56436吨，极大影响了德国的铁路运输。其间，德国的装运货车总量从8月的3875辆降到了1944年12月的2600辆，同时，其每千米净运输吨位减少了近一半，即从1450万吨减少到了880万吨。以上内容摘自《美国战略轰炸调查报告》（*United States Strategic Bombing Survey*）第137页。

39. 参见休·特雷弗-罗珀《从闪电战到失败》（*Blitzkrieg to Defeat*）（纽约：霍尔特、里内哈特和温斯顿出版社，1964年出版），第209—212页。

40. 参见休·特雷弗-罗珀《从闪电战到失败》，第213页。

第二章

维斯瓦河集团军群，1945年1月至3月

虽然本书不打算详述海因里齐接管之前（1945年1月至3月）维斯瓦河集团军群的历史，但仍将对那段时间发生的关键事件做简单介绍。1945年1月12日，正如格伦预言的那样，苏军发动了维斯瓦河–奥得河冬季攻势。在维斯瓦河畔，德军的防线十分脆弱，而且缺乏弹性，短短几周内，苏联红军便达成了突破，还绕过重要的抵抗中心，兵锋直抵奥得河畔。希特勒将许多城镇划为要塞，比如波森（Posen）、布雷斯劳（Breslau）、施奈德米尔（Schneidemühl）、阿恩斯瓦尔德（Arnswalde）和格洛高（Glogau）①，以尽可能地从后方拖延苏军。面对A集团军群的灭顶之灾，德国人被迫重新组织战线。1月24日，应古德里安的要求，希特勒下令组建一个新的集团军群——维斯瓦河集团军群，以应对苏军进攻轴线（即柏林和德国东部方向）上四分五裂的局面，[1]下属部队则包括A集团军群和中央集团军群旗下的第9、第11和第2集团军。1月25日，德军还将北方集团军群改名为库尔兰集团军群，将中央集团军群改名为北方集团军群，A集团军群则更名为中央集团军群。其中，新的北方集团军群将奉命守卫柯尼斯堡和东普鲁士。至于维斯瓦河集团军群的任务，按照总参谋部上校汉斯–格奥尔格·艾斯曼［Hans Georg Eismann，他也是维

---

① 以上五地均在今天的波兰境内，现名分别为波兹南（Poznan）、弗罗茨瓦夫（Wrocław）、皮瓦（Piła）、霍什奇诺（Choszczno）和格沃古夫（Głogów）。

斯瓦河集团军群的作战参谋（1. Generalstabsoffizier，Ia）］的说法，则是“尽可能在靠东的地方重建前线，全力阻止苏军向波罗的海沿岸挺进，以此在西里西亚中部至维斯瓦河下游地区构建一条稳定的防线”。[2]维斯瓦河集团军群成了陆军最高司令部旗下最重要的指挥部门，但在确定指挥官时，希特勒却排除了国防军将领，选择了党卫队全国领袖海因里希·希姆莱。

这种做法绝非偶然。在1944年7月20日遇刺之后，希特勒开始越来越倚重他的亲信。早在1944年12月10日，他便将希姆莱任命为西线上莱茵河集团军群（Heeresgruppe Oberrhein）的司令。这一任命也凸显了希特勒对传统军事指挥体系的不信任：希姆莱的指挥部无须向西线最高司令部汇报（OB West），而是直接对国防军最高统帅部负责；在实际指挥时，希姆莱又绕过了国防军最高统帅部，直接向希特勒汇报。[3]但信任远不是这次任命背后的唯一原因：随着战争持续，希特勒越来越相信，士兵的精神力量远比物质力量（如武器和装备）重要。由此也催生了一种想法，就是让士兵用意志（尤其是德国士兵的纳粹主义狂热）抵消盟军的人力和装备优势——尤其是在1944年夏天，法国和俄罗斯的两次惨败之后，这种想法就变得更加明显。而1944年秋天，希姆莱与国防军最高统帅部在振作西线部队士气方面的努力，又恰好与希特勒的想法不谋而合。当时，经过夏季的惨败，西线国防军部队的士气极为低落，逃兵数量急剧攀升。[4]为了遏制越来越多的逃兵，国防军最高统帅部在希姆莱的影响下采取了一项措施：如果士兵擅离职守，他的家人将承担连带责任。[5]这种做法在当时被称为“连坐法”（Sippenhaft）。1944年11月19日，最终命令由凯特尔签署，并由格德·冯·伦德施泰特（Gerd von Rundstedt）元帅在西线最高司令部辖区内发布。其中规定，任何有逃兵嫌疑的人都将被没收全部家庭财产，同时，根据希姆莱的说法，任何逃兵的家属都将被逮捕或处决，因为只有严刑峻法才能稳固防线。毫无疑问，希特勒赞同希姆莱的行为，并在3个星期后将其派往上莱茵河集团军群。考虑到早在希特勒遭遇暗杀未遂之后的7月21日，希姆莱便被任命为预备军（Ersatzheer）的司令，因此可以说，这道命令等于让他进一步掌握了军权。面对苏军的维斯瓦河–奥得河攻势，德军的东部战线迅速崩溃。此时的希特勒可能相信，只有严厉的指挥官才能挽救局势，也正是这种情况，在1月23日，他将希姆莱任命为新组建的维斯瓦河集团军群指挥官。[6]

希姆莱的指挥思路也反映在了他于2月11日发布的一道命令上。

下文根据维斯瓦河集团军群司令、党卫队全国领袖希姆莱的一份公告摘译而来：

1945年2月11日/14日

几天前，我已命令枪决前布伦贝格（Bromberg）市的党卫队旗队长兼警察领袖冯·萨利施（von Salisch）——因为他懦弱地逃离了所在的城市。同样，我还根据军事法庭的判决枪决了冯·哈森施泰因（Oberst von Hassenstein）上校，因为有确凿消息显示，他贸然擅自抛弃了负责的阵地。

我希望每位军官都以身作则，发挥表率作用。如果军官身先士卒，士兵就会奋不顾身。反过来，如果他们表现出一丝软弱、胆怯和恐慌，就不配拥有军衔和肩章。

我希望军事法庭采取严厉手段，就像普鲁士时代的德国军队一样。我们的当务之急只有一个——坚持战斗，只有如此，我们才能恢复进攻并打败敌人。军官们，请想一想成千上万被强奸的妇女，被杀害的老幼，燃烧的村庄和农场。自1918年以来，我们一直遭受着犹太–布尔什维主义的威胁。如果不是命运给我们带来了元首，整个欧洲就会陷入红色的泥沼。斯大林和布尔什维克们从来没有改变。

东部民众的惨状更是驳斥了叛徒塞德利茨（Seydlitz）及其委员会的一派胡言。

俘虏和逃兵将成为斯大林的工具，沦为任由政委摆布的奸细和炮灰。

如果我们这些后人比不上弗里德里希大王时代或民族独立战争（即1813—1815年的反拿破仑战争）中的军官，或是不如一战中的父辈，所有光荣的传统就将蒙上污点。

无可否认，我们遭遇过许多灾难，也经历了不少失败。但有一点毋庸置疑，如果每个人都履行职责，我们就可以击败来势汹汹的布尔什维克，将他们赶出我们的国家——在这方面，军官更应责无旁贷。我们必须立下宏图大志，成为元首的忠实信徒，拯救国家和人民。所有轻视过我们的人，都将被扫除和消灭！我们必须比老弗里茨（即弗里德里希大王）的军官们更为出色。

军官们，不管你是将军还是尉官，你们已经为德意志大军流过无数的血，受了无数的伤，但现在，请你们拿出超越以往的努力，带领英勇的士兵们继续作战。请在您和士兵们的心中播下狂热，带着对布尔什维克怪物的刻骨仇恨继续作战，直到胜利的那一天。请告诉你们的士兵，布尔什维克——这些野兽和人类社会的破坏者——只有两个选择：要么投诚或投降，要么被赶尽杀绝。

战友们，上帝从未抛弃他的子民，他一直在帮助我们战胜艰难困苦。所有人务必恪尽职守。

元首万岁！[7]

这份公告也反映了当时前线德国士兵的心态，其中夹杂着恐惧、希望和迷信。在全文的最后部分，希姆莱还提到了上帝，考虑到他一直信奉无神论，这无疑从侧面表明了在苏军发起维斯瓦河–奥得河冬季攻势后，德国人的心态究竟有多么绝望。

和希姆莱一样试图用威胁重振士气的还有中央集团军群的司令费迪南德·舍尔纳，其部队防区位于希姆莱的南方。这也说明了一个关键事实：在战争的最后几个月，希特勒越来越依赖这种类型的指挥官保卫德国的土地。与希姆莱不同，舍尔纳是一位真正的将军和战争英雄：1917年10月，他因在卡波雷托战役（Battle of Caporetto）中的勇敢表现而获得了德意志第二帝国的最高军事荣誉——蓝色马克斯勋章。之后，他加入魏玛国防军，还在1923年参与过“啤酒馆政变”，后来在1944年被任命为首席民族社会主义指导军官。1944年，由于防御库尔兰期间的出色表现，他获得了骑士十字勋章的钻石饰。他之所以能做到这一点，根本原因在于雷霆手段，很多有软弱迹象的士兵被就地处决。他还组建了巡逻宪兵分队，下令对所有在后方游荡的人员处以绞刑，还解除了心慈手软的军长和师长职务。他的口头禅是：“（士兵）害怕长官应甚于害怕敌人。”[8]毫不奇怪，舍尔纳严厉的治军策略和用坚强意志克服逆境的做法引来了希特勒的垂青。在希特勒的遗嘱中，舍尔纳被任命为德国陆军总司令，这一点显然和两人的密切关系有关。[9]但在战场上贯彻希特勒的意志和成为优秀的战地指挥官明显是两码事——希姆莱很快就会证明。

希姆莱并不能胜任维斯瓦河集团军群司令一职。根据其作战参谋艾斯曼

（Eismann）的回忆，希姆莱只能依靠一部电话、几张过时的作战地图和两位参谋军官调遣支离破碎的部队，更不用说重组整个战线。希姆莱缺乏有效运转的指挥部门，在参谋班子中，只有艾斯曼一人战斗经验尚且丰富，但他却是一位“圈外人”——和司令部的其他高级参谋军官不同，他并不是党卫军的人。[10]此外，维斯瓦河集团军群还缺乏有效的通信体系。有鉴于此，艾斯曼敦促希姆莱和陆军最高司令部推迟该指挥部的组建，直到通信准备就绪。但希姆莱和陆军最高司令部却表示反对。为了说明自己的观点，艾斯曼向希姆莱解释说，无法建立有效的指挥和控制就会酿成混乱，届时——

1945 年 2 月 16 日，希姆莱发布了如下指示：“从今日起，我希望各师上报狙击手的杀敌数字。在此前的几个月中，党卫军和国民掷弹兵师一直在进行竞赛，拥有 50 个确认战果的狙击手将得到本人的亲自接见，外加一块手表和 14 天假期，拥有 100 和 150 个确认战果还将有额外的表彰和奖励。”这张照片中，希姆莱正在向维斯瓦河集团军群的 3 名优秀狙击手颁发狙击手臂章（Scharfschützen-Abzeichen）。左面士兵手中的盒子表明，他刚刚得到了手表作为奖励。尽管这些士兵看上去都很年轻，但都佩戴着一级和二级铁十字勋章以及战伤勋章，此外，最右面的士兵还获得了步兵突击章。值得注意的是，希姆莱的兴高采烈和年轻获奖者的拘谨表情形成了鲜明对比。另外，这张照片似乎是在希姆莱的私人装甲指挥列车“施泰尔马克”号上拍摄的，在担任集团军群司令期间，他经常在车上处理军务。

……人们就会成为刚漂流到荒岛上的鲁滨孙。一个从没接受过军事战术训练的人，显然无法靠口口相传的方式指挥一个连，更何况是战线绵延超过250千米的两个集团军——甚至在没有战斗的情况下都是如此。我们总会说随机应变，但对于这句口号，我们存在很大误解。但凡一个人对通信手段（如电话、电传打字机、无线电和飞机）在现代战争中的决定性作用有一知半解，就会知道在这种情况下，随机应变其实毫无意义。

对于任何高级参谋人员或任何陆军参谋部门来说，通信部队都是必不可少的。其规模和技术装备组成取决于上级指挥部的任务，换句话说，即该指挥部统辖着多少部队，以及后方到前方的距离。通常情况下，一个营需要配备一个通信排。至于高级指挥部则需要配备一个下辖3—4个营的通信团。但在这里，通信团并没有到位，甚至连通信排都不存在。

希姆莱的专列“施泰尔马克”号（Steiermark）是一座可移动的野战指挥所。对于这个拥有党卫队全国领袖、内政部长和预备军司令等一长串头衔的人来说，它带来了一种相对舒适的现代化环境，让他能在旅途中完成各项工作。火车上搭载了上述所有机构的代表，还有一个由助手和秘书们组成的小型参谋班子，后者配备了打字机和各种档案文件。在通信方面，列车上配备了电话、一部电传打字机和一个无线电室。这些通信网络最初有着完全不同的使命，但现在，它们要为整个高级指挥部服务。不用多说，即使是用来应急，这一切也会让人苦不堪言。在拥挤的车辆里，借用别人的桌子，和10个人共用1部电话——这怎么能指挥大军？只有在收费电话亭里才会出现这种场面。[11]

按照艾斯曼的说法，希姆莱甚至对野战指挥一窍不通。他根本不会使用测距仪，更读不懂地图上的比例尺。他经常命令部队孤军作战，还总在不明就里的情况下命令发动无意义的进攻。[12]不仅如此，他还肩负着一项双重任务：既要坚守波罗的海沿岸，又要重组整个集团军群——对于久经战阵的指挥官来说，这都是一项艰苦的工作，更何况是希姆莱这样的门外汉。艾斯曼还隐晦地提到，希姆莱的任命更可能源自更深层的政治因素，而且没有得到陆军最高司令部的支持：

这张是海因茨·古德里安担任陆军最高司令部参谋长期间的最后几张照片之一。照片中，他正在参加军事会议，主题似乎与1945年3月6日的东线军事形势有关。在古德里安左手旁就坐的是德国的新闻主管、党卫队高级地区总队长奥托·迪特里希博士（Dr. Otto Dietrich），而其他人则身份不明，但其中不乏级别较高和功勋卓著的官兵。

后来我才意识到，从一开始，陆军最高司令部就打算给希姆莱的指挥制造麻烦……

希姆莱之所以接过这个要职，很大程度上是希特勒在绝望之下的产物：它来自一时冲动，目的是扭转局势。作为希特勒的忠实门徒，希姆莱至少是一个可以指望的人，一旦他担任指挥官，这个职务就不会落到他深恶痛绝的将军们手中——因为后者已经看清了战争失败的事实。但和很多情况一样，希特勒无视了种种显而易见的事实。不仅如此，我还从这次任命中隐隐感觉到希特勒的弄臣们似乎看到了一个构陷希姆莱——这个他们最惧怕的实权人物——并让他失宠的好机会。除了希姆莱本人之外，其他所有人似乎都认为，这个新职位看上去风光无限，实际上危机四伏。事实上，希姆莱的影响力很快就消失了。[13]

在纳粹德国崩溃前夜，政治内斗似乎压倒了防御外敌的工作。考虑到1933年纳粹掌权以来，就始终将防御外敌标榜为一项重要使命，这一点就显得格外讽刺。

在担任陆军总参谋长期间，古德里安曾极力反对将希姆莱任命为维斯瓦河集团军群的指挥官，随后，希姆莱的拙劣表现（虽然部分是因为陆军最高司令部的刁难）似乎更印证了古德里安的预言。在组建之初，希姆莱的部队由3个集团军组成。其防线从西普鲁士和波美拉尼亚的沿海地区（长130千米）向南延伸，经奥得河一直抵达一座名叫施韦特（Schwedt）的大城镇——当地也是第2集团军和第11集团军的防区。2月，随着第11集团军的指挥部调往西线，第3装甲集团军司令部接管了前者的下属单位。从施韦特向南一直到格尔利茨（Görlitz）以北则是第9集团军的防区，按照艾斯曼的说法，该部队已在波兰遭到重创，在军事上几乎没有价值。[14]另外，尽管希姆莱仍然担任着预备军的司令，但他并没有利用这一身份向饱受摧残的各集团军紧急调拨士兵或装备。

除了抵御苏军、重组部队之外，希姆莱不久还接到了第三项任务：对苏军的北翼发动反击。这次攻势源自古德里安的想法，在他看来，扰乱苏军对德国东部和柏林的攻势准备是当务之急。有鉴于此，德军应发动一场双管齐下的攻势，其中一路部队将从北部的斯塔加德（Stargard）①出动，另一路将从南部——屈斯特林和奥得河畔法兰克福（Frankfurt-an-der-Oder）之间——进攻。同时，古德里安还希望将抽调自巴尔干、意大利、挪威和库尔兰桥头堡的部队用于这次反击，但希特勒没有批准上述调动，这让古德里安产生了一种错觉：希特勒会把刚结束守望莱茵行动的第6装甲集团军投入这次进攻。但与他的期待相反，希特勒把这支部队调拨给了南方集团军群，以参与解救布达佩斯的进攻。[15]另外，古德里安还希望将这次进攻交给一位精明强干的指挥官，并提名由陆军最高司令部指挥局局长瓦尔特·温克（Walter Wenck）少将②负责此事。而希特勒则继续偏袒希姆莱，这让古德里安在人选问题上与之产生了冲突。最终，古德里安赢得了争论，希特勒则被迫承认：希姆莱可能并不适合这

① 即今天波兰的什切青旧城。

② 原文如此，但1945年2月时，瓦尔特·温克的军衔实际为陆军中将。

个职务。[16]

这场攻势就是夏至行动（Operation Sonnenwende），按照最初的设想，这将是一场大胆的钳形攻势（参见地图3、彩色地图1和彩色地图2）。但由于希特勒仅同意从斯塔加德地区发动进攻，且只在进攻中投入少量被匆忙调往当地的部队，该行动规模被迫大幅度缩水。温克倍感愤怒，甚至主动提出辞职，因为他认为这次攻势不仅无法取消，而且没有成功的机会。[17]但古德里安拒绝了他的请求。在一次结束晚间会议，从元首地堡返回期间，驾车中的温克忽然睡着，车辆被当场撞毁。他本人伤重入院，再也无法领导攻势，职务被希姆莱取而代之。这次进攻于2月15日开始，由于出其不意，德军突入苏方战线十余千米，但由于兵力不足，他们并没有取得太多战果。不久，希特勒便叫停了行动。到2月21日，德国对苏军侧翼的攻击已经结束。[18]这次失败也加剧了希姆莱和古德里安之间原本紧张的关系。

瓦尔特·温克，第12集团军司令，在战争结束前，他迎难而上，朝科涅夫的大军发起反击，拯救了雷曼集团军集群和第9集团军。

（参见彩色地图1和彩色地图2）[19]

很多人曾经认为，这次由古德里安提议、希姆莱执行的进攻暂时拯救了柏林，原因是它迫使朱可夫停止西进，转而派兵肃清北翼（参见彩色地图3）。但现实情况是，苏军进攻波美拉尼亚和东普鲁士的计划早已制订。早在2月9日，I.D.切尔尼亚霍夫斯基（I. D. Chernyakovskii）元帅的第3白俄罗斯方面军便接到斯大林的命令，要求他在2月25日之前歼灭盘踞在东普鲁士“海利根贝尔口袋”（Heiligenbeil Pocket）的第4集团军。[20]在这次攻势进行期间的2月18日，切尔尼亚霍夫斯基不幸身亡——当时，一枚德军射出的炮弹击中了他搭乘的轿车。[21]A.M.华西列夫斯基（A.M. Vasilevskii）接替了他的职务，并迅速修改了进攻方案。新计划将摧毁第4集团军的时间推迟到了3月22日，并计划从

4月初开始攻击柯尼斯堡。[22]同时，苏联最高统帅部（Stavka）也在2月8日向康斯坦丁·罗科索夫斯基（Konstantin Rokossovsky）元帅下达指示，要求他向北攻击德国的第2集团军，切断东普鲁士守军与本土的联系，然后在3月初挥师向西朝奥得河进攻。[23]按照苏军指挥官们的看法，在当地的战斗将和1月在波兰的攻势一样易如反掌，但他们忘记了一点：在为故土而战时，德军将更加坚定和顽强。这种情况之所以存在，正是因为负责防守的国民突击队员和警备单位（Alarm Einheiten，成员大多是从军校抽调的军官候补生和士官候补生）都来自当地的乡村和城镇。

（参见彩色地图3）

同时，针对维斯瓦河集团军群的夏至行动，苏联发起了规模更大的联合攻势，意在占领奥得河以东的波美拉尼亚地区。2月24日，即希特勒取消攻势3天后，苏联便发动了进攻。3月3日，罗科索夫斯基的部队抵达科斯林（Köslin）①附近的海岸，将第2集团军切断。2天后，苏军又在科尔贝格（Kolberg）附近兵临波罗的海，使第3装甲集团军的下属部队陷入孤立。到3月25日，残余的德军已被装入3个“口袋”。3月28日，孤悬在哥滕哈芬（Gotenhafen）②的德军宣告投降，但泽守军也在3月30日交出了武器。第2集团军的残余部队退往但泽湾沿岸的海拉半岛（Hela Peninsula），并苟延残喘到5月8日。[24]

随着波美拉尼亚的陷落，古德里安开始大力要求希特勒从东普鲁士和库尔兰撤军（参见彩色地图4），但这两种尝试都落空了。[25]另一方面，尽管夏至行动草草收场，波美拉尼亚也宣告失守，但希姆莱仍然指挥着维斯瓦河集团军群，而失败则依旧接踵而来。[26]整个3月，他不仅没能消灭奥得河西岸的苏军桥头堡，而且德军在东岸的据点也奄奄一息。由于没能从遥远的前线调集部队加强第3装甲集团军或第9集团军，古德里安只好改弦更张，试图用一位更精干的指挥官替换希姆莱。另外，按照戈培尔的说法，这时的希姆莱似乎也在寻找退路，从而给古德里安带来了方便。戈培尔在3月21日的日记中写道：“我听说，希姆莱现在愿意交出他的维斯瓦河集团军群。我认为，事情就应该

---

① 即今天波兰的科沙林（Koszalin）。
② 即今天波兰的格丁尼亚（Gdynia）。

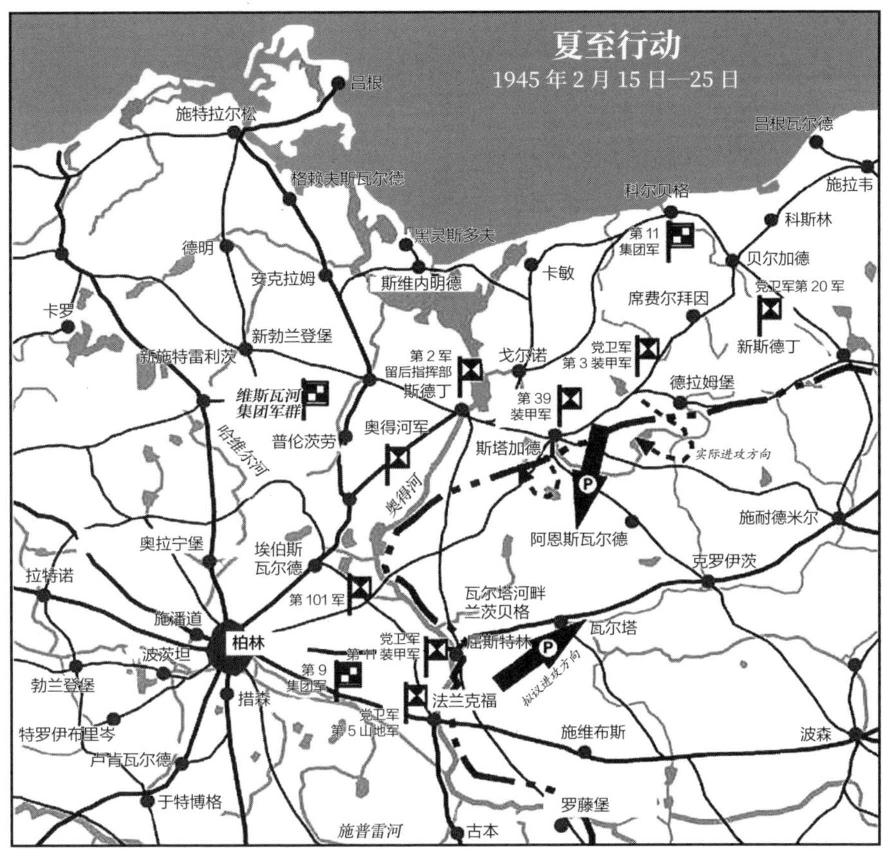

地图 3：本图展示了夏至行动的计划和执行情况。该行动是古德里安的手笔，其中标有“P”的实心箭头代表了原计划，它将是一次钳形攻势，虚线箭头是实际执行情况，即对朱可夫北翼的有限攻击。

这样办。毕竟，希姆莱在维斯瓦河集团军群的任务应当是解救危难。不幸的是，他却执迷于获得军事荣誉，并因此一败涂地。”[27]不久，希特勒便在古德里安的游说下，任命戈特哈德·海因里齐陆军大将担任维斯瓦河集团军群的指挥官。[28]

在战后采访中，海因里齐这样描述自己接到任命时的经历：

（参见彩色地图4）

1945年3月20日，我从电话中得知自己被任命为维斯瓦河集团军群的

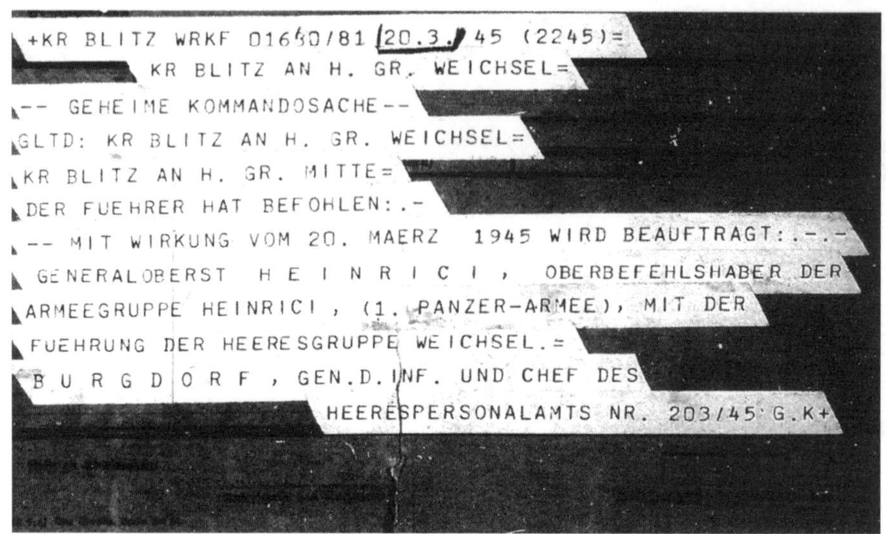

+KR BLITZ WRKF 01680/81 20.3.1945 (2245)=
KR BLITZ AN H. GR. WEICHSEL=
-- GEHEIME KOMMANDOSACHE--
GLTD: KR BLITZ AN H. GR. WEICHSEL=
KR BLITZ AN H. GR. MITTE=
DER FUEHRER HAT BEFOHLEN:.-
-- MIT WIRKUNG VOM 20. MAERZ 1945 WIRD BEAUFTRAGT:.-.-
GENERALOBERST H E I N R I C I , OBERBEFEHLSHABER DER
ARMEEGRUPPE HEINRICI , (1. PANZER-ARMEE), MIT DER
FUEHRUNG DER HEERESGRUPPE WEICHSEL.=
B U R G D O R F , GEN.D.INF. UND CHEF DES
HEERESPERSONALAMTS NR. 203/45 G.K+

宣布海因里齐担任维斯瓦河集团军群司令的电传文件。

司令。此前，我一直指挥着第1装甲集团军，并在2月和3月间同俄国人反复激战。战斗的焦点是科塞尔（Cosel）①——苏军当时正从里奥布许茨（Leobschütz）②附近长驱直入，并朝特罗保（Troppau）③扑去，意在夺取仍被德军掌握、控制的上西里西亚的残余地区。在接到任命时，我非常惊讶。对于希特勒而言，我显然是个不受欢迎的人物。

我也清楚地知道，前方是从未有过的困局。通过集团军群下属指挥官的报告，我早已对与那个人（即希特勒）合作的难度略知一二。而且我还感觉到，在即将到来的柏林决战中，我将扮演关键角色。但对于困难具体是什么，我又一无所知。我的勤务官问我是否愿意接受任命。我的回答是：

“这是我的职责。就像接到调令的普通士兵一样，他无权对命令说三道四。我也必须像军人一样接受这道命令，把我调到哪里，就在哪里战斗。我当

① 即今天波兰的科兹莱（Koźle）。
② 即今天波兰的格武布奇采（Glubczyce）。
③ 即今天捷克的奥帕瓦（Opava）。

然知道其中的难处，但为了完成任务，我将竭尽全力。”

3月22日，我在清晨搭乘飞机前往包岑（Bautzen）。直接飞往柏林是不可能的。不久前，舍尔纳集团军群的参谋长——冯·克叙兰德（von Xylander）刚刚因为座机被击落而身亡。随后，我在春季清晨的阳光明媚中前往措森（Zossen），前去会见参谋长古德里安大将。[29]这趟行程中，我穿过了一片春意盎然的土地，仿佛没有被战争打扰。这里看不到敌军空袭造成的破坏，直到抵达卡门茨（Kamenz）和森夫滕贝格（Senftenberg）时，才响起了空袭警报，大喇叭里播放着这样的公告：“敌方轰炸机编队位于德国西部上空，正在飞往易北河和萨克森方向。”在接下来的几个小时，我们见证了平民百姓的焦虑和煎熬。

空袭重创了措森地区。许多房屋化为瓦砾，剩下的也遭到了严重破坏。总参谋部作战局局长汉斯·克雷布斯（Hans Krebs）将军头上绑着白色绷带：在接到空袭警报后，他没有采取任何预防措施，而是继续在办公室工作，因此被弹片击中多处。一见面，古德里安将军便给出了开场白：

“我说服希特勒任命您担任维斯瓦河集团军群的指挥官。他最初的人选是X中将（作者按：古德里安并未向海因里齐透露过这个人的名字。但事实上，古德里安最初期待的人选是瓦尔特·温克将军）。但我想的是，在这种情况下，我们更需要一个有对俄作战经验的人。任命希姆莱，我们什么事情也办不成。这个人对军事一窍不通，对战术或战役问题更是全然无知，行事毫无章法。但现在是时候改变了，因为根据判断，俄国人将很快进攻柏林。虽然进攻何时开始尚无法确定，不过，时间可能只剩下几天。**交给您的任务将非常艰巨。这项任务无论如何都应当做到一点：绝不能让最可怕的敌人——斯大林——看到柏林。**”

……之后，我请求古德里安介绍总体局势。目前，英军和美军已在莱茵河西岸暂时停下脚步。古德里安再次强调，我们的任务是不惜一切代价坚守奥得河。而抵御东方敌人（苏联）的成败又取决于一个事实——德军在当地部署的装甲车辆，据估计，其总数只有850辆左右。对于部队的总体部署，古德里安将军显得有些激动和亢奋。谈到与希特勒的合作，他对自己遭遇的掣肘直言不讳，这种躁动让人预感他们的合作将无法长期维持。在危急关头，他公开抵制元首的军事领导，后者的意愿和对局势的见解似乎完全脱离现实，就像空中楼阁。[30]

根据海因里齐的说法，古德里安的原话是这样的：

战争打得简直匪夷所思。在阿登发起攻势是一个十足的败笔。我一再乞求希特勒将我们的部队撤出阿登，放到东线去，因为我知道俄国人会发起攻击。这种将装甲部队聚集在西线的做法，成了波兰战线崩溃的导火索。最终，虽然这些部队从西面调回了，但马上被送到了匈牙利的巴拉顿湖（Plattensee），并投入了一场完全无用的进攻。还有18个师被牵制在了库尔兰，在别处急需部队时，这些师却无所事事！甚至日常工作都没法开展。我每天必须两次开车去希特勒的地堡——让人没法忍受。接着，还得在那里待上几个小时，讨论些毫无意义的事情。我无法完成任何工作，时间要么被花在了路上，要么得在地堡内忍受各种胡言乱语。[31]

可以推测，古德里安虽然没有挑明，但明显对日食行动心知肚明。毕竟，那张瓜分德国的地图一直摆在他桌子上的一堆作战地图里。在与古德里安的会晤中，海因里齐虽然没有得知日食行动的存在，但几天后他却了解到，古德里安曾计划派遣格伦中校前往他的司令部（在古德里安被希特勒解职之前），以确保这位集团军群司令了解日食行动和这次任命的意义。[32]古德里安对这份“盟军最高机密”隐晦其辞，难免让人怀疑他是否真的相信了其中的内容。但如果海因里齐的叙述属实，我们似乎可以确定，古德里安显然对这份文件有所了解，因为他曾经提到：“这项任务无论如何都应当做到一点：绝不能让最可怕的敌人——斯大林——看到柏林。”言下之意是，可以让西方盟军渡过易北河，让他们占领柏林和德国东部地区。古德里安之所以选择在东线抵抗到底，似乎并非源自纳粹主义的狂热——毕竟，在战争末期，大部分高级指挥官已经与希特勒离心离德，而是出自另一种愿望——保卫国土，使其免于遭受苏军的报复。这不是古德里安第一次发现自己遭受失败的折磨。在1918年，一战德国战败前夕，他便萌生过以抵抗求和平的想法；而他对海因里齐的指示，似乎正是这种心态的自然延续。

如果我们读一读古德里安在一战期间和战后的私人信件，就不难理解他在1945年3月时的心态。在1914年12月的一封信中，他这样写道："只有一件事是确定的：我坚信战争将迎来一个最好的结局，为此，什么代价都可以付出……这是我的热切期盼。愿所有的牺牲都不会白费，愿我们每个人都在死时毫无悔恨。"[33]而在战争结束后一年（1919年12月7日）写给妻子的另一封信中，古德里安对抵抗的愿望更是显而易见：

敌人现在简直是盛气凌人——我们看得一清二楚。但请坚强起来，不要屈服！……我们必须看到，这可耻的和平并没有得到贯彻，我们骄傲的军队也没有消亡——至少，它为维护荣誉进行了尝试。我们将不假思索地践行过去的誓言："有一个兵，就会捏着拳！有一只手，就会握着枪！"——就像《守望莱茵》和老普鲁士进行曲中歌唱的那样。[34]

在写下这段话之后的第26年，以及参与史上最残酷的地面战役——入侵苏联——之后的第4年，古德里安仍然希望在东方继续抵抗。他知道，尽管西方盟国只是暂时在莱茵河停下了脚步，但西线的战斗事实上已经结束了。剩下的关键是让苏军止步于奥得河前线，让柏林免遭占领。届时，如果西方盟军渡过易北河并抢先攻占这座城市，德国的残余领土将免遭浩劫。就像在1919年，古德里安曾强烈抵制《凡尔赛和约》一样，1945年的他知道，日食行动意味着对德国的彻底征服——尤其是考虑到东部将落入苏军手中，他将更坚决地为这种行动大声疾呼。

离开措森后，海因里齐驱车前往位于比尔肯海姆（Birkenheim）的新总部，它位于离措森约7.5千米的一片森林中。在那儿，他见到了希姆莱，但这次职务交接却无比漫长和尴尬。对于开始时的情况，海因里齐回忆说：

希姆莱向我致意，但有迹象显示，他很不愿放弃这个岗位。他认定，或者说是深深相信，元首将赋予他一项更伟大的使命，但这与领导集团军群的任务又是格格不入的……他相信，为了更好地介绍集团军群的局势，从头说起是非常必要的。然后他打了电话，叫来了新任命的参谋长金策尔（Kinzel）将军和艾斯曼上校。在这一年的2月，艾斯曼被任命为集团军群的作战参谋——在一个完全由党卫军人员组成的总部中，艾斯曼是唯一一个真正的总参谋部军官。随后，希姆莱又下令送来一堆地图，以便亲自向我展示战役决策。这部分集团军群的历史对我来说非常无趣。我更关心的是最近的局势，尤其是准备在奥得河畔法兰克福地区发起的进攻行动。但是希姆莱固执地讲个不停，并且不厌其烦地唠叨着自己在波美拉尼亚的经历，很快就深陷在了细枝末节中。一名速记员负责从旁记录，以便编纂军事文件，但他不久后便放下了铅笔，因为希姆莱的叙述根本没有连贯性。一刻钟之后，金策尔将军便有急事离开了；不久，艾斯曼上校也抽身而去。希姆莱接着做了一番漫长的总结致辞，并表示总参谋部是波美拉尼亚陷落的罪人。在此期间，他一直受到柏林的干扰和妨碍，他的意见则被置若罔闻。也正因如此，他的计划才会化为泡影，并导致了整个失败。[35]

就在希姆莱滔滔不绝时，布塞将军打来电话，宣称苏军刚刚发起进攻，试图掐断通往屈斯特林（Küstrin）的通道。海因里齐立刻向希姆莱征询建议，但是希姆莱却淡淡地表示，海因里齐现在是指挥官，这件事情该由他负责。海因里齐立刻指示布塞见机行事，并挂断了电话。接着，希姆莱告诉海因里齐，他正在采取措施，通过中立国与西方国家进行谈判：“这是个天大的秘密，你懂的。”[36]但海因里齐没有发表评论，因为希姆莱的背叛言论让他不知所措。在与希姆莱及参谋人员共进一顿痛苦的晚饭之后，大家都各自告辞。[37]这种经历让海因里齐感到非常恶心，以至于他转身对勤务官说道：“将来，必须阻止希姆莱联系我的任何企图；如果他打来电话，或是试图联络，就告诉他我在前线。”[38]

早晨，所有党卫军成员都离开了，还打包走了包括银器在内的一切。海因里齐从留下的陆军野战厨房要了一杯咖啡，并思考了过去24小时发生的事。在之后的日子里，在奥得河前线，为准备德国的最后一战，海因里齐竭尽所能：不到2周，他便取得了比希姆莱2个月更为显著的成就。

本章尾注：

1. 参见于尔根·托尔瓦尔德《冬季的溃逃》，第147页。

2. 参见《艾斯曼回忆录》（科尼利厄斯·瑞恩档案：第68号文件盒，第2号档案袋），第2页。

3. 参见杰弗里·克拉克和罗伯特·史密斯《第二次世界大战中的美国陆军：欧洲战区——从里维埃拉到莱茵河》（*United States Army in World War II: The European Theatre of Operations: Riviera to the Rhine*）（华盛顿特区：美国陆军军事历史中心，1993年出版），第485页。

4. 仅按G集团军群向西线最高司令部提供的数据，每月的叛逃便达到了60例之多。参见《对叛逃行为的处置，1944年11月1日》（*Behandlung von Überlaufen，1.11.1944*），出自美国国家档案馆文件T-77/788/5516842。但实际问题远比此更为严重。根据报告，在整个9月，西线最高司令部下属部队的失踪士兵人数高达81007人，而10月的人数则下降到37024人。考虑到当时德军的行动以防御为主，118031名士兵的失踪显然有些夸张。另外，德国士兵的失踪人数远远超过了同期的死亡人数（14611人）或受伤人数（48993人）。总之，有一点是毫无疑问的，在这段时间，曾有成千上万的德军主动向西方盟国投降。参见《西线最高司令部的人员损失，1944年11月25日》（*Blutige Verluste Ob West 25.11.1944*），出自美国国家档案馆文件T-77/826/6215-6216。

5. 参见希姆莱给凯特尔的信，1944年11月5日（Letter from Himmler to Keitel dated 5.11.44），出自美国国家档案馆文件T-77/788/5516835。另见《针对德国叛逃者的措施》（*Maßnahmen gegen deutsche Überläufer*），出自美国国家档案馆文件T-77/788/5516832和文件T-77/788/5516834，签发日期分别为1944年11月6日和1944年11月7日。

6. 参见古德里安《装甲指挥官》，第403—404页。维斯瓦河集团军群也是陆军最高司令部辖下最重要的指挥部门。甚至在德国国外，希姆莱的任命也引起了不少关注。参见福尔克·贝纳多特伯爵《帝国末日》（*Last Days of the Reich*）（巴恩斯利：前线出版社，2009年出版），第39页。

7. 参见美国国家档案馆文件T-311/170/72222258-59。

8. 霍华德·格里尔《希特勒、邓尼茨和波罗的海：第三帝国的最后希望，1944—1945》，第91—94页。在第一次世界大战期间，因逃亡而被处决的德国士兵数量极少，而在第二次世界大战期间，其人数达到了20000人，其中75%—80%与违反纪律或影响士气有关。参见斯蒂芬·弗里茨撰写的《前线战士：第二次世界大战中的德国士兵》（*Frontsoldaten: The German Soldier in World War II*）（肯塔基州列克星敦：肯塔基大学出版社，1995年出版），第90页。

9. 戈培尔在日记中记录了舍尔纳的严厉措施，希特勒也特别批准了这些做法。参见《最后的记录，1945年：戈培尔日记》，第80页和第102页。

10. 参见《艾斯曼回忆录》，第9页。

11. 参见《艾斯曼回忆录》，第10—11页。

12. 参见《艾斯曼回忆录》，第14—16页。

13. 参见《艾斯曼回忆录》，第12—13页。

14. 参见《艾斯曼回忆录》，第6页。

15. 参见于尔根·托尔瓦尔德《冬季的溃逃》，第154页。另请参见克里斯托弗·达菲《席卷第三帝国的红色风暴》（*Red Storm on the Reich*）（纽约：德·卡波出版社，1993年出版），第181页。

16. 参见《艾斯曼回忆录》，第55页。

17. 参见《艾斯曼回忆录》，第55—56页。

18. 参见《艾斯曼回忆录》第54页，以及霍华德·格里尔《希特勒、邓尼茨和波罗的海：第三帝国的最后希望，1944—1945》，第115页。

19. 参见《艾斯曼回忆录》，第5页。

20. 参见普里特·巴塔《普鲁士战场：苏德战争，1944—1945》（*Battleground Prussia: The Assault on Germany's Eastern Front 1944-45*）（牛津：鱼鹰出版社，2010年出版），第282页。

21. 参见普里特·巴塔《普鲁士战场：苏德战场，1944—1945》，第285—286页，以及克里斯托弗·达菲《席卷第三帝国的红色风暴》，第203页。

22. 参见霍华德·格里尔《希特勒、邓尼茨和波罗的海：第三帝国的最后希望，1944—1945》，第112—113页。

23. 参见普里特·巴塔《普鲁士战场：苏德战场，1944—1945》，第242—243页。

24. 参见克里斯托弗·达菲《席卷第三帝国的红色风暴》，第116页。关于波美拉尼亚战事的宏观概述，可参见普里特·巴塔作品的第10章［地狱里的天堂和波美拉尼亚的陷落（The Riviera of Hades and the Fall of Pomerania）］，即第236—276页。对于波美拉尼亚的陷落，希特勒将其归咎于希姆莱领导能力不足。参见《戈培尔日记》，第103—104页。

25. 参见《艾斯曼回忆录》，第42页。

26. 对于波美拉尼亚的陷落，希特勒尤其责备希姆莱，并认为他听从了将军们的谗言，将精力集中到了柏林当面、奥得河的防御上。但希特勒认为柏林的意义是次要的。他将这种情况比作1941年入侵苏联，当时，将军们都试图长驱直入朝莫斯科推进，而不考虑侧翼。也正是鉴于这一经历，他感到苏军在夺取柏林之前进攻波美拉尼亚是一种正确举动。希特勒告诉戈培尔，他一直主张保卫波美拉尼亚，但将军们却敦促他放弃这个目标，将更多精力用于保卫柏林。总之，在希特勒眼中，保卫通向柏林的中央走廊并没有什么意义，守住波美拉尼亚和捷克斯洛伐克才是关键。对于元首的想法，戈培尔非常清楚。戈培尔在日记中记录道："元首的预言再一次得到了证明。尽管如此，总参谋部还是错误地部署了我们的部队，并将他们集中在柏林正面的奥得河地区。希姆莱也认为，苏军的第一波进攻将针对柏林。"以上内容可参见《戈培尔日记》第40—41页和第137—138页。

27. 参见《戈培尔日记》，第191页。

28. 参见古德里安《装甲指挥官》，第421—422页。

29. 措森是德军最高指挥部地堡的所在地。该指挥部于20世纪30年代中期设计建造，包括数座大型掩体。其中一座的代号为"齐柏林"（Zeppelin），是地下通信枢纽，柏林和勃兰登堡地区所有主要指挥部门的地下通信电缆（全长达400千米）就在此地汇集。此外是"迈巴赫1"（Maybach I）和"迈巴赫2"（Maybach II）地堡，它们是德国陆军最高司令部的所在地。在该综合设施内，一共配备了784名军官、166名公务人员（Beamte，即身着军装的文职人员）、1465名士官、4913名士兵和821名通信技术人员。以上内容出自汉斯-格奥尔格·坎普《措森-温斯多夫，1945：德国陆军最高司令部大本营在战争中的最后一周》（*Zossen-Wünsdorf 1945: Die Letzten Kriegswochen im Hauptquartier des OKH*）（柏林霍珀加滕的许瑙：埃尔文·梅斯勒博士出版社，1997年出版）第55页，以及汉斯-格奥尔格·坎普《德国措森的地下军事指挥所》（*The Underground Military Command Bunkers of Zossen, Germany*）（宾夕法尼亚州阿特格伦：希弗出版社，1996年）的第5页、第7页、第11页和第29页。

30. 参见海因里齐访谈稿（第1号录音带），第1—4页。

31. 参见海因里齐访谈稿（第1号录音带），第6页。

32. 参见海因里齐访谈稿（第1号录音带），第25页。海因里齐无疑对日食行动有所了解，埃里克森（Erickson）对此的评论可见附录Q。

33. 参见德莫特·布拉德利《海因茨·古德里安大将和现代闪电战的起源》（*Generaloberst Heinz Guderian und die Entstehungsgeschichte des modernen Blitzkrieges*）（奥斯纳布吕克：文献出版社，1978年出版），第90页。

34. 参见德莫特·布拉德利《海因茨·古德里安大将和现代闪电战的起源》，第126页。

35. 参见海因里齐访谈稿（第1号录音带），第5—6页。由于对话的原始翻译在语法上不连贯，笔者重组了句子结构。

36. 希姆莱指的是与福尔克·贝纳多特伯爵进行的接洽，他试图以此联络艾森豪威尔，为同西方盟国单独媾和创造条件。参见贝纳多特《帝国末日》，第102—103页。

37. 参见海因里齐访谈稿（第1号录音带），第9页。

38. 参见海因里齐访谈稿（第1号录音带），第5页。

第三章

戈特哈德·海因里齐其人

“在我们看来，海因里齐将军是老派普鲁士军官的典范……我为他效力的时间不长，在此期间充满挑战，但我依旧深深敬重这个人。他和那些溜须拍马或夸夸其谈的军事指挥官从来不是一类人。海因里齐是一位坚韧不拔的老战士，他的每一次晋升都离不开艰苦付出。在戎马生涯中，他几乎担任过你能想到的所有职务——既指挥过一线部队，也曾在总参谋部任职。因此，我们的这位指挥官可谓既拥有杰出的军事能力，又拥有丰富的实战经验。”[1]

——汉斯-格奥尔格·艾斯曼上校，维斯瓦河集团军群作战参谋

海因里齐的战时书信和决策为我们讲述了一个故事，中心是他在二战时期的内心冲突和挣扎。他虔诚的宗教信仰、军人的职业操守和对国家的热爱经常与命令相互抵触。面对第一次世界大战的失败，随之而来的经济崩溃，以及与共产主义者的准内战，海因里齐一度深陷绝望，并将希特勒和纳粹党视为德国的救星。不仅如此，他似乎还不假思索地接受了纳粹党带来的一切——从德国的复兴到极端排外政策。随着侵苏之战演变成一场摧毁一切的残酷种族战争，海因里齐很快失去了对军事的兴趣，但他从未公开反对过自己效忠的政权。1918年一战结束时的“背后一刀”阴谋论始终在他脑海深处徘徊，让他坚定了抵抗到底的信念。但即便如此，他仍私自在战争最后几个月制定了一项战略，试图把德国东部和柏林从苏军的无情复仇下解救出来。

戈特哈德·海因里齐于1886年12月21日在东普鲁士的贡宾嫩（Gumbinnen）出生。他的祖先来自荷兰，于17世纪在普鲁士定居。这是一个历史悠久的德意志军人世家。在17世纪中期的三十年战争中，其祖先曾在瑞典国王古斯塔夫·阿道夫（Gustav Adolphus）麾下服役。而海因里齐本人则在1905年加入第95步兵团——这也是他军旅生涯的起点。海因里齐在一战中表现出色，并参加过在俄罗斯、法国和加利西亚（Galicia）的战斗。战后，他继续在魏玛国防军（Reichswehr）中任职。二战期间，他首先参加了1940年的法国战役，接着是1941年的侵苏战争，在当年的12月6日，他的部队正在莫斯科南部据守着一条防线。

他是一位虔诚的新教徒，从未加入过纳粹党。根据海因里齐的说法，这让他一度失去了被提拔为陆军大将的机会。但在1942年冬天，由于率领第4集团军数次击退苏军的进攻，希特勒亲自为他起草了晋升命令。在率部从俄国撤退期间，他因拒绝执行“焦土政策”而遭到调查。在撤离斯摩棱斯克之前，帝国元帅赫尔曼·戈林命令空军大将冯·格莱姆（Ritter von Greim）骑士炸毁市内的大教堂。由于这一命令并非来自陆军而是空军，海因里齐原本可以不闻不问，但最终，他仍然直接阻止了冯·格莱姆。希特勒立刻要求他给出书面解释，最终，在1943年下半年，海因里齐被暂时解除了指挥权。[2]这不是他第一次因为个人信仰无视上级的命令。当希特勒发布臭名昭著的“政委命令”，要求当场处决在1941年苏联战役中俘虏的所有苏联政委时，海因里齐却拒绝在这份文件上签字。海因里齐认为，这道命令是在变相逼迫政委们抵抗到底，并拒绝将其下发给各位团长。此外，他还担心下级军官们变本加厉，并因苏军的报复出现行为失控。[3]

1944年夏天，他接管了从乌克兰撤退的第1装甲集团军和配属的匈牙利第1集团军。他巧妙地指挥着这些部队，顽强抵御苏军的攻击，为此，在1945年3月3日，他被授予了骑士十字勋章的双剑饰。[4]不仅如此，他的军事经验和防御指挥才能也引来了注目：对于这个德国当时最重要的军事岗位，古德里安看到了一位值得托付的人选。

一战经历和战后岁月

海因里齐对在俄国作战并不陌生。一战期间，他曾在东线担任过各种职务，并在日记中留下了许多个人回忆。这些早年的印象可能彻底影响了他指挥维斯瓦河集团军群时的举措和心态。至少，对于这个在二战中担任德国陆军最高司令部最后一份要职的人而言，上述内容让他的形象变得有血有肉了起来。

1918年，他在东线担任第203步兵师的作战参谋时写道，在东普鲁士收复的地区，“有迹象显示，当地遭遇了疯狂且毫无意义的破坏，其程度简直难以置信”。这种印象似乎显示了俄国人的“野蛮”，并为海因里齐的怀疑充当了证明。[5]随着德军进入俄国境内，他的记录中越发清楚地显示出一件事：“文明”的德国和“野蛮”的俄罗斯是两种在文化上截然不同的存在。[6]也正是因此，他在某种程度上相信，1945年的一切几乎就是一战东普鲁士边境形势的重演：俄国人闯进来，带着民族仇恨大肆破坏。按照一战结束后，德国在1930年5月给出的军事研究数据，俄军破坏的程度令人发指，甚至以二战的标准都是如此。报告指出，共有1600多名平民死于非命，还有400多人受伤，另有10000多名男女老少因为不明原因被掳到俄军战线一边。不管是出于对俄罗斯民族的恐惧，还是由于实实在在的暴行，抑或两者兼而有之，面对沙皇军队的推进，有87万德国人选择了逃离。统计数字还显示，俄罗斯军队杀死了600000匹马，1400000头牛，200000头猪，50000只绵羊和10000只山羊。超过35个城镇和1900座村庄被战火殃及并遭到严重破坏。[7]这些事件在海因里齐等普鲁士军官的脑海里扎下了根，还不断蔓延开来。

随着威廉二世退位，海因里齐对停战协定感到愤怒，对德国的未来充满悲观。他记录道：“我们既没有听见也没有看到战斗，几天之内，整个旧国家便崩溃了。在这种情况下，你又能做什么呢？现在，犹太人和社会主义者骑在我们头上，对他们来说，‘英特纳雄耐尔’才是一切。”[8]他和同僚们对当前的政治局势深感焦虑，他们哀悼德国士兵的死亡成了徒劳，战争则成了水中捞月。[9]不仅如此，他还接受了“背后一刀”阴谋论，就像很多其他德国退伍军人一样，这种理论也在他心中流毒甚深：“现在，社会民主党人背叛了俾斯麦（缔造）的帝国。他们没有在这个最严峻的时刻团结所有德国人，反而开始了阶级斗争。”[10]正是这些态度和感受，塑造了海因里齐在魏玛国防军和20世纪30年代的心态。

海因里齐经历了20世纪20年代和30年代的动荡，也见证了希特勒和纳粹党的崛起。个人记录显示，他非常欣赏新政府的“先军主义”。他期待着魏玛德国结束后，德国武装部队能迎来重生，并因此写下过“在军事上，我们从新政府那里获得了能期待的一切——尽其所能地保障一切军事—政治利益”的语句。[11]在陆军新兵面前，海因里齐则对自己的军事和政治理念直言不讳，这些当然也源于他战争期间的经历：

（旧军队）赖以存在和运转的原则，让我们的民族顽强抵抗了全世界4年之久。这些也是新国防军试图灌输给你们的原则。源自军事传统的纳粹主义意识形态，将让你们的信念更加坚定！[12]

这些言论反映了什么？有一点恐怕不言自明，海因里齐和许多同僚都陶醉于20世纪30年代纳粹主义的崛起。尽管极端仇外思想是纳粹主义与生俱来的组成部分，但许多德国人却被希特勒提出的“德国复兴”愿景蛊惑，心甘情愿地被历史大潮裹挟。作为时代的产物，海因里齐也不例外。战后，他在一封私信中写道：“我曾全心全意地赞同纳粹党的民族主义立场，以及他们为德意志民族和军队争取平等的斗争。最重要的是，我相信他们的目标：让工人与国家走得更近。为此，我接受了很多自认为存在夸大之嫌的纳粹党社会纲领。”[13]

种族、意识形态和东方战争

海因里齐对犹太人的想法似乎反映了纳粹崛起时德国国内的思潮。在1933年给母亲的一封信中，他写道：“我从未直接批判犹太人，但如果他们和德国中央党（Zentrum）的影响力被削弱，那将绝非坏事。”[14]但另一方面，他也私下对抵制犹太商业持保留态度，1933年4月1日，他认为这种集体迫害式的行为是“非常可悲的做法，只会导致种种不公和罪行。犹太人的势力范围必须限制。只不过目前还没有真正妥善的举措”。[15]这些文字也反映了一场内心斗争，并将一直持续到战争结束。他似乎拥护纳粹政权的极端思想，但也经常特立独行，甚至徘徊在不服从的悬崖边缘。有一个例子发生在1939年，海因里齐听取了纳粹创始人之一——阿尔弗雷德·罗森堡（Alfred Rosenberg）的犹太问题演讲，演讲持续了1个小时，散场后，他在给母亲的私信中写道：“要想解决犹太人问题，就得让他们在德国销声匿迹，为实现这一点，德国人得下定决心——如果欧洲没有了犹太人，那将再好不过了。”[16]从这些文字中可以看出强烈的反犹太思想，但对于海因里齐的真实想法，我们又不该草率地下定论，因为他的内心经常随着外界影响而变化。单从书信上看，海因里齐确实鄙夷犹太人，也认同纳粹党的早期理念，但事实证明，他并不是一个同流合污的人，也颇有主见。他的妻子格特鲁德·斯特鲁普（Getrude Strupp）有一半的犹太血统。1941—1942年间，他在总参谋部的许多同僚建议他离婚，与妻子断绝一切关系，因为这桩婚事可能会妨碍他在军队中的晋升。但海因里齐不顾这些警告，始终对妻子不离不弃。在这种情况下，他必须申请德意志血统证明（Deutschblütigkeitserklärung）。由于妻子和孩子犹太混血（Michlinge）的身份，他还需要将相关照片提交给希特勒审阅。但有趣的是，海因里齐并没有拒绝，而是遵守了上述要求。最后，他的妻子和孩子被认定为“荣誉雅利安人”。[17]

当德军于1941年6月22日进攻苏联时，海因里齐掌管的是第4集团军下属的第43军。在行动发起前，海因里齐曾公开对这场战役表达了疑虑，并担心德国陷入两线作战。[18]他指出，除非苏联战役能够像去年的法国战役一样成功，胜利才有可能来临。但在1941年，德国总参谋部却弥漫着一种目空一切的气氛，连同海因里齐在内，所有人都没有料到对苏战争将有多么艰难和惨烈。在入侵2周之后，他用不加修饰的语言记录了一位地面部队指挥官所经历的一切：

发生在俄国的战事是血腥的。敌人的损失在这场战争中从未有过。俄国指挥官告诉下属士兵，他们会被赶尽杀绝。因此，他们拒不投降，而是向身处后方的每个德国人射击。当然，这需要我们采取严厉对策。双方都在以牙还牙，无尽的坟墓在这片土地上展开。此外，这片土地还是那么的深不可测：到处都是森林、沼泽和茁壮的庄稼，为俄国人提供了藏身地点——总之，这里并不美丽。明天我们将向东进入俄国腹地。他们虽没有屈服，但已遭到了沉重打击。俄军飞机已经好几天没有出现了。这种形势对我们十分有利。到目前为止，鸡肉、鸡蛋和牛肉的供应都没有中断。但很快，这片土地将化作荒芜。[19]

在这张未注明日期的照片中，海因里齐正在注视地图。背景中的皮椅和精心养护的植物告诉我们，其拍摄地点似乎是在后方，而不是前线。

此时，战争灭绝人性的一面已在海因里齐的内心扎下了根。2天后，他这样写道：

我军前方的俄国人已被歼灭。这件事真是令人难以置信。我们不再对他们报以怜悯。在对待我军伤兵时，他们的表现如同野兽一般。我们的士兵会射杀一切穿着土黄色制服到处游荡的人。但即使如此，大森林里仍然到处都是掉队的敌军和难民，有些人还带着武器，这是真正的危险。虽然我们派出了清剿部队，但仍有大约10000名俘虏逃入了人迹罕至的地区。[20]

后来，他还在给妻子的信中介绍了苏军的状况，并暗示游击队可能成为未来的一大隐患：

我们仍在森林中扫荡落单的俄国人，但具体有多少俄国人落单恐怕只有天知道。没人能彻底搜遍这些森林和沼泽。落单的俄国士兵只想披上便服回家，重新成为农夫。他们不想作为俘虏被押到德国，也不想和战争再扯上任何关系。[21]

当海因里齐的部队开入苏联时，他很快就熟悉了“焦土”一词。他在写给妻子的信中感叹：

斯大林已经下达命令，在撤退时摧毁一切对我们有用的东西。这种“焦土政策”宛如拿破仑时代，也很像1915年。根据上级冯·魏克斯（von Weichs）大将的描述，在拥有20万人的明斯克市，只有2栋宏伟的苏联建筑仍在屹立，其他所有建筑物都遭到破坏。在我们驻扎的科佐夫（Kozov），有三分之一的房屋安然无恙，但镇中心却被政委付之一炬，自1915年之后，当地的人口增加了4倍，这些人将有死于饥寒交迫的危险！[22]

到7月底，面对苏军不断增强的抵抗，以及这片广袤的土地，海因里齐变得意志消沉起来：

在政委们的催促下，俄军继续顽强和绝望地战斗着。首先，森林中的小规模冲突非常可怕。俄国人突然从四面八方出现并到处开火，他们对车队、落单车辆和传令兵发动袭击。无论从什么角度，这里的战争都非常残酷。此外，恶劣的路况、广阔的原野、无尽的森林，加上语言交流不畅，这些都带来了莫大的挑战。与这次相比，此前的所有战役都如同儿戏。我们蒙受了一些损失，而俄国人的伤亡则非常恐怖。[23]

到1943年，海因里齐越发在书信中展示出对苏联战役的厌倦，尤其是对双方在战争中采用的手段。他的文字越来越展现出对战争本质的厌恶。此时，苏联战役已蜕变为一场种族战争，这场战争最初由党卫军及其特别行动队（Einsatzkommandos）和战线后方的德国警察营发起。随着战争持续，国防军

部队也参与进来：[24]

在这里，战争的残忍程度已经超过了三十年战争。虽然我尽力阻止这种情况（因为这令我感到厌恶），但我常常无能为力。我不再把从军当成自豪的事业。[25]

虽然海因里齐没有描述战争的形态出现了怎样的蜕变，或是为阻止这些行为做了怎样的努力，但他很清楚，这些所见所闻已在脑海中无法磨灭。1个月后，面对被大肆破坏的财产和生命，他再一次表示了厌恶："过去，战争并不等于摧毁一切。这让我非常反感，也不是我们以往的行事手段。"[26]海因里齐的书信显示了他对种种作战方式的不满，另外，作为一名国防军军官，他对纳粹主义的信念也在瓦解。

尤其值得注意的，是海因里齐对消灭苏联犹太人的评论。在战后的一次采访中，他在提到希姆莱时承认，"我们非常清楚他（希姆莱）对待犹太人的手段。"[27]此外，他讲述了战争期间一位女性表亲的经历，这位表亲与一位获得过铁十字勋章的一战犹太老兵结婚。这位老兵显然没有被早期的种族清洗殃及，失踪时，他正在俄国前线服役。有一天，海因里齐突然从表亲那里收到了一封绝望的信，说她的丈夫被党卫军带走了。闻讯，海因里齐立刻不顾暴风雪驾车出发（作者按：海因里齐并没有给出此事发生的具体日期），前去与在白俄罗斯地区负责对抗"游击队破坏"（作者按：海因里齐的原话如此）的党卫队高级地区总队长——科尔特·冯·戈特贝格（Curt von Gottberg）交涉。但第一次，他并没有找到冯·戈特贝格，[28]不久又再次出发，但这次为时已晚，他表亲的丈夫从此便"下落不明"（作者按：这里再次引用了海因里齐的原话）。[29]他的叙述还显示，他知道在名为"剿匪"（Bandenbekämpfung）的反游击行动中包括了对犹太人的清洗。[30]总之，对后方安全部队的所作所为，他并非毫不知情。早在1941年11月6日，海因里齐就在日记中指出，利奇温（Lichwin）镇的游击队非常活跃。其中许多是前苏军士兵，他们一旦被俘，便会被公开绞死。海因里齐对此并无兴趣，还禁止在他窗外100米内行刑。[31]

在此期间，海因里齐也亲眼见证了对苏作战向全面战争的蜕变，双方在

在东线的一处前沿阵地，海因里齐正在向下属部队发表演讲。拍摄日期为 1943 年 7 月 7 日。

向中央集团军群司令京特·冯·克鲁格元帅汇报部队作战情况的海因里齐，本照片拍摄于 1943 年 9 月。

这张未注明日期的照片拍摄于 1944 年夏末或初秋，可能是海因里齐在指挥同名集团军集群时拍摄的。从背景中可以看到一些匈牙利军官，他们来自集群辖下的匈牙利第 1 集团军。

“焦土作战”中无所不用其极，大肆破坏一切，甚至连非战斗人员的身家性命也无法幸免。从他的记录中还可以看出，对于党卫队和警察部队在其辖区内犯下的暴行，他或多或少有所了解。以上这些，都让他对军事产生了一种厌恶感。另外，他还是一位虔诚的新教徒，总是随身携带圣经；他始终给旁人一种和善的印象，并保持着基本的是非感。可是，虽然暴行历历在目，但他从未越过职业军人的身份，公开反抗希特勒政权。据信，这是因为他不想卷入第二次“背后一刀”。在早年的信件中，他便强烈反对过这种做法，何况它会让德国重陷1918年的混乱。在海因里齐这样的人看来，如果德国注定要输掉战争，那最好还是在战场上被打垮，而不是被内部革命推翻。毫无疑问，苏联前线的经历和避免“1918年重演”的心态钳制了他的思想，并深深影响了他在指挥维斯瓦河集团军群时所做的一切。

战略与动机

就这样，海因里齐在1945年3月20日成了无数人命运的支配者。作为陆军最高司令部麾下最重要的指挥官，在履职的短短几周内，他便为集团军群规划了一条新路线，而且这条路线与希特勒玉石俱焚的战略思路相去甚远。他当然知道，正如古德里安明确指出的那样，他的任务是在奥得河前线抵御苏军，但战略目标是什么？在接下来的几周内，西方盟国迅速逼近易北河，东线战事也徐徐落幕，德国的战略地位将发生巨大改变。在这种情况下，海因里齐和参谋们被迫在许多方面正视惨淡的现实，拒绝了从元首地堡发来的命令，并下达了自认为对德国和下属官兵最有利的指示。在海因里齐看来，防御奥得河前线不只是一场战斗，它将决定的也不只是这场战争的成败，而是它将以怎样的形式完结。是把柏林和德国东部交给苏联和斯大林，还是向西方盟友和艾森豪威尔投降？对于海因里齐来说，问题的答案已经非常明显。

只有苏军止步于德国东部和柏林城下，艾森豪威尔才有可能渡过易北河。因此，重要的是把苏军的大规模攻势（在德国方面的文件中，对这种攻势有一个专门的词语——Grossangriff）抵挡在奥得河畔。海因里齐写道：

从3月进入4月后，防御战的前景越发不容乐观，但一切并非没有希望。如果我们能在战斗打响前夕做出某些改进，我们就可以让防御更加坚固，并提升部队的能力。由于时间尚存，一切并非毫无可能。另外，仔细观察敌人的动向也可以发现，没有证据表明俄国人会提早进攻。

这一防御构想也是仅有的一线生机。我的集团军群并不是前线唯一的部队，还有一些友邻部队同样需要考虑。不光从我们集团军群的角度，还要从各个战场的总体局势看，整个问题都将取决于是否同俄国人展开决战。如果本集团军群防区内的波美拉尼亚（部分）、梅克伦堡（Mecklenburg）和勃兰登堡地区落入俄国人之手，德国就将丢掉仅存的粮食产区和波罗的海港口，东普鲁士和库尔兰的补给也将无以为继。更值得担心的是上述地区平民的命运，这一切让保卫奥得河前线愈加义不容辞！德国东部及其居民的劫难，以及苏军暴行的种种传闻已经人所共知。无处不在的难民更是证明了敌人的毫无底线，他们的破坏欲望仿佛永无休止。每天都有小股失散的部队突破俄军防线，士兵们的脸上都写着悲伤和对死亡的恐惧。每艘抵达斯维内明德的船只都带来令人惊恐的消息，并让所有士兵毛骨悚然。科尔贝格的守军们也抵达了，他们还带着几个小时前留下的伤痕。面对德国东部民众声泪俱下的控诉，我们更坚定了一种信念：必须让俄国人在奥得河畔止步——必须如此！[32]但理由不仅有这些，还有一些更宏观的考虑。这个问题是：能否让德国得到局部或少量的保全？这关系到国家的长远未来。由此也引出了一个问题：我们是否应当跳出纯粹的军事视角，站在政治高度审视奥得河之战？届时，它将不会再成为一场谋求战役或战术胜利的战斗，也将不再是一场着眼于一城一地得失的战斗，而是将决定国家的生死存亡。[33]

在1945年3月，海因里齐不止一次考虑过战败对德国的影响。早在1943年7月，他便对德国民众的心态总结道：每个人“都愿意坚持下去，因为有一点显而易见，这场战争绝对不能失败，因为失败的后果将会是想象不到的悲惨”。[34]同样，日食行动也在他脑海里带来了巨大冲击。海因里齐知道，这份计划要求彻底征服和肢解德国，而他在战斗中的防御措施又将对德国的未来和欧洲历史影响深远。随着西线“鲁尔口袋”的战斗落幕，他的担忧也变得更加强烈。

3月7日，美国第12集团军群麾下的第1集团军在雷马根（Remagen）渡过莱茵河，并开始扩大东岸的桥头堡阵地。3月23日，伯纳德·蒙哥马利元帅的英国第21集团军群也发起了掠夺行动（Operation Plunder），并经雷斯

（Rees）和韦塞尔（Wesel）抵达莱茵河东岸。在英军中，还包括了美国第9集团军的下属单位，这些部队在阿登战役期间便被配属给蒙哥马利指挥。当雷马根桥头堡的美军向东北推进时，美第9集团军也在朝东南进发，并于4月1日在利普施塔特（Lippstadt）附近与其他美军会合，将43万名德军官兵装进了包围

一张未注明日期的照片，可能拍摄于1944—1945年冬季，即海因里齐在喀尔巴阡山脉指挥海因里齐集团军集群期间。

圈。4月2日，包括第2装甲师和第5装甲师在内的第9集团军部队开始了一场空前的比赛，在守备空虚的德国西部高歌猛进。

随着瓦尔特·莫德尔（Walter Model）元帅的部队在"鲁尔口袋"被歼，西线最高司令部的有生力量所剩无几，再加上西方盟军长驱直入，德国的战略处境已非常危急。以上这一切似乎让海因里齐犹豫不决。战争结束后，他表示："国防军最高统帅部指挥下的西线，似乎已全然无力抵抗。如果西方列强突入奥得河前线的后方，结局将不言自明。其中最危险的似乎是德累斯顿（Dresden）附近的地区，来自东方和西方的敌军必将向这里靠拢。如果出现这种情况，打下去还有什么意义？"[35]从中可以看出，海因里齐也在怀疑久守奥得河前线的意义。但东线4年的服役经历，又让他对苏军的威胁心知肚明。同时，他还通过日食行动了解到，西方盟军并不打算越过易北河向柏林进军。这也意味着，他必须设法引诱西方盟国渡过易北河，同时暂时抵挡住苏军的进攻。以上这些足以解释海因里齐的动机，不过，其下属的德国军官和士兵们却并非全都了解日食行动中的分界线，[36]他们的斗志也没有因此消退——在顽强坚守奥得河前线时，这一点发挥了关键的作用。

虽然西线的德国军队已经全面崩溃，但在东部，情况并非如此。尽管在一夜之前，守卫防线的士兵们可能还只是一群退休职工或希特勒青年团员，但经过动员，这些老人和少年却表现出了顽强的斗志。他们为什么继续抵抗？事实上，这里面既有对纳粹主义根深蒂固的意识形态渗透，也有对上级指挥官的极端畏惧。还有许多人不同于这两种情况，尽管从出身角度，他们甚至不是真正的德国人，但和许多适龄男性一样，随着一纸征兵命令下达，他们便接过了参军卫国的使命。在1944年7月20日遭遇暗杀未遂之后，希特勒加强了对国防军的意识形态灌输。与此同时，即1944年秋天，他还大力在西线推行严刑峻法，阻止指挥官和士兵大规模投降。在上述因素的共同作用下，在东线，一种恐慌心态开始疯狂蔓延：如果德国士兵及其亲人落入苏军手中，他们的命运将非常恐怖——这种恐惧并非空穴来风，东线发生的一切已经提供了证明。此外，人们还存在一种共鸣：如果被苏军俘虏，那么等待他们的将是被押往西伯利亚的矿山服苦役——这一点简直比死亡还要恐怖。另外需要重提的是，在一战初期，俄军曾短暂但残忍地占领过东普鲁士——许多德国人仍对此记忆犹新。他们不用提醒就知道，俄国人这次将有什么行径。

甚至在战争结束前，苏联方面便开始讨论对德国人的奴役，其内容不久便人尽皆知。1945年1月25日，《纽约时报》便在一篇文章中报导了对数万名德裔罗马尼亚公民的流放，他们将被押往东方重建苏联，而“日耳曼血统”则是唯一的罪名。[37]另外，在2月5日，苏联还公开声明，该国的战争破坏必须在战后由德国人修复。[38]对此，英国人的态度有些摇摆不定，但罗斯福总统在3月3日表明了自己的立场：允许斯大林利用解除武装的德国军人重建苏联，但前提是斯大林应将这些工作视为某种损失赔偿。[39]在4月之后，强迫劳动的问题继续见诸报导。[40]根据希特勒安保工作的总负责人、党卫队高级地区总队长汉斯·拉滕胡贝尔（Hans Rattenhuber）的说法，希特勒经常将外国媒体的报导带给他的顾问和亲信。[41]在战争最后几个月的日记中，戈培尔也记录了大量的小道消息——其中许多都来自西方媒体。按照戈培尔的说法，在雅尔塔，罗斯福公开支持苏联使用战俘作为奴隶劳工，而希特勒的反应则非常振奋，因为这则消息将坚定西线德军的抵抗。[42]不仅如此，这些新闻还在陆军最高司令部和国防军最高统帅部的工作人员中间不胫而走，并通过传言或宣传的方式向下

Von der aussenpolitischen Front.

Molotow in Washington Berlin,d.23.4.45

Der Aussenkommissar der Sowjet-Union, Molotow, ist in Washington eingetroffen.

Uneinigkeit über die Polenfrage. New-York,d.23.4.45

Nach einer Erklärung des USA-Staatssekretärs Stettinius ist die Polenfrage nach wie vor ein ungeklärtes Problem , dass trotz aller Bemühungen bisher noch nicht gelöst werden konnte. Die Polenfrage hat zwischen der Sowjet-Union und den Anglo -Amerikanern zu verschärften Spannungen geführt.

Deutsche Verteidigung auf der Aussenminister-Konferenz

New-York,23.4.45

Nach Meldung britisch-amerikanischer Korrespondenten wird der verstärkte deutsche Widerstand, der sowohl an der Front wie vor allem in den besetzten Gebieten Deutschlands zu verzeichnen ist, auf der Konferenz der Aussenminister auf der Tagesordnung stehen.

Ri 23/4

维斯瓦河集团军群作战日志中收录的一篇盟国新闻报导，但这些报导在德军指挥层中的影响依然不得而知。本新闻讨论了西方盟国与苏联之间的主要政治分歧点——波兰的战后地位问题。

级部队扩散。当苏联人最终抵达德国境内时，他们的种种残暴行径成了催生抵抗的另一个原因。[43]

关于这些，维斯瓦河集团军群的作战参谋艾斯曼带着一点文过饰非的语气写道：

在许多情况下，人们在敌人到来前几个小时才接到离开家园的命令。这种转移往往没有丝毫的计划或准备。大部分民众根本没有机会收拾个人财产，政府也没有运输这么多人员的手段，更不用说事先准备。对交通和运输管制几乎不存在。往返前线的车流与难民的人潮相互混杂，只有在部队出面疏导之后，这种情况才有所缓解。在西里西亚地区，这种转移还算是有系统的。但在西普鲁士和波美拉尼亚，却看不到一丝秩序的痕迹……[44]

碰巧在波美拉尼亚的官兵们，没有谁不曾看到倒毙在路旁的老年人、妇女和儿童。由于难民们经常出发得太迟，许多人都被长驱直入的俄国人赶上，甚至是被坦克直接碾过。对于逃离太晚的人们，他们的命运甚至要比待在家中还要恐怖。另一个需要考虑的因素是苏军在德国东部各省犯下的兽行。这些污渍将永远不会从（苏联）军队的历史上洗清。[45]

每位在东线作战的德国士兵都会同意我的看法，即德国国防军从未犯下过这样的罪行，用现代语言表达，它们也许更该被称为“反人类”。这些事例可以被证明千遍万遍，即使是报仇雪恨也无法成为向德国妇女、儿童和老人施暴的托词。苏军犯下了自蒙古人和成吉思汗入侵俄罗斯之后从未有过的行径……甚至令三十年战争都相形见绌。[46]

按照一位采访者的说法，在思考战争最后几个月发生的一切时，这些事件“……让艾斯曼倍感沮丧和恼怒，而且他相信，他的同胞们都有类似的感觉。”[47]在这里，艾斯曼显然是在有选择地进行回忆，并试图用红军的行径为国防军的暴行辩护。即便如此，在历史学家们开始越来越多地记录国防军在俄罗斯的暴行时，对苏军在东欧和德国境内的所作所为，相关著作却少得可怜。[48、49]

不管具体原因为何，在战场上，国防军和苏军都陷入了一种以暴易暴的循环状态。戈培尔在日记中提到了一个例子。3月8日，他视察了舍尔纳指挥的

前往易北河途中的德国东部难民。由于男性——包括一战的退伍老兵——都被匆忙编入部队，因此，难民中大部分都是青年和老年妇女。对于她们来说，留在家乡往往意味着被强奸和死亡，在上路之后，她们还面临着各种危险，比如被苏军飞机扫射、被火箭弹和炮弹攻击，甚至被苏军坦克碾过。西去的难民潮堵塞了道路，经常给德军的作战行动带来麻烦。

集团军群，并访问了最近在岩羊行动（Operation Gemse）中夺回的、满目疮痍的劳班（Lauban）镇。戈培尔在日记中写道："（苏军）在劳班之战中损失惨重。面对敌人犯下的暴行，我们的士兵没有留情，用工兵铲和枪托将他们活活打死。苏军的罪孽简直难以描述，可怕的证据在路上随处可见。"[50]

海因里齐曾见证过1941年及之后德军在俄罗斯的种种行径，这种经历也让他预见到德国民众将遭遇怎样的对待。在他脑海中，一幅画面已清晰浮现——苏军越过奥得河之后，自己麾下士兵和后方民众即将经历的一切：

显然，无论是第三帝国的首都，还是奥得河与易北河之间的民众，都不希望落入俄国人之手。整个冬季，从东部苏占区传来的消息已足够在西面的各个地区引发同情和担忧。另外，坚守在奥得河畔的部队也不希望被押到西伯利亚、乌拉尔或白俄罗斯。但在战斗打响前，他们便已被暗中卷入了这种无法逃避的宿命。[51]

从自身的经历中，海因里齐很清楚对苏战争的严酷现实，并本能地预言苏军的复仇即将到来。但直到从波美拉尼亚和普鲁士难民那里了解到苏军暴行的程度前，他可能都没有意识到，入侵苏联的报应竟会这般残酷。[52]

4月12日，美军终于在马格德堡（Magdeburg）附近抵达易北河。在短短10天之内，他们在敌方境内前进了124千米，堪称惊人壮举。这次行动也引起了海因里齐的关注：

国防军最高统帅部用于迎战的部队非常薄弱。如果从当地再出发，美国人将去往哪里？鉴于可能的抵抗程度，他们或许会在一两天内抵达首都柏林。每个人都期待着他们早点到来，随着他们进入第三帝国的首都，战争将会结束。从军事上看，事实似乎如此，毕竟，这一步行动是顺理成章的。但为什么他们暂时停下来了，为什么没有来呢？通过这决定性的打击，战争可以迅速结束，难道这真的不值得用尽最后一滴汽油？难道双方正直的人们就该多蒙受一些痛苦、牺牲和冤屈？[53]

海因里齐的话听起来很虚伪：难道不是纳粹德国发动了战争？难道拒绝投降的罪魁祸首不是德国人？但问题在于，面对同盟国提供的选项，许多德国军官根本找不到其他出路，只能继续战斗，直到悲剧上演。按照日食行动文件中体现的盟军对德国的看法，纳粹和德国民众、民族主义和军国主义并没有本质区别——这是一场对德国的战争，不管谁在柏林当权。对于读过日食行动文件的人来说，一个问题让原本晦暗的现实更加复杂：在东面，渴望复仇的苏联已经虎视眈眈，准备直捣柏林和德国的心脏地带。

在这种战略背景下，也在日食行动、苏军暴行和个人责任感与荣誉感的影响下，海因里齐制订了一项防御计划。他恪守古德里安的指示，试图尽可能地长期坚守奥得河前线。既然日食行动和宏观战局已经注定了纳粹德国的命运，既然失败和苏军的报复在所难免，海因里齐还能有什么选择？他的想法非常简单：

（对抗西方盟军）是毫无意义的，不过，抵御俄国人却不同。而且总有一个问题需要明确回答：柏林该由谁控制？是西方列强还是斯大林？[54]对于每一个德国人来说：没有人希望看到俄国人成为柏林的主宰。如果能将俄国人抵挡在奥得河畔，届时，他们的盟友——西方列强（作者按：即英国和美国）必将赶来援助。因此可以期待的是，奥得河沿岸的抵抗将迫使英美两国开入德国东部，并在事实上接管这些仍处在德国控制下的地区。[55]

但问题在于，当海因里齐思考德国的战略局势时，希特勒也做出了安排。

焦土、柏林和反希特勒及陆军最高司令部的密谋

或许是鉴于日食行动的内容，在面对莱茵河畔的盟军和奥得河畔的苏联人时，希特勒决定不把德国的一丝一毫留给征服者们。3月20日，即海因里齐接管维斯瓦河集团军群的同一天，他向全国发布了这样一份“焦土命令”：

国防军最高统帅部

（作战局）1945年3月20日

1945年3月19日，元首发出了以下命令。

主题：关于在帝国领土上的破坏措施

为了我国人民的生存而进行的斗争，迫使我们在帝国领土上也应千方百计地削弱敌人的战斗力，阻止对方继续前进。我们应利用一切可能，直接或间接地持续消耗敌人的打击力量。拒不破坏交通、通信、工业和补给设施，以求在收复失地后重新使用是一种错误的想法，让这些设施暂时瘫痪也不可取。就算敌人撤退，留给我们的也只会是废墟，他们根本不会顾及居民的生存。因此，我命令：

1. 必须破坏帝国领土上一切军用的交通、通信、工业和后勤补给设

施以及其他重要设施，因为敌人可能马上或在不久以后会利用这些设施来继续进行战斗。

2. 负责实施这些破坏行动的有：主管军事设施（包括交通和通信网络）的军事指挥官；主管工业设施、后勤补给设施以及其他重要设施的大区领袖和帝国国防专员（Reich Commissioners for Defense）。在大区领袖和帝国国防专员执行任务时，部队应提供必要的支援。

3. 应以最快的速度将这一命令传达给所有部队指挥官；与之相悖的命令一律作废。

签字：阿道夫·希特勒[56]

但海因里齐从未发布过希特勒的“焦土命令”。

在确定柏林将由维斯瓦河集团军群指挥后不久，帝国部长阿尔伯特·施佩尔（Albert Speer）和柏林城防司令赫尔姆特·雷曼（Helmuth Reymann）于4月15日来到海因里齐的司令部。施佩尔对希特勒的“焦土命令”感到担忧，并试图说服海因里齐不要在集团军群辖区内执行这些极端措施。此外，他们还讨论了柏林的命运。海因里齐回忆说：“整个交谈——与施佩尔的对话——让集团军群得出结论：确实应该尽其所能，阻止战斗殃及帝国首都。”[57]在他看来，防守柏林不仅在军事上不值得，还会让整个城市置于苏军的打击之下，加剧居民的痛苦和损失。同时，这也体现了古德里安的影响。正如艾斯曼在战后所说：“从军事角度看，保卫柏林毫无意义。”[58]事实上，就算施佩尔不做此请求，海因里齐可能都不打算在柏林设防，更不用说将这座城市变成战场——毕竟，他在俄罗斯见证了太多的破坏，在从俄国撤退期间，更抗命拒绝摧毁斯摩棱斯克和市内的大教堂。无论如何，他都命令第9集团军避免任何形式的巷战，并绕开首都撤退。海因里齐还承担了该命令的全部责任，并取消了雷曼的一项任务——爆破柏林的桥梁（不过，雷曼并不敢公然违背希特勒的直接指示，这是后话）。[59]对于这次讨论，艾斯曼这样回忆道：

海因里齐将军回答说，他认为爆破柏林的任何建筑都是没有用的，而且就算爆破行动不会令城市居民的生活瘫痪，也会造成其他严重影响。如果维斯瓦河集团军群接过柏林的指挥权，将制止这些爆破行动。雷曼将军以某种讶异的方式看着指挥官，并回答说这是元首的命令。随后，施佩尔部长向雷曼解释了破坏桥梁将对城市产生怎样的影响——甚至在郊区也不例外。由于大部分水电管线都要经过桥梁，如果这些桥梁被破坏，那么柏林的大部分地区都将断水断电。另外，整个铁路系统也将被破坏。因此，全城的供应可能将瘫痪超过一年——最少也要几个月。这些问题可能导致数百万人陷入瘟疫、饥荒……其范围将难以预测。无论是作为柏林指挥官，还是作为一个人，其本分所在都是要避免这种灾难发生——即便是面对希特勒的命令也不例外。雷曼将军内心正在进行一场艰苦的斗争。最终，他用嘶哑的声音回答说，在战争中，他以光荣的方式履行了职责。他的儿子战死沙场，他失去了家庭和财产。但他至少想保留自己的荣誉。他提到了那个未能及时炸毁雷马根大桥的工兵军官的命运：像普通的罪犯一样被处决，名字则与耻辱划上等号。海因里齐和施佩尔都试图打消雷曼的顾虑，但他心意已决。后来，由于机缘巧合，他才从这矛盾中解脱了出来。在柏林战役的最初阶段，他奉命前往波茨坦履职，从而摆脱了这些责任。[60]

海因里齐对当时回忆说："那纯粹是疯狂，德国人民在战争结束后也要生活，他们需要工业设施和交通运输线。"[61]另外，艾斯曼还记录了4月15日的一次对话，双方分别是施佩尔和柏林要塞区指挥官，在这份题为"帝国部长施佩尔和柏林要塞区指挥官的对话"（Besprechung RM Speer und Kommandanten Festungsbereich Berlin）的文件中，记录了双方讨论的三个要点。关于爆破柏林要塞区桥梁的问题，艾斯曼提到："施佩尔部长要求，如果可以，应尽可能少地在柏林地区爆破桥梁，避免生产和所有民众的供应陷入瘫痪。柏林守军指挥官则表示反对，并坚持应根据战斗情况对桥梁和高架桥实施破坏。"另一个施佩尔担心的问题，是参加战斗和守卫柏林的国民突击队："面对东方的敌人，国民突击队会奋不顾身，但在面对西方的敌人时，他们就不再可靠。另外让人颇为关切的是，如果要将柏林化作战场，大量平民——特别是妇女和儿童——将危在旦夕。"在文件的最后，艾斯曼记录了会议的结果："对集团军群的支持，远无法抵消不利的整体局势。如果奥得河前线被全

Aktennotiz.
mit
Besprechung Reichsminister Speer und Kommandanten Festungsbereich Berlin.

15.4.[illegible]

1. Frage der Brückenzerstörung im Verteidigungsbereich Berlin. Minister Speer fordert, dass möglichst wenige Brückenübergänge im Bereich Berlin zerstört werden, da sonst die gesamte Produktion und auch die Versorgung der Bevölkerung lahmgelegt wird. Kommandant Berlin wendet ein, dass die Zerstörung der Brücken und Übergänge entsprechend der Kampflage durchgeführt werden muss. Die 11 wichtigsten Brücken sind jedoch entladen und werden nicht gesprengt. Kdt. brachte im Übrigen Beispiel Brücke Remagen vor und betont, ihm würde derartiges nicht passieren.

2. Auf Frage nach inneren Wert seiner Verteidigungskräfte: Meldung, dass Volkssturm sehr unterschiedlich wären. Gut die Führer die zum grossen Teil aus alten Offizier bestehen. Gegen den Ostgegner würde sich der Volkssturm schlagen, gegen den Westgegner erscheint es dem Kdt. fraglich. Grosse Sorge und Belastung die Bevölkerung. Bei einem Zugriff Kampf um Berlin muss mit erheblichen Ausfällen bei der Zivilbevölkerung insbesondere der Frauen und Kinder gerechnet werden.

3. Auf Unterstützung der H.Gr. kann bei ihrer Gesamtlage nicht gerechnet werden. Im Falle eines Aufreissens der Front wird H.Gr. gezwungen sein mit Masse 9. Armee beiderseits Berlin zurückzuklappen.

[illegible] b e r s t i.G.

维斯瓦河集团军作战日志中关于海因里齐、雷曼和施佩尔会面的记录，其时间精确到了分钟，但有些谈话内容显然被隐去了，比如施佩尔关于暗杀希特勒的言论。

面突破，第9集团军的主力将向柏林两侧退却。”[62]会议结束时，海因里齐向施佩尔重申，他将尽其所能抵制“焦土命令”，尤其是在柏林，因为他可以指挥雷曼。否则，大区领袖便将接过首都周边的指挥权。在苏军进攻前夕，海因里齐向施佩尔重申了他的最终目标：“我唯一可以做到的，就是在这场战斗中尽力而为。不过我可以确保一件事：柏林不会成为另一个斯大林格勒。我向您保证。”[63]

至于会议的一个主题，艾斯曼并没有记录在作战日志中。根据海因里齐的说法，在众多被隐去的话题中，就包括了对希特勒的暗杀。施佩尔说道：“如果您想取消希特勒的命令，唯一的方法就是使用手枪。”但海因里齐的回答是：“我不是天生的杀人犯。”施佩尔用下面一段话结束了这番危险的谈话，并表明了自身内心的冲突：“这当然是不可能的，如果我认为此举会帮助德国人民，便会放手去做，但是我不能。希特勒一直信任我。这会显得十分下作。”[64]

既然如此，施佩尔为什么要提出这个建议？也许他认为海因里齐是一个尚存理智的人，尤其是他非常愿意抵制希特勒的“焦土命令”。而这也是在不到一个月内，海因里齐第二次发现自己正与希特勒的亲信们谈论背叛之事。这让海因里齐不寒而栗。施佩尔离开后，震惊的金策尔转向海因里齐说道：“绝对不能让施佩尔再踏进这个司令部。如果我们说过的话被泄露出去——我们都会被枪决。”[65]另外，杀死希特勒的念头也与海因里齐的防御设想背道而驰。按照他的逻辑：“希特勒遇刺身亡会导致混乱。届时，党卫军将与国防军反目，纳粹党员将与所有人开战——前线将会崩溃，苏联将涌入未设防的柏林。”[66]事实上，海因里齐似乎赞同仍让希特勒掌权，毕竟，元首仍然可以维持整个德国的稳定，并避免1918年的悲剧——这将有助于他行使指挥权。

另外值得一提的是，在4月下旬，海因里齐又一次接到了自行其是的建议，而这次，推动此事的是他的参谋们。在第3装甲集团军撤退的问题上，海因里齐与凯特尔发生了冲突，并被解除了集团军群的指挥权。得知此事后，海因里齐的参谋们建议他拘捕凯特尔或约德尔，设法结束这场战争。在5月5日给妻子的信中，海因里齐这样描述他对以下犯上的看法：

对于在极端情况下，拒绝履行誓言中的义务——这一点对我并非不可想象，但作为一名军人，在面对来势汹汹的敌军时，我又根本无法谋害宣誓效忠的最高统帅。有人告诉我应当消灭这些人，把他们俘虏或是采取其他行动。但在德国人民的眼中，我将成为那个在最后时刻背叛元首的士兵，他们会指着我说：如果没有这个叛徒，情况就会大为不同。[67]

显然，1918年“背后一刀”的记忆仍在，并继续激发着海因里齐的责任感和荣誉感。透过戈培尔撰写的、发布于4月22日《帝国报》（*Das Reich*）上的最后一篇文章，即《不计代价的抵抗》（*Resistance at any Price*），我们同样可以发现这种思路并非在少数人身上出现。他写道：“1918年，我们在最后一刻放弃了，但这不会在1945年发生。我们都必须认识到这一点。这将是我们最终胜利的基础。”[68]总之，海因里齐不愿看到1918年的重演，而是宁可把战争进行到底。颇为讽刺的是，这也正中了盟国日食行动的下怀。

本章尾注：

1. 参见艾斯曼访谈稿（科尼利厄斯·瑞恩档案：第68号文件盒，第2号档案袋），第1页。

2. 参见美国国家档案馆文件M-1019《美国纽伦堡战争罪审判讯问记录》第26卷第0072页。在很多二手资料中，经常错误地指出是海因里齐接到了摧毁大教堂的指示。但根据海因里齐的证词，其直接接收人是冯·格莱姆。

3. 参见美国国家档案馆文件M-1019《美国纽伦堡战争罪审判讯问记录》第26卷第0073页。

4. 参见美国军事研究文件MS P-136，第2页。

5. 参见德国联邦档案馆-军事档案分馆文件 N265/23第2分页，转引自约翰尼斯·赫特尔撰写的《一位德国将军在东线：戈特哈德·海因里齐书信和日记集，1941—1942》（*Ein deutscher General an der Ostfront: Die Briefe und Tagebücher des Gotthard Heinrici 1941—1942*）（埃尔富特：时代出版社，2001年出版），第18页。

6. 参见《我在一战中的服役经历》（*Meine dienstliche Verwendung im 1 Weltkrieg*），出自德国联邦档案馆-军事档案分馆文件 N265/23第59分页，转引自《一位德国将军在东线：戈特哈德·海因里齐书信和日记集，1941—1942》，第18页。

7. 参见菲利普·布洛德《希特勒的匪徒猎手》（*Hitler's Bandit Hunters*）（华盛顿特区：波托马克出版社，2008年出版），第32—33页。

8. 参见《1918年10月16日的海因里齐战时日记》（*KTB Heinrici*），出自德国联邦档案馆-军事档案分馆文件 N265/8，转引自约翰尼斯·赫特尔《一位德国将军在东线：戈特哈德·海因里齐书信和日记集，1941—1942》，第19页。

9. 同上。

10. 参见德国联邦档案馆-军事档案分馆文件 265/23第22分页，转引自《一位德国将军在东线：戈特哈德·海因里齐书信和日记集，1941—1942》，第20页。

11. 参见海因里齐致父母的信，1933年7月7日，出自德国联邦档案馆-军事档案分馆文件 265/148号文件第67分页，转引自《一位德国将军在东线：戈特哈德·海因里齐书信和日记集，1941—1942》，第25页。

12. 参见海因里齐在明斯特向新兵发表的讲话，1938年2月27日，出自德国联邦档案馆-军事档案分馆文件 N265/33第26分页，转引自约翰尼斯·赫特尔《三十年战争般的行径：海因里齐将军在苏德战争第一年的书信》，出自德国《近代史季刊》第48卷，第2期，第342页。

13. 参见海因里齐致福尔施的信，1951年6月28日，出自德国《近代史季刊》第48卷，第2期，第342页。

14. 参见海因里齐致父母的信，1933年4月9日，出自德国联邦档案馆-军事档案分馆文件 N265/148第39分页，转引自《一位德国将军在东线：戈特哈德·海因里齐书信和日记集，1941—1942》，第24页。

15. 同上。

16. 参见海因里齐致母亲的信，1939年1月16日，其中提到的是罗森堡在多特蒙德的演讲，出自德国联邦档案馆-军事档案分馆文件 N265/153第6f分页，转引自《一位德国将军在东线：戈特哈德·海因里齐书信和日记集，1941—1942》，第25页。

17. 参见布莱恩·里格斯《希特勒的犹太士兵：纳粹种族法律和犹太人在德国军队中不为人知的故事》

（*Hitler's Jewish Soldiers: The Untold Story of Nazi Racial Laws and Men of Jewish Descent in the German Military*）（堪萨斯州劳伦斯：堪萨斯大学出版社，2002年出版），第186页。

18. 参见约翰尼斯·赫特尔《一位德国将军在东线：戈特哈德·海因里齐书信和日记集，1941—1942》，第56页。

19. 参见在里斯科夫致家人的战时书信，1941年7月4日，出自德国联邦档案馆-军事档案分馆文件N265/155第40分页，转引自约翰尼斯·赫特尔《三十年战争般的行径：海因里齐将军在苏德战争第一年的书信》，出自德国《近代史季刊》第48卷，第2期，第370页。

20. 参见德国《近代史季刊》第48卷，第2期，第371页。

21. 另请参见海因里齐致妻子的信，1941年7月8日，出自德国联邦档案馆-军事档案分馆文件N265/155第65分页，转引自德国《近代史季刊》第48卷，第2期，第371页。

22. 参见海因里齐在科佐夫致妻子的信，1941年7月6日，出自德国联邦档案馆-军事档案分馆文件N265/155第63分页，转引自德国《近代史季刊》第48卷，第2期，第371页。

23. 参见海因里齐在博布鲁伊斯克致妻子的信，1941年7月20日，出自德国联邦档案馆-军事档案分馆文件 N265/155号文件第68分页，转引自德国《近代史季刊》第48卷，第2期，第373页。

24. 要想理解海因里齐的思想，我们就必须研究德国侵苏之战在种族层面的动机，不过本主题非常浩大，完全可以独立成篇。按照爱德华·韦斯特曼的说法，国防军完全了解1941年底之后党卫军和警察部队在其后方的种种主动行动（initiatives）。他说："到1942年初，国防军与警察之间的合作已成了某种常规惯例"。其内容可参见爱德华·韦斯特曼《希特勒的警察营：在东部实施种族战争》（*Hitler's Police Battalions: Enforcing Racial War in the East*）（堪萨斯州劳伦斯：堪萨斯大学出版社，2005年出版），第190页。另外，在该书第166—172页还提到了韦斯特曼创造的一个术语——为种族灭绝创造基础，并概括性地讨论了入侵苏联初期各个德军部队的情况。关于国防军与种族灭绝主动行动之间的关系，菲利普·布洛德的《希特勒的匪徒猎手》也是一份极佳的参考资料。在该书第81—90页之间，布洛德概述了国防军与党卫军之间最初的工作关系，并讨论了"剿匪"（Bandenbekämpfung）这个词如何演变成了国防军后方区域种族迫害（特别是对犹太人）的代名词。另外，该书的第112—119页还从整体层面讲述了德军如何按照第46号指令（Directive 46）将剿匪转化成了对犹太人的搜捕行动。

25. 参见海因里齐致家人的信，1943年10月10日，出自德国联邦档案馆-军事档案分馆文件 N265/157第110分页，转引自约翰尼斯·赫特尔《三十年战争般的行径：海因里齐将军在苏德战争第一年的书信》，出自德国《近代史季刊》第48卷，第2期，第364页

26. 参见海因里齐致家人的信，1943年11月3日，出自德国联邦档案馆-军事档案分馆文件 N265/157号文件第120分页，出自德国《近代史季刊》第48卷，第2期，第364页。

27. 参见海因里齐访谈稿（第1号录音带），第7页。

28. 1942—1944年间，冯·戈特贝格被派往白俄罗斯，担任当地的党卫队和警察高级领袖。其任务包括率领下属部队与各种特别行动队单位，如迭勒汪格旅（Dirlewanger Brigade）和卡明斯基旅（Kaminski Brigade），开展反游击行动。他于1943年8月7日获得了金质德意志十字奖章，并在1944年6月30日获得骑士十字勋章。1945年5月9日，他在弗伦斯堡附近畏罪自杀。其生平可参见法伦奇·麦克林所著的《残酷的猎人》（*The Cruel Hunters*）（宾夕法尼亚州阿特格伦：希弗出版社，1996年出版）一书的第111、113和134页。另外，他的行动还针对犹太人。在一封信中，冯·戈特贝格提到了他在东线开展的第二次反

游击行动［即汉堡行动（Operation Hamburg）］，并表示在此期间共有1510名犹太人被杀。具体内容可参阅安东尼奥·穆诺兹和奥列格·罗曼科博士合著的《希特勒的白俄罗斯：白俄罗斯的通敌、种族灭绝和反游击战争，1941—1944》（*Hitler's White Russians: Collaboration, Extermination, and Anti-Partisan Warfare in Belorussia, 1941—1944*）（纽约：欧罗巴出版社，2003年出版），第233页。

29. 参见海因里齐访谈稿（第1号录音带），第7页。

30. 参见菲利普·布洛德《希特勒的匪徒猎手》，第112—120页［剿匪和敌军分类（Bandenbekämpfung and Enemy Classification）］。

31. 参见德国联邦档案馆-军事档案分馆文件 N265/11，转引自《一位德国将军在东线：戈特哈德·海因里齐书信和日记集，1941—1942》一书的第107页。

32. 在科尔贝格被围后，富尔里德上校被任命为该镇的指挥官。在此期间，共有约40000—50000名平民从当地撤离，富尔里德上校的部队则被逼退到港区，并请求让残余的部队搭乘1艘参与防御的驱逐舰离开。希特勒对此表示拒绝，但后来富尔里德仍然设法率部撤离了当地，其间，他得到了第3装甲集团军的全力支持和尊重。后来，希特勒为富尔里德颁发了铁十字勋章①。参见《艾斯曼回忆录》，第96—97页。

33. 参见海因里齐访谈稿（第2号录音带），第9—10页。

34. 参见海因里齐致父母的信，1933年4月1日，出自德国联邦档案馆-军事档案分馆文件 N265/148号文件第37分页，转引自《一位德国将军在东线：戈特哈德·海因里齐书信和日记集，1941—1942》一书的第48页。

35. 参见海因里齐访谈稿（第2号录音带），第19页。

36. 在海因里齐上任前一天的3月19日，戈培尔在日记中写道，他非常担心一种在国防军军官之中私下流传的想法，即应当坐视西方盟军攻入德国，让他们抢在苏军之前占领更多的领土。这种想法的流传是如此之广，以至于戈培尔写道，他必须针对这一想法开展大规模的反制宣传。2天后，戈培尔又写道，希特勒开始相信，他麾下有些军官，特别是在西线作战的军官，正在私下酝酿一项计划，即与西方盟国共同对抗苏联，并让前者畅通无阻地在德国境内前进。参见《戈培尔日记》第175页、第194页。

37. 参见《纽约时报》，1945年1月25日，俄国驱逐罗马尼亚族群。

38. 参见《纽约时报》，1945年2月5日，俄国强制推行劳动赔偿。

39. 参见《纽约时报》，1945年3月3日，罗斯福支持让纳粹重建苏联。

40. 参见《纽约时报》，1945年4月12日，俄国否认“奴隶劳工”；1945年4月13日，投降政策保持不变。

41. 参见V.K.维诺格拉多夫、J.E.波戈尼和N.V.特普佐夫《希特勒之死》（*Hitler's Death*）（伦敦：乔叟出版社，2005年出版），第189页。

42. 参见《最后的记录，1945年：戈培尔日记》，第195页。

43. 2月28日，戈培尔在日记中首次提到苏联对德国平民的暴行。他对报告感到震惊和恐惧，并拒绝写下任何细节。随后，他与古德里安合作，开展了一项由希特勒批准的宣传运动，以帮助增强德国军队的抵抗意志，并将苏军的行径公之于众。参见《最后的记录，1945年：戈培尔日记》第8页、第17页、第44页、

---

① 实际是骑士十字勋章的橡叶饰。

第69—70页和第104页。

44. 参见《艾斯曼回忆录》，第58页。

45. 参见《艾斯曼回忆录》，第58—59页。

46. 参见《艾斯曼回忆录》，第58—59页。

47. 参见《艾斯曼回忆录》，第59页。

48. 相关例证可以参见欧默·巴托夫的作品，尤其是《希特勒军队》（*Hitler's Army*）（纽约：牛津大学出版社，1992年出版）一书第29页或是杰弗里·梅加吉的《灭绝之战》（*War of Annihilation*）（纽约：鲍曼和利特菲尔德出版社，2007年出版）第92—97页。在20世纪90年代后期，德国和奥地利境内举办了一场名为“灭绝战争：德国国防军的战争罪行，1941—1944”（Vernichtungskrieg-Verbrechen der Wehrmacht 1941—1944）的巡回展览，并引起了很大争议，导致原定在美国纽约大学（New York University）的展览被取消。具体情况可参见《柏林晨报国际版》上由弗兰克·利波尔德撰写的文章《国防军展览存在争议》（*Wehrmacht Exhibition Proving Controversial*），或由汉堡社会科学研究所编辑的展览照片集《德国军队与种族灭绝》（*The Hamburg Institute for Social Research*）（纽约：新出版社，1999年出版）。另外，最近还有一本著作详细介绍了国防军军官对暴行的了解，即索恩克·奈茨塞尔的开创性研究——《监听希特勒的将军们：秘密对话记录，1942—1945》（*Tapping Hitler's Generals: Transcripts of Secret Conversations, 1942—45*）（明尼苏达州圣保罗：前线出版社，2007年出版），尤其是书中的第30—62页。另外，在英语领域，还没有一本反映1944—1945年苏军在东欧和德国东部进军期间暴行的专著，也没有类似的作品分析过这些行为的根源。但应该指出，在撰写涉及战争后期的文章中，有越来越多的西方历史学家开始对苏军的暴行做出评述。迄今为止，仅有的专著都是由德国学者和研究人员撰写的。其中一个例子是德国历史学家曼弗雷德·蔡德勒，他在著作《东线的终局：苏联红军与对奥得河和尼斯河之间德国东部的占领，1944/1945》（*Kriegsende im Osten. Die Rote Armee und die Besetzung Deutschlands östlich von Oder und Neiße 1944/45*）（慕尼黑：奥尔登堡出版社，1996年出版）中对苏军的种种做法进行了广泛研究，读者具体可参阅该书的第105—134页［战争最后一年苏联士兵的动机和接受的政治-精神宣传（Die Motivierung und politisch-psychologische Führung des Sowjetsoldaten im letzten Kriegsjahr）］以及第135—167页［苏联军队在德国土地上的行径以及指挥层的对策（Das Verhalten der Armee auf deutschem Boden und die Gegenmaßnahmen der Führung）］这两个章节。他最新的研究成果则刊载在了巨作《德国与第二次世界大战》（*Das Deutsche Reich und der Zweite Weltkrieg*）第10卷［德国的崩溃，1945（Der Zusammenbruch des Deutschen Reiches 1945）］第1分卷［国防军在军事上的失败（Die Militärische Niederwerfung der Wehrmacht）］（慕尼黑：德国出版社协会，2008年出版）第2部分［对德国的占领与统治（Die Eroberung und Besetzung des Deutschen Reiches）］的第3章［苏军在德国境内（Die Rote Armee auf deutschem Boden）］中。具体而言，在该书的第681—776页，蔡德勒介绍了诸如1945年苏军对士兵的政治和精神宣传、苏联军事报刊的作用、对部队的政治鼓动等主题。不过，在这一领域，学者们还有众多的空白需要填补。

49. 参见鲍里斯·戈尔巴切夫斯基《穿越大漩涡》（*Through the Maelstrom*）（堪萨斯州劳伦斯：堪萨斯大学出版社，2008年出版），第363页。

50. 参见《最后的记录，1945年：戈培尔日记》，第81—82页。

51. 参见海因里齐访谈稿（第4号录音带），第8页。

52. 和通常的解释不同，苏军的残忍行为不仅源自个人的复仇，其中也明显存在着某些预谋，因为斯大林在抵达华沙前，便已经规划了东欧和中欧未来的图景。艾斯曼和戈尔巴切夫斯基记录的苏军进入德国领土时的所作所为都与斯大林的安排存在某种暗合，这些将为他战后的政治布局创造条件。相关内容可参见蒂姆西·施耐德撰写的《血色大地：希特勒和斯大林之间的东欧》（*Bloodlands: Eastern Europe Between Hitler and Stalin*）（纽约：基础出版社，2010年出版）第10章［种族清洗（第313—337页）］、阿尔弗雷德-莫里斯·德·扎亚斯撰写的《恐怖的复仇》（*A Terrible Revenge*）（纽约：帕尔格雷夫·麦克米伦出版社，2006年出版）第3章［战争与逃亡（第39—80页）］，以及吉尔斯·麦克唐诺撰写的《帝国之后：同盟国占领的残酷历史》（*After the Reich: The Brutal History of the Alied Occupation*）（纽约：基础出版社，2007年出版）第4章和第5章［第4章：捷克斯洛伐克、匈牙利和南斯拉夫的人口驱逐；第5章：滚回德国去！在被割让的东普鲁士领土上（第125—198页）］。

53. 参见海因里齐访谈稿（第3号录音带），第3页。

54. 在这里，海因里齐似乎是指与古德里安的对话。

55. 参见海因里齐访谈稿（第3号录音带），第1页。

56. 参见休·特雷弗-罗珀《从闪电战到失败》，第206—207页。

57. 参见海因里齐访谈稿（第4号录音带），第10页。

58. 参见《艾斯曼回忆录》，第122页。

59. 参见海因里齐访谈稿（第4号录音带），第10页。

60. 参见《艾斯曼回忆录》，第126页。另请参见阿尔伯特·施佩尔撰写的《第三帝国内幕：回忆录》（*Inside the Third Reich: Memoirs*）（纽约：西蒙与舒斯特出版社，1970年出版），第467—468页。其中的记录也证实了海因里齐和艾斯曼在战后的说法。由于未能炸毁雷马根大桥，共有5名德国军官被处决。根据戈培尔的日记，国防军最高统帅部发布了这则信息，但陆军最高司令部却努力阻止。希特勒则驳回了后者的请求，因为他打算通过这则信息以儆效尤，激发国防军的斗志。具体内容可参见《最后的记录，1945年：戈培尔日记》，第164页。

61. 参见海因里齐访谈稿（第4号录音带），第10页。

62. 参见美国国家档案馆文件T-311/169/7221719。

63. 参见海因里齐访谈稿，第25页（长页）。

64. 参见海因里齐访谈稿，第15页。

65. 参见海因里齐访谈稿，第15页。

66. 参见海因里齐访谈稿，第25页（长页）。

67. 参见海因里齐致妻子的信，1945年5月5日，出自德国联邦档案馆-军事档案分馆文件 N265/158第137—146分页，转引自《一位德国将军在东线：戈特哈德·海因里齐书信和日记集，1941—1942》，第48页。

68. 参见《不计代价的抵抗》（*Widerstand um jeden Preis*），出自1945年4月22日的《帝国报》。

第二部分

奥得河前线的防御准备

3月20日—4月13日

“奥得河就是主战线，绝不能后退一步。”

——海因里齐向“维斯瓦河”集团军群发布的指导方针

“这一抉择不难做出；我们必须用最后的力量抗击东方的敌人。无论是士兵、当地居民，还是无数来自东方的流离失所者，都相信正道仅此一途。”

——京特·赖希海尔姆（Günther Reichhelm）上校，第12集团军参谋长

第四章

指挥官的意图

上任之后，海因里齐便向集团军群公布了自己的意图，并为下级指挥官的作战命令和任务确定了基本方针——在其中，上一章所述的心态被体现得淋漓尽致。他表示：

> ……必须反复强调的是：我们必须扼守奥得河前线——它凌驾于一切之上。必须让俄国人在此止步。鉴于去年冬天东部发生的一切，我们一寸德国领土都不能放弃。如果俄国人能止步于奥得河畔，美军将继续前进，帮助他们在东方的盟友，届时，他们可以轻易地抵达奥得河，并以这种方式出现在奥得河守军的后方。如果柏林注定陷落，它也最好由美国人占领，而绝对不能落入俄国人手中。[1]

第9集团军司令特奥多尔·布塞。

海因里齐试图让德国的其余领土免遭苏军的报复和破坏。但问题在于，这只是他的一己之见，与希特勒或国防军最高统帅部/陆军最高司令部的意志更是背道而驰。希特勒和德国最高统帅机构固然打算依托奥得河与苏军作战，但从未试图诱使西方盟国渡过易北河，任凭其占领柏林和德国东部。他们的目标是不惜一切代价保住纳粹政权，并继续抵抗，直到政治奇迹发生。

对于集团军群司令的目标，海因里齐下属的集团军司令和军长们大多心知肚明。对于在东方发生的一切，他们很多人都深感震惊。曾任第9集团军司令的布塞将军写道："如果我们能在奥得河畔坚持得够久，直到美国人到来，我们就不会辱没人民、国家和历史交给我们的使命。"[2]作为第3装甲集团军下属的第46装甲军的军长，马丁·加雷斯（Martin Gareis）步兵上将也提到："……显而易见，我们绝对不能让俄国人渡过奥得河，只要还有一点弹药和燃料，（我们）就必须坚守到美国人到来。"[3]有类似想法的还有党卫军第3（日耳曼）装甲军（该军同样隶属于曼陀菲尔辖下的第3装甲集团军）军长、党卫

菲利克斯·施泰因纳，先后任党卫军第3（日耳曼）装甲军和 施泰因纳集团军的指挥官。本照片于1943年秋天在俄国前线南部拍摄。（Courtesy of Boundesarchiv. Bild 101III-Moebius-139-08）

第3装甲集团军司令哈索·冯·曼陀菲尔，这张照片拍摄于1944年5月，地点是德国前线北部。（Courtesy of Boundesarchiv. Bild 146-1976-143-21）

军上将菲利克斯·施泰因纳（Felix Steiner），他这样向下属部队强调当下战斗的重要性："德国的命运将在这里决定。如果我们能在这里击败俄国人，一切就会峰回路转。如果失败了，整个西方都将落入共产主义者之手。"[4]在4月初，他更是对一群士兵表示："如果西方盟国不渡过易北河，本世纪最大的悲剧就将在易北河和奥得河之间上演。"[5]施泰因纳的观点可谓极为尖锐，并预见了盟国之间的勾心斗角——正是这一点后来诱发了冷战。

除此之外，海因里齐的意图还包含了两个方针，它们也从根本上影响了维斯瓦河集团军群未来的防御行动。首先，如果西方盟国未能渡过易北河，维斯瓦河集团军群就将继续同苏军作战，直到物质和斗志都无法支持。其次，海因里齐无意将柏林变成战场。如果苏联人突破了集团军群的防线，直奔柏林而去，他们就将宣布柏林不设防，以避免不必要的破坏，减少民众的生命损失。他想拯救柏林及其居民，让他们免于陷入毁灭性的巷战之中。

本章尾注：

1. 参见海因里齐访谈稿（第3号录音带），第6页。

2. 参见特奥多尔·布塞访谈稿（科尼利厄斯·瑞恩档案：第67号文件盒，第17号档案袋），第2—3页。和很多同僚一样，布塞也被德国难民向西逃亡时的恐惧和绝望深深触动。在纽伦堡审判期间，有人问他，在战争无可挽回之时，为何他还在继续指挥德国军队。他的回答是："大群同胞向西逃亡的悲惨景象触动了他，他希望保护这些人免于落入东方敌人之手。"参见《纽伦堡审判卷宗》（*Nuremberg Trial Proceedings*）第42卷。"为犯罪组织辩护的证人的最后报告，由法庭根据1946年3月13日命令第4款组建的委员会听取——呈报人：尼夫上校"（出自http://avalon.law.yale.edu/imt/naeve.asp）

3. 参见第46装甲军（隶属于冯·曼陀菲尔将军指挥的第3装甲集团军）军长马丁·加雷斯将军的日记，（科尼利厄斯·瑞恩档案：第67号文件盒，第13号档案袋），第11页。

4. 参见弗里茨·哈斯访谈稿（科尼利厄斯·瑞恩档案：第69号文件盒，第13号档案袋）。另请参阅F.博彻访谈稿，（科尼利厄斯·瑞恩档案：第68号文件盒，第8号档案袋）。

5. 参见H.H.洛赫曼访谈稿（科尼利厄斯·瑞恩档案：第66号文件盒，第2号档案袋）。

第五章

战役背景和战场环境

海因里齐的战后报告——军事研究文件MS T-9《奥得河之战》——是从对历史的回顾开始的。这些回顾提供了他接管集团军群时，以及战前和战时下达命令的背景，是我们了解此人思想的有力切入点。

该报告中这样写道：

在波兰和德国东部省份取得重大胜利之后，苏军1945年的冬季战役在古本（Guben）-法兰克福-屈斯特林-弗赖恩瓦尔德（Freienwalde）一线的奥得河畔停顿了下来。在此地区以北，即斯德丁的东南方向，德军部队集结起来，攻击了俄国人的北翼。（作者按：即夏至行动）

向德国边境快速推进之后，苏军攻势陷入停顿是一件自然而然的事情。经过长期的进攻，他们必须重组部队、补充机动兵力、调集物资和补给，以便重新投入作战。而冬季的恶劣天气，以及德军在波森（Posen）和科尔贝格等要塞的顽强抵抗，则从后方进一步分散了他们的兵力。另外，苏军对德国民众肆意妄为，很多部队斗志涣散——他们变成了散兵游勇，在后方地带大肆奸淫掳掠。苏军部队和下级指挥人员并不能（像德军一样）贯彻纪律，这种松散状态极大削弱了他们的战斗力。此外，由于德军在斯德丁东南方向的行动，苏军高层感受到了右翼的巨大威胁。有鉴于此，他们决定在继续进攻、渡过奥得河之前，首先清除波美拉尼亚方向的重大隐患。

但这一决定并没有改变俄国人的努力，他们仍准备从已占领的区域横渡奥得河、建立桥头堡，并以此作为攻击柏林的出发点。为此，他们必须夺取一个拥有铁路和公路枢纽的关键渡口。在尼斯河、奥得河和弗赖恩瓦尔德之间，这种举足轻重的主要渡口就是法兰克福和屈斯特林。而在波美拉尼亚的战事结束之后，俄国人还将目光对准了斯德丁。按照惯常的战术，苏军并没有对屈斯特林和法兰克福发动正面进攻，而是试图通过钳形攻势将其孤立。由于奥得河在2月初依然封冻，这使得侧翼迂回变得更加容易。就这样，敌军在菲尔斯滕贝格（Fürstenberg）以北占领了一个桥头堡，还在法兰克福以南占据了另一个，但规模相对较小；而在屈斯特林南北两侧，则有两个较大的出击阵地正在成形。在这种情况下，屈斯特林要塞和内陆之间的联系便只剩下了一条狭窄的走廊——沿着铁路干线和公路，一直延伸到柏林。

当俄国人兵临奥得河畔时，屈斯特林城内只有国民突击队和几个驻扎于此的补充营，几乎没有任何正规部队。但沿着奥得河，一条防线已然初具雏形。在屈斯特林和法兰克福，利用陆军从波兰和波美拉尼亚撤下来的残兵败将、各种轻伤员和康复人员、来自当地行政机构的人员、军医院、甚至各种后勤指挥机构，当地也构建起了防御。至于柏林的第3军区司令部（Wehrkreiskommando Ⅲ）和斯德丁的第2军区司令部（Wehrkreiskommando Ⅱ）则抽调了由补充兵组成的增援部队。在这些七拼八凑的部队协助下，阻止苏军在奥得河西岸构建桥头堡的初步条件已经具备。虽然屈斯特林新城不幸落入敌手，但德军成功地守住了法兰克福和屈斯特林老城区。在此期间，他们还艰难击退了苏军在两座城镇侧翼发动的攻势，敌人既未能形成包围，也未能抵达奥得沼泽（Oderbruch）[①]西侧的丘陵地带（作者按：即泽劳高地）。这一地带的海拔比奥得沼泽平均高出30至50米，可以对东面的土地一览无余。因此，无论是进攻方还是防守方，控制这片丘陵都极为重要。只有夺取了它，东方的进攻者才可以在奥得沼泽调动和集结，而不会遭到守军的窥探，更不会遭到炮火的精确打击。而对于防守方来说，这片丘陵地带自然成为了其防线的基石，

---

① 奥得沼泽并非真正意义上的沼泽，在18世纪，普鲁士王国曾对当地进行了广泛的排水和地貌改造，在1945年时，当地已经成为一片遍布农场和灌木丛的平原地带。

必须不遗余力进行保卫。

在对苏战争中，类似的情况经常出现，但通过急中生智，德军曾不止一次化险为夷。1941年12月20日，在莫斯科附近的战斗中，苏军包抄了第4集团军的侧翼，进而威胁到卡卢加（Kaluga）市——德军在莫斯科城下最重要的交通枢纽之一。其间，连面包师、屠夫、后方梯队的士兵、警戒部队甚至是伤病员都被组织起来，搭乘雪橇和机动车辆投入到了对抗迂回之敌的战斗中。在整整5个昼夜中，他们将敌人挡在了卡卢加市中心，并在城市两翼守住了冰封的奥卡河（Oka），直到前线的正规部队赶来支援。尽管这场战斗一开始看起来毫无希望，但凭借坚强的意志，他们最终化险为夷。

1945年2月底，德军在斯德丁东南地区对苏军北翼的攻势（作者按：即夏至行动）以失败告终，为此，我们不得不放弃波美拉尼亚。在斯德丁东部，第3装甲集团军仍据守着一个桥头堡，但他们也被迫在3月初从当地撤退。现在，维斯瓦河集团军群的有生力量全部撤到了奥得河的西岸，其右翼位于菲尔斯滕贝格以南，即尼斯河与奥得河的交汇处，左翼则位于波罗的海。

在东岸，德军只据守着几个小桥头堡。它们是：法兰克福的城郊——保护着硕果仅存的奥得河大桥，该桥极为坚固，且桥面很宽；屈斯特林老城［位于瓦尔塔河（Warthe）与奥得河之间］；弗赖恩瓦尔德以东的采登（Zehden）①；达姆施湖（Dammscher See）②以北珀利茨（Pölitz）③的小型前沿阵地。[1]

需要指出，在施韦特（Schwedt）附近的奥得河东岸，德军也建立过一个较小的桥头堡，但在海因里齐上任前夕，这处阵地便被苏联军队摧毁。驻守当地的是党卫军中校奥托·斯科尔兹内（Otto Skorzeny）的党卫军猎兵部队（SS-Jagdverband）和第600伞兵营。该桥头堡是奉希姆莱的命令于1月底建成的，目的是为夏至行动的南翼攻势提供一个出发基地。虽然由于缺少部队，这

① 即今天波兰的采迪尼亚（Cedynia）。
② 即今天波兰境内的栋别湖（Dąbie Lake）。
③ 即今天波兰的波利采（Police）。

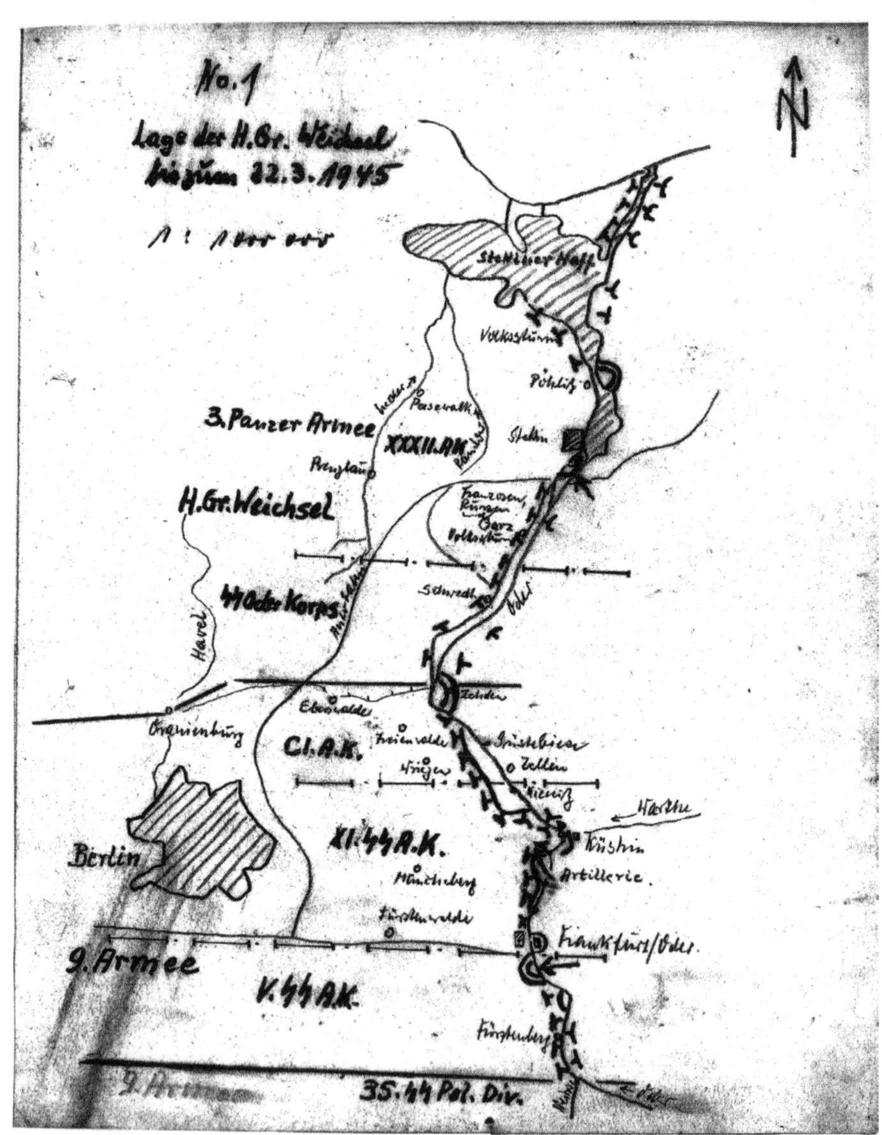

地图 4：1945 年 3 月 23 日，维斯瓦河集团军的态势图，由海因里齐本人绘制。（军事文件 MS T-9）

一行动从未实现，但斯科尔兹内仍将侦察巡逻队派入了苏军的纵深。3月初，苏军决定摧毁这个桥头堡。此时，斯科尔兹内已将指挥权转交给了党卫军中校肯平（Kempin），而希姆莱则拒绝从当地撤军，当苏军发起猛攻时，德国守军几乎全军覆灭。按照记载，斯科尔兹内的部下们被迫冒着枪林弹雨向奥得河对岸游去，许多士兵在渡口溺毙。[2]幸存者们则重新武装起来，奉命进入施韦特桥头堡西南方向的采登桥头堡。在采登，德军死守着菲诺运河（Finow Canal）和霍亨索伦运河（Hohenzollern Canal）的闸门，直到3月28日才在海因里齐的命令下撤退。

海因里齐在军事研究文件MS T–9中写道：

采登桥头堡保护着水闸，从这里可以调节菲诺运河、霍亨索伦运河和奥得河交汇处的水位。另外，它还支援着南面，即奥得河西岸德军阵地的左翼，并让敌人无法从北面的制高点窥探动静。至于珀利茨桥头堡则为当地的合成油料工厂提供了掩护——尽管被英军空袭严重破坏，但它仍在发挥有限的作用。在采登桥头堡和斯德丁以南的高速公路之间，即斯德丁港区以南的地方，是西奥得河的西岸，这里的河面相对更窄，德军的阵地沿河构建。在东岸，我们也设置了一些桥头堡，它们一直延伸到了奥得河的东侧分汊附近。由于当地的意义不容忽视，因此构建桥头堡非常必要，因为它们可以将两条分汊之间的区域置于控制之下。苏军经常利用森林、沼泽和灌木丛进行渗透，试图夺取这片区域，为日后攻击斯德丁寻找一个出发点。[3]

在3月的最初三周，俄国人还多次试图扩大法兰克福、屈斯特林和斯德丁附近的登陆场。他们非常清楚，这些城镇对继续向奥得河西岸进攻至关重要。除施韦特之外，奥得河的其余几座渡口都位于交通线或铁路上。换言之，如果有人想在奥得河西岸投入大部队，就必须控制这些地方。在精力充沛的指挥官比勒（Bieler，他后来阵亡）上校①领导下，法兰克福守军在几周内组建了一支可观的城防部队，规模达到了18个营，其成员来自掉队士兵、国民突击队和军

① 这里指的是恩斯特·比勒上校，他曾担任过第205步兵师师长，但不同于海因里齐的叙述，比勒在1945年4月28日被苏军俘虏，1997年5月去世。

医院的伤病员，另外，他们还得到了第3军区的支援。在这些部队的帮助下，比勒数次挫败了苏军在城市南郊的进攻。在屈斯特林，当地的8000名守军则由希特勒钦点的要塞司令——党卫军领袖赖涅法尔特（Reinefarth）率领。[4]他们守卫的屈斯特林旧城只遭到了虚弱的攻击。苏军的真实意图是从南面突破，即从南面的格里茨（Göritz）[5]桥头堡进攻。在屈斯特林附近，我们在旧图彻班德（Alt–Tucheband）–新曼施诺（Neu Manschnow）一线部署了第25装甲掷弹兵师，他们日复一日地开展警戒，挫败了苏军的所有进攻。在斯德丁南部的丛林地带部署着第281步兵师。在斯德丁桥头堡的战斗结束后，该师被转移到此地，并在艰难的丛林战中不断挫败敌人，让他们无法靠近城市。除了这些战斗焦点地区之外，在3月的头几周，维斯瓦河集团军群的战线相对平静。这里只有巡逻和试探活动，在过去，俄国人经常用这些手段来侦察德军阵地的方位。由于西里西亚山区已经入春，奥得河开始频繁泛滥，苏军被迫减少巡逻。然而，在莱特宛（Reitwein）以南的莱特宛凸地（Reitwein Spur），小规模战斗却连绵不绝。这片高起的地势可以俯瞰格里茨桥头堡，并让苏军惴惴不安。3月底，当地最终落入敌手，而且再也没有被德军收复。

在3月的这几周内，奥得河的冰面破裂了，整个区域化为一片泽国。和每年春天一样，在屈斯特林附近，奥得河和瓦尔塔河之间的大部分浅滩已是洪水泛滥。从采登桥头堡到斯德丁附近的达姆施湖，当地的奥得河浅滩变成了一个宽达3千米的大湖，奥得河的东部和西部河汊就像是护城河一样从两旁流过。其水势是如此湍急，以至于根本无法泅渡，而浅滩上的草地则被淹没在了1米深的水下。

本集团军群负责的奥得河河段从尼斯河河口一直延伸到波罗的海。南部的守军是第9集团军，北部则由第3装甲集团军保卫。

两军之间的自然边界是利本瓦尔德（Liebenwalde）和下菲诺［Niederfinow，位于埃伯斯瓦尔德（Eberswalde）以东］之间的菲诺运河。[6]

维斯瓦河集团军群所在的地形可谓易守难攻（参见地图4）。奥得河河面宽广，难以泅渡，在北部更是分成了东西两支，进一步加大了渡河的难度。奥得沼泽在通向柏林的中央走廊周围铺展开来，它是一片开阔的冲积平原，与泽劳高地毗邻。泽劳高地较奥得沼泽高出约50米，为守军提供了绝佳的视野和射击阵地。只有几条道路能通往高地顶部，而且周围的地形过于陡峭，装甲车无法通行。在泽劳高地的背后和奥得河的西岸，生长着茂密的松树林，还有许多湖泊，以及几条始于波罗的海南岸的运河，它们一直向着西里西亚的方向延伸。当地的硬面公路为数不多，而且均为东西走向，其余的辅路基本是路况恶劣的泥土小径，仅能勉强供一辆重型坦克通过。整个地形显然对守军有利——在苏军攻势开始前，海因里齐在几周内便充分运用了这些地形的潜力。

本章尾注：

1. 参见美国军事研究文件MS T-9《维斯瓦河集团军群防区内的奥得河之战，1945年2月至4月》。

2. 参见《艾斯曼回忆录》，第100页。

3. 参见美国军事研究文件MS T-9。

4. 现有研究显示，屈斯特林的守军人数在3000—10000人不等。维斯瓦河集团军群3月27日的作战地图则显示，当地的德国守军约为3000人，之后又略微上升到了3500人——这是因为在第一次解围尝试后，明谢贝格装甲师（Panzer Division Müncheberg）的部分兵力被困在了包围圈内。

5. 海因里齐可能指的是西部的戈尔加斯特（Gorgast），因为在屈斯特林的南部并没有一个叫“格里茨”的地点，他所用的资料来源仍不清楚。①

6. 参见美国军事研究文件MS T-9《维斯瓦河集团军群防区内的奥得河之战，1945年2月至4月》。

---

① 此处有误，海因里齐指的是位于奥得河东岸、与莱特宛隔河相对的格里茨村，当地现位于波兰境内，并改名为古日察（Górzyca）。1945年2月初，苏军近卫第8集团军一部从当地横渡奥得河，在西岸建立了一个阵地，德军则投入了拉格纳特别师和勃兰登堡装甲团第1营等部队试图消灭这股苏军，但所有尝试都宣告失败。

第六章

德军部队的部署

德军的战线从北向南绵延约300千米（约合186英里，其情况可参见地图5、6、7、8），但要守住这片区域，海因里齐的部队却严重不足。另外，这些单位的素质也引发了他的担心。雪上加霜的是，希特勒还剥夺了他的战役预备队，因为前者相信，苏军最后一次大规模攻势的目标不是柏林，而是布拉格。此外，战线上还有2座海因里齐视为鸡肋的要塞，放弃它们可以将他的战线缩短30—40千米，并缓解捉襟见肘的前线局势。在下面这一节中，海因里齐回顾了上述问题，读者可以由此了解当时的局势，并意识到许多问题的根源。

在军事研究文件MS T-9（参见彩色地图5、6、7和8）中，海因里齐这样写道：

除了法兰克福和屈斯特林的要塞驻军以外，第9集团军共拥有10个师，它们分别隶属于部署在前线的3个军。

第3装甲集团军有2个军位于前线，另外，其辖下还有沿海地带的斯维内明德要塞（Festung Swinemünde）。但这座要塞的指挥权逐渐被剥离了出去。第3装甲集团军是一个由国民突击队和警戒师组成的大杂烩，其中还夹杂了来自法国、俄罗斯和拉脱维亚的志愿单位（作者按：这些部队隶属于武装党卫军）。只有在斯德丁南部的高速公路、城南的灌木丛林和珀利茨附近有比较坚韧的部队——其中之一是高速公路沿线的第1海军步兵师，该师由水兵组成；

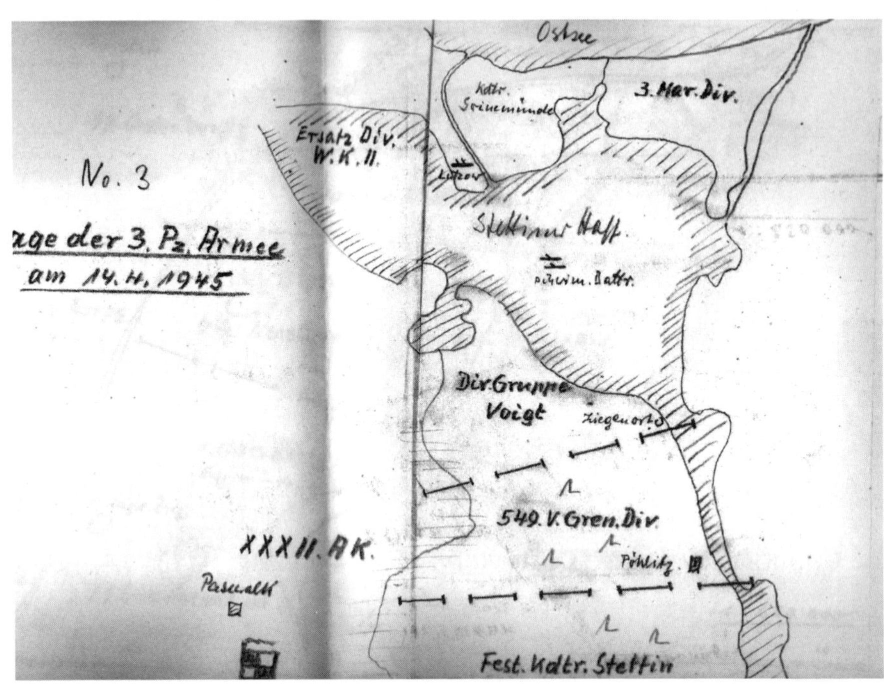

地图 5：1945 年 4 月 14 日，第 3 装甲集团军北部的态势图，由海因里齐本人绘制。（军事文件 MS T-9）

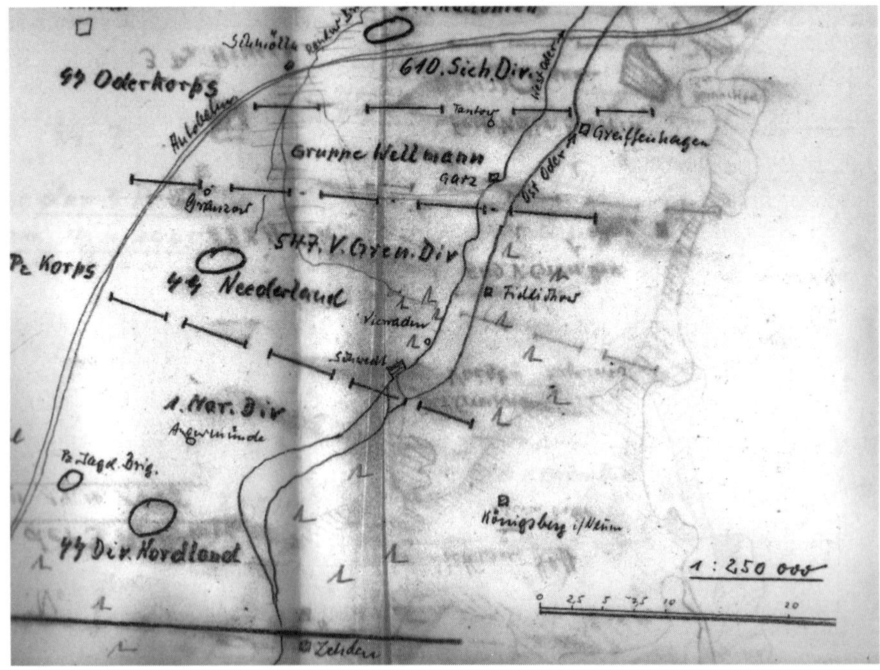

地图 6：1945 年 4 月 14 日，第 3 装甲集团军南部的态势图，由海因里齐本人绘制。（军事文件 MS T-9）

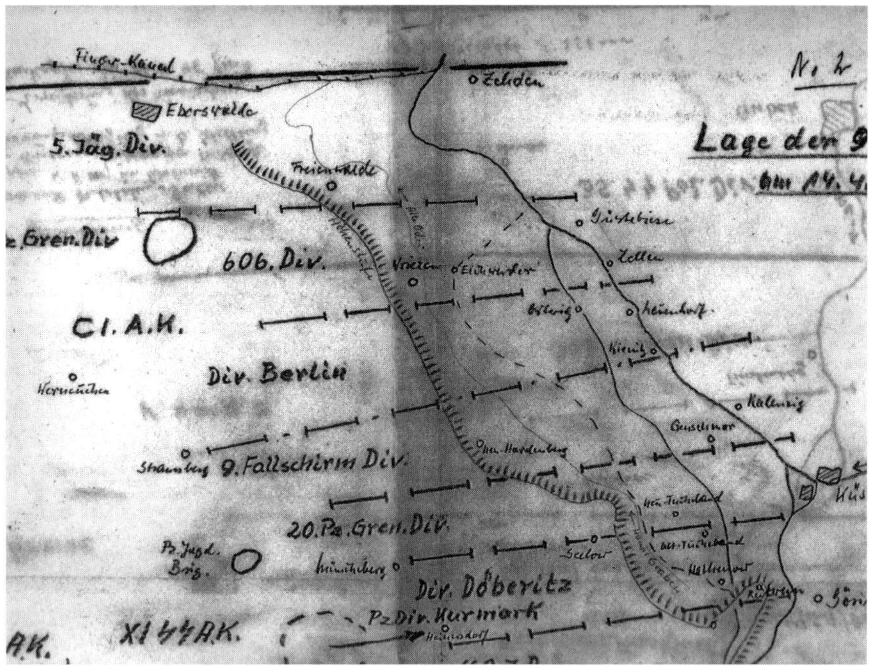

地图 7：1945 年 4 月 14 日，第 9 集团军北部的态势图，由海因里齐本人绘制。（军事文件 MS T-9）

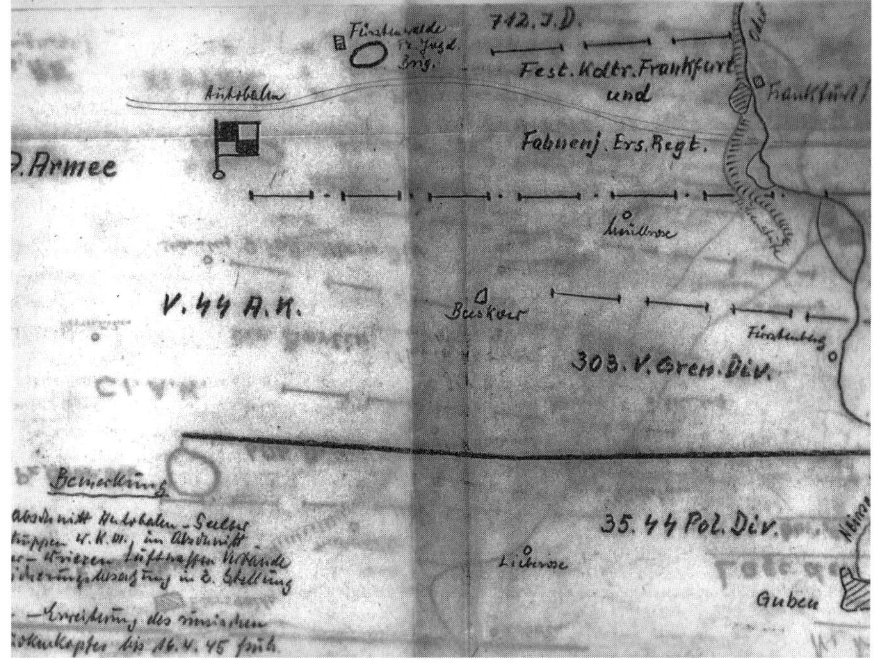

地图 8：1945 年 4 月 14 日，第 9 集团军南部的态势图，由海因里齐本人绘制。（军事文件 MS T-9）

另一支是斯德丁附近的第281步兵师，其情况已经在前面提及。

另外，集团军群的战线后方还有以下部队：

最右翼

·2个隶属于弗拉索夫部队的俄国志愿师，它们的装备尚不齐全，还无法投入战斗。

卡琳堂（Karinhall）（作者按：戈林的城堡和私人领地）附近的绍尔夫海德森林（Schorfheide）

·2个重组中的空军伞兵师的骨干。

斯德丁西南

·第5猎兵师的残部，该师刚从东普鲁士乘船抵达斯维内明德，必须重组和接收新装备。

此外：

法兰克福西北方向

·2个党卫军装甲师①和1个装甲掷弹兵师。②

明谢贝格（Müncheberg）附近

·2个党卫军装甲师和斯科尔兹内加强团（装备极为精良，是拥有装甲部队的特种单位）。

约阿希姆斯塔尔（Joachimsthal）附近

·1个新近重组的装甲掷弹兵师（由两个师的残部合并而成）。这支机动部队集群隶属于卡尔·德克尔（Karl Decker）装甲兵上将的第39装甲军。

在昂格明德（Angermünde）以西

·2个党卫军装甲掷弹兵师（由来自荷兰和挪威的德裔人员组成），以及法国③瓦隆人师的部分志愿人员。这些部队隶属于马丁·乌莱因（Martin Unrein）[1]中将指挥的党卫军第3（日耳曼）装甲军。

---

① 此处有误，当时，维斯瓦河集团军群麾下只有1个党卫军装甲师，就是党卫军第10弗伦斯贝格装甲师，而且该师并不位于当地。

② 这个师是第18装甲掷弹兵师。

③ 原文如此，更确切地说，瓦隆人师实际由从比利时法语区招募的志愿者组成。

在落款日期为 1945 年 3 月 17 日的照片中，2 名德军士官正一面躲避着苏军狙击手，一面横穿沃林镇的街道，他们可能来自第 3 海军步兵师。沃林镇位于斯维内明德防御地带的东南角。在照片中，前方的士官似乎带着一具双筒望远镜，但没有武器。另外可以看到这些士兵左手边的临时路障。在 4 月 16 日，苏军发起总攻之后，防守当地的第 3 海军步兵师被调往陆地，并在夜间分多个批次乘驳船渡过斯德丁潟湖。在其抵达之时，朱可夫已突破了沃坦防线，有鉴于此，上级立刻把该师调到了第 3 装甲集团军的右翼。（Courtesy of Boundesarchiv. Bild 183-H26409）

在兰多沼泽地［Randow marshland，即奥得河下游与于克河（Ücker）之间的中部区域］有1个加强的拉脱维亚志愿师［即党卫军第15（拉脱维亚第1）师］，但该师并没有做好战斗准备。此外，集团军群还有3个突击炮旅。

2个集团军下属部队的炮兵装备五花八门。由于没有相关文件，其具体数字仍无法确定。在1月和2月的战斗中，一些师的火炮全部损失，只有一部分得到了补充。根据战后的估计，第9集团军的火炮包括约228门轻型和84门重型火炮。此外，在该集团军区域内，还有一个拥有18门轻型、10门重型和4门（超重型铁道）炮的国民炮兵军。第9集团军还拥有几百门轻型和重型高射炮，但具体数量已无法确定。

在第3装甲集团军的部队中，除了第1海军步兵师和第281步兵师，其他单位几乎没有正规炮兵。作为损失火炮的补充，我们动用了高射炮，后者抽调自斯德丁和珀利茨地区装备精良的防空体系。在我记忆之中，这些高射炮达到了600—700门。但大多数必须从基座上拆下才能临时机动。另外，其操作人员只接受过防空训练，对付地面目标的经验不足。他们没有观瞄设备，更没有在对地作战中至关重要的信号通信排。此外，这些火炮弹道平直，无法像远程火炮一样对地面目标进行曲射。

由于上述情况，高射炮显然不是远程火炮的理想替代品。但必须强调的是，他们尽了最大努力来完成这个极不寻常的任务，并在力所能及的情况下，有效支援了第3装甲集团军为奥得河而战。

位于前线的第9集团军各师几乎全部接受了重组，只有由补充兵组成的第169师例外。为了补足缺额，国民突击队也调集过来，其中安插了伤愈归来的下级指挥官和士兵，这些人员拥有战斗经验，可以充当核心人员。上述部队的凝聚力相对较强，但能否在大规模进攻面前屹立不倒仍是个未知数。而且部队的基本武器远没有达到编制定额，第9集团军只能竭尽全力提高这些部队的训练水平，以提升他们的作战效率。

如前所述，除了第1海军步兵师、第281师和第610警戒师之外，第3装甲集团军没有任何正规下属部队。另外，第1海军师也是最近组建的，在训练水平上与久经战阵的部队相差甚远；第610警戒师[2]则大部分由上了年纪的警察组成。至于国民突击队单位则被分配给了各种临时单位，他们的实力往往根据防区的宽度存在差异。其中，斯德丁要塞拥有超过40千米的防区，但陆军守备部队只有6个营！

在斯维内明德要塞，当地连同空军地面人员在内共有20000人，其中大部分是水兵，并由一位海军军官指挥。这位军官负责应对来自海上的进攻，而陆上防御则由一位陆军军官负责处理。该指挥官下辖的部队包括：

第3海军步兵师：位于沃林岛（Wollin）上；其成员都是新入伍的年轻水兵，但这支部队训练水平低，且编制内只拥有2个炮兵连。

第2军区（即斯德丁军区）补充师（作者按：第402训练师）：位于乌瑟多姆岛（Usedom）上，是一个缺乏重武器和远程火炮的大型兵站。其成员主要是18岁和19岁的新兵，训练刚刚启动,只有型号混杂的步兵武器。

另外，集团军群掌握的情况还包括：除了上述部队，其后方还有很多预备军的单位和学校——在1944年7月20日之后，它们全部归由党卫队全国领袖海因里希·希姆莱管理。集团军群曾数次请求威廉·凯特尔元帅，希望将这些部队纳入麾下，以加强奥得河前线的防御，但由于希姆莱贪恋权力，这些要求都遭到了严词拒绝。此外，还有一些传闻显示，在柏林和波罗的海之间还有许多德国空军和党卫军部队，但无论是帝国元帅赫尔曼·戈林还是党卫队全国领袖希姆莱，都无法给集团军群任何可靠的信息。他们故意用这些伎俩向集团军群和希特勒的司令部掩盖自己的家底（Hausmacht）。

另外，各个帝国防务专员和大区领袖也奉行着一种特别的军事政策。为保卫所辖区域，他们制订了专门的军事计划，不仅囤积武器，还将国民突击队营视为禁脔。此外，他们还在准备狼人行动[3]，这些行动属于绝密，对集团军群也秘而不宣。只是因为偶然，我们才获悉了这些内情。

在物资紧缺的时候，这些纳粹党机构却在挥霍，其中一个例子就是帝国元帅戈林，他为卡琳堂周围的伞兵师提供的重武器高出了额定编制的50%。而另一方面，第9集团军的前线各师却最多只有70%的额定兵力，第3装甲集团军的国民突击队甚至没有像样的步兵武器。他们没有野战厨房，没有车辆，没有掘壕工具，没有通信手段，重型步兵武器也少得可怜。

关于弹药的存量，虽然形势吃紧，但总体还算充足。远程火炮的弹药必须节省；只有高射炮的弹药尚且充裕。最大的问题是机动车辆和飞机的燃料。对于后者——在防御战于4月中旬开始时，我们只有大约300架轰炸机可以部署，至于残存的燃料只能勉强供1天的行动所需。

通过以上对维斯瓦河集团军群部队的介绍，我们可以更详细地了解当时的防御兵力。这一点似乎很有必要，因为通过这些介绍，我们可以更方便地评估战斗的后续进程，并据此判断部队的表现。另外如前所述，虽然这些部队本身存在不足之处，但奥得河这个天然障碍却极大提升了他们的防御能力。[4]

本章尾注：

1. 1945年3月6日，乌莱因将被党卫军上将菲利克斯·施泰因纳接替。

2. 虽然海因里齐将第610师称为警戒师，但该师实际是一支特别（z.b.V.）部队。其中，“z.b.V.”是德语“特别任务”（zur besonderen Verwendung）一词的缩写，指的是为短期特殊目的而组建的机构/部队。海因里齐之所以将其称为警戒师，可能是因为该师主要负责后方警戒工作。

3. 所谓“狼人”，就是纳粹在盟国占领的欧洲领土上发起的游击抵抗运动。这种运动的作用经常被忽视或低估，但在第二次世界大战末期，它确实发挥了重要作用。关于其最好的论述，我们或许可以参见比迪斯科姆教授著作的第1章［兽性（The Nature of the Beast）］。参见佩里·比迪斯科姆《最后的纳粹：党卫军狼人游击队在欧洲的抵抗》（*The Last Nazis: SS Werewolf Guerrilla Resistance in Europe 1944—1947*）（南卡罗来纳州查尔斯敦：时代出版社，2000年出版），第19—57页。

4. 参见美国军事研究文件MS T-9。

第七章

苏军的兵力配置和目标

在撰写战后报告时，海因里齐几乎对当面苏军部队一无所知。在下面的部分，他简要概述了敌情，并推断了其意图。另外，他还就战场地形和通往柏林的可能途径做了颇有见地的评论。

在军事研究文件MS T-9中，海因里齐这样写道：

苏联军队的规模和兵力没有任何记录。根据一份报纸文章的说法，朱可夫元帅在一次演讲中提到，为进攻柏林，他拥有22000门身管火炮和迫击炮、4000辆坦克和5000架飞机。根据我的印象，在屈斯特林地区，苏军在进攻中投入了2个坦克集团军、若干个独立的坦克军和大约50个步兵师。在第3装甲集团军所在的地域，后来也陆续出现了2个苏联坦克军。除了这些装甲部队外，苏军还拥有数个强击火炮旅。在战斗期间，还有第三个苏联坦克集团军从维斯瓦河集团军群南翼不断进军——从科特布斯（Cottbus）一带，穿过措森–卢肯瓦尔德（Luckenwalde）一线扑向柏林。

只要看一眼地图，我们就知道维斯瓦河集团军群在苏军的必经之路上。由于在屈斯特林和奥得河畔法兰克福方向，敌人分别构建了2座主要桥头堡和若干小桥头堡，并获得了天然的跳板，因此按照估计，他们必将从奥得河畔法兰克福–屈斯特林–弗赖恩瓦尔德一带前进。在这些地区，所有高速公路都向着柏林汇集而去。在越过奥得河之后，将没有任何事物能阻挡苏联人冲向帝国的首都。奥得河和柏林之间是一片遍布丘陵的沙土地，是使用坦克的理想场所，而第3装甲集团军在弗赖恩瓦尔德和斯德丁之间的情况则完全不同。泛滥的奥得河构成了一道难以逾越的屏障。在河以西，众多溪流、湖泊和湿地将地形切割得支离破碎——在斯德丁潟湖以南，兰多沼泽和于克河一带，即斯特格利茨（Stegelitz）–普伦茨劳（Prenzlau）–帕斯沃克（Pasewalk）–于克明德（Ueckermünde）一线，它们和奥得河一起组成了一片天然的沼泽屏障。这些区域的西部则是梅克伦堡湖区（Mecklenburger Seenplatte），有大大小小的湖泊点缀在格兰塞（Gransee）–新施特雷利茨（Neustrelitz）–新勃兰登堡（Neubrandenburg）之间。在该集团军防区最南端虽然没有密集的水网，却有广阔的森林，即所谓的“绍尔夫海德森林”，它向西延伸，并汇入了无边无际的林海。正是因此，相较于第9集团军所在的南部，第3装甲集团军所在的霍亨索伦运河和波罗的海之间更难以运用大军。[1]

按照斯大林的指示，柏林战略进攻行动将在4月16日开始。为此，苏军最高统帅部发布了三份训令。其中第一份命令要求格奥尔基·朱可夫元帅的白俄罗斯第1方面军在12—15天内占领柏林，随后抵达易北河。伊万·科涅耶夫元帅的乌克兰第1方面军奉命夺取贝利茨（Beelitz）–维滕贝格（Wittenberg）一线，进而占领易北河东岸直至德累斯顿。但在命令中，斯大林也设置了一个例外条件，如果朱可夫的部队在屈斯特林–柏林轴线上受阻，苏军最高统帅部就将命令科涅夫的坦克集团军向西北进攻，以便提供支援。两个方面军的分界线只被划到了吕本（Lübben），而不是像原定计划一样，让科涅夫止步于波茨坦以南。[2]此外，斯大林还向罗科索夫斯基元帅指挥的白俄罗斯第2方面军（位于朱可夫的右翼，当时正在继续占领普鲁士和波美拉尼亚）发出通告，要求他们在4月18日之后的某个时间对奥得河的下游发动进攻[3]——此举不仅将为战役提供更多支持，还有助于让日食计划中苏占区的德军迅速瓦解。其中，给朱可夫的训令于4月1日由斯大林签署并于4月2日发布。其内容如下：

苏军最高统帅部对方面军司令员的训令（1945年4月2日）

准备和实施攻占德国首都——柏林的战役。

在战役的第12—15天内抵达易北河。

战役部署：

·以4个诸兵种合成集团军和2个坦克集团军，从屈斯特林登陆场向西实施主要突击。

·为从南北两个方向确保白俄罗斯第1方面军主力突击集群的安全，应动用2个集团军发起辅攻势……

·在突破之后，随主要突击集群行动的2个坦克集团军将扩大战果，从北侧和东北侧迂回柏林。[4]

另外，斯大林还分别在4月2日和3日签署和发布了对科涅夫的训令。这份文件也毫无疑问地表明，他的方面军将注定不会在攻克柏林的战斗中袖手旁观。

苏军最高统帅部对方面军司令员的训令（1945年4月3日）

粉碎科特布斯和柏林以南的敌军集团。

应在10—12天内前出至贝利茨–维滕贝格一线，然后沿易北河直达德累斯顿。

战役部署：

·主要攻势应由5个野战集团军和2个坦克集团军从特里贝尔（Triebel）发动，并向施普伦贝格（Spremberg）和贝尔齐希（Belzig）方向前进。

·组成第二梯队的野战集团军和坦克集团军应扩大主要突击集群的战果。

给乌克兰第1方面军的附加指令：

·为了克服屈斯特林/柏林轴线上的强有力敌军，白俄罗斯第1方面军奉命以最大的密度集结部队——7千米1个师，但如果该方面军的前进受阻，乌克兰第1方面军将让机动部队调转方向朝柏林前进，以此支援白俄罗斯第1方面军合围柏林之敌，突击法西斯分子的首都。[5]

对罗科索夫斯基的训令也于4月6日发布，其内容如下：

苏军最高统帅部对方面军司令员的训令（1945年4月6日）

· 强渡奥得河。

· 消灭敌军的斯德丁集团。

·在行动的第12—15天之前，抵达安克拉姆（Anklam）–代明（Demmin）–瓦伦（Waren）–普里茨瓦尔克（Pritzwalk）–维滕贝格一线。

战役部署：

· 从施韦特以北地区出发，向施特雷利茨（Strelitz）方向发起行动。

· 与白俄罗斯第1方面军的右翼合作，消灭奥得河畔之敌。

· 主攻应由3个野战集团军、3个坦克军、1个机械化军和1个骑兵军实施。[6]

另外，苏军最高统帅部还要求每千米前线至少应布置250门76毫米口径以上的身管火炮！为了进攻，苏军一共集结了20个诸兵种合成集团军、4个坦克集团军和3个空军集团军，共计42000余门身管火炮、迫击炮和火箭炮，6300辆坦克和自行火炮，外加6600架飞机。[7]为了开展这项行动，他们一共调集了200万名士兵。在人力方面，海因里齐面对的是二战中苏军参战兵力数第四的军事行动；在火力方面，海因里齐面对的则将是史上最大规模的炮兵集结。

本章尾注：

1. 参见美国军事研究文件MS T-9。

2. 参见约翰·埃里克森《通往柏林之路》（*The Road to Berlin*）（科罗拉多州博尔德：西部视点出版社，1983年出版），第533页。

3. 参见《通往柏林之路》，第533页。

4. 参见苏军1945年4月15日的作战序列（科尼利厄斯·瑞恩档案：第71号文件盒，第9号档案袋）。

5. 参见苏军1945年4月15日的作战序列。

6. 参见苏军1945年4月15日的作战序列。

7. 参见苏军1945年4月15日的作战序列。

第八章

回旋镖行动与屈斯特林之战

接管集团军群后不到数天，一道难题便摆在了海因里齐面前，那就是发动两次重大攻势。第一次攻势是回旋镖行动（Operation Bumerang），它将从奥得河畔法兰克福发动，先向东北方向出击，然后转向西北，一直抵达屈斯特林。但随着3月22日，苏军切断了屈斯特林与西面的联络，该行动很快就被一些小规模解围行动取代了。按照海因里齐的看法，这两次攻势密不可分，因为他相信，回旋镖行动招来了苏军的进攻，切断了屈斯特林与外界的联系，并引发了后来两次失败的反击。

回旋镖行动

回旋镖行动旨在消灭苏军屈斯特林桥头堡日益集中的炮兵部队。古德里安在同海因里齐首次会面期间，曾对行动做过介绍，关于古德里安的陈述，海因里齐这样回忆道：

"……同时，您还应当发动有限的进攻。您会在这张地图上看到，在屈斯特林两侧，俄国人跨过奥得河，建立了两座桥头堡，并在南部的一座集结了大批炮兵部队。根据空中侦察，我们估计其数量在600—800门左右。如果这批火炮开火，我们的阵地用不了几小时就会被粉碎。我们不具备派遣空军攻击这些火炮的条件，我军的火炮反制也很难成功，因此，我们别无选择，只能对这个桥头堡发动攻击，并将其彻底铲除。按照计划，我们应当利用我军在奥得河畔法兰克福的桥头堡。为此，我们需要把5个师调往奥得河以东，随后向北方进攻。[1]这一行动绝非易事，但也是消除这些桥头堡的唯一手段。我不知道行动的确切日期，但可以保证，它最可能在明天清晨、最晚不迟于后天展开。我正要去柏林和元首商讨此事。您应当与我同去，然后向他本人汇报情况。”

但一看地图，我便明白无法按照计划进行，因为行动极具难度，而且成功的希望渺茫。首先，奥得河东岸的桥头堡过于狭窄，根本容不下5个师。其次，我们还必须先搭建若干桥梁，以便在行动中使用，但这些桥梁都处在俄国人的炮火射程内。因此，我对这次酝酿中的行动持保留态度，我对古德里安说，在下次向希特勒汇报时，我将设法推掉这份差事。如果要在短短几个小时内，就让下属部队执行一项如此艰巨的任务，我就必须认真审视行动地点和基本的部署方针。在我看来，这比向元首汇报更为重要。觐见元首只是例行公事，对缓解紧张局势毫无意义。[2]

一份落款日期为1945年3月18日的文件概述了回旋镖行动的作战构想。[3]按照这份6页的文件，回旋镖行动实际是2月份失败的夏至行动的副产品。按照最初的设想，夏至行动将是一次钳形攻势，其左翼将从波美拉尼亚南下，右翼将从屈斯特林和奥得河畔法兰克福之间向北迂回攻击。但南翼的攻势后来胎死腹中，并未作为行动的一部分发起。随着局势越来越绝望，古德里安将回旋镖行动当成了一根救命稻草，按照他的看法，这场行动将摧毁苏军的火炮阵地——它们规模庞大，而且还在日渐增多——进而一举打乱苏军对柏林的进攻计划。为此，进攻力量将在奥得河东岸的法兰克福桥头堡集结。第169步兵师、第20装甲掷弹兵师、第25装甲掷弹兵师、元首护卫师、元首掷弹兵师和第600（俄罗斯）步兵师将成为执行单位。[4]该计划虽然大胆，却不具备执行条件。对于所需补给的运送，德军要么只能依靠法兰克福仅存的几座桥梁，要么只能依靠德军工兵修建的浮桥。[5]所有的补给都要经过桥面，并忍受敌方优势空军持续不断的空袭。由于德军向奥得河东岸集结区的调动无法逃脱苏军的观察，其追求的突然性将荡然无存。另外，由此耗费的弹药和汽油也不利于集团军群未来的防御。总之，海因里齐不敢承受回旋镖行动的风险。苏军旨在包围屈斯特林要塞的攻势也凑巧帮助了他，让他顺势叫停了回旋镖行动。虽然海因里齐认为，是回旋镖行动准备过程中的兵力调动诱发了苏军的进攻，但后者的真实原因可能并不在于此——朱可夫早已制订了计划，准备在进攻柏林的主轴线上夺取一个关键渡口。

在军事研究文件MS T–9中，海因里齐这样写道：

3月中旬，空中和地面侦察都显示，俄国人正在巩固屈斯特林两侧的桥头堡阵地。这也清楚地表明，敌人的主攻方向（Angriffsschwerpunkte）将落在此处。东岸到桥头堡的交通愈加频繁，在格里茨桥头堡尤其如此。有几座桥梁很早便开始施工，现在，其工程更是进行得如火如荼。尤其是屈斯特林南部的桥头堡，敌军的炮兵阵地已经遍布了奥得河的东西两岸。从空中拍摄的照片显示，这片区域就像是由无数蜂房组成的蜂巢。[6]

德国守军就驻扎在与之遥遥相对的阵地中，对这些即将迎接进攻的人们来说，如此多的火炮显然是一个巨大威胁。但在俄军开始进攻之前，集团军群却无力摧毁这些炮兵阵地。德国炮兵不仅数量不足，而且弹药短缺，德国空军则实力太弱，而且极度缺乏燃料。对于消灭这处危险的炮兵阵地，阻止其在苏军步兵发动进攻之前夷平德国阵地、摧毁屈斯特林守军，我们似乎已没有其他选择。

也正是考虑到其他技术装备都不足以实现目标，希特勒和指挥层决定直接发起进攻，消灭屈斯特林以南的桥头堡。但第9集团军司令却发来警告：苏军的阵地已经非常坚固。另外，对于初经战阵的各师来说，这项任务未免过于艰巨，能否成功完全是一个未知数。正是鉴于这种情况，第9集团军司令转而提议攻击屈斯特林以北的泽林（Zellin）桥头堡。当地位于基尼茨（Kienitz）和居斯特比瑟（Güstebiese）之间，与南部桥头堡相比，其纵深更小，容纳的敌军也相对更多，进攻成功的可能性也更高——尽管此举不能消灭在屈斯特林南部集结的大量火炮，但随着屈斯特林以北的奥得河岸重回掌握之下，第9集团军的局势将得到极大改善。另外，此举的成功也将释放在屈斯特林以南①布防的我

① 原文如此，应为以北。

军预备队。但希特勒断然拒绝了这一提议。他坚持要求摧毁南部桥头堡。鉴于对手的实力和规模，正面进攻不太可能成功，因此他提议从法兰克福郊区的小桥头堡发起攻击。突击部队将在东岸雷彭森林（Reppen Forest）的掩护下，从法兰克福桥头堡出发，经格里茨直抵屈斯特林，以这种方式包抄和切断敌人。

但这种方案也有严重的问题。法兰克福桥头堡规模太小，无法容纳多达5个师的突击部队。更大的麻烦是，虽然1或1.5个师可以集结起来，但这些部队的车辆不能，因为桥头堡大部分地段都是市区，街道狭窄逼仄。虽然当地的奥得河大桥桥面宽阔，但只有一座，不仅处在敌军火炮的射程之内，还被东岸地势较高的敌军阵地监视着。计划要求在攻击期间，在主桥北部建造一座浮桥作为辅助桥，但在此之前，所有机动车辆和无法在桥头堡集结的各师都将从唯一的桥梁通过。也就是说，有4个师将以这种首尾相接的方式跨过河流，部署到对岸去。而且在突破敌人的阵地之后，他们还将前进20千米才能从法兰克福抵达屈斯特林。即便他们在成功突破后只遭遇轻微抵抗，敌军的新锐部队也将很快赶到，届时，参与进攻的德军只能背水一战。在屈斯特林东南地区有大量的苏军部队，他们都在为进攻严阵以待。

希特勒知道第9集团军的难处，但还是宣称进攻有望成功，在他看来，正是因为此举困难重重，所以必然会出乎敌军意料。至少，他派遣了总参谋长汉斯·克雷布斯步兵上将前往法兰克福，以评估进攻的可能。克雷布斯随后表示，行动是可能的，第9集团军于是奉命准备。

由于目标意义深远，行动又极为艰巨，投入最精干的部队势在必行。在第9集团军的强烈反对下，上级决定从现有阵地上调走一直坚守在屈斯特林走廊的第25装甲掷弹兵师，并用它从法兰克福发动进攻。敌人很快便发现了德军阵地的变化。对他们来说，这种异常的举动和匆忙的换防都清楚地表明，第25装甲掷弹兵师已被其他部队取代。俄国人毫不犹豫地利用了这一机会，并抓住了最新的有利局面。3月22日，苏军对第20装甲掷弹兵师（这支部队刚刚接管了第25装甲掷弹兵师的阵地）发动进攻，刺穿了屈斯特林走廊，将当地与西面的联系完全切断，让要塞陷入了重重包围。这则消息于3月22日18点整抵达（维斯瓦河集团军群），此时我们正在办理指挥权的移交事宜（作者按：即海因里齐和希姆莱之间）。[7]

一张拍摄于20世纪初的鸟瞰图，从中能对屈斯特林要塞和奥得河上的各座大桥一览无余。在德国人眼中，这些桥梁是苏军的重要目标。但事实上，后者在奥得河上建造了20多座桥梁，并用它们向各大桥头堡运送了大量士兵、坦克、火炮、必要装备和补给品。在屈斯特林守军突围、城市落入苏军之手后，德国人不惜血本发动空袭，试图摧毁这些桥梁，并在4月16日将其炸断，但苏军蒙受的损失完全可以忽略不计——因为他们已经冲出了拥挤的桥头堡，并一路向柏林和易北河进军。

屈斯特林

屈斯特林要塞建于1232年，曾在七年战争中闻名遐迩，在20世纪30年代初，它已发展为一座中型城市（参见彩色地图9）。1945年2月上旬，苏联在屈斯特林的两侧横渡奥得河。此时命令传来：屈斯特林必须坚守，不能让苏军占领桥梁。[8]3月，苏军开始全面进攻要塞，并试图孤立当地。虽然不清楚此举是早有打算，还是为了针对回旋镖行动中的德军调动，但考虑到攻击的规模，它很可能早就在苏军的计划之内。3月初，屈斯特林的防御由党卫军第11装甲军负责。经过近一周的激战，该军向维斯瓦河集团军群提交了一份报告，其中这样指出：“不含平民在内，3月3日要塞的口粮领取人数为16800人，战斗力量约为10000人。这意味着守军的兵力要多于第712步兵师和库尔马克装甲掷弹兵师的总和。”[9]这一点也反映了党卫军第11装甲军在屈斯特林郊外作战时的困境，在要塞内部，德军只面对着苏军的2个师——步兵第295师和近卫步兵第35师，[10]而前面提到的2个德国师却在抵抗7个苏军步兵师。另外，苏军还继续向西岸的城郊地带增兵，试图切断当地与德军主战线的联络。3月3日、4日前后，苏军开始对城市发起炮击和空袭，随后又是步兵进攻。党卫军第11装甲军签署命令，一方面要求坚决保卫奥得河东岸的新城区，[11]一方面又在命令的最后总结道，他们不对城堡区本身负责，其责任属于国防军陆军。[12]这种做法很可能是因为该军不想陷入屈斯特林包围圈，或者只是想承认其实力不足，无力防御该城周边和城堡本身。对该装甲军来说，这项任务委实艰巨。3月中旬，屈斯特林的防御被交给了第39装甲军，后者奉命不断发起反击，试图打通前往要塞的道路。

解救屈斯特林的首次尝试

在军事研究文件MS T–9中，海因里齐这样评论当时的形势：

1945年3月，一辆在屈斯特林附近的奥得沼泽被击毁的豹式坦克，该坦克可能来自库尔马克装甲掷弹兵师或第25装甲掷弹兵师。尽管奥得沼泽地形平坦，但沼泽、水网和长堤密布，给坦克机动带来很大麻烦。（AKSM无偿提供）

（参见地图10）

就这样，我取代希姆莱成了集团军群的新司令。（移交指挥权期间）……第9集团军还对屈斯特林周边的情况进行了补充，并将立刻准备发起解围行动。为此，该集团军重新部署了当地的部队——第20装甲掷弹兵师。同时，该师还得到了一个装甲师（即明谢贝格装甲师）的加强，以便趁敌军立足未稳之际尽快行动。

在这个3月的上午（即23日上午），第39装甲军大举出击（参见彩色地图11），从旧图彻班德–戈尔措（Golzow）一线直接扑向屈斯特林方向。装甲部队冲破了敌方步兵的战线，第20装甲掷弹兵师的装甲掷弹兵部队（作者按：负责向东发起主攻的实际是第25装甲掷弹兵师，至于第20装甲掷弹兵师则并未参加第一次解围行动）则利用最初的成功紧随其后，但苏军立刻部署了所有的预备队，在离开己方战线之后不久，这些装甲掷弹兵便陷入了猛烈的防御火力，进攻被迫中断。这次失利之后，被包围在屈斯特林旧城内的守军形势很快恶化。敌军开始渗透到屈斯特林的西郊［即新布莱伦（Neubleyen）和基耶茨（Kietz）］，防御圈不断收紧（作者按：在此期间，明谢贝格师的2个装甲掷弹兵营被切断，并加入了要塞守军）。在拥挤局促的旧城区，守军战斗群的抵抗正在猛烈的炮击和持续的空袭下越来越虚弱。当地要塞工事的历史可以追溯到弗里德里希大王的年代，但面对炮火和航空炸弹，它们根本无力提供掩护。守军蒙受了惨重损失，这场绝望的战斗即将落幕。

希特勒感到失望，并对解围失利一事恼羞成怒。在海因里齐不在场的情况下，他对第9集团军的司令大加指责，还要求尽快恢复进攻，与屈斯特林建立联系，并在解围后继续坚守要塞。这不仅仅是出于荣誉，还有现实上的考虑。在奥得河畔法兰克福至弗里岑（Wriezen）–诺伊马克的柯尼斯贝格（Königsberg/Nm.）[①]铁路线之间，唯一的永久渡口只有屈斯特林一地。在该镇周围的瓦尔塔河和奥得河交汇处，洪水淹没了大片土地。也正是因此，占领屈斯特林便有了特殊的意义，敌人可以利用当地的永久公路越过洪泛区，为以

① 即今天波兰的霍伊纳（Chojna）。

后的大规模进攻做准备。另一方面，集团军群也从被围要塞的战术态势和当前战局中得出结论，守军战斗群已经危在旦夕，被围的8000名守军和储存的军事装备都面临毁灭。无论守军战斗群是提早一两天突围，还是与要塞玉石俱焚，屈斯特林的局势都不会有重大改变，但如果这些士兵能逃出，德军的防御局面将迎来很大改观。[13]

事实上，德军在首次救援行动中投入了以下部队：其右翼是德布里茨步兵师（Infanterie Division Döberitz），左翼是明谢贝格装甲师，中路是第25装甲掷弹兵师，另外，他们还得到了党卫军第502重装甲营的协助。这次袭击于4月23日①午夜过后不久开始，到当天晚上便宣告失败，作为余波，第25装甲掷弹兵师在4月24日清晨对戈尔加斯特进行了最后的进攻。[14]由于在旷野之上，装甲车辆甩开了步兵，行动进行得异常混乱。苏军的火箭弹和远程炮火也大开杀戒，将德军部队的协同打乱。[15]当天的行动中，德军摧毁了56辆苏军坦克，[16]但自身同样损失惨重，明谢贝格装甲师有2个营被切断退路，困在了屈斯特林要塞。

海因里齐的担忧也体现在了维斯瓦河集团军群的作战日志中。3月26日，海因里齐向他的指挥部发出通知，解释解围行动为何必须停止。在他的回忆中，还提到了希特勒耐人寻味的谈话，因为很明显，希特勒想再次解救屈斯特林要塞，甚至恢复回旋镖行动：

1945年3月24日，屈斯特林西部的第39装甲军叫停了行动。但接下来还有许多问题需要解决：未来该采取哪些措施？主战线是否应当继续坚守？屈斯特林应当坚守还是突围？或者，我们是否应该恢复与屈斯特林的联络？毫无疑问，屈斯特林对敌人有着特殊的意义，它既是奥得河上的渡口，也是铁路车站和重要的公路枢纽。另一方面，可以肯定的是，如果要从目前的阵地向屈斯特林突破，我军就难免经历苦战，而且伤亡惨重，让集团军群为数不多的精干师团伤筋动骨，何况就算行动成功，新阵地也势必难以坚守。此外，在屈斯特林

① 原文如此，应为3月23日，下文中的4月24日亦然。

周边继续用兵会恶化弹药和燃油供应。这些都让我决定不朝当地大举进攻。

这一决定是全盘考虑的结果，我们斟酌了被围部队的立场，并围绕行动利弊，考虑了进攻对敌军部队渡河的干扰。我们不大举进攻，是因为所有的准备和商讨都有一个基本前提：未来，苏军的总攻必定来势凶猛，我们必须确保万无一失，不能无端浪费人员与物资（譬如消耗弹药和燃料储备）。有鉴于此，我认为最好的办法是发动有限进攻，为屈斯特林守军突围创造条件，从而在维持现有战线的同时，加大其防御纵深，并把参加上一场战斗的各师整合进防线，确保他们已准备好战斗。同时，我们还应当主动攻击和消灭屈斯特林西北方向的敌军小型桥头堡，此地位于基尼茨和大诺因多夫（Groß Neuendorf）附近，对我们在屈斯特林以西的阵地北翼构成了非常现实的威胁。如果敌人试图经由弗里岑、施特劳斯贝格（Strausberg）向柏林前进，当地将成为一个有利的出发点。

1945年3月25日上午，我与第39装甲军军长做了交谈。在此期间，第9集团军司令布塞将军也表达了相同的看法（如本人在前几段中所述）。他补充说，如果对屈斯特林的有限攻击取得成功，就可以有更多的部队加强预设阵地，并且至少可以释放一个师用于未来的行动。他还特别担心，利用重炮支援进攻可能恶化我军的弹药供应，严重扰乱后续行动。

之后，我驱车前往柏林，希望元首听取我的观点，在拜会之前，我也向古德里安大将的代表——克雷布斯将军陈述了这些看法。克雷布斯将军承认，攻击屈斯特林会拉长战线，并导致局面不利。但他也指出，在敌军的攻击准备中，屈斯特林将成为一个重要出发点，无论如何都不能落入敌手，也正是因此，我们必须竭尽全力打通当地和我军战线的联系。他还认为，此举可以进一步摧毁敌军各师，并给我军的防御带来重大影响。仅这一点就足以充当发动攻击的理由。克雷布斯还认为，大举击败敌军可以严重挫伤其士气，如果在第一次进攻（即3月24日至25日的进攻）之后再次出击，其效果将更加明显，并将迫使敌军等待更多增援，进而从根本上影响敌军对柏林的进攻。总之，他认为打通与屈斯特林联系的攻击必须发动。

后来，我向元首提出了进攻计划，并解释说，此举将从战术上使屈斯特林以西方向的形势恶化。但我还没来得及阐述部队重组和弹药储备方面的不利影响，元首便打断了我：

“如果我们全面转入防御，敌人就可以随意选择攻击重点，那么胜利对他们而言将唾手可得。也正是因此，我们必须想方设法夺回主动权。我绝对不能容忍敌人大摇大摆地扩大战线，或是在其预判的我军进攻地点集结兵力。这会导致我们在防御战中一直受制于人。凭着巨大优势，敌人总能取得突破，为反击或为了拉平战线，我们将部署预备队。但这些预备队根本无法突破敌人的阵地，因为他们（苏联人）的兵力总是更胜一筹。结果，这些预备队将在前线套牢，没有几天，就会筋疲力尽，需要用新的预备队来替换。总之，这些防御举措永远不会达到预期目的。实力占优的敌人总能设法突破，击败我军。面对这种情况，我们必须改变，必须赶在对手集结进攻兵力之前先发制人。我绝对不能容忍坐等敌人进攻。”

面对这种情况，我建议发动另一场攻势，而不是按原计划在屈斯特林方向发动攻击，从而避免以卵击石。此举只需花费最少的资源，就可以成功摧毁屈斯特林西北，位于基尼茨和大诺因多夫附近的敌军桥头堡。当时，随着我军的阵地越向屈斯特林方向延伸，这一桥头堡构成的威胁就越大。但当地的守军却很薄弱，胜利似乎近在咫尺。我军可以因此夺回奥得河畔，并为主防线释放兵力。同时，我军部队的训练和能力完全足以胜任这次短促攻击。按照他们当前的组织和部署，发动这次攻击将不会有什么难度。总之，我认为进攻该桥头堡可以极大改善我军的战术态势，这种行动不仅可以迅速执行，还处在我军部队的能力范围之内。元首对此的回答是，虽然他相信我的陈述，而且这次进攻会干扰对手，但对于遏制后者酝酿的大规模攻势还远远不够。他认为不能只投入三个师，还必须直接攻击屈斯特林以南地区——这里有最强大的敌军。如果攻击成功消灭了前进的苏军，尤其是其麾下的炮兵部队，那才是真正意义上的胜利，并将对敌军的大规模攻势产生深远影响。他还确信，我们应当在基尼茨和大诺因多夫附近防守——尽管当地的地形极为不利。奥得河的西岸比东岸更低，可以被诺伊缪尔（Neumuehl）森林中的各个高地尽收眼底。我们很可能无法长期控制西岸，并最终被苏军逐退。之前，敌军已经在当地的奥得河渡口取得过成功，如果对方兵力充足，他们迟早会再次得手。

按照他（希特勒）的设想，德军不应该在基尼茨和大诺因多夫附近展开攻击（此举也最终被遗憾地推迟了），而是需要从法兰克福桥头堡发起一次意义深远的行动：他们将从当地向北出发，矛头直指屈斯特林。关于这次攻势会在屈斯特林结束还是继续向北延伸，将完全取决于战斗期间的局势。其中最重要的目标，是切断位于莱布斯（Lebus）桥头堡、并准备向北进发的敌军。他们的实力已经相当可观，如果被歼灭，将给敌人的进攻计划造成巨大损失。希特勒承认这将是一次冒险，但如果对胜利怀有坚定的决心，尤其是做到出其不意，那么它将一定能够成功，因为敌人绝不会料到进攻会从这个方向发动。这次行动有一个重要的执行细节：从法兰克福前进的部队需要尽可能穿过城郊树林（Stadtforst），并朝着雷彭的方向朝东前进。他还总结道，这场从法兰克福桥头堡发动的攻击至少要抵达屈斯特林——而且这一点非常重要。如果这场行动获得圆满成功，德军将重新在奥得河以西建立起一条交通线，它将穿过戈尔加斯特和根施马尔（Genschmar）抵达屈斯特林。也只有如此，两个攻击点才可以闭合。正是基于上述原因，他希望能在从法兰克福打响攻势前，先对屈斯特林南部展开攻击。如果行动成功，我们便可以把对柏林的大规模攻势推迟至少14天。这（对他来说）将会带来更大的意义，并让他有时间部署更多生产中的先进武器。就算从法兰克福发起的攻势未能抵达屈斯特林，但如果能击败莱布斯桥头堡的德军和法兰克福北部整装待命的敌人，其意义将同样不容小视。但如果是这种情况，是否让主战线继续向屈斯特林推进将成为一个需要解决的问题。换句话说，在稍后，即敌军发动总攻之前不久，我们或许需要考虑把屈斯特林的阵地和主战线连成一片，以尽可能暂时谋取有利局势。[17]

从战术层面上看，希特勒的逻辑确实有可取之处，如果他的进攻方案能打乱苏军向西进攻柏林的步伐，德军就可以争取更多时间，为维斯瓦河集团军群调集增援和新式武器。但实际情况是，赢得时间几乎不会帮助奥得河前线的德国守军，还会浪费更多的资源，即使能取得成功，在战争的这个阶段，其他因素也可能使其成果付之东流。海因里齐并没有与希特勒争执，对屈斯特林的第二次解围尝试则继续进行。

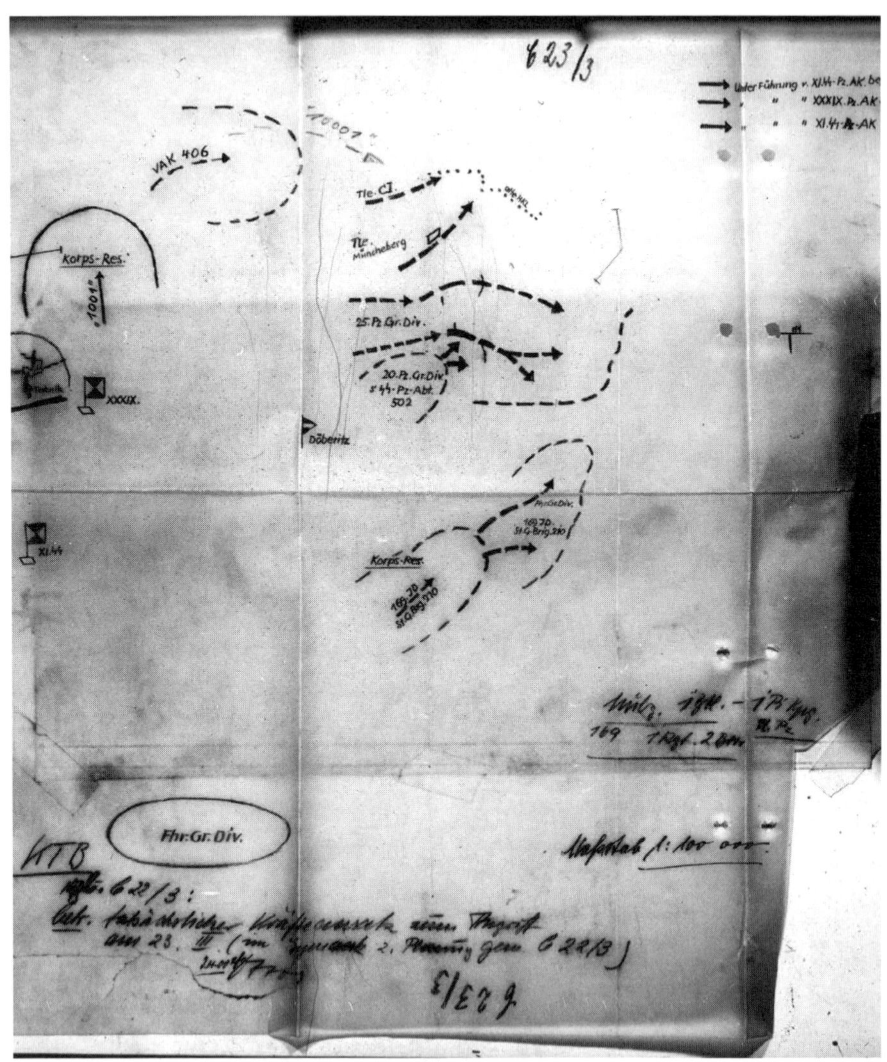

地图 9：和地图 10 一样反映了德军对屈斯特林的第二次解围行动，但其中是原始计划，还是部队的实际进展——我们依然无法确定，因为作战日志提供的信息相对有限。

地图 10

解救屈斯特林的第二次尝试

在第二次解围尝试中，德军投入了以下单位：第25装甲掷弹兵师、第20装甲掷弹兵师、明谢贝格装甲师和元首护卫师（Führerbegleitdivision），参与支援的单位则包括党卫军第502重装甲营和斯科尔兹内旗下的特种团级单位一千零一夜战斗群[①]。屈斯特林的第二次解围尝试是在第一次尝试失败后三天开始的。但苏军早已有所察觉，另外，对于德军而言，72小时也不足以调动部队，更不用说在有利于防守方的地形上准备好另一次大规模攻势。

（参见地图9、10，以及彩色地图12、13、14和15）

海因里齐在军事研究文件MS T-9中这样写道：

考虑到解围行动前景莫测，是提早全面投入充当预备队的各师，还是把他们留到迫在眉睫的柏林防御战中，集团军群有些举棋不定。鉴于形势，之前的反击很可能已经惊动了敌人。为击退下次类似的反击，他们势必会竭尽所能，战斗将变得异常艰辛。但在希特勒的指挥部，本集团军群提出的所有反对向屈斯特林重新发动进攻的理由都没有被接受。希特勒下达了向该镇进攻的命令，并禁止守军战斗群向西突围。

为了开展这次行动，第9集团军必须从法兰克福桥头堡攻势中调兵。希特勒更是坚定地支持这一计划，并认为在打破屈斯特林的围困后，进攻将继续从法兰克福开始。既然对屈斯特林的行动也需要这些部队，他别无选择，只能推迟从法兰克福发动的进攻。

为此，我们将动用2个装甲掷弹兵师、1个装甲师，以及斯科尔兹内旗下一个强大的特种团（即一千零一夜战斗群）。其中较弱的部队将沿着通向屈斯特林的主干道从正面进攻，以便起到牵制作用；至于主攻将在进攻部队的左翼发起，意在从西北方向展开大迂回，穿过根施马尔以南的开阔地，最终

---

① 此处有误，一千零一夜战斗群并不属于特种作战单位，而是由紧急动员的后方驻训单位、托特组织成员、火箭发射场警戒单位和少数党卫军伞兵组成，至于其名称的来源今天已不得而知。该战斗群的指挥官是来自陆军的古斯塔夫-阿道夫·布朗布瓦（Gustav-Adolf Blancbois）中校，下辖代号“苏蕾卡”（Suleika）的党卫军第560装甲歼击营（下辖3个追猎者连和1个突击炮连）、代号“后宫”（Harem）的施佩尔装甲侦察营（由托特组织的人员组成）和代号“苏丹”（Sultan）的第2行军团（下辖3个连，主要是伤愈归队的老兵，负责充当装甲车辆伴随步兵），但在解围行动前，第2行军团被调往西线，并被1个党卫军伞兵连取而代之。

这张照片拍摄于 1945 年 3 月初，当时，党卫队高级地区总队长海因茨·赖涅法尔特正在走出屈斯特林要塞司令部。赖涅法尔特是希姆莱的亲信，也是无可救药的死硬纳粹分子。由于在 1944 年华沙起义期间处决了数千名平民，他成为波兰政府的通缉对象，在坚守屈斯特林期间，他无视了希特勒“战至最后一人”的命令，率领部下向德军战线突围。

突向屈斯特林。

3月（27日），第二次解救屈斯特林的进攻开始了（参见彩色地图16）。经过密集的炮火准备，并配合德国空军的空袭，德军装甲部队穿过根施马尔以南，几乎抵达了屈斯特林的西北部。然而，尽管得到了各种形式的火力支援，装甲掷弹兵仍未能在空旷地带追赶上来。这片地形几乎没有任何遮蔽，根施马尔以南的零星农场还有苏军负隅顽抗。战斗开始后不久，敌人便从格里茨方向朝曼施诺调集了预备队。这支漫长的摩托化队列从南面发起反击，试图干预战斗进程。在最初几个小时，德军进展很快，但不久便疲敝交加，被苏军的反击死死摁住。下午，由于在开阔地损失惨重，参战的装甲掷弹兵开始向出发线撤退。装甲车辆只能各自为战，并被迫放弃行动。这不仅宣告了第二次屈斯特林解围尝试的失败，也敲响了要塞守军战斗群的丧钟。尽管希特勒三令五申要求他们坚守到最后一人，但要塞指挥官——党卫军上将海因茨·赖涅法尔特（Heinz Reinefarth）①选择了抗命：3月29、30日夜间，他和战斗群的部分人员向西突围，但最终只有800名官兵抵达了友军战线，他们几乎没有武器，士气也非常低落，已经不适合继续战斗。根据希特勒的命令，赖内法尔特被当场送交法办。[18]屈斯特林彻底沦陷。[19]

解救屈斯特林的第三次尝试/维斯瓦河集团军群转攻为守

在战后的一次单独采访中，海因里齐表示，希特勒还下令进行第三次解围。海因里齐表示反对，并要求同意屈斯特林的守军向西突围。但这一点却遭到了拒绝，因为希特勒似乎执意要求守住这个奥得河畔的渡口：

在这种情况下，继续进行第三次解围尝试，以此加强屈斯特林的守军将毫无意义。集团军群随后建议，要塞守军应向西突围。但陆军参谋长拒绝了这一要求，甚至向希特勒申诉都毫无效果。

不让俄军占领屈斯特林似乎已压倒了一切，要塞必须全力坚守下去，甚

---

① 原文如此，赖涅法尔特的军衔实际为党卫军中将。

至不惜全军覆灭——像屈斯特林这样理想的渡口，绝对不能留给敌军。[20]

在地面进攻无果而终之后，德国空军接到了摧毁桥梁的命令，其情况将在下文提及。此时，虽然古德里安仍然坚持发动回旋镖行动，并将其视为挽救局势的最后手段，但他也开始与海因里齐达成共识，并试图与希特勒争辩。

1945年3月28日10时45分，古德里安向海因里齐发出一份电报，通知他停止对屈斯特林的所有攻击，并集中精力加强主战线。尽管古德里安确实提到，他赞成对屈斯特林以北的苏军桥头堡发动攻击（这也是海因里齐所建议的），还认为从奥得河畔法兰克福发起的回旋镖行动值得一试，但他也承认，通向这座奥得河畔古老普鲁士要塞的走廊已不可能再被打开。他还提到，自己非常担心参战各师的重组工作，尤其是元首掷弹兵师（Führer-Grenadier-Division）和第25装甲掷弹兵师（按照报告，该师的步兵已损失殆尽）；另外，古德里安表示，明谢贝格装甲师也有50%的战斗力量陷在了屈斯特林。古德里安还报告说，当地守军已无音讯，这是沦陷的前兆。正如前文所述，他的分析一语中的。古德里安在电报的最后表示，他将与希特勒进行讨论。[21]这也是古德里安向维斯瓦河集团军群发送的最后一份电文。

3月28日，古德里安在元首地堡内与希特勒激烈争吵，并被解除职务和勒令病退。尽管古德里安试图制止对屈斯特林的进攻，但海因里齐仍然从希特勒那里收到了相反的指示。这种不断进攻苏军的做法让海因里齐深感不安，他与古德里安的继任者汉斯·克雷布斯将军争辩说，除非进攻取消，否则他将绝对无法守住奥得河前线。克雷布斯最终接受了这一请求，因为第9集团军实在太弱，下属的部队亟待补充和休整。同时，克雷布斯还立刻签署了停止后续进攻的命令。[22]

在军事研究文件MS T–9中，海因里齐这样写道：

（参见彩色地图17）

前线这一区域的战事至此画上了句点。俄国人察觉到了第25装甲掷弹兵师的调动，并精明地利用了德军防线上由此形成的弱点，夺取了奥得河上最重要的渡口——为实现这一目标，他们曾经徒劳地尝试了近2个月。对于德军来说，这次失败让第9集团军中央防区的局势雪上加霜。他们不仅失去了要塞和奥得河上的渡口，而且损失了近一个师的部队和大量装备。此外，解救屈斯特林的战斗还严重削弱了包括一些装甲师在内的部队，它们都是在主要战场急需的。正如在战争中一再出现的，希特勒拒绝了当事主官的所有忠言。这种情况严重削弱了德军在奥得河畔的防御，屈斯特林南北的两座敌军桥头堡已扩大，宽度足够为酝酿中的攻击充当出发阵地。从莱布斯到居斯特比瑟，敌人已经在奥得河西岸牢牢站住了脚跟，对于德国人而言，他们必须彻底重组旧图彻班德–戈尔措一带的防线。

苏军对德军桥头堡的进攻

当战斗在屈斯特林周边进行期间，苏军还将注意力转向了德国人在奥得河东岸据守的另外两座桥头堡。其中一座位于德里森（Driesen）①附近，并很快被攻克。当地的高射炮根本无力对抗来袭的苏军坦克。海因里齐回忆说，德国士兵尖刻地讽刺了这些高射炮的表现。另一个桥头堡则守卫着珀利茨地区的水利设施。在未得到希特勒批准的情况下，海因里齐命令守军撤退，因为他意识到，守军兵力实在太弱，维斯瓦河集团军群绝不应再牺牲宝贵的部队。面对撤军命令，凯特尔一度怒不可遏。[23]

在军事研究文件MS T–9中，海因里齐这样写道：

3月28日至30日之间，敌人开始消灭奥得河东岸仍被德军占据的桥头堡。为准备后续的大规模进攻，敌人正在创造条件，以求获得完全的行动自由。首先，他们派出坦克部队奇袭了采登桥头堡。在重炮掩护下，他们在外围雷区打开了若干通道。坦克从中长驱直入。虽然在当地，德军部署了强大的高炮部队（共计22门88毫米高射炮），但他们辱没了使命。由大约3个营组成的桥头堡守军只得向着奥得河西岸撤退，由于两地之间没有永久通道，他们只能靠泅渡或划小船各自逃命。只有一小部分士兵成功抵达了奥得河西岸。

① 即今天波兰的德雷兹登科（Drezdenko）。

在突袭采登桥头堡之后不久，敌人也向珀利茨桥头堡发动了进攻。由于桥头堡所在的地形恶劣，而且泥泞异常，俄国人的推进一度十分吃力。但随着时间推移，守军开始遭受挤压，形势越发危险。在这种情况下，集团军群自行下达了放弃桥头堡的命令。撤退行动持续了整整两个晚上：搭乘小艇和驳船，守军成功携带装备渡河。尽管敌军已经占领了东岸，但在英勇果敢的合成油料工厂经理的领导下，当地仍在继续运转。在被敌人最终占领之前，该厂仍然设法生产了一些汽油，尽管数量并不是太多。在这些日子里，敌军还对斯德丁东南近郊的森林发起了新的攻击。但第281师在激战中将其击退。德军的这一前哨阵地对保卫斯德丁极为关键。

3月30日，敌人已经占领了除斯德丁南部以外的所有阵地，完成了总攻柏林的准备。另外，在包围屈斯特林之后，他们还可能试图迅速夺取泽劳（Seelow）附近俯瞰奥得河平原的丘陵地带，但第9集团军在3月24日和28日的反击挫败了这一企图——因此，尽管代价高昂，但这些进攻至少仍对保卫奥得河做了一点贡献。

是继续发起小规模进攻，将己方部队推向毁灭，还是叫停行动，专心防御俄国人的攻击？在3月底，无论是奥得河方向的整体局势，还是维斯瓦河集团军群下辖部队的状态，都要求德国领导层做出决定。

维斯瓦河集团军群建议希特勒的总部叫停一切行动，包括从法兰克福桥头堡发起的攻势，除非在局势上有绝对必要。希特勒表示同意，并下令全力补充部队，构建奥得河防线。（作者按：其情况可参见上文）[24]

本章尾注：

1. 参见美国国家档案馆文件T-311/169/7221059。该计划是根据1945年3月18日的密令起草的，密令的标题为“从法兰克福桥头堡发动进攻的准备和执行”（Für Vorbereitung und Durchführung des Brückenkopf Frankfurt）。

2. 参见海因里齐访谈稿（第1号录音带），第1—4页。

3. 参见美国国家档案馆文件T-311/169/7221059-65。

4. 参见美国国家档案馆文件T-311/169/7221060。

5. 参见美国国家档案馆文件T-311/169/7221061。

6. 参见美国军事研究文件MS T-9。

7. 参见美国军事研究文件MS T-9。

8. 参见美国国家档案馆文件T-311/169/7220669。

9. 参见美国国家档案馆文件T-311/169/7220670。

10. 参见美国国家档案馆文件T-311/169/7220669。

11. 参见美国国家档案馆文件T-311/169/7220671。

12. 参见美国国家档案馆文件T-311/169/7220672。

13. 参见美国军事研究文件MS T-9。

14. 参见美国国家档案馆文件T-311/169/7221168-69。

15. 参见沃尔夫冈·施耐德《帝国之虎》（*Das Reich Tigers*）（温尼伯：J.J.费多罗维茨出版社，2006年出版），第262—265页。

16. 参见美国国家档案馆文件T-311/169/7221168。

17. 参见美国国家档案馆文件T-311/169/7221262-66。

18. 赖涅法尔特是希姆莱的好友，并因此摆脱了牢狱之灾。

19. 参见美国军事研究文件MS T-9。

20. 参见海因里齐访谈稿（第1号录音带），第16—17页。

21. 参见美国国家档案馆文件T-311/169/7221328。

22. 参见海因里齐访谈稿和美国国家档案馆文件T-311/169/7221263《克雷布斯将军认识到扩大攻势将不利于巩固阵地》。

23. 参见海因里齐访谈稿（第1号录音带），第18页。

24. 参见美国军事研究文件MS T-9。

第九章

袭桥战

解救屈斯特林失败后，维斯瓦河集团军群和陆军最高司令部把目光放在了当地的大桥上。另外，苏军在奥得河上架起的众多便桥也无法让他们坐视不管。德国人想方设法试图摧毁这些桥梁，并动用了远程火炮、开闸泄洪、空军自杀式袭击和海军蛙人等众多手段。

在军事研究文件MS T–9中，海因里齐这样写道：

攻击敌军的桥梁，是炮兵的特殊任务。但随着屈斯特林附近的阵地陷落，这一任务已很难实现。敌军架桥的区域距离我军很远，只有远程火炮才能构成威胁，更糟糕的是，这些火炮弹药稀少，根本无法对架桥点进行持续轰击。虽然航拍照片证明，零星的炮弹仍会命中桥梁。但就算它们能严重破坏桥面，或把单座桥墩炸成碎片，对整体局势也于事无补。其造成的损坏也将很快被敌人修复。最初，德国空军经常对桥梁实施攻击，但由于航空燃料不足，其出动的兵力往往极为薄弱。这些空袭往往是由零星飞机发起的，制造的破坏并不比火炮大很多。另外，一旦德军飞机出现，俄国人便会在架桥点施放烟雾。为躲避猛烈的对空火力，参与行动的飞机将被迫爬升，敌军的防御战斗机也将接踵而至。在这种情况下，命中的炸弹屈指可数。破坏苏军架桥的另一种办法是布放水雷，它们将从奥得河畔法兰克福顺流而下。最初，这种方法取得了很大成功。俄国人被迫放弃离莱布斯不远的一座桥梁，但他们在桥梁附近设置了各种

奥得河上一座典型的苏军浮桥。很多资料都指出，为避免渡河地点被德军发现，苏联人在奥得河上建造过水下桥。这一说法有一定的事实根据——因为 2 月初的春季洪水（源自积雪融化和上游的开闸泄洪）经常淹没桥面，但在有些情况下，苏军车辆仍然可以通行。但此举几乎没有实际意义，因为德军可以观察整个奥得河，并对苏军桥头堡的确切位置了如指掌。另外，德军还可以轻松通过河流两岸被破坏的地表发现渡河点，进而查明桥梁的位置——由于急于向柏林发动进攻，苏军被迫放弃许多常用的误导和欺骗手段。[①]

阻拦网障碍物，只有走运时，这些水雷才能制造些许破坏。3月底，集团军群还要求德国海军派遣水下爆破小组。海军表示同意，但后者必须从荷兰出发，而且从未抵达前线，原本在奥得河部署的计划自然也没有实现。维斯瓦河集团军群还考虑要求舍尔纳集团军群炸毁西里西亚奥特马豪（Ottmachau）[②]的大型水库。届时，巨浪将沿着奥得河奔涌而下，虽然对桥墩的影响有限，但对桥面的破坏却很大。不过，它还会带来可怕的副作用：在沿途造成巨大破坏，并导致大量平民伤亡。集团军群拒绝承担此类行动的责任，但他们和舍尔纳集团军

① 原文如此，此处有误，按照苏联方面的资料，他们确实在柏林战役期间修建过水下桥，而类似的做法最早可以追溯到1939年的诺门罕之战期间。虽然水下桥无法欺骗敌军的炮兵观察员，但在假浮桥等伪装手段共同使用时，它仍不失为一种迷惑敌方空军的好办法。

② 即今天波兰的奥特穆胡夫（Otmuchów）。

群都同意，由于3月底的春季出现干旱，洪水在4月已有消退的迹象，他们将不断从上述水库中泄洪，将奥得河的水位保持在较高状态。这种做法可以让奥得河的水位保持在3月底的最高水平。

为干扰和妨碍敌人准备进攻，我们竭尽所能。德国空军的力量过于虚弱，无法有效攻击敌军腹地的卸载车站、交通线和仓库。与集团军群合作的空军部队是第1航空军，在4月初，他们必须尽可能积攒飞机和燃料，以便在敌军进攻后仍有实力迎战。在这种情况下，我们必须决定德国空军的任务重点。按照希特勒的命令，一旦敌军开始进攻，空军将集中攻击俄国人的桥梁，但集团军群的看法是，他们应进攻敌军的先头装甲部队，并从空中保护己方炮兵。之所以如此选择，是因为这两种行动对防御战更为重要，而且肯定的是，在战斗打响后，敌人必定会在通往西岸的桥梁周围调集强大的防御兵力。

但为了攻击桥梁，第1航空军的指挥官没有放弃。他采取了特殊措施，公开召集志愿充当神风特攻队的人员，他们将驾驶飞机，携带炸弹，与桥梁同归于尽。共有27名飞行员自愿参加（包括一名少校、几名上尉和少尉，外加一些空军士官和士兵）。他们在一个特殊的营地集合，做好准备，去执行有去无回的任务。[1]

总之，海因里齐认为，在战役层面，德国空军更重要的目标是保护有限的炮兵和攻击前进的苏军装甲纵队，而不是向桥梁发起攻击。但希特勒和陆军最高司令部反对他的观点。在苏军的进攻开始后，攻击桥梁的行动仍将继续。为了守卫奥得河和柏林，德国空军几乎在奥得河前线集结了仅存的飞机和航空燃料，其中飞机超过2200架，这也是他们全部的作战后备力量。[2]苏军控制的桥梁最终仍被定为攻击重点。为克服苏军在周边部署的大量高炮阵地，德国人动用了一种原始的制导导弹。这是一种装有炸药的轰炸机，上面固定着一架单引擎战斗机，在抵达目标附近后，轰炸机将被释放并冲向目标，战斗机则返回基地。这种设计方案也被称为“槲寄生”，其轰炸机上后来采用了空心装药弹头，它们取得了有限的成功。

3月8日，第200轰炸机联队第2大队率先对奥得河上的桥梁展开了“槲寄生”作战。他们很快发现，由于浮桥目标太小，空袭收效甚微。3月31日，在第52战斗机联队的24架战机护卫下，2架Ju–88 S–3和2架Ju–188领航机带领着5架“槲寄生”攻击了奥得河畔施泰因瑙（Steinau/Oder）的大型铁路桥。由于引擎故障，2架“槲寄生”未能发动攻击，但其他飞机扑向桥梁，其中一架命中桥梁中部。[3]3月4日，德国空军第6航空队在当天“槲寄生”作战的报告中这样写道：

1945年3月31日9时，攻击施泰因瑙铁路桥的战斗报告

赫比希作战分队（Gefechtsverband Helbig）与第200轰炸机联队第2大队的部分兵力派遣6架（“槲寄生”）战机攻击施泰因瑙铁路桥，2架Ju–88和2架Ju–188负责领航和支援，并对施泰因瑙火车站发起牵制性进攻。

护航战机：24架Bf–109，来自第52战斗机联队

起飞时间：7点23分—7点35分

着陆时间：10点25分—10点38分

攻击时间：9点05分—9点12分

一架典型的“槲寄生”子母机：Ju–88背负的是一架FW–190。这张照片是美国第9集团军1945年4月19日从德国伯恩堡（Bernburg）附近容克斯工厂的附属机场上拍摄的，如果这架“槲寄生”没有被俘获，很可能将前往数百公里外的东线，投入空袭奥得河上苏军桥梁的行动。

攻击高度：从2500米—200米（“槲寄生”子母机），2500米（Ju-88和Ju-188轰炸机）

结果：1架（“槲寄生”）在9点05分命中铁路桥梁的中央部分。攻击十分精准。后续结果未查明。最终，Me-109进行了低空攻击。1架（“槲寄生”）命中大桥东部附近。另有1架（“槲寄生”）可能命中，但效果不明显。

经验教训：由于技术原因，“槲寄生”任务中断率很高——50%。本次使用的是老式飞机，但在未来，因技术原因导致的中断率将很可能保持在类似的水平，这是因为即使保养良好，飞机在长时间待命状态下也会出现各种问题。对于更远的目标，我们必须出动状态更好的飞机作为补偿。有鉴于此，我们应当将一个六机编队（“槲寄生”）视为取得作战成功的兵力下限。

由于（“槲寄生”）无法编队飞行，昼间的战斗机掩护也必须予以加强。在本战例中，战斗机为（“槲寄生”）部队提供了良好的掩护。但出于可以理解的原因，战斗机部队也报告说，由于飞机极为分散，护航难度很大……

对攻击效果的航拍照片证实，能力高超的（“槲寄生”）机组人员肯定能击中目标很小的铁路桥。[4]

在攻击屈斯特林的桥梁时，德军从施泰因瑙的空袭中汲取了经验。

4月16日，德军第6航空队的4架“槲寄生”向屈斯特林的桥梁发动进攻，其中1架摧毁了一座铁路桥梁。[5]不仅如此，德军甚至还组建了1个名为A特别大队（Sondergruppe A）的志愿自杀式攻击单位，其成员将驾驶飞机撞向桥梁——就像太平洋战场上的日本神风特攻队一样。[6]共有39名飞行员志愿参加了这项任务[7]，其驾驶的战机——FW-190——将在机身下挂载1枚炸弹，变成致命的制导武器。在一次行动中，每架FW-190起飞前的挂弹量为500千克。[8]在4月16日至17日战斗开始后的几天里，它们一共出击了30架次，摧毁桥梁17座，其中包括1座位于屈斯特林的铁路大桥，共有22名飞行员及其座机损失。[9]尽管到4月17日，奥得河上的铁路桥已有2座被毁，但在战役层面，苏军依旧安稳如故。正如海因里齐所料，苏军建起了大量的浮桥和便桥，把大量补给品送入西岸的桥头堡，直到4月25日铁路桥修复。

本章尾注：

1. 参见海因里齐访谈稿（第1号录音带），第16—17页。另参见海因里齐访谈稿（第2号录音带），第12页。

2. 参见克里斯特·贝里斯特伦《从巴格拉季昂到柏林：东线的最后空战，1944—1945》（*Bagration to Berlin: The Final Air Battles in the East: 1944—1945*）（谢珀顿：伊恩·艾伦出版社，2008年出版），第116—117页。

3. 参见曼弗雷德·格里赫尔《德国空军的末日》（*The Last Days of the Luftwaffe*）（巴恩斯利：前线出版社，2009年出版），第193页。

4. 参见德国联邦档案馆-军事档案分馆文件 RL7/541/147-149。

5. 参见克里斯特·贝里斯特伦《从巴格拉季昂到柏林：东线的最后空战，1944—1945》，第110页、第115页。

6. 参见克里斯特·贝里斯特伦《从巴格拉季昂到柏林：东线的最后空战，1944—1945》，第117页。

7. 参见托尼·勒蒂西埃《朱可夫在奥得河畔：柏林的决战》（*Zhukov on the Oder: The Decisive Battle for Berlin*）（康涅狄格州韦斯特波特：普莱格尔出版社，1996年出版），第125页。

8. 参见《朱可夫在奥得河畔：柏林的决战》，第187页。

9. 参见《朱可夫在奥得河畔：柏林的决战》，第206页。

第十章

奥得河前线防御战的规划

在本章中，我们将透过海因里齐的视角，介绍维斯瓦河集团军群的防御态势。其涉及时间为3月24日至4月11日，其中，我们将详细介绍奥得河前线的防御阵地、对集团军群各师的加强以及各部队位置的重新调整。其内容较以上各章略有重叠，因为这些活动是与屈斯特林、各桥头堡和奥得河上桥梁的战斗同时发生的。

其中还用了一些笔墨论述了海因里齐的多层防御理念，以及它与德国传统的防御理念相互冲突之处。事实上，它不仅与希特勒的防御思路和训令背道而驰，甚至海因里齐属下的许多德国指挥官和部队都对此感到疑惑。但最终，海因里齐的计划不仅获得了希特勒的认可（这也是对他不露锋芒的职业素养的最佳肯定），而且成功挫败了朱可夫部队的袭击，并挽救了许多士兵的生命。[1]

（参见彩色地图18）

在军事研究文件MS T–9中，海因里齐这样写道：

维斯瓦河集团军群发现，在法兰克福–屈斯特林–诺伊马克的柯尼斯贝格一线以东，苏军部署了非常强大的部队；而在第3装甲集团军防区的北部，以及法兰克福以南至集团军群防区南缘一带，敌军的兵力则微弱得多。只有在斯德丁以东的阿尔特达姆（Altdamm）①，我们才判明敌军有更为密集的部署。

① 即今天波兰境内的栋別（Dąbie）。

虽然在格赖芬哈根（Greifenhagen）–皮里茨（Pyritz）[①]–诺伊马克的柯尼斯贝格方向，苏军集结的兵力不强，但在这些天，可以观察到他们的多兵种合成单位正从当地向屈斯特林方向开进。这也得到了空军侦察机和无线电监听证实。尽管苏军司令部下令保持绝对的无线电静默（这一点大体得到了贯彻），但有些部队还是偶尔打破纪律，导致行踪暴露。从中显而易见，敌军的工兵和自行火炮部队（以及坦克）正在从北方向屈斯特林调动。而在当地两侧的桥头堡周围，架桥作业正热火朝天地进行，仅判明的地点就有23处之多。为穿越洪泛区，屈斯特林附近的一些桥梁跨度极大，长度估计在3000米左右。苏军在桥址上夜以继日地工作，并用卡车运来大量木材。至于苏军炮兵则表现消极，对弹药颇为节省，他们只是偶尔朝固定的方向开火，以此核对射击数据。但航拍和各侦察营发来的报告显示，几乎每天都有新的炮兵阵地建成。另外，苏军还在架桥现场和炮兵部队周边部署了强大的地面防空和战斗机部队。德军侦察机数量有限，很难深入了解敌军的备战情况。从各下属单位、军种直属部门和侦察单位，本集团军群掌握的总体形势是：

从菲尔斯滕贝格以南的奥得河和尼斯河交汇处，向北直到法兰克福南部附近，没有发现苏军大规模的备战工作。考虑到对面奥得河西岸的情况，这一点完全不足为奇——因为从奥得河畔到柏林附近有广袤的森林，中间有许多河流和湖泊，不利于大部队发动进攻。但另一方面，敌军正在奥得河畔法兰克福、屈斯特林和诺伊马克的柯尼斯贝格一带集结。显而易见，这里才是苏军备战的主要区域。在北部的奥得河下游，只有斯德丁附近的阿尔特达姆有部队持续集结，此外，我们没有在其他地区发现准备进攻的迹象。

从上述迹象中，本集团军群根据周边地形环境，并结合敌军既往行动，推断了其作战计划。

根据结果，集团军群的新主帅决定加强奥得河畔的第9集团军群——用这支部队充当抵抗的核心。同时，他还决定向兵力薄弱的法兰克福–屈斯特林地区增兵。但最终只有2个步兵师抵达，它们是来自斯德丁西南的第5猎兵师以及

① 即今天波兰境内的佩日采（Pyrzyce）。

从卡琳堂附近赶来的第9伞兵师，后者由德国空军统属，是帝国元帅戈林的预备队。在集团军群司令批评德国空军的部队之后，帝国元帅便再也未从卡琳堂派出一兵一卒，当地的另一个伞兵师被派往了舍尔纳集团军群旗下，同时，戈林还愤怒地评论说，舍尔纳才是一位真正的前线将军。

第9伞兵师的新阵地位于屈斯特林西北，在党卫军第11军的北翼，而第5猎兵师的防区则位于弗赖恩瓦尔德（Bad Freienwalde）以东，以此构成了第101军的北翼。由于不确定敌军是否会穿过崎岖的林地，向埃伯斯瓦尔德和高速公路方向挺近，原本位于斯德丁以南高速公路沿线的第1海军步兵师也被调往昂格明德东南地区。至于当地的第610警戒师则与第1海军步兵师互换了位置。至此，本集团军群中央防区的部署基本确定下来，至于其唯一的预备队，就是前面提到的各个机动单位。尽管在前几场大战中，我军一线步兵损失惨重，但机动单位却不能越俎代庖，因为后者肩负着更重要的任务，即趁机发动反攻。在预计苏军不会进攻的地区，即右翼军（即党卫军第5军）和第3装甲集团军的防区，（我军一线梯队）只能依托奥得河天险，与左右两翼友邻部队也存在大片空当。一旦遭遇危险，这些部队便将自顾不暇、难以指望。对于第3装甲集团军而言，重组下属单位势在必行。另外，还有必要将国民突击队编组为战术单位。为此，我们组建了第547国民掷弹兵师和第549国民掷弹兵师，前者位于施韦特附近，后者的阵地则在斯德丁和斯德丁潟湖东南角之间。为了让这些部队更为善战，我们竭尽所能，并想方设法为其提供了短缺的装备，但由于编制和武器仍不完备（只有高射炮，没有远程火炮），他们仍让我们忧心不已。

除了开展上述组织工作，加固阵地也刻不容缓。当苏军忙于为进攻部队构建堑壕、拓宽道路和渡口，以便桥头堡内的集结部队使用期间，德军也在巩固其防御工事。在南部地区，第9集团军做了很多工作。自2月初以来，该集团军便一直在大兴土木。其第一道和第二道防线已经构建完毕，将作为常规作战阵地使用；后方20千米是所谓的沃坦防线，目前正在建设之中。在第3装甲集团军境内，防御阵地的状况不尽人意。它们是在3月上旬建造的，施工部队不仅缺乏经验，而且工程设备也严重不足。尽管兴师动众，它依旧先天不足，无法赋予我军有利态势。

在强化防御的同时，我们也在设法干扰敌军的进攻准备。每一天，德军炮兵都会打击几个苏军火炮阵地，但除了敲打一些放肆的目标之外，此举造成的人员和装备损失非常有限，更不用说打击敌方炮兵。从桥头堡腹地开往前线的车流源源不断，随着战斗临近，这种情况在白天也越来越常见，并经常遭到德国炮兵的打击。

在集团军群南部，从菲尔斯滕贝格和奥得河畔法兰克福（不含当地的桥头堡）之间，再到莱布斯、居斯特比瑟和波罗的海沿岸，德军的主防线相对靠近奥得河河岸，甚至可以对河面一览无余。通过布置重武器，守军可以用直瞄火力控制河面。按照希特勒的命令，在第3装甲集团军的防区内，有80%的轻型高射炮被部署在了河岸附近。同时，德军还尽可能试图占据侧翼阵地，以便通过交叉火力彻底扼杀敌人。

在这些地区，尽管防线上的部队数量稀少，但通过将（奥得河）天险置于直接火力之下，其防御似乎仍然安全无虞。但即使如此，有一个问题仍然令人担心，那就是屈斯特林以西地区、苏军大型桥头堡的前沿。在当地，俄国人集结了强大的炮兵，并架设了多座桥梁，只待万事齐备，其坦克部队就可以长驱直入。同时，无线电情报发现，敌方的坦克第2集团军位于当地的西南部。此外，在该地区，有时还可以探测到敌军突击炮旅、独立装甲单位和配属的装甲工兵营的动静。[2]

德军的防御理论：希特勒与海因里齐

在俄国境内的作战经验，让海因里齐颇为熟悉苏军的理论。他知道苏军将何时、怎样发动进攻。1942年至1944年，在莫斯科以南地区担任第43军军长和第4集团军司令期间，他曾在防御战中多次化险为夷。而在喀尔巴阡山脉指挥海因里齐集团军集群期间，他更是采取了一种巧妙的策略：抢在敌军炮兵弹幕射击之前，把守军撤退至第二道防线，以此保全下属部队，搅乱苏军的作战节奏。对于这种防御思路，海因里齐概括道：

事实表明，无论是空军还是炮兵，都无法在敌军进攻之前摧毁其集结的大批火炮。为了减少敌军炮火的杀伤，方法只有一种——在适当的时机躲避。

早在1918年7月15日，法国人便进行过成功的尝试，而我也用它在1945年2月让第1装甲集团军化险为夷。我下达指示，应准备好这样做。我当然知道此举难度很大，因为在匆匆回撤的过程中，部队将陷入险境；另外，更大的难题是确定开始行动的时间点。为了掌握时机，命令必须在敌军进攻的前夜下达；而它的成功，又取决于预判的准确。由于别无选择，我们只能设法克服不利条件。

当时，希特勒要求军队每一寸土地，决不能主动放弃给敌人，这明显与我们的转进（即撤退）计划相矛盾。我本人已向希特勒介绍过上述情况，并做了一番说明。希特勒也向我提出了一个问题，即面对敌军的炮火，我军该如何保全，此外，他还指示我在我军阵地内部修建若干条埋设炸药的地道。[3]按照希特勒的回忆，在第一次世界大战中，德军经常采用这种战术。但就当下而言，这完全脱离了实际，原因是我们没有熟练的人员，更没有物资和时间。[4]

在二战中，德军的防御理论起源于1916—1918年的弹性防御策略。[5]在两次世界大战期间，无论从理论还是实践上，他们对这一理论的改进都非常有限。无论是魏玛国防军，还是后来的第三帝国国防军，都将创造力用在了革新进攻理论上，并试图以这种方法避免重蹈一战阵地战的覆辙。直到1941年12月，他们都没有考虑过坚守阵地的事情。但到1942年，德国的战略形势发生了变化。由于这一年的夏季战役未能打垮苏联，希特勒发布了“元首防御指令”（Führer Defense Order），其中的措辞是如此刺耳和武断，以至于最高签发机构的主管——陆军总参谋长弗朗茨·哈尔德（Franz Halder）大将都不愿在上面落款。[6]

从本质上讲，这份文件展现了希特勒的想法，即在敌人发动进攻时，处于绝对劣势的德军不能退避，而是应坚持战斗。这无疑与弹性防御的思路背道而驰。希特勒坚持认为，德国军队必须坚守阵地，战斗到最后一颗子弹。如果没有援军，他们就应当先炸毁火炮，然后再撤走。这一点明显源于他在1914年至1915年的经历——在当时，弹性防御的理论还没有出现。希特勒指出：“我决心让防御回到这种风格（即构建连贯防线），在1916年底之前，我们一直用它化险为夷。”[7]换句话说，他想在东线达成一种局面，即利用一战前期出现的堑壕体系和战术构建一条稳定防线。京特·布鲁门特里特

（Günther Blumentritt）步兵上将在战后写道：“……在1939—1945年，我们回到了1914年前的日子，即只构建一条防线。这条防线现在被称为主战线（Hauptkampflinie，简写为HKL）。”[8]希特勒不希望看到德军撤退，哪怕撤退可以缩短战线、集中兵力，进而为反击创造条件。事实上，他现在主张抢先

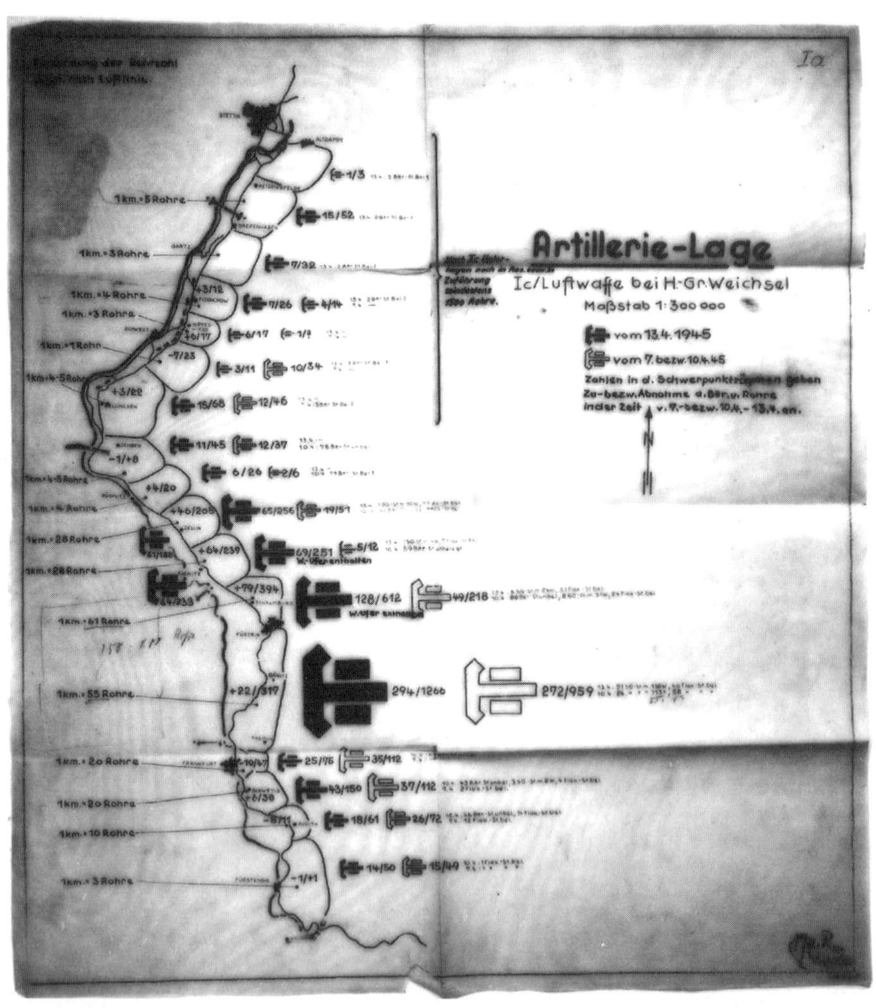

这张照片翻拍自维斯瓦河集团军群作战日志，其中显示，在1945年4月上半月，奥得河前线苏军火炮数量正急剧增加。苏军进攻之初的弹幕射击令海因里齐忧心忡忡，并认为一线部队将因此损失惨重。这一认识可谓非常清醒，因为他们将迎来史上最猛烈的炮击。

发起进攻，打乱敌人的进攻计划，而且完全不考虑己方部队和指挥官在战场上的行动自由。

海因里齐在苏军实施炮火覆盖前撤回部队的提议并不新颖。甚至古德里安也在回忆录中写道，面对第一轮炮火打击，这是保护德军部队的唯一途径。在苏军发动维斯瓦河–奥得河战略攻势之前，古德里安曾同意中央集团军群采取这种做法，但遭到了希特勒的驳回。[9]希特勒拒绝放弃任何领土，并抱着1942年的命令不放，试图像一战那样进行防御，但几个月后，海因里齐有理有据的论述令他让步。接到命令后，海因里齐几乎立刻发布了下列指示：

关于在主战线上开展战斗行动的指示

以往经验表明，在敌方筹备已久的总攻势中，炮火准备将极为猛烈。以1945年1月12日为例，主战线上的部队损失巨大，以至于完全无法守住阵地。这种做法会让部队在战斗之初伤亡惨重，杀敌甚微，更和我们的意图完全违背。

为避免这种损失，主战线应具有以下特点。其思路与战术指挥层面的迂回攻击十分类似，往往适用于必须坚守的区域，例如不容丢失的宽阔河流、湖泊或群山中的制高点。较为广阔的林区不适合构建这种主战线，因为敌军通常不会对当地进行火力准备，更不会在当地实施突破。

主战线必须坚守，但坚守不是目的，真正的目的是防止敌人在第一天突破。在战斗的后期，这种方法将不合时宜，因为对手不会被欺骗一次以上，我军也会陷入无休止的撤退。只要出现以下情况，主战线的目的便已达到：

（1）躲避敌军组织最周密的第一轮火力准备，提升我军士气；

（2）让敌人浪费部分弹药；

（3）让敌军步兵扑空，并陷入混乱；

（4）赢得时间，为调集或转移预备队（至敌人的进攻区域）创造条件。

3月10日，当苏军动用3个师发动大规模攻击时，本人成功用上述做法达成了所有目的。另外，一旦进攻之敌无所适从，就无法及时投入机械化兵团。（作者按：在这里，海因里齐指的是在他调往维斯瓦河集团军群之前，发生在喀尔巴阡山脉的一次战斗）

撤往主战线的行动必须严格遵照命令。其中，集团军将根据军或师的建议下达指示。集团军群应及时得到通知。

下级指挥官不得擅自行动，违者应予以严惩。

撤退命令应当及时下达，以便在晚间至次日清晨重组防御工事。全部准备必须提前完成，以便及时采取行动，避免另行解释或发布冗长的命令。

撤退的最佳时机是22点左右，因为到目前为止，敌军最不可能在这个时间段进攻。另外，此时也有充裕的时间在黑暗中实施机动。一旦敌军开始炮火准备，再发出撤退命令将为时已晚，并导致部队斗志崩溃。如果我军猝不及防，他们将别无选择，只能坚守之前的主战线。

撤退成功的关键是查明敌人何时进攻。最好的办法是审讯俘虏，尤其是逃兵。为了让这些人招供，必须采取一切措施。敌军准备进攻的迹象越明显，我们就越需要强行捕捉俘虏。这些侦察巡逻通常需要运气，只有实施攻击，才能有所收获。

除了俘虏和逃兵之外，要想判断敌军意图，还需要敏锐观察敌军炮火（如射击是否停止），更要留心敌方的行动。如果攻击迫在眉睫，敌方车辆和人员将开入前线地段，以加强这些区域。前沿堑壕的密集敌军、前方堑壕中的异常行为、携带突击装具的士兵，经常可以印证俘虏的供词。我们将根据上述观察结果，在敌军进攻的前一天晚间采取规避行动。

随着部队进入主战线，前一道防线将只有后备战斗警戒分队留守。其兵力将由态势决定，大约为防线守军的四分之一至五分之一。至于撤退的时机——敌军开始徐进弹幕射击时，还是敌军步兵出现时——则由指挥官自行判断。但通常应选择后一时点，因为只要抵抗——哪怕较为微弱——难免会打乱和迟滞敌军的进攻。

主战线与上一道防线的间距应视情况而定，必须在3千米左右或更长。如果距离过近，将无法摆脱大部分敌军炮火的打击。负责相应区域的集团军将全权安排主战线的战斗进程。

在敌军总攻前的准备阶段，我方应倾尽一切资源进行准备。所有作战和辅助人员必须在平民百姓的协助下，投入手头所有资源，规划和构筑防御据点。这些据点必须得到掩蔽——在纵深地区尤其如此——并在周围布置雷区。如果可能，还应为前线设置伏击区，并留出至少200—300米的步兵火力射界。

机枪阵地、指挥所（掩体或地堡）和炮兵阵地也必须事先构建。

能否顺利进入主战线，其前提是精心为部队下达指示。每个下级指挥人员、每个机枪组、每件支援武器都必须了解其对应的位置，如果可能，还应当现场勘查阵地。如若不然，他们可能无法在重组之后，在次日清晨坚守住阵地。所有人必须绝对地理解这一点。

每个士兵必须牢记一个事实：主战线必须坚守，决不能后退一步。同样，每个下级指挥人员都有责任保证下属士兵毫无动摇，并必须亲自坚守阵地。

如果退往主战线时间太早，我们必须立刻在清晨重新占领遗弃的阵地，并击退所有渗透之敌。我之前辖下的第4师[10]便采取过类似的行动，这一行动必须干净利落，防止只派遣了侦察部队的敌人巩固立足点。

理所当然，炮兵也必须和步兵一样做好准备，以巩固主战线。

主战线的构建工作应大体符合元首的防御决心。[11]

我命令辖区内将参与军事行动的各集团军立刻构建主战线。并在1945年3月31日之前汇报这些工作的进展。

签字

陆军大将海因里齐

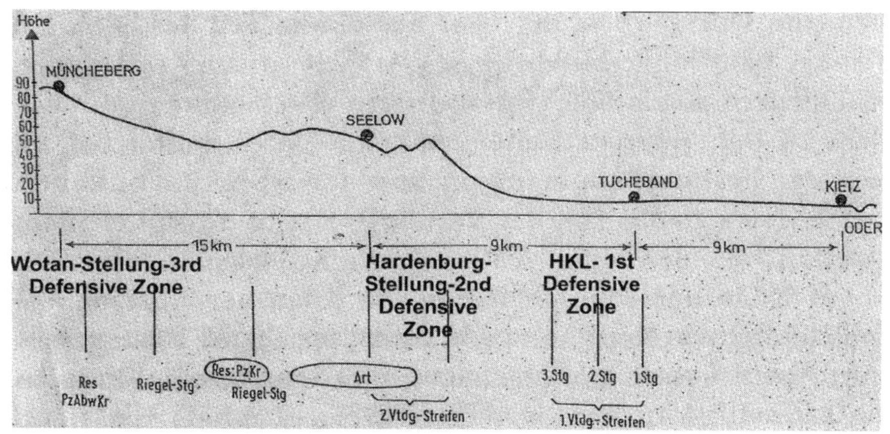

地图 11：海因里齐计划在苏联进攻主轴线上开展纵深防御。在这张地图中，我们可以看到两条主要的防御地域以及主战线上的后备阵地，按计划，德军将在苏军发起炮击之后撤到那里。

这条命令的最有趣之处是它的落款——3月24日。换言之，它是在海因里齐上任3天后发布的——此时希特勒或陆军最高司令部还没有拍板。如此快的速度表明，它几乎原封不动地借用了他在喀尔巴阡山指挥海因里齐集团军集群时的经验——当时，海因里齐便下达过类似的防御指示。

奥得河前线的纵深防御

德军的防线由三个主要区域组成，其中主战线位于最前方。（参见地图11）主战线与苏德两军的前沿地带平行，位于后方8—12千米处的泽劳高地脚下。作为第一个防御区，各师应对部队进行梯次配置，并在前沿后方3—6千米处设置第二道防线，以备后撤之用。这些阵地是命令下达后，前方部队将占据的位置。第二道防区是所谓的哈登贝格防线（Hardenberg Stellung），它沿着泽劳高地和旧奥得河（Alte Oder）构建，[12]这里有德军的远程火炮和反坦克炮，其射界彼此交叉，可以为奥得沼泽的一线友军提供支援。[13]在防线内，泽劳高地就像一道巍然的屏障，也是苏军始料未及的一大因素——其高约40米，可以对苏军桥头堡和作战区域一览无余，并为承担反坦克任务的88毫米高炮提供了宽广的射界。至于机动预备队则部署在主战线后方，迪德尔斯多夫（Diedersdorf）和里岑（Lietzen）之间的一处天然地表断层中。紧邻着机动预备队的是各个坦克歼击旅，它们由希特勒青年团员组成，并构成了名为沃坦防线（Wotan Stellung）的第三个防区。它也是第3装甲集团军和第9集团军后方的最后一道屏障。如果苏联人突破这条防线，易北河以东的地区（包括柏林）将完全敞开。为构建沃坦防线，德军可谓拼尽全力。1945年3月27日，他们签署了一份名为“沃坦防线上的战斗”（Einsatz in der Wotanstellung）的备忘录，其中显示，他们一共动用了20000名工兵、普通军人和托特组织成员。[14]

主战线由连绵不断的堑壕组成，有许多碉堡修建在天然据点周围。以一个区域为例，守军以12—15米为间隔修建了诸多散兵坑，它们距离苏军前线仅有30—40米。[15]主战线的主要和次要防御工事几乎全部建在了奥得沼泽之中。由于春天洪水泛滥时，地下水位会上涨，许多堑壕和散兵坑的深度都没有超过50厘米。因为维斯瓦河集团军群缺乏时间和建筑资源，[16]大部分前线工事都是土制地堡，顶部由石块砌筑，而在泽劳高地脚下的后备防线则不过是一些深挖

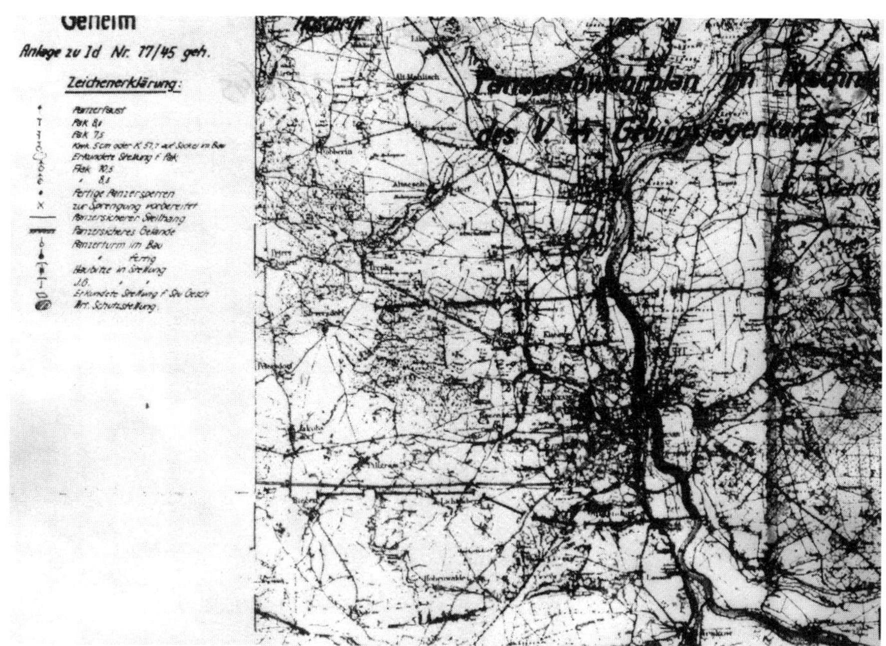

地图 12：本图展示了党卫军第 5 山地军作战区域内既设阵地的位置，以及这些阵地的类型，虽然已很难辨识，但从左边的图注中，我们仍可以看到防御武器的类型，从铁拳火箭筒、10.5 厘米高射炮到坦克炮塔应有尽有。

的散兵坑，防护能力十分有限。主战线前方是零星的雷区，它们都尽可能地连接在一起，[17]其中混杂着人员杀伤地雷和43型饼形反坦克地雷。后者是一种典型的电磁击发反坦克地雷，受过特殊训练的德国士兵还可以把它固定在苏军坦克的侧装甲上，然后拉响延时起爆引信。至于第二道防线不过是一些在地表上挖出的散兵坑。在有的地段，它们直接修在了奥得沼泽地区各条沟渠的西岸。地形恶劣、设备不足和人力短缺影响了德军，使他们未能在后方建立起坚固工事。然而，这道阵地却因祸得福，逃过了苏军侦察机和地面巡逻队的眼睛。朱可夫和下属指挥官都对奥得沼泽上的第二道防线一无所知。当4月16日，发动进攻的苏军闯进去时，顿时被打了个措手不及。

这道主防线还与一系列防御区相连，在维斯瓦河集团军群的作战日志中，这些防御区被称作“防御地带”（Verteidigungsbereiche）或“要塞”

（Festungen）。其中，位于奥得河河口的斯维内明德/沃林防御地带和斯德丁要塞在第3装甲集团军境内。这两地的防御水平可以参见3月8日的一份文件。其中，斯维内明德/沃林防御地带配备了15门Pak 40型75毫米反坦克炮、40门88毫米高射炮（据信为高平两用式）、20门轻型和中型步兵炮，此外还有配置80门K51型24倍径75毫米炮的计划。[18]斯德丁要塞则配备了2座豹式地堡炮塔（即安装在混凝土地堡上的豹式坦克炮塔，也可能是掩埋车体的豹式坦克）、32门Pak 43型88毫米反坦克炮、40门K51型24倍径75毫米炮和30门轻型与中型步兵炮。[19]虽然在2月至3月期间，苏军没有直接攻击斯德丁或斯维内明德，但扩大斯德丁以南的桥头堡始终是他们的优先目标之一。

第9集团军的防区内则坐落着屈斯特林和奥得河畔法兰克福要塞。其中屈斯特林的意义更为重大，有数座重要的公路桥和铁路桥从当地横跨奥得河，并沿着所谓的1号帝国公路（Reichsbahn 1）直达柏林。如前所述，这座要塞的战斗力量包括约10000名士兵，还配备了约105门不同口径的火炮。[20]3月28日，当地被苏军攻破和占领。在奥得河畔法兰克福地区，苏军并没有试图占领这座城市。因此，一部分德国部队仍然据守在奥得河东岸。对海因里齐而言，无论是屈斯特林还是奥得河畔法兰克福，让守军撤出才是上策，这些部队可以回到维斯瓦河集团军群的主防线上，以巩固现有阵地，或是充当战役预备队。在俄罗斯的广袤土地上，“要塞”理论确实存在一定的价值，有一段时间，它曾用较少的守军牵制了敌军大部队。但在奥得河畔，苏军部队已非常密集，不仅足以填满前线，还产生了大量富余。在这种情况下，要塞效果注定非常有限。

任何完备的防御都离不开战役预备队。对德国人来说，苏军1月份的维斯瓦河–奥得河攻势和3月份的西普鲁士和波美拉尼亚攻势都证明了这一点。在接过指挥权仅3天后，海因里齐便发布了一道命令，以便在硕果仅存的2个集团军之间有效地调遣兵力，并建立了一支由多个师组成的战役预备队，以便反击突破之敌。[21]在波美拉尼亚地区的战斗结束后，奥得河前线的部队已所剩无几，而这支预备队则充当了他最强大的家底。它们包括党卫军第10装甲师、第25装甲师、元首掷弹兵师和第18装甲掷弹兵师，这些部队部署在后方，紧邻前线的危险地段。

海因里齐的防御构想呼应着德军的总目标：阻止苏军向主战线渗透和抵

Kdo.Stb.f.Pz.Bek. 06/18 8.März

Ia

Vortragsnotiz.

Betr.: Festungs-Pak-Verbände für Pz.A.O.K.3.
Grundlage Besprechung Oberst i.G. Ludendorff Oberst Volckheim/Oberst von Jungenfeld.

A. **Swinemünde/Wollin.**

1.) Personell:

a) Fest.-Pak-Verbands-Stab VII (Major Skrowonsky)

b) 1.- 15.Kp. XXIV

c) 3.Kp. XXII (Senftenberg)

d) 3.Kp. XXVII (zur Bedienung von 15 Pak 7,5/40

2.) Waffen:

a) 15 Stck. 7,5 Pak 40.
Z.Zt.im Eisenbahntransport. Transport-Nr.399413
(bish. " " 7975567

b) Vorgesehen 40 Stck. 8,8, davon:
12 Stck. 8,8 Pak 43 (Senftenberg) E-Transport-Nr.130292
20 Stck. 8,8 im Zulauf mit E- " " 466202
(Bestand XXIV)
aus Bestand Stettin 8 Stck.

c) IKH 20 Stck.
Im Antransport 50 Stck. IKH für Stettin und Swinemünde mit Transport-Nr.2438953

d) 7,5 K 51 vorgesehen 80 Stck.,
davon 7.3. mit LKW nach Swinemünde 12 Stck.
Weitere LKW-Transporte am 8.3. vorgesehen.
32 Stck. K 51 mit Fahrt-Nr. 2470931
im Zulauf.

B. **Stettin.**

1.) Personell:

a) Fest.-Pak-Verband VIII (Hptm.Reinsdorf)

b) Fest.-Pak-Kpnien. 1.-10. XXVII (ohne 3.Kp.)

c) Pantherturm-Kp.1213.

2.) **Waffen:**

a.) 2 Panthertürme feuerbereit,

b) 32 Stck. 8,8 Pak 43 feuerbereit,

c) 40 Stck. 7,5 K 51, 36 feuerbereit,

d) 30 Stck. IKH
im Antransport mit Fahrt-Nr.2438953.

- 2 -

这份文件展示了斯维内明德/沃林和斯德丁地区反坦克武器的配置情况。在奥得河前线的战斗中，两地的守备部队都提前向西撤退，并没有发生长期或激烈的战斗。

达柏林。但这种防御态势违背了希特勒最近发布的许多作战指令。海因里齐会见了希特勒，并说服了他，如果要击败奥得河沿岸的苏军，他就必须计划和实施纵深防御。希特勒同意了海因里齐的做法，认为此举具备可行性。其间，希特勒还对这位传统的普鲁士军人表现出了不同寻常的信任，并在3月30日发布补充命令支持这份防御计划，即在主战线内建立第二道防线，并在苏军进攻前向其撤退——这在战争末期可谓极为少见。此外，希特勒还宣布："柏林之战的结局，必须且必将是**守军**的决定性胜利（粗体为笔者所加）"。[22]

德军的部队、武器和装备

（参见地图12）

3月底时，国防军和党卫军的各师都伤痕累累，从组织角度，他们并没有做好长期防御的准备。在前线，每一个营都疲于奔命。仅在2月1日至3月15日期间，第9集团军便有35376人死亡、受伤和失踪，但仅接收了9990名补充兵。相比之下，第3装甲集团军在这一时期的减员则达到了49381人，收到的补充兵则为24745人。[23]第9集团军各师的平均战斗人员数下降到了3869人[24]，其中大多数都不像1939年时那般训练有素。与1939—1941年时的同行们相比，这些人员要么过于稚嫩，要么年龄偏大。从早期战役中幸存的资深军官和士官更是

3.Pz.Armee	25.	10.SS	18.	11.SS Nordland	23.SS Nederland	Pz.Jgd.Abt. 1	Pz.Jgd.Abt. 5	Pz.Jgd.Abt. 6	Stu.Gesch.Brig. 184	281.	549.Gr.Div.	z.b.V. 610	K.Gr. 38 SS	163	1.Mar.Schtz.	Festung Stettin	Verf.Ber. Swinemünde	Regt. RF SS	9. Fs.Jg.		Summe 3.Pz. Armee	Summe H.Gr. Weichsel
Panzer III und Bef.Wg.																						
Panzer IV und Bef.Wg.	13(27)			10(19)												2(2)						
Panzer IV lg.																						
Panther und Bef.Wg.	4(9)	15(36)		6(6)																		
Tiger und Bef.Wg.																						
Stu.Gesch. III	13(19)			16(36)	7(1)	3(3)			21(21)										1(1)			
Stu.Gesch. IV		2(2)	13(24)			11(11)																
Sturmhaubitzen					7(1)				9(9)													
Jagdpanzer 38			12(18)			1(2)	1(2)	7(21)			1(1)							13(14)	3(4)			
Sturmpanzer u. Nashorn																						
Jagdpanther																						
Jagdtiger																						
Art.Beob.Pz.																						
Flakpanzer																						
Bergepanzer																						
Summe:	32(55)	17(37)	25(42)	32(60)	2(2)	15(16)	1(2)	7(21)	30(30)		1(1)					2(2)		13(14)	4(5)		[illegible]	[illegible]
Summe d. letzt. Meldg.	45(99)	63(111)	30(46)	13(38)	0(2)	0(6)	1(3)	7(28)	28(31)							2(2)			5(8)		[illegible]	[illegible]
7,5 cm Pak mot. Zg. Sf.		4(4)		7(10)	0(7)					0(8)		9(9)	5(5)	14(18)	1(1)	45(97)	67(97)		5(6)		[illegible]	[illegible]
8,8 cm Pak mot.																35(35)	47(47)				[illegible]	[illegible]
Beutepanzer		4(4)																			4(4)	[illegible]
Beute-Sturm-Gesch.																						[illegible]

*) einschl. Unterst. Kom.

1945年3月24日，第3装甲集团军的坦克和突击炮保有情况。

少之又少，无法为新兵提供充分的指导或训练。在一份陆军最高司令部于3月19日发布的命令中，德军似乎承认了人员缺乏进取心和没有综合防御计划的现实。该命令指出，德军必须用韧性克服一种普遍存在的心理："不要开枪，否则敌人就会发现我们的阵地！"这需要他们在备用阵地的运用、伪装和正确开展防御等方面加强教育和训练。另一个担心在于步兵——这是因为火炮和重武器的缺乏，让沉重的担子落在了步兵身上，并需要他们加强随身武器的运用。另外，出于节省弹药的考虑，德军愈加重视射击技术，并开始强调百发百中。狙击手成了防御的关键，他们的功绩不断在陆军最高司令部的每日报告中刊登，火力精准性和人员的生存力更是被视为核心重点。[25]在3月22日提交给陆军最高司令部的当日报告中提到了威尔舍（Willscher）少尉，他来自党卫军阳光团（SS Rgt.Solar），他指导的狙击手训练班在24天内又新添了497个狙杀记录，使过去几周的总战绩上升到了745人。[26]

和国防军一样，党卫军也长期备受减员困扰。许多部队中充斥着来自欧洲各地的德裔和希特勒青年团员，其人员素质也是良莠不齐。虽然希姆莱接管了预备军，但这没有给党卫军带来人员上的方便，在志愿者不足以填补空缺时，他们只能四下搜刮。但即使如此，党卫军仍然保持着极高的凝聚力，尤其是他们的装甲师和装甲掷弹兵师。

要想确定维斯瓦河集团军群的兵力几乎是不可能的。党卫军和空军的

9. Armee	Müncheberg	Führer Gren. Div.	20.	25	Kurmark	Abt. 502	Abt. 2	210	920	111	15	169.	Berlin	Döberitz	30 Jan	391.	Kegener	606	Festung Frankfurt	Festung Küstrin	Pak Abt. XII	Armee Reserve	Summe 9. Armee
Panzer III und Bef. Wg.																2(2)							
Panzer IV und Bef. Wg.	4(5)	7(3)		1(1)	2(3)			4(8)			7(7)					1(1)							
Panzer IV lg.			28(21)																				
Panther und Bef. Wg.	11(11)	4(26)		10(9)	29(30)																		
Tiger und Bef. Wg.	7(11)				1(1)	31(31)																	
Stu. Gesch. III	4(4)	10(15)	2(3)	50(50)					18(18)	7(23)			6(6)	16(24)	10(10)					1(1)			
Stu. Gesch. IV	1(2)	6(27)		21(21)				3(12)	8(9)					8(10)									
Sturmhaubitzen								7(15)							8(9)								
Jagdpanzer 38		7(8)			14(15)		24(25)				14(15)		12(12)							2(2)			
Sturmpanzer u. Nashorn																							
Jagdpanther		7(9)																					
Jagdtiger																							
Art. Beob. Wg.																							
Flakpanzer		2(4)		2(2)																			
Bergepanzer																							
Summe:	27(33)	31(92)	22(24)	84(85)	42(51)	31(31)	24(25)	14(35)	26(27)	7(23)	15(16)		20(20)	24(29)	26(28)	3(3)				3(3)			390(525)
Summe d. letzt. Meldg.	26(33)	31(92)	22(24)	81(84)	42(50)	31(31)	21(25)	14(35)		9(15)	7(7)		20(22)	24(29)	34(47)	3(3)				3(3)			354(468)
7.5 cm Pak mit Z. u. Sf.	6(6)	3(3)		25(27)	15(16)		11(11)					20(20)	12(12)	8(9)	10(10)	3(4)	2(2)	7(7)	25(25)	2(2)	20(20)	10(11)	156(185)
8.8 cm Pak mit Z.	11(12)																		38(38)	5(5)			54(55)
Beutepanzer																			4(7)				[illegible]
Beute-Sturm-Gesch.																			8(11)				8(11)

1945年3月24日，第9集团军的坦克和突击炮保有情况。

许多单位拒绝提供真实数字，这让海因里齐倍感棘手。为增强自身实力，私下囤积人员和装备的情况比比皆是。例如，有部分德国海军部队在海因里齐麾下充当步兵，但他们只接受德国海军总司令卡尔·邓尼茨的指挥。[27]根据4月1日维斯瓦河集团军群的总人数报告（Iststärkemeldung，即人员报告第1部分），其麾下共有270752名官兵（其中包括261953名军人和8799名志愿辅助人员）。缺额报告（Fehlstellenmeldung，即人员报告第2部分）则显示有87361人的缺额（包括77044名军人和10317名志愿辅助人员）。这也意味着，该集团军群的理论编制人数约为358113人。人员报告第4部分则显示，其作战力量（Gefechtsstärken)和战斗力量（Kamppfstärken）分别为126602人和104162人。[28]

此外，海因里齐麾下的非国防军外籍单位也越来越让人忧心。对于前线后方的外籍部队，海因里齐认为他们动机可疑，尤其是弗拉索夫部队——他们由

第25装甲师下属第5装甲营的豹式坦克，1945年2月摄于奥尔特维希（Ortwig）村外的集结地，当时它们正在进行战前准备。前景中的车组刚刚摘下了炮口帆布罩，还有一辆补给卡车或弹药卡车停在第二辆豹式坦克后面，另外注意这些坦克红色出厂底漆上喷涂的直条迷彩。即使在战争后期，德国装甲部队依旧保持着极高的战术和士气水平。

俄国变节者组成。海因里齐在战后写道："在备战期间，有一点显而易见，加入德军的俄国部队并不愿对抗他们的同胞。"海因里齐表示："因此，这些俄国部队最终离开前线，调往波西米亚，那里有弗拉索夫将军的总部，它设在卡尔斯巴德（Carlsbad）①。"[29]同样让他不安的还有武装党卫军的外籍志愿兵。他命令解除大部分此类单位的武装，并向前线的德军增援部队移交装备。[30]海因里齐似乎认为，在最后一战中，保卫德国的任务应由德国人自己承担，而不是那些怀揣纳粹主义理想的外国志愿者们。此外还有另一种可能性：在根深蒂固的优越感作用下，海因里齐对外籍人员产生了深深的不信任。颇为有趣的是，他的命令似乎没有影响到党卫军的北欧装甲掷弹兵师和尼德兰装甲掷弹兵师——当然，这也可能与这两支部队同属于陆军最高司令部预备队有关。

武器、设备、弹药和燃料同样捉襟见肘。海因里齐感叹道："野战火炮短缺，北部的部队尤其严重。他们还缺少机枪、弹药、运输工具、马匹、无线电设备和野战厨房。物资随时使用、随时补充的日子一去不复返了，现在，我们必须随时搜罗一切。"[31]

尽管在1944年底，德国的作战装备总产量有了提升，但其铁路网在空袭之下千疮百孔，导致物资无法被运往部队。另外，由于部分原材料短缺，士兵们收到的物资质量也不尽人意。步枪子弹就是一个例子，由于缺少黄铜，它们大部分都是由钢材制造的。为防止生锈，它们的弹壳上都涂有防护漆，但在枪械过热时，这些油漆就会受热融化，导致武器在战斗中频频卡壳。在这种情况下，士兵们经常需要用工兵铲把卡壳的子弹砸出来，有时甚至要冒着敌军的火力。[32]另外，在罗马尼亚和匈牙利的主要炼油厂失守后，德军坦克和装甲车现在只能使用混合燃料。它们由乙醇勾兑而成，经常导致不合时宜的熄火。海因里齐还试图对政治领导人实行军管，以便从各个大区收集更多的武器、弹药和补给品。其中他最感兴趣的是勃兰登堡和梅克伦堡大区，这些帝国机构都囤积了大量物资，完全可以补充军用。但陆军最高司令部拒绝了这一请求。最终，海因里齐所做的防御准备收效极为有限——只是为下辖的火炮和高射炮积攒了

① 即今天捷克的卡罗维发利（Karlovy Vary）。

足够的弹药，大约可以维持2—2.5天。燃料储备则十分稀少，无法支撑超过一天的连续作战。[33]

在维斯瓦河集团军群构建防御阵地和重建部队期间，奥得河前线并不宁静。即便在3月30日的进攻行动结束之后，4月初，苏军和德军之间仍在频繁交火。4月16日发布的一份报告称，从4月1日至14日，第9集团军一共在防区内击毁了106辆坦克、1辆自行火炮、11架飞机，另有7辆坦克中弹瘫痪。同时，德军还抓获了一些俘虏和逃兵（即使战争已临近结束）。其中还重点汇报了德国狙击手的活动，这表明在作战领域，他们也是德国陆军最高司令部关心的对象。一份报告中提到，经确认的狙击战果共有763个。其中有些人更是因为多次毙敌而受到了表彰：在1944年10月1日至1945年4月6日，第27伞兵团的维尔纳（Werner）下士取得了129个击杀记录；党卫军第32一月三十日志愿掷弹兵师的党卫军下士彼得霍夫（Peterhof）在1945年1月30日至4月13日间取得了80个击杀记录；大德意志警卫团（Wach Rgt. Großdeutschland，该团隶属于柏林

1945年3月，在奥得河前线某地，德国步兵正在向阵地进行战术运动。在战争后期，受部队、装备、领导力等因素的影响，德军步兵的战斗素质往往参差不齐。

1945 年 4 月，在施韦特附近，一个帝国劳工组织高炮连正在向苏军开火。在当时的德国守军中，高炮部队往往更加训练有素。这些部队中有很多都是由希特勒青年团员组成，对苏军坦克和步兵集群的打击准确且致命，能严重扰乱后者的进攻。很多部队会战斗到最后一弹，之后才炸毁无法机动的火炮，并继续作为步兵参战。

师）的菲尔林（Fierling）下士在1945年4月9日一天便射杀了46名敌人，而这又只是一小部分。在第3装甲集团军的所在地段，局势略为安静，德军没有在这里击毁坦克，但留下了49个确认的狙杀记录。[34]这主要是由于第3装甲集团军的前线紧贴着奥得河西岸，不像南面的第9集团军那样，需要面对数个苏军的大型桥头堡。

（参见彩色地图19）

希特勒仍在把部队调离苏军的必经之路，这让海因里齐和古德里安一样，都对形势倍感懊丧。不顾海因里齐的反对，希特勒决定将3个关键的装甲师调离第3装甲集团军，并交给舍尔纳集团军群：[35]首先在3月30日，希特勒调走了党卫军第10装甲师，随后又分别在4月2日和4月3日调走了元首掷弹兵师和第25装甲师。面对海因里齐的抱怨，克雷布斯却表示这一举措自有道理，原因是这些装甲师的新部署地点在舍尔纳的北翼，可以在两个集团军群之间调遣。[36]海因里齐是在4月初元首地堡的一次会议上得知这一情况的。希特勒向海因里齐承认，将这些部队调离维斯瓦河集团军群也令他为难，但即使如此，“苏军主攻针对的并不是维斯瓦河集团军群，而是舍尔纳，目标是占领布拉格。[37]苏军已经有2个（坦克）集团军已经准备好了（发动进攻）”。[38]对于当时的想法，海因里齐回忆说，这一举动“惊得我哑口无言，又让我无法辩驳，因为我根本不知道舍尔纳集团军群当面的态势如何。我仍然记得，自己是如何带着惊讶和疑虑看着克雷布斯的。我脑海中飘过一个声音：这个人居然站在希特勒的角度上，真是荒谬！”[39]海因里齐只好直截了当地回答说：“你把这些部队交给了舍尔纳……让我失去了预备队。”[40]而且最终只有党卫军第10装甲师被部署到了中央集团军辖区内的格尔利茨（Görlitz）附近；至于元首掷弹兵师和第25装甲师则被调给了南方集团军群，这让克雷布斯最初的说辞——他们可以在两个集团军群之间调遣——变得颇为牵强。[41]

上述做法也许来自误判。当时，斯大林给驻欧盟军司令德怀特·艾森豪威尔提供了一条假消息，以答复后者发布的、旨在协调盟军在德国境内行动的公报。[42]考虑到美苏双方交换消息的时机，希特勒调动三个装甲师似乎不是巧合。戈培尔在3月27日的日记中写道，艾森豪威尔公开表示西方盟军正直奔柏林而去。[43]除了这一情况，将装甲师调往南方也有保卫布拉格的需要，至于元首掷弹兵师和第25装甲师的最终部署则是为了保卫维也纳——总之，此举看上去更多是出于政治考虑，而不是经济或军事因素。

在这个阶段，德军的工作以规划防御和重建部队为主。在军事研究文件MS T–9中，海因里齐描述他的看法：

苏军的猛烈炮火准备，将夷平德军的阵地——由于之前发生的一切，这一点几乎是毫无疑问的。敌军的火力将像飓风一样一扫而过，作为集团军群的司令，我怀疑新组建的德军部队能否有抵挡住他们的斗志。他们在屈斯特林附近的战斗表现不免让人忧心忡忡。因此，我决定故技重施，就像在斯洛伐克的战斗中一样。我需要在进攻前一晚，把部队撤出炮火射程，以免受到打击。这样一来，我军将放弃当前阵地，并进入一条用于迎接总攻的新主战线，其位置在西面3千米处，从新波德尔齐希（Neu Podelzig）沿着豪普特格拉本运河（Hauptgraben Canal）展开，并逐渐与柏林–屈斯特林铁路以北的旧阵地相连。换言之，这道新主战线仍在奥得河沿岸的平原上，其后方则紧挨着高出约40米的丘陵。德军炮兵并没有失去观察哨，仍可以对奥得河沿岸平原一览无余。对于守军各师的步兵来说，虽然后退并不意味着绝对安全，但它带来了一丝希望，使他们可以免于身陷苏军炮火的中心。第9集团军的司令接受了命令，但心中仍然将信将疑。让他放心不下的是，即便是有限的撤退，也会让部队惊慌失措，因为他们的斗志并不坚定。在这种情况下，希特勒却一反常态，同意了集团军群的做法，就这样，在集团军群的命令下，第9集团军也开始竭尽全力，将中间的防御阵地改建为主防线，并准备撤退至此处。出于可以想见的原因，虽然部队可以借此脱离敌军的主要火力打击区，但距离仍然远远不够——而且由于地形条件（必须在丘陵范围内）限制，进一步后撤已不可能。无论如何，集团军群的主战线都不可能设置到更后方，否则就会过于靠近柏林；另外，鉴于德军部队的虚弱状态，一切还将取决于南翼和北翼的局势发展。

总之，尽管防御已得到了巩固，但这些不能保证我们可以挫败苏军的大规模进攻，何况后者已经迫在眉睫。由于双方实力差距悬殊，而且进攻方的斗志旺盛，我们不得不接受一个事实：根本无法守住奥得河一线。一旦防线被敌人突破，在后方待命的装甲部队（在本文件开头曾提到）将发起反击。按照第9集团军的设想，这场反击将居高临下地从丘陵地区发动，打敌军一个措手不及，直到将其赶回奥得河平原。

我军部队的战斗素质也参差不齐。如前所述，一些部队正在重组，另一些则在屈斯特林周边的战斗中遭到了沉重打击。最重要的是，各个德裔师（如尼德兰师和北欧师）和外籍师（如瓦隆人师和拉脱维亚师）的状况不太稳定。[44]更糟糕的是其军部［即党卫军第3（日耳曼）装甲军］不敢恭维的责任感，他们的参谋长在一个晚上突然消失了，不仅带走了一部分通信设备和工兵，还留下一条消息，说他将去西线进行游击战争。对他来说，这项任务似乎比迎战苏军更为迫切。在这种情况下，只有后方的部分机动部队战斗力可以勉强达到2级（无法进行纵深作战行动，只能用于有限的进攻和防御）。而且在这些单位中，完全适合战斗的更是屈指可数。

如果苏军突破，装甲部队的反击势必会失败，届时集团军群将别无选择，只能向易北河后撤。在向下属集团军发出指示前，我向上级指挥官（即克雷布斯将军）提交了作战计划，以便征询意见。但直到此时，集团军群都没有收到具体的作战指示——这在战争的最后一年很常见。从希特勒总部发出的唯一消息就是坚守阵地。无可否认，矛盾的命令会从指挥层面削弱抵抗意志，但问题在于，整体局势让国防军最高统帅部必须表态。因为就在此时，敌军已在德国西部推进，抵达了莱比锡和马格德堡附近，在萨克森地区，即舍尔纳集团军群的北翼，苏军第二个强力主攻方向也隐隐显现。由于东西方的敌人如此之近，甚至希特勒本人都认为，他们极有可能突破奥得河和易北河之间，仍由德国军队把守的长条地带。国防军作战参谋部门对此的指示是，如果上述情况发生，维斯瓦河集团军群应让第3装甲集团军坚守奥得河下游，即波罗的海–斯德丁–埃伯斯瓦尔德一线，至于其南翼的第9集团军将向埃伯斯瓦尔德–奥拉宁堡（Oranienburg）–哈维尔贝格（Havelberg）一线后撤，在那里，他们将得到运河和湖泊的掩护，并和易北河下游的西线守军［由恩斯特·布施（Ernst Busch）元帅指挥］会合。届时，德国领土将被一分为二，其中北部［即乌克马克（Ückermark）、梅克伦堡、石勒苏益格–荷尔斯泰因的部分地区，以及丹麦和挪威］将受卡尔·邓尼茨海军元帅指挥。至于舍尔纳集团军群将撤往波希米亚，并守住边境山脉。对于困守在北部领土的德军，没有人考虑过补给的问题。对国防军最高统帅部来说，这项行动计划完全建立在一个设想之上：无论是弗赖恩瓦尔德以下的奥得河，还是哈维尔贝格以下的易北河，都将充当一条无法逾越的屏障，哪怕德军防御力量极为有限。

秉着上述精神，维斯瓦河集团军群向第9集团军下达命令，如果奥得河前线失守，它不应按照该集团军之前的计划，向南撤往施普雷森林（Spreewald）背后和萨克森地区的边境山脉，而是让左翼迂回向北。如果发生危险，集团军群将为其北翼提供支援。在完成迂回并避开柏林之后，该集团军将抵达霍亨索伦运河和菲诺运河背后的新阵地。

希特勒宣布柏林为要塞，并将其纳入了德国陆军最高司令部的指挥下，而不是由维斯瓦河集团军群直接指挥。城市内正在修筑工事，在埃尔克纳（Erkner）–施特劳斯贝格–蒂芬湖镇（Tiefensee）一带也将设置一条新防线。柏林的外围防区沿城市边缘展开，内层防区则沿着城市快铁线（S–Bahn）构建。这片区域很是广阔，但人手远远不足：唯一的例外是92个营的国民突击队。[45]另外，城内也没有远程炮兵。[46]

陆军最高司令部的支持

在上任的最初10天，海因里齐获得了陆军最高司令部的空前支持，这让他摆脱了元首地堡的束缚。在第一周，他便为参战各师设置了方针，以抵御苏军的最初进攻（这次进攻后来在4月16日发动）。他的主要支持者之一是古德里安，即德国陆军总参谋长，但在3月28日，古德里安被希特勒解职，并由克雷布斯接任。至于海因里齐的另一个强力后援是伊沃–提洛·冯·特罗塔（Ivo-Thilo von Trotha）上校。他的大部分戎马岁月都在第267步兵师度过。1942年10月，他被任命为第4集团军（隶属于中央集团军群）的作战参谋，在海因里齐手下任职。在担任这一职务期间，特罗塔的表现非常出色。可能正是这段经历，让这两个人成了挚友。之后，冯·特罗塔离开了第4集团军，前往南乌克兰集团军群（后改名为南方集团军群）担任作战参谋，过了2个月，海因里齐也转为陆军最高司令部后备指挥官。1944年11月上旬，冯·特罗塔被任命为第1装甲集团军参谋长，此举可能是应了海因里齐的要求，因为后者在1944年8月接管了这支部队。1945年2月中旬，冯·特罗塔被任命为陆军最高司令部作战局局长，受克雷布斯调遣，而其前任正是因事故受伤的温克。担任此职务后，他显然知晓了日食行动和古德里安的担忧，尤其是希姆莱出任指挥官一事。在由谁接替希姆莱的问题上，两人可能进行过讨论，鉴于冯·特罗塔与海因里齐关系密切，让海因里齐挂帅便成了情理之中的事。

回顾维斯瓦河集团军的作战日志，我们不难发现海因里齐上任第一周做出的重大行动都得到了陆军最高司令部的全力支持，这和希姆莱的情况（可参见艾斯曼的叙述）大相径庭。

换言之，海因里齐能叫停代价高昂的进攻，并率部转入纵深防御，离不开古德里安和冯·特罗塔在上层的影响。但不幸的是，他不仅在3月28日失去了古德里安这一后援，冯·特罗塔不久也在4月1日像前任温克一样遭遇车祸，并在晋升为少将之后转入预备役。当冯·特罗塔痊愈之时，恰逢海因里齐的参谋长金策尔被调往国防军最高统帅部北方作战参谋部担任主管，海因里齐便申请让冯·特罗塔接过金策尔的职务。4月22日，冯·特罗塔正式成为维斯瓦河集团军群参谋长，并任职到4月28日。总之，在4月初，冯·特罗塔离开陆军最高司令部之后，海因里齐贯彻自身意图的能力便大幅减弱了。

4月5日至8日，元首地堡内的会议

4月5日，在柏林沃斯大街（Voss Straße）帝国总理府地下的元首地堡内，海因里齐与希特勒进行了一次重要会晤。正是在这次会议上，希姆莱、邓尼茨和戈林三个人许诺将各自提供人手，希特勒也对防御计划给予了异乎寻常的支持。另外，海因里齐还得知3个主力装甲师将被调走，从而剥夺了他在苏军进攻轴线上的战役预备队。以下是海因里齐在军事研究文件MS T-9中的记录：

从4月5日前后，夜间空中侦察传来的消息显示，漫长的机动车队正从但泽和东普鲁士穿过波美拉尼亚，向奥得河进发。在奥得河畔法兰克福至屈斯特林一线，以及斯德丁东部的斯塔加德附近，以及斯塔加德以南地区，可以看到卸载的迹象，还有数以千计的车辆。毫无疑问，随着当地（即东普鲁士和波美拉尼亚）的德军土崩瓦解，苏军指挥部正在从上述东部省份调集军队。在这种情况下，我们对敌情产生了新判断：他们不仅会从奥得河畔法兰克福-屈斯特林-弗赖恩瓦尔德一线发动总攻，还会猛攻第3装甲集团军的防区，而不是像我们之前预料的那样，只会对后者发动虚弱的进攻。这次攻击可能不会像南面那样凶猛，但毫无疑问，它也将成为一个主方向，并给第3装甲集团军下属的国民突击队带来严峻考验，因为他们的战斗素质非常有限。沃林岛上部署着第3海军步兵师，任务是保卫斯维内明德——目前，第3装甲集团军的司令部正在考虑将其调往斯德丁周边，但该师训练水平太低，无法参与大规模作战。不仅如此，邓尼茨元帅还强调，海上要塞应当由海军士兵保卫。这导致本集团军群无法用他们加强第3装甲集团军的前线。而这还不是全部，面对苏军的新计划，本集团军群的兵力本已捉襟见肘，但4月5日至7日间，希特勒还是命令我们放弃4个最精良的装甲师和斯科尔兹内分队，并将其交给萨克森地区的舍尔纳集团军群。这让维斯瓦河集团军群的装甲预备队减少到了4个师［即德布里茨装甲师（Panzer Division Döberitz）[47]、第18装甲掷弹兵师、第25装甲掷弹兵师和党卫军北欧装甲掷弹兵师］。此外，我们还被迫放弃了第39装甲军军部（指挥官：德克尔上将），该指挥部拥有在柏林周边作战的经验，与各师有着融洽的配合。作为补偿，我们得到了第56装甲军的军部（半摩托化），其指挥官是炮兵上将赫尔穆特·魏德林（Helmuth Weidling）。放弃这些部队削弱了维斯瓦河集团军群的防御能力，并带来了无法弥补的后果。我在4月8日做简报时向希特勒提出了此事，并希望他收回成命。希特勒回答说，这并非他的本意，而是敌情迫使他如此。舍尔纳集团军群的北翼位于萨克森地区的卢萨蒂亚（Lusatia），在其对面，敌军正在准备一次规模浩大的总攻。希特勒认为，这里才是敌军的主攻方向，其最终目标将是布拉格。至于对柏林的进攻只是牵制（他的表态明显受到了舍尔纳的影响，或是担心美苏两国最高层指挥机构试图在德累斯顿附近会师，但真实情况已不得而知）。无论如何，希特勒都不愿收回成命，同样，他也没有给出暗示，说这些装甲师将被转移到某个集结地，如果事态紧急，它们便会被派往第9集团军的防区进行干预。在这种情况下，我只好表示，自己根本无力守住奥得河前线，因为按照一直以来的计划，为弥补前线步兵的不足，我们必须用强大的装甲部队发起反击。在装甲师被调走之后，步兵预备队就变得越发重要，可以想见，苏军必将在整个集团军群的正面发动进攻，但无论在哪个区域，我们的人手都严重不足，而且装备十分低劣，完全无法填补主战线上的缺口，甚至不能给损兵折将的前线各师提供补充。此时，连希特勒也手足无措。

和之前的情况一样，帝国元帅戈林提供了帮助。他表示愿将10万空军地面人员交给集团军群，但这些完全是口惠而实不至。党卫队全国领袖希姆莱也加入进来，从闲置的预备役部队中提供了25000人。另外，德国海军还同意把已封存的大型舰艇舰员交由集团军群指挥。但集团军群表示怀疑，原因是他们的训练水平（不足），无力抵御大规模攻势。但这一点并未得到重视。克雷布斯将军找出了一个解决方案，用他们组成警戒线，并安置在重点危险地段之后的第二道防线上，在这里，他们不会在敌军炮火的打击下惊慌失措。希特勒对这一解决方案感到满意。在接下来的几天里，大约有30000名空军士兵前来报到，但他们的武器短缺，既没有进行编组，也没有任何抵御大规模进攻的经验。最后，第2军区和第3军区也提供了一些补充兵。

其中，第9集团军得到了：

（1）一个军官候补生团，以及若干来自第3军区的补充兵，他们被派往法兰克福地区。

（2）6000名德国空军士兵，他们被编为一个补充旅安置在弗里岑地区，至于后续抵达的人员将被部署到柏林的防御阵地。

第3装甲集团军得到了：

（3）约6000名士兵，他们来自装甲兵补充单位和装甲兵学校，并被派往施韦特-格赖芬哈根地区。

德国海军的部队则奉命占据第三条防线上的隘口，即上利兴（Hohen-Lychen）、费尔德贝格（Feldberg）和新勃兰登堡（Neubrandenburg）等地，因为他们缺乏陆战经验，无法部署到靠近前线的地区。面对这些经验生疏、装备短缺的士兵，第9集团军和第3装甲集团军都竭尽所能，以确保他们得到妥善的指挥和装备。

如前所述，在奥得河畔法兰克福和屈斯特林之间，集团军群计划在战斗打响前夜向主战线撤退，让敌人措手不及。为保证这一举措奏效——让敌人的炮弹落在空无一人的阵地上——撤退行动不能太早，否则就会被对手发觉。也正是因此，通过监听通信或捕捉俘虏等手段，查明苏军行动的确切时间十分关键。我们多次进行奇袭，但只抓获了少数俘虏，而且他们都不能或不愿透露攻击时间。监听通信也毫无成果，这让集团军群一度毫无头绪。但由于对手在4月10日之后的种种举动，我们大致可以断定，进攻将在未来几天发起。此时，敌人已基本完成了架桥作业。尽管从法兰克福以南的桥头堡到菲尔滕贝格地区，敌军的阵地上鸦雀无声，但我们仍注意到，大量新锐部队正在涌入法兰克福南部和莱布斯-屈斯特林-居斯特比瑟之间的阵地。

在敌人的桥头堡内，可以看到人员和车辆川流不息。在斯德丁到屈斯特林方向，敌军仍在换防，但涌入斯德丁以东地区的漫长机动车纵队表明，敌军的进攻部队也正在此处就位。在施韦特和格赖芬哈根之间，我们还对奥得河东岸进行了侦察，其带回的情报显示，当地的敌军也在准备进攻。显然，决战即将打响，但集团军群仍然无法查明确切的进攻日期或时间——据推测，直到最后一刻，苏军才会向突击部队揭晓答案。

察觉到敌方的战备工作之后，德军进入了最高警戒状态。苏军炮兵一离开隐蔽场所，便遭到了德军炮兵的炮轰。在夜间，火炮将打击敌军的近接路线，并尽可能向纵深延伸。在清晨，炮兵则会对敌军的前方堑壕进行破坏射击。另外，远程火炮还加强了对架桥地点的攻击力度。在法兰克福，第9集团军的工兵向奥得河投放水雷。而德国空军则继续按兵不动，以便保存实力，等待敌军发起总攻。[48]

海因里齐在元首地堡与希特勒的会晤意义重大，其原因有两个。首先，它反映了第三帝国高层的内讧和掣肘，即使在战争末期，他们仍无法团结一致。在此期间发生的事情几乎可笑；戈林、希姆莱和邓尼茨在元首面前围绕援助规模争相攀比。其次，海因里齐巧妙地利用了当时的局面，并让希特勒收回了1942年制定的防御方针。他赋予了海因里齐充分的权力，使他可以放手准备弹性防御，并将其贯彻下去，而不必再奉希特勒的旨意行事。此外，如前所述，海因里齐早在3月底之前便让维斯瓦河集团军群（尤其是下属的第9集团军）做好了弹性防御的准备，而这一点希特勒并不知晓。以下是海因里齐在第二次战后采访中对这次会议的详细回忆，他不仅额外提到了一些执行防御计划时的挑战，还为这次重要事件提供了补充：

4月4日或5日，我在帝国总理府（元首地堡）向希特勒做了汇报。地堡中的房间很是局促。希特勒坐在一张桌子旁，屋子四周摆放着长椅。在希特勒对面坐着邓尼茨海军元帅，旁边是希姆莱，桌子的尽头是戈林，他来迟了一步。我站在希特勒的左边，作为简报人员，我不能站在另一个方向，因为遭遇暗杀之后，希特勒的右耳便失聪了。凯特尔、克雷布斯和约德尔站在我们身后，或贴着墙壁，或站在掩体后面的大厅中。另外在场的还有鲍曼等人。和往常一样，这场重要简报会大约有25—30人参加。简报时间是下午3点。我讲了大约2小时。

我在汇报中告诉希特勒：“我的元首，我已尽我所能加强部队，但我必须表示，我军的损失将难免产生许多没有预备队填补的缺口。”随后是漫长而尴尬的沉默，因为所有人都无能为力。我补充说，根据我的经验，在一场大规模战斗中，我们的每个师每天都将损失一个营。照这个速度，在整个前线，我们每个星期都将失去一个师（1个师包括7个营）。

希特勒疑惑地环顾四周。这时戈林起身说：“我将立即把10万名空军供你使用。”随后，希姆莱表示，他将交给我25000名党卫军士兵，至于德国海军也将提供12000人。我说：“我的元首，这固然很好，但这些部队没有经过磨合，也缺乏必要的武器训练。他们只是穿制服的人，不是整装待命的部队。”希特勒则回答道：“那就把他们放在二线。他们会得到步枪，如果某处遭遇突破，就在那里设法挡住。”

我耸着肩表示怀疑，因为这些人，无论是来自空军、海军还是其他什么地方，都没有为大规模作战做好准备。这些作战行动将在数小时的弹幕射击后开启，并伴随着空中轰炸，会让人失去抬头张望的勇气，随后，数以百计的坦克将呼啸而来——无论是海军水兵，还是守卫机场的空军人员，都不可能准备好迎接这一切。”但希特勒这样告诉我：“如果你拥有坚定的信念和信心，并将它们灌输给你的部队，俄军就会迎来最惨痛的失败。”我一直认为，在防御状态下，阵地一暴露就必须转移。因为此时敌人可以调集各种重型武器（例如火炮和轰炸机）。我一直认为，当这种大规模攻势迫在眉睫时，我们应采取准备措施，从已暴露的阵地上后撤，让守军悄悄进入后方。这一点应尽量在不被敌人觉察的情况下做到。几周前，当我在捷克斯洛伐克指挥（第1装甲集团军）作战时，我取得了百分之百的成功。敌人的全部炮火都落向了空旷的堑壕，当他们发动进攻时，那里已空无一人。随后，敌军完全手足无措——德国人都到哪里去了？当他们如梦方醒的时候，一个早晨已经过去，对他们来说，投入装甲部队的最佳时机也不复存在了。由此争取到的时间，使我们得以从后方调来第2装甲师①。当战斗的第二天，苏军坦克部队逼近时，我们的装甲兵已经严阵以待，苏军对他们的行踪一无所知。结果，前线安然无恙，苏军完全无法动弹。这项行动完全违背了希特勒的旨意，因为他曾下达过一道命令，禁止任何人放弃哪怕是一寸土地——尽管在俄罗斯战场上我们曾有过数以万平方公里计的空间可用。我在简报会议上告诉希特勒，我也想在奥得河前线使用这种战术，因为敌人在屈斯特林桥头堡集结的炮兵部队实力强大，我军的所有工事和堑壕都将被夷为平地。

因此，我下令建立第二条主战线，这条战线位于当前主战线后方一定距离，并要求部队在敌军进攻前夜撤往此处。就这样，第二道主战线建立起来，

① 原文如此，这里不清楚海因里齐具体指的是哪支部队，因为当时第2装甲师正驻扎在西线。其中最有可能的是第20装甲师，1945年初，该师当时确实曾由他短暂指挥，并在斯洛伐克–西里西亚边境进行了一连串成功的反击行动。

（第9集团军的）演习非常成功，但过程中出现了一些问题，因为部队不理解这种做法，甚至表示反对。他们表示："我们已经忙碌了四个星期，修建了隐蔽所，这是用来保命的地方。但在战斗打响前夕，我们却要离开这些精巧的工事，然后一走了之。"他们从未想过，如果留下来战斗，这些精巧的工事将灰飞烟灭，所有人都会死掉。我一直在使用这样的比喻：如果我的脑袋在铁砧上，就绝对不会等着气锤砸下，而是会赶紧抽身逃走。这一战术曾在奥得河畔法兰克福南部（作者按：在这里，海因里齐仍然指的是第9集团军的防区）实施过，在向北直到屈斯特林的地段也是如此，它最终得到了希特勒的认可，让所有在场者大吃一惊。但也免不了出现问题：在许多防御部队看来，这和不战自退几乎没有区别。（作者按：笔者相信，海因里齐在这里所说的问题更多出现在心理层面。在1942年之后，"绝不后退"甚至成了一些指挥官的思维定式——而且显而易见，希姆莱在任上也是这样要求的）

屈斯特林以北更远的地方，撤退已无法进行，因为主攻打响前几天，苏军便扩大了桥头堡，控制了新旧战线之间的区域。此外还有一个考虑因素：当地与奥得河相距较近。在这里，我们不能后退20、25或50千米，相反，更明智的做法是让战线尽可能靠近奥得河。另外，奥得河谷地的西部边缘是一片30至50米高的台地（即泽劳高地）。如果我们想控制奥得河河谷和渡口，就必须把这片制高点攥在手里。一旦敌人占领了台地，就可以在掩护之下（即不被观察到）为所欲为（例如开展架桥等作业），但如果控制台地的是我们，就可以将一切尽收眼底，让敌军陷入困境。[49]

上述记录有一个有趣之处：尽管对于集团军的下属部队，构建第二道防线可以让他们免遭苏军的猛烈炮火，但很多指挥官仍然心存抵触。另外我们还可以发现，海因里齐对地形的认识非常透彻。在战后接受采访时，他仍然对地貌的高度和纵深，以及它们对攻防双方的利弊记忆犹新。

4月8日，敌军的动向

（参见彩色地图20）

4月8日11点15分左右，中央集团军群和维斯瓦河集团军群的作战参谋们讨论了苏军的意图。在交流中，他们注意到几个情况：苏军正从东普鲁士的战斗中抽身，前往维斯瓦河集团军当面；而在右翼方向，科涅夫的乌克兰第3方面军①正在调遣兵力。另外，苏联空军的侦察活动也日益频繁。鉴于观察，德国人判定苏军将于4月15日进攻。[50]这也表明，尽管他们对苏军的作战理论知之甚少，但对其意图已了如指掌。但是，海因里齐的参谋们似乎并没有意识到，科涅夫的目标也是柏林，一旦战斗打响，他将直捣维斯瓦河集团军群的后方。

4月10日，戈林的车队

（参见彩色地图21）

应戈林的要求，海因里齐于4月10日前往卡琳堂。卡琳堂靠近弗里德里希斯瓦尔德（Friedrichswalde），位于海因里齐指挥部所在地——普伦茨劳的南方。海因里齐回忆说，卡琳堂是一座巨大的城堡，占地辽阔，甚至有一座私人动物园。此时，戈林仍然对在元首地堡听到的评论感到不满，因为海因里齐将他的伞兵斥为懦夫。他对海因里齐反唇相讥，说自己沿着前线一路视察，发现集团军群的士兵在闲逛，而不是构建工事。海因里齐本能地知道，戈林的言论纯粹是为了报复，于是迅速回答道：“……但愿在炮击开始时，卡琳堂的瑰宝不会毁于战火。”不久，海因里齐注意到有四个卡车车队抵达，准备将戈林的财物带到贝希特斯加登（Berchtesgaden），至于城堡则会在进攻前夕被炸为平地。[51]由于海因里齐的部下汽油奇缺，当看着戈林的车队抵达时，他的内心想必十分不快。

4月11日，塞德利茨部队

对于塞德利茨部队，德国高层指挥官并不陌生。1943年末至1944年初，这个词开始被国防军最高统帅部提及。在正面和隐秘战场上，苏军使用了大量的前德军战俘，以协助其获得情报，误导德国部队，并发动攻击。在德军陆军最高司令部，这些部队被称为塞德利茨部队。这一名字来自在斯大林格勒

---

① 原文如此，应为乌克兰第1方面军。

战役中被俘的炮兵上将——瓦尔特·冯·塞德利茨-库尔茨巴赫（Walther von Seydlitz-Kurzbach）。在与苏军合作的人当中，塞德利茨举足轻重。投降后不久，他便成为德国军官组织（Bund deutscher Offiziere）的领导人和自由德国民族委员会（Nationalkomitee Freies Deutschland）的重要成员。虽然在英语界，记录该组织及其成员的翔实著作还没有问世，但众所周知，可能有数千在俄国被俘的德国军人加入了它，调转枪口与德国国防军的同僚作战。[52]现在，随着战火烧向德国的土地，在对抗奥得河西岸的同胞们时，这些共产主义支持者和反纳粹主义者变得更加活跃了。

戈培尔在3月15日的日记中提到，在这一天，自由德国民族委员会似乎第一次直接对柏林发起宣传，但收效甚微。另外，他们还经常出现在苏军进攻陷入僵局的地方，并奉命在攻击前夕软化目标。在个别情况下，他们在战术甚至战役层面都发挥了重要作用。[53]

3月至4月间，在奥得河前线误导德军的行动中，他们的活动愈加频繁，以至于克雷布斯认为有必要用电传向维斯瓦河集团军群下达一道新指示：

> 参考1944年2月6日①的命令
>
> 越来越多的迹象表明，敌人正在利用塞德利茨部队的叛徒渗透到我军周围，试图开展欺骗。部队必须加倍警惕所有来源不明的军人——无论士兵、军官还是将军——并保持坚定的怀疑态度。如果不能立刻查明其身份，则必须予以拘留……[54]

4月12日—13日，苏军准备进攻

海因里齐在军事研究文件MS T-9中这样写道：

> 4月12日，在第9集团军前线，第一次听到了苏军炮兵集火时的轰鸣。但很快部队便查明，它打击的只是德军的一小部分阵地。在完成火力准备后，敌

① 原文如此，应为1945年2月6日。

军开始在基尼茨和大诺因多夫（位于屈斯特林西北）附近发动进攻。显然，这只是扩大桥头堡的准备工作，原因是当地的桥头堡规模仍然十分有限。这轮攻击针对的是位于基尼茨以西的柏林师和第606特别师的南翼，并导致苏军在两个地段都向西推进了很多。其中，苏军在与柏林师的战斗中进展较大，并将该师击退了大约2—3千米。根据战斗经过，集团军群和第9集团军判断，这次攻击只是一个开始，目的是为稍后发动的总攻获得更有利的初始阵地。甚至到4月13日，该地区的战斗仍在继续，且向南波及了第9伞兵师，向北则经过第606特别师的阵地一直延伸到第5猎兵师的右翼。所有人都确信，此举只有一个意图——为主攻创建更有利的出发阵地。但苏军不止试图从桥头堡发动进攻，还打算在第5猎兵师的正面横渡奥得河——这种强渡行动还是第一次。在炮火准备结束后，渡河区域被烟雾笼罩，小艇被推入河中。但他们没有成功抵达西岸，而是被德军的火炮和中口径武器摧毁。在这一天，桥头堡之敌取得了更大进展，再次将德国守军击退。在居斯特比瑟、大诺因多夫、基尼茨和苏菲塔尔（Sophiental）之间，敌军的桥头堡已相当深入，以至于完全可以部署更多的坦克、火炮和步兵。同时，德军指挥部也意识到，第9集团军的前线部署着许多新组建的师团，他们的战斗素养非常糟糕，之前的担心绝非毫无凭据。他们不仅抛弃了阵地，还损失了大量装备和人员。事实上，假如不是本集团军群在战斗打响前几周大幅缩小了这些部队的防区宽度，此时，敌人可能已经占领了奥得河平原西侧的各处高地（即泽劳高地）。

本章尾注：

1. 按照戈培尔3月21日的日记，希特勒相信，盟国会在这一年土崩瓦解（就像未来冷战时的情况一样），但他并不确定这将发生在德国战败之后还是之前。希特勒认为，在盟国自行瓦解之前，德国应当保全自己，避免在军事上再遭打击。也许正是这个原因，让希特勒接受了海因里齐在防御方面的观点。参见《戈培尔日记》，第199页。

2. 参见美国军事研究文件MS T-9。

3. 对于这种地道，希特勒用了“长廊”一词，它将一直修到苏军战线下方，并装满炸药，以便在苏军进攻时引爆——其灵感来自一战时希特勒在西线堑壕战中的经历。

4. 参见海因里齐访谈稿（第2号录音带），第11—12页。

5. 参见蒂莫西·雷少校《坚守：第二次世界大战中德军在俄国前线的防御理论，战争爆发前至1943年3月》（*Standing Fast: German Defensive Doctrine on the Russian front During World War II: Prewar to March 1943*）（堪萨斯州莱文沃思堡：美国陆军司令部和参谋学院，1983年出版）。

6. 同上。

7. 同上。

8. 参见美国军事研究文件MS B-690，京特·布鲁门特里特《主防线》（*The Main Line of Resistance*）（美国驻欧陆军总部历史司），第11页。

9. 参见古德里安《装甲指挥官》，第377页。

10. 这里的第4师指的是第4山地师，当时该师隶属于第49军。

11. “防御决心”即德语的“Willenskundgebung”。在这里，海因里齐意在打消下属们的顾虑。虽然这一命令要求建立的是一条在撤退后使用的第二道防线，但它在表面上并没有违背希特勒命令中最常见的指示——节节抵抗和绝不后退。

12. 参见托尼·勒蒂西埃《朱可夫在奥得河畔：柏林的决战》，第120页。

13. 参见美国国家档案馆文件T-311/169/7221378《重大战斗中的炮兵运用》（*Einsatz der Artillerie für den Grosskampf 31.3.45*，1945年3月31日起草），以及美国国家档案馆文件T-311/171/7223310-11。

14. 参见美国国家档案馆文件T-311/169/7221304。

15. 参见托尼·勒蒂西埃《我们的身后是柏林》（*With our Backs to Berlin*）（斯特劳德：萨顿出版社，2001年出版），第18页。

16. 参见对H.W.阿诺德和H.延森的访谈（科尼利厄斯·瑞恩档案：第69号文件盒/第9号档案袋和第11号档案袋）。

17. 参见托尼·勒蒂西埃《我们的身后是柏林》，第28页。

18. 安装K51型24倍径75毫米炮可能是一种权宜之计，在战争的这一阶段，它们主要被安装在装甲车上。该炮炮口初速较低，按照1945年的标准，已很难对装甲车辆构成威胁。

19. 参见美国国家档案馆文件T-311/169/7220628。

20. 参见美国国家档案馆文件T-311/169/7220671。

21. 参见美国国家档案馆文件T-311/169/F777-78。

22. 参见民主德国军事档案馆文件WF-13433，第55页，转引自托尼·勒蒂西埃《朱可夫在奥得河畔：柏林的决战》，第117—118页。

23. 参见美国国家档案馆文件T-311/Roll-169/7221401《1945年2月1日以来的人员损失和补充数字概览》（*Zahlenmässige Übersicht über Ersatzzuführungen und Verluste für die Zeit ab 1.2.45.*）。

24. 参见美国国家档案馆文件T-311/169/7220993《第9集团军在1945年3月17日的步兵战斗兵力》（*Infanterietische Kampfstärken A.O.K. 9 Stand vom 17.3.1945.*），其中没有包含奥得河畔法兰克福要塞和屈斯特林要塞的人数。

25. 参见美国国家档案馆文件T-311/169/7221190，《增加轻型步兵武器和手提式武器的运用》（*Vermehrter Gebruch der leichten Infanterie-Handfaffen*，1945年3月19日起草）。

26. 参见美国国家档案馆文件T-311/169/7221146。

27. 参见海因里齐访谈稿。

28.参见美国国家档案馆文件T-78/417/H1 217/6386704-09。这些数字与战后完成的美国军事研究文件MS R-69《维斯瓦河集团军群的覆灭与第12集团军，1945年4月27日至5月7日》（*The End of Heeresgruppe Weichsel and 12.Armee, 27 April-7 May 1945*）的数字存在出入。尽管后者与引用文件使用的主要原始参考资料相同，但按照其说法，在4月1日，维斯瓦河集团军群的总人数实际是481428人。

29. 参见海因里齐访谈稿。

30. 同上。

31. 参见海因里齐访谈稿（第2号录音带），第3页。

32. 参见托尼·勒蒂西埃《我们的身后是柏林》，第34页。

33. 同上。

34. 参见美国国家档案馆文件T-311/169/7221766-7。

35. 参见科尼利厄斯·瑞恩《最后一役》，第256—257页，以及厄尔·奇姆克《从斯大林格勒到柏林：德国在东方的失败》（*Stalingrad to Berlin: The German Defeat in the East*）（纽约：巴恩斯和诺伯尔出版社，1996年），第469页。

36. 参见海因里齐访谈稿。

37. 按照戈培尔在3月29日和4月1日的日记，他也认为西方盟军和苏联的战略目标是布拉格而不是柏林。这一观点也是受了希特勒的影响。参见《最后的记录，1945年：戈培尔日记》，第265—266页以及第295页。

38. 参见海因里齐访谈稿（第2号录音带），第21页。

39. 同上。

40. 参见海因里齐访谈稿，第22页。

41. 戈培尔似乎赞成这一决定，对于苏军的战略目标是布拉格的观点，他也深信不疑，不过，他也在4月2日的日记中记录称，在科特布斯方向，苏军集结的规模异乎寻常，给柏林带来了威胁。参见《最后的记录，1945年：戈培尔日记》，第299页。

42. 艾森豪威尔在3月28日给斯大林的一封私人信件中表示，他无意向柏林进军，而是会前往德国南部，并建议美军和苏军在埃尔富特（Erfurt）-莱比锡（Leipzig）-德累斯顿（Dresden）一线会师。但斯大林却拒绝相信艾森豪威尔的承诺，并判断西方盟国不可能对柏林毫无兴趣。针对艾森豪威尔的提议，斯大林在3月30日做出答复，证实苏军将在5月中旬朝莱比锡发起进攻，并故意完全忽略了柏林。参见J.加文《向柏林前进：一位空降部队指挥官的战斗亲历记，1943—1946年》（*On to Berlin: Battles of an Airborne Commander 1943—1946*）（纽约：维京出版社，1978年），第301页；科尼利厄斯·瑞恩《最后一役》，第214页、第252—253页和第307页。

43. 参见《最后的记录，1945年：戈培尔日记》，第241—242页。

44. 在这里，海因里齐指的是以下党卫军部队：党卫军第11北欧志愿装甲掷弹兵师、党卫军第23尼德兰志愿装甲掷弹兵师、党卫军第28瓦隆人志愿掷弹兵师以及党卫军第15（拉脱维亚第1）武装掷弹兵师。

45. 当地国民突击队营的数量远少于海因里齐所称的92个，实际只有40个左右。

46. 参见美国军事研究文件MS T-9。

47. 事实上，海因里齐在这里指的是明谢贝格装甲师。

48. 参见美国军事研究文件MS T-9。

49. 参见海因里齐将军的初次访谈稿，第12—14页。

50. 参见美国国家档案馆文件T-311/169/7221541《中央集团军群和维斯瓦河集团军群的长途通话记录》（*Über Ferngespräch zwischen la H.Gr. Mitte und la H.Gr. Weichsel*）。值得注意的是，其中提到的目标是易北河而不是柏林，这也表明他们讨论的可能是日食行动中提到的分界线。另外需要指出，白俄罗斯第3方面军并不在维斯瓦河集团军群的右翼。

51. 参见海因里齐访谈稿，第29页。

52. 对于该组织，不少德国学者做了出色的研究。有关更多信息，请参阅以下作品：博多·舒尔林《自由德国民族委员会和德国军官组织在苏联，1943—1945年》（*Freies Deutschland: Das Nationalkomitee und der Bund Deutscher Offiziere in der Sowjetunion 1943—1945*）（慕尼黑：宁芬堡出版社，1960年出版）及其修订版《铁丝网下的背叛？自由德国民族委员会和德国军官组织在苏联，1943—1945年》（*Verrat hinter Stacheldraht? Das Nationalkomitee Freies Deutschland und der Bund Deutscher Offiziere in der Sowjetunion 1943-1945*）（慕尼黑：德国平装书出版社，1965年出版）；1993年，该书又以《叛国者还是爱国者？》（*Verräter oder Patrioten?*）为名再次出版。另外一部作品是卡尔-海因茨·弗里泽尔撰写的《铁丝网背后的战斗：德国战俘在苏联以及自由德国民族委员会》（*Krieg hinter Stacheldraht: Die deutschen Kriegsgefangenen in der Sowjetunion und das Nationalkomitee Freies Deutschland*）（美因茨：哈泽和科勒出版社，1981年出版）。格尔德·于贝舍尔撰写的《自由德国民族委员会和德国军官组织》（*Das Nationalkomitee Freies Deutschland und der Bund Deutscher Offiziere*）（美因河畔法兰克福：费舍尔出版社，1995年出版）则是最新的研究成果。

53. 参见《最后的记录，1945年：戈培尔日记》，第146页，第211页。

54. 参见美国国家档案馆文件T-311/169/7221626。

第三部分

战斗

4 月 14 日—5 月 3 日

“4月初，明媚的春光照耀着奥得河沿岸的土地。在许多城镇和村庄中，生活就像在和平时期一样。在前线后方几千米处，是一片丘陵区域。任何在这里旅行的人们都会以为这是世界上最和平的地方。生活在这里的民众并不知道，奥得河两岸即将变成怎样一个人间地狱。”[1]

——戈特哈德·海因里齐大将，写于他从措森驱车前往维斯瓦河集团军群，从党卫队全国领袖海因里希·希姆莱手中接管部队期间

第十一章

战斗综述

不依靠地图，我们将很难理解奥得河前线的战斗。从德军的角度，它包含了4个组成部分：（1）第3装甲集团军的防御和撤退；（2）第9集团军的防御和突破；（3）第12集团军向东发起的解围攻势；（4）党卫军第3（日耳曼）装甲军的解围攻势，以及该军在第3装甲集团军和第21集团军西南侧翼的防御。本部分旨在概述战斗和影响其结果的关键事件。通过这种方式，读者可以对后文中逐日记录的战况形成一种直观理解。

概述

（参见地图13）

（1）4月15日，美第9集团军的下属部队抵达易北河，并在对岸建立了小型桥头堡，试图占据一处稳固的渡口，以便在未来向柏林推进。然而，艾森豪威尔却通过电话告知该集团军的司令——奥马尔·布拉德利（Omar Bradley）将军，未来，他们将不会向柏林推进。艾森豪威尔直言不讳地提到："对于你的部下来说，战争已经结束。"

（2）4月16日3点30分，朱可夫越过奥得沼泽，朝泽劳高地发起进攻。由于海因里齐的弹性防御以及德军的有效抵抗，他进展有限。直到4月20日，苏军占领明谢贝格之后，朱可夫的部队才突破了德军的最后防线。

（3）在攻势的第一天，科涅夫便突破了尼斯河畔的苏军防线。两天后，

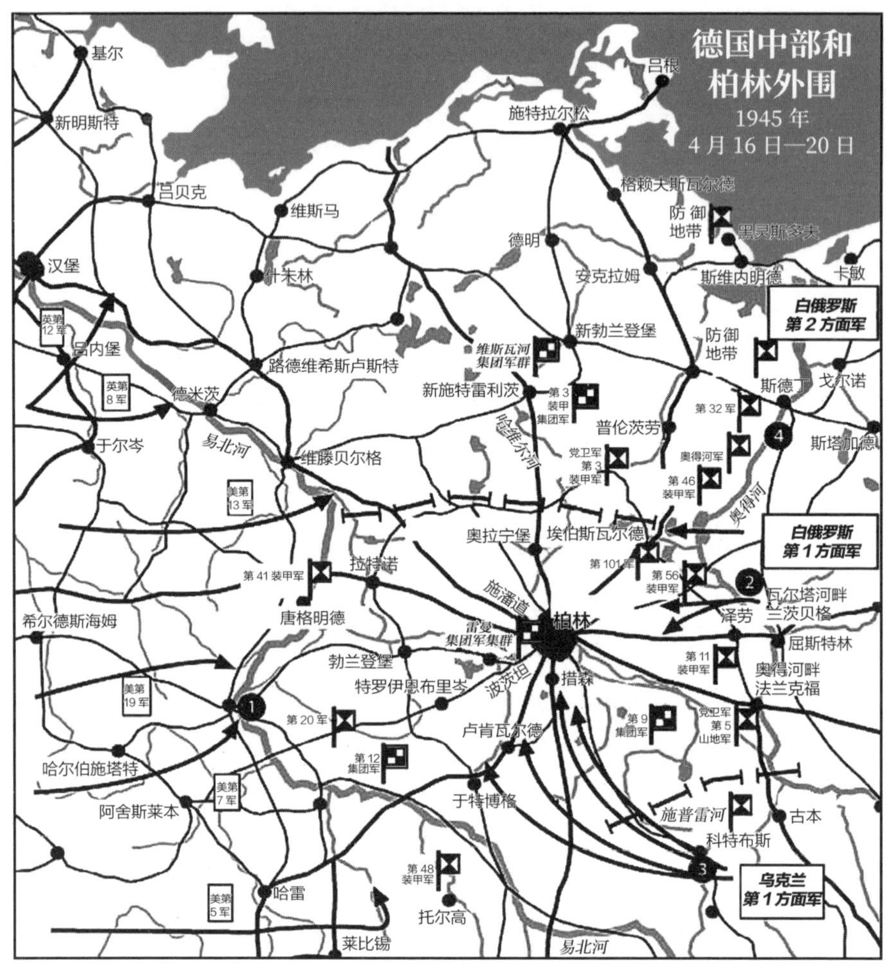

地图 13：1945 年 4 月 16 日至 20 日，德国中部和柏林地区的作战态势图。

凭借对装甲部队的出色运用，他的矛头横渡了通往柏林的最后一道自然屏障——施普雷河，并在对岸夺取了一个桥头堡。随后，面对国防军最高统帅部拼凑起来的阻击部队，科涅夫的坦克部队长驱直入50千米，在4月20日几乎抵达了措森——德国国防军最高统帅部和陆军最高司令部的战时驻地。

（4）罗科索夫斯基则仍未完成突击部队的部署，没有对第3装甲集团军发动攻击。

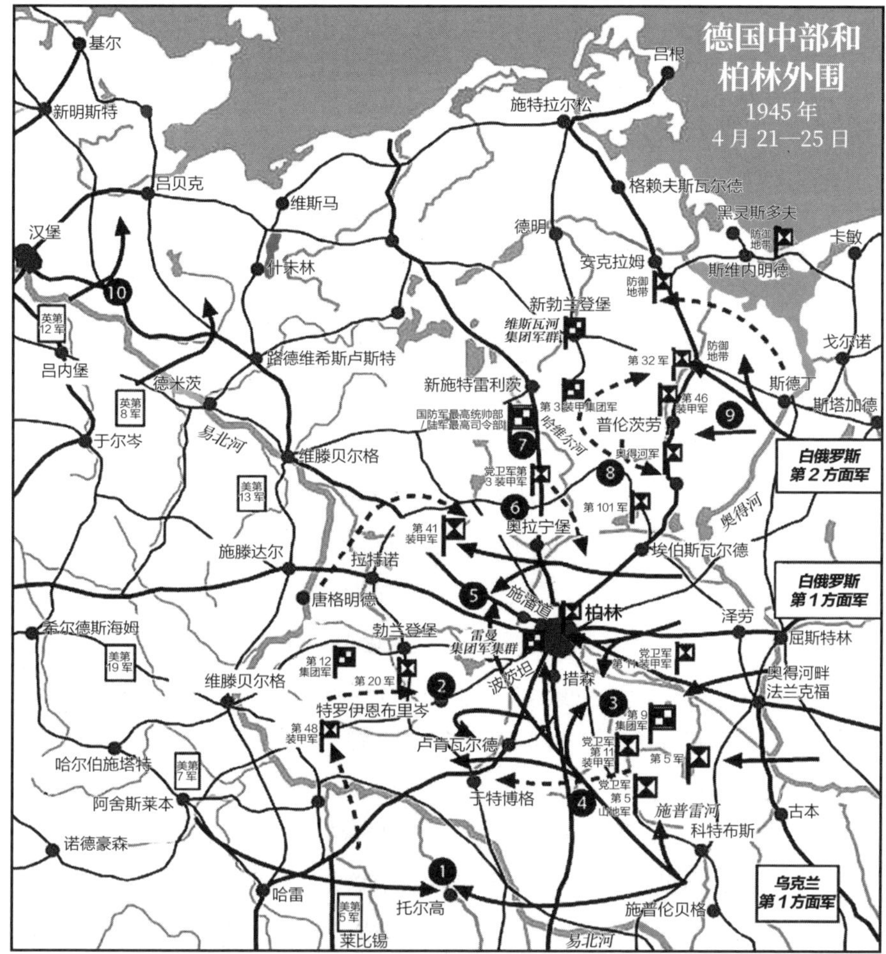

地图 14：1945 年 4 月 21 日至 25 日，德国中部和柏林地区的作战态势图。

（参见地图14）

（1）4月25日，美苏两军在托尔高（Torgau）会师，将德国截为两段。

（2）在温克指挥的第12集团军方面，第20军奉凯特尔的命令转身东进，并抵达特罗伊恩布里岑（Treuenbrietzen）–贝利茨一线。

（3）科涅夫和朱可夫的部队4月24日首次会师，并切断了第9集团军与维斯瓦河集团军群其余部队的联系。

（4）4月25日，第9集团军试图向西突围，但在苏军的坚决抵抗下失败。

（5）4月25日，朱可夫和科涅夫的部队在柏林和波茨坦之间会师，包围了柏林，切断了帝国首都与集团军群其他地区的联系。

（6）德军向奥拉宁堡地区转移，试图阻止苏军可能向北方发动的进攻。不久，凯特尔下达命令，要求这些德军攻击朱可夫的侧翼。虽然进攻部队初战告捷，但最终被击退。

（7）国防军最高统帅部/陆军最高司令部向北转移至柏林郊区，其指挥部门在莱茵斯贝格（Rheinsberg）栖身。

（8）白俄罗斯第2方面军终于在4月20日对第3装甲集团军发动进攻，面对新情况，德军部队进行了重新部署。

（9）在西线，英军在易北河下游发动攻势。

（参见地图15）

（1）温克的部下——第20军——继续坚守特罗伊恩布里岑-贝利茨防线，并向位于波茨坦的施普雷河集团军集群（Armeegruppe Spree）发起解围行动。稍后，波茨坦守军抵达了第20军的阵线，另外，后者还接纳了向西突围的第9集团军残余人员。

（2）会合之后，德军第12集团军、第9集团军和施普雷河集团军集群一起向西朝易北河撤退，与之一同行动的还有数以万计的平民（按照一些德国方面的资料，其数量共有10万人），并与西岸的美军就渡河事宜开展谈判。

（3）科涅夫的部队追击撤退之敌。

（4）柏林守军于5月1—2日晚间，向北、西和西南方多次突围。但抵达德军战线者寥寥无几。柏林于5月2日正式向苏军投降。

（5）4月27日，国防军最高统帅部组建了第21集团军，该集团军由党卫军第3（日耳曼）装甲军（原隶属于第3装甲集团军）、第101军（原隶属于第9集团军）和第17军（原隶属于第4集团军）[①]组成，此外还包括了一些拼凑的

① 原文如此，其中的第17军应为第27军，且该军原隶属于第2集团军，而非第4集团军。

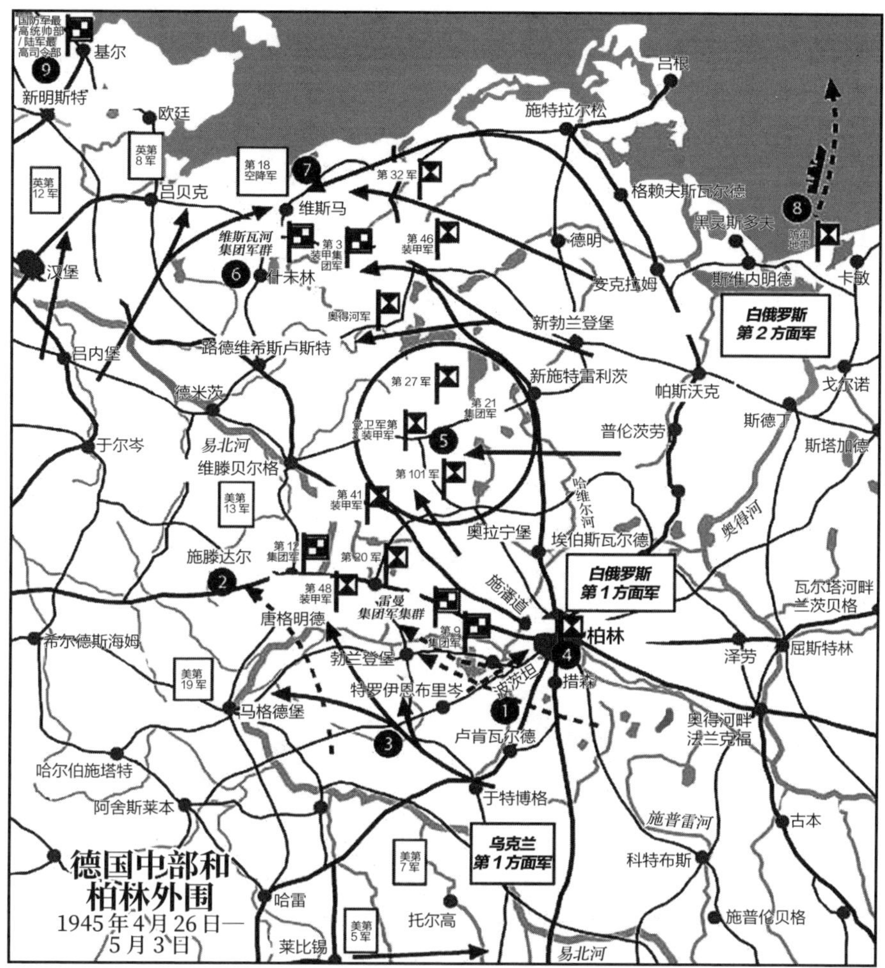

地图15：1945年4月26日至5月3日，德国中部和柏林地区的作战态势图。

单位。该集团军的任务是保护第3装甲集团军的西南侧翼。

（6）面对苏军的压力，维斯瓦河集团军群的残部和第3装甲集团军向西撤退，并零散地向易北河下游的英军和随行的美军（即第18空降军）投降。

（7）但维斯瓦河集团军的投降并非正式进行的。5月3日，英军和苏军在波罗的海沿岸的维斯马（Wismar）首次会师。

（8）5月4日，在斯维内明德防御地带和其他北部沿海据点，德军和平民

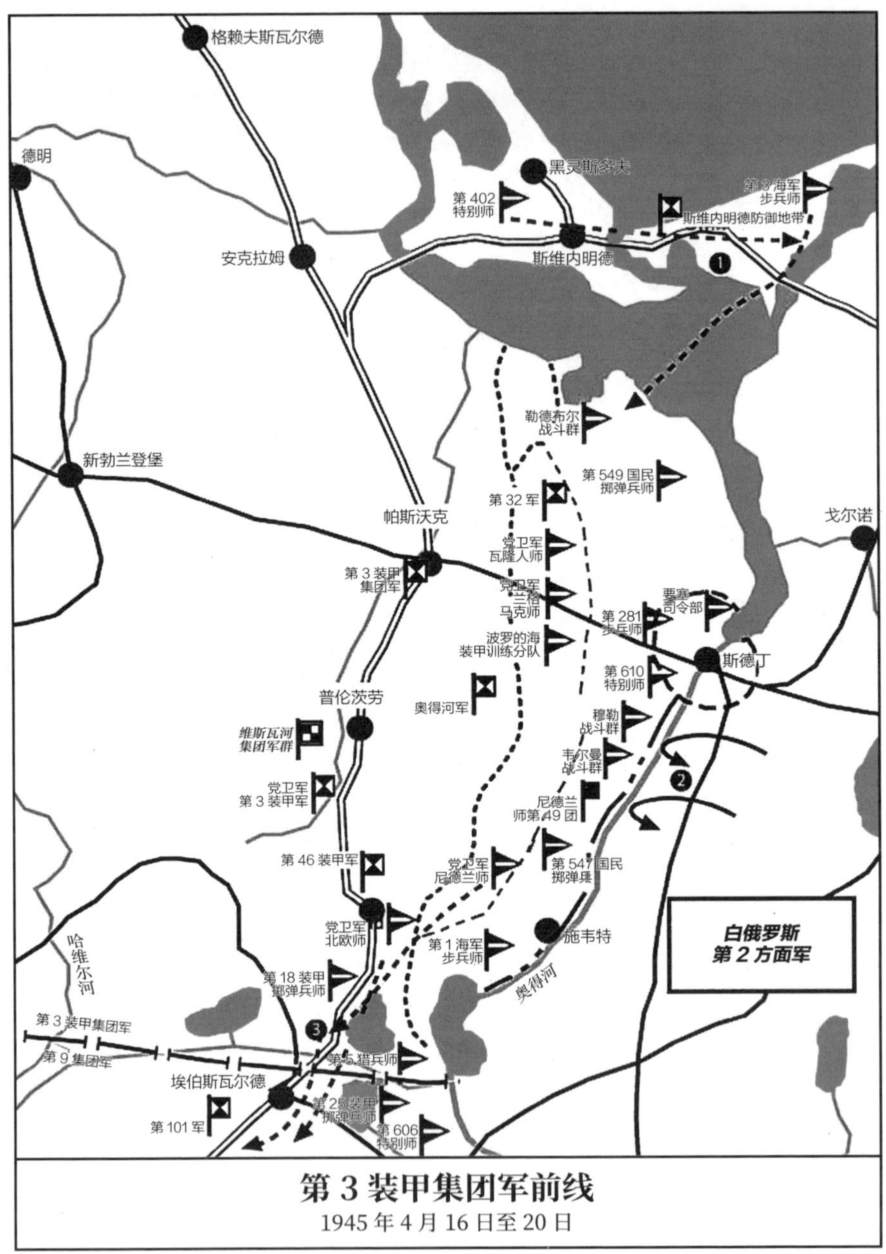

地图 16：1945 年 4 月 16 日至 20 日，第 3 装甲集团军的作战态势图。

开始从海上疏散。

（9）国防军最高统帅部/陆军最高司令部向西北转移，并在靠近丹麦边境的米尔维克（Mürwick）结束了战争。

第3装甲集团军方向

（参见地图16）

（1）第3海军步兵师奉命从斯维内明德防御地带调往第3装甲集团军南翼。

（2）苏军巡逻队在斯德丁和施韦特附近的奥得河下游数次展开侦察，但被德国守军击退。

（3）担任预备队的各师——包括党卫军北欧装甲掷弹兵师、尼德兰装甲掷弹兵师和陆军第18装甲掷弹兵师——奉命向南加强第9集团军的危机地段。

（参见地图17）

（1）4月25日，海因里齐命令斯德丁要塞守军和主战线上的其他作战部队向西撤退到一条新防线上，以避免重蹈第9集团军在南部被围的覆辙。但这道撤退命令公然违背了国防军最高统帅部/陆军最高司令部的旨意，而且后者对此一无所知。

（2）在斯德丁与施韦特之间，经过5天激战，苏军突破了德军的主战线和沃坦防线。

（3）第3装甲集团军没有任何战役预备队，只能把一些较小的拼凑单位——如波罗的海装甲训练分队——用于救急。

（4）普伦茨劳成为第3装甲集团军战线上的争夺焦点。4月25日至27日，当地的战斗持续了两天。在柏林西部完成动员的党卫军阳光团开赴普伦茨劳地区，并在当地顽强抵抗了数天。

（5）4月20日，苏军在9集团军的北翼达成突破后，第101军的余部被迫北渡过菲诺运河，进入第3装甲集团军的南部区域。

（6）第101军下属的第25装甲掷弹兵师向西转移，并和第3海军步兵师一道划归党卫军上将菲利克斯·施泰因纳［即党卫军第3（日耳曼）装甲军］指挥。第25装甲掷弹兵师奉命于4月25日向南朝柏林发动进攻。面对波兰第1集团

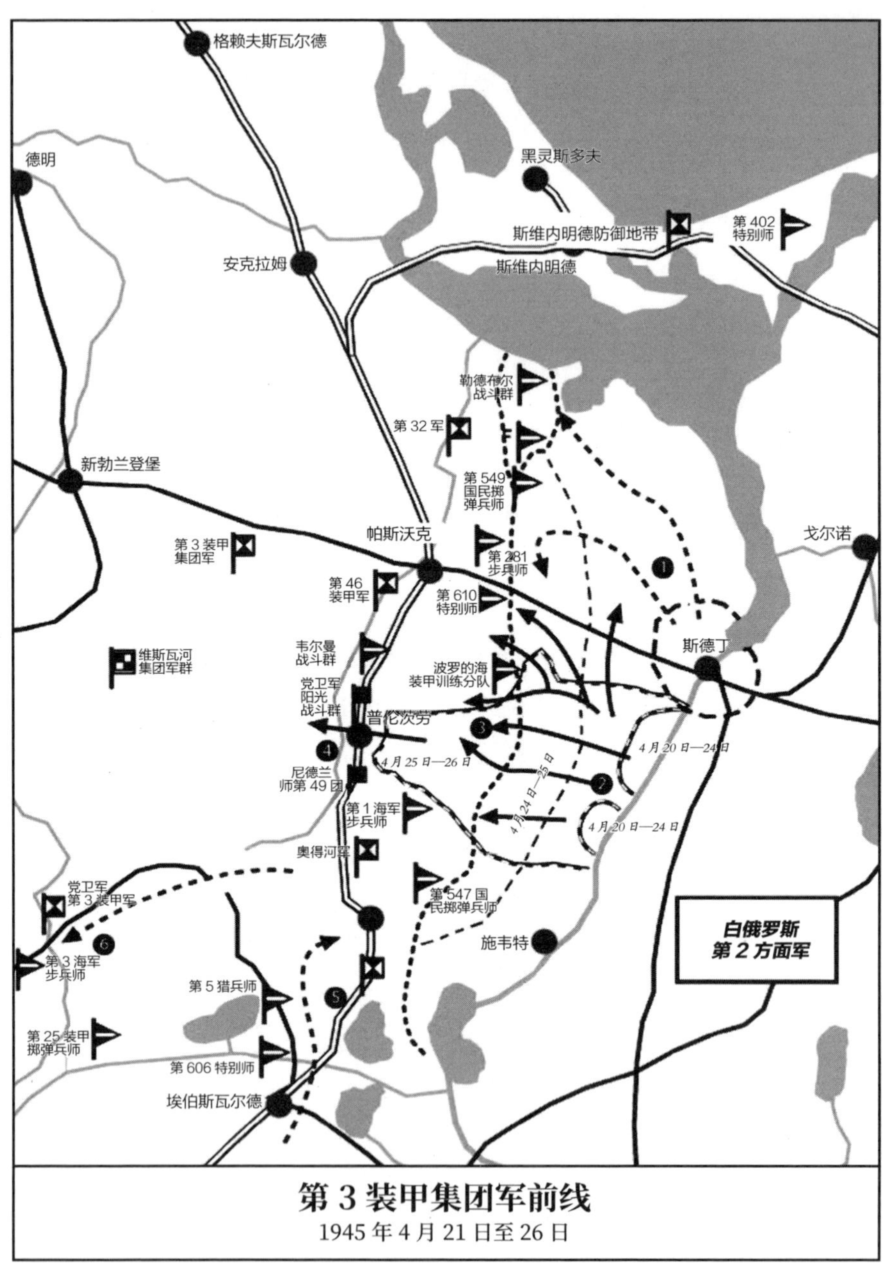

地图 17：1945 年 4 月 21 日至 26 日，第 3 装甲集团军的作战态势图。

军的部队，他们一度旗开得胜，但先头部队最终被击退。凯特尔试图通过这次攻击解救柏林，而海因里齐则希望用它打乱朱可夫西进的脚步，当时，后者指挥的部队已经威胁到了第3装甲集团军的背后。

第 9 集团军和第 12 集团军方向

（参见地图18）

（1）在第二次世界大战中最宏伟的炮火覆盖来临前，海因里齐顺利从前线撤回了第56装甲军。在泽劳高地对面的奥得河沼泽，朱可夫的强攻扑了个空。在3天时间里，朱可夫的近卫第8集团军和近卫坦克第1集团军仅前进了几千米。为突破德军的防线并占领泽劳镇，其部下的损失高达数万人。

（2）在南部，科涅夫的部队冲向施普雷河。通过堪称典范的渡河行动，他们突破了尼斯河沿岸的德军阵地，而德国守军的表现则极为慌乱软弱。随后，苏军坦克转向西北，在24小时内推进了近50千米。由于科涅夫的长驱直入，舍尔纳中央集团军群下属的第5军与其他部队失去联系，只能向第9集团军靠拢。科涅夫前进的速度和方向让国防军最高统帅部/陆军最高司令部措手不及。在此之前，希特勒一直认为科涅夫将南下前往布拉格，而不是向北推进。

（3）到4月20日，朱可夫的近卫第8集团军和近卫坦克第1集团军已沿着1号帝国公路占领了明谢贝格，并突破了沃坦防线。为从南部包围柏林，他的部队开始向西南运动。

（4）在朱可夫攻势的北翼，参与行动的是第3突击集团军和近卫坦克第2集团军，它们突破了弗里岑和普勒策尔（Prötzel）之间第101军的战线，将本已脆弱的柏林师赶进了第56装甲军的作战区域，并将第101军与第9集团军的其余部分切割了开来。面对这种情况，海因里齐很快命令第101军向北转移，加入第3装甲集团军的南翼。

（5）为阻止科涅夫的推进，国防军最高统帅部/陆军最高司令部下令动员各种预备役部队，譬如帝国劳工组织的各师，此外还投入了各种警备单位。弗里德里希-路德维希·雅恩师（Friedrich Ludwig Jahn）就是这些部队之一。当科涅夫的部队向它进攻时，该师还没有完成动员。其残部只能向北撤退，并在

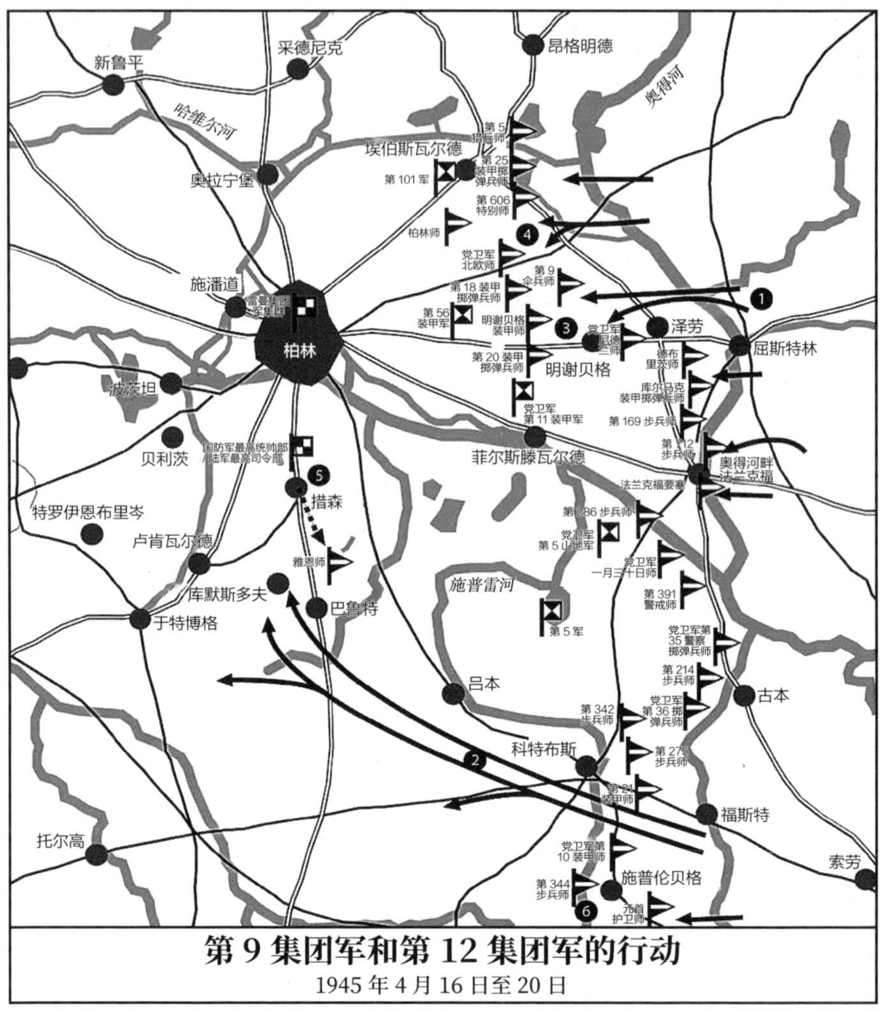

地图 18：1945 年 4 月 16 日至 20 日，第 9 集团军和第 12 集团军的作战态势图。

波茨坦附近加入了施普雷河集团军集群。

（6）有几支强大的部队被围困在施普伦贝格附近的“口袋”中，他们违抗了向舍尔纳中央集团军群北翼开进的命令，而是选择了向南突围。这些部队包括党卫军第10弗伦斯贝格装甲师（原隶属于维斯瓦河集团军群）和元首护卫装甲掷弹兵师[①]，它们都没能阻止科涅夫的突破。

（参见地图19）

（1）魏德林将军最初命令下属的第56装甲军向南进攻，并抵达第9集团军的北部战线。但在稍后不久的4月24/25日，希特勒命令他进入柏林，并阴差阳错地成了这座城市的守卫者。

（2）在波茨坦附近，德军组建了施普雷河集团军集群，该集群的指挥官是雷曼将军——柏林的上一任城防司令。在之前的几天中，为阻止科涅夫推进，德军临时拼凑了许多部队，这些部队此时陆续被雷曼吸纳。

（3）4月25日，两支苏军坦克部队在波茨坦和柏林之间的湖区会师，它们分别来自朱可夫下属的第47集团军和科涅夫下属的坦克第4集团军——至此，柏林和维斯瓦河集团军群之间的联络被切断。

（4）第101军残部奉命加入第3装甲集团军，并从埃伯斯瓦尔德渡过了菲诺运河。

（5）为解救柏林，第25装甲掷弹兵师向南进攻。这次行动本来应有其他部队参与，但他们都未按时准备就绪。德军的进攻一度让波兰第1集团军措手不及，但很快便停滞不前，掷弹兵们被迫退回了初始位置。

（6）第9集团军奉命坚守奥得河前线，而且时间远远超过了正常限度。该集团军的被围已成定局，原因是元首地堡拒绝给予海因里齐这支部队的行动自由。事实上，如果元首地堡早一点放权给海因里齐，他就可以指挥布塞的部队抵抗朱可夫或科涅夫的攻势，以此保持防线稳固，打乱苏军的节奏。不幸的是，这种情况并没有发生，第9集团军只得试图从巴鲁特（Baruth）附近打开一条通道向西突围。作为其先头部队，第21装甲师和党卫军第10侦察营（后者在4月20日科涅夫向西北进攻时与师主力失去联系）在4月25日向西进攻，但未能突破科涅夫的防线。

（7）在科涅夫的麾下，近卫坦克第4集团军的先头部队闯入特罗伊恩布

---

① 原文如此，应为元首护卫师，而且该师在编制上属于装甲师。

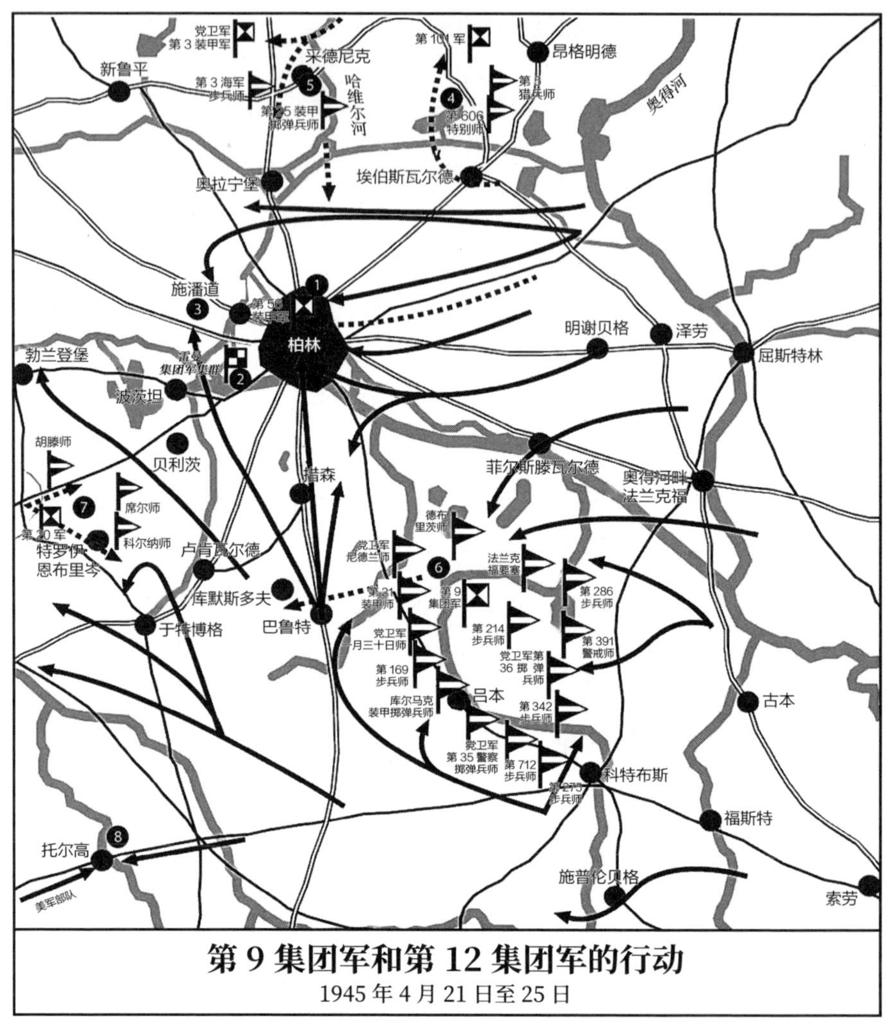

地图 19：1945 年 4 月 21 日至 25 日，第 9 集团军和第 12 集团军的作战态势图。

里岑，并与第20军特奥多尔·科尔纳师（Theodor Körner Division）的先头部队遭遇，并对此倍感惊讶。第20军来自第12集团军，正在奉凯特尔的命令调头朝柏林进攻。

（8）4月25日，西方盟军和苏军在托尔高会师，将纳粹德国一分为二。其间，虽然西方盟军确实闯入了日食行动提到的苏占区，但艾森豪威尔很快沿

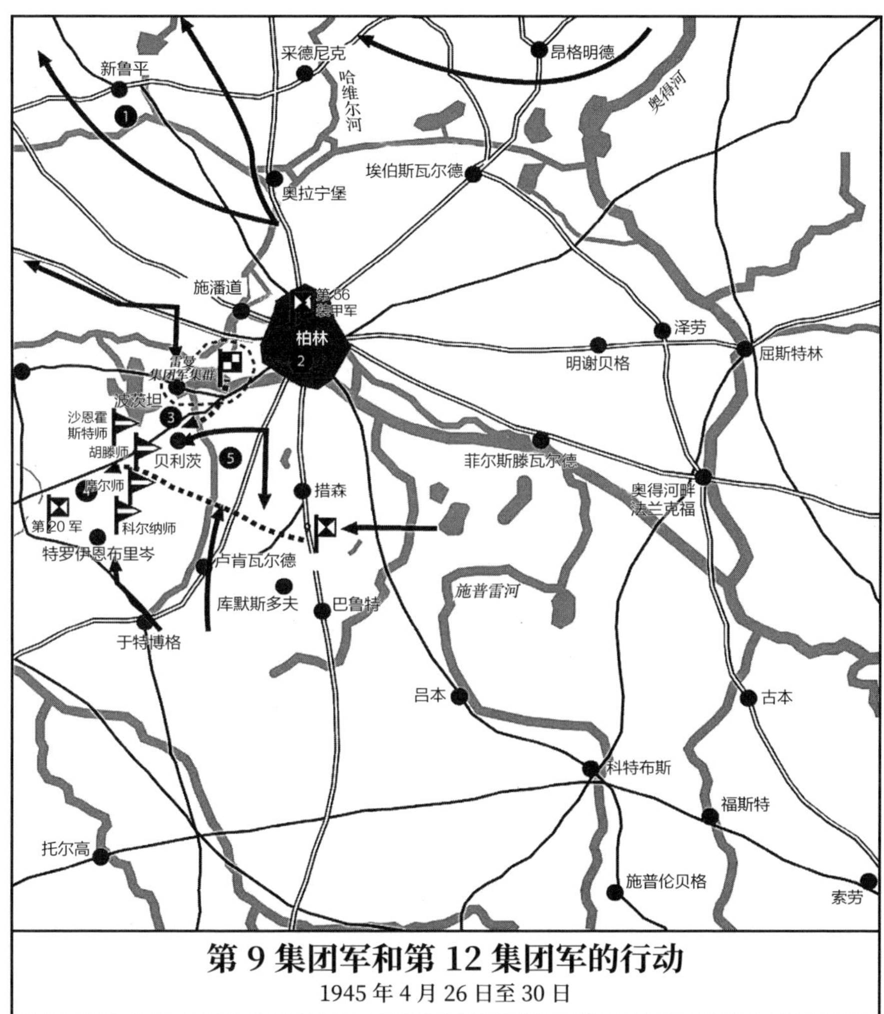

地图 20：1945 年 4 月 26 日至 30 日，第 9 集团军和第 12 集团军的作战态势图。

易北河划定界线，阻止其下属部队朝柏林进攻。

（参见地图20）

（1）党卫军第3（日耳曼）装甲军和第101军等单位向西北撤退，并被编入4月27日组建的第21集团军，试图阻止朱可夫进一步向西北推进，保护第3装甲集团军后方，避免苏军进入国防军最高统帅部、陆军最高司令部以及第三帝国政府仍在继续运作的地区。

（2）魏德林下令所有德军作战部队从柏林突围，并将时间定在了5月1日至2日晚间。在自杀之前，希特勒批准了这一决定，但要求柏林城外的部队继续抵抗。但在希特勒身亡后，戈培尔取消了这一命令，原因是他计划利用柏林守军作为筹码，与苏军进行谈判，但这一尝试没有成功。戈培尔自杀后，魏德林于5月2日向苏军投降。

（3）4月28日，第20军的三个师——费迪南德·冯·席尔师（Ferdinand von Schill Division）、沙恩霍斯特师（Scharnhorst Division）和乌尔里希·冯·胡滕师（Ulrich von Hutten Division）向波茨坦发动了最后进攻，并抵达费尔奇（Ferch），这里离雷曼的南部战线仅有数千米。闻讯，雷曼立即命令施普雷河集团军集群的残部向南进攻。4月29日至30日间，他的部队与第12集团军会合，并在温克解围部队的北翼占据了阵地。

（4）面对苏军压迫，特奥多尔·科尔纳师节节抵抗，死守着西部侧翼，使第9集团军残部抵达贝利茨，加入了第12集团军。这些部队在温克的领导下，与成千上万的难民一起向西朝易北河撤退，最终越过了这条政治分界线，向河西岸的美军投降。

分析

从上述地图可以明显看出，在奥得河前线，争夺的焦点是第9集团军的南北两翼。这次战斗有一个引人注目之处：对于朱可夫的白俄罗斯第1方面军，尽管当面德军弱小得多，他们仍然在柏林的巷战中进展迟缓。朱可夫之所以能赢得胜利，似乎取决于三个打乱海因里齐防御的因素。首先，科涅夫向西北方的进攻分割了柏林以南的德军部队，破坏了措森方向的指挥和通信，并包围了第9集团军。其次，希特勒坚持要求第9集团军坚守奥得河前线，这让海因里齐无法调集其他作战单位对抗朱可夫或科涅夫，最终令局面无可挽回。第三，4月初，希特勒将3个主力装甲师调拨给中央集团军群的做法被证明是对战斗资源的浪费。希特勒的指示让海因里齐无兵可用，不仅如此，这些部队后来都零敲碎打地投入了战斗，根本无法削弱科涅夫向北方的攻势。在4月23日至25日期间，奥得河前线的战斗达到了高潮。在这三天中，国防军最高统帅部/陆军最高司令部不仅要求第56装甲军进入柏林，还拒绝让第9集团军从奥得河沿岸撤退，从而架空了海因里齐。在柏林被包围、第9集团军失去价值之后，海因里齐只得绕过国防军最高统帅部/陆军最高司令部，命令第3装甲集团军在4月25日开始向西撤退。以上这些，让海因里齐注定无法实现目标——无论是避免柏林成为另一个斯大林格勒，还是长期拖延苏军，迫使西方盟国跨过易北河。

4月14日

（参见彩色地图22、23、24、25、26、27、28和29）

从4月14日开始，苏军发起了频繁的试探，多次试图扩大桥头堡，这也是大规模进攻的前兆，标志着主攻将在48小时之后展开。在第9集团军的整条前线，情况都是如此。

海因里齐在军事研究文件MS T–9中写道：

4月14日，敌人继续发动进攻，但其地点已不再局限于屈斯特林的西北前线，而是扩大到了桥头堡的整个正面，并向南一直延伸到了莱布斯。在北翼，敌人到达了距离弗里岑东南5千米的艾希维尔德（Eichwerder），以此把桥头堡拓宽到了大约15千米。在屈斯特林以西，敌军抵达了豪普特格拉本运河，这里是我们计划中的主战线，第9集团军的部队将在躲避炮击之后坚守此地。在白天的战斗中，第9集团军被迫投入为数不多的前线预备队之一——第20德布里茨装甲掷弹兵师（作者按：实际上是明谢贝格装甲师）[①]，力图恢复泽劳（当地的丘陵已岌岌可危）附近的局势，并将敌人击退至平原地带。在遭受攻击的地段中，只有右翼，即第169步兵师、第712步兵师和法兰克福要塞守军（后者也遭到了波及）守住了阵地。这天的战斗结束后，在屈斯特林西部和西北部，集团军群只得接受阵地失守的事实。不仅如此，他们失去了一个装甲师的预备队——该师已投入前线，一时无法撤退。另外，屈斯特林以西，守军还

① 此处有误，当天投入前线的是预备队时第20装甲掷弹兵师，至于明谢贝格装甲师仍在泽劳附近待命。

丧失了在敌军总攻之前躲避炮击的机会——由于当天发生的一切，战火已经延伸到德军设置的主战线。

尽管苏军当天扩大了进攻范围，但德军高层指挥机构认为，这次攻击只是一场例行的序曲。这不仅是因为其拥有相应的特征，而且攻击区域较为有限。在中午时分，其烈度已开始减弱，另外，敌人也没有充分发扬所有兵种（如坦克、炮兵和空军）和弹药的威力。

这让集团军群和第9集团军被迫思考一个问题：是否应放弃莱布斯周边及以北地区尚未失守的主战线。如果放弃，就意味着我们将失去这一地段欺瞒敌军的可能性。根据之前多次防御战的经验，集团军群认为，敌人不会在4月15日继续进攻。因为苏军将在这一天重组部队、开入集结地，以便发起总攻和调整火力。根据第9集团军的意见，集团军群决定坚守4月15日仍然控制的战线。只有此区域后方的预备队才会后撤，以便在备用主战线展开警戒。[2]

第 3 装甲集团军致维斯瓦河集团军群和陆军最高司令部的报告

没有值得一提的战斗或行动。施韦特周边遭遇苏军炮击。[3]斯德丁西南方向有苏军步兵运动的迹象。[4]

第 9 集团军致维斯瓦河集团军群和陆军最高司令部的报告

（参见彩色地图30）

第101军：苏军数次发动进攻，动用兵力最多达到了两个营。在基尼兹向西南偏西方向，其进攻被我军击退。下午，苏军坦克在吉斯霍夫（Gieshof）取得突破。在新沃尼茨（Neu Warnits）东部和北部，他们也发动了另外几次攻击。在新沃尼茨以北，两个连的苏军步兵在10辆坦克的支援下突入了卡尔斯比瑟（Karlsbiese）的北部。在居斯特比瑟以西，我军击退了营级苏军的攻击。据报，苏军在当地投入的总兵力达到了至少两个团和大约40辆坦克。在苏军进攻期间，德军炮兵火力精确，有效保护了友军部队。德国空军也抵达战场，并对集结区的苏军物资发起了卓有成效的空袭。[5]

第56装甲军：该军的军部仍在赫尔穆特·魏德林炮兵上将的领导下组建。

党卫军第11装甲军：第712师的整个前线遭遇了1.5小时炮击，之后是苏军的进攻。据报，该师消灭了8辆敌军坦克和500名苏军，取得了防御战的胜利。[6]在莱特宛–波德尔齐希公路上，苏军在坦克支援下多次进攻，并遭到第169师的反击。[7]在德布里茨师的阵地上，苏军的炮火打击极为猛烈，并在随后的攻击中出动了3个步兵师和1个坦克旅。在右翼，苏军取得了一些初步胜利，但后续进攻被我军挫败。在坦克支援下，苏军的一次师级进攻沿着前进主轴线渗透到了萨克森多夫农庄（Gut Sachsendorf），德军发动反击，并在突击炮的掩护下将其击退。[8]旧图彻班德失守，但战斗仍在继续。[9]在第20装甲掷弹兵师方向，苏军用多个步兵师和2个坦克旅发动进攻，但均在清晨前被我军击退。[10]中午时分，苏军又在该师的整个正面卷土重来，并在此之前进行了半个小时的大规模炮击。在65辆坦克的支持下，他们达成突破，并抵达了戈尔措的西部和西南边缘。戈尔措位于主战线上，据报，面对敌军的协同进攻，守军在苦战之后放弃了当地，该村的西北部也随之化为瓦砾。第90装甲掷弹兵团的左翼营遭遇攻击，具体地点在根施马尔湖地区以南，苏军在进攻中得到了坦克支援。[11]第9伞兵师也在白天多次击退苏军。17点，苏军的80辆坦克在策欣（Zechin）方向取得了突破。[12]

法兰克福要塞：苏军以营至团级的兵力向要塞东南部和东部发动进攻，但被击退至出发阵地。[13]

党卫军第5山地军：苏军以6个营的兵力发动进攻，并得到了10辆坦克、喷火器和对地攻击机的协助，但仍被击退。同时，该军还向维瑟瑙（Wiesenau）西北部的苏军小规模突破发动了数次反击。[14]

其他相关指示、命令和报告

1. 报告显示，第9集团军击毁了98辆苏军坦克。

2. 德国空军的侦察机报告称，党卫军第11装甲军和第101军当面分别有700门和400门火炮。

总结

在苏军夺取的阵地中，有几处（如戈尔措和旧图彻班德）战术意义至关重要，但他们遭到了德军的顽强抵抗，这一点令他们始料未及。瓦西里·崔可夫（Vasili I. Chuikov）中将指挥的近卫第8集团军未能抵达泽劳高地（苏军的主要目标之一），也没有发现充当德军主战线的第二道防线。[15]在整条奥得河前线，苏军的大部分行动都未能显著扩大桥头堡，还蒙受了一定损失。不仅如此，它们还暴露了朱可夫的意图和总攻时间，这对海因里齐及其参谋人员非常重要。

4月15日

海因里齐认为朱可夫对第9集团军的总攻将在4月16日开始。15日，苏军在战线上的局部进攻与他们一贯做法完全相符，这让海因里齐对自己的判断更加深信不疑。据推测，海因里齐也向陆军最高司令部通报了把前线部队撤往第二道防线的意图，也许正是因此，希特勒立刻向德国部队签发了当日命令。此外，海因里齐还试图全力摧毁奥得河上的桥梁，阻碍敌人向西面的桥头堡增兵。

海因里齐在军事研究文件MS T–9中写道：

正如预料的那样，4月15日只发生了局部战斗。双方竭尽所能，试图打破前一天战斗的僵局。进攻与反击此起彼伏。在泽劳地区，德布里茨师暂时击退了敌人，再次组成了一条连贯的防线。随着夜幕降临，德国炮兵开始轰击敌军的集结区、接近路线和架桥地点。德军还再次向奥得河中投放水雷，让它们顺流而下。夜间，仍在据守的莱布斯–波德尔齐希地区的旧主战线被撤空，步兵返回了备用阵地。

希特勒在当日命令中号召士兵在与犹太–布尔什维克的战斗中恪尽使命：

东线的士兵们！

我们的死敌——犹太–布尔什维克，集结起大量兵力发动了最后的进攻。他们妄图摧毁德国，灭绝我们的人民。你们，东线的士兵们，很多人已经意识到德国的老弱妇孺将面临的命运；老年男子和儿童将惨遭杀戮，妇女和少女将被掳入兵营充当妓女，其余的人将被放逐到西伯利亚。

我们已预料到了这次进攻。为建立一道坚固的防线，自今年1月以来采取了各种措施。铺天盖地的炮火将砸向敌人。无数新单位充实了我军的步兵。警备单位、新建单位和国民突击队加强了我们的战线。

这一次布尔什维主义者将重蹈过去亚洲入侵者的覆辙，这意味着他们必将在德意志帝国首都前方血流成河。

在这一时刻，谁不履行他的义务，谁就是我国人民的叛徒。面对冒着恐怖轰炸仍在坚守城市的妇女和儿童，那些放弃阵地的团或师应该感到羞愧。

还有一小撮背叛的军官和士兵（即塞德利茨部队），他们为了保住可怜的性命投靠了俄国人，甚至还会穿着德国的军服从背后发动攻击。如果有人命令你们撤退，而你们对他又不十分了解，那么必须马上将他逮捕，必要时可以就地正法，而不管他的军衔如何。

如果在今后几天和几周内，东线的每一个官兵都竭力履行义务，那么亚洲人的最后进攻就会被粉碎，同样，我们西线敌人的突破行动也将以失败告终。

柏林仍将属于德国，维也纳将重新属于德国，欧洲永远不会落入俄国人的手中。

立下誓言的袍泽们！你们要保卫的不是“祖国”这个空洞的概念，而是你们的家乡，你们的妻子，你们的孩子和我们的未来。

全体德国人民都在注视着你——我的东线官兵们，他们只有一个希望，用坚定的意志、狂热的精神、手中的武器以及卓越的领导，把布尔什维克的突击扼杀在血泊之中。

在这一时刻，命运已经扫除了地球上最大的战犯（即罗斯福）——而这也将成为整场战争的转折点。

阿道夫·希特勒[16]

第3装甲集团军致维斯瓦河集团军群和陆军最高司令部的报告

（参见彩色地图31和32）

没有特别的情况。

第9集团军致维斯瓦河集团军群和陆军最高司令部的报告

（参见彩色地图33和34）

第101军：在猛烈的炮火准备之后，苏军以2个师的兵力向柏林师的防区发动攻击。苏军向西和东北方朝莱茨欣（Letschin）推进，并向西朝基尼茨进攻。在沃洛普（Wollup）西北，我军在一次反击中夺回了失守的福斯贝格糖厂（Voßberg Sugar Factory）。苏军的数个团在坦克支援下向莱茨欣前进了1.5千米。在基尼茨方向，2个营的苏军在6辆坦克的支援下同时发动进攻，并取得了局部突破。第606师发起反击，阻止了苏联在巴尼姆（Barnim）附近的渗透。在第5猎兵师方向，苏军投入了2个团和9艘船艇试图横渡奥得河，但被该师挫败。德国空军继续在奥得沼泽附近作战，攻击敌军步兵和坦克的集结区，据报摧毁了3辆坦克。而苏联空军则扫射和轰炸了整条主战线上的德军部队。[17]

第56装甲军：明谢贝格装甲师奉命夺回主战线，当天早些时候，当地在激战中失守。第9伞兵师的防区传来报告，苏军越来越频繁地发起突袭，它们均为连级规模，但都被该师挫败。对策欣的反攻一度取得成功，但最终在苏军的顽强抵抗下失利。[18]

党卫军第11装甲军：在莱布斯以南和莱布斯–舍恩弗里斯（Schönfließ）一线，营级规模的苏军对712师的防区发动进攻，但都被击退。第169师肃清了苏军在波德尔齐希北部和东北部地区的突破。苏军部队将德布里茨师前沿战斗阵地的守军击退至主战线。[19]

党卫军第5山地军：苏军对维瑟瑙进行了一次失败的连级袭击。[20]

其他相关指示、命令和报告

1. 陆军最高司令部向第3装甲集团军、第9集团军、柏林防御地带司令和斯维内明德防御地带司令下达指示，号召他们在防御中战至最后一弹。[21]

2. 凯特尔和约德尔离开柏林，将国防军最高统帅部/陆军最高司令部总部迁往波茨坦以北。

3. 海因里齐命令布塞，应在22时之前让下属部队退往主战线的第二道阵地，准备好迎接苏军在次日清晨发动的总攻击。

总结

和前一天一样，在总攻发起前，苏军扩大桥头堡和出发点的努力都进展甚微。不仅如此，他们依然没有发现充当主战线的第二道防御阵地。在这一个月中，朱可夫的指挥部就设在泽劳高地附近的制高点——所谓的“莱特宛凸地”上。从这个有利位置，苏军基本可以对奥得沼泽的德军阵地一览无余，不仅可以看到第2道防线，甚至更后方的位于泽劳高地的哈登贝格防线也不例外。但最终，苏军对这一切都一无所知。海因里齐向第9集团军发出命令，要求他们在当天22时撤往第2道防御阵地。每个人都等待着朱可夫的总攻——它将在4月16日清晨到来。

4月16日

依照3月30日向斯大林提出的计划，朱可夫和科涅夫的方面军发起了进攻。有史以来最大规模的炮击降临到第9集团军的主战线上。不久之后，奥得沼泽上的防空探照灯打开了，将夜晚照得格外明亮。苏联士兵和坦克冲向黑暗中，朝德军阵地发起攻击。他们对轻松达成突破充满信心，就像1月的维斯瓦河–奥得河攻势一样。

海因里齐在军事研究文件MS T–9中写道：

4月16日午夜过后不久，俄国人的炮火准备开始了，并在黎明前一小时和黎明时分达到了排山倒海般的顶点。在第9集团军的防区，只有菲尔斯滕贝格两侧的火力相对较弱，只是短促的集火打击。在第3装甲集团军的防区内，只有南部侧翼的火力猛烈，而在中部和北部，敌军的炮火与之前并无区别。

拂晓前不久，俄国人发动了进攻。敌军从法兰克福南部的桥头堡袭击了这座城市，并试图向西北推进，切断当地与外界的联系。在莱布斯和波德尔齐希地区，敌军炮击了被遗弃的德军主战线。他们的进攻被挡住了，因为毫发无损的守军已经占据了新主战线，并让敌人付出了惨重的损失。

早在清晨时分，泽劳地区及其南部的局势已变得极为混乱。敌人显然抵达了高地周围，但新哈登贝格（Neuhardenberg）周边、通往弗里岑的道路，以及弗里岑村本身似乎仍掌握在德军手里。弗里岑村似乎是敌军最重要的目标，因为他们的攻击都集中在此地。位于弗里岑东北的第5猎兵师守住了阵地，但右翼正严重向后收缩，而在该师的中央和北侧，战线仍然紧贴着奥得河畔。从当地到北部的第1海军步兵师防区，再到第547国民掷弹兵师防区的右翼，敌人一直在试图强渡奥得河。在炮火和烟雾的保护下，他们使用了各种手段，比如冲锋舟、小艇、木筏甚至是圆木。有传言显示，他们还投入了两栖坦克。但这次尝试被德军的火炮、重型步兵武器和河岸上的轻型高射炮粉碎了。虽然有零星的敌军分队抵达了对岸，但悉数被反击赶下水去。敌军损失惨重。

鉴于苏军的进攻优势是如此明显，而奥得河畔的防御又是如此脆弱，我们似乎可以说，到16日晚间，当天战斗的结果总体令人满意。至少敌人没有达成突破。克雷布斯将军更称其是重大的防御胜利。但即使如此，在泽劳附近的丘陵地带和弗里岑周围，仍然存在着许多危险地点。根据前线观察人员提供的报告，希特勒本人绕过集团军群，在4月16日下午下令投入第9集团军的第25装甲掷弹兵师（之前一直担任预备队）。但集团军群对此持保留意见，因为我们打算将装甲预备队用于反击，而不是将它们用于零敲碎打地支援前线。但第9集团军传来报告——弗里岑附近即将发生突破，没有其他部队进行干预，并请求部署第25装甲掷弹兵师。闻讯之后，集团军群立刻同意部署该师，以便发动局部反击。为填补动用该师之后留下的空白，集团军群要求希特勒的总部将第18装甲掷弹兵师交由第9集团军指挥，该师位于约阿希姆斯塔尔附近，是陆军最高司令部预备队。第606师、柏林师和第9伞兵师的处境也引起了集团军群的担忧，这些部队位于弗里岑以南。其防区只传来了支离破碎的态势报告。在新哈登贝格东北地区的防御战中，柏林师的师部已落入苏军手中。截至此时，该师已经历了五天的苦战，集团军群担心它即将力不能支。

这一天，德国空军出动了300架飞机，使多辆苏军坦克瘫痪，而德军仅损失了12架飞机。但德军的机场在柏林西南方向，处于美国空中力量的控制范围内，在降落期间，有38架战机被击落。晚上，我们的神风自杀机袭击了苏军的桥梁［作者按：这些战机来自A特遣队（Sonderkommando A）］。两名飞行员俯冲向目标，与之同归于尽（最终，我军只发动了8到10次这样的攻击）。其具体战绩至今仍未判明。至于其他飞机则由于机械故障、苏军飞机的攻击等原因放弃了尝试。在这一天，苏联空军的表现非常成功。他们经常出现在战场上空，最大限度地扰乱了德军的交通和炮击。

在第3装甲集团军方向，除了苏军试图在其南翼横渡奥得河之外，当地并没有发生值得一提的行动。但敌人在奥得河一线的侦察行动，以及源源不断从东方赶来的新援军都让我们得出结论，在这一区域，大规模攻击已是迫在眉睫。另外，第3装甲集团军下属部队的战斗素养也让集团军群倍感担忧。[22]

致陆军最高司令部的每日简报摘要

如我们所料，沿着第9集团军的整条前线，苏军发起了大规模进攻。[23]这次进攻得到了2500门远程火炮和1600门迫击炮的支援，炽烈的弹幕射击持续了2.5个小时，并消耗了大约45万枚炮弹。此外，攻击还得到了2000架飞机的支持，另有约450辆坦克参战。

但我军对主战线做了战略性部署，并分散安置了炮兵射击阵地。尽管苏

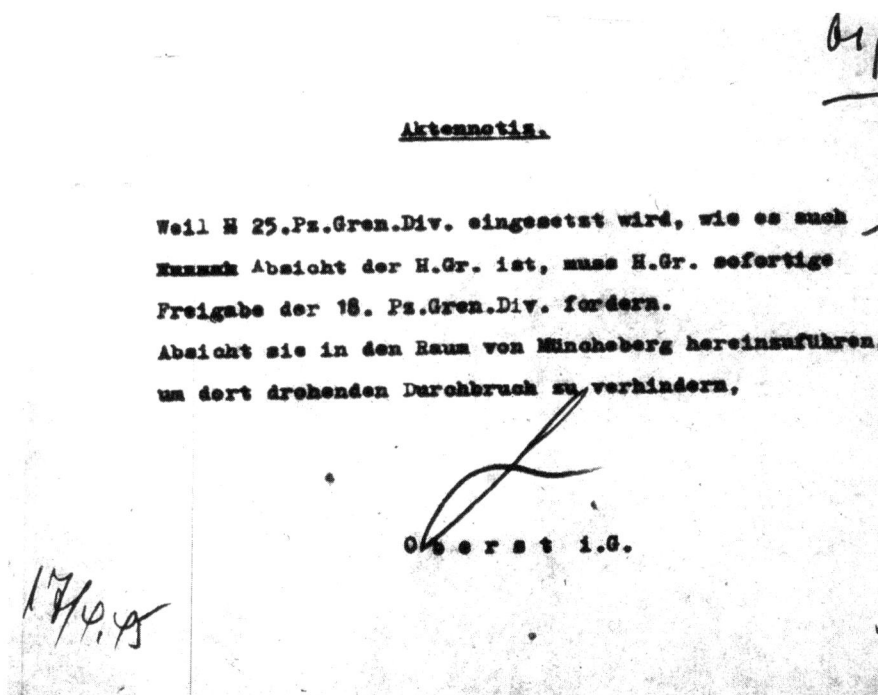

Aktennotiz.

Weil 25.Pz.Gren.Div. eingesetzt wird, wie es auch Absicht der H.Gr. ist, muss H.Gr. sofortige Freigabe der 18. Pz.Gren.Div. fordern.
Absicht sie in den Raum von Müncheberg hereinzuführen, um dort drohenden Durchbruch zu verhindern.

Oberst i.G.

17/4.45

要求第25装甲掷弹兵师和第18装甲掷弹兵师向南开赴明谢贝格地区的行动通知，但这2个师都没能抵达危机地段。

军的弹药消耗极大，但战果却与此不成正比。

在激战中，英勇战斗的德军各师成功阻止了突破，其艰苦程度可以从击毁的150辆坦克和132架飞机上略见一斑。但即使如此，我军仍未能阻止敌人的纵深突破。只有在用尽所有局部预备队之后，我军才在大部分地段暂时遏制了其进攻，并收复了部分失地。除了第25装甲掷弹兵师之外，我军已没有其他预备队，几乎可以肯定，各个支撑点的情况将在4月17日进一步恶化。

在主战场的南部，法兰克福要塞以南的地区，我军部队正据守在一条脆弱的战线上，并且越发陷入孤立；投入所有预备队之后，他们暂时挽回了局势，并通过反击将部分敌人击退。在法兰克福以北的马洛夫（Mallow）①，我军顽强抵抗，尽管敌军有多达50辆坦克支援，但守军仍然果断发起反击，取得了防御战的成功。

在沿屈斯特林–明谢贝格公路（即1号帝国公路）两侧的主战场，敌人在两个坦克群的支持下前进数千米，并抵达了泽劳高地。库尔马克装甲掷弹兵师的反击成果有限。

当天下午，在第56装甲军和第101军的交界处，敌军在两个坦克群的支持下突入我军阵地6千米。我军最后的预备队正在调往此处，以封闭前线上宽约5千米的缺口……

在主战场的北部，弗里岑以东的战线被突破，其深度达5千米。在这一地点，强大的敌军在坦克支援下向南北两个方向推进，试图包围在突破口两侧充当基石的我军。目前，这一局面仍未得到化解。

强大的敌军坦克和步兵部队在格里茨、屈斯特林和泽林现身。这表明敌军投入了来自近卫坦克第1集团军和近卫坦克第2集团军的有生力量，并可能在4月17日继续实施攻击。

在第3装甲集团军的整个前线，敌人对奥得河下游展开了数次侦察，这些行动通常在猛烈的炮火准备之后发起。敌军在前线的集结似乎已经停止，没有迹象显示敌军将在次日发动大规模攻击。

---

① 原文拼写如此，此地指的实际是马尔诺（Mallnow），其位置在波德尔齐希不远处，位于泽劳高地东南方约7千米。

在斯维内明德防御地带、柏林防御地带以及第2军区和第3军区方面，没有传来与作战行动有关的消息。[24]

第3装甲集团军致维斯瓦河集团军群和陆军最高司令部的作战报告

（参见彩色地图35）

白天总体局势平静。第547国民掷弹兵师派出战斗巡逻队，试图建立前方观察哨。[25]苏军用火炮轰击某些地段，并用突击队发动进攻。第46装甲军和奥得河军都发现了苏军船只。[26]

第9集团军致维斯瓦河集团军群和陆军最高司令部的作战报告

（参见彩色地图36和37）

第101军：当天早上，该军在一次反击中抵达了位于新巴尼姆（Neu Barnim）北部的原主战线。[27]但当天晚些时候，苏军在60辆坦克的伴随下发动了一轮强大的进攻，突破了莱茨欣和弗赖恩瓦尔德火车站之间脆弱的警戒线。还有30辆坦克（来自一个不明番号的坦克团）从卡尔斯霍夫（Karlshoff）出击，并穿过新利采格里克（Neulietzegöricke）向费迪南茨霍夫（Ferdinandshof）冲去。[28]

第606步兵师：当天白天，苏德两军交替进攻，导致旧莱温（Alt Lewin）两次易手。第606师的掷弹兵表现出色，摧毁了28辆苏军坦克。到晚上，苏军设法冲入了旧特雷宾（Alttrebbin）–特灵斯维尔德（Thöringswerde）–博雷加德（Beauregard）一线。[29]

第56装甲军：到傍晚时分，该军依旧坚守着泽劳高地上的防线。其位置在泽劳镇以东3.5千米、离豪普特格拉本运河东岸800米处，位于韦尔比希火车站（Werbig Bahnhof）–韦尔比希火车站西南缘–阿尔伯特提嫩霍夫农庄（Alberttinenhof）–莱茨欣火车站东南方1.5千米。在防御战中，第9伞兵师摧毁了30辆敌军坦克。[30]在萨克森多夫西北部，德军被赶回豪普特格拉本运河对岸。[31]在明谢贝格装甲师左翼，其下属部队被迫从韦尔比希撤出。[32]

德布里茨师：该师师长在苏军最初的进攻中身受重伤，部队则撤至萨克森多夫公路以南地区，即多尔格林（Dolgelin）附近，进入了修建在泽劳高地一带的哈登贝格防线。至少有40辆苏联坦克抵达了多尔格林火车站，并将其突破范围扩大到泽劳东南的路德维希斯卢斯特（Ludwigslust）。[33]

党卫军第11装甲军：苏军的数个营进攻了第712师，但在莱布斯的两侧被击退。[34]50名苏军伞兵降落在德国防线后方，但他们的任务如何，是否被俘或被打死都没有后续的消息。[35]第169师和德布里茨师的前沿阵地抵御着苏军的反复进攻。[36]同时，库尔马克装甲师①也被调动至路德维希斯卢斯特以西地区。[37]

法兰克福要塞：要塞守军挡住了苏联在其最左翼的攻击，这些进攻持续了21个小时。[38]

党卫军第5山地军：苏军对维瑟瑙西北部的进攻遭遇挫败。

根据战术单位的报告，第9集团军得出结论，苏军的主攻方向是泽劳正面和奥得河畔法兰克福以南。

其他相关指示、命令和报告

1. 当天23点，第18装甲掷弹兵师被调拨给第9集团军，并奉命在明谢贝格附近占领阵地。[39]

2. 第9集团军发出报告，自4月15日以来，他们共摧毁了150辆敌军坦克。[40]

3. 穆勒师级集群（Divisiongruppe Müller，即党卫军第27兰格马克志愿掷弹兵师战斗群、党卫军第28瓦隆人志愿掷弹兵师战斗群和第6装甲歼击营）转由奥得河军管辖。第3装甲集团军直属突击营（即科尔贝格突击营）被调入第46装甲军。[41]

总结

由于海因里齐按计划撤走了部队，朱可夫最初的炮火打击根本未能奏效。不仅如此，朱可夫还误算了探照灯的作用，按照他原本的想法，它们将在清晨为苏军照亮敌人的阵地。但事实上，探照灯的灯光根本无法穿透密集炮击

① 原文如此，尽管该师的编制与装甲师很接近，但正式称呼仍然是库尔马克装甲掷弹兵师。

激起的浓烟和尘土。刺眼的光束还被反射回来，让进攻的苏军眩晕不已。此外，光线还暴露了进攻者的身影，为主战线第二道阵地上的德军指明了射击目标。盖特曼（Getman）中将是苏联近卫坦克第1集团军的一名军长，他曾这样表示，就防空探照灯的使用而言，它们只是“……照亮了支援步兵的坦克，给了德国人方便！我们根本没有照瞎敌人——真是一场灾难！”库兹涅佐夫（Kuznetsov）大将当时正率领第3突击集团军在主攻部队（即崔可夫的近卫第8集团军）北侧作战，他总结说，苏军行动的完全失败是由于：

> ……照搬书本！德军非常清楚我们过去的做法——先侦察，再总攻。这样，他们就可以把主力撤到第二条防线，其位置一般会距主战线约8千米。我们虽然用所有炮火为部队提供了掩护，但并未伤害到敌军主体……[42]

在海因里齐的指挥下，维斯瓦河集团军群的官兵们完成了一项非凡任务——尽管敌军无比强大，但他们仍制订了适当的作战计划，并将其付诸执行。其中，前一个月的规划和准备在最初的1.5个小时里发挥了决定性作用，保住了奥得沼泽和整个前线德军的战斗力。

此外，海因里齐和他的参谋人员得出结论，泽劳和奥得河畔法兰克福是苏军的主攻目标。当晚，他从预备队中派出了第18装甲掷弹兵师，并命令其在明谢贝格附近占领阵地，从正面抵挡苏军近卫第8集团军的攻击。但海因里齐并没有料到第101军承受攻击的规模，这将导致德方的防线被击穿，并严重影响第18装甲掷弹兵师的调动。与此同时，对于最右翼的态势——科涅夫对舍尔纳集团军群北翼的进攻，他的作战参谋部门也所知有限。很快，科涅夫便向北调转矛头，直奔柏林而去。对第9集团军来说，这构成了一个重大问题——要么被包围和切断，要么向西撤退。

4月17日

海因里齐在军事研究文件MS T–9中写道：

> 4月17日拂晓，战斗重新在第9集团军的整个前线打响。敌人继续进攻，

试图在屈斯特林以西实施突破。只有在菲尔斯滕贝格两侧，他们的行动仅限于派遣突击部队进行袭扰。现在，越来越多的敌军坦克出现在集团军的主防线上，它们离开了可能位于奥得河东岸的集结地，从弹坑遍布的土地上打开一条道路。据判，它们可能是俄军坦克第2集团军和坦克第1集团军的先头部队。（作者按：海因里齐的判断是正确的）

在第3装甲集团军的区域，敌军日益频繁地试图横渡被奥得河洪水淹没的平原地带。其踪迹已遍布从采登到菲迪霍夫（Fiddichow）[①]的整个区域。在渡河时，敌军使用了小艇和木筏，还可能投入了冲锋舟，在所谓的“堤道”（即平原草地的岸滩上）上，他们则尝试徒步涉水。

在施韦特以北、靠近维尔拉登（Vierraden）的地方，奥得河西岸有大片人迹罕至的林地，茂密的植被阻碍了炮兵观测。正是在这里，河岸、灌木和森林共同形成了一片步兵无法防御的完美地形，让敌人成功登陆并占据了西岸的阵地。以往的经验表明，俄国人特别喜欢从这些恶劣地形实施渗透。正是因此，集团军群坚持把党卫军尼德兰装甲掷弹兵师的一个团部署在守军（第547国民掷弹兵师）后方，以巩固对河岸的防御。在这支部队的帮助下，我军经过艰苦的丛林战，成功击退了西岸之敌。在施韦特以南，对手的所有渡河企图均被挫败。

4月17日晚上，集团军群防区内的战况如下：法兰克福要塞守军击退了苏军从南方对城市的猛烈攻击。在法兰克福以北，我军部队仍坚守着高地一线、直到波德尔齐希的土地。但在泽劳和新哈登贝格之间，准确描述战线上的局势却很难。情况似乎是，各师的残部彼此混杂，正以微薄之力抵挡着苏军的攻击。集团军群徒劳地等待第18装甲掷弹兵师的到来，该师已从约阿希姆斯塔尔出发，准备与第25装甲掷弹兵师一起将敌人赶回奥得河平原。第25装甲掷弹兵师的开进最初遭到了敌机的严重干扰，未能在弗里岑附近发动反攻，当地指挥官已派遣该师和第606师一道防守南面的高地。第5猎兵师仍然据守着奥得河西岸，但在弗里岑和奥得河之间，其侧翼正在暴露。第3装甲集团军仍然坚守着防区内的奥得河西岸，并预计东岸之敌会向施韦特、加尔特（Garth）[②]

① 即今天波兰境内的维杜霍瓦（Widuchowa）。

② 原文如此，此处实际是加尔茨（Gartz），当地在斯德丁西南方、奥得河上游约25千米处。

和斯德丁一带发动进攻（尤其是后一地）。第3装甲集团军之所以得出这一结论，是因为当面苏军十分活跃，不仅运送了渡河设备，还砍伐树木，并派出了侦察人员。

4月17日傍晚，更可怕的消息从集团军群的南邻——舍尔纳集团军群下属的第4装甲集团军——传来，这支部队正保卫着古本和福斯特（Forst）之间的地区。4月16日，敌军突破了所谓的“堡垒三角”（即福斯特、科特布斯和施普伦贝格）。这个要塞群格外强大，旨在保护集团军群的右翼。现在，苏军步兵和坦克推进至科特布斯附近——在投入部分兵力直接进攻城市的同时，机动部队则绕过当地继续推进。这给第9集团军的右翼带来了危险。[43]

致陆军最高司令部的每日简报摘要（中午）

在法兰克福和弗赖恩瓦尔德（作者按：当地在弗里岑的西北）之间，战斗正在进行。

在7个步兵集团军的基础上，苏军又投入了近卫坦克第1集团军和近卫坦克第2集团军。

经过另一轮强有力的炮火准备，敌军在整个防线上发动进攻。

英勇的守军各师艰苦作战，并蒙受了沉重损失。尽管敌众我寡，但在付出高昂的人员和后勤代价后，他们仍击退了敌人的一切进攻。

只有在敌军的主攻方向，即法兰克福以南、泽劳两侧以及弗里岑东面和东南面，我军才暂时放弃了部分阵地。

在弗里岑地区，局势千钧一发，为抵御敌军突破，第25装甲掷弹兵师向东和东南面发动进攻，但面对敌军的优势坦克部队，其未能取得进展，并被迫转入防御。同时，在新特雷宾（Neu Trebbin）以南–梅茨多夫（Metzdorf）–布利斯多夫（Bliesdorf）一线，该师遭遇了敌军先锋部队的强有力进攻，目前陷入了激烈的防御战。

第56装甲军的防区是战斗的焦点所在，苏军使用强大的坦克部队击穿我军数道警戒线，实现了纵深突破。行进中的第18装甲掷弹兵师开始向下格尔斯多夫（Ndr. Görlsdorf）两侧发起攻击。（作者按：第18装甲掷弹兵师似乎未能

完好抵达明谢贝格东北地区，更不太可能发起有力的反击）

在法兰克福南部，敌军有4—5个师在坦克支援下发动进攻，并渗透到了米尔罗瑟（Müllrose）至法兰克福的道路以东。鉴于威胁日益严峻，党卫军尼德兰装甲掷弹兵师被部署到了当地。

鉴于敌军将在明天继续全力进攻，以求突破我军部队，向帝国首都进军，集团军群命令第3装甲集团军派出党卫军北欧师前往泽劳以西，同时派出党卫军尼德兰师抵御法兰克福以南的突破。

综合现有消息，在今天的激战中，共有106辆敌军坦克被摧毁。在两天内，第9集团军共摧毁了317辆坦克。

在第3装甲集团军的战线上，敌人继续对我们在采登以西、格赖芬哈根（Greifenhagen）一带和莱措斯菲尔德（Retzowsfelde）以北的警戒阵地发动侦察袭击。

敌方态势：4个苏军集团军番号和位置已查明。

在斯维内明德防御地带、柏林防御地带和第2、第3军区方面，没有值得一提的敌情。[44]

第3装甲集团军致维斯瓦河集团军群和陆军最高司令部的作战报告

斯维内明德防御地带：在15点45分至16点整之间，苏军战斗机对当地的主战线实施了一波攻击。现有的苏军动向报告以及竖起的两根无线电天线杆都表明，他们正在迪夫诺夫（Dievenow）①准备局部进攻。[45]

第32军：没有值得一提的情况。

奥得河军：清晨，第3装甲集团军直属突击营（即科尔贝格突击营）被调入穆勒师级集群麾下。党卫军兰格马克师和瓦隆人师进驻沃坦防线。第281步兵师（下辖第322掷弹兵团和第368掷弹兵团）进入了斯德丁以西的集团军预备队待命地点。[46]

第46装甲军：清晨时分，苏军试图在尼珀维瑟（Nipperwiese）②南北侧以

① 即今天波兰境内的济夫努夫（Dziwnow）。

② 即今天波兰境内的奥格尼察（Ognica）。

及下克赖尼希（Niederkränig）西北方寻找渡口，但被我军击退。此外，苏联还多次对格赖芬哈根以西和高速公路沿线的德军警戒阵地发动进攻。[47]

第9集团军致维斯瓦河集团军群和陆军最高司令部的作战报告

（参见彩色地图38和39）

第101军：尽管苏军在超过80辆坦克的支援下发动进攻，但德军部队仍将其击退，并坚守着梅茨多夫–库纳斯多夫（Kunersdorf）–布利斯多夫一线。在新特雷宾，第125装甲侦察营的下属部队战至全军覆灭。在旧迈德维茨（Altmädewitz）和旧里茨（Altreetz）之间，第5猎兵师击退了苏军9次营/团规模的进攻。[48]

第56装甲军：下午，苏军在强大的坦克部队支援下，沿着1号帝国公路向西朝泽劳和古索（Gusow）方向进攻。面对强有力的攻击，古索失守。随后，苏军开始从当地向西北推进，夺取了旧奥得河（Alte Oder）和普拉特科（Platkow）地区。[49]到13点整时，苏军已攻入泽劳。[50]

党卫军第11装甲军：清晨，在古尔登多夫（Güldendorf）以南，有30辆苏联坦克向西推进，切断了米尔罗瑟和法兰克福要塞之间的铁路线。但另一方面，苏军对法兰克福要塞北翼的攻击均无果而终。在第712师防区，守军多次击退苏军的坦克进攻，并在反击中夺回了这些局部突破口。在苦战中，有25辆苏军坦克被该师摧毁。法兰克福要塞守军和第169师英勇抵御着团级苏军的波状进攻；但即使如此，面对有60辆坦克支援的苏军步兵，马尔诺仍在当天下午失守。因为这次失守，当地德军遭到了严厉申斥。当天中午时分，经过45分钟的大规模炮击，苏军突破了当地的战线。[51]而在多尔格林和弗里德斯多夫（Friedersdorf），从当地向西南推进的苏军遭到了库尔马克装甲师的反击，并被其击退。[52]

法兰克福要塞：没有报告。

党卫军第5山地军：早晨，苏军再次从维瑟瑙向南部发动进攻，将德军战线逼退到了奥得–施普雷运河（Oder–Spree Kanal）一线。[53]

无线电和电话记录摘要

18点整，艾斯曼致汉斯·克罗恩（Hans Krohn）少校（第3装甲集团军作战参谋助理，也可能是副官）："已派遣海军警备团接替第549国民掷弹兵师；后者将转入第3装甲集团军预备队。"[54]

18点15分，金策尔致戈林（帝国元帅）："第18装甲掷弹兵师仍在埃伯斯瓦尔德地区；必须查明情况（在17点整左右，该师仍未投入战斗吗？）。"[55]

18点30分，艾斯曼致克罗恩："立即用第389步兵师师部（替换？）海军警备团、北欧师和尼德兰师。集团军完全了解调走预备队的后果！"[56]

18点35分，艾斯曼致克罗恩："把北欧师调入党卫军第11军，将尼德兰师调往党卫军第5军的前线。"[57]

18点40分，艾斯曼致作战参谋助理："派遣军官前往第56装甲军，以应对危机局势，并在抵达后报告。"[58]

18点45分，艾斯曼致冯·吕克尔特（von Rueckert）上校（集团军群后勤参谋）："让第9集团军为北欧师和尼德兰师提供燃料。"[59]

18点50分，艾斯曼致弗里茨·霍弗尔（Fritz Hoefer）中尉①（即第9集团军作战参谋）："北欧师和尼德兰师已被划入第9集团军预备队。另将此命令直接转发给第3装甲集团军的作战参谋。燃料已通过高级后勤指挥部拨付。第275工兵设障营应从第4装甲集团军辖下调往利伯罗瑟（Lieberose）。将4个营调出法兰克福要塞。当地位于奥得河以东的桥头堡应继续坚守。第25装甲掷弹兵师应尽快出发。"[60]

18点50分，金策尔到克雷布斯："元首已下放北欧师和尼德兰师的指挥权。在第3装甲集团军构建了新的预备队。"[61]

18点55分，艾斯曼致施韦特守军参谋长（Chef des Generalstabes Schwedt）②："让第2海军警备团和第3海军警备团做好准备。细节应与第3装甲集团军的作战参谋共同确定。"[62]

19点整，艾斯曼致约翰内斯·霍尔茨（Johannes Hölz）少将（第9集团军

① 原文如此，其军衔应为中校。
② 原文如此，但明显有误。

参谋长）：“北欧师和尼德兰师将分别从昂格明德和施韦特启程前往第9集团军辖下。第275工兵设障营应前往利伯罗瑟。把4个营调出法兰克福要塞。第25装甲掷弹兵师可能会再次开拔。”[63]

19点40分。艾斯曼致克罗恩：“请告知北欧师和尼德兰师的开进时间。”[64]

19点45分，克罗恩致艾斯曼：“尼德兰师的2个营已在第3装甲集团军辖下另有部署，（他们将）留在原地。（敌军）架桥纵队出现在新勃兰登堡附近，立刻调遣阻击部队！”[65]

其他相关指示、命令和报告

1. 党卫军尼德兰装甲掷弹兵师离开预备队，调入米尔罗瑟附近的党卫军第5山地军。[66]

2. 党卫军北欧装甲掷弹兵师离开预备队，调入党卫军第11装甲军，报告显示，他们正在普勒策尔一带进行转移。[67]

3. 第18装甲掷弹兵师已调入第56装甲军麾下，[68]并奉命前往明谢贝格阻止苏军的突破。[69]

4. 调动状态：午夜1点时，党卫军尼德兰装甲掷弹兵师和北欧装甲掷弹兵师已经前往新阵地。[70]

5. 集团军群要求立刻从预备队中释放第18装甲掷弹兵师，以便将这支部队派往明谢贝格地区。[71]（作者按：耐人寻味的是，这支部队的指挥权已在前一天晚上下放。这一记载可能表明，该师进入作战区域的速度很慢。事实上，第18装甲掷弹兵师从未抵达指定的位置，其侧翼遭到了近卫坦克第2集团军的打击，另外，在早先向南方开进期间，其行动还遭到了苏联空军的严重扰乱。）

6. 在第9集团军区域内，第2高炮军击落了22架苏联飞机，摧毁了8辆苏军坦克。[72]随后的报告则显示，该军共摧毁了27辆坦克、6台卡车和5架飞机。[73]（作者按：尚不清楚后一份报告是对前一份报告的更正还是补充）

7. 在第9集团军防区内，共有257辆苏联坦克被摧毁。[74]

8. 党卫军阳光团和党卫军第4装甲侦察营转由第46装甲军指挥。[75]

9. 4月16日的行动回顾：在进攻中，苏军共投入了7个集团军，共计50个师，其中30个师为第一梯队，另外至少有1个集团军担任预备队。在4月14日至16日间，共有342辆苏联坦克被摧毁。[76]

总结

维斯瓦河集团军群继续试图阻止苏军在第9集团军的战线上取得突破。在此期间，海因里齐命令释放剩余的预备队，并将其送往南方。考虑到当时的作战情况，这一部署是正确的，为此，党卫军北欧装甲掷弹兵师被调拨给了明谢贝格以南的党卫军第11装甲军，党卫军尼德兰装甲掷弹兵师则交给了米尔罗瑟附近的党卫军第5山地军。但这两个师都未能到达部署地点。其中，尼德兰师只抵达了明谢贝格东南，并在开进途中遭到了苏联空军的截击，不断变化的战术形势也影响了其正常前进。北欧师后来在普勒策尔以南投入了战斗，原因是它的师长不愿让部队卷入柏林周围的苦战。[77]就这样，海因里齐仅存的几支预备队零敲碎打地投入了战斗，它们根本无法形成合力，在弗里岑–泽劳–奥得河畔法兰克福一线挫败苏军三路主攻部队的任何一路。

有些德军部队的表现相当良好。在揭幕战中，尤其值得一提的是第712师。

在占领泽劳高地的战斗中，苏军依旧步履艰难，在直接进攻受挫后，他们不得不从北方或南方继续前进。

第3装甲集团军当面的苏军部队活动越来越频繁，还扩大了桥头堡——这些都表明，白俄罗斯第2方面军正在为临近的进攻做准备。

在南面，科涅夫的坦克部队成功横渡施普雷河，现在正向西北方向推进，并切断了科特布斯和施普伦贝格这两座关键据点的联系。

4月18日

在苏军于4月16日发动进攻之前，海因里齐曾打算将第3装甲集团军下辖的北欧师和尼德兰师调走，并在施特劳斯贝格–明谢贝格–弗里岑地区集结一支装甲预备队。这一举动自有原因：所有迹象都显示，苏军将沿着1号帝国公路发动总攻。但这一想法遭到了艾斯曼的反对，理由是集团军群缺乏足够的燃料，海因里齐只好勉强让步。海因里希后来感叹道：“我听信了艾斯曼，这是一个很大的错误。后来我真的非常需要这些（装甲掷弹兵师）。”[78]上述部队原本可以进入阵地，迅速迎击弗里岑附近的近卫坦克第2集团军，或是反击沿着1号帝国公路推进的近卫坦克第1集团军。如果他们在奥得沼泽以西的复杂地形中得到了妥善部署，就可以形成合力，对苏军造成极大损失。

（参见地图21）

海因里齐在军事研究文件MS T–9中写道：

4月18日上午，在泽劳–新哈登贝格地区，第9集团军各师的抵抗纷纷崩溃。经过6天激战，他们已无力抵抗。第18装甲掷弹兵师姗姗来迟，在中午时分抵达战区，并在明谢贝格东北与敌军遭遇。它的对手是坦克第2集团军[①]的先头部队，敌人只是被暂时挡住，但并未被彻底击退。4月18日下午晚些时候，泽劳南部地区的防御态势也开始恶化。敌军在海纳斯多夫（Heinersdorf）方向推进。缺口不断扩大，到傍晚时分，我军已没有可以救急的部队。尽管集团军群已于4月17日将北欧师和尼德兰师调往第9集团军（鉴于第3装甲集团军的防区也遭遇了进攻，这无疑是一个艰难的决定），但它们没有及时到达。

虽然北欧师和尼德兰师名义上属于机动部队，但迟缓的动作表明，它们完全缺乏训练，不过是徒有其表。4月18日晚间，位于明谢贝格以南的第9集团军开始瓦解。在突破点以南，菲尔斯滕瓦尔德（Fürstenwalde）方向的部队已经开始退却。法兰克福要塞仍在坚守，从当地到菲尔斯滕贝格，再到奥得河和尼斯河的交汇处，战线也依然完好无损，但法兰克福南部的突破口已经非常之深。

另外，敌军还出现在了深远侧翼，他们从舍尔纳集团军群的防区突破过来，随后逐渐转向西北，几乎抵达了第9集团军背后的吕本瑙（Lübbenau）附近（作者按：这股敌军是科涅夫的部队）。第4装甲集团军最北方的第5军已经与上级失去联系，并被纳入第9集团军的指挥。该军防守着施普雷森林中的古本–派茨（Peitz）–布尔格（Burg）地区。

同一天，第3装甲集团军当面之敌开始成群横渡奥得河。在斯德丁北部的

① 即近卫坦克第2集团军。

第549国民掷弹兵师防区，敌军的战斗巡逻队试图横渡，但前线仍然成功抵御了敌人的攻击。与此同时，该集团军相信，敌军的一个主攻方向在斯德丁附近的阿尔特达姆以西，另一个位于高速公路以南地区。该集团军仅有的预备队是第281师的一个团和党卫军瓦隆人师（极为弱小），他们正在战线背后、高速公路沿线及其北方保持着警戒态势。[79]

致陆军最高司令部的每日简报摘要

今天，在奥得河畔的法兰克福和弗赖恩瓦尔德之间，惊心动魄的防御战进入到第三天，敌军继续利用优势的坦克部队展开突破。

在昨天的激战中，我们成功地保持了战线的连贯，防线仍旧巍然屹立。敌人在我军战线上倾尽全力、通宵达旦地发动进攻，由于近来几天的连续战斗，我军的战线已遭到了一定的削弱。

在战斗的热点地区（如泽劳两侧至新哈登贝格以南，以及弗里岑南部）都爆发了危机。

在战斗机和轰炸机的强力支援下，敌军持续使用优势坦克部队，成功在泽劳两侧［向西南至马克斯多夫（Marxdorf）方向，向东北至明谢贝格方向，以及向明谢霍费（Münchehofe）方向］打开了深远突破口。

由于战线瓦解迫在眉睫，我军投入党卫军尼德兰装甲掷弹兵师实施了反击。

在弗里岑以南，即敌军主攻方向的北部，坦克战整日都在进行。部分得益于我军的反击，敌军在赖歇诺（Reichenow）–舒尔岑多夫（Schulzendorf）–弗里岑南部一线暂时停止了推进。

在南翼，敌方用5个师、1个坦克军和1个骑兵军向第286步兵师和法兰克福要塞的南翼发动进攻。虽然敌人占尽优势，但比勒上校仍用积极的防御措施挫败了对手，保持住了现有局势。

由于其他地区岌岌可危，突破随时可能发生，我军撤出了奥得河桥头堡的前哨阵地，而且这些部队将不再由法兰克福桥头堡调遣。

第9集团军之前曾在电报中表示，有157辆敌军坦克被摧毁。

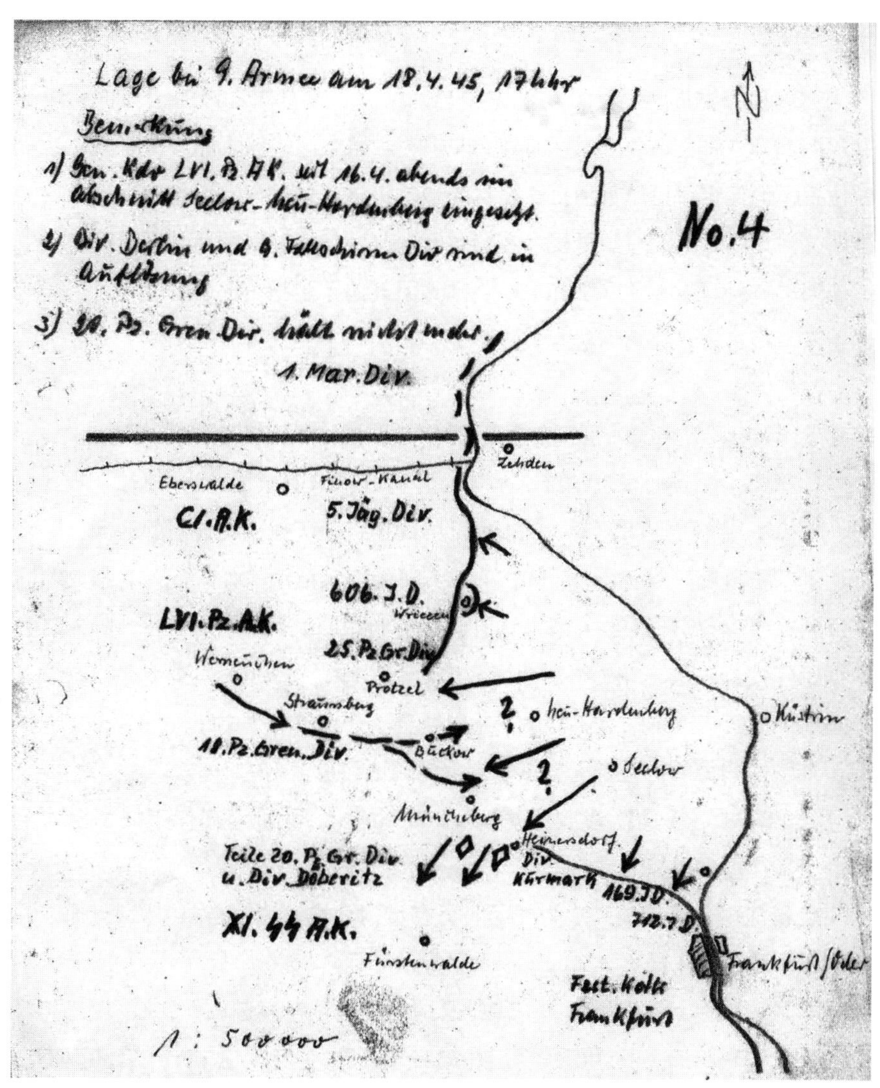

地图 21：海因里齐绘制的第 9 集团军在泽劳高地方向的作战态势图。在中央，我们看到德军计划发动的反击，它将由第 18 装甲掷弹兵师实施。

在释放党卫军尼德兰师和北欧师之后，集团军群已没有其他预备队。

第3装甲集团军击退了敌军的一轮大规模进攻，而且在次日清晨遭遇另一轮进攻的可能性很低。[80]

海因里齐试图调动北欧师和尼德兰师，并将其部署在泽劳西南部和法兰克福西南部，加强苏军主攻方向上的防御。[81]如果这些部队部署在了原先希望的位置，他们也许可以如愿抵达新目的地。但这一切并没有发生，这也反映了维斯瓦河集团军群的窘迫处境，在4月初，一共有3个装甲师从其麾下调走；虽然海因里齐打算投入北欧师和尼德兰师，但其位置距指定部署区域足足有40—70千米。换言之，在这一危急关头，他们已陷入了无兵可派的困境。

第 3 装甲集团军致维斯瓦河集团军群和陆军最高司令部的作战报告

德军突击队夺回了尼珀维瑟水坝，并将苏军击退至主战线以东2千米处。另一支德军战斗巡逻队离开斯德丁南部的高速公路，渡过奥得河的西部分汊，抵达了塞格里茨（Seglitz）地区。前线苏军的炮兵活动一如既往。有强大的苏军部队在格赖芬哈根集结。苏联人在格赖芬哈根–梅舍林（Mescherin）公路上占据了阵地，其位置在奥得河西岸，东西向纵深超过500米，重型武器也进入了阵地。同时，苏军的重武器也开始向斯德丁要塞集中火力。[82]

斯维内明德防御地带：据报遭到中型火炮和迫击炮的射击。[83]

第32军：苏军两次在波德尤赫（Podejuch）①北部对斯德丁要塞发动攻击，但最终被击退。[84]

奥得河军：可用的高炮为48门。另有12门高炮正运往第610特别（师），18门正在运往韦尔曼集群（Gruppe Wellmann）。[85]

第46装甲军：苏联继续对尼珀维瑟地区发动试探性进攻。[86]该军现有高射炮的数量为40门。另有20门正在运往第547国民掷弹兵师途中，还有30门正在运往第1海军步兵师。[87]

---

① 即今天波兰的波德朱奇（Podjuchy），当地在斯德丁的东南方向，位于奥得河东岸。

向奥得河畔调遣高射炮的目的，是为了保卫奥得河下游的渡口——苏军在即将发动的攻击中很可能利用这些地点。

第 9 集团军致维斯瓦河集团军群和陆军最高司令部的作战报告

（参见彩色地图40和41）

第101军：苏军夺取了戈特斯加贝（Gottesgabe）和梅茨多夫，其下属坦克部队攻击了布利斯多夫的两侧，切断了该镇与外界的联系。在弗里岑以北，苏军的2—3个团发动了一次进攻。[88]当天5点，苏军还从位于新格里岑（Neuglietzen）的桥头堡发动攻击。[89]到傍晚，他们已经将第5猎兵师的部队逼退到了旧奥得河以西。[90]

第56装甲军：苏军攻入格尔斯多夫。坦克在步兵的伴随下冲出了旧罗森塔尔（Alt–Rosenthal）以北的森林。另一些敌军从特雷布尼茨（Trebnitz）沿着铁路线发动突袭，我军炮兵阵地上爆发了近战（作者按：这里指的可能是第408国民炮兵军）。夜间，伍尔科（Wulkow）地区的战斗十分艰苦，该村于3点30分失守。第18装甲掷弹兵师抵达了赫尔莫斯多夫（Hermersdorf）的东部和东北，并报告正在向伍尔科和旧罗森贝格（Alt–Rosenberg）反击，但事实上，这种情况不太可能出现。[91]第18装甲掷弹兵师的先头部队抵达了当地，很快就被苏军击退，使后续的集结和进攻全部化为泡影。在苏军此起彼伏的攻势下，第9伞兵师崩溃了。该师师长布劳尔（Bräuer）将军告诉海因里齐，他已经无法收拢下属部队，还请求休假24小时。海因里齐立刻将布劳尔解职，并用赫尔曼（Hermann）中校取而代之。[92]到傍晚，苏军攻破了第9伞兵师的防线，沿途占领了伍尔科和赫尔莫斯多夫，由此取得了攻击明谢贝格的立足点。另外，苏军还对柏林师和第606师展开进攻，并进行了猛烈的火力准备。在60辆坦克的支援下，另一股苏军从林格森林（Ringewalde）出发，穿过茂密的松树群向西推进。他们向赖兴贝格（Reichenberg）西南和南部发动了进攻，随后遭到守军的反击。[93]

党卫军第11装甲军：清晨时分，德军通过反击，阻止了部分营级苏军部队对舍恩弗里斯火车站的进攻。在鳗鱼湖（Aalkasten）北部，有10辆苏军坦克载着步兵突入了德军主战线。5点，苏军炮兵开始轰击库尔马克装甲师的防区，火力集中在诺因坦普尔（Neuentempel）至迪德尔斯多夫（Diedersdorf）一线。在克诺伦贝格（Knollenberg）附近，苏军也达成了突破，并在5点30分抵达多尔格林。据报，苏军已出现在阿尔伯特提嫩霍夫。[94]第712师在舍恩弗里斯以东和火车站遭遇了多次猛烈进攻，并在夜幕降临前将其击退。在第169师的防区，苏军投入更强大的坦克部队节节推进，抵达了下耶萨尔（Niederjesar）的东部，然后掉头转向西南。随着苏军在这里取得突破，下耶萨尔–卡尔齐希（Karzig）地区立刻陷入孤立。苏军的强大坦克部队突入多尔格林，并沿着党卫军第11装甲军的左翼（即德布里茨师和库尔马克师的防区）向西南和西部推进。[95]

党卫军第5山地军：清晨，该军投入突击炮（可能来自党卫军第32一月三十日志愿掷弹兵师）发起反击，但未能突破苏军的桥头堡。在法兰克福要塞地区，苏军在坦克伴随下发动突袭，一直突破到第87号帝国公路。[96]党卫军第32一月三十日志愿掷弹兵师瓦解了——他们在上林道（Oberlindau）遭遇反复猛攻。到傍晚，苏军已渡过奥得–施普雷运河，向南突入1.5千米，进入了广阔的森林。[97]

无线电和电话记录摘要

9点40分，IaF（此缩写含义不详）致艾斯曼："D装甲歼击旅发来无线电报告：'敌军坦克在迪德尔斯多夫附近突破，正在向雅恩斯菲尔德（Jahnsfelde）前进，（我军）步兵纷纷逃走。'"

10点整，金策尔致艾斯曼："第7装甲师情况如何？速予以澄清！"

10点10分，艾斯曼致乌尔里希·德梅齐埃（Ulrich de Maizière，陆军最高司令部作战局局长）："集团军群命令第7装甲师部署在……利本瓦尔德地区（即第3装甲集团军和第9集团军交界处）。但此举很难执行，因为该师已被派往西线。"

10点30分，金策尔致艾斯曼："斯维内明德舰队司令部从机枪分遣队（M.G.Kommando）抽调的250人（已就位），他们计划在1945年4月18日从第3装甲集团军接收50挺机枪。另外，更多配备操作人员的2厘米、3.7厘米和5厘米炮也已准备就绪，可以通过跨越潟湖的铁路于4月19日运至第3装甲集团军麾下。"

10点50分，伊沃–提洛·冯·特罗塔上校（当时正在陆军最高司令部作战局）致艾斯曼：“已命令第9集团军撤走法兰克福要塞桥头堡的部队……重申（早先）对第7装甲师的命令。”

11点整，柏林防御地带参谋长［可能是恩斯特·凯瑟上校（Ernst Kaether）］致艾斯曼：“西线和东线之间，人员已出现重叠，国防军最高统帅部应划清西线的后方区域。”

11点15分，霍尔茨致冯·特罗塔：“以下是尼德兰师的运用方针：该师可能不会（部署）在法兰克福以南，而是弗里岑地区。集团军已宣布这一决定！北欧师仍在施特劳斯贝格以北，没有燃料。”

12点整，海因里齐致布塞：“今天局势危急。最危险的地点是泽劳以西和弗里岑西南。目前尚无法确定第9集团军能否独立（守住）前线。第9集团军绝不可擅自撤往柏林。”

12点15分，艾斯曼致德梅齐埃：“今晚，法兰克福东面的阵地应转移。但战斗警戒部队应位于原地。地面战场的大致动态：第9集团军在泽劳–弗里岑的主战场上投入了尼德兰师……但该师也许（应该部署）在法兰克福以南。开进期间，北欧师和尼德兰师都出现了燃料问题。第549国民掷弹兵师正在调离。计划是把北欧师部署在泽劳附近，尼德兰师部署在弗里岑西南方向。”

16点20分，帝国元帅戈林致艾斯曼：“第9伞兵师师长已被解职。您今天早上的评论纯属误会。第9伞兵师的后方已建立起拦截线。”（作者按：有趣的是，戈林只关心空军部队的表现）

16点30分，埃里克·德特勒夫森（Eric Dethleffsen，国防军最高统帅部作战局局长）少将致艾斯曼：“有5个来自柏林的国民突击队营可供调遣，他们之前已进驻军营。本人的想法是：立刻（派遣）第549国民掷弹兵师到第9集团军……”

16点45分，艾斯曼致汉斯·克罗恩少校（来自第3装甲集团军作战参谋部门）：“海军警备团将用一个高炮营充当炮兵。第549国民掷弹兵师的抽调不应如此仓促。海军警备团缺乏指挥机构。第549国民掷弹兵师无法在4月21日/22日之前完成调遣。第7和第8装甲掷弹兵团将在党卫军上将施泰因纳的辖区内完成战斗准备。4月20日，党卫军第4警察师也将为此做好准备。第549国民

01/KTB.

Aktennotiz.

Ferngespräch Reichsmarschall mit I a d.H.Gr.Weichsel. 1[illegible].4.45

Überprüfung der Angelegenheit der 9.Fs.Jg.Div. hat folgendes ergeben: Div. Kommandeur General Breuer hat die Äusserung, seine Div. würde das Schlachtfeld verlassen, nicht getan. Er hat allerdings gemeldet, dass seine Verbände völlig durcheinander wären und nach den harten Kämpfen nicht mehr so standhaft hielten wie bisher. Dann hat er die dumme Frage getan, ob seine Div. nicht für 24 Stunden herausgelöst werden könne. Jch habe ihn abgelöst und durch Oberstleutnant Hermann ersetzt. Dieser ist ein besonders guter Führer. Ausserdem habe ich der Div. Verstärkungen in Form von Marschersatz zuführen lassen und hinten eine besondere Auffanglinie eingerichtet. I a orientiert dann noch über Lage im Einzelnen.

Oberst i.G.

在这份文件中，布劳尔将军要求将第 9 伞兵师暂时撤出前线，接受休整。在当时的环境下，上述要求可谓极端荒谬。不久，集团军群便革除了他的职务，并用赫尔曼中校取而代之。

掷弹兵师的调动必须尽快！”

17点整，艾斯曼致运输部队指挥官［可能是哈姆贝格尔（Hamberger）上校］：“铁路做好运输1个师的准备。”

17点20分，布塞致艾斯曼：“调入第9集团军的5个国民突击队营：3个进入沃坦防线——布科（Buckow）以北；2个交给党卫军第11军。大致动态：根据现有报告，党卫军第11军在近战中损失了40门7.5厘米反坦克炮和30门轻型榴弹炮。集团军将尽快上报装甲车辆损失。今晚，从法兰克福东部的撤退应一气呵成。要炸毁桥梁，因为东岸的剩余兵力无法应对突发情况。法兰克福守军司令部正在开展防御，显然表现良好，让占领军（即苏军）付出了代价。”

18点45分，霍尔茨致艾斯曼：“有个方针问题需要集团军解答：哪部分（前线）对第9集团军指挥层更重要；北方还是南方？如果集团军在明谢贝格地区被割裂，这一问题必须得到澄清。”

19点30分，德特勒夫森致艾斯曼：“陆军最高司令部征询集团军群司令（海因里齐）的意见：调走第3海军步兵师一部会削弱斯维内明德的前线吗？”

19点50分，空军联络官［Fliegerverbindungsoffizier，可能是兰珀（Lampe）］致艾斯曼：“德国空军摧毁了53架敌机和43辆坦克。19辆坦克可能有误。”（作者按：不清楚这里指的是空军误报了19辆坦克的战绩，还是误击了19辆德军坦克）

22点30分，艾斯曼致斯维内明德守军参谋长：“立刻准备好交出第3海军步兵师的一个团。此外还有第402补充师的相关部队。如有难处，斯维内明德守军参谋长应立刻汇报。”[98]

其他相关指示、命令和报告

1. 第2海军步兵团、第3海军步兵团、第549国民掷弹兵师和第281步兵师下属的第418掷弹兵团及师属燧发枪手营一部由斯德丁要塞司令指挥。第281步兵师的师部已转移。[99]

2. 第1098掷弹兵团已调往瓦姆利茨（Wamlitz）地区。[100]

3. 由第7装甲掷弹兵团、第8装甲掷弹兵团①和党卫军阳光猎兵团组成的哈尔泽旅（Brigade Harzer）已调往菲诺–埃伯斯瓦尔德以东地区。[101]

4. 第712师的成功，充当了昨日激烈防御战斗的一个缩影。在师长冯·西格罗特（von Siegroth）将军的领导下，该师表现出了过人的英勇和坚定的毅力。尤其是第732掷弹兵团和第745掷弹兵团，尽管反装甲武器（作者按：可能是指铁拳火箭筒）短缺，但这两支部队的表现依旧可圈可点。其中还特别提到

① 这里指的是党卫军第7和第8装甲掷弹兵团，它们都是党卫军第4警察装甲掷弹兵师的下属单位。

了第732掷弹兵团第2营营长施穆德（Schmude）上尉的英勇表现。[102]

5. 4月18日，据报有157辆苏联坦克被摧毁，连同空军报告的战果在内，近日德军摧毁的坦克总数已达到了720辆。其中，德国空军声称击毁了61辆苏军坦克和78架飞机。[103]

6. 第9集团军的高炮损失：7门2厘米炮、21门3.7厘米炮、8门8.8厘米炮、3门10.5厘米炮。[104]

总结

向第9集团军零敲碎打投入预备队的做法收效甚微。第18装甲掷弹兵师、北欧师和尼德兰师被迫在林木茂密、鲜有南北向主干道的区域机动，进入战区非常吃力。他们只能在夜间行动，公路经常被其他车辆和难民堵塞；白天，其所在的后方地域则继续遭到苏联空军和炮兵的猛烈打击，最终无一成功到达预定部署区域，甚至没有发起有力的反击，还在仓皇间与向西进攻的苏军遭遇。第18装甲掷弹兵师和北欧师只得退入柏林，而尼德兰师则向南与第9集团军的北翼合流。苏联装甲部队的损失则同样惨重，它们遭到了德军地面部队，甚至是德国空军的沉重打击。之前，德国空军一直在积攒兵力和燃料，以便对抗海量的苏军地面目标。

当朱可夫继续苦战，一千米一千米地取得进展时，科涅夫却在高歌猛进。

4月19日

海因里齐在军事研究文件MS T-9中写道：

4月19日，第9集团军防区的突破口越来越宽。中午左右，北欧师和尼德兰师终于抵达柏林–明谢贝格公路，并奉命发起反击，但面对苏军近卫坦克第2集团军和近卫坦克第1集团军，这两支弱小的多兵种合成部队根本没有与敌人抗衡的实力，为此，维斯瓦河集团军群司令请求希特勒，希望能撤出第9集团军在奥得河畔的部队，并在反击发动前，将其派往柏林两侧、霍亨索伦运河和菲诺运河上的既定阵地。但这一要求遭到了严厉拒绝，希特勒的回答是，战斗已进入关键时刻，他必须克服困难，并用尼德兰师和北欧师的反击赢得胜利。集团军群司令摆明了自己的观点——这两个师根本无法穿透敌军的防线。由于局势所迫，他们已转入防御，只是暂时干扰了敌军向柏林方向的推进。在柏林至明谢贝格的道路以南，各步兵师正在向菲尔斯滕瓦尔德两侧撤退。从当地到奥得河畔法兰克福，一道侧翼防线建立了起来；至于第9集团军北翼的战斗部队则被迫向埃伯斯瓦尔德方向撤退，一个颇具规模的桥头堡正在当地建成，这里容纳了第101军和第25装甲掷弹兵师的残余。第18装甲掷弹兵师与第25装甲掷弹兵师保持着断断续续的接触，前者在普勒策尔附近面朝南方作战，北欧师和尼德兰师则位于明谢贝格西部，紧挨着当地的森林地带。第9集团军南方集群的左翼据守在菲尔斯滕瓦尔德以西、施普雷河的后方，与防御中心已失去联系。

由于第9集团军方面的新动向，第1海军步兵师不仅需要坚守奥得河畔的防线，还有位于南部的侧翼——它从菲诺运河沿岸延伸开去，并沿着第3装甲集团军的南翼向西伸展。在当天下午，其侧翼已穿过了霍亨萨滕（Hohensaaten）附近的旧奥得河——在当地，有水闸可以调节德军控制区的水位。就像北部的第547国民掷弹兵师一样，该师击退了苏军的多次渡河企图。在斯德丁以南，苏军试图穿过波德尤赫林区向斯德丁方向推进，但被击退。面对种种新情况，集团军群和第3装甲集团军都意识到，苏军横渡奥得河的总攻已迫在眉睫。[105]

致陆军最高司令部的每日简报摘要

第9集团军的防御形势进一步恶化，在明谢贝格和弗里岑地区的主战场尤其如此。战斗已进入决定性时刻。

敌军从明谢贝格附近向西进攻，并用强大的坦克部队在东面战线达成突破。在明谢贝格两侧，敌军坦克部队的矛头向西南和南部推进，已抵达泰姆普贝格（Tempelberg）和布赫霍尔茨（Buchholz）以北。

凭借新的有生力量（包括3个坦克军、1个机械化军和1个骑兵军），敌人将再次从弗里岑地区发起进攻，并可能利用优势兵力洞穿我军警戒线。在坦克支援下，强大的敌军步兵冲破了弗里岑西部的林区，矛头位于施泰因贝克

（Steinbeck）以南的森林东缘。在向西南方向进攻后，大量敌军坦克占领了施特内贝克（Sternebeck）和普勒策尔，并继续向西推进。

在集团军的侧翼，以及法兰克福的南北两侧，我军成功守住了阵地，并通过反攻恢复了主战线。

苏联空军部队对其坦克部队的进攻实施了支援，同时还对我方炮兵阵地发动了空袭。

德国空军在地面战斗中有效袭扰了敌军的坦克纵队和部队编组区。

防御战极为激烈，有消息称，共有226辆敌军坦克被摧毁。

在第3装甲集团军方向，敌军多次展开战斗巡逻，渗入尼珀维瑟–菲迪霍夫、加尔茨和格赖芬哈根等地区，以及奥得河西岸高速公路的两侧，试图为大举攻击创造条件。不过，今天还没有迹象显示进攻已迫在眉睫。[106]

艾斯曼与陆军最高司令部的晨间无线电通话显示，当天苏军的进攻重点是弗里岑西南地区——有200辆坦克在当地的普勒策尔和哈内科普（Harnekop）方向前进。还有报告显示，在新巴尼姆–弗里岑地区，出现了由2000辆汽车组成的纵队，以及5000名步兵和500门火炮，其重心和意图已昭然若揭。苏军下一步攻击的目标必然是明谢贝格和法兰克福要塞。从缴获的苏军作战地图上，集团军群了解到，在夺取明谢贝格之后，苏军计划利用坦克部队，向西和西南方发动进攻。他们的大致目标是弗里岑–韦尔诺伊兴（Werneuchen）–施特劳斯贝格–贝尔瑙（Bernau）轴线，并预定为此投入3个坦克军、1个机械化军和1个骑兵军。至于第9伞兵师据称已不复存在。艾斯曼向陆军最高司令部表示，奥得河前线的局势已到了决定性时刻，甚至可以说大局已定。[107]

9点，艾斯曼与霍弗尔中校做了交谈，并报告称："尼德兰师已派往马克斯多夫西南。从当地到埃里森霍夫（Elisenhof）出现了一个缺口。埃里森霍夫已被苏军占领。北欧师则位于普里茨哈根（Pritzhagen）和赖歇诺之间。普里茨哈根和赖兴贝格都在早些时候失守。报告显示，8点整，我军发现一支漫长的苏军摩托化纵队正从弗里岑方向朝施特劳斯贝格前进。另外，还有强大的苏军在明谢贝格东部集结。缴获的苏军命令显示，他们计划对明谢贝格发动向心攻击。弗兰肯费尔德（Frankenfelde）也宣告失守。[108]

在这一天，艾斯曼还分析了形势，并探讨了迅速向沃坦防线后撤的利弊。有一个问题让他颇为担心，如果第9集团军行动不快，就将深陷重围。正是因此，他写下了以下内容：

第9集团军撤往沃坦防线的时间和兵力评估

1. 我军目前的前线约有150千米。与之形成对比的是，如不把施维洛赫湖（Schwielochsee）和沙米策尔湖（Scharmützelsee）包括在内，沃坦防线只有约90千米，就算包含上述湖泊，其长度也只有约110千米——换言之，撤退可以缩短约40千米的战线。考虑到我军兵力匮乏，如果按计划撤出两个师，就可以释放不少有生力量。

2. 但令人担心的是，敌军已在弗里岑西南地区突破了沃坦防线。

3. 从第9集团军的南翼到法兰克福，现有主战线与沃坦防线相距40千米；撤退所需时间为两天。在其他地段，撤退可以被缩短到一天。

4. 如果有必要，命令应在今晚下达。如若不然，一旦弗里岑西南或明谢贝格地区遭到突破，我们将面临被包抄的危险。

5. 由于机动性较高的快速部队部署集中，并且基本位于沃坦防线的正前方，将它们撤出几乎不是问题。但党卫军第5山地军的情况则不然，该军位于最东方，估计只能撤出一到两个步兵单位。而且这些步兵部队必须搭乘第9集团军北翼后方地带的摩托化车辆才能完成行军。因此，我们很有必要收集快速作战部队（其士兵正在徒步作战）的闲置运输工具。

6. 如果战线在4月19日遭遇突破，这些部队的撤出和整合将遭遇很大问题。[109]

艾斯曼的分析没有错。第9集团军必须尽快撤退，否则就有被两路苏军联合包围的危险。

第 3 装甲集团军致维斯瓦河集团军群和陆军最高司令部的作战报告

（参见彩色地图42）

斯维内明德防御地带：夜间，当地左翼遭遇零星的苏军炮击。[110]

第32军：该军在波德尤赫地区击退了2次苏军的渡河尝试。[111]在波德尤赫以北，他们也在清晨的反击中击退了登陆之敌。[112]在珀利兹东北，施马勒岛（Schmaler Werder）上的警戒哨与苏军交火。[113]其指挥部在报告中称在战斗中缴获了8挺机枪，俘虏17名敌军，估计有120名苏军在战斗中丧生。[114]

奥得河军：该军对西奥得河的高速公路桥梁展开行动，但面对顽强抵抗，未能取得突破。[115]苏军继续在加尔茨对面、通向格赖芬哈根西面的公路缓慢渗透，在高速公路两侧，他们也在渐渐向奥得沼泽推进。[116]在高速公路沿线，德军位于奥得河西汊东岸的前沿阵地再度失守。[117]该军军部报告俘获了2名苏军。[118]

第46装甲军：在第5猎兵师防区，苏军从奥得河西面和南面发动进攻，并试图朝菲诺运河闸口（Finow-Schleusse）推进。[119]同时，苏军还动用营级兵力在奥得河汊道（Querfahrt，位于尼珀维瑟至施韦特之间）两侧发动进攻——尽管战斗前哨进行了最顽强的抵抗，但依旧被苏军击退。[120]

党卫军第3（日耳曼）装甲军

该军由党卫军上将施泰因纳指挥，已从集团军预备队调往一线。该军似乎并未隶属于第3装甲集团军或第9集团军，而是由集团军群直接指挥。报告显示，其军部位于滕普林（Templin），右翼最远端在弗里德里希斯塔尔（Friedrichsthal），左翼最远位于魔鬼山［Teufelsberg，即西奥得贝格（West Oderberg）］，[121]大部分战斗部队都进入战备状态，并被派往前线各个地段。为充实该军的力量，集团军群将把各种后方部队汇聚起来。据报告，4月19日，该军拥有以下单位：第16团级工兵指挥部、第630工兵营、2个要塞反坦克连和第115装甲侦察营。[122]

第9集团军致维斯瓦河集团军群和陆军最高司令部的作战报告

（参见彩色地图43和44）

第101军：巴茨洛（Batzlow）再次被苏军占领。强大的苏军步兵和坦克部队从旧屈斯特林兴（Alt-Cüstrinchen）跨过浮桥，扩大了桥头堡。[123]弗里岑西部也在白天被大量苏军坦克攻陷。第101军战线被严重拉长，根本无法集结力量阻止敌军推进。此外，苏军在弗里岑以北和新格里岑附近的桥头堡扩张。[124]本集团军已将哈泽尔旅（主要由党卫军第4警察师的单位组成）和党卫军第7装甲掷弹兵团（阳光团）①一道派往韦尔诺伊兴地区。[125]至于第101军据报位于图兴（Tüchen）。[126]

第56装甲军：苏军步兵和坦克从特雷布尼茨向南和向西推进，冲过了雅恩斯菲尔德和奥伯斯多夫（Obersdorf）。此外，还有一路苏军从特雷布尼茨向明谢贝格前进，其序列中拥有12辆坦克。根据苏军战俘的说法，苏军计划在9点大举攻击明谢贝格。[127]但由于没有战役预备队，这条信息对防守当地的魏德林几乎没有多少帮助。苏联针对第56装甲军部署了强大的装甲部队，还得到了炮兵和飞机的有力支援。18点整，德军已在明谢贝格北部同苏军发生激战。傍晚，苏军还占领了博勒斯多夫（Bollersdorf）的北部。白天，苏联人摧垮了赖歇诺的德军防线。在席卷了德军的各个警戒线之后，苏军坦克部队调转方向，兵分三路向西南和西面推进。[128]报告显示，第56装甲军军部位于施特劳斯贝格东南4千米处。[129]

党卫军第11装甲军：尼德兰师战斗群[130]奉命打通党卫军第11装甲军与第56装甲军的联系，并将苏军击退至马克斯多夫的东北地区。[131]17点整，苏军强大的坦克部队冲出明谢贝格东南部的森林，向南部和西南部发动进攻。其先头部队抵达了泰姆普贝格–布赫霍尔茨以北地区。在这些坦克中，有60辆被火炮、希特勒青年团的“坦克猎手”以及德国空军合力摧毁。[132]据报，党卫军第11装甲军的军部位于汉格尔斯多夫（Hangelsdorf）以东3千米处。[133]

党卫军第5山地军：苏军在维瑟瑙附近打开了一个狭窄的突破口，但我军随即用反击将其封闭，并遏制了敌人跨过奥得–施普雷运河向里森（Rießen）以北推进的企图。[134]

① 这一叙述不完全准确，当时的实际情况是，党卫军阳光团与警察师的党卫军第7装甲掷弹兵团合并，共同组成了一个新的第7团，该团有时也被称作党卫军第103装甲掷弹兵团。

无线电和电话记录

12点30分，海因里齐致马丁·费比希（Martin Fiebig）航空兵上将［德国空军东北司令部（Luftwaffenkommando Nordost）司令］。在通话中，费比希报告说，德国空军已奉命攻击屈斯特林至泽劳之间、沿1号帝国公路进攻的苏军纵队。其攻击焦点将位于泽劳地区。苏军的空中活动在上午非常活跃，但从9点之后开始减少。德国空军将在13点整出动全部力量继续展开行动。费比希随后问了一个问题："现在要把重点转移到弗里岑以南的区域吗？"海因里齐回答说："由于北欧师即将在泽劳–明谢贝格公路上部署，弗里岑南部的局势目前相对更危险。"［作者按：海因里齐似乎担心空军的误伤，其中还显示他希望把北欧师部署到更南方。随后，第9集团军司令回答了哪个区域更关键（泽劳或弗里岑）的问题］海因里齐通知费比希："布塞将军更担心弗里岑南部地区。"[135]

1点整，艾斯曼致运输部队指挥官："优先运送党卫军第4警察师师部和党卫军第8装甲掷弹兵团前往埃伯斯瓦尔德。第7装甲师……必须等待！"

1点15分，艾斯曼致后勤指挥部门："现有武器应优先装备党卫军第4警察师战斗群。"

11点55分，艾斯曼致克罗恩："指导方针：斯维内明德防御地带重新隶属于第3装甲集团军。第3海军步兵师调往埃伯斯瓦尔德以西地区。"

12点整，艾斯曼致斯维内明德要塞参谋长："立即将斯维内明德要塞转入第3装甲集团军辖下。一个海军步兵团今晚出发，随后是整个第3海军步兵师，第402补充师将与之换防。后者的炮兵部队将非常虚弱，因为第3海军步兵师的师属炮兵也将与大部队同行。"

12点15分，后方部队司令官（Gen.d.Ofd.）格雷斯（Grase）致艾斯曼："后方部队将撤往菲尔斯滕瓦尔德–海德克鲁格（Heidekrug）–施特劳斯贝格一线（以及该线的北方），除此之外，其他所有正规部队均将赶往前线。"

12点25分，艾斯曼致陆军最高司令部作战局局长："哈泽尔旅明晚将完成向东朝埃伯斯瓦尔德的调动。方针：用第402补充师替换第3海军步兵师。派遣第549国民掷弹兵师进入施韦特以西地区。斯维内明德防御地带由第3装甲集团军指挥。从今天起，集团军司令勤务官将于每天16点30分向陆军最高司令部作战局汇报情况。”

14点25分，空军部队指挥官费比希致艾斯曼：“能否炸毁菲尔斯滕贝格和采登之间的桥梁，将决定战斗的结局。我们希望集团军群当机立断。”

14点30分，艾斯曼致海因里齐[①]：“海因里齐决定不派遣德国空军攻击桥梁，因为此举只能影响苏军的预备队。更重要的是支援地面作战部队。给我转接陆军最高司令部作战局。”

14点35分，艾斯曼致陆军最高司令部作战局局长德梅齐埃：“今天下午，德国空军的行动重点在第4装甲集团军（隶属于中央集团军群）方向。作战局应核对地面部队申请空中支援的请求。如有疑问，请回信。”

17点30分，艾斯曼致克罗恩：“派遣1个海军步兵团前往埃伯斯瓦尔德附近，否则第3装甲集团军的南翼将遭遇严重威胁。党卫军第4警察师（已部署）的单位应立刻由第9集团军指挥”。

17点40分，艾斯曼致霍尔茨：“党卫军第4警察师（兵力在1个团到3个营左右）已划归第9集团军指挥。他们应在赫纳科普（Hernakop）两侧向前线运动，并立刻与第3装甲集团军安排相关事宜。”

17点55分，艾斯曼致克罗恩：“党卫军第3（日耳曼）装甲军将构成第3装甲集团军的南翼，其下属部队包括几个设障连和2个陆军独立工兵营，地点在利本瓦尔德至奥德贝格（Oderberg）一带。”

18点35分，艾斯曼致霍尔茨：“党卫军阳光团将从下菲诺-黑克尔贝格（Heckelberg）开赴前线。第101军军长（应前往）图兴。”

20点45分，海因里齐致布塞：“大区领袖戈培尔已把所有的人员和高炮（派往）第9集团军，以肃清明谢贝格之敌。第9集团军应立刻与雷曼取得联系。”

22点05分，沃尔克海姆（Volkheim，此人身份不明）致艾斯曼：“第3装甲集团军将得到：来自‘基座’[②]的31门火炮（口径为10.5厘米/7.5厘米）；来自“车体”的19门火炮（口径为10.5厘米/7.5厘米）——它们都将立刻由该集

① 原文如此，此处似乎应为致费比希。

② 原文为from Sockel，在柏林周围并没有与之类似的地名，它和下文中的车体（Wanne）一样，它们可能是厂区/库房/地点的代号，也可能意味着这些火炮之前曾安装在固定式基座或装甲车辆车体上。

这张照片拍摄于奥得河前线、第3装甲集团军的地段内，其中第46装甲军军长马丁·加雷斯步兵上将正在与戈特哈德·海因里齐大将交谈。不久前，加雷斯刚被提升为步兵上将，我们在照片中看到他的新军衔。也正是凭借这一点，我们确定该照片拍摄于1945年4月——海因里齐指挥维斯瓦河集团军群期间少有的几张留影之一。加雷斯是一位出色的指挥官，冯·曼陀菲尔和海因里齐都高度评价过他在奥得河前线之战中的表现。

团军指挥。所有火炮都由柏林的阿尔凯特（Alkett）公司提供。”

22点15分，海因里齐致K.G. Ⅲ［这里可能指的是党卫军第3（日耳曼）装甲军战斗群］：“对于党卫军第4警察师，其中的每件武器，每个能扛枪的人，无论来自什么兵种，都决不能放走，因为敌军正在埃伯斯瓦尔德东南方向大举突破，必须尽快予以肃清。”[136]

其他相关指示、命令和报告

1. 柏林的防御现在由维斯瓦河集团军群指挥。

2. 尼德兰师被派往马克斯多夫西南方向。另外，报告显示在马克斯多夫和埃里森霍夫之间存在一个缺口。其中，埃里森霍夫已在白天被苏军占领。[137]

3. 北欧师被派往普里茨哈根和赖歇诺之间。[138]

4. 8点，我军发现一支苏军摩托化纵队正从弗里岑向施特劳斯贝格前进，其规模异常庞大。该纵队望不到尽头，目前已抵达黑茨霍恩（Herzhorn）。[139]

5. 弗兰肯费尔德失守。[140]

6. 1个突击炮连奉命前往韦尔诺伊兴附近，准备加入哈泽尔旅。[141]

7. 来自柏林的5个国民突击队营被派往菲尔斯滕瓦尔德和施特劳斯贝格。[142]

8. 党卫军第15拉脱维亚武装掷弹兵师的第3营①据报抵达了明谢贝格以西地区。[143]

9. 1个完成训练的补充连——布吕歇尔补充连（Marsch-Kp. Blücher）据报抵达了施特劳斯贝格地区。[144]

10. 第3海军步兵师将前往埃伯斯瓦尔德以西地区，其原有防线将被第402补充师接管。前者将在4月19/20日夜间开始调动。[145]

11. 第549国民掷弹兵师转由第46装甲军指挥，并前往卡塞科（Kasekow）-沃尔特斯多夫（Woltersdorf）东南，一个团——第1098团已抵达。[146]同样隶属第46装甲军的还有党卫军第4警察师，该师目前位于沃尔特斯多夫附近。[147]其下属的党卫军第4侦察营据报位于菲诺西南方向。[148]另外，第2海军警备团已抵达了新瓦尔普（Neu Warb）②。[149]

12. 4月19日的高炮损失为：12门2厘米炮、1门3.7厘米炮、8门8.8厘米炮、8门10.5厘米炮。[150]

13. 奥得河军抓获了2名俘虏。[151]

14. 德国空军的侦察部队报告称，旧弗里岑–新莱温（Neu Lewin）–新特

---

① 原文为III./15.Let.SS-W.Gren.Division。为支援柏林方向的战斗，1945年4月19日，党卫军第15师接到了组建一个3营制战斗群的命令，为此，该师抽调了师属燧发枪手营、党卫军第32团第1营以及第33团第1营，但目前尚不清楚这里指的是其中哪个营。

② 此地英文拼写有误，应为Neu Warb，当地即今天波兰境内的新瓦尔普诺（Nowe Warpno）。

雷宾地区有苏军机动的迹象，其中包括2000辆汽车、500门火炮、5000名步兵和100辆“风琴式火炮”（作者按：这里可能指的是“斯大林管风琴”，即苏军装备的火箭炮）。至少有350辆苏联坦克通过了弗里岑-明谢贝格以西地区。[152]

15. 截至17点整，苏军飞机一共在主攻方向——第56装甲军地段——上空现身多达649次。[153]

16. 炮兵方面在下午的报告显示，苏军共向德军防线发射了120000—140000枚炮弹，而德军的反击火力仅为20000—30000枚。[154]

17. 报告显示，德国高射炮共摧毁了苏军的13架飞机和46辆坦克。[155]

总结

正如艾斯曼叙述的那样，到4月19日结束时，德军的战术态势已混乱不堪，在第9集团军防区尤其如此。[156]作战参谋部门正在评估守军是否大势已去（即他们在作战日志中所说的“临界点”）。至于苏军则在弗里岑西南地区攻入了沃坦防线（即柏林之前的第三道也是最后一道防线）。从当地向南到法兰克福要塞，沃坦防线都位于主战线后方40千米处。也正是因此，艾斯曼提议德军在两天内（甚至只用一天）便从当地撤出。另外，他还认为，如果敌军在4月19日继续突破，无论重组部队还是保持连贯的战线都将成为痴人说梦。该评估可谓直击要点。在当时，局势可谓瞬息万变。对德军来说，撤出部队、缩短战线、确保第3装甲集团军第9集团军之间的联系稳固非常关键。由于希特勒或国防军最高统帅部并未准许，海因里齐并不愿意擅自撤兵。但他的态度将在未来几天内发生改变。

在局势上，一个有趣的变化是把斯维内明德防御地带的第3海军步兵师运往大陆，并将其部署在菲诺运河附近的埃伯斯瓦尔德地区。德军指挥机构认为，由于苏军坦克部队不断推进，威胁正在向这个地区逼近；另外，随着第9集团军的北翼崩溃，向当地增兵已是迫在眉睫。

施泰因纳的党卫军第3（日耳曼）装甲军则在独自行动——因为该军正从元首地堡直接接受指示。该部队也被称为施泰因纳集团军集群，但事实上，它们不过是各种训练和后备部队的集合。

4月20日

4月20日，奥得河前线之战迎来了决定性时刻。

海因里齐在军事研究文件MS T-9中写道：

（对第3装甲集团军的攻击）于4月20日上午开始，俄国人全力以赴。其中的主战场是施韦特以北的森林、高速公路与奥得河的交汇处以及斯德丁东南的丛林地带（即波德尤赫附近）。和之前一样，敌人也尝试使用冲锋舟、小艇和自制的木筏渡河，或是游过洪水泛滥的奥得河平原。面对河岸上的高射炮，他们伤亡惨重。有许多小艇倾覆或被击沉，有些则仓皇掉头后撤。尽管损失高昂，敌军还是凭着令人钦佩的勇气向西推进，抵达了西部河岸上的高速公路。我军炮兵集中火力，但无法将其击退，其原因也许是高速公路地势稍低，而在当地，我军部队装备的又大多是8.8厘米高射炮，这让它们很难命中。尽管第3装甲集团军的总司令亲临战场，集团军群也在炮火打击中竭尽全力，但敌人还是占领了奥得河西岸的高速公路。部署在当地的第610警戒师被迫撤退，第3装甲集团军司令亲自指挥的反击也不幸败北。敌军推进得如此之远，以至于守军再也无法观察奥得河谷地的动向。俄国人立刻开始渡河，可能还做了架桥准备。但在第3装甲集团军的其他战线上，俄国人的渡河尝试都被击退。

致陆军最高司令部的每日简报摘要

收信人：陆军最高司令部（摘要翻译）

现在，苏军的进攻正沿着三个主要方向进行。在第9集团军的北部，敌人的矛头已从东面和东北面抵达韦尔诺伊兴，另外，他们还从贝尔瑙向东发动进攻，并抵了阿尔伯特霍夫（Albertshof）和格吕恩塔尔镇（Gruenthal）（作者按：原文如此，此处地名记录似乎有误）。在中部，他们从明谢贝格-马克斯多夫一带向西南方进攻，碾过我军的前方警戒线，进入了杭格尔斯贝格森林（Forest of Hangelsberg），并从北方对菲尔斯滕瓦尔德展开进攻，试图横渡施普雷河。在南部（即科特布斯方向），一个由300辆坦克和500辆机动车组成的敌军纵队正在朝柏林外围防线前进，目前已抵达了巴鲁特-诺伊霍夫

（Neuhof）一带。报告显示，还有更多的敌军坦克从吕本瑙向西北移动。由于敌人实施包围，阻止第9集团军增援柏林的企图非常明显，后者已陷入危机中。集团军群司令部承认，他们已无法控制第9集团军前线的局势，也失去了影响战场的能力。[157]对于该集团军是否应保持或恢复与柏林防御地带的联系，布塞将军要求我们做出指示。如果苏军在奥得河畔法兰克福以北的突出部继续存在，下列预测必将变成现实："党卫军第11装甲军明天将陷入包围。第56装甲军和第101军随后会被装入口袋。第5猎兵师将被迫向北方退却"。[158]

在第3装甲集团军所在的区域，白俄罗斯第2方面军发起了大规模进攻，这次进攻伴着1—1.5小时的炮击，随后是苏军施放的烟幕。[159]

***

下午报告

我们有理由假设，敌人会试图从南部和东部（即近卫坦克第1集团军、近卫坦克第3集团军和近卫坦克第4集团军的行动区域）让各部队连成一体，从而包围第9集团军。但不能断言近卫坦克第2集团军（位于北方）的任务究竟是向柏林推进，还是从西部包围这座城市。

近卫坦克第1集团军在法兰克福–柏林高速公路以及屈斯特林–柏林公路（即1号帝国公路）附近抛下步兵，长驱直入，他们还试图向南和东南方推进，以便为突破提供掩护。近卫坦克第2集团军成功撕碎了第56装甲军和第101军的部队，在施特劳斯贝格–贝尔瑙领域取得突破，并抵达大柏林地区的外围防线。

毫无疑问，敌人有足够的步兵用于柏林之战。

今天我们还必须假设，敌人将继续动用第3集团军的部队在法兰克福两侧展开猛攻。

第3装甲集团军方向的战斗似乎表明，白俄罗斯第2方面军即将大举进攻。[160]

集团军群不断向陆军最高司令部申请调拨弹药和燃料，但凯特尔的答复非常简单：

> 由于各师和独立部队不断组建，加之国防军和各个战区的武器和补给（尤其是弹药和燃料）机构自有规定，我们无法满足集团军群司令反复提出的要求——从各军区抽调一切资源。元首不希望看到类似请求，即便提出，我们也将拒绝受理，一切所需物品应由集团军群司令自行筹措。[161]

第3装甲集团军致维斯瓦河集团军群和陆军最高司令部的作战报告

在罗科索夫斯基的指挥下，苏方的白俄罗斯第2方面军开始攻击冯·曼陀菲尔的第3装甲集团军，以此呼应柏林战略进攻行动。

党卫军警察师必须由一个强力人物领导，这个人非哈泽尔莫属。另外，第25装甲掷弹兵师已无法脱身。我们决定用其他部队替换第3海军步兵师，而不是第5猎兵师。[162]

第32军：在一次反击中，该军肃清了波德尤赫桥头堡［位于大雷格利茨（Große Reglitz）西岸］的苏军。从桥头堡俘虏的苏军透露，第238步兵师的第383步兵团位于施韦特，第108步兵师的第444步兵团位于高速公路沿线。俘虏们还透露，第843步兵团已在一天内搭乘60艘船渡过了奥得河的东部支流，而且每个苏军步兵连的人数不超过60—70人。[163]这一证词表明，在1945年，每个苏军步兵团的人数都不超过500—600人，这是人力严重短缺的标志。第2高炮军的根茨（Genz）上尉报告称，4月20日，他指挥的各个炮兵连击败了企图在斯德丁以南渡河的苏军，摧毁了80艘搭载4—7人的小艇。[164]该军下属的一支突击队则在舰炮的掩护下夺回了施马勒岛的绝大部分区域。[165]空中侦察显示，苏军在该军正面部署了900门火炮和200门迫击炮。[166]

奥得河军：苏军于5点30分在整个正面发起猛烈炮击，[167]并在奥得河西岸的几个地点成功站稳脚跟，登陆部队的实力颇为可观。该军立刻发起反击，将加尔茨及当地东北林区之敌击退，还肃清了位于梅舍林之敌。[168]另外，他们还挫败了苏军对施塔费尔德（Staffelde）的数次袭击。但在高速公路两侧，苏军却进攻得手，并渗透到了下舍宁根（Unter-Schöningen）、席勒斯多夫（Schillersdorf）和下扎登（Niederzahden）。这些村庄当时由开赴前线的动员单位守卫。穆勒师①发起反击，收复了下舍宁根和席勒斯多夫。随后，德军部队开始从席勒斯多夫向北进攻。第281师也对突入下扎登的苏军实施反击。[169]空中侦察显示，该军正面共部署了10000门②远程火炮和迫击炮。[170]

第46装甲军：在施韦特地区，苏军被击退，其横渡西奥得河的尝试宣告失败。在该军左翼，敌方从6点整开始炮轰，[171]并用一个配备两栖坦克（作者按：在报告中写作“Schwimmpanzer”）的团级梯队袭击了奥得河汊道［位于尼珀维瑟和弗里德里希斯塔格（Friedrichstag）］的两岸。但这次攻击被击退。[172]在施韦特东北，德军收复的水闸房在激战后再次失陷。[173]空中侦察在该军当面发现了3300门远程火炮、4500门迫击炮和反坦克炮以及1500门火箭炮③。[174]军长加雷斯将军在战时日记中写道：

> 4月20日凌晨5时30分，斯德丁以南的高速公路到施韦特之间传来阵阵炮火。在两栖坦克的支援下，敌军进攻了本军防区——具体而言，是菲迪霍夫附近的弗洛恩霍弗（Frohnhöfer）地区和施韦特的尼珀维瑟地区。俄国人的空军提供了支持，但兵力部署和炮火都很虚弱。它给人的印象是，尽管苏军已在柏林和包岑方向发起了大规模攻势，但在这里却没有完成准备，而是在被迫采取行动。一个半小时后，炮火明显变弱，局势恢复正常。[175]

第9集团军致维斯瓦河集团军群和陆军最高司令部的作战报告

第101军：苏联的坦克和步兵在蒂芬湖（Tiefensee）和洛伊恩贝格（Leuenberg）取得突破。[176]之后，他们占领了弗罗伊登贝格（Freudenberg），并在弗里岑附近的新高尔（Negaul）架起一座桥梁。[177]此外，苏军还持续不断地攻击着松嫩堡（Sonnenburg）、旧奥得河阵地和第5猎兵师的左翼（位于弗赖恩瓦尔德以北的岛屿）。[178]

第56装甲军：魏德林军继续遭到苏军的猛攻。明谢贝格下午宣告失守。普

---

① 即前文所述的穆勒师级集群。

② 原文如此，似为1000门之误。

③ 原文如此。

勒策尔和达姆斯多夫（Dahmsdorf）都遭到进攻，但后一地仍在我军手里。[179]此外，苏联人占领了哈森霍尔茨（Hasenholz）、鲁尔斯多夫（Ruhlsdorf）和克洛斯特多夫（Klosterdorf）等村庄。据报道，第18装甲掷弹兵师正在准备重组和夺回上述地区（但这可能是为了安抚陆军最高司令部，因为该师并不具备反击条件，并且已经转入防御）。魏德林得到严令，要求坚守防线。[180]北欧师在普勒策尔南部和西部陷入激战。[181]

党卫军第11装甲军：苏联人对新策施多夫（Neuzeschdorf）的进攻被击退，但他们迅速占领了科姆图雷（Komnthurei）和里岑之间的林区。在明谢贝格–布赫霍尔茨–泰姆普贝格地区，有53辆苏联坦克被击毁。[182]70—80辆苏联坦克经哈森菲尔德（Hasenfelde）向阿伦斯多夫（Arensdorf）推进，在格尔斯多夫和舍内费尔德（Schönefeld）之间也有其活动的踪迹。尼德兰师的一个加强团在夜间崩溃，原因是遭到了30—40辆苏军坦克的攻击。[183]

党卫军第5山地军：维瑟瑙西南，苏军的进攻被击退。另外，该军还挫败了苏军在卡尼克尔山（Karnickelberge）附近以及4辆强击火炮和1辆坦克支援下的另一轮攻势。[184]

法兰克福要塞：我方击退了对古尔登多夫及其右翼的攻击。[185]

第5军（原隶属于中央集团军群/舍尔纳集团军群）：该军已失去与原上级部队的联系，并转由第9集团军指挥。[186]该军守住了维瑟瑙（位于奥得–施普雷运河以东），并奉命在科特布斯通往北方的高速公路设防。[187]

无线电 / 电话记录摘要

9点50分，海因里齐致布塞："3000至4000名国民突击队员已离开柏林增援第9集团军，他们搭乘的是机动车辆和城市快铁（S–Bahn）。国民突击队营的分配情况如下：3个派往埃尔克纳，2个派往吕德尔斯多夫（Rüdersdorf，城镇外围的街垒）、2个派往施特劳斯贝格（城镇外围的街垒）、2个派往大韦尔诺伊兴。至于突击炮旅尚无踪迹。我仍然认为，如果第9集团军要在柏林前方重组，就必须放弃法兰克福，并撤退到各湖泊后方。（苏军）近卫坦克第2集团军经弗罗伊登贝格–蒂芬湖–贝尔瑙以北（前进）。目前已没有一条稳定的前线。缴获的（敌方）地图显示，目前敌军的主攻方向是万德利茨（Wandlitz）

和米赫伦贝克（Mühlenbeck）。”[188]

10点50分，布塞致艾斯曼：“第9集团军司令要求获得明确指示：一旦部队被（敌军）分割，柏林之战将怎样继续？”[189]

12点15分，冯·曼陀菲尔致艾斯曼：“第3装甲集团军已发出要求——第101军的左翼必须死守下菲诺。第5猎兵师应由第3装甲集团军指挥。第3装甲集团军方面的形势显示，大规模攻击正在揭开序幕，空中活动愈加频繁。”[190]

15点整，艾斯曼致雷曼：“没有集团军群的明令，不得进行爆破。”[191]

16点30分，克雷布斯致金策尔：“元首要求立即报告，如果集团军群的右翼（即第9集团军）后撤，哪些火炮将被遗弃。”[192]

16点33分，德特勒夫森致艾斯曼：“德国空军的报告——在巴鲁特出现1000辆苏联坦克——是错误的。在当地，德军遭遇的只有4辆坦克和200名步兵。吕本遭到来自南方的攻击。在吕本以西，苏军有2个纵队（即360辆坦克和700辆机动车辆）停止前进，可能是没有燃料。它们显然是‘敌方坦克’。帝国元帅（戈林）已在几分钟前命令空军大举袭击这些车辆。中央集团军群（即舍尔纳集团军群）左翼与第5军失去联系。第9集团军必须采取措施，接过该军的指挥权。正是因此，第9集团军的行动将不再涉及跨集团军协同的问题。关于第9集团军右翼该如何运动，请立刻与元首商议。”[193]

16点45分，布塞致金策尔。布塞询问第9集团军右翼的决定是否已经做出。金策尔将军报告说，有关决定将在10分钟内完成。布塞将军指出，这些部队几乎无法守住沃坦防线。据报，在巴鲁特–措森共有200辆苏联坦克。当布塞被问及将遗弃多少装备时，他的回答是所有装备都会带走，此外，他还希望能从法兰克福要塞运走部分武器，以及一些高射炮和反坦克炮。报告显示，在法兰克福，由于重武器极为沉重，它们的机动非常困难。布塞认为只有20—30%可以成行。[194]

17点05分，克雷布斯致金策尔。在电话中，克雷布斯表示，在批准第5军和党卫军第11装甲军撤退之前，元首希望亲自和海因里齐交谈。当克雷布斯得知海因里齐已在2小时前离开司令部之后，他立刻要求想方设法把元首的指示传达过去，哪怕是派遣一架鹳式（作者按：即德军的一种侦察机）——尽管当时的空中形势已是非常险恶。克雷布斯还回复说，他已经与元首商讨了这个决定，后者对撤军的时机极为关心，尤其是第5军下辖的众多空军高射炮，它们根本不具备机动能力。面对克雷布斯关心的问题，金策尔根据收到的报告表示，维斯瓦河集团军群根本没有这些空军高射炮。另外，元首还要求雅恩师配属的第22高炮营不应仅投入对柏林的防御，还要对苏军发起反攻；至于第5军则仍应交由中央集团军群（即舍尔纳集团军群）管辖。金策尔报告说，苏军已抵达贝尔瑙和菲尔斯滕瓦尔德附近。他还解释说，只有在法兰克福的苏军脱身，他们才能在菲尔斯滕瓦尔德前方阻止苏联人。最后，金策尔用这样的内容结束了对话："撤退命令必须立刻下达，否则，我们就无法在今天天黑后利用夜色展开行动。"[195]

17点40分，海因里齐致布塞："元首禁止一切主动抛弃阵地的行为。"[196]

18点15分，艾斯曼致汉斯·克罗恩少校（隶属于第3装甲集团军作战参谋部门）："在菲诺运河上，我们必须把仗打得灵活一点，以确保第3装甲集团军的南翼不被包抄——其南翼必须固守在奥得河畔。"[197]

18点30分，布塞致艾斯曼："本集团军的观点是：我们无法守住80千米的战线；将部队南翼留在科特布斯，其南缘留在施普雷森林的做法更是令人费解。"[198]

20点整，海因里齐（正位于第101军的阵地上）致艾斯曼："不应对（苏军的）进攻力量心存侥幸。人们只要看一眼，就会明白问题，另外，第25装甲掷弹兵师也失去了进攻能力。"——事实上，在离开的几个小时中，海因里齐发现自己能做的就是收拢和堵截逃兵。他提到："……士兵们困顿而疲惫。敌人已出现在下菲诺和布鲁瑙（Brunow）以南，以及弗罗伊登贝格、格吕恩塔尔、达尼维茨（Danewitz）和贝尔瑙附近。另外，大德意志警卫团已接到指示，将全力反击突入韦尔诺伊兴的敌方坦克。"[199]

22点30分，克雷布斯致艾斯曼。元首已命令第3海军步兵师直接放弃阵地，全速赶赴第9集团军的北翼——巴特弗赖恩瓦尔德（Bad Freienwalde）和上菲诺的东北区域。第25装甲掷弹兵师还应立刻撤出前线并赶往南方。[200]在回复中，艾斯曼请求将第101军交由第3装甲集团军，因为第9集团军已无法联络上该军军部。克雷布斯表示，他对这种做法表示担忧，因为"这将导致第3装甲集团军的右翼后撤。补给纵队已经在向西北方向而不是向西撤退。"[201]

23点40分，乌尔里希·德梅齐埃（即陆军最高司令部作战局局长）致艾斯曼。在谈话中，艾斯曼表示：“第3海军步兵师将在明天抵达第3装甲集团军的南翼。关于第5猎兵师的调离将取决于明天的决定。”[202]

其他相关指示、命令和报告

1. 海因里齐打电话给雷曼，请他确保柏林的所有守军都派往前线。雷曼表示，已经有15个国民突击队营出发。但海因里齐并不满意，要求再次对人员进行筛查，并表示：“您不明白命令背后的意义吗？想想与施佩尔部长的谈话！把城市内的部队全部撤走，可以避免巷战和破坏。一切将在柏林的大门外决定！”雷曼回答：“是的，我非常清楚。我将以某种方式促成此事。”[203]

2. 雷曼将军随即被撤职，随后转调 施普雷河集团军级集群的司令。[204]而戈培尔则在背后鼓动，因为他认为，雷曼在故意把国民突击队调离柏林——而事实也的确如此。随着这道命令发布，海因里齐彻底失去了干预柏林局势的可能。

3. 随着苏军近卫坦克第2集团军不断推进，第101军与第9集团军失去联系，只能转由第3装甲集团军指挥。[205]

4. 第5军（来自中央集团军群/舍尔纳集团军群）在被科涅夫的部队切断后，与第4装甲集团军失去联系，此时已隶属于第9集团军。[206]

5. 党卫军第3（日耳曼）装甲军接到命令，在霍亨索伦运河（在弗里德里希斯塔尔和奥德贝格西侧之间）进入阻击阵地。[207]

6. 第281步兵师和第1装甲歼击营由奥得河军指挥。[208]

7. 第184突击炮营①由第101军指挥。[209]

8. 运送第3海军步兵师的第一批渡轮已向大陆出发。[210]

9. 4月19日至20日，高射炮共摧毁了苏军的23架飞机和93辆坦克。[211]

10. 由克洛特曼（Klothmann）上尉指挥的第24侦察团第1营②在泽劳附近的战斗中表现出色。面对优势之敌，炮兵们英勇地坚守阵地，并摧毁了8辆苏军坦克。集团军群的日志中这样写道：“这些英勇坚守阵地的炮兵连构成了防御的支柱，为封闭战场上的一处缺口创造了有利条件。4月19日，这些连队再

① 该部队的正确称呼应当是第184突击炮兵旅。

② 此处有误，应为第24高炮团第1营。

次脱颖而出。不顾敌军的包抄，他们仍然坚定地保卫着阵地，并用铁拳摧毁了10辆来袭的敌军坦克。”[212]

11. 布塞申请从奥得河畔法兰克福要塞撤军。

12. 20点，第56装甲军与第9集团军失去联络。

13. 4月20日高射炮的总损失：8门2厘米炮和18门8.8厘米炮。[213]

国防军最高统帅部的作战日志

据报道，科涅夫的乌克兰第1方面军位于措森（即国防军最高统帅部作战参谋部门及国防军总参谋部的所在地）西南方18千米处的巴鲁特。国防军最高统帅部迅速撤离了措森大本营，并迁至波茨坦和柏林之间的万湖（Wannsee）。

第12集团军成立于4月初，目前位于柏林西南部，由瓦尔特·温克装甲兵上将指挥，以守卫通往易北河的要道。目前，第12集团军将继续组建，以便坚守易北河，保持我军部队的联系。

总结

在奥得河下游至施韦特之间，第3装甲集团军遭遇了全线进攻，并在负隅顽抗。与第9集团军不同，在这个方向上，苏军并没有为攻势建立起大型桥头堡，德军的防御阵地也更为完备。另外，罗科索夫斯基也不像南部的朱可夫和科涅夫那样，在每千米的人员和装备对比上占有压倒性优势。也正是因此，他突破德军防线仍需时日。

在第9集团军的地段，第101军已转交第3装甲集团军指挥。随着苏军的突破口越来越大，布塞已很难指挥这支部队。在该军的防区附近，苏军的近卫坦克第2集团军遭到了第18装甲掷弹兵师、党卫军北欧师等各种德军部队的顽强抵抗，但现在，后者正呈现出力不能支的迹象。同时，明谢贝格的失守也意味着德军在柏林以东的防御大势已去，近卫坦克第1集团军和近卫第8集团军现在可以朝西南方向高歌猛进，攻向德国首都。魏德林决定率领残余部队向西南撤退，撤往第9集团军的北翼，并远离柏林。不久，他将与第9集团军失去联系近24小时，至于下属部队和柏林方向的局势发展也将超出他的预料。

科涅夫从西南方向的推进让布塞担心不已，后者试图撤出法兰克福要塞的部队，并缩短战线，以便获得防御便利，同时为向西撤军做准备。然而，希特勒却命令他坚守一条以该要塞为“锚点”的、长达80千米的弧形战线，而且这条弧形战线的侧翼正在2个苏联方面军的压迫下摇摇欲坠。布塞知道，第9集团军有被切断的危险，事实上，从奥得河前线撤退的决定每迟到一分钟，都会让他失去稳定柏林以南战线的宝贵时间。虽然到4月20日，最佳时机已过，但向西撤退的命令仍可能减缓科涅夫的推进。即使如此，希特勒依旧没有做出决定。而海因里齐知道，擅自撤退是决不允许的，他无法推翻元首的意见。但当海因里齐感到第3装甲集团军将陷入类似的处境时，他再也没有如此犹豫不决。

海因里齐的计划是把所有战斗部队撤出柏林，但在雷曼被戈培尔解职后，这一愿望最终化为泡影。在20世纪20年代和30年代，柏林曾是德国共产党的势力范围，在将其驱逐后，戈培尔一直以“柏林保卫者”自居。在戈培尔看来，柏林在德国的最后一战中将发挥重要作用，在这方面，他甚至比希特勒或国防军最高统帅部都要更早提出这一点。

4月21日

海因里齐在军事研究文件MS T-9中写道：

4月21日，第3装甲集团军发起反击，其目标是位于库劳（Kurow）–上扎登（Hohenzahden）一线、并向南朝席勒斯多夫方向延伸的苏军桥头堡。在进攻中，德军在西面投入了第281师的2个机动团，在北面，斯德丁要塞守军也奉命参战。他们合力将敌军击退，但并未肃清奥得河西岸。晚间，苏联人得到了增援，并巩固了桥头阵地，这片阵地紧贴着陡峭的奥得河西岸，并提供了很多遮掩。之后，敌军再次从当地出击，又向西扩展了桥头堡。俄国战场上的经验一再表明：如果苏军成功渡河，便很难被击退。他们可以迅速且老练地在河岸的反斜面上挖掘工事，远程火炮和迫击炮拿他们无可奈何。还有河水和对岸的政委阻挡着他们的退路，任何逃离的士兵都会被毫不犹豫地枪决。因此，俄国人只能坚守阵地，继续前进，只有这样，他们才能得到绝处逢生的机会。

（作者按：在苏联军队中，海因里齐所说的士气问题确实存在，甚至在战争后期都是如此）

4月21日的战况非常激烈，不仅在斯德丁地区，在第3装甲集团军的整条前线都是如此。凭借旺盛的斗志和对士兵的无情驱使，敌军还在其他地点试图强渡奥得河。在格赖芬哈根等地，俄国人发动了进攻，但被守军的火力击败。他们将许多渡河装备放在有农场和灌木丛掩护的森林边缘待命，以便稍后使用，只有火炮能将其纳入杀伤范围。还有一些步兵试图从从浅滩涉水过河，但就像在高速公路等地的情况一样，他们都被轻型高射炮和机枪打倒。在施韦特以北，敌人继续在更广阔的战线上进攻，施韦特镇附近的森林全部成为战区。在这里，俄国人在西岸占据了一些阵地，不过这些麻烦依旧相对次要，有望在未来消除。在第3装甲集团军的南部侧翼，我军投入了第1海军步兵师，他们多次挫败了敌军从东面横渡奥得河的企图，并给予了对方沉重打击。在经历上述失败之后，敌军转而专注于攻击该师的南翼（位于奥得河与奥得贝格村之间），还打算强行渡过约30米宽的菲诺运河，但守军用猛烈火力挫败了这些尝试。

在这里，我们要对攻防双方的实力做一番比较：第1海军步兵师的阵地位于奥得贝格和施韦特之间，宽度超过30千米，第547国民掷弹兵师前线宽度则超过25千米，并由尼德兰师的一个团加强——考虑到这些东拼西凑的部队（很多是国民突击队，重武器只有高射炮）的战斗素养，可以说第3装甲集团军的战斗表现超出了预期，至于宽广的河面更是成为了其防御的倍增器。然而，第3装甲集团军南部和中部的成功并没有改变一个值得警惕的事实：苏军的桥头堡已在高速公路附近建成。航拍照片还显示，敌人正在奥得河支流和高速公路南侧的干涸沟渠上架桥。尽管到目前为止，苏军坦克还没有在西岸现身，但相信一切已为时不远。也正是因此，第3装甲集团军必须从其他地区调集一切有生力量到高速公路附近。鉴于俄军已不再试图从斯德丁以北渡河，该集团军正在设法调动第549国民掷弹兵师，其炮兵也接受了重组，以便尽量让更多的远程火炮（而非高射炮）投入桥头堡攻防战。整个第281师和党卫军瓦隆人师都处于待命状态，以便于4月22日上午对高速公路桥头堡发动第三次歼灭性打击。另外，虽然空军是打击渡河装备的最有效手段，但由于损失和缺乏燃料，自4月17日以来，他们已基本脱离战斗，敌人完全控制了我们的空域。

鉴于第9集团军局势危急，集团军群已于4月19日晚上下令撤离部署在斯维内明德东面的第3海军步兵师，并将其转移到第3装甲集团军南翼的奥拉宁堡，后者的唯一一个机动炮兵营之前同样部署在斯维内明德，现在也开始向斯德丁的高速公路转移。其间，邓尼茨海军元帅从大局出发，同意了上述调遣。

4月20日至21日，上述战斗在第3装甲集团军的地段打响时，苏军也在第9集团军的防区内继续向西突破。在埃伯斯瓦尔德南部，第101军正在桥头堡中展开防御。在当地以南，我军装甲部队被击退至贝尔瑙-韦尔纳伊兴一线。可以推断，苏军的坦克很快就会进抵柏林以北哈维尔河（Havel）上的奥拉宁堡-施潘道一带，并给第3装甲集团军的南翼构成重大威胁。为在当地构建起一条侧翼防线——哪怕极为薄弱，第3装甲集团军命令党卫军上将菲利克斯·施泰因纳（曾任党卫军第11集团军司令）接管党卫军第3（日耳曼）装甲军，并封锁菲诺和霍亨索伦运河上的桥梁，遏制敌军的渡河企图。其下属单位包括德国空军的2个补充旅和党卫军第4警察师的2个营，它们分别由戈林和希姆莱提供——作为预备队，它们的存在一直被秘而不宣。

在这些日子里，菲尔斯滕瓦尔德、法兰克福、古本和施普雷瓦尔德之间的第9集团军南方集群越来越有可能陷入合围。在北面，该集群仍在菲尔斯滕瓦尔德的两侧沿施普雷河坚守，并保持着与法兰克福（仍在德军控制下）的联系。在奥得河上，敌方派遣了一些突击队，但没有发动大规模袭击。在施普雷森林以南，敌军于4月21日晚上抵达了托伊皮茨（Treupitz）以南、巴鲁特和卢肯瓦尔德以南一带——换言之，敌人已在第9集团军的后方站稳脚跟，我军只能向西北撤退。另外，敌人还对菲尔斯滕瓦尔德的两侧和法兰克福以西的高地发动了烈度空前的进攻，试图向该集群的北翼推进。在这里，劳恩砖厂（Rauen Brickworks，位于菲尔斯滕瓦尔德西部）附近的施普雷河渡口成为争夺的焦点。有好几天，敌军一直试图用搜罗到的装备渡过河流，但都被守军击退。

自4月19日晚以来，我一直在苦心劝说希特勒和他的指挥部允许第9集团军撤退。包围圈即将成形，即便该部无法完全撤出，其中一大部分兵力也可以通过波茨坦、柏林和奥拉宁堡前往奥得河和易北河之间沿着菲诺运河修建的阵地（但另一方面，第9集团军的所有补给单位已按照集团军群的命令及时调离）。

对于集团军群的建议，希特勒的回应是：法兰克福以南的奥得河必须坚守，同时，第9集团军还应向南经科特布斯发动进攻，重建与舍尔纳集团军群的联系。此举将重夺科特布斯和福斯特这两座要塞，并孤立长驱直入的2个苏联坦克集团军。希特勒之所以如此判断，是因为相信舍尔纳集团军群在尼斯基（Niesky）附近反击得手，但经过24小时的争辩，我终于让他相信，这一要求根本不可能实现，法兰克福要塞守军也获准撤退。鉴于近几天的局势发展，这座堡垒已经不再重要，因为苏军已在奥得河上建立了另外的渡口。但在与希特勒总部的争论中，我们又浪费了一天半的宝贵时间。

尽管有所拖延，但由于法兰克福城外的道路依旧通畅，英勇的要塞守军仍有机会冲出城市。第9集团军也向要塞司令保证，他们一定会伸出援手。在奥得河大桥炸毁之后，要塞守军开始撤离。尽管如此，要想让第9集团军的南部集群在西面重组，以便突破包围圈，他们仍然需要几天时间，而不幸的是，这个包围圈正越收越紧。

敌军正从四面八方压迫过来，还从奥得河对岸发动进攻，把第9集团军挤压到一个越来越逼仄的区域。他们在这里如入无人之境，随处皆是攻击目标。不仅如此，这里还聚集着大约10000名逃难的平民。本集团军群与希特勒大本营的争端，以及第9集团军的突围过程，已经超出了本文件的描述范围。最终，4月29日，在第9集团军司令的率领下，经过一番血战，其南部集团成功在托伊皮茨东南部的哈尔伯（Halbe）地区向西突围，并在贝利茨和特罗伊恩布里岑之间，被奉命从西南方解救柏林的温克集团军集群①收容。[214]

致陆军最高司令部的每日简报摘要

致陆军最高司令部：

① 原文如此，这里指的是瓦尔特·温克装甲兵上将指挥的第12集团军。

敌军向第56装甲军和第101军南翼之间的缺口投入了强大的坦克和步兵部队。其坦克先头部队抵达了万德利茨和温希肯多夫（Wensickendorf）。第101军对埃伯斯瓦尔德的攻击被击退。

敌人从韦尔诺伊兴地区出击，准备进攻帝国首都的东北郊区。第56装甲军撤退到大米格尔湖（Großer Müggelsee）和达勒维茨（Dahlwitz）–霍珀加滕（Hoppegarten）一线。

党卫军第11装甲军撤退至彼得斯哈根（Petershagen）–法尔肯哈根（Falkenhagen）–哈瑟尔菲尔德（Haselfelde）–施泰因赫费尔（Steinhöfel）–菲尔斯滕瓦尔德一线。

强大的敌军从北面向菲尔斯滕瓦尔德地区进攻，还从卢考（Luckau）至吕本一带向北部和西北部挺进。这些行动表明，敌人将包围第9集团军。

自第1警察旅撤退之后，敌方的桥头堡在不断扩大；但我军随即发动反击，并将桥头堡控制在了威廉霍厄（Wilhelmshöhe）–上扎登–库劳一线。[215]

敌军还设法在帕尔戈夫（Pargow）附近的（奥得河岸）取得了多个立足点。在（奥得河）西岸，我们注意到有的苏军步兵师有20至30辆坦克随同行动，在高速公路附近则有约50辆坦克。威廉霍厄–上扎登一线多次易手，两军爆发了拉锯战。[216]

高射炮兵为4月20日至21日的防御战提供了有效支持。仅在4月20日，轻型高炮便摧毁了至少80艘充气艇，重型高炮则成功击退了渡口的苏军。另外，在两天中，他们还一共击落了8架敌机。[217]

与第9集团军的通讯非常困难，极少有态势报告从布塞方面传来。[218]

第 3 装甲集团军致维斯瓦河集团军群和陆军最高司令部的作战报告

斯维内明德防御地带：第3海军步兵师继续搭乘渡轮前往大陆，其调动计划在4月25日之前完成。[219]

第32军：苏军用10艘小艇在波德尤赫附近企图横渡大雷格利茨河口，但被我军挫败。珀利茨附近遭到骚扰性炮击，还有大量车辆在菲尔斯滕弗拉格（Fürstenflagge）至朗根贝格（Langenberg）的公路上穿梭。夜间，斯德丁上空的苏军飞机异常活跃。[220]

奥得河军：苏军丢失了席勒斯多夫和下舍宁根①。[221]战斗继续在加尔茨北部进行。[222]

第46装甲军：该军发起反击，将苏军逼退到魏森湖（Weissensee），[223]但格赖芬哈根以西的海关大楼失守。在施瓦兹闸口（Schwarze sluice）以南1千米处，我军通过反击暂时控制了局面。清晨，针对席勒斯多夫的第三次反击打响，报告显示，在这一区域，苏军的抵抗相当顽强。[224]弗里德里希斯塔尔的苏军被击退。另外，该军还用火炮驱散了东奥得河渡口之敌，[225]并在白天给进攻施韦特的敌人制造了沉重损失。[226]

第101军（现为第3装甲集团军的一部分）：该军在伍尔西肯多夫（Wölsickendorf）和法尔肯贝格（Falkenberg）以西的反击以失败告终。[227]在贝尔瑙和下菲诺（Niederfinow）以北，其下属部队同样不断后撤。苏联人攻入了兰克（Lanke）、特拉姆佩（Trampe）、上菲诺（Hohenfinow）和托尔诺（Tornow）等地，并抵达埃伯斯瓦尔德以南2千米处。[228]

党卫军第3（日耳曼）装甲军致维斯瓦河集团军群和陆军最高司令部的作战报告

军长施泰因纳的原定目标，是在东南方与魏德林军重新建立联系，并确保当地的战线稳固；次要任务则是切断从东面进攻的苏军。为此，希特勒向施泰因纳发布了如下进攻命令：

施泰因纳集团军集群的专有任务，是派遣党卫军第4警察师发动进攻（如有可能，还应投入第5猎兵师和第25装甲掷弹兵师的主力，这些部队将由第3海军步兵师接替），恢复与第56装甲军下属部队（即党卫军北欧师、第18装甲掷弹兵师、第20装甲掷弹兵师、明谢贝格装甲师以及第9伞兵师的部分单位）的联络，并竭尽全力，保证这一联络不被再次切断。

严禁向西撤退。

① 原文如此，此处与前后文中记录的情况矛盾。

本命令应无条件遵守，任何违禁者将被就地正法。

你，施泰因纳，应对此命令的执行负责。

帝国首都的命运有赖于你的胜利。

阿道夫·希特勒[229]

另外，维斯瓦河集团军群的作战参谋还按照克雷布斯的指示，向施泰因纳发送了如下命令：

关于党卫军第3（日耳曼）装甲军

接收人：

第9集团军

第3装甲集团军

柏林防御地带指挥官

党卫军第3（日耳曼）装甲军

1. 党卫军第3（日耳曼）装甲军更名为施泰因纳集群，并立刻接管施潘道（含）–奥拉宁堡–菲诺富特（Finowfurt，含）一线。其军部应设在利本瓦尔德，并应立刻向当地派遣（一个前方指挥分队）。该集群仍将隶属于第3装甲集团军。与第9集团军（即柏林防御地带）的边界：施潘道（第3装甲集团军）–泰格尔（Tegel，第9集团军）–希尔多（Schildow，第3装甲集团军）–贝尔瑙（第9集团军）。

2. 任务：

（1）封锁施潘道–奥拉宁堡一线（其中敌军的主要进攻区域是霍亨索伦运河至菲诺富特一线），阻止敌军进一步前进。

（2）突击部队应集结在泽彭闸口（lock of Zerpen）以南，打击西进之敌的纵深侧翼，切断和摧毁进攻矛头，并实施机动战，以各种手段打击敌方集群。本次攻击应尽早发起。

3. 为此，以下部队将立刻由该集群指挥：

（1）位于利本瓦尔德地区的维斯瓦河装甲歼击师（Panzerjäger Division Weichsel）师部和下属的海军装甲歼击旅。

（2）在奥拉宁堡–菲诺富特地区作战的第3装甲集团军封锁部队和训练部队。

（3）穆勒集群：包含克兰普尼茨装甲歼击旅（Panzerjäger Brigade Krampnitz）、第968工兵营和第116要塞机枪营。

（4）新加入第3装甲集团军的第3海军步兵师——该师原本正在前往采德尼克途中，且先头部队已抵达当地。

（5）第410国民炮兵军（拥有12门21厘米迫击炮）——该军应从德布里茨出发，配属给党卫军第3（日耳曼）装甲军。

4. 第3装甲集团军应尽快通报进攻部队的编组情况。[230]

有趣的是，该命令还要求第56装甲军向西北方向进攻——这在当时显然是不现实的，并表明当局对该军的状况和位置毫不知情。随着苏军突破沃坦防线，当地的局势变得更加混乱，有效的通信也不复存在。另外值得注意的是，施泰因纳进攻的目标是重新建立一道稳固的战线，而不是解救柏林。这表明，即便在此时此刻，柏林仍不是希特勒、国防军最高统帅部或陆军最高司令部的关注重点。

第9集团军致维斯瓦河集团军群和陆军最高司令部的作战报告

第56装甲军：该军最后一次无线电报告是在昨日（4月20日）20点收到的。据报，该军已撤退到凯格尔（Kagel）–韦尔诺伊兴一线。[231]

党卫军第11装甲军：没有消息。

党卫军第5山地军：晚间未发送具体的战斗报告。[232]

法兰克福要塞：4点30分，守军拦阻了一支从古尔登多夫突破的苏军部队。还有一支营级的苏军部队向法兰克福以南的帝国公路发动进攻，但同样被我军击退。[233]在法兰克福以南，苏军用强大的兵力击穿了哈登贝格防线。[234]

第5军（原隶属于中央集团军群/舍尔纳集团军群）：面对科涅夫的先头部队，该军正在向北溃退。昨天晚上和整个早上，该军没有传来具体的作战报告。[235]晚间，苏军已攻入科特布斯。另据报道，吕本市发生了巷战。[236]

柏林防御地带：在雷曼被革职前，柏林曾短暂地受维斯瓦河集团军群指挥，但一连数天，当地防御指挥权的归属都处在混乱状态。苏军沿1号帝国公路抵达贝尔瑙以南，并向采珀尼克（Zepernick）前进。韦尔诺伊兴与外界的联系中断。报告显示，有10辆苏军坦克出现在布隆贝格（Blumberg），另有50辆出现在罗梅（Loeme）（此处地名似有误）以西。德军对贝尔瑙的反击失败。[237]

希特勒通过凯特尔下达指示，要求德国海军和空军尽快派遣部队，以接替第9集团军后方的国民突击队营，使他们回到柏林部署。[238]

14点55分，克雷布斯也向海因里齐下达了一道“原则性命令”：

只有凭借极端的决心和毅力，才能挽救帝国首都周边的危急局势——在这一点上，每个指挥官和士兵都有义不容辞的责任。中央集团军群/舍尔纳集团军群北翼发动的攻势，将很快稳定斯普伦贝格附近的局势。为实现这一目标，我们必须夺回科特布斯附近的阵地，并不惜代价坚守它，因为它充当着我军前线的基石。

第9集团军应加强从柯尼希斯武斯特豪森（Königs Wusterhausen）到科特布斯的封锁线，并在这条战线上继续坚定攻击进攻柏林南部之敌的纵深侧翼。此外，该集团军还应坚守从科特布斯至菲尔斯滕贝格的当前战线，并将其北翼撤至菲尔斯滕贝格–米尔罗瑟–菲尔斯滕瓦尔德一线，以便立即提供部队，填补大米格尔湖附近的空隙。

施泰因纳集团军群必须强力出击，收复高速公路沿线的防线。

第3装甲集团军必须歼灭奥得河上最后的敌方桥头堡，将兵力释放出来，准备好向南攻击敌军的侧翼。

柏林防御地带的主体将由凯瑟上校指挥，并直接听取元首本人的命令。雷曼将军将带领一个临时参谋班子专心领导柏林南部的战线，并继续由维斯瓦河集团军指挥。在较大规模的战术单位进入柏林防御地带之后，其战术指挥部（即集团军指挥部或军部）将接管防区的某些地段，防区内的部队应做好服从其指示的准备。[239]

克雷布斯的命令再次凸显了德军通信的混乱——由于柏林以外形势的

发展，该命令已毫无时效性可言。另外，戈培尔不信任雷曼，也拒绝让剩余的守军离开柏林，于是，柏林的指挥权最终被转给了凯瑟上校，后者将唯希特勒马首是瞻。

当天，集团军群的后勤参谋冯·吕克尔特发表了一份题为《供应状况评估》（*Beurteilung der Versorgungslage*）的报告。令人惊讶的是，尽管其宣称燃油库存急剧减少，但供应情况总体稳定。不过，第9集团军似乎出现了补给紧张，他们奉命与各防区指挥官接洽，从柏林的库存中获得补充，尤其是燃料；一列本应开往德军南部的运油火车也被划拨到该集团军麾下，另外，他们还获准动用陆军最高司令部存放在路德维希斯费尔德（Ludwigsfelde）附近的弹药和零备件。该报告还提出了一个问题，即特普钦（Töpchin）的弹药库是否会落入敌人手中，分析得出的结论并不乐观。在第3装甲集团军的防区，最大的问题是储存在斯德丁的40000吨煤——苏军已夺取了科比措（Kolbitzow）①的德国桥头堡，并为他们控制舍伊纳（Scheune）铁路岔口创造了机会。如果这些煤炭落入敌手，德国的国家铁路将仅能靠存煤运转5至6天。这导致德军紧急下令，必须把可用的木材向西转移。[240]

无线电和电话记录摘要

0点30分，海因里齐致克雷布斯。海因里齐向克雷布斯表示，他接到命令，集团军群必须坚守现有前线，同时抽调一切兵力，支援岌岌可危的第9集团军侧翼。海因里齐对元首做出的这一决定表示由衷遗憾，因为它完全不切实际，不仅不会成功，更违背了元首本人的利益。海因里齐还表示，他应当面见元首，并告诉他“我的元首，由于这道命令将影响您的安危（作者按：因为希特勒本人就在柏林），我请求您将我革职，并任命别人。我将作为一名国民突击队继续履行职责，与敌人作战！”克雷布斯回答说：“元首希望你遵照命令，竭尽全力封闭缺口，在靠东面的地方构建一条连贯防线，同时抽调一切有生力量，而无需考虑柏林的防务。”[241]

---

① 即今天波兰境内的科乌巴斯科沃（Kołbaskowo）。

0点某分，海因里齐致德特勒夫森。海因里齐表示，他已下达命令：“明天，增援部队将占领施潘道和奥拉宁堡之间的战线，并在下午发动进攻，打击敌方坦克师。”这些部队包括了施泰因纳的残余兵力，以及1个工兵营、2个党卫队警察营和5个炮兵连。[242]

9点30分，海因里齐致雷曼。雷曼表示：“已召集了国民突击队营，但无法抽调更多人员，他们充其量是一群‘武装平民’，每人只有15到20发子弹，只能在完备阵地中进行防御战。”在交谈期间，海因里齐重申了对雷曼的指示：“调出所有人员，尽其所能，在远离柏林的地方保卫柏林。”[243]

9点45分，海因里齐致施泰因纳（作者按：当时，施泰因纳似乎请求归还该军下辖的几个师）：“北欧师和尼德兰师已投入战斗，目前无法撤出。集团军群将密切关注，以便稍后让这些部队回归党卫军第3（日耳曼）装甲军的建制。”[244]

10点45分，布塞致艾斯曼：“在党卫军第5军的右翼——科特布斯–吕本西北地区——只有党卫军第35警察师（来自第5军）。党卫军第32师位于雅恩师的北面。今天，装甲军的（第169步兵师）位于菲尔斯滕瓦尔德及以西地区。另外，只要奥得河畔法兰克福仍被宣布为要塞，我们便无法撤军。第5军局势依旧危急，情况完全不明。[245]

11点15分，陆军最高司令部作战局（下属具体科室不明）致海因里齐：“如有可能，应当让第3海军步兵师一部替换第25装甲掷弹兵师。元首对此非常重视。第3装甲集团军司令必须前往南翼的敌军主攻方向，亲自控制当地的局势。”[246]

11点40分，海因里齐致布克哈特·缪勒–希勒布兰德（Burkhart Müller-Hillebrand）少将（第3装甲集团军参谋长）：“方针：第3集团军总部做好调动党卫军第3（日耳曼）装甲军的准备。”[247]

12点30分，布塞致海因里齐。在交谈中，布塞对第56装甲军表示了担忧，因为在他看来，该军正在擅自行动。海因里齐要求布塞向柏林以北调集兵力，因为当地已非常危险。但布塞回答说，他“……无法在北部建立稳定的战线……车辆和汽油短缺。”[248]

13点10分，布塞致艾斯曼：“我们没有足够的机动车辆运送一个师。位于德布里茨的第56装甲军军部必须自行筹集交通工具。从今日起，原柏林防御地带（即南部战线）隶属于第9集团军，立即生效。”[249]（作者按：第56装甲军军部位于德布里茨的错误报告引发了一连串悲剧。布塞认为魏德林已经擅离职守，正在率部向西逃窜，并下令将他枪决，元首地堡也表示同意。魏德林得知此事后立刻向元首地堡辩解。他的军部正在前线后方1—2千米处，与敌军陷入激战。希特勒被这一事实说服，立即命令魏德林向柏林转移，并要求这位新任城防司令直接向他本人负责。战火就这样被引向柏林，并让海因里齐的努力毁于一旦）

13点20分，海因里齐致艾斯曼：“施泰因纳应接管奥拉宁堡地区、第56装甲军和党卫军第3（日耳曼）装甲军。”[250]（作者按：海因里齐误认为第56装甲军在柏林西部，并暗示施泰因纳将其接管——它也是前线混乱的缩影之一，因为该军仍在魏德林的率领下在柏林以东作战）。

13点35分，克雷布斯致艾斯曼：元首同意继续从法兰克福要塞撤军，并撤销当地的要塞地位。”[251]

13点40分，艾斯曼致克罗恩（作者按：此时克罗恩可能暂时担任施泰因纳的作战参谋）：“党卫军第3（日耳曼）装甲军军部立即向奥拉宁堡地区转移，在当地接管第101军和第56装甲军。”[252]

13点50分，金策尔致艾斯曼：“施普雷河集团军集群和柏林防御地带司令（即第3军区司令）将立即由第9集团军指挥。”[253]（作者按：但14点之后，情况发生了变化）。

16点45分，雷曼致艾斯曼：“保卫柏林的做法与命令相悖。第56装甲军位于彼得斯哈根，并被迫继续在当地保卫东部地区。”[254]（作者按：此时集团军群已收到报告，意识到魏德林仍在柏林郊外作战。此处雷曼似乎在回答一个早先提出的、关于该决定是否真实的疑问）

17点05分，凯塞尔（Kessel）上将致艾斯曼。凯塞尔上将（第7装甲军军长）报告说，他已到达安克拉姆，当地还有第7装甲师和党卫军第4警察师。（作者按：这条记录令人困惑，因为第7装甲师尚未被划归到第3装甲集团军，而且仍然部署在更西面）[255]

17点45分，缪勒-希勒布兰德致艾斯曼：“方针：向奥得河军下属的F装甲歼击旅下达作战命令，迎击位于法尔戈夫（Fargow）–舍宁根（Schöningen）桥头堡之敌。如可能，应将第3海军步兵师调往第3装甲集团军南翼。”[256]

18点10分，冯·曼陀菲尔致艾斯曼：“党卫军上将施泰因纳刚收到元首直接发来的命令。施泰因纳表示，他应把第3海军步兵师、党卫军第4警察师、第25装甲掷弹兵师和第5猎兵师集结起来，向东南方的韦尔诺伊兴发动进攻，重建与第56装甲军的联系。（元首）表示，这对扭转战局至关重要——不成功，便成仁。施泰因纳一时不知所措，打电话向我（曼陀菲尔）寻求帮助。”[257]

18点15分，贝恩德–弗雷塔·冯·洛林霍芬（Bernd Freytag von Loringhoven）少校（元首地堡副官）致电海因里齐。在这次通话中，弗雷塔·冯·洛林霍芬联络海因里齐未果，接过电话的是冯·特罗塔。在电话中，弗雷塔·冯·洛林霍芬表示：“海因里齐必须立刻向克雷布斯汇报形势。”听罢，冯·特罗塔便做了以下介绍：

“柏林北部：3个小时前，有报告称苏军先头坦克部队出现在比斯多夫（Biesdorf）附近，即万德利茨以南、通往柏林–普伦茨劳的公路上。另有一支强大的坦克部队渗透到贝尔瑙附近的郊区。布兰肯堡（Blankenburg）、马尔肖（Malchow，此处为主攻地段）、法尔肯哈根和马尔赞（Marzahn）均遭到进攻。

柏林以东：11点整，第56装甲军位于吕德尔斯多夫的一块‘瓶颈’形阵地上，以及埃格尔斯多夫（Eggersdorf）以北，并未绕道前往德布里茨。敌军坦克先头部队穿过霍珀加滕，径直向比斯多夫前进，并穿过了这座村庄。还有一些坦克在吕德斯多夫和埃尔克纳镇外现身。菲尔斯滕瓦尔德显然已沦陷，贝尔肯布吕克（Berkenbrück）正遭到攻击！菲尔斯滕瓦尔德以北，敌军渡过施普雷河并站稳脚跟，目前正在准备架桥。第9集团军的北部前线遭遇多次攻击。在法兰克福南部，前线情况同样如此。

柏林以南：敌人从巴鲁特继续前进，已抵达泽伦斯多夫（Zehrensdorf）–温斯多夫（Wünsdorf）一线，但遭到我军反击。60辆敌军坦克在库默斯多夫（Kummersdorf）附近进攻。雅尼克多夫（Jänickendorf）和辛纳修道院（Kloster Zinna）均爆发了战斗。

总体形势：菲诺运河和第56装甲军战线北翼的缺口依旧敞开。在贝尔瑙附近，我方溃不成军，攻向柏林的敌人畅行无阻。在第9集团军的后方，位于北部的‘瓶颈’阵地已遭部分封闭。

请求：必须立刻命令第9集团军放弃阵地，以保护左翼安全，并从东南方抵达柏林要塞。”

弗雷塔·冯·洛林霍芬：“陆军最高司令部得到的消息显示，敌人从于特博格（Jüterbog）向特罗伊恩布里岑移动，并且正从东南方朝后一地点发动攻击。其间，（苏军）使用了坦克。在特罗伊恩布里岑以南，苏军坦克正在向尼梅克（Niemegk）前进。在于特博格，我们暂时守住了旧军营和新军营，炮兵学校则处于争夺中。贝利茨尚没有敌人。”

冯·特罗塔：“应速做决断，撤回第9集团军，否则，其补给线将被切断，并在柏林东南方落入包围。海因里齐对此非常关心。”[258]

18点20分，海因里齐致德梅齐埃：“请求第9集团军向左翼集中，向柏林东南方向撤退。”[259]

18点45分，克雷布斯与海因里齐之间的电话通话摘要（由艾斯曼录制）：

“海因里齐大将报告了形势，克雷布斯将军则转发了一道元首命令，要求在第101军南翼动用一切有生力量（即党卫军第4警察师以及被第3海军步兵师替换的所有部队）向南发动攻击，打通与第56装甲军左翼［位于吕德尔斯多夫和埃克尔斯多夫（Eckersdorf）一带］的联络——这道命令应不惜一切代价执行。海因里齐大将用令人难忘的方式描述了菲尔斯滕瓦尔德地区的最新形势。他警告说，第9集团军有被包围的可能，如果这一切真的发生，它将不可能再撤往柏林东南和当地的湖区附近，更不用说在当地构建新防线。相反，它将只剩下一条退路，那就是前往湖区以南，而且此举也刻不容缓。

海因里齐大将请求克雷布斯务必说服元首，否则他将辜负部队的信任。如果元首坚持如此，海因里齐将申请辞职，因为他不能接受这一安排。”[260]

实际上，海因里齐和克雷布斯通话的原文是这样的：

海因里齐：“鉴于菲尔斯滕瓦尔德附近的事态发展，我再次申请撤走第9集团军。我这么做是出于良心和对部下的责任。如若不然，请解除我的职务——也许您会找到一个更好的指挥官！我们将在沙米策尔湖一带及其东部陷入另一个包围圈。如果第9集团军不能在12小时内从奥得河畔向西撤退，就会在劫难逃。布塞赞同我的观点，甚至每位主官都是如此想法。第9集团军绝不能陷入包围，它必须打开一条生路，用于柏林的防御。”（作者按：海因里齐指的是保卫柏林的东部外围，而不是城市本身）

克雷布斯：“元首将对这道命令负全责。”

海因里齐：“这是没有意义的，我必须凭着良心给下属一个交代。”[261]

20点35分，克雷布斯致海因里齐。克雷布斯在电话中称：“元首说他不会收回成命，目前的前线必须坚守。也只有如此，第9集团军才能向南发动进攻并摆脱困境。即使柏林的南部前线移动到卢肯瓦尔德–柯尼希斯武斯特豪森一线，他也不会有任何让步。”[262]

23点整，德特勒夫森致冯·特罗塔。德特勒夫森将军报告说：“陆军最高司令部向您派遣了一个装甲歼击旅，该旅由穆勒（Müller）中校指挥，下辖10个连（1500人，装备了突击步枪、80挺机枪和2200具铁拳火箭筒），另外还派遣了1个要塞机枪营和1个工兵设障营。”[263]

23点20分，迪尔旺格尔（Dürrwanger）少校与陆军最高司令部作战局之间的电话记录：

1. 集团军群已经截留了对德布里茨的弹药供应。由于装备易北河设障旅（Sperrbrigade Elbe）势在必行，弹药必须在今晚拨付。明天清晨，该单位就将进行部署。

2. 位于德布里茨的第410国民炮兵军第6营装备有12门21厘米迫击炮，他们将被配属给维斯瓦河集团军。该营将在明天完成作战准备，其运输需要20辆卡车。

3. 集团军群必须提供20辆卡车，并向陆军最高司令部作战局第2股（OKH Operations Staff, Group Ⅱ）报告该在何处进行接运。[264]

其他相关指示、命令和报告

1. 在元首地堡，海因里齐、温克和舍尔纳碰头召开作战会议。

2. 希特勒下令启动克劳塞维茨行动，柏林进入防御状态。

3. 各部队共俘获54名苏军。[265]

4. 以下部队被编入第3装甲集团军：奥拉宁堡城防司令及其下属部队、第1空军训练师（1.Luftwaffe Ausbildungs Division，师部位于利本瓦尔德）和帝国保安处第1警备营［1.Alarm Abteilung of the Reich Security Office，位于达姆斯米勒（Dammsmuehle）］等警戒部队、第1098掷弹兵团（来自549国民掷弹兵师）和第281步兵师。[266]

5. 以下部队被编入第101军：党卫军第49装甲掷弹兵团、第549国民掷弹兵师、第2海军警备团、第3海军警备团。[267]

6. 第406国民炮兵军由奥得河军指挥。[268]

国防军最高统帅部的作战日志

国防军最高统帅部仍位于万湖。在1500人中，有1100人被解散，其余400人继续留任。国防军最高统帅部讨论了在贝希特斯加登设置作战司令部的可能性，以及一旦希特勒逃离柏林，该如何让“堡垒”①持续运转。[269]该日志最后总结道：“……但目前，这个‘堡垒’依旧有名无实。”他们还要求在斯德丁和柏林建造更多的反坦克工事，但在苏军的进攻之下，这道命令根本无法实现。[270]

总结

4月21日，奥得河前线的战况已无法挽回。德军部队全面溃退，苏军则获得了向柏林长驱直入的机会。事实上，奥得河前线的战斗已经结束。如果把苏军4月14日至15日的进攻也计算在内，他们实际用6天的苦战才达成了目标。同一天，希特勒发布了“克劳塞维茨命令”，宣布柏林成为要塞。海因里齐根本来不及把所有战斗人员撤出城市，相反，由于局面混乱，柏林将不可避免地

① 即前文所述的民族堡垒。

沦为战场，他的努力也全部化为泡影。根据误报，第56装甲军已撤往柏林西面，布塞为此下令枪决其军长魏德林。在希特勒的命令下，魏德林率部进入柏林——有史以来最宏大的巷战即将在这里爆发。

冯·曼陀菲尔的部队继续坚守着奥得河沿线，但有一些地点已岌岌可危。苏联人开始在斯德丁南部站稳脚跟。

第9集团军继续苦守奥得河一线，同时还要面对苏军在两翼的威胁。随着法兰克福要塞不再是“堡垒”，布塞得以从市内抽调部分兵力，将其投入到其他战线。但另一方面，他仍无法从这座城市撤军，还被迫坚守奥得河沿岸。在北面，朱可夫继续推进，局势异常严峻，德军向危险地段投入了施泰因纳的党卫军第3（日耳曼）装甲军，试图打通第3装甲集团军和第9集团军的联系。但施泰因纳麾下没有战斗部队，他立即要求调回尼德兰装甲掷弹兵师和北欧装甲掷弹兵师，但是这个要求根本无法实现。上述两个师都疲于奔命，损失惨重。他的要求表明，很多高级指挥官根本不了解第9集团军的战术态势。

在这一天，海因里齐还两次提出辞呈——希特勒对集团军群的干涉让他心烦意乱。海因里齐无法遏制苏军的突破，第9集团军被围也成为定局，这些辞呈似乎是为了阻止希特勒插手，为自己赢得一点指挥自由权。如果第9集团军在4月20日获准收缩战线，布塞便可能进入一处有利阵地，并在4月22日至23日之前，其部队战力尚存，燃料和弹药储备充足时，攻击西进的朱可夫或北上的科涅夫（其中后者更为现实），甚至重创意在夺取柏林的苏军。

4月22日

海因里齐在军事研究文件MS T-9中写道：

让我们把目光转回第3装甲集团军的战斗，应该指出的是，4月22日，集团军群收到了一个坏消息，强大的苏军坦克部队占领了集团军南翼的贝尔瑙，正在向奥拉宁堡急进，一同行动的还有一个骑兵师和许多摩托化步兵。

原本该在当地作战的北欧装甲掷弹兵师杳无踪影。后来才知道，他们已根据希特勒的命令开赴柏林，并用来保卫城市——集团军群和第9集团军对此一无所知。

按照报告，俄国人从贝尔瑙向西继续进攻，突入了梅克伦堡湖区（Mecklenburg Lakes）的后方地带，他们的行动不仅威胁到了第3装甲集团军的深远侧翼，还让柏林的西部前线陷入了危险。阻止苏军封闭柏林西部出口的唯一自然屏障，是奥拉宁堡和施潘道之间的哈维尔河，当地只有国民突击队驻守，而且守军也毫无经验。感谢上天，几天前，集团军群曾把第3海军步兵师从沃林调往奥拉宁堡，但在当天，该师只有2个营抵达，其他列车则因为空袭等原因延误，至于卡车则缺乏燃料，无法开展运输。因此，集团军群请求克雷布斯将军动员德布里茨训练场的所有单位，用卡车运输到施潘道，与奥拉宁堡的海军步兵营一同巩固哈维尔河的防御。这片区域从埃伯斯瓦尔德桥头堡（含）一直延伸到奥拉宁堡和施潘道，不久前刚被党卫军上将施泰因纳接管。在奥拉宁堡附近，施泰因纳在哈维尔河的渡口组织起防御；还有一些零星部队从德布里茨赶来，并被派往费尔滕（Velten）以东和以南的哈维尔河沿岸。

4月22日晚间，抵达哈维尔河的苏军立即开始进攻。海军营丢掉了奥拉宁堡在河东岸的部分，只有西部也许还掌握在他们手中。但敌人并没有从当地强渡河流，而是选择了柏林北部靠近亨宁斯多夫（Henningsdorf）的一处森林，在那里，他们发现，有一片河段守备松懈，甚至没有守军。于是，敌军毫不犹豫地开始在森林中砍伐木材，利用它们和橡皮艇横渡河流。他们成功了。在追击敌军期间，凭借果断和勤奋，敌人克服了前进途中的最后一道障碍——哈维尔河。

与此同时，波兰第2集团军（作者按：与苏军并肩作战的两个波兰集团军之一，并采用了苏式装备）[①]则调转方向，向埃伯斯瓦尔德桥头堡逼近，他们将面对第5猎兵师、第25装甲掷弹兵师以及在弗里岑附近被摧毁的各师残部。随后，该集团军对桥头堡发动了猛烈攻击，城镇东侧有从弗赖恩瓦尔德延伸过来的公路，这里的战斗尤其激烈。从吸引敌军的角度，桥头堡发挥了作用。在埃伯斯瓦尔德和奥拉宁堡之间，漫长的敌军纵队向西前进，完全没有理会菲诺

---

① 此处叙述有误，应为波兰第1集团军，下同。

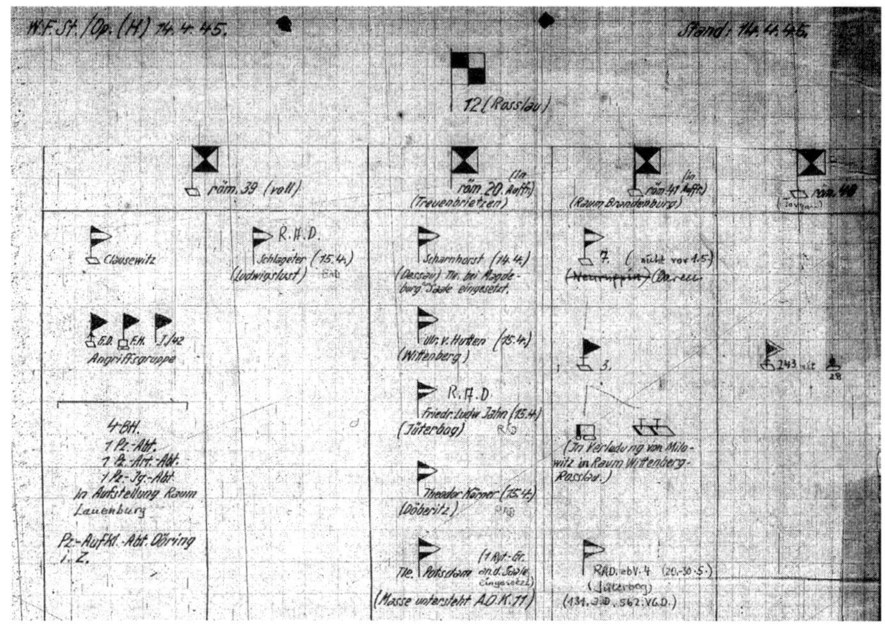

第 12 集团军 1945 年 4 月 14 日时的编制表。在该集团军下辖的各师中，有许多来自帝国劳工组织，以战争最后阶段的标准，这些部队得到了相对较好的装备和训练。

运河沿岸、党卫军上将施泰因纳麾下的几个空军补充旅。鉴于敌方的行为，集团军群决定对苏军侧翼发动有限进攻，以便从北方遏制其推进。但进攻部队从何而来？由于没有能让我军进行远程机动的装载点，唯一的办法是从邻近地区调兵。为了达到预定效果，进攻必须尽快展开。[271]

致陆军最高司令部的作战简报摘要

致陆军最高司令部：

今天，敌人继续向柏林防御地带前进，并出现在帝国首都防御圈的东部、东北部、北部和南部。

在东部，敌军在艰苦的巷战后攻入克珀尼克（Köpenick）。我军在反攻中夺回了当地的火车站。在东北部，敌军的坦克先头部队突入腓特烈斯菲尔德（Friedrichsfelde），还有敌人从魏森湖朝南和西南方前进，并在利希滕贝格（Lichtenberg）西北部突入内层防区。

敌军试图从西部切断帝国首都与外界的联系，其矛头已抵达施潘道以北的亨宁斯多夫、上诺因多夫（Höhen Neuendorf）和比肯韦德（Birkenwerder），并继续向南方和西南方向运动。

在奥拉宁堡，城市的南部陷落。在卢肯瓦尔德和措森之间，我军薄弱的警戒线被敌人逼退，对方已抵达贝利茨–施图肯（Stücken）–布兰肯塞（Blankensee）–居特菲尔德（Güterfelde）和施坦斯多夫（Stahnsdorf）一线。

第9集团军的局势大幅恶化。敌人在三个关键地段投入强大的步兵和坦克部队，试图撕裂该集团军的战线。

科特布斯失守。通过投入重兵，敌军正在继续取得突破。

在法兰克福以南，苏军刺穿我军战线，夺取了比根（Biegen）和雅各布斯多夫（Jakobsdorf）。

在北部，苏军猛攻遭到削弱的德布里茨师、库尔马克师和尼德兰师，一直抵达高速公路。

由于缺少弹药和燃料，第9集团军已很难坚持战斗。在第3装甲集团军的前线，敌人正在继续扩大桥头堡，其位置从加尔茨一直延伸到斯德丁，宽20千米，纵深达2至3千米。[272]

以下是第3装甲集团军提交的一些战况摘要。

第3装甲集团军致维斯瓦河集团军群：

在奥拉宁堡和埃伯斯瓦尔德两侧，白俄罗斯第1方面军正分别向西方和西北方向施加压力。苏军取得了一些成功。白俄罗斯第2方面军下属的2个集团军占领了奥得河西岸的部分地区，加强了桥头堡，并将它们连成一片，试图作为突破的出发点。虽然我军战斗机和高炮分别击落了18架和6架（苏军）飞机，但面对对地攻击机，我方仍然难以开展机动。在坦克支援下，苏军沿高速公路两侧发动攻击，但被我方击退，损失了22辆坦克。在格赖芬哈根地区，敌军已推进至梅切林，由于守军实力薄弱，局势已危在旦夕。

我军炸毁了桑德豪森（Sandhausen）和萨克森豪森（Sachsenhausen）的桥梁。由于施泰因纳集团军集群的兵力不足，无法阻止敌军，我们认为，苏联人将很可能在明天从奥拉宁堡的南部和两侧渡河。[273]

第 3 装甲集团军致维斯瓦河集团军群和陆军最高司令部的作战报告

第32军：在第549国民掷弹兵师境内，上扎登在激战后沦陷，[274]斯德丁地区遭遇了密集的袭扰炮击。[275]

奥得河军：有苏军渗入青年旅舍（Jugendherberge）及其以北的森林。俘虏证实，席勒斯多夫有架桥活动。在重炮火力的掩护下，苏军对上扎登发动攻势，导致当地再度沦陷。[276]他们还扩大了梅切林桥头堡，并推进至坦托（Tantow）东部。[277]在加尔茨附近，该军的防线全面崩溃，施塔费尔德（Staffelde）附近的森林地带也落入敌手。第610师遭遇强大进攻，被迫向西和西北方向撤退。[278]第281师也在高速公路两侧遭到攻击，但挫败了对方的突破企图，并击毁12辆坦克；[279]在其左翼方向，守军被击退至科比措。[280]

第46装甲军：该军在施韦特东北部击退了进攻。苏军在自动火器和重迫击炮的掩护下四次对这座城市实施攻击，但都被第547国民掷弹兵师击退。据报道，在腓特烈斯塔尔附近，苏军也在对地攻击机的支援下两度来犯，而且攻势猛烈，一度在第547师的战线上撕开了一个小口子，但德军通过反击收复了失地。[281]

第101军：第25装甲掷弹兵师没有发来报告，苏军则在索默菲尔德（Sommerfeld）–下菲诺一线不断施加压力。当天晚些时候，索默菲尔德被苏军攻占。[282]此外，他们还攻击了斯佩茨豪森（Spechtshausen），并击退了该军的下属部队。在埃伯斯瓦尔德，苏军进攻受阻。[283]

施泰因纳集团军集群[284]致维斯瓦河集团军群和陆军最高司令部的作战报告

该集群派出的侦察部队被击退至奥拉宁堡东南方的列尼兹（Lehnitz）。[285]除此之外，该军没有传来任何后续报告。[286]尽管希特勒一再威逼，施泰因纳并没有按照命令发动反击，封闭破碎的战线。为争取时间，施泰因纳很可能向元首地堡表示，他的部队尚未做好进攻准备。海因里齐下达的一道后续命令很可能便是由此催生的。由于施泰因纳几乎是我行我素，在命令中，海因里齐语气急切，而且他尤其担心第3装甲集团军和第9集团军失去联系。在当时，形势似乎还可以挽救。施泰因纳越早发动攻击，缺口就越有可能被填补。

命令是在傍晚发布的，其中这样写道：

1945年4月22日

致：党卫军上将施泰因纳，党卫军（日耳曼）装甲军军长

另请抄送第3装甲集团军

必须在今晚（4月22日）攻击西进之敌的纵深侧翼，不必等待迟到的攻击部队就位。第一批目标是温希肯多夫–万德利茨（Wandlitz）–高速公路一线及其东部。

这次进攻具有决定性意义，你必须为胜利竭尽全力，并在行动开始时向我汇报。

维斯瓦河集团军群总司令

签字：海因里齐大将[287]

第 9 集团军致维斯瓦河集团军群和陆军最高司令部的作战报告

第56装甲军：在激战之后，魏德林撤退到了柏林外围防御圈的米格尔湖和胡诺（Hönow）之间，[288]苏军则深深刺入了该军的前线。明谢贝格装甲师残部发动反攻，夺回了克珀尼克。该军与第9集团军的无线电通信全天中断。[289]

党卫军第11装甲军：该军在一次反击中挫败了15辆苏军坦克渗透特雷普林（Treplin）的企图。在德布里茨师和尼德兰师战斗群的防区，60辆苏军坦克夺取了法尔肯哈根和阿伦斯多夫。德布里茨师损失惨重。另有报告显示，海纳斯多夫–施泰因赫费尔公路沿线爆发了激烈的战斗。库尔马克装甲掷弹兵师正在坚守布赫霍尔茨–诺因多夫–菲尔斯滕瓦尔德一线，并摧毁了27辆苏军坦克，但布赫霍尔茨仍在晚间陷落，伍尔科和布赫特（Buchte）也被苏军占领。18点之后，苏军在哈特曼斯多夫的南北两侧横渡施普雷河。[290]在菲尔斯滕瓦尔德，全天都在上演逐屋逐户的激烈战斗。[291]

党卫军第5山地军：在施劳贝哈默（Schlaubehammer），该军击退了苏军

营级部队在坦克支援下的进攻。但霍亨瓦尔德（Hohenwalde）和普列斯特贝格（Priesterberg）在21辆苏军坦克的攻击下沦陷。苏军还用30辆坦克对利希滕贝格发动攻击，但未能得手。[292]同样，他们在齐尔滕多夫（Ziltendorf）的进攻也以失败告终。[293]

法兰克福要塞：苏军占领了皮尔格拉姆（Pillgram）。要塞与第286步兵师失去联络。[294]当天下午，守军发动反击，试图将苏军逐出皮尔格拉姆村，但这次行动失败了。[295]

第5军：苏军在清晨时分突入科特布斯和吕本，两座城镇激战不断。[296]最终，该军放弃了科特布斯，吕本也在当天下午落入敌人手中。党卫军第36武装掷弹兵师肃清了所有突破之敌。之后，第5军将被并入党卫军第5山地军。在科特布斯至大普埃里茨（Groß Pueritz）之间，一道由第21装甲师和党卫军第32一月三十日掷弹兵师下属单位组成的警戒线已建立起来。[297]在党卫军第35警察师所在的大布里森（Groß Breesen）附近，苏军构建了一个桥头堡，由于持续不断的战斗，该师其余部队恐怕很难脱身。[298]

继前一天撤销法兰克福的要塞地位之后，希特勒终于发布命令，要求第9集团军有限收缩战线。该命令是在4点50分从元首地堡发布的：

致第9集团军：

元首命令第9集团军将东部战线后撤至科特布斯以北–派茨–利伯罗瑟–贝斯科（Beeskow）–施普雷河一线，并尽早利用释放出的有生力量在巴鲁特一带发动进攻，打击向柏林北进之敌的深远侧翼，同时，第12集团军的南翼也将从西面（即于特博格方向）发动攻击，与之形成呼应。

在最坏的情况下，第9集团军的南翼可以向布尔格（Burg）–布岑（Butzen）–施维洛赫湖–贝斯科一线撤退。

对于计划中的必要措施，集团军应及时通报其执行情况。[299]

柏林防御地带致维斯瓦河集团军群和陆军最高司令部的作战报告

面对来自东方的苏军，柏林的国民突击队单位表现乏善可陈。其中大部分都损失惨重，只有少数部队抵抗意志坚决。在一次战斗中，沿109号帝国公路守卫柏林外围的国民突击队报告击毁了48辆苏军坦克。[300]

随着柏林与外界的联络中断，戈培尔意识到，他需要人手保卫这座城市。看到国民突击队正被蓄意调走，戈培尔说服了希特勒。陆军最高司令部不久发出指令，要求利用新兵替换在柏林外围的国民突击队营，以便让后者返回市内。但不愿看到战火烧向柏林的海因里齐似乎反对这种做法——他还下达了一道指示，要求当地的纳粹党官员不得向国民突击队随意发布命令，并禁止后者在换防完成前进入市区。这大大减慢了国民突击队营返回柏林的速度。随后，海因里齐还根据前一天凯特尔的要求，通过艾斯曼向柏林防御地带和第3军区司令部下达了一道命令：

为替换柏林地区的30个国民突击队营，30个由空军和海军人员组成的行军营（Marsch Bataillon）将加入维斯瓦河集团军群，这些部队均由身体健全的年轻人组成。

根据第2军区司令部提交的报告，希特勒总部要求获得所有用于保卫柏林的、警备单位的情况。

根据第3装甲集团军的报告，该集团军后方的纳粹党官员正在把国民突击队从前线调往柏林。与陆军最高司令部商讨后，我们要求停止这种自行其是的做法，因为只有集团军群才知道哪里的局势最危急，最需要替换和调遣这些国民突击队，但大区领袖和国民突击队的指挥人员则不然。[301]

白天，柏林的防御进行了重组，并对第56装甲军做出了指示。

致第9集团军和柏林防御地带司令：

转发至凯瑟上校（并通报第3装甲集团军）

我们将按照元首指示，在柏林防御地带执行以下命令，并要求一切行动均以此为准。

1.凯瑟上校负责领导柏林防御地带及其所有参谋人员，并由元首直接指挥。

2.雷曼中将带领一个临时参谋部门接管柏林南部前线，并由维斯瓦河集团军群调遣。

一旦有大部队进入柏林防御地带，其战术指挥部门（如集团军司令部和军部）可以接管防区的某些地段。根据这一精神，特命令第56装甲军军部接管柏林防区东部战线的现有部分。

维斯瓦河集团军群司令部

参谋长

签名：冯·特罗塔少将[302]

傍晚，在凯特尔和约德尔的怂恿下，希特勒以严厉的口吻，通过维斯瓦河集团军群向第9集团军下达指示，要求他们和第12集团军一起发动进攻，阻止科涅夫继续前进（参见4月23日的无线电通话记录和给第12集团军的后续命令，其全文将在随后给出）。第一份命令的落款日期为4月22日，并于次日，即4月23日清晨4点50分发送。在命令中，希特勒允许布塞向北收缩战线，抵达科特布斯-派茨-利伯罗瑟-贝斯科一带，以便释放有生力量，与西面的第12集团军携手朝巴鲁特前进。[303]次日，即4月23日，第9集团军又在22点04分收到了希特勒的后续指示。

元首要求第9集团军进行下列后续作战行动：

1. 只有凭借极端的决心和毅力，我军官兵才能克服柏林周围的危急局势。中央集团军群（即舍尔纳集团军群）北翼的进攻将很快取得胜利，施普伦贝格附近的战局也将得到稳定。为此，我军必须竭尽所能，重新夺回科特布斯，它也是我军阵地的关键一隅。

2. 第9集团军应加强柯尼希斯武斯特豪森至科特布斯一带的封锁线，并从这条战线上持续而坚定地发动攻击，打击突向柏林南部战线之敌的深远侧翼。该集团军应守住科特布斯到菲尔斯滕贝格的当前战线，并将其北翼后撤至菲尔斯滕贝格-米尔罗瑟-菲尔斯滕瓦尔德一线，以便立即释放有生力量，填补大米格尔湖附近战线的空白。

***

维斯瓦河集团军群的补充指示

为此，第9集团军必须：

1. 向柏林以东、第56装甲军所在的前线增兵，保护当地的安全，

2. 从东部前线抽调一个师，并将其派往利伯罗瑟地区，

3. 建立一支阻击部队，封闭我军战线在大米格尔湖东南方的缺口。

上述措施的执行情况必须尽早、逐师地向集团军群汇报。

维斯瓦河集团军群总司令

签名：海因里齐大将[304]

随着苏军从四面八方逼近柏林，希特勒下令摧毁哈维尔河上的桥梁——这条河流从南向北流经柏林西部，即第3装甲集团军的后方。为了兑现对施佩尔的承诺，海因里齐迅速向第3装甲集团军、柏林防御地带司令和第3军区司令部下达指示，试图避免不必要的爆破。他的命令上写道："元首同意对哈维尔河上重要战术渡口进行爆破。但鉴于这些渡口在军事和经济上的重要性，任何行动都应得到集团军群的批准。"[305]海因里齐还准备阻止高层保卫柏林、按计划摧毁这座城市的企图，甚至不惜忤逆元首地堡、国防军最高统帅部和陆军最高司令部。

无线电 / 电话记录摘要

10点30分，布塞致海因里齐。

布塞："由于本人必须撤离，只能简单说一下情况……科特布斯有战斗进行……第5军没有报告……党卫军第11装甲军遭遇猛烈进攻……第56装甲军已撤退到柏林东郊。（第9集团军的）侧翼完全暴露……"

海因里齐："我命令：立刻从法兰克福撤退。派遣9个营加强左翼。"

布塞："我已无法打开通道。"（作者按：布塞想表示的是他已被包围）

海因里齐："我知道，但这是命令。"

布塞："法兰克福只留2个营。请命令我们向西突围，我将把先头部队调往左翼后方，否则（部队）就会溃散，重演华沙的情况。

如果多滞留一天，我的集团军将四分五裂；我决定暂时撤退到贝斯科–菲尔斯滕瓦尔德一线，同时抽调兵力，向措森推进，封闭当地的缺口。随后，集团军将在波茨坦两侧建立新的防线。但大局已定，这一部署已无法对战役结局产生影响。”

海因里齐：“我完全同意你的请求，并向上级汇报了情况。”

布塞：“我认为现在已别无选择，我必须对下属负责，如果此举得不到批准，那么就另请别人接替我的职务（即集团军司令）。”（作者按：布塞要求上级解除他的职务）

海因里齐：“但法兰克福的部队必须立刻向西转移，抵达左翼后方。”

布塞：“在此期间会有2—3个营溃逃。”

海因里齐：“柏林已被置于第9集团军的指挥下，雷曼将军将对此负责。”

布塞：“但我今天已无法向他发送电传……通信快中断了。”

海因里齐：“我会暂时代劳。”

布塞：“我将继续等待批准或救援。”[306]

11点04分，克雷布斯致海因里齐。

海因里齐：“斯德丁南部的桥头堡已不再扩大。当地有5—7个（苏军）师；奥得河前线可能面临后续进攻，否则就会……（难以辨认）。相关命令已经发出，正在执行中。桥头堡的情况：古索（Güsow）–我军；普里茨（Pritz）–我军；库劳–敌军；霍亨萨滕–敌军；席尔（Schill）–敌军（但高地仍在我军手中……）”

克雷布斯：“集结所有高射炮，派往桥头堡背后的奥得河谷。”

海因里齐：“在梅切林以南有一个小桥头堡；除此之外，奥得河前线的局面依旧稳定。以下是战线的走向：菲诺运河（我军）；下菲诺–索默菲尔德–斯佩茨豪森湖（Spechtshausen See）……（难以辨认）。施泰因纳正在建立攻击出发线，其投入部队包括：5个装甲歼击营、2个党卫队警察营、1个工兵营和5个炮兵连。（攻击出发线）从泽彭施鲁塞（Zerpenschleuse）延伸到万德利茨，从利本瓦尔德延伸到温肯多夫（Wenkendorf），从奥拉宁堡延伸到当地东南。第一次进攻朝向东南，目标是比肯韦德–万德利茨一带，意在与柏林北郊的友军建立联系。如果不向东南方进攻，他们将别无出路，只会陷入绝境。施泰因纳几乎没有正规部队，（当前部队）完全不适合攻击。今天，第3海军步兵师的一个团抵达。施潘道–奥拉宁堡一带的战线正在建立，但详细报告尚未传来。比肯韦德方向上有战斗的声响。雷曼全权负责柏林一带。第56装甲军军部将前往柏林南部；由于第9集团军已无法向雷曼发布命令，从现在起，雷曼将由集团军群直接指挥。雷曼在南部战线的部队非常薄弱。当地的情况极为危急。"

克雷布斯："雷曼不应该总是撤退；仅昨天，雅恩（师）就狂奔了40千米！"

海因里齐："雷曼命令过，即使敌方先头坦克部队达成突破，也不得撤退。丢掉大贝伦（Groß Beeren）的团长将被送上军事法庭。（作者按：笔者相信，该团长来自雅恩师）我已再次向雷曼做出指示，任何人都不能后退一步。最让我担心的是米格尔湖两岸的局势。前线已不复存在。布塞报告说，他的北翼（已灰飞烟灭）……第56装甲军在柏林郊外被分割为三部分，正在抵抗敌军坦克部队。该军的军长正在上舍内魏德（Oberschöneweide）的指挥所抵御敌军。在马尔斯多夫（Mahlsdorf），我军投入13辆坦克发起反攻。霍恩舍恩豪森（Hohenschönhausen）北部有一处（突破）；我军部队只能进行（有限）抵抗……（他们）将很难坚持下去。"

克雷布斯："敌人将从北方和南方包抄柏林。"

海因里齐："第9集团军的整个战线都遭到了猛烈攻击。他们已从法兰克福南部突破到皮尔格拉姆，切断了当地驻军与外界的东西向联系。在科特布斯和吕本，战斗正在进行；敌人从东南进攻！鉴于局面如此紧张，我们必须把每个人都撤出东部战线。也正是因此，布塞将军才会报告说，如果我们不采取任何行动，第9集团军今天晚上就会四分五裂，柏林南部地区将门户洞开！如果要守住柏林，该集团军就必须撤退。"

克雷布斯："但元首并不同意。放弃科特布斯意味着，我军将再也无法封闭与中央集团军群之间的缺口。"

海因里齐："但中央集团军群的反击需要几天才能打响，届时第9集团军将不复存在，而且科特布斯和柏林之间的缺口已经太大，根本无法挽回局面。

现在，第9集团军已无法抽调有生力量向南发动进攻，否则，敌人就会有机可乘，从当地发动突破。”

克雷布斯：“但缺口只位于科特布斯和施普伦贝格之间。当务之急是尽快将其封闭。”

海因里齐：“我坚信，向柏林南部前线增兵更为重要，因为它的局面最为危急。如果第9集团军没有撤退，它将被歼灭，无法投入后续的战斗，元首的指挥更无从谈起。布塞将军认为他们应首先撤退到科特布斯–利伯罗瑟–贝斯科一线，以便加强米格尔湖两侧的防御。从法兰克福抽出13个营完全不现实。他可能调出10个营，其余则会溜之大吉。由于士气等现实原因，这一决定已无法执行。因此，法兰克福方向保持着原有局面。布塞必须接管米格尔湖两侧，巩固他的战线。在米滕瓦尔德（Mittenwalde）至柯尼希斯武斯特豪森一线只有国民突击队。”

克雷布斯：“我们必须让侧翼部队在梅尔基施布赫霍尔茨（Märkisch Buchholz）一带会师。”

海因里齐：“部队将被迫从70千米外的古本步行到当地！集团军对此持绝对的反对意见。他们夺回了菲尔斯滕瓦尔德当地以西的桥头堡和吕本北部。在科特布斯，战斗仍在进行。你这么做，一面是在钉死我的部队，还要告诉我，我必须竭尽全力（避免）包围，如果不然，就会（受到）元首的羞辱。你们既不赞成我的意见，也不批准我的辞呈，还不允许我撤出部队——这么做都是为了保卫元首！布塞也想不到其他方案，请求立刻辞职。”

克雷布斯：“元首不批准撤退，是因为这会让德国南北一分为二。”

海因里齐：“但这种分裂已经存在！如果布塞不能后撤，我们还将失去第3装甲集团军，因为敌人会把开展钳形攻势的部队从柏林北部抽出，一举将其粉碎。我希望您能批准布塞的决定，届时，德国的南部和北部都能保住，如若不然，我们将只剩下南部。我需要您在13点之前做出决定。布塞的消息非常明确：由于进攻猛烈，压力沉重，再加上米格尔湖两侧的战线有缺口，第9集团军将在今天晚上四分五裂。我对此深信不疑！”

克雷布斯：“5点10分至7点之间，5—6辆敌军坦克出现在亨宁斯多夫附近的海利根湖（Heiligensee）；还有坦克从弗洛瑙（Frohnau）驶过……但没有后续部队，我认为其他地方的情况也是如此。”

海因里齐：“在第9集团军的北部战线不只有敌军先头坦克部队，还有主力，它们之前集结在屈斯特林附近，用于战役突破。”

克雷布斯：“警察步兵部队已赶到朗斯多夫（Rangsdorf）。”

海因里齐：“但只有第9集团军抵达，才能解燃眉之急。你难道不懂这些？（后续内容难以辨认）”

克雷布斯：“我将尽量上报。”[307]

11点50分，布塞致海因里齐：“科特布斯处境危急，已无法坚守。在党卫军第11装甲军方向，施泰因赫费尔已被敌人占领。步兵只能在一条广阔的战线上勉强占领阵地。我们必将遭遇来自北方的猛烈攻击。此外，敌军还从东面步步逼近，把我们赶往米尔罗瑟。（敌军的突破）根本无法肃清。结果，在施泰因赫费尔附近，第5军和党卫军第11装甲军之间出现了一个新缺口。第712师、第169师、库尔马克师、德布里茨师和尼德兰师陷入包围中。在明天，第5军必将无法维持其警戒线。”[308]

12点10分，海因里齐致克雷布斯：“在北翼、党卫军第11装甲军的战线上，敌军长驱直入，已抵达施泰因赫费尔！他们在东面也大举突破，正向米尔罗瑟前进！在这两个地点，（渗透之敌）无法肃清，这意味着危险！我们的各师已被包围！科特布斯彻底失守。第5军只能建立一条封锁线。我的看法是：局势危在旦夕！”[309]

12点30分，雷菲奥（Reifor，隶属于柏林防御地带）①致海因里齐。雷菲奥报告说，弗里德里希-路德维希·雅恩师正在擅自撤退。消息显示，该师下属的一个团已被切断，并在向西北撤退，海因里齐命令该团必须坚守阵地。[310]

14点10分，德特勒夫森致海因里齐。海因里齐：“（对于第9集团军的问题）必须给个决定。”德特勒夫森：“我无法联系上克雷布斯，我们上次联络是在2小时之前，克雷布斯已当面请求元首做出决策。”[311]

---

① 此处人名拼写有误，此人全名是汉斯·雷菲奥（Hans Refior），时任柏林防御地带参谋长。

14点50分，克雷布斯致海因里齐："谨传达元首的决定：同意将第9集团军的东北侧翼撤往菲尔斯滕贝格–米尔罗瑟–菲尔斯滕瓦尔德一线，并放弃法兰克福。"[312]（作者按：这一命令让布塞得以撤出奥得河畔法兰克福的守军，并缩短他的战线）

15点40分，施泰因纳集团军集群作战参谋致维斯瓦河集团军群作战参谋："今天已无法继续发动攻击。会议正在进行。我们找不到穆勒战斗群，按照计划，他们应派遣一支装甲歼击分队参与攻击。"[313]

下面的电话通话则非常有趣，因为它表明温克第12集团军的任务不是解救柏林，而是稳定第9集团军和第4装甲集团军之间的战线——它也再次凸显了柏林防御的特殊性。

16点35分，克雷布斯致冯·特罗塔/海因里齐。

克雷布斯："温克有3支部队（包括第7装甲师）可以在西面部署。建议利用它们为第4装甲集团军的右翼①的深远方向提供支持。我希望元首也支持这一决定。另外一个原因，是我相信英美联军不会渡过易北河。"

冯·特罗塔："我们不清楚这道命令的背景。布塞将军的北翼陷入激战。按照他的说法，德军战线会像肥皂泡一样一触即破。"

海因里齐："刚才和布塞将军谈过，他在法兰克福以北的战线已经崩溃，法兰克福–菲尔斯滕瓦尔德铁路线以南的部队也溃不成军。他无法再完成任何（任务），甚至无法干预西面的行动。（此处还有两句话，但原文已无法辨认）他将撤出法兰克福守军，但必须先把它们组织起来，明天无法抵达米格尔湖。要是他的请求被早些批准，也许能够成功。如果无法撤往科特布斯–普里茨–贝斯科–菲尔斯滕瓦尔德一线，那么（此处字迹难以辨认）部队将穿越湖泊，渡过施普雷河。布塞刚刚报告说，他没有向科特布斯进攻的兵力，更无法攻下它。"

克雷布斯："温克可能接到命令，向近卫坦克第4集团军的深远右翼发动

① 此处似乎为第4装甲集团军左翼之误，第4装甲集团军右翼在更南方，离温克的集结地超过200千米，很难想象它们该如何机动到此处。

攻势，应（向布塞）通知这一情况，以便提供援助。”

海因里齐：“如此最好。”

克雷布斯：“更为关键的是，第9集团军还必须奉命守住已呈弧形的前线。”

海因里齐：“但是（前线）过于漫长。最好收缩到贝斯科地区。”

克雷布斯：“元首反对这一提议。”

海因里齐：“布塞报告说科特布斯已彻底失守，虽然命令要求夺回该城，但他根本无力执行。我本人也筋疲力尽。”

克雷布斯：“今天，舍尔纳和温克将面见元首，以便做出决定。因此，守住那段弧形（战线）非常重要。他可能不会下达撤退命令，尤其是第3装甲集团军的。”

海因里齐：“我已经把事情告诉了曼陀菲尔。他那边的局势是：敌方桥头堡正在拓宽，但纵深依然有限。曼陀菲尔刚被革除了司令职务，继任者无法上任，只能漫无目的地到处徘徊，由于组织混乱，他发出了‘无法到岗’的报告。我们向他派遣了一名传令官，当时是在午夜！现在月光明亮。德布里茨的部队（即穆勒战斗群）尚未到达。”

克雷布斯：“现在已别无他法，只能利用温克的部队。”[314]

17点05分，布塞致海因里齐。

海因里齐：“克雷布斯刚刚告诉我，温克将向你这边前进。这就是为什么命令不让第9集团军撤退。建议：撤出第391师，命令其向西进发。”

布塞：“这将有助于集团军的主力突围——正合我意！”

海因里齐：“因此，你需要向第9集团军下达命令：撤出科特布斯和菲尔斯滕贝格之间的一个师，并将其调往西部，与温克会合。这必须尽快完成。”

布塞：“目前，我正在从吕本和梅尔基施布赫霍尔茨之间朝措森方向施压，试图给敌人制造麻烦。此外，东线的局势也趋于稳定。刚刚收到舍尔纳的无线电报，他已经填补了中路的缺口，并提到了一个稍纵即逝的机会，我们大家都应该继续前进。由于本人将朝施普伦贝格方向进发，我有必要知道舍尔纳将投入哪些兵力。我暂时无法查明情况，请为我提供帮助。我真的不知道该如何抽出必要的兵力。也许要向南进攻？在前线抽不出人的时候，这真的可行吗？”[315]

17点13分，弗雷塔·冯·洛林霍芬/克雷布斯代表陆军最高司令部和作战处致维斯瓦河集团军群作战参谋：“我们再次明确要求党卫军第3（日耳曼）装甲军发起进攻。但因为通信中断，他们遭遇了耽搁。道路被车辆堵得水泄不通。尽管如此，元首仍然希望进攻能在今天开始。克雷布斯将军会亲自与党卫军上将施泰因纳联络。”

17点20分，冯·凯塞尔（von Kessel）将军①致维斯瓦河集团军群作战参谋：“冯·凯塞尔将军向集团军群报到。”

17点45分，海因里齐致施泰因纳。

施泰因纳：“由于组织方面的原因，进攻部队仍在整队。但有些工作将在1小时内完成。”

海因里齐：“今天晚上，你必须整顿好所有抵达的单位。夜晚有利于进攻，最重要的是当机立断。元首下达的命令是：‘向温希肯多夫–万德利茨–高速公路前进。’

施泰因纳：“我保证，在一切就绪之后，部队就会出发。”

海因里齐：“海军步兵师下属的2个营已抵达，它们将开赴奥拉宁堡建立封锁线。”

施泰因纳：“穆勒战斗群已抵达，它们直到17点才出发。”

海因里齐：（最后一句话无法辨认）。[316]

18点整，海因里齐致缪勒–希勒布兰德：

海因里齐：“施泰因纳已接到命令——整顿队伍，在今天发动进攻。我还禁止第101军从桥头堡撤退，他们必须守住这里。施泰因纳必须与第25装甲

---

① 即莫蒂默·冯·凯塞尔（Mortimer von Kessel），第7装甲军军长。

掷弹兵师一起向南推进，（利用）15—20辆坦克在明天早上进攻，突向比森塔尔（Biesental）。”

缪勒-希勒布兰德：“掉队士兵已被编为一个团。”

海因里齐：“在这个地区，到处都是年轻人（作者按：即拦截的撤退人员）。他们都有武器，而且已被聚拢起来，其数量如此之多，可以组成一个整师。你要尽你所能，提供每日报告！”

缪勒-希勒布兰德：“第101军的形势危急；昨晚曼陀菲尔视察这支部队时，有高级军官在隔壁房间开枪自杀。”[317]［作者按：缪勒-希勒布兰德说的自杀者是谁还不清楚。他显然不是第101军军长弗里德里希·希克斯特（Friedrich Sixt）中将］

18点10分，第3装甲集团军作战参谋克罗恩少校致艾斯曼：

克罗恩：“奥拉宁堡出现危机。敌人渡过霍亨索伦运河，进入弗里德里希斯塔尔，还抵达了萨克森豪森大桥（被炸毁）和奥拉宁堡附近的桥梁，兵临哈维尔河沿岸！我军在列尼兹附近摧毁了一些坦克。幸运的是，有一个海军步兵团驻扎在奥拉宁堡，不过他们缺乏反坦克武器。我们已向第101军后方派出巡逻队。他们收拢了大约240人。”

艾斯曼：“太少了。逃跑的军人数以千计。曼陀菲尔说至少有5000人！”[318]

18点45分，党卫军第3装甲军参谋长致艾斯曼：“由于敌军的压力，在（菲诺）运河一线已很难设防。一个高炮团应当重组。施泰因纳没有（后续）消息。”[319]

19点05分，布塞致艾斯曼。布塞在无线电中表示，防御科特布斯地区的第5军请求增援。苏军突破了该城北部的新警戒线，对德军形成包围态势。此外，敌军还突入菲尔斯滕瓦尔德，并与守军展开激战。布塞报告说：“部队都奉命战斗到最后一人。”在苏军的巨大压力下，局势急转直下，布塞觉得他“怀疑部队能否安全撤往指定防线”。布塞设法与第56装甲军取得了无线电联络，并得到报告称，该军正在克珀尼克火车站战斗，并摧毁了6辆苏军坦克。[320]

21点30分，海因里齐致克雷布斯。

海因里齐：“必须用第3海军步兵师一部加强第3装甲集团军。由于奥得河方向的局势变化，部队已无法向南调遣。在奥拉宁堡，（敌军）坦克（已抵达）哈维尔河畔。战斗在该镇东部打响。我们联络上了穆勒中校，施泰因纳收到命令前往新战线，负责柏林南部的所有参谋人员也各就各位。特罗塔和纳茨默（Natzmer）①讨论了收紧科特布斯附近缺口的问题。纳茨默表示，凭借手头的兵力，这一目标根本无法实现。他只能在缺口附近纠缠敌人，但无法将其封闭。中央集团军群（即舍尔纳集团军群）大概能在何时到位？”

克雷布斯：“舍尔纳今晚将去往（柏林），获得调遣部队的具体命令。”

海因里齐：“但我想知道部队到位的具体时间。在法兰克福南部和西北部，敌军已长驱直入，向西抵达了高速公路。菲尔斯滕瓦尔德也被敌人占领。在该城的东部，敌军也推进到了高速公路一带，在南面，他们抵达了米尔罗瑟往西的公路附近。局势发展如此迅速，以至于第9集团军必须竭尽全力守住北部前线，完全无力向科特布斯发动攻击并收紧战线。另外，温克的坦克部队还没有到位，只能派遣步兵向东推进。”

克雷布斯：“西线的部队会有大转向，仅在易北河沿线，便有4个师可供调遣。”

海因里齐：“我们距离易北河太远；恐怕他们鞭长莫及。”

克雷布斯：“第一批部队今晚将离开尼梅克前往特罗伊恩布里岑。”

海因里齐：“即使如此，我仍严重怀疑温克能否应对俄国人的2个坦克集团军。另外，第9集团军严重缺乏执行新任务的力量。”

克雷布斯：“温克的攻击很快会有成效。”

海因里齐：“我不这么看，时间会很长。第9集团军需要全力以赴化解局部态势，比如党卫军第35师原本将在今天撤出，但其麾下的1个团已困在东面

---

① 即中央集团军群参谋长奥德维希·冯·纳茨默（Oldwig von Natzmer）中将。

无法动身。我必须忠于职责，请求撤出第9集团军。如果元首不同意，我将认定他已对我的指挥失去信心，我将没法再为他代为履行职责。”

克雷布斯：“但由于元首的决定，局面发生了决定性的变化。温克的整个集团军调转方向并发动进攻时，第9集团军却很难提前收缩呈弧形的战线，因为此举一旦做出，我军便无法再威胁到突入科特布斯缺口的敌军。”

海因里齐：“但是第9集团军的北翼正在崩溃！它正在发生！今天，我下令从东线撤出一个整师。但是布塞告诉我，能撤出的只有2个营。我无法在报告中对这些视若无睹，因此决不撤回请求。而且只要我的请求实现，布塞和温克就可以在柏林南部会师，并朝敌人发动突然袭击。”

克雷布斯：“但接下来，第9集团军当面之敌将立刻脱身。”

海因里齐：“就算是又怎么样？用不了多久，第9集团军就会被他们消灭。第9集团军要守住一条漫长的防线，现在，他们的战线正在因此崩溃；但如果战线越短，他们就越能更好地抵抗敌军。”

克雷布斯：“元首不赞成让第9集团军向西撤退的做法，因为这会立刻让敌人腾出手来。一旦温克的进攻开始，就会给敌人制造威胁。今晚，温克将有一个师进入阵地。”

海因里齐：“只有在第9集团军撤往科特布斯–贝斯考附近的一连串湖泊背后时，这一点才能实现；他们无法在头天晚上实现更多目标。如果不能通过，我请求辞去集团军司令职务。我这么做不是因为反对元首，而是因为我拥护他，想为他和他的事业而战。但我不能违背我的良心！”

克雷布斯：“我懂，不仅从您的角度，从元首的角度也是一样。但你这么做，根本无法从根本上改变战局。”

海因里齐：“只要温克和布塞会合，情况就会好起来。第9集团军的运动将持续数天，此外，柏林也有被包围的危险。”

克雷布斯：“相对于南方的危险，北方的情况不算特别严峻。”

海因里齐：“北方的形势也相当危急。敌人可以在一天之内突破奥拉宁堡–施潘道一线；它转眼就会发生。本人确信，元首正身处险境。”

克雷布斯：“元首期待军队的指挥官化解这场危机。舍尔纳即将赶到；我正在等待向元首提交你的报告。但务必做到内容详尽。”

海因里齐："我将根据纳茨默的信息提交报告。希望您实事求是，保持清醒；因为它决定着一整个集团军的命运。该决定必须在今晚做出，明天10点就太晚了。当地是森林地形，敌军的分队可能清晨就会攻击。我今晚必须下达命令。作为一名军人，我将竭尽全力遵守元首的命令。但我不能（违背）我的良心！"[321]

22点15分，冯·曼陀菲尔致海因里齐。

海因里齐："根据情报参谋的报告，敌军已抵达埃伯斯瓦尔德桥头堡前方，而且实力非常强大。我很担心命令的内容，即让部队必须驻守在运河沿岸。如果他们溃退，将没有人提供支援。你怎么看？"

曼陀菲尔："我也这么想。将其置于运河背后无疑更为稳妥。之前的装甲进攻几乎毫无作用，部队数量不足，训练有素的更少，而且它们很快就会被卷入旋涡之中。部队今晚仍然可以撤退。而且我本人也赞成撤退，同时，我们还应该留下相对更强的后卫部队。"

海因里齐："请稍等片刻，我将很快做出决定。"[322]

其他相关指示、命令和报告

1. 希特勒决定留在柏林，战斗到最后一刻。

2. 凯特尔与温克麾下的一名指挥官——第41装甲军军长鲁道夫·霍尔斯特（Rudolf Holste）中将进行了商谈，并决定动用第12集团军和第9集团军解救柏林和希特勒。霍尔斯特的部队正据守着柏林以西的易北河，他们注意到，美军再也没有进行渡河尝试。这表明易北河正是日食行动中划定的分界线。

3. 第9集团军开始出现弹药和燃料短缺的情形。

4. 柏林防御地带暂时隶属于第9集团军。[323]

5. 补充兵员已从党卫军第25匈雅提武装掷弹兵师（25. Waffen Grenadier Div. der SS Hunyadi）派出，其分配情况如下：党卫军第3（日耳曼）装甲军，100名军官、士官和士兵；党卫军第11北欧志愿装甲掷弹兵师，500名军官、士官和士兵；党卫军第23尼德兰志愿装甲掷弹兵师，500名军官、士官和士兵。[324]

国防军最高统帅部的作战日志

当天，国防军最高统帅部的参谋人员留在万湖，准备前往西北方向的克兰普尼茨。第12集团军在报告中称，他们认为美军不会渡过易北河。在其中，温克根据“分界线”判断，西方盟国会把柏林交给苏军。于是，一场围绕第12集团军使用的争论随之展开。约德尔表示可以将温克的部队调往东方，以便竭尽全力防守柏林，这一提议立刻得到了希特勒的批准。希特勒还表示，该行动应由国防军最高统帅部直接指挥——总之，各方都坚定支持派遣温克对付苏军。同时，陆军最高司令部和国防军最高统帅部的作战参谋部门也合二为一，组成了一个联合参谋机构——国防军指挥参谋部（OKW）。随后，凯特尔离开总部，前去与温克和第20军的军长科勒（Köhler）讨论即将从南面发起的柏林解围行动。同时，在北方部署施泰因纳部队的命令也起草完毕。国防军最高统帅部的作战日志中还提到，有大批难民正从柏林和德国东部逃离，面对进攻，他们惊恐万状，正和集中营囚犯、德国士兵一道，不断向西涌去。敌方（很可能是苏军）的空袭，更是加剧了他们的绝望处境。[325]

总结

这一天，维斯瓦河集团军群的参谋班子出现重大调整。在4月20日晋升为步兵上将的金策尔奉命调入国防军最高统帅部，并成为北方作战参谋部（Führungsstabes Nord）参谋长。冯·特罗塔接任了集团军参谋长一职。之前，他在与前任温克极为相似的一场车祸中幸免于难，随后转为后备指挥官，并在4月1日晋升为少将。

第3装甲集团军仍在斯德丁以南抵抗着苏军的桥头堡，但后者还在不断扩大。在埃伯斯瓦尔德，当地的桥头堡已成为德军的重大威胁——为保全部队，海因里齐正试图把守军撤到运河对面。在与第9集团军分离之后，第101军已经解体。只是因为冯·曼陀菲尔的亲自干预，局面才恢复了平静。在更西面，施泰因纳未能进攻朱可夫的北翼。这让海因里齐心急如焚，朱可夫有可能渡过哈维尔河，向北突入第3装甲集团军的后方，届时，第3装甲集团军可能会像第9集团军被科涅夫包围时那样，面临“后院失火”的局面。

与此同时，第9集团军也在为生存苦战。希特勒允许他们沿着北翼收缩，并疏散奥得河畔法兰克福守军。但实际上，该集团军北翼的部队早已被朱可夫赶向南方，因此，这道命令唯一的作用，就是让法兰克福的守军获得了解脱。面对绝望的作战环境，布塞一度威胁辞职。海因里齐则继续与克雷布斯争吵，对于指挥部队，他倍感无力，并再次要求辞去集团军群司令一职。新的计划是让第9集团军与温克的第12集团军会师，随后向南发动进攻，封闭科特布斯地区的缺口，并与舍尔纳集团军群建立联系。但不得不说的是，在4月初，上级曾把3个装甲师从维斯瓦河集团军群调入了舍尔纳的麾下，还给了海因里齐一份承诺：如果情况允许，这些部队仍将由他调遣。但新的部署并没有让这些部队发挥任何作用。

另外，当天也标志着一个开始：柏林成为德国最后一战中的焦点。在酿成大祸，使科涅夫的部队包围第9集团军并抵达柏林南郊之后，希特勒终于允许布塞从奥得河沿岸的阵地上撤退。他们奉命向西进攻，与温克会合，将科涅夫的部队一分为二，以此拯救柏林。该计划由约德尔向希特勒提出，并由凯特尔予以执行。国防军最高统帅部将支持希特勒直到最后，无论付出什么代价——哪怕要让柏林化为废墟。这正是海因里齐在战前计划中想要避免的疯狂局面。

4月23日

让第56装甲军开入柏林的命令，使得第9集团军与第3装甲集团军之间的战线更加岌岌可危。布塞的整个北翼完全敞开，并让海因里齐痛心不已——这意味着，他的前线被打开了一个缺口，而且没有战役预备队可以填满。4月23日23点整，海因里齐接到了柏林新任城防司令凯瑟上校的电话，并了解到克雷布斯决定将魏德林军调入柏林的情况。

海因里齐：“该军的一部起到了稳固第9集团军后防的作用，如果把侧翼向后收缩，集团军的后方将彻底洞开。布塞将军明确要求，施默克维茨（Schmöckwitz）桥头堡的部队原地坚守。”

凯瑟：“这必须由克雷布斯将军决定。”

海因里齐：“必须立即与第56装甲军军长讨论。我本人将和克雷布斯联系。”[326]

当时，克雷布斯和魏德林都在面见希特勒。海因里齐在11点10分打去电话，但仍无法联络上克雷布斯，但与其助手弗雷塔·冯·洛林霍芬少校做了一番交谈。

海因里齐：“克雷布斯将军刚刚命令魏德林收缩右翼，从格吕瑙（Grünau）和施默克维茨一线撤退到柏林南部。从格吕瑙方向撤军是可行的。但是施默克维茨是第9集团军的门户，布塞将军明确要求派遣部队守住它。众所周知，第56装甲军是第9集团军的左翼。这种收缩将让后者深陷绝境。”

海因里齐未记录弗雷塔·冯·洛林霍芬的回复，但最后接到了克雷布斯的电话。海因里齐对当时的情况回忆道：

我给克雷布斯打了个电话，用最严厉的语气指责了他绕过（集团军群和）第9集团军，直接派遣人撤走第56装甲军的做法。克雷布斯的解释是，由于电话联络中断，他无法通知第9集团军和（集团军群）。我告诉克雷布斯，这道命令已无可挽回，他酿成了大祸，战线上门户洞开，俄国人将绕到第9集团军的西侧，将我们完全装入口袋。我们真应该为此表示“感谢”！[327]

随着第56装甲军从第9集团军剥离，德军失去了在柏林以东固守的可能性，在南部，布塞部下的命运也随之注定。在奥得河前线之战的剩余阶段，海因里齐开始把精力集中在两件事上：保持第3装甲集团军的凝聚力；救援被围的第9集团军。对进攻柏林的苏军，他听之任之，因为这不是他的战斗，并一直在避免这种局面。自3月以来，他一直想保护柏林免受斯大林和苏军的报复，但西方盟国从未跨越易北河进入东部德国。柏林战役很快就变成了一场在欧洲大陆最大城市区进行的血腥较量——一场不属于海因里齐的惨烈防御。在这两天中，海因里齐做出决定，与第3装甲集团军的残余部队一起努力向西且战且退，防止他们像第9集团军那样被苏军包围。对他来说，这场战争已临近结束。

海因里齐在军事研究文件MS T-9中写道：

4月22日上午，在第3装甲集团军的东部战线上，第281步兵师、瓦隆人战斗群和斯德丁守军攻击了高速公路上的苏军桥头堡。他们成功抵达了库劳和上扎登村的外围，大大压缩了桥头堡的范围。为支援桥头堡守军，敌人投入了强大的空军部队，他们顽强坚守着上述村庄，并让德军的进攻止步不前。虽然我军在反击之下稍微后退，但依旧保住了不少阵地，还再次填补了昨天出现在高速公路以南、位于舍宁根地区的突破口。在格赖芬哈根和施韦特一带，敌人卷土重来，试图夺取奥得河西岸，而在第1海军步兵师方面，新的战斗也在霍亨萨滕附近的水闸展开。但在早晨，这些渡河尝试都被我军挫败。虽然到此时，局势仍然大体平稳，但晚间却传来了两条重要消息。在格赖芬哈根附近，敌人突然成功在奥得河西岸立足。第610师和韦尔曼战斗群（国民突击队单位）的残部放弃了阵地。敌人向西推进。从高速公路向南直到加尔茨，德军的抵抗全线崩溃。至此，苏军桥头堡宽度已达20千米，它是围绕高速公路构建的，从斯德丁以南的库劳延伸开来，并将加尔茨包含在内。还有报告显示，敌军已在其后方架起了桥梁。这些消息让人格外揪心。敌人的桥头堡是如此巨大，和奥得河东岸联系紧密，以至于可以集结起一支强大的进攻部队。不难想见，第3装甲集团军已危在旦夕。集团军群向希特勒总部通报了对局势的判断，并收到以下答复：决不能放弃奥得河，必须发动全线进攻，把敌人赶回对岸。

但第3装甲集团军无法调集新部队——哪怕是拼尽全力——何况桥头堡已经非常庞大。第549国民掷弹兵师才在高速公路上集结，该师实力有限，无法发动大规模进攻。第25装甲掷弹兵师仍在埃伯斯瓦尔德桥头堡战斗，我们根本没有足够的燃料让这支部队开赴斯德丁地区。而且就算上述做法可行，他们至少也要花费48个小时才能完成进攻准备。局势有些难以预料。唯一可以肯定的是，如果第3装甲集团军不投入新部队，将无法在4月23日夺回昨日下午失守的奥得河前线。

在这种情况下，第3装甲集团军决定加固新防线，以便尽量在次日击退敌军。同时，敌人用桥梁、木筏、小艇和渡船从对岸调来有生力量，不断向西推进，当晚已推进至加尔茨–坦托–普利兹洛（Pritzlow）一线。

第3装甲集团军已无法直接观察到桥梁和河道，更没有飞机发动空袭，只能用火炮轰击敌人的渡口。得益于此，苏军在白天向西岸输送了大量部队，还有报告显示，坦克也搭乘平底渡轮抵达了对岸。[328]

维斯瓦河集团军群致陆军最高司令部的每日简报摘要

致陆军最高司令部：

整个集团军群都卷入了激烈的防御战。

在第9集团军的北线，敌人在轰炸机和对地攻击机的支援下发动猛攻，试图撕裂我军的战线。在米尔罗瑟以北、比根以南，他们长驱直入。在菲尔斯滕瓦尔德西部，他们抵达了施普雷河对岸。

法兰克福要塞守军在激战后突围。

敌人从朗斯多夫地区向北朝迪彭湖（Diepensee）冲去，还途径瓦尔特斯多夫（Waltersdorf）向东北发动攻击。受这次进攻的影响，第9集团军被彻底包围。

敌方的近卫坦克第9军和骑兵第8军①继续向施潘道–奥拉宁堡–弗里德里希斯塔尔一线发动袭击，当地只有薄弱的警戒线。

在奥拉宁堡，苏军抵达哈维尔河对岸。奥拉宁堡和费尔滕双双沦陷。

敌人从奥拉宁堡南部的桥头堡继续前进，试图从西部包围帝国首都。

他们对波茨坦发动进攻，矛头直抵费尔奇–德雷维茨（Drewitz）–居特费尔德（Gueterfelde）–小马赫诺（Klein Machnow）一线，并占领了盖门多夫（Germendorf）和卡伦贝格（Kahlenberg）。

显然，除了包围柏林，敌人还试图朝梅克伦堡方向发动攻击。

在第3装甲集团军前方，敌军在飞机的掩护下扩大了突破口。我军正在不可逆转地衰弱下去。由于危机迫在眉睫，第1海军步兵师撤出前线，赶往加尔茨以西地区进行反击。[329]

第3装甲集团军致维斯瓦河集团军群和陆军最高司令部的作战报告

第32军：苏军在整条前线反复袭扰，在第549国民掷弹兵师和斯德丁要塞方向尤其如此。据报，在斯德丁要塞地区，苏军的空中活动异常密集。[330]由于步兵不足，帕尔戈和舍宁根之间的前线已经缺口大开。在苏军持续的炮火打击

---

① 原文如此，柏林战役期间，苏军并没有一支番号为骑兵第8军的部队。

和空袭之下，德军步兵损失惨重。[331]第368掷弹兵团只剩下170人。至于第1海军步兵师还需要1—2天才能抵达该区域。苏军随时可能取得突破。[332]在第281步兵师的防区，科比措一度失守，但又被我军夺回；当地全天激战不停[333]——该师击毁了22辆苏联坦克，其中7辆是使用铁拳火箭筒击毁的。[334]第549国民掷弹兵师击退了敌军对上扎登的9次攻势，并击毁6辆苏联坦克。此外，苏军在上扎登和库劳的集结地也被德军炮火摧毁。在空中，他们还损失了10架飞机。[335]

奥得河军：苏联人在傍晚沿该军右翼推进。据报道，从傍晚到清晨，该军前线的空中活动密集。[336]施韦特东北和弗里德里希斯塔尔东南部遭遇多次攻击。苏联人继续在高速公路以南增兵，其步兵和坦克途径吉索（Geosow），抵达了上莱因肯多夫（Hohen Reinkendorf）–坦托一线。[337]该军报告说，过去几天的战斗让他们损失惨重，1个营的兵力只相当于1个连队。[338]奥得河军的糟糕状况迫使海因里齐解除了其军长哈格曼（Hagemann）的职务。[339]当天稍后的一份报告显示，苏联还加强了格赖芬哈根桥头堡的兵力。科比措多次易手，最终被苏军占领。德军炮击了加尔茨以北3千米处的树林、梅舍林、格赖芬哈根以西的桥梁以及高速公路桥南面2千米处的敌方炮兵阵地。由于敌方阵地一直被烟幕笼罩，炮击的效果无法确定。[340]

加雷斯和第46装甲军军部奉命接管奥得河军，并把部队重新部署到斯德丁以南的危险地段。[341]

第46装甲军：该军挫败了对下菲诺的进攻，给予敌人重大杀伤。[342]

第101军：该军挫败了在斯佩茨豪森以北的夜袭。[343]白天，其下属部队用铁拳火箭筒消灭了2辆苏军坦克，摧毁4挺机枪，抓获14名俘虏。另外，该军拦截了437名擅自向西撤退的士官和士兵。[344]

施泰因纳集团军集群致维斯瓦河集团军群和陆军最高司令部的作战报告

施泰因纳的部队准备反攻，试图消灭奥拉宁堡以南的一处苏军小型桥头堡。德军警戒部队被迫从策伦多夫（Zehlendorf）至克洛斯特菲尔德（Klosterfelde）一线朝霍亨索伦运河撤退。利本瓦尔德以南的铁路和公路桥梁则被守军炸毁。[345]在猛烈炮击过后，苏联人成功在运河对岸的下诺因多夫、亨宁斯多夫以及比肯韦德西部立足，并突入费尔滕。另一批敌军则在占领奥拉宁堡之后向西推进，夺取了盖门多夫，兵临施万特（Schwante）镇外。在西北方向，苏联占领了克雷默森林（Kremmer Wald）。在奥拉宁堡东北，苏军占领了卡伦贝格和弗里德里希斯塔尔。在利本瓦尔德西南，苏军搭乘15艘小艇抵达霍亨索伦运河和哈维尔河对岸。但在利本瓦尔德南面，其渡河尝试被我军挫败——我军在这一地段发起反击，但遭到顽强抵抗。埃伯斯瓦尔德桥头堡守军击退了苏军共计22个连队的进攻，[346]击毁敌军坦克7辆。[347]

第 9 集团军致维斯瓦河集团军群和陆军最高司令部的作战报告

由于苏军不断推进，该集团军与外界的联络中断，只在晚上和清晨提交了有限的报告。[348]

党卫军第11装甲军：据报告，在销毁所有无法运输的武器和弹药之后，法兰克福要塞守军成功从奥得河沿岸撤退。比根西南的森林地带被苏军占领。从旧策施多夫（Altzeschdorf）和法尔肯哈根草原（Falkenhager Heide）地区出击的强大敌人越过滕普林–彼得斯哈根公路，拖延了该军的撤退。第169步兵师成功守住了温贝格（Weinberg）–沃韦克（Vorwerk）–旧马德利茨（Alt Madlitz）防线。尼德兰师被击退至法尔肯贝格一带。库尔马克装甲掷弹兵师在丛林战中遏制了数次苏军突破。菲尔斯滕瓦尔德守军被击溃；敌人攻入施普雷哈根以东的森林。哈特曼斯多夫（Hartmannsdorf）和新齐陶（Neu Zittau）被德军夺回，这使该军与第56装甲军的联系暂时恢复，后者目前位于克珀尼克。[349]

党卫军第5山地军：苏军对维瑟瑙以西的进攻被击退，并付出惨重损失。在米尔罗瑟东南，他们的行动也没有得手。苏军坦克从杜布罗（Dubrow）–比根前进，将德军逼退到奥得–施普雷运河一线。[350]

法兰克福要塞：今天，奥得河东岸的守军开始准备撤退，一天结束时，他们已完成了行动。

第5军：第21装甲师被击退至卡尔斯霍夫（Karlshoff）–拉戈夫（Ragow）–米滕瓦尔德一线。一支强大的苏军步兵推进至瓦尔特斯多夫–施默克维茨。[351]在吕本，党卫军第35警察掷弹兵师击退了苏军，并夺回了当地的火车站，[352]敌人还发出投降通牒，但被守军拒绝。苏军还分别占领和攻入了布尔格与古本，我军的反击无济于事。[353]

在这一天，布塞和海因里齐讨论了温克的进攻——按照计划，进攻将从西面发动。至于第9集团军会选择一条最短的突围路线，其具体则取决于战线的收缩和重组情况。14点16分，一条第9集团军的命令传到了集团军群总部，其内容可能针对的是一道4月22日发布的“元首令”，后者在23日凌晨4点50分抵达了海因里齐和布塞的司令部。

在命令中，第9集团军提到：

4月23日至24日夜间，其东部和东北战线将大致撤退至布尔格–布岑–施维洛赫湖–施普雷河一线。

其中，第5军将专门负责右翼延伸至布尔格的南部战线。

党卫军第5山地军已接管了东部战线，并以科尔斯多夫（Kersdorf）水闸为界。

以下部队将参与攻击：第21装甲师战斗群、第342步兵师、党卫军第35师一部、一个装甲群（党卫军第5山地军下属的一个党卫军侦察营）。

进攻应在4月25日之前发动。[354]

苏军渡过哈维尔河继续前进，元首地堡闻讯命令施泰因纳的部队向西行军，赶赴奥拉宁堡附近，发起旨在压缩当地敌军桥头堡的反击。对于施泰因纳，它将充当着南下进攻柏林的序曲，至此，其作战目标发生了重大变化，不再是与第56装甲军会合，建立一条稳定的战线，阻止苏军抵达柏林，而是改成为柏林解围。现在，柏林的防御成了关键中的关键，奥得河前线的其他军事行动都将服从这个大局。

发信人：弗雷塔·冯·洛林霍芬少校，17点33分

收信人：海姆（Heim）上尉

致维斯瓦河集团军群：

维斯瓦河集团军群应指示施泰因纳集团军集群停止进攻，并放弃埃伯斯瓦尔德桥头堡，将前线收缩到菲诺运河背后。

由此释放出来的有生力量，将肃清哈维尔河西岸、施潘道和奥拉宁堡之间的敌军。

第41装甲军（隶属于第12集团军，军长为霍尔斯特）军部将前往瑙恩（Nauen），以便投入哈维尔河西岸的战斗。

维斯瓦河集团军群将通过瑙恩守军司令与之建立联系。

以上为元首的命令。

克雷布斯

步兵上将[355]

为搞清战术态势和部队转移的理由，施泰因纳和冯·特罗塔进行了后续讨论。维斯瓦河集团军群的参谋人员们都知道，近卫坦克第2集团军极有可能掉头向北，切断第3装甲集团军的后路。另外，上述命令也表明，元首地堡同样对危险心知肚明。以下是这次讨论的大致内容：

就目前情况而言，德军必须假设敌人准备朝西北前进，并摧毁一切抵抗。其中，近卫坦克第2集团军西翼将通过奥拉宁堡朝西北方向前进，这要求德军必须采取行动，叫停从北方对奥拉宁堡前线的进攻。一切兵力都必须调集起来。第25装甲掷弹兵师（来自埃伯斯瓦尔德桥头堡）和党卫军阳光团（位于奥拉宁堡西北部）应与施泰因纳会合。同时，西面的第41装甲军（军长：霍尔斯特）则会从正面发起攻击。不清楚（这次攻击是否会）从南向北实施。苏军正在继续向西进军，先头部队正从北面调头向南。必须肃清费尔登的敌军；另外再次强调，法尔肯湖地区向北的局势同样值得关注。[356]

在不久之后的21点，海因里齐直接向曼陀菲尔发送了一道命令：

致第3装甲集团军：

1. 第3装甲集团军必须立刻命令施泰因纳集团军集群停止攻击，并在4月23/24日夜间，疏散埃伯斯瓦尔德桥头堡，将前线撤往菲诺运河背后，以便释放出第25装甲掷弹兵师和党卫军阳光装甲掷弹兵团。

2. 上述有生力量将与第3海军步兵师主力会合，尽快在奥拉宁堡方向集结，以便攻击横渡哈维尔河之敌的纵深侧翼。同时，第41装甲军军部（隶属于第12集团军）应带领小股部队赶赴瑙恩周围。其首批单位有望在4月23/24日晚间抵达。

3. 为拖缓敌人西进的脚步，第3装甲集团军应先行投入一支摩托化先遣部队发动进攻，而不是等待所有部队集结完毕——这一点非常关键。第3装甲集团军必须抽调机动高射炮，加强该进攻梯队，并确保其数量充足。

4. 根据上述指示，第3装甲集团军应汇报作战计划，并附带详细的战斗编制和时间表。[357]

第12集团军致维斯瓦河集团军群和陆军最高司令部的作战报告

这一天，凯特尔元帅抵达了第12集团军的总部——它原先是一座名为“老地狱”（Old Hell）的护林员小屋。1点，他亲自向该集团军的司令宣布，他刚接到了救援柏林的历史使命。[358]当时，温克正身着制服，在一张宽大的安乐椅上打瞌睡，副官叫醒了他，在半梦半醒中完成了与凯特尔的会晤。凯特尔以激动的口吻要求他提供下属部队的最新信息。在听罢第12集团军的状态报告后，他又以一种“沉重、但实事求是的口吻”表示：“希特勒已经崩溃了，你必须和第9集团军的布塞一起，调动部队前往柏林”。[359]温克对这道命令深感惊讶，因为他最担心的是美军对后方的威胁（很明显，他对日食行动仍一无所知），但凯特尔告诉他不必担心，因为国防军最高统帅部早已认定，西方盟国绝对不会渡过易北河。[360]温克担心的另一个问题，是他需要在进攻中穿过柏林以南的湖泊地带，这里地形复杂，不利于部队机动。温克这样说道：“我宁愿从背面绕过这些湖泊，从瑙恩和施潘道救援柏林。不仅如此，我还需要2天准备时间。”[361]凯特尔回答说：“我们不能再等了。”在凯特尔的坚持下，温克只好妥协，并同意投入第12集团军。凯特尔离开后，温克一边与下属讨论，一边在房间地板上来回踱步，但他却有自己的一份计划，就像他跟副官所说的那样：“我们将竭力向柏林靠拢，但也不会放弃易北河畔的阵地——如果我们挥师前往柏林，然后被俄国人包围，一切努力都将毫无意义。我们将努力让平民和部队逃出这座城市——这也是我们唯一能做的。”[362]而在接下来的几天里，海因里齐又将给温克的集团军安排另一项艰巨任务——营救第 9 集团军。

这道命令是在凯特尔离开之后不久下达的。另外值得注意的是，本节随后给出的第一份和最后一份命令都是从国防军最高统帅部直接下达给集团军的，陆军最高司令部[①]只是其副本的抄送人。换言之，在接下来的几天，温克的第12集团军始终由凯特尔和国防军最高统帅部直接指挥。但海因里齐还是对温克的行动施加了影响，以确保其部下能为第9集团军提供援助。从签字看，第一份文件似乎是由约德尔签署的。凯特尔可能在清晨前往北方之前给约德尔打了电话，并口述了命令的内容。

国防军最高统帅部/国防军指挥参谋部作战处（陆军）和元首大本营，1945年4月23日

电传信息——优先级代码：KR

收件人：

第12集团军

第9集团军

陆军总参谋部作战处

抄送至：装甲兵总监

抄送至：西北最高指挥部

抄送至：维斯瓦河集团军群

1. 苏军坦克部队分别在（此处字迹无法辨认）之间渡过了哈维尔河。4月23日中午，他们已抵达克雷门森林（Forst Kremmen）、伯佐夫（Bötzow）和舍恩瓦尔德（Schönwalde）。（苏军坦克部队）还从诺因多夫运河（Neuendorfer-Kanal）向南朝达尔戈（Dallgow）以及更远的方向推进。据信，亨宁斯多夫大桥的承载能力有60吨。（作者按：这似乎意味着，一旦该桥完好落入苏军手中，就可以被坦克使用）。

在柏林的北部、东部和南部前线，强大的敌军突入雷尼肯多夫

① 原文如此，此处似乎为维斯瓦河集团军群之误。

（Reinickendorf）、魏森湖、利希滕贝格、腓特烈菲尔德、米格尔湖、兰克维茨和小马赫诺附近的外部防御区。在施维洛湖（Schwielowsee）以南，一支较弱的敌军从东南方抵达了克莱斯托（Kleistow）一带。

2. 第12集团军的紧迫任务，是动用第41装甲军（军长：霍尔斯特将军）的一切力量，迎击施潘道和奥拉宁堡之间的敌军，将其赶过哈维尔河；同时立刻投入坦克猎杀单位，延迟敌方先头坦克部队的推进。

3. 为此，以下部队将隶属于第12集团军：

（1）第2装甲团第2营（下辖2个装甲连）——来自国防军最高统帅部预备队。19点30分，该营已从国防军最高统帅部/国防军指挥参谋部（OKW/WFSt）接到命令，从大格林尼克（Groβ-Glienicke）（作者按：此地位于波茨坦附近）朝达尔戈（作者按：此地位于德布里茨附近）发动进攻，将敌军击退至北方。

（2）第25装甲掷弹兵师目前被部署在埃伯斯瓦尔德地区，位于党卫军第3装甲军的左翼。后者已接到命令，让该师尽快前往勒文贝格（Löwenberg）附近。第12集团军应立刻派遣联络官前往普里茨埃伯（Pritzerbe）。装甲兵总监命令第20装甲掷弹兵师，尤其是（增援该师的）行军营前往旧鲁平（Alt Ruppin）。

4. 第41装甲军（军长：霍尔斯特将军）应加快命令执行速度，以撤退到（无法辨认）–柏林–拉特诺（Rathenow）地区：

对于第39装甲军下属的：

（1）第199步兵师主力；国防军运输主管（Wehrmachttransportchef）应立即为卸载的2个团级梯队开辟新集结地。

（2）应提前向前方派遣第7装甲师……的1个团级梯队。

其具体部署区域将由第12集团军决定。

5. 第12集团军和维斯瓦河集团军群（党卫军第3装甲军）的新边界如下：

瓦尔内明德（Warnemünde，属于维斯瓦河集团军群）–居斯特罗（Güstrow，属于维斯瓦河集团军群）–维特施托克（Wittstock，属于第12集团军）–旧鲁平（属于第12集团军）–勒文贝格（属于第12集团军）–贝尔瑙（属于维斯瓦河集团军群）。在进攻完成前，党卫军第3装甲军边界以南的所有区域均由第12集团军负责。

6. 第9集团军将立即由国防军最高统帅部/国防军指挥参谋部直接指挥。其电报和命令将和以往一样，经由陆军总参谋部指挥小组（Führungsgruppe.Gen. St.d.H.）发送。给该集团军的命令是：在法兰克福–柏林与科特布斯–柏林高速公路之间，尽力守住一片足够宽阔的区域，并在第12集团军从特罗伊恩布里岑朝东北方进攻的同时，对向柏林南部进攻之敌的东部侧翼发动进攻。[363]

苏军可能在渡过哈维尔河之后朝北转向，这个问题同样令陆军最高司令部忧心不已。他们根据国防军最高统帅部的指示发出一道电报，命令主管柏林南部防务的雷曼（此时位于波茨坦）防御河上的大部分桥梁。

陆军最高司令部总部

陆军总参谋部作战局

第4910/45号机密令

对波茨坦两侧、哈维尔湖地峡（Havel Lakes–Engen）的防御

1. 4月22日下午，一支敌军侦察部队抵达德雷维茨和大贝伦。预计更强大的敌军（即苏军某坦克军一部）将从波茨坦两侧对哈维尔湖地峡发动进攻。敌军还在特吕恩布赖特岑–贝利茨公路两侧推进，并在贝利茨以北地区拦截了雅恩师的部分部队，使之无法行动。

第12集团军只在易北河畔留下少量警戒部队，并奉命在4月23日从西部进攻于特博格–特罗伊恩布里岑地区的敌人。该部将寻求……（作者按：此处字迹难以辨认）……波茨坦城防司令辖区至高速公路环岛（即费尔奇以南3千米处）。

2. 波茨坦城防司令将直接由陆军总参谋部指挥小组组长指挥，保卫高速公路环岛（即费尔奇以南3千米处）–卡普特（Caputh）–波茨坦–萨克洛夫（Sacrow）一带的哈维尔湖地峡，其防线将朝向东方，并在萨克洛夫–克兰普尼茨湖（Krampnitz See）–法尔兰湖（Fahrlander See）–马夸特（Marquardt）一线得到我军部队的掩护。

为此，陆军最高司令部/陆军总参谋部警卫连将提供增援。

3. 如遭遇危险，我军应炸毁卡普特以西、波茨坦市内和格林尼克的哈维

尔河大桥。为确保警告及时发出，他们可以有限地使用陆军通信局局长（Chef HNW）直属的通信频道。

4. 相关电报内容：

（1）至1945年4月23日10点：所有部署均应在1：100000的地图上标出。

（2）必须每2小时用电话（转接号码：Adele，App.337）（通报）情况和最新意图。

此外，重大敌情应立刻报告。[364]

起草人：德梅齐埃

总参谋部中校，陆军最高司令部作战局局长

核对人：总参谋部少校（作者按：此处未给出姓名）

转发：波茨坦城防司令部3点50分

维斯瓦河集团军群：（作者按：此处没有给出时间）

国防军最高统帅部还在当天晚些时候发布了最后一条信息，其中这样写道：

国防军指挥参谋部作战处（陆军）和元首大本营，1945年4月23日

电传信息

接收人：

第12集团军

西北最高指挥部

陆军总参谋部作战处

邓尼茨海军元帅指挥部

德国空军最高司令部指挥参谋部（OKL Füst）

1. 第12集团军必须从南方开赴战场，抵御进攻柏林的苏军。兹命令其采取如下行动：

（1）派遣第39装甲军发动攻击，并将该军调往易北河东岸。其在柏林方向的后续部署将取决于局势发展。

（2）从德米茨（Dömitz）和马格德堡之间的易北河防线上抽出一支强大

的有生力量，并将其调往瑙恩地区。该部队的任务是与维斯瓦河集团军群在施潘道和奥拉宁堡之间的部队一道，防止俄国人在施潘道以北渡过哈维尔河。

（3）从易北河防线的马格德堡–德绍（Dessau）段，穆尔德河（Mulde）防线的德绍–格莱姆斯（Grimes）段，以及特罗伊恩布里岑西部和西南部抽调兵力，组成一个至少包含3个师的强大突击群，它们将跨过于特博格–布吕克（Brück）一线，朝措森和泰尔托（Teltow）方向前进，打击朝波茨坦和柏林地区前进的苏军。

（4）加强部队的南翼很重要，为此，我军可以牺牲穆尔德河沿岸的防御，并在必要时放弃里萨（Riesa）–巴特利本韦达（Bad Liebenwerda）–黑尼斯特河（Schwarze Nister）一带的防线，甚至是穆尔德河和易北河之间的区域。对于特罗伊恩布里岑地区的突击群，我军还必须为其提供足够的补给。

2. 第9集团军应在必要时离开科特布斯–派茨–贝斯科一线，撤往吕本瑙–施维洛赫湖以东，以便释放有生力量。

3. 西北最高指挥部应继续坚守荷兰要塞，阻止英美联军在汉堡和德米茨之间渡过易北河，突破我军防线。其具体任务是攻击突破之敌的侧翼和后方。[365]

柏林防御地带致维斯瓦河集团军群陆军最高司令部的作战报告

柏林之战打响之后，奥得河前线的作战目标发生了变化。当天白天，德国宣传部发布了几条广播，其中详细介绍了凯特尔、约德尔和希特勒确定的柏林最终防御方针：希特勒留在柏林，第56装甲军被调入城防体系，第12集团军和第9集团军将联合向柏林发动进攻。这些广播旨在鼓舞首都周围德军残部的士气，但也完全暴露了他们的作战意图和部署。其中这样提到：

自柏林前线

国民教育与宣传部特此公布：元首正在柏林，帝国部长戈培尔博士及其家人也将留在帝国首都。许多高级领导人也决心留下，保卫帝国首都直到最后一刻。[366]

其中还表示，增援部队开赴柏林：

元首命令部队加强帝国首都的防御，并设法解救当地。这些部队都已出发。（作者按：前者指的是第56装甲军，后者可能指第12集团军）。[367]

22点整，德国方面还表示来自易北河的部队（作者按：即温克的第12集团军）已投入战斗：

德国军队从易北河发动进攻，收复了特罗伊恩布里岑，并到达了贝利茨。受这些行动的影响，位于里希特费尔德（Lichterfelde）和兰克维兹（Lankwitz）的苏军先头部队已不战而退。

激战正在柏林北部进行。[368]

“狼人”电台[369]的一则广播则表明了希特勒留在柏林的原因。它是在当天19点发送的，并在20点45分重复了一次：

据“狼人”电台得到的消息，元首下达了一条有历史意义的命令。德军部队将从西线调离，投入柏林的战斗。其中包括了我军最精锐的师团，他们一直在为西线的特殊使命严阵以待。这些部队正在参加柏林之战。第一批部队已投入郊区。通过这一行动，帝国展现了不惜一切代价保卫柏林、防止其被“亚洲风暴”吞没的决心。毫无疑问，未来几天，甚至几小时，战斗就会迎来决定性转折。[370]

这些广播标志着柏林之战的开始。现在，元首地堡开始专注于首都之战，国防军最高统帅部和陆军最高司令部联合参谋小组则对城外的援军望眼欲穿。同样，防御和解救柏林也变成了奥得河前线部队的第一要务。

第56装甲军：该军正在柏林南郊战斗。苏军在重炮弹幕的掩护下发动进攻，并用德国妇女和儿童做盾牌夺回了克珀尼克。上舍内魏德桥头堡也宣告失守，敌人抵达了鲁梅尔斯堡（Rummelsburg）火车站。[371]由于误以为魏德林正擅自向西撤退，海因里齐下令让刚晋升为中将的布尔迈斯特（Burmeister）将军①接替他的职务[372]，但在魏德林被希特勒任命为柏林城防司令之后，海因里齐便收回了上述决策。

“避难城市”

4月21日，陆军最高司令部发布了一条针对“避难城市”的命令，其中淋漓尽致地反映了他们顽抗到底的意图。维斯瓦河集团军群于4月23日得知了这个消息，并迅速将其转发给了柏林防御地带的指挥官、第3装甲集团军以及第2和第3军区，只有第9集团军因为局势混乱未能接到。当时的情况是，国际红十字会通过瑞典或瑞士与德国政府取得联络，希望后者在境内划定若干“避难城市”作为非交战地区。凯特尔担心的是，如果这些地区建立起来，德国士兵将会放弃战斗，前往“避难城市”躲藏到战争结束。该命令这样写道：

关于避难城市和伤员救护区的回复

不久前，为响应国际红十字会的建议，我们讨论了构建“伤员救护区”和划定“避难城市”的提议。这一建议希望将一些德国城市划为“避难城市”。但由于形势发展，这种想法已不符合实际。

目前，任何划定“避难城市”或“伤员救护区”的做法都等同于示弱。

因此，我命令：

没有德国城市会变成“避难城市”，现在不会，将来也不会。更没有什么“伤员救护区”。禁止任何讨论或与敌方的接触。医务人员更应做出表率。

需尽快将这一命令通知部队和医务人员。

由总参谋部签署，维斯瓦河集团军群司令部转发

艾斯曼[373]

无线电 / 电话记录摘要

1点10分，克雷布斯致海因里齐：“元首命令：将第9集团军撤往科特布

① 即第25装甲掷弹兵师师长阿诺德·布尔迈斯特（Arnold Burmeister）中将。

斯-派茨-利伯罗瑟-贝斯科-施普雷河一线，从东面侧击北上之敌。攻击目标：巴鲁特。同时，温克应率领其南翼部队进攻于特博格。”[374]

10点10分，第3装甲集团军作战参谋致艾斯曼：“党卫军第3装甲军要求从第9集团军获得北欧师和第25装甲掷弹兵师，以便将其部署在亨宁斯多夫，防止敌军从当地突破到施潘道。”

12点35分，克雷布斯致海因里齐。

海因里齐：“刚与施泰因纳谈过话。有4个营正在向南进攻……（在）奥拉宁堡，两军正在争夺车站……施泰因纳索要北欧师，但无法批准。也许第7装甲师更合适？”

克雷布斯：“你要顾全‘进攻’这个大局！我们马上会做决定。舍尔纳……无法抵达施普伦贝格。温克进攻特罗伊恩布里岑失利。科尔纳师（Division Körner）今天中午会向特罗伊恩布里岑推进。胡滕师明天也将进入阵地。”

海因里齐：“请允许第9集团军向西突围，和温克在维滕贝格-柯尼希斯武斯特豪森一线组成一条新战线。为此，布塞最初必须向巴鲁特推进。”

克雷布斯：“元首希望阻止桥头堡扩大。”

海因里齐：“但敌人的进攻非常猛烈。”

克雷布斯：“元首希望加强施泰因纳的攻势。”

海因里齐：“我已经（派出了）第25装甲掷弹兵师的部分兵力。第3海军步兵师正在奥拉宁堡激战。”

克雷布斯：“元首说，任何进攻都比（作者按：此处文字难以辨认）要好。

海因里齐：“施泰因纳急需的是第7装甲师。”[375]

13点10分，曼陀菲尔致海因里齐。曼陀菲尔报告说，施泰因纳的进攻“还没有真正开始”。他要求为施泰因纳提供额外的支援，并说，由于战斗异常激烈，德军损失惨重。[376]

13点15分，海因里齐致第3装甲集团军参谋长：“准备疏散埃伯斯瓦尔德桥头堡。施泰因纳集团军集群必须加强，陆军最高司令部正期盼着他们创造佳绩。此外，应压缩敌方在斯德丁以南的大型桥头堡，并发动攻击，使其分化瓦解。”

15点30分，第3装甲集团军致集团军群作战参谋：“党卫军第3装甲军发来提醒，明天的局势将非常危险。必须尽快将第3海军步兵师调往其麾下。如果放弃埃伯斯瓦尔德桥头堡，我军将可以释放出党卫军阳光团和一个突击炮旅。此外，第25装甲掷弹兵师也应加入该军。”

17点整，党卫军第3装甲军参谋长致冯·特罗塔：“施泰因纳再次请求获得北欧师。”[377]

18点整，陆军最高司令部（德梅齐埃）致维斯瓦河集团军群作战参谋：“第9集团军请求空投物资。请告知第9集团军可在何处接收，以及所需物资的类型。”

18点02分，维斯瓦河集团军群作战参谋致中央广播站：“请向第9集团军发布以下信息：‘通报空运情况。’”[378]

18点50分，第9集团军作战参谋致维斯瓦河集团军群作战参谋：“敌军在格吕瑙突破，集团军已无补给，请求机降或空投。我军已清理了施托尔科（Storkow）西北的机场［在利普罗斯（Rieplos）和库默斯多夫之间］，飞机可以在当地着陆。”[379]

21点31分，布塞致海因里齐。

布塞：“法兰克福守军已全部撤离。空袭非常猛烈。我们将首先朝巴鲁特方向突破，但部下弹药耗尽，只有武器。不能再这样下去了，你必须考虑到部队的情况。有个炮兵连原地不走，连长逃之夭夭……我们无法前往柏林……也无法从当地获得支援……而是需要从施托尔科获得空投物资……北面的情况越来越糟。”

海因里齐：“这是在犯罪！我命令所有部队向西方转移。”

布塞：“请命令第12集团军进入指定地点。”

海因里齐：“我们将全力给你帮助。”[380]

22点整，冯·曼陀菲尔致海因里齐。

海因里齐："你是否还能再坚守一天？"

曼陀菲尔："苏军在坦托附近长驱直入，我希望能再坚持一阵，但不可能持续下去。申请明天向第二道防线撤退。由于前线已被突破，而且敌人投入了坦克，撤往沃坦防线是更好的选择，对我军也更有利……下令改变现状已势在必行。加雷斯（即马丁·加雷斯步兵上将）和布莱克温（Bleckwenn）①的指挥非常出色。"

海因里齐："我已下令从埃伯斯瓦尔德桥头堡撤军。"[381]

23点整，恩斯特·凯瑟（接替雷曼，临时担任柏林城防司令）致海因里齐。在交谈中，凯瑟提供了柏林的最新局势，还提到克雷布斯命令第56装甲军前往格吕诺（Grünow）并进入柏林。海因里齐为此大感沮丧，因为他需要第56装甲军来稳定第9集团军的后方。也许感觉到柏林即将沦为战场，海因里齐用这样一句话——"深感同情，祝你好运！"结束了交谈。[382]

23点10分，海因里齐致克雷布斯。海因里齐试图联络元首地堡的克雷布斯，但接听的是弗雷塔·冯·洛林霍芬少校。在电话中，海因里齐质疑了让第56装甲军进入柏林的决定，不仅如此，此举还在第9集团军的防线上打开了一个缺口。正如他所说——"这闯下了弥天大祸"。[383]

23点15分，温克致海因里齐。

海因里齐："我希望您的部队（前往）勃兰登堡-瑙恩。如果可能，您应当从南面向当地派遣强大的部队，这一点意义重大，因为我们认为敌人将从南面朝西北方向进攻柏林。"

温克："我们一度夺取了特罗伊恩布里岑，但当地不久即再度失守。明天，位于特罗伊恩布里岑以南的另外两个师将向东北方向进攻。"

---

① 这里指的是威廉·布莱克温（Wilhelm Bleckwenn）少将，第1海军步兵师的师长。

海因里齐："这也是布塞希望看到的，能帮上他一个大忙。布塞必须摆脱困境。这必须由他的老朋友温克完成。但确保勃兰登堡和瑙恩的安全同样至关重要！"

温克："从南面到这两个地区，我找不到任何部队，地图上的单位不过是空架子，天啊！但我们将竭尽所能，并派出了内克尔师（Division Necker）①。"

海因里齐："很好。重复：（1）你应由特罗伊恩布里岑向东进攻；（2）在勃兰登堡和瑙恩之间增兵！当地形势危险。"[384]

23点25分，海因里齐致布塞。

海因里齐："克雷布斯已命令（第56装甲军）前往柏林，为此，该军将进入柏林环城路南部，即施默克维茨和格吕瑙之间。您应奉命守住施默克维茨的战线。"

布塞："第56装甲军必须位于施默克维茨附近，为我的后方提供掩护。否则会干扰（我的决定）。"

海因里齐："你相信吗？温克明天将投入3个师，从特罗伊恩布里岑进攻。这位老朋友向你问好，并会全力帮助你脱离困境。"

布塞："我会如期向西转移。但直到明早才能抵达湖区和运河附近。法兰克福已经疏散；我们还带上了一些装备。由于部队即将失控，我们无法在明天晚上执行第二步行动。"

海因里齐："那就见机行事……我已请求空投补给物资，并得到了批准。我们将竭尽所能提供帮助。我还会立刻与克雷布斯商谈。"[385]

23点40分，海因里齐致曼陀菲尔。在电话中，海因里齐通知曼陀菲尔，温克正在"向东前进，与美军脱离接触！"目前尚不清楚海因里齐此时是惊讶

---

① 此处所指不详，德军序列中并未出现过这样一支单位，第12集团军也没有一名叫内克尔的师长。

还是激动。他表示，第12集团军的部队将为奥拉宁堡地区提供急需的增援，同时，他还告诉曼陀菲尔，第3装甲集团军“必须坚守奥得河沿线”。[386]

其他相关指示、命令和报告

1. 4月16日至22日间，第111装甲歼击训练营①分别摧毁和击溃了114辆和25辆苏军坦克，而自身只损失了10辆装甲车。[387]

2. 4月20日至22日间，第11装甲军在其防区内摧毁了112辆苏军坦克。[388]

3. 第3装甲集团军摧毁了12辆苏联坦克，其中2辆是用铁拳击毁。[389]

4. 第2高炮军的各高炮连摧毁了19辆苏联坦克，并击落了9架飞机。[390]

5. 第3装甲集团军要求立即向采德尼克增兵。为响应要求，有以下部队被派往当地：500名来自希特勒青年团的“坦克猎手”，2600名国民突击队员（其中只有1000人有武器），[391]3700名来自第二波警备单位的人员，8000名德国空军的警备人员和10000名德国海军的警备人员。其要求必须配备武器，并尽可能搭乘机动车辆。[392]

6. 第9集团军有3位指挥官被提升为将军，他们是劳赫（Rauch）②、兰凯特（Langkeit）③和朔尔策（Scholze）④。[393]

7. 海因里齐要求将第56装甲军还给第9集团军，但凯特尔拒绝了他的请求。[394]

8. 魏德林的第56装甲军被调入柏林，他本人被任命为柏林城防司令。

国防军最高统帅部的作战日志

凯特尔与温克会面，命令第12集团军向东进攻，随后，他视察了位于克兰尼普尔（Kranepuhl）的沙恩霍斯特师师部，并听取了从特罗伊恩布里岑轴线进攻的作战方案。15点整，凯特尔和约德尔在元首地堡最后一次面见希特勒。离开柏林后，他们把陆军最高司令部搬到了新鲁芬（Neu Roofen）的护林

---

① 这里实际指的是第111突击炮兵教导旅。
② 即约瑟夫·劳赫（Josef Rauch），第18装甲掷弹兵师师长。
③ 即威利·兰凯特（Willy Langkeit），库尔马克装甲掷弹兵师师长。
④ 即格奥尔格·朔尔策（Georg Scholze），第20装甲掷弹兵师师长，他在1945年4月23日自杀身亡。

员小屋，只过了几小时，苏军就抵达了其原先所在的克兰普尼茨。根据国防军最高统帅部的作战日志，凯特尔“坚信他的**个人努力**可以影响到柏林周围的行动。”（粗体为作者本人所加）[395]

总结

奥得河前线的战斗至此落幕。海因里齐未能像4月15日向施佩尔许诺的那样，阻止另一个“斯大林格勒”在柏林上演。虽然守卫柏林事关重大，但在4月23日之前，希特勒从未制订过任何计划，并直接把这座城市推向了战火。在这场军事和政治的双重洗礼中，任何努力都将在苏军的猛攻面前化为烟云。不仅如此，德国宣传部门还向全世界公布了希特勒的意图，以及温克第12集团军的位置——他们正在朝东北方向进攻，并试图甩开易北河对岸的西方盟军。对于从未料到这次行动的科涅夫来说，它成了一个意外惊喜。

新任柏林城防司令魏德林带来了第56装甲军的残部，但这座城市早已是万劫不复。该军的士兵刚刚从地面战争史上最恢弘惨烈的进攻中逃脱，现在又来到了欧洲大陆最大的城市废墟，在这里，他们将为生存而战。

在柏林以外的地方，罗科索夫斯基的部队继续在第3装甲集团军的防区内狂飙突进，普伦茨劳周边成了他们打响决定性进攻的地点，维斯瓦河集团军群则在苦苦挣扎。朱可夫的部队全线渡过霍亨索伦运河，向哈维尔河的渡口扑去。在这个阶段，海因里齐有了另一项重要任务，即不让第3装甲集团军重蹈第9集团军被围的命运。由于朱可夫一门心思想夺取柏林。连续几天，罗科索夫斯基都未能顺利突破奥得河下游的德军防线，从军事角度，朱可夫本应该提供协助，但他并没有这么做。而在维斯瓦河集团军群作战参谋部门的脑海中，他包围第3装甲集团军，切断柏林以北的德军部队却几乎是一件顺理成章的事情。也正是因此，他们立刻动用了捉襟见肘的燃料储备，以应对朱可夫北上的局面。

至于第9集团军已是弹尽粮绝，走投无路，只能各自为战。在海因里齐的默许下，布塞希望以“拯救柏林”为幌子，把法兰克福要塞守军撤出奥得河东岸，以便加强其他地段；随后，他将向西进攻，抵达友军战线。

4月24日

当天，柏林被完全包围。

海因里齐在军事研究文件MS T–9中写道：

第549师已抵达高速公路，第25装甲掷弹兵师则收到了希特勒总部的命令。集团军群原本的意图是把第25师调往高速公路方向，但希特勒却要求其开赴奥拉宁堡，并由党卫军上将施泰因纳指挥，以便投入施潘道方向的进攻，打破柏林包围。4月24日上午，第3装甲集团军对面的苏军桥头堡起初十分平静。由于第549师的到达，形势似乎变得更加稳定。此外，集团军群已在昨天下达命令，从埃伯斯瓦尔德和施韦特之间的战线撤出第1海军步兵师，将该师调往北方，原防线则用空军补充单位接替。在这里，部队的换防和开拔也遭到了一些波折。第1海军步兵师的先头部队只能徒步出发，然后搭乘少数几辆卡车，经过昂格明德前往帕索（Passow）村。在下午，我们收到一条惊人的消息——敌人集结起强大兵力，从坦托以东发起进攻，还在施默尔恩（Schmölln）附近的兰多沼泽地投入了坦克——在这里，第3装甲集团军曾预先修建过一条防线，并由装甲兵学校的人员进驻，这些人员都精力充沛（作者按：即年轻的军官候补生和学员），并有4—5个重型高炮连提供支援。兰多沼泽本身是一片水网密布的草原，在施默尔恩附近，坦克似乎无法轻易通过。在某些地方，守军还将草场清除，让溪水泛滥，使重型车辆无法通行。虽然施默尔恩附近的部队一度击退了坦克进攻，但在奥得河上，第3装甲集团军的防线缺口正越来越宽。其新阵地始于普利兹洛（位于斯德丁南部），沿铁轨一路向南，止于铁路与高速公路交汇处。但问题在于，这些阵地只存在于名义上，守军也不过是一些散兵游勇。从当地再向南，德军部队正在向西退却，战线经克拉科夫（Krakow）一直延伸到施默尔恩东北的兰多沼泽地。在施默尔恩南部，第1海军步兵师的先头部队已抵达卡塞科附近，并试图整理队伍，阻击来犯之敌。[396]

下面这份记录则与前文略有出入。它来自战后科尼利厄斯·瑞恩对海因里齐的采访：

4月24日，优势敌军从菲尔斯滕瓦尔德以东的桥头堡出动，向西朝第9集团军进攻。在南面，敌军的矛头在科尔平的北边受阻。第3装甲集团军位于施潘道西北和奥拉宁堡以西方向，正在压力之下不断西撤。敌军先头部队一直突破到瑙恩、国王森林（Königsforst）和林纳姆（Linum）。在柏林南部，我军有几座桥头堡。在克雷门以北，林河（Rhin）流域在激战后失陷；但缺口随即被我军封闭。第25装甲掷弹兵师从埃伯斯瓦尔德撤退，之后，敌人在激战中占领了这座城市。在下菲诺和弗里德里希斯塔尔之间，敌军的渡河攻击失利。在西北面，苏军正在彼得斯哈根方向推进。围绕敌军桥头堡，我军竭力激战，挫败了对方扩大控制区的所有企图。另外，敌军还有重兵沿高速公路向里斯滕（Risten）增援前线。由于换防延误，第1海军步兵师只有一部抵达。

在柏林周围，敌军已在内层防区的潘科（Pankow）站稳了脚跟——潘科位于柏林东北，与南部兰克维兹之敌形成犄角之势。奥得河西岸的敌军桥头堡已大大拓宽，情况非常危急。我军损失惨重。（韦尔曼战斗群）瓦解了。在维登布吕克（Wiedenbrück），敌人渡过奥得–施普雷运河，直捣我军后方，意图切断2个整师的退路。在菲尔斯滕瓦尔德以西和东面，我军也有被截为两段的危险。在有些地方，部队根本无法过桥，沿途出现了拥堵。面对猛烈的空袭，陆军紧急要求战斗机掩护，但其数量远远不足。吕本遭到进攻，空袭非常密集。没有任何空投物资抵达我军。

维斯瓦河集团军群致陆军最高司令部的每日简报摘要

晨间报告

第3装甲集团军形势危急。在大炮和对地攻击机的支援下，敌军在加尔茨以西地区达成突破。韦尔曼战斗群遭遇重创。虽然第46装甲军的领导层精明强干，但依然无力回天，其预备队也基本耗尽。明天，我军将尝试反击，并投入从斯德丁和潟湖方向调来的单位。

在敌军桥头堡的北部，我们堵住了几次纵深突破，并将苏军击退。

在第3装甲集团军的纵深侧翼，党卫军第3（日耳曼）装甲军后退到鲁平运河（Ruppiner Kanal）北岸。在哈维尔湖西侧，当地的阻击部队音信全无。

我军突击群正在奥拉宁堡地区集结。

敌人不断从东方和北方发动进攻，第9集团军撤退受阻。

敌军在菲尔斯滕瓦尔德以西长驱直入，随着第56装甲军撤往泰尔托运河（Teltow Kanal），第9集团军的局势进一步恶化，其弹药和燃料已经告急。雷曼集团军集群（即施普雷河集团军集群）也被击退到了波茨坦周边的湖泊附近。[397]

第 3 装甲集团军致维斯瓦河集团军群和陆军最高司令部的作战报告

第32军：第549国民掷弹兵师所部试图攻入普利兹洛，但被优势苏军击退。德国空军击落了36架苏联飞机。[398]在斯德丁西南，苏军坦克据报出现在罗索夫（Rosow）。通过白刃战，我军肃清了突入居斯特罗之敌。敌军共有60人丧生，12人受伤被俘。[399]

奥得河军：在科尔比茨–普利兹洛–居斯特罗一线，敌人的进攻瓦解，德军炮兵射击技术精湛。[400]

第46装甲军：苏军在12千米长的战线上打开缺口，攻入彼得斯哈根。坦托和达尼措（Danitzow）宣告失守。在进攻之前，苏军会用远程火炮和迫击炮猛烈炮击，并大量投入战斗轰炸机和对地攻击机。这使得该军无法调集预备队，更无法有效部署第1海军步兵师。正如报告中所说："我军实力太弱，彼得斯哈根西北部的深远突破恐怕难以肃清。到4月25日，敌军可能继续长驱直入，局势将非常危急。"[401]

第101军：苏军对埃伯斯瓦尔德两侧的攻击均被击退，有4辆坦克被击毁。但在猛烈的炮击和攻击机近距离支援下，他们仍然攻入了埃伯斯瓦尔德的部分地区。[402]此外，本军接管了施泰因纳集团军集群的左翼，其一直延伸到利本瓦尔德，以帮助其缩短战线。[403]

施泰因纳集团军集群致维斯瓦河集团军群和陆军最高司令部的作战报告

有报告显示，施潘道西北部和奥拉宁堡西部正承受着苏军的强大压力。苏联先头坦克部队已抵达瑙恩–柯尼希斯霍斯特（Königshorst）–林纳姆地区。另一支部队也在利本瓦尔德东南抵达了霍亨索伦运河沿岸。我军正在准备反击。此外，苏军从泽彭施鲁塞闸口附近的前进企图被守军挫败。[404]第25装甲掷弹兵师已离开埃伯斯瓦尔德西部，并将根据命令抵达施泰因纳集团军集群的右翼。[405]

对于上述情况，海因里齐在军事研究文件MS T-9中写道：

党卫军上将施泰因纳设法集结了党卫军警察师的2个营、2个党卫军工兵营和某装甲歼击师（由配备自行车、铁拳火箭筒和机枪的士兵组成）的2个营，其中后者刚刚在约阿希姆斯塔尔投入前线。另外，他们还得到了5个高炮连（充当炮兵）的支援，位于埃伯斯瓦尔德的第25装甲掷弹兵师侦察营也由他指挥。这7个营和5个炮兵连将组成一个战斗群，并由克罗辛（Krösin）①将军指挥。该战斗群并没有按计划在4月23日清晨发动攻击，直到24日清晨才完成进攻部署，此时一切都已经太迟。其集结同样发生了莫名其妙的延误，这主要与部队训练不足、通信不畅有关。该战斗群兵分两路，分别从利本瓦尔德和泽彭施鲁塞朝南部发起进攻。敌人措手不及，只能全线后撤。我军突击群抵达了温希肯多夫和克洛斯特菲尔德北部一带，直到此处，如梦初醒的俄国人才开始从四面八方调集部队，抵抗也开始变强。至少，俄国人的前进步伐被干扰和拖慢了，这也是我们能期待的全部。但在敌军具备反击条件之后，（德军）先头部队只得撤回菲诺运河的另一侧。强大的敌军追赶过来，让他们动弹不得。

下面这段描述同样是海因里齐在战后写下的，但其中对施泰因纳攻势的描述却截然不同：

施泰因纳于4月24日接受了以下任务：4月25日，他应从奥拉宁堡西侧的桥头堡向南朝施潘道进攻。但他强烈反对这一计划。首先，桥头堡太小，无法供大部队进驻。其次，当地的地形对进攻非常不利。第三，他感到自己兵力太弱，无法实现纵深突破。在与第25装甲掷弹兵师（该师的部分兵力已抵达）的师长协商之后，施泰因纳建议不从盖门多夫发动进攻，而是把地点改在林纳姆和费尔贝林（Fehrbellin）。新地点的好处不言而喻，但如果我军穿过费尔贝

① 此处记录似乎有误，当时德军并没有一位叫克罗辛的指挥官。

林，就会浪费24小时的时间，而敌人则可以向该地区派遣强大的援军，降低我军成功的可能性。

让我反对这一提议的理由还不止于此。我们的燃料奇缺，不足以供第25装甲掷弹兵师开展机动。最后还有一个事实，费尔贝林方案意味着我军将迎面向敌人发动进攻，这有助于敌人开展防御，但另一方面，盖门多夫方案则可以打击敌人的侧翼。我与约德尔将军讨论了此事，听过我的解释后，约德尔有些倾向于费尔贝林，我也请求他把此事告知克雷布斯。然而，克雷布斯却持反对意见——他急于让施泰因纳发动进攻，我们拖延的时间越长，到达施潘道的难度就越大，因为敌人也在向哈维尔河附近调动大军。因此，尽管施泰因纳竭力反对，但上级仍然命令他从盖门多夫直接向南进攻。

与约德尔的交谈只是众多电话往来中的一次，当天，海因里齐还与施泰因纳、克雷布斯等人交换了意见。海因里齐这样回忆当时的情况：

施泰因纳竭力反对这次攻击。他说，当最终命令要求他如此行事时，他感到无比绝望。

不仅如此，德军的兵力还远远不够。第25装甲掷弹兵师虽然有能力进攻，但掩护侧翼的步兵部队完全不足——就像之后几天证明的那样，埃伯斯瓦尔德桥头堡的部队只能勉强守住阵地，要抵达40—44千米外的柏林完全是空想。随着奥得河的局势恶化，我更倾向派遣第25装甲掷弹兵师前往普伦茨劳，以便抵抗敌方装甲部队斯德丁南部发动的攻击。普伦茨劳的部队完全由步兵组成，只配有2个虚弱的突击炮营，反坦克能力不足。（作者按：海因里齐在这里可能指的是自行火炮，但他使用了“突击炮”这个词）。因此，为了避免东面遭到突破，化解第3装甲集团军的危机，我最终决定把第25装甲掷弹兵师从埃伯斯瓦尔德调往普伦茨劳和高速公路一带。他们将在当地占据阵地，阻止敌军装甲部队突破我军战线。

正如事态发展证明的一样，这也是部署该师的唯一正确方法。但由于希特勒命令必须从埃伯斯瓦尔德发动进攻，还就抗命的后果向施泰因纳发出威胁，我只好收回上述指示。由于希特勒的要求根本无法实现。我们只好采用一种折中方案：我军将利用拼凑出来的部队（只有几个营），从泽彭施鲁塞和利本瓦尔德向南，朝菲尔斯滕瓦尔德的西面推进。这次进攻并没有奢望抵达柏林，只是为了减缓敌军向奥拉宁堡推进的势头，因为在遭到进攻后，敌人将被迫从当地把部队调往北方以应对进攻。这次行动是在23日或24日打响的，或者说，它真正只在24日进行了一天，并确实吸引了一批苏军部队。但这种进攻根本无法阻止苏军主力——他们正在柏林北郊向西推进。在其北面，为给主攻方向提供保护，朱可夫同样派遣了部队，其实力足以挫败施泰因纳的行动。但即使如此，施泰因纳仍然到达了温希肯多夫——当地距柏林还有大约一半路程。

从埃伯斯瓦尔德发起的攻击已证明无法成功，至于折中方案——从泽彭施鲁塞向南发起的第二轮攻击也只取得了有限胜利。面对这种情况，希特勒通过国防军最高统帅部命令克雷布斯从埃伯斯瓦尔德桥头堡撤军，并停止从泽彭施鲁塞方向的进攻，随后派遣第25装甲掷弹兵师、第3海军步兵师（来自斯维内明德）和党卫军阳光团（也在埃伯斯瓦尔德作战，但只有2个营）在哈维尔河发起一次新攻势，这些部队将向施潘道前进。以便为施泰因纳创造有利条件。

对于第25装甲掷弹兵师，我认为应将其派往普伦茨劳附近，但第3装甲集团军的看法却与我相左，并坚持认为奥拉宁堡以西才是最佳方案。第3装甲集团军非常担心“后院失火”，因为敌人正在向西大踏步推进，而且接下来很有可能朝北转向，径直朝斯德丁奔去。第3装甲集团军极力强调，目前，他们必须在林纳姆和奥拉宁堡之间布置一支装甲部队，阻止苏军从南向北发动进攻。事实也表明，燃料无法支持第25装甲掷弹兵师从埃伯斯瓦尔德开赴普伦茨劳。相较之下，奥拉宁堡离他们要近得多。最后还有一个最重要的因素：据说，这次进攻是为了救出元首。这是义不容辞的，没有一个军事指挥官敢回绝。我们只好表示同意。毕竟，作为一个奉命最后一次尝试解救希特勒的军人，我又怎么好意思说“我才不管什么元首，让他去死吧”之类的话？纵然无比绝望，我都不能对这种要求视若无睹。[406]

海因里齐在军事研究文件MS T–9中继续写道：

在这些日子里，为争夺河流的控制权，战斗也在埃伯斯瓦尔德、奥拉宁堡和施潘道等地爆发：

–在亨宁斯多夫附近，敌人继续穷追不舍，并利用渡河设备和应急建筑材料迅速采取行动，试图发起强渡。

–在奥拉宁堡附近，虽然敌军在追击中趁势渡河的企图失败，但依然根据计划，创造了通过架桥渡河的条件。

–在利本瓦尔德附近，守军依托河岸阵地抗击来犯之敌，迫使对方停止前进。

我军在埃伯斯瓦尔德附近控制的桥头堡规模较大，敌军受其吸引和牵制，被迫向这一不必要的方向投入重兵，以保护自身侧翼免受打击。[407]

第 9 集团军致维斯瓦河集团军群和陆军最高司令部的作战报告

由于电话通信中断，极少有报告从第9集团军传来。清晨早些时候传来的消息显示，苏军从菲尔斯滕瓦尔德桥头堡方向袭来，戈尔米茨（Göllmitz）、朗根达姆（Langendamm）和劳恩（Rauen）等地相继失守，但在科尔平，其攻势被我方阻止。[408]报告还补充说，第21装甲师击退了苏军2个连在米滕瓦尔德的进攻。第5军和党卫军第5山地军继续按计划向包围圈西缘撤退。在党卫军第11装甲军前方，苏军的攻势陷入停顿。由于通信不畅，指挥难以维持，第56装甲军情况不明。[409]

维斯瓦河集团军群的兵员和后备力量短缺。陆军最高司令部已下令将新组建的部队派往前线。下面是一份文件的摘要翻译，其中展示了战争中最后一轮部队征调的细节：

备忘录

回复：第2军区的人员和物资储备的运用

4月24日，根据“布吕歇尔”和“格奈森瑙”命令从第2军区征调的健全士兵（作者按：这些征调命令的代号取来自拿破仑战争时期的普鲁士军官）已出发，前往党卫军第3（日耳曼）装甲军所在的索默菲尔德、勒文贝格和采德尼克等地。

派出的部队包括：

9个兵力充裕的营，包括维斯马第6军官候补生学校及校属教导营、居斯特罗营级指挥官训练班学员营（Bataillon-Führer-Lehrgang Güstrow）。

2个警备连，以及

半个狙击连

共计4000名全副武装的人员。

通过征调最后一批可用的士兵和武器，我们将从4月25日开始再组建2个营，它们将作为最后一批增援调往第3装甲集团军。根据第2军区的报告，其中也包括了罗斯托克和维斯马的驻军。

韦伯（Weber），总参谋部上校[410]

在补充兵员后续报告中，韦伯上校指出，又有一些营级单位正在组建并开赴前线，他们由空军人员和伞兵组成。其中显示，4月23日，第74补充营和第76补充营（各1000人）已被派往党卫军第3（日耳曼）装甲军。之后，又有第77补充营和第78补充营被划拨给第6高炮团，第53补充营被划拨给第101军和党卫军第3（日耳曼）装甲军。预计在4月26日或28日，第3装甲集团军还将获得第81补充营和第82补充营。在卡琳堂，还有赫尔曼·戈林伞兵装甲师的一个营。最近几天，它已被调入哈尔泽战斗群麾下。[411]

不仅是预备队，德军的补给也所剩无几。希特勒命令各集团军群可以征用储存在火车站的武器装备，以及闲置超过1周的军火车厢。[412]

当天还有一份不寻常的公文，它是在党卫军全国领袖的授意下，由“军犬和信鸽主管”寄给维斯瓦河集团军群的，试图为后者提供支援。这封信介绍了军犬分队（包括大约100只传令犬或警卫犬，以及60只可以在战术进攻行动中拖曳补给雪橇的雪橇犬）的运用，并派遣了一名叫穆勒的少校与集团军群作战参谋商讨执行事宜。[413]

这是提到特种军犬的第一份、也是唯一一份资料。从信的字里行间可以看出，党卫军和维斯瓦河集团军群曾有过讨论，但后者并不希望把军犬派往前线，但党卫军仍在努力游说，希望能把它们用于战术行动。目前，还没有证据表明这些军犬部队直接参与了对抗苏军的战斗。[414]

柏林防御地带致维斯瓦河集团军群和陆军最高司令部的作战报告

克雷布斯将军向德军各集团军群发出无线电报，重申了希特勒昨晚发布的指令：

为麻痹我军的战斗精神，敌人正在散布谣言，说我们将与美国停战。我们必须大力抵制这些谣言及其传播。我们将继续战斗，直到最后胜利。在决定德国首都和帝国命运的战斗中，元首将冲锋在前，而国防军的斗志和毅力将成为他的屏障。我们一定不辜负这种信任。

务必用所有通信手段，把本无线电信息发送到各级指挥部。[415]

在元首地堡中，所有的目光都投向了柏林之战。第12集团军从西线撤退，沿途没有遭到西方盟国的阻碍，一时间谣言四起，宣称反德大联盟已经瓦解。这些谣言本可以被用于加深苏联和西方盟国之间的不和，并为保住纳粹政权服务，但希特勒、戈培尔或国防军最高统帅部都未进行这种尝试。

根据戈培尔在前一天下达的命令，德国海军和空军的补充人员接替国民突击队，在柏林郊外占据了阵地。9点30分，维斯瓦河集团军收到一份晨间报告，说普吕恩斯（Preuns）海军中校指挥的5个德国海军补充营（共计2200人）被分配给施泰因纳，以便立即替换国民突击队单位。这些新来的海军士兵大多赤手空拳。因此该命令明确规定，他们将从国民突击队手中接过武器。[416]这种在战时换防的做法想必在柏林及其周边地区造成了不少混乱。至于戈培尔也希望利用国民突击队（而不是海军或空军补充兵）防守城市，因为他更希望把柏林城防的指挥权掌握在自己手中。

德国空军在奥得河前线的行动

在战争的随后几天，德国空军仍在绝望中多次升空，支援维斯瓦河集团军群前线，其中也包括柏林。尽管身处绝境，德国飞行员仍在为保卫帝国而战。在每日报告中，关于空战和对地攻击的记录比比皆是。以下是其中之一：

德国空军活动报告（时间：4月26日9点30分）

对1945年4月24日最终报告的回复

共有252架空军飞机在柏林要塞和第9集团军境内参战，其中包括：158架战斗机、83架对地攻击机和侦察机。

战绩：击毁坦克11辆，击损坦克1辆，击毁汽车143辆。除此之外，空军还有效打击了敌军车辆和步兵的集结区，并在空中或地面摧毁了5架敌机。

损失：10架Fw-190和3架Me-109侦察机失踪。2架Fw-190全损。43架Fw-190和1架Bf-109依然完好。[417]

无线电 / 电话记录摘要

1点整，克雷布斯致海因里齐：

海因里齐："您命令魏德林把右翼调往柏林南部。但第9集团军的右翼①会门户洞开！"

克雷布斯："这是元首的命令，如果魏德林的右翼遭到威胁，就应撤往柏林南部，因为我们必须不惜代价守住这座城市。另外，魏德林还报告说，一月三十日师将去防守施默克维茨。"

海因里齐："但是（苏联）坦克正从西部向这座城镇推进……被半包围的法兰克福守军正在且战且退，甚至带回了部分装备。比勒的表现非常出色，请为他颁发骑士十字勋章。布塞也在后撤，他正在抽出一个战斗群，以便向西发动进攻。托伊皮茨（Teupitz）位于我军手中，其他人正在向巴鲁特前进。"

克雷布斯："显而易见，由于第12集团军的进攻，（苏军）正从特罗伊恩布里岑向南撤退。柏林守军打得很好。在过去56个小时中，共有92辆（苏联）坦克被第249突击炮旅击毁。鉴于第20装甲掷弹兵师在明谢贝格附近表现优异，该师成员可以重新佩戴勋章。温克需要在勃兰登堡和瑙恩之间采取有力

① 原文如此，应为左翼。

行动，抵御敌人的压迫。近卫坦克第1集团军从南方进攻，已进抵达尔戈农庄（Gut Dalgow）–德布里茨一线！”

海因里齐：“部队正在从埃伯斯瓦尔德向西转移，以便从哈维尔河西岸向南进攻。以下是根据报告总结的详情：近卫坦克第4集团军穿过勃兰登堡向北；近卫坦克第1集团军穿过波茨坦；近卫坦克第1集团军经过吕德尔斯多夫迂回柏林；近卫坦克第2集团军在柏林北部。目前，我最担心的是第3装甲集团军的侧翼。”

克雷布斯：“第7装甲师明天就可以准备就绪。”

海因里齐：“敌军在奥得河桥头堡南侧大举突破，目前局势暂时得到控制。其参战兵力已多达11个师！”

克雷布斯：“元首也认为此处局势危急。”

海因里齐：“第1海军步兵师将从弗赖恩瓦尔德赶到！关于撤除加雷斯（第46装甲军军长）职务一事。（他）在采登附近表现很好，但曼陀菲尔对他评价很差。为控制局势，他已竭尽全力。第2军区正在亡羊补牢。两周前他们还说自己对前线爱莫能助，但现在，他们却做了比当初要求更多的事情。大区领袖也提供了几个希特勒青年团营，尽管最初拒绝把他们交给我调遣。”

克雷布斯：“柏林的局势十分紧张。不过，我军还是在几个地方取得了一些胜利。”

海因里齐：“雷曼已接受我们的指挥。稍后，他将由霍尔斯特调遣，20门高射炮也将撤出利本瓦尔德并前往柏林。命令已经下达。”

克雷布斯：“但没有经过我的同意。”

艾斯曼：“命令是德国空军下达的，出自元首的旨意。”

克雷布斯：“那我就向集团军群追认这道命令。”[418]

9点整，海因里齐致冯·曼陀菲尔。其中提到，鉴于奥得河前线局势瞬息万变，集团军群将不再向陆军最高司令部发送晨间报告。[419]

10点45分，艾斯曼致冯·特罗塔。两人进行了一番讨论，其内容显示，他们均不清楚第56装甲军是已经进入了柏林，还是正在第9集团军后方。[420]

10点51分，艾斯曼致陆军最高司令部：“第9集团军的撤退如期进行，但其机动尚未完成。目前，最吃紧的地段在北翼和菲尔斯滕瓦尔德两侧。在南翼，敌军对科特布斯以北发动进攻；数个地段被（敌人）突破。敌军从措森出发，朝卢肯瓦尔德附近的第21装甲师发动攻击，但被我方击败。施默克维茨附近的第56装甲军已撤往柏林南部，使米格尔湖以南门户洞开，第9集团军的退路被切断……在第3装甲集团军方向，守军按计划撤出了埃伯斯瓦尔德桥头堡。尚不清楚为了向南发动进攻，我军的重组地点位于其西面何处。（作者按："向南的进攻"指的是施泰因纳救援柏林的行动）。加尔茨–斯德丁桥头堡正在扩大，局势危急，我军损失惨重……"[421]

12点20分，艾斯曼致冯·特罗塔。

艾斯曼："无线电消息：第56装甲军显然已撤往滕珀尔霍夫（Tempelhof）。他们还是跑到那里去了。"

冯·特罗塔："第9集团军表示不满。"[422]

12点50分，艾斯曼致海因里齐："第56装甲军来电——柏林南部前线将由元首直接指挥……"[423]

14点41分，德特勒夫森致冯·特罗塔。

德特勒夫森："国防军指挥参谋部已和陆军最高司令部合并，并由凯特尔元帅主管。"

冯·特罗塔："如果我们要稳定局势，就需要尽快获得新部队。我们麾下有几支劲旅，都在第9集团军和温克南翼的先头部队那里，他们正有陷入僵局的危险，在柏林北部，守军的实力很弱。在斯德丁附近，压力已达到临界点的95%。"

德特勒夫森："但莱比锡–德累斯顿地区更为重要。必须堵死当地的缺口。元首仍在柏林。当地的外围据点只有一处没有沦陷，但有新部队正在调往当地。易北河下游一片安静，没有（美军的炮击或空袭）。但在德国南部，美军仍在推进！……"

冯·特罗塔："斯德丁附近的形势非常危急。部队再也无法坚守。"[424]

14点55分，施泰因纳致海因里齐。两人讨论了下次进攻时的部署，施泰因纳则解释了部队的困境，并对进攻的前景感到悲观。海因里齐则表示："我会和克雷布斯将军商谈，然后做出决定。但最终元首将直接下达命令。"[425]

16点20分，维斯瓦河集团军群作战参谋致布塞："可再为贵部提供空运补给。"[426]

16点40分，海因里齐致约德尔。

海因里齐："第25装甲掷弹兵师在奥拉宁堡附近的进攻非常吃力。位于贝伦斯霍夫（Behrenshof）的桥头堡很小，是一片森林，无法让我军展开。该师的4个营一抵达森林边缘就将无法前进。无论如何，在森林中部署装甲部队都不是什么好想法。种种情况表明，该师更应该选择的路线是费尔贝林和林纳姆。该师的价值无法发挥，这让我倍感沮丧，我只好相信，这种部署有战术上的必要。事实上，向奥拉宁堡进攻会更好，而且有望取得更大成功。但由于上述困难，一切都会毫无意义……第25装甲掷弹兵师将在明天6点整占据阵地。"

约德尔："批准。但务必扫清道路，有大量车队堵在上面——否则谁也别想通过。"[427]

17点35分，冯·曼陀菲尔致冯·特罗塔。

曼陀菲尔："加雷斯报告说，韦尔曼战斗群已不复存在，这肯定没错。很怀疑第1海军步兵师今晚能……（句子难以辨认）。他们的斗志尚可，但训练严重不足。我军恐怕无法在南部建立起一道坚固防线，甚至建立临时阵地都很难。远程火炮损失巨大，更多只能用高射炮代替，但后者作用有限。（据报）苏军在当地投入了2个坦克军和1个机械化军。到目前为止，我军只遭遇了少量坦克；在（战线）后方，我军朝奥得河桥头堡方向投入了40辆装甲车辆，还有62辆在施泰因纳（含第101军）处。

特罗塔："如果我们放弃阵地，部队就可能四下逃散。"

曼陀菲尔："但我们必须赶在（苏军）坦克集群抵达前及时撤到兰多沼

泽后方。这里泥泞难行，中央有一道10米宽的沟壑。在战斗环境下，虽然它挡不住步兵，但坦克根本无法通过。当然，它也标志着我们‘旅途’的起点（作者按：曼陀菲尔这里指的是向西方盟国撤退）。但今天不是时候，应该是4月25/26日晚上。渡口数量不多，而且无法在白天行动，估计会遭遇很多困难。该命令必须今晚下达。斯德丁要塞几乎已无一兵一卒。”[428]

19点10分，德梅齐埃致冯·特罗塔。德梅齐埃：“以下消息来自帝国总理府：克雷布斯已向施泰因纳直接下达指示——第25装甲掷弹兵师将立即从勒文贝格朝南发动进攻。约德尔已确认其内容准确无误，请立刻联络施泰因纳。如果第25装甲掷弹兵师跨过（指挥部）分界线，将转入温克麾下。在新鲁平方向，暂定以奥拉宁堡以北的鲁平运河作为临时分界线，此命令立刻生效。”[429]

21点10分，约德尔致海因里齐。

海因里齐：“今天下午，斯德丁以南桥头堡的形势骤然恶化。敌人推进至卡塞科–坦托–舍恩菲尔德（Schönfeld）一线，并在达米佐夫（Damitzow）北部继续以坦克向彭昆（Penkun）推进，在我军战线上深深打入了一个楔子。在突破口附近部署的是第1海军步兵师，（其兵力）非常薄弱，可能明天就会被击溃。第46（装甲）军军长加雷斯将军正在当地亲自指挥，他的经验非常丰富。面对崩溃的防线，第1海军步兵师毫无应对之力。只是因为加雷斯在场，局面才没有进一步恶化。希望您了解此事。我们已尽其所能，把第547师撤出了斯德丁要塞。在南面，第389师也向南撤退——它几乎已战至最后一人。韦尔曼战斗群（由警备营和国民突击队组成）土崩瓦解。在埃伯斯瓦尔德附近，据报敌军也从两个地点攻入第5猎兵师的阵地，面对巨大压力，其战线急剧向后坍缩。那里的局势极端恶劣……只剩下100个人。第3海军步兵师的其余部分（1个营）已从斯维内明德启程，正在奥拉宁堡方向朝西移动。沃坦防线准备充分，有训练单位和高炮师（驻守）。但今天，高炮部队没能挡住敌军坦克的突破。第3装甲集团军调集了所有力量，他们的身后已无一兵一卒；第25装甲掷弹兵师是唯一的预备队，但已根据克雷布斯的新命令调往别处。”

约德尔：“施泰因纳的进攻将得到霍尔斯特集群2个团的支持。第7装甲师

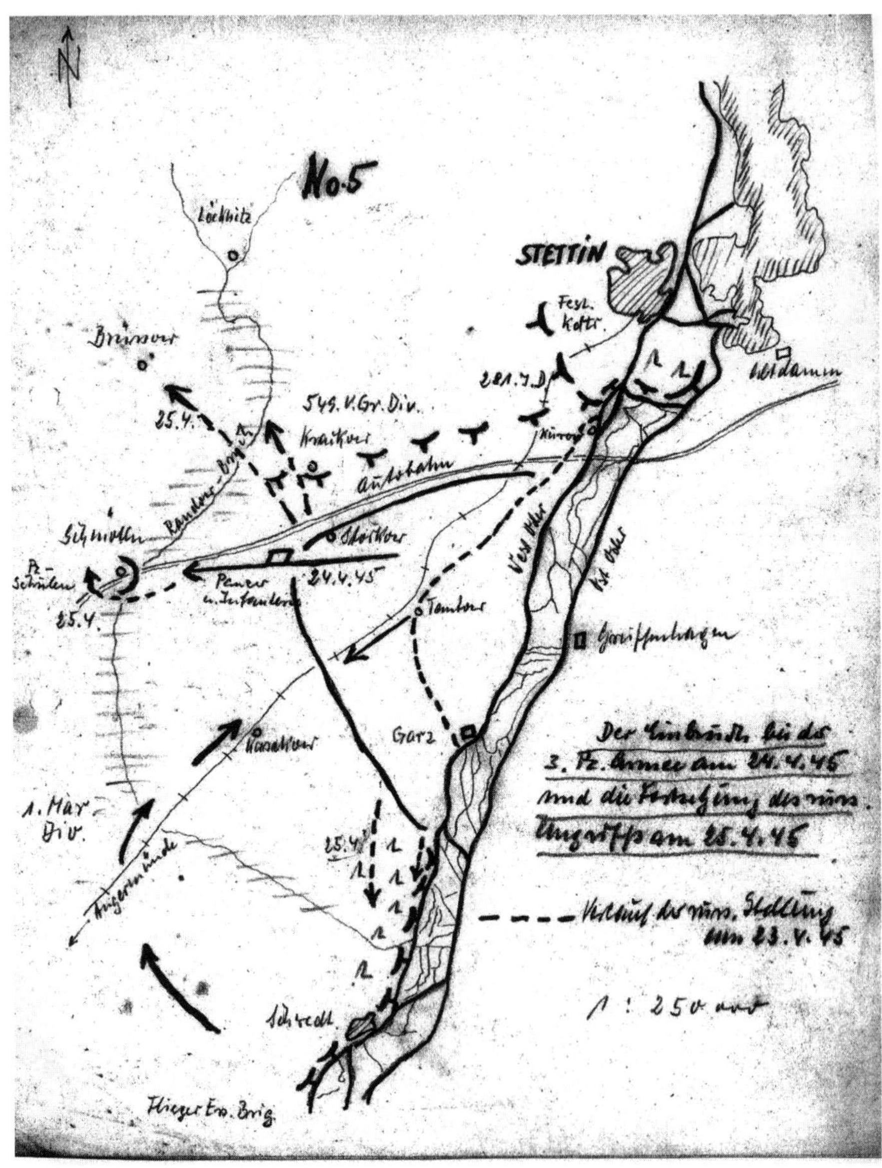

地图 22：1945 年 4 月 24 日至 25 日，第 3 装甲集团军南部的态势图，由海因里齐本人绘制。

（2个团）位于瑙恩方向，他们虽然无法突入敌军纵深，但能阻止敌人长驱直入。施泰因纳在与克雷布斯交谈时同意了这次进攻。元首同意第9集团军从梅尔基施布赫霍尔茨北部向洛文布鲁赫（Löwenbruch）（撤退？）。关于从东撤退一事，虽然克雷布斯尚未（向希特勒）申请，但你可以采取行动，否则东西方的前线之间将出现一处巨大凹陷。”[430]

21点25分，艾斯曼致第9集团军（无线电）：“为了集结有生力量，你部已获准从施维洛赫湖–施托尔科一线撤退。新的进攻方向：特罗伊恩布里岑–贝利茨。”[431]

23点30分，海因里齐致克雷布斯。

海因里齐：“第9集团军：北方前线战斗激烈，菲尔斯滕瓦尔德以西至科尔平一带出现了一个很深的豁口。库尔马克师正在发动反攻。敌人出现在集团军后方，并占领了菲尔斯滕瓦尔德和米尔罗瑟之间一条弧线的最东北部分，但该集团军正在准备全力向西进攻。在施泰因纳方面，他将根据命令在明天早上发起攻击。曼陀菲尔报告说，斯德丁以南爆发了激烈战斗。敌人已推进至卡塞科火车站附近。突破口正在形成。已抵达的第1海军步兵师一部定于明天早晨从西南发起攻击，以肃清该镇的突破口。为封闭北线的强大突破，所有位于斯德丁的部队均已撤出。同时，我们还从河岸一线调集了最后的有生力量。至于第9集团军则危在旦夕。”

克雷布斯：“元首最关心的问题是第9集团军的区域过于拥挤。”

海因里齐：“他们正在为向西进攻而集结，以便与温克会合。从20点整开始，第25装甲掷弹兵师也在纳森海德（Nassenheide）–塔申多夫（Taschendorf）–勒文贝格附近集结，预计明早朝费尔滕的方向进攻。”

克雷布斯：“温克暂时没有消息。”

海因里齐：“约德尔说，温克正在向特罗伊恩布里岑–贝利茨一线发动进攻。第9集团军的处境愈加艰难，布塞必须确定最有利的进攻方向，另外，他已了解了会合一事。”

克雷布斯：“元首指出奥得河方向的形势非常严峻。”

海因里齐：“当地在今天下午被敌军突破；我军拼尽全力，最终控制了

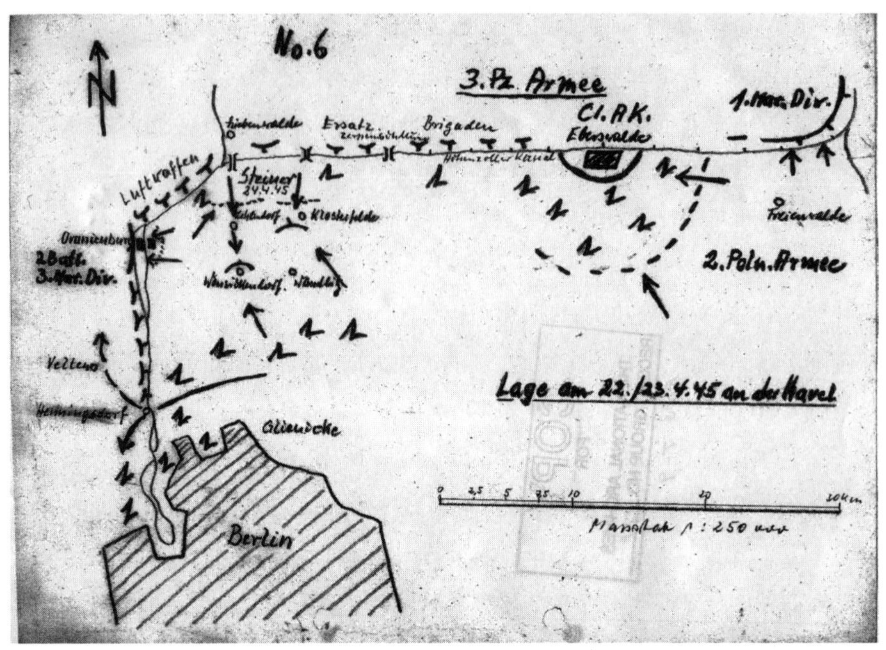

地图23：1945年4月23日至24日，第3装甲集团军南部的态势图，由海因里齐本人绘制，其中第25装甲掷弹兵师（隶属于施泰因纳）正在向南进攻。

局面。”[432]

24点整（？），海因里齐致施泰因纳。

施泰因纳：“已命令明天发动攻击。”

海因里齐：“这还不晚。投入一切兵力。你承载着元首的所有希望，而敌人只是波兰人（作者按：即波兰第1集团军）。我希望你排除万难，赢得胜利，打敌人一个措手不及。我们有许多反坦克武器，成功仍有希望。另外还请转告布尔迈斯特，我们已经意识到了他的难处。”

施泰因纳：“让我悲哀的是，上面有很多不切实际的幻想。这让我非常担心。整个形势已不能用‘悲剧’形容。”

海因里齐：“元首对你寄予厚望。务必尽你所能。”[433]

其他相关指示、命令和报告

1. 在近7天的防御战斗中，奥得河前线的第11高炮军①宣称击毁了180辆坦克，其中有些是在近战中击毁的。该军还击落了67架飞机，击沉107艘满载人员或装备的渡河船只（！）[434]

2. 在第3装甲集团军方向，第2海军步兵团的阵地被第4要塞团接过。[435]

3. 党卫军第33查理曼掷弹兵师的1个营奉命进入柏林。[436]

4. 在过去两天，第4集团军司令部残部经海路抵达斯维内明德，之前，该司令部一直指挥着东普鲁士沿岸的部队。他们随后将再次启程，途径维特施托克抵达普里茨瓦尔克。按照设想，这个指挥部将于4月25日在维特施托克集结，成为一个新集团军的核心。[437]该集团军就是4月27日在第3装甲集团军后方成立的第21集团军——他们将驻扎在柏林以北至易北河之间。

国防军最高统帅部作战日志

直到4月29日，国防军最高统帅部总部一直位于新鲁芬。第12集团军报告称，面对苏军的行动，它再也无法维持一条连贯战线。凯特尔继续在第12集团军的作战区域内奔走，敦促各个部队向柏林进攻。但他并没有与温克或冯·曼陀菲尔等陆军指挥官直接协调施泰因纳的行动，并扰乱了海因里齐对下属部队的部署。[438]

总结

第9集团军被彻底包围，与维斯瓦河集团军群失去联系。科涅夫和朱可夫在波茨坦附近会师，柏林陷入包围之中。在奥拉宁堡南部，施泰因纳的进攻进入最后准备阶段。但另一方面，他已与西面的德军失去联系，这让哈维尔河沿岸的局势更加危急。而在第3装甲集团军，其参谋部门正为近卫坦克第2集团军可能的北上忧心忡忡。布塞继续努力准备向西进攻，温克则与科涅夫爆发战斗，其战线从维滕贝格东北延伸到特罗伊恩布里岑，全长约30千米。

---

① 原文如此，实误，应为第2高炮军。

第3装甲集团军、维斯瓦河集团军群、施泰因纳和元首地堡为两支关键部队——第7装甲师和第25装甲掷弹兵师——的部署争执不休，这导致他们无法顺利参与柏林周边的战斗。这种情况之所以出现，又与燃料短缺不无关系。施泰因纳麾下只有散兵游勇，这次内讧让他失去了宝贵的增援——无论是切断西进的朱可夫，还是作为机动预备队、迎击突破第3装甲集团军奥得河防线的罗科索夫斯基，这些目标都像是痴人说梦。

4月25日

（参见地图22和23）

海因里齐在军事研究文件MS T-9中写道：

尽管第3装甲集团军一度满怀希望，但出于可以想见的原因，他们仍未能在4月25日守住防线。鉴于第3装甲集团军身受重压、被迫后撤，集团军群担心，如果他们连夜撤退，将极有可能崩溃，因此没有在前一天晚上下令退往兰多沼泽地。在今天下午的战斗中，敌军在施默尔恩以南数千米处横穿兰多沼泽，夺取了我军后方的一个渡口，从而获得了通往施默尔恩的“通行证”。在高速公路北侧，敌军突破了由多个据点组成的第549国民掷弹兵师防线，并于晚间在布吕索夫（Brüssow）附近穿过兰多沼泽地。卡塞科附近的第1海军步兵师正在坚守战线，使敌人无法向南扩大突破口；但在当地东南方，敌人正从加尔茨方向袭来，试图从施韦特以北的森林中杀出一条道路，席卷奥得河防线。

按照加雷斯的说法，为避免遭到合围，4月24/25日晚间，冯·曼陀菲尔命令前线指挥官向新战线撤退。[439]不仅如此，曼陀菲尔的命令似乎并没有获得海因里齐的首肯。加雷斯将军在4月25日的日记中回忆道：“中午，海因里齐将军到达。他不赞成让人困马乏、弹尽粮绝、支离破碎的我军部队脱离前线，但这一决定已得到（曼陀菲尔）的批准。他不可理喻地相信，这些部队仍然可以发动进攻。”[440]当时，海因里齐仍认定他可以挡住苏军，但与加雷斯的讨论让他相信，现在到了让步的时候。这段记录也表明，在混乱和激烈的战斗中，海因里齐一度无法把握大局——事实上，他已经一个星期没有睡觉，并在巨大的压力下忙碌着。此时，西方盟军并没有像他预想的那样渡过易北河。如果在奥得河沿岸继续抵抗，第3装甲集团军将被孤立和包围。局势要求他当机立断。为此，海因里齐召集了他的参谋长冯·特罗塔将军和作战参谋艾斯曼上校，[441]并在会上表示，约德尔直接命令施泰因纳与第9、第12集团军联合向南进攻，打破柏林之围，这将让集团军群的其余部队面临危机。因为按照约德尔的指示，其余部队必须守住更东面的菲诺运河一线；而在海因里齐看来，这将给维斯瓦河集团军群的残余部队带来巨大危险——部队陷入困境，第9集团军的悲剧将再次上演。也正是因此，他向参谋长和作战参谋提出了一个问题：是执行约德尔的命令，继续坚守战线，还是抗命向西撤退？[442]据艾斯曼说，冯·特罗塔最先发言，要求坚决执行命令，但艾斯曼反驳说："我建议向西朝于克尔河一线撤退。此外，我们还应做好一切准备，以便抵达波罗的海和易北河之间，进而在当地的梅克伦堡湖区附近构建一条较短的防线。这些阵地将一直坚守到全面投降之时。"海因里齐问道，如果被苏军包围，该采取什么措施，艾斯曼的回答是，"向西突围"并投降。听罢，冯·特罗塔变得更加亢奋，并反对任何"投降"的提议。根据艾斯曼的说法，海因里齐在一番沉思后说道："现在不是抒发豪言壮志的时候，我们面临的是一个生死攸关的问题。这份命令简直是在自杀，我绝对不能去做这件毫无意义的事情。没有一个德国士兵会被凭空牺牲。为了部队、民众和比希特勒更重要的存在①，我将承担起这份责任。"海因里齐的指示是逐步向西撤退："我们将在沃坦（防线）坚持48小时，让施泰因纳有机会发动进攻，之后在（于克尔河）沿岸坚守两天。如果不这样做，径直向西撤退，向南进攻的施泰因纳将被敌人切断。"[443]语罢，海因里齐离开会场，前去与指挥官们讨论这一决定。[444]在战前的防御计划中，他曾设想一旦苏军突破防线，就把部队撤到城市西面，让柏林免遭毁灭——而这次抗命背后的动机无疑与其如出一辙。命运曾让他事与愿违：第56装甲军被调去守卫柏林，施泰因纳和第12集团军正奉凯特尔之命赶去解救。但这一次，海因里齐决定不让类似

① 这里海因里齐指的是上帝。

的一幕再次发生。

为了不让行动引起怀疑，海因里齐指示艾斯曼把编造的态势报告发回国防军最高统帅部/陆军最高司令部。正如艾斯曼在战后记录的那样："由于这些报告是作战参谋的职责，因此，编造就成了我的工作。虽然在战争中，不准确的报告迟早会暴露（当然，在国防军最高统帅部的报告中，类似的情况比比皆是），但在这种情况下，它是我们的唯一选择。"[445]

虚假的报告飞向莱茵斯贝格（Rheinsberg），也正是因此，虽然前线不断朝国防军最高统帅部/陆军最高司令部总部靠近，但两者并未继续西撤。面对苏联突袭，高层几乎措手不及，只能登上卡车向奥伊廷（Eutin）后撤。虽然根据艾斯曼的说法，因为良知使然，集团军群的作战参谋部门及时通报了情况。[446]但这一举动引起了凯特尔和约德尔的怀疑，他们意识到，海因里齐没有告诉他们真相，也没有按照命令在东面节节抵抗，更没有投入救援柏林的行动。

致陆军最高司令部的每日简报摘要

在第3装甲集团军的前线，苏军的进攻正在加速。前线单位的报告断断续续，甚至完全消失。只有零星的无线电报或传令兵偶尔从维斯瓦河集团军群的司令部发出。

在斯德丁南部的桥头堡，敌军发动了局部攻击，规模非常有限。

其主攻方向在桥头堡的北翼，敌人显然计划从当地突入斯德丁要塞后方。

西进之敌可能会从沃林和巴格米尔（Bagemühl）前进到兰多沼泽。

尽管敌军抵抗猛烈，但第25装甲掷弹兵师依然收复了盖门多夫的铁路线。

第9集团军深陷围困，还未发来详细报告。

目前已知的是，（第9集团军）准备从梅尔基施布赫霍尔茨-吕本一线向西突击，以求恢复与第12集团军攻击部队的联系。[447]

第 3 装甲集团军致维斯瓦河集团军群和陆军最高司令部的作战报告

（参见彩色地图45和46）

第32军：右翼的第549国民掷弹兵师被迫放弃巴尼姆斯科（Barnimskow）①和卡罗（Karow）。晚间，苏联人突入该军在斯德丁以南的阵地，但损失惨重。[448]苏联空军大举空袭普伦茨劳、帕斯沃克和斯德丁等地。[449]海因里齐命令党卫军阳光团占据普伦茨劳附近的要害地带，并在抵达后向第3装甲集团军报到。[450]零星的苏军坦克已抵达位于高速公路南侧、兰多沼泽东部的施默尔恩桥头堡。据报道，巴廷斯塔尔（Battinsthal）和兰登廷（Landenthin）地区数次遭遇苏军袭击。在格拉索（Glasow）出现了敌军坦克。傍晚时分，苏军在沃林以南和巴格米尔建立了桥头堡。[451]

奥得河军：在左翼，苏军在炮兵和对地攻击机的支援下扑向弗里德里希斯塔尔。施韦特附近也有突破口。[452]在霍亨塞尔肖（Hohenselchow），一次小规模进攻被我军挫败。卡塞科仍由德军坚守，但瓦廷（Wartin）在激烈巷战后沦陷。[453]

第46装甲军："备受削弱"的德军无力阻止苏军长驱直入。该军的前线在弗里德里希斯塔尔–卡塞科–瓦廷–克拉科（Krackow）–斯德丁一带延伸。尽管施默尔恩桥头堡拥有800名士兵和14辆坦克，但仍未能守住阵地。按照其报告所述："无论意志还是实力，我们的部队都不再强大，无法阻止敌人。无处不在的敌方空军让我们士气消沉，使部队及其重武器无法行动。"[454]尽管如此，还是有报告显示，面对苏军的重压，该军依然仓促构建了一道后方阵地。[455]掩护德军后撤的是第210突击炮旅，因为这次行动，该旅得到了上级的表彰。[456]

第101军：在高速公路两侧，德军的战斗前哨力不能支，被迫撤回霍亨索伦运河一线。苏军抵达埃伯斯瓦尔德东北地区，兵临霍亨索伦运河沿岸。[457]在整个埃伯斯瓦尔德镇，挨家挨户的战斗仍在继续。苏军试图占领当地北部的菲诺机场，但这一企图未能得逞，且被摧毁了2辆坦克和6辆自行火炮。[458]

---

① 即今天波兰境内的巴尼斯瓦夫（Barnislaw）。

第3装甲集团军致和陆军最高司令部的作战报告

（参见彩色地图47和48）

在纳森海德（即第25装甲掷弹兵师师部所在地），施泰因纳与约德尔和第25装甲掷弹兵师师长阿诺德·布尔迈斯特将军会面。海因里齐也赶到当地，以便了解施泰因纳将如何向南进攻。虽然第25装甲掷弹兵师已抵达，但严重缺乏汽油。[459]在公开汇报结束后，海因里齐似乎与施泰因纳还私下进行了一番商谈。海因里齐希望他守住第3装甲集团军的肩角，阻止敌军从曼陀菲尔后方北上，而不是奉命发动攻击。当时，第3装甲集团军刚进入沃坦防线，其北翼在斯德丁，南翼在施韦特。对海因里齐来说，关键已经不再是拯救希特勒，而是如何让第3装甲集团军从奥得河沿岸脱险。[460]

费贝尔林西南侧和东部的德军警戒线正面临沉重压力。下午早些时候，德军发起反击，夺回柯尼希斯霍斯特和利诺（Linow）两地。在埃伯斯瓦尔德地区，敌军在上午开展的侦察攻击升级，到下午已演变为激战。第25装甲掷弹兵师的一个战斗群从奥拉宁堡和盖门多夫地区向南进击，他们克服猛烈抵抗，一直前进到铁路沿线。[461]

第9集团军致陆军最高司令部的作战报告

（参见彩色地图49、50和51）

苏军从菲尔斯滕瓦尔德以西的桥头堡发动进攻，戈尔米茨、朗根达姆林区和劳恩等地相继失守。但他们向南面的攻击最终止步于科尔平以北的茂密森林地带。[462]法兰克福要塞守军完成撤离，抵达第9集团军战线。布塞命令向西进行初步试探，以确定第12集团军的位置。维斯瓦河集团军群直接向温克的第12集团军发去无线电报，称第9集团军正从卢肯瓦尔德方向，对梅尔基施布赫霍尔茨发动攻击。[463]现在，第9集团军的补给已消耗殆尽。虽然海因里齐安排了空投，但由于苏军的绝对制空权，这次行动出师不利。下面，我们简要翻译了一份关于空投补给的报告，它是由一名执行此任务的飞行员在事后提交的：

航空联络官：

关于向第9集团军空运补给的回复

收信人：集团军群参谋长

发信人：兰佩

针对相关的无线电报，我必须汇报以下情况：

1. 我们已与第9集团军就物资空投地点达成一致，并收到了首批物资最理想的降落时间（21点45分）等请求。4月24日下午，我向负责空运的单位——位于图托（Tutow）的大型运输机中队（Großraumtransport-Staffel）——通报了相关情况。这些约定事项均向位于雷里克（Rerik）的空运部队司令做了汇报，并得到了他的批准。

2. 我所了解到的情况是：

本人起飞后，空运部队司令与德国空军首席情报官戴欣登（Dahinden）少校进行了长途通话，表示他的命令是让部队于24点整在指定地点着陆。但我对这次通话一无所知，更不知道第9集团军是否从戴欣登处了解了相关情况。如前所述，该集团军建议的首轮机降时间与之完全不同。情况之所以如此，是考虑到了以下几个事实：首先，当地唯一可用的机场——弗里德斯多夫（Friedersdorf）机场——可能沦陷，在一夜之内运送所有补给非常必要；另外，这一时间也有利于设置探照灯，从而为第一架飞机的着陆（消耗时间较长）提供便利。

3. 由于电话无法打通，我通过无线电向第9集团军发送了这一安排。为缩短发送时间，整条消息被分成了两个部分（第一部分为首轮机降的时间，第二部分为另一个请求）。第一部分信息后来在20点03分抵达第9集团军。

4. 部署方式：

运输部队指挥官派遣五架飞机起飞，其中第一架和第二架应分别在22点15分和23点30分抵达，第三到第五架则大约在次日凌晨2点整抵达。由于所有飞机在接近柏林期间与我们失去了联络，因此部队指挥官认为，这些飞机均在途中被敌方战斗机击落。

由于无线电通信中断，且第一架飞机未能返航，部队指挥官在2点整叫停了后续行动。[464]

第 4 装甲集团军致维斯瓦河集团军群和陆军最高司令部的作战报告

为了转移科涅夫对柏林方向的注意力，舍尔纳集团军群下属的第4装甲集团军朝北发起了一连串攻击。当天6点20分该集团军群发来的无线电消息显示，包岑已被收复。此外，德军还向科尼希斯维尔特（Königswerth）①方向发动了攻击。报告显示，第4装甲集团军北翼已抵达维斯瓦瑟（Weisswasser）西南6千米处，卡门茨也在德军手中。在最后，第4装甲集团军还向维斯瓦河集团军群提出了一个问题："第9集团军南翼的情况如何？"[465]如前所述，当地的第5军原本来自舍尔纳集团军群，但与主力的联系被切断，在过去几天，后者始终对其局势一无所知。这也向我们表明，鉴于苏军攻势凌厉，德军下级单位之间已很难取得联系。

无线电 / 电话记录摘要

当天某个时候，由于第3装甲集团军前线的空军部队大量溃逃，海因里齐用电传信息命令康拉德（Conrad）伞兵上将②："向宪兵部队司令格雷斯（Grase）③上将派遣1名高级军官（拥有将军或上校军衔）和20名普通军官（必须精明强干）！恢复战线后方空军人员的秩序——他们正在四散溃逃。赶快行动起来！"[466]

1点15分，维斯瓦河集团军群致第9集团军、第12集团军、中央集团军群和东普鲁士集团军："（苏军）坦克第4集团军的先头部队位于勃兰登堡和波茨坦以南的泰尔托，部分位于勃兰登堡地区之敌正在调转方向朝东北方进攻。其第13集团军将随后跟进，前锋已抵达特罗伊恩布里岑。坦克第3集团军则从南部突破，已抵达兰克维兹、马林多夫（Mariendorf）和旧格林尼克（Alt Gliencke）。在柏林北部，近卫坦克第2集团军正在为向西进攻进行重组，其近卫坦克第9军正在向瑙恩推进。近卫骑兵第7军则穿过奥拉宁堡和克雷门向西

① 此处有误，科尼希斯维尔特即今天捷克西部的卡罗维斯科-波日奇（Královské Poříčí），但此地位于德军战线后方数十千米处，本处所指的似乎应该是柯尼希斯瓦尔塔（Königswartha），当地在德国东南部的萨克森州境内，位于包岑西北、德累斯顿东北方向。

② 原文为General der Fallschirmjäger Conrad，此拼写有误，这里指的是保罗·康拉特（Paul Conrath）伞兵上将，此人曾担任赫尔曼·戈林伞兵装甲师师长，战争末期被任命为伞兵总监。

③ 即马丁·格雷斯（Martin Grase）步兵上将，即当时的国防军纪律部队总监（General der Wehrmachts-Ordnungstruppen）。

进攻。柏林以北的第47集团军、第3突击集团军和波兰第1集团军正在从奥拉宁堡两侧向东①朝哈维尔河前进，进而可能在哈维尔河西岸组成一个包含下列单位的战役集群：坦克第4集团军、近卫坦克第2集团军、近卫骑兵第7军、第3突击集团军和波兰第1集团军。同时，苏联第70集团军和第65集团军则扩大了斯德丁南部的加尔茨桥头堡，并将其延伸到了卡塞科、彼得斯哈根和坦托地区，但当地尚未出现大规模的坦克部队。”[467]（作者按：这份报告重点介绍了东线外军处掌握的、苏军在柏林周围的动向）。

4点22分，第9集团军致维斯瓦河集团军群（接收时间：6点整）：“受形势影响，本集团军已严格限制无线电通信……”[468]

4点20分，第9集团军致维斯瓦河集团军群（接收时间：7点10分）：“望空军联络官注意：弗里德斯多夫机场具备飞机起降条件，但至今仍没有飞机降落。务必派遣飞机。”[469]

5点30分，第9集团军致维斯瓦河集团军群（接收时间：7点10分）：“4月17日至21日的损失（仅为部分）：第712步兵师，4619人；库尔马克师，1106人；尼德兰师，111人。由于局势使然，尚未收到后续报告。”[470]

7点21分，第9集团军致维斯瓦河集团军群和第4伞兵师②（由空军首席情报官的无线电台转发）：“关于飞往弗里德斯多夫机场的Ju-52运输机。为何（我们）很晚才得知第一架飞机会在21点45分而不是24点整到达？24点，我们的引导灯才设置完毕。”[471]

4月24日23点整，第9集团军致维斯瓦河集团军群（接收时间：4月25日7点45分）：“补给飞机抵达的时间太晚，导致无法及时采取措施。请其他飞机继续按计划前来。”[472]

6点55分，第9集团军作战参谋致维斯瓦河集团军群作战参谋（接收时间：7点55分）：

---

① 原文如此，此处应为向西。

② 原文如此，明显有误，因为第4伞兵师当时正位于意大利。这里可能指的是第4轰炸机联队（KG 4，或是其他某个空军运输单位）——当时该联队正在东线承担物资运送任务。

截至4月24日，我方装甲战斗车辆的情况为：[473]

第5军

（1）43/9/0/0

（2）0/0/0/0

（3）27/0/0/0[①]

党卫军11装甲军

（1）17/0/0/0

（2）13/0/0/0

（3）6/0/0/0

党卫军第5山地军

无变化

4月24日21点20分，第9集团军致维斯瓦河集团军群（接收时间：4月25日8点55分）：“集团军群通信兵司令注意。立刻发送第12集团军的长波通信诸元。短波通信无法接通。”[474]

7点50分，第9集团军致维斯瓦河集团军群（接收时间：9点05分，本电文的落款为布塞）：“维斯瓦河集团军群司令注意：虽然降落条件具备，并设置了着陆指示灯，但本集团军仍未收到补给。迫切要求在（4月）26日晚间向克里吉克（Kehrigk）地区（作者按：此位置可能在今天的施托尔科附近）派遣飞机。详细坐标将通过特殊无线电发送。”[475]

在相关的无线电报中，一条手写备注写道：“5架飞机于4月25日夜间启航，没有返回，显然被战斗机或高射炮击落。跳伞的机组人员确认，其中一架飞机被夜间战斗机击落。飞机从（此处字迹不清）越过目标，但未注意到该地点的任何标识。第3装甲集团军也通过无线电得知此事。”[476]

10点整，维斯瓦河集团军群致第9集团军：“5架飞机搭载补给起飞，但

---

① 在德军的装甲战斗车辆（此处的Panzer指的是坦克，突击炮，坦克歼击车等作战车辆）统计中，a=处于战备完好状态，b=短期维修中，c=长期维修中。另外如原作者在注释中所述，“43/9/0/0”等可能代表了该军各师处于相应状态的装甲车辆数。

它们无一返航——其中一架被战斗机击落。问题：着陆指示灯究竟于何时安置？寻找着陆地点的飞机分别在22点和0点返回……”[477]

10点55分，奥德布雷希特（Odebrecht）将军致冯·特罗塔：“加雷斯将军表示，多亏了高射炮，敌人才没有突破到普伦茨劳，它们的表现非常出色。”[478]

11点05分，艾斯曼致冯·特罗塔：“自8点整以来，与第9集团军的无线电通信一直中断。敌人继续向柏林进攻……”[479]

11点10分，海因里齐（位于第3装甲集团军前线）致冯·特罗塔。

特罗塔：“与第9集团军的无线电通信无法接通。直到今天下午，施泰因纳才发动进攻。”

海因里齐：“他们昨晚20点整就准备好出发了！”[480]

11点30分，艾斯曼致冯·特罗塔。

艾斯曼：“第12集团军的电话打不通。”

特罗塔：“敌人还没有到达拉特诺。”

艾斯曼：“霍尔斯特的进攻暂未成功。”[481]

10点整，第9集团军致维斯瓦河集团军群（接收时间：11点35分）：“询问第12集团军总部：局势如何？”

时间未知（大概是下午），维斯瓦河集团军群致第9集团军：“第12集团军没有长波（无线电）……（电文最后一部分难以辨认）。”[482]

11点45分，海因里齐致邓尼茨海军元帅：“从昨天开始，奥得河前线处于极端危险之中，可能全线崩溃。毫无（安全）。建议（此处模糊不清，但可能是“撤离”）斯维内明德。当地已无原有驻军（作者按：海因里齐的意思可能是训练有素的士兵），（现在）现驻军根本算不上士兵。因此，很怀疑他们能否坚守下来。”[483]

12点00分，海因里齐（位于第3装甲集团军前线）致冯·特罗塔。

特罗塔："与第9集团军的无线电联络恢复了。"

海因里齐："我强烈批评施泰因纳……他必须（在14点发动进攻），否则突然性将荡然无存。"

特罗塔："第3装甲集团军不得不报告，第3海军步兵师无法进攻。但这次进攻仍然可能出其不意。"

海因里齐："今天，敌军还没有发动大规模攻击。他们正在调集（地面部队），并（进行了）猛烈的炮击和空袭。大规模进攻可能在明天早上发生，并突破沃坦防线。"

特罗塔："第12集团军尚无消息。"[484]

13点30分，第2军区司令部致艾斯曼。在通话中，前者表示，第3装甲集团军的后方医院已是人满为患，第2军区司令部准许维斯瓦河集团军群把伤员送往罗斯托克、瓦尔内明德（Warnemünde）、施特拉尔松（Stralsund）和萨斯尼茨。[485]

14点30分，约德尔致冯·特罗塔。

特罗塔："由于失误和飞机坠毁，对第9集团军的紧急空运宣告失败。元首的命令是：所有物资应运往柏林。但海因里齐紧急发出要求，不要让第9集团军失望。"（作者按：早在14点20分，元首地堡便在电报中要求把所有空运物资运往柏林）

约德尔："第9集团军必须尽可能向北进攻，保持与柏林的联系。其目标战线为柯尼希斯武斯特豪森–马琳费尔德（Marienfelde）。另外，我们已无法提供长期供应。"

特罗塔："最好不要让他们向西北前进，而是向西进攻，与温克会合。"

约德尔："我命令第9集团军向西前进，与温克会合。"

特罗塔："但请务必撤销他们坚守东部战线的命令。这也是海因里齐拼命想争取的！"

约德尔："是的，他们确实不能在东面坚守了，但仍需要组成警戒线。如果不向西突破，第9集团军将会因弹尽粮绝而灭亡。狂热的决心将让他们穿

在 20 世纪 30 年代，普伦茨劳地区和于克尔河防线的空中俯瞰照片。1945 年 4 月 26 日，这里成了攸关第 3 装甲集团军生死的地点，其间，党卫军阳光团对苏军坦克进行了最后的抵抗。在照片中，我们也可以看到奥得河前线一马平川的典型地形。

过施维洛赫湖以南地区，最终抵达西面。”（作者按：这也是第一次有国防军最高统帅部/陆军最高司令部的成员表示第9集团军不必困守奥得河一线。但同样显而易见的是约德尔的圆滑，他既敦促第9集团军向柏林进攻，然后又同意他们向西突围。他还要求第9集团军不必在东面“坚守”，但需要“构建警戒线”。从军事术语角度，这两个词的含义截然不同。另外，从约德尔的发言中，我们也可以隐隐看出一种无奈心态）

特罗塔：“克雷布斯将军刚刚表示‘让第7装甲师加入施泰因纳麾下’，但德梅齐埃说：‘他们必须被派往温克那里！’”

约德尔：“决定将在今晚做出。如果施泰因纳进展顺利，就会得到第7装甲师，如若不然，该师就会被调给温克。如果霍尔斯特与温克失去联系，该师将由维斯瓦河集团军群直接指挥。”[486]

16点20分，第9集团军致维斯瓦河集团军群（接收时间：17点20分）：“我们已经准备好以梅尔基施布赫霍尔茨–卢肯瓦尔德一带为中心进行突破，并期待旗开得胜。我们的目标是在卢肯瓦尔德地区与温克建立联系。”[487]

17点20分，第9集团军致维斯瓦河集团军群：“我方不断遭低空敌机的袭击，行动遭遇严重阻碍。修复道路毫无意义，可否提供战斗机掩护？”[488]

17点50分，维斯瓦河集团军群空军联络官致第9集团军：“着陆点的照明安排与昨天相同（作者按：即使用红色指示灯[489]）。亮灯时间为22点。广播电台将在21点45分发送信号。如本电报中的要求已执行，请立刻给予确认。”[490]

18点整，维斯瓦河集团军群接到了第9集团军14点10分发出的通信：“请立刻向第12集团军运送一部MW 100型无线电设备（作者按：MW系“Mittelwelle”的缩写，即“中波”之意），以便与我们进行联络。另外请安排无线电管制事项。”[491]

18点50分，维斯瓦河集团军群空军联络官致第9集团军：“在3点之前，第五架运输机在机场上盘旋30分钟，没有注意到任何亮光、信号或着陆指示灯。”[492]

19点整，维斯瓦河集团军群接到了第9集团军14点18分发出的通信：

“集团军群通信兵司令注意：

为了联络第12集团军，我建议使用下列固定呼号：

第12集团军，A2K

第9集团军，P9Y

党卫军第11装甲军，KLK

党卫军第5山地军，S5G

第5军，W45

请把上述呼号转发至第12集团军群，并修复与第9集团军及其下属各军之间的长波循环无线电通信。务必仅用陆军参谋部门密码机发信。”（作者按：这是一种管理通讯的便利方式。不同呼号的电台可以在一个公共频道上彼此通信，无需连接无线电通信网总台）[493]

13点16分，第9集团军致维斯瓦河集团军群和第6航空队司令（接收时间：19点09分）：“我们向集团军群确认：运输机着陆点在一个岔路口附近，这里是从克里吉克通往大艾希霍尔茨（Groß Eichholz）与克里吉克通向

73高地道路的交汇处。在克里吉克南部1.8千米。中心点坐标：右5425.7，高5781.1。”[494]

21点05分，维斯瓦河集团军群空军联络官致第9集团军：“6架飞机将从南北向航线抵达，运送第一批补给品。后续飞机的着陆尚无法确定。”[495]

19点30分，第9集团军致维斯瓦河集团军群（接收时间：21点33分）：“着陆灯和无线电信标已设置完毕。”[496]

15点35分，第9集团军致维斯瓦河集团军群（接收时间：21点45分）：“……在昨天21点45分着陆的信息发送延迟之后，运输机在23点抵达目标上空盘旋（没有降落）。”[497]

其他相关指示、命令和报告

1. 第12集团军派出霍尔斯特的第41装甲军，试图阻止苏军经拉特诺袭击第3装甲集团军的后路。

2. 党卫军阳光团奉命立刻赶到普伦茨劳，并在抵达后向第3装甲集团军报到。[498]

3. 第12集团军和第3装甲集团军的界线正式划定。罗斯托克、瓦尔内明德和居斯特罗等地为维斯瓦河集团军群①辖区。维特施托克–旧鲁平–赫茨贝格（Herzberg）–克雷门–鲁平运河一线为第12集团军辖区。[499]

4. 柏林防御地带由希特勒直接指挥。[500]这也是希特勒在4月23日准备指挥帝国首都之战以来发布的第一份官方声明。

5. 温克的部队正在向柏林前进，并将施普雷河集团军集群纳入指挥。[501]

国防军最高统帅部作战日志

希特勒和国防军最高统帅部把所有心思放在了柏林的最后一战上。其作战日志中写道：“与（柏林）相比，其他任务和战线将不再具有首要意义。”元首地堡和国防军最高统帅部/陆军最高司令部呼吁向被围城市运送增援和物

---

① 即第3装甲集团军。

资。约德尔亲自视察了施泰因纳的指挥部，鼓励第25装甲掷弹兵师的官兵向南发起解围攻击。[502]

总结

4月25日，维斯瓦河集团军群的行动发生了天翻地覆的变化。虽然在4月16日之前，海因里齐都不太相信盟军会渡过易北河，但在过去一周多的时间里，他都一直在盼望这种情况出现。随着温克的部队畅通无阻地开赴东线，海因里齐的担心最终变成了现实。不仅如此，柏林还沦为战场，并遭到2个苏联方面军的包围和进攻。而国防军最高统帅部、陆军最高司令部和元首地堡的直接干扰则让他失去了对第9集团军的控制。现在，布塞的士兵们即将进行二战中最凶险的突围行动。他们的目标不仅是抵达温克的战线，还包括拯救自己，摆脱苏军的报复，西伯利亚的劳动营，甚至是被直接处决的命运，并最终逃往西方盟国。

海因里齐并不希望第3装甲集团军重蹈第9集团军的覆辙。在奥得河下游，苏军的桥头堡不断扩大。事态的焦点在于普伦茨劳——如果北面的德军不撤退，他们将像第9集团军一样面临被切断的风险。在南部，第101军正在瓦解，而施泰因纳则派出第25装甲掷弹兵师向南进攻。与此同时，朱可夫越过了哈维尔河，并试图向北和向西推进。除非挡住朱可夫，否则，第3装甲集团军将有可能被孤立和包围，并面临与南方第9集团军相似的命运。海因里齐不愿接受这一切。他决定一面继续抵抗苏军推进，一面分阶段向西撤军——直到4月27日有突破口出现在普伦茨劳附近。从纯粹的军事角度来说，他的忠诚和专业性都毋庸置疑，更不用说对下属的体恤。在最后的日子里，这些行动也为他赢得了下属的忠心。

4月26日

海因里齐已下定决心，在48小时后向西撤军。不久后，他与冯·曼陀菲尔通了电话，讨论的主题是第3装甲集团军在奥得河沿岸的局势。冯·曼陀菲尔向海因里齐保证，他的部队可以再坚守一天，但希望立即从斯德丁和施韦特撤出守备部队。海因里齐直接批准了这一请求，并未事先征得国防军最高统帅部/陆军最高司令部同意。[503]至于他的大部分下属似乎都赞成这一决定。按照艾斯曼的说法，冯·曼陀菲尔及其参谋部门表现得最为积极。[504]

在回忆中，海因里齐不仅提到了擅自撤退一事，还有对继续防卫斯维内明德的担心——为此，他在军事研究文件MS T–9中这样写道：

鉴于此，我作为集团军群指挥官下达命令，放弃斯德丁要塞和奥得河防线，并自行承担这一决定带来的责任。德军仍将暂时坚守斯维内明德要塞（作者按：实际是"防御地带"），以便组织海军和空军人员撤离。后来，俄国人绕过斯德丁潟湖，从西部攻击了这座城市。在敌人夺取斯维内明德港区之前，最后一批德军已从海路撤出了这座堡垒。

维斯瓦河集团军群致陆军最高司令部的每日简报摘要

晨间报告

致陆军最高司令部：

在施泰因纳集团军集群方向，敌军在夜间渡过林河（Rhin）的企图未能得逞。

但在艾伯斯瓦尔德水闸桥西南和拉格斯水闸（Ragös Lock）西北方向，即第101军的阵地上，敌军的长驱直入迫使我方部队后退。

奥得河军：有敌军侦察队占据着施托尔珀（Stolpe）的水坝控制站，我军已将其击退。其余部队均按计划占据了新防线。

第46装甲军辖下的第1海军步兵师撤退至沃坦防线。同样，位于克拉科–格拉索夫以北的第281步兵师一部和第610师也经过勒克尼茨（Löcknitz）撤往泥泞的兰多沼泽地后面。

在沃林东南2千米处，敌军一度在沃坦防线上打开缺口，但旋即被我军封闭。

在整个集团军的防区内，敌方空军的活动非常频繁。

***

每日报告补遗：

4月25日，敌人从施泰因纳集团军集群辖区横渡林河、哈维尔河和霍亨索伦运河的企图全部失败，并蒙受了惨重损失。

同一天，我军还击退了攻入新霍兰（Neuholland）南部的敌人，并俘虏了50名官兵。

4月25日下午，第25装甲掷弹兵师在盖门多夫的攻击陷入停滞。敌军数次发起反击，但均未能得逞。晚间，我军的进攻先头部队被迫撤退到盖门多夫西北1千米处的森林中。[505]

***

午间报告

（第3装甲集团军）已无预备队。

在斯德丁东南地区，敌军不顾惨重损失，把我军的防线推向北面；为避免敌军突入斯德丁要塞后方，从当地撤出有生力量已势在必行。

斯德丁要塞后方的通信已被强大的敌军步兵和坦克部队切断。一部分薄弱的守军已设法向西且战且退。

在沃坦防线上，敌军从勒克尼茨–倍克（Boeck）一线取得突破，抵达了门金（Menkin）和勒克尼茨。在门金，敌人占领了更多阵地。

在第3装甲集团军的右翼，敌军2—3个师向盖门多夫以北的桥头堡发动进攻。当地守军是第25装甲掷弹兵师，战斗仍在继续。

敌军在泽彭施鲁塞地区大举集结，试图对菲诺运河对岸发动进攻。

第9集团军向西穿过巴鲁特–措森公路。

但这次进攻被敌军的猛烈空袭严重打乱，并让我方无法进行物资空运。[506]

第3装甲集团军致维斯瓦河集团军群和陆军最高司令部的作战报告

（参见彩色地图52）

第32军：面对前进的苏军，该军继续且战且退。

奥得河军：该军几乎没有报告苏军的活动。[507]为了保持与友军战线的联系，挫败敌人向梅克伦堡地区突破的企图，该军的残余部队必须将防线撤至韦尔贝林湖（Werbellin Lake）、萨维尼茨湖（Sawenitz Lake）、下于克尔湖（Unter-Ücker Lake）、上于克尔湖（Ober-Ücker Lake）以及帕沃斯克、耶格尔布吕克（Jägerbrueck）、赖特（Reith）和旧瓦尔普（Altwarp）一带。[508]

第46装甲军：该军有效地接替了位于敌军进攻主轴线上已支离破碎的奥得河军。面对整条战线上的沉重压力，第46装甲军正在向于克尔河一线后退。[509]这一区域也是苏军切断斯德丁与外界联系、突破第3装甲集团军防线的主要方向。傍晚时分，虚弱的波罗的海装甲训练分队（Panzer-Ausbildungs-Verband Ostsee）在一片混乱中发起反击，未能击退早先抵达巴格米尔和兰多沼泽地的苏军。苏军坦克部队还渡过了狭窄的鲁多夫（Rudow）水道。尽管德军击毁了11辆坦克，但苏军仍有30辆坦克向格吕诺（位于普伦茨劳以东6千米处）前进。据报道，还有30辆苏军坦克突破了只有孱弱步兵把守的阵地，一路抵达格伦贝格以西地区。德军发起反击，暂时将突破口封闭。一支强大的苏军步兵部队暂时止步于沃林附近，但他们仍然穿过施瓦内贝格（Schwaneberg）向西北方向前进，突破到了巴格米尔以北3千米处的森林地区。据报道，在该军的右翼，第1海军步兵师“斗志全然丧失……军官们奋力催促都无济于事”，[510]其一部已被苏军包围。[511]德国炮兵在“挫败敌军步兵和坦克部队的全面突破中发挥了重要作用”，部分区域爆发了白刃战。清晨早些时候，苏军部队渗入莱金（Retzin）。但在松嫩贝格（Sonnenberg）–施温嫩兹（Schwennenz）地区，苏军先头部队停止了脚步；在诺因基兴（Neuenkirchen）–瓦姆利茨地区，他们也被迫停止前进。到下午，15辆苏军坦克抵达勒克尼茨，但德军的反击将突破之敌赶回了该镇的东部。在当地，激战持续了一整天，共有8辆苏军坦克被击毁。在整个白天，苏军继续猛烈空袭德军的防御工事、村庄和道路，德国空军宣称击落飞机18架，还击毁或击瘫20辆坦克。[512]报告显示，党卫军阳光团已在白天抵达普伦茨劳的危机地段。[513]在当地，第46装甲军正在一面战斗，一面向西撤退，在他们与北部的第32军之间，战线正被撕裂，局势颇为危险。

第101军：该军成功守住了霍亨索伦运河沿岸的战线。但在泽彭施鲁塞和埃伯斯瓦尔德一带，苏军已渡过运河向北挺近。[514]在其左翼，苏军试图牵制德军，使之无法向迈恩堡（Meyenburg）–帕索一线后撤。[515]

施泰因纳集团军集群致维斯瓦河集团军群和陆军最高司令部的作战报告

在奥拉宁堡的两侧，即施泰因纳集团军集群的防区，苏军和波军正变得更加活跃。为扩大在盖门多夫以北的桥头堡，第25装甲掷弹兵师发起攻击，但面对波兰军队的抵抗，他们只攻克了一些局部阵地。波兰人在西南、南面和东南方向发起反击，有些被我军击退。报告显示，20点30分，德军在装甲车辆和重炮的支援下转入反攻，但其内容的真实性相当值得怀疑。[516]在萨克森豪森东部，实力不足的第3海军步兵师也未能肃清突破之敌。[517]

第 9 集团军致维斯瓦河集团军群和陆军最高司令部的作战报告

（参见彩色地图53）

由于第9集团军的通信时断时续，因此没有向陆军最高司令部发送晨间报告。4月25日晚些时候，维斯瓦河集团军群收到了几条无线电信息，并在4月26日将其转发给陆军最高司令部。21点45分收到的报告指出：

敌军在泽恩斯多夫（Zernsdorf）以南发起进攻。梅尔基施布赫霍尔茨不断遭到袭击，使我军的进攻迟迟无法展开。突入贝斯科的敌军也站稳了脚跟。种种情况显示，敌军有可能加强朝拉丁肯多夫（Radinkendorf）–贝斯科–诺因多夫–大基尔茨（Groß Kietz）的进攻。党卫军第11装甲军的整条战线也面临着敌军的沉重压力。我们的区域内，人员和物资因空袭损失惨重，并导致行动步履维艰。[518]

45分钟后，即22点30分，维斯瓦河集团军群又收到了一条消息：

22点整，第5军朝巴鲁特方向发动进攻。托伊皮茨和梅尔基施布赫霍尔茨则遭到了敌军的猛烈攻击。敌军调来了增援。我部在施维洛赫湖–柯尼希斯武斯特豪森一线卷入艰苦的防御战——在贝斯科、新戈尔姆（Neu Golm）、施托尔科和泽恩斯多夫的战况尤其激烈。[519]

4月26日0点30分，维斯瓦河集团军群收到了第三条也是最后一条消息：

从20点整开始，我军经托伊皮茨–克劳斯尼克（Krausnick）朝卢肯瓦尔德方向突破。[520]

在第9集团军开始向西朝温克的战线突围后，维斯瓦河集团军群就未在4月26日收到更多信息。

在前一天晚上补充物资的行动失败后，第9集团军的后勤状况继续恶化。2点30分，维斯瓦河集团军群后勤参谋冯·吕克尔特上校向作战参谋部门发送了一份报告，并介绍了4月25日的物资保障情况。其中提到，在第9集团军境内，弹药和燃料的存量“令人不安”。但由于有数吨弹药通过空运抵达，预计在4月26日，其情况将“大体可控”。报告显示4月25/26日晚间的空运失败，但有关方面仍然期望在4月26/27日晚间再次进行尝试。[521]

第12集团军致维斯瓦河集团军群和陆军最高司令部的作战报告

16点整，第12集团军向维斯瓦河集团军群发去电传文件（接收时间：4月27日5点20分，即次日清晨）。以下是其内容的摘要翻译：

第41装甲军：战斗在拉特诺郊区爆发。敌军攻击林纳姆，但未能得逞。

第20军：敌军朝尼梅克–特罗伊恩布里岑地区施加了巨大压力。但总体而言，阵地仍掌握在我军手中。攻击集群已抵达诺因多夫–布吕克一线，但还没有发来后续报告。

第48装甲军：在易北河南部，敌军正在朝维滕贝格前进，并在大马尔岑斯（Groß Marzehns）两侧洞穿了我军靠近戈尔里茨（Görlitz）①的战线。[522]

无线电 / 电话记录摘要

没有4月26日的记录。

① 原文如此，但当地附近并没有这一名称的村庄，其拼写似乎有误。

其他相关指示、命令和报告

1. 海因里齐致电克雷布斯，请求取消施泰因纳的进攻。

2. 第7装甲师由施泰因纳集团军集群指挥，并开始从后备阵地开赴施泰因纳的作战区域。[523]

国防军最高统帅部战争日志

当天0点25分，希特勒通过电传向约德尔和第12集团军发出指示。其中这样写道：

> 当务之急，是按照命令迅速开展解围行动。第12集团军将向贝利茨–费尔奇一线进攻，并继续向东前进，直到与9集团军会合。
>
> 第9集团军也应朝第12集团军的方向进攻。待两个集团军会合之后，其主要任务是调头向北，消灭柏林南部之敌，并建立一条连接柏林的宽阔通道。
>
> 施泰因纳突击群的先头部队应先从奥拉宁堡西北部前进，随后向伯佐夫地区实施突破。维斯瓦河集团军群下属的第3装甲集团军将继续战斗，防止奥得河西岸的敌方桥头堡继续扩大。[524]

换言之，这道命令是在要求第3装甲集团军坚守奥得河沿线，以便摆脱苏军的干扰，为柏林解围行动创造有利条件。按照作战日志的说法，为阻挡苏军的突破，海因里齐不顾约德尔的反对，建议停止解救柏林，并把第25装甲掷弹兵师转移到第3装甲集团军境内的普伦茨劳地区。[525]至于希特勒的命令也不会被执行，因为早在4月25日，海因里齐便开始自行其是。

总结

在第3装甲集团军的前线，苏军的突破已成定局。普伦茨劳濒临失守。在第32军和南面的奥得河军之间，苏军向西的道路已畅通无阻。对于将有生力量用于解救柏林，还是调往普伦茨劳地区，海因里齐和约德尔争执不下。海因里齐不愿看到战斗在柏林爆发，继续向国防军最高统帅部/陆军最高司令部据理力争。苏军对斯德丁形成迂回之势，为避免遭遇围困，城内的守军开始全面西撤。施泰因纳的进攻规模有限，对朱可夫北翼的波兰部队几乎毫无作用。但在施泰因纳集团军集群西面，温克投入的第41装甲军却有效地阻止了苏军向西或向北的后续突破。

施泰因纳之所以进展甚微，一个原因在于第7装甲师被调离了进攻方向。希特勒一得知情况，便解除了施泰因纳的大部分指挥职务。而这次调动的背后又不排除一个原因：冯·曼陀菲尔对第7装甲师这支老部队给予了特殊关照——为了不让他们被苏军阻截和消灭，特意为其撤退开了“绿灯”。尽管集团军群的作战地图上显示该师正在南下，但事实与之截然相反，而这也将成为海因里齐被革职的导火索。布塞的第9集团军正在向西突围，不久即与维斯瓦河集团军群失去联系。温克现在准备向北朝波茨坦前进，并一面坚守东部战线，一面等待布塞的部队到来。

4月27日

海因里齐没有在军事研究文件MS T-9中留下关于这一天的记录。

维斯瓦河集团军群致陆军最高司令部的每日简报摘要

晨间报告

在第3装甲集团军的最南端，（苏军）从盖门多夫以北的桥头堡、泽彭施鲁塞和埃伯斯瓦尔德东北方等地发动进攻。我军则在贝诺维（Bernöwe）和新霍兰一带进行了反击。

在普伦茨劳以东，敌方坦克突破了德军的警戒线，并将守军击退。第46装甲军正在向于克尔河撤退，并承受着沉重压力。第1海军步兵师的一部被围，他们和普伦茨劳方向都没有传来后续情况。

奥得河军和第32军没有新报告。

敌军的一个营在格里斯托岛（Gristow）上登陆。到目前为止，我军的反击尚未成功。

斯维内明德在3点15分至4点25分之间遭遇空袭。[526]

***

午间报告

本日是德国北部地区迎来决定性战役的第12天，在维斯瓦河集团军群麾下，各集团军虽然筋疲力尽，但仍在拼死坚守。为遏制昨天的突破，第3装甲集团军被迫于4月26/27日夜间后撤至于克尔河一线。敌人紧追不舍，并在清晨再次发动进攻，在普伦茨劳地区尤其如此。通过调集强大的步兵和坦克部队，并依托优势空军的支援，敌人击败了第46军，并向西方和西北方长驱直入。

由于一些部队土崩瓦解（如党卫军兰格马克装甲掷弹兵师、党卫军瓦隆人装甲掷弹兵师、第1海军步兵师、第1警察旅和大部分高炮部队），情况雪上加霜。尽管军官们表现勇敢，斗志坚定，而且我们也采用了最严厉的手段，但在大部分地段，局面依旧一片混乱。

为了迎击敌人，避免其突入梅克伦堡地区并分割整个集团军，我们有必要对第25装甲掷弹兵师和第7装甲师进行重组。[527]

苏军继续投入强大的坦克部队，从东、北两面攻击被困的第9集团军，在此期间还得到了对地攻击机的支援。虽然该集团军英勇作战，但由于空运几乎断绝，其局面已岌岌可危，如果今晚的空运失败，该军很有可能无法完成任务。在最新的一条无线电信息中，领导右翼突围集群的第5军报告称，他们已发动进攻，向西突破，并抵达缪肯多夫（Mückendorf）村。

左翼突围集群则进入了巴鲁特东北的森林。为阻止突围，苏联人在这一区域发起强大的反击。左翼突围集群向南前进，经过林区马索（Försterei Massow）抵达高速公路，而右翼突围集群则突破了托伊皮茨北部一带。第9集团军司令布塞将军宣布："第9集团军将义不容辞地恪守纪律，战斗到最后一刻。"[528]

第3装甲集团军致维斯瓦河集团军群和陆军最高司令部的作战报告

斯维内明德防御地带：苏军占领了迪夫诺夫方向的格里斯托岛。夜间，斯维内明德遭遇空袭。[529]

第32军：与苏军接触之后，第32军撤退至于克尔河–帕斯沃克–耶格尔布吕克–赖特一线。另外，苏军还侵入了韦灵（Welling）地区。[530]

第46装甲军：在上于克尔湖和下于克尔湖之间，苏军刺穿了第1海军步兵师右翼的警戒线。其近卫坦克第1军和强大的步兵部队在清晨时分突破了普伦茨劳附近的德军防线，并在后方地带长驱直入。敌人向西南推进，一直抵达兴登堡（Hindenburg）、宾茨（Beenz），并攻克了博伊岑堡（Boitzenburg）。其坦克则向西抵达了费尔德贝格以东5千米处。第281步兵师在普伦茨劳-沃尔德格克（Woldegk）两侧和霍尔岑多夫（Holzendorf）西北部多次遭遇猛烈进攻，但他们不仅击退了敌人，还击毁了8辆坦克。[531]

奥得河军至第101军前线：没有值得一提的行动。[532]

在第3装甲集团军司令冯·曼陀菲尔眼中，局势愈加晦暗。由于在3月接管奥得河前线之前，他曾在守望莱茵行动中担任第5装甲集团军司令，他对失败的滋味可谓一点儿也不陌生。在冯·曼陀菲尔与参谋长冯·特罗塔的电话交谈中，他这样描述了下属部队的详细情况：

兰格马克师、瓦隆人师、第1海军步兵师和各个高炮营丢盔弃甲、溃不成军。

我一生从未见过这样的场面，甚至令1918年都相形见绌。在兰格马克师和第1海军步兵师，只剩下一些勇敢的指挥官和作战人员用残存的理智和毅力控制着部队。由于通信不畅，命令很难传达，但只要情况允许，这些人就会下达各种指示，保持部队人员的凝聚力。

有鉴于此，我命令：

利用撤退的第281师（大约2个团，最多180人）占据费尔德贝格一带的防线。在清晨之前，25（作者按：这里可能指第25装甲掷弹兵师）位于雷林哈根（Rellenhagen）附近，周围还有1个侦察营、1个步兵营、1个工兵营外加20装甲（作者按：尚不清楚20装甲在这里的含义，因为第20装甲师并不在第3装甲集团军旗下——它很有可能指的是第25装甲掷弹兵师①）。第7装甲师位于菲尔斯滕湖（Fürstensee）附近。

① 也可能指第20装甲掷弹兵师一部，或20部装甲车辆。

我非常担心第1海军步兵师、兰格马克师、瓦隆人师、警察猎兵旅和高炮部队的情况。在新勃兰登堡以西地区，高炮部队四散溃逃，已经完全派不上用场。仅靠三三两两的军官根本无法扭转局面。我认为必须将这些事件报告给总部，引起约德尔大将的关注，并让他回归现实。我将给约德尔一个职位，让他阻止部队的撤退，他需要数月甚至数年时间，去认识到自己犯下了怎样的大错。当前发生的事情不再是“人员后撤”，而是需要政治领导层处理的大危机。我们已经向士兵们介绍了局势。最优秀的军官也将继续在前线节节抵抗；但问题在于，我们不该让“抵抗”成为这场战斗的目标。勇敢的士兵必须殊死奋战，让大部队可以向西逃亡。由于凯特尔元帅的职权使然，他可以广泛接触西方盟国，与这些敌人建立联系。事态非常严重，我们必须采取行动。守法良民应该留在原地，还是前往西方？——这个问题同样需要我们抉择。[533]

战斗持续不断，苏军向第3装甲集团军的防线投入了铺天盖地的火力。在这种情况下，第3装甲集团军的一些单位似乎不堪重负，并因此陷入崩溃。许多单位——特别是武装党卫军的外籍志愿兵——不愿落入苏军手中，纷纷擅自向西撤退，这也印证了海因里齐在战前的担忧。虽然海因里齐和曼陀菲尔都希望向西撤军，但前提是保证一切有序进行，他们都不希望发生溃败，更不愿看到前线彻底瓦解。在一些部队自行向西撤退的同时，也有增援加入第3装甲集团军。为此，哈纳克（Harnack）中校和克吕格尔（Krüger）上尉在一次电话中讨论了新增援的部署情况：

1. 一个来自大德意志部队的团（辖2个营）正在维特施托克地区。第一个营将在今天晚上乘卡车出发，第二个将在明天抵达新勃兰登堡。其团长已向第3装甲集团军作战参谋部门报到。

为了把该部队运往第3装甲集团军在新勃兰登堡的阵地，我们需要：

2立方米柴油

0.5立方米汽油

突击步枪弹药

2个营所需的铁拳火箭筒。

大德意志部队的第2个团从埃肯弗德（Eckernförde）赶来，已在维特施托克的三部列车中准备就绪，他们将遵照运输部队司令的命令运往新施特雷利茨。

2. 数个海军警备营仍在维特施托克地区。我们需要这些部队，但他们仍在接收武器。

3. 哈纳克中校将在晚间返回。

补充：

军需主管负责燃料、弹药和铁拳火箭筒的供应。运输部队司令负责把部队运往新施特雷利茨。[534]

施泰因纳集团军集群致维斯瓦河集团军群和陆军最高司令部的作战报告

第25装甲掷弹兵师的右翼击退了一系列进攻。在萨克森豪森西南部，我军对来犯之敌展开反击。苏军在贝诺维以北的突破遭到削弱。[535]

在最近一周的战斗中，施泰因纳获得了以下兵力：

调往党卫军第3（日耳曼）装甲军

4月23日：空军第74补充营、第76补充营（每营1000人）

4月24日：9个兵力充裕的营、2个警备连，半个狙击连（以上人员来自第2军区，其武器齐备，总人数在4000人左右）以及空军第77补充营（1000人）

调往昂格明德地区

4月24日：空军第78补充营（1000人）

4月26日：来自第2军区的2个警备营（每营400人）

调往帕斯沃克地区

4月24日：来自大德意志装甲军的1000名士兵（即没有武器的装甲兵）①。

4月25日：来自第2军区的2个警备营（每个400人）、第797海军步枪兵营（500人）、第798海军步枪兵营（300人）。[536]

① 这里指的是大德意志装甲掷弹兵师的残部，他们不久前刚从东普鲁士撤出。另外需要指出的是，在1945年4月时，大德意志师已脱离了大德意志装甲军的建制。

在这一天，海因里齐到处巡视，而且很可能就在施泰因纳的防区内。在此期间，他用电话将看到的情况告诉了艾斯曼。不幸的是，由于通话质量问题，其中一些内容没有记录下来。在电话中，海因里齐表示："施泰因纳准备利用第7师（似为第7装甲师）经由……发动攻击，原因是他无法离开桥头堡。是的，施泰因纳正在等待进攻命令，但约德尔必须澄清一些事。"[537]

在苏军突破沃坦防线之后，海因里齐要求国防军最高统帅部/陆军最高司令部取消施泰因纳的攻击，并将第25装甲掷弹兵师和第7装甲师调往更西面的新防线后方。17点10分，约德尔同意取消施泰因纳的进攻。17点30分，冯·特罗塔前往国防军最高统帅部/陆军最高司令部，并在返回维斯瓦河集团军司令部时确认，上述两个师可以撤回滕普林。[538]

由于南下救援柏林的行动失利，施泰因纳集团军集群被解散。13点20分，一份由克雷布斯代表希特勒发布的电报被发送给了维斯瓦河集团军群和党卫队全国领袖，其中这样写道：

"元首决定，党卫军上将施泰因纳不再担任奥拉宁堡以西我军攻击群的指挥官，该集群将暂时由第25装甲掷弹兵师师长——布尔迈斯特将军——接管。后者应集结所有兵力，继续在更广阔的战线上向南进攻，其最终指挥权应尽快由第41装甲军军长接过。"[539]

第 9 集团军致维斯瓦河集团军群和陆军最高司令部的作战报告

由于第9集团军向西突围时分散成了若干战斗群，因此没有军一级的详细报告。

同一天，约德尔大将向维斯瓦河集团军群、第21集团军和第12集团军发布了如下通告：

柏林的决战要想继续，就必须挫败敌军在普伦茨劳的突破。第3装甲集团军应保持前线的连贯，尽可能把敌人挡在东面。就算需要收缩左翼，也必须守住斯维内明德要塞。为阻止敌方坦克在该地区的突破，第21集团军将由维斯瓦河集团军群调遣，相关工作将于4月28日开始（参谋人员将在4月27日提前就位）。大德意志部队的第1个团将奉国防军最高统帅部西线参谋部（OKW/West）之命前往新施特雷利茨地区；第2个团和旅部将隶属于第21集团军，同时，还有9100名士兵将被派往菲尔斯滕贝格地区。这些部队将建立一条警戒线，阻止国防军陆、海、空三军的人员在第3装甲集团军防区内成群溃退。第21集团军必须收容这些部队，并构建一条防线。

该方向将沿埃伯斯瓦尔德–菲尔斯滕贝格–新施特雷利茨–新勃兰登堡–戈尔兴（Golchen）–安克拉姆展开，并与第3装甲集团军建立联系。[540]

第21集团军的任务是接管冯·曼陀菲尔的右翼，包括施泰因纳集团军集群、第101军和奥得河军，以此作为保护第3装甲集团军后方的权宜之计。此时的约德尔并没有意识到自己被误导了，更没有意识到第3装甲集团军正在海因里齐的命令下向西撤退。

第12集团军致维斯瓦河集团军群和陆军最高司令部的作战报告

第12集团军曾向维斯瓦河集团军群提交了一份报告，其编写时间可能是4月27日。虽然内容不完整，但可以让我们对温克向东北方，即波茨坦方向的进攻有所了解。根据这份报告，艾斯曼向海因里齐介绍了他掌握的情况：

沙恩霍斯特师的矛头位于贝利茨以南的埃尔斯堡（Elsburg），还有一部分位于贝利茨的西南方。其主力位于贝利茨疗养院。第二个攻击群——胡滕师位于西面的十字路口，在卡尔戈（Kargow）（此地名疑似有误）还会有一个攻击群。一个旅将被配属给……科尔纳师负责掩护特罗伊恩布里岑一带。

戈尔里茨被敌军突破（敌军从东向西穿过了高速公路）。维滕贝格在挨家挨户的激战后沦陷。在维滕贝格和……之间，我军部队已向西撤过北岸。[541]

维斯瓦河的后勤补给问题

集团军群的后勤形势依然没有变化。第3装甲集团军收到了弹药，但燃油依旧短缺。柏林在前一天晚上接到了16吨空投物资，给第9集团军的16吨物资也在准备中，并计划在夜间空投完毕。[542]

在第3装甲集团军区域内，卡车成了“紧俏资源”。其麾下还有一些运送警备营的卡车，但有人担心这些卡车会被第2军区境内的纳粹党官员们征用。闻讯之后，艾斯曼用电传回答，这种举动“将是对元首命令的违抗——因为任何机构都不得拥有超编的卡车”。按照设想，所有车辆都将由维斯瓦河集团军群统一管制，该工作将在4月29日开始。[543]

德国空军也再次出动，试图为第9集团军运送物资，但其是否成功仍不得而知。[544]

无线电/电话记录摘要

施泰因纳进展甚微的事实，让国防军最高统帅部/陆军最高司令部倍感沮丧。凯特尔和约德尔希望他继续进攻，毫不顾及众寡悬殊的事实。下午，他们指示克雷布斯调走施泰因纳的部队，并将其转入霍尔斯特麾下，就像在几天前威胁的那样。

9点整，汉斯–约阿希姆·鲁登道夫（Hans–Joachim Ludendorff，第3装甲集团军作战参谋）上校致艾斯曼。

鲁登道夫：“敌军在普伦茨劳取得突破，可能有40辆坦克抵达了克林科（Klinkow）的前方。党卫军阳光团位于普伦茨劳以东，在普伦茨劳城内，战斗也非常激烈。位于当地以东的高炮部队显然斗志萎靡。当地的桥梁必须及时炸毁。第1海军步兵师只有零星的小股部队撤回，他们正在于克尔湖和埃林根（Ellingen）之间的‘脖颈’附近。内克林（Necklin）和班德洛（Bandelow）没有异常情况，目前尚不清楚敌人是否已占领两地。第101军尚未传来消息，但局面似乎还算正常。战线在下于克尔湖–施泰因赫费尔–沃勒茨湖（Wolletz See）西岸–格里姆尼茨湖（Grimnitz See）一线；在北面，其穿过了诺因克鲁格（Neuenkrug）的猎场看守人小屋–耶格尔布吕克湖（Jägerbrück See）。有3个营将从奥得河军和第101军撤出，并在滕普林以东的米尔默斯多夫（Milmersdorff）附近集合。

艾斯曼：“陆军最高司令部指示：第25装甲（掷弹兵）师将隶属于从施泰因纳麾下剥离的一个集群。”

鲁登道夫：“由于敌军今天在普伦茨劳达成突破，我们正面临着一场生死攸关的危机……目前，我们正在动用所有兵力抵御普伦茨劳的（敌军）坦克部队，但胜利的前景令人怀疑。”[545]

11点整，海因里齐致金策尔：“什么？又有命令让我们守住斯维内明德！那里没有任何部队，坚守是天方夜谭。这道命令简直是废话！我请求海军元帅确保当地的疏散工作有序完成。”金策尔在回复中表示，海因里齐应亲自和邓尼茨讨论此事。[546]

11点30分，鲁登道夫上校致哈纳克中校（维斯瓦河集团军群作战处处长）：“我军建立连贯战线的尝试失败了。敌人已在一个坦克团的伴随下冲出普伦茨劳，现已兵临塞豪森（Seehausen）–佐尔霍（Zollchow）一线。第1海军步兵师已被打散，和一些高炮部队混杂在一起；该师只剩下了1个营，其他6个营已经彻底瓦解。敌人已兵临舍讷马克（Schönermark）镇外。还有更多敌人正在从克林科向沙波（Schapow）运动。我军大部分突击炮都被遗弃在于克尔湖东岸。现在，加雷斯只剩下10—15辆突击炮可用。”[547]

11点40分，弗里贝尔（Freibel）[548]致哈纳克。

弗里贝尔：“施泰因纳集团军集群何时恢复行动？”

哈纳克：“敌人正在准备进攻，施泰因纳甚至连防守都很困难。”[549]

11点48分，缪勒–希勒布兰德（作者按：原始通话记录中称来电者是第3装甲集团军的参谋长）致冯·特罗塔：

缪勒–希勒布兰德：“请放弃幻想！普伦茨劳附近的突破口已无法填补。近卫坦克第1军的40辆坦克正在当地以东8千米处行进。强大的敌军步兵（正在穿过）这座城市。在当地近郊有8门88毫米高射炮，昨天在施默尔恩附近，还有多达30门88毫米高炮！（敌军的）总攻将从普伦茨劳发动，直指西北方向。”

特罗塔：“贵集团军必须向普伦茨劳城内调集更多部队，否则就会被切成两段。”[550]

13点50分，海因里齐致纳粹党大区领袖施韦德–科堡（Schwede–Coburg）（作者按：大区是纳粹政权的一种行政区划。由于大批难民正跟随第3装甲集团军撤退，当地的大区领袖向海因里齐送去了一封信。随后，海因里齐在电话中对相关内容做了答复）。

海因里齐："你的来信已经收到。在第3装甲集团军那里，有您的一个联络小组（Verbindungs Kommando），他们想必已经汇报了这件事。"

施韦德–科堡："我听说这件事时已经太晚了，你们从前线撤退，为什么没有预先准备和讨论？"

海因里齐："因为在最近几个小时，局势发生了灾难性的变化。几周前，我告诉元首，我军兵力不足，无法守住斯德丁。但即使如此，撤销'要塞'地位的命令却迟迟没有下达。在短短几个小时内，位于高速公路上的警察师就被击溃，在这种情况下，只是因为抽调了斯德丁的守军，我们才让奥得河西岸的战线又坚守了数天之久。我刚派遣参谋长（作者按：即冯·特罗塔）去了邓尼茨海军元帅那里；在斯维内明德，当地已没有正规部队，只有一些训练单位。他们根本守不住这个地方。"

施韦德–科堡："但按照斯维内明德防御地带指挥部制订的计划，当地的疏散工作需要4天，可开始疏散的密令至今没有下达。"

海因里齐："我会要求第3装甲集团军及时向您通知此事。但需要指出，斯维内明德防御地带的指挥官尚未收到任何准备疏散的指示。

昨天，约德尔出席了（作战会议），在会上，我和要塞指挥官做了交谈，并命令他守住斯维内明德。他说这根本办不到。我刚派遣参谋长（冯·特罗塔）前往约德尔/邓尼茨那里，以便了解上面的决策；我也不愿意在无兵可用时强行要求部队如此。四天前，我建议邓尼茨最好放弃这些地方（作者按：虽然海因里齐没有说明，但这里大概指的是斯维内明德），并向约德尔通报了波美拉尼亚地区的局势。我们的部队在最初几天表现出色，如果状态更好，就可以掌控局势，但问题在于，他们只是第三类和第四类士兵（即训练单位的人员，武器到位率只有60%），前线随时可能瓦解。今天早晨，敌人已穿过普伦茨劳。我昨天下午亲自驾车面见约德尔，他承认，（根据）情况，我们应撤到普伦茨劳湖区的另一端。在北部，局势很有可能进一步恶化。难民队伍是否出发将由你来决定。”

施韦德–科堡：“希姆莱的指示是：民众可以选择逃难或留下。”

海因里齐：“最好让民众去森林中避难，等一段时间之后再回去。乡村和城镇的情况最糟糕。民众在路上遭受了巨大的苦难。”

施韦德–科堡：“在昨天，元首的命令依然有效——用尽一切办法，赶在苏军到来前把民众向西转移。但现在，希姆莱发来的指示是：让他们自己决定，不要强迫，尽量转移走所有妇女和儿童。请派遣（一名勤务）军官通报局势和计划。”（作者按：关于“希特勒命令民众向西转移”的说法非常有趣。笔者在维斯瓦河集团军群的作战日志中找不到任何记录，但不少目击记录显示，只要情况允许，政府就会强行要求民众在苏军到来前西撤。这些难民也严重阻碍了德军的行动）

海因里齐：“您必须接受前线已无法坚守的事实。对于战线将在哪里稳定下来，我无法做出保证。”（作者按：海因里齐显然是在回避事实，他并不打算坚守任何一条战线超过48小时）

施韦德–科堡：“目前的战线在杜赫罗（即安克拉姆以东12千米处）一带。”

海因里齐：“建议你们继续向西，按照形势，应尽快撤往施特拉尔松。在早上，部队还能勉强守住。但中午敌人会进攻，傍晚就会达成突破，我军届时将被迫后撤。在斯德丁地区的舍伊纳①附近仍有战斗发生。”[551]

15点25分，海因里齐致迈尔–戴特林（Meyer–Detering，陆军最高司令部作战局参谋）上校。

海因里齐：“（1）在施泰因纳的防区，我军从桥头堡发动的正面攻击已停滞不前。他计划把第7装甲师调往林纳姆，随后经由施塔费尔德（Staffelde）向施万特进攻。我认为这一方案更有机会，但目前的攻击不会成功。（2）霍尔斯特即将接管指挥权，我们也许还需要他辖下的部队，这些部队正部署在当

① 即今天波兰境内的古米耶尼采（Gumieńce）。

地以北。另据报道，有敌军坦克出现在贝岑堡（Beitzenburg）附近。当然，我们将调集下属部队阻止其推进。”

迈尔–戴特林：“我将向约德尔转告此事。特罗塔刚刚抵达。”[552]

17点整，海因里齐致艾斯曼。在电话中，艾斯曼表示：“第3装甲集团军的局势恶化。贝岑堡附近有（敌方）坦克。上于克尔湖和下于克尔湖之间的缺口也完全失守，强大的敌方步兵正在向平诺（Pinnow）和施特恩哈根（Sternhagen）前进。缪勒–希勒布兰德断定，敌军的总攻会面向西北，直指菲尔斯滕瓦尔德方向。第46军（位于费尔德贝格）的看法也是如此。目前，我军部队正分成小群（作者按：即被打散成了各种战斗群）各自为战。”[553]

17点30分，冯·特罗塔（在离开陆军最高司令部前）致海因里齐。

特罗塔：“第25装甲掷弹兵师和第7装甲师已被抽调出来；将立刻奉命开赴滕普林。”

海因里齐：“（命令）一个师前往滕普林，另一个前往菲尔斯滕贝格，否则就会在滕普林陷入包围。”

特罗塔：“施泰因纳已接到了调走这些部队，将其投入进攻的命令。至于第4集团军（作者按：这里指的实际是第21集团军）的部署，稍后会下达命令。该集团军将被置于维斯瓦河集团军群辖下。施泰因纳和凯塞尔都将投入进攻，至于霍尔斯特的归属尚未确定。目前，（霍尔斯特）将暂时归温克调遣。邓尼茨表示，斯维内明德是否坚守，将视当地的重要性而定，稍后他将为我们澄清局势。但目前的要求是守住这座城市。在1.5小时前离开时，他下达了坚守命令。如有必要，他将用船只撤出守军。之所以如此，是因为库尔兰和东普鲁士的残余领土都在依靠这座港口取得补给。根据开诚布公的讨论，各方达成了共识。我马上就要出发，路程需要一个半小时。”[554]

17点35分，海因里齐致曼陀菲尔。

海因里齐：“第25装甲掷弹兵师和第7装甲师终于被抽调出来。国防军最高统帅部希望他们从滕普林发动进攻；但考虑到敌军突破兵力的规模，其可行性值得怀疑。”

曼陀菲尔：“确实不能这么做。最好让一支部队（可能是第7装甲师）发动（进攻），让敌人受阻于某条预先构建好的警戒线前，然后再投入其他部队（第25装甲掷弹兵师）。部队全部离开桥头堡之后，我们才应该做出决定。”

海因里齐：“请告知他们将何时出发。侧翼的其余部队该如何行动？”

曼陀菲尔：“他们最好留在原地。在南部有很好的阵地。他们不能撤退。第25装甲掷弹兵师只能在后天早上到达。”

海因里齐：“但是情况仍在发展。后天，敌人将继续大举（运动）。在北部，我军漫长的左翼必须向于克尔河河口背后撤退。我希望你考虑这个提议。关于斯维内明德的决定将在今天晚上做出，但海军还没有为疏散下定决心。”[555]

18点45分，缪勒–希勒布兰德致海因里齐：

缪勒–希勒布兰德：“我们对敌情的掌握还不完整，其主攻方向是西南还是西北仍无法确定，但西北方向最有可能。临近中午时，敌军已逼近帕斯沃克。第25装甲掷弹兵师已奉命在明天前撤出，并在格兰塞周围集结。第25装甲掷弹兵师目前位于沃尔德格克地区；汽油严重不足。第7装甲师正和步兵部队在滕普林地区构筑障碍；这项工作很难进行，因为他们的兵力太分散了。目前我们正在检查情况。给南部侧翼的命令是：第101军一切照旧；奥得河军应收缩左翼，阻止敌军在格里姆尼茨（Grimnitz）–滕普林–利兴（Lychen）一线的进攻。需要指出，这些部队连着进行了两夜的行军。我们还命令南部侧翼在沃尔德格克的右侧构建警戒线。”

海因里齐：“现在必须将左翼撤往于克尔河后方。最好尽快下达命令，并在明天快速完成所有任务。右翼部队也应该撤往哈维尔河对岸。第25装甲掷弹兵师和第7装甲师需要很长时间才能抵达前线。最好把第25装甲掷弹兵师派往南部，把第7装甲师派往北部。”

缪勒–希勒布兰德：“第25装甲掷弹兵师拥有坦克和装甲运兵车，更适合在开阔地带行动。第7装甲师只是森林中的一群步兵。”（作者按：不清楚

“森林中的一群步兵”是什么意思，因为该师当时仍有部分坦克）[556]

21点15分，鲁登道夫致艾斯曼：“难民严重妨碍了部队行动。”[557]

21点30分，冯·吕克尔特（维斯瓦河集团军群后勤参谋）致艾斯曼。

吕克尔特：“没有汽油供第25装甲掷弹兵师和第7装甲师完成调动。其存量仅剩190吨，补充何时抵达完全不得而知，而且补充最多不超过100吨。”

艾斯曼：“请立刻为上述部队提供汽油。如果这两个师不能按时抵达，汽油再多也将无济于事。”[558]

22点20分，曼陀菲尔致冯·特罗塔（作者按：曼陀菲尔在下列通话中对第3装甲集团军的局势表达了担忧，而且和之前的记录颇为不同）。

曼陀菲尔：“我刚从加雷斯将军那里回来。他向我报告，我也亲眼看到，战线彻底瓦解了……景象非常可怕，甚至比1918年更糟。在前线，只有2名非常英勇的师长还在带领少数军官战斗……我非常担心局面不可收拾。举个例子，就算高炮（部队）想要集结，但周围到处都是难民。道路水泄不通。这简直太可怕了。有200—300名军官表现非常恶劣。必须把这种情况报告给那些频繁干扰陆军大将①命令的人②。”

特罗塔：“我已向凯特尔、约德尔和希姆莱作了非常明确的报告，向他们陈述了事实。问题不取决于有多少士兵、武器或弹药，而是在于他们的决策。”

曼陀菲尔：“现在还谈论朝柏林发动进攻绝对是荒谬的，因为这根本不可能完成。国防军最高统帅部已无法履行职责，战争将在两天内结束。约德尔应该自己看看公路上发生了什么事。”

特罗塔：“应该在主干道上部署一些战斗群。”

---

① 即海因里齐。

② 即海因里齐的上级，如凯特尔和约德尔等人。

曼陀菲尔："我会这么做，但他们会陷入敌军坦克的包围中。现在，我们必须为了生存而战，向西方撤退。至于难民队伍里最宝贵的东西——平民百姓——应当待在家里。我们没有时间了。政治领导层不能只说不做——逃难的有10万人！"

特罗塔："我们应当把部队全部用在抵抗苏军上。"

曼陀菲尔："所有人都在争先恐后逃往西方，只有最勇敢的士兵还在继续战斗，但他们正在不断倒下！我们必须尽快采取行动。我将用电传跟您说明情况。"

特罗塔："（第3装甲集团军）必须投入最优秀的部队，把他们调到更西面。（第3装甲集团军）必须守住前线。"

曼陀菲尔："我们每天的损失都有50万。"（作者按：这里不清楚曼陀菲尔所指为何意）

特罗塔："我会把此事转告（海因里齐），他会在午夜返回。"[559]

22点40分，海因里齐致约德尔。在这份电报中，海因里齐就夜间空投物资一事提出了质问。

海因里齐："对第9集团军的物资空投再次中断了。我感到愤怒和不满。成千上万的人陷入困境，我无法向战友们解释。"

约德尔："柏林的需求比第9集团军更大。如果柏林今天陷落，第9集团军的突围就毫无意义，望你以大局为重！"

海因里齐："但你错了。"

约德尔："我必须考虑柏林的重要性。失去了柏林，我们就失去了一切。"

海因里齐："但是布塞必须尽快突围，只有如此，我们才有打破柏林包围圈的可能。"

约德尔："有人提前炸毁了克兰普尼茨的弹药库。否则，柏林的补给绝不会如此紧张。那里的人歇斯底里，我们不能让民众和希特勒陷入绝境！"

海因里齐："这不是我的原话，请不要扭曲我的意思。"

约德尔："但你就是在告诉我，一个集团军就该比困境中的柏林民众获得更多资源。今晚可能是我们最后一次向柏林运送物资，之后，所有空运手段将为你服务。”

海因里齐：“但也请你记住，第9集团军成千上万的士兵将走投无路——这一切都是因为你的决定，是你让他们落到了这个地步！”[560]

这一次，两个人的谈话已经剑拔弩张。

其他相关指示、命令和报告

1. 滕普林地区的一千零一夜装甲歼击营转入奥得河军麾下。[561]

2. 第25装甲掷弹兵师团、第7装甲师以及大德意志部队的1个团在新施特雷利茨。大德意志部队的另一个团据报位于新勃兰登堡地区。[562]

3. 富尔里德上校奉命带领第610步兵师师部接管新勃兰登堡的城防。[563]

4. 施拉格特师奉命接管格兰塞–勒文贝格一带。[564]

5. 第21集团军位于诺因克鲁格东南2.5千米。[565]

6. 第9集团军报告称，他们在4月19日至24日间击毁了815辆苏军坦克。[566]

7. 第281师在4月27日击毁了8辆苏军坦克。[567]

8. 4月26日，第8海军步兵团（隶属于第3海军步兵师）第2营营部的赫伯特·海因茨勒（Herbert Heinzler）下士狙杀了27名敌军，并在今天又狙杀了14人。[568]

9. 党卫军阳光团放弃了普伦茨劳附近的阵地。

10. 维斯瓦河装甲师（Panzer Division Visula）①在巴尔斯多夫火车站（Barsdorf Bahnhof）设置了指挥部，其兵力构成尚不得而知。[569]

11. 在利本瓦尔德（Liebenwalde）附近，装备重型高射炮的第614高炮装甲歼击连（包括0名军官、12名士官和70名士兵）②作为援军加入了第3装甲集团军，他们拥有20辆卡车。[570]

12. 曼陀菲尔报告，以下部队已彻底瓦解：第1警察猎兵旅、党卫军兰格

① 原文如此，应为维斯瓦河装甲歼击师。

② 原文为Flak Panzerjäger Kompanie 614，但并没有与该部队有关的任何记录。

马克师、党卫军瓦隆人师、第1海军步兵师和几乎所有的高射炮部队。

国防军最高统帅部作战日志

凯特尔发表了一份振奋人心的公告，试图鼓舞第12集团军、第9集团军和维斯瓦河集团军群的斗志，希望他们能竭尽所能支援柏林战役。根据希特勒的命令，霍尔斯特的第41装甲军将接管施泰因纳的部队，其军部位于拉特诺附近——报告显示，德军正穿过当地向西涌去。凯特尔严厉要求拉特诺的城防司令对撤退士兵采取“果断”措施，抵御苏军的所有攻击。[571]

总结

苏军在第46装甲军的前线取得突破，并深入了其友邻部队的侧翼，普伦茨劳一带的局势岌岌可危。在当地的战线遭遇突破后，许多德军部队，特别是党卫军的外籍志愿兵部队开始与苏军脱离接触，向西方盟军投降。由此产生的缺口也为苏军提供了乘虚而入的机会。

围绕剩余的战役预备队该被派往柏林还是普伦茨劳的问题，海因里齐和约德尔的矛盾不断激化，两个人一度剑拔弩张。在约德尔和凯特尔意识到海因里齐正在自行其是时，这种矛盾将被推向顶点。这两个人的计划和命令全部是为柏林之战服务的，他们似乎狂热地相信解救柏林的战斗会迎来胜利并拯救元首。

奥得河前线的后勤状况继续恶化，但即使如此，纳粹党的大区领袖们仍在与作战部队指挥官们争夺资源——即使在战争这个阶段，纳粹党的官员们仍然可以在军事的细枝末节上插手，甚至在希特勒死亡前都是如此。

4月28日

海因里齐没有在军事研究文件MS T–9中留下相关记录。

维斯瓦河集团军群致陆军最高司令部的每日简报摘要

晨间报告

第9集团军：

该集团军突围失败。他们不顾上级的严格命令，派遣最宝贵的装甲单位向西突围，其中一部分被彻底歼灭，其他损失惨重的突击群也无力前进，官兵已精疲力竭，弹药和燃料也消耗殆尽，已经很难进行有组织的突围或持续抵抗。在被围区域还有大量平民，他们的苦难尤其深重。

第3装甲集团军：

施泰因纳集团军集群遭到袭扰射击。除此之外，整个夜晚局势平静。在取得一些初步成功之后，由于猛烈的防御火力，我军已无法继续在贝诺维以北的桥头堡继续反攻。第25装甲掷弹兵师的换防按计划进行，并在当天凌晨2点整完成。[572]

第3装甲集团军致维斯瓦河集团军群和陆军最高司令部的作战报告

白俄罗斯第2方面军在多个地方突破了沃坦防线，切断了斯德丁与外界的联系，但斯德丁的守军已经完全撤出。同时，苏军还长驱直入，穿过了昨天在普伦茨劳附近形成的缺口。报告显示，在清晨4点左右，有至少800辆坦克顺着25千米宽的缺口突破了菲尔斯滕维尔德（Fürstenwerder）以西的德军战线。[573]在海因里齐签署分阶段后撤命令之后的48小时，第3装甲集团军开始了第一轮大规模后撤。

斯维内明德防御地带：没有值得一提的战斗活动。[574]

第32军：该军继续按计划撤退。[575]苏军在30辆坦克、坦克搭载步兵和对地攻击机的支援下占领了斯特拉斯堡（Strasburg）①，还派遣规模不详的部队向西北方的弗里德兰（Friedland）前进。其先头坦克部队已穿过舍恩豪森（Schönhausen），根据未经证实的报告，其目前已抵达弗里德兰东南10千米处。此外，苏军还在后续进攻中占领了罗特米赫尔（Rothermühl）和费迪南茨霍夫（Ferdinandshof，分别在斯特拉斯堡东北偏东方向11千米和20千米处）。[576]

---

① 此地位于德国东北部，在奥得河西面大约50千米，和阿尔萨斯地区的首府斯特拉斯堡同名。

奥得河军：由于其部队已改由第46装甲军指挥，该军没有发送任何报告。[577]

第46装甲军：德国空军的侦察报告称，苏军坦克已突入滕普林镇内，巷战在当地爆发。[578]至于命令要求修建的后方工事则根本没有完成。苏军对费尔德贝格和菲尔斯滕维尔德的攻击据称被击退，还有1辆坦克被摧毁。[579]同时，苏军仍在挟胜利之势，从普伦茨劳西部和西北部地区扩大战果，试图追击撤退中的我军部队，这给了我军很大压力，他们的步兵和坦克还顺着从恩格湖（Engesee）以南和费尔德贝格东北方打开的缺口向西推进，并在行进间占领了梅伦巴克（Mellenback）与新施特雷利茨–沃尔德格克之间的公路。向西北前进的苏军坦克已抵达沃尔德格克的东南、南部，以及沃尔茨哈根（Wolzhagen）以东。还有报告显示，苏军坦克出现在了沃尔德格克东南5千米处，并以20辆为一个集群在当地行动。按照俘虏的供词，苏军近卫坦克第3军、近卫坦克第19旅和步兵第186师位于此处，我军则继续与苏军坦克部队激烈交战。[580]交代上述情报的苏联俘虏还供称，近卫坦克第19旅在普伦茨劳地区的德军空袭中损失惨重，在发动进攻前，他们得到了10辆坦克的加强。[581]20点30分，被解职的海因里齐驱车会见了加雷斯。加雷斯在日记中写道，就连海因里齐这样的人：

“……都被部队的瓦解闹得心烦意乱。我向他报告了装甲军的情况和对明天的展望。他和我是在当天21点30分在彭茨林（Penzlin）分开的，我（现在）在小瓦尔霍（Klein Varchow）。夜间还有一条令人担心的消息传来：敌军部队——以坦克为主力——正在向新勃兰登堡推进。坐在轿车上，海因里齐和我被从周围映入眼帘的景象震惊了。被驱赶上路的难民精疲力竭，他们的表情充满绝望，未来仿佛没有出路，甚至可能更加糟糕——所有这些都在他们的脸上展现得一清二楚。甚至连海因里齐大将——这位受过严格训练，早已喜怒不形于色的坚毅老兵——也被触动和震惊了。很长一段时间，我们都沉默不语。”[582]

第101军：德军以营级兵力发起反击，但被苏军击退。[583]下午，苏军坦克部队逼近了采德尼克西部，在大德林（Groß Dölln，位于采德尼克以东12千米处）附近的森林也发现了骑兵。[584]

第 9 集团军致维斯瓦河集团军群和陆军最高司令部的作战报告

在柏林南部，第9集团军的士兵在茂密的松树林中艰难跋涉，试图抵达温克的防线。

第 12 集团军致维斯瓦河集团军群和陆军最高司令部的作战报告

白天，维斯瓦河集团军群收到了一份来自第12集团军的报告。其中显示，温克在晚上决定把第20军的各师朝西北方[①]的波茨坦调动，以便解救雷曼集团军集群。他认为，他的部队根本无力打破柏林之围，更不希望被困在市内。他尽可能维持着东线的侧翼，让第9集团军残部能够向西突围，同时，他还维持着易北河畔的战线，以便为向西撤退创造条件：

在穆尔德河和易北河之间，当地部队撤往易北河北岸的工作正在按计划进行，只有科斯维希（Koswig）桥头堡被保留了下来。同时，已有多支美军部队在沃尔里茨（Wörlitz）北部的格雷芬海尼兴（Gräfenhainichen）会师。

从维滕贝格向北进攻的敌人（即苏军）进入了格里本（Grieben）和皮尔齐希（Pilzig）。在大马尔赞（Groß Marzahn）两侧进攻的敌人也抵达了戈尔里茨以东的地区。在尼梅克有大量敌人集结。同时，（苏军）继续在特罗伊恩布里岑以西朝我军防线施加压力。

对方在科岑（Kotzen）－林纳姆一带的宽大正面上发起进攻，并以科岑为主攻目标，在其打击之下，科岑、佩辛（Pessin）、柯尼希斯霍斯特和林纳姆均已失守。

敌军还从北面攻入了波茨坦。

在柏林，敌军继续在陆军大街（Heerstrasse）集结兵力发动攻势。

夏洛滕堡宣告失守。战斗正在哈雷门（Hallesches Tor）和美盟广场（Belle Alliance Platz）展开。

本集团军右翼继续向东推进，并占领了萨尔茨布隆（Salzbronn）和埃尔斯

① 原文如此，似乎为东北方。

霍尔兹（Elsholz）。贝利茨则陷入激战。沙恩霍斯特师的先头部队已抵达当地以北约6千米的铁路岔口。胡滕师的先头部队则夺取了费尔奇，并计划在夜间沿着施维洛湖继续前进。[585]

第 3 装甲集团军发送的敌情评估

当天，第3装甲集团军向陆军最高司令部发送了一份评估报告，其中记录了防区内的敌情动态。

第3装甲集团军对敌情的评估

发生在装甲集团军右翼前线的战斗印证了之前的判断：敌第61集团军正在集结。

同时，白俄罗斯第2方面军在费尔德贝格–斯特拉斯堡方向的总攻中很可能投入了近卫坦克第1军、近卫坦克第3军和机械化第8军。

按照战俘的供述，白俄罗斯第2方面军的机械化部队已彻底完成装备补充——就算这种情况并不属实，苏军还很有可能迅速投入近卫坦克第5集团军（可能包括2个齐装满员的坦克军），以便进一步向西北推进。第33集团军朝西北方向的运动将给第2（突击）集团军腾出空间，后者已从斯德丁–（格赖芬哈根）一线乘车开来，并可能被部署到第49集团军以南。因此，费尔德贝格地区将面临越来越大的压力。

（苏联）各集团军及机动部队可能的部署情况如下：

1. 第49集团军和近卫坦克第3集团军位于瓦伦（Waren）方向。

2. 第70集团军和机械化第8军联手向新勃兰登堡方向挺近。

3. 第65集团军和近卫坦克第1军向弗里德兰方向前进，试图包围斯维内明德防御地带的守军。敌军的总攻方向位于新施特雷利茨–新勃兰登堡–米里茨湖（Müritz Lake）以北，其矛头是否将在未来转向取决于柏林以西苏军的动向，尤其是他们能否尽快派出有生力量，为沿易北河推进、向西驱赶第3装甲集团军创造条件。[586]

凯特尔不再相信维斯瓦河集团军群发来的任何消息。他驱车前往施泰因纳的指挥部，试图查明其为什么没有奉命发动攻击。途中，凯特尔发现了第5猎兵师和第7装甲师的部分单位，它们都在昨晚报告中提到的区域。[587]之前，海因里齐已命令第7装甲师和第25装甲掷弹兵师把有生力量都部署到新施特雷利茨，以求应对苏军在侧翼的突破，避免整个集团军群陷入包围。这道命令也违背了元首地堡通过国防军最高统帅部/陆军最高司令部下达的指示，即利用这些部队发动进攻、解救柏林。[588]

凯特尔勃然大怒，立即要求在海因里齐和曼陀菲尔的指挥部与他们会面，但随后他改变了决定，并把见面地点改在了一个十字路口。[589]作为曼陀菲尔的参谋长，缪勒-希勒布兰德决定尽其所能保护这两位上级，避免他们遭到凯特尔的无耻逮捕。缪勒-希勒布兰德在战后采访中这样提到：

> 我知道这次会面也许会变成一场灾难，因为曼陀菲尔和海因里齐可能会被当场逮捕，接下来，任何人都知道他们将遭遇什么。我需要帮手，并认为集团军司令部连连长和后勤参谋都是值得托付的人。我告诉他们，海因里齐和曼陀菲尔有生命危险，并命令要拿好冲锋枪，如果发生不测——尽管我不太确定——就必须保证海因里齐和曼陀菲尔免遭逮捕，更不能让他们遭遇其他危险……无论发生什么事情，都必须确保曼陀菲尔和海因里齐的安全，哪怕要向凯特尔开枪。在会面进行时，他们躲在树林里。但曼陀菲尔和海因里齐都对这些安排一无所知。[590]

当天下午，三人在约定的十字路口碰面。凯特尔对海因里齐擅自撤走第3装甲集团军的事大发雷霆，并大吼道：“你为什么撤走了部队！我给你的命令是守在奥得河畔！这也是希特勒的指示！告诉你不要调动！”[591]面对这一切，海因里齐只是平静地回答道：“我的部队无法守住奥得河前线。我需要的是预备队。利用他们，我才能继续撤退。”[592]接着，海因里齐便把发言权交给了曼陀菲尔，后者简要介绍了其部队目前的处境。他所说的一切都表明海因里齐的说法所言非虚。但凯特尔却叫嚷道：“我命令第3装甲集团军调转方向，在原地坚守！”曼陀菲尔只是非常平静地回答说：“第3装甲集团军只听从哈索·冯·曼陀菲尔将军的命令。”仿佛不容许凯特尔置喙。在这番激烈争吵之后，凯特尔悻悻地离开了这个地区。[593]

无线电 / 电话记录摘要

4点整，鲁登道夫致？？：“敌军在菲尔斯滕瓦尔德以西取得突破。他们有800辆坦克……”[594]

10点45分，约德尔致海因里齐（作者按：以下内容都来自一次长时间电话通话，还有一些相互矛盾的信息表明，这次通话可能发生在4月27日上午，不过，根据笔者的判断，它更有可能发生在4月28日）：

海因里齐：“我们未能成功削弱利本瓦尔德桥头堡之敌，攻击已陷入停顿……第25装甲掷弹兵师的侦察营正从新施特雷利茨向东推进，以对抗敌人的突破。”

约德尔：“谁命令部队……（此处不完整）。第5猎兵师的指挥官都是废物。师长居然不想再打了！？又是谁命令战线后撤？到处都是骗子。集团军群不能……（此处不完整）。”

海因里齐：“第3装甲集团军昨天报告说，今天他们将停止后退，并把部分兵力留下殿后。该集团军中路仍然没有稳固的防线，必须把防线建立起来……”[595]

随后，原翻译者只给出了通话的摘要：

约德尔将军打电话给（海因里齐），情绪非常激动，并表示凯特尔元帅想从总部驱车去前线，但在驶出几千米之后，就发现自己来到了主战线上。第5猎兵师正在抛弃阵地。他们原先一直待在掩体里，好像不是在战争，而是在演习。凯特尔与该师的各级指挥官进行了交谈，他得出的印象是，这个师拥有一流的装备和战斗的决心，但并不是士兵不想战斗，而是“军官不想再打下去！”对于该师这种“止不住的撤退”，集团军群没有提到只言片语。无论如何，凯特尔都被蒙蔽了。昨天晚上，他获悉德军部队正位于昂格明德–于克尔河沿岸一线，尽管当时部队已经开始移动，并向……（此处不完整）且战且退。现在，陆军最高司令部已经与主战线近在咫尺。他想知道是谁下达了撤退的命令。他说他对此毫不知情，“是周围的人把他骗了”。约德尔的指责在措辞和语调上都毫不留情，让海因里齐倍感震惊和不满。但即使如此，海因里齐仍平静地解释说，第5猎兵师的“撤退”是有意义的——就在昨晚，他要求曼陀菲尔通报利本瓦尔德–约阿希姆斯塔尔一带的状况，并针对敌军在普伦茨劳一带向西长驱直入的问题阐述看法。经过一番讨论，他命令第3装甲集团军守住韦尔贝林湖–约阿希姆斯塔尔–滕普林一线，并让部队在当地进行警戒。海因里齐此举也是迫不得已，因为在普伦茨劳以西的广阔地区，早已不存在什么防线，要想稳定局势，这是唯一可能的手段。敌军正在穿过费尔德贝格和沃尔德格克继续推进。由于战线上的缺口宽达25千米，第25装甲掷弹兵师和第7装甲师途经滕普林向东北方的进攻注定会遭到失败，而且在今天，敌军的进攻似乎没有停止的迹象。这一切让约德尔大动肝火，因为这意味着海因里齐并没有执行上级的命令。但海因里齐表示，是形势迫使他采取了这些措施。首先，第25装甲掷弹兵师必须撤出当前的阵地。第7装甲师的部队则四散在各处，一个团还在施泰因纳集团军集群麾下，必须首先完成集结。由于敌人正在向新勃兰登堡进发，经滕普林向东北方向发动进攻已经不切实际。不仅如此，我军还只能零敲碎打地投入战斗。总之，更现实的做法是用这些部队阻击敌军。另外，第1海军步兵师已不复存在，波罗的海装甲训练分队也成了一群散兵游勇。但敌人的坦克仍在高速突破，并抵达了菲尔斯滕维尔德，并继续向北朝沃尔德格克推进。[596]

在与海因里齐对话期间，约德尔也把听筒交给了德特勒夫森：

海因里齐：“……艾斯曼说他提交了所有报告。”

德特勒夫森：“在12点至1点之间，我没有收到特罗塔的任何报告。他跟我谈论了部队的状况，我正在检查是否有书面报告。我希望了解第3装甲集团军的命令。对于斯维内明德，又有什么相关决策？”

海因里齐：“我昨天通知金策尔，就算不放弃斯维内明德，我们也守不住这座城市，因为我手头没有足够的部队。但如果从当地撤军，北翼就会有一些兵力可用。我放弃斯德丁潟湖是迫不得已的。”[597]

13点05分，德特勒夫森致冯·特罗塔。

德特勒夫森："必须（消除）误解。凯特尔会驱车前往第3装甲集团军。"

特罗塔："但我们认为事情已经很清楚了。"

德特勒夫森："凯特尔拒绝了在约阿希姆斯塔尔–滕普林构建战线的提议。由于施泰因纳也没有提交明确的报告，他现在十分多疑。关于攻击方向的问题，他与司令（即海因里齐）完全一致。"

特罗塔："您不能责备部队……给第3装甲集团军的命令是击败敌人。第32军只有一些用于防守要塞的部队，正规部队已经没有了。如果不准从斯维内明德撤军，海军就必须做好从海上疏散的准备。"

德特勒夫森："为完成任务，斯维内明德的部队必须坚持4天。他们对库尔兰和东普鲁士的部队非常重要……"[598]

16点45分，艾斯曼致缪勒–希勒布兰德。

缪勒–希勒布兰德："海因里齐在我这里，并且出示了凯特尔的命令，他显得非常激动。敌人在第46军的防区突破，但第25装甲掷弹兵师的行动非常迟缓。由于该师只剩下13辆坦克可用，因此计划是朝沃尔德格克方向发动一次短促的进攻。一切都非常艰苦。显然局势又再度恶化了……我向海因里齐报告说，中午，部队应该撤往泽彭施鲁塞–大（难以辨认）–维尔默斯多夫一线。他昨天更是亲自要求采取上述行动。现在，海因里齐和曼陀菲尔即将在新施特雷利茨与凯特尔会面。斯维内明德守军的参谋长也在场，是和他们一起去的。命令必须在今天下达。海军已经在准备（作者按：此处似乎指从斯维内明德撤退）。

艾斯曼："第9集团军的情况恐怕很不好。"[599]

18点25分，德特勒夫森致冯·特罗塔：

德特勒夫森："施拉格特师是否应继续北上前往格兰塞？"

特罗塔："我们认为该师应被用于加强第21集团军的南线。"

德特勒夫森："集团军群不应为此担心。最危险的地段是新施特雷利茨附近。施拉格特师原本用于向滕普林发动进攻，以支援第25装甲掷弹兵师。我相信把该师派往这一方向才更为可取。"

特罗塔："我们对这一安排一无所知，一直认为该师要被派往奥拉宁堡。"

德特勒夫森："施拉格特师在将第25装甲掷弹兵师背后跟进，其进攻将穿过滕普林。"

特罗塔："非常感谢。该师将改变行军方向，其师长就在我这里。有几个棘手问题：

（1）成群的难民阻塞了道路；（2）道路上还有大量战俘。"

德勒夫森："他们是自愿上路的，你总不能强迫他们去俄国人那边吧。"

特罗塔："我认为应该劝告他们留在家中，否则他们就是在走向毁灭。"

德特勒夫森："让东欧劳工、法国劳工和东方（战俘）留下。带走英军和美军（战俘）。"[600]

18点35分，海因里齐致艾斯曼：（作者按：这次交谈发生在海因里齐与凯特尔会面之后）"局面真是可悲。讨论非常激烈。命令是：停止……"

22点40分，德国海军的舒伯特（Schubert）[①]将军致冯·特罗塔。

特罗塔："（海因里齐）想了解斯维内明德的情况，并询问过斯维内明德对于库尔兰物资供应的意义！"

舒伯特："我们对这一询问感到惊讶。这座基地很重要，但并不是必不可少！邓尼茨说，一切不是绝对的，在最糟的情况下，没有它我们也能执行任务。但我们无力从海上撤走守军，或者说，我们无力把部队全部撤走。"[601]

23点20分，冯·曼陀菲尔致海因里齐：

---

① 即京特·舒伯特（Günther Schubert）海军少将，德国海军的西波罗的海指挥官（Kommandierender Admiral westliche Ostsee）。

海因里齐：“我感觉很糟糕——成千上万的人正涌向后方，我花了三个小时才到达这里。穿过新勃兰登堡的道路已经被堵死了。”

曼陀菲尔：“有几队敌军坦克突破了猎兵旅的阵地——这支部队已经四分五裂。”

海因里齐：“他们正向……（难以辨认）前进。”

曼陀菲尔：“奥得河军传来的情况是：滕普林和格岑多夫（Götschendorf）已失守。在采德尼克前线，我们摧毁了6辆（敌军）坦克。坦克从滕普林附近突破，伯格沃尔（Burgwall）有敌情。在采德尼克的西面，有一辆坦克直接开上了我军的浮桥，这座浮桥随即被当场炸毁。奥得河军试图在哈维尔河畔、沿着旧普拉赫特（Alt Placht）–利兴一带的湖区构建战线。在第101军方向，敌人从西南方夺取了利本瓦尔德，目前已兵临约阿希姆斯塔尔城下，骑兵正向着大德林前进，离莱登内克（Lehdeneck）只剩下一半路程。我军有1个营被击溃。前线后撤到了哈维尔运河。希克斯特将军认为，他的第5猎兵师已不具备战斗力。大德意志团第2营的营长已向加雷斯报到，但他的部队还没有抵达。（苏军的）机械化骑兵第8军也抵达了前线。”

海因里齐：“施拉格特师不能在瓦伦卸载，否则就会被难民潮吞没。还有成千上万的武装人员正以两路或三路纵队向西开进。”

曼陀菲尔：“但我仍希望把施拉格特师派往瓦伦，以满足北部新勃兰登堡–马尔钦一线的作战需要。”[602]

国防军最高统帅部的作战日志

围绕集团军群右翼部队的部署，约德尔和海因里齐依旧争执不下。约德尔希望守住阵地，为柏林的解围行动换取时间，但海因里齐坚持认为，面对苏军的压力，这一点完全无法实现。同时，来自总参谋部的弗里德尔（Friedel）少校访问了党卫军第3（日耳曼）装甲军的前线，他给国防军最高统帅部发回的消息显示：施泰因纳的部队已违背国防军最高统帅部的命令，撤到了哈维尔河–福斯运河对岸。这给约德尔和凯特尔提供了更多革除海因里齐职务的理由。国防军最高统帅部还做出决定，无论美军是否停止前进，所有德军都必须开赴东线。[603]

总结

前线后方的道路被向西逃亡的大片人群堵塞，其中既有士兵，也有难民，他们不断遭到空中苏军飞机的扫射，或是在地面被肆无忌惮的苏军坦克碾压。海因里齐的高级指挥官根本无法制止这种情况。维斯瓦河集团军群的末日即将到来。这一天也是海因里齐漫长军旅生涯的最后一天。为了挽救集团军群，他不惜直接与约德尔对抗。早在4月25日，他便做出了向西且战且退的决定，避免其余部队重蹈布塞的覆辙，而这一切最终让他付出了被革职的代价。

4月29日

前一天在十字路口会面之后，凯特尔和海因里齐在4月29日凌晨通了电话。在交谈中，凯特尔和海因里齐都在指责对方干涉指挥和缺乏判断力。凯特尔在最后表示："我解除你的指挥权，并将其转交给冯·曼陀菲尔将军，你必须前往普伦（Plön）并转入陆军预备役。"[604]同时被解除职务的还有集团军群参谋长冯·特罗塔。但得到消息后，冯·曼陀菲尔拒绝上任，库尔特·斯图登特（Kurt Student）大将于是奉命接管。[605]在斯图登特抵达前，库尔特·冯·蒂佩尔施基希（Kurt von Tippelskirch）步兵上将奉命代行司令职权。[606]凯特尔还表示，他随后将亲自前往集团军群司令部监督交接工作。同时，海因里齐与约德尔通了电话（但具体时间已不得而知）。在电话中，约德尔对海因里齐咒骂道："整个集团军群都是混蛋。从一开始就是！"[607]这番言论显然伤害了海因里齐的自尊心——为确保维斯瓦河集团军群准备好迎接苏军的最终攻势，他从上任之初便一直在单枪匹马地忙碌着，并无微不至地关心着下属，这一切都是为了尽自己职业军官的职责——为德国而战。海因里齐被革除职务的消息也让艾斯曼倍感震惊。在冯·曼陀菲尔的支持下，艾斯曼要求："凯特尔元帅一到，就应该把他抓起来，以免他破坏我们的计划。此外，他还可以充当对抗约德尔的人质。海因里齐将继续指挥集团军群。为了避免他遭遇'黑手'——这一点在当时并非不可能——指挥部的人员和第3装甲集团军的一小队可靠士兵将担任警卫。"[608]但最终，凯特尔并没有抵达司令部，而海因里齐也下定决心离职。

海因里齐在军事研究文件MS T–9中写道：

至此，奥得河前线的战斗结束了。考虑到敌军部队的实力，以及德军糟糕的训练，武器的短缺，不切实际的命令和寡不敌众的事实，可以说，保卫这条河流的第3装甲集团军取得了出人意料的成功。无可否认，个别部队和人员辱没了使命，但总体而言，为了阻止奥得河东岸的俄国人向西推进，这支部队的决心是坚定的。

当天，维斯瓦河集团军群的作战日志中没有任何具体到下属部队的作战报告。

维斯瓦河集团军群的敌情评估，1945 年 4 月 29 日

我们从参加柏林之战的敌军处得到情报，并明确了一个事实：其大部分兵力都在城市附近作战。近卫坦克第2集团军仍在柏林的西部和西北部（即西门子城，Siemensstadt）附近战斗。

我们还确认，敌近卫骑兵第3军、机械化第8军、近卫坦克第3军、近卫坦克第1军以及第49、第70、第65和第2突击集团军正在从东面攻击第3装甲集团军战线。和预想的一样，敌军在进攻中投入了全部机动部队，但拦截的无线电通信仍然无法确定近卫骑兵第5军是否已投入战斗。据推断，近卫骑兵第3军的任务是沿着莱茵斯贝格以北的湖区向西和向西南前进，以此保护机械化第8军、近卫坦克第3军和近卫坦克第1军的侧翼。

我们猜测，机械化第8军和近卫坦克第3军的目标是集中强大兵力，从米里茨湖两岸的一小块地带向西北进行深远突破。虽然无法确定，但根据目前的评估，如果敌人想在东面占领更多土地，将很有可能拆分一支机动部队，开展包抄行动。

显然，近卫坦克第1军的任务是穿过达明（Dammin）向西北进攻，以便包围斯维内明德防御地带的守军。[609]

第 12 集团军

（参见彩色地图54）

第20军的下属各师已抵达费尔奇，并与施普雷河集团军集群取得了无线

电联系。雷曼正在率领部下向南突围，试图抵达温克的防线。

希特勒从元首地堡发出最后的无线电消息：

1. 温克的先头部队在哪里？
2. 他们什么时候继续进攻？
3. 第9集团军在哪里？
4. 第9集团军会朝哪个方向突破？
5. 霍尔斯特的先头部队在哪里？

无线电 / 电话记录摘要

0点10分，海因里齐致党卫军少校施普林格（Springer）①："您必须在瓦伦附近设置一个由约500人组成的人员拦截指挥部。并拦截来自瓦隆人师、兰格马克师和北欧师的人员（作者按：海因里齐这里可能指的是剩余未抵达第9集团军的尼德兰师成员），有成千上万的人正从新勃兰登堡向西撤退。他们数量众多，还坐着汽车，甚至是成群结队。可怕的灾难即将来临。务必在明天一早竭尽全力。我不想看到任何一个乘着汽车向西撤退的党卫军人员！"[610]

1点45分，施普林格致冯·特罗塔。

特罗塔："国防军最高统帅部表示，希姆莱向斯维内明德额外派遣了部队。情况究竟如何，是哪些单位，在哪里？"

施普林格："我对此一无所知。"

特罗塔："民众不听宣传，正在踏上死路。他们将无法承受（苏军）飞机的扫射和饥饿的折磨。另外，对于俘虏的问题，希姆莱怎么看？"[611]

2点10分，凯特尔致海因里齐：

① 即海因里希·施普林格（Heinrich Springer），当时他正在充当党卫军和维斯瓦河集团军的联络官。

海因里齐:“敌人从南部夺取了利本瓦尔德,正从滕普林向采德尼克推进。”

凯特尔:“(此处字迹难以辨认)”

海因里齐:“敌军试图向西北方直插过去,给菲尔斯滕贝格带来了一定的威胁。在驱车沿新勃兰登堡–瓦伦公路返回期间,我发现这里的局面前所未见……(字迹难以辨认)。部队解体的迹象非常明显;已下令采取应对手段。关于斯维内明德,德国海军的施罗德(Schröder)[①]将军表示,当地对库尔兰并非不可或缺。”

凯特尔:“这是一个错误,邓尼茨元帅要求坚守当地……我和元帅谈过,他表示需要斯维内明德。有鉴于此,我命令守住当地。”

海因里齐:“我个人认为,在过去的几天中,(国防军最高统帅部/陆军最高司令部)一直在干扰集团军群的命令。”

凯特尔:“这些都是合理干预。”

海因里齐:“从你的回答看,我觉得你已经对我失去了信任。今天,约德尔用我在40年从军生涯中从未有过的语调告诉我,仿佛我是在故意……(作者按:此处句子不完整)。但我已竭尽全力。”

凯特尔:“斯维内明德的问题和信任没有关系。”

海因里齐:“我完全无法容忍。请换别人接管这个集团军群。”

凯特尔:“如果你执意如此,我必然同意。看来约德尔的看法不无道理。今天早晨,部队已经占据了后方阵地。对于下达给我的命令,我必须服从,但我不承担任何责任。”

海因里齐:“我今天已经提交了申请。我还想说的是,在我负责的区域,我有决策的权力。”

凯特尔:“问题是你放弃了前线,(但)元首要你守住它!”

海因里齐:“对我个人而言,约德尔的行为……(作者按:此处句子不完整)。”

凯特尔:“约德尔调查了整个情况;对于集团军群,这道命令必须执行。”

海因里齐:“我从军40年来,从来没有目睹过约德尔这样的行为。”

---

① 原文如此,此处似为舒伯特之误,因为当时在波罗的海方向,德国海军并没有任何一位名叫施罗德的将官。

凯特尔："我在此解除您的职务。你应该向冯·曼陀菲尔移交职责，并前往普伦，转入陆军预备役。"[612]

2点30分，冯·曼陀菲尔致冯·特罗塔。在通话中，特罗塔向曼陀菲尔汇报说："在一分钟前，海因里齐抗议了上级干预指挥的行为。他说感到自己失去了国防军最高统帅部的信任。之后，凯特尔命令您从他手中接过指挥权。希望您能做好准备。海因里齐将军明天就会离开前线。"[613]

9点30分，缪勒-希勒布兰德致艾斯曼。

缪勒-希勒布兰德："从长远来看，第32军是不能再指望了；他们已经左支右绌。位于托伦瑟湖（Tollense See）以北的部队将被打垮，以南的部队还能保持战斗力，除非出现意外局面。集团军群应当沿着米里茨湖-马尔肖-普劳恩湖（Plauen See）-维斯马建立一条封锁线，它将一直延伸到……（作者按：此处句子不完整）。我军的北部侧翼"游移不定"。请针对是否封闭新勃兰登堡附近的缺口一事做出决断。敌军似乎已占领新勃兰登堡和弗里德兰，并零星出现在我军依旧坚守的安克拉姆附近——而斯维内明德则充当了守住安克拉姆的前提条件。因此，第32军必须继续向西撤退，可以尝试守住库默罗（Kummerow）-德明一线。但如果强大的敌军穿过新勃兰登堡，该目标将很难实现。奥得河军也处在'游移不定'的状态（此处内容无法辨认）。第5猎兵师的混乱局面危害到了整个南部侧翼。敌军出现在菲尔斯滕瑟（Fürstensee）-胡岑多夫（Hutzendf）-沃库尔（Wokul）以东，还有坦克伴随行动。封闭缺口似乎希望渺茫（后续内容难以辨认）。我们必须避其锋芒，撤往米里茨湖-新鲁平一线。如果能在4天内做到这一点，那会让人倍感欣慰。但我们还是有可能会多次匆忙转移……（后续内容难以辨认）指挥极度困难，因为各种手段都在失效，有些命令必须提前几天下达，各个军只能见机行事。北部侧翼有瓦解的征兆，虽然部队仍在听从命令，但已不再全力作战……（后续内容难以辨认）曼陀菲尔已出发去往前线。（敌军）坦克妨碍了我军的运动和补给，并带来了极大危险。请采取措施，让民众不要逃难。"

特罗塔："蒂佩尔施基希也赞同您的观点。"

缪勒-希勒布兰德："曼陀菲尔不会接任；上级不该解除海因里齐的指挥权。他是唯一能够掌握局势的人……（后续内容难以辨认）在以下地段，形势的发展非常危险：（1）新哈登贝格附近；（2）在安克拉姆以南；（3）新施特雷利茨东南。指挥已无法进行。有突破的危险，敌军在……（此处内容难以辨认），我军……（此处内容难以辨认）第5猎兵师彻底瓦解。如果我军及时在南面收缩，敌军的向西突破是可以避免的——这显而易见。

特罗塔："蒂佩尔施基希清楚，局势将取决于他的东翼是否完整。"

鲁登道夫："奥得河军无法释放任何有生力量。第25装甲掷弹兵师正在向托伦瑟湖退却。"[614]

10点20分，冯·蒂佩尔施基希致冯·特罗塔。

蒂佩尔施基希："曼陀菲尔派人打电话给我，问我是否同意他（对海因里齐被撤职一事）的意见。我同意他的看法。我将给大卫（David）打电话，陈述我的意见，并请他说服凯特尔。由于个人原因，我无法亲自拜见凯特尔。这只会使局势恶化。"

特罗塔："海因里齐将暂时留任。"[615]

11点35分，艾斯曼致弗里贝尔少校。

艾斯曼："我们需要对陆军最高司令部的安全负责。由于总体局势的发展，危险正在不断扩大。第25装甲掷弹兵师的进攻已经开始——从新施特雷利茨向西北朝布格施塔加德（Burg Stargard）进发，但似乎不久就陷入了僵局。原本隶属于（苏军）预备队的近卫步兵第3军也在采德尼克-滕普林附近投入了作战。"[616]

11点45分，金策尔致冯·特罗塔。

特罗塔："我们已向凯特尔通报了昨晚的情况。就在夜里，凯特尔说邓尼茨告诉他，守住斯维内明德将攸关库尔兰集团军群的生死。

金策尔："但他（施罗德）①多次表示，斯维内明德可以放弃。这座港口并非不可或缺，唯一的问题是疏散需要时间。另外，我们还用电传把相关消息发送给了凯特尔和维斯瓦河集团军群。"

特罗塔："我们将被迫下令守住斯维内明德，哪怕要牺牲守军。"

金策尔："我将立刻面见海军元帅并向他报告。"[617]

16点整，艾斯曼致海因里齐。

艾斯曼："敌军在利本瓦尔德西南达成突破。还在克伦钦（Krenchin）附近渡过哈维尔河……有20辆坦克在伯格沃尔，其步兵正在向里布贝克（Ribbeck）和扎贝尔斯多夫（Zabelsdorf）推进。（位于）布雷德赖希（Bredereiche）和布卢梅诺（Blumenow）的敌军也正在向丹嫩瓦尔德（Dannenwalde）和格伦佐夫（Grenzow）进攻。第101军报告其部队彻底瓦解。第27军（即奥得河军）试图在布赫霍尔茨–坦格多夫（Tangerndorf）建立警戒线。第21集团军请求撤往比茨湖（Bütz See）–赫贝格（Herberg）–林多（Lindow）–布赫霍尔茨–施泰希林湖（Stechlin See）一线（后续内容难以辨认）。第3装甲集团军也将提出类似的请求。

第7装甲师（的前线）被敌方洞穿。第25装甲掷弹兵师……（此处难以辨认）。在新勃兰登堡方向，敌军已抵达祖岑（Zootzen）附近。第32军已溃不成军。

勒德布尔（Ledebur）②的部队七零八落，安克拉姆宣告沦陷。第3装甲集团军要求将第153步兵师（原文如此）纳入指挥。如果敌军向格赖夫斯瓦尔德（Greifswald）方向推进，战线上就会形成缺口。第21集团军将在多个地点面临被突破的危险。

---

① 原文如此，此处似为舒伯特之误。

② 这里指的是汉斯–于尔根·冯·勒德布尔（Hans-Jürgen Freiherr von Ledebur）上校，他在4月12日接管了所谓的福格特师级集群（Divisionsgruppe Voigt）——一支由后方训练单位组成的临时部队。

我们无法联系上国防军最高统帅部，他们可能正在路上（据信正在前往第21集团军的辖区）。

约德尔要求第101军忽略维斯瓦河集团军群或第3装甲集团军的命令，直接向他本人汇报。”

海因里齐：“如果约德尔抵达第21集团军，他们就可以提交请求。”[618]

16点55分，海因里齐致艾斯曼。

艾斯曼：“凯特尔和约德尔都在普伦，和邓尼茨在一起。”

海因里齐：“我不会发出任何避战的命令，让形势顺其自然吧。”

艾斯曼：“敌军在劳恩堡（Lauenburg）附近渡过了易北河。桥头堡有很多坦克。”[619]

17点15分，冯·特罗塔致缪勒–希勒布兰德。其间，冯·特罗塔在电话中表示：“我认为，鉴于最近发生的事件，海因里齐不会下达有序撤退的命令。部队或许需要自行寻找出路。”[620]

18点25分，第21集团军作战参谋［卡尔–奥托·冯·辛克尔迪（Carl–Otto von Hinckeldey）中校］致冯·特罗塔。

第21集团军作战参谋：“凯特尔和约德尔正和蒂佩尔施基希会面。”

特罗塔：“我只和蒂佩尔施基希谈过。（他）明确告诉凯特尔和约德尔我们无权下令撤退……（以下内容难以辨认）。”

第21集团军作战参谋：“总的来说，凯特尔和约德尔已经同意（撤退），但条件是正对第12集团军的侧翼坚持4天——这是有可能的。”

特罗塔：“如果他们同意这一点，那集团军群和作战参谋也没有异议。我今晚就驾车前往第21集团军。”[621]

通话时间不详，冯·特罗塔致德特勒夫森。冯·特罗塔表示：“由于上级的严格命令，海因里齐并没有命令第21集团军撤退。”[622]

18点25分，德特勒夫森致冯·特罗塔：

“1. 到目前为止，陆军最高司令部作战局仍计划在南面部署施拉格特师，但该师现在将被派往格兰塞地区。鉴于发生在普伦茨劳的意外情况（苏军在当地达成突破），以及我军预定从新施特雷利茨地区向东北方发动的反击（由第25装甲掷弹兵师和第7装甲师执行），施拉格特师必须在更北面的火车站卸载。该师将由集团军群直辖，其中一个团已抵达比利兹（Pyritz）①。

2. 由于行军路线被车辆堵塞，集团军群建议下级指挥官劝说民众留在家中。民众可以自愿离开，但后果自负。此外也必须通知纳粹党官员和大区领袖。

3. 东欧国家的工人必须留在营地。至于英、美、法军战俘则需要尽量带走，并集中到博恩霍尔姆岛上。集中营的囚犯如何处理将随后决定，轻罪犯已被释放。”[623]

18点40分，蒂佩尔施基希致集团军群作战参谋：“第3装甲集团军的局势继续恶化。敌军已抵达格吕诺、瓦茨肯多夫（Watzkendorf）、施托尔珀、布雷登费尔德（Bredenfelde）以东的森林、沃尔德格克南部、斯特拉斯堡南部以及弗里德兰南面的布罗姆（Brohm）一带。在这些地段，前线的瓦解已是显而易见。如果我们不封闭这个缺口，第25装甲掷弹兵师和第7装甲师从新施特雷利茨发动的进攻就不可能奏效。我们正在为此目的（调遣）部队，并建议陆军最高司令部下达指示，在4月30日当天撤往采德尼克–利兴一线，以达到节省兵力的目的。另外，陆军最高司令部认为，守住斯维内明德对库尔兰的物资供应非常重要，因此，从该城获得部队的想法也不可行。”[624]

18点50分，冯·特罗塔与德特勒夫森进行了通话。根据通话记录，这次通话传达了陆军最高司令部的指示方针，以及转交给集团军群司令的建议书。[625]

---

① 此处地名似有误，不知其具体为何，但可以确定，它和前文中的皮里茨（Pyritz）并非一地。

19点05分，德特勒夫森致冯·特罗塔。德特勒夫森表示："蒂佩尔施基希将接管集团军群。我将担任他的参谋长……告诉艾斯曼立刻到第21集团军与我会面。"[626]

19点05分，集团军群司令和作战参谋致陆军最高司令部："集团军群建议在新勃兰登堡地区集结施拉格特师，而不是在新施特雷利茨附近，原因是第25装甲掷弹兵师和第7装甲师已经在后一地点集结了。集团军群司令将向约德尔大将澄清这一问题。第3装甲集团军收到的最新敌情报告显示，俄国人的先头坦克部队已抵达了安克拉姆地区。"[627]

19点35分，德特勒夫森致冯·特罗塔："第21集团军下辖的部队将不只有党卫军第3（日耳曼）装甲军，还有第101军。集团军群不必担心其南部战线。在集团军群看来，如果敌人对其南部战线发动进攻，集团军群的右翼将退往易北河，但陆军最高司令部显然不赞成这一观点。由于电话通信中断，整个问题暂时没有澄清。"

19点40分，第3装甲集团军作战参谋汉斯·克罗恩少校致艾斯曼："施拉格特师将搭乘机动车辆或火车从瓦伦向新施特雷利茨开进。但该部队是在新施特雷利茨地区还是新勃兰登堡地区集结仍有待确定。这将取决于敌军的位置。"

20点28分，德特勒夫森将军转发的，由凯特尔元帅发送至集团军群作战参谋的无线电报：

"维斯瓦河集团军群的任务是坚守南部和东部前线，同时调集一切兵力击败在新勃兰登堡方向突破的敌人。为此，他们必须将第25装甲掷弹兵师、第7装甲师和施拉格特师纳入一个指挥机构之下并加以运用。对于第25装甲掷弹兵师、第7装甲师和（新近）抵达的施拉格特师的联合进攻，我和国防军最高统帅部参谋长都要求你必须在21点之前汇报其发起的具体时间和目的。

签字：凯特尔

***

补充——

必须将第21集团军用于集团军群的右翼。除了党卫军第3（日耳曼）装甲军，前线还应有1个军应被纳入第21集团军的指挥。”[628]

21点05分，德特勒夫森将军致维斯瓦河集团军群参谋长：“针对18点40分电话记录第2段的建议，陆军最高司令部已发回下列电报：经过总参谋部军官的审查，集团军群的请求——将主战线撤往采德尼克-利兴一线——已经过时。我军部队已进入该战线，炮兵也在陆军最高司令部所在的区域占据了阵地，并正在向敌军射击。按照维斯瓦河集团军群参谋长的报告，大德意志部队的2个营已抵达。但集团军群司令表示，这2个营仍然不见踪影。此外，陆军最高司令部已批准集团军群18点25分无线电报中的第2点请求。各级指挥官必须告诉民众，他们可以自愿选择是否逃离。强制疏散将不再进行。”[629]

21点15分，维斯瓦河集团军群参谋长致集团军群作战参谋：

“1. 根据第3装甲集团军的报告，如果前线后撤至采德尼克-利兴一带，就可以释放出3个营和（部分工兵）。另外需要指出，对于前线的位置，第3装甲集团军与陆军最高司令部陈述完全一致。在整个白天，从滕普林地区开来的敌军都在朝西南方向移动，威胁包围我军部署在当地的部队。因此，我们应自行把前线后撤到预定的区域，而不必等待集团军群的命令。

2. 新勃兰登堡的城防司令报告说，1个来自大德意志部队的营已抵达。承诺的第2个营和海军部队仍不见踪影。而且和陆军最高司令部的说法不同，已抵达的这个大德意志营只装备了4挺轻机枪和一些步枪。”[630]

国防军最高统帅部的作战日志

国防军最高统帅部险些被前进的苏军坦克部队击溃，之后他们离开新鲁芬，并去了瓦伦西北部的多宾（Dobbin）。此时他们也终于承认，外部援军都无法抵达柏林。在意识到第12集团军无法从费尔奇（位于波茨坦南缘）继续推进之后，凯特尔准许温克带领第20军向北渡过哈维尔河突围。[631]但不管凯特尔作何表示，温克都已决心向西撤退。

总结

国防军最高统帅部试图全力阻止蜂拥后撤的维斯瓦河集团军群士兵，还命令蒂佩尔施基希、金策尔和新成立的第21集团军组建一条稳固的战线。但面对苏军不知疲倦的前进步伐，德军的坚守企图并没有实现。在战争迎来尾声之时，为避免被苏军俘获，再加上西方盟国并没有前来援助，德军士兵的斗志和纪律开始瓦解。

冯·曼陀菲尔和艾斯曼提议海因里齐继续担任集团军司令，并把凯特尔劫为人质，但被海因里齐拒绝。1918年的“背后一刀”仍让他深感不安。他不想参与到推翻德国残存政权的行动中去。与此同时，“奥得河前线”正在迅速演变为“易北河前线”，在海因里齐离职之后，其局势依旧在自行发展。

4月30日

（参见彩色地图55、56和57）

对于这一天的情况，海因里齐没有在军事研究文件MS T-9中留下任何评论。

午夜过后不久，希特勒便收到了对前一天问题的回复。这些消息是由凯特尔在菲尔斯滕贝格以南的国防军最高统帅部新总部做出的：

1. 温克的先头部队在施维洛湖以南陷入了困境。
2. 因此，该集团军无法继续向柏林发动攻击。
3. 第9集团军的大部分已被包围。
4. 霍尔斯特的部队被迫转入防御。

希特勒意识到，这些援兵都不能击败苏军并拯救柏林，他在柏林城下上演胜利奇迹、挽救纳粹政权的妄想也全部化为泡影。当天晚些时候，他在地堡中自杀。

以下报告展示了当天维斯瓦河集团军防区内的苏军动向。

维斯瓦河集团军群的敌情评估，1945 年 4 月 30 日

在柏林之战中，苏军可能重组其坦克部队。近卫坦克第2集团军和近卫坦克第3集团军的部分单位就存在这种情况。其证据是，我们收到的报告显示，近卫坦克第1集团军的2个坦克军将投入夏洛滕堡以西的进攻，从而和近卫坦克第2集团军的坦克部队合兵一处。至于近卫第3坦克集团军的后续安排（是执行另一项重大任务，还是继续投入帝国首都的战斗）则不得而知。如果这些坦克集团军被部署到柏林之外，它们的任务将存在多种可能；但由于目前缺乏报告，我们还无法做出任何推断。

尤其值得注意的是位于勃兰登堡–奥拉宁堡–拉特诺的近卫骑兵第2军。该军的任务可能是策应近卫骑兵第7军的行动，保护友军部队向西推进，而且他们的左翼必定沿易北河向北进攻。

今天，出现在第3装甲集团军当面的敌方机动部队印证了昨天的猜测。他们的目标极可能是利用坦克部队，大举推进到梅克伦堡地区的纵深，并如我们得到的报告所示，夺取这个具有政治和军事意义的区域。

近卫坦克第5集团军的最终部署和作战区域仍未确定，因为该部队和白俄罗斯第2方面军的无线电通信中尚没有确切线索。[632]

国防军最高统帅部的作战日志

（参见彩色地图58）

国防军最高统帅部的总部离开多宾，继续向西北前往位于海滨的维斯马。凯特尔向第3装甲集团军的前线派去5名参谋，试图敦促各个单位的指挥官坚守梅克伦堡湖区。这些参谋人员宣称，坚守会为第12集团军争取时间，使其可以逃离波茨坦–贝尔齐希–勃兰登堡地区。[633]

5月1日—3日

5月1日，希特勒指定的继承人——邓尼茨海军元帅向德国民众和国防军分别发送了一条广播电报。在后一份电报中，他这样解释军事方面的当务之急：

国防军的军人们！我的战友们！

元首已经阵亡。为了一个伟大的理想——保卫欧洲人民不受布尔什维克主义侵犯，他身先士卒，英勇地献出了生命。史上最伟大的英雄离开了我们。怀着崇敬的心和哀悼之情，我们为他降旗致敬。

元首指定我为继承人，担任国家首脑和国防军最高司令。我接受德国国

Abschrift !

Funkspruch Nr. 7 — von Obkdo.He.Gr.Weichsel
2.5.45 19.o7 Uhr aufgenommen — an AOK 21
gleichltd. an AOK 12

1) Anglo-amerikanische Kräfte im Vorgehen nach Nordwest haben 11.30 Uhr allgemeine Linie Schwerin-Süd - Gadebusch erreicht.
2) Armee stellt durch sofortige Parlamentär-Rückfrage bei anglo-amerikanischen Kräften fest, ob Vorgehen sowjetische Unterstützung durch Kampf oder lediglich Raumgewinnung für spätere Interessenregelung dient. Im letzte[illegible] Fall haben Feindseligkeiten mit Anglo-Amerikaner zu unterbleiben, bei Forderung unsererseits, daß eigener Führungsapparat für Fortsetzung des Kampfes gegen Bolschewismus bestehen bleibt. Bei Ablehnung dieser Forderung oder falls erkennbar, daß Anglo-amerikanisches Vorgehen unmittelbar sowjetischer Unterstützung dient, ist Kampf gegen Anglo-Amerikaner in gleicher Weise zu führen wie gegen die Sowjets.
3) Eigner Parlamentär-Rückfrage ist zu Grunde zu legen, daß deutscherseits kein Interesse an Kampfführung gegen Anglo-Amerikaner besteht, sondern möglichst ausschließlich Fortführung gegen Bolschewismus angestrebt wird.
4) Erfolgte Verbindungsaufnahme und Ergebnis laufend melden.
5) He.Gr.Gefechtsstand demnächst Gegend südlich Parchim.

Obkdo.He.Gr.Weichsel v.2.5.45

可能是维斯瓦河集团军群发出的最后一条无线电命令。

防军各军种的最高指挥权，决心把反对布尔什维克的战争继续下去，直至英勇奋战的部队及德国东部地区的数十万家庭摆脱奴役或毁灭。

只要英美两国阻止我们进行对抗布尔什维克的斗争，我也将与他们战斗下去。

你们的过去无比光荣，也渴望战争结束——但局势要求你们继续无条件地奉献。我要求纪律和服从。只有绝对服从我的命令，才能避免出现混乱和破坏。任何在此时抛弃岗位，让德国妇女和儿童面临死亡和奴役的人都是胆小鬼和叛徒。

作为元首任命的继承人，你们对他的誓言现在已经成为对我的誓言。德国的士兵们，坚持你们的职责。这决定着我们国家能否生存下去！[634]

作为对邓尼茨讲话的回应，维斯瓦河集团军群司令部在5月2日19点07分向第21集团军和第12集团军发去无线电报，这也是他们下达的最后一批命令。其中这样提到：

1. 英美联军继续在西北方向推进，并在11点30分抵达了什未林（Schwerin）–加德布施（Gadebusch）以南一线。

2. 各集团军将立刻与英美联军磋商，并确定对方推进是为了夺取更多土地、扩大未来利益，还是直接在战场上为苏军提供支援。如果是前一种情况，我们应避免与英美联军对抗，以此保全自身，继续与布尔什维克战斗。如果这一要求遭到拒绝，或是英美联军的行动旨在直接支援苏军，那么我们将像对抗苏军一样，继续与其作战。

3. 在谈判时，我们的基本立场是：我们无意与英美联军对抗，最大的敌人是布尔什维克主义。

4. 各种磋商工作和结果应定期汇报。

5. 维斯瓦河集团军群司令部不久将抵达帕尔希姆（Parchim）以南地区。[635]

该消息大概是由库尔特·斯图登特授权发布的，他在5月1日接过了集团军群的指挥权。

（参见彩色地图59）

不久，德军与英军第21集团军群（指挥官：伯纳德·蒙哥马利元帅）开始谈判，试图让德国北部的残余部队撤入英军控制区，避免向苏军投降。[636]其中也涉及了维斯瓦河集团军群的残余单位。蒙哥马利同意了这些请求，前提是德军不携带武器并保持纪律。5月3日，维斯瓦河集团军群残部陆续跨过英军战线。奥得河前线的战斗就此结束。[637]

本章尾注：

1. 参见海因里齐访谈稿（第4号录音带），第11页。

2. 参见美国军事研究文件MS T-9。

3. 参见美国国家档案馆文件T-311/169/7221671。

4. 同上。

5. 同上。

6. 参见美国国家档案馆文件T-311/169/7221670。

7. 同上。

8. 参见美国国家档案馆文件T-311/169/7221669。

9. 参见美国国家档案馆文件T-311/169/7221670。

10. 同上。

11. 参见美国国家档案馆文件T-311/169/7221670-71。

12. 参见美国国家档案馆文件T-311/169/7221671。

13. 参见美国国家档案馆文件T-311/169/7221670。

14. 同上。

15. 崔可夫因坚守斯大林格勒而闻名于世。

16. 参见美国国家档案馆文件T-311/169/7221733。希特勒的命令是事先起草好的，而且很可能是应海因里齐的要求发布。鉴于苏军在奥得河前线的活动，海因里齐想必也早已向陆军最高司令部通报了朱可夫即将进攻的事实。

17. 参见美国国家档案馆文件T-311/169/7221704。

18. 同上。

19. 同上。

20. 同上。

21. 参见美国国家档案馆文件T-311/169/7221731-32。

22. 参见美国军事研究文件MS T-9。

23. 在德军的报告中，他们将对柏林的攻击称为“Grossangriff”，即“大规模进攻”。

24. 参见美国国家档案馆文件T-311/169/7221738。

25. 参见美国国家档案馆文件T-311/169/7221735-36。

26. 参见美国国家档案馆文件T-311/169/7221746。

27. 参见美国国家档案馆文件T-311/169/7221735-36。

28. 参见美国国家档案馆文件T-311/169/7221745。

29. 同上。

30. 参见美国国家档案馆文件T-311/169/7221744-45。虽然该师装备了一些38t追猎者装甲歼击车，但大部分战果应该都是用铁拳等步兵反坦克武器取得的。

31. 参见美国国家档案馆文件T-311/169/7221735-36。

32. 同上。

33. 参见美国国家档案馆文件T-311/169/7221744。

34. 参见美国国家档案馆文件T-311/169/7221735-36。

35. 同上。这一点很值得注意。空投的苏军很可能来自从事破坏活动的塞德利茨部队。不过，如果事实如此，德军应该会专门强调他们的身份，而不是笼统地使用“苏军”一词。鉴于其人数较少，很明显，苏军并没有进行大规模空降的打算，这些人更可能是侦察兵，或空军与炮兵的前进观察员。

36. 参见美国国家档案馆文件T-311/169/7221735-36。

37. 参见美国国家档案馆文件T-311/169/7221740。

38. 参见美国国家档案馆文件T-311/169/7221735-36。

39. 参见美国国家档案馆文件T-311/170/7221747。

40. 参见美国国家档案馆文件T-311/169/7221742。

41. 参见美国国家档案馆文件T-311/169/7221746。

42. 参见波别尔《向柏林前进》（*Forward to Berlin*，机打手稿）（科尼利厄斯·瑞恩档案：第74号文件盒，第11号档案袋），第8页。

43. 参见美国军事研究文件MS T-9。

44. 参见美国国家档案馆文件T-311/169/7221778。

45. 参见美国国家档案馆文件T-311/169/7221787。

46. 参见美国国家档案馆文件T-311/169/7221786。

47. 参见美国国家档案馆文件T-311/169/7221780。

48. 同上。

49. 同上。

50. 参见美国国家档案馆文件T-311/169/7221783。

51. 参见美国国家档案馆文件T-311/169/7221779。

52. 参见美国国家档案馆文件T-311/169/7221780。

53. 参见美国国家档案馆文件T-311/169/7221779。

54. 参见美国国家档案馆文件T-311/169/7221792。

55. 同上。

56. 同上。

57. 同上。

58. 同上。

59. 同上。

60. 同上。

61. 同上。

62. 同上。

63. 参见美国国家档案馆文件T-311/169/7221792。

64. 参见美国国家档案馆文件T-311/169/7221793。

65. 同上。

66. 参见美国国家档案馆文件T-311/169/7221781。

67. 同上。

68. 同上。

69. 参见美国国家档案馆文件T-311/169/7221800。

70. 参见美国国家档案馆文件T-311/169/7221781。

71. 参见美国国家档案馆文件T-311/169/7221800。

72. 参见美国国家档案馆文件T-311/169/7221781。

73. 参见美国国家档案馆文件T-311/169/7221854。

74. 同上。

75. 参见美国国家档案馆文件T-311/169/7221785。

76. 参见美国国家档案馆文件T-311/169/7221791。

77. 参见汉密尔顿《血腥的街道》，第130页。

78. 参见海因里齐访谈稿，第28页。

79. 参见美国军事研究文件MS T-9。

80. 参见美国国家档案馆文件T-311/169/7221851-52。

81. 参见美国国家档案馆文件T-311/169/7221794。

82. 参见美国国家档案馆文件T-311/169/7221848。

83. 同上。

84. 参见美国国家档案馆文件T-311/169/7221853。

85. 参见美国国家档案馆文件T-311/169/7221877。

86. 参见美国国家档案馆文件T-311/169/7221853。

87. 同上。

88. 参见美国国家档案馆文件T-311/169/7221847。

89. 参见美国国家档案馆文件T-311/169/7221848。

90. 参见美国国家档案馆文件T-311/169/7221853。

91. 参见美国国家档案馆文件T-311/169/7221847。

92. 参见美国国家档案馆文件T-311/169/7221868《帝国元帅与维斯瓦河集团军作战参谋部门的长途电话》。

93. 参见美国国家档案馆文件T-311/169/7221853。

94. 参见美国国家档案馆文件T-311/169/7221847。

95. 参见美国国家档案馆文件T-311/169/7221852。

96. 参见美国国家档案馆文件T-311/169/7221847。

97. 参见美国国家档案馆文件T-311/169/7221852。

98. 参见美国国家档案馆文件T-311/170/7221888-90。

99. 参见美国国家档案馆文件T-311/169/7221854。

100. 同上。

101. 同上。

102. 同上。

103. 同上。

104. 参见美国国家档案馆文件T-311/169/7221848。

105. 参见美国军事研究文件MS T-9。

106. 参见美国国家档案馆文件T-311/169/7221919。

107. 参见美国国家档案馆文件T-311/169/7221957。

108. 参见美国国家档案馆文件T-311/169/7221959。

109. 参见美国国家档案馆文件T-311/169/7221952。

110. 参见美国国家档案馆文件T-311/169/7221917。

111. 同上。

112. 参见美国国家档案馆文件T-311/169/7221921。

113. 同上。

114. 参见美国国家档案馆文件T-311/169/7221927。

115. 参见美国国家档案馆文件T-311/169/7221917。

116. 参见美国国家档案馆文件T-311/169/7221921。

117. 同上。

118. 参见美国国家档案馆文件T-311/169/7221927。

119. 参见美国国家档案馆文件T-311/169/7221926。

120. 参见美国国家档案馆文件T-311/169/7221921。

121. 参见美国国家档案馆文件T-311/169/7221931。

122. 同上。

123. 参见美国国家档案馆文件T-311/169/7221917。

124. 参见美国国家档案馆文件T-311/169/7221921。

125. 同上。

126. 参见美国国家档案馆文件T-311/169/7221931。

127. 参见美国国家档案馆文件T-311/169/7221917。

128. 参见美国国家档案馆文件T-311/169/7221920。

129. 参见美国国家档案馆文件T-311/169/7221931。

130. 德军的报告此时将该师称为战斗群，这表明其蒙受了重大损失，凝聚力也大打折扣。

131. 参见美国国家档案馆文件T-311/169/7221920。

132. 同上。

133. 参见美国国家档案馆文件T-311/169/7221931。

134. 参见美国国家档案馆文件T-311/169/7221917。

135. 参见美国国家档案馆文件T-311/169/7221891。

136. 参见美国国家档案馆文件T-311/170/7221955-956。

137. 参见美国国家档案馆文件T-311/169/7221959。

138. 同上。

139. 同上。

140. 同上。

141. 参见美国国家档案馆文件T-311/169/7221921。

142. 同上。

143. 参见美国国家档案馆文件T-311/169/7221922。

144. 同上。

145. 同上。第3海军步兵师将乘渡轮穿过斯德丁潟湖，到达第3装甲集团军战线后方的大陆海岸。

146. 参见美国国家档案馆文件T-311/169/7221931。

147. 同上。

148. 参见美国国家档案馆文件T-311/169/7221927。

149. 同上。

150. 参见美国国家档案馆文件T-311/169/7221931。

151. 参见美国国家档案馆文件T-311/169/7221927。

152. 参见美国国家档案馆文件T-311/169/7221941。

153. 同上。

154. 参见美国国家档案馆文件T-311/169/7221945。

155. 参见美国国家档案馆文件T-311/169/7221946。该报告清楚地展示了高射炮在地面防御中扮演的角色。

156. 参见美国国家档案馆文件T-311/169/7221957。

157. 参见美国国家档案馆文件T-311/170/7222039。

158. 参见美国国家档案馆文件T-311/170/7222034。

159. 参见美国国家档案馆文件T-311/170/7222039。

160. 参见美国国家档案馆文件T-311/170/7222025。

161. 参见美国国家档案馆文件T-311/170/7222036-37。

162. 参见美国国家档案馆文件T-311/170/7222058。

163. 参见美国国家档案馆文件T-311/170/7222031。

164. 参见美国国家档案馆文件T-311/170/7222077。

165. 参见美国国家档案馆文件T-311/170/7222028。

166. 参见美国国家档案馆文件T-311/170/7222015。

167. 参见美国国家档案馆文件T-311/170/7222031。

168. 参见美国国家档案馆文件T-311/170/7222008。

169. 同上。

170. 参见美国国家档案馆文件T-311/170/7222015。

171. 参见美国国家档案馆文件T-311/170/7222031。

172. 参见美国国家档案馆文件T-311/170/7222028和T-311/170/7222008。

173. 参见美国国家档案馆文件T-311/170/7222008。

174. 参见美国国家档案馆文件T-311/170/7222015。

175. 参见第46装甲军（隶属于冯·曼陀菲尔将军指挥的第3装甲集团军）军长马丁·加雷斯将军的日

记，第14页。

176. 参见美国国家档案馆文件T-311/170/7222029。

177. 参见美国国家档案馆文件T-311/170/7222032。

178. 参见美国国家档案馆文件T-311/170/7222029。

179. 参见美国国家档案馆文件T-311/170/7222032。

180. 参见美国国家档案馆文件T-311/170/7222034。

181. 参见美国国家档案馆文件T-311/170/7222029。

182. 参见美国国家档案馆文件T-311/170/7222032。

183. 参见美国国家档案馆文件T-311/170/7222029和7222027-28。可能是损失惨重的缘故，在报告中，尼德兰师现在被称为团。

184. 参见美国国家档案馆文件T-311/170/7222027。

185. 参见美国国家档案馆文件T-311/170/7222029。

186. 同上。

187. 参见美国国家档案馆文件T-311/170/7222032。

188. 参见冯·维恩斯科夫斯基中校在1945年4月20日电话通话记录中的注释（科尼利厄斯·瑞恩档案：第68号文件盒，第4号档案袋），第35页。

189. 参见美国国家档案馆文件T-311/170/7222035。

190. 同上。

191. 同上。

192. 参见美国国家档案馆文件T-311/170/7222046。

193. 同上。

194. 参见美国国家档案馆文件T-311/170/722046-47。

195. 参见美国国家档案馆文件T-311/170/7222048。

196. 参见美国国家档案馆文件T-311/170/7222035。

197. 同上。

198. 同上。

199. 参见美国国家档案馆文件T-311/170/7222052。

200. 参见美国国家档案馆文件T-311/170/7222053-54。

201. 参见冯·维恩斯科夫斯基中校对1945年4月20日电话记录的注释，第43—44页。

202. 参见美国国家档案馆文件T-311/170/7222035。

203. 参见《海因里齐回忆录》（科尼利厄斯·瑞恩档案：第68号文件盒，第3号档案袋），第14—15页。

204. 参见美国国家档案馆文件T-311/170/7222058。

205. 参见美国国家档案馆文件T-311/170/7222009。

206. 同上。另参见美国国家档案馆文件T-78/305/0681，以及美国国家档案馆文件T-78/305/0677-678中包含的舍尔纳对其北部侧翼的态势报告。

207. 同上。

208. 同上。

209. 同上。

210. 同上。

211. 同上。

212. 同上。

213. 同上。

214. 参见美国军事研究文件MS T-9。

215. 参见美国国家档案馆文件T-311/170/7222064。

216. 参见美国国家档案馆文件T-311/170/7222068-69。

217. 同上。

218. 参见美国国家档案馆文件T-311/170/7222065。

219. 参见美国国家档案馆文件T-311/170/7222074。

220. 参见美国国家档案馆文件T-311/170/7222059-60和T-311/170/7222078。

221. 参见美国国家档案馆文件T-311/170/7222078。

222. 参见美国国家档案馆文件T-311/170/7222065。

223. 参见美国国家档案馆文件T-311/170/7222062。

224. 参见美国国家档案馆文件T-311/170/7222059-60。

225. 参见美国国家档案馆文件T-311/170/7222078。

226. 参见美国国家档案馆文件T-311/170/7222066。

227. 参见美国国家档案馆文件T-311/170/7222059-60。

228. 参见美国国家档案馆文件T-311/170/7222065。

229. 参见美国国家档案馆文件T-311/170/7222085-86。

230. 参见美国国家档案馆文件T-311/170/7222082-83。

231. 参见美国国家档案馆文件T-311/170/7222059-60。

232. 同上。

233. 参见美国国家档案馆文件T-311/170/7222061。

234. 参见美国国家档案馆文件T-311/170/7222065。

235. 参见美国国家档案馆文件T-311/170/7222059-60。

236. 参见美国国家档案馆文件T-311/170/7222065。

237. 参见美国国家档案馆文件T-311/170/7222059-60。

238. 参见美国国家档案馆文件T-78/305/705，即国防军最高统帅部/国防军指挥参谋部的OKW/WFSt/Org (I) 1 Nr. 1089/45号文件，该文件签发日期为1945年4月19日。

239. 参见美国国家档案馆文件T-311/170/7222071-72。关于这些内容何时被哈纳克记录在了集团军群的作战日志中，我们可能还需要进一步的研究和分析。另一份克雷布斯撰写的手写文件即于21点10分起草的《帝国首都的防御规则和责任》（*Regelung der Verantwortung für Verteidigung der Reichshauptstadt*，其文件编号为OKH/GenStdH/Op Abt (röm.Ia) Nr.4896/45 g.Kdos）要求海因里齐全权负责德国首都的防御事宜，该市的城防司令则由凯瑟上校担任，雷曼中将则负责柏林南部，即特罗伊恩布里岑-卢肯瓦尔德-柯尼希斯武斯特豪森一线。而其中最主要的问题是，谁对柏林的防御负有直接领导权？是海因里齐还是凯瑟？其内容可参见美国国家档案馆文件T-78/305/0667。

240. 参见美国国家档案馆文件T-311/170/7222141-42。

241. 参见冯·维恩斯科夫斯基中校在1945年4月20日电话通话记录中的注释，第50页。

242. 参见冯·维恩斯科夫斯基中校对1945年4月20日电话记录的注释，第83页。

243. 参见美国国家档案馆文件T-311/170/7222088。

244. 同上。

245. 同上。

246. 同上。

247. 同上。

248. 参见冯·维恩斯科夫斯基中校对1945年4月20日电话记录的注释，第91页。

249. 同上。

250. 参见美国国家档案馆文件T-311/170/7222089。

251. 参见美国国家档案馆文件T-311/170/7222102。

252. 参见美国国家档案馆文件T-311/170/7222089。

253. 同上。

254. 同上。

255. 同上。

256. 同上。

257. 参见冯·维恩斯科夫斯基中校对1945年4月20日电话记录的注释，第100页。

258. 参见冯·维恩斯科夫斯基中校对1945年4月20日电话记录的注释，第100—102页。

259. 同上。

260. 参见美国国家档案馆文件T-311/170/7222084。

261. 参见冯·维恩斯科夫斯基中校对1945年4月20日电话记录的注释，第106—107页。

262. 参见冯·维恩斯科夫斯基中校对1945年4月20日电话记录的注释，第111页。

263. 参见冯·维恩斯科夫斯基中校对1945年4月20日电话记录的注释，第115页。

264. 参见美国国家档案馆文件T-311/170/7222073。

265. 参见美国国家档案馆文件T-311/170/7222078。

266. 参见美国国家档案馆文件T-311/170/7222069和T-311/170/7222081。

267. 参见美国国家档案馆文件T-311/170/7222068-69。

268. 同上。

269. 参见约阿希姆·舒尔茨-瑙曼《最后30天：德国最高指挥部1945年4月至5月的作战日志》（*The Last Thirty Days: The War Diary of the German High Command from April to May 1945*）（纽约，麦迪逊图书公司，1995年出版），第13页。

270. 参见约阿希姆·舒尔茨-瑙曼《最后30天：德国最高指挥部1945年4月至5月的作战日志》，第12页。

271. 参见美国军事研究文件MS T-9。

272. 参见美国国家档案馆文件T-311/170/7222154-155。
273. 参见美国国家档案馆文件T-311/170/7222138。
274. 参见美国国家档案馆文件T-311/170/7222135。
275. 参见美国国家档案馆文件T-311/170/7222140。
276. 参见美国国家档案馆文件T-311/170/7222125。
277. 参见美国国家档案馆文件T-311/170/7222130。
278. 参见美国国家档案馆文件T-311/170/7222139-140。
279. 参见美国国家档案馆文件T-311/170/7222130。
280. 参见美国国家档案馆文件T-311/170/7222140。
281. 参见美国国家档案馆文件T-311/170/7222138。
282. 参见美国国家档案馆文件T-311/170/7222125。
283. 参见美国国家档案馆文件T-311/170/7222130。
284. 需要指出的是，在报告中，施泰因纳集团军集群的名字经常发生变化。
285. 参见美国国家档案馆文件T-311/170/7222125。
286. 参见美国国家档案馆文件T-311/170/7222130。
287. 参见美国国家档案馆文件T-311/170/7222144。
288. 参见美国国家档案馆文件T-311/170/7222124。
289. 参见美国国家档案馆文件T-311/170/7222130。
290. 参见美国国家档案馆文件T-311/170/7222124和T-311/170/7222129。
291. 参见美国国家档案馆文件T-311/170/7222130。
292. 参见美国国家档案馆文件T-311/170/7222124。
293. 参见美国国家档案馆文件T-311/170/7222130。
294. 参见美国国家档案馆文件T-311/170/7222124。
295. 参见美国国家档案馆文件T-311/170/7222130。
296. 参见美国国家档案馆文件T-311/170/7222124。
297. 参见美国国家档案馆文件T-311/170/7222130。
298. 同上。
299. 参见美国国家档案馆文件T-311/170/7222145。
300. 参见美国国家档案馆文件T-311/170/7222127。
301. 参见美国国家档案馆文件T-311/170/7222143，另请参阅后续发送的电传消息T-311/170/7222152。
302. 参见美国国家档案馆文件T-311/170/7222146。
303. 参见美国国家档案馆文件T-311/170/7222147。
304. 参见美国国家档案馆文件T-311/7222160-61。
305. 参见美国国家档案馆文件T-311/170/7222148。
306. 参见冯·维恩斯科夫斯基中校对1945年4月20日电话记录的注释，第157—158页。
307. 参见冯·维恩斯科夫斯基中校对1945年4月20日电话记录的注释，第158—163页。
308. 参见冯·维恩斯科夫斯基中校对1945年4月20日电话记录的注释，第163页。

309. 同上。

310. 参见冯·维恩斯科夫斯基中校对1945年4月20日电话记录的注释，第164—165页。

311. 参见冯·维恩斯科夫斯基中校对1945年4月20日电话记录的注释，第165页。

312. 参见冯·维恩斯科夫斯基中校对1945年4月20日电话记录的注释，第166页。

313. 参见冯·维恩斯科夫斯基中校对1945年4月20日电话记录的注释，第168页。

314. 参见冯·维恩斯科夫斯基中校对1945年4月20日电话记录的注释，第169—170页。

315. 参见冯·维恩斯科夫斯基中校对1945年4月20日电话记录的注释，第170—171页。

316. 参见冯·维恩斯科夫斯基中校对1945年4月20日电话记录的注释，第171页。

317. 同上。

318. 参见冯·维恩斯科夫斯基中校对1945年4月20日电话记录的注释，第172页。

319. 参见美国国家档案馆文件T—311/170/7222153。

320. 参见冯·维恩斯科夫斯基中校对1945年4月20日电话记录的注释，第173—74页。

321. 参见冯·维恩斯科夫斯基中校对1945年4月20日电话记录的注释，第174—177页。

322. 参见冯·维恩斯科夫斯基中校对1945年4月20日电话记录的注释，第179页。

323. 参见美国国家档案馆文件T-311/170/7222130。

324. 参见美国国家档案馆文件T-311/170/7222158。

325. 参见约阿希姆·舒尔茨-瑙曼《最后30天：德国最高指挥部1945年4月至5月的作战日志》，第14—16页。

326. 参见海因里齐访谈稿（第1号录音带），第4页。

327. 参见海因里齐访谈稿（第1号录音带），第3页。

328. 参见美国军事研究文件MS T-9。

329. 参见美国国家档案馆文件T-311/170/7222192-197。

330. 参见美国国家档案馆文件T-311/170/7222189。

331. 参见美国国家档案馆文件T-311/170/7222192-197。

332. 参见美国国家档案馆文件T-311/170/7222200-202。

333. 参见美国国家档案馆文件T-311/170/7222192-197和T-311/170/7222201-202。

334. 参见美国国家档案馆文件T-311/170/7222192-197。

335. 参见美国国家档案馆文件T-311/170/7222192-197和T-311/170/7222201-202。

336. 参见美国国家档案馆文件T-311/170/7222189。

337. 参见美国国家档案馆文件T-311/170/7222192-197和T-311/170/7222201-202。

338. 参见美国国家档案馆文件T-311/170/7222202。

339. 参见美国国家档案馆文件T-311/170/7222249。

340. 参见美国国家档案馆文件T-311/170/7222203。

341. 参见第46装甲军军长马丁·加雷斯将军的日记，第17页。

342. 参见美国国家档案馆文件T-311/170/7222189。

343. 同上。

344. 参见美国国家档案馆文件T-311/170/7222201。

345. 参见美国国家档案馆文件T-311/170/7222189和T-311/1707222190。

346. 参见美国国家档案馆文件T-311/170/7222195。

347. 参见美国国家档案馆文件T-311/170/7222202。

348. 参见美国国家档案馆文件T-311/170/7222189。

349. 参见美国国家档案馆文件T-311/170/7222192-197。

350. 同上。

351. 同上。

352. 参见美国国家档案馆文件T-311/170/7222198。

353. 参见美国国家档案馆文件T-311/170/7222192-197。

354. 参见美国国家档案馆文件T-311/170/7222208。

355. 参见美国国家档案馆文件T-311/170/7222205。

356. 参见美国国家档案馆文件T-311/170/7222217。

357. 参见美国国家档案馆文件T-311/170/7222218-19。

358. 参见约阿希姆·舒尔茨-瑙曼《最后30天：德国最高指挥部1945年4月至5月的作战日志》，第17页。

359. 参见温克访谈稿（科尼利厄斯·瑞恩档案：第67号文件盒，第24号档案袋）；里特尔《与退役将军瓦尔特·温克访谈稿相关的一些事实》（*Factual Report of Interviews with General A.D. Walther Wenck*）（科尼利厄斯·瑞恩档案：第67号文件盒，第24号档案袋）。亦参见美国国家档案馆文件T-311/170/7222210-12。

360. 参见1945年4月/5月，奥得河与易北河之间的最后战役的综述（尤其是第12集团军的战斗）（科尼利厄斯·瑞恩档案：第67号文件盒，第24号档案袋），第7页。

361. 参见温克访谈稿。

362. 同上。

363. 参见美国国家档案馆文件T-78/305/F0650-52。

364. 参见美国国家档案馆文件T-78/305/F0648-49。

365. 参见美国国家档案馆文件T-78/305/F0646-47。

366. 参见美国国家档案馆文件T-311/170/7222211。

367. 同上。

368. 参见美国国家档案馆文件T-311/170/7222212。

369. 1945年4月1日，“狼人”广播电台开始宣传德国人在盟国占领区内的抵抗活动，试图煽动纳粹分子发起游击战。参见比迪斯科姆《最后的纳粹》，第36—38页。

370. 参见美国国家档案馆文件T-311/170/7222210。

371. 参见美国国家档案馆文件T-311/170/7222192-197。

372. 参见美国国家档案馆文件T-311/170/7222249。

373. 参见美国国家档案馆文件T-311/170/7222213-14，Der Chef OKW/WFSt/Qu2(1) Nr.02351/45。

374. 参见冯·维恩斯科夫斯基中校对1945年4月20日电话记录的注释，第180页。

375. 参见冯·维恩斯科夫斯基中校对1945年4月20日电话记录的注释，第237页。

376. 参见冯·维恩斯科夫斯基中校对1945年4月20日电话记录的注释，第238页。

377. 参见冯·维恩斯科夫斯基中校对1945年4月20日电话记录的注释，第239页。

378. 参见美国国家档案馆文件T-311/170/7222220。

379. 参见美国国家档案馆文件T-311/170/7222239。

380. 参见冯·维恩斯科夫斯基中校对1945年4月20日电话记录的注释，第241—242页。

381. 参见冯·维恩斯科夫斯基中校对1945年4月20日电话记录的注释，第243页。

382. 参见冯·维恩斯科夫斯基中校对1945年4月20日电话记录的注释，第244页。

383. 同上。

384. 参见冯·维恩斯科夫斯基中校对1945年4月20日电话记录的注释，第245页。

385. 参见冯·维恩斯科夫斯基中校对1945年4月20日电话记录的注释，第245—246页。

386. 参见冯·维恩斯科夫斯基中校对1945年4月20日电话记录的注释，第246页。

387. 参见美国国家档案馆文件T-311/170/7222192-197。

388. 同上。

389. 同上。

390. 同上。

391. 参见美国国家档案馆文件T-311/170/7222221。

392. 参见美国国家档案馆文件T-311/170/7222222。

393. 参见美国国家档案馆文件T-311/170/7222249。

394. 同上。

395. 参见约阿希姆·舒尔茨-瑙曼《最后30天：德国最高指挥部1945年4月至5月的作战日志》，第17—19页。

396. 参见美国军事研究文件MS T-9。

397. 参见美国国家档案馆文件T-311/170/7222264。

398. 同上。

399. 参见美国国家档案馆文件T-311/170/7222273。

400. 参见美国国家档案馆文件T-311/170/7222264。

401. 参见美国国家档案馆文件T-311/170/7222264和T-311/170/7222269。

402. 参见美国国家档案馆文件T-311/170/7222264。

403. 参见美国国家档案馆文件T-311/170/7222269和T-311/170/7222286。

404. 参见美国国家档案馆文件T-311/170/7222265。

405. 参见美国国家档案馆文件T-311/170/7222269。

406. 参见海因里齐访谈稿（第1号录音带），第7—11页。

407. 参见美国军事研究文件MS T-9。在该文件中，紧随施泰因纳集团军群的部分最初被海因里齐放在了“4月23日”和“4月24日”的条目之间。但由于它们与施泰因纳的进攻直接相关，因此在本书中，我们没有按照原顺序陈述。

408. 参见美国国家档案馆文件T-311/170/7222264。

409. 参见美国国家档案馆文件T-311/170/7222284。

410. 参见美国国家档案馆文件T-311/170/7222276。

411. 参见美国国家档案馆文件T-311/170/7222239。

412. 参见美国国家档案馆文件T-311/170/7222293-94。

413. 参见美国国家档案馆文件T-311/170/7222289。

414. 在战争中，苏军也曾试图训练军犬携带磁性地雷，钻到底盘下摧毁德军坦克，但最终收效甚微。

415. 参见美国国家档案馆文件T-311/170/7222278。

416. 参见美国国家档案馆文件T-311/170/7222296。

417. 参见美国国家档案馆文件T-311/170/7222419。

418. 参见冯·维恩斯科夫斯基中校对1945年4月20日电话记录的注释，第249—251页。

419. 参见冯·维恩斯科夫斯基中校对1945年4月20日电话记录的注释，第287页。

420. 同上。

421. 同上。

422. 参见冯·维恩斯科夫斯基中校对1945年4月20日电话记录的注释，第288页。

423. 同上。

424. 参见冯·维恩斯科夫斯基中校对1945年4月20日电话记录的注释，第189页。

425. 参见冯·维恩斯科夫斯基中校对1945年4月20日电话记录的注释，第290—291页。

426. 参见美国国家档案馆文件T-311/170/7222308。

427. 参见冯·维恩斯科夫斯基中校对1945年4月20日电话记录的注释，第292—293页。

428. 参见冯·维恩斯科夫斯基中校对1945年4月20日电话记录的注释，第294页。

429. 参见冯·维恩斯科夫斯基中校对1945年4月20日电话记录的注释，第295页。

430. 参见冯·维恩斯科夫斯基中校对1945年4月20日电话记录的注释，第297—297a页。

431. 参见冯·维恩斯科夫斯基中校对1945年4月20日电话记录的注释，第297a页。

432. 参见冯·维恩斯科夫斯基中校对1945年4月20日电话记录的注释，第299—300页。

433. 参见冯·维恩斯科夫斯基中校对1945年4月20日电话记录的注释，第300页。

434. 参见美国国家档案馆文件T-311/170/7222264。

435. 参见美国国家档案馆文件T-311/170/7222269。

436. 同上。

437. 参见美国国家档案馆文件T-311/170/7222292-93。

438. 参见约阿希姆·舒尔茨-瑙曼《最后30天：德国最高指挥部1945年4月至5月的作战日志》，第20—22页。

439. 参见第46装甲军军长马丁·加雷斯将军的日记，第19页。

440. 同上。

441. 目前尚不清楚该会议是在4月24日晚上还是在4月25日白天举行。但综合各种信息，笔者认为更可能是在4月25日召开的。

442. 参见海因里齐访谈稿，第32页（长页）。

443. 参见海因里齐访谈稿，第13页（长页）。对于海因里齐，施泰因纳的进攻依然意义重大，虽然他不认为这次攻势能向南打破柏林之围，但仍可能切断朱可夫西进的矛头，减轻对整个集团军群的威胁。

444. 参见《艾斯曼回忆录》，第151—152页。

445. 参见《艾斯曼回忆录》，第154—155页。

446. 参见《艾斯曼回忆录》，第155—156页。

447. 参见美国国家档案馆文件T-311/170/7222320。

448. 参见美国国家档案馆文件T-311/170/7222325。

449. 参见美国国家档案馆文件T-311/170/7222322。

450. 参见美国国家档案馆文件T-311/170/7222329。

451. 参见美国国家档案馆文件T-311/170/7222301-2。

452. 参见美国国家档案馆文件T-311/170/7222323。

453. 同上。

454. 参见美国国家档案馆文件T-311/170/7222323。

455. 参见美国国家档案馆文件T-311/170/7222382。

456. 参见美国国家档案馆文件T-311/170/7222383。

457. 同上。

458. 参见美国国家档案馆文件T-311/170/7222382。

459. 参见海因里齐访谈稿，第27页。

460. 参见海因里齐访谈稿，第28页。

461. 参见美国国家档案馆文件T-311/170/7222323。

462. 参见美国国家档案馆文件T-311/170/7222330。

463. 参见美国国家档案馆文件T-311/170/7222332。

464. 参见美国国家档案馆文件T-311/170/7222335-36。

465. 参见美国国家档案馆文件T-311/170/7222343-44。

466. 参见美国国家档案馆文件T-311/170/7222333。

467. 参见美国国家档案馆文件T-311/170/7222371-72。

468. 参见美国国家档案馆文件T-311/170/7222345-46。

469. 参见美国国家档案馆文件T-311/170/7222349。

470. 参见美国国家档案馆文件T-311/170/7222347-48。

471. 参见美国国家档案馆文件T-311/170/7222337。

472. 参见美国国家档案馆文件T-311/170/7222350-51。

473. 参见美国国家档案馆文件T-311/170/7222327。目前尚不清楚“43/9/0/0”之类的组合是否代表着各师拥有的装甲车辆数量。

474. 参见美国国家档案馆文件T-311/170/7222354-55。

475. 参见美国国家档案馆文件T-311/170/7222356-57。

476. 参见美国国家档案馆文件T-311/170/7222391。

477. 参见美国国家档案馆文件T-311/170/7222375-76。

478. 参见冯·维恩斯科夫斯基中校对1945年4月20日电话记录的注释，第364页。

479. 同上。

480. 同上。

481. 同上。

482. 参见美国国家档案馆文件T-311/170/7222377。

483. 参见冯·维恩斯科夫斯基中校对1945年4月20日电话记录的注释，第364页。

484. 参见冯·维恩斯科夫斯基中校对1945年4月20日电话记录的注释，第365页。

485. 参见美国国家档案馆文件T-311/170/7222388。

486. 参见冯·维恩斯科夫斯基中校对1945年4月20日电话记录的注释，第366—367页。

487. 参见美国国家档案馆文件T-311/170/7222339。

488. 参见美国国家档案馆文件T-311/170/7222338。

489. 参见美国国家档案馆文件T-311/170/7222378。

490. 参见美国国家档案馆文件T-311/170/7222380。

491. 参见美国国家档案馆文件T-311/170/7222361。

492. 参见美国国家档案馆文件T-311/170/7222381。

493. 参见美国国家档案馆文件T-311/170/7222363-64。

494. 参见美国国家档案馆文件T-311/170/7222341。

495. 参见美国国家档案馆文件T-311/170/7222390。

496. 参见美国国家档案馆文件T-311/170/7222342。

497. 参见美国国家档案馆文件T-311/170/7222340。

498. 参见美国国家档案馆文件T-311/170/7222329。

499. 参见美国国家档案馆文件T-311/170/7222389。

500. 参见美国国家档案馆文件T-311/170/7222331。

501. 同上。

502. 参见约阿希姆·舒尔茨-瑙曼《最后30天：德国最高指挥部1945年4月至5月的作战日志》，第23—25页。

503. 参见海因里齐访谈稿，第31页。

504. 参见《艾斯曼回忆录》，第153页。

505. 参见美国国家档案馆文件T-311/170/7222413。

506. 参见美国国家档案馆文件T-311/170/7222368-70。

507. 参见美国国家档案馆文件T-311/170/7222408-09。

508. 同上。

509. 参见美国国家档案馆文件T-311/170/7222410。

510. 参见美国国家档案馆文件T-311/170/7222408-09。

511. 参见美国国家档案馆文件T-311/170/7222410。

512. 参见美国国家档案馆文件T-311/170/7222408-09。

513. 同上。

514. 同上。

515. 同上。

516. 同上。

517. 同上。

518. 参见美国国家档案馆文件T-311/170/7222411-12。

519. 同上。

520. 同上。

521. 参见美国国家档案馆文件T-311/170/7222414-15。

522. 参见美国国家档案馆文件T-311/170/7222447。

523. 同上。

524. 参见约阿希姆·舒尔茨-瑙曼《最后30天：德国最高指挥部1945年4月至5月的作战日志》，第26页。

525. 参见阿希姆·舒尔茨-瑙曼《最后30天：德国最高指挥部1945年4月至5月的作战日志》，第30页。

526. 参见美国国家档案馆文件T-311/170/7222410。

527. 参见美国国家档案馆文件T-311/170/7222433-35。

528. 参见美国国家档案馆文件T-311/170/7222433-34。

529. 参见美国国家档案馆文件T-311/170/7222434-35。

530. 同上。

531. 同上。

532. 同上。

533. 参见美国国家档案馆文件T-311/170/7222444。

534. 参见美国国家档案馆文件T-311/170/7222440。

535. 参见美国国家档案馆文件T-311/170/7222434-35。

536. 参见美国国家档案馆文件T-311/170/7222439。

537. 参见美国国家档案馆文件T-311/170/7222441。

538. 参见海因里齐访谈稿，第14页。

539. 参见美国国家档案馆文件T-311/170/7222443。

540. 参见美国国家档案馆文件T-311/170/7222445-46。

541. 参见美国国家档案馆文件T-311/170/7222441。

542. 参见美国国家档案馆文件T-311/170/7222448。

543. 参见美国国家档案馆文件T-311/170/7222453。

544. 参见美国国家档案馆文件T-311/170.7222455。

545. 参见冯·维恩斯科夫斯基中校对1945年4月20日电话记录的注释，第424—425页。

546. 参见冯·维恩斯科夫斯基中校对1945年4月20日电话记录的注释，第425页。

547. 参见冯·维恩斯科夫斯基中校对1945年4月20日电话记录的注释，第425—426页。

548. 笔者无法确定此人的军衔、全名和职务。但推测他是国防军最高统帅部的一名参谋。

549. 参见冯·维恩斯科夫斯基中校对1945年4月20日电话记录的注释，第426页。

550. 参见冯·维恩斯科夫斯基中校对1945年4月20日电话记录的注释，第426—427页。随后，双方讨论了可以被派往突破口的各种部队。

551. 参见冯·维恩斯科夫斯基中校对1945年4月20日电话记录的注释，第428—430页。

552. 参见冯·维恩斯科夫斯基中校对1945年4月20日电话记录的注释，第431页。

553. 参见冯·维恩斯科夫斯基中校对1945年4月20日电话记录的注释，第432页。

554. 参见冯·维恩斯科夫斯基中校对1945年4月20日电话记录的注释，第433页。

555. 参见冯·维恩斯科夫斯基中校对1945年4月20日电话记录的注释，第433—444页。

556. 参见冯·维恩斯科夫斯基中校对1945年4月20日电话记录的注释，第435页。

557. 参见冯·维恩斯科夫斯基中校对1945年4月20日电话记录的注释，第437页。

558. 同上。

559. 参见冯·维恩斯科夫斯基中校对1945年4月20日电话记录的注释，第439—440页。

560. 参见汉密尔顿《血腥的街道》，第383页。

561. 参见美国国家档案馆文件T-311/170/7222434-35。

562. 同上。

563. 参见美国国家档案馆文件T-311/170/7222435。

564. 同上。在灭亡前不久，纳粹德国紧急组建了许多部队，并将它们冠以纳粹英雄或德国名将的名字，试图提振士兵的凝聚力。施拉格特师的名字源自利奥·施拉格特——海因茨自卫突击营（Selbstverteidigungsturmbataillon Heinz）施拉格特连的连长，曾于1921年在西里西亚进行游击战。他也是纳粹党的第一位游击战英雄。参见比迪斯科姆《最后的纳粹》，第16页。

565. 参见美国国家档案馆文件T-311/170/7222435。

566. 同上。

567. 同上。

568. 同上。

569. 参见美国国家档案馆文件T-311/170/7222449。

570. 参见美国国家档案馆文件T-311/170/7222454。

571. 参见约阿希姆·舒尔茨-瑙曼《最后30天：德国最高指挥部1945年4月至5月的作战日志》，第31—33页。

572. 参见美国国家档案馆文件T-311/170/7222476。

573. 参见维斯瓦河集团军群作战日志（科尼利厄斯·瑞恩档案：第68号文件盒，第4号档案袋），第451页和第454—455页。

574. 参见美国国家档案馆文件T-311/170/7222476。

575. 同上。

576. 参见美国国家档案馆文件T-78/469/H3/224，转引自《维斯瓦河集团军群作战日志，1945年4月28日》部分。

577. 参见美国国家档案馆文件T-311/170/7222476。

578. 参见美国国家档案馆文件T-78/469/H3/224，转引自《维斯瓦河集团军群作战日志，1945年4月28日》部分。

579. 参见美国国家档案馆文件T-311/170/7222476。

580. 参见美国国家档案馆文件T-78/469/H3/224，转引自《维斯瓦河集团军群作战日志，1945年4月28日》部分。

581. 同上。

582. 参见第46装甲军军长马丁·加雷斯将军的日记，第23页。

583. 参见美国国家档案馆文件T-311/170/7222476。

584. 参见美国国家档案馆文件T-78/469/H3/224，转引自《维斯瓦河集团军群作战日志，1945年4月28日》部分。

585. 参见美国国家档案馆文件T-311/170/7222478《第12集团军的总体态势》（Lageorientierung 12.Armee）。

586. 参见美国国家档案馆文件T-78/469/H3/224，转引自《维斯瓦河集团军群作战日志，1945年4月28日》部分。

587. 参见瓦尔特·格尔里茨撰写、戴维·欧文翻译的《德国最高指挥部首脑威廉·凯特尔元帅回忆录，1938—1945年》（*The Memoirs of Field Marshall Wilhelm Keitel: Chief of the German High Command, 1938—1945*）（纽约：库珀广场出版社，1965年出版），第217页。尽管凯特尔在回忆录中对第5猎兵师只字未提，但后来很多报告证明他对该师的瓦解深感震惊，并因此更加对海因里齐缺乏信心。

588. 参见约阿希姆·舒尔茨-瑙曼《最后30天：德国最高指挥部1945年4月至5月的作战日志》，第37页。

589. 参见瓦尔特·格尔里茨《德国最高指挥部首脑威廉·凯特尔元帅回忆录，1938—1945年》，第218—219页。

590. 参见缪勒-希勒布兰德访谈稿（科尼利厄斯·瑞恩档案：第67号文件盒，第14号档案袋），第2—3页。

591. 参见哈索·冯·曼陀菲尔访谈稿（科尼利厄斯·瑞恩档案：第67号文件盒，第14号档案袋），第9页。

592. 同上。

593. 参见哈索·冯·曼陀菲尔访谈稿，第10页。

594. 参见冯·维恩斯科夫斯基中校对1945年4月20日电话记录的注释，第451页。

595. 同上。

596. 参见冯·维恩斯科夫斯基中校对1945年4月20日电话记录的注释，第452—453页。

597. 参见冯·维恩斯科夫斯基中校对1945年4月20日电话记录的注释，第456—457页。

598. 参见冯·维恩斯科夫斯基中校对1945年4月20日电话记录的注释，第458—459页。

599. 参见冯·维恩斯科夫斯基中校对1945年4月20日电话记录的注释，第460页。

600. 参见冯·维恩斯科夫斯基中校对1945年4月20日电话记录的注释，第461页。

601. 参见冯·维恩斯科夫斯基中校对1945年4月20日电话记录的注释，第464页。

602. 参见冯·维恩斯科夫斯基中校对1945年4月20日电话记录的注释，第465页。

603. 参见瓦尔特·格尔里茨《德国最高指挥部首脑威廉·凯特尔元帅回忆录，1938—1945年》，第38—39页。

604. 参见美国国家档案馆文件T-78/469/H3/224，转引自《维斯瓦河集团军群作战日志，1945年4月28日》部分，第469页。

605. 参见约阿希姆·舒尔茨-瑙曼《最后30天：德国最高指挥部1945年4月至5月的作战日志》，第39页。

606. 参见瓦尔特·格尔里茨《德国最高指挥部首脑威廉·凯特尔元帅回忆录，1938—1945年》，第220页。

607. 参见《艾斯曼回忆录》，第149页。

608. 参见《艾斯曼回忆录》，第150页和第156页。

609. 参见美国国家档案馆文件T-78/469/H3/224，转引自《维斯瓦河集团军群作战日志，1945年4月29日》部分。

610. 参见冯·维恩斯科夫斯基中校对1945年4月20日电话记录的注释，第466页。

611. 同上。

612. 参见冯·维恩斯科夫斯基中校对1945年4月20日电话记录的注释，第468—469页。

613. 参见冯·维恩斯科夫斯基中校对1945年4月20日电话记录的注释，第469页。

614. 参见冯·维恩斯科夫斯基中校对1945年4月20日电话记录的注释，第474—475页。

615. 参见冯·维恩斯科夫斯基中校对1945年4月20日电话记录的注释，第476页。

616. 同上。

617. 同上。

618. 参见冯·维恩斯科夫斯基中校对1945年4月20日电话记录的注释，第478—479页。

619. 参见冯·维恩斯科夫斯基中校对1945年4月20日电话记录的注释，第479页。

620. 参见冯·维恩斯科夫斯基中校对1945年4月20日电话记录的注释，第481页。

621. 参见冯·维恩斯科夫斯基中校对1945年4月20日电话记录的注释，第482页。

622. 同上。

623. 参见美国国家档案馆文件T-311/170/7222481-83。

624. 同上。

625. 同上。

626. 参见冯·维恩斯科夫斯基中校对1945年4月20日电话记录的注释，第483页。

627. 参见参见美国国家档案馆文件T-311/170/7222481-83。

628. 同上。

629. 同上。

630. 同上。

631. 参见约阿希姆·舒尔茨-瑙曼《最后30天：德国最高指挥部1945年4月至5月的作战日志》，第42页。

632. 参见美国国家档案馆文件T-78/469/H3/224，转引自《维斯瓦河集团军群作战日志，1945年4月29日》部分。

633. 参见约阿希姆·舒尔茨-瑙曼《最后30天：德国最高指挥部1945年4月至5月的作战日志》，第45页。

634. 参见约阿希姆·舒尔茨-瑙曼《最后30天：德国最高指挥部1945年4月至5月的作战日志》，第51页。

635. 参见美国国家档案馆文件T-312/311/0028。

636. 参见美国国家档案馆文件T-312/311/0028，第54—55页。

637. 参见布朗洛《装甲男爵：哈索·冯·曼陀菲尔将军的戎马生涯》（*Panzer Baron: The Military Exploits of General Hasso von Manteuffel*）（马萨诸塞州北昆西：克里斯托弗出版社，1975年出版），第155—156页。

第十二章

维斯瓦河集团军群的最后战斗

在易北河和奥得河之间，最后的战斗正在上演，其间充斥着痛苦和混乱。在纳粹德国行将就木之时，希特勒和他的亲信们仍试图守住柏林，并与敌人决战，但这一切都是徒劳，他们最终在地堡自杀。与此同时，还有数十万军人和民众正在向西且战且退，试图抵达苏军和西方盟国之间的分界线。

奥得河前线的防御早已瓦解。在形形色色的司令部和指挥官辖下，德军正在各自为战。4月27日，苏军在普伦茨劳取得突破，之后，第3装甲集团军和施泰因纳集团军集群一直在霍亨索伦运河以北且战且退。作为第9集团军中实力最强的部队，第56装甲军在4月23—24日间奉命进入柏林，随后一直在当地战斗，5月1日至2日夜间，该军的各个师级和团级部队开始突围。不久，魏德林将军向苏军投降，他是柏林的最后一任城防司令。在南面，第9集团军、第12集团军和施普雷河集团军集群正被共同的命运裹挟。由于科涅夫战线漫长、兵力分散，这些部队在特罗伊恩布里岑以东与贝利茨以北成功达成突破，为会师和西撤创造了机会。第9集团军大约在4月28日开始从哈尔伯地区向西突围，试图抵达温克第12集团军的战线，其间，他们始终团结如一。至于第12集团军则一直坚守着东面的前线，等待着布塞的到来；同时，他们还向东北方的波茨坦进攻，试图与施普雷河集团军集群会合，然后一起向西朝易北河撤退。

本章的内容主要来自各种公开出版物和德方的战后记录。其中之一是理夏德·拉科夫斯基（Richard Lakowski）和卡尔·施蒂希（Karl Stich）合著的

《哈尔伯包围圈》（*Der Kessel von Halbe*），该书用第一手资料简要呈现了第9集团军的遭遇。埃伯哈德·鲍姆加特（Eberhard Baumgart）的《逃离哈尔伯》（*Jenseits von Halbe*）一书则用数百名目击者的记录讲述了第9集团军的命运。赫尔穆特·斯帕特（Helmuth Spaeter）的《大德意志装甲军战史》（*The History of Panzerkorps Großdeutschland*）介绍了元首护卫师在“施普伦贝格口袋”（Spremberg Pocket）中的战斗。党卫军第10装甲师在科特布斯地区的战斗来自威廉·提克（Wilhelm Tieke）的著作——《在战争最后岁月的火焰风暴中》（*In the Firestorm of the Last Year of the War*）。第21装甲师的行动则参考了汉斯·冯·卢克（Hans von Luck）的《装甲指挥官》。这3个师均隶属于第4装甲集团军，其意义之所以重大，是因为它们都充当着预备队，如果苏军向维斯瓦河和中央集团军群的结合部发动攻击，这3个师就应当发动反攻。但在科涅夫的突破面前，它们没有发挥任何作用，并直接导致了第9集团军被围。

元首护卫师、党卫军第10弗伦斯贝格装甲师和第21装甲师有着出色的战斗力，但舍尔纳和第4装甲集团军（指挥官：弗里茨–胡伯·弗雷瑟装甲兵上将[1]）却采用了分兵部署的策略，让这些部队深受其害。它们很快失去了与上级的联络，当科涅夫在布塞后方长驱直入时，它们根本无力提供支援——这也表明克雷布斯调走它们的借口其实是无稽之谈。

第9集团军被围

朱可夫的攻击主轴线是1号帝国公路，它沿着屈斯特林–泽劳–明谢贝格一线直通柏林。4月20日，负责防御的第56装甲军被迫撤往明谢贝格以西。在其南面，即与党卫军第12装甲军①的结合部，一个突破口正在成型。鉴于突破范围不断扩大，魏德林命令第56装甲军向南移动，试图与第9集团军恢复联系。但时乖运蹇，希特勒命令第56装甲军进入柏林，到4月23日至24日，该军已不再受第9集团军的控制。4月18日至19日，位于多尔格林的党卫军第11装甲军左翼开始崩坏。虽然当地的库尔马克装甲掷弹兵团第2营［营长：维瑟（Vehse）

① 原文如此，应为党卫军第11装甲军。

上尉］仍坚守着化为瓦砾的城镇，但他们很快发现，在北面，苏军已经抵达了他们的侧后，并在向西朝明谢贝格推进。[2]4月19日，该军左翼的库尔马克装甲师只好向施普雷河且战且退，他们先后经过菲尔斯滕瓦尔德以南、施泰因赫费尔和贝尔肯布吕克等地，并抵达了代姆湖（Dehm Lake）附近的高速公路。尽管该师一直试图对森林实施警戒，阻止苏军从当地推进，但敌人依旧从中源源不断涌来。4月23日，一股苏军途径科尔平森林（Colpin Wald）占领了科尔平（Colpin）。[3]同时，其坦克部队则继续向西和西南推进，把第9集团军北翼的作战部队甩在后面。而在第9集团军的南翼，类似的场面也一再出现。

莫斯科时间4月16日6点10分，科涅夫元帅也发动了进攻，其部队越过尼斯河。虽然元首地堡对此早有预料，但认为这次攻击的目标是德累斯顿。在用近卫第3集团军、近卫第5集团军和第13集团军打破德军防御之后，科涅夫立刻投入了近卫坦克第3集团军和近卫坦克第4集团军。和德军的预料完全相反，他们没有突向西南方，而是朝西北横扫过去。到4月20日结束时，近卫坦克第3集团军前进了35千米，近卫坦克第4集团军则前进了50千米。舍尔纳元帅向希特勒、凯特尔和克雷布斯发出报告，详细说明了北翼的局势。他表示，战线在穆斯考（Muskau）和霍耶斯韦达（Hoyerswerda）之间瓦解了，令他“惴惴不安”。由于苏联近卫坦克第3集团军的高速推进，他已无法同党卫军第10装甲师和元首护卫师取得联络，更无法提供详细局势。他在报告的最后总结道：“对于易北河以东的防御战，1945年4月20日至21日将非常关键。”[4]显然，身处主战场之外的舍尔纳已知道，当科涅夫向西北推进时，除非有人能挡住他的进攻，否则奥得河防线就会有崩溃的危险。

为了阻止科涅夫从东南方逼近柏林，新部队被陆续召集起来。其中之一是弗里德里希–路德维希·雅恩帝国劳工组织步兵师——为了迎击苏军，它在6—8辆豹式坦克（来自温斯多夫训练场）的伴随下开赴措森以南。[5]弗里德里希–路德维希·雅恩师被暂时配属给柏林防御地带司令部，并零敲碎打地投入了战斗。其中一个团级战斗群在库默斯多夫–托伊皮茨地区组建完毕，并在4月19—20日晚间奉命向西南开进。[6]随后，该师的其他单位也加入进来。当这些增援部队到达目的地时，立刻被苏军近卫坦克第4集团军打得七零八落。该师的师长被俘，还有一个团被歼。在这种情况下，克雷布斯把他们调回波茨坦，以便加入施普雷河集团军集群。[7]在柏林南部，其他类似的部队也陆续投入前线。

苏军先头坦克部队出现在科特布斯以西20千米处的卡劳（Calau）。威胁迫在眉睫，作为应对手段，4月19日，德国陆军最高司令部组建了毛奇战斗群（Kampfgruppe Moltke），并命令其截击苏联装甲部队。该战斗群由三个独立的部分组成：

（1）护卫连（Begleitschwadron）——包括2个装备大众汽车的排、1个重武器排、1个装甲侦察排和1个重型反坦克炮排，任务是开赴内施维茨

一辆被摧毁的豹式坦克G型，该坦克来自第21装甲师下属的第22装甲团，当时正部署在科特布斯附近。该师很快便被科涅夫包抄，并与第9集团军共同陷入包围。

（Neschwitz，位于突破口以南40千米处），并加入第4装甲集团军；（2）库默斯多夫装甲连（Panzerkompanie Kummersdorf）——由12辆各种型号的坦克组成，该连奉命前往锡洛（Sielow，位于科特布斯西北偏北约8千米处），即第5军所在地；（3）德累斯顿反坦克炮连（Pakkompanie Dresden，欠一个排），该连拥有6门重型反坦克炮，任务是抵达菲尔斯滕瓦尔德以南的巴特萨罗（Bad Saarow），并在当地与第9集团军会合。[8]这些部队原本实力薄弱，现在又要分散到广阔的战线上，并不是什么高明之举，这也表明陆军最高司令部仍不能确定科涅夫的目标就是柏林。另外，通过从柏林周围的训练场和仓库抽调资源，还有一些其他战斗群也陆续组建起来。

在施潘道，德军组建了一个特别的半履带装甲车连，该连辖下3个排，共有14辆Sd.Kfz.251装甲车，型号则各不相同。其中有加挂框架式火箭发射器（Wurfrahmen）的Sd.Kfz.251/1型、安装7.5厘米StuK 37 L/24型反坦克炮的Sd.Kfz.251/9型和安装喷火器的Sd.Kfz.251/16型。另一个代表是莫尔斯战斗群（Kampfgruppe Möws），该部在措森附近吸收了凯瑟战斗群（Kampfgruppe Kaether）的兵力，并拥有一批特殊的装甲车辆，它们都是从当地军事仓库和军械设施中征调的。其下属单位包括第36装甲团第2营、第11装甲团第4连、于尔岑装甲掷弹兵连（Panzergrenadier-Kompanie Ülzen）、库默斯多夫装甲连、德累斯顿装甲歼击连和第614重装甲歼击连（该连装备有象式坦克歼击车）。4月22日，另一个战斗群——里特尔战斗群（Kampfgruppe Ritter）成立，并接管了凯瑟战斗群损失惨重的装甲单位。[9]尽管德军有这些应急措施，但科涅夫的部队并没有停顿，苏军坦克仍在滚滚向前，4月22日，他们通向柏林的道路已畅通无阻。朱可夫在西北，科涅夫在西南——当两股大军在后方推进的同时，第9集团军正在迅速陷入包围。

"施普伦贝格口袋"、科特布斯方向和第9集团军南翼的战斗

4月18日，党卫军第10弗伦斯贝格装甲师发现自己挡在科涅夫的进攻路线上，很快，他们就在施普伦贝格以西陷入孤立。因为无力守住施普伦贝格-科特布斯高速公路一线，该师被切割成了三个部分。[10]另外，元首护卫师和第344步兵师也被困在附近。[11]

苏军在南北两面飞奔，很快就把这些部队甩在后面。4月20日，一个包围圈在施普伦贝格以北形成，中心是罗伊茨（Roitz）镇和罗伊茨城堡。包围圈内是党卫军第10弗伦斯贝格装甲师、元首护卫师和第344步兵师，它们的指挥官分别是是党卫军少将海因茨·哈梅尔（Heinz Harmel）、陆军少将雷默和陆军少将约拉瑟（Jolasse）。面对元首地堡和舍尔纳的命令，他们讨论了各种选择。命令中这样写道：

在你们的防区——施普伦贝格和科特布斯之间——出现了缺口，必须将其封闭，这需要你们向北进攻。你们必须对这些命令负全责。要么赢得进攻的胜利，要么和你们的师一起毁灭。[12]

约拉瑟对突围颇为抵触，因为他担心家人遭到报复。之后被提拔为陆军中将的他虽然同意其他指挥官冲破封锁，但自己则决定留在包围圈内。不过，由于担心失去两个装甲师（的支援），4月21日晚上，他也加入了突围队伍。突围计划要求第344步兵师掩护突围部队的北翼，党卫军第10弗伦斯贝格装甲师则奉命向西进攻。这次攻击由党卫军第10装甲工兵营打头阵，随后是剩余的坦克、自行高炮和装甲车。[13]但在这方面，提克的说法与斯帕特相互矛盾，按照后者的记录，三位将军一致决定，雷默的元首护卫师将率先行动。[14]4月25日，突围部队抵达多林根（Döllingen），次日与第4装甲集团军的其余部队会合。[15]

元首护卫师的突围并不顺利。斯帕特收集的亲历者回忆似乎能证实他的说法，即这次突围是由雷默的部队带领的。在4月22日突围开始时，该师的掷弹兵抵达了一片草地，对面是新彼得斯海因（Neu Petershain）。就在穿越这片开阔地时，他们遭到了苏军的猛烈打击。元首护卫师的阿诺德（Arnold）中尉回忆说，当3位将军都决定跨越草地之后：

数百名掷弹兵、装甲运兵车和坦克走在前面，穿过草地。迫击炮弹落在人员和车辆之间。几辆坦克和装甲车起火燃烧。左面有辆坦克陷进沼泽里，它中弹燃烧，乘员弃车逃命。在东西两面，反坦克炮和机枪子弹搜寻着掷弹兵和车辆，它们拖曳着光芒，就像闪光的修长手指一般。

到处都是死者和伤员，尖叫声此起彼伏；被击毁的车辆越来越多，人体在空中旋转、碎裂、燃烧。真是令人胆寒的一幕！

可突围才刚刚开始！[16]

这也是第9集团军将要经历的场面。屠杀持续了很久。平民和掷弹兵混杂在一起，同样死伤惨重。进攻者越过草地，随着局势越来越绝望，受伤与死亡已经没有区别。无论将军还是士兵，每个人都在硬着头皮向前冲刺。阿诺德继续写道：

整个草地上堆满了死者、伤者和燃烧的战斗车辆。

一辆载有妇女和儿童的装甲运兵车被击中，她们的尸体被抛向半空。

我继续前进。

前面的人被机枪曳光弹命中，他从皮套中拿出手枪，对准了自己的额头，然后倒了下去，身上散发出一团淡灰色的烟雾。

透过烟雾，我看到约拉瑟将军试图跳上一辆装甲运兵车，这辆运兵车正从我们身旁驶过。他没有成功，而是从车上滑了下去，但站起来继续赶路。[17]

在穿越草地期间，元首护卫师只有400名士兵幸存。很多士兵被打散，他们向西撤退，用空油桶渡过了易北河。雷默带领幸存者前往德累斯顿，并在当地与弗伦斯贝格师的单位合并。元首护卫师的残余人员被改编为雷默战斗群，在捷克斯洛伐克边境的厄尔士山脉（Erzgebirge）继续战斗到5月6日。[18]4月28日，舍尔纳解除了党卫军少将哈梅尔的职务，理由是擅自放弃施普伦贝格的阵地。4月末，科涅夫向德累斯顿大举推进，对当地形成包围态势，弗伦斯贝格师的残部被迫再次从集结地突围——沿着与雷默战斗群相似的撤退路线，他们抵达厄尔士山脉，并在5月10日至12日间迎来了战争结束。[19]第344步兵师也有着类似的命运，只是其详情尚不明确。

苏军突破之后，德军仍在依托科特布斯这座大城镇继续抵抗，但各部队都已陷入孤立。在镇内和北部，是党卫军第10装甲侦察营[20]、第561训练团、第2装甲营（辖下1个喷火坦克连和1个突击炮连）①、第21装甲师、第275步兵师、第342步兵师、党卫军第36掷弹兵师战斗群和党卫军第35警察师。在科特布斯，党卫军第10装甲侦察营抵御着苏军的攻击。从当地撤出后，该营在4月24日接到命令前往北方，在梅尔基施布赫霍尔茨一带加入被围的第9集团军。一抵达当地，新的指示很快就传达下来：该营应在柯尼希斯武斯特豪森地区建立封锁线，阻挡苏军推进。[21]同样奉命离开科特布斯的还有第21装甲师，他们在4月25日奉命前往北方，进入哈尔伯地区——布塞正在当地准备向西发动攻击。[22]这些命令背后的理由显而易见——4月24日，科涅夫和朱可夫在柏林舍内费尔德机场附近会师，在西面，第9集团军的退路已被切断，收缩侧翼可以让布塞集中兵力突围，与此同时，该集团军还主动放弃了东部的战线。

对于科特布斯和施普伦贝格之间的战事，科涅夫这样写道：

4月20/21日夜间，方面军坦克集群抵达柏林防御外围，与各兵种合成集团军相距约35千米。

与此同时，在我们的右翼，面对敌人的科特布斯集群，戈尔多夫集团军②继续进行着艰苦卓绝的战斗。该集团军不仅多次击退了法西斯分子的猛烈反扑，还切断了敌人西逃的道路，将其驱赶至施普雷河沿岸的洪泛区沼泽地。

希特勒分子知道自己处境危险，仍然在科特布斯防御地带负隅顽抗。他们十分清楚，只要这一防御支撑点和大型公路枢纽沦陷，周边的防御体系就会全面崩溃，德军部队的侧翼也将暴露……[23]

次日，即4月22日，科涅夫命令强攻施普伦贝格。按照他的说法，科特布斯的德军已经“消失”，即撤往北面，并在第9集团军的包围圈中重新占领了阵地。科涅夫继续写道：

近卫第5集团军的部分兵力正在肃清施普伦贝格集群的最后残部，主力

① 原文如此，该营的全称是施塔恩斯多夫第2装甲营（Panzer-Abteilung Stahnsdorf 2），下辖1个豹式坦克连和2个突击炮连。
② 即近卫第3集团军。

则向西进攻。通过这天的态势报告，我们对施普伦贝格集群被歼的情况有了一个大致的了解。该集团拥有元首护卫坦克师①一部（我记得，在收到这份报告之后，我们开玩笑说，既然“元首的护卫”都被歼灭，那希特勒就真成“孤家寡人”了）、第10坦克师、第21坦克师一部、第125摩托化团、第344步兵师……

……随着施普伦贝格交通枢纽之敌被歼，再加上我军对科特布斯集群发动了多次坚决突击，敌人无疑被震撼到了。显然，他们曾指望在科特布斯和施普伦贝格做些动作，从侧翼阻挠我军推进……但现在，希特勒分子看到这些尝试是徒劳无益的，开始仓皇将幸存的部队西撤，力图摆脱第13集团军和近卫第5集团军的追击。[24]

即使如此，仅凭现有文件仍然很难让我们明确一个问题：在对3个主力装甲师的运用上，第5军和第4装甲集团军是否存在失误？如果对奥得河和尼斯河交汇处的地图稍做一番审视，我们不难发现，如果苏军想要进攻，就必须依赖科特布斯和斯普伦贝格之间的布雷斯劳–柏林高速公路。但在这个方向，德军却缺乏足够的防御部队，其主力似乎都部署在公路的北部和南部。在柏林以南，分布着大片松树林，不利于机动作战。由于这种环境，苏军在进攻柏林和向西推进时，都将依赖发达的道路网络，但德军却把第21装甲师部署在了科特布斯以北，该师后来被科涅夫的部队包抄，元首护卫师则位于当地南部。在科涅夫大举推进的3天期间，这些主力装甲师都没有与之交战。②只有在4月19日，经过连夜行军的党卫军第10弗伦斯贝格装甲师先头部队才与苏军坦克部队进行了直接接触，但不久便被打散成了几个部分。从这个角度，海因里齐的看法——把这3个装甲师派往舍尔纳集团军群是纯粹的“浪费”——并非没有道理，毕竟，苏军非常轻松地绕过了这3个装甲师。

---

① 即元首护卫师。

② 此说法不确切，4月17日，第21装甲师主力曾在加里（Gahry）–特雷本多夫（Trebendorf）一带与科涅夫的近卫坦克第3集团军一部爆发战斗；4月16日下午，元首护卫师主力也在穆斯考以西迎击了包括近卫坦克第4军在内的部分苏军。但这2个师兵力太弱，且侧翼不久即被包抄，这些行动除了损兵折将之外，根本没有起到任何作用。

第12集团军的救援

4月24日这天，温克正在准备即将发起的解围行动，按照计划，布塞的第9集团军会向西突围，在两支部队会合之后，应当向北解救柏林。这也是凯特尔在前一天晚上命令中的明确指示。温克的麾下包括第39装甲军、第41装甲军、第48装甲军和第20军。但这些部队被部署在一条广阔的战线上，其北缘在波罗的海一线，南部一直延伸到维滕贝格附近的易北河东西向弯曲部，并且都无法抽身。有鉴于此，温克立刻命令第41装甲军在易北河畔留下一支小型警戒部队，主力则向东运动，在勃兰登堡以东–波茨坦一带构建防线，此外，他们还要在瑙恩以西设防，守住维斯瓦河集团军群的后方。同时，温克只有一支部队可以向东进攻，它就是新组建的第20军（军长：卡尔–埃里克·科勒中将），当时该军正部署在易北河畔防范美军。为了准备即将发动的攻势，有数个新组建的师被调入该军麾下，其中之一是特奥多尔·科尔纳师，该师立刻奉命从易北河畔赶赴贝尔齐希地区，任务是对东北和东南方向展开武装侦察和警戒，确保右翼与乌尔里希·冯·胡滕师结合部的安全。之后，该师应向东推进，查明是否可以打通一条走廊，恢复与第9集团军的联系。为了执行这项任务，该师还得到了第243突击炮旅的支援。乌尔里希·冯·胡滕师也奉命离开易北河畔的阵地、与美军脱离接触，随后，该师将被部署到维滕贝格地区，抵御苏军未来的进攻。费迪南德·冯·席尔师的任务是尽快完成动员，并准备好在4月25日启程前往尼梅克地区——一旦上述部署完成，该师将立刻加入第20军。为了参加未来的进攻，第1170突击炮旅也将随席尔师一同向东运动。[25]沙恩霍斯特师则奉命坚守阵地，以防美军跨过易北河。[26]

虽然行军困难重重，但科勒的士兵没有辱没使命。他们完成了一次不可思议的夜间行军，并在清晨进入了指定阵地。该师之所以能完成任务，部分要得益于西方盟军的不作为——在4月23日之后，他们便完全停止了对第12集团军交通线的空袭；[27]另外，当地还有几条东西向的高速公路，它们从易北河通往柏林西北方，为该师的运动提供了很大便利。

在完成夜间行军之后，胡滕师立刻在维滕贝格东部和东北部遭遇了科涅夫第13集团军的部队。该师立刻从侧翼发动攻击，并试图和北面的科尔纳师建立联系，苏联人对这些抵抗始料未及，在短暂接触后便迅速撤退，以重新评估局势。科勒也很可能对苏军的到来感到惊讶，并立刻命令将沙恩霍斯特师从易北河重新部署到维滕贝格以北地区，以封闭科尔纳师敞开的左翼。[28]与此同时，科尔纳师也按计划发动了进攻，他们从尼梅克出发，朝特罗伊恩布里岑推进了12千米，还在西南方与胡滕师建立了联系。特罗伊恩布里岑爆发了激烈的拉锯战：整整一天，科尔纳师与近卫机械化第10旅（隶属于近卫机械化第5军）杀得难分难解。[29]事实上，苏军并没有预料到第12集团军的存在，科涅夫为此忧心忡忡。为对抗温克，他立刻开始调兵遣将。[30]科涅夫写道："这使我特别担心，因为早在4月23日便有一些迹象表明，敌人正在重新集结，显然是准备从西面发起袭击。"[31]

4月25日，得益于胡滕师的进攻，第48装甲军终于从南面跨过易北河，完成了部队调动。其间，沙恩霍斯特师马不停蹄地向指定集结地行军，席尔师也完成了部署，沿途没有遭遇任何阻碍。[32]下午，科涅夫的部队开始渗入胡滕师和科尔纳师的结合部。两军之间是10000名难民，他们来自东部各省，试图从苏军手中逃脱。显而易见，即使温克能和布塞的部队会合，也很难打破柏林的包围圈。温克的参谋们认为，和凯特尔4月23日的要求相反，他们的首选方案是对柏林西北部发动进攻，如果维斯瓦河集团军群也从东南方发动攻击，两者就可以形成合力，摧毁当地的苏军第47集团军一部，还能打开一条连接柏林的走廊，并保证其畅通无阻。温克随后向国防军最高统帅部陈述了这一设想，但后者仍固执己见。在这种情况下，温克只能按原计划行事，即先向东发动进攻，与第9集团军会合，然后再向东北朝柏林进攻。[33]

4月25日至26日间，第12集团军附近的战局继续恶化，此时的苏军已警觉起来，并继续朝该集团军的东部和北部增兵。

在此期间，温克一直在与参谋长京特·赖希海尔姆（Günther Reichhelm）审查作战地图和行动方案。4月27日凌晨，他终于下定了决心，要求部队尽可能坚守西部前线，为布塞的第9集团军争取足够的突围时间。同时，第20军的主力各师应向波茨坦方向进攻，营救施普雷河集团军集群。温克这样告诉参谋人员："我们会竭尽全力靠近柏林，但不会放弃在易北河畔的阵地——直接冲进柏林是毫无意义的，因为我们会被俄国人包围。相反，我们会尽力而为，让更多部队和平民从柏林逃离。"[34]在最后，他总结道："如果办到了，我们就会向易北河撤退，向美国人投降，这也是我们的最后一项使命。”[35]

奉温克之命，胡滕师和沙恩霍斯特师连夜行军，抵达了科尔纳师的左翼，随后与席尔师一起向波茨坦推进。晚间，德军还放弃了维滕贝格——此举缩短了战线，并让民众摆脱了战火侵袭。[36]同时，德军还调来第1170突击炮旅，以便支援进攻先头部队。[37]

为发动进攻，第20军的3个主力师辗转奔波，完成了2次重新部署。一切都是在逆境下完成的，整个过程一丝不苟，甚至可以称为“壮举”。胡滕师首先在维滕贝格郊外甩开苏军，向贝尔齐希西北的集结地开进。沙恩霍斯特师则抵达了胡滕师左翼、位于贝尔齐希以东的集结区。这两个师的行动之所以干净利落，是因为沙恩霍斯特师在前一天反攻中从苏军手中夺回了高速公路。同时，科尔纳师也开始撤出特罗伊恩布里岑，并转移到该军的南部侧翼，试图填补沙恩霍斯特师撤走产生的真空。为保护进攻部队的右翼，科尔纳师还准备向东北方进攻。

上述部署完成后，胡滕师、沙恩霍斯特师和科尔纳师在4月28日晚上一同

费迪南德·冯·席尔师被毁的军车。其中可见福特 V 300S 卡车、欧宝“海军上校”轿车、梅赛德斯－奔驰 O 2600 巴士，右侧还有一辆极为罕见的梅赛德斯－奔驰 170 H 加长型轿车。其五花八门的型号表明，在战争结束前，德军运输车辆已是捉襟见肘。

出击，旗开得胜。[38]至于席尔师和第1170突击炮旅也抵达了贝尔齐希以北——这支联合部队刚刚完成准备，并沿着胡滕师的左翼向前线开进。[39]温克的进军最初几乎没有遭遇抵抗，只有在德军越来越靠近波茨坦和柏林之后，敌人的防御才开始增强。当天晚上，他们与雷曼的施普雷河集团军集群建立了无线电联系。后者立刻命令下属部队出发，沿着湖区向东南①行军，不断向温克的战线靠拢。

4月29日，第20军的各师继续向西北②推进。温克攻势凌厉，出其不意，让战线过长的苏联人无力招架。席尔师和胡滕师穿过森林茂密的戈尔措（Golzow）③和布吕克之间，并在连续推进十多千米之后抵达了费尔奇以南——在这里，有一条东西向的高速公路穿过原野。其间，他们俘获了许多苏军后勤单位和一个坦克维修站。[40]在右翼，沙恩霍斯特师占领了贝利茨镇和当地的疗养院，在后一地，德军从苏军手中夺回了一座容纳有3000名伤员的国防军野战医院。另外，德国人还缴获了一列火车，使伤病员和难民可以前往后方50千米处的易北河。[41]科尔纳师继续坚守着东部侧翼。

但到下午，第20军的进攻到达了极限，只好转入积极防御。温克试图用无线电联络柏林守军："致柏林城防司令魏德林将军，第12集团军的进攻已止步于波茨坦以南，部队卷入激烈的防御战。建议贵部向我突围——温克。"[42]也许是因为战况恶化，也许是有所顾虑，柏林守军没有给出任何回答。但另一方面，第20军仍与雷曼辖下的波茨坦守军暂时取得了联系。[43]随着第12集团军的士兵抵达费尔奇，雷曼立刻率领20000名官兵出发，他们带上平民，穿过旧格拉博（Alt Grabow）地峡，向南杀出重围。至于另一些部队则利用皮划艇渡过施维洛湖，抵达了第12集团军的防线。随后，雷曼的部队立即被用来填补席尔师的缺口，因为当地的局势已经相当危险。[44]温克还通过无线电告诉凯特尔，他无法继续向柏林进攻。至于凯特尔的回答是：他清楚这种情况，并让温克根据情况自由行动。温克命令第20军继续坚守，等待布塞的第9集团军从东面赶来。

---

① 原文如此，似乎为西南。

② 原文如此，似乎为东北。

③ 当地和屈斯特林附近的戈尔措同名，但不为一地。

第9集团军突围

在布塞第9集团军的包围圈内，大约有90000名士兵和200辆装甲车，其中约100辆是坦克和自行火炮。[45]他的大部分士兵马不停蹄地战斗了近一周，缺乏睡眠，身心疲惫，食物、弹药、燃料和医疗用品都极为短缺。此外还有数万名平民和难民——他们来自奥得河以东地区，每个人都想渡过易北河，前往西方盟国控制区。4月22日，上级曾发布过一道命令，要求布塞缩短东部战线，趁这个机会，布塞向法兰克福要塞发布了疏散指示。4月24日，其守军加入了党卫军上将耶克恩（Jeckeln）的党卫军第5山地军，一起向西撤退。这些部队跨过菲尔斯滕瓦尔德以东12千米的高速公路大桥，在所有人抵达对面后，桥上的炸药被引爆。至于第5军则继续向北行进，他们占领防御阵地，封锁了施普雷森林以南的道路。[46]

为打通西行之路，布塞计划投入两个战斗群发动进攻，其目标直指巴鲁特。夺取该镇之后，部队将发起总攻击，向温克的战线做最后冲刺。情况之所以如此，是因为他需要等待所有部队（尤其是法兰克福要塞守军）进入攻击出发阵地。为此他组建了皮普科恩战斗群（Kampfgruppe Pipkorn），其指挥官是党卫军上校鲁迪格·皮普科恩（Rüdiger Pipkorn），下属部队包括党卫军第35警察掷弹兵师和党卫军第10装甲侦察营余部。第二个战斗群由第21装甲师的汉斯·冯·卢克（Hans von Luck）上校指挥，包括了上校本人的第125装甲掷弹兵团和第22装甲团剩余的豹式坦克。按照计划，进攻将在晚上8点整开始。[47]以下是冯·卢克收到的指示：

> 在稍后的晚8点整，你应带领战斗群发动进攻，为此，你需要投入全部装甲车辆——它们稍后就会赶到——向西穿过德累斯顿-柏林高速公路，穿过正向柏林推进的乌克兰第1方面军后方，目标是抵达柏林-莱比锡（高速公路）沿线的卢肯瓦尔德地区。突破口一旦打开，就必须保持通畅，以便（第9集团军的）其他部队尾随向西前进。所有无法投入战斗的车辆应当自毁，把燃料留给战斗车辆。不得向平民泄露消息——成千上万的难民将拖累行动。[48]

布塞是希望平民随第一波部队行动，还是让他们随后跟进？现有资料尚不清楚。但无论如何，当19点整，坦克抵达冯·卢克的部署区域准备发起进攻时，还有数百名平民也闻讯而至。对于布塞的命令，冯·卢克这样在战后写道："夜幕降临时，数百名带着简陋手推车和包袱的平民聚集在村里。我没有将这些可怜的妇孺赶走。我不能，也不想那样做，虽然我很担心他们在战斗中带来大问题。"[49]

冯·卢克表示，他在20点准时发动了进攻，但其他记录显示，由于苏军的进攻切断了2个战斗群之间的联系，德军被迫推迟攻势。冯·卢克战斗群从哈尔伯向西南方推进，迅速抵达了目标。皮普科恩战斗群则按时发动了对巴鲁特的进攻，并在克劳斯尼克以南旗开得胜。[50]之后，皮普科恩战斗群越过柏林–布雷斯劳高速公路，向西北经过多恩森林（Dornswalde）抵达目标巴鲁特东北方的拉德兰（Radeland），沿途只遭遇了有限的抵抗。4月26日清晨，他们很快与冯·卢克战斗群会师了。为争夺巴鲁特，德军与科涅夫的部队杀得难解难分。虽然冯·卢克试图继续向西进攻，但布塞持保留意见，因为他希望装甲部队能等待集团军主力赶上。随后，这两个战斗群再也没有取得进展，并在清晨放弃了进攻。冯·卢克解散了部队，要求手下向西突围，至于他本人和参谋们则向东驱车返回了"口袋"中，最终于4月27日被俘。[51]

这两个战斗群的推进也惊动了当地的苏军——他们主要是第28集团军和近卫坦克第3集团军的步兵单位，被冲向柏林的坦克部队抛在了身后。这些苏军迅速在第9集团军的必经之路上设置了反坦克路障和伏击区。

包围圈中的布塞制订了一项新计划——此时，他的剩余部队已被压缩到了位于小克里斯（Klein Kris）以北（党卫军第11装甲军）、温迪施布赫霍尔茨（Wendisch Buchholz）①以东（党卫军第5山地军）和哈尔伯西南方（第5军）的一片三角地带。为了准备突围，他在部队向西进攻前发布了如下命令：

> 党卫军第11军：在哈尔伯及其以北集结，并坚守这条战线。
>
> 第5军：在南部区域和突破口附近集结，并确保上述地点的安全，

① 与前文中提到的梅尔基施布赫霍尔茨为一地。

党卫军第5山地军：在东面和北面掩护突围，并在我军继续前进期间负责殿后。

第21装甲师：在西北方向进行掩护，一旦部队肃清哈尔伯镇，该师便向当地撤退，接下来跟随党卫军第5山地军行动。

4月28日15点整，布塞在哈默尔（Hammer）的林业官宅邸（Oberforsterei）召集了所有师和军级指挥官，他在突围命令中这样写道：

第9集团军在18点整突围！

与近日一样，党卫军第502装甲营将继续由库尔马克装甲掷弹兵师指挥。

最初的攻击目标是哈尔伯，之后，部队应穿过梅尔基施布赫霍尔茨，从巴鲁特以北越过高速公路，目标是在卢肯瓦尔德和贝利茨之间的某地与第12集团军会师。目前尚不能确定第12集团军的进攻能走多远。

库尔马克装甲掷弹兵师应组成2个攻击群。南部的楔形进攻梯队应包括：党卫军第502虎式坦克营、配属的火箭炮连、一个装甲运兵车连、一个军官候补生连的残部（作为护卫兵力、保护坦克免遭近距离伏击）。库尔马克师掷弹兵团仍可作战的单位将随后跟进。

北部楔形进攻梯队（主要用于在北面进行掩护）由该师的装甲营和其他师属部队组成。

库尔马克师师部、党卫军第11装甲军军部和第9集团军指挥部将随南部楔形进攻梯队（即党卫军第502重装甲营）共同行动。

库尔马克师炮兵团用仅剩的弹药向哈尔伯进行弹幕射击，时间为18点整，随后，他们将炸毁火炮，加入突围分队。[52]

进攻沿着一条尘土飞扬的林间公路开始，并朝着哈尔伯延伸过去。党卫军第502重装甲营的虎王坦克担任先锋，但进攻轴线上的士兵群龙无首，难以集结，行动从一开始就遭到耽搁。[53]库尔马克师掷弹兵团第11连（步兵炮连）的克尔曼（Kermann）下士这样描述当时的景象：

德军这边已经有严重的瓦解迹象。当我们整齐抵达集结区时，发现在哈默尔林业官宅邸前聚集了大群士兵——有伞兵、党卫军尼德兰师、国民突击队、空军地面部队的人员。他们或坐在树下，或是在森林里漫无边际地游荡，显然没有军官在场。每个人都试图逃亡，无情又残酷。恐慌！回家的路穿过哈尔伯，这就是我们的命运。[54]

虎王坦克一马当先，很快就抵达了哈尔伯镇的东郊。在这里，它们遇到了众多塞德利茨部队中的一支——这些人被苏军派往后方，在德军残部当中制造混乱，挫伤德军的士气，甚至将其引入苏军的伏击圈，让他们束手就擒。党卫军少校哈特兰普夫（Hartrampf）碰到了一名“仍在执勤的当地警官”，询问他是否会在前方遭到激烈抵抗。对方明确表示不会，接着便消失不见。[55]21点整，虎王坦克抵达了一处反坦克路障，在距离80米的时候，沉寂的树林突然响声大作，枪林弹雨倾泻在德国人身上。德国坦克被迫向南绕行，随后又转身向西。4月29日上午，德军已越过柏林–科特布斯高速公路，并在下午抵达库默斯多夫训练场。在前方，一队苏军反坦克炮扼守着特雷宾–卢肯瓦尔德公路，但它们都在傍晚时分被虎王坦克悉数摧毁。

由于苏军的进攻、黑暗，再加上车辆行动速度不一，道路拥堵，以及突围部队的混乱，进攻部队逐渐四散，分成了许多小战斗群。他们抛下受伤者，只有一些军医自愿留下，希望能得到苏军的宽大对待。在巴鲁特以北，一个由德国空军、武装党卫军、库尔马克装甲掷弹兵团第2营一部和第11连（步兵炮连）组成的战斗群集合了，并讨论着下一阶段的突围计划。这时，一名军官从森林中走出，宣称自己来自指挥部，并提议带领他们绕过苏军防区，前往安全地带。这位来路不明的军官很快便被证明是塞德利茨部队中的一员，并被当场处决。[56]在库默斯多夫训练场，很多士兵休息了一阵，他们对这片区域并不陌生。作为一支装甲歼击部队的指挥官，卡尔·别尔曼（Karl Bärmann）描述了战斗间歇的情景：

坦克已经损失殆尽——其他车辆也被击毁——燃料所剩无几，不够行驶最后的60千米。

1945年4月28日，在曾经的库默斯多夫训练场，发生了以下情况：

俄国人抢在我们之前抵达了很长时间，留下了大量弹药和燃料，但我们炸掉了燃料，因为它们是柴油，无法用于驱动我们战车的汽油机。之后，整个纵队在森林中停下，当时，我的装甲歼击车[57]在装甲纵队的最前面。一周前，我身上中过一发冲锋枪子弹和3块手榴弹破片，不得不被小伙子们抬出战车，这才有机会松了松腿。我倚在战车的负重轮上，空气中充斥着诡异的宁静。肚子突然咕咕作响，陌生的气味传入鼻孔——豌豆汤！这怎么可能？一团篝火映入我的眼帘，上面架着一个金属锅，里面正煮着豌豆和香肠。一名年轻的士兵显然注意到了我饥饿的眼神，拿着饭盒走了过来，问道："您是不是饿了？"真是个蠢问题！哪个人不饥肠辘辘！他戴着一顶大得夸张的钢盔，用稚气未脱的眼神同情地看着我。我感激和期待地点了点头，他带着饭盒走了，去完成一项重要任务。

但安静变成了轰鸣，声音越来越近。苏军俯冲轰炸机尾随而至，用火箭弹发起攻击，炸点越来越近。有一架敌机开始俯冲，周围乱作一团。机炮和机枪子弹发射下来，火箭弹在树梢上炸开。我的小伙子们都躲在战车下面，但我一直坐在原地，摆出一副听天由命的姿态。既然没有人知道未来怎样，那索性今天就死在这里！切断的树枝像雨点一样落下，弹片把我旁边负重轮上的橡胶切破。那个孩子回来时，苏军飞机已经转身飞走了——没有豌豆汤，他拿饭盒的手已经被弹片切断，只能用最后的力量爬到我的膝盖上，用头靠着我的胸口，胳膊上的鲜血染红了我肮脏破旧的迷彩夹克。那稚气未脱的蓝眼睛望着我，小声啜泣道："疼！"我抚着他的头发，脑海中搜索着安慰的话："没事了，小家伙，很快就没事了！"但除此之外，我什么也说不出，我诅咒这场该死的战争，眼泪落在他脸颊上。他的身体逐渐沉下去，微笑还挂在孩子气的脸上，我知道，他再也不会感受到任何痛苦了。他看上去很平静，我的小英雄。当然，我可以绑上一条止血带，然后呢？没有卫生员，更没有医生，甚至没有绷带——最后一个急救包在我头上，早已沾满了鲜血。

由于位置暴露，我们不得不继续前进。我下达登车的命令，但只能用手合上那个孩子的眼睛，把他留在森林中。小伙子们把我抬回座车，我们向西行驶。去哪里？没有人知道！没有地图，没有命令，只有阳光照在向西的道路上，为我们指示着方向。尸体无人收殓——曝尸荒野还是入土长眠已没有区别，而在他们身后，则是一个无人知道能否逃出的地狱。[58]

在队伍的另一部分，掷弹兵马丁·克莱因特（Martin Kleint）也在前进，他后来这样回忆突围时的一次有趣事件——经过几天行军，他的部队已经七零八落，但这并不是因为缺乏纪律，而是众人缺乏指挥，又迷失了道路。他认为这种情况主要是因为“……自我保护的本能，但这种本能有时愚蠢又盲目。我们所有人，不管军衔如何……都容易受到它的支配”。克莱因特回忆说：“我们的行军似乎永无休止。‘快到了’的想法让所有人硬撑着，但我们并不知道何时才是尽头。”最终，他们还是在身心俱疲之下屈服了。在一片松林间，克莱因特一行停了下来，此时已是夕阳西下。在夜幕降临前的宁静中，周围只传来昆虫的低语。对于在哈尔伯经历了连番苦战的克莱因特来说，这是个惬意的时刻，但“……突然有俄国人从前方的树林中跑了出来，手里打着白旗，用含混不清的德语冲我们喊道：‘别开枪，同志！别开枪！你们都被包围了，投降吧！战争结束了！’”这名俄国人重复了好几次，每次的语气都愈加恐慌，显然，他是被人逼着出来劝降的。克莱因特等人躲在树后面，仔细观察了周围的环境。“最后，有个人回了一句：‘谁想投降，就走吧！’但周围是一片沉寂，没有人起身，没有人放弃。俄国人变得更加惊慌。他大声喊道：‘别开枪，同志，我是为你们好！’另一位德国人回答了他：‘数到三，如果你不滚，我就……’随后就是一枪，这一枪显然从俄国人头顶上飞了过去，对方一溜烟地往回跑，他一到战线，苏军便向德军阵地开火了。”[59]

格哈德·伍尔特（Gerhard Würth）是德国空军第26高炮团第1连的一名无线电通信兵，他这样回忆4月28日至5月1日的艰苦之旅——当时，他们正在穿越哈尔伯以西茂密的森林地带：

经过哈尔伯镇之后，所有德军部队都不成建制了。但是，每名士兵抵达西方（或者说，是西部的我军主战线）的意愿，又让他们团结起来继续作战，他们百战不挠、顽强抵抗，甚至在没有领导者的情况下都是如此。但也有战友因为筋疲力尽屈服了，选择了听天由命。一整个集团军就这样在林间

为了突破苏军设置的封锁线，第 9 集团军死伤枕藉。这张照片中，我们可以看到一支被摧毁的高炮部队，其装备四散在柏林以南的一条土路上。在战争结束几十年后，这片森林中依然能看到战争的痕迹。（感谢 AKSM 无偿供图）

小径上滚滚向前，并因为近战和空袭反复停下脚步。随行车辆只剩几辆，上面挤满了伤员。

可怕的事情正在发生。我们带不走更多的伤员，只能任其自生自灭。“同志，帮帮我！”“同志，带我走吧！”“同志，给我一枪。”这样的话在人群中回荡。困在队伍中的还有数量众多的难民，他们同样饱经战斗和痛苦。父母在哭泣，孩子在哭泣，因为他们都与亲人离散。

我们经过一座林间小屋，想必是马索农庄（Massow）。屋子前面是一排尸体，从孩子到老人，一家人都脖子中弹，在自家门口死去。塞德利茨部队（身穿德国制服，但投靠俄国人的德军士兵）或独自游荡，或成群出现，或在树上充当狙击手，他们常常埋伏我们，让我们死伤惨重。这是典型的德国式悲剧，你根本不知道下一个遇到的人是敌是友。库默斯多夫炮兵靶场的战斗十分激烈，我们遭到坦克袭击和俯冲轰炸，整个4月30日一直有交火。傍晚时分，所有伤员、医务兵和医生聚集在靶场边缘的树林中，交给赶来的俄国人发落。当天晚上，在最后几辆备用坦克的支持下，我们开始突破敌军的主战线。如每个人所知，这完全是孤注一掷。苏军用重炮和迫击炮回应，磷弹将周围的森林引燃。在随之而来的混乱中，我和10个战友成功突围。直到第二天（5月1日）黎明，我们一直在向西前进，过程中没有遭遇敌人。黎明时分，我们躲在茂密的灌木丛中，准备在夜幕降临后出发。但天不遂人愿，一支俄国炮兵部队发现了我们——就这样，我们踏上了囚禁之路。在几天充斥着强迫、辱骂和混乱的行军中，我们没有得到任何食物或水，还有重兵在一旁押送。最后，我们抵达了特雷宾战俘营。据说当地足足关押有30000人。[60]

党卫军上士京特·亚当（Günter Adam）看到一名老妇人坐在树旁，怀里是她的儿子——一名奄奄一息的空军士官。这些场面印在了每个向西跋涉的德国士兵的心中。在一名党卫军将军（作者按：亚当没有在回忆录中给出这位将军的名字）的指挥下，有一大群人加入了亚当的队伍，跟随他们一起西行。但按照亚当的说法，每次部队遭到攻击："这些人便立刻撤回了隐蔽处，一枪也不放……"[61]在第9集团军向西突围期间，很多记录都提到塞德利茨部队，在一次遭遇中，有4个人在一座小湖畔被枪决。在战斗的这个阶段，辨明塞德利茨部队很容易，因为他们总是穿着干净得体的新制服，这和第9集团军士兵苦战两周后的狼狈面貌形成了鲜明对比。[62]

离开库默斯多夫后，苏军的阻击逐渐减弱，趁此机会，很多士兵和平民一直走到迈尔滕斯磨坊（Märtensmühle）。4月30日，仅剩的虎王坦克抵达舍内费尔德（Schönefeld）。[63]在他们西面几千米就是贝利茨——第12集团军正在不远处等待。但就在德国人穿越这片区域时，苏军近卫机械化第12旅的部队也抵达了贝利茨镇。苏军立刻占领了该镇的一部分区域，挡住了大队人马的去路。

霍斯特·沃西尼克（Horst Woycinick）是一名党卫军上士，职务是炮兵观测员，他这样描述突围最后一天夜晚的痛苦经历。那是5月1日，所有人向温克的战线前进，一轮明月和点点繁星挂在夜幕上。在柏林南部的茂密松林中，如果没有向西逃亡的德军和穷追不舍的苏军，那将是一个风景如画的晚上。沃西尼克回忆说，当时整晚响彻着坦克的履带声，从轮廓上远远判断，它们可能是苏军的IS-2重型坦克（但实际上，这些坦克是党卫军第502重装甲营仅剩的虎王）：“所有人整队重组，准备向西做最后的行军。死者被放在路旁，重伤员则被装上剩余的车辆，队伍就这样出发了。”在下一个村子里，德军设置了急救站，许多伤者都汇集于此。沃西尼克队伍中的士兵们得到了一些食物，并休整了5—10分钟，之后才开始向西移动。这时，他们与苏军的攻击迎面相撞。纵队很快遭到伊尔-2对地攻击机、火炮、“斯大林管风琴”以及迫击炮的连番轰炸。当他们接近贝利茨最外侧的一排房屋时，苏军显然加强了攻击力量，因为对方显然知道，这些德军离第12集团军的主战线已近在咫尺。按照沃西尼克的说法，德军冲过苏军阵地，甚至一度用缴获的武器对付前主人。“战斗越来越激烈，苏军的T-34坦克冲进我们的队伍。一名获得骑士十字勋章的党卫军下士不到30分钟就用铁拳击毁了3辆T-34，并用手雷让另一辆失去了行动能力。士兵们向第4辆T-34涌去，他们跳上车体，拉开舱门扔进2颗手榴弹。在贝利茨的郊区发生了逐屋逐户的战斗，我们被迫放弃占领的部分区域，并绕过贝利茨镇。”[64]

此时，第9集团军的大队人马终于抵达了特罗伊恩布里岑和贝利茨之间，来到了第12集团军的战线上，他们绝望而疲惫，还在战斗中伤亡惨重。接应部队根本没有时间庆祝布塞等人的到来，因为局势极为危险。按照布塞的说法：“形势是如此绝望，如此危急，以至于我们没有时间讨论任何事情。没有什么戏剧性的会面，我们只是（和温克）喝了一杯香槟。随后我便倒头睡去了，这是三天以来唯一一次……”[65]到此时，第12集团军下属的第21军已坚守了整整48小时，比预期长得多，现在，他们又迅速做好准备，以便向易北河畔的美军战线移动。但向西运动并非易事，按照温克的说法：

殿后部队陷入激战，但没有任何补给。第9集团军（大约25000至30000人）（作者按：这里是温克的估计）也几乎损失了所有重武器和部分轻武器。由于精神高度紧绷，这些部队虚弱而疲惫，甚至严令和威胁也无法让他们向西行军。只是因为集团军后勤主管和第20军的支持，问题才得到了一些缓解。在组织向西运输期间，他们提供了集团军和军直属的卡车，第20军还利用了暂时修复的铁路线。第9集团军已不再拥有战斗力，因此必须尽可能加快运输速度，将其首先运往易北河对岸。[66]

温克记得布塞出现在集团军司令部时的样子："他已经筋疲力尽了，狼狈又肮脏"——就像他的下属们一样。[67]对于第12集团军自告奋勇接过的任务，现在第二部分也完成了：施普雷河集团军集群和第9集团军都已得救。接下来，他们将前往易北河，向对岸的美军投降。

第9集团军哈尔伯突围：苏联军人的回忆

近卫军大尉帕库洛夫（Pakulov）后来回忆了第9集团军从哈尔伯突围时的经历。在苏军眼中，这场战斗同样可怕、残忍、惊心动魄——与德国人的记录没有区别。它也清楚地表明，在德军垂死挣扎的同时，苏军也在全力以赴：

我们知道，德军司令部向困在温迪施布赫霍尔茨的部队下了命令：在哈尔伯附近打破包围圈，突进到柏林去。战俘们交代：他们必须执行这个任务，而且要不惜任何损失。

4月28日，我们的反坦克炮兵团接到命令：在哈尔伯附近构建防御阵地。我们在森林中强行军，周围到处是晃荡的德军。我团先是挫败了一次敌方自动武器的袭击，之后才抵达指定区域。在当地和哈尔伯以南的森林中，激战已进行了一段时间。

侦察这片地区已经来不及了。我们团只好摸黑冒着敌人的火力展开，在森林边缘和村庄西郊建立了开火阵地。

哈尔伯地区不利于防守。哈尔伯镇位于一片大平原的西南部，三面被大片平坦的森林包围。在前面——也就是森林对面——有教堂、火车站和砖厂，茂密的林木和建筑物让敌人很容易摸上来，他们的小分队可以悄悄接近，用自动武器向我们的炮手射击。我们的火炮射界有限。尽管如此，全团还是完成了部署，不管德军来自哪个方向，都会遭到我们的全力打击。

就在我们抵达之后没多久，敌军便发起了从哈尔伯突破的首次尝试。进攻来自火车站、砖厂和北面的森林，其中有2辆坦克（作者按：这些坦克大概是党卫军第502重装甲营的虎王坦克）、2辆突击炮、5辆装甲运兵车和多达800名步兵，他们的主攻落在了第3连身上，该连位于全团右翼。

第3连的连长、近卫军上尉卡里特维扬斯基（Kalitvyanskiy）在德国人进入

400米范围内，向福明（Fomin）上士的机枪和炮组下达了开火命令。第一枚炮弹破膛而出，把领头的装甲运兵车打得熊熊燃烧，紧挨着坦克和装甲车的步兵也被机枪成片打倒。德国人被打得抬不起头，开始放下武器，至于炮长则把目标转向了坦克。领头的坦克炮塔中弹，第二辆坦克和突击炮调头逃窜。在炮兵同志们的致命火力下，德军步兵被坦克抛下，在原野上抱头鼠窜。有些德国人跑回了森林，但大多数都扔掉武器，举起双手走向炮兵阵地投降了。在这里，我们俘虏了230名敌人，而这还只是个开始。

午夜刚来临，敌人又来袭。这次，他们投入的步兵和装甲运兵车更多，像波浪一样从哈尔伯以北的森林中涌来。他们试图冲过炮兵连逃进西面的森林，完全不顾什么阻拦。所有火炮、机枪和自动武器都在向他们开火，德国人损失惨重，但仍在疯狂前进。在燃烧着的火箭弹的炫目光芒下，我看到了他们扭曲的脸。我们到处奔跑，投出许多手榴弹。

一大批德军冲进了炮位之间的空隙，他们拿着自动武器，对路旁一栋孤立小房子里的团部观察哨发起攻击。数百名德军向里面的少数士兵和军官开火，并从三个方向形成了包围之势。

但2辆装甲运兵车（作者按：即美国援助的M2/M9半履带装甲车）接到无线电及时赶到，化解了危险局面。

在清晨，敌人又发动了四次攻击，但除了损失数百名官兵之外，他们没有从我们手里得到任何东西。

最后一次——也就是第六次——攻击特别猛烈。它是在早上6点30分发起的。在这次总攻中，敌人派出了12辆坦克、27辆装甲运兵车和多达2500名步兵，设法突破了我们右翼师属炮兵团的防线，并冲入教堂附近的森林中。我团的右翼顿时敞开，许多敌人正在从这个突破口大摇大摆地离开包围圈。

右翼炮兵连的连长，近卫军上尉卡里特维扬斯基做了一个大胆的决定：他迅速将近卫军中尉鲍里索夫（Borisov）派往突破口，命令他们向刚形成的“通道”开火。

不顾敌人炮火猛烈，鲍里索夫排迅速进入新阵地，对运动中的德军纵队输出火力，有时，他们甚至用炮口直接对准敌人射击。许多车辆熊熊燃烧，一道几乎无法逾越的障碍在突破口形成了。

这时，负责掩护的2辆敌方坦克和1辆突击炮冲向鲍里索夫的炮位，一边移动一边开炮。我们的近卫军中尉冷静地等着坦克接近，只用一发炮弹便打断了右面坦克的履带，让它只能在原地打转——接着又是一弹。在指挥员命令下，又将火力转向突击炮。这时，另一门火炮也把炮口调转过来——之前，它已用3发炮弹干掉了第2辆坦克。炮弹从两门炮同时射出，在这种打击之下，突击炮顿时爆炸，腾起滚滚浓烟。

解决完坦克的炮兵排再次将火力转向步兵。虽说掩护的到来让敌人高兴了一阵，但看到我们的火力这么猛烈，而且坦克也被击毁，他们又无可救药地慌乱起来；德军乱作一团冲向田野，不断被火炮和机枪打倒。

在战斗最激烈的时候，有辆德国装甲运兵车从车站北面的森林中冲出来，周围还有150名随从，他们拿着自动武器向第2连走来。装甲运兵车上飘着白旗，最前一排的人也是举着白旗走来的，而且身上没有武器。这一幕让火炮旁边的炮手们怔住了，装甲运兵车不断靠近。连长塔兰（Taran）上尉不相信敌人是来投降的，命令近卫军中士瓦斯金（Vaskin）把炮口对准装甲车。当装甲车离我们只剩50米的时候，白旗突然消失，枪管从车上伸出来，一串子弹从上尉头顶飞过。塔兰应声卧倒，大喊道："打！"炮弹破膛而出，把装甲车打得熊熊燃烧。跳车的人被我们击毙，其中有1名将军和8名其他高级军官。

在南部森林中也聚集着大股敌军，在南面我军部队的强大压力下，他们也死伤惨重。德军忍无可忍，只好向北前进，他们钻出森林，来到高速公路上，从而出现在了我团第2连的身后。近卫军上尉塔兰迅速调整战斗部署，并集中火炮和机枪向撤退之敌怒射。

面对突如其来的阻挠，德国人恼羞成怒。他们大举冲击炮兵连，不要命地朝开火的大炮和机枪爬去。尸体堆积如山，把前往炮兵阵地的道路都堆满了。敌人接连不断，就像是患上某种不惧死亡的狂热症一样。最后，这次"雪崩"终于平息了，数百名军官投降，其他则纷纷撤退。面对南部友军的压力，德国人又拼命从北面冲击了两次，但这些尝试都失败了。

被围的德国人消停了一阵，到晚上又喧闹起来。夜幕降临时，我们与一支小型侦察分队短暂交手，晚上11点整，大批德国步兵再次在坦克、机动车辆和装甲运兵车的掩护下朝炮兵连进攻，他们有1500人，试图从这条路穿过哈尔伯向西逃窜。

尽管损失惨重，德军还是冲进了炮兵阵地，并在数个地段与战斗部队短兵相接。局势千钧一发。各连纷纷陷入孤立。通信只能依靠无线电。尽管我们的接线员都是些舍生忘死、大无畏的战士，但电话仍然很难接通。

炮弹即将告罄。在这个关键时刻，缴获的武器发挥了很大用处。在这场战斗中，我们团使用了缴获的德国机枪、自动武器和手榴弹。

近卫军中士勃列日涅夫（Brezhnev）的炮组几乎全军覆没，只剩下炮长本人和一名士兵。炮管炸裂了，手榴弹和铁拳火箭筒都已用完。德军越来越近，每名炮兵都手持自动武器参战。有辆德国装甲运兵车朝着哑火的大炮开过来，径直碾过炮位旁的活人。勇敢的士兵们向装甲车射去冰雹般的子弹，但对方还是在缓缓向火炮开去。转眼间，装甲车开到了堑壕上。近卫军中士勃列日涅夫已受伤失去知觉。当他猛然醒来时，装甲车正缓缓向公路开去。对敌人的仇恨让中士站了起来，他穿过弹坑和尸体，冒着冰雹般的弹幕奔向一辆装甲运兵车，这辆车当时正在建筑后方作战。几次冲刺之后，他终于来到了车上。

“前进！”勃列日涅夫命令道。

伴着引擎轰鸣，我军装甲车开始追击，这辆M–9行动敏捷，没过多久便与德国人的哈诺马格（Hanomag）装甲车拉近了距离。勃列日涅夫用大口径机枪打出长连射，把前装甲撕开好几个洞。德国人的装甲车燃烧起来，喷出滚滚浓烟。

在团部观察所附近，激战再一次发生。在近卫军少校提霍诺夫（Tikhonov）的指挥下，大约10名官兵依托2辆装甲运兵车抵御着一大群德军，并在极近处用车载武器、机枪和自动武器射击。

透过硝烟，普列霍夫（Plekhov）中士看见有个德国人正在向提霍诺夫少校瞄准。中士奋力一推，把少校扑在地上。眨眼间，刚开枪的敌人便被我们的自动武器乱枪击毙。这些发生得太快，让少校一时摸不清状况。当他想要表示感谢时，已经找不到救命恩人了——普列霍夫中士早已在别的地方投入了战斗。

战斗在此时戛然而止。突然间，德国人一齐把武器扔在地上，就像有什么人下了命令一般。[68]

布塞对突围的回忆

从军事角度，布塞冲出重围与温克会合的行动是一项非凡之举。第9集团军的士兵们宁死不降，并在克服身体和精神的极限后与第12集团军会合。后来，布塞这样记录突围时的经历：

我们一直在森林中前进，在此期间有苏军侦察机前来搜寻，但什么也没有发现，我认为，正是森林隐藏了我们的踪迹。燃料耗尽了。我下令炸毁卡车，并把上面的汽油转移到装甲车辆上去。在与温克会合前的最后两天，部队甚至连食物都没有了。正如报告的那样，我从来没有与温克通过电话，而是一直用无线电保持着联系。[69]

很快，装甲车辆的汽油也用完了，只好被自行炸毁。虽然突围环境是严酷的，但部队士气不减。正如布塞回忆的那样："他们是优秀的士兵，忠诚的士兵，他们坚决执行命令并继续前进。"[70]大量难民更是让情况雪上加霜，但正如布塞描述的那样，部队仍然想方设法提供了保护：

5月初，在温克的指挥下，第12集团军、第9集团军和施普雷河集团军集群的士兵前往易北河对岸，为此，他们正在经过唐格明德附近一座被炸毁的铁路桥。（感谢美国国家档案馆无偿供图）

我们不仅要让第9集团军脱离包围，还要带走成千上万的难民，他们搭乘的大车、手推车和行李塞满了每条道路上。为了获得庇护，他们也加入了突围的行列，与我们一起向西进发，并同样抵达了第12集团军的战线。[71]

逃出生天

第12集团军撤至易北河畔，5月3日抵达唐格明德。与美国第9集团军的谈判很快开始。5月4日，双方代表团举行会晤，其中美方以摩尔（More）将军、基廷（Keating）将军和威廉姆斯（Williams）上校为首，德方则派出了以冯·埃德尔斯海姆（获得过骑士十字勋章的橡叶饰和双剑饰）为首的3名军官。在此期间，埃德尔斯海姆传达了温克的意愿：

这张照片拍摄于5月初，地点是唐格明德的易北河渡口附近。在这里，温克第12集团军、第9集团军和施普雷河集团军集群的数千名德军正在等待渡河，附近还有数千名满怀期待的德国平民。左侧近处是一些德军医务兵，其左臂肘部戴着红十字臂章，正在运送伤兵过河。照片中央是一辆德军人员运输车，它在试图抵达对岸时被卡在了中央。东岸德军的平静神情表明，苏军仍在数千米之外。

1. 美军必须接收伤员。

2. 允许平民——特别是妇女和儿童——前往易北河西岸。

3. 允许没有武器的士兵前往易北河西岸。

4. 集团军将战至最后一颗子弹，之后，他们将成建制地被美军接管，并由美军最高司令部处置。

温克

装甲兵上将[72]

摩尔将军的回应非常简单。他重申，美军与苏军仍是盟友。德军可以从施托尔考（Storkau）、唐格明德和费尔奇兰（Ferchland）渡河，并获得8天的口粮，还可以自行设置野战医院。但美军不会协助渡河，更不允许温克修建车辆浮桥，或是让唐格明德的断桥恢复通行。[73]至于最后一个条件是："不能有平民！"之后的半个小时，德国代表团一直在据理力争，面对僵局，美军拿出了最新的《星条旗报》，上面介绍了最近解放的集中营。美国代表告诉德国人，就算苏联人是"野蛮人"，德国人也不配以"文明"自诩。面对美国代表的说法，温克悻悻地同意了投降条款。

第12集团军建起环形阵地。温克命令平民穿上军服，尽可能逃到易北河对岸。他不愿抛下平民——毕竟他们中有很多曾随第9集团军残部跋涉而来。苏军的攻击都被击退，其间，美军一直在对岸警惕地注视。不久，苏军开始对西岸进行炮击和空中扫射。为避免人员伤亡，以及不与苏军爆发冲突，美军开始撤往几千米外，趁此机会，德军把平民运到了渡口。尽管美军禁止平民渡河，但温克还是设法在5月7日前送走了约105000名士兵和平民，平均每天运送18000人。[74]在战争结束前夕，许多德国士兵开始喝酒，并拿出了突围期间藏匿或存放在车上的储备。马丁·克莱斯特（Martin Kleist）下士这样回忆酒精在渡河期间的作用："喝茴香酒的人遭到了报应。许多人酩酊大醉，没法沿直线走过便桥。但有人仍然摆出不在乎的样子，他们坠入河中，在距离获救点只有几米处的地方淹死了。"不久，苏军开火了。克莱斯特继续道："在我们后面，苏军的第一批炮弹落在易北河上，试图阻止我们去对岸。但这没有用——战争已经结束，前面几步就是西岸——美国人就在那里……"[75]

5 月初，在唐格明德附近运送伤员过河的德国医务兵。他们所属的第 12 集团军、第 9 集团军和施普雷河集团军群已合为一股，并由温克统一指挥。

多少人渡过了易北河？实际数字很难确定。按照埃德尔斯海姆将军的说法，在第12集团军的4个军（第48装甲军、第39装甲军、第20军、第41装甲军）、第9集团军和雷曼集团军集群的125000名士兵中，有70000人投降。[76]这一预估数字明显太低了，因为德军在渡口几乎畅行无阻，只有在费尔奇兰，美军第9师命令所有德国人（包括妇女和儿童）返回对岸，向苏军投降，埃德尔斯海姆的抗议则被驳回。埃德尔斯海姆后来写道：“德国妇女和儿童被迫留在易北河东岸，她们将遭逢厄运，并在苏军的火力下死伤枕藉。”[77]另一份德方资料记录到：有65000名德国士兵（其中大约25000人没有武器）、6000名伤员和100000名平民渡过易北河。[78]截至5月7日晚上，温克和下属参谋人员以及几名士兵也乘坐充气艇，冒着苏军机枪火力抵达对岸。

科涅夫对柏林之战的评论

布塞从事了一场不凡的行动，成功抵达了温克的战线。作为全力阻止第9集团军突围的人，苏军指挥官科涅夫也给了他们不寻常的评价。如果要给这次绝望的突围留下注脚，科涅夫的评论也许最恰如其分。在苏联时代的记载中，很少有苏军指挥官像他一样留下过如此坦率、人性化、不带意识形态色彩的见解。其中这样写道：

过了近二十年，1962年，当我在柏林逗留并参观巴鲁特区时，还能在郊外的村庄看到战斗遗迹。森林里留下了一些锈蚀不堪的钢盔和武器残片，在一个湖中，当时曾填满了尸体，以致其中的水都不能饮用。

所有这些使人回想起德军第9集团军残部最后几天突围的情景，还有那些无谓的牺牲，绝望的鲁莽和在万劫不复之下爆发出的勇气。

西方的历史学家有时明显地夸大了第9集团军5月2日前突围成功的兵力。某些人甚至断言，突出合围的有2—3万人——这一数字显然太夸张了。作为乌克兰第1方面军司令员，我可以证实，5月1日夜间，敌人与其说是向西突围，不如说是在战线各地分头穿过森林向西逃命，而且人数不超过3000—4000。

合围并消灭法兰克福-古本集团，从4月22日实现战役合围算起，经过了10天的战斗。

消灭该集团的战斗没有发生在最初的合围地域，而是在后续战斗过程中，该部向西运动并试图突围期间。

敌人实际上是在毫无希望的情况下，做出了最冒险、最出人意料的决定——在绝境中尝试突围。这是很难想象的事情。当时，强大的敌军集团在小包围圈内采取了密集配置，使其能够在需要的方向上迅速建立起突击力量，并在狭窄的突破地段上形成了暂时但并非决定性的优势。合围地域内的大片森林则为敌人提供了便利，使其能在某种程度上隐蔽地进行重组，并扰乱我军飞机的观测。

在形势要求下，我们迅速展开机动，巧妙投入预备队，虽然德国人暂时得手，但没能得到机动自由。

与此同时，我们娴熟地应对着这些情况。对于我们来说，柏林地域的战

数千名维斯瓦河集团军群的士兵在施滕达尔渡过易北河，向美军投降。（感谢美国国家档案馆无偿供图）

斗是主要的。在歼灭法兰克福-古本集团这个问题上，我们没有自乱阵脚，从始至终都在根据战役发展有条不紊地应对。

空军也发挥了很多作用。乌克兰第1方面军的航空兵参加了消灭该敌军集团的战斗，共出动强击机2459架次，轰炸机1683架次。

在消灭该集团的战斗中，我们的炮兵打得特别好。即使在德军直扑其阵地时，他们也没有后退，而是用破片弹直接瞄准射击，以非凡的勇气去完成任务。

如果把温克的第12集团军和突围的第9集团军做个比较，我想说的是，第9集团军打得更好。温克在前几场战斗中遭到了沉重打击，客气点说，虽然他们还在继续作战，也不过是奉命做个样子。而第9集团军在突破合围时大胆坚决，在战争的最后日子里，这些行动给我们带来了许多考验。[79]

维斯瓦河集团军群总部和第3装甲集团军的最后时刻：艾斯曼的回忆

海因里齐被国防军最高统帅部解职后，维斯瓦河集团军群也时日无多，艾斯曼这样写道：

国防军最高统帅部的命令是，集团军群的新指挥班子应在一条新战线上站稳脚跟，而且该战线应尽可能向东，并靠近奥得河畔。但事实上，这条战线只可能存在于维滕贝格附近的易北河–梅克伦堡湖区–施特拉尔松一带。而且从自然屏障的角度，虽然这一线有许多湖泊，但对我军也不是特别有利，何况当地还没有构建工事。另外，这条前线过于漫长，我军根本无法防御。除了一步一步向西撤退外，我们根本别无他法。报告显示，第3装甲集团军和第21集团军都越来越虚弱，缺口无处不在，根本无法组成连贯战线。我军部队虽然拼尽全力，但只是暂时免于被切断和包围。也许有人认为部队正在全线后撤。但情况糟糕得多——几乎是一溃千里！不过公平地说，虽然敌我悬殊，但直到最后，这些部队仍在努力击退敌人，他们有的打得很巧妙，最终，集团军的大部分部队都投奔了后方的英美联军。另一方面，在指挥权变更之后，虽然国防军最高统帅部命令挡住苏军，但后者仍在北翼的格赖夫斯瓦尔德附近达成突破；在罗斯托克方向的施特拉尔松，他们也在长驱直入。在南面，虽然我们派出了很多传令官和侦察兵，但局势依然模糊不清。在帕尔希姆方向，苏军必定在高歌猛进。

4月28日，集团军群指挥部迁往居斯特罗，一行人安顿在当地的兵营里。居斯特罗给人一种兵荒马乱的印象。刚一到，通信部门的主管就告诉我，他无法联络到第3装甲集团军，第21集团军也一样。司令和参谋长已经先我一步抵达了城镇。国防军最高统帅部仍然能和我们取得联系，还打电话了解情况，但我无法回答，因为与各集团军的联络还没有建立。这种情况持续了一整天。第21集团军杳无音信。最后，冯·蒂佩尔施基希将军终于传回了一些消息。但这些消息也不太准，因为这个集团军和下属的各师、各军都没有什么联络——一切就像是在黑夜里摸索。偶尔有去打探的军官带回一些情况，但由于我军向西撤退的速度是如此之快，这些情况往往一抵达就过时了。甚至各集团军的无线电报都很少（第3装甲集团军发来了一些，第21集团军则完全没有），无法给出任何说明。就在第二天，苏军坦克打进了居斯特罗，集团军群司令部被迫再次启程。我们参谋人员跟随指挥分队抵达了什未林和加德布施之间的一个小庄园——舍内费尔德。军需部门前往什未林。此行真正的“主管机构”是美英空军，我们不断遭到低空袭击。抵达目的地后，我们接通了与国防军最高统帅部/陆军最高司令部的电话，并立刻试图用无线电联络第21集团军和第3装甲集团军。通信部门的负责人报告说，第3装甲集团军已经传来答复，但第21集团军依旧没有消息。我们现在甚至不知道第21集团军的指挥部在哪里。后者最初的意图是从帕尔希姆附近前往路德维希斯卢斯特，但这是两天前的情况。我们希望派1名参谋军官带着2名勤务官查明该集团军的位置。大约中午时分，我们突然接通了第3装甲集团军的电话。在另一端，是他们的作战参谋——鲁登道夫上校。他刚从前线返回位于什未林的总部，集团军司令和参谋长仍在路上。但对于位置等问题，他也说不准。该集团军只能与各军和师取得无线电联系，他和司令以及参谋长都在努力确定前线的位置与走向。根据他的报告，第3装甲集团军正在沿普劳恩湖（Plauen Lake）-格劳贝格（Glauberg）-斯特恩贝格（Sternberg）附近的湖区战斗。在其南翼，俄国人在湖区之间、位于卡罗附近的一块长条陆地上取得突破，径直朝着帕尔希姆而去。第3装甲集团军与第21集团军没有任何联系，更不知道后者的位置，但鲁登道夫认为其位于普劳恩湖西南。另外，显而易见，在第3装甲集团军的北翼有一小块缺口——更具体一些，是在罗斯托克西南，当地基本处在无人把守的状态。无论如何，苏军都占领了罗斯托克，而且装甲部队正挥师向维斯马前进。有份不确定的报告显示，他们已进入了维斯马城内。这条消息值得关注，之所以如此，是因为苏军可能向吕贝克推进，截断我们逃向西方盟国的去路。因此，守住什未林湖和维斯马之间将非常关键。第3装甲集团军同样对此心知肚明，并向当地派遣了搜刮到的一切兵力。但他们又无法提供当地的具体战况。就这样，我们把这份既不准确又令人不快的报告发给了国防军最高统帅部，并询问了石勒苏益格-荷尔斯泰因地区（即我们后方）的情况。但他们同样对此知之甚少，只是表示布施的部队（布施当时是西北最高司令部的司令，负责指挥德国西北部的部队）正在汉堡东北和北面与美军激烈战斗。我问国防军最高统帅部，如果美国人从背后发动进攻，集团军群该怎么办。对于这个绕不开的问题，他们既无法给出答案，也没有给我们任何建议。在我与国防军最高统帅部讨论时，门开了，斯图登特大将——他是战争结束前维斯瓦河集团军群的第三任指挥官，和他的勤务官走了进来。在我做完汇报后，他转达了来自我妻子的问候。意外的是，他两天前曾去过我岳父在汉诺威附近巴尔辛豪森（Barsinghausen）的家，还见过我的妻子。由于美军到来，他在当天晚上被迫逃走，并在最后时刻抵达易北河对岸，接过了维斯瓦河集团军群的指挥权。当天下午，冯·蒂佩尔施基希将军把指挥权正式移交给斯图登特。在德特勒夫森将军所做的简报中，我又吃了一惊——我们的参谋长对局势简直了如指掌，这真是太神奇了。对尚未查清的事实，他也讲得很有条理。斯图登特将军问了许多问题——尽管有最近的经历，但他依旧认为集团军群应把防线设在易北河、什未林湖和海岸线一带。至于讨论则根本没有提到我们后方的美国人，就像他们根本不存在一样。我对这三位高官的乐观感到惊讶。当天晚上，大量消息接踵而至，比如希特勒身亡、邓尼茨继任和希特勒的遗嘱等。每个人都和指挥官一起在喇叭旁听着，我却留在房间里——除了各种杂务，我还要联系第3装甲集团军。勤务官为我带来一台小型收音机，使我没有错过希特勒的“天鹅之歌”。当天晚上，国防军最高统帅部向我们下达了许多命令，要求将这份冗长的声明下发给部队。命令不断从电传打字机中吐出，但该如何发布它们？我不知所措。参谋长似乎比我更痛苦，我一问这个问题，便立刻遭到了呵斥：“作战参谋不用管这些，他不该事必躬亲！”我们仍然不知道第21集团军司令部的位置，更不用说该集团军的下属部队。由于陆军最高司令部的要求是派军官传达消息，因此我准备了一些副本，并在第二天早上向第3装甲集团军派了一辆汽车。但我也发现，该集团军已经尽其所能把消息下发给了下属部队。随着第二天到来，集团军群再次与各集团军失去联络——他们显然正在转移指挥部，无法发出消息。最后，我们从第21集团军收到一条无线电报——这也是三天以来的头一次。它由党卫军第3（日耳曼）装甲军发出，内容如下：“请求发布命令，要求部队重新宣誓。当前的誓言已经失效。”这是个可笑和无聊的法律程序问题。之前，全体国防军都向希特勒宣誓效忠，但现在希特勒死了，邓尼茨被任命为接班人——但全军还没有重新宣誓。按照这份声明，宣誓是必要的，但还没有进行。我们根本不在乎。事实上，除了党卫军第3（日耳曼）装甲军，似乎没有人在乎。这个问题从未解决，由于部队在2天后投降，此事便没了下文。

1945 年 4 月 30 日，为逃避苏军，一些德国难民渡过易北河，抵达了英军戈登高地人第 2 营的战线。与南面的美军相比，英国人对这些难民更加“宽容”。

集团军群的下属部队对“希特勒誓言”提出疑问——这种情况值得我们玩味。所有德军都向希特勒宣誓效忠，显而易见，对于很多部队，它都有着强大的约束力。当希特勒在元首地堡自尽后，很多人开始怀疑战斗的意义——因为在道德和法律上，它都成了一个伪命题。一些部队向新任德国总理邓尼茨元帅宣誓效忠，并继续战斗，另一些直接向英美军队投降，还有一些化装成平民向家乡逃去。艾斯曼继续写道：

第二天，斯图登特和参谋长准备视察2个集团军。就在我试图与第3装甲集团军取得联系时，电话突然响起。对方是集团军群的炮兵参谋弗伊格特（Voigt）上校，他正在离我们约3千米的一个村庄中。他告诉我，自己刚被美国人俘虏。看来美国人终于到了，他们显然不希望“亲爱的盟友”抢先抵达汉堡。至于苏军则有很大可能抵达了吕贝克附近。对于他如何在被俘后打的电

第 3 装甲集团军的残兵败将——在照片中，这些德军战俘步伐有序，正在从易北河下游劳恩堡的英军浮桥跨过易北河，从当地渡河的总人数可能有数万人之多。

话，弗伊格特说，美国人似乎根本不管，在他这个房间就有美国军官。之前为了预防空袭，我们的大部分车辆都在这个村庄，因此我请求弗伊格特看看能不能把车开走，也许还有机会——他答应尽力而为。我的勤务官也听到了谈话，我吩咐他去看看附近是否也有美国人。在外面，反坦克炮仍在开火。顺着窗户望去，我们看到美军坦克正在通往加德布施的道路上，朝着一些我们看不到的目标射击。由于我们的房屋位于一座小公园的中央，距离主干道约有2千米，因此有可能被敌人忽略——最后也确实是这样。我想向司令和参谋长报告这些事件。

在半路的走廊上，我和他们撞了个正着。做完陈述，我询问了下一步的打算。他们要求我带领必要的参谋人员赶往第21集团军司令部，斯图登特将军和参谋长会随后赶去，并让整个集团军群司令部恢复运转。但问题在于，我不知道第21集团军司令部在哪——整整3天都是如此。他们表示，该司令部一定在路德维希斯卢斯特附近，这也是我的目的地。在被问及要走哪条路线时，他们的回答是“经过巴特克莱嫩（Bad Kleinen）向北”。但这不是很可取，因为一名勤务官曾经告诉我，当地已被苏军占领。我建议穿越美军占领区——为抵达路德维希斯卢斯特，我们可以利用与加德布施-什未林主干道平行的小径。斯图登特和参谋长也急着离开，后者把我拉到一旁，表示附近有一条精心伪装的跑道，下午3点将有一架小型飞机降落：“如果我们走不掉，至少我要乘着它去奥伊廷（Eutin），向国防军最高统帅部汇报位置和形势。”随后司令和参谋长离开了。投降之后很长时间，我才在报纸上得知，斯图登特在德国南部被美军俘虏，至于参谋长，我再也没有听过他的消息。虽然我接到的命令很明确，但如何执行却毫无头绪。再也没有集团军群该如何指挥的讨论。有一点很清楚，在哪里被美国人俘虏，本质上没有区别。与此同时，屋内已是乱作一

北部德军向蒙哥马利投降。在照片拍摄时，金策尔将军正在签署联名投降书。

团，所有人都在东奔西跑，收拾行李。我要做的第一件事是召集所有部门负责人，并命令司令部转移。在这场前途未卜的旅程中，我们只携带最基本的作业用品，至于其余人员将和司令一起出发，如果可能，先去吕贝克，之后再去奥伊廷。最重要的是集中行动，也只有如此，我们才能保证所有车辆都能安然无恙地向敌人投降。大约2点钟，我带着第一个小组出发，目的地是路德维希斯卢斯特，由四辆车组成。半小时后，情报参谋冯·哈林（von Harling）上校出发，他们也有大约四五辆汽车和一些摩托车传令兵。美军还没有抵达房屋。

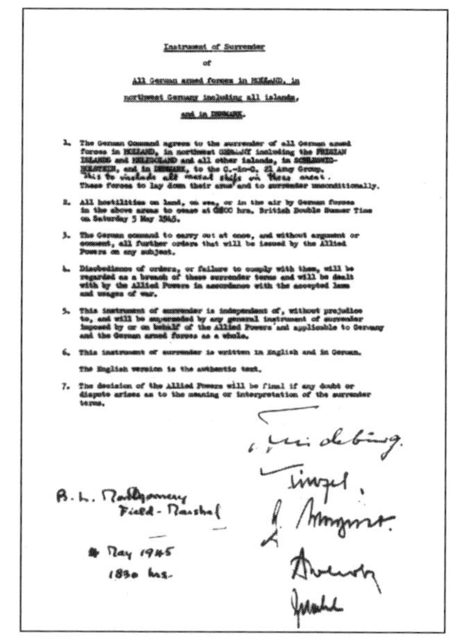

Instrument of Surrender

of

All German armed forces in HOLLAND, in

northwest Germany including all islands,

and in DENMARK.

1. The German Command agrees to the surrender of all German armed forces in HOLLAND, in northwest GERMANY including the FRISIAN ISLANDS and HELIGOLAND and all other islands, in SCHLESWIG-HOLSTEIN, and in DENMARK, to the C.-in-C. 21 Army Group. This to include all naval ships in these areas. These forces to lay down their arms and to surrender unconditionally.

2. All hostilities on land, on sea, or in the air by German forces in the above areas to cease at 0800 hrs. British Double Summer Time on Saturday 5 May 1945.

3. The German command to carry out at once, and without argument or comment, all further orders that will be issued by the Allied Powers on any subject.

4. Disobedience of orders, or failure to comply with them, will be regarded as a breach of these surrender terms and will be dealt with by the Allied Powers in accordance with the accepted laws and usages of war.

5. This instrument of surrender is independent of, without prejudice to, and will be superseded by any general instrument of surrender imposed by or on behalf of the Allied Powers and applicable to Germany and the German armed forces as a whole.

6. This instrument of surrender is written in English and in German.

The English version is the authentic text.

7. The decision of the Allied Powers will be final if any doubt or dispute arises as to the meaning or interpretation of the surrender terms.

B. L. Montgomery
Field-Marshal

4 May 1945
1830 hrs.

金策尔签署的北部德军投降条款，其中涉及了维斯瓦河集团军群的残部。

穿越美军战线的旅途险象环生，最终，我们还是被俘了。维斯瓦河集团军群不复存在——战争似乎结束了。之所以用“似乎”这个词，是因为两年后我留下这份记录时，长久的和平依旧杳无踪迹。[80]

在维斯瓦河集团军群司令任上，斯图登特大将几乎没有建树。他试图执行国防军最高统帅部/陆军最高司令部的命令，继续抵抗和反击苏军，这种情况持续了几天——大概是觉得在这些残兵败将身上，努力不过是徒劳，于是他抛下部队去了德国南部。战争结束后几个月，斯图登特在德国南部被俘——这和海因里齐的情况形成了鲜明对比：尽管被免除职务，海因里齐仍驱车前往弗伦斯堡，向邓尼茨领导的新政府报到。

曼陀菲尔的最后一道命令

4月底，英军向吕贝克大举进攻，切断了第3装甲集团军与第21集团军和西北最高司令部的联系。战争结束后，曼陀菲尔这样回忆道：

于是，我在5月的第一天命令下属部队，他们应当“肩并肩、手挽手”地撤过什未林–路德维希斯卢斯特铁路线。因为有消息显示，这里正是美苏两军的占领分界线。随后也是在5月1日，我的参谋长搭乘他的小型飞机——一架鹳式——与美国人取得了联系。我们有3架飞机，上面都绑着白床单——这意味着投降。对我来说，这是一个悲伤的时刻。

但又有什么办法呢？我手下的部队和难民可能有50万之多。除此之外，我们别无选择。5月2日，令我吃惊的是，一位美国上校和我的参谋长乘吉普车来到了我的指挥部。美国上校说：“我不能接受贵集团军的投降，请你跟我来。”

他很有礼貌，而且态度一丝不苟。我告诉鲁登道夫，在穿过铁路线向美军投降时，部队不应该携带武器，所有武器和文件都要销毁。根据第一次世界大战时的经历，我知道未来将发生什么，我有足够的时间去思考未来自己的命运。

我知道，目前没有一支部队被苏军集体俘虏，而这也是我在整个战斗中的目标所在……全体参谋人员正在列队，他们相互握手，我和他们一一握手告别，提醒他们要保持勇气，要为德国的重建贡献力量。然后我驱车离开了。[81]

第21集团军投降

5月2日晚上，冯·蒂佩尔施基希驱车抵达美国第82空降师师长詹姆斯·加文将军的指挥部。加文的伞兵是蒙哥马利第21集团军群的组成部分，他们已抵达易北河下游东岸。对这次会议，加文后来叙述道：

（蒂佩尔施基希）想安排部队就地投降——这些德军正在东面和南面约8—10英里处与苏军对峙。我告诉他，就目前而言，我们将继续发动进攻，直到与苏军会师。如果他确实希望投降，就应率领部队前往我军阵地，其他方式将一律不予接受。随后，他在文件上正式签字，表示投降将在其部队抵达我方战线后生效。[82]

HEADQUARTERS 82D AIRBORNE DIVISION
Office of the Division Commander

LUDWIGSLUST, GERMANY
2 May 1945

I, Lieutenant General von Tippelskirch, Commanding General of 21st German Army hereby unconditionally surrender the 21st German Army, and all of its attachments, and equipment and appurtenances theretb, to the Commanding General of the 82d Airborne Division, United States Army.

LUDWIGSLUST, DEUTSCHLAND
2. Mai 1945

Ich, General der Infantrie von Tippelskirch, kommandierender General der 21. deutschen Armee, uebergebe hiermit bedingungslos die 21. deutsche Armee, und alle ihr unterstellten Einheiten, alle Geraete und deren Zubehoer, an den kommandierenden General der 82. Fallschirmjaeger Division, Vereinigte Staaten Armee.

Diese bedingungslose Kapitulation gilt nur für diejenigen Truppen der 21. Armee, welche die amerika-nischen Linien passieren.

von Tippelskirch
General der Infantrie.

Tippelskirch

Ludwigslust, Germany
ACCEPTED — J. Gavin
Maj. Gen. USA

Original in Special file

第 21 集团军的投降文件，该文件由库尔特·冯·蒂佩尔施基希步兵上将起草并签署，美方受降代表是第 82 空降师司令加文将军。

最终，第21集团军的数万名幸存者被美军俘虏。

布塞的逃亡和被捕

在抵达温克的战线后，布塞接到消息：向柏林以北的第3装甲集团军指挥部报到。这项任务几乎不可能完成，因为在5月1日时，柏林西部的苏军已拦住了他们北上的去路。休息过几小时后，布塞、司机和其他2名军官（可能是第12集团军和第9集团军派出的联络官）向北出发，前往冯·曼陀菲尔的指挥部。

向北行驶期间，这一行人遇到了大批难民和士兵，他们都在朝易北河撤退。按照布塞的叙述，苏军飞机反复扫射着这些"可怜的队伍"。道路拥堵和苏军空袭让布塞举步维艰，汽车几经周折，才勉强到达什未林地区。这时的他突然发现，自己闯进了一支庞大的战俘队伍，尽管队伍中没有人正式投降，但都在朝盟军控制区走去。显然，无论怎样，他们都不愿落入苏联人手中。

看到向西前进的纵队，一些美军向他们挥手致意。布塞的轿车被夹在撤退的德军士兵中一路西行，直到被一辆吉普截停。这辆吉普可能来自第82空降师，因为在柏林北面的易北河东岸，并没有其他部队。吉普上的中士匆匆检查了轿车上的乘客，显然没有注意到布塞的军衔，或者根本对此毫不关心，接着，他收缴了乘客的武器，并示意他们继续行进。

这时布塞做了个决定：由于纵队看上去无人看守，他让汽车向小路开去，继续向北面和西北行驶，试图前往第3装甲集团军指挥部。但当着众多困惑的德军士兵，布塞的司机却转错了方向，很快惊动了美国坦克，后者迅速向这辆"逃跑"的汽车开火。第一发炮弹当即命中目标，把轿车引燃，其乘员匆忙跳车，步行钻进树林。

"下一步怎么办"成了布塞必须回答的问题。战争快结束了。同车的一名军官来自汉堡，布塞告诉他"跑吧"。另一个来自当地，第三个来自奥地利，布塞要求他们各自保重、尽其所能。布塞的第一个念头同样是回家，他想先去什未林，从他兄弟家弄到一些钱，以便作为回巴伐利亚的旅费。

布塞动身时，就已囊中羞涩，他向农民购买了服装，甩掉了累赘的将军制服。随后，他越过荒野，一直抵达什未林。但到镇内后，他发现自己的兄弟不在公寓中。镇上的许多居民都认识布塞，因为不久前，最后一批出版的纳粹报纸刚宣传过他在奥得河前线的事迹，而且这些居民显然不想引火烧身。布塞决定立刻离开什未林。他用剩下的钱买了一辆自行车，打算骑车去南面800—1000千米的巴伐利亚，与不久前从西里西亚疏散过去的妻子和孩子团聚。

什未林位于易北河以东的苏占区境内，这让他的计划前途凶险。另外，为了防止有人从东方越境，英军在西岸也设置了哨兵。既然游泳渡河已不现实，他决定找一个在河两岸都拥有牧场的农夫，这样他就能以“工作”为借口到对岸去。

布塞很快被这样的农场雇佣，原因可能是当地极度缺乏劳动力。不仅如此，他还很快和当地政府打成一片——对这个第9集团军前司令官的身份，后者没有丝毫怀疑。就这样，他拿着镰刀，挎着自行车，乘着英军汽艇渡过易北河。一到对岸，他没有浪费任何时间，径直向南飞奔而去。

布塞走在被占领的德国领土上，经历了许多冒险和考验。面对英军和美军巡逻队，他不止一次化险为夷：有时他会假扮成葡萄酒和雪茄推销员，有时则装成当地镇长。经过沿途打探，他得知家人定居在诺德林根（Nördlingen）。布塞的自行车之旅历时近三个月，全程700多千米。他胡子拉碴，在最终见面时，甚至连妻子都没有认出他来。

但这次团聚是短暂的。出于对盟军的恐惧，有个邻居向当局告密。1945年7月，布塞最终被捕，被西方盟军关押到1946年。[83]

本章尾注：

1. 格雷瑟（1888—1968）早年是埃尔温·隆美尔的下属，在担任第29步兵团团长期间在苏联身受重伤。他于1943年3月1日重返现役，并在1944年被任命为第4装甲集团军指挥官。

2. 参见赫尔穆特·斯帕特《大德意志装甲军战史》（*The History of Panzerkorps Großdeutschland*）第3卷（温尼伯：J.J.费多罗维茨出版社，1995年出版），第433页。

3. 参见赫尔穆特·斯帕特《大德意志装甲军战史》第3卷，第435—436页。

4. 参见美国国家档案馆文件T-78/305/F0677-78。

5. 参见美国国家档案馆文件T-78/305/F0680-81。

6. 参见美国国家档案馆文件T-78/305/F703-04。

7. 参见托尼·勒蒂西埃《突向德国国会大厦：1945年柏林之战》（*Race for the Reichstag: The 1945 Battle for Berlin*）（伦敦：弗兰克·卡斯出版社，2002年出版），第34—35页。

8. 参见美国国家档案馆文件T-78/305/0712。

9. 参见卡尔-海因茨·蒙赫《德国第653重装甲歼击营二战战史》（*The Combat History of German Heavy Anti-Tank Unit 653 in World War II*）（宾夕法尼亚州梅卡尼克斯堡：斯塔克波尔图书公司，2005年出版），第226—227页。

10. 参见威廉·提克《在战争最后岁月的风暴中：党卫军第2装甲军及党卫军第9霍亨施陶芬师和第10弗伦斯贝格师》（*In the Firestorm of the Last Years of the War: II.SS-Panzerkorps with the 9. and 10. SS-Divisions Hohenstaufen and Frundsberg*）（温尼伯：J.J.费多罗维茨出版社，1999年出版），第400页。

11. 这些部队的信息来自1945年4月14日至25日期间，维斯瓦河集团军群和东线的每日作战态势图。

12. 参见威廉·提克《在战争最后岁月的风暴中：党卫军第2装甲军及党卫军第9霍亨施陶芬师和第10弗伦斯贝格师》，第402页。

13. 参见威廉·提克《在战争最后岁月的风暴中：党卫军第2装甲军及党卫军第9霍亨施陶芬师和第10弗伦斯贝格师》，第403—410页。

14. 参见赫尔穆特·斯帕特《大德意志装甲军战史》第3卷，第422页。

15. 参见威廉·提克《在战争最后岁月的风暴中：党卫军第2装甲军及党卫军第9霍亨施陶芬师和第10弗伦斯贝格师》，第403—410页。

16. 参见赫尔穆特·斯帕特《大德意志装甲军战史》第3卷，第424页。

17. 参见赫尔穆特·斯帕特《大德意志装甲军战史》第3卷，第425页。

18. 参见赫尔穆特·斯帕特《大德意志装甲军战史》第3卷，第428页。

19. 参见威廉·提克《在战争最后岁月的风暴中：党卫军第2装甲军及党卫军第9霍亨施陶芬师和第10弗伦斯贝格师》，第403—411页。

20. 参见威廉·提克《在战争最后岁月的风暴中：党卫军第2装甲军及党卫军第9霍亨施陶芬师和第10弗伦斯贝格师》，第432页。

21. 参见威廉·提克《在战争最后岁月的风暴中：党卫军第2装甲军及党卫军第9霍亨施陶芬师和第10弗伦斯贝格师》，第422—423页。

22. 参见汉斯·冯·卢克《装甲指挥官：汉斯·冯·卢克上校回忆录》（*Panzer Commander: The Memoirs of Colonel Hans von Luck*）（纽约：戴尔出版社，1989年出版），第261页。

23. 参见《科涅夫回忆录》（科尼利厄斯·瑞恩档案：第72号文件盒，第3号档案袋），第98页。

24. 参见《科涅夫回忆录》，第106页。

25. 参见克劳斯·沃斯和保罗·凯伦贝克《最后的师团，1945：克劳塞维茨装甲师和席尔步兵师》（*Letzte Divisionen 1945: Die Panzerdivision Clausewitz and die Infanteriedivision Schill*）（施洛伊辛根：阿蒙出版社，2000年出版），第289页和第293页；亦参见京特·赖希海尔姆上校撰写的美国军事研究文件MS B-606《最后的集结：第12集团军在东西线之间德国腹地的战斗，1945年4月13日至1945年5月7日》（*Das letzte Aufgebot: Kampf der deutschen 12 Armee in Herzen Deutschlands zwischen West and Ost vom 13.IV.-7.V.1945*）（科尼利厄斯·瑞恩档案：第67号文件盒，第23号档案袋），第21—22页。

26. 参见美国军事研究文件MS B-606，第21—22页。

27. 参见美国军事研究文件MS B-606，第17页。西方盟国之所以停止空袭，是因为担心美军和苏军战机可能会发生空战。

28. 参见美国军事研究文件MS B-606，第22页。

29. 参见托尼·勒蒂西埃《哈尔伯的屠杀：希特勒第9集团军的覆灭，1945年4月》（*Slaughter at Halbe: The Destruction of Hitler's 9th Army, April 1945*）（斯特劳德：萨顿出版社，2005年出版），第72页。

30. 参见科涅夫未出版的回忆录，第143页。

31. 参见科涅夫未出版的回忆录，第128页。

32. 参见约阿希姆·谢夫勒《1945年终战历史地图集：在柏林和厄尔士山脉之间》（*Historischer Atlas zum Kriegsende 1945: zwischen Berlin und dem Erzgebirge*）（博伊夏：萨克斯出版社，1998年出版），第39页。

33. 参见美国军事研究文件MS B-606，第25页。

34. 参见瓦尔特·温克访谈稿。

35. 参见H.W.里特尔《瓦尔特·温克将军访谈稿的事实报告》（科尼利厄斯·瑞恩档案：第67号文件盒，第24号档案袋），第19页。

36. 参见美国军事研究文件MS B-606，第26页。

37. 参见克劳斯·沃斯和保罗·凯伦贝克《最后的师团，1945：克劳塞维茨装甲师和席尔步兵师》，第293页；另参见科尼利厄斯·瑞恩档案中收藏的第12集团军作战地图。

38. 有些资料显示，温克对柏林的进攻是在4月26日发动的。这种矛盾之所以出现，一方面是由于权威证据的缺失，另一方面，很多资料（如H.W.里特尔撰写的《瓦尔特·温克将军访谈稿的事实报告》第19—20页，以及托尼·勒蒂西埃的《哈尔伯的屠杀：希特勒第9集团军的覆灭，1945年4月》第95页）有对温克战后的记录（即他在4月26日发动了进攻，并前进18千米抵达了贝利茨）采取了全盘采信的态度，但事实上，温克的证词有很多矛盾之处。其中的问题在于，第20军的单位当时都在距离贝利茨至少25千米的地方。沙恩霍斯特师和胡滕师这两个主力单位更位于南部很远处。其中，位于维滕贝格附近的胡滕师距离当地更是有40千米之遥。实际的情况是，科涅夫最初派遣科尔纳师按照命令向东发动进攻，但遭到了科涅夫阻击，无法前进。随后，他自行做出决定，猝然调集部队向东北发动进攻，以便解救柏林和波茨坦守军。同时，他还希望尽可能久地坚守前线，以便布塞赶来与他会合。

39. 参见美国军事研究文件MS B-606，第26—28页；约阿希姆·舒尔茨-瑙曼《最后30天：德国最高指挥部1945年4月至5月的作战日志》，第179页，以及克劳斯·沃斯和保罗·凯伦贝克《最后的师团，1945：克劳塞维茨装甲师和席尔步兵师》，第291—292页。

40. 参见美国军事研究文件MS B-606，第28页；亦可参见第12集团军的作战态势图。

41. 参见托尼·勒蒂西埃《突向德国国会大厦：1945年柏林之战》，第117—120页。

42. 参见H.W.里特尔《瓦尔特·温克将军访谈稿的事实报告》。

43. 参见托尼·勒蒂西埃《突向德国国会大厦：1945年柏林之战》，第155页。

44. 参见美国军事研究文件MS B-606，第29页。

45. 有些作者估计布塞属下共有多达150000名士兵，但这个数字过于夸张了。按照4月10日的统计，第9集团军拥有90836名作战兵员，由于柏林国民突击队的加入，以及后续补充人员的到来，再加上舍尔纳集团军群辖下第5军的加入，这一数字又增加了不少。但我们必须考虑到之后12天该集团军蒙受的损失，还有第56装甲军被调入柏林，以及第101军被调入第3装甲集团军这些事实。4月22日，布塞位于包围圈内的部队人数可能不足80000，作战兵员可能接近50000，但这些数字只是估计，实际情况可能将永远无从得知。

46. 参见威廉·提克《在战争最后岁月的风暴中：党卫军第2装甲军及党卫军第9霍亨施陶芬师和第10弗伦斯贝格师》，第423页。

47. 参见托尼·勒蒂西埃《哈尔伯的屠杀：希特勒第9集团军的覆灭，1945年4月》，第84—85页，以及汉斯·冯·卢克《装甲指挥官：汉斯·冯·卢克上校回忆录》，第261页。

48. 参见汉斯·冯·卢克《装甲指挥官：汉斯·冯·卢克上校回忆录》，第261页。

49. 参见汉斯·冯·卢克《装甲指挥官：汉斯·冯·卢克上校回忆录》，第262页。

50. 参见马格纳·鲍尔，美国军事研究文件MS R-79《第9集团军的最后进攻和投降，1945年4月21日至5月7日》，第26页。

51. 参见托尼·勒蒂西埃《哈尔伯的屠杀：希特勒第9集团军的覆灭，1945年4月》，第88页，以及汉斯·冯·卢克《装甲指挥官：汉斯·冯·卢克上校回忆录》，第262—265页。

52. 参见威廉·提克《在战争最后岁月的风暴中：党卫军第2装甲军及党卫军第9霍亨施陶芬师和第10弗伦斯贝格师》，第425页。

53. 参见威廉·提克《在战争最后岁月的风暴中：党卫军第2装甲军及党卫军第9霍亨施陶芬师和第10弗伦斯贝格师》，第426页。

54. 参见赫尔穆特·斯帕特《大德意志装甲军战史》第3卷，第438—439页。

55. 参见威廉·提克《在战争最后岁月的风暴中：党卫军第2装甲军及党卫军第9霍亨施陶芬师和第10弗伦斯贝格师》，第426页。

56. 参见赫尔穆特·斯帕特《大德意志装甲军战史》第3卷，第444页。

57. 他在这里使用的原文是“Jagdpanzer”，即坦克歼击车，具体可能是一辆追猎者。

58. 参见埃伯哈德·鲍姆加特《逃离哈尔伯：第9集团军在绝境中的死亡行军，1945年4月末/5月初》（*Der Todesmarsch der 9. Armee in den Morgenthau Ende April/Anfang Mai 1945*）（阿莫湖畔因宁：德鲁费尔出版社，2001年出版），第82—83页。

59. 参见埃伯哈德·鲍姆加特《逃离哈尔伯：第9集团军在绝境中的死亡行军，1945年4月末/5月初》，第90—91页。

60. 参见埃伯哈德·鲍姆加特《逃离哈尔伯：第9集团军在绝境中的死亡行军，1945年4月末/5月初》，第118页。

61. 参见埃伯哈德·鲍姆加特《逃离哈尔伯：第9集团军在绝境中的死亡行军，1945年4月末/5月初》，第138页。

62. 同上。

63. 参见沃尔夫冈·施耐德《帝国之虎》（温尼伯：J.J.费多罗维茨出版社，2006年出版），第335—336页。

64. 参见埃伯哈德·鲍姆加特《逃离哈尔伯：第9集团军在绝境中的死亡行军，1945年4月末/5月初》，第143—146页。

65. 参见特奥多尔·布塞访谈稿。

66. 参见美国军事研究文件MS B-606，第32页。

67. 参见瓦尔特·温克访谈稿。

68. 参见匿名《冲击柏林》（*Shturm Berlina*）（莫斯科：军事出版社，1948年出版），第278—283页。

69. 参见特奥多尔·布塞访谈稿，第4页。

70. 参见特奥多尔·布塞访谈稿，第5页。

71. 同上。

72. 参见H.W.里特尔《瓦尔特·温克将军访谈稿的事实报告》。

73. 参见冯·埃德尔斯海姆装甲兵上将，美国军事研究文件MS B-220《德国第12集团军和美国第9集团军在施滕达尔的投降谈判，1945年5月4日》（科尼利厄斯·瑞恩档案：第39号文件盒，第10号档案袋），第4页。

74. 参见1945年4月/5月，奥得河与易北河之间最后一战的综述（尤其是第12集团军的战斗）（科尼利厄斯·瑞恩档案：第67号文件盒，第24号档案袋），第10页，以及瓦尔特·温克访谈稿，第10页。

75. 参见埃伯哈德·鲍姆加特《逃离哈尔伯：第9集团军在绝境中的死亡行军，1945年4月末/5月初》，第232—233页。

76. 参见美国军事研究文件MS B-220《冯·埃德尔斯海姆装甲兵上将》，第3页。

77. 参见美国军事研究文件MS B-220《冯·埃德尔斯海姆装甲兵上将》第5—6页。

78. 参见埃伯哈德·鲍姆加特《逃离哈尔伯：第9集团军在绝境中的死亡行军，1945年4月末/5月初》，第233页。

79. 参见科涅夫未出版的回忆录，第169—170页。

80. 参见《艾斯曼回忆录》，第160—166页。

81. 参见曼陀菲尔访谈稿（科尼利厄斯·瑞恩档案：第67号文件盒，第14号档案袋），第13页。

82. 参见詹姆斯·加文于1964年3月24日致科尼利厄斯·瑞恩的信（科尼利厄斯·瑞恩档案：第51号文件盒，第33号档案袋）。

83. 参见特奥多尔·布塞访谈稿，第5—9页。另外值得一提的是，在审讯布塞期间，西方盟国对党卫军上将海因茨·赖涅法尔特在1944年华沙起义期间犯下的暴行特别感兴趣，并重点向他询问了一些细节。

第十三章

总结和评论

“我们真该抓住凯特尔这个老混蛋——他是个十足的蠢货！我们还要把约德尔也抓起来，他们都是前线的外行、无可救药的白痴，发出的命令都是痴人说梦！是谁下了这些指示？是帝国元帅？海军元帅？汉堡的布施元帅？党卫队全国领袖希姆莱？是陆军元帅，不，办公室元帅凯特尔？也许这些‘勋章挂架’都不是！是纳粹党的领袖们？这些大演说家和‘嘴炮战士’如今在哪？上天啊，只有前线的一小群人还在战斗到底——真是痛心疾首！这场六年的战争结局竟是这样。”

——第46装甲军军长马丁·加雷斯步兵上将，

1945年4月29日写在奥得河前线[1]

守望莱茵行动的失败，彻底扼杀了希特勒挽回败局的希望。在1945年冬去春来之际，他的救命稻草只剩下了一根——西方盟国突然退出战争，而这只有在敌人爆发政治内讧，或是出现领导层剧变时才会发生——就像1762年俄国女皇伊丽莎白一世（Elizabeth）的死挽救了绝境中的弗里德里希大王一样。也正因如此，当1945年4月12日，戈培尔向他报告富兰克林·罗斯福总统去世的消息时，希特勒的内心又闪过了一丝希望。

1945年1月至1945年4月间，希特勒在备受挤压的德国边境之间调兵遣将。但这无法掩盖一个事实：在战略上，他摆出的是一副听天由命的姿态。尽管在挪威、库尔兰、中欧和巴尔干地区，德军仍有大量可以转移到本国中部的作战部队。在1月到4月中旬，通过陆路和海路调动部队的机会依然存在，但12月缴获的日食行动方案并没有带来什么改变。他原本可以通过调动兵力，进行一场精心策划的赌博，延长欧洲战事的时间，加剧西方盟国与苏联的内讧，比守望莱茵行动取得更大的收获，但希特勒从未考虑过这种想法，而是继续把作战部队分散部署在帝国各地，让他们在荒谬的"要塞"中套牢，而不是守卫通往德国中部和柏林的门户。这种德国领土越遭到挤压、德军剩余兵力越分散的情况，也是战争末期出现的一大悖论。

在东线最后的防御战中，德军的行动和目标是南辕北辙的，而且在不同层面之间也存在矛盾。显而易见，维斯瓦河集团军群在战役指挥中遭到了许多掣肘，在其中，希特勒扮演了一个难辞其咎的角色，而且更糟的是，在战略或战役目标上，他也没有给出任何决定性指示。这种权力真空一度给了海因里齐机会——他不愿让柏林沦为主战场，并希望守住奥得河前线，迫使西方盟国越过日食行动的界线——易北河，进而让西里西亚、波美拉尼亚和东普鲁士的数百万德国民众摆脱苏军的复仇。但在最后时刻，凯特尔又要求他防守柏林，这剥夺了他实现目标的机会——尽管以当时的形势，其成功的概率极为渺茫。

既然如此，海因里齐在奥得河前线的坚守赢得了什么？在泽劳高地一线，面对铺天盖地的攻势，他确实把苏军拖住了近4天的时间，但这还远远不够，无法让艾森豪威尔渡过易北河，抢先占领柏林或德国东部。不过，海因里齐却实现了另一个目标：他拒绝了凯特尔让第9集团军和温克联合进攻柏林的命令，让后者救出了被围的第9集团军残部。另外，随着沃坦防线被突破，于克尔河防线在普伦茨劳附近崩溃，第3装甲集团军也危在旦夕，并可能像第9集团军一样遭到分割包围。此时，海因里齐又违背了国防军最高统帅部的旨意，让第3装甲集团军全身而退，使大量士兵和难民抵达了占领分界线的西方盟国一侧——这些逃过苏军复仇和劳役的人可能有50万之多。

在战争最后几个月，面对不利的环境，很难有德国军官比海因里齐做得更好。这也引发了我们的遐想：如果海因里齐被早些任命为集团军群司令，或者拥有更多增援和补充优先权，抑或是更进一步，拥有战役层面的指挥自由，他的防御表现会怎样？如果艾森豪威尔命令西方盟军渡过易北河，从维斯瓦河集团军群后方向柏林进军，抢在苏军最后进攻之前结束整个战争，战争的进程，以及德国东部、整个东欧地区的命运又将如何？

奥得河前线的防御

奥得河前线的防御战完全是在海因里齐的主导下进行的，但柏林之战则不然，它是国防军最高统帅部/陆军最高司令部设想的产物。有鉴于此，在分析战斗过程时，我们需要突出强调几个事实：

· 在苏军进攻之前，海因里齐失去了3个最强大的装甲师——这些部队原本将充当战役预备队，抵御朱可夫白俄罗斯第1方面军的进攻。

· 海因里齐无法充分运用第2军区、第3军区以及勃兰登堡周边各个纳粹党大区的资源——尤其是后者，有大量人员和物资被视为“大区领袖们”的政治禁脔，它们要么释放得太晚，要么根本没有。布塞在战后接受采访时表示：“我们打得极为艰苦，燃油和弹药严重短缺，在这种情况下能守住奥得河前线真是个奇迹。”[2]

· 在4月16日战斗开始后，海因里齐希望立刻获得第18装甲掷弹兵师，并让该师进入泽劳以西的沃坦防线。但在艾斯曼的劝说下，他暂时放弃了这一想法，并浪费了宝贵的时间，让该师未能进入危急地段。受此影响，第18装甲掷弹兵师未能影响战局，而是被苏军的攻势一路推向西面。

· 北欧师和尼德兰师也部署得太迟，未能对奥得河前线的防御做出重大贡献。尤其是北欧师，由于师长齐格勒不愿让部队困在柏林，其参战地点过于靠北，离苏军突破口也太远。

· 随着第56装甲军脱离第9集团军，布塞所部的命运已经注定。国防军最高统帅部/陆军最高司令部的这项举动割断了第9集团军与维斯瓦河集团军群其他部队的联系，并严重打乱了后勤形势。

· 布塞的最大劫难来自第4装甲集团军方向，该集团军是舍尔纳集团军群的一部分，并被科涅夫的攻势洞穿，令他腹背受敌。雪上加霜的是，希特勒还继续命令他坚守奥得河一线。希特勒未能及时同意疏散法兰克福要塞的守军，让布塞无法缩短战线，及时挫败科涅夫朝西北方向的进攻。布塞在战后采访中表示：

我们可以在地图上看到，俄国人洞穿了第4装甲集团军，然后北上直奔柏林而去。这种情况从4月16日一直持续到18日。俄国人在南面长驱直入的同时，另一次攻击洞穿了我的北翼——党卫军第11装甲掷弹兵师和第101军的前线。希特勒的疯狂命令让我无法离开奥得河，只能坚守阵地。到4月19日，情况已相当危急，但我的请求如同石沉大海，直到22日，我才收到（从奥得河沿岸撤退的）消息。[3]

·4月24日，国防军最高统帅部/陆军最高司令部的决定，让海因里齐无力迅速把部队调往突破口——普伦茨劳附近。相反，他们要求第25装甲掷弹兵师等部队向南进攻，解救柏林。对于防御奥得河前线的第3装甲集团军，这一决定无异于釜底抽薪，并导致柏林以北德军的撤退。

在这些问题中，希特勒本人和国防军最高统帅部/陆军最高司令部难辞其咎。他们粗暴地干涉了海因里齐的指挥，并妄图在最后时刻扭转局势，挽救第三帝国迫在眉睫的政治和军事总崩溃，而且没有事先经过协调和统筹。对于这种矛盾，海因里齐总结道：

在柏林战役的最后几天，我一直在矛盾中挣扎：在4月23日下午之前，希特勒都可以离开首都前往北部地区（即第3装甲集团军的作战区域），或者乘飞机向南前往贝希特斯加登。但在22日，他不顾所有亲信的催促，下定决心宣布，如果战局没有好转，就与城市共存亡。他说，根据以往的经历，他在，战线就在，他走了，部队就会放弃抵抗。[4]希特勒做出这个决定后，凯特尔和约德尔离开柏林，以便专心于（解围）攻势。希特勒完全同意这种做法，并宣称这是绝对必要的，哪怕战斗到最后一人，也要让他（从柏林）脱身。对我来说，这是一个莫名奇妙的悖论，之前，他明明坐上汽车就能离开柏林，但现在，他却要让成千上万的人为他去死！[5]

在海因里齐眼中，希特勒的结局可谓咎由自取：“你可以将其称为‘天意’，并让他只能饮尽这杯绝望的苦酒。在临终前，他一面幻想着得救，一面在痛苦中度过每一天，并最终选择了自我了结。他付出了代价。考虑到他对国家做的一切，他已无路可走。”[6]确实，无论是他对“国家”做的一切，还是对整个欧洲做的一切，这个结局都是罪有应得。

海因里齐对苏军的评论

在上述内容之后，海因里齐还回答了各种军事问题，比如苏军的渡河行动。尽管具体原因仍有待考证，但它们很可能是在编写军事研究文件MS T-9时由美国军官特意提出的。

其中这样写道：

问：你怎么看待苏军横渡奥得河的行动？

答：在登陆行动中，苏军指挥官做了正确的判断，查明了对后续作战至关重要的区域。

尽管他们最初的意图不是发动大规模攻势，但在抵达河岸之后，他们并没有让部队原地待命，而是果断地开始构建出发阵地，试图为后续行动创造条件。不仅如此，他们还控制了最重要的渡口。

对于设防的渡口，如果地形条件不允许进攻部队采用其他登陆方式，他们就会正面强攻。在其他情况下，他们会通过钳形攻势夺取渡口。

在抵达河川地带后，苏军指挥官会要求部队立刻渡河建立桥头堡，并随机应变，果断运用各种渡河器材。在这方面，苏军表现出了极高的技巧，可以用最原始的设备实现目标。如果需要，下级指挥部甚至会把没有任何器材的士兵赶入水中。第聂伯河虽然宽达1000米，但苏军仍然抱着树干完成了任务。

如果存在战术需要，俄国人会精心挑选渡河地点，这些地点往往有遮蔽守军视野的地貌，且有树林和灌木丛在苏方所在一面——这既有利于就地获得渡河和伪装材料，也有利于遮挡防守方的火力，增加其发动反击的难度。

一旦苏军在河流对岸取得立足点，就很难甚至无法将其击退。他们在河岸的防御极为顽强，仅靠炮火远无法将其驱散。

一旦苏军选定了渡口，就不会因为一次失败而放弃尝试。他们总会在相同的区域反复进攻，甚至选择相同的进攻宽度和地点，以便不断削弱对手。只要俄国人相信目标可以实现，就会不惜一切代价。但另一方面，这种执迷于同一攻击地点的方法，也表明其指挥官的行动僵化呆板。事实上，如果苏军能在奥得河上更换主攻地点，完全可以更早在对岸立足。

在进攻准备中，苏军的伪装很不充分。这可能是因为他们对胜利志在必得，或是缺乏训练和纪律。总之，他们每次准备进攻或渡河器材时都会被德军察觉。

为防止通信泄漏，俄国人会执行严格的无线电纪律。只有在特殊情况下，部分部队才会打破无线电沉默的规定。

为了集中兵力发动总攻，苏军会尽其所能，将部队集中到预定的渡口附近，并朝当地集结火力。空军对进攻部队的支援是成功的，但非常有限，因为其总是局限在前方的狭窄区域。由于德国空军已完全被击败，敌人的工作可谓非常轻松。

在大举进攻之前，苏军会花时间扩大桥头堡，以便容纳更多部队。而且只有在装甲部队进驻并完成集结之后，他们才会从桥头堡发动更大规模的攻击。

苏军装甲部队缺乏指挥主动性。在战斗第一天，他们只把坦克用作步兵支援武器。考虑到苏军的巨大优势，如果他们能把坦克的运用上升到战役层面，完全可以更快取得胜利。当时，维斯瓦河集团军群基本做好了在4月20日——希特勒生日当天——看到苏联坦克出现在帝国总理府前的准备。如果换成隆美尔、莱因哈特或古德里安，希特勒的总部将更快覆灭。[7]

海因里齐对朱可夫在柏林战役时的表现做了尖刻的评论，但两次世界大战中对抗苏俄军队的直接经历，又让他最有资格做出这种发言。[8]

本章尾注：

1. 参见第46装甲军军长马丁 · 加雷斯将军的日记，第24页。

2. 参见特奥多尔 · 布塞访谈稿，第2—3页。

3. 参见特奥多尔 · 布塞访谈稿，第3—4页。

4. 耐人寻味的是，在战争期间，希特勒只视察过东线3次。

5. 参见对戈特哈德 · 海因里齐将军的首次访谈稿（科尼利厄斯 · 瑞恩档案：第68号文件盒，第3号档案袋），第13页。

6. 参见海因里齐访谈稿，第25页（长页）。

7. 参见美国军事研究文件MS T-9。

8. 参见汉密尔顿《血腥的街道》，第xiii-xv页。

后记

如果德国输了这场战争，它活该遭到毁灭。

——约瑟夫·戈培尔博士，《帝国报》（Das Reich），1944年8月12日

苏军的报复

苏军的复仇凌厉、残酷。抵抗德军往往会招来极严厉的打击和报复。在德国东部，许多德国城镇被铺天盖地的炮火摧毁，平民则面临着被就地处决的危险。[1]其中一个例子发生在特罗伊恩布里岑，一名苏联将军在当地阵亡。①4月下旬，在温克麾下的第20军发动进攻时，当地又几次易手。当该镇最终被苏军夺回后，有1000多名平民（大部分是男性）被愤怒的苏军处决。[2]

投降的德军士兵则面临着被枪决的危险，尤其是党卫军成员。德国伤兵也容易遭遇毒手。在近450万被俘的德军和其他轴心国士兵中，丧生者有近110万，其中近一半死于战后，尤其是在古拉格和苏联各地的重建工程中。据报道，直到20世纪70年代，被关押者仍有数万②之众。[3]

帝国首都柏林的情况又如何呢？作为巷战战场，当地已是一片末日景象。据估计，伤亡的德国平民多达数万，至于确切数字可能将永远不得而知。柏林的物质损失是骇人的。在2周的战斗中，苏军倾泻了重量与西方盟国过去5年轰炸相同重量的炮弹。超过90%的市中心变成瓦砾，许多文化地标和外国居民区也遭到破坏。[4]柏林最终还是成了另一个斯大林格勒——这也是海因里齐当初竭力避免的局面。

从“苏占区”到“民主德国”

海因里齐试图让德国东部免遭苏军占领，让日食行动落空。但他的努力付之东流，最终，在1945年7月17日至8月2日，日食行动的内容在美、英、苏三国的“波茨坦会议”上被正式写入条约。这次会议的一个产物是所谓的“柏林议定书”，其中许多内容与德国人缴获的文件暗合，尤其是关于纳粹主义-军国主义和中央集权政治的部分，并反映着缔约国对德国的看法。在下面，我们给出了议定书的“政治”和“经济”部分，不难发现，这些内容和日食行动

---

① 此处有误，在当地被杀的苏联将军实际是近卫坦克第51团的副参谋长费多尔·扎尔钦斯基（Fyodor Zharchinsky）中尉，4月21日，他在率领一支小分队与守军作战时阵亡。另一说此人是近卫机械化第5军的炮兵司令尼古拉·迪亚金（Nikolay Dyakin）上校，他于1945年4月23日在引导炮兵部队轰击德军阵地时被杀。这些军官都备受爱戴，他们的死亡成了苏军大开杀戒的导火线。

② 他们主要是加入德军的前苏联公民，以及来自波罗的海三国的德军人员。

几乎如出一辙：

Ⅱ.管制之初治理德国的原则

A.政治原则。

1. 根据《德国管制机制协定》（*Agreement on Control Machinery in Germany*），依照各国政府的指示，美利坚合众国、联合王国、苏维埃社会主义共和国联盟和法兰西共和国的武装部队总司令将作为管制理事会（Control Council）代表，全权处理各自占领区内的事务，至于影响全德国的事务，将由各国联合处置。

2. 在力所能及时，应在德国境内给予德国民众平等对待。

3. 管制委员会占领德国的目的是：

（1）对纳粹德国进行彻底的“非军事化”，清除所有能用于军事生产的工业部门，或对这些部门实施管制。基于此：

为防止德国军国主义和纳粹主义的复苏，德国陆军、海军、空军、党卫队、冲锋队、帝国保安处和盖世太保及其所有下属组织、人员和机构，包括总参谋部、军官团、预备役部队、军校、退伍军人组织，其他一切军事和准军事组织，以及所有旨在维持德国军事传统的俱乐部和协会均应永远解散；

所有武器、弹药和军事设备及其专用的生产设备应由盟国处置或销毁。所有飞机、武器、弹药和军事设备的维护与生产应一律停止。

（2）说服德国人民，使其接受军事上的全面失败，并让他们为自身行为承担全面责任——他们发动的残酷战争和狂热的纳粹式抵抗摧毁了德国经济，并带来了必然的混乱和苦难。

（3）摧毁纳粹党、纳粹党的附属机构，以及受纳粹党管控的机构，确保它们不以任何形式复活，制止一切纳粹主义和军国主义活动或宣传。

（4）开展各项准备工作，为在民主基础上最终重建德国的政治生活创造条件，为德国最终和平参与国际日常事务创造条件。

4. 应废除所有希特勒政权赖以统治的，以种族、信仰或政治观点实施歧视行为的纳粹法律。任何歧视，不管发生在法律、行政还是其他方面，都是我们不会容忍的。

5. 应逮捕和审判战争罪犯，以及在纳粹体制下所犯暴行和战争罪行中进行计划和执行工作的人员。对纳粹党领导人、有影响力的纳粹支持者以及纳粹组织和机构的高级官员，应予以逮捕和拘禁——对其他妨害占领或干扰其目标实现的人员也应如此对待。

6. 对于那些不仅在纳粹党中挂名，而且积极参与其活动的人员，以及对盟国怀有敌意的一切其他人士，应禁止其出任公职和半公职，并解除其在重要私营部门的职务。这些人应被其他具备政治和道德素养的、有能力在德国培养真正民主体制的人员取代。

7. 应严格控制德国的教育，扫清纳粹和军国主义思想，为培养民主思想创造条件。

8. 德国的司法制度将按照“民主”“法律面前人人平等”和“公民享有平等权利”的原则进行重组，不分种族、国籍或宗教。

9. 德国行政当局应致力于政治结构的权力下放，并致力于地方分权。为此，他们应当：

在 2005 年的一次研究旅行中，本书作者站在泽劳高地博物馆 / 纪念馆的 T-34-85 坦克前方拍照留念。

（1）按照民主原则，特别是通过组织选举委员会，在德国境内恢复地方自治，并尽快满足军事安全和军事占领所需；

（2）在德国各地，允许和鼓励组建民主政党，并确保其拥有集会权和公开议政权；

（3）在局部地区有成功先例的情况下，尽快在各地区、省和州的自治政府中推行代表原则和选举原则；

（4）暂时不组建中央政府，但仍应建立某些重要的中央行政部门，特别是在金融、运输、通信、对外贸易和工业领域。这些部门将由国务委员领导，并在管制委员会指导下运作。

10. 在保证军事安全的前提下，允许言论自由、新闻自由和宗教信仰自由，并尊重宗教团体。在保证军事安全的前提下，允许自由成立工会。

B.经济原则。

11. 为了消除德国的战争潜力，应禁止和预防武器、弹药、战争装备以及所有类型的飞机和远洋船只的生产。必须严格控制战争经济直接需要的金属、化学制品、机械和其他物品的生产——为满足第1条所述的目标，其规模不得超过获得批准的和平时期的需求。应根据联合赔偿委员会的建议，并按照有关政府批准的赔偿计划搬迁其生产能力，如无法搬迁，则应予以销毁。

12. 为消除德国境内经济权力过度集中的情况，尤其是卡特尔、辛迪加、托拉斯和其他垄断组织，我们应尽早在可行的领域完成其经济的“去中心化”。

13. 在规划组织德国经济时，应重点发展农业与和平的国内工业……

泽劳高地纪念馆/泽劳高地博物馆

1945年11月27日，在战斗结束大约7个月后，朱可夫下令在泽劳高地建设公墓，用以纪念这个进攻柏林开始的地方。公墓由一系列建筑组成，占地6公顷，还有一座带花岗岩基座、高3.9米（12英尺）的青铜雕塑。这里也是他进攻最为艰难，海因里齐防御最为顽强的地方。按照估计，在夺取高地、沿着1号帝国公路打开柏林门户期间，共有约10000名苏军士兵丧生。至于确切的数字可能永远都无法知晓。27年后的1972年，在旧战场上新建了一座博物馆，在纪念碑上，“苏联英雄”的头衔镌刻在朱可夫的名字旁。[5]通过把纪念碑扩建为博物馆，这种做法清楚地表明：泽劳高地之战不仅是“民主德国”最具标志性的历史遗产，也是其执政合法性的来源，尽管对于朱可夫来说，他在这一战中的表现实在乏善可陈。

在“民主德国”消亡几十年后的今天，这座博物馆仍在充当一个标志：它是在德国土地上唯一一处二战主要战场的中心。它一直在提醒着人们，在奥得河前线，为了尽可能久地拖延苏军，让西方盟军渡过易北河，为了让德国民众免遭必然的报复，海因里齐曾经率部抵抗；它也提醒着人们，为了挫败海因里齐的防御，朱可夫付出的代价有多么高昂。

本章尾注：

1. 参见佩里·比迪斯科姆《狼人！纳粹游击运动史，1944—1946》（*Werwolf! The History of the National Socialist Guerrilla Movement 1944—1946*）（多伦多：多伦多大学出版社，1998年出版），第268—274页。

2. 另有报告显示，当地还有127名意大利战俘被德军杀害。他们最初被苏军解救，但在后者向东撤退时被迫留在了镇内。参见克劳斯-迪特尔·施泰尔撰写的《没有人的城镇》（*Stadt ohne Männer*）一文，出自《每日镜报》（*Der Tagesspiegel*）2006年6月21日，此文网址为http://www.tagesspiegel.de/berlin/art270,2157384。

3. 参见吉尔斯·麦克唐诺《帝国之后：同盟国占领的残酷历史》，第420—425页。

4. 参见汉密尔顿《血腥的街道》，第31页和第372页。

5. 一年之后，民主德国签署了《德意志联邦共和国与德意志民主共和国关系基础条约》（*Vertrag über die Grundlagen der Beziehungen zwichen der Bundesrepublik Deutschland und der Deutschen Demokratischen Republik*）。通过该条约，东西德首次相互承认，并在次年共同加入了联合国。

附录A

军事研究文件R-69

《维斯瓦河集团军群和第12集团军群的覆灭，1945年4月27日—1945年5月7日》

本研究文件是对弗雷德·迈尔（Fred Meyer）少校撰写的《最后的攻势》（*The Last Offensive*）一书的补充。

文件编辑：马格纳·鲍尔（Magna E. Bauer）

1956年6月

（作者按：与第一手资料的比对显示，本文件不仅极为详尽，而且内容准确无误。其中参考了大量作战日志和命令，这也反映在了其数量非凡的注解中。它最早被发现于美国军事历史中心，是众多德国军官在战后撰写的手稿之一，不仅为我们提供了维斯瓦河集团军群历史的一瞥，并充当了本书前文的补充，还更全面地展现了其中的关键人物，关于集团军群最后几天的信息更是值得关注，其原始附录也未见于科尼利厄斯·瑞恩档案。本文件的美中不足之处是地图质量不佳，不及本书给出的版本。另外需要说明的是，本文件的所有附注均系原作者弗雷德·迈尔少校所加，参考资料则与本书有许多相同之处，故不一一列出。）

***

战役背景和指挥关系

1945年4月中旬，德国控制的领土仅剩下了本土的一小部分和邻国的部分区域。战火正在烧向它的首都。

希特勒似乎仍然决定寸土不让，并打算玉石俱焚。他清楚地意识到如果局势继续发展，西方盟国将与苏军会师，并将德军截为两段，让他无法再牢牢掌控整个德国。因此，他在4月10—15日期间下达命令：如果盟国会师时他位于南部，北部将由卡尔·邓尼茨海军元帅指挥；如果位于北部，南部将由阿尔伯特·凯瑟林元帅负责。希特勒还意识到，柏林很难长期坚守，并命令部长和幕僚们分头前往南方各地，如果遭到了苏军进攻的干扰，他们将转而疏散到德国北部各处。

随着苏军的矛头从南方逼近措森，国防军最高统帅部在4月21—22日夜间迁往万湖——当地位于柏林郊区。随后，一部分指挥机构离开，前往德国南部贝希特斯加登附近的斯特卢布（Strub），后来成为国防军最高统帅部B指挥小组（OKW Führungsgruppe B），其负责人是奥古斯特·温特（August Winter）山地兵上将。威廉·凯特尔元帅、阿尔弗雷德·约德尔大将和一小批参谋人员则留在万湖和柏林附近的达勒姆（Dahlem，即约德尔私邸所在地），后来又在4月22日被迫前往克兰普尼茨（位于波茨坦以北），最终几经辗转抵达了石勒苏益格–荷尔斯泰因最北部的弗伦斯堡。[1]

4月20日，邓尼茨海军元帅接到命令，在当地组建一个机构，如果与德国中部和南部的联系中断，该机构将负责德国北部的防御。他在4月21日至22日夜间离开柏林，4月22日10点抵达普伦（Plön）——吕贝克湾附近新指挥部的所在地。[2]

希特勒原本准备与德国南部的国防军最高统帅部会合，但此时拒绝离开柏林。相反，他和一小部分心腹留在帝国总理府，并在4月30日自杀前继续扮演着最高领导人的角色。

在死前，希特勒将帝国元帅赫尔曼·戈林和党卫队全国领袖希姆莱开除出党，并剥夺了他们的一切接班资格，邓尼茨海军元帅则被任命为政府首脑和武装部队最高指挥官。[3]

4月24日，即柏林被彻底包围的第二天，约德尔向德国国防军下达了战争最后阶段的方针。在西线、西南和东南方向，高级指挥官们得到指示，在与西方盟国作战时，他们可以不计较领土得失，最重要的是抵御布尔什维克。4月24—25日夜间，希特勒签署了变更最高指挥权和指挥结构的命令；4月25日和26日，他又下达了调整宏观指挥链的指示。国防军最高指挥部应吸收陆军总参谋部作战局，全权负责指挥各条战线。作为该机构的主管，凯特尔元帅将负责直接指挥德国北部所有陆军部队以及东线的南方和中央集团军群。奥古斯特·温特山地兵上将负责调集南部的所有资源，为继续抵抗创造条件。担任西线最高指挥官的阿尔伯特·凯瑟林元帅将接过西南最高司令部（意大利方向）、东南最高司令部（巴尔干方向）、G集团军群和第19集团军的指挥权。全军的首要任务是打通与柏林的联系，并击败当地的苏军。[4]

解救柏林的成败将取决于北、西、南方向部队的配合，以及行动的速度和决心。

柏林周边的局势，1945年4月

4月15日，德军依然据守着奥得河和易北河之间的区域，其中心正是柏林。[5]

库尔兰集团军集群和东普鲁士集团军则孤悬在苏军占领区后方。

在奥得河和尼斯河畔，戈特哈德·海因里齐大将和费迪南德·舍尔纳元帅指挥的维斯瓦河和中央集团军群守卫着整个东线。瓦尔特·温克装甲兵上将的第12集团军正在易北河和穆尔德河沿岸同西方盟国作战。在德国西北部和荷兰，恩斯特·布施正在指挥西北最高指挥部节节抵抗。3月28日，柏林及其周边地区被宣布为“防御地带”，并从4月19日起由维斯瓦河集团军群全权指挥。[6]

4月16日，俄国人在屈斯特林附近渡过奥得河，将维斯瓦河集团军群拦腰截断，一路攻向柏林。4月22日，他们从北部包抄并抵达了这座城市。另一路强大的苏军同样在4月16日发起攻击，并在奥得河畔法兰克福以南横渡尼斯河，切断了维斯瓦河集团军群和中央集团军群之间的联络，随后他们兵分三路：一路向南直奔德累斯顿，一路向西冲向托尔高，一路向北直奔柏林而去。他们的攻击包抄了维斯瓦河集团军群最南翼的部队——第9集团军，并在它和第12集团军之间打进一个楔子，这使苏军可以从背后发动进攻。[7]

4月22日，柏林已是四面受敌，希特勒接受了约德尔的建议，命令第12集团军调转方向迎击苏军，打破对柏林的围困。[8]

次日，第12集团军接到了撤空易北河和穆尔德河防线的指示，以便在维滕贝格地区集结强大兵力，向东北发起反击，以此打破对柏林的封锁。[9]

4月23日，俄军完成了对柏林的包围。次日，在希特勒的直接命令下，位于克兰姆皮茨国防军最高统帅部总部的凯特尔元帅接过了北部地区的战术指挥权。

在这几天里，苏军的推进不仅包围了柏林防御地带，还将维斯瓦河集团军群一分为二：哈索·冯·曼陀菲尔装甲兵上将指挥的第3装甲集团军位于柏林北部和东北部，特奥多尔·布塞步兵上将的第9装甲集团军则被完全包围在柏林东南的施普雷森林地区。在柏林西部，是由国防军最高统帅部直辖的第12集团军，这支部队沿着易北河铺展开来，其阵地起于河流中游，向北几乎延伸到波罗的海沿岸，形状就像一个沙漏，中部只有12—14英里宽。

德国人估计，在完成对柏林的包围后，苏军的一路兵力将向西北前进，截断他们的西逃之路。美英联军则会渡过易北河向吕贝克推进，从而把第12集团军、维斯瓦河集团军群和位于德国西北部的部队（即西北最高司令部的下属单位）分割开来。

4月26日，苏军与西方盟军在德国中部的托尔高会师，由此形成了一条最窄约15英里的隔离带，将德国北部的部队与西线最高司令部（位于德国南部）和中央集团军群（位于德国东南部和捷克斯洛伐克境内，正在发动解救首都的进攻）分割开来。

在波罗的海沿岸，有一些由德国海军指挥的“防御地带”，其中最重要的是斯维内明德。库尔兰集团军集群的18个整师全仰赖从此处运出的补给。因此，德军必须尽可能长久地保卫当地。另一方面，苏军的先头部队已越过这一区域，试图将其切断，令该港的疏散势在必行。在4月25日之前，该港口在战术上已交由维斯瓦河集团军群指挥，但凯特尔（代表国防军最高统帅部）和邓尼茨都插手进来，表示自己有权决定港口应何时疏散。激烈的争执随之爆发，直到4月30日，斯维内明德防御地带几乎被完全包围时，上级才做出将当地的人员和物资迁往格赖夫斯瓦尔德继续战斗的指示。[10]

在战线各地，平民都需要疏散。但这项工作开展得太晚，而且混乱无序，大量平民直到苏军到来前才开始逃难，只能绝望地在道路上挤作一团。指挥部发来的报告此起彼伏，表示道路已无法通行，成百上千的人相互推搡，其中混杂着各类军人，甚至还有党卫军，他们有的搭乘汽车，有的抛弃了武器，全部向西逃去。[11]

第12集团军和第3装甲集团军的分界线（即与维斯瓦河集团军群的分界线）大致在居斯特罗至克雷门（位于柏林西北）之间。

第9集团军则坚守着柯尼希斯武斯特豪森–布尔格–施维洛赫湖之间的区域。

4月28日，新组建的第21集团军（原第4装甲集团军①，指挥官：冯·蒂佩尔施基希上将）正式调入维斯瓦河集团军群辖下，并接管了第3装甲集团军一部［即党卫军第3（日耳曼）装甲军、第101军和第27军（原奥得河军）］。

4月30日，第12集团军被配属给了维斯瓦河集团军群。

解救柏林之战

4月25日，希特勒发布指示，协调各路进攻

4月24日，希特勒不仅界定了新的指挥关系，还指明了陆军最高指挥部的主要任务：调集柏林西北、西南和南部的所有部队与物资，发动向心攻击，恢复首都与外界的联系。[12]次日，他宣布，解救柏林的战斗必须压倒一切。[13]

为了打破苏军对柏林的包围，维斯瓦河集团军群在4月23日和25日进行了数次局部进攻。德军部队取得了有限的进展，但兵力过于薄弱，无法实现目标或遏制苏军的持续推进。而且事与愿违的是，由于苏军攻击了第12集团军的集结地，导致德军其中一次进攻还没有开始就被迫中止。鉴于局势的发展，希特勒在4月25日晚些时候签署了一道新命令，并在当天夜间被送达国防军最高统帅部所在地。该报告协调了解救柏林的各路进攻，希特勒在其中指出，这些向心攻击应突向柏林，切断从南北两面越过城市的苏军部队，与死守市中心的部

① 原文如此，此处有误，应为第4集团军。

队取得联系，拯救城市和元首本人。

对这次联合进攻的主要要求有：

第12集团军下属的第20军应当从贝尔齐希东北部和东部开始推进。位于施普雷森林的第9集团军将朝西北方向打破包围圈。待会合后，两个集团军将挥师向北，摧毁首都南部的敌军，恢复与柏林的联络。第9集团军将坚守东部和东南部的战线，抵御苏军的强大压力。第12集团军应投入第41装甲军（军长：霍尔斯特中将）向西北的瑙恩和柏林冲杀过去，支援维斯瓦河集团军群辖下第3装甲集团军从北方的进攻。后者也是德军解围行动的主力。其中一支下属部队是党卫军上将菲利克斯·施泰因纳指挥的党卫军第3装甲军，该军已得到加强，被称为施泰因纳集团军集群。在维斯瓦河集团军的直接指挥下，这支部队应从奥拉宁堡（位于柏林西北部）以西出发并向南进攻。新配属给该部队的第25装甲掷弹兵师也将投入前线，同时，第7装甲师也将接收摩托化装备，尽快开赴前线投入进攻。

这场联合进攻的成败，取决于第3装甲集团军能否守住东部战线——它大致沿奥得河展开，从柏林东北部一直延伸到波罗的海沿岸。但无论从什么角度，该集团军的形势都相当危急，因为他们正承受着巨大的压力。4月25日，他们在斯德丁以南、加尔茨（Gartz）附近的战线被洞穿，在新勃兰登堡方向，突破口几乎延伸到了普伦茨劳附近。4月26日，约德尔命令海因里齐尽可能地把苏军挡在东方，斯维内明德防御地带即使被包抄也应继续坚守下去。第21集团军（指挥官：库尔特·冯·蒂佩尔施基希步兵上将）将被配属给该集团军群作为支援，接管第3装甲集团军的南翼战线，阻止苏军推进，并在第3装甲集团军后方构建一道警戒线。[14]

德军从南、西和西北方向推进

4月26日8点，在接到进攻命令的几个小时之后，约德尔便向希特勒回报称，解救柏林的向心攻击旗开得胜。虽然第9集团军并未按照希特勒的最新指示向西北进发，甚至可能从未接到过上述指示，但仍然小有进展。不久前，他们在苏军战线上发现了一处漏洞，并在4月25日晚些时候开始向卢肯瓦尔德移动，希望在当地与温克的第12集团军取得联系。[15]第12集团军下辖的第

20军据报在25—26日夜间从贝利茨一带出发；[16]第41装甲军则在哈维尔兰湖（Havellaendische Loch）一带大踏步向瑙恩推进。第3装甲集团军的施泰因纳集团军集群正在奥拉宁堡地区向南进攻，并在鲁平运河（Ruppiner Canal）以南占据了桥头堡，其阵地一直延伸到盖门多夫的北郊——第7装甲师的第一个团级梯队正在向当地赶去，为第25装甲掷弹兵师主导的进攻提供一臂之力。

在第3装甲集团军的东北方向，形势颇为严峻——苏军在普伦茨劳达成突破。这也意味着，在柏林和波罗的海之间的东北部前线，一切正向着难以挽回的方向发展。突破的苏军越来越多，还有一个坦克军正向普伦茨劳推进——第3装甲集团军的东部前线已经濒临崩溃。除非局势得到缓和，否则，在柏林和波罗的海之间，大批敌军部队将涌入第3装甲集团军和第12集团军的后方地带。

在易北河中游，第12集团军继续面对着美军的压力。在西北最高指挥部辖区，有清晰迹象表明，英军正在准备大举进攻，从劳恩堡（位于汉堡东南方向）附近渡过易北河，并向吕贝克发起攻击，明显试图削弱西北部、中部和东部德军部队的联系。[17]

为了遏制苏军在第3装甲集团军东部战线上的突破，阻止西线英美联军部队向波罗的海长驱直入，德军急需增援，但他们唯一能做的就是继续从西面——西北最高指挥部麾下抽调部队。但后者也山穷水尽：在埃姆斯河和易北河之间，他们已无力干预局势，唯一的办法只有继续“压榨”德国海军，让他们派出更多人员参与地面作战。这种做法得到了希特勒的批准，危险地带也得到了一些援兵。但这些是否足以抵挡浪潮般的苏军，或是支援解救柏林的行动？海因里齐都态度消极。26日上午，旗开得胜的施泰因纳集团军集群受阻于奥拉宁堡地区。鉴于胜利希望渺茫，海因里齐感到沮丧。他请求停止进攻，将第25装甲掷弹兵师和第7装甲师用于更为迫切的任务——阻止敌军在普伦茨劳的突破。但这一请求却忤逆了希特勒。海因里齐得到命令，进攻必须继续进行。[18]

当天晚些时候，苏军在普伦茨劳的突破已对整个解围行动构成了威胁。海因里齐向最后的预备队下达命令，在突破口以西的菲尔斯滕贝格–新施特雷利茨–新勃兰登堡一带组织防线，冯·蒂佩尔施基希即将赶到，并接过他们的指挥权。[19]

施泰因纳集团军集群在奥拉宁堡方向受阻

与此同时，在奥拉宁堡地区，施泰因纳集团军集群（即第25装甲掷弹兵师）在鲁平运河上的小桥头堡遭到了苏军2个师的三面围攻。在海因里齐看来，乘胜前进的机会已非常渺茫，并再次申请暂停攻势。[20]然而，希特勒却在命令中回应：第25装甲掷弹兵师继续向南进攻，并转由霍尔斯特的第41装甲军指挥。[21]国防军最高统帅部也发来命令，"必须挡住苏军在普伦茨劳的攻击"，第21集团军会在4月28日进入战斗状态，从第3装甲集团军手中接管部分阵地。[22]

新命令下达：第 9、第 12 集团军调头北上

4月26日18点，希特勒与约德尔在电话中做了讨论，他仍对解围怀有极大信心，还说战斗的高潮已经来临。第9集团军应该明白，作为希望所在，他们不仅奉命与第12集团军会合，还应向北做一个急转弯，打通与柏林的联系。[23]

4月26日深夜，约德尔接到报告，第12集团军已接近贝利茨西南的森林地带，第9集团军的先头部队越过了措森–巴鲁特（Baruth）高速公路。[24]随后，在4月27日，约德尔用无线电转发了希特勒的指示，接收者有维斯瓦河集团军群、第9集团军和第12集团军。其中要求后两支部队立刻联合发动进攻，进攻的目标将不仅是解救第9集团军，最关键是拯救柏林。为此，第12集团军下辖的第20军将在抵达贝利茨–费尔奇一线之后继续向洛文布鲁赫–施坦斯多夫继续进攻；第9集团军则应转向北方，与第12集团军会合，随后在卢肯瓦尔德–巴鲁特一带提供掩护。[25]

为何希特勒4月26日18点的命令直到次日清晨才送达，其原因已不得而知，但很可能它最初是通过电话下达的，随后才由无线电发出。

苏军在普伦茨劳的突破

但在第3装甲集团军东部，局势已急剧恶化。4月27日15点，国防军最高统帅部得知，苏军在普伦茨劳取得突破，并在新勃兰登堡、利兴和滕普林方向推进。在突破口的北部，第3装甲集团军的前线正在瓦解，预备队则一无所有。在突破口南部，两个军（第101军和奥得河军）坚守着一条狭长的突出部，它像手指一样指向南方，构成了集团军群的南部阵线。这些部队正在苏军

的强大压力下后退，崩溃已在所难免。[26]

当天13点至17点10分，维斯瓦河集团军群请求暂停施泰因纳集团军集群（即第25装甲掷弹兵师和第7装甲师）的进攻，并将这些部队派往普伦茨劳方向，用于抵御突破的苏军。同时，他还要求国防军最高统帅部尽早回复，否则他将自行做出决定。[27]

凯特尔下令停止奥拉宁堡地区的进攻，转而在滕普林反击，阻击普伦茨劳突破之敌

凯特尔别无选择，只好匆忙下令。当天17点，他指示施泰因纳集团军集群停止进攻，并开展积极防御以欺骗敌军；第25装甲掷弹兵师和第7装甲师将赶赴滕普林一带，阻止苏军的突破，并对其南翼展开反击。同时，冯·蒂佩尔施基希及其参谋部（即第21集团军）应在4月28日接管第3装甲集团军的南部战线。

在致电海因里齐的同时，凯特尔也强调了这道命令的重要性：坚守东部前线的意义不止在于其本身，还能掩护第12集团军的侧翼和后方，进而为后者从西南方向柏林前进创造条件。[28]

凯特尔对各集团军的呼吁

签署上述命令之后4个小时，凯特尔便得知：普伦茨劳地区的防线已彻底崩溃，即使如此，他还是呼吁上述三个集团军，只要第9集团军和第12集团军会合，“立刻赶往北方”，施泰因纳集团军集群从奥拉宁堡向南“逼近”泰格尔，柏林的形势就有转机。他在电报的最后这样写道：“未能全力挽救局势和元首的人，将注定遭到历史和德国人民的唾弃。”[29]

笔者无法解释凯特尔为何会这样敦促各集团军，因为此时的他应该明白，解救柏林的战斗已注定毫无希望。就算国防军作战日志中的记录次序有误，或是这份声明是在奥拉宁堡攻势暂停之前发出的，他想必也知道：只要苏军继续在普伦茨劳突破，解救柏林的努力就会化为泡影。

海因里齐对国防军最高统帅部命令的反应

海因里齐立刻和冯·曼陀菲尔将军讨论了凯特尔的命令，并审视了当前

的局势。与会的还有冯·蒂佩尔施基希，他刚在4月27日赶到此地——海因里齐非常明白，这个人也不会执行凯特尔的命令。[30]

由于苏军依旧在突破口推进，投入反击的部队无法按时集结，海因里齐最初的想法是设置一条阻击线，但当天晚些时候他已察觉到，突破口南北两侧的部队必须撤退。[31]

从当时的电话交谈中可以明显看出，海因里齐和曼陀菲尔都意识到，第25装甲掷弹兵师和第7装甲师不可能迅速在滕普林发动攻击。他们宁愿采取另一种行动，即阻止苏军在沃尔代克附近的攻击。另外，他们还试图利用正在居斯特罗组建的部队，在马尔钦（Malchin）–德明（Demmin）到格赖夫斯瓦尔德之间的后方地带组织一条防线；为减缓苏军的推进，第3装甲集团军的北部突出部将撤到于克尔河对岸。对于突破口南部的德军部队，海因里齐决定让第101军坚守当前战线，并让奥得河军的北翼收缩至格里姆尼茨湖–滕普林–利兴一线。

由于局势恶化，海因里齐和第3装甲集团军参谋长在当天晚些时候进一步做出决定：鉴于“明天局势变化迅速”，他们必须立刻从右翼（突破口以南）和左翼（突破口以北）的部分地区撤军。

第3装甲集团军自行下令：撤出东北防区

对于第101军和奥得河军，凯特尔却发出了完全相反的命令。他要求这些部队守住第3装甲集团军东南方向的狭长突出部——但苏军已从南北两面形成了包抄，随时可能将其包围和歼灭。[32]而在前线，这2个军的主力正在拼命朝西撤退。只有一小部分忠诚的部队还在继续战斗，但他们的厄运已经注定——在苏军的打击下土崩瓦解。现在的问题已不再是解救柏林，而是不让宝贵的生命白白浪费。虽然德军有士兵，有武器，有弹药，但已失去了继续战斗的决心。通往西部的道路被挤得水泄不通。正如曼陀菲尔将军在一次电话交谈中所说：“如果约德尔想了解真实情况，他就该随便找一个路口，站上几分钟，亲眼看看那里发生的一切。士兵们已经竭尽全力，现在是采取政治行动的时候了，这意味着与西方列强谈判。”[33]

4月27日21点40分，第3装甲集团军自行向第101军和奥得河军发出命令，应在4月28/29日夜间向福斯运河（Voss Canal）和哈维尔河［即利本瓦尔德（Liebenwalde）－采德尼克（Zehdenick）–利兴－ ?????[①]一线］撤退，且行动应在4月28日开始。[34]

就像凯特尔从未告诉希特勒他取消了奥拉宁堡方向的进攻一样，海因里齐也没有向国防军最高统帅部通报上述指示，就算不是这样，它也从未见于后者的通信记录。[35]海因里齐随后拜访了霍尔斯特（第41装甲军军长）和拉特诺的城防司令，并试图告诉他们这座城镇意义重大，必须不惜一切代价坚守。[36]

凯特尔向希特勒汇报，表示局势相对乐观

次日（即4月28日清晨），凯特尔向希特勒汇报了局势，并着重介绍了奥拉宁堡方向的情况。他表示桥头堡的规模不够大，无法让装甲部队投入进攻；不仅如此，当地还受到了三个方向的攻击，第7装甲师前往奥拉宁堡的部队也被迫向滕普林转移，施泰因纳集团军集群的交通线面临许多危险——简而言之，由于敌人的压力，这次攻击的失败已是不可避免。对于第25装甲掷弹兵师被调往滕普林一事，凯特尔只字未提，[37]他还向希特勒表示，有一个师（即施拉格特步兵师）[38]将从第12集团军调往维斯瓦河集团军群，并会随后赶赴奥拉宁堡地区，这也是他未来要和施泰因纳详谈的事情。但希特勒已对施泰因纳失去了信心。就在前一天，希特勒便向霍尔斯特的第41装甲军下达命令，要求他们领导奥拉宁堡方向的进攻；[39]而现在他最想知道的是，为什么霍尔斯特没有奉命接过指挥权。凯特尔回答说，霍尔斯特的时间不够，无法从拉长的西侧战线赶到进攻地区，为了解情况，凯特尔将亲自赶往当地。[40]希特勒催促凯特尔加快对柏林的救援，因为再过48小时，一切将无法挽回。凯特尔表示他一定会对温克和布塞施加压力，因为他认为最好的战机恰恰会出现在第9和第12集团军身上，只要他们向北，局势就有一线生机。[41]

4月28日5点到16点30分之间，帝国总理府与外界的电话联系中断了[42]，但仍有一条消息用电传发出：在奥得河和易北河之间，所有部队都必须把解救柏

① 原文如此。

林视为第一要务，而不是打击突入梅克伦堡的敌军。[43]

第 9 集团军放弃北上，自行向西突围

但当第12集团军的攻势取得进展时，第9集团军的坏消息却在当天早些时候传来。4月28日上午，国防军最高统帅部获悉，这支部队违背了之前的严厉指示，其先头装甲部队要么已向西突围，要么已被摧毁，其余单位同样伤亡惨重。官兵们精疲力竭，弹药和汽油即将耗尽，无力开展进攻和积极防御。但布塞报告说，他的第9集团军仍将战斗到底。[44]

没有证据表明希特勒在4月30日1时前接到过第9集团军突围的消息。在那之前，希特勒显然一直认为第9集团军将继续朝西北突破，随后会向北推进。[45]当时发生的情况似乎是，第9集团军在苏军防线上发现了一个弱点，一些先头装甲部队随即向西突围。此时，该部队的通讯几乎完全中断，只剩下一台无线电接收设备。布塞将军亲自坐进了通信车，下属部队则向西和西北运动，殿后单位在东部和东南部前线试图击退苏联追兵。显然，第9集团军的官兵们几乎或完全没有考虑过拯救柏林的问题，他们唯一希望的是尽可能向西退却，加入温克的集团军。虽然4月27日的命令要求他们北上，并恢复与柏林的联络，但他们可能从未收到过这则消息。[46]

第 9 集团军残部奉命突围

由于第12集团军已推进至费尔奇，加上柏林的绝望局势，国防军最高统帅部决定允许第9集团军集体或分头向西突围，并让残部加入第12集团军。此外，约德尔还向这支部队承诺，将在4月28/29日夜间为其空投补给品。[47]

指挥官易人

第 3 装甲集团军北翼的崩溃

就像对希特勒承诺的那样，凯特尔在4月23日动身前往党卫军第3（日耳曼）装甲军，以查明奥拉宁堡方向的进展。[48]随后他惊讶地发现，自己几乎闯进了最前线。他遇到的是第7装甲师和第25装甲掷弹兵师的分队，它们正在向新施特雷利茨移动，并没有奉命前往滕普林。他还遇到了第101军的一个师

（即第5猎兵师），它“一边向后方行军”，“一边休息，就像是在参加演习”。情况很明显：第3装甲集团军并没有坚守东部前线，其下属部队正从至关重要的东南部突出部撤退。

4月28日10点45分，海因里齐和约德尔在电话中激烈争吵。此时，前者已经通过凯特尔得知了事实。虽然撤退命令何时及如何下达已很难确定，但以下几件事是清楚的：（1）苏军继续在普伦茨劳附近突破；（2）命令要求第3装甲集团军守住韦贝林湖–约阿希姆斯塔尔–滕普林一线，并撤回部分部队，在后方组织封锁线；（3）第25装甲掷弹兵师和第7装甲师（后者只有步兵）从滕普林东北朝普伦茨劳方向进攻，但由于俄军已冲过费尔德贝格和沃尔代克，使缺口扩大至15英里以上，其成功的机会已微乎其微；（4）由于苏军正在向西朝新勃兰登堡扑去，而且前进速度前所未有，因此，必须调集率先抵达此地的德军阻击其先头部队。[49]

在新施特雷利茨附近进攻的计划获得通过

经过一番讨论，凯特尔接受了海因里齐的计划。他们向约德尔报告，第7装甲师将在新施特雷利茨东南部集结，向东北方向进攻，阻止苏军突破。[50]当天晚些时候，凯特尔在新勃兰登堡和新施特雷利茨之间会见了海因里齐和曼陀菲尔将军，过了半个小时，可能是在凯特尔回到国防军最高统帅部总部后，约德尔又发来指示，预定的进攻不应只由一个师（即第7装甲师）发动，而应投入两到三个师，以求打击在新勃兰登堡方向推进苏军的南部侧翼。[51]当海因里齐回到指挥部时，他对这次会晤的总结是“一片混乱”。会面期间他们争论激烈。凯特尔的命令是：坚守阵地，在新施特雷利茨东南部派遣两个师发动进攻，同时从菲尔斯滕贝格向利兴发动助攻，但要做到这些，德军必须从滕普林的突出部撤军，也只有如此，原定在奥拉宁堡方向发动进攻的施拉格特步兵师才能被释放出来，支援在新施特雷利茨的攻击。尽管苏军正在当地东部取得突破，但凯特尔仍然执意进攻，这将在利兴南部留下一个巨大的缺口，为了避免这一点，德军必须撤往采德尼克和利本瓦尔德一线。否则，新斯特里茨和利兴之间的一切都会灰飞烟灭。[52]

约德尔拒绝第 3 装甲集团军从东南部撤退；前线四分五裂

同样在4月28日，海因里齐也在19点15分接通了约德尔的电话，并描述了最新形势：苏军坦克突破了新勃兰登堡北部和安克拉姆南部，其他单位在滕普林西北部的利兴撕开了德军防线。他希望阻止这些进攻，但不得不撤走第3装甲集团军东南方、位于沃斯运河（Voss Canal）背后和哈维尔河沿岸的部队，以释放力量抵御苏军在北面的推进。但约德尔表示，由于第3装甲集团军的东南部战线未遭到直接攻击，因此他们必须坚守阵地，如若不然，温克第12集团军的后方将遭遇威胁。不仅如此，在必要时，他还应当禁止第3装甲集团军向北方和西北方向撤退。[53]

不仅如此，约德尔还对海因里齐的另一条建议——使用施拉格特师阻止苏军先头部队向新勃兰登堡推进——表示反对。约德尔坚持道，按照原先的计划，必须用该师加强第12集团军的突击群，即第46装甲军。

海因里齐针锋相对地回应，说根本不能完成这项任务。但约德尔只是把命令的内容复述了一遍，还说如果海因里齐拒不执行，就得承担全部后果。

一名总参谋部军官回到了国防军最高统帅部总部[54]，他刚视察过前线，并到访了党卫军第3（日耳曼）装甲军的军部所在地。从他这里，约德尔得知，东南侧的主力部队（即第101军和奥得河军）已从阵地撤离，只留下很少的警戒部队。证据已然确凿：海因里齐正在抗命自行撤退。[55]

到傍晚，奥得河军的战线被俄国人洞穿，敌军攻入滕普林，并向西前进，矛头掠过采德尼克。奥得河军则试图沿着哈维尔河一带［从博伊泰尔（Beutel）到旧帕赫特（Alt Pacht）附近的湖泊］构建工事，前线一直延伸到利兴地区。在第101军所在的地段，从南方杀来的苏军抵达了利本瓦尔德，在当地德军战线打进了一个楔子。[56]

4月28日晚些时候，前文中所述的消息抵达了国防军最高统帅部，并证实第3装甲集团军已自行从东南突出部撤出。[57]

在这一天，困扰德军指挥官的问题不只发生在军事层面，而且比之前更加棘手。尤其是逃难的平民——德军最终决定不再强制其撤退，而是允许他们在留下或逃亡间自行选择。道路水泄不通，原因有三点：（1）大堆向西撤退的平民和士兵；（2）转移的战俘；（3）交通管理混乱——这些都给维斯瓦河集团军群带来了严峻考验。

斯维内明德防御地带的疏散同样引发了几次争论，但最终命令仍要求德军坚守。[58]

第21集团军（冯·蒂佩尔施基希）配属至维斯瓦河集团军群旗下

当天，冯·蒂佩尔施基希将军视察了党卫军第3（日耳曼）装甲军和第41装甲军的军部。他的任命在4月28日生效，此行是为了查看新下属部队的情况。按照要求，他将接管第3装甲集团军的部分地段和单位。但国防军最高统帅部的一个要求却让这位将军为难，那就是要守住东南方突出部，以便第12集团军展开行动。但围绕这个突出部，争议始终没有中断。[59]

海因里齐离职，维斯瓦河集团军群司令官易人

在4月28/29日晚间，海因里齐试图在电话中向凯特尔反馈局势的严重性，但凯特尔将问题归咎于他过早放弃阵地。海因里齐表示，这些阵地都是被迫放弃的，同时，苏军正在向西北突破，菲尔斯滕贝格和附近的陆军最高司令部总部都岌岌可危，不少部队土崩瓦解。不仅如此，海因里齐还带着愤怒谈到了他自己：国防军最高统帅部一直在干涉维斯瓦河集团军群的指挥。“这么做没有错，”凯特尔打断了他的话，海因里齐顿时明白了，这位元帅已失去了对他这个集团军群司令的信心。海因里齐继续道，在他当兵的四十年里，从来没有听过这样的训斥，仿佛他在故意出卖德国军队的利益一样，他不能容忍这样的指控，因为这些指控玷污了他的荣誉，何况它来自一位服役时间比他更短的元帅。他重申，作为这片区域的主官，他已尽其所能，是局势的变化让他做出了这些决定，既然这都不能让上级满意，他们不如另请高明。凯特尔的回答很简单：“既然你要求了，那就这么办。”海因里齐被解除了职务，一同被革职的还有他的参谋长冯·特罗塔将军。[60]

凯特尔心仪的集团军群司令是库尔特·斯图登特，参谋长是埃里希·德特勒夫森。斯图登特将军当时在荷兰指挥第1伞兵集团军，德特勒夫森将军则在国防军最高统帅部总部。[61]

由于距离遥远，交通不便，这两名军官需要几天才能上任。但在4月28/29

日夜间，凯特尔通过电传确认，海因里齐已被就地革职，新指挥官的人选会随后公布。海因里齐奉命将集团军群转交给第3装甲集团军司令冯·曼陀菲尔将军，后者不久也得知了情况。[62]

劳恩堡：英军横渡易北河

4月29日，英军在劳恩堡突破易北河。当地的德国守军实力太弱，无法进行有效防御。为抵御英军在易北河上的突破，指挥层决定暂停向维斯瓦河集团军群或第12集团军增派部队。[63]

在第101军的战线上，危机正在加剧。苏军坦克大举突破，几乎从南面推进至采德尼克。混乱愈加严重：约德尔向该军军长弗里德里希·希克斯特中将下令，一旦接到撤退命令应立刻报告。稍后的要求更是变本加厉——就算接到了撤退命令，希克斯特也必须视为无效。对于约德尔干涉战术指挥的做法，冯·蒂佩尔施基希的形容是“不可理喻”。不仅如此，约德尔还在质询，德军为保护国防军最高统帅部总部（位于菲尔斯滕贝格附近的莱因贝格）采取了什么措施，这表明他对安全表现出了强烈的担心。[64]

4月29日：前线变化和态势估计

与此同时，苏军继续全线推进，多个地段有遭突破之虞。除了新勃兰登堡–安克拉姆一带的深远突破口，在第3装甲集团军和新加入的第21集团军之间，一个缺口也被越扩越宽。第3装甲集团军有可能被多处洞穿，让苏军抵达奥拉宁堡地区（即前施泰因纳集团军集群的驻地）后方，目前，他们采取守势，试图阻止苏军越过勃兰登堡–拉特诺地区继续推进。

德军估计，俄国人将继续兵分多路朝梅克伦堡进攻，并以波罗的海沿岸为主攻方向，但与此同时，他们也将从柏林北方和西北方向进攻，途径勃兰登堡–拉特诺一带冲向易北河。一抵达河畔，他们就会挥师北上，把德军切断在易北河以东和波罗的海以南地区。

对于维斯瓦河集团军群，拯救残存部队的唯一机会是立刻撤退，并巩固前线。但海因里齐没能说服国防军最高统帅部，而是只能“听其自然”，让每个指挥官自行做出判断。第9集团军并未传来后续的直接报告，但第12集团军的进攻又有了新进展。而在柏林方向，战斗依旧非常激烈。[65]

冯·蒂佩尔施基希被任命为维斯瓦河集团军群代理司令

前线局势继续发展。在4月29日中午前不久，冯·曼陀菲尔和海因里齐都发来消息，称曼陀菲尔无法接过维斯瓦河集团军群的指挥权，原因是他指挥的集团军目前局势危急，并希望命令能暂缓执行。[66]

但凯特尔决心已下，要求冯·蒂佩尔施基希暂时接过这一岗位，其原职务则由施泰因纳接替。[67]

对于冯·蒂佩尔施基希而言，他相信海因里齐的决定并没有错，也赞同冯·曼陀菲尔的做法，陆军最高司令部的要求让他感到不可理喻，就像是“拆东墙补西墙”一样。在那段时期的私人日记中，他用希特勒《我的奋斗》中的一段话表明了自己的态度，其大意如下：“真正的外交不应该让一个国家灭亡，它固然可以成为英勇和不屈的展板，但不能把人民推向绝境。为了这一目标，任何委屈求全都不为过，不妥协才是一种可怕的罪行。”[68]

冯·蒂佩尔施基希试图面见凯特尔，并打算向国防军最高统帅部的一位友人求助，但都事与愿违。[69]

同样，施泰因纳也认为不应该在此时更换集团军群司令，并向希姆莱通报了情况。[70]

4月29日15点30分，苏军几乎抵达了位于莱茵斯贝格的国防军最高统帅部司令部，而且此前当地已被多枚炸弹命中，让凯特尔和约德尔被迫向德宾［Debbin，也有可能是多宾（Bobbin），具体有待确认］逃亡。沿途他们访问了冯·蒂佩尔施基希的第21集团军司令部，费尽口舌才说服后者接过了维斯瓦河集团军群代理司令的职务。蒂佩尔施基希要求德特勒夫森担任参谋长，并让后者拿到了任命。[71]

冯·蒂佩尔施基希只在代理司令任上待了一天。在他的私人日记中，相关内容简短且隐晦，其中没有明确提到上任一事，但表示他要负责第21集团军和第3装甲集团军（即接管了整个集团军群）。至于第9集团军则身陷重围，联络中断，自4月28日之后便没有发回任何消息。[72]

维斯瓦河集团军群的新任务

此时维斯瓦河集团军群的任务如下：在南部和东部坚守前线；攻击并挫败从新勃兰登堡方向突破之敌。这次进攻将由第25装甲掷弹兵师、第7装甲师和施拉格特师联合发动，并可能由第46装甲军全权指挥，其计划和细节定于当日21点发送。第21集团军将派遣右翼部队参战，并接管党卫军第3（日耳曼）装甲军和另一个军的指挥权。[73]

柏林战役失败

4月29日，第12集团军进攻失利

一波三折的4月29日远没有结束。午夜前不久，凯特尔和约德尔从第12集团军得知了解围失败的事实。4月28日，第12集团军（确切地说，是下属的第20军）已推进至柏林西南方的尼梅克–尼切尔（Nichel）–里斯多夫（Reesdorf）–贝利茨疗养院西缘–贝利茨以北的铁路–费尔奇一线。[74]29日，他们继续从波茨坦向柏林前进，[75]并给了波茨坦守军（即雷曼集群，又名施普雷河集团军集群）会合的机会。[76]但进攻的势头在此时衰弱了下去：4月29日晚间，第20军遭遇反击，被迫全线转入防御。在发送报告时，该军已经挫败了苏军的数次突破，但许多事实表明，继续救援柏林已不切实际。

这些事实是：在德国人所谓的“第12集团军侧后方向”，即面对西方盟国的方向，美军正在不断推进，而且极有可能向北发起攻击；另外，俄国人也在进攻，其部队集结的证据已确凿无疑；此外，德国人还意识到，第9集团军的部队将无法提供任何支援。

23点30分，第12集团军请求国防军最高统帅部提供后续指示。[77]

国防军最高统帅部承认失败；第12集团军暂停进攻；第12集团军转入维斯瓦河集团军群旗下

凯特尔请求温克确定第20军是否已无力继续进攻，如果确实如此，该集团军就必须做好从南向北突围的准备。相关命令很快被国防军最高统帅部批准，并由约德尔签署，然后在4月30日23点30分通过无线电和电话传达给了温克。[78]这也意味着，国防军最高统帅部终于承认了解救柏林的最后一次

尝试宣告失败。

另外，4月30日，第12集团军还被调入维斯瓦河集团军群旗下——但此举不过是因为这两个司令部之间还可以保持联系。[79]

第 9 集团军与第 12 集团军会师

在第12集团军向柏林进军期间，他们还与第9集团军建立了无线电联系，并警告苏军正在特罗伊恩布里岑和于特博格之间集结，还有一些部队正从贝利茨东南方向卢肯瓦尔德推进，试图拦截从施普雷森林突围的30000名士兵。这些第9集团军的单位已经失去了所有装备，而且筋疲力尽，无力继续作战。因此，第12集团军让车辆做好准备，以便将他们运往易北河，在当地，这些突围的士兵将作为第12集团军的一部分首先投降。第9集团军的残余部队最后一次传来消息是在4月28日，据推测，他们已经被苏军俘虏。[80]

希特勒之死

希特勒对解围的幻想

4月28日凌晨，凯特尔曾通过帝国总理府的克雷布斯将军给希特勒发送了一份报告，其中对局势的描述让希特勒相信，柏林仍有望迎来援军。即使到4月29日中午电话联络暂时恢复时，他仍然相信救援部队有可能到来。[81]

4月29日下午16点发给帝国总理府的电报中这样写道：第12集团军继续从波茨坦方向朝柏林逼近，并且成功抵御了敌军的进攻。其中还表示，面对巨大的压力，维斯瓦河集团军群被迫把东部战线撤往利本瓦尔德–利兴–新勃兰登堡–安克拉姆–乌瑟多姆–沃林一带，并正在竭尽全力阻止苏军对这条战线的攻击。关于第9集团军，它只是说暂时没有报告传来。[82]

这条乐观的报告何时交到了希特勒手中，我们还不得而知。但就在4月29日16点52分，陆军部队和帝国总理府的直接联络又一次中断。[83]

4月29日晚间时分，一切都结束了。甚至连希特勒亲自敦促温克、第9集团军和其他部队解围都无济于事。[84]4月29日至30日午夜，国防军最高统帅部决定停止后续解围行动，并命令参战部队后退。[85]

凯特尔告知希特勒最后的攻击失败

随后，凯特尔向希特勒通报了绝望的形势，其内容如下：

“温克的先头部队止步于施维洛湖以南；俄国人在整个东线发动猛攻，第12集团军无法继续救援柏林。

第9集团军的主力被围，装甲集群向西突破，其情况尚未查明。

霍尔斯特军（即前施泰因纳集团军集群）被迫在勃兰登堡-拉特诺-克雷门一线转入防御。

解救柏林的攻势毫无进展，维斯瓦河集团军群被迫全线后撤，目前，他们正在奥拉宁堡以北-勃兰登堡（作者按：此处指的是新勃兰登堡）-安克拉姆一线进行艰苦的防御战。

我不分昼夜地视察前线，与军官们在一起，竭力敦促所有人履行使命，并带着无比的决心战斗下去——这样的战斗正在每个地方进行。”[86]

希特勒自杀；最高指挥层易人

虽然看上去，外界的消息仍可以传到柏林，但我们不知道希特勒是否收到了凯特尔4月30日发去的电报。[87]如果确实收到了，它可能就是希特勒在4月30日下午自杀的最终原因。[88]按照报告，希特勒自杀的时间是4月30日15点30分，在前一天签署的遗嘱中，他指定邓尼茨海军元帅为接班人，并任命他为德国最高首脑和武装部队最高统帅。直到24小时后的5月1日15点18分，邓尼茨才收到了这封电报。1945年5月1日22点30分，他用广播向德国民众公布了元首的死讯。[89]

凯特尔呼吁武装部队继续战斗

凯特尔并没有在第一时间得知希特勒自杀身亡的消息，他告诉下至集团军一级的指挥官，希特勒仍在帝国总理府的地堡内亲自指挥战斗，他自己则在柏林以外设置了指挥部，并根据希特勒的指示领导战局。他报告说，一切兵力都投入到了解救首都的战斗中，尽管他们英勇作战，但仍在柏林城外陷入了僵局。为避免被歼灭，各师很可能正在朝德国西北部且战且退，柏林守军则被压缩到了市中心的一小片区域。如果柏林沦陷，希特勒将与城同殉，为德国人民“献出生命”。如果德意志民族想要生存，就必须在政治和军事上团结一致。因此，凯特尔后来呼吁全体国防军成员，应对新的国家领导层保持绝对服从，国防军最高统帅部也将继续遵照其指示发布命令。为挽救数百万德国士兵，他们必须与布尔什维克战斗下去，每份命令都必须忠实执行，任何人不得擅自行动或放下武器。虽然战争大局已定，但军人为国牺牲的责任没有变。希特勒已经为德国人民“献出了生命”，但德国人民的命运仍将取决于德国武装部队的忠诚和决心。

另外，凯特尔还特别提到，该命令绝不应通过无线电发送，而是需要用适当的形式发送给部队。[90]

正是在这种情况下，在4月30日或5月1日，维斯瓦河集团军群下属各师接到命令，准备向西和西北方向且战且退。

1945年4月30日的局势发展，柏林之战落幕

根据国防军最高统帅部4月29日发布的命令，第12集团军位于南部包围圈内的部队应向北突围，穿过根廷（Genthin）至哈维尔贝格的高速公路——当地位于易北河和拉特诺之间，是一处瓶颈地带。[91]这次突围是否成功将取决于维斯瓦河集团军群能否坚守北翼，并控制住瓦伦-马尔钦-德明-格赖夫斯瓦尔德一线。也正是因此，凯特尔敦促维斯瓦河集团军群北线的所有指挥官恪尽职守，为拯救南部包围圈中的战友们争取时间。[92]

然而，在4月29日至30日晚上，维斯瓦河集团军群的新任参谋长德特勒夫森便向国防军最高统帅部发去电报，第3装甲集团军遭遇了严重失利，其北部侧翼已危在旦夕，民众则纷纷挂起白旗。[93]

白天，局势进一步恶化，俄国人占领了新施特雷利茨和新勃兰登堡，还沿着主干道穿过马尔钦和德明，分别向居斯特罗和罗斯托克方向推进。在国防军最高统帅部的首肯下，第3装甲集团军对残余部队进行了重组，试图阻止上述苏军，并攻击穿过德明之敌的南部侧翼，重新夺取德明西北方向的区域。[94]

由于地面通道有被切断的危险，斯维内明德防御地带奉命疏散。当地的人员与装备将从海上和陆上撤往格赖夫斯瓦尔德，以便继续在维斯瓦河集团军

旗下作战。[95]

4月30日晚间，第3装甲集团军的部队正在一条脆弱的战线上左支右绌，该战线从波罗的海沿岸的里布尼茨（Ribnitz）一直抵达米里茨湖；至于第21集团军的战线则从该湖出发，经过莱茵斯贝格，一直延伸到新鲁平附近。第12集团军的各单位则大致在一条东西向的战线上铺开，并指向拉特诺——当地位于一处瓶颈地带的东缘。在东面，俄国人已抵达城外，在西面，西方盟军于唐格明德（Tangermünde）陈兵易北河畔，但瓶颈地带的通行仍不受阻碍。在这处狭长区域以南，第12集团军的部分部队被装进了包围圈，其东面是柏林–德绍高速公路，南界是尼梅克–林道（Lindau）和马格德堡，西面则位于易北河畔；在瓶颈地带的西北部，德军残部（来自第12集团军）正在易北河畔与美军对峙；而在维斯瓦河集团军群和西北最高指挥部的交界处，英军已渡过易北河，在劳恩堡构建了桥头阵地。[96]

同一天，凯特尔向国防军最高统帅部B指挥小组（位于南部）的指挥官——温特将军——发出消息，柏林解围行动已经失败，最后的战斗正在首都中心进行。未来，北部地区的作战意图是在易北河口–哈维尔贝格–罗斯托克之间集结所有部队，并保持与丹麦的联系。但事实上，这条信息只是一种说辞，没有任何一个德国北部的单位接到过相关命令。对于德国南部的部队，凯特尔建议他们组成一个巨大的要塞区，并视东线为重点方向，尽量不让布尔什维克占领更多领土，为政治谈判争取时间。

凯特尔还告知温特，国防军最高统帅部仍与希姆莱、邓尼茨和罗伯特·冯·格莱姆（即戈林的继任者）元帅保持着密切接触，同时，他们还能通过无线电与帝国总理府取得联系。[97]

5月3日，柏林的战斗继续在市中心政府大楼周围的多个街区进行。5月4日，国防军最高统帅部向德国民众发表公告，宣称帝国首都的战斗已经结束。[98]

斯图登特的最后使命

邓尼茨元帅获悉他被希特勒任命为接班人是在4月30日。不久，他便召集凯特尔和约德尔前往位于普伦的指挥部共商军事形势。[99]次日，当这一行人在维斯马停留时，遇到了刚从荷兰赶来的斯图登特。在商讨局势的同时，他们还向后者介绍了给维斯瓦河集团军群的新任务。凯特尔和约德尔抵达普伦可能是在当天傍晚，不久，他们便得知了希特勒的死讯。[100]

当斯图登特抵达维斯瓦河集团军群的指挥部（此时，其已从居斯特罗转移到了什未林附近的舍恩瓦尔德）后，交接工作立刻开始，在某些亲历者的记忆中，这些工作不过是一场闹剧。斯图登特显然没有意识到局势的绝望，或者拒绝承认现实，他仍在谈论最后的防线，俨然认为维斯瓦河集团军群还有战斗能力。但实际上，只有残余部队还在各自为战，而且这些部队都已陷入孤立。大部分人正在拼命向西撤退，而且被难民挡住去路。[101]所有单位都在瓦解，他们只保持着名存实亡的纪律。[102]

斯图登特上任后的情况如何我们目前无法确定。显然，国防军最高统帅部未能与他取得联系，并因此再次考虑更换人选。5月1日，西北最高指挥部和维斯瓦河集团军群的新边界被确定下来，即特拉弗明德（Travemünde）–舍恩伯格（Schoenberg）–采伦廷（Zerenthin，由维斯瓦河集团军群管辖）–诺伊豪斯（Neuhaus）–于尔岑（由维斯瓦河集团军群管辖）一线。同一天，布施元帅的西北最高指挥部还被授予了整个北部地区（不含丹麦和挪威）的战术指挥权。[103]显而易见，斯图登特对维斯瓦河集团军群的管辖权已名存实亡，甚至可能从未实现。[104]

在德国投降之后大约三周，即1945年5月28日，斯图登特将军被俘。[105]

维斯瓦河集团军群的最后报告；突围命令下达

5月1日，苏军继续向罗斯托克和居斯特罗推进，并穿过米罗（Mirow）、莱茵斯贝格和新鲁平向西进攻。在什未林方向，第3装甲集团军和第21集团军的努力收效甚微，仅起到了拖延作用。在易北河前线，美军沿着路德维希斯卢斯特–什未林–维斯马轴线前进，还从劳恩堡桥头堡（位于汉堡以东）出击，英军则继续突向加德布施，还穿过穆林（Moellin）向吕贝克前进。[106]

在柏林北部，第12集团军的下属单位据守着一条东西向的战线，其南部集群则推迟突围，以便在卢肯瓦尔德地区接纳第9集团军的残余部队。[107]

5月2日，一些美军坦克出现在什未林附近，还有一些攻入罗斯托克。英军抵达吕贝克，美军进入了维斯马城内。在梅克伦堡中部，苏军则在不断压迫在罗斯托克和普劳恩湖一线设防的德军。这种情况也意味着，苏军和西方盟军正在波罗的海沿岸联手进攻——就算这不是刻意为之，也很快会变成既成事实。而这也导致在汉堡和波罗的海之间，德军通往西方的最后一条逃生路线被截断。由于针对西方盟军的行动都是为了保证这条路线的通畅，在这种情况下，继续与其作战实际已毫无意义。同时，邓尼茨元帅也开始了投降谈判。

5月2日12点10分，德特勒夫森在电话中向国防军最高统帅部提议，他们应在帕尔希姆–路德维希斯卢斯特地区重组维斯瓦河集团军群的残余部队，以便在什未林和易北河之间朝西北方突围——这一切的前提是美军能保证德军不遭到俄国人的攻击。在电话中，他提到了第3装甲集团军、第21集团军和第12集团军，但第9集团军依旧杳无音信。国防军最高统帅部批准了这一计划，并要求他进一步开展调查，明确美方的态度。[108]同时，他们还下达了新指示：让部队尽量向西前进，穿过德米茨（位于易北河畔）–维斯马（位于波罗的海沿岸）一线，进入西方盟军的控制区，并在各地争取机会，与英军和美军指挥官谈判。[109]

同时，西北最高指挥部应继续开展迟滞行动，以便争取时间，使国防军最高统帅部与英军进行磋商，敲定德国西北部的各种事宜。[110]

当时，中央集团军群仍占领着捷克斯洛伐克的大部分地区和德国东南部的一部分土地。其参谋长奥德维希·冯·纳茨默将军奉命前往邓尼茨的总部，以了解后者在政治和军事上有何打算。有消息称，在5月4日的会议上，纳茨默被提名为维斯瓦河集团军群参谋长的继任人选，还将接替德特勒夫森的职务。[111]但这种说法要么有误，要么只是一种设想——因为当纳茨默5月9日在埃格尔（Eger）被俘时，完全没有提到这次提名。[112]

以上这一切，似乎是德方文件最后一次正式提及维斯瓦河集团军群；1945年5月2日中午，德特勒夫森与国防军最高统帅部之间的电话通话则成了与维斯瓦河集团军群总部的最后一次直接联系。想必此时通信已经中断，或者更有可能的是，斯图登特、德特勒夫森和其他参谋人员正在沼泽密布、森林茂密的什未林附近跋涉，以便穿过德米茨–维斯马一线——他们知道，前进期间的每次停留都可能让队伍被长驱直入的英美联军切断，或是因此遭遇苏军的攻击。[113]

总而言之，维斯瓦河集团军群总部至少运转到5月2日，但之后的情况完全不明。由于目前并没有一份维斯瓦河集团军群签署的向西方盟国投降的文件，我们只能猜测其总部已经瓦解，下属的各个集团军和单位也自行投降。

各集团军投降

到5月2日，维斯瓦河集团军群的下属部队已被压缩在一片狭窄的区域，且与后方失去联系；他们正面临着两个选择——要么被苏军歼灭或俘虏，要么向西方盟国投降。

第21集团军司令冯·蒂佩尔施基希和第3装甲集团军司令冯·曼陀菲尔与美军和英军的指挥官建立了联系，请求在5月2日投降。其中与前者接洽的是美国第82空降师的师长加文将军，经过艰苦谈判，蒂佩尔施基希终于获得了加文的许可，并向下属部队发布了下列命令：

> 第21集团军将继续撤退并阻止苏军的突破。在撤退期间，如果遇到美军或英军，所有人应停止作战，放下武器，并接受拘留。

经过最后半小时的紧张等待，冯·蒂佩尔施基希获悉，蒙哥马利的指挥部已批准了他的申请。[114]

冯·曼陀菲尔的第3装甲集团军也获得了类似的条件。[115]

这些安排都在向国防军最高统帅部发去通报之前至少一天敲定并生效。[116]

5月2日，国防军最高统帅部组建了一个代表团，团长是新任海军司令邓尼茨的继任者——汉斯-格奥尔格·冯·弗里德堡海军大将，他们奉命与伯纳德·蒙哥马利元帅（第21集团军群司令）进行磋商，并商讨许多重要议题。谈判随即在5月3日开始。[117]

在谈判中，德国代表团获悉，蒙哥马利要求位于荷兰、弗里斯兰（Friesland）、石勒苏益格-荷尔斯泰因和丹麦地区的所有德军无条件投降。另外，对方还表示，他不接受参与过对苏作战的单位成建制投降，但仍会接纳个别士兵，并补充说，他不打算将这些战俘移交给苏联。[118]

在获得邓尼茨元帅和凯特尔元帅的批准后，代表团于5月4日下午在吕讷堡荒原（Lüneburg Heath）的第21集团军群总部签署了投降书。停战协定于5月5日8点正式生效。[119]

5月4日，在盟军远征军最高指挥官德怀特·艾森豪威尔将军主导下，盟军和德军在兰斯（Reims）举行会议，1945年5月7日2点41分，约德尔将军签署了德国武装部队投降书。[120]

尽管英美两国政府首脑和参谋长联席会议已经制定了一项基本方针，即在东西两线，德军的投降必须同时集体进行，但一些下级指挥官仍然对当面的德军网开一面，或是接纳了一些单独前来投降的德军士兵。[121]

维斯瓦河集团军群的大多数部队穿过战线，向英军或美军投降，但相关信息非常有限。

5月2日，第21集团军司令冯·蒂佩尔施基希（之前曾接管过一天维斯瓦河集团军群）在日记中写道：第25装甲掷弹兵师（可能奉命担任后卫部队）向西行军，当天下午穿过马尔钦和泰特罗（Teterow）。包括德明和新卡伦（Neukalen）等很多城镇则升起了白旗。他本人后来搭乘飞机离开[122]，并于5月3日在梅克伦堡的路德维希斯卢斯特投降。[123]

曾经担任第21集团军临时指挥官的施泰因纳于5月3日在易北河畔的格尔博森（Golbosen）投降。第3装甲集团军司令冯·曼陀菲尔于5月3日在什未林附近的哈格诺（Hagenow）被美国第8装甲师俘虏。[124]

至于柏林南部和西部的2个集团军则派遣装甲兵上将马克斯·冯·埃德尔斯海姆（Max von Edelsheim，他也是第12集团军辖下一个军的军长）作为谈判代表，至于涉及的范围则包括了第12集团军、第9集团军残部、雷曼集群（即施普雷河集团军集群）和其他零星单位。5月4日，美国第9集团军在施滕达尔（Stendal）接受了他们的投降请求。5月5日，第12集团军和第9集团军的部分单位从马格德堡以东杀出一条道路，抵达了易北河畔的美军控制区，并在5月7日完成了所有渡河行动。[125]

第12集团军司令温克将军于5月7日在唐格明德附近被俘；第9集团军的指挥官布塞将军则于1945年7月29日在家乡——符腾堡州的瓦勒施泰因（Wallerstein）投降。[126]

总结

维斯瓦河集团军群在5月2日至4日之间不复存在，其主体在5月7日前以个人或成建制的方式向美英军队投降，其余单位则被苏军俘获。

本章尾注：

1. 在此期间他们的行程为：1945年4月23日，在菲尔斯滕贝格西南、莱茵斯堡附近的新鲁芬兵营（Neuroofen Camp）；4月29日，在多宾［或博宾（Bobbin），具体待查明，位置大概在新施特雷利茨和瓦伦之间］；5月1日，在普伦附近的诺伊施塔特（Neustadt）的海军军营；5月2日，在弗伦斯堡附近的米尔维克（Mürwik）。参见美国军事研究文件MS D-398《国防军最高统帅部作战日志，1945年4月20日至1945年5月19日》（*OKW, KTB 20.IV.—19.V.45*）。这份记录着国防军最高统帅部最后几天活动的作战日志是由一位在1945年春天调入该指挥部的伤残军人——约阿希姆·舒尔茨少校保管的。根据上述官方记录和个人经历，舒尔茨撰写了回忆录《最后30天》（*Die Letzten 30 Tage*）（斯图加特，1951年出版）。

2. 参见（1）美国军事研究文件MS D-398；（2）国防军最高统帅部政治事务文件中的《白皮书草案》（*Entwurf Weissbuch*，1945年5月撰写）和各项附录（下文简称“德军白皮书”）。另外，目前尚不清楚邓尼茨接管指挥权的时间，我们只能确定是在4月20日至30日之间，另外根据《德军白皮书》中的说法，邓尼茨的指挥部在1945年5月2日转移到了弗伦斯堡附近的米尔维克。

3. 参见（1）弗雷斯特·波格《第二次世界大战中的美国陆军——最高司令部》（*United States Army in World War II—The Supreme Command*）（1954年华盛顿出版）；（2）美国军事研究文件MS R-79《第9集团军的最后进攻和投降，1945年4月21日至5月7日》（*Armee's Last Attack and Surrender, 21 April - 7 May 1945*）（马格纳·鲍尔撰写）。

4. 参见（1）弗雷斯特·波格《第二次世界大战中的美国陆军——最高司令部》；（2）美国军事研究文件MS D-398；（3）编号为OKW/WFS/Op Nr. 88875/45的文电，希特勒与戈林等人于1945年4月24日签字，出自《国防军最高统帅部对部队的命令（以及投降文件），1945年4月13日至5月20日》［*OKW Befehle an die Truppe（Kapitulation）13.IV.—20.V.45*，以下简称“国防军最高统帅部命令，1945年4月13日至5月20日”］。

5. 当时德国控制的区域包括：捷克斯洛伐克的大部；南斯拉夫、意大利、荷兰和挪威的一部；整个丹麦；几乎整个奥地利；爱琴海群岛；位于库尔兰、东普鲁士和鲁尔区的部分土地；德国西北部、中部和南部地区。

6. （1）按照军事历史主管办公室（OCMH）保存的人事文件，海因里齐将军被任命为维斯瓦河集团军群司令的日期是1945年3月20日，舍尔纳被任命为中央集团军群司令的日期是1945年1月17日。（2）苏联人从中游横渡奥得河、兵临尼斯河畔的时间是1945年2月的前半月。（3）第12集团军在德国中部组建的时间是4月8日。（4）柏林被指定为防御地带是在3月28日。另外，关于柏林局势发展的信息，可参见美国军事研究文件MS P-136《柏林德军的防御计划》（*The German Defense Plan of Berlin*）（威廉·威尔姆勒上校撰写）。

7. 参见附录A的地图。

8. 参见美国军事研究文件MS D-398。

9. 参见（1）美国军事研究文件MS D-398“1945年4月23日”部分；（2）其间，上级为维斯瓦河集团军群和第12集团军划定了一条新分界线，即维特施托克-旧鲁平 - 赫兹贝格-克雷门，且上述分界线上的城镇均在第12集团军辖区内。1945年4月24日19点45分，该集团军的攻击命令正式下达。关于此次攻击和计划变更的详细信息，可参见美国军事研究文件MS R-79（鲍尔撰写）。

10. 参见（1）国会研究处文件CRS 75122/7《维斯瓦河集团军群作战日志，1945年4月20日至29日》附录（*Heeresgruppe Weichsel, Anlagen zum KTB 20.—29. IV.45*，以下简称“维斯瓦河集团军群作战日志附录”）中的若干条目；（2）军事历史主管办公室文件X-500《维斯瓦河集团军群的电话通话详情，1945年4月22日至29日》（以下简称“X-500号文件”），摘自《维斯瓦河集团军群作战日志附录》；（3）《国防军最高统帅部命令，1945年4月13日至5月20日》；（4）《国防军最高统帅部命令，1945年4月13日至5月20日》，编号为OKW/WEST/Op Nr. 88869/45的文电，由约德尔、邓尼茨和维斯瓦河集团军群签字；（5）国会研究处文件CRS 75122/19《重要敌情：战斗序列表，1945年4月25日》（*Order of Battle Chart, 25 Apr 45*）（由维斯瓦河集团军群作战参谋部门编写）。

11. 参见（1）附录B和附录C中的局部地图；（2）附录E、附录F和附录G中的战斗序列、隶属关系和兵力数字。上述信息的来源为：

国防军指挥参谋部WFSt/Op(H) Pruef Nr. 80432号文件《帝国境内作战态势图，l：l000000，1945年4月26日晚间》（*Operationskarte Reich,l:l000000，26 Apr 45，evening*，以下简称《帝国境内作战态势图，1945年4月26日》）；

国防军指挥参谋部WFSt/Op(H) Pruef Nr. 80554号文件《帝国境内作战态势图，l：l000000，1945年4月30日晚间》（*Operationskarte Reich,l：l000000，30 Apr 45，evening*，以下简称《帝国境内作战态势图，1945年4月30日》）；

国防军指挥参谋部WFSt/Op(H) Pruef Nr. 80294号文件《第12集团军和维斯瓦河集团军群态势地图，易北河/奥得河区域，l：300000，1945年4月25日晚间》（*Map, Abschnitt Elbe/Oder, Lange AOK 12 u.H.Gr.Weichsel, l：300000，25 Apr 45， evening*，以下简称《第12集团军和维斯瓦河集团军群态势图，1945年4月25日》）；

国防军最高统帅部/国防军指挥参谋部WFSt/Op(H) Pruef Nr. 80507号文件《第12集团军和维斯瓦河集团军群态势地图，易北河/奥得河区域，l：300000，1945年4月30日晚间》（*Map, Abschnitt Elbe/Oder, Lange AOK 12 u.H.Gr.Weichsel, l：300000，30 Apr 45， evening*，以下简称《第12集团军和维斯瓦河集团军群态势图，1945年4月30日》）；

维斯瓦河集团军群致下属指挥部的文电（1945年4月25日），出自《维斯瓦河集团军群作战日志附录》；

关于平民疏散和运输困难方面的电话通话内容（1945年4月26日至29日），出自X-500号文件。

（3）西北最高指挥部和第12集团军的分界线是于尔岑-什未林-维斯马。

12. 参见（1）编号为OKW/WFSt Nr. 88875/45的文电，希特勒与戈林等人于1945年4月24日签字，出自《国防军最高统帅部命令，1945年4月13日至5月20日》；（2）弗雷斯特·波格《第二次世界大战中的美国陆军——最高司令部》，第472页。

13. 参见国防军指挥参谋部发送给邓尼茨的无编号文电，由希特勒签字，出自《国防军最高统帅部命令，1945年4月13日至5月20日》。

14. （1）此处内容参见附录D中的《维斯瓦河集团军群和第12集团军态势叠加图，1945年4月25日至5月2日》，读者应在阅读本文件的其余部分时对该图进行参考。（2）之前的三段内容主要参考了：美国军事研究文件MS D-398；国防军指挥参谋部的无编号文电，希特勒致约德尔和第12集团军（1945年4月25日19点整发送，4月26日0点25分接收），出自《国防军最高统帅部命令，1945年4月13日至5月20日》《第

12集团军和维斯瓦河集团军群态势图，1945年4月25日》。（3）昼间报告，出自《维斯瓦河集团军群作战日志附录》。（4）编号为OKW/WFSt/OP (H)/Nordost Nr. 003821/45的电传消息，约德尔签字，收信人为维斯瓦河集团军群等，出自《国防军最高统帅部命令，1945年4月13日至5月20日》。（5）美国军事研究文件MS P-136《柏林德军的防御计划》（威廉·威尔姆勒上校撰写）。（6）第25装甲掷弹兵师和第7装甲师之前已被配属给第12集团军，但在1945年4月25日被调往施泰因纳集团军集群（由第3装甲集团军旗下）；参见国防军指挥参谋部致第12集团军的无编号文电（文电的编号和签字人已被抹去），出自《国防军最高统帅部命令，1945年4月13日至5月20日》；亦参见《维斯瓦河集团军群作战日志附录》中的多个条目。（7）参见附录C。

15. 关于4月25日希特勒的命令发送到第9集团军的详情，以及第12集团军进攻调整的细节，不妨参考美国军事研究文件MS R-79（鲍尔撰写）。

16. 在攻击部队重组完毕之后，这次进攻显然在1945年4月25日8点整（或11点整）就已经开始。参见《第12集团军和维斯瓦河集团军群态势图，1945年4月25日》以及美国军事研究文件MS R-69（鲍尔撰写）。

17. （1）参见附录D中的态势叠加图。（2）之前的三段内容主要参考了：美国军事研究文件MS D-398；第9集团军致维斯瓦河集团军群的第538号无线电报，1945年4月25日16点30分，出自《维斯瓦河集团军群作战日志附录》；约德尔致希特勒的、编号为OKW/WFSt/Op, Nr. 88885/445的电传，按照美国军事研究文件MS D-398的说法，该电传系在1945年4月26日0点25分至8点15分之间发送，其内容出自《国防军最高统帅部命令，1945年4月13日至5月20日》。（3）国防军最高统帅部公报（该公报在5月5日之前及当天，几乎每天都会由元首大本营发布）也提到了这些局势变化。这些公报中提到的情况通常要晚一天，但也有可能提前一天公开。因此，我们认为其日期并不具有可靠性。出自国会研究处文件CRS OKW/20《来自元首大本营的特别报告，1943年2月3日至1945年5月9日》（*Special Reports from Hitler's HQ, 3 Feb 43—9 May 45*）（国防军最高统帅部发布）。

18. 参见（1）美国军事研究文件MS D-398中1945年4月25日清晨，9点40分、11点45分和20点30分的条目；（2）希特勒致约德尔、编号为WFSt/Op Nr. 694/45的电传消息（1945年4月26日7点40分发送，9点40分接收），出自《国防军最高统帅部命令，1945年4月13日至5月20日》；（3）1945年4月26日的态势报告、晨间报告、日间报告以及1945年4月27日的日间报告，这些报告均出自《维斯瓦河集团军群作战日志附录》。

19. 参见（1）美国军事研究文件MS D-398；（2）冯·蒂佩尔施基希抵达和接管第21集团军指挥权的时间是1945年4月27日，其情况可参见德国军事历史主管办公室文件X-417（以下简称为“X-417号文件”），其内容部分取自国会研究处文件EAP x/13《第21集团军作战日志，1945年4月27日至5月2日》（*21.Armee, KTB 27.IV.—2.V.45*），该作战日志由库尔特·冯·蒂佩尔施基希提供。

20. 参见（1）电话通话记录，《致维斯瓦河集团军群的报告，1945年4月26日20点30分》，出自“X-500号文件”；（2）美国军事研究文件MS D-398中1945年4月26日22点15分的条目。

21. 参见（1）弗里德尔少校（国防军最高统帅部）致维斯瓦河集团军群作战参谋的电话通话记录，出自“X-500号文件”中1945年4月27日14点30分的条目；（2）美国军事研究文件MS D-398中1945年4月27日的条目。

22. 参见（1）1945年4月27日11点50分，克雷布斯致维斯瓦河集团军群等收信人的文电，出自《维斯瓦河集团军群作战日志附录》；（2）美国军事研究文件MS D-398中1945年4月26日18点25分的条目。

23. 参见（1）美国军事研究文件MS D-398中包含的电话通话记录；（2）1945年4月27日，克雷布斯致国防军指挥参谋部的文电，出自《国防军最高统帅部命令，1945年4月13日至5月20日》。作者假定本文电是对前一天电话通话内容的确认。

24. 参见（1）美国军事研究文件MS D-398中1945年4月26日22点15分的条目；（2）1945年4月26日的态势报告和日间报告，出自《维斯瓦河集团军群作战日志附录》；（3）1945年4月27日的国防军最高统帅部公报，出自国会研究处文件CRS OKW/20《来自元首大本营的特别报告，1943年2月3日至1945年5月9日》。

25. 参见（1）033/WFSt/Op(H) Nordost Nr. 003822/45号无线电报，出自《国防军最高统帅部命令，1945年4月13日至5月20日》；（2）约德尔致维斯瓦河集团军群的文电，出自《维斯瓦河集团军群作战日志附录》。

26. 参见（1）美国军事研究文件MS D-398中1945年4月27日13点整的记录；（2）1945年4月27日的行动备注，出自《维斯瓦河集团军群作战日志附录》；（3）《维斯瓦河集团军群作战日志附录》中在多天中与之相关的记录；（4）1945年4月27日维斯瓦河集团军群参谋长冯·特罗塔致邓尼茨海军元帅的口头报告，出自《德军白皮书》；（5）1945年4月29日的国防军最高统帅部公报（介绍了4月28日的事件），出自国会研究处文件CRS OKW/20《来自元首大本营的特别报告，1943年2月3日至1945年5月9日》。

27. 参见海因里齐致迈尔-戴特林的电话通话记录，1945年4月27日15点25分，以及国防军最高统帅部的克莱瑟致维斯瓦河集团军群情报参谋的电话通话记录，1945年4月27日13点（对13点整电话的回复，介绍了当天的局势）。上述两份记录均出自“X-500号文件”。

28. 参见（1）美国军事研究文件MS D-398中1945年4月21日17点的条目；（2）凯特尔致维斯瓦河集团军群、第9集团军和第12集团军，编号为OKW/WFSt/Op Nr. 88862/45的电传消息，出自《国防军最高统帅部命令，1945年4月13日至5月20日》。

29. 参见（1）凯特尔致维斯瓦河集团军群、第9集团军和第12集团军，编号为OKW/WFSt/Op Nr. 88862/45的电传消息，出自《国防军最高统帅部命令，1945年4月13日至5月20日》；（2）约德尔致维斯瓦河集团军群的文电，出自《维斯瓦河集团军群作战日志附录》，该文电的发送时间似乎是根据《国防军最高统帅部命令，1945年4月13日至5月20日》和美国军事研究文件MS D-398中的条目推定的，但通过比对“X-500号文件”中各项通话记录的时间，我们基本可以推断其正确性，相关情况可参见美国军事研究文件MS R-79（鲍尔撰写）。

30. 参见“X-417号文件”。

31. 参见维斯瓦河集团军群总部在1945年4月27日17点35分、18点45分和19点10分的通话记录，出自“X-500号文件”。

32. 参见附录D中的态势叠加图。

33. 参见曼陀菲尔致特罗塔的电话通话记录，1945年4月27日22点20分，出自“X-500号文件”。

34. 目前为止，该命令的原始出处尚不清楚，但可能是维斯瓦河集团军群相关文件的一部分。另外，其内容和真实性也可以得到维斯瓦河集团军群致国防军最高统帅部/国防军指挥参谋部的第6799/45号电传信息（1945年4月28日19点45分发送，同日23点20分接收）的印证。该电传信息出自《国防军最高统帅部命令，1945年4月13日至5月20日》，涉及了约德尔和海因里齐在4月28日的电话通话内容，并将第3装甲集团军签发的命令摘要（该命令签署于1945年4月27日21点40分）发送给了下属指挥部。

35. 关于部队撤退的第一份报告出现在海因里齐与约德尔1945年4月28日10点45分的电话通话中（出自“X-500号文件”）。在后续的通话中，维斯瓦河集团军群表示他们一直在定期发送报告，但凯特尔却表示自己毫不知情。另外需要指出，目前尚不清楚海因里齐晚上是否位于集团军群总部。但按照1945年4月27日22点20分，特罗塔和曼陀菲尔的电话通话记录，我们可以得出结论，他们认为海因里齐可能会在午夜前从前线返回，而且毫无疑问，冯·特罗塔也在这次通话中得知了第3装甲集团军下达的命令（参见“X-500号文件”）。

36. 参见美国军事研究文件MS D-398中“1945年4月27日”项目下的最后一条记录。

37. 当时的相关记录中都没有提到该师。

38. 4月中旬，施拉格特师在路德维希斯卢斯特进行了重组，随后在4月15日至25日之间的某个时刻被配属给了第12集团军旗下的第41装甲军。4月27日之后，该师转由维斯瓦河集团军群指挥。命令要求第12集团军的第41装甲军将该师派往勒文贝格-格兰塞一带，即奥拉宁堡后方。相关内容可参见1945年4月27日，凯特尔致维斯瓦河集团军群和第12集团军、编号为OKW/WFSt/Op Nr. 88862的电传消息，出自“国防军最高统帅部命令，1945年4月13日至5月20日”。

39. 此处可结合“施泰因纳集团军集群在奥拉宁堡方向受阻”一节的内容。

40. 虽然霍尔斯特所部运动得不是很远，但其运输却极为困难和迟缓。

41. 参见（1）美国军事研究文件MS D-398。这些磋商是通过陆军代理总参谋长汉斯·克雷布斯步兵上将进行的，此人也在柏林帝国总理府陪伴希特勒；（2）1945年4月28日的国防军最高统帅部公报，出自国会研究处文件CRS OKW/20《来自元首大本营的特别报告，1943年2月3日至1945年5月9日》。

42. 根据美国军事研究文件MS D-398，帝国总理府与国防军最高统帅部的电话联系在4月28日5点中断。为了重新取得直接联系，国防军最高统帅部在12点38分指示柏林城防司令（魏德林）通过无线电进行报告，其间，克雷布斯通报了慕尼黑发生叛乱的情况，但显然没有讨论柏林周边的前线局势。4月29日5点10分，国防军最高统帅部告诉温特将军，他们与柏林城防司令（魏德林）通了电话。4月29日12点50分，由于充当中继站的气球（搭载有信号增强器）在菲尔斯滕贝格上空被击落，帝国总理府与陆军部队的直接联系再次中断。这一点也在1945年4月29日16点52分的无线电通信中得到了证实。相关内容可参见元首大本营致海军总司令的第9733/45号无线电消息副本，该副本出自《国防军最高统帅部命令，1945年4月13日至5月20日》。

43. 参见1945年4月28日的国防军最高统帅部公报，出自国会研究处文件CRS OKW/20《来自元首大本营的特别报告，1943年2月3日至1945年5月9日》。亦参见克雷布斯从帝国总理府致国防军指挥参谋部的第607/45号电传消息副本（1945年4月28日2点17分发送，12点30分接收；该文件在收信人处的编号为OKW/WFSt/Op Nr. 88867/er），其内容出自《国防军最高统帅部命令，1945年4月13日至5月20日》，以及美国军事研究文件MS D-398中1945年4月29日12点30分的条目。

44. 参见（1）来自国防军指挥参谋部作战处（陆军）东北分处［Op (H) Nordost］的报告，无编号，该报告由国防军最高统帅部在1945年4月28日接收，出自《国防军最高统帅部命令，1945年4月13日至5月20日》；（2）美国军事研究文件MS D-398（舒尔茨）；（3）上面提到的突围行动似乎发生在1945年4月27日——其情况可参见1945年4月27日的昼间报告，该报告出自《维斯瓦河集团军群作战日志附录》以及美国军事研究文件MS R-79（鲍尔撰写）。

45.（1）其中唯一提到第9集团军的地方，是4月29日16点整国防军最高统帅部发给帝国总理府的一条无线电报，其中指出第9集团军仍然没有音信，其内容可参见美国军事研究文件MS D-398。（2）参见1945年4月28日和4月29日的国防军最高统帅部公报（介绍了4月27日和28日的情况），该公报出自国会研究处文件CRS OKW/20《来自元首大本营的特别报告，1943年2月3日至1945年5月9日》。（3）另外相关信息也可参见本报告第30—34页。

46. 参见（1）1955年10月作者对舒尔特斯（Schultes）上校的采访稿，舒尔特斯是第9集团军下属党卫军第5山地军的参谋长；（2）亦可参见美国军事研究文件MS R-79（鲍尔撰写）。

47. 参见（1）美国军事研究文件MS D-398；（2）1945年4月28日约德尔致第9集团军、维斯瓦河集团军群和第12集团军、编号为OKW/WFSt/Op (H) Nr. 003865/45的文电，出自《国防军最高统帅部命令，1945年4月13日至5月20日》。

48. 在各种文件中都没有提到这一情况。上述信息源自凯特尔在4月28日早些时候与克雷布斯的通话，以及下文引用的各种电话通话记录。

49. 参见1945年4月28日10点45分约德尔与海因里齐的电话通话记录，出自“X-500号文件”。

50. 参见（1）1945年4月28日德特勒夫森与特罗塔的电话通话记录，出自“X-500号文件”；（2）美国军事研究文件MS D-398中1945年4月28日16点30分的条目。

51. 参见（1）1945年4月28日16点45分，维斯瓦河集团军群作战参谋致第3装甲集团军参谋长的电话通话记录，出自“X-500号文件”；（2）约德尔与维斯瓦河集团军群的电话通话记录，出自美国军事研究文件MS D-398中1945年4月28日17点20分的条目；（3）另外我们还可以从各种文件的后续记录看出，第46装甲军将领导此次进攻。

52. 参见1945年4月28日，海因里齐致维斯瓦河集团军群作战参谋的电话通话记录，其中的“菲尔斯滕湖”应为“菲尔斯滕贝格”。

53. 参见“第3装甲集团军自行下令：撤出东北防区”一节，其中提到该命令已经由第3装甲集团军在4月27日签署，并在28日生效。还需要注意的是，在这段时间，维斯瓦河集团军总部接到了大量电话，显示东南方的突出部正在分崩离析——参见“X-500号文件”。

54. 此人是汉斯-约亨·弗里德尔少校。

55.（1）以上五个段落的内容来自美国军事研究文件MS D-398中1945年4月28日19点35分的条目。（2）相关内容还可参见1945年4月28日维斯瓦河集团军群总部的几次电话通话记录，出自“X-500号文件”。

56. 参见1945年4月28日23点20分曼陀菲尔与海因里齐的电话通话记录，出自“X-500号文件”。

57. 参见“第3装甲集团军自行下令：撤出东北防区”一节，从电话通话记录可以看出，本命令要求这两个军守住前线，并抽调一些部队构建后方防线。另一些电话通话记录显示，这些部队正在迅速瓦解，其详情可参见“X-500号文件”。

58. 参见1945年4月28日18点25分、18点35分和18点30分的电话通话记录，出自“X-500号文件”。

59. 参见“X-417号文件”中1945年4月28日的条目。

60. 参见1945年4月29日2点10分凯特尔与海因里齐的电话通话记录，出自“X-500号文件”，该通话记录被列在了4月28日的条目下。

61.（1）参见库尔特·冯·蒂佩尔施基希《第二次世界大战史》（*Geschichte des Zweiten*

Weltkrieges）（波恩，1951年出版）。（2）按照1945年4月30日，凯特尔致克雷布斯（在帝国总理府）的无线电报，他已在昨日清晨将海因里齐和特罗塔撤职，并任命斯图登特和德特勒夫森接替其职务，出自《国防军最高统帅部命令，1945年4月13日至5月20日》。（3）斯图登特曾在1944年9月和10月担任驻荷兰的第1伞兵集团军司令，并在1944年秋天至1945年初担任斯图登特集团军群（后改名为H集团军群）司令。（4）德特勒夫森将军是国防军最高统帅部作战局局长。

62. 参见1945年4月28日签署、1945年4月29日5点10分发送的，凯特尔致海因里齐、编号为Nr. 003846/45的电传消息，以及1945年4月29日15点10分，凯特尔致冯·曼陀菲尔、编号为Nr. 003847/45的电传消息。以上两份文件均出自《国防军最高统帅部命令，1945年4月13日至5月20日》。

63. 参见（1）美国军事研究文件MS D-398中1945年4月29日11点整的条目；（2）1945年4月29日的态势报告，出自《国防军最高统帅部命令，1945年4月13日至5月20日》。

64. 参见（1）1945年4月29日15点整及之后，维斯瓦河集团军群与下属指挥部的电话通话记录，出自“X-500号文件”。（2）美国军事研究文件X-417。

65. 相关内容综合自：美国军事研究文件MS D-398；1945年4月30日，约德尔致帝国总理府、编号为OKW/WFSt/Op Nr. 003850/45的无线电报（出自《国防军最高统帅部命令，1945年4月13日至5月20日》）；1945年4月29日，维斯瓦河集团军群与下属指挥部的电话通话记录（出自“X-500号文件”）；各国防军最高统帅部公报（出自国会研究处文件CRS OKW/20《来自元首大本营的特别报告，1943年2月3日至1945年5月9日》）；1945年4月28日、29日和30日，维斯瓦河集团军群参谋部门情报报告中的东线态势图（出自国会研究处文件CRS Nr. 75122/24），以及“X-417号文件”。

66. 参见（1）美国军事研究文件MS D-398；（2）1945年4月29日11点整，曼陀菲尔致国防军最高统帅部参谋长、编号为Nr. 3550/45的电传消息，以及海因里齐致凯特尔、编号为Nr. 91/45的电传消息。以上两份消息均出自《国防军最高统帅部命令，1945年4月13日至5月20日》。

67. 凯特尔致海因里齐、冯·曼陀菲尔和蒂佩尔施基希，编号为Nr. 003849/45的电传消息，出自《国防军最高统帅部命令，1945年4月13日至5月20日》。

68. 参见“X-417号文件”。

69. 1945年4月29日10点20分，蒂佩尔施基希和特罗塔的电话通话记录，出自“X-500号文件”。

70. 参见1945年4月29日15点整，第21集团军参谋长和维斯瓦河集团军群作战参谋的电话通话记录，出自“X-500号文件”。

71. 参见（1）1945年4月29日国防军指挥参谋部主管的态势报告；凯特尔致维斯瓦河集团军群和陆军最高司令部人事办公室的电传消息副本——上述文件均出自《国防军最高统帅部命令，1945年4月13日至5月20日》；（2）“X-147号文件”。在解职后，海因里齐应前往普伦报到，并听候国防军最高统帅部处置；冯·特罗塔则需要前往位于维斯马的陆军最高司令部人事办公室。

72. 在陆军最高司令部人事办公室，有一份冯·蒂佩尔施基希的档案卡，上面显示他虽然被任命为维斯瓦河集团军群代理指挥官，但这一决定不久就被收回，虽然这种情况并非绝无仅有，但也极不寻常。其详情可参见德国军事历史主管办公室保存的影印版德军将领人事档案（原文件可能是国会研究处文件CRS H6/26“陆军最高司令部人事办公室档案”）。

73. 参见（1）美国军事研究文件MS D-398；（2）1945年4月29日，凯特尔致维斯瓦河集团军群、编号为OKW/WFSt/Op (H) Nr. 003866/45的电传消息，其内容已通过电话提前告知，出自《国防军最高统帅部命令，1945年4月13日至5月20日》。按照1945年4月30日维斯瓦河集团军群和第12集团军的态势图，新施特雷利茨在第3装甲集团军和第21集团军的交界线上，第21集团军（冯·蒂佩尔施基希）的辖下部队有党卫军第3装甲军、第101军和第27军（前奥得河军）。

74. 参见（1）约德尔致第9集团军、维斯瓦河集团军群和第12集团军的编号为OKW/WFSt/Op (H) Nr. 003865/45的无线电或电传消息，出自《国防军最高统帅部命令，1945年4月13日至5月20日》；（2）1945年4月27日和28日的国防军最高统帅部公报，出自国会研究处文件CRS OKW/20《来自元首大本营的特别报告，1943年2月3日至1945年5月9日》；（3）美国军事研究文件MS B-606《最后的集结：第12集团军在东西线之间德国腹地的战斗，1945年4月13日至1945年5月7日》［*Das letzte Aufgebot*（*Kampf der deutschen 12 Armee in Herzen Deutschlands zwischen West and Ost vom 13.IV.—7.V.1945*），作者为京特·赖希海尔姆上校］。

75. 参见美国军事研究文件MS D-398中1945年4月29日16点整的条目。

76. 参见美国军事研究文件MS B-606。

77. 参见（1）1945年4月29日23点30分，由第12集团军作战参谋在态势报告的电话通话内容速记，出自《国防军最高统帅部命令，1945年4月13日至5月20日》；（2）美国军事研究文件MS D-398中1945年4月29日23点30分的条目。

78. （1）参见美国军事研究文件MS D-398。（2）这两份文电中的第一份是凯特尔致第12集团军、编号为NR. 88863/45的无线电报和电话通话记录（注意其副本有两份），出自《国防军最高统帅部命令，1945年4月13日至5月20日》。该电文的落款日期为1945年4月29日，并在同日23点30分通过电话传送到了第12集团军作战参谋部门：

“如果第12集团军司令温克将军清楚第20军的情况，以及我们肩负的重大道德和历史责任，仍认定该军继续进攻属于徒劳，此时他应采取准备工作，让第20军渡过哈维尔河向北突围。请陈述你的看法。随后本人将发布行动命令（已提交至希特勒）。”

第二份为约德尔致第12集团军和维斯瓦河集团军群的无编号文电（电话通话记录或电传消息），出自《国防军最高统帅部命令，1945年4月13日至5月20日》。该消息的落款日期是1945年4月30日1点15分，并已在早些时候的4月29日23点30分和30日0点30分分别发送给了第12集团军和维斯瓦河集团军群。换言之，这两份文件几乎是同时发送的，至少是同时通过电话进行了告知。该文电这样写道：

“国防军最高统帅部命令：第12集团军应派遣第20军和第48装甲军向北突围，并与哈维尔兰主运河（Havellaendische Hauptkanal）北岸的第41装甲军建立联系。如果美方不干扰此次行动，我军应使用根廷-哈维尔贝格高速公路。请汇报详细意图，以便元首批准。

致维斯瓦河集团军群的附录：第12集团军立刻转由维斯瓦河集团军群指挥。

（签字）约德尔。”

79. 参见（1）正文中提到的各种文电；（2）1945年4月30日，德特勒夫森（代表维斯瓦河集团军群）与布鲁德穆勒（来自国防军最高统帅部）的电话通话记录，以及1945年4月30日12点30分发送，约德尔致维斯瓦河集团军群和第12集团军的电传文件。以上两者均出自《国防军最高统帅部命令，1945年4月13日至5月20日》。

80. 参见（1）美国军事研究文件MS P-136；（2）美国军事研究文件MS B-606；（3）托瓦尔德《易北河上的终曲》（*Ende an der Elbe*）（斯图加特，1950年出版）；（4）《帝国境内作战态势图，

1945年4月30日》；（5）美国军事研究文件MS D-398中1945年4月28日16点30分的条目；（6）美国军事研究文件MS R-79；（7）按照一份国防军最高统帅部公报的说法，第9集团军的单位已与第12集团军会合，协助对柏林的救援，但这种说法不过是宣传而已——这些内容出自国会研究处文件CRS OKW/20《来自元首大本营的特别报告，1943年2月3日至1945年5月9日》。

81. 参见“凯特尔向希特勒汇报，表示局势相对乐观”一节，其内容出自：（1）美国军事研究文件MS D-398；（2）美国军事研究文件MS R-79。另外需要指出，上述观点是根据现有文件中的信息得出的，并假设这些信息都来自电话通话记录。

82. 参见（1）美国军事研究文件MS D-39；（2）1945年4月29日16点整，约德尔致帝国总理府、编号为OKW/WFSt/Op Abt. Nr. 003850/45的无线电报，出自《国防军最高统帅部命令，1945年4月13日至5月20日》（原电文中缺少部分内容，已根据该文件上的手写注释进行了补充）。

83. 参见“凯特尔向希特勒汇报，表示局势相对乐观”一节。

84. 参见（1）美国军事研究文件MS D-398中1945年4月29日20点30分的条目；（2）1945年4月29日20点30分，希特勒致约德尔、编号为Nr. 35的无线电报（国防军最高统帅部的接收时间为23点整，凯特尔在电报开头留下了“K 29/4”的记号）；亦可参见1945年4月29日22点30分，希特勒致约德尔、编号为MBBS Nr. 06274的转发电报，以及1945年4月29日20点10分，希特勒致约德尔、由海军通信部门转发的、编号为1.Sk1.B.Nr. 9735/45的无线电报副本——以上三份文电均出自《国防军最高统帅部命令，1945年4月13日至5月20日》。

85. 参见“国防军最高统帅部承认失败；第12集团军暂停进攻；第12集团军转入维斯瓦河集团军群旗下”一节。

86. （1）相关内容可参见1945年4月30日1点整，凯特尔致帝国总理府的、编号为WFSt/Op Nr. 88868/45的无线电报，出自《国防军最高统帅部命令，1945年4月13日至5月20日》，其中最后一句话是凯特尔手写上的。（2）应该指出的是，这份电报也是有关方面第一次向希特勒通报第9集团军向西突围的情况。其中凯特尔使用的措辞表明，之前没有电话向他通报过相关的信息。

87. 参见特雷弗-罗珀《希特勒的末日》（*The Last Days of Hitler*）（纽约：麦克米伦公司，1947年出版），第196页。其中提到了墨索里尼之死，但特雷弗-罗珀标错了温克集团军解围行动的相关电报的日期。另外，按照他的说法，在整个4月29日，温克都没有传来任何消息。

88. 在描述希特勒自杀时，特雷弗-罗珀给出的时间线还存在许多盲点，也没有说明为什么希特勒在早上完成自杀准备之后仍等了数个小时才与亲信一一诀别。

89. 参见（1）弗雷斯特·波格《第二次世界大战中的美国陆军——最高司令部》；（2）《德军白皮书》；（3）1945年5月2日的国防军最高统帅部公报，出自国会研究处文件CRS OKW/20《来自元首大本营的特别报告，1943年2月3日至1945年5月9日》。

90. 参见凯特尔致下属指挥机构的、编号为OKW/WFSt Nr. 004003/45的命令，出自《国防军最高统帅部命令，1945年4月13日至5月20日》。该命令的收件人包括：德国海军总司令邓尼茨元帅；德国空军总司令罗伯特·冯·格莱姆将军（不久前被任命为戈林的继任者）；国防军最高统帅部B指挥小组指挥官温特将军（以便在德国南部发布本命令）；维斯瓦河集团军群和西北最高指挥部司令；德国驻丹麦武装部队总司令；德国驻挪威武装部队总司令；库尔兰集团军群；东普鲁士集团军；党卫队全国领袖战地指挥部。

91. 参见“国防军最高统帅部承认失败；第12集团军暂停进攻；第12集团军转入维斯瓦河集团军

群旗下”一节。

92. 参见（1）美国军事研究文件MS D-398中1945年4月30日1点整和16点整之间的条目；（2）1945年4月30日，凯特尔致维斯瓦河集团军群北线所有指挥官的、编号为OKW/WFSt/Op Nr. 004004/45的文电，出自《国防军最高统帅部命令，1945年4月13日至5月20日》，该文电是和凯特尔的口头指示一道，由国防军最高统帅部/国防军指挥参谋部的军官们人工传达给所有指挥官的。

93. 参见（1）1945年4月29日16点01分和其他时间，维斯瓦河集团军群作战参谋部门和海因里齐的几次通话记录，这些记录均出自“X-500号文件”；（2）1945年4月30日0点30分，德特勒夫森和布鲁德穆勒（国防军最高统帅部）的电话通话记录摘要，出自《国防军最高统帅部命令，1945年4月13日至5月20日》。

94. 参见（1）美国军事研究文件MS D-398中1945年4月30日19点35分的条目；（2）1945年4月30日19点35分，维斯瓦河集团军群致国防军最高统帅部的电话通话记录摘要以及20点15分，国防军最高统帅部致维斯瓦河集团军群的电话通话记录摘要，这两份摘要均出自《国防军最高统帅部命令，1945年4月13日至5月20日》；（3）命令要求施拉格特师前往北部（安克拉姆）；第46装甲军应在马尔钦湖和克尔平湖（Kölpinsee）之间投入战斗，在居斯特罗方向阻止苏军推进；第25装甲掷弹兵师应进行重组，并沿马尔钦湖和达姆罗维尔湖（Dammerower Lake）运动，以求在德明地区发动进攻。

95. 参见1945年4月30日，邓尼茨海军元帅致维斯瓦河集团军群的、编号为OKW/WFSt/Op, Nr. 88869/45的电传文件，出自《国防军最高统帅部命令，1945年4月13日至5月20日》。

96. ①

97. 参见（1）美国军事研究文件MS D-398中1945年4月30日16点整的条目；（2）1945年4月30日16点整，凯特尔致国防军最高统帅部B指挥小组指挥官温特将军的、编号为WFSt/Op, Nr. 88868/45的无线电报，出自《国防军最高统帅部命令，1945年4月13日至5月20日》。

98. 参见（1）美国军事研究文件MS D-398中1945年4月30日和5月1日的条目；（2）1945年5月3日和5月4日的国防军最高统帅部公报（介绍了5月3日和4日的事件），这些公报出自国会研究处文件CRS OKW/20《来自元首大本营的特别报告，1943年2月3日至1945年5月9日》。

99. 参见（1）《德军白皮书》；（2）1945年4月30日22点30分，邓尼茨副官瓦尔特·吕德-诺伊拉特（Walter Luedde-Neurath）海军少校与布鲁德穆勒的电话通话记录摘要，该记录出自《国防军最高统帅部命令，1945年4月13日至5月20日》。

100. 参见美国军事研究文件MS D-398中5月1日11点整和12点整的条目。

101. （1）参见托瓦尔德《易北河上的终曲》，第273—274页。（2）关于路况的回复出自“X-417号文件”。（3）相关内容亦可参见1945年4月28日至29日间的各次电话通话记录，这些记录均来自“X-500号文件”。

102. 参见美国军事研究文件MS D-398中提到的，1945年5月1日维斯瓦河集团军群参谋长（德特勒夫森）给约德尔的信。但《国防军最高统帅部命令，1945年4月13日至5月20日》中并无该信件的副本，目前尚不清楚该信件是否收录在了维斯瓦河集团军群的文件中。

① 此处注释为空，可能是原书排版有误。

103. 参见美国军事研究文件MS D–398。

104. 参见1945年5月2日，约德尔致西北最高司令部和其他收件人的文电，出自《国防军最高统帅部命令，1945年4月13日至5月20日》。

105. 参见弗雷斯特·波格《第二次世界大战中的美国陆军——最高司令部》中的“参考书目一览”部分。

106. 该信息发送于1945年5月2日，是根据国防军最高统帅部公报的内容还原的，出自国会研究处文件CRS OKW/20《来自元首大本营的特别报告，1943年2月3日至1945年5月9日》；另参见托瓦尔德《易北河上的终曲》以及1945年4月30日的维斯瓦河集团军群/第12集团军态势图。

107. 参见美国军事研究文件MS R–79（其全文将在本书第2卷中刊出）。

108. 参见（1）《德军白皮书》；（2）1945年5月2日的国防军最高统帅部公报（1945年5月3日发布），出自国会研究处文件CRS OKW/20《来自元首大本营的特别报告，1943年2月3日至1945年5月9日》；（3）1945年5月2日，德特勒夫森在电话中向国防军最高统帅部提交的报告，出自《国防军最高统帅部命令，1945年4月13日至5月20日》，作者假定是约德尔接收了这份报告，并在1945年5月2日12点40分将其转发给了凯特尔。

109. 参见1945年5月2日，约德尔致维斯瓦河集团军群的、编号为OKW/WFSt/Op H, Nr. 4210的电传文件草稿，出自《国防军最高统帅部命令，1945年4月13日至5月20日》。该文件是在当天早些时候起草的，按照美国军事研究文件MS D–398的说法，它在当天10点整被发送给了维斯瓦河集团军群，但按照原件上的手写注释，该消息实际并未发出。我们猜测，这些指示可能是在前述的电话报告中下达给了德特勒夫森。

110. 参见美国军事研究文件MS D–398。

111. 参见美国军事研究文件MS D–398中1945年5月4日11点整的条目。

112. （1）相关内容可参见保存在军事历史主管办公室的德国军官人事档案；（2）按照纳兹默在被俘时的报告，中央集团军一直在陆军最高司令部的指挥之下，并对4月26日之后凯特尔直接指挥该集团军群一事一无所知。另外，5月4日邓尼茨指挥部内的另一份讨论报告也把纳兹默称为中央集团军参谋长，并未提到他被任命为维斯瓦河集团军群参谋长一事——上述信息均出自《德军白皮书》。

113. （1）上述假设在“X–417号文件”中得到了确认；（2）德特勒夫森于5月4日再次前往国防军最高统帅部总部，并以国防军最高统帅部作战局局长的身份签署了一些文件——其内容参见1945年5月4日，由德特勒夫森签字的、致第20集团军等收件人的、编号为OKW/WFSt, Nr. 003007/45的文电，出自《国防军最高统帅部命令，1945年4月13日至5月20日》；（3）德特勒夫森姓名的缩写曾出现在4月29日至5月4日国防军最高统帅部作战局的一些文件上，但这不意味着他身在总部，很可能只是在返回后看到了这些文件。另外值得注意的是，《国防军最高统帅部命令，1945年4月13日至5月20日》中没有一份文件的落款日期是5月1日，这表明该总部当时正在路上，无法与外界联络。

114. 参见（1）出自“X–417号文件”；（2）冯·蒂佩尔施基希《第二次世界大战史》，第665页；（3）托尔瓦尔德《易北河上的终曲》，第277—278页；（4）其日期应为5月1日或5月2日，但根据唯一出处——“X–417号文件”的记录，作者认为其日期应为5月2日。

115. 参见冯·蒂佩尔施基希《第二次世界大战史》，第655页。此事的详细情况不明。

116. 参见冯·蒂佩尔施基希《第二次世界大战史》。

117. 参见（1）美国军事研究文件MS D-398，这次谈判开始的时间不得而知，唯一确定的是，该条目是在1945年5月3日19点30分之后记录的；（2）1945年5月2日，由凯特尔签字的、致汉堡城防司令部和其他收件人的、编号为OKW/WFSt Op H B Nr. 420的文电，出自《国防军最高统帅部命令，1945年4月13日至5月20日》；（3）弗雷斯特·波格《第二次世界大战中的美国陆军——最高司令部》，第478—479页。

118. 参见（1）美国军事研究文件MS D-398；（2）《德军白皮书》；（3）弗雷斯特·波格《第二次世界大战中的美国陆军——最高司令部》，第480页。

119. 参见（1）美国军事研究文件MS D-398；（2）弗雷斯特·波格《第二次世界大战中的美国陆军——最高司令部》；（3）《德军白皮书》；（4）冯·蒂佩尔施基希《第二次世界大战史》。

120. 参见弗雷斯特·波格《第二次世界大战中的美国陆军——最高司令部》，第488页。

121. 参见弗雷斯特·波格《第二次世界大战中的美国陆军——最高司令部》，第482页。

122. 参见（1）“X-417号文件”；（2）国会研究处文件CRS OKW/20《来自元首大本营的特别报告，1943年2月3日至1945年5月9日》。

123. 参见德国军事历史主管办公室保存的德国军官人事档案。

124. 参见德国军事历史主管办公室保存的德国军官人事档案。另外，笔者暂未查明易北河畔的格尔博森具体位于何处。

125. 参见（1）1945年5月5日，由邓尼茨发布的国防军最高统帅部公报，出自《国防军最高统帅部命令，1945年4月13日至5月20日》；（2）弗雷斯特·波格《第二次世界大战中的美国陆军——最高司令部》，第482页；（3）美国军事研究文件MS B-220《德国第12集团军和美国第9集团军在施滕达尔的投降谈判，1945年5月4日》，撰写人为装甲兵上将马克斯·冯·埃德尔斯海姆男爵；（4）美国军事研究文件MS B-606；（5）冯·蒂佩尔施基希《第二次世界大战史》。

126. 参见德国军事历史主管办公室保存的德国军官人事档案。

附录B

军事研究文件MS B-606

《最后的集结：第12集团军在东西线之间德国腹地的战斗，1945年4月13日至1945年5月7日》

原作者：第12集团军参谋长京特·赖希海尔姆上校

（作者按：这份记录是赖希海尔姆上校凭借记忆完成的，但通过比对现有的参考文件，我们确定其内容足够权威和准确。作为第12集团军的参谋长，他站在一个独特位置上评论了温克对柏林的解围行动以及向西朝易北河的撤退，并给出了第12集团军作战的不少重要细节，是战争中幸存的其他第一手资料无法比拟的。）

***

背景

日期：空缺。本报告系根据原始资料编写。为表示美军位置，我们引用了现藏于阿伦多夫仓库（Steinlager Allendorf）、比例尺为1:100000的态势图，至于苏军的位置则是凭记忆推测的。另外，本文件中的交战情况、战斗特定阶段和区域的态势评估，以及最高统帅部赋予第12集团军的意图均来自作者的回忆，部分得到了第12集团军成员的核实。对于引用的书面文件，我们都给出了原始出处。笔者可以确保事件经过的准确性，但时间和日期除外。文中的各种指令只是为了阐明形势，其内容可能与原文存在出入。还有一些零散命令对于理解整体局势并不是必需的，故在文中略过。

第12集团军组建和任务的背景：德国在1945年4月初的战局

在西欧方向，战事已接近尾声。在丢掉上西里西亚和鲁尔工业区之后，德国已无力再进行战争。在东面，德军沿着奥得河下游构建了一条薄弱的新战线，这条战线背后没有任何预备队，显而易见，一旦俄国人恢复元气重新进攻，该战线的崩溃将无法避免。在西面，困在莱茵-鲁尔地区的B集团军群正在垂死挣扎。美英军的装甲部队和摩托化部队在德国中部长驱直入，先头装甲部队更是在德绍和维滕贝格兵临易北河畔，把西线德军切割为一南一北两个部分。3月，第11集团军指挥下的一股德军在当地进行了长期抵抗，但形势依然绝望，在西面，德国腹地和首都的门户已经洞开。面对装备精良的敌人，易北河畔的散兵游勇、后勤部队和国民突击队甚至无法拖慢他们的脚步。德国空军土崩瓦解，战斗机和侦察机所剩无几，而且全部投入了东线。在这种局势下，希特勒命令利用德国中部的剩余人力和物力组建第12集团军，要求该部队在哈尔茨山区（Harz，在易北河流域）集结并向西推进，解救B集团军群，重新打通西部战线。关于集团军司令部对这一任务的看法我们将稍后讨论。

第12集团军指挥部和下属部队的组建

4月初，由于被围困在东普鲁士狭窄区域的部队已不再需要北方集团军群司令部指挥，因此，有关方面产生了将后者改组为第12集团军司令部的念头。1945年4月15日至20日间，该司令部从海路抵达了位于德国中部的波罗的海港口斯维内明德。但此时，前述的一系列重大事件已经彻底改变了局势。面对这种情况，温克装甲兵上将在（少量）参谋人员（包括参谋长、作战参谋、后勤参谋和部分特业参谋）的帮助下接管了一批部队，其中一些正在组建，另一些已投入战斗。作为第12集团军的主要战斗力量和核心，这些部队的情况如下所示：

1. 克劳塞维茨装甲师（Pz Div. Clausewitz）——师长：乌莱因少将（人员和装备编制类似于1945年型装甲师，其装备来自劳恩堡-于尔岑地区的装甲兵学校，且大部分已经过时）。

2. 第1帝国劳工组织师（即施拉格特特别师）——师长不详（编

制类似1945年型步兵师，人员来自帝国劳工组织和劳恩堡–于尔岑地区的军官学校）。

3. 波茨坦步兵师——师长：博尔格（Borg，存疑）少将（编制类似1945年型步兵师，人员来自哈尔茨山的第3军区）。

4. 沙恩霍斯特步兵师——师长：戈尔茨（Goetz）少将（编制类似1945年型步兵师，人员来自帝国劳工组织和德绍–罗斯劳地区的军官学校）。

5. 乌尔里希·冯·胡滕步兵师——师长：恩格尔（Engel）中将（编制类似1945年型步兵师，人员来自易北河畔维滕贝格地区的军官学校和第2军区）。

6. 弗里德里希–路德维希·雅恩帝国劳工组织步兵师——首任师长不详，后来被佐勒（Zoeller）上校接替（编制类似1945年型步兵师，人员来自帝国劳工组织和于特博格军官学校）

7. 特奥多尔·科尔纳帝国劳工组织步兵师——师长：弗兰科维茨（Frankewitz）中将（编制类似1945年型步兵师，人员来自帝国劳工组织和德布里茨军官学校）

8. 位于德国北部的另一个步兵师。尚不清楚该师是否组建完成并投入战斗。

9. 位于德国南部的党卫军第1装甲师[①]（包括来自党卫军军官学校的单位）。在组建完成之前，该师已在德国南部投入了战斗。

其他单位：

第3装甲歼击营［编制为：2个（装甲歼击）连，每连15辆装甲车辆（“猎豹”）、1个特别装甲连（约20辆装甲运兵车）］——该营位于温斯多夫–措森地区。

此外，上级还从东线调集了以下单位，以便为上述各师充当指挥机构：

第41装甲军军部（已完成战斗准备）——指挥官：德克尔装甲兵上将。[②]

第39装甲军军部（缺乏通信设备和运输车辆，后来从第12集团军得到了

① 原文如此，这里实际指的是党卫军尼伯龙根掷弹兵师。

② 此处有误，德克尔实际担任的是第39装甲军军长，第41装甲军军长则先后由冯·维特斯海姆和霍尔斯特担任。

补充）——首任指挥官为冯·维特斯海姆（v. Wietersheim）中将，但他由于另有任务而未能上任，后来被霍尔斯特中将取代。

第20军军部（未做好战斗准备，直到4月21日才得到了人员补充）——指挥官：科勒（Köhler）骑兵上将。

由于各条战线局面江河日下，上述部队都没有完成组建，甚至在初次投入战斗之前，其下级单位都没有进行过业务磨合，至于接受集团军的统一指挥更是无从谈起。

“随机应变”成了所有工作的核心，换言之，第12集团军基本只能在战斗中大致遵守上级命令，只要行动计划没有被敌军破坏，他们就会根据每天局部形势的发展，按照国防军指挥参谋部的要求，独立和主动地采取行动——至少在第一阶段是如此。

就像二战后期的情况一样，指挥部队和人员经常需要勉为其难地去执行毫无希望的任务（“乌托邦任务”）。但这次不一样的是，它值得我们努力——因为它的目标是让德国最出色的年轻人在优秀领导班子的指挥下力挽狂澜。这些人没有要求最高统帅部改变任务，因为在当时的情况下这种要求已经没有意义。相反，所有部队都相信，只要他们能保持灵活的指挥，并对易北河西岸发动短促进攻，就可以稳住沿岸的局势。这将给从东方涌来、惊慌失措、风餐露宿的难民们吃下一颗“定心丸”，并为尽早迎来和平创造有利条件。

随后，他们还将一路向柏林前进，击退对西方文明虎视眈眈并觊觎整个世界的敌人，尽可能多地挽救德国人的生命，不仅如此，他们还将拯救在空袭中幸免于难的工业设施、经济设施和文化古迹。

指挥部位置一览

以下是笔者能收集到的第12集团军司令部位置的不完整清单，而且其中存在时间上的断点。

第12集团军

最初位于罗斯劳工兵学校

4月22日—4月26日：梅德维策许尔滕（Medewitzer Huetten，位于采尔布斯特东北22千米）

4月26日—4月28日：普里茨埃伯

4月29日：根廷

4月29日—5月5日：小乌尔科（Kl. Wulkow，位于根廷西北偏北10千米）

第41装甲军军部

5月1日—5月7日：赛多（Sydow，位于唐格明德东南偏东12千米）

第39装甲军军部

4月21日—5月2日：位于里诺（Rhinow）西北地区

第20军军部

4月15日—4月20日：特罗伊恩布里岑

4月20日—4月24日：耶塞里格（Jeserig）

4月25日—5月3日：哈格尔山（Hagelberg，位于贝尔齐希以西8千米）

5月3日—5月4日：齐埃萨尔（Ziesar）

5月4日—5月5日：大沃尔科[Gr. Wolkow，位于杰罗霍(Jerochow)以东8千米]

5月5日—5月6日：梅尔科（Melkow，位于唐格明德以东12千米）

5月6日—5月7日：菲施贝克（Fischbeck，位于唐格明德以东）北部

第48装甲军军部：

4月17日—4月26日左右：托尔高东北地区

4月27日—5月3日左右：旧格拉博（Altengrabow）地区

4月4日—5月7日：费尔奇兰

第12集团军对抗西线之敌的行动，1945年4月13日至4月23日

为和参谋人员会合，1945年4月12日，第12集团军司令温克装甲兵上将抵达了罗斯劳工兵学校，在接下来的几天，其参谋人员也陆续赶到。之前，按照国防军最高统帅部的命令，第12集团军的参谋部门应当前往哈尔茨山区的布兰肯贝格（Blankenberg），但由于当地已经被美军从两翼包抄，他们只好另做

打算。在这种情况下，罗斯劳的装甲兵学校[1]就成了一个用作集团军司令部的理想地点，这不只是因为当地有现成的通信设施，而且该镇位于哈尔茨山对面的易北河东岸，从而确保了位于未来战斗的中心。

另外，笔者还可以给出以下细节：

第39装甲军军部与克劳塞维茨装甲师和施拉格特师被调入西北最高司令部麾下，该命令即刻生效。为贯彻上述战略意图，国防军最高统帅部制订了一份计划，要求他们强行打开前往哈尔茨山区的道路。为此，至少在理论上，第39装甲军应从北面的于尔森（Uelsen）[2]穿过布伦瑞克向南进攻，同时，第12集团军也将从位于易北河西岸的一处集结区向西推进。第39装甲军的进攻在4月16日开始，但克劳塞维茨装甲师和施拉格特师的机动部队根本没有准备就绪，虽然他们英勇战斗，但仍于4月21日在法勒斯雷本（Fallersleben）地区被歼灭。

由于第12集团军的部队都在战斗中无法脱身，他们同样未能按照计划从德绍桥头堡发起攻击。

霍尔斯特指挥部的任务是负责易北河河段，并向西岸派遣侦察部队，为此，他们必须运用现有和搜罗到的一切部队，如掉队士兵、国民突击队和格奈森瑙部队（即预备军单位）等。

4月21日，霍尔斯特指挥部得到了第41装甲军残余单位的加强。由此，新的第41装甲军被组建起来，霍尔斯特中将奉命担任军长。

马格德堡的城防司令是拉格纳中将，在4月12日之前，他都由国防军最高统帅部直接指挥。

为了保护集结区，沙恩霍斯特步兵师主动把完成战斗准备的部队（含一个工兵营和一个步兵营）派往易北河西岸，与波茨坦师建立了松散的联系。

估计沙恩霍斯特步兵师最早约在4月16日具备了作战能力。

在波茨坦步兵师方面，该师在集结期间便被划入第2集团军，并参加了哈尔茨山区的战斗。除了一个实力虚弱的团（以代替后者缺编的燧发枪手营）被

---

① 原文如此，应为工兵学校。

② 原文如此，此处似乎应为于尔岑（Uelzen）。

并入沙恩霍斯特步兵师之外，该师几乎没有接受过第12集团军的指挥。

乌尔里希·冯·胡滕步兵师的组建工作在4月12日全面完成，只有一个重炮营和突击炮连尚未就位。其中前者从未抵达，后者则在4月17日向该师报到。

特奥多尔·科尔纳步兵师直到4月19日之后才具备作战能力。

弗里德里希–路德维希·雅恩步兵师的组建进展最为迟缓。由于必要的补给一直没有到位，笔者根本无法确定其何时具备了作战能力。

过去，布尔格突击炮学校（Burg Assault Gun Training School）一直在源源不断地为陆军提供补充兵员和装备。集团军司令特别关注它的部署。在大致掌握了其人员和装备情况之后，鉴于校长穆勒（Mueller）中校久经战阵，集团军决定利用它们组建一个拥有部分机动能力的师，并将其命名为费迪南德·冯·席尔师（Ferdinand von Schill Division）。其编制包括2个步兵团、1个陆军炮兵营、1个高炮营和1个突击炮营。总体而言，该师已在4月24日做好了战斗准备，和其他年轻的部队一道投入战斗，并在与苏军的战斗中完全证明了自己。

第20军军部正在重整旗鼓，其军长已在4月16日接管了防区，在4月21日，该部已做好战斗准备。

此外，根据集团军的要求，上级还从东线调来了第48装甲军的军部，他们预计于4月17日抵达指定地区。

本集团军原本没有装甲部队可供调遣。从4月17日开始，胡滕步兵师抽调了3个反坦克营，以便在易北河西岸开展机动防御。本集团军任务众多、战线漫长，各师和布尔格突击炮学校的突击炮根本无法满足需要，更缺乏直属单位和陆军高炮部队（只有一些固定式和铁道高炮部队，这些单位驻扎在采尔布斯特地区和集团军后方，后来投入了当地的战斗，并有着不俗表现）。

同样缺席的还有德国空军。4月16日，一个新成立的空军司令部承诺将派遣第2航空军（当时在东线作战）一部支援我们计划在哈尔茨山区发动的进攻。但由于东西两线局势骤变，德国空军始终没有为第12集团军提供任何支援。

局势概述

第12集团军司令部接管部队指挥权时，曾这样推测西线之敌的意图：以美军第9集团军为主力，继续在德国中部发动进攻，其主攻方向则是汉诺威–马格德堡高速公路及其两侧；同时，他们还将在易北河上构建桥头堡，尽快向柏林长驱直入，如果必要，他们还将与即将进攻柏林的苏军联手打赢对德国的最后一战。但在易北河畔的德国桥头堡全部覆灭之后，我们又猜测，敌人不会越过易北河东进，而是将集结全部力量，打击位于德国南方和北方的两个重兵集团。同时我们还预测，过不了多久，鲁尔和哈尔茨山区的被围部队就可以抽出身来，投入“最后的使命”。另外需要指出的是，集团军对盟国划定的占领分界线（易北河–穆尔德河）始终一无所知。

关于敌军的实力，在战争末期，我们只能给出一个笼统的答复：“数倍于己”——至于英美联军的绝对制空权更是让局面雪上加霜。

第12集团军只能投入少数部队发动进攻，这些部队未经战阵，却承担着战略使命。如果当时敌军决心不惜代价发动进攻，我们必然会在集结时被歼灭。因此，如果我们要想不在敌人的首轮打击下崩溃，就必须让新组建的部队且战且退，撤往易北河和穆尔德河上的最后一道防线。所以，我们将克滕（Koethen）–德绍–比特菲尔德（Bitterfeld）定为了第一批就绪部队（即沙恩霍斯特和胡滕师）的集结地。

根据上述假设（敌军将把重心放在南部），我们计划向西朝哈尔茨山区发动有限进攻，解救被围的友军，或是向西北方推进，减轻易北河战线的压力。至于布尔格突击炮学校的部队则足以保证最危险地段——马格德堡附近易北河两岸的安全。同时，我们还希望科尔纳师的部分兵力尽早从德布里茨开赴马格德堡地区。后来的一系列事件，如摧毁马格德堡以南的敌军桥头堡、压缩巴尔比–采尔布斯特的敌军桥头堡以及穆尔德河以北的激烈战斗都为此提供了可能。其中有些行动是巧妙的夜袭，它们离不开新建各师的高昂斗志——是年轻军官学员和帝国劳工组织士兵的勇气，赋予了这些部队攻坚克难的能力。

我们基本上没有构建完备阵地。由于集团军缺乏人手，备用防线几乎不存在。只有在马格德堡–柏林高速路沿线，以及易北河畔巴尔比的敌方桥头堡当面，我们才构建了一些孤立的阵地以备转移之用，以便抵挡预想中敌军朝柏

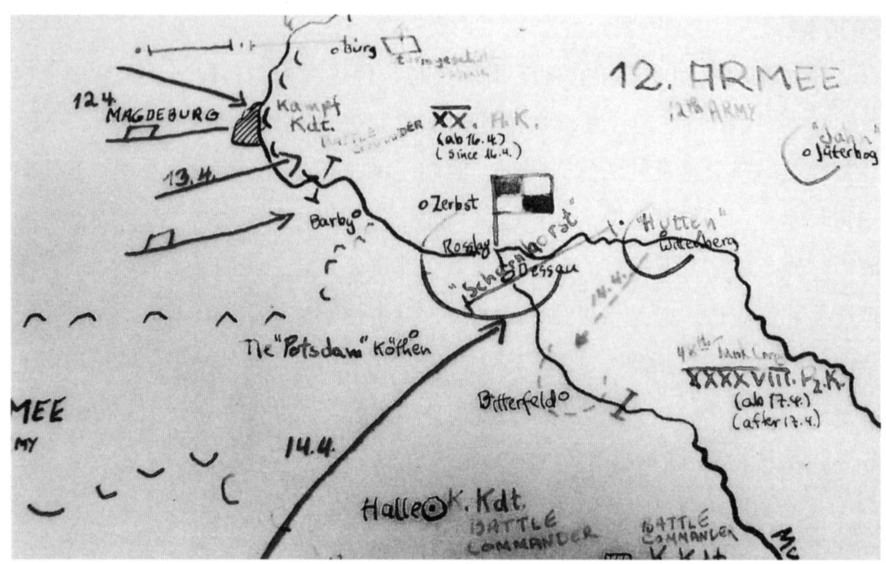

地图 24：1945 年 4 月 14 日，第 20 军的初始位置，当时该部队正在易北河畔抵御美军。本地图由赖希海尔姆上校绘制。

林方向的突破。

物资供应始终不缺，集团军可以利用设在旧格拉博的弹药库。另外，由于德国中部的运河系统多处中断，我们还可以调用在哈维尔湖停泊的许多弹药和物资驳船。也正因如此，直到战斗结束前，我们都没有出现严重的补给危机，不过穿甲弹、特种弹药、燃料和运力始终处于紧缺状态。另外，部队还向无家可归的平民发放了军用口粮，缓解了他们的恐慌心态。

虽然希特勒和不少党政机构要求摧毁工业和经济设施，但这些命令遭到了集团军和下属司令部的竭力抵制。例如，胡滕师便采取特别保护措施，挽救了据说是当时欧洲最大的戈尔帕（Golpa）电厂，当地位于德绍东南偏南16千米处，对柏林的供电十分关键。大城镇的城防司令也奉命不得擅自进行防御，除非此举对集团军的未来作战和调动极为有利。也正是这一指示，让易北河畔的维滕贝格、勃兰登堡和拉特诺摆脱了战火浩劫。

战斗和任务大事记

4月13日

4月13日16时，由于报告显示敌军已渗透到马格德堡西部，集团军司令部接管了马格德堡城防司令的辖区。稍后，根据国防军最高统帅部发布的命令，本集团军还接管了马格德堡北部至里萨和格里马（Grimma）一线，任务是利用现有和组建中的一切部队，坚守易北河至穆尔德河一带，并贯彻上级的所有决策。其中，穆尔德河前线将由来自东线的第48装甲军军部接管，至于沙恩霍斯特师则奉命抽调一个加强团，准备开赴马格德堡地区参战。

4月14日

（参见地图24）

4月15日凌晨，我军孤立了马格德堡以南的敌军桥头堡，并完成了布尔格突击炮学校和沙恩霍斯特师所属部队的集结，以便在6月15日[①]夜间发动进攻——这次进攻后来获得成功。另外，沙恩霍斯特师的部队还对敌军在巴尔比新建立的桥头堡（位于采尔布斯特以西）采取了一些封锁手段。

根据命令，胡滕师从维滕贝格出发，经过格雷芬海尼兴前往比特菲尔德地区。他们将奉命在穆尔德河以西集结，并对西北、西面和南面进行侦察，同时设置警戒哨，与仍在附近作战的德军建立联系。同时，面对从各个方向压迫而来的敌军，他们还需要在穆尔德河以西尽可能长时间地展开阻击，并设法予以杀伤。其间，该师成功依托自身资源，在德绍–莱比锡高速公路前方的一个大型桥头堡坚守了3天，并顶住了美军步兵和装甲部队的猛烈进攻。此外，该师还顽强地守住了耶塞里茨（Jessritz）[②]和比特菲尔德这两座小桥头堡，并一直坚守到奉命前往东线。

4月15日

由于沙恩霍斯特师兵力不足（部分兵力仍位于克滕，该师直到我军肃清

① 原文如此，应为4月15日。

② 原文如此，应为耶塞里格。

了马格德堡南部的敌军桥头堡之后才得以开赴前线），敌军扩大了在巴尔比的桥头堡。有报告显示，敌军对哈尔茨山区的合围已接近完成，还有一支部队正在德绍南部向穆尔德河推进。另外，激战已在易北河畔打响，这些都掐灭了本集团军向哈尔茨山或西北方发动短促攻势的希望。有鉴于此，国防军最高统帅部通知第12集团军，其唯一任务就是防守易北河–穆尔德河前线，并在力所能及时摧毁敌军在易北河上的桥头堡。

第20军军长科勒骑兵上将在当天抵达，其任务是：

1. 接过马格德堡城防司令部和沙恩霍斯特师的指挥权，坚守负责的易北河段，清除敌军的巴尔比桥头堡。

2. 在特洛伊恩布里岑重组军部，使其在4月20日之前彻底做好战斗准备。

3. 监督科尔纳师和雅恩师的组建，加快其速度。

4月16日

在东面，俄国人已在柏林以东的奥得河前线发起总攻。一旦他们朝柏林达成突破，必将危及集团军后方交通线的安全，有鉴于此，集团军考虑了各种措施。另外，集团军司令也再次亲自审查了后方各师的组建情况。

4月17日

我军从北部和东部发动进攻，试图压缩敌方的巴尔比桥头堡，但未能达成突破。为彻底肃清当地，我们怀着坚定的意志，有条不紊地做着准备，并计划动用两个师（即沙恩霍斯特师和科尔纳师）发动进攻。如果科尔纳师的步兵顺利乘卡车抵达，这次行动最早可在4月22日发动。

出乎意料的是，巴尔比桥头堡的敌军十分“低调”，也没有报告显示有增援部队渡过易北河。但本集团军依然认为，一旦增援抵达（毕竟敌人正在准备架桥），他们就会进攻柏林（作者按：但正如本书前文所述，美军并没有越过易北河发动进攻的打算）。

4月19日

科尔纳步兵师的一个加强团已组建完毕，其余单位将在三至四日内就绪。该团奉命立刻出动，并分成小股，昼夜兼程地前进，在内德利茨森林（Nedlitz Forest，位于波茨坦–巴尔比铁路两侧）的西部边缘集结。集团军后勤主管负责为运输工作提供卡车和客车。与此同时，第48装甲军军长、装甲兵上将冯·埃德尔斯海姆男爵也在当天抵达，其任务是守住位于乌尔里希·冯·胡滕步兵师和集团军辖区南界之间的穆尔德河一线，并寻求与莱比锡和哈勒的城防司令部建立联系——当天清晨，这两座城市都遭到了猛烈攻击。另外，如果有必要，他还应吸收撤退到穆尔德河前线的部队。虽然该军只是一群散兵游勇，也没有突击炮和坦克，但依旧完成了这一艰巨使命。

4月20日

在奥得河前线，经过数日激战，苏军大举突破，闯入了德国的心脏地带——德国覆灭的日子已为期不远。

4月21日

在战斗轰炸机的不懈支援下，美军从西南朝德绍以及穆尔德河下游的德军发动了进攻，但本集团军根本没有用于反击的预备队。

4月23日

在第12集团军的整个战区，美军的空袭骤然停止，所有人终于可以“自由呼吸”。在不分昼夜的空袭面前，每个人都承受着今天难以想象的精神压力。除了纯粹的心理影响，敌军的空袭还让官兵们感到束手无策，因为不管什么时候，他们的部署都会横生枝节——不管是作战还是后勤补给，都概莫能外。

鉴于东线形势日益严峻，下午，胡滕师奉命派遣一个加强团乘车前往维滕贝格，并对当地东北和东部进行警戒和侦察。同时，维滕贝格城防司令也将由该师指挥。

第12集团军在两条战线之间对抗东线之敌的战斗（1945年4月24日至5月7日）

以下是1945年4月24日的初始情况，以及当日至1945年4月28日的敌情：

自从4月20日苏军发动总攻之后，战局发生了巨大变化。在夺取了奥得河下游之后，曾集结在屈斯特林两侧的2个苏军坦克集团军从南北两面越过柏林，先头坦克和侦察部队已抵达瑙恩和贝利茨周边地区，还有2个集团军在后方跟进。各地德军的抵抗十分微弱，后方支撑点迅速瓦解。在奥得河畔法兰克福西南方向，对第9集团军的包围开始形成。在这种情况下，第12集团军陆续从国防军最高统帅部收到以下命令（仅列出要点）：

［作者按：原始手稿中的后续部分（第19页）遗失，下面的内容来自第20页］

由于上级的命令要么不切实际，要么自相矛盾，我们必须做出取舍。尝试同时完成两个任务无异于自杀，但决定不难做出，我们必须把最后一击留给东线的敌人——无论对于士兵还是当地民众，或是无数从东方来的难民，这一选择都显而易见。而且令人欣慰是，鉴于众多报告（虽然没有核实），以及美英军的空袭突然停止，我们可以断定美军将不会越过易北河-穆尔德河前线。

虽然与西线之敌的战斗停止了，但集团军仍然认为，美军将从采尔布斯特-巴尔比桥头堡派部队深入柏林（其情况如前所述），并命令部队，可以在遭到美军攻击时开火。

苏军坦克部队在柏林两侧飞速推进，德军的劣势在这里一览无余——他们没有预备队，也没有支援的装甲车辆、重武器和空军，只能到处各自为战。

柏林被围已是迫在眉睫。另外，对于仍在西线作战的部队，苏军的先头坦克部队也很可能随时突入他们的阵地和后勤单位。一份4月24日从于特博格发来的报告显示，该师[①]在领取武器以便开赴前线时遭到了苏军坦克的突袭，并因此损失惨重。有鉴于此，4月24日，集团军根据任务和现有状况，命令下属所有部队向东调转方向，与苏军进行最后一战。为此，集团军将调集主力，并只在易北河-穆尔德河一线留下少量兵力作为警戒。

---

① 这里指的是弗里德里希-路德维希·雅恩师。

具体而言：

“第41装甲军应在易北河上留下少量警戒部队，并把全部有生力量投向一条位于勃兰登堡以东、面朝东方的防线（即波茨坦和勃兰登堡之间–瑙恩以西–费尔贝林以东的湖区一带），与维斯瓦河集团军群后方的作战部队保持联系。”

“第20军军长科勒将军的指挥部已完成战斗准备，他们的任务是准备和带领部队投入东线，目前，沙恩霍斯特师将留在巴尔比桥头堡方向，继续执行遏制其扩张的原有任务。另一方面，该军也应立即向科斯维希和德绍之间的易北河派遣部队，确保面向南方的阵地安全。胡滕师将立刻由该军指挥，一旦科尔纳师抵达贝尔齐希地区也应立刻转入该军麾下。”

“胡滕师应在夜间与敌人脱离接触，并在关键阵地和渡口留下薄弱的警戒兵力，经格雷芬海尼兴向维滕贝格行军，沿途不得停顿。”

任务：防御维滕贝格桥头堡，抵御来自东方和东北方的进攻，并保护维滕贝格和科斯维希之间的易北河南岸——该师应由第20军指挥。

“科尔纳师将在贝尔齐希附近集结，任务是朝东北、东面和东南进行侦察和警戒，并与维滕贝格以北的胡滕师建立联系——该师应由第20军指挥。”

“席尔师已完成组建，并预先接到了出动命令。他们将在4月25日经齐埃萨尔前往尼梅克以西地区，并接受第20军指挥。”

“第48装甲军将继续当前任务，并做好准备，从4月25日开始迅速把所有可参战部队从德绍和维滕贝格之间调往易北河对岸。随后，该军将在维滕贝格和德绍之间朝南守卫易北河一线。”

和我们的预期几乎完全相反，虽然部队因行军倍感疲惫，但仍保持着严明的纪律，并在4月24日早些时候进入了指定阵地。同时，他们还与友军的后方部队建立了联系。胡滕师甚至已在维滕贝格东郊和北部卷入战斗——由于苏军兵力很弱，他们击退了当面的所有攻击。

尽管美军随时可能从巴尔比–采尔布斯特桥头堡出击，但第20军军长依旧力排众议，命令沙恩霍斯特师立即撤离西线，并从维滕贝格北部向东转移。为了延缓美军可能向柏林的推进，该军从罗斯劳工兵学校征调了一些军官和地雷，以及2个负责构建工事和布雷的建筑部队自行车营。

4月25日，东线局势危机四伏：俄国人封闭了对第9集团军（位于巴鲁特以东）的包围圈；随着雅恩师撤退，于特博格也宣告沦陷；强大的苏军集结在维滕贝格以东，不顾胡滕步兵师的顽强抵抗，他们在装甲部队的支援下不断推进，一直渗透到尼梅克以南、高速公路附近的森林一带，即胡滕步兵师敞开的北翼和科尔纳师的南翼之间。

波茨坦守军（包括弗里德里希-路德维希·雅恩师的主力）被围，苏军的先头坦克部队一直推进到勃兰登堡东部，第41装甲军的新防线压力不断增加。

面对这种情况，集团军对进攻的想法感到悲观，何况预定的进攻方向上还集结了强大的苏军。更重要的是，如果我们不转入防御，有力地阻止苏军推进，后续行动将无从谈起。

当时我们考虑的因素有以下几点：无论从哪个方向进攻柏林，都不可能打破包围。但另一方面，我们的部队少而精悍，如果坚决地发动进攻，就必然能给敌人造成重大打击，并给无数德国人开辟一条“自由”之路——在当时的部队和民众心中，它也是这条横在苏军和西线敌人之间道路的唯一意义。从东部涌来的大批民众同样给集团军的后方带来了巨大压力，他们都希望尽快抵达易北河畔或是对岸（不幸的是，即使在与美军第9集团军商定了投降事宜之后，对方仍禁止平民越过这条边界）。因此，我们必须争取一些时间，并让局势稍微稳定——实现这一切的最好方法又恰恰是进攻！

可能的攻击方向有两个：

1. 第20军建议部队从贝尔齐希地区出击，经波茨坦抵达柏林。这种做法的好处是：部队能在一夜之内完成必要的重组；而且据判断，该方向的敌军抵抗很弱，另外，我们还可以吸收第9集团军的残部（正在特罗伊恩布里岑北部向西突破）。

2. 第二个攻击方向，是第41装甲军所在的位于哈维尔河以北的湖区，其间，我们将与维斯瓦河集团军群的左翼协同——当时，后者似乎准备在费尔贝林附近构建一条牢固的战线。尽管贯彻这一意图需要大量调动部队，但集团军认为，该做法存在以下优点：

（1）目前，第12集团军位于最后两个仍在抵抗的德军集群之间，并据守在一条狭长的通道上，而且这两个集群被南北割裂的趋势也越来越明显。当第48装甲军的最后一批部队奉命从易北河[①]和维滕贝格之间撤往易北河对岸时，就会失去南部集群的联系。在这种情况下，显而易见，他们必须努力打通朝北方的联络，有鉴于此，集团军的重心必须放在北侧。这样，部队就可以集中在一片较小的区域，并在攻击中至少投入两个军。

（2）如果维斯瓦河集团军群能在费尔贝林的东南部集结一支部队，并从北部向柏林进攻，他们就有可能在第12集团军的协助下歼灭柏林西北部之敌，并让勃兰登堡–根廷–哈维尔贝格的撤退路线长期保持通畅，为撤出第12集团军的后方部队和广大难民创造有利条件。

（3）作为一处屏障，哈维尔湖阻断了部队的所有行动，让他们无法顺利获得资源，但这一方案却绕开了该湖。

国防军最高统帅部拒绝了（2）项中包含的提议，但仍然命令维斯瓦河集团军群从北部向柏林进发。直到此时，他们仍不希望用有限的成功换取一个虽不可避免但稍显乐观的结局，而是仍期望在柏林周围打一场大规模歼灭战。直到集团军司令进行了长期抗议之后，他们才批准了（1）项中的意图，但对于决定性的胜利，这一点已来得太迟。

第12集团军已经清楚地认识到：不久之后，它就会失去与德国北部的联系，不仅如此，它还必须做好万全准备，以便在易北河和柏林之间孤军奋战。

1945年4月26日至5月2日的战斗

在北翼，阿恩特（Arndt）中将的第39装甲军已在4月26日转入本集团军辖下，该装甲军正在进行重组，并部署在易北河流域、集团军辖区北界和德米茨（Demitz，含当地）之间的区域。该军接到的命令是在易北河畔留下汉堡预备师（Reserve Hamburg Division）和迈尔师（Meyer Division），同时将克劳塞维茨装甲师和第84步兵师合为一体——这两支部队损失了三分之二的人员和武器，

① 原文如此，此处有误，此处应为德绍。

兵力各相当于一个加强团。在合并完成后，这些部队将转入战备状态，以便尽早调往东线的第3装甲集团军麾下。随后几天，该军还向东线的第41装甲军派出了一些零星部队。

在中部，4月26日至28日的态势对我方不利：部队在维滕贝格、尼梅克和勃兰登堡之间卷入了防御战，还要准备朝波茨坦–柏林方向发动攻击。4月28日，我军主动撤出维滕贝格，以避免部队和平民蒙受不必要的损失。

沙恩霍斯特师和席尔师总体上已收紧了特罗伊恩布里岑和尼梅克之间的缺口，但敌人仍然控制着尼梅克西南约4千米的高速公路。

（参见地图25）

4月28日，第48装甲军的大部分兵力已在易北河对岸集结，并设法脱离了战斗，敌军对第41装甲军的压力也有所减轻。

另外，有俄军部队集结在瑙恩周围。

（参见地图26）

4月29日早些时候，第20军开始向东北方发动进攻。虽然他们的重组在昨天晚上才完成，还遭遇了激烈抵抗，但依旧取得进展，抵达了贝利茨–费尔奇–佩佐夫（Petzow）西郊一线，还迅速挫败了苏军的局部阻挠。这种表现完全能与战争初期投入作战的常备师媲美，在战争末期更是罕见。

这次攻击期间出现了一个插曲：在贝利茨，有不少苏军部队、一个坦克维修车间和许多补给纵队在我方的突袭中被俘；在贝利茨疗养院，我们还解救了从俄国人手中生还的3000余名伤员。得益于国际红十字会的努力，他们后来被引渡给了巴尔比桥头堡的美军（作者按：这很大程度上要感谢福尔克·贝纳多特伯爵的斡旋）。5月1日至3日间，逃离柏林的瑞士使团、部分侨居柏林的瑞士人以及丹麦外交人员也乘车抵达了唐格明德的美军辖区。另外，集团军还收到了柏林方面和希特勒用飞机送来的文件，但司令部没有下发，而是直接选择了付之一炬。

得益于第一天进攻的成功，我们可能最早在当天晚上便与波茨坦驻军建立了联系——根据第12集团军司令部的命令，这些部队已经从旧格拉博地峡杀出一条去路，还有一些搭乘划艇渡过了施维洛湖。但这种局面也给进攻部队的两翼带来了危险：在南面的特罗伊恩布里岑地区、贝利茨（当地一度多次易

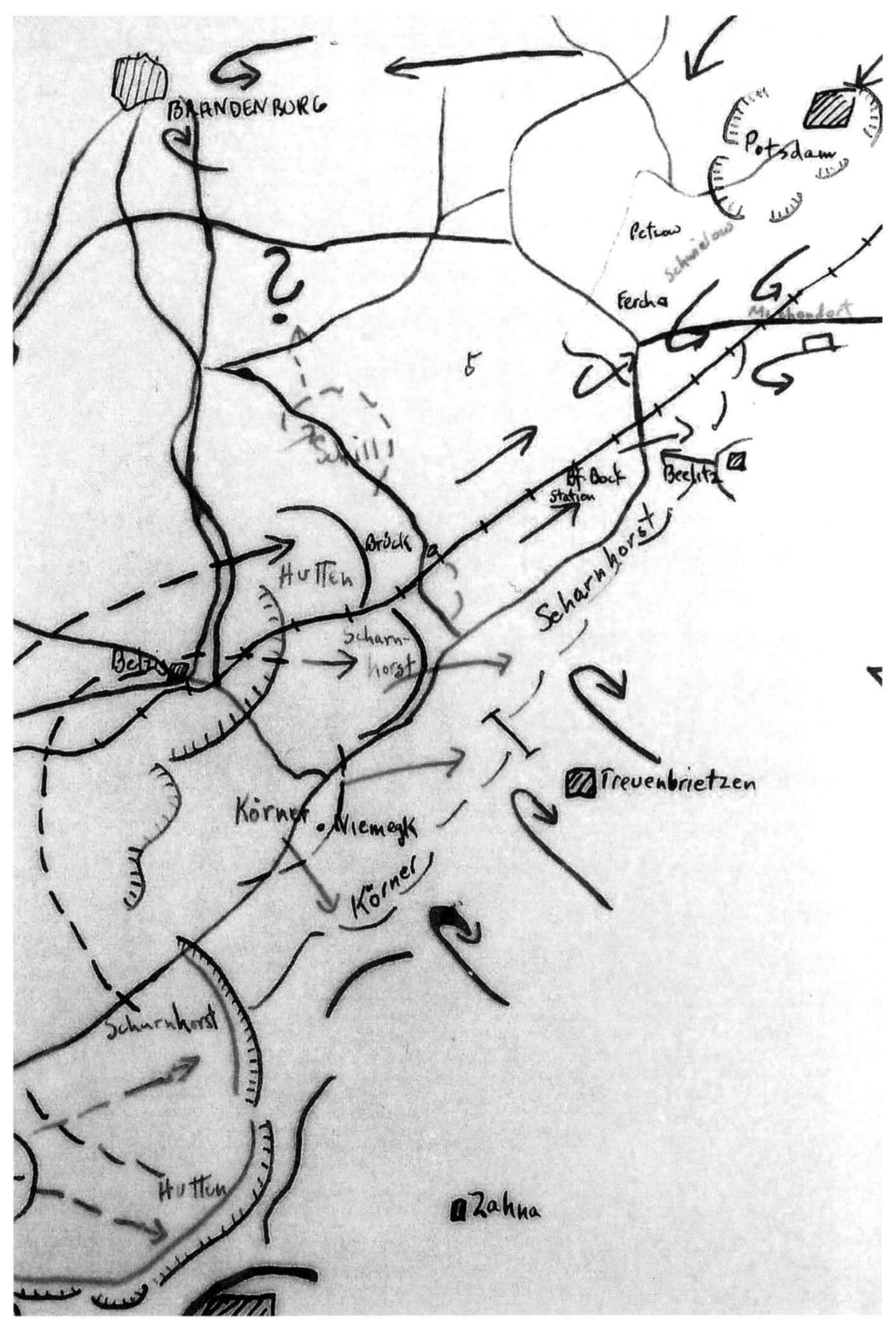

地图 25：1945 年 4 月 28 日，第 20 军朝波茨坦方向的进攻。本地图由赖希海尔姆上校绘制。

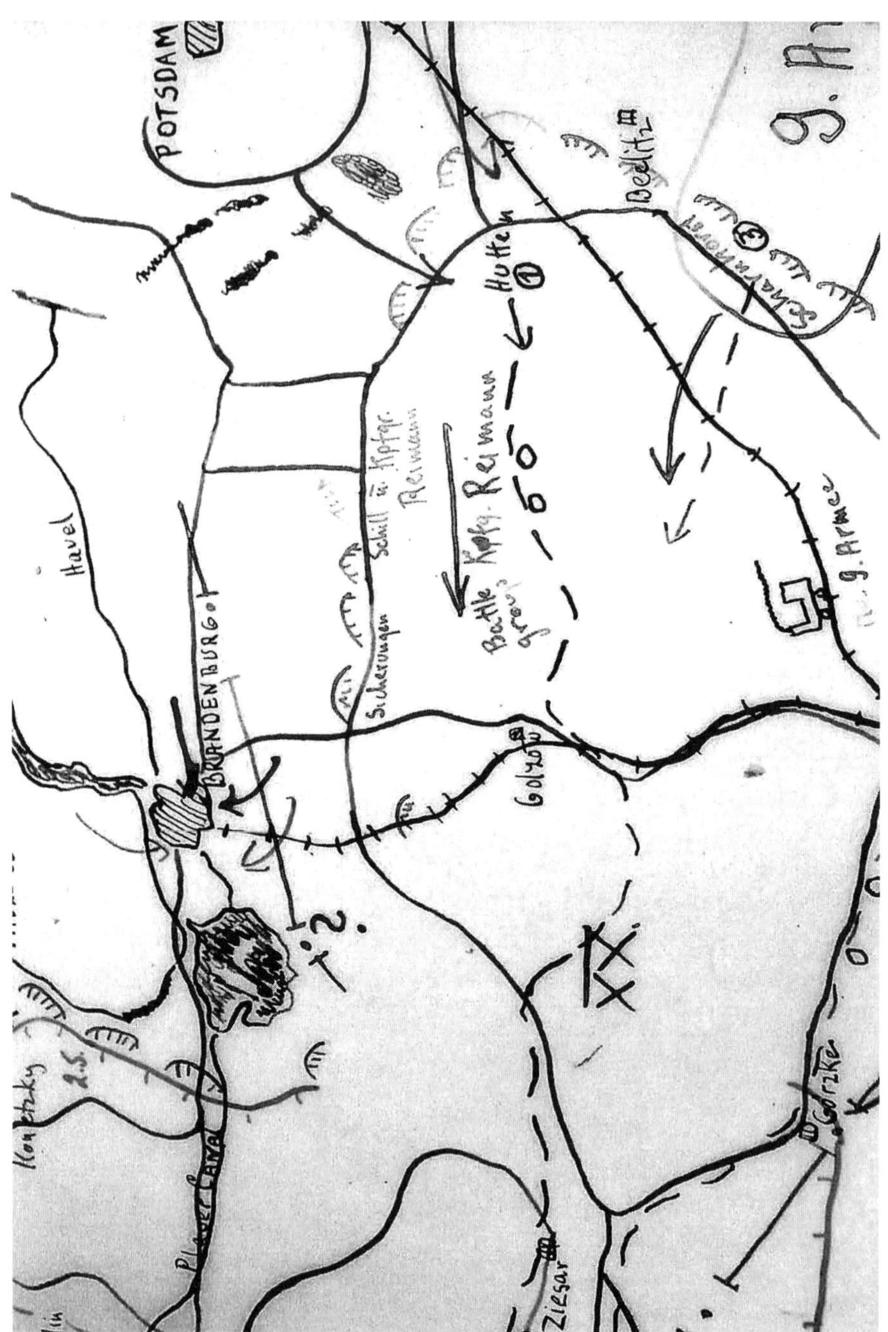

地图 26：1945 年 4 月 29 日，第 20 军和第 12 集团军其余部队向易北河撤退。值得注意的是，由于精疲力竭，大部分第 9 集团军的成员只能乘火车撤离。本地图由赖希海尔姆上校绘制。

手），以及位于施维洛湖西南部的三条高速公路交汇处，我们被迫投入最后的预备队，才击退了苏军步兵和装甲部队的猛攻。在这些战斗中，科尔纳师和沙恩霍斯特师遭遇的打击首当其冲，但仍坚定地守住了阵地。在北面，数量不明的苏军从北部渗透进莱宁森林（作者按：原文为“Lenin woods”，此处位置不明），还有一股很强的兵力从南部和东部包围了勃兰登堡。因此，我们的整个北翼可谓门户洞开。接下来的几天，席尔师和波茨坦城防司令部（作者按：又名施普雷河集团军集群或雷曼集团军集群）下属部队才紧急抽调下属部队将其封闭。

由于战线漫长，第12集团军的实力已经耗尽。现在，他们只能倾其全力完成两项任务：

（1）接纳第9集团军的部队（该部已与第20军建立了无线电联系，并避开了于特博格-特罗伊恩布里岑一带的敌军集结地，抵达了贝利茨西南部苏军最薄弱的地段）。此时，无论是集团军司令部，还是其指挥下的所有部队都清楚地意识到，他们必须再为完成这一任务多坚持几天，并需要军官和士兵们进行最大限度的付出。但这种牺牲将是无怨无悔的，这是因为袍泽情谊——当然还有年轻士兵们无与伦比的英雄主义。

（2）有序向易北河且战且退，如果可能，应与北部仍在哈维尔贝格进行抵抗的我军部队取得联系。

参谋人员和部队都得到了口头指示：集团军决定与俄国人战至最后一弹，但会与美国人谈判，以便在保留轻武器的前提下体面投降。

由于4月29日至5月2日，美军从易北河北岸的巴尔比-采尔布斯特桥头堡向维滕贝格发动进攻，令这一任务的前途更加凶险。受其影响，第48装甲军的防线有失守的危险。但这次进攻始终局限在上述地区，集团军的南部纵深侧翼依旧安然无恙，这给部队的有序撤退创造了前提条件。

还有一些情况则减轻了这一任务的压力：首先，集团军把第39装甲军调到了易北河和哈维尔河之间的狭窄区域，以便全权指挥当地的德军；同时，集团军还将易北河畔位于哈维尔贝格和多米茨之间的零星单位全部交给了第41装甲军。在过去几天，苏军一直从东面向拉特诺进攻——此举很有可能是一次大规模攻势的前奏，其矛头将直指哈维尔河和易北河北岸，威胁第41装甲军和维斯瓦河集团军群的南翼。5月1日，第39装甲军军部接到了新任务，接管勃兰登堡至根廷，以及霍亨瑙（Hohenauen）至哈维尔贝格之间的部队，即在易北河和哈维尔河沿岸布防的单位。此外，他们还要坚守哈维尔河沿岸，抵御苏军的进攻，直到第12集团军完成预定运动（详情参见后续段落。至于整个部署的细节可参见阿恩特中将在1946年7月1日撰写的关于第39装甲军在易北河前线4月22日至5月7日作战行动的文件）。

5月1日凌晨，第9集团军先头进攻部队抵达了特罗伊恩布里岑和贝利茨之间，由此踏进了第20军的前线。因为苦战和行军，他们都已筋疲力尽。在这一整天，他们陆续抵达（第12集团军的战线）。由于第9集团军意外来迟，第12集团军实际是在一条严重拉长的战线上又坚守了48小时。此外还有一个始料未及的问题：第9集团军（还剩大约25000—30000人）之前一直在且战且退，没有任何补给，重武器全部损失，还丢失了一部分轻武器。由于精神高度紧绷，这些部队非常虚弱和疲惫，甚至勒令和威胁也无法让他们向西方行军。只是因为集团军后勤主管和第20军的支持，问题才得到了一些缓解。在组织人员向西输送期间，这些部门提供了集团军和军直属的卡车，第20军还利用了暂时修复的铁路线。第9集团军已不再具有任何战斗力，因此必须尽可能加快运输速度，将其首先运往易北河对岸。

5月2日早些时候，苏军突破第41装甲军的前线，矛头直抵哈弗尔贝格——在后一地点，守军顽强坚持了很长时间。由于第41装甲军的大部分兵力和指挥机构都被迫退入维滕贝格以东地区，集团军失去了对这支部队的控制权。另外，该军还奉命接管一片哈维尔河沿岸的阵地，它从该军左翼一直延伸到哈维尔贝格（含）一带，如果敌军继续在其左翼发动猛攻，就将撤往莫伦贝格（Molenberg）–卡梅尔恩（Kamern）–乌尔考（Wulkau）一线。第20军则接到命令向唐格明德的大型桥头堡撤退，并已在5月1日晚间动身。

此时此刻，第20军的官兵们又接到了一个必须全力以赴的任务：由于局势发展，第41装甲军方向出现了新问题，它至关重要，需要尽快抽调斗志坚决、久经考验的部队加强新出现的桥头堡北翼。

为此，我们只有从第20军抽调单位，并把集团军所有的运输装备分配给这支部队。胡滕步兵师的一个团立刻搭乘卡车出发，并在5月2日晚间参加了哈维尔贝格的战斗，挡住了渗入该镇的苏联军队。但面对强大压力，该团被迫在晚间且战且退，最后在第41装甲军的北翼占领了临时阵地。在5月4日该团归建前夕，其前线仍一直延伸到波茨坦的西南部，为了撤退，他们必须昼夜不停行军，因为任何短暂的停顿都会打乱第12集团军的步调——直到最后，保持这种步调都非常关键。

第20军各师虽然年轻，但优秀的领导能力、巧妙的隐蔽以及优异的纪律与担当精神为这一切提供了可能——这使得他们在最不利的条件下，通过接连不断的后卫作战成功撤退。

第12集团军对苏军的最后战斗，渡过易北河，并被美军俘虏（1945年5月3日至5月7日）

5月1日至5月7日，第12集团军作战区域的形势继续变化，其间，其桥头堡阵地开始收缩。

5月3日清晨，尽管战斗激烈，但撤退仍在进行，集团军希望能按计划向唐格明德桥头堡退却。

部队上下仍决心与苏军战斗到底，但与美军的战斗很早便已停止，只有一些观察哨设置在易北河畔。

集团军举行投降谈判的时机已成熟，其对象是美第9集团军——因为直到此时，我们才能在渡河和集体投降等事情上明确给对方一个答案。

随后几天，伤员的疏散工作一直在进行。集团军司令部希望能体面地投降，并作为一个整体缴械，最终投入到重建被空袭摧毁的西部城镇的工作中去——至少也要保证下级单位的完整性。因为集团司令部相信，下属部队的斗志和纪律让他们理应得到这些待遇。第48装甲军军长冯·埃德尔斯海姆将军奉命担任代表，5月4日上午，谈判在美第9集团军司令部所在的施滕达尔市政厅进行。在冯·埃德尔斯海姆将军提出的投降书中包含了如下条款（以下仅为要点）：

1. 第12集团军已停止与西线之敌对抗。

2. 但将与苏军战至最后一颗子弹。

3. 集团军希望美第9集团军司令部允许德军下属部队、非战斗人员、逃难民众和平渡过易北河，体面地向美军投降。

4. 集团军特别要求：

（1）立即接管众多伤病员。

（2）立即允许来自东方的难民（主要是妇女、老人和儿童）自行越过易北河，并视其为难民。

（3）设置三个过境场所：施滕达尔以东的铁路断桥、唐格明德附近的公路断桥、费尔奇兰以西的渡轮。

（4）渡河按以下顺序进行：伤员和医务人员，无武装人员（大部分来自第9集团军），集团军的非战斗人员和后勤部队，第12集团军的士兵（携带轻武器）。

（5）在渡河期间，希望获得架桥材料和工兵方面的支援。

关于投降谈判的细节，读者可以从冯·埃德尔斯海姆将军1946年7月12日在被俘审讯期间撰写的文件——军事研究文件MS B-220《德国第12集团军和美国第9集团军在施滕达尔的投降谈判，1945年5月4日》——中找到。

在谈判中，美军驳回了平民的渡河申请，并拒绝提供装备或勤务方面的支援。

根据集团军司令致所有部队的口头指示，所有人应尽其所能渡河，并要求军人发扬牺牲精神，把平民带到易北河对岸的安全地带。但在有些地方，这条指示未能成功传达。

美军的命令更是剥夺了最后的希望，无数来自东方的难民将因此遭遇灾难。

就投降的条件而言，集团军非常感谢美方的宽容和军人风范。后来出现了一些局部冲突，但这都与沟通不畅有关。

与此同时，与苏军的战斗仍在继续。5月4日的形势如下：5月4日清晨，苏军猛烈袭击了我军在沃尔肯贝格（Wolkenberg）-雷贝格（Rehberg）-卡梅尔恩-乌尔考一线的预设阵地，但没有取得突破。第41装甲军和第20军已完成机动，俄国人在战斗中穷追不舍。第41装甲军奉命在唐格明德（当地也是集团军的主要渡口）准备渡河，并将负责这项工作的执行，其原有任务则被第20军接管。第41装甲军应监督费尔奇兰渡口的运作，以及施滕达尔以东渡口的雷曼集团军集群。至于第20军原先下属的各师则陷入了激烈的防御战。

直到5月6日，桥头堡前线的战斗一直此起彼伏。鉴于弹药补给告罄，集团军命令渡口指挥官在5月7日之前完成非战斗人员的运送，然后保证桥梁和其他渡河方式的通畅，为战斗部队的通行创造条件。第41装甲军和第20军奉命在5月7日之前进入渡口旁的小桥头堡，并在5月7日晚上将部队全部撤往对岸。

与其他渡口的将军和师长们一样，第12集团军的司令和直属参谋人员也在5月7日晚间冒着苏军的机枪火力，乘充气筏抵达了易北河对岸。

作为德军的最后一支预备队，第12集团军的战斗至此迎来了终点。

回首过去，我必须说这场战斗是值得的。作为军人，我们履行了对德意志民族的义务，并将这种精神灌输给了在一个月前还未经历战火考验的年轻士兵；由此培养出的品德和纪律，将为和平的德国做出贡献。在哈维尔贝格和费尔奇兰之间，约100000名士兵抵达了易北河对岸，他们向美军投降，在此期间纪律严明。

签字

赖希海尔姆上校，第12集团军作战参谋

附录 C

维斯瓦河集团军群的组织结构

维斯瓦河集团军群

维斯瓦河集团军群于1月21日根据阿道夫·希特勒的命令组建，防区包括西普鲁士、波美拉尼亚、但泽以西至斯维内明德的波罗的海沿岸，以及从斯德丁向南至格尔利茨[1]的德国东部边境。该集团军群和野战集团军的高级军官（如司令、参谋长和作战参谋等高级军官）名单如下所示。

集团军群司令

党卫队全国领袖海因里希·希姆莱：1945年1月21日—3月20日

戈特哈德·海因里齐大将：1945年3月21日—4月29日

库尔特·冯·蒂佩尔施基希步兵上将：1945年4月29日—5月1日

库尔特·斯图登特空军大将：1945年5月1日—1945年5月3日投降时

参谋长

党卫军中将海因茨·拉默丁：1945年1月25日—1945年3月20日

埃伯哈德·金策尔中将：1945年3月21日—4月21日

---

① 原文如此，此处表述有误，维斯瓦河集团军群的南界应在古本以北的奥得河和尼斯河交汇处，向南为中央集团军群辖区，而文中提到的格尔利茨则在其南面约100千米处。

伊沃—提洛·冯·特罗塔少将：1945年4月22日—29日

埃里克·德特勒夫森（Eric Dethleffsen）少将：1945年4月30日—1945年5月3日投降时

1945年5月3日向英军投降时的集团军群指挥部高级军官名单

集团军群司令：库尔特·斯图登特空军大将

参谋长：埃里克·德特勒夫森少将

作战参谋：汉斯–格奥尔格·艾斯曼上校

作战处处长（Ia/Führungsabteilung）：哈纳克（Harnack）中校

情报参谋：冯·哈尔林（von Harling）上校

后勤参谋：冯·吕克尔特（von Rückert）上校

工兵主任：丁特尔（Dinter）中将

运输主任：哈姆贝格尔上校

通信主任：梅尔泽（Melzer）中尉①

炮兵主任：克林克（Klinke）上校

兽医主任：兽医少将（Generalstabsveterinär）拉特斯曼博士（Dr. Rathsmann）

交通管制参谋（Id）：韦伯（Weber）少校

情报参谋助理（O4）：朗格（Lang）上尉

第3装甲集团军

第3装甲集团军司令部于1945年2月23日调入维斯瓦河集团军群，并从调往西线的第11集团军司令部手中接过了各师和各军的指挥权。

集团军司令

艾哈德·劳斯（Erhard Raus）大将：1944年8月15日—1945年3月10日

① 原文如此，此处有误。此人的全名是鲁道夫·梅尔泽（Rudolf Meltzer），1945年时的军衔为陆军中将。

装甲兵上将哈索—埃卡尔德·冯·曼陀菲尔男爵：1945年3月10日—1945年5月8日投降时

参谋长

布克哈特·缪勒—希勒布兰德（Burkhart Müller-Hillebrand）少将：1944年9月25日—1945年5月8日投降时

作战参谋

汉斯—约阿希姆·鲁登道夫（Hans-Joachim Ludendorff）上校：1943年11月5日—1945年5月投降时（？）

汉斯·克罗恩（Hans Krohn）少校（见于投降时的人员名册，但不清楚其是否真正接替了鲁登道夫的职位）

第9集团军

集团军司令

特奥多尔·布塞上将：1945年1月—1945年5月投降时

参谋长

约翰内斯·霍尔茨少将：1944年11月—1945年5月投降时[1]

作战参谋

克劳斯·奥伯迈尔（Claus Obermair）中校：1944年11月5日—1945年2月

弗里茨·霍弗尔（Fritz Hoefer）中校：1945年2月1日—1945年5月投降时

---

① 原文如此，此处说法并不确切，因为霍尔茨已在4月底从哈尔伯包围圈突围时阵亡。

第12集团军

第12集团军组建于1945年4月10日，最初计划部署于西线。1945年4月23日，该集团军奉命调转前进方向，迎战东线的苏军。

集团军司令

瓦尔特·温克少将[①]：1945年4月10日—1945年5月投降时

参谋长

京特·赖希海尔姆上校：1945年4月10日—1945年5月投降时

作战参谋

陆军中校胡贝图斯·冯·洪博尔特–达赫罗登（Hubertus Freiherr von Humboldt Dachroeden）男爵：1945年4月—1945年5月投降时

第21集团军

该集团军组建于4月27日，司令部由原北方集团军（残余部队位于东普鲁士沿海）下属的第4集团军司令部改编而来，下属部队来自第12集团军下属的第27军和第3装甲集团军下属的党卫军第3（日耳曼）装甲军和第101军。

集团军司令

库尔特·冯·蒂佩尔施基希步兵上将（一度短暂担任维斯瓦河集团军群代理司令）：1945年4月27—28日

参谋长

陆军上校乌尔里希·冯·瓦恩比勒—赫明根（Ulrich Freiherr von Varnbüler und zu Hemmingen）男爵：1945年4月27日—1945年5月投降时

---

① 原文如此，实误，温克当时的军衔为装甲兵上将。

作战参谋

卡尔–奥托·冯·欣克尔代（Carl–Otto von Hinckeldey）陆军中校：1945年4月27日—1945年5月投降时

第11集团军（1945年2月23日调离）

第11集团军是维斯瓦河集团军群在1月21日组建时的下属单位之一。但在2月23日，其司令部被调离，并在3月转入西线最高司令部辖下。在西线，该集团军主要负责在威悉河和哈尔茨山脉进行防御，4月21日向西方盟军投降。

集团军司令

党卫军上将菲利克斯·施泰因纳：1945年1月28日—1945年3月

瓦尔特·卢赫特（Walther Lucht）炮兵上将：1945年4月1日（接到任命，但未能履职）

奥托–马克西米利安·希尔茨菲尔德（Otto–Maximilian Hitzfeld）步兵上将：1945年4月2日—1945年4月8日

瓦尔特·卢赫特炮兵上将：1945年4月8日—1945年5月投降时

参谋长

弗里茨·埃斯特（Fritz Estor）上校：？—1945年5月投降时

作战参谋

特奥多尔·布塞上校：？—1945年2月[①]

鲁道夫·丹克沃斯（Rudolf Danckworth）中校：1945年2月15日—1945年4月5日

罗施曼（Roschmann）中校，1945年4月5日—1945年5月投降时

---

① 此处有误，特奥多尔·布塞实际是第11集团军1941年最初组建时的作战参谋。

第2集团军（1945年4月7日更名为东普鲁士集团军）

在苏军对西普鲁士和波美拉尼亚的攻势中，第2集团军与奥得河前线的集团军群主力失去联系。3月11日，该集团军被剥离出维斯瓦河集团军群，并由陆军最高指挥部直接管辖，位于波美拉尼亚的部队则改由第3装甲集团军指挥。

集团军司令

瓦尔特·魏斯大将：1943年2月4日—1945年3月12日

迪特里希·冯·邵肯装甲兵上将：1945年3月12日—1945年5月投降时

参谋长

罗伯特·马赫尔（Robert Macher）少将：1944年8月1日—1945年5月投降时

作战参谋

京特·斯塔克（Günther Starck）中校：1944年9月30日—1945年2月20日

沃尔夫冈·布伦内克（Wolfgang Brennecke）中校：1945年2月20日—1945年5月投降时

附录D

戈特哈德·海因里齐生平

出生日期：1886年12月21日

逝世日期：1971年12月13日

出生地：贡宾嫩（Gumbinnen）/东普鲁士

军衔

下士级军官候补生（1905年7月19日）

候补军官（1905年12月19日）

少尉（1906年8月18日）

中尉（1914年2月17日）

上尉（1915年6月18日）

少校（1926年2月1日）

中校（1930年8月1日）

上校（1933年3月1日）

少将（1936年1月1日）

中将（1938年3月1日）

步兵上将（1940年6月1日）

大将（1943年1月30日）

勋奖

骑士十字勋章：1941年9月18日，东线，以步兵上将军衔获得于第43军军长任上

橡叶饰（第333号）：1943年11月24日，东线，以大将军衔获得于第4集团军司令任上

双剑饰（第136号）：1945年3月3日，东线，以大将军衔获得于第1装甲集团军司令任上

带双剑的霍亨索伦王室骑士十字勋章：1918年8月9日

普鲁士一级铁十字勋章（1914年版）：1915年7月24日

普鲁士二级铁十字勋章（1914年版）：1914年9月27日

1939年版一级铁十字勋饰：1940年5月16日

1939年版二级铁十字勋饰：1940年5月13日

萨克森–科堡和哥达公国：卡尔–爱德华军事十字勋章（Carl Eduard War Cross）

萨克森–科堡和哥达公国：带双剑的二级卡尔–爱德华公爵勋章（Duke Carl Eduard Medal, 2nd Class with Swords）

萨克森–魏玛–艾森纳赫大公国：带双剑的二级大公家族白鹰骑士勋章

萨克森诸邦：带双剑的二级萨克森–恩斯特公爵家族骑士勋章

罗伊斯（Reuß）亲王国：带双剑的三级罗伊斯亲王王室荣誉十字勋章（Princely Reuß Honor Cross, 3rd Class with Swords）

施瓦茨堡（Schwarzburg）亲王国：带双剑的三级施瓦茨堡亲王王室荣誉十字勋章（Princely Schwarzburg Honor Cross, 3rd Class with Swords）

汉堡汉萨自由市：汉萨十字勋章（Hanseatic Cross）

1914—1918荣誉十字勋章

一级武装部队长期服役勋章（25年）

三级武装部队长期服役勋章（12年）

奥地利：三级军事功勋十字勋章（战时版）

1941/1942年俄国冬季战役奖章

任职履历

1905年3月8日：作为候补军官加入图林根第6步兵团（暨德国陆军第95步兵团）

1905—1906年：在汉诺威军事学校深造

1905年5月10日：担任第95步兵团第2营营部副官

1914年11月：担任第95步兵团团部副官

1915年：在第95步兵团担任连长和第2营营长

1916年5月：担任第83步兵旅旅部副官

1916年8月27日：在第24预备军军部任职

1916年12月7月：在第115步兵师师部任职

1917年3月13日：在陆军总参谋部任职

1917年3月28日：在陆军总参谋部后方勤务局（Etappeninspektion）任职

1917年9月15日：在色当（Sedan）接受总参谋部军官课程培训

1917年10月9日：作为特别参谋军官被派往第7军军部

1917年12月4日：作为B集团军级集群（Army Detachment B）的特别参谋军官被派往第8军

1918年2月28日：担任第203步兵师作战参谋

1919年1月19日：调回第95步兵团

1919年2月18日：在第1军参谋部任职，并跟随冯·希施维茨志愿师（Freiwillige Division von Tschischwitz）参加了东普鲁士边境的防御行动

1919年10月1日：在第1军区担任参谋职务

1920年10月1日：在第1步兵师担任战术教官

1924年9月1日：担任第13步兵团第14连连长

1927年10月1日：调往德国国防部，在部队局陆军组织处（Army Organization Department，T2）担任小组组长

1930年10月1日：调往第3步兵团

1930年11月1日：担任第3步兵团第3营营长

1930年10月7日—1930年10月30日：前往德布里茨（Döberitz），参加重型步兵武器射击培训

1931年9月10日—1931年10月1日：派往立陶宛陆军

1932年10月1日：担任驻柏林的第1集群指挥部（Group Command 1）作战参谋

1933年2月1日：调往德国国防部，担任国防办公室总务处代理处长（Chief of the General Department of the Defense Office）

1933年3月1日：正式担任国防部（5月21日改名为战争部）国防办公室总务处处长

1937年6月1日：担任战争部后备人员和陆军事务总处（Replacement and Army Matters Office Group）主任

1937年10月12日：担任第16步兵师师长

1940年1月31日：转为陆军最高司令部后备指挥官（Führer Reserve）

1940年1月31日—1940年2月12日：调入第7军

1940年4月8日：调入第12军

1940年6月18日—1940年1月20日：担任第43军军长，并在1940年和1941年参加入侵法国和苏联的战役

1942年1月20日—1944年6月4日：在东线担任第4集团军司令

1942年6月6日—1942年7月12日：暂时离职

1942年6月1日[①]—1943年7月31日：暂时离职

1944年5月：因病前往卡尔斯巴德（Karlsbad）疗养4周

1944年6月4日：转为陆军最高司令部后备指挥官

1944年8月16—1945年3月19日：担任海因里齐集团军集群（下辖第1装甲集团军和匈牙利第1集团军）司令

1945年3月20日—1945年4月29日：担任维斯瓦河集团军群司令

1945年5月28日—1948年5月19日：被英军俘虏

① 原文如此，似为1943年之误。

附录E

哈索－埃卡德·冯·曼陀菲尔男爵生平

出生日期：1897年1月14日

逝世日期：1978年9月24日

出生地：波茨坦

军衔

候补军官（1916年2月22日）

少尉（1916年4月28日）

中尉（1925年4月1日）

骑兵上尉（1934年4月1日）

少校（1936年10月1日）

中校（1939年4月1日）

上校（1941年10月1日）

少将（1943年5月1日）

中将（1944年2月1日）

装甲兵上将（1944年9月1日）

勋奖

骑士十字勋章：1941年12月31日

橡叶饰（第332号）：1943年11月23日

双剑饰（第50号）：1944年2月22日

钻石饰（第24号）：1945年2月18日

一级和二级铁十字勋章

银质战伤勋章

非洲袖标

战争功勋十字奖章（二级）

银质装甲作战奖章（二级）

巴伐利亚军事功绩十字奖章（三级）

奥地利军事功绩十字奖章（四级）

任职履历

1908年：入读军校，成为军官候补生

1916年2月22日：在一个轻骑兵团担任军官

1916年4月：担任第3轻骑兵团第5连连长（配属于普鲁士第6步兵师），同年10月12日在法国的战斗中负伤

1917年2月：重返前线，并调入师部

1918年11月：奉命守卫科隆市的莱茵河大桥，以免遭到革命者破坏，确保法国和比利时的德军安全撤退

1919年1月：在柏林的一个志愿军团单位中担任第二副官

1919年5月：加入魏玛国防军，服役于驻拉特诺的第25骑兵团

1920年—1930年：在第3（普鲁士）骑手团担任连长

1930年2月1日：担任（第3骑手团）机动车连连长

1932年10月1日：在第17（巴伐利亚）骑手团担任连长

1934年10月1日：调入埃尔富特骑手团

1935年10月15日：在海因茨·古德里安指挥的第2装甲师担任第2摩托车营营长

1936年—1937年：以少校军衔供职于第2装甲师师部

1937年2月25日：在陆军最高司令部装甲兵部队总监分部（Panzer Troop

Command of the OKH）担任顾问

1939年2月1日：在柏林-克兰普尼茨的第2装甲兵学校担任总教官

1941年5月1日：担任第7装甲师下属的第7步枪兵团第1营营长，随该部在赫尔曼·霍特指挥的第3装甲集群辖下参加了入侵苏联的巴巴罗萨行动——这也是曼陀菲尔在二战中的首次参战

1941年8月25日：在第7装甲师下属的第6掷弹兵团的团长阵亡后，出任该团的指挥官

1942年5月：经过1941—1942年冬季在莫斯科外围的苦战，随第7装甲师前往法国进行休整

1942年7月15日：担任第7装甲师下属的第7装甲掷弹兵旅旅长

1943年2月5日：前往非洲，担任冯·曼陀菲尔师［隶属于非洲集团军集群（指挥官：埃尔温·隆美尔）下属的第5装甲集团军（指挥官：汉斯-于尔根·冯·阿尼姆）］师长

1943年5月1日：因在非洲的功绩被晋升为少将

1943年8月22日：前往东线，担任第7装甲师师长

1944年2月1日：担任大德意志装甲掷弹兵师师长

1944年9月1日：晋升为装甲兵上将，派往西线指挥第5装甲集团军

1945年3月10日：前往东线，担任第3装甲集团军司令

1945年4月28日：拒绝了接管维斯瓦河集团军群的请求和晋升命令

1945年5月3日：率部向西方盟国投降

1945年5月—1947年9月：被英军俘虏

附录F

特奥多尔·布塞生平

出生日期：1897年12月15日

逝世日期：1986年10月21日

出生地：奥得河畔法兰克福

军衔

上等兵级军官候补生（1916年3月24日）

下士级军官候补生（1916年4月13日）

候补军官（1916年7月11日）

少尉（1917年2月13日）

中尉（1925年7月31日）

骑兵上尉/上尉（1933年2月1日）

少校（1936年4月1日）

中校（1939年4月1日）

上校（1941年8月1日）

少将（1943年3月1日）

中将（1943年9月1日）

步兵上将（1944年11月9日）

勋奖

骑士十字勋章（第2611号）：1944年1月30日，以陆军中将军衔获得于南方集团军群参谋长任上

德意志金质十字奖章（第121/14号）：1942年5月24日，以陆军上校军衔获得于第11集团军作战参谋任上

带双剑的霍亨索伦王室骑士十字勋章：1918年7月29日

普鲁士一级铁十字勋章（1914年版）：1917年8月22日

普鲁士二级铁十字勋章（1914年版）：1916年11月3日

黑色战伤勋章（1918年版）

1914—1918荣誉十字勋章：1934年12月5日

二级武装部队长期服役奖章：1936年10月2日

南斯拉夫王国：三级圣萨瓦勋章（Royal Yugoslav Order of St. Sava），1939年10月23日

1939年版一级铁十字勋饰：1940年5月30日

1939年版二级铁十字勋饰：1940年5月27日

罗马尼亚王国：三级“勇敢的米哈伊”勋章，1942年5月8日

1941/1942年俄国冬季战役奖章：1942年8月10日

克里米亚盾章：1942年9月10日

库尔兰袖标

任职履历

1915年12月1日：加入德国陆军

1915年12月1日—1916年7月25日：在第12掷弹兵团担任军官候补生

1916年7月25日—1916年9月6日：随部队开赴前线

1916年9月6日—1918年3月25日：调入第396步兵团

1917年6月7日—1917年6月13日：暂时配属于第289航空营（Flieger Abteilung 289）

1918年3月25日—1918年4月22日：在第396步兵团担任代理连长

1918年4月22日—1918年12月1日：连长职务转正

1918年12月1日—1919年8月1日：调回第12掷弹兵团，并担任奥得河畔法兰克福驻军指挥部副官

1919年8月1日—1919年9月1日：调往魏玛国防军第54掷弹兵团

1919年9月1日—1920年2月8日：在魏玛国防军第54掷弹兵团担任军法官

1920年2月8日—1921年1月1日：在魏玛国防军第10掷弹兵团团部担任军法官

1921年1月1日—1923年2月2日：在第8步兵团第2连担任排长

1921年10月1日—1922年8月5日：派往慕尼黑步兵学校第1班深造

1923年2月2日—1925年3月1日：在第8步兵团第4（机枪）连担任排长

1925年3月1日—1925年10月1日：在第8步兵团第7连担任排长

1925年10月1日—1928年3月27日：在第8步兵团第8（机枪）连担任排长

1925年7月27日—1925年11月13日：暂调往第3工兵营

1927年9月26日—1927年10月15日：暂调往德布里茨，接受冲锋枪射击培训①

1928年3月27日—1929年6月1日：担任第8步兵团第2营副官

1929年6月1日—1929年10月1日：调入第8步兵团第7连

1929年6月1日—1929年9月30日：暂调往第4炮兵团跨兵种见习部（Weapons Command）②

1929年10月1日—1932年10月1日：调入第5师

1932年10月1日—1933年4月1日：暂调往第9步兵团

1933年4月1日—1935年7月1日：在德国国防部部队局第1处（T1）担任顾问

1935年7月1日—1936年10月6日：在德国陆军最高司令部第6局担任处长（Group—Director in the 6th Department）

---

① 原文如此，但布塞接受的实际是sMG，即重机枪（在德语中，s是Schweres，即重型的缩写，而冲锋枪则被简写为MP）的训练。

② 即德语的Waffenkommando，直译即兵种指挥部。该机构设置于魏玛德国国防军期间，是军官深造的一种途径，为此，军官们将不定期地调往其他兵种部队的跨兵种见习部一段时间，以便拓宽知识面，加深对其他兵种的理解，从而为指挥更大规模的多兵种部队做铺垫。在20世纪30年代后，这一制度逐渐取消。

1936年10月6日—1937年7月5日：在第83步兵团担任连长，后调为第22步兵师作战参谋

1939年3月1日—1940年10月25日：调往陆军最高司令部第4局

1940年10月25日—1942年11月9日：担任第11集团军作战参谋

1942年11月9日—1943年3月1日：担任顿河集团军群（后改名南方集团军群）作战参谋

1944年3月31日—1944年7月15日：担任北乌克兰集团军群参谋长

1944年7月15日—1944年7月29日：转为陆军最高司令部后备指挥官

1944年7月29日—1944年9月1日：担任第121步兵师师长

1944年9月1日—1944年11月9日：担任第1军代理军长

1944年11月9日—1945年1月19日：正式担任第1军军长

1945年1月19日—1945年7月[①]：担任第9集团军代理司令

1945年7月—1947年12月12日：被俘

1947年12月12日：获释

① 原文如此，应为5月，下一行亦然。

附录G

瓦尔特·温克生平

出生日期：1900年9月18日

逝世日期：1982年5月1日（车祸）

出生地：维滕贝格

军衔

下士（1919年）

军官候补生（1919年12月8日）

候补军官（1921年1月11日）

高级候补军官（1922年1月11日）

少尉（1923年1月2日）

中尉（1928年1月2日）

上尉（1934年1月5日）

少校（1939年1月3日）

中校（1940年1月12日）

上校（1942年1月6日）

少将［叙任（Rangdienstalter）日期：1943年1月8日］

中将（1944年1月4日）

装甲兵上将（1944年1月10日）

勋奖

骑士十字勋章：1942年12月28日，以总参谋部上校军衔获得于罗马尼亚第3集团军参谋长任上

德意志金质十字奖章：1942年1月26日，以总参谋部中校军衔获得于第1装甲师作战参谋任上

一级铁十字勋章：1939年10月4日

二级铁十字勋章：1939年9月13日

黑色战伤勋章（1940年）

1938年战役勋章：1939年9月4日

二级、三级和四级武装部队长期服役勋章：193？年

银质德国体育运动奖章：？

铜质德国体育运动奖章：？

1941/1942年俄国冬季战役奖章：1942年8月1日

带双剑的罗马尼亚之星指挥官勋章：1943年3月12日

三级战争胜利勋章（斯洛伐克）：1942年9月21日

任职履历

1919年8月12日：作为军官候补生，加入冯·欧文志愿军团（Freikorps von Oven）

1923年2月1日：在第9步兵团担任陆军少尉

1939年4月1日—1942年4月4日：担任第1装甲师作战参谋

1942年2月4日—1942年3月3日：在军校担任教官

1942年9月3日—1942年11月26日：担任第57装甲军参谋长

1942年11月26日—1942年12月27日：担任罗马尼亚第3集团军参谋长

1942年12月27日—1943年3月11日：担任霍利特集团军级集群（Armee Abteilung Hollidt，1943年3月5日改名为第6集团军）参谋长

1943年3月11日—1944年3月24日：担任第1装甲集团军参谋长

1944年3月24日—1944年7月22日：担任南乌克兰集团军群参谋长

1944年7月22日—1945年2月17日：担任陆军最高司令部指挥局局长（下

辖作战处、组织处和东线外军处）并兼任陆军副总参谋长

1945年4月10日—1945年5月8日：担任第12集团军司令

附录 H

汉斯－格奥尔格·艾斯曼生平

艾斯曼的任职简历如下：

1927年4月1日：加入驻奥尔登堡（Oldenburg）的第16步兵团，历任排长、连长和营部副官

1937年：服役于第74步兵团

1938年—1939年：在柏林的军事学校深造

1939年至二战初期：在波兰和西线战役期间，先后担任第5集团军和第18集团军勤务官

1940年：作为参谋军官，在第260步兵师担任后勤参谋

1941年6月：在第30军参谋部门任职，参加乌克兰和克里米亚战役

1942年5月：在第11集团军（指挥官：埃里希·冯·曼施坦因元帅）担任情报参谋

1942年11月：在顿河集团军集群参谋部任职，参加斯大林格勒战役

1943年3月：在驻罗马尼亚和阿尔巴尼亚的第297步兵师师部任职

1943年9月：担任第6集团军作战参谋，参加在乌克兰、罗马尼亚和匈牙利的战斗

1944年9月：在匈牙利战役期间，担任德国驻匈牙利陆军联络官

1944年12月：调往军校担任教官，但从未任教

1945年1月—1945年5月投降前：担任维斯瓦河集团军群作战参谋

附录 I

柏林战略进攻行动中苏军的人员和装备总数[1]

	白俄罗斯第2方面军	白俄罗斯第1方面军	乌克兰第1方面军	波兰第1集团军和波兰第2集团军	总数
人员	441600	908500	550900	155900	**2056900**
坦克	644	1795	1388	?	**3827**
自行火炮	307	1360	667	?	**2334**
反坦克炮	770	2306	1444	?	**4520**
76毫米及以上口径的身管火炮	3172	7442	5040	?	**15654**
82毫米及以上口径的迫击炮	2770	7186	5225	?	**15181**
火箭炮	807	1531	917	?	**3255**
高射炮	801	1665	945	?	**3411**
机动车辆	21846	44332	29205	?	**95383**
战机（战斗机、轰炸机和侦察机等）	1360	3188	2148	无数据	**6696**

本章尾注：

1. 参见克里沃舍夫（Krivosheev）《20世纪苏联的人员伤亡和战斗损失》（*Soviet Casualties and Combat Losses in the Twentieth Century*），第158页；亦可参见提克《奥得河和易北河之间的终曲：1945年的柏林之战》，第506页，其内容引自1965年出版的《军事史杂志》（*Voenno-istoricheskii Zhurnal*），另外，笔者还与科尼利厄斯·瑞恩档案第71/9号文件中给出的苏联红军战斗序列做了比对。

附录J

截至1945年3月15日，维斯瓦河集团军群的人员补充和损失[1]

补充人员数	第9集团军		第3装甲集团军	
行军连和行军营	4736		4404	
康复行军连（Gen.Marsch-Kpn.）	300		1302	
后方补充人员（Personalersatz）	327		1722	
其他单位（收容的失散人员、训练连等）	3575		5495	
来自党卫军的人员	1052		11822	
合计	**9990**		**24745**	
截至1945年3月15日的损失	**军官**	**其他人员**	**军官**	**其他人员**
阵亡	90	3887	96	1840
受伤	360	18488	327	8312
失踪	21	12529	46	38760
	471	**34904**	**469**	**48912**
合计	**35375**		**49381**	
补充/损失比:	28%		50%	

本章尾注：

1. 参见美国国家档案馆文件T-311/169/7221401。

附录 K

第 9 集团军的战斗人员数，1945 年 3 月 17 日[1]

党卫军第5山地军	
第391警戒师	3618
党卫军第32师	2846
拉格纳师	3266
法兰克福要塞	9039
合计	**18769**
党卫军第11装甲军	
明谢贝格装甲师	2867
屈斯特林要塞	2787
第712步兵师	3699
库尔马克装甲掷弹兵师	3375
德布里茨步兵师	3474
第25装甲掷弹兵师	5196
合计	**21398**
第101军	
柏林师	5889
第606师	4460
合计	**10349**
集团军合计	**50516**

本章尾注：

1. 参见美国国家档案馆文件T-311/169/7220993。

附录 L

党卫军北欧装甲掷弹兵师、党卫军尼德兰装甲掷弹兵师、第 5 猎兵师、第 3 海军步兵师 1945 年 3 月 25 日的人员和装备到位情况[1]

<table>
<tr><td colspan="2">维斯瓦河集团军群司令部</td></tr>
<tr><td colspan="2">党卫军北欧志愿装甲掷弹兵师、党卫军尼德兰志愿装甲掷弹兵师、第5猎兵师、第3海军步兵师的人员和装备到位情况</td></tr>
<tr><td colspan="2">党卫军北欧志愿装甲掷弹兵师
由党卫队指挥总局（SS-Führungshauptamt）负责人员补充</td></tr>
<tr><td colspan="2">装备情况</td></tr>
<tr><td>急需</td><td>3000支步枪
150挺机枪
5门重型迫击炮
14门重型反坦克炮</td></tr>
<tr><td colspan="2">党卫军尼德兰志愿装甲掷弹兵师
日常兵力（Daily Strength）[2]：3955
战斗兵力：1355
由党卫队指挥总局负责人员补充</td></tr>
<tr><td colspan="2">装备情况</td></tr>
<tr><td>急需</td><td>3800支步枪
150挺机枪
10门重型迫击炮
13挺重机枪
7门轻型野战榴弹炮
2门重型榴弹炮
26门2厘米高射炮
为了保证尼德兰师装甲歼击营顺利完成换装，北欧师将提供该营短缺的2辆装甲车辆。</td></tr>
<tr><td colspan="2">各直属营已几乎满员。
后勤单位存在人员短缺。</td></tr>
<tr><td colspan="2">第5猎兵师
日常兵力：8584
战斗兵力：3362</td></tr>
<tr><td colspan="2">人员情况</td></tr>
<tr><td colspan="2">得到1200名水兵的补充（作者按：来自德国海军）。之后，该师已接近满员状态。</td></tr>
</table>

续前表

装备情况	
待满足需求	2000支步枪 300挺机枪 12门重型迫击炮（带牵引车） 12门重型野战榴弹炮（带牵引车） 1个牵引式高炮连
第3海军步兵师 各海军警备团（Marine-Alarm-Regt.）的整合已接近完成。	
装备情况	
待满足需求	1000支步枪 150挺机枪 25门中型迫击炮 12门重型迫击炮 12门重型反坦克炮（带牵引车） 10门轻型步兵炮 6门重型步兵炮

本章尾注：

1. 参见美国国家档案馆文件T-311/169/7221230。

2. “日常兵力”或“Tagesstärke”指的是该部队现有的、可以执行任务的人员总数，其中包括志愿辅助人员和配属人员。换言之，日常兵力=总兵力（Iststärke）-（请假人员+调出人员+短期受伤人员）+配属人员。

附录M

1945年4月10日，第9集团军的战斗人员数[1]

第39装甲军	
明谢贝格装甲师	1986
第25装甲掷弹兵师	5605
合计	**7591**
配属单位	
法兰克福要塞	13945
第600（俄罗斯）步兵师	7065
第101军	
柏林师（第309师）	5926
第606师	5495
第5猎兵师	4970
合计	**16391**
党卫军第11装甲军	
第712步兵师	4882
第169步兵师	5956
第303步兵师	3860
第20装甲掷弹兵师	4848
第9伞兵师	6758
合计	**30654**
党卫军第5山地军	
第391警戒师	4537
党卫军第32一月三十日师	6703
第286步兵师	3950
合计	**15190**
集团军合计	**90836**

本章尾注：

1. 参见理夏德·拉科夫斯基《泽劳，1945年：奥得河畔的决战》（*Seelow 1945: Die Entscheidungsschlacht an der Oder*）（柏林：勃兰登堡出版社，1994年出版），第49页。

附录N

1945年4月15日，维斯瓦河集团军群的装甲车辆和突击炮统计数据[1]

第9集团军					
部队	车辆型号	车辆状态			
		a	b	c	d
库尔马克装甲掷弹兵师					
库尔马克装甲歼击营	四号坦克	3	–	–	3
	四号自行高炮	–	–	–	2
	追猎者坦克歼击车	16	–	1	–
勃兰登堡装甲团第1营（第26装甲团第1营）	豹式坦克	28	2	1	–
	三号突击炮	12	–	–	–
明谢贝格装甲师					
第29装甲团第1营①	三号坦克	1	–	–	–
	四号坦克	2	–	1	–
	四号坦克歼击车L/70（A）型[2]	1	–	–	–
	豹式坦克	21	–	–	2
	虎式坦克	10	–	3	1
	四号坦克歼击车	1	–	–	–
第20装甲掷弹兵师					
	三号突击炮	–	–	–	10
	四号坦克	13	–	1	–
	四号自行高炮	3	–	–	–
	四号坦克歼击车L/70（A）型	16	–	–	–

① 原文和原始档案均如此，这些数字反映的实际是整个明谢贝格装甲团（即库默斯多夫装甲营和第29装甲团第1营）的装甲车辆情况。

续前表

第25装甲掷弹兵师					
第5装甲营	四号坦克	1	–	–	–
	四号自行高炮	2	–	–	–
	四号坦克歼击车L/70（A）型	7	–	2	–
	豹式坦克	30	3	1	–
第25装甲歼击营	三号突击炮	31	–	–	–
	四号突击炮	–	–	–	2
	四号坦克歼击车L/70（A）型	12	–	–	–
	四号坦克歼击车	1	–	–	–
第5猎兵师					
第1005装甲歼击连	三号突击炮	1	–	1	–
	四号坦克歼击车L/70（A）型	10	–	–	–
党卫军第502重装甲营					
	虎王坦克	29	–	1	–
	四号自行高炮	4	–	–	–
柏林师					
柏林装甲歼击营	三号突击炮	10	–	2	–
德布里茨师					
德布里茨装甲歼击营	三号突击炮	17	1	–	–
	四号坦克歼击车L/70型	7	–	2	–
党卫军一月三十日掷弹兵师					
党卫军第32装甲歼击营	三号突击炮	20	–	2	–
	42型突击榴弹炮	8	–	1	–
第303无线电装甲营（14/3/3）[①]					
	三号突击炮	10	–	–	–
第169步兵师					
第1230装甲歼击营	追猎者坦克歼击车	10	–	–	–
第111突击炮兵教导旅					
	三号突击炮	33	–	–	–
	42型突击榴弹炮	9	–	–	–
	四号坦克歼击车L/70（A）型	6	–	–	–
第1129装甲歼击连					
	追猎者坦克歼击车	11	–	1	–
第2装甲歼击营					
	追猎者坦克歼击车	24	–	1	–
党卫队全国领袖第561特别部队（Sd.Tr.RFSS.561）（作者按：即党卫军第561装甲歼击营）					

① 原文和原始档案均如此，当时该营已被纳入第18装甲掷弹兵师辖下，并成为其第118装甲团第1营（即西里西亚装甲营），而且车辆数字也存在很大差异。

续前表

	四号坦克	1	–	–	–
	追猎者坦克歼击车	16	2	–	–
党卫军第560装甲歼击营					
	三号突击炮	5	3	–	–
	追猎者坦克歼击车	37	1	6	–
第9伞兵师					
师属装甲歼击营	三号突击炮	–	–	1	–
	追猎者坦克歼击车	8	–	–	–
第600（俄罗斯）步兵师					
	追猎者坦克歼击车	8	–	2	–
	T-34坦克	–	9	–	–
党卫军第105突击炮营					
	意大利L6突击炮①	10	1	–	–
党卫军第105装甲连					
	意大利L6突击炮	–	–	–	–
	意大利m 13/40型中型坦克	7	3	–	–
第9集团军合计		**512**	**25**	**30**	**20**
可用（Einzsatzbereit）		=512	=90%		
短期维修中（Kurze Instandsetzung）		=25	=4%		
长期维修中（Lange Instandsetzung）		=30	=5%		
以上三类合计		**567**			
交付途中（Zufuhrung）		20			
以上四类合计		**587**			
第3装甲集团军					
第1装甲歼击营					
	三号突击炮	4	–	–	–
	四号突击炮	11	1	–	–
	追猎者坦克歼击车	4	1	–	–
第281步兵师					
第281装甲歼击营	追猎者坦克歼击车	10	–	–	–
第18装甲掷弹兵师					
第18装甲营[3]	四号坦克	27	–	–	1
	四号坦克歼击车L/70（A）型	8	–	–	–
	追猎者坦克歼击车②	19	–	4	–
党卫军尼德兰志愿师					
党卫军第23装甲歼击营	三号突击炮	4	–	–	–

① 即缴获的意大利Semovente da 47/32自行火炮。

② 该师的追猎者实际来自师属装甲歼击营。

续前表

	（42型）突击榴弹炮	2	–	–	–
党卫军北欧志愿师					
	三号突击炮	22	1	–	–
	四号坦克歼击车L/70（V）型	10	–	–	–
党卫军第503重装甲营					
	虎王坦克	10	–	2	–
	四号自行高炮	8	–	–	–
第184突击炮旅					
	三号突击炮	23	–	1	–
	42型突击榴弹炮	8	–	–	2
波罗的海装甲训练分队					
	豹式坦克	1	1	–	–
	四号坦克歼击车	3	1	–	–
	追猎者坦克歼击车	3	–	–	–
第6装甲歼击营					
	追猎者坦克歼击车	17	–	2	–
第210突击炮旅					
	三号突击炮	15	–	1	–
	42型突击榴弹炮	12	–	2	–
	四号坦克歼击车L/70（V）型和（A）型	11	–	1	2
第3装甲集团军合计		**232**	**5**	**13**	**5**
可用		=232	=93%		
短期维修		=5	=2%		
长期维修		=13	=5%		
以上三类合计		**250**			
交付途中		5			
以上四类合计		**255**			
斯维内明德防御地带					
第163步兵师					
第1234装甲歼击连	追猎者坦克歼击车	10	–	–	–
总计					
第9集团军		512	25	30	20
第3装甲集团军		232	5	13	5
斯维内明德防御地带		10	–	–	–
维斯瓦河集团军群合计		**754**	**30**	**43**	**25**
可用		=754	=91%		
短期维修		=30	=4%		
长期维修		=43	=5%		
以上三类合计		**827**			

续前表

交付途中	25			
以上四类合计	**852**			

注释

a=处于战备完好状态

b=短期维修中

c=长期维修中

d=交付途中

本章尾注：

1. 参见美国国家档案馆文件T-311/171/7223305-7。

2. 文件中写作“Pz. (L)A IV”

3. 原始文档中的部队番号如此。按照泰辛的记录，该单位在1945年时并不存在。德军最初有一个第18装甲营，该营隶属于第18装甲师，并在1943年12月被并入了装备虎式坦克的第504重装甲营，相关内容可参见格奥尔格·泰辛撰写的《二战德国国防军和党卫军的单位与部队，1939—1945》第4卷：地面部队，番号15—30（*Verbände und Truppen der deutschen Wehrmacht und Waffen-SS im Zweiten Weltkrieg 1939—1945 Vierter Band: Die Landstreitkräfte 15—30*）（美茵河畔法兰克福：米特勒出版社，出版日期不详）。但需要指出，在该文件编写时，第18装甲掷弹兵师的状况仍十分混乱，在重组期间，该师一直在接收来自西里西亚装甲师和荷尔斯泰因装甲师的单位。按照泰辛在上述著作第89页的记录，1945年4月13日，第18装甲掷弹兵师的装甲部队主体是第118混编装甲团（gem.Pz.Rgt.118）。

附录O

党卫军第3（日耳曼）装甲军的编制，1945年4月23日12点整[1]

<table>
<tr><th colspan="3">柏林外部防御圈F区——第62要塞团指挥部（Kdr. Des Fest. Rgt. 62）</th></tr>
<tr><td colspan="3">指挥官：罗林（Löling）中校
指挥所位置：柏林施潘道区诺伊豪斯大街（Neuhauser-Strasse）空军设备工厂（Lw. Gerätewerk）</td></tr>
<tr><td rowspan="5">下属部队</td><td colspan="2">尼德迈尔营（Batl. Niedermeyer，47/62/225）（军官/士官/士兵）</td></tr>
<tr><td colspan="2">第203营（12/67/469）</td></tr>
<tr><td colspan="2">帕克布施营（Batl. Packebusch，国民突击队单位，10/100/540）</td></tr>
<tr><td colspan="2">谢洛夫斯基营（Batl. Schielowski，8/41/184）</td></tr>
<tr><td colspan="2">多尔姆营（Dolm.Abt.，2/80）</td></tr>
<tr><td colspan="3">哈尔泽战斗群</td></tr>
<tr><td colspan="3">指挥官：党卫军上校哈尔泽
指挥所位置：施万特</td></tr>
<tr><td>下属部队</td><td colspan="2">由赫尔博斯上尉指挥的一个战斗群（Kampfgruppe Hptm. Herbers）
指挥所位置：艾希施塔特（Eichstadt）</td></tr>
<tr><td rowspan="12"></td><td colspan="2">（1）温泽尔战斗群（Kampfgruppe Wenzel）</td></tr>
<tr><td rowspan="3">下属部队</td><td>第968工兵设障营（欠1个连，230人）</td></tr>
<tr><td>第116要塞机枪营第1连（加强连，得到3门中型迫击炮加强，130人）</td></tr>
<tr><td>1个装甲驱逐连（下辖10个分队）</td></tr>
<tr><td colspan="2">（2）格里格战斗群（Kampfgruppe Grieg）</td></tr>
<tr><td rowspan="3">下属部队</td><td>第116要塞机枪营（欠第1连，以及第4连的部分单位，380人）</td></tr>
<tr><td>第968工兵设障营的1个连（100人）</td></tr>
<tr><td>1个装甲驱逐连（下辖10个分队）</td></tr>
<tr><td colspan="2">（3）第9海军掷弹兵团战斗群
指挥所位置：奥拉宁堡</td></tr>
<tr><td rowspan="3">下属部队</td><td>第9海军掷弹兵团（含2个营）</td></tr>
<tr><td>党卫军奥拉宁堡警备营（SS-Alarm-Batl. Oranienburg）</td></tr>
<tr><td>2个空军警备连</td></tr>
</table>

续前表

		1个海军警备连
	（4）哈尔泽战斗群炮兵部队	
	下属部队	第14高炮团第2营
		党卫队全国领袖高炮营的1个连
	（5）用于反攻和（或）部署在主战线纵深的预备队	
	下属部队	党卫军第8装甲掷弹兵团
		维斯瓦河装甲歼击师（Pz.Jagd-Div. Weichsel'）的1个装甲歼击营
		第103（罗马尼亚）装甲驱逐团的1个装甲驱逐营
		党卫军第23装甲歼击营（包括1个徒步的装甲驱逐连，1个装备3.7厘米高射炮的防空连，50%摩托化）
		第6突击高炮团（FlaK-Sturm-Regiment 6）的一个装备3.7厘米高射炮的（自行）防空连
席尔默战斗群（Kampfgruppe Schirmer）		
指挥官：席尔默中校 指挥所位置：弗赖恩哈根农庄（Gut Freienhagen）		
下属部队	空军第5训练团补充营（300人）	
	空军第74行军营（1000人）	
	空军第3训练团补充营（300人）	
	空军第1、第2、第4训练团补充营（人数不详）	
克雷辛战斗群（Kampfgruppe Kresin）		
指挥机构：第138高级炮兵司令部及其参谋单位 指挥所位置：舍讷贝克（Schonebeck）		
下属部队	伞兵士官学校（Fallsch.Oberjg.Schule，2个营，每个营500人）	
	空军第6团第2营	
	赫尔曼·戈林再培训班的军官和士官（Offz.u.Uffz.-Umschulungslehrgang Hermann Goring）	
	克雷辛战斗群炮兵部队	
	第6突击高炮团（2个营，1个3.7厘米自行高炮连）	
冯·沃尔夫攻击群（Angriffsgruppe v. Wolff）		
下属部队	第115侦察营（摩托化）	
	第630独立工兵营（欠1个连）	
	第103战地补充旅旅部［托马拉（Thomalla）战斗群］	
	第103装甲驱逐团的1个营	
	维斯瓦河装甲歼击师的1个装甲歼击营（仅在行军期间暂时配属？）	
	1个（混编）防空营（辖1个重型高炮连和1个轻型高炮连）	

本章尾注：

1. 参见美国国家档案馆文件T-311 / 171/7222233。

附录 P

维斯瓦河集团军群的战斗序列，1945年4月25日[1]

维斯瓦河集团军群司令部作战参谋部门/训练参谋部门（Ia/Id）第6073号文件

1945年4月25日状态

维斯瓦河集团军群	
第2高炮军	
第3装甲集团军	
斯维内明德防御地带	沃林区域司令部（Abschn.Kdo.Wollin，旅级） 乌瑟多姆防御区域（Vert.Abschn.Usedom，旅级） 斯维内明德作战司令部（旅级） 斯维内明德港口司令部（旅级） 第3海军步兵师［前往党卫军第3（日耳曼）装甲军途中］
第32军	由孔茨（Kunz）上校指挥的一个炮兵旅 勒德布尔集群（旅级） 第389师残部 斯德丁要塞
第46装甲军	第549国民掷弹兵师 第281步兵师 党卫军穆勒集群（SS-Gruppe Muller，师级） 第610特别师 韦尔曼旅 第1海军步兵师 波罗的海装甲训练分队（以及第227步兵师师部） 第406国民炮兵军 第418炮兵旅
奥得河军	第101炮兵旅 第547国民掷弹兵师 赫尔曼·戈林第2伞兵装甲补充和训练旅

续前表

第101军	第781特别炮兵团 第5猎兵师 第606特别师（以及第541步兵师） 克雷辛战斗群（旅级）
党卫军第3（日耳曼）装甲军	第138炮兵旅 维斯瓦河（装甲歼击）师 第1空军训练师 党卫军哈尔泽旅（摩托化） 席尔默战斗群 穆勒战斗群 托马拉战斗群 党卫军第28瓦隆人师集群 党卫军第27兰格马克师集群
斯珀尔后方司令部（摩托化） [Kdt.ruckw, Sperl.(mot.)]	党卫军第15武装掷弹兵师 格布勒设障分队（Sperr-Verb.Gobler） 党卫军第33查理曼师 第27装甲歼击师（摩托化）①
第27高炮师（摩托化）	
第15装甲歼击旅（摩托化）②	
向克雷门和采德尼克运动中：20000名来自格奈森瑙部队的人员（第2波）；2600名国民突击队员；190个装甲猎杀班	
第9集团军	
第307炮兵师	
特别炮兵指挥官（Gen.d.Art.z.b.v.）	
第56装甲军	第140炮兵旅 党卫军第11北欧装甲掷弹兵师残部 第9伞兵师残部 第20装甲掷弹兵师残部 第18装甲掷弹兵师残部 “明谢贝格”装甲师残部
党卫军第11装甲军	第111炮兵旅 第404国民炮兵军 第408国民炮兵军 党卫军第23尼德兰装甲掷弹兵师残部 库尔马克装甲掷弹兵师残部 德布里茨师残部 第169步兵师 第712步兵师
党卫军第5山地军	第21炮兵旅 第286步兵师 党卫军第32一月三十日掷弹兵师 第337步兵师
第5军 （来自第4装甲集团军）	党卫军第35警察师 第275步兵师 第214步兵师 党卫军第36武装掷弹兵师战斗群 第342步兵师残部
法兰克福要塞	
第23高炮师（摩托化）	

① 原文如此，似有误。

② 原文如此，应为第15高炮旅（摩托化）。

续前表

第463师（第3军区）	
柏林防御地带 （雷曼集团军集群）	第156步兵师 来自第2军区的增援部队 来自第3军区的增援部队 弗里德里希-路德维希·雅恩师

本章尾注：

1.参见美国国家档案馆文件T-311 / 171/7223328。

附录Q

关于维斯瓦河集团军群重型武器和其他事项的说明

以下三份副本来自科尼利厄斯·瑞恩收藏的档案，是约翰·埃里克森教授和科尼利厄斯·瑞恩（均已故）之间的通信，其中涉及了海因里齐对维斯瓦河集团军群重型武器数量的回忆。另外，在这些通信中，埃里克森还提到了一些其他有趣的信息：

上周与海因里齐大将会面时，他刚写好一份清单，列出了截至1945年4月8日第9集团军和第3集团军[①]拥有的重型武器数量（其中不含布塞奉命调往舍尔纳麾下的3个装甲师的车辆，因为这些部队从未投入过维斯瓦河集团军群的前线）：

坦克和自行火炮	第9集团军	第3集团军
处于战备完好状态	489	220
短期维修中	34	4
长期维修中	46	20

海因里齐指出，所有坦克和自行火炮分散在10个以上的师和师以下单位中，其中实力最强的是第25装甲掷弹兵师，共有79辆坦克和自行火炮，最弱的单位只有2辆。因此，他们不可能进行真正的大规模攻击，比如让200辆坦克参

① 即第3装甲集团军，下同。

July 17th, 1963 C Ryan 65:3

CR:

When I saw Colonel General Heinrici last week he had just completed a list of what heavy weapons the 9th and the 3rd Army had at their disposal as of April 8th, 1945:

	9th Army	3rd Army
Panzers and self-propelled guns in working order	489	220
Out for minor repairs	34	4
Out for major repairs (Not available for some time)	46	20

(These figures do not include the three panzer divisions which Busse had to pass on to Schörner around that time, since they never really were used on the Army Group Weichsel front.)

As Heinrici pointed out, all these panzers and self-propelled guns were dispersed among various divisions and smaller units, over a dozen of them in all. The heaviest division, the 25th Panzer Grenadier, had the largest number, 79, in all. The smallest unit had only two of them. It was therefore impossible to launch a really large-scale attack, in which, let's say 200 panzers participated, especially since each division or unit commander jealously watched over the few panzers he had managed to get hold of.

Other heavy weapons

9th Army:	light field howitzers (12,5 cm)	228
	heavy field howitzers (15 cm)	84

in addition 1 Volks Artillery Corps with:

AA 8.8 cm guns	9
Light field howitzers	9
21 cm mortars	6
15 cm cannons	2
10 cm cannons	2
15 cm mounted on railway wagons	2
24 cm " " "	2
21 cm mortars " " "	9
AA 8.8 cm guns	176
AA 10.5 cm guns	24
AA 8.8 battle guns (for troop protection)	40

193

The twons of Küstrin, Frankfurt, Fürstenwalde and Werneuchen had 24 AA guns each.

In the sector of the 9th Army ammunition reserves were sufficient for two to two and a half days for both artillery and AA guns. Fuel reserves were small and would not last for more than one day.

反映维斯瓦河集团军群重型武器保有情况的文件。

与。各个师或其他部队的指挥官都紧盯着这些坦克，生怕被别人抢走。

其他重型武器			
第9集团军	轻型野战榴弹炮（12.5厘米）[①]		228
	重型野战榴弹炮（15厘米）		84
	配属的1个国民炮兵军		
		88毫米高射炮	9
		轻型野战榴弹炮	9
		21厘米臼炮	6
		15厘米加农炮	2
		10厘米加农炮	2
		安装在铁路车辆上的15厘米炮	2
		安装在铁路车辆上的24厘米炮	2
		安装在铁路车辆上的21厘米臼炮	9
	8.8厘米高射炮		176
	10.5厘米高射炮		24
	8.8厘米高射炮（用于部队地面防御）		40

屈斯特林、法兰克福、菲尔斯滕瓦尔德和韦尔诺伊兴等城镇各拥有24门高射炮。

在第9集团军防区内，远程火炮和高射炮的弹药储备可以支撑两天到两天半。燃料储备极少，无法支撑超过一天。

第3装甲集团军	第549师	轻型野战榴弹炮	6
		重型野战榴弹炮	3
	斯德丁要塞	1个装备缴获法国火炮的要塞炮兵团（几乎没有弹药）	18
		1个装备轻型野战炮的炮兵团	9
		缴获的没有弹药的火炮	6
		24厘米炮（只有80发炮弹）	3
	第281师	重型野战榴弹炮	7
		轻型野战榴弹炮	18
	第610师	没有远程火炮，只有高射炮	
	第537师（韦尔曼）	重型野战榴弹炮	5
		轻型野战榴弹炮	8

① 原文如此，应为10.5厘米。

续前表

第3装甲集团军		在尼德兰师炮兵团调离后，该师只有轻型高射炮可用	
	第547师	轻型野战榴弹炮	5
	第1海军步兵师	重型野战榴弹炮	3
		轻型野战榴弹炮	6
	国民炮兵军	7.5厘米野战炮（型号陈旧过时）	9
		轻型野战榴弹炮	9
		10厘米加农炮	9
		缴获的苏制野战榴弹炮（几乎没有弹药）	9
	敌军发动总攻的斯德丁高速公路前线	重型野战榴弹炮	9
		21厘米臼炮	2
		10厘米火炮	7

为了保护斯德丁附近的珀利茨合成汽油工厂，我们共投入了600门高射炮[①]。这些高射炮后来被派往奥得河前线充当远程火炮，有一半是小口径的。由于牵引车严重短缺（50门火炮只有1辆牵引车），大多数高炮都在撤退期间被抛弃了。

关于第18装甲掷弹兵师［参见“对博特彻尔（Böttcher）的采访”］，海因里齐向我提供了如下信息：该师是陆军最高司令部的直属预备队，也正是因此，该师经过补充已齐装满员。4月16日，海因里齐致电德特勒夫森，申请立刻接管该师，并取得了同意。16日夜，海因里齐向劳赫将军[②]下达命令，要求他向明谢贝格–泽劳地区机动。但由于某种原因，该师直到4月17日才出发，4月18日才赶到泽劳，此时德军已经开始溃退了。

鉴于上述信息，“对博特彻尔的采访”中第3页第1段第1行和第3行的日期应相应改为4月16日和4月18日。

海因里齐还非常希望了解苏军的情况，以便与他本人的兵力做比较。他还表示，有些书籍显示罗科索夫斯基有3个坦克军，另一些只提到有2个——真正的数字是多少？

海因里齐已记不清是何时听说了日食计划，但非常肯定不是在官方简报会或类似的场合中。他还表示，这个计划“无人不晓”，但是许多高级军官

---

① 这一数字虽然夸张，但情况确实如此，在战争后期，德军在珀利茨附近部署了大约70个高炮连，并由第3高炮团团部统一指挥。在当地，仅口径最大的128毫米高炮就有85门。

② 即第18装甲掷弹兵师师长。

（如布塞）怀疑英美联军不会止步于易北河畔。在他们看来，英美联军绝不可能坐视俄国人占领柏林。

附录R

奥得河前线德军战斗序列，1945年3月—5月

本战斗序列主要摘自维斯瓦河集团军群的作战日志，尤其是美国国家档案馆的T-311/171/F7223315号和F7223328号档案。其余信息则来自德国联邦档案馆、各种战时日志，以及参考文献中列举的第二手资料和互联网上的各种独立研究网站。

需要注意的是，由于在本书涉及的各个战斗阶段，部分部队曾在高级指挥部之间来回调遣，所以会在序列表中重复出现。

维斯瓦河集团军群——指挥官：戈特哈德·海因里齐陆军大将

第3装甲集团军——指挥官：哈索·冯·曼陀菲尔上将

斯维内明德要塞驻军——指挥官：安萨特（Ansat）将军

第402补充师

第3海军（步兵）师

第32军——指挥官：沙克（Schack）将军

第1装甲歼击营（辖第1连、第3连）

陆军第929重型炮兵营（摩托化）

弗伊格特步兵师（Voigt Infanterie Division）

温特鲁普战斗群（Kampfgruppe Wentrup）

冯·德·马尔维茨营（Btl. v.d. Marwitz）

保罗战斗群（Kampfgruppe Paul）

6个警戒分队

第1549战地补充营（来自第549国民掷弹兵师）

第549国民掷弹兵师

第1097（国民）掷弹兵团（辖第1营、第2营）

第1098（国民）掷弹兵团（辖第1营、第2营）

第1099（国民）掷弹兵团（辖第1营、第2营）

第549燧发枪手营

第1549炮兵团

第1549工兵营

第1549通信营

第3高炮团

第374重型高炮营

第474重型高炮营

第437重型高炮营

第605重型高炮营

斯德丁要塞

第1斯德丁要塞步兵团（辖第1453要塞步兵营、第1454要塞步兵营）

第2斯德丁要塞步兵团（辖第1455要塞步兵营、第1457要塞步兵营）

第3斯德丁要塞步兵团［辖奥弗尔营（Btl. Over）、罗伊营（Btl. Roy）］

第4斯德丁要塞步兵团［辖拉泽营（Btl. Laase）、本纳营（Btl. Benner）］

第5斯德丁要塞步兵团（辖1个海军营、1个警察连和野战补充营）

第85要塞机枪营

第1斯德丁要塞机枪营

第3132要塞炮兵团（辖第2营、第3营，以及第3156要塞炮兵营和第

3158要塞炮兵营）

第8要塞反坦克炮分队（Fest.Pak-Verb VIII，下辖第4连、第7连、第8连和第10连）

第24要塞反坦克炮分队（下辖第1—6连、第8连和第27要塞反坦克炮分队第10连）

第1警察营

第2警察营

第121高炮团

第150重型高炮营

第676重型高炮营

第281步兵师

第322掷弹兵团（辖第1营、第2营）

第368掷弹兵团（辖第1营、第2营）

第418掷弹兵团（辖第1营、第2营）

第281燧发枪手营

第281野战补充营

第281炮兵营（辖第1—4营）

第281装甲歼击营

第281工兵营

第281通信营

奥得河军——指挥官：党卫军上将冯·登·巴赫-齐列夫斯基（von dem Bach Zelewski）/霍恩莱因（Hörnlein）上将

赫茨贝格高炮团［Flak.Rgt.Herzberg，即第21高炮团（摩托化）］

第661混编高炮营[①]

第691重型高炮营

第1104混编高炮营

第1103重型高炮营

① 混编高炮营是二战期间德国空军采用的一种编制，其特点是重型（如88毫米）和轻型（如20毫米）高射炮混编。

第34高炮团第1营（摩托化）

第411高炮团第1营（摩托化）

穆勒师级集群（Divisiongruppe Müller，1945年4月16日编入）

党卫军第27兰格马克志愿掷弹兵师战斗群

党卫军第28瓦隆人志愿掷弹兵师战斗群

第6装甲歼击营

党卫军第4装甲侦察营

第610特别师（Division 610 z.b.v.）

党卫军G装甲掷弹兵补充与训练营[①]

党卫军第1警察猎兵旅

党卫军第8警察团（辖第1—3营）

党卫军第50警察团（辖第1—3营）

奥得河野战训练团第2营

克洛塞克步兵师（Klossek Infanterie Division）

汉堡国民突击队营

勃兰登堡国民突击队营

第1091掷弹兵团第2营（来自第547国民掷弹兵师）

第5装甲训练营作战营［Einst.Btl.Pz.Ausb.Btl.5，来自波罗的海装甲训练分队（Panzer-Ausbildungs-Verband Ostsee）］[②]

奥得河野战训练团第1营

波罗的海装甲训练分队/第227步兵师师部（动员后在1945年4月28日调往普伦茨劳）

波罗的海（A）装甲掷弹兵训练团（辖第5装甲掷弹兵训练营、第73装甲掷弹兵训练营）

波罗的海（B）装甲掷弹兵训练团（辖第76装甲掷弹兵训练营、第90装甲掷弹兵训练营）

---

① 原文为SS Pz.Gren. Ersatz und Ausbildung G，实误，该部队应为党卫军第9装甲掷弹兵补充与训练营。

② 这一编制不符合德军的惯例，另一说为第5装甲歼击补充与训练营。

波罗的海（C）装甲训练团（辖第5装甲训练营、第13装甲训练营，有2辆豹式坦克，2辆追猎者坦克歼击车）

狙击手培训班（Scharf.Schtz.-Lehrg.）[①]

第4防空训练连（4./Fla.Ausb.Kp）[②]

第82装甲通信训练连

第4机动车补充营

第218装甲工兵训练营

第46装甲军——指挥官：马丁·加雷斯上将

第3装甲集团军直属突击营（Pz.Armee Sturm-Btl.3，位于科尔贝格）

第466军直属通信营

第466宪兵排

第466军直属绘图办公室（Pz.Korps Kartenstelle.466）

党卫军炮兵补充与训练团第5营

赫尔曼·戈林第2伞兵装甲补充和训练旅

党卫军第27兰格马克志愿掷弹兵师训练分队

党卫军第28瓦隆人志愿掷弹兵师训练分队

陆军第210突击炮旅

陆军第184突击炮旅

党卫军第503重装甲营（4月17日调入南部的第9集团军）

第406国民炮兵军

第41炮兵团第2营

第37炮兵团第2营

党卫军第11装甲炮兵团（第1营、第3营）

第935营（？）[③]

第24炮兵观测营

---

① 该部队的完整名称为第10军区狙击手培训班。

② 原文如此，该部队可能是某个防空训练营的第4连。

③ 原文如此，该部队可能是第935重型炮兵营。

第503装甲炮兵观测连

第547国民掷弹兵师

第1091掷弹兵团（辖第1营）

第1092掷弹兵团（辖第1营、第2营）

第XXV/82国民突击队营[①]

第1547野战补充营（辖第1连）

第1547工兵营

第1547通信营

第3伞兵补充与训练团第2营

第1伞兵补充与训练团第3营

配属自党卫军第23尼德兰装甲掷弹兵师的部队

党卫军第23炮兵团（辖第1—3营）

党卫军第49装甲掷弹兵团

党卫军第23装甲歼击营

第138高炮团

第1202重型高炮营

第1102重型高炮营

第229重型高炮营

第611高炮团第1营（摩托化）

第1海军步兵师

第1海军步兵团（辖第1营、第2营）

第2海军步兵团（辖第1营、第2营）

第4海军步兵团（辖第1营、第2营）

第1海军燧发枪手营

第1海军野战补充营

第1海军炮兵团

---

① 许多国民突击队营的编号包括两部分，其中前一部分代表了其组建的大区（Reichsgau），后一部分编号则按次序分配。其中“XXV”代表的就是“东普鲁士”大区。

第1海军工兵营（辖第1连）

第1海军装甲歼击营（辖第1连、第2连）

第1海军通信营

党卫军阳光猎兵部队（SS-Jgd.Verb.Solar）

党卫军中央猎兵部队

党卫军第600伞兵旅[①]

来自第18装甲掷弹兵师的部队（4月18日调入南部的第9集团军）

第18炮兵团（下第1营、第3营和第1209高炮营）

第6高炮团（摩托化，同时为党卫军第11装甲掷弹兵师提供支援）

第83轻型高炮营

第145高炮团（摩托化，同时为党卫军第11装甲掷弹兵师提供支援）

第244混编高炮营

第1101重型高炮营

第23高炮团第1营（摩托化）

第4高炮团第5连（摩托化）［5./IV Flak.Abt. (mot.)］

党卫军第11北欧装甲掷弹兵师（4月17日调入南部的第9集团军）

党卫军第23挪威装甲掷弹兵团（辖第2营、第3营）

党卫军第24丹麦装甲掷弹兵团（辖第2营、第3营）

党卫军第11装甲侦察营

党卫军第11装甲营

党卫军第11装甲歼击营

党卫军第11高炮营

党卫军第11装甲工兵营

党卫军第11通信营

党卫军第3（日耳曼）装甲军[②]——指挥官：党卫军上将菲利克斯·施泰因纳（Felix Steiner）

---

① 原文如此，应为党卫军第600伞兵营。

② 如下文所述，该部队担任集团军群预备队至4月初，后来在4月23日改名为施泰因纳集团军级集群。

党卫军第103团级工兵指挥部（SS-Pi.Rgt.Stab.103）

党卫军第103军直属通信营

党卫军第103宪兵排

党卫军第103军直属警戒连

党卫军103军直属绘图办公室

党卫军第3（日耳曼）装甲军作战学校

党卫军第23尼德兰装甲掷弹兵师

党卫军第48志愿装甲掷弹兵团（辖第1营、第2营，4月17日调入南部的第9集团军）

党卫军第49志愿装甲掷弹兵团（第1营，仍位于第3装甲集团军辖区内）

党卫军第23通信连（仍位于第3装甲集团军辖区内）

党卫军第27兰格马克志愿掷弹兵师

党卫军第66志愿掷弹兵团

党卫军第67志愿掷弹兵团

党卫军第27装甲歼击营

第3装甲集团军预备队

党卫军第28瓦隆人志愿掷弹兵师

党卫军第69志愿掷弹兵团第1营

党卫军第69志愿掷弹兵团第2营

师属党卫军工兵连

师属党卫军通信营

党卫军第33查理曼掷弹兵师（4月23/24日进入柏林）

党卫军查理曼志愿掷弹兵团（辖党卫军第57志愿掷弹兵团第1营、第58志愿掷弹兵团第2营）

师属重装营（1个反坦克炮连、1个装甲歼击连、1个高炮连）

构成阻击线（Sperr-Linien）的单位

盖施设障分队（Sperr-Verb.Gaitsch）

第16团级指挥部（摩托化）[(?)Rgt.Stab 16 (mot.)][1]

第115装甲侦察营

第630装甲工兵营（摩托化）

第637（？ ）营（摩托化）[2]

第3装甲集团军直属（？ ）团 [E(?)Rgt.Pz.AOK.3，辖第1营、第2营][3]

第18工兵营（来自第18装甲掷弹兵师，4月18日调入南部的第9集团军）

党卫军第15（拉脱维亚第1）掷弹兵师（部分部队在4月23/24日进入柏林）

党卫军第32志愿掷弹兵团（辖第1营、第2营）

党卫军第33志愿掷弹兵团（辖第1营、第2营）

党卫军第34志愿掷弹兵团（辖第1营、第2营）

师属党卫军燧发枪手营（2个连）

师属党卫军炮兵营 [未到位（P.E.）]

师属党卫军装甲歼击营 [未到位（P.E.）]

师属党卫军工兵连

赫尔曼·戈林训练分队

第1伞兵补充与训练团（辖第1营、第2营）

第3伞兵补充与训练团（辖第3营）

第4伞兵补充与训练团（辖第1—3营）

第3装甲集团军配属部队

维斯瓦河装甲歼击师（由希特勒青年团团员组成）

D装甲歼击旅（辖第2营、第3营）

F装甲歼击旅（辖第2营）

R装甲歼击旅（辖第3营）

P装甲歼击旅（辖第1—3营）

---

① 原文如此，该单位似为第16团级工兵指挥部（摩托化）。

② 原文如此，该部队似为第637重型炮兵营（摩托化）。

③ 原文如此，该单位似为第3装甲集团军补充团。

D装甲歼击旅一部［辖第1（475）营[①]］

第3装甲集团军直属通信团

第3装甲集团军直属科尔贝格突击营[②]

第635宪兵营（摩托化）第3连

国防军第3装甲集团军直属惩戒部队

第703秘密战地警察分队（G.F.P.703）

第210、第316前线（装甲）侦察排

第697宣传战指挥部（Prop.Eins.Fhr.697）

第435装甲集团军直属绘图办公室

第3装甲集团军获得的增援部队

克兰普尼茨装甲整补人员分队（Panzer-Auffrischungs-Verband Krampnitz，1945年4月28日抵达）

第1克兰普尼茨装甲掷弹兵团（辖第1营、第2营）

第2克兰普尼茨装甲掷弹兵团（辖第1营、第2营）

克兰普尼茨混编装甲营

克兰普尼茨装甲通信连

克兰普尼茨装甲侦察连

克兰普尼茨工兵连

克兰普尼茨装甲歼击营

克兰普尼茨后勤分队（Versorgungstr.Krampnitz）

施拉格特步兵师（Infanterie Division Schlageter，即第1帝国劳工组织步兵师，1945年4月29日抵达）

第1施拉格特掷弹兵团

第2施拉格特掷弹兵团

第3施拉格特掷弹兵团

施拉格特燧发枪手营（4个连）

---

① 该营即第475装甲驱逐营（Panzer-Zerstörer Battaillon 475），和维斯瓦河装甲歼击师的其他部队不同，该营的骨干实际是受过专业单兵反坦克训练的陆军官兵。

② 即前文中的第3装甲集团军直属突击营。

施拉格特装甲歼击营［辖第1连、第2连（装备战车噩梦反坦克火箭筒）、第3连（高炮连）、第4连（突击炮连）］

施拉格特炮兵团

施拉格特工兵营（3个连）

施拉格特通信营（2个连）

第9集团军——指挥官：特奥多尔·布塞（Theodor Busse）上将

第101军——指挥官：威廉·贝尔林（Wilhelm Berlin）将军/弗里德里希·希克斯特（Friedrich Sixt）将军

第406国民炮兵军

第111突击炮兵教导旅

第5猎兵师

第56猎兵团

第75猎兵团

第5炮兵团

第41炮兵团第1营

第5自行车营（Radfahr Abt.5）

第5装甲歼击营

第5工兵营

第5通信营

第5野战补充营

第5医疗营

第606步兵师/第606特别师级指挥部（后一名称见于1945年4月8日的维斯瓦河集团军群当日作战地图）

A暂编团（Schatten Rgt. A）

萨托尔团（Rgt.Sator）

巴尔科夫营（Btl.Bahlkow）

加尔尼营（Btl.Garny）

施潘道营（Btl.Spandau）

罗德团（Rgt.Rohde）

波茨坦营（Btl.Potsdam）

第67营

不来梅警察营

第309柏林步兵师/第606特别师级指挥部（见于1945年4月8日的维斯瓦河集团军群当日作战地图）

第1129装甲歼击连

4个国民突击队营

第1234（波茨坦）团（辖第1营、第2营）

第406国民炮兵军

第25装甲掷弹兵师

一千零一夜战斗群

屈斯特林要塞［该要塞守军在1945年3月28日向西突围，还有部分人员向苏军投降，以下该要塞的编制信息来自《1945，屈斯特林崩塌时》（*1945 – Als Küstrin in Trümmer sank.*）一书］[1]

要塞指挥部

第1450要塞步兵营

第50装甲掷弹兵补充营

第346装甲部队行军团第1特别行军营（1.Marsch-Btl. zbV.Panzer-Truppe Nr. 346）

第346装甲部队行军团第2特别行军营

第344行军团第3行军营（3.Marsch-Btl. Nr 344）①

第68工兵补充与训练营

第513登陆工兵营（Landes-Pio-Btl. 513）

第3132要塞炮兵团第1营（4个连）

第39炮兵补充营

第114高炮团

① 以上三支部队的情况已无从查考，且缺乏其他文件佐证，因此采用了推定译名。

5座7.5厘米坦克炮塔（无法开火）[①]

第738要塞通信连

掉队人员［收容于斯图普纳格尔军营（Stülpnagel-Kaserne）］

康复连（Genesenden-Komp.，由重伤员组成）

惩戒营

匈牙利第4步兵营（Ung.Inf.Btl. IV）[②]

中亚补充营（德国人员）

中亚补充营（中亚人员）

北高加索补充营（德国人员）

北高加索补充营（北高加索人员）

城堡兵营（Schloß-Kaserne）的军官和行政人员

国民突击队（第16/186国民突击队营）[③]

以下屈斯特林要塞的编制来自1945年3月27日的维斯瓦河集团军群当日作战地图，和上述信息存在一定出入：

旧城区战斗群（K.Gr. Altstadt，380人）

中央战斗群（K.Gr. Mitte，830人）

西岸战斗群（K.Gr. Vor，180人）

舒尔茨战斗群（K.Gr. Schulz，240人）[④]

后备干预部队（Eingreif. Res.，480人）

各种战斗部队兵力合计：3000人

另有明谢贝格装甲师的2个营（1945年4月22日[⑤]被切断，随后加入要塞守军）

第56装甲军——指挥官：赫尔穆特·魏德林将军

第402国民炮兵军

---

① 该连实际配备的是豹式坦克炮塔地堡，也被称为第1211要塞（豹式炮塔）连。

② 其他资料作Ungarische Infanterie-Bataillon IV./89，直译即匈牙利第89团第4步兵营，但匈牙利陆军并无这一番号。1945年4月时，匈牙利陆军第87补充与训练团的第1营位于柏林南部，当地离屈斯特林很近，考虑到同一部队下属单位往往就近部署的原则，我们似乎可以断定，该营的实际身份实际可能是匈牙利陆军第87补充与训练团第4营。

③ 番号中的数字16代表其来自勃兰登堡大区（Reichsgau Mark Brandenburg）。

④ 和其他三个以地名命名的战斗群不同，该战斗群的名字来自于其指挥官奥斯马尔·舒尔茨（Osmar Schulz）少校。

⑤ 原文如此，应为3月22日。

第9伞兵师——指挥官：布鲁诺·布劳尔（Bruno Bräuer）将军/哈里·赫尔曼（Harry Hermann）上校

第25伞兵团

第26伞兵团

第27伞兵团

第9伞降炮兵营

第9伞降装甲歼击营

第20装甲掷弹兵师——指挥官：格奥尔格·朔尔策（Georg Scholze）中将

第76装甲掷弹兵团

第90装甲掷弹兵团

第8装甲营

第20炮兵团

明谢贝格装甲师——指挥官：维尔纳·穆默特（Werner Mummert）少将

第1明谢贝格装甲掷弹兵团（辖第1营、第2营）

第2明谢贝格装甲掷弹兵团（辖第1营、第2营）

第29装甲团第1营/明谢贝格装甲营

第1装甲营

第2装甲营①

明谢贝格装甲炮兵团

明谢贝格装甲歼击连

明谢贝格装甲侦察连

明谢贝格装甲工兵连

明谢贝格装甲通信连

第920德布里茨装甲歼击旅②

党卫军第11装甲军——指挥官：党卫军上将马蒂亚斯·克莱因海斯特尔坎普

---

① 本附件中明谢贝格师下属装甲团/营的编制信息有误，在柏林战役前夕，该师实际拥有一个2营制的装甲团，其中第1个营为库默斯多夫装甲营，部分人员和装备来自库默斯多夫实验场，第二个营则为第29装甲团第1营。

② 该部队的实际名称应当是第920突击炮教导旅（Sturmgeschütz-Lehr-Brigade 920）。

（Matthias Kleinheisterkamp）

第303德布里茨步兵师

第300掷弹兵团

第301掷弹兵团

第302掷弹兵团

第303燧发枪手营

第303炮兵团

第303通信营

第169步兵师

第378掷弹兵团

第379掷弹兵团

第392掷弹兵团

第230燧发枪手营

第230炮兵团

第712步兵师

第732掷弹兵团

第745掷弹兵团

第764掷弹兵团

第1712炮兵团

第712装甲歼击营

此外，根据1945年4月8日维斯瓦河集团军群的当日作战地图，该师还拥有下列配属单位：

第1239军官候补生团（Fhj.Rgt.1239，辖第1营、第2营）[2]

第1241军官候补生团［即居斯特罗姆（Gustrom）团，辖第1营、第2营］

1个警戒营［即豪克（Hauck）营］

第108国民突击队营

B暂编团

第63警戒营

库尔马克装甲掷弹兵师

库尔马克装甲燧发枪手团

第1库尔马克装甲掷弹兵团

第2库尔马克装甲掷弹兵团

库尔马克装甲团（下辖2个营，第3连为追猎者坦克歼击车连）

师属工兵营

师属通信连

师属陆军高炮连

库尔马克后勤分队

法兰克福要塞——指挥官：恩斯特·比勒中将①（根据1945年8月的维斯瓦河集团军群当日作战地图，要塞守军的总人数为12580人）

第2要塞掷弹兵团，配属1个国民突击队营

第3要塞掷弹兵团，配属2个国民突击队营

第4要塞掷弹兵团，配属1个国民突击队营

第84要塞机枪营

第5要塞战斗群（营级，国民突击队营）

第6要塞战斗群（营级）②

第7要塞战斗群（营级）③

第8要塞战斗群（营级）④

第185重型高炮营

第405重型高炮营

第829要塞防空营（Fest.Fla.Btl.829，一部）

第737要塞通信连

第1320要塞炮兵指挥部

第1325要塞炮兵营（3个连）

---

① 此处有误，比勒的最终军衔实际为少将。

② 即第1449要塞步兵营外加一个警察连。

③ 由边防部队和警察部队组成。

④ 由掉队士兵组成。

第1326要塞炮兵营（4个连）

第1327要塞炮兵营（5个连）

12门（？）7.5厘米炮

第（？）要塞反坦克炮分队[①]

第952要塞工兵设障营（Fest.Pi.Sperr.Btl.952）

党卫军第5山地军——指挥官：党卫军上将弗里德里希·耶克恩（Friedrich Jeckeln）

党卫军第25装甲歼击连

第1装甲歼击分队

第2装甲歼击分队

党卫军第505侦察营

第286步兵师

第926掷弹兵团

第927掷弹兵团

第931掷弹兵团

第286炮兵团

党卫军第32一月三十日志愿掷弹兵师

（党卫军）第86席尔掷弹兵团（86. Schill G.R.）

党卫军第87猎鹰掷弹兵团（87.SS-G.R. Falke (?)）

党卫军第88掷弹兵团

党卫军第32炮兵团（摩托化）

1个图林根国民突击队营

第391警戒师（据维斯瓦河集团军群1945年4月8日的当日作战地图和拉科夫斯基与斯蒂希合著的《哈尔伯口袋》一书）

第95掷弹兵团

第1233军官候补生掷弹兵团

第391炮兵团

---

① 该部队实际是第26要塞反坦克炮分队。

党卫军贺伊尔营（SS-Btl.Heyer）

第1239掷弹兵团第2营

斯塔尔胡特战斗群（K.Gr.Stahlhut）

第62警备营

第239警戒营

党卫军特别突击营（SS.Stu.Btl.z.b.V.）

第8/16国民突击队营

拉格纳师（Div. Rägene，即第433和第463步兵师的残部）

第1237军官候补生掷弹兵团

美因法兰肯国民突击队营（Volkssturm Btl. Mainfranken）

德累斯顿国民突击队营

上多瑙国民突击队营

多尔林警察营（Pol.Btl.Döring）

集团军预备队

第156步兵师

第541国民掷弹兵师

第404国民炮兵军

第406国民炮兵军

第408国民炮兵军

集团军群预备队

党卫军第3（日耳曼）装甲军——指挥官：党卫军上将菲利克斯·施泰因纳（以下各师在4月18日调入第9集团军）

党卫军第11北欧装甲掷弹兵师——指挥官：党卫军少将于尔根·齐格勒（Jurgen Ziegler）/党卫军少将古斯塔夫·克鲁肯贝格博士（Dr. Gustav Krukenberg）

党卫军第23挪威装甲掷弹兵团

党卫军第24丹麦装甲掷弹兵团

党卫军第11赫尔曼·冯·萨尔扎装甲营（11.SS Panzer Abt.

Hermann von Salza）

党卫军第503重装甲营

党卫军第23尼德兰装甲掷弹兵师——指挥官：党卫军少将瓦格纳（Wagner）

党卫军第48塞伊法尔特将军掷弹兵团（SS Pz.Gren.Rgt.48 Gen. Seyffardt）

党卫军第49德鲁伊特尔掷弹兵团（SS Pz.Gren.Rgt.49 de Ruyter）

（以下各师调入第3装甲集团军）

党卫军第27兰格马克志愿掷弹兵师

党卫军第28瓦隆人志愿掷弹兵师

国防军最高统帅部预备队

以下部队在4月18日调入第9集团军下辖的第56装甲军

第18装甲掷弹兵师——指挥官：约瑟夫·劳赫（Josef Rauch）中将

第30装甲掷弹兵团（辖第1营、第2营）

第51装甲掷弹兵团（辖第1营、第2营）

第118装甲团

第118装甲炮兵团

第18装甲歼击营

第18通信营

第12集团军——指挥官：瓦尔克·温克装甲兵上将

第20军——指挥官：卡尔-埃里克·科勒（Carl-Erik Köhler）骑兵上将

特奥多尔·科尔纳步兵师（即第3帝国劳工组织步兵师）——指挥官：布鲁诺·弗兰科维茨（Bruno Frankewitz）中将

第1特奥多尔·科尔纳掷弹兵团

第2特奥多尔·科尔纳掷弹兵团

第3特奥多尔·科尔纳掷弹兵团

特奥多尔·科尔纳燧发枪手营（4个连）

特奥多尔·科尔纳装甲歼击营

特奥多尔·科尔纳炮兵团（仅下辖团部和第411国民炮兵军第5营）

特奥多尔·科尔纳工兵营（3个连）

师属通信连

乌尔里希·冯·胡滕步兵师

第1乌尔里希·冯·胡滕掷弹兵团

第2乌尔里希·冯·胡滕掷弹兵团

第3乌尔里希·冯·胡滕掷弹兵团

乌尔里希·冯·胡滕燧发枪手营

乌尔里希·冯·胡滕炮兵营

费迪南德·冯·席尔步兵师（即第2帝国劳工组织步兵师）

第1费迪南德·冯·席尔掷弹兵团

第2费迪南德·冯·席尔掷弹兵团

第3费迪南德·冯·席尔掷弹兵团

沙恩霍斯特步兵师

第1沙恩霍斯特掷弹兵团

第2沙恩霍斯特掷弹兵团

第3沙恩霍斯特掷弹兵团

沙恩霍斯特燧发枪手营

沙恩霍斯特装甲歼击营

沙恩霍斯特炮兵团

第1170突击炮旅

第39装甲军——指挥官：卡尔·阿恩特（Karl Arndt）将军

克劳塞维茨装甲师

克劳塞维茨装甲团

第42装甲掷弹兵团

第1统帅堂装甲掷弹兵团（辖第1—3营）

第144装甲炮兵营

大德意志装甲歼击营

第144装甲工兵营

克劳塞维茨装甲通信连

施拉格特步兵师（即第1帝国劳工组织步兵师）

第84步兵师

第41装甲军——指挥官：鲁道夫·霍尔斯特（Rudolf Holste）中将

冯·哈克步兵师（von Hake Infanterie Division）

第199步兵师

复仇武器步兵师（V-Weapons Infanterie Division）

第48装甲军——陆军上将马克西米利安·冯·埃德尔斯海姆帝国男爵

第14高炮师

莱比锡战斗群（Leipzig Kampfgruppe）

哈雷战斗群（Halle Kampfgruppe）

舍尔纳集团军群[①]下属单位——指挥官：费迪南德·舍尔纳元帅

第4装甲集团军——指挥官：弗里茨-胡伯特·格雷瑟（Fritz Hubert Gräser）装甲兵上将

以下部队后来加入第9集团军

第5军——指挥官：韦格将军

党卫军第35警察掷弹兵师

党卫军第89警察掷弹兵团

党卫军第90警察掷弹兵团

党卫军第91警察掷弹兵团

党卫军第36掷弹兵师

党卫军第72掷弹兵团

党卫军第73掷弹兵团

---

① 即中央集团军群。

第1施坦斯多夫装甲营（Pz.Abt. Stahnsdorf 1）

第2施坦斯多夫装甲营

第275步兵师

第983掷弹兵团

第984掷弹兵团

第985掷弹兵团

第275燧发枪手营

第275炮兵团

第342步兵师

第554掷弹兵团

第697掷弹兵团

第698掷弹兵团

第21装甲师

第125装甲掷弹兵团

第192装甲掷弹兵团

第22装甲团

第155装甲炮兵团

陆军第305高炮营

第21装甲侦察营

集团军群预备队

党卫军第10弗伦斯贝格装甲师——党卫军中将海因茨·哈梅尔①

党卫军第21装甲掷弹兵团

党卫军第22装甲掷弹兵团

党卫军第10装甲团

党卫军第10装甲炮兵团

党卫军第10摩托车团②

---

① 原文如此，其军衔应为少将。

② 此单位已在1943年3月解散，并改编为党卫军第10装甲侦察营。

党卫军第10突击炮营[①]

党卫军第10装甲歼击营

党卫军第10工兵营

党卫军第10装甲通信营

元首护卫师——指挥官：奥托-恩斯特·雷默少将

第102装甲团

第99装甲掷弹兵团

第120装甲炮兵团

第673装甲歼击营

师属空军高炮营

第102装甲侦察连

第124装甲工兵营

第120装甲通信营

第120装甲野战补充营

其他部队

施普雷河集团军级集群（即雷曼集团军级集群）

若干国民突击队营

弗里德里希-路德维希·雅恩步兵师（即第2帝国劳工组织步兵师）——指挥官：格哈德·克莱因（Gerhard Klein）上校/弗朗茨（Franz）上校

第1弗里德里希-路德维希·雅恩掷弹兵团

第2弗里德里希-路德维希·雅恩掷弹兵团

第3弗里德里希-路德维希·雅恩掷弹兵团

弗里德里希-路德维希·雅恩师属燧发枪手营（下辖4个连）

弗里德里希-路德维希·雅恩炮兵团

---

① 1945年时，此单位已解散。

弗里德里希-路德维希·雅恩工兵营（下辖3个连）

其他单位

维勒临时分队（Ad hoc formation Weller，在波茨坦加入施普雷河集团军级集群的各单位残部组成）

波茨坦步兵师——指挥官：埃里希·洛伦兹（Erich Lorenz）上校

第 21 集团军——指挥官：库尔特·冯·蒂佩尔施基希步兵上将（1945 年 4 月 27—30 日作战序列）

党卫军第3（日耳曼）装甲军（来自第3装甲集团军）

党卫军第4警察装甲掷弹兵师战斗群

第3海军步兵师

党卫军第33查理曼（法兰西第1）武装掷弹兵师战斗群

党卫军第15（拉脱维亚第1）武装掷弹兵师战斗群

第101军（最初隶属于第9集团军，后划入第3装甲集团军）

第5猎兵师

第606特别师

第27军（最初隶属于第4集团军）

赫尔曼·戈林第2装甲补充与训练旅

第1海军步兵师

本章尾注：

1. 本编制出自德国联邦档案馆WF-03/5084号文件的第966—967分页，转引自弗里茨·科尔哈泽所著的《1945，屈斯特林崩塌时》（*1945 – Als Küstrin in Trümmer sank*）（私人出版，1996年）。

2. 按照格奥尔格·泰辛的《二战中的国防军和党卫军部队，1939—1945，第13卷：地面部队，番号801—13400》（*Verbände und Truppen der deutschen Wehrmacht und Waffen-SS im Zweiten Weltkrieg 1939-1945 Dreizehnter Band: Die Landstreitkräfte 801-13400*）（奥斯纳布吕克，文献出版社，1976年）第341页所述，该团的下属单位包括第1营、第2营外加两个连（第13连和第14连，但可能配属于第2营）。

参考资料

第一手资料

美国国家档案馆［位于马里兰州大学公园市（College Park）］

M-1019纽伦堡审判审讯记录

第26号卷宗：戈特哈德·海因里齐

第44号卷宗：汉斯·冯·曼陀菲尔[①]

第11号卷宗：特奥多尔·布塞

第78号卷宗：瓦尔特·温克

第242号档案组：美国国家档案馆收缴的外国档案

T-77：国防军最高统帅部档案

T-78：陆军最高司令部档案

T-311：德国野战司令部档案——集团军

T-313：德国野战司令部档案——装甲集团军

德国军事态势图

第44号文件盒：1945年2月15日至1945年4月7日

第45号文件盒：1945年4月8日至1945年5月22日

第46号文件盒：维斯瓦河集团军群，1945年1月23日至1945年3月13日

---

① 原文如此。

第47号文件盒：维斯瓦河集团军群，1945年3月14日至1945年4月30日

第226号档案组

跨机构工作组（Interagency Working Group，IWG），第440—442号文件盒

第441号文件盒

第841号文件：德国人眼中的美苏关系，1945年1月

第442号文件盒

第969号文件：德国人对雅尔塔会议结果的讨论

第331号档案组

盟军作战和占领司令部的记录，二战及1907—1966（盟军远征部队最高司令部情报参谋部门撰写）

美国军事研究文件MS A-862《德军在阿登战役中的进攻准备》

美国军事研究文件MS B-458《“民族堡垒”》

美国军事研究文件MS B-606《最后的集结：第12集团军在东西线之间德国腹地的战斗，1945年4月13日至1945年5月7日》

美国军事研究文件MS B-690《主战线》

美国军事研究文件MS R-69《维斯瓦河集团军群和第12集团军群的覆灭，1945年4月27日—1945年5月7日》

美国军事研究文件MS T-9《维斯瓦河集团军群在奥得河畔的战斗，1945年2月至4月》（*Der Kampf um die Oder im Abschnitt der Heeresgruppe Weichsel, Februar bis April 1945*）

科尼利厄斯·瑞恩档案［位于俄亥俄州阿森斯（Athens），俄亥俄大学奥尔登图书馆曼恩中心］

备注：科尼利厄斯·瑞恩档案中部分文件的原标题为德语，但这里使用了翻译后的名称。

盟军部分

第39号文件盒

第39号档案袋

美国军事研究文件MS B-220《德国第12集团军和美国第9集团军在施滕达尔的投降谈判，1945年5月4日》（冯·埃德尔斯海姆男爵撰写）

第51号文件盒

第33号档案袋

詹姆斯·加文访谈稿

德军部分

第61号文件盒

第5号档案袋

党卫军第3装甲军的编制，1945年4月23日

第62号文件盒

第2号档案袋

美国军事研究文件MS R-79《第9集团军的最后进攻和投降，1945年4月21日—5月7日》（马格纳·鲍尔撰写）

第3号档案袋

美国军事研究文件MS R-69《维斯瓦河集团军群和第12集团军群的覆灭，1945年4月27日—1945年5月7日》（马格纳·鲍尔撰写）

第5号档案袋

德军的电报、战地指挥部和重大事件，19545年4月20日至29日

第6—7号档案袋

维斯瓦河集团军群作战日志，1945年4月20日至29日

第8号档案袋

国防军最高统帅部的电报和文件列表，1945年2月至3月

第9号档案袋

德国海军最高司令部的电报，1945年4月26日至5月15日

第64号文件盒

第1号档案袋

国防军最高统帅部的文件和电报，1945年2月至4月

第2—3号档案袋

维斯瓦河集团军群作战日志，1945年4月20日至29日

第65号文件盒：“民族（阿尔卑斯）堡垒”

第4号档案袋

关于“民族堡垒”的研究（第7集团军司令部情报参谋部门撰写）

第6号档案袋

美国军事研究文件MS B-457《阿尔卑斯防线/阿尔卑斯要塞》

第7号档案袋

美国军事研究文件MS B-461《阿尔卑斯堡垒》（格奥尔格·冯·亨格尔撰写）

第67号文件盒：第9集团军

第13号档案袋

马丁·加雷斯访谈稿及日记

第14号档案袋

哈索·冯·曼陀菲尔访谈稿

布克哈特·缪勒-希勒布兰德访谈稿

第17号档案袋

特奥多尔·布塞将军访谈稿

第67号文件盒：第12集团军

第23号档案袋

京特·赖希海尔姆上校访谈稿

美国军事研究文件MS B-606《最后的集结：第12集团军在东西线之间德国腹地的战斗，1945年4月13日—1945年5月7日》（京特·赖希海尔姆撰写）

第24号档案袋

瓦尔特·温克将军访谈稿

瓦尔特·温克将军访谈稿的事实报告（H.W.里特尔撰写）

1945年4月/5月，奥得河与易北河之间最后一战的综述（尤其是第12集团军的战斗）”

维斯瓦河集团军群

第68号文件盒

第2号档案袋

汉斯·艾斯曼上校访谈稿

第3号档案袋

戈特哈德·海因里齐将军访谈稿

戈特哈德·海因里齐将军的会议

维斯瓦河集团军群的指挥架构

致总参谋长的陈述，1945年4月

武器装备清单

第4号档案袋

海因里齐日记

既往事件和记录

约德尔和海因里齐的电话通话记录，1945年4月26日

维斯瓦河集团军群作战日志，1945年4月20日至29日

苏军部分

第71号文件盒

第9号档案袋

苏军作战编制，1945年4月15日

第3号档案袋

伊万·科涅夫元帅访谈稿

科涅夫回忆录

1945年4月1日与斯大林的会面

1945年1月，与斯大林会面的记录，出自《新世界》（*Noviy Mir*）杂志1965年5月号

第12号档案袋

N.N.波别尔（N. N. Popiel），《向柏林前进》（*Forward to Berlin*，机打手稿）

1945年4月1日，斯大林-朱可夫-科涅夫会议的记录

第73号文件盒

第2号档案袋

对泽劳高地地形图的注释

第3号档案袋

13位苏联杰出战地记者的柏林见闻（复印稿摘录）

鲍里斯·特尔波乔夫斯基（Boris S. Telpuchowski），《苏联伟大卫国战争史，1941—1945》（*The Soviet History of the Great Fatherland War 1941—1945*，机打手稿）

公开出版物

书籍和期刊文章

奥莫尔·巴托夫《希特勒的军队：第三帝国的士兵、纳粹和战争》（*Hitler's Army: Soldiers, Nazis, and War in the Third Reich*）（纽约：牛津大学出版社，1992年出版）

埃伯哈德·鲍姆加特《逃离哈尔伯：第9集团军在绝境中的死亡行军，1945年4月/5月初》（*Jenseits von Halbe: Der Todesmarsch der 9. Armee in den Morgenthau Ende April/Anfang Mai 1945*）（阿默湖畔因宁：德鲁费尔出版社，2001年出版）

安东尼·比弗《攻克柏林》（*The Fall of Berlin*）（纽约：维京出版社，2002年出版）

克里斯特·贝里斯特伦《从巴格拉季昂到柏林：东线的最后空战，1944—1945》（*Bagration to Berlin: The Final Air Battles in the East: 1944–1945*）（谢珀顿：伊恩·艾伦出版社，2008年出版）

福尔克·贝纳多特伯爵《第三帝国的最后岁月：福尔克·贝纳多特伯爵的日记》（*Last Days of the Reich: The Diary of Count Folke Bernadotte*）（伦敦：前线出版社，2009年出版）

佩里·比迪斯科姆《最后的纳粹：党卫军狼人游击队在欧洲的抵抗》（*The Last Nazis: SS Werewolf Guerrilla Resistance in Europe*）（南卡罗来纳州查尔斯敦：时代出版社，2000年出版）

佩里·比迪斯科姆《狼人！纳粹游击运动史，1944—1946》（*Werwolf! The History of the National Socialist Guerrilla Movement 1944–1946*）（多伦多：多伦多大学出版社，1998年出版）

菲利普·布洛德《希特勒的匪徒猎手》（*Hitler's Bandit Hunters*）（华盛顿特区：波托马克出版社，2008年出版）

德莫特·布拉德利《海因茨·古德里安大将和现代闪电战的起源》（*Generaloberst Heinz Guderian und die Entstehungsgeschichte des modernen Blitzkrieges*）（奥斯纳布吕克：文献出版社，1978年出版）

唐纳德·布朗洛《装甲男爵：哈索·冯·曼陀菲尔将军的戎马生涯》（*Panzer Baron: The Military Exploits of General Hasso von Manteuffel*）（马萨诸塞州北昆西：克里斯托弗出版社，1975年出版）

普里特·巴塔《普鲁士战场：苏德战争，1944—1945》（*Battleground Prussia: The Assault on Germany's Eastern Front*）（牛津：鱼鹰出版社，2010年出版）

杰弗里·克拉克和罗伯特·史密斯《第二次世界大战中的美国陆军：欧洲战区从里维埃拉到莱茵河》（*United States Army in World War II: The European Theatre of Operations: Riviera to the Rhine*）（华盛顿特区：美国陆军军事历史中心，1993年出版）

卡尔·邓尼茨《回忆录：十年与二十天》（*Memoirs: Ten Years and Twenty Days*）（马里兰州安那波利斯：美国海军历史学会出版社，1990年出版）

克里斯托弗·达菲《席卷第三帝国的红色风暴》（*Red Storm on the Reich*）（纽约：德·卡波出版社，1993年出版）

亨里克·艾伯尔和马蒂亚斯·乌尔《希特勒档案：为斯大林准备的秘密报告——源自对希特勒私人助理的审讯》（*The Hitler Book: The Secret Dossier Prepared for Stalin from the Interrogations of Hitler's Personal Aides*）(纽约：公共事务出版社，2005年出版）

汉斯-约阿希姆·埃勒哈特《1945年春季：柏林之战和西逃》（*Frühjahr 1945: Kampf um Berlin, Flucht in den Westen*）(亚琛：赫利俄斯出版社，2003年出版)

卡尔-海因茨·弗里泽尔《铁丝网背后的战斗：德国战俘在苏联以及自由德国民族委员会》（*Krieg hinter Stacheldraht: Die deutschen Kriegsgefangenen in der Sowjetunion und das Nationalkomitee Freies Deutschland*）（美因茨：哈泽和科勒出版社，1981年出版）

斯蒂芬·弗里茨《前线战士：第二次世界大战中的德国士兵》（*Frontsoldaten: The German Soldier in World War Ⅱ*）（肯塔基州列克星敦：肯塔基大学出版社，1995年出版）

詹姆斯·加文《向柏林前进：一个空降部队指挥官的战斗亲历记，1943—1946年》（*On to Berlin: Battles of an Airborne Commander 1943—1946*）（纽约：维京出版社，1978年）

京特·盖勒曼《温克集团军：希特勒的最后希望》（*Die Armee Wenck-Hitler Letzte Hoffnung*）（波恩：伯纳德和格雷夫出版社，2007年出版）

约瑟夫·戈培尔《最后的记录，1945年：戈培尔日记》（*Final Entries 1945: The Diaries of Joseph Goebbels*）（巴恩斯利：笔与剑军事出版社，2007年出版），由休·特雷弗-罗珀编辑和作序。

鲍里斯·戈尔巴切夫斯基《穿越大漩涡》（*Through the Maelstrom*）（堪萨斯州劳伦斯：堪萨斯大学出版社，2008年出版）

瓦尔特·格尔里茨（戴维·欧文翻译）《德国最高指挥部首脑威廉·凯特尔元帅回忆录，1938—1945年》（*The Memoirs of Field Marshall Wilhelm Keitel: Chief of the German High Command, 1938—1945*）（纽约：库珀广场出版社，1965年出版）

曼弗雷德·格里赫尔《德国空军的末日》（*Last Days of the Luftwaffe*）

（巴恩斯利：前线出版社，2009年出版）

霍华德·格里尔《希特勒、邓尼茨和波罗的海：第三帝国的最后希望，1944—1945》（*Hitler, Dönitz and The Baltic Sea: The Third Reich's Last Hope, 1944—1945*）（马里兰州安那波利斯：美国海军历史学会出版社，2008年出版）

海因茨·古德里安《装甲指挥官》（*Panzer Leader*）（纽约：德·卡波出版社，1996年出版）

汉堡社会研究所编辑《德国军队和种族灭绝：对战俘、犹太人和其他平民的罪行，1939—1944》（*The German Army and Genocide: Crimes Against War Prisoners, Jews, and other Civilians, 1939–1944*）（纽约：新出版社，1999年出版）

斯蒂芬·汉密尔顿《血腥的街道：苏军对柏林的突击，1945年4月》（*Bloody Streets: The Soviet Assault on Berlin, April 1945*）（索利哈尔：赫利昂出版公司，2008年出版）

阿格斯蒂诺·冯·哈塞尔和西格里德·麦克雷《与敌人结盟：德国和美国合作结束第二次世界大战的秘密故事》（*Alliance of Enemies: The Untold Story of the Secret American and German Collaboration to End World War Ⅱ*）（纽约：圣马丁出版社，2006年出版）

约翰尼斯·赫特尔《一位德国将军在东线：戈特哈德·海因里齐书信和日记集，1941—1942》（*Ein deutscher General an der Ostfront: Die Briefe und Tageb ü cher des Gotthard Heinrici 1941—1942*）（埃尔富特：时代出版社，2001年出版）

约翰尼斯·赫特尔《三十年战争般的行径：海因里齐将军在苏德战争第一年的书信》，出自德国《近代史季刊》第48卷，第2期

汉斯–格奥尔格·坎普《措森–温斯多夫，1945：德国陆军最高司令部大本营在战争中的最后一周》（*Zossen-Wünsdorf 1945, Die Letzten Kriegswochen im Hauptquartier des OKH*）（柏林霍珀加滕的许瑙：埃尔文·梅斯勒博士出版社，1997年出版）

汉斯–格奥尔格·坎普《德国措森的地下军事指挥所》（*The Underground*

Military Command Bunkers of Zossen）（宾夕法尼亚州阿特格伦：希弗出版社，1996年）

戴维·卡恩《希特勒的间谍：第二次世界大战中的德国情报》（*Hitler's Spies: German Military Intelligence in World War Ⅱ*）（纽约：麦克米伦出版社，1978年出版）

伊恩·克肖《希特勒，1936—1945：复仇之神》（*Hitler: 1936—1945 Nemesis*）（纽约：W.W.诺顿出版社，2000年出版）

维尔纳·克诺普《潜入俄国禁区》（*Prowling Russia's Forbidden Zone*）（纽约：阿尔弗雷德·克诺普夫出版社，1949年出版）

约翰·科勒《斯塔西：东德秘密警察不为人知的故事》（*John O. Stasi: The Untold Story of the East German Secret Police*）（科罗拉多州博尔德：西方视野出版社，1999年出版）

弗里茨·科尔哈泽《1945，屈斯特林崩塌时》（*Als Küstrin in Trümmer sank*）（私人出版，1996年）

G.F.克里沃舍夫编辑的《20世纪的苏联伤亡和战斗损失》（*Soviet Casualties and Combat Losses in the Twentieth Century*）（伦敦：格林希尔出版社，1997年出版）

理夏德·拉科夫斯基《泽劳，1945年：奥得河畔的决战》（*Seelow 1945: Die Entscheidungsschlacht an der Oder*）（柏林：勃兰登堡出版社，1994年出版）

理夏德·拉科夫斯基《哈尔伯包围圈：最后的戏剧》（*Der Kessel von Halbe: Das letzte Drama*）（柏林：勃兰登堡出版社，2001年出版）

托尼·勒蒂西埃《哈尔伯的屠杀：希特勒第9集团军的覆灭，1945年4月》（*Slaughter at Halbe: The Destruction of Hitler's 9th Army, April 1945*）（斯特劳德：萨顿出版社，2005年出版）

托尼·勒蒂西埃《我们的身后是柏林》（*With Our Backs to Berlin: The German Army in Retreat 1945*）（斯特劳德：萨顿出版社，2001年出版）

托尼·勒蒂西埃《突向德国国会大厦：1945年柏林之战》（*Race for the Reichstag: The 1945 Battle for Berlin*）（伦敦：弗兰克·卡斯出版社，

1999年出版）

托尼·勒蒂西埃《朱可夫在奥得河畔：柏林的决战》（*Zhukov at the Oder: The Decisive Battle for Berlin*）（康涅狄格州韦斯特波特：普莱格尔出版社，1996年出版）

托尼·勒蒂西埃《柏林之战，1945》（*The Battle of Berlin 1945*）（伦敦：乔纳森·开普出版公司，1988年出版）

汉斯·冯·卢克《装甲指挥官：汉斯·冯·卢克上校回忆录》（*Panzer Commander: Memoirs of Colonel Hans von Luck*）（纽约：戴尔出版社，1989年出版）

吉尔斯·麦克唐诺《帝国之后：同盟国占领的残酷历史》（*After the Reich: The Brutal History of the Allied Occupation*）（纽约：基础出版社，2007年出版）

法伦奇·麦克林《残酷的猎人》（*The Cruel Hunters*）（宾夕法尼亚州阿特格伦：希弗出版社，1998年出版）

格奥尔格·迈尔《布达佩斯和维也纳之间的戏剧》（*Drama between Budapest and Vienna*）（温尼伯：J.J.费多罗维茨出版社，2004年出版）

杰弗里·梅加吉《灭绝之战》（*War of Annihilation*）（纽约：鲍曼和利特菲尔德出版社，2006年出版）

曼弗雷德·梅塞施密特《纳粹国家中的国防军》（*Die Wehrmacht Im NS-Staat*）（汉堡：R.V.德克尔出版社，1969年出版）

卡尔-海因茨·蒙赫《德国第653重装甲歼击营二战战史》（*The Combat History of German Heavy Anti-Tank Unit 653 in World War II*）（宾夕法尼亚州梅卡尼克斯堡：斯塔克波尔图书公司，2005年出版）

安东尼奥·穆诺兹和奥列格·罗曼科博士《希特勒的白俄罗斯：白俄罗斯的通敌、种族灭绝和反游击战争，1941—1944》（*Hitler's White Russians: Collaboration, Extermination, and AntiPartisan Warfare in Byelorussia, 1941—1944*）（纽约：欧罗巴出版社，2003年出版）

N.M.奈马克《俄国人在德国：苏联占领区的历史》（*The Russians in Germany: A History of the Soviet Zone of Occupation*）（马萨诸塞州剑桥：哈佛

大学出版社下属的贝尔坎普出版社，1995年出版）

《纽伦堡审判卷宗》第42卷。“为犯罪组织辩护的证人的最后报告，由法庭根据1946年3月13日命令第4款组建的委员会听取——呈报人：尼夫上校”（出自http://avalon.law.yale.edu/imt/naeve.asp）

索恩克·奈茨塞尔《监听希特勒的将军们：秘密对话记录，1942—1945》（*Tapping Hitler's Generals: Transcripts of Secret Conversations, 1942–45*）（明尼苏达州圣保罗：前线出版社，2007年出版）

格拉尔德·拉姆《奥得河前线终点站》（*Endstation Oderfront: Kriegserlebnisse aus Brandenburg und Berlin*）（沃尔特斯多夫：格拉尔德·拉姆出版社，2007年出版）

格拉尔德·拉姆《上帝与我们同在：勃兰登堡与柏林之战的回忆》（*Gott Mit Uns: Kriegserlebnisse aus Brandenburg und Berlin*）（沃尔特斯多夫：格拉尔德·拉姆出版社，2001年出版）

杰拉德·瑞特林格《党卫队：国家犯罪的托词，1922—1945》（*The SS: The Alibi of a Nation, 1922—1945*）（伦敦：武器与铠甲出版社，1981年出版）

布莱恩·里格斯《希特勒的犹太士兵：纳粹种族法律和犹太人在德国军队中不为人知的故事》（*Hitler's Jewish Soldiers: The Untold Story of Nazi Racial Laws and Men of Jewish Descent in the German Military*）(堪萨斯州劳伦斯：堪萨斯大学出版社，2002年出版)

科尼利厄斯·瑞恩《最后一役》（*The Last Battle*）（纽约：口袋图书公司，1985年出版）

博多·舒尔林《铁丝网下的背叛？自由德国民族委员会和德国军官组织在苏联，1943—1945年》（*Verrat hinter Stacheldraht? Das Nationalkomitee Freies Deutschland und der Bund Deutscher Offiziere in der Sowjetunion 1943–1945*）（慕尼黑：德国平装书出版社，1965年出版）

沃尔夫冈·施耐德《帝国之虎》（*Das Reich Tigers*）（温尼伯：J.J.费多罗维茨出版社，2006年出版）

珀西·施拉姆《德国国防军最高统帅部作战日志，1940—1945》第1—4卷［*Kriegstagbuch Des Oberkommandos Der Wehrmacht, 1940—1945*

(Wehrmachtführungsstab) Band I—IV］（慕尼黑：伯纳德和格雷夫出版社，1982年出版）

约阿希姆·舒尔茨-瑙曼《最后30天：德国最高指挥部1945年4月至5月的作战日志》（*The Last Thirty Days: The War Diary of the German High Command from April to May 1945*）（纽约：麦迪逊图书公司，1995年）

佚名《冲击柏林》（*Shturm Berlina*）（莫斯科：军事出版社，1948年出版）

蒂姆西·施耐德《血色大地：希特勒和斯大林之间的东欧》（*Bloodlands: Eastern Europe Between Hitler and Stalin*）（纽约：基础出版社，2010年出版）

赫尔穆特·斯帕特《大德意志装甲军战史》第1—3卷（*The History of Panzerkorps Großdeutschland vols. 1—3*）（温尼伯：J.J.费多罗维茨出版社，1995年出版）

阿尔伯特·施佩尔《第三帝国内幕：回忆录》（*Inside the Third Reich: Memoirs by Albert Speer*）（纽约：西蒙与舒斯特出版社，1970年出版）

格奥尔格·泰辛《二战德国国防军和党卫军的单位与部队，1939—1945》第1—15卷（*Verbände und Truppen der deutschen Wehrmacht und Waffen-SS im Zweiten Weltkrieg 1939-1945 Bände 1—15*）（美茵河畔法兰克福：米特勒出版社/奥斯纳布吕克，文献出版社，1967—1988年出版）

于尔根·托尔瓦尔德《冬季的溃逃：俄国的征服，1945年1月至5月》（*Flight in the Winter: Russia Conquers— January to May 1945*）（纽约：万神殿出版社，1951年出版）

赫尔曼·斯拉姆斯《屈斯特林1945：要塞日记》（*Küstrin 1945: Tagebuch einer Festung*）（柏林：柏林-勃兰登堡地区联谊会，1992年出版）

威廉·提克《忠诚的悲剧：党卫军第3（日耳曼）装甲军战史》［*Tragedy of the Faithful: A History of the Ⅲ. (germanisches) SS-Panzer Korps*］（温尼伯：J.J.费多罗维茨出版社，2001年出版）

威廉·提克《在战争最后岁月的风暴中：党卫军第2装甲军及党卫军第9霍亨施陶芬师和第10弗伦斯贝格师》（*In the Firestorm of the Last Years of the War: Ⅱ.SS-Panzerkorps with the 9. and 10.SS-Divisions Hohenstaufen and*

Frundsberg）（温尼伯：J.J.费多罗维茨出版社，1999年出版）

威廉·提克《奥得河和易北河之间的终曲：1945年的柏林之战》（*Das Ende Zwischen Oder und Elbe: Der Kampf um Berlin 1945*）（斯图加特：汽车图书出版社，1981年出版）

彼得·曹拉斯编辑的《德国坦克在东线：埃尔哈德·劳斯将军及其装甲师在俄罗斯，1941—1945》（*Panzers on the Eastern Front: General Erhard Raus and his Panzer Divisions in Russia 1941—1945*）（伦敦：格林希尔出版社，2005年出版）

休·特雷弗–罗珀编辑的《从闪电战到失败：希特勒战争密令集，1939—1945》（*Blitzkrieg to Defeat: Hitler's War Directives 1939—1945*）（纽约：霍尔特、里内哈特和温斯顿出版社，1964年出版）

格尔德·于贝舍尔《自由德国民族委员会和德国军官组织》（*Das Nationalkomitee Freies Deutschland und der Bund Deutscher Offiziere*）（美因河畔法兰克福：费舍尔出版社，1995年出版）

V.K.维诺格拉多夫、J.E.波戈尼和N.V.特普佐夫《希特勒之死》（*Hitler's Death*）（伦敦：乔叟出版社，2005年出版）

克劳斯·沃斯和保罗·凯伦贝克《最后的师团，1945：克劳塞维茨装甲师和席尔步兵师》（*Letzte Divisionen 1945: Die Panzerdivision Clausewitz and die Infanteriedivision Schill*）（施洛伊辛根：阿蒙出版社，2000年出版）

爱德华·韦斯特曼《希特勒的警察营：在东部实施种族战争》（*Hitler's Police Battalions: Enforcing Racial War in the East*）（堪萨斯州劳伦斯：堪萨斯大学出版社，2005年出版）

蒂莫西·雷少校《坚守：第二次世界大战中德军在俄国前线的防御理论，战争爆发前至1943年3月》（*Standing Fast: German Defensive Doctrine on the Russian front During World War Ⅱ: Prewar to March 1943*）（堪萨斯州莱文沃思堡：美国陆军司令部和参谋学院，1983年出版）

阿尔弗雷德–莫里斯·德·扎亚斯《恐怖的复仇》（*A Terrible Revenge*）（纽约：帕尔格雷夫·麦克米伦出版社，2006年出版）

曼弗雷德·蔡德勒《东线的终局：苏联红军与对奥得河和尼斯河之间

德国东部的占领，1944/1945》（*Kriegsende im Osten. Die Rote Armee und die Besetzung Deutschlands östlich von Oder und Neiße 1944/45*）（慕尼黑：奥尔登堡出版社，1996年出版）

曼弗雷德·蔡德勒《德国与第二次世界大战》第10卷（德国的崩溃，1945）第1分卷（国防军在军事上的失败）第3部分（苏联红军兵临德国边境）（*Das Deutsche Reich und der Zweite Weltkrieg Band 10 – Der Zusammenbruch des Deutschen Reiches 1945 1. Halbband: Die Militärische Niederwerfung der Wehrmacht*）（慕尼黑：德国出版社协会，2008年出版）

厄尔·奇姆克《从斯大林格勒到柏林：德国在东方的失败》（*Stalingrad to Berlin: The German Defeat in the East*）（纽约：巴恩斯和诺伯尔出版社，1996年出版）

报纸文章

《每日镜报》（*Der Tagesspiegel*），2006年6月21日，没有人的城市（Stadt ohneMänner）

《纽约时报》，1945年1月15日，意大利人对卡萨布兰卡政策感到遗憾

《纽约时报》，1945年1月15日，惠勒抨击同盟国的“意图”（Wheeler Assails Allies “Aims”）

《纽约时报》，1945年1月17日，丘吉尔否认战争因无条件投降而延长（Churchill Denies War is Prolonged by Unconditional Surrender Stand）

《纽约时报》，1945年1月25日，俄国驱逐罗马尼亚人（Russians Deport Rumanian Groups）

《纽约时报》，1945年2月5日，俄国人要求用劳役赔偿损失（Russians to Press Labor Reparation）

《纽约时报》，1945年3月3日，罗斯福赞成让纳粹重建苏联（Roosevelt Thinks it Good Idea to Let Nazis Repair Soviet）

《纽约时报》，1945年4月12日，投降政策没有改变（Surrender Policy Stands）

《纽约时报》，1945年4月13日，俄国否认使用“奴隶劳工”（“Slave

Labor” for Russia Denied)

参考网站

www.avalon.law.yale.edu

www.axishistory.com

www.cgsc.army.mil

www.feldgrau.com

www.islandfarm.fsnet.co.uk

www.lexikon–der–wehrmacht.de

www.panzer–archiv.de

彩色地图

必须提醒读者的是，虽然这些美国国家档案馆保存的地图质量大多良好，但由于具体地名模糊且难以辨别，因此读者只能根据城市和大型城镇为基准判断具体方位。

彩色地图 1：1945 年 2 月 15 日，夏至行动开始时德军和苏军部队的位置。在中路，党卫军北欧装甲掷弹兵师发动进攻，与阿恩斯瓦尔德（Arnswalde）守军会合（其位置在苏军近卫骑兵第 8 军上方的蓝色圆圈处）。这次进攻解救的主要是党卫军第 503 重装甲营一部、汉斯·弗伊格特（Hans Voigt）少将指挥的一个战斗群，以及数千名德国难民。

彩色地图 2：经过 7 天的战斗，夏至行动在 2 月 21 日结束。注意在阿恩斯瓦尔德附近，对弗伊格特战斗群的封锁已被打破。此时，希特勒已不再对进攻寄予厚望，这也可以从撤走的德军部队上略见一斑。另外，党卫军第 3（日耳曼）装甲军的战线此时已被拉得很长。

彩色地图 3：2 月 28 日，维斯瓦河集团军群作战区域的情况。值得注意的是，在柏林东部，第 9 集团军的前线，德军的兵力相当稀薄，在斯德丁和但泽之间也存在类似的问题。地图的右上角是库尔兰，虽然当地的防御已毫无意义，但希特勒仍保留了大量的作战部队和装甲车辆。这些有生力量原本可以乘船前往波美拉尼亚，并转入维斯瓦河集团军群麾下，用于防守德国东部——这也是古德里安提出的建议，但遭到了希特勒的拒绝。

彩色地图 4：3 月 18 日，维斯瓦河集团军群作战区域的情况。在大约两周前，朱可夫发动攻势，旨在夺取整个波美拉尼亚。此举将第 2 集团军孤立在但泽周围，并迫使第 3 装甲集团军的残部从阿尔特达姆桥头堡（位于斯德丁以南）向奥得河西岸撤退。

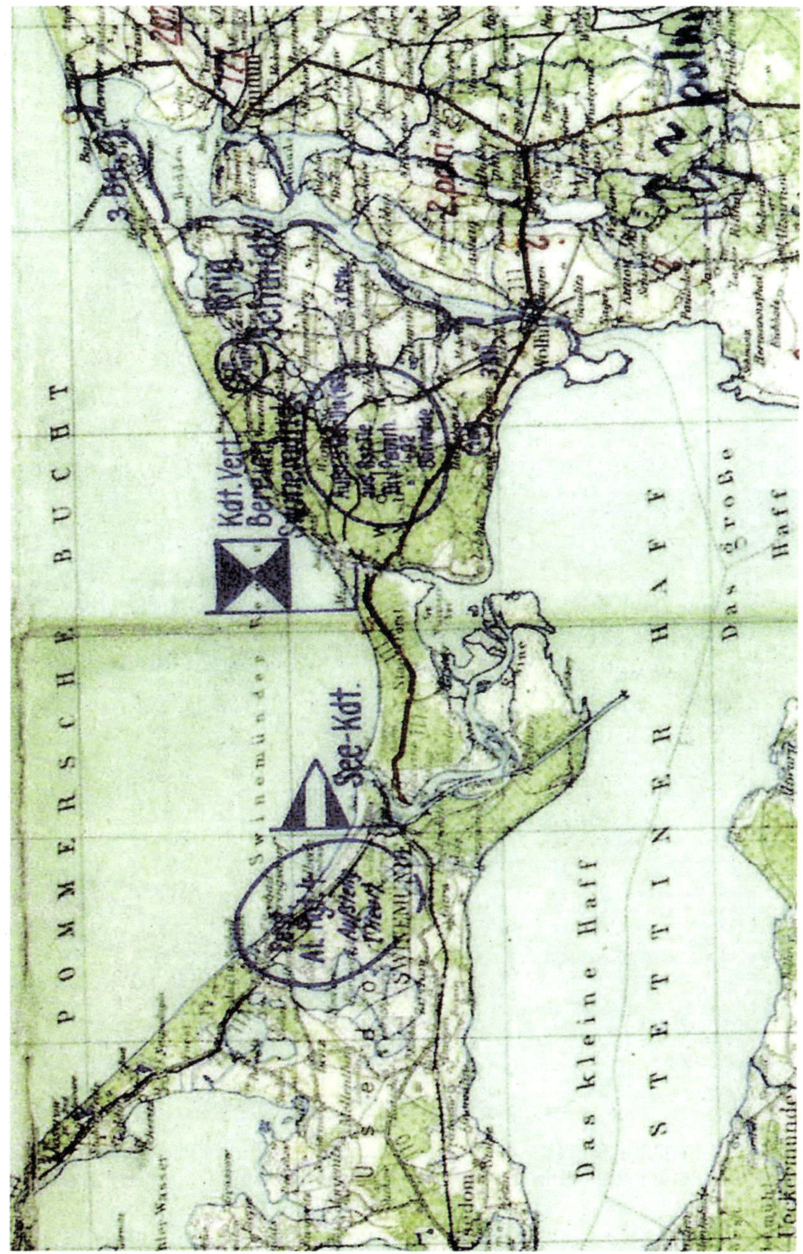

彩色地图 5：3 月 20 日，斯维内明德附近德军的部署情况。在东面，其防御阵地始于波罗的海沿岸，并沿着入海河道一直向沃林延伸。

彩色地图 6：第 3 装甲集团军下属部队在 3 月 20 日的部署情况。当时，德军刚刚从奥得河东岸的阿尔特达姆桥头堡（位于斯德丁以南）撤出。而白俄罗斯第 2 方面军则在攻克波美拉尼亚和西普鲁士之后转入巩固和休整。

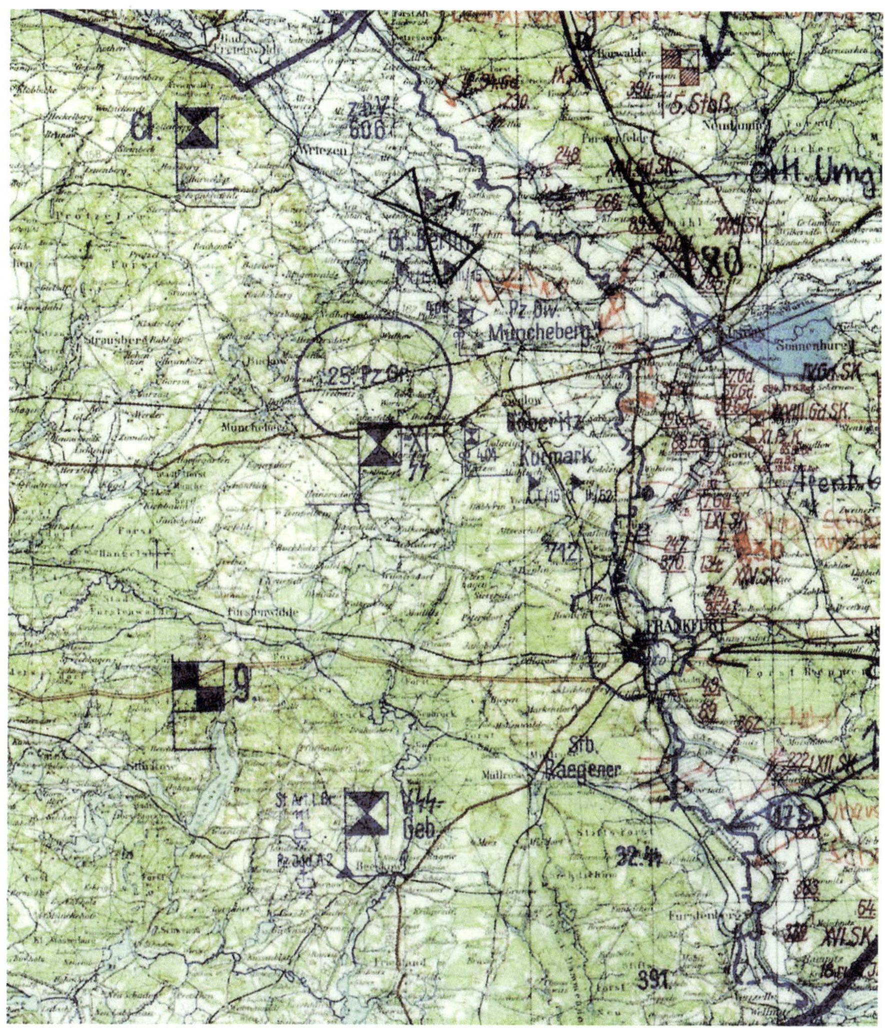

彩色地图 7：3 月 20 日，德国第 9 集团军的部署情况。注意明谢贝格装甲师防区正东部、北部和南部的三个红色箭头。这些箭头可能代表了苏军进行的侦察，这些侦察一般在总攻前数天发动。

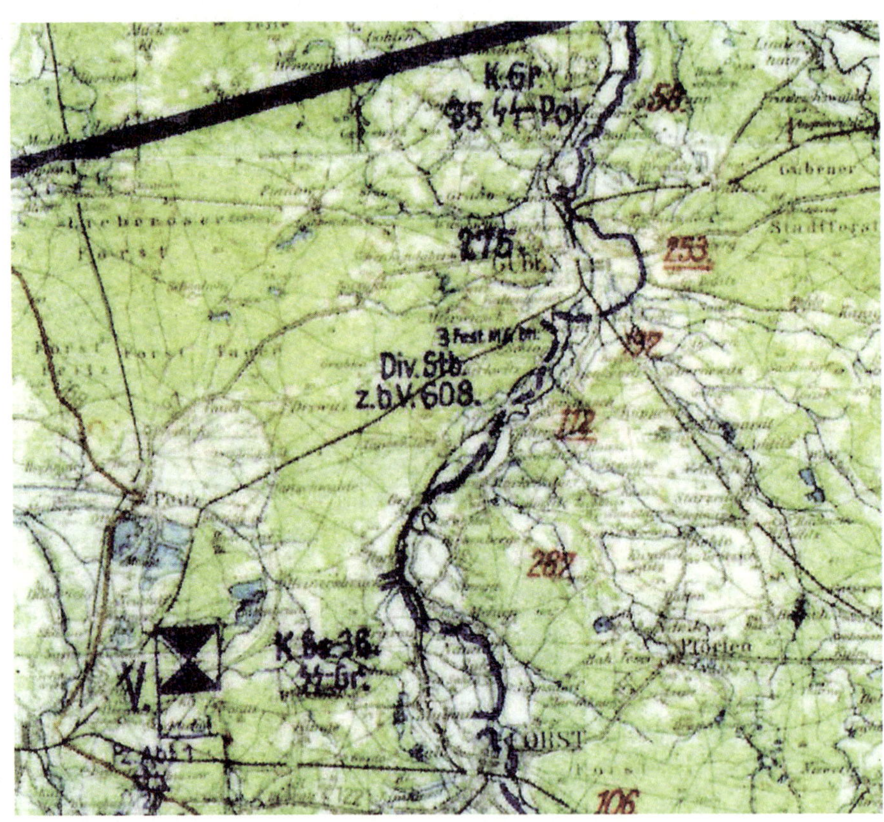

彩色地图 8: 3 月 20 日，第 5 军（隶属于中央集团军群）的部署情况。该军未能守住布塞第 9 集团军的南翼，并在与中央集团军群失去联系后向北与第 9 集团军会合。

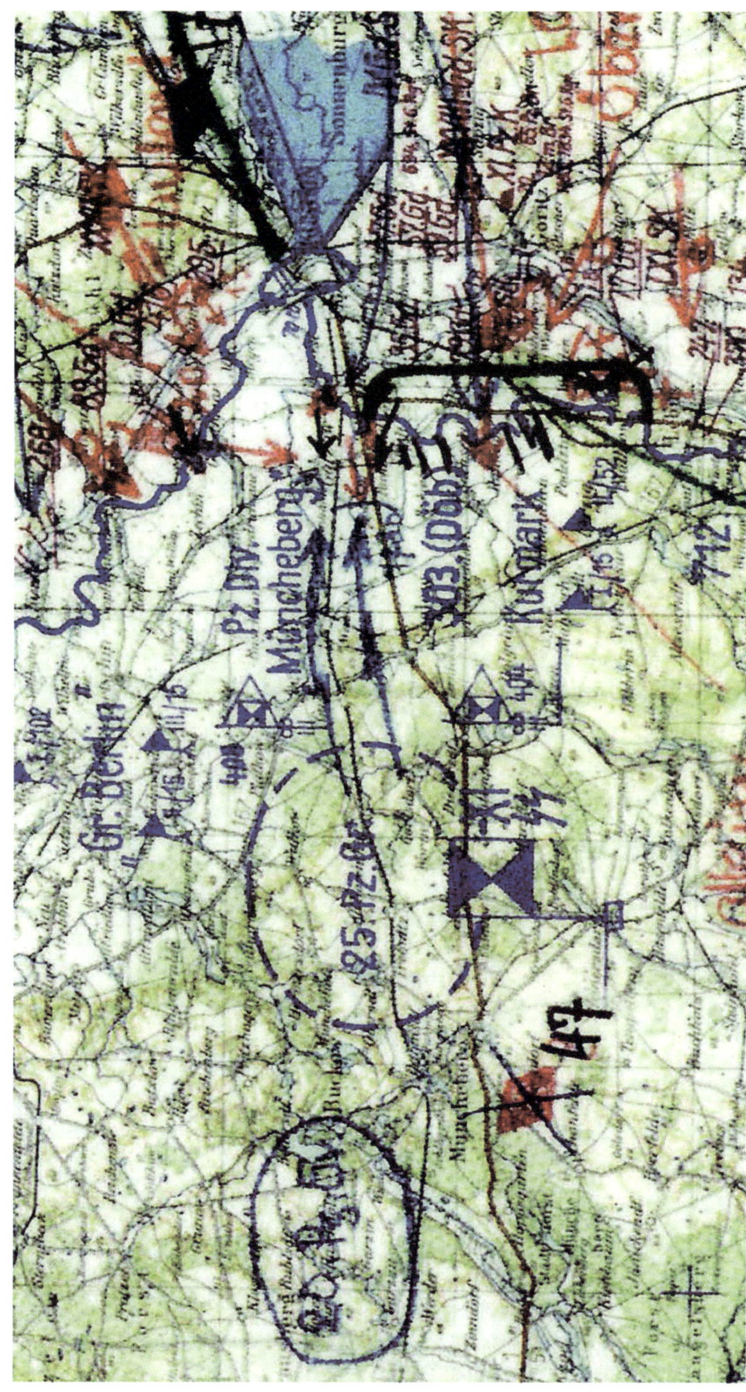

彩色地图 9：3 月 21 日，屈斯特林前线的情况。在当地，苏军的强行侦察似乎又持续了一天。

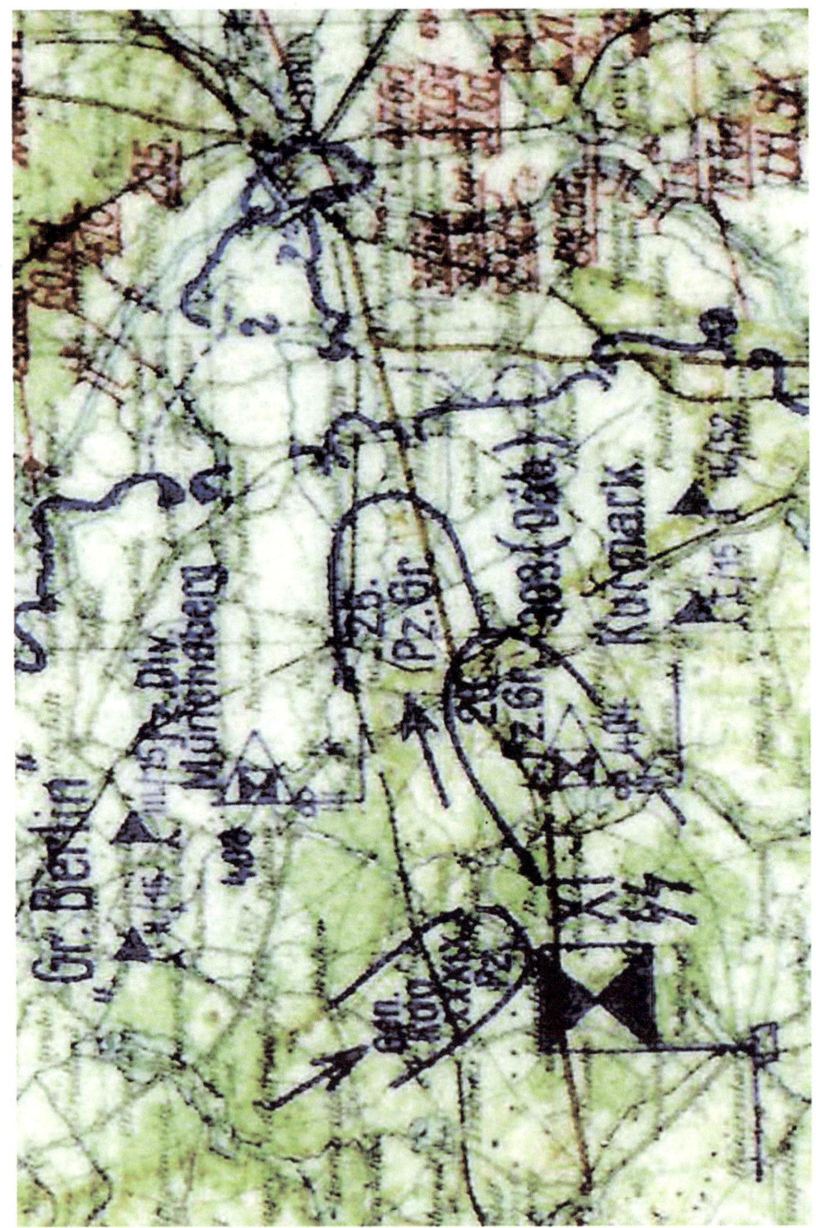

彩色地图 10：3 月 22 日，屈斯特林前线的情况。按照海因里齐的看法，正是回旋镖行动引发了苏军对屈斯特林两翼的攻势。苏军的进攻在上午 7 点 15 分发动，到下午，他们已切断了要塞与外界的陆路联络。到晚上 9 点，前线依旧没有稳定下来，第 9 集团军也无法报告各部队所在位置，因此，地图上留下了很多缺口，有些地区只能用问号表示。为守住前线，防止苏军继续突破，德军派出了第 20 装甲掷弹兵师和第 25 装甲掷弹兵师。同时，第 39 装甲军军部也在开赴当地，以接管指挥工作。

彩色地图 11：3 月 23 日，屈斯特林前线的情况。德军首次发起反击，试图打开一条走廊。图中可以看到两个向西弯曲的箭头，它们表明，这次反击只取得了有限的进展。

彩色地图 12：3 月 24 日，屈斯特林前线的情况。其中可以看到准备投入当地的援军，如第 9 伞兵师、党卫军第 10 装甲师、第 25 装甲师的一个战斗群，以及第 169 师的部分单位。其中，第 9 伞兵师并未参与第二次进攻，党卫军第 10 装甲师也没有抵达，相反，根据希特勒的命令，该师和第 25 装甲师一道被派往南方，以便加入中央集团军群——就这样，海因里齐失去了对两支关键战役预备队的控制。另外，注意屈斯特林上面的问号，它表明集团军群未能与守军取得无线电联络。

彩色地图 13：3 月 25 日，屈斯特林前线的情况。

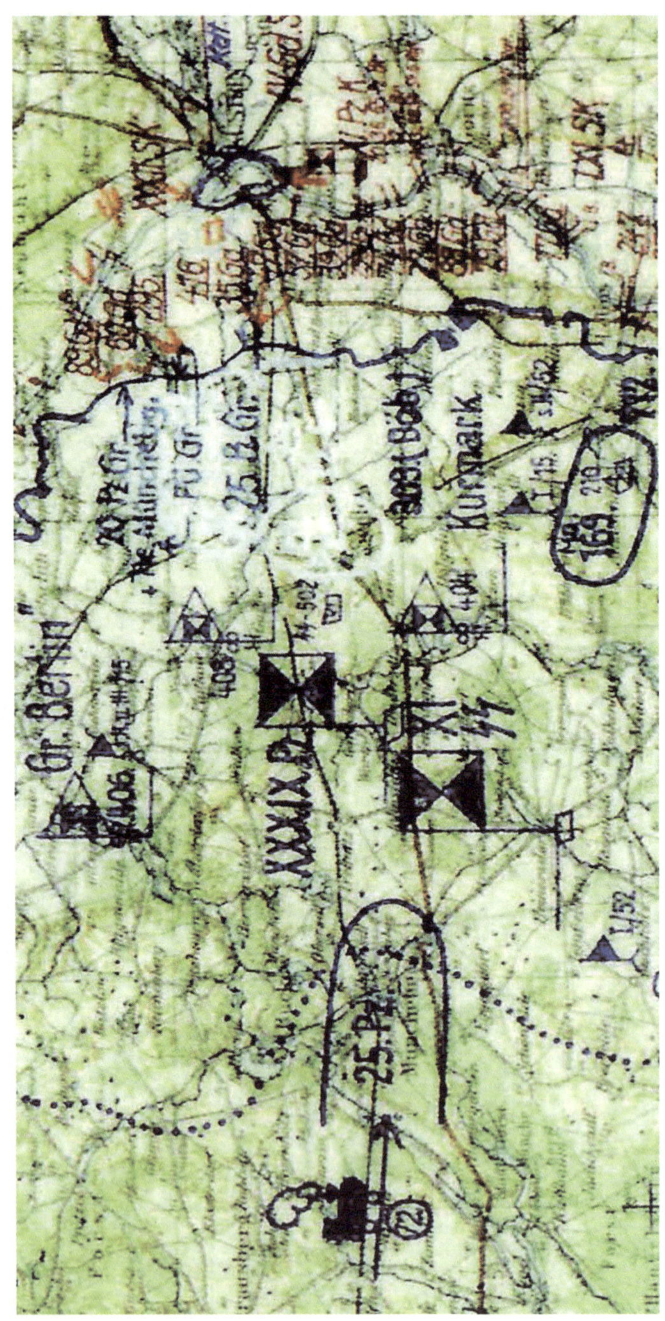

彩色地图 14：3 月 26 日，屈斯特林前线的情况。

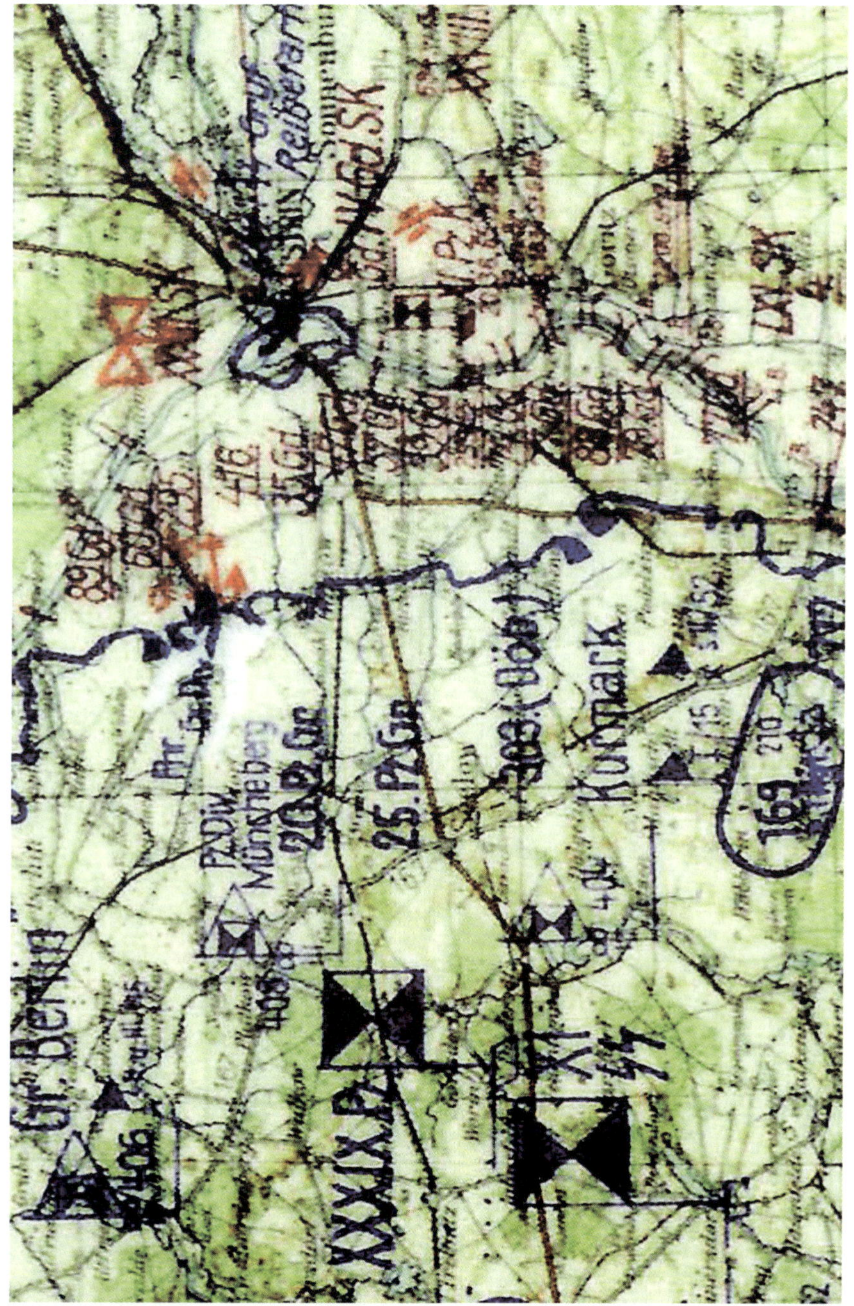

彩色地图 15：3 月 27 日，屈斯特林前线的情况。其中没有描述德军的进攻和苏军的反击，而是第二次解围失败后各单位的态势。

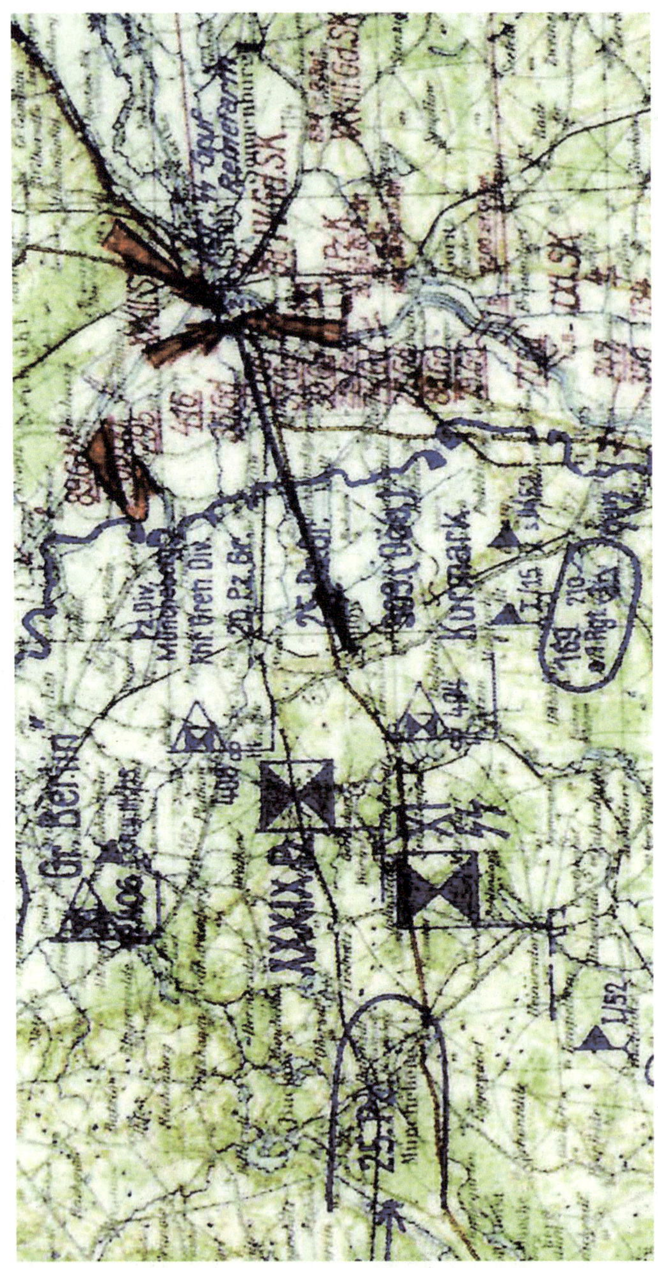

彩色地图 16：3 月 28 日，屈斯特林前线的情况。其中可以看到苏军对明谢贝格装甲师的攻势，他们最终被德军的有力防御阻挡。苏军还向屈斯特林要塞发起了最后的总攻，试图歼灭守军。从右向左的箭头则代表了守军的突围行动。

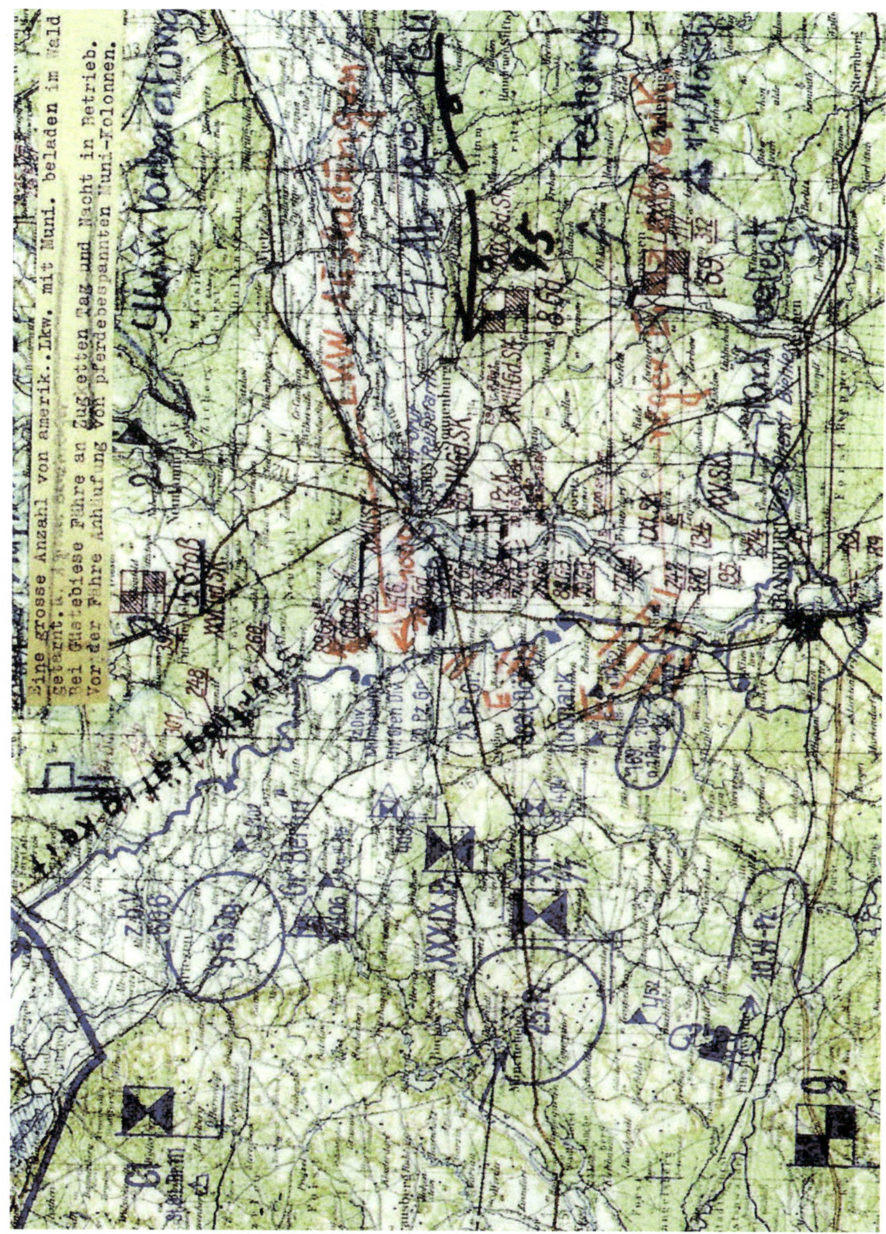

彩色地图 17：3 月 29 日，第 9 集团军作战区域的情况。地图中右方的“LKW”字样与右上方的机打注释相互呼应，其中显示，德国空军在侦察中发现，有大量美制卡车正不分昼夜地往来穿梭，为前线提供弹药补充。这些卡车是在战争后期，由美国通过“租借法案”提供给苏军的，它们在提升苏军摩托化水平方面发挥了重要作用。

彩色地图 18：1945 年 4 月 1 日，维斯瓦河集团军群作战区域的情况。当时的前线十分平静。

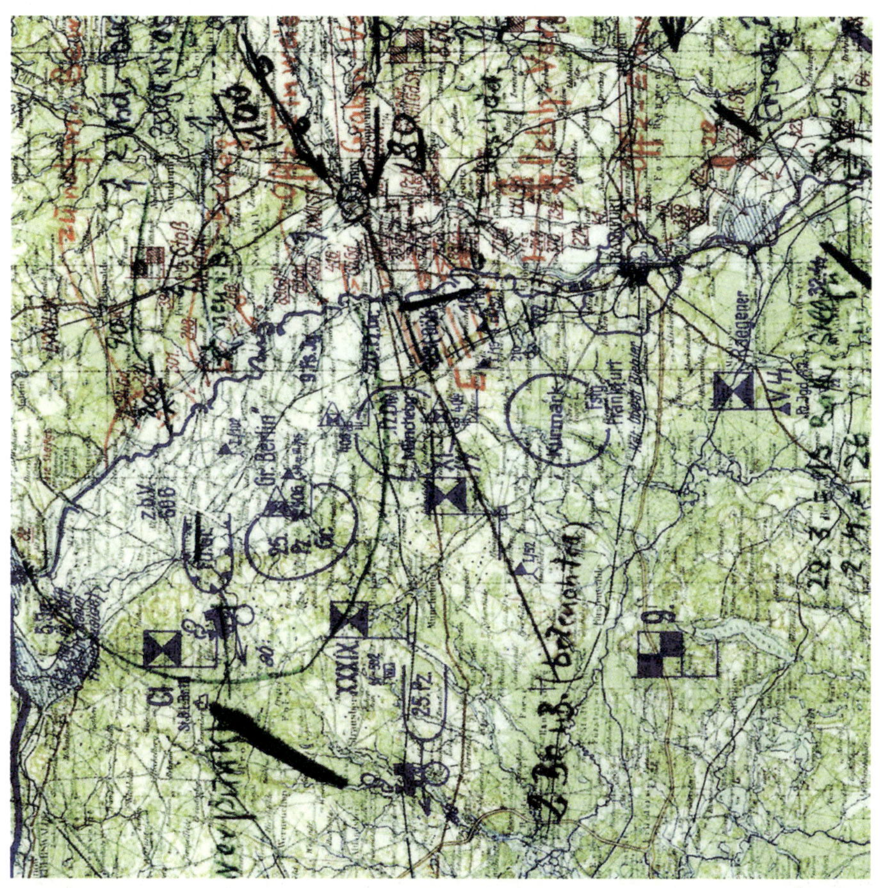

彩色地图 19：4 月 3 日，第 9 集团军作战区域的情况，可见几个主力装甲师已搭乘火车撤往中央集团军群地段。

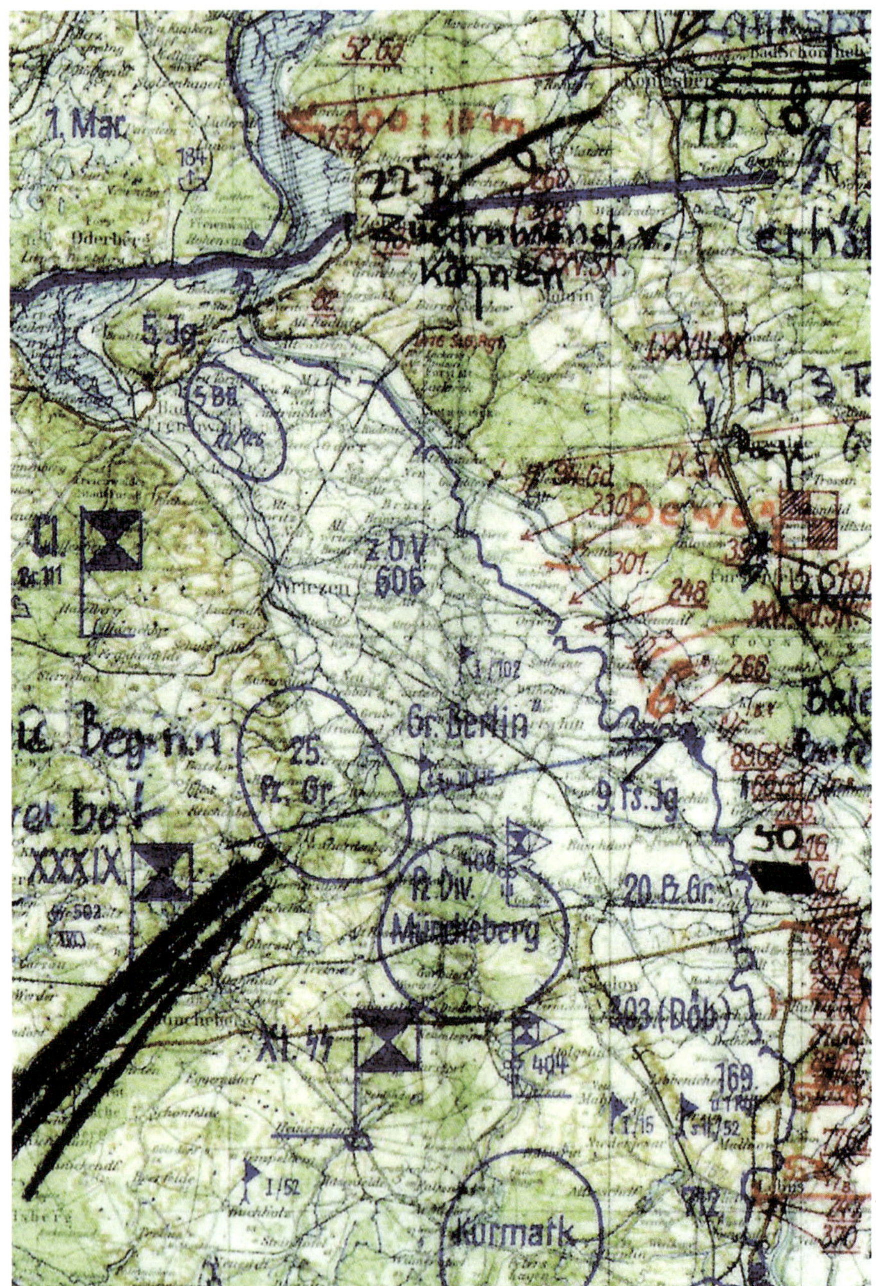

彩色地图 20：4 月 6 日，第 9 集团军作战区域的情况，其中可见苏军已有所行动，意在扩张奥得河西岸的桥头堡。

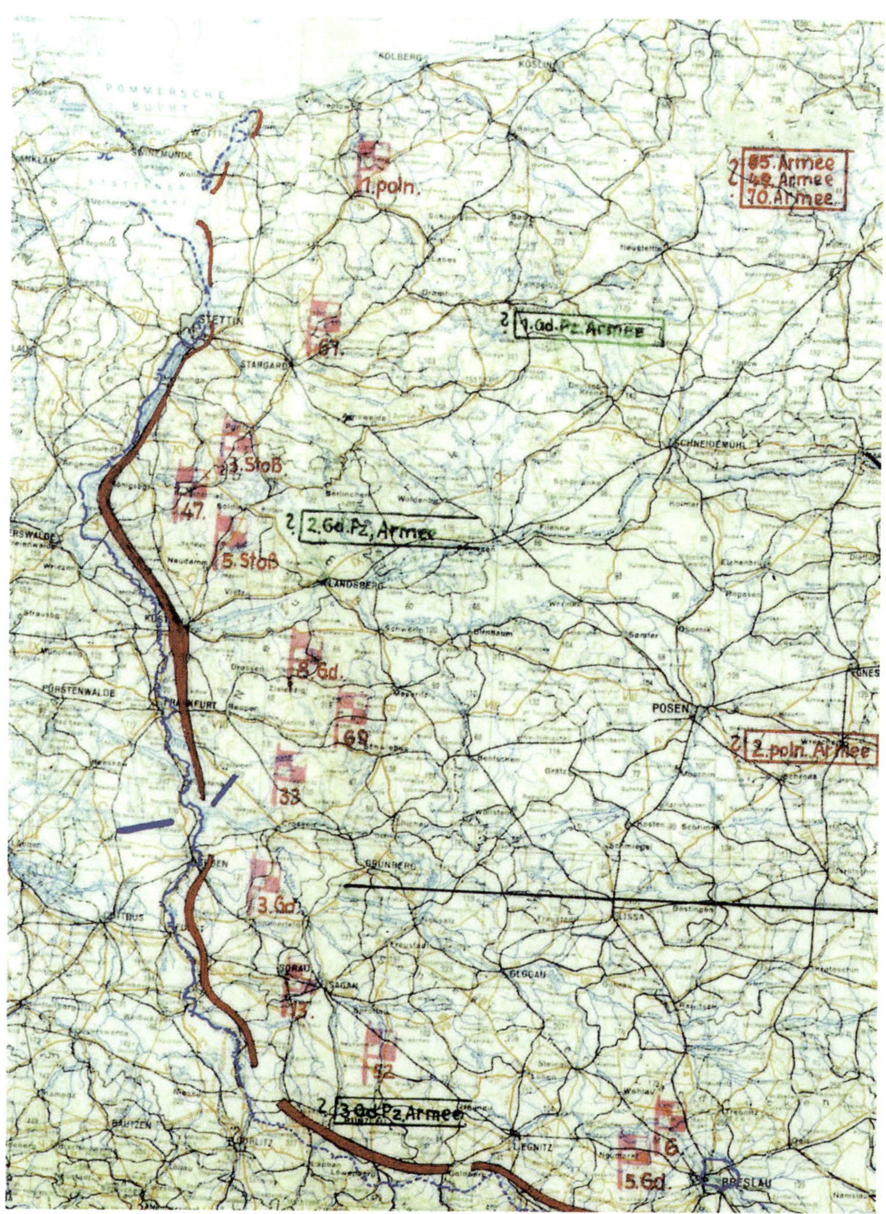

彩色地图 21：4 月 9 日，奥得河前线苏军的部署情况，其战斗序列可能是来自东线外军处提供的情报。

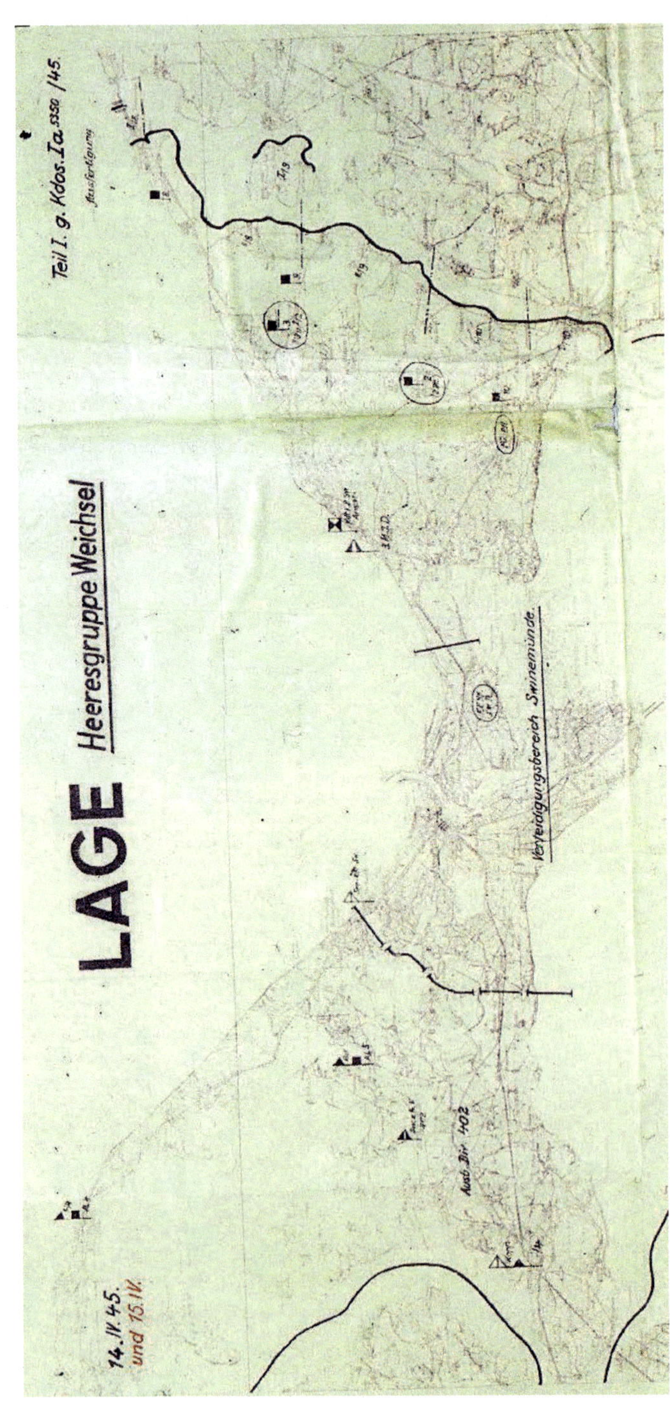

彩色地图22: 4月14日，第3装甲集团军在斯维内明德防御地带周边的部署情况。

彩色地图 23：4 月 14 日，第 3 装甲集团军下属第 32 军的部署情况。沃坦防线在地图左侧，以南北方向延伸。由于海因里齐不信任党卫军的外籍志愿兵，他宁愿用德国人保卫德国，与苏军进行最后一战，并命令将外籍部队布置在主战线后方——就像图中查理曼师、瓦隆人师和兰格马克师的位置那样。

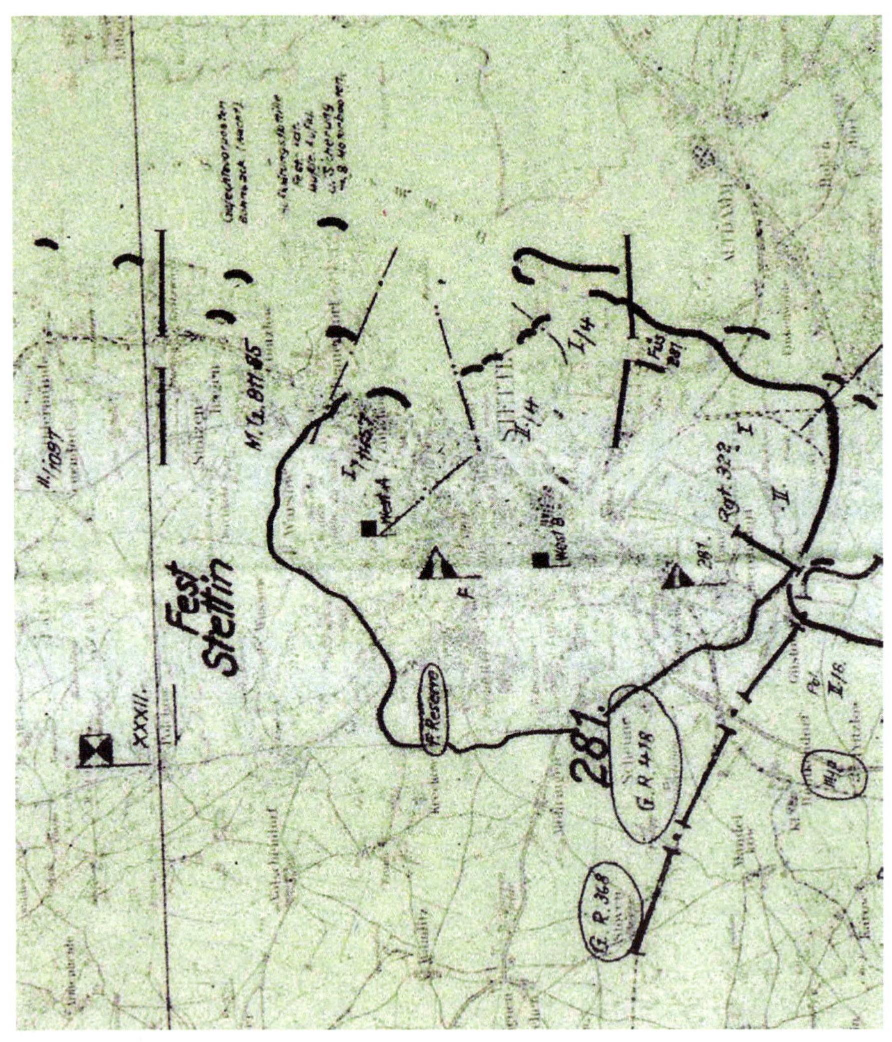

彩色地图 24：4 月 14 日，第 3 装甲集团军在斯德丁要塞周边的部署情况。后来，根据曼陀菲尔的命令，德军在敌人总攻之前撤出了这座城市。

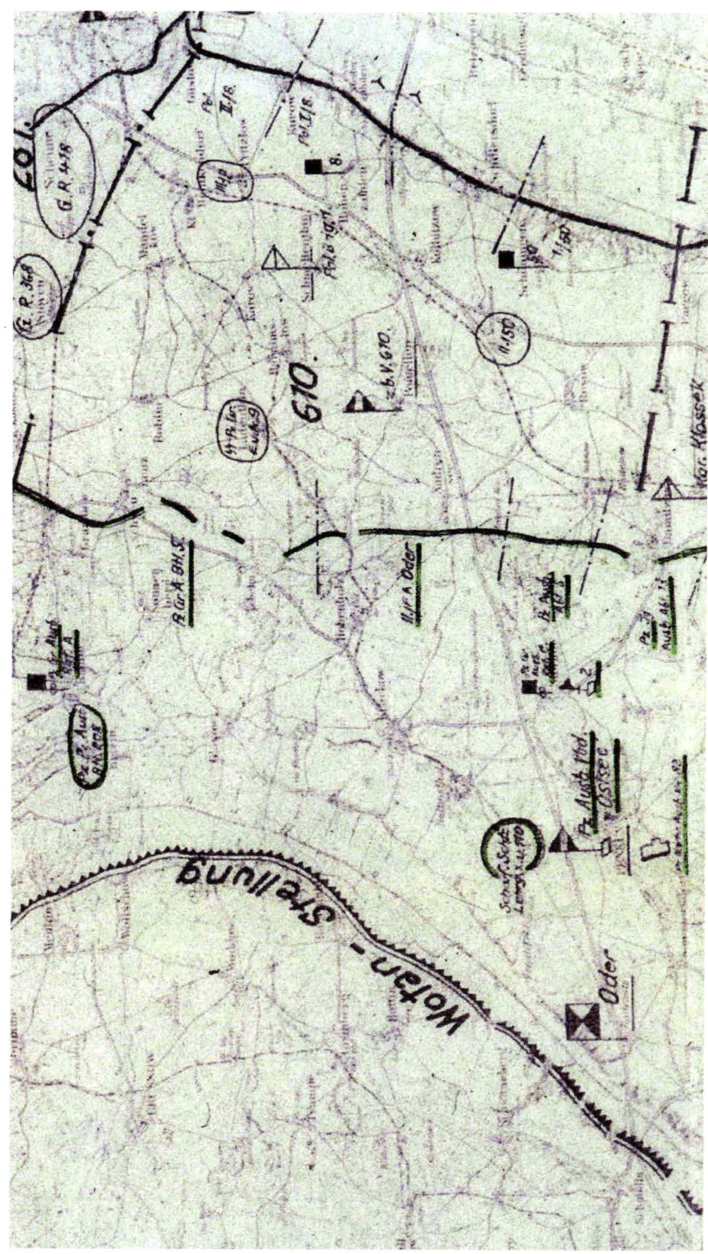

彩色地图 25：4 月 14 日，第 3 装甲集团军下属奥得河军北翼的部署情况。

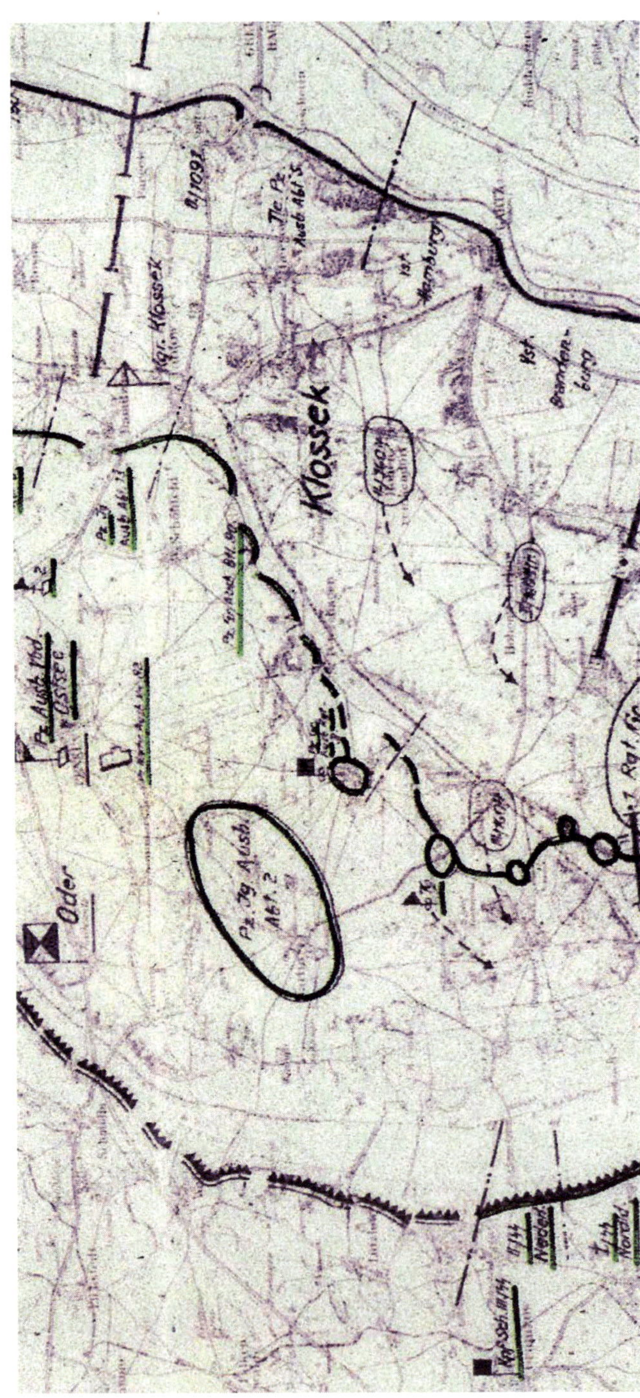

彩色地图 26：4 月 14 日，第 3 装甲集团军下属奥得河军南翼的部署情况。

彩色地图 27：4 月 14 日，第 3 装甲集团军下属第 46 装甲军北翼的部署情况。

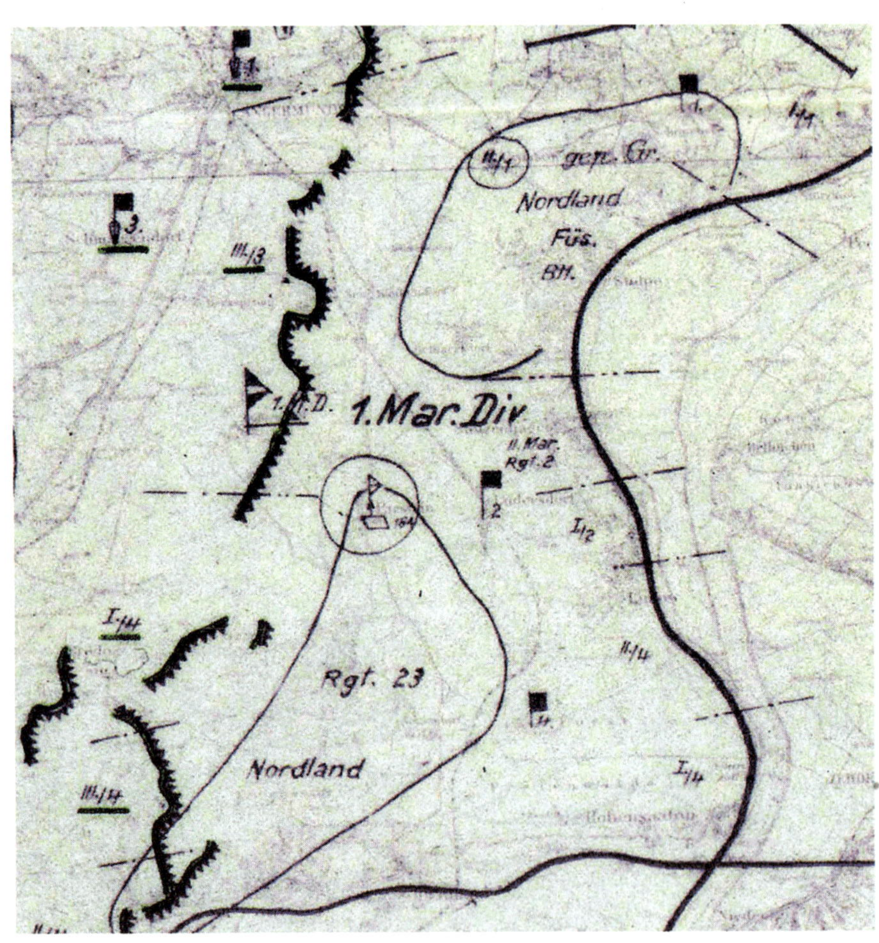

彩色地图 28：4 月 14 日，第 3 装甲集团军下属第 46 装甲军南翼的部署情况。

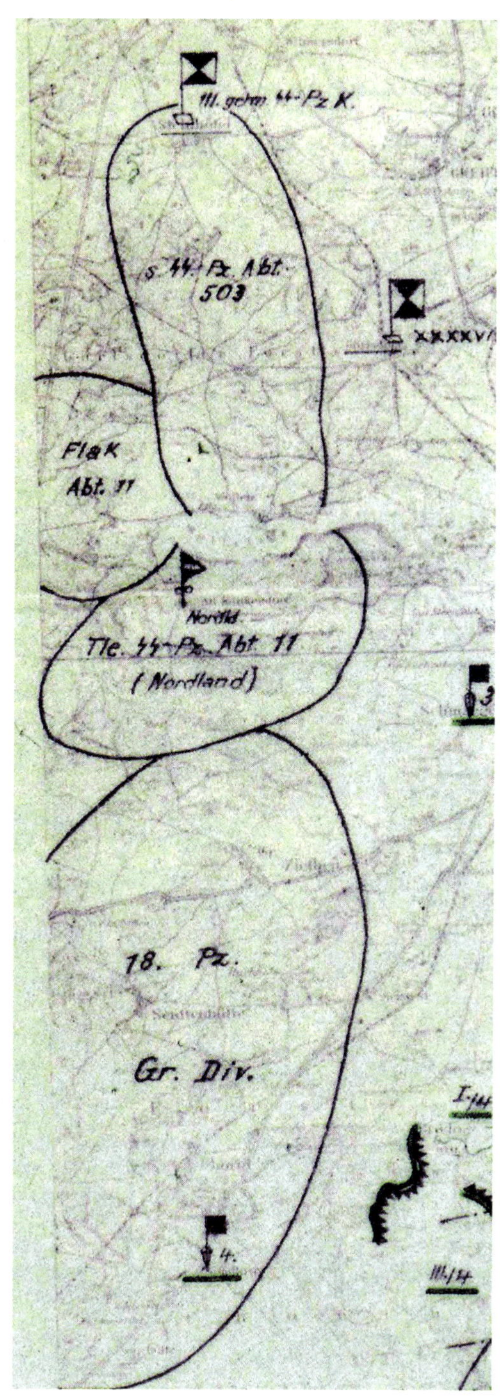

彩色地图29：4月14日，第3装甲集团军下属党卫军第3（日耳曼）装甲军的部署情况。

彩色地图 30：4 月 14 日，第 9 集团军的部署情况，可见其整个前线都遭遇了进攻。在图上，我们还可以看到柏林的外层和内层防御圈，其中后者沿着城市快铁线修建。地图顶部的机打注释中提到，苏军步兵第 132 师的一名俘虏供称，他们将在 4 月 25 日之前拿下柏林，但最终，这一目标直到七天后，也就是 5 月 2 日柏林守军投降后才实现。底部的机打注释则提到，近卫步兵第 79 师的一名苏联俘虏供称，如果在进攻柏林期间遭遇美军拦截，他们就将用大炮和火箭弹回击。此外，上级还命令他们穿上新制服，刮净胡子，以便给人留下良好印象——目前不清楚此举针对的是西方盟军还是德国平民，也有可能两者兼有。

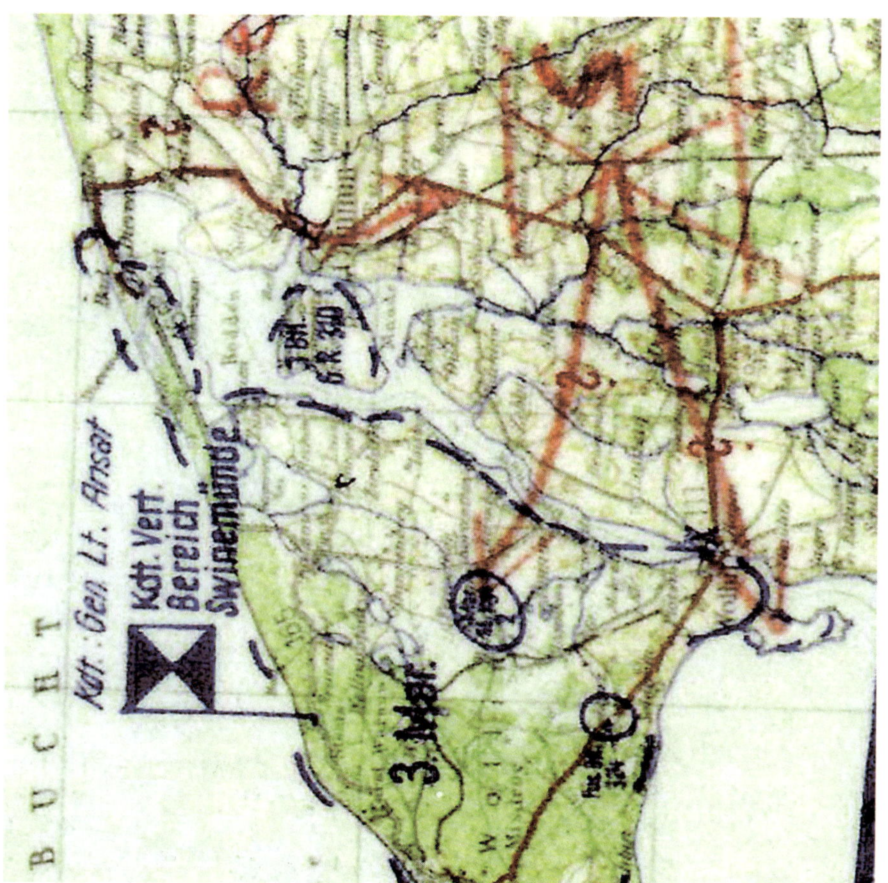

彩色地图 31：4 月 15 日，斯维内明德防御地带的部署情况。在地图左下方，即沃林附近，其桥梁已被摧毁。

彩色地图 32：4 月 15 日，第 3 装甲集团军的部署情况。在第 610 特别师所在的地段，苏军正在尝试渡河，试图探明斯德丁以南高速公路地区德军防线的虚实。

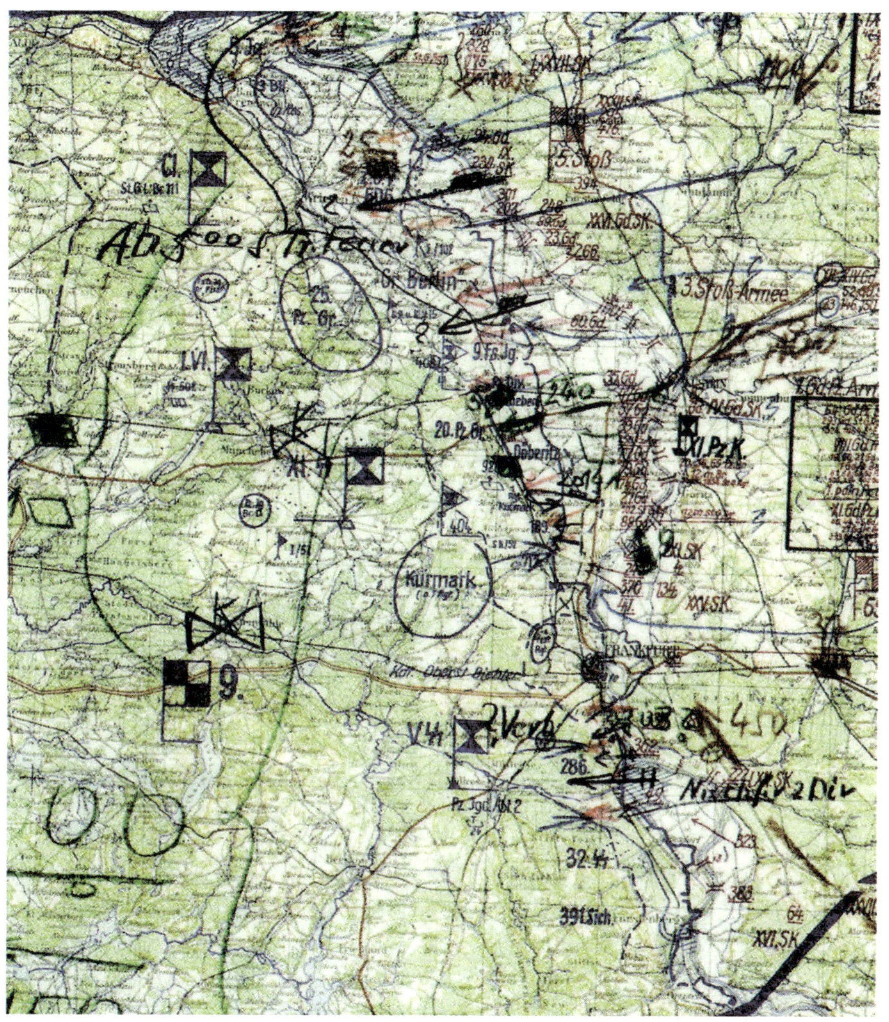

彩色地图 33：4 月 15 日，第 9 集团军的部署情况。注意苏军对柏林师两翼的进攻。

彩色地图 34：4 月 15 日，第 5 军的部署情况，其右侧是科涅夫的部队。在地图上，我们几乎看不到他们大举进攻前的动作。这和北面的朱可夫形成了鲜明对比。

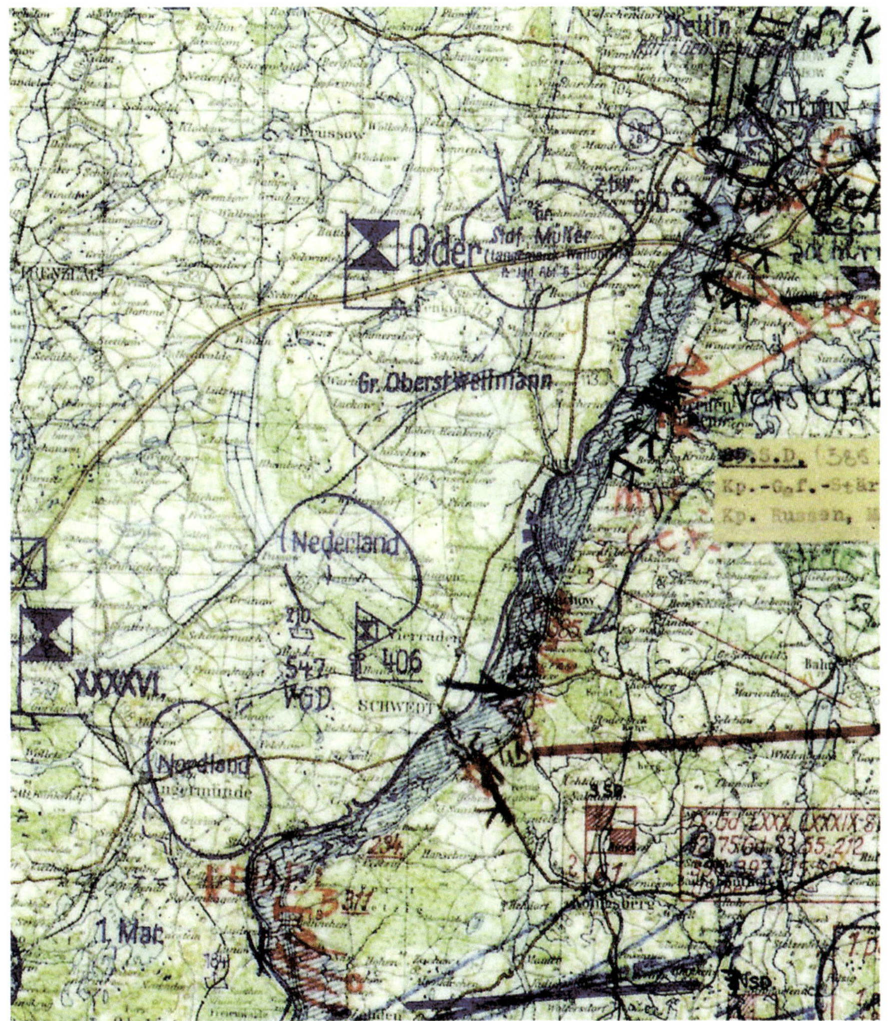

彩色地图 35：4 月 16 日，第 3 装甲集团军地段的战斗情况。在施韦特和斯德丁，他们挫败了苏军的渡河企图。

彩色地图 36：4 月 16 日，第 9 集团军地段的战斗情况。苏联进攻的主要地区是柏林师的两翼、泽劳高地正面和奥得河畔法兰克福的两侧。地图左上方是德军每天击毁苏军坦克的数量，其中 4 月 14 日为 92 辆，4 月 15 日为 33 辆，4 月 16 日为 211 辆，4 月 17 日为 257 辆，四天合计共 593 辆被摧毁。虽然这一数字颇为可观，但许多“被击毁”的苏军坦克可以在前线得到修复，甚至当天就能重返战斗。

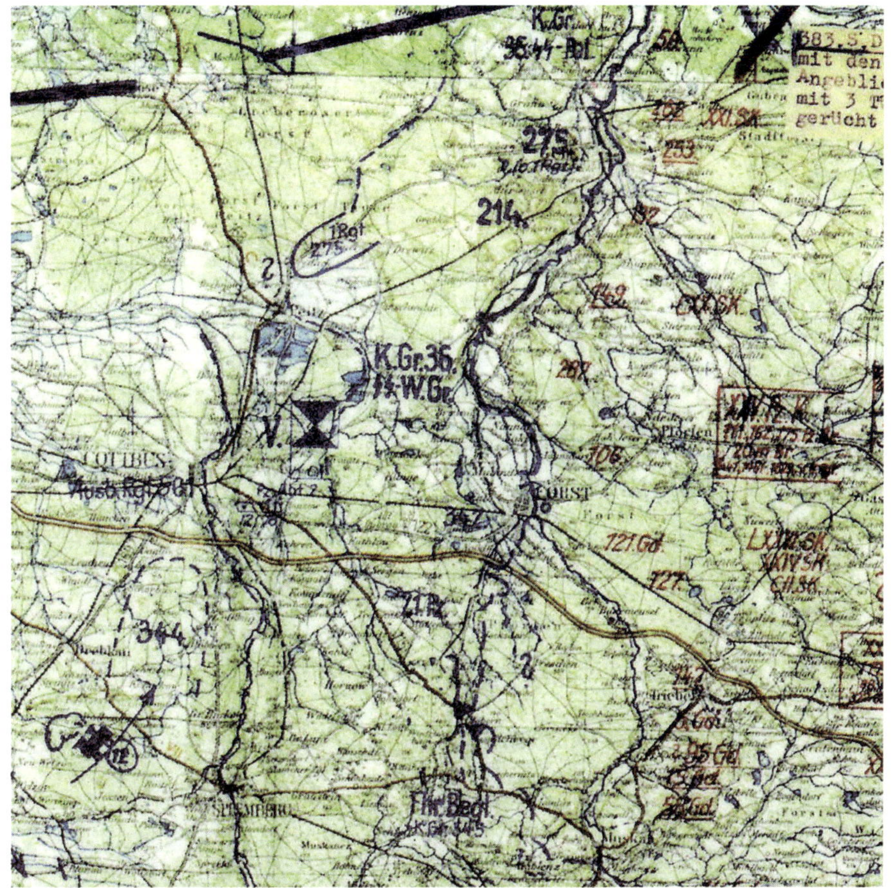

彩色地图 37：4 月 16 日，第 5 军前线的战斗情况。注意标有问号的地段，科涅夫正是在此处发动了总攻，而在其进攻的主轴线上，许多前线地段都用了虚线表示。

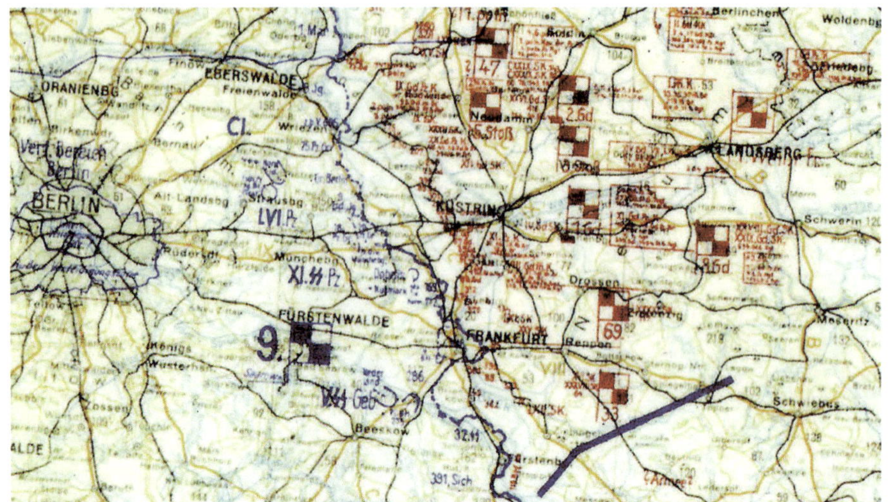

彩色地图 38：4 月 17 日，第 9 集团军前线的战斗情况。其中用虚线表示该地段态势不稳且不清楚部队的实际位置。

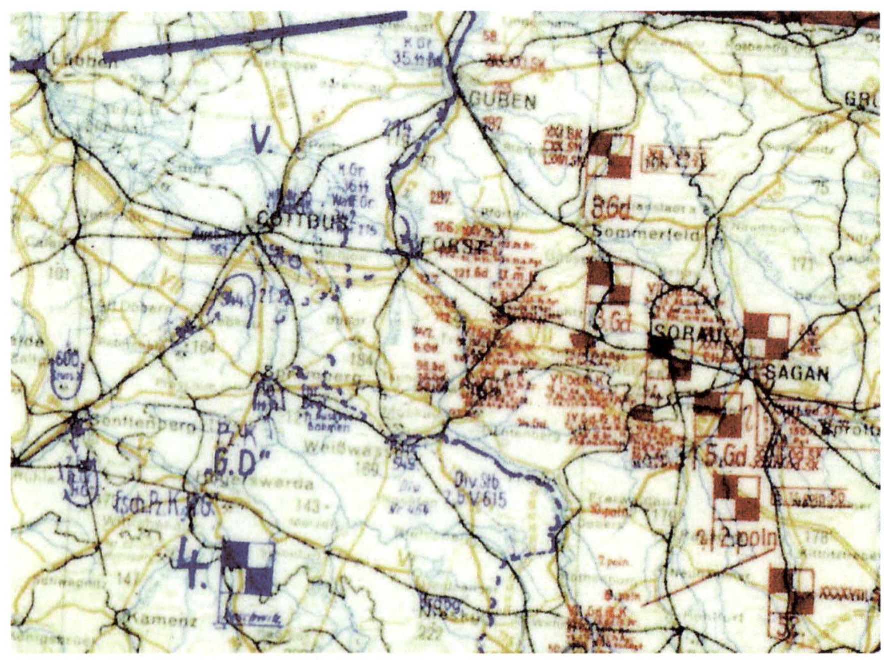

彩色地图 39：4 月 17 日，第 5 军前线的战斗情况。科涅夫的部队继续扩大突破口。同时，德军预备队也在开赴当地，试图在科特布斯和施普伦贝格之间阻止苏军前进。

彩色地图 40：4 月 18 日，第 9 集团军前线的战斗情况。朱可夫的主攻方向在弗里岑和明谢贝格之间。

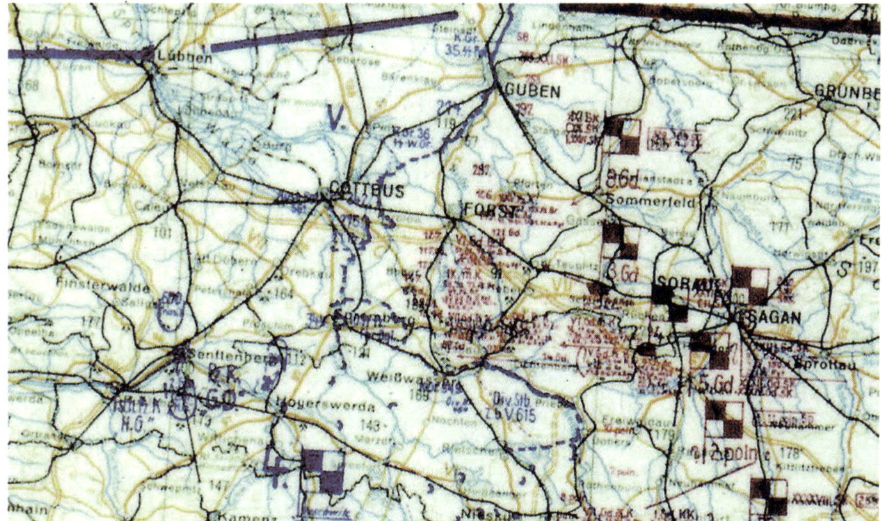

彩色地图 41：4 月 18 日，第 5 军前线的战斗情况。科涅夫的部队即将突破科特布斯和施普伦贝格之间的最后一道防线，切断该军与第 4 装甲集团军的联系。

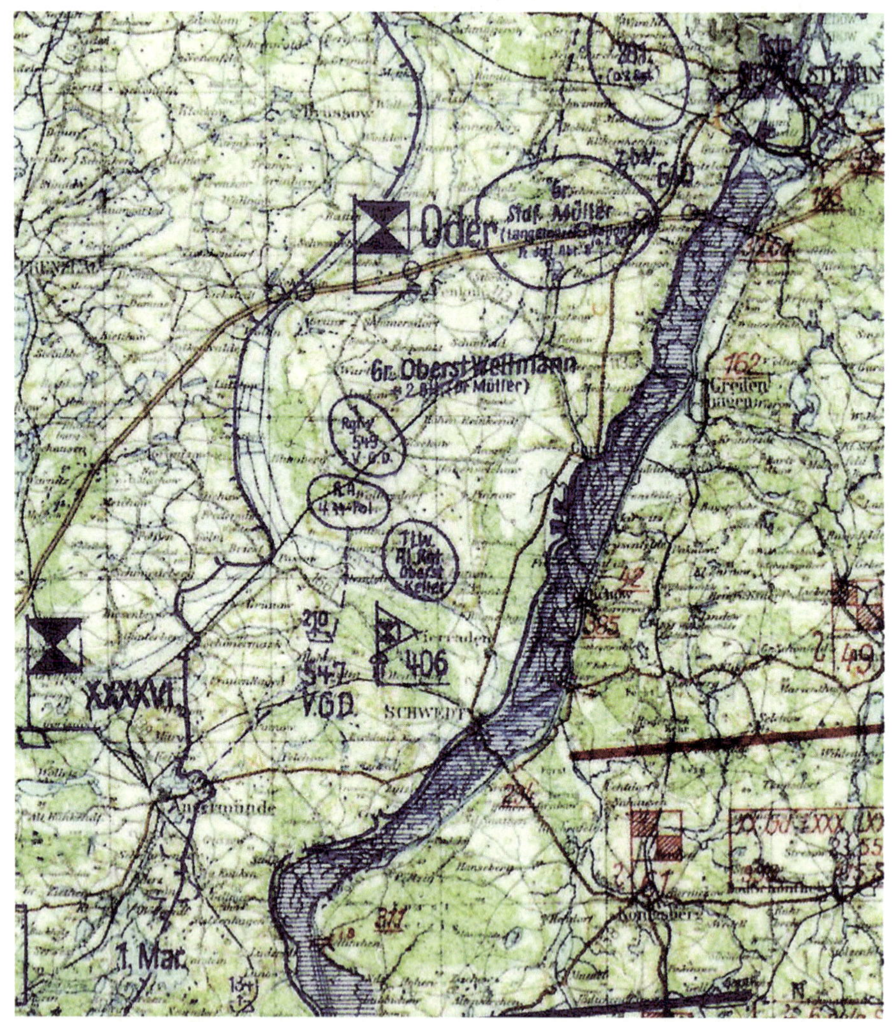

彩色地图 42: 4 月 19 日，第 3 装甲集团军前线的情况。苏军没有大规模行动，但这只是“暴风雨前的宁静”。

彩色地图43：4月19日，第9集团军前线的战斗情况。对于第101军和第56装甲军，其战线已支离破碎，第56装甲军和党卫军第11装甲军之间也被撕开缺口。为把战斗部队调离柏林，海因里齐命令将国民突击队投入突破地段。

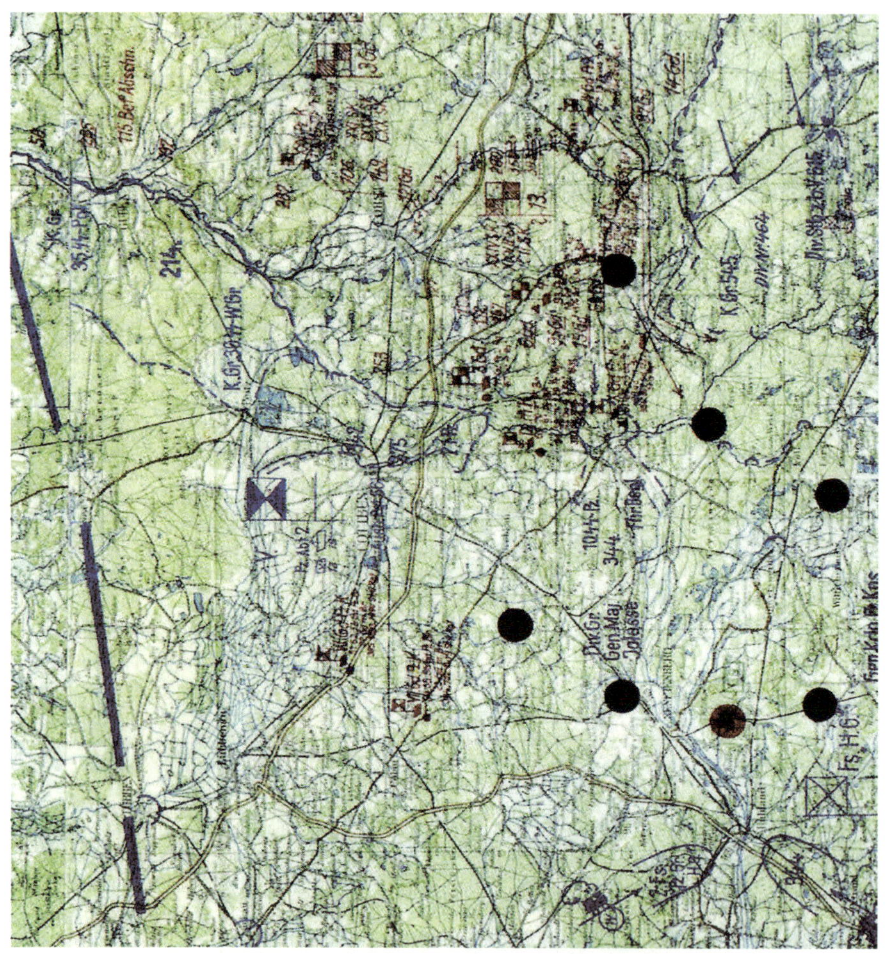

彩色地图 44：4 月 19 日，第 5 军前线的战斗情况。德军未能阻止科涅夫前进。后者的近卫坦克第 3 集团军和近卫坦克第 4 集团军向西北前进，沿途只有零星抵抗，抢在朱可夫之前抵达了柏林郊区。

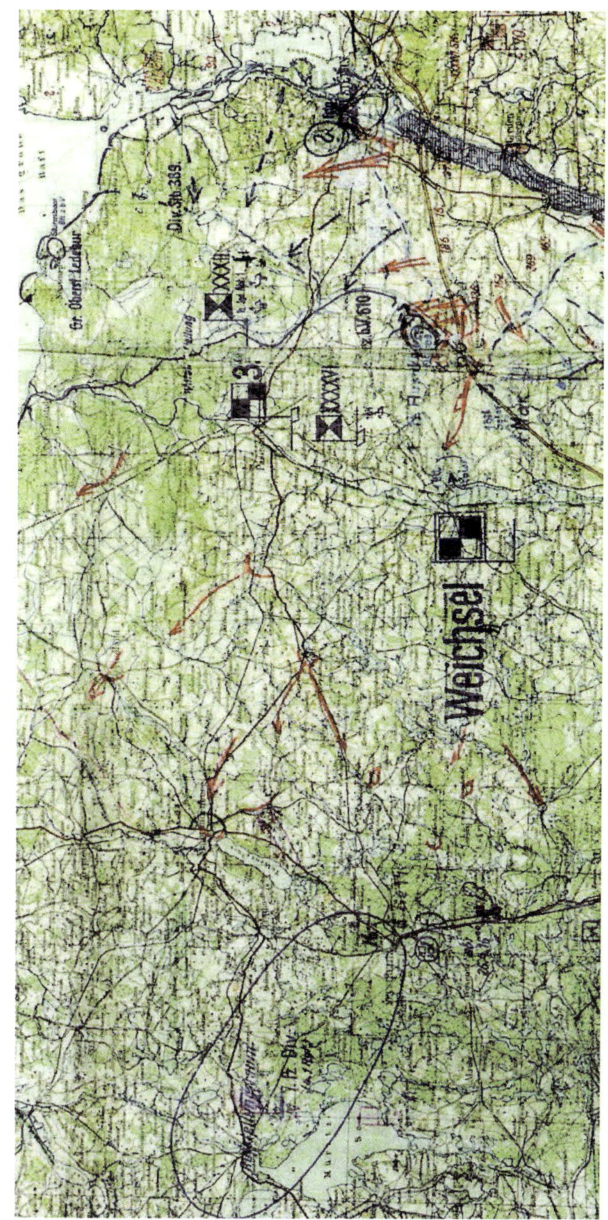

彩色地图 45：4 月 25 日，第 3 装甲集团军北翼各部队的最终部署情况。当时曼陀菲尔已命令左翼部队撤退，以便继续向西撤退。注意波罗的海装甲训练分队的一部已被包围，同时，苏军的一支装甲部队正在普伦茨劳方向长驱直入。

彩色地图 46：4 月 25 日，第 3 装甲集团军南翼的战斗情况。其中可以看到第 25 装甲掷弹兵师的反击；党卫军阳光团则在向北运动，以求驰援普伦茨劳方向。第 101 军已从埃伯斯瓦尔德向北撤退，并渡过了菲诺运河。

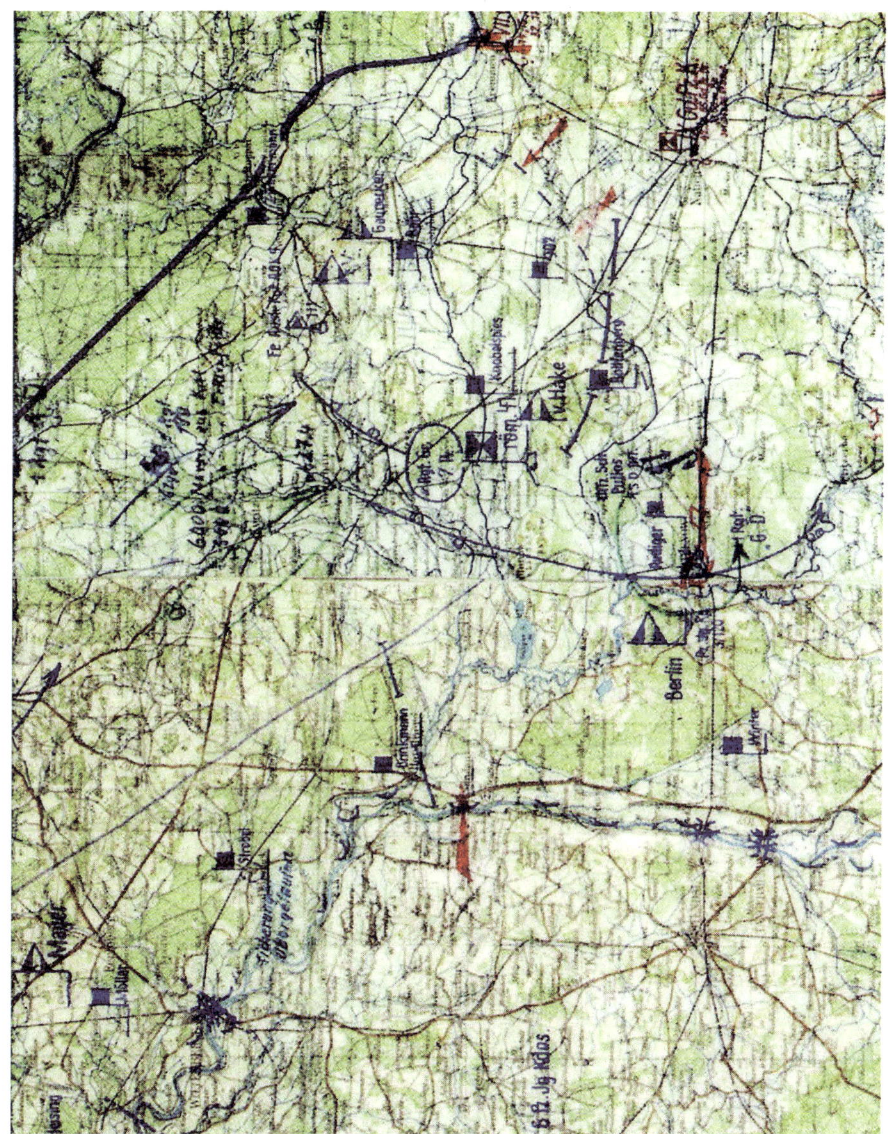

彩色地图 47：4 月 25 日，柏林西北部的战斗情况。为防止朱可夫所部涌入第 3 装甲集团军后方，一些临时编队正在赶赴当地。在当地，德军后来在 4 月 27 日成立了第 21 集团军。鲁迪格团、大德意志团第 1 营和第 3/120 装甲歼击连等部队似乎正在与朱可夫的坦克交战。另外注意地图左侧指向东面的箭头，它代表了美军横渡易北河。

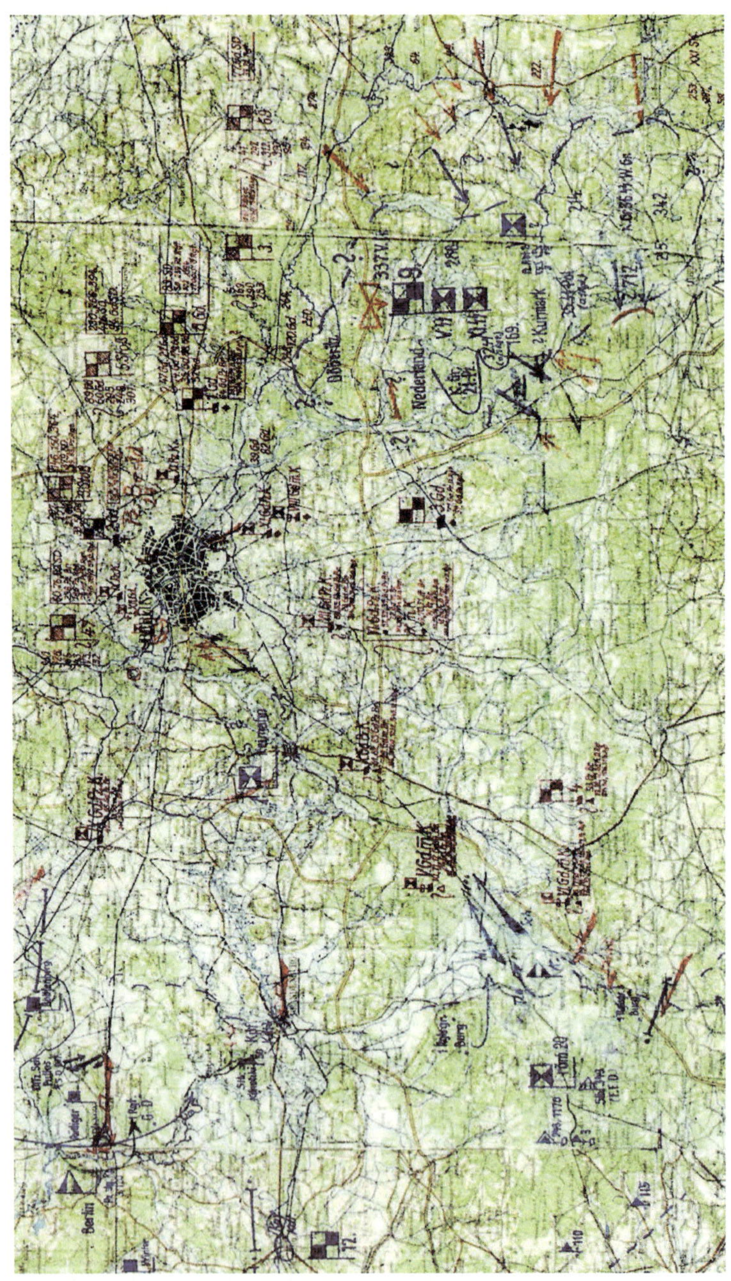

彩色地图 48：4 月 25 日，柏林地区的战斗情况。朱可夫将主力部队投入柏林，试图尽快消灭城市守军；第 12 集团军则在向东北推进，朝着被围的帝国首都赶去，第 9 集团军正在向西突围。

彩色地图 49：4 月 25 日，第 9 集团军方向的战斗细节图。此时，布塞已开始向西突围。

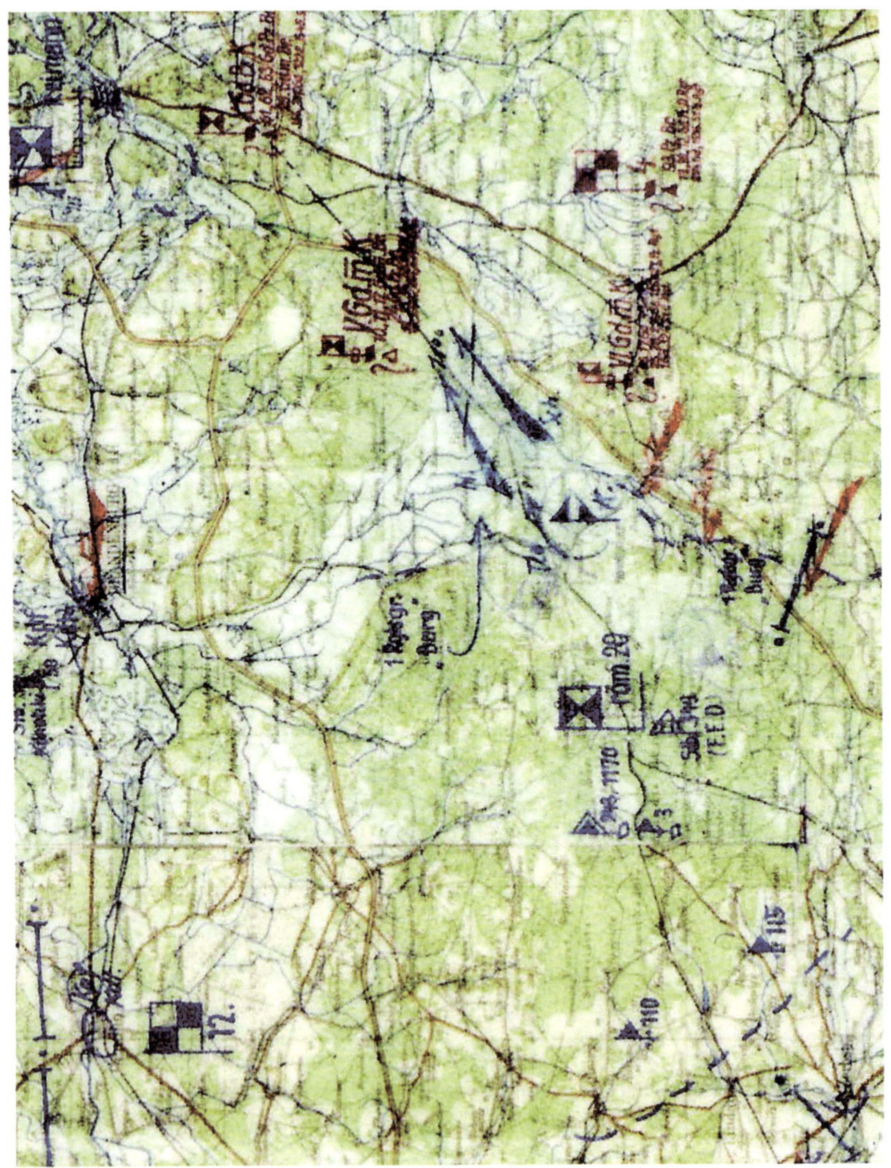

彩色地图 50：4 月 25 日，第 12 集团军方向的战斗细节图，第 20 军开始向东北前进，其东翼在特洛伊恩布里岑卷入激战。

彩色地图51：4月25日，第5军方向的战斗情况。在“施普伦贝格口袋”中，德军正在约拉瑟少将的指挥下突围。

彩色地图 52：4 月 26 日，第 3 装甲集团军的战斗情况。在普伦茨劳附近，苏军即将取得突破，彻底摧毁曼陀菲尔的防线。

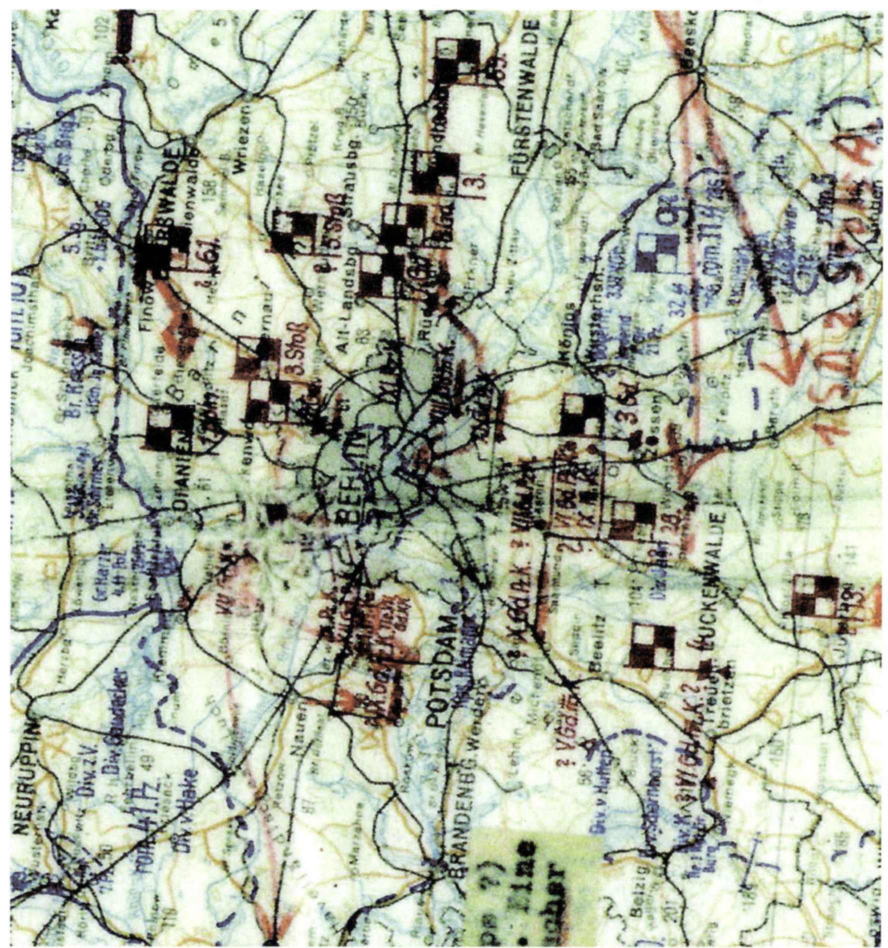

彩色地图 53：4 月 26 日，柏林地区的战斗情况。与海因里齐的担忧相反，朱可夫并没有挥师北上攻击第 3 装甲集团军的后路，而是在为攻克柏林全力以赴。他们面对着德国第 56 装甲军主力，部分国民突击队和希特勒青年团员单位，还有一些国防军和党卫军的残兵败将。只有近卫骑兵第 5 军继续在向柏林以西前进。

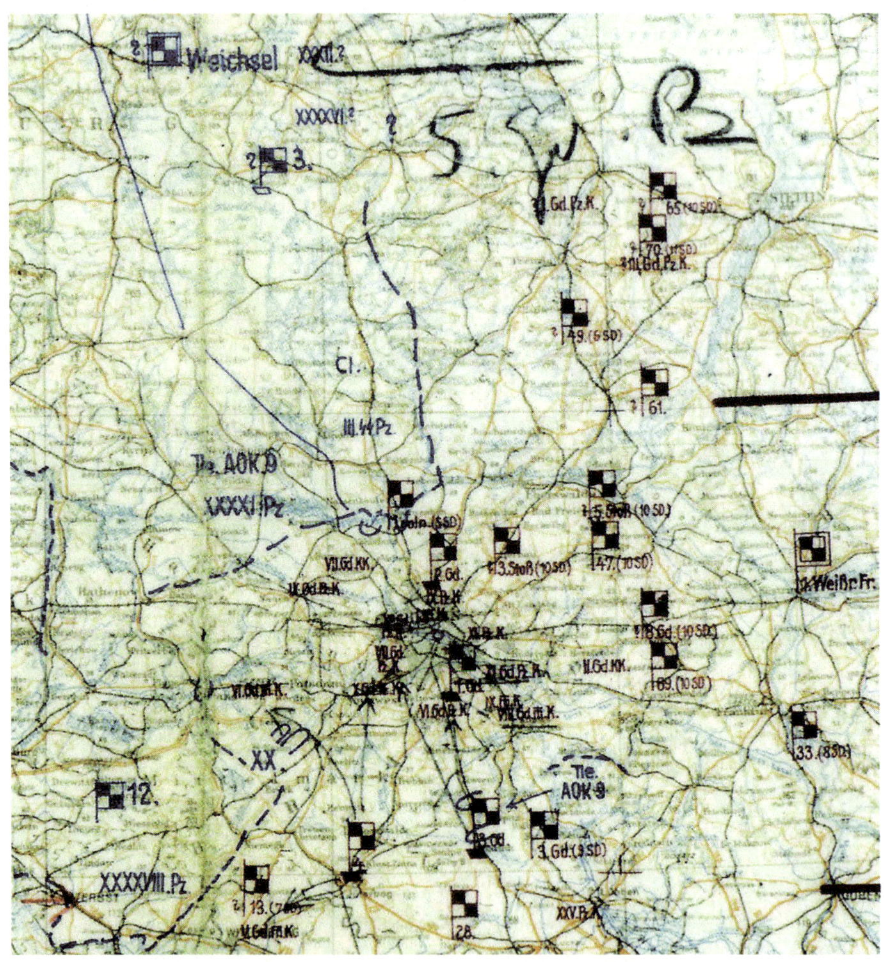

彩色地图 54：4 月 29 日，柏林地区的战斗情况。在该图中，德军部队的位置甚至不如苏军详细。其中，维斯瓦河集团军群和第 3 装甲集团军的指挥部都被打上了问号。当时，维斯瓦河集团军的残部正在自行向西撤退，以避免重蹈第 9 集团军的覆辙。

彩色地图 55：4 月 30 日，第 3 装甲集团军的战斗情况。此时，冯·曼陀菲尔指挥的部队残部似乎抵达了米里茨湖以北。

彩色地图 56：4 月 30 日，第 21 集团军的战斗情况。该集团军的成立是为了避免朱可夫攻入第 3 装甲集团军的后方。

彩色地图 57：4 月 30 日，第 12 集团军战斗情况。此时，施普雷河集团军集群（雷曼）已被第 20 军解救。

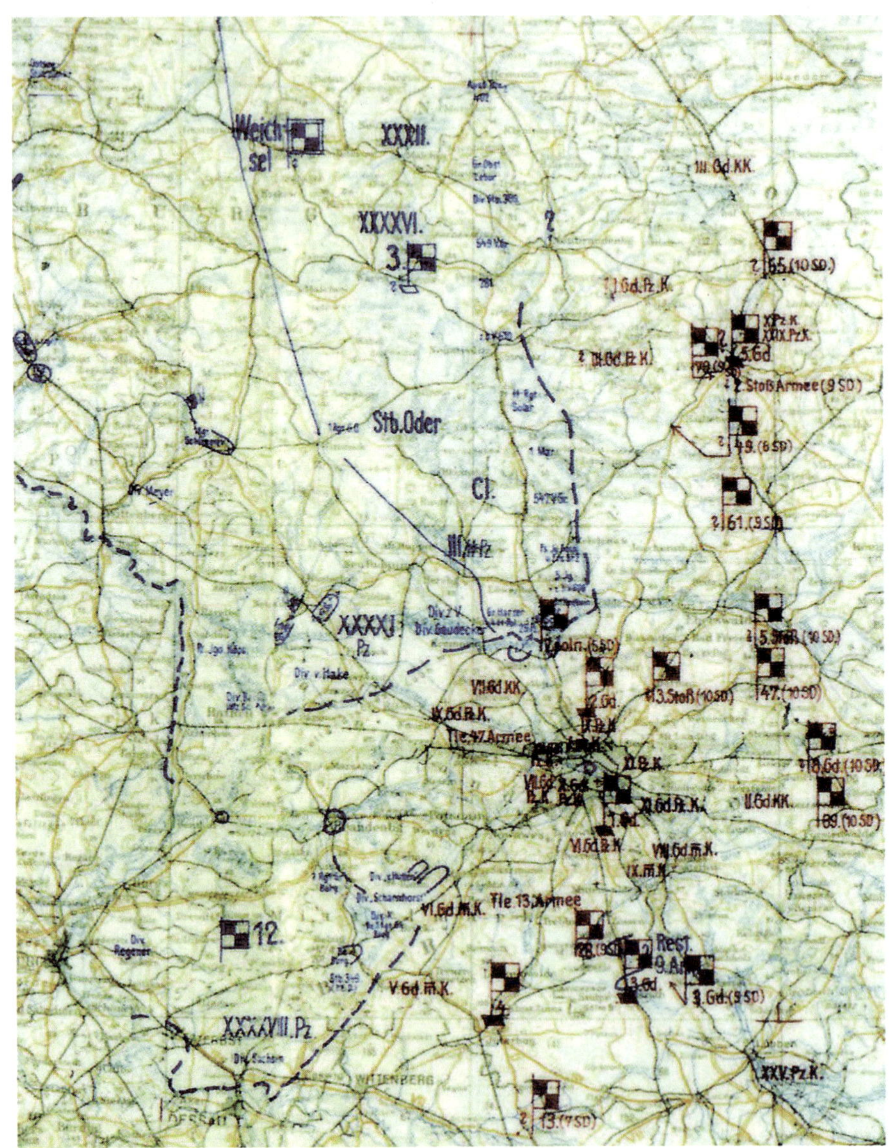

彩色地图 58：4 月 30 日，维斯瓦河集团军群残部的最终位置。

彩色地图59：5月4日，维斯瓦河集团军群的情况。该部队至此不复存在。

《奥得河前线1945》系列介绍了波美拉尼亚、勃兰登堡、梅克伦堡的绝望战斗，我们主要从德方角度介绍了柏林战役之前一系列事件的脉络。其中，第1卷——《奥得河前线1945：戈特哈德·海因里齐大将、维斯瓦河集团军群和德国在东线的最后防御，3月20日至5月3日》（2010年由赫利昂出版社出版）——讲述了一位德国高级军官的故事：在离战败还有6周时，他绕开希特勒和国防军最高统帅部，私下策划了一份战略防御方案，试图从战火中拯救柏林。第2卷——《奥得河前线1945：档案、报告和亲历记录》（2014年由赫利昂出版社出版）——讲述了两个人的矛盾，其中之一是海因里希·希姆莱——一个平庸之辈；另一个是海因茨·古德里安——总是强调进攻。由于这种矛盾，在1944—1945年冬季，德军浪费了构建奥得河防线的宝贵时间，也失去了抵挡苏军总攻的能力。另外，该卷还详述了国防军人员补充体系的作用：残兵败将被匆匆集合起来，重新获得凝聚力，他们不畏艰辛，进行了短暂的顽强抵抗。其中一个典型案例就是海因里齐在泽劳高地的防御，迫使约瑟夫·斯大林命令乌克兰第1方面军掉头北上，前往柏林支援白俄罗斯第1方面军，而不是向南进攻布拉格和捷克斯洛伐克，这让美国第3集团军直接开入了这片本应由苏军占领的区域。后来，在与斯大林的秘密协定中，杜鲁门用捷克斯洛伐克西部的这些土地换取了进入柏林的通道，从而改变了欧洲未来50年的命运。

为撰写该系列，笔者做了10年的原始研究，并从俄罗斯和德国的档案馆搜集了大量几乎从未出版的原始文件。它们将与全新的当事人记录交织在一起，共同讲述一个故事：在欧洲大陆最宏伟的城市都会区，战斗曾经是多么一波三折和惊心动魄。我们将使用大量地图和航拍照片，逐条街道、逐栋建筑物甚至逐个房间地描绘战线，并用战斗前、战斗中和战斗后的罕见街景照片作为辅助，以此展示城市地形，还原被战火毁灭的景致。

在20年的研究生涯中，A.斯蒂芬·汉密尔顿撰写了许多军事书籍，并将目光对准了影响二战欧洲战场最后一年的一连串事件，从中诞生了介绍维斯瓦河集团军群的系列丛书。作为第2卷，本书将揭开尘封的苏德档案和亲历者回忆，为柏林巷战写下一部里程碑性质的新历史。同时，汉密尔顿先生还在构思两本新书，其中一本是勃兰登堡装甲掷弹兵师的战斗历程，另一本是对1944—1945年间，德国潜艇技术发展和作战部署的全新研究。A.斯蒂芬·汉密尔顿先生拥有历史学学士和硕士学位，在全职工作之余完成了本书。如今，他与妻子、两个孩子和一只迷你雪纳瑞犬生活在一起。

奥得河前线1945

德军在东线的最后防御

Vol.2

全2卷

[英] A. 斯蒂芬·汉密尔顿 / 著
邢天宁 / 译

民主与建设出版社
·北京·

图书在版编目（CIP）数据

奥得河前线 1945. 第 2 卷 /（英） A. 斯蒂芬 · 汉密尔顿著；邢天宁译 . -- 北京 : 民主与建设出版社，2023.9

书名原文 : The Oder Front 1945. Volume 2: Documents, Reports and Personal Accounts

ISBN 978-7-5139-4340-6

Ⅰ . ①奥… Ⅱ . ① A… ②邢… Ⅲ . ①第二次世界大战战役 – 史料 – 德国 – 1945 Ⅳ . ① E516.9

中国国家版本馆 CIP 数据核字（2023）第 165662 号

奥得河前线 1945. 第 2 卷

AODE HE QIANXIAN 1945 DI 2 JUAN

著　者	［英］ A. 斯蒂芬 · 汉密尔顿
译　者	邢天宁
责任编辑	宁莲佳
封面设计	杨静思
出版发行	民主与建设出版社有限责任公司
电　话	（010）59417747　59419778
社　址	北京市海淀区西三环中路 10 号望海楼 E 座 7 层
邮　编	100142
印　刷	重庆长虹印务有限公司
版　次	2023 年 10 月第 1 版
印　次	2023 年 10 月第 1 次印刷
开　本	787 毫米 ×1092 毫米　1/16
印　张	63.5
字　数	1006 千字
书　号	ISBN 978-7-5139-4340-6
定　价	299.80 元（全 2 卷）

注：如有印、装质量问题，请与出版社联系。

献给我的祖母保拉

在 1945 年的漫漫寒冬，她从故乡立陶宛穿越波罗的海、普鲁士和波美拉尼亚，
前往西方盟国占领区……
这段原本不应属于她的战争经历，让我们永远心怀感恩。

前言

在《奥得河前线1945》的第2卷中，笔者借助第一手资料，研究了党卫队全国领袖海因里希·希姆莱的指挥能力，以及维斯瓦河集团军群下属部队在苏军总攻（Groβangriff）[1]前的战备情况。此外，我们还介绍了该集团军群战区内的一些重要战斗，并插入了很多首次面世的亲历者记录和作战日志——大多来自第11集团军、第3装甲集团军、第9集团军和第12集团军。上述信息原本是第1卷的附录，但因数量庞大而最终被单独编为一卷。

本书第1卷的主角是戈特哈德·海因里齐，但第2卷的焦点是希姆莱。希姆莱做出了很多决定，也留下了许多问题，给奥得河前线的防御带来了难以挽回的影响，并让继任者海因里齐深受其害。另外，不论希姆莱或海因里齐做出了什么决定，最后坚守防线的都是一线士兵。因此，本书还重点介绍了奥得河前线的德军师团和下级单位，通过审视这些部队，我们也许可以知道为何在第三帝国大势已去时，德军仍然能在战场上节节抵抗。

第二次世界大战的最后几个月对塑造战后欧洲意义重大，因此，我始终非常关注维斯瓦河集团军群。虽然纳粹德国灭亡距今已有近70年，但1945年春天做出的那些决定仍像回声一样在欧洲激荡。在这些决定中，最重要的也许是对德国的瓜分——一半属于西方盟国，一半属于苏联。这也是当初海因里齐和参谋们竭力避免的情况，他们试图坚守奥得河沿线，引诱西方盟军进入苏占区。虽然这一目标很难实现，但在绝境之中充当了整个集团军群的希望。

与第1卷一样，本卷的大部分内容都是我在闲暇之余写成的。由于经历使然，我将重点放在了参谋作业领域，尤其是军事命令的计划和执行；至于之前的教育则为我指明了一条审视陆军最高司令部和维斯瓦河集团军群各项命令的路径。我用很多时间比对各种命令的完备性和可行性——它们有些来自元首指示（Führervortrag），有些则来自陆军最高司令部、维斯瓦河集团军群和各集团军。通过这些命令，我们可以比较希姆莱和海因里齐在奥得河前线的参谋作业效率——这些指挥关系和个性上的细节也是以往历史学家们忽略的部分，希望读者能对此感兴趣。

本书的撰写也让我意识到了家族史与一系列历史事件之间的关联。许多在第二次世界大战中有过恐怖经历的人很快就将回忆抛在脑后，并在战后开始了新生活——我的祖母保拉也不例外。她于1917年在立陶宛的一座小城出生，在如诗如画的乡村长大。她的双亲属于社会中层，在大农场里种着水果和蔬菜，并雇用了许多当地村民。我祖母最喜欢的就是那里的苹果树。但在1940年，这种田园生活发生了改变。

察觉到苏联即将占领立陶宛，外曾祖父决定让我的祖母去普鲁士边境的德国庄园工作。1940年6月15日，立陶宛被迫加入苏联，一场苏维埃运动随即在该国展开。虽然接下来的具体情况我已永远无法得知，但最终，苏联当局将祖母的家庭农场集体化，并将她的父母和两个兄弟姐妹驱逐到乌拉尔山以东的新利亚利亚（Novaja Lialia）劳改营。我的外曾祖父和外曾祖母在古拉格死于饥饿，我只知道他们的名字，以及他们代表了苏联政府厌恶的“资产阶级”。[2]

接下来4年，我的祖母继续在德国庄园里工作，在当地，外国劳工和战俘越来越多，他们来自被纳粹德国征服和占领的众多欧洲国家，其中最多的是法国人。在普鲁士期间，她对战争一无所知。这里没有飞机，没有坦克，没有战斗，也没有死亡。她确实很幸运，但随着1944年秋天到来，情况开始急转直下：有关德军夏季遭遇惨败，还有苏军大兵压境（对我祖母而言，这将无异于过去的重演）的消息忽然传开。在10月或11月，某个祖母早已忘却的日子里，她开始与数十万其他平民一起向西跋涉。作为一个26岁的女人，她只背着几件衣服，便和一位法国人一起离开了共同工作的庄园，她从波罗的海沿岸的梅梅尔（Memel）①以南地区徒步出发，心中只有一个目标——前往西方盟国占领区。这是个了不起的决定，因为她将向西跋涉近800公里，进入未知世界，她没有钱，在德国中部无亲无故，除了立陶宛首都维尔纽斯之外，她之前去过最远的地方距离家乡不到50公里。

① 译者注：即今天立陶宛的克莱佩达（Klaipeda）。本文脚注均为译者注，后面将不再重复说明。

尽管我努力试图重现这段旅程的日期、地点和细节，但由于时间流逝或刻意回避，祖母已很难回忆起任何细节。不过她确实分享过一些插曲，并提到了种种险象环生的经历。尽管她在那次远行中从未遇到苏联士兵，但仍然经历了残酷攻击。她看到苏军大炮随意地开火，轰击她加入的难民队列，炮弹把车子炸碎，马匹、妇女、儿童和老人的尸块被抛向半空。她还记得，也许是因为难民与德军混在一起（尽管不太可能），苏军飞机从低空反复扫射手无寸铁的人。她记忆犹新的几段经历之一，是跟着一大堆人穿越冰面——也许是波罗的海，也许是一条河，苏军飞机在冬日的天空中出现，投下几枚炸弹，目的是打破冰层，淹死和冻死所有人。当炸弹在冰面上炸开时，有些马车瞬间陷了下去，坐着的一家人大声嘶喊，与马匹落水时惊慌失措的挣扎声交织在一起。对于穿越普鲁士和波美拉尼亚的跋涉，祖母能记得的就是尖叫、哭泣、粉碎的马车，以及无数支离破碎的生命。[3]

在某个时候，她在一个“大城市”［很可能是斯德丁（Stettin）①］附近跨过了奥得河，在3月和4月，她靠着许多德国家庭的施舍过活。他们慷慨地分享了食物和住所——不论国籍如何，他们都对从东方跋涉而来的难民深感同情，并对苏军的进攻忧心忡忡。这段磨难最终在1945年4月下旬结束，当时祖母躲藏在梅克伦堡的一座德国农场中，周围是维斯瓦河集团军群撤下来的残兵败将。她知道盟军离这里不远了，一切很快就会改变。不久，英国第21集团军群的士兵抵达了农场，在这个漫长得如同一生的日子里，她第一次产生了如释重负的感觉。她似乎认为，自己遇到的士兵不是英国人，而是“美国人”，如果她的回忆没有错，那么后者一定来自第82空降师，因为当时该师由英军指挥。

从东方苦难旅程中幸存下来的她，已永远无法回到立陶宛那田园诗般的生活中去了。尽管战争的恐惧还没有散去，但她已经下定决心，准备开始另一段旅程，这段旅程将带她穿越北大西洋，在美国开始新生活，并彻底告别1945年冬季的欧洲战争——一段她试图永远忘记的痛苦经历。

斯蒂芬·汉密尔顿

2013年8月

① 即今天波兰的什切青（Szczecin）。

本章尾注：

1. 在本书参考的所有德方文件中，都用了“Groβangriff”这个词来代指苏联对德国东部和柏林的攻势。它还有许多衍生词，比如“Groβkampftage”。这个词带着一种无可逃避的，甚至是不祥的语气，因为使用该词的人都知道，苏军的攻击不仅迫在眉睫，而且根本无法抵御。

2. 1940—1941年，苏联占领了波罗的海三国，并给这些国家带来了破坏。在英文领域，相关的著作少之又少，但有一本精彩的历史小说值得一提，就是露塔 · 塞佩蒂斯的《灰影之间》（*Between Shades of Gray*）。

3. 研究表明，笔者的祖母很可能是11月中旬的某个时候开始向西跋涉的。纳粹当局并未允许东普鲁士的居民提前疏散，因为当地的大区领袖埃里希 · 科赫是一名狂热的纳粹分子，认为疏散民众是软弱的表现。直到秋天到来，苏军抵达普鲁士边境，并在内梅尔斯多夫（Nemmersdorf）等城镇和梅梅尔以南地区大肆报复之后，当局才意识到事态的严峻性。在这些城镇中，有些在1944年10月被苏军短暂占领，之后又被德军夺回。苏军在当地的行为非常严重，甚至有杀人取乐之嫌；在他们向奥得河及其西岸推进期间，类似的现象也屡见不鲜。这些情况后来被瑞典和瑞士的记者记录下来，并传到西方，但没有激起太大波澜。因为就在不久之前，西方新闻机构接到了马伊达内克（Majdanek）灭绝营的恐怖消息。这座灭绝营位于卢布林附近，不久前被苏军解放，当地一共大约有79000人遇害，其中约60000人是波兰犹太人。苏军的上述行为并不是个别现象，而是有组织的活动，并且愈演愈烈，甚至让高级指挥官担心形势失控。在部队抵达奥得河畔时，莫斯科当局被迫改变政策，他们抛弃了伊利亚 · 埃伦堡（Ilya Ehrenburg）的宣传口号，改用斯大林的新路线——“希特勒分子来了，希特勒分子走了，但是德意志民族永存”。1944年11月初，面对各方压力，科赫终于命令东普鲁士民众疏散，最初迁移的人口包括60万名无法参战的人员，但由于还有大量民众私自出发，这个数字最终将超过100万。与他们共同逃亡的还有波罗的海地区的难民，他们试图投奔西方盟军，避免重蹈1940年的覆辙。另外，这些行动早已不仅仅是逃难，而更像是一次彻底的人口迁移。有关情况可以参见阿拉斯泰尔 · 诺博尔撰写的《纳粹统治和苏军在德国东部的进攻，1944—1945：至暗时刻》（*Nazi Rule and the Soviet Offensive in Eastern Germany, 1944—1945: The Darkest Hour*）（布赖顿：苏塞克斯学术出版社，2009年出版），尤其是第128页、第131页、第137—138页、第142页和第144页的内容。

致谢

在本书完稿的近4年时间里，有许多人在文件、翻译和反馈上提供了宝贵支持。尤其要感谢的是汤姆·彼得斯（Tom Peters）和他的同事们，他们多年来收集德国档案的经验让本书（《奥得河前线1945》系列第2卷）受益匪浅。战争最后几个月的德国文件可谓纷乱复杂。在1945年4月至5月的混战中，许多战时记录被付之一炬，还有一些被松散或错误地归入了无关的档案盒中。为寻找一些重要文件，笔者查看了数千张微缩胶片，之后才从看似无关的档案盒中得到了收获。在此期间，汤姆对陆军最高司令部微缩胶片的知识给了我很大帮助，没有他，我将无法甄别有用资料。另一位需要感谢的是理查德·哈格里夫斯（Richard Hargreaves），他对战争最后几个月的兴趣不亚于我。他提供了有关波森（Posen）[①]要塞和施奈德米尔（Schneidemühl）[②]要塞的精彩信息。至于道格·纳什（Doug Nash）则慷慨提供了许多军人证（Wehrpass），其原主人曾经在奥得河服役，透过这些记录，我们可从微观层面了解到在战争后期，德军的补充与训练体系如何发挥作用。对于科尼利厄斯·瑞恩（Cornelius Ryan）特藏档案的需求，俄亥俄大学（Ohio University）奥尔登图书馆（Alden Library）曼恩中心（Mahn Center）档案的道格·麦凯布（Doug McCabe）和特藏部的工作人员几乎有求必应。我的编辑兼出版商邓肯·罗杰斯（Duncan Rogers）对战争后期怀有浓厚的兴趣。他个人收藏了不少德国退伍军人的手稿，这些手稿十分稀有，有些从未面世，从亲历者的角度为本书增色不少。此外，我还要特别感谢兰道尔·比特维尔克（Randall Bytwerk）教授、罗伯特·福

① 即今天波兰的波茨南。

② 即今天波兰的皮瓦（Piła）。

布斯（Robert Forbes）、罗尔夫·米凯利斯（Rolf Michaelis）、安东尼奥·穆诺兹（Antonio Munoz）教授、沃尔夫冈·奥克尔特（Wolfgang Ockert）、乌尔里希·沙夫特（Ulrich Saft）、詹姆斯·韦斯特（James D.West）和阿恩斯瓦尔德教区（Kirchenkreis Arnswalde）等人员和机构，他们允许我引用出版作品的部分内容，或是为我的研究提供了指导。

本书数千页文件的翻译非常烦琐。在最后时刻，保罗·梅里亚姆（Paul Merriam）经常施以援手。没有他的帮助，本书可能会拖延数年之久。斯图尔特·布里顿（Stuart Britton）对俄语的娴熟运用，让我在成稿前为屈斯特林（Küstrin）之战添加了不少苏军的细节。

最后，我要感谢我的家人。我在深夜和凌晨工作，没有他们的耐心和包容，本书将永远无法完成。

引言

维斯瓦河集团军群是德国利用最后一批战争资源组建的，被视为抵抗苏军的屏障，但从成立到战争结束，在东线的各集团军群当中，它的实力始终是最弱的，而希特勒任命的首任司令更是令人失望。为了理解这种战略悖论的源头，笔者将首先还原1945年1月至5月间这支部队的战斗经过。

在关注程度上，维斯瓦河集团军群比不上莫斯科、斯大林格勒、库尔斯克、诺曼底和阿登等一系列题材。另外，德军上下也不想坚守柏林，不仅希特勒没有决心（尽管有计划），集团军群的高级军官也试图避免灾难——当少数人试图为希特勒和纳粹政权营造一种瓦格纳式的“诸神黄昏”时，他们却阳奉阴违。[1]

在这场持续6年、永远改变了欧洲和世界历史的战争中，维斯瓦河集团军群的官兵们成了纳粹德国的最后守卫者。但他们之所以守卫纳粹臆想中的“欧洲”，部分原因仅仅是别无选择，只能在前线为生存而战——如果被发现在后方游荡，而且没有相关证件，其结局将是被自己人草草处决。有些人——比如海因里齐和他的参谋们——则在积极加强奥得河前线的防御，但这不是为了挽救纳粹德国，而是因为他们知道盟军最高机密文件（即日食行动）中瓜分德国的安排。他们打算绕开国防军高层甚至是希特勒，引诱西方盟军渡过易北河。这一举动对战后局势影响重大，虽然认识到这一点的人不多，但仍然可以表明，相对于论述众多的其他战役，维斯瓦河集团军群的行动与二战整体进程有着极为重要的关联。

过去两年，我翻阅了超过25000页的原始档案，它们来自俄亥俄大学的科尼利厄斯·瑞恩档案库、美国国家档案馆（National Archives Records Administration，NARA）、德国联邦档案馆–军事档案分馆（Bundesarchiv-

Militärarchiv，BAMA）、私人收藏，以及一些公开资料和亲历者回忆，其中有些从未在历史著作中公开。[2]

在完成第1卷时，我对希姆莱的印象是，此人缺乏专业军事教育和作战经验，严重破坏了奥得河前线。另一方面，作为东线战事的监督者，陆军最高司令部总参谋长海因茨·古德里安大将也经常干预维斯瓦河集团军群的指挥，因为他对希姆莱的能力很有顾虑。在1月至3月间，有许多决策和思路给维斯瓦河集团军群带来了重大影响，如果对其追根溯源，我们会发现，在对奥得河前线的妨害上，古德里安的问题比希姆莱还多。很多文件显示，古德里安经常违抗希特勒的命令，或是与之发生争执，在有些情况下，他还经常自行其是。尽管古德里安可能是为了孤注一掷，或是抵制希特勒和希姆莱的军事失策，但无论如何，他都对拙劣的夏至行动（Operation Sonnenwende）负有不可推卸的责任，其草草结束带来了三个后果：苏军朝波罗的海长驱直入，阿尔特达姆桥头堡崩溃，屈斯特林要塞与外界失去陆上联系。

本书不仅分析了指挥关系和重大作战行动，还详述了从1月到5月初（即投降时）奥得河前线各部队的战斗经历、实力和弱点。笔者设法确定了这些部队在苏军总攻开始（4月16日）前的编成（Gliederung）和战斗力等级（Kampfwert）。种种调查表明，它们的战备状态都不尽如人意。对接管集团军群的海因里齐而言，这带来了诸多不利。在还原上述部队的作战历程（尤其是计划和执行）时，我发现它们的处境只能用“众寡悬殊”和“绝望”来形容：那些在1月和2月被派往前线的德国士兵和辅助部队几乎不可能生还，更不用说取得胜利。他们缺乏武器和弹药，没有训练，指挥和控制设备也少之又少，其人员大多是搜刮而来，包括希特勒青年团员、新兵、军官候补生、伤愈士兵和一战老兵，完全不了解地形和敌情——他们大部分后来都被严阵以待的苏军远程火炮和迫击炮消灭，并在坦克的冲击下溃散。从阿尔特达姆桥头堡撤退后，他们又在3月下旬和4月初重整旗鼓，并在苏军的最后总攻前做好了准备。虽然无论从什么角度，这些部队看上去都残破不堪，而且必然一触即溃，但在4月16日却让进攻柏林的苏军付出了高昂代价——这种情况甚至在过去4年的战斗中都前所未见。

在研究维斯瓦河集团军群及其下属单位的作战历程时，有3个问题始终在我脑海中盘桓：当冬季苏军的维斯瓦河–奥得河战略攻势开始，前线瓦解之后，为什么东线没有彻底崩溃？在1945年2月，维斯瓦河集团军群为什么能在普鲁士至西里西亚之间保持一条连贯战线，并使苏军停止前进？1945年春季，德军恢复元气的根本原因是什么？最终，研究为我提供了3条答案。首先，尽管作战环境不利，但战争的最后几个月，德军的人员补充体系仍然能持续为前线“输血”，这避免了全面崩溃，并延续了第三帝国的生命。虽然许多单位都由新兵组成，素质也令人怀疑，甚至是一触即溃，但德军总能设立新的指挥机构，并让残兵败将恢复元气，重新投入前线。其次，虽然德军士兵精疲力竭、屡战屡败，也对宣传与“爱国主义”颇为冷漠，但出于对被俘后命运的担忧，以及国防军最高统帅部和希姆莱的严刑峻法，他们只能在奥得河前线继续战斗。第三，得益于训练体系，许多国防军部队仍具有战术优势，可以在排、连和营一级的较量中不落下风（不过在大部分情况下，国防军对一线士兵的需求已让训练体系不堪重负，到战争结束，这种情况都将持续恶化下去），这具体又取决于三点——部队的兵源、存在时间以及军官的经验。考虑到上述三个事实，维斯瓦河集团军群4月16—20日在奥得河畔的表现简直不可思议，这也引发了一个新问题——在1945年春季，苏军指挥官和士兵的表现究竟如何？事实上，这个问题就像“德军为何继续抵抗”一样引人思索。[3]

为详细介绍维斯瓦河集团军群和奥得河前线的德军部队，本卷一共分为11个部分。和第1卷不同，本书并没有以时间为主轴，而是选择了按主题展开。对于与第1卷重合的部分，笔者将在文中用注释指出（如参见《奥得河前线1945》第1卷第×部分第×章“××××”节），以最大限度地减少赘述。

与第1卷一样，本书全篇使用了德语术语。虽然这不利于读者理解，但笔者认为，保持资料原貌同样非常重要。由于本书的资料来源众多，有些军事术语（特别是单位名称）难免会有多种写法，作为惯例，对于师级以下单位，本书将尽量避免使用缩写。另外，由于本书使用的原始资料众多，其地名难免存在出入，而且各种原始文件、二手资料和口述史料中也难免存在笔误和口误。

该卷的大部分原始材料直接来自每日战场报告，它们会在集团军群总部统一整理，并上交给陆军最高司令部。在德军中，这类报告被称为“通报”（Meldungen），通常在早晨编写，但有极少数是在下午。高层指挥机构将汇总其内容，补充细节，并在晚间的当日报告（Tagesmeldungen）中确定下来。这些文件在战役层面提供了丰富的行动细节，是我们了解希姆莱和海因里齐辖下的各集团军/军作战行动的窗口。但不幸的是，大多数师和师以下单位的作战报告要么已在投降前销毁，要么被苏军缴获，只有维斯瓦河集团军群的作战日志保存下来，并充当了这段时期作战行动的主要资料来源。陆军最高司令部和维斯瓦河集团军群的通话记录、无线电报和命令同样具有重要价值，因为它们反映了指挥部之间的互动情况，对作战行动有着深远影响。党卫队全国领袖和空军最高司令部（Oberkommando der Luftwaffe）的记录也从其他角度为奥得河前线的战斗提供了补充。在注释中，我们将给出这些文件的出处，如美国国家档案馆或德国联邦档案馆–军事档案分馆，随后的数字编号代表了其所在的系列、卷宗、文件夹编号（或图片编号），例如美国国家档案馆文件T311/168/765432或德国联邦档案馆–军事档案分馆文件T311/167/I45等。但需要指出的是，对于来自德国联邦档案馆–军事档案分馆的文件，我们使用的不是文件夹编号，而是这些文件电子版的图片编号，因此其结尾数字“45”之前会有字母“I”。遗憾的是，在同类题材的文件中，美国国家档案馆和德国联邦档案馆–军事档案分馆的文件编号不存在关联，让人很难直接查明其中关系。关于奥得河前线，最有价值的资料来自德国联邦档案馆–军事档案分馆（位于德国弗赖堡），尤其是沃尔夫冈·沃珀萨尔（Wolfgang Vopersal）的收藏。沃珀萨尔是党卫军第3髑髅装甲师的老兵，战后，他一直在收集亲历者的回忆、日记和信件，这些文件后来被送往德国联邦档案馆分类保存，许多直到21世纪才公开，有些在本书中是首次出版。

原始资料是历史学家的“圣杯”——不论它们以文件还是其他形式存在，都是在特定时间和特定地点留下的最“纯粹”的记载。在报告和信息记录上，国防军总体是细致的，但其中总有特殊情况，何况负责记录的军官有时会在战斗中抽不出身来。另外，由于下属部队分散各地，与上级联络不畅，许多师团很难编写准确的报告。另一个问题是偶尔出现的含混之处，因为有些内容会招来上级的诘问，而报告单位又无法给出答案。在某些情况下，我们也不排除蓄意捏造的可能。联邦德国国防军退役准将康德（Condné）曾在二战期间担任第7装甲师的营长，并在1945年亲历了普鲁士地区的战斗，在1984年介绍该师的战斗经历时，他引用了很多战时文件。他这样在演讲中说道："为准备本次演讲，我查阅了许多文件，但坦率地说，我对它们的真实性有所怀疑。因为我知道这些报告的编写环境和条件，虽然它们都是精心整理和诚实撰写的，但难免存在数字不及时、不准确的问题。"[4]这些描述既来自他的亲身经历，也来自对这些经历的诚实反思。作为一名经验丰富的参谋军官，康德1956年毕业于美国陆军指挥和参谋学院（U.S. Army's Command and General Staff College），后来又分别于1957年和1963年在西德联邦国防军指挥学院（Führungsakademie der Bundeswehr）和意大利陆军参谋学院受过培训，他知道准确报告对指挥机构的价值，也明白在战时状态下，100%的准确根本无从实现。

本文中还添加了不少回忆录，它们来自亲历战事的老兵，并为上述文件增色不少。但另一方面，必须谨慎对待这些记录。在很多领域，它们固然充当了唯一的来源，但在撰写第1卷期间，我发现其内容往往与原始文件存在矛盾——不论它们来自将军还是普通士兵。这种现象并不奇怪，关于记忆的失真，其内容可以写成很多本书，战场老兵也不能避免。这些记录只是他们的"一己之见"，更不用说时间和观念会彻底改变记忆。这一点在德国老兵身上尤其明显，作为战败国的国民，他们不仅要努力融入西方社会，还试图用战时经历为自身利益服务。[5]对于各种矛盾之处，我将在正文中予以说明。但由于能力有限，如果这些信息无法通过其他材料加以佐证，我只能选择原样保留。

就像前几本著作一样，本书没有绘声绘色的描写。它是根据文件和个人记录写成的，旨在为其他研究人员充当参考，而不是按时间顺序编排故事。它将把读者引向其他作者的作品及其记录的历史。[6]

当苏军步步逼近，德军垂死挣扎之时，有大量德国和波罗的海国家的民众踏上了背井离乡之路，他们的人数分别有数百万和数十万，大多是老人、妇女和儿童，就像任何战争中的民众一样，他们唯一的愿望就是逃离战争，设法生存下去。尽管这些故事超出了本书的叙述范畴，但只要提到奥得河前线，这就会成为一个绕不开的话题。他们有些陷在战线之间，有些困在要塞中，经常被乘胜追击的苏军残酷对待，还有些死于觊觎冬衣和食物的德军败兵之手。

对于上述文件和回忆，读者最好把它们放在特定的历史背景下审视。当时，无论是政治、经济、军事还是社会，第三帝国都在瓦解。希特勒和指挥官们发动了一场空前的侵略战争，并认定自己将在1941年高奏凯歌——当国防军在6月越过苏联边界时，他们根本没有想过失败的可能。这是一场“意志”的较量，也是一场“全赢”或“全输”的赌博。他们从没有提出过一份全面的本土防御战略，这导致在1945年初，苏军踏上德国领土之后，从元首到师长，所有人都无所适从。无论是凯特尔、古德里安、希姆莱，抑或是他们的下属，所有的决定都是在孤注一掷。在战争最后几个月的奥得河前线，这些决定葬送了数万人的生命（虽然在大部分情况下，它们也让苏军付出了更高的代价）。当我试图重构当时的决策，推理后续事件时，读者必须牢记一点，纳粹德国与苏联进行着一场生死存亡的较量，它是希特勒和斯大林势不两立的斗争，这里没有绝对的仁慈和理智——所有决定都是如此。

本章尾注：

1. 它指的是德国剧作家理查德 · 瓦格纳《尼伯龙根的指环》（*Der Ring des Nibelungen*）系列的最后一部《众神的黄昏》（*Götterdämmerung*），该系列于1876年8月17日在拜罗伊特音乐节上首演，内容是一场预言中的众神之战引发了世界末日。二战结束后，不少历史学家经常用这个词比喻希特勒的毁灭战争，尤其是他宁可毁灭德国也要战斗到最后的念头。这种比喻看似恰当，但完全没有考虑一个事实：早在1943年，盟国（尤其是美英两国）就勒令德国必须无条件投降，除了战斗到最后，德国根本没有其他选择。对于试图推翻希特勒的德国内部势力，盟军并没有给予支持，因为他们知道，如果与德国讲和，纳粹体制或德国军国主义就会保留下来，从而和他们全面消灭纳粹体制的终极目标背道而驰（详情参见《奥得河前线1945》第1卷第1部分第1章）。

2. 其中一个例子是2012年出版的希姆莱传记，该书是本领域最新、最详尽的作品，由伦敦大学皇家霍洛威学院（Royal Holloway, University of London）的德国现代史教授彼得 · 隆格里奇撰写。尽管全书厚达1031页，但对于希姆莱的权力巅峰期（即执掌维斯瓦河集团军群时）只有区区8页的篇幅。在分析希姆莱的指挥能力时，隆格里奇没有引用第一手资料（如维斯瓦河集团军群的作战日志），而是只参考了集团军群作战参谋汉斯-格奥尔格 · 艾斯曼带有偏见的论述。

3. 1945年3月至4月间苏军的作战效率不是本书的讨论主题，但我们将在后续作品中介绍。

4. 参见大卫 · 格兰茨退役上校《1986年战争艺术研讨会发言记录：从维斯瓦河到奥得河，苏军进攻行动，1944年10月至1945年3月》（*1986 Art of War Symposium: From the Vistula to the Oder: Soviet Offensive Operations，October 1944—March 1945*）（美国陆军军事学院陆战中心，1986年5月19日至23日），第452页和第456页。

5. 索恩克 · 奈茨塞尔教授曾研究了盟军对德国战俘的监听记录，这些战俘来自各个军种，拥有不同的军衔。这些无拘无束的对话为我们打开了一扇窗户，使我们可以一窥德军士兵的精神世界。毫不奇怪，这些谈话大多反映了人类的真实情感，其中有对犹太人的杀戮、对女性直白的渴望、对生命和财产损失的震惊，或是对执行命令和杀人能力的吹嘘，而且这些主题很少（甚至根本没有）在富有自我美化色彩的战后回忆录（这也是所有回忆录的通病）中出现。虽然在奈茨塞尔看来，德国士兵和其他国家的士兵没有什么不同，但他仍然通过这些官兵之口，讲述了他们怎样为希特勒德国进行不义之战。上述内容可参见索恩克 · 奈茨塞尔的新作《德国士兵：战斗、杀戮和死亡》（*Soldaten: On Fighting, Killing, and Dying*）（纽约：阿尔弗雷德 · 克诺夫出版社，2012年出版），第6—7页、第35—43页、第99页和第333页。

6. 在这方面，读者可以参考安东尼·比佛（Anthony Beevor）、克里斯托弗·达菲（Christopher Duffy），科尼利厄斯·瑞恩、托尼·勒蒂西埃（Tony Le Tissier）和威廉·提克（Wilhelm Tieke）等人的著作。

序章

1945年5月上旬，马丁·加雷斯将军向西方盟军投降。他回顾了自己在奥得河前线担任军长的经历，并在日记上留下一段话作为结语："摩尔人完成了任务，他可以走了（Der Mohr hat seine Arbeit gethan, der Mohr kann gehen）。"[1]这是一句德国俗语，用于描述一个人忠于使命，但遭到背叛或抛弃。这场纳粹德国发动的战争以浩劫收场，而奥得河前线就是它的最后一幕，对于加雷斯在其中扮演的角色，这句话可谓一语中的。

作为德军在东线的最后一战，奥得河之战没有给德国军人带来任何胜利和荣耀。德军各师往往兵力虚弱，只有苏军的几分之一，成员大多初经战阵，而且严重缺乏训练和装备。他们没有改变注定的战局，也没有阻止苏军前进，更没有实现海因里齐的愿望——让西方盟军渡过易北河（Elbe River）占领柏林。在最后阶段，维斯瓦河集团军群的指挥机构不仅在与敌人斗争，也在与希特勒和国防军最高统帅部斗争。他们最终做出了向西撤退的决定，试图从苏军手中拯救更多士兵和平民。对于加雷斯来说，这项任务注定充满艰辛——一切最终在战俘营画上了句号，举目四望，欧洲到处都是残垣断壁。

本章尾注：

1. 这句话出自约翰·克里斯托弗·弗里德里希·席勒（Johann Christoph Friedrich Schiller）1782年的戏剧《斐斯科对热那亚的阴谋》（*Die Verschwörung des Fiesco zu Genua*）的第3幕。在该剧中，一个叫穆莱·哈桑（Muley Hassan）的摩尔人奉命行刺，但他放弃了任务，并告发了指使者。但哈桑最终被处决，而下达处决命令的，又恰恰是他原本的行刺对象。

目录
CONTENTS

第一部分

希姆莱及其参谋部

“我希望军事法庭采取严厉手段，就像普鲁士时代的德国军队一样。我们的当务之急只有一个——坚持战斗，只有如此，我们才能恢复进攻并打败敌人。”

——海因里希·希姆莱对维斯瓦河集团军群官兵的号召，1945年2月

希姆莱的意图

“指挥官意图”（Commander's Intent）[①]反映着其作者的素养。和戈特哈德·海因里齐在上任之后简明有力的陈述不同，在维斯瓦河集团军群司令任上，海因里希·希姆莱从未给出过类似的表述（参见《奥得河前线1945》第1卷第2部分第4章）。在维斯瓦河集团军群的作战日志中，只有下面这份文件与之类似。按照要求，它将通过国家社会主义指导军官（Nationalsozialistischer Führungsoffiziers，NSFO）层层下发，交给集团军群的每一位军官。但该文件却是在希姆莱就任3周后的夏至行动前夕发布的，作为“指挥官意图”已是毫无意义：

陆军最高司令部总部（H.Qu.OKH.），1945年2月14日

陆军国家社会主义指导司令部（NS Leadership Headquarters for the Army）

编号：I/1 1410/45

党卫队全国领袖向集团军群的每一位军官发出了号召！请务必重视下列内容，并全力予以执行。

陆军国家社会主义指导司令部

维斯瓦河集团军群参谋长

代表签字

集团军群司令部，1945年2月11日

维斯瓦河集团军群的全体军官们！

几天前，我已下令枪决前布伦贝格（Bromberg）[②]市的党卫队旗队长兼警察领袖冯·萨利施（von Salisch）——因为他胆小懦弱，逃离了所在的城市。同样，我还根据军事法庭的判决枪决了冯·哈森施泰因（von Hassenstein）上校，因为有确凿的证据显示他曾临阵脱逃。[1]

我希望每位军官以身作则，发挥表率作用。如果军官身先士卒，士兵

---

① “指挥官意图”是一种军事术语，即每道命令开头的总结性陈述，旨在说明计划目标，以及指挥官最终期望达成的结果。这些内容应当简明扼要，非常考验指挥官的领悟力和大局观。

② 即今天波兰的比得哥什（Bydgoszcz）。

就会奋不顾身。反过来，如果他们表现出一丝软弱、胆怯和恐慌，就不配拥有军衔和肩章。

我希望军事法庭采取严厉手段，就像普鲁士时代的德国军队一样。我们的当务之急只有一个——坚持战斗，只有如此，我们才能恢复进攻并打败敌人。军官们，请想一想成千上万被强奸的妇女，被杀害的老幼，燃烧的村庄和农场。自1918年以来，我们一直遭受着犹太–布尔什维主义的威胁。如果不是命运给我们带来了元首，整个欧洲就会陷入红色的泥潭。斯大林和布尔什维克们从来没有改变。东部民众的惨状更是驳斥了叛徒塞德利茨（Seydlitz）及其委员会的一派胡言。[2]

俘虏和逃兵将成为斯大林的工具，沦为由政委摆布的奸细和炮灰。

如果我们这些后人比不上弗里德里希大王时代或民族解放战争（即1813—1815年的反拿破仑战争）中的军官，或是不如一战中的父辈，所有光荣的传统就将蒙上污点。

无可否认，我们遭受过许多灾难，也经历了不少失败。但有一点毋庸置疑，如果每个人都履行职责，我们就可以击败来势汹汹的布尔什维克，将他们赶出我们的国家——在这方面，军官更应责无旁贷。我们必须立下宏图大志，成为元首的忠实信徒，拯救国家和人民。所有轻视过我们的人，都将被扫除和消灭！我们不能落在老弗里茨（即弗里德里希大王）的军官们后面。

军官们，不管你是将军还是尉官，你们已经为德意志大军流过无数的血，受了无数的伤，但现在，请你们拿出超越以往的努力，带领勇士们继续作战。请在您和士兵们的心中播下狂热，带着对布尔什维克怪物的刻骨仇恨继续战斗，直到胜利的那一天。请告诉你们的士兵，布尔什维克——这些野兽和人类社会的破坏者——只有两个选择：要么投诚或投降，要么被赶尽杀绝。

战友们，上帝从未抛弃它的子民，它一直在帮助我们战胜艰难困苦。人人必须恪尽职守。

元首万岁！

希姆莱

党卫队全国领袖、维斯瓦河集团军群总司令兼预备军总司令[3]

希姆莱的号召混杂了爱国主义、责任感、宗教、恐惧和宿命心理。这些心态也存在于奥得河前线的士兵们心中，只是程度各有差异。希姆莱试图用这些主题唤起德国官兵的凝聚力，让他们战斗到最后一刻。按照希姆莱的说法，面对“布尔什维克怪兽”，德国士兵只有两种选择，即奴役和死亡，但他只说对了一半，为给纳粹政权延续生命，德国士兵的命运确实有两种——要么在战场上沦为“必要的牺牲”，要么在撤退后作为“懦夫”押往刑场——找不到第三个选项。不仅如此，希姆莱还缺乏军事知识和技能，在责任范围内，他无法组织起有力的防御，更不用说应对苏军的大规模攻势了。对于陆军最高司令部（即东线战场的指挥机构），他是一个局外人；对于陆军，他是一个“不信任对象”，他能直接获得的支援注定有限，并给奥得河前线的防御带来了不利影响。

希姆莱的指挥部

在苏军1月中旬的冬季攻势（被苏军高层称为维斯瓦河–奥得河战略进攻行动，正文有时将其简称为“苏军的冬季攻势”）之后，德军的前线从维斯瓦河退往奥得河，距柏林仅60公里。当1945年1月结束时，从福斯大街（Voβstrasse）的元首地堡向东直到奥得河，完全看不到一个德军正规师。当时，陆军最高司令部的参谋长是海因茨·古德里安，在波美拉尼亚、东普鲁士和柏林危在旦夕时，他劝说希特勒在东线设置新的指挥机构。维斯瓦河集团军群应运而生，1945年1月21日，希特勒向各相关作战司令部发出电报，其中这样写道：

1. 党卫队全国领袖应尽快接管新组建的维斯瓦河集团军群。其详细信息将由陆军总参谋长根据我的指示发布。

2. 该集团军的任务是：

（1）填补A集团军群和中央集团军群之间的缺口，防止敌人向但泽（Danzig）[①]和波森方向渗透，避免东普鲁士被切断，确保增援

① 即今天波兰的格但斯克。

部队正常开进。

（2）在整个东线后方组织防御，保卫德国领土。

3. 武装党卫军和陆军应与党卫队全国领袖密切协调，立刻组建维斯瓦河集团军司令部，该司令部将设在施奈德米尔，配套的通信单位将由陆军通信部门（Heeres-Nachrichtenwesen）主管调拨。

4.上莱茵河集团军群（及其作战参谋部门）应由党卫军大将保罗·豪塞尔（Paul Hausser）接管，并由西线最高司令部（OB West）指挥。[4]

如这道命令所述，维斯瓦河集团军群的任务是“组织防御，保卫德国领土”，并在德国东部和柏林充当抵御苏军的最终屏障。而在希特勒的众多下属中，希姆莱最受信任，因此被选中。

1944年7月20日，希特勒遭遇暗杀之后，这位党卫队全国领袖便愈加炙手可热：7月，他被任命为预备军（Ersatzheer）司令；秋天，他又摇身一变，奉命前去指挥上莱茵河集团军群（关于希姆莱在军事指挥岗位上的表现，读者可参见附录D）。虽然希姆莱拥有行政管理才能，也拥有资源和元首的宠信，但事实证明，他远不如专业军事将领，而且对“战争的艺术与科学”全然无知。他是个狂热的纳粹分子，是希特勒在东方发动种族灭绝战争的得力干将，是希特勒疯狂世界观的坚定拥护者，但对军事指挥束手无策（参见《奥得河前线1945》第1卷第1部分第2章）。一位著名传记作家写道：“希姆莱对纳粹主义的理论和实践做出了贡献，是一个尽职尽责的门徒，他总渴望成为一名军人，但最终只扮演了警察的角色。在战争末期，他短暂的统帅生涯是一场灾难，可他自己始终不以为然，并认为辞职不是能力有限，而是受了旁人的蛊惑。不过，以他自己挑剔的标准，他作为‘警察首长’却相当成功——可以说，纳粹主义在希姆莱秘密部队的镇压活动中得到了最完整和最真实的展现。”[5]为了获得军事资历与战功，成为实干人物，希姆莱欣喜地接过了新任命——为了这些，他钻营了一生。[6]

和许多纳粹党员一样，希姆莱一向从人种的角度审视战争。[7]在他看来，这是一场日耳曼“意志”与非日耳曼“意志”的较量，懦弱者将不配在纳粹主义的社会中立足。1943年10月4日，在波森，他接见了几名在东线服役的党卫军少将。这些人抱怨苏联前线的艰苦，特别是在防御战中，他们被迫驱赶苏联妇女和儿童修建反坦克壕，这让他们颇为不安。希姆莱回应说，这样的抱怨他不想听，因为德国进行的是一场“全赢或全输”的战争，如果同情苏联人，德国士兵将会因为没有掩体而丧生。[8]

按照希姆莱的看法，只要他能坚定士兵们的斗志，就可以取得胜利——这也成了他指挥上莱茵河集团军群、守卫德国时的基本思路之一。在西线，他推行了连坐法（参见《奥得河前线1945》第1卷第1部分第2章）——这种严厉措施很得希特勒的青睐。希特勒很快感觉到，希姆莱也许是接管维斯瓦河集团军群的合适人选。苏军发动维斯瓦河–奥得河战略攻势后，东线崩溃了，许多德国师被歼灭，指挥机构也荡然无存。成千上万的德国士兵抛下了装备和武器，独自或成群向西跋涉，试图穿越冰封的波兰平原逃往奥得河。而希姆莱的首要任务就是稳定这条战线。

一列涂着金色字母“SZH”［“SZH”是“希姆莱专列”（Sonderzug Himmler）的缩写］的黑色列车在波美拉尼亚的森林中飞驰。它的名字是“施泰尔马克”号（Steiermark）。在列车驶入德意志克罗恩（Deutsch Krone）①车站之后，希姆莱立刻在德国劳工阵线（German Labor Front）头目罗伯特·莱伊（Robert Ley）的私人别墅中建起总部。

对希姆莱这位纳粹高级行政长官来说，为希特勒守卫“日耳曼尼亚”可以说是一次有趣的职务调整。在此之前，他一直在为希特勒奔走效劳，协助其实现意识形态目标——推动整个东欧和苏联西部的“日耳曼化”。当希特勒于1941年6月指示国防军入侵苏联、击败苏军时，希姆莱也在自己的战线上发动了一场毁灭战争。为实现希特勒的种族蓝图，他和党卫队制订了一系列计划，其中的集大成者是一份由东方占领区事务部（Ministry for the East）部长阿尔弗雷德·罗森堡（Alfred Rosenberg）在1941年11月发布的声明，要求从生物学角度消灭欧洲犹太人。[9] 随着德国军队不断进攻，占领区的“日耳曼化”也同步推进，并且愈加残忍。其间，希姆莱开始将特别行动队（Einsatzgruppen）用于大

---

① 即今天波兰的瓦乌奇（Walcz）。

规模杀戮平民（尤其是犹太人），而后者之前的工作只是杀害苏联精英，为德国统治铺平道路。[10]不久，警察营也加入进来，国防军则开始提供物质支持。到1941年底，在希姆莱和党卫队的领导下，在苏联有近100万犹太人被杀。接着，屠杀又进入了可怕的终极阶段——在前波兰领土上，许多专业化的屠杀中心成立了。[11]

1942年，希姆莱开始全面执行东方总计划（Generalplan Ost），并将东方占领区变成了私人领地。在实现希特勒的民族乌托邦期间，希姆莱借助了很多同僚和下属的力量——他们在意识形态上臭味相投，其中之一是乌克兰总督埃里希·科赫（Erich Koch）——负责组织对东方民族的灭绝；其他人，如党卫队高级地区总队长埃里希·冯·登·巴赫–泽列夫斯基（Erich von dem Bach-Zelewski）和党卫队区队长奥斯卡·迭勒汪格（Oskar Dirlewanger）则在反游击行动（Bandenbekämpfung）中大肆屠戮。[12]1944年，希姆莱指示埃里希·冯·登·巴赫–泽列夫斯基建立一个反叛乱指挥部，以镇压8月的华沙起义。他的要求是贯彻元首的旨意，[13]杀死每一个居民，摧毁每一栋房屋。作为非常规战争的行家，巴赫–泽列夫斯基立刻攘臂上阵，在此期间，他的作战参谋、党卫队地区总队长海因茨·赖涅法尔特（Heinrich Reinefarth）发挥了重要作用。赖涅法尔特调集了五花八门的党卫军、外籍志愿单位、警察营和国防军部队，他们作为突击单位加入了当地驻军，其中不乏像迭勒汪格和米切斯拉夫·卡明斯基（Mechislav Kaminski）①这样的得力刽子手。上述单位于8月4日开入阵地，并在第二天开始全面进攻华沙西郊。希姆莱的命令得到了逐字逐句的执行，因此，这些部队看上去更热衷于屠杀，而非对抗当地的波兰起义军。整整两天，这些部队都在巴赫–泽列夫斯基和赖涅法尔特的指挥下屠杀老弱妇孺，其所经之处无人幸免，连牧师、修女、医生和婴儿也不例外。据估计，德军一共在奥乔塔（Ochota）和沃拉郊区屠杀了20000—50000名手无寸铁的平民。[14]鉴于这些“英勇壮举”，希特勒在1944年9月30日授予巴赫–泽列夫斯基和迭勒汪格骑士十字勋章，至于直接在华沙郊区屠杀平民的赖涅法尔特则成为第608名骑士

① 原文如此，应为布罗尼斯拉夫·卡明斯基（Bronislav Kaminski）。

十字勋章橡叶饰的获得者。[15]在纳粹的种族战争和意志较量世界观中，屠杀异族与冲锋陷阵同样光荣，哪怕对方是手无寸铁的老弱妇孺。

在东线战场上，武装党卫军也直接或间接地为构建“日耳曼尼亚”出了力。其中一个例子是党卫军少将海因茨·拉默丁（Heinz Lammerding），他是西奥多·艾克（Theodore Eicke）的心腹，曾在1935—1940年间担任党卫军第3髑髅装甲师工兵营的营长①，随后他稳步晋升，在1941年成为该师的作战参谋。1943年，拉默丁被调往巴赫–泽列夫斯基麾下，在东线进行反游击作战，不久他便获得提拔，并在1944年接管了党卫军第2帝国装甲师（关于拉默丁的详细生平可见“指挥人员名录”一节）。[16]在他的指挥下，帝国师很快运用了在东线学到的杀戮技巧。在北上赶赴诺曼底战场期间，由于遭到游击队袭击，他们血洗了图勒（Tulle）和格拉讷河畔奥拉杜尔（Oradour-sur-Glane）这两座村庄。另一个例子是党卫军中校奥托·斯科尔兹内（Otto Skorzeny），第三帝国特种部队的指挥官，负责指导下属部队在东线开展野蛮的反游击作战。他手下的党卫军猎兵营精通清剿行动或游击作战，是希特勒和希姆莱的忠实信徒，经常坚定且残酷地执行命令。在相关著作中，佩里·比迪斯科姆（Perry Biddiscombe）教授指出，斯科尔兹内的部队“长期犯有战争罪行，特别是在肃清斯洛伐克、希腊和丹麦的爱国抵抗运动时……”[17]而在战争后期，希姆莱更是根据斯科尔兹内的专长，为党卫军猎兵部队安排了一项特殊任务。佩里·比迪斯科姆这样写道：

> 这些特种部队的用途不只是遵循元首的命令，开展一击必杀式的政治和军事行动，而是按部就班地颠覆欧洲的解放事业。但在回忆录中，斯科尔兹内对这个更阴险的目标只字不提……实际上，斯科尔兹内部队的主要任务是煽动欧洲人抵抗苏联和西方盟国。1944年9月，党卫队全国领袖海因里希·希姆莱开始采取行动，试图在原占领区煽动亲德叛乱，2个月后，斯科尔兹内接到

---

① 原文如此，此段表述有误，党卫军第3髑髅装甲师这一番号直到1943年底才被正式采用，在此之前，该部队被叫作党卫军髑髅师和党卫军第3髑髅装甲掷弹兵师。另外，拉默丁在1935年也并非髑髅师的工兵营营长，而是在1939年9月才加入新成立的髑髅师，并担任工兵营长一职。

指示，要求他利用中欧和东欧的民族主义游击队，如乌克兰反抗军（Ukrainian Insurgent Army，UPA）和波兰国内军（Polish Home Army，AK）实施上述行动，并与其他党卫军、国防军和外交机构合作。[18]

和许多党卫军部队一样，斯科尔兹内的部下也被派到了奥得河前线。

希姆莱接过维斯瓦河集团军群的指挥权，也意味着像科赫、拉默丁、巴赫–泽列夫斯基、迭勒汪格、赖涅法尔特和斯科尔兹内这样的纳粹精英和党卫军人接过了德国的最后一道防线。在过去3年里，他们一直在东线绞杀第三帝国的种族和政治敌人（斯科尔兹内更是把这项工作扩大到了全欧洲），并为希特勒的"日耳曼尼亚"扫除障碍。现在，埃里希·科赫成了东普鲁士的大区领袖；拉默丁成了希姆莱的参谋长；巴赫–泽列夫斯基先后接管了党卫军第10军（1月26日至2月10日）和奥得河军（2月11日至4月4日）——一个与第11集团军［指挥官是党卫军上将菲利克斯·施泰因纳（Felix Steiner）］平行的单位；斯科尔兹内奉命守卫奥得河下游的桥头堡阵地，以便为敌后行动创造条件；赖涅法尔特在屈斯特林驻防，当地是通往柏林的门户，任务是"战斗到最后一弹"；迭勒汪格和他的旅也被派往一段重整中的前线。但希姆莱的许多党卫军人员缺乏实战经验，在战役层面尤其如此。即使是最老练的党卫军上将菲利克斯·施泰因纳（Felix Steiner）也只担任过18个月的军长，之后便火速晋升为第11集团军司令。对于久经战阵的军官，这项任命都很棘手，更不用说缺乏集团军指挥经验的施泰因纳了，而且在戎马生涯中，施泰因纳一直都在指挥外籍志愿部队，而不是正规的陆军师团。

毫不奇怪，古德里安强烈反对让希姆莱担任维斯瓦河集团军群司令——当苏军总攻临近之时，前线需要的不是反游击战专家，而是拥有指挥和参谋经验、精通战争艺术的专业军官。但随希姆莱上任的却是各种行政官僚和军事门外汉，在东线，他们的主要任务是在后方区域开展非常规作战（如种族清洗），"对手"要么是手无寸铁的平民，要么是只有轻武器的武装分子和准军事人员——拉默丁、冯·登·巴赫–泽列夫斯基、迭勒汪格、赖涅法尔特和斯科尔兹内都不例外。而在1945年，苏军已成长为一支多兵种现代化合成部队，对于如何与之对抗，这些将领几乎全无头绪。更讽刺的是，希姆莱麾下还有很多外籍志愿部队，他们来自法国、挪威、瑞典、丹麦、匈牙利、罗马尼亚、立陶宛、西班牙，甚至是俄罗斯，而且比例远远高于东线战场的其他地段——但正是这些人，接过了保卫希特勒“日耳曼尼亚”的重担。

在希姆莱上任期间，维斯瓦河集团军群留下了数千页作战日志，其中有3个显而易见的指挥特征：首先，希姆莱希望成为军事统帅，但表现得始终像个官僚。两者之间最大的区别在于，军事统帅为下属规定任务，以求达成更高层面的目标，例如贯彻各种原则和方针；官僚则不然，他们始终用顽固的眼光审视一切，并要求体制内的成员尽职尽责，至于这些究竟是为了什么，他们全不在意。其次，希姆莱无比重视意志——就像纳粹宣传的那样，他认为意志可以填补集团军群的不足，比如人员和装备短缺。第三，他的命令经常被陆军最高司令部漠视，古德里安也多次不经协商，就直接向希姆莱或其下属下达指示。同样，希姆莱经常绕过陆军最高司令部，直接向元首地堡汇报情况。这导致陆军和党卫军频繁发生冲突，至于联合指挥更是无从谈起（指挥关系的详细信息可参见附录C）。[19]

从长期看，希姆莱没有给集团军群的防御态势带来任何积极影响，更没有提升其防御能力。他没有制定完整的防御策略，虽然可以对特定任务发出指示，但从没有将这些任务整合到全面的计划中。他的行动极为被动，而且经常优柔寡断，防御方针则几乎照搬了古德里安的命令。党卫队旅队长兼警察少将恩斯特–奥古斯特·罗德（Ernst August Rode）从1943年便在党卫队全国领袖指挥部担任参谋长，并和希姆莱关系甚密，他认为希姆莱是一个“非常勤奋的人，但把大部分时间用于处理细枝末节。他总是亲力亲为，但又毫无主见”[20]。更有趣的是希姆莱对参谋人员的态度，根据罗德的说法，希姆莱“只要对自己有利，就不反对撒谎；他还会把失败的责任推卸给下属。如果他想开除什么人，就会在他们之间挑拨矛盾，直到他们都辞职为止”[21]。在危急关头，这些都不是统帅该具有的特征。透过集团军群的作战日志提供的一些资料，我们可以对希姆莱上任30天的所作所为略见一斑。

2月15日，希姆莱发布了题为“集团军群区域内安保工作”（Sicherung des Heeresgruppenbereichs）的命令，其中明确规定，在奥得河前线，纳粹党、政府和国防军的所有单位——只要参与安保工作——就应当统一接受调遣。[22]这一做法暗示了军事和政治机构之间的内讧，并表明希姆莱试图整合现有资源。但此时，他却把关注点放在了后方安保上，而不是常规的前线防御。显然，希姆莱心中仍然在考虑另一种类型的战争，就是由警察和党卫队在东线后方从事的反游击战争。但问题在于，希姆莱的部队正在德国境内，根本不需要像关注前线一样关注后方区域。

希姆莱确实得到了国防军最高统帅部的一定支持，但两者仍然存在对立，有时甚至会相互拆台。如前所述，古德里安并不赞成希姆莱的任命，作为折中，陆军的汉斯–格奥尔格·艾斯曼上校被派往集团军群，担任作战参谋——一个对制订军事计划和执行作战意义重大的岗位，但希姆莱却打算绕开陆军指挥机构，直接向希特勒报告，避免与古德里安和陆军最高司令部打交道。虽然他的指挥部一直在编写每日报告，并定期提交给陆军最高司令部，但作战日志却显示，希姆莱并不认为自己应当受到节制，擅自建立了与元首地堡的联络渠道。在任职的2个月里，他不断通过党卫军上将汉斯–格奥尔格–赫尔曼·菲格莱因（Hans Georg Hermann Fegelein）①发出各种请求和担忧，其频率甚至超过了一周一次。如果希姆莱需要弹药或航空燃料，他就给菲格莱因发送电文，但从不告知陆军最高司令部。[23]只有在极少数情况下，他才会通过艾斯曼（或是在元首地堡会议上）向古德里安报告。另外，希姆莱还颇为怨恨古德里安的干涉。有一次，古德里安命令荷尔斯泰因装甲师（Panzer-Division Holstein）发动进攻，但记录显示，希姆莱不仅拒绝了这一提议，还“谴责了古德里安对集团军群指挥的干涉”。[24]

随后，在1945年2月16日，希姆莱又向第9集团军和奥得河军发布了如下命令，其中概述了指挥期间的总体防御战略：

党卫队全国领袖战地指挥部，1945年2月16日
维斯瓦河集团军群司令
第1523/45号绝密命令

① 原文如此，菲格莱因的军衔实际是党卫军中将。

1945年2月18日（首字母签字）

党卫队全国领袖

（首字母签字）

2月19日交由党卫队全国领袖呈览

致：

第9集团军司令部

奥得河军

抄送：

第2集团军

第11集团军

1.越来越多的迹象表明，敌军即将渡过奥得河发动进攻，并在屈斯特林两侧立足。

2.所有部队应尽快全力投入防御。

3.各部队应部署下属单位，扩建阵地，尤其是在主战场纵深大量修建散兵坑，以减少炮击损失——未来几天，上述工作必须全力进行，并成为重点。

4.为遏制敌方桥头堡，让敌人无法轻举妄动，我们必须利用突击部队主动出击，同时确保行动准备周密；我们将恪守“保存实力、伺机而动”的原则，既要削弱敌人，又要避免重大损失；各师和各团指挥官要利用突击队为年轻步兵做出表率，让我军士兵恢复抵抗布尔什维克的信心。

远程火炮和高射炮应部署在最佳位置，以打击敌军的渡河船舶、桥梁、炮兵阵地和预备工事。尤其要节约弹药，让它们发挥最大价值。大多数袭扰炮击只会造成浪费，因此不值得进行。

5.立刻将缴获的武器投入防线与主战场后方。相关培训应立即开始，在此期间，有关人员需随机应变，向敌人学习。我军俘获的弹药必将越来越多，没有弹药的武器将被带到后方，以便后续使用。但在此期间，这些武器必须保持隐蔽，以免毁于炮击或空袭。

6.被击溃的各营不仅将接收从集团军路障/拦截线上收容的人员，还将从野战补充营获得士兵。野战补充营是士兵们进行休整、整理个人卫生、补充制服和武器的地方，在这里，他们还将通过严格的训练重新成为战士，并加入以

10人为骨干的连队中去。如果布尔什维克都能把残兵败将编入部队，甚至再次发动进攻，我们为什么不能让斗志涣散的德国士兵振作起来，再次发挥价值？

7.鉴于形势严峻，我们必须竭尽所能，为所有部队谋取福祉。即使是消耗严重的单位，我们也应设法以20名官兵为一组、以两天三夜为周期进行轮换，使其远离敌方重火力，并在精力恢复后再送回单位。军官必须照顾好一切，尽快加强对军官和士官的训练。

8.我们必须对官兵进行纳粹主义意识形态教育，形成忠于元首、热爱家乡、热爱祖国的意识，并灌输对布尔什维克野兽的狂热仇恨——这些甚至比武器训练更有价值。

9.我希望每个师报告狙击手的杀敌情况，本命令从今日起生效。

过去几个月，党卫军和国民掷弹兵师一直在进行竞赛，取得50个确认战果的狙击手将得到本人的亲自招待、1块手表和14天假期，取得100和150个确认战果还有额外的表彰和奖励。

10.此外，你们应大力鼓励部队用冲锋枪和机枪抵御苏军战斗机，并向我报告击落敌机的个人和班组。

11.向我报告用铁拳击毁坦克的人，击毁超过3辆的士兵将奖励休假14天。

12.有必要对奥得河对岸的敌后区域进行近程和远程侦察，并在此期间杀伤敌军，为我军转守为攻创造条件。

13.我们必须为上述行动全力以赴，从将军到士官都责无旁贷，只有他们忠于德国军人的使命，并为之不懈奋斗时，我们才能取得奥得河防御战的胜利，并为各集团军转入进攻创造有利条件。

签字：海因里希·希姆莱

维斯瓦河集团军群司令部代表

参谋长

（签字）

党卫队地区总队长兼党卫军中将[25]

这道命令让我们可以一窥希姆莱的军事思想。他警告“敌军很快将……发动进攻”，并敦促所有士兵“应尽快全力投入防御”。但问题在于，士兵们是无法永远保持高度戒备的——他们需要在时间上得到明确指示，但希姆莱没有给出时间表，只是笼统说了一句很快。在指出很快的同时，他又规定“必须竭尽所能，为所有部队谋取福祉”，还要求每次以20名官兵为一组、以两天三夜为周期进行轮换，以及“尽快加强对军官和士官的训练”。

这些完全是自相矛盾，根本无法执行。所谓的官僚作风就是如此——总希望面面俱到，但脱离实际。在上述内容中，最令人作呕的是：“如果布尔什维克都能把残兵败将纳入部队，甚至再次发动进攻，我们为什么不能让斗志涣散的德国士兵振作起来，再次发挥价值？”这清楚地表明，希姆莱对激励部下根本一窍不通，而将布尔什维克和德国士兵相提并论的做法，更暴露了他对人命的漠视。仿佛是为了显摆政治忠诚，他还大肆鼓吹意志，并给了狙击手和铁拳射手更多关注。但另一方面，他根本没有提到建立稳定防线，也没有要求前线各师在战役预备队的支持下构建连贯工事。

希姆莱要求下属单位汇报狙击手和铁拳射手的战绩，这得到了忠实执行。以第9集团军为例，在2月16日至3月15日之间，他们一共报告了709个狙杀记录。[26]作为预备军司令，他可能还依靠自身能量影响了相关机构和希特勒，并使后者更改了骑士十字勋章的授予标准。按照维斯瓦河集团军群司令副官于3月7日发布的第5773/45号文件，其授予对象被放宽到了使用铁拳（或类似近战武器）击毁6辆敌方坦克的官兵。[27]

在上述命令中，希姆莱还大言不惭地说道：“我们必须对官兵进行纳粹主义意识形态教育，形成忠于元首、热爱家乡、热爱祖国的意识，并灌输对布尔什维克野兽的狂热仇恨——这些甚至比武器训练更有用。”这些要求（以及对骑士十字勋章授予标准的修改）也许可以激励个人英勇作战，但提供不了协调一致的战术行动。

总之，希姆莱的命令对下属几乎毫无价值。其中许多内容让人感觉到，他更多自视为希特勒的代理人，负责把旨意传达给一线指挥官。这也再次表明，希姆莱依旧自视为行政官员，而不是军事统帅。他很少向经验丰富的一线指挥官寻求指导。例如，尽管他知道第9集团军对保卫柏林意义重大，并在2月22日要求司令特奥多尔·布塞（Theodor Busse）步兵上将向关键地区增兵，以抵御苏军攻击，但命令的内容却颇为随意：

致：

第9集团军

敌人随时可能从莱布斯（Lebus）桥头堡出击，威胁法兰克福要塞后方以及通往柏林的高速公路，请重视这一（防御）阵地的重要性，竭尽所能，不让敌军得逞！

维斯瓦河集团军群司令

维斯瓦河集团军群作战参谋

第1746/45号绝密命令

签字：海因里希·希姆莱[28]

希姆莱虽然请求布塞巩固前线，但对所用部队和要求却只字未提，更没有指明集团军群能提供哪些资源（如劳动力或装备）。面对这种笼统的指示，布塞只好自行其是。这也是希姆莱担任指挥官期间的典型作风，作为集团军群司令，他的主要任务本该是发布战役指示，为一线指挥官提供支持。但文件表明，在上任2个月期间，希姆莱极少给下属单位提供作战指导，更多是在充当陆军最高司令部或元首地堡的传声筒。这也意味着，在本职工作中，他的下属们经常需要自力更生。

在希姆莱离任前夕，他终于开始担心各师的补充和增援问题，当时，这些部队都遭遇了沉重打击。这是从3月中旬开始的，也就是他离职的前几天。虽然众所周知，希姆莱当时已有退意，但也许是为了邀功（至少是赢得一枚铁十字勋章），他也在设法改善局面。只不过这一切来得太迟了。最终，希姆莱肯定接受了一个事实：自己的军事判断力有限，无力指挥奥得河前线——这也是为什么当古德里安决定更换集团军群指挥官时，他会产生一种如释重负的感觉。当时，古德里安表示，希姆莱的任务太多、太重，但如果不指挥维斯瓦河集团军群，就会轻松很多。虽然在3月17日，希姆莱的神经几乎崩溃（详情见后文），但他仍然保持着敏锐的政治嗅觉，并迅速抓住了这个机会。随后，他便被戈特哈德·海因里齐大将取代。

指挥人员名录

在海因里齐上任21天后，希姆莱的参谋长和大部分党卫军人员已离去，又过了3周，即苏军发动总攻时，海因里齐便建立了自己的参谋班子——它运转良好，领导了前线的最后一战。在本节中，我们将用“离职”或“留任”介绍高级参谋人员的去向，[29]下级参谋人员的情况虽然很难查明，但可以大致推断，在5月初向英军投降之前，其中的非党卫军人员可能仍然位居原职。另外值得一提的是，这种党卫军和陆军军官混编的情况并不是正常现象，只有在战争末期才偶然出现。

接下来介绍的是岗位代号，它们由字母和数字组成，代表了不同的职务和等级。组织周密的参谋部门对胜利至关重要，早在弗里德里希大王的年代，现代军事参谋部门的雏形便已在德国出现。[30]德军一般用编号表示常见的参谋岗位，如Ia、Ib和Ic，其中“a”意味着最高职级，这也是作战参谋部门被称为“Ia”的原因，O1、O2、O3则代指各个部门的下属人员，其数字越靠前，就表示职务越高。

希姆莱的参谋长是党卫军中将海因茨·拉默丁。拉默丁与希姆莱私交甚密，他能在党卫队中脱颖而出或许也与此有关。1945年2月2日，他被任命为参谋长，而在稍早之前的1月，他获得了中将军衔。拉默丁1935年加入党卫军，并作为工兵教官在党卫队不伦瑞克（Braunschweig）军官学校服役，后来参与了党卫军第3髑髅装甲师①的组建。1940年，他作为下级军官随髑髅师投入西线战役，因此获得一级和二级铁十字勋章。1941年，他参加了侵苏战争，并陷入“德米扬斯克口袋”（Demyansk Pocket），可能是由于希姆莱的帮助，他乘飞机逃离了包围圈。接下来一段时间，他跟随部队参与了占领维希法国的军事行动，并于1943年初临时担任党卫军第2装甲军的参谋长。在上述岗位上，他多次受勋，1943年4月24日获得德意志金质十字奖章，1944年4月11日又被授予骑士十字勋章。他的下一份工作是为反游击作战部队总司令（Chef der Bandenkampfverbände）——党卫军上将埃里希·冯·登·巴赫-泽列夫斯

---

① 原文如此，此处有误。

基——担任参谋长。[31]在1943年两人共事期间，他下达了多份“治安肃正令”（pacification oder），将苏联村庄夷为平地，导致15000人丧生。之后，他被调入党卫军第2帝国装甲师，并在1944年1月成为师长，1944年6月，该师曾在格拉讷河畔奥拉杜尔和图勒大肆屠杀平民。[32]总之，拉默丁的大部分生涯都是在师级及以下单位度过的，只有1943年初在军级单位短暂任职，他没有在集团军指挥岗位服役的经验，更没有担任过集团军群的参谋人员。

拉默丁之所以被选为参谋长，主要是因为他对党卫军的忠诚和资历，另外，他还是希姆莱的亲信。但对于这一岗位，他完全缺乏经验，当希姆莱饱受慢性疾病“折磨”时，他很快感到分身乏术、疲于应对。战后，古德里安在回忆录中写道，在3月初视察集团军群期间，拉默丁甚至请求赶紧撤换这个上司。由于古德里安对希姆莱的蔑视，这份记录固然值得怀疑，不过有一点是肯定的，拉默丁承受着巨大压力。在希姆莱离职前，他都担任着这一职务，在作战日志中，其签署的最后一份文件落款是3月21日。随后，他便被埃伯哈德·金策尔（Eberhard Kinzel）接替，在整个3月，金策尔一直在协助拉默丁开展参谋作业。

这一任命颇为讽刺。在1941年6月希特勒发动侵苏战争前，金策尔是德军中首屈一指的苏军专家。1933年至1936年，他曾负责接待访德的苏军高级指挥员，并担任过驻华沙大使馆副武官（Assistant Military Attaché）。随后，他接管了东线外军处（Fremde Heere Ost）——对苏情报工作的主要单位。在金策尔担任处长期间，该部门对苏联的军事能力和意图做了许多严重误判，导致巴巴罗萨行动（即纳粹德国的侵苏战争）的早期计划问题丛生。例如，在1941年1月，东线外军处认为，就算苏军的动员一切顺利，其兵力也只能扩充到400万，但现实中，苏军的总人数早已达到500万。他还宣称，出于战略考虑，苏联将把主力部队部署在北部的比亚韦斯托克（Bialystok）和波罗的海国家附近——这同样是大错特错，因为乌克兰的基辅才是重心。金策尔还荒谬地预测苏联不会疏散军事工业，而是会执着地保护乌克兰、莫斯科和列宁格勒的工厂，并断言苏军指挥极为笨拙迟钝，无力快速机动，更无法进行战略协调。[33]这些评估严重误导了国防军最高统帅部的战役计划。在德军入侵苏联后不久，金策尔便遭到了严厉抨击：德军伤亡人数大量增加，而苏军的新兵似乎无穷无尽。德军总参谋长弗朗茨·哈尔德（Franz Halder）大将是对苏作战计划的主要负责人，他对金策尔的误判大发雷霆。金策尔眼见自己的预测酿成了1941年莫斯科城下的灾难，便在次年春天心灰意冷地离开了岗位，[34]原职务则被莱因哈德·格伦（Reinhard Gehlen）少将接替。

1942年到1944年之间，金策尔在东线担任过许多职务，并在1944年7月成为北方集团军群的参谋长，在此期间，他向新上任的陆军最高司令部参谋长海因茨·古德里安报告，他的集团军群必须撤退，否则就会毁灭——但问题是，只有希特勒才能做出这种决定。经过激烈争吵，古德里安最终解除了金策尔的职务。[35]在被划为后备指挥官（Führer Reserve）近6周之后，金策尔被任命为第570国民掷弹兵师师长。与传统步兵师相比，国民掷弹兵师是一种规模更小，但运转效率更高的单位，至于"国民"一词则是某种"荣誉称号"（参见下文"国民掷弹兵师"部分）。对于金策尔来说，这次任命也许不仅是因为他的军事能力，也是因为他对纳粹政权的忠心。在接任师长15天后，这支组建中的部队更名为第337国民掷弹兵师，随后开赴西普鲁士地区。正是在此期间，希姆莱开始对他刮目相看。1月26日，希姆莱向金策尔发送了一条电报，要求他率领部队全力守住维斯瓦河–诺泰奇河（Netze）西岸："我希望你的师竭尽全力，因为这是德国人民的要求。"[36]他还通知金策尔，他不应消极防御，而是必须投入反击，不让苏军突入德国本土。[37]1月30日，希姆莱又向金策尔发去电报，祝贺他前一天的防御战胜利。希姆莱很少给予这种嘉奖，由此可见他对这位军官的器重。[38]

3月2日，金策尔被任命为维斯瓦河集团军群参谋长，颇为讽刺的是，作为德国最后一个集团军群的参谋主官，他现在要指挥部队阻止苏军，但就在几年前，他还言之凿凿地根据情报宣称，苏军将在1941年夏天全军覆灭。有关文件显示，这一决定十分仓促，而且很可能受到了集团军群以外的影响。因为这份文件不仅拼错了金策尔的名字，连师的番号也完全搞错（写成了第327步兵师）。[39]如果这项任命是出自希姆莱，他肯定不会犯这些低级错误，因为就在不久之前，他还向金策尔发出了防御指示。这份命令的推手是谁？一份文件也许提供了答案，即古德里安和集团军群作战参谋艾斯曼的电话记录。当后者在3月3日19点拿起听筒时，另一端的声音询问道："金策尔将军到了吗？"[40]古德里安的关切表明，希望把金策尔安插到希姆莱身边的人其实是他——也许他相信金策尔不会忤逆他的指示，但又足够独立，不会唯唯诺诺，成为希姆莱的“应声虫”。在整个3月，金策尔不时签署命令，同时与陆军最高司令部进行协调，充当着维斯瓦河集团军群实际的参谋长。在他落款的文件上，往往有“I.V.”和“I.A.”字样。[41]它们分别是“全权代理”（in Vollmacht）和“临时代理”（in Abwesenheit）的缩写。这也意味着，他已成为拉默丁的助手，以及被古德里安内定的接班人选。

如前所述，金策尔给希姆莱留下过深刻印象。这可能是古德里安认为希姆莱会批准调动的原因。金策尔于3月4日到岗后，与希姆莱讨论了第337国民掷弹兵师的状态，因为该师最近一直在与苏军作战。这次谈话令希姆莱颇为触动，后者立即向柏林的党卫军中将菲格莱因发送了一条电报。其中这样写道：

亲爱的菲格莱因！

金策尔将军是我集团军群第337国民掷弹兵师的师长。他向我报告说，该师仍然拥有3200名口粮领取人员，全部17名（高级）指挥官中有14人伤亡，45名连级指挥官有42人伤亡。

他在该师下达了15项死刑判决，对象包括1名军官，在我看来，这非常坚定果断。在金策尔看来，士兵崩溃并不是因为缺乏狂热，而是因为倦怠。这种倦怠必须消灭，不论采用什么方法，这就是他执行上述判决的原因。

我向您报告这些数字，只是为了表明最近几周集团军群处境艰难，尤其是下属的第2集团军——但今天，该集团军仍摧毁了90辆进攻坦克中的37辆。

希特勒万岁！

签字：海因里希·希姆莱[42]

金策尔要求在前线贯彻纪律，并按照希姆莱的指示忠实执行了这一任务。在拉默丁与希姆莱离职后，金策尔于3月21日正式接任参谋长，并在4月20日晋升为步兵上将。2天后，他被调往国防军最高统帅部北方作战参谋部担任主管，并在5月4日带领德国北部的残余部队向第21集团军（指挥官：伯纳德·蒙哥马利爵士)[①]投降。5月25日，在弗伦斯堡(Flensburg)，金策尔驱车离开，前往一处风景如画的湖泊，得知卡尔·邓尼茨海军元帅和弗伦斯堡集团的其他高官被捕后，他举枪自尽。金策尔之所以这样做，也许是认为在东线外军处期间，自己对德国的灭亡有不可推脱的关系。

在金策尔晋升之后，其原有职务被伊沃–提洛·冯·特罗塔(Ivo-Thilo von Trotha)上校接替。冯·特罗塔的戎马生涯主要是在第267步兵师度过的。1942年10月，他成为第4集团军的作战参谋，顶头上司正是海因里齐。当时，这支部队在中央集团军群辖下，并在防御战中表现优异。也许正是在此时，两人结下了友谊。在海因里齐转为后备指挥官前2个月，特罗塔离开了第4集团军，并成为南乌克兰集团军群(后改名为南方集团军群)的作战参谋。1944年11月初，他被任命为第1装甲集团军的参谋长，此举可能是应了海因里齐的要求，因为后者在1944年8月接管了这支部队。1945年2月中旬，特罗塔接替了瓦尔特·温克装甲兵上将，成为陆军最高司令部作战局局长。在这个职位上，他一共管辖着3个部门，即作战处(Operations-Abteilung)、组织处(Organisations-Abteilung)和东线外军处。上任之后，他显然察觉到了日食行动和古德里安的担忧，尤其是让希姆莱出任指挥官一事。对于谁接替希姆莱，两人可能有过讨论，鉴于冯·特罗塔与海因里齐关系密切，让后者挂帅便成了情理之中的事。冯·特罗塔还在陆军最高司令部不断奔走。3月28日，希特勒用汉斯·克雷布斯(Hans Krebs)步兵上将替换古德里安时，正值海因里齐上任大约1周，后者之所以能让希特勒叫停代价高昂的进攻，并下令转入纵深防御，离不开冯·特罗塔在上层的影响。不幸的是，4月1日，冯·特罗塔也像前任温克一样遭遇车祸，并在晋升为少将之后转入预备役。冯·特罗塔痊愈之时，恰逢海因里齐的参谋长金策尔被调往国防军最高统帅部北方作战参谋部担任主管，海因里齐便申请让冯·特罗塔上任。4月22日，冯·特罗塔正式成为维斯瓦河集团军群参谋长，并任职到4月28日，之后接替他的是一个从柏林元首大本营“空降”过来的参谋军官——埃里希·德特勒夫森(Erich Dethleffsen)少将。在海因里齐从

① 原文如此，应为第21集团军群。

第4集团军调离之后，德特勒夫森曾在1944年5月至7月担任过这支部队的参谋长，但没有证据表明两人的关系。

在维斯瓦河集团军群参谋部，地位仅次于拉默丁的是汉斯–格奥尔格·艾斯曼上校，即集团军群的作战参谋。在任何指挥机构中，作战参谋都是最重要的岗位，而艾斯曼的具体职责就是从各个方面监督前线指挥部的任务计划和执行。虽然最终权力属于希姆莱、陆军最高司令部和希特勒，但艾斯曼管理着所有战役和战术事务，所有其他关键参谋人员（如情报参谋、军事情报局派驻军官和国家民族主义指导军官）都必须听从其指示。值得注意的是，在艾斯曼辖下，所有参谋人员都来自国防军，而没有党卫军人员。

透过艾斯曼的从军履历，我们可以了解到他的个性，以及他为何接管这个要职。不管上司是希姆莱还是海因里齐，他始终在为维斯瓦河集团军群服务。1941年，艾斯曼在第30军的作战参谋部门任职时，上级在其《评价报告》（*Beurteilung*）中写道：他天性乐观，性格开朗又诚实，健谈，而且精力旺盛。对于战术，他理解独到并充满自信。此外，上级还记录了这名32岁上尉1941年6月至9月在东线战场的表现："艾斯曼在对苏作战中表现优异，有无尽的创造力和灵感。"此外，他还获得了最高的评价，即"优异"，并被推荐担任师或军一级的作战参谋。1942年，在同一岗位上，上级也给出了一份类似的《评价报告》，其结论这样写道："在整个东线战役期间，他一直不辱使命，甚至在危急关头都是如此，他在本职工作中表现突出，从来没有病退，面对敌人毫不畏惧。"还再次强烈推荐他担任师级作战参谋一职。而最有力的推荐则来自埃里希·冯·曼施坦因（Erich von Manstein）——1942年初，在陆军最高司令部后备指挥官队伍中待了几个月之后，艾斯曼被先后任命为第11集团军和顿河集团军群的情报参谋，并参加了冯·曼施坦因突向斯大林格勒、解救第6集团军的战斗。1943年，冯·曼施坦因对这位下属总结道："思维清晰、富有逻辑性，战术判断力和思维能力极强，面对敌人坚定不移。思想和行动上的纳粹主义者。"在这里，"纳粹主义者"也许不是实情，而是指挥机构的一种"套话"，因为在艾斯曼的其他评语中都没有这种说法。另外，曼施坦因还亲自补充道："此人坚定不移，主动性强，足智多谋，是一名天赋异禀的总参谋部军官，水平超乎常人"，并再次推荐他担任作战参谋。1943年3月前，他先是在第297步兵师担任了这种职务，随后又被调往重建后的第6集团军，这些经历也在影响和塑造着他，“毫不妥协”“才华横溢”“处变不惊”，上级开始用这些词来形容艾斯曼征战3年之后的能力，并认为他完全能胜任军级部队的参谋长，甚至足以为集团军群司令部效力。在军旅生涯的最后10个月，他被任命为维斯瓦河集团军群的作战参谋。[43]无论是履历还是评价，他都适合接管这一棘手岗位，更是集团军群司令部中为数不多的合格人选。

指挥部

集团军群司令，希姆莱（离职）；参谋长，拉默丁（离职）；勤务官，施普林格（Springer，离职）和吉斯勒（Gissler，离职）。上述人员均在3月21日海因里齐上任后离开。

作战参谋部门

作战参谋，汉斯–格奥尔格·艾斯曼上校（留任）；训练参谋（Id），韦伯（Weber）少校（留任）；勤务官，奥托（Otto，留任）。

本部门负责制定作战命令、通信和报告，并监督训练参谋（负责人员训练与补充事务）。在集团军群层面，训练参谋从属于作战参谋，并在1944年之后不再强制由总参谋部军官担任。

作战参谋部门和训练参谋分部的所有参谋军官一律对艾斯曼负责。

作战处（Führungsabteilung）处长为哈纳克（Harnack）中校（留任），任务是主管整个参谋部门的运转，其勤务官（Ordungs-Offizier）是斯蒂勒（Stille）中校，助理为佩希施泰因（Pechstein）上校。福格特（Vogt）上校（离职）担任炮兵参谋，其助理是彭泽尔（Penzel）上尉；福格特负责整个集团军的炮兵单位（含野战炮兵和高射炮兵）及其部署和补充。另外，他还负责与情报参谋一起确定敌方火炮的部署。

克劳斯（Klaus）少校担任防化参谋。容根费尔德（Jungenfeld）上校和副官尼克尔（Nickel）少尉负责反坦克作战。制图和测绘处由党卫军中尉施密茨–哈特曼（Schmitz-Hartmann）负责。以上人员同样由艾斯曼指挥。

伯克伦（Bürklen）、施廷佩尔（Stimpel）和根茨（Genz）分别是德国海军、空军第6航空队和第2高炮军驻维斯瓦河集团军群司令部的联络官。

情报参谋部门

情报参谋是韦塞尔（Wessel）中校，他曾是东线外军处主管莱因哈德·格伦将军的副手。当时，帝国保安处（处长：党卫军少将瓦尔特·舒伦堡）与东线外军处已经达成共识，决定把安德烈·弗拉索夫（Andrei Vlassov）将军指挥的苏军战俘部队投入奥得河前线——韦塞尔的任命便与此有关。[44]在古德里安离开之后，格伦也在4月9日被希特勒革职，东线外军处处长一职随即被韦塞尔接替。在维斯瓦河集团军群期间，韦塞尔的助手分别是冯·施特恩博格（von Sternburg）上尉（O3）和马斯克（Maske）中校（O5），两者相当于副官。情报参谋部门主要负责集团军群主管区域内的情报和反情报工作，军事宣传、新闻发布，以及与纳粹党、党卫军和帝国保安处的联络。情报参谋部门直接对作战参谋负责。

情报参谋部门还下辖若干协同人员，如情报评估参谋利克（Leeck）中尉和通信参谋鲍姆（Böhm）中尉。

苏军资料翻译是施密特（Schmidt）骑兵上尉，除此之外，该部门似乎没有其他特业参谋。

德国空军驻集团军群情报官——戴欣登（Dahinden）少校，助理——舒尔策（Schulze）中尉；宣传官——迪尔里希斯（Dierichs）上尉，助理——隆贝格（Lomberg）；安全事务官——诺兹尼（Notzny）上校。

国家社会主义指导部门（Gruppe VI Nationalsozialistische Führungsabteilung）

本部门的参谋军官包括党卫军少校弗里德尔（Friedl）、党卫军上尉德里奇斯韦勒（Derichsweiler）和党卫军少尉松内瓦尔德（Sonnewald），主要负责部队的福利、士气和娱乐活动。

通信部门

维斯瓦河集团军群通信部门主任是梅尔泽（Melzer）中将（留任），副官是里克（Rieck）上尉。该部门下辖5个分部，其中第1和第2分部由里克上尉主管，负责战术规范、战术方法、作战行动的执行，以及在野战部队中贯彻各项方针政策。第3a分部的主管克拉默（Krahmer）中尉负责电话网络，第3b分部的主管赫贝格尔（Herberger）中尉负责无线电事务。第5分部是供应分部，主管是空军文职行政官（Amtmann）赫尔比希（Helbig）。另外，该部门还拥有2名保密军官（Schlüsseloffizier），即施密特（Schmidt）中尉和施坦德克（Standtke）上尉，主要负责集团军群的通信密钥。

工兵部门

工兵部门的主任是丁特尔（Dinter）中将（留任），副官是冈克尔（Gunkel）中尉，其辖下是4个分部，即第1至第4分部，该部门负责管辖集团军群下属的独立建筑工兵单位、要塞工兵单位，并监督这些部队的业务运作，还对防御工事和雷场的修建负有总体领导责任。

副官处

布朗布瓦（Blancbois）少校（离职）担任副官处（IIa）主管，后来在3月中旬被任命为党卫军第560特别装甲歼击营（即后来一千零一夜战斗群的骨干）营长。副官助理（IIb）是施内豪斯（Schellhaus）上尉，主要负责人事勤务。该机构还辖下总务分处（Hauptquartier）和第3分处，即军法官（Heeresgruppenrichter）分处，负责人分别是党卫军少校哈尔曼（Hallmann）和党卫军上校布劳泽（Dr. Brausse）。

高级书记员（Obersekretär）米尔里茨（Mieritz）担任指挥部办公室主任，负责公文收发、信使派遣和整个集团军群印信的管理。

有趣的是，维斯瓦河集团军群司令部还专门配有一名军医——希梅尔（Himmel）医生。

军需处

后勤参谋（即军需处长）由冯·吕克尔（von Rücker）[①]上校担任，并掌管着2个分处，即第1和第2分处。第1分处的主管是屈恩（Kühn）少校，主要负责野战后勤的计划和组织，包括管理供应需求和后勤部队。

第1分处的海因德尔（Heindl）少尉负责铁路运输，但海上运输似乎没有专职的参谋人员负责。这一点令人惊讶，因为维斯瓦河集团军群的任务之一就是防御海岸地带，而且许多战斗部队最初就是乘船抵达斯德丁的。

第1分处的舒尔茨（Schultz）上尉负责弹药保障，并由埃默利希

---

① 原文如此，应为吕克尔特（Rückert）。

（Emmerich）中尉担任助理。燃料供应事务由阿格滕（Agten）上尉负责。邮政服务由野战邮政高级监督（Feldpostoberinspektor）吕特（Lüth）负责，他是一名陆军文职人员，职衔大致相当于上尉。

第2分处的主管是皮茨（Pütz）上尉，助理是蒂尔格纳（Tilgner）少尉，主要负责与集团军群后方地带相关的各种民政任务，如难民、人员疏散、战俘和武装部队损失等。集团军群区域内的财务问题由罗森博士（Dr. Rosen）和赫维尔（Hoevel）管理，奥斯纳（Osner）少校负责战俘事务。

武器装备分处由帕斯托（Pastor）少校主管，主要工作是从集团军群下属的各集团军接收需求，并将其转交给陆军最高司令部。帕斯托属下有6名参谋军官，他们是各自领域的专家。其中德鲁维（Druwe）上尉同时担任第1科（Sachgebiet I，负责武器装备的申领）和第2科（负责J、A和L类装备）主管；托伊布勒（Teubler）中尉负责第3科（负责H、VW、Q、R、W和Z类装备）和工兵科（负责工兵装备）。至于其他专业科室则由专人负责，例如火箭武器和防化科的主管是塞弗特（Seifert）技术监督（Technischer Inspektor）。另外，本部门还有1个由雷斯塔特（Restat）中尉领导的人事科。

根据文件，武器装备分处及其下属科室还应接管军械监察分处（Tätigkeitsgebiet der Gruppe Feldzeuginspizient）的职责，直到有后续通知。

行政管理部门的主管是党卫军中校卡里乌斯（Karius），其职责范围包括工资、被服、个人物品和口粮。其下属C科包括2名文职主管人员，即行政中尉（Oberzahlmeister）考施（Kautzsch）和德罗多夫斯基（Drodofsky）。此外，该部门还拥有1个P科，这是一个人事职能单位，专门负责副官部门军官和文职人员的个人事务。

A科（财政事务科）和D科（后方驻军行政管理科）的主管人员尚未到位。E科（后方医院行政管理科）主管由中尉级行政官勒特格（Röttger）担任。

党卫军中将格布哈特（Gebhardt，离职）担任集团军群首席军医，他拥有教授头衔，负责领导集团军群的所有医疗事务和医务人员。

格布哈特的配套班子包括药剂师戈默特（Gohmert）、牙科专家马斯（Mass）和军医上校埃默尔（Eimer）教授，后者负责向希姆莱汇报各种医疗事项，并为普通民众、民用医院、难民和国民突击队提供物资。

集团军群首席兽医是特雷贝施（Trebesh），军衔为兽医少校（Oberstabsveterinär）。该部门是集团军群所有兽医事务和人员的最高领导机构，其助手有两人——科尔纳（Körner）和卡纽特（Kaniuth）。

哈尔比希（Halbig）上校是汽车维修部门主管，负责确保集团军群所有汽车维修人员和维修工作的正常运转。其中，轮式机动车辆分处由胡斯曼（Hussman）少校负责，他有2名下属参谋，即毛斯（Maus）和菲勒（Phieler），这2人分别管理一个科室。伊肯（Icken）少校负责装甲部队事务。哈尔比希上校的副官由索默（Sommer）少尉担任。

机动车辆修理分处（Section V/J）主管是查伊卡（Czajka）少校，其下属参谋人员包括施密特（Schmidt）上尉和行政中尉克罗姆珀斯（Krompers）等人。

另外，维斯瓦河集团军群还有一个专门的技术部门（IIa/IIb），其负责人是黑德克（Heidecke）上尉，他拥有工程学硕士学历，下属参谋人员则包括工程学硕士鲍滕（Bauten）少尉等人。但该部门有许多岗位处于空缺状态。

克劳泽（Krause）少校和海尔曼（Heilmann）行政军士长（Obersekretärt）担任临时特别保障参谋，他们负责与上述技术部门合作，协助后勤参谋开展管理。

另外，后勤参谋部门的特别保障参谋人员还包括了博尔歇特（Borchardt）骑兵上尉、格拉（Grah）军士长和施密茨（Schmitz）行政上尉（Stabsintendant）等人。

维斯瓦河集团军群经济部门（Abteilung Wirtschaft）

党卫军少将科尔纳（Körner）是集团军群经济事务部门主管，任务包括利用部队所在地区的经济资源，尤其是各种原材料、劳动力和农业资源，保证部队后勤供应。由于维斯瓦河集团军群正在德国本土作战，该部门可以和施佩尔部长和各大区领袖直接联络。

该部门直接对希姆莱负责，行政事务主管（Chief Officer）是鲍曼（Baumann）上尉，并包括农业、劳动力、林业和木材分处。

维斯瓦河集团军群国防军秩序部队司令（General der Wehrmacht-Ordnungstruppen）

维斯瓦河集团军群的所有秩序部队（即宪兵）由党卫军上将洛伦茨

(Lorenz)主管，他直接向希姆莱汇报，该部门的行政事务主管是陆军中校克吕格尔(Krüger)，其副官兼行政事务助理是党卫军上尉克拉索夫斯基(Krassowsky)，下属参谋人员有菲舍尔(Fischer)少校、沃恩卡尔(Vornkahl)上尉、鲁默特(Rummert)中校和屈佩尔(Küpper)等人。

运输部队司令

运输部门由哈姆贝格尔(Hamberger，留任)上校负责，其助手是伊尔金(Ilking)少校。该部门负责监督公路、铁路和内陆水道的所有人员与物资输送工作。在本部门，部队调动由业务分处主管(Ia)格罗斯(Gross)少校负责，补给品运输由后勤分处主管(Ib)庞格拉茨(Pongratz)少校负责，医院和伤员列车的调动由医务分处主管(IVb)军医中校(Oberfeldarzt)托尔(Thol)负责。

上述分处主管负责为其他参谋部门提供支持，满足其运输要求。此外，本部门还下辖一个建筑与工程分处(III)，该分处的主管是阿克瓦(Ackva)少校，察斯特罗(Zastrow)上尉和魏格曼(Wegmann)少尉则分别处理情报参谋和国家社会主义指导军官部门的运输需求。

运输部门还配有若干直属军官和参谋人员，其中：

乌尔曼(Ullmann)少校负责空军协调空运事项，帝国铁路高级监察(Reichsbahn-Oberinspektor)埃尔默(Eimer)负责与德国国家铁路系统进行联络，威特里希(Wittlich)中尉(离职)则是运输部门的通信军官。

维斯瓦河集团军群工程总监(General-Ingenieur bei der Heeresgruppe Weichsel General-Ingenieur)

维斯瓦河集团军群工程总监是罗斯科森(Roskothen)，他也是托特组织第2任务集群(Todt Task Force II)[①]司令。曼特勒(Mantler)工程主管(Baurat)则担任托特组织驻集团军群代表。该部门可能由运输部门管辖。

---

① 原文如此，其原文似乎为Einsatzgruppe Deutschland II。另外，罗斯科森的拼写似乎有误，因为在现有资料中尚无法找到托特组织有这样一名高级官员。

本章尾注：

1. 希姆莱还命令拘押布伦贝格的纳粹党地区领袖（Kreisleiter）兰普夫（Rampf）、地区行政长官屈恩（Kühn）和恩斯特（Ernst）少校①。这三人随后被革职，并打入前线惩戒营。参见阿拉斯泰尔·诺博尔《纳粹统治和苏军在德国东部的进攻，1944—1945：至暗时刻》，第195页。

2. 塞德利茨/塞德利茨分子是为苏军效力的德国战俘，在正面和隐秘战场上，他们负责帮助苏军获得情报，误导德国部队，并发动偷袭。在国防军最高统帅部，这些部队被称为塞德利茨部队。这一名字来自在斯大林格勒战役中被俘的炮兵上将——瓦尔特·冯·塞德利茨-库茨巴赫（Walther von Seydlitz-Kurzbach）。在与苏军合作的人当中，塞德利茨地位显赫。投降后不久，他便成为德国军官组织（Bund deutscher Offiziere）的领导人和自由德国民族委员会（Nationalkomitee Freies Deutschland）的重要成员。这些官兵是否被组织起来对抗同胞？在今天的德国，这一问题仍然存在争议。不仅如此，其文件证据也非常有限。但在战争后期，德军老兵的回忆录中，关于塞德利茨部队的记录却比比皆是。另外值得一提的是，许多塞德利茨部队的成员后来都在“民主德国”官居显位。

3. 参见美国国家档案馆文件T311/170/7222258-59。

4. 参见德国联邦档案馆-军事档案分馆文件T311/167/006-07，附录1。

5. 参见罗杰·曼维尔和海因里希·弗兰克尔《海因里希·希姆莱：党卫队和盖世太保头目的罪恶一生》（*Heinrich Himmler: The Sinister Life of the Head of the SS and Gestapo*）（纽约州纽约市：法尔河出版社，2009年出版），第xiii-xiv页。

6. 参见罗杰·曼维尔和海因里希·弗兰克尔《海因里希·希姆莱：党卫队和盖世太保头目的罪恶一生》，第78—79页。另见彼得·隆格里奇《海因里希·希姆莱传》（*Heinrich Himmler*）（英格兰牛津：牛津大学出版社，2012年出版），第300页。

7. 参见彼得·隆格里奇《海因里希·希姆莱传》，第263—264页。

8. 参见罗杰·曼维尔和海因里希·弗兰克尔《海因里希·希姆莱：党卫队和盖世太保头目的罪恶一生》，第135—136页。

9. 参见蒂姆西·施耐德《血色大地：希特勒和斯大林之间的东欧》（*Bloodlands: Eastern Europe Between Hitler and Stalin*）（纽约：基础出版社，2011年出版），第188页。

10. 参见彼得·隆格里奇《海因里希·希姆莱传》，第520—522页。

11. 参见蒂姆西·施耐德《血色大地：希特勒和斯大林之间的东欧》，第188—189页。

12. 参见蒂姆西·施耐德《血色大地：希特勒和斯大林之间的东欧》，第222页；亚历山大·达林《德国在俄罗斯的统治，1941—1945：占领政策研究》（纽约州纽约市：八边形出版社，1980年出版），第283页；菲利普·布洛德《希特勒的匪徒猎手》（*Hitler's Bandit Hunters*）（华盛顿特区：波托马克出版社，2008年出版），第80—91页。关于迭勒汪格，读者可参见理查德·罗兹撰写的《死亡之主：党卫队特别行动队和大屠杀的诞生》（*Masters of Death: The SS-Einsatzgruppen and the Invention of the Holocaust*）（纽约：阿尔弗雷德·克诺夫出版社，2002年出版）一书第248—250页。

---

① 原文为Major Ernst，此处有误。此人实际是布伦贝格市的市长（Mayor）瓦尔特·恩斯特（Walter Ernst）。

13. 参见诺曼·戴维斯《起义，1944：华沙之战》（*Rising 44: The Battle for Warsaw*）（纽约州纽约市：维京-企鹅出版社，2009年出版），第249页。

14. 参见诺曼·戴维斯《起义，1944：华沙之战》，第252页。

15. 参见诺曼·戴维斯《起义，1944：华沙之战》，第408页。

16. 参见美国国家档案馆柏林档案中心，A3343档案组，党卫军军官人事文件；第236A号卷宗，拉默丁人事文件。

17. 参见佩里·比迪斯科姆《党卫军猎兵营：纳粹抵抗运动秘史，1944—1945》（*The SS Hunter Battalions: The Hidden History of The Nazi Resistance Movement 1944—45*）（英国格洛斯特郡：时代出版社，2006年出版），第9—10页。

18. 参见佩里·比迪斯科姆《党卫军猎兵营：纳粹抵抗运动秘史，1944—1945》，第11页。另外，在一份1945年6月23日编写的备忘录［帝国保安处下属机构：可能参与的战争罪行（Sections of the R.S.H.A. Possibly Involved in War Crimes）］中也提到"……斯科尔兹内下属的部队包括特种作战营（Sondereinsatzabteilung）和党卫军猎兵部队……其中，党卫军猎兵部队的成员经常被单独或以小组形式送回原籍国，任务包括在盟军占领后建立破坏和颠覆组织，并对特定目标发动攻击。此外，一些成员还承担着恐怖袭击工作，包括暗杀重要政治人物，或对其进行策反。他们还奉命袭击孤立的哨所——有时是身着德军制服，有时是采用伪装或盟军制服"。该本备忘录出自《多诺万纽伦堡审判文件汇总》（*Donovan Nuremberg Trials Collection*，现藏于康奈尔大学法律图书馆）第CV/01卷，第10页。

19. 联合指挥是指在组织内存在明确的职责、权力和通信链条。它既是一个概念，也是一种状态：在实现联合指挥时，整个权力体系的成员都将齐心协力，为共同目标奋斗，各个层面的软硬件和资源也将得到有效利用。但另一方面，如果在该链条中，主管机构成员没有给出明确的目标，那么执行命令和贯彻意图也将无从谈起。

20. 参见反情报部门第29号中间审讯报告（CI Intermediate Interrogation Report），审讯对象：党卫队旅队长兼警察少将恩斯特-奥古斯特·罗德［驻欧洲战区美军司令部军事情报局（Headquarters US Forces European Theatre Military Intelligence Service Center）1945年10月22日编写］，第5页。

21. 同上。

22. 参见美国国家档案馆文件T311/168/7219597。

23. 其中一个例子是希姆莱在2月17日给菲格莱因的通知。通知要求后者加快向集团军群运送21厘米迫击炮，但这些请求一般是直接发给陆军最高司令部的。详情可参见德国联邦档案馆-军事档案分馆文件T311/169/I603，附录2。

24. 参见美国国家档案馆文件T311/168/7219786。

25. 参见美国国家档案馆文件T311/168/7219775-77。

26. 参见美国国家档案馆文件T311/169/I475，附录2。

27. 参见维特·舍尔策《德国陆军、空军、海军、党卫军、国民突击队和盟国部队的骑士十字勋章获得者，1939—1945（根据德国联邦档案馆的文件撰写）》（*Die Ritterkreuzträger 1939—1945: Die Inhaber des Ritterkreuzes des Eisernen Kreuzes 1939 von Heer, Luftwaffe, Kriegsmarine, Waffen-SS, Volkssturm sowie mit Deutschland verbündeter Streitkräfte nach den Unterlagen des Bundesarchivs*）（耶拿：舍尔策军事出版社，2007年出版），第29—30页。

28. 参见美国国家档案馆文件T311/168/7219988。

29. 关于参谋人员的去留，笔者参考了以下资料：海因里齐对职务交接阶段的回忆（参见《奥得河前线1945》第1卷正文部分）；维斯瓦河集团军群向英军投降时的高级参谋清单（参见《奥得河前线1945》第1卷附录C）；海因里齐上任之后（即1945年3月21日之后）的集团军群文件。

30. 关于参谋机构的起源，读者可以参考美国陆军克里斯托弗·帕帕罗内上校撰写的文章《美国陆军的决策：过去、现在和未来》（*U.S. Army Decision-making: Past, Present, and Future*），该文章出自《军事评论》杂志2001年7—8月号，虽然年代已久，但仍有参考意义。

31. 在希姆莱接管维斯瓦河集团军群期间，巴赫-泽列夫斯基也在其麾下担任奥得河军军长，但后来被马丁·加雷斯步兵上将取代。

32. 参见小查尔斯·西德诺《毁灭士兵》（*Soldiers of Destruction*）（新泽西州普林斯顿：普林斯顿大学出版社，1990年出版），第320—321页。直到拉默丁去世，引渡他前往法国受审的呼声都持续不断，有人甚至提出绑架——相关情况可参见1971年1月11日《时代》杂志《法国：拉默丁事件》（*France: The Lammerding Affair*）一文。1971年1月13日，拉默丁在德国巴特托尔茨（Bad Tölz）死于癌症。

33. 参见海因茨·赫内和赫尔曼·措林《间谍将军：格伦将军及其间谍网络的真相》（*The General was a Spy: The Truth About General Gehlen and His Spy Ring*）（纽约：科沃德、麦肯和乔希根出版社，1971年出版），第9页，第303—304页。

34. 参见海因茨·赫内和赫尔曼·措林《间谍将军：格伦将军及其间谍网络的真相》，第304页。

35. 参见塞缪尔·米查姆《德国在东线的失败，1944—1945》（*The German Defeat in the East 1944—45*）（宾夕法尼亚州梅卡尼克斯堡：斯塔克波尔图书公司，2001年出版），第127页。米查姆并没有给出这段记录的出处。不过，金策尔的服役记录确实显示，他立刻在7月被转为后备指挥官。

36. 参见德国联邦档案馆-军事档案分馆文件T311/167/I076，附录2。

37. 这里似乎指的是德国1939年的边界，另外，自1939年德军入侵波兰之后，波兰总督区（Generalgouvernement）也被视为大德意志的固有部分。

38. 参见德国联邦档案馆-军事档案分馆文件T311/167/I243，附录2。

39. 参见德国联邦档案馆-军事档案分馆文件T311/169/I070，附录1。

40. 参见德国联邦档案馆-军事档案分馆文件T311/169/I101-03，附录1。

41. 关于示例，读者可参见德国联邦档案馆-军事档案分馆文件T311/169/I431，附录2。

42. 参见德国联邦档案馆-军事档案分馆文件T311/169/I195，附录1。

43. 参见美国国家档案馆文件柏林文献中心，A3345档案组，杂项收藏文件陆军部分；第158号卷宗，艾斯曼人事文件。

44. 参见海因茨·赫内和赫尔曼·措林《间谍将军：格伦将军及其间谍网络的真相》，第41页。

第二部分

东线：战略崩溃和重整旗鼓

1945年1月12日至2月15日

“在整条东线上，灾难像雪崩一样扩大。”

——冯·洪博尔特（H. von Humboldt）中校，陆军最高司令部作战局

“……朱可夫提议，在维斯瓦河行动结束后，在3月向柏林发动进攻。”

——阿纳托利·希尼亚耶夫（Anatoliy D. Sinyayev）上校，
白俄罗斯第1方面军第5突击集团军情报处主任

苏军的维斯瓦河–奥得河战略进攻行动

东线外军处的预测

1945年1月5日，即苏军发动冬季攻势前夕，东线外军处处长莱因哈德·格伦少将为古德里安起草了一份报告，并预测了敌人的行动时间和目标。[1]在报告中，格伦指出，这次攻势将在1月前半月开始，对于对手的意图，他只是粗略地提到："鉴于其准备时间漫长，敌人想必对部队进行了有力的补充与训练，其众多目标将包括：布拉格、布雷斯劳（Breslau）①、波森、格劳登茨（Graudenz）②、但泽，而最终目标则是柏林。苏军高层肯定试图在这场攻势中歼灭东线德军，我们必须有所准备。"[2]在附带的报告中，格伦判断白俄罗斯第2方面军的优先任务是尽快攻克东普鲁士，至于该方面军的新任司令——罗科索夫斯基（Rokossovsky）元帅——则对"这一任务极度胜任"。另外，格伦还详细指出，白俄罗斯第1方面军将从西南方向合围华沙，随后朝西北和西面大举推进；至于乌克兰第1方面军则会朝布雷斯劳和西里西亚长驱直入；同时，乌克兰第2和第3方面军将进攻维也纳和布拉格。在格伦看来，苏军冬季攻势的主要目标就是将德军歼灭在波兰和德国东部边境，而且他对此深信不疑。[3]然而，希特勒却对此嗤之以鼻——尤其是对苏军兵力的报告——他将格伦斥为"失败主义者"，并拒绝了古德里安向东线增兵的所有请示。[4]

有一张地图为我们展示了东线外军处的观点，其信息来自1944年12月2日至1945年1月2日间的各种报告。有趣的是，地图的第9号注释提到，东线中部苏军（至少是白俄罗斯第1方面军）流行着"攻向柏林，实现和平"的口号，这显然暗示着柏林是他们的最终目标。另外有趣的是，尽管有东线外军处的情报，德军高层依然认定苏军冬季攻势的战役目标相对有限，并将止于但泽–托恩（Thorn）③–卡利施（Kalisch）④–奥珀伦（Oppeln）⑤–拉蒂博尔（Ratibor）⑥一线，至于后续目标则是布雷斯劳和波森。这种判断完全背离了

---

① 即今天波兰的弗罗茨瓦夫（Wroclaw）。
② 即今天波兰的格鲁琼兹（Grudziądz）。
③ 即今天波兰的托伦（Toruń）。
④ 即今天波兰的卡利什（Kalisz）。
⑤ 即今天波兰的奥波莱（Opole）。
⑥ 即今天波兰的拉齐布日（Racibórz）。

现实，而且无视了格伦的猜测——因为苏军早已把目标对准了奥得河，至于柏林则是下一步。

该报告还用另一份地图描绘了前线当面的苏军数量，并介绍了东线外军处预测的苏军主攻和助攻路径。这两张地图都显示苏军的冬季攻势将直指柏林。就像古德里安预料的那样，这次进攻最终在1月12日发动。

战斗经过

格伦对苏军作战意图的判断并没有错，但他低估了对方的兵力。苏军的实力不仅高于希特勒的判断，甚至远远超过了格伦的预期（格伦将苏军步兵和坦克的实力分别低估了40%和60%）[5]，到1月初，斯大林已经集结了6400辆坦克、强击火炮与210万名士兵，而德军只有800辆坦克、突击炮和52万人。[6]

德国人不仅兵微将寡，还缺乏战役预备队。在这种情况下，古德里安小心翼翼，打算像4个月后的海因里齐一样，将部队提前撤往20公里外的第二道防线，以躲避苏军的炮火打击。但在执行这一计划时，古德里安面临着3个问题。首先，他的兵力不足，难以开展纵深防御。按照计算，前线每公里只有不到72名士兵。希特勒则认为，苏军根本不会进攻——就算他们真的行动，规模也不会达到格伦预测的程度。正因如此，希特勒将第11步兵师、第61步兵师、第121步兵师、第1装甲师①和第4装甲师部署到了中央集团军群②麾下，而不是苏军总攻方向上的A集团军群③。此外，他还不断向东南前线调集增援（比如把第6装甲集团军派往南方集团军群），这种情况一直持续到战争结束前夕。[7]第二个问题是希特勒要求把战役预备队，即屈指可数的几个装甲师，部署到距主战线（Hauptkampflinie）10公里内，导致装甲师难以从苏军的炮火覆盖下逃脱。第三，希特勒驳回了靠后设置第二道防线的请求，而是命令将其建在主战线10公里内，这让古德里安很难施展原计划。[8]

另一个问题也给战备工作蒙上阴影，其症结是A集团军群防区南缘的巴拉

---

① 原文如此，此处似乎应为第7装甲师，因为第1装甲师早在1944年秋天便投入了更南部的匈牙利前线，不可能被派往中央集团军群。

② 该集团军群实际位于东线北部，并在不久之后改名为北方集团军群。

③ 该集团军群不久改名为中央集团军群。

诺夫桥头堡（Baranow Bridgehead）。在当时，古德里安总是对格伦言听计从，从来没有质疑过后者的判断。也正是根据格伦的预测，他把关注点投向了北面的格拉博（Grabow）①和普瓦维（Pulawy）桥头堡，并向当地调派了最后的防御资源。但苏军最致命的攻势却是从南方桥头堡发动的，这让古德里安措手不及。在2月，古德里安和格伦又遭遇了类似的情况，并给波美拉尼亚方向的战事带来了严重影响。

维斯瓦河–奥得河战略进攻行动在规模上堪称空前绝后，苏军的兵力优势更是史无前例。在25分钟的炮击之后，朱可夫派出了强大的侦察部队，以便为各步兵师寻找弱点。在后者达成突破之后，2个坦克军趁势跟进，直捣德军腹地。在南面，科涅夫发动了1小时的炮击，随后是短暂的停顿，以便步兵冲击德国人的据点。然后，大炮重新鸣响，更猛烈的攻势随之降临，其中包括了3个坦克军，它们如离弦之箭一般狂奔而去。[9]苏军占领了华沙，随后向布伦贝格–波兹南–布雷斯劳一线乘胜推进。有趣的是，三个月之后的4月16日，苏军发起下一轮总攻之时，朱可夫和科涅夫的战术几乎与当时如出一辙。鉴于维斯瓦河–奥得河战略进攻行动的结果，他们显然认为不需要修改计划——因为德军的防御看上去还是那么不堪一击。

（参见地图1）

在1月12日进攻当天，苏军便碾碎了德国人的薄弱防线——他们一路高歌猛进，突破异常深远。[10]党卫队高级地区总队长阿图尔·格雷泽（Arthur Greiser）是瓦尔塔大区（Warthegau）的纳粹党领袖，由于当地位于通向柏林的东西轴线上，早在1944年12月初，他就知道这片区域在劫难逃，而他传回的第一批报告则充斥着焦虑和惶恐。在离开波森视察前线时，他被眼前的一切惊呆了："前线混乱且弥漫着惶恐，德军像野兔一样向西溃逃，灾难已无可挽回。"[11]

1944年秋季，为发动守望莱茵行动，希特勒不断从东线抽调部队。对原本薄弱的维斯瓦河守军来说，这无异于雪上加霜（参见《奥得河前线1945》第1卷第1部分第2章）。除了大德意志装甲军，德军的战役预备队大都紧贴着战

---

① 即今天波兰的维斯瓦河畔格拉布夫（Grabów nad Wisłą）。另外，这里的表述可能有误，也许是马格努舍夫（Magnuszew）桥头堡，为了应对从当地出击的苏军，德军投入了最后一支装甲预备队——第25装甲师。

线。[12]这一弱点很快被苏军的参谋们察觉了。

白俄罗斯第2方面军攻击了中央集团军群辖下第2集团军的左翼，随后几周，该方面军不断向西北进攻，沿着维斯瓦河一路畅行无阻。白俄罗斯第1方面军的攻击目标是A集团军群辖下的第9集团军和第4装甲集团军。这两个集团军随即陷入孤立，彼此无法相顾。乌克兰第1方面军则朝西北方向的布雷斯劳、西里西亚和尼斯河（Neisse River）上游进击——这里是第4装甲集团军和第17集团军的结合部。在突破德军防线之后，苏军的各个坦克集团军便开始了一场横跨600公里波兰平原的“赛跑”，在这片大平原上，地面和河流早已封冻，苏联坦克每天可以前进35公里，几乎是畅行无阻。不过，尽管在人员和火力上有巨大优势，但苏军依旧有383000人伤亡，相当于每天8400人，另外，他们还损失了1267辆坦克和强击火炮（相当于每天55辆）。[13]

对于这次进攻，古德里安最初作何反应？这里有1月15日陆军最高司令部的报告。在报告中，他向元首大本营和国防军最高统帅部表示，他决定派遣预备队发起反攻——但此时距离苏军开始行动已过了4天之久：

致：

元首和国防军总司令

元首大本营

我的元首！

我向您报告，A集团军群的形势正在恶化。根据已知情况，敌军（包括5个装甲军、2个独立装甲单位和14个步兵师）已从巴拉诺夫桥头堡突破，目前已抵达A-2防线，即斯沃姆尼基（Slomniki）–什切克钦（Szczekecin）①–乌洛奇佐瓦（Wloszczowa）以西一线。按照估计，他们今天将突破我方在当地的薄弱屏障，一部分向克拉科夫（Krakau）前进，另一部分朝卡托维茨（Kattowitz）至琴斯托霍瓦（Tschenstochau）一线奔去。尽管新抵达的两个师（第97猎兵师和第712步兵师）可以迟滞敌军在克拉科夫和琴斯托霍瓦之间的行动，减缓其攻

① 原文如此，此地名可能有误，因为在波兰境内并没有同名地点。

入上西里西亚的步伐，但他们无法坚持很长时间。换言之，上西里西亚工业区已是危在旦夕。

第24装甲军失血严重——在凯尔采（Kielce）周围艰苦卓绝的战斗中，他们需要迎战3个坦克军、3支独立坦克部队和15个步兵师。但愿该军能够阻止敌军穿过凯尔采向西北方向快速推进，并与霍恩集群（Gruppe Hohn）恢复联系，目前，后者正在该军东面苦战。

昨天，在普瓦维桥头堡方向，敌军的1个坦克军和19个步兵师也突破了我军防线——这一点已确凿无疑。强大的敌方装甲部队出现在拉多姆（Radom）以东地区。普瓦维桥头堡当面的第24装甲军遭遇了严重削弱，敌方装甲部队恐怕将继续乘胜向西推进。

敌人还冲出了第40装甲军当面的马格努舍夫桥头堡，其攻击梯队由16个步兵师组成，并预计得到1个坦克军和1支独立坦克部队的加强，将朝西南方达成突破。在这股敌人当面，虽然第45国民掷弹兵师仍具有部分战斗力，但第19装甲师和第25装甲师已被削弱，不过，上述部队仍然稍微拖延了敌人的脚步。今日在该地区，敌军已相继投入了15个步兵师，试图跨过皮利察河（Pilica）朝西北方向进攻，还有1个坦克军可能将随后跟进，他们已在河对岸建立了桥头堡，桥头堡的兵力大约有2个师。

此外，在今天，第17集团军附近［即亚斯沃（Jaslo）以东地段］和第9集团军左翼［即维斯瓦河–纳雷夫河（Narew）三角洲］也遭到了攻击，当地的我军部队损失惨重。

除了上西里西亚工业区的危机，今天还有两处险情：

（1）突向拉多姆之敌可能与另一股敌军——从马格努舍夫桥头堡向西南推进之敌——形成合力，切断第4装甲集团军和第9集团军的联系。

（2）敌军横渡皮利察河的行动同样意义重大，他们将朝西北方推进，威胁华沙方向及以南维斯瓦河防线的安全，并可能对整个中央集团军群产生深远影响。

坚守皮利察河防线尤其重要，同样，我们还必须保持第4装甲集团军和第9集团军的联系，如果上述目标落空，我们将无法维持局面，更不可能抵挡在维斯瓦河大弯曲部活动的敌军部队。

因此，我决定调动运输中的大德意志装甲军（含勃兰登堡装甲掷弹兵师和赫尔曼·戈林第1伞兵装甲师）。该军将肃清皮利察河北岸之敌，随后越过皮利察河向南进攻。鉴于该军在托马舍夫（Tomascew）以东地区的集结要到1月19日才完成，而且局势发展可能对第9集团军不利，因此，我尚无法对此举的成效做出保证。但我请您，我的元首，同意我动用大德意志装甲军。

但无论是投入大德意志装甲军，还是增援上西里西亚工业区的其他步兵师，都无法彻底改善东线中部的整体局势。只有立刻将更多强大的装甲和步兵部队投入A集团军群，我们才能在维斯瓦河大弯曲部挫败苏军的总攻势。

签字：古德里安

陆军最高司令部/陆军总参谋部/作战处

文件编号：450 011/45 g.Kdos.Chefs.

1945年1月15日[14]

这一命令与古德里安回忆录《装甲指挥官》（*Panzer Leader*）的内容相互矛盾，按照后者的说法，部署大德意志装甲军的决定并非出自他自己，而是希特勒。该书还言之凿凿地表示，考虑到苏军的行动速度，其后果甚至在该军参战前便已“一目了然”了。[15]次日，古德里安又向中央集团军群和A集团军群的军官们发出了一份绝密急电。在电报中，他代表陆军最高司令部，提出了对抗苏军攻势的方针。其内容似乎表明，他的建议得到了批准。

文件编号：OKH/Genstab/Op Abt (Ia) no. 450 013/45 g.Kdos.Chefs.

起草日期：1945年1月16日

对A集团军群和中央集团军群后续行动的指示

1. 必须彻底阻止苏军从维斯瓦河大弯曲部发动的总攻，确保其不越过以下区域：

克拉科夫东部的维斯瓦河–B-1防线［至拉多姆斯科（Radomsko）以西］–皮利察河［至热奇察（Rzeczyza）］–姆什乔努夫（Mszczonow）–华沙要塞（含）–维斯瓦河（至莫德林附近）。

上述防线必须不惜代价坚守，对于敌人，不管他们是已经达成突破，还是将在未来某天攻入我军阵地，我们都一定要反攻，并将其击退。上述防线是一条底线，A集团军群必须努力守住A-2防线，为上西里西亚工业区提供缓冲。

2. 在第1条命令的大框架下，A集团军群可以见机行事。重点是保持第17集团军北翼、第4装甲集团军和第9集团军的联系，并把有生力量派往新防线，但冯·邵肯（von Saucken）装甲军①的部署将由陆军最高司令部决定——该军正在运输途中，按照计划，他们将从托马舒夫（Tomaschow）/利茨曼施塔特（Litzmannstadt）②出发，直接开赴皮利察河以北，打击皮利察河和维斯瓦河之间敌军的侧翼和后方。准备工作将相应进行。

3. 除了增援中的各师，我们将不再从西线最高司令部和中央集团军群另行抽调单位。但南方集团军群的第20装甲师和第8装甲师仍将陆续赶来。我们还允许A集团军群将喀尔巴阡山脉–贝斯基德山脉（Beskides）的战线（由第1装甲集团军和第17集团军负责）撤回到埃里希防线至A-1防线一带，以便为北面的维斯瓦河前线再释放1—2个师。

中央集团军群

1. 对于中央集团军群，其重点是继续坚守前线，竭力阻止苏军突破，重中之重是莫德林附近的维斯瓦河–纳雷夫河交汇处。

2. 应立刻用第83步兵师替换第50步兵师，并用第23步兵师替换另一个尚未参战的师。相关情况应立刻报告——撤出前线的部队将成为陆军最高司令部预备队。

根据元首的命令！

文件编号：OKH/Genstab/Op Abt (Ia) no. 450 013/45 g.Kdos.Chefs.

1945年1月16日[16]

古德里安急于避免部队被苏军割裂，但除了大德意志装甲军之外，他没有任何增援部队。而且该军仍然在遥远的北方，直到苏军进攻48小时后才接到调动命令。也正是因此，这支由迪特里希·冯·邵肯（Dietrich von Saucken）将

① 即大德意志装甲军。
② 即今天波兰的罗兹（Łódź）。

军指挥的部队也就无法减缓，更不用说阻止苏军的前进了。随后1周，苏军继续以惊人的步伐向西推进，至于古德里安的愿望——保持第9集团军和第4装甲集团军的联络也迅速化为泡影。苏军清楚德军早已无兵可派，他们的装甲部队只要遭到抵抗，就会迂回推进。例如瓦尔特·内林（Walther Nehring）装甲兵上将的第24装甲军，该军和其他几个师被苏军前锋切断，为了避免孤悬敌后，他们只好自行向西撤退。大德意志装甲军也一样，该军零敲碎打地投入了战斗，并陷入了苏军的阵地中。考虑到苏军的进攻速度，我们不免怀疑将其投入罗兹地区的做法是否明智，因为该军的2个师（勃兰登堡装甲掷弹兵师和赫尔曼·戈林第1伞兵装甲师）完全失去了联系，只能从罗兹地区各自向西逃命。大德意志装甲军最终在瓦尔塔河（Warthe）附近与友军仓促组织了一条防线，并坚守了数天之久，这让内林集群得以侥幸脱险。接下来，这些部队向西朝西里西亚突破，并在一场慌乱的撤退之后抵达了奥得河畔。

其间，党卫队全国领袖希姆莱的预备军只提供了少量增援。不过，希姆莱确实对东部的国民突击队营进行了第一轮动员。这些营大约有32个，每个营的人数在400—500人之间。这些部队被派往A集团军群，大多驻扎在具有交通枢纽地位的据点城镇附近，尤其是波森。[17]这些部队缺乏重型武器，训练严重不足，只有在战争末期越来越重要的铁拳火箭筒绰绰有余。[18]古德里安后来会见了国民突击队的参谋长戈特洛布·贝格尔（Gottlob Berger），并与这位党卫军上将讨论了国民突击队能做些什么。贝格尔表示，每个大区都可以动员更多的国民突击队，一旦装备妥当就可以派往别处。古德里安希望将这些增援派往波森，但由于苏军进攻速度太快，他们几乎都没有赶到，更不用说发挥作用。[19]在攻势发动2周后，苏军抵达了奥得河–瓦尔塔河一线，2月1日，他们还在屈斯特林以北抵达了奥得河西岸。但令人惊讶的是，即使在这种危急时刻，国防军和大区领袖仍然在各行其是。尽管后者完全可以提早动员国民突击队，并交给陆军指挥，但直到苏军进攻后，他们才仓促投入这些部队。这也表明了纳粹德国内部各自为政的程度——哪怕在这个需要合作的时刻，每个人仍在打着自己的小算盘。同样令人震惊的是，对于大区领袖们的殷实家底，古德里安竟然毫不知情。

第三帝国的整体战略形势

1月22日，凯特尔发布了一份电传电报，向各下级司令部介绍了纳粹德国的战略形势：

致：

西线最高司令部

上莱茵河最高司令部

陆军总参谋部/作战处

陆军总参谋部/军需处

空军总司令部/指挥处

抄送：

党卫队全国领袖

1. 鉴于英军在鲁尔蒙德（Roermond）以南的攻势，美军在阿登突出部的不懈攻击，以及下阿尔萨斯（Lower Alsace）地区的僵持拉锯，法军在上孚日（Upper Vosges）的进攻，敌人显然试图吸引德军的预备队，策应苏军在东线的攻势，进而让帝国防御更快崩溃。

2. 作为应对，元首决定立即在东部采取行动，遏制苏军进攻，为反击创造有利条件。

3. 为此，元首命令从西线最高司令部抽调下列部队，并尽快将其运往东方，以便他本人亲自调遣；卸载区域将由陆军总参谋长根据特别指示确定：

第6装甲集团军司令部及其直属单位

党卫军第1装甲军军部、直属部队以及党卫军第1和第12装甲师（命令已下达）

党卫军第2装甲军军部、直属部队以及党卫军第2和第9装甲师

第39装甲军军部、第11装甲师、另一支快速部队（第25装甲掷弹兵师或第2装甲师）、元首掷弹兵旅和元首护卫旅

1个步兵师或国民掷弹兵师

2个国民炮兵军

之前提到的架桥纵队

上述部队的弹药和燃料供应将由陆军总参谋部/军需处负责。

4. 元首还希望稍后解散上莱茵河最高司令部，并将其下属部队转入G集团军群麾下。具体时机将由西线最高司令部确定。

5. 所有预测都表明，敌军将先后对鲁尔谷地和荷兰发动进攻。西线最高司令部应在西线中部和北部集结兵力，并死守奥尔河（Oure）以西的高地（除非遭遇绝对优势之敌）。如果发现敌军从阿登地区向北增兵，第5装甲集团军应撤往后方，并在更高级别司令部的指挥下投入未来作战。

在下孚日地区和莱茵河上游，只要消灭哈格瑙（Hagenau）[①]-扎伯恩（Zabern）[②]一线以北的敌人还有一丝希望，或是能将其压制在扎伯恩山口一带，我们就应当继续进攻——这将有助于打通与第19集团军（位于孚日山脉）的联系。

西线最高司令部应报告上述行动的指挥人员和投入兵力（包括一线单位和预备队）。

6. 对于德国空军，元首的命令是：

（1）德国空军应出动现代化飞机轰炸敌占区，为西线最高司令部提供支援，其攻击重点应当是安特卫普（Antwerp）的敌军补给中心。

（2）只有航程无法抵达安特卫普的单位，才可以在燃料有富余时直接支援陆军部队。

（3）战斗机部队的任务是保护前沿和后方之间的交通线。

（4）另外，德国空军还应再将3支战斗机部队（3个中队）[③]从西线转移到东线。

（5）根据德国空军最高司令部的特别指示，在第5装甲集团军解散后，第3高炮军一部应撤往后方，以保护第6装甲集团军的登车地，并和该集团军一同向东转移。

7. 关键是尽可能久地欺骗敌人，哪怕多一天都是胜利。西线最高司令

① 即今天法国境内的阿格诺。
② 即今天法国境内的萨维尔纳（Saverne）。
③ 原文如此，此处似乎应为3个联队。

部应尽全力隐瞒和欺骗，让对方误以为第3项中涉及的部队将投入荷兰和阿尔萨斯方向。

签字：凯特尔

文件编号：OKW/WFst/Op (H) no. 88149/45 g.K.Chefsache[20]

该命令让希姆莱离开了最初的指挥岗位——上莱茵河最高司令部。就在3天后，他正式接到命令前往东线。另外，虽然在这份指令中，凯特尔对各部队的目的地只字未提，但古德里安显然认为是维斯瓦河集团军群，最终，抵达奥得河前线的部队寥寥无几。第6装甲集团军也在最后关头根据希特勒的命令去了南方集团军群，因为按照希特勒的看法，保卫最后一个盟国①，不让敌人从南面攻入本土才是关键。

东线各集团军群的重组

在苏军的维斯瓦河–奥得河战略进攻告一段落时，德军对东线的指挥结构进行了重大调整。这次攻势极大改变了各集团军群的防区，并让部分区域陷入了指挥真空——如果不采取措施，应对苏军的后续攻势将成为痴人说梦。另外，各集团军群的名称也和负责的地理区域完全脱节。于是，在古德里安的主导下，德军对东线部队进行了改组。孤悬在波罗的海沿岸的北方集团军群更名为库尔兰集团军群（Heeresgruppe Kurland），其原名则被向北退入普鲁士地区的中央集团军群接过。A集团军群一分为二——退入普鲁士和波美拉尼亚的部分被改编为维斯瓦河集团军群，在西里西亚的其他部队则接过了中央集团军群的名字。只有南方集团军群的番号保持不变。[21]一份编号为OKH/GenStdH/OPAbt(Ia) Nr.450037/45的文件显示，上述调整应在1945年1月25日0时生效。

（参见地图2）

在成立之初，维斯瓦河集团军群的主力单位只有第2集团军，防区大致在波罗的海沿岸的但泽–斯德丁一线。1月25日，集团军群的下属单位包括直辖

---

① 即匈牙利。

的党卫军第16军、第2集团军（辖党卫军第5山地军、第46装甲军、第27军和第23军），波森、托恩、格劳登茨、施奈德米尔和马林韦尔德（Marienwerder）①等要塞，以及兵力接近十余个师的杂牌军，如国民突击队和各种补充、训练和作战单位。1月底，该集团军群又吸收了第9集团军，防区则向南沿着奥得河扩展到了西里西亚一带。[22] 根据请求，上级为维斯瓦河集团军群的作战区域派遣了下列增援部队（详情见表1），试图巩固其名存实亡的战线。

（参见地图3）

表1 1945年1月，派往维斯瓦河集团军群的增援[23]

单位	部署区域	预定抵达日期
党卫军塞伊法尔特将军装甲掷弹兵团②	施奈德米尔	1月22日或23日
党卫军第15武装掷弹兵师	诺泰奇河一带	1月22日或23日
党卫军第11装甲歼击营	兰茨贝格（Landsberg）③	–
1个来自第3军区的党卫军掷弹兵团和2个火箭炮连	兰茨贝格	–
3个1000人规模的战斗群		
1个战斗群	施奈德米尔	–
2个战斗群	兰茨贝格	–
党卫军第5山地军军部		
军直属警戒连（来自格拉茨地区）		–
党卫军第505侦察营和党卫军第105通信营［来自采列（Cilly）–萨拉热窝（Sarajevo）–布罗夫（Brof）④地区］		–
军直属后勤部队［来自布罗德–弗尔博瓦（Vrbova）地区］		–
党卫军第10军军部		
1个突击炮连	施奈德米尔	1月23日
3个突击炮连		
3个装甲歼击分队	施奈德米尔	1月23日
第408国民炮兵军		
（5个营）	波森地区	1月23日
第1183陆军独立炮兵营		
（装备21厘米迫击炮）	波森地区	1月23日
第701铁道炮兵连	波森地区	1月23日或24日

① 即今天波兰的克维曾（Kwidzyn）。

② 即党卫军第48装甲掷弹兵团，该团来自党卫军第23尼德兰装甲掷弹兵师。

③ 即今天波兰境内的大波兰地区戈茹夫（Gorzów Wielkopolski）。

④ 原文如此，此处似乎应为布罗德［Brod，即今天克罗地亚境内的斯拉沃尼亚布罗德（Slavonski Brod）］。

续前表

单位	部署区域	预定抵达日期
1个通信团	德意志克罗恩	–
1个集团军后勤指挥部（来自北方集团军群）	德意志克罗恩	–
20个国民突击队营		
（来自第3军区，通过"格奈森瑙命令"完成动员）	C防线	–
55个高炮连	波森要塞	–
党卫队全国领袖护卫营（Begleit-Btl. RF-SS）		
党卫队全国领袖特别护卫营（Begleit-Btl. z.b.V）①	德意志克罗恩	1月25日或26日
卡茨曼警备分队（Alarm-Einheit Katzmann）	科尼茨（Konitz）②-纳克尔（Nakel）③	1月22日

高层还意识到，上述两个集团军实力太弱，无法坚守如此漫长的前线，并在2月2日增调了第11集团军。该集团军的司令是党卫军上将菲利克斯·施泰因纳，阵地在第2集团军左翼、波美拉尼亚境内。施泰因纳控制着一条始于施奈德米尔要塞的防线，即波美拉尼亚防线，它一路向北朝波罗的海延伸，止于奥得河口附近的斯德丁要塞。但即便如此，德军战线上仍然存在一个巨大弱点：从斯德丁往南，奥得河的沿岸地区几乎无人防守，而且这种情况直到霍亨索伦运河（Hohenzollern Canal）和菲诺运河（Finow Canal）的闸口附近都普遍存在，至于第9集团军则无力分兵。为此，希姆莱最初扩大了第11集团军的作战区域，还成立了波美拉尼亚军（Pommern Armee-Korps）。2月4日，波美拉尼亚军改名为奥得河军，军长由京特·克拉佩（Günther Krappe）中将担任。该军是希姆莱的直辖单位，而非隶属于第11集团军。[24]在接下来的6周，这些集团军几乎没有变化——只有第11集团军在2月底被撤编，原有阵地被第3装甲集团军接管。最难的是赋予上述部队凝聚力，恐怕最老练的职业军官都要为此头痛。对于执掌维斯瓦河集团军群的希姆莱，这更是难于登天——尽管他是一位合格的行政官僚，但并不具备胜任这个职务的军事能力。

同样，维斯瓦河集团军群的部队也多是初经战阵，其中大多数来自帝国

---

① 该营与党卫队全国领袖护卫营是截然不同的2个单位，其指挥官是党卫军少校格罗斯（Groß），后者的指挥官是党卫军少校佩尔施（Persch）。

② 即今天波兰的霍伊尼采（Chojnice）。

③ 即今天波兰的诺泰奇河畔纳克沃（Nakło nad Notecią）。

各地的杂牌军，并隶属于不同的军种和上级单位。他们的装备和武器都很糟糕，如果遭遇苏军，很有可能一触即溃。不过，这些部队仍然具有基本的组织和结构，这也意味着，他们仍然能在必经之路上拖延苏军的脚步——有时是几个小时，有时则是几天甚至几周。但对于国防军最高统帅部、陆军最高司令部和希姆莱来说，这些牺牲都是可以接受的，如果一支部队被消耗殆尽，他们就会迅速调来替代品——最重要的是阻挡苏军前进。

虽然这些部队被组建起来了，但如何保持战斗力仍然是个问题，尤其是在极端不利的环境中。这些杂牌军之所以能与占尽优势的苏军周旋，很大程度上是因为害怕希姆莱的严刑峻法，何况后者还得到了国防军的支持。在此期间，希姆莱执行了连坐法，并要求就地处决擅离职守者，不论他是军官还是士兵——很多德军作战部队的斗志显然发源于此，不仅如此，希姆莱还签署了大量行刑命令，以此向所有下属展示一个事实——在东线，每个人都必须保持斗志，并为了前线牺牲自己，如若不然，他们将只有一死。

（参见地图4）

在西线，国防军部队可以向西方盟国投降，即便被俘，他们也可以得到善待；但在东线不同，就算他们能在缴械的最初几天活下来，前方也必然是苦役和古拉格。1945年，在东线，德军士兵面临着暗淡的命运，在奥得河前线，情况更是如此。

1945年的国防军

几十年来，历史学家都在讨论一个问题：为什么德军身陷绝境，仍然能拼死抵抗？但在这方面，大部分结论都十分天真和肤浅。按照一种常见说法，德军之所以能节节抵抗，是因为在战争后期，他们获得了先进武器，但这一点不适用于奥得河前线——虽然这些武器在战术层面不乏创新，但送往奥得河的却寥寥无几。不仅如此，由于弹药短缺、质量问题，以及奴隶劳工的破坏，这些武器根本无法发挥威力。另一种观点则认为，德军士兵（无论他们是否来自德国）之所以战斗到最后，是由于职业精神、爱国主义，以及对苏联的仇恨或恐惧——对于人员来自中欧和东欧各地，年龄和民族背景大相径庭，而且志愿者和动员兵混杂的国防军作战部队来说，这一论断并没有错，但太泛泛了，根本没有抓住重心。在1944—1945年冬季，为了不被苏军包围和切断，擅自向西撤退的德军大有人在。但问题在于，虽说求生欲压倒了一切，即便他们能成功逃脱，也很可能死于上级或宪兵的枪下——在希姆莱上任之后，这种情况变本加厉——这让很多人被迫抵抗。同样不容忽视的是，国防军总能迅速重建被歼灭的部队。虽然这些部队的武器装备已大不如前，兵员也是通过不断压低征兵年限的方式搜刮来的，但不可否认，即使在战败前夕，预备军和各军区仍然高效运转着，并不断将新部队送往东线。一旦抵达，这些部队便将被置于严刑峻法的监控之下。以上因素结合起来，共同充当了维系德军凝聚力的黏合剂（参见《奥得河前线1945》第1卷第1部分第2章）。

1945年，国防军最高统帅部的这些做法都是为了保住其效忠的纳粹政权。如果德国最高军事领导层不执行“连坐法”、不对擅自撤退者处以极刑，或是拼命让预备军组建新部队，那么当1944—1945年冬季战火烧到德国边境时，他们的抵抗力度将大大降低。正因如此，要了解奥得河前线的德军为何能屡败屡战，我们就必须梳理国防军与纳粹政权之间的关系。

1935年3月，随着新《兵役法》出台，德国公开撕毁了1919年签订的《凡尔赛和约》。纳粹德国国防军就此诞生，从一开始，它就和纳粹存在千丝万缕的联系。为了打破《凡尔赛和约》“强加”在身上的桎梏，德国国防军很早就试图与阿道夫·希特勒的纳粹党结盟，最后，他们更是向希特勒本人宣誓效忠，并全身心地接受了他的政治纲领。对于这种联系，研究国防军的现代学者于尔根·弗斯特（Jürgen Förster）这样写道：

> 国防军无疑是战争中最优秀的作战部队之一。但这种说法也是肤浅的、片面的，因为国防军不仅是希特勒实现其军事目标的专业组织，也是纳粹国家和社会的一环。它还心甘情愿与纳粹党同流，充当希特勒政权的“第二支柱”。其中服役的德国人、德裔和被占领地区征募人员多达1730余万，是一支不折不扣的全民军队。因此，要想理解第三帝国，我们就不能把德军和纳粹德国的历史分开对待。[25]

战争结束后不久，有些老兵试图切割国防军与纳粹政权，并且在很大程度上获得了成功。按照一些前高级军官的说法，他们是被纳粹党利用了，身不由己地成了希特勒推行政策的工具：他们不是主谋，而是服从命令的职业军人——就像1782年席勒戏剧《斐斯科对热那亚的阴谋》中的摩尔人。诚然，他们很多都久历行伍，军事生涯可以追溯到一战之前，但在第三帝国的最后战斗中，他们注定要被纳粹支配。而且随着战争进行，国防军不仅没有与纳粹政权分道扬镳，反而沆瀣一气。

在现代社会中，军事组织注定无法脱离文官政府而独立存在，这在20世纪上半叶的德国也不例外。正如卡尔·冯·克劳塞维茨（Carl von Clausewitz）所说，军队总会服从于政治：

> 战争是一条真正的变色龙——会在不同的环境下呈现出不同的特点。但另一方面，透过种种表象，我们又可以发现一种核心趋势，也正是这些，让战争成了一种诡异的“三位一体”：其中既有盲目的自然冲动（如与生俱来的暴力、仇恨感和敌忾心），也有阴差阳错和机缘巧合（为人们提供了发挥创造力的机会），还受到某些其他因素的支配——更确切地说，它是政治的工具，这也赋予了它理性的一面。[26]

对德国的职业军官们来说，这种理念也构成了他们思维的基石，信奉者更是大有人在。正如1932年1月25日《军事周刊》（*Militär-Wochenblatt*）的一篇文章所说：

> 如果一支军队脱离国家、脱离人民，将注定无法履行其使命。如果我们想知道一支军队的精神是什么，或是要理解它的观念、思想和组织结构，就必须首先关注国家赋予它的使命。

在见证纳粹主义席卷德国的人当中，就包括了未来维斯瓦河集团军群的司令海因里齐。和很多人一样，他也与纳粹党过从甚密。1933年6月，即德军越过波兰边界、与苏军夹击这个新生国家的6年前，他在给父母的信中这样写道：

希特勒让整个德意志民族走上了军事化的道路——这是一项丰功伟绩，因为他团结了劳动阶层，并让他们为这一事业而努力！我们实现了复兴，一切和过去不一样了。如果战争再度爆发，它将不会像15年前那样遭到卑鄙的破坏，因为纳粹党，这一幕将不再发生。[27]

战争期间，德国军官违抗元首的情况少之又少，而且大多发生在战役或战术层面。一个例外是1944年的阴谋，它也是战时少数几次暗杀希特勒的企图之一。其失败造成了严重后果：大量“反动”的普鲁士军官被清洗，被狂热的纳粹分子取代。后者鼓吹抵抗到底，还要求不惜代价发动进攻，并严厉镇压“消极分子”。虽然海因里齐是少数在这种环境中坚持自我的军官，但他不愿公开反抗纳粹，因为在他看来，这与“背后一刀”无异（参见《奥得河前线1945》第1卷第1部分第3章），不仅违背了他的良心，还会让德国陷入战略绝境。

整个1945年，国防军和大多数高级军官都听命于纳粹政权，试图不惜代价继续战争。1944年夏天的清洗，更是杜绝了他们再次背叛的可能。在当时的德国，不管纳粹有多么残忍，任何反抗的想法都会被当成是大逆不道，它会酿成失败，并带来耻辱。虽然背叛可耻完全是自欺欺人，还正中了纳粹宣传的下怀，但国防军领导层却对此深信不疑——这俨然印证了克劳塞维茨的说法，“军事总服从于政治”。对1945年的德国军官们来说，他们生怕再经历一次1918年：威廉皇帝倒台，《凡尔赛和约》签订，内乱席卷城市。

关于对“背后一刀”的病态恐惧，有一个例子让人喟叹不已。它来自两名被俘德国军官——陆军上校鲁道夫·穆勒–罗默（Rudolf Müller-Römer）博士和瓦尔特·亨内克（Walter Hennecke）海军少将——在1944年9月3日的交谈。监听人员一字一句地记录了谈话的内容，比如纳粹政权的暴行，以及德国军人对这种不正常战争的反应。在谈话中，穆勒–罗默没有回避战争之初盖世太保在波兰的暴行——这些都在国防军的地盘上发生。他还表示，总参谋部应该从波兰战役一开始就反抗希特勒，并拒绝继续这种肮脏的战争——如果他们能不惜代价反抗，希特勒就会沦为孤家寡人。但亨内克不赞同这种看法，在他看来，如果在战争中反抗纳粹政权，那将成为另一次“背后一刀”，不仅是最糟的选择，还会让形势不可救药。[28]虽然在英国看守们看来，这两名军官都不是纳粹死忠，但问题在于，国防军早已与纳粹政权捆绑，而且选择“另一种道路”将带来严重后果。也正是因此，尽管他们了解纳粹的滔天罪行，但对“背后一刀”的恐惧让他们不敢公开反抗。[29]就像我们在《奥得河前线1945》第1卷中指出的那样，一旦纳粹政权战败，德国无条件投降，这些幸存者将无处容身——日食行动文件就是证明——这些都坚定了他们顽抗的决心，正如一句流行语所说：“享受战争吧，因为和平将更加恐怖！”

根据“抵抗到底”的政策，国防军最高统帅部和陆军最高司令部到处搜罗兵员，试图组建新部队——尽管许多人根本不适合服役，官兵的训练时间也大不如前。另外，随着作战师团不断重组，德军的人员和装备也越来越少。他们之所以能坚持下去，德军的“军区制度”功不可没。

“军区制度”可以说是德国军事智慧和组织制度的结晶，它们成立于1919年，几乎与魏玛国防军同龄。它们为希特勒的战争提供了人力，并一直持续到最后时刻。在1932年，德国只有7个军区，但到1943年已经增加到19个，其中包括2个特别军区，1个位于波希米亚和摩拉维亚（布拉格），1个位于波兰总督区（华沙）。每个军区都拥有1个二元指挥机构：一个将在动员后开赴前线，另一个负责后方管理，名为留后指挥部（Stellvertreter）。军区的职责是动员、训练、装备和部署新的作战师团，但随着战争继续，人员伤亡增加，它们也开始重建损失殆尽的单位。这些留后指挥部都是应急和权变的大师，管辖着数百万潜在兵员。其指挥层大多年过花甲，年龄比一线的军级指挥人员大10岁，不少都参加过一战，称得上久历行伍。1938年，德国成立了预备军，负责管辖所有军区，总部位于柏林，总司令是弗里德里希·弗洛姆（Friedrich Fromm）将军。在1944年7月20日暗杀希特勒的密谋中，弗洛姆是一个“墙头草”，他出卖了克劳斯·冯·施陶芬贝格（Claus von Stauffenberg）上校等同谋者——当晚就将他们全部枪决。但即使如此，弗洛姆还是被希特勒投入监狱，并在1945年3月被处以死刑。由于预备军意义重大，再加上卷入了推翻政府的密谋，希特勒立刻采取行动，任命希姆莱为总司令，确保它能继续为德国输送“抵抗血液”。但另一方面，尽管上层卷入了阴谋，也经历过换血，但预备军和各个军区仍在运转——这也是其极高组织效率的体现。正是军区的存在，让德国陆军从1935年的10万人扩充到了1944年的400多万人，还补充了超过200万名伤亡人员。

军区留后指挥部在1945年的运转，保证了东线和维斯瓦河集团军群的人员供应。他们不断用新兵替换伤员，维持着少数尚能一战的部队。在1945年的波兰、波美拉尼亚、普鲁士和库尔兰，许多这样的单位被苏军摧毁，但在4月红色狂潮降临前又完成了重组。这些部队的抵抗力量不亚于过去，对于危难中的国防军最高统帅部和陆军最高司令部，这都称得上是一项壮举。在1945年，他们的成就超过了第三帝国的其他部门，他们延长了战争，直到奥得河前线的维斯瓦河集团军群最终崩溃，柏林被苏军占领。对于预备军和军区在战争中的作用，美国陆军在战后的评价也许非常恰当：

预备军在1939年到1945年的历史，包括在征兵、补充与训练体制，以及下属部队种类、数量、结构和地点方面的变迁，都是战争进程的绝佳反映。

这种基本体制几乎运转到战争结束。在五年半的战争中，德军对部队隶属关系进行了显著调整，还修改了补充与训练单位的组织结构，以及将补充人员送往野战部队的方式。但预备军的体制始终没有变化。

要想理解该机构的状态、单位编号规律和发展方向，我们就必须从诞生之初谈起。直到1945年，德军野战部队人员补充的方针都没有重大调整：“部队不得自行招募人员，而是应通过预备军下属的指定单位取得补充，后者的人员将由本土的征兵站提供。”这些内容来自1936年6月首次出版的第2号陆军手册（H.Dv.g.2）的开篇。虽然在战争中，德军始终在努力维持这种体制，但在1945年，野战部队还是与预备军“分裂”了：新兵被直接送往野战部队，两者也不再界线分明——这也标志着德军补充体系的崩溃。

该体系是在战争之前精心设计的，旨在通过一套复杂的行政记录系统，充分控制人力资源，提高人员利用率，并保持各个单位和军区的荣誉感与自豪感。该体系是如此严谨精密，因此它也是1939年德国最高指挥层眼中的样板。但随着战争旷日持久，战线越推越远，人员伤亡节节攀升，德军也开始面临补给线漫长和人力短缺的问题——这让他们做了很多改进。在盟军从东西两线攻入德国境内之后，原有的精密体系越来越难以维持，正如戈培尔所说，“与其精心组织，不如随机应变”。尽管如此，德国人还是拼尽全力，试图保留该体系的固有特点。[30]

1945年时，奥得河前线的各师与1939年的师存在很大不同。经过5年战争，德军一线部队已不像过去。在4月苏军总攻前夕，奥得河前线上的34个师和师级战斗群中有22个是在同年1月到3月间组建的，占全部作战师一半以上！第3装甲集团军司令艾哈德·劳斯（Erhard Raus）对这些部队评论道：“新部队从各地赶来，但缺乏训练与装备，更没有时间形成凝聚力。由于形势危急，新部队被投入了前线缺口，并在全然陌生的大规模战斗中像骄阳下的积雪一样迅速消散。”（参见本书“夏至行动”部分）在1月苏军的维斯瓦河–奥得河战略攻势或3月的波美拉尼亚攻势中，奥得河前线共有12个作战师被歼灭或遭到了毁灭性打击，并在随后重建。在维斯瓦河集团军群，每个师平均只有大约2300名战斗人员。另外，按照德方记录：4月，奥得河前线的各师中，有18个作战师（相当于部队总数的57%）战斗力为4级，即部分胜任防御；12个（相当于部队总数的27%）战斗力为3级，即完全胜任防御；只有2个作战师（相当于部队总数的6%）的战斗力为2级，可以发动有限进攻，没有一个师能达到1级，即完全胜任进攻。

到1945年时，国防军的各个军兵种都损失惨重。数百万训练有素、经验丰富的军官、士官和士兵或死或伤，或者彻底下落不明。在苏军的维斯瓦河–奥得河战略进攻行动期间，德军蒙受了巨大损失，新兵往往由14—19岁的少年和前一战老兵组成。其中，1927—1931年出生的少年往往对战争抱有幻想——这也是纳粹主义多年灌输的结果，他们长在这个体制下，接受它的教育，并自觉地充当了它的牺牲品。在这些人中，大部分都积极参加过希特勒青年团或帝国劳工组织，一心只想成为纳粹宣传教育中推崇的战斗英雄。另一些人则成长在帝制时代，在一战中为德军服役，并经历甚至参加过1918年战败后发生的内战。其中许多人仍然对当时记忆犹新，或者目睹了沙皇军队1914年对东普鲁士的破坏。和年轻士兵们一样，在过去12年中，他们一直受到纳粹宣传的影响，但对于战争，他们往往缺乏热情。而且不幸的是，这些新兵在参战时不仅训练不佳，武器装备也不太充裕。

为重建那些在东线战斗了近4年并被多次击溃的一线师团，国防军最高统帅部主动调整了征兵、训练和人员体系，以最大程度地利用从社会和工业界榨取的资源。由于政治原因，这些部队的兵源五花八门。党卫军上将菲利克斯·施泰因纳和宣传部长约瑟夫·戈培尔还共同修改了新兵的训练和部署计划，试图把他们从兵站直接送往奥得河前线，在军官候补生团（Fahnenjunker-Regiment，参见后文“戈培尔的影响”部分）中一边作战一边训练，并在苏军进攻前夕充当快速反应部队。这种“末日体制”带来了一个问题：新兵无法接受战术和武器训练，求生成了他们的唯一想法，陆军最高司令部很快也发现了异常，并在后续指示中要求他们抛弃保命心态（参见《奥得河前线1945》第1卷第2部分第10章）。另外，这些1945年的补充兵在素质上也不如战争初期，正如当时一名德国军官的记录：“在多数情况下，伤亡人员会被缺乏经验（甚至没有经验）的人员取代……这不利于外部合作、内部配合和构建互信。”[31]尽管从纸面上看，有些部队处于满员状态，但战斗力已大不如前。

在1944年12月，第三帝国的军火产量达到了战时巅峰，许多武器也都是划时代的，并引领了战后世界军事潮流。但很多武器都是在帝国部长阿尔伯特·施佩尔的奴隶工厂中生产的，而且运到奥得河前线的寥寥无几。在步枪兵和掷弹兵连中，装备最多的武器是98k型栓动式步枪（Karabiner 98k），这种武器占到了集团军群步枪总数的89%，而且在2月，仍然有17%的缺额。现代化的StG 44突击步枪（Sturmgewehr 44）和G 43半自动步枪（Gewehr 43）构成了其余的11%。其中StG 44步枪的保有量只有额定量的56%。许多作战营使用的机枪都是战利品或缴获的外国武器——弹药和备件短缺，如果子弹打光，就会毫无用处，如果损坏则很难修理。无论迫击炮、步兵炮还是野战榴弹炮，德军的曲射武器也寥寥无几，弹药更是屈指可数。即使在数月的囤积之后，大多数师的弹药水平也只能支持2—3天的激烈防御战斗。坦克和突击炮部队的弹药、汽油和备件也同样捉襟见肘，各装甲师和独立的反坦克营缺乏新式车辆，他们的装备很多是从柏林周围各个训练场抽调的翻新车和老旧型号。即使是当时德军最强大的装甲师——党卫军第10弗伦斯贝格装甲师，其1个装甲营仍配备了10辆缴获的谢尔曼坦克，其中只有1辆可以作战。

人员、弹药、汽油和装备的短缺，意味着许多师根本无力进行师或军一级的训练。在奥得河前线，战斗的中心往往是团（或更低级单位），在不少情况下，某些团会脱离建制，由其他单位指挥。第7装甲师的一名营长在战后表示，1945年，他所在的部队“师长和下属参谋人员经常需要指挥、控制和保障多达4支作战部队，这些部队通常彼此独立，并在相隔遥远的地方各自为战。”[32]——这种情况在其他德军师中也屡见不鲜。1月到4月早期，奥得河前线只发生了2次重大的军级作战——夏至行动和屈斯特林解围战。尽管夏至行动部分实现了解救阿恩斯瓦尔德的目标，但也付出了高昂代价，对屈斯特林的2次解围则以失败告终，对于一支已经山穷水尽的军队来说，这些损失显然是其无力承受的。

另一方面，尽管维斯瓦河集团军群的各师大多残败不堪，但仍然进行了坚决抵抗。第3装甲集团军旗下第32军军长弗里德里希-奥古斯特·沙克（Friedrich August Schack）步兵上将曾亲身见证了这些品质，他这样回忆各师在4月20日遭遇苏军进攻，以及向易北河且战且退期间的情形：

> 没有装甲车辆，没有机动反坦克武器，没有空中支援，没有机动火炮，没有重型步兵武器，没有其他装备，也没有运转正常的供应体系，我们只能依靠仅有的库存和街头的守军，而且缺乏必要的机动通信设备。但另一方面，我们面对的敌军装甲部队却无比强大，只有在最后时刻，它们才被筋疲力尽的士兵用铁拳击退。[33]

但这种“坚韧”也往往意味着绝望。奥得河前线的士兵们精疲力竭，缺乏重武器，众寡悬殊，但他们没有选择：如果向苏军投降，他们将面对死刑或苦役；如果擅自后撤，他们很可能被在后方大肆搜捕的宪兵或纪律部队草草射杀。

为贯彻纪律，1945年的国防军越来越依赖严刑峻法，逃兵经常被就地处决。战后，很多奥得河前线的老兵都提到过这种情况，这在本书的各个章节也有所体现。这些做法得到了希姆莱的鼓动，正如后文中的许多命令一样，他给了军官们绝对权力，可以枪决任何“懦夫”或“逃兵”——不管他们是否为德国籍。这些命令得到了执行，对于军官们展现出的纳粹狂热或“斗志”，希姆莱不吝赞扬，还用勋章和晋升作为回报。在战争后期，许多奖章——比如铁十字勋章——的颁发并不是因为受勋者战斗素养优秀，而是因为他们有处决下属的决心。

同样从希姆莱和国防军高层获得生杀大权的，还有德军的战地猎兵（Feldjäger）部队，他们是宪兵的分支，在前线和后方地带活动。如果没有适当的文件或身份证明，后方的落单士兵就会被他们拘留，甚至被原地处决。这成了逼迫德军抵抗的重要因素，因为他们知道，如果落荒而逃，就会落到战地猎兵手里。

在众多部队中，希姆莱最关注的是第9集团军。在苏军发起维斯瓦河–奥得河战略进攻行动之后，他发出的第一批命令就包括了构建“障碍和拦截线”（Sperr und Auffangline），阻止残兵败将涌向西方。1月25日的命令规定，撤退人员须前往收容点，接受收容指挥官（Kommandeur für Auffrischung）的分配和调遣；穿过拦截线的车辆应接受检查，以确定西行的理由是否合理，为防止士兵混在平民中撤退，甚至难民和人员疏散车队都不能幸免。[34]当苏军在奥得河西岸建立桥头堡后，希姆莱的关切更是有增无减。1周后，即2月5日，他发布了6页的“第6号作战命令”（Einsatzbefehl Nr.6），其中明确要求第3战地猎兵司令部（Feldjäger-Kommando III）接管整个第9集团军后方——集团军的所有下级指挥机构，无论来自陆军、空军还是党卫军，都不得违抗该司令部的要求。这个新战地猎兵司令部由以下单位组成：第3（摩托化）战地猎兵团、1个由党卫队旅队长古德维尔（Gudewill）指挥的收容指挥部（Auffangstab）和第34国防军特别督战大队（Wehrmacht-Streifern-Gruppe 34）。其中古德维尔麾下又有3个小的收容指挥部，1个位于屈斯特林，2个位于奥得河畔法兰克福，分别由党卫队旅队长阿尔伯特（Albert）、陆军上校鲁赫兰（Ruhland）和党卫队一级突击队大队长布拉德费施博士（Dr. Bradfisch）带领。[35]虽然此举完全源自希姆莱，但在海因里齐上任后，这支战地猎兵部队仍然掌握着生杀大权。

2天后，凯特尔元帅也亲自代表国防军最高统帅部，对希姆莱投入战地猎兵的做法表示支持。他在给集团军群的文件中明确提到，在执行任务时，战地猎兵绝不能心慈手软，否则就是辱没使命。他希望他们以“坚定的决心”执行任务，并在“我们这场战争”的最后阶段使出“雷霆手段”——对于心存恻隐、拒绝处死逃兵者，“人人皆可诛之”，因为他们的仁慈将毁掉前线。[36]虽然在过去，德军贯彻严刑峻法不是什么新鲜事，但在7月20日，希特勒遇刺后不久，这种做法无疑变本加厉了。1944年秋天，希姆莱、马丁·鲍曼（Martin Bormann）和冯·伦德施泰特（von Rundstedt）元帅共同在上莱茵河集团军群推行了“连坐法”（参见《奥得河前线1945》第1卷第1部分第2章），接下来几个月，这一主题更是被指挥层三令五申。比如在3月7日，拉默丁曾向第3装甲集团军和第9集团军转发了凯特尔元帅的指示，开头提到：“元首命令……谁投降、被俘……或软弱，就会被剥夺所有荣誉。”[37]

下表显示了东线各集团军群在1945年1月至2月的损失率（其中不含2月28日前后，苏军波美拉尼亚攻势开始阶段的损失）[38]，其中显示，维斯瓦河集团军群的伤亡尤其巨大，而且死亡率要比受伤率高10%①。另一个有趣的事实是，在奥得河前线的总损失中，死亡人员所占的比例要比其他集团军群更高——只是低于库尔兰集团军群。

凯特尔和约德尔的政策塑造了1945年的德国国防军——他们与陆军最高司令部一道工作，把动员完毕的部队派往前线，并强迫他们全力坚守阵地。在此期间，预备军和军区体系从未停止工作，正如后续文件显示，即使在战争的最后几天，国防军仍在组建各种战斗部队。无独有偶的是，当奥得河前线瓦解，苏联坦克部队冲向柏林之后，凯特尔和约德尔还提议让希特勒逃离柏林，前往德国南部的“堡垒”。在希特勒拒绝之后，他们决定采取另一项行动——坚守柏林，用4月初组建的作战部队在城外击败苏军。这就显得颇为讽刺：此时，最受希特勒信任的党卫军头目希姆莱正在与西方单独媾和，但国防军和陆军的高层却想不惜一切代价继续战争，把希特勒的“意志”贯彻下去。

表2 东线各集团军群的损失情况，1945年1月到2月

集团军群	阵亡	受伤	失踪	合计	阵亡人数占总损失的百分比
库尔兰集团军群	7000	31000	5000	43000	16%
北方集团军群	30000	126000	57000	213000	14%

① 原文如此，此处有误。

续前表

集团军群	阵亡	受伤	失踪	合计	阵亡人数占总损失的百分比
维斯瓦河集团军群	15000	50000	33000	98000	15%
中央集团军群	15000	77000	48000	140000	10%
南方集团军群	10000	50000	52000	112000	9%
总计	77000	334000	195000	606000	12.7%

增援

维斯瓦河集团军群急需增援。在东线各集团军群重组时，没有一个作战师驻扎在奥得河畔的屈斯特林和柏林之间。为了拖住苏联军队，国防军和陆军高层进行了数轮动员。其中2轮发生在苏军发动维斯瓦河–奥得河战略攻势之后不久的1月20日，代号分别为“格奈森瑙A”（Gneisenau A）和“格奈森瑙B”（Gneisenau B，关于“格奈森瑙动员令”的详情，读者可参见后续章节）。其中，“格奈森瑙A”的主要对象是波美拉尼亚和勃兰登堡地区的警备单位、补充训练单位和国民突击队。“格奈森瑙B”则涉及了大德意志装甲掷弹兵补充旅（Panzergrenadier-Ersatz-Brigade Großdeutschland）等，并组建了库尔马克装甲掷弹兵师（Panzergrenadier-Division Kurmark）等单位。此外，在德军1月和2月的战斗序列中，还出现了所谓的格奈森瑙营——这些部队由训练人员、国民突击队和其他陆军和空军杂牌单位匆忙拼凑而成，并被交给某个指挥部［如德内克集群（Gruppe Denecke）］，投入到苏军的必经之路上，以便拖延对手，为德国各地赶来的其他作战师争取时间。

除了紧急动员，国防军还试图从其他战线调集援军。按照国防军最高统帅部的记录，在2月，约有42个师开赴东方，或是接到了调动命令。希姆莱收到的师共有27个，包括第83步兵师、第4装甲师、第32步兵师、第227步兵师、党卫军北欧装甲掷弹兵师、党卫军尼德兰装甲掷弹兵师，来自库尔兰的第389步兵师和第281步兵师，党卫队指挥总局（SS-Führungshauptamt）组建的党卫军一月三十日掷弹兵师，德国海军最高司令部提供的第1海军步兵师和第3海军步兵师（稍后组建）；空军提供的第9伞兵师；挪威第20集团军提供的第163步兵师和第169步兵师；西线最高司令部提供的第712步兵师、第25装甲掷弹兵师、第21装甲师、党卫军第10弗伦斯贝格装甲师、元首掷弹兵师、元首护卫师、党卫军第27兰格马克掷弹兵师、党卫军第28瓦隆人掷弹兵师；国防军最高统帅部的补充部门提供的库尔马克装甲师、德布里茨步兵师、柏林步兵师（Infanterie-Division Berlin）、西里西亚装甲师（Panzer-Division Schlesien）、明谢贝格装甲师（Panzer- Division Müncheberg）以及第600（俄罗斯）步兵师（弗拉索夫解放军）。还有一些属于特别单位（zur besonderen Verwendung），其中4个是根据陆军最高司令部1月29日的Nr. II/60440/45号机密令组建的。[39]在它们之中，第604特别师后来成了冯·特陶军级集群（Korpsgruppe von Tettau）的骨干，第611特别师、第612特别师则分别被改编为德布里茨师和奥得河军，还有一部分在苏军总攻前被调往中央集团军群。表3展示了这些师和军最初的部署情况，如预定部署地点，以及2月2日作战日志中提到的转移时间等。

表3 1945年2月，维斯瓦河集团军群获得的增援[40]

单位名称	部署区域	预计抵达日期
第25装甲掷弹兵师	屈斯特林西北方向	–
德布里茨步兵师（Inf.Div. Döberitz）	屈斯特林西北方向	2月3日
党卫军第4警察装甲掷弹兵师	斯塔加德（Stargard）–斯德丁	
第21装甲师	斯塔加德	2月2日从西线启程
荷尔斯泰因装甲师	埃伯斯瓦尔德	2月3日从西线启程
一月三十日师	古本（Guben）	2月4日之后
党卫军第3（日耳曼）装甲军		
北欧装甲掷弹兵师	斯塔加德	–
尼德兰装甲掷弹兵旅	斯德丁	–
党卫军兰格马克装甲掷弹兵旅	斯德丁	–
党卫军瓦隆人旅	斯塔加德	–
海军步枪兵旅	昂格明德（Angermünde）以北	2月1日从威廉港（Wilhelmshaven）出发
党卫军第10装甲师	未定	–
第17山地军军部①	哈默施泰因（Hammerstein）②	–
第39装甲军军部	斯塔加德	–

对于希姆莱和海因里齐而言，人员短缺始终是一个大问题。虽然在数周内，有很多师团被调给了维斯瓦河集团军群，其中也不乏久经考验的单位，但

① 原文为Gen.Kdo.XVII.Geb.A.K，但明显有误，德军没有这个番号的单位，此处应为第18山地军军部。
② 即今天波兰的滨海省恰尔内（Czarne）。

在3月底又被调走了很多，剩下的则是那些在最后阶段七拼八凑的单位。这些单位由各种团和旅级单位合并而成，人员有军官候补生、空军或海军军校的学员，还有各陆军军区招募的年轻补充兵。其素质参差不齐，也缺乏凝聚力。这些新师团只存在于名义上，只能在团或旅层面各自为战，无法在师一级开展协同，更不用说发挥自身优势、充当战场“中坚”。不仅如此，新师团还缺乏武器、装备、燃料和其他军需品。所有新部队和补充人员——尤其是非陆军的部队和补充人员——需要大量的时间训练，掌握最基本的军事技能，形成官兵凝聚力，只有这样才能经受住战火洗礼。但训练需要时间。在奥得河前线，许多部队在组建几周后便投入了血战，不少结局悲惨——由于战术表现不佳，有些师甚至被直接解散。

在波美拉尼亚和奥得河畔，维斯瓦河集团军群从未恢复元气。而且有趣的是，作为预备军的首长，希姆莱并未给自己的部队任何偏袒。在集团军群的作战日志中，唯一提到预备军的是一份3月10日签订的备忘录，其中希姆莱指示将预备军的24142名士兵和7329名士官的训练地点转到柏林以东靠近前线地带——第2军区也必须遵循该指示。[41]但该备忘录只是让补充人员靠近前线，并没有要求集团军群的各师加以收编。

总之，就算希姆莱做了努力，也没有体现在部队的作战日志、国防军最高统帅部或陆军最高司令部的命令上。作为替代，最近伤亡惨重的部队全部被改编成了45年型步兵师和45年型装甲师，以精简兵力结构，克服人手短缺的问题。根据1945年4月1日的数据，维斯瓦河集团军群的总人数只有不到30万人，远低于其邻近的中央集团军群——在2周前，后者的总人数便超过了52.5万。[42]另外，在刚接管维斯瓦河集团军群时，海因里齐也发现，尽管他的战线长度比上一支部队（即海因里齐集团军集群）增加了几乎4倍，但能调遣的士兵只是多了一点点。[43]

本章尾注：

1. 东线外军处是陆军最高司令部外军局（section Foreign Armies）的组成部分，成立于1938年，主要针对苏联等东方国家。第一任负责人是埃伯哈德·金策尔，他在1942年春季离职，并被格伦取代。上任伊始，格伦便开始了一轮大换血，许多语言学家、地理学家、人类学家和其他知识分子被招募进来，以便提供新思路，提升预测的准确性。在预测战略目标时，由于苏军的误导，格伦多有误判，但对于苏军的规模，他的预测却颇为准确，并远高于希特勒认为的水平——只有估计特定地区的苏军兵力时除外。但希特勒经常对这些战略和战役层面的实际情况嗤之以鼻，并将格伦斥为“失败主义者”。

2. 参见美国国家档案馆文件T78/581/191。

3. 参见美国国家档案馆文件T78/581/193–95。

4. 参见大卫·格兰茨《1986年战争艺术研讨会发言记录：从维斯瓦河到奥得河，苏军进攻行动，1944年10月至1945年3月》，第87页。

5. 参见大卫·格兰茨《1986年战争艺术研讨会发言记录：从维斯瓦河到奥得河，苏军进攻行动，1944年10月至1945年3月》，第507页。

6. 参见大卫·格兰茨《1986年战争艺术研讨会发言记录：从维斯瓦河到奥得河，苏军进攻行动，1944年10月至1945年3月》，第516页。

7. 许多历史学家都将第6装甲集团军误称为党卫军第6装甲集团军。后一种提法主要出现在该集团军的内部通信和命令中，但在国防军最高统帅部/陆军最高司令部，它始终被称为第6装甲集团军。

8. 参见罗尔夫·欣泽《痛苦的结局：北乌克兰集团军群、A集团军群和中央集团军群在东线的最后战斗，1944—1945》（*To the Bitter End: The Final Battles of Army Groups North Ukraine, A, Centre, Eastern Front 1944—45*）（索利哈尔：赫利昂出版公司，2005年出版），第70—73页、第81页、第82页和第84页。

9. 参见大卫·格兰茨《1986年战争艺术研讨会发言记录：从维斯瓦河到奥得河，苏军进攻行动，1944年10月至1945年3月》，第514—521页。

10. 古德里安确实计划在苏军炮击之前疏散前线，但这一行动过于复杂，没有任何指挥官曾尝试执行。

11. 参见第12号特别审讯系列报告：阿图尔·格雷瑟［第7集团军司令部对德情报处心理战分处（PWB-CPT-HQ 7th Army, German Intelligence Section），1945年6月1日撰写］，第3页。

12. 参见大卫·格兰茨《1986年战争艺术研讨会发言记录：从维斯瓦河到奥得河，苏军进攻行动，1944年10月至1945年3月》，第511—512页。

13. 参见克里沃舍夫上将《20世纪苏联的人员伤亡和战斗损失》（*Soviet Casualties and Combat Losses in the Twentieth Century*），第153页和第263页。德方的报告显示，在1月14日至1月31日期间，他们一共摧毁了996辆苏军坦克，这一数字和苏军的估计值相当接近。有关内容可参见德国联邦档案馆-军事档案分馆文件T311/167/I440，附录3，报告日期为2月5日。

14. 参见美国国家档案馆文件T78/305/6256016–18。

15. 参见海因茨·古德里安《装甲指挥官》（马萨诸塞州剑桥：德·卡波出版社，2002年出版），第392页。很明显，古德里安是把自己的错误推给了希特勒，而且笔者还在当年的文件中发现，这种掩饰只是冰山一角。

16. 参见美国国家档案馆文件T78/305/6259999-00。

17. 参见罗尔夫·欣泽《痛苦的结局：北乌克兰集团军群、A集团军群和中央集团军群在东线的最后战斗，1944—1945》，第105页。亦参见汉斯·基瑟尔《希特勒的最后士兵：国民突击队，1944—45》（*Hans Kissel, Hitler's Last Levy: The Volkssturm 1944—45*）（索利哈尔：赫利昂出版公司，2005年出版），第86页。

18. 在第三帝国的最后日子里，铁拳几乎被套上了神话光环。士兵们用它摧毁了大量苏联坦克，甚至赢得了骑士十字勋章。到4月，德军高层向前线派遣了数千名只配备铁拳的士兵，他们大多来自希特勒青年团，并试图用这种方法巩固防线。

19. 参见汉斯·基瑟尔《希特勒的最后士兵：国民突击队，1944—45》，第86—89页。

20. 参见美国国家档案馆文件T78/305/6255970-73。

21. 参见珀西·施拉姆《德国国防军最高统帅部作战日志，1944—1945》第2分卷（珀西·施拉姆作序及作注）（*Kriegstagebuch Des Oberkommandos Der Wehrmacht 1944—1945 Teilband II: Eingeleitet und erläutert von Percy Schramm*）（慕尼黑：伯纳德和格雷夫出版社，1982年出版），第1037页。

22. 陆军最高司令部组建维斯瓦河集团军群的早期命令草稿可参见美国国家档案馆文件T78/305/6255968-69。

23. 参见德国联邦档案馆-军事档案分馆文件T311/167/I025-25，附录2。

24. 参见德国联邦档案馆-军事档案分馆文件T311/167/I331，附录3。

25. 参见于尔根·弗斯特撰写的《狼狈为奸还是迫不得已？国防军、战争和大屠杀》（*Complicity or Entanglement?: Wehrmacht, War, and Holocaust*）一文，出自迈克尔·贝伦鲍姆和亚伯拉罕·佩克编辑的《大屠杀与历史：已知、未知、争论和反思》（*The Holocaust and History: The Known, The Unknown, The Disputed, and The Reexamined*）（印第安纳州布卢明顿：印第安纳大学出版社，1998年出版），第267页。

26. 参见卡尔·冯·克劳塞维茨著，米歇尔·霍华德和彼得·帕雷特编辑的《战争论》（*On War*）（新泽西州普林斯顿：普林斯顿大学出版社，1989年出版），第89页。

27. 参见海因里齐致父母的信，1933年6月2日，德国联邦档案馆-军事档案分馆文件N265/148第57分页，转引自约翰尼斯·赫特尔《三十年战争般的行径：海因里齐将军在苏德战争第一年的书信》（*Es herrschen Sitten und Gebräuche, geanuso wie im 30-jährigen Krieg: Das erste Jahr des deutschen-sowjetischen Krieges in Dokumenten des Generals Heinrici*），出自德国《近代史季刊》（VfZ）第48卷，第2期。

28. 索恩克·奈茨塞尔编辑的《窃听：希特勒的将军》（*Tapping Hitler's Generals*）（明尼苏达州圣保罗：MBI出版社，2007年出版），第97—98页。

29. 历史学家斯蒂芬·弗里茨在《东方战争》（*Ostkrieg*）中曾一语中的地总结道："尽管有冷漠、厌战和退缩的迹象，但（德军）仍在继续战斗，并没有像1918年那样选择反抗。"参见斯蒂芬·弗里茨，《东方战争：希特勒在东方的灭绝战争》（*Ostkrieg: Hitler's War of Extermination in the East*）（肯塔基州列克星敦：肯塔基大学出版社，2011年出版），第472页。另外，该书的第474页还指出，希特勒非常清楚这种传言背后的力量，并"……深信'背后一刀'的神话……"。在战争中，这一点更是被希特勒的宣传反复宣扬。关于纳粹政权最后一年的历史，伊恩·克肖教授曾撰写了《终结》（*The End*）一书，和另一位希特勒的传记作者一样，他也得出结论，在1945年时，德国国内没有一丝革命和反抗的气息，和1918年的情况大相径庭："虽然在普通士兵当中，失败情绪水涨船高，但他们并没有因此放下武器或反抗上级，而是选择了继续抵抗——一种诡异的情况。"他还进一步总结道：反叛的念头并没有在大部分德军当中扎根，取而代之的是一种听天由命的情绪——"改变只能来自上面，但没有迹象表明它会发生"。参见伊恩·克肖，《终结：希特勒德国的顽抗与毁灭，1944—1945》（*The End: The Defiance and Destruction of Hitler's Germany, 1944—1945*）（纽约州纽约市：企鹅出版社，2011年出版），第273页。

30. 参见《德国预备军资料补充，1945年5月》（*German Replacement Army Supplement, May 1945*）（华盛顿特区：军事情报处，1945年出版），第12—13页。在阿登战役（即守望莱茵行动）的准备阶段，预备军和军区为德军恢复战斗力贡献甚大，在1944年12月投入进攻的29个德国师中，有15个曾在1944年8月的莫尔坦（Mortain）-法莱斯（Falaise）包围战中被歼，有3个在穿越法国的撤退中损失惨重（其中2个后来成了新国民掷弹兵师的骨干），6个在西线秋季的战斗中遭受重创，后来重建为国民掷弹兵师，还有2个国民掷弹兵师曾在东线被歼灭。没有高效运转的军区制度，德军将很难在数月之内调集人员和物资，让这些被歼灭的部队起死回生，或成为新师团的骨干，更不用说投入进攻——事实上，除非某个师被彻底摧毁，否则德军总有办法使其重整旗鼓。

31. 参见大卫·格兰茨《1986年战争艺术研讨会发言记录：从维斯瓦河到奥得河，苏军进攻行动，1944年10月至1945年3月》，第459页。

32. 这番评论来自康德准将。参见大卫·格兰茨《1986年战争艺术研讨会发言记录：从维斯瓦河到奥得河，苏军进攻行动，1944年10月至1945年3月》，第485页。

33. 参见德国联邦档案馆-军事档案分馆文件RH 24-32-2。

34. 参见德国联邦档案馆-军事档案分馆文件T311/167/I028-29，附录2。

35. 参见德国联邦档案馆-军事档案分馆文件T311/167/I469-74，附录3。

36. 参见德国联邦档案馆-军事档案分馆文件T311/167/I665，附录3。

37. 参见德国联邦档案馆-军事档案分馆文件T311/169/I282，附录1。另见美国国家档案馆文件T312/017/4757898。该指示的完整内容如下：

元首命令：

无论谁投降、被俘——只要他当时没有受伤——或软弱，都会被剥夺所有荣誉，并且不配与其他光荣的勇士为伍。他的家人将受到连带处罚，并剥夺全部家庭福利和薪酬。本指示必须立刻下发，并由国防军最高统帅部高层给出后续细则。

以上为元首批示。

凯特尔元帅（文件编号：WFSt/Org.No.898/45）

38. 参见美国国家档案馆文件T78/523/1009。

39. 参见美国国家档案馆文件T78/533/915-20。

40. 参见德国联邦档案馆-军事档案分馆文件T311/167/I342，附录3。

41. 参见德国联邦档案馆-军事档案分馆文件T311/169/I411，附录1。

42. 维斯瓦河集团军群的兵力出自美国国家档案馆文件T78/417/6386704，中央集团军群的兵力出自美国国家档案馆文件T78/418/6386751，其中不包含所谓的志愿辅助人员（Hiwi）。

43. 海因里齐集团军集群的总人数接近200000人，这一数字出自美国国家档案馆文件T78/R418/6386751。

第三部分

波美拉尼亚要塞

“我们的任务就是前进，前进，再前进。”

——乌克兰第1方面军的亚历山大·斯米尔诺夫（Alexander F. Smirnov）上校，坦克第31军坦克第100旅参谋长

“防波堤”理论

在维斯瓦河–奥得河战略进攻行动中，苏军的主要任务是让第一和第二梯队尽快向西推进，并把沿途的德国守军交给后续部队解决。[1]

在支离破碎的前线后方，德军没有任何战略预备队，而维斯瓦河集团军群的责任，就是建立屏障，挡住苏军进攻。为此，希姆莱需要利用2个野战集团军（第9集团军和第11集团军）的残部，以及第2和第3军区的留后指挥部共同建立一条防线。[2]

为了帮助希姆莱争取时间，使所需的国防军最高统帅部顺利抵达，希特勒在苏军前进方向上划定了一系列要塞。这些要塞也是“防波堤”理论的核心[3]，它们位于维斯瓦河、瓦尔塔河、诺泰奇河和奥得河沿岸。但它们并没能减缓苏军西进的脚步——2月1日，苏军仍然抵达了奥得河畔。

在战争的这个阶段，要塞几乎没有军事意义。它们分散了国防军的前线兵力，随着弹药和物资耗尽，许多作战部队被套牢在当地。在另一些情况下（比如布达佩斯），国防军发动了反击，试图救援被围部队，并为此付出了高昂的代价。但要塞从未拖住苏军——在大部分情况下，苏军都会让第一梯队绕过去继续前进，第二梯队再从容不迫地铲除这些据点。

在波美拉尼亚，有几条建于20世纪30年代初的连贯防御工事，即所谓的波美拉尼亚防线。它们始于波罗的海沿岸的波尔诺（Pollnow）①，随后穿过新斯德丁（Neustettin）②和德意志克罗恩，然后沿瓦尔塔河南下，一直延伸到屈斯特林附近的瓦尔塔河畔兰茨贝格（Landsberg an der Warthe）一带，全长约270公里。这条防线是为抵御波兰第二共和国的进攻而建造的，由一系列中小型地下防御工事组成。在落成时，它是欧洲最长的防御工事，几乎可以与西线的齐格菲防线媲美。但到1943年，其原有的武器和装备几乎被拆卸一空，并被安装到“大西洋壁垒”上。1944年，德军开始翻新这些工事，但他们的资源匮乏，而且苏军的进攻速度要比预想中更快。另一个问题是，直到1945年1月，国防军最高统帅部和陆军最高司令部都没有确定德国东部防御的最高主

---

① 即今天波兰的波拉努夫（Polanów）。
② 即今天波兰的什切齐内克（Szczecinek）。

管单位：1月9日，两者召集了相关的陆军军需和工程机构，以便明确东部海岸指挥部（Führungsstab Ostküste）与第2军区的防御任务。根据一份题为“OKH/GenStdH/Op.Abt./Lds.Bef. 60/45 g.k.v.10.1.45号命令，附录4”的地图，第2军区被划分成了1个沿海防御区（Küstenvereidgungszone）和数条防线，即波美拉尼亚防线、波美拉尼亚沿海防线和尼伯龙根防线。其中，波美拉尼亚沿岸的防务将由东部海岸指挥部负责，该指挥部将保持独立，并由党卫队全国领袖和国防军最高统帅部指挥，第2军区无权干涉。如果苏军从海上登陆，国防军最高统帅部将接过指挥权。第2军区则将负责陆上防线，尤其是沿海防御区和波美拉尼亚防线的修建。

但这些做法不过是表面文章，不仅如此，德军也没有为上述防线调集任何资源。虽然波美拉尼亚防线在20世纪30年代便已落成，但此时已濒临荒废，至于波美拉尼亚沿海防线和尼伯龙根防线更是纯粹的空谈。直到海因里齐在3月21日上任之后，也就是该会议召开后的2个多月，尼伯龙根防线才有了一点雏形。[4]

在冬季攻势中，苏军迅速绕过了波美拉尼亚防线，尤其是瓦尔塔河畔东西向的一段。[5]只有在少数地区，德军守备部队才享受到了防御工事和掩体带来的方便。2月底，苏军一路飞奔，北上抵达了波罗的海沿岸，在此期间，这条防线甚至没有减慢他们的进攻速度。古德里安对此极为失望，在2月27日给希姆莱的无线电报中，他要求后者做出解释：“为什么维斯瓦河集团军几乎一枪未发，就放弃了精心修筑的波美拉尼亚防线？”[6]

1月末和2月初，德军还在奥得河前线划定了许多要塞。它们是皮里茨（Pyritz）①、阿恩斯瓦尔德、格洛高（Glogau）②、波森、施奈德米尔、托恩、格劳登茨、马林堡（Marienburg）③、埃尔平（Elbing）④、但泽、科尔贝格、斯德丁、屈斯特林和奥得河畔法兰克福，此外，还有许多地方城镇被指定为抵抗据点。这种情况不仅出现在维斯瓦河集团军群的防区，还有东普鲁士的柯尼斯

① 即今天波兰的佩日采（Pyrzyce）。
② 即今天波兰境内的格沃古夫（Głogów）。
③ 即今天波兰境内的马尔堡（Malbork）。
④ 即今天波兰境内的埃尔布隆格（Elbląg）。

堡（Königsberg）①和西里西亚的布雷斯劳等地。在上述要塞中，在1—2月发挥作用最大的是波森、托恩、格劳登茨和施奈德米尔。当地的防御战也是下文叙述的对象。至于阿恩斯瓦尔德要塞则是夏至行动的重心，笔者为其专门开辟了一个章节。每座要塞都是一场悲剧，并值得在历史书中认真对待。它们从未被希姆莱纳入宏观防御计划，相反，它们只是奉命战斗到底，尽其所能给苏军制造麻烦。

波森要塞

波森是波兰最古老的城市之一，历史可追溯至10世纪。该城位于瓦尔塔河沿岸，是柏林–华沙之间主干道的必经之地，市内有6个铁路岔口、1座中心要塞和8个可追溯到19世纪普鲁士王国时期的大型堡垒。当波兰1939年沦陷之后，德国成立了瓦尔塔大区，波森则成了这个新省份的首府，以及东方殖民的“试验田”。瓦尔塔大区的最高首长是党卫队高级地区总队长阿图尔·格雷泽，他一直统治着这片土地，直到1945年1月21日奉希姆莱之命离开城市，前往柏林的元首地堡汇报情况——不久，波森便被苏军包围。[7]在离开前，他命令市民撤离，并在更早之前组织了整个瓦尔塔大区的疏散。在波森这个交通枢纽，一面有成千上万的难民涌入，一面有市民试图赶在被围之前逃往西面。[8]1月22日，苏军坦克首次出现在城市南郊。1月25日，瓦西里·崔可夫（Vasili Ivanovich Chuikov）元帅②的各师在周边构建起包围圈。前一天，最后一列火车满载难民和伤员驶向西方，但苏军装甲部队拦截了它，并“无情地”将车头和车厢逐一消灭。随后，齐柏林机场（Zeppelin Airfield）成了离开波森的唯一通道，宝贵的武器和弹药也从降落在当地的运输机上运来。[9]恩斯特·马特恩（Ernst Mattern）少将随即被任命为要塞指挥官和城防司令。据说，他1月25日发布了以下命令：“敌军对波森要塞的攻击开始了！波森将坚守下去。我们必须遵守元首的命令，忠于我们的军事传统，战斗到最后一人，我们必须挫败敌人的进攻，而且这一点必将实现！”[10]尽管马特恩说得豪

---

① 即今天俄罗斯的加里宁格勒（Kaliningrad）。

② 此处有误，崔可夫的军衔应为上将，下同。

气干云，但他对纳粹党毫无信心，而且斗志消沉——他当时已年近60，只能被动地执行格雷泽和幕僚们过去几个月策划的防御方案。1月26日，希姆莱发布了一道大言不惭的命令："您和您的部下将与波森这座德国城市共存亡，虽然您已被包围，但我绝不会坐视不管。您将履行师长的职责，掌握生杀大权，并决定人员奖惩。**您必须坚守阵地，就像大西洋沿岸基地的那些指挥官**（着重号为原文所加）。"[11] 颇为讽刺的是，希姆莱将波森比作了大西洋沿岸的要塞，但这些要塞最终都向西方盟国投降了，而且援军也从没有到来。另外，他提到的"生杀大权"实际是临时军事法庭——在希姆莱的指挥下，很多这种草菅人命的机构被设立起来。

（参见地图5）

在一次对外围防区的进攻中，崔可夫将军的部队取得突破，从一段由德国空军人员把守的战线突入了要塞。德国老兵奥托·约恩（Otto Jörn）是波森第5步兵军官候补生学校（Schule für Fahnenjunker der Infanterie V）的学员，按照他的记录，苏军坦克包抄了德军阵地，直接越过了瓦尔塔河的冰面。随后，崔可夫的部队开始从东西两面攻击守军，德军步兵节节抵抗，为在白雪皑皑的1月寻求隐蔽，他们使用了从白色罩衫到白床单在内的所有伪装手段。[12]以下是一份1月29日的电报，其中显示了围城之初的局面：

无线电报，来自波森城防司令：接收时间，12点10分。

波森的处境越来越艰难。敌人从南面和西面突入市区，在城南、城堡大桥（Schloβbrücke）、马丁大街（Martinsstraβe）和皮特里广场（Petriplatz）都爆发了巷战。城内出现了游击队。敌人即将从西北和南面夺取中央地堡。急需有作战经验的部队增援。从彭申（Penschen）方向的撤退来得太迟。因为局势紧迫，空中突击部队①应立刻撤退。请回电！

签字：波森城防司令[13]

① 原文如此，不清楚此处所指为何。

这封电报让希姆莱相信，德军的防线之所以被突破，并不是因为他们缺乏部队、弹药和装备，而纯粹是斗志问题。作为守军司令，马特恩的风格显然无法令他满意，这让他把目光投向了另一位军官——恩斯特·戈内尔（Ernst Gonell，在报告中也经常被写作“Gonnel”）上校，第5步兵军官候补生学校的校长。在防御战中，戈内尔和他的学员（奥托·约恩就是其中之一）打得顽强和狂热，让希姆莱刮目相看。他深信，在未来的战斗中，戈内尔和军官候补生学校2000名学员的斗志将不可或缺。因此，他在1月30日的一份命令中任命戈内尔担任波森要塞的指挥官：

致：

波森要塞指挥官

近来，波森要塞进行了艰苦卓绝的战斗，鉴于戈内尔上校的作战表现，我任命他为要塞指挥官。马特恩少将应立刻与戈内尔上校交接。我希望戈内尔上校继续英勇作战，置生死于度外。虽然未来几天里，我还无法解救他和城防部队，但对于波森这座德国人民的城市，我仍然期望它顽强抵抗，干扰苏联大军的调动和物资供应，给保卫德意志祖国创造有利条件。只要力所能及，我将全力提供支持，争取尽早打破包围。元首万岁！

希姆莱

以上内容已核对无误

参谋部：艾斯曼上校[14]

在1月20日—28日期间，崔可夫的近卫步兵第82师、近卫步兵第27师、近卫步兵第74师以及步兵第312师和第117师继续沿东西轴线攻击这座城市。市内德国守军也在报告中提到，苏军在攻击外围防御体系的战斗中投入了2—5个师。[15]1月28日，约恩的部队奉命转移，以替换1个实力不济的营。他回忆道，这些部队穿过街道，但不知道苏军的具体位置。同时，一些波兰人（即德军电报中的游击队）拿起武器，在市区朝德国士兵打冷枪，让守军的处境更加艰难。[16]但即使如此，德军还是在2月2日的报告中表示，他们挫败了苏军对要塞外围防御圈的攻击，并在1月23日至28日之间的残酷白刃巷战中摧毁了45辆坦克。

1月29日，约恩接到了新命令：

> 查明马克斯·哈伯大道（Max Halbe-Allee）和巴伐利亚大街（Bayernstraße）是否沦陷。如果没有，查明两条道路的通行状况。此外，你们还需要查明索拉奇（Solatsch）地区游泳池［Schwimmbad，位于尼伯龙根路（Nibelungen Road）］的情况，并确定敌人是否已进入库恩兵营（Kuhn Kaserne）。如果兵营失守，你们应强行进攻，前进到铁路路堤，并不惜一切代价挡住敌军攻击！[17]

为了完成任务，舍费尔（Schöfer）少尉、泰尔林（Terling）少尉和15名菜鸟加入了约恩麾下，他们来自不同的军种和单位，其中有2人是德国空军的拉脱维亚籍行政军官，彼此互不熟悉，武器也只有铁拳和步枪。约恩意识到，这些部队根本无法完成任务，但他别无选择，只能继续前进。

13点整，他们沿着萨尔兰大街（Saarlandstraße）抵达了马克斯·哈伯大道的起点，这时有狙击手向他们射击。约恩一行被迫从街上躲进院落，并沿着街区继续前进。很快，他们抵达了指定目标——马格德堡路（Magdeburg Road）附近的铁路线。几乎同时，苏军反坦克炮也察觉到了异样，并向当地的地道桥和周边房屋开火射击。事实上，这里曾由伦策战斗群（Kampfgruppe Lenzer）的党卫军驻守，但为了躲避苏军的反坦克火力，他们已在不久前撤退。17点整，约恩和部下抵达了库恩兵营，最初，这里似乎没有苏军，在附近的游泳池一带也没有发现苏联人。但按照约恩的说法，他的巡逻队和苏军几乎前后脚抵达，这让他被迫转移，并等待后续命令。次日，即1月31日，他们和苏军围绕一座两层住宅楼发生了逐屋争夺，在此期间，苏联空军观察着要塞的一举一动，任何动静都会招来扫射和炸弹。战斗一直持续到2月1日，约恩的部队伤亡不大，十分幸运。[18]

2月4日，波森要塞向维斯瓦河集团军群发布了一份“加急”报告：

> 战斗仍在继续。敌军在坦克和高射炮的掩护下不断推进——预计敌军坦克很快将抵达市中心。铁拳摧毁了5辆坦克，还有2辆被反坦克炮摧毁。1945年

1月23日至1945年2月1日，要塞一共摧毁了56辆坦克！！其中14辆属于铁拳火箭筒，还有170辆被击伤。

戈内尔上校，波森城防司令[19]

苏联人继续摸索前进，寻找着防线上的弱点，并经常渗透到德军巡逻队和守军后方。汉斯·罗姆（Hans Röhm）少尉和12名属下便遭遇过这种情况，他们发现自己被切断了，但最终成功突围回到己方前线。2月2日夜间，在约恩所在的前线，苏军用6门反坦克炮轰击德军阵地。约恩率部发动反击，在街上用铁拳摧毁了其中3门。9点，激烈的逐屋巷战爆发。苏军占领了附近建筑物的上层，居高临下向约恩的部下射击，虽然他们火力猛烈，但没有击中街道上的德军。在迫击炮的掩护下，约恩发动反攻，夺取了附近的房屋。但这处阵地并不理想，因为它比周围更低，很容易遭到居高临下的攻击。约恩等人在当地坚守到2月5日，战斗异常激烈。苏军拿着喷火器挨户扫荡，还使用了缴获的铁拳，用这种反坦克武器炸开墙壁，迂回德国守军。[20]在不久的将来，他们还将把这种巷战利器用在柏林。2月6日至7日，约恩的部队被迫向皇帝环形道（Kaiserring）内侧撤退，8日，他们在科雷斯大街（Kohleisstraße）的区政府办公室占据了阵地。

在波森要塞，普通伤员的人数已增加到2000人，另有600人生命垂危。[21]激战仍在继续，到2月7日，伤员已突破4500人，另有1830人阵亡，弹药只能支持2天。[22]苏军同样损失巨大，但同时，他们也在不断利用宣传瓦解守军。[23]2月9日，希姆莱向戈内尔发去无线电报："鉴于您的英勇壮举，元首晋升您为少将。我衷心祝愿您和您勇敢的部下。希特勒万岁！您诚挚的希姆莱。"[24]

双方在老城各处鏖战。2月11日，要塞向维斯瓦河集团军群发去了最新的战果报告：1月20日至2月10日，共有91辆苏军坦克被击毁，其中43辆来自铁拳，48辆来自各种重武器。另外，守军还击毁了144门敌军反坦克炮和180辆卡车。被铁拳击毁的大批苏军坦克再次表明，许多战斗是在刺刀见红的距离爆发的。[25]2月13日，国防军公报（Wehrmachtberichte）也引用了上述数字。[26]

在约恩的阵地上，苏军用坦克揭开了2月11日战斗的序幕。炮击将部队藏身的大楼轰塌，只有约恩等少数人在地下室逃过一劫。约恩回忆道："我站在地下室的窗户旁，拿着突击步枪，注视着前院。突然间，我看到一群苏军穿过院落向大楼靠近。我大喊着‘俄国人来了’，并将步枪抬起。”但幸运的是，这批苏军似乎是来劝降的，于是，约恩趁机从大楼的洗衣房撤退到利奥–韦格纳大街（Leo-Wegener Straße）旁的后院。在这里，约恩做了一个决定，与在院子里碰到的其他士兵一起向北方的施奈德米尔要塞突围。但随后发生了一件意想不到的事情。

约恩回忆道：

我们不想向西，而是向北。突然有爆炸划破了战斗的喧嚣，当时，我站在地下室靠我方一侧的窗户旁边，试图用地图和指南针确定突围路线。爆炸地点在我前方大约2米，可能是8厘米迫击炮，一块弹片击中了我的右上臂，就在肘关节上方1厘米处，打断了骨头，并卡在肉里。

约恩被带回野战医院，并在2月13日被俘。他接下来的经历在苏占区可谓相当普遍：虽然受到了生命威胁，但只是被抢走了一些财物，因为他没有抵抗，也没有受重伤，一般不会受到苏军的伤害。但医院里的护士和妇女却没有这样走运，其中许多遭到强奸。[27]

戈内尔和第5步兵军官候补生学校年轻士兵的事迹传到了国防军最高统帅部，2月12日的《国防军公报》称赞他们是“英勇的典范”。[28] 3天后的15日，戈内尔命令瓦尔塔河东岸的守军突围，因为他意识到外界根本没有派出援军，要塞的末日将近。也正是在一天，希姆莱又发来了另一份表彰文件：“到目前为止，我始终欣赏您的战斗表现。凭借不懈坚持，您让敌人无法延长铁路线。这非常重要。我知道情况很难。但作为一个忠诚可靠的人，你必须冷酷无情地执行命令。必须继续坚守波森！”[29]

接下来的5天，战斗的烈度有增无减。在一个个街区，苏军步兵师继续推进。战斗是惨烈的。交战双方的冷酷残忍，让战线之间的平民深陷绝境。其中的焦点是苏军所谓的盖世太保大楼（Gestapo House），这里是瓦尔塔大区党卫队和警察总部的所在地，在围困之前还是党卫军中将海因茨·赖涅法尔特的官邸。2月1日—2日，这座大楼被苏军包围，科勒战斗群（Kampfgruppe Köhler）奉命解围，在守军唯一1辆虎式坦克的支援下，他们暂时与大楼取得联络。[30]但在2月16日的苏军炮击中，虎式的变速箱被击损，随后被1辆突击炮（隶属于同在市内作战的第500突击炮营①）拖到齐柏林飞艇停放场（Zeppelinwiese）边缘。2辆苏军的斯大林–2坦克试图朝飞艇停放场推进，但被瘫痪的虎式击毁。次日，虎式又击毁了4辆苏军坦克和1门反坦克炮。[31]第500突击炮营和邻近的党卫军伦策战斗群都登上了2月14日的国防军公报，并“因卓越表现而受到嘉奖”。[32]

2月17日，苏联人突破了城堡外的最后防线。在近4个星期的蚕食之后，崔可夫已不想再花大量时间夺取德军残部盘踞的“核心工事”（Kernswerk）。他劝告戈内尔将军：“致波森要塞和城防司令。红军已来到城堡脚下，继续作战只会白白流血。我要求你投降，标志是升起白旗。投降不得早于明天早上9点。投降时，红军将保护德国士兵免受波兰居民的袭击。”[33]但戈内尔没有理睬。

2月20日晚间，崔可夫从要塞周围调走了近卫步兵第39师和步兵第312师，并将它们送往奥得河畔，近卫步兵第29军则继续在市内作战。崔可夫也意识到，在城市地形中，尤其是在耸立着巨型堡垒的城市中，他需要更强大的火力。因此，他为剩下的步兵军配备了2个战斗机中队、1个轰炸机中队②和更多炮兵。近卫步兵第82师在城堡以北占据了阵地。近卫步兵第74师调往东面，与3号和4号兵营遥遥相对。近卫步兵第27师则准备对1号和2号兵营发动攻击。

（参见地图6）

在城堡内外，德军残余部队也进行了部署：党卫军伦策战斗群（已下降到营级规模）布置在2号堡垒右翼；第500突击炮营的残余突击炮位于3号堡垒左翼；1个由散兵游勇组成的步兵营守卫着北门，指挥官是海因里希·贝瑟尔（Heinrich Beißer）中尉；3号堡垒本身则由1名少尉带领的营守卫；皮革匠堤防（Gerberdamm）和4号兵营之间的地段有卡尔·霍尔费尔德（Karl Hohlfeld）少校和弗里茨·维尔纳上尉（Fritz Werner）分别指挥的2个军官候补生营；3号兵

---

① 即后文中提到的第500突击炮补充与训练营。

② 原文如此。

营由普罗伊塞（Preuße）上尉带领的另一个军官候补生营负责；南门北面则有2个军官候补生营，其指挥官分别是埃维尔特（Ewert）少校和瓦尔特·比尔曼（Walter Biermann）上尉；布鲁姆（Blum）上尉指挥的要塞工兵营则在1号兵营占领了阵地；2月15日前，第890混编高炮营已失去了所有的连级指挥官，其残余的50名官兵和3门5厘米高射炮在空军少校施罗伊斯博士（Dr. Schreurs）的指挥下在2号兵营中据守；1号堡垒的守军是罗迪格（Rödiger）少校的德国空军营——它也是守军3个空军营中唯一幸存的一个，其中罗加尔斯基（Rogalski）中校的营已在1月26日被歼灭，包括营长在内的所有人阵亡或被俘，德吉夫（Degive）少校的营也在1月29日步其后尘；冯·森登（von Senden）的第312国土防卫营（Landesschützen-Bataillon 312）最初负责收拢从南门撤退的部队，同时把守2号堡垒；4号堡垒则由要塞司令部直接负责——上述守军至少有4500人。[34]

在《东方的战争》（*Krieg im Osten*）一书中，联邦德国国防军退役中校乌尔里希·沙夫特（Ulrich Saft）形象地记录了“核心工事”中的最后战斗：

2月18日6点整，近卫步兵第27师的炮兵团开始向1号和2号兵营射击。随着炮声平息，1个苏军轰炸机中队①从东南部飞向城堡，并将600吨炸弹投在2号兵营和南门头顶。2月19日，苏军火炮向城堡内的空地猛烈射击，让守军的伤亡持续攀升，至于包扎材料则捉襟见肘。在2月20日来临前的夜晚，近卫步兵第27师的工兵营设法在1号多面堡前方的堑壕上架起了一座木桥，但这些近卫军工兵立足未稳，便在清晨被要塞工兵营第6连击退，至于木桥也被1具简易爆破筒摧毁。

作为近卫步兵第74师的师长，巴卡诺夫（Bakanov）少将派遣近卫步兵第83团攻击了2个军官候补生营，后者分别由卡尔·霍尔费尔德少校和弗里茨·维尔纳上尉指挥，根本无力抵抗攻入4号兵营的苏军。近卫步兵第226团攻入了南门，但被比尔曼上尉和埃维尔特少校的军官候补生营击退。

---

① 原文如此，此处有误。中队是苏军空军的最小单位，只有3—4架飞机，这里可能指的是轰炸机师。

2月20日至21日间，苏军的近卫自行火炮团不断把重型炮弹投射到城堡内部。在炮火掩护下，苏军工兵在18米宽的壕沟上建造了一座便桥，并立刻向对面运送了4门反坦克炮。同时，1个近卫步兵连也逼近了2号兵营的外墙。当地的高炮部队无力将其击退，党卫军中校伦策奉命支援，用装甲掷弹兵连（装备装甲运兵车）肃清了所谓的“喜鹊巢”。

2月20日，崔可夫显然意识到，单凭近卫步兵第27师无法占领任何1座兵营。他请求朱可夫从预备队中至少抽调3个炮兵团，并将近卫机械化第1旅（之前几乎未投入作战）和近卫坦克第11旅[①]的剩余兵力加强给格列博夫（Glebow）[②]。这3个炮兵团很快在2月21日晚上抵达了。

2月22日上午，得到大幅加强的近卫步兵第27师进入了城堡西南方、上扎尔茨贝格大街（Oberzalzberger Straße）附近的宽阔阵地，并且正对着1号和2号兵营。在该师的2个近卫步兵团和近卫自行火炮团（装备了12门20.3厘米[③]火炮）之间，苏军部署了3个突破炮兵团，这些炮兵团各装备了24门28厘米口径的榴弹炮[④]——另外，近卫机械化第1旅和近卫坦克第11旅最后的6辆T-34/85坦克也严阵以待。

2月22日，天阴，昼间气温下降到2至4度。10点整，32部火箭炮和84门重炮发出嘶鸣，将火力集中到700米宽的1号和2号兵营顶上。20.3厘米和28厘米炮弹伴着巨响在墙壁上爆炸，摧毁了最外层的砖块，还有一部分弹入城堡内部，引起了一些恐慌。但苏军没有成功：炮火没能让厚达3米的城墙像《圣经》里的耶利哥城墙一样垮塌。由于天气恶劣，能见度有限，苏联空军没有出动支援，因此，格列博夫少将只能倚仗近卫机械化第1旅装备的60辆ISU-152——它们都装备了15.2厘米的重型榴弹炮。[⑤]这些“胜利的野兽”直奔2个目标而去，把55公斤的炮弹抛向那些至少有55年历史的普鲁士兵营头顶。沉闷的爆炸之后是震耳欲聋的巨响，地面和墙壁都不停颤动。在每辆自行火炮发射

---

① 此处有误。

② 即近卫步兵第27师师长。

③ 原文有误，似乎应为15.2厘米。

④ 此处内容有误，这一情况不符合苏军的编制，而且从始至终苏军也没有装备过如此多的28厘米火炮。

⑤ 此处内容有误。

过5枚炮弹之后，厚重的尘土遮蔽了城垣。

没过多久，人们看到有处城墙被打穿了。其原因简直不可思议——从西南偏南方向，1枚德制的20.3厘米炮弹以900米/秒的速度飞来，在城墙上打开了1个谷仓门大小的缺口。关于这次“奇迹”的猜测持续了很长时间，直到后来，人们才意识到它来自1门被俘的列车炮，其开火地点位于登布森（Dembsen）火车站，离城堡只有7公里。该型火炮只有8门交付陆军炮兵，射程高达36400米，而这个缺口正是它巨大穿透力的证明。这显然是它的最后一枚炮弹，由于登布森火车站没有传来后续的炮击，因此，这枚炮弹可能原本是用来炸毁火炮的。无论如何，这个“奇迹”都为苏军打开了一扇大门，否则他们还将在数天内止步不前。到傍晚，苏军已将24门火炮运进了2号兵营上的缺口，进而控制了整个内部。

2月22日深夜，戈内尔少将解除了所有指挥官的誓言，允许他们在24小时后自由行动。这一命令也被下达给了守军部队，不久，许多连和排集结起来，试图从北面突围抵达友军战线。突围在午夜准时开始，走在最前方的是伦策战斗群——在之前的战斗中，这支部队经历了惨重损失——随后是一个长纵队，它们有12个营，但每个营都伤亡过半。冯·森登少校的第312国土防卫营接管了殿后工作，仍然完好的迫击炮排向近卫步兵第27师发射了仅剩的弹药。近卫步兵第27师立刻开始追击，在接下来的几天，突围纵队被反复打散，人们开始各自逃生，并组成了规模不一的分队。其中绝大多数被俘了；还有人成了波兰民兵和苏军的牺牲品。最初的3000名突围者中只有极少数逃脱了被俘或死亡的命运，具体数字将永远是个谜——只有意识到向北是一条绝路，随后转向西南，朝格尔利茨（Görlitz）/尼斯河（Neiße）逃亡的人才有一点机会。

在2月22日—23日的夜晚，仍有一些要塞工兵部队在崩塌的1号兵营内部，他们无法加入突围部队，所有通往地下通道的楼梯都被完全炸毁——当地仍有2000多名重伤员。近卫步兵第82师的苏军向通风系统投掷了烟雾弹，浓烟滚滚涌入。伤员的呼号与近卫军士兵的醉骂声响成一片。为了逃离浩劫，卡尔·瓦姆博尔德（Karl Warmbold）和另外6名工兵从墙壁上一个10米高的缺口跳下，后来设法溜出了包围圈，他们一路向西北方前进，并在2周后抵达了友军战线。还有一小部分德国士兵留在了要塞中，因为与绝望的突围相比，去战俘营反而有一线生机。鉴于地下通道中仍有400多名重伤员，有些人在2号堡垒上举起了白旗，但在看到30名苏军士兵带着火焰喷射器向他们走来时，5名军官重新开始射击。俄国人冲进堡垒，用火焰喷射器来回喷射，直到所有无助的伤员都被点燃。刺耳的哀鸣从地下传来，直到10分钟后才渐渐平息。

2月23日清晨，要塞指挥官恩斯特·戈内尔少将派出了3名谈判代表，他们打着白旗，前往最近的苏军阵地。但在这些人到达之前，少将用手枪对准太阳穴开了一枪。崔可夫被惊呆了，他在军旅生涯中从未见过这样的场景。

当天，3000名德军高举双手，从城堡废墟中走出投降，他们衣衫褴褛，步伐踉跄。那些被怀疑是党卫军的人当场遭到射杀，还有一些下级士兵也被处决，因为他们或是佩戴着铁十字勋章，或是试图反抗。随后，对俘虏的残酷掠夺开始了。苏军取走了恩斯特·戈内尔少将和下属军官们的手表和皮靴，还有士兵们的军鞋。在这些折磨之后，俘虏们无助地排成一列长队，光着脚穿过布满瓦砾的波森原野。在随后几天的“死亡行军”中，倒在路旁的体弱者被直接射杀。当地的波兰人原本是驯顺的，现在也抓住了这个向宿敌复仇的机会，他们不分男女老少向队伍投掷石块，或者用木棍和铁棒痛殴。但当波兰人开始从队伍中揪出希特勒青年团和行政官员，准备拖到路旁的沟渠中处决时，苏军却阻止了这些行为，因为波兰人无权决定这些被俘法西斯分子的生死。幸存下来的人被派往波森附近的多个国家安全人民委员部营地，这里也是下一段苦旅的起点，许多人最终被送往西伯利亚。

2月23日的国防军最高统帅部报告写道：“波森的最新报告显示，城堡区的抵抗即将结束！需要对2月14日《国防军公报》进行补充的是：在保卫波森的战斗中，第500突击炮补充与训练营与党卫军伦策战斗群表现十分出色。”3月1日，国防军最高统帅部的报告最后一次提到了这座城市：“在戈内尔将军的领导下，交通枢纽波森的守军在奥得河前线英勇奋战了4周，直到最后。他们牵制了极其强大的敌军，并给其造成了惨重损失。”在众寡悬殊之下，退却到拥挤的城堡内部的波森守军终于在苏军面前屈服了，何况他们的弹药已经耗尽。一份可靠的报告表明，约有5000人阵亡并埋葬在城堡公园，还有约3000名伤员被处决，从此在城堡中失去音信，400名伤员在2号堡垒被活活烧死。在被俘的11000人中，有3300人（其中大部分是伤员）后来被掩埋在库恩多夫

（Kuhndorf）附近，在随后的“死亡行军”中，又有1800人在3周内丧命，尸体被丢进瓦尔塔河里。剩下的5900名战俘中，真正在战后返回的只有1500人。3个总数3800人的突围集群同样蒙受了惨重损失，其中最多只有1300人熬到了被遣返的时刻。总之，波森守军最多只有2800人在战斗和被俘后生还，换言之，在大约25000人中，死亡和受伤的总人数可能达到了21000人。

在装甲车辆方面，德军一共损失了4辆坦克和32门突击炮，即36辆各式作战车辆。苏军最初投入了6个师，后来减少到3个，他们的伤亡同样高昂，阵亡者可能有10000到15000人，至于受伤者则至少两倍于此。另外，苏军还损失了150辆坦克和自行火炮。[35]

忠于纳粹信仰的戈内尔在2月23日投降前自杀。2月24日，苏军报告一共俘虏了马特恩少将在内的20000名德军。[36]虽然在守卫波森要塞期间，德军损失了成千上万的士兵，但对于维斯瓦河集团军群，这样的牺牲却很难称得上值得，它最大的回报仅仅是让苏军在短期内无法使用这个交通枢纽，另外，两国铁路的不同轨距也给俄国人带来了麻烦，更不用说还有炸断的桥梁需要修复。3月1日，国防军最高统帅部这样报告波森要塞的失陷：“尽管众寡悬殊，戈内尔将军指挥的波森守军仍进行了英勇的斗争，并让敌人损失惨重，为坚守这个交通枢纽，他们面对在奥得河前线长驱直入的敌人，在为期4周的战斗中坚持到了最后。”[37]

托恩要塞

托恩（即今天波兰的托伦）位于维斯瓦河沿岸，是当地一座较大的城镇。这里最早由波兰人定居，但在13世纪落入条顿骑士团之手，并被修建为要塞。在格伦瓦尔德之战（Battle of Grunewald）结束后，双方曾于1411年在当地签订了标志着波兰–条顿战争（Polish- Teutonic War）结束的条约。在维斯瓦河两岸，一共有15座堡垒拱卫着托恩。1939年，纳粹德国在占领波兰之后吞并了这座古城，从当时直到1945年，它都没有遭到战火侵袭。但在1月18日，苏军出现在该镇两翼方向，兵临维斯瓦河沿岸时，托恩立刻被指定为要塞，首任司令是古克施（Gucksch）上校。当1月中旬，苏军发起冬季攻势之后，朱可夫的坦克集团军很快击溃了第9集团军的北翼，在120公里的战线上长驱直入。第2集团军的侧翼完全暴露，其部队只能沿着维斯瓦河迅速北撤，在这种情况下，南面的托恩要塞成了稳定局势的基石。1月23日，该镇的南部防线位于维斯瓦河以南数公里处，而北部防线仍处在第46装甲军的控制下。也正是在此时，奥托·吕德克（Otto Lüdecke）中将接管了要塞。[38] 1月26日，他从希姆莱那里接到了一份指示：

托恩要塞的关键任务是牵制敌军。你必须不惜代价守住它。弹药将由我提供，一旦时机合适，我将为你解围。

你必须运用每一名工人加强各个方向的防御。你必须立即在镇内的街道上建造跑道。**作为一名有独立决策权的高级指挥官，您拥有生杀予夺的权力**（着重号为原文所加）。

不要等待对方的攻击，而是应持续派出突击队杀伤敌军。

元首万岁！[39]

在接下来的几周里，希姆莱对补给和解围的轻率承诺全部落了空。不仅如此，他还三令五申，要求把软弱者就地处决，以此维持纪律。

托恩要塞的守军包括2个一线师团——第31国民掷弹兵师和第73步兵师，它们分别守卫着要塞南北两侧的工事。1月末，还有以下单位被纳入进来，包括要塞团团部、1个要塞步兵营、1个要塞机枪营、第804要塞高炮营①、1个要塞工兵连、1个军官候补生学校（兵力为团级）、1个“格奈森瑙”营、1个国民突击队营、要塞常备人员营（Festung-Stamm-Abteilung，下辖10个连）、第535要塞炮兵营（下辖3个连）②、1个陆军独立要塞炮兵连和5个要塞反坦克炮连，总人数约为7000。[40]记录还显示，当地的弹药仅能支撑2—3天，还有约600名平民滞留在镇内。[41]希姆莱在1月27日发出指示，每架降落在堡垒内的飞机都应优先运送伤员，其次是德国平民，最后是波兰妇女和儿童。[42]1月29

---

① 此处番号有误，应为第804要塞机枪营，又名第804要塞步兵防空营。

② 此处有误，该单位的正确番号可能是第635重型炮兵营。

日，托恩遭到了苏军步兵第162师、第71师、第136师、第60师、第76师、第175师和波兰第3步兵师的包围。到1月29日晚间，要塞司令下令突围。[43]这一行动后来得到了希特勒的同意。

1月30日，希姆莱致电第2集团军司令瓦尔特·魏斯（Walter Weiβ）大将，允许托恩要塞突围。[44]次日，守军沿着维斯瓦河北岸向西北进发，在德军作战地图上，它们也被称为托恩集群（Gruppe Thorn）。这一天天色昏暗，大雪纷飞，天气冰冷刺骨。德军组成了3个纵队，乘坐雪橇的伤员被安置在最中央。[45]突围开始时，托恩集群距德军主战线大约40公里，而且苏军还在不断向北推进。2月2日，第73步兵师先头单位抵达了弗里德里希布鲁赫（Friedrichsbruch）①以南的群山，在这里，维斯瓦河转了一个弯，向东北方奔流而去。但德军部队没有发现渡口，只能向北转向，沿着河流东岸继续前进。紧随其后的是冯·拉登战斗群（Kampfgruppe von Rhaden），由军官候补生学校的校长威尔弗雷德·冯·拉登（Wilfried von Rhaden）上校指挥，此外是第31国民掷弹兵师和13辆追猎者坦克歼击车。当天，托恩集群最终抵达了施韦茨（Schwetz）②西南。[46]这一成功主要得益于恶劣的天气：天阴、有雪、气温只有零下2摄氏度。与此同时，第27军也在准备接应，其每日报告中这样记录着与解救托恩集群相关的事件：

施韦茨必须不惜代价坚守，因为托恩要塞守军（第73步兵师和第31国民掷弹兵师的一部）已经突围——为抵达德军防线，他们正在库尔姆（Kulm）③穿越维斯瓦河的冰面。有报告显示，他们正在威廉布鲁赫（Wilhelmsbruch）④附近作战。本军已向第542国民掷弹兵师派遣了第35步兵师的1个团，并用远程火炮、突击炮和1个20毫米高炮连做了加强。作为对该团的补偿，第35步兵师获得了1个营的增援。[47]

---

① 即今天波兰境内的布鲁季地区皮尔夫舍（Bruki Pierwsze）。
② 即今天波兰的希维切（Świecie）。
③ 即今天波兰的海乌姆诺（Chełmno）。
④ 即今天波兰的布鲁季地区科科茨卡（Bruki Kokokcka）。

（参见地图7）

到2月3日，第73步兵师已在比恩科夫科（Bienkowko）①和阿尔特豪森（Althausen）②渡过维斯瓦河，他们随后打穿苏军防线，与第27军（隶属于第2集团军）辖下的第542国民掷弹兵师会合。由于渡河的2座桥梁中有1座被毁，冯·拉登战斗群和第31国民掷弹兵师被分割成了2个部分。其中位于维斯瓦河西岸的部队在2月4日抵达了德军前线，而东岸的殿后部队则遭到苏军4个步兵师的追击，只能在2月9日投降。有报告显示，在11000名投降的德国士兵中，有2000人被苏军枪杀，其余的9000人被带回托恩拘禁。[48]与波森的情况一样，坚守托恩对奥得河前线没有任何战役层面的价值，守军在被围当天便选择了突围。有大量宝贵的人员和装备因此损失掉了——它们原本可以用于重建被打散的单位。

格劳登茨要塞

格劳登茨（即今天波兰的格鲁琼兹）位于维斯瓦河下游东岸。在条顿骑士团时期，这座城镇变得兴旺起来，并在15世纪中期获得了城市地位。到20世纪初，它成了一座发达的工业中心，但就像德波边境的很多城镇一样，它也见证了两个民族的紧张关系。1945年1月底，苏联军队从东面逼近，而城内则驻守着第83步兵师一部、第814要塞步兵高炮营（Festung-Infanterie-Flak-Bataillon 814）③、赫尔曼·戈林补充与训练旅（Ersatz-und-Ausbildungs-Brigade Hermann Göring）、要塞团团部、第12工兵补充与训练营、1个步兵高炮营、2个要塞常备炮兵连（Festung-Stamm-Batteries）、3个要塞反坦克炮连、1个国民突击队营、1个格奈森瑙营和1个工兵连，[49]总数约为13500人，由路德维希·弗里克（Ludwig Fricke）少将指挥。[50]其中大部分人员都年老体衰，要塞中的火炮几乎都是缴获品，而且弹药也严重短缺。[51]

近30000名苏联士兵和60辆坦克从东面对要塞发起围攻。与此同时，其他

---

① 即今天波兰的边库夫卡（Bieńkówka）。

② 即今天波兰的斯塔洛格罗德（Starogród）。

③ 要塞步兵高炮营是德军在战争末期组建的一种特殊单位，一般下辖4个连，主要装备是20毫米高射炮，负责在东西线的城镇中为守军提供对空/对地支援火力。

苏军也在维斯瓦河西岸向北推进。到2月18日，德军战线已向北后撤了15—20公里，东岸的守军已被彻底孤立。当天，滞留在要塞中的德军包括第83步兵师的1个团，赫尔曼·戈林补充与训练旅的1个团、1个特别营、1个工兵连和1个要塞营。[52]格劳登茨的内城是一片沿着维斯瓦河东岸构筑的细长地带，战斗逐渐向当地蔓延。2月28日，守军的战斗人员已下降到约4400人[53]，只能向北朝库比耶堡（Fort Coubière）撤退。在当地，守军坚持到3月初，第12工兵补充与训练营的营长克雷斯（Kreβ）少校在此期间被树立为榜样，因为他"斗志坚决"，给苏军造成了重大损失。[54]3月2日的《国防军公报》写道："格劳登茨要塞守军在2月17日被围，但在精力充沛、斗志昂扬的指挥官弗里克少将指挥下，他们奋战11天，击退了所有攻击，给敌人造成了惨重损失，并牵制了大批布尔什维克。"[55]

3月6日，格劳登茨给陆军最高司令部发送了最后一份报告，内容非常简短："部队正在坚守库比耶堡，局势严重恶化。"[56]3月7日，德军残部向西北突围，试图抵达第2集团军在北面的主防线。此时，维斯瓦河的冰面已开始消融，他们的渡河企图全部失败。在战斗中，德军的总损失估计有7000人，超过最初守军的一半。在要塞投降时，约有2400名被苏军留在地堡中自生自灭，到4月19日，他们之中已经有约1000人因缺乏照顾而死亡，另有大约1000人被苏军处决，其中许多是国民突击队的老人。在突围期间，德军还有2000人丧生，另有1600人被俘。[57]

（参见地图8）

于尔根·托尔瓦尔德（Jürgen Thorwald）这样记录1945年冬天格劳登茨要塞守军的悲剧和恐怖：

3月6日，小型破冰船"狼"号（Wolf）接到命令前往但泽湾（Gulf of Danzig），在维斯瓦河上挣扎着从浮冰中隆隆驶过。几天前，这条河的冰面已经破裂，由于河道上游已被苏军控制，"狼"号需要监视顺流而下的船只或漂浮物，并检查其中是否有定时炸弹等装置。中午时分，"狼"号船长注意到有个满是积雪的物体在冰层间飘荡。过了一会儿，他发现那是一艘充气橡皮艇，而且上面有人。

“狼”号破开冰层，船员向橡皮艇投掷了绳索，将5名德军拉上了船。他们是17岁的施文克哈根（Schwenkhagen）下士和4名下属。

这5个人是格劳登茨唯一的生还者，当地在但泽上游约70英里。就在前一个夜晚，格劳登茨落入了苏军手中，他们几乎不能走路，但肩膀上仍然挂着冲锋枪，口袋里还塞满了手榴弹，仿佛是要与敌人搏斗。

3月5日晚上，施文克哈根所在的工兵部队出发执行任务。当时，格劳登茨守军准备向维斯瓦河突围，而这次任务就是为大部队开路。后来，这个小队和被围的城市守军失去联系，为了逃生，他们决定顺流而下。下士和他的4名手下是唯一躲过苏军巡逻队的人——当3月6日破晓，阳光即将暴露他们的行踪时，一场大雪帮助了他们。他们躺在小艇里，任凭积雪覆盖身躯，并一直漂流到获救为止。

他们讲述了3个星期地狱般的经历——它始于2月17日被包围的那一天，止于他们躲进河中听天由命的晴朗夜晚。2月17日，镇上大约有45000名平民，其中大多数是德国人，或是已取得德国国籍的波兰人。与其他地方一样，出于恐惧，他们在去留之间举棋不定；当地还有一些正规军和国民突击队，总数大约10000人，其中一些相当年轻。守军的重武器包括几门高射炮和野战炮，有时1架运输机会到来，投下轻武器弹药、一两枚炮弹和一些绷带。要塞指挥官弗里克将军在2月19日的当日命令中提到了坚守、忠诚和战斗意志。该命令还断言，无论是在人力还是在装备上，敌人都不占优势，并宣布救兵很快就到。在上述说法中，第一部分显然是“善意的谎言”，第二部分很可能反映了他的真实想法，但正是这种坚定的信念，把德国守军拖入了灾难与毁灭。

包围该镇的苏军至少超过守军8倍，在周围的高地上，火炮几乎从来没有休息。无论何时，镇上总有至少5架敌机盘旋，他们从附近的机场飞来，投下炸弹、德制炮弹，甚至是各种金属制品，比如缴获的犁头。对该镇的炮击和轰炸只在晚上停止，这时，苏军的扩音器会大肆播放口号：“同志们，过来吧，今晚我们吃土豆、牛肉和面条！”“在列宁格勒，成千上万的美女为你伸腿！”“突击部队致以最诚挚的问候，他们正在去但泽的路上！”“我们将献上管风琴表演。”接下来是短暂的宁静，随后响起了“斯大林管风琴”震耳欲聋的轰鸣。

被围的最初几天，苏军一度攻入了城镇南郊，但被守军击退。在收复的街道上发现了尸体，还有惊魂未定的幸存者从地下室爬出，讲述了可怕的经历。随着他们的遭遇传遍整个城镇，守军变得更加冷酷无情，他们要战斗到最后一口气，每座房子都被反复争夺到底。

苏联人继续向北推进，平民跟随部队撤退，从一座地窖前往另一座地窖，直到城镇北部人满为患。局势是如此绝望，甚至连士兵都很难行动，为了继续战斗，他们不得不驱赶平民。面对生存本能，人性已变得无足轻重。

苏军渡过维斯瓦河占领了镇中心，水电失灵，地下室一片黑暗，在少数有水的地方，堆积着男男女女的尸体——子弹或炮弹夺去了他们的性命，但在口渴的驱使下，还是有其他打水的人紧随其后。火焰映亮了城镇的夜空。

为免遭苏军的夜袭，德军经常为了照明而放火烧毁房屋。

从2月21日开始，苏军每天都会派出劝降代表。但德军仍在抵抗，因为他们相信，围困总有一天会被打破。

但在3月3日，维斯瓦河冰面破裂的那一天，他们的希望一点点破灭了，他们可以看到无尽的苏联坦克和卡车在南面渡过河流，向着西方和西北方行驶。在重压之下，部队的精神相继崩溃，有些人决定投降，另一些人则在3月5日夜晚试图悄悄渡过河流，或是企图从陆上逃脱。在第二群突围者当中还有该县的纳粹党领袖，他从此下落不明。

3月6日，弗里克将军和其他驻军投降了。连同伤员在内，他们一共有4000人。[58]

在这个冬天，与维斯瓦河集团军群境内被划为要塞的城镇相比，格劳登茨要塞坚守的时间相对较长，但它几乎没有阻止苏联军队的前进，也没有给第2集团军防御带来显著的积极影响。

施奈德米尔要塞

施奈德米尔（即今天波兰的皮瓦）位于库多河（Kuddow River）[①]沿岸，

---

① 即今天波兰境内的格夫达河（Gwda）。

始建于14世纪。随后几个世纪，它相继属于条顿骑士团和波兰。和东部省份的许多德国城镇一样，在战争期间，当地也从未受到战火波及。但在1945年，施奈德米尔被宣布为要塞，苏军从南面和西面横扫而过，切断了当地与主战线的联系。1月末，当地卷入激战，守军击退了13次团级规模的进攻。有报告显示，在1月25日至28日的战斗中，共有26辆苏军坦克被击毁，还有8辆受损。[59]1月30日，要塞守军共包括5个要塞常备炮兵连、4个格奈森瑙营、2个警备营和2个国民突击队营。2月10日的报告则显示，守军共有3个团，即梅尔茨团（Regiment Mertz）、博宁团（Regiment Bonin）、莫林团（Regiment Moring），以及2个高炮连、16个炮兵连和第201装甲歼击部队（Panzerjäger 201）①。根据维斯瓦河集团军群的作战日志，施奈德米尔比其他根据“防波堤”理论构建的要塞发挥了更大作用。下面这份记录来自德军退役上校约翰–阿尔布雷希特·冯·博宁（Johann Albrecht v. Bonin），其中介绍了施奈德米尔要塞的构建和防御。另外，作为补充，我们还插入了维斯瓦河集团军群的部分作战日志。

第二次世界大战中的施奈德米尔要塞：构建和防御

引言

本报告的作者——退役上校约翰–阿尔布雷希特·冯·博宁——曾在1908年至1920年间担任步兵军官，1939年秋季，他加入山地步兵部队，并在驻奥地利的第18军留后司令部担任营长、团长，还主持过该司令部的军官训练。在构建施奈德米尔要塞期间，冯·博宁被任命为第1防区司令部（Abschnittsstab 1）司令，负责调查情况，充当工程的军方监督人员。

随后，冯·博宁被任命为施奈德米尔守军第2阵地团（Stellungs-Regiment 2）的团长，在1945年1月21日之后一直以防区指挥官的身份参加战斗，直到1945年2月13日从要塞突围。1945年2月19日，他在德意志克罗恩附近被俘，直到

① 原文如此，该部队可能是第201自行榴弹炮营（Panzer-Haubitz-Abt. 201）一部，该营组建于1944—1945年冬天，最初隶属于第9集团军。战时和战后的文献均显示，施奈德米尔要塞至少拥有2辆自行火炮，其中1辆是黄蜂105毫米榴弹炮，另1辆是野蜂150毫米榴弹炮。

1949年12月15日才获释。

从被俘当天，冯·博宁就在准备施奈德米尔保卫战的记录，并联络了许多参战人员。但它没有逃过苏联方面的频繁搜查，因为这些意外，冯·博宁失去了一切心血。为此，他只能从记忆中还原当时的经过，而且无法利用其他文件作为佐证。需要指出的是，有一段时间，由于被俘时期的饥饿，他遭遇了严重的失忆，因此陈述可能有误。

虽然这一缺陷可以通过当事人的口述弥补，但由于战争结束前的混乱局面，以及从要塞逃脱的人员极少，显而易见，弥补程度想必非常有限。另外，由于缺乏防御工事图，我们只能对要塞的布防情况做简单陈述。

受条件限制，本研究存在很多缺陷，而且无可否认，施奈德米尔要塞及其防御战只是二战这幅宏大画卷中的一隅，但作者依旧相信，这些资料将对二战研究带来帮助。

施奈德米尔要塞的构建

1944年，鉴于东线局势日益严峻，为保护家园，波美拉尼亚民众接到了修建波美拉尼亚防线的命令。8月，为在施奈德米尔修建防御工事，勘察工作正式启动，其范围不仅包括市区周边，还有城市以东地区。这些工程将属于一个更大的堡垒群，它始于波森要塞，经过德意志克罗恩，一直延伸到波罗的海沿岸。与此同时，施奈德米尔被宣布为要塞，施工随之展开。

在施奈德米尔附近修建工事的第一份建议是由陆军上校伯恩斯多夫（Bernsdorff）伯爵提出的，他从东普鲁士专程赶来，也是施奈德米尔驻防团的指挥官。

施奈德米尔有6条铁路线和7条主干道的交汇，意义重大。整个城市地势低洼，周围是几座制高点。其中最重要的分别位于东南、正南和西北方，即弗里德海姆高地（Friedheim）、科尔马-乌尔施（Colmar-Usch）高地和栋布罗沃（Dombrowo）高地。由于可以充当重要观察哨，它们必然会在一开始就遭到苏军进攻。为了长期坚守，它们也被纳入了防御体系。

可能是由于缺乏部队，上级决定使用原先的波美拉尼亚防线，并进行扩建。这条防线是在一战后用混凝土建造的，其中部分位于城市东面——因为这里曾经是德国和波兰的边界。当地的工事将与柯尼希斯布里克（Königsblick）[①]据点连接，随后向乌施地区豪兰（Usch-Hauland）[②]延伸，一直抵达诺泰奇河西岸，最终与波森的防御体系连成一片，而在另一个方向，这道工事将向北面和西北面延伸，经过德布里茨（Döberitz）[③]，一直抵达德意志克罗恩要塞和该市东面的工事。

西北部的栋布罗沃高地和西南部的森林也被划入了要塞辖区，按照计划，要塞守军应包括大约5个步兵师，相关建设工作也是如此展开的。

但另一方面，施奈德米尔地势低洼，就算被指定为要塞，其价值也相对有限。

波美拉尼亚防线的紧急建造由纳粹党大区领袖施韦德–科堡（Schwede-Coburg）及其（党务）副手西蒙（Simon）主持。托特组织负责提供专业劳动人员，战术问题则由国防军负责。

我在1944年8月抵达施奈德米尔，刚到不久，陆军上校伯恩斯多夫伯爵向我介绍了他这边的情况，之后便返回了原单位。我被任命为第1防区司令部司令，并负责听取德意志克罗恩方面［指挥官：托芬（Tofern）少将；参谋长：冯·齐策维茨（v. Zitzewitz）上校；工兵顾问：霍拉茨（Hollatz）上校］的指示。

在施奈德米尔，区行政长官（Regierungspräsident）莫卡（Moka）博士、纳粹党地区领袖欣策（Hintze）、驻德意志克罗恩帝国防务专员办公室下属的托特组织负责人霍农（Hornung）博士、冯塔纳（Fontane）先生、克劳泽（Krause）先生和特格特梅尔（Tegtmeier）先生也对城防及要塞的修建做了贡献。

但在查明关键情况，确定阵地位置之后，工程拖了很长时间才正式启动。在此期间，库尔豪普特（Kurhaupt）上校率领的要塞工兵参谋部［下属军官包括奥伯迈尔（Obermayer）中校、施瓦茨迈尔（Schwarzmeier）中尉[④]和佩措

---

① 即今天波兰的皮瓦地区卡利纳（Piła Kalina）。
② 即今天波兰的乌伊希切地区乌吉（Ługi Ujskie）。
③ 即今天波兰的多布日察森林（Dobrzyca Leśna）。
④ 此处有误，施瓦茨迈尔的军衔应为中校，和后文中提到的施瓦茨迈尔中校为同一人。

尔德（Petzold）中校］也来到了城内。

工程是纳粹党和托特组织开展的，一共动用了25000人。1944年8月11日，当局开始动员居民修建堑壕，并从上波美拉尼亚［Vorpommern，包括施特拉尔松（Stralsund）、格赖夫斯瓦尔德（Greifswald）、吕根（Rügen）和周边地区］调集了不少人手，其中以妇女为主。国防军则在不同时期提供了一些工兵，另外，苏联战俘也投入了工作。

在1944年10月18日，即莱比锡战役周年纪念日当天，要塞所在地区也组建了国民突击队，它们共有2个营，即施奈德米尔营和舍恩兰克营（Schönlanke battalion），在受训的同时，这些部队也提供了工程人员。[60]

1944年11月14日至15日，纳粹党又对施奈德米尔民众进行了全面动员，并将所有劳动力投入了反坦克壕的修建。

我所在的第1防区司令部位于施奈德米尔政府大楼，其组成如下：

· 司令：冯·博宁上校；副官：埃德曼·布伦克（Erdmann Brunk）少尉、洛塔尔·格雷珀（Lothar Graper）少尉

· 步兵：诺伊克（Neuke）中校、瓦格纳（Wagner）少校、汉斯·福尔克纳（Hans Völkner）上尉、威廉·哈贝尔特（Wilh. Habelt）上尉、哈萨克（Hasak）上尉，以及其他多位尉官

· 炮兵：奥斯卡·特普弗（Oskar Töpffer）少校、马丁·哈克巴特（Martin Hackbarth）上尉

· 工兵：海因茨·拉德马赫尔（Heinz Rademacher）中尉

上级指定的区域范围巨大，但我们时间不多；至于受过训练的军官要么暂付阙如、要么数量有限，很难完成对步兵、重武器、远程火炮和反坦克炮阵地及其观察所、障碍、反坦克壕、反坦克路障、支撑点、混凝土永备工事等的勘测。除此之外，这些工事的修建需要动员全部人力物力。但鉴于当时的军事和经济形势，一切都只能仓促进行。在修建混凝土永备工事时，相关选址决策很多都出自指挥部高层，而不是工兵等领域的专业人员——因为后者在当时非常短缺。它们的出台大多十分仓促，而在正常情况下，这些决策也需要许多调查小组筹备数月。

从一开始，图上作业、计划和施工就受到了严重干扰，其中的原因既有

责任划分不清，也有军方、纳粹党和托特组织之间的观念分歧。

对于波美拉尼亚防线，军方人员认为其工作必须遵守下列原则：

面对苏军重压，前线部队历经鏖战，正在撤退。波美拉尼亚防线的驻军应负责收容，并使其重整旗鼓，以便在该防御工事中做持久抵抗，保护他们身后的祖国，同时牵制敌军，为指挥层提供回旋余地。基于上述考虑，扩建工程应按下列顺序进行：

障碍物（包括各种反坦克障碍），掩蔽所（旨在给部队最初的安全感，并暂时阻止苏军），为重武器、远程火炮和反坦克炮设置的阵地和观察所。

为了不暴露阵地的部署情况，加上城市周围到处是沙丘，土工作业容易开展，大部分堑壕的扩建将由部队自行完成。

纳粹党和部分托特组织的人员（对军事形势所知甚少）主要负责挖土，或是修建战壕和反坦克壕等类似的工程，这些工作的进度很容易衡量，可以根据报告和地图立刻进行评估。由于当地地质松软，以沙土为主，有的壕沟会在挖掘时塌陷，壁板会在安装后倒塌，让它们更像是杀人陷阱，而不是防御工事。另一个问题在于阳奉阴违，提交给帝国防务专员的地图和驻防部队的地图截然不同，其中后者往往才反映了真实情况。在当时的西线，为了让我军车辆正常行驶，很多设防据点并没有及时设置路障，并导致敌军坦克突然冲上街道，鉴于这种教训，就在要塞被围前不久，上级下达了在主要道路上设置反坦克障碍的命令。但托特组织拒绝执行这项重要使命，他们给出的理由匪夷所思——计划中没有这项规定！即使如此，正规部队还是秘密布置了障碍，在城市被围时，它们发挥了很大作用。在与苏军接战后不久，第1防区司令部管区内的托特组织和其他下属单位在一夜之间“不辞而别”；对于未完成的任务，他们也没有做任何交接。

这再次表明，只有在指挥和责任关系明确时，我们才能取得最大的成果（着重号为作者所加）。作为祖国的最后一道屏障——波美拉尼亚防线，一切问题都应当服从于军事上的需求。

尽管有前述的种种摩擦，许多有识之士还是逐渐认识到了形势的严峻性，他们做了很多工作，弥补了官僚们的狭隘。所有施工人员都心怀祖国，热火朝天地工作，并克服了种种不利条件——这也是大部分工事都能在1月底苏军逼近前竣工的原因。

波美拉尼亚防线前方构建有一系列连贯的障碍物，还有为重武器、反坦克炮和远程火炮设置的观察哨，重点地段有坦克路障。在堑壕中和堑壕之间，我们还修筑了配备暖气的掩蔽所，最多能承受15厘米炮弹的打击。在施奈德米尔要塞南部、西部和北部的周边地区，我们也建造了许多设施。

1944年10月12日，吉瑟勒（Gieseler）上校被任命为施奈德米尔要塞指挥官，其下属的参谋军官是巴尔特斯（Bartel）上尉和哈森拜因（Hasenbein）上尉，后勤参谋是陆军少校施里芬（Schlieffen）伯爵，炮兵参谋是博克（Bock）少校，司令副官由克里斯蒂安森（Christensen）上尉担任。该机构也大大减轻了防区司令部的工作。

除了指导修建防御工事，要塞司令部还意识到，军事和经济形势必将持续恶化，因此，他们也力所能及地做了其他准备，以便应对在要塞内爆发的拉锯战。这些工作包括应对炮击，扩大通信网络，确保围城期间的水、电、气供应，与纳粹党、政府和市政办公室合作疏散城内人员，以及提供医疗服务。为此，他们囤积了供25000—30000人支撑3个月的食品和医疗用品，这些物资分别储藏在城市南部的林间庄园（Waldschlösschen）①，以及西南和西部的卡通恩（Kattun）②与哈森贝格（Hasenberg）③等地。但在战斗开始时，很多战备工作仍未完成——长期作战所需的炮弹尤其短缺。

施奈德米尔要塞的防御

1月上旬和中旬，即苏军攻入东普鲁士之后，不断有零散部队、托特组织、建筑部队和政府人员从施奈德米尔经过。守军用在火车站拦截的人员组建了新单位，例如弗里德里希国王营（Friedrich Rex's battalion？），党卫队维京-荷兰旗队第1连（SS-Standarte Wiking-Holländer – 1st Company?）以及汉堡装甲猎杀营（Panzervernichtungs- Abteilung Hamburg?）。

关于苏军接近的报告越来越频繁。但给每个军官的重大事件简报却十分粗略，在这种情况下，每个人只能根据希特勒的笼统命令，查明自

① 即今天波兰的索斯诺夫卡（Sosnówka）。
② 即今天波兰的科通恩（Kotuń）。
③ 即今天波兰的多拉谢沃（Dolaszewo）。

己的首要任务。

利用辖区内所有的参谋人员，要塞指挥官组建了4个指挥部，每个指挥部都对应着1个阵地团，并负责指挥防区内的所有部队。但另一方面，波美拉尼亚防线的这一段是为容纳5个师构建的，但所有守军却只相当于1个仓促拼凑的师，而且成员大多是补充部队和国民突击队，规模无一超过营级，不仅未经战阵，更没有准备好迎战苏军这样的强敌。就算不谈斗志和牺牲精神，他们怎么看也不过是一群“救急人员”。要塞以东的部队也无法加入战斗——面对苏军的压力，他们一直在后退。

将这些部队打造成整齐划一的战斗单位几乎是不可能的。由于训练不充分，再加上缺乏武器装备、通信设备、有经验的士官和足够的人员，战斗注定将异常艰难。事实上，在施奈德米尔要塞，只有大多数炮兵部队［例如多纳（Dohna）伯爵的突击炮营[①]、1个反坦克炮营和第5炮兵教导团第1营（I.Abteilung-Artillerie Lehrregiments Nr. 5）］拥有战斗经验和现代化装备。

下文中是笔者仍然记得的单位。由于战场态势、重心和休整时间不同，加上防区和团部赋予的任务各有差异，各单位的状况参差不齐。为确保指挥的连贯性，在整个战斗中，各团团部始终没有离开辖区。但另一方面，根据作战地点和实力变化，各部队的边界和防区宽度经常改变。这些团的指挥官分别是桑恩（Sann）上校[②]、冯·博宁上校，奥伯迈尔（Obermeier）中校、施瓦茨迈尔（Schwarzmeier）中校和内林（Nehring）少校。

国民突击队营则不堪一战，在初次投入战斗后便被拆散，为各个团和营修建阵地、搬运物资和供应伙食（大多数单位没有野战厨房），从而摆脱了充当“炮灰”的命运。同时，他们减轻了前线部队的重担，使后者可以专心作战。总之，国民突击队营提供了宝贵的服务——在提升所属部队的战斗力上，他们功不可没。

施奈德米尔要塞战斗序列（不全）

·贝尔加德营（Belgard Bataillon，共270人？）——指挥官：鲍尔

---

① 该单位的正式番号实际是第111突击炮教导旅第3连。

② 原文如此，他的全名是弗里茨·桑恩（Fritz Sann），军衔实际是少校。

（Bauer）上尉

· 斯德丁海军营（Marine Bataillon Stettin）

· 施托尔珀侦察营——指挥官：斯泰尔马赫（Stellmacher）少校

· 安克拉姆营（Anklam-Bataillon）

· 科尔贝格士官学校（Kolberg Non-Commissioned Officer School）——指挥官：奥夫斯基（Offski）上尉

· 统帅堂营（Feldherrenhalle Bataillon）

· 施奈德米尔营（Schneidemühl Bataillon）

· 汉诺威营（Hannover Bataillon）——指挥官：根泽尔（Genzel）少校

· 欧廷营（Eutin Bataillon，陆军士官学校？）——指挥官：施米劳（Schmielau）上尉

· 特雷普托营（Treptow Bataillon）——指挥官：鲍赫（Bauch）上尉

· 3个（？）国民突击队营，其中一个是施奈德米尔国民突击队营，还有一个是舍恩兰克国民突击队营；3个营的指挥官分别是绍尔扎普弗（Sauerzapfe）上尉、索默菲尔德（Sommerfeld）上尉和科尔哈斯（Kohlhaas）。

· 第5教导（炮兵）团第1营，该营原驻扎在格罗斯伯恩（Gross Born），营长为舒尔茨（Schulz）少校

彼得斯（Peters）上尉指挥的15厘米榴弹炮连

施梅勒（Schmeller）上尉指挥的10.5厘米榴弹炮连（2辆自行火炮）

达马施克（Damaschke）上尉指挥的10.5厘米加农炮连

· 多纳伯爵指挥的突击炮营（装备黄蜂和野蜂自行火炮）

· 1个反坦克炮营

· 若干要塞炮兵部队

· 1列装甲列车（装备8厘米加农炮和四联装2厘米高射炮）

战斗开始前不久，陆军中校、党卫队二级突击队中队长[①]雷姆林格（Remlinger）取代了吉瑟勒上校，成为要塞的新指挥官。

---

① 原文如此，此处似乎有误。

指挥机构也进行了重组，并和原有参谋部门合并：

· 作战参谋——冯·哈泽（v. Hase）少校，哈森拜因上尉

· 布劳尔特（Blauert）上校（后勤主管）

· 厄梅（Öhme）少校（反坦克参谋）

· 泽赫（Zehe）中校（炮兵指挥官）

· 博克（Bock）少校（要塞指挥部下属的炮兵参谋）

· 军医少校施泰因纳（Steiner）博士（要塞首席军医）

库多河以东、布罗姆贝格近郊（Bromberger Vorstadt）兵营区的战备情况

希姆莱也把副手——党卫队高级地区总队长格布哈特（Gebhardt）博士派往要塞，充当全权代表。在新指挥官上任之前，格布哈特在一次讨论中命令暂时不要疏散平民。在他看来，既然所有防御准备都已大功告成，而且局势也不是那么悲观，这么做几乎没有必要。

事实上，格布哈特博士对形势的描述过于乐观了，他的命令大大影响了疏散行动的准备。在敌军袭来时，平民只能仓促逃往后方，并在苏军的火力下死伤枕藉。

1月24日，守军（安克拉姆营）与苏军坦克和步兵爆发了第一次战斗。其间，苏军大举攻击了埃尔佩尔（Erpel，位于施奈德米尔东南部）[①]，在接下来的几天里突破了阵地，还对柯尼希斯布里克（位于库多河畔）和科尔马附近的南部防区施加了很大压力。

1月26日，苏军的远程火炮和迫击炮弹首次落在市中心（包括火车站），导致部分平民伤亡。疏散工作被迫向西转移到火车货站和哈森贝格车站（Hasenberg station），当时天气很冷，风雪交加。同一天，柯尼希斯布里克落入了苏军手中，当地的库多河大桥被炸毁。国民突击队施奈德米尔营一部没有及时逃脱，但在向导带领下，他们还是从一条羊肠小道摆脱了追兵。

27日，为夺回柯尼希斯布里克，击退渡过库多河之敌，施米劳上尉的欧廷营发起反击，但行动失利。

---

① 即今天波兰的卡佐里（Kaczory）。

由于人员数量不足（需要5个师），许多精心构建的防御工事迅速失守。1月28日，集团军曾报告，波森、施奈德米尔和托恩要塞守军挡住了猛烈攻击，在29日的报告中，他们更宣称苏军已被击退。但在1月30日的零星战斗之后，要塞最终被彻底包围，现在，克罗扬克尔大街（Krojankerstasse）的机场成了唯一的进出通道。

施奈德米尔的南部和西部成为战斗最激烈的地方，集团军在报告中指出："敌军正在库尔姆和施奈德米尔之间北上。"

1月29日维斯瓦河集团军群的作战日志则这样写道：

施奈德米尔的守军分别击毁和击损了26辆和8辆苏军坦克，并在1月25日至28日间摧毁了一些卡车。在攻击阿恩斯菲尔德（Arnsfelde）①的战斗中，他们击毁了6辆苏军坦克。在楚策（Zützer）②，也有11辆苏军坦克在前进期间被我军击毁。

从7点开始，敌军在布雷滕施泰因（Breitenstein）③突破波美拉尼亚防线的尝试达到了最高潮，其部队包括50辆坦克以及随行的卡车。沃尔登贝格（Woldenberg）④的局势尚不明朗。

在施奈德米尔西北方，有小股苏军在6辆坦克伴随下从施罗茨（Schrotz）⑤向罗森塔尔（Rosenthal）⑥推进。1个来自德意志克罗恩的营奉命迎战，以保护从德意志克罗恩到施奈德米尔的道路。

到目前为止，施奈德米尔还没有遭遇进攻，但敌人突入了当地以东的克罗扬克尔（Krojanke）⑦。[61]

---

① 即今天波兰波美拉尼亚省瓦乌奇县的戈斯托米亚（Gostomia）。
② 即今天波兰的奇沃帕（Człopa）。
③ 即今天波兰的塞洛奇山（Szeroki Kamień）。
④ 即今天波兰的多别格涅夫（Dobiegniew）。
⑤ 即今天波兰的斯克沙图斯（Skrzatusz）。
⑥ 即今天波兰的罗岑塔尔（Rożental）。
⑦ 即今天波兰的克拉延卡（Krajenka）。

1月30日，希姆莱推荐要塞指挥官雷姆林格中校获得骑士十字勋章。这份建议是通过费格莱茵而不是陆军最高司令部发送给希特勒的，其中这样写道：

我提名雷姆林格中校获得骑士十字勋章。他于1913年9月27日在多瑙河畔乌尔姆（Ulm am Donau）出生，1932年4月1日参加军队，1944年12月1日晋升为中校，父亲是骑兵军官，家庭住址：魏玛市奥古斯塔皇后大道25号（Kaiserin Augusta-Allee 25）。

雷姆林格是施奈德米尔抵抗者的灵魂。虽然要塞的大部分人员都是仓促拼凑的，但他们仍然击退了极为猛烈的攻击，并摧毁了25辆坦克。

雷姆林格亲自用手枪射杀撤退的士兵，并在他们身上挂上标语牌，上面写着："这就是所有懦夫的下场！"（着重号为原文所加）

雷姆林格坚定、无畏，是所有指挥官和要塞司令的典范，他值得获得这一殊荣，即骑士十字勋章。

党卫队全国领袖，维斯瓦河集团军群司令[62]

这一请求在当天便获得了批准。希姆莱和希特勒都清楚，雷姆林格的斗志正是他们需要的，这将有助于坚守阵地，确保部队服从命令，哪怕这种斗志意味着草菅人命。

在今天，元首向你颁发骑士十字勋章，以表彰你担任施奈德米尔要塞司令期间的英勇壮举。

祝你好运！也祝你和士兵们武运昌隆。继续恪尽职守！

海因里希·希姆莱

维斯瓦河集团军群司令[63]

1月31日，施奈德米尔要塞向维斯瓦河集团军群发送了如下报告：

施奈德米尔要塞：贝尔肯多夫（Berkendorf）西北偏北的公路已被切断

（敌军已抵达贝尔肯多夫西北500米处），在比洛夫河（Bielow）[①]和库多河的交汇处出现了敌军桥头堡，目前，我军正在严加准备，以便反击和消灭该阵地。晚上，我们在东部前线击退了敌军进攻，尤其是在要塞的东南部。在西面，敌军首次沿着柏林大街（Berliner Straβe）推进，但在试图从西面和西北面穿过库多河谷的时候，他们遭到了突击炮从北向南的火力打击，并被全部消灭。在此期间，敌人损失了3辆坦克、3门反坦克炮（此处难以辨认）、2辆反坦克炮牵引车、1辆装有弹药的卡车、1门12.2厘米炮和1个排的步兵。另外，到目前为止，我们还没有从蒙策尔（Munzel）少将和冯·施莱尼茨（von Schleinitz）的战斗群接到任何报告。[64]

博宁继续写道：

苏军后勤纵队在科尔马附近川流不息，由于缺乏弹药，加上距离太远，我们发动炮击。但为了在一定时间内减轻要塞作战人员的压力，我们仍然穿过乌施和诺泰奇河，对科尔马发动了攻击。其间，我们投入了要塞炮兵和反坦克炮部队中的摩托化单位，以及一个加强的步兵单位（贝尔加德营）。这次进攻旗开得胜，但最终还是在科尔马附近遭遇停顿。由于进攻部队对要塞防御意义重大，他们必须撤出。其间，乌施以南、诺泰奇河对岸的桥头堡遭到了敌军的凌厉攻击，并坚持了数天之久。苏军此举是为了把坦克送往对岸，由于诺泰奇河河底的构造，这些坦克几乎可以不费吹灰之力，但面对守军，他们仍然停滞了数日之久。我军部队勇敢前进，其指挥官鲍尔上尉亲自用铁拳击毁了数辆苏军坦克，并因此获得了骑士十字勋章。[65]最终，该营在被彻底包围之前及时从乌施地区豪兰撤退。

在接下来的几天里，苏军到处施加压力，特别是在城市西部——这里显然是攻击的重点所在。他们还在前线的其他地段寻找弱点。守军失血严重，只能放弃许多精心构筑的工事。为给友军争取时间，另一些地区爆发了拉锯战。

---

① 即今天波兰境内的皮瓦瓦河（Piława）。

同时部队也在努力保存实力：只有在准备充分、火力支援强大时，我军才会反击，夺回要塞工事的关键部分。由于工事是按照“先外后内”的思路建造的，而且施工时间远远不足，后方阵地少得可怜——雪上加霜的是，前文所述的许多土木作业根本毫无必要。我们的步兵很快就只能趴在城郊的冻土上听天由命，而一些苏军则坐在之前精心构建的工事里，纵情享受着暖气。对大多数初上战场的部队，这显然是段难熬的经历，但同样令人惊异的是，随着战斗继续，他们也获得了战斗经验——面对苏军远程火炮和迫击炮，他们逐渐变得冷静和镇定，甚至在炮击最密集时都是如此。最艰苦的战斗发生在施奈德米尔西部的建筑群中，在此期间，步兵们得到了格罗斯伯恩第5炮兵教导团第1营的有力支援。该营由彼得·舒尔茨（Peter Schulz）少校指挥——在组建之初，他们就是施奈德米尔及其工事的常客——如今，他们带着老骨干和训练人员回到了这座城市，还携带着最现代化的火炮和火控设施，各连队指挥官也经验丰富，很快与步兵建立了密切合作。在建筑群的战斗中，他们经常从不同街区，巧妙运用轻重型榴弹炮攻击苏军。也正是在这里，独臂的施梅勒上尉证明了自己，虽然他失去了座车，但仍然奋不顾身继续充当步兵。他的座车驾驶员也自愿参加战斗，单枪匹马用铁拳击毁了大约6辆苏军坦克，这让他荣获了骑士十字勋章。

炮兵的大力支援，极大降低了步兵的损失。当后者在建筑群中与顽固的苏军较量时，情况尤其如此——只要炮兵阵地在他们身后，他们就会充满信心。

同样，凭借娴熟的技艺，多纳伯爵的突击炮营和反坦克炮营也迅速赢得了步兵的信任。

在火车总站附近的铁路设施，战况尤其复杂，数百部车厢堵塞了轨道。这一地段意义重大，上级对此颇为忧虑。苏军和德军都试图把食品、服装和医疗物资搬下车厢，有时就在一列货运列车的两端同时忙碌。其间，我军装甲列车有力打击了铁路上的苏军，并趁乱将装有弹药和食物的列车全部拖回了己方阵地。

虽然守军勇敢抵抗，还派出巡逻队频繁袭扰，但活动空间仍然越来越拥挤。在此期间，苏军试图用高音喇叭瓦解部队的士气，并派出被俘的德国军官带着劝降信穿过前线，但守军对此置之不理。

对于2月2日至12日的情况，集团军在报告中这样写道：

2月2日

布尔什维克在重型火炮和多管机关炮的支持下对施奈德米尔和波森发动猛攻，守军继续抵抗。

维斯瓦河集团军群作战日志：2月1日晚上2点，空投补给失败。弹药供应紧张，守军已无力用反攻肃清出现小规模渗透的地点。“弹药和伤员局面严峻，形势危在旦夕。”城市遭遇猛烈的袭扰火力，预计敌军坦克将从南面进攻。在东部和北部前线，我军发动了短促突击，试图肃清当面之敌。在当地，战线略有收缩，但局势已得到控制。夜间天气晴好，机降作业仍在机场继续。[66]

2月3日

波森和施奈德米尔守军继续与苏军进攻部队作战。

维斯瓦河集团军群作战日志则收录了下面这份无线电报：

2月3日

党卫队全国领袖

致施奈德米尔要塞司令

雷姆林格中校

在施奈德米尔要塞，您和下属勇士们的行为与牺牲精神，以及向德国红十字会捐赠100万帝国马克的做法，令我充满敬佩与感激。继续为我守住施奈德米尔！

希特勒万岁！

您诚挚的海因里希·希姆莱

1945年2月3日[67]

2月4日

昨天，施奈德米尔和波森守军仍在顽强抵抗。

2月7日

维斯瓦河集团军群作战日志：夜幕降临之后，营级规模之敌在远程火炮和迫击炮的支援下向要塞北部和西北部发动进攻，我军战线崩溃。[68]

2月8日

施奈德米尔和波森守军击退了苏军的持续攻击。

维斯瓦河集团军群作战日志：1945年2月8日晨间报告的后续（记录于11点整）

施奈德米尔要塞：

在15辆坦克掩护下，团级规模的敌军从西北方向突入要塞。通过从南部前线抽调部队，我们封闭了从科斯许茨（Koschütz）①西北角到德莱尔庄园（Dreiers-Kol）路口（参见1:100000地图）的突破口。然而由于步兵预备队和炮弹严重不足，我军根本无力发动反击。在俯瞰整个库多河谷的高地附近，敌军虽然停止前进，但距离山脚只剩500米。剩余弹药恐怕难以长期维持。从17点整之后，敌军的远程火炮和迫击炮火力越来越猛烈。[69]

24点整：爆发激烈巷战。在进攻中，敌军继续投入坦克（含喷火坦克）和团级规模的步兵。我方击毁2辆敌方坦克，遭到重炮和迫击炮袭击，预备队已参战。[70]

2月9日

施奈德米尔、波森和埃尔平挡住了布尔什维克的猛攻。

维斯瓦河集团军群作战日志：（在施奈德米尔）激烈的防御战仍在继续。[71]

希姆莱向要塞司令发送了一份电报："亲爱的雷姆林格！你不畏强敌，元首特晋升你为上校。为你和勇敢的部下们献上衷心祝愿——希姆莱。"[72]

2月10日

施奈德米尔和埃尔平守军在激战中不辱使命，勇气堪称典范。

2月11日

在对地攻击机支援下，敌人向英勇的施奈德米尔和波森守军大举进攻。

---

① 即今天波兰的科希策（Koszyce）。

维斯瓦河集团军群作战日志：2月10日—11日夜间，有10—20架飞机降落（在施奈德米尔），每架飞机搭载50人离开，主要是要塞的伤员和儿童。我们要求要塞立即用无线电与我们联络。[73]

2月12日

面对攻入要塞的敌人，施奈德米尔和波森守军继续拼死巷战。

维斯瓦河集团军群作战日志：（在施奈德米尔）苏军继续从西面进攻，他们沿着柏林大街推进，并投入了普通坦克和喷火坦克。在英勇的防御战中，我军——尤其是军官——损失惨重。[74]

要塞军医死伤殆尽，请求获得增援，伤员有750人。[75]

24点整，维斯瓦河集团军群收到要塞指挥官发来的无线电报，其中这样写道：

我军与库多河西岸的部队仍有联系。莫斯许茨（Moschütz）①和克莱因（Klein）有桥头堡。通往库多河桥头堡的桥梁仍在我军手中。我军损失上升。

关于2月13日的情况，我们推测敌军将继续在宽大战线上发动攻击。在东南方向，敌军的炮火准备相当猛烈；要塞炮兵根据弹药情况采取了应对措施。由于未能及时疏散，伤员颇为恐慌，这有可能瓦解作战部队的斗志。疏散工作必须按部就班进行，哪怕是在2月13日—14日夜间让容克斯运输机不携带弹药降落！

伤员和儿童共计995人。

每天新增伤员300人。

签字：雷姆林格上校[76]

2月14日

维斯瓦河集团军群作战日志：施泰因纳致希姆莱，由于时间不足，我们无法向施奈德米尔运送1个营。希望今晚德国空军能倾尽全力，从当地接回伤员。[77]

---

① 即今天波兰皮瓦地区的莫斯季斯卡（Mościska）。

（参见地图9）

对于当时的情况，冯·博宁这样写道：

要塞指挥官雷姆林格从一开始就与下属指挥官们约定，绝不会在施奈德米尔向敌人投降，让这里沦为另一个“斯大林格勒”，相反，他会及时突围，逃离敌人，但这个想法被上级拒绝了。面对占尽优势的敌方步兵和炮兵，我军在激战中的损失越来越大，西部前线岌岌可危。我们决定突围，根据情况，我们将考虑朝东北方向前进，与兰德克（Landeck）①和拉特泽布尔（Ratzebuhr）②附近一股更大的被围友军会合，让苏军措手不及。

很不幸，德军高层没能妥善协调这次行动。尽管机场仍然可用，但各方没有开展沟通，商讨突围的命令。作为波美拉尼亚地区的最高指挥官，党卫队全国领袖希姆莱也没有给出明确指示，这让要塞司令只能自行其是。本报告的作者仍然记得，他曾在一次讨论中指出，决定突围成败的关键，恰恰在于行动的最初阶段，并询问了上级有何指示。但最终，上级只向他展示了一份2月3日发送的无线电报（见上文）：

在施奈德米尔要塞，您和下属勇士们的行为与牺牲精神，以及向德国红十字会捐赠100万帝国马克的做法，令我充满敬佩与感激。继续为我守住施奈德米尔！

希特勒万岁！

您诚挚的海因里希·希姆莱

后来，希姆莱又向守军发送了一条电报，上面写着：

坚持住，元首在看着你。

2月13日，城市西部投降。随着敌军不断逼近，我军将库多河上的桥梁炸毁，并下达了突围命令。

---

① 即今天波兰的伦迪切克（Lędyczek）。

② 即今天波兰的奥科内克（Okonek）。

在这场战斗中，我军共分为4个梯队：

第1梯队：由要塞指挥官率领，包括守军的所有摩托化单位（尤其是火炮）和机动步兵，计划在阿尔伯特斯鲁厄（Albertsruhe）附近的波美拉尼亚防线上打开突破口，一路穿过舍恩菲尔德（Schönfeld）[①]、塔尔诺夫克（Tarnowke）[②]、德意志费耶尔（Deutsch Fier）[③]和拉达夫尼茨（Radawnitz）[④]等地，抵达库多河东岸的兰德克。

第2梯队：由冯·博宁上校率领。

第3梯队（由第2梯队指挥）：由施瓦茨迈尔中校率领，包括大部分步兵，负责保护我军向兰德克突围期间的右翼。

第4梯队：由桑恩上校率领，负责突破库多河西岸的苏军工事，在拉特泽布尔附近抵达友军前线。

2月13日晚上22点整，得益于多辆突击炮（由多纳伯爵指挥）的协助，以及特雷普托营在要塞东部的佯攻，第4梯队突破了阿尔伯特斯鲁厄火车站的敌方阵地。

2月14日5点整，要塞守军在没有苏军干扰的情况下离开了库多河[⑤]，并按计划沿库多河两岸突围。

要塞指挥官率领的第1梯队一路战斗，抵达了德意志费耶尔——这里距离德军防线已经很近。但由于下属部队弹药告罄，指挥官只好在最后要求他们化整为零、分头突围。

第2梯队（及其下属的第3梯队）跟随第1梯队穿过舍恩菲尔德，但随后双方失去联系。其间，他们击退了苏联的数次反击，并在塔尔诺夫克以南的森林里过夜。2月15日下午，这支队伍遭到对地攻击机袭击，并因此遭到削弱，同时，苏军还重新夺取了塔尔诺夫克，突围部队无力将其击退。由于身管火炮（尤其是反坦克炮）弹药耗尽，无法支援，指挥官只好在夜间下令部队分散穿

① 即今天波兰皮瓦地区的斯科尔卡（Skórka）。
② 即今天波兰的塔尔诺夫卡（Tarnówka）。
③ 即今天波兰境内大波兰省的皮耶采沃（Piecewo）。
④ 即今天波兰的拉达夫尼察（Radawnica）。
⑤ 原文如此，此处似乎应为施奈德米尔。

过敌军防线，前往塔尔诺夫克以西，之后再前往德意志费耶尔以西的指定集结点。只有一小部分单位完成了这项艰巨的任务，但几天后他们也被苏军俘获。桑恩梯队同样未能实现既定目标——在突围后抵达拉特泽布尔。

施奈德米尔的突围就这样失败了，很少有德国士兵抵达己方战线。许多人在施奈德米尔、雅斯特罗（Jastrow）①和德意志克罗恩之间的森林游荡了很长时间，直到被俘。还有许多人淹死在库多河里——因为融化的河冰变得脆弱，并在他们渡河时破裂。

为建造波美拉尼亚防线及其要塞，德军倾注了大量精力，当地的惨烈防御战最终夺去了许多德国人的生命——但这些牺牲却没有带来回报，更没能阻止局势的全面崩溃。

以下是博宁报告中的补充材料，它来自特普弗（Töpffer）少校撰写的一封信，后者也是极少数成功逃离要塞、抵达德军战线的人员之一。

舍费尔（Schaeffer）少尉［目前在默尔恩（Mölln）的后方医院］告诉我，善后处理参谋部（Abwicklungsstab）希望得知施奈德米尔守军的情况，尤其是各部队的位置信息。

1944年11月开始，我曾在当地的第1防区司令部和第7防区司令部担任炮兵军官，并且是1945年2月13日突围的亲历者之一。行动失败后，我与另一名军官和几名士兵一起向新斯德丁逃亡，并在2月24日抵达当地，之后，我被立即转移到野战医院，然后乘坐医疗列车返回国内。在被围和突围期间，我属于第2团（指挥官：冯·博宁）的团部。以下是我所知的指挥官和部队信息：

吉瑟勒上校：要塞被围前的指挥官，在被围之后，我从未见过他，不清楚他的去向。

雷姆林格上校：要塞继任指挥官。在突围中指挥一个摩托化战斗群，该战斗群计划途经舍恩菲尔德、特罗伊恩海德（Treuenheide）②、塔尔诺夫克、德

---

① 即今天波兰的亚斯特罗维（Jastrowie）。

② 即今天波兰的帕鲁什卡（Paruszka）。

意志费耶尔和拉达夫尼茨，最终抵达兰德克附近。我最后一次见到上校是2月14日清晨，在施奈德米尔通往舍恩菲尔德的公路上，具体地说，是在阿尔伯特斯鲁厄火车站附近。他的作战参谋是……（接下一段）

冯·哈泽少校：在施奈德米尔荣获骑士十字勋章，与雷姆林格上校一同行动。大概在3月5日，我遇到过一位叫费尔根豪尔［Felgenhauer，或者费伦豪尔（Feilenhauer？）］的二等兵（也可能是一等兵），这位士兵当时在医疗列车上，很可能是去巴特维尔东根（Bad Wildungen），按照他的说法，他本人（或他的战友）曾在兰德克以南看到雷姆林格上校正在一片森林中跋涉，据他所知，雷姆林格被俘了，但我不确保这些内容的真实性。

沃勒（Woller）上校：埃尔佩尔（位于施奈德米尔东南约10千米）的第7防区司令，1945年1月22日，他奉命接管维尔西茨（Wirsitz）[①]附近、诺泰奇河上的一段防区，之后便没有回到施奈德米尔，我不知道他是否从维尔西茨成功向北突围。

冯·博宁上校：在被围之前担任施奈德米尔第1防区司令，其指挥部后来被改编为1个步兵团（即第2团，又名冯·博宁团）的团部。他的副官埃德曼·布伦克少尉在2月11日受伤，并搭乘容克斯（运输机）离开，之后的情况我不清楚。在他走后，团长副官由洛塔尔·格雷珀少尉担任。除了我本人之外，团部的参谋人员还包括：马丁·哈克巴特上尉、汉斯·福尔克纳上尉、威廉·哈贝尔特上尉、菲利克斯·施特拉姆（Felix Stramm）中尉、海因茨·拉德马赫尔中尉和阿图尔·施特劳斯（Artur Strauss）行政中尉。

另外，冯·博宁的参谋部还有下列士官：

奥斯瓦尔德·亨切尔（Oswald Hentschel）军士长、格哈德·格罗泽（Gerhard Glose）军士长、陆军上士齐格弗里德·索尔姆斯（Siegfried Solms）伯爵、阿列克斯·哈贝克（Alex Habeck）下士、弗朗茨·扎伊奇（Franz Zajic）下士、威廉·法伊（Wilhelm Vey）下士。

2月15日—16日晚间，我在塔尔诺夫克西北约4千米处（即施奈德米尔东北

① 即今天波兰的维日斯克（Wyrzysk）。

约20千米处）的森林中看到了冯·博宁、施特拉姆、拉德马赫尔、格雷珀和亨切尔等人，后来，我回到了友军战线，并从当地的连长口中得知，有些部队已经抵达了，他们说冯·博宁和几位军官都已被俘。我想与这些人亲自交谈，以便了解被俘人员的姓名，但因为被送往医院，这一尝试没有成功。不过，我仍然获得了以下人员的情况：

二等兵海因里希·科尔（Heinrich Kohl），来自杜塞尔多夫市（Düsseldorf）；埃勒霍斯特（Ellerhorst），39岁，生于特里尔（Trier）；列兵弗里德里希·马丁（Friedrich Martin），来自库特诺地区（Kreis Kuttnow）布莱考（Bleckau）；掷弹兵维尔纳·赫尔齐希（Werner Herzig），来自布雷塞（Bleissee）地区诺伊基尔兴（Neukirchen）；二等兵埃贡·提姆（Egon Timm），来自罗斯托克地区的萨尼茨（Sanitz），以及二等兵威利·舒尔特（Willi Schult），来自米里茨（Müritz）地区的瓦伦（Waren）。

我认为，这些人和所有从施奈德米尔突围的人一样，都抵达了波美拉尼亚师（？）的阵地。2月21日之前，我一直和前面提到的哈克巴特上尉在一起，但在巴尔肯布鲁格（Barkenbrügge）附近的格罗斯伯恩训练场一带，我们遭到了猛烈攻击。我与其他人在附近过夜，但没能再找到哈克巴特。他很可能被俘了，但在遭到攻击时，他一定没有受伤，因为有人看到他曾转身一跃而起。我之前提到的哈贝尔特上尉则成功了，我2月23日在新斯德丁见过他。我最后一次见到冯·博宁参谋部的其他成员是在2月12日的施奈德米尔附近。

厄梅少校：要塞指挥官的反坦克参谋。我最后一次见到他是2月12日在施奈德米尔，突围时，他加入了雷姆林格的摩托化战斗群。

泽赫中校：施奈德米尔的炮兵指挥官。在突围时，他一定加入了雷姆林格的摩托化战斗群。我最后一次看到他是2月11日在施奈德米尔。

博克少校：要塞指挥官的炮兵参谋。我最后一次看到他是2月8日在施奈德米尔。

亨泽尔少校：汉诺威营营长。该营被部署在城市南部的林间庄园一带，把守着通往乌施的道路，在这里，他们损失不大——只有1个连在城市西南铁路线附近伤亡较重。2月12日，该营返回库多河东岸，下属的1个连在当地遭到沉重打击。据我所知，有1名连长（可能是上尉）阵亡，另1名连长［可能是施奈德（Schneider）少尉，战前职业是牧师］受伤，但我不知道他是否搭乘Ju-52运输机撤了出去。在突围时，汉诺威营属于冯·博宁战斗群，但营长亨泽尔与部队失散，地点很可能是在舍恩菲尔德附近，接下来，亨泽尔很可能和雷姆林格的战斗群同行，他的下落尚不清楚。他的副官是来自汉诺威的威尔弗雷德·格鲁布（Wilfried Grub）少尉；后勤主管是迈尔（Meyer）高级军官候补生，他来自诺伊施塔特（Neustadt）地区巴特明德（Bad Mündow）附近的哈赫米伦（Hachmühlen）；营部军医是军医少尉施特默尔（Stemmer）博士，他来自威斯特法伦地区利普施塔特（Lippstadt）附近的施托尔米德（Störmede）。

斯泰尔马赫少校：最初担任施托尔珀侦察营的营长，后来该职务被一位我记不清名字的少校接过。该营最初部署在施奈德米尔以南的市郊森林中，伤亡不大，后来去了城市西南部，并明显在这段时间消耗严重。在突围期间，斯泰尔马赫少校隶属于冯·博宁战斗群，并应该取得了成功。

施米劳上尉：欧廷营（人员来自陆军士官学校）营长。在1月27日攻击柯尼希斯布里克期间，该营的1个连蒙受了重大损失，据说其135人中只剩下了大约35人。以上是我对该营所知的全部情况。

鲍赫上尉：特雷普托营（人员来自陆军士官学校）营长。该营在施奈德米尔以东部署的时间最长，据我所知，他们在当地损失轻微。突围时，该营隶属于冯·博宁战斗群，我最后一次见到鲍赫上尉是1945年2月15日在塔尔诺夫克附近，他有许多部下后来逃进了塔尔诺夫克以北的森林。

鲍尔上尉：是某个营的指挥官，该营最初部署在施奈德米尔以南的乌施，并在当地损失惨重。大约在2月初，该营在施奈德米尔以南约4千米处，通往乌施的道路上占据了阵地，其间伤亡不大。2月10日或11日，该营被部署在城市西部的柏林大街，并又一次付出了惨重代价——很可能已经不成建制。鲍尔上尉也在此期间（1945年2月12日）受伤，据说搭乘容克斯运输机离开了要塞。由于在施奈德米尔的表现，他获得了骑士十字勋章。

舒尔茨少校：是某摩托化炮兵营的营长，据我所知，该营可能是1个教导营，来自格罗斯伯恩。我最后一次见到他是在2月13日，当时他和该营都是雷姆林格梯队的组成部分。该部队的连长之一是达马施克上尉，他最后与我碰面是2月12日在施奈德米尔，后来下落不明。另外，在施奈德米尔期间，舒尔茨少校获得了德意志金质十字奖章。

要塞守军的突围经过如下：

突围命令在2月13日早些时候下达。守军分成了4个战斗群，其中，雷姆林格战斗群由要塞司令亲自指挥，并包含了要塞内的摩托化部队，计划经过舍恩菲尔德、特罗伊恩海德、塔尔诺夫克、德意志费耶尔和拉达夫尼茨，最终抵达库多河东岸的兰德克，并为冯·博宁和施瓦茨迈尔的战斗群肃清东部侧翼。冯·博宁战斗群也将向库多河东岸的兰德克推进，其左翼将紧贴河流，右翼则会得到雷姆林格战斗群的保护。施瓦茨迈尔战斗群的指挥官是施瓦茨迈尔中校（被苏军俘虏，但后来返回德国），他们将跟随冯·博宁战斗群前进，并在突围之初听从冯·博宁上校的指示。此外参与突围的还有桑恩战斗群，其指挥官是萨姆（Samm）少校（原文如此，应为桑恩），他们将一路向北，朝库多河西岸的拉特泽布尔进发。2月13日22点，在东部特雷普托营的佯攻掩护下，突围部队穿过要塞的外围地带，他们旗开得胜，损失轻微，敌人被打得措手不及。我所在的冯·博宁战斗群则在2月14日5点整摆脱敌人，并在深夜抵达塔尔诺夫克附近。这座雷姆林格战斗群必经之路上的小镇有重兵驻扎，2月15日的进攻以失败告终。苏军从北面和东面猛扑过来，打得冯·博宁战斗群七零八落。15日晚上，冯·博宁上校命令各营自行突围。此时我军已元气大伤，武器装备和数量都处于劣势。在这种情况下，只有分头突围才有机会——但最终，大部分守军都被俘。

签字：特普弗少校

根据“防波堤”理论，德军构建了众多要塞，而冯·博宁和特普弗的记录恰好从军事角度展现了其防御作战的一面。这种思路可以追溯到1941年冬天的莫斯科城外，以及1942—1943年的斯大林格勒。希特勒相信，正是他“坚守到底”的命令，阻止了前线的崩溃和瓦解。但作为一种军事理论，“坚守到底”也存在很多争议：在束缚住苏联军队的同时也会套牢德国部队，使后者失去在漏洞百出的前线上发挥更大作用的机会。要塞的另一个悲剧之处是让大量平民卷入，他们大多是老弱妇孺，经常陷入双方火力的打击，并沦为苏军的怨府。

本章尾注：

1. 参见大卫·格兰茨《1986年战争艺术研讨会发言记录：从维斯瓦河到奥得河，苏军进攻行动，1944年10月至1945年3月》，第605—666页。

2. 参见德国联邦档案馆-军事档案分馆文件T311/167/I174，附录2。

3. 对于“防波堤”理论的渊源和逻辑，陆军最高司令部或维斯瓦河集团军群的作战日志中都没有记录，但这一理论确实存在。其证据可参见珀西·施拉姆《德国国防军最高统帅部作战日志，1944—1945》第2分卷（珀西·施拉姆作序及作注）第1096—1097页对应的参考文献部分。

4. 参见美国国家档案馆文件T78/645/420-21。

5. 参见德国联邦档案馆-军事档案分馆文件T311/167/I174，附录2。

6. 参见美国国家档案馆文件T78/304/6255454。

7. 参见第12号特别审讯系列报告：阿图尔·格雷瑟，第3页。

8. 格雷瑟在战后审讯中表示，在他的组织下，有近100万名难民被送往西部，但也承认其中许多根本没有抵达奥得河对岸——而且需要指出，他的这一说法有自我夸耀的成分。其内容可参见第12号特别审讯系列报告：阿图尔·格雷瑟，第3页。另见于尔根·托尔瓦尔德《冬季的溃逃：俄国的征服，1945年1月至5月》（*Flight in the Winter: Russia Conquers—January to May 1945*）（纽约：万神殿出版社，1951年出版），第39—40页。

9. 参见奥托·约恩《波森西部防区和皇帝环形道的战斗》（*Kämpfe in WEST und am Kaiserring*），出自《波森老兵互助协会通讯》（*Nachrichtenblatt der Hilfsgemeinschaft ehem. Posenkämpfer*）第48期（1994年7月号），即德国联邦档案馆-军事档案分馆文件MSG 3/2571-2589。在1996年至2006年间，《波森老兵互助协会通讯》一共出版了至少10卷。

10. 参见于尔根·托尔瓦尔德《冬季的溃逃：俄国的征服，1945年1月至5月》，第41页。

11. 参见德国联邦档案馆-军事档案分馆文件T311/167/I77，附录2。

12. 参见奥托·约恩《波森西部防区和皇帝环形道的战斗》，出自《波森老兵互助协会通讯》第48期（1994年7月号）。

13. 参见德国联邦档案馆-军事档案分馆文件T311/167/I179，附录2。

14. 参见德国联邦档案馆-军事档案分馆文件T311/167/221，附录2。

15. 参见珀西·施拉姆《德国国防军最高统帅部作战日志，1944—1945》第2分卷（珀西·施拉姆作序及作注），第1048页。

16. 参见奥托·约恩《波森西部防区和皇帝环形道的战斗》，出自《波森老兵互助协会通讯》第48期（1994年7月号）。

17. 同上。

18. 同上。

19. 参见德国联邦档案馆-军事档案分馆文件T311/167/343，附录3。

20. 参见奥托·约恩《波森西部防区和皇帝环形道的战斗》，出自《波森老兵互助协会通讯》第48期（1994年7月号）。

21. 参见珀西·施拉姆《德国国防军最高统帅部作战日志，1944—1945》第2分卷（珀西·施拉姆作序及作注），第1061页。

22. 参见珀西·施拉姆《德国国防军最高统帅部作战日志，1944—1945》第2分卷（珀西·施拉姆作序及作注），第1075页。

23. 参见珀西·施拉姆《德国国防军最高统帅部作战日志，1944—1945》第2分卷（珀西·施拉姆作序及作注），第1107页。

24. 参见德国联邦档案馆-军事档案分馆文件T311/167/I732，附录3。

25. 参见德国联邦档案馆-军事档案分馆文件T311/167/I819，附录3。

26. 参见《国防军公报，1939—1945》第3卷（慕尼黑：德国平装书出版社，1985年出版），第444页。《国防军公报》是国防军最高统帅部发布的每日报告，也是对各条战线局势的总结。它们通过电传发送，并在广播中公布。在德国军队中，能登上《国防军公报》是一种荣誉，就像其他国家的“单位表彰”一样。在编写期间，各种报告将先在集团军群总部汇总，随后上报至陆军最高司令部，得到国防军最高统帅部评估之后才会刊出，其中有大约3天的滞后。《国防军公报》为我们了解第三帝国的崩溃提供了宝贵记录。

27. 参见德国联邦档案馆-军事档案分馆文件T311/167/I819，附录3。

28. 参见《国防军公报，1939—1945》第3卷，第443页。

29. 参见美国国家档案馆文件T311/168/7219625。

30. 参见沃尔夫冈·施耐德《虎之战迹》（*Tigers in Combat*）第2卷（曼尼托巴省温尼伯：J.J.费多罗维茨出版社，1998年出版），第415页。

31. 同上。根据施耐德的说法，当地的第500突击炮营共有17辆可用的突击炮，2辆豹式坦克，1辆四号坦克，1辆追猎者，以及8辆原计划运往大德意志装甲掷弹兵师，但被波森守军截留的突击炮。

32. 参见《国防军公报，1939—1945》第3卷，第446页。

33. 参见乌尔里希·沙夫特《东方的战争：维斯瓦河与奥得河和尼斯河之间的痛苦结局》（*Krieg im Osten: Das bittere Ende Jenseits der Weichsel bis Oder und Neiße*）（德国瓦尔斯罗德，沙夫特军事图书出版社，2002年出版），第171页。

34. 同上。

35.参见乌尔里希·沙夫特《东方的战争：维斯瓦河与奥得河和尼斯河之间的痛苦结局》，第174—178页。

36. 参见珀西·施拉姆《德国国防军最高统帅部作战日志，1944—1945》第2分卷（珀西·施拉姆作序及作注），第1122页。

37. 参见《国防军公报，1939—1945》第3卷，第466页。

38. 参见乌尔里希·沙夫特《东方的战争：维斯瓦河与奥得河和尼斯河之间的痛苦结局》，第233页。

39. 参见德国联邦档案馆-军事档案分馆文件T311/176/I075，附录2。

40. 参见乌尔里希·沙夫特《东方的战争：维斯瓦河与奥得河和尼斯河之间的痛苦结局》，第233页。

41. 参见于尔根·托尔瓦尔德《冬季的溃逃：俄国的征服，1945年1月至5月》，第139页。

42. 参见德国联邦档案馆-军事档案分馆文件T311/167/I106，附录2。

43. 参见德国联邦档案馆-军事档案分馆文件T311/167/I181，附录1。

44. 参见德国联邦档案馆-军事档案分馆文件T311/167/I261，附录1。

45. 参见于尔根·托尔瓦尔德《冬季的溃逃：俄国的征服，1945年1月至5月》，第139页。

46. 参见德国联邦档案馆-军事档案分馆文件T311/167/I362，附录2。

47. 参见美国军事研究文件MS D-281《俄国人的最后进攻，1945：第27军辖区》（*The Last Russian Offensive 1945: XXVII Corps Sector*）［欧洲司令部总部（Headquarters European Command），首席历史学家办公室（Office of the Chief Historian）：无日期］，第29页。

48. 参见乌尔里希·沙夫特《东方的战争：维斯瓦河与奥得河和尼斯河之间的痛苦结局》，第243页。

49. 参见美国国家档案馆文件RG242维斯瓦河集团军群每日作战地图（1月31日）。

50. 参见乌尔里希·沙夫特《东方的战争：维斯瓦河与奥得河和尼斯河之间的痛苦结局》，第216—217页。

51. 参见美国军事研究文件MS D-281《俄国人的最后进攻，1945：第27军辖区》，第23页。

52. 参见美国国家档案馆文件RG242/维斯瓦河集团军群每日作战地图（2月18日）。

53. 参见美国国家档案馆文件RG242/维斯瓦河集团军群每日作战地图（2月28日）。

54. 参见《国防军公报，1939—1945》第3卷，第484页。

55. 参见《国防军公报，1939—1945》第3卷，第469页。

56. 参见德国联邦档案馆-军事档案分馆文件T311/169/I225，附录1。

57. 参见乌尔里希·沙夫特《东方的战争：维斯瓦河与奥得河和尼斯河之间的痛苦结局》，第229页。

58. 参见于尔根·托尔瓦尔德《冬季的溃逃：俄国的征服，1945年1月至5月》，第164—167页。

59. 参见德国联邦档案馆-军事档案分馆文件T311/167/I166，附录2。

60. 1813年10月16日至18日，拿破仑在莱比锡与反法同盟交战失利，议和请求也被对方拒绝，只得率领部队撤过埃尔斯特河（Elster River）。但其殿后部队却没能成功脱身，约有30000名法军士兵被杀或被俘。

61. 参见德国联邦档案馆-军事档案分馆文件T311/167/I181，附录2。

62. 参见德国联邦档案馆-军事档案分馆文件T311/167/I244-46，附录2。

63. 参见德国联邦档案馆-军事档案分馆文件T311/167/I246，附录2。

64. 参见德国联邦档案馆-军事档案分馆文件T311/167/I274，附录2。

65. 鲍尔的情况也表明，骑士十字勋章的新颁发标准已得到了推行。

66. 参见德国联邦档案馆-军事档案分馆文件T311/167/I342，附录3。

67. 同上。

68. 参见德国联邦档案馆-军事档案分馆文件T311/167/I592，附录3。

69. 参见德国联邦档案馆-军事档案分馆文件T311/167/I645，附录3。

70. 参见德国联邦档案馆-军事档案分馆文件T311/167/I653，附录3。

71. 参见德国联邦档案馆-军事档案分馆文件T311/167/I680，附录3。

72. 参见德国联邦档案馆-军事档案分馆文件T311/167/I733，附录3。

73. 参见德国联邦档案馆-军事档案分馆文件T311/167/I767，附录3。

74. 参见德国联邦档案馆-军事档案分馆文件T311/167/I891，附录3。

75. 参见德国联邦档案馆-军事档案分馆文件T311/167/I898，附录3。

76. 参见德国联邦档案馆-军事档案分馆文件T311/167/I948，附录3。

77. 参见德国联邦档案馆-军事档案分馆文件T311/167/I1028，附录3。

第四部分

海因里希·希姆莱领导下的维斯瓦河集团军群

1945年1月29日至3月20日：行动概述

“党卫队全国领袖将尽快指挥新成立的维斯瓦河集团军群……在整个东线后方组织防御，保卫德国领土。”

——阿道夫·希特勒，1945年1月

夏至行动

1月底，国防军最高统帅部和陆军最高司令部正在为苏军装甲部队惴惴不安。[1]该部队已长驱直入数百公里，一路大肆制造混乱，并有跨过奥得河之势。1月29日，艾斯曼发布了一份题为“在后方组织反坦克防御”的备忘录，但该备忘录并不是集团军群自行编写的，而是引用了装甲兵总监辖下“各兵种反坦克监察官”（General der Panzerabwehr aller Waffen）在1945年1月1日发布的第100/45 g.v.号文件中的内容，尤其是指导方针，即一旦查明苏军装甲部队，有关单位就必须发送“注意！坦克！”的警报，并立刻部署反坦克小组进行截击。[2]但这份备忘录可能没有及时下发，其中一个例子发生在1月30日①，集团军群司令部收到了一名叫克劳泽（Krause）的下士［可能来自驻阿恩斯瓦尔德的霍曼团（Regiment Hohmann）］发来的电报，其中显示苏军坦克已经抵达了利皮耶纳（Lippehne）②，在午前时分，与当地的联系便全部中断了。驻扎在镇内的国民突击队没有任何武器，原本计划收到的铁拳和冲锋枪全部没有到位，这导致他们根本无力抵抗，只有附近的索尔丁（Soldin）③镇派出了仅有的部队——一个坦克猎杀分队，但后者还没有传回报告。

克劳泽还提到，他们正在等待增援，包括52辆虎王坦克、希特勒青年团师（Hitlerjugend Division）、1个高炮营和7门8.8厘米高射炮——但这些部队尚无一抵达。[3]这里所说的虎王坦克显然是党卫军第503重装甲营，而希特勒青年团师究竟是什么则不得而知。与此同时，在更西面，苏军则继续向斯德丁推进。

2月2日，苏军近卫坦克第9军（隶属于近卫坦克第2集团军）攻击了皮里茨镇，如果他们取得突破，就可以畅通无阻地前往斯德丁，并切断奥得河东岸波美拉尼亚与德国西部之间的铁路和公路运输。位于皮里茨的是皮里茨第2国民突击队营（II./Volkssturm-Bataillon），指挥官是冲锋队二级突击队大队长维格纳（Wegner），此外，当地还有1个来自第2军区的行军营［营长为申内沃尔夫（Schinewolf）上尉］、1门从珀利茨（Politz）④调来的8.8厘米高射炮，以及1个

---

① 原文如此，此处和后续内容存在逻辑脱节。
② 即今天波兰的利皮亚内（Lipiany）。
③ 即今天波兰的梅希利布日（Myślibórz）。
④ 即今天波兰的波利采（Police）。

由洛赫（Loch）少尉指挥的坦克猎杀分队，该分队由80名希特勒青年团成员组成。这些人员被统一编入了一个由魏斯（Weiss）上校指挥的战斗群，他们在2天的激战中挡住了苏军前锋，直到增援赶来，在此期间还摧毁了20辆坦克。[4]

当苏军向西北方朝斯德丁推进，试图切断奥得河以东和波美拉尼亚的德军时，皮里茨成了反复争夺的战场。在斯塔加德和阿恩斯瓦尔德也出现了同样的情况。在2月第1周，战斗仍在继续，仅在皮里茨一地，守军便在激战中又击毁了30辆坦克。[5]

在波美拉尼亚，苏军的这些进攻并不是精心策划的，而是有见机行事的成分。凭借这种战术，他们在1月抵达了进攻终止线以西几百公里处，并取得了完全超出预期的战果。

德军意识到危险，迅速做出反应。在整个地区，东西向的铁路线只有一条，它运送急需的物资和增援，并从斯德丁穿城而过；另外，来自库尔兰集团军群的增援部队也是在斯德丁的港口卸载的。在这种情况下，德内克设障分队（Sperrverband Denecke）很快接管了当地指挥权，以保证皮里茨这座重镇不被苏军攻克。

（参见地图10）

当近卫坦克第2集团军的前锋向西北方的斯德丁推进时，希姆莱也在想方设法调集援军。为了挽救当地的几支弱旅，一场调兵遣将的竞赛开始了。

在这些部队中，有来自挪威的第163步兵师，他们一路穿过丹麦赶来。党卫军第4警察装甲掷弹兵师也奉命前往斯德丁，并向东部署到皮里茨和斯塔加德之间的地区。在斯塔加德部署了斯塔加德战斗群，其麾下包括第104装甲歼击旅旅部（Stab Panzerjagd-Brigade 104）和党卫军第503重装甲营。[6]

事实上，这些部队只是维斯瓦河集团军群增援中的一小部分，还有很多单位从帝国各地赶来，具体情况如下：

波美拉尼亚军［Korps Pommern，军长：克拉佩（Krappe）中将］——前往普伦茨劳（Prenzlau）地区；第17山地军军部①——前往哈默施泰因地区；

① 此处有误，应为第18山地军军部。

第389步兵师和第281步兵师——前往但泽地区；第39装甲军军部和第21装甲师（2月2日从西线出发）——前往斯塔加德–斯德丁地区；党卫军第3（日耳曼）装甲军（从库尔兰集团军群乘船抵达，下辖党卫军北欧装甲掷弹兵师和党卫军尼德兰装甲掷弹兵旅）——分别前往斯塔加德和斯德丁；党卫军兰格马克掷弹兵旅、党卫军瓦隆人旅和党卫军第10弗伦斯贝格装甲师（抵达日期尚未确定）——前往斯塔加德–斯德丁地区；第9伞兵师——前往格赖芬哈根（Greifenhagen）①地区；海军步枪兵旅（后来成为第1海军步兵师）——前往昂格明德（Angermünde）地区；第25装甲掷弹兵师和德布里茨步兵师——前往屈斯特林西北地区；荷尔斯泰因装甲师（2月2日离开丹麦）——前往埃伯斯瓦尔德（Eberswalde）地区；大德意志装甲军军部——前往弗里岑（Wriezen）地区（此部署后来取消）；党卫军迭勒汪格旅和党卫军一月三十日师——在2月4日前赶到古本地区。[7]

在上述部队中，第21装甲师和荷尔斯泰因装甲师后来被派往别处。另外，随着夏至行动的筹备，以及地面战术形势的变化，其内容也几次发生调整。

2月2日，古德里安对东线各指挥部发布了一份新备忘录，提醒他们做好桥梁守备工作，不给长驱直入的苏军坦克机会。他在这份备忘录中提到，在西线和东线，后方有很多桥梁疏于看守，这给了敌军装甲部队构建桥头堡、扩大突破的机会。因此，古德里安要求组建一些小型防御部队，并确保其有能力保卫关键桥梁，抵挡苏军坦克的凌厉进攻。

在苏军发动维斯瓦河–奥得河战略进攻行动，以及后来兵临奥得河畔、距柏林只剩下一道天然屏障期间，德军吸取了很多经验教训，而这份文件显然就是它的体现。[8]希姆莱的指挥部很快发布了指导方针，还做了其他修正。他们为奥得河上的每座桥梁划定了责任人，还给出了在桥上部署反坦克武器以及酌情准备炸桥时的详细指南。其中禁止桥梁指挥官前往对岸——除非是发动进攻，挫败苏军的夺桥图谋。[9]

另外让古德里安担忧的，是近卫坦克第2集团军的位置。他清楚，如果这

---

① 即今天波兰的格雷菲诺（Gryfino）。

支部队乘虚而入，在德军后方区域大肆破坏，后果将不堪设想。在德军辖区，许多部队被包围或切断在了皮里茨和阿恩斯瓦尔德这样的城镇。但它们同样可以和施韦特桥头堡的柯尼斯贝格（Königsberg）[①]等地一道充当稳固前线的基石。如果这些城镇能够守住，德军就可以在奥得河渡口以东约10—20公里处建立起连贯战线，从而把苏军坦克挡在奥得河畔。维斯瓦河集团军群之所以发布本节开始时提到的备忘录（“在后方组织反坦克防御”），并重申了另一份早期文件的内容，很可能是受了古德里安的影响（随后，古德里安又立刻发布了相关的后续指示）。耐人寻味的是，发布这些指导方针原本是集团军群司令的责任，但希姆莱什么都没有做。

陆军最高司令部，1945年2月2日

陆军总参谋长给维斯瓦河集团军群的指示

敌军正在沿瓦尔塔河两岸向柏林推进，贵集团军群应将敌人阻挡在奥得河畔，并守住直到施韦特的奥得河沿线，攻击并击退任何渡过奥得河之敌。为确保我军部队顺利开入斯塔加德地区，贵集团军群必须牢牢守住奥得河以东，以及施韦特以北–铁路线–皮里茨–马杜湖（Madü See）[②]南缘一线。

德布里茨师、库尔马克师和一月三十日师正在赶赴前线，并将在抵达后立刻由贵集团军群指挥。这些部队将组织战斗群，以便在情况需要时投入奥得河前线。

在法兰克福以东的奥得河/瓦尔塔河弯曲部，贵集团军群应展开机动战，用零星攻击阻止敌军抵达奥得河。贵集团军群还应在奥利特（Aurith）[③]/雷彭（Reppen）[④]/德罗森（Drossen）[⑤]/屈斯特林（Küstrin）一线构建桥头堡，并特别留意芬肯黑尔德（Finkenheerd）大型发电厂的保护。

贵集团军群应利用快速师在斯塔加德/阿恩斯瓦尔德地区集结一个战斗

---

① 即今天波兰的霍伊纳（Chojna）。与前文出现的柯尼斯堡不是一个地方。
② 即今天波兰的梅德维湖（Miedwie）。
③ 即今天波兰的乌拉德（Urad）。
④ 即今天波兰的热平（Rzepin）。
⑤ 即今天波兰的奥斯诺卢布斯基（Ośno Lubuskie）。

群，以便向西南前进，打击试图渡过奥得河的苏联近卫坦克第2集团军，切断对帝国首都的直接威胁。对于这个战斗群，首要目标是尽早占领马杜湖至普伦湖（Plöne See）[①]之间的地峡以及舍宁运河（Schönings Canal）[②]和普伦河[③]之间的道路。第3装甲集团军司令部将从北方集团军群赶来，接管各快速部队。

在波美拉尼亚东部和西普鲁士，贵集团军群应大举集结现有部队，积极主动地与敌人战斗，防止其继续北上，不让战线进一步收缩。这将有助于守住关键区域，为增援部队到来并在诺泰奇河以北歼敌创造条件。

在夺取埃尔平以西的道路之后，我军应做好进攻准备，以便重新在普鲁士荷兰（Preußisch Holland）[④]方向重新打通与北方集团军群的联系，并永久保持下去。

贵集团军群将得到第389步兵师和第281步兵师，这2支部队来自库尔兰，并将抵达但泽/哥滕哈芬（Gotenhafen）[⑤]，然后将被派往第2集团军旗下，并部署在维斯瓦河以西或以东地区。

贵集团军群应根据上述指示开展作战行动，并汇报相关情况。

以上指导方针充当了未来攻势的核心——这次攻势将从斯塔加德发起，并成了夏至行动的前身。古德里安设法从库尔兰调集了几支新组建的作战部队和2个步兵师。另外值得注意的是，为了这一目标，他还为维斯瓦河集团军群调来了第3装甲集团军司令部，以指挥装甲和装甲掷弹兵单位。但该司令部直到月底才全部抵达，此时夏至行动已经启动。

制订计划

2月3日，古德里安的下属——陆军最高司令部指挥局局长瓦尔特·温克（Walther Wenck）中将签署了一份编号为Nr. 450069/45的命令，要求把一系列部

---

① 即今天波兰的普翁湖（Jezioro Płoń）。
② 即今天波兰的普翁运河（Kanał Płoński）。
③ 即今天波兰的普沃尼亚河（Płonia）。
④ 即今天波兰的帕斯文克（Pasłęk）。
⑤ 即今天波兰的格丁尼亚（Gdynia）。

队派往斯塔加德–斯德丁地区，这些部队包括：第21装甲师、党卫军第10弗伦斯贝格装甲师、元首护卫旅（尚未被称为师）、元首掷弹兵旅（尚未被称为师）、党卫军第27兰格马克志愿掷弹兵师、党卫军第28瓦隆人志愿掷弹兵师、第39装甲军和第18山地军。[10]这些部队都是古德里安为进攻集结的，而且按照他的设想，这次行动将由温克指挥。另外值得一提的是，在早些时候的1月27日，约德尔签发了一份编号为OKW/WFSt/Op. (H)/West Nr. 88204/45 g.K.Chefs的文件，并要求将这些部队派往科特布斯（Cottbus）地区和波希米亚–摩拉维亚保护国（Protectorates of Böhmen and Mähren），而不是斯塔加德–斯德丁。这也意味着，德军高层实际是在1月28日和2月2日之间的某个时候做出了发起夏至行动的决定。[11]

几天后的2月6日，古德里安确定了夏至行动的基本思路，即利用从西线调来的第6装甲集团军，沿着克罗森（Crossen）①–梅塞里茨（Meseritz）②轴线向东北方进攻，直到与另一支从瓦尔塔河畔兰茨贝格向东南推进的部队会师。这是一场钳形攻势，让人想起战争初期古德里安大胆凌厉的装甲突击。然而，这份雄心勃勃的计划从未实现，因为按照希特勒的旨意，第6装甲集团军正在前往南方的匈牙利。[12]

有些资料把夏至行动称为希姆莱攻势，并认为它拯救了柏林，挫败了苏军在2月抢先攻击这座城市的企图，但这些说法完全没有依据。首先，夏至行动更像是古德里安攻势，而且在进攻中，德军缺乏计划，执行不力，收效甚微——古德里安必须对此负责。他希望甩开希姆莱，直接开始进攻，这导致参战部队的准备很不充分。温克那场倒霉的车祸更让情况雪上加霜，并让指挥权转移到了另一位将军——施泰因纳——手中。[13]至于希姆莱则根本不看好这次进攻，反而更倾向于巩固现有战线；另外，他也不希望古德里安插手，并提供了自己的指挥官人选——第3装甲集团军司令艾哈德·劳斯（Erhard Raus）将军，但这一要求却被古德里安和希特勒拒绝。

不管古德里安是否相信苏军真的准备进攻柏林，有一点是可以确定的：

---

① 即波兰的奥得河畔克罗斯诺（Krosno Odrzańskie）。

② 即波兰的缅济热奇（Międzyrzecz）。

他知道苏军存在弱点，而且战机稍纵即逝。此时，距离柏林只有50—60公里的苏军前锋已经疲惫不堪，在1月下旬横扫波兰之后，他们的战线已过于漫长，资源也远远不够，这意味着，他们跨过奥得河、占领奥得沼泽和泽劳高地、进而在将来挥师柏林的计划只能搁置。因此，古德里安决定孤注一掷：他打算利用这几个师，南下攻击苏军的侧翼，从而影响南面约120公里处屈斯特林方向的苏军行动——届时，就算后者攻入了柏林，在波美拉尼亚南部的友军也将身陷险境，甚至被彻底击溃。

对于苏军当时是否有进攻柏林的计划，时任第5突击集团军副参谋长的阿纳托利·辛尼亚耶夫（Anatoliy Dmitriyevich Sinyayev）上校曾在20世纪80年代的一次采访中给出过回答。他所在的集团军在2月初率先抵达并渡过了奥得河，指挥人员也和朱可夫讨论了继续进攻柏林的利弊。在此期间有两个问题浮出水面，并让苏军停止了进攻脚步：第一个问题是，在2月初，苏军作战部队根本无力发动新的大规模攻势，因为在冬季攻势期间，其后勤已经达到了极限；其次，波美拉尼亚的德军也越来越令人担心。朱可夫认为，如果他继续西进，交通线将过于漫长，可能会给德军可乘之机。受制于上述因素，朱可夫很快叫停了冬季攻势，转而寻求歼灭波美拉尼亚的德军。对于柏林，他可以等待。[14]

不仅如此，迅速消灭第三帝国也不符合斯大林的战后安排。对于占领区，他的计划是成立若干民族成分单一的卫星国，并在这些国家建立社会主义制度，但如果不牢牢控制住这些区域，他在当地的统治就将遭到西方盟国的威胁。在这些区域中，最重要的是波兰，因此，他必须在德国投降之前占领普鲁士和波美拉尼亚。在2月初，夏至行动开始之前，苏军已经在波美拉尼亚边界集结部队。他们已经认识到“波美拉尼亚阳台”的危险性，并决心在强攻柏林之前消除这一隐患。在德军叫停夏至行动几天之后，他们就在德军第11集团军和第2集团军的结合部发动了进攻。从德国人的角度，夏至行动只有局部的意义，他们并没有实现最初的计划——打垮苏联近卫坦克第2集团军，而是只解救了困在阿恩斯瓦尔德的德军和平民。

不让第6装甲集团军驰援奥得河前线的决定，一定是希特勒在2月6日到8日间做出的，因为在2月9日古德里安与希姆莱的讨论中，并没有提到该集团军将参加这次进攻。在2月6日还发生了一件大事，被指定为要塞的阿恩斯瓦尔德镇被苏军包围，这里有福格特战斗群（Kampfgruppe Voigt）和成千上万的民众。另外，在苏军北上切断通往里茨（Reetz）[①]的道路前，党卫军第503重装甲营（配属于党卫军北欧装甲掷弹兵师）的7辆虎王和党卫队全国领袖特别护卫营［Begleit- Bataillon z.b.V Reichsführer-SS，营长是格罗斯（Groß）党卫军少校］也赶到当地，并有力加强了防御。在德军按计划向南推进期间，由于古德里安切断近卫坦克第2集团军的幻想逐渐破灭，阿恩斯瓦尔德成了焦点。

1945年2月9日2点30分，党卫队全国领袖和古德里安将军的讨论

整理人：维斯瓦河集团军群作战参谋

时间：2月10日

党卫队全国领袖向总参谋长介绍了第11集团军右翼的局势，并特别提到在皮里茨西北、斯塔加德以南和阿恩斯瓦尔德–诺伊维德尔（Neuwedell）[②]地区遭到进攻后其采取的指挥措施。这要求提前投入集结在斯德丁以东集结的部分部队，避免敌军威胁到指定的开进目的地。另一方面，由于敌军消耗也很大，他们的攻击计划想必也会被打乱。

党卫队全国领袖认为必须为阿恩斯瓦尔德空投物资，还怀疑敌军会在当地投入近卫坦克第2集团军、近卫骑兵第2军或近卫骑兵第7军——除去损失，这些苏军估计还有约400辆坦克。**行动将在斯德丁以东发起，以打击（苏军的）纵深侧翼，阻止其进攻柏林**（着重号为原文所加）。

党卫队全国领袖表示，他希望把来自库尔兰的1个师派往科尼茨地区，把另外1个师派往法尔肯堡（Falkenburg）[③]和梅尔基施弗里德兰（Märkisch Friedland）[④]。但古德里安大将却对此有所保留——虽然第163步兵师主力要到2月16日之后才能完成卸载，但仍然可以派出1个团级战斗群投入进攻。全国领袖指出，除非这场进攻在2天内得手，否则将绝无成功的可能——届时，就算他答应将第163步兵师的其余部分投入战斗也不会有任何意义。此外，党卫

---

① 即今天波兰的雷奇（Recz）。
② 即今天波兰的德拉夫诺（Drawno）。
③ 即今天波兰的兹沃切涅茨（Złocieniec）。
④ 即今天波兰的米罗斯瓦维茨（Mirosławiec）。

队全国领袖还拒绝对进攻时间做出明确承诺，而是希望根据未来几天的局势发展再做决定。

另外，党卫队全国领袖也承诺将让第5猎兵师和第32步兵师共同发动进攻，以巩固德意志克罗恩地区的局势。

党卫队全国领袖对进攻计划持消极态度，并拒绝从纽伦堡（Nuremburg）① 朝敌军的深远侧翼发动进攻——因为其成功的概率微乎其微。

古德里安将军表示，对于此事，元首将在2月9日至10日间请希姆莱到元首大本营做后续讨论。

1945年2月9日

在场人员：

（此处为签字）

总参谋部少校[15]

古德里安之所以想尽早发动进攻，显然是担心苏军会迅速渡过奥得河进攻柏林。虽然不清楚这是否与东线外军处的错误情报有关，但按照正常的逻辑，苏军的后勤补给线已被拉得很长，几乎没有能力保持攻势——另外，他们夺取的区域也远远超出了最初目标。可以说，古德里安可能夸大了苏军对柏林的威胁，而目的则是让希特勒和其他人迅速行动，在近卫坦克第2集团军补给短缺时发动进攻，如果等下去，苏军的元气就会一天天恢复。他漠视了希姆莱推迟进攻的要求，并命令后者在24小时内前往元首地堡与他会面，以进一步讨论行动。

总之，在攻击计划和部队部署上，古德里安和希姆莱产生了分歧。现有文件表明，希姆莱根本没有参与这次进攻的构想和早期规划。相反，他只是被动地接到了消息，并在此期间试图取代古德里安，夺回主导权。这种情况似乎也证明，古德里安不让希姆莱参与计划的做法不是毫无道理的。

在各师抵达第11集团军境内之后，希姆莱立即将它们派往前线，因为他

① 此处有误，它可能指的是诺伦贝格（Nörenberg），即今天波兰的因斯科（Ińsko），当地在斯德丁以东约60公里处。

感到苏军的进攻已迫在眉睫。这些动静又反过来被苏军发现，并导致德军丧失了在东线的唯一优势——突然性。在2月11日，古德里安向希姆莱发送了一条重要电报，其中明确指出，希特勒命令不得在进攻前将新部队投入前线。他还格外关注元首掷弹兵师、元首护卫师、党卫军第10弗伦斯贝格装甲师和荷尔斯泰因装甲师的最初部署，并要求在攻击路径上用已投入前线的部队（尤其是党卫军第4警察装甲掷弹兵师、党卫队瓦隆人旅和党卫军兰格马克旅）掩盖其存在。他要求希姆莱立刻回复，并交代在哪些领域违背了先前命令（即隐藏进攻部队集结区）。[16]

正是在这段时间，艾哈德·劳斯大将和第3装甲集团军司令部接到了前往波美拉尼亚的指示。但由于指挥部尚未设置完毕，他还没有真正接过指挥权。在此期间，劳斯还和希姆莱讨论了波美拉尼亚的局势和向南进攻的问题。

与党卫队全国领袖希姆莱的首次讨论（叙述人：劳斯大将）

在东普鲁士的军事行动以灾难收场后，我和第3装甲集团军的参谋人员暂时卸下了重负，并在1945年2月8日至10日先后乘船和火车转移到波美拉尼亚的鲁梅尔斯堡（Rummelsburg）①，在当地，我们被划入维斯瓦河集团军群（司令：党卫队全国领袖希姆莱），但尚未参加作战。

我立刻与党卫军第11装甲集团军（司令：党卫军中将施泰因纳②）右翼和第2集团军（司令：瓦尔特·魏斯步兵上将③）左翼的军建立了联系——这几个军都在我司令部所在地以南，正在参加激烈的防御战，并计划纳入我这个集团军的新辖区。

抵达鲁梅尔斯堡后不久，我奉命面见集团军群司令、党卫队全国领袖希姆莱，并向他汇报。预约的时间是1945年2月13日。

2月13日下午晚些时候，我和几名参谋军官来到普伦茨劳西南一片森林中的希姆莱司令部。我在那里听取了集团军群作战参谋详细的态势报告和作战计

---

① 即今天波兰的米亚斯特科（Miastko）。

② 原文如此，施泰因纳的军衔实际是党卫军上将。

③ 原文如此，魏斯的军衔实际是大将。

划，并且奉命接受邀请，和希姆莱及其心腹在20点共进晚餐。希姆莱很快接待了我，把我介绍给他的助手。很显然他精神不错，并且愿意和大家随便寒暄。在此期间没有涉及任何公务，谈话中，希姆莱显得对艺术和科学很感兴趣。晚餐很简单，但是经过了精心准备，而且服务也很周到。由于要接待客人，所以希姆莱打破了常规，让侍者给餐桌上的每个人都倒了一杯红葡萄酒，而希姆莱本人只喝矿泉水。大约1个小时后，希姆莱起身离席，安排我在22点30分去他的办公室会谈。我按时前往他的办公室，在那里见到了维斯瓦河集团军群参谋长，党卫军中将海因茨·拉默丁。会谈原定只有半个小时，但是由于我的汇报超时了，直到3点整才完毕。拉默丁半夜的时候就走了，因为德累斯顿遭到盟军的猛烈轰炸，他获得了希姆莱的批准，探望当地的家人。此后一直到最终会谈结束，都只有我和希姆莱两个人。

直到今天我还记得这次会谈的细节，甚至能逐个词语地复述希姆莱的主要看法和问题，以及我的回答。我对这次会谈的记忆非常深刻，因为在返回鲁梅尔斯堡的时候，我向自己的参谋长缪勒-希勒布兰德少将完整地复述了整个会谈，后来也和其他人多次讨论过这次会谈的结果。

希姆莱一开始就说："正如我作战参谋汇报的那样，第11集团军，还有其他党卫军装甲师和装甲掷弹兵师已经集结待命，计划从后天开始，从斯塔加德西南地区向南突破，从后方攻击和消灭包抄屈斯特林的苏军。元首希望这次进攻能彻底改变战局。您是一位富有经验的装甲兵指挥官，也是我指挥进攻的最初人选。遗憾的是，当时没法把你从东普鲁士调过来。我建议推迟攻击时间，以便集结攻击部队，并且让你和你的司令部成员能够在攻击开始之前理顺指挥关系，但元首拒绝了我的建议。我希望您能开诚布公地谈谈这次作战，以及成功的可能性。"

我回答道："根据双方的兵力对比（我军是1个得到加强的装甲集团军，对方是3个坦克集团军和3—4个步兵集团军）就可以得出结论，攻势不可能成功。如果各部紧密协同，并且攻击路线比较短的话，我军也许能够取得一些战果，但最终还是会止步不前，无论如何，重大胜利都是不可能的。"

很显然，希姆莱被我的反面意见触动了，他让我直接谈一谈，如果我在他的位置上该如何行事。

我带着坚持的口气表示："不要攻击，而是让装甲部队随时待命，以逸待劳，遏制苏军的进攻。在挫败苏军锋芒之后，我会通过反击改善前线局势，以此确保顶住苏军接下来的所有攻势。"在随后长时间的讨论中，我又给出了其他理由。

希姆莱回答说："这是不可能的。元首已下达进攻命令，不会改变主意。不管怎样，进攻都要展开。我希望讨论一下我们的方案，以便和古德里安合作，更好地发动进攻。"

希姆莱马上给身在措森（Zossen）的海因茨·古德里安将军打电话，让他立即赶过来。

在我反复解释自己的论据，并强烈建议不要展开攻击之后，我告诉希姆莱："我确信，攻击会在发起的第二天就遭受挫折。这样的话，我建议你不要投入部队做无用的攻击，而是立即改变作战方案，从防线上抽调强大的预备队，顶住苏军必然发动的反击。在顶住苏军的反击、稳固防御态势以前，您绝不能把这些预备队调到其他方向，否则会导致整个集团军群的崩溃。"

（以上是对话的详情。这番态势评估说服了希姆莱）。

也许是为了激发我的热情，他悄悄告诉我，大约在同一时间，南方集团军群将在匈牙利对苏军发动反击，这次进攻将利用第6装甲集团军和部署在巴拉顿湖（Lake Balaton）侧翼的其他部队，规模非常庞大，这将遏制苏军对维也纳的攻势，并夺回布达佩斯。

但鉴于以往的经验，我奉劝希姆莱认清现实，因为我军部队实力太弱，第6装甲集团军很有可能被切断并歼灭在巴拉顿湖附近。我的建议是，当地的情况也适用于我为波美拉尼亚提出的方案：只有将党卫军第6装甲集团军和第11集团军等一切可用的部队集结起来，投入到其中一个战区，这样才有成功的希望。

但在这次相当漫长的讨论中，希姆莱指出战局将不允许这样集中部队，而且坚持认为，这两次攻势将会决定战争的结局。

此后谈话转入到整体战局层面，我不失时机地指出，最高统帅部此前有一系列严重的战略误判，并且引发了严重后果。由于当时拉默丁去了德累斯顿，现在希姆莱和我开始了私下讨论。

我说："全国领袖先生，请允许我利用这第一次会面的机会，谈一谈对最近几年战局及其宏观后果的观点。您是全国影响力仅次于元首的人物，这让我有必要直言不讳。我知道，我的观点可能让我被关进莫阿比特监狱（Moabit prison），甚至是被送上绞刑架，但是如果我继续在这个问题上保持沉默，那么我会愧对上帝和德国人民。"

希姆莱严肃地说："请讲。"

我继续道："从斯大林格勒战役以来，我们的军事行动就在指挥官中间引发了疑虑。在过去的几个月里，他们更是感到费解。仅从空间的角度来看，德军已经深入了伏尔加河流域和高加索山脉，其结果就是需要守备长达3000公里的战线，这超出了德军及其盟友的能力。换言之，我军已经是强弩之末了。无论是斯大林格勒，还是顿河流域，当地的战斗可谓劳师丧众，其后果是军事上的一败涂地，东线三分之二的部队遭到重创，而各国盟军（即其他轴心国军队）也被打得七零八落，战线崩溃已是迫在眉睫。只是因为官兵们不可思议的勇敢和顽强，灾难才没有发生，但在人力和物力上，我军已没有优势。虽然事实摆在眼前，但我军最高统帅部不仅没有得出最自然的结论，反而是下达了越来越死板的命令，导致许多兵团被摧毁。这种混乱不堪的指挥侵蚀着我军的骨干战斗力量，最后把我军推到了悬崖边上，让我们有坠入深渊的危险——只有万众期盼的奇迹，才能避免灾难。最高统帅部已经彻底失去了对时间和空间的判断，也丢掉了对军事力量之间关系的认识。这不仅束住了陆军下属指挥官们的手脚，还给他们的脖子套上了绞索——他们现在只能在这种情况下指挥作战。他们由于害怕极刑，只能从事不可能完成的任务，如果战斗结果未如人意，那么他们往往会受尽羞辱，随后被革职查办，甚至被扣上叛国者的罪名。"讲到这里我停了下来，想看看希姆莱有什么反对的意见，要么就是立即让人来逮捕我。不过他并没有这么做。

相反，他一动不动，两眼直视着我说道："继续"。

我接下来又举了几个例子来证明自己的观点：

"（1）在有些合适的地区，最高统帅部本该预先采取积极的攻势防御策略，但他们没有这样做，反而是死板的不愿意放弃哪怕一公里土地。

（2）我们把所有预备队都投入了局部进攻，但由于配套资源不足，这种反击往往会失败——除了丧师失地之外，我们最终别无所获。

（我提到了1943年7月对库尔斯克的钳形攻势、对基辅的反击以及目前在波美拉尼亚和匈牙利的作战计划）。

（3）很长时间以来，上级禁止我军构筑后方阵地，因为据说这会让部队有退路，因此不愿在当前阵地上战斗到底。但是事实恰恰相反。比如，在向第聂伯河撤退的过程中，即使是匆忙构建的后方阵地也相当有价值，但在第聂伯河沿岸，我军根本没有进行准备。结果苏军迅速抵达了对岸，完全没有被河流阻碍，而我军部队非常失望，对（最高）统帅部也日渐怀疑。在东普鲁士，防御准备固然很周密，但是由于我军损失惨重，这些阵地根本无人守备。

（4）作为应变措施，我军设置了局部支撑点和所谓的'抵抗中心'，试图在绝望中继续抵抗，但这种做法不仅保不住支撑点，还会让守备部队沦为陪葬，同时继续腐蚀部队对指挥层的信任。

（5）有些部队被错误地集结起来并陷入包围，有些则接到命令，必须不惜代价守住某个区域，并因此陷入了消耗战——这会让部队消磨殆尽，甚至被完全歼灭。

（6）在高加索、克里米亚、库尔兰和东普鲁士等地，集团军奉命死守到底，直到被包围，从而失去了在主战场发挥作用的机会。如果我军继续一意孤行，波美拉尼亚和匈牙利有可能陷入同样的灾难。

（7）虽然新部队从各地赶来，但缺乏训练与装备，更没有时间形成凝聚力。由于形势危急，新部队被投入了前线缺口，并在全然陌生的大规模战斗中像骄阳下的积雪一样迅速消散。

（8）敌人的空袭对本土造成了重大损失，关键作战物资根本无法运抵前线，或出现严重的短缺。"

在这里，我提到了弹药供应、机枪、步枪、反坦克炮、坦克、突击炮、零备件和车辆燃油等各个方面的困难。

最后我再次指出，在部队、装备和领土遭受如此惨重损失的情况下，德国已危在旦夕。然而，即使资源濒临枯竭，各个战场危机四伏，但"决战决胜"的念头仍然在当局脑海中徘徊。说完了之后，我和希姆莱沉默不语地对视了好几分钟。

接着希姆莱走过来，侧过身用低低的声音一字一顿地说：“我完全同意你。”然后他又陷入了沉默。

我对他的回答非常惊讶，深吸了一口气问道：“为什么您不把这些情况报告给元首？”

又是短暂的沉默，希姆莱说：“我会考虑这个问题。”停顿了一下之后，他接着说道：“我曾经跟元首说过所有这些事情。”

“那元首说了什么？”

又是一阵短促的沉默。希姆莱摁着手指，然后提高了嗓门说道：“元首的反应非常激烈：‘原来你也是个失败主义者！’然后愤怒地让我走人。”

一段时间后，埃伯哈德·金策尔也加入了讨论，他是陆军最高司令部派来的，也是希姆莱麾下仅存的军事专家，并且参加过希姆莱与希特勒的那场讨论。

希姆莱接下来指出了前线的种种困难，以及在马林堡和施奈德米尔“要塞”的激战。他特别担心施奈德米尔，我军正在和苏军反复争夺，一旦陷落后果会很严重。不仅如此，当地的指挥官雷姆林格上校也是他的旧相识（雷姆林格的手下只有几百人，而且弹药几乎用尽。但对于他率领残部突围的请求，希特勒一直没有回应）。

我再次陈述了维斯瓦河集团军群所处的险境，并且在地图上指出了波美拉尼亚战线上苏军的潜在企图：“敌人最开始很可能对战线上的薄弱点——第2集团军在科斯林（Köslin）[①]附近的侧翼——实施突破，进而孤立魏斯将军的集团军。随后，我们必须要考虑以下情况：他们的一翼兵力将直扑但泽，另外一翼则会途经斯塔加德攻击斯德丁，割裂并歼灭我军。”

但是我的报告被一阵电话铃声打断了，来电的是集团军群作战参谋，因为雷姆林格上校（施奈德米尔要塞司令）给希姆莱发来一封电报，内容是他率领守军残部成功向北突围。

（突围决定是雷姆林格自行做出的，直到最后一刻，他都在徒

① 即今天波兰的科沙林（Koszalin）。

劳地等待许可。)

希姆莱专心地听了报告，随后挂上电话，站起身来，兴奋地踱来踱去，并且反复跟我说："你听到了吗？雷姆林格做到了！他做到了！他真的做到了！我就说过他肯定行！"

我同意雷姆林格自行做出的决定，并且期待这些勇敢的士兵抵达我军战线（茂密的森林对突围十分有利）。就在我们详细讨论协助突围部队的可能性时，电话又响了。电话又响了，我这次听到了希特勒通过陆军总司令部下达命令，要求雷姆林格及其部下立即返回"抵抗中心"，继续参加防御战。

希姆莱看着我："你绝对没有错，我不会执行这个命令。"

这件事证实了我的看法，即希姆莱绝对没有欺骗我，而是真心赞同我的观点。[17]

如果希姆莱和劳斯的交谈内容属实，那么我们可以断言，希姆莱根本不相信这次进攻会成功。在听到劳斯对局势的看法之后，他立刻感到有了一个替代温克的人选（值得一提的是，希特勒也不同意让温克挂帅），还请求古德里安前往他的指挥部共商对策。另外，劳斯对苏军的判断也完全正确——当时白俄罗斯第2方面军确实在准备向北朝波美拉尼亚进攻，而不是向东①推进，而且准备进度比夏至行动更快。同样，劳斯对德军部队状况的其他评论也全部属实。总之，当天晚上两人的谈话令希姆莱触动很深：劳斯对军事形势的直言不讳，显然和参谋们以及陆军最高司令部的做法形成了鲜明对比，并引发了我们对拉默丁或艾斯曼在夏至行动态度上的思索。另外，如果希姆莱真的与希特勒产生了战略分歧，并被日益暴躁的后者贴上了"失败主义者"的标签，我们可以判断，不和的种子已在此刻埋下。这种分歧将导致希姆莱在接下来的几周擅自行动，通过福尔克·贝纳多特（Folke Bernadotte）伯爵单独媾和。

但另一方面，攻击计划仍在继续。在希姆莱试图取消进攻的同时，陆军最高司令部依旧我行我素，向参战各师发布了部署命令。2月12日，他们为下

① 原文如此，应为向西。

列参与南下进攻的部队划定了部署区域：

· 元首掷弹兵师

以下部队前往梅尔基施弗里德兰，加入党卫军第10军：

1个装甲掷弹兵营（配备装甲运兵车）

第911突击炮旅[①]的10辆三号突击炮和随行（掷弹兵）连

装甲营的4辆四号突击炮和豹式坦克

装甲歼击连的8辆三号突击炮

2个工兵班

1个黄蜂自行火炮连

· 元首护卫师

以下部队前往里茨，加入党卫军第3（日耳曼）装甲军：

半个装甲掷弹兵营（配备自行车）

1个装甲掷弹兵营（配备装甲运兵车）

2个装甲连，共15辆三号突击炮和四号坦克

· 党卫军第10弗伦斯贝格装甲师

以下部队前往卡敏（Kamin）[②]–卡利斯（Kallies）[③]地区，加入党卫军第10军：

党卫军第21装甲掷弹兵团第2营（欠第6连）

以下部队前往斯塔加德，在蒙策尔集群（Gruppe Munzel）担任预备队：

党卫军第21装甲掷弹兵团第1营（欠第3连）

党卫军第10装甲团第1营营部及第1连（9辆豹式坦克）

党卫军第10装甲炮兵团团部及团部连

党卫军第10装甲炮兵团第1营

党卫军第10装甲炮兵团第7连、第9连和第11连

---

① 原文如此，此时该部队的正式番号实际是第911陆军独立突击炮兵旅，这些部队与突击炮旅最主要的区别就是额外拥有一个装备精良的随行掷弹兵连。

② 即今天波兰的波莫瑞地区卡缅（Kamień Pomorski）。

③ 即今天波兰的波莫瑞地区卡利什（Kalisz Pomorski）。

党卫军第10高炮营

·荷尔斯泰因装甲师

以下部队前往梅尔基施弗里德兰，隶属于党卫军第10军：

第139装甲掷弹兵团的1个营

以下部队前往斯塔加德，加入蒙策尔集群：

第139装甲掷弹兵团的1个营

1个混编装甲侦察营

1个装甲工兵连

第20高炮营[①]第1连和第2连

第5装甲营[②]第1连和第3连

2个炮兵连

·党卫军北欧志愿装甲掷弹兵师

以下部队隶属于党卫军第3装甲军：

党卫军第23装甲掷弹兵团第2营

党卫军第11装甲营

党卫军第11装甲歼击营

党卫军第11炮兵团第1营、第2营

党卫军第11高炮营

（党卫军第23装甲掷弹兵团第1营和党卫军第24装甲掷弹兵团第1营正在库尔兰的党卫军第4军[③]麾下作战）

·党卫军尼德兰志愿装甲掷弹兵师

以下部队隶属于党卫军第3装甲军：

党卫军第49装甲掷弹兵团团部

党卫军第54炮兵团

党卫军第54工兵营

---

① 原文如此，此处有误，该部队可能是第280陆军独立高射炮兵补充与训练营（Heeres-Flakartillerie-Ersatz- und Ausbildungs-Abteilung 280）。

② 原文如此，此处有误，该部队实际是第5装甲补充营。

③ 原文如此，此处有误，这2个营实际正在匈牙利的党卫军第4装甲军麾下作战。

（党卫军第48装甲掷弹兵团暂隶属于哈默施泰因地区的第18山地军）[18]

总之，大部分参与进攻的师仍在开进途中，几乎没有机会侦察敌情，更不用说准备好进攻。他们与侧翼部队也缺乏协调，可以说是在仓促间投入了行动。另外，陆军最高司令部的档案中也没有留下任何详细的进攻指示。

在各师进入该地区的同时，苏军也在继续向北推进，并在斯塔加德和里茨附近的很多地段取得了战术突破。为阻止苏军推进，兵力捉襟见肘的希姆莱不顾古德里安的指示，把几个参加夏至行动的师调往前线。但正如古德里安在2月11日提醒拉默丁的那样，根据希特勒的命令，这些部队只能用于进攻，还特别强调不能把它们过早投入前线，否则就会暴露行踪。[19]

2月初以来，围困在阿恩斯瓦尔德的德军一直遭受着苏军的巨大压力。2月12日，施泰因纳请求艾斯曼向当地空投50名斯科尔兹内麾下的党卫军伞兵，以加强被围部队、稳定当地的局势。另外，由于党卫军第503重装甲营在当地的6辆虎王坦克弹药短缺，他还建议向当地空投12门伞降火炮①。[20]次日，施泰因纳收到了拉默丁的回信，表示无法向阿恩斯瓦尔德派遣党卫军伞兵。[21]要想解救阿恩斯瓦尔德，唯一的机会就是通过未来的地面攻势。施泰因纳的请求表明，他可能认为阿恩斯瓦尔德在这次行动中只有次要意义，因为陆军最高司令部仍然希望发动更大胆的攻击，歼灭苏联近卫坦克第2集团军。

在接下来的几天里，德军仍在继续准备进攻。2月15日，该行动的名称——夏至首次出现在官方公报中。[22]同时，艾斯曼也向陆军最高司令部发送了一份情况通报，表示党卫军第3（日耳曼）装甲军的攻击旨在解救阿恩斯瓦尔德，可能的后续进攻行动则正在准备中。[23]这份文件非常重要，因为它表明，虽然行动还没有开始，但所有人都已经认为它将只会是一场局部进攻。与此同时，在奥得河和马杜湖之间，苏联近卫坦克第2集团军也继续向西北推进，目标直指斯德丁，并试图切断波美拉尼亚地区的德军。这引起了集团军群的关注，因为苏联一旦在当地成功突破，将对夏至行动产生不利影响。命令迅

---

① 可能是无后坐力炮。

速下达：斯德丁要塞应把所有具备战斗能力的人员派往前线，并投入一切高射炮兵，如果可能，当地的14辆追猎者坦克歼击车和第406国民炮兵军也应投入作战。[24]

2月15日，德军发布了进攻部队的最终编组命令：[25]

- 第11集团军
  - 第2军留后指挥部
    - 第9伞兵师
    - 德内克集群（Gruppe Denecke）
  - 第39装甲军（军部位于斯塔加德）
    - 荷尔斯泰因装甲师
    - 党卫军瓦隆人师
    - 党卫军第10弗伦斯贝格装甲师（在斯塔加德东南集结）
    - 党卫军第4警察装甲掷弹兵师（在斯塔加德东南集结）
  - 党卫军第3装甲军
    - 党卫军兰格马克师
    - 党卫军尼德兰师（在诺伦贝格以西集结）
    - 元首护卫师（在雅各布斯哈根（Jakobshagen）①东南集结）
    - 党卫军北欧师
    - 福格特集群（Gruppe Voigt）
    - 舍费尔集群（Gruppe Schäfer）
  - 蒙策尔集群（指挥部正在进驻诺伦贝格）
    - 第104装甲歼击旅
    - 元首掷弹兵师（在东南方向集结）
    - 第281步兵师（在诺伦贝格东南集结）

① 即今天波兰的多布扎内（Dobrzany）。

这份文件调整了各军的指挥机构、防区界线和下属部队，此时距进攻开始只有不到48小时。考虑到进攻行动的计划很费时间，这些仓促的调整很可能会在参战的各团和师部之间引起混乱。党卫军10弗伦斯贝格装甲师和党卫军第4警察装甲掷弹兵师都是第11集团军辖下最强大的部队，但在战斗中的表现却不及预期——因为他们受到了许多不可控因素的干扰。在进攻前2天，他们被迫从马杜湖一侧转移到另一侧，并在没有任何周密侦察的情况下，从集结地发动了夜间攻击。

向南进攻

2月9日①，搭乘汽船“布加勒斯特”号（Bukarest）的党卫军第11北欧装甲掷弹兵师在斯德丁港卸载完毕。5天后，该师便开始向西南方70公里外、位于扎罕（Zachan）②附近的伊纳河（Ihna River）③行军。2月14日④，该师接到的主要任务是前往阿恩斯瓦尔德，营救困在镇内的友军部队。他们原本有2天的时间进行战前检查，熟悉新地区，并进行战斗部署。但不幸的是，为了获得更好的部署区域，他们被迫在2月15日提前进攻，打击前进中的苏军。为此，北欧师没有停歇，跨过了伊纳河对岸。随后，他们利用乡间小路，穿过赖兴巴赫（Reichenbach）⑤和施拉根廷（Schlagenthin）⑥等小村庄，最终于16日中午抵达了阿恩斯瓦尔德——当天，夏至行动也正式开启。

尽管苏军可能早已得到了德军即将向南进攻的情报，但还是被打了一个措手不及。在2月17日的清晨，希姆莱亲自鼓励施泰因纳（在温克出车祸后，他接管了行动指挥权），即使部队已经抵达阿恩斯瓦尔德，也要继续向南推进。这封在2点45分发送的电报写道：

亲爱的施泰因纳！

---

① 原文为4月9日，有误，应为2月9日。
② 即今天波兰的苏汉（Suchań）。
③ 即今天波兰的伊尼亚河（Ina River）。
④ 原文为4月14日，有误，应为2月14日。
⑤ 即今天波兰的达拉采沃（Radaczewo）。
⑥ 即今天波兰的斯瓦维钦（Sławęcin）。

从今晚开始，至关重要的是，您必须竭尽所能，全力沿着两个主攻方向，朝多利茨（Dölitz）①和南提科（Nantikow）②前进。党卫军第10装甲师和元首掷弹兵师都将部署在当地。

希特勒万岁！

海因里希·希姆莱[26]

但之后不久，德军便在普伦湖附近被强大的苏军缠住。当天晚些时候，希姆莱向施泰因纳发出了第二份通告，重申战斗的决定性时刻还没有到来，目前还不能把对多利茨发动总攻的部队投入前线。[27]

（参见地图11）

在2月17日的战斗中，苏军开始把近卫坦克第12军的部队转移到斯塔加德以南、荷尔斯泰因装甲师和党卫军第10弗伦斯贝格装甲师之间，直接向这2个师的侧翼发动坦克进攻。由于苏军很可能进一步向北攻击斯塔加德附近第39装甲军的辖区，而且当地的防御较为薄弱，这立刻引起了维斯瓦河集团军群的担心。2月18日，拉默丁发布了一项新命令，改变了夏至行动的攻击轴心。他指示第39装甲军将党卫军第10弗伦斯贝格装甲师和党卫军第4警察装甲掷弹兵师调离当前位置，重新部署到斯塔加德西南地区，以应对上述新威胁。同时，蒙策尔集群也应抽出元首掷弹兵师或元首护卫师，并将其部署在斯塔加德以东，从而凭借突然性和机动性"震慑斯塔加德方向的敌军"。[28]但这道命令完全没有考虑一点，在夏至行动开始之后，这些部队已经无法离开前线了，其中，元首掷弹兵师和元首护卫师都在东面20多公里处与苏联坦克部队杀得难解难分，一旦它们被调走，必然会给苏军可乘之机。总之，拉默丁的命令体现了他低下的战术水平。至于希姆莱的举动（没有与施泰因纳商议，便擅自抽走了2个重要的师团，并要求它们在没有事先侦察、计划或协调的情况下，从完全不同的方向继续进攻）更是干扰了这次孤注一掷、计划不善、执行不力的攻势。

（参见地图12）

① 即今天波兰的多利采（Dolice）。

② 即今天波兰的内特科沃（Nętkowo）。

当天晚些时候，艾斯曼通过电话与陆军最高司令部作战局的默克（Merck）上校谈论了当前形势，以回应古德里安对攻击进展的关切。艾斯曼要求放弃阿恩斯瓦尔德以外的前线，因为如果能将梅尔基施弗里德兰以北至赫茨贝格（Herzberg）①的战线拉直，德军就可以腾出更多部队，同时，艾斯曼还详细介绍了相关的部队调动方案。[29]

战斗期间，德军的损失不断上升。2月15日至18日，第11集团军共有超过1500人死伤，其中军官20人死亡，50人受伤；士官和士兵283人死亡，980人受伤，200人失踪。损失装备包括2门8厘米迫击炮、18支冲锋枪、36挺机枪，69支突击步枪。损失装甲车辆共计6辆突击炮、4辆坦克、1辆猎虎②和1辆坦克歼击车。[30]在接下来几天的战斗中，德军的损失继续增加：2月17日至20日，其有记录的人员损失就达到了648人。苏军方面，他们在2月16日至17日损失了71辆坦克，其中17辆是斯大林-2，此外还有2辆自行火炮、41门反坦克炮、8门迫击炮、44挺机枪和3架飞机。[31]到2月20日，估计苏军的阵亡数量增加到了2467人，损失的火炮和坦克则分别为500门和171辆。[32]

苏军出人意料的坚决抵抗，以及对斯塔加德的迅速反击，影响了德国人的成功。2月19日，夏至行动已陷入僵局，此时距其开始只有2天时间。从这次破绽百出的进攻中，古德里安获得的唯一成果就是设法在20—25公里的正面突破了苏军阵地，并一直向南推进，抵达了被围困的阿恩斯瓦尔德。[33]

下面这份记录是由阿恩斯瓦尔德守军司令福格特（Voigt）少将在战争结束20多年后撰写的。其中还插入了解围部队——第11集团军的每日报告。对于希姆莱在维斯瓦河集团军群任上的表现，本记录提供了重要的背景补充。

阿恩斯瓦尔德的德军部队包括霍曼（Hohmann）上校的特别炮兵团（Artillerie-Regiment z.b.V.，该团共拥有800名官兵，但没有火炮）、恩格（Enge）上尉的警备营［400人，来自斯德丁，在福格特的记录中，该营被称为恩格休假人员营（Enge Leave Bataillon），并由霍曼上校管辖——可能是搞混了两者的隶属关系］、维尔特（Wehrt）上尉的第83高炮营和1列装甲列车。2月4日—5

---

① 即今天波兰的米沃钦（Miłocin）。

② 原文如此，德军在波美拉尼亚并没有投入任何猎虎，此处似乎为猎豹/虎王之误。

日晚间，党卫军第503重装甲营和党卫队全国领袖特别护卫营也抵达了当地。2月6日，党卫军中校考施（Kausch）指挥的党卫军第11突击炮营①也作为增援到来，[34] 同行的还有党卫军第503重装甲营的4辆虎王②。

阿恩斯瓦尔德及周边的战斗（叙述人：退役少将汉斯·福格特）

显然，我非常愿意遵循您所在地区乡民委员会主席冯·舒克曼（von Schuckmann）先生的愿望，为您介绍阿恩斯瓦尔德及其周围的战斗。我通常不喜欢谈论战争，尤其是当它涉及我个人的参战经历时。但那些20年前发生在战争中的事件是如此独特，还深深改变了阿恩斯瓦尔德老城悠久的历史以及居民的生活。在那个时代，每个人都付出了重大牺牲，最后甚至让我们失去了世代居住的家园和土地。为了这一切的一切，我愿意拾起埋藏的记忆。另外，讲述父辈和祖辈们在身不由己时经历的考验和磨难，以及他们生存下来的勇气和信心，也必将给我们的子子孙孙带来裨益。

在开始之前，我想介绍一下我如何被调往阿恩斯瓦尔德，以及其中的缘由。1944年8月下旬，我接管了德意志克罗恩地区，当地也是波美拉尼亚防线的一部分。1945年1月12日，苏军从巴拉诺夫桥头堡大举进攻，深入瓦尔塔大区和西普鲁士。维斯瓦河集团军群成立，司令是党卫队全国领袖希姆莱。1月21日，希姆莱搭乘专列抵达德意志克罗恩，并在我的办公室宣布要身先士卒，解放瓦尔塔省和西普鲁士。但是他完全没有能力和条件实现这些目标。不仅如此，他还革退了许多50岁以上的师长和指挥官，并用年轻的党卫队地区总队长和高级地区总队长取而代之。我也被交给党卫队高级地区总队长巴赫-泽列夫斯基调遣，他是党卫军第10装甲军③的军长，但没有什么好名声。

当苏联人用重兵攻击诺泰奇河上的乌施-沙尔尼考（Scharnikau）④-费勒尼（Filehne）⑤，并在沙尔尼考和克罗伊茨（Kreuz）⑥附近渡过诺泰奇河时，我正

---

① 即党卫军第11装甲营。
② 原文如此，此处和后文中的记录有矛盾。
③ 原文如此，该军的正确番号应为党卫军第10军，下同。
④ 即今天波兰的恰恩库夫（Czarnków）。
⑤ 即今天波兰的维伦（Wieleń）。
⑥ 即今天波兰的大波兰省克日什（Krzyż Wielkopolski）。

在克罗伊茨附近执行特别任务。我最初进入阿恩斯瓦尔德地区大约是在霍赫采特（Hochzeit）①附近，时间是1月27日21点左右——当时我穿过了波美拉尼亚防线和德拉格河（Drage River）②，准备前去炸毁一座辖下的桥梁（工兵部门仍然由我亲自指挥），但我没有想到的是，就在2个小时后，这座桥梁便完好地落入了突袭的苏军手里。波美拉尼亚防线是由老弱妇孺修建的，并投入了数不清的人力、财力和物力，哪怕守军实力较弱，也足以长期坚守。但问题在于，当时德军已经山穷水尽。在经过沃尔登贝格、兰茨贝格和屈斯特林前往柏林的路上，苏军几乎是畅行无阻。1月28日星期天，也就是德意志克罗恩陷落的当天[35]，我试图返回梅尔基施弗里德兰的党卫军第10装甲军阵地，并且以为沃尔登贝格附近的1号帝国公路还可以通行，但事实上，苏军已经在利用这条高速公路向屈斯特林推进了。凭借夜幕和一点必不可少的自信，我顺利骗过了几个苏军和一支西行的车队，毫发无损地开上了通往乌齐希（Wutzig）③的道路。在这里，苏军巡逻队朝我们开枪，但没有命中。到达科尔齐希（Kölzig）④之后，我们又经过马林瓦尔德（Marienwalde）⑤、塞尔诺（Sellnow）⑥和拉顿（Radun）⑦，穿过阿恩斯瓦尔德地区的农村，并在大约23点抵达了阿恩斯瓦尔德市。当时，这座城镇正沉浸在美梦中，周围一片昏暗，没有一点战争的迹象，也没有人相信厄运即将降临。我同样不知道的是，不到24小时后，我就将回到这座美丽的老城，并面对市民们的悲伤、痛苦和死亡。

你们中的许多人可能会问，为什么我们美丽而宁静的乡间小城阿恩斯瓦尔德会被划为要塞，[36]安排一位城防司令，并因此万劫不复？这是有原因的，是战场形势和高层战略计划导致了这种局面。当时的敌情简而言之，是自1月24日以来，苏军最强大的部队，即朱可夫元帅指挥的白俄罗斯第1方面军准备穿过格内森（Gnesen）⑧–施奈德米尔一线，直捣奥得河畔法兰克福和屈斯特

① 即今天波兰的旧奥谢奇诺（Stare Osieczno）。
② 即今天波兰的德拉瓦河（Drawa）。
③ 即今天波兰的德拉夫斯科地区奥西耶克（Osiek Drawski）。
④ 即今天波兰的科尔斯克（Kolsk）。
⑤ 即今天波兰的马利涅茨（Maryniec）。
⑥ 即今天波兰的齐勒涅沃（Zieleniewo）。
⑦ 即今天波兰的拉杜恩（Raduń）。
⑧ 即今天波兰的格涅兹诺（Gniezno）。

林。该方面军装备齐全，拥有4个多兵种合成集团军和2个坦克集团军。

1月27日，一股强大的苏军在克罗伊茨–费勒尼–沙尔尼考地区越过了诺泰奇河。当天晚间，他们在霍赫采特的一次突袭中完好地夺取了德拉格河大桥，来到了守备薄弱的波美拉尼亚防线后方，并沿着1号帝国公路从沃尔登贝格和弗里德贝格（Friedeberg）[①]向西推进。柏林危在旦夕。面对敌情，德国领导层最初试图坚守斯德丁以东地区，同时保全奥得河下游的渡口。为阻止苏联向柏林推进，他们还打算猛烈攻击奥得河以东不断向西延伸的苏军纵深侧翼。由于上述原因，上级要求在巴恩（Bahn）[②]–皮里茨–阿恩斯瓦尔德一线建立一条侧翼防线，阻止苏军北上，确保援军顺利发起进攻。在这条防线上，阿恩斯瓦尔德正是其最东端的关键一环，必须不惜代价坚守。带着这项任务，我奉命启程，担任城防司令，并于1月29日傍晚抵达。

在当地，我立刻找到了霍曼上校和他的炮兵团，并在简报中了解了迄今为止的各项防御措施和部队情况。该团只有不到800人，武器只有栓动式步枪和轻机枪。

该团曾是一支导弹部队，尽管有些报告有其他说法，但我可以明确证实，在阿恩斯瓦尔德时，他们已没有任何发射装置。总之，这个既没有重型武器，也缺乏战斗步兵的部队，可谓实力薄弱。由于苏军已越过德拉格河向西推进，霍赫采特与雷根廷（Regenthin）[③]周围林区脆弱的警戒部队也在败退——敌人随时可能出现在阿恩斯瓦尔德郊外，我命令霍曼上校带领该团构建外围警戒线。虽然1月30日凌晨的天气依旧寒冷，而且风雪交加，但这种部署将让苏军无法发动突袭。之前，霍曼上校已经大致侦察和确定过这条警戒线的位置，其大致位于霍亨瓦尔德（Hohenwalde）[④]–萨门廷（Sammenthin）[⑤]–施韦林菲尔德（Schwerinsfeld）[⑥]–新克吕肯（Neu Klücken）[⑦]–库尔托（Kürtow）[⑧]–祖尔斯多

① 即今天波兰的斯切尔采–克拉延斯凯（Strzelce Krajeńskie）。
② 即今天波兰的巴尼（Banie）。
③ 即今天波兰的拉德钦（Radęcin）。
④ 即今天波兰的格莱兹诺（Gleźno）。
⑤ 即今天波兰的扎门钦（Zamęcin）。
⑥ 即今天波兰的茨维尔津（Zwierzyn）。
⑦ 即今天波兰的新克鲁克姆（Nowy Klukom）。
⑧ 即今天波兰的科里托沃（Korytowo）。

夫（Zühlsdorf）[①]一带。

对于部队指挥官来说，至关重要的事情是通过地面、空中或无线电侦察获取敌情。但我却没有一点办法。我的战斗群指挥部由包括哈格曼（Hagemann）少校（在和平时期，他是费勒尼镇政府的财政局长）在内的4名军官和2名打字员组成，没有战地电话。在这种情况下，我只能利用当地依然完好的民间电话网络，组织起一个临时情报网——尤其是在南方和西南方。村长、镇长和地方团体领导人、林业人员、教师、邮局和邮政设施负责人必须在第一时间持续向阿恩斯瓦尔德战斗群总部报告敌情。这种措施非常有用，并离不开所有电话用户的努力，他们的报告非常有用和准确。也许当时提供帮助的男男女女现在正在阅读本文，如果真的是这样，我想对他们表示感激！1月30日，报告显示强大的苏军（包括大量坦克）正在穿过布雷滕施泰因、贝尔林琛（Berlinchen）[②]–利皮耶纳–索尔丁（Soldin）向西前进。与此同时，我得到了上级许诺的增援。1月30日中午左右，1个休假人员营抵达了镇内：顾名思义，他们来自斯德丁的啤酒馆、候车室、街道，以及天知道的其他什么地方，原先属于各种步兵、炮兵、后勤、海军和空军单位。他们被编入连队，乘坐火车抵达，指挥官都不认识下属，士兵们也互不熟悉。他们只装备着栓动式步枪和轻机枪，没有任何重型步兵武器，战斗力和火力都非常有限。尽管如此，我还是立刻将这个拼凑的营投入到了外层警戒线右翼，即霍亨瓦尔德–桑多（Sandow）[③]–多利茨一线。该营的营长是恩格上尉。下午，一列装甲列车的指挥官也向我报到，表示将加入战斗群。

傍晚时分，维尔特上尉的第83轻型高炮营也抵达阿恩斯瓦尔德，并隶属于战斗群——这让我们惊喜不已。该营由2个2厘米自行高炮连（包括一些四管高射炮）和1个3.7厘米自行高炮连组成，具有很强的机动性。

战斗群的指挥所设在财产登记处大楼，即冰封的克吕肯湖（Klückensee）[④]北岸。

---

① 即今天波兰的苏利泽沃（Suliszewo）。
② 即今天波兰的巴利内克（Barlinek）。
③ 即今天波兰的桑多夫（Sądów）。
④ 即今天波兰的克鲁科姆湖（Jezioro Klukom）。

1月31日清晨，我命令第83轻型高炮营第1连朝布雷滕施泰因进行武装侦察。该连一路向南进发，穿过格拉诺（Granow）①和格兹洛（Gerzlow）②，避开主要道路，在希根菲尔德（Seegenfelde）③附近与一股西行的敌军相遇。这些敌军大约有1个营，面对该连2厘米高炮和轻机枪的突袭，他们损失惨重。2名俘虏供称，他们来自步兵第212师，隶属于步兵第80军。在清晨晚些时候，我命令恩格营的1个连前往伯恩施泰因（Bernstein）④，当地靠近一个狭长的湖泊，该连将负责保护当地的路口。

下午，阿恩斯瓦尔德火车站的装甲列车奉命出动，前往沃尔登贝格侦察。在马林瓦尔德附近的林区，他们与1个营的苏军狭路相逢，并将其歼灭。此战抓获的1名俘虏同样供称来自步兵第80军下属的步兵第212师。马林瓦尔德及其附近的难民被装甲列车接回阿恩斯瓦尔德，回程路上，列车在奥古斯特瓦尔德（Augustwalde）⑤附近碾压到苏军的地雷，直到夜间，它才在另一列火车的协助下恢复行动。

有一件事体现了我们简易电话侦察系统的效率：尽管贝尔林琛已被苏军占领，但仍有电话告诉我们，一位苏军将军及其参谋人员刚去了当地西面的迪科夫（Dieckow）⑥。

搜集情报的志愿者也在2月1日早上展示了自身的价值。他们从利皮耶纳–贝尔林琛地区发来报告，原先西行的苏军步兵和坦克正在转身北上，前往皮里茨和阿恩斯瓦尔德。此后不久，苏军对伯恩施泰因（即恩格营先头连所在地）的攻击证实其所言属实，最终，这次进攻以苏军败退告终。由于更猛烈的攻击可能接踵而至，当地的恩格营先头连主动撤到了布兰肯塞（Blankensee）。

2月1日清晨之后，苏军开始用微弱部队在拉科夫（Raakow）⑦–塞尔诺–罗尔贝克（Rohrbeck）⑧一线试探，并逐次投入更强的兵力朝新克吕肯–库尔托附

① 即今天波兰的格拉诺沃（Granowo）。
② 即今天波兰的雅罗斯瓦夫斯科（Jarosławsko）。
③ 即今天波兰的热阿比茨科（Żabicko）。
④ 即今天波兰的佩乌奇采（Pełczyce）。
⑤ 即今天波兰的伦布斯（Rębusz）。
⑥ 即今天波兰的济科沃（Dzikowo）。
⑦ 即今天波兰的拉科沃（Rakowo）。
⑧ 即今天波兰的科乌基（Kołki）。

近的外围警戒线进攻，但他们都被击退。俘虏供称他们来自步兵第80军下属的步兵第311师。

在晚间报告和与上级的电话交谈中，我详细指出，鉴于敌情，苏军极有可能对阿恩斯瓦尔德发动猛烈攻击，并很可能投入整个步兵第80军，按照来自其麾下2个师俘虏的供述，该军拥有各种轻重步兵武器、强大的炮兵部队和1个坦克旅。但在阿恩斯瓦尔德及其周边，德军守军却十分虚弱，装备也严重不足，甚至找不到1挺重机枪或是1门迫击炮、反坦克炮和远程火炮。因此，我急切要求获得有重武器的部队和一些坦克。

在与地区领导人和市长们的讨论中，我向他们介绍了局势以及城市周围爆发激战的可能性，并建议积极疏散平民。根据现有法律，负责这项工作的是纳粹党党部，但我明确要求各地区领导人和市长全权负责此事，因为这超过了我和战斗部队中任何指挥机构的处理能力。2月2日破晓时分，外层警戒线上的战斗重新在新克吕肯–库尔托地区打响，并逐渐向萨门廷西部–舍恩菲尔德扩散。我军实力过于薄弱，被赶出了外围警戒线的前沿地区，戈特贝格（Gottberg）、格拉诺、克兰津（Kranzin）①、拉科夫、塞尔诺和罗尔贝克等城镇相继沦陷。但他们仍然在外层警戒线上击退了布尔什维克，后者只有在库尔托附近才达成突破，我军仍有望将其封闭。库尔托村仍在苏军手中。在这些战斗中，城市首次遭到了苏军的榴弹炮射击。克兰津的发电厂被苏军摧毁，整个地区失去了照明。

总部在一份简短的电话通报中表示，苏军大部队在施特劳赫森林（Strauchheide，位于哈默尔斯多夫附近）②附近突破了波美拉尼亚防线，并占领了梅尔基施弗里德兰。德军伞兵在虎式坦克（来自党卫军第503重装甲营）的支援下从扎滕（Zatten）③向沃尔登贝格反击，但未能取胜，其残部正在向诺伊维德尔退却。

2月3日，随着严寒散去，空气中洋溢起些许暖意。自清晨以来，强大的

---

① 即今天波兰的克任琴（Krzęcin）。
② 即今天波兰的鲁特威基森林（Las Rutwicki）。
③ 即今天波兰的扎托姆（Zatom）。

敌军一直在用远程火炮和坦克攻击外层警戒线。经过长时间激战，萨门廷、舍恩菲尔德和拉顿的防线相继失守。在装甲列车和第83轻型高炮营的支援下，我军拼尽全力，才将苏军挡在阿恩斯瓦尔德城外。突破口被封上。萨门廷周围的战斗特别漫长和残酷。

尽管霍曼上校的炮兵团打得异常勇敢，恩格营也没有辱没使命，但我仍然态度悲观，因为外围警戒线过于稀疏，步兵也缺乏作战经验和武器，可能无法在未来承受严峻考验。因此，我下令在2月3日—4日夜间向城市附近收缩战线。其中，恩格营的新防区始于舍恩维尔德（Schönwerder）①，穿过桑多，一直抵达新桑多（Neu Sandow）②附近的前沿阵地。而霍曼团的新阵地则从霍亨瓦尔德一直延伸到赫尔佩（Helpe）③，中间穿过了卡尔斯奥（Karlsaue）④、卡尔斯堡（Karlsburg）⑤和瓦尔丁（Wardin）⑥等地。只有在祖尔斯多夫，我军才保留了一个前哨据点。

夜间，党卫军第503重装甲营的4辆虎王坦克开入阿恩斯瓦尔德，并报告说该营的其余部队将在次日赶到，阿恩斯瓦尔德周围的激烈战斗也首次登上了《国防军公报》。

2月4日上午，苏军开始在收缩后的警戒线周围试探，态度非常小心，同时，他们还开始用新抵达的远程火炮零星轰击阵地和城市。只有在霍亨瓦尔德和萨门廷以北，苏军才投入坦克进行了大规模攻击，他们的目标很明确，就是阿恩斯瓦尔德。虽然我军的虎王坦克只有4辆，但苏军仍然无计可施，并抛弃了大量坦克。4辆虎王坦克中也有1辆被彻底击毁，其余3辆中弹受损，被迫退出战斗，但它们都被成功回收了。市内也头一次传来平民身亡的报告。

当天下午，很明显，苏联人试图从阿恩斯瓦尔德以东地区向里茨进攻。在阿恩斯瓦尔德周围，他们也在朝收缩后的新警戒线逼近，并不断用榴弹发射

---

① 即今天波兰的谢莫梅什尔（Ziemomysl）。
② 即今天波兰的桑多夫科（Sądówko）。
③ 即今天波兰的切尔帕（Chełpa）。
④ 即今天波兰的鲁德尼基（Rudniki）。
⑤ 即今天波兰的斯莫伦（Smoleń）。
⑥ 即今天波兰的瓦尔登（Wardyń）。

器[①]向市内开火。我的轿车司机最先受伤，他来自阿恩斯瓦尔德地区，在充当战斗群指挥所的财产登记处大楼门前被炮弹击中。

2月4日凌晨，装甲列车离开战斗群，但在党卫军中校赫齐希（Hertzig）的指挥下，党卫军第503重装甲营的另外7辆虎王在下午进入了阿恩斯瓦尔德，这些增援得到了守军的热烈欢迎。

2月5日，在阿恩斯瓦尔德附近的整条战线上，激烈的厮杀此起彼伏，苏军投入了更多火炮和坦克。舍恩维尔德和桑多附近，以及萨门廷以北，双方的争夺尤其激烈。在友军坦克和第83轻型高炮营的支援下，我们多次击退苏军并守住了阵地。直到中午左右，战斗才渐渐平息。

下午晚些时候，战斗群又得到了另一支急需的增援部队——党卫军少校格罗斯指挥的党卫队全国领袖特别护卫营。这支整装待命的部队拥有3个步兵连，1个重机枪连和1个重武器连（下辖1个迫击炮排、1个步兵炮排和1个高射炮排）。下属的步兵连除了各种轻武器外，还额外配有2挺重机枪和3门迫击炮。该营最初被派往阿恩斯瓦尔德北方，在岔路口附近的农场建筑中待命。

2月6日，苏军开始从西面猛攻舍恩维尔德，经过数小时激烈战斗，当地最终失守。党卫军少校格罗斯的护卫营立刻接到警报，并在党卫军考施突击炮营（当时因为其他任务途经阿恩斯瓦尔德，暂时归本战斗群指挥）[②]的支援下发动了一次有力反击，将苏军逐出舍恩维尔德，还顶住了所有反扑。但这没能完全阻止苏军继续北上，并夺取佩茨尼克（Petznick）[③]、赖兴巴赫和施拉根廷等地——随着这些村庄沦陷，苏军从北部形成了对阿恩斯瓦尔德的包围态势。

傍晚时分，我方巡逻队发现，一股苏军从利伯诺（Liebenow）[④]出动，夺取了帕明（Pammin）[⑤]和施托岑菲尔德（Stolzenfelde）[⑥]——以上两地分别在通往里茨的高速公路两侧。在2月6日（星期二）晚上，苏联人合围了阿恩斯瓦尔德，切断了战斗群与外界的所有联系，并将其完全孤立。

---

① 原文如此，这里似乎指的是迫击炮。
② 即党卫军第11装甲营。
③ 即今天波兰的皮亚切尼克（Piasecznik）。
④ 即今天波兰的卢比尼乌夫（Lubieniów）。
⑤ 即今天波兰的波明（Pomień）。
⑥ 即今天波兰的斯特拉泽沃（Stradzewo）。

在这个时刻，各个村长、市长和地区纳粹党领导人本应该与我一起磋商，但在2月5日下午，所有纳粹党官员（包括警察）都以“疏散更多人”为借口去了更安全的里茨，从而抛下了仰赖他们的民众，并导致约7000人留在了被围困的城市。

2月6日，《国防军公报》再次提到了阿恩斯瓦尔德周围的战斗。

2月7日清晨，党卫军格罗斯营被部署在阿恩斯瓦尔德北面，战线大致沿着卡恩斯菲尔德（Kähnsfelde）[①]、弗里德里希斯鲁（Friederichsruh）[②]、赫尔莫斯鲁（Hellmersruh）和玛丽恩堡（Marienburg）[③]等地延伸到斯塔文湖（Stawin See）[④]西北部。

在阿恩斯瓦尔德的西南前线，战斗异常激烈，部队伤亡惨重。在霍亨瓦尔德附近和萨门廷以北，双方的坦克激烈交火，有大量T-34被我方的虎王坦克击毁。对城市的炮击越来越猛烈，其中既有远程火炮，也有迫击炮，平民伤亡惨重。

下午晚些时候，一支苏军的连级突击队出现在弗里德里希斯鲁，我们一时措手不及。但反击立刻打响，将布尔什维克击退。《国防军公报》对2月7日的战斗写道：“在皮里茨和阿恩斯瓦尔德附近，我军遏制了布尔什维克的进攻，并在强有力的反击中收复了多座城镇，还击毁了30辆敌军坦克。”

2月8日，我军抢先对里茨附近的高速公路建筑群发动突袭，苏军被迫撤退，损失惨重。在西面，舍恩维尔德和桑多的战斗愈演愈烈，但在党卫军第503重装甲营和第83轻型高炮营的支援下，恩格营纹丝不动。他们抓获的俘虏来自步兵第80军下属的步兵第356师。这证明了整个步兵第80军都投入了阿恩斯瓦尔德。

下午，在北部战线，苏军凭着优势兵力攻击玛丽恩堡，尽管守军竭力抵抗，但这一制高点依旧失守。

当天，本战斗群的上级单位——党卫军第3（日耳曼）装甲军——在无

---

① 即今天波兰的罗兹托切（Roztocze）。
② 即今天波兰的苏沃沃（Sulowo）。
③ 即今天波兰的帕科希奇（Pakość）。
④ 即今天波兰霍什奇诺以西的斯托布诺湖（Jezioro Stobno）。

线电中表示，申请的弹药补给将在2月8日夜暗时分空运抵达。为设置着陆场，我们需要挖掘一个小坑，并在其中设置信号灯，确保灯光只能从空中看到。这项工作由第83轻型高炮营的营长负责，其位置在通往社区农圃的道路正北方、道路交叉口以南。22点左右，数架飞机（Ju-52型）飘然而至，投下大量物资包裹。

但这些物资和我们的需求相差甚远，弹药对不上我们的武器。不幸的是，这种错误在后来还是反复发生，并造成了很多困难。

我现在急需一个人替我照顾危在旦夕的平民，而且他必须绝对可靠。这个人后来出现了，他就是教区牧师（Superintendent）格拉姆洛（Gramlow）。他是一个真诚的人，并且对管辖的教区充满热忱。在征得同意之后，我任命他为阿恩斯瓦尔德的临时市长。我想在这里说的是，和其他许多人一样，格拉姆洛教区牧师也有条不紊地完成了任务。在一战期间，格拉姆洛曾获得过二级铁十字勋章；在城市遭遇猛烈炮击、火灾此起彼伏时，他不知疲倦地照顾着市民，领导着他们，为表达感激，我后来荣幸地为他颁发了二级铁十字勋饰。

2月9日凌晨，格罗斯营的2个加强连在北方发动突袭，试图收复玛丽恩堡，但没有成功，并导致大量人员死伤。我军缺乏远程火炮的问题变得非常严重。

在西面，舍恩维尔德和桑多周围再次爆发激战，桑多在当天下午失守。在城市的西南和南部，我军面对进攻（有些有坦克支援）毫不动摇，他们顽强抵抗，还发动强有力的反击。在东部，面对占尽优势的敌人，祖尔斯多夫、瓦尔丁、里齐希（Rietzig）①和赫尔佩都在激战后投降。《国防军公报》则提到：在波美拉尼亚南部，敌军的攻势有所减缓。

在这些日子里，舍恩维尔德村一直是双方反复争夺的对象，并在苦战中多次易手，2月10日，当地终于在惨烈的白刃战后沦陷。在西面，重担主要落在恩格上尉的休假人员营身上，尽管该营的人员构成五花八门，而且缺乏武器，但依旧打得十分勇敢。由于损失惨重，其残部最终被并入了格罗斯营。

---

① 即今天波兰的热茨科（Rzecko）。

在西南方向，苏联人试图夺取霍亨瓦尔德（已沦陷）以北、萨门廷以北直到砖厂的地区，而在南面，他们的所有攻击都被击退。

在东部，敌军越过施图贝尼茨河（Stübenitz），经过短暂战斗后占领了舒岑多夫（Schutzendorf）[①]和卡恩斯菲尔德。显而易见，他们将利用卡恩斯菲尔德附近的一块空地发动后续进攻，格罗斯营、第83轻型高炮营和一些虎王坦克立刻反击，有数辆T-34中弹被毁。敌人对施普林维尔德（Springwerder）[②]的进攻也宣告失败，布尔什维克损失惨重。

晚上，苏军的宣传喇叭喧闹起来，点名要求所有指挥官交出城市，并呼吁所有士兵变节。

在克吕肯湖北端的财产登记处大楼，战斗群的指挥所经常遭到重型迫击炮和远程火炮的攻击。另外，鉴于湖面依旧被冰层覆盖，当地很可能遭到苏军夜袭，因此，战斗群将指挥所迁往了德意志宫酒店（Deutsches Haus hotel）的地下室。

2月11日，苏军从四面八方进攻我军阵地，投入的坦克也越来越密集。其间，装备12厘米口径主炮的约瑟夫·斯大林坦克第一次现身——这也是他们最重型的装甲武器。情况危急，少数虎王坦克和内层防线的重型防御武器火速赶往现场，才设法保住了阵地。在西部，我军被迫撤往弗里德里肯费尔德（Friederikenfelde）[③]–砖厂–科普林斯塔尔（Kopplinsthal）[④]一线，在东部，我们的新战线位于卡尔斯堡–施普林维尔德一带。

在这个星期天，城市遭遇了特别凶暴的炮击，火焰从许多地方腾起。为给伤员（其中不乏平民）腾出房舍，或者至少创造某种安全环境，人们费尽心思、竭尽全力。

晚上，苏军再次试图用宣传喇叭瓦解阿恩斯瓦尔德守军的斗志，就像他们在前一天晚上一样。

2月11日，当天的《国防军公报》写道：“只有在阿恩斯瓦尔德和德意志

---

① 即今天波兰的拉德利采（Radlice）。
② 即今天波兰的兹德罗约维茨（Zdrojowiec）。
③ 即今天波兰的斯塔文（Stavin）。
④ 即今天波兰的科普林（Koplin）。

克罗恩附近的几个据点，激烈的厮杀持续到夜间。”

2月12日，和之前一样，苏军的攻势十分凌厉。尽管反击可以遏制突破，但无法阻止苏军攻占大片土地。在西面，苏军突破到铁路调车场附近，并夺取了卡尔斯堡——东南战线上的要冲。但两天前在激战中失守的卡恩斯菲尔德被格罗斯营夺回。

2月12日晚间，苏军将3名俘虏派往施普林维尔德附近的我军战线，他们带来了苏联总司令的劝降信，其中表示，阿恩斯瓦尔德市必须在莫斯科时间2月13日10点整投降，并保证照顾伤病员，军官、士兵和国民突击队也将得到食物供应。为此，德军应在城市教堂的尖顶升起白旗，德方谈判人员应在2月13日9点在通往施普林维尔德的路上与苏方全权代表会面，但对平民及其人道待遇，苏方却只字不提。

2月13日是意义重大的一天，作为对劝降的回应，城市教堂的尖顶上升起了德国国旗，而不是苏军要求的白旗。没过多久，我们磨难深重的城市便遭到远程火炮、“斯大林管风琴”和迫击炮的猛烈射击，其烈度前所未有，直到六七个小时后才停歇。这次炮击是毁灭性的，特别是在市中心。大部分市区都在燃烧，火势根本无法扑灭。

布尔什维克也对我们的防线展开猛攻，但全部宣告失败。只有在西面，他们才设法抵达火车站，但制糖厂仍掌握在我军手中。在火车站的风车和水塔上，苏联狙击手给制糖厂守军带来很大威胁，直到把这些敌军从高处打落之后，威胁才真正解除。

总之，苏军虽然想尽办法要夺取阿恩斯瓦尔德这个德军战线上的要冲，但他们的尝试都没有奏效。《国防军公报》对这场战斗写道：“在阿恩斯瓦尔德、施奈德米尔和波森，顽强的保卫者承受住了敌人的猛烈进攻。”

2月14日星期三同样是战况激烈的一天，苏军在西面攻入了铁路调车场和糖厂，经过奋战，我军虽然封闭了突破口，但无法将其清除。在东面，敌军突入了兵营操场，反击立刻发动，将险情化解。我们的虎王让数辆敌军坦克中弹起火。

《国防军公报》对当天的战斗描述道：“在波美拉尼亚南部，阿恩斯瓦尔德和梅尔基施弗里德兰等据点挡住了苏军对战线前沿的有力攻势。”

在这一整天，阿恩斯瓦尔德都忍受着重型火炮和迫击炮的轰击，市区火灾遍地，给伤员的收容和伙食供应带来了很大问题。对于伤员，在房间和地窖之间频繁转移成了家常便饭：一旦藏身的建筑物被击中起火，他们便只能被拖进另一栋建筑，但后者很快也将面临类似的命运。在无助之中，他们的精神高度紧张；在燃烧的城市中照料伤员和提供膳食的平民也是如此。但与此同时，德军进攻部队也在陆续抵达，这次进攻（夏至行动）将打击朱可夫元帅白俄罗斯第1方面军的北翼。甚至在2月14日，扎罕和雅各布斯哈根附近的第3（日耳曼）装甲军便开始对舍恩维尔德和里茨进行强有力的侦察，试图确定敌军部署。从这些地区，不时传来交战的声音。

傍晚时分，所有指挥官都被叫到我的办公室开会。由于弹药告罄，他们建议向赖兴巴赫和法尔佐尔（Fährzoll）突围，否则我们将山穷水尽，只有投降。但我拒绝了这些请求，原因有3点：

1. 作为军人，我们不能抛弃民众；

2. 作为最前线的关键地段，我们还没有完成使命；

3. 我相信第11集团军司令、党卫军上将施泰因纳会像在无线电中保证的那样，让我和英勇的部下脱离绝境。

2月15日，在西面的铁路调车场和东面的兵营操场，苏军的攻击尤其凶猛。这两个地点都是防御的中枢，苏军设法在当地掘壕据守，并挫败了我们的所有反击。激烈的巷战开始了，这是逐条街道、逐栋房舍的争夺，在铁路调车场内尤其如此。苏军突击部队一度攻入墓地，但最终被我军强行击退，并付出了惨重损失。

在北部战线，由于党卫军第3（日耳曼）装甲军的试探性进攻，当地的形势稍有缓解，局势发展对我军有利。从舍恩维尔德通往阿恩斯瓦尔德的道路南面，苏军1个连向社区农圃推进，但被反击和精心布置的四联装2厘米高射炮驱散；另一次连级规模的进攻也被扼杀在血泊中，苏军部队只能向卡恩斯菲尔德撤退。下午，格罗斯营的2个加强连朝玛丽恩堡出击，这次进攻极为成功，不仅再次将苏军逐出，还牢牢地控制了当地。其间，我军缴获了大量武器装备，其中包括许多重型步兵武器、1个无线电中继站和46辆载有弹药、装备和其他物资的马拉大车。[37]

第11集团军1945年2月15日的每日报告这样写道：

第11集团军发起了夏至行动，其部分目标是向南进攻，抵达阿恩斯瓦尔德。这次进攻由党卫军第11北欧装甲掷弹兵师担任先锋，首先在2月15日进行了强大的侦察，并计划在次日清晨发动全面进攻。其他单位仍在就位，其集结区经常被苏联侦察队和其他先头部队占领。他们几乎没有准备，就直接投入了攻击，但幸运的是，他们仍然打了苏军一个措手不及。

维斯瓦河集团军群作战日志对2月15日的记录是：

1. 总体情况：为打破阿恩斯瓦尔德的包围圈，党卫军第3（日耳曼）装甲军的进攻令敌人猝不及防，基本达到了既定的攻击目标。同时，为改善进攻形势，第39装甲军也在局部出动，不仅实现了出其不意，还攻克了一些有重要战术意义的地区。在集团军群的剩余地段，除了一些不成功的试探性进攻，其他情况基本不值一提。

第2军留后指挥部[38]：在铁路西北方向，敌军抵抗十分顽强，正因如此，我军试图沿铁路解救利伯诺（Liebenow）的尝试失败了。前线其余部分只有零星战斗，除了几次迫击炮射击外，皮里茨的情况大体平静。

第39装甲军：在局部攻势影响下，克吕索（Krüssow）①东南偏南8公里处的重要高地和雷普林（Repplin）②以南3公里处的无名定居点易手，此外没有特别的战斗活动。

党卫军第3（日耳曼）装甲军：清晨，在北欧师师长的指挥下，该军的部队克服微弱抵抗，在萨琛（Sachen）以南3公里处建立了一个小桥头堡。随后，他们在坦克的掩护下强行穿过赖兴巴赫，一直抵达阿恩斯瓦尔德，并与福格特的战斗群建立了联系。下午，我军夺取了施拉根廷以南1公里的高地。阿恩斯瓦尔德包围圈周边的战斗稀少，敌人似乎正在为进攻重新集结部队。在伊纳

① 即今天波兰的库尔采沃（Kurcewo）。
② 即今天波兰的热普利诺（Rzeplino）。

河前线和里茨东北方向，没有值得一提的情况，党卫军第10军当面之敌也颇为安静。敌军在大萨宾（Gross Sabin）①东南方向的侦察被挫败，目前，我军正在肃清突入之敌。

冯·特陶军级集群：当天局势平静。

2. 第9伞兵师被转入第2军留后指挥部辖下，并接管德内克战斗群原防区。

党卫军第4警察掷弹兵师应与敌人脱离接触，转入第39装甲军，原防区将由德内克战斗群接管。

党卫军第21装甲掷弹兵团第2营（来自党卫军第10弗伦斯贝格装甲师）分遣队和军官候补生团第2连——正在右翼军位于旧施普林（Alt Spring）的边界线附近，向前线开进。党卫军第10装甲师1个排、元首护卫师3个排、第281步兵师2个排②。

3. 参见电传文件。

4. 第39装甲军：抓获5名俘虏（情况可见2月14日的事后报告）。

党卫军第3（日耳曼）装甲军：2月14日，阿恩斯瓦尔德守军共击毁/俘获3辆坦克、21门反坦克炮、10支反坦克枪、2辆卡车、12队马匹。敌军损失惨重。

党卫军第10军：抓获4名俘虏；狙击手取得4个战果；击毙45名敌军，摧毁1挺重机枪、1支反坦克枪。

5. 天空完全被云层遮蔽，云底高度为200—500米，最大能见度在3千米至6千米之间，温度为0摄氏度至5摄氏度，道路状况不变。[39]

虽然集团军群作战日志显示，党卫军北欧师在2月15日抵达了阿恩斯瓦尔德，但根据福格特的说法，解围部队在次日才进入该镇。所以日志中的说法可能有误：虽然突破已胜利在望，但还没有成功。对于接下来的几天，福格特继续写道：

① 即今天波兰的热普利诺（Rzeplino）。

② 原文如此，不清楚此处所指为何。

2月16日，党卫军第3（日耳曼）装甲军继续对舍恩维尔德和里茨进行有限攻击。他们给阿恩斯瓦尔德守军带来了喘息的机会，并迫使苏军转入防御。苏军不再奋力攻打我们的防线，只有在铁路调车场和兵营操场的突破口附近还有激烈的战斗，但苏军未能得逞。

这座城市整天都处在炽烈的火力之下，苏军飞行员也投下炸弹。火焰在市区各处升腾。战斗群指挥部在下午被重炮直接命中，必须撤退，其新地点在城市北部路口左侧的仓库地窖里。

2月16日下午，一些装甲车辆进入了城市，它们来自西北方向，并从玛丽恩堡穿过。其中1辆坦克搭载着党卫军第3（日耳曼）装甲军的炮兵司令，他很快在市内遭到了密集的弹幕射击，并亲身感受到了战斗群的艰苦。他答应我，只要情况允许，他就会尽力提供炮火支援。[40]

（参见地图13）

下面这份记录同样出自维斯瓦河集团军群的作战日志，其中记录了2月16日，第11集团军埃斯特（Estor）上校和维斯瓦河集团军群司令部艾斯曼上校的电话通话：

截至13点整，进攻的情况是：

右翼（攻击）群已突破到马杜湖以东，最远抵达舍宁根（Schöningen）①，还将继续向大舍恩菲尔德（Gross Schönfeld）②推进。目前，他们正在重组，以便继续朝东北方前进。党卫军弗伦斯贝格装甲师正在瓦尼茨（Warnitz）③附近作战，敌军抵抗非常顽强。在布拉伦廷（Brallentin）④附近，党卫军第4警察装甲掷弹兵师几经苦战才抵达铁路。目前，通往东南方的道路尚未打通。我军将在未来派出一个小型战斗群，进一步朝布拉伦廷以东前进，以此达成突破。

---

① 即今天波兰的格勒杰茨（Grędziec）。
② 即今天波兰的奥布里塔（Obryta）。
③ 即今天波兰的瓦尼采（Warnice）。
④ 即今天波兰的布拉莱钦（Bralęcin）。

在阿恩斯瓦尔德附近，福格特战斗群遭遇的敌军抵抗最为猛烈。在施拉根廷附近，乡村小道和旷野几乎无法通行，因此主干道成了争夺的焦点。党卫军尼德兰装甲掷弹兵师正在里茨作战，敌军的抵抗程度相对有限。

雷默（Remmer）战斗群①及其装甲群正在党卫军尼德兰装甲掷弹兵师后方，一旦里茨的南部出口被打通，该战斗群就可以向南推进。

蒙策尔战斗群位于里茨东北的施泰因贝格（Steinberg）②，因此可以穿过南提科继续前进。但由于道路遭遇封锁、地面泥泞难行，该战斗群仍未能攻克南提科。

马德尔（Mader）战斗群③将暂时停止前进，并充当预备队。已请求斯图卡俯冲轰炸机支援当地的攻势。

（签字）

党卫军上尉[41]

对随后发生的局势，福格特继续写道：

当天的《国防军公报》提到："在波美拉尼亚南部，我军与巴恩和阿恩斯瓦尔德要塞恢复了联系，这两个地点曾经被包围。"在阿恩斯瓦尔德，苏军的包围圈上出现了一个缺口，虽然还没有被彻底打破，但随着与外界恢复联系，人们也燃起了对未来战斗的信心，部队和平民重新振作起斗志——在过去的鏖战中，正是这些驱动着他们，让他们坚持下去。这也是2月17日，布尔什维克在市郊扩大突破口的企图全部失败的原因。[42]

维斯瓦河集团军群的作战日志写道：

第11集团军司令部

---

① 即元首护卫师主力。

② 即今天波兰的斯武托沃（Slutowo）。

③ 即元首掷弹兵师主力。

1945年2月16日

每日报告

1. 总体情况：第39装甲军和党卫军第3（日耳曼）装甲军联合发动进攻，但遭遇了准备充分、层层设防的敌军。在斯塔加德以南方向，即阿恩斯瓦尔德地区和东北部，近卫坦克第2集团军和步兵部队（可能来自第61集团军）出现在当地，并且实力很强。在异常激烈的厮杀之后，2个军取得了一定进展，但泥泞难行的道路同样严重妨碍了他们。由于乡间小路被雨水浸透，坦克根本无法行进，导致大部分战斗都围绕着硬面公路展开。

第39装甲军未能击穿马杜湖以东的敌军防御，但该军左翼却在敌方的（防御）体系上取得了深远突破，一直抵达了多利茨。

党卫军第3（日耳曼）装甲军方面，在局部的激战期间，他们恢复和扩大了与福格特战斗群的联系，但由于地形不利，其推进也受到了极大影响。在阿恩斯瓦尔德以东，一个强大的敌军集群在坦克的支援下发动进攻，一度突入城市东郊。在该军左翼，我军的进攻将敌军逐出里茨城区和城市南部，并占领了伊纳河上的桥梁，但肃清里茨的任务仍未完成。负责掩护的蒙策尔战斗群先是肃清了施泰因贝格以东的道路，目前正在向南提科进发。空中侦察发现，敌军正在从施奈德米尔向兰茨贝格运动，由此似乎可以得出结论，他们正在把战役预备队调往兰茨贝格和屈斯特林地区，但这些调动的规模和兵力尚没有结论。

具体而言：

第2军留后指挥部：在该军当面，局势总体安静，只有局部的战斗。我军试图打破铁路[①]周围的包围圈，但成效非常有限。在皮里茨，迫击炮的轰击一整天都没有平息。

第39装甲军：荷尔斯泰因装甲师攻克了维尔本（Werben）[②]，敌军只有轻微抵抗。但在有敌军坦克驻扎的舍宁根，该师遭遇的抵抗却很激烈。在对大舍恩菲尔德的进攻中，敌军同样用坦克和反坦克炮拼死抵抗，尽管我军摧毁了其中一些，但行动仍然失败。党卫军第10弗伦斯贝格装甲师同样未能攻克达姆尼

① 原文如此，此处似乎应为巴恩，巴恩和铁路在德语中均为Bahn。

② 即今天波兰的维尔茨布诺（Wierzbno）。

茨（Damnitz）[①]，因为敌军拥有坦克支援，而且抵抗意志坚定，随后，该师转而向瓦尼茨进攻，经过苦战才设法进入该镇——该镇早已被构建成一个强大的防御枢纽，并有大量反坦克炮作为加强。党卫军第4警察掷弹兵师的战斗群殊死拼杀，在16点左右将布拉伦廷的敌人肃清。在多利茨火车站，敌人的抵抗一片混乱，并因此被我军的另一个战斗群占领。

党卫军第3（日耳曼）装甲军：在阿恩斯瓦尔德以北的突破口周围，党卫军北欧装甲掷弹兵师对施拉根廷的进攻在该镇西郊受挫，因为当地防御十分严密。由于玛丽恩堡再次落入敌手，桥头堡和阿恩斯瓦尔德之间的联络一度中断，之后当地才被北欧师收复。其间，一支营级规模的敌军也利用坦克支援突入阿恩斯瓦尔德东郊，但当地的突破口最终被我军封闭。党卫军尼德兰装甲掷弹兵师的一个战斗群设法毫发无损地夺取了里茨大桥，并在逐屋激战中攻入里茨西面，在当地，残酷的战斗仍在进行。早晨，元首护卫师的装甲战斗群占领了小锡尔伯（Klein Silber）[②]以东的高地，并进一步向南推进，直到里茨火车站以北的高地。该师的另一个战斗群则从小锡尔伯出击，不顾激烈抵抗，在施泰因贝格附近撕开敌军前线，并在夜间且战且进，抵达了里茨东郊。

蒙策尔战斗群：大约中午，第281步兵师的一个战斗群占领了克罗伊茨路口。元首掷弹兵师的装甲战斗群则克服不利地形向南推进，到傍晚时分，他们已将南提科周围的高地纳入掌控，并在22点左右占领了南提科。

党卫军第10军和冯·特陶军级集群：敌军在旧科罗比茨（Alt Klobitz）以北发起试探性进攻，导致局部前线失守，但敌情很快被我军的反击肃清。在其余地段，前线依旧安静。

2. 党卫军第4警察装甲掷弹兵师的最后一批单位将在2月16日2点脱离第2军留后指挥部，并转入第39装甲军辖下。

第9伞兵师则由第2军留后指挥部调遣。

3. 第27伞兵团第1营位于布雷默海德（Bremerheide）[③]。（第9伞兵师的2个

---

① 即今天波兰的德比察（Dębica）。

② 即今天波兰的苏利博雷克（Suliborek）。

③ 即今天波兰的普涅沃（Pniewo）。

伞兵营和1个炮兵营担任集团军预备队）

4. 参见电传文件。

5. 第2军留后指挥部稍后将报告（战果）

第39装甲同上

6. 当天云层松散，云底高度约700米，最大能见度6千米，温度6摄氏度，主干道易于通行，乡间小路遍布泥泞。[43]

福格特则继续写道：

从里茨和赖兴巴赫方向再次传来了枪炮声，这让我们断定，德国部队正在从北方不断推进。大约15点整，7辆装甲战车和1辆运兵车进入了城市，打破了苏军自2月6日以来对阿恩斯瓦尔德的围困，这些装甲车辆从西北方的玛丽恩堡赶来，隶属于党卫军北欧装甲掷弹兵师——该师主要由斯堪的纳维亚地区的志愿者组成。这支小型坦克部队的指挥官向我介绍了情况。据他说，第11集团军将在2月18日发动总攻，在巴恩–皮里茨–阿恩斯瓦尔德一线突击朱可夫的北翼。在阿恩斯瓦尔德西侧，党卫军第3（日耳曼）装甲军将派出北欧装甲掷弹兵师穿过舍恩维尔德，向比勒贝克（Billerbeck）–萨门廷一线进攻，党卫军尼德兰装甲掷弹兵师和元首护卫师也将从里茨出击，向南方的瓦尔丁–科尔平（Kölpin）①一线进攻。这是个好消息。

这支小型的装甲掷弹兵部队也带来了特殊的“货物”。从装甲运兵车中，走出了一群纳粹党的“英雄”，这些身穿便服、头戴钢盔的官员之前从阿恩斯瓦尔德逃跑，根据大区领袖的命令，他们将被交给守军指挥官和军事法庭处置。我当然没有把他们挨个绞死，而是在严厉训诫之后交给了临时市长格拉姆洛。他们将按照后者的指挥照顾平民，分发食物，为民众遭遇的火灾和炮击“赎罪”。根据格拉姆洛教区牧师的说法，在“改过自新”期间，他们都表现得很积极。[44]

① 即今天波兰的基乌皮诺（Kiełpino）。

以下是维斯瓦河集团军群作战日志的记录：

第11集团军司令部

1945年2月17日

每日报告

1. 总体情况

夜间，第39装甲军进行了堪称典范的重组，随后又马不停蹄地发动进攻，即将在布卢姆贝格（Blumberg）[①]以南建立一个桥头堡，这将为纵深进攻创造有利条件。蒙策尔战斗群也在继续前进，沿途未遭遇重大损失；党卫军第3（日耳曼）装甲军则继续向南突破。

党卫军第10军在右翼兵分数路展开进攻，与此同时，蒙策尔军级集群也将敌人赶出了原来的阵地，并在凌厉的进攻中夺取了特拉本湖（Trabun See）[②]南岸–安克罗（Ankrow）[③]北缘–古茨多夫（Gutsdorf）[④]–卡利斯北缘一线。

在今天的战斗中，最明显的特点就是敌军的抵抗再次变得坚决，其投入的重型反坦克炮数量更是史无前例。抵抗凶狠的一个证据出现在南提科，仅在当地，我军就摧毁或俘获了34门反坦克炮和一整个轻型火炮连，在蒙策尔军级集群的整个战区，仅当前的统计数字就显示有多达80门反坦克炮被缴获或摧毁。

此外，战斗还受到了恶劣路况的影响，因此，打通道路成了所有攻势的关键。

具体而言：

第2军留后指挥部：清晨时分，我军第26伞兵团第1营攻克了大舍恩菲尔德，但面对敌军16辆坦克的进攻，这座城镇又得而复失。

我军从吉伯斯多夫（Gebersdorf）对“铁路”发动的一次连级进攻，打破了“铁路”周围的包围圈。在“铁路”以东直到该军的左侧边界，敌人都没有

---

① 即今天波兰的莫日察（Morzyca）。
② 即今天波兰的切本湖（Jezioro Trzebuń）。
③ 即今天波兰的曼科瓦瑞（Mąkowary）。
④ 即今天波兰的采波沃（Cybowo）。

重大行动[①]。皮里茨遭到了敌军迫击炮断断续续的攻击。

第32装甲军[②]：清晨，荷尔斯泰因装甲师攻克了大舍恩菲尔德和达姆尼茨这两个有重兵把守、并得到大量反坦克炮和坦克加强的据点。敌军的18辆坦克向北进攻瓦尼茨，但没有得手。在荷尔斯泰因装甲师对面，有30—45辆坦克活动的迹象。15点，党卫军第10弗伦斯贝格师的一个装甲群从布卢姆贝格以南的桥头堡向穆舍林（Muscherin）[③]进攻，几乎没有遭遇抵抗，目前正在向吕布托（Lübtow）[④]进发；另外一个装甲群则从布卢姆贝格对萨伦廷（Sallentin）[⑤]发动了攻击。

党卫军第4警察装甲掷弹兵师的部分兵力从布卢姆贝格向多利茨进攻。另一个战斗群则在（此处字迹不清）东南方的树林激战。一些从巴伦廷出发的部队正在向多利茨火车站推进，并成功夺取了车站以北1.5千米处。

党卫军第3（日耳曼）装甲军：在对佩茨尼克的进攻中，我军进入了该镇的西北部和西部。党卫军北欧装甲掷弹兵师攻克了马琳费尔德（Marienfelde），麾下的一个装甲群随后开始向费恩维尔德（Fernwerder）进攻，并在当天14点克服激烈抵抗占领了当地。在突破口东南方向，我军夺取了玛丽恩堡，重新确保了阿恩斯瓦尔德与外界的联系。

当天全天，阿恩斯瓦尔德要塞都在遭到东北、东、西三个方向的攻击。敌人一度从火车站攻入城市西部，残酷的巷战正在进行。在苏军的猛攻之下，弗里德里希斯鲁宣告失守，但赫尔莫斯鲁幸免于难。我军击退了多次敌军在坦克支援下的营级规模的进攻，之后的战局大体平静。

蒙策尔战斗群：清晨，元首护卫师和元首掷弹兵师的装甲战斗群重新集结完毕，并从南提科出发向南进攻。元首护卫师从西面绕过布赫霍尔茨（Bucholz）[⑥]，一路穿过里茨以东的辛格雷（Zingelei），先头部队前进至利伯诺西郊，距离当地只有1千米。元首掷弹兵师的装甲战斗群在激战中占领了布

---

① 原文如此，本段的3处铁路似乎均为巴恩。
② 原文如此，应为第39装甲军。
③ 即今天波兰的莫斯科尔任（Moskorzyn）。
④ 即今天波兰的卢比亚托沃（Lubiatowo）。
⑤ 即今天波兰的扎列奇诺（Żalęcino）。
⑥ 即今天波兰的格拉博维茨（Grabowiec）。

赫霍尔茨，并突破了当地的反坦克障碍，以迅雷不及掩耳之势抵达了利伯诺以北地区，并给敌人造成了重大损失。

党卫军第10军：该军的右翼部队也参加了蒙策尔军级集群的攻势，其中一个战斗群夺取了维尔德福斯（Wildforth）①和客栈附近的路口［道路分别来自古伊斯多夫（Guisdorf，位于卡利斯以西）和布霍夫（Buchow）方向］，另一个夺取了卡利斯西北方的高地。敌人在这里同样损失惨重。其他地段相对安静，第5猎兵师的1个团级集群正在其右翼重组。

冯·特陶军级集群：没有值得一提的事件。[45]

（参见地图14）

福格特对接下来的事情写道：

在2月18日这个星期日，战斗群一度满怀希望——他们期待着我军能完全收复阿恩斯瓦尔德，让城市远离前线。但这个希望落了空。在人数和装备上，第11集团军都很逊色，在前进大约8公里之后，我军被源源不断的敌方增援挡住，另外，升温也让地面颇为泥泞。

当天，齐格勒（Ziegler）中将②的党卫军北欧装甲掷弹兵师攻克了施拉根廷和赖兴巴赫，设法将玛丽恩堡至阿恩斯瓦尔德北郊的通道拓宽到了1—1.5公里。晚上，党卫军第3（日耳曼）装甲军军长马丁·乌莱因（Martin Unrein）将军来到战斗群指挥部，与我讨论如何疏散。由于民众和伤员的转移要经过一条刚收复的公路，一切必须在晚上进行。为确保疏散有序展开，城市还需要坚守3天。党卫军北欧装甲掷弹兵师的师长将负责保持道路畅通和设置防御，我与他详细讨论了疏散的细节和时间安排。[46]

以下是维斯瓦河集团军群作战日志的记录：

① 即今天波兰的普洛斯提尼亚（Prostynia）。

② 原文如此，齐格勒当时的军衔实际是少将。

第11集团军司令部

1945年2月18日

每日报告

1. 敌人投入更多兵力向两个攻击集群反扑，迫使我军暂时转入防御。

在斯塔加德以南的战场，对方投入了强大的步兵和坦克单位，试图从多利茨攻入我军桥头堡。经过激战，我军有望挫败这一企图，但在过去几天被反复争夺的多利茨西部再次沦陷。

因为上述情况，准备投入吕布托缺口的我军进攻部队也遭到了牵制，目前，我军正在设法努力重新发动攻势。在东部，敌军也利用新调集的坦克部队在侧翼发起了反击，并迫使原计划向南进攻的部队转向东方。

敌人还向砖厂–里茨东南1.5公里处–布赫霍尔茨–南提科–南提科东北2公里处森林东缘–哈森多夫北缘一线发动进攻，坦克战随后爆发，其过程非常艰苦。在德国空军全力支援下，对方被迫止步，共有51辆和12辆敌军坦克分别被地面部队和德国空军摧毁，还有6辆被打瘫。

在2月16日至18日，整个集团军共在辖区内击毁了73辆坦克。根据地面和空中侦察，正有大批敌军从沃尔登贝格附近赶来，后续攻击将在所难免。在梅尔基施弗里德兰周围和北部，敌人也有频繁调动的迹象，具体规模未知，但表明他们正在调集援军或重新集结。

具体而言：

第2军留后指挥部：在奥得河和铁路之间，敌军对林多（Lindow）和大舍恩菲尔德西北的森林进行了局部装甲侦察，但这些进攻都被击退，其中1辆坦克在大舍恩菲尔德西北被摧毁。在大舍恩菲尔德的两侧，敌人设置了由大约18辆坦克组成的警戒线。

该军的其他地段局势平静，但双方都进行了侦察活动。

第39装甲军：敌军用7辆坦克对舍宁根发动攻击，但未能得手。在随后的进攻中，舍宁根以东1公里的砖厂被占领。在大舍恩菲尔德和旧普利普（Alt

Prilipp）[①]，敌军有重新集结的迹象。在达姆尼茨、卡尔尼茨和克吕索附近也有敌人出没。由于新的敌情，前去进攻吕布托的我军部队被迫停止行动。舍宁斯塔尔（Schöningsthal）[②]遭到规模不详敌人的袭击。在穆舍林，敌人也对该镇南郊发动了一次不成功的团级进攻。在有3—5辆斯大林坦克驻守的萨伦廷，由于敌人的激烈抵抗，我军已无力继续攻击。多利茨被敌军1个团和15—20辆坦克攻陷，但还没有更详细的汇报。

党卫军第3（日耳曼）装甲军：局势基本没有变化。在阿恩斯瓦尔德以西，党卫军北欧装甲掷弹兵师力不能支，未能克服桑多和铁路线一带的敌军顽抗。舍恩瓦尔德和萨门廷也有敌军重兵把守。阿恩斯瓦尔德方向的情况平静。该军的其余前线，双方的侦察兵和先头部队都在活动。

蒙策尔军级集群：清晨，利伯诺以西和南提科附近的守军多次击退敌军攻击，这些攻击大多为连级和营级。元首护卫师和元首掷弹兵师的装甲群继续前进，并与布赫霍尔茨以南的敌方部队交火。在贝塔尼恩（Bethanien）、布赫霍尔茨和南提科附近的坦克战中，有43辆敌方坦克被击毁，其中12个战果被德国空军包揽，还有6辆敌方坦克被击损瘫痪。

党卫军第10军：该军的部队从北面向哈森多夫（Hassendorf）[③]发动进攻，并抵达了当地以北的铁路线。在这一天，有一些零星的步兵和渡河装备纵队在迈因肯（Mienken）[④]至诺伊维德尔一带出现，其中还夹杂着少量坦克。在梅尔基施弗里德兰，敌军炮声非常响亮。舍恩菲尔德和赫茨贝格之间有渡河装备和少量坦克正在调动，但敌人还没有构建据点。该军的其余地段没有值得一提的战斗发生。

冯·特陶军级集群：当天局势平静，但双方都进行了侦察活动。

2. 党卫军第10弗伦斯贝格装甲师转入蒙策尔军级集群。

3. 新抵达单位：第163步兵师的4个排、元首护卫师的1个排、第406国民炮

---

① 即今天波兰的旧普日勒普（Stary Przylep）。
② 即今天波兰的塞米利诺（Szemielino）。
③ 即今天波兰的塞米利诺（Szemielino）。
④ 即今天波兰的多米尼科沃（Dominikowo）。

兵军的1个排、第201步兵师①的1个排②。

4. 参见电传文件。

5. 在过去2天，我军摧毁了以下敌军装备：

71辆坦克，其中19辆是斯大林型、41门反坦克炮、8门迫击炮、44挺机枪，3架飞机和2辆突击炮。

6. 当地有云层，云底高度700米，最大能见度15千米，零星小雪，温度为零下3摄氏度，并有降温迹象。[47]

对于随后发生的情况，福格特写道：

2月19日，情况已经很明显了，布尔什维克在主战线上的许多地段转入进攻，但寸土未得。阿恩斯瓦尔德周围也发生了残酷厮杀。苏联人反复试图扩大城市西部和东部的突破口，但英勇的守军总能挫败这些企图。围绕街道和建筑物，双方进行了激烈战斗。弗里德里希斯鲁也遭到进攻，期间苏军蒙受了巨大损失。在无休止的炮击中，（撤退）准备和组织工作也在进行，一旦夜幕降临，所有平民将穿过陆上通道，向“自由”迈出最后一步。感谢很多人的无私和努力，这项艰巨任务终于圆满完成——比如教区牧师格拉姆洛和他勇敢的助手，以及所有处变不惊的居民们。虎王坦克在巷战派不上用场，因此我命令坦克在前方开道，避免发生意外。大约20点整，7000名劫后余生的居民摆脱了炮火折磨，离开了被布尔什维克包围的家乡。教区牧师格拉姆洛带领他们穿过赖兴巴赫抵达扎罕，期间没有损失。[48]

以下是维斯瓦河集团军群作战日志的记录：

第11集团军司令部

1945年2月19日

① 原文如此，此处似乎应为第281步兵师。

② 原文如此。

每日报告

1. 具体而言：

第2军留后指挥部：在大舍恩菲尔德以北的森林，敌军装甲部队的局部进攻被击退。在清晨，施特罗斯多夫（Strohsdorf）[①]一度被敌军攻克，但中午时分，我军收复了当地，并击毁7辆坦克。该军的其余区域没有重大军事行动。

第39装甲军：在该军防区的右翼，即荷尔斯泰因装甲师境内，局面总体平静，只有零星的迫击炮火。在党卫军第10弗伦斯贝格装甲师境内，大约1个营的敌军在坦克帮助下攻入萨伦廷镇西部，但最后又被逐出。穆舍林南部和西南部整日都在遭遇猛攻，敌人投入的兵力达到了1个团，该镇多次易手。16点时，当地终于被牢牢控制在我军手中，但敌人也在坦克支援下，重新发动了营级规模的攻势。

党卫军第3（日耳曼）装甲军：清晨，在阿恩斯瓦尔德的西部、东南部和东部，敌军已重整旗鼓。中午时分，敌方空军再次出现，城市西部遭遇了多次空袭。未经证实的报告显示，在当地，突入当地的敌人与我军爆发了挨家挨户的激烈战斗。该军的其余区域没有重大军事行动。

蒙策尔军级集群：敌人在早晨和中午时分向布赫霍尔茨发动攻击，这些攻击全部来自南面，不仅有坦克支援，还投入了多达2个营的兵力，但全部被我军远程火炮挡在了主战线前。我军继续进攻，将哈森多夫攻陷。在朝西尔伯贝格（Silberberg）[②]推进期间，装甲部队一共击毁4辆装甲车辆。另外，我军还在哈森多夫西南2千米处的卡勒贝格（Kahleberg）克服了密集抵抗，并占领了这一地点。

党卫军第10军：该军的右翼部队与蒙策尔军级集群相互配合，抵达了雷岑贝格（Reizenberg，位于哈森多夫以东4千米处）西南1千米处的十字路口至罗斯滕贝格（Röstenberg）[③]北缘一线。在卡利斯两侧地区，敌方牵制性攻击基本被我军击退。得益于我军的一次反击，古特斯多夫再次被牢牢控制。卡利斯以

---

① 即今天波兰西波美拉尼亚省的斯特罗热沃（Stróżewo）。

② 即今天波兰的希维切查乌（Święciechow）。

③ 即今天波兰的罗希钦（Rościn）。

西和西北的高地多次易手，肃清入侵之敌的战斗正在进行。在舍恩菲尔德和诺伊霍夫（Neuhof）[①]之间，敌军的3支进攻梯队攻入了我军主战线，但在我军的防御火力打击下，他们的步兵被钉死在我军主战线前方，还有15辆坦克被地面攻击机摧毁。16点，主战线再次被我军牢牢掌握。反击期间，我军还肃清了盘踞在赫茨贝格以东的突入之敌，他们的兵力大约有1个营。

冯·特陶军级集群：当天，该军前线平静。

敌军在宽大战线上猛烈攻击蒙策尔军级集群和党卫军第10军，为此，他们调来了新的步兵部队，还有坦克第9军，这些部队被投入到宽大正面，似乎是在与集团军东翼的牵制性进攻呼应。目前，这些攻势基本被打退。其中配合坦克第9军作战的步兵单位可能来自第3突击集团军，也可能来自第47集团军，但实际情况仍有待确认。此外，我们还必须做好准备，应对更多敌军抵达，进攻也需要按原计划进行。在奥得河和马杜湖之间，敌人继续施加压力，在斯塔加德和阿恩斯瓦尔德地区，情况也一样。根据空中侦察，我们新发现有敌军从利皮耶纳和索尔丁地区向东北方向前进，而且规模十分庞大。因此，第39装甲军和党卫军第3（日耳曼）装甲军的矛头可能面临更大的压力。

后续报告：

党卫军第3（日耳曼）装甲军：闯入阿恩斯瓦尔德西部的敌军已被肃清。在舍恩菲尔德，被击毁的苏军坦克从15辆坦克增加到20辆，其中包括5辆斯大林。

2. 第5猎兵师的战斗群已在大梅伦（Gross Mellen）[②]加入蒙策尔军级集群；集团军预备队正在后方待命。

新抵达单位：第163步兵师，5列列车，已卸载；第281步兵师，21列列车，已卸载；党卫军第3（日耳曼）装甲军，1列列车，已卸载

3. 参见电传文件。

4. 我军损失：7人受伤，51人阵亡，9人被俘

---

① 即今天波兰的布吉采（Budzice）。

② 即今天波兰的斯塔加德米尔诺（Mielno Stargardzkie）。

党卫军第10装甲军①共击毁19辆坦克和自行火炮，其中包括15辆T-34、3辆斯大林和1辆自行火炮，另击毁2门迫击炮、1挺机枪并击落1架飞机。

缴获：10挺机枪

5. 云层密集，云底高度为1000米，各地有雪，气温约0摄氏度，最大能见度10千米。路况：所有道路均可通行。[49]

对于随后发生的情况，福格特写道：

2月20日，苏联在阿恩斯瓦尔德以西发起进攻，他们的矛头落在北欧师和党卫军第3（日耳曼）装甲军的其他部队身上。虽然我军人员和装备都处于劣势，但仍将苏军击退，党卫军北欧师也控制着通向阿恩斯瓦尔德的道路。

阿恩斯瓦尔德西部和东部的厮杀日益激烈。苏军的进攻和突袭似乎永不停歇，他们试图寻找弱点，达成突破，进而取得决定性胜利。在逐屋逐户的血战中，双方用手榴弹、手枪和工兵铲拼杀，布尔什维克不得不一英尺接一英尺地前进。尽管他们最远抵达了西部的墓地，还在东部夺取了几条街道，但没能攻入市中心。隶属于第83轻型高炮营和党卫军突击炮营的增援赶来了，主要是一些四联装高炮炮手和突击炮兵，这些人接替了虎王坦克，并很快适应了环境。

对于这些战斗，2月20日的《国防军公报》写道："在皮里茨和阿恩斯瓦尔德之间，布尔什维克发动了几次攻击，虽然有坦克支援，但没有一次达到目的。"如何疏散大量伤员是一个棘手问题，就像疏散平民一样，我们费尽周折。当天晚上，所有伤员都被装上了之前参与运输的公共汽车和卡车，并跟随战斗群的辎重部队离开了城市。这项工作虽然艰巨，但仍然神不知鬼不觉地完成了。[50]

从2月16日解围部队抵达阿恩斯瓦尔德，到18日向北方的狭窄走廊被打通，德军这次向南的进攻在大约2天内实现了主要目标。但这次小胜利却被

① 原文如此，应为党卫军第10军。

第11集团军前线的其他事件掩盖了。德军在2月19日调走了党卫军第3（日耳曼）装甲师的下属单位，这一点很快被发现和利用，后者通过战线上的缺口，撕开了第11集团军的战线。这也产生了两个问题：为什么进攻打响仅4天，这些部队就被调往别处？这一决定是在进攻开始后多久做出的？答案与两件事有关。首先，东线外军处提交了一份局势概况，其中还附有地图，要求立即停止夏至行动，并将部分部队调往奥得河后方，组建两支战役预备队。其次，正如东线外军处处长格伦的预测，就在报告发布当天，苏军对第2集团军发动了进攻。

在1945年2月16日发布的《德军东线敌情图》（*Feindkräfte vor deutscher Ostfront*）上，绘制人标注了维斯瓦河集团军群当面的苏军数量——一共12个多兵种合成集团军和2个坦克集团军，远多于东线其他地段。考虑到一旦东普鲁士和柯尼斯堡陷落，原北方集团军当面的苏军很可能投入维斯瓦河集团军群方向，届时，其当面之敌更将上升到约22个多兵种合成集团军和3个坦克集团军。仅从这些兵力集结情况就可以判断，东线的下一次进攻必然会落在维斯瓦河集团军群头上。两天后，格伦发表了一份7页的报告，题为“对1945年2月18日局势变化的思考”，其中概述了东线的一些严峻问题，尤其是与维斯瓦河集团军群和中央集团军群命运紧密相关的事项。[51]他警告说，奥得河西岸形势危急。根据当前的作战态势，如果苏军攻击斯德丁以南，或是更南方的格尔利茨，危机将迫在眉睫。格伦建议在奥得河背后建立2支战役预备队：第1支预备队应包括党卫军第10弗伦斯贝格装甲师、元首护卫师和元首掷弹兵师，为此，它们应调离波美拉尼亚，并在7天内赶赴西里西亚地区，更具体地说，是包岑（Bautzen）和鲁兰（Ruhland）之间。第2支预备队包括荷尔斯泰因装甲师[52]、党卫军第4警察装甲掷弹兵师和党卫军第11北欧装甲掷弹兵师，并应在5天内抵达埃伯斯瓦尔德–奥拉宁堡（Oranienburg）之间。[53]他还特别指出，德军向南的攻势没有对在斯塔加德东南方集结的苏军装甲部队产生任何影响，而且为了让所需部队抽身，夏至行动必须立刻停止。在报告中1张日期为2月19日、题目为“苏军可能的后续行动”（Vermutliche Weiterführung der sowj. russ. Operationen）的地图上，东线外军处明确表示，苏军的下个目标将是波美拉尼亚和柏林。也正是根据情报部门的汇报，古德里安立刻在2月21日发布了新指示（见下文）。

夏至行动就此停止。

但另一方面，第11集团军仍在为阿恩斯瓦尔德的疏散而战，并试图守住沿途区域。维斯瓦河集团军群的作战日志这样写道：

第11集团军司令部

1945年2月20日

每日报告

1. 总体情况

为向斯塔加德突破，敌人继续从南面发动进攻，但另一方面，他们的步兵集团军似乎正在阿恩斯瓦尔德附近集结，并由骑兵部队提供掩护。在此过程中，敌人可能会投入第3突击集团军的其他单位。本集团军的其他地段只有局部战斗。敌军的编成和敌情评估结果较之前没有变化。

具体而言：

第2军留后指挥部：在大舍恩菲尔德东北1千米的路口，第9伞兵师派出坦克猎杀突击队，试图袭击一处守备严密的敌军据点，该据点由3辆斯大林坦克驻守。面对铁拳的反复攻击，敌方坦克逃之夭夭，据点落入我军突击队手中。在该军的其他地区，战斗只是零星发生。

第39装甲军：中午左右，不出所料，敌军借助炮火掩护，猛烈攻击大舍恩菲尔德和布卢姆贝格一带——在此期间，对地攻击机也加入进来。在大舍恩菲尔德，这些尝试被我军炮兵的出色运用挫败。但在布卢姆贝格，敌军仍依托优势兵力在该镇以南建立了一个桥头堡，但附近的桥梁均已炸毁。在沃尔利茨（Wörlitz）和克吕索一带，敌人不断增兵，但至今仍未发动攻击。

党卫军第3（日耳曼）装甲军：在阿恩斯瓦尔德附近，敌人今天颇为安静。他们尝试攻入城市西部，并在东南方派出突击部队。在后一次行动中，其参战部队大部分阵亡，另有3人被俘。另外，我军还克服了敌军最初的顽强抵抗，占领了施拉根廷，并在当地击毁坦克3辆。在施拉根廷陷落后，敌军向东逃窜，消失得无影无踪。在里茨地区，战斗活动减少了。敌人正在掘壕据守。

蒙策尔军级集群：在南提科以东，我军历经苦战夺取了当地的森林，实现了拉直战线的目标。我军还占领了哈森多夫东南的108高地，从而封闭了战线上的缺口，与党卫军第10军建立了联系。

在该军右翼，即党卫军第10军的方向，当天总体平静。只有金贝格（Kienberg）在夜间多次易手，目前当地仍由敌军占领。在梅尔基施弗里德兰以北的地区，由于我军昨日的成功防御，敌军今天全天都没有发动进攻。

冯·特陶军级集群：今天，该军前线局势平静。

2. 各单位脱离战斗的情况

（1）党卫军第4警察装甲掷弹兵师：中午12点开始装车；16点，第1列火车离开；19点，第2列火车离开；另外还有2列火车正在装车。

上述列车主要搭载的是步兵单位。

（2）元首护卫师在2月21日1点才陆续抵达装车区，由于该师的装甲群早在2月19日便接到命令开赴斯塔加德地区，该师师长需对这次延误作出解释。

（3）党卫军第503重装甲营于2月20日20点30分开始装车。

抵达：运载第163步兵师的3列列车已卸载。

3. 参见电传文件。

4. 2月17日至20日我军损失（部分）：94人阵亡，609人受伤，148人失踪。

在冯·特陶军级集群地段，有3人疑似投敌

坦克和坦克歼击车损失情况：第39装甲军（部分）——9辆四号坦克全损，2辆豹式坦克全损，1辆四号坦克歼击车全损。

敌军损失将稍后报告。

特别事项：1945年2月16日，在党卫军中尉卡佩勒（Capelle）的指挥下，一个来自党卫军瓦隆人志愿装甲掷弹兵师的战斗群奉命保护部队侧翼。面对优势占尽的敌人，在长达27小时的肉搏战中，他们恪尽职责，坚守阵地到最后一人，表现堪称典范。本集团军已申请在《国防军公报》中表彰他们的事迹。

16点30分，在大舍恩菲尔德火车站，我方遭到了友军战斗轰炸机的误击。

11点20分，斯塔加德市中心遭到空袭，邮局中弹损毁。

这两次攻击的详细信息将稍后上报。

5. 云层稀疏，云底高度为300米，最大能见度5千米。温度约0摄氏度。

路况：道路便于通行。[54]

福格特继续写道：

2月21日，星期三（顺便说一句，当天是我的49岁生日）被指定为“D日”，换言之，在这一天，福格特战斗群将脱离接触，撤出坚守许久的阿恩斯瓦尔德市，这些都将按照一份详细的计划和时间表进行。一切都取决于伪装，也取决于时机——如果敌人在撤退时闯进来，就算我们不会全军覆灭，也会身处绝境。但军人的运气和上帝站在了我们这边！

当天，布尔什维克没有发动任何大规模攻击，至少对党卫军第3（日耳曼）装甲军在阿恩斯瓦尔德附近的战线是如此。与前几天相比，轰击这座城市的远程火炮和迫击炮变得“温和”了。这让战斗群有条不紊地完成了所有撤退准备——按照计划，将分批按照既定的时间间隔撤退。

17点整，第一批人员在夜色掩护下离开了城市，一路穿过玛丽恩堡、赖兴巴赫、法尔佐尔，抵达了伊纳河北岸的施瓦讷贝克（Schwanebeck）[①]。其他两个疏散分队也各自间隔1个小时随后出发了，他们的撤退也很顺利，没有受到阻碍。每个分队都得到了突击炮和自行高射炮的掩护。

最困难、最冒险的任务是殿后，参战部队将直接面对敌军。负责掩护的部队是2个加强步兵连、1个突击炮连和1个轻型高炮连，指挥官是可靠的格罗斯党卫军少校。20点，这些部队又分成小组，根据既定的时间安排逐一撤退。离开后，他们将先在玛丽恩堡西北2千米处、通往赖兴巴赫的战地公路集结。出人意料的是，一切都非常成功！沿途原本应当是危机四伏的，但敌人完全没有察觉，也没有阻挠。参加这次夜间撤退的人们注定不会，也不可能忘记阿恩斯瓦尔德火光熊熊的诡异景象——这也是这个鏖战之地留给他们的最后记忆。

午夜过后不久，作为福格特战斗群的指挥官和阿恩斯瓦尔德的前城防司令，我奉命向党卫军第3（日耳曼）装甲军的军长报到，后者正在扎罕东北方的托尔诺（Tornow）[②]等待。我向他报告：阿恩斯瓦尔德的平民和伤员都安全了，战斗群的各单位也在完成既定任务、顺利撤退之后抵达了伊纳河北岸。

---

① 即今天波兰的苏汉努夫科（Suchanówko）。

② 即今天波兰的西波美拉尼亚省什切青县的塔尔诺沃（Tarnowo）。

阿恩斯瓦尔德的战斗结束了。许多人为此牺牲，美丽的老城也灰飞烟灭。但亲爱的阿恩斯瓦尔德居民，请相信我，这些代价和牺牲固然是沉重的，但绝不是徒劳的。在阿恩斯瓦尔德和同样固若金汤的皮里茨市，我军寸土不让，让成千上万从东方和波美拉尼亚逃难的民众得以越过奥得河屏障向西撤退，他们虽然失去了家园，但得以让自己和后代逃离布尔什维克。这本身就证明了这些牺牲的崇高价值。

对于当天的战斗，维斯瓦河集团军群的作战日志这样写道：

第11集团军司令部

1945年2月21日

每日报告

1. 总体情况：第47集团军下属部队出现在施韦特-菲迪霍夫（Fiddichow）[1]附近［本信息来自克尔贝格（Kehrberg）[2]附近抓获的俘虏，此人供述自己来自苏军步兵第76步兵师］，这似乎表明，该集团军已在奥得河沿岸重新集结。在斯塔加德以南地区，可以推测苏军把第61集团军的4个步兵师部署在了一段不甚宽阔的战线上，而今天在当地发现的30辆坦克则表明，近卫坦克第2集团军的大部分兵力也正集结于此。在第11集团军的东翼，我们可以根据空中侦察和敌情报告推测，新斯德丁地区有新部队（可能是近卫骑兵第3军和步兵第12军）出没。敌人在当地的活跃让我们得出结论，他们正准备进攻。

具体而言：

第2军留后指挥部：该军前线局势平静。在克尔贝格高级林务官办公室附近抓获的俘虏证实了第47集团军下属步兵第76师的存在。

第39装甲军：在达姆尼茨，敌军发动了1次有15辆坦克支援的营级攻势，有8辆坦克突破了主战线，但敌方步兵未能跟上，只能原地转入防御。当前报告显示，突破的坦克中有7辆已被摧毁。在瓦尼茨，我军发现了另

① 即今天波兰境内的维杜霍瓦（Widuchowa）。

② 即今天波兰西波美拉尼亚省格雷菲诺县的克日温（Krzywiń）。

外15辆坦克。敌军还派出由1辆坦克和60名士兵组成的突击队朝斯特雷比洛（Strebelow）[①]进攻，但被我军击退。布卢姆贝格以南的一个12.2厘米炮兵阵地表明，苏军已在此处安营扎寨。

党卫军第3（日耳曼）装甲军和蒙策尔军级集群：这两支部队所在地段局势平静。各部队正在按计划与敌军脱离接触。

党卫军第10军：当天，该军的整个区域局势平静，其重组正在按计划进行。

冯·特陶军级集群：在尼德里茨（Nederitz）以北，发现3辆敌方坦克在中午时分向我军主战线运动，但在遭到攻击后不久便掉头撤退了。敌军袭扰火力比以往更强，而且可能正在调集重武器。

2. 第38猎兵团第1营已被第307步兵团第3营替换，并开始在第281步兵师的区域内转移。

党卫军罗马尼亚武装掷弹兵团第1营被纳入党卫军第10军。

3. 党卫军第4警察装甲掷弹兵师：有3列火车启程

第406国民炮兵军：到目前为止，已有7列火车卸载

第163步兵师：到目前为止，已有7列火车卸载

第5猎兵师：机动车辆尚未抵达。

机动车辆处于满编状态

党卫军罗马尼亚武装掷弹兵团已全部抵达。

4. 参见电传文件。

5. 我军损失：40人阵亡、84人受伤、37人失踪。缴获或摧毁6门反坦克炮，缴获50挺机枪。

由于通信电缆问题，党卫军第3（日耳曼）装甲军和蒙策尔军级集群的报告将稍后提交。

6. 天空晴朗无云，最大能见度5千米，气温约9摄氏度，所有道路均可通行。[55]

---

① 即今天波兰的斯特泽比莱沃（Strzebielewo）。

2月21日，希特勒正式宣布夏至行动结束。这次攻势投入了1945年2月时德军拥有的6个精锐师，参战部队则达到了4个军，是维斯瓦河集团军群4个月历史上发动的最大规模攻势。还为被围的阿恩斯瓦尔德打开了一条临时走廊，并营救了约7000—8000名平民，但未能取得更大的战果，比如像古德里安设想的那样，在一场类似战争初期的钳形攻势中切断苏军装甲部队的前锋。另外，苏军也很可能放了离开阿恩斯瓦尔德的德国人一马，因为他们深知，继续围攻只会徒耗时间和人力——换言之，阿恩斯瓦尔德守军之所以能在夏至行动中得救，很可能是机缘巧合的结果。

根据格伦的报告，古德里安针对东线外军处担心的事项，向维斯瓦河集团军群和中央集团军群的指挥官发布了新指示。这份加急绝密文件于2月21日签署，并收录进了当天维斯瓦河集团军群的作战日志。其中古德里安这样写道：

致：

中央集团军群

收信人：冯·纳茨默少将（v. Natzmer）[①]或其全权代表

维斯瓦河集团军群

收信人：党卫军少将拉默丁或其全权代表

空军最高司令部/空军指挥参谋部

收信人：克里斯蒂安（Christian）少将[②]或其全权代表

国防军最高统帅部/国防军指挥参谋部

收信人：温特（Winter）中将[③]或其全权代表

<u>对中央集团军群和维斯瓦河集团军群作战行动的指示</u>

1. 敌军显然和之前一样，把攻击重点放在了中央集团军群和维斯瓦河集团军群内翼的战线上，他们试图越过格尔利茨–施韦特一线，夺取萨克森东

① 即中央集团军群参谋长。

② 即空军指挥参谋部主管。

③ 即国防军指挥参谋部主管。

部和柏林，取得军事、政治和经济上的决定进展。敌军极有可能利用奥得河东岸的部分部队向波罗的海进攻，夺取但泽–戈滕哈芬和斯德丁，从而将维斯瓦河集团军群一分为二，并切断波罗的海附近的交通线。对于西里西亚，我们断定敌军意在夺取摩拉维亚奥斯特劳（Mährisch-Ostrau）①和瓦尔登堡（Waldenburg）②的工业区。

2. 中央集团军群和维斯瓦河集团军群的任务是阻止敌人越过格尔利茨–施韦特一线，坚守摩拉维亚/西里西亚工业区以及波美拉尼亚和西普鲁士战场，为转守为攻创造条件。

3. 要做到这一点，中央集团军群必须以下列方式执行任务，即在格尔利茨和古本之间的尼斯河流域再次建立一条坚固防线，并在苏台德地区（Sudeten）以北的施维德尼茨（Schweidnitz）③/希尔施贝格（Hirschberg）④地区附近保留必要的缓冲区，以抵御敌军从莱格尼茨（Legnica）⑤两侧发动的攻击，让我军可以向北威胁敌军主攻方向的侧翼。

4. 维斯瓦河集团军群应保卫奥得河前线，阻止敌军突向柏林。

在夏至行动停止后，从进攻中抽身的部队将成为该集团军群和中央集团军群左翼的预备力量。

波美拉尼亚和西普鲁士地区属于次要战场。我军应尽可能以机动战为主，并投入从库尔兰撤出的部队，以确保斯德丁、但泽和戈滕哈芬的安全，同时守住连接斯德丁、法尔肯堡、科尼茨和迪尔绍（Dirschau）⑥的铁路干线——不能让铁路的任何一处失守。

5. 1945年2月24日之前，各集团军群应根据本指示上报详细的作战意图。

根据元首的命令！

签字：古德里安

陆军最高司令部/

① 即今天捷克的俄斯特拉发（Ostrava）。
② 即今天波兰的瓦乌布日赫（Wałbrzych）。
③ 即今天波兰的希维德尼察（Świdnica）。
④ 即今天波兰的耶莱尼亚古拉（Jelenia Góra）。
⑤ 即今天波兰的莱格尼察（Legnica）。
⑥ 即今天波兰的特切夫（Tczew）。

陆军总参谋部/

陆军总参谋部作战局

文件编号：No. 450138/45

1945年2月21日

以上内容已核对无误

（签字）

（冯·特罗塔）上校[56]

但局势发展远远超出了格伦的预判。苏军在科尼茨方向发动的攻势目标直指但泽，迫使党卫军第4警察装甲掷弹兵师以及党卫军第503重装甲营的一部分加入东面的第2集团军。但至于原本可以用来救急的元首护卫师、元首掷弹兵师与党卫军第10弗伦斯贝格装甲师正在根据格伦的建议撤出前线，赶往第9集团军和第4装甲集团军途中。

之前，古德里安已经从日食行动的文件中了解到，苏军必然会从格尔利茨–施韦特一线发动进攻，占领德国东部和柏林等地区（参见《奥得河前线1945》第1卷第1章后半部分）。这也是为什么他会直接认定苏军将突破格尔利茨–施韦特一线，占领柏林和德国的其余地区，从而“取得军事、政治和经济上的决定性进展”。不仅如此，古德里安还对进攻有异常的执着，也正是因此，他要求维斯瓦河集团军群守住波美拉尼亚和西普鲁士，中央集团军群守住摩拉维亚–西里西亚工业区，以便在将来利用这些“缓冲”区域突击苏军战线。

另外，在该文件中，古德里安还做出了几个重大决策：比如从库尔兰调集援军，以加强波美拉尼亚方向，使维斯瓦河集团军群守住波罗的海沿岸和当地的铁路线；调走参与夏至行动的部队，将其转移到维斯瓦河集团军后方，以便充当预备队，抵御苏联对柏林的攻击。他还对格尔利茨和古本附近、维斯瓦河集团军群和中央集团军群的交界处表示了担忧，并指示中央集团军群稳定局势。最后，他还要求两个集团军群的司令在2月24日前上报详细的作战意图。

这些命令暴露了古德里安与维斯瓦河集团军群缺乏协调的事实，也体现了格伦对大局的影响力。格伦显然左右着古德里安，并影响着他对东线局势的判断。事实上，最早提出暂停进攻，把部队调离波美拉尼亚的人正是格伦，因为他判断苏军即将发动进攻。不久，古德里安便擅自从希姆莱的维斯瓦河集团军群抽走了几个师，哪怕后者正在发动进攻。另外值得一提的是，在这份编号为450138/45的文件中，还有一则落款——“根据元首的命令！”这道落款在当时战争中的文件上很常见，但我们并不清楚古德里安的这道命令是根据元首指示起草的，还是自作主张的产物。

2月22日，作为对古德里安前日命令的回应，希姆莱发布了维斯瓦河集团军群的后续作战方针。作为一名勤勤恳恳的行政官僚，希姆莱显然在公文处理上“技艺精湛”，有效保证了各种命令在指挥链中的上行和下行。在作战日志中，他留下了大量文件签发记录，其频率是如此密集，让人不免怀疑他根本没有视察前线或是与一线指挥官会面。这份文件名为“对未来作战行动的指示”（Absichten für weitere Kampfführung），内容几乎是对古德里安命令的照抄，只不过把签名换成了希姆莱。其中提到苏军正在调集部队，试图渡过奥得河继续进攻，其装甲矛头将从弗里岑和屈斯特林这两个主要桥头堡出动，最终夺取柏林。[57]

综合上述情况，我们不难发现，其实早在苏军总攻前2个月，维斯瓦河集团军群便得知了苏方的最终目标和主攻方向，并传达给了下属指挥部。而且希姆莱也知道，苏军必将在进攻柏林之前夺取波美拉尼亚，攻克但泽和斯德丁，并进一步打击第11集团军和第2集团军，古德里安也反复向他强调了德国东部和柏林方向的重要意义。但讽刺的是，在战略或战役层面，希姆莱几乎没有采取任何措施应对苏军的大规模攻击。

根据古德里安的要求，希姆莱在2月25日签署了回复。[58]其中提到，在敌军最有可能大举突破的地区，即屈斯特林附近的第9集团军前线，他采取了3项重大调整。首先，正如2月23日集团军群的态势图所见，他把党卫军第10弗伦斯贝格装甲师部署到了党卫军第11装甲军和第101军后方担任预备队。其次，他把第408国民炮兵军从奥得河畔法兰克福地区转移到了1号帝国公路北侧。最后，他下令在明谢贝格（Müncheberg）以西建立一条新防线。但很快，情况的发展便让古德里安和希姆莱的计划落了空。由于苏军3月1日在波美拉尼亚发动进攻，他们取消了将党卫军第10弗伦斯贝格装甲师调往屈斯特林以西的举动，并命令该师重返波美拉尼亚前线。这个决定尤其令人费解：既然陆军最高司令部和希姆莱早已料到苏军准备占领波美拉尼亚，以此作为进攻柏林的前奏——如果他们真的在意当地的局势，又为什么会把这个师调走呢？我们找遍第一手文件，也没有发现此举背后的理由。把第408国民炮兵军调往北方的行动则让第9集团军的南线失去了炮兵支援；另外，也没有证据表明德军在明谢贝格附近修建过什么新防线。就算这项工程确实开展过，其位置也太靠后了，在苏军大规模进攻之初，它注定不会有任何作用，从整体战术形势和地形的角度，它也绝不是什么高见——因为泽劳高地才是设置第二道防线的最佳地点。希姆莱是如何确定这条新防线的位置的？目前已没有记录，但真实的情况可能是，他只是看了一眼地图，便划下了这样一条线。另外，在苏军进攻期间，陆军最高司令部还调走了第11集团军的指挥部，并用第3装甲集团军的指挥部取而代之。在如此危急时刻，突然更换指挥机构很有可能导致各军和集团军群协调不畅，而且即使在最理想的环境下，参谋人员都很难干净利落地完成交接。在第3装甲集团军司令部接管后，希姆莱又把党卫军第3（日耳曼）装甲军向西派往斯塔加德地区，以便加强防御、化解危机，但另一方面，此举也在东面，即党卫军第10军的战线附近制造了一个缺口。在2月26日—28日，苏军进攻波美拉尼亚之初，他们很快利用了这个情况，并于3月1日在这两个军之间打开了一个无法封闭的突破口，其先头坦克部队一路北上，距离波罗的海沿岸只有不到20公里。由于没有预备队，德国人根本无法阻止。波美拉尼亚的陷落已为期不远。

夏至行动：总结

虽然有人把夏至行动看成一次胜利，认为这次希姆莱的攻势拯救了柏林，因为它使苏军停止了对帝国首都的进攻，并迫使其挥师北上，以确保侧翼安全。但正如上述文件所示，希姆莱从未指挥过夏至行动，相反，这次希姆莱的攻势更像是古德里安的攻势：古德里安是它的计划者和推动者（而希姆莱则始终表示反对），又最终叫停了它；他还命令在陆军的亲信温克担任指挥（不过，在温克车祸住院之后，其指挥权还是落入了维斯瓦河集团军群手里）。不仅如此，夏至行动也不是苏军停止进攻柏林转而掉头北上的原因，如前所述，在冬季攻势之后，苏军已超出了进攻停止线数百公里，补给线十分脆弱，根本无力向柏林发动攻击。[59]

德国的作战计划很不充分，部队来自帝国各地，而且需要直接从卸载点（即各个铁路卸载站和斯德丁港）投入战斗。各师和各军指挥部没有时间准备/协调，在这种情况下，他们自然很难实现古德里安的目标——摧毁一支庞大的苏军装甲部队——甚至根本没有希望可言。劳斯对希姆莱的话可谓一语中的，这次行动的命运，甚至还没有开始就注定了。夏至行动确实拯救了阿恩斯瓦尔德的守军和平民，挽救了许多德国人的生命，但在保卫波美拉尼亚或奥得河前线方面，这次微小的胜利几乎没有任何战役意义。

在希姆莱在位期间，古德里安需要亲自抽出时间，代行维斯瓦河集团军群司令的部分职责，为奥得河前线制订作战计划。在这种压力下，古德里安的想法是：创造一种类似战争初期的局面，即趁着战线尚未稳定，派出装甲兵长驱直入，直捣敌军腹地。这一点也体现在了2月21日的方针中——“我们将坚守……波美拉尼亚和西普鲁士战场”，以便“为转守为攻创造条件”。但这只是古德里安的一厢情愿：这场攻势永远没能夺回东部失去的土地。

第11集团军转入防御及其后续去向

进攻行动往往伴随着高昂的代价。在攻击期间，弹药、汽油和补给品的消耗将呈指数级增长。由于1月苏联冬季攻势的影响，此时德军的后勤情况可谓雪上加霜。食品供应和运输等问题变得极为尖锐，一些部队开始就地劫掠物资。可能是由于大区领袖的抱怨，消息很快传到了希姆莱的总部。希姆莱迅速向德军和外籍志愿兵下令，不要“像敌人那样”掠夺德国难民和平民。他命令所有指挥官动用极端手段，处置趁火打劫者。[60] 这种“极端手段”意味着枪决或绞刑，并旨在向士兵灌输服从与恐惧的思想——这也是希姆莱在西线短暂指挥上莱茵河集团军群期间的特色，更是希特勒将他派往东方的原因。这种严刑峻法甚至持续到海因里齐上任之初。根据党卫军阳光战斗群（SS-Kampfgruppe Solar）两名老兵的说法，1945年3月下旬，他们在奥得贝格（Oderberg）担任预备队期间，该部队有两名士兵被宪兵公开绞死：其中一个被指控盗窃了一名德国老妇的财产，另一个则“征用”了两瓶腌制的草莓——哪怕犯罪者来自1支党卫军特种部队！[61]

在夏至行动之后，波美拉尼亚遭到了苏军的攻击，在此期间，第11集团军司令部被调走，[62]施泰因纳也不再担任指挥官，原阵地则被第3装甲集团军接管。值得一提的是，在2月2日，维斯瓦河集团军群筹备成立期间，陆军最高司令部就曾在1份指导性文件中提到过纳入第3装甲集团军司令部的问题。[63]夏至行动前的东线态势图上也显示，该司令部已进入了第11集团军的作战区域。换言之，早在近4周前，上级便为第3装甲集团军的部署做好了计划，但随后的一系列事件却打乱了这次交接的节奏；另外，出于某种未知原因，陆军最高司令部还解除了施泰因纳第11集团军指挥官的职务，暂时将他转为预备役，之后又让他重新担任了党卫军第3（日耳曼）装甲军的军长。到2月21日，维斯瓦河集团军群的作战日志才重新提到第3装甲集团军司令部——当时，艾斯曼和赫尔曼尼（Hermani）中校在一次通话中提到了相关的运输事宜，以及把党卫军第4警察装甲掷弹兵师调往第2集团军的问题。[64]随后，艾斯曼又在17点整与拉默丁讨论了这些情况，并解释说劳斯大将会接管第3装甲集团军，替换施泰因纳的第11集团军司令部。

2月25日，上述2个司令部完成了交接。[65]波美拉尼亚的防御现在由劳斯全权负责。颇不凑巧的是，2月26日—28日，苏军开始在原第11集团军和第2集团军的交界处向北进军，至于施泰因纳则与第11集团军司令部一起去了新施特雷利茨（Neustrelitz），在当地，他设置了1个收容点，负责拦截主战线后方的残兵败将。[66]3月5日，希姆莱对他重申了这项工作的意义：

党卫军上将施泰因纳：

我命令：你拦截的所有士兵不仅要登记，而且要运走、（此处缺失）、组织起来，并送往前线。（否则）所有的努力都将毫无用处。

签字：希姆莱

1945年3月5日

党卫队全国领袖

维斯瓦河集团军群[67]

在这条信息中（以及本节后面的一些电报中），希姆莱的语气多少有些失望，也许是认为施泰因纳必须为夏至行动的失利负责。

在波美拉尼亚东部，最后的战斗正在进行。苏军试图切断第3装甲集团军和第2集团军的联系，突向波罗的海沿岸。经过18天激烈但徒劳的防御战，残余德军部队被迫撤往奥得河下游。

苏军攻克波美拉尼亚

2月23日，维斯瓦河集团军群的地图上还记录了其他苏军部队在第3装甲集团军南翼的运动。其中查明番号的部队包括第3突击集团军和波兰第1集团军。另外，第19集团军（实际是第47集团军）则投入了第3装甲集团军和第2集团军之间的地区。2月25日，强大的苏联坦克部队开始沿着鲁梅尔斯堡–科斯林轴线，从党卫军第10军和第17军[①]的结合部向北推进。为阻止这些行动，第2集团军向当地调集了第7装甲师和党卫军第4警察装甲掷弹兵师，而第3装甲集团军则派遣了冯·特陶军级集群、荷尔斯泰因装甲师和一个由两个营组成的装甲歼击分队。但这些进攻只是一个序曲，苏军试图以此削弱德军实力，并引诱其预备队离开西面的主攻地段。虽然不清楚苏军是否想寻求速战速决，但他们仍在冯·特陶军级集群（第3装甲集团军左翼）和第7装甲军（隶属于第2集团军）之间打进了一个楔子，并开始向西北方的波罗的海沿岸进军。而在更西面，苏军也开始向北侦察第3装甲集团军的前线。

这些行动证实了格伦早先的预测，并让陆军最高司令部深感担忧。2月27日，克雷布斯发布了一道编号为Nr. 450156/45 g.Kdos.Chefs.的命令，要求维斯瓦河集团军群投入第7装甲师、党卫军第4警察装甲掷弹兵师和荷尔斯泰因装甲师，以确保第3装甲集团军和第2集团军之间的战线连贯。[68]古德里安在当天晚些时候的Nr.450159/45 g.K.Chefs号命令中也明确表示："维斯瓦河集团军群的主要任务是阻止波美拉尼亚前线破裂"，[69]并命令从预备队中抽调党卫军第10弗伦斯贝格装甲师和西里西亚装甲师发动进攻，保持与党卫军第10军的联系。

---

① 原文如此，应为第18山地军。

但在当天结束时，苏军近卫坦克第3军的先锋已在科斯林以东抵达波罗的海沿岸，将第3装甲集团军和第2集团军切开。维斯瓦河集团军群3月1日接到的战报中显示，苏军向党卫军第10军大举进攻，将第163步兵师赶出舍恩菲尔德。在格拉门茨（Gramenz）①–泽亨德（Zechender）前线，荷尔斯泰因装甲师也遭到了坦克和步兵的进攻。侦察还显示，有近1000名苏军和400辆军车从巴布利茨（Bublitz）②向西北运动。第3装甲集团军司令部则接到报告，苏军坦克已攻入扎诺（Zanow）③、诺米茨（Normitz）和维森塔尔（Wiesenthal）④等地。在第5猎兵师的前线，里茨附近的1个团遭到了沉重打击。同时，德军也在设法向前线调兵遣将。其中，北欧装甲掷弹兵师得到了第25伞兵团，第5猎兵师得到了第163步兵师的1个营，冯·特陶军级集群得到了党卫军第15（拉脱维亚第1）掷弹兵师。[70]

在皮里茨方向，苏军同样在大举进攻，试图撕开德军防线，占领斯德丁，切断第3装甲集团军与奥得河西岸的联系。为此，他们还投入了大量坦克和火焰喷射器。[71]皮里茨附近的德军损失惨重，为增援当地，第2军区派遣了党卫军施特拉尔松装甲掷弹兵补充与训练营（SS-Panzergrenadier-Ersatz-und-Ausbildungs-Bataillon Stralsund），该营共有4个连、600人，轻武器保有率为100%，拥有34挺轻机枪和8挺重机枪。[72]在地面行动期间，苏军还空袭了斯德丁。但德国空军同样非常活跃，宣称击毁44辆苏军坦克（包括1辆斯大林–2），另外击伤19辆，还摧毁了44辆卡车和1辆弹药运输车。[73]

到3月2日，第3装甲集团军已全线陷入攻击。苏军的主攻方向位于党卫军第3（日耳曼）装甲军和党卫军第10军之间，还有一股较小的部队在斯塔加德以东朝弗赖恩瓦尔德（Freienwalde）推进。在苏军从两翼节节推进，冲向波罗的海期间，党卫军第10军［不久即改名为克拉佩军级集群（Korpsgruppe Krappe）］、冯·特陶军级集群和蒙策尔集群都陷入重围，其后勤状况也急转直下，弹药和汽油补给都难以为继。以下是第3装甲集团军在3月2日的报告，

① 即今天波兰的格日米翁察（Grzmiąca）。
② 即今天波兰的夏努夫（Sianów）。
③ 即今天波兰的夏努夫（Sianów）。
④ 即今天波兰的希维恰诺沃（Święcianowo）。

其中介绍了苏军攻势开始阶段的详情：

第3装甲集团军司令部

1945年3月2日

每日报告

1. 利用昨天的成功，敌人今天派出强大的装甲和摩托化部队（可能是近卫坦克第2集团军）大举突入到了我军据点群的东北方向，并在下午早些时候抵达了拉贝斯（Labes）[①]东郊。在遭遇进攻的地段，我军舍生忘死、顽强抵抗。但敌军仍在党卫军第3（日耳曼）装甲军和党卫军第10军的结合部取得了突破，而且党卫军第10军的处境相当严峻。同时，敌军还在多辆坦克支援下发起强大攻势，突破至里茨以北，并向西北和东北方向继续推进。敌军在诺伦贝格以西的调动和准备工作则表明，他们很快还会向弗赖恩瓦尔德进军。

在斯德丁的西南方向，敌军今天也调集了大约3个师和1个坦克旅大举进攻，此举可能是在为近卫坦克第1集团军（目前正在皮里茨地区担任进攻矛头，方向直指斯德丁）的后续行动做准备。

经过连番鏖战，皮里茨的（德国）守军已筋疲力尽，面对敌军从北面等地调来的优势增援，他们只能撤退——围绕这座城市的数周激战就此画上句号。在梅尔基施弗里德兰以北，我军与波兰第1集团军爆发了激烈战斗，尽管我军在舍恩菲尔德和大萨宾摧毁了多辆坦克，但在下午和傍晚，敌军还是攻入了这两个地区。

如果我军能按照计划，在小萨宾（Klein Sabine）[②]附近的湖区–法尔肯堡以东–大卡默湖（Gross Kämmerersee）一线收缩兵力，将依旧有望收复在坦佩尔堡（Tempelburg）[③]南部和东部不断扩张的敌军突出部。目前，我们已将释放出的部队封闭在拜尔瓦尔德（Bärwalde）[④]以南的一处缺口——该缺口已有8公里宽。在巴布利茨西南，荷尔斯泰因装甲师向东进攻，但面对敌军的反坦

① 即今天波兰的沃贝兹（Łobez）。
② 即今天波兰的扎宾内克（Żabinek）。
③ 即今天波兰的恰普利内克（Czaplinek）。
④ 即今天波兰的巴尔维采（Barwice）。

克障碍和坚定抵抗，他们只取得了有限进展。下午，鉴于鲁梅尔斯堡附近局势的发展，该师叫停了行动。在巴布利茨西北，敌军步兵进一步向西推进。只有科斯林地区依然风平浪静。敌军的长驱直入已给指挥和后勤带来了巨大困难，党卫军第10军的区域尤其如此——其武器和车辆正面临因缺油而无法使用的危险。

具体而言：

第2军留后指挥部：在火炮、迫击炮、火箭炮与坦克的支援下，敌军穿过德内克集群境内的施沃乔（Schwochow）①，占领了当地以东的莱纳（Leine）②、贝利茨（Beelitz）③、伊辛格（Isinger）④南部以及萨博（Sabow）⑤南部等地。我军虽然从北面试图夺回贝利茨，但因为敌人的坚决抵抗而不幸败北。但随着进攻在下午恢复，我军仍有望将敌人大致遏制在瓦尔滕贝格（Wartenberg）⑥以南2千米处至旧法尔肯贝格（Alt Falkenberg）⑦一线。此外，我军还在努力封闭沃尔特斯多夫（Woltersdorf）⑧和瓦尔滕贝格之间的缺口。在皮里茨以北，以及从萨博北侧到小布里森（Klein Briesen）⑨的战线上，敌军的增援部队已在铁路东南方向出现。

党卫军第3（日耳曼）装甲军：第281步兵师击退数次连级规模的进攻，而且在这些进攻中，敌军还得到了一股从达姆尼茨朝西北方向推进的部队支援。为拉直战线，北欧师在夜间撤出了瑙姆贝格（Naumberg）北部、伊纳河对岸突出部，撤退期间没有遭到阻挠。直到清晨之后，敌方的猛烈火力才落到空无一人的阵地上。该师的一个营和少数坦克一道被派往克吕索，另一个营则奉命赶赴东南方的克雷姆佐夫（Kremzow）⑩，并在火炮支援下继续作战。在突破口西部，敌人在清晨从东面继续进攻，并投入了14辆坦克，拉罕

① 即今天波兰的斯沃乔沃（Swochowo）。
② 即今天波兰的利尼（Linie）。
③ 即今天波兰境内西波美拉尼亚省的别利采（Bielice）。
④ 即今天波兰的涅波罗沃（Nieborowo）。
⑤ 即今天波兰的扎波夫（Żabów）。
⑥ 即今天波兰的帕尔苏夫（Parsów）。
⑦ 即今天波兰的查博沃（Chabowo）。
⑧ 即今天波兰的索比拉兹（Sobieradz）。
⑨ 即今天波兰的布热津（Brzezin）。
⑩ 即今天波兰的克雷普切沃（Krępcewo）。

（Lachan）①因此陷落。在当地北部，我军部队被敌方后续投入的强大坦克部队驱散。其中有12辆坦克在步兵伴随下从布谢（Büche）②一直推进到马林弗里斯（Marienfließ）③东郊，但被我军成功击退。兰格马克战斗群和撤往西北方但重新集结完毕的霍曼团（隶属于福格特战斗群）也被纳入了北欧师麾下，以便在舍恩贝格（Schöneberg）④–潘辛（Pansin）⑤–马林弗里斯建立一条新警戒线。在党卫军尼德兰装甲掷弹兵师的左翼地段，敌军冲过我方设在克雷明（Kremmin）⑥的警戒阵地并向西进犯。中午时分，其坦克部队已攻入雅各布斯哈根和巴尔（Ball）⑦。在萨齐希（Saatzig）⑧，守军遭到30辆敌方坦克（来自南方）的进攻，但得到了我军对地攻击机的大力支援。3月1日至2日间，党卫军尼德兰装甲歼击营共摧毁了22辆坦克。

党卫军第10军：清晨，敌军明显在泽尔滕（Zehrten）⑨周边和北部大举增兵。由于我军突击炮缺乏燃料，无法参战，第5猎兵师（步兵仅有500—600人）未能按计划发动进攻，从东面封闭泽尔滕附近的“瓶颈”地区。但在当地以北，我军从东北方展开反击，夺回了失守的格拉斯塞（Grassee）⑩村。

目前，我军正在沿着格拉斯塞–新洛比兹（Neu-Lobitz）⑪–大斯皮格尔（Gross Spiegel）⑫–吉森（Giessen）⑬一带构建新防线。扎姆佐夫（Zamzow）⑭被来自西南方的强大敌军攻克。但在戈尔茨（Golz）⑮附近的“瓶颈”地带，我军高射炮部队挫败了敌军18辆坦克的进攻。敌军的坦克和摩托化部队穿过诺伦贝格和吉瑙（Gienow）⑯继续推进，大约在中午时分，其坦克部队已到达

① 原文如此，似乎应为扎罕（Zachan）。
② 即今天波兰的维乔沃（Wiechowo）。
③ 即今天波兰的马里亚诺沃（Marianowo）。
④ 即今天波兰的克兰皮尔（Krąpiel）。
⑤ 即今天波兰的佩齐诺（Pęzino）。
⑥ 即今天波兰的克热明（Krzemień）。
⑦ 即今天波兰的绍兹科（Szadzko）。
⑧ 即今天波兰的绍兹科（Szadzko）。
⑨ 即今天波兰的切尔廷（Czertyń）。
⑩ 即今天波兰西波美拉尼亚省的斯图德尼察（Studnica）。
⑪ 即今天波兰的新沃维茨（Nowy Łowicz）。
⑫ 即今天波兰的大波尔扎德沃（Poźrzadło Wielkie）。
⑬ 即今天波兰的吉日诺（Giżyno）。
⑭ 即今天波兰的沃利茨诺（Woliczno）。
⑮ 即今天波兰的沃利茨诺（Woliczno）。
⑯ 即今天波兰的吉纳瓦（Ginawa）。

博宁（Bonin）①、萨根（Saagen）②，祖尔泽菲茨（Zülzefitz）③和克里斯滕霍夫（Christinenhof）④等处。

冯·特陶军级集群：拜尔瓦尔德师正在按计划进入新防线，并以此与党卫军第10军左翼建立联系，在此期间没有遇到压力。白天，该军的南部前线没有敌情。荷尔斯泰因装甲师主力试图从泽兴多夫（Zechendorf）⑤以北地区发动进攻，但遭到敌方团级兵力的反击。在部队重组之后，该师虽然恢复了进攻的势头，但由于敌军抵抗激烈，他们只占领了一小片区域。在科斯林以东地区，我方空军打击了敌方目标。

2. 科斯林要塞的装甲排⑥已纳入第163步兵师辖下的克罗舍团级集群（Klotsche's Regimental Gruppe，来自拜尔瓦尔德师），将投入左翼。

3. 党卫军第10弗伦斯贝格装甲师的先头部队已抵达。

党卫军第4警察装甲掷弹兵师已全部出发。

4. 参见电传文件。

5. 第2军留后指挥部下属部队摧毁了5辆敌军坦克，并将另外2辆打瘫。3月1日—2日，在党卫军第3（日耳曼）装甲军地区，党卫军第23装甲歼击营共摧毁了22辆坦克。

6. 多云、大风、天气有阵雨和阵雪。道路状况更加恶劣。[74]

（参见地图15）

3月2日，面对危机，希姆莱立即发布了下列最高机密指示：

致：

第3装甲集团军司令部

HTFX 2/2

---

① 即今天波兰的波宁（Bonin）。

② 即今天波兰西波美拉尼亚省的扎戈日采（Zagórzyce）。

③ 即今天波兰西波美拉尼亚省的苏利舍维采（Suliszewice）。

④ 即今天波兰的日济斯瓦维采（Zdzisławice）。

⑤ 即今天波兰西波美拉尼亚省的切黑（Czechy）。

⑥ 原文如此，似乎应为装甲列车。

22301/

(签名首字母缩写)

关于后续战斗的指示：

1. 敌人投入大量坦克和步兵部队（近卫坦克第2集团军、坦克第9军、近卫骑兵第7军、第3突击集团军和第61集团军）在阿恩斯瓦尔德以北突破了第3装甲集团军的防线。在北上进攻期间，他们的目标可能是下列两者之一：与从科斯林方向突破的部队联手，切断本集团军中路与北翼的联系；转向西北，之后向戈尔诺（Gollnow）①进攻，切断我军后路，使我军无法向南面和东南面且战且退。根据今天的敌军动向，他们的选项可能是第一个。

敌军投入了新的有生力量，并试图向西北（朝斯塔加德）和东北扩展突破口，消除我军在斯德丁–斯塔加德地区对其纵深侧翼的威胁。可以预见，敌人将继续从南面向斯德丁进攻，并可能为此在皮里茨两侧投入近卫坦克第1集团军。

2. 第3装甲集团军必须挫败这些企图，并不惜一切守住波美拉尼亚东部。

3. 为此，战斗应按以下方针进行：

不惜代价守住奥得河–斯塔加德–马杜湖之间的地区，阻止敌军向斯德丁突破。

与之前的命令相反，党卫军第10弗伦斯贝格装甲师将立刻隶属于第3装甲集团军司令部，并乘火车赶赴斯塔加德(此处难以辨认)附近。鉴于敌方装甲部队已达成突破，卸载后，该师将立即组织多兵种战斗群，攻击其纵深侧翼，最大限度杀伤敌人。实现这一目标需要该师领导层的勇敢无畏，也需要各部队充分发扬机动性。这场战斗的成败，将取决于我军能否持续切断敌方的主交通线。

我们必须全力以赴，让各师在战斗中形成合力。为确保党卫军第10装甲师顺利卸载，我们必须竭尽所能，防止敌人进一步向西北渗透到斯塔加德地区。

① 即今天波兰以北的戈莱纽夫（Goleniów）。

我军必须在维持连贯战线的同时向德拉姆堡（Dramburg）①的南部和东南地区抽调足够的兵力，抵御敌人从德拉姆堡方向长驱直入。

我军必须守住法尔肯堡和泽兴多夫之间的战线，并尽力防止敌人继续向西推进。

在集团军东北侧翼，我军应采用机动战，阻止敌人向西南或西方突破。

为获得新的步兵预备队，位于格赖芬哈根地区的海军步兵师应向集团军提供1个步兵团。在此期间，第9伞兵师也应向集团军调集有生力量。随后，海军步兵师应把后续部队派往奥得河和马杜湖之间，尽快与整个第9伞兵师换防。

4. 第3装甲集团军需尽快报告据此做出的战斗部署。

(签名首字母缩写)

维斯瓦河集团军群司令

文件编号：Ia/no.2362/45g.Kdos.

日期：1945年3月2日

签字：海因里希·希姆莱

以上内容已核对无误：

(签字)

总参谋部上校[75]

3月3日，古德里安对当地的形势做了干预。他直接指示拉默丁，根据希特勒的命令，党卫军第10军必须在守住德拉姆堡–法尔肯堡一线，同时向西进攻，并与东面的党卫军第10弗伦斯贝格装甲师夹击苏军。同时，他还命令在斯德丁以南收缩战线，并因此把第9伞兵师撤到了格赖芬哈根–小舍恩菲尔德（Kleine Schönfeld）②一线。在党卫军第10弗伦斯贝格装甲师向东进攻期间，第169步兵师将填补其离开后的空缺。[76]虽然拉默丁接到和下发了这份命令，但在此期间，古德里安没有与下属的野战部队指挥官做任何协调——相反，他只

① 即今天波兰的波莫瑞地区德拉夫斯科（Drawsko Pomorskie）。

② 即今天波兰的赫瓦斯特尼察（Chwarstnica）。

是重申了希特勒的愿望，即恢复第3装甲集团军和第2集团军之间的战线。[77] 而且有趣的是，当第二天，拉默丁拿来命令交给金策尔执行时，后者的迅速反应令人惊讶（详情可见下文）。

（参见地图16）

3月3日，第3装甲集团军的每日报告如下：

1945年3月3日

每日报告

1. 在一天的平静之后，敌人开始在巴布利茨西南和科斯林附近的拜尔瓦尔德地区投入优势部队，试图攻击本集团军的东部前线。尽管我们一度在拜尔瓦尔德附近击退了进攻，但敌军后来仍然长驱直入，并迫使我方不断退却。在格拉门茨附近和以北地区，党卫军第15（拉脱维亚第1）武装掷弹兵师一部被击溃。在巴布利茨西南部，敌人在30辆坦克的支持下穿透了荷尔斯泰因装甲师的防线，一直前进到格伦瓦尔德（Gruenwalde）①，然后向南和西南方前进，导致一个加强的装甲掷弹兵团与后方失去联系。约16点整，敌军在猛烈的火炮和火箭炮掩护下从东南、东、北三个方向朝科斯林发起攻击。与当地城防部队的联络中断。

在党卫军第3（日耳曼）装甲军和党卫军第10军之间的突破口，激战继续进行，敌军设法将其拓宽到了30千米，并在宽大战线上投入快速部队继续向纵深推进。目前，敌先头部队大致抵达了达贝尔（Daber）②–雷根瓦尔德（Regenwalde）③–席费尔拜因（Schivelbein）④一线。在傍晚时分，其坦克矛头则抵达了贝尔加德（Belgard）⑤以南5公里处。在与党卫军第10军各师的战斗中，敌方步兵和坦克推进到了德拉姆堡以北地区，并给后者北部的外围战线带来了更大压力。德拉姆堡的南部战线一度保护着我军的侧翼和后方，但已遭大幅削弱，无法抵御来势汹汹的波兰部队，只能且战且退，撤出中继阵地。

---

① 即今天波兰的罗莱（Role）。
② 即今天波兰西波美拉尼亚省沃贝兹县的多布拉（Dobra）。
③ 即今天波兰的雷斯科（Resko）。
④ 即今天波兰的希维德温（Świdwin）。
⑤ 即今天波兰的比亚沃加德（Bialogard）。

在伊纳河以北，党卫军第3（日耳曼）装甲军的宽广战线不断遭到坦克和步兵的猛攻。尽管该军进行了激烈抵抗，但由于部署分散、各自为战、消耗巨大、疲惫不堪，其下属部队根本无法阻止敌军突进。由于各部队实力不济，该军防线上的缺口已很难封闭。敌人设法在弗赖恩瓦尔德周边和西南地区越过铁路，继续向西前进。

在马杜湖以西，我军与3个师和大约50辆坦克激战，敌人取得进展，但我军在反击中收复了一些失地。

当天也给部队带来了最严峻的考验，敌军坦克数量众多，而我军坦克则难以机动。虽然报告还不完整，但其中显示，在4天的战斗中有至少约150辆敌军坦克被击毁。敌军一整天的进攻始终伴随着猛烈空袭，焦点是斯塔加德地区。

2. 第1海军步兵团应加入第2军留后司令部，并接替第9伞兵师。

党卫军第10弗伦斯贝格装甲师应加入党卫军第3（日耳曼）装甲军，并在抵达后编为战斗群，集结在马索夫（Massow）①和瑙加德（Naugard）②附近。

该师下属的党卫军第10装甲侦察营将在装甲团第1连的加强下从普拉特（Plathe）③向雷根瓦尔德开进，并侦察东方和东南方向。

格赖芬哈根桥头堡守军应隶属于第3装甲集团军。

蒙策尔军级集群应接管荷尔斯泰因装甲师、科斯林城防司令部、党卫军查理曼志愿旅和科尔贝格要塞的指挥权——此命令中午生效。

3. 党卫军第10弗伦斯贝格装甲师已抵达：

13个排④——含党卫军第21装甲掷弹兵团大部、装甲团一部、整个装甲侦察营和装甲工兵营一部。

4. 敌军损失（部分）：

在马杜湖，高炮击毁9辆敌军坦克。

5. 多云，气温略微升高，晚上结冰，白天温暖，大风，道路状况不变。[78]

---

① 即今天波兰的马谢沃（Maszewo）。
② 即今天波兰的诺沃加德（Novogard）。
③ 即今天波兰的普沃蒂（Ploty）。
④ 应为13列火车。

这一天，皮里茨的“德内克”集群再次遭到苏军3个师和1个坦克旅的猛攻。波兰第1集团军的部队也在当地作战，试图向北打通一条道路，直抵梅尔基施弗里德兰。[79]德军被迫向北撤退，并沿马杜湖构建了一条向西与第1海军步兵师和第9伞兵师相连的新防线。第210装甲旅①也赶来增援。[80]

关于3月4日的情况，我们可以参考以下报告：

截至1945年3月4日上午，维斯瓦河集团军群的敌情

1. 在波美拉尼亚西部的战斗中，敌人投入大量坦克部队，将第3装甲集团军打散，其下属部队被迫各自为战，在斯塔加德–雷根瓦尔德–科尔贝格以东，德军的补给线被切断。敌军继续从突破口向西、西北和北进攻，试图歼灭上述孤军，另外，他们显然还试图择机突入奥得河下游地区（即格赖芬哈根到海岸线一带）。

敌人投入的步兵部队大多曾与第3装甲集团军长期交战（包括第47集团军、第61集团军、第3突击集团军、波兰第1集团军以及第19集团军一部），快速部队除了此前已出场的近卫骑兵第2军和近卫骑兵第3军，还疑似有近卫坦克第1、第2集团军，这些部队之前可能正在瓦尔塔河以北的一片广大区域待命，并准备利用内线的调动优势，向西和向北进攻。目前，后2个集团军已把4个快速军投入了前线，还有2个军可能担任预备队。

2. 在攻击第3装甲集团军的同时，敌军仍有余力在奥得河沿岸发动进攻，随时建立新的桥头堡，或扩大现有桥头堡的规模，从而赋予其战役价值。如果这些后续行动进展良好，并在奥得河下游的西岸地区建立了立足点，敌近卫坦克第1、第2集团军可能将快速重组，以便向西大举进攻。

目前，敌人在瓦尔塔河以北的奥得河前线共有至少15个步兵师和若干独立的坦克部队。此外，他们还从2个坦克集团军的预备队中调集2个坦克军，约200辆坦克，并投入了向北方的进攻。

在瓦尔塔河以南，我们推测敌军有30—35个步兵师，1—2个坦克军和几支独立的坦克部队（合计约300辆坦克）。

---

① 原文如此，应为第210突击炮旅。

显然，敌人还在从大后方不断调集兵力。空中侦察显示，在奥得河前线，苏军的数量在不断增加，一些远程侦察报告也证实了类似推断，但具体情况尚不得而知。

在第2集团军当面，敌军至少投入了50（47）个步兵师和4—5个坦克军/机械化军，并在迅速调遣部队。该集团军的防线正在不断拉长，并有可能被击穿，在鲁梅尔斯堡近郊、当地东部以及普鲁士斯塔加德以南地区，这种情况尤其明显。集团军右翼的局势将取决于科斯林地区能坚持多长时间，以及敌军投入的兵力规模。[81]

局势令人绝望。为击败苏军、打通第3装甲集团军和第2集团军的陆上交通，德军派出了1个党卫军装甲师，但这不过是痴人说梦。维斯瓦河集团军群的代理参谋长金策尔致电克雷布斯，表示反对这一决策。他们的通话记录非常有趣，因为虽然相关命令的落款是古德里安，但其中却提到它出自元首本人。至于古德里安的真实角色或许永远无法知晓，他也许向希特勒建议发动这次进攻，并得到了后者的支持；也可能是默不作声地传达了希特勒的指示。

陆军最高司令部作战局局长克雷布斯将军与金策尔将军3月4日的通话记录

16点20分

克雷布斯：为填补缺口，你必须把元首的指示加进命令。根据该指示，党卫军第10军和冯·特陶军级集群必须坚守阵地，并尽快从西面发动进攻。

金策尔：这完全是异想天开。我们无力稳定局势；我们必须保存有生力量，以应付奥得河前线的战斗。这是纸上谈兵，根本不顾现实。我得讲明一点，坚持这些任务将引发灾难。**请把我的看法呈报给上级，还有我说过的这些气话！是另做决定的时候了。**（着重号为原文所加）

16点40分

克雷布斯：元首仍然坚持己见。请注意，第25步兵师[①]和1个加强团将投

① 原文如此，当时德军并没有这样一个单位。

入斯德丁地区。

金策尔：党卫军第10装甲师已经卷入战斗了！更危险的是，上面根本不知道这里的情况！

19点30分

克雷布斯：在与国防军最高统帅部主管（凯特尔）讨论后，我们要求你亲自向古德里安大将汇报，之后与元首一起参加晚间局势简报会。[82]

档案没有记载金策尔是否参加了简报会，但很明显，他的据理力争没有成功。因为在3月4日—5日的元首指示中，希特勒特别指出，党卫军第10军和冯·特陶军级集群必须"坚守阵地"，同时要求德军"动用全部力量从斯德丁向东进攻"。[83]换言之，面对金策尔的抗议，希特勒根本不为所动。

以下报告介绍了3月5日的情况：

第3装甲集团军司令部

1945年3月5日

每日报告

1. 在今天的战斗中，敌军再次调来大量坦克和对地攻击机，让党卫军第3（日耳曼）装甲军各师再次陷入鏖战。当地的我军部队大部分由非德籍的武装党卫军志愿者组成，**今天的战斗艰苦卓绝，他们首次取得了全面的防御胜利**（着重号为原文所加）。除了局部地段被突破，主战线岿然不动。他们缺乏机动式反坦克武器，而且损失巨大，但仍然奋力搏杀，用近战装备摧毁了许多坦克。

党卫军第10弗伦斯贝格装甲师的战斗群被投入到一大段战线上，激烈的攻防随之展开。这些部队虽然击毁了众多坦克，但未能完全集结，因此被敌军的优势装甲部队包抄，更无力阻止后者向西推进。其装甲侦察营和另1个营被切断在了普拉特-格赖芬贝格（Greifenberg）①地区和瑙加德以北，瑙加德也在苦战后失守——目前该方向最终局势尚不清晰。

---

① 即今天波兰的格雷菲采（Gryfice）。

敌先头坦克部队穿过普拉特地区，一直来到沃林岛（Wolllin）以东和卡敏东南，而且空中侦察显示，更多苏军正在跟进。迪夫诺夫（Dievenow，位于斯维内明德防御区）[①]以东部署着一些海军警戒部队，他们已与抵达前述两地的敌军前锋交战。晚间，卡敏守军也与突入镇内敌军的18辆坦克交火。

3月6日，敌军的第61集团军和第3突击集团军必定会发动精心筹备的攻击，并重点打击党卫军第3（日耳曼）装甲军。今天，敌军的这2个集团军正在集结力量，另外3个坦克军也在蓄势而动。在这3个坦克军中，有2个正在戈尔诺及以北地区向前方调集兵力，同时还在努力向潟湖沿岸推进。克拉佩集群倾其一切力量发动进攻，试图向西穿过拉布斯（Labus）[②]，但其南面有一股强大的敌军，导致这一企图无果而终。最初，克拉佩集群一度占领了文茨拉夫斯哈根（Venzlaffshagen）[③]、里诺（Rienow）[④]和格拉博（Grabow）[⑤]，并击毁坦克10辆。但随后，该集群多面受敌，最新消息显示，他们被压缩在拉布斯以东的一片狭窄区域，继续设法与敌人周旋。

据最新消息，拜尔瓦尔德师和波美拉尼亚师已被敌军击退至巴特波尔津（Bad Polzin）[⑥]以东12千米、以北15千米的一片区域。战斗还在贝尔加德和科斯林周围打响。在科尔贝格（Kolberg）[⑦]要塞附近，敌军没有新动作。本装甲集团军的最右翼只有一些局部战斗，完全不值一提。

根据不完全报告，今天我军共摧毁了49辆坦克——2月26日以来，总击毁数更是突破了300辆。德国空军继续在斯塔加德以西对抗敌军，虽然他们表现出色，并击落2架敌机，但仍未能阻止敌军的空中行动。

2. 第27伞兵团的1个营被纳入党卫军第3（日耳曼）装甲军辖下

3. 已抵达的部队包括：

（1）党卫军第10装甲师——22个排[⑧]（含师属装甲团团部、第2连一部、

---

① 即今天波兰的济夫努夫（Dziwnow）。
② 即今天波兰的拉布茨（Łabusz）。
③ 即今天波兰西波美拉尼亚省希维德温县的维茨瓦夫（Więcław）。
④ 即今天波兰的里诺沃（Rynowo）。
⑤ 即今天波兰西波美拉尼亚省的格拉博沃（Grabowo）。
⑥ 即今天波兰的波乌琴-兹德鲁伊（Połczyn-Zdrój）。
⑦ 即今天波兰的科沃布热格（Kołobrzeg）。
⑧ 原文如此，应为22列列车，下同。

党卫军第22装甲掷弹兵团一部、党卫军第10装甲团第1营一部和第2营一部、师属野战补充营一部、师属护卫连以及一个维修连）。

（2）第169步兵师——4个排（第379掷弹兵团大部，第230装甲歼击营的1个连）。

（3）海军步兵师——师部和第2海军步兵团的2个营。

4. 集团军司令部位于斯德丁西部。

5. 根据不完全报告，共有49辆敌方坦克被摧毁。

6. 清晨天气温暖，后来多云，有阵雪，路况没有变化。[84]

3月5日，根据希特勒的旨意，拉默丁要求党卫军第10弗伦斯贝格装甲师进行机动防御，拖延苏军的推进，同时继续向阿尔特达姆桥头堡调集增援，以便向东进攻，恢复与克拉佩集群（该部队此时已被冯·特陶军级集群吸收）的联系，从而把敌军挡在斯德丁潟湖前方，守住奥得河下游。他的命令中这样写道：

电传信息

加急绝密

致：

第3装甲集团军司令部

（签名首字母缩写）

根据元首的命令，第3装甲集团军：

1. 应在斯德丁及其东北地区战斗，为新部队抵达创造条件。在抵达之后，这些新部队将向东进攻，与克拉佩集群恢复联系。其中的关键是维持斯德丁南部和东部的战线，利用党卫军第10装甲师展开机动战，阻止敌军继续向斯德丁湾突破。另外，该集团军还应守住沃林、卡敏和迪夫诺夫附近的陆上通道——这将依靠“下奥得河”防御区的守军，尤其是斯维内明德的部队完成。我们必须竭尽全力阻止敌军对斯维内明德的进攻。科尔贝格将成为要塞。

2. 另外，以下进攻部队将乘火车抵达斯德丁东部和东北部：

（1）第25装甲师——3月6日起抵达。

(2) 西里西亚装甲师——随后抵达。

(3) 第20装甲掷弹兵师——随后抵达。

(4) 第2装甲团第2营——3月6日起抵达（如果可能，该营将与第25装甲师一同部署）。

(5) 第682装甲歼击营的1个连（12门8.8厘米牵引式反坦克炮）——3月6日—7日夜间抵达。

3. 第3装甲集团军司令部应尽快发动攻击，无需等待上述部队全部到位。

4. 第3装甲集团军司令部应按照先前的要求，尽快向集团军群报告其意图，并估算攻击开始的日期。

本文件应转交下列人员过目：

集团军参谋长

集团军作战参谋

集团军炮兵司令

集团军工兵司令

集团军运输部队司令

集团军群通信主管

维斯瓦河集团军群司令部参谋长

文件编号：Ia/no. 2567/45 g. Kdos.

签字：拉默丁

党卫队高级地区总队长兼党卫军中将

以上内容已核对无误

（签字）

总参谋部上校[85]

发布这道命令后不久，希姆莱又试图呼吁部队和指挥官们战胜数倍于己的敌人，完成不可能的任务。3月5日，他向党卫军第10弗伦斯贝格装甲师的师长发出了这样一份“鼓励”：

哈梅尔（Harmel），你的师正在进行一场对德国无比重要的战斗，你们的勇气将极端关键。如果在运动时与敌军遭遇，你们应当立刻打击和重创他们。

党卫军的战士们，元首的命运将取决于你！

弗伦斯贝格师的士兵们，前进，再前进！

希特勒万岁！

海因里希·希姆莱[86]

但另一方面，希姆莱当天发给乌莱因的电报却没有那么振奋，还在其中罕见地表达了失望：

党卫队全国领袖

致：

党卫军第3（日耳曼）装甲军军长

党卫军北欧志愿装甲掷弹兵师师长

我听说北欧师没能发动进攻，战斗表现不佳。你必须设法克服困难。希望北欧师能像以前一样履行职责。

签字：海因里希·希姆莱[87]

在此期间，苏军切断了党卫军第3（日耳曼）装甲军和党卫军第10军的联系，近卫坦克第2集团军的前锋更是开始向西北方的斯维内明德突进。在接近沃林时，他们与第4海军警戒团的部队爆发激战，有13辆坦克被击毁，其中12辆是因为铁拳。[88]在奥得河东岸，一个桥头堡正在成型，位置大致在斯德丁南部和阿尔特达姆周围。在斯德丁以北，苏军正在德军防线后方长驱直入。虽然配属给第25装甲师的第2装甲团第2营、西里西亚装甲师和第169步兵师等增援正在抵达，[89]并得到了一线部队的欢迎，但由于补给短缺，他们几乎无法力挽狂澜。第25装甲师师长更是指出，投入前线的团没有弹药。[90]

在维斯瓦河集团军群的作战日志中，还有一系列只在希姆莱上任期间才出现过的报告。这些报告一般由党卫军军官签署，并带有“mitgehört”（即“监听”）的字样。换言之，希姆莱似乎向各个下级司令部派遣了党卫军“联络人员”，以便直接监督第9集团军和第3装甲集团军的司令部。[91]其中一份

“监听报告”很好地概述了3月7日阿尔特达姆桥头堡的处境，而“据信”和“担忧”等词语则表明，提交报告的党卫军军官并未直接参与决策，而只是在通报已知的情况：

布鲁豪森（Bruchhausen）①已被苏军占领。3月6日23点，苏军已进攻并渗透到欣岑多夫（Hintzendorf）②周围的森林。当地唯一的预备队是第169步兵师的1个营，要到第二天早上才能投入战斗。上级担忧该师的表现，并认为将其部署到森林地带能带来宝贵的战斗经验。苏军的装甲侦察部队已前进到戈尔诺以北，很可能明天就会攻击南方的我军部队。奥得河和马杜湖之间是防御的重点所在，2个伞兵营和19辆突击炮被安置在此地。海军人员的战斗经验令人担忧。党卫军第10弗伦斯贝格装甲师的4辆坦克、6辆装甲侦察车和16辆装甲运兵车已抵达斯德丁潟湖沿岸的施泰珀尼茨（Stepenitz）③。早先关于该镇沦陷的报道有误，是局面混乱的写照。党卫军第21团1名连长与友军失散，后来带领33名士兵返回了己方防线。由于苏军步步紧逼，我方无法为冯·特陶军级集群提供空中补给。科尔贝格要塞传来的无线电报显示，他们又摧毁了4辆苏联坦克。克拉佩军级集群（即党卫军第10军）预计将在明天抵达德军前线。[92]

苏军依靠装甲部队突破德军前线，迅速奔向波罗的海沿岸。党卫军第23尼德兰装甲掷弹兵师的作战日志中附带了一份文件，显示了党卫军第3（日耳曼）装甲军相关单位在3月1日至11日摧毁的坦克数，并记录了击毁数量和方式——其中很多与近战有关。希姆莱曾在命令中要求记录用铁拳等武器“击杀”苏军坦克的情况，该文件很可能正是为此准备的。[93]记录显示，在164辆苏军装甲车辆中，有26%即43辆是铁拳摧毁的，其中有9辆是斯大林坦克——占21%。考虑到这只是一个军的数字，波美拉尼亚之战的惨烈可见一斑：

---

① 即今天波兰的斯莫戈利采（Smogolice）。
② 即今天波兰的索诺（Sowno）。
③ 即今天波兰的斯泰普尼察（Stepnica）。

（党卫军）第23装甲歼击营
3月1日至3日，里茨-拉文施泰因（Ravenstein）[①] -雅各布斯多夫-兰根哈根（Langenhagen）[②]-法尔肯瓦尔德（Falkenwalde）[③]地区： 31辆T-34——被突击炮击毁 6辆斯大林-2——被突击炮击毁 2辆T-34——被铁拳击毁 2辆斯大林-2——被铁拳击毁
（党卫军）第11装甲营
由于该装甲营（即考施装甲营）不再隶属于本师，详情尚不清楚： 共计32辆苏军坦克
（党卫军）第11装甲侦察营
3月1日，拉文施泰因： 1辆自行火炮——被火炮击毁
3月2日，萨齐希： 2辆KV-85和6辆T-34——被火炮击毁 3辆T-34——被火炮打瘫
3月3日，沃斯贝格（Vossberg）[④]： 3辆T-34——被火炮击毁 2辆T-34——被火炮打瘫
3月4日，兰根哈根： 2辆斯大林-2——被火炮击毁 1辆斯大林-2——被铁拳击毁 另打瘫坦克若干辆
（党卫军）第23炮兵团
3月4日，弗赖恩瓦尔德： 4辆T-34——被火炮（型号未给出）击毁
3月5日，马索夫： 2辆T-34和1辆斯大林-2——被铁拳击毁
3月11日，弗里德里希斯多夫： 3辆坦克（型号不明）——被火炮击毁
（党卫军）第23工兵营
3月2日，巴尔： 2辆T-34——被火炮击毁
3月5日，诺因多夫（Neuendorf）[⑤] 2辆T-34——被豹式坦克击毁（来自弗伦斯贝格师） 1辆T-34和1辆斯大林-2——被铁拳击毁
第25伞兵团
3月2日，雅各布斯哈根： 1辆斯大林-2——被铁拳击毁
3月3日，沃尔特斯多夫： 1辆斯大林-2——被铁拳击毁
3月3日，兰根哈根： 2辆T-34——被铁拳击毁

① 即今天波兰的瓦普尼察（Wapnica）。
② 即今天波兰西波美拉尼亚省的德武盖（Długie）。
③ 即今天波兰的索科利涅茨（Sokoliniec）。
④ 即今天波兰的利索沃（Lisowo）。
⑤ 即今天波兰波美拉尼亚省马谢沃县的雅罗斯瓦夫斯基（Jarosławki）。

续前表

3月4日，赫尔梅尔斯多夫（Hermelsdorf）[①]: 3辆T-34——被铁拳击毁
3月9日，罗尔兴（Röhrchen）[②]: 7辆T-34——被铁拳击毁
3月10日，克里斯汀贝格（Christinenberg）[③]: 1辆T-34——被铁拳击毁
（党卫军）第49掷弹兵团
3月2日，巴尔: 10辆T-34——被铁拳击毁
3月1日，里茨-法尔肯哈根: 5辆T-34和2辆斯大林-2——被铁拳击毁
（党卫军）第48掷弹兵团
3月7日，埃米利恩霍夫（Emilienhof）: 1辆T-34——被反坦克炮击毁 2辆T-34——被铁拳击毁
3月8日，克里斯汀贝格火车站: 2辆T-34——被铁拳击毁
3月9日，克里斯汀贝格: 3辆T-34——被铁拳击毁
3月10日，克里斯汀贝格: 2辆T-34——被铁拳击毁
3月11日，在奥伯霍夫（Oberhof）[④]: 2辆坦克（型号未知）——被铁拳击毁
党卫军第503虎式坦克连[⑤]
3月4日，弗赖恩瓦尔德: 2辆T-34——被虎王坦克击毁
3月5日，马索夫: 3辆T-34和3辆斯大林-2——被虎王坦克击毁
（党卫军）第21装甲掷弹兵团
3月9日，吕布津（Lübzin）[⑥]: 2辆T-34——被帕施装甲营击毁
3月9日，克里斯汀贝格: 1辆T-34
沙赫特团级集群（Rgts.Gruppe Schacht）
3月11日，奥伯霍夫: 2辆坦克（型号未知）——被铁拳击毁

面对进攻，德军被迫重新评估局势。集团军群作战处的哈纳克中校报告说，由于苏军的进攻，埃伯斯瓦尔德-昂格明德-菲迪霍夫的现有防线已经

① 即今天波兰的纳斯塔辛（Nastazin）。
② 即今天波兰的鲁尔卡（Rurka）。
③ 即今天波兰的大克里尼斯卡（Kliniska Wielkie）。
④ 即今天波兰的普西采（Pucice）。
⑤ 可能指党卫军第503重装甲营辖下的某个连。
⑥ 即今天波兰的卢布奇纳（Lubczyna）。

“过时”。鉴于斯德丁和沃林之间已濒临战区，他建议从埃伯斯瓦尔德–昂格明德向北逐渐构建新防线，并尽量利用自然地貌。该防线将穿过上于克尔湖（Oberucker lake）和下于克尔湖（Unterucker lake）东岸，然后沿着斯德丁潟湖西岸一直伸向佩讷河（Peene）西岸。在北部，该战线将由第1伞兵补充与训练团和党卫队全国领袖护卫营占据，在普伦茨劳南部的帕斯沃克（Pasewalk）将部署新抵达的第600（俄罗斯）步兵师。另外，所有警戒单位也将投入这条战线。[94]

由于缺乏增援，希姆莱稳定第3装甲集团军前线的设想注定将沦为泡影。在苏军的逼迫之下，其下属部队只能向斯德丁以南的狭窄桥头堡撤退。同时，波罗的海沿岸的科尔贝格正遭到苏军的围攻，当地的几个“移动口袋”也即将遭遇灭顶之灾。

“移动口袋”

面对苏军的进攻，冯·特陶军级集群、党卫军第10军（不久改名为克拉佩军级集群）和蒙策尔集群陷入孤立，并被夹在了2支向北朝波罗的海沿岸突进的苏军装甲部队之间。其中，冯·特陶军级集群由党卫军第33查理曼掷弹兵师一部、党卫军第15（拉脱维亚）掷弹兵师、拜尔瓦尔德师、波美拉尼亚师、荷尔斯泰因装甲师和第104装甲歼击营①组成。蒙策尔集群包括党卫军第33查理曼掷弹兵师的剩余单位、第5装甲歼击营和2个警备营，这些部队后来都被冯·特陶军级集群吸收。党卫军第10军则包括第5猎兵师、第402特别师师部、第163步兵师、2个国民突击队营、第100骑兵补充与训练营以及第951工兵设障分队。[95]他们从当地的农场和村庄中征集了去年收获的农产品，但汽油和弹药始终没有着落。

3月8日，冯·特陶军级集群经过6天步行抵达波罗的海沿岸，其间穿过了近卫坦克第1集团军的北上路线。当抵达海岸时，该集群共有大约25000名士兵和向西逃难的平民，但没有反坦克炮和坦克随行。[96]3月9日，其指挥官冯·特

---

① 此处有误，应为第104装甲歼击旅。

陶在无线电中要求轰炸3个村庄，扫清西行之路上的苏军。为了确定苏军的确切位置，德军派出了侦察机，侦察兵向冯·特陶报告，这些村庄内没有敌人，全部是德国难民，因此不能空袭。[97]看到海岸一带的道路似乎依旧畅通，冯·特陶让疲惫的部下做好准备，以便向西作最后一击。但在3月10日，侦察兵在出发线附近发现一支强大的阻击部队（来自苏军的第3突击集团军），这迫使冯·特陶再次向空军求援。[98]（参见地图17）

克拉佩军级集群（党卫军第10军）则在更西面朝朗根贝格（Langenberg）①桥头堡（位于珀利茨对面）撤退。该桥头堡位于达姆施湖（Dammscher See）以北，由党卫军上尉海因茨·于尔根斯（Heinz Jürgens）率领的党卫军第4警察装甲侦察营驻守。该营的上级是福格特少将，之前，这位将军刚刚率部从阿恩斯瓦尔德撤离（关于桥头堡的详细信息，读者可参见本书第八部分“福格特战斗群”一节的“作战综述”部分）。克拉佩军级集群的大部分部队在冯·特陶之前（即3月7日）抵达了德军阵地，并且状态良好，但另一些只能在白天躲避苏军巡逻队，入夜之后才悄悄前进，经过数周才辗转抵达己方前线。

德国空军的一份报告显示，他们做好了支援准备，只要条件允许，就会把物资运往被围部队。

主题：对党卫军第10军的空运行动，1945年3月5日至6日

1945年3月5日14点15分

克莱斯（Kless）总参谋部上校和施廷佩尔少校发自维斯瓦河集团军群，接听人为第6航空队司令部驻当地指挥部的负责人施密特（Schmidt）上校，第6航空队司令部的策尔（Zähr）少校后来也加入了通话。

“党卫军第10军急需燃油，必须全力空运。”

根据与维斯瓦河集团军群参谋部、第6航空队司令部及后者驻当地指挥部的讨论，空军立刻投入了12架配有空投设备的Ju-52运输机。在施廷佩尔少校和

① 即今天波兰西波美拉尼亚省的施维耶塔（Święta）。

策尔少校的后续讨论中，他们对空投提出了以下要求：

1. 请尽快指明空投地点，

2. 应在空投地点设置标记

20点05分，致施廷佩尔少校的无线电报

无法用无线电联络党卫军第10军。如果成功，请立刻通知。

1945年3月6日14点40分，发自施廷佩尔少校

未能与党卫军第10军取得无线电/电话联系。

与特陶战斗群取得了联络。

空运很快开始。

17点10分，发自施廷佩尔少校

将为特陶战斗群提供空运，地点在盖格利茨（Geiglitz）①西端的“5419”地区。

预计出动16架Ju-52，共装运8立方米汽油、0.6立方米柴油，其余为弹药。

17点55分，发自施廷佩尔少校

空运时间和其他导航信息已发送给特陶战斗群。

21点整，发自施廷佩尔少校

特陶战斗群来电：“不要在今天空运！”对方没有给出任何理由。[99]

第3装甲集团军、维斯瓦河集团军群和陆军最高司令部从未忽视冯·特陶军级集群的处境，但具体看法存在分歧。3月11日，金策尔代表拉默丁发布了一份文件，题为“对第3装甲集团军后续行动的指示”。[100]其中提到，由于近卫坦克第1集团军已调往第2集团军的西翼，苏军对奥得河的进攻明显变弱了。在这种情况下，第3装甲集团军应当扩大和巩固奥得河东岸的桥头堡，并尽力持续进攻，从而杀伤苏军、削弱其战斗力，干扰对方的后续攻势。为此，第3装甲集团军应致力于在奥得河和斯德丁潟湖以东建立防线，确保斯德丁与东部

① 即今天波兰的伊格利采（Iglice）。

其他港口（如但泽、戈滕哈芬、柯尼斯堡和库尔兰各地）的海上联络。具体而言，他们应：继续投入装甲部队，在南翼发动攻击，阻止苏军抵达马杜湖；防止苏军割裂斯德丁以东的桥头堡；守住斯德丁桥头堡的北部——朗根贝格桥头堡——斯维内明德以东的防线，避免斯德丁潟湖以东的局势恶化。而且颇为异想天开的是，他们相信一旦冯·特陶军级集群返回，就可以投入战斗，并将战线向东延伸到迪夫诺夫附近。在当时的形势下，这完全是天方夜谭——显然，希姆莱对这些深陷敌后一周之久的士兵有太大幻想。在穿越西波美拉尼亚之后，他们疲惫不堪，缺乏食物、汽油和弹药，需要时间重整旗鼓。此外，虽然有迹象显示德军试图派遣元首掷弹兵师和第20装甲掷弹兵师增援斯德丁南部桥头堡，但有趣的是，没有迹象表明希姆莱打算解围——最后还是古德里安做了干预。

3月11日15点50分，陆军最高司令部的施瓦茨（Schwarz）少校致电艾斯曼，并提到了古德里安的建议，即使用沃林岛上的2个陆军营攻击苏军防线，与冯·特陶军级集群取得联系。艾斯曼回答说，他们已经从沃林抽调2000—3000人前往迪夫诺夫桥头堡（当地有大量难民），同时，他相信冯·特陶军级集群的侧翼可以挡住苏军，因为他们有袖珍战列舰“舍尔海军上将”号（Admiral Scheer）精准的火力支援——也正是因为这些，他们没有必要继续从沃林抽调解围部队。[101]3月11日，冯·特陶军级集群的第一批士兵抵达了迪夫诺夫桥头堡，一共有1名军官和50名士兵。[102]还有更多人员紧随其后。

3月11日，冯·特陶军级集群朝苏军在海岸沙丘一带的封锁线发动攻击，最终在13日抵达了迪夫诺夫附近的德军防线，并开始向最终目的地——卡敏以北的弗里佐（Fritzow）①前进。在尝试抵达德军战线期间，第3装甲集团军的联络官提供了极大帮助——几天前，他乘飞机跳伞加入了被围部队，[103]随后一直与指挥部保持着联系，帮助被围部队、主战线和空军飞机减少了很多误击。当天16点整，第3装甲集团军的新司令——哈索·冯·曼陀菲尔（Hasso von Manteuffel）装甲兵上将（劳斯已在3月11日被撤职）与艾斯曼通了电话，其

① 即今天波兰西波美拉尼亚省卡缅县的沃尔佐索沃（Wrzosowo）。

中提到德军正在陆续进入斯维内明德。艾斯曼报告称，冯·特陶的部队、第5猎兵师和荷尔斯泰因装甲师“状态大体良好”，但由于在穿越西波美拉尼亚期间混合了大量难民，其兵力尚无法查明。党卫军查理曼旅一共有大约300人返回，而最强大的则似乎是仍有1000人的党卫军第15（拉脱维亚第1）掷弹兵师——总的来说，这些部队的战斗价值已微乎其微。艾斯曼表示，也许他可以从次日的参谋会议上获知更多细节。另外，他们还与德国海军达成一致，以便用船只把一些部队运往新瓦尔普（Neuwarp）①，以便在斯德丁以西安排休整，之后再送回前线。[104]

2天后，艾斯曼如约提交了一份报告，并盘点了冯·特陶军级集群的人数，其中显示，有超过10000名士兵成功返回了德军战线。

与此同时，克拉佩军级集群（党卫军第10军）的士兵们也接二连三地抵达了朗根贝格桥头堡。这支部队的参谋长是党卫队旗队长兼秩序警察上校赫伯特·戈尔茨（Herbert Golz），因为在突围期间的表率作用，他在5月3日获得了骑士十字勋章。3月14日，第5猎兵师的师长弗里德里希·希克斯特（Friedrich Sixt）中将率领20名军官和250名士兵抵达[105]——直到苏军打响波美拉尼亚攻势的近4个星期后，还有一些人断断续续地回到了己方阵地。其中一支部队是在3月24日抵达的，包括608名士兵和40名平民。[106]至于第3装甲集团军的其余部队则继续防守着斯德丁和阿尔特达姆桥头堡之间的狭窄区域。

禁止擅离前线

奥得河前线的许多士兵来自附近的乡镇。他们大多在1、2月间被国防军最高统帅部征集起来，编入全新的国民突击队和训练单位。除了把守后方警戒线，他们将继续接受武器和战术训练，并在苏军突破时充当快速反应部队。这些士兵可以在星期天休息，步行返回所在乡镇，然后在晚上归队。尽管在波美拉尼亚，局势已一败涂地，但上述情况仍然照常，因此，希姆莱在一份文件中表达了担心。

---

① 即今天波兰的新瓦尔普诺（Nowe Warpno）。

党卫队全国领袖

致：

党卫队地区总队长菲格莱因

柏林

亲爱的菲格莱因！

党卫队高级地区总队长施泰因纳向我提出了以下建议，我再次请求你向元首汇报：

我不久前曾告诉你，“军务差旅”现象触目惊心，绝对有必要做出限制！施泰因纳建议在国防军、警察、托特组织和帝国劳工组织中全面取消这种做法，只有两种情况例外：

1. 因为表现英勇而获得休假——由集团军司令签字批准。

2. 对战争重要的公务旅行——人员由军长指定，将每4周的人数控制在最低，并设置明显标志（如醒目的颜色，每月更换）。其身份证明应由军长亲自签署，人选也将由该军全权定夺。

党卫队全国领袖

1945年3月6日

您真诚的希姆莱，希特勒万岁！

签字[107]

3月13日，希姆莱严厉警告部下，这些驻军“周日回家时，他们的战友正在东面仅几十公里的地方战斗和死去。我建议指挥官和其余军官立刻停止这种做法，否则我将被迫亲自干预。”[108]耐人寻味的是，就在2月初，希姆莱还曾建议部队让士兵轮流离开前线，休整几天。对于人员就地招募的部队来说，这种情况其实是正常现象，另外，有些人回家也可能是为播种做准备。

波美拉尼亚的陷落

3月11日，第3装甲集团军司令艾哈德·劳斯将军被革去职务，并被曼陀菲尔装甲兵上将取代。[109]关于这次领导权变更，我们将在后文中引用曼陀菲尔的记录详细说明。[110]虽然当时距离劳斯上任只有不到1个月，但正是在这个月，德国彻底失去了波美拉尼亚。古德里安在战后回忆录中写道，对于下属每个师的战斗价值，以及守卫的每一寸战线，劳斯都了如指掌，但即使如此，希特勒还是赶走了劳斯，因为他不喜欢这个人。希姆莱对此心知肚明，但还是努力给劳斯写了一封告别信：

亲爱的劳斯大将！

在您就任期间，波美拉尼亚前线出现了严峻形势，并经历过许多危机四伏的日子。但在今天，您离开维斯瓦河集团军群时，请允许我对您的领导表达感激和钦佩。

在告别之际，我谨向阁下和尊夫人致以良好祝愿——在经历了35个月的东线战斗之后，对于您，这些都是当之无愧的。我希望在战争与和平年代，命运会让我们再次相聚——无论是在官方场合，还是作为老战友重新相见。

希特勒万岁！

您的海因里希·希姆莱[111]

在第一次见面时，劳斯给希姆莱留下了良好印象，他对夏至行动的判断也全部得到了应验。也许希姆莱不仅把劳斯视作一名卓越的指挥官，还认为他值得信赖，甚至是榜样一般的存在。

在战后编写的军事研究文件MS D-25/189中，劳斯这样记录波美拉尼亚的陷落，以及他向元首的最后一次报告：

与党卫队全国领袖希姆莱的讨论，以及致元首的报告

主题2 与党卫队全国领袖希姆莱的第二次讨论（1945年3月7日）

在我和希姆莱讨论之后不久，党卫军第11装甲集团军①还是按照希特勒的命令发动了进攻。在取得了些许战果之后，行动在第二天就陷入了僵局，我军损失了不少坦克。

① 党卫军第11装甲集团军是第11集团军的误称。

尽管我曾郑重警告（参见“与党卫队全国领袖希姆莱的首次讨论”），但参加这次进攻的所有党卫军装甲师和装甲掷弹兵师还是被调离了前线，并投入到西里西亚–萨克森地区，完全不顾强大的苏军即将发动反击。

就在前线部队受到了如此无理的削弱之后，我还收到了维斯瓦河集团军群发来的命令：党卫军第11装甲集团军的司令施泰因纳已被解职，我们的指挥部（第3装甲集团军）将接管剩余的薄弱部队，并防守一条漫长的战线。

在2月22日，也就是我就职24个小时以后，苏军以强大的兵力发动了反击。这次进攻也注定了波美拉尼亚的命运。

我军虽然遭受了惨重损失，但部队仍表现出了巨大的勇气，在奥得河沿岸，我们暂时巩固了支离破碎的防线。我再次于3月7日奉命会见希姆莱。这次会面的地点是柏林东北的上利兴疗养院（Hohenlychen Sanatorium），希姆莱当时正在这里养病。我大约15点抵达。我走进房间，希姆莱从床上坐了起来，致以友好的问候，让我在他的床边坐下来。他的副官随后离开了房间，这样只有我们两人独处了。接下来我们的谈话持续了一个多小时。

希姆莱讲道：“您经历过一段非常艰难的日子，尽管遇到了种种阻碍，但还是再次稳定了战线。”

我报告了战斗的过程，并不断提到这样一个事实，上级不顾我的意见，把所有的预备队抽调到了其他战线。就这样，前线的兵力被削弱到了极致，并像我预料的那样，在苏军的反攻中土崩瓦解。

我还继续提到：“在敌军进攻期间，您曾经屡次下令，让我无法根据形势采取行动。比如说，您禁止我们放弃暴露的阵地，朝着湖区一带撤退，那里的地形更有利，阵地更精良，防线也更短。正是因此，我们付出了许多不必要的伤亡，许多部队原本可以成为预备队，但无法得到释放——尤其是在皮里茨、斯塔加德和新斯德丁一带。这些部队原本可以封闭最初的突破口，但在新斯德丁和斯塔加德以东地区，我们根本没有足够的部队顶住压力，导致敌人取得了纵深突破。而我手头唯一的预备队——荷尔施泰因装甲师——是从受攻击的地段抽调出来的，却必须依照您的命令，经由巴布利茨向鲁梅尔斯堡进攻，试图恢复与第2集团军的联系——这项任务根本毫无希望可言。不仅如此，这种做法还空耗了部队的精力，导致其无法投入斯塔加德以东遭遇进攻的关键地段。在那里，第5猎兵师被彻底击溃，四散瓦解，虽然他们英勇抵抗，但面对的是有20倍优势的敌军装甲部队。至于党卫军第10军和冯·特陶军级集群则大部分位于敌军的2个突破地点之间，面临着被包围和歼灭的危险。由于这2个军岌岌可危，我曾经连续5天告急，而且一次比一次迫切，最后差不多是乞求，希望允许我在夜间把可能被包围的部队撤出来，否则他们会白白牺牲。即使是这样您都没有允许撤退，还强调要把所有主要军官送上军事法庭。结果，除冯·特陶军级集群的一些单位成功突围外，其他部队在第5天都被俘了，导致奥得河以东的波美拉尼亚地区迅速沦陷。只有在奥得河畔，本集团军的其余部队才设法组织起来，占领了阵地，暂时取得了防御胜利。在海军和空军地面战斗部队的支持下，我们的步兵本来是可以守住奥得河东岸的一些关键桥头堡的。

在2个军被包围之后，党卫军第10弗伦斯贝格装甲师奉命从西里西亚回援，负责恢复与第2集团军的联络。当时，第2集团军已被挤压到但泽–戈滕哈芬附近的一小块区域，在进攻中，弗伦斯贝格装甲师必须穿过被敌军装甲和步兵部队重重把守的波美拉尼亚地区。这个不可能完成的任务证明您和最高统帅部对局势的判断究竟错误到何种程度。而且在最为绝望的时候，您的司令部也没有派人告诉挣扎中的第3装甲集团军，为什么上级还在用不近人情的命令和威胁，向我们提出完全不切实际的要求。”

希姆莱严肃而专心地听取我的报告，然后回答：“我知道，你了解波美拉尼亚前线的危机，并且很有先见之明。”

我回答说：“这根本不是什么‘先见之明’。我认为任何一个有经验的集团军司令官都会对态势做出同样的判断，而且也会提出同样的建议。”

希姆莱回答说：“我每次都同意您的意见，并且向陆军总司令部做了转达，但是元首有不容置疑的权力，而且他总是断然拒绝，并且严厉的责骂我。”

“正如您在初次讨论承认的那样，”我说：“我们在为人民而战，这也是元首的责任所在，但这种行动完全违背了人民的利益。”

希姆莱赞同道：“你是对的，但是元首认为他的决定是正确的，因此要求不折不扣地执行命令，还容不得任何反对意见。”

我提高了声音回答道："但是如果您有不同看法，还是不应该就此放弃。否则结局必然是一场灾难。"

希姆莱回答说："冷静点。转折很快就会到来，我们将赢得战争。"

"这对我来说根本说不通，我不同意。"我说。

希姆莱点了两杯茶和面包卷，然后问了我一些细节，我们的部队是如何勇敢战斗并且坚决执行命令的。他向我解释，无论是自己还是元首对这些细节都非常感兴趣，因为那些战斗报告通篇都是陈词滥调，根本了解不到事实。我向他讲述了许多事情，大都是波美拉尼亚战役期间的亲身经历，证明了部队勇气和自我牺牲精神。这些事件也被记录在我1945年3月8日给元首的报告中，希姆莱仔细聆听，并显得异常兴奋。听完我对战斗的描述后，希姆莱坐在床上，紧紧握着我的手，热情地喊道："那太好了。你应该亲自向元首报告！你准备好了没有？"

我赞同道："没有问题。事实上，我已经准备向您要求，允许我向元首本人汇报波美拉尼亚的战斗。"

当着我的面，希姆莱立即给元首大本营打电话，要求和希特勒通话。只过了两三分钟希特勒就接了电话，他的声音听起来单调而疲倦，不过我听得还是很清楚。

希姆莱说道："我的元首，第3装甲集团军的指挥官在我旁边，刚才详细报道了波美拉尼亚战役。这份报告非常有趣，您应该亲自听听。我可以让这位将军过去吗？"

希特勒回答道："是的。让他明天来。我明天下午将举行一次会议，我的所有高级幕僚也将参加。他们也可以同时听取这些汇报。"

"非常好，他什么时候去？"希姆莱问道。

希特勒回答说："明天16点整到地堡。他可以在会后做报告。"

"很好，"希姆莱说："这位将军会准时抵达。"

这结束了希姆莱和希特勒之间的对话，也结束了我与希姆莱的讨论。

主题3 1945年3月8日，向元首报告

（以下内容来自回忆）

前言

按照在上利兴与希姆莱会面时后者在电话中与元首的约定，3月8日，我从斯德丁的指挥部（炮兵兵营）驱车出发，前去向希特勒汇报波美拉尼亚的战局，并在16点抵达帝国总理府。汇报是在元首地堡中进行的，其位于帝国总理府附近的一个小花园内。

一名党卫军军官反复核实我的身份，然后护送我经过一道长长的楼梯走进了宽敞的门厅，进入了幽深的地堡。门厅两边有很多会议室和办公室。这些房间是用白色和橄榄绿色的砖墙修葺的，灯光明亮，陈设简单。而此时参加会议的许多将军聚集在元首办公室门口。我过去和他们寒暄了几句，这时候一个党卫队一级突击队大队长到我面前，要求我跟他过去。他带我进了旁边的一间房间，礼貌地告诉我说要进行全身搜查。我抗议说我是第3装甲集团军的司令官，奉命来此觐见元首，而且身份已经被反复核实过了，但这并没有用。他搜查了我的口袋和衣物。接下来我被允许回到走廊里和其他将军一起等待会议召开。

将官会议

会议开始后，希特勒的一些幕僚走进旁边的房间，我则和其他一些列席会议的军官一起旁听。会议的主要议题是过去几天的战况，并有地图作为辅助手段。内容首先是西线，随后是东线，讲解者则是相关指挥机构的参谋长。元首坐在桌子旁边，俯身凝视着地图，目光跟随着行动简报涉及的地方。其他大多数与会者则站着听取报告。希特勒只是偶尔发表一些反对意见，而且在一开始并没有追究技术细节。然而据我所知，虽然战术局势已极端危急，西线盟军已渡过了莱茵河，东线苏军则在向西里西亚和匈牙利挺进，但这次会议并没有深入研判局势，也没有人提出建议，更没有做出任何决定。

在会议结束之后，希特勒和国防军各个战线的指挥官以及他的一些贴身人员仍然留在会议室，其余人都走了。不久之后，我被召进会议室，向元首做报告。

向元首报告

除了希特勒之外，在场的人还有帝国元帅赫尔曼·戈林、陆军元帅威廉·凯特尔、海军元帅卡尔·邓尼茨、约德尔将军、古德里安将军、帝国领袖（Reichsleiter）马丁·鲍曼、步兵上将布格多夫（Burgdorf），还有他们各自的参谋长。他们围坐在长条桌旁边，桌子上是地图。我走进元首向他敬礼，然后递给他两张战场地图。第一张是显示2月13日以后党卫军第11集团军（司令：党卫军上将施泰因纳）的部署，以及我和希姆莱第一次谈话时对苏军进攻的判断。第二张是苏军白俄罗斯第2方面军对该集团军区域内的进攻——不久前，我的第3装甲集团军司令部刚刚接管了该地段的指挥权（见草图1和草图2）。

希特勒戴着眼镜，用不信任的神态眨着眼，好像在嘟哝着“这根本不应该发生”。他用发抖的双手打开地图，不时互相对比。在看完之后希特勒了解了我这次报告的内容。现在，我注意到，自己面前是一个身体很差、恼怒和多疑的人，我几乎都不认识了。现在的阿道夫·希特勒更像是一具冢中枯骨，但这样的人却掌握着德国人民的命运，这让我被深深震撼。

他没有回礼，而且情绪很坏，只说了一句：“继续！”

介绍防御准备

我在开头指出，在我从党卫军上将施泰因纳手中接过第11集团军时，距离苏军大举进攻只有24小时，对于问题丛生的防御计划，我根本无法做出重要改变。更让我头痛的是，在上任时，我根本没有任何预备队，因为在施泰因纳进攻受挫之后，上级便把所有装甲师从前线调到了其他战区。但在这几个小时的时间里，我仍然试图沿着一条比较狭窄的前线重组第5猎兵师（该部是整个集团军里进攻能力最强的部队），并将其部署在斯塔加德以东的纵深地带，即战斗的焦点所在——在坦克、反坦克防御以及集团军炮兵主力的支援下，即便面对苏军强大的攻势，该师至少能暂时守住前线。在正式就任以前，我还下达了在集团军后方地域密集布置反坦克障碍的命令。这片区域森林和河流密布，可以很好地阻挡装甲部队。几天之内，热情的纳粹党员和当地居民就在各个桥梁、村庄出入口、乡间小路，以及通往森林或沼泽地带的高速公路道路出入口开始布置障碍物，勇敢的国民冲锋队负责警戒，后者都接受了使用铁拳火箭筒的训练。另外，配备了反坦克武器的士兵则集中起来，准备以自行车和摩托车为工具，一面进行机动部署，一面构建支撑点。整个民用电话网络都被用于传递坦克警报，以及保证封锁区与军事当局的联络。我们只用了很短一段时间，就给整个波美拉尼亚地区罩上了密集的反坦克障碍网。这是为了避免苏军进攻突破后进入我军纵深，或者至少延缓苏军的攻势。

这些措施效果良好，我将在随后举一些例子详细描述。不过要想成功抵御敌军的大规模攻势，这些措施还远远不够。

形势和兵力

在我的指挥部接管第11集团军时，该集团军的一个下属单位是党卫军第3装甲军，其辖下是3个党卫军装甲掷弹兵师。在之前那次失败的进攻中，它们的实力都被大幅削弱了。该集团军还包括党卫军第10军，该军位于前线中段，拥有2个装甲掷弹兵师；右翼是霍恩莱因军（Korps Hörnlein），其中有斯德丁军区的补充部队和1个空军野战师（作为地面部队与陆军并肩作战）；而该军左翼是冯·特陶军级集群，其下属的拜尔瓦尔德师由格罗斯伯恩（Grossborn）和哈默施泰因训练场的教学单位组成，而第2个师——波美拉尼亚师则包括几个国民掷弹兵营，以及由工程营、测绘营和海陆空三军人员组成的补给单位。波美拉尼亚师既没有通信营，也没有火炮，更没有反坦克武器。其中的几个团是仓促组建的，缺少团长和营长，后来我在高速公路上拦下了几位从库尔兰集团军群休假回国的军官，用专车送到已经投入作战的部队，才解决了这个问题。波美拉尼亚师占据了一片斜交阵地（switch position），位置从集团军的左翼垂直延伸到最前线（即波兰人修建的旧波美拉尼亚防线）。

这240公里长的防线上共有5个师和70辆坦克，每个师的防线长度大约有36公里。在这条战线上——

每公里有1门火炮

每公里有1挺重机枪

每公里有2挺轻机枪

每公里有40名士兵

每2.5公里有1门反坦克炮

每4公里有1辆坦克

每6公里有1个营

而在这条防线正面，敌军集中了——

3个坦克集团军，包括5个坦克军

5个步兵集团军，包括15个步兵军和1个骑兵军

换言之，我的集团军需要用4个军和70辆坦克面对敌方的8个集团军和

1600辆坦克。

说到这里时，希特勒用批判的语气打断了我："敌人根本没有1600辆坦克，只有1400辆坦克"。我指出苏军除了8个新组建的坦克军或机械化军之外，还有配属给骑兵军的独立装甲部队。希特勒点了点头，再没有打断我的报告。

战斗过程

接着我开始介绍波美拉尼亚战役中的战术行动："从前任指挥官给我的敌军动向，以及过去24小时的观察，我得出结论，敌人即将发动全面进攻。最初，我们在2个地段（即与第2集团军的交界处和斯塔加德以东地区）观察到了准备进攻的迹象，后来在斯德丁以南的1个地点（格赖芬哈根）也有类似的情况。在斯塔加德以东，苏军正在大举集结坦克和步兵部队。在过去几天时间里，新斯德丁东南地区（紧邻第2集团军防区）的苏军也在积极实施侦察，但是其行动后来停止。在这些行动中，我们俘获了一些苏军指挥的波兰人，这种情况加上前线相对平静的事实，让我猜测眼下可能不会遭遇大规模进攻，左侧友邻部队（第2集团军）也没有观察到其右翼前方有任何令人警惕的敌情。

然而，到1945年2月22日中午，我突然从左翼部队收到一条消息，声称苏军已经突破了其、第2集团军友邻单位（党卫军查理曼师）的阵地，敌军坦克正在向西北的施泰格斯（Stegers）[①]快速推进。当天下午，大约15辆苏军坦克从第2集团军区域内驶来，出现在巴尔登堡（Baldenburg）[②]郊区——当地位于第3装甲集团军左翼后方35公里。这些坦克随即被守备反坦克障碍的波美拉尼亚师所部阻挡，其中3辆被击毁。苏军在当晚大举增兵，并在2月23日一早投入35—40辆坦克以及1—2个摩托化步兵营再次向巴尔登堡袭来，迅速击溃了由60名建筑工兵和海军测绘人员组成的卫戍部队，突入了我军在当地的斜交阵地，随后小心翼翼地朝巴布利茨方向推进。少数负责保护反坦克障碍的守备部队（波美拉尼亚师的后勤单位）在机动反坦克分队的配合下，从附近的森林中出击，成功袭击了进攻的苏军。见状，苏军并未再度攻击，而是退到了可以用

① 即今天波兰的热切尼察（Rzeczenica）。
② 即今天波兰的比亚维布尔（Biały Bór）。

火力覆盖当地火车站的地方。直到2月24日，这股苏军才进入巴布利茨北部城区，并且在激战后夺取了火车站。在这次战斗中，我军用铁拳大约击毁了16辆苏军坦克。与此同时，苏军还调集重兵，试图支援这支前锋部队。在他们的压迫下，本集团军友邻部队［党卫军查理曼师和党卫军第15（拉脱维亚）掷弹兵师］的左翼前线被贯穿，其残部只能向我集团军境内撤退。这些情况让我手下那些仓促组建的部队惶恐不安，特别是原本就士气低落的波美拉尼亚师。另外，苏军还紧随着德国难民攻入了新斯德丁，占领了火车站（大约在我军战线后方20公里），只有在激烈的巷战之后才被击退。

由于第2集团军和途经鲁梅尔斯堡奔赴前线的部队（第7装甲师和一些步兵单位）未能阻止苏军在施泰格斯的突破，越来越多的苏军部队涌入突破口，深入本集团军的侧翼。我的侧翼因此遭到了苏军的包抄，不得不向新斯德丁撤退。苏军在新斯德丁和巴布利茨之间的压力越来越大，其先头坦克部队更是从巴布利茨出击，直扑科斯林以东的高地，彻底切断了我部和第2集团军的联系。此时命令要求我们投入刚刚调离斯塔加德以南前线的党卫军第10弗伦斯贝格装甲师，从巴布利茨以南地区向鲁梅尔斯堡进攻，重新打通与第2集团军的联系。由于该师实力太弱，再加上沿途植被茂密，这次行动最终失败——尽管最初略有小胜，但该师还是在优势敌军的压迫下节节后退。随后，该师一直处在被牵制的状态。更不幸的是，该师还是我集团军东翼唯一的预备队，这导致3月1日苏军在斯塔加德东面发动主攻时，该师根本无法投入当地的防御。

在当地，经过猛烈炮击，一支规模可观的苏军坦克部队突入了第5猎兵师4公里宽、6公里深的防线。这支位于纵深的部队凭借自身兵力暂时挡住了苏军的攻势，而且并未和左右两翼的友军失去联系。但在次日，庞大的苏军坦克部队仍然在法尔肯堡和德拉姆堡之间突破了该师的防区，其左翼的党卫军第3装甲军和右翼的党卫军第10军也被迫后退，整个前沿门户洞开。之后，苏军坦克几乎畅行无阻，而且进攻速度飞快，次日便出现在我指挥所以东8公里的雷根瓦尔德附近，我们甚至还没有转移。在突破口，强大的步兵部队也紧跟着蜂拥而来。同时，敌军也在巴特波尔津方向取得了进展，并夺取了新斯德丁。只有我军西翼部队击退了苏军在格赖芬哈根和皮里茨（之前当地曾多次被围）之间的攻势。在北线，苏军无情地向前突击，经过几天的战斗后夺取了科斯林，其坦克先头部队正在威胁科尔贝格。而在南面，苏军坦克部队也在试图向这座被指定为“抵抗中枢”的城市推进。各军的前线都已被洞穿，而且侧翼正在遭到敌军的持续压迫。”

其间，希特勒一直在看着地图，注视着我报告中提到的地区，他突然用迟疑而平静的语调打断我：“现在我们已经通过战术报告了解了你和整个集团军群在战役中的处境，现在请告诉我指挥官和部队在战斗中的表现。”

当时，希特勒以及其他听众肯定已经意识到，我接下来要讲述的是党卫军第10军和冯·特陶军级集群被围歼的情况（详见我提交的与希姆莱第二次交谈的报告），以及其中的原因所在。

但这场悲剧必然要归结于那条由希特勒下达、并被希姆莱转发的命令，而且对于这道命令，我曾经表示反对。在介绍被打断之后，我便无法畅所欲言，更无法陈述那条当时由他亲自下达的指示。另外一件事情也可以证明我的猜测，对于波美拉尼亚战术形势的报告，希特勒肯定非常熟悉，他此前应该在集团军报告中看到过相关情况，并清楚自己的命令究竟怎样影响了战局。

在遭遇这个意外之后，我列举了很多很小的战例，以证明我军官兵的表现。这可能是回答希特勒关于“我军官兵战斗表现如何”的最恰当答案。

英勇的例证

1.1945年2月22日，苏军坦克在施泰格斯以南取得了突破，突然出现在巴尔登堡郊外。该镇两端都有反坦克障碍，它们之间有一定距离，而且为了保持交通通畅，所有障碍没有被完全封闭。突然在镇南守卫障碍的哨兵发现了有辆苏军坦克正在全速冲过来。这个哨兵迅速试图把沉重的原木推进阵地。但是他没有成功，敌军坦克一边开火，一边冲进镇内。第2辆和第3辆T-34试图跟进，但在最后一刻，这个只有3人的警戒哨冒着坦克火力，成功封闭了障碍。但这2辆T-34中的第一辆并未善罢甘休，试图碾过障碍，结果被一发铁拳击毁，一名步兵又发射了第2发铁拳，击中了第3辆坦克并使其丧失机动能力。与此同时，另外1个建筑营的士兵也用铁拳击毁了冲进城中的T-34。当这几辆坦克所在的部队发现友军的下落之后，便立刻停止了进攻，并四散隐蔽在附近的森林中。就这样，这些五十多岁的士兵凭借着冷静与英勇，顶住了苏军先头15辆坦克的推进，为巴尔登堡的少数守军赢得了时间。

这些成功的铁拳射手是有生以来第一次目睹苏军坦克，但仍然击毁了这些目标。由于上述功绩，他们被授予了二级铁十字勋章。

2.在突破我军的斜交阵地之后，上面提到的那支苏军坦克部队在巴尔登堡附近获得了一定的增援。波美拉尼亚师的虚弱部队遭到苏军摩托化步兵的进攻，但仍然坚守着阵地，只有坦克在我军阵地上打开了一条极为狭窄的通道，而且该通道也曾被守军多次封闭。就这样，苏军对巴布利茨的坦克攻击遭到了挫败，这也是他们虽然兵临城下，但依旧踌躇不前长达2天的原因。另外一个因素，是我军在森林中的机动反坦克分队不断展开袭扰，让他们无法稳定局势，这些反坦克分队配备着铁拳和磁性反坦克地雷，在2月23日摧毁或击伤了大约16辆坦克，第2天又毁伤十余辆。苏军向科斯林的坦克攻势就此被遏制，而我军则意外地在1辆坦克上发现了地图，上面是苏军接下来的进攻计划。

3.为了拓宽突破口并且掩护巴尔登堡附近坦克部队的南翼，苏军一支步兵部队在3辆T-34的掩护下转向西南，夺取了比绍夫图姆（Bischofthum）①，还向卡西米尔斯霍夫（Kasimirshof）②推进。守备这座小镇的是大约20名建筑营士兵，为首的是一个士官，他因为受过重伤，所以临时负责指挥高速公路的修建人员。除了步枪之外，这支小部队连机枪都没有，士官本人也只有2具铁拳。

注意到敌军接近之后，他冷静地下达命令："所有人都在村外的散兵坑里寻找掩护，并且把3辆坦克放过去不要开火。我会对付这些坦克。瞄准后边的步兵打，距离大约在500米，不要让他们进村。我会在镇里主要街道的房子里等坦克过来。"几分钟之后，苏军坦克排成纵队，小心翼翼地保持间隔，驶入了村庄。士官用铁拳击毁了末尾的坦克，而第2辆坦克转头向民居冲了过来，因为坦克车长认为攻击者藏身于此。但是这个士官借助灌木丛的掩护摸了上来，在很短的距离上再次开火，使用第二发也是最后一枚铁拳将其击毁。而此时先头坦克发现2辆坦克已被消灭，只能从旁边的一条小巷逃出小镇。此时，后边的苏军步兵被守军的火力压制，也跟随坦克撤了下去。这位勇敢的士官和部下还发动了反击，夺回了比绍夫图姆。在战斗中，士官又受了重伤。

---

① 即今天波兰西波美拉尼亚省的比斯库皮采（Biskupice）。
② 即今天波兰西波美拉尼亚省的卡齐米日（Kazimierz）。

这次战斗经历是他的营长在急救站亲自跟我讲述的，有很多这次战斗的伤员当时也在场。

4.2月25日，德国空军侦察部队报告有大约22辆苏军坦克在位于科斯林东南25公里的地区。一支包括60名反坦克步兵的分队立即出发，从森林中接近该村。晚上，一个侦察巡逻队借助夜幕的掩护钻进村子，弄清楚了苏军坦克的位置。侦察过程中，他们发现一所房子露出微光，苏军军官正在共进晚餐。我军侦察兵摸上去猛地拉开窗子并投入一枚手榴弹。以此为信号，反坦克步兵迅猛地冲进了村子，一阵猛攻使苏军坦克部队惊慌失措。短暂的战斗之后，苏军坦克有多辆被毁，其他坦克迅速撤了出去，此后的两天我军一直控制着这里。不久之后，我在科沙林亲自和这些勇敢的反坦克步兵通了电话。

5.党卫军第10弗伦斯贝格装甲师的侦察营最近才抵达前线，整整3天，他们在突击炮的配合下，挡住了苏军坦克对雷根斯瓦尔德和普拉特附近的进攻，保护了从科尔贝格向西撤退的平民队伍。

此后，这个营又在格赖芬贝格遏制了苏军的行动，阻止了苏军向斯德丁潟湖的推进。他们顽强地坚守阵地，直到被包围。然后拼尽最后的力量从苏军坦克群中杀出一条道路，返回我军战线。

6.3月初，苏军一支坦克部队突然出现在斯德丁通向东方的公路上，明显是想用这条最优质的公路向斯德丁快速突进。我军没有时间设置障碍，只有少数掩护部队。这支小分队的勇士们被包围了，遭到了苏军坦克从各个方向的攻击。他们使用铁拳和1门反坦克炮（后来被击毁）阻止了苏军的进击。在鏖战中，这支部队的兵力越来越少。当我军的虎式坦克出现时，他们已经经历了两个小时众寡悬殊的激战，最终苏军放弃了进攻计划。这次战斗击毁了6辆苏军坦克，而公路仍在我军手中。

7.为了阻止我军在阿尔特达姆以东建立桥头堡，苏军坦克试图从北向南，经过戈尔诺进攻党卫军第3装甲军后方。斯塔加德–斯德丁一线的公路和铁路两侧因此爆发激战。当时，有一个得到加强的装甲掷弹兵团位于戈尔诺以东，他们与敌军激烈争夺该城和火车站，避免了灾难的发生。在一天多的拉锯战结束后，苏军有多辆坦克被击毁，我军也损失惨重。敌军坦克一开始突入了火车站，突破了我军炮兵阵地，在这里，我军炮兵战斗到最后一发炮弹。整整2个炮兵连在英勇的战斗中全部损失，但是他们的牺牲保证了整个装甲军的安全。

8.冯·特陶军级集群的部队仍然在雷根斯瓦尔德附近的包围圈中奋战，给敌人的行动造成了很大的麻烦。3月6日，我们重新和这个军建立了无线电联络，命令他们转向北面，抵达科尔贝格以西的海岸，然后沿着海岸向西前进，抵达迪夫诺夫桥头堡。昨天，该部队成功突围到海湾。在此期间，我们的命令只能通过1架菲泽勒鹳式联络机传达，该机为此必须绕行波罗的海。这支部队有望在几天内抵达迪夫诺夫桥头堡。（需要说明的是，3月12日，也就是在我向元首汇报之后，冯·特陶军级集群抵达了目的地，其中有大约20000名士兵和30000名难民，以及这些难民在行动中乘坐的车辆）。

9.昨天（3月7日），34辆苏军坦克突入迪夫诺夫桥头堡，试图夺取由海军人员守备的大桥。这些海军人员接受了铁拳的使用训练，并且由集团军的反坦克军官指挥，他们既没有反坦克炮也没有远程火炮，除了新式的铁拳之外，只有步枪和少数机枪。他们就是靠着这些武器在激战中摧毁了33辆苏军坦克，阻止了其攻势。一辆苏军坦克已经开上桥头，结果连同大桥一起被炸毁。

10.就在我来之前，我的参谋长向我汇报了这样的事迹：今天，同一批海军人员击退了苏军对桥头堡的另一次攻势。当时有36辆苏军坦克呈梯次阵形逼近，这些年轻的水兵因为前一天的胜利而士气大振，还没等这些苏军坦克接近阵地就跳出了工事，从各个方向朝这些坦克开火。尽管本身也遭受了伤亡，但水兵们仍然猛冲向前，直到苏军坦克进入铁拳的射程。很短的时间内，36辆坦克便被全部击毁了。不畏死亡的勇气以及对铁拳的信赖让他们再一次大获全胜。

这种无畏的英雄主义将注定被载入德国的史册。

结语

我的元首，我的报告明白无误地指出，无论是各级指挥官，还是作战部队，或者是每一名士兵，他们尽了最大的努力，抵挡着数量占优的敌人。他们并不缺乏能力、热情和勇气，但他们不是超人。他们勇敢而顽强地战斗着，甚至是在绝望的形势之下，也没有一个人愿意丢弃德国的土地。我军官兵面对苏军6—20倍的人员和装备优势，仍然艰苦战斗，竭力避免战线的崩溃。

我必须要解释的是，尽管有种种的不足，战线仍然在奥得河以东重新构建了起来，我军昨天甚至发动了一次成功的反击，击毁了86辆苏军坦克，并且夺取了适合固守的战线。

作为波美拉尼亚之战中的一个亮点，我想报告的是，截至此时，我们一共摧毁了580辆苏军坦克，其中380辆（三分之二）来自铁拳——这些都是单个士兵勇气的例证。从没有一个集团军此前能够使用铁拳取得如此战果。

对于集团军全体官兵，我必须致以崇高敬意：为了波美拉尼亚之战中，他们不顾敌我悬殊，展现出了巨大的勇气和自我牺牲精神。

最终观点

元首和在场的其他人很明显被我的汇报触动了，但是没有谁说一句话。希特勒颤抖地点着头，解除了我的职务。

我的继任者带着元首的命令前往斯德丁，接过了我的指挥权，而我则被转入预备役。

这就是我40年军人生涯的结束。几天以后，希姆莱也被解除了维斯瓦河集团军群司令的职务。

劳斯的报告没有一点矫饰，其中所有内容都得到了集团军群作战日志的证实。

科尔贝格要塞

2月25日，科尔贝格被宣布成为要塞。当地的第一位司令是保罗·赫尔曼（Paul Hermann）少将，但在3月1日，他被弗里茨·富尔里德（Fritz Fullriede）上校取代。要塞内有各种各样的部队，比如1个由沃勒（Woller）上校指挥的要塞团、1个野战补充训练团（配有1个步兵炮连）、1个由霍夫曼（Hoffmann）少校指挥的步兵团，以及一个由威廉·普法伊费尔（Wilhelm Pfeiffer）上校指挥的国民突击队团（配有1个火箭炮排）等。此外，当地的单位还包括第91要塞机枪营、1个高炮连（4门火炮）和1个装甲连。根据东线态势图，要塞内一共有8门轻型榴弹炮、5门10.5厘米高射炮，7门3.7厘米高射炮和1门2厘米高射炮。随着冯·特陶军级集群的撤退，来自荷尔斯泰因装甲师、党卫军第33查理曼（法兰西第1）掷弹兵师和党卫军第15（拉脱维亚第1）掷弹兵师也进入了城内——使守军总人数上升6400人。33500名市民和36000名来自周边的难民也滞留在当地。3月3日，陆军最高司令部要求驻军保持港口畅通，以便物资到达。资料显示，要塞内的食品和弹药可供18000人和1个师使用30天。[112]

3月2日，波兰第1集团军突破了波美拉尼亚师的防线，并于次日攻入该城西郊。与此同时，作为苏军第47集团军辖下摩托化步兵第9军的先头单位，近卫坦克第6旅的部队①也在同一天抵达了这座城市。当地的机场对德国空军在奥得河前线的活动意义重大，但随着波兰-苏联部队接近，守军只能放弃。下面这份报告就是对这次事件的记录：

主题：科尔贝格空军基地

内容出处：与10/XI机场区司令贝伦特（Behrent）上校的长途电话通话

在撤出科尔贝格机场当天，当地共有160架我军飞机，其中114架已起飞撤离或被部队运走，在剩余的46架飞机中，有23架具有再利用价值并被拆解为零件，其余23架则无法起飞，因此需要炸毁。由于与空军基地失去联系，在长途通话时，这道命令的执行情况尚不确定。

目前可以判断但无法证实的情况是，［此处文字难以辨认，但原文可能是“FFS”（即“飞行员学校”）］10/10及其指挥机构已撤往科尔贝格。相信该学校下属的第10/10维修中队已不复存在，因为他们损失了全部设备。

由于陆路或海路不通，其转移命令已无法执行。

我建议尽可能从海路疏散有价值的人员，至少在下次有机会时稍作尝试。

签字

工兵上校[113]

到3月7日，苏军的大部分作战部队——尤其是装甲部队——都已撤离，只有步兵第272师留下，协助波兰第6步兵师、第3步兵师和第4步兵师与支援部

① 此处番号有误，这支率先抵达的坦克旅实际是近卫坦克第11军（隶属于近卫坦克第1集团军）辖下的近卫坦克第45旅。

队一起展开围攻。

具有讽刺意味的是，科尔贝格还是戈培尔宣传机器的重要主题。在1943年战局越来越不利之后，戈培尔下令制作纳粹德国最昂贵的电影，主题正是科尔贝格在拿破仑战争时的经历——在民族解放战争期间，普鲁士军队曾于1807年4月—7月在当地抵御法军，最终取得胜利，青史留名。电影赞扬了抵抗精神和无私牺牲——都是纳粹意识形态的关键组成部分。当电影于1945年1月30日上映的时候，纳粹德国的战略形势几乎成了当年的重演，科尔贝格也再次遭遇围困。这一点同样没有逃过戈培尔的注意，他在3月5日[①]的日记中写道：

> 科尔贝格的守军司令官——如果他还配得上这个头衔的话——建议元首放弃这座城镇。元首立即将他撤职，并用一位年轻军官取而代之。这些堕落的将军们难道没有历史责任感吗？难道这位城防司令不想效法格奈森瑙，而是只想步卢卡杜（Loucadou）的后尘？[114]

1807年的围困期间，当地的城防司令卢卡杜建议投降，但格奈森瑙坚决要求抵抗。就像当年的情况一样，要塞的首任指挥官——赫尔曼将军被革去职务，并被富尔里德上校取代。

和1807年的情况一样，1945年的这次围城也昭示着普鲁士势力在波罗的海沿岸地区的未来。1807年防御战的胜利，帮助普鲁士摆脱法国重新独立，最终在19世纪70年代统一了整个国家，把德意志推向了世界政治舞台。1945年，德军却在当地节节败退，德国海军的船只满载着平民和最后的守军，向西离开了科尔贝格，也离开了普鲁士——作为战后东欧民族版图重组的一个环节，德国人的痕迹将在这里被完全抹去。

从科尔贝格撤回奥得河前线之后，富尔里德上校回顾了3月20日至30日的战况。虽然不清楚这份记录被发给了哪些单位，但有份副本显然被收入了维斯瓦河集团军群的作战日志，我们将稍后提到。在战后，艾斯曼上校这样记录富

---

① 原文如此，应为3月6日。

尔里德逃离科尔贝格要塞的故事：

不长期坚守要塞是明智的，因为除了市民，当地还涌入了来自东普鲁士和西普鲁士的大量难民，这些人逃离苦海的唯一办法，就是赶在苏军占领之前登船逃走。这座城市应该坚守，但有个‘截止日期’，即在疏散完成之后。在城镇被围后，富尔里德上校被任命为指挥官。他出生在西南非洲，之前在意大利前线担任过师长。由于上级一时无法为他安排职务，便把他派往科尔贝格视察情况。他刚到任，科尔贝格就被包围。上级感觉前任城防司令无法应对局势，因此让他接过职务。后来，这成了解决问题的契机。尽管困难重重，但由于这位军官的不懈努力和英勇无畏，科尔贝格的全部40000—50000名平民（大部分是妇女和儿童）得以撤离。富尔里德及其部下几乎“战斗到了最后一人”，没有他们，这些平民必将有性命之忧。当最后一批民众登船时，富尔里德上校也带领残部（大约200人）向港口撤退，他们背靠大海，走投无路，继续战斗已毫无意义。在无线电中，富尔里德请求登上提供支援的驱逐舰。最后，第3装甲集团军司令冯·曼陀菲尔将军接到了这条消息，他给海因里齐将军打电话，要求获得允许。但科尔贝格是座要塞，撤军必须获得希特勒的批准，和之前一样，这次希特勒也不同意。同时，集团军群也收到了科尔贝格直接发来的无线电报，其中有同样的哀求。海因里齐将军对这种徒劳的牺牲感到愤怒，并给科尔贝格守军司令‘开了绿灯’。他的用词非常巧妙——虽然希特勒和陆军最高司令部监控着集团军群的无线电通信，但回复中没有给他们任何干预的机会。在收到允许撤退的电报后，守军司令很快发出一条短讯：“我军残部在苦战之后顺利登舰。”对于这种先斩后奏，第3装甲集团军和集团军群都很担心希特勒的反应。上面必然清楚这种把戏，海因里齐将军表示，无论如何，他都会为这件事“兜底”。人们都在传言，富尔里德的脖子肯定会被挂上些东西——要么是勋章，要么是绞索。我之所以用“绞索”这个不吉利的词，是因为该词是对情况的最准确形容。最终，富尔里德上校和其他生还者抵达了斯维内明德，并受到了第3装甲集团军司令部的礼遇。第2天，他向集团军群司令部报到，并做了一份坦率直白的报告，其内容令人震惊——尤其是平民被迫承受的痛苦。但按照他的说法，即使在绝境中，民众的举止仍然令人钦佩。次日，富尔里德奉命向希特勒报告，但他带回来的不是脖子上的绞索，而是一枚铁十字勋章。显然，希特勒在这一天非常满意。[115]

艾斯曼的说法有一些不确切之处，直到富尔里德撤退3天之后，也就是3月21日，海因里齐才正式上任。但根据艾斯曼的说法，撤退却是海因里齐的指示。艾斯曼是否把海因里齐与希姆莱或曼陀菲尔的命令搞混了？还是他记错了日期？矛盾很难解释。

（参见地图18）

以下是富尔里德上校那份“坦率直白”的报告：

关于科尔贝格围城的战斗报告，1945年3月4日至18日

1944年11月，构建科尔贝格要塞的调查启动。第2军区留后指挥官随后命令在2月初沿着城市边缘构建3道外围防线。1945年1月26日，科尔贝格要塞参谋部成立，反坦克壕和步兵阵地也开始修建。但由于缺乏劳动力，这项工作并不顺利。当新任要塞司令富尔里德上校3月1日抵达时，许多工事都没有按计划完成，只有一些反坦克堑壕、步兵阵地以及16处安放重型火箭弹（28厘米）的辅助阵地。

当时要塞的存粮达到了目标的85%，但在弹药方面，只有重型火箭弹和高炮炮弹还算齐备。直到3月6日和7日，100吨各种弹药才乘船抵达。3月1日，要塞下属的部队有：第3装甲集团军野战训练团的1个营（外加该团的团部和直属单位），1个国民突击队营，1个国民突击队火箭炮排，以及海因策尔（Heinzel）高炮营一部。3月2日，8门18型轻型野战炮抵达了当地，它们没有火炮前车、炮盾和炮组成员，但还是被送进了防御阵地。为了至少配齐1个连，守军从野战补充训练团的步兵炮连抽调了2名观测员和5名炮手，还从国民突击队抽调了其余的人员。3月3日和4日，第91要塞机枪营（M）[①]和罗明（Röming）上尉的装甲列车也相继抵达要塞。战斗开始后，守军还用拼凑的装

① M是Magenkranke的缩写，代表该营的成员为胃病患者。

备和人员组建了亨佩尔（Hempel）营。

自1月底以来，难民像潮水一样涌来，使科尔贝格的人口从35000人增加到85000人。火车站被列车塞得水泄不通，发往斯德丁的班次极少，铁路部门答复称，当地的火车站已满，因此大部分来自科斯林和贝尔加德的火车都在城外停了下来。在包围战开始时，滞留在贝尔加德和科尔贝格之间的列车一共有22列，都满载着难民、伤员和物资。

3月1日，新任要塞司令首次提出疏散平民，但纳粹党地区领袖表示，这需要大区领袖的批准。3月2日的另一次提议也化作徒劳。3月3日20点，要塞司令直接向那位地区领袖发去命令，要求难民立刻离开——至少，当时他们还能通过海岸公路绕行抵达格里博（Gribow）①。

根据冯·特陶军级集群的敌情报告，要塞守军在3月3日晚上进入警戒状态，并在3月4日派出了侦察巡逻队。当天4点，巡逻队首次与敌人接触，5点，敌人的坦克和步兵在塞尔诺出现，科彭迪克格隆德（Koppendicksgrund）水厂的供水被切断。大约7点整，苏军出现在城市边缘的格尔德近郊区（Gelder Vorstadt）。

敌情传来，城市在3月4日4点整宣布戒严。我们试图让政府机构保持主管区域的秩序，但这项工作做得并不妥善。所有非军事部门均由党卫队区队长博特林（Bertling）管辖，他在2月27日4点抵达，并被任命为科尔贝格的地区指挥官（Kreiskommandant）。为了增强实力，守军还组建了一个收容办公室，军官、警察和宪兵巡逻队奉命出动，搜集散落的人员和装备。守军用这些方法组建了亨佩尔营、施莱夫炮兵群（Artilleriegruppe Schleiff）和拜尔装甲群（Panzergruppe Beyer），后者由4辆追猎者和4辆四号坦克组成，原先属于荷尔斯泰因装甲师，在受损后被送到城内接受维修。

3月4日，敌军发动了首轮坦克进攻，但在格尔德近郊区，他们被2门高炮和配属给机枪营的6门火箭炮击退。敌军随即撤往卡尔斯贝格（Karlsberg）。在当天和次日，敌军只在通往特雷普托（Treptow）②和科尔林（Körlin）③的道路

---

① 即今天波兰的格里博沃（Grzybowo）。

② 即今天波兰的切比亚图夫（Trzebiatów）。

③ 即今天波兰的卡尔利诺（Karlino）。

上向城市派出了坦克和步兵部队。但这些攻击非常虚弱，并被高炮和反坦克部队挫败，其间我军还首次摧毁了坦克。

由于从科斯林和贝尔加德延伸而来的道路依旧畅通，越来越多的难民涌入了这座城市。之后，他们只能绕道通过海岸公路前往格里博，但这样，他们也会受到零星敌方坦克的威胁。为了打通西去的铁路，确保通往格里博的道路安全，让更多难民逃生，我们计划于3月6日在通往特雷普托的道路左右两侧发动进攻，夺取新维尔德（Neuwerder）[①]、新格尔登（Neugeldern）[②]和卡尔斯贝格。这次进攻在当天6点和6点35分打响，首先抵达新格尔登的南郊，随后又在中午进入了新维尔德，但由于敌军坦克部队极为强大，卡尔斯贝格未能攻破。由于上述情况，加上敌军坦克还在旧维尔德（Altwerder）[③]、塞尔诺等地出现，随后还抵达了新维尔德，通往特雷普托的公路和铁路已处在敌军火力的打击下。但另一方面，敌军已从格里博往西的道路上撤退，考虑到更西面应该没有敌情，难民队伍奉命出发。我们还向斯德丁方面询问了当地北部的情况，但一直没有得到答复。

3月6日至7日夜间，以及3月7日清晨，敌人在城市东西两侧发动进攻，一直抵达大海，封闭了我们与外界的联络。15点35分，陆军最高司令部在无线电中发来指示，禁止我军继续与敌军争夺通往西部的道路，并集结一切兵力，掩护难民从海上疏散。临近傍晚时，敌军在坦克支援下，沿着通往特雷普托的公路冲进格尔德近郊区，但有亨佩尔营的1个连部署在通往斯德丁的公路上，并很快将突破口封闭。整个过程，兵营始终在我军手中。敌军损失巨大，仅在特雷普托公路和加明大街（Gamminer Strasse）的几个路口取得了立足之地。

3月8日清晨，敌人转移了攻击重点，目标不再是通向特雷普托的公路，而是劳恩堡近郊区（Lauenburger Vorstadt）。他们将许多掩护火力投放至此，并用坦克和步兵穿过佩尔桑特草场（Persante Wiesen），沿着通往科尔林的道路不断挺进，试图冲击城市入口的反坦克障碍，一度在白天控制了此处。同时，他

---

① 即今天波兰的科尔日什琴科（Korzyścienko）。
② 即今天波兰的拉齐科沃（Radzikowo）。
③ 即今天波兰的科尔日斯特诺（Korzystno）。

们还在城市周围设置了越来越多的炮兵阵地，最后仅探明的重炮连、“斯大林管风琴”和大口径迫击炮阵地就有超过20处。敌人用它们向城市各地射击，特别是港口、火车站和前沿阵地。部队和平民都损失巨大，恐慌情绪四处蔓延。为确保妇女和儿童先行离开，促进疏散正常进行，我们被迫采取严厉措施，并对抢劫者和怠工者予以惩戒。在物资方面，饮用水经常短缺。由于海军疏散主管科尔贝（Kolbe）中校的不懈争取，难民获得了更多的疏散配额，这项工作每天都在取得进展。

3月9日，敌人设法攻入劳恩堡近郊区。在圣乔治公墓（St George's cemetery）和煤气厂周围，进攻和反击连环上演。在西面，普法伊费尔国民突击队营击退了敌人的猛攻。在通往特雷普托的道路上，亨佩尔少尉带领部分部队主动出击，一举击败敌人，并缴获多达24件重型步兵武器。为支持防御，海军舰炮有力打击了敌军集结区，歼灭大量坦克和步兵。

3月10日，敌人再次转移进攻重点，新的方向是东方和东南方，轴线是通往科斯林和科尔林的铁路线。在坦克和反坦克炮的支援下，敌军在劳恩堡近郊区达成突破，并冲进了瓦尔登费尔斯兵营（Waldenfels caserne）。为了不让圣乔治教堂的塔楼沦为敌军观察哨，我军专门派出突击队将其付之一炬。在西面国民突击队的防区，以及西南面亨佩尔营的方向，敌军也在坦克支援下不断进攻，但大部分被我军用白刃战逼退。在佩尔桑特河和霍尔茨格拉本运河（Holzgraben）上的7座桥梁有4座被炸毁。

3月11日，敌军的进攻在前线此起彼伏，并始终有装甲部队支援。攻击的重点一直是劳恩堡近郊区，但只有几栋建筑物沦陷。由于我军没有反坦克炮，敌人可以有条不紊地挨个对建筑物集中火力，随后用步兵逐出守军。我方拜尔装甲群的坦克经常需要维修，几乎无法投入战斗，有些只能被拖进阵地——但这种做法很容易弄伤坦克抢修车和底盘。

3月12日早上，经过迄今为止最猛烈的炮击，敌军对劳恩堡近郊区发动了新一轮进攻。他们沿着科斯林公路，从圣乔治公墓向北突破，我军的3次反击都失败了。夜幕降临时，我军最终夺回了城墙大街（Wallstrasse）附近，并在当地建立了新战线，夜间，我军还利用最后的预备队在后方建立了第二道防线。在城市西部和西南部，我们挫败了6次敌军的坦克进攻，双方都损失惨重。

3月13日，敌军在西面进攻迈伊库勒（Maikuhle）和格尔德近郊区，在东面则试图夺取瓦尔登费尔斯兵营。国民突击队击退了对迈伊库勒的进攻，而亨佩尔营一部则在近战中守住了格尔德近郊区。但在东部，敌军却长驱直入，煤气厂和机车调车场相继沦陷。晚上，我军在2辆坦克的掩护下封闭了上述突破口，而在迈伊库勒，由于当地的国民突击队最近损失惨重，他们只能撤退，以便缩短战线。

3月14日黎明时分，敌军发起了新一轮大规模密集进攻。这次进攻的炮击异常猛烈，其中有各种口径的火器，包括坦克炮、反坦克炮、多管机关炮和迫击炮。迈伊库勒沦陷了，敌军从当地一直突破到格尔德近郊区的兵营；在劳恩堡近郊区，他们前进到了市中心和机车调车场西面的铁道三角线，我军费尽周折才将当地的突破口封闭。我军损失惨重，已无法阻挡后续突破，但仍然顽强抵抗。到14点整，敌军的攻势终于减弱，此时我方战线才得以勉强连成一片（很多是孤立的抵抗据点，而且形势很不明朗）。15点30分，波军司令部发来劝降电报，我们的回复是："指挥官收到。"16点，对方再次发来要求，但我们没有回应。由于敌军在清晨损失巨大，他们没有在傍晚继续进攻，而是动用各种武器向市区和港口猛烈射击。直到夜间，对方才在重武器支援下对瓦尔登费尔斯兵营大举进攻，经过2.5小时的苦战，当地最终沦陷。

在3月14日—15日夜晚，敌人在铁道三角线取得突破，一直抵达火车站的东缘。我军虽然在反击中稳定了新战线，但未能肃清敌人的渗透。15日清晨，科尔（Koll）警备营乘船抵达（即第5要塞团第1营），正在外海等待上岸。但要塞指挥官决定不再投入该营，因为守军已被迫退往一片狭窄的海滩和港口，很难长期坚守，就算这个营投入战斗，也不会扭转战局，最多只能将陷落推迟几天。但在上述命令发出之前，该营的2个连已经在傍晚时分登陆，并立刻投入战斗。在当天和次日，他们先是进入了火车站北部的防线，随后开始向市区推进。他们的表现不及预期，只是带来了些许宽慰，因为不善巷战，他们几乎无法在燃烧的城市废墟中辨认方向，因此伤亡很大。

与此同时，另一个战斗群在格拉迪尔大街（Gradierstrasse）一线向东推进，试图攻击占据阿道夫·希特勒广场（Adolf Hitler Platz）的敌军，并夺回清晨失守的路易森大街（Luisenstrasse）。但他们只肃清了火车站站房，并夺回了阿道夫·希特勒广场的北部和西部边缘。得益于这条防线，我们在夜间把最后一批妇女和儿童撤到了船上。由于敌军已在东面深入市区，亨佩尔营被迫在夜间撤往佩尔桑特河东岸。而在河流西岸，国民突击队和普里恩（Prien）海军营依旧保持着联系。

3月16日，敌军炮火猛烈，蹂躏着我军还在坚守的城市一隅。在市内，他们把坦克和反坦克炮开入几个化为瓦砾的街区，按部就班地朝我军建筑物开火，直到将其摧毁。敌军还在坦克支援下朝迈伊库勒和瓦尔登费尔斯兵营以南发动进攻，但没有得手。下午，科尔营营部和第3连登陆，这让我军得以在毛奇大街（Moltkestrasse）建起新防线。3月16日—17日夜晚，铁路工人、托特组织、普通劳工、男性平民和其他无武装人员全部完成疏散。守军原以为敌人会在17日上午发动最后的进攻，但相反，他们的进攻规模有限，只是各种重武器的射击愈加猛烈。直到下午晚些时候，敌军才在4辆坦克支援下抵达火车站的东部，我军的防线非常薄弱，因此被再度撕开。只是因为敌军步兵行动迟缓，我方才重新组织起了一条连贯战线。

3月17日，随着妇女、儿童、非武装人员、重要人物和其他平民全部撤离，要塞终于完成了陆军最高司令部3月7日用无线电交代的命令。但在3月18日早上，要塞守军已无法完成另一项任务——牵制敌军。他们被驱赶到海滩一线，区域只有1800米×400米，人数稀少，筋疲力尽，还失去了最后一批坦克和大部分重武器。敌军炮兵也是一个重大不利因素，他们占有优势，我军迟早会被消灭。因此，要塞指挥官等不及接受命令，便于当天下午决定趁夜让战斗部队撤往海上，同时设置强大的殿后阵地，以最大限度保存我军实力。

17日深夜，我军撤退开始后，敌军朝瓦尔登费尔斯兵营进攻，随着当地彻底沦陷，敌军的坦克和反坦克炮火力几乎覆盖了佩尔桑特河以东的整片海滩，以及港湾出口和我军的所有炮兵阵地。

人员疏散只能冒着猛烈炮火进行。但敌军步兵的软弱为我们提供了抽身之机。3月18日5点30分，我军全部撤出了海滩和防波堤。

总而言之，对科尔贝格的首轮进攻是苏军坦克部队从南面发动的，在失利之后便被波兰部队取代，其中查明番号的有波兰第3、第4和第6步兵师，还有坦克、火箭炮和炮兵部队作为增援，例如（苏军的）第4装甲炮兵团。很多敌军坦克兵说德语，并用德语在电台中通信。面对强敌，我军战斗群大多组建仓促，而且装备低劣，还经常被部队中的外籍人员拖累，后者很难管束，经常自行其是，缺乏基本的纪律和斗志。难民涌入城市，街道和建筑物人满为患。直到地区指挥官——党卫队区队长博特林接管后，混乱才逐渐改观。游荡的士兵被吸纳进战斗部队——只要他们还能战斗；其余人员则被解除武装，用于在重要的街道和广场上修建障碍。炮火连绵不绝，民众惶恐不安，尤其是港口，当地的景象令人毛骨悚然。除了炮火伤亡之外，还有大量婴儿和儿童因为缺乏牛奶和饮用水死去。很多母亲被迫杀死自己的孩子，自杀如同家常便饭。但妇女的英勇举动同样比比皆是：她们帮助灭火，带回伤员，为很多男人充当了榜样和典范。尤其值得一提的是2名女通信员和1名国防军女性辅助人员，他们自愿留在部队中，一丝不苟地履行职责，直到最后一批妇女和儿童疏散。

（参见地图19）

所有战斗部队都面临着严峻考验。由于地下水位极高，堑壕很难挖掘，在遭遇敌军重炮的密集轰击时，部队几乎无处躲藏。整整14天，他们与优势敌军连番搏斗，甚至没有一刻喘息之机。污浊的饮用水令肠胃疾病肆虐，让部队的防御能力大打折扣。

部队的成就令人惊讶。他们不得不在巷战中掌握如何与敌军坦克、反坦克炮和火焰喷射器较量。尽管没有任何反坦克炮，但他们还是摧毁了28辆坦克，其中12辆来自近战武器，其余的战绩则被高射炮、野战炮分摊。另外，还有一定数量的敌方坦克被我军舰炮摧毁在了集结区。此外，守军还确定摧毁和俘获了以下装备：15门反坦克炮、9挺轻机枪、8门迫击炮，2具火焰喷射器、10挺中口径机枪、大量轻型步兵武器和9辆卡车。敌人的伤亡极大。根据俘虏供述，他们被迫将大量临时招募者拉上前线。我们保守估计，有些敌军一线部队的损失可能高达50%。

在战斗中，施莱夫要塞炮兵群功不可没。尽管该炮兵群是在战斗中仓促组建的，但凭借机动性和准确性，他们不止一次帮助部队化险为夷。这要在很大程度上感谢施莱夫少校的旺盛精力和火炮运用能力。与Z-43号和Z-34号驱逐舰的火力协调也非常顺利，没有它们的支援，科尔贝格肯定无法坚持14天。虽然在行动期间，我们与海军疏散主管科尔贝发生了一些分歧，但他仍然在3月

16日之前撤走了70000名平民、非军事组织人员和外籍人员。3月17日和18日，又有3500名国防军和其他作战人员成功撤离。

在科尔贝格围攻战开始时，要塞指挥官手下只有大约3300人，其中大约2200人是步兵，我军有2300人伤亡，但通过吸纳无武装人员和科尔营（第5要塞团第1营），损失被逐渐补齐。在3月17日—18日夜间，共有2000名作战人员撤往后方，其中包括约1200名步兵。

我军在围攻战开始时的武器包括：8门18型轻型野战榴弹炮、7门10.5厘米高射炮，7门3.7厘米高射炮，1门2厘米高射炮、820发重型火箭弹（位于16座固定式发射阵地内），以及1个要塞机枪营和罗明上尉的装甲列车。到3月17日，可用的重武器为：3门18型轻野战型榴弹炮、1门3.7厘米高射炮、2门2厘米高射炮和6门中口径迫击炮。其他重武器和配套的弹药、燃料和粮食则全部损失。

在科尔贝格沦陷时，敌人夺取的是一片残垣断壁。大教堂破坏严重，并被付之一炬。佩尔桑特河和霍尔茨格拉本运河上没有一座桥梁存在，火车站和铁轨也被破坏殆尽。港口的装卸设施无法在短期内恢复运转——这就是敌人用鲜血夺取的一切。也正是上述努力，确保了帝国75000名民众的安全。[116]

3月23日，富尔里德少校成为第803名荣获骑士十字勋章橡叶饰的军人。他留在维斯瓦河集团军群，成为第3海军步兵师师长，在苏军最后总攻期间，他率领该师投入了奥得河前线。就像阿恩斯瓦尔德一样，科尔贝格的疏散也圆满结束。但它的成功也许要感谢波兰人的“默许”——因为当地已成空城，而且战后必将划归波兰，显然不值得他们空耗精力。

阿尔特达姆桥头堡、回旋镖行动和希姆莱的崩溃，3月14日至20日

在2月18日夏至行动趋于停滞后，苏军向波美拉尼亚和西普鲁士大举进攻。接下来的3周，波美拉尼亚和西普鲁士被一分为二，一些德军被孤立在了沿海地区的包围圈（如科尔贝格和但泽），另一些被编入仓促组建的军级集群，试图逃往斯维内明德。[117]在苏军朝波美拉尼亚沿海进攻期间，还有一些德

军残部向西撤退，并在奥得河东岸、斯德丁正南方的阿尔特达姆镇附近形成了一个突出部，这个突出部就是所谓的阿尔特达姆桥头堡。[118]

3月8日至15日，随着苏军不断逼近，阿尔特达姆桥头堡越来越小。在灾难降临的同时，希姆莱自感心绞痛发作，自行去霍亨利兴疗养院住了数天。[119]德军则在慌忙中开始反击，党卫军第10弗伦斯贝格装甲师和西里西亚装甲师等部队多次行动，试图巩固外围阵地。此外，德军还向这片狭窄的区域投入了新部队，比如3月9日抵达的第25装甲师。但即使如此，面对苏军的防线和不利地形，这些进攻都收效甚微。有一次，第25装甲师在反击中冲进一片森林，当地被运河船闸分割为数段，并遭遇了以梯次配置、进行纵深防御的苏军。[120]第25装甲师面临的情况只是一个缩影，不仅如此，在桥头堡周围，苏军还能观察到德军的动向，并迅速建立起有效的防御体系。

从战役层面，由于波美拉尼亚的大部分都已沦陷，奥得河东岸的阿尔特达姆桥头堡已没有任何军事意义——经过数周战斗，德军疲惫不堪，其补给纵队必须穿过奥得河上仅剩的几座高速公路和铁路桥梁，很容易遭到空袭。在南面，苏军第61集团军和近卫坦克第2集团军也在向北进击，为避免部队被切断和歼灭，集团军群的最佳做法显然是向奥得河西岸撤退。但现有资料表明，古德里安和希姆莱都没有打算撤军，而是试图继续进攻。

3月15日，希姆莱离开疗养院，前往元首地堡觐见希特勒。在见面期间，他极力为自己的失败辩解。但希特勒早已把波美拉尼亚的失陷归罪于希姆莱，这番表演更让他愤怒不已。希特勒认为波美拉尼亚之所以失守，是因为希姆莱受到了总参谋部和陆军最高司令部的蛊惑，竟然擅自断定苏军的下一步是渡过奥得河，而不是向波美拉尼亚进攻。[121]在会面之后，希姆莱下令向东发动一次攻势，以打击阿尔特达姆桥头堡以东的苏军。按照3月15日发布的最终命令，[122]这次攻势包括下列意图：

1. 扩大斯德丁/阿尔特达姆桥头堡
2. 保护斯德丁潟湖，以及通往斯德丁的水道
3. 在奥得河东岸或西岸进行有限攻击，粉碎强大的敌军。[123]

这次行动最早见于维斯瓦河集团军群作战参谋1945年3月11日签发的一份文件，其编号为2893/45g.K。[124]虽然不清楚它是否出自希姆莱的旨意，但在3

月15日，希姆莱与希特勒会面，并因为丢失波美拉尼亚而遭到斥责后，一切便大幅加速了。

该计划最初由曼陀菲尔的参谋人员在3月11日至13日之间拟定，并于14日向集团军群作战参谋部门提交了最终版本。从该计划和每页的批示中，我们不仅可以看到战术层面的混乱局势，还有希姆莱和陆军最高司令部脱离现实的程度。

在这份提交给维斯瓦河集团军群批准的文件中，曼陀菲尔的参谋们首先评估了各师的状态——其中很多都在波美拉尼亚的战斗中遭遇了惨重损失，让攻击目标几乎无法达成：

· 第25装甲师——一个团缺乏武器，已投入战斗

· 西里西亚装甲师——不具备进攻实力，已投入战斗

· 党卫军第10弗伦斯贝格装甲师——已投入战斗

· 元首掷弹兵师——具有战斗力，位于集结地

· 第20装甲掷弹兵师——装甲掷弹兵部队缺乏运输工具，位于集结地

· 第169步兵师——只有三分之一兵力到位

· 第9伞兵师——陷入激烈防御战，无法进攻

· 荷尔斯泰因装甲师——只有核心单位，缺乏装备和重武器

· 第5猎兵师——只有核心单位，缺乏装备和重武器

· 第163步兵师——只有来自冯·特陶军级集群的核心单位可以投入战斗，缺乏装备和重武器

· 党卫军北欧装甲掷弹兵师和党卫军尼德兰装甲掷弹兵师——具备战斗力，预定投入进攻，但至少应派1个步兵师与之换防。我们需要时间重整部队，调整部署，否则，进攻将很难完成

该文件似乎是由第3装甲集团军司令曼陀菲尔签署的，但字迹与他的战时签名不符。换言之，它很有可能是在曼陀菲尔点头后，作为例行公事的一部分，由作战参谋或参谋长代签的。因为签字人无法确定，我们也不知道每一页上的批示由谁做出，唯一可以确定的是，对于希姆莱命令中的荒唐之处，此人想必非常清楚。

在“时间表”（Zeitplan）一节“最终指导方针”的第2页写道，如果燃

油和弹药能在3月19日前顺利到达，进攻将如期发起，旁边则是一行注释——“进攻要在3月20日开始！”。在同一页的底部，他还圈出了一段话“为继续进攻，我们必须重新调集部队，并在奥得河和马杜湖之间建立防线（Zur Fortsetzung des Angriffs nach müssen weitere Kräfte nachgeführt wurden, um eine Abwehrfront Zwischen Oder und Madü-See aufzubauen）”，旁边还有2个感叹号。很明显，无论批注者是谁，他都对补给问题心知肚明，还清楚各师很难守住暴露的突出部，更不用说开展后续行动。不过，由于地面战场上的种种事件，上述命令很快失去了意义——这场孤注一掷、漏洞百出的进攻也从未启动。

该行动的最终版命令由维斯瓦河集团军群的金策尔和艾斯曼起草，其间，他们还收到了一系列配套文件（见下文）。在3月15日，即获批的次日，维斯瓦河集团军群又把它们传回了第3装甲集团军。金策尔强调必须给下列部队补充武器和装备，包括第20装甲掷弹兵师的1个团、党卫军第10弗伦斯贝格装甲师、荷尔斯泰因装甲师、第5猎兵师和第163步兵师。他还肯定了第3装甲集团军优秀的参谋作业。[125]

曼陀菲尔提交给维斯瓦河集团军群的作战计划还附带了若干地图，其中第一张地图用阴影标明了进攻区域，即斯德丁南方树木茂密、地形起伏的波德尤赫森林（Podejuch Forest）。第二张日期为3月14日的地图显示了进攻的路径：德军必须从波德尤赫（Podejuch）出发①，穿越险恶地形抵达科洛（Kolow）②，中间只有一条乡间小径。这种情况显然令曼陀菲尔似曾相识，因为当地的环境和12月的阿登森林很像，而当时他恰恰是第5装甲集团军司令。在众人当中，恐怕没有谁比他更清楚这场小型阿登攻势将面临怎样的战术问题。这份地图还描绘了部队的部署情况和攻击目标，时间似乎将持续4天，最终目标是东面的马德湖。其中元首掷弹兵师和党卫军第10弗伦斯贝格装甲师（配有党卫军第502重装甲营）将成为主攻单位。

当曼陀菲尔制订作战计划时，另一道进攻命令也浮出水面：金策尔在3月15日（即下令从阿尔特达姆桥头堡进攻的次日）签发的回旋镖行动。一般认

---

① 即今天波兰的波德朱奇（Podjuchy）。
② 即今天波兰的科沃沃（Kołowo）。

为，这份计划出自古德里安之手，旨在挫败苏军对柏林的攻势，但不清楚他是否预先与希特勒做过讨论。[126]此外，他还很可能想用这份计划取代希姆莱从阿尔特达姆出击的计划。虽然不清楚古德里安是否咨询过希姆莱，但他确实向维斯瓦河集团军群的参谋人员提到过修改作战计划的事。在命令下发之前，双方曾在3月13日做了一次沟通，当时古德里安提出了3个问题：（1）维斯瓦河集团军群守住斯德丁港、保持斯德丁潟湖水路畅通的最低兵力是多少？（2）维斯瓦河集团军群能抽调多少部队攻击苏军桥头堡，挫败其后续行动企图？（3）如果德军从奥得河东岸发动突袭，屈斯特林和法兰克福桥头堡能提供哪些便利？[127]在之后不到48小时，一个崭新而复杂的攻击计划便横空出世。

这份计划源于格伦提供的新情报——这也是第三次被情报左右了前线的作战计划。其内容可见于同一天由希姆莱发布的编号为Ia/51/45的绝密文件，其中提到，有证据表明苏军正在准备攻击柏林，因此阿尔特达姆攻势被迫“推迟”（由于希特勒讨厌“失败主义”，所以没有用“取消”这个词）。第3装甲集团军需要坚守战线，并将第39装甲军和许多其他部队调往第9集团军辖区。[128]这种一边为新攻势撤走部队，一边拒绝其余部队收缩战线的做法，迫使曼陀菲尔发送电报告急——也正是曼陀菲尔的这封电报，把原本焦头烂额的希姆莱逼到了临界点。

次日，古德里安第二次（也是最后一次）以陆军最高司令部总参谋长的身份，向希姆莱的维斯瓦河集团军群下达了防御指导方针，其标题是“针对下奥得河沿岸防御准备工作的指示”，该指示基本反映了昨日金策尔的思路。在方针中，古德里安直接指出，德军将从奥得河畔法兰克福以北和屈斯特林两侧发动大规模进攻，还提到元首对前线的防御计划做了亲自指示，包括武器部署和弹药储存等。[129]希姆莱接受了该文件的整体思路，同时做了一些细节修改，并在次日以自己的名义发表了它。其中特别指出，第9集团军将从奥得河畔法兰克福桥头堡出击。摧毁莱布斯和屈斯特林之间的苏军桥头堡。[130]当天，布塞将军也发布了编号为010/45 d.Kdos. Chefs的命令，该命令以“Studie FF”为题，向军长和师长们预先通知了部分情况。[131]换句话说，陆军最高司令部的命令不到1天就传到了一线指挥部，中间没有任何处理和细化，这难免会让内容脱离现实。

为何会有这样的混乱？此前，德国空军的侦察机不断飞过奥得河东岸的苏联阵地。他们的报告令人担忧：苏军的火炮、迫击炮和火箭炮每天都在呈指数级增长，其规模史无前例，显然正在准备下一次进攻。第9集团军3月21日发布的一份文件中比较了双方炮兵的规模，并假设苏军的每处阵地都有3门火炮：

表4. 3月21日，交战双方的炮兵实力比较

	德军	苏军	比率
党卫军第5山地军	63	73	1:1.1
党卫军第11（装甲）军	103	220	1:2.1
第101军	63	44	1:0.7

当时，苏军已开始将炮兵从波美拉尼亚调往第9集团军方向。接下来的几周，其火炮数量还将急剧增加。显而易见，这预示了他们的主攻方向，而在党卫军第11装甲军当面，双方的火炮数量对比已达到了1：2.1——为了化解劣势，该文件还建议将第145高炮团的3个营从奥得河军调给党卫军第11装甲军。[132]

在苏军进攻波美拉尼亚和西普鲁士之前，第3装甲集团军也研究了双方在当地的炮兵集结情况。一份3月1日完成的5页报告认为，苏军在炮兵上享有2：1的优势。[133]随后，苏军在波美拉尼亚/西普鲁士边界的突破，让德国人对敌方火炮的集结愈加关注。陆军最高司令部意识到，苏军的炮兵增长会给奥得河前线带来危险，但德国空军力量虚弱（缺乏训练有素的飞行员和飞机）、燃料短缺，无法持续出动，很难削弱或摧毁这些炮兵阵地。至于维斯瓦河集团军群也缺乏火炮等远程武器，弹药更是捉襟见肘，进行反炮兵压制射击毫不现实。在陆军最高司令部看来，为摧毁这些数量与日俱增的火炮，唯一的选项就是突破敌军前线，直捣其后方——回旋镖行动应运而生。

24小时后，也就是3月18日，布塞向第9集团军发布了回旋镖行动的计划。这次计划的由来可见本书第1卷（《奥得河前线1945》第1卷第8章），其中的想法很简单：将多个师部署到奥得河畔法兰克福要塞的东岸，然后向西北进攻，突入德军空军查明的苏军炮兵主集结区，用直射火力摧毁它们。该计划是由古德里安制订的，一共6页，参谋作业比阿尔特达姆桥头堡攻势更为周密。虽然这表明德军参谋工作和协调有所改善，但这次进攻仍是一次孤注一掷。

维斯瓦河集团军群岌岌可危的处境，让古德里安绞尽脑汁，以便破坏苏军进攻，并争取更多时间。回旋镖行动就是产物。但问题在于，如果苏军有所觉察，一切将很难继续。在回旋镖行动中，德军一开始仅有的优势就是出其不意。不幸的是，为了让装甲部队渡过奥得河，进入东岸的集结地，就必须建造浮桥，而这显然是进攻来临的标志。而在3月22日苏军发动进攻，试图切断屈斯特林之后，回旋镖行动的未来就更是注定了。

就像阿尔特达姆桥头堡攻势一样，回旋镖行动从来没有发生，它们的唯一作用，就是让第3装甲集团军和第9集团军的参谋人员耗费了许多时间和精力。

3月16日，曼陀菲尔提出了保留阿尔特达姆桥头堡的请求，还建议留下参与回旋镖行动的部队，将它们投入到防御战中。为此他单独联络了希姆莱。这时，他们参谋人员很可能开始怀疑，在花了这么多时间分析和准备荒谬的阿尔特达姆桥头堡攻势之后，这次攻势居然被“推迟”了。更让他们失望的是，他们还需要一面守住前线，一面把部队调给第9集团军，以便在奥得河对岸进行另一次同样荒谬的攻势。在交给希姆莱的备忘录中，曼陀菲尔精心斟酌措辞，隐晦地对命令表示质疑——其中虽然没有直接批评强行守住桥头堡的要求，也不反对计划中的攻势，更没有对回旋镖行动前夕的部队调动表示异议，但指出了曼陀菲尔下属各师的真实处境（作者按：曼陀菲尔不知道的是，在回旋镖行动一事上，希姆莱只是古德里安的传声筒——由于丢失了波美拉尼亚，他已备受希特勒的指责，根本不敢反对回旋镖行动，也不敢请求古德里安甚至希特勒放弃阿尔特达姆桥头堡）。按照曼陀菲尔备忘录上的手写批注，希姆莱在11点整收到了这份文件，这表明该备忘录是在3月15日—16日晚上起草的。

曼陀菲尔在备忘录的开头提到：“自3月15日以来，为在奥得河前线取得行动自由，敌近卫坦克第2集团军的多兵种合成部队连同第47、第61集团军向斯德丁桥头堡发动进攻，使本集团军卷入激烈的防御战斗。”随后，他概述了苏军未来的进攻意图：“由于此前战斗中的巨大损失，苏军被迫在一个封闭区域内重组下属部队，坦克和步兵打击力量仍然相对虚弱。”在介绍完上述背景后，曼陀菲尔开始描述他面临的严峻现实。他说，由于德军被迫退入一个狭窄的桥头堡，苏军炮兵可以事半功倍。随后，他相当尖锐地指出，他的步兵不够强大，最多只能封闭前线的缺口，远无法挫败苏军。他还隐晦地指出，自己绝不同意调走任何部队——目前，他已“严禁”将炮兵撤到奥得河西岸，还封闭了所有桥梁的西行交通，因为他需要这些支援。曼陀菲尔还提到：“如果部队继续保卫桥头堡，必将承受更多重大损失。”换句话说，这是向希姆莱摆明，继续坚守桥头堡是不切实际的，只能导致德军的损失继续上升。曼陀菲尔远没有就此止步，还补充说，就像他在3月15日作战命令中提到的那样，未来的成败将取决于第169步兵师、第5猎兵师和荷尔斯泰因装甲师能否得到及时补充，至于第9伞兵师则无法撤走，因为该师已经卷入了激烈的防御战，而第1海军步兵师的战斗价值很低，根本不堪大用（因为该师由党卫军负责训练，希姆莱特别看重这支部队。关于该师的作战经历，读者可参见本书第八部分“奥得河前线的作战部队”）。[134]希姆莱显然明白曼陀菲尔的言下之意——不愿为丢掉阿尔特达姆桥头堡或回旋镖行动的失败承担任何责任。

希姆莱在次日做了回复。两天前，他刚刚因为丢失波美拉尼亚而被希特勒当面痛斥，陆军最高司令部也再次下达命令，在不打招呼的情况下干扰了他的指挥。现在，他的下属竟然公开抗命。这让渴望成为前线统帅的希姆莱懊丧万分。在第三帝国内部，希姆莱的权势超过了希特勒的任何一位亲信。他是盖世太保、帝国保安处、武装党卫军、国民突击队和预备军的总长，还指挥着德国最重要的一个集团军群，这给了他单枪匹马挑战国防军最高统帅部和陆军最高司令部的机会，但在战场上，这些权势没能帮助他取得成功。这样的心理波动，让他失去了最引以为傲的自控能力。根据维斯瓦河集团军群作战日志中的文件，希姆莱在所谓“患病”期间开始了喋喋不休，在一天内单独向曼陀菲尔发送了不下10条（！）电报，其中有8条是他亲自签署的，并批判了第3装甲集团军及其做法。在第1份电报中，希姆莱对曼陀菲尔上了一堂“苏军战术课”，表示“我注意到，1945年时的我军步兵早没有了1941年那样的能力”，还在最后总结道：“我希望贵装甲集团军、集团军司令，以及下至连长的每一位军官不懈工作，忠于职守，百折不挠，用钢铁意志坚守前线，也只有如此，我们才能在东方胜利进军，解放祖国。”[135]在随后的另一条信息中，希姆莱指示曼陀菲尔重组部队，尽快重建“遍体鳞伤”的各师，将他们派回奥得河东岸。他勒令第169步兵师、第5猎兵师、荷尔斯泰因装甲师、第1海军步兵师和第9伞兵师的师长或作战参谋每天向集团军群司令部报告，直到上述部队恢复作战能力——潜台词是对曼陀菲尔的表现非常不忿。[136]在第3份电报中，希姆莱指示第3装甲集团军尽快判明苏军的确切意图，换言之，这是在批评第3装甲集团军的司令部人员缺乏对敌情的整体把握。[137] 在第4条电报中，他直接指责第3装甲集团军的报告不够及时和准确，并“要求”曼陀菲尔立即提高报告质量。[138]希姆莱还在第5条电报中指出，虽然第3装甲集团军各师已十分虚弱，但为了抵抗苏军进攻，进一步削弱在斯德丁–阿尔特达姆桥头堡一带作战的苏军部队，他们必须立刻把一切有生力量投入战斗。[139]希姆莱还向曼陀菲尔强调，无论情况如何，回旋镖行动都必须发动。希姆莱还在另外3份电文中质疑了第3装甲集团军军官们的斗志，并绕过曼陀菲尔，直接向部队下达了几条原本应由后者做出的防御指示。[140]第9份文件则命令第3装甲集团军提供斯德丁和阿尔特达姆每栋房屋、每座建筑和每条街道的布防情况，并效仿布达佩斯的战斗经验，还命令斯德丁和阿尔特达姆要塞司令在次日前往他的司令部汇报。[141]在当天的最后一份文件中，他要求第3装甲集团军——尤其是曼陀菲尔——提交下属部队的详细情况，包括军官、士兵、武器和装备的数量，而留出的准备时间只有不到24小时。[142]

希姆莱在3月17日的做法表明，作为维斯瓦河集团军群的司令，他已濒临崩溃。从电报的数量和语气，我们不难看出他的失落、沮丧，以及对军事指挥的全然无知——在维斯瓦河集团军群作战日志的其他部分都没有出现这种情况。对于一个总以“淡定”为荣的人来说，希姆莱的这些举动是不正常的。在回应曼陀菲尔的质疑时，希姆莱这些看似放肆的“要求”，实际是愤怒的总爆发。这些陆军军官比他更熟悉军事，但没有给出任何实用建议，也没有提供指导，更没有哪怕一点支持。显然，希姆莱作为前线统帅的日子已经到头了。在战后回忆录中，古德里安提到过3月中旬（但没有提到确切日期）对希姆莱总部的一次访问。这次访问很可能发生在希姆莱连番回击曼陀菲尔之后。显然，希姆莱的行为也传到了陆军最高司令部，因为对这位总是“淡定”的官僚来说，当天的情况显然太反常了。根据古德里安的说法，在抵达普伦茨劳之后，是拉默丁接待了他，还说希姆莱不在集团军群司令部，而是因为“流感”住进了上利兴疗养院。随后，古德里安亲自去面见希姆莱，发现这位党卫队全国领袖依旧“生龙活虎”，只是不再像以前那样自信——这一点也可以得到维斯瓦河集团军群作战日志的证实。古德里安建议希姆莱不要继续担任集团军群司令，以便专心履行国内的其他重要职责。希姆莱原则上同意，并让古德里安去说服希特勒。[143]事实上，丢掉波美拉尼亚之后，希特勒早已不再信任这位部下，不到72小时后，希姆莱便被海因里齐接替了。

（参见地图20）

在对奥得河东岸的突出部发起两次重大行动（3月2日至7日，以及3月8日至14日）之后，3月19日，苏军减缓了蚕食阿尔特达姆桥头堡的步伐。但另一方面，德军的62辆装甲作战车辆中有22辆被彻底摧毁，曼陀菲尔知道，他已经无法守住东岸了，苏军的下一轮攻势肯定会突破他脆弱的前线，并切断奥得河上的大桥——德军唯一的退路。现在，苏军行动的暂停给了他一个安全撤退的机会，但他首先必须获得元首的批准。他为此请求希姆莱和拉默丁在次日前做出撤军决定，后者批准了这一请求，并将其交给金策尔，以便金策尔打电话向元首地堡的克雷布斯通报此事。3月19日17点15分，金策尔向克雷布斯解释了曼陀菲尔的担忧，并希望克雷布斯告诉希特勒，“曼陀菲尔对撤军决策有充足的把握”，而且“集团军群绝没有草率行事”。[144]克雷布斯在那天傍晚面见了希特勒，并在18点30分打电话给金策尔，表示希特勒同意曼陀菲尔的意见，可以从阿尔特达姆桥头堡撤军，[145]还允许在必要时炸毁斯德丁以南的桥梁。[146]但这一让步并不意味着希特勒认清了现实，因为当时还有一场攻势在酝酿，即更为冒进的回旋镖行动（旨在挫败苏军对柏林的进攻，详情见上文）。希特勒可能怀着这样一种心态：放弃阿尔特达姆桥头堡可以撤出更多部队，这样回旋镖行动的胜算就更大了。

3月19日23点10分，艾斯曼拟定了允许撤军的官方公报，并在3月20日0点30分通过电传发出。[147]党卫军尼德兰装甲掷弹兵师幸存的作战日志表明，党卫军第3（日耳曼）装甲军很快就执行了这一决定。该军当时向阿尔特达姆桥头堡的部队发出了3页的撤退命令，并配有炮火支援计划和地图附件。其中要求部队在3月19日/20日夜间的22点开始，分三阶段渡过奥得河，[148]还对每个阶段做了详细介绍，并规定了每个下属单位要采取的行动。该命令的内容是如此详细，尼德兰师收到命令的速度是如此之快，这些事实都表明，在希特勒18点30分同意之前，各部队已经做好了充分的准备——毕竟，其中的间隔只有1个多小时，根本不足以让部队酝酿、策划和批准行动方案，制定草案，然后将其发送给下属单位。换句话说，曼陀菲尔很可能在没有陆军最高司令部或元首地堡正式批准的情况下，便在几天前私下布置好了一切——就像很多职业军人在危难关头做的一样，而且战场经验证明，当部队需要在两种军事行动之间转换时，这种做法非常有用。4月16日，曼陀菲尔故伎重演，自行做出了从斯特丁、奥得河下游和斯特丁潟湖撤退的决定。随着战争临近结束，他再也不想用代价昂贵的作战，为毫无希望的事业赌博——几个月前，他已经在阿登见证了这一切。

以下是两份来自维斯瓦河集团军群作战日志的报告，其中提供了第3装甲集团军在3月19日和20日撤离奥得河期间的详细信息：

第3装甲集团军司令部

1945年3月19日

每日报告

1. 敌人不分昼夜，持续用各种曲射武器，在布赫海德附近压制着视野所见的地区——目标包括芬肯瓦尔德、阿尔特达姆桥头堡周边和奥得河上可用的唯一渡口。由于建筑物燃烧时的火光，我军的弹药车辆根本无法隐蔽前行，任何补给作业都伴随着损失，导致阿尔特达姆桥头堡附近的弹药供应非常紧张。在夜间，我军的右翼部队遭遇凌厉攻势，被迫退回波德尤赫北部边缘的铁路线。清晨，第25装甲师的战斗群发起反击，经过激烈搏杀，他们在清晨抵达了波德尤赫的纪念广场。由于强大的敌军占据了侧翼高地，这次攻势最终在弗里登堡（Friedenburg）附近止步。中午时分，随着装备重型坦克的敌军有生力量投入前线，我军被迫撤回铁路线。在第549国民掷弹兵师战斗群（配有第281步兵师的下属单位）方向，我军最初在整条前线击退了敌军的连番猛攻——其中一部分进攻还有坦克配合，但最终，我军在奥古斯特霍夫（Augusthof）[①]附近的战线还是被突破了。面对敌军密不透风的火力，我军虽然试图反击，肃清渗透区域，但未得偿所愿。在芬肯瓦尔德两侧的铁路线上，我军部队实力太弱，面对持续攻击只能后退。我军炮兵则粉碎了集结在威廉霍厄（Wilhelmshöhe）[②]附近的敌军步兵和装甲部队。

昨天晚上，在阿尔特达姆东北方向的反坦克堑壕中，党卫军北欧装甲掷弹兵师的战斗群再次卷入激战，并挫败了敌军的突破企图和一次在东面的渗透。从今天清晨开始，敌军从南部、东部和东北部向他们发动向心攻击，炮火烈度前所未有，但该师的防线没有动摇。直到当天下午，敌人才凭借强大的坦克和步兵部队，在阿尔特达姆南面的巷战中得手。自早晨以来，敌军的火力已导致该师约40%的战斗力损失，如果继续在这种不利条件下战斗，我军将无力继续坚守这处狭窄的桥头堡阵地，守军也有被消灭的危险。晚上，我军部队开始按照命令，向大雷格尼茨（Gross Regnitz）和诺恩（Nönne）的防御阵地且战且退，在这次行动中，部队的武器装备可能蒙受重大损失。

白天敌机数量稀少。

奥得河军：在奥得河沿岸的采登桥头堡，我军高射炮粉碎了敌军行动。该军防线中段，苏军用机枪、迫击炮和火箭弹频繁开火。西奥得河上的桥梁成为敌方炮兵的攻击对象，在施韦特以南，敌军前锋正在修建工事，充当前哨。

第2军留后指挥部：敌人继续用火力骚扰科比措（Kolbitzow）[③]、斯德丁市、斯托尔岑哈根（Stolzenhagen）[④]和朗根贝格桥头堡地区。在斯德丁西北的森林地区，我军歼灭了1个敌军的10人侦察小组。

在迪夫诺夫方向，敌军的袭扰火力比昨日更猛烈。但我军炮兵也轰击了在拉齐希（Laatzig）[⑤]和泽宾（Zebbin）[⑥]等地运动的敌人，并在中午时分支援友军击退了敌方1个连在迪夫诺夫以东的进攻。清晨，有敌军炮火落在迪夫诺

---

① 即今天波兰的切什斯瓦夫（Cieszysław）。
② 即今天波兰的沃德科维采（Włodkowice）。
③ 即今天波兰境内的科乌巴斯科沃（Kołbaskowo）。
④ 即今天波兰境内的斯托乌琴（Stołczyn）。
⑤ 即今天波兰的拉斯卡（Laska）。
⑥ 即今天波兰的希宾（Sibin）。

夫西部。在当地以东的河岸地带，有1名苏军被我方突击队俘虏。

2. 第549国民掷弹兵师战斗群与第281步兵师战斗群换防。

党卫军尼德兰志愿装甲掷弹兵师辖下的第310海军步兵营进入古德哈特运河（Goodhart Canal）–大雷格尼茨的警戒线。

元首掷弹兵师的其余部队离开斯德丁以东的桥头堡。

3. 党卫军第3（日耳曼）装甲军的战果：

据不完全报道，该军共击毁4辆敌军坦克、1辆突击炮和3门反坦克炮。

我军损失：

3月5日至18日期间，第1海军步兵师有：

5名军官、89名士官及士兵阵亡

6名军官、279名士官及士兵受伤

1名军官、76名士官及士兵失踪

党卫军第38武装掷弹兵师①：

奥得河装甲掷弹兵团有1人落入敌手，已排除叛逃可能。

斯德丁以东桥头堡的激烈战斗中，党卫军北欧装甲掷弹兵师（师长：党卫军少将齐格勒）和配属的集团军直属单位堪称楷模，他们坚定、果断、富有进攻精神，建议在《国防军公报》中予以表彰。

4. 天气多云，云层密集，能见度差，道路通行情况良好。[149]

上述报告中有几个地方值得注意。其中提到，当天唯一落入敌手的德军已被排除“叛逃”的可能（值得一提的是，如果某人被宣布为“叛逃”，他的家人也将受到牵连）。考虑到这种报告针对的应该是几个军、数万名士兵的活动，这种事无巨细就尤其耐人寻味——这是希姆莱主管维斯瓦河集团军群时的典型特征，甚至在他就任的最后几天也不例外。另外，北欧师似乎通过死守阵地挽回了名声，但作战人员也付出了高达40%的伤亡，代价可谓血腥，而且第3装甲集团军申请在《国防军公报》中予以表彰的请求也从没有兑现。

① 即下文中的党卫军阳光战斗群。

以下是作战日志第二天的报告：

第3装甲集团军司令部

1945年3月20日

每日报告

1. 敌军在晚间卷土重来，但被我方击退。之后，本装甲集团军在夜幕掩护下，以出乎敌军意料的方式，将奥得河东岸、芬肯瓦尔德（Finkenwalde）[①]和阿尔特达姆地区的部队撤回了河口西侧，然后将阿尔特达姆以西的最后1座公路桥炸毁，结束了在斯德丁周边桥头堡的激烈战斗。

在第3装甲集团军战线瓦解，并退回格赖芬哈根–马杜湖–马索夫–戈尔诺一线及以西之后，敌军向斯德丁桥头堡调集了20—25个步兵师、4个坦克军和机械化军（约有800辆坦克）外加大量独立单位，试图攻占奥得河大桥，获取未来的行动自由。虽然我军处于绝对劣势，而且火力打击愈加猛烈，但仍多次英勇反击，设法守住了一条连贯的战线。

尤其值得一提的是对布赫海德（Buchheide）南部边缘的进攻，这次行动牵制了大批敌军，沉重打击了敌方坦克部队。当3月15日，敌军再次投入大批装甲部队，试图达成决定性突破时，其企图很快被我军挫败了。

3月5日以来，（苏军）共损失了600多辆坦克，人员伤亡血腥且沉重。在这场防御胜利中，陆军、党卫军志愿者、党卫军装甲部队、伞兵和德国海军的部队都做出了贡献，但在激烈的战斗中，他们同样付出了巨大损失。

面对源源不断的敌方空中和地面部队，我军航空兵和高炮部队也提供了极为宝贵的支援。

奥得河军：清晨，敌军利用火力掩护，在下萨滕（Nieder Saathen）[②]渡过奥得河东侧河汊，建起2处战斗前哨。在该军南部战线对面，有大量敌方阵地正在建设，木材堆积如山，显然是准备渡河。采登桥头堡北部和东北部也有敌军活动，有2处炮兵阵地构建完毕。

① 即今天波兰的兹德罗耶（Zdroje）。

② 即今天波兰的下扎通（Zatoń Dolna）。

党卫军第3（日耳曼）装甲军：夜间，该军将所有车辆和重型武器送往后方。白天，敌军炮火猛烈，落入芬肯瓦尔德的北部阵地（已撤空）、大雷格尼茨、诺恩和斯德丁城内，其步兵派出了多个突袭分队。

第2军留后指挥部：第1海军步兵师利用猛烈火力，打击了西多斯奥厄（Sydowsaue）①以南的高速公路上的敌方机动车辆。

斯维内明德防御地带：夜间，敌方连级部队向迪夫诺夫森林以西发动进攻，但被我军挫败。白天，袭扰炮击在整个前线此起彼伏。我军还炮击了在泽宾地区集结的大量车辆。

2. 迄今为止，党卫军第3（日耳曼）装甲军的所有单位（不含第549国民掷弹兵师、第281步兵师师部之外的所有部队、党卫军第10弗伦斯贝格装甲师的部分单位和第169步兵师的一个团级战斗群）已撤离前线，暂时前往斯德丁西南和西部地区休整。

3. 本次调动的详情可参见电传信息。

4.

（1）在奥得河军前线，党卫军阳光团的1个班狙杀了6名苏军。

（2）以下是本单位申请在国防军公报上刊登的内容：

在军长乌莱因中将的指挥下，党卫军第3（日耳曼）装甲军在过去几周的战斗中表现出色，自12月2日以来，他们一共摧毁了604辆苏军坦克，其中95辆是通过近战武器（作者按：即铁拳等）击毁的。

营长马蒂斯（Matthes）指挥的黑森–拿骚国民突击队营在前线顶住了敌军的反复攻击，在前几日成功的防御战中，他们功不可没。

5. 本日清晨天气多云，白天总体晴朗，有大风，道路状况良好。[150]

以下内容来自德内克师（3月初被改编为第549国民掷弹兵师）的作战日志，其中提供了阿尔特达姆桥头堡最后几天战斗的更多详细情况：

---

① 即今天波兰的日多维采–克鲁日（Żydowce Klucz）。

1945年3月18日

第406国民炮兵军在3月18日夜间离开前线，前往奥得河左岸执行更重要的任务。鉴于局势及其未来发展，这一做法是可以理解的。但同样痛苦的是，我们的努力全部成了徒劳，因为这等于承认（阿尔特达姆）桥头堡已没有作战价值。当地还有一些状态精良的高价值部队，尤其是第25装甲师和党卫军北欧装甲掷弹兵师的装甲单位，如果继续坚守，这些部队将被白白牺牲掉。本师也将从当地撤退，军部和第3装甲集团军司令都反对（坚守阿尔特达姆桥头堡），并同意相关的“元首令”有（负面）影响。

1个炮兵团奉命取代撤走的第406国民炮兵军，该团来自1个瓦解或解散的党卫军师，而且抵达速度缓慢，为了尽可能靠近敌方目标，它们被迫前往雷格利茨河（Reglitz）左岸。在近几天的战斗中，该团几乎毫无建树。

3月18日大约6点整，一股敌军步兵钻进了赫塔湖（Hertasee）附近山脊上的纳粹党大区领袖“指挥所”——换句话说，来到了师部的“屋顶上”。这些敌军显然是迷了路，并被师部人员轻松击退或歼灭。但是即使如此，军部还是命令我们将师部搬迁到芬肯瓦尔德——这里有座废墟中的地窖非常合适。7点30分，我师的指挥所正式转移到当地的一个十字路口附近，2条公路在这里交汇，一条从斯德丁通往博肯多夫（Bökendorf），另一条则从阿尔特达姆通往芬肯瓦尔德附近的波德尤赫。

不需要军部的提醒，本师便认识到了局势的严峻性。自清晨以来，枪炮声越来越洪亮，而且无疑正在向北蔓延。

到中午时分，由于敌军已深深楔入第25装甲师的左翼，雷因克（Reinke）中校被迫命令波美拉尼亚第1团的右翼部队撤退，新阵地位于芬肯瓦尔德以南的白垩矿坑。不久之后，尽管该团的部分阵地局面平静，但由于博肯多夫遭到来自北面、东面和南面的向心攻击，他们只能继续后撤。

鉴于3月19日晚间的局势，如果敌军在次日继续进攻，脆弱的桥头堡守军将在劫难逃，按照第25装甲师和北欧师部分师部人员的想法，大家要想获得生路，就只能一边幻想敌军停止进攻或是撤退，一边在3月19日—20日夜间离开桥头堡。19日入夜之后，他们被召集到第549国民掷弹兵师师部共商局势。会上，我们达成协议，确定了撤退方式、顺序和警戒措施等必要事项。只要无线电信号一到，撤退就会在规定时间开始，唯一缺乏的就是同意撤退的“元首令”。如果元首不允许这么做，什么协议都将毫无用处，届时，所有部队也将任敌人宰割。

而且可以确定的是，这些协议并未得到全面遵守。笔者凭记忆可以确定的是，各部队计划从右翼逐次撤出——换言之，第25装甲师将先行一步，并且留下殿后部队。在他们离开芬肯瓦尔德南部出口之后，第549国民掷弹兵师将撤出当地机场南部边缘的宽大战线［即铁路和2号公路（又名104号公路）］，并随同第281步兵师的残余部队跟随第25装甲师行动。接下来是党卫军北欧装甲师[①]在2号公路（104号公路）上的强大右翼部队——其中大部分都位于机场北部边缘的路段。

第549国民掷弹兵师几经询问，都没有接到同意撤退的“元首令”，只能自行在22点从无线电中下令撤退，并书面向军部通报了这一决策。

撤退按计划进行。敌军只例行进行了袭扰炮击，雷格利茨河上的桥梁一度遭到炮火打击，不过完好无损。我军还设法带回了所有伤员，以及所有重型武器，包括近来仍然可用和暂时瘫痪的坦克。

这次撤退开始于3月19日22点，结束于3月20日1点——从这一点也可以看出桥头堡残余守军的实力（究竟下降到了何等地步）。

3月20日

北欧师殿后的2辆坦克过桥之后，第549国民掷弹兵师师长和参谋们最后一批从雷格利茨河东岸撤走。随后，最后一座横在奥得河-雷格利茨河上的桥梁被炸上天空。

由于雷格利茨河左岸没有任何步兵和炮兵掩护，撤退部队无法得到接应，这一任务可谓风险重重。第549国民掷弹兵师是第一批占据河岸的部队，如果敌人有所觉察并发动进攻，其后果将无法想象。

事实上，到黎明之后，敌军才开始以空前的烈度炮击空旷阵地，他们的第一批巡逻队更是直到9点至10点之间才出现在右岸。晚上，我们才接到允

---

① 原文如此，应为装甲掷弹兵师。

许撤退的“元首令”。随后几天，我们发现敌人在3月19日晚上便已停止了进攻，并从前线撤走了参与进攻的2个集团军。[151]

波美拉尼亚的战斗结束了。

苏军在波美拉尼亚之战中的损失

2月10日至4月4日，在所谓的东波美拉尼亚战略进攻行动（包括皮里茨、阿恩斯瓦尔德、托恩、波森、格劳登茨、施奈德米尔和科尔贝格要塞与阿尔特达姆桥头堡周边的战斗）中，苏军白俄罗斯第1方面军、第2方面军和波兰第1集团军一共投入了996100名官兵，而德军的第3装甲集团军则只有大约30000—40000名战斗步兵。尽管拥有绝对优势，苏军仍然付出了巨大代价，总伤亡高达234360人——占参战部队的24%！在战斗期间，他们还损失了1027辆坦克和自行火炮，1005门远程火炮和迫击炮，以及1073架战机。换句话说，其每天的进攻损失都高达5733人、19辆坦克和自行火炮、19门远程火炮和迫击炮，以及20架战机。[152]如果遭受上述损失的是德军，他们可能无法坚持1周，更不用说进行近50天的战斗。

集团军群司令希姆莱：任职评述

希姆莱的战役决策几乎都是古德里安强加的。作为集团军群司令，这种情况可谓非常尴尬。结合陆军最高司令部的作战日志，我们不难发现，维斯瓦河集团军群的大部分决策都来自古德里安，而且这种情况要比东线的其他集团军群更频繁。在1月至3月的大约60条命令中，有20条（33%）针对的是维斯瓦河集团军群，排名第二的南方集团军群则有13条，大约占21%。[153] 由此观之，古德里安显然把希姆莱和奥得河前线当成了干预重点。而古德里安在进攻和防御时机的选择上，又受了东线外军处的左右——正是格伦的情报，让他担心斯德丁以南的苏军坦克部队将突破奥得河，一直攻入柏林，并导致他发动了夏至行动。同样，夏至行动的中止也是因为东线外军处的情报，为此，古德里安在苏军向北进攻波美拉尼亚之前调走了进攻部队，并将其重新安置在奥得河西岸。

在德军准备从阿尔特达姆桥头堡出击期间，格伦又对奥得河前线主要地段（即格赖芬哈根–屈斯特林–奥得河畔法兰克福一线）的防御表示了担心。受此影响，古德里安立刻采取措施，并向希姆莱发送了一份新备忘录，要求推迟这次攻势，并用回旋镖行动取而代之。他尤其关注的是苏军在奥得河畔法兰克福以北和屈斯特林两侧的桥头堡，按照他的判断，为了避免苏军从当地杀出，德军必须先下手为强，重创当地的苏军——古德里安还向希姆莱强调，这是希特勒的旨意。[154] 但问题在于，如果采取上述做法，阿尔特达姆桥头堡将很难守住。曼陀菲尔为此向希姆莱提出抗议，3月17日，希姆莱几乎因此崩溃。随后，在古德里安的建议下，希特勒解除了希姆莱的职务。

另外需要记住的是，希特勒把格伦看成是“失败主义者”，对他的情报预判缺乏信心。他在3月14日告诉戈培尔，德军总参谋部“认为苏军会犯我们在1941年深秋进攻莫斯科时一样的错误，换句话说，（总参谋部认为苏军）只会盯着首都，不会向右或向左看，保护他们的侧翼。”[155]关于波美拉尼亚地区的防御，希特勒还向戈培尔出示了一些参谋会议纪要，上面显示了总参谋部的阳奉阴违。他们拒绝相信元首的直觉，不愿向波美拉尼亚派遣防御部队，反而将防御部队调到了奥得河畔。希特勒还说，在夏至行动期间，总参谋部根本不听他的指示，而是（根据格伦的建议）把部队调给第9集团军，从而削弱了前线，并让苏军不费吹灰之力便占领了波美拉尼亚地区。戈培尔在日记中写道，在读过这些会议纪要后，他无比赞同希特勒对战况的评估——而且正如希特勒提到的那样，波美拉尼亚的情况与莫斯科或斯大林格勒几乎没有不同，希特勒的直觉是正确的，但总参谋部就是不肯相信。在交还这些会议纪要时，戈培尔在一份手写注释中总结道：“惊人的是，元首的军事顾问不仅不了解他，还系统性地违抗他的旨意。对这样的军事顾问，我又怎么能抱有信心！”[156] 戈培尔所说的“系统性违抗”绝不是无端指责，因为在过去2个月，总参谋部的总长古德里安一直不相信希特勒的直觉，而是更多地采用格伦的预判，还经常在命令中自行其是。但是希特勒和戈培尔认为波美拉尼亚陷落的罪魁祸首并不是古德里安，而是希姆莱——因为在奥得河前线的指挥决策中，他甘愿受到古德里安的摆布。[157]在大约10天后，希特勒又将古德里安革职，因为他经常反对希特勒的观点。[158]这就引申出了一个问题，在奥得河前线的防御战中，作战计划的变更和执行是如此随意，这究竟是谁的过错——是希姆莱还是古德里安？事实上，两个人似乎都难辞其咎。

众所周知，由于希姆莱接管了东线最重要的指挥职务，陆军最高司令部很早就对他感到不满。有人也许会认为，古德里安在想方设法给希姆莱制造麻烦，但事实上，这些不过是古德里安根据东线外军处的情报，在绝望之下做出的判断。从1月到3月底，德军并没有为奥得河前线制订一份连贯的作战计划，也没有确定优先事项。相反，他们只是发动了一系列半途而废的进攻，并因此打乱了防御节奏。古德里安经常不与希姆莱协商就直接发布命令，希姆莱则绕过古德里安，直接通过菲格莱因向元首地堡汇报重要情况。在2月早些时候，希姆莱曾反对过古德里安仓促发起夏至行动的做法，但这是他唯一一次直接顶撞这位总参谋长。直到被革职之前，他都在一味传达和遵从古德里安的指示，其中只有很小的改动。在纳粹德国垂死挣扎期间，希姆莱唯一的贡献就是在奥得河前线贯彻了军事纪律。当苏军1月发动冬季攻势，德军在奥得河西岸的基耶茨（Kietz）桥头堡和柏林之间50公里已没有1个师的时候，他通过严刑峻法［如飞行军事法庭（对嫌疑人直接进行枪决和绞刑）和“连坐法”］制止了大规模溃退，并恢复了部分前线秩序。他精于行政管理，但拙于作战指挥，这注定了他不可能争取到军事桂冠。

最后需要指出，在奥得河前线，各种分歧比比皆是，在党卫军与陆军、参谋军官与希特勒、国防军与纳粹党大区领袖，以及希特勒和他的亲信们之间无不如此，而古德里安和希姆莱的矛盾，不过是上述分歧的一个缩影。

特种作战和狼人行动

以下部分重点介绍了维斯瓦河集团军群在奥得河以东苏占区发起的特种作战和狼人行动。它们不仅收效甚微，而且少有人知。在东线，任何破坏分子或游击队员都会被苏军就地枪决，其范围甚至包括所有携带武器者，比如猎人和护林员。[159]在苏联境内的德占区，苏军游击队曾给德国人制造了巨大损失，苏军对这种战争形态的作用心知肚明，一踏上德国的土地，他们立刻开始肃清各种游击活动，并不惜使用雷霆手段。[160]

1944年秋季，党卫队高级地区总队长汉斯·普吕茨曼（Hans Prützmann）

奉命发起所谓的狼人行动，到1945年2月，已有多支受过训练的小分队越过前线，试图对苏占区发动游击战，但在这些行动的准备和执行中，纳粹党大区领袖们却态度消极，普吕茨曼向这些大区领袖们的上司——马丁·鲍曼——提出了严正抗议。闻讯，鲍曼立刻指示副手赫尔穆特·弗里德里希斯（Helmuth Friedrichs）与戈培尔的心腹维尔纳·瑙曼（Werner Naumann）博士商讨如何协助党卫军在苏占区组织抵抗。有人提议投放传单，但鉴于苏军可能大肆报复投放区的民众，这一设想只好作罢。最终，德军决定利用党卫军中校奥托·斯科尔兹内的组织，尤其是所谓的“蝎子体系”（Scorpion enterprise），在苏占区制作传单并散布抵抗信息。[161]

当党卫队准备对苏占区发动游击战争的同时，陆军最高司令部和东线外军处还认为，必须在德国以外的苏占领土上煽动叛乱。下面这份简报备忘录提到，德军应当利用一切性质的反苏游击队，无论其政治派别如何。

1945年2月20日

陆军最高司令部/陆军总参谋部/东线外军处

第1（东线）前线侦察指挥中心

记录编号：104/45 geh.Kdos

简报备忘录

在东线主战场以外的地段，运用白色武装力量

1.情况：

苏军对后方交通线遭遇的袭扰非常敏感，一旦有情况，他们将立刻发起军事行动——在越过国境、攻入敌境后尤其如此。

活动于苏军后方的战斗力量可以极大缓解我军压力，也正是因此，我们有必要考虑在主战线另一面发动游击战。

这些纯军事游击组织能带来以下有利因素：

（1）让异国土地上的苏军产生不安全感（影响苏军的心理状况）。

（2）苏军的补给线有超过1000千米位于国境以外，袭击将给其后勤带来极大困难。

（3）引发苏占区民众的敌视。

（4）严重破坏其通信设备（切断长途通信）。

（5）确保苏联当局无法控制其占领的国家。

（6）目前，一些反苏分子已开始进行游击战，而且与我们取得了接触。

2.白色游击运动的未来任务和组织结构：

（1）东线的白色游击运动已经在主战线的敌方一侧活动。

（2）必须是组织严密的军事战斗单位，负责攻击、破坏、宣传和扰乱，在敌后制造混乱。

（3）不管民族成分或政治立场，任何反苏人士都可以加入。

（4）这些单位将在敌方一侧活动，除非极特殊情况，必须杜绝各种“挂名人士”和叛徒。

（5）白色游击队应由一个指挥机构负责领导，后者应包含4名成员：

游击队指挥官；

部署负责人；

通信负责人；

宣传和干扰负责人。

（6）该指挥机构将听从帝国保安处第6局（Amt VI in the Reichssicherheitshauptamt）和东线外军处主管人员的指示。

（7）该指挥机构将由鲍恩（Baun）中校亲自负责。

副本共3份

副本1：呈交帝国保安处

副本2：呈交东线外军处

副本3：收入作战日志

特此授权

（签字）

中校[162]

在党卫队和鲍曼的官员们会晤几周后，东线各集团军群接到了以下文件，其中要求在苏占德国领土上发起狼人行动，还规定各集团军群必须为狼人提供后勤保障，并指示集团军群的情报人员应与之保持沟通。

1945年3月6日

狼人组织

1. 狼人组织（简称为W组织）已成立，将在特别防务总监（党卫队高级地区总队长汉斯·普吕茨曼）的指导下完成敌后特种行动。

2. 本组织将作为小分队（简称为W小队），在德国领土上活动。

随着战线向帝国边界推移，这些小分队将进入德国军队的作战区域。

3. 普吕茨曼特别指挥部（Sonderstab Prützmann）必须向各集团军群和集团军的情报参谋部门派遣狼人联络官，通报W小队的存在，并协调部署事宜。在运用这些小队时，普吕茨曼特别指挥部必须与武装部队的指挥机构达成一致。另外，W小队还必须与其他部队［如党卫军猎兵部队（SS-Jagdverbände）、前线侦察突击队（Frontaufklärungskommandos）和督战部队（Streifkommando）］协调敌后活动。

4. W小队没有也不打算创建后勤单位，其运输和武器将全部由集团军群情报参谋部门负责，其涉及事项包括：

（1）签发特别身份证明文件，赋予W小队成员在陆军指挥部辖区内身着便服和制服自由行动的权力，并提供必要的保密身份；

（2）命令附近的所有部队向W小队提供物资和保障；

（3）协助W小队基地储存物资，提供各种必需品；

（4）调配运输手段和建筑材料。

5.（W小队）从敌军战线返回时，应通知当地部队，以便后者提供必要的协助。

签字：（瓦尔特·）温克[163]

在维斯瓦河集团军群或陆军最高司令部，除了上述文件之外，几乎没有其他记录显示维斯瓦河集团军群直接规划、协调或执行过任何特种行动/狼人行动。不过，其作战日志中的一些记载表明，他们至少对这些行动知情。有一次，党卫军中校马尔茨（Malz）博士表示，为在苏军后方开展行动，2月14日，邦特罗克（Buntrock）上校已完成了破坏工具和炸药的准备。[164] 4天后的2月18日，第2集团军报告说，一个35人的破坏分队（Sabotagetrupp）已渗透到布伦贝格（比得哥什）地区，并与总部取得了无线电联络；另一个5人破坏分队也整装待发。[165]这些行动直接获得的情报可能会发给格伦的东线外军处，随后以情报简报的形式下发给各个集团军群。这一推断也可以从温克的签字上得到证明——在古德里安的陆军最高司令部参谋部门，正是温克负责与东线外军处的联络。

3月底，戈培尔办公室在例行广播中加入了狼人行动的内容。4月1日，复活节星期天，“狼人”广播电台正式成立，负责向德国“沦陷”领土定时发送宣传广播。这标志着德国游击活动从普吕茨曼领导下的纯粹军事行动转变成了一场民族运动。4月4日，戈培尔的下属——瑙曼博士用电传向所有国家宣传办公室发布了一则信息，它也被收录在了维斯瓦河集团军群的作战日志中（可能由集团军群的国家社会主义指导军官接收并宣读）。其全文如下：

柏林，1945年4月4日

下决心的时刻

作者：维尔纳·瑙曼

致所有国家宣传办公室主管人员，通过电传发送

正如期待的那样，我们在敌占区和帝国本土发起了“狼人运动”，并召集了人民中最积极的战士。这种无条件抵抗到底的宣言，将让所有德国人下定决心。谁能坚决践行和平年代的誓言，谁又会自私冷漠，将很快在未来得到证明——那些表现懦弱的人，将不配与我们同列！但凡纳粹主义者都知道，要想打赢这场战争，我们就必须在阿道夫·希特勒的带领下抵抗到底。我们绝不考虑放弃，绝不与敌人妥协，更不会用投降挽救生命。那些相信可以苟且投降，并在20年后“再次尝试”的人不过是一群懦夫——哪怕这种想法在脑海中一闪而过，或是提起过这样的“斯特莱斯曼政策”（Stresemann policy），他们都将不再是我们之中的一员。

我们知道敌人的计划，更知道一旦德国战败后，他们将永远不会像1918年那样给我们复兴的机会。只有真正的白痴才能相信，范西塔德（Vansittard，原文拼写如此）、摩根索（Morgentau，原文拼写如此）和伊利亚·艾伦堡（Ilya Ehrenburg）会在德国投降后放弃他们的仇恨计划。如果德意志民族

的力量源源不绝，我们仍有机会赢得这场战争——其中的方法只有一种，哪里有敌人，我们就在哪里狂热抵抗。懦夫们反对“狼人运动”，主要是因为以下几点：

（1）会给敌人镇压的借口；

（2）会破坏我们的国际形象；

（3）德国人民不适合游击战，如此等等。

但这些很容易反驳。最近，英美联军不顾《日内瓦公约》，在德累斯顿谋杀了50000名德国民众。不论“狼人运动”是否存在，他们都将继续消灭德意志民族。示弱投降不会让敌人心慈手软，只有勇敢无畏才能让敌人醒悟。改善国际形象不能靠举起白旗，而是要靠拼死抵抗。

我们预计，过不了多久，大多数德国人民都会成为“狼人战士”。就像德意志农民战争、上西里西亚的志愿军团，以及施拉格特等人物证明的那样，德国人民将对游击战争积极响应。敌人今天最大的担忧不是其他，而是没法在德国找到一个像1918年那样甘愿投降、任由国际黑帮摆布的“政府”。一些顶流英语报纸最近写道，如果盟国想榨取“贡品”，他们得自己去拿，德国人民将绝不会任寄生虫和叛徒们宰割——也正是因此，“狼人运动”必定会成功。

“狼人运动”批评者们绞尽脑汁，试图反对全面抵抗。对于这些自作聪明的想法，我们必须无情批判和揭发，我们要暴露他们，证明这些观点不过是来自内心的阴暗猥琐。他们的行为是何等怯懦！当数百万最优秀的同胞在各条战线上付出生命时，他们从不厌倦索取，却毫无胆量牺牲。在这场民族危机中，“狼人运动”必须狂热，必须富有革命色彩。在波兰和法国等地，类似的地下运动曾使我们付出过巨大代价，严重妨碍了我们的军事行动。在今天必须承认，我们的严厉镇压并没有削弱他们的抵抗，而只是让他们越战越勇。

我们的处境是严峻和困难的，摆脱这种局面的唯一方法就是抵抗到底。如果敌人发现占领德国无比困难，他们会提早放弃，而不是强迫疲惫的部队与地下恐怖运动斗争。

在过去几周，西线的部分民众没有采取这种行动。确定这种情况的原因是没有意义的，我们毫不怀疑西线和东线的德国民众会表现出坚决的斗志。我们不能仅仅因为几支作战部队和部分民众的愚弱不灵，就让几百辆美国坦克消灭德意志民族的千年历史。纵观历史，从来没有绝望的局势，最多只有绝望的人民——我们目前的情况尤其如此。

我们仍然有机会赢得战争。对于始终斗志昂扬的人来说，这种局面并不陌生。我们必须竭尽所能，树立狂热的抵抗斗志，在遭受敌人威胁的地区，我们的首要任务是放手发动民众抵抗英美联军占领。

对我们来说，“狼人运动”是无条件抵抗的象征。我们宣传人员现在必须全力以赴。

签名：瑙曼博士[166]

这则消息大言不惭地论证了狼人行动的“正义性”，并试图把这个影子组织与德意志民族的抵抗运动挂钩。在希姆莱指挥维斯瓦河集团军群期间，曾对狼人组织及其行动予以支持，但其继任者海因里齐态度冷漠。4月15日，即苏军发动进攻前夕，他曾与阿尔伯特·施佩尔合谋，试图夺取“狼人”广播电台，并让施佩尔发布消息解散狼人组织（参见《奥得河前线1945》第1卷第3章）。[167]

斯科尔兹内和施韦特桥头堡

施韦特桥头堡位于奥得河东岸，最初由党卫军中校奥托·斯科尔兹内率领的特种部队建立。鉴于狼人行动与斯科尔兹内的密切关联，当地很可能也充当了狼人分队进入苏占区的跳板。[168]另外，按照计划，该桥头堡还是夏至行动钳形攻势南翼的出击基地（这一想法很可能出自古德里安，他还打算在攻势中投入第6装甲集团军）[169]，但由于南翼攻势的设想落空，当地部队并没有直接参与夏至行动。这样一来，其军事价值便变得非常可疑（即使是斯科尔兹内也如此认为），对苏军的影响更是极端有限。

1月26日，希姆莱直接指示斯科尔兹内，用搜罗到的一切部队构建桥头堡。[170]由于不熟悉参谋作业，这种“非常规”的做法成了他规划和执行军务时的常见手段。作为维斯瓦河集团军群的新司令，希姆莱必须动用一切资源稳定奥得河前线，并为此承受着压力。但讽刺的是，尽管身为预备军司令，但对“自己的集团军群”和斯科尔兹内，他仍很难利用这些影响力调集足够的补充人员。

2月3日，斯科尔兹内率领党卫军猎兵部队参谋部（代号“阳光”）抵达施韦特，并在镇内的城堡设置了指挥部。同一天，鉴于施韦特已成为战区，希姆莱命令德国妇女和儿童从当地疏散。[171]当时，斯科尔兹内的下属部队包括党卫军第600伞兵营——该营由党卫军上尉齐格弗里德·米利乌斯（Siegfried Milius）指挥，以及党卫军上尉卡尔·福克尔（Karl Fucker）的党卫军中央猎兵部队（SS-Jagdverband Mitte）和党卫军上尉霍伊尔（Hoyer）指挥的西北猎兵部队（SS-Jagdverband Nordwest）——这2支部队分别下辖4个连和1个连，此外，其麾下还有1个党卫军通信连、1个狙击手排和1个步兵炮连。在斯科尔兹内的带领下，这个团级单位立刻被派往奥得河东岸，并构建起一片环形防御阵地，党卫军第600伞兵营和党卫军中央猎兵部队分别位于其南部和北部。[172]当天，希姆莱又特别要求当地的纳粹党大区领袖将桥头堡的所有平民撤往昂格明德或普伦茨劳。[173]另外，他还通知施泰因纳，斯科尔兹内及下属部队不归第11集团军管辖，而是直接向他本人报告。[174]

在奥得河西岸，德军还用第612特别师师部组建了奥得河军，军长为克拉佩中将，其下属单位包括克洛塞克战斗群（Kampfgrupp Klossek），施韦特桥头堡的斯科尔兹内分队，以及南面采登桥头堡的第1海军步兵师。不久，克拉佩的军长职务又被希姆莱的心腹巴赫–泽列夫斯基取代。

斯科尔兹内的部队迅速进入桥头堡，并在2月4日占领了柯尼斯贝格。增援部队源源不断抵达，他们的训练、素质和装备五花八门。在这支拼凑起来的、被称为施韦特师的部队中，有2个由一战老兵组成的国民突击队营（柯尼斯贝格营和汉堡营）、罗马尼亚的德裔、伤愈归队的人员，以及在苏军攻势中与大部队失散、一路向西撤退的士兵。这些散兵游勇大约有7000人，但并非所有人都情愿参战。斯科尔兹内经常下令枪决或绞死逃兵，并把其中一些身着全套制服吊死在施韦特奥得河大桥的横梁上。在走访当地期间，戈培尔的新闻发言人威尔弗雷德·冯·奥芬（Wilfred von Oven）亲眼看到，这些人的尸体都挂着一块“我是逃兵”的牌子在桥下摇晃。在冯·奥芬看来，斯科尔兹内似乎喜欢用这种方式“保持部队的士气”[175]——显然效仿了希姆莱恢复奥得河前线秩序期间的做法。2月5日，他甚至下令处决柯尼斯贝格（位于奥得河东岸、施韦特以东的一个小镇）的纳粹党地区领袖库尔特·弗洛特（Kurt Flöter），因为弗洛特在苏军到来前擅自抛下了他的国民突击队营。[176]随后赶到的还有赫尔曼·戈林第2伞兵装甲掷弹兵师的1个营（600人）、第210突击炮旅（有12辆突击炮可用，关于该旅的详细信息，请参见后文中“第210突击炮旅”部分）和一些10.5厘米高射炮。在上述部队中，约有6500人被部署到奥得河东岸，另有约2300人在西岸充当预备队。[177]2月5日，斯科尔兹内从前哨基地柯尼斯贝格派出了一批斥候，经过大约10—12公里的行军，他们向东抵达了巴特舍恩弗里斯（Bad Schönfliess）①，并发现这座空城已被苏军近卫坦克第12军占领。苏联军队也注意到了风吹草动，他们在次日发动反击，导致1名侦察兵受伤，另有1人丧生，使德军被迫停止行动。闻讯，斯科尔兹内立即从施韦特调集增援，加强对柯尼斯贝格的防御。[178]由于在冬季攻势中，苏军坦克把很多步兵抛在身后，当地的苏联指挥官只能派遣1个坦克旅（大约40辆坦克）进攻德军在柯尼斯贝格以东的前哨阵地——伯尼科夫（Bernikow）②。按照各种资料，他们在巷战中损失了10—17辆坦克——主要是因为铁拳，但仍把斯科尔兹内的党卫军第600伞兵营第3连逐出了柯尼斯贝格。几辆T-34还冲破施韦特师的内层防线，直到奥得河大桥附近才被摧毁。[179]

（参见地图21）

随着近卫坦克第1集团军③的其他部队从东部进入巴特舍恩弗里斯，近卫坦克第12军开始向桥头堡的南部转移。2月8日，苏军发动了第二轮坦克攻击，并投入了17辆T-34。这次进攻的重点是格拉博（Grabow）④和汉瑟贝格（Hanseberg）⑤，桥头堡守军不得不收缩北翼，并与北面的德内克集群（位于菲迪霍夫–巴恩一线）失去了联系。2月9日一整天，巷战在格拉博和柯尼斯贝格爆发。斯科尔兹内的部下被迫放弃下萨滕。在第210突击炮旅2个排［分别由科勒（Köhler）少尉和瑙曼（Naumann）少尉指挥］的支援下，守军击毁了10

---

① 即今天波兰的奇钦斯科–兹德鲁伊（Trzcińsko-Zdrój）。
② 即今天波兰的巴恩科沃（Barnkowo）。
③ 此处有误，应为近卫坦克第2集团军。
④ 即今天波兰格雷菲诺县的格拉博沃（Grabowo），与前文中的格拉博不是一地。
⑤ 即今天波兰的克日莫夫（Krzymów）。

辆苏军坦克（参见后文中“第210突击炮旅”部分），还俘获了1辆美国制造的谢尔曼。一名党卫军老兵在战后回忆说，在这次攻击中，苏军坦克手将当地的德国妇女绑在坦克前面，以阻止德国人发射铁拳。[180]同时，另一批增援部队——第26伞兵团的2个营也抵达了奥得河军辖区。[181] 2月10日，有苏军炮兵从东面抵达柯尼斯贝格，开始轰击斯科尔兹内的外围防线。随着炮击结束，他们从柯尼斯贝格西北部出发，轮番向守军发动进攻，投入兵力多达2—3个步兵营和25—30辆坦克。[182]在回忆中，党卫军少尉格拉博（Grabow）①这样描述苏军进攻的时刻：

现在，高速公路上挤满了苏军坦克。我和几个排长离开了前沿阵地，每个人都携带着一支铁拳。我们像印第安人一样匍匐前进。突然“咚”的一声响起！火箭弹破膛而出。我手下的一名排长开了火，但弹头高过目标。“哈！”我想，“他肯定以为目标有80米，其实应该是60米。”于是，我按照这一估算瞄准并发射了铁拳，结果正中目标——看来我算得没错。

敌军坦克的炮塔侧面被打穿，瘫在那里动弹不得。我们爬回去向营长报告了战况。上午的防御战让我们损失惨重。在我之前所在的第1连第1排，伯恩哈德·布兰克（Bernhard Blanke）和齐格弗里德·特鲁（Siegfried Treu）阵亡——他们是排里最好的机枪手。[183]

奥得河军防区内的3座桥头堡很可能让军长巴赫-泽列夫斯基忧心忡忡。也许是因为夏至行动将近，希姆莱在2月12日特意向巴赫-泽列夫斯基强调：必须坚守格赖芬哈根、施韦特和采登桥头堡。虽然希姆莱对斯科尔兹内颇为信任，但对其他2位桥头堡指挥官心存顾虑，因此特别要求巴赫-泽列夫斯基向这些指挥官郑重阐明坚守桥头堡的意义。[184]

2月13日，苏军再度进攻，桥头堡外层防线失守。但德军的快速反应部队很快赶到，并封闭了突破口。2月14日，苏军坦克再度从南部突入，近卫机械

---

① 此处有误，应是汉斯-约阿希姆·德雷格尔（Hans-Joachim Draeger）。

化第8军则出现在城镇以北。可能是因为苏军正忙于在东北方向应对2月12日发起的夏至行动，接下来的5天局势平静，但在挫败了从波美拉尼亚南下的德军之后，他们便开始为蚕食施韦特桥头堡调集合适的部队——2个苏联步兵师进入阵地，以完成过去几周坦克部队未竟的任务。[185]

斯科尔兹内明白，施韦特桥头堡没有任何军事价值——尤其是在夏至行动失败之后。何况前线的压力与日俱增，而奥得河军却迟迟无法提供物资。他很快与上司巴赫-泽列夫斯基闹僵。斯科尔兹内不停抱怨后勤问题，还一再要求撤军，但每次都遭到回绝。可能正是巴赫-泽列夫斯基的报告，让希姆莱决定撤换斯科尔兹内。

这一推断可以得到文件证实。该文件于2月21日由希姆莱签发，接收者包括奥得河军军长巴赫-泽列夫斯基、斯科尔兹内和党卫军中校肯平（Kempin）等人。在文件中，希姆莱赞扬了斯科尔兹内的行动，但下令解除他桥头堡指挥官的职务，并用肯平取而代之。希姆莱评论说，尽管部队的补给出了问题，但他不能立刻撤军，否则桥头堡必将崩溃。他还特别强调，任何撤军命令都必须得到他的批准。[186]其间，新增援继续抵达：2月22日是第1海军步兵师下属的第305海军步兵营，该营来自奥得河军的预备队，后来被派往平诺（Pinnow）；同时，1个罗马尼亚人组成的营被派往坦托（Tantow）。[187]

2天后，即2月23日，巴赫-泽列夫斯基的作战参谋为维斯瓦河集团军群司令部起草了一份备忘录，并讨论了未来的军事行动。该备忘录指出，苏军可能以皮里茨-柯尼斯贝格为跳板，继续对斯德丁发动进攻；另一股苏军有可能从采登桥头堡渡过奥得河，随后进抵弗赖恩瓦尔德-埃伯斯瓦尔德一线，突入第9集团军的侧翼，为全面进攻柏林创造有利条件。该文件还指出，施韦特桥头堡是奥得河军防区的重要组成部分，守军应积极派遣前线巡逻队，查明敌人有无从皮齐希（Peetzig）①和克尔贝格附近林区发动奇袭的企图。最后，该文件介绍了各桥头堡和奥得河沿岸的纵深防御计划。[188]这些都有力地证明，希姆莱有坚守施韦特桥头堡的打算——也很可能是因为这一点，令主张放弃当地的斯

---

① 即今天波兰的皮亚塞克（Piasek）。

科尔兹内丢掉了职务。

斯科尔兹内的担心是有根据的。就在他离职2天之后，苏军从多个方向发起进攻。3月2日，施韦特桥头堡沦陷，其余德军被迫逃往奥得河西岸（参见《奥得河前线1945》第1卷第5章）。由于在施韦特桥头堡的表现，1945年4月9日，斯科尔兹内成为骑士十字勋章橡叶饰的第826名获奖者。虽然骑士十字勋章及其配饰经常被授予战斗表现出色的部队指挥官，但在施韦特桥头堡，斯科尔兹内参与的战斗很少，似乎没有在行动中对部队产生太多影响。真正为阻挡苏军做出贡献的人更有可能是党卫军上尉米利乌斯——党卫军第600伞兵营的营长。苏军的很多攻击十分突然，没有任何征兆，需要守军做出冷静和专业的判断。其间，斯科尔兹内总是待在施韦特城内的指挥部，但米利乌斯和连长们却经常亲自赶赴危机地段，但米利乌斯从未获得过骑士十字勋章。

对于斯科尔兹内这位“胆大妄为的突击队员”，传记作者的记录多有偏颇，对其回忆录也经常不加分析、全盘肯定。[189]斯科尔兹内宣称自己是被约德尔直接从奥得河前线召走，以执行更重要的任务。但这不是事实——是希姆莱坚决革除了他的职务。至于他被约德尔派去摧毁雷马根大桥也不是因为其他，而是约德尔意识到，此人在东线已无用处。2月26日，仿佛是在回应斯科尔兹内的质疑，希姆莱亲自向奥得河军、斯科尔兹内和肯平发出了一份备忘录，以澄清2月21日的决策。其中再次强调：“2月21日，**是我命令**党卫军中校肯平接管施韦特师”（着重号为原文所加）。他还在备忘录的末尾明确指出，在肯平上任后，斯科尔兹内应立即离开，只带副官、医生、2名司机和1辆汽车，下属部队将全部由维斯瓦河集团军群接管。[190]

斯科尔兹内的剩余部下被编为2个营，并被送往奥得河军的南翼。下面的备忘录展示了这些部队从施韦特桥头堡撤回奥得河军作战区域后的部署方针：

1945年3月5日，舒尔茨上校、奥得河军军长和艾斯曼上校在13点40分的长途通话备忘录

3月6日

奥得河军应根据指示接收斯科尔兹内麾下的2个营。这2个营将被部署到最危险的南翼，但第1海军步兵师的1个营将留在原处，以免前线被削弱。第

1海军步兵师将离开前线前往格赖芬哈根，目前师部已经出发。第210突击炮营①可以撤离，并被抵达奥得河军境内的第184突击炮营②替代，后者将在3至4天内准备好部署。负责指挥奥得河军右侧部队的第610师师部直到今天才在维尔德弗莱肯（Wildflecken）装车，抵达预计还需要2天。第547师师部将成为新部队——党卫军第38师的基干。

提交人

党卫军上尉

（签字）[191]

值得一提的是，在上述部队中，很多都被派往南面的采登桥头堡。

德国空军的行动

为支援奥得河前线，德国空军在德国东部的柏林周围，德国空军集结了最后的预备队。其中大部分战机都被分配给了第6航空队下属的第2航空军。以下这份报告草案编写于3月初，提供了大量与第6航空队任务范围和作战有关的详细情况。

第6航空队参谋长

关于作战行动的报告

活动报告

月份：1945年1月/2月

1. 空中态势

在报告所在时期开始时，苏联第6空军集团军下属的第8、第2和第16团③进入了中央集团军群当面。地面作战开始后，随着苏军推进，上述单位也在邻近前线的地段不断朝西北方移动。

---

① 即前文所述的第210突击炮旅。

② 即第184突击炮旅。

③ 原文如此，此处苏军编制有误。

在此期间，第6空军集团军下属的第16团（位于第2空军集团军北翼）离开原部署区域，抵达了维斯瓦河集团军群的南部侧翼。

第8空军集团军的空域大致位于上西里西亚工业区的南部，即克拉科夫周围。另外，他们还可能试图动用部分兵力控制贝利茨以东的空域。

第2空军集团军已投入布雷斯劳附近的奥得河前线，其战斗机和轰炸机在布里格（Brieg）[1]地区形成了一个部署中心，根据1945年2月28日的空中侦察，其兵力约包括300—350架战机。同时，该集团军还将至少一半兵力投入了尼斯河流域，以及利格尼茨（Liegnitz）[2]、里萨（Lissa）[3]和索劳（Sorau）[4]附近的山区，这些部队包括2个强击机航空军和2个战斗机航空军，也许还有1个轰炸机航空军一部——空中侦察显示共有超过1000架飞机。

但和我们的预期相反，与强大实力形成对比的是，苏联空军的出动频率很低。尽管这在某种程度上与天气有关（尤其是在进攻开始时），但就算天气良好，这种情况也几乎没有改变。这一定是因为他们的补给无法跟上前进速度。但随着前线稳定下来，这些问题将逐步消失，苏军的出动频率有可能大幅增加——3月初他们在佐布滕（Zobten）[5]、劳班（Lauban）[6]和布雷斯劳要塞周边的行动就是证据。

没有迹象显示苏联空军在部署中使用了新战术。但我们经常注意到苏军的对空监视活动，它运转良好，服务对象不仅有苏军的地面部队，还有战斗机和攻击机部队，我们应对此多加留意。

2. 我军构成：见每日调动报告。

3. 我军战斗活动：

在1945年1月12日至2月28日期间，我军共出动14579架次，包括：

攻击机——7201架次

---

① 即今天波兰的布热格（Brzeg）。
② 即今天波兰的莱格尼察（Legnica）。
③ 即今天波兰的莱什诺（Leszno）。
④ 即今天波兰的扎雷（Żary）。
⑤ 即今天波兰的索布特卡（Sobótka）。
⑥ 即今天波兰的卢班（Luban）。

反坦克攻击机——991架次

战斗机——4996架次（其中战斗机1974架次，战斗轰炸机3022架次）

轻型飞机——4架次

近程侦察机——1419架次

远程侦察机——148架次

损失战机	**损失人员**
308架	240人死亡或失踪，94人受伤
明细	**明细**
107架攻击机	87人死亡或失踪，24人受伤
31架反坦克攻击机	14人死亡或失踪，19人受伤
139架战斗机	79人死亡或失踪，24人受伤
24架近程侦察机	21人死亡或失踪，17人受伤
7架远程侦察机	39人死亡或失踪，10人受伤

在苏军1945年1月12日发起大规模进攻之前，我军只在前线附近发动了几次预防性攻击，目的是训练部队。唯一的例外是攻击机和战斗机部队在海因里齐集团军集群方向的行动，它们收效良好，而且只要天气允许就会一直进行。尤其值得一提的是，1945年1月3日，我们在罗泽瑙（Rosenau）①摧毁了强大的敌军纵队，击毁或击伤车辆约200部。

在苏军冬季攻势开始时，第8航空军负责直接为A集团军群（1945年1月25日后改名中央集团军群）提供支援，抵御从巴拉诺夫桥头堡突破的敌人。与此同时，第3航空师则会根据该航空军的指示（只要通信允许）支援第9集团军，抵御敌军从普瓦维和马格努舍夫（Magnuszew）桥头堡的进攻。由于天气恶劣，飞机有时完全无法出动，或是只能派出少量飞机，导致我军在头几天没有取得任何战果。在此期间，敌军也被迫完全放弃空中支援。

之后，敌军在拉蒂博尔（Ratibor）和格洛高之间的广阔战线上抵达奥得河，并在第8航空军任务七的左翼构建了几处据点。在敌军占据施泰因瑙

① 即今天波兰的罗兹诺沃（Róźnowo）。

（Steinau）桥头堡之后，第8航空军派出大部分兵力，与当地的第3航空师联合支援第4装甲集团军进行防御，同时继续派遣部分兵力支援第1装甲集团军和第17集团军。1945年2月16日，鉴于森夫滕贝格（Senftenberg）地区成为战场焦点，指挥部直接接管了当时隶属于第3航空师的部队，同时，位于奥尔穆茨（Olmütz）的第3航空师指挥部则接管了上西里西亚地区。

由于敌方先头坦克部队推进迅速，我军被迫多次转移。例如在1945年1月14日至23日，第8航空军被迫撤出6组机场。在维持战备状态，以及向机场运送作战补给上，我们都曾遭遇问题，但指挥部还是排除万难，让第8航空军得以战斗下去。通信部队不懈工作，解决了重大的通信设备问题，使指挥畅通无碍——哪怕部队在不断转移。尽管有上述不利条件，在发现、攻击和摧毁敌方装甲突击时，我军的战绩仍然蔚为可观。但在本报告所述阶段末期，由于燃料枯竭，我军已很难出动。

4. 战果：

1945年1月12日至2月28日，各部队报告的战果包括：

击落183架飞机（有目击证据）

击落22架飞机（无目击证据）

在地面击毁25架飞机

击中和击伤88架飞机

摧毁415辆坦克

击伤116辆坦克

击中91辆坦克

击毁20辆装甲侦察车

击中和击伤6辆装甲侦察车

击毁24辆自行火炮

击中和击伤13辆自行火炮

击毁42门大炮

击中和击伤19门大炮

击毁52门反坦克炮

击中和击伤13门反坦克炮

击毁29门高射炮

击中和击伤9门高射炮，击毁2745辆卡车

击伤933辆卡车

击毁26辆人员运输车

击毁27辆拖曳火炮或弹药的牵引车

击毁22辆油罐车

击中和击伤349辆各种类型的车辆，击毁1562辆马车，击中和击伤304辆马车

敌军的实际损失要远高于上述报告，这一点可以得到友军和截获的敌方情报证实。例如按照俘虏的供述，由于我方空军的攻击，近卫机械化第6军的近卫机械化第16旅损失了几乎所有车辆，随后只能充当步兵，并把剩余车辆移交给其他旅。

尽管有时天气恶劣，但我军侦察机仍准确掌握着敌方动向，并结合战斗机和对地攻击机的侦察结果，向空军和陆军提供了必要的战斗文件。

5. 特殊部署经验：

在这段时期，苏联空军的部署同样有限。他们的预警系统运转良好，如果我们的部队（特别是战斗机）抵达，苏军飞机就会接到警告，从当地撤走。

草稿签字人

沙尔特（Schalt）上校[192]

在东线，德国空军仍然可以发挥重要作用，因为他们可以从本土基地出动，并利用残存的燃料、备件和弹药。不仅如此，他们似乎还不缺乏飞机，根据另一份文件，2月初，奥得河前线的德军飞机约有700架，而在6个星期之后，这一数字更是翻了一番。[193]但其出动需要大量航空燃料——对维斯瓦河集团军群，这构成了一项长期挑战。

3月5日，希姆莱试图为奥得河前线争取一些新型喷气式战斗机。他不仅清楚这些飞机投入了对莱茵河渡口的空袭和本土防空战，还敏锐地察觉到，面对西方盟军飞行员，他们的损失正在加剧。于是，他私下向元首地堡的菲格莱因送去一封短信，要求把新型喷气式战斗机调往他的前线：

亲爱的菲格莱因!

集团军群始终非常担心德国空军的燃料问题。如果费比希(Fiebig)军①和鲍姆巴赫(Baumbach)部队②都得到所需的燃料,就可以打击敌军先头坦克部队,摧毁奥得河桥梁。西线和帝国本土的梅塞施密特战斗机正面临燃油短缺,最好能调往东线,这里没有燃油问题,可以发挥战斗力。

希特勒万岁!

希姆莱[194]

希姆莱认为,相对于别处,维斯瓦河集团军群的燃油储备更多。在某种意义上,这没有错,因为当地更靠近几家合成燃料工厂,比如斯德丁附近的珀利茨炼油厂等。

3月13日,希姆莱向菲格莱因送去另一封短信,通报了空中支援的情况:在苏军大举进攻时,第2航空军有1300架战斗机、战斗轰炸机和反坦克攻击机可以迎战,但问题在于,这1300架飞机只有供3—4天行动所需的航空燃料。到战斗的第4天,德军就需要1600立方米的C3航空燃油和1200立方米的B4航空燃油来维持作战行动——希姆莱询问这些燃料能在何时何地提供。[195]5天后的3月18日,似乎是由于没有回音,希姆莱再次向菲格莱因发去另一封信,试图争取3天的航空燃油储备,以便守卫柏林。而且耐人寻味的是,他始终希望菲格莱因把这些情况上报给地堡内的元首,而不是提交给戈林。[196]

在奥得河前线,德国空军打击的是苏军占领的桥梁。希特勒在2月16日的一份命令中宣称,奥得河上的每座铁路和公路桥梁都不能交给苏军。[197]197. 德军为此出动了"槲寄生"子母机,下面这份3月8日的报告提供了第一轮出击的部分细节(参见《奥得河前线1945》第1卷第9章)。而3月12日的另一份报告则提到部队急需新式燃烧弹,以确保对桥梁的轰炸万无一失。

① 即第2航空军。

② 即第200轰炸机联队。

<table>
<tr><td>（空袭部队）战果报告</td><td>日期：1945年3月8日
时间：
报告人：
接收人：</td><td>1945年3月8日</td></tr>
<tr><td>1. 赫比希作战分队
2. 参战单位：第200轰炸机联队第2大队
3和4.空袭飞机数量和型号：4架“槲寄生”、5架Ju-188、2架Ju-88
5.起飞时间：9点整至9点22分
6.着陆时间：
7a.攻击时间：10点整至10点12分
7b.攻击高度：3000米和800米，滑翔攻击
8.任务：攻击格里茨（Goritz）①附近的桥梁
9.战果：由于引导系统中弹，1架“槲寄生”只命中了南侧桥梁近侧，另1架“槲寄生”正中北侧桥梁，将中段部分摧毁。
1架“槲寄生”从西向东朝南侧桥梁发起攻击，正中桥身，并摧毁了中段部分。
2架Ju-88和4架Ju-188使用AB 500/SD 1型炸弹攻击了目标区域奥得河西岸的防空阵地。攻击结束后，北侧桥梁以西250米处的高炮已不再射击。
本次攻击的高度为2700—3300米.</td><td colspan="2">10.中断行动：
a.数量：1架“槲寄生”
b.原因：9点32分，因为战斗部故障，导致在贝尔齐希（Belzig）附近提前投弹。
11.投弹（数量和类型）：
10枚AB 500/SD 1，22枚AB 70/SD 1，28枚L型绿色信号弹，2枚AB 500/B 3，26个55 b型炸弹引信。
12.发射子弹数（数量和类型）：无。
13.损失（数量、机型和原因）：1架Ju-188被防空火力直接击中，飞机在菲尔斯滕瓦尔德（Furstenwalde）西南坠毁全损。机组人员跳伞。
14.遭遇抵抗：
战斗机：无。
地面火力：精心配置的各种口径高射炮。
15.其他：南侧桥梁据信已被炸毁，水中可见残骸漂浮。上午10点05分，一架“槲寄生”击中了该桥靠近西岸的部分，并腾起大火。
16.天气：
油耗：22200加仑B4型航空燃油[198]</td></tr>
</table>

主题：对（敌方）奥得河桥梁的空袭

迄今为止的经验和对未来的预测都表明，高爆弹和破片弹只会令木桥短时间垮塌，相较之下，更有效的方式是烧毁桥梁。但据我们所知，现有的炸弹型号都无法达成这种效果。

我们建议尽快开发和提供一种燃烧弹，其中应填充能持续燃烧且难以扑灭的物质（如焦油和磷的混合物）。

而且必须指出，由于需求紧急，此事绝不可从长计议，否则将为时已晚。

第6航空队参谋长

克莱斯（Kless）总参谋部上校

文件编号：119/45g.Kdos[199]

没有迹象显示上文所述的燃烧弹曾使用或交付部队。

直到战争最后几天，第6航空队仍在继续作战，但由于燃料短缺，不得不在4月初解散了6个战斗机大队。虽然当时东线仍有大约3000架完好的飞机，但由于航空燃料短缺，其中只有大约300架可以同时出动。[200]

---

① 即今天波兰的古日察（Górzyca）。

4月12日，鉴于奥得河前线战斗一触即发，德国空军新成立了一个司令部，以支援维斯瓦河集团军群。该司令部就是东北空军司令部（Luftwaffenkommando Nordost），指挥官是马丁·费比希（Martin Fiebig）上将，一共拥有1433架飞机，其中包括622架战斗机、451架对地攻击机、125架轰炸机、175架侦察机和78架水上飞机。另外，支援中央集团军群的第6航空队也拥有791架飞机。换言之，为抵御接下来的进攻，一共有2224架德军飞机做好了准备。[201]

苏军总攻开始后，只要燃料和维修人员允许，德国空军就会全力出动。4月16日，德军战机一共执行了891次任务，其中包括60次特别行动——飞行员驾驶满载炸药的战机与奥得河大桥同归于尽。但在整个奥得河前线，苏军的出动达到了约10000架次，而且德军的出击节奏只能保持大约2—3天。到4月20日，由于飞机损失、燃料储备减少以及出现在柏林机场附近的苏军坦克，其出击次数已经大不如前。[202]

4月20日—21日，苏军在柏林正面的弗里岑–泽劳一线达成突破。之后，德国空军的行动重点基本从维斯瓦河集团军群和柏林地区转移到了中央集团军群方向。例如，4月中后期，在科特布斯（Cottbus）–包岑地区，德国空军一直在攻击科涅夫元帅的坦克和补给纵队。为支援第9集团军的南翼，仅在4月25日，德军就出动了62架次FW-190。[203]更引人注目的是，在该方向的对地支援行动中，德军还投入了大部分可用的Me-262喷气式战斗机。4月26日，有31架次该型飞机被派往当地，摧毁了2架苏军飞机和6辆补给卡车。[204]虽然文件没有提到为什么这些高速战机被用于对地支援，但它们注定用途有限——在这样一片松林密布的区域，其驾驶员肯定很难发现和攻击地面目标。

一份4月27日的报告则显示，德军运输机数量有限，无法顾及多种相互矛盾的需求。面对这种情况，德国空军下令暂停对布雷斯劳要塞的物资空投，并竭尽全力对第9集团军进行最后一次补给，运送50立方米燃料和各种弹药。[205]

4月29日，在柏林包围圈上空，德国空军进行了可能是最后一次作战任务。苏军记录显示，其出动了高达346架次（可能是战斗机）。当然，这一数字或许被夸大了——毕竟由于浓烟、瓦砾、废墟和持续不停的炮击，地面的苏军已无法分辨空中的飞机是敌是友。[206]

帝国劳工组织高炮部队的动员

空军的高平两用炮在地面防御中发挥了重要作用。在维斯瓦河集团军群，这些火炮很多由帝国劳工组织的士兵操纵。以下文件展示了德国空军第6航空队辖下相关部队的动员情况和隶属关系：

根据帝国劳工组织最高领袖（Reichsarbeitsführer）、国防军最高统帅部和空军最高司令部协调发布的命令和指示，在第6航空队境内，帝国劳工组织的部署原则和指导方针如下：

1. 任务和隶属关系：

尽管需要参与战斗，帝国劳工组织的任务仍然是培训劳工，使之成为衷心拥护纳粹主义的战士，并为国防军提供宝贵的补充人员。

虽然在战斗中，上述任务可能要为军事让路，但有关部门仍应制订计划，以求最大限度实现目标。

参与防空任务的部队仍将隶属于帝国劳工组织，但应在军事任务中听从空军指挥。

帝国劳工组织的下属部局和领导人员将负责（所有部队的）监督、福利、食宿和训练，并监管各级下属领导和人员的纪律。

军事主管机构有权对所有军事/战术问题发布命令，主持战备工作，包括负责高炮训练。

2. 组织：

帝国劳工组织高炮部队的最小部署单位是连。

番号示例：第5/364高炮连（即帝国劳工组织第1/31高炮连）。每个帝国劳工组织大队（RAD Gruppe）应至少组织4个高炮连（相当于1个营），并尽量使之达到满编营的规模。

帝国劳工组织大队的参谋部门（含大队领袖、副官和行政管理人员）将被纳入所在各高炮营的参谋队伍。

帝国劳工组织大队指挥官需配合高炮营营长完成本文件第1节所述的任务。

如果受形势影响，组织之间难以协调，导致帝国劳工组织大队的参谋队伍无法运用，他们应向高炮营（或高炮团）派遣联络官（即帝国劳工组织大队参谋部门的先遣分队）。

帝国劳工组织大队的上级单位是帝国劳工组织地区（Bezirkes），地区领袖应加入高炮师的参谋部门，并监督下属的帝国劳工组织部队；此外，他还可以在得到高炮师师长批准后，根据上级帝国劳工组织领导人的指示，处理所有组织事务。

第1高炮军和第2高炮军将分别接收2名帝国劳工组织高级领袖（职级分别为4级和5级）。

这位高级领袖将成为军长的顾问，处理一切帝国劳工组织的事务和组织问题，并在与指挥官协商一致的前提下，履行本文件第1节所述的所有任务。

除副官外，这位高级领袖下属的人员包括：

（1）参谋长（Chief of Staff）及其勤务和人事助理。除了帝国劳工组织的本职工作外，他还应根据高级领袖的指示，推动武器和野战装备的供应，处理所有人事工作，并替换相关人员。也正是因此，如果相关军事指挥官要替换较低级的帝国劳工组织领袖，必须事先得到高级领袖同意。至于高炮连的指挥人员同样应由帝国劳工组织派遣和任命（但需与德国空军的主管单位协调），撤换也只能由帝国劳工组织进行。

各高炮部队的扩编和人员交换同样是帝国劳工组织高级领袖的职责，必须在得到此人批准后才能进行。

在帝国劳工组织高炮连，必须想方设法加强军官和士兵的纽带联系，使之成为实至名归的纯高炮单位。

（2）行政官。行政官应负责财会事务，并向帝国劳工组织人员提供被服和装具。此外，他应负责被服和装具的修补，并与高炮军的相关人员协调处理所有行政事务。

（3）首席医官。首席医官应与高炮军的首席军医协调，并遵循航空队的指示，调用帝国劳工组织和德国空军的医生、药品、医务室、野战医院等，为下属单位提供卫勤保障。

（4）帝国劳工组织法务官。法务官应在得到相关高级司法机构准许的前提下，依照帝国劳工组织高级领袖的指示，处理所有法律事务，尤其是对涉及军事的违法行为做出司法裁定（如确定某案件应由军事法庭还是帝国劳工组织刑事法庭审判）。

（5）车辆专员。在得到空军相关主管机构的许可后，管理和维护所有帝国劳工组织的车辆和调车场，分配燃料和备件。

帝国劳工组织东线防空总监（RAD-Inspekteur Lv. Ost）也将加入第6航空队，其任务包括：对帝国劳工组织高级领袖所在的下级单位开展监督，并在帝国劳工组织领导层的授权，根据帝国劳工组织总部的指示，与第6航空队司令协调组织工作。

其下属参谋人员包括：

1名参谋长

1名副官（同时担任参谋长助理）

1名行政官员

3. 勋奖

下属的帝国劳工组织领袖有权为部下申请军事奖章。

帝国劳工组织高级领袖可以在征得指挥官（或其副官）同意后，处理勋奖颁发事宜。

4. 部队和参谋部门的物资供应。

在经济事务、卫勤保障以及燃料和备件配送方面，帝国劳工组织的参谋人员和下属单位均应听从德国空军的安排。

5.如果帝国劳工组织高炮连装备全部损失，其人员不应充当步兵，而是应根据具体命令，在指定区域重新获得装备。

草案签署人：格莱姆（Greim）[207]

值得注意的是开头一段："尽管需要参与战斗，帝国劳工组织的任务仍然是培训劳工，使之成为衷心拥护纳粹主义的战士，并为国防军提供宝贵的补充人员。"这也是德军人员补充体系全负荷运转、向前线提供"拥护纳粹主义"士兵的另一个例证。在奥得河前线的防御战中，帝国劳工组织高炮连确实表现出色，使给苏军蒙受了不少损失。

本章尾注：

1. 当德国陆军最高司令部还在思考和揣测时，苏军早已制定了下一步行动的基调：不再向西大举进攻，只扩大奥得河沿岸的桥头堡，同时努力夺取波美拉尼亚，不让德军南下威胁到自己脆弱的侧翼。

2. 参见德国联邦档案馆-军事档案分馆文件T311/167/I191-92，附录2。

3. 参见德国联邦档案馆-军事档案分馆文件T311/167/I232，附录2。

4. 参见戴维·耶尔顿《希特勒的国民突击队：纳粹民兵和德国的陷落，1944—1945》（*Hitler's Volkssturm: The Nazi Militia and the Fall of Germany, 1944—1945*）（劳伦斯：堪萨斯大学出版社，2002年出版），第123页。另参见德国联邦档案馆-军事档案分馆文件N756-393/I067。皮里茨一旦失守，可能给奥得河前线的防御造成战略重挫，苏军将朝西北方长驱直入，一直抵达斯德丁，切断德国本土和波美拉尼亚的所有陆上联系（包括高速公路和铁路）。

5. 参见《国防军公报》第3卷，第436页。

6. 参见德国联邦档案馆-军事档案分馆文件T311/167/I328，附录3。

7. 参见德国联邦档案馆-军事档案分馆文件T311/167/I342和I407，附录3。

8. 参见德国联邦档案馆-军事档案分馆文件T311/167/I347-48，附录3。

9. 参见美国国家档案馆文件T311/168/7219602。

10. 参见美国国家档案馆文件T78/305/6255909。

11. 参见美国国家档案馆文件T78/305/6255951。

12. 参见德国联邦档案馆-军事档案分馆文件T311/167/I429-30和T311/167/I671-73，附录3。

13. 2月16日，温克与党卫军上校哈尔泽视察了党卫军第8装甲掷弹兵团，随后在下午向西驱车数百公里，以便去柏林拜见希特勒，同时参加2月17日—18日晚间召开的元首会议。会议结束后，他趁夜返回东线，并替下筋疲力尽的司机自己开车。2月18日清晨，他在开车时睡着，撞在树上，导致颅骨骨折。

14. 参见大卫·格兰茨上校《红军指战员在说话！对维斯瓦河-奥得河行动参战老兵的采访，1945年1月至2月》[*Red Army Officers Speak! Interviews with veterans of the Vistula-Oder Operation (January-February 1945)*]（大卫·格兰茨，1997年出版），第102—103页。

15. 参见德国联邦档案馆-军事档案分馆文件T311/167/I720-21，附录3。

16. 参见美国国家档案馆文件T78/305/6255881。

17. 其完整出处如下：

波美拉尼亚战役和东线的指挥

美国陆军驻欧司令部历史处

外国军事研究分处

主题：维斯瓦河集团军群（1945年2月13日）

标题：与党卫队全国领袖希姆莱的首次讨论（Erste Aussprache mit SS-Reichsführer Himmler）

作者：第901号

分析：1945年2月初，第3装甲集团军司令部被调往维斯瓦河集团军群辖下，作者作为该集团军司令，曾在2月13日向党卫队全国领袖希姆莱报到。本报告是对这次讨论的总结。其中包含了大量集团军群战况的信息，并表明希姆莱曾向希特勒解释过德国局势的严峻性，以及德国在对苏作战方面的问题。

概要：本报告是在美国陆军驻欧司令部历史处第7734派遣分队（7734 EUCOM Historical Detachment）的监督下，由位于德国加米施（Garmisch）的政治战行政部第8处（PWE 8）组织编写的。出于保密原因，编写人隐匿了原名，不清楚他在编写时是否得到了原始文件或其他战俘的帮助。

1947年4月25日，由美国陆军驻欧司令部历史处第7734派遣分队审阅。

编号：D-025

该文件的原编号是军事研究文件MS D-025，但由于军事研究文件MS D-189中有该文件的全文，因此其已被归入美国军事研究文件MS D-189。

艾哈德·劳斯大将

18. 参见德国联邦档案馆–军事档案分馆文件T311/167/I941–42，附录3。

19. 参见德国联邦档案馆–军事档案分馆文件T311/167/I945，附录3。

20. 参见德国联邦档案馆–军事档案分馆文件T311/167/I993，附录3。

21. 参见德国联邦档案馆–军事档案分馆文件T311/167/I994，附录3。

22.夏至行动也是希姆莱在西线执掌上莱茵河集团军群期间第一次攻势的代号。两者同名的原因不详。

23. 参见德国联邦档案馆–军事档案分馆文件T311/167/I1051，附录3。

24. 参见美国国家档案馆文件T311/168/7219605。

25. 参见美国国家档案馆文件T311/168/7219579。

26. 参见美国国家档案馆文件T311/168/7219727。

27. 参见美国国家档案馆文件T311/168/7219729。

28. 参见美国国家档案馆文件T311/168/7219771。

29. 参见美国国家档案馆文件T311/168/7219794。

30. 参见美国国家档案馆文件T311/168/7219808。

31. 参见美国国家档案馆文件T311/168/7219751。

32. 参见美国国家档案馆文件T311/168/7219974。

33. 参见美国国家档案馆文件T311/168/7219862。

34. 参见德国联邦档案馆–军事档案分馆文件N756–393/I067。

35. 德意志克罗恩也属于要塞，但规模较小，守军包括第368补充与训练营、兰普雷希特机枪营（MG Btl.Lamprecht）和1个国民突击队营。这支弱旅根本无力抵抗进攻该镇的苏军。

36. 原文实际是“Festen Platz”，即“要塞据点”，这个词不同于“要塞”（Festung），一般用于较小的城镇（通常位于十字路口或渡口），防御要求也远不及要塞。

37. 参见汉斯·福格特《阿恩斯瓦尔德周边的战斗》（*Die Kämpfe um und in Arnswalde*），出自《当阿恩斯瓦尔德燃烧时：一部记录》（*Als Arnswalde brannte. Eine. Dokumentation*）（阿恩斯瓦尔德教区，1968年出版）。

38.第2军留后指挥部中的“留后”是“Stellvertreter”一词的缩写，这类指挥部隶属于军区，负责为一线军级作战指挥部提供后方训练和动员。

39. 参见美国国家档案馆文件T311/168/7219584–85。

40. 参见汉斯·福格特《阿恩斯瓦尔德周边的战斗》。

41. 参见美国国家档案馆文件T311/168/7219663。

42. 参见汉斯·福格特《阿恩斯瓦尔德周边的战斗》。

43. 参见美国国家档案馆文件T311/168/7219643-44。

44. 参见汉斯·福格特《阿恩斯瓦尔德周边的战斗》。

45. 参见美国国家档案馆文件T311/168/7219710-11。

46. 参见汉斯·福格特《阿恩斯瓦尔德周边的战斗》。

47. 参见美国国家档案馆文件T311/168/7219752-53。

48. 参见汉斯·福格特《阿恩斯瓦尔德周边的战斗》。

49. 参见美国国家档案馆文件T311/168/7219823-25。

50. 参见汉斯·福格特《阿恩斯瓦尔德周边的战斗》。

51. 参见美国国家档案馆文件T78/305/6255858-63。

52. 原文件误把荷尔斯泰因师标成了党卫军装甲师。

53. 参见美国国家档案馆文件T78/305/6255864。

54. 参见美国国家档案馆文件T311/168/7219864-66。

55. 参见美国国家档案馆文件T311/168/7219914-15。

56. 参见美国国家档案馆文件T78/305/6255846-47和美国国家档案馆文件T311/168/7219941-43。

57. 参见美国国家档案馆文件T311/168/7219952-54。

58. 参见美国国家档案馆文件T311/168/7219947-48。

59. 关于夏至行动对苏军1945年2月到3月作战决策的影响，恐怕需要参考苏军的作战日志和白俄罗斯第1和第2方面军的报告，不过现有证据显示，这次行动其实影响不大。

60. 参见美国国家档案馆文件T311/168/7219806。

61. 参见罗尔夫·米凯利斯《党卫军第500/600伞兵营》（*SS-Fallschirmjäger-Bataillon 500/600*）（柏林，多夫勒出版社，2004年出版），第93页。

62. 参见美国国家档案馆文件T311/168/219928。

63. 参见美国国家档案馆文件T78/305/6255848。

64. 参见美国国家档案馆文件T311/168/7219932。

65. 参见美国国家档案馆文件T311/168/7219990。

66. 参见美国国家档案馆文件T311/168/7219934。按照弗里德里希·胡泽曼的说法，施泰因纳在战后回忆说，他曾向希姆莱建议“稀释”易北河畔的德军部队，并将其送往东线，以便让西方盟国渡过易北河，结束整个战争。参见弗里德里希·胡泽曼《忠贞不渝：党卫军第4警察装甲掷弹兵师战史》第2卷：1943—1945年（*In Good Faith: The History of the 4.SS-Polizei-Panzer-Grenadier-Division, Volume 2: 1943—1945*）（曼尼托巴省温尼伯：J.J.费多罗维茨出版社，2009年出版），第466页。但从其他事实看，施泰因纳的说法非常可疑，而且有在战后读者面前拔高自己的成分。

67. 参见德国联邦档案馆-军事档案分馆文件T311/169/I193，附录1。

68. 参见美国国家档案馆文件T78/305/6255830。

69. 参见美国国家档案馆文件T78/305/6255822-23。

70. 参见德国联邦档案馆-军事档案分馆文件T311/169/007-09，附录1。

71. 参见德国联邦档案馆-军事档案分馆文件T311/169/I010，附录1。

72. 参见德国联邦档案馆–军事档案分馆文件T311/169/I031，I107，附录1。

73. 参见德国联邦档案馆–军事档案分馆文件T311/169/I010，附录1。

74. 参见德国联邦档案馆–军事档案分馆文件T311/169/I043–46，附录1。

75. 参见德国联邦档案馆–军事档案分馆文件T311/169/I057–58，附录1。

76. 参见美国国家档案馆文件T78/305/6255812–13。

77. 参见德国联邦档案馆–军事档案分馆文件T311/169/I097，附录1。

78. 参见德国联邦档案馆–军事档案分馆文件T311/169/I082–84，附录1。

79. 参见德国联邦档案馆–军事档案分馆文件T311/169/I043，附录1。

80. 参见德国联邦档案馆–军事档案分馆文件T311/169/I032，附录1。

81. 参见德国联邦档案馆–军事档案分馆文件T311/169/I159–69，附录1。

82. 参见德国联邦档案馆–军事档案分馆文件T311/169/I161，附录1。

83. 参见美国国家档案馆文件T78/645/924–25。

84. 参见德国联邦档案馆–军事档案分馆文件T311/169/I83–85，附录1。

85. 参见德国联邦档案馆–军事档案分馆文件T311/169/I189，附录1。

86. 参见德国联邦档案馆–军事档案分馆文件T311/169/I198，附录1。

87. 参见德国联邦档案馆–军事档案分馆文件T311/169/I199，附录1。

88. 参见德国联邦档案馆–军事档案分馆文件T311/169/I272，附录1。

89. 参见德国联邦档案馆–军事档案分馆文件T311/169/I291和T311/169/I295，附录1。

90. 参见德国联邦档案馆–军事档案分馆文件T311/169/I352，附录1。

91. 本推断仅基于作战日志上的记录，还没有其他现有资料的支持。

92. 参见德国联邦档案馆–军事档案分馆文件T311/169/I277，附录1。

93. 参见德国联邦档案馆–军事档案分馆文件RS-23–15/I068–70。

94. 参见德国联邦档案馆–军事档案分馆文件T311/169/I278，附录1。

95. 参见美国国家档案馆文件RG 242《维斯瓦河集团军群1945年3月1日至3月5日的行动》。

96. 参见德国联邦档案馆–军事档案分馆文件T311/169/I357和T311/169/I359，附录1。

97. 参见德国联邦档案馆–军事档案分馆文件T311/169/I356，附录1。

98. 参见德国联邦档案馆–军事档案分馆文件T311/169/I404，附录1。

99. 参见美国国家档案馆文件T321/017/4758182–83。

100. 参见德国联邦档案馆–军事档案分馆文件T311/169/I430–31，附录1。

101. 参见德国联邦档案馆–军事档案分馆文件T311/169/I439，附录1。

102. 参见德国联邦档案馆–军事档案分馆文件T311/169/I426，附录1。

103. 参见罗尔夫·斯托夫斯《第22装甲师、第25装甲师、第27装甲师和第233预备役装甲师战史》（*Die 22.Panzer–Division, 25.Panzer–Division, 27.Panzer– Division und die 233.Reserve–Panzer–Division*）（弗里德贝格：波宗–帕拉斯出版社，1985年出版），第282页。

104. 参见德国联邦档案馆–军事档案分馆文件T311/169/I504，附录1。

105. 参见德国联邦档案馆–军事档案分馆文件T311/169/I557，附录1。

106. 参见德国联邦档案馆–军事档案分馆文件T311/169/I788，附录2a。

107. 参见德国联邦档案馆-军事档案分馆文件T311/169/I252，附录1。

108. 参见德国联邦档案馆-军事档案分馆文件T311/169/I504，附录1。

109. 参见海因茨·古德里安《装甲指挥官》，第420—421页。

110. 参见德国联邦档案馆-军事档案分馆文件T311/169/I441，附录1。

111. 参见德国联邦档案馆-军事档案分馆文件T311/169/I476，附录1。

112. 参见美国国家档案馆文件T78/645/889。该报告中当地守军的作战序列为：第91要塞机枪营、第712步兵炮连、第24要塞反坦克炮分队、第15连、1个装备18门8.8厘米高射炮的要塞反坦克炮连，以及第3159要塞炮兵营。

113. 参见美国国家档案馆文件T321/017/475818035。

114. 参见《最后的记录，1945年：戈培尔日记》（*Final Entries 1945: The Diaries of Joseph Goebbels*），由休·特雷弗-罗珀编辑和作序（巴恩斯利：笔与剑出版社，2007年出版），第52页。

115. 参见《汉斯-格奥尔格·艾斯曼回忆录》（科尼利厄斯·瑞恩档案：第68号文件盒，第2号档案袋），第98—99页。

116. 参见德国联邦档案馆-军事档案分馆文件T311/169/I643-49，附录2。

117. 其中一个例子是冯·特陶军级集群，其名称来自该部队的指挥官——骑士十字勋章和橡叶饰获得者汉斯-伯恩哈德-卡尔-奥托·冯·特陶（Hans Bernhard Carl Otto von Tettau）。

118. 当地有时也被称为斯德丁桥头堡，但从地理上讲，斯德丁市位于奥得河西岸，而当地的战斗主要发生在东岸的阿尔特达姆。

119. 参见彼得·隆格里奇《海因里希·希姆莱传》，第721页。心绞痛一般由心脏病导致，但注重锻炼的希姆莱不太可能患有这种疾病。如果一切属实，它更有可能来自精神紧张导致的胸部肌肉收缩。

120. 参见德国联邦档案馆-军事档案分馆文件T311/169/I471和I543，附录1。

121. 参见彼得·隆格里奇《海因里希·希姆莱传》，第722—723页。

122. 参见德国联邦档案馆-军事档案分馆文件T311/169/I561-64，附录1。

123. 参见美国国家档案馆文件T311/170/7222716。

124. 参见美国国家档案馆文件T311/170/7222725和德国联邦档案馆-军事档案分馆文件T311/169/I562，附录1。

125. 参见美国国家档案馆文件T311/170/7222721-22。

126. 参见德国联邦档案馆-军事档案分馆文件T311/169/I504，附录2。

127. 参见美国国家档案馆文件T78/R305/6256170-71《古德里安致维斯瓦河集团军群，1945年3月13日》（文件编号为OKH/Gen StdH/OpAbt I Nr. 450 184/45 g.Kdos.Chefs.）。

128. 参见德国联邦档案馆-军事档案分馆文件T311/169/I513-14，附录2。

129. 参见德国联邦档案馆-军事档案分馆文件T311/169/I609-10，附录2。

130. 参见德国联邦档案馆-军事档案分馆文件T311/169/I611-12，附录2。

131. 参见德国联邦档案馆-军事档案分馆文件T311/169/I614-16，附录2。

132. 参见德国联邦档案馆-军事档案分馆文件T311/169/I747-48，附录2。

133. 参见德国联邦档案馆-军事档案分馆文件T311/169/I204-08《1945年2月21日至2月28日，炮兵力量的10日报告》附录1。

134. 参见德国联邦档案馆-军事档案分馆文件T311/169/I544-45，附录2。

135. 参见德国联邦档案馆-军事档案分馆文件T311/169/I585-86，附录2。

136. 参见德国联邦档案馆-军事档案分馆文件T311/169/I589，附录2。

137. 参见德国联邦档案馆-军事档案分馆文件T311/169/I590，附录2。

138. 参见德国联邦档案馆-军事档案分馆文件T311/169/I591，附录2。

139. 参见德国联邦档案馆-军事档案分馆文件T311/169/I592，附录2。

140. 参见德国联邦档案馆-军事档案分馆文件T311/169/I593-95，附录2。

141. 参见德国联邦档案馆-军事档案分馆文件T311/169/I589-99，附录2。

142. 参见德国联邦档案馆-军事档案分馆文件T311/169/I600，附录2。

143. 参见海因茨·古德里安《装甲指挥官》，第421—422页。

144. 参见德国联邦档案馆-军事档案分馆文件T311/169/F668，附录2。

145. 参见德国联邦档案馆-军事档案分馆文件T311/169/I670，附录2。

146. 参见美国国家档案馆文件T78/645/704。

147. 参见德国联邦档案馆-军事档案分馆文件T311/169/I674，附录2。

148. 参见德国联邦档案馆-军事档案分馆文件RS3-23-15/I002-007。

149. 参见德国联邦档案馆-军事档案分馆文件T311/169/I663-64，附录2。

150. 参见德国联邦档案馆-军事档案分馆文件T311/169/I698-99，附录2。

151. 参见德国联邦档案馆-军事档案分馆文件RH26-1010-1/I082-83。

152. 苏军的伤亡数字来自G.F.克里沃舍夫《20世纪苏联的人员伤亡和战斗损失》（伦敦：格林希尔出版社，1997年出版），第156页和第263页。对德军伤亡数字的估算则来自美国国家档案馆文件T78/R417/6386704-09中1945年4月1日的兵力报告。

153. 本结论是根据美国国家档案馆文件T78/305/6255792-969得出的。

154. 参见德国联邦档案馆-军事档案分馆文件T311/169/I609-10，附录2。

155. 参见《最后的记录，1945年：戈培尔日记》，第138页。

156. 参见《最后的记录，1945年：戈培尔日记》，第145页。

157. 参见《最后的记录，1945年：戈培尔日记》，第137—138页和第145页。

158. 其中一个例子是编号为OKH/GenStdh/OPAbt I Nr. 450 073/45 g.K.Chefs的命令。在这份1945年2月4日发布的文件中，古德里安未经希特勒同意，便命令第6装甲集团军开赴科特布斯地区，加入维斯瓦河集团军群，并充当陆军最高司令部预备队。而在更早之前1月26日，他已经在陆军最高司令部的另一份命令（编号为Nr.4500044/457 g.Kdos.Chefs）指出，第6装甲集团军下属的党卫军第1和第12装甲师应开赴维也纳，担任国防军最高统帅部预备队，其余单位将被派往柏林附近。这些命令绕过了元首大本营，在得知情况之后，希特勒立刻将其撤销，并将第6装甲集团军全部派往南方集团军群麾下。详情可参见美国国家档案馆文件T78/R305/6255952和T78/305/6255905。

159. 参见佩里·比迪斯科姆《狼人！纳粹游击运动史，1944—1946》（*Werwolf! The History of the National Socialist Guerrilla Movement 1944—1946*）（多伦多：多伦多大学出版社，1998年出版），第270页。

160. 同上。

161. 参见佩里·比迪斯科姆《狼人！纳粹游击运动史，1944—1946》，第128页和第130—131页。“蝎子”是一项绝密计划，最初旨在为弗拉索夫分子和乌克兰民族主义者开展宣传。

162. 参见美国国家档案馆文件T78/582/773-74。

163. 参见德国联邦档案馆-军事档案分馆文件T311/167/I570-71，附录2。

164. 参见德国联邦档案馆-军事档案分馆文件T311/167/I991，附录3。

165. 参见德国联邦档案馆-军事档案分馆文件T311/168/I225。

166. 参见德国联邦档案馆-军事档案分馆文件T311/169/I1071-74，附录3。

167. 参见佩里·比迪斯科姆《狼人！纳粹游击运动史，1944—1946》，第111页。在该书中，比迪斯科姆引用了施佩尔的证词，而维斯瓦河集团军群作战日志和海因里齐的记录则可以充当旁证——这些内容都曾在4月15日的会谈中讨论过，详情可见《奥得河前线1945》第1卷第3章。

168. 参见佩里·比迪斯科姆《狼人！纳粹游击运动史，1944—1946》，以及该书中“改善陆军和狼人关系”一节（第91—98页以及第129—130页）。

169. 参见查尔斯·弗利（Charles Foley）《非凡突击队》（*Commando Extraordinary*）［纽约：班坦图书公司（Bantam Books），1979年出版］，第146页。

170. 参见罗尔夫·米凯利斯《党卫军第500/600伞兵营》，第83页。

171. 参见德国联邦档案馆-军事档案分馆文件T311/167/I393，附录3。阳光是斯科尔兹内奉希姆莱之命在1944年9月成立的特种部队，最初成员包括数百名语言专家（包括许多会说美式英语的官兵），还有部分来自勃兰登堡师（当时，勃兰登堡师正在从特种部队改编为普通的装甲掷弹兵师）的志愿者。在12月的守望莱茵行动中，这些人员被编入第150装甲旅，并派往阿登地区。在美国陆军情报部门的审讯报告中，一名被俘的斯科尔兹内部下供称：“1944年11月初，阳光参谋部开始在整个武装部队中招募说英语的人，最好有美国口音，他们都根据上级的要求向该参谋部报到……”这份报告中给出的人员招募日期并不准确（11月可能是此人得知将在阿登地区发动攻势的时间），但其余信息均准确无误。参见第6军情报部门编写的第131号情报报告，“伪装成美军的德国人”，第1页。

172. 参见罗尔夫·米凯利斯《党卫军第500/600伞兵营》，第84页；查尔斯·弗利《非凡突击队》，第146页，以及美国国家档案馆文件RG242“维斯瓦河集团军群1945年2月3日态势图”。

173. 参见德国联邦档案馆-军事档案分馆文件T311/167/I393，附录3。

174. 参见德国联邦档案馆-军事档案分馆文件T311/167/I451，附录2。

175. 参见阿拉斯泰尔·诺博尔《纳粹统治和苏军在德国东部的进攻，1944—1945：至暗时刻》，第194—195页。

176. 同上。

177. 参见罗尔夫·米凯利斯《党卫军第500/600伞兵营》，第87页。

178. 参见德国联邦档案馆-军事档案分馆文件T311/167/I454，附录3。

179. 参见查尔斯·弗利《非凡突击队》，第150—151页；美国国家档案馆文件，RG242“维斯瓦河集团军群1945年2月6日态势图”。

180. 参见安东尼奥·穆诺兹《被遗忘的军团：武装党卫军鲜为人知的作战部队》（*Forgotten Legions: Obscure Combat Formations of the Waffen-SS*）［纽约：轴心欧罗巴出版社（Axis Europa Books），1991年出版］，第88页。东线的战斗极端残忍，双方普遍没有遵守《日内瓦公约》。德国虽然曾在该公约上签字，但极少遵守其内容，至于苏联甚至连签字国都不是。

181. 参见德国联邦档案馆-军事档案分馆文件T311/167/I699，附录2。

182. 参见德国联邦档案馆-军事档案分馆文件T311/167/I823，附录2。

183. 参见安东尼奥·穆诺兹《被遗忘的军团：武装党卫军鲜为人知的作战部队》，第83页。

184. 参见德国联邦档案馆-军事档案分馆文件T311/167/I908，附录3。

185. 参见美国国家档案馆文件RG242，维斯瓦河集团军群1945年2月20日态势图。

186. 斯科尔兹内在战后辩称，他之所以离开施韦特桥头堡，是因为约德尔给了自己一项更重要的任务，即指挥西线的特种部队摧毁雷马根大桥，其情况可参见查尔斯·弗利《非凡突击队》一书的第153页。但从希姆莱的命令可以看出，斯科尔兹内已成了他这边的问题人物，并决心将其革职了事。换言之，这一切可能并非源自约德尔，更和摧毁雷马根大桥的任务无关，而很可能只是因为希姆莱受够了斯科尔兹内的撤军申请。

187. 参见美国国家档案馆文件T311/168/7219978。

188. 参见美国国家档案馆文件T311/169/7220060-62。

189. 斯科尔兹内经常被认为是两场行动的关键人物——其中之一是1944年3月的玛格丽特行动（Operation Margarth），该行动旨在夺取布达佩斯，阻止匈牙利单方面退出战争；另一场则是1943年7月25日从大萨索山（Gran Sasso）解救墨索里尼的橡树行动（Operation Eiche）。但需要指出，前者实际是由陆军特种部队——勃兰登堡师——的指挥官冯·普夫尔施泰因（von Pfuhlstein）少将策划和执行的；而突袭大萨索山则出自德国空军少校奥托-哈罗德·莫尔斯的手笔，并得到了库尔特·斯图登特本人的批准。斯科尔兹内直到最后时刻才参加了突袭，获得的赞誉远远超过了实际贡献。虽然无可否认，有些莽撞的斯科尔兹内是一名大胆的突击队员，但在军事行动的宏观层面，他的知识实际相当肤浅。

190. 参见美国国家档案馆文件T311/168/7220178。

191. 参见德国联邦档案馆-军事档案分馆文件T311/169/I194，附录1。

192. 参见美国国家档案馆文件T321/017/4757806-09。

193. 参见德国联邦档案馆-军事档案分馆文件T311/167/I667，附录3。

194. 参见德国联邦档案馆-军事档案分馆文件T311/169/I210，附录1。

195. 参见德国联邦档案馆-军事档案分馆文件T311/169/I522，附录1。

196. 参见德国联邦档案馆-军事档案分馆文件T311/169/I617，附录2。

197. 参见美国国家档案馆文件T78/304/6255518。

198. 参见美国国家档案馆文件T321/017/4757996。

199. 参见美国国家档案馆文件T321/017/4757971。

200. 参见克里斯特·贝里斯特伦《从巴格拉季昂到柏林：东线的最后空战，1944—1945》（*Bagration to Berlin: The Final Air Battles in the East: 1944—1945*）（赫舍姆：伊恩·艾伦出版社，2008年出版），第116页。

201. 参见克里斯特·贝里斯特伦《从巴格拉季昂到柏林：东线的最后空战，1944—1945》，第117页。

202. 参见克里斯特·贝里斯特伦《从巴格拉季昂到柏林：东线的最后空战，1944—1945》，第118—119页。

203. 参见美国国家档案馆文件T321/019/476000。

204. 参见美国国家档案馆文件T321/019/4759919。

205. 参见美国国家档案馆文件T321/019/4759881。

206.参见克里斯特·贝里斯特伦《从巴格拉季昂到柏林：东线的最后空战，1944—1945》，第122页。

207. 参见美国国家档案馆文件T321/017/4758129-31。

第五部分

海因里齐上任

“奥得河就是主战线，没有人能后退一步。”

——戈特哈德·海因里齐致“维斯瓦河”集团军群全体官兵，1945年3月

海因里齐就任

按照古德里安的说法，他最初计划任命瓦尔特·温克装甲兵上将（时任陆军最高司令部指挥局局长）接替希姆莱。2月初，他又不顾希特勒的反对，任命这位心腹指挥夏至行动。不幸的是，战斗才刚刚打响，温克便在车祸中受伤，错过了攻势，直到3月下旬都未能康复。在这种情况下，古德里安选择了海因里齐——一位久经考验的防御战大师。[1]（参见《奥得河前线1945》第1卷第10章）

在入侵苏联期间，海因里齐曾见证了希姆莱的种族政策，并开始厌恶东线战争。在他接管维斯瓦河集团军群时，原先指挥部里的大多数党卫队精英也跟着希姆莱离开了。在这种情况下，他做了一个清醒的决定：用陆军正规部队替换前线的党卫军单位，并让后者担任预备队。他还试图解除外籍志愿人员（尤其是由拉脱维亚、匈牙利、罗马尼亚和苏联人组成的部队）的武装——不管他们来自陆军还是党卫军——以便把腾出来的武器交给德籍部队。和前任不同的是，海因里齐本能地意识到，虽然维斯瓦河集团军群人员和武器短缺，但这些完全可以通过防御策略弥补，并因此有针对性地制定了部署方案（参见《奥得河前线1945》第1卷第10章）。换句话说，他是个在上任之初就有明确目标的人。

除此之外，海因里齐还决定不直接违抗希特勒。虽然俄国前线的经历令他厌恶纳粹政权，但当施佩尔向他谈及谋叛时，他还是选择了回绝。他把两件事看得很重：首先是恪守军人的职业信条，其次是不愿再看到"背后一刀"。这一点可谓颇为讽刺：作为希特勒最忠实的门徒、种族战争的策划者，希姆莱早已开始图谋不轨，寻求与西方盟国单独媾和。为此，希姆莱不仅没有一点犹豫，甚至还颇为洋洋自得（参见《奥得河前线1945》第1卷第2章）。但在海因里齐看来，虽然纳粹政权将难逃灭亡，但德国仍有一条生机——坚守奥得河一线，等待西方盟军抵达，让苏军无法释放复仇的怒火。

集团军群的作战日志清楚地表明，作为一名职业军官，海因里齐不仅非常熟悉本职工作，还知道如何鼓舞下属。在上任的最初7天，留任的参谋们便开始对他心悦诚服。作战日志还展示了他适应环境和当机立断的能力——换句话说，他能像统帅而不是行政官僚一样领导这支队伍。为了让各集团军应对苏军的总攻势，他倾注了大量精力。他知道军事形势有多么危急，并阅读了大量参谋部门发来的报告。他没有被动地等待陆军最高司令部或元首地堡的指示，而是自己先行动起来。例如，他曾试图向工兵了解情况，以确定苏军最适合渡河的时机，并在很多奥得河水位下降的报告上留下了批注。[2]3月23日，海因里齐开始向预判的进攻区域调动部队，并在第3装甲集团军和第9集团军后方创建了战役预备队。[3]3月24日，他又向各下属司令部签发了一份详尽的作战方案，规定了如何在奥得河前线构建纵深防御（参见《奥得河前线1945》第1卷第10章）。海因里齐还知道，无论那些手持栓动式步枪和铁拳火箭筒的士兵们多么善战，他们都不可能靠单打独斗击败敌人，只有整个前线协调一致，并给予他们有力支持，才能挫败苏军的大规模攻势。[4]为此，他要求后勤参谋部门下属的弹药科提交一份报告，以了解集团军群的弹药供应情况，确保未来几周下属单位能尽量收到必要的物资（值得一提的是，该报告的详尽程度远远超过了希姆莱时期的同类文件）。[5]到3月27日，即海因里齐上任的7天之后，他还调集了近20000名工兵和托特组织工人，以便在后方修建他防御计划的重要组成部分——沃坦防线。[6]

3月28日，海因里齐发布了一份备忘录，强调了主战线的重要性。下面这道由党卫军尼德兰装甲掷弹兵师发布的命令正是对该备忘录的解读：

秘密

党卫军第23尼德兰志愿装甲掷弹兵师

师部，1945年3月28日

作战参谋部门

文件编号：332/45 geh.

较原文件有删节

来自：第3装甲集团军作战参谋

编号：2289/45 geh。

总体而言，我们想强调的是：

奥得河就是主战线——不管职务和工作如何，任何军官、士官和士兵都不应对此有所怀疑。

一切行动都必须服从这一要求。

这一点同样适用于发起战斗、修建工事，以及在工事背后和后方地带开展的一切工作。无论之前的军种、军衔和职务，任何在有意或无意违反这一方针的人都将被剥夺在德国土地上生存的权利，并将耻辱地死去。

作为众志成城的证明，所有文件都应在最后加上下列口号：

“奥得河就是主战线。”[7]

从那时起，“奥得河就是主战线，没有人能后退一步。”（Die Oder ist die HKL, sie ist unter allen Umständen zu halten）每天都会出现在各师和团的书面命令中。[8]在海因里齐——而不是希特勒，也不是国防军最高统帅部、陆军最高司令部，更不是动辄威胁处决下属的希姆莱——的领导下，这一点被灌输给了奥得河前线的每个前方指挥部。

重组前线

上任不到3天，海因里齐便根据战斗素养和整体战局调整了部队部署。详情可见3月23日的一份2页文件，该文件表明，这次调整完全是海因里齐根据形势主动做出的，而不是被动遵从陆军最高司令部的指示。其中最醒目之处是把荷尔施泰因装甲师和西里西亚装甲师重组为一支更强大的部队——第18装甲掷弹兵师，并将其派往第3装甲集团军和第9集团军的结合部，担任陆军最高司令部预备队。同时，大多数党卫军师［尤其是各种外籍志愿单位，如北欧师、尼德兰师、瓦隆人师和兰格马克师，还有该文件没有提到的查理曼师（法国人）、党卫军第15武装掷弹兵师（拉脱维亚人），以及由苏联人、匈牙利人和罗马尼亚人组成的各种单位］则被调离前线，其中一些被直接解除武装，另一些被派往中央集团军群境内。4月中旬，海因里齐还把党卫军第32一月三十日掷弹兵师也调离前线，但这次调动未能在苏军总攻之前完成。总之，海因里齐非常怀疑外籍单位的可靠性，不愿让他们参与德国的最后一战。[9]（参见《奥得河前线1945》第1卷第10章）同时，海因里齐还把党卫军第10弗伦斯贝格装甲师派往第9集团军北翼后方担任预备队，并把第25装甲掷弹兵师安置在第9伞兵师背后（即泽劳-明谢贝格与前线之间）。

不像希姆莱，海因里齐了解苏军的进攻兵力配置和未来推进轴线，并为此做了准备。[10]在他看来，在战役层面，奥得河前线最重要的地段是1号帝国公路——屈斯特林和柏林之间的走廊。但即使如此，希特勒仍将党卫军第10弗伦斯贝格装甲师和第25装甲师残部调往南方的其他集团军群，从而削弱了帝国首都的防御力量，更和他之前的决心——在柏林城下击败苏军（参见古德里安早先的备忘录）——南辕北辙。

屈斯特林之战

3月下旬，苏军可能察觉到了奥得河前线的变化：他们的情报部门也许发现维斯瓦河集团军群更换了司令，还可能注意到第25装甲掷弹兵师已离开屈斯特林前线（但未必清楚该师将前往奥得河畔法兰克福参加回旋镖行动）。但无论这些是不是诱因，苏军都在3月21日发动了进攻，以求彻底包围屈斯特林要塞，夺取通往柏林的奥得河铁路桥。

关于德军解救屈斯特林的行动，我们已经在第1卷（参见《奥得河前线1945》第1卷第8章）中有所详述。在下文中，我们还列出了几条相关的命令——从中不难看到，维斯瓦河集团军群和下属部队在指挥领域问题重重，并严重妨碍了军事行动。首先是2月底和3月初编写的报告，其中揭示了屈斯特林要塞在防御组织和战术上的问题。当时主管要塞防务的是党卫军第11装甲军，要塞司令赖涅法尔特则由希姆莱亲自任命。由于没有该军的作战日志，这种指挥关系中的许多细节已无从查证。一连串问题也由此引发，例如：党卫军第11装甲军的参谋人员是否身在要塞，并视察过当地的防线？或者只是根据作战报告发号施令？唯一的线索是以下2份维斯瓦河集团军群作战日志收录的报告。其中显示，党卫军第11装甲军和赖涅法尔特的参谋之间似乎矛盾颇深。作为希姆莱任命的要塞指挥官，赖涅法尔特缺乏准备，没有很好地组织防御。在瓦尔塔河东岸的屈斯特林新城，即当地的主要居民区，防御似乎还出现了一些混乱。下面这份报告反映的就是当地的战况，上面还留下了不少手写注释[可能来自党卫军第11装甲军的军长、党卫军上将马蒂亚斯·克莱因海斯特坎普（Matthias Kleinheisterkamp）]，这表明它引起了上级的极大关注。现将其中大部分内容节录如下：

党卫军第11装甲军司令部

作战参谋部门

文件编号：2141/45 geh.

致党卫军第11装甲军司令部

秘密

战地指挥部，1945年3月9日

关于屈斯特林要塞周边战况的报告

1. 1945年2月12日，第9集团军在一份命令中明确规定了屈斯特林要塞的战斗任务。该命令指出，战斗的未来与奥得河（这座防御屏障）息息相关，并取决于我们能否坚持到底，阻止（苏军）构建渡口。

2月17日，屈斯特林要塞由党卫军第11装甲军负责战术指挥。该军在一份命令中重申了要塞的任务。2月20日，要塞得到通知，苏军的大规模攻势已迫在眉睫，还可能伴有猛烈的炮火准备。为了确保上述命令得到执行，我们再次向要塞强调：在要塞周边地区，我军的防御目标是不让苏军夺取瓦尔塔河和奥得河大桥，并通过强有力的军事行动，阻止敌人渡过奥得河，不让其进入（德军）重武器集结地。

2. 敌情：

当要塞被党卫军第11装甲军接管时，屈斯特林新城方向有（苏军）步兵第295师，基耶茨方向有（苏军）近卫第35师。近来敌情变化不大，但在屈斯特林南部前线，苏军的炮兵有增加迹象；另外，他们还从戈尔加斯特（Gorgast）东南地区发动进攻。在戈尔加斯特东南，敌军的实力正在加强；还有2个苏军师开入了根施马尔（Genschmar）以东的桥头堡，显然是想切断要塞与外界的陆上联络。为了不让敌军得逞，我军必须有针对性地发动进攻，但因为实力不足，我们目前还无法采取重大行动——原本用于肃清112号国道（Reichsstraße 112）戈尔加斯特段的第21装甲师已被调走，甚至第25装甲掷弹兵师也离开了莱布斯地区。

从3月6日开始，屈斯特林新城持续遭遇苏军进攻，经查实，参战的苏军单位来自步兵第295师和第62惩戒连，可能还有独立坦克第2军下属的突破坦克团。虽然苏军步兵非常虚弱，但得到了强大的炮火和空中支援。

在对屈斯特林的进攻中，苏军投入的火炮为：

屈斯特林以北，35—40门，以小口径火炮居多。

格里茨和屈斯特林之间，70—80门，以大口径火炮为主。

此外，这次攻击得到了大约30门12.2厘米和100门8厘米迫击炮的支援。

3. 3月3日，除平民之外，全要塞共有16800名口粮领取人员，其中战斗人员约为10000人——超过了第112步兵师[①]和库尔马克装甲掷弹兵师的作战力量总和（这2个师曾长期抵御苏军的7个步兵师）。在屈斯特林新城方向，当地在遭遇进攻前约有6000名战斗人员。缺乏远程火炮，给当地的战斗局势带来了不利影响，但因为要塞以外军级炮兵的支援，上述问题在一定程度上有所缓解。为引导炮击，上级还向这里派遣了携带无线电的联络官和前进观察员。我方一共有105门火炮参加了要塞周边的战斗。（这页边缘还有一条隐约可见的手写注释：“比2个45年型步兵师的全部火炮还要多33门！这是全力争取到的结果。”）

缺乏经验丰富的参谋人员和受过战术训练的副手，让指挥官非常难办。在要塞内，信息汇报机制也存在重大缺陷。我军只能从上级的通信（如电话、火力指挥通信和无线电通信）中了解形势，并将信息通报给当地的军械官[②]。

4. 回顾屈斯特林周边的战斗：

3月4日之前，始于屈斯特林新城的整条战线局势平静，其间只有一些侦察活动。

但在3月5日，敌军开始炮击屈斯特林新城和基耶茨，并对前一地发动了猛烈空袭，不过没有任何步兵攻击。

3月6日，1个惩戒连试图在水畔训练场登陆，还有1股敌人从瓦尼克（Warnick）地区来袭，但都被我军击退。3月7日，敌军首次在遭遇重点炮击的基耶茨达成突破，并导致该镇西南部分失守。

3月7日上午晚些时候，基耶茨又遭遇进攻，一股团级兵力的敌军突破了旧德雷维茨（Alt Drewitz，在要塞北部、屈斯特林新城附近）附近的阵地，一

① 原文如此，应为第712步兵师。

② 原文如此。

直前进到旧德雷维茨东南偏南1500米处的岔路口。3月7日晚间，上级命令要塞肃清新城附近工事区的渗透，并与第25装甲掷弹兵师联合消灭基耶茨附近的突破，还特别强调要在每天晚间组建新的快速反应部队。

3月8日，敌军继续进攻基耶茨，并向屈斯特林新城附近的突破口增兵。（此处无法辨认）由于无法封闭突破口，加上我方营级兵力的反击失利，敌人切断了屈斯特林新城守军与瓦尔塔河沿岸的联系，并将其打散。直到晚上，屈斯特林堡垒才注意和汇报了事态的全部影响。（手写注释：非常重要！不能只在一点发动进攻，而是应当全线反击！）

鉴于要塞的战线过长，早在3月7日至8日晚间，我军便要求其组建预备队。但报告显示，这一命令的执行程度远远不够。3月8日白天，也就是要塞发现屈斯特林新城战斗失利之前，我军司令部又做了提醒：新城的守军意义重大，他们千万不能被切断，否则就会影响整个任务。3月8日19点整传来的报告显示，我军仍然坚守着斯图普纳格尔兵营（Stülpnagel Kaserne）和纤维素工厂，瓦尔塔河大桥的桥头堡也在我军手中。但没过多久就传来了纤维素工厂沦陷的消息。（手写注释：前述的大规模反击因此打响。）另一方面，直到大约17点50分，我军仍在防守着始于贞女运河（Jungfern Canal）、止于新城北郊康乐中心的旧主战线。总之，对于3月8日下午发生在屈斯特林新城的战斗，要塞指挥官几乎没有干预，密集的空袭和炮击更让我们无能为力。虽然我们不知道要塞是否真的无法改变战局，但他们的表现似乎确实存在问题，因为直到当天午夜时分，我军询问要塞是否已设法让新城地区的零散部队返回己方战线之后，他们才开始行动。鉴于要塞司令对守住瓦尔塔河对面的几座小桥头堡毫无决心，军部立刻叫停了反击。但即使如此，瓦尔塔河对岸的桥头堡仍在23点全线瓦解，河上的桥梁被炸毁，残余守军乘坐橡皮筏渡过瓦尔塔河。

在屈斯特林要塞司令看来，敌军之所以能从旧德雷维茨大举突破，是因为在西北防区的指挥官[哈根（Hagen）中尉和奥普霍斯特（Ophorst）治安警察中校]离任之后，（此处有无法辨认的手写注释）继任者未能及时设置内层防线。

可以确定的是，新城守军顽强抵抗（手写注释：体现在兵营中仍有抵抗的事实上），这也能得到一系列“海因里希报告”的证实。（作者按：“海因里希报告”是一种讽刺说法，指的是希姆莱亲自督办的报告）但由于指挥人员没有到位，当地实际是在单打独斗，行动与战局完全脱节。当敌人向瓦尔塔河大桥长驱直入时，新城的大部分守军还在东北部的阵地上。作为该区域的指挥官——瓦尔特（Walther）宪兵上校——年龄偏大，战术素养较差，似乎不太胜任工作，但要塞司令官不以为然，因为瓦尔特上校是他带来的“亲信”。

5. 要塞的物资供应由集团军负责。但据我军所见，后方地带已无法为其提供食品。为特事特办，本司令部已响应要塞的要求，通过指挥系统向后方区域施压，希望能改变上述情况。

手写注释：在卑职看来，（此处难以辨认）的形势是由于：

（1）缺乏（此处难以辨认）

（2）缺乏战斗组织和指挥架构

（3）（没有）持续部署的预备队

（4）要塞指挥官消极厌战（甚至是临阵逃脱）

我们正在努力尽快确定损失。

军长（签名）

党卫队高级地区总队长兼党卫军上将[11]

有趣的是，在描述要塞司令赖涅法尔特的指挥时，克莱因海斯特坎普用到了“临阵脱逃”一词。这实际是在挑明此人领导能力有限，根本无法应对敌情。

第二份文件采用了问答形式，主题是屈斯特林新城的战况。按照其中的说法，缺乏统一指挥、步兵武器、组织和通信共同导致了战线崩溃。

党卫军第11装甲军司令部作战参谋部门

发自战斗指挥部，1945年3月9日

附件2

致党卫军第11装甲军司令部作战参谋

文件编号：geh.（此处难以辨认）2149/45

1945年3月9日

党卫军第11装甲军致屈斯特林要塞联络官的问题
（3月8日22点整发送，3月9日1点整接收）

1. 问：

屈斯特林新城情况如何？

当地有哪些部队，分别位于何处，指挥官是谁？

屈斯特林新城的作战部队有哪些？

屈斯特林新城有多少重型武器？

答：

屈斯特林新城已经沦陷，瓦尔塔河大桥以东的桥头堡也被攻破。我军炸毁了公路和铁路桥，并将活动式铁路桥的桥面升起。

以下是1945年3月8日各据点的最后报告：

（1）预备役医院据点：截至18点30分，当地仍由我军控制

（2）斯图普纳格尔兵营据点：

奥尔德豪森（Oldershausen）地区：截至17点25分，主战线位置较之前没有变化

马吕（Malue）地区，截至17点50分，主战线位置较之前没有变化

（3）新工厂（new plant）：中午，敌人从南方和西南方向进攻，并得到了坦克、火焰喷射器和对地攻击机支援

（4）工兵兵营（Engineer Caserne）：

该据点17点时仍在我军手中，但西南方向遭到进攻。有报告显示，有1位军医绕道带领1名伤员渡过瓦尔塔河和弗里德里希–威廉运河（Friedrich-Wilhelm Canal），回到了我军战线。（手写注释：另一名伤员？）。

目前不确定新工厂和工兵兵营是否沦陷，但可以断定我军夺回了从奥尔德豪森和马吕地区到斯图普纳格尔兵营的旧主战线。我们没能与上述据点取得联络，因此对兵力和指挥官一无所知。相信斯图普纳格尔兵营可以长期坚守，因为当地的军官特别勇敢。

部队战斗力水平：4级

重型武器可能仍然包括2门轻型步兵炮（位于斯图普纳格尔兵营）。

2. 问：

屈斯特林新城是否还能建立统一的指挥架构?

当地前任指挥官被解职后，守军由谁指挥?

新城守军的战术任务是什么?

答:

由于无法联络，统一指挥是不可能的。

当地的指挥官应该是克吕格尔（Krüger）上校——如果他还没走——但要塞司令联系不上。［手写注释：（此人的名字是）马特乌斯（Mathus）？］。

上述据点的任务：战斗到最后一弹。

3. 问:

在新城守军瓦解后，为协调各单位的战斗，你们采取了哪些措施?

答:

由于缺乏通信，我们没有任何此类措施。［此处有部分难以辨认的手写注释：联络巡逻队（此处难以辨认）敞开。］

4. 问:

除了步兵第295师、1个惩戒营和坦克第9军部分单位，（苏军）还派了哪些单位进攻新城?

答:

我们还没有发现其他敌方单位。

5. 问:

进攻市区时，敌军投入了多少部队?

答:

对于3月7日，敌军从旧德雷维茨方向发起的进攻，兵力最初为团级。在突破口，增援纵队不断赶来，至少有2个团和10—15辆坦克。（此处有无法辨认的手写注释）

6. 问:

目前，敌军的主要施压方向是?

屈斯特林老城（Altstadt）和新城守军之间能不能依靠传令兵通报情况?

瓦尔塔河东北岸的桥头堡有多大?

答:

敌人试图袭击各据点和主战线的后路，进而将其歼灭。

除此之外，我们一无所知。我们无法用传令兵在新老城区之间建立联络，瓦尔塔河东北岸的桥头堡已不复存在。

7. 问：

为保卫瓦尔塔河沿岸，你们部署了什么？

指挥关系如何？

答：

瓦尔塔河沿岸的守军有：

1个营（约400人）并加强有2个国民突击队连

防区指挥官：埃斯特曼（Estelmann）上尉

8. 问：

新城据点突然崩溃，原因究竟是什么？

是不是某个单位或指挥官出了问题？

答：

在3月7日遭遇突破的地段，大多数士兵都很年轻，训练极少或非常有限。

另一个问题是，当地的战斗群指挥官没有及时下令进入第二道堑壕。战斗群指挥官最初是生病的哈根中尉，继任者是奥普霍斯特治安警察中校。后者在上任时报告说，由于缺乏战术训练，他可能无法胜任这一职务。当集团军司令在要塞视察时，我们也上报了这一情况。后来，奥普霍斯特中校亲自坚守作战指挥部7小时之久。

目前的防区指挥官是瓦尔特宪兵上校（56岁），[12]可能仍在瓦尔塔河东岸。

9. 问：

军部在3月7日发布命令，要求肃清突破之敌，你们采取了哪些措施？

答：

根据军部3月7日的命令，我们在火车总站以西设立了一道面向西北的斜交阵地。同时，在通往斯德丁的铁路线附近，我们投入1个营加2个连，从当地正西侧向西南方实施反击，还派遣1个连从污水处理厂西北向火车总站西北方

900米处的路口推进。这次反击以失败告终。前述的营——大部分由志愿者组成——也在此期间被歼灭。

这次反击是由要塞副官罗兹（Lotz）上尉发动的，他之前亲自参与了斜交阵地的构建。

10. 问：

对于肃清基耶茨的战斗，你们的具体意图是什么？

计划部署什么部队？舒尔茨（Schulz）少校与第25装甲掷弹兵师讨论了什么？

答：

因为兵力不足，我们没有肃清基耶茨的计划。

第119装甲掷弹兵团团长胡斯（Huss）少校已亲自抵达要塞，根据双方协商，为保持联络，基耶茨和第119装甲掷弹兵团之间将构建一连串支撑点。基耶茨弹如雨下，已化为焦土。仅在3月7日，敌军便向当地发射了大约30000发炮弹，空袭也从未停歇。

3月7日至8日，我军的伤员高达450人。

11. 问：

对于开赴要塞途中的8.8厘米炮，你们打算部署在何处？

答：

我们计划用这些火炮替换在基耶茨地区损失的反坦克炮，只是火控设备尚未到位。

开列了一些士兵的英勇事迹。

新城遭遇进攻前，当地的战斗人员约有6000人。

2门重步兵炮位于老城，弹药数量为30发。

（签字）

少校[13]

苏军进攻屈斯特林，德军反击

当时，还有一条陆上走廊连接着第9集团军和屈斯特林要塞，该走廊由第25装甲掷弹兵师负责守卫。但3月19日，该师奉命从当地撤退，前往泽劳附近担任预备队。此举可能是为了参与流产的回旋镖行动，他们在奥得沼泽的阵地被刚组建的明谢贝格装甲师接过。在南部，第20装甲掷弹兵师也被派往萨克森多夫（Sachsendorf）附近，可能是为了在南下参加回旋镖行动前进行休整。苏军注意到了上述调动，并发起攻击，试图封闭这条陆上走廊、扩大桥头堡。他们的矛头直指弗里德里希绍（Friedrichsaue）、戈尔措（Golzow）、戈尔加斯特和旧图彻班德（Alt Tucheband）等城镇。

在走廊北侧，苏军动用了第5突击集团军辖下步兵第32军的部队，在南侧，他们投入了近卫第8集团军下属近卫步兵第4军。在北面朝戈尔措的进攻中，苏军的前锋是坦克第220旅和自行火炮第396自行火炮团，近卫步兵第60师、步兵第295师和步兵第416师紧随其后。在南面，苏军投入了坦克第20旅、摩托车第50团、自行火炮第1493团和自行火炮第1087团。其摩托化步兵第259团和第335团[①]则奉命支援近卫步兵第46师、第57师和第35师一部夺取旧图彻班德。

3月22日7点15分，苏军的进攻在90分钟的炮击后打响。在通往戈尔措和戈尔加斯特的主攻轴线上，苏联步兵遭到德军的防御火力打击，困在开阔的奥得沼泽无法动弹，导致装甲部队只能孤军奋战。在这种情况下，他们对戈尔措的主攻很快就失败了。而在南面，近卫第8集团军的进攻也被挡在旧图彻班德郊外，从未抵达戈尔措。在北面，虽然第5突击集团军的进攻部队确实攻入了这座村庄，但在村内一场混乱的坦克战中，坦克第220旅的前锋被彻底击败。只有在戈尔加斯特方向，近卫步兵第416师和步兵第35师[②]的几个营才成功在当地以北会师——到下午时分，屈斯特林的陆上走廊终于被完全封闭（关于这场战斗的更多战术细节，读者可参见本书第八部分“第303德布里茨步兵师”“第20装甲掷弹兵师”“第25装甲掷弹兵师”和“明谢贝格装甲师”等节）。

到3月22日晚间，屈斯特林要塞已被围得水泄不通。走廊一失守，陆军最高司令部副参谋长克雷布斯便与维斯瓦河集团军群的新参谋长金策尔（他在

---

① 原文如此，这两支部队的名称有误。

② 此处有误，应为步兵416师和近卫步兵第35师。

海因里齐抵达前一天到任）通了电话。耐人寻味的是，据金策尔的记录，克雷布斯从未“下令”发动反击，只是强烈建议在第二天清晨尽早采取行动。克雷布斯还询问，这次进攻是否意味着苏军已开始对柏林发动总攻（即德语“Groβangriff”）。金策尔表示否定，还说虽然苏军投入了多达60辆坦克，但有30辆已被击毁。在通话的最后，克雷布斯说他将立刻向元首报告，这需要集团军群尽快给出判断，为“元首指示”（Führervortrag）提供参考。[14]

（参见地图22）

哪怕是在最理想的情况下，进攻计划都不可能一蹴而就，而是需要参谋人员多次会晤和协调细节。如果计划太草率，胜利将难免化为泡影。在克雷布斯（后来在3月28日接替古德里安，成为陆军最高司令部参谋长）打来那通电话之后，金策尔显然与第9集团军司令（或其参谋长）进行了讨论。虽然讨论内容已不得而知，但当21点30分，也就是电话打来3.5个小时后，布塞上将便在一份电传命令中要求部队做好准备，在3月23日午夜夺回失守阵地。这道命令要求第39装甲军投入德布里茨步兵师、明谢贝格装甲师、第25装甲掷弹兵师、元首掷弹兵师、第20装甲掷弹兵师和党卫军第502重装甲营等单位发动进攻，其准备工作将在3月22日晚间进行，并在3月23日零时完成。[15]换句话说，他们只用3.5小时，便在黑灯瞎火的情况下完成了1个军的进攻计划！其中没有时间侦察苏军阵地、确定炮击目标、向部队分派任务。毫不奇怪，这次攻击惨遭失败。

就在这幕插曲发生后不久，海因里齐走马上任。之后，陆军最高司令部便再也没有绕过维斯瓦河集团军群，直接向后者的下属指挥部发号施令。在3月27日对屈斯特林的第2次解围行动失败之后，德军便放弃了所有进攻的想法，因为海因里齐认识到，固守才是唯一真正可行的方案。

以下是第9集团军3月23日和24日的每日报告，在此之后不久，海因里齐便决定停止在奥得河前线发动进攻，并转入全面防守——一种陆军最高司令部早在1月份维斯瓦河集团军组建时便应该采取的策略。

第9集团军司令部

1945年3月23日

每日报告

1. 今天，本集团军下属各师继续英勇坚守阵地。在防御战中，敌军在坦克支援下多处达成突破，但我军各师进行了进攻和反击。昨天，苏军的人员和装备都损失惨重（96辆坦克被地面部队击毁，20辆被空军击毁），但他们今天仍动用大量弹药，在不间断的空袭支援下冲击我方阵地，尤其是1号帝国公路和韦尔比希（Werbig）–屈斯特林铁路之间的区域。敌军一度达成突破，但很快被反突击肃清。因此今天可以视为一场防御胜利。但在第25装甲掷弹兵师方向，由于敌方的反击连绵不断，该师始终未能夺取目标区域。

根据现有报告，今天敌军已损失了56辆坦克，人员也伤亡惨重，但我军的损失同样高昂。

目前可以查明，敌军昨天在曼施诺（Manschnow）附近的进攻中投入了近卫第8集团军的7个步兵师，在根施马尔附近投入了第5突击集团军的2个步兵师。此外，这些进攻部队还一共得到了1个坦克军、1个自行火炮团、1个独立坦克团的支援，另外可能还有1个独立坦克旅。德布里茨师和明谢贝格师拼死战斗，阻止了他们对泽劳高地的突破，虽然有些阵地失守，但仍不失为巨大的防御胜利。

党卫军第5山地军没有值得一提的战斗活动。

在党卫军第11装甲军方向，克莱辛（Klessin）守军一直坚守阵地，在18点前，他们击退了敌军营级规模的进攻。18点05分之后，敌军不断从南北两个方向投入重兵，当地的枪炮声渐渐稀疏。克莱辛守军的英勇奋战似乎已画上句号。

敌军继续全线进攻第39装甲军。虽然德布里茨步兵师的右翼总体平静，但在旧图彻班德，苏军仍在坦克掩护下从南、东北和北方三个方向多次进攻，其间有8辆坦克被我军击毁。16点整之后，敌军再次对当地发动装甲进攻，但本集团军仍未得知详情。由于敌军抵抗不断增强，第25装甲掷弹兵师只能转入防御。在该师辖区内，即旧图彻班德北侧路口的更北方，敌军投入营级兵力扑向我军战线，其间不仅动用了人造烟雾，还有坦克提供支援。这些攻击每15分钟一次，并伴有猛烈的炮火打击。该师在这场堪称典范的战斗中击退了所有进攻，还在反击中将一度突入防线的27辆坦克全部击毁。随后，苏军对路口发动了1个小时的猛烈炮击，并凭借10辆坦克和1个营的兵力达成突破——目前我军已采取反制措施。

在明谢贝格装甲师防区，苏军反复进攻主战线附近的戈尔措，他们每次都会投入1到2个营的兵力，并由15辆坦克提供支援，但这些进攻都被我军击退。另一些敌军试图沿铁路线向西推进，在几次失败的进攻后，他们以薄弱兵力抵达了弗里德里希绍。在友邻单位——柏林师的协助下，这处突破口最终在17点整被我军肃清。

在屈斯特林要塞，敌军动用连级兵力，在零星坦克的掩护下不断进攻。在当地唯一1门反坦克炮被击毁后，基耶茨火车站西北1公里的农场建筑最终落入敌手。

第101军的形势是：敌军继续在少数坦克的掩护下攻击柏林师右翼，并在强大炮兵的支援下多次突向西方和西南方，试图夺取根施马尔和道姆豪特（Daumhaut）。这些敌人一直抵达了根施马尔以西1公里处的农场建筑群，并用强大的防御火力挫败了我军的反击。

在围绕奥得河桥梁、渡口和道路的激烈防御战中，我军炮兵再次成功保卫了上述目标。

今天，地面部队同样注意到了德国空军的行动。敌方空军则继续支援其（地面）攻势，并用炸弹和机载武器袭击我军主战线和后方。

2. 参见电传消息简报。

3. 目前，第9集团军的直属单位包括第169步兵师、第2装甲军军部①、德布里茨步兵师、第25装甲掷弹兵师、明谢贝格装甲师、第20装甲掷弹兵师、第39装甲军军部、一千零一夜分队②、第101军军部和屈斯特林要塞。

4. 参见电传消息。

5. 第39装甲军军部位于沃琳（Worin）。

6. 参见电传消息。

7. 根据现有报告（不全），党卫军第11装甲军3月22日击毁的（苏军）

① 原文有误，应为党卫军第11装甲军军部。
② 即一千零一夜战斗群。

坦克数量如下：

近战武器击毁——21辆

装甲车辆击毁——55辆

反坦克炮击毁——7辆

远程火炮击毁——8辆

步兵轻武器击毁——3辆

合计——94辆

德国空军第4航空师报告击毁坦克20辆。柏林师稍后又报告了2个坦克击毁记录。

3月23日的坦克击杀报告（不全）：

第39装甲军——53辆

屈斯特林要塞——1辆

柏林师——2辆

合计——56辆

8. 天气：清晨地表多雾，白天晴朗；大小道路通行状况不变。[16]

（参见地图23）

这份报告清楚显示，双方都在屈斯特林要塞周边的战斗中拼尽全力，并为此付出了高昂代价。该报告开头提到的克莱辛（Klessin）是莱特宛（Reitwein）以南的一个小村。3月22日，古德里安命令维斯瓦河集团军群派遣步兵和工兵挖掘堑壕，（用于打通）与当地守军的联络。古德里安还强调了这项工作的重要性——他要求看到详细的计划，以便了解上述工作如何完成。[17]由于战局恶化的速度比预想更快，这些愿望都成了泡影。对于集团军群来说，克莱辛根本没有战役价值，救出守军的意义显然也不及解救屈斯特林。但这项琐碎任务却消耗着第9集团军和维斯瓦河集团军群参谋部门的精力，并让古德里安不胜其烦——作为东线所有部队的指挥官，他居然要指挥在几平方公里区域内的营–连级行动！而这一切显然要归咎于希特勒和元首地堡内的大环境（参见下文中的“元首指示”的部分）。

下面这份报告为我们展示了屈斯特林首次解围行动的结果：

第9集团军司令部

1945年3月24日

每日报告

1. 第39装甲军的攻击未能达到预定目标，因为敌人的攻击非常顽强，而且我军进攻部队缺乏经验——这些部队大多是最组建的，或是通过补充人员拼凑而来。不过，此举仍然沉重挫败了敌人在3月24日发动进攻的企图。由于前几天损失惨重，敌军今天只发动了几次凌乱的进攻，而且都被我军击退。

敌人明天可能继续在拉特诺（Rathenow）/拉特斯托克（Rathstock）地区和科本（Kobun）/克莱辛地区发动进攻，同时在南面重组部队，屈斯特林要塞也将遭到猛烈攻击。

党卫军第5山地军和党卫军第11装甲军方向没有战斗活动。

第39装甲军在拉特斯托克至萨克森多夫一线迎击敌人。在当地，敌军的1个营和11辆坦克一度突入主战线，但立刻被我军投入反击的8辆坦克击退。第20装甲掷弹兵师未能在进攻中打开缺口，随后转入防御，并击退了多次敌军在坦克支援下的连级进攻。夜间，第25装甲掷弹兵师虽然前进了一段距离，但在距离初始阵地不远处，他们便被拥有数量优势的敌人挡住，未能突入屈斯特林市。该师装甲战斗群的指挥官——第119装甲掷弹兵团第1营营长卡尔（Karl）上尉英勇阵亡。在旧图彻班德以北的路口，以及军人疗养院旧址定居点（Kriegerheimstätten Settlement），该师一共击退了4次敌军在坦克支援下的进攻，这些进攻最强为营级。

屈斯特林要塞：为夺取新锡根（Neu-Siegen）和旧锡根（Alt Siegen）附近的主战线，敌军从西北方向3次发动进攻，每次都投入了若干自行火炮和1—2个营。但这些进攻全部失败，还损失了2辆自行火炮和4架飞机。下午，整个要塞区遭到敌方对地攻击机的猛烈轰炸。我军炮兵则攻击了在屈斯特林新城和比嫩多夫（Bienendorf）附近行动的敌人，并将1辆坦克打瘫。

在第101军防区附近，敌军在坦克掩护下，从亨利滕霍夫（Henriettenhof）发动进攻，但这些行动都被挫败，并且损失惨重。第606步兵师派出的1支突击队在卡尔斯比瑟（Karlsbiese）附近抓获4名俘虏。第101军炮兵为第39装甲军的夜袭提供了支援，还冒着敌军炮兵的袭扰帮助了奥得河桥梁守军，同时打击了疑似的敌方集结区。双方的空中活动较前几日有所减少。

2. 参见电传简报。

3. 参见电传消息。

4. 反情报。

5. 3月23日局势的后续报告为：第39装甲军又击毁15辆敌方坦克。3月24日暂时的报告为：击毁敌方坦克19辆（其中第39装甲军17辆，第101军2辆），另打瘫1辆（第101军）。

3架（敌军）战机被第292重型高炮营（来自第25装甲掷弹兵师）①击落。

1架敌机被法兰克福要塞的机枪击落

6. 本日清晨地面有浓雾，但天气晴朗。道路通行性良好。[18]

上述报告指出，除了苏军坚决抵抗，这次袭击的失败还归咎于“进攻部队缺乏经验——这些部队大多是最近组建的，或是通过补充人员拼凑而来”。弥补经验不足的唯一办法是训练，但早在3月初，戈培尔和施泰因纳就要求缩短官兵的训练时间，并将其直接部署到前线。该报告还间接证明，由于缺乏资源和时间，德军各师可能已不再开展师一级的集体训练，而是只能进行排、连级演习，偶尔有营级和团级训练，更不用说与友邻单位开展大规模联合演习。在奥得河前线，战斗都在战术层面以孤立的方式进行，师级或军级的作战行动根本无法达到1943年的效率，与1941年时更是有天壤之别。

德军停止进攻

德军发动或计划的各种攻势（如夏至行动、阿尔特达姆桥头堡攻势、回旋镖行动和对屈斯特林的3次解围）耗费了宝贵的时间、人力和物力——而这些资源原本是可以用于训练和准备防御的。德军要想长期坚守，就必须构建连贯防线、加固野战阵地，制订炮兵火力计划，选择交叉火力打击区域，但如果部队不断投入进攻，上述工作就无法进行。维斯瓦河集团军群和下属指

① 原文如此，该营的正式番号是陆军第292高炮营。

挥机关的时间和精力实际被白白浪费了。直到海因里齐上任，集团军群、陆军最高司令部才认清了上述事实，之后，奥得河前线叫停了所有进攻，防守成了新的重点。

下面这份报告来自海因里齐本人，其中描述了他首次劝说希特勒转攻为守时的情况。从内容看，尽管古德里安是海因里齐的坚定后援，但对海因里齐来说，他的辞职也许才是福音——因为古德里安执迷于进攻，但接任的克雷布斯却有更灵活的手腕。

作战报告

C26/IIa，作战日志

维斯瓦河战斗群[①]

1945年3月26日

备注

1945年3月24日，第39装甲军在屈斯特林的战斗已陷入僵局。下一步需要决定的是：是否保持当前的主战线；屈斯特林守军应该坚持还是突围；继续解围有无意义。屈斯特林是奥得河上的渡口，也是交通枢纽和铁路终点站，显然对敌人意义重大。但同样可以确定，如果从当前战线大举出击，向当地前进，集团军群必定会经历血战，并再次耗尽少数几个优秀的师团，而且就算实现了目标，也会让现有阵地过于孤立，难以防守。问题还不止于此，继续进攻会恶化弹药储备，导致燃油供应枯竭。基于上述原因，我叫停了对屈斯特林的后续攻势，因为它最多只能稍微支援守军，并给在当地横渡奥得河的敌人带来一点麻烦。相反，我军的所有行动更应该服务于一个目标——抵御迫在眉睫的苏军总攻击，而且在这次进攻中，敌方必将投入异常巨大的兵力。因此，我们更应当保全自己，竭力保全人员和装备，避免加剧弹药和燃料消耗。从这个角度，最好的做法是开展有限进攻，帮助屈斯特林守军突围；另一方面，我军应坚守现有阵地，构建防御纵深，并补充各师的损失，使其可以投入未来作战。当务

① 原文如此，应为集团军群。

之急还有攻击和消灭敌军在基尼茨（Kienitz）和大诺因多夫（Groß Neuendorf）附近的小型桥头堡，它们位于屈斯特林西北，对我们在屈斯特林以西阵地的北翼构成了威胁。如果敌人试图经由弗里岑、施特劳斯贝格（Strausberg）向柏林前进，当地将成为一个理想跳板。

1945年3月25日上午，我在第39装甲军军部同布塞将军（第9集团军司令）交谈。布塞同意我的意见（如本人在前几段中所述）。他补充说，如果我们向屈斯特林发动攻击，就会严重消耗部队，并导致预备队至少减少1个师。他还特别担心，利用重炮支援进攻可能恶化我军的弹药供应，从而严重扰乱后续行动。

之后，我驱车前往柏林，希望元首听取我的观点，在拜会之前，我也向古德里安大将的代表——克雷布斯将军陈述了这些看法。克雷布斯承认，攻击屈斯特林会拉长战线，并导致局面不利。但他也指出，屈斯特林将成为敌军准备攻击期间的一个重要出发点，无论如何都不能落入敌手，也正是因此，我们必须竭尽全力打通当地和我军战线的联系。他还认为，此举可以进一步摧毁敌军各师，对我军的防御更是大有裨益——仅这一点就足以充当进攻的理由。克雷布斯还认为，大举击败敌军可以严重挫伤其士气，如果在第一次进攻（即3月24日至25日的进攻）之后再次出击，效果将更为明显，并迫使敌军等待更多增援，彻底打乱他们进攻柏林的计划。总之，他认为这次打破屈斯特林包围圈的攻击必须发动。

稍后，我向元首提出了进攻计划，并解释说，此举将从战术上恶化屈斯特林以西方向的形势。但我还没来得及阐述部队重组和弹药储备方面的不利影响，元首便打断了我：

“如果我们彻底转入防御，敌人就可以随意集中兵力，胜利对他们而言将唾手可得。因此，我们必须抓住机会，夺回主动权。敌人想在哪里进攻，就在哪里进攻——这一点我决不能容忍，哪怕需要为此承担风险。

凭着巨大优势，敌人总能取得突破，为了反击或拉平战线，我们将部署预备队。但这些预备队根本无法突破敌人的阵地，因为他们（苏联人）的兵力总是更胜一筹。结果，这些预备队将在前线套牢，没有几天，就会筋疲力尽，需要用新的预备队来替换。总之，这些防御措施永远达不到预期目的。实力占优的敌人总能设法突破，击败我军。面对这种情况，我们必须改变。”

我回应说，我绝不是想消极等待敌军进攻。相反，我提议发动另一场攻势，但不是从屈斯特林方向，因为这是以卵击石。此举只需花费最少的资源，就可以摧毁屈斯特林西北方的基尼茨和大诺因多夫桥头堡。当时的情况是，它们威胁到了朝屈斯特林延伸的我军阵地，但这些桥头堡的苏军兵力薄弱，胜利似乎很容易。届时，我军可以夺回奥得河沿岸，并为主防线释放兵力。同时，我军的训练和能力也足以胜任这次短促攻击。按照他们当前的部署，这次攻击将不会有什么难度，也不会耗费太多时间。总之，我认为进攻该桥头堡可以极大改善我军的战术态势，这种行动不仅可以迅速执行，还在我军部队的能力范围之内。

元首对此的回答是，虽然他相信我的陈述，而且认为这次进攻会干扰对手，但对于阻止后者酝酿中的大规模攻势还远远不够。他认为不能只投入3个师，而且必须直接攻击屈斯特林以南地区——这里有最强大的敌军。如果攻击成功消灭了前进的苏军，尤其是他们的炮兵部队，这样的胜利才有价值，还可以极大推迟他们的大规模攻势。他还确信，基尼茨和大诺因多夫的地形对我军不利。在当地，奥得河的西岸比东岸更低，可以被诺伊缪尔（Neumühl）森林中的各个高地尽收眼底。我们很可能无法长期控制西岸，并且最终被苏军逐退。之前，敌军已经在当地的奥得河渡口取得过类似的成功，如果对方兵力充足，他们迟早会再次得逞。因此，重要的不是对基尼茨和大诺因多夫附近发动攻击，而是恢复原先取消的另一次攻势：让参战部队从法兰克福桥头堡向北出击，矛头直指屈斯特林，并根据战局发展决定是否继续向北进军。其中最重要的是切断莱布斯桥头堡及其北方的敌军——他们的实力已经相当可观，如果被歼灭，敌军的进攻计划将被彻底打乱。希特勒承认这是一次冒险，但他仍然表示，如果相信胜利，并做到出其不意，就一定能够成功——因为敌人绝对没有预料到这个方向的攻击。其执行还有一个重要细节：从法兰克福前进的部队需要尽可能穿过城郊树林（Stadtforst），并朝着雷彭的方向朝东前进。

但另一方面，全面胜利还有一个先决条件：在奥得河西岸，我军必须夺回穿过戈尔加斯特和根施马尔通向屈斯特林的补给线。也只有如此，前线才可以合拢。希特勒希望先对屈斯特林南部发动攻击，之后再从法兰克福打响一次攻势。如果行动成功，我们便可以把苏军对柏林的大规模攻势推迟至少14天。这对他来说将意义重大，并让他有时间部署更多生产中的先进武器。就算从法兰克福发起的攻势未能抵达屈斯特林，但如果能击败在莱布斯桥头堡和法兰克福北部待命的敌人，其意义将同样显著。如果是这种情况，是否让主战线继续向屈斯特林推进将成为一个需要解决的问题。换句话说，在不久之后，即敌军发动总攻前夕，我们或许需要考虑把屈斯特林的阵地和主战线连成一片，以暂时获得有利形势。

根据这份补充资料，德军显然认为，当务之急是向屈斯特林方向进攻，其次是从法兰克福发起攻击。

（签字）[19]

（参见地图24）

按照希特勒的命令，德军再次试图解救屈斯特林，但同样惨遭失败。3月28日，布塞在电报中向海因里齐通报了这次行动的结局。其中最引人注意的是参战各师的状态，布塞指出，第20装甲掷弹兵师的战斗人员下降到了2130人（含1个配属的工兵营和补充营），第25装甲掷弹兵师损失了大约300人，战斗人员只剩约1000人，明谢贝格师的战斗人员还剩900人。目前，第25装甲掷弹兵师、一千零一夜战斗群和元首掷弹兵师都申请调离前线，第9伞兵师虽然还有4个能投入战斗的营，但也要求到后方休整1个星期。[20] 换言之，在第9集团军的6个作战师中，2个的作战兵力已经下降到了约1000人，第3个加上配属单位也只有区区2000人。在奥得河前线的消耗战中，各营和各团全都元气大伤，初来乍到的新兵们更是损失惨重，而且很多还没有在一线单位完成训练。在这次行动后不久，陆军最高司令部叫停了对屈斯特林的后续进攻，回旋镖行动也被取消，奥得河前线全部转入防御。海因里齐的游说终于奏效了，现在，他将专心准备迎接苏军的总攻击（参见《奥得河前线1945》第1卷第8章）。

2月—3月，奥得河前线的作战行动：评述

维斯瓦河集团军群从未掌握过作战主动权——从1月到3月底，它们都一直在苏军的重压下左支右绌。虽然他们为打破僵局发起了夏至行动，但在此之

前，苏军便已经在向皮里茨－斯德丁和但泽进攻，并不断扩大着奥得河西岸的桥头堡（尤其是莱特宛－莱布斯地区）。另外，夏至行动也是为了应对苏联近卫坦克第2集团军的压力。行动开始后，格伦发出警告，要求停止攻击并组建2支战役预备队。但他的建议只得到了部分采纳，一些原定的预备队被调给了第2集团军，以阻止苏军夺取但泽。在德军参战部队撤出前线之后，苏军便在波美拉尼亚转守为攻，突破了德军阵地，将第3装甲集团军切为数段，并把其残部向西驱赶到阿尔特达姆桥头堡。就在第3装甲集团军对局面一筹莫展的时候，德军制订了两份攻击计划。一个将在第3装甲集团军境内发起，旨在稳定阿尔特达姆桥头堡；另一个则是回旋镖行动，意在摧毁法兰克福以北和屈斯特林以东的苏军火炮。与此同时，他们还在第9集团军境内集结了大量炮兵。

苏联对阿尔特达姆桥头堡的攻击，让第3装甲集团军无力在指定日期部署部队、组织进攻。随后令人咋舌的是，曼陀菲尔还接到命令，要求抽调部队参加回旋镖行动。随着回旋镖行动取消，该集团军顶着苏军的重压，把残兵败将撤回了奥得河对岸。

在南面，当德军把屈斯特林前线的部队调往南面时，苏军趁机包围了这座要塞。为重新打开通道，德军发动了2次代价高昂的反击，并导致回旋镖行动取消。在这3个月，德军始终在任凭苏军摆布。后者兵力雄厚，不仅在奥得河前线的多个地段施加压力，还彻底占领了波美拉尼亚，而德军只能苦苦挣扎，用日渐稀缺的资源“拆东墙补西墙”。另外需要指出的是，和苏军白俄罗斯第1、第2方面军以及乌克兰第1方面军不同，维斯瓦河集团军群还经历了高层人事变动，并用第3装甲集团军司令部代替了第11集团军司令部，同时用曼陀菲尔换下了劳斯。这些也许可以改善集团军群的防御指挥能力，但问题在于，其参谋部门也要花时间克服随之而来的混乱。简单地说，维斯瓦河集团军群根本无法实现希特勒1月21日提出的作战要求。在本书第六部分和第七部分，我们还详细审视了该集团军群的组织架构，其中的分析同样可以证明上述论断。

1月—4月，奥得河前线指挥官的领导风格：评述

希姆莱是官僚，海因里齐是统帅，两者的指挥风格大相径庭。希姆莱最

常用的手段就是用恐惧和酷刑鞭策部下，而海因里齐则试图向下属灌输一种更高尚的军事目标。希姆莱对于防御缺乏整体规划，但海因里齐只用不到1周便彻底改造了前线的防御体系，打乱了苏军总攻势的开局。希姆莱经常被陆军最高司令部架空，但海因里齐可以有效地指挥和控制下属部队，并取得了陆军最高司令部和元首的信任。这就引出了一个问题：如果在1月，海因里齐就被任命为维斯瓦河集团军群司令，而不是希姆莱，战局会有什么变化？答案也许只能猜测，但它显然会给东线带来巨大影响，甚至实现海因里齐的目标——让西方盟军越过易北河进入德国东部，把战后欧洲和世界引向一条未知的路径。

本章尾注：

1. 参见海因茨·古德里安《装甲指挥官》，第421—422页。

2. 参见德国联邦档案馆-军事档案分馆文件T311/169/I782，附录2。

3. 参见德国联邦档案馆-军事档案分馆文件T311/169/I777-78，附录2。

4. 参见德国联邦档案馆-军事档案分馆文件T78/169/I806-09（命令编号：Ia/Nr. 4466/ 45 geh.），附录2。

5. 参见德国联邦档案馆-军事档案分馆文件T78/169/I861-63，附录2。

6. 参见德国联邦档案馆-军事档案分馆文件T311/169/I883，附录2。

7. 参见德国联邦档案馆-军事档案分馆文件RS3-23-15/I101。

8. 参见德国联邦档案馆-军事档案分馆文件RS3-23-15/I49。这也可以得到党卫军第23尼德兰装甲掷弹兵师命令的证明。

9. 虽然现存文件和证词都没有说明他把党卫军部队调离前线的原因，但不难推断，海因里齐对这些部队根本没有好感。正如《奥得河前线1945》第1卷第3章中所述，党卫队是希姆莱进行种族屠杀的工具，在第4集团军战线后方，海因里齐曾亲眼见证过他们制造的灾难。

10. 参见德国联邦档案馆-军事档案分馆文件T311/169/I777-78，附录2a。

11. 参见德国联邦档案馆-军事档案分馆文件T311/169/I362-65，附录1。

12. 此人的全名是弗朗茨·瓦尔特，是赖涅法尔特亲自任命的防区司令官。瓦尔特出身警察部队，缺乏军事战术经验。未来，赖涅法尔特将对这一任命倍感后悔。参见托尼·勒蒂西埃《屈斯特林之围：通往柏林的门户》（*The Siege of Küstrin: Gateway to Berlin*）（巴恩斯利：笔与剑出版社，2009年出版），第107页。

13. 参见德国联邦档案馆-军事档案分馆文件T311/169/I366-69，附录1。

14. 参见德国联邦档案馆-军事档案分馆文件T311/169/I744，附录2。

15. 参见德国联邦档案馆-军事档案分馆文件T311/169/I751-52，附录2a。本书第1卷中曾宣称第20装甲掷弹兵师没有参加首次解救屈斯特林要塞的行动，但这种说法有误。该师确实参加了反击，但几乎没有时间准备，直到进攻开始之后才进入战场，而且在几个小时后就被迫撤出——由于准备不足，该师的人员伤亡极为惨重。

16. 参见德国联邦档案馆-军事档案分馆文件T311/169/I762-64，附录2a。

17. 参见美国国家档案馆文件T78/645/657。

18. 参见德国联邦档案馆-军事档案分馆文件T311/169/I686-87，附录2a。

19. 参见德国联邦档案馆-军事档案分馆文件T311/169/852-56，附录2a。

20. 参见德国联邦档案馆-军事档案分馆文件T311/169/906，附录2a。

第六部分

奥得河前线的文件

1945 年 2 月 8 日至 4 月 15 日

“最高指挥官、主管将官、师长、参谋长或参谋军官都必须对我负责，并在给我的每份报告——无论是直接提交或从常规渠道提交——中如实禀报。未来，我将严惩任何隐瞒不报者，无论此举是疏忽大意还是有意为之。”

——阿道夫·希特勒，“第68号元首令”，1945年1月21日下面我将讨论维斯瓦河集团军群的战备状况，并介绍在人员、武器、装备和总体战斗力方面的不足，以及奥得河前线德军试图解决问题和提升战斗力的措施。其中还包含了一些宣传资料——在战争结束前几个月，戈培尔的宣传部曾试图用它们唤起民众和士兵的斗志。

最终兵力：2月2日至4月12日

一个鲜为人知的重要事实是：苏军总攻之前，维斯瓦河集团军群获得的资源很少。尽管希特勒在组建命令中强调了这支部队的重要性，但其实力仍在各集团军群中处于末位。以下文件显示，2月1日至4月14日，该集团军群的总损失为143176人，补充兵员只有75235人。换言之，在4月16日面对苏军进攻时，各部队的缺员仍然接近7万。

这些补充人员均来自国防军最高统帅部在战争末期的几次动员和部队调动。1945年1月，国防军最高统帅部下令进行第33波动员，按照计划，新建部队将在3月达到战备状态。但这一波组建的11个师中只有1个师——第85步兵师［85.Infanterie-Division，后来改编为波茨坦步兵师（Infanterie-Division Potsdam）］参加了奥得河前线的战斗。2月第34波动员组建的4个新师则无一派往奥得河前线。4月，德军又进行了第35波动员，将大批1928年/1929年出生的少年（主要来自帝国劳工组织，还有部分勤务部队人员、军校人员、后方人员和训练教官）编入部队[1]，从而组建起8个作战师——其中7个后来被分配到奥得河前线，即施拉格特步兵师（Infanterie-Division Schlageter，又名第1帝国劳工组织步兵师）、弗里德里希–路德维希·雅恩步兵师（Infanterie-Division Friedrich Ludwig Jahn，又名第2帝国劳工组织步兵师）、特奥多尔·科尔纳步兵师（Infanterie-Division Theodor Körner，又名第3帝国劳工组织步兵师）、波茨坦步兵师、沙恩霍斯特步兵师（Infanterie-Division Scharnhorst）、乌尔里希·冯·胡滕步兵师（Infanterie-Division Ulrich von Hutten）和费迪南德·冯·席尔步兵师（Infanterie-Division Ferdinand von Schill）。此外，1月至4月，德军还在动员波次之外计划或实际组建了90多个新师，其中投入奥得河前线的只有16个，它们是：库尔马克装甲掷弹兵师、党卫军第32武装掷弹兵师①、党卫军第34武装掷弹兵师②、党卫军第33武装掷弹兵师、党卫军第36武装掷弹兵师、德布里茨步兵师、柏林步兵师、第156野战训练师、第606特别师师部、拜尔瓦尔德师、科斯林师（Division Köslin）、德内克师、拉格纳师（Division Raegener）、波美拉尼亚师（Division Pommern）和第609特别师师部。

显而易见，要让最后一批动员人员在前线发挥作用，训练是必不可少的，但他们很多来自海军、空军、补充单位和军校，战术知识几乎为零。前线需要善战之师，但这些补充和增援人员的价值却非常可疑。

损失

如“1945年的国防军”一节所述，维斯瓦河集团军群在1945年1月至2月底共有98000人伤亡。1份1945年4月15日（即苏联进攻前夕）编写的文件记录了详情。该文件题为“Zusammenstellung der Gesamtverluste”（总损失摘要），一共3页，由集团军群副官助理编写，其中“a”行是1941年入侵苏联到1945年3月31日各部队的总损失，而“b”行则是文件的重点，显示集团军群在3月1日至31日共损失了44518名官兵（其中42390人是士官和士兵），即平均每天1400人[2]——波美拉尼亚和屈斯特林要塞附近的战斗烈度也由此可见一斑。如果比较第3装甲集团军和第9集团军的情况，可以发现第9集团军在这段时间损失最大，总人数为33936人（平均每日1094人），而第3装甲集团军则为10582人（平均每日341人）。库尔马克装甲师和屈斯特林要塞的高昂数字更是充当了要塞地面走廊周围战斗惨烈程度的缩影。

如果把3月的损失与之前相加，可知维斯瓦河集团军群在9周内共损失了141290人。这意味着从1月底到3月底，奥得河前线平均每天的伤亡大约有2000人（作为对比，苏军在攻克波美拉尼亚期间的每日伤亡为4427人）。

---

① 原文如此，该师的番号实际是党卫军第32志愿掷弹兵师。

② 此处有误，似乎是党卫军第35警察掷弹兵师。

补充与增援

2月1日至3月15日，第3装甲集团军和第9集团军总共损失了84756人，但整个集团军群只收到了34735名补充兵，补充率只有40%。对于3月16日至4月14日的情况，由于作战日志记录不详，上述比率已无法确定。但可以肯定，如下文所述，在几次较晚的动员中，维斯瓦河集团军群收到了大量陆军补充兵和一些其他军种人员。随后几周，还有数万人从帝国的残余领土赶来，并在苏军发起总攻后直接投入了前线，他们手无寸铁、装备简陋、毫无作战经验，没有可靠的指挥人员，甚至没有接到具体任务。其中一些被匆忙编入警备部队或战斗群，并用于在危急关头防御或反击，但总体而言，它们对奥得河前线的防御贡献都有限。

有趣的是，第3装甲集团军的人员补充率是第9集团军的两倍多，而且接收了多达11822名党卫军补充兵（可能被派往党卫军北欧师和尼德兰师）。这种情况很可能与希姆莱担任维斯瓦河集团军群司令有关。

“格奈森瑙”和“布吕歇尔”

在苏军1月发动冬季攻势之后，瓦尔塔大区和西普鲁士的局势不断恶化，令德国高层越来越担忧。1月14日，古德里安下令在国防军第1、第8、第20和第21军区施行代号为“格奈森瑙”（Gneisenau）的第一轮紧急动员，并要求所涉部队立刻开赴后方防线。[3]其间组建的格奈森瑙单位和国民突击队营数量如下（括号内数字分别代表格奈森瑙团/格奈森瑙营/国民突击队营的数量）：

第1军区（4/0/90）；

第8军区（4/17/24）；

第20军区（1/8/9.5）；

第21军区（6/0/20）。[4]

虽然“格奈森瑙”和“布吕歇尔”动员的涉及范围迥异，但考虑到对格奈森瑙部队的动员令由古德里安签发，身为预备军司令的希姆莱显然存在失职。另外，由于苏军行动速度极快，在波美拉尼亚防线失守前，很多格奈森瑙部队都未能完成战备。

1月20日，第2军区（斯德丁）司令基尼茨（Kienitz）将军宣布在辖区内启动“格奈森瑙”和“布吕歇尔”动员程序。计划都已事先制订完毕，以便在敌军逼近国境时紧急构建防御。资料显示，有两批部队被动员起来，其中“格奈森瑙A”的对象是波美拉尼亚和奥得河流域的警备单位、训练和补充单位以及国民突击队。这些单位大多装备简陋，尤以国民突击队为甚。有文件指出，柏林和勃兰登堡大区的国民突击队根本没有制服，也没有受过战术训练，所有人缺乏步枪，只有一些MG 34机枪。[5]利用这些人员，德军组建了几个独立师和独立营。而“格奈森瑙B”则针对的是大德意志装甲掷弹兵补充旅（Panzergrenadier- Ersatz-Brigade Großdeutschland），并由此组建了库尔马克装甲掷弹兵师等单位。[6]

“格奈森瑙A”也是1945年德军在“波次”系统之外的第一轮大规模动员。在战争结束后的1945年5月，美军在一份报告中研究了德国预备军。其补充部分对战争末期的动员写道：

各个军区的防御措施细则都是提前制定的，一旦本土面临威胁时就会启动。虽然在全局层面，它们都需要与国防军最高统帅部协调防御事项，但事实上，各军区司令部都在独立运转，并根据形势采取行动。因此，尽管在不同的军区，紧急动员体系的目的和效果相似，但细节往往差异很大。[7]

德军的此类动员计划原名“瓦尔基里”（Walküre），但1944年9月中旬被名为“格奈森瑙”和“布吕歇尔”的新方案取代。其中，格奈森瑙行动将对象扩展到了预备军的训练单位，但不涉及受训不满4周的新兵和重要教官，以及康复归队单位和休假人员。布吕歇尔行动则涉及了组建或重组中的野战部队，还打算纳入康复归队单位和休假人员。德军计划用这些人员组建多兵种战斗群（或加强营）；如果人员和装备不足以完成组建，相关人员将被编入警备部队。为了指挥这些战斗群，军区还成立了若干团级指挥机构。动员的暗语是“格奈森瑙”或“格奈森瑙和布吕歇尔”——它们可以适用于整个军区，也可以仅限于军区的部分单位。各单位从接到暗语到部队完成动员的时间要求不等，其中战斗群为3—36个小时，警备单位为2—6小时。这些战斗群和警备部队的番号将采用连续阿拉伯数字加罗马数字的形式，其中后者代表动员军区的编号。[8]

基尼茨将军的当机立断，为初期的奥得河前线换来了一线生机，也为维斯瓦河集团军群的组建争取了时间，更证明了后备部队紧急动员计划的意义。在第2军区，陆军中将冯·施莱尼茨（von Schleinitz）男爵的第402补充师出动了1个战斗群，下属单位包括1个装甲掷弹兵营、1个装甲歼击营、2个突击炮连和1个骑兵侦察营。随后，沃尔登贝格师［Division Woldenberg，师长：豪斯舒尔茨（Hauschulz）少将］、德意志克罗恩师［Division Deutsch Krone，师长：陆军上校恩斯特（Ernst）博士］、拜尔瓦尔德师［师长：赖特尔（Raitl）中将］和科斯林师［Division Köslin，师长：冯·祖洛（von Zülow）少将］也完成动员并投入前线。[9]还有一些后方动员单位（尤其是训练部队）则被填补进一线作战师（如第547和第549国民掷弹兵师），[10]另一些（主要来自国民突击队、各种陆军/空军单位或训练分队）被编入格奈森瑙营，负责在苏军的必经之路上充当阻击部队（如德内克集群）。这波动员大约有36000人，但不足以守住波美拉尼亚防线，更不用说夺回失地。上述部队很快发现，自己只能在遇敌后匆忙构建工事，拖延苏军前进。

“吕滕命令”

3月26日，德军发布了“吕滕命令”，它也是预备军在战败前的最后一轮大规模动员。其落款是“预备军总司令”，即希姆莱，传达单位是陆军总务局（Allgemeines Heeresamt）。根据文件中的行动时间表（Zeitlicher Ablauf），预备军将在3月20日发出加急准备命令，随后用电话通知国防军最高统帅部。部队定于3月22日出发，国防军最高统帅部将有24小时给出建议和意见。虽然在“吕滕命令”发布时，希姆莱同时掌管着预备军和维斯瓦河集团军群，但有趣的是，后者在这次行动中只收到了来自第2军区（波美拉尼亚和梅克伦堡）与第3军区（柏林和勃兰登堡）的20050名官兵——不到中央集团军群的一半。[11]这些人员很多被派去组建新师团，另一些则被派往现有部队充当补充兵，或被用于组建各种小型单位。按照维斯瓦河集团军群作战日志中的一份文件，波罗的海装甲训练分队便是本次动员的产物。[12]但对于这些人员的具体分配，相关记载却少之又少，只有1份编号为OKH/GenStdH/Op Abt/Abt Lds Bef/Nr. 3 409/45 g.Kdos. 21.3.45的文件显示，第3装甲集团军将从第2军区接收5600人，第9集团军将从第3军区接收15400人。[13]

另一份4月5日的文件显示，维斯瓦河集团军群的训练参谋正在努力确定如何运用这些人力。这份“通知”要求让一部分新部队负责警戒，还提到了第156野战训练师——这支部队虽然有着45年型步兵师的新编制，但规定的15500人只有6500人到位。其中还希望第3军区提供2个加强的团级集群，第2军区提供1个加强的团级集群，以便再组建1个编制为15500人的补充师。此外是一系列具体建议，例如波罗的海装甲训练分队的部署——该分队虽然有8000人，但只有60%的步兵武器，若干MG-34和MG-42机枪，重型支援武器数量极少。接下来，我们将介绍党卫军和空军派遣的单位。其中前者包括瓦隆人师、兰格马克师和党卫军第33查理曼师的1个营，后者包括8000名训练人员和军校人员。[14]

各军种的贡献

在第三帝国动员最后一批人力期间，其他军种也为维斯瓦河集团军群做了贡献。这些军种都有一批独立于预备军体系的兵员储备，但在战争的最后阶段，他们对战况的影响却微乎其微。

在接收这些人员时，希姆莱想必格外兴奋。但相较之下，海因里齐冷静得多，他明白这些人员大多手无寸铁、装备简陋，身上只有基本的野战装具，还严重缺乏训练和优秀的指挥官。最先向前线提供部队的是海军。根据2月8日的一份文件，他们向维斯瓦河集团军群派遣了5000名水兵。[15]这些人可能来自凿沉的舰船，或是五花八门的行政办公室，许多后来被编入第1海军步兵师（指挥层来自陆军）。2月下旬，第2军区、陆军最高司令部和维斯瓦河集团军群又对后方的陆军补充与训练中心进行了一轮大搜刮，并在一夜之间组建了许多新部队。很多新部队根本没有留下组建记录，经常是某一天突然出现在东线态势图上，接着便在几天的战斗后消失无踪。

根据2月21日的一份文件，通过重组训练和补充单位，第2军区向维斯瓦河集团军群提供了以下单位：第258掷弹兵补充与训练团团部（包括1个中型步兵炮补充连、1个步兵装甲歼击补充连和1个步兵通信补充连）——派往科尔贝格；第94掷弹兵补充营——派往科斯林；第4掷弹兵补充营——派往科尔贝格；第374掷弹兵补充营——派往贝尔加德。[16]在作战日志中，集团军群作战处处长哈纳克中校还提到了另一次人员搜刮的"胜利"，它发生在波茨坦和克兰普尼茨之间的后方地带。利用当地的大量兵站，德军在一夜之间组建了许多新单位——详情和派遣方向可见表5。3月10日发给拉默丁的一份通知宣称，预备军第3军区的24143名士兵和7329名士官将前往柏林以东，并在当地的前线继续训练，第2军区也在继续向前线派遣人员。[17]

表5 波茨坦和克兰普尼茨之间各兵站提供的增援[18]

派往第9集团军	
从施潘道（Spandau）	1200名士兵 来自第523掷弹兵补充与训练团
从新鲁平（Neuruppin）	1名军官，90名士兵 来自第98装甲掷弹兵补充营
从拉特诺	1名军官，55名士兵 来自第208装甲工兵补充与训练营
从采德尼克	6名军官，87名士兵 来自第8装甲掷弹兵补充与训练营
派往第3装甲集团军	
从斯德丁	1000名士兵 来自第2国土防卫补充与训练营
派往第2集团军	
从勃兰登堡	7名军官，600名士兵 来自第48/374掷弹兵补充与训练营
	1名军官，25名士兵 来自第230燧发枪手补充与训练营
	1名军官，30名士兵 来自第68燧发枪手补充与训练营
	1名军官，49名士兵 来自第3工兵补充与训练营

值得注意的是，这些士兵只配备了轻武器——机枪和迫击炮等班组武器则几乎为零。而且就算能收到弹药，数量也不会超过1个作战基数。这些士兵所需的额外装备和补给品可能会由接收的集团军提供，但正如前文所述，这些集团军自己也过着"紧日子"。

3月31日，一份题为"德国空军训练单位的运用情况"的报告指出，德国空军的学校、学院和训练单位为第9集团军提供了20000名补充兵，其中600人被派往明谢贝格地区，另外1000人奉命加入维斯瓦河装甲歼击师（Panzerjagd-Division Weichsel）。但他们的装备和训练很差，而且缺乏基本步兵技能，只能投入主战线后方的沃坦防线，至于如何尽快融入防御计划也是个问题。[19]

由于前线距离柏林只有60公里，德军几乎向东线投入了所有的适龄男性。在一个有趣的例子中，党卫队高级地区总队长戈特贝格（Gottberg）在3月27日通知维斯瓦河集团军群，他正在派遣10600名补充兵，这些“冗余”人员来自柏林周围的各个训练单位、学校和军事机关。[20]这表明在辞职后，希姆莱仍然不想被邓尼茨或戈林压倒，并在继续为前线贡献人手。4月1日，他又下令让11965名党卫军士兵携带装备增援东线，如表6所示，其中大部分都被派往了维斯瓦河集团军群。

表6 4月1日派往维斯瓦河集团军群的党卫军补充和增援人员[21]

党卫军第27兰格马克（弗拉芒第1）志愿掷弹兵师将从普伦茨劳接收：	
人员	167名军官/408名士官/3527名士兵，合计4102人
武器装备	420挺轻机枪、20挺重机枪、4门中型迫击炮、4门轻型步兵炮、2门重型步兵炮、6门轻型野战榴弹炮（无牵引车）、2门重型野战榴弹炮（无牵引车）、41部野战厨房、22辆摩托车、26辆轿车、41辆卡车、2辆半履带牵引车和380匹马
党卫军第28瓦隆人志愿掷弹兵师将从普伦茨劳接收：	
人员	950人
武器装备	35挺轻机枪、2辆摩托车、3辆轿车、1辆卡车和256匹马
其他派往奥得河前线的党卫军增援部队包括：	
党卫军第36装甲掷弹兵训练营 党卫军第9装甲掷弹兵训练营 党卫军火箭炮训练营 党卫军炮兵训练和补充团第5营 党卫军行政服务补充营（Ausb.Abt. d. SS-Verwaltungs-Dienst.）	

戈培尔的影响

戈培尔同样希望为帝国贡献力量。他参加过元首地堡中有陆军最高司令部和其他军种代表出席的会议，并且知道奥得河前线各处急需人员，尤其是能用于纵深防御的单位。为解决这个问题，他设计了一份计划——将训练单位转移到紧邻前线的军营。而这一灵感显然来自3月1日他与菲利克斯·施泰因纳的讨论。我们也许还记得，当时施泰因纳刚刚由于夏至行动的失败而被革职，正在第3装甲集团军的后方服务，以收集残兵败将，并把他们重新派往前线。这些士兵将在紧邻前线的地方继续训练，一旦苏军突破，他们就将迅速赶到危险区域，并充当安全屏障。受这次讨论的鼓舞，戈培尔在3月7日向希姆莱做了报告，在取得希姆莱同意后，维斯瓦河集团军群开始在3月11日实施上述方针。[22] 3月21日，戈培尔又向希特勒提交了该计划的最终版，按照戈培尔的日记，希特勒对这一计划“由衷赞同”，并立刻命令所有补充人员紧邻前线部署。[23]克雷布斯也向维斯瓦河和中央集团军群签发了一份编号为Nr. 450212/45 g.Kdos.Chefs的命令，并在其中确认了希特勒的指示。[24]

但对焦头烂额的集团军群参谋部门来说，这种想法纯粹是帮倒忙。它带来了许多问题：如果这些补充人员来到了各军的地段，各军军长是否要为他们提供行政服务？谁可以下令把他们派往危险地区？又该由谁负责他们在当地的训练？为了制订急需的弹性防御计划，维斯瓦河集团军群的参谋们已经筋疲力尽，而现在，他们又必须为戈培尔的想法耗费时间。不过，维斯瓦河集团军群很快就为这些部队找到了另一种用途：4月5日，金策尔向陆军最高司令部发去一条加急无线电报，申请立刻用训练单位替代前方的国民突击队营——当时，后者在奥得河前线的比重已经很高，尤其是在第9集团军境内。海因里齐意识到，与国民突击队相比，这些训练单位显然更适合投入前线。据电报所述，在第9集团军方面，党卫军第5山地军将从第3军区接收约5300名受训士兵，以替换2100名国民突击队员，党卫军第11装甲军将用第3军区的5300名受训士兵替换2300名国民突击队员，第101军则预计接收大约8000名受训的德国空军士兵，以替代2700名国民突击队成员。在上述士兵中，只有75%配备了轻武器，而且他们的磨合程度也令人担心，尤其缺乏战术指导、训练和物资供应。这些单位将直接隶属于军部，后者会把它们编入一个特定的团级集群，以便开展训练，分配物资。其中还显示，这些新部队将不会直接参加战斗，除非所在的团级集群认为战术形势必须如此。[25]

第3装甲集团军准备接收来自赫尔曼·戈林训练旅的官兵，但维斯瓦河集团军群也请求陆军最高司令部，希望空军为该旅妥善下达部署指示，让1个营派往前线，另1个营在后方担任预备队。此外，为了贯彻海因里齐撤走外籍部队的指示，德军还用新组建的波罗的海装甲训练分队接替了第1604（俄罗斯）掷弹兵团和匈牙利步兵营。根据之前的一道元首令，除了直接派往前线替换国民突击队的单位，其他新抵达的训练部队都将部署在主战线后方8—10公里处。[26]4月9日，海因里齐在一份编号为Ia/Nr. 5310/45 g.gdos.的文件中向第3装甲集团军和第9集团军重申了希特勒的指导方针，并明确要求把所有新的训练单位——无论来自预备军、党卫军还是德国空军——部署在主战线后方8—10公里的防线上，避免与苏军直接或间接接触。[27]海因里齐之所以重申这一方针，可能是因为部分军长正在用这些菜鸟填补主战线上的缺口——在当时的一线指挥官当中，这种草率做法十分常见。

希特勒青年团

增援部队还来自希特勒青年团。3月6日，帝国青年领袖阿图尔·阿克斯曼（Artur Axmann）主动请求希姆莱动用这些少年。希姆莱表示，接收和使用希特勒青年团是一项“不寻常的工作”，[28]但不希望把这些人部署到后方警戒区，尤其与老年士兵和国民突击队混在一起，因为这会影响他们的“斗志”（Geist）。[29]随后一段时间，这些少年不断抵达。例如在4月4日，100名1928年出生的希特勒青年团员便作为1个营加入了第549国民掷弹兵师的第1097团，至于1927年出生的希特勒青年团员甚至抵达得更早——曼陀菲尔麾下的一些军长曾询问过他们的部署事宜。[30]这些人只有17—18岁，在纳粹教育体系中长大，对现实几乎一无所知，只了解学校和媒体告诉他们的“真相”，但他们同样是优秀的士兵，其狂热程度甚至让年长老兵和苏军都感到震惊。

5天后，一名叫席梅尔普芬尼希（Schimmelpfennig）的党卫队二级突击队大队长找到了集团军群，他是帝国青年领袖阿克斯曼的代表，负责把希特勒青年团投入东线。席梅尔普芬尼希主动提出为第3装甲集团军提供1个希特勒青年团装甲歼击旅，但这一提议遭到了集团军群的反对。因为按照席梅尔普芬尼希的计划，这些青年团员将只装备铁拳火箭筒，并以接近赤手空拳的方式开赴前线。维斯瓦河集团军群显然不愿把该旅派往战场送死——因为他们知道，和其他组织的最高长官一样，阿克斯曼这么做很可能只是为了向希特勒邀功，而且这些少年的装备是如此恶劣，参战将与谋杀无异。另外，他们还回绝了另一项请求——部署3个由匈牙利少年组成的营。在会晤期间，席梅尔普芬尼希还提到，希特勒打算组建10个希特勒青年团师，只是因为西方盟军在德国西部进展太快，这一设想才没有实现。但战略上的困境并没有让阿克斯曼退缩，他仍决心为帝国的最后挣扎贡献力量——如果上述作战师无法组建，他将在“1个类似狼人的组织中”继续运用这些少年。[31]

国民突击队

国民突击队是一种独立的军事组织，由纳粹党大区领袖指挥。这些单位最常见的编制是营，用于在前线后方执行各种任务，如巡逻和防御。国民突击队于1944年9月开始动员，尤其是在东普鲁士。10月7日，他们在梅梅尔接受了战火洗礼，并于同年在安格拉普河（Angerapp River）沿岸的战斗中证明了自己的军事价值，包括替代消耗殆尽的一线步兵。[32]在此之后，国防军和纳粹党大区领袖开始把国民突击队与陆军部队组合起来，以方便补充物资、训练和协调。到1月中旬，有超过90000名国民突击队开赴德国东部。在苏军的维斯瓦河–奥得河战略攻势中，他们的损失率超过80%，尤其是那些没有陆军部队提供战场支援的单位。[33]此外，它们还经常被投入各个防御地带和要塞。

国民突击队的物资和生活必需品由党卫队和大区领袖提供，导致大多数单位都状况恶劣。很多人缺乏鞋和衣服，并因此在严寒中叫苦不迭。很多部队缺乏机动式野战厨房，只能就地征集食物或依靠当地居民的帮助。[34]他们的训练也很不充分，最多只能在星期天早上走2小时的过场。他们缺乏武器，实弹演习很少，在屈指可数的机会中，经常有人因事故丧生。[35]毫不奇怪，在这些部队中，上了年纪的成员经常在晚上开溜回家，试图获得一顿热饭和温暖的住处。

国民突击队最初由高龄人员组成，许多都是一战老兵。在波美拉尼亚之战结束后，为增强部队实力，他们开始与希特勒青年团员混编，这在苏军总攻和柏林战役期间尤为常见。此举最初没有得到批准，但人们很快发现，和希姆莱担心的不同，不仅希特勒青年团员没有因此变得怯战，老国民突击队员的士气也日渐高昂。2月初，在奥得河前线的第9集团军部队中，他们所占的比例超过了一半。[36]

下面这份记录来自第7/108国民突击队营的营长，通过记录，我们可以一窥这些单位动员时的仓促和混乱。该营最初主要由老人和一战老兵组成，但在

3月底，波美拉尼亚的战斗结束后，由于人员表现不佳，一些希特勒青年团员也加入了队伍：

1945年2月2日/3日：1945年2月2日12点整，有人喊道："到前线去！列队！在城外集合！警报！敌人来了！快伪装起来！"但在这样一片开阔地，我们该如何伪装自己？有个非常聪明的伙计把步枪绑在身上，走进花园，折下一大片醋栗灌木，拖着这些树枝一路来到防御阵地。这片阵地是几天前由波兰人挖掘的，他们把地里的石头都翻了出来。但这根本不是什么阵地，只是一些齐胸深的土坑，刚好够2个人站立……我们的位置没有任何掩护。敌人还远着呢！奥得河畔的战斗阵地还没有完工。我们就在这片高地上看着苏军推进。

在我们身后是片平坦的河滩，一直向着乡间延伸，当地的景致可以被尽收眼底。在视野所及之处……左面根本没有一名士兵，全部（掩体）空无一人，正规军不知道去了哪里……第二天，我们试图修建交通壕，但地面被冻得坚硬，工作非常吃力……法兰肯营（Bataillon Franken）是在特别不利的条件下组建的，所有人不到3天就被召集起来……甚至没有机会与家人告别。当我接管这个营时，他们已经在前线驻守了10天。由于上级没有安排邮政编码，所有人都无法与故乡通信……部队没有雪地制服，只装备了棕色制服、棕色大衣和意大利制钢盔，在大风扬起的雪花中，每个人的身影清晰可见，导致我们付出了许多不必要的损失——比如因为空袭——还曾被当成苏军而遭到误击。我们得到的是热带鞋，水汽很容易渗进来，质量甚至不如家里的鞋。全营只有2部野战厨房，武器只有步枪，没有机枪等重武器。我们还得到了1200枚没有雷管的卵型和长柄手榴弹，但我们想尽办法都没有搞到缺失的部件，因此它们根本没有用。由于部队部署仓促，我们的武器操作和战术训练几乎是零。缺乏训练的人员高达60%，剩下的则是一些上了年纪的（退役）士兵……本营最初的作战任务是："在奥得河西岸占据阵地，防区始于法兰克福北郊，一直延伸到L镇的北部边缘……"[37]

2月11日，正规军的1个连被苏军赶出防线，法兰肯国民突击队营奉命收复失地。他们的表现出人意料，并在22点30分发动的夜袭中用近8小时的战斗夺回了阵地。但在此期间，全营有10人阵亡、9人失踪，外加52人受伤。[38]

3月16日，也就是离任几天之前，希姆莱发布了一份在奥得河前线动员和使用国民突击队的命令，它从宏观角度为我们展示了这些部队的部署思路。

第3装甲集团军司令部

1945年3月16日

文件编号：Ia-Kr. 1905/45 geh.

文件来源：党卫队全国领袖兼维斯瓦河集团军群总司令

国防军秩序部队总司令，文件编号218/45 geh.，日期：1945年3月6日

主题：国民突击队

1. 第1类国民突击队营需转入国防军。

（1）解散部署在奥得河以东的营，以此为其他营补充人员和装备，或是将人员派往别的地区。

（2）部署在奥得河以西的营可以继续按原建制部署，但必须为其配备资历良好的下级指挥人员，如若不然，这些部队应如a）项中所述，直接解散。

2. 出于战术目的，一些军或师辖下配有国民突击队营，其人员应根据对应的军衔，由所在的军或师分散编入下级单位。

（1）在转入国防军之前，国民突击队成员必须接受体检。如果相关人员因身体状况或年龄已不适合加入国防军作战部队、后勤部队或建筑部队，此时应将其送往斯德丁的职业技术学校（schools for master craftspeople），以便派往大区领导机构下属的工农业设施（来自勃兰登堡大区的国民突击队员则另有安排）。

（2）被国防军接纳的国民突击队成员将获得一份临时身份文件（参见示例），以此作为证明。同时，兵员补充办公室应向对应的军区司令部提供一份接收的国民突击队人员名单，以此完成移交手续。

3. 大区领导机构应利用波美拉尼亚大区的第2类国民突击队人员组建行军连（Marsch-Kompanien），以便根据装甲集团军的指示派往各师，编入下属单位，但需要参与工农业劳动的人员除外。其体检将由部队军医（如大区领导机构要求，应前往斯德丁和斯维内明德的人员收容点）进行。这些行军连的收编

工作应遵循2b）项中的指导方针，并由接收单位提供装备和武器。

4. 与部队失散的国民突击队员和突围归队的国民突击队员将被运往斯德丁的国民突击队收容点、职业技术学校、斯维内明德，以及德意志劳工阵线（DAF）营地。这些人员的后续使用应遵守本文件第3条的规定，但可以在必要时稍作调整。

5. 请在1945年3月20日之前报告下列事项：

（1）本文件1部分涉及的国民突击队人员数量。

（2）根据本文件2部分规定，重新由大区领导机构调遣的国民突击队人员数量。

供第3装甲集团军司令部阅览

参谋长

签字：缪勒–希勒布兰德[39]

在战术层面，一些师违反了现行命令，试图将国民突击队编入消耗殆尽的下属单位。这些报告传到希姆莱那里，令他愈发担心。他很快与凯特尔和鲍曼合作，为国民突击队的运用制定了新的指南，其要求甚至比之前更为严厉。该文件最终在3月28日发布，此时距他离开奥得河前线已过了近一个星期。

党卫队全国领袖

国防军最高统帅部主管

纳粹党办公厅主任

文件编号：OKW/WFSt/Org (III) no. 1659/45 geh.

元首大本营，1945年3月28日

秘密！

主题：德国国民突击队的运用

I

1. 在遭遇威胁时，所有拿枪的人员都应编入国民突击队，但参战时间不宜过长，以免影响对战局至关重要的民间工作。

2. 应将国民突击队的士兵分为1、2两类，这取决于民间工作的重要性。

第1类国民突击队单位数量较少，部署不得离开所在大区；第2类国民突击队单位不得离开所在地区。

3. 各国民突击队单位将做短期部署，并根据需要轮换，以免影响正常的平民工作——这一要求应落实到每个单位和每个成员。

对于召集的国民突击队单位，我们应尽力和尽量避免长期部署，以便他们能从事对战争至关重要的平民工作，除非当地的战斗活动需要动用整支部队。

Ⅱ

1. 国民突击队情况特殊，应主要部署在纵深区域和后方，

只有在训练充分、武器充足和拥有良好的指挥人员时才能投入前线。

因此，国民突击队的主要用途可以概括为：

(1) 局部防御，

(2) 后方阵地和要塞的警戒，

(3) 反坦克障碍的警戒，

(4) 设施保护，

(5) 建筑和土方工程，

(6) 提供局部后勤服务，

(7) 组成疏散和护送队，协助后撤人员；收集和储存对战争至关重要的物资，

(8) 抽调志愿者，组成坦克猎杀分队（应保证这些分队的机动性），

(9) 组成各种特别小组，如爆破小组。

2. 此外，要塞单位（或类似的要地单位）可以动用当地的国民突击队员，但应在征召之前为其提供训练，并在战斗中做到1周轮换1次。

3. 不得用国民突击队看守战俘，但已接到命令者除外。

4. 各国民突击队单位应当整体使用，并受其指挥官调遣。

如有战术需要，导致上述单位必须分散部署，应保持这些单位在排一级的完整性。在外派期间，国民突击队分遣队的指挥官将加入所在部队的指挥部，以便主管训练事务，并为国民突击队员提供支援。

Ⅲ

1. 国民突击队单位一般不应集体编入国防军。

2. 不适合作战的国民突击队单位必须解散，对于其中的适龄人员，如果因为敌方占领处于失业状态，则应作为补充人员纳入国防军野战部队。

其余人员将调入其他国民突击队单位。

3. 一般情况下，不得用国民突击队人员补充现役国防军单位。

但派往军官候补生团（Fahnenjunkerrregiment）的人员除外，他们可以被编入国防军。

代替国土防卫部队（Landesschützen）看押战俘的人员将保留国民突击队员的身份。

签字：希姆莱、凯特尔、鲍曼[40]

如上所述，海因里齐试图尽量用国防军的正规单位替换国民突击队。但即使如此，后者仍然直接参加了战斗，而且在战术层面的作用不亚于国防军和党卫军。在守卫柏林期间，国民突击队更是扮演了重要角色。虽然它曾被海因里齐调往城外（参见《奥得河前线1945》第1卷第11章），但许多又被击败或是被戈培尔召回，并被后者无情地纳入了城防体系。

对于国民突击队的部署，第2军区指挥层的看法也许很适合充当总结。军区司令维尔纳·基尼茨将军认为，用这些年事已高、训练仓促、装备简陋的部队对抗苏联坦克集团军简直是“犯罪”。他的一名参谋，克劳斯·绍伯特（Klaus Schaubert）少校则总结说：国民突击队的价值只是一种“宣传”，最多只能帮助维斯瓦河集团军群在苏军和德国民众面前壮大一些声势。[41]

维斯瓦河集团军群的兵力，1945年4月1日

本节的一系列最终兵力报告为我们呈现了维斯瓦河集团军群在苏军总攻前的情况。但必须指出，虽然补充单位和训练人员仍在4月1日后不断抵达，但也有3个装甲师被迫调走，导致在苏军进攻时，该集团军群的整体战斗力比4月1日还要低。

该报告中有几组数字非常有趣。首先，维斯瓦河集团军群的“第6类统计

项”人员［Muster VI，即“总战斗力量”（Total Fighting Strength）］共有104162人，占总人数的39.4%，这也意味着，在斯维内明德至古本250公里的前线上，每公里只有大约122名德国士兵（由30580人的战斗力量得出）[①]。至于德军总人数则有387288人，其中包括263873名陆军人员和123415名党卫军、空军、海军、国民突击队和非党卫军外籍人员，完全无法与进攻的2056900名苏军（即白俄罗斯第1方面军、白俄罗斯第2方面军和乌克兰第1方面军的总和）相提并论。就算把中央集团军群当面的250000名乌克兰第1方面军官兵排除在外，苏军的兵力优势仍然达到了近6：1（即在奥得河前线，每个德军都需要迎战6名苏军士兵）。另外值得一提的是，在维斯瓦河集团军群辖下，党卫军、空军、海军和国民突击队人员高达111427人，占到了总人数的29%。

维斯瓦河集团军群麾下还拥有大量外籍志愿部队，它们是希姆莱的遗产，而且比重似乎比其他集团军群更高。如前所述，海因里齐一上任，便将它们调往第3装甲集团军后方，只有极少数还留在第9集团军境内。在4月1日，它们分别占到了前者总人数（共计121346名官兵和志愿辅助人员，其中陆军69657人、党卫军46778人，非党卫军外籍士兵4911人）的39%和后者总人数（共计193739名官兵和志愿辅助人员，其中陆军171258人、党卫军20390人，非党卫军外籍士兵3856人）的11%。

需要指出，原始文件中还存在计算错误，在本书的表格中，我们对其进行了订正，原始数据则在同一列中用黑底白字表示。另外，我们还给出了一系列涉及德军兵力的术语和定义，它们对理解相关报表非常重要，并在后续章节涉及部队上报兵力时有所提及。

实际兵力（Iststärke）：包括单位建制内的所有人员，含休假人员、脱离序列人员、短期受伤人员（即预期能在8周内归队的人员）和冗余人员（如有）。它与“理论兵力”（Sollstärke）的区别仅在于超出/少于固有建制的人员。

① 原文如此，此处数据有误。

日常兵力（Tagesstärke）：有关单位可以执行任务的人员总数，包括志愿辅助人员和配属人员。换言之，日常兵力=实际兵力-（请假人员+脱离序列人员+短期受伤人员）+配属人员。

参战兵力（Gefechtsstärke）：包括所有作战人员，以及为作战人员提供直接协助的人。包括所有作战单位（步兵、补充营、骑兵、炮兵、火箭炮兵、装甲兵、反坦克部队、工兵、通信兵和师部指挥分队），但不含后勤单位（如行李、炊事和战斗辎重人员，以及炮兵后勤分队）、维修人员和暂时与之共同行动的作战人员。换言之，参战兵力将不包括师部人员（师部指挥分队除外）、绘图分队、宪兵部队、运输部队、维修部队、补给部队以及其他与之协同行动的各类作战人员。

战斗兵力（Kampfstärke）：包括所有前线步兵，以及在同一区域提供支援（包括临时支援）的其他兵种人员。因此，特定部队地段内的所有战术预备队也都属于“战斗兵力”范畴。在实际运用中，一般指从团部到前线之间投入战斗的所有部队。

表7 维斯瓦河集团军群“第1类统计项”人员数量报告，4月1日

表8 维斯瓦河集团军群“第2类统计项”人员数量报告，4月1日

表9 维斯瓦河集团军群“第3类统计项”人员数量报告，4月1日

表10 维斯瓦河集团军群“第4类统计项”人员数量报告，4月1日

表7 维斯瓦河集团军群“第1类统计项”人员数量报告，4月1日

实际人员数量报告 *维斯瓦河集团军群，1945年4月1日* **“第1类统计项”人员**													
集团军群下属的各集团军	**战斗和后勤部队（步兵/山地/静态师和旅），但不含党卫军、空军和野战训练师**							**集团军直属作战部队**					
	A部分							**B部分**					
	军官	文职人员	士官	士兵	合计	志愿辅助人员	补充营	军官	文职人员	士官	士兵	合计	志愿辅助人员
集团军群直属部队								(7)					
								130	9	1057	4417	5620	77
第3装甲集团军								(22)					
	992	71	7584	31317	40746	445		184	15	1423	5113	6757	46
第9集团军	(27)												
	3384	311	21462	91371	116555	902	2992	788	47	4607	17786	23228	85
合计	(209)							(29)					
	4376	382	29046	122688	157301	1347	2992	1102	71	7087	27316	35605	208
灰色方格内为原始合计值					156701								

续前表

实际人员数量报告 *维斯瓦河集团军群，1945年4月1日* **“第1类统计项”人员**												
集团军群下属的各集团军	**警戒部队**						**直属和独立后勤部队**					
	C部分						**D部分**					
	军官	文职人员	士官	士兵	合计	志愿辅助人员	军官	文职人员	士官	士兵	合计	志愿辅助人员
集团军群直属部队							(80)					
	1	16	87	166	270		596	243	2578	10049	13590	2037
第3装甲集团军	(4)						(295)					
	111	13	157	487	766	46	113	99	1643	5760	730	948
第9集团军												
	171	21	1253	4470	5915	121	449	105	1577	4956	707	1028
合计	(4)						(375)					
	283	50	1497	5123	6951	167	1158	447	5798	20765	15027	4013
灰色方格内为原始合计值											27945	

续前表

实际人员数量报告 *维斯瓦河集团军群，1945年4月1日* **“第1类统计项”人员**												
集团军群下属的各集团军	**其他部队**						**地面设施和指挥机构**					
	E部分						**F部分**					
	军官	文职人员	士官	士兵	合计	志愿辅助人员	军官	文职人员	士官	士兵	合计	志愿辅助人员
集团军群直属部队	(7)						(7)					
	169	25	810	2440	3451	580	158	29	193	448	835	40
第3装甲集团军	(34)						(47)					
	368	56	2459	9117	12034	1737	752	43	247	718	7287	35
第9集团军	(2)						(7)					
	287	56	1985	6227	8557	574	285	40	590	1442	2564	55
合计	(43)						(61)					
	824	137	5254	17784	24042	2891	1195	112	1030	2608	10686	130
灰色方格内为原始合计值							595			2688	4486	

续前表

实际人员数量报告 *维斯瓦河集团军群，1945年4月1日* “第1类统计项”人员												
集团军群下属的各集团军	杂项						总计					
	G部分						H部分					
	军官	文职人员	士官	士兵	合计	志愿辅助人员	军官	文职人员	士官	士兵	合计	志愿辅助人员
集团军群直属部队							(101)					
	2	1	18	60	81	42	1056	323	4743	17580	23803	2776
第3装甲集团军	(12)						(596)					
	100	11	586	628	1337	1	2020	308	14099	52619	69657	3258
第9集团军							(36)					
	168	4	603	3932	4707		5532	584	32077	130184	168493	2765
合计	(12)						(733)					
	270	16	1207	4620	6125	43	8608	1215	50919	200383	261953	8799
灰色方格内为原始合计值												

表8 维斯瓦河集团军群“第2类统计项”人员数量报告，4月1日

短缺人员数量报告 *维斯瓦河集团军群，1945年4月1日* “第2类统计项”人员												
集团军群下属的各集团军	战斗和后勤部队（步兵/山地/静态师和旅），但不含党卫军、空军和野战训练师						集团军直属作战部队					
	A部分						B部分					
	军官	文职人员	士官	士兵	合计	志愿辅助人员	军官	文职人员	士官	士兵	合计	志愿辅助人员
集团军群直属部队												
							32	21	212	381	646	89
第3装甲集团军	(93)						(5)					
	445	51	2339	12227	15155	1601	28	12	84	672	801	160
第9集团军												
	1247	201	6162	27925	35535	3750	41	42	508	2026	2617	371
合计	(93)						(5)					
	1692	252	8501	40152	50690	5351	101	75	804	3079	4064	620
灰色方格内为原始合计值												

续前表

短缺人员数量报告 *维斯瓦河集团军群，1945年4月1日* **“第2类统计项”人员**												
集团军群下属的各集团军	**警戒部队**						**直属和独立后勤部队**					
	C部分						**D部分**					
	军官	文职人员	士官	士兵	合计	志愿辅助人员	军官	文职人员	士官	士兵	合计	志愿辅助人员
集团军群直属部队							（20）					
			23	15	38		104	18	382	1475	1999	694
第3装甲集团军							(53)					
	32	15	72	148	257		10	17	114	956	1150	689
第9集团军												
	225	24	921	4526	5696	702	65	16	214	1586	1881	825
合计	0						(73)					
	257	39	1016	4689	5991	702	179	51	710	4017	5030	2208
灰色方格内为原始合计值												

续前表

短缺人员数量报告 *维斯瓦河集团军群，1945年4月1日* **“第2类统计项”人员**												
集团军群下属的各集团军	**其他部队**						**地面设施和指挥机构**					
	E部分						**F部分**					
	军官	文职人员	士官	士兵	合计	志愿辅助人员	军官	文职人员	士官	士兵	合计	志愿辅助人员
集团军群直属部队	（1）											
	45	3	211	1401	1641	58						
第3装甲集团军	(2)						(3)					
	57	13	335	3016	3423	543	10	1	12	89	115	15
第9集团军												
	77	17	294	2360	2748	686	38	23	126	42	229	40
合计	(3)						(3)					
	179	33	840	6777	7812	1287	48	24	138	131	344	55
灰色方格内为原始合计值												

续前表

短缺人员数量报告 *维斯瓦河集团军群，1945年4月1日* **“第2类统计项”人员**												
集团军群下属的各集团军	**杂项**						**总计**					
	G部分						**H部分**					
	军官	文职人员	士官	士兵	合计	志愿辅助人员	军官	文职人员	士官	士兵	合计	志愿辅助人员
集团军群直属部队							（21）					
	2	2	19	140	163	93	163	44	847	3412	4487	934
第3装甲集团军	(1)						(157)					
	4	1	86	73	105	1	576	110	2982	17181	21006	3009
第9集团军												
	108		441	2296	2845		1801	323	8666	40761	51551	6374
合计	(1)						(178)					
	114	3	546	2509	3113	94	2540	477	12495	61354	77044	10317
灰色方格内为原始合计值			486									

表9 维斯瓦河集团军群“第3类统计项”人员数量报告，4月1日

其他部队实际人员数量明细表 *维斯瓦河集团军群，1945年4月1日* “第3类统计项”人员																		
集团军群下属的各集团军	通信部队						建筑工兵部队						铁道部队和铁道作战部队					
	1						2						3					
	军官	文职人员	士官	士兵	合计	志愿辅助人员	军官	文职人员	士官	士兵	合计	志愿辅助人员	军官	文职人员	士官	士兵	合计	志愿辅助人员
集团军群直属部队	−1						(6)											
	7	4	66	264	342	1	69		413	1519	2007	200						
第3装甲集团军	(8)						(10)											
	54	12	519	2073	2666	65	235	22	1483	5841	7591	1643						
第9集团军																		
	49	6	415	1408	2378	64	127	19	800	2978	3924	439						
合计	(9)						(16)						0					
	110	22	1000	3745	5386	130	431	41	2696	10338	13522	2282	0	0	0	0	0	0
灰色方格内为原始合计值				4245														

续前表

其他部队实际人员数量明细表
维斯瓦河集团军群，1945年4月1日
“第3类统计项”人员

集团军群下属的各集团军	技术部队						宣传部队						制图和测绘部队					
	4						5						6					
	军官	文职人员	士官	士兵	合计	志愿辅助人员	军官	文职人员	士官	士兵	合计	志愿辅助人员	军官	文职人员	士官	士兵	合计	志愿辅助人员
集团军群直属部队																		
	1	17	64	217	299	348	27	1	85	91	204	28						
第3装甲集团军							(4)											
	19	7	142	824	992	28	8		58	33	83		1		11	57	69	1
第9集团军													(2)					
	28	13	230	699	970	49	9		12	24	65		11	1	66	144	224	1
合计	0						(4)						(2)					
	48	37	436	1740	2261	425	44	1	155	148	352	28	12	1	77	201	293	2
灰色方格内为原始合计值																		

续前表

其他部队实际人员数量明细表
维斯瓦河集团军群，1945年4月1日
“第3类统计项”人员

集团军群下属的各集团军	军事情报部队						除雪部队					
	7						8					
	军官	文职人员	士官	士兵	合计	志愿辅助人员	军官	文职人员	士官	士兵	合计	志愿辅助人员
集团军群直属部队												
							1		27	179	207	
第3装甲集团军	(5)											
	17	7	78	169	276							
第9集团军												
	25		58	112	195	2						
合计	(5)						0					
	42	7	136	281	471	2	1	0	27	179	207	0
灰色方格内为原始合计值												

续前表

其他部队实际人员数量明细表 *维斯瓦河集团军群，1945年4月1日* **“第3类统计项”人员**													
集团军群下属的各集团军	**谍报、侦察和希特勒青年团巡逻队（含位于前线的地方盖世太保人员）**						**惩戒体系内的单位和设施**						
	9						**10**						
	军官	文职人员	士官	士兵	合计	志愿辅助人员	军官	文职人员	士官	士兵	合计	志愿辅助人员	在押人员
集团军群直属部队													
	64	3	155	170	392	3							
第3装甲集团军	(4)						(3)						
	25	8	52	40	129		9		136	80	228		
第9集团军													
	26	16	270	171	488	19	12	1	114	191	378		750
合计	(4)						(3)						
	115	27	477	381	1009	22	21	1	250	271	606	0	750
灰色方格内为原始合计值													

表10 维斯瓦河集团军群“第4类统计项”人员数量报告，4月1日

其他部队人员短缺数量明细表 *维斯瓦河集团军群，1945年4月1日* “第4类统计项”人员																		
集团军群下属的各集团军	通信部队						建筑工兵部队						铁道部队和铁道作战部队					
	1						2						3					
	军官	文职人员	士官	士兵	合计	志愿辅助人员	军官	文职人员	士官	士兵	合计	志愿辅助人员	军官	文职人员	士官	士兵	合计	志愿辅助人员
集团军群直属部队	−1																	
	3		12	22	32		11		127	1272	1410	55						
第3装甲集团军																		
	30	1	150	784	965	75	14	9	112	2107	2242	468						
第9集团军																		
	15	3	19			28	23	11	158	2033	2225	535						
合计	(1)						0						0					
	48	4	181	806	997	103	48	20	397	5412	5877	1058	0	0	0	0	0	0
灰色方格内为原始合计值				743	977													

续前表

其他部队人员短缺数量明细表 *维斯瓦河集团军群，1945年4月1日* **“第4类统计项”人员**																		
集团军群下属的各集团军	**技术部队**						**宣传部队**						**制图和测绘部队**					
	4						**5**						**6**					
	军官	文职人员	士官	士兵	合计	志愿辅助人员	军官	文职人员	士官	士兵	合计	志愿辅助人员	军官	文职人员	士官	士兵	合计	志愿辅助人员
集团军群直属部队																		
		3	40	113	156	3	1		5	14	20							
第3装甲集团军																		
	5	2	26	125	158					1	1				2	7	9	
第9集团军																		
	6	4	41	189	240	112	12			11	17		3		28	83	114	11
合计	0						0						0					
	11	9	107	427	554	115	13	0	5	26	38	0	3	0	30	90	123	11
灰色方格内为原始合计值																		

续前表

其他部队人员短缺数量明细表 *维斯瓦河集团军群，1945年4月1日* **“第4类统计项”人员**												
集团军群下属的各集团军	**军事情报部队**						**除雪部队**					
	7						**8**					
	军官	文职人员	士官	士兵	合计	志愿辅助人员	军官	文职人员	士官	士兵	合计	志愿辅助人员
集团军群直属部队												
									−11	−37	−48	
第3装甲集团军	(2)											
	3		2	27	34							
第9集团军												
	9		1	15	25							
合计	(2)						0					
	12	0	3	42	59	0	0	0	−11	−37	−48	0
灰色方格内为原始合计值												

续前表

其他部队人员短缺数量明细表
维斯瓦河集团军群，1945年4月1日
“第4类统计项”人员

集团军群下属的各集团军	谍报、侦察和希特勒青年团巡逻队（含位于前线的地方盖世太保人员）						惩戒体系内的单位和设施						
	9						10						
	军官	文职人员	士官	士兵	合计	志愿辅助人员	军官	文职人员	士官	士兵	合计	志愿辅助人员	在押人员
集团军群直属部队													
	10		38	17	65								
第3装甲集团军													
	2		1		3		3	1	42	−35	11		
第9集团军													
	5	1	25	42	71		4		28	50	82		
合计	0						0						
	17	1	64	59	139	0	7	1	70	15	93	0	0
灰色方格内为原始合计值													

表11 维斯瓦河集团军群“第5类统计项”人员数量报告，4月1日

维斯瓦河集团军群各下属单位（师、旅）和直属单位的日常兵力、参战兵力和战斗兵力，1945年4月1日（第5类统计项）															
下属集团军名称	休假人员			能在8周内归队的伤病员			日常兵力			参战兵力			战斗兵力		
	下属单位	直属单位	合计	下属编队	直属单位	合计	下属单位	直属单位	合计	下属单位	直属单位	合计	下属单位	直属单位	合计
集团军群直属单位					40	40		5418	5418		1968	1968		1864	1864
第3装甲集团军	59	26	85	6203	372	6575	46424	4982	51406	27909	3547	31456	24573	3022	27595
第9集团军	167	66	233	13662	1663	15325	90000	39151	129151	61446	31732	93178	49009	25694	74703
合计	226	92	318	19865	2075	21940	136424	49551	185975	89355	37247	126602	73582	30580	104162

表12 维斯瓦河集团军群“第6类统计项”人员数量报告，4月1日[①]

维斯瓦河集团军群各下属单位（师、旅）和直属单位的日常兵力、参战兵力和战斗兵力，1945年4月1日（第6类统计项）															
下属集团军名称	休假人员			能在8周内归队的伤病员			日常兵力			参战兵力			战斗兵力		
	下属单位	直属单位	合计	下属编队	直属单位	合计	下属单位	直属单位	合计	下属单位	直属单位	合计	下属单位	直属单位	合计
集团军群直属单位					40	40		5418	5418		1968	1968		1864	1864
第3装甲集团军	59	26	85	6203	372	6575	46424	4982	51406	27909	3547	31456	24573	3022	27595
第9集团军	167	66	233	13662	1663	15325	90000	39151	129151	61446	31732	93178	49009	25694	74703
合计	226	92	318	19865	2075	21940	136424	49551	185975	89355	37247	126602	73582	30580	104162

① 该表内容与表11完全相同，明显有误。

表13 维斯瓦河集团军群的坦克和突击炮数量，2月—4月

		战备完好状态	短期维修中	长期维修中	合计
第11集团军	2月12日	–	–	–	–
第3装甲集团军	2月28日	183	46	23	252
	4月3日	148	16	10	174
	4月8日	220	4	20	244
	4月15日	232	5	13	250
第9集团军	2月12日	155	73	61	289
	2月28日	181	49	60	250
	4月3日	527	70	67	664
	4月8日	489	34	46	569
	4月15日	512	25	30	567

维斯瓦河集团军群的坦克和突击炮实力，2月12日至4月15日

以下表格展示了2月12日至4月15日维斯瓦河集团军群的坦克和突击炮数量，以及下属各师、各旅和各营的具体实力。

2月，陆军最高司令部曾为奥得河前线的装甲师和装甲掷弹兵师提供了大量补充。到月底，共有411辆坦克、突击炮、装甲运兵车、装甲侦察车和装甲维修车从柏林附近的工厂开赴前线部队，尤其是党卫军第10弗伦斯贝格装甲师、荷尔斯泰因装甲师、第7装甲师、第25装甲掷弹兵师、元首护卫师、元首掷弹兵师、党卫军第4警察装甲掷弹兵师和第743装甲歼击营等。[42]但当苏军发动总攻时，上述部队中只有第25装甲掷弹兵师仍位于奥得河前线。

还有以下几点值得注意：

1. 2月，经过波美拉尼亚和奥得河桥头堡的鏖战，各单位中超过50%的坦克和突击炮都在接受短期和长期维修。

2. 4月3日至15日，由于几个装甲师被调给中央集团军群，第9集团军的装甲力量一度有所下降。

3. 从2月28日到4月15日，第3装甲集团军处于战备完好状态的坦克和突击炮（A类）从183辆上升到232辆，增加了27%；第9集团军处于战备完好状态的坦克和突击炮则从155辆补充到了512辆，增加了230%。但即使如此，在苏军总攻时，维斯瓦河集团军群的装甲车辆仍处于1：6.3的劣势。

关于奥得河前线德军装甲车辆情况的详细信息，读者可见下列表格。

表14 维斯瓦河集团军群的坦克和突击炮数量，2月12日

1945年2月12日的坦克和突击炮数量					
所属单位	型号	a	b	c	d
第2集团军					
第4装甲师	三号坦克	4	–	–	–
	四号坦克	15	7	4	3
	四号坦克歼击车L/70型	6	1	2	–
党卫军第502重装甲营①	虎王坦克	–	–	3	–
②	三号突击炮	8	2	2	–
	四号突击炮	6	1	2	–
	四号坦克歼击车	4	3	2	–
第7装甲师	四号坦克	5	1	9	–
	四号自行高射炮	–	–	2	–
	四号坦克歼击车L/70型	19	1	11	–
	豹式坦克	7	1	6	–
	三号突击炮	16	1	–	–
	四号坦克歼击车	19	1	14	–
统帅堂和大德意志单位（Feldherrnhalle Gr Deutschland）③	四号坦克	3	–	–	–
	四号突击炮	1	–	–	–
	猎豹坦克歼击车	1	–	–	–
	四号坦克歼击车	2	–	–	–
第23步兵师	三号突击炮	1	–	–	–
第32步兵师	三号突击炮	5	1	3	–
第35步兵师	三号突击炮	1	–	7	–
第83步兵师	追猎者坦克歼击车	7	2	3	–
第227步兵师	三号突击炮	5	2	1	–
第252步兵师	追猎者坦克歼击车	2	2	1	–
第542国民掷弹兵师	四号突击炮	2	1	2	–
第190突击炮旅	三号突击炮	9	7	2	–
	42H型突击炮	2	–	1	–
第276突击炮旅	三号突击炮	4	1	4	–
	追猎者坦克歼击车	1	2	1	–
第664装甲歼击营第2连	犀牛坦克歼击车	5	–	3	–

① 此处存疑，该营当时仍未开赴东线。
② 原文如此，此处有漏字。
③ 原文如此，该部队似乎指统帅堂补充旅。

续前表

1945年2月12日的坦克和突击炮数量					
所属单位	**型号**	**a**	**b**	**c**	**d**
第2集团军合计		160	37	85	3
第9集团军					
第25装甲掷弹兵师	四号坦克	–	1	–	–
	豹式坦克	7	7	8	–
	四号坦克歼击车	3	1	4	–
第25装甲歼击营	三号突击炮	18	2	5	–
	四号坦克歼击车	2	3	1	–
库尔马克装甲掷弹兵师	四号坦克	2	1	–	–
	虎式坦克	1	–	1	–
	三号突击炮		–	1	–
	追猎者坦克歼击车	11	5	2	–
德布里茨步兵师	三号突击炮	13	4	2	–
党卫军一月三十日掷弹兵师	追猎者坦克歼击车	12	3	8	–
	三号突击炮	10	2	4	–
	42H型突击炮	7	7	1	–
柏林步兵师*	四号突击炮	8	1	1	–
第111突击炮兵教导旅	三号突击炮	–	1	0	–
	42H型突击炮	–	–	3	–
党卫军第15装甲歼击连	追猎者坦克歼击车	5	10	2	–
第2装甲歼击营	追猎者坦克歼击车	14	11	2	–
柏林步兵师	三号突击炮	9	–	–	–
第1129装甲歼击连	追猎者坦克歼击车	7	4	2	–
第9集团军合计		155	73	61	–
第11集团军					
元首掷弹兵师	三号坦克	5	–	–	–
	四号坦克	4	7	3	–
	豹式坦克	10	5	10	–
	三号突击炮	4	3	5	–
	四号突击炮	1	–	–	21
	猎豹坦克歼击车	–	–	–	10
	追猎者坦克歼击车	2	1	2	–
元首护卫师	豹式坦克	22	–	–	8
	三号突击炮	–	–	–	14
	42H型突击炮	–	–	–	4
荷尔斯泰因装甲师	三号坦克	4	–	–	–
	四号坦克	27	9	5	3
	豹式坦克	7	2	–	–
	三号突击炮	3	–	1	–
	追猎者坦克歼击车	8	–	–	–

续前表

1945年2月12日的坦克和突击炮数量					
所属单位	**型号**	**a**	**b**	**c**	**d**
党卫军第4警察装甲掷弹兵师	三号坦克	1	1	–	–
	三号突击炮	26	5	–	–
	四号突击炮	5	3	–	–
	四号坦克歼击车	2	2	–	–
党卫军第10弗伦斯贝格装甲师	四号自行高射炮	8	–	–	–
	四号坦克	28	14	–	9
	豹式坦克	31	27	–	–
	猎豹坦克歼击车	–	–	–	8
党卫军第503重装甲营	虎王坦克	16	19	4	–
（党卫军）第11装甲营	豹式坦克	2	–	–	–
	三号突击炮	33	3	1	–
党卫军第11装甲歼击营	三号突击炮	6	5	13	–
第5猎兵师	三号突击炮	7	1	1	–
（党卫军）第54装甲歼击营	三号突击炮	28	3	–	–
第911独立突击炮旅	三号突击炮	3	1	3	–
	42H型突击炮	2	1	2	–
第11集团军合计		295	112	51	77
奥得河军					
第210突击炮旅	三号突击炮	6	6	1	–
	42H型突击榴弹炮	14	3	–	–
奥得河军合计		20	9	1	–
第2集团军合计		160	37	85	3
第9集团军合计		155	73	61	–
第11集团军合计		295	112	51	77
奥得河军合计		20	9	1	–
维斯瓦河集团军群合计		630	231	198	80
注释 a=战备完好状态（einzsatzbereit） b=短期维修中（kurze Instandsetzung） c=长期维修中（lange Instandsetzung） d=交付途中（Zufuhrung）					
*备注：此处原文件为柏林步兵师，但似乎应为德布里茨步兵师。					

表15 维斯瓦河集团军群的坦克和突击炮数量，2月19日

装甲车辆和反坦克炮数量，1945年2月19日									
	A	C	F	N	B	Z		K	F
所属单位	**三号坦克**	**四号坦克**	**豹式坦克**	**虎式坦克**	**三号突击炮**	**四号突击炮**	**坦克歼击车**	**7.5厘米反坦克炮**	**8.8厘米反坦克炮**
党卫军第5山地军									
第2装甲歼击营							追猎者坦克歼击车14/8/4		
第111突击炮兵教导旅					0/0/9				（突击榴弹炮）0/0/3
党卫军第15装甲歼击连		1/0/0					追猎者坦克歼击车13/0/3		
党卫军一月三十日师									
党卫军（第32）装甲歼击营					6/4/1a			3/0/1	（突击榴弹炮）4/3/2
第391警戒师									
	2/0/0	1/0/0						5/0/0	
法兰克福要塞									
第26要塞反坦克炮分队								0/0/1	37/1/2
党卫军第11装甲军									
库尔马克装甲掷弹兵师									
党卫军第16装甲歼击营第3连								8/0/0	
库尔马克装甲团第1营（I.Pz.Abt.K.）		2/1/0a	0/1/1	1/0/0			追猎者坦克歼击车13/5/1		
库尔马克装甲团第2营（第26装甲团第1营/勃兰登堡装甲团第1营）			29/5/5						
第152装甲掷弹兵团								11/2/0a	
其他配属单位								9/0/1	
第25装甲掷弹兵师									
第5装甲营		0/1/0	17/9/6/9（1辆来自回收）			7/1/2a			
第25装甲歼击营							三号突击炮19/4/9	8/3/1a	
							四号坦克歼击车8/1/3		
第35装甲掷弹兵团								3/0/0	

续前表

装甲车辆和反坦克炮数量，1945年2月19日									
	A	C	F	N	B	Z		K	F
所属单位	**三号坦克**	**四号坦克**	**豹式坦克**	**虎式坦克**	**三号突击炮**	**四号突击炮**	**坦克歼击车**	**7.5厘米反坦克炮**	**8.8厘米反坦克炮**
第119装甲掷弹兵团								5/3/0a	
屈斯特林要塞	无报告								
第101军									
德布里茨装甲歼击营					17/3/0	7/2/1a			
柏林步兵师									
第309装甲歼击营					8/0/1			12/0/0	
第1129装甲歼击连							追猎者坦克歼击车 8/1/4		
第606警戒师									
第3装甲补充与训练营								7/0/0	
合计									
	2/0/0	4/2/0a	46/15/12	1/0/0	31/7/11	14/3/3	追猎者坦克歼击车 48/14/12	71/8/4	37/1/2
			（1辆来自回收）				共2辆①		突击榴弹炮 4/3/5
							三号突击炮 19/4/9		
							四号坦克歼击车 8/1/3		
战备完好状态	177								
短期维修中	49				屈斯特林要塞：无报告 上次报告： 犀牛坦克歼击车：0/0/1 虎式坦克：2/0/0 追猎者坦克歼击车：2/0/0 7.5厘米反坦克炮：17/1/0				
注释 突击榴弹炮在原表格中缩写为“St.Haub.”，是一种装备105毫米榴弹炮的突击炮 0/0/0=战备完好状态/短期维修中/长期维修中									

① 原表格如此，此处含义不明。

表16 维斯瓦河集团军群的坦克和突击炮数量，2月28日

装甲车辆和反坦克炮数量，1945年2月28日					
所属单位	型号	a	b	c	d
第2集团军					
第4装甲师	三号坦克	2	1	1	
	四号坦克	13	1	6	
	豹式坦克	27	3	8	12
	四号突击炮	3	–	3	
	四号坦克歼击车	2	1	–	
	猎豹坦克歼击车	4	1	3	
第7装甲师	四号坦克	–	3	2	
	四号自行高射炮	–	–	2	
	四号坦克歼击车L/70型	13	4	15	
	豹式坦克	5	2	1	
	三号突击炮	–	2	–	
	猎豹坦克歼击车	–	–	–	10
统帅堂补充旅	四号坦克	–	1	–	
党卫军第4警察装甲掷弹兵师	三号坦克	2	–	–	
	三号突击炮	16	7	–	12
	四号突击炮	6	2	6	
	四号坦克歼击车	2	1	–	
党卫军第503重装甲营	虎王坦克	14	21	4	
第190突击炮旅	四号坦克	–	–	–	3
	42H型突击榴弹炮	1	2	–	
	三号突击炮	7	3	5	
第276突击炮旅	四号坦克	–	–	–	3
	三号突击炮	2	2	2	
第664装甲歼击营第2连	犀牛坦克歼击车	4	2	2	
第743装甲歼击营	追猎者坦克歼击车	24	2	6	
第7步兵师	四号突击炮	1	–	–	
	猎豹坦克歼击车	1	–	–	
第23步兵师	四号坦克	–	1	–	
	三号突击炮	1	–	–	
	42H型突击榴弹炮	1	–	–	
	猎豹坦克歼击车	1	–	–	
第32步兵师	四号突击炮	1	6	–	
第35步兵师	三号突击炮	–	1	5	
第83步兵师	追猎者坦克歼击车	5	–	4	
第215步兵师	四号突击炮	10	1	–	
第227步兵师	三号突击炮	4	1	1	

续前表

装甲车辆和反坦克炮数量，1945年2月28日					
所属单位	型号	a	b	c	d
第252步兵师	追猎者坦克歼击车	3	–	–	
第389步兵师	四号突击炮	3	1	2	
第337国民掷弹兵师	四号突击炮	1	–	–	
第542国民掷弹兵师	四号突击炮	–	1	1	
第2集团军合计		181	73	79	40
奥得河军					
第210突击炮旅	三号突击炮	12	1	1	–
	42H型突击榴弹炮	16	–	–	–
	四号坦克	–	–	–	4
奥得河军合计		28	1	1	4
第3装甲集团军					
德内克旅	追猎者坦克歼击车	20	3	4	–
维尔克师（Division Wilke）	追猎者坦克歼击车	11	2	1	–
（党卫军）第11装甲歼击营	三号突击炮	18	6	2	–
第1装甲歼击营	三号突击炮	6	2	1	–
	四号突击炮	5	2	–	–
	追猎者坦克歼击车	9	1	2	–
第5猎兵师	三号突击炮	7	1	1	–
党卫军第23装甲歼击营	三号突击炮	18	1	1	–
	42H型突击榴弹炮	7	3	–	–
党卫军北欧师	四号突击炮	26	13	2	–
	42H型突击榴弹炮	3	–	–	–
第5装甲歼击营	追猎者坦克歼击车	25	1	2	–
荷尔斯泰因装甲师	三号突击炮	4	–	–	–
	四号坦克	19	10	–	–
第281步兵师	三号突击炮	5	1	5	–
第3装甲集团军合计		183	46	23	–
第9集团军					
库尔马克装甲掷弹兵师	四号坦克	1	2	–	–
	豹式坦克	32	3	5	–
	虎式坦克	1	–	–	–
	追猎者坦克歼击车	17	2	–	–
第25装甲掷弹兵师	四号坦克	1	–	–	–
	四号自行高射炮	2	–	–	–
	四号坦克歼击车L/70型	1	–	–	–
	豹式坦克	28	2	2	–
	三号突击炮	25	1	5	3
	四号坦克歼击车	20	–	1	–

续前表

装甲车辆和反坦克炮数量，1945年2月28日					
所属单位	型号	a	b	c	d
党卫军第10弗伦斯贝格装甲师	四号坦克	19	1	8	–
	四号自行高射炮	4	2	2	–
	四号坦克歼击车L/70型	5	1	3	–
	豹式坦克	27	9	8	–
	四号坦克歼击车	6	3	2	–
柏林步兵师	三号突击炮	8	–	1	–
德布里茨步兵师	三号突击炮	13	5	2	–
	四号坦克歼击车L/70型	9	–	1	–
党卫军一月三十日掷弹兵师	三号突击炮	11	3	10	–
	42H型突击榴弹炮	6	–	3	–
党卫军第15装甲歼击连	四号坦克	1	–	–	–
	追猎者坦克歼击车	5	8	3	–
第111突击炮兵教导旅	三号突击炮	8	1	–	–
	42H型突击榴弹炮	3	–	–	–
第2装甲歼击营	追猎者坦克歼击车	20	3	2	–
第1129装甲歼击连	追猎者坦克歼击车	8	3	2	–
第9集团军合计		281	49	60	3
第184突击炮旅	三号突击炮	22	–	–	–
	42H型突击榴弹炮	9	–	–	–
第184突击炮旅合计		31	–	–	–
第2集团军合计		181	73	79	40
第3装甲集团军合计		183	46	23	–
第9集团军合计		281	49	60	3
奥得河军合计		28	1	1	4
第184（突击炮）旅合计		31	–	–	–
维斯瓦河集团军群合计		704	169	163	47
注释 a=战备完好状态（einzsatzbereit） b=短期维修中（kurze Instandsetzung） c=长期维修中（lange Instandsetzung） d=交付途中（Zufuhrung）					

表17 维斯瓦河集团军群的坦克和突击炮数量，4月2日

坦克和突击炮数量，1945年4月2日					
所属单位	型号	a	b	c	d
第3装甲集团军					
第184突击炮旅	三号突击炮	21	2	1	–
	42H型突击榴弹炮	8	–	–	–
第18装甲掷弹兵师（西里西亚装甲营和西里西亚装甲歼击营）	四号坦克	21	1	4	–
	四号坦克歼击车L/70（A）型	7	1	–	–
	追猎者坦克歼击车	19	4	–	–
党卫军北欧装甲掷弹兵师（党卫军第11装甲营）	三号突击炮	24	2	–	–
	豹式坦克	1	1	–	–
	四号坦克歼击车L/70（A）型	–	–	–	10
党卫军第503重装甲营	虎王坦克	9	–	3	–
	四号自行高射炮	6	2	–	–
第1装甲歼击营第1连	四号突击炮	8	1	1	–
福格特集群	四号坦克	2	–	–	–
斯德丁要塞	四号坦克	–	–	1	–
	T–34	–	–	1	–
党卫军尼德兰志愿师（党卫军第23装甲歼击营）	三号突击炮	1	–	–	–
	42H型突击榴弹炮	1	–	–	–
第6装甲歼击营	追猎者坦克歼击车	8	2	7	–
第1装甲歼击营和第5装甲歼击营余部	追猎者坦克歼击车	6	–	–	–
	三号突击炮	4	–	–	–
	四号突击炮	2	–	–	–
第3装甲集团军合计		148	16	18	10
所占比例		81%	9%	10%	–
斯维内明德防御地带					
第163步兵师第1234装甲歼击连	追猎者坦克歼击车	10	–	–	–
第9集团军					
库尔马克装甲掷弹兵师（库尔马克装甲歼击营和勃兰登堡装甲团第1营/第26装甲团第1营）	三号突击炮	–	–	–	12
	四号坦克	2	1	–	
	豹式坦克	2	–	–	
	虎式坦克	1	–	–	
	追猎者坦克歼击车	15	–	2	
	豹式坦克	21	5	3	

续前表

坦克和突击炮数量，1945年4月2日					
所属单位	**型号**	**a**	**b**	**c**	**d**
明谢贝格装甲师（库默斯多夫装甲营和第29装甲团第1营）	四号坦克	1	–	2	
	四号坦克歼击车L/70（A）型	1	–	–	
	豹式坦克	7	4	–	
	虎式坦克	5	1	5	
	四号坦克歼击车	–	–	1	
	豹式坦克	10	–	–	
第20装甲掷弹兵师（第8装甲营）	四号坦克	15	–	1	
	四号自行高射炮	3	–	–	
	四号坦克歼击车L/70（A）型	15	1	–	
第25装甲掷弹兵师（第5装甲营和第25装甲歼击营）	四号坦克	1	–	–	
	四号自行高射炮	2	–	–	
	四号坦克歼击车L/70（A）型	6	1	2	
	豹式坦克	23	3	8	
	三号突击炮	28	2	–	4
	四号坦克歼击车L/70（A）型	11	1	–	
	四号坦克歼击车	1	–	–	
党卫军第502重装甲营	虎王坦克	22	6	2	
柏林装甲歼击营	三号突击炮	8	–	2	
德布里茨装甲歼击营（即第920突击炮教导旅）	三号突击炮	16	1	1	
	四号坦克歼击车L/70型	6	1	2	
党卫军一月三十日掷弹兵师（党卫军第32装甲歼击营）	三号突击炮	19	1	2	
	42H型突击榴弹炮	8	–	1	
第303无线电装甲营	三号突击炮	2	–	–	
第391警戒师	三号突击炮	2	–	–	
	四号坦克	–	–	1	
第169步兵师（第1230装甲歼击连）	追猎者坦克歼击车	10	–	–	
第111突击炮兵教导旅	三号突击炮	24	9	–	
	42H型突击榴弹炮	9	–	–	
	四号坦克歼击车L/70（A）型	4	1	1	
第1129装甲歼击连	追猎者坦克歼击车	10	–	2	
第2装甲歼击营	追猎者坦克歼击车	24	–	1	
党卫军第15装甲歼击连	四号坦克	1	–	–	
	追猎者坦克歼击车	15	1	–	

续前表

坦克和突击炮数量，1945年4月2日					
所属单位	型号	a	b	c	d
党卫军第560装甲歼击营（即施普雷河参谋部）	三号突击炮	6	–	3	
	追猎者坦克歼击车	31	2	11	
①	意大利制装甲车辆	24	–	1	
第210突击炮旅	三号突击炮	12	–	1	
	42H型突击榴弹炮	13	–	2	
	四号坦克歼击车L/70（A）型和（V）型	11	–	2	
第25装甲师（第9装甲团）	三号突击炮	19	2	1	
	三号坦克	1	1	–	
	四号坦克	17	4	1	
	四号自行高射炮	–	4	–	
	四号坦克歼击车L/70（V）型	9	2	2	
	豹式坦克	8	1	1	
	猎豹坦克歼击车	–	4	–	
第9伞兵师（师属装甲歼击营）	三号突击炮	–	1	–	
	追猎者坦克歼击车	7	–	1	
第600（俄罗斯）步兵师	追猎者坦克歼击车	7	1	2	
	T–34	–	9	–	
第5猎兵师（第1005装甲歼击连）	四号坦克歼击车L/70（A）型	10	–	–	
	三号突击炮	2	–	–	
第9集团军合计		527	70	67	16
所占比例		79%	11%	10%	–
第9集团军合计		527	70	67	16
第3装甲集团军合计		148	16	18	10
斯维内明德防御地带合计		10	–	–	–
维斯瓦河集团军群合计		685	86	85	26
所占比例		80%	10%	10%	–
注释 a=战备完好状态 b=短期维修中 c=长期维修中 d=交付途中					

① 原文件此处有缺字。这些装甲车辆主要隶属于党卫军第5山地军的直属单位，尤其是党卫军第105装甲连和党卫军第105突击炮营。

表18 维斯瓦河集团军群的坦克和突击炮数量，4月7日

坦克和突击炮数量，1945年4月7日					
所属单位	型号	a	b	c	d
第9集团军					
库尔马克装甲掷弹兵师［库尔马克装甲歼击营和勃兰登堡装甲团第1营（第26装甲团第1营）］	三号突击炮	12	–	–	
	四号坦克	2	1	–	
	豹式坦克	1	1	–	
	虎式坦克	–	–	–	
	追猎者坦克歼击车	15	1	1	
	豹式坦克	28	1	–	
明谢贝格装甲师（第29装甲团第1营）	三号坦克	1	–	–	
	四号坦克	1	–	2	
	四号坦克歼击车L/70（A）型	1	–	–	
	豹式坦克	18	3	–	1
	虎式坦克	8	–	5	
	四号坦克歼击车	1	–	–	
第20装甲掷弹兵师	四号坦克	15	–	1	
	四号自行高射炮	3	–	–	
	四号坦克歼击车L/70（A）型	16	–	–	
第25装甲掷弹兵师（第5装甲营和第25装甲歼击营）	四号坦克	1	–	–	
	四号自行高射炮	2	–	–	
	四号坦克歼击车L/70（A）型	6	–	3	
	豹式坦克	28	3	3	
	三号突击炮	30	–	–	
	四号坦克歼击车L/70（A）型	12	–	–	
	四号坦克歼击车	–	1	–	
第5猎兵师（第1005装甲歼击连）	四号坦克歼击车L/70（A）型	10	–	–	
	三号突击炮	1	–	1	
党卫军第502重装甲营	虎王坦克	27	2	1	
柏林步兵师	三号突击炮	8	2	2	
德布里茨步兵师	三号突击炮	17	–	1	
	四号坦克歼击车L/70（A）型	7	–	2	
党卫军一月三十日掷弹兵师（党卫军第32装甲歼击营）	三号突击炮	20	–	2	
	42H型突击榴弹炮	8	–	1	
第303无线电装甲营	三号突击炮	2	6	–	
第391警戒师	三号坦克	2	–	–	
	四号坦克	–	–	1	
第169步兵师					
第1230装甲歼击连	追猎者坦克歼击车	10	–	–	

续前表

坦克和突击炮数量，1945年4月7日					
所属单位	型号	a	b	c	d
第111突击炮兵教导旅	三号突击炮	33	–	–	
	42H型突击榴弹炮	9	–	–	
	四号坦克歼击车L/70（A）型	5	1	–	
第1129装甲歼击连	追猎者坦克歼击车	10	–	2	
第2装甲歼击营	追猎者坦克歼击车	24	–	1	
党卫军第15装甲歼击连	四号坦克	1	–	–	
	追猎者坦克歼击车	15	1	–	
党卫军第560装甲歼击营（即一千零一夜战斗群）	三号突击炮	6	–	2	
	追猎者坦克歼击车	37	1	6	
第9伞兵师（师属装甲歼击营）	三号突击炮	–	–	1	
	追猎者坦克歼击车	8	–	–	
第600（俄罗斯）步兵师	追猎者坦克歼击车	8	–	2	
	T–34	–	9	–	
党卫军第105突击炮营	意大利L6突击炮①	10	1	–	
党卫军第105装甲连	意大利L6突击炮	–	–	1	
	M13/40型坦克②	10	–	5	
第9集团军合计		489	34	46	1
战备完好=86%					
短期维修中=6%					
长期维修中=8%					
第3装甲集团军					
第1装甲歼击营	三号突击炮	4	–	–	
	四号突击炮	11	–	1	
	追猎者坦克歼击车	5	–	–	
第281装甲歼击营	追猎者坦克歼击车	10	–	–	
第18装甲掷弹兵师（西里西亚装甲营和西里西亚装甲歼击营）	四号坦克	25	–	1	2
	四号坦克歼击车L/70（A）型	7	1	–	
	追猎者坦克歼击车	19	–	4	
波罗的海装甲训练分队	豹式坦克	2	–	–	
	四号坦克歼击车	2	–	–	
党卫军北欧志愿师（党卫军第11装甲营）	三号突击炮	24	2	–	
	四号坦克歼击车L/70（A）型	10	–	–	
党卫军第503重装甲营	虎王坦克	10	–	2	
	四号自行高射炮	7	1	–	

① 即缴获的意大利Semovente da 47/32自行火炮。

② 即缴获的意大利M13/40中型坦克。

续前表

坦克和突击炮数量，1945年4月7日					
所属单位	**型号**	**a**	**b**	**c**	**d**
第184突击炮旅	三号突击炮	23	–	1	
	42H型突击榴弹炮	8	–	–	
党卫军尼德兰志愿师（党卫军第23装甲歼击营）	三号突击炮	1	–	–	
	42H型突击榴弹炮	1	–	–	
第6装甲歼击营	三号突击炮	–	–	–	1
	追猎者坦克歼击车	15	–	4	
第210突击炮旅	三号突击炮	12	–	1	
	42H型突击榴弹炮	13	–	2	
	四号坦克歼击车L/70（A）型	11	–	2	1
斯德丁要塞	四号坦克	–	–	1	
	T–34	–	–	1	
第3装甲集团军合计		220	4	20	4
战备完好=90%					
短期维修中=2%					
长期维修中=8%					
斯维内明德防御地带					
第163步兵师（第1234装甲歼击连）	追猎者坦克歼击车	10	–	–	–
合计					
第9集团军合计		489	34	46	1
第3装甲集团军合计		220	4	20	4
斯维内明德防御地带合计		10	–	–	–
维斯瓦河集团军群合计		719	38	66	5
战备完好=87%					
短期维修中=5%					
长期维修中=8%					
注释 a=战备完好状态 b=短期维修中 c=长期维修中 d=交付途中					

表19 维斯瓦河集团军群的坦克和突击炮数量，4月15日

坦克和突击炮数量，1945年4月15日					
所属单位	型号	a	b	c	d
第9集团军					
库尔马克装甲掷弹兵师［库尔马克装甲歼击营和勃兰登堡装甲团第1营（第26装甲团第1营）］	四号坦克	3	–	–	3
	四号自行高射炮	–	–	–	2
	追猎者坦克歼击车	16	–	1	–
	豹式坦克	28	2	1	–
	三号突击炮	12	–	–	–
明谢贝格装甲师（第29装甲团第1营）	三号坦克	1	–	–	–
	四号坦克	2	–	1	–
	四号坦克歼击车L/70（A）型	1	–	–	–
	豹式坦克	21	–	–	2
	虎式坦克	10	–	3	1
	四号坦克歼击车	1	–	–	–
第20装甲掷弹兵师	三号突击炮	–	–	–	10
	四号坦克	13	–	1	–
	四号自行高射炮	3	–	–	–
	四号坦克歼击车L/70（A）型	16	–	–	–
第25装甲掷弹兵师（第5装甲营和第25装甲歼击营）	四号坦克	1	–	–	–
	四号自行高射炮	2	–	–	–
	四号坦克歼击车L/70（A）型	7	–	2	–
	豹式坦克	30	3	1	–
	三号突击炮	31	–	–	–
	四号突击炮	–	–	–	2
	四号坦克歼击车L/70（A）型	12	–	–	–
	四号坦克歼击车	1	–	–	–
第5猎兵师（第1005装甲歼击连）	三号突击炮	1	–	1	–
	四号坦克歼击车L/70（A）型	10	–	–	–
党卫军第502装甲营	虎王坦克	29	–	1	–
	四号自行高射炮	4	–	–	–
柏林步兵师（柏林装甲歼击营）	三号突击炮	10	–	2	–
德布里茨步兵师（德布里茨装甲歼击营）	三号突击炮	17	1	–	–
	四号坦克歼击车L/70型	7	–	2	–
党卫军一月三十日掷弹兵师（党卫军第32装甲歼击营）	三号突击炮	20	–	2	–
	42H型突击榴弹炮	8	–	1	–
第303无线电装甲营（14/3/3）	三号突击炮	10	–	–	–
第169步兵师（第1230装甲歼击连）	追猎者坦克歼击车	10	–	–	–

续前表

坦克和突击炮数量，1945年4月15日					
所属单位	**型号**	**a**	**b**	**c**	**d**
第111突击炮兵教导旅	三号突击炮	33	–	–	–
	42H型突击榴弹炮	9	–	–	–
	四号坦克歼击车L/70（A）型	6	–	–	–
第1129装甲歼击连	追猎者坦克歼击车	11	–	1	–
第2装甲歼击营	追猎者坦克歼击车	24	–	1	–
党卫队全国领袖第561特别部队（Sd.Tr.RFSS.561）①	四号坦克	1	–	–	–
	追猎者坦克歼击车	16	2	–	–
党卫军第560装甲歼击营	三号突击炮	5	3	–	–
	追猎者坦克歼击车	37	1	6	–
第9伞兵师（师属装甲歼击营）	三号突击炮	–	–	1	–
	追猎者坦克歼击车	8	–	–	–
第600（俄罗斯）步兵师	追猎者坦克歼击车	8	–	2	–
	T–34	–	–	–	–
党卫军第105突击炮营	意大利L6突击炮	10	1	–	–
党卫军第105装甲连	意大利L6突击炮	–	–	–	–
	M13/40型坦克	7	3	–	–
第9集团军合计		512	25	30	20
战备完好=512（90%）					
短期维修中=25（4%）					
长期维修中=30（5%）					
以上合计=567					
交付途中=20					
总计=587					
第3装甲集团军					
第1装甲歼击营	三号突击炮	4	–	–	–
	四号突击炮	11	1	–	–
	追猎者坦克歼击车	4	1	–	–
第281步兵师（第281装甲歼击营）	追猎者坦克歼击车	10	–	–	–
第18装甲掷弹兵师（第18装甲营）	四号坦克	27	–	–	1
	四号坦克歼击车L/70（A）型	8	–	–	–
	追猎者坦克歼击车	19	–	4	–
党卫军尼德兰志愿师（党卫军第23装甲歼击营）	三号突击炮	4	–	–	–
	42H型突击榴弹炮	2	–	–	–
党卫军北欧志愿师	三号突击炮	22	1	–	–
	四号坦克歼击车L/70（V）型	10	–	–	–

① 即党卫军第561装甲歼击营。

续前表

坦克和突击炮数量，1945年4月15日					
所属单位	**型号**	**a**	**b**	**c**	**d**
党卫军第503重装甲营	虎王坦克	10	–	2	–
	四号自行高射炮	8	–	–	–
第184突击炮旅	三号突击炮	23	–	1	–
	42H型突击榴弹炮	8	–	–	2
波罗的海装甲训练分队	豹式坦克	1	1	–	–
	四号坦克歼击车	3	1	–	–
	追猎者坦克歼击车	3	–	–	–
第6装甲歼击营	追猎者坦克歼击车	17	–	2	–
第210突击炮旅	三号突击炮	15	–	1	–
	42H型突击榴弹炮	12	–	2	–
	四号坦克歼击车L/70（V）型和（A）型	11	–	1	2
第3装甲集团军合计		232	5	13	5
战备完好状态=232（93%）					
短期维修中=5（2%）					
长期维修中=13（5%）					
以上合计=250					
交付途中=5					
总计=255					
斯维内明德防御地带					
第163步兵师（第1234装甲歼击连）	追猎者坦克歼击车	10	–	–	–
合计					
第9集团军合计		512	25	30	20
第3装甲集团军合计		232	5	13	5
斯维内明德防御地带合计		10	–	–	–
维斯瓦河集团军群合计		754	30	43	25
战备完好状态=754（91%）					
短期维修中=30（4%）					
长期维修中=43（5%）					
以上合计=827					
交付途中=25					
总计=852					
注释 a=战备完好状态 b=短期维修中 c=长期维修中 d=交付途中					

维斯瓦河集团军群的远程火炮和高射炮

维斯瓦河集团军群的远程火炮和高射炮也严重不足。为了获得这些防御武器，希姆莱和海因里齐竭尽全力。鉴于前几周从波兰撤退时的高昂损失，他们在2月3日编写了一份行动备忘录（Aktennotiz），其中列举了第9集团军境内远程火炮和高射炮的数量，以便为后续补充提供参照。其中显示，在第9集团军北翼的部队中，火炮的短缺问题尤其严重。

2月5日，希姆莱又签署了一份备忘录，将集团军群辖下的所有高炮部队指挥官全部划归第2高炮军指挥。这种做法可能是为了保证行政和部署上的协调一致，因为每天都有新的高炮部队赶来。在此期间，第2集团军接收了第12高炮师下属的第23摩托化高炮团、第77摩托化高炮团、第31非机动式（v）高炮团①和第121非机动式高炮团。第11集团军则接收了第15高炮旅及其下属的第6摩托化高炮团、第21摩托化高炮团。奥得河军接收了整个第27高炮师。第9集团军则接收了第23高炮师及其下属的第7摩托化高炮团、第10摩托化高炮团和第35摩托化高炮团。[43]2月11日，为方便从帝国劳工组织抽调人力，并指挥后者组建的高炮单位，维斯瓦河集团军群又对第2高炮军军部进行了改编。改编后的军部由7名帝国劳工组织领袖（Arbeitsführerm）和30名帝国劳工组织团员（Arbeitsmännern）组成，辖下的20个高炮连也全部改编为帝国劳工组织高炮连。[44]值得注意的是，其中很多高炮连都来自"格奈森瑙"动员。

德军还在2月26日的文件中首次提到了配备"武器运载车"（Waffenträger）的部队。这些车辆装备有1门8.8厘米71倍口径火炮，并被编入了埃伯斯瓦尔德装甲歼击警备连（Panzerjäger-Alarmkompanie Eberswalde）。[45]1945年3月3日，陆军最高司令部要求埃伯斯瓦尔德的阿德特工厂（Ardelt-Werke）生产25辆该型车并完成整备工作。[46]这25辆搭载8.8厘米Pak 43型反坦克炮的车辆将分配如下：13辆独立部署，7辆用于埃伯斯瓦尔德城防司令部，5辆用于屈斯特林要塞。[47]此外，工厂还应负责训练成员。埃伯斯瓦尔德的阿德特工厂制造过反坦克炮、履带车辆、突击炮和坦克，而且与很多德国工厂一样使用过战时强制劳工。由

---

① v是德语verlegefähig的缩写，直译为可部署，这类高炮单位一般部署在固定阵地中，没有牵引车辆，但可以在运输单位的协助下完成机动。

于上级没有为这些车辆规定所属单位，因此它们后来可能被分散部署在了奥得河前线各地。

另一部分高炮部队来自珀利茨，当地是德国最大的合成燃料工厂之一，也是唯一一家没有与原料产地毗邻的石油化工基地。其厂址位于奥得河口附近，负责对乘船从哥伦比亚和阿鲁巴岛等地抵达的石油和部分国内煤炭进行氢化处理。1945年，珀利茨成了德国东部最后的合成汽油生产基地，并有100门8.8厘米高射炮和60—70门更重型的12.8厘米和10.5厘米高射炮提供保护。根据德军在柏林战役前发布的一份备忘录，当地的8.8厘米高炮变为4个营，并送往沃坦防线，但没有对口径更大的高炮做类似安排——因为一旦苏军开始进攻，这些高炮就会沦为理想的空袭目标。[48]这也是德军用高炮加强前线关键地段的最后一次尝试。

上述部队的战斗力非常出色，其成员训练有素、士气高昂，渴望在战斗中证明自己的勇气。得益于精心构建的防御阵地和开阔的射界，他们可以在苏军坦克射程之外发动打击。在4月24日维斯瓦河集团军群提交给陆军最高司令部的报告中曾记录了其中一部分胜利。在苏军总攻开始后，第732独立炮兵旅的第7连和第10连击毁了15辆苏军坦克，并打瘫了另外14辆。更值得一提的是战绩来自第3装甲集团军下属的第2高炮军，在最初7天（4月16日至22日），他们宣称在施韦特-采登之间的奥得河沿岸摧毁了180辆坦克、67架飞机，并击沉了107艘满载人员和物资的苏军渡船。[49]

维斯瓦河集团军群的武器

维斯瓦河集团军群2月1日的武器保有量报告（表20）显示，奥得河前线存在战术武器短缺的问题。[50]但需要指出，该表的数据并不全面，只涉及了2个装甲师、10个步兵师、1个国民掷弹兵师、1个猎兵师和拉帕德战斗群（Kampfgruppe Rappard），其他部队则由于位置偏远或陷入激战等原因未被列入统计。

表20 维斯瓦河集团军群的武器保有量，4月1日

武器	额定数量	实际数量	缺额	急需
刺刀	28231	22802	3949	–
P08/P38手枪	19,897	14557	2530	1195
其他手枪	–	4154	–	–
M.P.38/40冲锋枪	7167	4302	527	430
M.P.739(i)贝雷塔冲锋枪	–	1007	–	–
其他德制冲锋枪	–	10	–	–
其他缴获冲锋枪	–	12	–	–
StG 44突击步枪	10504	5906	3436	2310
Kar 98K步枪	89180	74196	11979	2927
其他德制步枪	–	145	–	–
其他缴获步枪	–	–	–	–
配备瞄准镜的Kar 98K步枪和Kar 43步枪	1666	213	1498	817
Kar 41/43步枪	742	2329	381	259
MG 34轻机枪	–	896	–	–
MG 42轻机枪	5367	2048	1419	680
其他德制轻机枪	–	581	–	–
其他缴获轻机枪	–	111	–	–
MG 34重机枪	–	83	307	161
MG 42重机枪	833	292	–	–
其他德制重机枪	–	68	–	–
其他缴获重机枪	–	–	–	–
枪榴弹发射器	3256	1654	1244	463
FmW 41/42火焰喷射器	80	21	59	–
42型信号枪	3524	1719	1371	650
2厘米高射炮	–	148	–	–
2厘米山地高射炮	167	2	46	25
2厘米四联装高射炮	–	15	–	–
2厘米三联装高射炮	12	12	–	–
MG 151型15毫米高射机枪	–	16	–	–
2厘米自行高射炮	–	9	–	–
2厘米舰载高射炮（2cm Bordflak）	32	9	23	–
Flak 18/36/37型3.7厘米高射炮	–	8	–	–
Flak 43型3.7厘米高射炮	96	24	64	6
8.8厘米高射炮	41	39	6	4
3.7厘米反坦克炮	–	13	–	–
4.5厘米苏制反坦克炮	–	7	–	–
4.7厘米法制反坦克炮	–	3	–	–
5厘米法制反坦克炮	–	–	–	–

续前表

武器	额定数量	实际数量	缺额	急需
7.5厘米Pak 97/38型反坦克炮	–	2	–	–
7.5厘米Pak 40型反坦克炮	–	88	–	–
7.62厘米Pak 36型反坦克炮	224	2	152	46
自行式7.5厘米Pak 40型反坦克炮	–	27	–	–
自行式7.62厘米Pak 36型反坦克炮	–	2	–	–
8.8厘米Pak 43型反坦克炮	–	4	–	–
8.8厘米R.W.43型火箭炮	–	2	–	–
5厘米迫击炮	–	–	–	–
其他迫击炮	–	1	–	–
8厘米迫击炮	650	355	285	110
其他迫击炮	–	10	–	–
重型迫击炮	264	153	106	26
12.2厘米重型迫击炮	–	3	–	–
8.8厘米R.Pz.Bu.54型火箭动力反坦克武器（即战车噩梦火箭筒）	1394	630	–	–
le.I.G.18型轻型步兵炮（畜力牵引）	–	130	–	–
le.I.G.18型轻型步兵炮（车辆牵引）	274	23	76	34
I.G.37型步兵炮	–	22	21	–
I.KH 290（r）型步兵榴弹炮（即缴获的苏军76.2毫米M1902型师属加农炮或76.2毫米M1927型团属加农炮）	–	7	–	–
s.I.G.33型重型步兵炮（畜力牵引）	–	42	–	–
s.I.G.33型重型步兵炮（车辆牵引）	58	5	22	8
自行式s.I.G.33型重型步兵炮	12	8	9	3
s.W.R.40型重型火箭炮	–	6	–	–
GebG 36型山炮	24	15	9	9
7.5厘米F.K.40型野战炮	18	–	18	–
7.62厘米F.K.42（r）型野战炮（即缴获的苏制76.2毫米F-22型师属加农炮）	–	4	–	–
7.5厘米F.K.235（b）型野战炮（即缴获的比利时75 mle TR型加农炮）	–	4	–	–
7.5厘米F.K.236（b）型野战炮（即缴获的比利时75 mle GP III型加农炮）	–	1	–	–
7.5厘米K 37型24倍径坦克炮	25	18	13	–
Stu.K.40型48倍径火炮	113	47	58	32
le.FH.16型轻型榴弹炮		1	–	–
le.F.H.18型轻型榴弹炮（畜力牵引）		44		–
le.F.H.18型轻型榴弹炮（车辆牵引）	260	10	71	11
le.F.H.18/40型轻型榴弹炮（畜力牵引）	–	148	–	–
le.F.H.18/40型轻型榴弹炮（车辆牵引）	–	28	–	–
le.F.H.18/2型轻型榴弹炮	12	18	4	4

续前表

武器	额定数量	实际数量	缺额	急需
10厘米K 18型重型加农炮	18	19	–	–
s.F.H.18型重型榴弹炮（畜力牵引）	–	28	–	–
s.F.H.18型重型榴弹炮（车辆牵引）	148	8	112	21
苏制12.2厘米榴弹炮	–	3	–	–
s.F.H.25（t）型重型榴弹炮（即捷克造15厘米vz. 25型重型榴弹炮）	–	5	–	–
s.F.H.414（f）型重型榴弹炮（即缴获的法制施耐德155 C mod è le 1917型重型榴弹炮）	–	5	–	–
s.F.H.18/1型重型榴弹炮	12	8	4	4
21厘米Mrs.18型臼炮	3	3	–	–
2厘米KwK 30/38型坦克炮	42	34	19	–
5厘米KwK 39型60倍径坦克炮	14	4	14	–
7.5厘米KwK 40型48倍径坦克炮	256	72	168	–
7.5厘米Pak 42型70倍径坦克炮	21	18	3	–

不幸的是，这样的文件在集团军群作战日志中仅此一份，对于柏林战役前夕的情况更是记载甚少。但其足以表明，在2月初，德军的武器便已相当匮乏。而接下来的几个月情况也几乎没有改善。今天有很多人认为，德军在战争末期的战斗力已大不如前，但武器至少比盟军精良和先进——但这一切只是臆想。[51]在奥得河前线，德军仍在大量使用10年前定型的Kar 98K型栓动式步枪，其比例占各师步枪总数的85%！另外，如下所述，这些武器还普遍缺乏弹药，更不用说第1卷提到的质量问题（尤其是步枪子弹质量不佳，参见《奥得河前线1945》第1卷第10章）。总之，在1945年，德军步兵已很难在火力上与苏军抗衡。[52]

补给和后勤部队

物资供应决定了军事行动的成败。但只要看一眼维斯瓦河集团军群在4月16日前后的补给情况，就不难发现这支部队究竟窘迫到了何种境地。这给希姆莱和海因里齐带来了极大困难，并削弱了维斯瓦河集团军群抵御苏军进攻的能力。部队训练同样受到了严重影响：由于弹药和燃料短缺，很多部队甚至无法熟悉主要装备，从而影响了战斗效率。

希姆莱上任之初发布了一份命令，该命令共2页，要求部队积极缴获苏军装备，以补充物资短缺，缴获装备的士兵也将得到香烟作为奖励——这份命令无疑凸显了德军严重的后勤问题。

随后几个月，情况仍未改善。2月22日的一份报告指出，在第9伞兵师，重型野战榴弹炮只有40%的弹药，8.8厘米高射炮的弹药则只有50%。[53]3月8日的一份报告指出，党卫军第10弗伦斯贝格装甲师遭遇了严重的后勤问题——考虑到该师是奥得河前线最强大的部队，而且可能享有后勤“特权”，这一点就尤其值得注意。该报告是在波美拉尼亚战役期间由该师的后勤参谋编写的，其中提到，部分部队缺乏机枪和轻武器，而且在接收的3000名补充人员中，有600人处于赤手空拳的状态。虽然在60—70公里处的柏林周围有众多武器工厂，但该报告却指出，弗伦斯贝格师仍有8门轻型野战榴弹炮滞留在施潘道，正在等待运往前线，为了完成运输，他们还需要800升燃料，但该师无权动用这些燃料，而且在这些野战榴弹炮运往东方之前，他们还必须获得集团军群作战参谋的同意。该报告在最后还提到，弗伦斯贝格师将在4—5天内接收10辆美制谢尔曼坦克，每辆坦克将配备70发炮弹。[54]

有一份报告证实了缴获武器在奥得河前线的使用情况——该报告是由阿尔特达姆的陆军辅助后勤办公室（Heeres Nebenzeugamt）提交给维斯瓦河集团军群的，时间是3月9日。按照描述，他们从库存中向第3装甲集团军拨付了大量缴获装备，如20000支缴获的苏制步枪（其中14000支被提供给国民突击队）和10000支苏制反坦克步枪，但这些武器的零件和弹药已所剩无几。[55]此外，德军还在奥得河前线使用了数量不详的缴获坦克，但这些坦克似乎从来没有与德制坦克一道出现在报告中。在3月9日的那份报告中，陆军辅助后勤办公室还提到，第3装甲集团军正在评估100辆各种型号的缴获坦克，但它们的状况只有“博物馆水平（Museumsstücke）”。3月17日，希姆莱也下令集中管理缴获坦克，并为其提供统一的物资供应和保障，以提高下属各师的运用效率。从希姆莱专门出面协调一事看，这些坦克的数量想必不少。[56]

早在2月，德军便陷入了弹药危机。3月1日，针对波美拉尼亚沿海地区和奥得河沿岸各要塞的弹药供应，古德里安专门发布了一道命令：“陆军最高司令部意识到，各要塞的弹药供应将出现重大问题。类似的情况也出现在主战线上……不过这些前线依然表现良好……”[57]

上述命令表明，陆军最高司令部显然对弹药问题心知肚明，但随后几周，情况还是继续恶化。3月26日，第9集团军在一份通知中提到，在苏军即将进攻的地段，部队的弹药库存相当紧张，尤其是坦克炮/反坦克炮弹药，比如配备触发引信（即近发/延迟引信，通常用于对付敌方人员）的8.8厘米高射炮弹、Pak 40型反坦克炮弹（即7.5厘米反坦克炮弹），KwK 40型坦克炮使用的穿甲弹（7.5厘米穿甲弹，通常由四号坦克使用）、KwK 43型坦克炮使用的高爆弹（8.8厘米高爆弹，通常由虎式坦克/虎王坦克使用）和战车噩梦火箭弹等。其中对高爆弹和近发引信弹药的需求显然与3月的作战模式（主要针对苏军步兵）有关，而文件的注释则显示，调拨申请已经发出，所需炮弹预计很快就会运动。另外，该文件还显示了其他弹药（如2厘米高射炮弹）的匮乏。也正是这些情况，让德军在战争末期实行了弹药配给制。

对于弹药消耗速度，现有文件没有给出数据。这引发了一个问题：在柏林战役前夕，德军手头的弹药可以支撑多久？按照海因里齐的描述，他的弹药库存"充足"，但离期望仍有差距。他要求远程火炮节省弹药，直到战斗开始后再发起炮击。根据他在苏军总攻之后发出的补充请求，我们大致可以推断，德军的炮弹存量大概是期望值的三分之一到四分之一。[58]

为了把有限的物资运往奥得河前线，德军集中了所有后勤部队，以求提高运输效率。一份1945年2月25日的编制表显示，在维斯瓦河集团军群500公里战线上（从但泽到占本），德军整合了一系列后勤部队。其中最重要的是第4后勤师（4.Versorgungs-Division，总部位于普伦茨劳），该师下辖3个汽车运输团（Kraftwagentransportregiment），即第630汽车运输团、第623汽车运输团和第8汽车运输团。另外，该集团军群似乎还和中央集团军群、东南最高指挥部、北方集团军群、南方集团军群和西线最高司令部共享了一些运输单位，并建立了相互支援关系。

在种种运输工具的短缺中，卡车的问题最为严峻——这些车辆在各种后勤领域（如物资运输）意义重大。为填补缺口，德军在1945年1月发布命令，将装甲掷弹兵师下属装甲团的卡车数量从331辆削减到260辆（减少了26%）；将炮兵团的卡车数量从168辆削减到116辆（减少了31%）；工兵营的卡车也削减了38%。在装甲师中，每个装甲掷弹兵团的卡车则从190辆削减到141辆（减少了26%），装甲团从200辆削减到169辆（减少了15.5%），炮兵团从163辆缩减到116辆（减少了29%），工兵营从116辆减少到了70辆（减少了40%）。[59]由此节省下来的卡车将用于运输补给品和组建新单位。

通过上述举措，德军试图让第9集团军和第3装甲集团军积攒足够的弹药和燃料，以便抵御苏军进攻。在柏林战役打响后，德军设法精确记录了4月16日至25日的大部分消耗，其中与弹药相关的数据可见表21。表中显示，第9集团军承受了大部分进攻压力，而北方的第3装甲集团军只是“配角”，战斗规模也相对有限——在该集团军大举西撤之后，情况更是如此。[60]

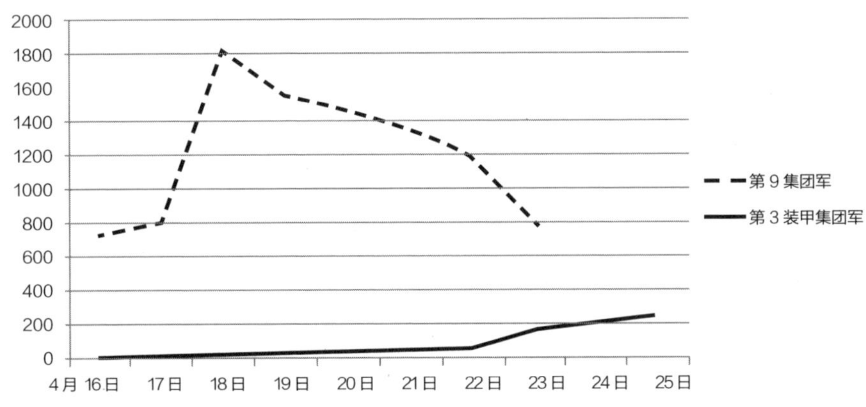

表21 4月16日至25日，第9集团军和第3装甲集团军的弹药消耗对比（吨）

该表还显示，在4月16日至18日，即防御战最具决定意义的48小时，第9集团军的弹药消耗激增。之后，该指标开始下降——到4月23日已回落到了4月16日的水平。在被挤压到哈尔伯地区（德军从4月26日左右开始从当地向西突围）之后，第9集团军的弹药使用量急剧减少。到4月21日，该集团军与友军的联络中断，只能依靠空运，但空投的弹药不仅数量不足，而且交付也不规律，使该集团军最终陷入了弹尽粮绝的境地。

在前8天的战斗中，第9集团军的平均日弹药消耗为1181.6吨。其中高峰出现在4月18日/19日，即他们在主战线和沃坦防线之间抵御苏军的突破、战斗趋于白热化之时，其消耗的弹药量是4月16日（即苏军总攻首日）的2倍有余。相比之下，在苏军全线进攻之后，第3装甲集团军的平均日弹药消耗量要低得多，只有173.7吨。这表明在战斗的激烈程度上，第3装甲集团军完全不及南面的友邻部队。在战后的几十年里，给第9集团军的老兵们留下了许多触目惊心的回忆——这些都雄辩地证明了苏军的火力，以及当地的战斗究竟有何等惨烈。

4月25日，陆军最高司令部报告，在当前行动中，燃料已经供不应求。为了节约，他们已禁止轮式车辆使用柴油，并要求改用酒精。

以上统计数据都表明，维斯瓦河集团军群缺乏补给，最多只能在阵地上坚持3—4天。在此之后，德军的战绩完全来自主动精神和随机应变。从这个角度，第3装甲集团军、第9集团军和第12集团军的顽强抵抗就不能不让人称奇。

宣传

受制于视野，西方历史学家经常忽视宣传对部队战斗力的影响，但在极权国家，特别是民众经历了十余年洗脑的纳粹德国，其意义却不容小觑。更何况在1945年初，戈培尔的危言耸听似乎全都变成了现实，因为德军1941年试图消灭的布尔什维克匪帮已经带着仇恨抵达了德国边境。同时，西方媒体上也出现了这样的报道——苏联将用德国战俘充当“奴隶劳工”进行战后重建（参见《奥得河前线1945》第1卷第3章）。它们与希姆莱的严刑峻法形成了一种“铁砧”与“铁锤”的关系。甚至不用宣传，东线的德军士兵都知道，如果他们向西逃亡，就有可能被自己人枪决；而向苏军投降则意味着去古拉格服苦役。1945年4月10日，美军在斯托克豪森（Stockhausen）俘虏了德国前总理弗朗茨·冯·帕彭（Franz von Papen），其审讯报告这样提到：

因为害怕被送往俄国，很多德国人选择了继续战斗。他们非常担心（西方盟国）与苏联在雅尔塔会议上达成的秘密协议——据说，这份协议将把德国人交给苏联。冯·帕彭先生根本不理解英国和美国为何会同意这样做，何况一个经济发达的德国更符合全世界的利益。

在冯·帕彭先生看来，这份协议必然存在，如果不是这样，西方民主国家应该很早就会站出来澄清。冯·帕彭先生还说，德国人民之所以进行这场绝望的战争，还是因为不愿让苏军前进到易北河，占领德国的东部和中部。就算没有瓜分德国人口的秘密协议，苏联也完全可以在占领区内为所欲为。不仅如此，按照他掌握的情况，这一政策早已得到了苏军的推行。[61]

冯·帕彭简明地总结了1945年德国东部民众的处境。在纳粹宣传的影响下，他们对攻入德国的苏军忧心忡忡，更何况很多暴行完全属于事实。随着难民不断从东方抵达，各种消息也像野火一样传遍了整个维斯瓦河集团军群。

以下是几份宣传广播稿，其中谈及了德国的战略形势，并试图鼓动听众继续抵抗。它们都出自集团军群的国家社会主义指导军官之手，并影响过一些奥得河前线的士兵。

第一篇报道旨在号召后方人员开赴前线，参加国民突击队和希特勒青年团单位。

致德国东部大区的民众

布尔什维克再次集结了一切搜刮到的武器和人员，打算做最后一搏，彻底赢得战争。

自七年战争以来，普鲁士/德国及其东部省份还从来没有面临过像今天这样的威胁。

根据我们对布尔什维主义的了解，以及之前的惨痛经历，如果布尔什维主义获胜，德国人民，尤其是妇女和儿童的命运将不言自明。但我们也知道，在这场生死之战的最后阶段，我们必将胜利。如果我们全心全意地服从元首的命令，就具备了赢得胜利的所有先决条件。

数百万勇敢的士兵正在以身作则，以无愧于父辈的方式履行使命，但其中也难免有懦夫和弱者。德国的民众，我们呼吁你们，特别是妇女，不要同情逃兵，或试图以其他方式逃离东线的人，他们根本配不上这种关怀。祖国的每一块面包都不能留给逃离前线的人。

相反，德国的妇女和少女应当帮助这些人保持荣誉，呼吁他们履行职责，向他们表示厌恶而不是怜悯，用拖把将顽固不化的懦夫赶到前线。

每个人都要履行这一职责！经过几周艰难的考验，我们终将在某一天跃出阵地，消灭入侵者，解放德国的各个大区。虽然上帝让我们遭受了如此多的磨难，但我们神圣的信念和信仰不会动摇，在布尔什维克进攻欧洲的同时，上帝把元首阿道夫·希特勒——我们唯一的救星——交给了德国，他将把胜利带给英勇的德国人民，带给真正的欧洲。[62]

盟军在西线长驱直入，给德国民众带来了巨大心理影响。而下列宣传文件则表明，纳粹政治精英和国防军最高统帅部非常担心这会削弱东线德军的纪律和士气。

维斯瓦河集团军群司令部，1945年3月31日

国家社会主义指导部门

主题：1945年3月28日的指示

1. 在讨论时，我们不应回避西线的不利形势，相反，讨论将有助于我们形成信任——只要我们能沉着自信地应对，这种信任就会越来越深。

2. 有迹象显示，敌人正利用电台大肆传播恐慌。例如，富尔达地区曾在几天前接到警告，要求他们“小心敌人的先头坦克”。

3. 为反制这些宣传，德国抵抗运动专门在西部沦陷区设立了“狼人”电台，其中反复播放着处决叛徒——亚琛市长——的例证。这种下场正等待着每个卖国贼。

4. 为了打击在德国通信频段中散布谣言的敌方电台，我们有必要采取极端手段。

党卫队总部（SS-Hauptamt），签字：柯尼希（Koenig）

这场战争的结果不取决于西线，而在于东线，尤其是我们这个地区。我们必须挫败布尔什维克即将发动的大规模攻势。这一点完全有可能实现，届时，整个战争将迎来转折！这将取决于军官团能否充当表率、自我牺牲，这将改变战局，让士兵们狂热地战斗到底。我们必须尽快让军官团明白一个道理，决战近在眼前，而他们掌握着所有人的命运。每个人都必须尽快认识到未来战斗的重要性，并了解一个事实：只有抵抗到底，才能力挽狂澜。每个国家社会主义指导军官都必须清楚，他们能够且必须调动最后的抵抗力量；对于近在眼前的决战，他们责无旁贷。

本文件应立刻转发给所有国家社会主义指导部门和国家社会主义指导军官。

致维斯瓦河集团军群司令部

党卫军少校/首席国家社会主义指导军官

维斯瓦河集团军群司令部，1945年3月31日

国家社会主义指导部门

主题：3月29日的指示

1. 敌人即将召开旧金山会议，可能想借此解决各种残留问题。许多被排除在外的国家公开对这次会议表示质疑。这种情况表明，旧金山会议注定不可能通过政治或武力手段解决盟国之间的重大分歧，比如波兰、土耳其和罗马尼亚问题。如今，敌人正试图在4月25日之前让德国屈服，以便至少通过一场胜利暂时掩盖这种紧张关系。有鉴于此，我们应加快编写宣传文稿。另一方面，政府也正在沦陷地区启动地下抵抗运动。我们的情报单位将全力以赴，用最激进的方式采取行动，力求在德国内外取得最好效果。

2. 敌方媒体把德国西部、莱茵河下游地区的德军士兵称作“战斗狂热分子”。他们或单独行动，或小组作战。他们在掩体中坚守到生命的最后一刻和最后一枚手榴弹。他们只是一群普通的年轻人，但也是人们见过的最优秀战士。

3. 应采取最严厉手段，消灭未经德国官方确认的谣言。

4. 现在街上出现了“大字报”（Primitive leaflet），其中用最简单的方式和文字，表达了对普遍关心问题的立场。

维斯瓦河集团军群司令部国家社会主义指导部门

文件编号：1/1 Nr. 1878/45

根据凯瑟（Kaether）上校的指示制定

本文件应立刻转发给所有国家社会主义指导部门和国家社会主义指导军官。

维斯瓦河集团军群司令部

国家社会主义指导军官

党卫军少校[63]

虽然盟国之间的龃龉早已存在，但纳粹领导层从未在战略上利用过这一点。直到苏军总攻前夕，纳粹高层才在最后的广播宣传稿中提出：抵抗会引发

西方盟国和苏联的政治分裂。这份文稿的内容是由克雷布斯起草的，并随希特勒的命令“致东线的士兵们！”（参见《奥得河前线1945》第1卷第11章）一起被送往前线。其中这样写道（黑体字为原始文件所加）：

陆军总参谋部

国家社会主义指导部门文件编号：No. 662/45

致东线的所有总参谋部军官！

随着西线局势演变，有种危险正在浮现。在敌方狡猾宣传的影响下，部队困惑迟疑，抵抗也将越来越无力。

这些想法包括：

“帝国的西部防线崩溃了，这场战争大局已定，敌人获得了胜利。面对布尔什维克的总攻，**牺牲已毫无意义**。正是因此，**我们大可不必抵抗，更没有必要为这种徒劳的事业送死**，不仅如此，我们还应用尽手段活下去！”

每个士兵都应该意识到，上述思维方式**代表着愚蠢和散漫，而不是服从和忠诚**。它们会导致人心涣散，纪律松懈，进而让帝国的防御完全崩溃，并给敌人可乘之机。

不仅如此，它还体现了**一种苟且偷生的心态**——仿佛与拼死抵抗布尔什维克的攻势相比，跑到英美军队占领的西部更为可取。

这些士兵根本不明白：与他们的幻想不同，不管在东面还是西面，敌人**的目标是相同的，只不过在手段上存在区别**——换句话说，他们都想用饥饿和死亡消灭德国人民，甚至连妇女儿童都不例外。

因此，东部的士兵必须坚定一种信念——布尔什维克的攻势迫在眉睫，但如果他们能坚守前线，无情的敌人就不会得逞，**祖国的大片领土也将免遭死亡和毁灭**。这也是我军部队**在西线坚守阵地的先决条件**——届时，**敌方阵营的内讧将愈加激烈**，并让我方因此得利！

每个士兵都必须清楚，**在军事上和政治上，坚守东线都从未像现在这样重要！**

元首**比以往任何时候都确信，久经考验的东线士兵们会浴血奋战，粉碎布尔什维克即将发动的进攻，从而在这场战争中力挽狂澜。**

克雷布斯步兵上将，陆军总参谋长

致第3装甲集团军司令

致第32军参谋长[64]

记录显示，上述文件的接收者包括所有总参谋部军官，并将由他们阅览和下发。

本章尾注：

1. 参见美国国家档案馆文件T78/533/003–04。

2. 参见德国联邦档案馆–军事档案分馆文件T311/169/1304–06，附录1。另外，维斯瓦河集团军群的副官助理还精确地统计了该部队2月1日至4月14日的损失——139517人，详情可参见德国联邦档案馆–军事档案分馆文件T311/169/I1452，附录3。但这一数据并没有包含第2集团军或1月最后10天的人员损失，如果算上这些，德军总伤亡人数将超过15万。

3. 参见美国国家档案馆文件T78/645/361，文件编号为OKH/GenStdH/Op Abt/Abt Lds Bef/Nr. 540/44 g.Kdos. 14.1.45。

4. 参见美国国家档案馆文件T78/645/306–10。

5. 参见美国国家档案馆文件T78/645/305。

6. 参见赫尔穆特·斯帕特《大德意志装甲军战史》（*The History of Panzerkorps Großdeutschland*）第2卷（温尼伯：J.J.费多罗维茨出版社，2000年出版），第213页。其中，库尔马克装甲掷弹兵师的核心正是根据“格奈森瑙指令”组建的兰凯特战斗群（Kampfgruppe Langkeit）。

7. 参见《德国预备军资料补充，1945年5月》，第6页。

8. 同上。

9. 参见德国联邦档案馆–军事档案分馆文件N756–393/I070。

10. 参见美国国家档案馆文件T78/304/6255473。这些单位的分配情况可参见美国国家档案馆文件T78/415/6383447–49，尤其是文件OKH/GenStdH/Org.Abt.Nr. I/374/45 g.Kdos.v 21.1.1945和AHA/Nr.705/45 g.Kdos. u.830/45 g.Kdos的文件（即“零散分队、格奈森瑙单位等的解散、重命名和整编”）。

11. 参见美国国家档案馆文件T78/R305/6256360–68。

12. 参见德国联邦档案馆–军事档案分馆文件T311/169/I925，附录2a。

13. 参见美国国家档案馆文件T78/645/664–66。

14. 参见德国联邦档案馆–军事档案分馆文件T311/169/I1105，附录3。

15. 参见美国国家档案馆文件T78/R431/6403315。

16. 参见美国国家档案馆文件T78/422/6392685。

17. 参见美国国家档案馆文件T311/168/7220294。

18. 参见德国联邦档案馆–军事档案分馆文件T311/169/I411，附录1。

19. 参见德国联邦档案馆–军事档案分馆文件T311/169/I957–98，附录3。

20. 参见德国联邦档案馆–军事档案分馆文件T311/169/I888，附录2a。

21. 参见美国国家档案馆文件T78/R305/6256849。

22. 参见德国联邦档案馆–军事档案分馆文件T311/169/I411，附录1。

23. 参见《最后的记录，1945年：戈培尔日记》，第17页、72页、198页。

24. 参见美国国家档案馆文件T78/305/6256089。

25. 陆军最高司令部对这些人员调动的记录可参见美国国家档案馆文件T78/R305/1141–42。

26. 参见德国联邦档案馆–军事档案分馆文件T311/169/I1064，附录3。

27. 参见德国联邦档案馆–军事档案分馆文件T311/169/I1149，附录3。

28. 参见德国联邦档案馆-军事档案分馆文件T311/169/l249，附录1。

29. 参见德国联邦档案馆-军事档案分馆文件T311/169/l246，附录1。

30. 参见德国联邦档案馆-军事档案分馆文件T311/169/l1044，附录3。

31. 参见德国联邦档案馆-军事档案分馆文件T311/169/l1145，附录3。

32. 参见戴维·耶尔顿《希特勒的国民突击队：纳粹民兵和德国的陷落，1944—1945》，第119-120页。

33. 参见戴维·耶尔顿《希特勒的国民突击队：纳粹民兵和德国的陷落，1944—1945》，第121-122页。

34. 参见戴维·耶尔顿《希特勒的国民突击队：纳粹民兵和德国的陷落，1944—1945》，第128-129页。

35. 参见阿拉斯泰尔·诺博尔《纳粹统治和苏军在德国东部的进攻，1944—1945：至暗时刻》，第159页。

36. 参见戴维·耶尔顿《希特勒的国民突击队：纳粹民兵和德国的陷落，1944—1945》，第125页。不过这些内容尚缺乏其他文件证实。

37. 参见弗雷塔·冯·洛林霍芬《魔鬼的孤注一掷：第7/108法兰肯国民突击队营、陶伯河上游罗滕堡连、安斯巴赫连、魏森堡连和丁克斯比尔连的戏剧性战斗经历》（*Das letzte Aufgebot des Teufels. Dramatischer Einsatz des Volkssturmbataillons 7/108 Franken mit den Komparnen Rothenburg o. d. T ,Ansbach, Weissenburg, Dinkelsbühl*）（无出版日期）。

38. 同上。

39. 参见德国联邦档案馆-军事档案分馆文件RH24-32-1/l67-68。

40. 参见美国国家档案馆文件T78/415/6384371-73。

41. 参见阿拉斯泰尔·诺博尔《纳粹统治和苏军在德国东部的进攻，1944—1945：至暗时刻》，第159页。

42. 参见美国国家档案馆文件T311/171/7223292。

43. 参见德国联邦档案馆-军事档案分馆文件T311/167/l460-61，附录3。

44. 参见德国联邦档案馆-军事档案分馆文件T311/167/l867，附录3。

45. 参见美国国家档案馆文件T311/168/7220179。

46. 参见德国联邦档案馆-军事档案分馆文件T311/169/l122-23，附录1。

47. 参见德国联邦档案馆-军事档案分馆文件T311/169/l202，附录1。

48. 参见德国联邦档案馆-军事档案分馆文件T311/169/l1142，附录3。

49. 参见美国国家档案馆文件T78/304/6255184。

50. 参见美国国家档案馆文件T78/724/1042-45。

51. 对于奥得河前线的德军士兵，斯蒂芬·弗里茨曾在《东方战争：希特勒在东方的灭绝战争》一书第459页写道："他们装备的……轻武器往往是精良的，包括大量的铁拳火箭筒……"但这一论点并没有得到第一手文件的支撑。

52. 战争期间，苏联估计生产了600万支PPSh-41和500万支PPS-43冲锋枪，它们的射速比德国的同类产品更高。相比之下，StG 44突击步枪（即MP43/44）的产量不到50万支，而更早问世的MP 40冲锋枪总产量只有大约100万支。这导致在奥得河前线的单兵对抗中，德军总是处于事实上的劣势。

53. 参见德国联邦档案馆-军事档案分馆文件T311/168/I431，附录1。

54. 参见德国联邦档案馆-军事档案分馆文件T311/169/I319，附录1。

55. 参见德国联邦档案馆-军事档案分馆文件T311/169/I378，附录1。

56. 参见德国联邦档案馆-军事档案分馆文件T311/169/I601，附录2。

57. 参见美国国家档案馆文件T78/645/970-71。

58. 参见德国联邦档案馆-军事档案分馆文件T311/169/I861，附录2a。

59. 参见美国国家档案馆文件T78/415/6383727-28。

60. 本处的补给统计数字摘自维斯瓦河集团军群向陆军最高司令部提交的每日报告。分别出自美国国家档案馆文件T78/304/6255178、T78/304/6255199、T78/304/6255211、T78/304/6255233-34、T78/304/6255278、T78/304/6255320-21、T78/304/6255381和T78/304/6255414。

61. 参见《德国政要情报报告，1945年4月15日至18日》（编号：G.R.G.N. No. 1）［盟军远征部队最高司令部（SHAEF），1945年4月21日（？）］，第1页。

62. 参见德国联邦档案馆-军事档案分馆文件T311/167/I249-50，附录2。

63. 参见德国联邦档案馆-军事档案分馆文件T311/169/I963-64，附录2。

64. 参见德国联邦档案馆-军事档案分馆文件RH24-32-1/I91-92。

第七部分

1945 年德军战斗部队的重建

“这些德国人和之前不一样。”

——苏军加农炮兵第624团（隶属于白俄罗斯第1方面军炮兵第4军下属的加农炮兵第24旅）团长米哈伊尔·格里申（Mikhail S. Grishin）上校谈及1943年库尔斯克战役和1945年维斯瓦河–奥得河行动时的德军

“我注意到，1945年时的我军步兵早没有了1941年那样的能力。”

——1945年3月，海因里希·希姆莱致第3装甲集团军指挥官哈索·冯·曼陀菲尔

1944年下半年，德军急切地试图重建各个作战师团。经过多年消耗，德军的人员和装备情况已经大不如前。在此期间，元首、国防军最高统帅部和陆军最高司令部不断下令压缩师级单位（如装甲师、装甲掷弹兵师和步兵师）的规模；同时，另一类型的师——国民掷弹兵师——则在希姆莱的管理下诞生。维斯瓦河集团军群的各师恰好体现了这种变化。其中一些因为消耗巨大，被迫接受了重组，另一些则刚刚成立。1945年3月，由于波美拉尼亚的激战和奥得河前线的困境，德军各师又经历了新一轮缩编，而本土的各个军区则在重建多达23个师——其中大部分后来都投入了奥得河前线。同时，还有近100个团和营、8支苏联战俘单位和11支匈牙利单位正处在组建阶段。[1]

本节详细介绍了德军的各种编制表（Kriegsstärkenachweisungen，KStN，直译即“作战实力册列文件”）和组织结构表——在战争结束前，它们充当了第三帝国旗下最后一批师级部队的框架，并影响了奥得河前线的大部分师团。

44年型装甲师

在战争开始时，标准的德军装甲师拥有1个装甲旅（下辖2个装甲团，大约400辆轻型坦克）、1个装甲掷弹兵旅（下辖2个团）①和各种支援部队。但到1943年，装甲师的编制坦克数已下降到了100—150辆。同样减少的还有补给和勤务人员：他们从各营中剥离，并集中到师一级，令物资的分配更加合理，至于多余的人员则被派往前线各连充当预备队。1944年8月3日，德军又下达了组建44年型装甲师的命令，但装甲教导师（Panzer-Lehr Division）和第21装甲师不受影响，而且范围只限于陆军。[2]根据这道命令，所有装甲师都将缩编，下属单位将包括1个②二营制的装甲掷弹兵团和1个二营制的装甲团。在理论上，该师将拥有15000人和165辆坦克，但真正达到这一数字的部队极为罕见。

45年型装甲师

人员和装备的持续消耗，使德军被迫再次重建装甲师。1945年3月，他们

---

① 原文如此，更确切的说法应该是步枪兵旅（Schützen-Brigade）。

② 原文如此，应为2个。

推出了45年型装甲师的编制。在维斯瓦河集团军群辖下，许多单位（例如荷尔斯泰因装甲师和库尔马克装甲掷弹兵师）也奉命采用这种新结构。改编之后，装甲掷弹兵团将只下属1个摩托化步兵连，由此导致的火力损失会通过给另1个连全部配发StG 44型突击步枪填补。①另外，该师还将包括1个装甲团，其中有1个下辖54辆坦克的装甲营和1个装甲运兵车营。在电子附录中，有一份文件显示了44年型装甲师和45年型装甲师的额定兵力变化在坦克和装甲运兵车上尤其明显。在坦克方面，45年型装甲师只有44年型装甲师的32%，装甲运兵车只有44年型装甲师的31%。

另外，德军还推出了一种“45年型装甲师战斗群编制表”（Kampfgruppe Panzer-Division 45 Gliederung），但不清楚有哪些部队采用。[3]

44年型装甲掷弹兵师

最初，装甲掷弹兵师的编制与装甲师如出一辙，但麾下包括2个三营制的摩托化步兵团和1个装甲营/突击炮营（而不是装甲团）。1943年，此类部队名称中的“摩托化”字眼被“装甲掷弹兵”代替。每个装甲掷弹兵师的额定兵力略低于14000人，并同样在1944年进行了缩编。1944年初，德军试图用半履带车取代卡车，但到1945年，甚至卡车也成了一种奢侈品。在44年型装甲师编制表发布17天后，德军又发布了组建44年型装甲掷弹兵师的命令。对象涉及了所有陆军装甲掷弹兵师，但大德意志装甲掷弹兵师和统帅堂装甲掷弹兵师（Panzergrenadier-Division Feldherrnhalle）除外。同时，其下属的装甲掷弹兵营也按照与装甲师类似的思路进行了改编。

对装甲师和装甲掷弹兵师的其他调整

1945年1月22日，希特勒发布命令，进一步减少了装甲师和装甲掷弹兵师的卡车。这项命令影响了大部分陆军、党卫军和空军单位，并把德军快速师（Schnell division）的机动能力压缩到了极限。该命令指出，此类部队经常

① 原文如此，但此处有误，装甲掷弹兵团中的每个营仍然有5个连，其中3个是普通装甲掷弹兵连，另外2个是重武器连。

“不恰当地”用卡车运送不必要的装备和行李，并要求它们用“临时运输手段”代替，陆军部队需在2月10日前上报可抽调的卡车数量，党卫队指挥总局和空军最高司令部应在1月28日前完成报告。2月3日，德军又重组了各师下属的后勤部队（见上文“补给和后勤部队”一节），并进一步削减了其建制内的卡车数。[4]

国民掷弹兵师

国民掷弹兵师是希特勒在7月20日遇刺不久之后下令组建的，也是希姆莱在预备军司令任上的第一项举措。按照希特勒的计划，这些部队将全面接受纳粹主义灌输，并由党卫军负责行政管理，至于“国民”一词则将成为某种战斗荣誉称号，但事实上，很多国民掷弹兵师都是新建的，而且成员不乏来自中欧和东欧的德裔。[5]

正如一份文件（签发于1944年8月16日，编号为OKH/GenStdH/Org.Abt. Nr. I/18 770/44）所述，第一批国民掷弹兵师来自第29波动员，在组建时被称为掷弹兵师。其中第541师、第547师和第549师后来都被编入维斯瓦河集团军群。[6]

这些师获得“国民”的称号是在第32波动员之后不久——根据古德里安在8月23日发布的命令，德军在这波动员中一共组建了25个新的国民掷弹兵师，其中有10个、10个和5个分别在9月、10月和11月投入前线。这些新部队的保障工作和第29波动员中的各师一样，也完全落在了希姆莱身上，至于其组成人员则大多是被解散部队的康复人员。另外，与西线相比，东线的国民掷弹兵师不仅数量很少（维斯瓦河集团军群只有3个），而且很难确定是否采用了新编制。[7]

1945年1月12日，希特勒在一道命令中向国防军最高统帅部和陆军最高司令部重申，“国民”一词应成为相关部队的“特殊荣誉称号”。

国民掷弹兵师的额定兵力一般略高于10000人，下属各营计划配备大量半自动武器。但在现实中，它们的“荣誉称号”和编制都偏离了原始设想，组建也完全是为了应付局势。首先，这些部队是对“720密谋”的回应，也是向陆军一线部队灌输纳粹思想、抵制普鲁士传统精神（希特勒将其视为一种“反动精神”）的尝试。其次，它们也是对战场上持续消耗的回应。按照希姆莱的设想，这些部队将随着时间的推移，最终取代标准的国防军步兵师。

45年型步兵师

虽然大部分德军常规步兵师没有受到国民掷弹兵师计划的影响，但在1944年12月，它们仍然奉命接受改编，并于1945年1月1日起开始陆续采用45年型步兵师编制。重组后的常规步兵师与国民掷弹兵师颇为相似，但有一些例外。其中掷弹兵连的火力得到了加强，有2个步兵排被替换为装备StG 44突击步枪的突击排。各师建制内的火炮也增加了（54门），还配备了1个满编的燧发枪手营[①]。维斯瓦河集团军群的很多部队都是根据这些方针进行了重组和调整。

党卫军同样采用了新编制表，最早的记录可以追溯到党卫队指挥总局第2处组织科1945年1月16日下达的一份文件（编号Ia/ II Tgb.Nr. 332/45 g.Kdos）——其中要求按45年型步兵师的标准调整党卫军第27兰格马克武装掷弹兵师、党卫军第28瓦隆人武装掷弹兵师、党卫军第32一月三十日志愿掷弹兵师、党卫军第33查理曼武装掷弹兵师的编制。[8]

1月30日，希特勒又命令按照上述编制成立3个新师，即德布里茨步兵师、柏林步兵师和库尔马克装甲掷弹兵师，其中德布里茨步兵师应立刻完成组建，而柏林步兵师应吸收柏林卫戍团（即大德意志师在柏林的卫戍分队）、第166步兵师的部分骨干和第31国民掷弹兵师的1个装甲歼击连［另外有趣的是，文件上还有一条手写注释，询问柏林卫戍团的人员是否来自帝国保安处（Sicherheitsdienst）］。各种命令也凸显了维斯瓦河集团军群辖下战斗部队的特殊性。其中许多完全来自拼凑，下属单位更是五花八门——这也是为什么在4月16日苏军开始总攻之后，有几个团（尤其是德布里茨师和柏林师的各团）的战线会一触即溃。

3月15日，希姆莱在给柏林的通报中对这些增援（尤其是大柏林师、德布里茨师、库尔马克师和党卫军一月三十日师）表示“欣喜”，还指示党卫队总

---

① 其地位接近之前的师属侦察营。

参谋长汉斯·于特纳尔（Hans Jüttner）尽量珍惜上述单位的步兵，避免将其作为消耗品投入前线。[9]在“720密谋”之后，于特纳尔一直在希姆莱麾下担任预备军参谋长，并获得了预备军副司令的头衔，所有补充兵员事务都将由他交给希特勒过目。同一天，希姆莱也向第9集团军司令布塞宣布，一月三十日师正在开赴前线，大柏林师和德布里茨师则在柏林搜集零散人力——他们虽然不是理想的补充兵，但一线急需这些人员。[10]

由于各条战线上的持续减员，希特勒在3月12日发布命令，试图重组前线的战斗步兵。该命令禁止解散任何步兵师，还要求各师对人员进行交叉调配。其中，各步兵师的兵力将被削减超过40%，还要求满员的师向其他部队输送兵力，以便后者达到规定水平。例如，如果一个步兵师的上报兵力为8800人，此时应抽出46.5%的人员，即4200人，同时还要让出10%的后勤部队。该命令还规定，如果重型支援武器（如迫击炮、步兵炮、榴弹炮和高射炮等）已在战斗中损失，或者正在交付途中，其操作者将投入前线充当步兵。对于所有适用于本命令的师团，其指挥官都必须从3月20日起直接向希特勒提交周报，说明有多少个营因此解散。[11]发布2天后，该命令也被收入了维斯瓦河集团军群的作战日志，并下发给了第3装甲集团军和第9集团军。[12]

次日，即3月21日，布塞上将给出了对这道“元首令”的答复。他向陆军最高司令部和维斯瓦河集团军群总部发出申请，要求按照45年型步兵师的标准重组第712步兵师、第391警戒师、第606特别师和拉格纳师。这些师均隶属于党卫军第11装甲军和党卫军第5山地军，阵地位于奥得河畔法兰克福的左右两侧。从日期为1945年3月24日、编号为Nr. I/22926/45的落款印章看，该请求得到了批准。文件上的铅笔注释还提到，第606特别师和拉格纳师将分别被改编为第286步兵师和第299步兵师。但在苏军总攻期间，第606特别师仍然保留着原名，至于第286步兵师的番号则被拉格纳师接过。[13]

相关命令还禁止将国民突击队编入新成立的师级单位，并将双方的关系限制在战术隶属层面。这暗示了在最后几个月人力匮乏的环境中，部分奥得河前线的指挥官（可能是军一级的指挥官）试图直接用国民突击队填补各师的损失。其中还提到了一种现象，德军似乎正在将各种下级单位合并成团，但如前所述，这些新师的最大弱点恰恰是部队组成杂乱。

影子师

除了压榨境内的剩余人力，德军还采取了另一项措施。在编号为Ia/Nr.2013/45g.kdos. V 25.2.45的文件中，希姆莱提议组建影子师（Schatten-Divisions）。这些师都是“架子单位”，旨在为严重失血的其他步兵师提供人员。他在一份由菲格莱因转交给元首的备忘录中指出，各个军区的兵源已经枯竭，不够组建“货真价实”的步兵师，但组建影子师可以避免这一问题，让一线部队获得补充，而且类似做法曾在第24、第27和第28波动员中取得过良好效果。这些影子师来自训练单位，编制较小，下属部队通常包括1个小型师部，2个弱小的步兵团（每团3个营）、1个营的炮兵（下辖2个轻型炮兵连和1个重型炮兵连，其他师一般是1个团）、1个2连制的工兵营，以及1个摩托化反坦克连。[14]

影子师最初以所在的训练场或阅兵场命名，并预先在后方组建完毕，然后开赴前线补充现有的师级单位。在战后美国陆军对德国预备军的研究中，有一段话概述了影子师的作用：

> 在战争的最后几个月，预备军有大量单位参战，并在前线占据了很高比例。其名称五花八门，在作战师和战斗群中越来越多见。它们还参与了影子师的组建，这些部队往往以地名命名，并奉命开赴前线，直接并入减员的野战师团。[15]

这些师之所以被称为影子师，是因为它们都是按照师级部队的框架组建的，就像“从影子中钻出来”一样。在被正规师接收之后，其番号也将随之消失。维斯瓦河集团军群的作战日志很少提到这些单位，但它们确实存在。其中一个案例与第547国民掷弹兵师有关，该师曾借助1个影子师完成了重建。维斯瓦河集团军群的作战日志对此写道：“第547国民掷弹兵师位于普伦茨劳–帕斯沃克附近，以便吸收影子师。”另外，第712步兵师也吸收了汉诺威影子师（Schatten-Division Hannover）。在另一些情况下，影子师则保持了独立地位，例如克兰普尼茨装甲掷弹兵影子师（Schatten-Panzergrenadier-Division Krampnitz）——该师后来取消了番号中的“影子”两字，并直接改称为装甲掷弹兵师。

在希姆莱向希特勒发出申请后的2个星期，讨论继续进行。其中1个问题可能是站在军区的角度提出的，即在当前第33波动员之外，还有没有组建更多师的可能性，如果可以，这些师的装备将来自何处。1945年3月1日，希姆莱派遣代表直接前往元首地堡，以便了解希特勒对此事的看法。下面的备忘录来自维斯瓦河集团军群的作战日志，其中记录了影子师的糟糕质量，特别是在训练和装备上——虽然德国依旧有足够的人力，但这些师似乎很难有效运转。以下就是这份备忘录的内容：

备忘录

影子师的组建

根据我与陆军总务局（Allgemeines Heeresamt）参谋长的讨论，本人发现影子师的组建存在以下情况：

按照之前的设想，影子师的组建不会影响其他计划，但这种想法是错误的。在这些部队仓促组建期间，各个军区都无法为炮兵和重型步兵武器的操作人员提供正常训练，因为这些部队用掉了所有的训练武器。由于武器供应的总体形势，我们的装备已出现严重短缺，如果坚持组建新师，就必须动用各军区的储备。同样，影子师的仓促组建还势必给第33波动员的各师带来影响，尤其是在人员和物资规划方面。为组建这些师，我们还必须提前招募部分1928年出生的人员，如果不这样做，各军区将无法获得足够的人手。

党卫队高级地区总队长于特纳尔今天带着这些文件拜见元首，以便介绍情况、听取指示。总之，预备军总司令在报告中认为，之前对组建影子师的假设（即组建影子师不影响其他计划）根本不成立。[16]

很可能是因为人力短缺，国防军最高统帅部最终在“吕滕命令”中决定将影子师的组建纳入第33波动员，有些影子师一直存在到当年4月。直到战争结束，国防军最高统帅部都在不遗余力地组建新部队，完全不考虑它们在战场上的作战和生存能力。

对维斯瓦河集团军群作战师的评估

在奥得河前线，很多德军师都刚刚完成组建或重建，他们驻扎在关键的柏林-屈斯特林轴线上，并由几天前才抵达的第56装甲军军部指挥。第9伞兵师和明谢贝格装甲师就是其中的典型。对于这些部队的战斗力，希特勒和陆军最高司令部都心知肚明。

从军事规划参谋人员的角度，上述情况会带来很多问题。这些师和团需要时间训练，培养关键的“战斗凝聚力和战斗效率”。但这些部队几乎没有任何此类条件——它们的重组是在前线直接完成的，有时距离敌人只有几公里，并一直顶着苏军的压力。新抵达的士兵和分队来自德国各地，彼此完全陌生。甚至不属于同一个军种，很多部队同时混杂着海军、空军、党卫军和陆军人员。

1945年的多次重组仅仅是导致部队战斗力低下的原因之一。我们还应该注意到，虽然按照新的组织结构表，这些师的额定人数超过了10000人，但实际战斗兵力大多只有2000—3000人。另外，在战争中，虽然德国的军事技术进步巨大，但大量士兵仍然装备着栓动步枪，而且很多轻武器都来自缴获，弹药也十分拮据。换言之，在1945年的奥得河前线，海因里齐得到的根本不是“小而精”的现代化师团，相反，这些部队鱼龙混杂，战斗力只相当于1939年的1个步兵团。但同样无可否认的是，在苏军总攻开始后，有些部队在战场上表现优异——哪怕只持续了几天甚至几小时，由于不想被苏军俘虏，很多人表现出了鱼死网破的决心。

本章尾注：

1. 参见美国国家档案馆文件T78/533/098-111。

2. 参见美国国家档案馆文件T78/R398/6367662。在此期间，党卫军装甲师则按照1944年型党卫军装甲师的标准进行了改编，其人员和装备远比重组后的陆军装甲师更多。相关详情可参见卡门·尼文金所著的《救火队：德国装甲师，1943—1945》（*Fire Brigades: The Panzer Divisions 1943—1945*）（加拿大温尼伯：J.J.费多罗维茨出版社，2008年出版）一书第30—32页。

3. 参见美国国家档案馆文件T78/R415/6384213。

4. 参见美国国家档案馆文件T78/R398/6367681-82。

5. 这些部队组建的详情可参见道格·纳什撰写的《他们无法夺取胜利：第272国民掷弹兵师，从许特根森林到帝国的心脏》（*Victory Was Beyond Their Grasp: With the 272nd Volks-Grenadier Division from the Hürtgen Forest to the Heart of the Reich*）（宾夕法尼亚州贝德福德：阿伯乔纳出版社，2008年出版）一书第6—18页。

6. 参见美国国家档案馆文件T78/398/6367877。

7. 参见美国国家档案馆文件T78/R398/6367884-87。

8. 参见德国联邦档案馆-军事档案分馆文件T175/140/2668372、德国联邦档案馆-军事档案分馆文件T175/140/2668399和德国联邦档案馆-军事档案分馆文件T175/140/2668417。

9. 参见美国国家档案馆文件T311/168/7219626。

10. 参见美国国家档案馆文件T311/168/7219656。

11. 参见美国国家档案馆文件T78/398/6367821-24。

12. 参见德国联邦档案馆-军事档案分馆文件T311/169/I056-61，附录1。

13. 参见美国国家档案馆文件T78/423/F639654。

14. 参见美国国家档案馆文件T311/168/7220155。

15. 参见《德国预备军资料补充，1945年5月》，第5页。

16. 参见德国联邦档案馆-军事档案分馆文件T311/169/I032，附录1。

第八部分

奥得河前线的作战部队

“他们的部队训练（到1945年）发生了变化。其中有年纪大的人；还有没受过训练的年轻人。（战斗）效率完全比不上以前。”

——阿列克谢·杰门捷夫（Aleksey A. Dement’yev）大将，
前乌克兰第1方面军近卫坦克第4集团军独立坦克第93旅旅长

“……德军缺乏重武器——尤其是远程火炮、坦克和反坦克炮——的弹药，还有汽油，这些导致了非常悲惨的问题。汽油的匮乏甚至酿成了灾难性后果，很多坦克白白损失，还极大影响了机动能力。”

——康德上校，前德军第7装甲师下属某装甲掷弹兵营营长，1945年1月至2月

本部分概述了奥得河前线各师（以及其他主要作战部队）的战斗经历。它们分别隶属于第11集团军、第3装甲集团军、第9集团军和第12集团军，以及第2集团军被调往当地的部队。其中每个部分都涵盖了相应部队在1945年1月至5月的作战行动，使用的材料则大多直接摘自陆军最高司令部、集团军群和各师的作战日志，以及各种已发表和未发表的当事人回忆。在此期间，我们尽量囊括了一切有价值的部队。每个师的记录都由以下部分组成，但师以下单位可能例外：

指挥官

作战参谋

部队类型：即该单位1945年1月至4月之间的最终组织结构。

战斗力水平（第1级至第4级）：其中“机动性（Beweglichkeit）”代表了部队的马匹到位率或机动车辆到位率（以占额定水平的百分比表示），例如“战斗力水平：第3级，马匹到位率34%/机动车辆到位率60%”。随后是下属作战营的实力估计，以及炮兵营（包括轻型和重型炮兵营）、坦克、突击炮和重型反坦克炮的数量——其数据均来自德国档案，如涉及第2集团军的“GenSt.d.H.Op.Abt. III/ Nr. 35516/45 g.Kdos 31 March”文件，第3装甲集团军的“GenSt.d.H.Op.Abt. III/ Nr. 35510/45 g.Kdos 7 April”文件和第9集团军的“GenSt.d.H.Op.Abt. III/ Nr. 35579/45 g.Kdos 7 April”文件。由于某种原因，这些文件中的装甲车辆总数与维斯瓦河集团军群4月8日东线态势图上的统计数据存在出入，但即使如此，这些文件仍提供了4月16日之前德军战斗力的宝贵信息。

战斗序列：苏军总攻前，该单位的最终组织形态，并将包括编制表。

作战综述：介绍了该单位在奥得河前线的部署、组织调整、战备、训练情况和经历的重大战斗，此外，还尽可能包括了装备、武器、弹药、坦克和突击炮数量。本段的主要着眼点是师一级，但如果资料允许，我们也会包含较小的单位。

奥得河前线的高级勋章获得者：1945年1月21日至5月间，该部队所有已知的骑士十字勋章和德意志金质十字奖章获得者。由于这些勋章的颁发流程（从推荐到批准）可能需要1个多月，因此部分1月21日之后的获得者事迹可能与奥得河前线无关。对于此类情况，我们将尽量做出排除。另外，据我们所知，在1945年，许多骑士十字勋章的获得者并不符合希特勒在1944年大幅修改过的授予标准，还有一些勋章是在战后颁发的，并且缺乏证明文件。虽然如此，本部分仍未剔除这些有争议的授勋人员。[1]关于骑士十字勋章颁发流程的详细信息可见本书附录D。

第11集团军/第3装甲集团军下属单位

4月7日，第3装甲集团军共包括11个师、3个旅和2个要塞营。其中只有1支部队战斗力水平为第2级，另有5支部队战斗力水平为第3级，其余10支战斗力水平均为第4级。按照评估，在苏军总攻前1周，该集团军只有54%的单位“具有防御能力”。

陆军

第7装甲师

指挥官：

1945年1月23日—1945年3月25日，陆军少将卡尔·毛斯博士（Dr. Karl Mauβ）；

1945年3月25日—投降，汉斯·克里斯滕（Hans Christern）上校。

作战参谋：

不详。

部队类型：

45年型装甲师[2]（4月15日重组，缺乏机动车辆）。

战斗力水平：

第4级，马匹到位率不详/机动车辆到位率50%。4月7日，该师各作战营的估计兵力为2550人，另外还拥有3个轻型和4个重型炮兵连。处于战备完好状态的坦克/突击炮可能包括9辆豹式坦克，但子型号不详。另外，该师还拥有3门重型反坦克炮。[3]

战斗序列（4月26日重组后）：

师部、第25装甲团、第6装甲掷弹兵团、第7装甲掷弹兵团、第78装甲炮兵团、第42装甲歼击营（只有营部）、第296陆军高炮营、第3装甲侦察营、第58装甲工兵营、第83装甲通信营、第58野战补充营、第58装甲后勤分队（Panzer-Versorgungstruppen 58）。[4]

作战综述：

1月15日至30日，即苏军发动维斯瓦河–奥得河战略攻势之后，第7装甲师在纳谢尔斯克（Nasielsk）–格劳登茨一线卷入了激烈的防御战。

1944年11月至12月，第7装甲师完成了休整和重组。1945年1月1日，师部在评估中指出，部队的战斗力水平为第2级，虽然处于满员状态，但训练水平和效率只比上个月略有提升。全师士气高昂，士兵对部队充满信心。在1月份，该师的人员实际略微超过了额定数量，达到了14918人，但装甲车辆的数量和豹式坦克的战备水平仍然较低，其中四号坦克只有额定编制的58%（战备完好状态：45辆），豹式坦克只有额定编制的62%（战备完好状态：45辆）。另外，该师还缺乏汽油，并给训练带来了不利影响。[5]

1月12日，苏军在东线发动了维斯瓦河–奥得河战略攻势。1月13日，第7装甲师奉命脱离集团军群预备队，并在切哈努夫（Ciechanów）附近准备投入战斗。次日，即1月14日，第25装甲团与1个装甲掷弹兵营共同发起反击，试图夺回之前由第7步兵师把守的阵地，在此期间只遭遇了苏军的微弱抵抗。第二天，第7装甲师的同一支战斗群转向北方，试图夺回第229步兵师的阵地——在当地，他们与苏军激战了一整天，击毁了部分苏军坦克，自身则伤亡轻微。该师随后奉命在切哈努夫重新集结，并在午夜时分接到了新命令——前往南部的新米亚斯托（Nowe Miasto）地区发起另一次反击。[6]这次反击在1月16日17点打响，旨在帮助第35步兵师守住防线。虽然它没有完全肃清苏军的突破，但使友邻部队得以重整旗鼓。据称，该师在这些反击中一共击毁了73辆坦克。[7]对于1月16日至18日的战况，该师的一位营长——康德回忆道：

1月16日，新米亚斯托落入苏军手中。我们从北面出动，向正在该镇以北推进的苏军部队发动进攻。我们再次遭遇坦克和步兵的顽强抵抗，它们有力地守护着苏军的北翼。为了避免无端损失（装甲运兵车），我指挥的营在装甲团的火力支援下徒步前进。但在大约100米之后，我们就被迫放弃，但战斗期间，我们的坦克、反坦克炮和铁拳联合摧毁了约40辆敌方坦克。在这次徒步进攻中，我营因为缺乏无线电台受到了很大影响。

同一天，第7装甲师的其他部队在切哈努夫和普翁斯克［Plonsk，德语名为普洛恩（Plöhnen）］之间实施防御。

1月18日，师属装甲群从西方向东面的姆瓦瓦（Mlawa）发起反击，但其指挥官阵亡，我军坦克损失惨重。[8]

到1月19日，经过一连串激战，第7装甲师的坦克已经损失殆尽。按照第27军的报告，该师的力量“已完全枯竭”。[9]

随后几天，该师一路撤退，试图守住格劳登茨要塞和马林维尔德之间的前线。在这里，他们曾连续数天与冯·拉帕德集群（Gruppe von Rappard）并肩作战。[10] 在苏军强渡埃尔平河（Elbing River，维斯瓦河的一条支流）①，并包围港口城市埃尔平时，该师再次陷入苦战。在此期间，苏军不断派出连级兵力，从位于东南方的1座桥头堡向他们进攻，与此同时，随着苏军不断北上，激战也在埃尔平市的西郊全面打响。凭借果断的行动，该师的一支摩托化侦察分队在2月3日攻克了卢普霍斯特（Lupushorst）②，让近100名伤员徒步逃出了埃尔平包围圈。[11]但该师向埃尔平的后续解围没有成功，当地守军只有一部分成功突围抵达德军防线。在营救期间，第7装甲师的1个营也几乎被切断，但设法摆脱了包围。师长毛斯少将便是被困者之一，他亲自带领部队向西返回了主战线。根据《国防军公报》，在撤退期间，他表现出了“极大的个人勇气和决心”，“手持机枪”，“鼓励士兵们奋勇作战”。[12]

经过近20天的连续战斗，第7装甲师终于接到命令撤往菲尔斯特瑙（Fürstenau）地区，并获得了休整之机。[13]自1月14日以来，该师已经马不停蹄地战斗了约432个小时，一共有1988名官兵伤亡，[14]但只得到了722名缺乏训练的补充人员。[15]另外，该师还损失了60辆坦克（包括31辆四号坦克和29辆豹式），其中许多都是在燃油耗尽后被乘员自行炸毁的。[16]2月1日，师长毛斯在评估中认为，该师的战斗力水平为第2级，虽然装甲掷弹兵团的军官和军士损

---

① 即今天波兰的埃尔布隆格河（Elbląg）。
② 即今天波兰的鲁布斯托沃（Lubstowo）。

失不大，但他们的伤亡重创了部队的战斗力。在之前两周，苏军不断推进，给部队的士气造成了一定打击，但总体信心没有动摇。装甲车辆损失惨重，而且由于部件短缺，剩余车辆的战备完好率也普遍偏低。四号坦克只有额定编制的19%（战备完好状态：14辆），豹式坦克只有23%（战备完好状态：16辆）。反坦克炮弹药短缺严重，通信设备的损失也极大影响了炮火支援的效力。[17]

2月中旬，第7装甲师奉命开赴科尼茨，在当地开展防御，直到月底。[18]2月14日，罗滕堡装甲团（Panzer-Regiment Rothenburg）①团长布兰德斯（Brandes）少校和1个装甲连的连长汉斯–博多·冯·罗尔（Hans-Babo von Rohr）都在当地的激战中丧生。该师在报告中指出："在2月14日的科尼茨之战中，最值得称赞的是装甲团指挥官布兰德斯少校，以及装甲连连长冯·罗尔少尉，这两位骑士十字勋章获得者都表现出了过人的勇气。由于布兰德斯少校的坚定领导，装甲团深入该镇，包围并全歼了（苏军）坦克群。"这次反击减缓了苏军向北突破的脚步。其间，冯·罗尔少尉击毁了10辆苏联坦克，使确认战果上升到了58辆，但他也在战斗中身受重伤，不久不治身亡。2月24日，冯·罗尔被追授骑士十字勋章的橡叶饰。[19]

2月底，第7装甲师与党卫军第4警察装甲掷弹兵师并肩作战。当时正值夏至行动结束，而它们的任务则是避免苏军突破第3装甲集团军和第2集团军的结合部。在2月的战斗中，第7装甲师损失惨重，3月1日，师长毛斯将部队的战斗力评为第3级。在这个月，该师一共有2270名官兵伤亡，补充人员则不到这个数字的一半，而且伤亡者中不乏有经验的军官和军士，这些都"严重地"削弱了该师的战斗力。该报告还提到，很多补充兵都相当年轻，而且"韧性不足"；部队士气也低迷，令师长颇为担心；装甲车辆遭到了毁灭性打击，部件短缺、战备完好率低的问题也没有缓解。四号坦克只有额定编制的9%（战备完好状态：7辆），豹式坦克只有额定编制的8%（战备完好状态：5辆）。[20]尽管拼死抵抗，但第7装甲师已遍体鳞伤，无法阻挡苏军突破。3月1日，第7装甲师奉命向莱因瓦瑟（Reinwasser）②运动，随后在3月2日至4日

---

① 即第25装甲团。

② 即今天波兰的皮亚什琴纳（Piaszczyna）。

开赴布里森（Briesen）①，在当地，该师与党卫军第4警察装甲掷弹兵师联手出击，试图抵达西北部的德军防线，截断向北猛冲的苏军前锋部队。但由于计划不周和缺乏资源，这次进攻很快失利。[21]

之后，第7装甲师掉头向东，准备前往但泽，但苏军的坦克先头部队已经绕过该城。在走投无路之下，该师只好向东北方的哥滕哈芬进发，并于3月9日左右进入了这座城市。此时，第7装甲师和党卫军第4警察装甲掷弹兵师都脱离了第3装甲集团军的建制，并被划入第2集团军旗下的第7装甲军。3月9日，该师报告的日常兵力为11832人，战斗兵力为3639人。[22]同一份报告还指出，该师“是一支久经考验的部队，并拥有优秀的领导层”。但在稍早前的战斗中，其人员和装备都损失惨重，只有6辆坦克可用。[23]

3月12日至24日，该师在哥滕哈芬桥头堡进行防御战。3月23日，师长毛斯少将在一次交火中身受重伤，失去了一条腿，后来成为第26位获得骑士十字勋章钻石饰的军人。在毛斯受伤后，师长一职由克里斯滕上校接任。3月25日，德军弃守哥滕哈芬桥头堡，该师则转移到奥克斯赫夫特克姆佩（Oxhöfter Kämpe）②，并在当地战斗到4月4日。在奥克斯赫夫特克姆佩的战斗中，该师的第7装甲掷弹兵团［团长是骑士十字勋章获得者埃勒（Ehle）中校］在剩余10辆坦克的支援下，挡住了苏军的数次猛攻，守住了第7装甲军的南部前线。同时，残余的装甲部队则分成小股，负责在各个危险地段发动反攻。在此期间，20辆苏军斯大林-2坦克试图发起攻击，但有13辆被该部队的3辆豹式坦克和少数突击炮击毁。但苏军并未放弃攻势，而是投入了更多步兵、远程火炮和迫击炮，逐渐把第7装甲师和其他德军压迫到海边——在这里，德军的防线变得日益拥挤。[24]4月8日，该师报告的日常兵力为7867人，战斗兵力为5306人，装备共包括228挺轻机枪，2挺重机枪，16门中型迫击炮，11门轻型步兵炮，2门重型步兵炮，3辆三号突击炮和23门远程火炮，而且失去了机动能力和大部分后勤单位，战斗力水平为第4级。[25]

4月14日，又经过一个星期的激烈战斗，该师的人数下降到5000人，其中

---

① 即今天波兰的翁布热伊诺（Wąbrzeźno）。
② 即今天波兰的科帕奥科斯乌斯卡（Kępa Oksywska）。

包括2500名装甲掷弹兵和600名装甲侦察兵。[26]鉴于之前几个月的装备损失，该师申请获得如下装备：3000件轻武器，150挺轻机枪，38挺重机枪，25门中型迫击炮，14门重型迫击炮，12门2厘米高射炮，6座2厘米四联装高射炮，9门3.7厘米高射炮，12门8.8厘米高射炮，6辆黄蜂自行火炮，3辆野蜂自行火炮，2门轻型野战榴弹炮，4门重型野战榴弹炮，4门10厘米加农炮。此外，该师还需要以下车辆：20辆豹式坦克，4辆抢修车，20辆四号坦克，21辆突击炮或坦克歼击车。[27]上述评估是在该师调往第3装甲集团军之前完成的，以便为上级调拨装备提供参考。

第7装甲师最终抵达海拉半岛（Hela Peninsula）①，并在4月15日从当地乘船前往斯维内明德港，回到了第3装甲集团军的麾下。[28]根据命令，他们将随后开赴瓦伦-彭茨林（Penzlin）地区，并在4月16日之前抵达新鲁平，以便在当地用10天完成补充和换装（详情参见后文中“柏林周边坦克和突击炮部队的最终动员”一节）。[29]根据一份文件（编号为OKH/GenStdH/Org.I/Z/5659/45 g.Kdos. V.15.4.45），该师将被重组为45年型装甲师，但辖下没有装甲运兵车营，只有普通的（摩托化）装甲掷弹兵营。其装甲炮兵团将包括团部（附有1个团部炮兵连）、1个自行火炮营、1个混编装甲炮兵营，以及1个装备18门Pak 40型重型反坦克炮的营。同时，该师还计划从第4装甲歼击营（来自第14装甲师）和克兰普尼茨装甲训练分队接收人员和装备。[30]在战争临近尾声时，重建这样一个四分五裂的装甲师显然会面临很多问题。4月25日，德军针对上述命令发布了一份补充说明文件，其中提到该师只有1个战斗群可以立刻部署——该战斗群包括1个装甲掷弹兵团（2个营）、1个重型装甲歼击营（20辆猎豹坦克歼击车）、1个混编炮兵营（10门轻型和4门重型野战榴弹炮）、1个工兵营、1个混编通信连和1支补给分队。该报告还指出，他们遭遇了一些困难，导致无法获得足够数量的补给卡车，至于该师的其他单位预计将在4月30日前抵达前线。

4月26日，陆军最高司令部要求上述战斗群不再担任集团军预备队，并与党卫军第3（日耳曼）装甲军的部队共同从北面解救柏林。4月28日，该战斗群

① 即今天波兰的海尔半岛（Hel Peninsula）。

与第25装甲掷弹兵师（参见第25装甲掷弹兵师的“作战综述”部分）在鲁平运河（Ruppin Kanal）以南的桥头堡会合，并开始与波兰第1集团军的下属单位交战。当时，国防军最高统帅部的总长凯特尔试图将该师调往北方通往新施特雷利茨的公路，但这违背了维斯瓦河集团军群的意愿，海因里齐拒绝让步，并在4月28日被解除职务。与此同时，第7装甲师开始向西朝戈德贝格（Goldberg）撤退，最后于1945年5月3日在什未林（Schwerin）以南的弗里德里希斯穆尔（Friedrichsmoor）和哈格诺（Hagenow）附近向美英部队投降。

奥得河前线的高级勋章获得者：

骑士十字勋章钻石饰——1945年4月15日，陆军中将卡尔·毛斯博士（第26位获得者），第7装甲师师长。

骑士十字勋章橡叶饰——1945年2月24日，汉斯–巴博·冯·罗尔（Hans-Babo von Rohr）少尉（第754位获得者），第25装甲团第2连代理连长。

骑士十字勋章——1945年2月18日，约阿希姆·敦克勒尔（Joachim Dünkler）少校，第7装甲掷弹兵团第1营营长；1945年3月11日，埃尔文·欣茨（Erwin Hintz）一等兵，第6装甲掷弹兵团第8连装甲运兵车车长；1945年4月5日，弗里茨（弗里德里希）·巴赫曼一等兵［Fritz (Friedrich) Bachmann］，来自第7装甲掷弹兵团第1连；1945年4月5日，约翰·康德上尉，第6装甲掷弹兵团第2营代理营长；1945年5月9日，特奥多尔·亨宁格（Theodor Hönniger）军士长，第25装甲团第3连某排排长。[31]

第18装甲掷弹兵师

指挥官：

1945年3月16日—投降，约瑟夫·劳赫（Josef Rauch）中将.

作战参谋：

考夫曼（Kaufmann）中校；博彻尔（Böttcher）中校。

部队类型：

45年型装甲师。[32]

战斗力水平：

第2级，马匹到位率不详/机动车辆到位率30%。4月7日，作战营的兵力估计为2350人。由于该师仍在组建，因此没有炮兵营。战备完好的坦克和突击炮包括18辆追猎者坦克歼击车和31辆四号坦克，另外，该师还拥有8门重型反坦克炮。[33]

战斗序列：

师部、第30装甲掷弹兵团（辖第1营、第2营）、第51装甲掷弹兵团（辖第1营、第2营）、第118混编装甲团、第18炮兵团、第18工兵营、第18装甲歼击营、第18野战补充营、第118装甲侦察营、第18通信营、第18后勤分队。

作战综述：

该师属于重建单位，命令“OKH/GenStdH/Org./Op.Abt. I/Nr. 2653/45 g.Kdos. 2.3”显示，其骨干来自北方集团军群1个为西里西亚装甲师提供补充的650人单位[34]，最初包括1个师部，1个不满编的通信营、1个武器维修分队和1个不满编的车辆维修连。[35]但上述决定不久就被撤销了，3月16日，鲁登道夫上校和艾斯曼上校的通信显示，上级转而希望用位于埃伯斯瓦尔德的西里西亚装甲师和荷尔斯泰因装甲师的残部填充第18装甲掷弹兵师。[36]另外，北方集团军群的司令部也在3月22日奉命前往维斯瓦河集团军群境内，以便与第3装甲集团军战线后方的陆军最高司令部预备队主要单位会合。[37]

在3月上半月波美拉尼亚西部的战斗中，西里西亚和荷尔斯泰因装甲师都损失惨重。评估结果显示，荷尔斯泰因师虽然人员训练有素、士气高昂，但装备短缺问题极为严重。[38]3月22日，该师正式解散，大部分人员被编入第18装甲掷弹兵师辖下的第18炮兵团。西里西亚装甲师则因为缺乏通信设备、人员战斗经验不足等在波美拉尼亚“表现不佳”，在3月21日被解散[39]，很多人员随后被编入第30装甲掷弹兵团和第118混编装甲团。3月20日，第18装甲掷弹兵师成为陆军最高司令部预备队，并在组建期间始终保持着这一状态。

4月15日，第18装甲掷弹兵师报告有27辆四号坦克、8辆四号坦克歼击车L/70（A）型和19辆追猎者坦克歼击车。[40]苏军总攻开始后，根据4月16日19点发布的、编号为Nr. 4748/45 g.Kdos.的命令，该师正式脱离了陆军最高司令部预备队的序列。[41]作为先头部队，第118装甲团和第18炮兵团［即冯・吉尔萨集群（Gruppe von Gilsa）］奉命向南进发，支援第9集团军。[42]其目的地最初是奥得河畔法兰克福附近，但遭到突向柏林的苏军前锋拦截，只得在施特劳斯贝格附近仓促构建防御阵地。在连番苦战中，第18炮兵团的高炮营声称击毁了100辆苏军坦克。[43]在此期间，该师被编入第56装甲军，并奉命进入柏林。该师也是柏林市内最强大的单位，防区位于蒂尔加滕和城市西南部，师部设在动物园防空塔内。下属的第30装甲掷弹兵团和第51装甲掷弹兵团在城市西部和西南部陷入激烈巷战，主要对手是来自苏军近卫坦克的第3集团军。5月1日至2日晚，该师试图向西朝施潘道突围，但大部分被苏军俘虏。

奥得河前线的高级勋章获得者：

骑士十字勋章——1945年3月5日，汉斯–海因里希·耶塞克（Hans-Heinrich Jescheck）上尉，第118侦察营代理营长；1945年3月23日，奥托·科恩普罗布斯特（Otto Kornprobst）少尉，第118装甲营某排排长（1945年5月2日阵亡于柏林）；1945年3月23日，汉斯–约阿希姆·尼施（Hans-Joachim Nitsch）少尉，第118装甲营某排排长；1945年4月30日，汉斯·哈斯帕赫尔（Hans Haβpacher）少校，第51装甲掷弹兵团团长①；1945年4月14日，威利·穆勒（Willy Müller）少校，来自第18装甲工兵营②；1945年4月28日，赫尔曼–古斯塔夫·约希姆斯（Hermann-Gustav Jochims）少校，第90摩托化掷弹兵团第7连连长（1945年4月28日，作为第51装甲掷弹兵团团长阵亡于柏林，最终军衔为中校）③；1945年5月3日，埃德蒙·沃尔（Edmund Wöhl）中校，第51装甲掷弹兵团团长（因为柏林突围行动获得）④。

德意志金质十字奖章——1945年4月15日，陆军中尉库尔特·奥莱里乌斯博士（Dr. Kurt Olearius），第118装甲侦察营第2连连长。

第25装甲师

指挥官：

1944年8月18日—投降，奥斯卡·奥多尔施（Oskar Audörsch）少将。

作战参谋：

---

① 此处可能有误，各种书籍和网站上都没有此人获得骑士十字勋章的记录。
② 此处可能有误，各种书籍和网站上都没有此人获得骑士十字勋章的记录。
③ 原文有误。
④ 原文如此，5月3日实际是沃尔的阵亡日。

利泽（Liese）中校。

部队类型：

战斗群。[44]

战斗力水平：

隶属于第3装甲集团军时，战斗力水平不明。

战斗序列：

师部、第146装甲掷弹兵团、第147装甲掷弹兵团第1营（装备装甲运兵车，即第25装甲掷弹兵营）、第9装甲团、第91装甲炮兵团、第25装甲侦察营、第87装甲工兵营，第87装甲通信营。

作战综述：

第25装甲师曾在奥得河前线短暂投入战斗。3月5日，该师奉命从中央集团军群调往第3装甲集团军境内的斯德丁一带。[45]3月7日，其第9装甲团在下卢萨蒂亚（Lower Lusatia）地区的基希海因（Kirchhain）火车站登车，开赴斯德丁南部高速公路附近的舍伊纳（Scheune）车站。在骑士十字勋章橡叶饰获得者、预备役中校扎恩博士（Dr. Zahn）的带领下，该团开入了阿尔特达姆桥头堡以南的芬肯瓦尔德，在当地，他们和其他师属部队一道为在克勒博（Klebow）①两侧陷入激战的第25伞兵团提供了有力支援。

当时，第9装甲团由以下单位组成：团部、团部后勤连、装甲车辆维修连、第1营和第2营。每个装甲营都拥有3个装甲连，此外还有营部、营后勤连以及维修人员分队。其中第1营拥有大约25辆豹式坦克，据说还有10辆T-34–85。第2营拥有约25辆四号坦克（装备48倍径7.5厘米坦克炮）和11辆四号坦克歼击车（装备70倍径7.5厘米坦克炮，隶属于第9装甲团第6连）。另外，该团还有一些三号、四号和豹式指挥坦克，几辆配有长身管主炮的三号坦克（隶属于轻型排）、2个自行高炮排（采用四号坦克底盘，配备车载2厘米四联装高射炮）和1个工兵排（配备中型装甲运兵车），所有装甲车辆的战备完好率约为75%。[46]

3月9日晚，在完成卸载和编组后不久，第9装甲团便投入了在阿尔特达

① 即今天波兰西波美拉尼亚省的克莱博沃（Chlebowo）。

姆桥头堡的首次防御战。过去几天，苏军一直在进攻桥头堡南部外围地区，试图抵达奥得河畔，切断第3装甲集团军的退路。得益于这些装甲车辆，德军步兵守住了阵地，并迫使苏军在3月12日停止进攻。但3月12日第3装甲集团军司令部编写的一份报告也指出，该团在过去3天蒙受了重大损失。其剩余的装甲力量如下：21辆四号坦克（5辆可用），21辆四号坦克歼击车L/70型（5辆可用），13辆豹式坦克（4辆可用），2辆T-34–85（0辆可用），31辆三号突击炮（15辆可用）。根据3月14日提交的后续报告，该师还缺乏相关的下属部队和装备，其中第146装甲掷弹兵团的装甲工兵连仍未组建，第91装甲炮兵团则缺乏80%的通信设备。此外，该师还缺乏专业技术人员、机动车、武器和其他各种装备。[47]随后3天，第9装甲团一直在努力工作，试图让更多坦克恢复战斗力。

但苏军的第二轮大规模进攻接踵而至，目标正是摧毁阿尔特达姆桥头堡。3月16日，他们投入远程火炮和战机进行了猛烈的火力准备，第9装甲团第2营的一名排长在日记中写道："在东线，我还从没有经历过这样猛烈的集火打击！"他回忆说，地面被砸出巨大的弹坑，没有人能听清别人说话，在阵地周围，"地面仿佛被撕碎"。大约9点，当苏军开始为大规模坦克攻击做最后准备时，第9装甲团也进入了警戒状态。由于公路网在火力打击中严重受损，第2营的装甲车辆只能缓缓前进。11点整，即火力准备开始2个小时后，苏军远程火炮和其他重武器的声音终于趋向平息。在德国守军周围，震耳欲聋的爆炸声被死寂取代。不久，信号弹从前线战壕里升起，有些是伞兵发射的，有些则来自第25装甲师炮兵和高射炮部队前方观测员的阵地。当第一批苏军的T-34–85坦克和SU-85自行火炮冲出克勒博周围的林区时，扎恩中校的第9装甲团已经严阵以待。[48]

打头的2辆T-34被第2营的四号坦克击中，迅速化作废铁。随后又有5—8辆苏军坦克遭遇了同样的浩劫。虽然剩余的坦克仍在试图冲击第9装甲团的阵地，但根据描述，这些坦克"也像其他坦克一样被点燃"。这场坦克对决持续了大约30分钟，面对敌方火力，第2营老一辈的一等兵和士官们展现出了高超技巧。但他们的弹药很快告罄，而苏军仍不断涌来，并试图包抄第2营的阵地，直到被1个装备四号坦克歼击车的预备排挡住。到下午早些时候，苏军终于停止了进攻。德军有一些四号坦克歼击车在恶战中被击毁，还有几辆四号坦克受损，但得益于巧妙挖掘的工事，德军的前线仍然完好无损。在战斗中，第9装甲团后勤连3次冒着猛烈炮火，搭乘2个团属工兵排的装甲运兵车为坦克运送穿甲弹、高爆弹和机枪弹带——这让德军的坦克车组钦佩不已。不仅如此，他们还直接把车开到坦克后方，在没有任何掩护的情况下搬运弹药，以便让坦克保持快速开火。[49]

随后几天，阿尔特达姆桥头堡的南面相对平静。3月19日晚，鉴于阵地已无法坚守，撤退计划正式启动。第9装甲团的副官希尔施（Hirsch）上尉发布命令，要求第2营坚守波德尤赫附近的铁路和高速公路桥梁出口。上述任务完成后，该师在20日渡过了奥得河，与之一同渡河的还有第3装甲集团军的其余部队。

阿尔特达姆桥头堡的战斗非常激烈。报告显示，虽然第25装甲师只在当地部署了3周，但与友军共同击毁了120辆苏联坦克。撤离后不久，该师向冯·曼陀菲尔装甲兵上将提交了一份状态报告，其中指出，第146装甲掷弹兵团的战斗力量只有约1000人，第2营要到1945年5月1日才能完成战斗准备！而且这些装甲掷弹兵大多缺乏军事技能，很多是只接受过14天训练（基本步兵训练）的转岗人员（来自空军或海军）。第1营则失去了战斗力，只能等待上级调拨的行军营（Marsch-Bataillon）抵达。在剩余的62辆坦克和突击炮中，预计有45辆将在3月28日做好战斗准备，其余将在备件抵达前处于“短期维修”状态。另外，该师还拥有45辆完好的半履带装甲车（中型装甲运兵车/轻型装甲运兵车/半履带装甲工程车），第91装甲炮兵团则有10门轻型和6门重型火炮。一些猎豹坦克歼击车预计将很快抵达，但这无法改变某些“致命缺陷”：例如指挥人员数量不足，以及炮兵部队的通信排缺乏足够的专业技术人员。报告将该师的战斗力水平评为第2级，而且指出，即使上述短缺问题得到解决，其战斗力水平也很难有实质性提升。[50]

3月23日至30日，该师被派往泽劳地区，以便补充和重组为45年型装甲师。4月3日，根据希特勒的命令，该师被调往中央集团军群①境内。随着第25

---

① 此处有误，应为南方集团军群/奥斯特马克集团军群。

装甲师撤离，海因里齐失去了9861名士兵，58辆坦克、15辆突击炮和57辆装甲运兵车——对于维斯瓦河集团军群而言，这无疑是一次重大损失。[51]

奥得河前线的高级勋章获得者：

骑士十字勋章——1945年3月26日，K.穆勒中尉（K. Müller），第9装甲团某连连长①。

德意志金质十字奖章——1945年3月22日，奥斯卡·李斯克（Oskar Lieske）上尉，来自第147装甲掷弹兵团第1营。

第163步兵师

指挥官：

1942年12月—投降，卡尔·吕贝尔（Karl Rübel）中将②。

作战参谋：

不详。

部队类型：

不详。

战斗力水平：

可能为第3级或第4级。

战斗序列：

并非完整的师，而是1个团级战斗群。包括1个掷弹兵团、1个轻型炮兵营、1个工兵连和1个装甲歼击连（牵引式，摩托化）。[52]

作战综述：

第163步兵师的实力相当于1个团级战斗群，他们之前从挪威启程，经丹麦辗转来到维斯瓦河集团军群境内。[53]该战斗群最初计划前往奥得河畔法兰克福一带，但后来加入了第11集团军。[54]先头部队于2月19日抵达，并被纳入蒙策尔集群麾下，任务是掩护第5猎兵师的左翼。其战线始于舍恩菲尔德，即大吕贝湖

① 原文如此，此处很可能属于误记。
② 原文如此，这一说法不准确，因为吕贝尔于1945年3月8日在波美拉尼亚的席费尔拜因镇附近阵亡。

（Groβer Lübbe See）①的南端，并朝东北延伸到坦佩尔堡。在3月1日的大规模进攻中，该师的右翼首先遭到冲击，舍恩菲尔德也迅速沦陷。直到在小萨宾–大萨宾–法尔肯堡这条朝向西北的新防线上，右翼才重新稳定下来。[55]3月3日，该师与第5猎兵师一起退入西北方的普里滕（Pritten）②–武斯特维茨（Wusterwitz）③地区，并在博宁–潘泽林（Panzerin）④之间建立了一条临时防线。但这条防线只存在了不到25个小时——3月5日，该师再次向东北方撤退，并和其他深陷敌后的部队一道被冯·特陶军级集群吸收。这些德军一路向西撤退，最终在3月11日左右抵达己方防线。可能是因为在波美拉尼亚的战斗中损失惨重，第163步兵师随即被解散，残余人员则被用于组建第3海军步兵师。

奥得河前线的高级勋章获得者：

不明。

第281步兵师

指挥官：

1945年1月—投降，布鲁诺·奥特纳（Bruno Ortner）中将。

作战参谋：

吕特延（Lütjen）少校。

部队类型：

45年型步兵师。

战斗力水平：

第3级，马匹到位率66%/机动车辆到位率72%。[56]4月7日，作战营的兵力估计为3100人，并拥有9个轻型炮兵连和2个重型炮兵连，10辆追猎者坦克歼击车和4门重型反坦克炮。[57]4月6日，陆军最高司令部对斯德丁要塞的状态报告显示，该师的战斗力量为3258人。[58]

战斗序列：

---

① 即今天波兰的卢别湖（Jezioro Lubie）。
② 即今天波兰的普日滕（Przyton）。
③ 即今天波兰的奥斯特罗维采（Ostrowice）。
④ 即今天波兰的潘切尔日诺（Pęczerzyno）。

师部、第322掷弹兵团、第368掷弹兵团、第419掷弹兵团[59]、第281野战补充营、第281师属燧发枪手连、第281装甲歼击连、第281炮兵团、第822通信营、第281工兵营和第281师属后勤团。

作战综述：

该师于1945年1月在库尔兰由第281警戒师改编而来，并于2月10日首次出现在第11集团军的战斗序列中。2月15日左右，其下属单位陆续乘船抵达西波美拉尼亚，成为党卫军第10军的一部分，后来又在蒙策尔军级集群辖下参与了夏至行动。在行动中，该部队从出发阵地向南进攻，一直抵达了104号帝国公路，但随后只能转入防御。面对苏军坦克的轮番进攻，他们与左翼的元首掷弹兵师、元首护卫师和第530侦察营一同经历了激烈战斗。在2月的其余时间，该师得到了第5猎兵师一个团的加强。2月22日，该师随蒙策尔军级集群转移到斯塔加德地区。2月25日，党卫军北欧师1个团和德内克集群1个营也被暂时交由其指挥。

2月28日，第281步兵师被划入党卫军第3（日耳曼）装甲军，并奉命开赴马杜湖附近的皮里茨——当时，苏军正在猛攻这座城镇，试图突破德军战线，直捣斯德丁。3月1日，该师报告手头有以下武器：1243把手枪，520支冲锋枪（MP 38/40），5010支步枪（可能是Kar 98K），56支半自动步枪（Gew. 43），11支狙击步枪，185支信号枪，470具枪榴弹发射器，1085支突击步枪（StG. 44），4支火焰喷射器（Flammenwerfer 41），此外，还有7把缴获的苏制手枪和1支缴获的苏制半自动步枪）。

3月中旬，第281步兵师被迫退往阿尔特达姆桥头堡，并得到了第27伞兵团第1营（来自第9伞兵师）的加强。3月底，这支部队奉命前往斯德丁要塞（Festung Stettin），并在当地驻守到4月初，还在4月9日从第1舰船轮机训练营（1. S.M.A.）和第4分舰队（4. Flottille）①接收了一批海军人员。[60]

4月19日，面对白俄罗斯第2方面军的进攻，第281步兵师奉命离开斯德丁，在该城西面充当预备队，并改由第32军指挥。他们之所以能从当地抽身，

① 原文如此，这里可能指的是驻扎在斯德丁的第4潜艇分舰队。

是因为海因里齐曾在4月3日和第32军军长视察了这座城市，并要求增派部队接替该师。随着增援在4月19日抵达，第281步兵师离开要塞，成为第3装甲集团军的最后一批预备队。他们的下一个任务是赶赴斯德丁南部的科比措，当地靠近东西向的2号帝国公路，不久前，苏军从附近搭建浮桥渡过奥得河，并建起1个强大的桥头堡，给德军构成了致命威胁。4月21日，他们用远程火炮和迫击炮发起猛烈炮击，并将当地的1支匈牙利警察部队击溃。[61]但在此期间，第281步兵师并没有在防御战中发挥太多作用，只能逐步向西撤退。5月2日，该师与第3装甲集团军的残余部队一起向英军投降。

奥得河前线的高级勋章获得者：

骑士十字勋章——1945年2月1日，阿道夫·施吕特（Adolf Schlüter）上尉，第368掷弹兵团第2营营长。

第389师师部

指挥官：

1945年1月—4月中旬，盖迪克（Gaedicke）少将；

4月22日—投降，罗林（Rolin）上校。

作战参谋：

可能是安德烈（André）少校。

部队类型：

战斗群，无标准编制。

战斗力水平：

第4级，马匹到位率50%/机动车辆到位率70%。4月7日，作战营的估计兵力为500人，另外还配属有5个不满编的营，其中3个分别来自第4装甲师、第7装甲师和赫尔曼·戈林补充与训练团，另外2个分别是警察营和警备营，总人数估计为1000人，至于原建制内的7个营均在战斗中被歼灭（aufgelöst）。全师的炮兵包括7个轻型炮兵连和3个重型炮兵连，另外还有1门重型反坦克炮。[62]

战斗序列（4月25日）：

师部、第2海军警备团和第3海军警备团。

作战综述：

1月下旬，根据编号为OKH/GenStdH/OpAbt I, Nr. 1357/45 g.Kdos. 31.1.45的命令，第389步兵师师部奉命离开库尔兰，乘船加入第2集团军。[63] 由于损失惨重，该师当时的兵力只相当于一个战斗群，下属各营则来自多个其他单位。4月22日左右，该部队又乘船前往第3装甲集团军境内，并接管了第2海军警备团、第3海军警备团和第549国民掷弹兵师（不含第1098掷弹兵团）等单位。[64] 在4月25日的维斯瓦河集团军群每日态势图上，第389师师部位于珀利茨以北。随后该部队作为第32军的一部分向西且战且退，并在5月初向西方盟军投降。

奥得河前线的高级勋章获得者：

不明。

拜尔瓦尔德作战师（Einsatz-Division Bärwalde）

指挥官：

威廉·赖特尔（Wilhelm Reithel，亦写作“Raitl”）中将。

作战参谋：

伊格曼（Ilgman）中校。

部队类型：

临时作战部队，无标准编制。

战斗力水平：

可能为第4级。

战斗序列：

师部、拜尔瓦尔德师第1团、拜尔瓦尔德师第2团、拜尔瓦尔德师第3团、拜尔瓦尔德师第4团、拜尔瓦尔德师第5团、拜尔瓦尔德师炮兵团、拜尔瓦尔德师工兵营、拜尔瓦尔德师通信营。

作战综述：

该师组建于1月下旬，人员来自格罗斯伯恩和哈默施泰因训练场的炮兵学员，同时也是第2军区“格奈森瑙”动员的产物。2月初，该师部署在第11集团军的左翼，并由冯·特陶军级集群管辖，防区以法尔肯堡和新斯德丁之间的拜尔瓦尔德为核心，下属单位包括科普团（Regiment Kopp，包括4个警备营和3个国民突击队营）、沃尔夫团（Regiment Wolff，包括3个警备营和2个国民突击队营）、伯默尔团（Regiment Böhmer，包括2个警备营和2个国民突击队营）、费尔班特设障分队（Sperrverband Fierbandt，包括3个由掉队士兵组成的警备营）、弗罗因德团（Regiment Freund，包括2个警备营）、耶克尔团（Regiment Jaeckel，包括2个警备营和2个国民突击队营）、克洛切团（Regiment Klotsche，包括2个警备营和2个国民突击队营）、黑勒曼设障分队（Sperrverband Hellermann，包括2个警备营）、第4军官候补生团和1个猎兵突击队（Jagdkdo）。

在2月底苏军对波美拉尼亚的攻势中，拜尔瓦尔德师遭到沉重打击，最终四分五裂。在西撤过程中，残余人员加入了冯·特陶军级集群，人员被其他部队吸收，之后从未重建。

奥得河前线的高级勋章获得者：

不明。

科斯林作战师（Einsatz-Division Köslin）

指挥官：

冯·祖洛少将。

作战参谋：

不详。

部队类型：

临时作战部队，无标准编制。

战斗力水平：

可能为第4级。

战斗序列：

亚青根团（Regiment Jatzingen，包括3个由掉队士兵组成的警备营）、卡恩克维茨团（Regiment Karnkewitz，包括1个警备营，以及第2建筑工兵补充与训练营）、党卫军劳恩堡士官学校（SS- und Waffen-Unterführerschule Lauenburg）、7个国民突击队营（其中1个承担后方劳动任务）。

作战综述：

该师于1月下旬组建，隶属于冯·特陶军级集群，部署地点在波罗的海沿岸的科斯林地区，是波美拉尼亚防线的一环。该师在2月底解散，没有参与战斗，其下属单位似乎被波美拉尼亚作战师（Einsatz Division Pommern）吸收。

奥得河前线的高级勋章获得者：

不明。

波美拉尼亚作战师/波默兰作战师
（Einsatz-Division Pommern / Pommernland）

指挥官：

佐默（Sommer）上校。

作战参谋：

不详。

部队类型：

临时作战部队，无标准编制。

战斗力水平：

不详，可能为第4级。

战斗序列：

师部、第1波美拉尼亚团、第2波美拉尼亚团、第3波美拉尼亚团、波美拉尼亚炮兵团。

作战综述：

该师最初动员于2月22日左右，组建地点是科斯林，由莱曼战斗群（Kampfgruppe Lehman）残部、1个国民突击队营、1个掉队人员组成的连和额外补充的炮兵部队组成，[65]还可能吸收了解散的科斯林作战师。3月4日，该师抵达克洛岑（Klotzen）①–伯恩廷（Borntin）②附近的前线，并在苏军的攻势中遭到打击，被迫退入冯·特陶军级集群所在的包围圈。随后9天，他们守住了包围圈内的阵地，并与荷尔斯泰因装甲师一道在迪夫诺夫成功向西突围，但各部队同样损失巨大，只有150名军官、650名士官和2800名士兵成功返回德军防线。[66]3月，该师被解散。

① 即今天波兰西波美拉尼亚省巴尔维采地区的克沃齐诺（Kłodzino）。
② 即今天波兰的博尔津（Borzęcin）。

劳斯将军写道："特陶军级集群中的第2个师——波美拉尼亚师是由国民掷弹兵营和各种拼凑单位（如建筑营、测绘营以及国防军三军的后勤单位）组成的。该师既没有通信营，也没有火炮，更没有反坦克武器。其中的几个团是仓促组建的，缺少团长和营长，后来我在高速公路上拦下了几位从库尔兰集团军群休假回国的军官，用专车送到已经投入作战的部队，才解决了这个问题。"（见上文"波美拉尼亚的陷落"部分）。

奥得河前线的高级勋章获得者：

不明。

元首护卫师

指挥官：

组建—投降，奥托–恩斯特·雷默（Otto-Ernst Remer）少将（1月30日由上校晋升）。[67]

作战参谋：

赖德尔（Reidel）中校。

部队类型：

45年型装甲师。[68]

战斗力水平：

第2级，马匹到位率不详/机动车辆到位率85%（3月21日）。[69]

战斗序列：

师部、第100装甲掷弹兵团、第102装甲团、第102装甲侦察连、第673装甲歼击营、第120装甲炮兵团、第120装甲工兵营、第120野战补充营、第120装甲通信营、第120师属后勤部队指挥部（Kommandeur der Panzer-Nachschubtruppen 120）。

作战综述：

本单位最初作为旅组建，并参加了1944年的阿登攻势。

1月1日，元首护卫旅还在一份文件中列出了可用的武器，包括2723支卡宾枪（Kar 98K）、16支狙击步枪、134支半自动步枪（Gew. 43）、402支突击步枪（StG. 44）、92具枪榴弹发射器、239支冲锋枪（MP 38/40）和1130支手枪，以及包括70支手枪（波兰制）、373支手枪（英国制），8支手枪（捷克斯洛伐克制）、161支机枪（意大利制）和86支冲锋枪（芬兰制）在内的缴获武器——数量占到了半自动和自动武器的三分之一。[70]

表22 元首护卫师的当日兵力报告，2月15日[71]

	军官	文职人员	士官	士兵	合计	志愿辅助人员	德国籍人员
师部、师部护卫连和宪兵部队	26	10	99	128	263	8	255
装甲团	34	5	403	735	1177	52	1125
装甲掷弹兵团	57	1	407	1869	2334	5	2329
装甲侦察连	3	–	29	53	85	–	85
装甲歼击营	16	–	173	324	513	5	508
炮兵	58	11	355	1112	1536	23	1513
工兵	17	5	106	651	779	20	759
通信兵	13	3	99	348	463	13	450
装甲野战补充营	17	1	91	864	973	14	959
后勤部队	17	2	84	450	553	87	466
机动车修理车间	5	6	40	230	281	46	235
行政部队	8	–	28	170	206	20	186
医疗部队	9	2	49	265	325	46	279
野战邮局	–	3	9	6	18	–	18
合计	280	49	1972	7205	9506	339	9167

根据希特勒的命令，该旅在1月15日被改编为师，并将投入夏至行动。

1945年1月24日，该旅升格为师。

2月12日，元首护卫师报告有22辆豹式坦克处于战备完好状态，另外8辆正在运输途中。此外，该师还收到了14辆三号突击炮和4辆42H型突击榴弹炮。[72]当该师于2月初抵达奥得河前线时，曾先后隶属于党卫军第3（日耳曼）装甲军和蒙策尔军级集群。2月11日，该师奉命集结在诺伦贝格北部——这里最初并不是他们的集结地，但由于命令混乱和苏军的压力，各部队只能立刻南下，为夏至行动夺取一处有利的跳板。

从2月15日开始，该师将下属部队编为2个战斗群。第1个战斗群包括第100装甲掷弹兵团第1营（装备装甲运兵车）和第673装甲歼击营，并被配属给党卫军第11北欧装甲掷弹兵师。这支进攻集群抵达了包围中的阿恩斯瓦尔德，让当地的平民和守军化险为夷。该师的其余部分则在2月16日和元首掷弹兵师一起向里茨方向进攻。[73]在这次行动中，德军越过小锡尔伯以南的丘陵，一直抵达了阿恩斯瓦尔德火车站（Arnswalde Bahnhof）——经过与苏军步兵不到1天的激烈战斗，当地最终被德军攻陷。完成上述任务后，他们开始向东朝施泰因贝格前进，随后一路南下，在布赫霍尔茨西面建立起1条防线。接下来2天，该师和友军共同击毁了50多辆苏军坦克，但遭遇的抵抗也越来越顽强，而且经过连日激战，该师在参战之初存在的弹药短缺问题也愈加严峻。[74] 2月19日，该师奉命改变进攻轴线，向利伯诺前进，但这次进攻宣告失利。2月20日，该师将里茨以北的阵地移交给了第281步兵师。

3月初，元首护卫师奉命前往中央集团军群，按照原定计划，他们将在不久之后返回维斯瓦河”集团军群。在当地，他们被投入到西里西亚的格尔利茨地区，并在3月初和元首掷弹兵师一起夺回了劳班镇。劳班的战斗相当激烈，中央集团军群将这次反击描述为一次一边倒的胜利。他们在3月7日给陆军最高司令部的战斗报告中提到，3月2日至6日，苏军共损失了162辆坦克、155门反坦克炮、80门远程火炮、113辆卡车、35门迫击炮、10门高射炮，另有16架飞机被德军高射炮击落。该报告没有统计苏军的阵亡人数，但显示抓获了176名俘虏，伤亡似乎在1000人以上。德军则有314人死亡、1578人受伤，另外有20辆坦克、突击炮以及2门重型反坦克炮被击毁。[75]劳班之战结束后，希特勒在编号为OKH/GenStdH/OpAbt I/Nr. 3467/45 g.Kdos. 22.3.45的命令中要求元首护卫师留在中央集团军群。[76] 随后，他们被调往穆斯考（Muskau）和施普伦贝格（Spremberg）之间充当预备队。[77]3月21日的报告显示，该师拥有3个强大的步兵营、1个中等实力的步兵营、1个强大的野战补充营、1个强大的工兵营和1个强大的装甲侦察连，武器包括2门7.5厘米牵引式重型反坦克炮、6辆安装7.5厘米反坦克炮的半履带车、16门8.8厘米高射炮、33辆突击炮，4辆突击榴弹炮，8辆四号坦克歼击车L/70型、18辆四号坦克、17辆豹式坦克、21门轻型榴弹炮和14门重型榴弹炮。[78] 4月初，该师参与了对苏军的局部防御行动。

在4月16日的苏军攻势中，该师奉命开赴施普伦贝格以东地区，试图封闭当地的突破口，截击科涅夫元帅长驱直入的坦克集团军。他们随即在哈尔本多夫（Halbendorf）–特雷本多夫（Trebendorf）一线卷入激战，并顽强抵抗到4月

19日。很快，该师便发现自己与党卫军第10弗伦斯贝格装甲师和第344步兵师等单位落入了“施普伦贝格包围圈”。该师在4月21日占据了一处殿后阵地，并在4月22日的突围中损失惨重，残余人员被打散，分别向西和向南撤退。部分残兵败将最终抵达了易北河畔的贝利茨，向美军部队投降，其余部队则向德累斯顿进发，并被重组后的第10弗伦斯贝格装甲师残部吸收。[79]

奥得河前线的高级勋章获得者：

骑士十字勋章橡叶饰——1945年5月9日，格奥尔格·施特克（Georg Störck）上尉（第880位获得者），元首护卫师装甲掷弹兵团①第1营营长。

骑士十字勋章——1945年4月22日，威廉·盖斯贝格（Wilhelm Geisberg）中尉，元首护卫师装甲团第3连连长；1945年4月30日，弗朗茨·费舍尔（Franz Fischer）上士，元首护卫师装甲团第2连某排排长；1945年4月30日，胡伯特·舒尔特（Hubert Schulte），元首护卫师第100装甲掷弹兵团第1营代理营长；1945年5月9日，格奥尔格·施纳保夫（Georg Schnappauf）少校，元首护卫师装甲团团长②。

元首掷弹兵师

指挥官：

组建—投降，赫尔穆特·马德尔（Hellmuth Mäder）少将（1月30日由上校晋升）。

作战参谋：

魏德布雷希特（Weidbrecht）少校。

部队类型：

45年型装甲师。[80]

战斗力水平：

可能为第2级。

战斗序列：

① 即第100装甲掷弹兵团。

② 此处有误，施纳保夫的获奖旨在表彰他在劳班之战中的表现。

师部、第99装甲掷弹兵团、第101装甲团、第911独立突击炮兵旅、第101装甲侦察连、第124装甲炮兵团、第124装甲工兵营、第124装甲野战补充营、第124通信营、第124师属后勤部队指挥部。

作战综述：

本单位最初作为旅组建，并在1944年参加了阿登攻势。

1月18日，根据希特勒的命令，该旅被改编为师。

按照原计划，该师最初的目的地是科特布斯地区，但在夏至行动筹备期间被调往波美拉尼亚，其2月15日的兵力如表23所示。

表23 元首掷弹兵师的当日兵力报告，2月15日[81]

	军官	文职人员	士官	士兵	合计	志愿辅助人员	德国人员
师部、师部护卫连和宪兵部队	29	10	124	249	412	17	395
装甲团	32	5	386	646	1069	31	1038
装甲掷弹兵团	66	1	492	2236	2795	20	2775
装甲侦察连	3	–	29	53	85	–	85
独立突击炮兵旅①	14	–	140	275	429	5	424
炮兵	43	2	346	1054	1445	20	1425
工兵	17	5	106	651	779	20	759
通信兵	13	3	99	348	463	13	450
装甲野战补充营	17	1	91	864	973	14	959
后勤部队	17	2	84	450	553	87	466
机动车修理车间	4	5	31	183	223	34	189
行政部队	8	–	28	170	206	20	186
医疗部队	9	2	49	265	325	46	279
野战邮局	–	3	9	6	18	–	18
合计	272	39	2014	7450	9775	327	9448

2月12日，该师共有5辆三号坦克、4辆四号坦克、10辆豹式坦克，4辆三号突击炮、1辆四号突击炮和2辆追猎者坦克歼击车处于战备完好状态，另有21辆四号突击炮和10辆坦克歼击车正在交付途中。[82]

元首掷弹兵师于2月初抵达波美拉尼亚，并先后由党卫军第3（日耳曼）

① 即第911突击炮兵旅。

装甲军和蒙策尔军级集群指挥。2月11日，该师奉命在诺伦贝格附近集结，以便投入攻势。2月16日，元首掷弹兵师与第281步兵师的主力部队一起向南进攻，然后掉头转向西南，一路穿过南提科，最终在利伯诺镇转入防御。经过2天战斗，由于苏军顽强抵抗，该师已无法继续推进。[83]随着夏至行动中止，该师也在2月20日撤出前线，并奉命向中央集团军群转移。

3月1日，该师报告拥有以下德制武器：5455支卡宾枪、20支狙击步枪、213支半自动步枪（Gew. 43）、111具枪榴弹发射器、423支冲锋枪（MP 38/40）和1315支手枪。缴获武器包括59支冲锋枪（芬兰制）、138支冲锋枪（意大利制）、269支手枪（英国制）、51支手枪（波兰制）。[84]另外，该部队近四分之一的半自动和自动步枪也属于缴获品。元首掷弹兵师随后被派往西里西亚的格尔利茨地区，并在3月初参加了夺取劳班的反击战。劳班之战结束后，该师在3月8日奉命返回维斯瓦河集团军群。当天，该师报告称麾下共有3辆四号坦克（1辆可用）、26辆豹式坦克（4辆可用）、2辆豹式坦克指挥型（2辆可用）、9辆猎豹坦克歼击车（5辆可用）、15辆三号突击炮（4辆可用）、27辆四号突击炮（6辆可用）、3辆突击榴弹炮（2辆可用）、4辆四号自行高射炮（2辆可用）、5辆四号炮兵观测车（3辆可用）、6辆轻型自行榴弹炮（5辆可用）和12辆重型自行榴弹炮（9辆可用）。[85]

3月15日，作为第39装甲军的一部分，元首掷弹兵师被部署到阿尔特达姆桥头堡，准备发动反击，稳定当地的局势。[86]3月16日，该师趁苏军立足未稳，在反击中解救了被围的第1海军步兵师。3月17日，该师奉命前往第9集团军，以便参与对屈斯特林要塞的反击，但在两次行动中都未能打开通往当地的陆上通道。根据元首的命令，该师在3月27日被调回中央集团军群[87]，并计划在第4装甲集团军辖下担任预备队，以保护维斯瓦河集团军群和中央集团军群之间的高危区域。但和预想不同，该师最终被派往南方集团军群，并奉命在维也纳以北集结。在奥地利的战斗临近尾声时，该师向西撤退，朝美军投降。但在5月12日—13日夜晚，美军看守偷偷离开，并被苏军取代。随后，该师被押往东方，成为苏军的俘虏。[88]

奥得河前线的高级勋章获得者：

骑士十字勋章双剑饰——1945年4月18日，赫尔穆特·马德尔少将（第

143位获得者），元首掷弹兵师师长。

骑士十字勋章橡叶饰——1945年5月9日，埃里希·施密特（Erich Schmidt）少校，元首掷弹兵师装甲团代理团长。

骑士十字勋章——1945年3月5日，赫伯特·亨塞尔（Herbert Hensel）上尉，元首掷弹兵旅装甲燧发枪手营营长；1945年3月5日，戈特弗里德·托尔瑙（Gottfried Tornau）上尉，元首掷弹兵师独立突击炮兵旅代理旅长；1945年4月5日，鲁普雷希特·佐默（Ruprecht Sommer）少校，元首掷弹兵师装甲掷弹兵团第1营营长；1945年5月2日，海因里希·克莱姆特（Heinrich Klemt）上尉，元首掷弹兵师装甲工兵营代理营长①；1945年5月6日，西格蒙德·马特亚（Siegmund Matheja）下士，来自元首掷弹兵师装甲榴弹炮营②；1945年5月9日，海因里希·努恩（Heinrich Nuhn）上尉，元首掷弹兵师装甲工兵营营长③。

施拉格特特别步兵师（第1帝国劳工组织步兵师）[89]

指挥官：

霍伊恩（Heun）中将。

作战参谋：

不详。

战斗序列：

不详。

部队类型：

45年型步兵师（可能）。

战斗力水平：

不详，可能为第3级。

作战综述：

4月12日，施拉格特步兵师在路德维希斯卢斯特（Ludwigslust，第2军区）

---

① 此次授勋旨在表彰克莱姆特在奥地利德意志瓦格拉姆（Deutsch-Wagram）等地战斗中的表现。

② 此次授勋旨在表彰马特亚在奥地利战场的表现。

③ 此次授勋旨在表彰努恩在奥地利战场的表现。

成立，骨干人员来自第299步兵师，并计划采用45年型步兵师编制。[90]4月27日，该师参加了格兰塞（Gransee）–勒文贝格（Löwenberg）地区的战斗（参见《奥得河前线1945》第1卷第11章），并计划与第25装甲掷弹兵师一同向滕普林发动反攻。但上述行动很快被取消，新命令要求该师前往更北方，以便向新施特雷利茨前进。在维斯瓦河集团军群和陆军最高司令部之间，以及维斯瓦河集团军群和第3装甲集团军之间，关于部署计划的争论始终没有平息（参见《奥得河前线1945》第1卷第11章）。在此期间，施拉格特步兵师曾接替了勒文贝格地区的第1希特勒青年团装甲猎杀旅（1.Panzervernichtungs-Brigade Hitlerjugend），还短暂编入过第12集团军下属的第39装甲军，但这只持续了几天时间。随后，该师被返还给维斯瓦河集团军群，并因“救火”任务中的优异表现而受到称赞。5月初，该师与维斯瓦河集团军群残部一起向西方盟军投降。

奥得河前线的高级勋章获得者：

不明。

波罗的海装甲训练分队

指挥官：

？—1945年4月22日，冯·迈尔（von Meyer）中校（临时）；

1945年4月22日—投降，格哈特（Gerhardt）上校。

作战参谋：

托马斯（Thomas）少校。

战斗力水平：

不详。

战斗序列：

该师的师部人员来自第227步兵师师部，下属单位包括第1装甲掷弹兵训练团、第2装甲掷弹兵训练团、装甲侦察营、装甲通信营和高炮训练连，共计8000人和60辆坦克与自行火炮（其中40辆可用），轻武器只有额定数量的60%，机枪（MG 34、MG 42和捷克制机枪）和重型步兵武器则严重短缺。[91]在组建之初，该师只有以下2个营：[92]

第73装甲掷弹兵训练营——总人数2168人（23名军官，209名军士，1936名士兵），武器包括1331支卡宾枪、138支手枪、57挺轻机枪、8挺重机枪、63支冲锋枪、26门迫击炮、1具战车噩梦火箭筒、2门8厘米迫击炮、2门12厘米迫击炮、2门轻型步兵炮、1门重型步兵炮。

第13装甲歼击训练营——总人数1105人（25名军官，237名军士，843名士兵），武器包括791支卡宾枪、112支手枪、23支冲锋枪、24挺轻机枪、3辆三号突击炮、2辆追猎者坦克歼击车。

根据命令，本分队还得到了以下单位的增援：陆军普特罗斯装甲掷弹兵士官学校（Heeres- Uffz.–Schule Pz.Gren.Putlos，第10军区）、魏玛第2士兵级军官候补生预备学校（OB-Schule 2 Weimar，第9军区）和蒙斯特拉格第2军官候补生学校（Fhj.–Schule 2 Münsterlager，第10军区）等。[93]最终作战序列为：波罗的海（A）装甲掷弹兵训练团（下辖第5装甲掷弹兵训练营和第73装甲掷弹兵训练营）、波罗的海（B）装甲掷弹兵训练团（下辖第76装甲掷弹兵训练营和第90装甲掷弹兵训练营）、波罗的海（C）装甲训练团（下辖第5装甲训练营、第13装甲训练营，有2辆豹式坦克和2辆追猎者坦克歼击车）、狙击手培训班（Scharf.Schtz.–Lehrg.）、第4防空训练连（4./Fla.Ausb.Kp）、第82装甲通信训练连、第4机动车补充营、第218装甲工兵训练营。

作战综述：

1945年3月27日，作为“吕滕命令”的一部分，波罗的海装甲训练分队/第227步兵师师部进入战备状态，并开赴普伦茨劳地区担任预备队。[94]4月初，该分队接到指示，替换普伦茨劳附近主战线上几支“不可靠”的党卫军外籍部队，如第1604（俄罗斯）步兵团①、1个罗马尼亚步兵团以及1个匈牙利步兵营。这份命令的制定者是维斯瓦河集团军群司令海因里齐，因为他不相信外籍士兵会在最后一战中为保卫德国领土出力。[95]不仅如此，他还指示第1604（俄罗斯）步兵团在撤出时将50%的轻武器和15%—20%的机枪交给换防的德军部

① 原文如此，第1604（俄罗斯）步兵团实际是陆军单位。

队，其中相当一部分很可能最后由波罗的海装甲训练分队接收。[96]另外，报告还显示，4月17日，该分队共有1辆豹式坦克、3辆四号坦克歼击车和3辆追猎者坦克歼击车处于战备完好状态。[97]

4月25日，由于苏军在普伦茨劳附近达成突破，海因里齐命令波罗的海装甲训练分队脱离预备队并加入第46装甲军，以便发动反击。他们与罗科索夫斯基的苏军先头坦克部队拼杀了24小时，但无法阻挡其前进。4月28日，已有部分兵力被包围和歼灭——按照海因里齐对约德尔的说法，该分队已经四分五裂（参见《奥得河前线1945》第1卷第11章）。4月28日之后，维斯瓦河集团军群的作战日志中便再也没有该部队的记载，其残存人员很可能和其他溃军一同向西撤退。

奥得河前线的高级勋章获得者：

不明。

荷尔斯泰因装甲师

指挥官：

1945年1月28日（？）—2月16日，马克斯·弗雷梅赖（Max Fremerey）中将；

1945年2月16日—2月27日，恩斯特·韦尔曼（Ernst Wellmann）上校；

1945年2月28日—3月21日，约阿希姆·黑塞（Joachim Hesse）上校（？）。

作战参谋：

托马斯（Thomas）少校。

部队类型：

44年型装甲师。

战斗力水平：

不详。

战斗序列：

师部、第139装甲掷弹兵团、第142装甲掷弹兵团、第144装甲营、第144装甲炮兵营、第321陆军高炮营、第144装甲歼击营（可能从未超过连级）、第144装甲侦察营、第144装甲工兵营、第144装甲通信连、第144机动车辆连、第

144师属后勤部队指挥部、第144维修连、第144行政连、第144医疗分队①。

作战综述：

1945年1月底，该师仅用几天时间便在丹麦的奥尔胡斯（Aarhus）–霍森斯（Horsens）–吉夫（Give）一带完成了组建，骨干是第233预备役装甲师（第3军区）的警备装甲战斗群（Alarm- Panzer-Kampfgruppe），[98]人员则来自第233预备役装甲师下属的训练和补充部队、第400突击炮补充与训练营［驻地位于哈泽斯莱乌（Haderslev）–奥克斯伯尔（Oksbøl）］和部分奥克斯伯尔训练场炮兵和高炮训练学校的人员。其中大部分是只接受过“几个小时”训练的新兵，此外还有少量有战斗经验的教官［来自贝尔根（Bergen）的第1装甲部队学校和坦克射击学校］和部分从柏林地区征召的人员。[99]师长则由第233预备役装甲师的师长、骑士十字勋章获得者马克斯·弗雷梅赖中将担任。

荷尔斯泰因装甲师在2月2日离开丹麦，原计划部署到埃伯斯瓦尔德地区，[100]但不久便和第21装甲师对调，以便开赴斯塔加德参与夏至行动。2月5日左右，该师的大部分人员从丹麦抵达，但部分车辆和装备没有到位，还有一些新兵正在汉堡等待运输，稍后才在波美拉尼亚与大部队会合。该师在1945年2月10日的组织结构可见电子附录。

表24 荷尔斯泰因装甲师的当日兵力报告，2月15日[101]

	军官	文职人员	士官	士兵	合计	志愿辅助人员	德国人员
师部	23	10	57	101	191	8	183
装甲营	22	3	271	410	706	29	677
装甲歼击连（自行式）	3	–	56	96	155	11	144
2个装甲掷弹兵团	88	–	624	3318	3970	30	3940
侦察营	11	–	120	179	310	7	303
炮兵	18	3	113	339	473	21	452
工兵	13	5	77	467	562	16	546
通信兵	4	–	36	148	188	6	182
后勤团	13	4	73	383	473	70	403
合计	195	25	1427	5441	7028	198	6830

① 由于战争末期的混乱，各种资料对该师下属单位的番号说法不一。

得益于埃伯斯瓦尔德工厂和维斯瓦河集团军群境内各地提供的物资，该师最终补齐了车辆和装备。下属的第144装甲营由4个连组成，装备了四号坦克、豹式坦克和追猎者坦克歼击车等武器。第144装甲掷弹兵团第1营（装甲运兵车营）则拥有75—80辆中型装甲运兵车和一些自行式重武器，团直属单位则装备了若干门7.62厘米牵引式重型反坦克炮。第144装甲歼击连抵达时间较晚，拥有10辆配有长身管火炮的四号突击炮①，另外还有3个装备7.62厘米自行反坦克炮的排。工兵部队则包括数个装备有轻型装甲运兵车/装甲工程车的排，有些装甲车还配备了重型火箭弹。第144装甲炮兵营（摩托化）包括1个混编自行榴弹炮连，人员主要来自第2炮兵学校。此外，维斯瓦河集团军群也提供了1个来自空军的8.8厘米牵引式摩托化高炮营。装甲通信连（摩托化）则由陆军通信兵学校的人员组成，并基本处于满编状态。[102]在与苏军首轮交战后的2月12日，其下属的第144装甲营共拥有4辆三号坦克、27辆四号坦克、7辆豹式坦克、3辆三号突击炮和8辆追猎者坦克歼击车。[103]

为了全面了解夏至行动的参战部队，尤其是它们的训练和装备情况，温克中将（后来遭遇车祸，并被党卫军上将施泰因纳取代）视察了这个全新的装甲师。陪同温克的是恩斯特·韦尔曼（Ernst Wellmann）上校——陆军最高司令部的一名装甲部队监察员（Inspekteur der Panzertruppen）。[104]在视察期间，师长弗雷梅赖中将告诉温克，在汉堡和吕贝克之间，该师的运兵列车遭到轰炸，第142装甲掷弹兵团团长阵亡。失去这样一位经验丰富的指挥官让弗雷梅赖忧心忡忡，因为他麾下的装甲掷弹兵都是新兵，而且训练不足，可能无法承担进攻任务。应温克中将的请求，韦尔曼上校接过了这个团，并立刻开始搜罗部队，组建装甲战斗群。在温克的支持下，他利用之前的身份搞到了很多紧缺资源，比如士官、技术人员和重型武器，尤其是自行反坦克炮。[105]

荷尔斯泰因装甲师随后被编入蒙策尔军，并奉命保护第1装甲歼击旅一道保护阿尔特达姆东南和斯塔加德西南的集结地——这里将容纳2支分别从西线最高司令部和南方集团军群赶来的部队，即党卫军第10弗伦斯贝格装甲师和党卫

---

① 原文如此，这里可能指的是四号坦克歼击车L/70型。

军第4警察装甲掷弹兵师。为此，荷尔斯泰因装甲师在马杜湖和伊纳河之间与苏军坦克和摩托化部队爆发战斗——这也是他们首次接受战火洗礼。苏军的攻势非常猛烈，在T-34–85坦克和SU-85自行火炮的重压下，该师被迫向北后撤了数公里，直到党卫军瓦隆人突击旅和兰格马克突击旅增援后才挽回了局势。[106]2月15日，该师开始为夏至行动做准备。

2月16日，荷尔斯泰因装甲师奉命向南朝皮里茨进攻，韦尔曼上校的装甲战斗群一马当先——该战斗群由第142装甲掷弹兵团团部和第1营（装备装甲运兵车）、第139装甲掷弹兵团第3营（装备摩托车）①、第144装甲营和第144装甲炮兵营（自行式）第1连（装备自行火炮）组成，[107]最初不费吹灰之力便拿下了维尔本村。随后，在坦克和火箭炮的支援下，他们克服激烈抵抗攻占了舍宁根，并一直前进到舍宁运河河畔，但由于兵力不足，加上苏军防御火力越来越猛烈，所有进攻部队只能暂停前进。受制于复杂的地形和侧翼不断袭扰的小股苏军装甲部队，该师搭乘卡车装甲掷弹兵连很晚才抵达运河。在此期间，师长弗雷梅赖中将也在苏军的突袭中受伤，并被立即送往埃伯斯瓦尔德附近的野战医院。该职务随即被恩斯特·韦尔曼上校接过，直到他在2月27日左右赶赴西里西亚装甲师担任师长一职。[108]

2月17日，战斗继续进行，苏军调来援军，并楔入了该师在斯塔加德以南与党卫军第10弗伦斯贝格装甲师的结合部。这些苏军增援来自近卫坦克第12军，并装备了KV-1和斯大林–2重型坦克②。当天上午，荷尔斯泰因装甲师对大舍恩菲尔德和达姆尼茨发动进攻，但当地的苏军早已严阵以待，并得到了大量反坦克炮和坦克的加强。受制于强大的防御火力，该师未能夺取大舍恩菲尔德，但摧毁了一些坦克和反坦克炮，[109]还击退了18辆苏军坦克向北朝瓦尼茨的反击。有报告显示，该师当面的苏军坦克大约有30—45辆之多。[110]随后10天，整个前线仍在不时爆发战斗，而且战况大多十分激烈。

荷尔斯泰因装甲师在最初几周的战斗中付出了巨大代价，而且其中不乏经验丰富的军士和军官——没有这些核心人员，各团的大量新兵将彻底沦为

---

① 原文如此。

② 原文如此，KV-1坦克在1943年之后已基本退役，不在近卫坦克第12军的装备清单上。

"鱼腩"。[111]同样失血严重的还有装甲营，到2月28日，装甲营实力已下降到了19辆四号坦克和4辆三号突击炮。[112]

2月25日，强大的苏军坦克部队撕开党卫军第10军和第17军①的结合部，并沿着鲁梅尔斯堡–科斯林一线向北推进。为了阻止这些行动，第2集团军把第7装甲师和党卫军第4警察装甲掷弹兵师投入了这个方向，而第3装甲集团军则抽调了冯·特陶军级集群、荷尔斯泰因装甲师和一个由2个营组成的装甲歼击分队。但局势仍在恶化，3月2日，德军唯一的机会是向坦佩尔堡南部和东部调动部队，削弱苏军在当地的突出部。这样一来，德军就可以在小萨宾附近的湖区–法尔肯堡以东–大卡默湖一线收缩兵力，并用抽调的部队封闭拜尔瓦尔德以南的一处8公里缺口。根据这一方针，荷尔斯泰因装甲师奉命从巴布利茨西南地区向东发动进攻，但由于苏军的顽强抵抗，他们只突破了一道反坦克障碍，并占领了少量土地。[113]

随着苏军不断向北进攻，冯·特陶军级集群终于陷入孤立，并被迫向西撤退。在此期间，荷尔斯泰因装甲师先是在席费尔拜因西北部和普拉特西北部占据了一片阻击阵地，之后开始向雷加河（Rega）流域撤退。3月9日左右，冯·特陶将军命令该师不仅要"充当突围的前锋"，还要"为全军殿后"。1个营级战斗群很快组建起来，其中集结了全师最后的坦克、装甲运兵车（大约25辆）和重武器。经过匆忙准备，他们开始从波罗的海沿岸的霍斯特（Horst）和卡尼茨农庄（Hof Karnitz）②周围地区向西进攻。该师的装甲掷弹兵连则负责在侧翼殿后，并得到了包围圈内其他部队的支援。此时，该师的装备只剩下了18辆四号坦克、几辆7.5厘米自行反坦克炮、3辆突击榴弹炮（15厘米自行步兵炮）和20—25辆装甲运兵车，另外还有一些自行高炮和装甲侦察车。第144装甲炮兵营则拥有7辆完全可动的自行火炮和3辆2厘米自行高射炮。3月10日，冯·特陶军级集群开始突围。作为其北方突围集群的组成部分，荷尔斯泰因装甲师的1个战斗群和布赫瑙军官候补生团（来自拜尔瓦尔德作战师的余部）的1个混编加强燧发枪手营率先发起了突围行动。冯·特陶中将的司令部也与该集

---

① 原文如此，应为第18山地军。
② 即今天波兰的卡尼采（Karnice）。

群通行。无视苏军的激烈抵抗，该战斗群通过奇袭夺取了雷加河上的铁路桥。之后，在第5猎兵师下属单位的支援下，他们扩大了西岸的桥头堡，然后向霍斯特–卡尼茨一线推进。3月13日，该战斗群强行穿过苏军的多道封锁线，成功与迪夫诺夫附近的德军会师。[114]一些荷尔斯泰因装甲师的人员奉命重新担任殿后部队，直到冯·特陶军级集群的所有残余部队和难民冲破包围之后才返回德军防线。[115]

3月13日16时，冯·特陶军级集群前往斯维内明德期间，曼陀菲尔和艾斯曼在电话中谈到了这些部队，艾斯曼报告说，冯·特陶所部、第5猎兵师和荷尔斯泰因装甲师“状态大体良好”。3月15日和17日的报告显示，荷尔斯泰因装甲师总共只有3590人，[116]而且失去了全部装备和重武器。[117]3月21日，荷尔斯泰因装甲师宣告解散，人员则被并入重建后的第18装甲掷弹兵师。

奥得河前线的高级勋章获得者：

不明。

西里西亚装甲师

指挥官：

1945年2月28日—4月，恩斯特·韦尔曼上校。

作战参谋：

考夫曼中校。

部队类型：

44年型装甲师。

战斗力水平：

第3级，机动车辆到位率70%（1945年3月1日）。[118]

战斗序列：

西里西亚装甲掷弹兵团（在下令组建第2个团后，于3月7日改名为第1西里西亚装甲掷弹兵团）、第2西里西亚装甲掷弹兵团（3月7日下令，但从未组建完毕）、西里西亚装甲营、西里西亚装甲炮兵团、西里西亚装甲歼击连（后来升格为营，但不清楚其他几个连是否到位）、西里西亚装甲侦察连、西里西亚装甲工兵连、西里西亚装甲通信连、西里西亚机动车辆连、西里西亚维修连、西里西亚行政连、西里西亚医疗分队、西里西亚野战邮局。

作战综述：

该师最初于2月21日以德布里茨装甲师的名义成立，但次日即改名为西里西亚装甲师。骨干来自第10装甲旅旅部（陆军直属部队），其他人员则来自第303装甲营（陆军直属部队）、第106炮兵团第1营（陆军直属部队）、第32装甲工兵营第3连（来自第12装甲师）和各个军区，[119]师长恩斯特·韦尔曼之前曾担任荷尔斯泰因装甲师师长。3月1日，该师共有5383名官兵（175名军官、1283名士官和3925名士兵），装备包括19辆四号坦克、8辆四号坦克歼击车L/70型、9辆追猎者坦克歼击车、65辆装甲运兵车/装甲侦察车/炮兵观测车，28门远程火炮、331挺机枪、140辆牵引车、156辆轿车、313辆卡车和39辆履带车。另有2辆四号坦克、2辆四号坦克歼击车L/70型和2辆追猎者坦克歼击车预计将在3周内交付。[120]这支部队也是战争后期德军动员仓促、兵力来源鱼龙混杂的写照，按照韦尔曼上校的评论，该师的装甲掷弹兵团由7个军区的人员组成，训练水平参差不齐，指挥官和士兵彼此陌生，而且“违反军事和训练基本方针的情况屡见不鲜”。此外，在各个装甲掷弹兵团的指挥人员中，只有10%的军官拥有战斗经验。[121]韦尔曼认为，该师只有装甲营、装甲歼击连、装甲侦察连、炮兵营和高炮营①的训练称得上合格，至于师部护卫连、工兵连和通信连不仅训练水平低劣，而且彼此缺乏配合。通信连甚至对无线电设备颇为陌生，导致师属单位很难相互协同。此外，韦尔曼还提到，东西线的形势给他的部下带来了心理冲击，令“部队缺乏作战意愿”（Truppe nicht einsatzwillig）。[122]

该师原计划调拨给第9集团军，并在2月26日接到命令前往菲尔斯滕瓦尔德（Fürstenwalde，位于奥得河畔法兰克福以西）。[123]3月初，上级又准备将其部署在明谢贝格和泽劳之间。但最终，该部队都没有被编入第9集团军，而是在3月6日被派往第3装甲集团军麾下。[124]

在这段时间，第9集团军司令部曾审查了该师的状况，并向集团军群司令部做了汇报。这份日期为3月8日的文件由布塞将军签署，指出该师的军官都很

---

① 该营未出现在上文的“战斗序列”部分，实际是空军第420重型高炮营，也被称为西里西亚高炮营。

年轻，而且缺乏经验，整个师的训练也“低于平均水平，并因为（训练）仓促而缺少凝聚力”，装甲掷弹兵和装甲兵配合不佳，卡车司机普遍没有夜间行车经验。该师的大部分坦克、装甲运兵车和卡车都是新的，还有一些正在从工厂运来。这份直言不讳的报告引起了希姆莱的注意——因为该师的组建是希特勒的批示。他随即让菲格莱因用电传将报告转发给元首地堡，还在最后补充道：“我已要求容根费尔德（Jungenfeld）上校进行核实，之后会告诉您结果。”[125]看上去，希姆莱对布塞的报告感到十分不快——他之所以向菲格莱因发报，显然是为了向希特勒表达一种态度：他怀疑陆军的指挥官，更怀疑他们的训练能力。在早些时候，希姆莱曾反复向希特勒夸耀党卫军对第1海军步兵师的训练成果——从这一贬一褒中也不难看出他的真实目的。事实上，在希姆莱指挥下，军种之间的倾轧随处皆是，而这份报告正是其中的一个缩影（参见下文第1海军步兵师的“作战综述”部分）。

西里西亚装甲师首次投入前线是在斯德丁以北——维斯瓦河集团军群3月7日的作战地图显示，该师的阵地位于珀利茨的合成燃料工厂正南方，似乎是为了阻止苏军突然渡过奥得河下游，并保护这处对帝国战争经济意义重大的区域。几天后的3月10日，该师向南移动，越过奥得河进入阿尔特达姆桥头堡，[126]并作为第39装甲军的一部分，部署在桥头堡南部的第25装甲师和第1海军步兵师之间。3月10日，该师辖下的一个集群从布吕肯（Brücken）发起进攻，一度突入了附近的森林，但旋即被苏军的反击击退。[127]随后几天，战斗仍在继续。3月14日凌晨，该师再次从布吕肯出击，并抵达了41号地点（Point 41）以西的一处阵地。苏联人在远程火炮和坦克的支援下发动逆袭，给西里西亚师造成了重大损失。为了避免后续伤亡，该师只好停止攻击。[128]

该师3月10日—13日战斗的总结报告显示，装甲掷弹兵营损失惨重，尤其是下级指挥官和军官。[129]3月11日至15日，该师的伤亡高达2000人——相当于平均每天400人！[130]由于炮兵不足，该师得到的火力支援非常稀少，而通信设备的短缺更令战术行动雪上加霜。此外，在进攻期间，配属单位——空军第420高炮营的营长甚至从未在前线露面。[131]3月15日，苏军发起大规模进攻，试图蚕食阿尔特达姆桥头堡。经过1小时的炮火准备，其矛头直指该师的南部和东南部前线，即42号地点和布吕肯之间。在争夺布吕肯的逐屋巷战中，该师的装甲掷弹兵用铁拳摧毁了5辆苏军坦克。[132]3月19日/20日，西里西亚装甲师残余部队组成的战斗群从桥头堡撤退。因为战斗力低下、伤亡巨大等，该师在3月21日被解散，残余人员被编入重建后的第18装甲掷弹兵师。

奥得河前线的高级勋章获得者：

不明。

第1133装甲歼击营[133]

指挥官：

施密特曼（Schmidtmann）中尉。

战斗力水平：

第1级，机动车辆到位率100%。

战斗序列：

12辆四号突击炮，4辆三号突击炮，4辆追猎者坦克歼击车，10门重型反坦克炮（来自斯德丁）；日常兵力523人，战斗兵力273人（其中85人来自随行掷弹兵排）。

作战综述：

该营是独立单位，4月20日作为第32军的一部分部署在斯德丁西北部，随后一直在第32军麾下作战，直到5月初投降。

奥得河前线的高级勋章获得者：

不明。

第6装甲歼击营

指挥官：

不详。

战斗力水平：

不详。

战斗序列：

17辆追猎者坦克歼击车。

作战综述：

该营为独立部队，由第3装甲集团军指挥，但第一手资料中的记录极少。

奥得河前线的高级勋章获得者：

不明。

第184突击炮旅/第184独立突击炮兵旅

指挥官：

1944年9月—？京特·利特曼（Günter Liethmann）上尉；

？—1945年2月，汉斯·德拉特瓦（Hans Dratwa）上尉；

？—1945年4月7日，弗兰克·科内利斯（Frank Cornelius）上尉。

战斗力水平：

不详。

战斗序列：

旅部、第1连、第2连、第3连。

作战综述：

1944年9月底，该部队参与掩护了纳尔瓦集群（Gruppe Narwa）和第16集团军从佩普西湖（Lake Peipus）地区撤退的行动，并先后转战里加和梅梅尔等地。随后，该旅将一半兵力留在梅梅尔，另一半则穿过库尔斯沙嘴（Kurische Nehrung）撤退，并在11月中旬抵达柯尼斯堡。1944年12月17日至1945年1月28日，该旅在简单休整后被调往库尔兰，并在第18集团军麾下作战，后来又在1945年1月29日转入第16集团军。3月初，他们奉命将剩余的突击炮移交给第600独立突击炮兵旅，并随旅部经海路前往斯德丁，然后乘火车前往帕斯沃克东南方的法伦瓦尔德（Fahrenwalde），以便接收新突击炮。[134]3月中旬，第184旅奉命开赴采登桥头堡，并在3月27日的战斗中击毁了12辆苏军坦克和2辆自行火炮，而自身损失只有4辆突击炮和5个高射炮战斗小组（Flak-Kampftrupps）。[135]3月28日，该旅副官在一份内部备忘录写道：

在骑士十字勋章获得者利特曼上尉的领导下，我们在奥得河前线1天的作战中击毁了12辆敌军坦克，使总战绩上升到750辆。

其中9辆是第184独立突击炮兵旅第1连的排长温克尔曼（Winkelmann）少

尉在面对优势敌军的极端不利的条件下击毁的。[136]

就在这一天，海因里齐亲自发来贺电，赞扬了这支部队的成就，他在电文的最后写道："……我特别提出表扬。"[137] 从桥头堡撤出后不久，该旅更名为第184独立突击炮兵旅，并在4月初接受了补充和休整，此时，该旅一共有23辆三号突击炮和8辆42H型突击榴弹炮处于战备完好状态，另有1辆突击炮正在接受长期维修。在此期间，该旅一直驻扎在诺因多夫-霍亨萨滕（Hohensaaten）。

在苏军向柏林发动总攻之后，该旅奉命赶往埃伯斯瓦尔德，掩护向西撤退的步兵（来自第9集团军下属的第101军）和难民潮。在与苏军交战期间，弹药问题导致数辆突击炮发生炸膛。4月25日，第184突击炮旅乘火车离开第101军地段，前往第3装甲集团军境内的帕斯沃克一带，[138]并先后在兰克（Lanke）、利兴（Lychen）、利本瓦尔德（Liebenwalde）、采德尼克和新勃兰登堡（Neubrandenburg）等地与苏军周旋，直到第3装甲集团军的其余部队顺利后撤。在撤退至居斯特罗（Güstrow）和斯滕贝格（Stenberg）村之间时，由于缺乏备件和弹药，该旅被迫炸毁了其余的突击炮，剩余的支援车辆则被用于向西运送伤员和难民。5月3日，第184旅在霍亨菲歇尔恩（Hohen Viecheln）向西方盟军投降。[139]

奥得河前线的高级勋章获得者：

不明。

第210突击炮营/第210突击炮旅

指挥官：

1945年1月—?，迪特里希·朗格尔（Dietrich Langél）少校；

1945年4月1日—？，黑尔梅特·博克（Helmet Bock）上尉；

1945年4月，阿尔特霍夫（Althoff）中尉；

5月—投降，兰齐奥（Randzio）中尉。

战斗力水平：

不详。

战斗序列：

旅部、第1连、第2连、第3连。

作战综述：

1月中旬，苏军的维斯瓦河–奥得河战略进攻行动开始时，第210突击炮旅正部署在巴拉诺夫桥头堡前线的第4集团军境内，并在随后3天的激战中和2支姐妹部队（第201突击炮营/旅和第322突击炮营/旅）一同被苏军歼灭。1月31日，在昂格明德，德军将这3个单位的残部合并为新的第210突击炮营/旅，全旅共拥有31辆四号突击炮。关于他们在奥得河前线的部署情况，第2连的阿图尔·弗里斯（Artur Fries）留下了详细记录：

1月31日：为驾驶突击炮，我志愿前往昂格明德——第210突击炮旅重组的地方。因为这里肯定不只需要车辆，还需要驾驶员。施迈因–恩伯丁（Schmeing-Engberding）中尉看到我步履蹒跚的样子（弗里斯曾在1944年9月初与苏军的白刃战中受伤），顿时泛起了嘀咕。但看到我登车、就位和开车的身手依旧灵活，他还是同意了，并把我安排到他指挥的第2连。我的车长是身材矮小的下士——一个特别和善的人；排长是哈特维希（Hartwig）下士，一个勇猛无畏的战士。我最初驾驶的是一辆三号坦克M型，配有1门5厘米主炮。最初几天，我们用焊接钢板和混凝土为坦克制造了附加装甲。在驾驶坦克进入城市时，我与一辆卡车发生剐蹭，导致右侧的侧裙板被撕掉。总之，尽管付出了种种努力，我还是有些不适应。

2月6日：我作为驾驶员随第210突击炮旅开赴施韦特。在奥得河畔，我们认识了一些党卫军第7伞兵团（即阳光团）的人，他们的指挥官是斯科尔兹内。有个施韦特的家庭邀请我们车组做客。但我们刚放松下来，就传来了警报，大家一起向突击炮奔去。夜里，我们越过奥得河大桥，进入施韦特桥头堡。

2月7日：天一亮，我们进入集结区，为尽量保持安静，我们故意降低了车速。在此期间，一队工兵负责伴随我们前进。被苏军占领的格拉博镇就在我们面前。一种不自然的安静和紧张的氛围到处蔓延。突击炮各自找到了目标。我们选择的是1门苏军反坦克炮。紧张的气氛逐渐变得难以忍受。这是我第一次作为突击炮驾驶员参与行动。（作者按：尽管弗里斯之前说他驾驶的是1辆三号坦克，但这里的原文确实是“突击炮驾驶员”）但奇怪的是，相对于自己，我倒是更为工兵们的安危捏一把汗。5点左右，我们的突击炮全力开火，准确命中目标。刹那间战场上如同天崩地裂。我们迅速推进，一路穿过格拉博镇向汉泽贝格（Hanseberg）①村进攻。在那里，我们就像是钻进了马蜂窝。苏军顽强抵抗，双方杀得难解难分。但最终我们还是做到了——汉泽贝格落入了我们手中。

2月8日：我们在（施韦特）桥头堡又打了几场胜仗。

2月9日：我们对汉泽贝格附近的一片树林发动攻击，而且战绩不错。

2月10日，第210突击炮旅第3连的科勒（Köhler）少尉和霍斯特·瑙曼（Horst Naumann）少尉在施韦特桥头堡的约翰尼斯格伦德（Johannisgrund）和63号地点附近遭遇大批谢尔曼坦克，这些坦克是由西方盟国通过“租借法案”提供给苏军的。[140]

弗里斯则继续写道：

2月11日：返回昂格明德。奥得河大桥的钢梁上有4名被吊死的士兵。他们的背上都有一块牌子，上面写着：我被处以绞刑，因为我试图抛弃战友。我们感到沮丧、愤怒、迷惘，但不敢谈论此事，这些话就像卡在喉咙里一样说不出口。

很多德国老兵——不管军衔和军种（包括党卫军）——都曾提到过希姆莱担任司令时的严刑峻法。当时，纪律已经成了问题，特别是在苏军发动维斯瓦河-奥得河战略攻势之后，这导致很多士兵被当众绞死，惨状则在部队中大肆宣扬。弗里斯的记录继续道：

2月14日：全旅转移到奥得贝格。

① 即今天波兰的克日莫夫（Krzymów）。

2月15日：其他突击炮都去执行任务，但我只能前往旧昆肯多夫（Alt Künkendorf）的维修设施。

2月19日：返回奥得贝格。先前参战的部队也在这里。

2月21日：我们仍然在奥得贝格。

2月28日：我被授予（装甲）突击章。（证书）签字人：朗格尔少校。

3月5日：运输——全旅乘火车前往格赖芬哈根，与第1海军步兵师同行，该师将为我们提供掩护。

随后，第210突击炮旅进入了阿尔特达姆桥头堡。弗里斯则继续着他的记录：

3月6日：在格赖芬哈根附近的坦托。

3月7日：克勒博的战斗非常艰苦。

3月8日：在谷地另一侧，很多前进中的坦克突然向我们暴露出侧面。它们的前进路线比我们的阵地略高，所以我们一开始无法判断它们的身份。无论如何，它们不是T-34，但随后我们看清了——那些都是美国的谢尔曼坦克。我们分散开来，开炮射击，摧毁了其中的大部分，只有一小股转身逃跑了。

3月8日至16日，第210突击炮旅各连都投入了阿尔特达姆桥头堡的激战，并与苏军装甲部队爆发了一系列惊心动魄的交火。其间，第3连在不到600米的近距离击毁了4辆斯大林–2，其中2个战果由科勒少尉取得。随后，该旅的第1连和第3连开赴格赖芬哈根地区，以便在当地保护德军的退路。在此期间，他们遭到猛烈炮击和轰炸。3月16日，一支由18辆谢尔曼坦克组成的苏军攻击部队试图突破第1海军步兵师和西里西亚装甲师的侧翼。在战斗中，第210突击炮旅击毁了15辆谢尔曼，其中6辆由科勒少尉击毁，因为这次战斗，科勒后来被授予骑士十字勋章。[141]

弗里斯和其他战友在回忆中都提到，盟军援助物资越来越多地出现在前线苏军部队当中。其中不仅有大量的卡车和吉普车，还包括了坦克。弗里斯的记录继续道：

3月9日：由于车辆损坏，我们在维修设施。

3月10日：突击炮维修完毕，我们重新投入行动。

3月11日：我们的突击炮受损，不得不去维修设施。后撤时，一位将军拦住了我们。他很不友好，指责我们逃跑，并让人检查突击炮是否真的漏油了。之后，他又让我们把他的轿车拉出泥泞。在此期间，我们的一条履带空转起来，溅了他一身泥。

3月15日：修好突击炮后，我们马上返回格赖芬哈根，并得到了热情迎接。在我们眼前，第1海军步兵师的战友们离开堑壕，分批前去打饭。苏联人肯定早已摸清了我们的阵地，一听到这些“锅碗瓢盆”的响动，就立刻发动进攻，并轻松赢得了胜利。自然，我军伤亡惨重，只好仓促撤退。其间，我看到一个身穿阅兵礼服、脚蹬一双破旧的漆皮鞋的海军军官，还有一个村庄直接在窗外挂出了（代表投降的）白床单。

3月16日：我们在莱措斯菲尔德（Redzowsfelde）①、费迪南斯泰因（Ferdinandstein）②和温特斯菲尔德（Wintersfelde）③抵挡敌军，并经历了很多艰苦的防御战斗。桥头堡计划在夜间疏散，我们为西里西亚装甲师的残部和其他步兵提供掩护。我们开上高速公路桥的时候形势极为紧张，因为桥上已经布设了炸药。由于突击炮上全是伤员，我只能多次用蛮力推开堵住驾驶员观察口的人。我们刚过桥，它就伴着猛烈的爆炸声坠入了奥得河。

在与苏军装甲部队的另一次激战中，该旅展示了卓越的战术技巧。当时，第1海军步兵师的防线被28辆苏军坦克突破。该营的一名排长——汉施泰因（Hanstein）少尉——前去迎击，在15分钟内摧毁了7辆苏军坦克，挫败了这次进攻：[142]

3月17日：经过几天苦战，我们终于在海因里希斯霍夫（Heinrichshof）得

① 原文拼写如此，正确拼写应为Retzowsfelde，即今天波兰的拉齐泽沃（Radziszewo）。

② 即今天波兰的达莱塞沃（Daleszewo）。

③ 即今天波兰的切皮诺（Czepino）。

到了3天休息——这也是医生的要求。

3月18日：一位战友做了樱桃煎饼。但我等不到中午开饭，因为我还要负责突击炮的整备工作。于是，我在众目睽睽之下拿着一大份煎饼离开了。随后，我钻到突击炮的底盘下，试图打开放油塞，但我搞错了位置。结果放出的不是废油，而是宝贵的燃料。我很快就意识到了问题，并把塞子重新装好。看来格赖芬哈根这个地方真的和我“命数不合”。

3月21日：全旅在坦托登上火车，准备开赴其他地段。这次我们会去哪里呢?

3月22日：抵达明谢贝格。

3月23日：在民房中休息一天，没发生什么大事。

3月24日：启程前往法尔肯哈根（Falkenhagen），在当地集结。

3月28日：我和另外3个战友奉命前往明谢贝格参加预备军官候补生培训班。我在一座民宅中安顿下来，与房主全家相处融洽。课程的主讲人是海因里希·科勒（Heinrich Köhler）少尉。整个培训班共有10—12名学员，其中一位之前是园丁。

4月6日：由于全旅要赶往前线的其他地段，培训班只好停办。所有人登上火车。

4月7日：我们来到海纳斯多夫（Heinersdorf）以北的一片林地，再次集合起来。苏军是否很快就会进攻?

4月12日，该旅改名为第210独立突击炮兵旅。对于随后发生的事情，弗里斯这样写道：

4月14日：我们坐上火车，最初是去柏林。在霍斯特·瑙曼少尉的指挥下，一些突击炮被装载上车，准备和我们的军列编组到一起。在等待出发期间，空袭警报突然响起，我们被迫钻进一处地铁隧道。奥托·亚当（Otto Adam）带着吉他。另一位同志和我分别拿着手风琴和口琴。我们在地铁隧道里边演奏，边唱歌。在场的柏林人有的表现热情，有的很生气。当我们从地铁隧道返回火车站时，雨点般的石块从桥上飞下。但我们没有被吓倒，终于抵达了火车。火车一直开到霍恩费尔德（Hohenfelde）车站，在这里等待着苏军进攻。

弗里斯此行是为了接收新车。柏林从来都是纳粹党的地盘。但在战争的最后几个月，长期沉寂的共产主义分子重新在当地出现，特别是在各大兵工厂所在的工人区。正如弗里斯的回忆，在有些情况下，他们冒着被盖世太保处决的危险，公然对进出城市的德军表示不满。

4月初，第210独立突击炮兵旅一共有12辆三号突击炮、13辆42H型突击榴弹炮，11辆四号坦克歼击车L/70（V）型，另外还有2辆三号突击炮、2辆42H型突击榴弹炮、2辆四号坦克歼击车L/70（V）型正在接受长期维修。[143]

对于随后发生的事件，弗里斯写道：

4月18日：我们已经无处可退，并且被再次派往前线。我们向斯德丁附近的奥得河畔前进，挫败了苏军在当地渡河的企图。

不久之后的4月20日，白俄罗斯第2方面军对第3装甲集团军发动全面进攻。弗里斯这样记录随后发生的事件：

4月20日：在斯德丁西南的一片树林里，我们煮了一头“前来投奔我们”的猪。（作者按：根据希姆莱的命令，这种行为会被当场枪决；不清楚这种做法是否被海因里齐沿用，或者只是遭到了部队的纯粹无视）。这是对希姆莱的命令——“掠夺物资者一律枪毙！”——的无视。我站在火堆旁边，把肉全部切片。肉片刚出锅，就被战友们抢光了。顺着烟雾，一架苏军飞机飞来并投下了炸弹。

我迅速抓起两片肉，钻到突击炮的底盘下，一枚炸弹就在我的身后爆炸。但除了军服外套背面被撕破之外，我安然无恙。后来我们把剩下的猪肉煮好放进饭盒，但几天后，我们试图再次享用时，发现猪骨头上早已生蛆，于是一个大快朵颐的机会没有了。我们菜单上的另一个变化是多了“Schoko-Cola”巧克力和苏式培根猪油加硬面包。同一天，军官候补生奥托·亚当被提升为下士。

4月21日：在施韦特作战。我们半夜穿过燃烧的城市，这让所有人感到难受。这是开始作战的地方，我们对这个城市已经有了感情。

4月23日：新的作战区域是维尔拉登（Vierraden）。

4月21日至23日，第210独立突击炮兵旅与第281步兵师共同前往科比措地区，以便巩固当地的德军防线。4月23日，该旅奉命协同第547国民掷弹兵师和部分伞兵部队（可能是第9伞兵师的残部）夺回科比措。但由于苏联空军活动频繁，该旅的突击炮一度只能躲在铁路立交桥下。但它们最终设法开出隐蔽部，并帮助了在村内战斗的伞兵——由于局势混乱、缺乏协调，它们只能在战斗中使用车载机枪。最终，该村被德军夺回。[144]弗里斯继续写道：

4月24日：我们和连里没有参加战斗的其他突击炮会合。

加尔茨（Gartz）以北的德军阻击阵地遭到苏军包抄，但在坦托，该旅的突击炮和韦尔曼上校的集群守住了防线。4月25日，德军设法在卡塞科（Kasekow）–瓦廷（Wartin）–施莫林桥头堡（Schmöllin Bridgehead）–沃林（Wollin）–克拉科（Krackow）之间重新建立了一条新防线。面对白俄罗斯第2方面军的先头进攻部队，当地的守军兵力不过只有800人、30门高炮和14辆突击炮——来自韦尔曼集群、第2海军步兵团、高炮部队和第210突击炮兵旅的残余单位，而在更南方的帕斯沃克地区则是损失惨重的第184突击炮旅。[145] 4月25日，本旅第2连遭到苏军的迂回和包围，但设法突围抵达了维尔拉登。弗里斯对当时的情况写道：

4月25日：我们的任务是对付在霍恩费尔德以北约20公里处突破的苏军步兵和坦克。我们沿着一条林间小路前进。左边的树林地形缓缓抬升，右边是一道相当陡峭的上坡。突然间，我们来到了一支庞大的苏军步兵部队中间。苏联人成百上千地从左边涌来，越过小路，冲上山坡，几乎没有注意到我们的存在。当时我在先头车上。由于苏军越来越多，我们决定找一个时机转向。我等到了一个好时机，然后掉头就走，其他突击炮也如此行动。此时，苏军注意到了我们。他们停止前进，向我们冲来，顿时，地狱般的火力降临到我们头上，挡住去路的苏军数以百计。但我们也全力开火，最终将封锁打破，与我们同行的步兵也只有少量伤亡。在那之后，我们打了几次漂亮的防御战，但敌军继续从我们的左右两翼推进，到下午时分，我们陷入包围。经过在霍恩费尔德、布卢门哈根（Blumenhagen）和维尔拉登的战斗，我们成功逃了出来。我们突破最后一道反坦克障碍是在傍晚时分，在那之后，我们刚想喘口气，却被一名国民突击队发射的铁拳火箭弹击中——他把我们当成了苏军。一道闪光从战斗室划过，撕裂声几乎把我们的耳膜震破。每个人都以为“现在完蛋了”，因为弹药随时可能爆炸，把我们送上天堂，但幸运之神眷顾了我们。这枚铁拳只炸开了车上的混凝土和焊接钢筋，除此之外，突击炮还能使用。

4月26日：我们马不停蹄，驾驶受损的突击炮再次投入行动。苏军正在急速追击，我们必须拖住他们，为行动较慢的人员提供保护。但因为害怕遭到包围，我们被迫再次后撤。我们找到了一处完美的防御阵地，并将突击炮安置在精心伪装的射击掩体中。当天，敌军始终没有前进一步。我们再次拯救了成千上万的难民——如果不是这样，难民纵队就会被苏军像割草一样打倒。

4月27日：直到晚上，我们才撤到滕普林。苏联人已在北面撕开防线，我们睡了不到4小时，就被迫重新投入战斗。我们向敌人进攻，车上载着党卫军士兵。我们想弄清楚敌人前进了多远，因为局势已经完全失控。我们在一座小村庄与敌人狭路相逢，但我们守住了村庄，然后在傍晚再次回到滕普林。

4月28日：午夜。我们加好油并补充完弹药，刚想去睡觉，突然作战命令传来。我们需要守卫城市，抵御苏军的先头装甲部队。天亮后，我们进一步后撤，在菲尔斯滕贝格（Fürstenberg）附近一个小村庄中占据了阵地。10点，苏军也接踵而至。他们的先头坦克部队试图强行突破，但徒劳无功。在此期间，我们被安置在一处铁路地道桥附近。铁路路堤非常陡峭，苏军只能反复尝试冲进地道口。我们故意放他们过来，让他们开出一段路再开火，直到残骸把出口堵得水泄不通。11时30分左右，苏军搬来重武器，用“斯大林管风琴”、17.2厘米榴弹炮和12厘米迫击炮狂轰滥炸。我们被迫撤退，但在几公里外，我们的5辆突击炮配合1个伞兵排在苦战中守住了新防线。我们知道在为何而战：身后的主补给线上的难民纵队和撤退友军——绝不能让他们遭到伤害。下午晚些时候，面对80多辆滚滚前进的苏军坦克，我们只好再次撤退，但只是前往3—4公里外的下一座村庄边缘。在那里，我的突击炮中弹，被迫撤出战斗。但其他4辆突击炮则留在村庄附近，一直防守到深夜。

4月29日：1点30分，我们与后勤纵队安全会合。他们立刻开始维修我的突击炮。10点，其余4辆突击炮也抵达了当地。14点，俄国人尾随而至。后勤纵队跑得无影无踪，而我们坚守阵地直到次日早上。

4月30日：我们在撤退时突然陷入包围。部队只好分头行动，其中一组包括2辆突击炮，另一组则有3辆。我加入了由2辆突击炮组成的分队，并在最后时刻从包围圈的一个小缺口脱身。但其余3辆突击炮则没有那么幸运，虽然埃勒特（Ellert）的突击炮在突破封锁时完好无损。但哈特维希（Hartwig）军士长的突击炮却在贝森贝格（Besenberg）被1辆T-34直接命中，只好自行炸毁座车。奥伯兰德（Oberländer）上士阵亡，他的座车虽然成功突围，但随后被迫在我们的集合地——米罗（Mirow）被炸毁。争夺米罗的战斗随之开始。鉴于燃料所剩无几，一位将军命令我们在城市外围为突击炮构建掩体，并在那里战斗到最后一弹，然后将突击炮炸毁。我们只是部分地遵守了命令，并因此保住了机动能力。

5月1日：当苏军逼近时，城市内发生了激烈战斗，与我们共同坚守的还有一支党卫军的追猎者部队（作者按：即党卫军第560装甲歼击营）。这些坦克歼击车非常灵活，但不如苏联的坦克。我们加入了巷战，并尽力为他们提供支援。我们看到一辆追猎者为躲避苏军坦克钻进了一条路旁小巷。苏军坦克穷追不舍，一边在公路上笔直前进，一边朝追猎者开火，我们把准星对准街口，在苏军坦克出现的瞬间从侧面打出1发穿甲弹。这枚炮弹显然击中了敌方坦克的弹药，导致苏军坦克在瞬间四分五裂。幸亏我们在场，追猎者得救了。中午，由于弹药耗尽，我们被迫撤往桥梁对面，那位将军站在对岸，威胁说如果我们过桥，就下令击毁我们的突击炮。我的车长——一名少尉——和他争吵起来。最后，面对突击炮的炮口，将军害怕了，只好乘着轿车离开。在过桥时，我们见证了悲剧的一幕。一名上尉和一名帝国劳工组织官员拿着手枪相互威胁，勒令对方带着部下回到对岸（去抵御苏军）。由于他们之间是平级关系，因此谁也都不愿让步，而且都威胁说，如果对方不照办，就会向他开枪。曾几何时，德国军队是那么的强大，但现在却有瓦解的迹象。我们就这样带着厌恶在下午启程了。

但埃勒特下士被迫留在当地，并被配属给1支作为援军抵达的坦克部队。谢天谢地，我们终于碰到了一辆来自旅部的卡车，为我们提供了燃料和弹药，使我们可以继续去与后勤纵队会合。在路上，我们不止一次遇到了各种散兵游勇。他们毫无秩序，成群结队地向西逃窜。我们还看到一名军需官拿着冲锋枪站在一座军粮仓库前，试图阻止士兵们进入。但得知苏军坦克已经出现在视野内之后，他便在门后消失了。士兵们进入仓库，试图搜寻食物。不久之后，军需官钻进了一辆旧的欧宝奥林匹亚汽车，试图逃走。但车子不久就停了下来，就在军需官下车打开引擎盖的时候，仓库里传来“咔嚓”一声，接着就是爆炸。原来，他根据命令引爆了销毁物资的炸药。我们的士兵被这种“忠于职守”的行为激怒了，向汽车扔去一枚手榴弹，军需官只好徒步逃生。

5月2日：抵达位于克里维茨（Crivitz）的后勤纵队。此时我们得知，其余的突击炮已在当地自毁。作为全旅仅有的车辆，我的突击炮和旅长座车一同出发，前往西方。

5月3日：炸毁突击炮；成为俘虏。[146]

克里维茨镇位于什未林郊外，是许多德军撤退的最终目的地。在当地，英国第21集团军群下属的美军部队接纳了这些投降者。

奥得河前线的高级勋章获得者：

骑士十字勋章——1945年4月20日，海因里希·科勒少尉，第210独立突击炮兵旅第3连某排排长。

第402特别师/第402训练师

指挥官：

1945年2月2日—？，陆军中将冯·施莱尼茨（von Schleinitz）男爵；

？—投降，恩斯特·鲍尔（Ernst Bauer）少将。

作战参谋：

骑兵上尉冯·伯恩斯托夫（Bernstorff）男爵。

部队类型：

特别师。[147]

战斗力水平：

不详。

战斗序列：

按照4月7日的报告，该师由以下2个要塞警备团组成：

第3要塞警备团

指挥官：

巴尔（Bahr）海军中校

战斗力水平：

第3级，机动性水平5%/机动车辆到位率60%。4月7日，其下属作战营的兵力估计为800人[148]

战斗序列：

第I/3营和第II/7营

第4要塞警备团

指挥官：

雅恩（Jahn）海军少校

战斗力水平：

第3级，无任何马匹或机动交通工具。4月7日，其下属作战营的兵力估计为800人。[149]

战斗序列：

第II/2营和第III/2营

作战综述：

该师于1月20日根据“格奈森瑙命令”在第2军区组建，后来被编入第11集团军辖下的党卫军第10军，在波美拉尼亚地区卡利斯镇的东南方作战。按照1月26日的报告，科尔曼团（Regiment Kolmann）被编入该师，并奉命沿瓦赫兹塔尔（Wachholzthal）①–祖特兹（Zützer）②–特雷宾（Trebbin）③–梅伦廷（Mellentin）④–鲁申多夫（Ruschendorf）⑤建立一条警戒线，以抵御在冬季攻势中节节推进的苏军。[150]在整个2月，该师辖下的单位包括马德尔团（Regiment

① 即今天波兰的格乌申（Gluszyn）。
② 即今天波兰的斯祖沙尔兹（Szczuczarz）。
③ 即今天波兰的策宾（Trzebin）。
④ 即今天波兰瓦乌奇附近的米尔钦（Mielęcin k. Wałcza）。
⑤ 即今天波兰的鲁西诺沃（Rusinowo）。

Marder）、门辛团（Regiment Mensing）、科尔曼团和第4军官候补生团，其中前3个团各拥有2个警备营。

该师在党卫军第10军麾下参加了夏至行动，奉命从卡利斯地区出发向南朝104号帝国公路进攻。他们最初取得了一些进展，但面对苏军的反击被迫转入防守。2月24日，又有一些单位被纳入该师，包括第3团（Regt. 3）、第22高炮团第1营、第11要塞反坦克分队第2营（II/Fs. Pak 11）、第5猎兵师侦察营、1个东方营，以及隶属于第9伞兵师的沙赫特特别伞兵团（Fs.Jg.Rgt z.b.V. Schacht）等。3月4日，该师被苏军的波美拉尼亚攻势波及，并和克拉佩集群（即后来的冯·特陶军级集群）“流动口袋”内的其他单位相互混杂。3月17日，该师的残部抵达德军防线，随后于4月3日在斯维内明德被改编为第402训练师。直到4月底，该师都驻扎在乌瑟多姆岛（Usedom）的阵地上，最终在5月7日乘船前往德国本土，向英国军队投降。

奥得河前线的高级勋章获得者：

骑士十字勋章橡叶饰——1945年4月14日，赫尔穆特·博尔夏特（Helmut Borchardt）军士长（第828位获得者），科尔曼团博尔夏特连连长。

第610特别师/第610师师部

指挥官：

1945年1月28日—4月中旬，胡伯特·伦德尔（Hubert Lendle）少将；

4月中旬—投降，弗里茨–威廉·富尔里德上校。[151]

作战参谋：

贝克尔（Becker）少校。

部队类型：

特别指挥部。

战斗力水平：

第4级，马匹到位率55%/机动车辆到位率50%。4月7日，其作战营的兵力估计为2350人，全部来自下属的党卫军第1警察猎兵旅，但各国民突击队营和奥得河团自行车营的兵力没有计算在内。[152]

战斗序列：

本单位是维斯瓦河集团军群根据编号为OKH Nr.II/60440/45 geh.的命令成立的4个特别师师部之一。[153]

作战综述：

在战争结束前几个月，第610特别师师部曾被编入了各种单位。其首次出现在维斯瓦河集团军群的作战地图上是在3月12日，地点则是第3装甲集团军在施韦特西南方向的前线。最初的下属单位包括第1海军步兵师第2营（II/1. Marine-Division）、1个警备营和党卫军中央猎兵部队。当月月底，该师接管了之前由斯科尔兹内指挥的所有单位，包括（阳光团）第1营（党卫军第600伞兵营）、（阳光团）第2营（党卫军中央猎兵部队）、党卫军步兵炮连、党卫军突击连、党卫军狙击手排和党卫军后勤连等。此外，第1伞兵补充与训练团第2营、蒂尔桑团（Rgt. Thürsam）、党卫军第50警察团（来自党卫军B警察猎兵旅）第1营和第2营、勃兰登堡国民突击队营、汉堡国民突击队营、柯尼斯贝格国民突击队营、2个连的党卫军猎兵部队、党卫军第8警察团第1营（由匈牙利人组成）、党卫军第8警察团第2营、党卫军第8警察团第10连和党卫军第9装甲掷弹兵补充营（2个连）也被相继划归该师辖下。[154]3月6日，第610特别师奉命前往采登桥头堡，替换驻扎在当地的第1海军步兵师，并在当日完成了换防。[155]

在3月25日之前，该师并未与苏军爆发战斗。但在当天，苏军开始用远程火炮、迫击炮和空袭蹂躏这片4公里见方的桥头堡，让地形面目全非。炮击结束后，苏军连续2天投入坦克和步兵发动进攻。阳光团的2个营都损失惨重。为拯救仅存的部下，米利乌斯党卫军上尉亲自下令从桥头堡撤退。这一决定得到了海因里齐的赞许，并将他晋升为党卫军少校。[156]4月8日，第610特别师师部被调至斯德丁南部的高速公路，此时其下属部队只剩下党卫军第1警察猎兵旅。4月19日，即苏军进攻的前一天，该师被划归奥得河军，战线北面是第281步兵师，南面是党卫军上校穆勒指挥的一个集群（包括兰格马克师、瓦隆人师和第6装甲歼击营）。在苏军发动总攻之后，该师只能随第46装甲军向西且战且退。4月29日至30日，该师卷入了在新勃兰登堡附近的一系列防御战，最终于5月2日向西方盟军投降。

奥得河前线的高级勋章获得者：

不明。

海军

海军步枪兵旅/第1海军步兵师

指挥官：

1945年1月31日—2月28日，汉斯·哈特曼（Hans Hartmann）海军少将；

2月28日—投降，威廉·布莱克温（Wilhelm Bleckwenn）陆军少将.

作战参谋：

克诺斯佩尔（Knospel）少校。

部队类型：

45年型步兵师。[157]

战斗力水平：

第4级，马匹到位率35%/机动车辆到位率80%。4月7日，作战营的估计兵力为4200人，其中包括2支营级规模的配属部队——党卫军第500伞兵营和党卫军中央猎兵部队。下属炮兵包括9个轻型炮兵连和1个重型炮兵连，另外拥有3门重型反坦克炮。[158]

战斗序列：

师部、第1海军步兵团、第2海军步兵团、第4海军步兵团、第1（海军）燧发枪手连、第1海军炮兵团、第1（海军）装甲歼击营、第1海军野战补充营、第1海军工兵营、第1海军通信营。[159]

作战综述：

该师的组建可以追溯到1月邓尼茨与党卫队高级地区总队长于特纳尔的一次讨论。邓尼茨提出用10000名海军水兵组建1个师。但按照2月2日一份编号为Seekriegsleitung B.Nr.1/ Skl IB 288/ 45Gkdos.Chefs的会议记录，于特纳尔回应说，预备军总司令希姆莱不赞成这一计划，并要求让5000名水兵加入党卫军，并用剩下的5000人组建该师（或用于补充已成立的海军步枪兵旅）。即使如此，邓尼茨的决心仍没有动摇。

1945年2月，第1海军步兵师在施韦特西南地区组建，骨干来自海军北方步枪兵旅（Marine- Schützen-Brigade Nord）。该师采用的是45年型步兵师的编制，补充人员则来自吕伯施塔特（Luebberstadt）/威悉蒙德（Wesermunde）的第1海军步兵补充与训练营。随后，该师被派往施韦特附近的奥得河军担任预备队，并在当地度过了整个2月。

3月3日，该师的2个团奉命开赴斯德丁东南部、格赖芬哈根和皮里茨之间的地区，以增强皮里茨以西的防御，抵御波美拉尼亚的苏军攻势，[160]第3个团则和师部一道在奥得河西岸担任预备队。投入前线的2个团后来被派往第9伞兵师的右翼，并听从该师的指挥。其中1个营的表现令希姆莱印象深刻，后者为此向菲格莱因发送了一份报告。在报告中，希姆莱极力想突出一个事实：该营之所以能有如此表现，党卫军提供的训练“功不可没”。

最高机密

文件编号：Log 2274/45 g. Kdos.

党卫队全国领袖

致党卫军中将菲格莱因

柏林

亲爱的菲格莱因！

海军步兵师的1个营试图夺回一座昨天失守的村庄，而在14天前为其提供训练的，恰恰是从党卫军某工兵营派出的教官。这些人打得非常勇敢，他们的教官都是党卫军老兵，大部分参加过去年在法国的激烈战斗。按照这些海军步兵的报告，（苏军）的迫击炮火极为猛烈，程度堪称前所未见。其中1个连最初有135人，但在夺回村庄后，只有35人安然无恙。

希特勒万岁！

1945年3月5日

签字：H.希姆莱

RF/M.[161]

3月6日，苏军派出坦克，向斯德丁大举进攻。第1海军步兵师和第9伞兵师的前线遭到冲击，并因为损失惨重而向北后撤。3月7日至9日，战斗继续进行，双方的损失都节节攀升。面对苏军的进攻，第1海军步兵师和第9伞兵师只得撤往奥得河东岸，原先在104号帝国公路（位于斯德丁南方，是一条东西向的主干道）附近的阵地则被西里西亚装甲师和第25装甲师接过。

2月16日，第1海军步兵师的日常兵力为8956人，到3月13日，上述数字已下降到5946人（战斗力量为2984人），但不包含整补中的第316（海军步兵）营。2月16日至3月5日，该师共有28人阵亡、270人受伤、44人失踪，至于3月6日后大规模战斗中的损失则未能完全上报。[162]从2月16日和3月13日之间的人员差额可以判断，该师蒙受了大约3000人的伤亡，换言之，在阿尔特达姆桥头堡，其投入战斗的2个团都蒙受了重大损失。在3月8日至10日的战斗中，苏军试图包围参战的2个海军步兵团，甚至一度得手，但得益于第210突击炮旅和元首掷弹兵师的反击，他们最终成功脱险。3月19日/20日，这2个团的残部与第3装甲集团军的其他单位一起撤往奥得河对岸。

在当月的其余时间，该师驻扎在施韦特附近，并在3月28日奉命向北开赴斯德丁南部地区，以守卫奥得河西岸的前104号帝国公路过河点（当地原有的大桥已在3月19日/20日第3装甲集团军撤退时炸毁）。根据4月3日的报告，该师的人数只有定额的60%，而且缺乏有经验的陆军军官和士官，只是因为2个半编的康复行军连（Gen.Marsch-Kpn.）抵达，上述情况才有了一些改善。此外，该师还急需大口径武器、战车噩梦火箭筒、车辆、马匹和100辆自行车——按照设想，这些自行车将用于组建机动警备分队。其他需求还包括1个野战邮局、2个野战厨房（由集团军群行政管理部门分配）和1个军械连（Feldzeug-Kp.）——至于配合行动的瓦隆人师野战支援分队则没有起到任何作用。该师还表示部队的汽油和弹药只能在大规模战斗中支持1天，而且正准备将卡车换成马车。另外，由于缺乏运输工具，该师正面临着弹药补充方面的难题[163]——尽管其驻地与柏林的车程只有1小时。

4月13日，该师匆匆返回巴特弗赖恩瓦尔德（Bad Freienwalde）和施韦特，并在采登桥头堡–格赖芬哈根附近占据了新阵地，同时被编入第46装甲军。在苏军发动总攻之后，该师奉命北上驰援，但在苏联空军的绞杀下，其行动非常迟缓。[164]4月27日，他们设法抵达普伦茨劳以西，并在贝岑堡（Beitzenburg）建立了一条防线，暂时挡住了苏军前锋（来自第70集团军和近卫坦克第1军）的突破，接着开始向费尔德贝格（Feldberg）撤退[165]，并转由第27军指挥。随后，其残部参与了保卫新施特雷利茨的战斗，最终在路德维希斯卢斯特作为第21集团军的一部分向美军投降。

奥得河前线的高级勋章获得者：

不明。

第3海军步兵师

指挥官：

1945年3月19日—？，佐默（Sommer）上校；

？—投降，冯·维茨莱本（von Witzleben）上校。[166]

作战参谋：

莫尔（Moll）少校。

部队类型：

45年型步兵师。[167]

战斗力水平：

第4级，马匹到位率20%/机动车辆到位率40%。4月7日，其作战营的估计兵力为3000人，并拥有13个轻型炮兵连和6个重型炮兵连，10辆追猎者坦克歼击车和30门重型反坦克炮。[168]

战斗序列：

师部、第8海军掷弹兵团、第9海军掷弹兵团、第10海军掷弹兵团、第3海军燧发枪手营、第234炮兵团、第3海军装甲歼击营（含第1003海军装甲歼击连）、第3海军工兵营、第3海军通信营、第3海军野战补充营。

作战综述：

第3海军步兵师由许多在波美拉尼亚攻势中遭受重创的单位重组而来。3月19日，维斯瓦河集团军群的作战地图上首次出现该师，并显示其正在斯维内明德附近利用拜尔瓦尔德师、波美拉尼亚师和第402特别师的残余人员组建。3天后，该师又收编了第163步兵师的残部。正因如此，集团军群作战日志中有一些文件将其称为第3海军步兵师（第163师），即该师由第163步兵师改编而来。[169]另外，其中很多高级军官也是陆军出身。这一情况很快被德国媒体公之于众，并引发了最高指挥层的不满，因为这似乎在表明海军无力为自己的师配备指挥人员。闻讯，希姆莱迅速给拉默丁送去一份通知，指出“这种提法是愚蠢的，而且缺乏策略性，今后一律禁止提及将陆军军官编入海军步兵师。”[170]

根据集团军群在3月25日的报告，该师共拥有1000支卡宾枪、150挺机枪、25门中型迫击炮、12门重型迫击炮、12门带牵引车的重型反坦克炮、10门轻型步兵炮和6门重型步兵炮。[171]

4月初，第3海军步兵师被编入弗洛里希军级集群（Korpsgruppe Fröhlich），并在斯维内明德以东、位于沃林–米斯德罗伊（Misdoy）①之间布防，参与了在当地抵御苏军局部进攻的行动。在4月16日，白俄罗斯第1方面军发动总攻之后，该师奉命前往第3装甲集团军后方。但直到4天之后的4月20日，即白俄罗斯第2方面军发动全面进攻当天，其下属部队才陆续开始乘坐渡船启程，而完成运输则大约还需要5天。[172]4月25日，该师的最后一批作战部队终于离开沃林，[173]主力则抵达了埃伯斯瓦尔德以西、格赖芬哈根附近的区域，并开始接受党卫军第3（日耳曼）装甲军的指挥。随后4天，这些水兵一直在柏林以北的菲诺运河沿线作战，守卫着位于埃伯斯瓦尔德和奥拉宁堡的桥头堡。4月30日，该师被划入新组建的第21集团军，并于5月1日在施托尔珀（Stolpe）地区向西方盟军投降。

奥得河前线的高级勋章获得者：

骑士十字勋章——1945年4月14日，弗里茨·桑恩少校，第8海军步兵团代理团长。

空军

赫尔曼·戈林第1伞兵补充与训练团
（Fallschirm-Ersatz-und-Ausbildungs-Regiment 1 Hermann Göring）

指挥官：

1944年4月—投降，鲁道夫–约翰·克拉策特（Rudolf Johann Kratzert）少校。

战斗力水平：

不详。

战斗序列：

① 即今天波兰的缅济兹德罗耶（Międzyzdroje）。

第1营至第3营。

作战综述：

1945年3月，赫尔曼·戈林第1伞兵补充与训练团在格劳登茨要塞遭到歼灭[174]，但战败前夕，德国空军又在哈尔伯施塔特（Halberstadt）重建了该单位。新部队隶属于伞兵训练与补充师（Fallschirm-Jäger-Ausbildungs-und-Ersatz-Division），[175]人员则来自地面人员和驻荷兰的伞兵补充与训练团（Fallschirm-Ersatz-und-Ausbildungs-Regiment，该团在1945年初的战斗中损失惨重）残部。

战后，团长克拉策特少校这样回忆在奥得河前线的作战经历：[176]

1945年4月下半月，新组建的第1补充与训练团在奥得河西岸卷入了苏军攻势。我这里有一份团部副官赫普纳（Hepner）中尉（之前提供）的报告，其中显示，有几队零星人员最终突围到了哈维尔河（Havel）一带。随着4月29日夜晚降临，赫普纳试图带着约200名失散人员和团里的几名军官前往利兴−菲尔斯滕贝格地区，这里有一座桥梁可以前往哈维尔河对岸。他对当时的情况回忆道：

此时已是22点，行军纵队越来越拥挤，而且和其他地方一样，在人员聚集的地方，一种焦虑感开始蔓延。鉴于过桥人员可能数量众多，而且缺乏引导，我觉得必须尽快组织1个桥梁交通管制小组，并立刻与前方的党卫军部队取得了联系，他们随后做了这件要紧的事情。大约在23点，我们终于在布雷德赖谢（Bredereiche）集合起来，每个人都疲惫不堪。

作为对赫普纳报告的补充，一名叫赖夏特（Reichardt）的陆军女性辅助人员写道：

4月27日：18点30分，戈蒂斯多夫（Götisdorf）沦陷。苏军从当地沿着斯德丁−柏林公路推进，我们与师部和布劳尔战斗群（Kampfgruppe Bräuer）的无线电联络时断时续。（作者按：布劳尔战斗群由4月20日之后随第101军北撤的第9伞兵师残部组成）

4月28日：大约1点，我们抵达了格岑多夫（Götschendorf）−滕门（Temmen）

公路，然后是通往林根瓦尔德（Ringenwalde）的高速路。施马兰（Schmaland）少校指挥的部队大多在路旁占据阵地，这些阵地都是由第2营修建的。

在林根瓦尔德，魏斯资深一等兵（Stabsgefreiter Weiss）和列兵哈恩（Hahn）等人进行了商议。当施马兰少校留在林根瓦尔德时，赫普纳和下属人员再次出发，而且就像命令要求的那样，他们选择经朱利安霍夫（Julianenhof）向阿利姆布斯米勒（Alimbsmühle）前进。至于一路收拢的人员则被交给奎泽（Queiser）少尉指挥。

布劳尔战斗群的指挥部当时位于布雷德赖谢。在那里，赫普纳发现，他所在的团已几乎不复存在，更不用说给整个师提供支援。当时天还没有亮，赫普纳原本希望在师部与克拉策特少校[①]会面，因为他知道，要是少校从滕普林返回，很可能会从格鲁内瓦尔德（Grunewald）方向走，并路过师部所在地。由于脚伤严重，赫普纳只好先去找地方休息，并在师部留下了一名传令兵，以便在团长到达时立刻通知。

对于4月29日降临前的那个夜晚，赫普纳这样写道：

布雷德赖谢是一座横跨哈维尔河两岸的小镇。镇中央有桥梁和水闸。魏斯资深一等兵已精疲力竭，躺在村口附近的第一排房子里，尽管努力寻找，但我再也没有找到他的下落。师部驻扎在西岸的一栋大别墅中，在这里，我向作战参谋——1名少校——报到了。

在那里我了解了我们团的更多情况，据说它已在诺伊豪斯（Neuhaus）和格鲁内瓦尔德的战斗中大部被歼。另外，我还得知，团长之前在汇报中说，他的副官和通信参谋在诺伊豪斯之后便下落不明，很可能已经丧生。而我能做的就是确认这条消息有误。自然，我的出现让师部倍感兴奋。而且我发现，他们大约有5天没有收到团里的报告了，更没有指望它能继续作战。他们试图后撤，以重新集结部队——前提是还有能撤下来的活人。

---

① 即该团团长，也是本段内容的引述者。

4月23日，也就是5天前，这支部队在奥得河畔时，一切仍然井井有条！赫普纳直到4月24日晚才来到团部。此时距离维尔拉登和贝林迪恩（Bellindien）的战斗已经过去很久了。师部根本不该对此一无所知！

赫普纳继续写道：

中午时分，团长从滕普林打来电话，说预计当晚就会抵达师部，并计划穿过格鲁内瓦尔德前往布雷德赖谢。作战参谋给我的建议是原地等待团长回来。

但我立刻表示反对，因为这么做毫无意义，团长一定正在哈默尔斯普林（Hammelspring）的包围圈内——我们刚费尽周折从那里逃出来。在找地方安顿期间，我发现了一栋空的独栋别墅，这栋别墅位于哈维尔河东岸，似乎被遗弃了，里面有3间卧室，让我们体面地过了一夜。

4月29日，这个一波三折的星期日就这样来临了。当天的事情要从午夜之后不久说起。我们从星期四开始就一直在行军，几乎没有中断。我的脚情况很糟。我睡得非常沉，直到8点30分。突然，路上沉重的脚步声和紧张的呼喊声让我睁开了睡眼。我紧急包扎好伤脚，试图蹒跚而行，但脚已经穿不上靴子。

空军列兵施皮策贝格尔（Spitzelberger）赶来向我报告：苏军已抵达村外，村里的部队正在撤退！情况显然十万火急。我穿上居家拖鞋，转身就走。我首先去向作战参谋报告，但发现师部早已离开。现在的问题已经不是去哪儿——因为我们的命运已经完全攥在苏军手里。

没人愿意带上我们，我们只好在一片混乱中向西进发，并再次与大部队失散。但我记得师部作战参谋说过的话："我们会先去菲尔斯滕贝格，接着再去瓦伦，并在当地稍微偏西的地方建立新指挥部。无论如何，我们都会朝西北方前进！"

当时，苏军迫击炮已经盯上了通往菲尔斯滕贝格的道路。但我们必须冲过去！我们的下一个目的地是莱茵斯贝格（Rheinsberg），随后要越过柏林—菲尔斯滕贝格公路——这又是一场赌上生命的冒险。我们先是穿过森林向门兹（Menz）前进；11点30分左右，我和赖夏特女士、空军列兵施皮策贝格尔结伴步行，接着我们搭上了1辆火炮前车（Geschützprotze），直到这辆车在16点

左右彻底损坏。

苏军的空袭很频繁。到莱茵斯贝格的最后7公里我们只能徒步走完。在当地，一辆通信车把我们带到了维特施托克（Wittstock）。其间，我试图联系附近空军基地的莱茵贝格尔（Rheinberger）少校，但没有成功，因为他已经转移到了居斯特罗。在路上，我又收拢了一批团里的官兵。罗斯布罗伊奇（Rossbroich）和我都同意建立一个掉队人员收容点。

对于当时的情况，赖夏特女士补充说："罗斯布罗伊奇打算再去一次韦森贝格（Wesenberg），希望联络上师部，顺带找到一些团里的人。他的打算是快去快回，但没能如愿。"

莱茵斯堡在夜间沦陷。与此同时，4月30日14点，团部副官赫普纳则在主干道上从迈恩堡（Meyenburg）向帕尔希姆前进。19点，赫普纳抵达了目的地，当时，他坐的是1辆平板卡车，与他同行的还有汉马赫（Hammacher）上尉和赖夏特女士。大约5月1日中午，赫普纳抵达了什未林，随后在5月2日抵达新明斯特（Neumünster）空军基地。5月3日早些时候，由于得知英军先头坦克部队正在开往新明斯特，他又向弗伦斯堡逃亡，最终于当天19点在萨特鲁普（Satrup）结束了这段逃亡之旅。

两个星期之后，他和汉马赫一起在圣彼得（St. Peter）附近的拘留营向盟军自首。他们就这样实现了目标——绝不被苏军俘虏！这个目标埋藏在每个东线军人心中，为了实现它，他们都有百折不挠的决心。

我之所以先叙述赫普纳的报告，是因为他的报告不乏细节，而且是东线战事最后几天的缩影——代表了所有人的经历，尽管我们未必在时空和战场上有交集。

直到4月27日晚，我和赫普纳的经历几乎相同。但在诺伊豪斯护林员小屋附近的夜战之后，我们便失去了联系，也正是因此，对波拉茨附近的战斗，我们的记录在时间和地点上有很多矛盾。1967年，舒尔策（Schulze）在给德国伞兵协会（Bund Deutscher Fallschirmjäger e.V.）搜索部门的领导人威利·克利姆（Willy Kliem）的一份报告中提到：

我接过这个营[1]的指挥权是4月23日（？）深夜，地点是波拉茨附近。当时，该营刚在格尔斯多夫（Görlsdorf）附近的斯托尔岑哈根经历了一场战斗——具体来讲，是遭遇了敌军坦克部队，队伍被打得七零八落。哈弗尔科恩（Haferkorn）上尉在此期间阵亡。但全营的其余人员都在次日（4月25日）归队，只有乌利希（Uhlich）和多布勒（Dobler）上尉不知去向。

在随后几个夜晚，我们根据团部的命令，按部就班撤退，一路穿过格岑多夫、滕普林、丹多（Dendow）和菲尔斯滕贝格。从29日之后，我们和团部再也没有联系，只能独自继续战斗，一路穿过普里珀特（Priepert）、施特拉森（Strasen）、卡诺（Canow）、迪米茨（Diemitz）和丹斯（Danse）等地来到贝林森（Berlinchen）。在这里，全营的320名人员试图拖延敌军前进。

最终的审判在5月2日降临。在极端仓促间，我们在城镇边缘占据了一处阵地，阵地内布置了1门8.8厘米（高射炮）。中午，苏军发起攻击，出动的坦克和自行火炮多达52辆——城镇左右两翼的部队有6辆坦克被他们击毁，我们的部队即将陷入包围，情况千钧一发。（为了不被切断），我命令撤退到贝林森北部的森林地区。但森林边缘和城镇之间是一片沼泽，全营只能以班或排为单位跋涉而过——由于敌军坦克穷追不舍，我们根本无法带走尸体和伤员。而我们的高炮也很快打光了炮弹，炮手试图用单兵武器攻击敌方坦克，最终死伤惨重。

舒尔策本人一度深陷包围。面对2辆敌军坦克，他和其他几个人在一座谷仓里藏了大约1个小时。脱身后，他率领小股残余部队经过2天行军，最终在帕尔希姆向美军缴械。还有一些伤员几经周折来到新鲁平，并在当地投降。

根据另一份报告，4月28日[2]夜间的战斗之后，莱希曼（Reichmann）中尉等部分人员抵达了威廉姆斯霍夫的林间房屋，后来经滕普林、克劳斯哈根庄园（Klaushagen estate）和沃尔夫斯哈根（Wolfshagen）抵达瓦尔塔（Warthe），并在当地各奔东西。

克利姆提供了一些第7连的情况：4月27日，该连曾在约翰尼斯塔尔

---

① 可能是赫尔曼·戈林第1伞兵补充与训练团的第1营。

② 原文如此，似乎应为4月23日。

（Johannisthal）森林［当地位于施泰因赫费尔（Steinhöfel）以西］中作战，随后转移到高速公路以西的一个小湖附近。

关于第2营，哈斯特（Haster）少校报告说，该营曾在格吕诺（Grünow）附近投入战斗，并在施泰格利茨（Stegelitz）附近一处沿高速公路修建的阵地上坚守到4月26日20点。4月28日，该营在滕普林西北部的甘德尼茨（Gandenitz）设防，人数还有120人。当天夜晚，新的战斗在韦森贝格以西的齐尔托（Zirtow）和米尔托（Mirtow）爆发。其间，我军从苏军手中夺回了米尔托镇——这也是第2营参与的最后一次战斗行动。5月1日，第2营宣告解散，绝大部分人员向美军投降。

弗格利（Vögeli）博士在1948年3月的一封信中提到，我们最后一次会合是在施特拉森和迪尔尼茨（Diernitz）的森林中，当时霍尔卓特（Holzhueter）还在部队当中，但在遭遇夜袭之后，我们便彻底失散了。

舒尔策、克利姆和弗格利博士的报告也许是混乱的，但确实表明了当时的情况。一遍遍回想过去，各种时间和地点开始在我眼前浮现。

对4月25日（当天也是我的生日）之前的情况，我不想赘述。在4月27日夜间，局面对我来说还算平静，但一切随后急转直下，我的团也随之土崩瓦解。

在赫普纳前往朱利安霍夫期间，我去了几个能联络上的单位，算是“督战”，虽然我不记得具体有哪些，但很幸运，这让我避开了波拉茨的枪林弹雨和兵荒马乱。我仍然清晰地记得，在林间小屋周围，黑夜被各种炮火映得如同白昼。即使到今天，我都想不起当时究竟做过什么特别的事情——如果有，我肯定会记得。

我的意思是，在这种情况下，虽然毫无希望，但我肯定会为逃生使尽浑身解数。但事实上，我完全忘记了在突围时是否有人同行，以及这些人的名字（如果有的话）；当时很可能的情况是，我一路都在像没头苍蝇一样乱窜。

总而言之，我根本不知道晚上是否还在林根瓦尔德，更不知道是在赫普纳之前还是之后逃走的。后来，我踏上一条人迹罕至的小路，先是来到朱利安霍夫村外，但走了一段路之后，我又回到了这座小村。我到达滕普林大约是在早上，并在运河以西的一栋房子里休息了一会，当时与我同行的是一小队卫兵——他们可能来自作战部队，也可能是通信兵。

在滕普林，我试图联络师部，然后下午跟着一支队伍重新出发，其中既有难民，也有我军部队，并且似乎是朝利迪恩（Lydien）方向去了。但在那里，我并没有接到师部发来的消息。于是我原路返回——至少这样可以找到一些部下。

现在天已经黑了，在夜幕下，我下午离开的那栋房子显得异常安静和陌生。周围没有人影，所有人都走了，这也意味着，附近的某个地方肯定有敌人出没。我突然清楚地意识到，我现在已经被部队抛在了后方。虽然我之前命令他们向菲尔斯滕贝格撤退，但完全不知道他们能否坚持到那里。

接下来的夜间跋涉并不容易，因为我军工兵设置了障碍和地雷。也正是因此，我被迫多次改道。4月30日上午，我来到菲尔斯滕贝格郊外，正当我走出树林，试图穿过铁路时，眼前突然出现了一大片营地——一支大部队正在这里，很可能是第2营。

在营地中，最大的空场旁有一栋废弃建筑，它的百叶窗紧闭着——在这里，团部的其余人员正在工作，试图把各种被打散的单位（包括一些海军部队）组织起来，让它们恢复正常运作。我忘记了在此期间接替赫普纳职务的人是谁——有可能是阿伦斯多夫（Ahrensdorf），他后来成了我的行政勤务官，并和我一起逃亡。

不管怎么说，这群散兵游勇并没有给我一种山穷水尽的印象。相反，每个人都怀揣着一个愿望——绝不做苏军的俘虏，一定要向英美军队投降。

苏军出现在四面八方，而且经常悄无声息，让我们很难抵抗。在这种情况下，我觉得义不容辞的是：必须找到一种方法，让部队尽快摆脱灭顶之灾，同时全力减少伤亡。在此期间，上面始终没有传来后续指示，我们也无法进行汇报。完全凭借本能、地图和天体导航，我们达到了希望和追求的目标。

由于梅克伦堡湖区密布，我们可以在其中潜藏和游荡，这让我们暂且活了下来。尽管敌人已经在北面和南面前进了很远，但仍然需要花些时间才能调兵肃清我们这个“口袋”。

利用这段时间，我们向西前进了一些。当然，在此期间的一连串战斗中，双方都蒙受了惨重损失，但和苏军不同，我们是在为生存而战。

和我一起离开菲尔斯滕贝格的部队中有不少散兵游勇，但核心部分很可能是我团的第2营。我们穿过很多湖区间的道路，先是抵达了齐恩湖

（Ziernsee）沿岸，并在4月30日下午来到了埃尔博根湖（Ellbogensee）与大施泰希林湖（Großen Stechlinsee）之间。

前去侦察的装甲运兵车回报说，敌军正在四处活动。因此，我们只能数着时间直到天黑，因为夜幕是帮助我们脱身的唯一保证。由于情绪高度紧张，装甲运兵车的司机在倒车时打了个方向盘，径直冲进河道，只是因为及时跳车，所有人才没有被淹死。

在不远处，炮弹不停落在我们刚经过的桥上，当时天色已经大亮，继续撤退已不可能。看来撤退的路线已经暴露了，这是个意想不到的情况，之前，我们一直尽可能地保守秘密，甚至没有透露给自己人。

在损失了全部车辆之后，我打算每天晚上抄人迹罕至的小路继续向西进发。但我也很清楚，除非奇迹降临，否则我们将很难把苏军甩在身后。但如果不试一试，我们就必须放下武器，成为苏军的俘虏。在孤注一掷和万劫不复之间，选择其实不难做出！

于是，一到夜幕降临，我们便沿着湖岸蜿蜒前行，过了一会儿，一串火光在眼前闪烁起来，等天亮之后，我们才发现自己一直在绕圈子。于是，我们回到湖边，继续向西穿过幽深的森林！当时的命令是让各队人马拉开距离，呈一路纵队前进。我还依稀记得，苏军的岗哨或步兵不停向我们射击，但火力十分稀疏，因为他们根本没有料到德军会有这样的行动，更没有人想认真查清是什么制造了这些风吹草动。

只有一次，我们在湖泊另一边的密林中遭到了猛烈的步枪火力袭击，但随后什么都没有发生。这些火力来自苏军？还是精神崩溃的我军？真相可能永远无法查清。我军也在此期间被打散，之后我就再也没有见过霍尔卓特和弗格利。

5月1日天亮时，我们看到有个苏军大大咧咧地从森林边缘走来，他还拿着牛奶，想必是从农夫手里搞到的。这也意味着，我们仍然孤悬在苏军后方，而且无可救药地与我军前线（如果还有的话）失去了联络。

在这种情况下，真正有用的只剩下了野外寻路技巧——远离道路，尽可能待在森林里，同时小股活动。我们在到达迪米茨时又累又饿。在当地，我派了一名军官向西打探情况，并让部队避开城镇，我和阿伦斯多夫在村镇边缘的一所房子里休息，这里有几罐泡菜——也许正是靠着它们，大家又暂时振作了精神。

突然间传来了“乌拉！”的喊声。我们意识到，要想活命，必须现在就跑！我们手里拿着大衣，从第一层的窗户跳出去，越过花园围栏，冲进300米外的森林。机枪在身后扫射，还有一个哥萨克，他骑着马，这下我们逃不掉了。

但奇迹突然出现——仿佛是很满意机枪的火力，这个哥萨克转身走掉了。于是阿伦斯多夫和我捡回了一条命，我们站在森林边缘，气喘吁吁，身上只有手枪、地图和御寒大衣，不知道大部队在哪里。

在这种情况下，人只有疯了才会按原路前进。现在，我们只能在本能和希望的驱动下坚持跋涉。

迫于无奈，我们被迫在5月2日黎明时分穿过森林，因为在晚上，什么都看不见，这会让行动更加危险。但就算有百分之百的警惕，意外还是发生了。在森林边缘的道路上，人员熙熙攘攘，苏军哨兵正在休息，他们来自一个火箭炮营——这让我们措手不及。这些苏军突然开火，我们只能举手投降。就这样，我们还是落入了苏军之手。

敌人以迅雷不及掩耳之势将我们团团围住，拿走了我们的手表和武器，一位说德语的军士介绍了攻占柏林、希特勒死亡和德军投降的情况。不久，他们的长官来了。

他带着某种礼貌注视着我们，但在看到我的骑士十字勋章之后便一言不发，把话头留给了军士长。军士长命令我们登上该部队的军车。就这样，我们无奈地向迈恩堡拘留营前进。

但突然间，另一个奇迹降临。在迈恩堡郊外，我们停了下来，我收到了一份用俄文写成的布告，让我们自己去苏军指挥部，在那里等候发落。

看到这则命令，我们这十几个残兵败将站在路边目瞪口呆。但时间不长！阿伦斯多夫和我立刻决定抓住机会。谁想去指挥部，当然可以去——但我们决定现在就告别战争。就这样，我以一种不可思议的方式结束了从军生涯，但这只是一个开始：在回到家乡维也纳重新开始平民生活之前，我还在兵荒马乱中经历了另一番冒险和流浪——当然，这都是后话了。[177]

奥得河前线的高级勋章获得者：

不明。

赫尔曼·戈林第2装甲补充与训练旅

指挥官：

赫尔曼（Hermann）中校。

战斗力水平：

不详。

战斗序列：

第3团、第4团。

作战综述：

该旅的前身于1945年3月在格劳登茨要塞之战中被全歼（见上文）。随后，德军又在约阿希姆斯塔尔（Joachimsthal）附近重建了该部队，并将其部署到埃伯斯瓦尔德-昂格明德地区。该旅隶属于奥得河军，4月23日的报告提到，其下属部队击毁了1辆苏联坦克和2门反坦克炮。在后续战斗中，该旅随奥得河军向西撤退，并在5月初向西方盟军投降。

奥得河前线的高级勋章获得者：

不明。

党卫军

党卫军行政勤务训练营
（SS Ausbildung-Abteilung der SS-Verwaltungs-Dienste）

该营在4月1日作为增援部队被希姆莱派往奥得河前线，目的地是普雷斯堡（Pressburg）[①]，总人数为690人（11名军官，164名军士，515名士兵），配有19挺轻机枪、3挺重机枪、4座野战厨房、4辆摩托车、3辆轿车、6辆卡车、2辆拖车和2匹马。[178]

① 此处有误，奥得河前线没有与之同名的地点，此处似乎应为来自普雷斯堡。

党卫军猎鹰团第2营

指挥官：

毛雷尔（Maurer）党卫军上尉。

战斗力水平：

不详。

战斗序列：

营部、第5连、第6连、第7连、第8连。

作战综述：

该营是党卫军猎鹰团（共3个营，详情参见“第9集团军”一节中“党卫军猎鹰团”部分）的下属单位。3月底，该部队奉命与昂格明德国民突击队营一道构建防线，并在奥得贝格建立一处通信指挥设施。[179]其防线与旧奥得河平行，始于霍恩施泰滕（Hohenstaaten），止于莱佩（Liepe），并穿过奥得贝格一带。在白俄罗斯第2方面军向第3装甲集团军发动进攻之后，该营在上述防线上驻守了3天——由于苏军的主攻方向在北面，因此他们只参与了零星战斗。4月23日，接到一条来历不明的命令后，第2营的营部从当地撤离。[180]

党卫军上尉齐默林（Zimmerling）的第7连对此毫不知情，更不清楚其他部队向西撤退的具体路线。在这种情况下，他们决定自行前往布罗多温（Brodowin），随后经利本瓦尔德以北地区向新鲁平前进。4月28日，上述一行人来到维特施托克，接着在次日行军25公里进入了普里茨瓦尔克（Pritzwalk）地区。按照齐默林的回忆，他们发现不管是平民还是士兵，所有人都在向西逃亡。4月30日，第7连抵达格拉博，并就地解散，人员则分头前往路德维希斯卢斯特以西15公里的美军前线，最终在5月1日至2日缴械投降。在向西撤退期间，该部队似乎没有与苏军爆发重大战斗。

奥得河前线的高级勋章获得者：

不明。

党卫军第4警察装甲掷弹兵师

指挥官：

党卫军上校瓦尔特·哈尔泽（Walter Harzer）。

作战参谋：

党卫军中校威廉·拉特克（Wilhelm Radtke）/陆军少校奥托·克莱内（Otto Kleine）。

部队类型：

党卫军装甲掷弹兵师。[181]

战斗力水平：

第4级，马匹到位率2%/机动车辆到位率2%。4月7日，各作战营的估计兵力为3000人，此外还配属有3个虚弱的营，即第102海军步枪兵营、第103海军步枪兵营和1个空军营，炮兵则包括2个轻型和3个重型炮兵连。另外，该师还拥有6辆突击炮（报告中未记录实际型号）和6门重型反坦克炮。[182]

战斗序列：

师部、党卫军第7装甲掷弹兵团、党卫军第8装甲掷弹兵团、党卫军第4炮兵团、党卫军第4装甲营、党卫军第4装甲歼击营、党卫军第4装甲侦察营、党卫军第4高炮营、党卫军第4野战补充营、党卫军第4通信营、党卫军第4工兵营。

作战综述：

1945年1月底，该师奉命从斯洛伐克北上，前往斯德丁地区。这次调动是根据编号为OKH/ GenStdH/Op.Abt I/Nr. 999/45 g.Kdos. 24.1.45的命令做出的，旨在火速增援波美拉尼亚前线。[183]在抵达斯德丁后，该师立刻被交由第2军留后指挥部指挥。

一抵达，警察师便投入了巴恩–皮里茨之间的危险地段（关于当地的战斗，详情可参见“德内克设障分队/德内克集群/德内克师”词条下的“作战综述”部分）。其中，塔佩（Tappe）中校的党卫军第8装甲掷弹兵团于2月1日在斯塔加德卸载，并划归德内克师指挥。[184]该团奉命立刻发动反击，从苏军机械化部队手中夺回刚沦陷的巴恩–罗尔斯多夫（Rohrsdorf）①–拉基特（Rackitt）②一线，随后坚守当地。但在2月6日，苏军大举进攻，突破了皮里茨以西的德军

① 即今天波兰境内的西波美拉尼亚省的帕恩尼察（Parnica）。

② 即今天波兰境内的西波美拉尼亚省的罗基蒂（Rokity）。

防御阵地，大有一举夺取阿尔特达姆之势。凭借机动防御，党卫军第8装甲掷弹兵团和党卫军第7装甲掷弹兵团在旧格拉普（Alt Grape）附近挫败了苏军的推进。2月9日，该师的大部分下属单位抵达马杜湖一带，任务是替换前线的德内克师残部，同时反击苏军，夺回原防御阵地。反击于2月9日开始，基本稳定了德军的防线。2月11日，苏军坦克部队发动反击，但被德军击退，很多地段爆发了近战。2月13日至14日夜间，该师将阵地转交给第9伞兵师。

2月中旬，该师被纳入党卫军第3（日耳曼）装甲军辖下。随后在夏至行动开始时被拆分为两部分。其中党卫军第8装甲掷弹兵团由党卫军第3（日耳曼）装甲军指挥，其余单位则被划入第39装甲军麾下。进攻期间，该师奉命向多利茨前进，成功渡过小伊纳河（Faule Ihna），并在南岸建立了桥头堡，为党卫军第10弗伦斯贝格装甲师打开了通道，下属各团也都夺取了首要目标。在此期间，党卫军第8装甲掷弹兵团攻克了布拉伦廷，然后向多里茨推进。党卫军第7装甲掷弹兵团与党卫军第4侦察营联手占领了布卢姆贝格，支援了对布拉伦廷的攻击，随后，这个战斗群继续向南朝多利茨进军，一直进攻到当地的火车站。但该师的左翼部队——党卫军第11北欧装甲掷弹兵师——可能因为受阻于佩茨尼克以西的森林附近，未能与之保持联系。这片森林仍在苏军的控制之下，迫使警察师被迫调用党卫军第8装甲掷弹兵团第2营掩护侧翼，从而削弱了战斗力。[185]这导致德军未能占领整个多利茨镇——东半部仍然在苏军的控制之下。随后几天，围绕这座小镇，警察师与苏军步兵和坦克连番激战，再也没能继续向南打开局面。2月19日，由于苏军发动攻势，试图夺取整个波美拉尼亚，夏至行动被叫停。2月20日，警察师也撤离了前线。

2月24日，在苏军向北朝波罗的海沿岸推进期间，该师奉命转入第2集团军麾下，并前往鲁梅尔斯堡附近的新阵地。但命令要求该师通过铁路而不是公路运输，让德军错失了宝贵的时间。在铁路运输时，装车和卸车会耗费大量时间，导致前往鲁梅尔斯堡的路程延长到4天，但公路机动只需要5个小时。这道命令来自希姆莱，因为他认为铁路运输更快，从而有助于满足陆军最高司令部让该师尽快抵达的要求。但这种想法完全是异想天开，更是与目标南辕北辙。在该师登车后，它顿时被轰炸和扫射铁路线的苏军飞机盯上，被迫在格奥尔根多夫（Georgendorf）①和特雷滕瓦尔德（Tretenwalde）②之间下车——经过一番耽搁，该师被迫从公路完成了剩余的行程。至于向东部署的目标更是完全落空。[186]

另外值得一提的是，于尔根斯上尉指挥的党卫军第4装甲侦察营仍然留在波美拉尼亚。该营与大部队失去联系，并加入了另一个负责守卫朗根贝格桥头堡的战斗群（参见后文“福格特战斗群”条目下的“作战综述”部分）。

3月1日，党卫军第4警察装甲掷弹兵师进入了鲁梅尔斯堡以北的阵地，在东侧与第7装甲师为邻。按照原计划，2个师将联手进攻，切断北上的苏军部队，重新将第3装甲集团军和第2集团军的阵地连成一片，但这种想法从一开始就宣告失败，2个师很快便转入防守。首先，这份进攻计划极为草率，参战部队也缺乏协调，导致3月2日进攻期间，该师陷入了不利的战术态势。此外，第7装甲师也缺乏燃料，而且只有15辆装甲战斗车辆可用。[187]在向北进攻特雷宾的同时，警察师立刻遭到苏军（来自近卫步兵第40军）从后方和侧翼的进攻。为避免被包围，该师只好转入防御。随着这次进攻失败，维斯瓦河集团军群也被切割为两个部分。

3月9日，该师报告的日常兵力为4767人，战斗兵力为2744人。[188]在接下来的5—6周，该师作为第7装甲军的一部分，继续与第7装甲师并肩抵御苏军。但此时，重压之下的第2集团军已经分崩离析，第7装甲军的各师也与但泽方向失去联系，并孤悬在奥克斯赫夫特克姆佩附近的一个包围圈内。4月4日，上级命令该师登船前往海拉半岛，并在4月10日抛弃所有重武器，从海拉半岛乘船前往斯维内明德。[189]在此期间，该师的兵力似乎较3月9日有所上升，因为按照4月8日的报告，其日常兵力为4871人，战斗兵力为3110人——原因可能是编入了1个国民突击队营。[190]此外，该师还拥有70挺轻机枪、6门中型迫击炮、2门轻型步兵炮和3门轻型野战炮，战斗力等级为第4级。[191]所有重武器（机枪、迫击炮、轻型步兵炮和轻型野战榴弹炮）后来都被抛弃，只有单兵武器和手持式武器被保留下来。4月12日，该师的官兵登上挪威货轮“戈雅”号（Goya），

① 即今天波兰境内的卢布科沃（Lubkowo）。
② 即今天波兰境内的德雷滕（Dretyń）。

启程前往斯维内明德，沿途一切顺利。[192] 但在1945年4月，穿越波罗的海的航程往往危机四伏，只要2枚鱼雷，一支大部队便很可能全军覆灭——就在几天后，“戈雅”号便在另一次航程中被苏军潜艇击沉，船上的7000名伤员和难民大多随船丧生。[193]

4月16日，苏军总攻开始后不久，党卫军第4警察装甲掷弹兵师开赴埃伯斯瓦尔德，此时该师麾下只有两个团，而且部署地点不同。在下文中，我们将分别介绍这两个团的战斗行动。

党卫军第7装甲掷弹兵团

4月16日至17日，党卫军第4警察装甲掷弹兵师奉命开赴党卫军第3（日耳曼）装甲军所在地段。在当地，该师得到了一些补充，包括党卫军第103装甲掷弹兵团、党卫军第500/600伞兵营和另1个党卫军营。其中，第103团将奉命与党卫军第7装甲掷弹兵团合并。该师的战史显示，这次重组在2天内完成，新的第7团人员被编为3个装甲掷弹兵营，还恢复了摩托化，同时，番号也改为党卫军第103装甲掷弹兵团，并由党卫军中校奥托·普拉格尔（Otto Prager）担任指挥官。[194]但这一调整只存在于表面，在很多文件中，该团仍被称为党卫军第7装甲掷弹兵团。而另一些文件则显示，该团继承了斯科尔兹内麾下党卫军猎兵部队的番号，并被称为党卫军阳光团或党卫军第7阳光装甲掷弹兵团。[195]

4月18日至24日，这个加强团最初部署在埃伯斯瓦尔德桥头堡，并隶属于党卫军第3（日耳曼）装甲军。有报告显示，当时发生了一个奇怪的事件：4月23日，施泰因纳询问师长瓦尔特·哈尔泽能否派遣一个“可靠的团”去柏林逮捕希特勒，以此与西方盟国停战。根据哈尔泽的说法，这项任务被交给了骑士十字勋章获得者奥托·普拉格尔中校，他将带领党卫军第7装甲掷弹兵团履行上述使命。但4月24日，苏军彻底包围了柏林，这项任务也无果而终。[196]至于已被严重削弱的该团则调往普伦茨劳，以抵御苏军主力的突破。[197]4月底，该团改由第46装甲军指挥，并加入了向哈格诺和劳恩堡一线撤退的队伍，试图投奔盟军。

4月28日，第46装甲军残部在普伦茨劳以西的湖区守住了一条防线，该防线在斯特拉斯堡（Strasburg）和利兴一带，有茂密的森林作为屏障，又被称为费尔德贝格防线。但在此时，苏军在费尔德贝格和菲尔斯滕维尔德

（Fürstenwerder）之间达成突破，而且党卫军兰格马克师和瓦隆人师的残部也开始擅自向西撤退（参见《奥得河前线1945》第1卷第11章）。此时，第46装甲军的剩余部队除了第281步兵师，还有富尔里德上校的第610特别师师部——党卫军第7装甲掷弹兵团也被划归后者指挥。这个新成立的师级指挥机构负责坚守新勃兰登堡-新施特雷利茨一线，并和第25装甲掷弹兵师共同掩护第3装甲集团军的部分兵力和难民后撤。激战持续了一整天。[198]之后，党卫军第7装甲掷弹兵团残部向瓦伦撤退，并先后经过米里茨湖、帕尔希姆和哈格诺等地，最终于5月2日在易北河东岸向英国第21集团军群辖下的美军单位投降。

对于阳光团及后来党卫军第7装甲掷弹兵团的情况，党卫军伞兵里奥纳德·沙普（Leonard Schaap）为我们提供了一份生动叙述。它以独特的视角呈现了第9集团军北翼的最后战况，以及4月25日和26日第3装甲集团军在普伦茨劳地区的防御战斗：

来自前线的报告越来越令人担忧。盟军继续在西线推进，而且似乎势不可当。在墨索里尼被杀后，意大利前线也崩溃了，而在东南方向，维也纳也在2天的战斗后陷落。在奥得河畔，俄国人倒是安静了一些。从4月14日开始，我们这座小城只遭遇了袭扰火力。4月15日，我们撤往后方，在格赖芬瓦尔德附近的一片树林里待到18日——但在奥得河畔头一次平静下来期间，这片树林却给了我们许多不愉快的回忆。（4月16日），我们听到远方传来的隆隆声——苏军开始了奥得河攻势。

元首发出号召："柏林仍然是德国的，维也纳也将再次属于德国，欧洲将永远不会落入苏军手中。"4月19日，我们讨论了作战部署，然后开赴奥得贝格附近的莱佩镇。在当地，苏军还没有开始攻势，只是打了几枚炮弹。元首生日当天，戈培尔博士发表了演讲，让位于我们前方的海军师（即第1海军步兵师）倍感振奋。

4月20日清晨，我们向南进发。一路上，我们看到了从坦克残骸中腾起的烟雾。双方频繁的空中活动表明有大事发生。我们在柏林郊区的比尔鲍姆庄园（Beerbaum estate，位于柏林郊区贝尔瑙东北20公里处）下车。苏军从屈斯特林附近的桥头堡出击，正在向柏林推进。为了击退突破之敌，1个拥有全新装备的师（作者按：第25装甲掷弹兵师）将和我们一起行动。按照计划，这场反击战将持续2天，并把苏军击退至奥得河畔。鉴于参战部队实力强大、装备精良，这次行动本该以胜利告终。但就在这个攸关德国命运的时刻，一些人却选择了背叛，比如下面这件事情。

当时，我们营负责侦察苏军的实力，并提早完成了原定于4月20日举行的人员晋升。随后，第3连搭乘突击炮朝贝尔瑙出发。全营的其余部分则向拜尔斯多夫（Baiersdorf）镇开进——据说苏军先锋已经抵达此处。我们骑着自行车，带着15瓦（电台），在林间小路曲折穿行。死一般的寂静笼罩着这片土地。拜尔斯多夫距离森林边缘约6公里，我们看到这个村镇内大概有60辆斯大林坦克。为了方便向师部汇报情况，米利乌斯曾亲自向我们交代了电台的使用规则和方法。尽管离后方很近，但那部15瓦电台就是没法接通。毫不奇怪，米利乌斯对此大发雷霆，并决定亲自去比尔鲍姆汇报情况。他回来时脸色非常难看，因为他得到消息——不知道是什么原因，我们这个师必须撤退，并让身后的高炮部队独自抵挡敌方矛头。在途中，米利乌斯抓获了2名苏军俘虏。到目前为止，我们还未放过一枪一弹。拜尔斯多夫的斯大林坦克似乎不想继续前进，他们的步兵部队也没有赶上，虽然有几支巡逻队，但这点兵力根本奈何不了我们——正是因此，我们安然无恙地撤走了。黄昏时分，我们小心翼翼地回到了比尔鲍姆。在那里，米利乌斯正等着后续指示。但这些指示来得太迟，差点酿成大祸。俄国人趁天黑包围了庄园，只是因为营里有人熟悉环境，我军车辆才从林间小路跳出了苏军的封锁线。在夜幕的掩护下，第3连也和突击炮一起从敌方控制区返回了。他们说贝尔瑙附近有苏军先头部队。当地的德军都扔掉武器钻进了地下室，仿佛是听天由命了。

4月21日上午，我们回到主防线，把营部设在一栋林间建筑内。直到晚上前线都大体平静，但随后俄国人达成突破，我们只好绕路而行，小心翼翼地向菲诺撤退。我们一觉没睡，在机场边缘重新占领了阵地。在强大的德军防线面前，苏军一筹莫展。他们的步兵只好看着我们搬空机场内的物资。我们营弄到了大量的食品和汽油，甚至开到纳尔瓦（Narva）都绰绰有余。

4月23日，情况再次急转直下。苏军凭着优势兵力不断逼近，由于地形不利，我们蒙受了重大损失。最终在傍晚时分，新的命令传达下来，要求我们撤往菲诺运河对岸的里希特费尔德（Lichterfelde）。俄国人没有在24日发动进攻，但仍然把我们死死地钉在原地，整个营部都被浓烟笼罩。通信排的韦伯（Weber）、黑根贝格（Hegenberg）和库尔曼（Kuhlmann）受伤，营部副官霍兰德斯（Hollenders）精神崩溃。当一支空军部队在下午时分前来换防时，我们真的倍感庆幸，因为我们可以于24日—25日晚间在戈林的卡琳宫附近好好睡上一晚。

在一张羽毛床上过夜后，我们准备在25日再次启程，并在明媚的阳光下向北行军穿过约阿希姆斯塔尔和滕普林——普伦茨劳则是我们的目标。从滕普林开始，不断有难民队伍从我们身旁经过。远处出现了坦克的烟雾，表明苏军正在继续前进。在普伦茨劳，我们看到了前所未有的景象：无穷无尽的士兵队伍正在撤退。我们在市场上停下脚步。这座城市最近遭到轰炸，余烬依旧未熄。当我们和激动的平民们谈论这个问题时，蓝天上突然传来一阵嗡嗡声，所有人拔腿就跑，钻进最近的地下室。一连串炸弹爆炸了，然后是一阵沉寂。有个女人跪在丈夫的尸体上，发出难以理解的尖叫——她疯了。米利乌斯腿部受伤，被迫撤下火线。整个队伍被党卫军中尉莱夫海特（Leifheit）接过，我们从普伦茨劳继续向东前进，在距离当地7公里的鲍姆加滕（Baumgarten）下车。当我们出城时，苏军的马丁飞机正飞过，继续狂轰滥炸。大队德国士兵惊慌失措，撒腿就跑。我们在莱夫海特的命令下鸣枪警告，但他们跑得更快了。苏军坦克向鲍姆加滕开火，整座村庄燃烧起来。我们在教区牧师的住所设立了指挥部。在炮击期间，我坐在教区牧师那台满是尘土的钢琴旁，弹起李斯特的《匈牙利第二狂想曲》——就像舞台剧的最后一幕。

18时，我们返回普伦茨劳的道路已断，但8.8厘米高射炮仍在不停向朝鲍姆加滕前进的苏军坦克开火，阻止坦克推进。在几座村庄之外的地方，几门人员不愿擅离职守的多管火箭炮也在轰鸣，他们正坚守在孤立的阵地上，用最后几发弹药对抗敌军。大约午夜时分，莱夫海特下令撤退。全营首先向北移动，然后在沦陷的普伦茨劳杀出一条血路，最终成功向西逃脱。为了与全营会合，莱夫海特的指挥车和我们的15瓦无线电台小组只能从帕斯沃克以南一座完好的桥梁绕行。睡过2个小时后，所有人在舍讷马克（Schönermark）集合，并构建了阵地。我们与（党卫军第4警察装甲掷弹兵师的）第7装甲掷弹兵团第1营一起被合编为1个新团，团长是普拉格尔党卫军中校。4月26日中午，苏军在当地现身，并越过我们向南推进。15点，新命令要求我们向利希滕贝格（Lichtenberg）撤退，当地是新施特雷利茨以东30公里的一处公路枢纽。按照设想，我们将在这里重新与左翼和右翼部队取得联系，换句话说，就是在当地建立起一条连贯的主战线——但这一切没能发生。

我们连在左右两翼各占据了一道反坦克障碍，并有8.8厘米高炮提供支援。由于难民从晚上开始一直接连不断，直到次日下午，（反坦克障碍）才被彻底封闭。27日上午，我们连再次遭到孤立。在西南方向，苏军已攻入费尔德贝格，并从当地向我们杀来。一位叫绍德（Sauder）的战友用四管高炮（作者按：即四联装20毫米高射炮）击退了苏军步兵，这门高炮之前被其他部队遗弃，并被一直打到弹药耗尽。然后，我们开始且战且退——先是从反坦克障碍撤到森林边缘200米处，然后是300—400米外的下一座山丘，直到抵达下一个村庄。在此期间，苏军也停下来喘了口气。此时，普拉格尔和莱夫海特逐渐查明了局势。第1连的连长谢乌（Scheu）受伤，无法继续指挥战斗；第2连只剩23人，连长绍尔（Sauer）也挂了彩；只有党卫军中尉德罗斯特（Droste）的第3连仍然完好无缺。我们回到新勃兰登堡，但当德罗斯特跟随1个突击炮营抵达布格施塔加德（Burg Stargard）时却引起了当地守军的恐慌，因为他们把突击炮当成了苏军坦克。

经过上述波折，全营在新勃兰登堡的一个郊区再次占领了阵地。在这里，人们可以清楚地听到苏军坦克的隆隆声，他们试图在4月27日—28日深夜对这座城市发起夜袭。没有1门德军火炮干扰他们的前进。

莱夫海特在28日3点左右与敌人率先交火，并立刻派遣班库斯（Bankus）作为信使去城内通知普拉格尔，但班库斯再也没有回来。3点30分，我们的通信车作为第二批信使前往，但同样也下落不明。面对这种情况，莱夫海特把指挥权交给了绍德，自己去了团部。当黎明来临，新勃兰登堡方向没有消息传来，第一批苏联坦克大摇大摆地开上城外的山头时，绍德下达了撤退命令。

在这些坦克的炮管底下，我们只好像老鼠一样朝城市爬行。那里已经没有德国士兵了，普拉格尔倒在风景如画的城门前，周围是6名德军，骑士十字勋章仍然骄傲地挂在他脖子上。由于不满他下达的坚守命令，城内发生了哗变，让决心抵抗的普拉格尔付出了生命。现在，即使最狂热的人也开始相信，悲惨的结局即将降临。

步枪、铁拳、机枪和各种其他武器装备横七竖八地被丢在人行道上。我们和1个来自德国海军的营一起撤回了瓦伦市背后的卡罗（Karow，位于米里茨湖畔），米利乌斯正在当地整理全营的残余部队和支援单位。

米利乌斯和我们不再隶属于维斯瓦河集团军群。我们将前往丹麦，加入一个由日耳曼各民族组成的新装甲军。

因为西方列强已在易北河畔停止前进，这条路线在4月30日之前一直畅通无阻。5月1日，我们在帕尔希姆市附近的一个村庄过夜。电台中传来了阿道夫·希特勒身亡、邓尼茨元帅接管德国政府的消息。5月2日，一切都结束了。傍晚时分，我们在什未林以西20公里处行军，突然遭到来自西面的火力袭击。米利乌斯指派埃里希森（Erichson）为信使，他带回了最后一份正式报告。美军在前面2公里处，苏军则在后方6公里。美军正在等待第一批前来会师的苏军。

每个指挥官都与自己的部下一一握手："困难时期已经过去了，但前方还有更大的挑战。坚持住，总会有云开雾散的一天！"1945年5月2日，米利乌斯用这番话解散了全营。

大家唱起"忠诚之歌"，然后各奔东西。[199]

党卫军第8装甲掷弹兵团

在战争末期，党卫军第8装甲掷弹兵团被调往埃伯斯瓦尔德桥头堡，奉命守住背后的运河。该团从党卫军第3（日耳曼）装甲军辖下的空军部队接收了机枪、迫击炮和若干轻型步兵炮，从而补充了一部分之前抛弃在海拉半岛的武器。[200]在这处阵地上，该团的官兵看到大量军人（主要来自第101军）越过运河，试图撤往北方的约阿希姆斯塔尔，而且大多无人指挥，其中还夹杂着大量难民。此时，党卫军第8装甲掷弹兵团和该师的其他部队一起被合并为哈尔泽战斗群。虽然党卫军第7装甲掷弹兵团已经调离，但哈尔泽战斗群仍在党卫军第3（日耳曼）装甲军麾下，并坚守着埃伯斯瓦尔德附近的菲诺运河沿岸。随后，该团奉命调往西面，新阵地位于奥拉宁堡一带。

在通往新鲁平、鲁平运河/霍亨索伦运河和屈里茨（Kyritz）的道路上，该团与敌人轮番作战，守住了党卫军第3（日耳曼）装甲军的南翼。4月25日，哈尔泽战斗群从奥拉宁堡方向出动，前去攻击一支苏军坦克部队——他们是朱可夫的部下，当其他苏军合围柏林时，他们正在向北推进，试图越过鲁平运河，并一度抵达了盖门多夫（Germendorf）地区。[201]在反击中，德军封闭了突破口，让己方部队可以沿着运河北岸安全向西撤退。同时，哈尔泽战斗群还在鲁平运河南岸建立了一个小桥头堡，面积大约有几百平方米，但由于左翼的第3海军步兵师力不能支，该桥头堡很快被放弃。随后，施泰因纳命令整个党卫军第3（日耳曼）装甲军向西北方的梅克伦堡运动。其间，哈尔泽战斗群将在屈里茨西北部与第3海军步兵师和部分空军部队一起建立防线。但由于一股来自普里茨瓦尔克的苏军装甲部队截断了道路，该战斗群未能进入预定阵地。在南面，复仇师（Division zur Vergeltung）更是擅自离开阵地，撤到了易北河畔（参见后文中“哈维尔河前线：柏林西北部的战斗”一节），导致前线门户洞开。随着苏军坦克部队继续朝西北方推进，哈尔泽战斗群为了摆脱包围，只能和其他国防军部队一道沿着屈里茨–路德维希斯卢斯特公路不断撤退。[202]与此同时，党卫军第4炮兵团和第4装甲营则与主力分离，试图在佩勒贝格（Perleberg）附近抵挡苏军坦克部队。

5月2日，哈尔泽战斗群和党卫军第4警察装甲掷弹兵师的残部在埃尔登堡（Eldenburg）的施罗斯堡（Castle Schloβburg）集结，在这里，党卫军第4装甲营的乌特格南特（Utgenannt）少校向部下做了最后的告别：

战友们！对于我们师来说，战争已经结束。我们成功拯救了我师在东面作战的大部分部队，让我们的同胞不用再为落入苏军手中担心。这也是过去几天来我一直努力实现的目标。我感谢你们随时准备投入战斗的状态，也感谢你们多年来为民族和祖国的英勇战斗。请将我的感谢转达给你的手下。今天，无论我们被俘虏，还是到处躲藏，都不是我们的错，也不是前线军人的错。而是政治家们的错。我的最后命令是：回到你的部下身边，带领他们平安向美军投降。我下令解除所有人的职责，并给予他们自由行动的权利。愿每个人都能掌握自己的命运，回到自己的家，回归以往的生活。[203]

随着最后一道命令下达，哈尔泽战斗群的残部开始前往易北河畔，最终向美军缴械投降。

奥得河前线的高级勋章获得者：

骑士十字勋章双剑饰——1945年2月1日，党卫军准将赫尔穆特·多尔纳（Helmut Dörner，第129位获得者），警察师战斗群代理指挥官[①]。

骑士十字勋章——1945年3月17日，党卫军少校阿洛伊斯·埃特霍费尔（Alois Etthöfer），党卫军第4装甲营营长[②]；1945年5月9日，党卫军上尉海因茨·于尔根斯（Heinz Jürgens），党卫军第4装甲侦察营营长。

德意志金质十字奖章——1945年1月27日，党卫军军士长博内曼（Bornemann），来自党卫军第4装甲侦察营第3连；1945年1月27日，党卫军上尉赖斯（Reiβ），党卫军第4装甲歼击营代理营长；1945年1月27日，党卫军上尉沃德（Wode），来自党卫军第4炮兵团；1945年2月10日，党卫军军士长穆勒（Müller），来自党卫军第7装甲掷弹兵团第12连；1945年3月24日，党卫军军士长明斯特曼（Münstermann），来自党卫军第8装甲掷弹兵团团部连；1945年3月24日，党卫军中尉埃尔贝克（Erlbeck），党卫军第4工兵营第2连连长；1945年3月24日，党卫军军士长赖希（Reich），来自党卫军第8装甲掷弹兵团第9连；1945年3月24日，党卫军中尉弗斯特纳（Forstner），党卫军第8装甲掷弹兵团第8连连长；1945年3月24日，党卫军中尉哈纳克（Harnack），党卫军第4野战补充营第1连连长；1945年3月24日，党卫军少校迈尔（Mayer），党卫军第4炮兵团第3营营长；1945年3月24日，党卫军少尉朗格（Lange），党卫军第8装甲掷弹兵团第5连代理连长；1945年3月24日，党卫军上尉迈韦格（Maiweg），党卫军第8装甲掷弹兵团第3营代理营长；1945年3月24日，党卫军中校塔佩（Tappe），党卫军第8装甲掷弹兵团代理团长；1945年3月24日，党卫军上士波勒（Pöhler），来自党卫军第4野战补充营第5连；1945年3月30日，党卫军中尉恩斯特（Ernst），来自党卫军第4装甲侦察营第1连。

---

① 原文如此，此处有误。多尔纳在1944年冬季便不再担任警察师战斗群代理指挥官。

② 原文如此，此处有误。1944年11月20日，埃特霍费尔在豪特万（Hatvan）附近的一场反击战中阵亡。

党卫军第10弗伦斯贝格装甲师

指挥官：

1944年4月27日—1945年4月28日，党卫军少将海因茨·哈梅尔；

1945年4月29日—投降，党卫军中校弗朗茨·罗斯特尔（Franz Röstel）。

作战参谋：

斯托利（Stolley）陆军上校（？）①。

部队类型：

党卫军装甲师（编制未调整）。[204]

战斗力水平：

不详（可能为第1级或第2级）。

战斗序列：

师部、党卫军第10装甲团、党卫军第21装甲掷弹兵团、党卫军第22装甲掷弹兵团、党卫军第10装甲炮兵团、党卫军第10装甲高炮营、党卫军第10突击炮营、党卫军第10摩托车团②、党卫军第10装甲歼击营、党卫军第10装甲工兵营、党卫军第10装甲侦察营、党卫军第10装甲通信营、师属后勤分队

1945年2月1日，该师作战参谋曾提交了一份编号为Tgb. Nr.101/45 gkdos的文件，其中显示，该师事实上处于超编状态，总人数高达20104人。但另一些资料则宣称总人数只有10000人左右。[205]但无论如何，该师都是奥得河前线（甚至是整个国防军最高统帅部辖下）最强的作战部队。

作战综述：

1945年1月中旬至2月初，党卫军第10弗伦斯贝格装甲师一直在西线作战，并参加了在阿尔萨斯地区发动的北风行动（Operation Nordwind）。2月1日，德军最高指挥层发布了编号为OKW/WFSt/Op (H) Nr. 88 271/45 g.K.Chefs的命令，遵照该命令，该师于2月4日撤出前线，并立刻登上了向东开往波美拉尼亚的火车，以便参与夏至行动。[206]乘火车穿越德国耗费了该师大约6天时间。由于西方盟军飞机不断轰炸残存的铁路网，该师在途中走走停停，遭

① 此处有误，斯托利并非来自陆军。

② 此处有误，这2个单位未组建完毕就被解散。

遇了严重耽搁。

抵达新前线后，弗伦斯贝格师立刻被划拨给第11集团军辖下的第39装甲军。2月16日，夏至行动打响，作为西部攻击集群（位于马杜湖和斯塔加德之间）的先锋，各团开始向南进军，主要目标是南面20公里处的皮里茨。但在进攻发起前，该师的参谋人员没有得到任何准备时间——没有侦察，而且似乎也没有与左右两翼的部队（即党卫军第4警察装甲掷弹兵师和荷尔斯泰因装甲师）密切协同。该师突破了苏军最前沿的阻击阵地，一路向南攻入巴尼姆斯库诺（Barnimskunow）①村——苏军近卫坦克第12军的防区，该军正在一边撤退，一边奋力抵抗。同时，师部接到消息，左翼的友军——党卫军第4警察装甲掷弹兵师——已在东面几公里外渡过小伊纳河，一个桥头堡正在布鲁姆贝格村建成。2月17日，弗伦斯贝格师迅速调整行动，并利用了具有战术意义的布鲁姆贝格桥头堡。各部队兵分两路，一路向南朝穆舍林进攻，另一路向西朝萨伦廷进发。西部攻击群主要由装甲车辆组成。它们离开布鲁姆贝格以西的丘陵，越过萨伦廷前方一片略有起伏的平原。当这些车辆抵达村子的东部入口时，立刻被3—5辆斯大林-2坦克用猛烈火力阻挡。这些苏军重型坦克与德军坦克反复交火，将弗伦斯贝格师西进的步伐拖延了近24小时。报告没有说明这些斯大林-2最终是被击毁还是被击退，抑或是两者兼而有之，但弗伦斯贝格师直到19日才占领村庄。攻击部队随后继续推进，占领了旧普利普和普伦湖畔的吕布托，但之后，他们并没有在皮里茨方向继续取得进展。南部攻击群在2月17日抵达了穆舍林，苏军立即以一个团的兵力发起反击，德军装甲掷弹兵力不能支，只好撤退。前线战斗极为惨烈，尤其是在小镇穆舍林，2月18日至20日，当地曾数次易手。2月21日，德军停止向南前进。

大约在2月底的某个时候，在第7装甲师与第11集团军失去联系之前，弗伦斯贝格师还临时接管了第7装甲师辖下由冯·齐策维茨（von Zitsewitz）少尉指挥的10辆猎豹坦克歼击车。[207]

2月23日，随着第39装甲军军部撤离，弗伦斯贝格师改由党卫军第3（日

① 即今天波兰西波美拉尼亚省的巴尼姆（Barnim）。

耳曼）装甲军指挥。但不久后，根据格伦的建议，该师也离开了原所在地，前往第9集团军所在的奥得河畔法兰克福一带充当战役预备队（见前文夏至行动部分）。3月1日苏军大举进攻波美拉尼亚时，该师正在泽劳地区的铁路平板车上。[208]由于前线告急，列车立刻掉头向北赶赴斯德丁。截至2月28日，该师拥有的装甲车辆包括：28辆四号坦克（19辆可用），44辆豹式坦克（27辆可用），11辆四号坦克歼击车（6辆可用），9辆四号坦克歼击车L/70型（5辆可用），以及8辆四号自行高射炮（4辆可用）。[209]

苏军向北朝波罗的海大举推进，在第3装甲集团军（原第11集团军）和第2集团军之间撕开了一道巨大的裂口。弗伦斯贝格师奉命反击，在这两个集团军之间重新建立一条连贯的战线，切断苏军先头坦克部队与主力的联系。但这一目标要想实现，该师必须横跨苏军的南北进攻轴线，向前推进150公里。与之前在波美拉尼亚的情况一样，这项任务远远超过了1个师的能力，何况该师根本没有时间侦察、计划或协调，甚至只要看一眼地图，就能明白希姆莱和元首地堡的想法是多么异想天开。劳斯大将了解情况后，决定不遵守这些荒唐的命令。相反，他要求弗伦斯贝格师向雷格尼茨（Regnitz）进攻，重新打通与党卫军第10军和冯·特陶军级集群的联系。

在3月3日抵达斯德丁东北部的部署区域后不久，党卫军第10装甲侦察营和党卫军第10突击炮营①开始朝普拉特推进，党卫军第22装甲掷弹兵团的先头部队则立刻开赴瑙加德，并赶在苏军到来前占领了该镇东郊的阵地。[210]在瑙加德，战斗立刻爆发。大量东普鲁士难民仍滞留在镇内，许多正在南下前往斯德丁的火车上等待出发。经过一番较量，镇外的德军各连被迫撤退。苏军则攻入该镇，并沿着郊区推进，切断了出镇的铁路线。在西南方向，党卫军第22装甲掷弹兵团主力顶着苏军坦克火力开下火车，并迅速集结起来，在3月4日夺回了瑙加德。进入该镇后，党卫军装甲掷弹兵发现难民遭到了苏军的报复。正如一位德国老兵的回忆："城里仍然充满了难民，景象实在难以描述，许多人流下了眼泪，因为我们愤怒，但又无能为力。悲痛带来的力量让我们不再疲惫，把

① 党卫军第10突击炮营早已在1943年解散，此处明显有误，似乎应为党卫军第10装甲团第1连。

苏军赶出了瑙加德镇。”[211]但没过多久，苏军卷土重来，党卫军装甲掷弹兵只好撤离，在此期间，很多难民得以从城市西南朝戈尔诺的道路逃走，成功抵达了友军战线。在更北面的地方，近卫坦克第9军和第12军正在沿正西方–西南方推进，继续向德军施加强大压力。

党卫军第10弗伦斯贝格装甲师只好向西南方朝斯德丁且战且退，苏军则不断追击。3月6日，该师抵达戈尔诺镇，但次日就被迫撤离。3月8日，该师在阿尔特达姆（Altdamm）的北部和西部占据了防御阵地。由于他们的顽强抵抗，苏军被迫暂时停止向西前进，直到3月14日才重新发起攻击。

3月10日，该师报告的日常兵力为11946人，战斗兵力为10166人，坦克和突击炮的兵力为：31辆四号坦克（7辆可用）、50辆豹式坦克（19辆可用）、6辆M4谢尔曼缴获坦克（4辆可用）、14辆四号坦克歼击车L/70型（7辆可用）、6辆猎豹坦克歼击车（0辆可用）、8辆四号自行高射炮（4辆）。炮兵则包括21门轻型榴弹炮（牵引式，摩托化）、11辆重型榴弹炮（牵引式，摩托化）和7门10.5厘米加农炮（牵引式，摩托化）。[212]另外，该师还从预备军接收了3000名补充人员，不过有600人在抵达时没有武器。同一份报告还指出，作为紧要事项，有10辆谢尔曼缴获坦克正在运往该师，每辆坦克可以携带70发炮弹，但配套物资有限，搜集工作正在德国境内开展。[213]

随后几天，该师在阿尔特达姆桥头堡陷入激战。3月17日和18日，党卫军第10装甲团宣称击毁了54辆苏军坦克。其中20辆被巴赫曼（Bachmann）中尉所在的第1连包揽[214]。3月19日和20日，该师和第3装甲集团军的其他单位一起撤往奥得河西岸，并在奥得河畔法兰克福以西的第9集团军境内稍事休整。在此期间，该师被改编为45年型装甲师。[215]

在一份3月12日至15日签署的文件中，该师报告说，经过夏至行动和波美拉尼亚西部的防御战，各单位缺少以下装备：12门轻型自行榴弹炮、6门重型自行榴弹炮、20门7.5厘米反坦克炮、250挺轻机枪、50挺重机枪、1500支卡宾枪、85支狙击步枪、500支突击步枪、385支冲锋枪、31门8厘米迫击炮、6门12厘米迫击炮、21门2厘米高射炮（牵引式，摩托化）、1门8.8厘米高射炮（牵引式，摩托化）、300把P08手枪、300把信号手枪。这也从侧面反映了该师在过去一个多月战斗中的损失程度。[216]3月25日，弗伦斯贝格师报告部队的实际兵力为15067人，重型装备包括1辆三号指挥坦克、35辆四号坦克（26辆可用）、2辆四号指挥坦克、47辆豹式坦克（23辆可用）、5辆豹式指挥坦克、10辆M4谢尔曼缴获坦克（1辆可用）、12辆四号坦克歼击车L/70型（4辆可用）、6辆猎豹坦克歼击车（2辆可用）、8辆四号自行高射炮（5辆可用）、1辆三号炮兵观测坦克、7辆四号炮兵观测坦克、138辆轻型和中型装甲运兵车、16辆装甲侦察车、8门重型反坦克炮（牵引式，摩托化，7门可用）、21门轻型榴弹炮（牵引式，摩托化）、12门重型榴弹炮（牵引式，摩托化）和10门10.5厘米加农炮（牵引式，摩托化）。[217]3月30日，该师根据希特勒的命令调往中央集团军群麾下的第4装甲集团军，并作为预备队在格尔利茨附近待命。[218]

弗伦斯贝格师也是4月中旬德军中兵力最强、装备最精良的装甲部队。但当苏军在4月16日打响总攻时，该师只能以“添油”战术投入施普伦贝格和科特布斯之间的危机地段。在接到编号为Nr. 4779/45 g.Kdos. 17.4.45的命令后，该师迅速脱离第4装甲集团军预备队赶赴前线。[219]但由于苏军的行动速度，以及部署时的匆忙，其下属部队被分割为3个部分。第1部分包括党卫军第10装甲侦察营，该营向东北方进军，路线与朝西北进攻的苏军完全垂直，最后在科特布斯地区与其他部队失去联系。在燃料短缺、弹药不足的状况下，该营被第9集团军接管，并参与了从哈尔伯地区向西朝第12集团军防线突围的行动。第2部分则滞留在了包岑地区，包括补给部队、党卫军第10装甲团、党卫军第10装甲炮兵团和党卫军第10装甲侦察营的非机动单位。他们向西朝德累斯顿撤退，试图抵达美军战线。其余单位构成了第3部分，并被部署到施普伦贝格地区——在当地，他们的侧翼被苏军包抄，并和其他几个师一道陷入重围。包围圈内一名党卫军第10装甲通信营的人员后来回忆说：“1945年4月20日，苏军封闭了施普伦贝格口袋。有无线电报从柏林来，其中写道：如果弗伦斯贝格师不能封闭（科特布斯和施普伦贝格之间）的缺口，就必须英勇成仁！但党卫队旅队长兼党卫军少将哈梅尔却回答说：‘想让我们送死？没门！’次日，我们开始乘车逃离包围圈。”[220]4月21日，这部分人员开始突破苏军封锁，在此过程中损失惨重（参见《奥得河前线1945》第1卷第12章），幸存者后来抵达德累斯顿，然后向南撤退，最终向美军投降。

奥得河前线的高级勋章获得者：

骑士十字勋章橡叶饰——1945年4月5日，党卫军中校奥托·帕施（Otto Paetsch，第820位获得者），党卫军第10装甲团团长。

骑士十字勋章——1945年2月10日，党卫军中尉埃尔文·巴赫曼（Erwin Bachmann），党卫军第10装甲团第1营营部副官；1945年3月28日，党卫军少校恩斯特·泰施（Ernst Tetsch），党卫军第10装甲团第1营营长；1945年3月28日，党卫军中尉弗朗茨·舍尔策（Franz Scherzer），党卫军第10装甲团第1连代理连长；1945年3月28日，党卫军中尉弗朗茨·赖德尔（Franz Riedel），党卫军第10装甲团第7连连长；1945年5月3日，党卫军中校埃尔文–弗朗茨·勒斯特尔（Erwin Franz Röstel），党卫军第10装甲歼击营营长兼同名战斗群指挥官；1945年5月11日，党卫军少校弗里德里希·里希特（Friedrich Richter），党卫军第21装甲掷弹兵团第3营营长。

陆军荣誉勋饰——1945年3月8日，陆军军官候补生格布哈特（Gebhardt），来自党卫军第10装甲团第1营。

德意志金质十字奖章——1945年3月30日，党卫军少校斯托利，师作战参谋；1945年3月30日，党卫军上等兵施托希（Storch），来自党卫军第10装甲团第6连。

党卫军第11北欧志愿装甲掷弹兵师

指挥官：

1944年7月27日—1945年4月25日，党卫军少将约阿希姆·齐格勒（Joachim Ziegler）；

4月25日—投降，党卫军少将古斯塔夫·克鲁肯贝格博士（Dr. Gustav Krukenberg）。

作战参谋：

党卫军少校温切克（Wienczeck，代理）。

部队类型：

党卫军装甲掷弹兵师。[221]

战斗力水平：

第3级，机动车辆到位率60%。4月7日，该师下属作战营的估计兵力为

2100人，另外拥有25辆三号突击炮、7辆豹式坦克①和10门重型反坦克炮。[222]

战斗序列：

师部、党卫军第23挪威装甲掷弹兵团、党卫军第24丹麦装甲掷弹兵团、师属摩托车团、党卫军第11装甲团、党卫军第11装甲歼击营、党卫军第11炮兵团、党卫军第11突击炮营、党卫军第11高炮营、党卫军第11工兵营、党卫军第11通信营、党卫军第11补充营、党卫军第11师属后勤部队指挥部、党卫军第11维修营、党卫军第11医疗营、党卫军第11勤务营。

作战综述：

作为党卫军第3（日耳曼）装甲军的一部分，北欧师在2月初乘船从库尔兰抵达第11集团军境内的斯德丁，然后乘火车赶往马索夫，以便为夏至行动做最后准备。而早在1944年11月10日—11日，党卫军中校保罗–阿尔伯特·考施（Paul-Albert Kausch）指挥的党卫军第11赫尔曼·冯·萨尔扎装甲团②便已从库尔兰抵达哥滕哈芬，但没有携带任何装甲车辆③。[223]在但泽南部驻扎期间，该团用新人员完成了重建，但仍然缺乏坦克，这导致训练进展缓慢。1月底，该团乘火车前往格拉芬沃尔（Grafenwöhr）训练场——很可能是为了接收新坦克。但命令却要求他们返回火车，并前往斯德丁。波美拉尼亚的局势正在恶化，苏军不断向北推进，沿途几乎所向披靡——他们隆隆驶过里茨，并占领了舍恩维尔德、施拉根廷、帕明和施托岑菲尔德等地，阿恩斯瓦尔德的两翼遭到包抄，局势岌岌可危。在斯德丁，考施的团接收了30辆豹式坦克和30辆突击炮，随后便在没有熟悉装备和接受完整训练的情况下火速开赴危险地段。

2月6日，党卫军第11赫尔曼·冯·萨尔扎装甲团派出大约一半兵力向南朝阿恩斯瓦尔德和里茨进攻，短暂地夺回了舍恩维尔德。但考施的团兵力有限，无法长期守住连接阿恩斯瓦尔德的陆上走廊，该镇与外界的陆上联络很快就被苏军再度切断。即便如此，增援的虎王坦克（来自党卫军第503重装甲营）和党卫队帝国领袖护卫营还是进入了镇内（关于阿恩斯瓦尔德之战的详细

① 此处有误，在1945年，该师的豹式坦克从来没有达到这一数字。

② 原文如此，应为装甲营。

③ 此处不确切，该单位的第1连仍在库尔兰作战，直到1月才携带剩余的装甲车辆返回德国。

情况，可参见上文夏至行动部分）。

与此同时，北欧师的其余部队继续在斯德丁卸载。报告显示，1945年2月12日，集团军群的训练参谋（Id）将北欧师的状况评估为："战斗力水平为第2级，机动车辆到位率80%。日常兵力5430人，战斗兵力3011人。全师包括3个兵力中等的（步兵）营、1个兵力中等偏弱的（步兵）营、1个兵力薄弱的（步兵）营，外加1个中等兵力的侦察营。此外，全师还拥有11门重型反坦克炮，48辆坦克和突击炮，6个轻型炮兵连和4个重型炮兵连。"[224]另外，装甲歼击营还有6辆三号突击炮可用，另有5辆和13辆该型车辆分别处在短期维修和长期维修状态。[225]在这些突击炮中，有12辆可能接收自党卫军第4警察装甲掷弹兵师，另外5辆则接收自西里西亚装甲师。[226]2月14日，该师完成集结，并奉命在扎罕一带渡过伊纳河。所有部队的目标是抵达阿恩斯瓦尔德，并解救在夏至行动前夜被围困在当地的友军部队。该师只有2天时间进行战前检查，熟悉地形，并完成作战部署。更不幸的是，该师还被迫提前向进军中的苏军发动进攻，以获得有利的攻击阵地。2月16日，北欧师正式开始向南进军。在党卫军少校索伦森（Sörensen）的指挥下，党卫军第24丹麦装甲掷弹兵团在进攻中一马当先，经过2天苦战攻入阿恩斯瓦尔德，使被困守军和民众得以分三批向北撤回德军防线。但2月底，该师被迫退往伊纳河北岸，并炸毁了河上剩余的桥梁。

3月1日，苏军开始大举进攻波美拉尼亚。北欧师的阵地位于斯塔加德西北部的弗赖恩瓦尔德，并奉命守住前线，以便党卫军第10弗伦斯贝格装甲师发动反击、打通与党卫军第10军的联系。但在不久之后的3月3日，苏军便在斯塔加德和弗赖恩瓦尔德之间撕开了德军战线，并将北欧师一分为二——一部分位于马索夫以北，另一部分则位于伊纳河西岸的欣岑多夫地区。负责防守北翼的是党卫军第24丹麦装甲掷弹兵团，他们顶着苏军的进攻，在逐村逐镇的战斗中向达姆施湖沿岸的阿恩斯瓦尔德①且战且退，并于3月11日—12日抵达了当地。3月16日，党卫军第24丹麦装甲掷弹兵团与该师的其他部队一起向南调

① 此处有误，应为阿尔特达姆。

动，并与党卫军第28瓦隆人掷弹兵师的残部一同接管了阿尔特达姆镇周边的防御。在这座桥头堡，北欧师坚守了整整3天，但面对苏军的频繁进攻，其防区也在不断缩小。阿尔特达姆镇的防守则由党卫军第11装甲侦察营负责，当地战斗激烈，所有建筑都化作瓦砾。[227]3月19日—20日夜间，北欧师从桥头堡撤出，并和党卫军第3（日耳曼）装甲军的其他部队一道成为预备队，以便休整和接受重组。[228]

在2月中旬到3月中旬的战斗中，该师损失了25辆三号突击炮。一份损失调查报告提到，这些突击炮有9辆被苏军反坦克炮摧毁，4辆因无法修理而被车组遗弃，3架因维修设施遭到苏军突袭而损失，8辆因为缺乏燃料被抛弃，还有1辆原因不明，军事法庭正在调查此事。在这段时间，该师击毁了60辆苏军坦克，包括5辆斯大林-2，但文件没有提供更多细节，如击毁时间、地点和武器。[229]

波美拉尼亚的战斗结束后，该师在3月25日提交了一份紧缺装备清单，其中包括3000支步枪、150挺机枪、5门重型迫击炮和14门重型反坦克炮。[230]3月26日，有关方面又向曼陀菲尔将军提交了一份状况评估报告，其中提到："（该师）的装甲掷弹兵严重不足，而且缺乏军官和军士。为补充紧缺人员，我们正在准备向党卫队全国领袖提交申请。师属炮兵状态良好。装甲侦察营情况极佳（共有78辆装甲运兵车）。目前，党卫军第503重装甲营有半数兵力——虎王坦克有6辆战备完好，7辆正在维修，正在接受该师的战术指挥。该师斗志高昂，如果人员和装备处于满编状态，将胜任一切进攻任务。"[231] 另外值得一提的是，虽然该师的人员补充由党卫队指挥总局负责，但仍从其他军种接收了大量新兵。其中一个例子是丹麦团，该团的补充人员五花八门，甚至还包括了一些海军水兵，[232]而且这些人员都缺乏基本的步兵战术和武器训练。

4月16日，苏军开始全线进攻。4月17日，北欧师奉命前往施特劳斯贝格-明谢贝格地区，支援第56装甲军抵御苏军在1号帝国公路沿线的突破。但该师从来没有抵达规定的部署区域，进入第56装甲军防区的时间也晚了24个小时。[233]投入战斗后，该师在普勒策尔（Prötzel）南部进行了坚决抵抗，试图抵御近卫坦克第2集团军。在此期间，可能是因为施泰因纳的命令，北欧师计划绕过柏林，向西撤退［详情可见本章"尼德兰师"部分引用的德军老兵洛曼（Lohmann）的回忆］。但面对苏军迅疾的行动，该师只好向柏林撤退。在城内，师长齐格勒被撤职，并在4月25日被党卫军少将古斯塔夫·克鲁肯贝格取代。其间，北欧师被打散为多个战斗群，在柏林东部地区继续战斗。5月1日至2日晚，这些战斗群试图向北突围，但大部分都被苏军俘虏。

奥得河前线的高级勋章获得者：

骑士十字勋章橡叶饰——1945年4月3日，党卫军上尉弗里茨·福格特（Fritz Vogt，第785名获得者），党卫军第23挪威装甲掷弹兵团第1营营长，后担任党卫军维京师装甲侦察营营长[①]；1945年4月23日，党卫军中校保罗–阿尔伯特·考施（Paul-Albert Kausch），党卫军第11装甲营营长（1944年8月23日获得骑士十字勋章）；1945年4月28日，党卫军少将约阿希姆·齐格勒，党卫军第11北欧装甲掷弹兵师师长。

骑士十字勋章——1945年2月28日，党卫军中尉鲁道夫·罗特（Rudolf Rott），党卫军第11装甲营第1连连长（阵亡于波美拉尼亚的小锡尔伯，1945年2月28日追晋党卫军上尉）；1945年5月9日，党卫军少校卡尔–海因茨·舒尔茨–施特雷克（Karl-Heinz Schulz-Streeck），党卫军第11突击炮营[②]营长；1945年5月11日，党卫军少校阿尔弗雷德·费舍尔（Alfred Fischer），党卫军第11炮兵团第2营营长（死于1945年7月28日被苏军俘虏期间）；1945年5月11日，党卫军上尉路德维希·霍夫曼（Ludwig Hoffmann），党卫军第23挪威装甲掷弹兵团第3营代理营长；1945年5月11日，党卫军中尉威利·洪德（Willy Hund），党卫军第23挪威装甲掷弹兵团第6连和第7连混编特别战斗群指挥官；1945年5月11日，党卫军上尉瓦尔特·科尔纳（Walter Körner），党卫军第23挪威装甲掷弹兵团团部副官。

德意志金质十字奖章——1945年1月13日，党卫军中校瓦尔特·普洛（Walter Ploew），来自党卫军第11高炮营；1945年3月30日，党卫军中尉格奥尔格·朗根多夫（Georg Langendorf），来自党卫军第11装甲侦察营第5连；1945年3月30日，党卫军上士阿尔弗雷德·韦德尔（Alfred Wedel），来自党卫军第11装甲侦察营第4连。

---

① 此处有误，1945年初，弗里茨·福格特的挪威团第1营作为党卫军第4装甲军的一部分在匈牙利作战。

② 应为装甲歼击营。

党卫军第15（拉脱维亚第1）武装掷弹兵师

指挥官：

1945年1月26日，党卫军准将赫伯特·冯·奥伯武策尔（Herbert von Obwurzer）；

1月26日—2月15日，党卫军准将阿道夫·阿克斯（Adolf Ax，代理）；

2月15日—投降，党卫军准将卡尔·布尔克（Karl Burk）。

作战参谋：

不详。

部队类型：

45年型党卫军掷弹兵师①。[234]

战斗力水平：

第4级，马匹到位率30%/机动车辆到位率40%。[235]

战斗序列：

师部、党卫军第32志愿掷弹兵团、党卫军第33志愿掷弹兵团、党卫军第34志愿掷弹兵团、党卫军第15（拉脱维亚第1）工兵营、党卫军第15（拉脱维亚第1）通信营、党卫军第15（拉脱维亚第1）炮兵团第1营。

作战综述：

在战争初期，曾有不少拉脱维亚人作为辅助人员在秩序警察（Ordungspolizei）等德军部队中服役。1943年初，经历过斯大林格勒的惨败之后，希特勒下令从该国招募更多兵员。这项工作被交给了党卫队全国领袖希姆莱，他原计划招募50000名志愿者，但到1943年3月只召集了30000人。[236]

1943年10月，德军的拉脱维亚志愿军团（Lettischen Freiwilligen Legion）正式成立，并在同年12月被改编为党卫军第15（拉脱维亚第1）武装掷弹兵师。该师最初有15192人（包括471名军官，1330名军士，13391名士兵）——比额定人数略低。由于装备、武器和制服短缺，该师的组建花了很长时间，训练工作也推进缓慢。[237]

---

① 原文如此，按照后文中阿克斯准将的回忆，在波美拉尼亚前线，该师采用的是44年型步兵师的编制。

成军之后，该师被派往东线北部，并在大卢基（Veliki Luki）以西投入战斗。1944年上半年，该师在普斯科夫（Pskov）和内维尔（Nevel）一带参加了抵御苏军冬季攻势的战斗。在苏军7月的夏季攻势中，该师遭到全歼，残部被并入党卫军第19（拉脱维亚第2）武装掷弹兵师。1944年末，党卫军第19武装掷弹兵师的部分骨干被派往西普鲁士，以重建党卫军第15（拉脱维亚第1）武装掷弹兵师。这项工作历时3个月，由党卫军准将冯·奥伯武策尔负责，但事实证明，他和他的党卫军参谋团队在各方面做得都很差。

重建期间，该师上报的总人数为16870人。[238]但和初次组建时一样，他们的武器、装备和被服都严重不足。而且正如后文所述，全师还缺乏战术和指挥训练。另一个问题是语言，所有的命令都是由德语下达的，而且必须在发布前翻译成拉脱维亚语。其所在的党卫军西普鲁士训练场［位于泽姆佩尔堡（Zempelburg）①］条件也很差，士兵们只能在帐篷内熬过初冬的寒冷[239]——这不仅影响了他们的健康，还重创了部队的士气。由于本国的大部分地区都被苏军攻占（只有库尔兰桥头堡除外），厌战情绪也在悄然滋生。

1月初，该师完成重建，此外还组建了1个约阿希姆战斗群（Kampfgruppe Joachim）。在战术上，这些部队由党卫军第16军指挥，并在1月23日奉命在布伦贝格和施奈德米尔之间的纳克尔镇东部和南部占据阵地，防区大致在巴托沃（Zabartowo）–埃劳（Erlau）②–格吕恩塔尔（Grünthal）一带。[240]在当地的战斗中，师长冯·奥伯武策尔于1月26日失踪。[241]2天后，该师奉命退往克洛扬克（Krojanke）–泽姆佩尔堡之间的新防线。[242]在党卫军第16军解散后，该师改由第18山地军指挥。

在波美拉尼亚的几轮战斗中，该师元气大伤，尤其是指挥人员——从参战到2月5日，全师共有14名高级指挥官和199名连、排长伤亡或被俘——让士气严重受挫。[243]其残部随即被重组为阿克斯师级集群（临时指挥官为阿克斯党卫军准将），原有各营中有2个已被歼灭，剩下的4个营人数分别为581人、542人、474人和435人。全集群没有反坦克武器，但有9门远程火炮，战斗力水

① 即今天波兰的森普尔诺–克拉延斯凯（Sepolno Krajenskie）。
② 即今天波兰的奥尔谢夫斯卡（Olszewka）。

平为第4级，总人数2598人。以上人员被划分为2个暂编团和若干支援单位，其中贾努姆斯团级集群（Regiment-Gruppe Janums，即第32团和第33团残部）包括1个474人的第1营和1个581人的第2营；另一个暂编团——维科斯内团级集群（Regiment-Gruppe Vīksne）则由1个542人的营（原第34团第1营）和1个435人的营（原第34团第2营）组成。此外，其下属部队还包括1个燧发枪手营（269人）和1个工兵营（297人）。[244]2月15日左右，阿克斯党卫军准将被调走，并在17日奉命接管一支新部队——党卫军第32一月三十日志愿掷弹兵师，其职务则被布尔克党卫军准将接过。

大量拉脱维亚新兵被补充进部队。按照3月1日发自柏林党卫军指挥总局第2司组织处（SS-FHA Amt II/Org.Abt.）的报告，一共有360名军官、2077名士官和8166名士兵正在拉脱维亚野战补充兵站（Lett.Felders. Depot）听候调遣。同时，一些当地的德裔也应征加入。[245]3月，该师在波美拉尼亚前线与党卫军查理曼师并肩作战，在苏军向波罗的海沿岸挺进期间，该师被切断，与主防线失去联系，但残部仍然加入了冯·特陶军级集群，成功突围抵达德军防线。3月15日，这些人员奉命前往新勃兰登堡–新施特雷利茨地区休整。[246]其间，希姆莱在一份特别通告中称赞了拉脱维亚士兵在苦战中的“勇气和坚定”。[247]经过波美拉尼亚的战斗，该师的作战人员只剩下2248人，详情可见表25。

表25 党卫第15（拉脱维亚第1）武装掷弹兵师的兵力报告，3月18日

	日常兵力			战斗兵力
	军官	士官	士兵	
师部	19	30	81	
宪兵部队	1	17	4	
第33团	–	–	–	
团部	9	25	55	
第1营	13	44	302	347
第2营	15	52	311	335
第34团	–	–	–	
团部	10	29	71	
第1营	12	58	360	310
第2营	13	72	280	357
燧发枪手营	9	30	155	171
工兵营	11	55	259	258

续前表

	日常兵力			战斗兵力
	军官	士官	士兵	
通信连	11	78	289	
第15炮兵团第1营	19	55	399	470
医疗连	8	25	129	
合计	93	402	1942	2248
原始文件中给出的合计数字	149	570	2705	2263[248]

该师在波美拉尼亚之战中的装备损失可通过3月8日上报的武器情况略见一斑（括号内为编制数）：476（1297）支Kar 98K步枪、63（1982）支冲锋枪、210（2467）把P08手枪、33（755）挺轻机枪、1（2000）具铁拳火箭筒。[249]

4月初，该师的8000名官兵奉命集结前往库尔兰集团军群境内，但这道命令没有执行。[250]到4月22日，该师在维斯瓦河集团军群麾下的残部被改编为“武装党卫军拉脱维亚野战补充兵站”［司令是罗德尔（Rödl）党卫军上校，作战参谋是马德尔（Mäder）少校，其中还有其他拉脱维亚党卫军部队的补充兵］。该兵站的日常兵力为8593人，其中5825人可以转化为作战人员，并下辖数个兵力强大的营，即第2武装掷弹兵团第1营（521人）、第2武装掷弹兵团第2营（476人）、第3武装掷弹兵团第1营（510人），第3武装掷弹兵团第2营（485人），第3武装掷弹兵团第3营（486人），以及1个兵力中等的营——第2武装掷弹兵团第3营（373人）和1个兵力虚弱的营，即第2武装掷弹兵团第4营（72人）。另外，其辖下的第1武装掷弹兵团正驻扎在斯维内明德防御地带，第3武装掷弹兵团第3营则被编入了斯德丁要塞。[251]

按照海因里齐的指示，拉脱维亚人向开赴奥得河前线的德国部队交出了武器和装备，只留下少数步枪用于警卫。他们意识到这场战争大局已定，并计划逃往西面150公里外的西方盟军占领区。由于战时法律使然，哪怕是最轻微的抗命也可能被处以极刑，因此他们决定悄悄行动。[252]除了4月19日在明谢贝格以西的3个营无法脱身之外，其他拉脱维亚部队在4月22日晚间分头向西行军。[253]但在此期间，党卫军第34志愿掷弹兵团遭到苏军进攻，只得退入柏林，另外2个团继续朝易北河撤退。美军第83步兵师的一份情报汇总中曾这样介绍该师人员在易北河畔的命运：

4月27日，由党卫军第32志愿掷弹兵团第1营和党卫军第33志愿掷弹兵团第1营组成的贾努姆斯战斗群（来自党卫军第15拉脱维亚师）向我方投降。他们脱离了位于波美拉尼亚的师主力，并由柏林城防司令部指挥，以协助保卫被围困的（德国）首都。但战斗群指挥官——党卫军上校贾努姆斯决定挽救部下。他们随后绕过柏林，一路来到了我们的桥头堡（巴尔比桥头堡）。[254]

诚然，这些外籍志愿兵不希望留在奥得河前线，但这种想法并没有削弱他们的斗志——对于被裹挟到柏林的人，情况更是如此。虽然他们遭到了德国人的轻视，但同样知道向苏军投降是死路一条。如果要生存下去，唯一的选择就是杀出一条血路。这种垂死挣扎的心态在每个人心中扎下了根，甚至压倒了法西斯政权鼓吹的反共思想。也正是因为这一点，让很多拉脱维亚士兵在柏林巷战中表现出了不亚于德国同僚的顽强和坚决。

下面的第一份报告是该师残部跟随冯·特陶军级集群突围回德军防线之后编写的，副本被收入了维斯瓦河集团军群3月15日的作战日志，主要是该师1945年1月至3月的大事记。[255]其中有几个细节值得一提，譬如该师在投入战斗时完全缺乏武器装备，而且师长很快下落不明；在头14天的战斗中，各部队总共损失了133名指挥人员，包括14名高级军官和119名连、排长——平均每天高达9人！这种损失率表明，他们根本没有接受必要的战术和战役指挥训练。第二份文件则来自战后美国陆军编纂的D-230号外国军事研究文件，作者——阿克斯党卫军准将（即该师在战斗群状态下的指挥官）概述了部队1945年1月—2月的部署情况。其内容显示，虽然在排和连层面，部分军官不缺乏身先士卒的勇气，但这无法弥补他们低劣的战术素养，更没有改变战局，还成了他们在战斗中大量死亡的原因所在。

党卫军第15（拉脱维亚第1）掷弹兵师在波美拉尼亚防御战中的表现（作战和成功经验汇编）

1945年1月24日

作为党卫军第16军的一部分，部署在纳克尔北部的诺泰奇河一带。

1月24日

成功击退敌军对纳克尔的6次进攻。

1月26日

在我师前线，强大的苏军正在向前线运动，并拥有坦克掩护。敌人在城南、城西和城东地区以3个团兵力发动进攻，不断取得进展。

由于缺乏武器、弹药和车辆，我师的情况越来越严峻。

师长冯·奥伯武策尔在旧林登（Alt Linden）[①]附近失踪。

1月27日

党卫军第16军境内爆发了激烈战斗，我师阵地更是焦点所在。敌人拼尽全力进攻，成功在伊门海姆（Immenheim）[②]南部和东南部越过了我师建设中的防线，并在坦克支援下于中午时分夺取了伊门海姆。我师奉命收复泽姆佩尔堡，并尽可能在靠近东面的地方构建警戒阵地。

1月28日

敌军发动猛攻。泽姆佩尔堡陷落。

1月29日

在施奈德米尔东北部地区，敌军用坦克从多个地点进攻我师防线。

1月30日

我师在普鲁士弗里德兰（Preußisch-Friedland）[③]以西的阵地上继续战斗，抵御一支从当地西南方穿过的强大侦察部队。

1月31日

在敌军的强大压力下，我师撤出了昨日的防线。

2月1日

在雅斯特罗和普鲁士弗里德兰之间，局势已然失控，大量敌军继续推进。只有在雅斯特罗附近，我师守住了局部地段。

2月2日

在雅斯特罗和兰德克地区，党卫军第16军对沿公路向西移动的敌人发动

---

① 即今天波兰的卡尔诺夫科（Karnówko）。

② 即今天波兰的姆罗恰（Mrocza）。

③ 即今天波兰的代布日诺（Debrzno）。

攻击，恢复了雅斯特罗地区部分我师单位和前线的联系。

2月3日

在夜间和整个白天，我师地段内的战斗呈白热化状态。敌军从南面和东南面达成突破，雅斯特罗沦陷。

2月4日

当天全天，敌军在坦克和大炮的支援下，从雅斯特罗前线两翼的缺口不断进攻，试图夺取我军的要害——兰德克，还不断从西部、南部和西南部增兵。

2月5日

在损失了14名高级指挥官和119名连、排长后，我师终于回到哈默施泰因兵营，并得到了一些增援，使兵力回升到6000人。

2月6日—10日

由我师部分单位组成的阿克斯集群在哈默施泰因东南地区作战。（苏军）派出袭击分队，从两翼不断推进。

2月11日

我师部分单位组成的阿克斯集群转入第18山地军麾下。前线没有敌情。

2月12日

阿克斯集群位于普鲁士弗里德兰。前线没有敌情。

2月13日

苏军在科尼茨以南大举突破，阿克斯团级集群成为集团军群地段内的战斗焦点。该集群发起反击，但被敌军挡在戈尔斯多夫（Görsdorf）附近。

2月14日—24日

阿克斯集群在施洛绍（Schlochau）[①]西南和兰德克以北的哈默施泰因地区集结，并被纳入第18山地军的新防线。

2月25日

苏军调集强大的步兵和装甲部队，撕开了第18山地军的新防线。我师节

---

① 即今天波兰的奇武胡夫（Człuchów）。

节抵抗，并在哈默施泰因地区夺回部分阵地，避免了局势崩溃。

2月26日

敌人在哈默施泰因以北继续推进，突入了我师的后方地带。我师仍在努力夺回波美拉尼亚防线。敌人的强大攻势持续了一整天。

2月27日

我师在中午时分击退了敌方在坦克支援下对大库德（Gross Küdde）[1]和多尔根斯湖（位于新斯德丁东北）的进攻。但中午前后，敌方仍推进到湖的狭窄部分。新警戒线正在构建。我师转入第3装甲集团军麾下（作者按：此时第11集团军司令部已离开波美拉尼亚）。

2月28日

我师在极度虚弱的情况下，继续在集团军群的热点地段（即第3装甲集团军和第2集团军之间的突破口）参战。大批敌军步兵和坦克占领了斯帕尔湖（Sparsee，位于新斯德丁以北）。

3月1日

我师的残余部队直接隶属于冯·特陶军，并在新斯德丁西北地区与向西进攻的敌人作战。

3月2日

和昨日一样。

3月3日

敌人以优势兵力向新斯德丁西北方进攻，起初被挫败，但他们后来仍长驱直入，并将我军部队击退。我师在格拉门茨（位于拜尔瓦尔德东北）以北的部队发生溃散。

3月4日

我师残部在巴特波尔津东北方与敌方装甲部队作战，并与冯·特陶军级集群经历了相同的命运。

（签字）

---

① 即今天波兰的大格夫达（Gwda Wielka）。

1945年3月20日

上尉，作战日志保管人

以下报告是由美国陆军历史司（US Army's Historical Division）在战后编写的，并以丰富的细节介绍了该师在1月和2月的行动。[256]作者阿道夫·阿克斯党卫军准将，曾在1945年1月担任党卫军第16军参谋长，并在1月24日前后接管了本师。按照他的描述，其麾下的补充兵战术水平较差，战斗训练从未超过班组水平，而且极少有实弹演习。他得出的结论是："士气很高，但由于缺乏训练，战斗素养令人怀疑"——这种情况在战争末期的德军部队中非常普遍。另外，阿克斯还指出，和很多外籍部队一样，该师的大多数人员不懂德语，导致命令必须提前翻译。混乱和延误因此发生——有些翻译可能出错，还有一些会被多变的局势搅乱。不难想象这些拉脱维亚士兵在突围时的情况——他们跌跌撞撞地走出森林，进入波美拉尼亚的某座小村，试图在一片全然陌生的土地上问路。无可否认，拉脱维亚人为党卫军效力的动机并不纯粹，但对该师的溃败，希姆莱难辞其咎，因为他并没有采取必要的措施让该师做好战斗准备。

党卫军第15（拉脱维亚第1）武装掷弹兵师的行动——1945年1月和2月，作为党卫军第16军的下属单位，在诺泰奇河和波美拉尼亚防线之间的战斗

第1部分：在施奈德米尔和布伦贝格之间，为诺泰奇河沿线而战

目录

备注：

本报告是在没有参考资料，也无法咨询相关单位人员的情况下撰写的，因此可能有错——尤其是日期，这导致有些行动可能比作者的时间估计早一两天。

第1节 引言

1. 党卫军第16军军部抵达德意志克罗恩

1945年1月22日晚，党卫军第16军军部抵达德意志克罗恩。该军是根据预备军总司令的命令，以波罗的海沿岸作战参谋部（Operations Staff Ostküste，总部位于梅克伦堡地区的菲尔斯滕贝格）为基础匆忙组建的，其指挥部缺乏机动车辆，直辖部队只有1个弱小的混编通信连。

2. 1月23日的战况

1月23日，党卫军第16军所在的东线中部地区形势如下：

苏军突破了我军在波兰的防线。我军装甲预备队在反击中失利。已没有一支野战部队可以阻止他们在西普鲁士–波美拉尼亚攻城略地。苏军装甲侦察部队已突入到纳克尔（位于施奈德米尔以东54公里处）。诺泰奇河上的1座桥梁因此落入敌手。位于但泽的第20军留后指挥部和斯德丁的第2军留后指挥部动员了手头的一切部队。（注：针对这种情况，当局很早就制订了格奈森瑙计划，以便利用军校学员、补充与训练单位和机关人员组建作战单位）

同时，当地的国民突击队也奉命投入前线（这些在战争末期征召的人员类似美军战时组建的州防卫队）。布伦贝格、托恩、波森和施奈德米尔等地则被划为要塞。第20军留后指挥部在施奈德米尔和布伦贝格之间的诺泰奇河流域构建了一条防线，但当地守军力量薄弱。在纳克尔附近，防线很快便被击穿。与此同时，格奈森瑙单位和国民突击队也开始为进驻波美拉尼亚防线做准备——这道工事始于科斯林以东的波罗的海，沿途有新斯德丁、德意志克罗恩和施奈德米尔等据点。

3. 西普鲁士和波美拉尼亚的指挥体系

军区是德国最基本的区域性军事单位，作用类似于战前美国的“军区”（Corps area），主要作用是征兵，并为军区内的常驻单位（如师和军）补充人员。随着第20军区和第2军区的部分地段成为前线，其下属部队也被抵达的野战部队指挥部和参谋部门接管。

维斯瓦河集团军群的指挥部正在德意志克罗恩编组，尚未做好准备。但集团军群司令——党卫队全国领袖希姆莱仍在上任前夕向指定的集团军群下属单位发布了若干指示。

第2节 向纳克尔进攻

1. 党卫军第15武装掷弹兵师的任务

1月23日中午，党卫军第15武装掷弹兵师作战参谋伍尔夫（Wulff）少校接到了维斯瓦河集团总司令的口头指示：

"贵师应从科尼茨发起攻击，消灭渡过诺泰奇河之敌，并在纳克尔两翼的诺泰奇河沿岸占据阵地。"

由于该师师长冯·奥伯武策尔党卫军少将未能返回师部，党卫军第16军参谋长奉希姆莱之命前去检查该师的备战措施。

党卫军第16军司令部仍未接到任务，继续处于待命状态。

2. 党卫军第15武装掷弹兵师的状况

党卫军第15武装掷弹兵师采用了44年型步兵师的编制，由拉脱维亚志愿者组成，只有师部参谋人员和通信营全部是德国人。

该师曾在库尔兰地区蒙受重大损失，并于1944年11月调往科尼茨东北约45公里处的西普鲁士训练中心进行重组。

该师90%的人员都是新兵，老兵则在1月初被库尔兰的党卫军第19武装掷弹兵师吸收。

该师只进行过班组战术训练，完全没有进行过集体合练或实弹射击，只有部分拉脱维亚籍营、连长参加过德军的战术培训。装备同样短缺严重，步兵没有重武器，尤其是中型迫击炮、重型迫击炮、轻型步兵炮和重型步兵炮。只有装甲歼击营的重型反坦克炮连齐装满员，还配备了履带式牵引车，但突击炮连却在别处作战。炮兵部队缺乏马匹、马具和马车，只有轻型炮兵营可以参战。冬季装具更是不见踪影。虽然该师的人员素质很高——身体状况优良，士气也极为高涨，但由于缺乏训练，他们的战斗素养很值得怀疑。

该师拉脱维亚人的基本政治态度是：自视为拉脱维亚人，参战是为了"争取民族独立"。面对"德国还是俄国"这个不可避免的选择，他们决定支持德国，因为他们情愿站在西方世界这边。对他们来说，为德国人效命似乎是两害相权取其轻的结果。他们对俄国人的仇恨根深蒂固，苏军1940年开进拉脱维亚和1941年的占领更是加深了这种愤怒。每个人都把抗击俄军当成了一种民族责任。

3. 1月23日，党卫军第15武装掷弹兵师的措施

1月23日深夜，党卫军第15武装掷弹兵师师长冯·奥伯武策尔休假归来，在科尼茨火车站受到了党卫军第16军参谋长的迎接。

在当地，冯·奥伯武策尔与西普鲁士训练中心的师部通了电话，从而了解了全师已采取的行动。他向党卫军第16军参谋长报告称：

全师已有1支先遣分队编组完毕，包括1个步兵营和1个重型反坦克炮连，由党卫军第34掷弹兵团团长维科斯内中校指挥。该分队将乘坐师属补给纵队的车辆行军，经卡敏、泽姆佩尔堡、万茨堡（Vandsburg）[①]和伊门海姆等地向纳克尔前进，目标是夺回该镇。

在报告时（23点整），该先遣分队正在科尼茨补充燃料。同时，该师的主力将全力通过铁路完成运输。不过当地至但泽的铁路只能提供一列火车，目前车上装载的是党卫军第34掷弹兵团第1营和工兵营。火车将于1月24日清晨抵达泽姆佩尔堡，并在当地完成卸载。师主力部队则在党卫军第33掷弹兵团团长贾努姆斯上校的带领下徒步行军。另外，师部将在1月24日8时前到达科尼茨，并在当地接管约阿希姆战斗群，该战斗群的名称来自其指挥官，骨干是1个拥有6个连的党卫军训练与补充营，任务是和师主力共同前进。在师长返回师部后，党卫军第16军参谋长也完成了任务，并向军长通报了该师的措施。军长指示他继续跟随该师行动。

4. 对1月24日局势的估计

按照师长和军参谋长的估计，到1月24日，施奈德米尔–布伦贝格地区的局势将有如下发展：

第20军留后指挥部发来的电报显示，1月23日，敌军的1个摩托化步兵连和10辆坦克攻入了纳克尔，但当地到1月23日傍晚依旧按兵不动。施奈德米尔–布伦贝格一带则没有后续报告传来。

就整体局势而言，苏军的主攻方向可能是西面的波森，诺泰奇河沿线只有他们的侦察或侧翼部队。奇袭夺取纳克尔的苏军似乎就是其中一支，而且他们侦察活动的规模非常有限。我们似乎可以得出结论，纳克尔之敌是一支机动部队的先遣分队，意在夺取诺泰奇河上的渡口。而且还可以推测，纳克尔必将

---

① 即今天波兰的温茨堡（Więcbork）。

成为敌军后续部队的跳板。另外，由于诺泰奇河沿岸只有第20军留后指挥部的一些薄弱力量，根本无法抵御敌人的强大攻势，他们估计在1月25日或26日就会行动，最早甚至会在24日。在纳克尔西北方向的高地上，仍有一个步兵排在几门轻型反坦克炮的支援下坚守。

党卫军第15武装掷弹兵师的先遣分队将于1月24日2时从科尼茨出发。受履带式牵引车的拖累，其每个小时最多只能行军8公里，雪上加霜的是，沿途的高速公路已经结冰，部分路段被积雪覆盖，还有大队难民向北前进。先遣分队预计在24日7点左右抵达万茨堡，并在中午抵达纳克尔。

党卫军第34掷弹兵团第1营将在7点左右乘火车抵达泽姆佩尔堡，并在下午晚些时候抵达纳克尔镇。至于该师主力则需要徒步行军125公里，这意味着，他们需要到1月26日才能抵达该地区。

如果先遣支队能迅速克服所有抵抗，并赶在敌方大举增兵之前攻击纳克尔，就可能赢得胜利。如果党卫军第34掷弹兵团第1营和师属工兵营参战，上述目标更将万无一失。

党卫军第15武装掷弹兵师师长还认为，先遣分队的指挥官值得信任，是一位有力的领导者。但一个严重的问题是：如果该师无法在1月26日之前抵达诺泰奇河沿岸，形势将极为危险，为此，该师主力必须加速前进。

闻讯，党卫军第16军参谋长立刻接通了但泽的帝国铁路管理部门。但后者报告说，由于其他地段的紧急运输需求，铁路设施已经满负荷运转，暂时不能提供更多列车。

5. 我方向伊门海姆推进，城镇周边爆发战斗

1月24日，天气晴朗而寒冷，大地银装素裹。主干道上的积雪非常密实，而且在有的地段结成冰块。由于小路被积雪覆盖，轮式车辆几乎无法通行。先遣支队的行军速度也远低于师部预期。导致拖延的另一个原因是：虽然有很多宪兵指挥交通，但难民车队仍在多处引发了堵塞。不仅如此，先遣分队的指挥官还缺乏装甲侦察车，由于担心遭遇敌军坦克，他只能采取一种谨慎的做法：让部队一点点分批次前进。

中午，先遣分队在伊门海姆镇外与敌军交战。鉴于该镇已落入敌手，德军决定转入攻击阵形。命令的发布非常繁琐，并且耗费了大量时间，但最终，德军的攻击还是开始了。依靠地形和火力掩护，各部队进展神速，甚至让人根本无法感觉到他们之前缺乏训练。15点左右，伊门海姆落入我军手中。据估计，敌军在当地大约部署了1个摩托化步兵连。

与此同时，党卫军第34掷弹兵团第1营和师属工兵营也赶来了，他们之前在泽姆佩尔堡耽搁了一点儿时间。会合后，先遣分队包括师属燧发枪手营、党卫军第34掷弹兵团第1营、工兵营和1个重型反坦克炮连。1月24日，师长口头命令他们向纳克尔前进，并立刻攻占当地。

同日15时左右，师部开入万茨堡，主力部队的第一批人员则在黄昏时分进入泽姆佩尔堡，并在行军路线旁就地休息。17时左右，先遣分队的指挥官（即党卫军第34掷弹兵团团长）报告说，他的战斗群遭遇激烈抵抗，很难继续向南推进。另外，由于最近的战斗和行军，其实力已削弱不少。有鉴于此，师长下令暂停1月24日的进攻。

6. 1月25日，部队继续攻击纳克尔；党卫军第16军接管诺泰奇河一线

1月25日10点左右，党卫军第16军军长抵达了位于万茨堡的指挥所，并向师部通报了全军的任务。

当时，党卫军第16军是维斯瓦河集团军群的直属单位，负责控制并防御诺泰奇河沿岸的施奈德米尔–布伦贝格一带，下属单位包括党卫军第15武装掷弹兵师、党卫军第48塞伊法尔特将军装甲掷弹兵团（SS-Panzergrenadier- Regiment 48 General Seyffardt）、1个炮兵营、党卫军劳恩堡士官学校的2个摩托化步兵连和部署在诺泰奇河沿岸的各警戒分队。另外还有一些单位将随后抵达。

军部计划将党卫军第48塞伊法尔特将军装甲掷弹兵团调往维赛克（Weisseck），以便在施奈德米尔和纳克尔之间的诺泰奇河沿岸进行机动防御——该团刚在施洛绍完成重组，车辆还没有到位，正在仓促筹集交通工具，因此可能要到1月26日才能抵达维赛克。上文所述的炮兵营将在抵达后配属给党卫军第15武装掷弹兵师。党卫军劳恩堡士官学校的2个连则会在泽姆佩尔堡充当军直属预备队。

同日，党卫军第16军军部转移到了万茨堡西南3公里处的鲁赫瑙（Ruhnau）。作战参谋部门准备在14点开始作业。参谋长也回到了军部。

7. 作战会议召开，全师接到作战任务

党卫军第15武装掷弹兵师师长认为，该师主力应从万茨堡出发，沿着前进路线两侧展开，并抵达纳克尔镇两侧的诺泰奇河沿岸。但鉴于下列原因，军参谋长要求将该师将主力部署在前进路线的东侧：

根据1月25日上午收到的报告，布伦贝格守军正在与突入城郊森林的敌军作战。

在施奈德米尔和纳克尔之间的诺泰奇河流域，敌军还没有大举行动。当地的桥梁已被炸断，并由1支掩护部队负责警戒。

目前，全军的东部地段隐患最大，因为敌军重兵已抵达布伦贝格地区，而且纳克尔以东的布伦贝格运河更适合横渡，但纳克尔以西的诺泰奇河则不然。

基于上述原因，如今党卫军第15武装掷弹兵师应尽快沿着布伦贝格运河构建防线，并与布伦贝格镇取得联络。

8. 1月25日的战况，夺取纳克尔

本日天气与1月24日相同。中午，党卫军第15武装掷弹兵师报告说，党卫军第48塞伊法尔特将军装甲掷弹兵团的前锋已进抵纳克尔镇以北，正在部署对当地的进攻。

闻讯，师部立刻前进至伊门海姆。军部也请求集团军群把之前许诺提供的炮兵营调往前线。但后者却回复称，由于其他紧迫需要，该营已调往别处。

当天，党卫军第16军已将战线向东延伸到福顿（Fordon），并将布伦贝格纳入辖区，只是仍未能与该镇取得联络。

下午时分，军部派遣一名参谋带领一小队摩托车前往布伦贝格，试图联络城防司令，同时查明敌情。

盘踞在纳克尔的敌军大约有1个摩托化步兵营，19时，党卫军第15武装掷弹兵师传回报告，经过激烈巷战和逐屋争夺，纳克尔已被收复。但当地正南方的诺泰奇河大桥仍在敌军手中。傍晚时分，该师又报告说，侦察发现，有大量机动车辆在当地东南的莱布雷希特斯多夫森林（Lebrechtsdorfer forest）中集结，还有不少正在森林南部的公路上行驶，其中包括数辆坦克。该师已开始掘壕据守，等待敌军于1月26日进攻纳克尔。

第3节 布伦贝格运河之战

1. 布伦贝格地区——局势扑朔迷离

1月26日，天气更加恶劣。乌云当空，但气温稍有回升。大雪漫天飞舞，甚至主干道都无法供轮式车辆通行。

派往布伦贝格的小队摩托车于6点返回军部，说差一点就抵达了布伦贝格以西3公里处的路口，并在禁猎区森林附近遭到枪击。带队的参谋军官身受重伤，未能完成任务。军部倍感困惑——是谁向车队开了火？是黑暗中神经过敏的守军哨兵？渗透到附近防线的苏军侦察兵？还是已经渡过运河的苏军先头部队？

有鉴于此，军部命令党卫军第15武装掷弹兵师从纳克尔派遣1支摩托化侦察部队前往布伦贝格，并要求该师主力加速向当地推进。

2. 由于缺乏燃料，高炮旅无法投入战斗

党卫军第16军配有1个高炮旅，该旅旅长来到军部，希望获得指示。军长立刻命令该旅尽快向党卫军第15武装掷弹兵师报到，因为后者正急需炮兵支援和反坦克武器。虽然这位旅长保证高炮将尽快（在1月26日）到位，但不幸的是，其侧翼部队一到科尼茨便因为燃料匮乏而无法行动。到中午，一场大雪更是让后勤彻底瘫痪。

3. 全师东翼出现威胁

13时，党卫军第15武装掷弹兵师报告称：

> *党卫军第33掷弹兵团的行军路线位于最东侧，并在伊门海姆以东12公里的贝尔格菲尔德（Bergfeld）[①]遭遇敌军，这些敌军从东南方驶来，包括坦克和摩托化步兵。该团正在迎击。*

闻讯，党卫军第16军参谋长立刻赶往党卫军第15武装掷弹兵师师部。

党卫军第33掷弹兵团立刻发动进攻，但由于没有反坦克炮，他们一遭遇敌军坦克便陷入僵局。另外，在开阔的雪地上，步兵也无法使用近距离反坦克

---

① 即今天波兰的特热缅托夫科（Trzemiętówko）。

武器。尽管敌方步兵很弱，但面对坦克的优势火力，这次进攻仍不可避免地以失败收场。目前，这两支部队正在相互对峙、按兵不动。苏军坦克没有继续推进，而是停下来保护步兵。

4. 1月26日中午的局势估计

当天的局势估计如下：

> *党卫军第33掷弹兵团已与一支敌方摩托化或装甲部队发生短暂接触，这股敌人可能是在1月25日—26日夜间从布伦贝格西面渡过运河的。同样显而易见的是，敌人还试图在诺泰奇河流域向北发动攻击。如果党卫军第33掷弹兵团当面之敌完成集结，将立刻发动进攻，从而威胁到党卫军第15武装掷弹兵师的深远侧翼。由于（敌方）装甲部队机动性更强，可以迂回包抄，党卫军第33掷弹兵团守住阵地的希望非常渺茫，届时，诺泰奇河沿岸的防御也将岌岌可危。后来，党卫军第33掷弹兵团又以同样的方式再次进攻，但依旧未能得手。如果要把敌人赶回诺泰奇河对岸，我们就必须集中全部有生力量。最佳行动时机是夜间，任何耽搁都会让敌人获益，因为他们必将在傍晚和夜间大幅增兵。*

在别无选择之下，该师决定在1月26日—27日夜间全力对贝尔格菲尔德附近的敌人发动攻击。

第4节 转入防守

1. 苏军进攻纳克尔

下午，苏军从莱布雷希特斯多夫森林向纳克尔和霍亨贝格（Hohenberg，位于纳克尔东北3公里）发动进攻。但到夜间，这些攻击都被悉数击退，数辆敌方坦克在战斗中被毁。由于这些攻击，该师推翻了原行动计划，并将党卫军第32掷弹兵团部署在纳克尔，而不是在贝尔格菲尔德。

2. 1月27日的战况，纳克尔失守

增援纳克尔的党卫军第32掷弹兵团于当天2时发动攻击，但并未取得决定性胜利。黎明时分，苏军反戈一击，纳克尔也遭到波及。

该师被迫完全转入防御，并试图沿纳克尔–霍亨贝格–苏亨海姆–豪恩塞–

格伦茨多夫（Grenzdorf）[①]–贝尔格菲尔德一线构建防线。

中午消息传来，该师师长——冯·奥伯武策尔党卫军少将下落不明。他曾在党卫军第34掷弹兵团的团部视察，随后乘坐一辆小汽车（大众轿车）前往党卫军第33掷弹兵团的团部，但没有到达目的地。由于积雪太厚，护送的摩托车传令兵没有跟上。他们只看到师长的汽车驶过不远的一处农舍，并听到几声枪响。当他们徒步冲上去时，枪弹朝他们飞来。由于这些农场位于我军防线后方，因此可以推测，想必有1支苏军巡逻队穿过兵力稀疏的前线，并杀死了师长。

冯·奥伯武策尔将军是一名来自奥地利军队的职业军官。由于卓越的领导力，以及对拉脱维亚人的同情，他很受师里的欢迎。在他失踪后，党卫军第16军已申请柏林的党卫队总部从预备军官队伍中调派接任者。由于相信新师长会在12小时内到达，因此师作战参谋暂时接过了该师的指挥权。

中午时分，党卫军第16军收到报告，称福顿附近的维斯瓦河桥头堡形势严峻。出于战略考虑，集团军群要求不惜一切代价守住当地，为此，军部还决定将直属预备队（党卫军劳恩堡士官学校的2个连，之前驻扎在泽姆佩尔堡附近）从德意志克罗恩转移到福顿。但这些措施远不足以扭转战局。

下午晚些时候，苏军攻入纳克尔，巷战随后爆发。防守霍亨贝格的步兵营也遭到了来自东面的攻击。面对这些攻势，该师几乎无力支撑。与此同时，最后一批人员，即约阿希姆战斗群，抵达了伊门海姆，并成为全师唯一的预备队。许多士兵没有冬装，在大约华氏14度的环境中，他们爬冰卧雪，并被大量冻伤。另外，苏联人还侦察了施奈德米尔和纳克尔之间的渡口，很可能当晚就会发动进攻，但军部却无法给党卫军第15武装掷弹兵师任何援助。党卫军第48塞伊法尔特将军装甲掷弹兵团抵达维赛克，加强了诺泰奇河沿岸的防御力量。同时，该团的一个摩托化步兵连则奉命开赴万茨堡充当军预备队。

当天晚上，军部接到通知，苏军摩托化部队已经占领了德意志克罗恩。不久之前，党卫军劳恩堡士官学校的2个连刚刚在前往福顿期间经过了这座城

---

① 即今天波兰的格里兹奇（Gliszcz）。

市。目前，德军还有一支小部队保护着德意志克罗恩以西湖区附近的渡口。

苏联人在夜间进入霍亨贝格。纳克尔能否坚守到明天早上将是一个问题。为避免下属部队失散，该师请求将部队从纳克尔和霍亨贝格撤到埃劳–维尔特海姆（Wertheim）[①]–苏亨海姆一线。

当天晚上，军部同意了撤离纳克尔的请求。

第5节 对第1部分的最后评论

党卫军第16军未能完成任务。

对于该军，最关键的是抢在敌军大部队渡河前控制诺泰奇河沿岸。但考虑到该军下属部队的数量、武器装备和训练水平，他们要想抵抗优势装甲部队，就必须依托坚固的防御工事，而且侧翼不能遭遇威胁，就算上述条件都具备，他们也无法坚持很长时间。

事实上，该军从一开始就没有控制诺泰奇河流域。

对于这一任务，党卫军第48塞伊法尔特将军装甲掷弹兵团在人员编组和训练水平上是胜任的，但因为缺乏交通工具，所以没能及时参战。党卫军第15武装掷弹兵师是按44年型步兵师的标准组建的，机动能力也相对有限。敌军异常强大，但该师除了搭乘火车和汽车前进的人员外，根本无法抢先赶到诺泰奇河沿岸——当地的战斗很快宣告失败。

总之，在开阔地带，侧翼敞开的党卫军第15武装掷弹兵师根本无法与快速、机动的苏军匹敌。

在战斗中，党卫军第15武装掷弹兵师有以下几个问题值得注意：

> *该师指挥部和下属部队缺乏训练，无法胜任机动任务。另外，该师在发布命令和传递信息时有一个明显问题——***人员不会说德语，一切需要翻译***（着重号为原作者所加）。*
>
> *鉴于上述情况，该师最需要的是摩托化侦察巡逻队，但其侦察营只有自行车，无法在积雪环境使用；而全师的越野机动车辆数量极少，只能满足师部和团*

---

① 即今天波兰的卡尔诺沃（Karnowo）。

部的需要，完全无法进行摩托化侦察——甚至在军情紧急时也是如此。

另外，该师只有9门7.5厘米反坦克炮，无法满足全师防御所需。虽然反坦克连装备了RSO牵引车（即东线履带式牵引车），但机动性无法弥补火炮数量的不足。

在贝尔格菲尔德，党卫军第33掷弹兵团必须穿过开阔地带发动进攻，他们只有得到远程反坦克武器（突击炮）的支援才有望获得胜利。

反坦克火箭筒绝对无法取代反坦克炮。

部队没有冬装，只能被迫忍受低温环境。缺乏毡靴更是一大问题。大多数伤亡都是冻伤所致。

该师的人员英勇作战，无愧于荣誉，特别是在进攻中。

对于苏军，党卫军第16军的观点是：

苏军的一些先头摩托化和坦克部队（2个坦克军或机械化军）在突向波森期间突然转向，试图抵达诺泰奇河。由于推进路程远、沿途路况差，前锋部队往往数量有限，而且缺乏支援单位——这也可能是当地未见苏军炮兵的原因。在这种情况下，苏军没有使用传统战术，而是改为依靠迫击炮和小群坦克对抗我军——这些坦克经常充当机动火炮或机枪阵地，并和步兵小分队协同行动，对缺乏重型步兵武器和反坦克武器的部队非常有效。

但另一方面，苏军并没有在进攻中集结坦克。如果苏军以这种方式攻击党卫军第15武装掷弹兵师的侧翼，必然会给该师带来致命打击。

阿克斯报告的第一部分在此结束。

如前所述，该师后来被解除武装，并擅自向西撤退，试图远离苏军的前进方向，同时避免卷入柏林之战。正如美军第83步兵师的一份文件所述：

4月27日，贾努姆斯战斗群向我部集体投降，该战斗群来自党卫军第15拉脱维亚师，由党卫军第32掷弹兵团第1营和党卫军第33掷弹兵团第1营组成。不久前，该战斗群与波美拉尼亚的师团主力部队分离，并奉命接受柏林防区司令调遣，以便加强被包围的首都。但战斗群的指挥官——党卫军上校贾努姆斯决定挽救部下，并绕开柏林，前往我们的桥头堡（巴尔比桥头堡）缴械。我们接受了他们的请求。[257]

奥得河前线的高级勋章获得者：

骑士十字勋章——1945年2月3日，党卫军少校埃里希·伍尔夫（Erich Wulff），党卫军第15武装掷弹兵师作战参谋［1945年2月3日，在率部从弗雷德波恩（Flederborn）①突围时阵亡于波美拉尼亚地区的兰德克。］[258]；1945年5月9日，党卫军准将阿道夫·阿克斯，党卫军第15武装掷弹兵师代理师长。

德意志金质十字奖章——1945年3月9日，党卫军上尉汉斯·波姆雷恩（Hans Pomrehn），党卫军第15燧发枪手营营长。

党卫军第23尼德兰志愿装甲掷弹兵师

指挥官：

3月9日—投降，党卫军少将于尔根·瓦格纳（Jürgen Wagner）。

作战参谋：

党卫军少校冯·博克（von Bock）。

部队类型：

党卫军装甲掷弹兵师（可能）。

战斗力水平：

第3级，机动车辆到位率44%。4月7日，该师下属作战营的兵力估计为1100人，另拥有第547国民掷弹兵师的1个营（不满编）、第46装甲军的1个工兵营（满编率50%）、1辆三号突击炮、1辆突击榴弹炮和2门重型反坦克炮。[259]

战斗序列：

师部、党卫军第48塞伊法尔特将军志愿装甲掷弹兵团、党卫军第49德鲁伊特尔志愿装甲掷弹兵团、党卫军第23志愿炮兵团、党卫军第23工兵营、党卫

① 即今天波兰的波德加耶（Podgaje）。

军第23装甲歼击营、党卫军第23通信营、党卫军第23勤务营、党卫军第23医疗连、党卫军第23维修连、党卫军第23野战邮局。

作战综述：

在战争期间，荷兰为纳粹德国提供了超过20000名志愿兵——远超西欧其他国家。[260]2月10日，本单位的前身——党卫军第23尼德兰志愿装甲掷弹兵旅乘船随党卫军第3（日耳曼）装甲军离开库尔兰，并在斯德丁地区改编为师。[261]这次改编可能有政治和情报上的双重意图：首先可以壮大声势，招徕更多兵员；其次可以让苏军对奥得河前线的增援产生误判。但这次扩编并没有真正增加兵力，该部队的规模仍然相当于1个旅。另外值得一提的是，在奥得河前线，他们也从未作为一个整体作战。

该师的下属单位之一是党卫军第48塞伊法尔特将军装甲掷弹兵团，该团1945年初成军，并立即被派往波美拉尼亚。该团原计划与其他几个战斗群在1月底前往施奈德米尔要塞，[262]但后来被编入党卫军第16军，并奉命在纳克尔以西的扎巴托沃–埃劳–格吕恩塔尔构建防线，以便为投入纳克尔南部和东部的党卫军第15（拉脱维亚第1）武装掷弹兵师担任后援。

为强化防御力量，该师得到了格罗斯博恩混编炮兵营（摩托化）［gem.Art. Abt. (mot) Gross Born］和第325高炮营第4连（装备8.8厘米高射炮）的加强。[263]1月29日，第48团被瓦格纳战斗群（Kampfgruppe Wagner）吸收——该战斗群包括一批来自哈默施泰因训练场的部队，指挥官正是尼德兰师的师长。根据命令，他们将保护第2集团军的侧翼，并为第32步兵师投入战斗争取时间。[264]3月初，塞伊法尔特将军团一度在波美拉尼亚与友军失去联络，只得突围加入冯·特陶军级集群。这些部队沿着海岸线且战且退，在迪夫诺夫回到己方战线，随后乘船抵达斯维内明德。在当地，损失惨重的塞伊法尔特将军团回归了党卫军第3（日耳曼）装甲军的建制，并和尼德兰师的其他单位一同担任预备队。其间，补充人员和装备不断加入队伍。[265]

2月上旬，尼德兰师主力（包括第49德鲁伊特尔团和其他师属单位）则试图在里茨附近阻挡苏军——尽管和很多党卫军第3（日耳曼）装甲军的下属单位一样，他们当时甚至没有集结完毕。2月7日，苏军在里茨达成突破。尼德兰师不待德鲁伊特尔团其余部分抵达，用现有单位组建了洛曼战斗群

（Kampfgruppe Lohmann）和舍费尔战斗群（Kampfgruppe Schäfer），匆忙赶赴里茨北部地区。[266]按照维斯瓦河集团军群训练参谋1945年2月12日提交的报告，该师“战斗力水平为第2级，机动车辆到位率76%。日常兵力为3674人，战斗兵力为1826人。全师包括2个强大的（步兵）营、1个中等兵力的工兵营、1门重型反坦克炮、4个轻型炮兵连和2个重型炮兵连。”[267]为弥补在库尔兰的损失，尼德兰师得到了一些素质参差不齐的补充人员。以第49德鲁伊特尔团为例，其第1营的新兵主要是缺乏作战经验的行政或后方人员，第2营则由多个师属部队拼凑而来。[268]

在夏至行动前夕，尼德兰师部署在兰格马克师的右翼、元首掷弹兵师和元首护卫师联合集群的左翼，任务是夺取当地苏军的防御重心——里茨镇。2月16日，该师从西北方向出击，突入里茨西部。在当地的公墓一带，战斗尤其激烈。经过数日激烈巷战，德军掷弹兵将苏军驱赶到了伊纳河东岸，但未能完全占领该镇。

2月底，苏军的波美拉尼亚攻势打响后，该师遭到猛烈进攻，只得与党卫军第3（日耳曼）装甲军的其他部队且战且退，退入斯德丁以南的阿尔特达姆桥头堡。3月19日—20日夜间，该团奉命撤往奥得河西岸，并与党卫军第3（日耳曼）装甲军的其余部队一起担任预备队。在加托夫（Gatow）附近，该师逐渐恢复了元气，而且第48塞伊法尔特将军团也回归了建制。[269]

在此期间，党卫军雷德尔战斗群（SS-Kampfgruppe Rehder）作为增援部队抵达，并被本师吸收。但到3月23日，其全部战斗力量也只有1305人。3月26日，有关人员在给曼陀菲尔的评估文件中指出：“尼德兰师基本只是1个加强的团级集群。战斗步兵几乎耗尽，需要彻底补充。目前还无法估算补充将何时完成，因此，本单位只适合防御。战斗力等级为第4级。”[270]3月25日的报告显示，该师日常兵力为3955人，战斗兵力为1355人。另急需3800支步枪、150挺机枪、10门重型迫击炮、13挺重机枪、7门轻型野战榴弹炮、2门重型榴弹炮和26门2厘米高射炮——这些数字也间接反映了来自夏至行动和阿尔特达姆桥头堡之战的损失。[271]

表26由党卫军第3（日耳曼）装甲军起草，是3月31日该师日常兵力和战斗兵力的细目。

表26 党卫军第23尼德兰志愿装甲掷弹兵师的兵力报告，3月31日[272]

	军官	士官	士兵
全师			
日常兵力	142	770	3081
战斗兵力	58	239	1521
（党卫军）第48掷弹兵团			
日常兵力	14	85	380
战斗兵力	8	47	274
第48团第1营			
日常兵力	10	48	262
战斗兵力	8	23	184
第48团第4连			
日常兵力	1	3	46
战斗兵力	1	2	44
第48团第5连			
日常兵力	1	7	69
战斗兵力	1	6	67
第48团第2营			
日常兵力	6	50	316
战斗兵力	4	26	250
第48团第9连			
日常兵力	1	1	1
战斗兵力	1	–	1
第48团第10连			
日常兵力	1	8	65
战斗兵力	1	6	64
（党卫军）第49掷弹兵团			
日常兵力	9	48	147
战斗兵力	6	21	64
第49团第1营			
日常兵力	7	42	101
战斗兵力	3	6	24
第49团第2营			
日常兵力	14	79	369
战斗兵力	12	53	284
第49团第8连			
日常兵力	2	26	120
战斗兵力	2	19	104
党卫军第23工兵营			
日常兵力	10	44	263

续前表

	军官	士官	士兵
战斗兵力	5	16	151
党卫军第23装甲歼击营			
日常兵力	10	69	131
战斗兵力	6	14	10

随后一段时间，尼德兰师残部一直在重建，并在后方担任预备队。

4月17日，即苏军大举进攻柏林2天后，党卫军中校沙伊贝（Scheibe）的党卫军第48塞伊法尔特将军装甲掷弹兵团奉命开赴奥得河畔法兰克福，以填补前线的缺口。接到这条命令的还有该师的其他直属单位（参见《奥得河前线1945》第1卷第11章），但和第48团不同，它们大多只抵达了党卫军第11装甲军的地段，即第9集团军的北翼。该师的大多数单位都和第9集团军一道陷入包围，后来试图从哈尔伯地区撤往西方，还有一些小分队（规模大致为1个连）被撤退的第56装甲军裹挟进柏林市区，并参加了5月1日—2日晚从城内突围的行动。

与此同时，党卫军第49德鲁伊特尔装甲掷弹兵团［团长：党卫军中校汉斯–海因里希·洛曼（Hanns-Heinrich Lohmann）］和党卫军第54炮兵团第1营则留在了第3装甲集团军境内，任务是防守霍亨塞尔肖（Hohenselchow）–弗里德里希斯塔尔（Friedrichsthal）–加托夫一线，抵御从施韦特以北冲出桥头堡的苏军。经过在卡塞科（Kasekow）和吕茨洛（Lützlow）等地的战斗，4月27日，这2支部队开始向西撤退，最终向英国第21集团军群下属的美军单位投降。

第49德鲁伊特尔团团长洛曼曾简要回顾了部队在战争最后几周的战斗——当时，该团负责为霍恩莱因（Hörnlein）上将的第27军殿后。其内容是由一位采访者在20世纪60年代初记录的，[273]如下（为了确保内容清晰连贯，笔者对原文做了编辑）：

在4月10日—15日之间的某个时候，施泰因纳要求党卫军第3（日耳曼）装甲军的所有团、营和下级单位指挥官参加会议。洛曼从卡塞科附近的团部驱车前往会议地点——施泰因赫费尔。在简单介绍过局势后，施泰因纳直截了当地说道：

“我们必须从易北河沿岸抽调部队。这可能会鼓舞西方盟国，让他们渡过易北河，继续向东前进。西方盟国向东走得越远，对大家越有利。如果西方盟国不跨越易北河，本世纪最大的戏剧性事件将在易北河和奥得河之间发生。”

洛曼完全同意施泰因纳的观点。他非常钦佩施泰因纳，认为他是一位足智多谋的优秀将领。施泰因纳最突出的特点是他惊人的记忆力：从不会忘记任何事情，而且不用地图就可以完成态势简报。作为一名指挥官，他总是力求完美，对下属非常严厉。他的部下常说一句话：“也许只有结了婚，施泰因纳才会变得温柔。”

直到4月20日左右，除了奥得河沿岸有小规模（袭击）外，洛曼的地段情况相对平静。4月19日至20日夜间，洛曼接到命令，向位于施泰因赫费尔的军部报到。洛曼抵达时，施泰因纳神情严肃。

施泰因纳说：“我已经接到命令：向柏林推进，并保卫当地。但你和你的团必须留在奥得河，因为那里需要你。我知道，你的团兵力只相当于1个加强营。不要用它冒险[274]。试着去石勒苏益格–荷尔斯泰因。如果有一天，美国人和苏联人的矛盾加深，并且兵戎相见，我们必须用一些完好和精良的部队支援美军。”

施泰因纳的建议是以一种父亲般的、非常友好的方式提出的。洛曼看到他对局势非常担忧。[275]

但另一方面，海因里齐并不信任党卫军的外国志愿者。他命令所有党卫军师团离开前线，并对党卫军第3（日耳曼）装甲军表达了特别关注。导致这种不安的原因并不清楚，但正如我们在上文中所见，这并非毫无依据，施泰因纳擅自命令洛曼撤退就是证据。在4月25日要求党卫军第3（日耳曼）装甲军向柏林进攻的会议上，海因里齐对党卫军外籍人员的态度更是得到了淋漓尽致的体现。当时，施泰因纳似乎故意拖延向南进攻。他试图向海因里齐解释，他的部队素质“参差不齐”，完全没有进攻能力。海因里齐冷冷地说：“施泰因纳，你必须进攻，这是为了你的元首。”施泰因纳则怒吼着回答道：“他也是你的元首！”[276]以下是洛曼采访稿的后续部分：

洛曼的部下士气一直很好，但不是因为仍然相信胜利，而更多像是听天由命。在这些日子里，每个人的座右铭是：享受战争吧，因为和平将更加恐怖！

4月21日前后，苏军大举来袭时，情况急转直下。弗隆霍费尔（Fronhöfer）很快就失去了对下属部队（第547国民掷弹兵师）的控制。洛曼在几个小时后意识到，他的友邻部队——1个由国民突击队和德国海军人员组成的师——已经作鸟兽散。海军水兵根本不知道如何抵御进攻，洛曼尤其清楚地记得，他遇到过一个穿着航海长制服的年轻人，他似乎是在和机枪较劲，并气急败坏地叫住了洛曼："这个机器该怎么用？"

4月24日，洛曼被迫将团部从卡塞科转移到拉策布鲁赫（Ratzebruch），并在这片丘陵环绕的地区坚守了2天。随后，洛曼得到消息，苏军已击穿了南面友邻部队的防线，并有可能朝该团侧翼发动进攻。撤退势在必行，更何况该团与北面的友军已失去联络。

4月26日，他们撤退到普伦茨劳附近的湖区，随着主战线不断向西收缩，随后几天，撤退行动继续。在此期间，洛曼从未忘记施泰因纳的建议"不要冒险"。他的部队一路且战且退，但从来没有尝试过反击。

4月28日或29日，他们到达了米里茨湖。苏军紧随其后，在他们立足未稳时便发动了进攻。由于该团向西的必经之路位于米里茨湖和另一座湖泊之间，而且非常狭窄，这让洛曼被迫命令部队向米罗反攻。但他们很快发现，路上的难民是如此密集，导致坦克或突击炮根本无法行动，反击也因此胎死腹中。

尽管洛曼和下属部队不停战斗，但他知道，与南方的情况相比，这些情况根本算不了什么。他很清楚，苏军的主要目标是柏林，该团遭遇的进攻主要是牵制性的，旨在保护苏军的侧翼。5月3日，洛曼抵达帕尔希姆，并在该镇至路德维希斯卢斯特的主干道坚守到当天傍晚，使大量德军可以继续向西撤退。在战斗中，1辆载有4名美国士兵的美国吉普车出现在阵地上。他们旁观了一阵，看到洛曼的装甲车辆干掉了10或12辆苏军坦克，之后又一言不发地离开了。洛曼的一名军官有点不知所措："该怎么办？追过去，把他们抓起来？"洛曼非常害怕："看在上帝的份上——千万别。说不定他们明天就会和我们并肩作战。"

5月3日—4日夜间，洛曼守住了斯托尔运河（Stör Canal）上的桥头堡，让部分德国部队得以侥幸向西撤退。[277]

5月4日上午，洛曼的部队与美军取得联系。之后，像许多德军指挥官一样，他解除了部下的誓言，让每个人各自回家。洛曼则和参谋们一道向美军投降。

奥得河前线的高级勋章获得者：

骑士十字勋章橡叶饰——1945年5月9日，党卫军中校汉斯–海因里希·洛曼（第872位获得者），党卫军第49德鲁伊特尔志愿装甲掷弹兵团代理团长。

骑士十字勋章——1945年3月5日，党卫军中尉约翰内斯·黑尔默斯（Johannes d.R. Hellmers），党卫军第49德鲁伊特尔志愿装甲掷弹兵团第6连连长①；1945年3月17日，党卫军中尉克莱门斯·贝勒（Klemens Behler），党卫军第54尼德兰炮兵团第3连连长②；1945年4月5日，党卫军少校洛塔尔·霍弗（Lothar Hofer），党卫军第54尼德兰炮兵团第3营营长③；1945年5月11日，党卫军中校齐格弗里德·沙伊贝（Siegfried Scheibe），党卫军第48塞伊法尔特将军志愿装甲掷弹兵团团长（1945年4月17日阵亡于巴鲁特）。

党卫军第27兰格马克志愿掷弹兵师/兰格马克战斗群

指挥官：

？，党卫军准将托马斯·穆勒（Thomas Müller）；

？—投降，党卫军中校舍龙（Schellong）。

作战参谋：

不详。

部队类型：

1945年1月16日，45年型步兵师（有调整）[278]/党卫军掷弹兵师。[279]

战斗力水平：

第4级，没有马匹或机动车辆。4月7日，该师各作战营的估计兵力为800人，另有3门重型反坦克炮。[280]

---

① 原文如此，此处有误，这枚勋章旨在表彰他在库尔兰期间的表现。

② 原文如此，此处有误，贝勒的骑士十字勋章旨在表彰他在库尔兰的表现。

③ 此处有误，这枚骑士十字勋章旨在嘉奖霍弗在库尔兰42.9高地之战中的表现。

战斗序列：

师部、党卫军第66志愿掷弹兵团、党卫军第67志愿掷弹兵团、党卫军第68志愿掷弹兵团、党卫军第27装甲歼击营、党卫军第27炮兵团、党卫军第27工兵营、党卫军第27通信营、党卫军第27后勤团，以及其他师属单位。

作战综述：

该师最初名为党卫军弗兰德斯志愿军团，人员主要是弗拉芒地区的民族主义者。但在1943年中期，该部队获得了兰格马克的称号，该称号来自一战中的一次战役。当时，一群德国学生志愿兵在当地的小镇兰格马克（Langemarck）与法军交战，并且损失惨重。随后，兰格马克成了德意志爱国主义的代名词，并被视为弗拉芒民族主义志愿者与德意志民族的纽带。但该师中有50%—60%的成员排斥这一称号——他们来自弗拉芒民族主义党（VNV），试图在欧洲建立一个独立的弗拉芒国家，而不是被纳粹德国吞并。[281]

该部队曾参加过纳尔瓦之战，并在1944年底改编为师，麾下各团均为2营制，老兵主要在第66团、第67团和党卫军第27装甲歼击营，其余部队的人员来源相当繁杂，包括后勤纵队、工兵、在德国工作的比利时工人、弗拉芒青年运动成员（17岁）以及在德国海陆空三军服役的比利时士兵。[282]另外，按照一位老兵的回忆，在这段时间，该师的政治面貌发生了变化，很多新成员都来自普通党卫队或比利时的旗帜运动（De Vlag），因此有很强的纳粹倾向。[283]他们还拒绝参加12月的守望莱茵行动，并表示更愿意与苏军作战。在西线担任过一阵预备队之后，该师在1945年1月开赴波美拉尼亚，[284]并在此期间和姐妹部队——党卫军第28瓦隆人志愿掷弹兵师一道被改编为45年型步兵师（编制表1月16日下发），但组织结构与标准情况略有不同，其中2个普通步兵排被改编为配备StG 44突击步枪的突击排，但机枪总数仍为9挺。另外，由于武器短缺严重，为该师配备54门火炮的许诺也从未兑现。[285]

2月初，党卫军第27兰格马克志愿掷弹兵师作为增援抵达西波美拉尼亚前线，并由党卫军第3（日耳曼）装甲军指挥（详情可参见瓦隆人师的“作战综述”部分）。和奥得河前线的许多其他部队一样，该师从未整体投入作战，而是被分散到了多个地段。2月中旬，该师辖下的党卫军第27装甲歼击营在斯塔加德一带担任预备队，还有2个营被配属给北欧师，奉命守卫法尔佐尔附近的伊纳河沿岸，以便确保北欧师可以渡河南下，向阿恩斯瓦尔德推进。而该师的其他部队则部署在西北方向，任务是夺取佩茨尼克，但直到夏至行动结束，这一目标都没有实现。2月21日，作为阿德尔海尔行动（Operation Adelheil）的一部分，该师穿过伊赫纳河向博宁撤退。

3月初，该师的部队在斯德丁东南方投入战斗，抵御不断前进的苏军。在此期间，党卫军第27装甲歼击营不再担任师预备队，并奉命与党卫军第67团第1营共同作战。到3月4日，由于伤亡惨重，该师的兵力下降到500人[286]，并被称为战斗群。其残存士兵跟随福格特战斗群向西退入阿尔特达姆桥头堡，并卷入了当地的防御战。3月16日—17日，苏军投入200辆坦克和大量步兵，试图歼灭奥得河东岸的德军。这些外籍志愿兵利用铁拳火箭筒等武器坚守阵地，在此期间还爆发了白刃战。3月19日，福格特战斗群接到命令撤退。该师的雷米·施伊内（Remy Schrijnen）等士兵负责殿后，他将反坦克炮部署在一片地势略高的区域——这也是他最喜欢的地形。施伊内用1棵与炮管差不多长的松树干构建了一处假阵地。在最后的攻击打响后，这里遭到了苏军的空袭，然后是火炮和火箭弹覆盖。在最初的炮击之后，苏军步兵从1公里外的散兵坑跃出，开始冲向施伊内的阵地。施伊内的排长——施塔姆（Stamm）党卫军下士命令他们不要提前开炮，直到苏军步兵跌跌撞撞地进入了守军前方500—600米处的雷区。就在这时，施塔姆下达了开火命令，反坦克炮发射的高爆弹落在身陷雷区的苏军步兵当中。2个连的机枪骤然开火，与他们协同作战的伞兵等部队也加入了打击。但苏军步兵继续向堑壕逼近，这时，德军的迫击炮和冲锋枪响了起来。在忍受了45分钟的猛烈炮火后，苏军撤回了出发堑壕。[287]凭借这次防御战，兰格马克战斗群避免了阿尔特达姆桥头堡的崩溃。

3月19日—20日晚间，兰格马克战斗群奉命撤往奥得河西岸。3月26日，有关人员在给曼陀菲尔将军的评估报告中指出："该师的兵力仅相当于1个团级集群，包括2个强大的（步兵）营和1个重武器营，其中后者装备了若干重步兵炮和3门重型反坦克炮。该师的士兵相当优秀，但军官素质低劣，不胜任攻击任务，只适合防御。在当前情况下，建议为其提供炮兵支援。"[288]4月4日，该师位于第3装甲集团军后方，在第32军和奥得河军之间担任预备队。这种部署显然源自海因里齐的命令——将所有党卫军外籍志愿部队撤出前线。

根据该指示，兰格马克战斗群、瓦隆人战斗群与科尔贝格突击营一同驻扎在离第3装甲集团军司令部不远的斯德丁–帕斯沃克高速公路。为了补充各团的损失，师部决定将第68团拆散。同时，各师属部队又被混编为若干战斗群，如穆勒战斗群（Kampfgruppe Müller，指挥官是穆勒党卫军上校）和舍龙战斗群（Kampfgruppe Schellong），幸存的弗拉芒志愿兵也主要集中在这两个单位。[289]在4月1日，党卫队指挥总局组织处作战参谋在给陆军最高司令部的文件中指出，计划为兰格马克师提供4102名补充人员（包括167名军官、408名士官和3527名士兵）和部分武器装备（包括120挺轻机枪、20挺重机枪、4门中型迫击炮、4门轻型步兵炮、2门重型步兵炮、6门轻型野战榴弹炮、2门重型野战榴弹炮、41部野战厨房、22辆摩托车、26辆越野小轿车、41辆卡车和2辆炮兵牵引车，此外还有380匹马）。[290]这些补充人员的绝大部分可能来自各种军校和训练单位，按照计划，他们将在兰格马克师的前线继续训练。

4月17日，兰格马克战斗群接到了准备进入沃坦防线的命令，随后几天，即4月20日至26日，他们多次与白俄罗斯第2方面军的进攻部队交战。党卫军中尉安东·科特洛夫斯基（Anton Kotlowski）是舍龙战斗群反坦克连的连长，奉命在普伦茨劳郊外阻挡苏军坦克和步兵的攻击。该连还得到了1个陆军自行车连的支援。但这个自行车连的2名军士却无心恋战，还用冲锋枪恫吓这位科特洛夫斯基，至于该连的连长——一名陆军少尉——则直接带着70名部下转身西去。苏联人随后击溃了科特洛夫斯基的部下，后者虽然击毁了3辆苏军坦克，但自身同样伤亡惨重。按照科特洛夫斯基的回忆，其中1个排在党卫军少尉拉珀雷（Laperre，不久前刚被推荐授予德意志金质十字奖章）的指挥下逃往北方。另一个排则向南撤退，并被苏军缴械。[291]

4月28日，即苏军在普伦茨劳达成突破后的第二天，该战斗群的残部以及其他党卫军外籍部队开始擅自西逃。为制止这种行为，海因里齐被迫专门下达命令（参见《奥得河前线1945》第1卷第11章）。5月10日，该师的最后一批人员向美军和英军投降。

奥得河前线的高级勋章获得者：

骑士十字勋章——1945年2月28日，党卫军中校康拉德·舍龙（Conrad Schellong），党卫军兰格马克志愿旅旅长。

德意志金质十字奖章——1945年4月26日，党卫军中尉安东·科特洛夫斯基，舍龙战斗群反坦克连连长。[292]

党卫军第28瓦隆人志愿掷弹兵师/瓦隆人战斗群

指挥官：

2月14日—投降，党卫军中校莱昂·迭格雷勒（Leon Dégrelle）①。

作战参谋：

党卫军少校埃勒博（Hellebaut）。

部队类型：

1945年1月16日，45年型步兵师（有调整）[293]/党卫军掷弹兵师。[294]

战斗力水平：

第4级，没有马匹或机动车辆。4月7日，各作战营的兵力估计超过400人。[295]

战斗序列：

党卫军第69志愿掷弹兵团、党卫军第70志愿掷弹兵团、党卫军第71志愿掷弹兵团、党卫军第28炮兵团，以及其他师属单位。

作战综述：

党卫军第28瓦隆人志愿掷弹兵师组建于1944年10月19日，前身是党卫军第5瓦隆人志愿突击旅（5.SS-Freiwilligen-Sturmbrigade Wallonien），人员主要来自比利时的法语区，参军意图则五花八门，但指挥官莱昂·迭格雷勒则是一个铁杆的法西斯和反共分子。迭格雷勒于1930年在比利时创立了雷克斯党（Rexist party），1940年该国沦陷后，他开始大肆鼓吹瓦隆人地区的独立。但没有得到纳粹的赏识，之后，他开始全力投入另一项工作——为反布尔什维克十字军招募志愿兵。最初，他领导的志愿兵被编入德国陆军，并被称为第373（瓦隆人）步兵营，该营在东线各地都有行动，尤其是在高加索地区。在那里，迭格雷勒结识了党卫军维京师师长菲利克斯·施泰因纳。这让他决定带领瓦隆人脱

① 迭格雷勒在1945年4月20日晋升为党卫军上校。

离陆军，加入党卫军。

1945年1月16日，该师奉命采用45年型步兵师编制，但较原配置略有调整。该师计划配备54门火炮，另有2个标准步兵排被配备了StG 44突击步枪的突击排取代。[296]2月初，党卫军第28瓦隆人志愿掷弹兵师转入第11集团军，并由编组中的第39装甲军指挥。按照该军的命令，瓦隆人师将负责斯塔加德东南方的一段战线，位置在蒙策尔集群和党卫军第27兰格马克志愿掷弹兵师之间。这次部署也是德军大举增援西波美拉尼亚地区的众多举措之一。为此，德军一共在当地投入了2个军级指挥部——党卫军第3（日耳曼）装甲军和第39装甲军军部，以及包括党卫军兰格马克师、荷尔斯泰因装甲师、元首掷弹兵师、元首护卫师、党卫军第10弗伦斯贝格装甲师、第9伞兵师和第163步兵师在内的众多新锐师团。2月9日至13日，该师参加了第39装甲军的全面进攻，并在林登丘陵（Linden Hills）以西地区与敌军交战。这次进攻的目的是击退马杜湖以北的苏军，恢复第39装甲军的前线连贯。但在瓦隆人师右翼进攻的蒙策尔集群未能占领达姆尼茨和瓦尼茨村，导致瓦隆人师的侧翼完全暴露，其战线长达5公里，从斯特雷比洛一直延伸到布卢姆贝格。苏军近卫第75师发动攻击，在瓦隆人师和友邻部队兰格马克师之间撕开了一个豁口，但瓦隆人师仍然控制着具有重要战术意义的丘陵地带。2月15日，即夏至行动的准备阶段，该师离开原有阵地，前往斯塔加德以南地区，至于在科林（Kollin）附近的原阵地则被转交给党卫军第4警察装甲掷弹兵师和党卫军第10弗伦斯贝格装甲师。

2月16日，该师奉命向南发动进攻，但苏军早已严阵以待。绝大多数部队进展有限。只有党卫军中尉卡佩勒突入了苏军防线后方的林登丘陵，但随后局势急转直下，苏军从多个方向围攻过来。卡佩勒连的命运后来被2名因伤在夜间撤回的瓦隆人记录下来。当时，卡佩勒的部下在山坡上构建了工事，但当苏军用斯大林-2和T-34坦克发动攻击时，这些浅浅的散兵坑几乎无法提供任何保护。该连用电台向师部求援，但没有友军能抵达他们孤悬的阵地。卡佩勒的部下与苏军坦克整日搏斗，直到铁拳全部用尽。苏军坦克开上山头，横冲直撞，很多人受伤，被活埋在压塌的散兵坑里。有人试图冲出掩体，但都被苏军射杀。党卫军中尉卡佩勒在战斗中受伤，只能留在指挥所内。当苏军逼近时，他用最后一发子弹自杀。《国防军公报》指出，卡佩勒视死如归，展现了惊人的毅力和狂热的斗志。[297]卡佩勒战役也是涉及奥得河前线的所有《国防军公报》中唯一一次提及的党卫军部队。

随后，该师保持着与月初相同的防线，但改由党卫军第11北欧装甲掷弹兵师指挥。3月1日至14日，该师在80公里的战线上进行了一系列防御行动，具体情况可见下文中的绝密报告。该报告揭示了该师的一些有趣问题，尤其是在行动中的孤立无援。另外，和拉脱维亚党卫军志愿者一样，由于不熟悉波美拉尼亚的地理环境，而且几乎不会德语，很多瓦隆人志愿兵经常在战场上茫然无措。

党卫军第28瓦隆人志愿掷弹兵师

作战参谋日志第129/45号

发自师部

1945年3月14日

绝密

共5份，本文件为第3号副本

主题：瓦隆人战斗群的情况

致：

党卫军第3（日耳曼）装甲军

关于党卫军第28瓦隆人志愿掷弹兵师重组情况的报告

1944年12月20日以来，党卫军第69团的2个营已完成了全面重组。自西线抵达之后，他们已从1945年2月6日开始部署在斯塔加德以南地区。

过去几天，他们在当地参与了下列战斗：

1	攻击卡尔斯堡，并看管战俘	1945年3月1日
2	防御45高地（位于克吕索以东）	1945年3月1日
3	在布卢姆贝格和科林，为党卫军第23挪威团的撤退殿后	1945年3月2日
4	在克吕索南部进行防御	1945年3月2日

续前表

5	在施奈德菲尔德（Schneidersfelde）①掩护党卫军第23挪威团第3营撤退	1945年3月3日
6	防御施奈德菲尔德、斯特雷比洛和克吕索	1945年3月3日
7	在施特里森（Streesen）②和维提肖（Wittichow）③掩护第281步兵师的进攻，并坚守斯塔加德以南的伊纳河一线，直到当天11点整	1945年3月3日
8	1945年3月4日至5日夜间，经克吕措（Klutzow）和莫里茨菲尔德（Moritzfelde）④向塞费尔德（Seefeld）⑤撤退——整个过程极为艰难。只是因为殿后单位——党卫军第70团1个营——在斯塔加德的西郊击退了敌军的猛烈进攻，所有部队才得以安全撤退。（作者按：有资料显示，党卫军中校迭格雷勒亲自指挥了塞费尔德的防御战。在当地，他引导附近的德军炮兵进行直射，阻止了苏军41辆坦克的进攻）[298]	
9	1945年3月6日，防御吕布托、萨罗（Saarow）和布鲁赫豪森，对抗大量载有步兵的苏军坦克	
10	1945年3月6日—7日夜间，经明斯特贝格（Munsterberg）⑥和奥古斯特瓦尔德（Augustwalde）⑦撤往阿尔特达姆和斯德丁	

且战且退期间，各战斗部队缺乏保障体系的支撑，并且经常匆忙编组在一起。此外，它们还丢失了大部分武器装备。由于多个单位的支援部队都在使用穿过莫里茨菲尔德的公路，该师的后勤补给线几乎无法运转，更糟糕的是，这条公路上还有许多从斯塔加德地区朝阿尔特达姆和奥得河后撤的人员和车辆。

来自德国的士兵清楚部队的方位和任务，但瓦隆人士兵则不然，他们容易迷路，而且经常在困境中不知所措。[299]

3月中旬，党卫军第28瓦隆人志愿掷弹兵师只剩下700—800名士兵。根据一道3月15日签发的、编号为Ia/Nr. 2952/45 geh.Kdos.的命令，为完成重组，该师还需要获得450名官兵和各种武器、装备和马匹。[300]

此时，这支团级规模的部队更名为瓦隆人突击营，并在党卫军少校迪里克斯（Dierickx）的指挥下向西进入阿尔特达姆桥头堡。高昂的伤亡则仍在继续。瓦隆人部队奉命守住芬肯瓦尔德——这是斯德丁以南、奥得河桥头堡上的最后一座村庄，如果当地的铁路桥失守，其他部队将被彻底困在东岸。

① 即今天波兰的拉济泽沃（Radziszewo）。
② 即今天波兰的斯特日诺（Strzyżno）。
③ 即今天波兰的第2威特科沃村（Witkowo II）。
④ 即今天波兰的莫什奇恩（Morzyczyn）。
⑤ 即今天波兰的格岑季采（Grzędzice）。
⑥ 即今天波兰的维利丘科（Wielichówko）。
⑦ 即今天波兰的维尔戈沃（Wielgowo）。

在此期间，该师只得到了2辆坦克（可能是豹式坦克）的支援，面对猛攻，瓦隆人被迫从村内撤退，但把铁路桥坚守到了最后一刻。3月20日，他们炸毁桥梁，并作为第3装甲集团军在东岸的最后一支部队渡过奥得河。随后，该师被改编为战斗群。3月26日，一份提交给曼陀菲尔的评估报告写道："该师只相当于一个团级集群，目前有1个可投入战斗的掷弹兵营。计划为其补充人员。该师的官兵斗志不如兰格马克师，而且急需休整，武器情况也同样很糟。总之，该战斗群不适合用于攻击，而只适合防御。"[301]

4月1日，党卫队指挥总局第2司组织处的业务参谋通知陆军最高司令部，表示正在向瓦隆人师派遣950名补充兵和35挺轻机枪、2辆摩托车、3辆越野小轿车、1辆卡车和256匹马。[302]这些补充人员绝大部分可能来自各种军校和训练单位，按照计划，他们将在瓦隆人师的前线继续训练。4月4日，该师在第32军和奥得河军之间的后方地带担任预备队。这种部署显然出自海因里齐的命令，他要求将所有党卫军外籍志愿部队撤出前线。为此，兰格马克战斗群、瓦隆人战斗群与科尔贝格突击营一同被调到斯德丁和帕斯沃克之间的高速公路附近——离第3装甲集团军的司令部不远。

4月17日，瓦隆人战斗群接到命令，准备进入沃坦防线。4月20日至26日，在白俄罗斯第2方面军发动攻势之后，他们多次与苏军交战。4月28日，即苏军从普伦茨劳突破的第二天，该战斗群的残部和其他党卫军外籍部队开始擅自向西逃亡。为制止这种行为，海因里齐被迫专门下达命令（参见《奥得河前线1945》第1卷第11章）。5月初，该师的最后一批人员向美军投降。

奥得河前线的高级勋章获得者：

骑士十字勋章——1945年4月20日，党卫军少尉雅克·勒鲁瓦（Jaques Leroy），来自党卫军第69志愿掷弹兵团第1连。[303]

党卫军第33查理曼（法兰西第1）武装掷弹兵师

指挥官：

党卫军少将古斯塔夫·克鲁肯贝格（Gustav Krukenberg）。

作战参谋：

?

部队类型：

党卫军掷弹兵师。[304]

战斗力水平：

不详（可能为第4级）。

战斗序列（3月25日重组完成后）：

党卫军第57掷弹兵营［营长：党卫军上尉菲涅特（Fenet）］、党卫军第58掷弹兵营［营长：党卫军中尉热罗米尼（Géromini）］、1个重武器营［营长：党卫军少校布代–格西（Boudet-Gheusi），下辖1个反坦克连、1个坦克歼击车连和1个高炮连（1—2个排）］，支援部队包括1个通信排、1个工兵排、1个畜力运输纵队和1个维修排。[305]

作战综述：

查理曼师成员的政治背景复杂，历史复杂性超过了绝大多数党卫军外籍师团。1944年8月10日，希姆莱下达了组建党卫军查理曼（法兰西第1）武装掷弹兵旅的命令。该旅由三个不同政治团体的法国人组成，并吸收了德军的各种法籍志愿部队，甚至还有在德国海军服役的法国人。按照推测，这一决定很可能出自希姆莱本人。[306]该旅包括以下单位：旅部、党卫军第57武装掷弹兵团、党卫军第58武装掷弹兵团、党卫军第57武装炮兵营、党卫军第57工兵连、党卫军第57装甲歼击营和党卫军第57通信连。上面提到的三类人员中，大部分来自法兰西反布尔什维克志愿军（Légion des Volontaires Français contre le bolchevisme，LVF），其次是1个由法国志愿者组成的党卫军突击旅，其余则是法兰西民兵（Milice）中出生在法国北部的弗拉芒人——他们中很多有在党卫军其他师团服役的经历。[307]其中，第57武装掷弹兵团的人员主要来自党卫军突击旅，而第58团的人员则主要来自法兰西反布尔什维克志愿军。但在东线的最后一年，这三批政治立场迥异的人员从未真正融为一体。

经过几个月的训练和整合，这支法籍部队于1945年2月10日被改编为党卫军第33查理曼（法兰西第1）武装掷弹兵师。但由于补给和弹药短缺，上述工作并非一帆风顺。[308]按照维斯瓦河集团军群作战日志中收录的文件，该部队共有102名军官、886名军士和5375名士兵，共计6363人，编为2个掷弹兵团（每个团下辖2个营）、2个步兵炮连、1个炮兵营（包括2个炮兵连，每个连4门轻型榴弹炮）、2个装备战车噩梦火箭筒的反坦克连、1个3.7厘米高炮连、1个工兵连、1个混合通信连、1个野战邮局、1个医疗连、1个救护车排、1个宪兵连和1个维修排。装备则包括3643支98k型栓动式卡宾枪、1300支手枪、538支冲锋枪（MP 38/40）、66挺轻机枪（MG 42）、30挺重机枪、3门中型反坦克炮、3门重型反坦克炮、12门轻型步兵炮、5门重型步兵炮、9门3.7厘米高射炮、8门轻型榴弹炮、44辆卡车、3辆（轮式）牵引车、3辆履带式牵引车、1082匹马、872具铁拳火箭筒、72具战车噩梦火箭筒和1个兽医连配套的全部装备。[309]在克鲁肯贝格党卫军少将的指挥下，上述部队在2月底开赴波美拉尼亚，并被编入第2集团军麾下的第18山地军。

2月24日，该师在哈默施泰因集结，并从该村主动出击。在这场初战中，担任主攻部队的第57团第1营和第2营虽然攻克了巴肯菲尔德（Barkenfeld）①和海因里希斯瓦尔德（Heinrichswalde）②，但未能保住胜利果实。与此同时，党卫军第58团则在第57团第2营和党卫军第15（拉脱维亚第1）武装掷弹兵师之间就位。在苏军的一次密集炮击后，拉脱维亚人放弃了阵地，导致苏军从前线的缺口绕过了法国人的主防线。为避免被围，该师只好撤退，并于2月25日在哈默施泰因–巴伦瓦尔德（Bärenwalde）③铁路两侧构建了一条新战线。在夏至行动结束后，苏军开始向北进攻，在第11集团军和第2集团军之间打开了一道缺口，试图将当地的德军一分为二，进而全面占领波美拉尼亚地区。

查理曼师很快发现，自己刚好处在这些北上苏军的必经之路上。虽然这些法国人有丰富的反坦克作战经验，但由于准备时间不足，加上缺乏弹药、大炮和空中支援，他们根本无法长时间牵制苏军。最后的防御战在埃尔塞瑙（Elsenau）④村打响，过程异常血腥残酷。在当地，法国人展示了近距离反坦克作战中的天赋——未来，他们将在柏林把这种天赋发挥得淋漓尽致。例如，党卫军中尉韦伯（Weber）在埃尔塞瑙与巴伦瓦尔德之间的土路上设置了1个反坦克陷阱——他把铁拳火箭筒绑在树上，将剩余的反坦克炮埋伏起来。在随后

---

① 即今天波兰的巴尔科沃（Barkowo）。

② 即今天波兰的尤尼乔夫（Uniechów）。

③ 即今天波兰的宾切（Bińcze）。

④ 即今天波兰的奥尔萨诺沃（Olszanowo）。

的伏击中，他们一共摧毁了14辆苏军坦克。但这些法籍人员没能击败苏军坦克的伴随步兵，由于侧翼暴露，他们只好后撤。[310]

在短短3天的战斗中，该师损失了多达30%的人员。罗伯特·福布斯（Robert Forbes）在该师的战史——《为了欧洲》（*Pour L'Europe*）中总结道：

> 在哈默施泰因，查理曼师发现自己正陷入绝境。该师没有做好战斗准备，一下火车就身处前线，并且对敌情一无所知，没有电台，也几乎没有地图，没有炮兵营（尚未抵达），也没有坦克或空中支援。是的，战况非常糟糕，但查理曼师从来没有放弃。它摧毁了40—50辆坦克和大量的机动装备，对敌人的杀伤远远超过了自身的损失。自我牺牲和英勇顽强的事迹比比皆是。在新斯德丁，有30枚铁十字勋章被颁发给了表现优异的将士们。虽然处境极为不利，但查理曼师总体表现良好。坦率地说，该师做到了上级从未期望它做到的事。[311]

福布斯这段雄辩的总结不仅适用于查理曼师在波美拉尼亚的苦战，也适用于2月在奥得河前线的每一个德军师团。3月初，查理曼师奉命防守重镇科尔林——一个意义重大的十字路口，有道路连接着东南的贝尔加德、东北的科斯林和西北的科尔贝格等小城市。但在科斯林和科尔贝格方向长驱直入的苏军很快包抄了法国人的侧翼，导致查理曼师迅速陷入孤立，并与德军的主战线失去联系。3月6日，该师试图分三路突围。由菲涅特指挥的第一支突围梯队在科斯林以南成功抵达冯·特陶军级集群的防线，但该集群自身也在包围圈内。第二队人马在科斯林南郊的旷野惨遭重创，幸存者只好四散逃命。随后3个星期，他们继续向西前进，但只有少数几人抵达了奥得河畔。第三队人马向东朝第2集团军的防线前进。这个四分五裂的师团最终有一部分进入了科尔贝格要塞，有一些来到了哥滕哈芬以东的第2集团军防区内，还有一些被冯·特陶军级集群吸收。大约一周后，冯·特陶军级集群在迪夫诺夫重返友军战线，与之一同到达的还有菲涅特指挥的大约800名法籍士兵。根据上级的命令，他们随后被派往新施特雷利茨进行整编。

3月25日，该师又进行了一轮重组，其编制如本节“战斗序列”部分所述。同时，该师的训练与补充营也接到命令从维尔德弗莱肯出发，前往维斯瓦河集团军旗下加入重组后的师团主力，但由于各种原因，该营从未启程。[312]在训练和补充期间，不同政治阵营的法国人分歧日益严重，并引发了纪律问题。而在希姆莱担任司令期间，奥得河前线的纪律非常严酷，导致很多人被草草处决——其中的逃兵和趁火打劫者会被枪毙，而其他人则被判处绞刑。[313]这些部队的糟糕纪律也让继任的海因里齐倍感担忧，并认为麾下的党卫军外籍志愿部队已越来越不可靠。4月初，克鲁肯贝格请求将剩余的法国人分成两队：其中一队将继续战斗，直到战争结束；另一队则被改编为1个建筑营。在菲涅特的党卫军第57掷弹兵营，有75%的人自愿继续参战，在热罗米尼的党卫军第58掷弹兵营，这类人员大约占一半；最值得一提的是刚组建的荣誉连，其所有人员都决心为奥得河前线战斗到底。[314]

苏军发动总攻之后，克鲁肯贝格在4月23日—24日晚间接到命令，指挥查理曼师进入柏林，进行最后的抵抗。闻讯，他立刻将所有人员编为两队。第一队包括党卫军第57掷弹兵营、党卫军第58掷弹兵营的1个连和部分师作战学校（Kampfschule）人员，其余人员将在次日跟进。该师的第一批人员顺利进入柏林，并在政府区战斗到了最后。但位于新施特雷利茨附近的第二批人员没能抵达市区，而是留在了第3装甲集团军的后方——4月20日，白俄罗斯第2方面军开始进攻后，他们似乎无心恋战，而是直接朝西方和西北方向撤退，并于5月初在什未林附近向英军投降。

<u>奥得河前线的高级勋章获得者：</u>

骑士十字勋章——1945年4月29日，党卫军上尉亨利–约瑟夫·菲涅特（Henri-Joseph Fenet），党卫军第33查理曼武装掷弹兵师突击营营长；1945年4月29日，党卫军下士欧仁·沃洛（Eugene Vaulot），党卫军第33查理曼武装掷弹兵师某班班长（1945年5月2日阵亡于柏林的帝国航空部大楼）；1945年4月29日，党卫军中尉威廉·韦伯（Wilhelm Weber），党卫军第33查理曼武装掷弹兵师师属作战学校代理指挥官。

施韦特师/党卫军阳光战斗群

在奥得河前线，斯科尔兹内的党卫军猎兵部队充当了多支部队的骨干。

在1月28日至3月3日，他们构成了施韦特师的基础。在施韦特桥头堡瓦解后，德军又利用其中一些部队组建了党卫军阳光战斗群。以下是这些部队的情况和党卫军猎兵部队隶属的大致日期。

施韦特师

指挥官：

1945年1月28日—2月21日，党卫军中校奥托·斯科尔兹内；

2月21日—3月3日，党卫军中校肯平。

部队类型：

特别师。

战斗力水平：

不详，可能是第3级。

战斗序列：

该师是在奥得河畔临时组建的，主要用于保卫施韦特桥头堡。日常兵力超过8000人，细目可见表27，后来又得到了第26伞兵团的1个营和党卫军第52特别伞兵装甲歼击营（z.b.V. Fallschirm-Panzerjagd Bataillon 52）的加强。全师的重型武器主要包括12辆突击炮、8—10门7.5厘米反坦克炮和3门8.8厘米高射炮。[315]

表27 施韦特师的日常兵力报告，1945年2月27日[316]

下属单位	军官	士官	士兵	合计
斯科尔兹内指挥部/阳光指挥部	20	17	28	65
党卫军通信连	3	40	121	164
党卫军狙击排［指挥官：党卫军中尉威尔舍（Willscher）］	1	0	40	41
党卫军重型步兵炮连	1	32	120	153
训练连	2	8	150	160
魏斯人员收容分队（Auffangkommando Weiss）	1	6	160	167
车辆修理排	4	17	74	95
后勤连	1	62	246	309
医疗连	11	0	65	76
党卫军第500/600伞兵营（指挥官：党卫军上尉米利乌斯）	17	160	512	689
党卫军中央猎兵队［指挥官：党卫军上尉福克尔（Fucker）］	12	113	555	680
党卫军施韦特分队	3	40	165	208

续前表

下属单位	军官	士官	士兵	合计
阿申巴赫营（Bataillon Aschenbach）	10	82	394	486
雅各布斯营（Bataillon Jakobs）	17	174	672	863
施泰因克连（Kompanie Stteinke）	1	37	83	121
施特拉斯曼连（Kompanie Strassmann）	3	19	111	133
施特伦佩尔营（Bataillon Strempel）	15	93	393	501
扎普夫营（Bataillon Zapf）	18	175	574	767
加利连（Kompanie Galli）	1	8	45	54
克拉森炮兵连（Batterie Klassen）	1	13	37	51
工兵营	17	117	514	648
伯恩哈特特别工兵指挥部（Pionier-Sonderstab Bernhardt）	7	28	27	62
小计	166	1241	5086	6493
位于奥得河西岸				
105毫米高射炮部队	25	134	626	785
德国空军部队	5	30	250	285
党卫军罗马尼亚武装掷弹兵团	15	62	333	410
汉堡国民突击队营	26	139	392	557
柯尼斯贝格国民突击队营	6	18	238	262
小计	77	383	1839	2299
总计	243	1624	6925	8792

作战综述：

如上文“特种作战”部分所述，本师成立于1月28日，随后一段时间，所有在施韦特桥头堡作战的部队似乎都获得了“阳光”的代号。在当地陷落后，该师在3月3日被维斯瓦河集团军群解散，幸存单位则被分配给不同的指挥部和地点（例如，汉堡国民突击队营和柯尼斯贝格国民突击队营后来被第610特别师吸收）。由党卫军猎兵部队和党卫军第500/600伞兵营组成的师主力则改名为党卫军阳光战斗群，并奉命前往采登桥头堡，但有些小分队则被派往其他地段——3月6日，党卫军第500/600伞兵营的部分人员似乎在屈斯特林方向作战，因为记录显示，一个叫鲍姆加滕的列兵在当地取得了第55次确认狙杀记录。[317]

下面这段内容摘自维斯瓦河集团军群作战日志，其中为施韦特师的状况和党卫军阳光战斗群的组建提供了更详细的信息。

发自当地指挥部，1945年2月27日

致党卫队全国领袖的情况备忘录

以下内容来自党卫军中校斯科尔兹内和党卫军中校肯平的讨论

党卫军猎兵部队的2个营抵达前，施韦特附近有3个格奈森瑙补充营（作者按：“格奈森瑙”是战争后期的动员代号）的残部。拦截分队很快在桥头堡一带组建起来，使守军每天都能额外获得至少1个连的兵力，并因此达到了目前的规模。

1945年2月4日，德军组建了奥得河军，但军长克拉佩中将完全是光杆司令。也正是因此，党卫军猎兵部队的后勤参谋必须自己建立一套后勤系统。

他从党卫军猎兵部队的库存中抽调了部分物资和装备，并将它们交给了几个新组建的装甲掷弹兵营（参见附件）。

由于没有远程火炮，对地火力支援只能由高射炮（其中一些刚抵达不久）提供，甚至直到今天，高射炮都是桥头堡内唯一的远程炮兵力量。我们需要决定是否把这些高射炮作为一个炮兵团编入本师建制。另外，我们还打算把在奥得河西岸或南岸收拢的空军人员编入各营，以此充实兵力。党卫军罗马尼亚掷弹兵团目前只有2个连，装备和训练都严重不足，因此只能用于保卫河堤，根本无法接管第26伞兵团第3营的阵地。国民突击队同样缺乏训练、战斗力有限，只能在奥得河西岸的堤道上站岗放哨，根本不能投入桥头堡。党卫队全国领袖向斯科尔兹内承诺的1000名补充人员（来自新施特雷利茨）只有500人抵达，未来也不可能有更多。党卫队全国领袖还答应提供5名有作战经验的军官（营长），他们目前也不见踪影。在各营当中，仍有不少军官只适合在后方执勤，或是只能承担有限的作战任务，这些人必须尽快调离。

目前，师部在所辖地段设立的拦截分队每天仍可以收拢50—80人，但我们不清楚这种状态会持续多久。

关于解散党卫军猎兵部队的问题，我们打算最初采取这几个步骤：

利用该部队组建2个营，并为其提供装备，待上述工作完成，这2个营将被合编为1个团，并在桥头堡担任预备队。至于其何时彻底解散，则取决于新单位的组建情况。

2月1日至25日期间，党卫军猎兵部队的损失为：

阵亡	5名军官	31名士官	57名士兵
受伤	8名军官	68名士官	218名士兵
失踪	0名军官	1名士官	4名士兵

总损失人数：392名军官、士官和士兵，约占总人数的30%。

这些损失的官兵都是军队的精英、特种作战领域的专家，尤其是军官和士官。

目前，在所有党卫军猎兵部队成员中，只有大部分师部人员可以立刻撤往后方。这些师部人员（即阳光指挥部）将继续充当团部，直到党卫军猎兵部队的2个营被彻底解散。在一线各营完成组建和装备之后，党卫军第600伞兵营和党卫军中央猎兵队也可以解散。

需要指出，党卫队指挥总局还计划利用党卫军装甲掷弹兵学校的人员和武器组建1个新团。

有人建议让该团替换两支党卫军猎兵部队，这样就可以一劳永逸地解决解散党卫军猎兵部队的所有问题。根据命令，党卫军装甲掷弹兵学校还将组建装甲运兵车连、狙击连和重型步兵炮连。只要通信兵总监同意，党卫军猎兵部队的通信连也可以在许诺的混编通信连和无线电设备抵达后脱离（目前所在的）团。

此外，我们还不妨解散党卫军猎兵部队所在的各团，这些团摩托化率为100%，武器和车辆可以转交给换防部队。

整个施韦特师的后勤工作几乎一直在由党卫军猎兵部队补给连的后勤纵队负责。由于后者携带的物资正在耗尽，我们必须另想办法解决相关问题。

到目前为止，党卫军猎兵部队的后勤纵队共提供了35000升燃料，并被其他单位全部用尽。

总之，我们建议派遣党卫军猎兵部队的下属单位承担其他任务。

（签字）

党卫军上尉[318]

在施韦特师解散后，阳光指挥部后来成了党卫军阳光战斗群的骨干。另外，该报告还指出了该单位在人力、装备和培训上的问题，这些也是奥得河前线的通病，甚至党卫军特种部队也对此无能为力。

党卫军阳光战斗群

指挥官：

3月6日—4月中旬，党卫军少校齐格弗里德·米利乌斯。

战斗力水平：

不明，可能是第3级或第4级。

战斗序列：

第1营（党卫军第600伞兵营）、第1营（党卫军中央猎兵部队）、党卫军重型步兵炮连（2门150毫米步兵炮）、党卫军突击连、党卫军通信连、党卫军狙击排、党卫军后勤连。

作战综述：

施韦特师的残余部队后来改名为党卫军阳光团，并由党卫军上尉米利乌斯指挥，该部队当时还有约1100人，[319]在3月6日至28日投入采登桥头堡，负责守卫控制菲诺运河和霍亨索伦运河水位的水闸。这座桥头堡只有4公里见方，除了阳光团，还有第184突击炮旅等单位驻守，可谓相当狭窄拥挤。

在桥头堡周边，战斗的主题是小分队作战，双方都在隔着前线互放冷枪。仅在3月12日至15日，党卫军阳光团的狙击手就取得了49个击杀记录。[320]同时，苏军调来大量炮兵，试图摧毁德国守军。米利乌斯力不能支，命令部下在3月27日—28日晚撤往奥得河对岸。

党卫军上等兵维尔纳·施罗德尔（Werner Schrödl）后来这样回忆当时的情况：

炮弹伴着此起彼伏的嘶嘶声在我们身边划过、爆炸。在炮击的间歇，苏军反复发起攻击。我们经历了很多“刺刀见红”的较量，尽管伤亡很大，但仍然守住了阵地。3月27日上午，一阵凄厉的呼啸让我们从疲惫中惊醒，我看见不计其数的烟柱从远处冲天而起，于是立刻卧倒。爆炸撼动着大地，我脑子里闪过一个念头——“斯大林管风琴”。在我们前方五六十米处，尘土被抛上天空，就像涌起了一座山丘。这次攻击是地毯式的，下一批爆炸点在我们身后。我们周围已然是尘土漫天，而且到处都硝烟四起。我们是幸运的，真的非常幸运。在视野所及之处，部队的堑壕都安然无恙，但宿营地已经面目全非。

由于部队损失惨重，战斗群的指挥官——米利乌斯党卫军少校在1945年3

月27日—28日夜间下令向奥得河对岸撤退。但直到那时，我们才发现，奥得河上仅剩的桥梁已被苏军炸毁。夜间10点—11点左右，各个连队开始在满月下泅渡，河水冰冷刺骨。有些武器只能丢下。不会游泳的人紧紧抓着木梁和木板。轻伤员则被放在谷仓的大门上。重伤员则登上了工兵冲锋舟。在泅渡期间，所有人都保持着严格的纪律，直到最后才被苏军发现。但第4连的火炮和迫击炮都没有保存下来。[321]

老兵里奥纳德·沙普回忆说，猎兵部队的成员坚守战线，当苏军离指挥所不到50米时，所有人都接到了撤往奥得河对岸的命令。这需要每个人在冰冷的河水中游200米，许多人因此溺亡或死于失温。[322]从桥头堡撤退后，部队分散开来，阳光战斗群的残部集结在奥得贝格的绿洲宾馆（House Oases）。[323]对于从采登桥头堡撤退之后的情况，沙普回忆道：

在外面，伊万正用所有的身管火炮（远程火炮和迫击炮）轰击霍恩武尔岑（Hohenwurzen）。很多军士把卵型手雷（迫击炮弹或手榴弹）排成一排。从村子的右边，可以听到扩音器里传来的旋律，还有苏军在酒醉后的叫嚷。这是一派“群魔乱舞”的景象。我们随后搬到了附近的旧格利岑村（Alt Glietzen），尽管有噪音，但终于能在村内的地窖里睡个好觉。

3月28日，我们回到了几公里外的布拉利茨（Bralitz），那里的居民刚刚疏散。前线平静下来，从远处可以看到，奥得河对岸的丘陵沐浴在静谧的阳光下。

复活节，第610特别师的伦德尔（Lendle）将军对全营表示感谢，并说平静还会持续很久。我们当时搬到了奥得贝格市，并在居民家中宿营，他们十分友好，让我们充分享受了接下来14天的最后一次休整。我们几乎没有什么任务，士兵和军官之间终于又能像期待的那样畅所欲言。[324]

此时，原先进入桥头堡的1100名党卫军伞兵只剩下大约310人。[325]在一份文件中，海因里齐特别表彰了米利乌斯：

致：

党卫军少校米利乌斯

由第3装甲集团军转交

附件由第3装甲集团军和第610师各保留一份

在采登桥头堡，党卫军少校米利乌斯的战斗群表现英勇，他们利用一切条件，坚定不移地执行任务。对这些勇敢的军官和下属，我由衷表示敬佩。

维斯瓦河集团军群司令

签字

海因里齐

陆军大将[326]

苏军总攻之后，该团被派往北部，部署在普伦茨劳一带、靠近白俄罗斯第2方面军的进攻轴线。不久，该团改名为党卫军第7装甲掷弹兵团，并跟随第46装甲军向西撤退（详情参见上文“党卫军第4警察装甲掷弹兵师”部分）。

奥得河前线的高级勋章获得者：

骑士十字勋章橡叶饰——1945年4月9日，党卫军中校奥托·斯科尔兹内（第826位获得者），党卫军猎兵部队指挥官兼施韦特城防司令。

德意志金质十字奖章——1945年3月30日，党卫军少校齐格弗里德·米利乌斯。

党卫军第503重装甲营

指挥官：

1月18日—投降，党卫军少校弗里茨·赫尔齐希（Fritz Herzig）。

战斗力水平：

不详，可能为第2级。

战斗序列：

第1连、第2连和第3连。每个连包括3个排。各连最初均拥有13辆虎王坦克，全营的虎王坦克总计为39辆。另有1个由8辆四号旋风自行高炮组成的高炮排。

作战综述：

党卫军第503重装甲营在1944年秋末接收了首批虎王坦克，并于1945年1月26日达到了满编水平（39辆虎王）。这些新坦克大多是1月11日至26日抵达的，导致该营在奔赴战场前严重缺乏训练——大部分野战演习都没有超过排级规模，而且可能从未进行过营一级的合练。营长也是新人上任。1月28日，该营开始投入波美拉尼亚前线，以抵御苏军的维斯瓦河–奥得河战略进攻行动。按照原计划，该营将被分成两个部分：一部分部署在波美拉尼亚（阿恩斯瓦尔德附近），另一部分前往屈斯特林要塞。但希姆莱（他对该营的战术能力和虎王坦克的技术问题全然无知）却把该营拆成了更多小分队，并将其分散到了奥得河前线各地。

抵达战场后，第1连一部奉命与友军（包括第9伞兵师的1个营和党卫队全国领袖护卫营）联合向南朝雷根廷推进，并攻击沿途的苏军阵地。2月1日，他们又与第104装甲歼击旅共同前往支援阿恩斯瓦尔德一带。[327]当苏军从北面包围该镇时，7辆该连的虎王坦克也被困在镇内，并由城防司令福格特少将指挥。

第2连也遭到拆分：1个排奉命赶赴屈斯特林要塞；1个排被穆肯贝格（Mückenberg）附近的指挥官截停。由于机械故障，前者只有1辆虎王进入了要塞；而后者则被要求开赴“弗里德堡”（Friedberg，原文如此，可能指的是梅尔基施弗里德兰，因为弗里德堡位于苏军战线后方），但最终几经辗转来到施托尔岑贝格（Stolzenberg）一带。1月29日，他们遭遇苏军坦克拦截，并全军覆没。[328]其他虎王则参与了对德意志克罗恩和施奈德米尔包围圈的进攻，但只前进了大约5公里。

党卫军第503营的其他虎王坦克则被配属给北欧装甲掷弹兵师。在夏至行动中，虎王坦克作为前锋向南进攻，成功抵达阿恩斯瓦尔德，解救了当地的守军和平民。后来，该营的虎王坦克奉命返回扎罕集结，随后乘火车前往但泽。按照2月底的报告，该营一共有14辆虎王处于战备完好状态，另有25辆正在维修。[329]其中，前者已全部抵达但泽，后者则被运往西面的修理厂。3月4日的一份备忘录则显示，其麾下可用虎王上升到了31辆，它们被拆分成了2个集群：1个由18辆虎王组成，隶属于第3装甲集团军；另1个由13辆坦克组成，隶属于第2集团军。这段时间，该营报告在里茨损失了3辆虎王，在阿恩斯瓦尔德损失了1辆，在雅各布斯哈根–弗赖恩瓦尔德之间损失了1辆，还有1辆被迫送往柏林接受彻底修理。[330]4月10日，《国防军公报》在介绍第2集团军方向的激战时提到，2月2日至3月18日，该营的1名连长——党卫军少尉卡尔·博尔曼（Karl Bormann）在哥滕哈芬地区摧毁了66辆苏军坦克、44门火炮和15辆卡车，并在此期间3次受伤。[331]

3月17日，该营奉党卫队指挥总局之命在帕斯沃克附近集结，在战术上受北欧师下属的赫尔曼·冯·萨尔扎装甲团管辖。[332]3月底，原先跟随第2集团军作战的其余虎王也乘船抵达斯维内明德，随后乘火车前往帕斯沃克与营主力会合。在波美拉尼亚期间，第503营主要以排为单位作战，全连集体出动的情况极少，更从未作为一个完整的营投入前线。

4月16日，苏军发动总攻时，该营还有10辆可以作战的虎王。4月17日，他们接到命令南下，并与北欧师的其他部队合作，在施特劳斯贝格以西的普勒策尔（Protze）–博勒斯多夫（Bollersdorf）公路建立阻击阵地。直到4月19日，该营都一直在当地抵御苏军的近卫坦克第2集团军。4月20日，他们开始向西撤退，并跟随第56装甲军进入柏林，虎王参与了市区中部和西部的激战。5月1日—2日晚，该营剩余的2辆虎王率领残存德军向北方和西方突围。[333]但在行动开始后不久，这些坦克便被击毁，或是被乘员自行抛弃。

奥得河前线的高级勋章获得者：

骑士十字勋章（全部颁发于1945年4月29日）——党卫军少校弗里德里希·赫尔齐希，党卫军第503装甲营营长；党卫军少尉卡尔·博尔曼，党卫军第503装甲营第1连代理连长；党卫军少尉奥斯卡·舍费尔（Oskar Schäfer），党卫军第503装甲营第3连代理连长；党卫军上士卡尔·科尔纳（Karl Körner），党卫军第503装甲营第2连代理连长。

党卫军第9装甲掷弹兵训练营

作战综述：

该营是4月1日奉希姆莱之命增援奥得河前线的部队之一，目的地是利伯罗瑟（Lieberose）。该营由2386人组成（包括18名军官、209名军士和2159名士兵），配有17挺轻机枪、26挺重机枪、2个野战厨房、6辆摩托车、2辆人员运输车（可能为半履带式）、4辆卡车、2辆救护车、1辆轿车和4匹马。[334]

党卫军第36装甲掷弹兵训练营

作战综述：

该营是4月1日奉希姆莱之命增援奥得河前线的部队之一，预定部署地点是普伦茨劳。该营由617人组成（包括11名军官、93名军士和513名士兵）。装备包括4门中型迫击炮、2个野战厨房、4辆人员运输车（可能为半履带式）、2辆卡车和11匹马。[335]

党卫军火箭炮训练营

作战综述：

该营是4月1日奉希姆莱之命增援奥得河前线的部队之一，预定部署地点是普雷斯堡①，总人数为1630人（包括30名军士和1600名士兵），配有22挺轻机枪、3门3.7厘米反坦克炮、3部10厘米火箭炮②、29部15厘米火箭炮、3部21厘米火箭炮、9部30厘米火箭炮、34具重型火箭发射架、5辆摩托车、10辆人员运输车（可能为半履带式）、13辆卡车和1辆炮兵牵引车。[336]

党卫军第3（日耳曼）装甲军[337]

指挥官：

1945年2月11日—3月24日，马丁·乌莱因中将；

3月24日—投降，党卫军上将菲利克斯·施泰因纳。

参谋长：

党卫军中校冯·博克尔贝格（von Bockelberg）。

作战参谋：

党卫军上校法尔克（Falke）。

① 此处有误，应为来自普雷斯堡。

② 即10cm Nebelwerfer 35，实际是一种迫击炮。

作战综述：

1945年1月29日，根据编号为OKH/GenStdH/Op Abt IW/Nr. 1245/45 g.Kdos的命令，该军军部从库尔兰集团军群境内的里堡（Libau）①启程，途经斯维内明德前往斯德丁，加入维斯瓦河集团军群，与之一同抵达的还有北欧师和尼德兰师的部队。[338]这次调动为期9天，从2月1日持续到2月9日，涉及人数在10000人至15000人之间，并让德国海军动用了33艘船只。该军的旅程危机四伏，因为沿途不仅遭遇了风暴，还有埋伏的苏军潜艇。在2月1日运输船“威廉·古斯特洛夫”号被击沉后，该军的运输船队也暂停前进，并从冰冷的波罗的海救出了800名幸存者。一抵达斯德丁，党卫军第3（日耳曼）装甲军立刻分批卸载，并火速赶往第11集团军地段准备参与夏至行动。此时，担任该军军长的是一名陆军军官——马丁·乌莱因中将。

2月初，在里茨附近，党卫军第3（日耳曼）装甲军的前锋与北上的苏军迎头相遇——后者此前一直在大举推进，没有遭遇任何抵抗。在遏制住对手的进攻后，该军又作为先头部队打响了夏至行动。其麾下的北欧师一路前进至阿恩斯瓦尔德，使福格特集群得以顺利逃脱。

苏军发起波美拉尼亚攻势时，该军在斯塔加德附近。因为他们的存在，第3装甲集团军的一些部队得以有序后退。当时，党卫军第10军和冯·特陶军级集群都已被切断和包围，但该军设法完成了任务，保持了战线的连贯性。随后，该军和第3装甲集团军的残余兵力一起退往阿尔特达姆桥头堡，并于3月19日—20日晚间撤退到奥得河西岸。

渡过奥得河后不久，该军成为第3装甲集团军的预备队，各师则趁机进行重组和整编。在此期间，第11集团军前司令——党卫军上将菲利克斯·施泰因纳在3月24日左右被任命为军长——他曾长期指挥该军在苏联境内作战，对这一岗位非常熟悉。在苏军大举进攻柏林之后，党卫军第3（日耳曼）装甲军接管了埃伯斯瓦尔德和奥拉宁堡之间的菲诺运河一线，其2支下属部队（北欧师和尼德兰师）奉命脱离建制，在4月17日南下驰援第56装甲军。此时，施泰

① 即今天拉脱维亚的利耶帕亚（Liepāja）。

因纳承担着双重任务，即阻止苏军包抄第3装甲集团军的侧后，同时向南发动进攻，以便抵达柏林，切断向西疾驰的苏军先头装甲部队。但另一方面，苏军重兵部队从未试图在柏林北方渡过菲诺运河，而是继续向西推进。在此期间，该军发动过两次反击。其中一次是4月24日在奥拉宁堡以东，另一次则是4月25日在奥拉宁堡以西的哈维尔运河一线（参见《奥得河前线1945》第1卷第11章）。但由于参战部队实力虚弱（参见《奥得河前线1945》第1卷附录O），这两次行动都收效甚微。4月28日，该军改由新成立的第21集团军指挥。但根据施泰因纳的命令，各单位都开始自行向西撤退，并向英国第21集团军群旗下的美军投降（更多内容参见下文哈维尔河前线：柏林西北部的战斗——希特勒青年团装甲猎杀补充旅的行动部分）。

奥得河前线的高级勋章获得者：

无。

党卫军炮兵训练和补充团第5营

4月1日，该营奉希姆莱之命增援奥得河前线，预定部署地点是普雷斯堡①，总人数约1600人，配备了4挺轻机枪、7具战车噩梦火箭筒、1门7.5厘米反坦克炮、4门18型轻型野战榴弹炮②、4门重型野战榴弹炮、5门山炮，9辆摩托车、10辆人员运输车（可能为半履带式）、13辆卡车、5辆炮兵牵引车、1辆履带式炮兵牵引车（即RSO炮兵牵引车）、4辆拖车和93匹马。[339]

国民掷弹兵师

第547国民掷弹兵师

指挥官：

1945年2月？日—3月30日，党卫军上校汉斯·肯平；[340]

4月1日—投降，埃里希·弗隆霍费尔（Erich Fronhöfer）陆军少将。

作战参谋：

---

① 此处有误，应为来自普雷斯堡。

② 可能是le.F.H.18型轻型榴弹炮。

威尔曼（Wehrmann）少校。

部队类型：

45年型步兵师。[341]

战斗力水平：

第4级，马匹到位率40%/机动车辆到位率47%。4月7日，作战营的兵力估计为2150人，另配属有1个来自党卫军尼德兰师的满编营（400人，并未计入上文中尼德兰师4月7日报告的人数）、若干补充与训练单位和1个国民突击队营。其炮兵包括6个轻型炮兵连、2个重型炮兵连和5门重型反坦克炮。[342]

战斗序列：

该师的前身成立于1944年10月，是最早组建的国民掷弹兵师之一，该师最初隶属于位于东普鲁士的第4集团军，并在1945年2月被歼灭。编号为OKH/GenStdH/Op Abt I Nr. 3008/45 geh. 20.2.1945.的命令规定，北方集团军群应负责该师的重建，并提供师部、1个通信营和1个后勤团，且不得从这些派往斯德丁的"骨架"单位中抽调人员/装备或调换车辆。[343]2月28日的文件则进一步规定，该师的骨架将离开北方集团军群，前往普伦茨劳–帕斯沃克附近，与指定的影子师会合，共同组建一支新部队。[344]

根据1945年3月24日拉默丁签署的一份文件（编号Nr.4148/45 g.K.），该师将吸收第3装甲集团军的人员，并组建下列部队：施韦特第2掷弹兵团（即第83装甲掷弹兵补充与训练团）、施韦特第3掷弹兵团、施韦特师级集群、第112工兵补充与训练营格奈森瑙分队和第112掷弹兵补充与训练营，至于第3个团（由陆军人员组成）的组建则有待和奥得河军进行后续讨论。另外，党卫军第38师战斗群①、奥得河装甲掷弹兵团、党卫军第1（罗马尼亚）掷弹兵团和党卫军第50警察团第3营也将在战术指挥层面归该师管辖。

完成组建后，该师一度将通信营和后勤团交给第3装甲集团军，以帮助后者重建第5猎兵师和第163步兵师。[345]4月19日，本师又吸收了第1091掷弹兵团第1连、第1092掷弹兵团第2营（格奈森瑙营）和第1091掷弹兵团团部。

① 即上文中的党卫军阳光战斗群。

作战综述：

重建后的第547国民掷弹兵师隶属于奥得河军，防线位于加托夫和施韦特之间。4月20日至22日，他们在施韦特东北部的维尔拉登地区抵御白俄罗斯第2方面军前进。根据报告，4月22日，苏军在一次投入4个营的进攻中击溃了这支部队。[346]4月26日，其残部向格拉姆措（Gramzow）方向撤退。在此期间，该师仍然隶属于奥得河军，并参与了多场防御战，最终于5月初向西方盟国投降。

奥得河前线的高级勋章获得者（不确定是否与重建后的该师有关）：

骑士十字勋章——1945年3月5日，汉斯·鲁考中校（Hans Ruckau），第1091掷弹兵团代理团长；1945年3月11日，莱因霍尔德·黑克尔曼（Reinhold Heckelmann）中尉，第1091掷弹兵团团部副官；1945年4月17日，恩斯特·海贝尔（Ernst Heibel）下士，第1092掷弹兵团某班班长。

德意志金质十字奖章——1945年3月18日，马丁·费比希（Martin Fiebig）上尉，来自第1091掷弹兵团第1营。

第549国民掷弹兵师

指挥官：

卡尔·延克（Karl Jank）中将。

作战参谋：

里特尔（Ritter）少校。

部队类型：

45年型步兵师。[347]

战斗力水平：

第4级，马匹到位率30%/机动车辆到位率25%。4月7日，作战营的兵力估计为2450人，但不包括配属的党卫军第4警察师侦察营一部和1个国民突击队营。另外，该师还拥有14门重型反坦克炮。[348]

战斗序列：

师部、第1097掷弹兵团、第1098掷弹兵团、第1099掷弹兵团、第1549炮兵团、第1549野战补充营、第1549工兵营、第1549装甲歼击营、第549燧发枪手营、第549师属通信营和第549后勤团。

作战综述：

第549国民掷弹兵师是1944年10月组建的第一批国民掷弹兵师之一。1月，该师隶属于赫尔曼·戈林伞兵装甲军（上级单位是北方集团军群辖下的第4集团军），并几乎在东普鲁士全军覆灭。一份编号为OKH/GenStdH/Op Abt I Nr. 3008/45 geh.20.2.1945的文件要求北方集团军群重建该师，并提供师部、1个通信营和1个后勤团，然后将这些“骨架”单位派往斯德丁，且不得调换车辆或挪用装备与人员。[349]3月2日左右，该师师部向第3装甲集团军报到，并被划入阿尔特达姆地区的党卫军第3（日耳曼）装甲军，同时吸收了德内克师［独立部队，又名德内克设障分队，包括第26伞兵团（来自第9伞兵师）第2营、第26伞兵团第15连（工兵连）、2个警备营、1个国民突击队营、第6装甲歼击营、克莱因警察营（Pol.Btl. Klein）和第1454要塞步兵营］的部分单位。[350]

第549师的行动主要位于阿尔特达姆桥头堡，最终在3月20日撤往奥得河对岸。其最初的战场位于巴恩–皮里茨附近——自2月初以来，这里一直由德内克师把守。3月2日，苏军开始大举进攻这条面向南方的战线，经过5天战斗，德军被迫向西北方撤退。

3月8日，苏军卷土重来，在此期间，第549师摧毁了2辆西方盟国援助的谢尔曼坦克。同一天，第25装甲师的首批单位抵达前线，并给该师提供了支援。[351]3月9日，苏军派出装甲部队，掩护步兵第1030团从科洛以北的森林出击，试图夺取第549师的部分阵地。这次进攻被击退，还有2辆T-34和1辆谢尔曼被毁。一名苏联战俘供称，当他们蜂拥进攻阿尔特达姆桥头堡时，遭到了德军远程火炮的严重杀伤，他的连队损失惨重，只剩下30—60人，他亲眼看见8辆苏军坦克起火燃烧，还有4辆卡车在最近的一次炮击中被击毁。[352]

3月10日，苏军步兵第206师的步兵第1026团投入营级兵力从科洛出动，发起了另一轮进攻。作为策应，苏军的坦克部队也从布赫霍尔茨（Buchholz）①出动。但这次苏军同样没能得手，还损失了15辆坦克。在当天的防御战中，第6装甲歼击营的追猎者表现格外抢眼。自编入德内克师后，该营先后在防御战

① 即今天波兰的什切青–普沃尼亚（Szczecin-Płonia）。

中摧毁了50辆苏军坦克。当天，32岁的奥托·安格尔（Otto Angel）下士驾驶追猎者摧毁了6辆T-34，并“为挫败敌军从布赫霍尔茨向西的进攻发挥了重大作用”——这使他的个人战绩上升到了39辆坦克，而且其中2辆是他用铁拳火箭筒在近战中击毁的。[353]

3月11日（或12日，参见上文中第25装甲师的作战综述部分），15辆苏军坦克又进行了一次尝试。这次进攻在密集的空袭后开始，但第6装甲歼击营没有后退，还再次击毁了6辆坦克。[354]

但3月15日，该营在报告中表示麾下的追猎者只有7辆处于“战备完好”状态，12辆正在接受长期维修，另有3辆彻底损失。[355]3月19日—20日夜间，第549国民掷弹兵师撤往奥得河对岸（关于阿尔特达姆桥头堡最后几天的详细信息，读者可参见上文阿尔特达姆桥头堡、回旋镖行动和希姆莱的崩溃，3月14日至20日一节）。

4月初，第549师被派往第32军，阵地位于斯德丁以北，并在当月8日得到了第1海军常备人员营（Mar.St.Abt. 1）、党卫军第4警察师侦察营一部、第1098警戒营和第26/11国民突击队营等单位的支援。次日，该师还从第1船舶常备人员营和第4分舰队（4.Flotilla）①吸收了部分海军士兵。[356]

当4月20日白俄罗斯第2方面军发动进攻后，该师被迫向于克河（Ücker）一线撤退，但其中的战斗详情已不得而知。4月22日，全师的日常兵力为8069人，战斗兵力为4921人[357]——但第1098掷弹兵团已被派往第281步兵师，余留单位则被第389步兵师接管。即使如此，本师似乎仍保留着番号，还继续出现在每日报告和作战地图中。[358]5月初，该师向英国第21集团军群麾下的美军单位投降。

<u>奥得河前线的高级勋章获得者：</u>

骑士十字勋章——1945年3月17日，霍斯特玛·门克（Horstmar Menke）上尉，第1099掷弹兵团第1营营长。

德意志金质十字奖章——1945年4月4日，弗里德里希·巴赫（Friedrich Bach）中校，来自第1097掷弹兵团；1945年4月27日，陆军中校恩斯特–路德

① 原文如此，尚不清楚其详细番号。

维希·冯·比洛男爵（Ernst-Ludwig Freiherr von Bülow），来自第1099掷弹兵团；1945年4月27日，弗里德里希·戈尔茨（Friedrich Götz）少尉，来自第1099掷弹兵团第1营；1945年4月27日，阿尔弗雷德·佩尔茨中尉，来自第1099掷弹兵团第1营。

战斗群和其他单位

第1604（俄罗斯）掷弹兵团/第714（俄罗斯）掷弹兵团

指挥官：

萨哈罗夫（Sakharov）上校。

战斗力水平：

不详，可能为第4级。

战斗序列：

团部连、3个掷弹兵营、重武器连和后勤排。

作战综述：

该团源自一支驻扎在荷兰的小型部队，成员共计150人，包括指挥官在内，成员全部为前苏军战俘。2月至3月初，该部队参加了在奥得河流域和波美拉尼亚的战斗。文件显示，他们一度被派往施韦特地区，并由斯科尔兹内指挥。在与新洛温（Neulowin）的苏军桥头堡作战期间，其指挥官萨哈罗夫得到了德国军官格里戈利·冯·拉姆斯多夫伯爵（Count Grigory von Lamsdorf）的帮助，他们后来回到荷兰，利用当地的士兵组建了第1604掷弹兵团。根据编号为OKH GenStdH/Org.Abt. Nr. II/8027/45 g. Kdos.的文件，该部队的成军日期是2月24日，下属单位包括第714（俄罗斯）掷弹兵团的2个营和第650（俄罗斯）步兵师的1个营。此外，该团还计划与另1个团［即第1605（俄罗斯）掷弹兵团］共同编为1个新旅，即第599俄罗斯旅（Russische Brigade 599）。[359]3月1日，本单位奉命前往维斯瓦河集团军群境内的克雷科夫（Kreckow）训练场（位于斯德丁以南），[360]但武器和装备只有编制的一半。[361]随后几个星期，该团一直隶属于第3装甲集团军，并由克洛塞克少校战斗群（Kampfgruppe Major Klossek）指挥。[362]4月10日，该部队奉命开赴中央集团军群境内，以便加入第600步兵师（弗拉索夫部队）。[363]

奥得河前线的高级勋章获得者：

不明。

克洛塞克少校战斗群/韦尔曼上校战斗群

指挥官：

1月—4月，克洛塞克少校；

4月14日—投降，韦尔曼上校（前西里西亚装甲师师长）。

作战参谋：

里特尔（Ritter）上尉/考夫曼（Kaufmann）中校。

战斗力水平：

第4级，马匹到位率20%/机动车辆到位率60%。4月7日，各作战营（来自3个单位，即党卫军第3装甲掷弹兵训练和补充团第2营、缺员严重的奥得河野战训练团和波罗的海装甲训练分队）的估计兵力为800人，但未计算下列配属单位的人员：第547国民掷弹兵师的1个满员营、汉堡国民突击队营、1个缺员的匈牙利营和3个由苏军战俘组成的营（参见上文“第1604（俄罗斯）掷弹兵团/第714（俄罗斯）掷弹兵团”部分）。[364]

战斗序列：

该部队是一个战斗群，作战序列在不同时期变化很大，曾被编入的单位有：党卫军第3装甲掷弹兵训练和补充团第2营、奥得河野战训练团、波罗的海装甲训练分队、1个匈牙利营、第1604（俄罗斯）掷弹兵团、汉堡国民突击队营、勃兰登堡国民突击队营、第1091掷弹兵团第2营（来自第547国民掷弹兵师）、第5装甲补充与训练营（来自波罗的海装甲训练分队）、奥得河野战训练团第1营。

作战综述：

克洛塞克战斗群成立于2月初，隶属于奥得河军，并一直部署在奥得河西岸。4月14日，韦尔曼战斗群（即西里西亚装甲师未编入第18装甲掷弹兵师的残余部分）奉命接管克洛塞克战斗群的所有部队。[365]从4月20日开始，该战斗群与苏军交战，最终在24日被彻底击溃。[366]4月25日，克洛塞克战斗群解散，下属部队被第547国民掷弹兵师和波罗的海装甲训练分队吸收。

奥得河前线的高级勋章获得者：

不明。

集团军后方区域司令部战斗群（Kampfgruppe Korück）

指挥官：

德内克中将

作战参谋：

德雷斯勒（Dressler）中校

战斗力水平：

不详。

战斗序列：

不详。

作战综述：

该战斗群似乎从未投入前线，在其他资料中也缺乏详细介绍，但出现在了4月22日第3装甲集团军的编制表中。

奥得河前线的高级勋章获得者：

不明。

穆勒战斗群

指挥官：

党卫军上校穆勒（Müller）。

作战参谋：

党卫军少校胡芬巴赫（Hufenbach）。

战斗力水平：

不详，可能为第4级。

战斗序列：

党卫军兰格马克师战斗群、党卫军瓦隆人师战斗群、科尔贝格突击营、第6装甲歼击营。

作战综述：

穆勒战斗群隶属于党卫军第3（日耳曼）装甲军，并在第610特别师后方、斯德丁–柏林高速公路一带待命。4月20日，该战斗群对舍宁根和席勒斯多夫（Schillersdorf）的苏军前锋展开反击，但未能将其击退。不久，该战斗群改由第46装甲军指挥，并在抵达沃坦防线后开始擅自向西撤退。

奥得河前线的高级勋章获得者：

不明。

福格特战斗群/冯·勒德布尔战斗群

该战斗群先后由2位指挥官指挥，下属单位并不固定，情况如下文所示。

福格特战斗群

指挥官：

3月8日—4月13日，汉斯·福格特少将。

作战参谋：

骑兵上尉冯·伯恩斯托夫男爵。

战斗力水平：

第4级，马匹到位率20%/机动车辆到位率10%。4月7日，各作战营的估计兵力为1500人，但其中未计入1个来自第549国民掷弹兵师的野战补充营。[367]

战斗序列：

海军团（由缺乏战斗经验的行政人员组成）、第2团（人员来自新瓦尔普训练场）和第3团（人员部分来自海关人员）。此外还有下列配属单位：温特鲁普战斗群（Kampfgruppe Wentrup）、冯·德·马尔维茨营（Bataillon von der Marwitz）、保罗战斗群（Kampfgruppe Paul）、6个警备分队、第1549野战补充营（来自第549国民掷弹兵师）

作战综述：

3月8日左右，汉斯·福格特少将接管了这个配属给第32军的战斗群。该战斗群的任务有3项：（1）坚守珀利茨合成燃油工厂；（2）守卫齐格诺尔特（Ziegenort）①–新瓦尔普一带的内侧海岸线；（3）依托朗根贝格桥头堡，保

① 即今天波兰的切别日（Trzebież）。

护斯德丁和斯德丁湾之间的奥得河下游渡河点。

朗根贝格桥头堡的守军指挥官是于尔根斯（Jürgens）党卫军上尉，他与福格特合作融洽。其下属单位包括党卫军第4警察装甲侦察营、1个重型海军炮兵营、第1098警戒营、第402营①、第4波美拉尼亚掷弹兵团第1营和第4海军补充营第3连。它们之前都被苏军的攻势孤立在阿尔特达姆桥头堡以北地区，总兵力大约有2500人，还有几门8.8厘米高射炮提供支援。这些高炮布置在一条东西向的单行道上，在3月的第一个星期，它们一共报告摧毁了25辆苏军坦克。3月13日—14日晚，党卫军第10军的残余部队和第5猎兵师（师长为希克斯特中将，3月初，该师的残部曾在更东面陷入包围，后来与党卫军第10军会合）突破苏军防线与桥头堡守军会师。在接下来几天，又有数千名幸存者抵达，并被渔船和海军登陆艇送往奥得河对岸。3月28日，由于战术形势恶化，于尔根斯向福格特请求撤退。但之前，希特勒曾命令桥头堡坚守到“最后一弹”。当时福格特并不在指挥部，他的参谋们回答说，除非有其他命令，否则绝对不能撤退。但于尔根斯没有理会，并下令撤退从3月29日1时30分开始。所有工作顺利完成，直到最后时刻才被苏军发现，当后者发起攻击时，运载桥头堡最后一批人员（其中也包括于尔根斯本人）的船只刚好离开东岸。次日，于尔根斯向福格特报告了此事，福格特严厉地说，桥头堡撤离得太早了，而且违反了命令。但随后他话锋一转，说自己刚从元首地堡返回，并从希特勒那里得到了撤退许可。3月28日的《国防军公报》提到了桥头堡的防御，因为这些表现，于尔根斯后来获得了骑士十字勋章。[368]

4月13日，福格特前往吕根岛（位于斯维内明德西北）上任，并在5月4日带领岛上驻军乘驳船撤往更西面的德军主战线。在他离任之后，冯·勒德布尔（von Ledebur）上校接过了本战斗群的指挥权。

奥得河前线的高级勋章获得者：

骑士十字勋章——1945年4月28日，汉斯·福格特少将，阿恩斯瓦尔德要塞司令（因坚守阿恩斯瓦尔德而获奖）。

① 即前文中的冯·德·马尔维茨营。

冯·勒德布尔战斗群（Kampfgruppe von Ledebur）

指挥官：

4月13日—投降，冯·勒德布尔上校

作战参谋：

骑兵上尉冯·伯恩斯托夫男爵

战斗力水平：

第4级，马匹到位率10%/机动车辆到位率55%。

战斗序列：

第5波美拉尼亚掷弹兵团和第6波美拉尼亚掷弹兵团。

4月22日，其下属单位包括：

第5波美拉尼亚掷弹兵团

第5波美拉尼亚掷弹兵团第1营（411人）、埃尔夫港口战斗群［Haffkampfgruppe Elf，490人，由驻扎在新瓦尔普的海军第4潜艇分舰队、第771登陆工兵营（Ld.Pi.Btl. 771）和特别冲锋舟营（Sturmboot-Btl. z.b.V.）组成］、第5波美拉尼亚掷弹兵团第2营（392人）。

第6波美拉尼亚掷弹兵团

第6波美拉尼亚掷弹兵团第1营（381人）、第6波美拉尼亚掷弹兵团第2营（357人）、保罗营（284人）、第374高炮营第4连（22门8.8厘米高射炮）和第374高炮营第3连（10门10.5厘米高射炮）。[369]

作战综述：

4月24日，即白俄罗斯第2方面军发动进攻4天之后，苏军用迫击炮、远程火炮和24架战机攻击了冯·勒德布尔战斗群的前线。[370]4月26日—27日夜间，该战斗群被迫向加伦贝克湖（Gahlenberger See）–费迪南茨霍夫（Ferdinandshof）–扎罗夫（Zarow）撤退。命令要求他们守住费迪南茨霍夫和于克明德（Ueckermünde）这两处据点，阻止苏军在安克拉姆（Anklam）附近冲破防线。冯·勒德布尔把辖下的警戒力量——尤其是第1098警戒营和新瓦尔普与旧瓦尔普（Altwarp）之间的一切部队——“无情地投入防御”[371]，为第3装甲集团军守住了北翼，使之没有遭到苏军包围。之后，该战斗群根据命令撤退到安克拉姆，并在陆地与乌瑟多姆岛之间的狭窄地带——这里也是斯维内明德防御地带的辖区，建起防线，在安萨特中将的指挥下，当地德军设法守住了斯德丁湾和波罗的海之间狭窄的通道。冯·勒德布尔战斗群继续在当地战斗，直到5月7日乘船撤往基尔，并向西线盟军投降。

奥得河前线的高级勋章获得者：

不明。

德内克设障分队/德内克集群/德内克师

指挥官：

3月中旬—投降，德内克中将。

作战参谋：

博内（Bohne）预备役少校（在动员之前，此人几乎没有受过军事训练）。

战斗力水平：

不明，可能是第2级或第3级。

战斗序列：

2月1日，其下属单位包括汉堡营、恩格尔哈特战斗群（Kampfgruppe Engelhardt，包括第26伞兵团第2营和汉堡营第1连）、1个国民突击队营、克莱因警察营（Polizei-Btl. Klein）、党卫军斯德丁医疗补充营（SS-Sanitäts-Ersatz-Bataillon Stettin）和党卫军第8装甲掷弹兵团。[372]此外，第26伞兵团主力、4个高炮连、第6装甲歼击营和第1453行军营也陆续在2月加入。

作战综述：

1月24日，根据“格奈森瑙动员令”，德军利用来自第471师的补充单位组建了本部队。[373]其师部组建于汉诺威，后来乘火车抵达屈斯特林，以便前往布罗姆贝格和纳克尔之间担任党卫军第14军①的预备队。随后，该师又转入第2军留后指挥部辖下，并奉命守住皮里茨和斯德丁东南一带。2月1日至6日，本部队指挥了巴恩–皮里茨–斯塔加德地区的一系列战斗。

2月1日20时，约有20辆苏军坦克袭击了皮里茨南部，其中2辆被守军击

① 即后来的党卫军第10军。

毁。次日11时，苏军再次派出约20辆坦克，但在付出了同样的损失后铩羽而归。19点30分，德军又在近战中再次摧毁7辆苏军坦克。到2月第一周结束时，他们在皮里茨地区击毁的坦克已接近50辆之多。[374]

鉴于皮里茨一带难以攻克，苏军在2月5日改变主攻方向，试图从德内克师右翼达成突破。在占领罗尔斯多夫之后，他们孤立了空军上校魏斯（Weiβ）指挥的皮里茨守军战斗群。党卫军第8装甲掷弹兵团第3营闻讯发动反击，将苏军赶出罗尔斯多夫。与此同时，一条来自第2军留后指挥部的电报也抵达了位于巴恩的德内克师师部："罗尔斯多夫战斗激烈。当地有坦克掘壕据守！必须收复此地！皮里茨方面报告，敌军从东面猛攻，装甲列车抵达了车站。在巴恩东南方向，侦察队传回报告：戈尔诺（Gornow）①–诺因多夫②一线发现了敌军的坦克、反坦克炮和机枪。"在收复罗尔斯多夫期间，党卫军第8装甲掷弹兵团第3营缴获了8辆自行火炮、1辆卡车、8挺轻机枪和2门牵引式反坦克炮，但由于缺乏燃料，这些战利品都无法使用。此外，他们还击毁了2辆苏军坦克，并打死了25名苏军步兵。在战斗中，该营同样付出了25人阵亡、40人受伤的惨重损失。

这导致他们在第二天陷入苦战——苏军一度突破了德内克师的防线，一场拉锯战就此展开。2月6日，由党卫军第7装甲掷弹兵团第3营［营长是党卫军中尉贝德纳雷克（Bednarek），包括1个掷弹兵连、1个重型步兵炮连、1个重武器连和配属的党卫军第4炮兵团第3连］和1个党卫军医疗补充与训练营［指挥官是波佩尔科（Popelkow）］③组成的增援部队从诺伊马克（Neumark）地区赶来。[375]

在凌晨时分，这些增援部队进入了指定位置。其中党卫军第7装甲掷弹兵团第3营开赴皮里茨，而党卫军医疗补充与训练营则在萨博担任师预备队。驻扎在萨博的第355高炮营第1连（10.5厘米）奉命将火炮调往南部和西南部，准备迎接苏军的攻击——尽管这种部署遭到了第21突击高炮团团长施瓦岑贝格尔

---

① 即今天波兰西波美拉尼亚省的格罗诺沃（Gronowo）。和前文中的"戈尔诺"不是同一个地方。

② 即今天波兰西波美拉尼亚省的皮亚塞奇诺（Piaseczno）。和前文中的"诺因多夫"不是同一地点。

③ 即前文所述的党卫军斯德丁医疗补充营。

（Schwarzenberger）中校的反对。

随后，党卫军第7装甲掷弹兵团第3营接到任务：准备进攻，夺回皮里茨前方的主战线。但苏军抢先一步，投入多支部队在2月6日10点对罗尔斯多夫、洛伊斯特（Loist）①、拉基特和皮里茨等地发动进攻。在巴恩和皮里茨之间，苏军的“矛头”是步兵第328师、机械化第19旅和坦克第65旅，但遇到了德内克师的坚决抵抗，只在洛伊斯特村附近取得了一定进展——因为当地的德军只有1辆突击炮，根本无法抵挡15辆来势汹汹的苏军坦克。党卫军第8装甲掷弹兵团第2营奉命火速赶往当地巩固防御。但苏军早已注意到了该村防线上的弱点，并从瑙林（Naulin）②派出了3辆侦察车、4门牵引反坦克炮的卡车、3辆运兵卡车和25辆其他车辆（可能是坦克），试图从当地突入德军纵深。

这股苏军迅速攻克了洛伊斯特，并将村内的党卫军第8装甲掷弹兵团第2营击败，其坦克则向北突向旧格拉普。德内克师师部岌岌可危，为了提供援助，党卫军第7装甲掷弹兵团只能从皮里茨附近向更北方的萨博（位于旧格拉普以东数公里处）撤退。在党卫军装甲掷弹兵占据新防线的同时，德军还投入了10.5厘米火炮，挫败了苏军坦克从东南方进入萨博的企图。在当天其余时间，双方反复争夺着旧格拉普周边的土地；党卫军第8装甲掷弹兵团第3营则被迫撤离罗尔斯多夫，前往瓦尔滕贝格和莱纳一带阻击苏军。傍晚时分，战线终于稳定下来，但苏军的突破口仍然没有被封闭，并成为该师防区内的重大隐患。次日，党卫军第4警察装甲掷弹兵师的25辆突击炮赶来支援。在德内克师向西撤往奥得河畔新防线的同时，他们将发起反击，主要目标是西南方的库诺（Kunow）③，以阻止当地苏军包抄德军防线。2月8日—9日夜间，警察师从施沃乔和兰根哈根出发，打响了这次攻势，但最终止步于库诺镇外1公里处。[376]

德内克师师部则撤往奥得河东岸的格赖芬哈根。在该市的渡口附近，其下属部队继续坚守防线，直到第9伞兵师和荷尔斯泰因装甲师作为增援部

---

① 即今天波兰的沃齐采（Łozice）。

② 即今天波兰的诺维林（Nowielin）。

③ 即今天波兰的库诺沃（Kunowo）。

队抵达，使奥得河到马杜湖之间的战线稳定下来。[377]随后3周，零星的战斗持续不断，其中有些非常激烈，但巴恩和皮里茨之间的防线仍在德军手中。这让苏军最终止步于斯德丁城外——他们在波美拉尼亚切断第11集团军的企图也随之破产。

3月2日，德内克师更名为第549国民掷弹兵师。第549师的前身不久前在东普鲁士的战斗中被歼灭，其中一部分师部人员转入了新单位的指挥部（参见上文“第549国民掷弹兵师”部分）。

奥得河前线的高级勋章获得者：

不明。

防御地带和要塞

斯德丁要塞

指挥官：

4月初，布吕尔（Brühl）少将；

4月初—4月26日，许纳尔（Hühner）中将①。

参谋长：

施奈德（Schneider）上校。

作战参谋：

莱波尔德（Leypold）少校。

战斗力水平：

第4级，马匹到位率25%/机动车辆到位率25%。4月7日，其作战营的估计兵力为3600人，炮兵包括8个轻型炮兵连和5个重型炮兵连，外加113门重型反坦克炮。[378]

战斗序列：

陆军部队

第1要塞步兵团、第2要塞步兵团、第3要塞步兵团、第4要塞步兵团、第

---

① 原文如此，此处似乎有误。

5要塞步兵团、第85要塞机枪营、第1斯德丁要塞机枪营、第3132要塞炮兵团（Festungs-Artillerie-Regiment 3132）、第8要塞反坦克炮分队、第1警察营、第2警察营、第121高炮团、斯德丁特别卫戍营（Standort-Bataillon z.b.V. Stettin）、第32畜力运输连（Fahrschwadron 32）以及各种国土防卫分队。

海军部队

驻斯德丁海军机关（Kriegsmarine-Dienststelle Stettin）、第4潜艇分舰队、第33海军补充营、第5海军造船教导营（5.Kriegsschiffbau-Lehrabteilung）、第1斯德丁海军舰载高炮营（1.Marine-Bord-Flak-Abteilung Stettin）、海军装备和修理厂、海军军需处（Marine-Intendantur）、海军驻地管理分队（Marine-Standortverwaltung）。

空军部队

第3对地攻击机联队（Schlachtgeschwader 3）、第2高炮部队司令部（Kommandeur der Flaktruppen II）、第6高炮旅、特别高炮旅（Flak-Brigade z.b.V.）、第3高炮团、蒙特罗萨候补飞行员营（Fliegeranwärter-Bataillon Monte Rosa）、阿尔特达姆空军女子通信辅助人员训练营（Luftwaffen-Nachrichenhelferin-Ausbildungs-Abt. Altdamm）。

党卫军和警察部队

党卫军第1警察猎兵团（SS-Polizei-Jägerregiment 1）、党卫军第8（匈牙利）警察猎兵团、党卫军斯德丁医疗补充与训练营；

警察部队——第1警察营、第2警察营[①]、第3警察营、水上警察营（Wasserschutzpolizei-Abteilung）、民防警察营（Luftschutzpolizei-Abteilung）、行政警察营（Verwaltungspolizei-Abteilung）和第24民防营（摩托化）［Luftschutz-Abteilung (mot) 24］。

其他部队

国民突击队，以及希特勒青年团穆尔斯维克营（HJ-Bataillon Murswiek）。

4月6日，第281步兵师改由该要塞直接指挥，但在4月17日调离。

<u>作战综述：</u>

---

① 这2个营的番号与前文有重复。

斯德丁的历史可以追溯到大约1300年前，即公元8世纪。到12世纪，当地已成为波罗的海沿岸最繁盛的城市之一。该市位于奥得河口，港口周围有天险保护。在二战前夜，当地的人口多达38.2万，并充当着连接奥得河西岸与波美拉尼亚和普鲁士的陆路走廊，因此具有举足轻重的战略意义，而且所有东西向铁路和公路干线都穿过斯德丁。2月15日，希姆莱在一份文件（编号为Ia Nr. 640/45 g.K.）中将“斯德丁防御地带”视为“奥得河下游防御地带”的支柱。同时，他还给予了斯德丁要塞向北至波罗的海沿岸地区［包括帕斯沃克、安克拉姆、克勒斯林（Kröslin）、迪夫诺夫、沃林桥头堡、斯德丁湾东岸的行船水道和珀利茨桥头堡等地］最高的防御优先权。[379]

1945年，斯德丁成为连接波罗的海沿岸、库尔兰和德国本土的重要海上枢纽。在港口区，德国海军运送了数以万计的难民和士兵，还有成千上万的德军通过当地的陆路口岸在奥得河两岸穿梭往返。纳粹德国的最后一家合成燃料工厂位于该市北部的珀利茨。也正是因此，坚守斯德丁对维斯瓦河集团军群极为关键。

另外，斯德丁要塞还是维斯瓦河集团军群的重要物资集结中转地。3月26日，德军编写了一份题为“斯德丁要塞未来30日物资储备”的文件。该文件列出了该市在3月19日可以向集团军群发送的弹药和燃料储备。事实上，和其他单纯消耗物资的要塞不同，斯德丁一直在不断为第3装甲集团军和维斯瓦河集团军群提供燃料和补给。而且和其他区域不同，维斯瓦河集团军群可以直接从当地征调物资，无需事先获得大区领袖的同意。

该文件的第一部分是“弹药”，各项数据显示，其情况并不乐观。除了近战武器弹药（Nahkampfmittel）情况略好之外，大部分弹药的到位率都无法达到5%。

第二部分显示，要塞的燃料库存包括55立方米汽油、50立方米柴油、500立方米木柴和3000公斤木炭，全部达到额定量。其中，油料的满额显然是与当地靠近珀利茨合成燃料厂有关。第三部分“食品和饲料”的数据也很乐观，大多超过了额定量。宿营和医疗设备也基本充足。

表28 3月26日，斯德丁要塞的武器和弹药库存

弹药种类	额定吨数	现有吨数	到位率（%）
轻武器和机枪	825	25.7	3.1
重型远程火炮	3045	22.1	0.7
普通远程火炮	5687	89.5	1.6
反坦克炮和坦克炮	354	11.95	3.4
近战武器	154	29	19
轻型步兵炮	22.1	0.3	1.3
化学烟雾弹	4.5	0.15	3.3

按照该文件第一部分的注释所述，弹药短缺的问题主要集中在要塞部队身上。另外，该报告还指出，城内兵力共有11个营、10个炮兵连、18门8.8厘米Pak 43反坦克炮、30门7.5厘米K51型坦克炮和3座豹式坦克炮塔——但其中似乎没有包含第281步兵师。[380]

3月中旬，随着战斗蔓延到阿尔特达姆桥头堡，斯德丁成为前线城市。该要塞被划归第32军指挥，为加强防御，该军还为其派遣了第281步兵师、第549国民掷弹兵师和第389步兵师一部。城市北部的珀利茨合成燃料厂由福格特战斗群（后改名为冯·勒德布尔战斗群）负责，为让苏军远离燃料生产设施，他们在奥得河东岸建立了一个小桥头堡，即朗根贝格桥头堡。在阿尔特达姆桥头堡崩溃后，第3装甲集团军被迫撤往奥得河西岸，苏军则开始尝试围困斯德丁，并用火炮不断轰击市内和珀利茨。当地德国居民被匆忙疏散。3月28日，苏军对朗根贝格桥头堡发起大规模进攻，月底，守军被迫撤出。4月3日，纳粹党波美拉尼亚大区领袖向鲍曼转交了要塞司令许纳尔中将编写的城防状况报告。报告显示，以现有的部队，德军只能坚持2—3天。其中最大的问题是缺乏炮弹，每门火炮只有20发可用。[381]3天后（4月6日）陆军最高司令部接到的另一份报告则提到，连同配属单位和各要塞营，当地的战斗兵力共有5032人，而且轻武器、机枪、重型步兵武器、远程火炮和反坦克炮都严重短缺。[382]接下来几周，白俄罗斯第2方面军都没有直接进攻，而是持续炮击这座城市，并派出塞德利茨部队对当地和北面的沃林进行渗透。[383]

4月20日，白俄罗斯第2方面军开始进攻奥得河下游。4月24日，位于西岸的苏军已兵临斯德丁南郊。市内开始疏散非必要的军事人员、平民和撤离物资。500名党卫军士官学校的学员作为增援从丹麦抵达，奉命在帕斯沃克构建工事——也许是为了充当殿后部队，掩护其他守军撤离。[384]4月25日，维斯瓦河集团军群下令守军放弃斯德丁，并立即向帕斯沃克撤退。在苏军于次日进城后，发现市内只剩下约3000—5000名德国平民。撤走的守备部队后来被编入布吕尔战斗群（Kampfgruppe Brühl），由第32军指挥。他们与数万平民一同向西北方跋涉，5月初在什未林附近向西方盟军投降。还有一些部队向北抵达安克拉姆，并在5月7日乘船撤往基尔。

奥得河前线的高级勋章获得者：

不明。

斯维内明德防御地带

指挥官：

？—4月，弗里萨特（Frisat）中将；

1945年4月22日—投降，安萨特中将。

参谋长：

吕登（Rüden）中校。

作战参谋：

俾斯麦（Bismarck）少校。

战斗序列：

柏林战役前夕，德军在斯维内明德防御地带部署了第3海军步兵师和第402训练师。4月22日，其下属部队包括斯维内明德城防司令部、沃林防区和乌瑟多姆防区。

作战综述：

4月中旬之前，本单位在斯德丁湾两岸、奥得河河口积极展开防御，为保护集团军群左翼发挥了重大作用，此外还收容了从波罗的海沿岸和库尔兰撤回的数千名军民。作为海运目的港和斯德丁的门户，斯维内明德意义重大。维斯瓦河集团军群海军联络官（Marineverbindungoffizier）在3月11日的报告中指出：

2月1日至3月10日，海军用68艘运输船，从东线（尤其是里堡港）向斯维内明德和斯德丁运送了：

士兵和装备——26914名官兵，545名伤员、303门火炮、4669辆汽车、53辆装甲车辆、2508匹马。

难民——412990人，外加80000名伤员。

3月4日至9日，海军还从各要塞港口撤回了下列数量的人员：科尔贝格，39631人；吕根瓦尔德（Rugenwalde），5340人；斯托尔普明德（Stolpmunde）①，14783人，外加约1000名伤员。[385]

为掌握前线局势，海因里齐上任后走访了各个下属部队，并在4月初会见了斯维内明德防御地带和第32军的高级军官们。一份4月3日的会议记录（题为“斯维内明德防御地带和第32军指挥官向维斯瓦河集团军群司令提出的问题”）中显示，海因里齐非常在意下属得的关切事项，尤其是物资匮乏和安置民众的问题。他还认为斯维内明德是维斯瓦河集团军群北翼的天然防御屏障，当地的海港不仅条件优良，还不会受到波罗的海严冬的影响，因此有着特殊意义。

在这次会面期间，各方也反映了一些问题，具体情况如下：

集团军群副官：斯维内明德守军司令急需颁发给海军士兵的勋章。

训练参谋：如果海军最高司令部同意，建议将第4要塞警备团团部（Festungsalarm-Rgt. Stabes 4）转移到维斯马。

集团军群国防军秩序部队司令：海军人员存在指挥问题。

军需部门：粮食奇缺，离既定目标——供35000人食用20天——差距很大。不仅如此，当地除了30000名守军，还有从库尔兰集团军群和北方集团军群撤回的人员，需要从（奥得河）河口转移的34000名伤员，以及长期停泊舰船上的舰员。文件显示，有60000名难民正在当地中转，他们都缺乏物资；城内约80000—90000名市民的口粮则可以支撑大约24天。

① 即今天波兰的乌斯特卡（Ustka）。

伤员不断涌入，医疗物资告急。海因里齐和参谋人员都对此表示担忧。当地的面包房也毁于空袭，集团军直属第812摩托化面包连［Armee-Bäckerei-Komp. (Mot) 812］已奉命留在当地保证面包供应。

炮兵缺乏高爆弹，只能用穿甲弹，30门火炮没有任何弹药。第3海军步兵师只有50%的武器和少量机枪。

第32军军部：希望将第281步兵师调离斯德丁要塞。但在新的要塞部队抵达前，这一请求将无法得到批准。建议让陆军和（空军）第2高炮军分别指挥高炮部队的地面和防空作战。

集团军群副官：是否为福格特少将申请骑士十字勋章？

训练参谋：党卫军第10装甲师的1名少校试图从希特勒青年团穆尔斯维克营征募人员——此举必须制止。

军需部门：目前的口粮可满足72000人20天的需要。守军人数约为16000—20000人，纳粹党大区则为50000名平民准备了30天的粮食。

弹药匮乏，只够1—2天。[386]

其中对党卫军第10装甲师的批评尤其值得注意。一直以来，德军都在严厉禁止这种行为，并要求各师通过补充单位获得新兵。但到1945年3月，德国的预备军已经油尽灯枯，上述制度根本无法执行。受制于此，部分部队开始自行征兵以维持战斗力。美国陆军在战后对德国预备军的研究中写道：

1945年2月，很多违背德国征兵制度基本原则的现象出现了。按照规定，任何野战部队不得独立征兵，而是必须从补充单位获得人员，至于补充单位的人员则由国内征兵站提供。但现在，一线各师却以合法或非法的方式掌握了权力，并在防区内强征一切适龄男性。这些人员随后会被编入该师的野战补充营，一旦训练完毕，就会被派往战斗部队（但也会针对一些特定人员咨询纳粹党办公室）。征兵队一般由1名军官、1名军士和2名士兵组成，而且显然没有医务检查人员。但有一份命令特别指出，各师不得擅自征召关键岗位的国民突击队员或农业工人（作者按：可能是希特勒青年团员）。[387]

4月20日，白俄罗斯第2方面军开始向奥得河对岸发动进攻，迫使斯维内明德守军在4月底从斯德丁湾东岸撤退。随后，他们在安克拉姆和乌瑟多姆之间构建了防御阵地，并坚持到5月7日。停战后，其麾下的残余部队乘驳船前往基尔，并在当地向西方盟军投降。

奥得河前线的高级勋章获得者：

不明。

第9集团军下属单位

4月7日，第9集团军共拥有15个师级单位，其中8个战斗力水平为第3级，5个为第4级，只有1个为第2级，法兰克福要塞则没有评级。在苏军总攻前一周，第9集团军“具备防御能力”的部队只有60%。

陆军

第5猎兵师

指挥官：

1944年8月17日—1945年4月19日，弗里德里希·希克斯特中将；

4月19日—投降，埃德蒙·布劳罗克（Edmund Blaurock）中将。

作战参谋：

拉加尼科（Larganico）少校。

部队类型：

44年型猎兵师。[388]

战斗力水平：

第3级，马匹到位率100%/机动车辆到位率85%。4月7日，其作战营的估计兵力为3200人，另外还配属有4个半满员的国民突击队营（兵力为800人）。师属炮兵包括10个轻型和1个重型炮兵连。重型反坦克炮共7门。[389]

战斗序列：

第56猎兵团、第75猎兵团、第5炮兵团、第41炮兵团第1营、第5自行车营、第5装甲歼击营、第5工兵营、第5通信营、第5野战补充营、第5医疗营。

2月1日，该师拥有下列德制武器：5665支栓动式步枪、26支狙击步枪、

101支半自动步枪、163具枪榴弹发射器、304支冲锋枪（MP 38/40）、230支突击步枪（StG 44）、1346支手枪、40具战车噩梦火箭筒、10挺轻机枪（MG 34，隶属于师属预备队）和1门轻型野战榴弹炮（le.FH.16型轻型榴弹炮）。缴获武器包括：11挺轻机枪（MG 26，捷克制）、6挺轻机枪（MG 28，波兰制）、11挺轻机枪（MG 120，苏联制）①、4挺重机枪（苏联制）、9支冲锋枪（苏联制）、12支冲锋枪（美国制）、273挺冲锋枪（意大利制）。[390]值得注意的是，该师的轻重机枪几乎都是缴获武器，必定存在备件和弹药供应问题。

作战综述：

在维斯瓦河集团军群组建时，第5猎兵师位于波美拉尼亚东部的诺因堡（Neuenburg，当地在但泽以南）②，是第23军的南翼部队，并跟随该军投入了防御作战。1月26日的报告显示，该师在大舍恩布吕克（Groβ Schönbrück）③附近遭到苏军营级规模的步坦协同进攻。[391]2月7日，该师奉命开赴波美拉尼亚中部的新阵地，并改由党卫军第10军指挥。由于行程延误，他们并未整体参与夏至行动，只有部分人员跟随第281步兵师参与了对里茨以南的进攻。

3月2日，第5猎兵师在诺伦贝格–克莱因（Klein）之间进行防御，并击毁了24辆苏军坦克。[392]3月2日—3日，该师与第163步兵师一同向西北方撤退，而苏军的摩托化和坦克部队则源源不断地涌入他们所在的地段。为在旺根（Wangern）④和博宁镇之间建立一条新防线，该师各团被迫向西南偏西方向收缩——但面对苏军第3突击集团军的攻势，该防线仅维持了24小时。到3月4日，该师已被切为两段。其中一部分人员向北撤退，最终被冯·特陶战斗群（指挥官：冯·特陶中将）所在的移动口袋吸收；而另一部分则在3月7日向西北偏西方向的海岸地区撤退，随后吸收了第402补充与训练师和第163步兵师的单位。3月11日，上述德军开始向西进攻，最终于3月13日在迪夫诺夫抵达了友军战线。

3月15日的报告显示，该师和第402补充与训练师一共有180名军官、1000名军

① 即苏制DP机枪。
② 即今天波兰的诺韦（Nowe）。
③ 即今天波兰的塞姆布鲁克（Szembruk）。
④ 即今天波兰的文戈日诺（Węgorzyno）。

士和4300名士兵，没有任何重武器和车辆，但接收了1500名用于补充缺额的后勤人员。[393]大约同一天，第5猎兵师还报告了下列紧急需求：20辆突击炮或坦克歼击车、28门轻型野战榴弹炮、24门重型野战榴弹炮、24门重型反坦克炮、56门轻型步兵炮、12门重型步兵炮、240挺轻机枪、60挺重机枪、3500支步枪（栓动式）、84门8厘米迫击炮、40门12厘米迫击炮。[394]3月25日，随着1200名水兵额外抵达，全师的日常兵力升至8584人，战斗兵力则略下降至3362人。而另一份日期稍晚的武器和装备申请书指出，其下属部队仍需要2000支步枪、300挺机枪、12门带牵引车的重型迫击炮、12门带牵引车的重型野战榴弹炮和1个高炮连。[395]另外，该师还在3月26日给曼陀菲尔将军一份评估报告，其中这样写道："接收1200名海军人员后，我师已几乎满员。步兵武器数量勉强达到要求（每个连4—5挺机枪），但重武器和火炮严重短缺（只有6门轻型火炮和2门山炮）。缺乏突击炮、连级指挥官、士官和通信人员（包括230名无线电操作员、230名电话操作员和配套设备）。全师尚不具备进攻能力。"[396]随后2周，第5猎兵师始终在第9集团军北侧第101军境内进行重组——这里的局势相对安静。

4月3日，集团军群训练参谋在对该师的视察记录中指出：接收过2个康复行军连（第5猎兵康复行军连和第28猎兵康复行军连）、第77炮兵行军连和200名海军士兵之后，其所有下属部队已几乎满员，但技术人员却短缺到了"令人发指"的地步。通信兵的情况最为严重——多达54名电话操作员和100名无线电操作员仍然没有着落。为解决问题，陆军最高司令部已保证向该师派遣1个通信兵行军连。另外，该师的装甲歼击营也缺乏训练有素的人员，明细为：反坦克炮——缺乏2名排长、6名炮手和60名士兵；连属牵引车辆——缺乏40名士兵；装甲歼击车连——缺乏2名排长、4名炮手、4名驾驶员；高炮连——缺乏3名半排指挥官、2名炮手和2名助理。同时，该师还向他列出了一份急需物资清单，其中包括500支冲锋枪、1000支步枪、200具枪榴弹发射器、150挺轻机枪、50挺重机枪、15门中型迫击炮、9门2厘米高射炮、5门轻型步兵炮（IG 37型）、2门重型步兵炮、6门重型反坦克炮、50部方向分度盘（Richtkreise）、40部火炮瞄准具（Richtaufsätze）、50具机枪瞄准镜（MG-Zieleinrichtungen）、15辆3吨柴油卡车、30辆轻型卡车（le.gl.Lkw）、18辆1吨牵引车、5辆轿车、50部野战厨房、2000条羊毛毯、3000个防毒面具和1台玻璃板复印机（Opalograph）。

该师的每个猎兵连都拥有5—6挺轻机枪，但希望能增加到7挺。7.5厘米山炮和Pak 40型反坦克炮都严重缺乏弹药，轻型野战榴弹炮的弹药只有额定量的30%。总的来说，该师能胜任防御任务，第56团第1营、第56团第2营和第75团第3营已开始在后备阵地待命。[397]

以上也是奥得河畔各师装备问题的缩影。值得注意的是，该师有很多火炮缺乏观瞄设备，炮兵连也缺少观测员，这意味着，他们不仅无法侦测敌军阵地的位置，甚至只能利用火炮自带的瞄具，让这些远程武器难以发挥作用。另外，该师还缺乏弹药，这必定会连带影响部队的战术训练——对缺乏步兵技能的海军补充人员更是极为致命。至于保暖和御寒用品（羊毛毯）的短缺则会导致大量伤病减员，影响部队的战备状态。更讽刺的是，该师接受重建的地点距离柏林仅60公里——在这里，补给原本不该成为问题。但事实是，第5猎兵师的困境也普遍存在于奥得河前线。

4月8日，该师得到了第1勃兰登堡国民突击队营的加强。其前线位于巴特弗赖恩瓦尔德以东，包括旧奥得河和奥得河干流之间的各个岛屿。这种地形适合展开防御。总攻前，苏军曾多次尝试横渡奥得河、构建立足点，但全部被该师挫败。

4月16日，苏军开始进攻柏林。在此期间，第5猎兵师吸收了在首日战斗中损失惨重的第606特别师残部，但与第9集团军的其他部队失去联系。4月19日，由于苏军在弗里岑附近向南取得突破，该师被迫撤出防御阵地，先是向西，然后又向北撤退。4月20日，整个师部辗转前往施佩希特豪森（Spechthausen）一带。当天夜间，其下属部队也离开原阵地，向北朝埃伯斯瓦尔德前进。4月21日至23日，该师在埃伯斯瓦尔德两侧的菲诺运河北岸建立了一条新防线，其师部则在科林（Chorin）安顿下来。

4月24日—25日，苏军对埃伯斯瓦尔德发起猛攻，并强行渡过菲诺运河。第75猎兵团与他们展开了逐屋逐户的争夺。经过2天激战，该师力不能支，只好穿过科林，向西北方的约阿希姆斯塔尔撤退。4月26日，由于缺乏车辆和弹药，第5炮兵团的2个营将火炮埋在森林中。4月27日—28日，撤退仍在进行，第5猎兵师沿途穿过绍尔夫海德森林（Schorfheide）和采德尼克等地。但苏军装甲侦察部队早已穿过漏洞百出的防线，并在4月29日星期日攻陷莱茵斯贝格，从西北方向对第5猎兵师形成了包抄态势，切断了该师原定的撤退路线，其师部当天也曾两次险些被苏军包围和俘虏。为躲避灭顶之灾，该师决定向西南方行军，并于5月1日抵达旧鲁平。在这里，他们与第25装甲掷弹兵师一部并肩作战，在屈里茨两侧构建了一条面向东方的防线。但这条数公里的防线只坚守了大约24小时——苏军从北翼突破，攻陷了该师后方的施托尔珀。所有部队迅速分两路向西撤退：布劳罗克中将带领2个猎兵团和其他师属单位继续向巴特维尔斯纳克（Bad Wilsnack）和维滕贝尔格（Wittenberge）前进，最终在伦岑（Lenzen）桥头堡向美军投降；由通信营和侦察营组成的第2支分队则在美军的协助下从更南方渡过易北河。到5月3日，该师已全部向美军缴械。[398]

奥得河前线的高级勋章获得者：

骑士十字勋章橡叶饰——1945年3月11日，赫尔穆特·伦施勒（Helmut Renschler）上尉（第770位获得者），师属炮兵团第1连连长；1945年3月11日，弗里德里希·希克斯特中将（第772位获得者），第5猎兵师师长。

骑士十字勋章——1945年2月28日，鲁道夫·奥特（Rudolf Ott）上校，第56猎兵团团长；1945年4月17日，瓦尔特·克赖因茨（Walter Krainz）一等兵，来自第75猎兵团第3营。

德意志金质十字奖章——1945年3月9日，罗斯勒（Rösler）上尉，第5装甲歼击营某连连长；1945年3月10日，丁格尔（Dienger）上士，来自第75猎兵团第15连；1945年3月10日，菲克尔（Ficker）上尉，来自第1005装甲歼击连；1945年3月10日，奥贝瑙尔（Obenauer）少尉，来自第5工兵营第3连；1945年3月24日，米特尔胡伯（Mitterhuber）军士长，来自第5野战补充营第1连；1945年3月24日，金特（Ginter）少校，来自第5炮兵团第3营；1945年4月27日，哈斯（Haas）上士，来自第1005装甲歼击连；1945年4月27日，克尼（Knie）中尉，来自第5侦察营第2连。

金质近战勋饰——1945年2月5日，阿尔伯特·施塔尔（Albert Stahl）上士，第56猎兵团某部排长。

第20装甲掷弹兵师

指挥官：

1945年1月1日—4月23日，格奥尔格·朔尔策（Georg Scholze）少将（4月23日自杀）。

作战参谋：

阿尔特迈尔（Altmayr）少校。

部队类型：

45年型装甲师。[399]

战斗力水平：

第3级，马匹到位率10%/机动车辆到位率30%。4月7日，其作战营的估计兵力为3100人，另配有1个半满员的国民突击队营。炮兵包括7个轻型炮兵连和3个重型炮兵连。装甲车辆包括31辆四号坦克。重型反坦克炮数量为1门。[400]

战斗序列：

师部、第76装甲掷弹兵团、第90装甲掷弹兵团、第120装甲侦察营、第8装甲营、第20炮兵团、第284陆军高炮营、第20野战补充营、第20装甲歼击营、第20装甲通信营、第20装甲后勤分队。

作战综述：

3月10日，根据命令“OKH/GenStdH/OpAbt I/Nr. 2938/45 g.Kdos. 9.3.45”，该师从中央集团军群调往维斯瓦河集团军群。[401]由于在冬季的防御战中损失惨重，该师的组织结构较过去有所调整，这也体现在了1月1日和3月1日的组织结构表上。

表29则展示了该师1月1日和3月1日的轻武器保有量。值得注意的是，原先的栓动式步枪后来大多被半自动武器取代。另外，可能是由于缺乏弹药或零件，很多缴获武器也在此期间消失。

表29 1月1日和3月1日，第20装甲掷弹兵师的武器比较

德制武器	1月1日	3月1日
手枪	2270	834
步枪	8636	–
MP 38/40冲锋枪	741	155
突击步枪	–	423
G 43半自动步枪	204	2257
狙击步枪	94	11

续前表

德制武器	1月1日	3月1日
半自动步枪（型号不详）	–	113
枪榴弹发射器	234	31
战车噩梦	67	–
5厘米反坦克炮	1	–
信号手枪	–	111
缴获武器	**1月1日**	**3月1日**
步枪（波兰制）	–	1
冲锋枪（型号不详）	–	24
贝雷塔冲锋枪（？）	–	739
手枪（苏制）	14	–
冲锋枪（苏制）	18	–
MG 120轻机枪（苏制）	1	–
12.7毫米轻机枪（美制）	1	–
8.2厘米迫击炮（苏制）	4	–
12.2厘米迫击炮（苏制）	2	–
3.7厘米坦克炮（捷克制）	1	–
7.62厘米F.K.288型野战炮（苏制）	2	–

3月21日，第20装甲掷弹兵师抵达泽劳南部的后方阵地，准备与第25装甲掷弹兵师共同开赴法兰克福参与回旋镖行动。但在德军换防期间，苏军对明谢贝格装甲师发起攻击，并切断了屈斯特林要塞与外界的陆上联络。3月22日22时30分，希特勒决定用上述2个装甲掷弹兵师发起解围行动。[402]

3月23日和27日，第20装甲掷弹兵师两次参加了对屈斯特林解围。对于3月23日的进攻，第90装甲掷弹兵团的弗里茨–鲁道夫·阿弗尔迪克（Fritz–Rudolf Averdieck）回忆道：

趁着苏军战机活动减少，我们在第二天黄昏时分从泽劳出发，对奥得河桥头堡发动夜袭。一个拥有500门火炮的国民炮兵军①预计将提供帮助。按照计划，数个师将从多个方向出击，最终抵达旧奥得河。夜幕降临时，街道上喧嚣起来。各个步兵连排成分散队形，装甲车辆和装甲运兵车则在前方排成一

① 原文如此，此处有误，1个国民炮兵军的火炮总数一般不到100门。

行。按照计划，这场进攻将于24点整在满月的光辉下打响，之前会有1小时的猛烈炮击。但最终，只有几门火炮在稀疏地开火，然后进攻被推迟了——装甲车辆在等待步兵，步兵则眼巴巴地望着装甲车辆。在最后一发炮弹打出20分钟后，他们终于开始前进。但此时苏军早已警惕起来。掷弹兵陷入（敌军）迫击炮和远程火炮交织的弹幕，有一半非死即伤。装甲车辆则进入雷区，也被迫停止进攻。由于天色即将破晓，周围没有遮蔽物，而且（苏军）必然会在黎明时分加强空袭，我们只好寻找伪装，构建掩体。白天的战斗不如预期激烈。我们的空军非常活跃，击落了2架敌机。傍晚时分，我们再次转移，前往泽劳镇后方，成为军直属预备队……[403]

损失惨重的第20装甲掷弹兵师撤往泽劳，并在数日休整后于3月26日晚重返前线。在第二次解救屈斯特林的行动中，该师奉命在3月27日凌晨与元首掷弹兵师联合发动进攻，夺取戈尔措以北地区。阿弗尔迪克后来写道：

……3月26日，经过1天休整，我们准备重新发动进攻，目标是穿过戈尔措和戈尔加斯特抵达屈斯特林，解救危机中的友军。由于地势开阔，我们只能在夜间行动。满月对我们有利。24时，我们部署完毕，并得到了一些虎式坦克（来自党卫军第502重装甲营）的支援，我与这些坦克一直保持着无线电联络。3点，我军火炮开始了1小时“货真价实”的轰击，让我们信心大增。然后各部队整队出发，很快穿过了第一个目标——戈尔措。但之后，我们连又陷入迫击炮的狂轰滥炸，再次伤亡过半。跟着装甲运兵车，我们冲到一栋房子周围，至少从一面得到了一些掩护。3辆虎式坦克触雷受伤。黎明时分，我们仍在尝试夺取戈尔加斯特，但随着苏军发起反击，一切被迫终止……[404]

由于各单位缺乏协调，这次进攻执行得非常吃力。当地地形开阔，遮蔽物有限，使德军很容易遭到火力打击。其进攻轴线上河沟纵横交错，路堤起伏不平，妨碍了部队的运动。由于白天苏军戒备森严，各单位只能在夜间出动。同时，德军有限的火炮和战机也未能削弱苏军炮兵阵地。在第二次夜袭中，第90装甲掷弹兵团的步兵被重炮和迫击炮大量杀伤，只能向己方战线仓皇后撤。

阿弗尔迪克提到，仅在他的部队，伤亡便高达50%——换言之，全团在几小时内的损失很可能达到了800人。[405]

阿弗尔迪克还指出，在这两次夜袭中，军官和军士的高昂损失“特别令人痛心，而且几乎无法弥补”，导致整个第90装甲掷弹兵团“士气大挫”；所有抗议都被驳回，因为这些进攻是“元首的旨意”——部队只能强行进攻。[406]这一点也表明了元首地堡的荒谬决定给前线带来了怎样的危害，甚至集团军群司令海因里齐的呼吁也无济于事。在第二次反击之后，第20装甲掷弹兵师被调往一处更靠南的阵地，以便接替泽劳地区的明谢贝格装甲师。

4月初，该师在泽劳高地一带担任预备队。4月4日，根据集团军群的记录，该师拥有31辆四号坦克、3辆自行高炮、1门7.5厘米牵引式反坦克炮和5门8.8厘米牵引式反坦克炮。4月14日，该师脱离预备队，并奉命前进至奥得沼泽一带，以迎击苏军的侦察部队。清晨，苏军在戈尔措和旧图彻班德之间突入了该师前线，德军的伤亡非常大，但几乎没有后撤。下午，经过30分钟的炮火准备，苏军卷土重来。这一次，面对65辆苏军坦克，各团装甲掷弹兵再也无法支撑。第90装甲掷弹兵团1个营的防线被撕开，当天结束时，该营已溃不成军。[407]策欣（Zechin）也落入敌手。希特勒看到相关报告大发雷霆，勒令该师摘掉勋章和奖章（见本书第“关于东线的《元首指示》纪要”“4月15日”部分，但按照阿弗尔迪克的回忆，最终只有第76装甲掷弹兵团成为失败的“替罪羊”，并奉命摘除所有勋章）。希特勒还暗示，为保全“荣誉”，第76团团长斯塔默约翰（Stammerjohann）上校最好战死前线，以此赎回罪责。[408]

之后，第20装甲掷弹兵师继续奉命保卫奥得沼泽。在柏林战役打响时，他们遭到了数个师和1个坦克旅的攻击，下属部队损失惨重，只能和第56装甲军的其他部队一起后撤。听到奉命进入柏林的消息后，指挥官朔尔策少将变得异常沮丧，并擅自命令部队转向西南，绕过德国首都。其间，师部和部分作战单位在克珀尼克（Köpenick）地区遭到苏军近卫坦克第1集团军进攻，与主力部队失散。4月23日或24日，朔尔策自杀身亡。上述分队则向万湖（Wannsee）中的岛屿进发，并在格林尼克大桥（Glienicker Bridge）附近设防，最终于5月2日向苏军投降。

该师其余的后勤和作战部队继续向西前进，来到柏林西部的德布里茨训练场。根据决定，这些残余部队被改编为1个装甲旅，下属单位包括2个步兵营、2个炮兵营、1个装备8辆突击炮的装甲连、1个步兵炮连和1个高炮连。为避开包围柏林的苏军，并朝西北方的第41装甲军靠拢，该分队在罗斯托克（Rostock）少校的带领下向凯钦（Ketzin）突围。[409]为此，他们需要经过哈维尔贝格（Havelberg）和维滕贝尔格，然后向路德维希斯卢斯特前进。由于大路上的一切都会遭到苏军轰炸，这股人马只能在林间小道行进。最终，该旅于5月2日/3日向英国第21集团军群旗下的美军缴械——他们也是第56装甲军中唯一成功向西方盟国投降的单位。

奥得河前线的高级勋章获得者：

骑士十字勋章橡叶饰——1945年2月10日，格奥尔格·尧尔（Georg Jauer）中将（第733位获得者），第20装甲掷弹兵师师长（获得自随中央集团军群作战期间）；1945年3月23日，瓦尔特·普吕斯（Walter Prüβ）中尉，第76装甲掷弹兵团第8连连长。

骑士十字勋章——1945年3月24日，赫尔曼·劳厄（Hermann Laue）一等兵，第76装甲掷弹兵团第9连某班班长；1945年3月28日，赫尔曼·埃克哈特（Hermann Eckhardt）上士，第8装甲团第1连某排排长；1945年4月5日，埃德蒙·克梅雷尔（Edmund Kämmerer）军士长，第76装甲掷弹兵团第6连连部排排长；1945年4月5日，赫尔穆特·万德马克（Helmut Wandmaker）少校，第76装甲掷弹兵团第2营营长；1945年4月28日，格奥尔格·朔尔策少将，第20装甲掷弹兵师师长；1945年4月30日，理夏德·魏斯（Richard Weiβ）少校，第8装甲营营长。

第21装甲师

指挥官：

1945年2月12日—投降，维尔纳·马尔克斯（Werner Marcks）中将。

部队类型：

1945年1月1日，44年型装甲师；1945年4月5日，45年型装甲师。[410]

战斗力水平：

2月1日，第2级；4月5日，第3级。马匹到位率不详/机动车辆到位率70%。

战斗序列：

师部、第22装甲团、第125装甲掷弹兵团、第192装甲掷弹兵团、第155装甲炮兵团、第21装甲侦察营、第305陆军高炮营、第200装甲歼击营、第220装甲工兵营、第200装甲后勤分队。

作战综述：

1945年1月，该师参与了北风行动，并在2月1日奉命调往维斯瓦河集团军群。[411]师长在当日的评估报告中指出，该部队仍然缺乏补充人员，而且车辆（尤其是补给卡车）普遍磨损严重，官兵的士气“也颇为低落”，尤其是有亲属在德国东部省份的人员。[412]在报告时，该师共有14459人（356名军官、2237名军士、10823名士兵和1043名志愿辅助人员），距满员仍差4518人，武器装备包括34辆四号坦克（14辆可用），38辆豹式坦克（14辆可用），31辆突击炮（8辆可用），267辆装甲运兵车、装甲侦察车、炮兵观测车和装甲通信车（84辆可用），13门（7.5厘米或8.8厘米）重型反坦克炮（8门可用）。[413]

作为奥得河西岸苏军桥头堡和柏林之间少有的生力军，该师几乎没有休整便立刻投入了战斗。2月6日，该师进入泽劳和屈斯特林之间的奥得沼泽，并参加了2月8日打通屈斯特林陆上走廊的进攻。上述任务完成后，该师将防区转交给第25装甲掷弹兵师，并前往中央集团军群境内的格尔利茨（位于下西里西亚地区）附近填补战线缺口。[414]在此期间，混装的多种德制和外国武器给他们的弹药和备件补充带来了很大困扰。按照1945年4月10日的数据，其辖下的德制武器包括2150支手枪（P 08/P38）、494支手枪（7.65毫米）、734支手枪（意制）、415支冲锋枪（MP 38/40）、501支突击步枪（StG 44）、7399支步枪（Kar 98K）、551支其他型号的德制步枪、127支（半自动）步枪（Kar 41/43）、205支半自动步枪（法制）、288支狙击步枪（60支Kar 98狙击步枪，228支Kar 41/43狙击步枪）、326具枪榴弹发射器、410支信号枪、291挺MG 34轻机枪、338挺MG 42轻机枪、47挺其他型号的轻机枪、20挺MG 34重机枪和49挺MG 42重机枪；[415]缴获武器则包括326支手枪（7.65毫米，生产国不详）、163支军用手枪（9毫米，生产国不详）、26支冲锋枪（法制）、137支冲锋枪

（意大利和捷克制）、14挺机枪（MG 311，法制）①、38挺机枪（荷兰制）、3门8.14厘米迫击炮（法制）、4门8.1厘米迫击炮（意制）、13门8.1厘米迫击炮（苏制）。[416]

第21装甲师随后一直在中央集团军群麾下服役。4月初，他们在第4装甲集团军后方的科特布斯附近待命，下属装备包括34辆四号坦克（22辆可用），38辆豹式坦克（25辆可用），21辆突击炮（12辆可用），267辆装甲运兵车、装甲侦察车、炮兵观测车和装甲通信车（125辆可用），13门（7.5厘米或8.8厘米）重型反坦克炮——基本处于齐装满员状态。[417]但由于在过去几周的损失，其兵力也下降到13495人。相较于2月1日，该师的可用坦克和突击炮有所增加，但战斗力水平却从第2级下降到了第3级。该师师长在4月5日提交的报告中指出，“在阵地上部署数个星期之后，全师的训练水平明显提高”，但问题同样存在，例如，装甲掷弹兵的战术训练水平较低，射击、野外生存和进攻技能也不理想。另一个问题在于补充兵的素质——来自德国空军的士兵甚至无法执行战术任务，只能被部队清退；还有部分官兵因为亲属在莱茵河以西和威斯特法伦地区而对战局忧心忡忡。但该报告同样指出，尽管存在士气问题，但官兵们仍然“斗志昂扬”“坚信元首”。燃料方面的问题主要有两点，其一是数量严重不足，另外合成燃料也含有“杂质和水”，导致大量车辆发动机受损。同样，由于奴隶劳工的“破坏”，许多新抵达的武器都有“严重缺陷和偷工减料的迹象”。[418]事实上，这些问题在各个师都非常普遍，并给部队士气带来了影响。另外值得一提的是，该师掷弹兵的大部分冲锋枪都是意大利制造的，机枪则全部是法国或丹麦产品②，让零件和弹药供应雪上加霜——也正是上述情况，让该师注定无法与占据绝对优势的苏军抗衡。

在4月16日，苏军向柏林发动总攻之后，根据编号为“OKH/Gen StdH/OpAbt I/Nr. 4742/45 g.Kdos.”的命令，第21装甲师立刻奉命脱离陆军最高司令部预备队，[419]并从科特布斯以东的福斯特（Forst）地区发起反击，但未能阻止苏军推进。全师随即向科特布斯撤退，但被飞速北上的近卫第3坦克集团军（来

① 原文如此，似乎为MG 331，即法国FM 24/29轻机枪。

② 原文如此，和上文中的数据似乎有冲突。

自乌克兰第1方面军）切断后路。无奈之下，他们只好向东北方开进，并于4月20日加入第9集团军。之后，他们与该集团军的其他部队一同试图从哈尔伯地区突围，最终在5月1日抵达贝利茨附近的第12集团军防线。

奥得河前线的高级勋章获得者：

骑士十字勋章橡叶饰——1945年3月11日，约翰内斯·格里明格尔（Johannes Grimminger）少校（第776位获得者），第192装甲掷弹兵团第2营营长。

骑士十字勋章——1945年2月24日，威利·施普雷乌（Willy Spreu）少校，第192装甲掷弹兵团代理团长。

第25装甲掷弹兵师

指挥官：

阿诺德·布尔迈斯特（Arnold Burmeister）中将。

作战参谋：

戴施勒（Daeschler）少校。

部队类型：

45年型装甲师。[420]

战斗力水平：

第2级，马匹到位率不详/机动车辆到位率70%。4月7日，该师各战斗营的估计兵力为3300人。炮兵包括6个轻型炮兵连和3个重型炮兵连。师属装甲车辆包括33辆三号突击炮、11辆追猎者坦克歼击车、7辆四号坦克和26辆豹式坦克。另外，该师还拥有8门重型反坦克炮。[421]

战斗序列：

师部、第35装甲掷弹兵团、第119装甲掷弹兵团、第5装甲营、第25装甲歼击营、第125装甲侦察营、第25炮兵团、第292陆军高炮营（摩托化）、第25野战补充营、第25装甲工兵营、第25与通信营、后勤营、第25师属后勤部队指挥部。

作战综述：

在（1944年）秋季和初冬，第25装甲掷弹兵师一直在西线的孚日山脉激战，试图阻止美军进攻。1945年1月27日，该师接到命令离开西线，并在次日装车前往第9集团军境内。[422]其中最先登车的是第119装甲掷弹兵团第1营，该团第2营和第35装甲掷弹兵团第1营则在次日紧随其后。军列横穿整个德国，并在2天后抵达奥得河前线，到2月6日，所有部队已卸载完毕。[423]和从西线调集的其他德国师一样，第25装甲掷弹兵师一下火车便立刻投入了战斗——在此期间没有休整和补充，也没有时间熟悉作战区域。

1月31日，该师计划对已抵达的单位做下列安排：师部，前往屈斯特林要塞；第119装甲掷弹兵团第2营和第25炮兵团的2个连，前往戈尔措（位于屈斯特林以西9公里）；第119装甲掷弹兵团第1营（装备装甲运兵车，但未携带燃料）和师属装甲营，前往韦尔比希（位于屈斯特林以西15公里）——第119装甲掷弹兵团第1营的所需燃料将从韦尔比希就地征集。作为苏军基尼茨桥头堡和柏林60公里之间的唯一生力军，该师在抵达后立刻接到了布塞上将的无线电指示："保卫奥得河西岸，击退西岸基尼茨桥头堡之敌。通过机动作战，阻止后续敌人渡过奥得河建立桥头堡。"[424]对于这个装甲掷弹兵师，布塞可谓寄予厚望，因为除了他们，第9集团军在当地的部队只有所谓的申普夫集群（Gruppe Schimpf，包括2个分别来自屈斯特林和柏林的国民突击队营）。按照布塞的设想，该师将和库尔马克装甲掷弹兵师共同向基尼茨反击，击败驻守在当地的近卫坦克第12军一部[425]——尽管在此时，库尔马克师仍远在奥得河畔法兰克福以南地区，暂时无法赶到。

（参见地图25）

正是因此，第25装甲掷弹兵师成了第9集团军的支柱。如果他们无法阻止苏军夺取泽劳高地和奥得沼泽，柏林将失去最后一道天险，整个防线也将不战自溃。此外，如果屈斯特林的陆上走廊被苏军切断，这座要塞有可能提前数周陷落，接下来，苏军的增兵将轻而易举，对柏林的攻击也会大幅提前。换言之，第25装甲掷弹兵师的一举一动都对奥得河前线影响巨大——如果他们能在泽劳高地多阻挡苏军一天，德军就有更多机会准备防御、调集增援。

之前，苏军的西进之路几乎畅通无阻。此时，他们正急切地试图跨过奥得河的冰面，并在多处架设浮桥，以加强在根施马尔–基尼茨–大诺因多夫的桥头堡。为了给第25装甲掷弹兵师的抵达争取时间，第2对地攻击机联队的指挥官汉斯–乌尔里希·鲁德尔（Hans-Ulrich Rudel）上校奉命出动。从1月底到2月的第一周，他率领斯图卡不断试图打破奥得河的冰层，干扰苏军渡河，并宣称击毁了11辆苏军坦克。[426]

2月1日4时，在冯·罗森贝格（von Rosenberg）上尉的指挥下，第119装甲掷弹兵团第2营果断对苏军发起反击，将后者赶出了大诺因多夫边缘的公墓。这些装甲掷弹兵的出现让苏军大为惊讶，因为之前在奥得河西岸，他们还从未遇到过任何有组织的抵抗。但德军缺乏燃料、远程火炮和其他重型武器，整个攻势只好暂停，并在白天转入防御。直到深夜，他们才从奥特维希（Ortwig）赶来的第5装甲营一部手中获得了燃料和支援。[427]夜间，苏军试图进攻奥特维希，但被刚从柏林赶来的国民突击队和帝国劳工组织击退。得益于这些成功的防御战，第119装甲掷弹兵团第1营［营长：卡尔（Karl）上尉］和第5装甲营［营长：克林格尔（Klingler）上尉］顺利完成集结，并为次日的进攻做好了准备。[428]

2月2日7时30分，德军战斗群从奥特维希–大诺因多夫两侧向东进攻。在此期间，他们得到了第25装甲歼击营1个连（共8辆追猎者）的加强；鲁德尔上校麾下的第2对地攻击机联队第3大队也奉命提供掩护。在冰封的旷野上，德军最初进展顺利，但不久就遭遇了苏军在附近农庄中匆忙构建的步兵和反坦克炮阵地。装甲运兵车和坦克立刻回击，很多苏军步兵（事后证明，他们来自步兵第248师下属的步兵第895团）向大诺因多夫逃跑，并在开阔地上被装甲运兵车用机枪打倒。随后，战斗群继续向大诺因多夫进攻，但在离奥得河只有100米的镇内教堂，猛烈的炮火却阻挡了他们，并迫使其围绕教堂构建防御阵地。与此同时，8点从大诺因多夫西南方公墓出发的第119装甲掷弹兵团第2营也遭遇激烈抵抗。苏军想竭力守住这处在西岸的立足点，并在逐屋争夺中让德军伤亡惨重。入夜之后，第119装甲掷弹兵团第1营和第2营都遭到了苏军的猛烈反击。

在更南面，第35装甲掷弹兵团第1营在韦肯曼（Weckenmann）上尉的指挥下向根施马尔的苏军桥头堡推进。苏军对此措手不及，被击退到旧奥得河堤岸，但最终顽强地守住了阵地。他们还多次发起反攻，按照德军记录，有4辆坦克在此期间被击毁。但无论如何，第35装甲掷弹兵团第1营的进攻确实构建了一道防线，阻止了苏军从根施马尔西进的企图——之后直到3月22日，该营一直坚守着根施马尔–威廉敏嫩霍夫（Wilhelminenhof）地区。

同一天早些时候，苏军还在大诺因多夫西北9公里处的居斯特比瑟（Güstebiese）渡过奥得河，构建起一个桥头堡——纵深达10公里，并威胁到了第25装甲掷弹兵师的左翼。但此时，从西线赶来的第35装甲掷弹兵团第3营［营长：鲍曼（Baumann）上尉］已在韦尔比希完成卸载，并被派往奥特维希，从而稳定了全师的左翼前线。

在屈斯特林以南，苏军在格里茨附近构建了另一个桥头堡，并试图夺取奥得河西岸的莱特宛凸地。（更多信息可参见后文中拉格纳师和库尔马克装甲掷弹兵师的“作战综述”部分）[429]

2月3日，第25装甲掷弹兵师的更多单位从西线抵达，其中包括第25装甲歼击营、第119装甲掷弹兵团第3营、第292陆军高炮营和一些炮兵部队。同时，该师被划入新建的柏林军——该军的军部由申普夫集群的司令部改编而来，暂时满足了第9集团军和维斯瓦河集团军群在这片广阔战场上协调行动、应付苏军4个桥头堡的使命。

2月2日—3日晚间，第119装甲掷弹兵团第1营先后击退了苏军的4次反击，并在清晨时分被该团的第2营替换。他们的新任务是北上前往奥特维希，因为居斯特比瑟桥头堡的威胁已越来越严峻。随后，来自北方的威胁一直有增无减，甚至第119装甲掷弹兵团第2营也奉命从大诺因多夫撤退，以便在莱茨欣（Letschin）北部占据新防线。第35装甲掷弹兵团第3营则对奥特维希西北部发动了一次攻击，试图切断直接威胁该师左翼的敌军，但由于行动仓促，这次进攻很快宣告失利。

在德军撤出大诺因多夫后，苏军得以扩大奥得河西岸的阵地，并将根施马尔和居斯特比瑟的桥头堡合为一体。在屈斯特林要塞的南部、东部和北部，德军也被迫将防线撤往城郊地区。与此同时，苏军近卫第8集团军则向西岸大举增兵，并派遣了坦克、反坦克炮和远程火炮——维斯瓦河集团群一时失去了招架之力。[430]

2月4日，苏军向第35装甲掷弹兵团第1营发动进攻，迫使德军警戒部队从奥得河堤防渠（Oder dike，系奥得河的一条支流，位于根施马尔以北）撤退。

但第1营随后发起反击，收复了之前的失地。在大诺因多夫以北，苏军的突出部也在不断扩张，第119装甲掷弹兵团第2营奉命反击，但在远程火炮和迫击炮的密集轰击下损失惨重，整个攻击彻底搁浅。第5连连长奥托（Otto）少尉和第7连连长沃尔克（Volk）的阵亡更是造成了难以弥补的损失。随后，第119装甲掷弹兵团第2营只能撤回莱茨欣以北的防线。

在奥特维希以北的新巴尼姆，德军组建了1个装甲战斗群［包括第5装甲营、第119装甲掷弹兵团第1营（配备装甲运兵车）和第25装甲歼击营］，他们的任务是发动夜袭，肃清占领吉斯霍夫（Gieshof）的苏军。按计划，这次进攻在18点15分沿着新巴尼姆至吉斯霍夫的林荫道两侧打响。吉斯霍夫的守军是苏军的步兵第1045团，他们措手不及，丢下重武器、装备和物资仓皇后撤。夜间，第119装甲掷弹兵团第3营接管了新占领的区域，并在镇内构建防御。拂晓时分，该装甲战斗群返回新巴尼姆，但在吉斯霍夫留下了一个装甲运兵车连，以支援接防的第119装甲掷弹兵团第3营。

同一天，第35装甲掷弹兵团第3营也奉命从奥得河沿岸公路向吉斯霍夫推进，并在奥特维希以北的一座农庄建立了环形防御阵地。苏军注意到这支孤军深入的部队，迅速从东岸调集近40门反坦克炮将其包围。顷刻间，这些装甲掷弹兵陷入了无休止的炮击。作为应对，第25装甲掷弹兵师在白天用炮兵轰击苏军阵地，为第3营提供了些许保护。傍晚，一场大雪降临，遮挡了所有人的视野，使大部分德军得以安全撤退。[431]

2月5日，苏军将拉格纳师的下属单位赶出戈里茨桥头堡，并向戈尔加斯特–旧布莱伦（Alt Bleyen）一线推进，切断了屈斯特林要塞的陆上走廊。在南部，他们也在奥得沼泽的制高点——莱特宛凸地上取得了一个立足点。

在第35装甲掷弹兵团第1营当面，苏军将桥头堡扩展到亨里滕霍夫（Henriettenhof，位于根施马尔西北1公里处）一带，还试图将T-34坦克开过奥得河冰面，支援根施马尔桥头堡的步兵。但在反复碾压后，当地的冰面已不堪重负，导致部分坦克沉入河底，最后只有4辆T-34成功抵达对岸。

截至此时，德军仍然维持着一条连贯的防线：它穿过根施马尔，向右翼延伸到布莱伦（Bleyen）——当地主要由第35装甲掷弹兵团第3营和第125装甲侦察营防守。至于根施马尔和布莱伦之间的前线则由第35装甲掷弹兵团负责。

在第35装甲掷弹兵团的左翼至第119装甲掷弹兵团右翼（位于莱茨欣附近）之间则是新组建的冯·里彭警备团（Alarm-Regiment von Rippen）。这支临时单位的核心是第292陆军高炮营（营长：冯·里彭上尉），并得到了一些警备单位和国民突击队的加强。

德军还组织了一次新攻击，试图夺取新巴尼姆以北的克斯滕布鲁赫（Kerstenbruch）镇。该师的装甲战斗群负责担任先锋，并因此从奥特维希转移到了吉斯霍夫地区。此外，德军还准备投入新抵达的德布里茨步兵师，他们的任务是接管陷落的克斯滕布鲁赫，并在周边修建防御阵地，但由于协调不畅，这一目标根本没有实现。16时，装甲战斗群开始前进，一度攻入克斯滕布鲁赫。但由于德布里茨步兵师迟迟不见踪影，进攻部队只好在夜间撤回奥特维希。[432]

至此，奥得沼泽一带近5天的激战终于告一段落，前线出现了短暂的平静。与此同时，第21装甲师从西线抵达，并接管了奥得沼泽中位于屈斯特林当面的地段。在第35装甲掷弹兵团位于根施马尔的阵地附近，苏军派出了强大的巡逻队，但没有发动进攻。与此同时，布尔迈斯特将军决定再次进攻大诺因多夫，试图为切割苏军桥头堡做最后一次努力。2月6日—7日午夜，第119装甲掷弹兵团第2营率先发动进攻，攻入该镇，但仍然无法将对方赶出奥得河沿岸的据点。[433]

2月7日全天，苏军第5突击集团军在戈里茨–莱布斯一线大举进攻，并将桥头堡扩大到了莱特宛西南一带。德军迅速向图彻班德（Tucheband）、波德尔齐希（Podelzig）和莱布斯等地增兵，试图阻止苏军从南面包抄泽劳高地。为此，第119装甲掷弹兵团第1营（装甲运兵车营）暂时脱离了第25装甲掷弹兵师的建制，并改由波德尔齐希/乌尔登（Wuhden）一带的库尔马克装甲掷弹兵师指挥——后来，该营参加了波德尔齐希、乌尔登和克莱辛等地的激战，并因此蒙受了巨大损失。

此时，第101军军部抵达奥得沼泽，接管了原先隶属于柏林军的单位。他们下令解救屈斯特林要塞，但进攻部队——新抵达的第21装甲师——很快陷入激烈战斗，最终失败而归。

当日下午，第119装甲掷弹兵团第2营击退了苏军对莱茨欣的大规模进攻。另外，为减轻莱茨欣方向的压力，该团的其他单位还试图攻击吉斯霍夫东北部，但由于缺乏炮弹，这次进攻只能被叫停。苏军对莱茨欣的攻击很可能是为了牵制第119团，因为与此同时，他们还在向大诺因多夫进攻，试图第三次夺回这座城镇。在此期间，瓦伦丁（Vallentin）少尉的第119团第6连第1排被围困在当地的火车站。第119装甲掷弹兵团第2营试图解围，但未能成功。到当晚21点，瓦伦丁少尉和他的部下再也没有发回消息，很可能已全部战死。

2月8日，为了打开通往屈斯特林的陆上通道，第21装甲师再次进攻。这次进攻取得了一定进展，但没能与守军会合。晚间，该师的一个战斗群进行了最后一次尝试，并抵达旧布莱伦，与屈斯特林恢复了联系。第25装甲掷弹兵师面临的压力也因此大幅减轻。次日，第21装甲师成功以戈尔措–屈斯特林铁路为轴线，建立了一条2公里宽的走廊。[434]

2月10日，前线发生了重组。第21装甲师撤出防线，原阵地被第25装甲掷弹兵师接管。傍晚时分，第119装甲掷弹兵团第2营与抵达的德布里茨步兵师一部换防，并被转移到戈尔措地区。在之前的连串战斗中，第25装甲掷弹兵师未能完成消灭基尼茨桥头堡的任务。该师投入战场太晚，而且最初兵力不足，根本无法歼灭奥得河畔的苏军。另外，由于在集团军层面的后勤补给设施，该师还遭遇了汽油和弹药短缺，严重削弱了炮兵的战斗力。在最初的几场战斗中，各团的军官和军士伤亡尤其惨重，导致各部队的战斗力大打折扣。但另一方面，该师设法阻止了苏军向泽劳高地的推进，并为3个新师抵达奥得沼泽创造了有利条件——考虑到种种不利因素，这无疑是一项重大成就。

随后，党卫军第11军接过了这条对柏林生死攸关的走廊，并成了第25装甲掷弹兵师的上级单位。在此期间，第35装甲掷弹兵团的防线在根施马尔–旧布莱伦，第119装甲掷弹兵团的防线在图彻班德–戈尔措–戈尔加斯特–基耶茨，第292陆军高炮营负责在策欣附近提供支援。第5装甲营和第25装甲歼击营则担任师属预备队。2月12日至15日，第119装甲掷弹兵团连续2天死守基耶茨，挫败了苏军步兵和11辆T-34坦克的进攻，并击毁其中的2辆坦克。[435]至于另一些单位则继续在莱布斯和乌尔登一带作战。到2月底，该师一直坚守着通往屈斯特林的走廊，但人员和装备同样损失巨大，最终被迫接受改编——在战争最后1年，德军经常以这种方式应对兵力短缺问题。其1945年3月1日之后的兵力报告和编制表显示，该师的类型已改为44年型装甲掷弹兵师。

师长布尔迈斯特少将还在报告中坦承了部队的训练和士气问题：例如，经过连番战斗，各个步兵连损失惨重。虽然新兵不断赶到，让该师的总人数有所提升，但这并没有改善部队的战斗力，因为这些新兵普遍缺乏武器和战术训练。许多新来的基层指挥官也给部队的纪律和凝聚力带来了严重干扰。第119装甲掷弹兵团第1营的问题尤其明显——该营的指挥层几乎经历了一次彻底轮换，战术技能也较差。按照师长的看法，为提高战斗力，唯一的方法是把新兵拉到前线进行训练，尤其是射击训练，但战术形势并不允许这样做。关于部队的士气，布尔迈斯特表示："战局严峻，所有官兵忧心忡忡。但每个人都明白，必须坚持到最后。由于部队所在地段（局势紧急），连长们几乎没有影响下属的时间"。此外，步枪和技术人员的匮乏（其中步枪缺乏1900支）也令他颇为担心。在报告的最后，布尔迈斯特总结道，该师的战斗力水平总体可以达到第2级。[436]

3月6日，苏军的近卫步兵第35师再次对基耶茨发动进攻，并用重炮和迫击炮猛轰第119装甲掷弹兵团第2营在该镇和戈尔加斯特之间的阵地。镇内的维策尔营（Bataillon Wetzel）遭到来自西南方的进攻，但最终守住了前线。次日，苏军卷土重来，经过3天血战之后才最终在当地取得了一个立足点。

在这一周，春汛冲垮了奥得河的冰层。但苏军没有被困难吓倒，还设法加强了在奥得河西岸的阵地。3月9日，他们再次进攻，首先猛烈炮击了装甲掷弹兵的阵地。紧随其后的是坦克——它们突破维策尔营的防线，向西北方长驱直入，一路穿过基耶茨，几乎冲到奥得河堤防渠一带。这次进攻严重挤压了屈斯特林的陆上走廊，并切断了当地的铁路线。

3月10日，第35装甲掷弹兵团第3营与第25装甲歼击营的装甲车辆和突击炮联手发动进攻，试图趁苏军立足未稳，在根施马尔取得突破，随后将一路冲向旧奥得河，甚至迫使苏军从基耶茨方向抽调兵力。但和设想大相径庭的是，德军的突击炮很快在路上陷入泥泞，并让上级叫停了这次攻击。

3月12日，德军再次试图冲击基耶茨的苏军阵地。这次行动由德布里茨步兵师的第300步兵团从北方发起，并得到了突击炮的支援。与此同时，第119装甲掷弹兵团第2营和该团第2连（装备装甲运兵车）则在5点20分从西面沿铁路发动攻击。得益于第2营的重武器支援，以及第25炮兵团的3个轻型和1个重型炮兵营的远程火力，西面的德军很快在苏军阵地上撕开了一个口子，还在次日上午连续击退了对方的9次反击。但第2营同样伤亡惨重，当天结束时，其第5连只剩下18人，各部队只能撤回出发阵地。从北面进攻的第300步兵团同样给苏军造成了损失，但未能将其赶出基耶茨。次日，该团被第119装甲掷弹兵团第1营接替。[437]

3月17日，第25装甲掷弹兵师报告一共有5196名“战斗力量”。[438]当日的东线态势图则显示，该师尚拥有1辆四号坦克、30辆豹式坦克、30辆三号突击炮、20辆四号突击炮和25门7.5厘米牵引式反坦克炮。另外还有第83号装甲列车、第301掷弹兵团（来自德布里茨步兵师）、奥珀曼营（Btl. Oppermann）和第26要塞反坦克炮分队第6连等配属单位。

3月19日，该师被明谢贝格装甲师接替，并转入预备队，可能是为了投入回旋镖行动。3天后的3月22日，苏军发动进攻，彻底切断了屈斯特林要塞与外界的陆上联系。3月22日深夜，该师投入前线，试图重新打开屈斯特林的陆上走廊。

在3月23日的第一轮反击中，该师表现出色，但未能将苏军赶出走廊沿线。在第5装甲营（从戈尔措出动）的支援下，第25装甲歼击营的突击炮和第119装甲掷弹兵团沿柏林–屈斯特林铁路向戈尔加斯特推进了一段距离。第35装甲掷弹兵团也沿着1号帝国公路向东攻克了部分阵地。但随后，苏军立刻采取了反制措施：其中一股部队从北面的根施马尔向策欣和戈尔措进攻，另一股则从曼施诺出动，并向戈尔措、旧图彻班德和萨克森多夫推进。铺天盖地的炮弹落在德军前线，对地攻击机也反复掠过他们上空。尽管如此，该师仍然挡住了苏军在近50辆坦克支援下发起的至少14次反攻。[439]《国防军公报》中则特别表彰了第35装甲掷弹兵团第1营营长、骑士十字勋章获得者韦肯曼中尉在这些防御战中的出色表现（更多信息参见前文“苏军进攻屈斯特林，德军反击”一节）。[440]

3月23日至25日，该师共击毁了54辆坦克和2辆自行火炮，并缴获了1辆坦克和1辆自行火炮——尤其是第5装甲营第2连连长霍斯特·吉泽（Horst Giese）少尉，他驾驶豹式坦克在48小时内击毁了18辆苏军坦克；而第35装甲掷弹兵团第9连的二等兵埃瓦尔德·阿斯绍尔（Ewald Assauer）则在近战中用铁拳击毁了

3辆。[441]尽管防御战的胜利属于德军，但各作战营都损失惨重，例如，第119装甲掷弹兵团第1营（装备装甲运兵车）便在争夺戈尔加斯特的战斗中失去了营长卡尔（Karl）上尉。[442]

在这次战斗中，该师专门用牵引车将困在旧布莱伦和新布莱伦的数百名平民运过苏军封锁线。为确保疏散通道畅通，该师还在部分地段发起反击。更值得一提的是，这些举动似乎并不是维斯瓦河集团军群或陆军最高司令部的要求，而是源自布尔迈斯特少将的命令。[443]

3月26日，一份提交给曼陀菲尔将军的评估报告指出，该师：

> 装甲掷弹兵团①的“战斗力量”约为1000人。该团第2营将于1945年4月1日完成战斗准备，士兵大多素质较差，不少都是只接受过14天基本训练的其他兵种人员。至于第1营直到派遣的行军营抵达后才有望恢复战斗力。1945年3月28日，该师拥有62辆装甲车辆（其中45辆处于战备完好状态），另有45辆装甲运兵车处于战备完好状态。炮兵团拥有10门轻型和10门重型火炮。装甲兵总监还承诺额外提供4辆猎豹坦克歼击车。炮兵部队的通信排严重缺乏人员，军官也明显不足（但这些人员正在赶来）。该师的战斗力等级为第3级，但在军官和专业人员到达后能达到第2级。[444]

3月27日，旨在打通走廊的第二轮攻势开始了。苏军早有准备，并从戈尔加斯特猛烈反攻，德军不仅寸土未进，而且损失惨重。之后直到3月31日，该师都在大柏林师后方担任预备队，并先后隶属于第39装甲军和第101军。

在整个3月，第25装甲掷弹兵师共有2116人阵亡、受伤、失踪和伤病，并收到了大约1000名补充兵，纸面人数大约为12000人，但仍比15000余人的编制人数少约3000人，而且这些数字完全无法反映一线各营的惨重损失。全师可用的装甲车辆包括1辆三号坦克、4辆四号坦克、21辆豹式坦克和42辆各种突击炮。

① 原文并未给出该团的番号。

师长布尔迈斯特少将还在4月1日的报告中指出，整个部队状况很差。由于伤亡惨重，其训练水平则继续滑坡。鉴于在解救屈斯特林的行动结束后，该师将被调往后方待命，布尔迈斯特希望利用这段时间对部队开展高强度训练，并将各种战术单位有机整合在一起。经过30天的战斗，对于士气问题，布尔迈斯特似乎和3月1日保持着相同观点："战局严峻，所有官兵忧心忡忡。但每个人都明白，必须坚持到最后。"在整个3月，该师的伤亡比上月略高——共有2385人阵亡、受伤、失踪或生病，但收到的补充人员只有943人；伤亡的连长多达27人，但只有3人作为补充抵达部队。另外，各单位还急需包括1500支步枪和159挺机枪在内的一批轻武器。[445]

4月2日，根据编号为OKH/Gen StdH/ OpAbt I/Nr.Z/ 1544/45 geh.的命令，该师被改编为45年型装甲师。[446]面对人力和物资短缺，德军只能压缩各师的规模，上述报告就是证明。考虑到纳粹德国在1945年初的处境，其人员补充体系的持续运转无疑是一个重大成就。但这也带来了一个恶性循环——经过缩编，各师的战斗力不断下降，而且新抵达的补充人员并没有经过充分训练，这反过来加剧了他们的战场伤亡。

4月16日（即苏军打响总攻的当天）18点，该师接到命令，要求派遣位于温斯多夫（Wünsdorf）的杜赫罗装甲连（Pz.Kp. Ducherow）与明谢贝格装甲师的第26装甲团第3连和库尔马克装甲师的勃兰登堡装甲团第4连①等单位开赴明谢贝格地区。[447]但这一命令从未得到执行。与此同时，面对苏军的压力，该师主力则与第5猎兵师和第606特别师等友军一道向北撤退，并被党卫军第3（日耳曼）装甲军吸收。

第25炮兵团第1营通信分队的W.齐格勒（W. Ziegler）军士长记录了苏军总攻最初几天的情况。他提到，苏军的空袭干扰了奥得河前线的部队调动和通信，在他的营，通信更是被彻底切断，并导致第25装甲掷弹兵师未能集中兵力发起反击：

---

① 原文如此，此处存疑，第26装甲团似乎应为第29装甲团，勃兰登堡装甲团第4连当时也不在温斯多夫，而在泽劳镇以南、弗里德斯多夫附近的一片森林中。

本报告是本人在30年后凭记忆撰写的。由于本人的日记在被俘期间丢失，所以人名和地名有时并不完全准确。

1945年4月15日，第25炮兵团（摩托化）第1营在屈斯特林西北的弗里岑附近。营部连后勤纵队位于一小片森林的边缘，这里的主无线电台原本由我负责，但当时被一名可靠的老电台操作员——赫尔穆特·黑尔曼（Helmut Herrmann）一等兵暂时接管。

在这个周日上午，几天的平静被突然打破。大约6点，我们被雷鸣般的炮击惊醒，声音从东北方传来，持续不断。这就是等待已久的苏军攻势吗？

大约22点，所有人即将就寝，这时我被无线电主管［似乎叫奥皮茨（Opitz）］叫醒，他告诉我，他刚给全营的后方支援部队搞到了一些设备，我将负责组装，并将其架设在充当营部连“办公室”的巴士上，以便让指挥部直接联络后方支援部队。

4月16日，苏军又一次替营部值班军士叫醒了睡梦中的士兵。大约6点，隆隆炮声再次响起，覆盖了我们当面的整个区域。现在不用怀疑了：大事即将发生！

无线电静默大约在7点被打破，主无线电台传来呼叫——“敌军在宽大战线上发动进攻。中断一切无线电训练。人员各就各位。电台操作员齐格勒在9点就位。”

我把这份报告转交给连军士长海纳·特里克（Heiner Trick），并开始考虑怎样处理昨晚抵达的电台设备。按照一份加密无线电报，指挥部要求尽量按计划架设电台。

我们立即开始工作，但这并不容易。很多工作只能将就。重型设备的连接是不能有疏失的。其中一个关键部件——带挂钩的天线框架——之前曾安装在1辆普通无线电通信车上，但此时不翼而飞。快到11点，全部工作才圆满完成。发电机开始为12伏电池充电。

我坐下打开各种仪表。电压表显示通电情况正常。随着我用键盘打出摩尔斯电码，天线安培数开始不断跳动，这表明无线电设备运转良好。电文刚发出，主电台就有了回应。在回电时，戴着耳机的我感觉有引擎声透过森林传来，而且愈加洪亮，接着就是炸弹坠落的声音——空袭！

我本能地拔出耳机插头，然后一跃而起，戴着耳机冲出敞开的巴士车门，径直钻进大车轮附近1个1米深的坑。炸弹在周围爆炸，冲击波穿过空气，让沉重的巴士底盘左摇右晃。

然后是一片平静。仿佛奇迹一般，人员和设备都安然无恙。我迅速恢复了无线电通信。而且信号很好。我命令来自慕尼黑的列兵迈尔（Meier?，他最近才被补充进我们部队）[①]立刻开始使用新架好的电台，准备每半小时接收一次信息——除非上级另有指示。

我自己的无线电排此时已做好了出发准备。我向连军士长海纳·特里克报到，他说："还会再见！"我心里也是这么想的。但没人想到，这一别竟成为永诀。我告诉留在后方的穆勒（Müller），运输车的油箱快空了，得向油罐车司机要一罐混合燃料，然后就离开了。

我们沿途穿过森林，向东前进。在离出发地不到200米的地方，我们看到了第一个弹坑——这是个大洞。树木被炸得支离破碎，四散在周围的丛林中。

然后我们进入了开阔地，路旁只有几棵树木。当时阳光明媚，是理想的飞行天气，但只有苏军能享受它们。我打开舱门，进入无线电通信车的驾驶室就座——从这里伸出头就可以观察到四面八方的情况。

突然，我看到地平线上有许多黑点迅速变大。我下令在一棵树旁停车，进入路旁的沟渠寻找掩护。炸弹在我们前面约1公里处爆炸。随后，投弹的双引擎飞机从我们身边低空掠过。不久，我们重新开车上路，并经过了这次炸弹袭击的目标——一支开赴前线的步兵部队。倒霉的是，他们有2人阵亡，若干人受伤。

当时是中午12点——按照计划，我们应该与后方纵队的无线电台相互通信。我们在行驶途中试了整整5分钟都毫无效果——难道穆勒第一次犯了错？

不久，我们抵达了目的地。面对敌军火炮的袭扰射击，我们只好躲到厚墙背面——不仅是为了躲开弹片，也是为了保护宝贵的通信车辆。0时30分，我们又给后方纵队的无线电台打电话。但没有人接。发生了什么事？

---

① 原文如此，他和后文中的穆勒似乎为同一人。

大约13点的时候，营部一行人在转移阵地期间穿过我们的村庄。我向营通信官报到，再次接管了主无线电台。无线电操作员赫尔曼（Hermann）去了一个步兵营。

我们在某座城镇郊外掘壕据守。这时，我们的通信官兼营部连连长——一位中尉前来问我："为什么联络不上后方纵队？"可以看出他当时十分恼火。但我只能回答："确实。"

对一个通信兵来说，这种情况是非常尴尬的，我内心十分不安，因为保障无线电通信正是我的责任。由于通信中断，我们只好拜托一名摩托车传令兵去申请弹药和燃料。

突然，我听到无线电通信车里有人喊我。我迅速赶了过去。听筒旁的电台接线员急匆匆地告诉我，有一个不明身份的电台正向我们呼叫。我立刻戴上耳机，里面清晰回响着我们的呼号。

这种来自本单位网络之外的通信很不寻常，并让我非常激动。我一手压着摩尔斯电键，一边查找着呼号表，试图确认呼叫者的身份。原来，对方是我营的1个炮兵连，他们发来了一个由两部分组成的信息。我逐个字母地记录着其中的内容，我的同志们则开始破译。

这条信息回答了通信官反复提出的问题："为什么联络不上？"它写道："营部连后方纵队遭到猛烈轰炸。连军士长海纳·特里克受重伤，6名士官受轻伤。电台巴士被完全摧毁！"

我们在傍晚时分转移阵地，准备趁夜色奔赴新集结地，与后方纵队会合。从原本负责电台的列兵穆勒口中，我们了解了事情的原委。在我和无线电员们离开补给纵队后，穆勒便开始准备第一次试通信。由于发电机故障，再加上燃油耗尽，在我向他发报10分钟后，他才处理完所有问题。

在此期间，穆勒带着油罐匆匆去了装甲车辆藏身的森林边缘。当第2次空袭时，他正和司机带着满满一桶二冲程油机专用的混合燃油返回。重磅炸弹的猛烈爆炸响彻森林。几分钟后，空袭终于结束。穆勒不想错过与我的联络，立刻跑向电台。

从远处，他看见树木间冒出浓烟，还能听见呼救声。几分钟前巴士停靠的地方只剩下一堆冒烟的碎片。一枚炸弹直接命中了巴士的发动机。连军士长海纳·特里克头部严重受伤，下午不治身亡。布伊尔（Buyer）下士被一块弹片击中肺部，虽然身受重伤，但活了下来。[448]

另一份记录来自第119装甲掷弹兵团第2营的G.哈恩（G. Hahn），他和部队于1945年4月初部署在泽劳高地。他在记录中提到，上下级指挥部的联系几乎被完全打乱——这种情况在战斗最初几天非常普遍。各步兵连只好各自为生存而战，并在撤退时与其他部队混杂在一起。与此同时，苏军坦克则沿着奥得沼泽中崎岖的单行道推进，并经常成为德军猎杀的对象：

1945年4月16日，在屈斯特林附近，苏军打响了对柏林的总攻。炮击和空袭极为猛烈，这是我们始料未及的。我们的师当时担任预备队，并在4月16日—17日夜晚投入了支离破碎的奥得河前线。其中，第119装甲掷弹兵团第2营的作战力量被派往弗里岑以南8公里处、库纳斯多夫（Kunersdorf）附近的旧奥得河沿岸。[449]

在这条奥得河旧河道形成的平原上，该营击退了几次步兵进攻，但由于炮火猛烈，自身也伤亡不少。傍晚时分，勇敢的第119团俨然成了怒涛中的孤岛，而敌人已经夺取了泽劳高地——抵达了该团后方数公里处。夜里，农庄和城镇像火炬一样燃烧着，给人诡异的感觉，而且我们营似乎陷入了包围。

每个人都在等待撤退的命令——我们一次次用无线电询问团部，但不过是徒劳无功。每个人都很清楚，末日也许明天就会降临。死者在夜间被埋葬，伤者被尽可能送往后方——至少是设法运到别处。在此期间，一位上士甚至为前线运来了一些食物和弹药。他报告说，补给纵队和后方部队要么被敌人击溃，要么正在夺路而逃。

我们就这样等待着4月18日的到来。最后——当时已是白天——有一道救赎般的命令从无线电中传来："9点出动，炮兵发射烟雾弹掩护！"

但就像是全程在监听一般（作者按：监听的苏军很可能得到了"塞德利茨部队"的帮助），落在阵地上的苏军重炮火力越来越猛烈，而且任何一点风吹草动都会招来狙击手的注意。伤亡人数在攀升。我们只能假设传令兵已顺利把行动指令下发给了各连。

9点已到，等待烟雾弹的我们什么都没有看到！10分钟后，营长下达命令："起来，出发，出发！"

迎着枪林弹雨，我们拼命沿着一片狭长的地带猛冲，炮弹在周围爆炸，机枪将人成片割倒，但我们顾不上这么多。大约1公里后，这条狭长地带在泽劳高地脚下的一片森林（作者按：当地位于高地北端）延伸到了尽头。

营部和警戒部队冲到森林边缘时只剩下15个人，而且都累瘫在地，只能一边喘气，一边等待各连到来。

敌人的火力越来越弱，最后完全停止。森林中一片寂静。我们只能听到心跳和沉重的喘气声。最后，我们又找回了生存的意志。回去的路线已在地图上确定。我们分头警戒。但对各连的等待完全是徒劳——没有任何动静，甚至用望远镜也看不到任何情况。

难道传令兵没有抵达部队吗？或者战友们还没有摆脱敌军？要不就是苏军在我们行动时冲入了阵地？

半个小时后，我们又悄悄动身，避免发出噪音，我们全神贯注，武器上膛，随时准备开火，一路穿过森林登上高地。

在抵达森林另一端之前，一行人放低了身姿。我和营部人员匍匐前进，透过望远镜打量这片地形：前面是一片开阔的草地，中央是座山丘，山丘顶上是莫格林庄园（Möglin estate），当地距我们大约1.5公里，可以辨认出庄园内的炮兵车辆。

这时，一个穿制服的人从右边几百米外的森林中走出来，我站了起来，想打出继续前进的手势。但对方像我一样停顿了一下——这显然是一个伊万。当他返回森林时，我叫我们这群人赶紧离开。

我们走出森林，沿着山路向农庄跑去。来自森林边缘的火力让我们加快了脚步。

最终，我们气喘吁吁地来到了莫格林。第一件事是对建筑物进行搜查。这里的住宅、马厩和谷仓都一片死寂。在住宅后面几米处，我们发现了两大堆稻草。突然，一名身穿黑色制服的德国军官从稻草里钻出来，自称来自（党卫军）弗兰德斯（志愿）军团（Flandrische Legion），并指挥着2辆突击炮。我们都喜出望外，因为他们有了护卫步兵，我们有了装甲支援。（作者按：不清楚这些突击炮来自什么部队，但不太可能来自党卫军弗兰德斯志愿军团，因为该部队在北面的第3装甲集团军境内；相反，他们更像是一千零一夜战斗群的下属单位）。

我们在住宅的底层布置防御，并用靠近地面的小窗充当射击口。营里的其他人员也陆续抵达，他们有的孤身一人，有的成群结队，其中一个人甚至携带着机枪。我们从突击炮上得到了弹带。现在，我们的“警戒力量”扩充到了大约35人！

没过多久，有哨兵报告说，苏军步兵正从我们走过的上山路靠近莫格林。但幸运的是对方人数有限。我们让他们靠近，然后开火。那些没有被打倒的人都跑回了森林里。

伊万随后又试图从另一侧进攻，但和我们保持着距离，还挖掘了掩体。狙击手监视着我们这座要塞的入口，并导致一些人受伤。随着形势恶化，一系列问题在我脑海中浮现：我们还能转移吗？去哪里？哪个方向？从地图上，我们无法判断哪些道路仍未被敌人控制。

突然，窗口的哨兵望着莫格林村的方向大喊道：“森林边缘有坦克！”我跑到窗户边，看到森林里钻出12辆T-34——它们排成一字纵队，出现在2公里外通往莫格林村的道路上。

当然，突击炮的指挥官也注意到了敌情，他的2辆车刚好处在理想的伏击位置上。

这些坦克排成紧密队形鱼贯前进，队伍因为不时提速而出现空隙。苏军车长们把胳膊架在炮塔舱口向外张望，从望远镜中可以清晰地看到他们的身影。我有些担心：身后是苏军步兵，前面是T-34坦克！他们想直接前往村内！

哨兵喊道：“他们过来了！”事实上，这些T-34已经开上了通往庄园的道路，与我们相距还有500米。每个人都脸色苍白，但突击炮的存在给了我一点信心。

但他们为什么不开火呢？我靠在小窗上。打头的T-34距我们只有300米。我正准备咒骂——这时，一阵猛烈的爆炸把我震倒在地。我几乎以为房子要倒塌了！

但一阵欢呼声让我重新站了起来。一辆突击炮击中了领头的T-34，另一辆则击中了队尾车，让目标燃烧爆炸。随后，队列中间的坦克也相继遭遇灭顶之灾。它们没有时间逃跑，也没有成员逃生，更不用说躲避火力。

由于炮声震耳欲聋，我们只能用手势祝贺驾驶突击炮的战友，对方则用手势表示，他们也希望尽快和我们一起撤离。

在此期间，敌军炮兵一直在向庄园开火，他们的机枪则疯狂扫射着建筑物的墙壁。窗户玻璃纷纷碎裂，不久，谷仓也燃烧起来。我们只能一个接一个地从房子后墙上的小落地窗逃离，因为谁都不想留下！我们将伤员装上突击炮，然后向弗兰肯费尔德（Frankenfelde）（位于当地西北方）前进。[450]

在柏林战役最初几天，该师拼死战斗，试图保持一条连贯的战线，但同样付出了高昂损失，尤其是第35装甲掷弹兵团的各营，经过4月17日—18日在弗里岑地区的防御战，该团第2营只剩下150—200人。第119装甲掷弹兵团第2营的第5、第6和第7连也在4月18日之前惨遭歼灭。第292陆军高炮营的人员和装备同样损失惨重，营长冯·里彭上尉身负重伤，职务被格茨（Götz）上尉接过。[451]第35装甲掷弹兵团残部坚守弗里岑直到4月20日，为避免遭到围歼，残余人员在奥托·鲍曼（Otto Baumann）上尉的指挥下向西北方的菲诺运河突围。与此同时，第119装甲掷弹兵团也在黑克尔贝格（Heckelberg）西北方1公里处为生存而战——该团刚刚失去了团长胡斯（Huss）中校，随后，师部副官费尔曼（Fellmann）少校接管了这支遍体鳞伤的部队。[452]

4月18日—25日，该师大致沿着新特雷宾–库纳斯多夫–沃韦克马林贝格（Vorwerk Marienberg）–莫格林–舒尔岑多夫（Schulzendorf）–哈塞尔贝格（Haselberg）–比尔鲍姆–菲诺–布霍夫农庄一线且战且退，然后于4月23日渡过菲诺运河，来到新鲁平–特申多夫（Teschendorf）地区，并在当地被编入党卫军第3（日耳曼）装甲军。

4月23日清晨，党卫军第3（日耳曼）装甲军奉国防军最高统帅部之命向南朝柏林发动进攻。进攻部队兵分两路，在奥拉宁堡和埃伯斯瓦尔德之间各建立了一座桥头堡——位置恰好靠近整段战线的两个三等分点。参与本次进攻的部队五花八门，其中就有第25装甲掷弹兵师下属的第125装甲侦察营。整个行动在清晨开始，令掩护朱可夫北翼的波兰部队措手不及。很多波军士兵几乎是望风而降。包括第125装甲侦察营在内，该军的前锋长驱直入10公里，并抵达了万德利茨湖（Wandlitzer See）正北方的温希肯多夫（Wensickendorf）和克洛斯特菲尔德（Klosterfelde）镇。但当地离柏林北郊仍有50公里，而且波兰第1集团军迅速掉头向北，开始主动发起反击，并在当天下午将德军逼退到菲诺运河对岸。[453]

在这种情况下，国防军最高统帅部又命令党卫军第3（日耳曼）装甲军向西面的奥拉宁堡转移。当时，苏军已渡过哈维尔河，并在第3装甲集团军的后方攻城略地。该军的任务是向南发动反击，从侧翼切断苏军装甲矛头与后方的联络。为了这次行动，他们还将吸收因缺乏车辆而无法机动的第7装甲师，以及第3海军步兵师和党卫军第7装甲掷弹兵团一部等单位。但此举却和维斯瓦河集团军群的想法相左——尤其是在第25装甲掷弹兵师和第7装甲师的部署方面。

4月24日晚，第25装甲掷弹兵师在奥拉宁堡西北方的纳森海德（Nassenheide）集结。次日，他们作为主攻部队发起反击，试图切断渡过哈维尔河的苏军。其间，该师渡过鲁平运河向南推进，一直抵达盖门多夫火车站（在奥拉宁堡以西4公里处），但之后进展甚微。[454]在当地，其下属单位构建了一个桥头堡，以便为党卫军第3（日耳曼）装甲军其他部队继续推进创造条件——但这些部队都没有抵达现场。[455]4月26日6时，该师试图扩大桥头堡。但此时波兰部队已从德军的反击中缓过神来，并开始不断增兵。在此期间，第119装甲掷弹兵团第2营向纳森海德以南的森林地区挺进，当地驻扎着一些刚赶到的波兰部队，在师先头部队穿过鲁平运河继续前进期间，这些波兰部队带来了一定威胁。在战斗中，德军歼灭了这些波兰小股部队。同时，第35装甲掷弹兵团也进入前一天建立的桥头堡，并开始迎着波军越发顽强的抵抗继续向南推进。在前进期间，有几个地段发生了殊死的白刃战。波军各营在坦克支援下多次冲击德军防线，第25装甲掷弹兵师的下属单位则针锋相对地发起反击。直到此时，桥头堡的增援部队才最终抵达，他们是第7装甲师的几个营，实力非常虚弱，几乎无助于向南推进。到了晚上，波兰第1集团军调集了2—3个师的兵力，并用重炮反复轰击，但到当天结束前，他们都没能撼动德军的阵地。

直到4月27日，第25装甲掷弹兵师都守卫着桥头堡，但损失也在持续加剧。第35装甲掷弹兵团第2营在盖门多夫以南的森林中与波兰部队陷入了残酷的白刃战。同时，波兰军队设法越过菲诺运河，进入东北部的萨克森豪森（Sachsenhausen），令西南部的德军桥头堡侧后受敌。该师被要求坚守阵地，以便重新向柏林进攻，同时他们还得到消息，施拉格特步兵师即将从易北河沿线赶来。但海因里齐却不愿让第7装甲师和更强大的第25装甲掷弹兵师执行这项任务。前一天，苏军刚刚突破了第3装甲集团军的前线，维斯瓦河集团军群的残余部队危在旦夕——他需要这些部队抵御苏军的推进。不顾国防军最高统帅部的要求，海因里齐秘密命令第25装甲掷弹兵师和第7装甲师脱离党卫军第3（日耳曼）装甲军的管辖，并放弃盖门多夫桥头堡向北撤退。4月27日—28日晚间，第25装甲掷弹兵师成功与波兰第1集团军脱离接触，并经勒文贝格和格兰塞向西北开赴新施特雷利茨地区。由于这一行动，凯特尔很快就以“抗命”为由解除了海因里齐的职务。[456]

随后，第25装甲掷弹兵师与第7装甲师以及大德意志师的1个团在新施特雷利茨组成了一个战斗群，而施拉格特步兵师则被调往新勃兰登堡填补战线缺口，阻止苏军包抄撤退中的维斯瓦河集团军群。4月27日—28日晚间，苏军坦克抢先攻入新勃兰登堡，并向南朝新施特雷利茨进军，让上述计划失去了意义。面对这种情况，第25装甲掷弹兵师自行决定向新施特雷利茨撤退，并在28日中午时分抵达该镇，师部也在当地落脚。由于缺乏燃料，这次行程充满曲折，而且道路被“充斥着难民、集中营囚犯、外国工人、战俘、溃军和逃兵的队伍堵塞——情形难以描述”。[457]这些景象显然深深触动了该师的官兵。他们一路还经过了霍亨齐里茨（Hoehenzieritz）——看到这座前普鲁士王后的庄园即将被苏军占领，甚至化为瓦砾，很多人内心不禁泛起一种悲凉感。

4月29日，命令要求第35装甲掷弹兵团部署在托伦瑟湖（Tollense See）以东地区，即新勃兰登堡至新施特雷利茨一线，守住经过湖区通往西方的狭长通道。但这道命令根本不切实际，因为苏军早在前一天便占领了新勃兰登堡。该团在乌萨德尔（Usadel）以北约5公里处遭遇苏军，并迅速转入防御，其辖下的第1营和第3营分别在主干道东西两侧展开。这些装甲掷弹兵立刻遭到了苏军步兵和坦克的联合攻击，但经过几轮白刃战，该团守住了阵地。鉴于形势危急，而且随时可能变化，该师的第119装甲掷弹兵团第2营奉命从新施特雷利茨出发，向西从勒伯尔（Röbel）和马尔肖（Malchow）前往马尔肖湖（Malchower

See），并在湖的南岸为该师建立一条警戒线。

与此同时，位于托伦瑟湖东岸的第35装甲掷弹兵团则向西撤退，与敌军脱离接触，并在新勃兰登堡以西建立了一条新防线，该防线一直延伸，并绕过了托伦瑟湖的南端。不久，该团便遭到了苏军的打击——这些苏军是近卫坦克第3军的前锋，正在从普伦茨劳突破口向西长驱直入。激战随之爆发。第35装甲掷弹兵团损失惨重，几乎全军覆没，但由于领导层的巧妙指挥、出色的战术技巧，以及苏军埋头西进、无暇他顾（这妨碍了他们发扬火力和机动性优势），该团仍然得以侥幸逃脱。

第5装甲营和该师的其他机动部队则被迫从新施特雷利茨向南行军40公里，前往名叫舒尔岑霍夫（Schulzenhof）的小村庄。在当地，他们与向西推进的苏军机械化第3军进行了战争中最后一场机动坦克战。

有报告显示，到4月30日，该师已是人心涣散。经历了奥得河前线的后卫战，对柏林的最后解围，以及对第3装甲集团军残余部队的掩护行动之后，很多士兵变得愤愤不平，因为他们看到许多德军直接丢下武器，向西方逃去。其中就有第281步兵师的部分人员，在看到这一幕后，第25（摩托化）炮兵团团长克斯腾（Kersten）中校在一份局势报告中讽刺地写道："我们正在掩护逃兵撤退！"[458]

在战争临近尾声时，该师沿着施特雷利茨（Strelitz）–格维津（Gevezin）–福斯费尔德农庄（Gut Voßfeld）–德文（Deven）–佩恩豪瑟（Peenhäuser）–泽赫纳农庄（Gut Zehna）–罗滕农庄（Gut Rothen）–平诺一线撤退。得益于第119装甲掷弹兵团最后在达门附近的抵抗，该师没有被追击的苏军装甲部队切断，并于5月3日在什未林地区向美军投降。[459]

奥得河前线的高级勋章获得者：

骑士十字勋章——1945年2月24日，库尔特·阿伦特（Kurt Arendt）上尉，第5装甲营营长；1945年3月5日，路德维希·西蒙（Ludwig Simon）少尉，第35装甲掷弹兵团第2连代理连长；1945年4月14日，塔达乌斯·蒙斯特（Thadäus Münst）下士，来自第125装甲侦察营第1连；1945年4月17日，霍斯特·吉泽少尉，来自第5装甲营第2连。

第169步兵师

指挥官：

格奥尔格·拉齐格（Georg Radzig）中将。

作战参谋：

申恩（Schuen）少校。

部队类型：

45年型步兵师。[460]

战斗力水平：

第3级，马匹到位率100%/机动车辆到位率100%。4月7日，作战营的兵力估计为3250人（含第1242军官候补生团）。师属炮兵部队包括6个轻型炮兵连。此外，全师还拥有10辆完好的追猎者坦克歼击车和9门重型反坦克炮。[461]

战斗序列：

师部、第378步兵团、第379步兵团、第392步兵团、第230炮兵团、第230工兵营、第230装甲歼击营、第230通信营、第230侦察连①、师属野战补充营和师属燧发枪手营。

作战综述：

战争期间，第169步兵师绝大部分时间都部署在芬兰和挪威。

2月1日，该师拥有8681支步枪（Kar 98K）、100支狙击步枪、60支自动步枪（StG. 44）、395具枪榴弹发射器、649支冲锋枪（MP 38/40）和2076支手枪等德制武器，以及包括57挺苏制轻机枪和11挺捷克制轻机枪在内的缴获武器。[462]3月3日，希特勒命令该师前往奥得河战线后方待命。[463]闻讯，其下属部队立刻分两批从挪威出发前往丹麦，其中第1个团级集群于2月27日—28日离开奥斯陆，下属单位包括1个掷弹兵团、1个轻型炮兵营和1个工兵连，其他单位则在3月5日启程。[464]根据陆军最高司令部3月16日提交的报告，运输该师第2个团级集群的10艘船只仍然没有到位，这表明其调动至少被耽搁了两周之久。[465]

最初，该师计划作为陆军最高司令部预备队前往柏林以西的德布里茨训

① 原文如此，该连已被并入师属燧发枪手营。

练场[466]。但由于前线局势，这一设想很快被推翻——该师一抵达德国，便立刻乘火车赶赴奥得河前线[467]，以填补3月底4个装甲师调走之后的兵力真空。

3月25日，第169步兵师抵达前线，所辖地段位于库尔马克装甲掷弹兵师和第712步兵师之间，上级是党卫军第11装甲军。4月7日，该师还得到了第1242军官候补生团与第26要塞反坦克炮分队第6、第7和第10连的加强。4月14日和15日，该师参加了抵御苏军首轮进攻的战斗，并沿莱特宛–波德尔齐希公路进行了局部反击。在4月16日和17日，柏林战役打响之后，该师坚守阵地，多次挫败苏军的攻势。4月18日，苏军终于突破了该师的防线——随着下耶萨尔（Niederjesar）失守，其下属部队相继陷入孤立。在第9集团军被包围之后，第169步兵师比其他各师更好地保持了凝聚力。报告显示，在4月23日之前，该师一直牢牢控制着包围圈北面的阵地。随后一周，该师进行了一系列防御战，并与第9集团军一道从哈尔伯地区向西突围，其幸存者最终在易北河畔向美军缴械投降。

<u>奥得河前线的高级勋章获得者：</u>

骑士十字勋章——1945年5月9日，格奥尔格·拉齐格中将，第169步兵师师长。

拉格纳师/第286步兵师

<u>指挥官：</u>

3月—4月8日，阿道夫·拉格纳少将；

4月8日—投降，埃莫·冯·罗登（Emmo von Rhoden）少将。

<u>作战参谋：</u>

迈尔（Meyer）上校。

<u>部队类型：</u>

45年型步兵师。[468]

<u>战斗力水平：</u>

第4级，马匹到位率60%/机动车辆到位率40%。4月7日，作战营的兵力估计为2900人（含4个兵力不足的国民突击队营）。此外，该师还拥有2个轻型和2个重型炮兵连，外加3门重型反坦克炮。[469]

战斗序列：

2月1日至3月12日，拉格纳特别师由以下单位组成：黑森国民突击队营、波茨坦国民突击队营、冲锋队统帅堂旗队野战补充营（Feldersatz- Bataillon der SA-Standarte Feldherrnhalle）、1个警备营、1个帝国劳工组织营、党卫军炮兵教导团第3营（III./SS-Artillerie-Lehr-Regiment）。

作为“格奈森瑙动员”的一部分，德军又于3月21日在此基础上将多个警备营和国民突击队营并入本师，还删除了番号中的“特别”字眼。这些新单位具体包括：贝克尔掷弹兵团（Grenadier-Regiment Baecker，含团部、团部连和2个营，包括部分预定退伍的党卫队人员）、冯·彼得斯多夫掷弹兵团（Grenadier-Regiment von Petersdorf，含团部、团部连和2个营，一部分人员来自国民突击队，上级要求该师用军官候补生团的士兵进行替换）、第1237军官候补生掷弹兵团（含团部、团部连、2个营、第13连和第14连）、1个组建中的燧发枪手连、1个计划在未来组建的工兵连、第511混编通信连、组建中的师作战学校、1个机动车辆连、1个畜力运输连和1个行政连。[470]

4月8日，该师在另一轮重组后改名为第286步兵师，并吸收了第433步兵师和第463步兵师的剩余力量。[471]此时，其下属单位包括：第1237军官候补生掷弹兵团、美因法兰肯国民突击队营（V.St.Btl. Mainfranken）、德累斯顿国民突击队营（V.St.Btl. Dresden）、上多瑙国民突击队营（V.St.Btl. Oberdonou）、多尔林警察营（Pol.Btl. Döring）。

作战综述：

该师师长阿道夫·拉格纳少将是一名战场老兵，曾在战争初期率领步兵营和步兵团参加了西线和东线战役，并晋升为上校。1941年12月，他在东线身受重伤（失去一条腿，另一条腿重伤），随即被调往第3军区领导康复士兵训练，接着又在1944年成为第9军官候补生学校校长。1944年3月，拉格纳荣升少将，在苏军发动维斯瓦河–奥得河战略进攻行动之后，他奉命接管了瓦尔塔河附近的波美拉尼亚防线。但这道防线很快失守，大约1月25日至2月初，他一度被任命为屈斯特林要塞司令（参见《屈斯特林要塞》一节的《作战概要》部分），直到赖涅法尔特走马上任。在莱特宛凸地，拉格纳接管了1个以他命名的特别师，即拉格纳特别师。该师成立于1月底，又被称作拉格纳战斗群，成员多半是乌合之众，任务是坚守克莱辛–乌尔登–波德尔齐希这个关键的三角区域（即所谓的莱特宛凸地），阻止苏军在奥得河西岸继续推进。该师的防区非常漫长，而且没有通信、侦察、后勤部队和参谋人员，只在波德尔齐希设置了临时师部。其下属单位的部署情况为：

黑森国民突击队营——位于莱布斯

波茨坦国民突击队营——位于波茨坦[①]

冲锋队统帅堂旗队野战补充营［即布登贝格营（Bataillon Buddenberg）］——位于乌尔登

警备营——位于波德尔齐希附近的“莱特宛之鼻”（Reitweiner Nase）

帝国劳工组织营——位于格里茨以西的奥得河西岸

党卫军炮兵教导团第3营［来自贝内绍（Beneschau）的党卫军第2炮兵学校，指挥官可能是舒内曼（Schünemann）党卫军中尉］——位于马尔诺（Mallnow）附近

2月初，鉴于苏军可能从莱特宛附近渡过奥得河，该师的帝国劳工组织营立刻奉命赶赴当地，并在西岸构建工事。面对进攻，该营被迫撤退，莱特宛也随之沦陷。维斯瓦河集团军群认识到形势的严峻性，并命令库尔马克装甲掷弹兵师的作战参谋——霍普夫加滕（Hopffgarten）少校——临时前往拉格纳师，以协助开展参谋作业，协调部队指挥。另外，由于库尔马克装甲掷弹兵师也即将抵达，霍普夫加滕此行也有“打前站”的意味。

苏军指挥层立刻意识到德军在格里茨以西有一处致命弱点，并决心扩大桥头堡，占领莱特宛凸地——如果目标实现，北面的奥得沼泽将被他们尽收眼底。而苏军最渴望的是立刻扩大莱特宛凸地以南的桥头堡，并攻占波德尔齐希镇——因为只要该镇陷落，攻占克莱辛和乌尔登将如同探囊取物，至于莱布斯和戈里茨之间的奥得沼泽也将被他们尽收眼底，那些未来试图跨过泽劳高地、

① 原文如此，此处有误，似乎应为克莱辛。

向柏林进攻的大部队也将不必担心来自南翼的威胁。此外，他们还计划夺取更南方的莱布斯，以此充当进攻马尔诺与克莱辛–乌尔登–波德尔齐希三角地、突入泽劳高地后方的跳板。但另一方面，维斯瓦河集团军群也认识到，苏军极有可能从这几座“品”字形的村庄包抄泽劳高地，并决定大举增援。另外，也正是出于这种担心，让海因里齐在3月下旬下达了建造哈登贝格防线的命令。

2月4日傍晚，苏军向莱特宛凸地北缘投入了新预备队，并将拉格纳师下属的警备营击退到了高地另一侧的波德尔齐希。

（参见地图26）

鉴于形势，拉格纳特别师立刻向奥得河畔法兰克福地区的党卫军第5山地军告急，但在法兰克福和屈斯特林之间，可以参战的预备队只有2支，即位于波德尔齐希以南的库尔马克装甲掷弹兵团第1营［营长：彼得雷特（Petereit）少校］和勃兰登堡装甲团第1营（关于库尔马克师和勃兰登堡装甲团的详细信息，可参见“库尔马克装甲掷弹兵师”一节）——他们立刻奉命向莱特宛以东的格里茨渡口发起反击。与此同时，拉格纳特别师还对师属警备营和统帅堂野战补充营发出了如下命令：

统帅堂营应跨过乌尔登–莱特宛公路发起攻击。警备营应沿着波德尔齐希–莱特宛公路，进攻莱特宛凸地上的敌军，并首先占领莱特宛村。

勃兰登堡装甲团第1营（豹式坦克营）的主力应首先沿波德尔齐希–哈特诺（Hathenow）前进，并在抵达砖厂后向东转向，与统帅堂营和警备营一道进攻和夺取莱特宛村。党卫军炮兵教导团第3营将从马尔诺附近的阵地支援进攻——这次进攻将在（2月4日）17点开始。[472]

1小时后，该师还向库尔马克装甲掷弹兵团第1营发布了如下命令：“第1营需越过奥得河西岸的克莱辛北缘，向格里茨渡口进攻，切断守敌与外界的联系。”[473]当天晚上，虽然该师的2个营和装甲部队均按计划出动，但未能摧毁苏军的桥头堡（详情参见下文“库尔马克装甲掷弹兵师”一节）——因为苏军早已调来反坦克炮，还挖掘了工事。统帅堂野战补充营向东北方进攻，但面对敌军的防御火力，该营只得在乌尔登以北约500米处转入防守。警备营则在莱特宛凸地西南边缘被打得溃不成军。夜袭原本就困难重重，而且参战部队没有通信设备，根本无法协调行动。这导致2个营很快被守军压制，至于实现目标更是无从谈起。

勃兰登堡装甲团第1营的豹式坦克则沿着波德尔齐希–哈特诺公路周围的平地，抵达了波德尔齐希北方的砖厂。随后，他们在夜幕下向燃烧的莱特宛村进发，但遭遇苏军的反坦克火力。由于抵抗猛烈，这些豹式坦克只好向砖厂撤退，夜间，他们一直在拉格纳特别师敞开的左翼警戒。在波德尔齐希东北部，警备营则在1个豹式坦克连的支援下保住了这片重要区域。

午夜前不久，库尔马克装甲掷弹兵团第1营从波德尔齐希南部边缘向东推进。为了不打草惊蛇，他们沿着奥得河悄悄向北移动，一直接近到离渡口不到400米处。但这里早有重兵把守，在奥得河沿岸的草甸上，苏军用猛烈的反坦克炮和机枪火力扼杀了这次进攻。接着，苏军立刻发起反击，深深楔入了德军侧翼，一路朝克莱辛扑去。2月4日—5日夜间，库尔马克装甲掷弹兵团第1营奉命取消进攻，并向乌尔登转移。

2月5日黎明时分，苏军调来新锐部队，试图向西南和西面扩大桥头堡。趁德军不备，其中1个营在清晨攻击了克莱辛，另1个营则向新曼施诺（Neu-Manschnow）推进。克莱辛也是库尔马克装甲掷弹兵团第1营的后方集结区，激烈的白刃战随之爆发。德军的伤员——只要还能走路——都在营部军医的带领下拼死抵抗。正是因为库尔马克装甲掷弹兵团第1营的援救，这些伤员才能在全军覆没前逃出生天。击退苏军之后，按照拉格纳特别师的命令，库尔马克装甲掷弹兵团第1营被部署在克莱辛，其防区靠近乌尔登的统帅堂营，并与莱布斯的黑森国民突击队营保持着联系。与此同时，波茨坦国民突击队营的部分人员也加入了克莱辛守军。

大约9点，党卫军第5山地军军部在给拉格纳特别师的一份长途电报中表示，2月5日10点，他们已命令勃兰登堡装甲团第1营经哈特诺前往新曼施诺——该营将消灭从新曼施诺向基耶茨南缘推进的苏军，然后打通与屈斯特林要塞的联系，但在新曼施诺附近，面对猛烈的反坦克火力，第1营被迫后撤，在此期间有4辆豹式中弹，但仍有望在次日晚间回收。事后，该营回到了赫尔泽斯霍夫（Herzershof）和拉特斯托克，以确保部队左翼的安全。

2月5日晚些时候，库尔马克炮兵团第1营也被纳入拉格纳特别师。报告显示，“该营与（党卫军炮兵教导团第3营）最初协调不畅，但之后情况良好”。此外，一个来自德累斯顿军校的军官候补生团①也在当天傍晚抵达了下耶萨尔附近，其中1个营奉命前往波德尔齐希，第2个营将稍后部署在莱布斯。2月5日2时左右，上级命令该团加快行动，让1个营在黎明之前完成波德尔齐希地区的布防，并吸收撤到当地的警备营残部，另1个营则应在马尔诺附近担任师预备队——如果苏军从莱布斯向克莱辛–乌尔登–波德尔齐希三角地带突破，该营将立刻发起反攻。随后，第25装甲掷弹兵师的第119装甲掷弹兵团第1营（装备装甲运兵车）也赶来支援，并跟随拉格纳师一直战斗到2月底。

尽管拉格纳特别师在千钧一发之际得到了加强，但他们只能勉强守住伯格沃尔（Burgwall）–基耶茨南缘一线。另外，为了加强克莱辛–乌尔登–波德尔齐希三角地带，他们还被迫从左右两翼抽调部队。

1945年2月7日0时刚过，拉格纳特别师接到了党卫军第5山地军打来的长途电话，其中这样提到：

> 1945年2月7日中午，拉格纳师将按时间表接管库尔马克装甲掷弹兵师［师部位于利本尼琛（Libbenichen）］的下属单位。根据一份酝酿中的提案，后者的其余部分将被编入奥得河畔法兰克福要塞。[474]

在波德尔齐希东北部，拉格纳特别师得到了1个来自德累斯顿军校的军官候补生营，但后者直到2月6日晚间才抵达马尔诺以东的部署地点。

2月6日下午，一支团级规模的苏军突袭了德累斯顿军官候补生营在波德尔齐希东北方的阵地，一直突破到波德尔齐希–莱特宛公路一线。德军立刻在勃兰登堡装甲团第1营1个连［连长：陆军少尉罗特基希伯爵（Graf Rothkirch）］的支援下发起反击，把前线推进到71号高地两侧的森林边缘西南

---

① 即第1235军官候补生掷弹兵团，该团后来被库尔马克师吸收，并更名为库尔马克燧发枪手团。

方约700米处，让罗斯克（Röske）上尉的统帅堂营得以在高地上建立了1个坚固支撑点，苏军则被迫退回莱特宛凸地附近的森林。在形势平静之后，库尔马克装甲掷弹兵师接管了当地的防御。[475]不久，第25装甲掷弹兵师（见上节中关于该师的行动摘要）的部分人员也抵达当地，充实了波德尔齐希–莱布斯一带的守军实力。

3月12日左右，拉格纳荣升中将，该师也撤去了番号中的“特别”字样，并被改编为常规师——这项工作在3月17日完成，报告显示，其战斗人员一共有3266人。[476]同时（3月中旬），该师被调往奥得河畔法兰克福以南，师长拉格纳也在3月13日接到了新任务——前往易北河畔，接管马格德堡防御地带/马格德堡要塞。在当地，他积极主动地展开防御，阻止了美军扩大桥头堡的企图（参见下文“第12集团军”部分），并因此成为骑士十字勋章橡叶饰的第842位获得者。

在拉格纳离开后，该师师长由埃莫·冯·罗登少将担任，并在1945年4月10日改名为第286步兵师——这支部队的前身成立于1944年12月，后来在1945年3月被苏军歼灭于东普鲁士的新库伦（Neukuhren）①一带。[477]重建后，其师部设在凯泽米尔（Kaisermühl），主战线始于法兰克福要塞南部，并向南一直延伸到维瑟瑙（Wiesenau），左右两翼分别是党卫军猎鹰团和党卫军一月三十日师。

在4月16日，苏军打响柏林战役后，第286步兵师未能挡住苏军在左翼的突破，导致对方踏上了87号帝国公路，并给法兰克福–柏林高速公路带来了严峻威胁。但在党卫军猎鹰团和党卫军561装甲歼击营的协助下，该师最终巩固了阵地，并在4月18日顶住了苏军5个师和1个坦克军的攻击。但到4月19日，形势再次恶化，其右翼与党卫军一月三十日师失去联系，苏军从当地的突破口大量涌入。4月23日，维斯瓦河集团军群向陆军最高司令部报告：面对苏军进攻，第286步兵师力不能支，正在节节后退。[478]其残余部队大多加入了罗布迈尔战斗群（Kampfgruppe Lobmeyer）和波尔斯特雷战斗群（Kampfgruppe

① 即今天俄罗斯加里宁格勒地区的皮奥涅尔斯基（Pionersky）。

Polsterer）。后者由党卫军少校波尔斯特雷（Polsterer）指挥，并拥有党卫军猎鹰团第3营第11连等一系列其他单位。该战斗群在利希滕贝格西南的克鲁姆霍勒湖（Krumme Hölle）–普里斯特贝格（Pristerberg）[479]一线与苏军激烈战斗，之后开始向第9集团军包围圈内层撤退。4月26日，第286步兵师穿过哈尔伯地区，试图前往西方，最终于5月初向易北河沿岸的盟军投降。

奥得河前线的高级勋章获得者：

骑士十字勋章——1945年2月10日，安东·施密德（Anton Schmid）上校，第286步兵师战斗群代理指挥官（来自原第286步兵师）。

第303德布里茨步兵师

指挥官：

舒内曼（Schünemann）上校①。

作战参谋：

盖特纳（Geitner）少校。

部队类型：

45年型步兵师。[480]

战斗力水平：

第4级（或不确定），马匹到位率75%/机动车辆到位率80%。4月7日，作战营的兵力估计为2500人，炮兵包括6个轻型炮兵连，另拥有16辆突击炮、7辆四号坦克和11门重型反坦克炮。[481]

战斗序列：

1945年1月30日，根据编号为OKH/GenStdH/Org.Abt.Nr. I/650/45 g.Kdos的命令，德军以第611特别师师部为核心组建了德布里茨师。[482]其下属部队来源繁杂，包括1个装甲歼击营（由陆军最高司令部调拨）、第1036特别炮兵团团部、第234炮兵团第1营（来自第163步兵师）、第1184陆军独立炮兵营、1个来自德国空军的混编炮兵营和第6/VIII战斗群（Kampfgruppe 6/VIII，系工兵单位）

① 此处不确切，1945年1月31日至3月9日，该师师长由鲁道夫·许布纳少将（后晋升中将）担任；3月9日至4月21日，由瓦尔特·舒内曼上校担任；4月21日后，由阿尔宾·埃施上校担任。

等。该师的士官和士兵主要来自5个不同的行军营，即第957特遣步兵行军营［z.b.V. Inf. (SAF) 957］、第958特遣步兵行军营［z.b.V. Inf. (SAF) 958］、第991特别步兵行军营、第994特别步兵行军营和第1003特别步兵行军营。[483]

利用上述人员，该师组建了下列单位：师部、第300掷弹兵团、第301掷弹兵团、第302掷弹兵团、第303炮兵团、第303工兵营、第303野战补充营、第303装甲猎杀营、第303燧发枪手营、第303通信营和第303师属后勤团。

作战综述：

1945年2月初，德布里茨师抵达第9集团军前线，并于2月7日在弗里岑东北部构建了防御阵地。

3月17日，该师脱离第101军前线，前往旧图彻班德以南地区。同日的报告显示，该师的战斗兵力为3474人。[484]

透过该师成员京特·努尔曼（Gunther Nührmann）少尉的军人证，我们可以看到1945年德军补充体系的运作方式，而且其中的记录表明，在奥得河前线，许多官兵几乎没有时间与部队磨合。在分配到德布里茨师时，努尔曼只有20岁。1944年3月至10月，他曾跟随第83步兵师参加了东线立陶宛地区的战斗。在战火洗礼中，他于1944年4月16日获得了黑色战伤勋章，1944年10月2日获得了银质步兵突击章，又在两周后的1944年10月17日获得了银质战伤勋章。在战争结束前夜，他成为军官候补生，并先后在多个训练单位［包括第10车辆驾驶人员补充营基干人员连（Stamm-Kp.）、第490掷弹兵补充营基干人员连、第10机动车训练营第2连、第6掷弹兵补充与训练营第3连和第257掷弹兵团（第83步兵师）第6连第1排］任职。1945年2月初，他跟随韦茨拉尔第8步兵军官候补生学校（Schule VIII für Fahnenjunker der Infanterie Wetzlar）加入维斯瓦河集团军群，参加了莱特宛凸地以南、波德尔齐希–乌尔登公路沿线的激战，并在1945年2月12日获得了铜质近战勋饰。1945年3月1日，他又被调往库尔马克装甲掷弹兵师下属的第1242军官候补生掷弹兵团第2营营部——这一次，努尔曼发现自己来到了克莱辛，并且在3月初被苏军包围。克莱辛的战斗非常激烈，只是因为库尔马克装甲掷弹兵师的反击，受困的德军才勉强逃脱。第1242团第2营从当地生还的军官候补生后来都被火线提拔为少尉，努尔曼也不例外。在离苏军总攻仅有不到几周的时候，已成为军官的他被调往第303德布里茨步兵师。透过努尔曼的频繁调动，我们可以大致了解当时德军人员补充体制的运转情况。毫不奇怪，这种体制根本无法培养部队的战斗凝聚力——因为这种品质只有通过数月的训练才能形成。不仅如此，像他一样的士兵在奥得河前线也不在少数。

表30 第303德布里茨步兵师的日常兵力报告，1945年2月15日

	军官	文职人员	士官	士兵	共计	志愿辅助人员	德国人员
师部、师部地图分队和宪兵部队	26	2	61	87	176	–	176
步兵部队	135	9	807	4596	5547	354	5193
师属燧发枪手营	14	1	95	591	701	40	661
装甲猎杀营	18	2	186	392	598	19	579
炮兵部队	42	4	240	784	1070	–	1070
工兵部队	16	2	91	495	604	63	541
通信部队	12	1	64	227	304	11	293
后勤团	40	6	161	838	1045	179	866
共计	303	27	1705	8010	10045	666	9379
*不含德国空军高炮部队							

3月19日之后，第303德布里茨步兵师改由党卫军第11装甲军指挥，其新任务是用部分单位替换第25装甲掷弹兵师，以便后者从前线抽身。在此期间，德布里茨师主力部署在旧图彻班德附近，而第303燧发枪手营则和第1明谢贝格装甲掷弹兵团与第2明谢贝格装甲掷弹兵团的部分单位一道驻扎在新布莱伦/旧布莱伦庄园和库布吕肯近郊（Kuhbrücken-Vorstadt）一带。3月22日，苏军发动进攻，试图封闭屈斯特林要塞的陆上走廊，后几支德军部队随即被苏军的步兵第416师切断，并退入一个与屈斯特林要塞相连的小桥头堡。第303燧发枪手营也因此脱离了该师的建制。

3月23日，德布里茨师参加了对屈斯特林的初次解围行动。在其他部队解围期间，该师只进行了有限的进攻，但挡住了苏军的数次攻击，卡尔·福贝尔（Karl Fubel）中尉的第301掷弹兵团第1营更是因为作战勇敢而登上了《国防军公报》。[485]

4月14日，该师遭到苏军进攻，对方投入兵力多达3个步兵师，还拥有坦克支援（参见《奥得河前线1945》第1卷第11章）。战斗持续了2天，而这只是一个开始。4月16日，苏军在整个奥得河战线上打响总攻，德布里茨师再次损失惨重，师长身负重伤，前沿阵地也全部落入苏军装甲部队之手。在这种情况下，该师只好与库尔马克装甲掷弹兵师一道向多尔格林（Dolgelin）撤退。

4月22日，该师已失去凝聚力，下属各团被打散为许多小型战斗群，在第9集团军的包围圈内各自为战。随后，该师的残部向西南方的菲尔斯滕瓦尔德撤退，并在4月25日—26日向西朝第12集团军突围。

奥得河前线的高级勋章获得者：

不明。

第309大柏林步兵师

指挥官：

海因里希·沃伊茨贝格尔（Heinrici Voigtsberger）少将。

作战参谋：

布佐斯卡（Brzoska）少校。

部队类型：

45年型步兵师。[486]

战斗力水平：

第3级，马匹到位率70%/机动车辆到位率95%。4月7日，作战营的兵力估计为3800人（含配属给该师的第1234军官候补生团）。另外，该师还拥有3个轻型炮兵连、5辆三号突击炮、10辆“追猎者”坦克歼击车和12门重型反坦克炮。[487]

战斗序列：

本师的骨干来自第166步兵师和柏林卫戍团（大德意志卫戍团），其他单位则包括来自第31国民掷弹兵师的装甲歼击营营部、营部连和1个装甲歼击连，以及空军提供的1个牵引式装甲歼击连和师属高炮部队等。[488]全师的战斗序列为：师部、第652掷弹兵团、第653掷弹兵团、大德意志卫戍团、第309燧发枪手营、第309炮兵团、第309工兵营、野战补充营、第309装甲歼击营、第309通信营。

作战综述：

组建完毕后，大柏林步兵师即在2月8日至10日乘火车抵达屈斯特林地区。

表31 第309大柏林步兵师的日常兵力报告，1945年2月15日

	军官	文职人员	士官	士兵	共计	志愿辅助人员	德国人员
师部、师部地图分队和宪兵部队	26	2	61	87	176	–	176
步兵部队	135	9	801	4596	5547	354	5193
装甲歼击营	16	2	132	413	563	33	530
炮兵部队	24	3	133	429	589	–	589
工兵部队	16	2	91	495	604	63	541
通信部队	9	1	48	160	218	11	207
后勤团	36	6	137	678	857	93	764
共计	262	25	1409	6858	8554	554	8000

本师的阵地最初位于第21装甲师后方、德布里茨师南翼，但在2月底改由第101军指挥，同时还得到了第3./VII战斗群①、第1129库尔马克装甲歼击连、德布里茨师1个营和第500（惩戒）团第2营等单位的加强。3月初，该师又奉命前往屈斯特林西北方、与奥得河相距约6公里的莱茨欣–弗里岑一线，试图遏制苏军一个重要桥头堡的扩张。

3月17日，即投入前线约1个月后，本师报告还剩3889名战斗人员——但直到柏林战役前夕，这一数字都变化不大。[489]3月28日的报告则显示，该师麾下拥有6辆三号突击炮、7辆追猎者坦克歼击车和12门7.5厘米牵引式反坦克炮，原先配属的单位之中只有第1129库尔马克装甲歼击连仍在麾下，但另一方面，该师也得到了4个国民突击队营、第1234波茨坦军官候补生团（辖第1营和第2营）和第406国民炮兵军等新单位作为补偿。

和奥得河前线的大部分单位一样，大柏林师不过是一个由团和营拼凑起来的架子部队，能激发部队战斗力的“团队精神”几乎荡然无存——这也可以从该师的人员构成上略见一斑。该师成员阿洛伊斯·萨辛（Alois Sassin）的军人证保存

① 该战斗群后来并入第303燧发枪手营。

至今，上面显示，这位下士出生于1899年，参加过第一次世界大战，并在1918年10月3日赢得了二级铁十字勋章，还曾于1919年参加了西里西亚地区的志愿军团。1942年，43岁的他再次前往东线，并两次在战斗中负伤：一次是1943年11月28日后脑受伤；另一次是1943年12月8日——他的一侧肾脏被刺刀刺中，直到1944年1月9日才康复出院。由于在东线表现优秀，他在1942年2月11日获得了带双剑的二级战功十字勋章，1942年9月16日又获得了俄国冬季战役奖章和黑色战伤勋章。1944年1月26日，萨辛收到了一张预备役军人证，并前往后方的训练单位任职。但在1945年2月13日，即他将近45岁时，这位劫后余生的一战老兵被调往波茨坦军官候补生团（后来成为大柏林步兵师辖下的第1234军官候补生团）团部连，奉命在屈斯特林郊外的奥得河前线阻止苏军前进。4月16日柏林战役打响后，该团与第9集团军在哈尔伯陷入包围，但最终成功与第12集团军会合，向易北河畔的西方盟军缴械。萨辛的经历显然是奥得河前线各师的缩影，而且这种情况并不是孤立的。一方面，我们可以看到，德军的人员补充体系仍在高效运转，尤其是施泰因纳和戈培尔设在前线后方的训练单位，它们保证了兵员的持续供应，并让人员可以迅速投入战斗——萨辛也正是从这种渠道抵达前线的。但另一方面，此举也带来了严重的凝聚力和训练问题，虽然萨辛是一名战场老兵，但他所在的单位——第1234军官候补生团——实际是国民突击队、军校学员、国土防卫部队和正规陆军人员的大杂烩，人员的经验、服役经历和训练水平也参差不齐，根本无法在几周内形成战斗力，更不用说直接投入前线。

从理论上，这些补充单位的任务影响是向一线的营和团输送受训人员。但在萨辛的案例中，这些训练团却被直接吸收进师级单位，而且没有与该师辖下的其他团级单位进行真正的磨合。在补充到奥得河前线的人员中，萨辛的岁数并不算特别大，但他已经有45岁，而且和17—19岁的希特勒青年团员或帝国劳工组织新兵不同，一战的噩梦想必还在他脑海中挥之不去，更不用说又在20多年后见证过东线的残酷——换言之，他很可能早已没有了战斗的狂热。

在4月的最初两周，大柏林步兵师在基耶尼茨以西设防，试图抵御从桥头堡进攻的苏军。在此期间，该师诞生了2名在奥得河前线战绩领先的狙击手，即第653掷弹兵团第2营的资深一等兵（Stabsgefreiter）拉希斯（Raschies）和大德意志卫戍团的二等兵菲尔林（Fierling），截至1945年4月7日和9日，他们的战绩已分别达到了25个和46个。[490]4月12日至14日，作为总攻的前奏，苏军向该师发起大规模攻击，战斗尤其激烈。4月15日，苏军又在狂轰滥炸后再次来袭，投入的兵力则多达2个整师。

在2月渡过奥得河之后，苏军为夺取柏林做了充分准备。而大柏林师则历过4天激战，而且弹药可能所剩无几（在奥得河前线，大部分德军师的弹药只能在大规模防御战中坚持2—3天），下属的各团也是拼凑而来，无法实施协同防御，更无力阻止苏军突破。毫不奇怪，当4月16日战役打响后，大柏林师几乎一触即溃，师部也在新勃兰登堡附近被苏军俘虏。随后几天，该师的一些残部向北逃亡，加入了其他友军部队；其余零星部队则被冲散到南面，与第56装甲军一起向西退入柏林，并在当地遭到包围，最终于5月2日向苏军投降。

奥得河前线的高级勋章获得者：

不明。

第391警戒师/第337国民掷弹兵师

指挥官：

1944年10月—1945年4月，鲁道夫·西肯纽斯（Rudolf Sieckenius）少将；

4月—投降，亚历克斯·格申（Alex Göschen）中将。

作战参谋：

弗洛尔（Flohr）少校。

战斗力水平：

第3级，马匹到位率70%/机动车辆到位率35%。4月7日，作战营的兵力估计为3550人[491]——其中包括党卫军第5山地军的1个党卫军突击旅①和2个不满员的国民突击队营。另外，该师还拥有1个轻型炮兵连、3个重型炮兵连和7门重型反坦克炮。

部队类型：

特别师。[492]

---

① 原文如此，似乎为突击营。

战斗序列：

2月初作为第391特别师师部组建时——某个党卫军装甲掷弹兵补充营下属的1个补充连和1个后备连、工兵桥梁爆破指挥部（Pionier-Brückenspreng-Kommando）、第656重型高炮营第1连和第3连、第953特别工兵设障营（Pionier-Sperr-Bataillon z.b.V. 953）、哈特曼警察团（Polizei-Regiment Hartmann）装甲猎杀分队、1个炮兵指挥部［指挥官：罗格（Rogge）中校］、菲尔斯滕贝格桥梁指挥部（Brücken-Kommandant Fürstenberg），外加5个警备营和1个国民突击队营。

2月22日改编为警戒师时——第95掷弹兵团、第1233掷弹兵团、穆勒特别掷弹兵团（Grenadier-Regiment z.b.v Müller）、第963工兵营和第1541通信营；配属单位包括第239警戒营、党卫军特别突击营、第8/10国民突击队营、第62警备营、第1233军官候补生团、第1239团第3营和第391炮兵团。

作战综述：

2月初，该部队以第391特别师师部身份抵达第9集团军南翼，并在2月22日改编为警戒师。3月17日，其在报告中宣称有3618名战斗人员。[493]一份文件则显示，该师曾被改编为45年型步兵师。

4月20日—25日，即柏林战役期间，该师一度被改名为第337国民掷弹兵师。这种情况经常在部队溃散、指挥机构合并时发生。第337国民掷弹兵师的番号来自一支在但泽附近被击溃的部队，但根据现有文件，我们尚无法确定是否有人员被第391警戒师吸收。在后续战斗中，本部队据守着第9集团军包围圈的西侧，并参与了4月25日/26日向西朝第12集团军防线突围的行动。最终，该师的幸存者在易北河畔向美军投降。

奥得河前线的高级勋章获得者：

骑士十字勋章橡叶饰——1945年3月23日，恩斯特-格奥尔格·凯吉亚（Ernst-Georg Kedzia）少校（第794位获得者），奥得河畔菲尔斯滕贝格要塞指挥官兼第391警戒师第98掷弹兵团①团长。

---

① 原文如此，德军并没有第98掷弹兵团这个单位。

第712步兵师

指挥官：

约阿希姆·冯·西格罗特（Joachim von Siegroth）少将。

作战参谋：

赖希（Reich）少校。

部队类型：

45年型步兵师。[494]

战斗力水平：

第4级，马匹到位率45%，机动车辆到位率55%。4月7日，作战营的兵力估计为2700人，包括1个警备营和2个不满编的国民突击队营。另外，该师还拥有2个重型炮兵连和8门重型反坦克炮。[495]

战斗序列：

师部、第732掷弹兵团、第745掷弹兵团、第764掷弹兵团、第1712炮兵团、第712装甲歼击营、第712燧发枪手营、第712工兵营、第1712野战补充营、第712通信营，以及第712师属后勤部队指挥部。

作战综述：

第712步兵师成立于1941年，并和许多老牌师团一样经历过多次改组和重建。1945年1月初，该师从西线调往东线，此时其拥有的单兵武器则包括5355支Kar 98K步枪、9支Gew. 41步枪、289支Gew. 43步枪、8支狙击步枪、271具枪榴弹发射器、275支MP 38/40冲锋枪和1300把手枪。另外，该师还报告称拥有18挺轻机枪（波兰制）、2挺轻机枪（英国制）、3挺重机枪（法国制）和1门中型迫击炮（法国制）等缴获武器。抵达后，该师立刻投入了瓦尔塔河沿岸的战斗，并在1月其余时间蒙受了惨重损失。

2月20日左右，第712步兵师的师部进入第9集团军防区，到3月1日，各下属部队已在奥得河畔法兰克福以北重新站稳脚跟。3月17日，该师报告拥有3699名“战斗力量”，[496]并在4日后接到了改编为45年型步兵师的指示。

截至4月7日，该师已吸收了1个警备营［豪克（Hauck）营］、2个国民突击队营（其中之一是第16/91国民突击队营）和第26要塞反坦克炮分队第8连等单位。另外，为补充损失，其下属的第732掷弹兵团、第745掷弹兵团和第

764掷弹兵团还计划吸收第1239军官候补生团、第1241军官候补生团和B（马尔堡）军官候补生团［Fahnenjunker-Regiment B'(Marburg)，来自汉诺威影子师（Schatten-Div. Hannover）］等单位。

这种做法在当时相当普遍，但问题在于，被收编的军官候补生和训练单位往往混杂着军校学员、陆军补充人员和国民突击队士兵，这在一定程度上增加了整合的难度。在几周后的4月10日，陆军最高司令部又推翻了上述决定，并在命令“OKH/GenStdH/Org.Abt.Nr.I/1695/45 g.Kdos.II.Ang”中要求解散该师，以此为中央集团军群的其他部队提供补充。[497]其中，第732掷弹兵团和第712燧发枪手营将重组为第168步兵师下属的第385掷弹兵团；第1712炮兵团和团部将被用于组建第45国民掷弹兵师的第98炮兵团；第712装甲歼击营同样将调往第45国民掷弹兵师，成为该师第45装甲歼击营的营部——原部队则随之解散。

4月14日，第712步兵师的前线遭遇长达一个半小时的炮击，随后苏军开始进攻。当天，该师宣布打死打伤约500名苏军士兵，并摧毁对方8辆坦克。在总攻开始后，该师以优秀表现击退了苏军的轮番进攻。按照报告，在4月17日，他们在前线击毁了多达25辆坦克，并将战线牢牢稳固在舍恩弗里斯火车站（Schönfließ Bahnhof）一带。4月18日，第9集团军也在报告中对该师赞赏有加：“第712师的成功，充当了昨日激烈防御战斗的一个缩影。在师长冯·西格罗特少将的领导下，该师表现出了‘超凡的英勇和毅力’，尤其是第732掷弹兵团和第745掷弹兵团，尽管这2个部队甚至没有足够的反装甲武器（作者按：可能是指铁拳火箭筒）。第732掷弹兵团第2营营长施穆德（Schmude）上尉的英勇表现尤其值得一提。”[498]也正是因为上述行动，该师师长被授予骑士十字勋章的橡叶饰（第878位获得者），另外两名军官——恩斯特-弗里德里希·施穆德（Ernst-Friedrich Schmude）上尉和格哈德·佐普特（Gerhard Zoppoth）少尉——则获得了骑士十字勋章。

但4月17日—21日，第712步兵师也付出了高昂代价——上报的总伤亡超过了4000人，至少占4月10日“日常兵力”的80%！4月25日/26日，该师与第9集团军的其他部队共同向西突围，试图抵达第12集团军的防线，其幸存者最终在易北河畔向美军投降。

奥得河前线的高级勋章获得者：

骑士十字勋章橡叶饰——1945年5月9日，约阿希姆·冯·西格罗特少将（第878位获得者），第712步兵师师长。

骑士十字勋章——1945年2月24日，京特·波尔（Günther Pohl）上尉，第712装甲歼击营营长；1945年5月9日，恩斯特–弗里德里希·施穆德上尉，第732掷弹兵团第2营营长；1945年5月9日，格哈德·佐普特少尉，第732掷弹兵团第6连连长。

库尔马克装甲掷弹兵师

指挥官：

1945年1月—投降，威利·兰凯特（Willy Langkeit）少将。

作战参谋：

迪特马尔（Dittmar）少校①。

部队类型：

45年型装甲师。[499]

战斗力水平：

第3级，马匹到位率75%/机动车辆到位率25%。4月7日，其作战营的兵力估计为1500人，炮兵包括1个轻型炮兵连和3个重型炮兵连。另外，该师还拥有12辆三号突击炮、15辆“追猎者”坦克歼击车、2辆四号坦克、29辆豹式坦克和18门重型反坦克炮。[500]

战斗序列：

该师由大德意志补充与训练旅组建而来，后者原下属单位包括旅部（辖1个通信连）、1个装甲掷弹兵团（最初包括1个团部连和2个装甲掷弹兵营）、1个装甲营［辖3个装备38（t）坦克的连和1个装备长身管四号坦克的连］、1个侦察连（无机动车辆）、1个炮兵营（下辖3个轻型炮兵连）、1个混合轻型高炮连和第184（摩托化）炮兵团。[501]其最终编制则包括：库尔马克装甲团（核

---

① 原文如此，该师1945年2月的作战参谋是汉斯–约阿希姆·冯·霍普夫加滕少校，3月，该职务被迪特马尔少校接过。

心是第26装甲团第1营，即勃兰登堡装甲团第1营，共45辆豹式坦克[502]）、库尔马克装甲掷弹兵团、库尔马克燧发枪手团（4月由德累斯顿军官候补生团组建）、库尔马克装甲炮兵团、第151装甲歼击营、第151装甲侦察营、库尔马克装甲工兵营、第151装甲通信营和第151装甲后勤分队。

作战综述：

根据希特勒1945年1月31日发布的“OKH/GenStdH/Org.Abt.Nr. I/650/45 g.Kdos.”命令，该师开始在奥得河畔法兰克福以西进行组建，基干单位则来自在格奈森瑙B行动（主题是在奥得河一线组建多个战斗群）中动员的大德意志装甲掷弹兵补充旅。[503]2月初，随着各项工作完成，该师立刻被编入党卫军第5山地军，并奉命渡过奥得河，前往斯特恩贝格（Sternberg）①西郊迎战苏军的先头部队（包括第69集团军辖下的摩托化步兵第61师、摩托化步兵第41师和近卫坦克第2营等）。以下这份报告便介绍了当时的情况：

发自库尔马克装甲掷弹兵师师部，1945年2月8日

库尔马克装甲掷弹兵师的战斗报告，1945年1月30日至2月5日

兰凯特旅1945年1月30日组建于科特布斯，前身是大德意志装甲掷弹兵补充旅。该旅在1945年1月30日—31日夜抵达雷彭–波伦齐希（Polenzig）②–大拉德（Grossrade）③–雷索夫（Leissow）④–库纳斯多夫农庄（Gut Kunersdorf）⑤一带的集结地——其中一些人是徒步赶到的，而另一些人则搭乘从奥得河畔法兰克福出发的火车赶到了当地。他们的任务是做好准备，随时向东或东北方前进。在此期间，装甲掷弹兵团［团长：克吕弗（Klüver）中校］第2营和炮兵团［团长：哈米希（Hammrich）少校］的1个连在高炮部队的支援下掩护着该旅集结地的东南、东面和东北面。全旅当时由党卫军第5山地军指挥。但截至1945年1月30日，该旅的作战参谋——斯帕特（Spaeter）少校仍无法与

① 即今天波兰的托日姆（Torzym）。
② 即今天波兰的波文奇科（Połęcko）。
③ 即今天波兰的拉多（Radów）。
④ 即今天波兰的利苏夫（Lisów）。
⑤ 即今天波兰的科索布兹（Kosobudz）。

该军建立联系。

1945年1月31日

由于下属部队尚未集结完毕，全旅的部署被推迟到1945年2月1日。旅长向党卫军第5山地军报到，以讨论部署问题。

1945年2月1日

根据元首的命令，全旅改名为库尔马克装甲掷弹兵师。党卫军第5山地军命令我师分两路向克里滕（Koritten）①/施皮格尔贝格（Spiegelberg）②地区进攻。其中一支进攻部队是师属装甲战斗群，该战斗群由胡德尔（Hudl）少校指挥，包括加强的库尔马克装甲营、库尔马克装甲掷弹兵团第2营和1个轻型野战炮兵连；另一支进攻部队是克吕弗中校的战斗群，包括库尔马克装甲掷弹兵团（欠第2营）、1个工兵连、1个重型反坦克炮连和突击炮教导旅的其余单位。以上2支部队将分别在斯特恩贝格和平诺（Pinnow）③就位，同时，加强给本师的炮兵营（欠1个轻型野战炮兵连）将继续在斯特恩贝格以西听候调遣。

胡德尔最初的任务是穿过克里滕和施皮格尔贝格向格鲁诺（Grunow）④进攻，并消灭当地的敌军。完成该目标后，该装甲战斗群将朝东北转向，从侧翼打击占领舍诺（Schönow）⑤的敌军。同时，克吕弗战斗群将向北经格鲁诺向新拉戈（Neulagow）推进。

但在准备进攻期间，党卫军第5山地军军部被苏军坦克和步兵包围在克姆纳特（Kemnath）⑥，被迫向西突围，并在此期间一度与我师失去联系。有鉴于此，师长决定派遣胡德尔战斗群进攻克姆纳特，以肃清左翼的威胁，并向东攻击在克里滕附近森林构建环形阵地的敌军装甲部队。经过一场艰苦的装甲战，我军初战告捷，但敌军仍然从东面成功逃脱。另外，我方还侦察了齐伦齐希

① 即今天波兰的科里塔（Koryta）。
② 即今天波兰的斯普雷科沃（Spręcowo）。
③ 即今天波兰卢布斯卡省的普尼奥（Pniów），与前文中的平诺不是一地。
④ 即今天波兰卢布斯卡省的格罗诺（Gronów）。
⑤ 即今天波兰卢布斯卡省的谢尼亚瓦（Sieniawa）。
⑥ 即今天波兰的库纳提（Kownaty）。

（Zielenzig）[①]–布里森（Breesen）[②]一带，并向南朝德布尔尼茨（Döbbernitz）[③]和赖希瓦尔德（Reichwalde）派出了斥候，他们带回的情报显示，敌军正在从雷彭–库纳斯多夫一线沿高速公路两侧推进。

在此期间，斯特恩贝格遭到敌军大部队进攻，但仍然被我师和穆勒战斗群（斯特恩贝格当地守军）击退。

15时30分，库尔马克装甲掷弹兵师接到命令——在雷彭左右两翼设防，坚守格拉登（Graden）–小吕比绍（Klein Lübbichow）[④]一线。但这一任务宣告失败，因为上述地区早已落入敌手，甚至雷彭也遭到攻击。另外，侦察部队还发回消息称，新比绍夫塞（Neu Bischofsee）[⑤]已遭到强大的敌军装甲部队封锁。

1945年2月2日

敌军继续进攻雷彭、德伦齐希（Drenzig）[⑥]和诺伊恩多夫（Neuendorf）[⑦]，并向新比绍夫塞和库纳斯多夫调集了新的装甲部队，还使用强大的步兵部队穿过雷彭继续向法兰克福进攻。但这些攻击都被击退，我方击毁了21辆坦克。

此时，库尔马克装甲掷弹兵师已陷入包围，而敌人则在继续施加压力，因此，师长决定按计划向西朝奥得河畔法兰克福桥头堡突围。克吕弗战斗群和下属的装甲营与炮兵团负责打通从新比绍夫塞通往法兰克福的公路，随后在南北两面设防，保证车辆和人员纵队的安全。同时，穆勒战斗群应坚守雷彭，直到友军开始向西突围，随后作为殿后部队逐步后撤。15时30分，这次进攻在新比绍夫塞附近打响。不顾敌人的顽强抵抗，我方包围了整个城镇，并投入多辆装甲车辆向镇内射击，最终攻陷当地。随后，进攻部队一直突破到库纳斯多夫以东的森林地带，并被迫就地停止前进。由于这片森林到处都是敌军坦克，我军在夜间投入了多个装甲猎杀分队，他们取得了很大成功。与此同时，我军还向北部、东部和南部部署了战斗侦察分队。

---

① 即今天波兰的苏伦钦（Sulęcin）。
② 即今天波兰卢布斯卡省的布热伊诺（Brzeźno）。
③ 即今天波兰的德布日尼察（Debrznica）。
④ 即今天波兰的小卢比奇尼亚（Lubiechnia Mała）。
⑤ 即今天波兰的新比斯库皮斯（Neu-Bischofssee）。
⑥ 即今天波兰的德尔岑斯科（Drzeńsko）。
⑦ 即今天波兰的加耶茨（Gajec）。和前文中的两处Neuendorf均不为同一地。

1945年2月3日

当天早些时候，我军对侧翼防御部队进行了大幅加强。随后，师长命令在黎明时分沿高速公路向西进攻，并以1个营的掷弹兵穿过森林向南朝库纳斯多夫前进。在此期间，敌军不断从南北两个方向发动进攻，还在新比绍夫塞投入了坦克，但这些行动都毫无收获。在南面，我军掷弹兵营成功取得突破。随后，我方立刻从库纳斯多夫两翼向桥头堡南部的施韦提希（Schwetig）[①]增派了兵力。

在库纳斯多夫以东的森林地区，克吕弗战斗群多次发动进攻，尽管击毁了一些坦克，但敌军死战不退，并给我方造成了惨重损失。直到11时30分，他们才将敌军击退，打通了高速公路。之后，虽然敌军从南北两侧多次进攻，但都被我方的侧翼部队击退，令本师的各个战斗群、重武器和难民纵队得以向奥得河畔法兰克福撤退。

1945年2月4日

2点整，最后一批殿后部队穿过库纳斯多夫。

以下是库尔马克装甲掷弹兵师在1945年2月1日至5日防御和突围期间摧毁的敌方装备：

73辆坦克

27门反坦克炮

大量重机枪

24辆机动车

1部“斯大林风琴”

另外，我方还杀伤了大量敌军人员。

当天凌晨和上午，部署在库纳斯多夫地区的装甲掷弹兵团第2营在1个轻型野战榴弹炮连和1个装甲猎杀分队的支援下击退了敌军的猛烈进攻。全师的其余单位则在奥得河畔法兰克福重新集合。同日，第26装甲团第1营也加入了我们的建制。

10点30分，师长从党卫军第5山地军接到命令：派遣1个战斗群（库尔马克

---

① 即今天波兰的希维科（Świecko）。

装甲掷弹兵团第1营和1个轻型野战炮兵连）前往波德尔齐希地区，肃清莱特宛附近及以北的敌方桥头堡——第26装甲团第1营（即勃兰登堡装甲团第1营）也应随之一同前往。

签字：兰凯特

（签字）

党卫军中尉[504]

在首次战火洗礼中，库尔马克师一度陷入重围，但仍然证明了自己。另外值得一提的是，该师在另一份报告中宣称，自2月3日参战以来，其下属部队一共摧毁了28辆苏联坦克——远比上一份文件中的数字要低。[505]2月8日，党卫军第11装甲军（军长：党卫军上将马蒂亚斯·克莱因海斯特坎普）接管了泽劳至奥得河畔法兰克福之间的奥得河防线。库尔马克师也被编入该军，并奉命北上，前往泽劳高地东南方的莱特宛凸地。

当时，苏军近卫第8集团军已在当地构建了1个桥头堡，并试图向西朝波德尔齐希和马尔诺推进。由于库尔马克师兵力有限，而且分散在广大区域，无法协调防御和进攻，拉格纳特别师因此一度接管了该师的指挥权。[506]

但到2月中旬，库尔马克师陆续吸纳了一批步兵单位，如第1239军官候补生团（来自维也纳新城）、第1235军官候补生团（来自德累斯顿）、第1234军官候补生团（来自波茨坦）和费希特战斗群（K.Gr. Ficht，包括2个警备营），这些单位提升了整个部队的战斗力，并为其继续进攻和压缩奥得河西岸的莱布斯桥头堡创造了条件。在这次进攻中，库尔马克师将苏军击退了2公里，但没有取得更具决定性的战果。[507]大约2月中旬，随着第712步兵师抵达，库尔马克师得以缩短战线，并把下属的作战单位聚拢起来。

与此同时，该师下属的勃兰登堡装甲团第1营也卷入了波德尔齐希和乌尔登村周围的激战。2月初，统帅堂野战补充营的营长罗斯克上尉带领一群军官候补生来到这里，奉命守住波德尔齐希和奥得河之间的小村乌尔登。双方在这一地区反复争夺。期间，罗斯克的部下一度被包围，但在装甲部队的支援下成功逃脱。由于对这座小村庄的坚守，罗斯克后来被授予骑士十字勋章。

表32 库尔马克装甲掷弹兵师的日常兵力报告，1945年2月15日

	军官	文职人员	士官	士兵	共计	志愿辅助人员	德国人员
旅部	5	–	8	28	41	–	41
装甲掷弹兵团	56	4	318	1438	1816	3	1813
侦察营	3	–	30	164	197	–	197
装甲营	24	4	299	433	760	50	710
装甲猎杀营	3	–	27	120	150	5	145
炮兵部队	16	2	100	298	416	9	407
8.8厘米高炮连	3	–	34	130	167	8	159
工兵部队	13	5	77	467	562	16	546
通信连	4	–	36	148	188	6	182
车辆维修排	1	1	8	47	57	9	48
医疗连	8	2	34	161	205	22	183
共计	136	18	971	3434	4559	128	4431
*不含德国空军的高炮部队							

以下内容来自勃兰登堡装甲团第1营第4连豹式坦克车长爱德华·博登穆勒（Eduard Bodenmüller）的战时日记，[508]其中记录了2月初至3月中旬德军在莱特宛凸地一带的紧张作战行动，内容则刚好与库尔马克师撤过奥得河后的经历相衔接。

当时，苏军近卫第8集团军下属的近卫步兵第28军渡过了奥得河，并迅速攻克了莱特宛附近的高地。德军立刻反击，并将库尔马克装甲掷弹兵团第1营、第26（勃兰登堡）装甲团第1营、统帅堂野战补充营和1个帝国劳工组织营等部队投入战斗。但这次反击以失败告终，统帅堂野战补充营也被迫退入乌尔登村。博登穆勒的记录便始于此时。

2月1日至5日：我们的部队位于利本尼琛[509]附近。我们在2点左右出击，5点抵达攻击目标，并且战果颇丰！2月5日晚，我奉命去站岗。我向军械官报告，在最近一天的战斗中，我们的坦克一共消耗了6发高爆弹和200发机枪子弹。在几个小时站岗期间，我努力试图保持清醒。

2月6日：整整一天，我们都在警戒和保卫阵地。其间，我们不断遭到反坦克炮、迫击炮和远程火炮的轰击。作为老兵，我们早已习惯这一切，但部队里的新人却目瞪口呆。尽管我们自己也很害怕，但我们必须让这些新人平静下来。

俄国人在当天多次进攻，但被全部击退。穆勒（Müller）下士和多塞（Dosse）一等兵不幸阵亡，因为迫击炮弹命中了他们的炮塔。对俄国人来说，这是幸运的一击，但对于穆勒和多塞，这只能说是倒霉透顶！他们的坦克还能用，但必须稍作修理。炮塔内血肉模糊！因为场面太恶心，穆勒的其他车组拒绝清理炮塔，所以少尉只好让我们代劳。

2月7日：今天，我又奉命去站岗放哨，直到15点整才结束。敌军的炮火没有间断，这意味着我只能全程低头躲避。由于火力猛烈，我们周围的房屋全被夷为平地，只剩残骸在燃烧。上午，苏军再次发起反击，但大败而归，而且步兵损失惨重。

15点30分左右，俄国人在我方左翼连队的防线上取得重大突破。

少尉派遣我们排发动反击，配合我们的还有一些步兵。经过1.5到2个小时的战斗，我们成功与友邻部队会师，并夺回了乌尔登村。但在参与反击的部队中，只有我们的座车和11名步兵幸存——其他2辆坦克和22名士兵都损失了。

在此期间，我们设法摧毁了5门反坦克炮、几挺重机枪和若干支反坦克步枪。苏军则损失了一些步兵。虽然缺口被堵上，但我们倒了大霉——几枚76.2毫米反坦克炮弹的爆炸导致转向杆和无线电员的机枪被毁，不过坦克仍然可以使用。今天我们共消耗了30枚高爆弹、15枚穿甲弹和3700枚机枪子弹。按照这种速度，我们的弹药很快就会耗尽。

2月8日：我们一整天都在坚守阵地。14时30分，进攻命令传来，我们用4辆坦克发动强袭，瞬间摧毁了3门反坦克炮。这些火炮就是昨天命中我们的“凶手”。干掉它们、杀死炮手让我们心情舒畅。

大约1个小时后，我们回到出发阵地。俄国人有尾随坦克发动突袭的拿手本领，但我们这里却没有多少步兵提供掩护。在摧毁掉让我们生不如死的反坦克炮之后，当天的其余时间在相对平静中度过了。

2月9日：早餐被炮击打断。有枚炮弹在近处爆炸，冲击波让我吐了一地。直到14点30分左右，我们都在负责警戒和守卫前线。之后，全连奉命向俄国人进攻。由于对方仍似乎有大量反坦克炮，我们一路小心前进，进展缓慢。在全天结束之前，又有几门火炮被我们击毁。

随后，我们花了一晚上警戒这一地段。4时，补充物资抵达——这也是许多天来我们第一次吃到热饭！我们在这天消耗了6发高爆弹和大约1500发机枪子弹。少尉对我们的开火纪律非常满意。今天损失的人员包括吕德克（Lüdeke）军士长——他被1门反坦克炮的炮弹打死。

2月10日：从早上6点开始待命，9点发动进攻。这次同样进展缓慢，苏军的反坦克炮就在近处等着，每辆坦克都害怕进入它们的准星。不仅如此，敌军还在真反坦克炮旁布置了假炮作为诱饵。但我们依旧赢得了战斗，俄国人的步兵、机枪、反坦克步枪和反坦克炮都损失惨重。在首次进攻后一小时，即上午10点，俄国人发动反扑。由于弹药用尽，我们别无选择，只能向原阵地后撤。

感谢上帝，补给车在这时赶来，我们补充了一些炮弹和大约1100发机枪子弹。我们花了一天的时间等待苏军的另一次反击，但他们似乎不想继续付出牺牲。

这可能拯救了我们。如果他们在我们撤回原阵地后发动逆袭，我们可能都会死。在当天的战斗中，我们消耗了20发高爆弹、8发穿甲弹和3500发机枪子弹。对于迈尔（Meyer）少尉来说，这是完全不能接受的，但我们真的别无选择。在防御战中，这些弹药通常可以用3—4天，但在进攻中，任何风吹草动都必须开火，消耗的弹药也更多。

2月11日：整个上午，我们都在守卫阵地，直到13点。这也是我们第一次徒步执行防御任务。趁着这个机会，我们私自做了一些布丁！13点，我们接到进攻命令。和之前一样，我们推进得非常缓慢。

最初没有任何抵抗，这让我们十分紧张。突然，俄国人从近在咫尺的地方发难，用炮火织出一道火墙。我们中了埋伏。突然，反坦克炮火从四面八方向我们打开，景象异常可怕。

席林（Schilling）上士的坦克中弹起火，浓烟从车内涌出，车组人员跳车逃命，坦克则彻底损毁。其中一名乘员——瓦尔多（Waldow）一等兵被弹片和步枪子弹击中，虽然被送回营部急救站，但没能抢救过来——他的伤势实在太重了。

我的朋友韦尔（Weir）也有多处受伤。我们的车组似乎格外沮丧，直到无线电员打开收音机，调出一首爱国歌曲。我们都开始一起唱歌。我想，连里的这些损失还不足以击垮我们这些老手。但我们的坦克状况也在恶化，一次大修势在必行。坦克内的许多设备都在松动，为了避免发生故障，我们只好后撤。就这样，我们回到了出发点，当维修人员照料坦克时，我们就在一旁志愿站岗放哨。经过一整天战斗，我们统计了弹药消耗。当天，我们消耗了32发高爆弹、15枚穿甲弹和3700发机枪子弹。2月12日，我们整天都在站岗。俄国人没有发起攻击，这让我们如释重负。

2月13日：今天11点30分，我们向敌人发动进攻。受降雪影响，整个战场视野模糊。在战斗中，我们的坦克转向装置受损，导致无法行动，只能在天黑后将坦克倒着开回后方。

维修人员看到这一场景，不禁大笑起来，但还是帮我们修好了故障。后来我得知，在这几天的战斗中，连长一直在场。当晚剩余的时间在警戒中度过了，今天，我们的弹药消耗包括6发高爆弹和450发机枪子弹。

2月14日：在12点之前，我们一直在地段上警戒。然后有消息传来，敌军坦克正在进攻。在2000米处，我们看到了一辆敌军坦克，并立即开火。但所有的炮弹都被对方弹开了！马哈莱特（Machalet）少尉在1200米的距离上击中了这个目标，对方顿时腾起大火。

14时30分左右，我们用5辆坦克发起进攻，并推进到离奥得河不到700米的地方。由于疏忽，有一辆坦克沉入了西岸附近的泥泞中。我们没有救援，因为害怕自己也陷进去。

另外，对岸的远程火炮和反坦克炮也在向我们开火。在撤退前，我们看到2艘苏联巡逻艇出现在阵地附近的奥得河上，其中1艘被我们用坦克炮击沉。

2月15日：昨天，我们使用了15发高爆弹、10发穿甲弹和大约3000发机枪子弹。今天全部是在执行警戒任务，我们会不时向前方的树林射击。而在右翼，我军士兵发起进攻，但进展甚微。突然，反坦克炮、迫击炮和远程火炮向我们猛烈开火。马哈莱特少尉的坦克被1枚反坦克炮弹命中，但没有穿透装甲。

凌晨时分，苏军重新占领了乌尔登。我们奉命发起反击，并在苦战之后夺回当地。我们整夜都在放哨和警戒。在此期间，我们消耗了大约2000发机枪子弹。

当库尔马克师的豹式坦克在前线现身时，苏军就会把坦克撤到莱特宛凸地的林线后方隐蔽，并与豹式保持着约2000米的距离。[510]因为他们知道，奥得沼泽地形开阔平坦，而自己的火力又无法与德国坦克匹敌。对于随后的情况，博登穆勒继续写道：

2月16日—17日：我们这几天全都在警戒。在这期间，我们拖走了几部车辆。其中一次导致我们的履带脱落。我们只好做了一次抢修，然后把车开回了连部，在这里，雅布罗诺夫斯基（Jablonowski）下士帮我们更换了履带。

当天晚上，连里的军士长为前线的我们带来了葡萄酒、杜松子酒、烟丝、卷烟和香肠。我们加热了一些葡萄酒，边吃香肠边喝，接着又抽了烟。接下来我们驶向乌尔登村，在反复炮击中，该村已被夷为平地。

我们还没有看见村庄的废墟，就遭遇了敌人的猛烈火力。法布尔（Fabl）下士和温舍（Wunsche）一等兵受伤。诺因多夫（Neuendorf）下士的坦克发动机被直接命中，但乘员安然无恙。2月17日，我们一共消耗了5发穿甲弹和1800发机枪子弹。

2月18日：我们整个白天都在执行警戒任务，还不时向敌军防区开火。敌军的远程火炮发现了我们，然后开始一通猛轰。乌尔登村的残垣断壁已被彻底夷平。晚上也是警戒。今天，我们消耗了13发高爆弹和500发机枪子弹。

2月19日：整个白天都在警戒和巡逻。到天黑时，我们回到了波拉赫（Polach）村。24时，战斗警报响起。2个连的苏军步兵向我们发动进攻。我们不想为此浪费炮弹，于是调转炮塔，用机枪开火，发射了大约1500发子弹。最终，这次攻击被我们挡住了。

2月20日：我们整个白天都在警戒巡逻。在这期间，敌军炮弹不停落在附近。19点35分，警报响起，苏军发动进攻。由于我们反应敏捷，进攻者大败而归。随后，我们又奉命放哨。今天，我们一共发射了6枚穿甲弹和1000发机枪子弹。

2月21日：我们在白天站岗放哨，防御周围的阵地，并在一个没有被摧毁的村庄里过夜。2月21日至22日，我们在真正的床上过了一个晚上！早晨，每个人都对此依依不舍。

2月22日：我们再次奉命防御周边阵地，并度过了整个白天。在防御过程中，我们遭到了可怕的炮火攻击——我猜是172毫米炮弹。每当炮弹落在附近，整个大地都会颤抖！我们本能般地回到了昨晚所在的村庄，去享受那些柔软的床。

我们躺着，22时30分，又有一次炮击，我们所住的卧室被击中。幸运的是没有人受伤，我们决定睡在坦克里，这样更安全。

2月23日：整个白天都在警戒和巡逻。我们再次遭到重炮（172毫米）轰击。19点30分，我们被替换下来，回去领取补给。我们在一些当地人那里找到了住处，并有幸再次睡在真正的床上。我想我们已经对柔软的床铺上瘾了！

2月24日：2月24日像2月25日一样度过。在执行完警戒任务后，我们找到了一些鸡蛋，做了一顿丰盛的晚餐。幸运的是，我们的住宿条件还和前几天一样，我们都睡得很香。

2月25日：警报在4点响起。我们在灰蒙蒙的黎明中前进，穿过了乌尔登的废墟。零星的目标出现，我们立刻开火，消灭了一些苏军步兵和1个迫击炮小组，消耗了6发高爆弹、1发穿甲弹和600发机枪子弹。今晚，我们又能睡在床上了。

2月26日：整个白天都在警戒，晚上我们又睡在床上——今天没有消耗一发子弹！

2月27日：今天的喧嚣抵消了昨天的平静，而且是变本加厉！我们在阵地上站岗，直到中午。12点整，敌军开始炮击，持续了整整一个小时，他们的火力很猛，火炮口径从76.2毫米到172毫米都有。连长命令我们转入最高战备状态，因为他预料敌人会大举进攻。

我们奉命驱车前往乌尔登的废墟侦察，当地没有敌情。突然，我们看到有人弃车，那是马哈莱特少尉的车组，显然是被左面的反坦克炮直接命中。马哈莱特少尉当场身亡，格鲁普（Grupp）下士、普罗伊斯（Preuss）一等兵、克雷埃尔（Kreher）二等兵和门格尔（Mengel）资深一等兵全部受伤。几小时后，门格尔死在营急救站。在返回时，我们成功地解决了击毁马哈莱特座车的敌方反坦克炮。

与此同时，我们的分队在宽阔战线上一字排开，准备投入反击。苏军则使尽浑身解数向我们开火。施瓦策（Schwarze）参谋军士的座车被击毁，但幸存的车组仍然设法回收了坦克。施瓦策参谋军士、约施（Jeusch）一等兵和沃姆（Worm）二等兵都阵亡了，其他2名乘员也受了伤。

苏联人继续顽强抵抗，乌尔登村也宣告陷落。在村子另一端，有辆T-34坦克被击毁。我们在负责地段警戒，直到清晨降临，在此期间几乎没有睡觉。今天，我们消耗了18发高爆弹、4发穿甲弹和大约3500发机枪子弹。

乌尔登的战斗一直持续到3月初，在此期间，库尔马克装甲掷弹兵师和第26（勃兰登堡）装甲团第1营始终在支援坚守当地的统帅堂野战补充营——该营及其营长后来得到了国防军最高统帅部的特别表彰。按照《国防军公报》的说法：

在法兰克福和屈斯特林之间，罗斯克上尉指挥的统帅堂营在乌尔登地区的防御战中表现出众。他们斗志坚决，防御顽强。2月2日—21日，该营挡住了苏军1个近卫步兵师的50次营级和团级进攻，不仅毫不动摇地守住了这处奥得河畔的关键制高点，还让苏军损失了超过一半的进攻兵力。[511]

到2月20日，库尔马克师又接收了第1241军官候补生团、柯尼希战斗群（K.Gr. König）、D坦克歼击分队（Pz.Jagd.Vb.D）和党卫军教导炮兵团第2营等部队，并奉命在2月22日发起反击，夺回莱布斯地区。[512]但由于苏军抢先从莱布斯向西发动进攻，这次行动从一开始就进展不顺。虽然库尔马克师随后夺回了具有战术意义的55号据点，但已无法继续推进，后续作战也无果而终。

与此同时，苏军加大了进攻力度，他们沿着莱特宛凸地扩大桥头堡，兵锋抵达波德尔齐希，以便夺取这处可以俯瞰主攻地段的制高点。战斗越来越激烈，在此期间，库尔马克装甲掷弹兵团第2营［营长：温德克（Windeck）上尉］坚守着当地的庄园和克莱辛的右翼，而该团的第1营则守卫着村镇本身。在废墟中，双方爆发了逐屋逐户的白刃战。德军前线被逼退到克莱辛，该师的装甲掷弹兵团陷入重围①。3月7日，希特勒宣布克莱辛成为要塞，这意味着

① 原文如此，此处有误，被包围在当地的实际是第1242军官候补生团第1营和第2营的一部。

守军必须战斗到底。在此期间，该师不断试图从波德尔齐希解围，但到3月17日，该师的战斗兵力已下降至3375人。[513]最终，“口袋”内的德军指挥官决定在3月21日—22日晚间突围，并带领部分人员逃回了己方阵地。[514]4月1日，上述战斗结束后，库尔马克师奉命前往法尔肯哈根森林（Falkenhagen Forest）待命，前线则被德布里茨师和第169步兵师接管——至此，该师近2个月的连续战斗终于告一段落。

在4月14日，即苏军全面进攻前夕，库尔马克装甲掷弹兵师重返前线，阵地位于党卫军第11装甲军左翼，下属装甲部队包括3辆四号坦克、28辆豹式坦克、16辆追猎者坦克歼击车和12辆三号突击炮。[515]在4月16日—18日的防御战中，该师一直在支援德布里茨师，但到4月18日傍晚，其阵地以北的泽劳高地已经陷落，所在的党卫军第11装甲军也即将与第56装甲军失去联系。4月19日，库尔马克师开始向菲尔斯滕瓦尔德东南方的施普雷河撤退，并负责为突围的第9集团军殿后。4月26日—27日，该师与第9集团军的残余部队途经哈尔伯地区和巴鲁特森林，并于4月30日穿过库默斯多夫南部，最终在5月3日—4日间抵达格尔茨克（Görzke）。此时该师只剩下一些残余部队，而且被打散为两个部分，但最终都抵达了唐格明德南方、位于易北河畔的耶里肖（Jerichow）。在这里，该师的幸存者丢下装备，从人行桥渡过易北河，向西岸的美军投降。

奥得河前线的高级勋章获得者：

骑士十字勋章——1945年2月8日，亚当·里德穆勒（Adam Riedmüller）上士，第2装甲歼击营（当时隶属于库尔马克师）第4连某排排长。

明谢贝格装甲师

指挥官：

维尔纳·穆默特（Werner Mummert）少将。

作战参谋：

托马（Thoma）少校。

部队类型：

45年型装甲师。[516]

战斗力水平：

第4级，马匹到位率不详/机动车辆到位率85%。4月7日，作战营的兵力估计为1350人，另有7辆追猎者坦克歼击车、8辆四号坦克、19辆豹式坦克和7辆虎式坦克。[517]

战斗序列：

该师的组建命令下达于1945年3月5日，下属单位包括第1明谢贝格装甲掷弹兵团［人员来自大德意志部队下属的柏林卫戍团和党卫军第1装甲掷弹兵补充与训练营（该营是党卫军第1警卫旗队装甲师的补充单位）］、第2明谢贝格装甲掷弹兵团（25%的人员来自装甲部队军官候补生学校，25%来自国民突击队，50%来自其他补充部队）、明谢贝格装甲团[518]（下辖1个四号坦克连、1个豹式坦克连、1个虎式坦克连）、师属装甲侦察营、明谢贝格装甲炮兵团、明谢贝格装甲工兵营、明谢贝格装甲通信分队。

作战综述：

明谢贝格装甲师是根据编号为OKH/GenStdH/OpAbt.I/Nr.2805/45 g.kdos. v 6.3.45的命令组建的，本质上是一支应急单位，下属各团也是拼凑而来。[519]该师最初名为库默斯多夫装甲师，但后来改名为明谢贝格师，[520]并成为党卫军第11装甲军麾下的预备队，阵地最初在1号帝国公路一线。3月15日，该师共拥有7辆四号坦克、17辆豹式坦克、22辆虎式坦克①、1辆三号突击炮和5门7.5厘米牵引式反坦克炮。3月17日的报告则显示，该师的战斗兵力为2867人。[521]3月20日，明谢贝格装甲师被派往屈斯特林方向，并得到了83号装甲列车、欧珀尔曼营（Btl. Oppermann）、第26要塞反坦克炮分队和第300掷弹兵团（来自大柏林师）的加强。

不久，明谢贝格师接受了首次战火洗礼，对手主要来自苏军的近卫第8集团军和第5突击集团军。在屈斯特林走廊北侧（即布莱伦/新布莱伦一线，以及11.3据点附近），第1明谢贝格装甲掷弹兵团第2营、第2明谢贝格装甲掷弹兵团第1营和第2营以及师属装甲营第2连的1个四号坦克排等部队顽强抵御着敌人的推进。但最终，上述战线仍被苏军的步兵第416师攻破，其中部分守军后来

① 原文如此，此处有误，应为12辆，其中8辆可以出动、1辆在短期维修、2辆在长期维修，还有1辆在赶来途中。

退入屈斯特林，[522]而第1明谢贝格装甲掷弹兵团第1营则向西撤回了主防线，并加入了该师的其余部队。

与此同时，该师还对装甲车辆做了如下部署：霍斯特·佐贝尔（Horst Zobel）上尉的营部和第3连的虎式坦克位于戈尔措；第2连（欠部分兵力）则与7.5厘米反坦克炮部署在戈尔加斯特；第1连的豹式坦克位于旧图彻班德。[523]在以排和车为单位各自为战期间，这些车组表现出了高度的训练和战术水平。在戈尔措方向，苏军的进攻兵力尤其雄厚，不仅有坦克第220旅第1营和第2营（装备T-34–85坦克），还有1个拥有5辆斯大林–2的突破坦克连，以及20辆ISU-152重型自行火炮［隶属于尼古拉–尼基托维奇·阿努夫连科（Nikolai Nikitovich Anufrienko）中校的近卫自行火炮第396团］。在突破薄弱的第一和第二道防线后，苏军先是穿过一片开阔地，并在下午时分抵达了戈尔措郊外一条名叫斯特罗姆（Strom）的小溪。直到此时，这支强大的坦克–自行火炮编队都没有遭到真正的抵抗。在侦察过斯特罗姆溪的几处渡口之后，苏军开始在戈尔措东郊释放烟幕，并以此为掩护向村庄进攻，明谢贝格师的虎式坦克首先受到波及。看到苏军大举来袭，佐贝尔命令虎式立刻撤退，试图在戈尔措郊外编成战术队形，但受制于坦克第220旅和近卫自行火炮第396团的猛烈火力，这一目标并未实现。不过，随着炮击渐渐停止，佐贝尔的虎式也完成了集结，这时，苏军装甲部队突然从浓密的烟幕中现身——在村庄狭窄的街道上，双方几乎是迎面遭遇。在这场战争末期极为罕见的战斗中，苏军遭遇了灭顶之灾——在戈尔措及其周边地区，其损失率可能超过了75%。德军之所以能赢得胜利，无疑与苏军缺乏步兵支援、ISU-152在城镇环境中难以机动有关。不仅如此，苏军坦克兵还对德军的部署一无所知——直到虎式坦克开火，他们才如梦初醒。

在走廊南部，苏军投入的坦克第20旅和摩托化步兵第259团①来到了旧图彻班德北郊。在当地，他们遭遇了明谢贝格师装甲营第1连豹式坦克，并被后者奋力击退。在中路，苏军的步兵第416师成功与近卫步兵第35师的前锋会师，实现了切断屈斯特林陆上走廊的关键目标。在这种形势下，第2连（欠

① 原文如此，此处有误，苏军并没有这一番号的单位。

部分兵力）的四号坦克发现自己的两翼被包抄，只好在傍晚时分向戈尔措撤退。在当地，他们遭遇了一队苏军的SU-76轻型自行火炮（可能属于自行火炮第1493团或第1087团），并将其击毁。当天，德军第9集团军宣称一共摧毁了59辆苏联坦克，其中包括几辆斯大林，而自身只有2人受伤，没有损失任何装甲车辆。

元气大伤的明谢贝格装甲师迅速重组，并在此之后参加了解救屈斯特林要塞的两次反击。在第二次反击期间，该师的装甲团奉命与一千零一夜战斗群共同掩护解围部队的左翼。他们的目标是根施马尔村，但由于苏军的猛烈炮火，这一行动最终失败。随后，该师奉命在明谢贝格附近担任预备队，并得到了人员和武器的补充。4月上旬，该师又获得了一批新的装甲车辆，其中还包括数辆配备了红外夜视设备的豹式坦克。[524]

根据编号为Gen.Insp.d.Pz.Tr./Org.I Nr. 1 1747/45 g. v.12.4.的命令，明谢贝格装甲团在4月初接受了重组，其编制如下：[525]

团部

第1营（即库默斯多夫装甲营）

- 营部和营部连
- 1个虎式坦克连
- 1个豹式坦克连
- 1个混编装甲连
- 后勤连

第2营（第29装甲团第1营）

- 营部和营部连
- 1个豹式坦克连
- 1个配备红外夜视设备的豹式坦克连
- 1个装甲掷弹兵连（配备装甲运兵车）
- 1个装甲掷弹兵连（装备带红外夜视设备的装甲运兵车）
- 后勤连
- 维修连

4月15日，明谢贝格装甲师位于主战线后方，并占据着豪普特格拉本运河（Hauptgraben Canal）和泽劳高地制高点一带的第二道防线。其麾下可用的装甲车辆包括1辆三号坦克、2辆四号坦克，1辆四号坦克歼击车L/70（A）型、21辆豹式坦克，10辆虎式坦克和1辆四号坦克歼击车。[526]在苏军宣告总攻开始的炮击中，该师幸免于难，并让向西前进的苏军在每一公里道路上都付出了沉重代价。但另一方面，报告也显示，该师在4月14日—17日的防御战中损失了多达14架豹式坦克和5辆虎式。4月18日，明谢贝格师发动了最后一次反击，随后开始且战且退，并于4月20日在明谢贝格镇进行了最后的顽强抵抗。和奥得河前线的其他部队一样，明谢贝格装甲师也出现了穿甲弹短缺的问题，这意味着他们必须小心选择目标，甚至会放过某些苏军坦克纵队，以便专心对付另一支。

4月20日/21日，突破防线的苏军终于获得了行动自由。明谢贝格师奉命向南开进，以便与第9集团军麾下的第56装甲军会合。但后者早已陷入孤立，只能朝柏林方向后撤。在此期间，明谢贝格师也被迫向西南方撤退，并抵达了埃尔克纳（Erkner）–格吕恩海德（Grünheide）一带。作为第56装甲军的先头部队，他们仍有希望向南穿过漏洞百出的苏军战线，并加入第9集团军。但不幸的是，直到4月23日晚，该师仍有约三分之一的兵力被苏军缠住——这部分部队后来没有进入柏林，并可能抵达了第9集团军包围圈的北侧。

该师的其余部队则进入了柏林，并在城市东部和东南部投入战斗。其下属的豹式和虎式坦克分散在市区各地，支援临时拼凑的守军。5月1日—2日夜间，该师的幸存者试图向西突围，但只有少数老兵穿过波茨坦抵达了第12集团军的防线，其他人则大多被苏军俘虏。

奥得河前线的高级勋章获得者：

骑士十字勋章——1945年4月14日，霍斯特·佐贝尔上尉，明谢贝格装甲师装甲营营长。

第2装甲歼击营

指挥官：

不详。

战斗力水平：

不明，可能为第1级或第2级。

作战综述：

该营是一支由24辆追猎者坦克歼击车组成的预备队，隶属于党卫军第5山地军。在苏军发动总攻之后，该营立刻开赴前线，并奉命在洛索夫（Lossow）和马尔肯多夫（Markendorf）之间设防。4月18日，该部队报告称与一队向西朝马尔肯多夫庄园（Schloβ Markendorf）前进的KV-1和T-34坦克交战，并在击毁对方先头坦克之后封锁了进村的道路。4月21日，该营与罗布迈尔战斗群会合，与第9集团军的剩余部队一起向西撤退。[527]

奥得河前线的高级勋章获得者：

不明。

第111突击炮兵教导旅

指挥官：

1944年9月25日—投降，汉斯–约阿希姆·瓦格纳（Hans Joachim Wagner）上尉。

战斗力水平：

不明，可能为第1级或第2级。

战斗序列：

第1连（原为第909突击炮旅第1连）、第2连（原为第191突击炮旅第2连）、第3连（由布尔格突击炮学校的学员组成）、第4连（配备突击榴弹炮）。[528]

作战综述：

该旅于1944年10月组建，原本是一支驻扎在布尔格的训练单位，但在1945年1月22日被派往第9集团军前线。其辖下的第3连奉命加入施奈德米尔守军，但大部分在行军途中被包围和歼灭。[529]其余部队则计划用于解救波森要塞，但同样遭到苏军围攻，其中只有先头部队成功突围，抵达奥得河畔法兰克福，而殿后单位只有少数人活着回到了古本一带的友军战线。上述幸存者在瓦格纳上尉的领导下进行了重组，并在兰茨贝格重新装备了突击炮，之后，他们再次开赴奥得河畔法兰克福，抵御在当地构建桥头堡的苏军。由于在防御战中的出色表现，2月21日，其指挥官被授予骑士十字勋章。4月8日，该旅报告有33辆三号突击炮、9辆42型突击榴弹炮和5辆四号坦克歼击车L/70（A）型可用，另有1辆四号坦克歼击车L/70（A）型正在接受短期维修。在苏军发动总攻时，第111突击炮兵教导旅驻扎在弗赖恩瓦尔德-菲尔斯滕贝格一带，随后，他们穿过柏林，向西北方向且战且退，并抵御着苏军的先头坦克部队。4月16日—22日，他们宣称共击毁114辆苏军坦克，另外击伤25辆，自身只损失了10辆突击炮。[530]5月6日，该旅在易北河畔的维滕贝尔格和格尔莱姆（Gorlem）附近向美军投降。[531]

奥得河前线的高级勋章获得者：

德意志金质十字奖章——1945年2月10日，陆军上尉康斯坦丁·冯·多纳（Graf zu Dohna Konstantin）伯爵，第111突击炮兵教导旅第3连连长①。

第1突击炮教导旅/第920突击炮教导旅

指挥官：

1944年7月1日—1945年3月24日，沃尔夫冈·卡普（Wolfgang Kapp）少校；

1945年5月1日—投降，奥托-海因里希·托尔克米特（Otto Heinrich Tolckmitt）少校。

战斗力水平：

不明，可能为第1级或第2级。

战斗序列：

第1连、第2连、第3连和第4连。

作战综述：

1944年7月1日，第1突击炮教导旅成立于布尔格突击炮学校，下辖4个连，但其中第4连后来调往第209突击炮旅。1945年1月9日，该旅被编入第9集团军下属的第8军，并在苏军的维斯瓦河-奥得河战略攻势中被歼灭。2月，该旅进行了重建，并被配属给第303德布里茨步兵师，中途还一度更名为第303

① 当时多纳的突击炮连是施奈德米尔要塞守军的一部分。

装甲猎杀营，但不久又恢复了原名。4月8日，该旅报告拥有7辆四号坦克①和16辆三号突击炮。[532]在苏军总攻前夕的4月14日，他们在卡普少校的指挥下发动反击，夺回了失陷的萨克森多夫村，并宣称击毁36辆坦克、2门重型反坦克炮、1门高射炮，并将另外3辆坦克打瘫。[533]之后，该旅继续在第9集团军麾下作战，并参加了从哈尔伯向西方突围的行动。

奥得河前线的高级勋章获得者：

不明。

第606特别师

指挥官：

罗斯科普夫（Rosskopf）上校。

作战参谋：

冯·斯科提（von Scotti）少校。

部队类型：

可能是特别师。

战斗力水平：

第4级，马匹到位率60%/机动车辆到位率15%（估计）。上述数据反映了该师下属4个警备营的情况，但不包括不莱梅警察营（Polizei-Bataillon Bremen）。另外，该师还拥有6个轻型和6个重型炮兵连，外加8门重型反坦克炮。[534]

战斗序列：

罗德掷弹兵团［Grenadier-Regiment Rohde，下辖波茨坦营（Btl. Potsdam）和第167营］、萨托尔掷弹兵团［Grenadier-Regiment Sator，下辖拜厄科夫营（Btl. Bählkow）、格尔内营（Btl. Gorny）、施潘道营（Btl. Spandau）］、A影子团（Schatten-Regiment A）、第606燧发枪手营、师属装甲歼击连、师属重型炮兵营、工兵连、师属通信分队、师属作战学校和师属后勤分队

作战综述：

① 此处有误，应为四号坦克歼击车。

1945年1月29日，陆军最高司令部下令组建1个师级特别指挥部，[535],并要求该指挥部（即本师的前身）跟随奥得河军前往弗里岑以西。2月，他们相继接收了一些应急分队，例如2月15日获得的1个装甲猎杀连（下辖2个装备战车噩梦火箭筒的步兵排）——并将其派往前线。[536]3月21日，该师被改编为45年型步兵师。

4月初，该师转由第101军指挥，并吸收了不莱梅警察营等新单位。3月17日的报告显示，其战斗兵力共有4460人。[537]

该师的成员之一是卡尔·弗里施（Karl Frisch）军士长，透过他的经历，我们可以对该师的人员构成略见一斑。弗里施的军人证显示，他生于1916年10月26日，1939年作为步兵入伍，最初在第337步兵师麾下被派往西欧执行占领任务，后来在1942年11月被调往东线。在1944年夏天的巴格拉季昂行动中，第337步兵师于8月7日在莫吉廖夫（Mogilev）附近遭到歼灭，其师部和残余人员被改编为第337师级集群。[538]其中一部分后来加入了第337国民掷弹兵师，另一部分则在1944年9月1日被第299步兵师（同年夏天被歼灭于维捷布斯克附近）收编。在此期间，弗里施加入了第299燧发枪手营。1944年9月至1945年3月，他作为第4集团军的一员参加了北方集团军群境内的作战。

1945年1月17日，因为头部被弹片击伤，弗里施被送往维斯瓦河集团军群后方，而他的许多战友则被困在“海利根贝尔口袋”（Heiligenbeil Pocket），直到战争前夕才乘船撤回本土参与组建施拉格特步兵师（该师在4月底被编入维斯瓦河集团军群）。弗里施直到3月底或4月初才出院，而且院方认为他只是“部分适合前线服役”，但由于兵员短缺，这位老资格的军士还是被派往第606特别师的野战补充营担任作战学校教官，以便训练抵达该师的新兵。

从组织角度有一点值得注意：德军不到1个月便用1个师的残部（第337步兵师）组建了2个新师（即第337国民掷弹兵师和第299步兵师），在这2个师被击溃后，他们又以此为骨干，在短短几周内创建了另外2个师（即第391步兵师和施拉格特步兵师）。这需要责任机构迅速掌握部队需求，并让大量专业人员各就各位——在战争末期，这一成就可谓不容小觑。当时，弗里施刚满28岁。在为第606特别师效力期间，他又参与了不少战斗，并在7周内获得了战伤勋章和二级与一级铁十字勋章。

最初，第606特别师的战术表现良好。4月14日—15日，他们挫败了苏军扩大奥得河桥头堡、突入巴尼姆（Barnim）村的尝试。4月16日，该师遭到了苏军第5突击集团军的重点进攻，其师部发给第9集团军的报告也不甚清晰。根据当天晚些时候的消息，双方不断进攻和反击，旧莱温（Alt Lewin）更是两次易手。在战斗中，第606特别师的掷弹兵表现优异，击毁苏军坦克28辆（参见《奥得河前线》第1卷第11章）。在此期间，弗里施也和第606野战补充营的教官和受训人员一道奔赴火线。1945年4月20日，他被轻武器打伤，在后方的路德维希斯卢斯特野战医院度过了最后一段战时岁月。9天后的4月29日，他被医院指挥官授予银质战伤勋章，很可能不久便被从西面开来的英军第21集团军群俘虏。

4月24日，第606特别师向西北方的埃伯斯瓦尔德撤退。在此期间，该师阵脚大乱，在相关文件中被称为“1个在克雷辛（Kressin）上校指挥下的战斗群”。在随后的埃伯斯瓦尔德之战中，该战斗群与第5猎兵师共同行动，随后又加入党卫军第3（日耳曼）装甲军，并与该军其他部队一同向西撤退。4月27日，该师接受了重组，但仍被称为第606特别师。4月29日，该师有序地撤出了祖伦（Zühlen）和当地以南的湖区。得益于这次成功，德军设法守住了一条新防线，使友军、难民和其他重型装备得以摆脱苏军包围。最终，该师在易北河沿岸向西方盟军投降。

奥得河前线的高级勋章获得者：

不明。

空军

第9伞兵师

师长：

1945年3月2日—4月18日，布鲁诺·布劳尔（Bruno Bräuer）伞兵上将；

4月18日—投降，哈里·赫尔曼（Harry Herrmann）上校。

作战参谋：

恩格尔（Engel）少校。

部队类型：

伞兵师。[539]

战斗力水平：

第3级，马匹到位率不详/机动车辆到位率30%。4月7日，战斗营的估计兵力为5000人，另外拥有6个轻型炮兵连、3个重型炮兵连，以及8辆可用的追猎者坦克歼击车和11门重型反坦克炮。[540]但如下文所述，在3月底，该师的战斗力水平曾被评为第2级。

战斗序列：

第25伞兵团、第26伞兵团、第27伞兵团、第9伞降装甲歼击营、第9伞降炮兵团、第9伞降高炮营、第9伞降工兵营、第9伞降通信营、第9伞降迫击炮营、第9伞降野战补充营和师属后勤分队。

作战综述：

第9伞兵师的组建命令曾两次下达，时间分别为1944年9月和12月，其中，前一次命令很快作废。在组建期间，该师吸收了一系列五花八门的小型单位，如特别伞兵团（Fsch.Jg.Rgt. z.b.V.，包括团部、第1营、第2营和第3营）、第51伞兵装甲歼击营、第52伞兵装甲歼击营、第53伞兵装甲歼击营、第54伞兵装甲歼击营、第56伞兵营、第9伞降高炮营（原第12伞降高炮团第3营）、第12伞降炮兵团第2营和第3营、勃兰登堡伞兵营（Fsch.Jg.Btl. Brandenburg）和赫尔曼伞兵营（Fsch.Jg.Btl. Hermann）等。[541]全师共有6758人，其中不乏经验丰富、训练有素的官兵。1945年2月8日，该师奉命开赴斯德丁地区[542]——其中最先出动的是第25伞兵团，作为第11集团军的一部分，该团在波美拉尼亚与党卫军第3（日耳曼）装甲军的单位并肩行动，并积累了一定的战斗经验。[543]该团的第1营和第2营非常特殊，成员大多是前勃兰登堡特种部队的老兵，还曾跟随奥托·斯科尔兹内一同作战，第3营的人员则全部接受过跳伞训练——在战争的这个阶段可谓罕见。[544]第26伞兵团则主要由受训不全面的人员组成，其中1个营曾于1944年跟随斯科尔兹内参加了占领布达佩斯的行动①——所谓的“霍尔蒂事件”（Horthy Affair），后来于1945年2月在维特施托克完成

① 原文如此，此处有误，该行动中没有成建制的陆军伞兵部队参与。

改编；另1个营则在法国参加过摩泽尔河流域的防御战，还跟随斯科尔兹内参加了阿登地区的守望莱茵行动，由于伤亡较大，该营后来回到维特施托克伞兵学校（Fallschirmschule Wittstock），成为第26伞兵团第1营，并在此期间吸收了一批空军地面人员；第3营的人员则来自戈斯拉尔（Goslar）空军训练学校（Ausbildung-Schule）的行政单位和学员队，其中有很多上了年纪的士官和空军军官。[545]2月21日，第26伞兵团第3营奉命乘火车前往于特博格，随后搭乘运输机进入布雷斯劳要塞——在当地，该营更名为第68伞兵营。4天后，第25伞兵团第2营也被空运到布雷斯劳，并以第67伞兵营的身份投入作战。为弥补损失，3月23日，该师利用1个伞兵补充与训练营组建了新的第26团第3营。[546]另外，第27伞兵团也在大约2月和3月之间完成组建，人员主要来自第16伞兵团（东线）和驻扎在柏林的部分赫尔曼·戈林伞兵补充与训练分队。

该师的组建无疑是1945年德军的又一个写照：他们已无力组建富有凝聚力的师，只能把各个团、营编入缺乏作战经验的指挥机构，再将这些部队一股脑地派往前线。其下属各团的人员背景各异，既有1944年一起在法国出生入死的老兵，也有毫无经验的新兵，彼此的共同语言恐怕很少——毫不奇怪，当4月16日苏军开始总攻之后，该师的战线几乎一触即溃。

第9伞兵师最初隶属于奥得河军，并在施韦特附近担任预备队。2月10日左右，该师开赴奥得河东岸，并驻扎在奥得河军左翼的斯德丁以南地区。其间，本部队还得到了第I/27装甲驱逐分队（I./27.Pz.Zerst）、1个党卫军警察营、1个行军营和克莱因营（Btl. Klein）等配属单位的增强。但在3月初，这些部队又被调往别处——类似的情况在战争末期的奥得河前线非常普遍。

一段时间后，本伞兵师转入第2军留后指挥部麾下。2月22日，后者针对这支新部队撰写了一份评估报告，其中指出了许多组建期间的遗留问题。按照记录，由于组建时间异常充裕，该师的士气大体“良好”。各步兵部队重武器基本满编，但2个装甲歼击营只有单兵反坦克武器（即铁拳和战车噩梦火箭筒）。同时，该师还拥有1个重型野战榴弹炮营和3个8.8厘米高射炮连（两种火炮的弹药到位率分别为40%和50%），另有6个8.8厘米高炮连正在赶来，反坦克武器则包括9门重型反坦克炮和14辆追猎者坦克歼击车。其防线以格赖芬哈根为中心，全长只有4公里，且穿过一大片森林，因此“条件良好”，不过仍缺乏构建工事用的材料和地雷。由于训练不够充分，他们与格赖芬哈根的高炮部队配合很差，为此，第2军留后指挥部已下达了改正命令。[547]

在此期间，该师的第26伞兵团第3营暂时脱离建制，并开赴阿尔特达姆桥头堡左翼的德内克设障分队/集群麾下，而师主力则位于斯德丁以南的高速公路大桥附近。在斯德丁周边作战期间，该师损失惨重。3月5日，其下属部队陆续离开奥得河军，前往奥得河西岸的卡塞科地区休整，阵地则被第1海军步兵师和第210突击炮旅接管。3月26日，曼陀菲尔将军在对该师的评估中指出：

> 该师人员超编，一些冗余人员已被并入2个野战补充营（作者按：这表明该师正在按照45年型步兵师的标准进行重组），大部分超编人员还缺乏武器。但除此之外，全师的武器供应情况尚可。按照师长的介绍，虽然其下属人员训练不足，但仍可以执行有限的进攻任务。[548]

3月底，第9伞兵师奉命开赴屈斯特林北方，隶属于党卫军第11装甲军。在此期间，该师诞生了奥得河前线战绩最高的狙击手之一：第27伞兵团的二等兵维尔纳（Werner）——1944年10月1日至1945年4月6日，他一共击杀了129名苏军。[549]

4月12日，苏军开始扩大桥头堡，为攻克柏林做准备，第9伞兵师的阵地也因此遭到波及。截至4月14日，该师已击退了多轮猛攻，但弹药几乎告罄。次日，苏军又投入数个连发动突袭，并攻克了策欣，守军的反击宣告失败。到4月16日苏军大举突向柏林时，该师已经极度疲惫。

虽然在4月16日当天，第9伞兵师设法击退了苏军的第一波进攻，还摧毁了30辆坦克（参见《奥得河前线1945》第1卷第11章）。但面对苏军的增援，他们很快方寸大乱，各团和各营被打散，只能在前线各自为战。此时，师长布劳尔将军居然向海因里齐建言：他的部队应该撤往后方“休整数日”——听到这一荒唐的请求，海因里齐立刻解除了他的职务，并让赫尔曼中校取而代之（参见《奥得河前线1945》第1卷第11章）。

4月20日，该师第25伞兵团的残部向西北撤往第3装甲集团军境内，并在埃伯斯瓦尔德附近被党卫军第3（日耳曼）装甲军吸收，后来似乎成为伞兵训练与补充师（参见上文中“赫尔曼·戈林第1伞兵补充与训练团”部分）麾下的布劳尔战斗群。与此同时，第26伞兵团和第27伞兵团的残部则向南败退，最终跟随第56装甲军进入了柏林。在此期间，这2个团主要部署在市区北部和中部，并全部陷入包围。5月1日—2日夜间，这2个团的幸存者试图逃离柏林，但大部分都被苏军俘虏，可能只有少数老兵抵达了第21集团军的前线，并跟随后者向美军缴械。

格德·瓦格纳（Gerd Wagner）是该师的一名老兵，战后，他简要记录了该师和各团在战争结束前的战斗经历：

第25伞兵团

组建完毕后，该团被调往波美拉尼亚的德拉姆堡，并做好了部署准备。1945年1月30日，该团进入战备状态，并加入中央集团军群[①]。

在早些时候的1945年1月12日，苏军突破了我方在纳累夫河–维斯瓦河一带的防线，2月初，其先头坦克部队更是在屈斯特林附近抵达了奥得河畔。在1个党卫军重装甲营（作者按：即党卫军第503重装甲营）、1个侦察营和1个高炮营的加强下，第25团从诺伊维德尔出发，向沃尔登贝格城发动进攻，试图切断苏军坦克部队的补给线。在这次进攻中，有80—90辆苏联坦克被击毁，但在雷根廷镇的战斗中，该团第2营的军官损失极为惨重。虽然行动告捷，但在北面，情况却愈加危急。闻讯，第25团立刻奉命开赴诺伊维德尔地区，并改由党卫军第14装甲军[②]指挥。

由于战线被越拉越长，该团再次转入守势，并成为该军防区内的救火队。

团部现在位于帕明，南提科镇成为鏖战的焦点。不顾指挥官反对，上级将第25伞兵团第2营调走，准备空投进布雷斯劳；另外2个营则撤往奥得河以西，以便与第9伞兵师的主力会合。

但在波美拉尼亚横冲直撞的苏军打乱了这一计划，该团立刻卸车，并

① 原文如此，此处有误。

② 原文如此，应为党卫军第14军。

奉命发动反击。

此时，该团由党卫军第23尼德兰装甲掷弹兵师负责指挥。

1945年2月18日，第11装甲集团军突然楔入了朱可夫元帅北翼的侧后方，第25伞兵团也参与了战斗。但在打破阿恩斯瓦尔德包围圈之后，整个攻击便被叫停。

此后一段时间，第25伞兵团被迫转入"防守反击"状态。团部则先后在兰根哈根、沃尔特斯多夫、马索夫、大克里斯汀贝格（Groß-Christinenberg）和奥伯霍夫等地落脚。

3月1日，苏军再次发动攻势，试图歼灭维斯瓦河集团军群，经过2天战斗，他们一度有所斩获，并在里茨附近取得突破。

第25团在弗赖恩瓦尔德以北节节设防，但仍在3月4日被迫后撤。

之后，第25伞兵团同党卫军丹麦装甲掷弹兵团第2营和党卫军尼德兰装甲掷弹兵师工兵营一部合作，试图坚守坎嫩贝格（Kannenberg）[①]。

阿尔特达姆桥头堡的激战从1945年3月9日持续到3月20日。当地的战斗结束时，第25伞兵团的兵力已下降到200人。

1945年3月17日，该团离开前线，加入第9伞兵师。

第26伞兵团

该团直到1945年4月初才开始集体部署。

其第1营于1945年2月从维特施托克开赴东线，先后部署在斯德丁–布霍尔策森林（Buchholzer Forst）和奥得河畔施韦特一带。在此期间，该营损失极大。

与此同时，第2营则在1945年2月15日抵达德内克师的防区。其主战线大致从施沃乔穿过莱纳、伊辛格和萨博等地，一直延伸到波美拉尼亚的皮里茨一带。

这一区域除了第2营，还有第26伞兵团的团部。

在此期间，第2营参加了斯德丁、格赖芬哈根、加尔登（Garden）、瓦尔

① 即今天波兰的卡尼亚（Kania）。

滕贝格、科尔滕哈根（Kortenhagen）[①]、沃尔廷（Woltin）[②]和莱措斯菲尔德等地的激烈战斗。1945年4月，该营回归第9伞兵师的建制，并驻扎在屈斯特林附近（苏军构建的）奥得河桥头堡对面。

1945年2月，第26伞兵团第3营作为一个独立分队被派往奥得河前线的施韦特南部地区，并隶属于斯科尔兹内。

经过短暂部署，该营又回到了后方的于特博格地区。

在当地，伞兵们发现自己将被派往布雷斯劳，并于1945年2月23日乘坐夜航运输机奔赴当地。

这些飞机在布雷斯劳上空遭到了猛烈的防空火力，有些被击落，但大多数成功抵达。之后，该营改名为第68伞兵营。

在布雷斯劳要塞，该营历经激战，损失惨重，最终在1945年5月7日跟随城内的其他正规军［包括曾在1945年2月16日与该营并肩作战的第25伞兵团第2营（后改称第67伞兵营）］和国民突击队向苏军投降。

第27伞兵团

第27伞兵团的人员来自第51、第52、第53和第54伞兵装甲歼击营，主要作战地点在斯德丁附近的奥得河桥头堡和皮里茨一带。苏军反复对该团的阵地发起冲击，双方的损失都很惨重。

该团的部署地点包括布霍尔策森林、罗森加滕（Rosengarten）、赫肯多夫（Hökendorf）、阿尔特达姆、格赖芬哈根、菲迪霍夫和莱措斯菲尔德等地。

在奥得河桥头堡陷落后，该团下属的2个营都只剩下了40—50名战斗人员。

该团的团长阿布拉提斯（Abratis）少校阵亡，在下一任正式团长门克（Menke）上校到任前，其职务一度被冯·马耶尔（von Majer）接过。

随后，该团在格赖芬贝格–舍讷马克附近的一个帝国劳工组织营地解散，并利用补充人员进行了重建。

1945年4月，该团也被派往屈斯特林附近的奥得河桥头堡方向。

① 即今天波兰的卡特诺（Kartno）。
② 即今天波兰的韦乌廷（Wełtyń）。

就像上述3个伞兵团一样，在波美拉尼亚期间，第9伞兵师的其他单位也分散在各地，并经历了许多战斗。

第9（伞降）炮兵团曾先后部署在赫肯多夫、小舍恩菲尔德、施特克林（Stecklin）[①]、海因里希斯多夫（Heinrichsdorf）、沃尔廷和巴恩等地。在撤出奥得河下游的东岸地区之后，该团被调往勃兰登堡地区的明谢贝格，回归了第9伞兵师的建制。

在解救巴恩要塞期间，第9伞降野战补充营有突出表现，让不少伤员和平民安然脱险。

第9伞降通信营：主要部署在斯德丁附近的罗森菲尔德（Rosenfeld）[②]和纳德伦塞（Nadrense）附近的罗索夫。

第9伞降装甲歼击营：斯德丁附近的斯塔加德和格赖芬哈根。

第9伞降工兵营：先后在克拉多夫（Kladow）、菲迪霍夫、克尔贝格、格赖芬哈根作战，并参加了解救巴恩要塞的行动。

上述第9伞兵师的下属部队都在1945年4月初调往奥得河桥头堡方向，并编入新组建的第9集团军（司令：布塞步兵上将）。

早在1945年1月下旬，苏军便从屈斯特林附近渡过奥得河，到2月的第一周，他们已在西岸站稳脚跟。

与此同时，第9伞兵师则在奥得沼泽的戈尔措、策欣和莱茨欣附近设防，与苏军屈斯特林桥头堡的北部遥遥相对。由于地下水位极高，修建阵地成了一项难事——因为掩体和壕沟经常只能挖到齐腰深。

1945年4月9日，第9伞兵师的师部设在古索（Gusow）西北方的诺伊恩豪瑟（Neuenhäuser），第27伞兵团的团部设在弗里德里希绍以南的布施多夫（Buschdorf）、第25伞兵团的团部位于莱茨欣。其间，第6航空队的一名参谋军官访问了该师，尤其是位于戈尔措的第27伞兵团第3营。在给航空队的回电中，他表示第27团给他留下了“极好”的印象。

1945年4月12日之后，苏军开始扩大桥头堡，并向第9伞兵师发动进攻。毫

① 即今天波兰的斯泰克诺（Steklno）。
② 即今天波兰的罗森诺沃（Rożnowo）。

不奇怪，这些强有力的攻势只是一个开始，目的是为一触即发的总攻创造有利条件。这些攻击也给第9伞兵师的地段带来了危机。在有些区域，敌军更是直接突入了党卫军第11装甲军的第二道防线。

1945年4月16日，苏联对柏林的总攻开始。

当天4点，从桥头堡和奥得河对岸的纵深地带，苏军发起了“超乎想象”的猛烈炮击。

当时，第9集团军共有超过235000名官兵和4000门火炮。第6航空队则拥有300架各种类型的飞机。但与苏军相比，德军的步兵仍处于1：6的劣势，而炮兵、装甲部队和空军的对比则分别为1：10、1：20和1：30。仅仅党卫军第11装甲军的阵地便遭到了22000门苏军火炮的轰击。

在4月15日—16日夜间，第9伞兵师的战斗巡逻队正在交班——面对铺天盖地的炮击，以及轰炸机、对地攻击机和战斗机的空袭，该师蒙受了重大损失。第27伞兵团的团长门克上校在伍尔科（Wulkow）地区的战斗中阵亡。冯·马耶尔上尉再次接管了这支部队。

同时，第25伞兵团团长沙赫特（Schacht）少校也伤重不治身亡[①]，库尔施纳（Kürschner）上尉接过了该团的指挥权。

第26伞兵团第3营和第27伞兵团第2营几乎全军覆灭。

尽管有约2000架飞机的支援，还有猛烈的炮火，以及密集的步兵和坦克，但苏军在头两天都未能达成突破。

在泽劳高地，第20装甲掷弹兵师坚持了两天，直到流尽鲜血。

1945年4月18日，德军战线最终还是瓦解了。

先是第9伞兵师，随后是魏德林炮兵上将的第56装甲军。作为一支作战部队，第9集团军已不复存在。

德军的损失是无法弥补的，预备队也消耗殆尽。

在这种情况下，第9集团军命令第56装甲军和第9伞兵师向施普雷河撤退，前往菲尔斯滕瓦尔德以西地区。

---

① 原文如此，此处有误。沙赫特在战争中幸存，活到1972年。

但这个计划失败了——希特勒没有征求集团军的意见，便直接将第56装甲军派往柏林，宣布该军成为陆军最高司令部的直属单位。

面对沉重压力，第9伞兵师的各团和其他部队节节败退，一路穿过古索、伍尔科、布科（Buckow）等地，直到施特劳斯贝格–瓦尔齐费尔斯多夫（Waldsieversdorf）–明谢贝格一线。在撤退期间，该师的左翼部队被逼退到西北方的弗里岑。

这让第26伞兵团的部分人员摆脱了柏林包围圈，并设法途经波茨坦和维特施托克，抵达了路德维希斯卢斯特，最终向美军缴械。

同样被挤压到柏林以北的还有第25伞兵团一部，他们最终进入石勒苏益格–荷尔斯泰因地区，并奉命在当地组建一批空军作战分队。但该师的其余部队都进入了柏林。

1945年4月18日，师长布劳尔将军在一场争论后被解职（参见《奥得河前线1945》第1卷第11章）。

在帝国元帅的亲自命令下，之前担任2个装甲歼击旅指挥官的哈里·赫尔曼（Harry Herrmann）上校被派往施特劳斯贝格，接管了第9伞兵师。经过3天的防御战，该师的状况可谓令人绝望。

从奥得河畔到柏林城下，伞兵们在战斗中损失巨大。

以下是他们激战过的地方：莱茨欣、沃鲁布政府办公室（Amt Wollub）、策欣、戈尔措（尤其是当地的铁路堤道）、布施多夫、新朗索（Neulangsow）、古索、伍尔科、奥伯斯多夫（Obersdorf）、赫尔莫斯多夫（Hermersdorf）、布科（尤其是当地的工厂）、瓦尔齐费尔斯多夫和施特劳斯贝格。虽然在今天，也许已无人记得（勃兰登堡）大选帝侯麾下最有名的陆军元帅——老德弗林格尔（Old Defflinger）[①]就长眠在古索宫殿的地下。但这些地方将被第9伞兵师的所有亲历者铭记，因为他们曾在这里战斗。

旧帝国的“沙箱”（Streusandbüchse）[②]几乎都被苏军征服。

但柏林是个例外！

---

① 即格奥尔格·冯·德弗林格尔元帅。

② 即勃兰登堡地区，当地一直以来都有“德意志帝国沙箱”之称。

1945年4月19日，苏联人通过自由德国委员会的成员（作者按：即塞德利茨部队）发出一条消息：“第9伞兵师应在波茨坦附近的格伦菲尔德（Grünfelde）集结。”有些补给纵队根据这道“命令”去了格伦菲尔德，并与其他部队失去联系。

尽管伞兵们在雷费尔德（Rehfelde）、霍珀加滕（Hoppegarten）和亨尼肯多夫（Hennickendorf）附近拼死抵抗，但还是只能向柏林撤退，而这座城市也最终在1945年4月24日陷入包围。

魏德林将军被任命为大柏林地区的城防司令，并将当地划分为9个防区。

其中，第9伞兵师残存的最大一部分兵力被编入了林内分队（Einheit Rinne），他们被迫在苦战中穿过克珀尼克、卡罗和里希特费尔德等城郊地区，一路向市中心撤退。

同时，师长赫尔曼上校被任命为A防区的指挥官。

这个“师”的师部一直在改变位置，包括新克尔恩（Neukölln）赫尔曼广场（Herrmannplatz）内的1座地堡、洪堡海因公园（Humboldthain）的1座地堡，最后还有舍恩豪瑟大道（Schönhauser Allee）附近柏林金德尔（Berliner Kindl）啤酒厂的地下室。

冯·马耶尔上尉（第27团团长）设法聚集了500名部下（包括之前离队休假的人员），他们曾进行过以下战斗：守卫泰尔托运河（Teltow Kanal）沿岸的坦克大修厂；争夺冷库大楼；夺回运河上的桥梁，穿过柏林市区，前往历史悠久的金龟子兵营（Maikäferkaserne）；韦丁（Wedding）和帝国总理府附近的巷战。

该团还曾在政府区到洪堡海因公园地堡之间的地铁隧道中作战。

最后几天，赫尔曼上校和第9伞兵师残部接管了北部的H防区和I战斗群。

城防司令要求市内的作战部队分三路突围，但所有尝试均告失败。

1945年4月30日，希特勒自杀。

1945年5月1日，城内仅存的一家电台从本德勒区（Bendlerblock）向所有人公开发报：“这里是第56装甲军。停火！”

1945年5月2日，德国首都的作战部队宣布投降。

所有德军官兵，包括第9伞兵师的幸存者，都和将军与防区指挥官们一道向苏军缴械。

就算他们能从战俘营幸存，也需要等待许多年才能返回家乡。最后一批人直到1955年10月才获释，此时距离他们进入战俘营已过了10多年——其中就有该师的最后一位师长哈里·赫尔曼上校。

另外值得一提的是，该师的首任师长布鲁诺·布劳尔将军在战争结束后被西方盟军引渡到希腊，并因为“莫须有”的罪名而在1947年5月20日被处决。①

Sic transit gloria!（作者按：此处为拉丁语，意为“世间的荣耀就此消失”）

（签字）

格德·瓦格纳[550]

奥得河前线的高级勋章获得者：

骑士十字勋章——1945年4月29日，曼弗雷德·比特纳（Manfred Büttner）军官候补生/军士长，第26伞兵团第2连代理连长。

党卫军

党卫军猎鹰团

指挥官：

党卫军中校罗森布施（Rosenbusch）。

作战参谋：

党卫军上尉哈夫纳（Haffner）。

战斗序列：

团部、第1营、第2营、第3营、摩托车排、工兵连和后勤连。

作战综述：

党卫军猎鹰团于1945年1月成立于巴特萨罗（Bad Saarow）的德国空军兵营，原名党卫军特别团（SS-Regiment z.b.V.）。最初，该团奉命保护柏林的党卫队帝国

① 布劳尔曾在1943年至1944年间担任克里特要塞司令，在任期间，他下令处决了3000多名平民和游击队员，并将岛上的犹太人全部驱逐至欧洲大陆的集中营。因此，原文中的说法并不确切。

领袖办公室，但后来被希姆莱派往前线，以加强维斯瓦河集团军群。[551]随后，该团成为党卫军第5山地军的预备队，阵地在利希滕贝格至米尔罗瑟（Müllrose）一带。其中第1营位于利希滕贝格左侧，负责保护柏林–奥得河畔法兰克福高速公路和南北向的87号帝国公路（Reichstrasse 87，该公路从奥得河畔法兰克福延伸而来，一直穿过米尔罗瑟）。第2营被派往第3装甲集团军境内（参见上文中“第11集团军”和“第3装甲集团军”部分）。第3营则部署在马尔肖附近的米尔罗瑟森林。上述各营的主要任务是就地征集村民，修建反坦克壕和雷区，以构建沃坦防线。

4月16日，在法兰克福以南、马尔肯多夫森林（Markendorfer Wald）附近的霍斯皮塔尔磨坊（Hospitalmühle），苏军的步兵第95师和步兵第339师突破了德军防线，并楔入了第286步兵师左翼。闻讯，猎鹰团第1营和第561装甲歼击营一道赶赴当地，以保护87号帝国公路和柏林–法兰克福高速公路。4月17日，该营部分兵力协助党卫军一月三十日师的燧发枪手营和补充营联合挫败了苏军步兵的一次进攻。在利希滕贝格附近的高速公路沿线，战斗尤其激烈，苏军装甲部队一度撕开了德军防线。但在利希滕贝格，猎鹰团的突击连击毁了2辆T-34，并击退了苏军的后续进攻。4月18日，猎鹰团第1营与第561装甲歼击营一道被编入罗布迈尔战斗群。他们随后向苏军发起反击，为奥得河畔法兰克福的守军打开了一条通道，使其成功在4月21日突围，与第9集团军会合。接下来几天，他们穿过哈尔伯地区，与第9集团军的残部一道向西打破苏军防线，加入了第12集团军。[552]

猎鹰团第3营则于4月16日开赴利希滕贝格东南地区。在洛索夫的防御战中，该营负责支援党卫军一月三十日师，随后又撤退到西面的丘陵地带，并建立了一条从马尔肯多夫延伸到霍亨瓦尔德（Hohenwalde）的新防线。苏军则试图从马尔肯多夫穿过87号帝国公路——在这个村庄附近，战斗尤其激烈。有一次，苏军还使用了塞德利茨部队，他们走在最前方，不断靠近主阵地，然后向猝不及防的德军射击。面对进攻，猎鹰团工兵连和党卫军第32装甲歼击营［装备四号突击炮和42H型10.5厘米突击榴弹炮，营长是保罗·克劳斯（Paul Krauβ）党卫军上尉］共同维持了一道防线。

上述德军的核心阵地位于马尔肯多夫庄园——在4月18日和19日，这里曾遭到多次重点攻击。马尔肯多夫以东的森林则由几个燧发枪手连和要塞连负责，在一次进攻中，这些部队全部失去音信。18日晚上，保罗·克劳斯上尉前去寻找友军的下落，但一无所获。他得出结论，他们要么是被彻底歼灭，要么就是擅自抛弃了阵地。

德军防线岌岌可危。4月19日上午，苏军向马尔肯多夫庄园发起进攻，但被守军击退。但在此之后，他们绕到猎鹰团阵地的侧翼，切断了守军的退路，然后从四周开火攻击该团的第1连、第2连、艾斯曼战斗群（Kampfgruppe Eismann，由党卫队指挥总局的人员组成）和党卫军第1训练与补充营（即警卫旗队的补充单位）的警备分队。德军的弹药越来越少，伤员无法撤离。在一座迫击炮掩体中，克劳斯上尉发现了猎鹰团团长罗森布施中校，罗森布施当时已经受伤，但仍将一把手枪攥在手里。克劳斯请求他下令向西突围，撤往下一道防线。罗森布施却大喊道："不！我必须和我的团在一起。"克劳斯敬了个礼，离开掩体，这时，团长自杀的枪声响起。4月21日，党卫军第32装甲歼击营营长克劳斯上尉成为幸存人员的指挥官，他们后来被称为克劳斯战斗群。其兵力包括党卫军猎鹰团的残部、来自法兰克福要塞的F要塞团、1个由党卫军中尉彼得森（Petersen）指挥的警备连、1个由党卫军少尉韦伯（Weber）指挥的警备连，以及党卫军第32装甲歼击营的第2连和第3连。这些部队在夜间向西北方突围，与罗布迈尔战斗群会合。[553]但另一些人的行动并不顺利，例如党卫军猎鹰团第3营第9连的托马斯·耶内温（Thomas Jenewein）下士。4月18日—23日，他一直在马尔肯多夫以东的森林中与苏军和塞德利茨部队作战。在向西北方撤退时，他身上有伤，而且食物几乎耗尽。他和另一名党卫军士兵一路躲避着苏军的巡逻队，并在4月24日/25日左右抵达措森。随后，他从当地骑自行车继续向西北方前进，途经施潘道、施滕达尔（Stendal）和帕尔希姆（Parchim）等地，一路出人意料地避开了所有苏军巡逻队，最终在5月初渡过易北河向西方盟军投降。[554]

奥得河前线的高级勋章获得者：

不明。

（参见地图27）

党卫军第32一月三十日志愿掷弹兵师

指挥官：

1945年1月30日—2月5日，鲁道夫·米伦坎普（RudolfMühlenkamp）党卫军上校；

2月5日—2月17日，约阿希姆·里希特（Joachim Richter）党卫军上校；

2月17日—3月15日，阿道夫·阿克斯党卫军准将；

3月15日—投降，汉斯·肯平党卫军上校。

作战参谋：

伦茨（Lenz）党卫军少校。

部队类型：

党卫军掷弹兵师。[555]

战斗力水平：

第3级，马匹到位率65%/机动车辆到位率90%。4月7日，战斗营的估计兵力为3150人，并拥有5个轻型炮兵连、1个重型炮兵连、28辆三号突击炮①和11门重型反坦克炮。[556]

战斗序列：

师部、党卫军第86席尔志愿掷弹兵团（SS-Freiwilligen-Grenadier- Regiment 86 Schill）、党卫军第87库尔马克志愿掷弹兵团（SS-Freiwilligen-Grenadier-Regiment 87 Kurmark）、党卫军第88贝克尔志愿掷弹兵团（SS-Freiwilligen-Grenadier-Regiment 88 Becker）[557]、党卫军第32志愿炮兵团、党卫军第32工兵营、党卫军第32装甲歼击营、党卫军第32高炮营、党卫军第32通信营、党卫军第32燧发枪手营、党卫军第32野战补充营，以及其他师属单位。

作战综述：

这个独特的党卫军师团组建于1945年1月30日，是德国1945年人力枯竭的另一个缩影，其称号则来自希特勒1933年夺取政权的纪念日。该师的人员来自10个单位，包括军官候补生学校、补充单位、应急部队、前空军和海军士兵，以及达豪和布痕瓦尔德集中营的看守与后勤人员。他们只配备了以栓动步枪为

① 这里的三号突击炮也包括42H型突击榴弹炮。

主的轻武器，大约75%的士兵都是1925年—1927年出生、只有17岁—19岁的年轻人。[558]根据2月5日的报告，该师的总兵力为6000人。[559]

完成组建后，这支部队匆忙赶赴第9集团军在奥得河畔法兰克福以南地区，前线位于芬肯黑尔德–福格尔桑（Vogelsang）之间，并奉命攻击苏军的桥头堡。第一次战斗在2月7日爆发，该师投入2支有作战经验的部队——席尔团第1营和师属装甲歼击营——夺回了福格尔桑村。[560]2月初，该师获得了1个只有90发弹药的火箭炮连，其连长党卫军少尉瓦尔特·瓦尔迪克（Walter Vahldiek）回忆说，他的部下完全是一群拼凑的菜鸟，还经常接到与战术条令相悖的部署指示。大约3周后，他们的弹药便彻底耗尽，最终在2月25日解散。[561]由于训练不足、领导不力，该师的进攻经常收效甚微、损失惨重。其中一个例子发生在2月10日：当时，师属工兵营、席尔团侦察排和党卫军海尔连（SS-Kompanie Heyer）攻击了维瑟瑙以南、施普雷运河渡口附近的发电站，但遭到迎头痛击，还损失了80名官兵。2月16日，党卫军中校戈特曼（Gottmann）向希姆莱汇报了他们在此次进攻中的拙劣表现。戈特曼报告说，他评估了该师师部和下属单位的行为，认为他们不仅缺乏协调，对地形也一无所知。[562]不仅如此，前线官兵似乎还对敌情全然无知——他们的消息来源主要有两个：首先是当地人，其次是源源不断的败兵。除此之外，戈特曼还注意到，该师还聚拢了许多作战分队，并把他们扔进战线，但这些人大多是向西逃亡的残兵败将，一看到苏军坦克就作鸟兽散。[563]该师是在前线组建的，一直在到处搜刮部队、士兵和装备，甚至师长阿克斯准将也是个“客串演员”：他不久前刚被解除了党卫军第15武装掷弹兵师师长的职务，随后就在2月17日接管了这支部队。在这种瞬息万变的绝望环境中，该师根本不可能成为一支富有凝聚力的部队。在接下来的8个星期，该师师长再次易人，改由党卫军上校汉斯·肯平担任，其团级和营级领导层也进行了十余轮调整。[564]

2月中旬，该师的阵地在奥得河畔法兰克福以南约16公里处，靠近奥得河，全长6.5公里。其中党卫军第86席尔志愿掷弹兵团、师属炮兵团第1营和党卫军海尔连位于福格尔桑–菲尔斯滕贝格桥头堡一带。党卫军第87库尔马克志愿掷弹兵团、师属工兵营、炮兵团第3营和第2营一部则位于齐尔滕多夫（Ziltendorf）–奥利特（Aurith）–维瑟瑙桥头堡方向。配属给该师的亨斯特曼国民突击队营（Volkssturm Bataillon Hengstmann）、师属炮兵团第2营一部和刚抵达的贝克尔战斗群则被派往了布里斯科夫（Brieskow）–洛索夫–古尔登多夫（Güldendorf）桥头堡方向。由于缺乏凝聚力、训练水平低下，该师在防御战中遭遇了不少挫折，这一点也可以在党卫军第86席尔团的后续战斗中略见一斑。

席尔团的阵地在福格尔桑和菲尔斯滕贝格之间的奥得河弯曲部，宽度大约1公里。按照团长埃克尔（Eccher）中校的指示，该团的第1营和第2营分别部署在河流弯曲部的南北两侧。担任预备队的第13连和第14连部署在两座村庄之间，这里有一座堤岸，能居高临下地俯瞰河流弯曲部周围的平坦地带，并充当着一条坚固的防线。团指挥所位于堤坝上。埃克尔的部下五花八门，包括集中营看守、新兵、国民突击队员和军校学员，而且和奥得河前线的其他部队一样，其素质参差不齐，大多数只接受过基本的武器操作训练和小分队战术训练。这些问题不仅带来了战术上的挫折，还有惨重的人员损失。

为了给未来的春季攻势创造条件，苏军第69集团军下属的第16突击军[①]奉命夺取这片弯曲部和堤岸，以便在奥得河西岸获得一个集结地。2月22日晚，苏军巡逻队（可能来自第222步兵师）试图从第2营的阵地当面渡过奥得河，但被击退。在随后几个晚上，苏军多次试探，但团长埃克尔不相信他们会大举渡河。在战争的这个阶段，东线的德军老兵已经非常熟悉苏军的战术，因为在过去，它们几乎是一成不变的。无可否认，为了生存，苏军和其他军人一样，都是随机应变的大师，但其中仍然存在一定的规律：先侦察和确定敌方的阵地，然后声东击西，引出预备队，最后在密集的炮火准备后发动总攻。埃克尔的下属军官缺乏经验，不熟悉苏军的战术，对相关的迹象毫无察觉。

在初步试探之后，苏军用数天时间制订计划，对该团的阵地发动了一场周密和复杂的突击行动。2月27日—28日夜间，浓雾和雨水模糊了视线，部队调动的喧嚣被阵阵西风掩盖。同时，波–2侦察机也飞临德军阵地。鉴于当时能见度有限，侦察机的任务似乎不是侦察，而是用发动机的轰鸣掩盖一种德军

---

① 原文如此，此处有误，当地的苏军似乎来自第33集团军下属的步兵第62军和步兵第16军。

非常熟悉的声音——苏军渡河时的噪音。凌晨3点，一支苏军突击队从席尔团第2营的左翼渡过奥得河，悄悄杀死阵地上的德国守军，不声不响地前进了200米。随后不到1个小时，苏军便用舟桥渡船将整整1个团运到了奥得河对岸，与后者一同抵达的还有反坦克炮、榴弹炮和5辆轻型坦克（型号不详）。直到苏军坦克发动引擎时，德国守军才如梦初醒。此时是凌晨4点整。闻讯，第2营的营长迅速向预备队发出警报，并命令他们肃清渗透之敌。在夜幕下，德军反复进攻，但未能击退苏军。

同时，席尔团团部也接到了苏军构建桥头堡的警报。埃克尔命令第13连和第14连在北面的森林中占据阵地，沿着苏军桥头堡附近的堤岸布防。5点30分，他们刚开始集结，苏军便发动了进攻，迫使德军狼狈撤退。其中一路苏军越过堤岸向西进发，另一路则利用5辆坦克在步兵的掩护下向南推进。第13连和第14连试图抵抗，但不久便阵脚大乱。报告显示，受浓雾影响，苏军的坦克火力并不准确，但足以吓坏该团的很多人，比如初经战阵的人员和神经过敏的新兵。6时，苏军1个排发现了第2营的营部，并从后方发动袭击，营部人员溃散，并进一步打乱了德军的防御。埃克尔立即向师部请求支援，但增援部队并没有如约在12点之前到达。

事实证明，苏军的这次行动只是主攻的前奏。7点，大约25个炮兵和火箭炮连向席尔团的阵地开火，时间长达40分钟。7时40分，苏军主攻部队（包括步兵第383师的2个团）在南面渡过奥得河，在席尔团第1营的防区内取得了立足点。同时，北面的苏军也在炮火支援下重新向南推进。由于退往第二道防线（堤岸）的道路被苏军切断，该团第1营和第2营全面崩溃。1公里长的阵地和堤岸全部沦陷。这一地区后来成为苏军4月16日进攻的主要桥头堡。[565]

导致席尔团失利的因素有很多。重型武器、弹药和其他装备不足固然是重要原因，但更重要的是训练不足，下级指挥人员也缺乏经验。

在接下来几周，一月三十日师的训练状况也鲜有改善。在3月初对福格尔桑（在之前的战斗中，苏军占领了该村的三分之二）和施普雷运河畔发电站（即前文中所述的发电站）的两次进攻中，该师没有达到任何目标，还损失了140余名成员。有参战的突击队队长表示，这种情况与战术准备不足、领导不力有直接关系。[566]报告显示，3月17日，该师的战斗力量共有2846人——已下降至不到一个团。[567]

在接管维斯瓦河集团军群之后，海因里齐审视了局势，并开始重组防线。在此期间，他的第一项工作就是把所有外籍志愿兵和党卫军师团调离前线。到4月初，这项工作基本完成，但一月三十日师除外。但在4月12日，该师也接到了4月18日之前在泽劳高地后方占领阵地的命令。[568]在准备期间，该师得到了第1257军官候补生团和部分国民突击队的加强，党卫军第88贝克尔志愿掷弹兵团则被调离［值得一提的是，在这段时间，该师诞生了奥得河前线战绩最高的狙击手之一——彼得霍夫（Peterhof）党卫军下士，他在1945年4月1日至13日取得了80个战绩］。[569]

4月14日，苏军开始炮击，并沿着奥得河前线发动了武装侦察——这也是大规模进攻的前奏。4月16日，即总攻当天，党卫军第87志愿掷弹兵团挡住了苏军的首轮进攻，但自身也伤亡惨重。而在党卫军第88团方向，其第1营在试图稳定局势时被歼灭，第2营则设法在上林多（Ober-Lindow）附近守住了一条不起眼的防线。[570]

随后几天，该师的战线开始瓦解。其下属部队被打散成许多小型战斗群，开始在几名主要指挥官的带领下各自为战。其中，克劳斯战斗群（参见上文中“党卫军猎鹰团”部分）和弗伦克尔战斗群（Kampfgruppe Frenkel）曾参加了坚守劳滕克兰茨（Rautenkranz）、劳滕克兰茨运河大桥、马尔肯多夫庄园和马尔肯多夫的战斗。其间，这些拼凑单位还不断吸收着各种散兵游勇和非战斗人员。例如1个由匈牙利人组成的党卫军建筑营，但他们一遭遇苏军便作鸟兽散。[571]

4月21日，一月三十日师的残余部队撤退到菲尔斯滕瓦尔德和米格尔湖（Müggel See）地区，并与从东北方后撤至此的党卫军第11装甲军会合。随后，该师奉命南下，与第5军（原隶属于中央集团军群，此时改由第9集团军指挥）的其他部队抵御乌克兰第1方面军前进。由于科特布斯以西地段遭到突破，该师又奉命掉头北上，掩护党卫军第11装甲军撤退。很多资料显示，在4月21日至22日，该师曾协助党卫军第561装甲歼击营守住了奥得河畔法兰克福–柏林高速公路。[572]但需要指出，这很可能是混淆了该部队与党卫军猎鹰团——事实上，一月三十日师当天并没有派遣部队前往高速公路附近。

4月24日，党卫军第86志愿掷弹兵团和党卫军第87志愿掷弹兵团第2营都已溃不成军。4月25日，该师的数千残部集结在格莱本多夫（Gräbendorf），与平民一道向梅尔基施布赫霍尔茨（Märkisch Buchholz）进发，随后抵达了哈尔伯地区。5月1日凌晨，这些人员和第9集团军的剩余力量一同向西突围，最终在贝利茨以南与第12集团军会合。在战斗中，克劳斯战斗群和党卫军第32装甲歼击营保护着布塞将军和剩余的集团军参谋人员，使其顺利穿过苏军防线。[573]但该师大多数人未能抵达易北河畔，其中800名老兵彻底失去音信，另有4000人可能被俘。[574]

奥得河前线的高级勋章获得者：

不明。

党卫军第502重装甲营

指挥官：

库尔特·哈特兰普夫（Kurt Hartrampf）党卫军少校。

战斗力水平：

不明，可能为第1级或第2级。

战斗序列：

第1连、第2连、第3连每个连下辖3个排，全连最初一共拥有14辆虎王坦克。但由于装甲车辆匮乏，每个排的坦克被迫从4辆削减到3辆。

作战综述：

本装甲营在1944年9月被改编为虎王重型坦克营，随后一直在德国西部的帕德博恩（Paderborn）用少数坦克开展训练。直到1944年12月27日，他们才首次收到虎王，后来还被迫将其中6辆转让给同样计划加入维斯瓦河集团军群的党卫军第503重装甲营。1945年2月14日，第一批"真正"的虎王抵达，随后又有一些新车陆续交付。但在3月初，该营前往维斯瓦河集团军群境内之前，其下属单位仍然缺乏基本的连级和排级战术训练，很多车组对虎王也不够熟悉。[575]另外，该营也几乎没有时间与其他单位——尤其是步兵——开展合练。这给后来的作战带来了很大问题。

3月初，党卫军第502重装甲营奉命加入维斯瓦河集团军群，并于3月11日抵达斯德丁。3月19日，该营完成铁路卸载，随后沿公路进入多尔格林附近的森林，准备解救屈斯特林。进攻定于3月22日—23日午夜开始，但在战前，德军的步坦协同很差，侦察也很不到位。

该营的一名成员——恩斯特·施特伦（Ernst Streng）回忆道：

大约凌晨1点，第一道敌军阵地陷落。燃烧的农场和车辆映红了整个区域。据说在首轮冲击中，我军步兵因为误击损失巨大。这是因为我们缺乏通信设备，无法联络步兵。

行军纵队一步步向前进攻。一辆敌军坦克在道路左侧爆炸，腾起瑰丽的蓝色火焰。曳光弹划出长长的弧线飞来，直到被坦克的装甲弹飞。

在前线的远方，德军的夜间侦察机投下降落伞信号弹。我们和步兵缺乏必要的协调。各坦克只能勉强排成一线向敌军开火。无线电通信被淹没，里面全部是关于地点和敌情的问题。[576]

德军突破了苏军的第一道防线，但在向萨克森多夫推进期间，整个进攻停滞了，有3名虎王车长死于猛烈的炮击和机枪火力。当天白天，第502营又摧毁了20辆苏军坦克，但自身也有几辆虎王瘫痪，只能在夜间回收。很明显，其失败的一个重要原因是训练不足，而这一问题在整个奥得河前线也屡见不鲜。

3月24日，党卫军第502重装甲营转移到戈尔措，准备再次解救屈斯特林。这次行动在3天后的3月27日开始。在行动中，虎王坦克直接开进了一片雷区。由于与步兵缺乏协调，德军未能取得后续进展，该营也被迫在3月31日撤往泽劳镇后方进行休整。

在4月16日苏军发动总攻时，第502营一共有29辆坦克可用。其中第1连位于多尔格林郊外，负责监视来自奥得河方向的道路。第2连则与库尔马克装甲掷弹兵师一道驻扎在策施多夫（Zeschdorf），并奉命对舍恩弗里斯（Schönfließ）发动反击。由于与步兵沟通不畅，再加上穿着德军制服的塞德利茨部队制造混乱，这次行动最终在镇外半途而止。面对苏军的沉重压力，该营只能后撤，并在随后几天且战且退，并不时与敌人爆发小规模战斗。

4月20日至23日，该营沿着1号帝国公路南侧向西撤退。由于燃料和弹药短缺，沿途不断有虎王坦克被毁。第1连和第3连穿过一片有苏军出没的区域，最终在德姆尼茨（Demnitz）–施泰因赫费尔以西稳住脚跟，在此期间击毁了15辆苏军坦克。4月27日，该营集结起来，准备从哈尔伯地区突围。

随后4天，作为突围部队的先锋，该营向第12集团军防线前进。在5月1日抵达第12集团军防线前方时，他们只剩下2辆虎王，其中靠后的1辆很快被苏军用铁拳火箭筒摧毁。不久，由于缺乏燃料，最后1辆虎王也被遗弃在埃尔斯霍尔兹（Elsholz）附近。幸存的坦克兵最终抵达易北河，向美军投降。[577]

奥得河前线的高级勋章获得者：

骑士十字勋章——1945年4月28日，库尔特·哈特兰普夫党卫军少校，党卫军第502重装甲营营长；1945年4月28日，保罗·埃格尔（Paul Egger）党卫军中尉，党卫军第502重装甲营第1连某排排长；1945年5月2日，阿洛伊斯·卡尔斯（Alois Kalls）中尉，党卫军第502重装甲营第1连代理连长。

党卫军第15装甲歼击连（追猎者）/党卫军第561装甲歼击营

指挥官：

雅各布·罗布迈尔党卫军上尉。[578]

战斗力水平：

不明，可能为第1级或第2级。

战斗序列：

第1连、第2连、第3连、随行掷弹兵连、通信排、侦察排、工兵分队，以及装甲火箭炮连。该营在组建时拥有186名官兵、14辆追猎者、1辆轿车、2辆摩托车、1辆3.5吨卡车和1部野战厨房。

作战综述：

本单位于1944年11月底至12月初根据党卫队指挥总局的命令组建，最初是一个追猎者连，计划隶属于党卫军第15（拉脱维亚第1）掷弹兵师的装甲歼击营。其组建地点是阿姆塞尔贝格（Amselberg）的波希米亚和摩拉维亚训练场（Bohemia and Moravia Troop Training Area），人员来自位于克鲁姆（Clum）的党卫军装甲歼击和突击炮补充营（SS-Pz.Jäg.–Stu.Gesch.–Ers.Abtl.）、党卫军亚诺维采装甲歼击和突击炮学校（SS-Pz.Jäg.–Stu.Gesch., Schule Janowice）、党卫军第15

补充营、党卫军第19补充营和位于柏林的党卫军驾驶人员补充营（SS-Kraftfahr-Ers.Abtl.）。对于该部队的组建经过，以及在奥得河前线的战斗经历，营长雅各布·罗布迈尔这样写道[579]：

当我在1944年12月27日接管该连时，全连的装备只有1辆追猎者、1部装在卡车上的野战厨房（而且该卡车还需要充当补给卡车）、1辆Kfz. 15轿车（作者按：即霍希轿车）、1辆摩托车和1辆卡车。其中一半人员拥有98K步枪，另外还有10把P38手枪和3挺MG 42机枪。

整个部队的服装五花八门，在这种情况下，甚至连必要的训练能否完成都值得怀疑。我每天都在与负责装备供应的补充营打交道，逐渐搞到了全套装备和服装，并在1945年1月的第1周得到了13辆追猎者坦克歼击车。由于条件有限，我们只能为炮手和车长提供射击培训，而且作战编制表并没有包含轮式车辆——这些车辆只有在与上级部队会合之后才会拨付。

正是因此，我想尽办法希望调动到前线单位，还动用了与党卫队指挥总局的私人关系。1945年1月20日—21日夜间，我接到命令，要求带领部下乘火车前往但泽以南的科尼茨训练场，加入1支师级部队。由于火车迟迟没有抵达，我们从1945年1月21日清晨一直等到晚上。直到天色渐黑，我们才和补充营的营长一起在克鲁姆的装载坡道上完成了各项作业。

入夜之后，各排出发了，路过的地点包括布拉格、德累斯顿、利格尼茨、格尔利茨、科特布斯、菲尔斯滕瓦尔德和屈斯特林。每到一站，我们部队的人员和重武器就会增加一些。最初的目的地是库尔兰和东普鲁士，但因为战况变化，我们经常被迫停止前进，等待沿途的火车站站长放行。

在屈斯特林，当地的运输指挥部禁止我们继续前进——因为前线已（向西）后退了很远。这里到处都是穿着平民衣服和制服的逃难者，看上去一片混乱。但即使如此，还是有很多“无家可归”的官兵加入了我们的队伍，其中不乏其他军种的成员。运输列车改在屈斯特林以西的小站——基耶茨——停靠，并在当地等待命令。我们就这样结束了“拾荒之旅”——正是这次旅程，给了我们“和平掠夺”各种物资的机会。至于屈斯特林城内的各种武器、装备、服装和食品仓库同样是好目标——由于第一段旅途中的“经验”，我们轻松地办完了事情。被“掠夺”的人们显然很高兴，因为他们觉得在前线崩溃的时候，居然还有“疯子”想要他们的武器！

罗布迈尔的描述表明，在战争末期，为了扩充队伍，很多部队只能到处搜刮人员和武器。对于后续情况，他这样写道：

1945年1月25日—26日，我几次志愿效力，但发现上级大多态度冷漠。当时，集团军群的司令部设在普伦茨劳，在打去电话之后，他们狠狠地骂了我一顿，并要求我与原先的师会合。但身在屈斯特林和科尼茨之间的我们知道，一股由轮式和履带式车辆组成的红色浪潮正在高歌猛进，早已席卷了瓦尔塔河上的兰茨贝格及其周边地带。

我亲自对奥得河以东的兰茨贝格方向展开侦察，设法了解了当地的情况。在所经之处，许多相似的惨象在轮番上演。到处是满载货物的军用和民用车辆，上面坐着男人、女人和孩子，试图在绝望中向奥得河以西逃命。在许多地方，道路非常拥堵，甚至寸步难行。在这里，我们遇到了成群的难民，他们被苏军的坦克集群拦截，并且伤亡枕藉。

这次行程让我了解了未来的敌人、他们的战斗方式和战术，还见证了一支军队如何蜕变成了一群乌合之众。在我脑海中，这些印象久久挥之不去。晚上，我回到了运输纵队和下属单位所在的地方，并借用火车站站长的电话向集团军群作战参谋汇报了所见所闻。一听说我平安返回，而且部队没有被（错误）命令影响，依旧完好无损，对面的人们也松了一口气。同时，我还报告了这次“游历”的经过和看法。新命令要求我们立刻登上火车，向奥得河畔法兰克福（这段时间，当地已被宣布为要塞）城防司令报到。这道命令也被转发给了屈斯特林的运输指挥部。1945年1月27日凌晨，我们沿着铁路前往奥得河畔法兰克福。在旅途中，我向我的军官和士官们讲述了这次侦察的所见所感。

卸车在清晨完成，根据要塞指挥部的指示，我们驻扎在市内的剧院附近。在向城防司令报到后，下一个任务则是解决短缺车辆问题。守军的一个车辆停放场帮助我们满足了最初的需求，其余则来自库尔马克训练场和法兰克福市内及周边地区。通过上述措施，我们暂时具备了机动能力。同时，我们还获得了燃料和弹药。装甲车辆主炮的调试匆匆完成，车辆识别标志和党卫队指挥总局给予的车辆编号也很快涂好。连里一个有艺术天赋的家伙甚至在初战前就设计好了部队的徽标——以黑色盾牌为底，上面是1辆被白色铁拳击毁的红色坦克（T-34）。利用库尔马克训练场的库存，我们还配齐了被服，包括大衣、头盔、摩托车手夹克、毛皮夹克和迷彩夹克——人人有份。就这样，我们用短短几周就做完了平时需要几个月才能解决的事情。1945年1月28日，我们完成了部署准备——此时距我们离开补充营只有7天，其中还包括了铁路运输和补充装备的时间。这支部队的核心是一群前线老兵，他们有着各种各样的军衔，其中一些是我在老部队的旧相识。他们夜以继日地工作，做到了似乎不可能完成的事情。每个人都知道，前线正在急切等待。我亲自向党卫队指挥总局和要塞司令报告了部队准备就绪的消息。

几天后，战火基本烧到了德国本土，我们无法了解宏观局势，与许多地段都失去了联系。但与此同时，各级指挥机构逐渐恢复了运转，随着时间推移，奥得河沿岸和以东的局势也变得更加稳定。离队人员被宪兵、陆军和海军的人员收容分队送往现有单位，不断有所谓的警备分队成立。

在这段时间，我们得到了66301的战地邮编，并通过各种“手段”组建了1个指挥部、1个通信排、1个侦察分队、1个工兵分队、2个装甲连、1个随行步兵连、1个维修排、1个后勤分队和1个医疗分队。

1945年1月28日，我们从要塞司令手中接到了党卫队指挥总局发来的第一份命令：全营前往奥得河以东，并由大德意志补充旅和党卫军第5山地军指挥。

从投入战斗的第一天，这支部队的表现就堪称典范——在艰苦卓绝的攻防战中，他们夜以继日地搏杀，支撑着破碎的前线。无论什么地点，他们都带着充沛的主观能动性操纵武器，正如一句话所说——“把武器运用到极致，而不是挑剔它们的毛病”。也正是因此，我成功地保持了部队的攻击力，并为稳定危机地段做出了贡献。我们战斗过的地点包括：特雷廷（Trettin）[①]、

① 即今天波兰的德热辛（Drzecin）。

雷森（Leisen）[①]、戈里茨（Gohlitz）[②]、法兰肯多夫（Frankendorf）[③]、库莫斯多夫（Kumersdorf）[④]、祖洛（Zohlow）[⑤]、库洛（Kohlow）[⑥]、德伦齐希、赫彭（Heppen）、托尔诺（Tornow）[⑦]、贝利茨，以及雷彭以南的森林地区——足迹最远延伸到帝国森林（Reichenwalde）。

夜以继日的进攻防御，以及取得的每一场胜利，让整个营在几天内变成了一支骄傲的"百战精兵"，并得到了所有受助单位的称赞。上级指挥部好几次试图拆散我们，但我据理力争，让他们收回了成命。

在此期间，我听说了另1个追猎者连的不幸经历。该连最初是为党卫军尼德兰师组建的，连长是迪特曼（Dittmann）党卫军中尉，残部后来被我们吸收。而正是我们避之不及的"拆散"命令，让迪特曼成了牺牲品。

大约在1945年2月6日，全连更名为党卫军第561（特别）装甲歼击营，并成为维斯瓦河集团军群的直属单位。我奉命担任该营的营长，并被晋升为党卫军上尉。根据党卫队指挥总局的要求，部队里的拉脱维亚人必须离开奥得河畔法兰克福，乘火车去斯德丁与大部队会合。在前几天的战斗中，这些人的表现堪称典范，并赢得了所有人的尊敬。我们极力抗议，但没有用。拉脱维亚人早已把部队当成了自己的家，以及所有人的一份子。这场不情愿的告别给了我们很大打击。

在一路激战，穿过达姆沃特施塔特（Dammvortstadt）、奥得河畔法兰克福和古本森林之后，全营奉命解散，以便对武器、车辆和装备进行技术检修和必要的休整。部队的驻地位于奥得河畔法兰克福的比洛军营（Bülow Caserne）。

根据莱布斯附近友军传来的报告，在当地以东，苏军构建了一个桥头堡。波德尔齐希和莱特宛郊外也有敌方进攻部队的踪迹。在责任心的驱使下，我命令全营向莱布斯进发。前进过程中，我们发现了一股敌军，并将其击退

---

① 应是特雷廷东北2公里处的雷索夫，即今天波兰的利苏夫。
② 即今天波兰的戈利采（Golice）。
③ 应是戈里茨以北2公路处的弗劳恩多夫（Frauendorf），即今天波兰的帕緬钦（Pamięcin）。
④ 应是奥得河畔法兰克福以东的库纳斯多夫（Kunersdorf），即今天波兰的库诺维采（Kunowice）。
⑤ 即今天波兰的苏洛夫（Sułów）。
⑥ 即今天波兰的科瓦洛（Kowalów）。
⑦ 即今天波兰的热平地区塔尔纳瓦（Tarnawa Rzepińska）。

到奥得河的河滩上。交战期间，党卫军中尉豪克尔特（Haukelt）的第1连和配属的随行步兵连则脱离了主力，前去为党卫军第505侦察营和2个伞兵军官候补生连提供支援，直到局势最终平定。在此期间，豪克尔特和他的部下多次表现优异，尤其是在莱特宛附近。他们的果断部署可能挫败了苏军大举包围屈斯特林的计划。

与此同时，我带领3辆追猎者肃清了已查明的敌军阵地，并将前进的大股敌军赶出了曼施诺、新曼施诺和卡尔斯菲尔德（Karlsfeld）。

1945年2月11日，全营回到奥得河畔法兰克福的比洛军营，成为集团军群预备队。

但在1945年2月13日—14日夜间，部队再次接到了警报。中央集团军群境内的奥得河防线被攻破，维斯瓦河集团军群右翼面临威胁。我和我的营匆忙出发，前往尼斯河与奥得河的交汇处。

之前，我们营一直在为调动做着超出常规水平的准备。一接到消息，作战单位立刻沿着最短路线，从奥得河西岸抵达了指定地点。侦察排和营部人员匆匆标记了行军路线，并查明了前方的各种情况。后勤部队则沿着一条更靠西的路线前进，先前往塔姆里茨（Tamlitz），然后再向东急转，最终抵达平诺周围的森林地带。在部署的每个阶段，营部、侦察排、前线单位和后勤部队之间都将保持无线电联系。

在行进途中，无线电中突然传来新命令，要求我们继续向南前往古本。在这里，我们再次遇到了党卫军第505侦察营，当时该营的营长是蒂伊（Thie）上尉。我和这支部队有些交集，还曾担任过该营的临时副官。

下午，我们相继路过大布里森（Groß Breesen）、奥得河畔格吕内瓦尔德（Grunewald an der Oder）、福斯特修道院（Forst monastery）、古本货运火车站和旧斯普鲁赫（Alt Spruche）等地。

此时，已有小股敌军出现在古本以北的尼斯河铁路桥附近，并突破到河流对岸。我营的部分部队立刻投入战斗，尤其是侦察排和突击连。在当地守军（主要是一些补充单位）的帮助下，敌军被阻挡和消灭在尼斯河畔。

但古本西北的几座尼斯河铁路桥仍然隐患重重。虽然在这段时间，工兵已做好了炸桥准备，但当地的防御部署仍漏洞颇多。在1945年2月14日—15日夜间，这些桥梁都被彻底炸毁，但在尼斯河东岸，我军仍有一个桥头堡。在广播中，我们听说古本被宣布成为要塞。但这个要塞却没有指挥官，最初的人选已逃往西方，后来在科特布斯被捕。

在这样的关键时刻，驻扎在古本的补充部队群龙无首，所有人惊慌失措，有些还试图溜之大吉。此时，党卫军第505侦察营和第561装甲歼击营的到来可谓具有决定性意义——确保了周边防御的构建，也使守备部队得以有序投入战斗。在各个方向，部署随之展开。我们的部队负责把守一段面朝东北方的阵地，它大致从克罗森森林（Crossen Forest）、穆肯贝格、格默斯多夫（Germersdorf）、小德伦齐希（Klein Drenzig）和布登罗瑟（Budenrose）向塞特宛（Seitwann）延伸。阵地上没有缺口，无论白天和夜晚都有人值守。与此同时，营里的部分单位被派往南面，为延伸至劳希茨地区福斯特的战线提供支援。随着当地的指挥权被第40装甲军接过，这片隶属于中央集团军群的区域终于再次拥有了完整的指挥体系。由于舍尔纳大将正在“搜刮”各种补给部队，因此我把后勤人员和修理车间搬到了维斯瓦河集团军群境内。在古本市的北部，一处空军部队防守的地段遭到了突袭。经过激烈巷战，苏军被我的部下赶回了出发地。每天，苏军都在向古本加大压力，从当地到克罗森道路两侧的战斗尤其激烈。在此期间，我营完成了对当地英国军官战俘营的疏散——这些俘虏后来被押往科特布斯。和之前几次战斗一样，我们在收复的市区发现了许多被强奸的妇女。与此同时，当地市民的疏散也在进行，并在1945年2月25日前后几乎全部完成。我们在进攻时还看到了苏军的宣传单，上面说反法西斯将领塞德利茨的部队就在这个地区。叛逃者报告说，塞德利茨本人就在海德克鲁格（Heidekrug，当地位于东北偏东8公里处，靠近通往克罗森的公路），正准备进入古本。1945年2月26日，我率领全营袭击了这座旅舍，击毁7辆T-34，抓获多名俘虏，自身没有任何损失。战利品显示，塞德利茨将军刚刚离开。另外，我们还在死伤者中发现了第一批“德国红军战士”。我带领一个小型装甲群立刻对逃窜之敌发起追击，并将后者赶回克罗森。这次突袭也证实了难民们的说法——敌军在前线只有小股部队，后方尤其空虚。在他们弱小的步兵部队中还夹杂着几辆坦克，这些坦克拖着雪橇或农用马车，车上满是各种战利品，并四处传播着恐怖和焦虑。这些坦克来去如风，经常在短时间内出现在多个地点。

这也是我方部队认为苏军坦克数量众多的原因。在突入敌军后方期间，我们击毁了一些坦克、火炮、机动车辆和马车。

在很多场合，所谓的“苏军步兵”只是套着一件军用大衣，下面穿的完全是平民服装。苏军给所有“东方工人”和获释战俘配发了武器，并由政委压阵，毫不留情地驱策他们。在这些日子里，我们甚至还俘虏过一群苏军士兵——他们背着用黄麻袋和绳子做的背包，唯一的武器就是包里的一两枚手榴弹（！！！）。2月26日晚，我们再次回到了古本附近的己方战线，其间没有损失。

一直以来，苏军都在用类似狼群的坦克群寻找漏洞，并实施突破，现在，凭着对这种战术的了解，我们“以其人之道还治其人之身”，让他们手忙脚乱，从而极大缓解了我军防御部队的压力。

在绝大多数情况下，我们都在自己运转补给线，其长度经常超过150—200公里。但我们也与党卫队指挥总局保持着通畅的无线电联络，这帮助我们解决了许多问题。

1945年3月3日后，苏军将攻击重点转移到了古本要塞的东部和南部地区。有鉴于此，我把全营在古宾琛（Gubinchen）[①]附近集结起来。1945年3月3日、6日和9日，我们分别向申艾谢（Schöneiche）、申肯多夫（Schenkendorf）[②]和多贝恩（Döbern）[③]发动进攻，一些在当地准备进攻的敌军被歼，还有不少（单兵）武器、坦克和其他重型装备被缴获或击毁。与此同时，我们与古本要塞的守军保持着一种亲切和友好的关系。除了陆军和空军部队，一支由赖涅法尔特将军指挥的缓刑单位也被部署到要塞[④]。1945年3月10日，一个新组建的、装备精良的轻装师（可能是第60轻装师？）也作为增援部队开入要塞区。前线因此稳定下来。

1945年3月15日晚，我接到命令撤回维斯瓦河集团军群辖区，并在米尔罗瑟地区担任司令部直属预备队。闻讯，我们在1945年3月16日沿公路返回，并

① 即今天波兰的古比内克（Gubinek）。
② 即今天波兰的塞科维采（Sękowice）。
③ 即今天波兰的多布任（Dobrzyń）。
④ 原文如此，此处有误，因为赖涅法尔特当时正在屈斯特林要塞担任指挥官。

驻扎在米尔罗瑟东郊的一座托特组织营地内。

对于这个之前默默无闻、初出茅庐的装甲歼击营，古本城内、郊区和周边地带的战斗无疑是对它最好的肯定和证明。我还可以用亲身经历证实，不管环境多么严峻，新组建的部队都可以胜任各种任务，并根据要求的不断变化进行重组。该营的军官队伍十分年轻，平均年龄只有不到25岁，但无论是进攻还是防御，他们都以堪称表率的方式熟练完成了任务。我们还吸收了许多士气低落的逃兵，此举也没有带来任何问题。得以“老兵”的示范作用，军官和军士的恪尽职守，以及他们永不停歇的主动付出，让坚定的斗志和战友情谊在这支劲旅中铸造成型。该营的人员来自6个国家，而且包含了几乎所有军种和兵种，但在调走前，他们没有一个人愿意分别。此外，该营还得到了所有相关单位和指挥机构的高度评价——在战争的最后阶段，这一点很不容易。

1945年1月28日至3月16日（包括在古本的战斗），全营共有4人死亡，11人受伤，追猎者只有1辆全损，其足迹北至屈斯特林、南至福斯特，并在一系列胜利中重创了敌军。

在不分昼夜战斗了1个多月后，我们得以稍作喘息，修复武器、装备和车辆，让部队迅速恢复战备状态。

此外，我们还调整了现有和新抵达的装备配置，而基本依据则是战场经历。每天，所有军官和军士都会讨论经验教训，并对结果进行评估。所有单位都根据敌军在德国土地上的战术进行了重新编组、装备配置和训练。我们最担心的问题是士气和体能，“药方”是纵情高歌和加强锻炼。

其他工作包括侦察路线、联络总部与观察敌情。在与各师的作战参谋讨论期间，我们交换了对局势的看法，并讨论了防御部队的协调问题。

根据1945年3月20日收到的一份命令，维斯瓦河集团军群将本营指定为机动预备队，以便在有需要时保卫柏林。为此，上级许诺将全力保障我们的燃料和弹药供应。尽管按照当时的命令，所有弹药都会被运往图林根森林中的帝国弹药库（Reich ammunition depot），但我还是设法联络了柏林周边的弹药储存设施，以方便我们从当地获得供应。这些未雨绸缪的举措保证了部队的机动和火力。1945年3月20日左右，全体部队奉命开入米尔罗瑟以南由我营修建的林间营地。这里有容纳所有人员栖身的地下掩体。空中和地面防御也各自组织起来，并纳入了友军的训练体系。在每天观察敌情时，我们经常发现奥得河畔的敌军越聚越多——还有各种重武器和装甲车辆。3月底，全营开始进入更高水平的机动战备状态。前线地段的种种迹象都显示，一场具有决定意义的大战即将打响。每当我们看到敌情图上一天天增多的新旗帜，我们就更加深信不疑。全营的所有时间都被训练科目、体育比赛、合唱和就近开展的打靶练习排满。在部队自己建造的射击场里，各连还在接近实战的环境下学习使用了铁拳、轻武器和速射武器。

1945年4月16日凌晨，预想中的大举进攻来临。各种口径的炮弹接连捶打着地面，数以千计的火炮嘶吼着，仿佛想有条不紊地撕裂大地。整个前线传来从未有过的刺耳轰鸣。

闻讯，我立刻采取措施，让全营立刻从休整和待命地出发。战斗部队将开赴预先划定的地点，补给部队则会先去米尔罗瑟以西的预定营地栖身——营地坐落在该镇附近的度假村内。

随着第一轮打击停止，各个装甲群相继动身前往指定待命地点。其中：

第1装甲群——米尔罗瑟-霍亨瓦尔德（Hohenwalde）-马尔肯多夫-柏林至奥得河畔法兰克福高速公路的终点-马尔诺的部分区域-洛索夫-古尔登多夫；由于右翼行军部队报告称马尔肖有敌方活动，因此，左翼行军部队改向洛索夫和古尔登多夫转移。经过与党卫军猎鹰团（团长：罗森布施党卫军少校[①]）的合作，该装甲群在开阔地段将楔入战线的敌军包围和消灭，对方几乎都是蒙古人。[580]

与此同时，第2装甲群则穿过米尔罗瑟、施劳贝哈默（Schlaubehammer）和林多向芬肯黑尔德前进。在当地，敌军同样已取得突破。该装甲群将在这个地段为党卫军第32一月三十日师提供持续支援。

第3装甲群则部署在舍恩多夫（Schernsdorf）、里森（Riessen）和舍恩弗里斯等地，以减轻守军（来自某个国民掷弹兵师）的压力。

缺口随处可见，连贯的战线已不复存在。另外，德军的预备队实力太

---

① 原文如此，应为中校。

弱、机动性差，根本无法发动有力的反击。

与此同时，美军在图林根和巴伐利亚攻城略地，法军也在巴登和符腾堡南部长驱直入，英军则从鲁尔盆地向汉堡快速推进——对东线的士兵们来说，这些消息显然没有带来多少精神上的鼓舞，更何况他们大多是一群乌合之众，根本没有经历过什么战斗，每个人只想着保全自己。另外，至少在我视野所及之处，第9集团军的领导层并没有尽到责任（关于这个问题，我将在总结中详细陈述）。

几周前，在奥得河沿岸，很多我军部队实际是被红色潮水赶到了这里。其中的许多人——甚至是军官们——早已被吓得魂不附体。坦克群的恐怖让未经战阵的人失魂落魄，并引发了各种夸张的反应。这些人像是惊弓之鸟，从心理学角度，把他们扔进散兵坑根本是一种错误，因为这将让他们永远失去自信。更应该采取的做法是：发起几次近距离打击，让敌人陷入混乱，这将有助于驱散我军内心深处的不安。党卫军第5军（并非全部由党卫军人员组成）[①]南翼的弗拉索夫的部队［即第600（俄罗斯）步兵师］并不是一个可靠的邻居，相反，他们充当着某种不确定因素。这些部队没有祖国需要保卫，但对在战俘营受到的非人待遇记忆犹新。这些人无心战斗，还在所到之处奸淫掳掠。武器的情况同样令人遗憾。有几支德军部队甚至打算向自己人开火，后来都被我们解除了武装。

向西方的“死亡行军”开始了。我们营支撑着群龙无首的第9集团军一部，一路负责消除侧翼的险情、担任殿后部队、作为主攻部队打破封锁……我们能切身感受到这些悲惨的行动究竟有多么盲目，也能感受到士气的滑坡。但在这几周里，我们这个年轻的营却表现出了高超的人员素养，它的斗志永远没有衰竭，而且随时都在准备战斗。这里没有上级的命令，只有无休止的行动。在这些行动中，我们的装甲车辆、突击炮以及（它们组成的）各个突击炮连到处奔忙。在我们周围，战斗部队已荡然无存，每个人都给人一种感觉：他们之所以还在战斗，只不过是为了保命。每天，我们都在目睹放下武器的士兵和平民被暴徒残忍杀害。妇女们用“懦夫”一词痛骂没有武器的归队士兵。

---

① 原文如此，应为党卫军第5山地军。

1945年4月20日左右，全营的主力抵达利希滕贝格、皮尔格拉姆（Pillgram）和比根（Biegen）一带，并接近满员状态。每天都有掉队士兵加入我们，甚至还有成建制的单位。尽管上级已无法提供任何补给，但由于搜索到的物资，我们仍然设法补充了燃料、弹药和食物。

奥得河畔法兰克福陷入包围，我们向罗森加滕方向进攻，并打破了围困，使大部分要塞守军得以突围。

1945年4月22日之后，全营开始在柏林–法兰克福高速公路的两侧作战，试图向西杀出一条血路。这条公路两侧到处都是苏军部队，他们试图从我方敞开的侧翼压迫过来。1945年4月24日这天，我们的位置在菲尔斯滕瓦尔德，随后，我们转向南方，一路杀向施托尔科（Storkow）、施托尔科湖（Storkow See）和沙米策尔湖（Scharmützel See）。1945年4月24日，我们抵达贝斯科（Beeskow），并在当地与党卫军第5山地军的军部会合。

全营再次扩编，成为罗布迈尔战斗群，一些虎式坦克车组、1个陆军突击炮营（第2装甲歼击营）和一个配备履带式装甲车底盘的党卫军火箭炮连志愿加入进来，此外还有各个兵种的掉队士兵。

1945年4月26日，我们在梅尔基施布赫霍尔茨附近抵达施普雷河。苏联的坦克和步兵已在河流西岸和镇内等待。桥梁上炮火不停。许多车辆纵队从东面驶来，拥挤在一起，导致道路全都无法通行。

夜间，我和下属的部分装甲部队完全肃清了道路，使部队得以向通往梅尔基施布赫霍尔茨的混凝土桥前进。该桥的辅桥承载力有限，已经垮塌。但在火箭炮、装甲车辆和突击部队的配合下，我们夺取了混凝土桥，并强行过河，在此期间有3辆斯大林坦克被我们击毁。在西岸没有敌情后，人潮纷纷涉水过河。

我们继续向西朝哈尔伯前进，于1945年4月25日下午抵达当地。在过去的几天，哈尔伯周围的森林中想必爆发了激战，因为这里有很多德国士兵和平民的尸体，而且其中大多数都是后脑中枪而死。

现在，所有人都来到了哈尔伯地区，每辆车都必须穿过这个位于沼泽和湖泊之间的“瓶颈”。苏军也认识到了这一点，为阻止我们，他们投入了一切可用的部队和武器。我利用装甲车辆向许多敌军集群开火，并试图穿过这些陷阱。在哈尔伯镇的北部，我们抵达了一个主要集结区。当地有几座医疗帐篷，在下午时分，医疗帐篷内已人满为患。在这些战斗中，很多我营人员倒下了，并且四散在各地。补给也首次出现困难，燃料短缺尤为严峻。

1945年4月28日傍晚，我们收到第9集团军司令部的命令，要求辖区内所有部队停火。我们带着剩余的装甲车辆继续行军，同行的还有一支拒绝不战而降的庞大行军梯队。

我们营的历史不长，它始于奥得河、尼斯河和古本地区的战斗，并持续到1945年4月16日之后开始的、从奥得河到易北河的激战。但在此期间，我们两次遭遇了自由德国委员会的人员，第二次正是在1945年4月28日的夜间行军期间。这些卖身投靠的军官穿着全套的德军制服，他们误导我们，命令我们沿一条特定路线前进。但这条路通向的是伏击圈和泥泞的沼泽。转眼间，这些“向导”便消失得无影无踪。我们使尽浑身解数才逃出陷阱，不仅损失惨重，时间也被严重耽搁。我立刻下达命令，对于带来这种信息的人员，应立刻解除武装，并进行搜查和逮捕。

1945年4月29日上午，我们抵达措森和于特博格训练场，并一路冲杀过去。在当地，我们遇到了上述红色外籍军团的成建制合成部队，并与他们爆发激战。我们不断被勒令投降。但聚集在我周围的行军梯队和战斗群仍然坚持战斗，继续朝西南偏西方向前进——目标仍然是易北河！由于缺乏燃料和弹药，我们被迫将很多装甲车辆和普通车辆炸毁和点燃。“去摩托化”不可避免地在1945年4月30日至5月1日实现。从特雷宾和特罗伊恩布里岑（Treuenbrietzen）地区，我们继续且战且行——就像战争开始时那样充当步兵。车组人员们含着眼泪，销毁了他们引以为豪的多管火箭炮、装甲车辆和其他重武器。行军在夜间继续，所有人就像一群在森林中游荡的死魂灵。在这个过程中，我们绕过了贝尔齐希和采尔布斯特（Zerbst）。

1945年5月6日至7日，我一度被苏军俘虏了几个小时，地点是勃兰登堡地区的一间典型农舍内。在这里，我想向晚上与我谈话的人道歉——他是一名政委，我对他私下的友好不以为然，并恶意利用了这一点。经过短暂的“审时度势”，我纵身跳出窗外，穿过一片树莓丛和溪流，最终与行军梯队的残余人员会合——这使我在随后几年免于遭受更大的苦难。

1945年5月9日凌晨，我们抵达易北河畔的科斯维希（Cosswig）附近，在当地以北与大约60人一起游泳过河。令我们非常惊讶的是，苏联人已经在向穆尔德河（Mulde）前进。面对询问，居民告诉我们，（占领区的）分界线将从这一地区穿过。其中西岸将被英国人和美国人占领，东岸属于戒备森严的苏联人。5月9日—10日晚间，我和我的队伍（此时规模已经很小）在没有敌人干扰的情况下从比特菲尔德（Bitterfeld）附近渡过穆尔德河。我们早些时候已经发现，帝国已在1945年5月8日“无条件”投降了。

我曾为之立下誓言的军旅生涯就这样“合法结束”了。我们再也不用听什么命令——如果你愿意，你也不需要对任何上级表示服从。出于对国家的热爱，我们选择了恪守使命，并对此无怨无悔——但在这里，一切都走到了尽头。对我们这些士兵来说，世界已经崩溃——在这片遍布裸体和死尸的世界中，他们是一群劫后余生者。根据目的地，我们组成了许多小型“流浪者团体”，试图返回远方的家园……

从克鲁姆的57天训练算起，到1945年1月24日抵达屈斯特林附近的奥得河畔，再到1945年5月9日投降，党卫军561装甲歼击营的历史刚好满105天——该营存在期间，一共参加过2倍于这一数字的战斗。按照罗布迈尔的说法，该营给苏军造成的损失如下：

奥得河以东——14辆T-34和1辆斯大林–2坦克

古本附近——17辆T-34坦克

4月16日到从哈尔伯地区突围——大量T-34坦克，仅在柏林–奥得河畔法兰克福高速公路位于布里森周边森林的路段，全营就击毁了23辆T-34坦克，另外还包括7辆斯大林–2。

在上述战绩中，相当一部分来自随行掷弹兵连，尤其是用铁拳火箭筒。另外，罗布迈尔还宣称仅他本人就用铁拳打掉了4辆T-34。

<u>奥得河前线的高级勋章获得者：</u>

骑士十字勋章——1945年4月28日，党卫军上尉雅各布·罗布迈尔，党

卫军第561装甲歼击营营长；1945年4月28日，党卫军中尉埃德加·豪克尔特（Edgar Haukelt），[581]党卫军第561装甲歼击营第1连连长。

战斗群和其他单位

第600步兵师（弗拉索夫部队）

指挥官：

谢尔盖·布尼亚琴科（Sergei Bunyachenko）少将。

作战参谋：

尼古拉耶夫（Nikolajew）少校。

部队类型：

44年型步兵师。[582]

战斗力水平：

不明，马匹到位率80%/机动车辆到位率35%。4月7日，战斗营的估计兵力为3600人，另有9个轻型炮兵连、3个重型炮兵连、7辆追猎者坦克歼击车和22门重型反坦克炮。[583]

战斗序列：

师部、第1601掷弹兵团、第1602掷弹兵团、第1603掷弹兵团、第1600炮兵团、第1600工兵营，以及其他师直属单位。

作战综述：

该师由前苏联将领安德烈·弗拉索夫（Andreyevich Vlassov）领导的俄罗斯人民解放委员会（Committee for the Liberation of People's of Russia，KONR）管辖，[584]1944年11月成立于德国的明辛根（Muensingen），原名俄罗斯人民解放委员会第1师，首批人员来自党卫军第30（俄罗斯第2）武装掷弹兵师［30. SS-Waffen-Grenadier-Division (russische Nr. 2)］和臭名昭著的卡明斯基旅（Kaminski Brigade）。[585]1945年初，该师奉希姆莱之命增援奥得河前线。1月4日，该师增设了1个由德国人组成的通信排，以便充当这支新外籍志愿部队和陆军最高司令部之间的联络渠道。[586]该师的人员始终纪律涣散，士气低落，尤其是在战局已明显对德军不利时。有报告显示，该师的兵力在10000—20000人之间，数量远远超过奥得河前线的其他师。但按照4月10日的官方文件，其兵力只有

7065人，这意味着前一份估计似乎有夸大之嫌（参见《奥得河前线1945》第1卷附录M）。按照4月7日的一份文件，该师还拥有8辆追猎者坦克歼击车、9辆T-34和2辆SU-85自行火炮。[587]

1月中旬，该师奉命开赴斯德丁，但后来又根据新命令前往科特布斯。途中，该师又吸引了不少逃亡的苏军战俘、“东方劳工”（Ostarbeiter）以及在其他部队服役的苏联籍志愿辅助人员，并额外组建了一支5000人的下属分队。[588]2月21日，该师的德国指挥官兼志愿部队参谋长（Chef beim General der Freiwillige- Verbände）赫勒（Herre）上校向维斯瓦河集团军群指出，该师无法按时完成部署：“如果部署过早，（行动）将有可能失败。不仅很难产生军事影响，还会引发政治问题。”[589]

因此，命令再一次被撤销。该师奉命重新开赴斯德丁。为避开苏军飞机，各部队只能利用夜幕掩护行动，而且每隔3天就会休息1天。最终，经过28天的跋涉，该师于1945年3月4日抵达了斯德丁西北方的原目的地。随后，赫勒上校提交了一份报告，并指出了以下4个问题：[590]

1. 物资供应困难。

2. 燃油消耗较大。

3. 人员和马匹配合不佳。

4. 与德国成员关系紧张。

在陆军最高司令部，这份报告的接收者（身份不详，但可能是某个高级军官，甚至是古德里安本人）在第2项和第4项下划了横线，显然对上述情况颇为担忧。

3月18日，第600步兵师脱离第3装甲集团军，成为第9集团军的下属部队，并奉命与库尔马克装甲掷弹兵师开展作战训练。[591]虽然不清楚这份计划的执行情况，但在3月27日，第600步兵师确实抵达了第9集团军所在的地段，随后还被纳入回旋镖行动的参战序列。相关的命令中提到，该师需要“特别对待”。

4月6日，该师奉命消灭1处苏军桥头堡，但遭到师长布尼亚琴科的拒绝。弗拉索夫将军被迫插手，他告诉布尼亚琴科，这次行动是希姆莱的要求，并对部队的扩编非常关键。[592]为了确保成功，该师还额外收到了第650（俄罗斯）

步兵师的2个作战行军营（Kampf-Marsch-Bataillon）和第851（俄罗斯）独立工兵营。[593]这场作秀式的进攻最终于4月14日在奥得河畔法兰克福以南约30公里的菲尔斯滕贝格–埃尔伦霍夫（Erlenhof）一带打响，但很快以失败告终。作战期间，第600师没有得到周边德国部队的支持，完全是在独自作战。于尔根·托尔瓦尔德写道：

攻击如期在4月13日①清晨开始。黎明时分，布尼亚琴科带着师部来了，一同抵达的还有施温宁格（Schwenninger）和他的联络小组——他们所在的高地可以将桥头堡的状况尽收眼底。一排排火炮迎着朝阳发出轰鸣。但承诺的俯冲轰炸机没有出现——因为缺乏燃料而无法起飞。攻击一开始似乎是按计划进行的。每个人都在等待着最初的突破。随着火焰升起，布尼亚琴科的眼睛闪闪发光，并命令弹幕前移。不久，北部和南部也传来了取得突破的消息。但很快，工兵和步兵便陷入了稠密的铁丝网中。他们几次试图突破，但损失巨大，而且进展甚微。就在之前，这些铁丝网也曾阻挡了另一支德国军官候补生部队的推进……4小时后，攻击被迫叫停。苏军（战俘）组成的各团撤回了出发阵地，布尼亚琴科要求施温宁格请示集团军，允许他的师返回驻地。[594]

希姆莱原本想用弗拉索夫和他的师扩大党卫军的势力，并用这场胜利当作为扩编苏联籍单位的理由。但现在，这个梦想化为泡影。不仅如此，一些向苏军投诚的人员还引发了海因里齐的担忧——为了摆脱麻烦，在进攻结束后次日，该师被派往了科特布斯以北的派茨（Peitz）。[595]

4月10日，第650步兵师成为该师的补充部队，同时，第851（俄罗斯）独立工兵营也奉命接受其战术管辖。新的目的地是中央集团军群，在菲尔斯滕瓦尔德，各个下属部队陆续装车。[596]4月24日，陆军最高司令部暂时失去了这支部队的确切位置［但有消息称其位于易北河畔德累斯顿以北的埃尔斯特韦达（Elsterwerda）］，还命令中央集团军群根据形势需要解除他们的武装。[597]但这

① 原文如此。

一命令并未得到执行，相反，该师在5月初进入捷克斯洛伐克，并与当地的起义军一同肃清了布拉格市内的党卫军和其他德国守军。按照师长布尼亚琴科的看法，西方盟军将率先赶到城市，他和他的部队也因此会被新捷克政府赦免。但这完全是误判，战后，他们仍被苏军俘虏，布尼亚琴科和他的很多手下也因为叛国罪而遭到处决。[598]

奥得河前线的高级勋章获得者：

不明。

党卫军第560特别装甲歼击营/一千零一夜战斗群

指挥官：

1945年3月—投降，古斯塔夫–阿道夫·布朗布瓦（Gustav- Adolf Blancbois）少校。

战斗力水平：

不明，可能为第3级或第4级。

战斗序列：

党卫军第560特别装甲歼击营［营长为韦斯特（Wöst）党卫军少校，其阵亡后，该营营长由马尔科兹（Markowz）党卫军上尉担任，下属单位包括战斗群指挥部、3个追猎者连、1个三号突击炮连，共计8辆三号突击炮连和44辆追猎者］、后勤连、2个装甲歼击连（装备7.5厘米反坦克炮）、1个四联装机枪连（来自1个托特组织营下属的装甲侦察车辆）、1个摩托车连，外加一个配备车载四管20毫米高射炮和75毫米24倍径火炮半履带装甲车的连。4月初，原属于该战斗群的施佩尔装甲侦察营（Panzer-Aufklärungs-Abteilung-Speer）调往西线，其伴随步兵改由党卫军第600伞兵营的1个连担任。[599]

作战综述：

3月9日，党卫军第560特别装甲歼击营组建于奥得河畔法兰克福地区，其核心最初来自1个追猎者连，指挥官是27岁的骑士十字勋章获得者古斯塔夫–阿道夫·布朗布瓦少校，他之前曾在希姆莱麾下担任过维斯瓦河集团军群的司令部副官。[600]整个部队的人员构成五花八门，主要来自陆军、党卫军和帝国劳工组织。在扩编为战斗群之后，党卫军第560特别装甲歼击营的指挥官改由韦斯特党卫军少校担任，他在柏林战役的最初阶段阵亡，随后被马尔科兹党卫军上尉取代。

完成组建后，该营最初在莱布斯附近跟随库尔马克装甲掷弹兵师作战，[601]并在3月23日[602]改名为一千零一夜战斗群，同时隶属于第9集团军的第101军。该战斗群参加了对屈斯特林要塞的第二次解围行动，负责和明谢贝格装甲师的装甲团一起向根施马尔推进。在进攻期间，该战斗群拥有3个步兵连，总兵力为390人，另外还有49辆追猎者。由于未能妥善侦察行军路线，追猎者直到很晚才抵达攻击出发位置，而且还被迫逐一穿越策欣地区的一座铁路地道桥。结果，当追猎者坦克歼击车出现在战场上时，立刻被严阵以待的苏军发现。整个进攻失去了突然性，虽然1个连设法推进到根施马尔郊外，但被炮兵等火力阻挡。到下午，第二次解围行动被彻底叫停，损失惨重的一千零一夜战斗群共有51人阵亡，336人受伤，32人失踪（该数字不仅是步兵连的损失），另外有25辆追猎者被苏军的反坦克炮和装甲车辆摧毁。[603]

柏林战役开始后，作为第101军的一部分，一千零一夜战斗群经过韦维斯（Vevais）、吕德斯多夫（Lüdersdorf）、比斯多夫（Biesdorf）和哈塞尔贝格等地向西北方撤退。在哈塞尔贝格地区稍事休整之后，其下属单位奉命殿后，以阻挡苏军坦克部队推进。[604]4月21日，经过一路激战，他们撤入马尔肖附近的林区。此时新命令传达下来：战斗群必须与阳光战斗群会合，切断从贝尔瑙向西推进的苏军。[605]据说，就在这些追猎者坦克歼击车加油和补充物资的时候，海因里齐来到了部队——他当时可能刚刚从元首地堡返回。在视察并听取了局势简报后，海因里齐留下了这样一番话："尽你们所能去拯救一切——去拯救一切仅存的、值得拯救的东西！"一位在场的党卫军老兵回忆说，"这些话语令人印象深刻，恰恰反映着1945年4月21日的局势……我们的人员和车辆都没有休息，并立刻向进攻者——来自贝尔瑙的苏军——发起反击。"[606]在这次针锋相对的战斗中，一千零一夜战斗群一度前进到了比森塔尔（Biesenthal）附近的高速公路西侧，但因为几支苏军装甲部队抵达，他们未能取得更多进展。

随后5天，战斗群继续朝西北方且战且退，不久，他们又登上开往帕斯沃克的火车，但在4月26日—27日，列车突然在滕普林附近停了下来。[1]该部队的一名老兵这样记录最后几天的战斗和当时的混乱：

4月27日，在滕普林附近，党卫军第560特别装甲歼击营向苏军发动进攻。最初，全营的一部分要通过铁路运到帕斯沃克。但向前线开进越来越难。部队在撤退，难民队伍到处游荡，大小道路水泄不通。只有拼尽九牛二虎之力，装甲车辆才能勉强抵达指定地点。在漆黑的夜幕下，有的时候我们会来到敌军的侧面，甚至突然闯到他们中间。许多地方出现了难以形容的混乱。我们在反击中夺回了几处重要的路口，并为部队行进提供警戒。在其中一个重要路口，我们的2辆坦克歼击车击退了优势敌军。

由于（友军）装甲车辆、突击炮和步兵在夜间提前撤回，全营的部分部队奉命阻止苏军前进，直到清晨降临。由于局势混乱，我们甚至被迫在夜间侦察已占领的地区，并试图与1支党卫军单位取得联系。该部队虽然占据着重要地段，但选择了自行撤退。

2辆故障的追猎者被迫在清晨时分离开阵地，几辆T-34偷偷跟在后面。驻守在建筑物之间的其他追猎者和车组对此毫无觉察，更没有注意到伴随的苏军步兵。

在此时，位于路口的营长几乎与拐角杀来的1辆T-34相撞。但炮手在最后一刻发现了情况，并在80米外将领头的T-34击毁。其余的攻击者最初退了回去。上午，他们又数次发动进攻，但都被我方击退。当时，我们的坦克歼击车仍在这条新战线5公里外的地方，他们无法沿路撤退，一部分是因为苏军的封锁，另一部分是因为沿途的路障已经被封闭，还有炸断的树木横在路上。即使如此，我们还是悄然离开了，并在一片森林和道路的低洼处之间占据了新阵地。全部4辆追猎者中还有3辆能开火，另有1辆发动机受损。

在这里，我们可以清晰看到苏军在准备进攻，但他们并不在7.5厘米炮（即追猎者的主炮）的射程内。斯大林和载着步兵的T-34坦克冲过来了，但

[1] 原文如此，可能有误。

他们遭到来自侧面的攻击，被打得措手不及。有7辆敌方坦克被击毁。但在战斗期间，我方又有1辆追猎者中弹，并被迫撤退。在当地，所有坦克比预期多坚守了5个小时。经过努力，2辆受损的战车（得到修复），并穿过防线与全营会合。

但在目的地，新的任务正在等待：车组人员并未得到应有的休整，而是只能带着无奈，将所有能用的车辆和部队派回滕普林，以保护2个营的行军。这次任务预计持续2个小时。在各个要地，追猎者们保持着距离，抵御着坦克和步兵的攻击。但要求的2个小时变成了6个小时，午夜过后，行军部队中的最后1辆大众轿车发来呼叫："我们是最后一批了"，这时，追猎者才开始冒着猛烈炮火，从燃烧的街道中撤退。

虽然在下午，苏军坦克便切断了追猎者出城的道路。但它们仍然与各单位的残余人员一起成功突围，回到了新防线。

我们还在上利兴（Hohenlychen）和希默尔普福特（Himmelpfort）地区作战。在当地，我们营在防御战中得到了部分陆军部队的支援。[607]

4月30日，该战斗群的残部向米罗撤退，并在第3装甲集团军南翼的新施特雷利茨展开防御。[①]随后，他们和第547国民掷弹兵师的部队合作，暂时守住了沃比茨（Wobitz）–林登贝格湖（Lindenberg See）北部边缘地区。5月初，经过长途行军，该营最终向西方盟军投降。

奥得河前线的高级勋章获得者：

不明。

要塞

奥得河畔法兰克福要塞

指挥官：

1945年1月29日—2月10日，赫尔曼·迈尔–拉宾根（Hermann Meyer-

① 原文如此，可能有误。

Rabingen）中将。

2月10日—4月22日，恩斯特·比勒（Ernst Biehler）上校。

作战参谋：

莱因霍尔德（Reinhold）少校。

战斗力水平：

不明，马匹到位率20%/机动车辆到位率20%。4月7日，该要塞共拥有38门重型反坦克炮和总人数为6400人的多个作战营。[608]维斯瓦河集团军群4月8日的作战地图则显示，该要塞当时的总兵力为12580人，比3月中旬报告的9039人有所增加，这也是海因里齐将大量补充兵员派往奥得河前线的成果之一。[609]

战斗序列：

第1要塞掷弹兵团［下辖3个营，团长为博尔泽（Borse）上校］、第2要塞掷弹兵团［下辖3个营，配1个国民突击队营，团长为巴尔（Ball）少校］、第3要塞掷弹兵团［下辖3个营，配2个国民突击队营，团长为黑克尔（Hecker）少校］、第4要塞掷弹兵团（下辖3个营，配1个国民突击队营）、第84要塞机枪营、第5要塞战斗群［营级，人员主要来自国民突击队，指挥官为鲍姆巴赫（Baumbach）］、第5要塞战斗群［营级，指挥官为雅恩（Jahn）上校］、第6要塞战斗群［营级，指挥官为施毛茨（Schmautz）少校］、第6要塞战斗群（营级）、第7要塞战斗群（营级）、第8要塞战斗群（营级）、1个伞兵营［营长为巴特克（Bahtke）上尉］、第185重型高炮营、第405重型高炮营、第829要塞步兵防空营一部、第737要塞通信连、第1320要塞炮兵指挥部、第1325要塞炮兵营（3个连）、第1326要塞炮兵营（4个连）、第1327要塞炮兵营（5个连）、第26要塞反坦克炮分队、第952要塞工兵设障营，以及第7装甲歼击营（Panzerjagd-Abteilung 7）①的1个连。要塞中的所有高炮均统一由莱因克（Reinke）中校指挥。可用的步兵武器包括：12848支半自动步枪（？）②、459支自动步枪（StG 44突击步枪）、777支手枪、557支冲锋枪、551具枪榴弹发射器和451支信号枪。[610]

① 原文如此，德军并没有此番号的单位。

② 原文如此，此处似乎应为栓动式步枪。

作战综述：

奥得河畔法兰克福是勃兰登堡地区最大的城市之一，战前人口多达83573人。它悠久的历史可以追溯到1253年，市内拥有大量的中世纪建筑。1944年11月28日，德国陆军最高司令部开始研究将各个奥得河沿岸城市改建为要塞的可能性。作为柏林的门户，当地与屈斯特林都被列入了关注名单。1945年1月26日，希特勒正式宣布法兰克福为要塞。3天后，赫尔曼·迈尔-拉宾根中将被任命为首任城防司令。[611]2月3日，在他的带领下，城内居民开始向后方疏散。

要塞的作战参谋由久历行伍的比勒上校担任，一上任，他便开始努力组织城市的防御。随着赫尔曼·迈尔-拉宾根中将在2月10日卸任，比勒被任命为城防司令。由于这座城市是比勒的老家，高层对他非常信任，并认为他一定会坚守到最后。[612]

在疏散后不久，有的无人街区发生了抢劫事件。这些很快被上报至比勒和希姆莱的总部。之前，希姆莱曾命令对抢劫者处以极刑，这也得到了比勒的忠实执行——仅在一次案件中，他便下令处决了4名士兵和8名平民。[613]到3月底，要塞的平民下降至13000人，到4月初还剩7000—8000人。[614]2月中旬之后，这座要塞城市成为纳粹精英们的热门目的地——他们都试图通过这种方式提振帝国在垂死挣扎时的士气。在他们之中，有2月9日到访的罗伯特·莱伊，以及分别在2月15日、2月26日和3月11日来访的约瑟夫·戈培尔、党卫队高级地区总队长威廉·舍普曼（Willhelm Schepmann）和纳粹党勃兰登堡大区领袖埃米尔·斯图茨（Emil Stürtz）等人。2月25日，戈培尔炮制的电影《科尔贝格》（*Kolberg*）也开始在当地播放，据说让守军颇为振奋。[615]

海因里齐接过指挥权后，立即试图撤销法兰克福的要塞地位。他认为坚守这座城市的军事意义有限，相反，真正该做的是用守军充当预备队，或加强其他作战师。在苏军总攻之后，海因里齐更是为此据理力争。但这些努力全部成为泡影。更糟糕的是，苏军还因此得到了包围第9集团军的机会。

在总攻的第一天，即4月16日，苏军试图从法兰克福的西北方向达成突破，并切断该城与德军部队的联系。这些进攻都有团级规模，并且得到了坦克和飞机的支援。第712步兵师和第169步兵师的地段战斗尤其激烈。由于防御严密，苏联人最初没有成功。但新的危机随后降临，在更远的南部和西部，乌克兰第1方面军已达成突破，正从第9集团军的背后向西北方快速前进。早在4月18日，海因里齐便试图让希特勒撤销法兰克福的要塞地位（参见《奥得河前线1945》第1卷第11章）。但希特勒表示拒绝，还命令第9集团军必须以当地为支点坚守防线。希特勒的这一决定相当于剥夺了海因里齐的行动自由，并注定了第9集团军的命运。

4月20日，比勒晋升为少将，并被推荐授予骑士十字勋章——相关申请最终在5月9日得到批准。在海因里齐的不断施压下，希特勒终于在4月21日下午做出让步。但这个决定为时已晚，驻军和残余的民众正面临危机。疏散工作立刻开始。通往第9集团军前线的走廊——柏林–法兰克福高速公路——一度被苏军切断。但4月22日，党卫军第561装甲歼击营率先发起反击，重新将这条生命线打通。比勒少将、要塞守军和剩余的平民随后与布塞的第9集团军会合，并穿过哈尔伯地区继续撤退。经过重重艰难跋涉，其残余人员最终与第12集团军一同抵达易北河畔。

奥得河前线的高级勋章获得者：

骑士十字勋章——1945年5月9日，恩斯特·比勒少将，奥得河畔法兰克福要塞司令。

屈斯特林要塞

指挥官：

1945年1月25日—2月2日，阿道夫·拉格纳少将；

2月2日—3月28日，党卫队地区总队长兼党卫军中将海因茨·赖涅法尔特。

战斗力水平：

不明。

战斗序列：

2月22日，整个要塞的战斗兵力为8196人。下属单位包括[616]：要塞指挥部、第1450要塞步兵营、第50装甲掷弹兵补充营、第346装甲部队行军团第1特别行军营（1.Marsch-Btl. zbV.Panzer-Truppe Nr. 346）、第346装甲部队行军团第2

特别行军营、第344行军团第3行军营（3.Marsch-Btl. Nr 344）[①]、第68工兵补充与训练营、第513登陆工兵营（Landes-Pio-Btl. 513）、第3132要塞炮兵团第1营（4个连）、第39炮兵补充营、第114高炮团、5座7.5厘米坦克炮塔（无法开火）[②]、第738要塞通信连、掉队人员［收容于斯图普纳格尔军营（Stülpnagel-Kaserne）］、康复连（Genesenden-Komp.，由重伤员组成）、匈牙利第4步兵营（Ung.Inf.Btl. IV）[③]、中亚补充营（德国人员）、中亚补充营（中亚人员）、北高加索补充营（德国人员）、北高加索补充营（北高加索人员）、城堡兵营（Schloß-Kaserne）的军官和行政人员、国民突击队（即第16/186国民突击队营）。

以下屈斯特林要塞的编制则来自1945年3月27日的维斯瓦河集团军群当日作战地图：旧城区战斗群（K.Gr. Altstadt，380人）、中央战斗群（K.Gr. Mitte，830人）、西岸战斗群（K.Gr. Vor，180人）、舒尔茨战斗群（K.Gr. Schulz，240人）、后备干预部队（Eingreif. Res.，480人，以上各部队兵力合计为3000人）；明谢贝格装甲师的2个营（1945年3月22日被切断，随后加入要塞守军）；除此之外，第303燧发枪手营也在苏军切断走廊后与师主力失去联系，并加入了要塞守军。

作战综述：

1945年1月25日，屈斯特林被宣布为要塞，司令最初由50岁的骑士十字勋章获得者、一战老兵阿道夫·拉格纳少将担任。增援陆续抵达，其中大部分是国民突击队、空军、帝国劳工组织和希特勒青年团成员，此外还有一些炮兵连——混合装备着高射炮和轻型榴弹炮。与此同时，不断有难民和逃兵来到屈斯特林新城，试图渡过瓦尔塔河和奥得河向西逃生。

在苏军发动奥得河–维斯瓦河攻势之后，德军的东线彻底崩溃。来自坦克第219旅的苏军坦克于1月31日攻入城内，随后2天，屈斯特林新城郊区（尤其是纤维素工厂和瓦尼克）爆发了拉锯式争夺战。

---

① 以上三支部队的情况已无从查考，且缺乏其他文件佐证，故采用了推定译名。

② 该连实际配备的是豹式坦克炮塔地堡，也被称为第1211要塞（豹式炮塔）连。

③ 其他资料作“Ungarische Infanterie-Bataillon IV./89”，直译即匈牙利第89团第4步兵营，但匈牙利陆军并无这一单位。该营的实际身份很可能是匈牙利陆军第87补充与训练团第4营。

大约在此期间，1辆党卫军第503重装甲营的虎王坦克抵达市内，并在奥得河和沃夫卢特运河（Vorflut Canal）之间的岛屿占据了阵地，以守卫炮兵兵营以南的B眼镜堡（Lunette B）①一带。[617]但除此之外，要塞接收的重型武器非常有限，因为大量架桥设备都跟随德军的重装部队投入了波美拉尼亚，令守军根本无法将其运过河流。

老城开始遭到炮击，部分平民和士兵惊慌失措，生怕失去最后的撤离机会。这引起了希姆莱的警觉，极少信任陆军军官的他立刻开始寻找一名心腹接管此地。2月2日，他将党卫队地区总队长兼党卫军中将海因茨·赖涅法尔特任命为司令，并替换了拉格纳。在1944年8月残酷镇压波兰起义期间，赖涅法尔特曾负责指挥1个党卫军特别混合战斗群，其中有党卫军准将奥斯卡·迭勒汪格和党卫军少将布罗尼斯拉夫·卡明斯基的部队——他们忠实遵守“不留俘虏”的命令（发布者是希姆莱，并得到了陆军最高司令部的支持），将30000—40000名波兰人残酷杀害。也正是这次屠杀，让赖涅法尔特戴上了骑士十字勋章的橡叶饰。[618]

希姆莱曾在2月的一份命令中提到，狂热比人力或武器更重要。也正是因此，他把赖涅法尔特当作了一位能在屈斯特林贯彻“钢铁纪律”的斗士。但第9集团军司令布塞和古德里安显然都不同意这个人选，因为此人之前一直在警察部队工作，缺乏军事训练，与传统的军事指挥岗位更无交集。但最终，拉格纳还是交出了指挥权，并前往波德尔齐希地区指挥拉格纳特别师（后来改编为第286步兵师）。

在2月的最初两个星期，苏军一直在屈斯特林的南北两侧扩大桥头堡。在要塞和德军的主战线（位于西面的奥得沼泽）之间，双方的联络渠道很快只剩下一条狭窄的陆上走廊。2月中旬左右，屈斯特林的民众开始撤离。城防也继续加强，但根据一份1945年2月27日的报告（编号为OKH/GenStdH/Op Abt/Lds Bef Nr. 3 286/45 geh.），整个要塞只有18门7.5厘米Pak 40型重型反坦克炮和5座豹式炮塔地堡。[619]

---

① 眼镜堡是一种工事，因平面图类似眼镜而得名。

虽然外围的战斗一直没有平息，但真正的大战直到3月初才正式打响。城市东部首先遭到苏军的大规模进攻，而屈斯特林新城则是重点攻击目标。8日，当地被苏军第5突击集团军攻陷。稍后不久的3月9日，苏军又试图乘胜在屈斯特林老城登陆，但未能成功。3月11日，位于奥得河西岸南部桥头堡的苏军第8近卫集团军占领基耶茨，进一步扼住了屈斯特林连接西方的通道。3月22日，奥得河西岸的两座苏军桥头堡发动相向攻势，切断了要塞的陆上走廊。

（参见地图28）

德军的两次解围行动全部失败（参见《奥得河前线1945》第1卷第8章）。随后，苏军开始全面进攻市区。面对几乎不知疲倦的敌人，守军的鲜血正在流尽。3月28日，由于弹药匮乏，赖涅法尔特决定突围。趁着无月之夜，他和部分驻军悄然向西出发，但一支135人的国民突击队残部（原兵力为900人）仍留在旧城区。3月30日，这些人员打光了弹药，只能在陆军上尉古斯塔夫·塔姆（Gustav Tamm）的带领下向苏军投降。后者承诺的优待完全没有兑现——和东线的常见情况一样，不能行走的伤员被当场射杀，身体健康的人则被送往东方服长期苦役。甚至未按时投降者也会被立刻枪毙。[620]对于投降时的经历，党卫军掷弹兵奥斯卡·耶森（Oscar Jessen）回忆说，他急中生智，把党卫军外套扔进了水里，但有些同伴没有这样做，并因此失去了生命。耶森所在的小分队躲在奥得河岸附近的森林中，投降后有11人被打死或枪杀，而“幸运”的耶森只是被打掉了几颗牙齿而已。[621]

在尝试突围的5000多人中，最终只有32名军官和965名士兵抵达德军防线。但对高层来说，更大的问题是赖涅法尔特违背了希特勒“战至最后一人”的命令。一抵达德军防线，他和残余守军立刻遭到软禁和审讯。如果不是因为苏军进攻速度太快，许多突围者——甚至是赖涅法尔特本人——都可能遭到处决。但最终，这些人都被重新派往奥得河前线，只有极少数在残酷的战斗后幸存下来。

以下是赖涅法尔特指挥部1945年2月2日至3月30日发自屈斯特林的报告。其中，晨间报告介绍的主要是前一天夜间到当日上午的事件。日间报告则一般在下午或傍晚发布，是对当天情况的总结。

2月2日的日间报告：敌人试图攻占屈斯特林的北部和南部，还从各个方向朝交通干线上的河流渡口进攻。养蜂场（Bienenhof，位于屈斯特林南部）附近的桥梁遭到5辆坦克袭击，但被我军击退，有3辆坦克被击毁。我军试图夺回瓦尼克，但被猛烈的防御火力阻止。敌军还从西南和东面进攻松嫩贝格（Sonnenberg），导致守军被包围。舍尔瑙（Schernow）也落入敌手。

2月3日的日间报告：敌人继续从北部、东部和东南部攻击屈斯特林。清晨，他们用连级兵力对加油站（Schöpfwerk）据点（在屈斯特林东南出口东南方1公里处）发动攻击，守军非死即伤，当地随即沦陷。曹恩道夫（Zorndorf）–屈斯特林公路两侧的63号高地也遭遇营级兵力的进攻，在此期间，敌军设法前进了100米。在反击中，我们肃清了瓦尼克东南的一处敌军突破口。敌人正从南面朝屈斯特林在奥得河西岸的城区前进。

2月4日的晨间报告：在瓦尼克西南方向，苏军大约1个排的突袭受挫。敌军侦察活动密集；双方的火力袭扰此起彼伏。

2月4日的日间报告：在奥得河西岸，我军的南部和西南部战线遭到攻击。奥得河军开始经戈尔加斯特–旧布莱伦向基耶茨推进。

2月5日的晨间报告：为了建立警戒线，进攻部队向曼施诺突击，此次行动进展良好，敌方大约有200人阵亡，其间，我军与泽劳地区的第21装甲师所属部队建立了联系。夜间，敌军仍不断把车辆和火炮送过奥得河。基耶茨的西部和西南部遭到攻击，但突破之敌被我军的反击消灭。

2月5日的日间报告：整个白天，敌人继续从南面和北面施加压力。但主战线仍在我军手中。

2月6日的晨间报告：屈斯特林新城北侧有小股敌军突入，肃清缺口的战斗正在进行。

2月6日的日间报告：在基耶茨附近，我们击退了敌军的多次进攻。

2月7日的晨间报告：敌人仍在对基耶茨施压。养蜂场附近的小规模进攻被击退。3点30分，第21装甲师向基耶茨进攻，取得一定进展。

2月7日的日间报告：我军仍在从北面和西面进攻基耶茨西郊，但敌军负隅顽抗，进攻进展十分缓慢。这里是敌军总攻的出发地，因此敌军的抵抗非常激烈，而且组织格外周密。

2月7日的日间报告（对上一份日间报告的补充）和2月8日的晨间报告：敌军继续使用重武器进行袭扰射击。双方的巡逻队和突击队在基耶茨、旧德雷维茨和部队训练场附近活动。2月7日18时15分，守军在旧布莱伦东南方与我军坦克恢复了联系。夜间，一支弹药车队途经旧布莱伦进入要塞。

2月8日的日间报告：双方的巡逻队和突击队都在活动。我军炮兵攻击了基耶茨西南方向的一处敌军炮兵阵地。除此之外，当天局势平静。

2月9日的晨间报告：来自东北部的多次攻击被击退。

2月9日的日间报告：德雷维茨东北部遭到多次连级进攻，但敌军均被击退。中午时分，旧城区遭到重型迫击炮和远程火炮的轰击。此外，敌军还用重武器对其他地区进行了袭扰。养蜂场以南的敌军炮兵阵地正在大肆开火。

2月10日的日间报告：敌军营级部队在坦克支援下发动进攻，一度推进到养蜂场附近，但被我军反击击退。此外，他们还试图在旧绍姆堡（Alt Schaumburg）以西渡河，但遭到我军的有力打击。中午时分，敌军向旧城区猛烈开火。

2月11日的晨间报告：各区域继续巡逻。

2月11日的日间报告：养蜂场击退敌军袭击。白天，敌军空袭了养蜂场、基耶茨和瓦尔塔河上的桥梁。我军火力攻击了希恩沙德尔德庄园（Hirnschädel estate）。

2月12日的日间报告：由于电话连接中断，相关内容将以后提供。

当天，守军还在《屈斯特林固若金汤：屈斯特林要塞通讯》（*Feste Küstrin – Nachrichtenblatt der Festung Küstrin*）上发布了两份公告：

屈斯特林要塞的士兵和居民！

屈斯特林要塞有着悠久的历史。因为命运召唤，它已成为这次国难中的一道屏障。目前，它仍牢牢掌握在我军手中，并因此闻名遐迩。我们还将继续坚守这座要塞，不让苏军踏入柏林的门户。我们每个人只需要做好一件事：奉献一切力量，坚毅地承受一切损失——尽管这些损失可能是无法避免的。

为了更好地教育部队和民众，让他们了解军事形势，知晓各种必要措施，从今天起，要塞司令部和纳粹党地区领导层将联合发布应急公报——《屈斯特林固若金汤》。如果情况允许，该报纸将很快发行。但其定期发布将取决于电力供应。

请互帮互助！我们将保卫家园，让领导层有机会发动反击。相信在未来的某个时候，苏军也将被赶出屈斯特林。

元首万岁！

签字：

党卫队地区总队长兼党卫军中将海因茨·赖涅法尔特

屈斯特林要塞司令

屈斯特林要塞的男女们！

无论是和平岁月，还是帝国扩张期间，在这些幸福的日子里，我们曾与国防军一起为这座城市增光添彩。但今天，屈斯特林已靠近前线，艰难困苦即将来临，我们的家庭也必将承受很多不幸。尽管前景严峻，但在今天，国防军、纳粹党和行政部门已牢牢控制了局势。每个人都必须恪尽职责。这个时期将带来一场严酷考验。城外是苏联大炮发出的滚滚雷鸣，无数骨肉将因此离散。但我们必须坚强和忠诚。党和政府的男女工作人员将竭尽全力，为居民排忧解难。这也是为什么我们身在此处，坚守此处，直到苏军被我们英勇的国防军士兵赶出此处的原因所在。

普鲁士和德国的历史一再证明，每当国家有难，总会有一股中坚力量在最前线挺身而出。让我们证明自己无愧于祖先。

战争会带来磨难，让城市遍体鳞伤，给每个家庭留下痛苦，也许我们的城市终将陷落，但我们的内心将始终保持坚定。

签名：科尔纳

纳粹党地区领袖兼屈斯特林市长

2月13日的晨间报告：整个地区持续遭到重炮的扰乱射击。在养蜂场附近，主战线移动了300米。敌方车辆仍可以畅行。

对2月12日报告的补充：我军在曹恩道夫–屈斯特林公路上击退了两次连

级规模的进攻。要塞以西，敌军正在构建重炮阵地（共计41门火炮）。大批机动车从舍尔瑙向西开去，仅在14点至17点间就包括150辆卡车和12门火炮。

2月13日的日间报告：对旧德雷维茨以西的武装侦察显示，敌方在当地部署了新的重武器。整个地区继续遭到扰乱射击。我军炮火摧毁了敌军在加油站的观察哨。

2月14日的晨间报告：整个地区一直遭到远程火炮和迫击炮的持续攻击。在旧德雷维茨西北部，双方的巡逻队和突击队都在活动。

2月14日的日间报告：第25装甲掷弹兵师的炮兵摧毁了基耶茨以南敌军1个营的阵地。2辆搭载步兵的坦克被击退，其中1辆被击毁。

2月15日的晨间报告：所有重点地段继续遭到扰乱射击，直到午夜——之后夜晚风平浪静。

对2月14日报告的补充：在南面，经过猛烈的炮火准备，敌军投入2个营的兵力和8辆坦克进攻旧城区。突破之敌被我军的反击击退，其中1辆坦克被击毁，另有2辆受伤瘫痪。

2月15日的日间报告：我军发起突袭，在一段1.5公里的区域取得进展，将主战线从新布莱伦北缘推进到奥得河堤道。我们还夺取了旧布莱伦东北部的敌方据点。

2月16日的晨间报告：德雷维茨以南，敌军的巡逻队格外活跃。经过炮火准备，我军突击部队攻克了基耶茨南部、护堤人员房舍以西300米处1个重兵把守的村庄。

2月16日的日间报告：从2月16日中午开始，屈斯特林要塞在战术上隶属于党卫军第11装甲军。敌军以连级兵力进攻基耶茨、养蜂场，以及新布莱伦以北的新主战线，但未获成功。

2月19日的日间报告：我军在旧布莱伦以北发动进攻，攻克了奥得河堤道以西的两片农庄。

2月20日的日间报告：在第25装甲掷弹兵师的地段、新绍姆堡（Neu-Schaumburg）南部刚被我军占领的连片农庄附近，敌军于清晨时分多次投入连级部队发动进攻，但全部宣告失败。

3月4日的日间报告：上午，数架敌机向屈斯特林新城投下燃烧弹。

3月5日的日间报告：屈斯特林遭到敌军猛烈炮击（6小时内落弹3000枚，其中一些是大口径炮弹）。运河上的桥梁8次中弹，被彻底摧毁。敌机也大举轰炸和扫射，尤其是对屈斯特林市区。

3月6日的日间报告：敌军派出营级兵力，试图在屈斯特林新城南部登陆，但遭到挫败；随后，他们又派出1个团的兵力从兰茨贝格大街（Landsberger Strasse，位于要塞东部）两侧发动进攻，但因为我方反击等同样宣告败北。从中午开始，整个要塞遭到惊天动地的炮击，还有猛烈空袭。13时左右，敌军投入团级部队从瓦尼克发动进攻，还派出力量未知的部队在3辆坦克的支援下从法兰克福–屈斯特林铁路线两侧推进。但与此同时，我军炮兵也摧毁了敌军大部队在旧德雷维茨附近的阵地。在瓦尼克以西，敌军在暂时突破之后被我军击退，但其中一部分仍楔入了基耶茨西南部，直到我军的最后预备队参战后才停止前进。我军从基耶茨发起反击，但由于敌军抵抗激烈，进展十分缓慢。

3月7日的晨间报告：在基耶茨附近，我军的反击收效甚微，而敌军则抵抗猛烈。该镇的西南部仍然在敌人手中。

3月7日的日间报告：敌人在重炮和空军的支援下继续攻击屈斯特林要塞。虽然兰茨贝格大街和曹恩道夫大街（Zorndorfer Strasse）方向的团级攻击被击退，但在旧德雷维茨方向，一支团级规模的敌军在约10辆坦克支援下达成突破，一直推进到旧德雷维茨东南2公里处的岔路口。我军的反击进展迟缓，但用近战武器摧毁了6辆敌军坦克。在基耶茨和戈尔加斯特之间的主战线，敌军多次调集营级兵力发动进攻，但都毫无收效，只有一次突入基耶茨500米，但随后就被我军包围，并且付出了惨重损失。在北面的突破区域，敌军也投入营级部队发起攻击，但我军各种武器的密集火力让他们止步不前。敌人的空军也不停地支援地面战斗——我们的高昂损失（约350人受伤，60多人死亡）有相当一部分都是源自于此。

3月8日的晨间报告：我们的反击在屈斯特林进展甚微。炮火猛烈，让战斗异常艰苦，但其细节尚无法提供。

3月8日的日间报告：敌人在坦克、重炮和空军的支援下，从新城区防线的后方成功突入屈斯特林要塞，虽然新城区守军在兰茨贝格大街和曹恩道夫大街之间挡住了2次团级规模的攻击，但仍然被彻底打散，只能以小群各自为战。火焰在市区肆虐，但在火车总站的北部和东北部，有2个据点仍在坚守。在瓦尔塔河沿岸的广阔战线上，敌军也在长驱直入。今天，本要塞的防御作战同样得到了炮兵的支援。

3月9日的晨间报告：在屈斯特林新城区，瓦尔塔河畔的桥头堡完全失陷，只剩个别据点仍在战斗。虽然公路桥和北面的铁路桥被炸毁，但中央的铁路桥已落入敌手。此外，在基耶茨，敌军也在坦克支援下发起攻击，在当机立断的反击中，我军肃清了一个局部突破口。

3月9日的日间报告：在基耶茨，我军发起反击，在一定程度上遏制了敌军的持续进攻。从清晨开始，敌人一直在远程火炮和低空飞机的掩护下通过瓦尔塔河大桥调集大军。其活动的情况和新城内友军的细节尚不清楚。屈斯特林旧城和基耶茨全天都处在敌军的绵密火力之下。其空军则再次开始持续攻击屈斯特林要塞和基耶茨–泽劳公路两侧地区。

3月10日的晨间报告：敌军越过瓦尔塔河大桥发动进攻，但被逐退。在桥梁之间渡河的敌军已被我方包围，反击预计在清晨进行。屈斯特林旧城遭到敌军的猛烈炮击。昨天下午，敌军成功突破至基耶茨北部。

3月10日的日间报告：在重炮和少数坦克的支援下，敌军1个营设法将我军部队逐出基耶茨。在运河东南300米处，我军桥头堡虽然实力虚弱，但仍然挫败了敌军穿过运河河床的企图。在基耶茨南部，敌军以连级兵力发动进攻，此外，他们还试图再次渡过瓦尔塔河，但这些行动都被我军击退。另外，突入旧城北部的敌军也被我军歼灭。

3月11日的晨间报告：屈斯特林方面没有值得一提的情况。一支补给车队在护卫下进入了要塞。

3月11日的日间报告：当天总体平静。双方的步兵在屈斯特林堡垒区交战，另外，敌军还从基耶茨发动了一次不成功的连级进攻。

3月12日的晨间报告：个别炸弹落在屈斯特林堡垒区。有补给车队进入城市。

3月12日的日间报告：基耶茨附近的堤坝管理办公室在下午失守。

3月13日的晨间报告：基耶茨附近的堤坝管理办公室在一次反击中被夺回。屈斯特林要塞战斗群成功对敌军展开突袭，在这些行动中，已查明的敌军阵亡人数为59人，我军只有12人伤亡。

3月13日的日间报告：在基耶茨方向，敌军发动多次连级进攻，但未能获成功。堤坝管理办公室被苏军坦克和步兵共同攻陷。

3月14日的日间报告：夺回堤坝管理办公室的努力失败。

3月19日的晨间报告：我军仍在努力夺回基耶茨北部的蒸汽动力磨坊，该磨坊曾在当天1点左右失守。

3月19日的日间报告：在基耶茨北部，昨晚失守的蒸汽动力磨坊得以收复，敌军试图卷土重来，但被我军击退。

3月22日的日间报告：敌军在坦克的支援下从北面进攻，攻占了旧布莱伦西南2公里处的1座养羊场、坦嫩霍夫（Tannenhof）和森林管理员桥梁（Försterbrücke）。

3月23日的日间报告：屈斯特林要塞击退了由零星坦克支援的多次连级进攻。在基耶茨火车站西北1公里处的一座农庄，随着当地唯一的反坦克炮被击毁，该据点彻底失守。

3月24日的晨间报告：敌方空军大举空袭屈斯特林堡垒区。另外，为夺回昨天丢失的据点，反击也在进行。

3月24日的日间报告：敌人从西北方向对屈斯特林堡垒区发起3次攻击，还动用1—2个营的兵力和自行火炮强攻新布莱伦和旧布莱伦附近的主战线。但这些进攻都被击退。在此期间有2辆自行火炮被击毁，4架飞机被击落。下午，对地攻击机源源不断地向整个屈斯特林堡垒区发起攻击。我军炮兵攻击了屈斯特林新城和养蜂场的敌军，有1辆敌方坦克被击中瘫痪。

3月25日的日间报告：敌人多次进攻要塞在基耶茨和旧布莱伦附近的地段，投入兵力大约为1—2个连。但得益于第39装甲军炮兵部队的出色支援，这些攻击都被击退，敌军伤亡不小。敌方空军整天都在攻击要塞，尤其是老城区；火灾四起，大量建筑受损。

3月26日的晨间报告：夜里，敌军继续在屈斯特林要塞内调遣部队。自4点之后，炮火更加猛烈。

3月26日的日间报告：经过猛烈的炮火准备，敌军的一支团级部队向新布莱伦和旧布莱伦一带发起持续进攻，该部队还拥有15辆支援的坦克和自行火炮。尽管守军撑到清晨之后，并通过反击肃清了突破，但在下午，优势敌军仍然打开缺口，并夺取了新布莱伦的南部地区。苦战仍在进行。目前，已有9辆敌方坦克被击毁。基耶茨和养蜂场附近也遭遇了连级部队的进攻，但防线依然完好。要塞遭到远程火炮和迫击炮的不停攻击，还发生了6次空袭。我军损失很大。昨晚，奥得河上的公路桥被炸，但运输没有中断。

3月27日的晨间报告：在要塞群附近，弃守新布莱伦的我军部队因为损失惨重，只好被收拢起来，但紧接着就被敌军的后续攻击逼退到库布吕肯近郊区（Kuhbrückenvorstadt）。养蜂场据点也在大部分守军伤亡后失陷。大约在3点，规模不详的敌军跨过河流，攻击了旧城西北的堡垒。夜间，各种口径的炮火继续向旧城区猛烈开火。一名伪装成逃兵的谈判人员带来了一份文件，要求守军在3月27日8时前投降，但守军没有回应。

3月27日的日间报告：白天，敌军从基耶茨出动，向库布吕肯近郊区进攻，并得到坦克和自行火炮的配合，参战兵力最高达到营级规模，但他们的企图全部落空。不过，从养蜂场附近的奥得河堤道向北，以及松嫩贝格附近的铁路线一带，敌军却一直前进到旧城区的东南部。我军发起反击，将其击退至公路和铁路交叉口一带。敌方空军整天都在猛烈攻击要塞，我方因此损失惨重。

3月28日的晨间报告：敌人试图穿过旧城区南部；整个屈斯特林堡垒区遭受重炮和火箭炮的轰炸。大片市区起火燃烧。

3月28日的日间报告：屈斯特林要塞的战斗即将结束。敌人从四面八方涌来，试图取得决定性胜利。在旧城区的市场附近，巷战十分艰苦，敌军已进入当地，其中一路甚至从北面抵达此处。在奥得河以南的市区，敌军苦战攻克帕佩尔霍斯特（Pappelhorst）之后突破到南部边缘。在基耶茨和新布莱伦，敌军多次派出营级部队在坦克支援下发动进攻，并多次取得突破，而且突破口很难通过机动（反击）作战肃清。由于人员和物资损失巨大（70%的军官和所有的重型武器），要塞的战斗将难以为继。

3月29日的晨间报告：根据2点30分的最后一次无线电信息，屈斯特林旧城已落入敌手。铁路桥被毁。帕佩尔霍斯特附近有大量敌军。

3月29日的日间报告：和之前一样，屈斯特林要塞守军英勇抵御着不断进攻且拥有巨大优势的敌人。在上午的反击中，他们肃清了多处突破口，但敌人在帕佩尔霍斯特附近通过5次进攻取得突破，最远抵达炮兵兵营，目前，守军正在猛烈的炮火下继续战斗。最新传来的无线电消息显示，从基耶茨发动进攻的苏军已被击退，在旧城火车站以北登陆的敌人也被消灭。但敌军仍在从新布莱伦发动猛烈进攻。要塞指挥官确认，15点44分，元首发布命令要求要塞继续战斗。

3月30日的晨间报告：从屈斯特林要塞传来的最后一条消息是："敌军已兵临炮兵兵营。岛屿无法坚守。"奥得河以西有进攻；目前暂没有联络。

对当日情况的补充：在党卫军中将赖涅法尔特的率领下，屈斯特林要塞各有2支队伍抵达了第20装甲掷弹兵师和元首掷弹兵师的前线，其中，前1支队伍约有1000人，后1支队伍约有300人，但后续细节仍未传来。[622]

屈斯特林的纳粹党地区领袖科尔纳也与赖涅法尔特一起突围，在他给帝国领袖马丁·鲍曼的报告中，有些内容非常有趣。按照科尔纳的说法，在前2个月的战斗中，守军从11000人减少到了1200人，而且大部分"之前都经历过数周、数月或甚至1年的战斗，并因此疲惫不堪。他们每天都能感受到敌人在武器和人力方面的优势，并对自己的资源失去信心。他们的精神脆弱，以至于完全无法振作。"[623]此外，在围城结束前夕，"德国士兵还经常避战自保"，"因为他们知道自己在武器方面的绝对劣势。在战役初期，每2名苏军就有1支自动步枪或榴弹发射器，其他人则携带着配备15至20发子弹的速射步枪，更不用说后方还有多种重型武器。相比之下，德军士兵只有老式步枪，每次射击都要重新装弹。"[624]科尔纳这份观察报告固然带着一丝冷漠，但也揭示了德军士气低落和装备短缺的问题，以及他们在火力方面的劣势。

屈斯特林要塞的战斗持续了数月。双方的人员损失数以万计。苏军的主要目标是完整地夺取当地的重要目标——公路和铁路桥。最后他们做到了，但这对战局的影响却非常小。4月16日，公路和铁路桥均被德国空军炸毁，而且由于苏军早已在西岸囤积了大量物资，这一波折几乎没有拖慢苏军向柏林前进的脚步。对德军来说，同样讽刺的是，从军事角度，更明智的做法是炸毁桥梁，撤过瓦尔塔河和奥得河，然后集中兵力对付苏军较弱的桥头堡（比如基尼茨等地的桥头堡），但他们却反其道而行，让苏军完好地夺取了桥梁。总之，与法兰克福要塞一样，屈斯特林对奥得河前线的贡献微乎其微，甚至还产生了与目标相反的影响。

奥得河前线的高级勋章获得者：

不明。

奥得河前线的最后动员

在东线战事的最后几周，尤其是在4月16日之后，国防军最高统帅部和陆军最高司令部仍在试图组建新部队。主要意图有两个：加强柏林外围的防御；打破苏军对柏林的包围（第12集团军就属于后一种情况）。这些部队来路复杂、组建匆忙，并以第2军区、第3军区和第4军区的人员为主（详情见本卷附录C），其具体编制和作战行动已没有战时日志可供参考。作战历程往往来自对多个参考资料的汇总。

维斯瓦河装甲歼击师[625]

该师包括5个装甲歼击旅，成员主要来自希特勒青年团，但有2个旅分别由伞兵和弗拉索夫部队组成，装备则以铁拳火箭筒等反坦克武器为主。任务是守卫沃坦防线后方，具体部署如下：D装甲歼击旅——杭格尔斯贝格（Hangelsberg）–埃格尔斯多夫（Eggersdorf）–布赫霍尔茨；海盗伞兵装甲歼击旅——普勒策尔–施特内贝克（Sternebeck）–赖兴贝格（Reichenberg）–格吕诺；R装甲歼击旅——旧兰茨贝格（Alt Landsberg）–韦尔诺伊兴（Werneuchen）；F装甲歼击旅——普伦茨劳附近；M装甲歼击旅——新施特雷利茨附近。

该师从各种意义上都是全新的，其中的希特勒青年团员由帝国青年领袖阿图尔·阿克斯曼（Artur Axmann）指挥。按照D装甲歼击旅成员威利·费尔德海姆（Willy Feldheim）的说法，这些旅都包括：

> 来自德国和奥地利各地的16岁和17岁少年，他们因为相对成熟和坚韧而入选。（每个旅）包括4个营，每个营约480人，每个营又进一步分为4个连，每个连约120人。最基本的作战单位是10人制的班（Gruppe），其中6人装备步枪和卡宾枪，另外4人装备铁拳火箭筒。该旅的任务是近距离搜索和猎杀敌军

装甲部队，训练的重点是渗透和肉搏战术。这些少年没有防毒面具，也没有常用的刺刀，但有突击队匕首。为了防止个人物品发出噪音，每个人的口袋中只有一把勺子和一个金属盆，后者可以装食物，但更多情况下用于盛放弹药。[626]

按照费尔德海姆提供的数字，全师大约有近10000名士兵。但这支庞大的部队从来没有被集中使用，而是分散部署在了前线各处。其中前2个旅——D装甲歼击旅和海盗伞兵装甲歼击旅被派往第9集团军沃坦防线上第56装甲军，而R装甲歼击旅、F装甲歼击旅和M装甲歼击旅则负责在第3装甲集团军的作战区域内担任预备队。另外需要指出，虽然海盗旅（成员大部分是伞兵）名义上是维斯瓦河装甲歼击师的下属单位，但当时的命令显示，它的直接上级似乎是伞兵部队总司令。

柏林周边装甲车辆和突击炮部队的最后动员

当柏林东方和东南方向岌岌可危时，为了集结装甲力量、击败来袭的苏军坦克部队，陆军最高司令部发布了一系列命令。4月18日，他们命令以下部队奉命在措森以南的温斯多夫附近完成战备动员，以支援维斯瓦河集团军群：[627]

以下部队派往第7装甲师（已离开第2集团军，正在乘船前往的第3装甲集团军后方，目前正在新施特雷利茨重组）：第11装甲团第4连（10辆豹式坦克）和于尔岑装甲掷弹兵连（14辆装甲运兵车）应在4月19日3时前准备好从温斯多夫出发；第559重装甲歼击营的1个猎豹坦克歼击车连应在MBA公司（Firma M.B.A.）准备就绪；I护卫连［包括1个装甲侦察排、2个侦察排（装备大众越野车）、1个重装排、1个重型反坦克炮排（摩托化）］和10—13辆四号坦克将乘火车林茨赶赴新施特雷利茨。

第243突击炮兵旅的1个连（装备10辆42H型突击榴弹炮）已在波茨坦做好战斗准备。另有28辆42H型突击榴弹炮正在运往前线途中，其中18辆将由第243突击炮兵旅接收。

截至4月19日下午，共16辆突击榴弹炮将从施潘道的阿尔凯特公司抵达，并交付第2装甲团第2营或第249突击炮旅。上述车辆随后应保持全面战备状态，并向第9集团军报到。第243突击炮兵旅下属的1个连预计将同时抵达。立刻将26辆突击榴弹炮发往第9集团军。

计划为第249突击炮旅补充31辆突击炮。计划总数：41辆（仅凭原始文件无法确定它们是突击榴弹炮还是突击炮）。

P装甲歼击分队（下辖30个装甲歼击小组）应在4月19日3点做好部署到明谢贝格的准备。

4月20日，陆军最高司令部又对上述命令进行了以下修改/补充：

未来2小时，阿尔凯特公司可提供7辆突击炮和1辆突击榴弹炮，未来20个小时还可额外提供6辆突击炮。这些车辆将由第249突击炮旅接收。由于阿尔凯特公司90%的电力中断，因此无法对4月24日之前的车辆交付量作出进一步估计。

马琳费尔德的戴姆勒–奔驰公司（Firma Daimler Benz）预计将于4月21日向第2装甲团第2营交付6辆豹式坦克。第2装甲旅（Pz.Brig. 2）预计从第2108装甲歼击分队（Pz.Jagd-Verb. 2108）接收2辆装甲车辆，并从克虏伯–布鲁肯穆勒公司（Firma Krupp- Bruckenmüller）接收2辆豹式坦克。以上装甲车共计10辆。

波茨坦–布雷西茨（Potsdam-Bresitz）的MBA公司可提供4辆猎豹坦克歼击车，另有5辆将在4月22日完成装配。以上9辆猎豹将被派往第559装甲歼击营。

在温斯多夫地区集结的作战部队：

（1）莫尔斯分队（Verband Möws，含库默斯多夫装甲连和I护卫连）——来自卢奥（Luau）–诺伊霍夫（Luau-Neuhof）公路和巴鲁特以西。

（2）第11装甲营第4连[①]（10辆夜战豹）和于尔岑装甲掷弹兵连（14辆安装夜视设备的装甲运兵车）——来自泽伦斯多夫（Zehrensdorf，位于温斯多夫东）以北2公里处。

（3）第614重装甲歼击连（4辆象式坦克歼击车）——来自泽

① 原文如此，应为第11装甲团第4连。

伦斯多夫以西。

(4) 装甲歼击分队：

毛奇分队（Verband Moltke）——4月20日，该分队辖下单位包括第2108装甲歼击分队（1个拥有4辆坦克的装甲排，外加350名人员）和第218装甲歼击分队（1个拥有5辆坦克的装甲排，外加350名人员）。

以下单位正在备战：施奈德装甲歼击旅（Pz.Jagd.Brig. Schneider）——4个装甲歼击营，每个营4个连。全旅共计1500人，配备584支突击步枪、80挺机枪、2200具铁拳火箭筒和800件其他轻武器。其中，第214装甲歼击营第1连预计在3点完成准备，第3连预计在20点完成准备。

4月19日，陆军最高司令部组建了毛奇战斗群，并命令该战斗群向措森以南的卢考（Luckau）前进。为此，他们签发了一份编号为Nr. 4851/45 g.Kdos. 19.4.45的命令，内容如下：[628]

毛奇战斗群的部署命令

1. 敌军在科特布斯南部取得突破，正在向卡劳（Calau）前进。根据报告，其先头装甲部队已出现在卡劳。

2. 毛奇战斗群将由陆军最高司令部直接指挥。该战斗群将占据位于卢考的重要路口，就地吸收一切掉队人员，并凭借现有部队（包括库默斯多夫装甲连和德累斯顿反坦克炮连）抵御和消灭从卢考向卡劳前进的苏军先头坦克部队。为此，他们应依靠机动性强大的特别护卫连（begleitschwadron z.b.V.）搜寻、攻击和歼灭卡劳地区的（敌军）坦克矛头。

3. 陆军最高司令部正在向卢考派遣下列部队：

(1) 特别护卫连（2个大众越野车排、1个重装排、1个装甲侦察排和1个重型反坦克炮排），来自菲尔斯滕瓦尔德。

(2) 库默斯多夫装甲连（12辆不同型号的装甲车辆），来自库默斯多夫部队训练场。

(3) 德累斯顿反坦克炮连（不设下属排级单位，共6门反坦克炮），来自温斯多夫训练场。

以上各连的指挥官等人应向区域指挥官（或位于卢考的临时负责人）报到。

4. 毛奇战斗群将与以下部队建立联系：

（1）第4装甲集团军，地点是卡门茨（Kamenz）以东15公里的内施维茨（Neschwitz）。

（2）第5军，地点是科特布斯西北方向8公里处的锡洛（Sielow）。

（3）第9集团军，地点是巴特萨罗。

5. 上述单位将通过齐柏林特别护卫连[①]与陆军最高司令部保持无线电联系。

6. 毛奇战斗群的指挥官应立刻前往卢考。

4月22日，陆军最高司令部又对动员工作进行了下列修改/补充。其中，方括号内的部分代表了4月23日补充的内容。

第249突击炮兵旅：

（1）截至4月20日，该旅已派遣第1连（10辆突击炮）前往党卫军第4警察装甲掷弹兵师战斗群。据悉，后者以4辆装甲车辆为代价击毁了29辆苏军坦克。

（2）4月21日20时，该旅旅部和第2连（10辆突击炮）前去加入白湖（Weißensee，位于柏林东郊）的贝伦范格尔战斗群（Kampfgruppe Bärenfänger）。

（3）4月22日，该旅的第3连（10辆突击炮）将于当天2点从施潘道的阿尔凯特公司启程。

第243突击炮兵旅：

将携带20辆突击炮前往第12集团军地段。

第2装甲团第2营：

（1）4月22日18点，第6连的10辆豹式坦克已启程前往第56装甲军。

［4月23日的报告显示，该连已与第7连一道做好战斗准备（坦克总计15辆）。］

① 该连就是上文提到的特别护卫连。

(2) 第8连的10辆突击炮已于4月22日22点在阿尔凯特公司准备就绪。

[4月23日的报告显示，其中8辆突击炮位于柏林以北的格林尼克（Glienicker）。]

(3) 第7连的10辆豹式坦克预计将于4月22日22点在戴姆勒–奔驰公司完成战斗准备。

（4月23日的报告显示，还有5辆未完成的豹式坦克将被分配给该连。另外，整个第2装甲团第2营仍将由国防军最高统帅部直接指挥。）

赫尔曼·戈林装甲营：

目前有20辆豹式坦克，正在第1装甲集团军地段组建。

原定提供给第7装甲师的10辆四号坦克已全部交付该营。从林茨到中央集团军群的运输可能已中断（被苏军切断）。

第7装甲师：

(1) 预计在4月25日成立1个战斗群，下属单位包括：

1个装甲掷弹兵团（2个营）

1个重装甲歼击营（20辆猎豹坦克歼击车）

1个混合炮兵营（10门轻型野战榴弹炮，4门重型野战榴弹炮）

1个工兵连

1个混合通信连

后勤分队

(2) 该师的其余部分将在4月30日之前抵达。

(3) 卡车供应存在问题。

大德意志装甲掷弹兵团：

4月23日，大德意志补充旅将带领2个战斗行军营从维特施托克乘火车出发。[629]

克兰普尼茨装甲掷弹兵影子师（Schatten-Pz.Gren.Div. Krampnitz，又名施奈德–克兰普尼茨装甲旅）已在4月22日—23日夜间从维特施托克开赴帕希姆。

大德意志装甲掷弹兵师、第5装甲师和第24装甲师的专业技术人员已并入第233装甲师。[630]

第38装甲歼击连[①]：

该分队组建于4月21日—23日，目前包括1个连（10辆追猎者坦克歼击车），并被派往中央集团军群境内。

各装甲歼击分队：

(1) 第218装甲歼击分队——4月20日2时40分，位于温斯多夫地区，共300人。

(2) 2108装甲歼击分队——4月20日2时40分，位于温斯多夫地区，共350人。

(3) 施奈德装甲歼击旅（实际兵力1600人）。

(4) 4月21日，施奈德装甲歼击旅旅部，以及S装甲歼击分队、V装甲歼击分队和U装甲歼击分队的指挥层已完成部署。

(5) S装甲歼击分队——4月21日11时15分，部署在卢肯瓦尔德（Luckenwalde）地区，靠近雅恩师。

(6) T装甲歼击分队——4月21日22时，位于特罗伊恩布里岑地区。

(7) U装甲歼击分队——4月21日22时，位于朗斯多夫（Rangsdorf）。

(8) R装甲歼击分队——4月22日1时，派往施潘道的作战司令部（位于哈维尔的部分单位已经上路）。

另外，我们动员了以下2支各有300人的装甲歼击分队，即：

第33装甲团第3营和第36装甲团第2营——已从维特施托克开赴普特利茨（Putlitz）。

在哈维尔河和奥拉宁堡之间的阻击敌军，陆军最高司令部还在柏林以北动员了下列部队：

第116德布里茨要塞机枪营

第968施潘道工兵设障营

---

① 原文如此，该番号有误。

施奈德-克兰普尼茨装甲旅下属的1支装甲歼击分队。

以上部队全部由穆勒战斗群（Kampfgruppe Müller）[631]指挥，在苏军包围柏林期间，该战斗群的部分兵力被击退至北方，另一部分则被驱赶到了施潘道。

弗里德里希－路德维希·雅恩步兵师（第2帝国劳工组织特别步兵师）

指挥官：

1945年4月—4月23日，格哈德·克莱因（Gerhard Klein）上校；

4月23日—5月2日，弗朗茨·韦勒（Franz Weller）上校；

5月3日—投降，路德维希·佐勒（Ludwig Zöller）上校。

作战参谋：

亚历山大·普雷托里乌斯（Alexander Praetorius）中校。

部队类型：

45年型步兵师。[632]

战斗力水平：

不明，可能为第2级或第3级。

战斗序列：

师部、第1弗里德里希-路德维希·雅恩掷弹兵团、第2弗里德里希-路德维希·雅恩掷弹兵团、第3弗里德里希-路德维希·雅恩掷弹兵团、弗里德里希-路德维希·雅恩炮兵团、弗里德里希-路德维希·雅恩师属燧发枪手营和弗里德里希-路德维希·雅恩工兵营。

作战综述：

4月4日，该师在于特博格组建，骨干来自从海拉半岛乘船抵达的第251步兵师。[633]其余人员则大多是接受过重武器操作训练的帝国劳工组织人员。

表33 弗里德里希-路德维希·雅恩步兵师（第2帝国劳工组织特别步兵师）的日常兵力报告，4月13日

	额定人数	实际人数	帝国劳工组织人员数	缺额
军官	295	284	110	154
文职人员	23	9	1	14

续前表

	额定人数	实际人数	帝国劳工组织人员数	缺额
士官	1617	2172	1079	–
士兵	7176	8145	6825	–
志愿辅助人员	579	124	–	455
武器和装备				
	额定数	保有数	缺额	
手枪	1227	900	327	
步枪	3779	822	2957	
突击步枪	1155	1060	95	
信号手枪（N.–Pi.）	400	–	400	
轻机枪	396	270	126	
重机枪	62	50	12	
中型迫击炮	78	84	–	
重型迫击炮				
轻型步兵炮（IG18/42型）	78	15	13	
重型步兵炮	6	4	2	
7.5厘米反坦克炮	9	–	9	
轻型榴弹炮	18	–	18	
重型榴弹炮	8	8	–	
高射炮	–	–	–	
反坦克炮	9	9	–	
战车噩梦火箭筒	222	200	22	
铁拳火箭筒	2700	2700	–	
自行车	1445	1445	–	
挎斗摩托车	103	66	37	
轿车	96	43	53	
卡车	107	–	207	
RSO牵引车	12	–	12	
光学设备到位率		45%	55%	
通信设备到位率		45%	55%	
马匹	3144	1486	1658	
马车	645	316	382	
马具	2683	900	1783	

1945年4月15日，本师的师部已准备就绪。但问题仍然存在。例如装甲歼击车连仍在格拉芬沃尔训练场，其余单位也大多处于草创阶段。另外，该师还缺少45%的马具，20%的钢盔，10%的炊具，100%的武装带，50%的弹药箱，100%的工兵铲，70%的步枪和大量机枪弹带，另外急需30辆卡车。人员到位率为：步兵单位100%，炮兵单位100%，通信单位85%，工兵单位

100%，反坦克连100%。[634]

相较于同期组建的45年型步兵师，弗里德里希–路德维希·雅恩师可谓一支精兵，尤其是在兵员素质、半自动步枪、自动步枪和单兵反坦克武器等方面。该师的日常兵力为10734人，骨干是帝国劳工组织提供的2000名“下级领袖”（Unterführer）①、2000名助理教官和3500名高射炮操作手。[635]其下属各连的装备以步枪、半自动步枪和StG 44突击步枪为主。栓动步枪和半/全自动步枪的比例为1：5，远远高于奥得河前线的其他各师。另外，该师还拥有2700具铁拳火箭筒。4月20日，该师被编入负责柏林南部的所有军事行动施普雷河集团军集群（Armeegruppe Spree）。[636]

在苏军大举进攻之后，该师被拆散投入了战斗。[637]4月20日，第1弗里德里希–路德维希·雅恩掷弹兵团奉命从于特博格开赴温斯多夫，以便在靠近库默斯多夫的斯佩伦贝格（Sperenberg）以南约5公里处组织一道防线。[638]不久，该团被划入奥尔特战斗群（Kampfgruppe Oerter，包括在温斯多夫集结的1个装甲连和1个装甲运兵车），该战斗群的任务是构建所谓的库默斯多夫阻击线（Blocking- Line Kummersdorf），[639]进而稳住第9集团军和第4装甲集团军之间的前线。

第1弗里德里希–路德维希·雅恩掷弹兵团将苏军拖延了2天，并在近战中击毁了至少15辆苏军坦克，但自身也消耗殆尽。其部分残余人员开始自行向西北方撤退，这引起了施普雷河集团军集群司令赫尔穆特·雷曼（Hellmuth Reymann）中将的不满。在一份无线电报中，他威胁将该团的团长、帝国劳工组织劳工领袖（Arbeitsführer）兼陆军少校格哈德·科诺普卡（Gerhard Konopka）送上军事法庭。闻讯，科诺普卡立刻钻进轿车逃离了前线，至于该团的残余人员则被重新聚拢在卡普特（Caputh）一带。

4月21日—22日夜间，伯恩哈德–舒尔策·哈根（Bernhard Schulze-Hagen）少校的第2弗里德里希–路德维希·雅恩掷弹兵团接到了开赴舍内费尔德（Schönefeld）–库默斯多夫地区（即卢肯瓦尔德–巴鲁特之间）的命令，并将接

---

① 相当于军队中的士官。

受毛奇战斗群的支援。经过彻夜行军，4月22日上午，第2弗里德里希–路德维希·雅恩掷弹兵团在沃尔特斯多夫（Woltersdorf）①附近奇袭了苏军近卫坦克第10军的前锋。但在随后的战斗中，该团力不能支，下属部队也被击溃和打散。

第3弗里德里希–路德维希·雅恩掷弹兵团则进入了卢肯瓦尔德以东的阵地，在4月21日/22日与前进的苏军激烈交锋后，该团开始向西北方撤退。

4月22日，师属燧发枪手营从大贝伦（Groß Beeren）出动，向南前进至特雷宾（Trebbin）②和斯佩伦贝格之间，随即被1支前进中的苏军部队——近卫坦克第7军——包围。该营夺路而出，撤退到西北方的萨尔蒙德（Saarmund），随后向波茨坦方向转移。

在该师的整条前线，战斗异常激烈。机枪、铁拳和坦克之间的近战轮番上演。在于特博格，街道上到处是燃烧的T-34和卡车的残骸，士兵的焦尸随处可见。[640]

4月22日12时，本师的师部已失去了控制各团的能力。作战参谋普雷托里乌斯中校报告说："所有部队已支离破碎、土崩瓦解。"4月22日夜间，该师的残部集结在卢肯瓦尔德东北的森林，其中包括第3弗里德里希–路德维希·雅恩掷弹兵团和2个炮兵营［后者的指挥官是师属炮兵团团长——绰号"不屈者"的克鲁泽（Kreuzer）中校］，另外还夹杂着师属燧发枪手营、各种国民突击队、坦克歼击分队、劳工分队和希特勒青年团员等单位的掉队人员。随后2天，这些残兵一直躲藏在森林中，并向西北方的波茨坦且战且退，还不时与向柏林前进的科涅夫所部坦克分队激烈交战。残余的师属炮兵则多次攻击了西北方主干道［即亨尼肯多夫–多布里科夫（Dobbrikow）–里本（Rieben）–佐赫维茨（Zauchwitz）–弗雷斯多夫（Fresdorf）–维尔登布鲁赫（Wildenbruch）–卡普特一线］上的苏军坦克，并取得了良好效果。4月23日，该师师长格哈德·克莱因上校在威廉斯霍斯特（Wilhelmshorst）以南的柏林高速公路环线附近被苏军坦克部队俘虏。国防军最高统帅部在4月24日的报告中宣称该师已经覆灭，并指出其残部已被分配到施普雷河集团军集群在波茨坦以

① 和前文中的沃尔特斯多夫不是一地。

② 和前文中的特雷宾不是一地。

南的外围阵地。

当时的实际情况是：第1弗里德里希–路德维希·雅恩掷弹兵团损失惨重，正在柏林南部收编掉队士兵。第2弗里德里希–路德维希·雅恩掷弹兵团也在波茨坦附近重组，还得到了新的武器装备，并改名为胡特志愿军团［Freikorps Huter，指挥官是胡特（Huter）少尉］。第3弗里德里希–路德维希·雅恩掷弹兵团费尽周折穿过森林，撤往波茨坦，随后被派往施普雷河集团军集群的西翼抵抗苏军。师属燧发枪手营则渡过施维洛湖（Schwielowsee），在盖尔托（Geltow）占据了阵地。师属炮兵大体上保持完好，并拥有充足的弹药供应。4月25日，该师的残部被苏军包围。

4月28日/29日，弗里德里希–路德维希·雅恩步兵师的残部在费尔奇（Ferch）被第12集团军救出，并跟随后者撤往易北河，最终在当地向美军缴械。[641]

奥得河前线的高级勋章获得者：

不明。

（参见地图29）

易北河影子师（Schatten-Division Elbe）

对该师我们所知甚少，只知道它是由陆军最高司令部在4月中旬成立的，随后奉命开赴于特博格，并计划由雷曼中将指挥。[642]但各种现有记录均表明，该师未能完成动员和组建。

施普雷河集团军集群 / 雷曼集团军集群

施普雷河集团军集群又名雷曼集团军集群，司令是前柏林城防司令赫尔穆特·雷曼中将，任务是指挥柏林以南、波茨坦和万湖之间、向南直到于特博格的各路散兵游勇。其下属人员来自雅恩步兵师、统帅堂师一部、第16/209国民突击队营、希特勒青年团坦克猎杀分队、几个国土防卫营、第20装甲掷弹兵师一部、第21装甲师一部、措森–温斯多夫陆军最高司令部战斗群残部和各种军校与训练单位。4月28日/29日，施普雷河集团军集群被第12集团军救出，并向西撤退，最终在易北河畔向美军投降。

第12集团军下属单位

1945年4月初，德军开始组建第12集团军，试图向西发动进攻，解救被包围在“鲁尔口袋”中的B集团军群［司令：瓦尔特·莫德尔（Walter Model）元帅］。[643]但美军的行动很快让这一计划化为泡影——他们在德国西部长驱直入，很快在4月12日抵达易北河，5天后，莫德尔自杀，B集团军群的残部也陆续向美军缴械投降。在4月8日至4月19日组建期间，第12集团军一直由西线最高司令部指挥。但4月20日之后，由于上述形势变化，该集团军改由国防军最高统帅部/国防军指挥参谋部管辖。随着该集团军全面投入奥得河前线，其指挥权又在4月27日被移交给了维斯瓦河集团军群，并作为后者的下属单位一直战斗到最终投降。[644]

由于第12集团军的作战经历已在本书第1卷中详述，因此，我们在这里将只介绍一些有趣的细节。[645]4月22日—23日夜间，在瓦尔特·温克的指挥下，第12集团军奉凯特尔之命（正式命令于4月23日上午发布，编号为OKW/WFSt/Op Nr. 003812/45 g.K.）掉头向东，朝第9集团军方向进攻，试图切断科涅夫的矛头，拖慢其向柏林进攻的速度。另外，按照设想，在与第9集团军会师后，这2支部队还将向北朝柏林进军。同时，第12集团军的部分单位还将前往柏林东北部，阻止朱可夫渡过哈维尔河。但鉴于4月份的后勤形势和德军的状况，这份计划几乎无异于痴人说梦。[646]

当时，第12集团军由4个军组成，即第20军、第41装甲军[647]、第39装甲军和第48装甲军，而且它们都采用了1942年3月1日创建的第12号编制表。其中，第20军于4月12日组建于特罗伊恩布里岑，军长是科勒（Koehler）将军，并在4月11日紧急接收了45辆卡车和25辆轿车。[648]由于需要同时面对西方盟军和苏军，因此其麾下拥有4个师，即沙恩霍斯特步兵师（Infanterie-Division Scharnhorst）、特奥多尔·科尔纳步兵师（Infanterie- Division Theodor Körner）、席尔步兵师（Infanterie-Division Schill）和乌尔里希·冯·胡滕步兵师（Infanterie-Division Ulrich von Hutten）。在柏林以南的最后战斗中，该军发挥了关键作用：在波茨坦以南的费尔奇打开了一个缺口，救出了施普雷河集团军集群和第9集团军的残部。

第20军下属的各师都是新成立的，人员主要是搜罗到的帝国劳工组织成员，如1925年至1927年出生的少年。其中3个师的成立可以追溯到一份1945年3月31日发布的命令（编号为D/Pers. Nr. 956/45 g的命令，题目为“任务：组建帝国劳工组织步兵师”）。[649]而特奥多尔·科尔纳步兵师则是根据一道4月9日的命令（编号为OKW Nr. 3122/45 g.kdos.），与波茨坦步兵师（前身是第85步兵师）、弗里德里希-路德维希·雅恩步兵师（第2帝国劳工组织特别步兵师）和施拉格特步兵师（第1帝国劳工组织特别步兵师）一同组建的，并且一度被称为第3帝国劳工组织特别步兵师。[650]

和奥得河前线的很多新部队一样，这些师都是第三帝国最后一次动员（第35波动员）的产物。并采用了45年型步兵师的编制。但相对于维斯瓦河集团军群的其他部队，其拥有更高的人员和装备到位率，这也解释了为什么这些师能在柏林以南的战斗中表现出色。另外，这些部队的人员都抽调自帝国劳工组织，并有各种指挥和训练学校的人员作为补充。换言之，他们也是国防军最高统帅部手头的最后一批善战之士。

帝国劳工组织的前身是德国总理海因里希·布吕宁（Heinrich Brüning）于1931年6月5日创建的志愿劳工组织（Freiwilliger Arbeitsdienst，FAD），最初是一支全国性的志愿劳动队伍，任务是帮助失业工人，并拥有专门的职衔和制服。在纳粹掌权2年多之后，即1935年6月26日，志愿劳工组织更名为帝国劳工组织，并蜕变为强制要求适龄人员服役的准军事单位。1939年，该单位曾一度面临解散，但后来还是被保留下来，并成为德军的“后备兵员库”。在此期间，他们和陆军与空军的工兵部队结成了密切关系，还在1944年和1945年为高炮部队提供了许多人手。[651]

美军第一座跨越易北河的桥头堡是由第83步兵师在巴尔比建立的，地点位于马格德堡以南，恰好在第12集团军防线后方。为争夺桥头堡，第12集团军拼尽全力，并在4月16日/17日的激战中几乎将美军赶回易北河对岸（见下文中沙恩霍斯特步兵师的“作战综述”部分）。在行动失利后，德军开始将重点转向摧毁美军不久前搭建的易北河浮桥。

为此，德军先投放了15枚漂雷，让它们顺流而下。这些水雷的装药量为25磅，其中2枚在浮桥旁爆炸，其他的则被狙击手摧毁，并没有造成很大损失。此举失败后，德军又派出了空军。当时美军的情报简报这样写道：

为摧毁桥梁，德军派出了第二种武器——日渐衰弱、但依旧放肆的德国空军。在4月12日至18日这6天，敌军进行了7次轰炸和扫射，并动用了Ju-88、Me-410、He-111和Ju-188等各种型号的飞机。还有一小群战斗机为轰炸机编队提供掩护。其中规模最大的一次攻击发生在4月17日21时10分，共有15架飞机参加，而其他攻击一般只有3—6架。至于空袭的时机则不尽相同，但大部分发生在6点和13点，而最密集的一次进攻则是在天黑后进行的。在此期间，德军没有伤到桥梁，自己则有7架飞机被摧毁。[652]

在上述努力失败后，德军又调来一批“自杀式蛙人”。美军的情报简报对此也有所记录，但没有提到他们来自哪个单位：

这7名蛙人来自德国海军，分两组行动，之前曾在意大利威尼斯的一所特殊学校接受过船只、桥梁和水上设施破坏训练。4月18日20时左右，他们搭乘1辆运载着双联水雷的拖挂式卡车抵达斯特克比（Steckby）附近的森林，随后一直在当地等待命令。4月20日1时左右，这群人将卡车拖车倒入易北河，卸下2枚水雷，随后泅水向盟军桥梁所在的下游前进。命令要求这2个小组共同行动，但由于夜暗和水流湍急，他们彼此失散了。两组人都不知道对方去了哪里。他们在河里待了大约3小时，然后遇到了扫雷装置、防雷网和炸药，一行人阵脚大乱，水雷不翼而飞。其中一队人员后来被俘，指挥官后来也被抓获，第二个小组则下落不明。[653]

但颇为讽刺的是，随着苏军开始进攻柏林，这座桥头堡反而成了第12集团军的救命稻草。温克将军发布命令，禁止同美军交战，并要求没有武器的德国士兵、伤员和难民向当地后撤。按照另一份记录，温克还明确要求用无线电向美军（见下文“沙恩霍斯特步兵师”部分）通报情况——这一点也得到了美军第83步兵师的证实。其中一份报告写道：

我们对1名被俘的（德国）军官进行了非常有趣的审讯，这名军官表示，德军的方针是让没有武器的人员向美军投降，同时继续与苏军作战。这一点也体现在这位被俘者携带的文件上，该文件特别指示指挥官把没有武器的人送往西面，让有武器的人员向北撤退建立新防线，对抗向西北方横扫而来的科涅夫部队南翼。[654]

这些命令并非孤证。在一份单独编写于5月初的报告中，美军第83步兵师的情报部门这样写道：

5月6日之前，第83步兵师与大批零散敌军发生接触。这种情况一直持续到我军从易北河桥头堡撤退。有数以千计的敌人涌向我军防线，试图投降，并几乎涵盖了所有类型的军事人员。一份缴获的文件表明，敌人打算继续与苏军作战，同时让没有武器的人员自愿向我军缴械。在本月的第1周，我们一共抓获了7193名俘虏。他们来自各种战斗群、国民突击队连、警察营、国土防卫营、空军部队、补充与训练部队，以及德国陆军的最后一批师团（如波茨坦师、沙恩霍斯特师、乌尔里希·冯·胡滕师和弗里德里希–路德维希·雅恩师）。敌人唯一的积极抵抗来自许多小型的包围圈，并给我们的巡逻带来了干扰。

这几天，最值得关注的是第21装甲师和第25装甲掷弹兵师部分单位的投降。[655]从科特布斯和屈斯特林方向撤退后，他们正在调往别处，试图组建一条抵抗苏军的新防线。敌人公开表示要继续抵抗苏联，但不会与西方盟国为敌。他们试图移交平民和伤员，以便减轻对苏作战的负担。但这些提议都遭到了拒绝。[656]

上述情报文件表明，在西线盟军渡过易北河时，温克虽然一度下令与之作战，但随后又根据局势和海因里齐的要求推翻了上述决定。尽管第12集团军已没有作战日志存世，但这些文件显然充当了有力的证据。换言之，如果艾森豪威尔命令西方盟军渡过易北河，利用德军的“不抵抗”命令向柏林挺进，那么美国第83步兵师（也许还有第2装甲师）很可能会一路畅通无阻，并比苏军提前数天抵达柏林。

费迪南德·冯·席尔步兵师

指挥官：

4月10日—投降，阿尔弗雷德·穆勒（Alfred Müller）中校。

作战参谋：

瓦尔特·鲁道夫（Walter Rudolph）少校。

部队类型：

45年型步兵师。

战斗力水平：

不明，可能为第1级或第2级。

战斗序列：

师部、第1费迪南德·冯·席尔掷弹兵团、第2费迪南德·冯·席尔掷弹兵团、费迪南德·冯·席尔炮兵团、费迪南德·冯·席尔突击炮兵旅、第394突击炮旅、费迪南德·冯·席尔燧发枪手营、费迪南德·冯·席尔通信营、费迪南德·冯·席尔工兵连。

作战综述：

4月10日，为抵御向易北河快速推进的美军部队，在马格德堡附近，德军利用布尔格突击炮学校、第3突击炮教导旅（Sturmgeschütz-Lehr-Brigade III）和第700突击炮补充与训练营（Sturmgeschütz-Ersatz-und-Ausbildungs-Abteilung 700）等单位组建了布尔格战斗群（Kampfgruppe Burg，总人数大约有8000—10000人）。4月20日，该部队正式更名为费迪南德·冯·席尔步兵师，并作为第12集团军的一部分被调往东线。在更名时，该师只拥有第1费迪南德·冯·席尔掷弹兵团、第2费迪南德·冯·席尔掷弹兵和费迪南德·冯·席尔燧发枪手营等单位。

在升格为师之前，该部队已于4月12日在易北河西岸的罗盖茨（Rogätz）和马格德堡之间投入了战斗，并试图消灭美国第9集团军的易北河桥头堡。4月23日，该师奉命前往贝尔齐希一带。这次行军是在白天进行的，沿途没有遭到西方盟国空军的任何阻挠——这种多年未见的"畅快"令其中的很多官兵惊讶不已。

4月24日，该师开始保护第20军的最左翼，即卡宁（Kanin）以北的勃兰登堡–哥廷（Göttin）–柏林高速公路一线，以便支援其他单位向柏林进攻。其中，第1费迪南德·冯·席尔掷弹兵团被部署在面朝勃兰登堡的方向，第2费迪南德·冯·席尔掷弹兵团和费迪南德·冯·席尔突击炮兵旅则被派往更东面，即乌尔里希·冯·胡滕步兵师的左翼。尽管该师的任务是掩护侧翼，但第2费迪南德·冯·席尔掷弹兵团和费迪南德·冯·席尔突击炮兵旅确实在4月28日参与了向东北方向的进攻。在此期间，该师的前锋一路突破苏军防线，并在4月29日与德国难民和施普雷河集团军集群会合。随后2天，随着施普雷河集团军集群完成了向第12集团军后方的撤退。费迪南德·冯·席尔步兵师也开始向西朝易北河撤退，并于5月7日在费尔奇兰（Ferchland）向美军投降。[657]

奥得河前线的高级勋章获得者：

不明。

波茨坦步兵师

指挥官：

1945年4月8日—投降，埃里希·洛伦兹（Erich Lorenz）预备役上校。

作战参谋：

海因茨·高尔（Heinz Gaul）少校。

部队类型：

45年型步兵师。

战斗力水平：

不明，可能为第1级或第2级。

战斗序列：

师部、第1波茨坦掷弹兵团、第2波茨坦掷弹兵团、第3波茨坦掷弹兵团、波茨坦师属燧发枪手营、波茨坦装甲歼击营、波茨坦炮兵营、波茨坦工兵营和波茨坦通信营。

作战综述：

该师的组建命令发布于3月30日，师部人员、通信营和后勤团来自第85步兵师。另外，该师还接收了第412国民炮兵军（Volks-Artillerie-Korps 412）的第2营和第4营、第1185装甲歼击连（含下属的随行掷弹兵排）、第195装甲歼击营第3连，以及第1053掷弹兵团、第1054掷弹兵团和第1064掷弹兵团的残部，从而使实力上升至4000—6000人。其中的新兵主要来自各个军事院校，并接受过至少8周的基本训练（如战斗技能训练）。

4月14日，波茨坦步兵师在尼恩堡（Nienburg）/萨勒（Saale）地区投入战斗，过程中损失惨重，并被美军彻底包围。在意识到继续战斗已毫无意义之后，其师长在4月20日命令该师人员四散逃生，自己则试图带领第2波茨坦掷弹兵团和工兵营等部队向东突围，返回德军战线，但没有成功。5月初，其残余部队向美军投降。[658]

奥得河前线的高级勋章获得者：

不明。

沙恩霍斯特步兵师

指挥官：

1945年4月6日—投降，海因里希·格茨（Heinrich Götz）中将。

作战参谋：

彼得·韦尔（Peter Weyer）少校。

部队类型：

45年型步兵师。

战斗力水平：

不明，可能为第1级或第2级。

战斗序列：

师部、第1沙恩霍斯特掷弹兵团、第2沙恩霍斯特掷弹兵团、第3沙恩霍斯特掷弹兵团、沙恩霍斯特师属燧发枪手营、沙恩霍斯特装甲歼击营、沙恩霍斯特炮兵团、沙恩霍斯特工兵营和沙恩霍斯特通信营。

表34 沙恩霍斯特步兵师的日常兵力报告，4月12日

	额定人数	实际人数	帝国劳工组织的人员数	缺额
军官	323	304	21	–
文职人员	24	20	4	–
士官	1962	1877	85	85
士兵	8184	7965	219	219
武器和装备				
	额定数	保有数	缺额	
手枪	1562	330	1092	

续前表

	额定数	保有数	缺额
步枪	4757	4273	1092
突击步枪	1334	1334	–
冲锋枪	302	302	–
轻机枪	321	300	21
重机枪			
中型迫击炮	67	71	
重型迫击炮	16	16	–
轻型步兵炮	28	28	–
重型步兵炮	3	3	–
轻型野战榴弹炮	24	12	12
重型野战榴弹炮	8	8	–
高射炮	9	–	9
战车噩梦火箭筒	500	–	500
铁拳火箭筒	3204	3204	–
自行车	1085	1065	20
挎斗摩托车	111	105	6
轿车	113	113	–
卡车	136	126	–
牵引车	2	1	1
光学设备	–	80%	20%
通信设备	–	34%	66%
马车	911	804	107
马匹	3176	3171	5
马具	2812	1297	1515
弹药到位率	–	85%	15%
野战装备到位率	–		–
野战厨房到位率		25%	75%

作战综述：

该师于4月8日至20日组建于德绍（Dessau）/罗斯劳（Roßlau）地区，骨干人员来自第340步兵师、第167步兵师和当地的军官候补生学校[659]，但缺少部分补给部队和50%的轻型野战榴弹炮。另外，重型野战榴弹炮也缺乏配套装备，车辆零件也严重不足。4月中旬，该师的步兵、炮兵、通信部队、装甲歼击部队和工兵的满员率分别为100%、100%、100%、40%和100%，但马匹缺乏马具。该师80%的士兵是军官候补生、军校学员和士官。[660]

报告显示，该师的日常兵力为10106人。师部人员来自第340步兵师和第

167步兵师。下属单位的人员则主要来自以下单位：德绍/罗斯劳工兵学校（构成了工兵营）、马格德堡装甲歼击营（Pz.Jgd.Abt. Magdeburg）一部、哈雷通信教导团（Nachr.Lehrregimentes Halle）一部、第9军区的各补充单位，以及第412国民炮兵军军部、第1营和第4营（构成了炮兵团）。其中，各步兵团都配备了大量半自动武器、自动武器、班组支援武器和铁拳火箭筒。其中步枪为4275支，StG 44突击步枪则为1534支——相当于普通步枪数量的35%。但美中不足的是炮兵，而且牵引重型野战榴弹炮的马匹大多是向当地农民征用的。

师属装甲歼击营的兵力包括14—18名军官和427名士兵，装备则五花八门，其中许多来自奥拉宁鲍姆（Oranienbaum）空军基地，包括：1辆拖车、若干3吨牵引车、3辆四联装自行高炮、20挺安装在大众越野车上的航空机枪和若干两栖车。全师配属的装甲连没有任何坦克，只有马匹和马车，以及装甲歼击连拥有几辆追猎者。

4月中旬，沙恩霍斯特步兵师在易北河畔与美军遭遇，这使该师成了第12集团军中少数曾与美苏两军交战的部队。其中一支投入战斗的分队是卡尔·里格尔（Karl Rieger）的第2沙恩霍斯特掷弹兵团第1营，该营在4月13日奉命赶赴马格德堡，以便向易北河东岸的美军发动进攻。抵达后，该营被编入了马格德堡城防司令拉格纳中将（不久前刚从奥得河前线抵达）辖下的布尔格战斗群，后者由一支来自布尔格的突击炮训练部队组成，指挥官是穆勒中校。攻击于4月14日早些时候发动，打得美军措手不及。这些年轻的德军表现良好，而且突击炮的火力特别准确，逐一敲掉了美军的迫击炮和机枪。

当地的美军来自第2装甲师（绰号“车轮上的地狱”）的B战斗指挥部。在重压之下，他们用无线电呼叫炮击和空袭，但因为距离后方太远，因此得到的支援非常稀少。此外，德军还击毁了唯一一艘渡船的钢缆，使美军进一步被孤立在水流湍急的易北河东岸。见状，美军只好向附近的树林后撤。德军则继续在里格尔上尉的带领下向森林前进，并迫使敌人在当天18点放弃了桥头堡。4月28日，由于消灭桥头堡的行动，里格尔被国防军最高统帅部授予骑士十字勋章：此次行动，美军损失了300余名官兵，而德军的损失只有50人左右。[661]

4月10日，在马格德堡以南约15公里处的巴尔比，美军第83步兵师第329团和第331团也在易北河对岸建造了第2座桥头堡——一旦命令下达，各渡河部队将直接从当地向柏林冲刺。4月16日，第1沙恩霍斯特掷弹兵团第2营奉命发动进攻，试图把美军的2个步兵团逼退到易北河对岸。这次进攻由该营的第5连和第6连发动，并由第1170突击炮旅的突击炮提供支援，目标直指美军桥头堡防线的支柱——瓦尔特宁堡（Walternienburg）。进攻于6点30分开始。在镇内，德军掷弹兵与美军爆发激战，但未能将对手击退，到22点，双方均退回了之前的出发阵地。[662]下面这份报告从美军的角度详细介绍了这场战斗：

6时30分，敌军斗志旺盛，并与上勒普特（Hohenlepte）和努塔（Nutha）方向的其他部队一起向莫尔克（Molk）发起反攻。其出发地位于东北部，随后向南翻越了铁路路基。进攻期间投入了大约12辆自行火炮和1个营的步兵。这次攻击一共分为三波，第一波于5点30分落在我军工兵身上。德军的时机掌握得很好，而且行动格外准时——我军的炮弹没有一发命中，工兵们被打得措手不及。

第119步兵团第2营的指挥官麦考恩（McCawn）中校回忆道："关于守卫城镇的工兵，我只想说——他们跑了！当然，这不值得奇怪，因为他们都是些菜鸟。最初一波敌军也吓坏了坦克手，大部分人都丢下了坦克。战斗成了E连与敌人的对决。"

6时，工兵指挥官向第119步兵团E连连长霍尔（Hall）中尉报告，工兵们丢掉了阵地，敌军正在进入城镇。闻讯，霍尔立刻通知古特鲁克（Gutergluck）–盖尔登（Gehrden）公路一线的第1排从前哨阵地撤往F连的位置。E连的其余人员也接到警报：敌军正在沿着镇上的主要街道推进，所有人应面向北方占据新的防御阵地。

当麦考恩中校抵达镇内时，E连正在与突破的敌军大部队和自行火炮交战。中校再次想道："奇怪，我们的坦克居然不在。"他指示霍尔中尉围绕房屋部署，不到迫不得已绝不能后撤。他还告诉霍尔，F连已奉命离开盖尔登的阵地，从西边发起攻击。

F连从西边的公路上开来，直捣敌军纵队的后方。就在这一瞬间，敌军的注意力被吸引过去，美军实现了出其不意。与此同时，第二波敌人试图直接从东面突入该镇，但速度被我军呼唤而来的炮击减缓。E连寡不敌众，不久，连指挥所已处于火线之下；但正是指挥所附近的行动，瓦解了敌军的第二波攻势。在连执行官（executive officer）①霍利克罗斯（Holycross）中尉的指挥下，威廉·乔丹（William O. Jordan）中士、丹尼尔·范尼斯（Daniel B. Van Nice）中士和富兰克林·怀特（Franklin White）一等兵组成了一个战斗小组。作为连部的全部人手，他们在指挥所前方占据阵地，并接管了1辆被丢弃的坦克。这4个人用76毫米炮、.50口径机枪、.30口径机枪和火箭筒全力开火。德军的1辆自行火炮被摧毁，步兵看到这一幕，顿时丧失了继续进攻的勇气。同样令敌人懊丧的还有炮兵和步兵的行动，最终，他们的第三波攻击根本没有进入镇内。

当敌军反击势头愈加猛烈时，第329步兵团G连奉命抵达了前线——他们接到的任务是驰援危险地段，或是阻止突破。

这场战斗可以说是一场胜利，因为敌军有150人被俘，100多人阵亡，还有7辆自行火炮被毁。但E连的损失同样相当巨大——一共有3人阵亡、8人受伤、19人失踪。行动结束后，F连回到了盖尔登，G连则接过了E连在古特鲁克的阵地，以便后者返回戈德尼茨（Godnitz）重新担任营预备队。[663]

在接下来的一周，零星战斗持续不断，但美军的桥头堡没有被撼动。

4月24日，沙恩霍斯特步兵师撤出易北河沿岸的阵地，前往维滕贝格（Wittenberg）后方担任预备队。4月25日，该师开赴贝尔齐希，准备跟随第12集团军向柏林发动攻击。4月26日/27日，该师一路进攻，并推进至特罗伊恩布里岑北缘–米兴多夫（Michendorf）正南方一线。在此期间，该部夺回了一所位于贝利茨疗养院（Beelitz-Heilstätten）的军医院，解救了数千名德军伤病员和医务人员。

在战争结束前夕，情况已经非常明显：美军将不会渡过易北河攻占柏林。第20军军长科勒骑兵上将决定用无线电易北河沿岸的美军部队求援。美军第83步兵师的通信单位接到了他的电报，其中这样写道：

（参见地图30）

---

① 其地位相当于副连长。

军部，1945年4月26日

第20军军长

1. 维森贝格（Wisenberg）−贝尔齐希附近的德军战地医院有大约6000名在东线受重伤的德军士兵。这些士兵都根本无法服役（截肢，单目或双目失明等），并均已得到德军医疗勤务部门的照顾。

虽然美国和大不列颠联合王国一直在与大德意志帝国激烈交战，但双方都严格恪守了“瑞士公约”（即《日内瓦公约》）。此外，鉴于在苏占区，所有不能服兵役或工作的德国伤兵都遭到了枪杀，因此，本指挥官将冒昧向您们提交以下请求：

将上述区域的德军伤兵转移到巴尔比或马格德堡附近，转移将由德国军队的医疗部门或德国红十字会的护士完成。

依照《日内瓦公约》规定，将上述德国伤兵转移到被美军占领区的德国医院，并将他们交给德国平民照顾。

2. 旧格拉博（Altengrabow）的部队训练场有1500名为德军工作的年轻女性，她们要么是少女，要么带着孩子。如果落入苏军手中，她们可能遭受非人侵犯，我们特请求您们考虑将其安置在英美军队占领的德国领土上，并让国际红十字会提供保护。由于军事形势，本指挥官很遗憾不能在易北河以西提供必要的运输设备，并请求提出建议，以便确定转移这些伤兵、妇女和儿童的方式与地点。鄙人特别请求贵方特事特办，因为在上述地区，德军正在与东线之敌进行激烈战斗。

本电报第1款第2款中的所有要求已完全得到本地区德军部队最高指挥机构（第12集团军）的同意。

这些依照《日内瓦公约》进行的转移不会影响军事行动，只有转移期间的一小段区域例外，该区域将由双方共同商定，并尽量限制其范围。

签字：科勒[664]

此时，美军的巴尔比桥头堡已不再被视为威胁，而是一条逃亡之路。沙恩霍斯特步兵师接到命令，将伤兵和难民送往当地，以便转移到易北河西岸，而就在10天前，他们还在当地与美军第83步兵师作战。记录显示，美军对此反应冷漠，而沙恩霍斯特师则继续向东北方进攻。

当这些德军从西南方向靠近几片松树林时，直接与在林间小道上平行前进的苏军狭路相逢。其中一个战斗群的指挥官——雷蒂希（Rettich）上尉回忆道，在抵达高速公路之后，战斗顿时变得混乱不堪。与苏军步兵的战斗“格外暴力”，并很快演变为刺刀见红的白刃战。不断有小群部队发现自己与友军失散，于是，他们撤回森林里，与其他同样混乱的士兵重新集合，并向苏军发起反击。在这里，沙恩霍斯特师的官兵们与在高速公路另一侧设防的雷曼集团军集群成员相遇，后者随即被编入雷蒂希的营。贝利茨的争夺战尤其激烈——因为大部分第9集团军都将以当地为通道撤退。4月27日，经过一番有力的炮火准备，第2沙恩霍斯特掷弹兵团和第1170突击炮旅向当地发起进攻。苏军在前一天刚刚攻陷该镇，并且已经在加固镇内的建筑和工事。巷战异常激烈，甚至可以用“凶残”形容，德军用铁拳在近距离击毁了不少坦克，但苏军仍然拒绝撤退，并死守着每个街区和每座房屋。雷蒂希回忆说，战斗是如此激烈，双方都决心不留俘虏。[665]争夺一直持续到晚上，28日清晨，沙恩霍斯特师的掷弹兵终于控制了该镇的西半部。德军的损失很大。根据一位德军指挥官的报告，经过易北河畔的行军，以及与苏军战斗的许多日日夜夜，他的部下“……筋疲力尽，体力和精力都完全枯竭，甚至不能睡眠。”[666]

在贝利茨和当地的前线，该师抵抗苏军直到5月1日，不仅确保了第12集团军的东翼，还打破苏军封锁，为布塞将军的第9集团军夺取了一条撤退通道。在第9集团军穿过第12集团军的防线后，沙恩霍斯特步兵师与特奥多尔·科尔纳步兵师共同向西撤退，沿途穿过齐埃萨尔（Ziesar）–根廷（Genthin）一线，于5月7日在唐格明德渡过易北河，向美军部队投降。[667]

奥得河前线的高级勋章获得者：

骑士十字勋章——1945年4月28日，卡尔·里格尔上尉，第2沙恩霍斯特掷弹兵团第1营营长。

特奥多尔·科尔纳步兵师（第3帝国劳工组织特别步兵师）

指挥官：

布鲁诺·弗兰科维茨（Bruno Frankewitz）中将。

作战参谋：

弗里德里希–威廉·冯·格雷维尼茨（Friedrich Wilhelm von Graevenitz）少校。

部队类型：

45年型步兵师。[668]

战斗力水平：

不明，可能为第1级或第2级。

战斗序列：

师部、第1特奥多尔·科尔纳掷弹兵团、第2特奥多尔·科尔纳掷弹兵团、第3特奥多尔·科尔纳掷弹兵团、特奥多尔·科尔纳师属燧发枪手营、特奥多尔·科尔纳装甲歼击营、特奥多尔·科尔纳炮兵团、特奥多尔·科尔纳工兵营、特奥多尔·科尔纳通信连。

作战综述：

1945年4月15日，科尔纳师的组建命令正式下达，组建地点位于德布里茨，骨干则来自第215步兵师。[669]在此期间，该师面临着缺少通信人员和技术人员的问题，所需的野战厨房也有85%没有到位，更没有烹饪用的锅具。另外，全师还缺乏58具重机枪（来自纽伦堡）支架。由于缺乏车辆，全师向东线的转移进展缓慢。部队的通信设备（电传打字机）无法使用，操作人员也缺乏必要的专业技能。4月中旬的人员状况显示，步兵的到位率为104%、炮兵为102%、通信兵为59%、装甲歼击部队和工兵均为55%。[670]

在苏军对柏林发动总攻时，该师的日常兵力为12292人，其中4500人来自帝国劳工组织的高炮部队。[671]至于其他人员则动员自德布里茨步兵教导团（Infanterie-Lehr-Regiment Döberitz，一个训练单位）、梅斯军校（Kriegsschule Metz）的高年级学员和部分伤愈归队者。该师的步枪数量较少，共有3774支。但StG 44突击步枪与普通步枪之比却高达30%。另外，该师还装备了2700具铁拳火箭筒。其中一部分师部人员是第215步兵师的指挥人员，另外还有67名军官来自第2集团军麾下的第7装甲军——在之前的3月31日，他们遵循陆军最高司令部的命令从海拉半岛乘船抵达斯维内明德。这些人员经验丰富，可以很好地照料经验生疏的新兵。所有组建工作则在拥有300多年历史的德布里茨训练场完成。

表35 特奥多尔·科尔纳步兵师（即第3帝国劳工组织特别步兵师）的日常兵力报告，4月13日

	额定人数	实际人数	来自帝国劳工组织的人数	缺额
军官	297	243	–	56
文职人员	27	7	–	20
士官	1702	1440	328	262
士兵	7613	8235	5028	+831
志愿辅助人员	585	180	–	405
武器和装备				
	额定数	保有数	缺额	
手枪	1227	320	897	
步枪	3774	2960	764	
带瞄准镜的步枪	803	7	796	
枪榴弹发射器	340	746	–	
突击步枪	1155	733	422	
冲锋枪	350	362	124	
机枪	320	345	–	
中型迫击炮	84	78	6	
轻型步兵炮（IG 18/42型）	18	7	11	
重型步兵炮	4	2	2	
轻型野战榴弹炮	18	6	12	
重型野战榴弹炮	8	8	–	
战车噩梦火箭筒	288	200	88	
铁拳火箭筒	2700	2700	–	
挎斗摩托车	109	15	91	
轿车	97	11	86	
卡车	151	26	125	
RSO牵引车	12	2	10	
普通牵引车	2	2	–	
自行车	1303	200	1103	
马匹	2978	1382	1599	
马车	1464	153	1311	
马具	2617	690	1927	
光学设备	–	短缺设备将由马格德堡方面提供		
通信设备	–	60%	40%	
野战厨房	69	8	61	

4月18日，该师的首批部队奉命向西南方向前进，以截击科涅夫的部下。作为其中一支，4月20日，第3特奥多尔·科尔纳掷弹兵团第1营的先头分队抵达布吕克（Brück）和贝尔齐希一带。4月21日/22日，他们继续沿着高速公路向东前进，并在尼梅克（Niemegk）–施拉拉赫（Schlalach）一线占据了阵地。4月23日，第3特奥多尔·科尔纳掷弹兵团率先出动，向特罗伊恩布里岑发动进攻，试图截断向北通往维特布里岑（Wittbrietzen）的道路。4月24日，苏军近卫机械化第5军对该师发动进攻，但因为师属燧发枪手营的抵抗而未能得手。但次日，苏军再次在猛烈炮火掩护下来袭，并成功击退了该营。随后，双方围绕特罗伊恩布里岑爆发了拉锯战，争夺一直持续到4月26日。当天，第12集团军开始进行准备，以便向东北方向的柏林发动最后一次进攻。这要求特奥多尔·科尔纳步兵师延长战线，并在第20军的其他师发动攻击时守住第12集团军的东翼。第243独立突击炮兵旅也奉命听从该师指挥，以协助其阻击苏军机械化第10旅和第11旅的前锋。经过一系列防御战斗，5月1日，该师与第20军一起向西朝易北河撤退，并于5月7日在唐格明德附近向美军投降。[672]

奥得河前线的高级勋章获得者：

骑士十字勋章——1945年5月7日，约尔丹·绍特（Jordan Sauter）上尉，第1特奥多尔·科尔纳掷弹兵团第2营营长。

（参见地图31）

乌尔里希·冯·胡滕步兵师

指挥官：

1945年3月29日—1945年4月14日，布劳罗克（Blaurock）中将；

4月13日—投降，恩格尔（Engel）中将。

作战参谋：

1945年3月—1945年4月，卡尔·许策（Karl Schütze）少校；

4月14日—投降，弗里德里希·布尔迈斯特（Burmeister）中校。

部队类型：

45年型步兵师。[673]

战斗力水平：

不明，可能为第1级或第2级。

战斗序列：

师部、第1乌尔里希·冯·胡滕掷弹兵团、第2乌尔里希·冯·胡滕掷弹兵团、第3乌尔里希·冯·胡滕掷弹兵团、乌尔里希·冯·胡滕师属燧发枪手营、乌尔里希·冯·胡滕炮兵团、乌尔里希·冯·胡滕工兵营、乌尔里希·冯·胡滕通信营。

作战综述：

该师于3月29日在维滕贝格成立，但建制内缺少1个炮兵营、野战补充营和后勤团。该师的师部和一半通信营来自第18国民掷弹兵师，其余则来自第56步兵师和第180步兵师。该师的其他单位则是以下列单位为基础组建的：第845工兵训练营；第412国民炮兵军第5营（4月6日从维滕贝格出发，没有火炮和轻武器）；汉诺威装甲歼击营（Panzerjäger-Abt. Hannover）营部和营部连；来自克朗兰尼茨陆军士官学校的1个装甲歼击连。[674]

4月11日，该师还从马格德堡收到了28门用船只运来的步兵炮。第3装甲歼击营（Panzerjagd-Abteilung 3）也被纳入该师。此外，该师还获得了1个装甲猎杀分队，该分队由3个连组成，每个连有6个小队，每个小队有13名军官候补生，武器包括突击步枪、铁拳火箭筒和自行车。该师的各团人数约为5000人，每个营则能达到1200人。所有士兵装备了步枪、铁拳火箭筒、战车噩梦火箭筒、轻机枪以及8厘米和12.5厘米①迫击炮。4月10日，1个由奥霍恩（Aulhorn）指挥的战斗群也前来报到，该战斗群拥有2个步兵营和1个反坦克排。

4月23日，该师接到命令，向东进攻，从苏军手中夺回维滕贝格镇。为执行这一任务，该师被迫动用了一切车辆，才勉强把战斗部队运往出发阵地。随后，在炮兵的掩护下，该师的2个团发动进攻，将苏军逐出该镇，在当地被俘的德军也因此重获自由。最初的战斗结束后，第3装甲歼击营燃料耗尽，但利用意外缴获的4000升汽油，他们化解了这个燃眉之急。4月25日，乌尔里希·冯·胡滕步兵师在维滕贝格东面和南面继续推进，与开进中的苏

---

① 原文如此，此处指的实际是德军的120毫米重型迫击炮。

军近卫步兵第121师和近卫步兵第27军的其余部队遭遇。苏军试图在坦克支援下重新进入维滕贝格，但所有道路被沿线的德国空军的8.8厘米高平两用炮封死。当天晚些时候，新命令要求该师调往东北方的维森堡（Wiesenburg）–布吕克，准备向柏林进攻。由于后卫行动执行得力，苏军根本没有意识到该师已调走。

4月26日上午，作为第20军攻势的一部分，乌尔里希·冯·胡滕步兵师向东北方的贝利茨–费尔奇进攻，尽管苏军的抵抗十分激烈，但该师仍然前进了18公里。4月28日，该师一面继续进攻，一面试图确保侧翼安全，以抵御预想中的攻击。在这些战斗中，师长恩格尔投入了2个团的步兵、突击炮、2个装甲排、装甲运兵车和装甲侦察车。到4月29日，他们已在贝利茨和费尔奇之间打开了一条通道，开始等待北面几公里处的施普雷河集团军集群抵达。这两批人马迅速建立起联系，士兵和难民的疏散立即启动。随后48小时，乌尔里希·冯·胡滕步兵师继续坚守着走廊。5月1日，该师开始向易北河撤退，并于5月7日在唐格明德向美军投降。

奥得河前线的高级勋章获得者：

不明。

席尔教导旅

指挥官：

阿尔弗雷德·穆勒中校。

战斗力水平：

不明，可能为第1级或第2级。

作战综述：

该旅组建于1945年4月初，人员来自布尔格突击炮学校的几个战斗群。随后，该旅被调入席尔步兵师，并在月底与该师一同发动攻势，试图解救第9集团军。之后，该旅的残部随第12集团军一起撤退，并于1945年5月7日在马格德堡北部易北河对岸向美军投降。[675]

奥得河前线的高级勋章获得者：

不明。

第 3 装甲歼击营

指挥官：

魏纳（Wehner）上尉/少校。

战斗力水平：

不明，可能为第1级或第2级。

作战综述：

该营包括1个配备重型装甲侦察车的侦察连，2个各拥有15辆装甲车辆（型号未知）的装甲连，以及1个配备装甲运兵车的步兵连。直到投降，该营都一直隶属于乌尔里希·冯·胡滕步兵师。[676]

奥得河前线的高级勋章获得者：

不明。

第 243 突击炮旅 / 第 243 独立突击炮兵旅

指挥官：

1945年3月—投降，吕比希（Rübig）上尉。

战斗力水平：

不明，可能为第1级或第2级。

战斗序列：

第1连（装备安装7.5厘米主炮的三号突击炮）、第2连（装备安装7.5厘米主炮的三号突击炮）、第3连（装备安装10.5厘米主炮的突击榴弹炮）、随行步兵连（下辖2个步兵排和1个工兵排）。

作战综述：

该旅的前身组建于1941年5月，地点是于特博格的旧军营，随后投入了巴巴罗萨行动，并在1943年1月的斯大林格勒战役中全军覆灭。随后，该部队得到重建，并重新派往东线。在1944年夏天从俄罗斯南部撤退的战斗中，该旅在德涅斯特河沿岸的雅西（Jassy）地区再次被歼，后来又在1944—1945年冬季于图海姆（Tucheim）地区第三次完成编组。随后，该旅改名为第243独立突击炮兵旅，并被派往阿登地区参加守望莱茵行动。在西线，该旅第三次被歼灭，后来又于1945年3月在波茨坦的猎兵兵营（Jäger-Kaserne）第四次组建。

在柏林战役期间，该旅一度作为步兵驻扎在泰尔托运河沿岸，直到从阿尔凯特工厂接收了35辆突击炮。[677]正是因此，该旅也成了战争结束前最后一支从该工厂收到车辆的部队。该旅的2个连装备了安装长身管75毫米炮的三号突击炮，第3连则配备了10.5厘米突击榴弹炮。此时，全旅的总兵力约为750名军官、军士和士兵。

之后，该旅的第1连前往巴尔比和舍讷贝克（Schönebeck），与渡过易北河的美军交战，并迫使他们撤往对岸，同时第2连和第3连则驻扎在波茨坦。4月14日，各连在波茨坦重新集结，并被编入第12集团军。根据新命令，他们在4月22日/23日左右开始对早先失守的特罗伊恩布里岑发起反攻。资料显示，该旅从侧翼突破了苏军防线，并歼灭了一队自行火炮。4月27日/28日左右，第243独立突击炮兵旅被编入特奥多尔·科尔纳步兵师，并奉命向费尔奇和波茨坦前进。接下来，为了解救拉特诺的友军，该旅旅长又不顾上级命令，自行指挥部队发起了另一次进攻。随后，第243独立突击炮兵旅向易北河且战且退，并于5月7日/8日在唐格明德和费尔奇兰附近向美军投降。[678]

奥得河前线的高级勋章获得者：

骑士十字勋章——1945年3月28日，格哈德·克里格（Gerhard Krieg）军士长，第243独立突击炮兵旅第1连某排排长[①]。

第1170突击炮营

指挥官：

1945年4月4日—11日，恩斯特·弗兰克（Ernst Frank）上尉；

4月11日—投降，赫尔曼·博门（Hermann Böhmen）上尉。

副官：

1945年4月4日—11日，陆军少尉戈特弗里德·博彻尔（Gottfried Böttcher）博士；

4月11日—投降，路德维希·波尔莱恩（Ludwig Poullain）少尉。

① 原文如此，此处有误。

战斗力水平：

不明，可能为第1级或第2级。

战斗序列：

第1连、第2连、第3连和第4连（护卫连）。

作战综述：

该营组建于1945年3月，地点是马格德堡附近布尔格的裴斯泰洛齐学校（Pestalozzi school），人员来自第322、第278和第249突击炮旅的残部。4月8日，该营共有约240名军官、军士和士兵，装备包括31辆配备7.5厘米长身管主炮的三号突击炮，[679]但严重缺乏卡车。

4月11日，该营奉命前往沙恩霍斯特步兵师在林道（Lindau，位于采尔布斯特和巴尔比附近）附近的前线。4月13日—17日，该营与第1沙恩霍斯特掷弹兵团第1营和第2营联手发动进攻，试图消灭易北河东岸的美军桥头堡。虽然该营与第1沙恩霍斯特掷弹兵团第1营的联合行动旗开得胜（见上文“沙恩霍斯特步兵师”部分）。但在巴尔比桥头堡，德军却在美军炮兵和空中优势的压倒性火力下惨遭失败。在战斗中，第1170突击炮营第1连损失了所有的军官和多辆突击炮（“沙恩霍斯特步兵师”部分有当时的作战报告）。4月23日，第1170突击炮营根据新命令向东前进，目标是在4月25日抵达贝尔齐希。傍晚时分，该营带着25辆突击炮离开了采尔布斯特附近的集结地，趁着茫茫夜色向施特拉赫（Straach）进发。但在当地，德军突然遭到苏军的炮火袭击，由于缺乏燃料，他们不得不抛下4辆突击炮仓促后撤。随后，他们在里耶茨（Rietz）附近穿过高速公路，并在一座名叫尼切尔（Nichel）的小村庄奇袭了一股苏军。当地的残酷景象让很多17—18岁的帝国劳工组织新兵深感震惊。[680]

在4月27日夺取里斯多夫（Reesdorf）后，该营开始积极准备，以便向东北方发动进攻。第一个目标是被改为军医院的贝利茨疗养院。虽然他们未能在当晚攻克目标，但在4月28日上午，其麾下的10辆突击炮却率先冲过高速公路抵达贝利茨，过程中几乎没有遭遇抵抗。当突击炮开进镇中心时，苏军士兵几乎措手不及。与此同时，沙恩霍斯特步兵师也抵达了南北走向的铁路线，但只能勉强占领该镇的西部地区。

4月29日，在摧毁1辆T-34后，该营奉命在下午时分北上，支援乌尔里希·冯·胡滕步兵师越过费尔奇，向卡普特发起最后的进攻。4月30日，该营在东西向高速路一线作战，使用仅存的突击炮抵御苏军，后者投入包括斯大林–2坦克在内的武器不断发动进攻，但都被该营击退。5月1日上午，数千名施普雷河集团军群成员撤入该营的防线，并继续向南前进。形势一度十分紧张，其中很多士兵是雅恩师的成员，他们几乎“筋疲力尽”，而且没有任何武器。

下午，该营接到命令向西面30公里处撤退[681]——向易北河的最后一段路程已经开始。整个部队仅剩的80名士兵在唐格明德渡过易北河，并于5月初冒着苏军的直射火力向美军投降。[682]

奥得河前线的高级勋章获得者：

不明。

第111突击炮教导旅

指挥官：

陆军少校韦尔斯特（Vaerst）博士。

战斗力水平：

不明，可能为第1级或第2级。

作战综述：

该旅于1945年1月在布尔格组建，并在当地驻扎到3月。随后，该旅渡过易北河，在马格德堡以北地区与美军交战，并将对方挡在了易北河畔。1945年5月初，该旅奉命阻止苏军攻克唐格明德的易北河铁路桥。在东岸的桥头堡，韦尔斯特少校率领残余部下拖住了苏军，使第12集团军和第9集团军得以顺利渡过易北河。5月8日，该旅的幸存者向苏军投降。[683]

奥得河前线的高级勋章获得者：

不明。

其他部队

阿道夫·希特勒志愿军团/蒙斯特装甲歼击分队/德布里茨装甲歼击分队

本部队3月28日成立于柏林以西的德布里茨阅兵场，由大约1000名国民突击队和德意志劳工阵线护厂队（Werkscharen）的志愿者组成，其人员来自各个大区直属队（Gauschwarm）下属的地方单位。这些大区直属队又被进一步细分成多个由9名男兵和1名女兵组成的小组。这些小组穿着准军事化的制服，包括训练裤、外套、帽子和迷彩服，并佩戴有带“阿道夫·希特勒志愿军团”字样的臂章。1945年春天，德国高层又在蒙斯特组建了另一支部队。他们的武器极为精良，有StG 44突击步枪、铁拳火箭筒和手榴弹——考虑到各个大区领袖的势力，这一点并不值得奇怪。在抵达前线后，他们的后勤将由第12集团军负责。

上述利用大区直属队组建的分队就是所谓的蒙斯特装甲歼击分队和德布里茨装甲歼击分队。4月24日，德布里茨装甲歼击分队被部署到特罗伊恩布里岑–尼梅克地区，并接管了特奥多尔·科尔纳步兵师的防线。在当地，他们组建起一道警戒线，试图抵御从于特博格前进的苏军先头坦克部队，但经过交战，其残余部队只好朝西北方撤退。

蒙斯特装甲歼击分队同样在第12集团军麾下作战。4月28日，他们与乌尔里希·冯·胡滕步兵师一起在费尔奇发动进攻，试图解救施普雷河集团军集群。随后，该分队独自从费尔奇向易北河且战且退，并在唐格明德以南的耶里肖地区解散。[684]

本章尾注：

1. 对于这些获得者和授勋争议，有兴趣的读者可以参考维特·舍尔策撰写的《德国陆军、空军、海军、党卫军、国民突击队和盟国部队的骑士十字勋章获得者，1939—1945》一书的第117—186页。

2. 参见美国国家档案馆文件T78/413/6381127，原编号为“Chefsache OKH/GenStdH/Org. Abt. Nr. I/1425/45 g.Kdos. v 1.1.45”，标题为《部队编组》（*Das Verbandspäckchen*）。其中插入了1张未注明日期的文件（推测日期为1945年4月5日），本信息即来自于此。

3. 参见美国国家档案馆文件T78/R413/6381192。

4. 参见卡门·尼文金《救火队：德国装甲师，1943—1945》，第227页。

5. 参见大卫·格兰茨《1986年战争艺术研讨会发言记录：从维斯瓦河到奥得河，苏军进攻行动，1944年10月至1945年3月》，第464页和第467页。

6. 参见大卫·格兰茨《1986年战争艺术研讨会发言记录：从维斯瓦河到奥得河，苏军进攻行动，1944年10月至1945年3月》，第475页。

7. 参见美国军事研究文件MS D-281，第10页。

8. 参见大卫·格兰茨《1986年战争艺术研讨会发言记录：从维斯瓦河到奥得河，苏军进攻行动，1944年10月至1945年3月》，第477页。

9. 参见美国军事研究文件MS D-281，第15页。

10. 参见德国联邦档案馆-军事档案分馆文件T311/167/I063，附录2。

11. 参见德国联邦档案馆-军事档案分馆文件T311/167/I366，附录3。

12. 参见《国防军公报，1939—1945》第3卷，第454页。

13. 参见大卫·格兰茨《1986年战争艺术研讨会发言记录：从维斯瓦河到奥得河，苏军进攻行动，1944年10月至1945年3月》，第477—480页。

14. 参见大卫·格兰茨《1986年战争艺术研讨会发言记录：从维斯瓦河到奥得河，苏军进攻行动，1944年10月至1945年3月》，第465页。

15. 参见大卫·格兰茨《1986年战争艺术研讨会发言记录：从维斯瓦河到奥得河，苏军进攻行动，1944年10月至1945年3月》，第459页。

16. 参见大卫·格兰茨《1986年战争艺术研讨会发言记录：从维斯瓦河到奥得河，苏军进攻行动，1944年10月至1945年3月》，第464页和第459页。

17. 参见大卫·格兰茨《1986年战争艺术研讨会发言记录：从维斯瓦河到奥得河，苏军进攻行动，1944年10月至1945年3月》，第464页和第467页。

18. 参见卡门·尼文金《救火队：德国装甲师，1943—1945》，第225页。

19. 参见霍斯特·谢伯特《幽灵师：第7装甲师战史》（*Die Gespenster-Division: Dis Geschichte der 7.Panzer- Division*）（德国埃戈尔斯海姆：多夫勒出版社，2006年出版），第154页。

20. 参见大卫·格兰茨《1986年战争艺术研讨会发言记录：从维斯瓦河到奥得河，苏军进攻行动，1944年10月至1945年3月》，第464页和第468页。

21. 参见弗里德里希·胡泽曼《忠贞不渝：党卫军第4警察装甲掷弹兵师战史》第2卷，第416页。

22. 参见德国联邦档案馆-军事档案分馆文件T311/169/I382，附录1。可以看到该师的日常兵力和战斗兵力相差很大，但这种情况不难解释。要么是由于日常兵力中包含了没有战斗能力的伤病员，要么是这部分数字有误。①

23. 参见德国联邦档案馆-军事档案分馆文件T311/169/I382，附录1。

24. 参见霍斯特·谢伯特《幽灵师：第7装甲师战史》，第154—156页。

25. 参见美国国家档案馆文件T78/R305/6256779。与之前相比，该师的战斗兵力增加了，但日常兵力则有所减少，这可能是伤愈人员被编入作战营所致。②

26. 按照原报告的注释，该师的现有士兵数量实际来自于估计。

27. 参见德国联邦档案馆-军事档案分馆文件T78/720/I029。

28. 参见美国国家档案馆文件T78/305/6256652。

29. 参见美国国家档案馆文件T78/305/6256569，该文件的原始编号为“OKH.GenStdH/Op Abt (rdm. la), Nr. 4714/45g.Kdos.16.4.45 01.20 Uhr.”。

30. 参见美国国家档案馆文件T78/415/6383966-67。

31. 授予特奥多尔·亨宁格骑士十字勋章的提案在1945年4月19日抵达陆军人事局，并得到了主管多马施克（Domaschk）少校的批准：“同意授予骑士十字勋章，日期为4月28日”。骑士十字勋章获得者协会（Ordensgemeinschaft der Ritterkreuzträger，OdR）也基于所谓的“邓尼茨指令”（Donitz Directive）对此做了承认。

32. 参见美国国家档案馆文件T78/413/6381125，原编号为“Chefsache OKH/GenStdH/ Org.Abt. Nr. I/1425/45g.Kdos. v 1.1.45”，原标题为《部队编组》，其中插入了1张日期为1945年4月5日的文件，本处信息即来自于此。而其他文件则显示该师的类型为45年型装甲掷弹兵师。

33. 参见美国国家档案馆文件T78/413/6381191。

34. 原先的第18装甲掷弹兵师已因为损失惨重，于1945年2月21日在东普鲁士被解散。

35. 参见美国国家档案馆文件T78/645/881。

36. 参见德国联邦档案馆-军事档案分馆文件T311/169/I538，附录2。

37. 参见美国国家档案馆文件T78/645/653，T78/645/558。

38. 参见卡门·尼文金《救火队：德国装甲师，1943—1945》，第725-726页。

39. 参见卡门·尼文金《救火队：德国装甲师，1943—1945》，第772页。

40. 参见上文中的表格——《维斯瓦河集团军群的坦克和突击炮数量，4月15日》。

41. 参见美国国家档案馆文件T78/305/6256554。

42. 参见德国联邦档案馆-军事档案分馆文件N756-353/I308，《致第18装甲掷弹兵师在黑森利希特瑙/卡塞尔的第11次老兵聚会（1975年5月30日—6月1日）》：“当希望破灭……第18师在帝国首都的最后战斗，1945”（*Zum 11. Treffen der ehem. 18.Inf.-Pz.Gr.Div. Hessisch Lichtenau/ Kassel, vom 30. Mai-1.Juni 1975*. Wenn die Hoffnung zerrann,...Die 18.Division im Endkampf um die

---

① 此处说法不确切，如本书第1卷所述，日常兵力指的是该部队现有的、可以执行任务的人员总数，包括志愿辅助人员和配属人员。战斗兵力则是一个范围有限的概念，即该部队拥有的作战人员数，其中仅包含了步兵、侦察兵和战斗工兵等人员，数量因此比日常兵力少得多。

② 此处说法不确切，其最主要原因是德军将后方人员编入了一线作战单位。

Reichshauptstadt 1945）。

43. 参见约阿希姆·恩格尔曼《第18步兵师/装甲掷弹兵师，1934—1945：一部图文史》（*Die 18.Infanterie-und Panzergrenadier-Division 1934-1945: Ein Schicksalsbericht in Bildern*）（德国埃戈尔斯海姆：多夫勒出版社，2004年出版），第162页。

44. 参见美国国家档案馆文件T78/413/6381118，原编号为“Chefsache OKH/GenStdH/Org. Abt. Nr. I/1425/45g.Kdos. v 1.1.45”，原标题为《部队编组》。其他资料显示，该师在3月23日已采用45年型装甲师编制，详情可参见卡门·尼文金撰写的《救火队：德国装甲师，1943—1945》一书第559页。

45. 参见美国国家档案馆文件T78/645/892。

46. 参见罗尔夫·斯托夫斯《第22装甲师、第25装甲师、第27装甲师和第233预备役装甲师战史》，第181页。

47. 参见卡门·尼文金《救火队：德国装甲师，1943—1945》，第558—559页。

48. 参见罗尔夫·斯托夫斯《第22装甲师、第25装甲师、第27装甲师和第233预备役装甲师战史》，第182页。

49. 参见罗尔夫·斯托夫斯《第22装甲师、第25装甲师、第27装甲师和第233预备役装甲师战史》，第183页。

50. 参见罗尔夫·斯托夫斯《第22装甲师、第25装甲师、第27装甲师和第233预备役装甲师战史》，第184页。

51. 参见卡门·尼文金《救火队：德国装甲师，1943—1945》，第560页。

52. 参见美国国家档案馆文件T78/304/6255757。

53. 参见美国国家档案馆文件T78/645/076。

54. 根据1月28日下达的、编号为“OKH/GenStdH/OpAbt I, Nr. 450052/45 g.Kdos.Chefs.”的命令，该师原本将前往奥得河畔法兰克福。详情可参见美国国家档案馆文件T78/R305/6255946。

55. 参见德国联邦档案馆-军事档案分馆文件T311/169/I007，附录1。

56. 参见美国国家档案馆文件T78/413/6381149，原编号为“Chefsache OKH/GenStdH/Org. Abt. Nr. I/1425/45 g.Kdos. v 1.1.45”，原标题为《部队编组》。

57. 参见美国国家档案馆文件T78/413/6381191。

58. 参见美国国家档案馆文件T78/305/6256905。

59. 该团是4月加入该师的。

60. 参见美国国家档案馆文件T78/305/6256629。

61. 参见弗朗茨-鲁道夫·齐尔姆《斯德丁要塞和驻军史》（*Geschichte der Festung und Garnison Stettin*）（奥斯纳布吕克：文献出版社，1988年出版），第190页。

62. 参见美国国家档案馆文件T78/413/381192。

63. 参见美国国家档案馆文件T78/645/008。

64. 参见美国国家档案馆文件T78/304/6255228。

65. 参见美国国家档案馆文件T311/168/721994。

66. 参见德国联邦档案馆-军事档案分馆文件T311/169/I510，附录2。

67. 奥托-恩斯特·雷默之所以获得晋升，并被任命为该师的指挥官，是因为他对纳粹主义忠心不二。1944年7月20日，刺杀希特勒的密谋爆发时，仍是少校的雷默正在柏林指挥大德意志警卫团（Wacht-Regiment Großdeutschland）。因为这层机缘巧合，雷默这个小人物阴差阳错地影响了二战的结局。当冯·施陶芬伯格伯爵在东普鲁士的希特勒总部引爆炸弹后，雷默接到一项命令：逮捕柏林的所有纳粹领导人。1944年7月20日16时45分，雷默告诉下属军官，目前有一场政变，军队已接管了政府。大德意志警卫团的任务是负责封锁政府所在地区。在交代完任务后，一位下属军官——汉斯·哈根上尉要求和雷默私下谈谈。他告诉雷默："少校，我有一个可怕的猜想。在来的路上，我看到冯·布劳希奇元帅穿着整齐的军装坐在一辆敞篷车里。命令中关于接管政府的措辞也让我感到不安。"哈根和雷默当时熟识已久，两人有着推心置腹的关系，而且都是希特勒的死忠。雷默同意哈根的看法。哈根提议暂时离开岗位，去面见戈培尔或当地的党卫军警卫部队，以便确认实际情况。他还建议雷默执行命令，以免招惹猜疑。随后，哈根抵达宣传部，并立刻见到了戈培尔。戈培尔知道暗杀阴谋，但不知道柏林有政变发生。哈根向戈培尔博士提议，让他召回雷默，撤销他接到的命令。戈培尔对此表示赞同。当天18点之后，雷默来到宣传部，很快与元首直接取得了联系。他确认希特勒还活着，被晋升为中校，还奉命迅速调转枪口，逮捕密谋分子。在1944年10月16日的一份书面声明中，哈根这样解释自己的行动，它们是出于"……军人最高尚的独立判断和纳粹主义的责任……"毫无疑问，雷默的举动延长了纳粹政权的生命，使之苟活到最残酷的战争末期。但他并没有为此感到后悔。二战后，雷默加入了西德的极右激进政党——社会国家党（Socialist Reich Party，SPD），并成为第二任主席。20世纪50年代初，雷默公开指责"720事变"的阴谋者是被外国收买的叛徒。这一言论导致他在1952年被西德当局逮捕和审判。详情可参见《反对希特勒的德国人》（*Germans Against Hitler*）（德国波恩：联邦政治教育中心，1969年出版）一书的第151—154页和第271页。

68. 参见美国国家档案馆文件T78/413/6381120，原编号为"Chefsache OKH/GenStdH/Org. Abt. Nr. I/1425/45 g.Kdos. v 1.1.45"，原标题为《部队编组》，本处信息来自1张日期为1945年4月5日的插入文件。

69. 参见美国国家档案馆文件T78/645/659。

70. 参见美国国家档案馆文件T78/529/804。

71. 参见美国国家档案馆文件T78/399/6368743。这与斯帕特给出的数字（7000人，参见赫尔穆特·斯帕特《大德意志装甲军战史》第2卷，第240页）不同，而尼文金引用的数字则为9506人（参见卡门·尼文金《救火队：德国装甲师，1943—1945》，第632页）。

72. 参见上文中的表格——维斯瓦河集团军群的坦克和突击炮数量，2月12日。

73. 参见卡门·尼文金《救火队：德国装甲师，1943—1945》，第632—633页。

74. 参见赫尔穆特·斯帕特《大德意志装甲军战史》第2卷，第241—243页。

75. 参见美国国家档案馆文件T78/645/955-56。

76. 关于本电传信息的详情，读者可参见美国国家档案馆文件T78/645/654和德国联邦档案馆-军事档案分馆文件T311/169/I732，附件2。

77. 参见美国国家档案馆文件T78/305/6256093。

78. 参见美国国家档案馆文件T78/645/659。

79. 参见卡门·尼文金《救火队：德国装甲师，1943—1945》，第634—635页，以及赫尔穆特·斯帕特《大德意志装甲军战史》第2卷，第420—422页。

80. 参见美国国家档案馆文件T78/413/6381127，原编号为"Chefsache OKH/GenStdH/Org.

Abt. Nr. I/1425/45g.Kdos. v 1.1.45”，原标题为《部队编组》，本处信息来自1张日期为1945年4月5日的插入文件。

81. 参见美国国家档案馆文件T78/399/6368739。

82. 参见上文中的表格——维斯瓦河集团军群的坦克和突击炮数量，2月12日。斯帕特（参见赫尔穆特·斯帕特在《大德意志装甲军战史》第2卷，第240页）的报告与上述数字完全不同，这可能是他在撰写该书时缺乏第一手资料所致。

83. 参见赫尔穆特·斯帕特《大德意志装甲军战史》第2卷，第241—243页。

84. 参见美国国家档案馆文件T78/529/920。

85. 参见卡门·尼文金《救火队：德国装甲师，1943—1945》，第643页。

86. 参见美国国家档案馆文件T78/305/6256149。

87. 参见赫尔穆特·斯帕特《大德意志装甲军战史》第2卷，第250—252页。

88. 参见赫尔穆特·斯帕特《大德意志装甲军战史》第2卷，第478页。

89. 参见美国国家档案馆文件T78/R533/095。

90. 参见美国国家档案馆文件T78/413/6381150，原编号为“Chefsache OKH/GenStdH/Org. Abt. Nr. 1/1425/45g.Kdos. v 1.1.45”，原标题为《部队编组》，本处信息来自1张日期为1945年4月5日的插入文件。另参见美国国家档案馆文件T78/415/6383815。第299步兵师原先隶属于北方集团军群旗下的第4集团军，后来几乎在“海利根贝尔口袋”全军覆没。

91. 参见德国联邦档案馆-军事档案分馆文件T311/169/I1105，附录3。

92. 参见德国联邦档案馆-军事档案分馆文件T311/169/I925，附录2a。

93. 参见德国联邦档案馆-军事档案分馆文件T311/169/I926，附录2a。

94. 参见美国国家档案馆文件T78/305/6256372、T78/533/042，以及T78/533/073。

95. 参见德国联邦档案馆-军事档案分馆文件T311/169/I1063，附录3。另参见美国国家档案馆文件T78/305/6257006。

96. 参见德国联邦档案馆-军事档案分馆文件T311/169/I1085，附录3。

97. 参见上文中的表格——维斯瓦河集团军群的坦克和突击炮数量，4月15日。

98. 参见罗尔夫·斯托夫斯《第22装甲师、第25装甲师、第27装甲师和第233预备役装甲师战史》，第272页。在短短几天内，仅靠从一群训练时间以小时计算的人员中根本无法拼凑出一个职能齐备、训练有素的作战师。但是，荷尔斯泰因装甲师的诞生仍然证明：在日益紧张的训练环境中，德国预备军仍具有很强的部队重组能力。

99. 参见罗尔夫·斯托夫斯《第22装甲师、第25装甲师、第27装甲师和第233预备役装甲师战史》，第272—273页。

100. 参见德国联邦档案馆-军事档案分馆文件T311/167/I342和I407，附录3。

101. 参见美国国家档案馆文件T78/399/6368746。

102. 参见罗尔夫·斯托夫斯《第22装甲师、第25装甲师、第27装甲师和第233预备役装甲师战史》，第274—275页。

103. 参见上文中的表格——维斯瓦河集团军群的坦克和突击炮数量，2月12日。

104. 韦尔曼上校是一名经验丰富的军官，之前长期担任第3装甲师辖下的第3装甲掷弹兵团团长，也是第342位骑士十字勋章橡叶饰的获得者。在库尔斯克战役和后来哈尔科夫周边的防御战中，他指挥该团随第48装甲军作战，并因为表现优异而获此殊荣。

105. 参见罗尔夫·斯托夫斯《第22装甲师、第25装甲师、第27装甲师和第233预备役装甲师战史》，第275页。

106. 同上。

107. 同上。

108. 同上。按照斯托夫斯的记录，韦尔曼上校指挥的荷尔斯泰因装甲师被切断，之后跟随冯·特陶军级集群一路向西且战且退。此处记录显然有误，因为第一手文件显示，韦尔曼此时已成为西里西亚装甲师的师长。他离任后，荷尔斯泰因装甲师师长是谁尚不得而知，但有研究表明，此人可能是约阿希姆·黑塞上校。

109. 参见美国国家档案馆文件T311/168/7219643-44。

110. 参见美国国家档案馆文件T311/168/7219713。

111. 参见罗尔夫·斯托夫斯《第22装甲师、第25装甲师、第27装甲师和第233预备役装甲师战史》，第276页。

112. 参见上文中的表格——维斯瓦河集团军群的坦克和突击炮数量，2月28日。

113. 参见德国联邦档案馆-军事档案分馆文件T311/169/l43-46，附录1。

114. 参见罗尔夫·斯托夫斯《第22装甲师、第25装甲师、第27装甲师和第233预备役装甲师战史》，第281—282页。

115. 参见罗尔夫·斯托夫斯《第22装甲师、第25装甲师、第27装甲师和第233预备役装甲师战史》，第282页。

116. 参见德国联邦档案馆-军事档案分馆文件T311/169/510，附录2。

117. 参见德国联邦档案馆-军事档案分馆文件T311/169/l562，附录2。

118. 参见美国国家档案馆文件T78/621/1048。

119. 参见卡门·尼文金《救火队：德国装甲师，1943—1945》，第770页。

120. 参见美国国家档案馆文件T78/621/1047。

121. 参见美国国家档案馆文件T78/621/1048。

122. 同上。

123. 参见美国国家档案馆文件T78/304/6255467。

124. 参见德国联邦档案馆-军事档案分馆文件T311/169/l078和l189，附录1。

125. 参见德国联邦档案馆-军事档案分馆文件T311/169/l311-12，附录1。

126. 参见德国联邦档案馆-军事档案分馆文件T311/169/l395，附录1。

127. 参见德国联邦档案馆-军事档案分馆文件T311/169/421，附录1。

128. 参见德国联邦档案馆-军事档案分馆文件T311/169/546，附录1。

129. 参见美国国家档案馆文件T78/621/906-907。

130. 参见德国联邦档案馆-军事档案分馆文件T311/169/625，附录2。

131. 参见美国国家档案馆文件T78/621/906-907。

132. 参见德国联邦档案馆-军事档案分馆文件T311/169/l472，附录2。

133. 参见德国联邦档案馆-军事档案分馆文件RH24-3-1/l111。

134. 参见弗朗茨·库洛夫斯基《突击炮前进！突击炮在前线》（*Sturmgeschütze Vor!: Assault Guns to the East*）（曼尼托巴省温尼伯：J.J.费多罗维茨出版社，1998年出版），第37页。

135. 参见德国联邦档案馆-军事档案分馆文件T311/169/I891，附录2a。

136. 参见德国联邦档案馆-军事档案分馆文件T311/169/I913，附录2a。

137. 参见德国联邦档案馆-军事档案分馆文件T311/169/I912，附录2a。

138. 参见美国国家档案馆文件T78/304/6255175。

139. 参见弗朗茨·库洛夫斯基《突击炮前进！突击炮在前线》，第37页。

140. 参见卡尔-海因茨·蒙赫《第210突击炮营/突击炮旅》（*Stug.Abt./Brig. 210*）（波兰卡托维兹：模型爱好出版社，2007年出版），第41页。

141. 参见卡尔-海因茨·蒙赫《第210突击炮营/突击炮旅》，第42—44页。

142. 参见《国防军公报，1939—1945》第3卷，第499页。

143. 参见上文中的表格——维斯瓦河集团军群的坦克和突击炮数量，4月7日。

144. 参见卡尔-海因茨·蒙赫《第210突击炮营/突击炮旅》，第47页。

145. 参见卡尔-海因茨·蒙赫《第210突击炮营/突击炮旅》，第48页。

146. 参见卡尔-海因茨·蒙赫《第210突击炮营/突击炮旅》，第34—36页。

147. 参见美国国家档案馆文件T78/413/6381182，原编号为“Chefsache OKH/GenStdH/Org. Abt. Nr. I/1425/45 g.Kdos. v 1.1.45”，原标题为《部队编组》。

148. 参见美国国家档案馆文件T78/413/6381191。

149. 同上。

150. 参见德国联邦档案馆-军事档案分馆文件T311/167/I099和T311/167/I121，附录2。

151. 富尔里德曾是科尔贝格要塞司令，后来乘船抵达斯维内明德，并被任命为这支新部队的师长。

152. 参见美国国家档案馆文件T78/413/6381191。

153. 参见美国国家档案馆文件T78/533/915-20。其他3个师部分别是第609特别师师部、第611特别师师部和第612特别师师部。

154. 参见德国联邦档案馆-军事档案分馆文件N756-39/I258。关于本单位的编制，其他参考资料还包括维斯瓦河集团军群3月的东线态势图，以及罗尔夫·米凯利斯撰写的《党卫军第500/600伞兵营》第91页。但本书没有采用米凯利斯的版本。

155. 参见罗尔夫·米凯利斯《党卫军第500/600伞兵营》，第91页。

156. 参见罗尔夫·米凯利斯《党卫军第500/600伞兵营》，第91—93页。

157. 参见美国国家档案馆文件T78/413/6381152，原编号为“Chefsache OKH/GenStdH/Org. Abt. Nr. I/1425/45 g.Kdos. v 1.1.45”，原标题为《部队编组》。

158. 参见美国国家档案馆文件T78/R413/6381191。

159. 参见美国国家档案馆文件T78/R431/6403315。

160. 参见美国国家档案馆文件T78/645/0868。

161. 参见德国联邦档案馆-军事档案分馆文件T311/169/I197，附录1。

162. 参见美国国家档案馆文件T311/170/7222715。

163. 参见德国联邦档案馆-军事档案分馆文件T311/169/1070。该文件是一份落款为1945年4月5日的视察报告，并由集团军群训练参谋韦伯少校于4月3日视察第3装甲集团军南翼和第9集团军北翼之后撰写。

164. 参见美国国家档案馆文件T78/304/6255190。

165. 参见德国联邦档案馆-军事档案分馆文件N756-393/I412。

166. 佐默上校可能从未实际指挥过该师。

167. 参见美国国家档案馆文件T78/413/6381152，原编号为“Chefsache OKH/GenStdH/Org. Abt. Nr. I/1425/45 g.Kdos. v 1.1.45”，原标题为《部队编组》。

168. 参见美国国家档案馆文件T78/R413/6381191。

169. 参见德国联邦档案馆-军事档案分馆文件T311/169/I801，附录2a。

170. 参见德国联邦档案馆-军事档案分馆文件T311/169/I607，附录1。

171. 参见美国国家档案馆文件T311/169/7221230。

172. 参见美国国家档案馆文件T311/167/7222243和T311/170/7222074。

173. 参见美国国家档案馆文件T78/304/6255175。

174. 书籍显示，该部队的人员大多在格劳登茨阵亡，还有一部分则于1945年3月8日在跟随赫尔曼·戈林伞兵装甲补充与训练旅旅长弗里德里希-奥古斯特·迈尔上校突围时被俘。迈尔的骑士十字勋章申请于1945年3月3日提交，并最终在5月9日获得批准。但按照希特勒大幅修改后的授奖流程，迈尔实际上并没有获奖资格。相关情况可见阿尔弗雷德·奥特撰写的《戈尔曼·戈林装甲师：从团到装甲军》（*The HG Panzer Division: From Regiment to Armored Corps*）（宾夕法尼亚州西切斯特：希弗出版社，1989年出版）一书的第157页，即附录D。

175. 该师师部1944年12月底组建于柏林滕珀尔霍夫机场，负责为戈林的伞兵集团军征召新兵和补充人员，但从未作为一个整体进行过训练。在奥得河前线，该师有部分下属部队卷入了战斗，但从未集体投入作战。

176. 需要指出的是，原文中的“师”实际可能指的是伞兵集团军训练与补充部队司令部（Kd.Gen. d.Ausb.u.Ers.Truppen, d.Fsch.Armee），任务是监管第1伞兵集团军的所有补充与训练单位。

177. 参见《一个人的战争》（*Nur noch Krieg auf eigene Faust*）（德国联邦档案馆-军事档案分馆文件N756-78c：沃尔夫冈·沃珀萨尔收藏：维斯瓦河集团军群1945年4月11日至1945年4月30日的战斗历程）。

178. 参见美国国家档案馆文件T78/305/6256852。

179. 参见赫尔穆特·塞弗特《1945年与猎鹰团（即党卫军狐穴特别团）共同作战的回忆》（*Erinnerungen 1945 an Falke: Das Waffen-SS Regiment z.b.V. Fuchsbau*）（无出版日期，未出版的私人手稿），第52页。

180. 同上。

181. 参见美国国家档案馆文件T78/413/6381127，原编号为“Chefsache OKH/GenStdH/Org. Abt. Nr. 1/1425/45g.Kdos. v 1.1.45”，原标题为《部队编组》，本处信息来自1张日期为1945年4月5日的插入文件。

182. 参见美国国家档案馆文件T78/413/6381192。

183. 参见美国国家档案馆文件T78/645/120。

184. 参见弗里德里希·胡泽曼《忠贞不渝：党卫军第4警察装甲掷弹兵师战史》第2卷，第406页

185. 参见弗里德里希·胡泽曼《忠贞不渝：党卫军第4警察装甲掷弹兵师战史》第2卷，第411页。

186. 参见弗里德里希·胡泽曼《忠贞不渝：党卫军第4警察装甲掷弹兵师战史》第2卷，第414页、第419页。

187. 参见弗里德里希·胡泽曼《忠贞不渝：党卫军第4警察装甲掷弹兵师战史》第2卷，第420—421页。

188. 参见美国国家档案馆文件T311/169/I382，附录1。

189. 参见弗里德里希·胡泽曼《忠贞不渝：党卫军第4警察装甲掷弹兵师战史》第2卷，第451页和第454页；亦参见美国国家档案馆文件T78/305/6256726-27，原编号为"Op.Abt. IN/K Nr. 5834/45 geh."（落款日期为1945年4月10日）。

190. 参见弗里德里希·胡泽曼《忠贞不渝：党卫军第4警察装甲掷弹兵师战史》第2卷，第453页；亦参见德国联邦档案馆-军事档案分馆文件T311/169/I382，附录。

191. 参见美国国家档案馆文件T78/305/6256779。

192. 参见美国国家档案馆文件T78/305/6256652。

193. 参见弗里德里希·胡泽曼《忠贞不渝：党卫军第4警察装甲掷弹兵师战史》第2卷，第456—457页。

194. 参见弗里德里希·胡泽曼《忠贞不渝：党卫军第4警察装甲掷弹兵师战史》第2卷，第460页。

195. 参见美国国家档案馆文件T78/304/6255292。

196. 参见弗里德里希·胡泽曼《忠贞不渝：党卫军第4警察装甲掷弹兵师战史》第2卷，第489页。

197. 参见罗尔夫·米凯利斯《党卫军第500/600伞兵营》，第97—101页；关于维斯瓦河集团军群1945年4月19日和25日的态势图则可参见美国国家档案馆文件RG242。

198. 该团团长普拉格尔也在此期间阵亡，时间可能是4月29日——当时该团正在新勃兰登堡一带与敌军激战。参见罗尔夫·米凯利斯《党卫军第500/600伞兵营》，第96页注释61。

199. 参见里奥纳德·沙普《里奥纳德·沙普在党卫军伞兵部队的日记，1943年1月14日—1945年5月3日》（*Tagebuch des Leonard Schaap vom 14.1.1943 bis 3.5.1945 bei den SS Fallschirmjägern*）（无出版日期，未出版的私人手稿），第45—49页。

200. 参见弗里德里希·胡泽曼《忠贞不渝：党卫军第4警察装甲掷弹兵师战史》第2卷，第464页。

201. 参见弗里德里希·胡泽曼《忠贞不渝：党卫军第4警察装甲掷弹兵师战史》第2卷，第472页。

202. 参见弗里德里希·胡泽曼《忠贞不渝：党卫军第4警察装甲掷弹兵师战史》第2卷，第483—484页。

203. 参见弗里德里希·胡泽曼《忠贞不渝：党卫军第4警察装甲掷弹兵师战史》第2卷，第490页。

204. 参见美国国家档案馆文件T78/413/6381122，原编号为"Chefsache OKH/GenStdH/Org. Abt. Nr. 1/1425/45g.Kdos. v1.1.45"，原标题为《部队编组》，本处信息来自1张日期为1945年4月5日的插入文件。

205. 参见罗尔夫·米凯利斯《党卫军第10弗伦斯贝格装甲师》（*Die 10.SS-Panzer-Division Frundsberg*）（柏林：多夫勒出版社，2004年出版），第117页。

206. 参见美国国家档案馆文件T78/305/6255929。

207. 参见美国国家档案馆文件T78/621/907。

208. 参见威廉·提克《在战争最后岁月的风暴中：党卫军第2装甲军及党卫军第9霍亨施陶芬师和第10弗伦斯贝格师》（*In the Firestorm of the Last Years of the War: II.SS-Panzerkorps with the 9. and*

10.SS-Divisions Hohenstaufen and Frundsberg）（加拿大温尼伯：J.J.费多罗维茨出版社，1999年出版），第351—352页。

209. 参见卡门·尼文金《救火队：德国装甲师，1943—1945》，第892页。

210. 参见威廉·提克《在战争最后岁月的风暴中：党卫军第2装甲军及党卫军第9霍亨施陶芬师和第10弗伦斯贝格师》，第123—124页。

211. 参见威廉·提克《在战争最后岁月的风暴中：党卫军第2装甲军及党卫军第9霍亨施陶芬师和第10弗伦斯贝格师》，第354页。

212. 参见卡门·尼文金《救火队：德国装甲师，1943—1945》，第892页。

213. 参见德国联邦档案馆-军事档案分馆文件T311/169/I319，附录1。

214. 参见德国联邦档案馆-军事档案分馆文件T311/169/I625，附录2。

215. 参见罗尔夫·米凯利斯《党卫军第10弗伦斯贝格装甲师》，第132—133页。其内容转引自1945年3月24日编写的、编号为“Generalstab des Heeres/Org.Abt.Nr. I/1600/45 g.Kdos.”的文件。

216. 参见美国国家档案馆文件T311/170/7222712。

217. 参见威廉·提克《在战争最后岁月的风暴中：党卫军第2装甲军及党卫军第9霍亨施陶芬师和第10弗伦斯贝格师》，第474页，以及罗尔夫·米凯利斯《党卫军第10弗伦斯贝格装甲师》，第132—133页。

218. 参见美国国家档案馆文件T78/305/6256075。

219. 参见美国国家档案馆文件T78/305/6256528。

220. 参见罗尔夫·米凯利斯《党卫军第10弗伦斯贝格装甲师》，第136页。

221. 参见美国国家档案馆文件T78/413/6381145，原编号为“Chefsache OKH/GenStdH/Org. Abt. Nr. 1/1425/45g.Kdos. v 1.1.45”，原标题为《部队编组》。

222. 参见美国国家档案馆文件T78/R413/6381191。

223. 参见威廉·提克《忠诚的悲剧》（*Tagedy of the Faithful*）（加拿大温尼伯：J.J.费多罗维茨出版社，2001年出版），第208页。

224. 参见德国联邦档案馆-军事档案分馆文件T311/167/I929，附录3。

225. 参见参见上文中的表格——维斯瓦河集团军群的坦克和突击炮数量，2月12日。

226. 参见美国国家档案馆文件T78/621/907。

227. 参见威廉·提克《忠诚的悲剧》，第261页。

228. 参见德国联邦档案馆-军事档案分馆文件RS3-23-15/028-030，以及罗尔夫·米凯利斯《党卫军第11北欧志愿装甲掷弹兵师》（*Die 11 .SS-Freiwilligen-Panzer-Grenadier-Division Nordland*）（柏林：米凯利斯出版社，2003年出版），第98页。

229. 参见美国国家档案馆文件T78/621/908。

230. 参见美国国家档案馆文件T311/169/7221230。

231. 参见德国联邦档案馆-军事档案分馆文件T311/169/I858，附录2a。

232. 参见汉斯-彼得·舒勒斯访谈稿（科尼利厄斯·瑞恩档案：第6a号文件盒，第24号档案袋），第2页。

233. 参见斯蒂芬·汉密尔顿《血腥的街道：苏军对柏林的突击，1945年4月》（*Bloody Streets: The Soviet Assault on Berlin, April 1945*）（索利哈尔，赫利昂出版公司，2008年出版）第113页、第118页。

齐格勒并不愿意受国防军军官的节制，也不愿让部队卷入柏林巷战。按照明面上的报告，该师汽油耗尽，需要加油。但海因里齐对此表示怀疑——因为这一说法简直不可思议。令情况更加扑朔迷离的是一份来自德国联邦档案馆的文件，其叙述人名叫库尔特·穆勒，似乎是塞德利茨部队的成员。他属于一个通信小组，任务是监听和破解奥得沼泽一带各部队的电台通信。他的小队开入利本瓦尔德，把车藏好，然后开始监听。在此期间，他听到北欧师正在利用陆军的储备加油。这让穆勒的小组感到好奇——既然有燃料储备，弹药储备是不是也在此处？总之，他监听到的无线电似乎确实表明，北欧师缺乏燃料。但此举背后仍有另一种可能——齐格勒也许是故意向陆军部队索要燃料，并把自己的燃料省下，以便在未来自由行动。参见德国联邦档案馆-军事档案分馆文件N756-393/I302-03。

234. 参见美国国家档案馆文件T78/413/6381152，原编号为“Chefsache OKH/GenStdH/Org. Abt. Nr. 1/1425/45g.Kdos. v 1.1.45”，原标题为《部队编组》，本处信息来自1张日期为1945年4月5日的插入文件。但党卫军的其他记录显示，该师属于45年型步兵师，其情况可参见美国国家档案馆文件T175/140/2668417。

235. 参见美国国家档案馆文件T311/168/7219675。

236. 参见罗尔夫·米凯利斯《二战中党卫军和秩序警察中的拉脱维亚人》（*Latvians in the Ordungspolizei and Waffen-SS In World War II*）（宾夕法尼亚州阿特格伦：希弗出版社，2012年出版），第40—42页。

237. 参见罗尔夫·米凯利斯《二战中党卫军和秩序警察中的拉脱维亚人》，第46页。

238. 参见罗尔夫·米凯利斯《二战中党卫军和秩序警察中的拉脱维亚人》，第57页。

239. 参见罗尔夫·米凯利斯《二战中党卫军和秩序警察中的拉脱维亚人》，第57页脚注41。

240. 参见德国联邦档案馆-军事档案分馆文件T311/167/I031，附录2。

241. 参见德国联邦档案馆-军事档案分馆文件T311/167/I064，附录2。

242. 参见德国联邦档案馆-军事档案分馆文件T311/167/I131，附录2。

243. 参见德国联邦档案馆-军事档案分馆文件T311/167/I440，附录3。

244. 参见美国国家档案馆文件T311/168/7219675。

245. 参见德国联邦档案馆-军事档案分馆文件T311/169/I500，附录2。

246. 参见德国联邦档案馆-军事档案分馆文件T311/169/I582，附录2。

247. 参见德国联邦档案馆-军事档案分馆文件T311/169/I642，附录2。

248. 参见德国联邦档案馆-军事档案分馆文件RS3-15《党卫军第15（拉脱维亚第1）武装掷弹兵师》，此处数据不一致的原因尚不清楚，但原始兵力报告可能加上了第32团的数字。

249. 参见德国联邦档案馆-军事档案分馆文件T311/169/I642，附录2。

250. 参见美国国家档案馆文件T78/R305/62569961-63。

251. 参见德国联邦档案馆-军事档案分馆文件RH24-32-1/I110-111。

252. 参见艾瓦尔·彼得森《义不容辞：拉脱维亚士兵——柏林最后的守卫者》（*Mums Japarnak. Latviesu Karaviri - Pedejie Berlines Aizstavji*）（拉脱维亚里加：圆圈出版社，2003年出版），第68—73页。

253. 参见美国国家档案馆文件T78/304/6255292。

254. 参见《作战报告，1945年4月1日—30日》，出自www.indianamilitary.org。

255. 参见德国联邦档案馆–军事档案分馆文件T311/169/I632–I634，附录1。

256. 这份军事研究报告可能最初计划包含两部分，但第2部分要么未能完成，要么依旧未被发现。

257. 参见《作战报告，1945年4月1日—30日》，出自www.indianamilitary.org。

258. 埃里希·伍尔夫当时被临时派往该师担任作战参谋，2月3日在拉特泽布尔/新斯德丁附近的战斗中阵亡，2月23日，希姆莱为其提交了骑士十字勋章授予申请。但直到战争结束，这一申请仍在审理中。

259. 参见美国国家档案馆文件T78/R413/6381191。

260. 参见佩里·皮里克《从列宁格勒到柏林：德国党卫军中的荷兰志愿者，1941—1945》（*From Leningrad to Berlin: Dutch Volunteers in the Service of the German Waffen-SS, 1941—1945*）（荷兰苏斯特贝赫：观点出版社，2001年出版），第57页和第64—65页。

261. 参见佩里·皮里克《从列宁格勒到柏林：德国党卫军中的荷兰志愿者，1941—1945》，第253页。

262. 参见德国联邦档案馆–军事档案分馆文件T311/167/I012，附录2。

263. 参见德国联邦档案馆–军事档案分馆文件T311/167/I031，附录2。

264. 参见德国联邦档案馆–军事档案分馆文件T311/167/I173，附录2。

265. 参见威廉·提克《忠诚的悲剧》，第231页。另参见美国国家档案馆文件RG242中维斯瓦河集团军群在1945年2月28日和3月3日的态势图。

266. 参见威廉·提克《忠诚的悲剧》，第231页。其中舍费尔战斗群由尼德兰师和北欧师的工兵营组成。

267. 参见德国联邦档案馆–军事档案分馆文件T311/167/I929，附录3。

268. 参见汉斯–海因里希·洛曼访谈稿（科尼利厄斯·瑞恩档案：第66号文件盒，第2号档案袋），第1页。

269. 参见德国联邦档案馆–军事档案分馆文件RS3–23–15/I028–30。

270. 参见德国联邦档案馆–军事档案分馆文件T311/169/858–59，附录2a。

271. 参见美国国家档案馆文件T311/169/7221230。

272. 参见德国联邦档案馆–军事档案分馆文件RS3–23–15/I124–25。

273. 本内容是科尼利厄斯·瑞恩在编写《最后一战》期间收集的。采访者注意到，洛曼的陈述很谨慎，而且事先做了充分准备。

274. 原文为“experiment”，由于没有德文采访原文，其含义尚不清楚，但笔者猜测为“不要冒险”。

275. 参见汉斯–海因里希·洛曼访谈稿，第2页。

276. 参见弗里德里希·胡泽曼《忠贞不渝：党卫军第4警察装甲掷弹兵师战史》第2卷，第475页。

277. 参见汉斯–海因里希·洛曼访谈稿，第3—5页。

278. 参见美国国家档案馆文件T175/140/2668370。

279. 参见美国国家档案馆文件T78/413/6381154，原编号为“Chefsache OKH/GenStdH/Org. Abt. Nr. 1/1425/45g.Kdos. v 1.1.45”，原标题为《部队编组》，本处信息来自1张日期为1945年4月5日的插入文件。

280. 参见美国国家档案馆文件T78/R413/6381191。

281. 参见艾伦·布兰特《最后的佛兰德斯骑士》（*The Last Knight of Flanders*）（宾夕法尼亚州阿特格伦：希弗出版社），第7页、第45页、第73—74页。

282. 参见艾伦·布兰特《最后的佛兰德斯骑士》，第212—213页。

283. 同上。

284. 参见艾伦·布兰特《最后的佛兰德斯骑士》，第214页。

285. 参见美国国家档案馆文件T175/140/2668417。

286. 参见艾伦·布兰特《最后的佛兰德斯骑士》，第223页。

287. 参见艾伦·布兰特《最后的佛兰德斯骑士》，第226页。

288. 参见德国联邦档案馆-军事档案分馆文件T311/169/I858，附录2a。

289. 参见艾伦·布兰特《最后的佛兰德斯骑士》，第228页。

290. 参见美国国家档案馆文件T78/R305/6256850。

291. 参见艾伦·布兰特《最后的佛兰德斯骑士》，第230页。

292. 此说法来自《最后的佛兰德斯骑士》一书第230页，但作者尚无法证实。

293. 参见美国国家档案馆文件T175/140/2668417。

294. 参见美国国家档案馆文件T78/413/6381154，原编号为“Chefsache OKH/GenStdH/Org. Abt. Nr. 1/1425/45g.Kdos. v 1.1.45”，原标题为《部队编组》，本处信息来自1张日期为1945年4月5日的插入文件。

295. 参见美国国家档案馆文件T78/R413/6381191。

296. 参见美国国家档案馆文件T175/140/2668417。

297. 参见威廉·提克《忠诚的悲剧》，第238页，以及《国防军公报，1939—1945》第3卷，第464页。提克在书中宣称卡佩勒的军衔为党卫军少尉，而2月27日的《国防部公报》则显示为中尉。笔者认为提克的说法可能有误。

298. 参见威廉·提克《忠诚的悲剧》，第251页。

299. 参见德国联邦档案馆-军事档案分馆文件T311/169/I497，附录1。

300. 参见德国联邦档案馆-军事档案分馆文件T311/169/I494，附录1。

301. 参见德国联邦档案馆-军事档案分馆文件T311/169/I858，附录2a。

302. 参见美国国家档案馆文件T78/305/6256850。

303. 该奖章的颁发未获确认。

304. 参见美国国家档案馆文件T78/413/6381154，原编号为“Chefsache OKH/GenStdH/Org. Abt. Nr. 1/1425/45g.Kdos. v 1.1.45”，原标题为《部队编组》，本处信息来自1张日期为1945年4月5日的插入文件。

305. 参见美国国家档案馆文件T175/R140/2668372。

306. 参见罗伯特·福布斯《为了欧洲：党卫军中的法国志愿者》（*Pour L’Europe: The French Volunteers of the Waffen-SS*）（2000年，私人出版）第5章《查理曼师的组建》，第92—114页。

307. 法兰西反布尔什维克志愿军由巴巴罗萨行动初期志愿参加反苏斗争的法国人组成，最初有800多名官兵，但到1941年10月已增加到2200多人。随后，该部队获得了第638步兵团的番号，并在11月开赴斯摩棱斯克。1941年12月，该团被第7步兵师接纳，并参加了当年对莫斯科的最后一次进攻。此后直到1944

年，该组织的成员又相继在东线各地服役。1943年底，党卫军还利用法国的志愿者组建了1个突击旅，它后来构成了党卫军第57志愿掷弹兵团的前身。到1944年夏天，自愿加入武装党卫军的法国人大约有3000人。7月，他们奉命开赴东线的加利西亚（Galicia）地区。

308. 参见罗伯特·福布斯《为了欧洲：党卫军中的法国志愿者》，第154页。

309. 参见美国国家档案馆文件T311/168/7219623。

310. 参见罗伯特·福布斯《为了欧洲：党卫军中的法国志愿者》，第185页。

311. 参见罗伯特·福布斯《为了欧洲：党卫军中的法国志愿者》，第190—191页。

312. 参见德国联邦档案馆-军事档案分馆文件T311/169/I641，附录2。

313. 参见罗伯特·福布斯《为了欧洲：党卫军中的法国志愿者》，第252—253页。

314. 参见罗伯特·福布斯《为了欧洲：党卫军中的法国志愿者》，第254页。

315. 参见罗尔夫·米凯利斯《党卫军第500/600伞兵营》，第86页脚注42。另见汉斯-马丁·施廷佩尔《荒谬，1945：一个伞兵师的组建、作战和毁灭》（*Widersinn 1945: Aufstellung, Einsatz und Untergang einer Fallschirmjägerdivision*）（哥廷根：居维利埃出版社，2003年），第38页。

316. 参见美国国家档案馆文件T311/168/7220246。

317. 参见德国联邦档案馆-军事档案分馆文件T311/169/I286，附录1。

318. 参见美国国家档案馆文件T311/168/7220242。

319. 参见德国联邦档案馆-军事档案分馆文件T311/169/I915，附录2a。

320. 参见德国联邦档案馆-军事档案分馆文件T311/169/I475，附录2。

321. 参见安东尼奥·穆诺兹《被遗忘的军团：武装党卫军鲜为人知的作战部队》，第103页。

322. 参见里奥纳德·沙普《里奥纳德·沙普在党卫军伞兵部队的日记，1943年1月14日—1945年5月3日》，第45页。

323. 参见罗尔夫·米凯利斯《党卫军第500/600伞兵营》，第92—93页，以及安东尼奥·穆诺兹《被遗忘的军团：武装党卫军鲜为人知的作战部队》，第106页。

324. 参见里奥纳德·沙普《里奥纳德·沙普在党卫军伞兵部队的日记，1943年1月14日—1945年5月3日》，第45页。

325. 参见德国联邦档案馆-军事档案分馆文件T311/169/I912，附录2a。

326. 参见德国联邦档案馆-军事档案分馆文件T311/169/I910，附录2a。

327. 参见德国联邦档案馆-军事档案分馆文件T311/167/I328，附录3。

328. 参见沃尔夫冈·施耐德《虎之战迹》第2卷，第370—371页。

329. 同上。

330. 参见德国联邦档案馆-军事档案分馆文件T311/169/I170，附录1。

331. 参见《国防军公报，1939—1945》第3卷，第529页。

332. 参见德国联邦档案馆-军事档案分馆文件T311/169/I583，附录1。

333. 参见沃尔夫冈·施耐德《虎之战迹》第2卷，第375页。

334. 参见美国国家档案馆文件T78/305/6256851。

335. 参见美国国家档案馆文件T78/305/6256850-51。

336. 参见美国国家档案馆文件T78/305/6256851。

337. 之所以单独列出党卫军第3（日耳曼）装甲军，是因为它是在波美拉尼亚陷落后唯一保留建制的军级指挥部。至于第11集团军下属的其他军级指挥部则全部被解散或重组。另外，在向包围柏林的苏军发起反击期间，该军和维斯瓦河集团军群辖下发挥了相对独立的作用。

338. 参见美国国家档案馆文件T78/645/036。

339. 参见美国国家档案馆文件T78/305/6256852。

340. 肯平在与纳粹党大区领袖埃米尔·斯图茨爆发冲突后被撤职。

341. 参见美国国家档案馆文件T78/413/6381134，原编号为“Chefsache OKH/GenStdH/Org. Abt. Nr. 1/1425/45g.Kdos. v 1.1.45”，原标题为《部队编组》；另见德国联邦档案馆-军事档案分馆文件T311/169/I630，附录1，该文件的原始标号为“Obkdo.H.Gr.Weichsel/Ia/Nr.2103/45 geh.Kdos.v.27.2.45”。

342. 参见美国国家档案馆文件T78/413/6381191。

343. 参见美国国家档案馆文件T78/304/6255568。

344. 参见美国国家档案馆文件T311/168/7220295。

345. 参见美国国家档案馆文件T78/423/6393517和德国联邦档案馆-军事档案分馆文件T311/169/I630，附录1。

346. 参见美国国家档案馆文件T78/304/6255202。

347. 参见美国国家档案馆文件T78/413/6381138，原编号为“Chefsache OKH/GenStdH/Org. Abt. Nr. 1/1425/45g.Kdos. v 1.1.45”，原标题为《部队编组》。

348. 参见美国国家档案馆文件T78/413/6381191。

349. 参见美国国家档案馆文件T78/304/6255568。

350. 参见美国国家档案馆文件T311/168/7220295。

351. 参见德国联邦档案馆-军事档案分馆文件RH26-1010-1/I76。

352. 参见德国联邦档案馆-军事档案分馆文件RH26-1010-4/I11。

353. 参见德国联邦档案馆-军事档案分馆文件RH26-1010-4/I13、RH26-1010-4/I15和RH26-1010-1/I77。

354. 参见德国联邦档案馆-军事档案分馆文件RH26-1010-4/I14。

355. 参见德国联邦档案馆-军事档案分馆文件RH26-1010-4/I18。

356. 参见美国国家档案馆文件T78/305/6256629。

357. 参见德国联邦档案馆-军事档案分馆文件RH24-31-1/I107。

358. 参见美国国家档案馆文件T78/304/6255228。

359. 参见美国国家档案馆文件T78/533/815。

360. 参见美国国家档案馆文件T78/423/6393463。

361. 参见美国国家档案馆文件T78/415/6384507。

362. 参见德国联邦档案馆-军事档案分馆文件N756-393/I258。

363. 其行动的唯一记录来自由弗拉迪斯拉夫·安德斯撰写、安东尼奥·穆诺兹编辑的《希特勒军队中的俄罗斯志愿者，1941—1945》（*Russian Volunteers in Hitler's Army 1941—1945*）（纽约：轴心欧罗巴出版社，1997年出版）一书的第32—33页。

364. 参见美国国家档案馆文件T78/413/6381191。

365. 参见美国国家档案馆文件T78/304/6254913。

366. 参见美国国家档案馆文件T78/304/6255183。

367. 参见美国国家档案馆文件T78/413/6381191。

368. 参见《国防军公报，1939—1945》第3卷，第508页；以及弗里德里希·胡泽曼《忠贞不渝：党卫军第4警察装甲掷弹兵师战史》第2卷，第543—550页。

369. 参见德国联邦档案馆-军事档案分馆文件RH24-32-1/l110。

370. 参见德国联邦档案馆-军事档案分馆文件RH24-32-1/l117。

371. 参见德国联邦档案馆-军事档案分馆文件RH24-32-1/l141。

372. 参见德国联邦档案馆-军事档案分馆文件RH26-1010-3/l008和RH26-1010-1/l010。

373. 参见德国联邦档案馆-军事档案分馆文件RH26-1010-1/l001。

374. 参见德国联邦档案馆-军事档案分馆文件RH26-1010-1/l00-10。

375. 参见德国联邦档案馆-军事档案分馆文件RH26-1010-1/l19。

376. 参见德国联邦档案馆-军事档案分馆文件RH26-1010-1/l28。

377. 参见德国联邦档案馆-军事档案分馆文件RH26-1010-1/l19-23。

378. 参见美国国家档案馆文件T78/413/6381191。

379. 参见美国国家档案馆文件T78/304/6255583-84。

380. 参见美国国家档案馆文件T78/305/6256281-82。

381. 参见弗朗茨-鲁道夫·齐尔姆《斯德丁要塞和驻军史》，第185页。

382. 参见美国国家档案馆文件T78/305/6256905。

383. 参见弗朗茨-鲁道夫·齐尔姆《斯德丁要塞和驻军史》，第187页。

384. 参见弗朗茨-鲁道夫·齐尔姆《斯德丁要塞和驻军史》，第191页。

385. 参见德国联邦档案馆-军事档案分馆文件T311/169/448-49，附录1。

386. 参见德国联邦档案馆-军事档案分馆文件T311/169/l1014-22，附录3。

387. 参见《德国预备军资料补充，1945年5月》，第12页。

388. 参见美国国家档案馆文件T78/413/6381156，原编号为“Chefsache OKH/GenStdH/Org. Abt. Nr. 1/1425/45g.Kdos. v 1.1.45”，原标题为《部队编组》，本处信息来自1张日期为1945年4月5日的插入文件。

389. 参见美国国家档案馆文件T78/R413/6381194。

390. 参见美国国家档案馆文件T78/529/859。

391. 参见德国联邦档案馆-军事档案分馆文件T311/167/l063，附录2。

392. 参见阿道夫·雷尼克《第5猎兵师战史》（*Die 5.Jäger-Division*）（德国埃戈尔斯海姆：多夫勒出版社，2003年出版），第348页。

393. 参见德国联邦档案馆-军事档案分馆文件T311/169/l510，附录1。该报告是3月15日由维斯瓦河集团军群训练参谋编写的。

394. 参见美国国家档案馆文件T311/170/7222712-13。在原作战日志中并未注明日期，但具体时间很可能是3月12日至15日之间。

395. 参见美国国家档案馆文件T311/169/7221230。

396. 参见德国联邦档案馆-军事档案分馆文件T311/169/I858，附录2a。

397. 参见德国联邦档案馆-军事档案分馆文件T311/169/I1069-70。该文件是一份落款为1945年4月5日的视察报告，由集团军群训练参谋韦伯少校于4月3日视察第3装甲集团军南翼和第9集团军北翼之后撰写。

398. 参见阿道夫·雷尼克《第5猎兵师战史》，第359页。

399. 参见美国国家档案馆文件T78/413/6381125，原编号为“Chefsache OKH/GenStdH/Org. Abt. Nr. 1/1425/45g.Kdos. v 1.1.45”，原标题为《部队编组》，本处信息来自1张日期为1945年4月5日的插入文件。

400. 参见美国国家档案馆文件T78/413/6381194。

401. 参见美国国家档案馆文件T78/645/981。

402. 参见美国国家档案馆文件T78/645/649。该文件的原始编号为“OKH/GenStdH/Op ABT I/ Nr. 3485/45 g.Kdos. 22.3.45.”。

403. 参见弗里茨-鲁道夫·阿弗尔迪克的日记副本（所有人为“Vf.”）。

404. 同上。

405. 参见弗里茨-鲁道夫·阿弗尔迪克《第90步兵（装甲掷弹兵）团战史：最后一幕——第90装甲掷弹兵团在1945年的战争中》（*Geschichte des Infanterie (Panzergrenadier)- Regiments 90: Letzte Folge: Das Panzergrenadier-Regiment 90 im Kriegsjahr 1945*）（基尔，1996年出版），第23页。

406. 参见弗里茨-鲁道夫·阿弗尔迪克《第90步兵（装甲掷弹兵）团战史：最后一幕——第90装甲掷弹兵团在1945年的战争中》，第24页。

407. 参见托尼·勒蒂西埃《朱可夫在奥得河畔：柏林的决战》，第148—149页,以及弗里茨-鲁道夫·阿弗尔迪克《第90步兵（装甲掷弹兵）团战史：最后一幕——第90装甲掷弹兵团在1945年的战争中》，第26—27页。

408. 参见弗里茨-鲁道夫·阿弗尔迪克《第90步兵（装甲掷弹兵）团战史：最后一幕——第90装甲掷弹兵团在1945年的战争中》，第27页。

409. 参见弗里茨-鲁道夫·阿弗尔迪克《第90步兵（装甲掷弹兵）团战史：最后一幕——第90装甲掷弹兵团在1945年的战争中》，第31—32页。

410. 参见美国国家档案馆文件T78/413/638118，原编号为“Chefsache OKH/GenStdH/Org. Abt. Nr. I/1425/45 g.Kdos. v 1.1.45”，标题为《部队编组》，本信息来自于1张插入的无日期文件，根据推测，这一调整可能是在1945年4月5日做出的。

411. 参见美国国家档案馆文件T78/305/6255929。

412. 参见德国联邦档案馆-军事档案分馆文件RH10-158/I125。

413. 参见德国联邦档案馆-军事档案分馆文件RH10-158/I124。

414. 参见卡门·尼文金《救火队：德国装甲师，1943—1945》，第486页，以及美国国家档案馆文件RG242中维斯瓦河集团军群在1945年2月8日的作战态势图。

415. 参见德国联邦档案馆-军事档案分馆文件RH10-158/I154。

416. 参见美国国家档案馆文件T78/529/1018。

417. 参见德国联邦档案馆-军事档案分馆文件RH10-158/I146。

418. 参见德国联邦档案馆-军事档案分馆文件RH10-158/I147。

419. 参见美国国家档案馆文件T78/305/6256558。

420. 参见美国国家档案馆文件T78/413/6381125，原编号为“Chefsache OKH/GenStdH/Org. Abt. Nr. I/1425/45 g.Kdos. v 1.1.45”，标题为《部队编组》，本处信息来自1张日期为1945年4月5日的插入文件。

421. 参见美国国家档案馆文件T78/R413/6381194。

422. 根据一份编号为“OKH/GenStdH/OpAbt I, Nr. 450052/45 g.Kdos.Chefs.”的文件，该师最初在1月28日奉命开赴屈斯特林。其情况可参见美国国家档案馆文件T78/R305/6255946。

423. 参见威廉·施罗德《第25师战史》（*Die Geschichte der 25.Division*）（德国：私人出版，1980年出版），第78页。

424. 参见威廉·施罗德《第25师战史》，第82页。

425. 参见德国联邦档案馆-军事档案分馆文件T311/167/I265，附录2。

426. 参见威廉·施罗德《第25师战史》，第84页；汉斯-乌尔里希·鲁德尔《斯图卡飞行员》（*Stuka Pilot*）（纽约州纽约市：班坦图书公司，1979年出版），第242—243页；《国防军公报，1939—1945》第3卷，第439页。

427. 参见德国联邦档案馆-军事档案分馆文件T311/167/I323，附录3；威廉·施罗德《第25师战史》，第84页。

428. 参见威廉·施罗德《第25师战史》，第84页。

429. 参见威廉·施罗德《第25师战史》，第85—86页。

430. 参见威廉·施罗德《第25师战史》，第86页。

431. 参见威廉·施罗德《第25师战史》，第87页。

432. 参见威廉·施罗德《第25师战史》，第88页。

433. 参见威廉·施罗德《第25师战史》，第89页。

434. 参见威廉·施罗德《第25师战史》，第89—90页。

435. 参见威廉·施罗德《第25师战史》，第96页。

436. 参见德国联邦档案馆-军事档案分馆文件RH10-185/I107。

437. 参见威廉·施罗德《第25师战史》，第99—100页。

438. 参见德国联邦档案馆-军事档案分馆文件T311/169/58417《3月的战斗兵力》。

439. 参见德国联邦档案馆-军事档案分馆文件T311/169/I759，附录2a。

440. 参见德国联邦档案馆-军事档案分馆文件T311/169/I819，附录2a。原文件中将该部队称为第33装甲掷弹兵团，但显然有误，因为第25装甲掷弹兵师并没有这一单位，其显然指的是第35装甲掷弹兵团。

441. 参见德国联邦档案馆-军事档案分馆文件T311/169/I885，附录2a。

442. 参见威廉·施罗德《第25师战史》，第105页。

443. 参见德国联邦档案馆-军事档案分馆文件N756-393/I064，即汉斯-维尔纳·克莱门特博士给沃尔夫冈·沃珀萨尔的信，信件落款为1976年5月8日。

444. 参见德国联邦档案馆-军事档案分馆文件T311/169/I858，附录2a。

445. 参见德国联邦档案馆-军事档案分馆文件RH10-185/I111。

446. 参见德国联邦档案馆-军事档案分馆文件RH10-185/I115。

447. 参见美国国家档案馆文件T78/415/6383941。即陆军最高司令部作战处的第6239/45号命令。

448. 参见德国联邦档案馆-军事档案分馆文件N56-393/I57-58，该文件是一篇来自《老战友》(*Alte Kameraden*)杂志的文章，题为《没有回音的电台车队》(*Funkstelle Tross antwortet nicht*)。

449. 本处信息来自《老战友》杂志1973年第1期的一篇文章，题为《终点在库纳斯多夫》(*Bei Kunersdorf kam das Ende*)。

450. 参见德国联邦档案馆-军事档案分馆文件N56-393/I292-93。该文件是一篇来自《老战友》杂志的文章，题为《最后一局开始：跟随第119团第2营在泽劳高地的经历，1945年4月》(*So began die letzte Runde: Beim II./119 auf den Seelower Hohen im April 1945*)。

451. 参见威廉·施罗德《第25师战史》，第119—120页。

452. 参见威廉·施罗德《第25师战史》，第124页。

453. 参见威廉·施罗德《第25师战史》，第128页。

454. 参见德国联邦档案馆-军事档案分馆文件T78/R304/6255174。

455. 参见威廉·施罗德《第25师战史》，第129页。

456. 参见威廉·施罗德《第25师战史》，第130-133页。

457. 参见威廉·施罗德《第25师战史》，第133页。

458. 参见威廉·施罗德《第25师战史》，第135—136页。

459. 参见德国联邦档案馆-军事档案分馆文件N756-393/I62，即汉斯-维尔纳·克莱门特(Hans-Werner Klement)博士给沃尔夫冈·沃珀萨尔的信，信件落款为1976年4月25日。

460. 参见美国国家档案馆文件T78/413/6381144，原编号为“Chefsache OKH/GenStdH/Org. Abt. Nr. 1/1425/45g.Kdos. v 1.1.45”，原标题为《部队编组》，本处信息来自1张日期为1945年4月5日的插入文件。

461. 参见美国国家档案馆文件T78/413/6381194。

462. 参见美国国家档案馆文件T78/530/042。

463. 参见美国国家档案馆文件T78/645/879，即1945年4月2日元首指示纪要。

464. 参见美国国家档案馆文件T78/305/6255856。

465. 参见美国国家档案馆文件T78/645/747。

466. 参见美国国家档案馆文件T78/304/6255457。

467. 同上，以及德国联邦档案馆-军事档案分馆文件T311/169/I574，附录2。

468. 参见美国国家档案馆文件T78/413/6381149，原编号为“Chefsache OKH/GenStdH/Org. Abt. Nr. 1/1425/45g.Kdos. v 1.1.45”，原标题为《部队编组》，本处信息来自1张日期为1945年4月5日的插入文件。

469. 参见美国国家档案馆文件T78/413/6381194。

470. 参见美国国家档案馆文件T78/423/693665-66。

471. 参见美国国家档案馆文件RG242，维斯瓦河集团军群在1945年4月8日的作战态势图。

472. 参见德国联邦档案馆-军事档案分馆文件N756-393/I206-10。

473. 同上。

474. 同上。

475. 同上。

476. 参见德国联邦档案馆-军事档案分馆文件T311/169/I584，附录1。

477. 第286步兵师1944年12月17日组建，原隶属于中央集团军群。根据一份编号为“Nr. I/21 265/44 g.Kdos.”的文件，该师将在1945年1月1日完成战斗准备。第286步兵师由第286警戒师改编而来，下属单位包括第926掷弹兵团、第927掷弹兵团、第931掷弹兵团、第286炮兵团、第286通信营、第286野战补充营和第1286装甲歼击连（装备突击炮）组成，详情可参见美国国家档案馆文件T78/533/256-57。1945年1月至3月，该师在东普鲁士作战，随后遭到歼灭。虽然其残部（或师部）确实可能从海路返回国内，并接管维斯瓦河集团军群旗下的拉格纳师，但目前第一手资料中尚未发现支持这种猜想的证据。因此，陆军最高司令部很可能是简单地更改了拉格纳师的番号。

478. 参见美国国家档案馆文件T78/304/6255203。

479. 参见赫尔穆特·塞弗特《1945年与猎鹰团（即党卫军狐穴特别团）共同作战的回忆》，第156—160页。

480. 参见美国国家档案馆文件T78/413/6381150，原编号为“Chefsache OKH/GenStdH/Org. Abt. Nr. 1/1425/45g.Kdos. v 1.1.45”，原标题为《部队编组》，本处信息来自1张日期为1945年4月5日的插入文件。

481. 参见美国国家档案馆文件T78/413/6381194。

482. 参见美国国家档案馆文件T78/R398/6367853-56。

483. 参见美国国家档案馆文件T78/533/123。

484. 参见德国联邦档案馆-军事档案分馆文件T311/169/I584，附录1。

485. 参见德国联邦档案馆-军事档案分馆文件T311/169/I819，附录2a。

486. 参见美国国家档案馆文件T78/413/6381150，原编号为“Chefsache OKH/GenStdH/Org. Abt. Nr. 1/1425/45g.Kdos. v 1.1.45”，原标题为《部队编组》，本处信息来自1张日期为1945年4月5日的插入文件。

487. 参见美国国家档案馆文件T78/413/6381194。

488. 参见美国国家档案馆文件T78/533/125。

489. 参见德国联邦档案馆-军事档案分馆文件T311/169/I584，附录1。

490. 参见美国国家档案馆文件T78/304/6255373。

491. 参见美国国家档案馆文件T78/413/6381194。

492. 参见美国国家档案馆文件T78/413/6381179，原编号为“Chefsache OKH/GenStdH/Org. Abt. Nr. 1/1425/45g.Kdos. v1.1.45”，原标题为《部队编组》。

493. 参见德国联邦档案馆-军事档案分馆文件T311/169/I584，附录1。

494. 参见美国国家档案馆文件T78/413/6381150，原编号为“Chefsache OKH/GenStdH/Org. Abt. Nr. 1/1425/45g.Kdos. v 1.1.45”，原标题为《部队编组》，本处信息来自1张日期为1945年4月5日的插入文件。

495. 参见美国国家档案馆文件T78/413/6381194。

496. 参见德国联邦档案馆-军事档案分馆文件T311/169/I584，附录1。

497. 参见美国国家档案馆文件T78/423/6393641-50。

498. 参见美国国家档案馆文件T311/169/7221854。

499. 参见美国国家档案馆文件T78/413/6381125，原编号为“Chefsache OKH/GenStdH/Org. Abt. Nr. 1/1425/45g.Kdos. v 1.1.45”，原标题为《部队编组》，本处信息来自1张日期为1945年4月5日的插入文件。另外，根据美国国家档案馆文件T78/533/125，各营都是按照45年型装甲掷弹兵营的标准组建的。

500. 参见美国国家档案馆文件T78/413/6381194。

501. 参见美国国家档案馆文件T78/533/125。

502. 勃兰登堡装甲团第1营组建于1945年1月21日，原为第26装甲团第1营。但该营并未加入原上级单位——勃兰登堡装甲掷弹兵师，而是最终加入了第9集团军辖下的库尔马克装甲掷弹兵师。该营最初由45辆豹式坦克组成，并在战争结束前一直保留着勃兰登堡番号。2月底，德军还下令组建勃兰登堡装甲团第2营，但这一计划从未落实。参见卡门·尼文金《救火队：德国装甲师，1943—1945》，第615和619页。

503. 参见美国国家档案馆文件T78/645/026，以及赫尔穆特·斯帕特《大德意志装甲军战史》第2卷，第213—222页。斯帕特在其著作中对库尔马克装甲掷弹兵师的作战历程提供了清晰简练又不乏细节的介绍。

504. 参见德国联邦档案馆-军事档案分馆文件T311/167/I228-30，附录2。

505. 参见德国联邦档案馆-军事档案分馆文件T311/167/I389，附录3。

506. 参见赫尔穆特·斯帕特《大德意志装甲军战史》第2卷，第274页。

507. 参见赫尔穆特·斯帕特《大德意志装甲军战史》第2卷，第285页。

508. 博登穆勒的叙述最初由轴心欧罗巴出版社在2004年—2005年出版，分为上下两卷。但在该书付梓之后，一些新研究显示，其中的很多内容都站不住脚。首先，博登穆勒从未在勃兰登堡装甲掷弹兵师服役，其所在的单位实际是库尔马克师下辖的勃兰登堡装甲团（第1营）。这不免让人怀疑第2卷中记录的真实性。其次，他在2月—3月的一些叙述也有很多疑点，尤其是自称的各种英勇表现，以及被推荐授予德意志金质十字奖章一事。博登穆勒保存的原始颁奖证书显示，他在3月底获得了一级铁十字勋章，而所在单位则是库尔马克装甲掷弹兵师，但在回忆录中，他却宣称自己在中央集团军群服役。另外，其两卷回忆录也有许多失实之处，其中3月—4月跟随勃兰登堡装甲掷弹兵师作战的部分很可能是虚构的（博登穆勒从未随该师一同行动）。最后值得一提的是美国国家档案馆文件T78/415/6383941中一份编号为“Nr 6239/45 from OKH/Gen St d H/Op.Abt.”的命令，其中要求勃兰登堡装甲团第4连（即博登穆勒所在的连队）在4月14日脱离库尔马克装甲掷弹兵师，从温斯多夫前往明谢贝格地区。显然，第4连不可能同时出现在两个地方，博登穆勒必然不可能在勃兰登堡装甲掷弹兵师服役。基于上述事实，本书决定只引用其回忆录中得到核实的部分——莱特宛凸地附近的战斗。

509. 原始记录中将这座城镇称为利茨曼施塔特（Litzmannstadt），即今天波兰的罗兹（Rodz）。虽然勃兰登堡装甲掷弹兵师确实曾在1945年1月部署在当地，但在2月初，博登穆勒所在的勃兰登堡装甲团正位于林登多夫（Lindendorf）和哈特诺一带，即莱特宛镇的正西面。这显然是由于某种原因导致的误记。

510. 参见赫尔穆特·斯帕特《大德意志装甲军战史》第2卷，第288页。

511. 参见美国国家档案馆文件T311/168/7220040。3月5日，该营再次被围，而且希特勒严格禁止他们放弃阵地。但在几天后，村镇内的军官候补生仍在库尔马克装甲掷弹兵师的协助下突围而出，但被迫丢下所有伤员。关于这次战斗的详情可参见赫尔穆特·斯帕特《大德意志装甲军战史》第2卷，第305—306页。

512. 参见赫尔穆特·斯帕特《大德意志装甲军战史》第2卷，第288—292页。按照斯帕特的说法，这次反击是戈培尔直接命令的，目标是为了夺回莱布斯，并转移走腓特烈皇帝博物馆（Kaiser Friedrich

Museum）存放在当地的东亚藏品。

513. 参见德国联邦档案馆-军事档案分馆文件T311/169/584，3月17日的战斗兵力。

514. 参见赫尔穆特·斯帕特《大德意志装甲军战史》第2卷，第305—309页。

515. 参见上文中的表格——维斯瓦河集团军群的坦克和突击炮数量，4月15日。

516. 参见美国国家档案馆文件T78/413/6381120，原编号为“Chefsache OKH/GenStdH/Org. Abt. Nr. 1/1425/45g.Kdos. v 1.1.45”，原标题为《部队编组》，本处信息来自1张日期为1945年4月5日的插入文件。

517. 参见美国国家档案馆文件T78/413/6381194。

518. 参见美国国家档案馆文件T78/423/I6393493-96。根据陆军最高司令部组织处1945年3月20日的一份文件，明谢贝格装甲营最初名为库默斯多夫装甲营，但在文件中被改为此名。4月初，根据一份编号为“Gen.Insp.d.Pz.Tr./Org.I Nr. 1 1747/45 g. v.12.4.”的文件，该营被改编为团，并下辖2个装甲营，即第1营（原库默斯多夫装甲营）和第2营（原第29装甲团第1营），详情可参见美国国家档案馆文件T78/415/6383825。但在4月完成改编之前，其始终只有1个营的规模。

519. 参见美国国家档案馆文件T78/645/933。

520. 参见美国国家档案馆文件T78/645/934。

521. 参见德国联邦档案馆-军事档案分馆文件T311/169/584《3月17日的战斗兵力》。

522. 在第1卷中，按照海因里齐的说法，在这次反击中，明谢贝格师损失了2个营（参见《奥得河前线1945》第1卷第8章）。但其他研究表明，这些部队是在苏军最初的进攻中被切断的，并不是在后来发起反击期间。

523. 参见托尼·勒蒂西埃《朱可夫在奥得河畔：柏林的决战》，第86页。这段记录来自佐贝尔给勒蒂西埃的信，相关的记录笔者只找到了一份。另一方面，陆军部第20—269号单行本（Department of the Army Pamphlet No. 20-269）《德军在俄国战役中的小分队行动》（*Small Unit Actions during the German Campaign in Russia*）（陆军部，1953年7月出版）第125—128页却提供了一份稍有不同的描述——记录者可能是一位德国老兵。其中的主要差异是该营虎式坦克最初的就位地点。其中勒蒂西埃的说法可能更为正确。

524. 参见卡门·尼文金《救火队：德国装甲师，1943—1945》，第737页。

525. 参见美国国家档案馆文件T78/415/6383825。

526. 参见上文中的表格——维斯瓦河集团军群的坦克和突击炮数量，4月15日。

527. 参见赫尔穆特·塞弗特《1945年与猎鹰团（即党卫军狐穴特别团）共同作战的回忆》，第7—10页、第34—38页。

528. 参见美国国家档案馆文件T78/423/6393579-80。

529. 参见美国国家档案馆文件T78/423/6393581。

530. 参见美国国家档案馆文件T311/170/7222192-197。

531. 参见弗朗茨·库洛夫斯基《突击炮前进！突击炮在前线》，第187—188页。对于该单位的结局，库洛夫斯基的记录非常混乱，并给出了两种不同的说法，书中提到的瓦格纳战斗群（Kampfgruppe Wagner）也没有在维斯瓦河集团军群的作战日志上有任何记载。

532. 参见维斯瓦河集团军群1945年4月8日的作战态势图。

533. 参见德国联邦档案馆-军事档案分馆文件N756/78c/I52《维斯瓦河集团军群1945年4月11日至1945年4月30日的战斗历程》，以及《国防军公报，1939—1945》第3卷，第544页。

534. 参见美国国家档案馆文件T78/R413/6381194。

535. 参见美国国家档案馆文件T78/533/924-29。

536. 参见德国联邦档案馆-军事档案分馆文件T311/168/7219732。

537. 参见德国联邦档案馆-军事档案分馆文件T311/169/I584，附录1。

538. 值得一提的是，在调入希姆莱的参谋部之前，埃伯哈德·金策尔便指挥过第337国民掷弹兵师。如前所述，该师的前身是被歼灭的第337步兵师，后来残部被重组，成为第391步兵师，不久又再度改名为第337国民掷弹兵师。

539. 参见美国国家档案馆文件T78/413/6381166，原编号为“Chefsache OKH/GenStdH/Org. Abt. Nr. 1/1425/45g.Kdos. v 1.1.45”，原标题为《部队编组》，本处信息来自1张日期为1945年4月5日的插入文件。

540. 参见美国国家档案馆文件T78/413/6381194。

541. 参见德国联邦档案馆-军事档案分馆文件T311/167/I663，附录3。

542. 参见格德·瓦格纳《第9伞兵师在波美拉尼亚、勃兰登堡和柏林的战斗》（*Die 9.Fallschirmjagerdivision in Kampf am Pommern, Mark Brandenburg, und Berlin*）（未出版手稿），第3页，出自德国联邦档案馆-军事档案分馆文件N756-393。

543. 参见格拉尔德·拉姆《上帝与我们同在：勃兰登堡与柏林之战的回忆》（*“Gott Mit Uns:” Kriegserlebnisse aus Brandenburg und Berlin*）（沃尔特斯多夫：格拉尔德·拉姆出版社，2007年出版），第192页；汉斯-马丁·施廷佩尔《荒谬，1945：一个伞兵师的组建、作战和毁灭》，第35页。

544. 参见格德·瓦格纳《第9伞兵师在波美拉尼亚、勃兰登堡和柏林的战斗》，第4页；托尼·勒蒂西埃《朱可夫在奥得河畔：柏林的决战》，第127页；汉斯-马丁·施廷佩尔《荒谬，1945：一个伞兵师的组建、作战和毁灭》，第38页。

545. 参见格德·瓦格纳《第9伞兵师在波美拉尼亚、勃兰登堡和柏林的战斗》，第7页。

546. 参见美国国家档案馆文件T78/304/6255488和T78/304/6255548，以及格德·瓦格纳《第9伞兵师在波美拉尼亚、勃兰登堡和柏林的战斗》，第6—7页。

547. 参见美国国家档案馆文件T311/168/7219998-99。

548. 参见德国联邦档案馆-军事档案分馆文件T311/169/I858-59，附录2a。

549. 参见美国国家档案馆文件T78/304/6255373。

550. 参见格德·瓦格纳《第9伞兵师在波美拉尼亚、勃兰登堡和柏林的战斗》，第1—21页。

551. 参见理查德·兰德威尔《党卫军第5山地军和第32一月三十日装甲掷弹兵师在奥得河前线，1945》（*V. SS Mountain Corps and 32nd SS Panzer Grenadier Division 30 Januar on the Oder Front, 1945*）（俄勒冈州布鲁金斯：胜利符号出版社，1991年出版），第16—17页。

552. 参见赫尔穆特·塞弗特《1945年与猎鹰团（即党卫军狐穴特别团）共同作战的回忆》，第96—102页。

553. 参见赫尔穆特·塞弗特《1945年与猎鹰团（即党卫军狐穴特别团）共同作战的回忆》，第19—23页。

554. 参见赫尔穆特·塞弗特《1945年与猎鹰团（即党卫军狐穴特别团）共同作战的回忆》，第3—7页。这段记录表明，苏军战线上有许多漏洞，零星士兵如果能避开苏军，就可以穿过柏林周围的林区，成功抵达西方。

555. 参见美国国家档案馆文件T78/413/6381154，原编号为“Chefsache OKH/GenStdH/Org. Abt. Nr. 1/1425/45g.Kdos. v 1.1.45”，原标题为《部队编组》，本处信息来自1张日期为1945年4月5日的插入文件。

556. 参见美国国家档案馆文件T78/R413/6381194。

557. 该团并不在该师的最初建制内，而是由贝克尔战斗群（Kampfgruppe Becker，即党卫军第88志愿掷弹兵团第1营）、党卫军第34警察团的1个营，以及各种陆军和国民突击队单位（即党卫军第88志愿掷弹兵团第2营）组合而成。其中，贝克尔战斗群的人员来自阿罗尔森（Arolsen）党卫军经济和行政勤务学校（SS-Fuhrerschule des Wirtschafts und Verwaltungsdienstes）的900名官兵，指挥官贝克尔（Becker）少校则是该学校的战术教官。详情可参见德国联邦档案馆-军事档案分馆文件T311/169/I726-27，附录2。

558. 参见罗尔夫·米凯利斯《党卫军第32一月三十日志愿掷弹兵师》（*The 32nd SS-Freiwilligen-Grenadier-Division 30. Januar*）（宾夕法尼亚州阿特格伦：希弗出版社，2008年出版），第15页。

559. 参见德国联邦档案馆-军事档案分馆文件T311/167/I440，附录3。

560. 参见罗尔夫·米凯利斯《党卫军第32一月三十日志愿掷弹兵师》，第31页。

561. 参见罗尔夫·米凯利斯《党卫军第32一月三十日志愿掷弹兵师》，第32页。

562. 参见罗尔夫·米凯利斯《党卫军第32一月三十日志愿掷弹兵师》，第33页。

563. 参见罗尔夫·米凯利斯《党卫军第32一月三十日志愿掷弹兵师》，第34页。

564. 参见罗尔夫·米凯利斯《党卫军第32一月三十日志愿掷弹兵师》，第66—67页。指挥层的频繁轮换显然削弱了该师的战斗力。

565. 本记录来自陆军部第20—269号单行本《德军在俄国战役中的小分队行动》，第231—235页。

566. 参见罗尔夫·米凯利斯《党卫军第32一月三十日志愿掷弹兵师》，第37页。

567. 参见德国联邦档案馆-军事档案分馆文件T311/169/I584《3月17日的战斗兵力》。

568. 参见罗尔夫·米凯利斯《党卫军第32一月三十日志愿掷弹兵师》，第37页。

569. 参见美国国家档案馆文件T78/304/6255373。

570. 参见罗尔夫·米凯利斯《党卫军第32一月三十日志愿掷弹兵师》，第45页。

571. 参见罗尔夫·米凯利斯《党卫军第32一月三十日志愿掷弹兵师》，第23—28页。

572. 参见罗尔夫·米凯利斯《党卫军第32一月三十日志愿掷弹兵师》，第41-43页。

573. 参见罗尔夫·米凯利斯《党卫军第32一月三十日志愿掷弹兵师》，第59页。

574. 参见罗尔夫·米凯利斯《党卫军第32一月三十日志愿掷弹兵师》，第65页。

575. 参见沃尔夫冈·施耐德《帝国之虎》（*Das Reich Tigers*）（加拿大温尼伯：J.J.费多罗维茨出版社，2006年出版），第258页。

576. 参见沃尔夫冈·施耐德《帝国之虎》，第263页。

577. 参见沃尔夫冈·施耐德《虎之战迹》第2卷，第334—336页。

578. 罗布迈尔之前曾在布尔格突击炮学校接受指挥官训练，后来被派往在党卫军亚诺维采突击炮学校担任教官，不久又被任命为党卫军第15（拉脱维亚第1）武装掷弹兵师突击炮连连长。

579. 参见雅各布·罗布迈尔《党卫军第15装甲歼击（追猎者）连，暨党卫军第561（特别）装甲歼击营》[*SS-Pz.Jäger (Hetzer) Kp. 15, spatter SS-Jgd.Pz.Abtl. 561 (zbV)*]（无日期）。

580. "蒙古人"是一种带种族主义色彩的说法，指的是中亚各地招募到的苏军人员。

581. 在从奥得河前线撤退期间，豪克尔特多次率领追猎者投入激战，多次挫败苏军坦克部队的危险突破，并凭借这一关键作用，使身陷重围的步兵部队得以向西撤退。在德意志金质十字奖章的基础上，他被提名授予骑士十字勋章。豪克尔特在1945年4月末被子弹击中，并在野战医院再次受重伤，根本不知道自己在1945年4月28日获得了骑士十字勋章一事。

582. 参见美国国家档案馆文件T78/413/6381154，原编号为"Chefsache OKH/GenStdH/Org. Abt. Nr. 1/1425/45g.Kdos. v 1.1.45"，原标题为《部队编组》，本处信息来自1张日期为1945年4月5日583. 参见美国国家档案馆文件T78/413/6381194。

584. 对于德军中由苏联公民组成的部队，其历史可谓纷繁复杂。早在1942年，德军便开始使用前苏联战俘，并组建了俄罗斯国家解放军和很多由当地哥萨克组成的单位。但是，由于纳粹奉行的种族观念，德国并没有全面动员当地部队与苏军作战，另外，陆军和党卫军的纠纷也影响了这种部队的组建。

585. 希姆莱一直希望将这场所谓的解放运动和弗拉索夫纳入自己的势力范围，但第600步兵师（即弗拉索夫部队）仍然是一支陆军部队。也正是因此，他又于1945年1月1日下令在格拉芬沃尔（Grafenwöhr）训练场组建了党卫军（白俄罗斯）第1武装掷弹兵旅。详情可参见美国国家档案馆文件T175/140/2668432-33。另外值得一提的是布罗尼斯拉夫·卡明斯基的命运，1944年夏天，由于镇压华沙起义的战斗中拒绝服从命令，卡明斯基后来和部分参谋人员一道被希姆莱下令枪毙。

586. 参见美国国家档案馆文件T78/533/804。

587. 参见弗拉迪斯拉夫·安德斯《希特勒军队中的俄罗斯志愿者，1941—1945》，第54页。

588. 参见凯瑟琳·安德烈耶夫《弗拉索夫与俄罗斯解放运动：苏联版本的真相与流亡者的说辞》（*Vlasov and the Russian Liberation Movement: Soviet Reality and Emigré Theories*）（剑桥：剑桥大学出版社，1987年出版），第71页。

589. 参见美国国家档案馆文件T311/168/7219938。

590. 参见美国国家档案馆文件T78/645/938。

591. 参见美国国家档案馆文件T78/305/6256149和参见德国联邦档案馆-军事档案分馆文件T311/169/I631，附录2。

592. 参见凯瑟琳·安德烈耶夫《弗拉索夫与俄罗斯解放运动：苏联版本的真相与流亡者的说辞》，第71页。

593. 参见美国国家档案馆文件T78/415/6383995。

594. 参见于尔根·托尔瓦尔德《幻影：希特勒军队中的苏军士兵》（*The Illusion: Soviet Soldiers in Hitler's Armies*）（纽约：哈科特-布雷斯-乔万诺维奇出版社，1975年出版），第267页。

595. 参见美国国家档案馆文件T78/305/6256577。

596. 参见美国国家档案馆文件T78/305/6256749。

597. 参见美国国家档案馆文件T78/305/6256422。

598. 苏联当局曾发布命令，要求部队决不俘虏该师的人员，并宣称弗拉索夫的部下甚至不值得浪费子弹，而是应该直接打死，并践踏其尸首。其详情参见阿拉斯泰尔·诺博尔《纳粹统治和苏军在德国东部的进攻，1944-1945：至暗时刻》，第144页。

599. 参见德国联邦档案馆-军事档案分馆文件N756-393/I311。

600. 布朗布瓦是斯德丁人，战争爆发时在驻斯德丁的第5步兵团服役，后来参加过在法国和苏联的战斗。1944年9月7日，布朗布瓦在受伤后获得骑士十字勋章，以表彰他在指挥第12装甲师第25装甲掷弹兵团第1营期间的表现。经过一段时间的康复，他在1945年1月来到维斯瓦河集团军群，并担任希姆莱的副官。也正是上述经历，让他在离开集团军群司令部后接管了这支党卫军装甲部队。

601. 参见德国联邦档案馆-军事档案分馆文件N756-393/I139，N756-393/I140和N756-393/I149。

602. 参见德国联邦档案馆-军事档案分馆文件N756-393/I311。

603. 参见托尼·勒蒂西埃《朱可夫在奥得河畔：柏林的决战》，第91页。

604. 参见安东尼奥·穆诺兹《被遗忘的军团：武装党卫军鲜为人知的作战部队》，第122页。

605. 参见安东尼奥·穆诺兹《被遗忘的军团：武装党卫军鲜为人知的作战部队》，第126页。

606. 参见德国联邦档案馆-军事档案分馆文件N756-39/I318。

607. 参见德国联邦档案馆-军事档案分馆文件N756-39/I414。

608. 参见美国国家档案馆文件T78/413/6381194。

609. 参见德国联邦档案馆-军事档案分馆文件T311/169/584《3月17日的战斗兵力》。

610. 参见美国国家档案馆文件T78/529/793。

611. 参见沃尔夫冈·布韦尔特撰写的《奥得河畔法兰克福要塞：一座城市在战争末期的经历》（*Festung Frankfurt (Oder): eine Stadt am Kriegsende*）一文，该文章出自维尔纳·斯坦格编辑的《勃兰登堡在1945年》（*Brandenburg im Jahr 1945*）（波茨坦：勃兰登堡州立政治教育中心，1995年）一书。本处引述的内容主要来自该书的第36页和第46页。

612. 参见维尔纳·斯坦格《勃兰登堡在1945年》，第53页。

613. 参见维尔纳·斯坦格《勃兰登堡在1945年》，第62页。

614. 参见维尔纳·斯坦格《勃兰登堡在1945年》，第71页。

615. 参见维尔纳·斯坦格《勃兰登堡在1945年》，第72页。

616. 参见德国联邦档案馆文件WF-03/5084，第966—967页。本处内容转引自弗里茨·科拉泽撰写的《1945，屈斯特林崩塌时》（*1945 – Als Küstrin in Trümmer sank*）（法兰克福：铬胶版印刷公司，2006年出版）。

617. 参见托尼·勒蒂西埃《屈斯特林之围：通往柏林的门户》，第84页。

618. 直到发现大规模屠杀只会帮助波兰抵抗运动之后，赖涅法尔特的下属指挥官、党卫队高级地区总队长埃里希·巴赫-泽列夫斯基才修改了命令，允许将妇女和儿童关押起来，并送往集中营。在此之前，赖涅法尔特的部下创造了当时的单日屠杀记录，其血腥程度甚至能与1941年9月在基辅附近娘子谷（Babi Yar）的屠杀（2天32000名犹太人）相提并论。

619. 参见美国国家档案馆文件T78/304/6255448。

620. 参见托尼·勒蒂西埃《屈斯特林之围：通往柏林的门户》，第260页。

621. 参见托尼·勒蒂西埃《屈斯特林之围：通往柏林的门户》，第258页。

622. 参见《1945年2月2日—1945年3月30日的晨间和日间报告》（*Morgen-und-Tagesmeldungen aus der Zeit von 2.2.45 bis 30.3.45*），出自德国联邦档案馆-军事档案分馆波茨坦分中心文件WF-

03/17398，第514—521页。

623. 参见《关于屈斯特林-柯尼斯贝格的地区领袖》（*Der Kreisleiter des Kreises Küstrin-Königsberg*），出自德国联邦档案馆波茨坦分馆第14438号影像文件，转引自弗里茨·科拉泽《1945，屈斯特林崩塌时》，第444—459页。

624. 同上。

625. 参见德国联邦档案馆-军事档案分馆文件T311/169/I1177，附录3。

626. 参见威利·费尔德海姆访谈稿（科尼利厄斯·瑞恩档案：第170号文件盒，第12号档案袋），第1页。

627. 参见德国联邦档案馆-军事档案分馆文件T78/720，第H16/158号档案袋（文件无编号）。

628. 参见美国国家档案馆文件T78/305/6256488。

629. 3月底，驻扎在哈维尔河畔勃兰登堡的勃兰登堡补充营（Ausbildung-Bataillon Brandenburg）与位于石勒苏益格地区的大德意志装甲掷弹兵补充旅合并，并改名为大德意志装甲掷弹兵补充与训练团（Panzergrenadier-Ersatz-u-Ausbildung-Regiment Groβdeutschland，有时也简称为大德意志装甲掷弹兵团）。该团的下属单位包括第9连、第10连、特别连和3个补充与训练连。详情可参见参见赫尔穆特·斯帕特《大德意志装甲军战史》第3卷，第15—16页。这支联合部队可能有大约2500名装备奇差的士兵。

630. 第233装甲师后来被并入克劳塞维茨装甲师。

631. 参见美国国家档案馆文件T78/305/6256445。

632. 参见美国国家档案馆文件T78/413/6381150，原编号为“Chefsache OKH/GenStdH/Org. Abt. Nr. 1/1425/45g.Kdos. v 1.1.45”，原标题为《部队编组》，本处信息来自1张日期为1945年4月5日的插入文件。

633. 参见美国国家档案馆文件T78/415/6383815。

634. 参见美国国家档案馆文件T78/533/088-89。

635. 参见美国国家档案馆文件T78/533/096。

636. 参见亨里克·舒尔策《19日战争：在第19集团军和第12集团军缺口之间的弗里德里希-路德维希·雅恩帝国劳工组织步兵师》（*19 Tage Krieg: Die RAD-Infanteriedivision Friedrich Ludwig Jahn in der Lücke Zwischen 9. Und 12. Armee*）（柏林：格雷芬海尼兴温克勒-德鲁克有限公司，2011年出版），第184页。

637. 参见美国国家档案馆文件T78/305/6256479。

638. 参见美国国家档案馆文件T78/305/6256456。

639. 参见美国国家档案馆文件T78/305/6256457。

640. 参见亨里克·舒尔策《19日战争：在第19集团军和第12集团军缺口之间的弗里德里希-路德维希·雅恩帝国劳工组织步兵师》，第140页。

641. 参见京特·盖勒曼《温克集团军：希特勒的最后希望》（*Die Armee Wenck–Hitler Letzte Hoffnung*）（波恩：伯纳德和格雷夫出版社，2007年出版），第33—37页。亨里克·舒尔策《19日战争：在第19集团军和第12集团军缺口之间的弗里德里希-路德维希·雅恩帝国劳工组织步兵师》，第97页、第98页、第100页、第104页、第109页、第140页、第151页和161页。

642. 参见美国国家档案馆文件T78/305/6256451。

643. 胡泽曼指出，按照施泰因纳的说法，这项任务原本会交给离开波美拉尼亚的第11集团军。尽管目前还没有发现相关的第一手文件，也没有证据证明该集团军的指挥部将被第12集团军吸收，但这种可能性仍无法排除。参见弗里德里希·胡泽曼《忠贞不渝：党卫军第4警察装甲掷弹兵师战史》第2卷，第466页。

644. 参见京特·盖勒曼《温克集团军：希特勒的最后希望》，第29页。

645. 也可参见美国国家档案馆文件T78/305/6256423-429。

646. 参见美国国家档案馆文件T78/305/6256423-24。

647. 参见美国国家档案馆文件T78/423/6393563-64。

648. 参见美国国家档案馆文件T78/423/6393549-50。

649. 参见美国国家档案馆文件T78/415/6383709-714。

650. 参见美国国家档案馆文件T78/423/6393547。

651. 见舒尔茨，第9—20页，和盖勒曼，第33页。

652. 参见《第83步兵师作战报告，1945年4月1日—30日》，出自www.indianamilitary.org。

653. 同上。

654. 参见《第83步兵师作战报告，1945年5月1日—31日》，出自www.indianamilitary.org。

655. 需要指出，这些投降人员不太可能来自第25装甲掷弹兵师，而更有可能来自第20装甲掷弹兵师。另外，第25装甲掷弹兵师也没有在科特布斯附近作战，而是向北撤退，进入了勃兰登堡地区。

656. 同上。

657. 参见京特·盖勒曼《温克集团军：希特勒的最后希望》，第42—44页，第84—90页。

658. 参见京特·盖勒曼《温克集团军：希特勒的最后希望》，第44—45页。

659. 参见海因策·乌尔里希《沙恩霍斯特步兵师：1945年4月/5月的战斗》（*Die Infanterie-Division Scharnhorst: Ihr Einsatz im April/ Mai 1945*）（德国奥舍斯莱本：齐滕博士出版社，2011年出版），第121页。

660. 参见美国国家档案馆文件T78/533/092-93。

661. 参见海因策·乌尔里希《沙恩霍斯特步兵师：1945年4月/5月的战斗》，第21—25页。

662. 参见海因策·乌尔里希《沙恩霍斯特步兵师：1945年4月/5月的战斗》，第37—42页。

663. 胡切克中尉《跟随第2装甲师和第83步兵师参加易北河作战》（*Elbe Operation with 2d Armored Division and 83d infantry Division*）（华盛顿特区：美国陆军军事历史中心，无出版日期），第26—29页，出自www.indianamilitary.org。

664. 参见1945年4月27日收到的一份文电，出自《作战报告，1945年4月1日—30日》（www.indianamilitary.org）。

665. 参见海因策·乌尔里希《沙恩霍斯特步兵师：1945年4月/5月的战斗》，第86—87页。

666. 参见京特·盖勒曼《温克集团军：希特勒的最后希望》，第85页。

667. 参见京特·盖勒曼《温克集团军：希特勒的最后希望》，第40—42页，第84—89页。

668. 参见美国国家档案馆文件T78/413/6381150，原编号为“Chefsache OKH/GenStdH/Org. Abt. Nr. 1/1425/45g.Kdos. v 1.1.45”，原标题为《部队编组》，本处信息来自1张日期为1945年4月5日的插入文件。

669. 参见美国国家档案馆文件T78/415/6383815。

670. 参见美国国家档案馆文件T78/533/90-91。

671. 参见美国国家档案馆文件T78/533/096。

672. 参见京特·盖勒曼《温克集团军：希特勒的最后希望》，第37—39页，第83—85页。

673. 参见美国国家档案馆文件T78/413/6381150，原编号为“Chefsache OKH/GenStdH/Org. Abt. Nr. 1/1425/45g.Kdos. v 1.1.45”，原标题为《部队编组》，本处信息来自1张日期为1945年4月5日的插入文件。

674. 参见美国国家档案馆文件T78/533/94。

675. 参见弗朗茨·库洛夫斯基《突击炮前进！突击炮在前线》，第182—183页。

676. 参见京特·盖勒曼《温克集团军：希特勒的最后希望》，第52页。

677. 按照弗朗茨·库洛夫斯基在《突击炮前进！突击炮在前线》一书第122页的说法，他们一共收到了40辆突击炮。

678. 参见弗朗茨·库洛夫斯基《突击炮前进！突击炮在前线》，第119—122页；京特·盖勒曼《温克集团军：希特勒的最后希望》，第51页。

679. 参见德国联邦档案馆-军事档案分馆文件T78/720/I0399，以及参见海因策·乌尔里希《沙恩霍斯特步兵师：1945年4月/5月的战斗》，第14—15页

680. 参见海因策·乌尔里希《沙恩霍斯特步兵师：1945年4月/5月的战斗》，第88—89页。

681. 参见海因策·乌尔里希《沙恩霍斯特步兵师：1945年4月/5月的战斗》，第90—96页。

682. 参见弗朗茨·库洛夫斯基《突击炮前进！突击炮在前线》，第182页；京特·盖勒曼《温克集团军：希特勒的最后希望》，第51页。

683. 参见弗朗茨·库洛夫斯基《突击炮前进！突击炮在前线》，第188页。

684. 按照戴维·耶尔顿教授的说法：“……阿道夫·希特勒志愿军团由狂热的纳粹志愿者组成，并被编为许多反坦克小分队。他们可能进行过一些小规模游击行动，但与狼人组织一样，与国民突击队并没有正式关系，只有一些个别人员同时在两个组织担任职务。”其详情可见《希特勒的国民突击队：纳粹民兵和德国的陷落，1944—1945》一书的第96页。另外，京特·盖勒曼在《温克集团军：希特勒的最后希望》一书第49—50页还介绍了战后采访时了解到的一个事件：帝国劳工组织最高负责人罗伯特·莱伊博士的女儿萝尔·莱伊据说曾在蒙斯特装甲歼击分队服役，她用铁拳火箭筒摧毁过1辆苏军装甲车，还从车上的苏联军官身上缴获了一些军事文件和帝国马克。盖勒曼还指出，她曾带领该分队的成员向西朝易北河前进。如果莱伊确实有一个同名的女儿，且在1945年达到了服役年龄，这一说法很可能是真实的。

第九部分

关于东线的《元首指示》纪要

3月25日—4月21日

“一提到欧洲的新土地，我们肯定首先会想到俄国和它的邻国。”

——阿道夫·希特勒，《我的奋斗》，1926年在战争最后一个月，希特勒向东线各指挥部做了大量重点指示。这些指示都是由陆军最高司令部总参谋长每天以《元首指示通告》（*Notizen nach Führervortrag*）的形式发出的，内容则直接来自希特勒在元首地堡（即柏林福斯大街新帝国总理府的地下）出席的会议。

上述指示也是本部分的主题。由于在发布中，《元首指示》往往使用了“元首认为”（Der Führer sieht）、“元首同意”（Der Führer genehmigt）、“元首强调”（Der Führer betont）和“元首命令”（Der Führer befiehlt）等字眼，因此几乎可以认为，这些方针都属于希特勒本人的决定。但同样需要指出，在战争末期，这些决定同样受到了旁人的左右。虽然《元首指示》本身并没有透露出这些迹象，但如果我们理解了陆军最高司令部的命令、指挥官之间的关系，以及现存的作战日志，我们就会理解希特勒每日会议中复杂微妙的机制。为了实现这一目标，我们把维斯瓦河集团军群作战日志以及海因里齐、古德里安和克雷布斯之间的关系视为一个“对照组”（control group），进而以此推断希特勒可能的想法和受到的影响。

在这段时期，古德里安每天都会从措森驱车前往元首地堡参加会议，他在3月底被解职后，克雷布斯接过了他的任务。另外，根据会议议题、当前形势，以及希特勒的要求，邓尼茨、戈林、施佩尔、戈培尔和菲格莱因也不时出席。有的情况下，海因里齐和舍尔纳等指挥官也会参加会议，以便进行汇报、提出观点，其中得到希特勒同意的部分也将被纳入《元首指示》。同时，下级司令部也经常向陆军最高司令部提交请求，并由后者交给希特勒定夺，但由于希特勒容易偏听一面之词，除非这些司令部的人亲自在会议上阐明主张，否则他们的目标将很容易落空。在希特勒撤掉古德里安，换上克雷布斯之后，这种状况更加严重了。因为克雷布斯并不像古德里安那样喜欢据理力争，对于希特勒在战役层面的昏招也经常听之任之。

另外值得一提的是，希特勒的许多决定——尽管不是全部——不过是对一线指挥官行动的追认。在海因里齐身上，情况尤其如此。对于防御战略和作战方针，他经常先斩后奏，并最终能得到希特勒的认可。对于柏林的防御，海因里齐的希望是防守奥得河前线，而不是柏林要塞本身。这一想法很快被希特勒据为己有，并转发给中央集团军群，以便后者遵循。在苏军总攻前的最后几周，海因里齐想必对希特勒影响很大，这也体现在后者4月15日发布的“第73号元首令”［标题为：《元首令：对德国北部和南部分离后的指挥》（*Führer's Order on the organization of command in the separated areas of Northern and Southern Germany*）］。该命令提到，如果纳粹德国一分为二，海因里齐（而不是纳粹党的死忠分子舍尔纳）将根据邓尼茨的指示，指挥所有东线部队。[1]在另一些情况下，希特勒还会自作主张，发布与战场情况明显脱节的命令。比如他曾下令坚守奥得河畔法兰克福，导致守军差点无力逃脱，甚至葬送了第9集团军。

从《元首指示》中，我们还可以看到希特勒对细节的病态追求。作为人类历史上最大的军事行动，东线战役的范围始于北极圈，止于地中海，绵延数千公里。但希特勒却经常要求知道在一场正面为10—15公里的进攻中消耗了多少炮弹。而这一点必然会浪费军、师两级参谋人员的时间和精力。对于东线的野战指挥机构来说，应付元首地堡的提问不过是某种虚耗，并将妨碍他们从事一项更为重要的任务——应付苏军的总攻。

我们之所以回顾这些《元首指示》，是为了确定在战争最后一个月，是什么左右了希特勒的东线战略。此外，从笔者的角度，回顾这些指令还可以用于分析维斯瓦河集团军群在希特勒心目中的地位，并确定他针对奥得河前线做出了哪些决策，以及这些决策给防御带来了哪些影响。其内容也证明了第1卷的大部分论断，比如：希特勒很容易受人左右；维斯瓦河集团军群的优先度极低；德军并没有防御柏林的计划，持续关注的也是战线的南翼。事实上，希特勒一直对南翼和中央集团军群的地段有一种特别的执着。而且可以说，这种关注一方面是出于经济方面的原因。例如，当地有匈牙利和奥地利的油田，还有波希米亚和西里西亚的军工企业。毫无疑问，这也是施佩尔最关心的区域——在战争结束最后几周，他向希特勒施压，要求坚守这些地区。

另外，《元首指示》还揭示了一个自相矛盾之处。希特勒试图摧毁德国残存的工业和基础设施，防止其落入西方盟国和苏联之手。他于1945年3月20日发布了第71号指令，即某些资料所说的尼禄命令（Nero Order）。其中这样宣称：“帝国境内的所有军事运输和通信设施、工业设施和物资仓库，以及其他任何有价值的东西，只要会立刻被敌人用于战争，或是在可预见的将来用于战争的，都必须摧毁。”[2]但在希特勒每天签发的命令中，他又从事实上阻止了上述命令的执行。同时，他还一直对格尔利茨地区表示关心。从地图上看，当地意义重大，如同一条天然的东西向走廊，贯穿了德国南部。而在西南面，则是从厄尔士山脉延伸出来的绵延群山。这片山脉以南坐落着拉蒂博尔工业区，为了保护当地，维持南北交通，希特勒决定把几支劲旅从维斯瓦河集团军群调往当地的中央集团军群。此举也许来自施佩尔的幕后影响——因为他想抵制第71号指令，进而撤销这些徒劳之举。但希特勒的关注点超越了简单的经济问题，他还发布命令，如果有人从奥斯特马克地区（即奥地利）撤退，将立刻遭到枪毙——这样的命令从未在其他地区出现。

事实上，希特勒对德国南部前线的关注不仅是出于经济因素，还有个人情感的驱动。作为一个在意细节的人，希特勒想必知道（尽管他也经常选择性地无视某些情况）盟军的轰炸严重破坏了铁路运输。就算德军能守住工厂、矿山和炼油厂，也必须依靠铁路运输的力量，才能把造好的武器、装备、弹药和汽油送往作战部队。

换言之，就算德军守住南部战线，也会受到铁路问题的拖累。也正是因此，希特勒对南部战线，尤其是奥斯特马克的关注明显不只是出于军事经济原因，还可能来自更深层的考量。毕竟，奥地利是他的故乡，也是他1937年通过“德奥合并”向东扩张的起点。对希特勒的追随者来说，“德奥合并”就像是奇迹，并为纳粹德国向东扩张、演变为“大德意志帝国”揭开了序幕。[3]尽管对于这次合并，不少奥地利人感到犹豫（当然，也有不少奥地利人在一战结束时就盼望与德国统一），但总体而言，他们依旧在为纳粹热情服务（但在战后，很多相关历史研究都忽视了这一事实）。该国的人口只有不到700万，但到战争结束时，参加德军的奥地利人却有120多万。另外，奥地利还有近70万名登记在册的纳粹党员，党卫军和集中营管理人员的比例也比其他地区更高。[4]其中最著名的就是党卫队高级地区总队长和前大区领袖奥迪洛·格洛博奇尼克（Odilo Globocnik）——死亡营的负责人；还有安全事务主管（Generalkommissar für das Sicherheitswesen）兼党卫队和警察高级领袖汉斯·劳特（Hans Rauter）——他将10万名荷兰犹太人驱逐到东方，并在荷兰占领区建立了第一座集中营；还有党卫队一级突击队中队长弗朗茨·施坦格尔（Franz Stangl）——索比堡和特雷布林卡集中营的指挥官；再例如臭名昭著的党卫队一级突击队大队长阿道夫·艾希曼（Adolf Eichmann）——他驱逐了匈牙利的犹太人，并将他们送往死亡营。而以上又只是少数几个例子。[5]

相比之下，希特勒并不喜欢普鲁士（不仅指东普鲁士，而是包含了普鲁士、波美拉尼亚、勃兰登堡、西里西亚地区）[6]。他对东普鲁士这片土地的厌恶尤其强烈，更不喜欢普鲁士的贵族——容克阶层。但是，希特勒和戈培尔都知道普鲁士的历史和政治价值巨大，更何况德国军官团的主体仍然是容克贵族。这给希特勒带来了很多矛盾，按照历史学家詹姆斯–查尔斯·罗伊（James Charles Roy）的说法，虽然希特勒对他的偶像弗里德里希大王推崇备至，但他显然忘记了，弗里德里希大王那些坚定、可靠、忠诚和爱国的军官完全都来自……他颇为仇视的……容克“种姓”。[7]这种恨意是相互的，在希特勒的反对者中，很多都出身普鲁士，尤其是传统的基督教精英阶层。在“720密谋”的参与者中，普鲁士人的数量多达三分之二，其他的也大多来自显赫的军人家庭。[8]也正是因此，保卫奥地利和维也纳显然比保卫普鲁士、波美拉尼亚甚至柏林本身更能引发元首的重视。

不管希特勒有多么关注德国东部或南部，他都无法改变战局。纳粹进行的是一场赌上一切的战争，其中没有任何谈判的余地。在1941年入侵苏联之后，这场战争的结局便只剩下了两个——全赢或全输。如果他们不能消灭苏联红军、摧毁苏维埃政权、灭绝欧洲的犹太人、摧毁斯拉夫文化，并将德意志民族重新安置到东方土地上，德国将土崩瓦解——其中没有中间选项，也没有政治解决的空间。1944年8月，戈培尔在发表的文章中提到：“如果德国在这场战争中失败，那么它就活该灭亡”。正是在这种心态的指引下，国防军在1945年的战略部署走进了一条死胡同。国防军最高统帅部和陆军最高司令部都加大了对希特勒和纳粹意识形态的迎合力度。虽然古德里安曾在许多场合与希特勒激烈争吵，但中心矛盾始终是作战部队的部署，而不是战争进程本身。事实上，古德里安并不反对这种战争。1944年8月，他还支持希姆莱残酷镇压华沙起义——导致20000—50000名平民丧生，其中不少是妇女、儿童和老人。[9]在“720密谋”期间，古德里安原本可能想坐观成败，但发现希特勒幸免于难后，便立刻站了队[10]，并加入了由冯·伦德施泰特元帅和凯特尔等陆军高级军官组成的“荣誉法庭”。在没有法律凭据的情况下，该法庭将50多名同僚从军队除名，[11]进而直接送往罗兰·弗莱斯勒（Roland Freisler）主审的“人民法庭”——在这里，他们将以平民身份受到审判，一旦罪名成立就会被处以极刑。[12]

随着西方盟军和苏军不断推进，希特勒的关注点也逐渐从战略转移到了战术层面。尤其是在守望莱茵行动彻底失败、苏军的维斯瓦河–奥得河战略进攻行动导致东线崩盘后，他开始把每天的指导方针对准了各种细节——这一点也在1月21日（即维斯瓦河集团军群成立当天）发布的“第68号元首指令”中得到了证明：

我命令：

1. 所有司令、军长和师长应尽早向我报告下列事项：

（1）所有战役机动决策。

（2）在国防军最高统帅部指令范围之外，利用师级和以上兵力发动的每一次进攻。

（3）在前线平静地段实施的、比常规的突击队活动规模更大、并可能吸引敌方注意力的一切进攻行动。

（4）所有的撤退计划。

（5）每一项放弃阵地、局部据点和要塞的计划。

以上报告时间必须足够提前，以便我及时进行干预和驳回。

2. 无论是直接汇报，还是通过正常渠道，所有司令、军长、师长、各级参谋部的参谋长，以及总参谋部派遣的军官，都必须如实交代情况。我将严惩任何隐瞒事实的行为——不管这种隐瞒是出自故意还是疏忽。

3. 我必须强调，通信畅通是战斗顺利进行的前提——尤其是在危急关头。所有部队指挥官应确保与上下级的正常沟通，并竭尽所能进行维持，对此，他们有不可推卸的义务。

签字：阿道夫·希特勒[13]

在这道指令中，希特勒剥夺了一线指挥官随机应变的权力，还把手伸向了师一级，并完全攫取了一线部队的作战控制权。更大的问题在于，此时希特勒已极为脱离现实——他只能从作战态势图上大致了解地形、天气或双方部署，进而对数百万官兵做出不专业的摆布。

在陆军最高司令部档案中，有据可查的《元首指示》似乎是在4月21日停止的。这不是什么巧合，因为在前一天，科涅夫的先头部队已逼近措森，导致国防军最高统帅部和陆军最高司令部被迫从战时驻地——“迈巴赫1”（Maybach I）和“迈巴赫2”（Maybach II）地堡撤出。在这之前，《元首指示》全部由陆军最高司令部总参谋长办公室发布，但在4月21日，由于有关人员已逃往万湖附近的临时驻地，因此发布单位也改成了陆军最高司令部作战处，这一点也可以从文件上“Op.Abt.(Ia)”的落款看出。另外值得一提的是，在此后不到48小时，希特勒终于决定在首都战斗到最后，并命令凯特尔和约德尔组织防御。在此之前，他并没有坚守柏林的想法，正如《元首指示》所述，他完全赞成海因里齐的设想，即通过坚守奥得河前线保卫柏林，还为此投入了仅存的有生力量。

为了保持行文流畅，本书并没有对《元首指示》逐字翻译。因为《元首指示》中，每句话一般都会以“元首命令……”之类的措辞开头——但无论是“指示”“命令”还是“同意”，它们都没有多少具体意义。另外，我们还对一些条目进行了增补，以便为读者提供背景信息（尤其是与特定集团军群相关的信息）。

3月24日，即海因里齐接替希姆莱数天之后，第一份针对维斯瓦河集团军群的《元首指示》正式下达。其中，希特勒对柏林周围的防御工事明确表示失望，并希望在屈斯特林之战结束后立刻恢复第20和第25装甲掷弹兵师的实力。而且有趣的是，希特勒还命令戈林元帅立刻将伞兵补充部队派往奥得河前线北部，并占据第二道阵地。此举可能与海因里齐的抗议有关——显然，戈林曾经想保全这些伞兵，还禁止其他指挥官进行调遣。[14]

关于3月24日之后的《元首指示》，其内容如下所示：

3月25日[15]

中央集团军群：不得再向布雷斯劳要塞运送重型步兵炮。将一切可能的训练、警备和国民突击队单位派往格尔利茨以东地区，并部署在主战线后方10

公里的纵深区域。

维斯瓦河集团军群：根据邓尼茨海军元帅的请求，元首已下令加强斯维内明德防御地带东郊（即在卡敏和沃林之间的迪夫诺夫河沿岸）的炮兵力量。苏军正在逼近此处，如果他们继续向西，便有可能切断德国海军进入斯德丁潟湖和港口的航道。在第11集团军司令部解散后，维斯瓦河集团军群应建立2个新的军部（一个由国防军最高统帅部管辖，另一个由党卫军上将施泰因纳管辖），以便执行由元首交代的特殊任务。（作者按：在波美拉尼亚陷落后，施泰因纳被派往第3装甲集团军后方，专门负责收拢散兵游勇、训练补充兵员）

北方集团军群：第4集团军向弗里施沙嘴（Frische Nehrung，即柯尼斯堡西面的一片低洼沙滩）转移的火炮数量太少。希特勒感到不满，要求第4集团军为重型装备制定转移时间表，并将1个战备完好的师从该集团军运往但泽地区。希特勒还同意让补充人员乘坐弹药运输船前往北方和库尔兰集团军群。

3月26日[16]

南方集团军群：元首拒绝让第6集团军和第6装甲集团军撤退，并且命令这两个集团军守住巴拉顿湖周边的防线，封闭所有苏军突破口。此外，他还要求继续坚守格兰河（Gran）①前线，消灭苏军的桥头堡。来自普雷斯堡的党卫军骑兵集群已隶属于第6装甲集团军，并将接受后者调遣。

中央集团军群：希特勒再次对格尔利茨地区的“虚弱守备”表示担忧，并命令将所有后方部队编入第二道防线。由于第715步兵师在某次防御行动中失利，希特勒命令剥夺该师的一切荣誉（但军官和士兵可以保留勋章），并为此次失利编写一份简要的总结。

维斯瓦河集团军群：针对前一天德国海军提出加强迪夫诺夫河前线的请求，希特勒正在等待报告，以便了解斯维内明德防御地带的高炮与反坦克炮数量，以及这些火炮的弹药供应情况。

北方集团军群：德国海军宣称，当天有2艘弹药运输船在但泽遭到苏军空袭，希特勒要求帝国元帅赫尔曼·戈林向当地增派飞机。

---

① 即斯洛伐克的赫龙河（Hron）。

3月27日[17]

南方集团军群：希特勒命令第117猎兵师离开克罗地亚，前往南方集团军群境内。此外，他还批准让部分德军撤出格兰河南段，并前往多萝西防线（Dorothea Stellung）。

中央集团军群：希特勒对拉蒂博尔工业区的局势表示关切，并再次强调，对于格尔利茨以东地区和周边，德军“绝对”需要在主战线后方设置由第11军区和第2军区管辖的10公里纵深区域。

维斯瓦河集团军群：元首强调，他希望从陆上打破屈斯特林要塞之围（作者按：3月21日，当地被苏军彻底包围，第9集团军随后2次发动反击，但都未能成功。即使如此，希特勒仍然不顾兵力和物资短缺等事实，要求继续解围——这也反映了他的思维与现实脱节到了何种程度），以便为后续进攻创造条件。凯特尔元帅提交的信息显示，珀利茨炼油厂仍在进行原油氢化，但必须做好隐蔽，并让所有废气排入地下，否则就有可能被奥得河东岸的苏军察觉。工厂经理认为，即便整个奥得河东岸都被苏军占领，当地也可以继续生产，但前提是必须有效压制敌军炮兵。

总体指示：组建3个新师，其中包括——

（1）1个军官学校师，人员包括8000名1928年出生的士兵，骨干为1000名托尔茨军官学校的学员。（作者按：托尔茨军官学校即党卫军巴特托尔茨军官学校）。

（2）2个伞兵师，人员来自驻意大利的2个空军团、1个位于斯赫弗宁恩（Scheveningen）的伞兵团和来自阿格拉姆（Agram）①地区的5000—7000名机场地勤人员。（详情参见国防军最高统帅部命令“阿格拉姆地区各机场的任务”）

3月28日[18]

南方集团军群：希特勒否决了将第2装甲集团军撤离玛格丽特防线（Margarethen Stellung）的请求，但同意将第8集团军的右翼撤往诺伊特拉河

---

① 即今天克罗地亚的萨格勒布。

（Neutra）①对岸，不过仍要求在河东岸和多瑙河以南的科莫恩（Komorn）②附近保留一个桥头堡。希特勒还表示，科莫恩地区的部分高炮机动能力不足，应在撤退期间送往后方。在玛格丽特防线上警戒的匈牙利要塞营战斗力低下，不够可靠，已不值得信任，应考虑解除武装。东南最高司令部（OB Südost）将交出另一个师（具体尚未确定），其用途将在20天内由国防军指挥参谋部确定。该集团军群所有的后方部队应向南赶赴巴拉顿湖和多瑙河之间，以准备抵御敌军进攻。

中央集团军群：希特勒再次对格尔利茨地区表示担忧，并要求将补充与训练部队派往前线后方8—10公里处（而非3—6公里处）的第二道防线，以便在避开敌军炮击的同时继续训练。

维斯瓦河集团军群：希特勒质疑高射炮和炮兵的使用方式，认为其无助于为屈斯特林要塞解围。其中的疑点包括：为何高炮的使用如此之少？消耗了多少炮弹？此外，他还要求第9集团军报告火炮总数。

北方集团军群：希特勒命令用一切必要手段向柯尼斯堡提供物资。

3月29日[19]

南方集团军群：第2装甲集团军必须死守前线。其内线中路和左翼可以撤退，但不能留下缺口，外线的两翼则要全力坚守阵地，所有的重型装备也必须带走。

中央集团军群：将元首掷弹兵师从维斯瓦河集团军群调往中央集团军群境内的格尔利茨地区。

维斯瓦河集团军群：屈斯特林要塞必须继续坚守。此外，希特勒还要求奥得河畔法兰克福报告物资供应情况。

库尔兰集团军群：希特勒要求党卫队全国领袖向党卫军第19（拉脱维亚第2）武装掷弹兵师补充3000—4000名拉脱维亚人，这些人员均来自党卫军第15（拉脱维亚第1）武装掷弹兵师的残部，目前滞留在维斯瓦河集团军群境内。

---

① 即斯洛伐克的尼特拉河（Nitra）。

② 即今天匈牙利的科马罗姆（Komárom）。

总体指示：希特勒反复要求将各种零散单位和训练部队安排在战线后方8—10公里处，以便在避开炮击的同时继续训练。对于主战线上的炮兵部队，希特勒要求进行梯次部署，即让一小部分靠近主战线，用于炮击敌军纵深目标，其余部队将在后方对主战线附近实施拦阻射击（Sperrfeuer）。

补充指示：为组建新的伞兵部队，空军应从意大利和阿格拉姆地区派遣大约8000名伞兵前往南方集团军群，并在维也纳新城（Wiener Neustadt）或格拉茨（Graz）集结。

从当天的指示中，我们又看到了希特勒对格尔利茨地区的关注，还为此命令维斯瓦河集团军群向中央集团军群增派人手。另外值得一提的是，他要求对炮兵部队进行梯次部署，以保存其实力——此举很可能与海因里齐“在奥得河前线构建纵深防御”的请求有关，并且是对实际部署方式的追认。

3月30日[20]

南方集团军群：希特勒批准将来自意大利和阿格拉姆的伞兵部队部署到瓦拉斯丁（Varasdin）①，缺乏的轻武器将由党卫军第14掷弹兵师［位于德劳河畔马尔堡（Marburg a.d.Drau）②，已被解除武装］提供。该部队之后将负责守卫新锡德尔湖（Neusiedler See，湖水很浅，无法充当屏障）沿岸。

中央集团军群：希特勒指示布格多夫将军表彰舍尔纳大将在指挥中央集团军群期间的表现。同时，他还禁止炸毁奥得贝格的桥梁和附近的工厂。希特勒批准格洛高要塞守军向北突围，并将维斯瓦河集团军群辖下的党卫军第10弗伦斯贝格装甲师派往格尔利茨地区担任陆军最高司令部预备队。

维斯瓦河集团军群：希特勒要求维斯瓦河集团军群回答下列问题——为何守军撤出了屈斯特林新城？他们是如何突破据称强大的敌军防线的？守军的最初实力如何？希特勒指示从法兰克福要塞调走22厘米臼炮，并用重型步兵炮取而代之。

① 即今天克罗地亚的瓦拉日丁（Varaždin）。

② 即今天斯洛文尼亚的马里博尔（Maribor）。

北方集团军群：希特勒要求向海拉半岛增兵，并宣布将亲自决定从北方集团军群撤回哪些人员。他要求弗里施沙嘴守军参考海拉半岛的做法，在多个地点凿开地面。布勒（Buhle）将军①必须核实是否还能派遣4.7厘米火炮增援沙嘴守军。

总体指示：希特勒要求各集团军群绘制图表，以便执行他之前下达的、关于炮兵在主战线上组织和部署的命令。希特勒和戈林元帅拒绝了所谓的雅典卫城行动（Operation "Athenstaedt"），但允许在未来进行尝试。第2海军步兵师将在大约8天内收到规定的武器，但派往哪个战区仍有待决定。

3月31日[21]

南方集团军群：希特勒询问了伞兵部队抵达瓦拉斯丁的情况，并询问武器何时从马尔堡运到。戈林元帅报告说，德国空军的军校将为伞兵部队提供额外的增援。第117步兵师②的撤退计划已获得批准。

中央集团军群：希特勒询问格洛高要塞内的平民数量。

维斯瓦河集团军群：希特勒同意将斯维内明德防御地带划入维斯瓦河集团军群，并命令空军持续打击苏军占领下的奥得河大桥。同时，他还要求向奥得河畔法兰克福附近的河道投放水雷。希特勒询问了第600（俄罗斯）步兵师的部署地点——是西里西亚？维也纳附近的维也纳新城？还是瓦拉斯丁北部？

北方集团军群：希特勒决定让第5装甲师留在泽姆兰。他指出，当地更适合部署反坦克炮，但弗里施沙嘴和泽姆兰南部海岸的情况则没有那么理想。

总体指示：得知今天匈军圣拉兹洛步兵师（Infantry Division Szent László）的表现之后，希特勒下令禁止为其他盟国（即轴心国）作战部队提供武器。（作者按：不清楚此处所指的事件为何，但希特勒显然怀疑外国作战部队的可靠性）。

4月1日[22]

南方集团军群：元首要求在艾森施塔特（Eisenstadt）地区集结一支强大的部队，并将来自意大利、目前在格拉茨的伞兵部队部署在第6集团军的南部或

① 即瓦尔特·布勒（Buhle），德国陆军军备主管。

② 原文如此，该部队的实际番号是第117猎兵师。

北部，至于来自阿格拉姆的3000名伞兵将被编入第297步兵师。帝国元帅（赫尔曼·戈林）指示为伞兵部队提供来自空战学校（Luftkriegsschule）[①]的补充人员。根据希特勒的命令，党卫军第14武装掷弹兵师已把8000支步枪运往西面，交给伞兵部队使用。另外，希特勒还禁止在奥斯特马克（奥地利）境内破坏桥梁，并特别指出——“在奥斯特马克，撤退者都应该被枪毙！”

中央集团军群：元首命令元首掷弹兵师改变行军路线，前往格尔利茨地区。现在，派往当地的机动师一共有3个，即党卫军第10弗伦斯贝格装甲师、第21装甲师和元首掷弹兵师，并且全部为陆军最高司令部预备队。希特勒命令帝国元帅（赫尔曼·戈林）暂停战斗任务，以便集中一切兵力向布雷斯劳空投补给。陆军总参谋长建议空军攻击苏军在托恩和华沙的维斯瓦河桥头堡[②]——这将在下一次会议上决定（其余部分难以辨认）。

维斯瓦河集团军群：元首命令补充与训练部队进入第3装甲集团军北翼的后方阵地，还询问在弗赖恩瓦尔德附近的奥得河弯曲部泄洪会有什么影响。他同意把集团军群的补给基地迁往柏林，并预留供3个师使用的储备物资。

北方集团军群：元首询问第4集团军的人员状况，并要求北方集团军群报告赫尔曼·戈林第2伞兵装甲掷弹兵师的兵力。他还指出：“在本土，有3000名失去火炮的高射炮兵将被编入步兵部队——这一决定令人失望”。另外，希特勒还下令严格管控对泽姆兰和柯尼斯堡要塞的弹药供应。

总体指示：第650（俄罗斯）步兵师必须解除武装。第11集团军将隶属于西线最高司令部，并赶赴（此处难以辨认）地区（在战争结束前夕，其构成了第21集团军的基础）。

4月2日[23]

南方集团军群：元首命令元首掷弹兵师前往维也纳，并要求在新锡德尔湖和小喀尔巴阡山脉（Kleinen Karpathen，即捷克斯洛伐克中部的一片山区）之间建立一条连贯前线。他还考虑利用伞兵部队和元首掷弹兵师（如可能）组建

① 即德国空军培养初级飞行员的学校。

② 原文如此，此处似乎应指桥梁，下同。

一个集群，以便将第6集团军的左翼与居斯（Güns）[①]和新锡德尔湖之间的地区连接起来。此外，他还命令禁止摧毁多瑙河上的桥梁，并询问仍在帝国本土的第6装甲集团军其余单位何时能抵达。党卫军上将施泰因纳被任命为南方集团军群纪律部队司令，以便维持后方秩序。

中央集团军群：批准了第1装甲集团军右翼部队的后撤请求。

维斯瓦河集团军群：希特勒考虑将另1个师（第25装甲师或党卫军第10弗伦斯贝格装甲师）调往维也纳，并把第25装甲掷弹兵师的补充工作定为“紧急”事项。另外，希特勒还要求将小口径火炮（如2厘米和3.7厘米炮）投入到敌军无法动用坦克的地段，例如斯德丁北部的奥得河口（Odermündung）。如某一地段有可能遭到敌方坦克进攻，守军应设置反坦克重心（Panzerabwehrscherpunkte），并向当地集中部署重型反坦克武器。总参谋长表示，虽然之前由于天气原因，打击维斯瓦河桥头堡的装备（即空军战机）未能出动，但现在一切已恢复正常。另外，希特勒还同意让第600（俄罗斯）步兵师在菲尔斯滕贝格附近发动进攻。

北方集团军群：希特勒指出，第2集团军和第4集团军“必须拼死继续坚守波罗的海沿岸的要塞”，“他们的抵抗将进一步延缓强大敌军向奥得河和尼斯河一线转移的步伐，使我们有时间站稳脚跟”。希特勒还“要求”第2集团军灵活指挥舰炮，充分发扬后者的火力优势。第4集团军从厄姆兰（Ermland）撤出的57000名官兵将被改编为6个新师，每个师8000人。其他各师的骨干人员将被运回本土，其余人员则将作为补充兵使用。轻伤员将留在北方集团军群，一旦康复，就补充进作战部队。另外，希特勒还决定把3000名失去火炮的高射炮手和赫尔曼·戈林第2伞兵装甲掷弹兵师调回本土。对柯尼斯堡的物资运输将继续积极进行——尽管由于燃料不足，当地的空运已经很成问题。

总体指示：希特勒决定从元首预备队中为南方和库尔兰集团军各提供1个轻型野战炮排。

---

① 即今天匈牙利的克塞格（Kőszeg）。

当天的指令表明，希特勒开始关注维也纳的战局，并下令派遣元首掷弹兵师。但这些没有章法的调动已很难影响局势。另外值得一提的还有施泰因纳，不清楚他是否真的去了南方——就算是，时间想必也很短，因为没过多久，他便重新接管了党卫军第3（日耳曼）装甲军。

4月3日[24]

南方集团军群：第1装甲师应沿拉布河谷（Raab valley）向南进攻，以便与第2装甲集团军左翼的部队会师。同时，该集团军群还应把1个警察团派往拉德克斯堡（Radkersburg），并在格拉茨–马尔堡铁路沿线修建工事。第710步兵师有可能从意大利抵达，以阻止敌军在新锡德尔湖和小喀尔巴阡山脉之间的突破。此外，希特勒还要求第6装甲集团军提供兵力报告。

维斯瓦河集团军群：希特勒表示“第5猎兵师的后续部分将不再部署”（作者按：其实际意图已无从查证，但在次日的报告中，希特勒提到该师将留在维斯瓦河集团军群麾下——这表明其部分兵力曾被调往别处）。海军最高司令部（Ob.D.M.）报告，第1海军步兵师的部分人员（大约800人）没有单兵武器，只有铁拳火箭筒。希特勒还指示将第15（拉脱维亚第1）武装掷弹兵师的8000名官兵派往库尔兰。

第2集团军：该集团军应将可用的火炮和海军高射炮从奥克斯赫夫特克姆佩撤往海拉半岛。

第4集团军：该集团军应扩建弗里施沙嘴上的反坦克壕，使其贯穿整个沙嘴，并尽快把3个师的骨干人员送回德国本土。

4月4日[25]

南方集团军群：鉴于维也纳以北的油田形势危急，第8集团军应停止向西撤退，并守住小喀尔巴阡山一线。南方集团军群应尽量为第6集团军提供物资，使其有能力将战线推进到新锡德尔湖南端。对通往维也纳的桥梁，任何人不得进行爆破准备。

中央集团军群：希特勒认为，科涅夫的乌克兰第1方面军将从格尔利茨以东和布雷斯劳西北偏西地区出发，以“最强大”的兵力向西南偏南方向进攻，突入波希米亚–摩拉维亚地区。第199步兵师已被派往中央集团军群，并将在格尔利茨周边投入战斗。

维斯瓦河集团军群：法兰克福要塞可以将西侧的守军投入奥得河前线，但必须将其部署到要塞的侧翼。第5猎兵师将继续留在维斯瓦河集团军群境内。（泽劳）高地防线（Höhen Stellung）以西应构建更多堑壕，以帮助第二道防线守军和预备队抵御苏军总攻前的猛烈炮击。此外，希特勒下令成立一个监控柏林周围桥梁爆破工作的委员会，并重申禁止在交通繁忙的关键桥梁上准备爆破。第9集团军应构建一条阻拦线（Aufanglinie），并使用最严厉的手段堵截逃兵。为巩固奥得河前线，该集团军应“尽量密集埋设”地雷，并在第一道防线上布置连环爆炸物；如果没有地雷，守军应集中布置反坦克炮。

北方集团军群：第7装甲军应首先转移重型装备，之后再进行人员运输。第2集团军必须全力维持与弗里施沙嘴的联系。鉴于泽姆兰和柯尼斯堡周围局势危急，希特勒正在考虑把几个师从第2集团军调往第4集团军。另外，他还同意让第4集团军继续留在东普鲁士集团军集群境内。

值得注意的是，对于在格尔利茨附近集结的苏军，希特勒始终相信他们将向南进攻，而不是前往柏林——这和东线外军处的判断有很大不同。这些内容也再次证明了他对帝国南部的关切。是什么影响了他？我们暂时无法找到证据。另外需要指出，就算东线外军处提供了正确的劝告，希特勒也经常拒绝相信。在古德里安离职后，希特勒便完全抛弃了该机构，还在4月9日以“失败主义”为由解除了主管格伦的职务。[26]这给奥得河前线带来了恶劣影响。在柏林战役中，科涅夫的部队一突破防线，便立刻调转方向，从第9集团军背后直奔柏林而去。维斯瓦河集团军群的作战日志显示，上层对此全无防备，更没有在防御计划中考虑过这种可能。

4月5日[27]

南方集团军群：希特勒再次强调了维也纳的重要性，并指示从南北两个方向发动进攻，缩小突破口，从而“巩固”奥地利首都两侧的前线。此外，他还考虑在局势进一步恶化时，让部队守住维也纳以东的一片凸出阵地。

维斯瓦河集团军群：法兰克福城防司令应在4月6日前往帝国总

理府进行汇报。

北方集团军群：希特勒考虑让第7装甲军放弃奥克斯赫夫特克姆佩，并指出不应向赫拉要塞（Festung Hela）提供15厘米加农炮。

库尔兰集团军群：希特勒正在考虑放弃弗劳恩堡（Frauenburg）①以南的战线，因为当地的位置非常暴露，可能无法承受苏军的强大攻势。

4月6日[28]

南方集团军群：希特勒命令全力集结部队，封闭维也纳东部和西南部的突破口。由于当前形势，第20装甲师和第710步兵师也将被派往多瑙河流域，以作为预备队保护当地的油田。希特勒指出，随着南方集团军群左翼和中央集团军群右翼不断后退，锡莱恩（Sillein）②的工业区以及沿瓦格河（Waag）③向东北和西南延伸的公路网将有可能失守。

中央集团军群：希特勒再次指出，未来苏军主力将从邦茨劳（Bunzlau）④向布拉格发动进攻。温特中将报告，第199步兵师将在4月25日左右抵达，编制为45年型步兵师。

维斯瓦河集团军群：希特勒同意在地下水位允许时在奥得河法兰克福周边布雷。他还同意了一项建议，即从法兰克福要塞抽调部队前往其南北两翼，以此释放有生力量，加强前线的其他地段。此外，还有4—5个营将离开法兰克福西部，并被训练部队取代。一个来自柯尼斯堡的希特勒青年团营同样奉命从斯维内明德前往维斯瓦河集团军群，以便作为训练单位部署在法兰克福要塞的西部。希特勒建议在斯德丁和施韦特之间的奥得河西岸布置2厘米高射炮。

北方集团军群：对于第2集团军，希特勒认为，一旦敌军突破第23军的防线，沿维斯图拉潟湖以西的丘陵向施图特霍夫（Stutthof）前进，该集团军将面临严峻威胁。此外，他还指出，必须重组泽姆兰地区的预备队。

4月8日[29]

中央集团军群：赫尔曼·戈林第2伞兵装甲掷弹兵师应在调动结束后以最

---

① 即今天拉脱维亚的萨尔杜斯（Saldus）。
② 即今天斯洛伐克的日利纳（Žilina）。
③ 即斯洛伐克的瓦赫河（Váh）。
④ 即今天波兰的博莱斯瓦维茨（Bolesławiec）。

快速度恢复战斗力。相关情况将由冯·比洛（v. Below）上校向空军指挥参谋部（Lw.FüSt.）汇报。

维斯瓦河集团军群：根据德国通信局（Deutsches Nachrichtenbüro，DNB）发来的无线电广播，希特勒认为，苏军将在4月8日对奥得河前线发动进攻。他对这则消息非常重视，并要求部队在攻势开始后立刻报告。

第4集团军：对于该集团军已补充完毕的作战分队，希特勒拒绝接受其缺乏武器的说法，并要求将这些部队投入危险地段的第二道防线。从4月8日开始，当地的局势将由温克装甲兵上将全权主管。

4月9日[30]

南方集团军群：希特勒决定，在维也纳的多瑙河大桥中，只对北部的2座［即西北大桥（Nordwest Bridge）和弗洛里斯多夫大桥（Florisdorfer Bridge）］做爆破准备，中部的大桥则禁止爆破。第6集团军现在可以在情况紧急时撤退。

中央集团军群：希特勒批准了该集团军群右翼部队撤退的请求。放弃上瓦格河谷对武器生产的影响将由高级勤务主管（Hauptdienstleiter）绍尔（Saur）①进行评估。此外，中央集团军群还应在右翼后方组建1支阻击部队。另外，希特勒还向陆军组织处（Org.Abt.）下达了重建赫尔曼·戈林第2伞兵装甲掷弹兵师的具体指导方针。

维斯瓦河集团军群：希特勒命令该集团军群的炮兵司令接管所有炮兵（包括师属炮兵、陆军独立炮兵和防空炮兵）的指挥工作。

北方集团军群：党卫军第4警察装甲掷弹兵师残部将从海拉半岛撤往维斯瓦河集团军群境内，以便为党卫军尼德兰装甲掷弹兵师提供补充。此外，希特勒还询问该集团军群的炮兵是否在反击中得到了海军的支援（作者按：不清楚此事为何）。对于让第2集团军隶属于第4集团军的提议，希特勒表示反对。

库尔兰集团军群：布勒将军检查了弹药储备情况，根据其提交的报告，希特勒命令将若干15厘米加农炮连从库尔兰撤往海拉半岛。同时，他还下令继续向库尔兰运送火炮。

---

① 即卡尔–奥托·绍尔（Karl-Otto Saur），军备部长施佩尔的幕僚长。

总体指示：希特勒禁止在易北河的桥梁上安放炸药。

4月10日[31]

南方集团军群：希特勒命令将3个党卫军旅合并成1个新师，并要求该部队在开进途中消灭敌人的桥头堡。

中央集团军群：鉴于所有重型野战榴弹炮的生产都在杜布尼察（Dubnica）完成，希特勒对此表示担心，并希望获得瓦格河谷工业设施的详细报告。另外，他还下令禁止在布拉格建造防御工事。

维斯瓦河集团军群：维斯瓦河集团军群的炮兵司令应在4月11日前往元首地堡进行汇报。该集团军群的所有部队应警惕“塞德利茨叛徒”，希特勒为此下达指示——“身穿德国军装，但与敌军同行的人员都应被枪毙。但军官和将军应当活捉，并押往更高一级的指挥所。”此外，希特勒还要求亲自审查各部队发布的警告通知。

第2集团军和第4集团军：第2集团军将被改编为东普鲁士集团军集群，并接管第4集团军的指挥权。后者的指挥部将立刻返回本土等待解散。对于4月9日在海拉半岛的反击，希特勒希望得到一份详细报告，以便了解德国海军是否提供了支援。在次日的《国防军公报》上，拉施将军将被宣布为“德国人民的叛徒”。

总体指示：根据希特勒的命令［已在19点40之前由提洛（Thilo）中校预先传达］，易北河大桥和西岸的油库暂时无需做爆破准备。

另外，虽然《元首指示》没有提及此事，但在当天，费迪南德·舍尔纳大将在无线电中向希特勒提交了一份新防御计划，并判断苏军的主攻方向将位于中央集团军群的左翼某处。为了抵御这次进攻，他已经把几个来自维斯瓦河集团军群的装甲师调给了第4装甲集团军，并亲自监督它们的防御部署。另外，舍尔纳还提到，中央集团军群的武器和弹药短缺（尤其是坦克炮弹），因此需要额外补充。该文件的全文如下：

与中央集团军群司令的长途通话

第2160/45号文件，1945年4月10日23时45分

致：

元首兼国防军总司令

陆军总参谋长

先生！

鉴于之前的形势，一切已越来越明显，敌军极有可能对本集团军群左翼发动大规模攻势。

但有三个主要问题尚未查明：

（1）敌军此次进攻的规模，即参战的单位和兵力；

（2）攻击的方向和边界；

（3）攻击开始的时间。

我的具体判断是：

（1）根据现有情报，敌军将至少投入2个坦克集团军（即近卫坦克第3集团军和坦克第4集团军，外加多个独立单位，共计约1500至2000辆坦克）和2—3个步兵集团军，但坦克第5集团军的动向仍不清楚。

（2）可以认为，敌军将以勒文贝格（Löwenberg）[①]–格尔利茨一线为进攻重点，边界则大致在戈德贝格[②]和穆斯考之间。尽管其具体时间尚无法确认，但卑职仍然相信，在未来几天，苏军可能从多个地点［如齐根哈尔斯（Ziegenhals）[③]、史特里高（Striegau）[④]、尧尔（Jauer）[⑤]、戈德贝格、彭齐希（Penzig）[⑥]、普里布斯（Priebus）[⑦]和穆斯考］发动进攻，以此掩饰真实意图，并牵制我军部队。

我将采取反制措施，这些措施想必您已经知晓。

（3）在敌军活动频繁之处，几个精干的装甲师（第21装甲师、党卫军第10装甲师和元首护卫师）正在后方整装待命，第20装甲师也正在赶赴第17集团

---

① 即今天波兰的西里西亚地区的勒武韦克（Lwówek Śląski）。

② 即今天波兰的兹沃托雷亚（Złotoryja）。

③ 即今天波兰的格武霍瓦济（Głuchołazy）。

④ 即今天波兰的斯切戈姆（Strzegom）。

⑤ 即今天波兰的亚沃尔（Jawor）。

⑥ 即今天波兰的片斯克（Pieńsk）。

⑦ 即今天波兰的普热武兹（Przewóz）。

军左翼后方。换句话说，我们已经尽了全力。根据多种信息，卑职确信第4装甲集团军的防御已经非常完备。虽然前线的很多区域兵力稀少，而且不乏弱点，但鉴于左翼的部队已经得到加强，这些问题并没有引起我的担忧。

在右翼，由于第29军被划入本集团军群，战线的长度被延伸了不少，当地的局势有些困难，而且扑朔迷离。卑职认为，我们很难单纯凭借第29军的兵力完成任务——必须向当地增派部队。

在未来，我们必将继续努力克服武器、燃料和弹药短缺，但坦克炮弹是如此之少，以至于我必须向您申请特别支援。第8航空军的燃料匮乏也令我担心，如果敌人发动总攻，德国空军将无法充分发挥作用。

无论如何，有一点是明确的：我们必将死守主战线——在卑职的集团军群，每个士兵都将为此努力。我们将冷静地对待局势发展，并继续对您保持忠诚！

万岁！我的元首！

签字

舍尔纳大将

分发名单：

陆军总参谋长副官

元首幕僚长

作战处处长/作战参谋

以上内容已验证无误

（签字）

中尉[32]

4月12日[33]

南方集团军群：希特勒表示，他正在考虑组建1支强大的突击部队（包括3个党卫军旅、第25装甲师和第8装甲师），以求将苏军赶出摩拉瓦河（March）桥头堡，使之无力威胁德国仅剩的齐斯特斯多夫

（Zistersdorf）油田。

中央集团军群：希特勒再次要求将重要的军事物资撤离瓦格河谷工业区，并命令尼斯河前线守军汇报炮兵实力。

维斯瓦河集团军群：下属部队应提交针对“塞德利茨叛徒”的警告通知，以便希特勒亲自审阅。如果哈维尔河及其支流仍可通航，德军应在河道上修筑堤坝。

东普鲁士集团军：希特勒批准第7装甲师撤离海拉半岛，并调往维斯瓦河集团军群，还要求在海运期间提供战斗机掩护。

库尔兰集团军群：德国空军回复库尔兰集团军群——博恩霍尔姆岛（Bornholm Island）的机场仍在建设中。

总体指示：希特勒要求大幅削减各师的卡车数量，而且在不同的师，其数量也有所区别，例如步兵师将配备40—50辆。

4月13日[34]

南方集团军群：为帝国大桥（Reichs Bridge）[①]的两个北桥拱安装炸药，以便在需要时爆破。将第8装甲师调往南方集团军群一事尚未得到批准。托马勒（Thomale）中将[②]将为元首掷弹兵师提供一个2500人的团。希特勒要求对小喀尔巴阡山脉失守一事进行军法调查。

中央集团军群：中央集团军群参谋长（如果其正在格尔利茨的中央集团军群前方指挥所，则由中央集团军群司令本人代为与会）和南方集团军群参谋长应在4月15日到元首大本营参加会议，并报告各自地段的形势。里萨（Riesa）上游的易北河桥梁需做好爆破准备。对突破到萨克森地区的美军先头坦克部队，希特勒命令开展大规模的清剿行动，并要求中央集团军群为此专门组织1支装甲集群。

维斯瓦河集团军群：希特勒不同意调动明谢贝格装甲师的提议，并要求用高射炮进一步加强第3装甲集团军的防线。其中40门高射炮将从珀利茨派往奥得河前线，30门高射炮将从施瓦茨海德（Schwarzheide）派往尼斯河

---

① 即前文所述的弗洛里斯多夫大桥。

② 即沃尔夫冈·托马勒（Wolfgang Thomale），陆军装甲部队监察处参谋长。

前线（即中央集团军群地段）。如果敌军发动进攻，德军应炸毁奥特马绍（Ottmachau）①大坝。另外，希特勒还取消了在哈维尔河上筑坝的命令，因为此举会导致德军同样无法使用河道。

总体指示：作为补充，第12集团军将从罗斯劳（Rosslau）得到下列陆军独立单位——1个架桥司令部、4个架桥纵队（含1个装甲架桥纵队）。

4月14日[35]

南方集团军群：维也纳失守，希特勒同意在北面重组战线，并澄清了南方集团军群在军事工业区的权力。按照规定，南方集团军群司令有权分配军需品，但必须事先与帝国部长施佩尔协商。

中央集团军群：由于燃料匮乏，美军坦克部队已止步于开姆尼茨以西。可立刻投入反击的德军部队有：党卫军德累斯顿工兵补充与训练营（SS-Pi-Ers. u.Ausb.Btl. Dresden）和卡尔斯巴德设障分队（Sperrverband Karlsbad）。希特勒批准了中央集团军群司令将第21装甲师和元首护卫师派往施普伦贝格地区的请求。此外，他还重申必须用高射炮来加强尼斯河前线的炮兵力量。帝国部长施佩尔已调拨400门高射炮供东线使用。希特勒批准将第600（俄罗斯）步兵师调往中央集团军群地段，并指示中央集团军群司令提交使用该师的建议。按照希特勒的想法，该师将在下一轮防御战结束后部署到中央集团军群或维斯瓦河集团军群境内。

维斯瓦河集团军群：为应对苏军的总攻，希特勒批准第9集团军进入主战线。同时，维斯瓦河集团军群还提交了如何在苏军进攻开始时运用德国空军的建议，其内容得到了希特勒的批准。当天，柏林防御地带司令部开始正式由维斯瓦河集团军群管辖。

东普鲁士集团军：海军最高司令部（邓尼茨）通知希特勒，第7装甲师已从4月13日开始从海拉半岛启程，并将在5天内运输完毕。但由于燃料原因，德国海军已无力在东普鲁士集团军方向部署一个重型舰艇战斗群。希特勒下令立即将第4集团军的军官调回本土。

① 即今天波兰的奥特姆胡夫（Otmuchów）。

以上种种信息显示，尽管苏军总攻已迫在眉睫，但希特勒仍然对军事或政治上的“奇迹”抱有信心。这解释了他为何会在4月的最初几周如此关心保护工厂和基础设施，因为他相信这些设施仍可以帮助重组遭重创的部队。

4月15日[36]

南方集团军群：对于第117猎兵师，希特勒同意了相关的部署建议，准备将其用于肃清苏军在塞默灵（Semmering）的突破口。对于第10伞兵师，希特勒没有确定部署方案，但该师最终被派往奥地利的布吕克地区。

中央集团军群：希特勒命令彻底切断福斯特和柏林之间的高速公路，但东西向的路口仍应继续保持通行。在劳希茨地区，尼斯河以西有大片森林，森林中有众多大小道路。希特勒命令用高射炮和反坦克炮进行封锁。

维斯瓦河集团军群：希特勒命令在第2道防线后方1–3公里处设置新阵地，并强调了纵深防御在一战时期的重大作用，还对法兰克福附近奥得河西岸的阵地构建表示关心。同时，他还命令将保护珀利茨工厂的轻型高炮也部署到奥得河前线（但直到苏军进攻之后，这些轻型高炮才陆续就位）。前一日，第20装甲掷弹兵师在防御战中行动失利，希特勒大发雷霆，并要求进行调查。该师的成员应摘掉一切勋章和奖章，直到挽回荣誉。

库尔兰集团军群：希特勒指示库尔兰集团军群司令希尔佩特（Hilpert）步兵上将在未来几天向他报告。

4月14日，在戈尔措和旧图彻班德之间，苏军向第20装甲掷弹兵师的整条战线发动进攻。虽然苏军只取得了有限进展，但第20装甲掷弹兵师损失惨重。下午，苏军在30分钟的炮击后卷土重来。面对65辆坦克的重压，该师的防线瓦解了，第90装甲掷弹兵团的1个营陷入包围，到当天结束时已全军覆没，策欣也落入敌手。希特勒大发雷霆，命令该部队摘掉勋章和奖章。该师师长因此倍感懊丧，并在苏军总攻开始后不久自杀身亡。

4月16日，苏军发起了最后的总攻。

4月16日[37]

南方集团军群：针对前进中的苏军，希特勒命令在多瑙河以南到圣珀尔滕（St. Pölten）之间发起进攻，打击对方的右翼纵深。第10伞兵师的去向已定，即特赖森（Traisen）附近。为了保存兵力，希特勒批准德军向圣珀尔滕西北地区撤退。党卫军波希米亚和摩拉维亚旅将不再开赴多瑙河以南，新的任务是守卫齐斯特斯多夫附近的产油区。

中央集团军群：希特勒同意撤销布吕恩[Brünn，即今天（捷克的）布尔诺（Brno）。]的要塞地位，并将其重新划分为局部据点（Ortsstützpunkt）。应舍尔纳元帅的要求，希特勒还命令将布吕恩的驻军派遣到塞洛维茨①方向，以进攻向布吕恩长驱直入的苏军。为击败这股苏军，希特勒还考虑从第8集团军抽调部队，但暂时没有批准从山区前线（Gebirgsfront）撤军，因为他认为此举将无助于释放有生力量。希特勒还告知中央集团军群，他不认为苏军的下一步攻势会指向西方，而是将向南朝波希米亚前进。

维斯瓦河集团军群：希特勒命令立即部署第25装甲掷弹兵师，以抵御苏军从弗里岑方向的突破。另外，鉴于苏军将进攻泽劳，他还要求派出第18装甲掷弹兵师，并将珀利茨地区剩余的高炮送往第3装甲集团军和奥得河前线。对于哈维尔河上的桥梁，希特勒决定暂时不做爆破准备，但应准备好配套的炸药。

东普鲁士集团军：由于缺乏燃料，德国海军仍然无法部署重型舰艇战斗群。对于仍在弗里施沙嘴的部队，希特勒希望能将其中所有具备战斗力的师（调回国内）投入作战。

当天的记录再次表明，希特勒认为苏军对中央集团军群的进攻将朝向南方，而不是向西或向北。

4月17日[38]

南方集团军群：希特勒要求了解普利耶夫近卫骑兵机械化集群在过去几

---

① 即今天捷克的日德洛霍维采（Židlochovice）。

天的坦克损失情况（由东线外军处提供）。

中央集团军群：之前划拨给南方集团军群的一个鲁登道夫团（Ludendorff-Regiment）将由中央集团军群接管，并重新部署在布吕恩附近。另外，希特勒还命令中央集团军群严密监视当地20万捷克人的行为。

维斯瓦河集团军群：希特勒下令进行以下部署——党卫军北欧装甲掷弹兵师，调往第9集团军，并进入泽劳附近的作战区域；党卫军尼德兰装甲掷弹兵师，开赴奥得河畔法兰克福以南；第549国民掷弹兵师，进入党卫军尼德兰师之前占据的阵地，至于其原有阵地将由部署在斯德丁潟湖沿岸的2个海军警备团接管；第275工兵设障营（Sperrverband-Pionier-Bataillon 275）也将隶属于第9集团军，并开赴米尔罗瑟附近。

奥得河畔法兰克福的要塞地位将保持不变，但可以从东面抽调4个营前往要塞南翼，以抵御当地的苏军。如果局势极端危急，守军可以撤出奥得河东岸的桥头堡。另外，希特勒还要求对要塞在奥得河西岸的防御阵地提交一份准确的评估报告。

对于第25装甲掷弹兵师，希特勒要求其撤出所在前线，并在维斯瓦河集团军群后方担任预备队，还强调了迅速在第3装甲集团军后方构建预备力量的重要性。沃斯（Voss）海军中将要求为两个海军警备团提供各一名作战经验丰富的指挥官。希特勒希望知晓第9集团军在战斗中损失的高炮数量。在访问第5猎兵师期间，帝国部长施佩尔与相关人员讨论了该师前线的不利局势。也正是因为局势恶化，苏军坦克向南突破的“荒谬谣言”正在该师内部流传。

4月18日[39]

南方集团军群：希特勒担心苏军会在多瑙河北岸登陆，并计划当天晚些时候开会讨论将第48步兵师用铁路运往第8集团军（以便用于布吕恩方向）的可能性。关于第10伞兵师，他指出：该师的各营不应直接投入战斗，而是担任预备队，以便用于反击。

中央集团军群：希特勒命令将第2个鲁登道夫团部署在布吕恩附近，并拒绝把第4集团军司令部部署在当地。

维斯瓦河集团军群：希特勒批准将5个国民突击队营从柏林调往第9集团军，但没有决定是否派遣来自第3装甲集团军的预备队。

库尔兰集团军群：海军最高司令部向库尔兰集团军群报告，它无法向温道（Windau）①投入任何海军部队。德国空军表示，博恩霍尔姆岛的机场将于5月10日完工。

在4月18日的《元首指示》中，最值得一提的是希特勒允许将国民突击队从柏林调往第9集团军。这一决定源自海因里齐的请求，也是后者为疏散城市而私下采取的措施之一。当4月15日与阿尔伯特·施佩尔会面时，海因里齐便曾向后者保证过此事（参见《奥得河前线1945》第1卷第3章）。次日，这项工作仍在开展，并间接证明了希特勒仍未决心坚守柏林。

4月19日[40]

南方集团军群：对于第48步兵师，希特勒决定将其派往第8集团军，但对条顿骑士团团长帝国掷弹兵师（Reichs-Grenadier-Division Hoch und Deutschmeister）的安排尚未确定。

中央集团军群：希特勒命令党卫军联络官传递消息，责令党卫军第10装甲师必须堵住前线的缺口。中央集团军群和维斯瓦河集团军群应设法摧毁后方高速公路上的桥梁。

维斯瓦河集团军群：希特勒坚持御敌于前线的方针。为了支持这一目标，他允许维斯瓦河集团军群司令部在与柏林的纳粹党大区领袖协商后，将首都的所有作战部队派往第9集团军前线。在柏林，还有一些国民突击队单位不具备全面作战能力，这些单位应将武器转交给没有武装的空军和海军“KV”（Kriegsverwendungdfähig，即“适合服役”）人员，并另外把城内的5000支步枪和200挺机枪提供给赫尔曼·戈林第2伞兵装甲掷弹兵师。对于城内的60支机动高炮分队，其中三分之一将被派往障碍区（Sperrzone，城市外围防御区）东南部，另外三分之一则派往东部，剩下的三分之一继续在市内担任预备队。这些高炮部队将和国民突击队一同部署，并以此获得步兵保护。

---

① 即今天拉脱维亚的文茨皮尔斯（Ventspilis）。

希特勒禁止第9集团军的右翼撤退。雅恩步兵师暂时隶属于柏林城防司令部，负责封锁库默斯多夫–托伊皮茨（Teupitz）向南至柯尼希斯武斯特豪森（Königswusterhausen）一线。该师的一个团级分队应在本日晚些时候在于特博格就位。

希特勒不希望雅恩步兵师直接由第9集团军调遣。

此外，希特勒还命令用其他人员（军校学员）组建4个高素质的空军营，并直接派往第9集团军。同时，他还再次拒绝了海因里齐将第2军区和第3军区纳入维斯瓦河集团军群的请求。第549国民掷弹兵师应立刻占据新作战区域的后方阵地。第3海军步兵师将从斯维内明德防御地带出发，并投入主要战场。

希特勒命令，柏林阿尔凯特公司交付的下一批装甲车辆将被用于对抗从东南方朝市区推进的苏军先头坦克部队。

4月19日/20日（发布单位：陆军最高司令部作战处）[41]

南方集团军群：鉴于苏军可能越过德劳河（Drau）[①]向南突入南方集团军群后方，还有可能在图尔恩（Tulln）两侧跨过多瑙河向北进攻，希特勒对南方集团军群的危险形势表示担心。

维斯瓦河集团军群：稍作修改之后，维斯瓦河集团军群的作战指导方针草案获得批准——希特勒同意从法兰克福要塞抽出3个营加强城北的防线，但要求必须用派往第9集团军的补充兵进行填补。

对于第3装甲集团军的预备队，希特勒要求将其派往第2道防线，并让炮兵各自进入阵地，以准备应对当面苏军的总攻。

和希特勒的预测不同，4月20日，科涅夫并没有攻击德累斯顿和德国南部，而是掉头向柏林快速推进。另外，尽管在4月初，舍尔纳曾对防御夸下海口，但他的战线已经瓦解，第4装甲集团军也被切为两段，其下属的装甲师由于部署分散，几乎没有发挥任何作用，更没能阻止近卫坦克第3集团军和近卫坦克第4集团军长驱直入。以下是舍尔纳发给元首地堡的信息。在电文中，

---

① 即德拉瓦河（Drava）。

他对各师的战斗素养做了一番赞扬，并预言当天或下一天将具有“决定性意义”。但事实上，真正具有决定性的时刻早在前一天便已过去。在科涅夫的部队跨过两条河流（奥得河和施普雷河）后，第4装甲集团军已经没有可以依靠的天然屏障，科涅夫可以放开手脚，大踏步地前进。第4装甲集团军的北部被切断，被迫向北退却，加入第9集团军。

陆军最高司令部作战处

1945年4月20日

副本

与中央集团军群司令的长途谈话

文件编号：Ia no. 2363/45 g.K.

致：

元首兼国防军总司令

陆军总参谋长

先生！

关于局势，卑职报告如下：

1. 在第4装甲集团军三个地段，大规模的防御战正在进行，而且今晚的局势将更加严峻。

（1）我希望利用第20装甲师、［此处无法辨认］、赫尔曼·戈林师和久经考验的第300突击炮旅立刻发起反击，打击从罗滕堡（Rothenburg）地区向包岑及其北部突破的3个坦克军和随行步兵部队，从而消除这股威胁。在当地，我仍然有希望歼灭突破之敌，从而取得一定程度的胜利。

（2）另一方面，敌军的坦克第4集团军已从穆斯考地区大举突破，现在正向霍耶斯韦达（Hoyerswerda）及其北部推进，这让我非常担忧。

第4装甲集团军已奉命动用党卫军第10装甲师和元首护卫师夺回施普伦贝格地区，并渡过施普雷河，封闭当地的防线缺口。

由于通信中断，我还无法准确了解当地的局势。

（3）近卫坦克第3集团军威胁最大，它已突入施普伦贝格以北，正在向卡劳前进。针对这股敌人，反击已从施普雷河北面和西南两个方向打响，目标是重新封闭我军战线。我们将倾尽全力，防止施普伦贝格和科特布斯之间的局势失控。

到傍晚时分，局势继续恶化，敌军已突破至施普伦贝格北部。卑职认为当地的局势已到了危急关头。除此之外，敌军还在不断扩大南面的突破口。尽管如此，卑职仍然希望当地的指挥官能够恪守命令、击退敌军，并通过向北进攻帮助沿公路南下的我军部队。

2.所有部队都在英勇战斗。尽管战局严峻，而敌人又拥有数量优势［包括10个坦克军和波兰（此处原文有缺字），外加1个骑兵军］，但元首护卫师、勃兰登堡装甲掷弹兵师和各步兵师仍然表现出色，只是弹药和燃料的缺乏让我军未能扩大战果。

综上所述，卑职认为——

尽管在许多地段，我军赢得了防御和进攻胜利，但在总体上无法掩盖一个事实：敌方已投入强大的部队——在北部和南部的突破口，情况尤其如此。在此期间，许多坦克和卡车被我军击毁。但在大部分地段，我们苦心经营数周的防御工事并未发挥作用。与第4装甲集团军的情况相比，其他各集团军的战况则相对次要，但布吕恩地区是个例外。

当地今天的局势更加稳定。尽管在摩拉维亚奥斯特劳以西有激烈的战斗，我仍然被迫决定将第16装甲师战斗群调往第8装甲师麾下，以便发动进攻，彻底消除当地的险情，至于由此产生的缺口将在未来几天用陆军最高司令部派遣的部队填补。

在摩拉维亚奥斯特劳，我们将想方设法利用其余各师维持局面。

此外，苏军还对第17集团军前线发动攻击，但意义有限，只是为了让部队“有事可做”。

1945年4月20日和21日，易北河以东的大规模防御战将迎来决定性的时刻。

我向您保证，先生，我们将竭忠尽智，用尽一切战术手段，全力以赴执行您的任务。

以上内容已验证无误

（签名）

总参谋部少校

万岁，我的指挥官！

签字：舍尔纳元帅[42]

4月20日/21日（发布单位：陆军总参谋部指挥小组）[43]

孔策（Kuntze）工兵上将①已被任命为柏林警戒区域（Sicherungsbereiches Berlin）司令。

希特勒禁止维斯瓦河集团军群的右翼撤往沃坦防线，但认为可以减少法兰克福要塞两翼的兵力，并将当地的守军撤出，还提出尽快将柏林的国民突击队营和其他现役部队派往菲尔斯滕瓦尔德一带。

对于第3海军步兵师，希特勒再次强调，无论如何，该师都必须尽快赶赴第101军左翼后方，以便将第25装甲掷弹兵师的部分兵力（或第5猎兵师）释放出来。他还指出，如果有必要，第101军可以集体向北撤退，以加强党卫军第4警察师从北向南的进攻。

第16装甲师应尽快做好准备，以便部署到格尔利茨以北地区。

希特勒命令，德国空军应在4月21日全力攻击科特布斯以南的苏军，防止他们通过这个缺口增兵，如可能，还应投入喷气式飞机。

这也是陆军最高司令部记录中的最后一份《元首指示》。它表明希特勒仍然支持海因里齐的建议，并同意将部队从柏林调往奥得河前线。但在4月21日，希特勒很可能意识到奥得河前线的最后一道防线已经瓦解，苏军正在向柏林长驱直入。在这种情况下，他的精神彻底崩溃。但凯特尔和约德尔这两位国防军高级指挥官——而不是鲍曼、希姆莱或戈培尔——仍为希特勒提供了一针“强心剂”（参见《奥得河前线1945》第1卷第11章）。4月22日/23日，他们更是向希特勒谎称：只要能死守柏林，胜利仍有希望。闻讯，希特勒异常兴奋，不仅批准了两人的建议，还亲自接管了柏林城防。同时，他还要求第56装

① 即第3军区司令瓦尔特·孔策（Walter Kuntze）上将。

甲军开入市内，并让第12集团军与第9集团军掉头北上。因为元首地堡的直接插手，海因里齐的指挥部被彻底架空，最终，柏林遭到了战火浩劫，而这正是海因里齐在过去1个月试图避免的事。

本章尾注:

1. 参见休·特雷弗-罗珀编辑的《从闪电战到失败:希特勒战争密令集,1939—1945》(*Blitzkrieg to Defeat: Hitler's War Directives 1939—1945*)(纽约:霍尔特、里内哈特和温斯顿出版社,1964年出版),第211页。

2. 参见休·特雷弗-罗珀《从闪电战到失败:希特勒战争密令集,1939—1945》,第206—207页。

3. 参见伊恩·克肖《希特勒,1936—1945:复仇之神》(*Hitler 1936—1945: Nemesis*)(纽约:W.W.诺顿出版社,2000年出版),第86页。

4. 参见托尼·朱特《战争之后:1945年以来的欧洲史》(*Postwar: A History of Europe Since 1945*)(美国:企鹅出版社,2005年出版),第52—53页。

5. 参见克里斯托弗·克拉克《钢铁王国:普鲁士的崛起与衰落,1604—1947》(*Iron Kingdom: The Rise and Downfall of Prussia, 1604—1947*)(马萨诸塞州剑桥:哈佛大学贝尔纳普出版社,2006年出版),第666页。

6. 参见克里斯托弗·克拉克《钢铁王国:普鲁士的崛起与衰落,1604—1947》,第657—659页。克拉克提到:“在纳粹的意识形态和宣传中,对普鲁士国度(Prussiandom)的宣扬从来没有中断”。

7. 参见詹姆斯-查尔斯·罗伊《消失的王国:穿越普鲁士历史的旅程》(*The Vanished Kingdom: Travels Through the History of Prussia*)(科罗拉多州博尔德:西方视野出版社,1999年出版),第258页。

8. 参见克里斯托弗·克拉克《钢铁王国:普鲁士的崛起与衰落,1604—1947》,第667—668页。

9. 参见诺曼·戴维斯《起义,1944:华沙之战》,第252页。

10. 参见《反对希特勒的德国人》,第147页。

11. 参见《反对希特勒的德国人》,第196—198页。

12. 罗兰·弗莱斯勒是一位声名狼藉的纳粹律师和法官,曾担任帝国司法部国务秘书。在德国法制体系之外设立的人民法庭庭长也由他担任。弗莱斯勒是纳粹思想的铁杆追随者,并竭尽全力试图将这种意识形态注入德国的法律体系。他还喜欢滥用死刑,并因此很得希特勒欢心。2月3日,弗莱斯勒在柏林被美军炸死,当时他正在审判一名“7月20日阴谋”的参与者。

13. 参见美国国家档案馆文件T78/645/175-76。

14. 参见美国国家档案馆文件T78/645/552-53。

15. 参见美国国家档案馆文件T78/305/6256409-10。

16. 参见美国国家档案馆文件T78/305/6256310-11。

17. 参见美国国家档案馆文件T78/305/6256289-90。

18. 参见美国国家档案馆文件T78/305/6256257-58。

19. 参见美国国家档案馆文件T78/305/6256231-32。

20. 参见美国国家档案馆文件T78/305/6256217-18。

21. 参见美国国家档案馆文件T78/305/6256336-37。

22. 参见美国国家档案馆文件T78/305/6257053-55。

23. 参见美国国家档案馆文件T78/305/6257016-18。

24. 参见美国国家档案馆文件T78/305/6256991-92。

25. 参见美国国家档案馆文件T78/305/6256945-47。

26. 格伦知道战争已近尾声，更知道他的组织对西方盟国意义重大。在解职后，他命令将东线外军处的所有文件拍成胶片、装进容器，并埋在上巴伐利亚地区施皮青湖（Lake Spitzing）附近一座名叫埃伦德萨尔姆（Elendsalm）的小屋附近。此外，他还和助手韦塞尔制订了一项计划，以便在停战后将这些文件和整个东线外军处移交给西方盟国。在纳粹德国垮台、向战后欧洲过渡期间，别具心机的格伦立刻带着这个组织和几乎所有的老部下投靠了西德政府，并组建了联邦情报局（Bundenachrichtendienst，BND）。另外值得一提的是，在纳粹德国时期的各个机构中，只有格伦的机构历史可以不间断地追溯到普鲁士时期。

27. 参见美国国家档案馆文件T78/305/6256923。

28. 参见美国国家档案馆文件T78/305/6256877-78。

29. 参见美国国家档案馆文件T78/305/6256834。

30. 参见美国国家档案馆文件T78/305/6256759-60。

31. 参见美国国家档案馆文件T78/305/6256711-12。

32. 参见美国国家档案馆文件T78/305/943-44。

33. 参见美国国家档案馆文件T78/305/6256680-81。

34. 参见美国国家档案馆文件T78/305/6256640-41。

35. 参见美国国家档案馆文件T78/305/6256616-17。

36. 参见美国国家档案馆文件T78/305/6256572-73。

37. 参见美国国家档案馆文件T78/305/6256552-53。

38. 参见美国国家档案馆文件T78/305/6256515-16。

39. 参见美国国家档案馆文件T78/305/6256499-500。

40. 参见美国国家档案馆文件T78/305/6256466-67。

41. 参见美国国家档案馆文件T78/305/6256475。

42. 参见美国国家档案馆文件T78/305/6256453-54。

43. 参见美国国家档案馆文件T78/305/6256452。

第十部分

奥得河前线的最后战斗

对第1卷的补遗

“柏林的元首希望军队恪尽职守。未能全力挽救局势和元首的人，将注定遭到历史和德国人民的唾弃。”

——威廉·凯特尔元帅致维斯瓦河集团军群，1945年4月27日

在本卷第十部分，我们提供了一些末日之战的新细节——涉及第9集团军、第12集团军、第21集团军和第3装甲集团军，足以补充第1卷的记录。对于第9集团军，我们提供的是军事研究文件MS R-79，该文件以“第9集团军的最后进攻和投降，1945年4月21日至5月7日”为题，是对弗雷德·迈尔少校《最后的攻势》（*The Last Offensive*）一书的补充。在战后，美国曾对柏林、维斯瓦河集团军群和第12集团军的最后战斗进行了诸多研究，本文件就是其中之一。在撰写期间，作者马格纳·鲍尔使用了与本书第1卷大体相同的参考资料，并对第9集团军在被围后和突围时的决策做了深入分析，但他并不知道海因里齐曾试图避免柏林巷战，这导致其中的一些结论已经过时。例如，在“4月25日的南辕北辙”部分，鲍尔曾提到，第9集团军之所以向西突围，而没有向柏林进攻，原因可能是通信问题。但实际上，此举完全是源自海因里齐、温克和布塞对国防军最高统帅部命令的无视（参见《奥得河前线1945》第1卷第11章）。另外要注意的是，本文件中的所有注释都为原作者所加，笔者未对其内容和出处进行审查。也正是因此，其参考文献并没有被纳入本卷的“参考资料”部分。

除此之外，本部分的其他文件则大多与第3装甲集团军有关。它们主要来自亲历者的叙述，以及维斯瓦河集团军群、第3装甲集团军及其下属各军的作战日志。与第9集团军不同，第3装甲集团军的很多单位成功向西方盟军投降，其作战日志也得以保存下来。对于德军西撤期间、发生在德国北部的战斗，这些文件提供了精彩的陈述。

第9集团军的最后进攻和投降，1945年4月21日至5月7日

军事研究文件MS R-79

本文件旨在支持弗雷德·迈尔编写《最后的攻势》一书

作者：马格纳·鲍尔，1956年4月

时间进入1945年4月中旬，在东西两线，德军已被击退到奥得河和易北河畔。

4月下半月，苏军在法兰克福地区渡过奥得河，在中央集团军群和维斯瓦河集团军群之间打开缺口，一路向北朝柏林前进，并从南面对第9集团军形成了包抄之势。他们像楔子一样插入德军阵地，割断了第9集团军（在东线与苏

军作战）和第12集团军（在易北河/穆尔德河前线与西方盟军作战）的联系。随后，苏军在这两支部队的后方大举推进，并从南部直捣柏林。4月23日，柏林包围圈合拢，第9集团军也陷入困境——如果该集团军想要得救，就必须向西突围，与第12集团军取得联系。

但4月22日，希特勒却命令第12集团军和第9集团军同时调转方向，切断楔入两者之间的苏军。按照他的设想，如果这两支部队能在卢肯瓦尔德会合，就可以在柏林西南的维滕贝格和东南的柯尼希斯武斯特豪森之间重建防线，并扭转德国首都的战局。但由于苏军的持续进攻，德军被迫改变计划，并将上述这2支部队的会合点改在了更北面的洛文布鲁赫（Löwenbruch，即柏林以南的东西向高速公路沿线，或该公路的南缘）地区。

虽然希特勒希望第9集团军换一种方式解救柏林，但这次攻击根本不可能发动。随着局势迅速恶化，第9集团军只能自行向西突围。但即使如此，希特勒仍心怀幻想，并命令上述德军从西南和东南方推进，进而在柏林正南方会师。

4月25日/26日，在从贝尔齐希向波茨坦和柏林的进攻中，第12集团军一度进展顺利，而第9集团军则直接向西朝卢肯瓦尔德一带突围。希特勒闻讯，立刻指示国防军最高统帅部和维斯瓦河集团军群：最重要的是解救柏林，第9集团军必须保存实力，停止向西突围，并与第12集团军一起向柏林推进，重新打通首都与外界的联络。但此时，第9集团军的通信已经失灵，只有一部电台在时断时续地工作，更没有迹象表明他们收到了这道命令。事实上，这支被寄予厚望的部队根本没有遵循上述指示，其中一些装甲部队已向西突围，并抵达了卢肯瓦尔德地区；而第12集团军则在抵达贝利茨之后向东南方迂回，绕开特罗伊恩布里岑一带的苏军集结地，并与卢肯瓦尔德附近的第9集团军一部会师。这些加入第12集团军的士兵大约有30000人，他们没有装备，精疲力竭，最终于1945年5月2日至7日在易北河畔投降。其余人员则在4月28日发回最后一份报告后失去了音信。

1945 年 4 月 21 日的战况

1945年4月下半月，苏军在德国中部大举推进，并从多个地点渡过奥得河和尼斯河，试图与向易北河推进的西方盟军会师。在奥得河畔法兰克福以南，苏军在中央集团军群和维斯瓦河集团军群之间打开缺口，从而包抄了第9集团军的侧翼。接下来，他们开始在东线的第9集团军（维斯瓦河集团军的南翼部队，位于奥得河和尼斯河以西以及柏林东南部）和西线的第12集团军（国防军最高统帅部直辖部队，位于易北河和穆尔德河之间）后方攻城略地，并径直朝柏林推进。

与此同时，中央集团军群则正在从包岑-格尔利茨地区向第9集团军以南的科特布斯凸角阵地推进，试图截断苏军在科特布斯-施普伦贝格之间的走廊。虽然这条走廊一度被压缩到大约25公里，到4月22日，苏联人还是几乎完成了对第9集团军的包围，并在东北方截断了该集团军主力（防区大致在奥得河畔法兰克福-科特布斯-柯尼希斯武斯特豪森）和第56装甲军（隶属于第9集团军，位于柏林东部，以及东南部的克珀尼克和格吕瑙郊区一带）的联系。在第9集团军与柏林防御地带之间，只有一条狭窄的走廊，而且当地也岌岌可危。很快，在4月23日，部分苏军便绕过这座城市，在德布里茨附近封闭了包围圈。

指挥体系

4月22日，凯特尔、约德尔和国防军最高统帅部的其他成员离开柏林地区的总部，试图前往克兰普尼茨。而希特勒则和一小群幕僚留在首都，同时指挥着柏林防御地带和其他战线。4月24日和25日，一套新的指挥体系建立起来：凯特尔代表国防军最高统帅部对维斯瓦河集团军群、中央集团军群和第12集团进行战术管辖，并同时执行希特勒的旨意。[1]

按照德军的安排，每一条命令或报告都必须通过指挥链，从各个司令部逐层传达（希特勒-国防军最高统帅部-维斯瓦河集团军群-第9集团军，或希特勒-国防军最高统帅部-第12集团军），但由于通信中断，这些命令或报告经常卡在半路，并遭遇极大延迟。希特勒命令和德军行动脱节的原因有一部分便来源于此。也正是因此，我们有必要审视某些信息在不同阶段的传递情况。

对于战术层面的形势，我们将只围绕德军的指挥困难，对相关情况做简要介绍。关于其中详情，舒尔特斯（Schultes）上校正在陆军部情报部门

（G-2）撰写一份研究报告。

第9集团军获准从奥得河畔撤退；奉命向南方和西南方进攻①

面对苏军的推进，维斯瓦河集团军群司令担心第9集团军会被分割歼灭，因而一直在向希特勒请求从奥得河畔撤出这支部队。4月21日，他再次向希特勒陈情，但遭到后者的拒绝——不仅如此，希特勒还勒令第9集团军继续坚守阵地。

当时，第9集团军的司令是特奥多尔·布塞步兵上将。对于布塞的后续行动，希特勒让代理总参谋长汉斯·克雷布斯步兵上将（尽管在柏林被包围之前，陆军最高司令部的大部分成员都已逃走，但克雷布斯依旧留在当地）打了一通电话，[2]并说自己反对海因里齐的建议。18时45分，克雷布斯再次向海因里齐致电，表示希特勒不仅要求第9集团军继续坚守，还应该发动反击，封堵东北面菲尔斯滕瓦尔德附近的缺口。听到这些，海因里齐立刻介绍了当地和奥得河一线的绝望形势，并一再请求向柏林东南的湖区一带撤军。不仅如此，他还以辞职相威胁，希望希特勒能批准此事。上述事实似乎表明，在21日，希特勒的坚守令似乎确实传达给了第9集团军（只是没有文件予以确凿证明）。次日（4月22日）晚些时候，希特勒又向第9集团军发送了一份电报，内容可能是对之前命令的重申：

帝国首都周边形势危急，为了化险为夷，每个指挥官和士兵都必须保持极端的决心和毅力。中央集团军群/舍尔纳集团军群的北翼部队正在发动攻势，试图稳定施普伦贝格附近的局势。为实现这一目标，我们必须夺回科特布斯附近的凸角阵地，并不惜一切代价坚守，因为它充当着我军前线的基石。

第9集团军应加强从柯尼希斯武斯特豪森到科特布斯的防线，并在这条战线上继续坚定攻击进攻柏林南部之敌的纵深侧翼。此外，该集团军还应坚守从科特布斯至菲尔斯滕贝格的当前战线，并将其北翼撤至菲尔斯滕贝格-米尔罗

---

① 原文如此，此处有误，应为奉命从南方和西南方进攻。

瑟–菲尔斯滕瓦尔德一线，以便立即提供部队，填补大米格尔湖附近的空隙。[3]

这一命令表明，希特勒希望第9集团军分别在南北两侧与中央集团军群和第3装甲集团军恢复联系。

4月22日，希特勒又下令让第9和第12集团军分别从东西两个方向进攻。相关文件这样写道：

4月22日，鉴于形势恶化，根据约德尔的建议，希特勒决定让位于易北河和穆尔德河中游、与西方盟军作战的第12集团军调转方向，加入对苏军的战斗。[4]

4月22日17时5分，海因里齐致电布塞，表示他已从克雷布斯那里得到消息——希特勒决定“让温克（即瓦尔特·温克装甲兵上将，其指挥的第12集团军直接隶属于国防军最高统帅部）的集团军转身朝你们前进”。对于第9集团军而言，这意味着之前的命令有所调整：他们需要在坚守前线的同时向西调集兵力。[5]

海因里齐认为，这项任务不过是天方夜谭，因为第9集团军根本不可能一面坚守东线，一面攻击和夺回科特布斯地区——这一点只有在从奥得河畔撤军后才做得到。4月22日21时30分，海因里齐与克雷布斯将军讨论了当前的困局，并请后者再次通报希特勒，如果命令维持不变，他——海因里齐——将申请辞职。[6]

当天深夜（实际上是4月23日1时10分），希特勒终于同意让第9集团军收缩战线。这道命令立刻通过电话传达下去，先是维斯瓦河集团军群，随后又来到了第9集团军。

内容如下：

元首命令第9集团军将东部战线后撤至科特布斯以北–派茨–利伯罗瑟–贝斯科–施普雷河一线，并尽早利用释放出的有生力量在巴鲁特一带发动进攻，打击向柏林北进之敌的深远侧翼，同时，第12集团军的南翼也将从西面（即于特博格方向）进攻，与之形成呼应。

在最坏的情况下，第9集团军的南翼可以向布尔格–布岑（Butzen）–施维洛赫湖–贝斯科一线撤退。

对于筹备中的必要行动，集团军应及时通报其执行情况。[7]

希特勒4月22日命令的影响

在第12集团军方面，凯特尔于4月22日—23日晚间视察了第20军、第12集团军和沙恩霍斯特步兵师的指挥部，并与有关人员讨论了上述命令。按照他们的计划，第12集团军将重新集结，并用第20军一部发动攻击——这些部队将穿过波茨坦，朝柏林前进，同时与第9集团军会师。其中讨论较为详细的是第一阶段，为此，沙恩霍斯特需要从特罗伊恩布里岑两侧朝特雷宾推进。据报道，这次进攻在4月23日6点开始，[8]但目前没有进展报告幸存下来。

对于第9集团军来说，这个命令意味着它的任务发生了变化。它将不再为夺回科特布斯凸角阵地朝南和西南方向进攻，而是将向西朝巴鲁特前进，与第12集团军合作，努力击退在4月23日距离柏林只有约15公里的苏军［这些苏军打开了一条狭长的突破口，但暂时止步于贝利茨–特雷宾–特尔托–达勒维茨（Dahlewitz）一线］。[9]

布塞将军的进攻计划；4月23日的局势发展；第9集团军和柏林陷入重围

4月23日，第9集团军在西面的柯尼希斯武斯特豪森–梅尔基施布赫霍尔茨[10]–吕本–布尔格（位于科特布斯西北部）一带占据了一条阻击线。在东面，他们正在朝希特勒指定的派茨–利伯罗瑟–贝斯科–施普雷河一线撤退。其侧翼遭到苏军包抄，与第12集团军的联系也被突向柏林的苏军截断。为了与第12集团军的南翼合作切断这股敌人，该集团军正在把部队从东线调往西线。[11]

同时，克雷布斯还向维斯瓦河集团军群参谋长伊沃–提洛·冯·特罗塔（Ivo Thilo von Trotha）少将表示：在第9集团军进攻时，第12集团军也将同步推进——而且这一点将决定行动的成败。[12]

显然，布塞将军准备从西线的中路发动进攻，一直朝卢肯瓦尔德推进，穿过哈尔伯和巴鲁特。[13]如果他们能与第12集团军会合，就有望把维滕贝格–柯尼希斯武斯特豪森一线连接起来。[14]但要做到这一点，布塞就必须首先打通前往巴鲁特的道路。这显然是不可能的，因为第9集团军正在承受着来自四面八方的猛攻，科特布斯也在4月22日被苏军攻克。[15]4月23日，德国情报部门发现，在吕本经巴鲁特和措森到米滕瓦尔德的公路及其周边，苏军部队川流不息——这表明第9和第12集团军之间的区域已彻底失陷。[16]第9集团军的东北前线也继续遭到猛攻，迫使第56装甲军向柏林退却。希特勒随即命令该军撤往泰尔托运河背后的阵地，不久又直接将其编入了柏林防御地带。[17]这次干涉让第9集团军失去了东北方和东方的屏障，使其难以集结兵力向西突围。[18]而且雪上加霜的是，在这一天，苏军前锋继续从南部和东部向柏林逼近，斩断了第9集团军和首都之间最后一条真正的联络纽带。[19]

整个4月23日，第9集团军一面在东线顽强地开展迟滞行动，一面在为定于4月25日开始的突围集结部队。对于当时的情况，布塞将军给出了一段生动的描述：他的部队“像一条长虫般向西蠕行”。[20]

在这段时间，第9集团军只能依赖空运。但由于识别问题、敌机拦截，以及希特勒命令向柏林优先运送物资，因此在4月24日之前，该集团军并没有得到任何补给。虽然在随后几个晚上，类似的尝试还将继续，但第9集团军已是弹尽粮绝。负责运输的空军军官因此受到了严厉斥责。不仅如此，这次失败显然也给了海因里齐和参谋人员极大的心理打击。[21]

4 月 24 日的局势发展；第 9 集团军向洛文布鲁赫进攻；第 9 集团军东线的撤退

4月24日，苏军继续向柏林逼近。在三个地区——勃兰登堡东南部、波茨坦南部、柯尼希斯武斯特豪森北部——战斗尤其激烈。同时，苏军还继续在柏林北部和东部地区攻城略地。[22]

鉴于上述形势变化，以及布塞很难直接向西突围，约德尔认为，第9集团军应该在高速公路沿线某地与第12集团军取得联系。另一方面，该集团军提出的攻击计划（从战线西部中段的梅尔基施布赫霍尔茨附近启程，随后向东北方①进攻，

① 原文如此，应为西北方。

一直抵达柏林环城高速路南段的洛文布鲁赫）也得到了希特勒的批准。

在四面承受重压的同时，第9集团军在电话中接到通知：虽然希特勒尚未同意，但其部队可以放弃东面的阵地，以便用释放出来的部队向洛文布鲁赫进攻。21时25分，第9集团军得到许可，可以将东部前线撤往施维洛赫湖和施托尔科附近。[23]

第12集团军计划从特罗伊恩布里岑进攻：苏军的攻势；第12集团军改变攻击方向，试图绕开敌军主力

4月24日15时10分至15时30分，国防军最高统帅部与第12集团军通了电话，并在19时45分命令后者向柏林进攻。[24]虽然该命令的具体内容已无从得知，但通过克雷布斯和海因里齐在4月24日晚间的电话，以及国防军最高统帅部在4月25日0时30分之前的报告，我们可以得知，为了朝特罗伊恩布里岑和贝利茨进攻，第12集团军开始在尼梅克附近集结，但在当地，他们却遭到了猛烈进攻。[25]有报告显示，4月23日6点整，进攻部队已有1个师出发，但其详细进展尚不得而知。按照攻击计划，这些部队将尝试在特罗伊恩布里岑附近（很可能是于特博格以及南–北高速公路的部分路段）与第9集团军会合，但相关地段要么正在遭到进攻，要么已经失陷。[26]在这种情况下，改变进攻方向势在必行。

4月25日0时30分，希特勒允许第12集团军让第20军的全部3个师从尼梅克以西和贝尔齐希以东地区向特雷宾推进[27]。似乎可以断定，由于4月24日晚些时候的局势变化使然，第12集团军几乎不再向正东方前进，而是改在南–北高速公路的西侧向北推进，以此绕开尼梅克地区的敌人；至于另一些部队则派往卢肯瓦尔德–特罗伊恩布里岑–尼梅克一带抵御苏军的压力。直到上述目标实现，它们才会转身向东朝特雷宾前进。[28]［但需要注意，赖希海尔姆（Reichhelm）撰写的军事研究文件MS B-606并未提到改变进攻方向一事，只是宣称采用了两种方案中的一种］

这些天，通讯很差，而且经常中断。也正是因此，在4月24日和25日，维斯瓦河集团军群和第9集团军的电话联络时断时续。[29]

在更北的地方，苏军继续向柏林推进，一直抵达巴伯斯贝格

（Babelsberg）–策伦多夫（Zehlendorf）–新克尔恩，而在柏林城区东部和北部，巷战仍在继续。[30]

第12集团军新进攻方向对第9集团军的影响

1945年4月24日，布塞命令第9集团军的参谋人员自行选择进攻路线。不仅如此，由于第12集团军改变了进攻方向，他们的任务也更为艰巨了。在北面，苏军在菲尔斯滕瓦尔德以西达成突破，正在朝克珀尼克前进。为肃清这处突破口，第9集团军被迫抽调反击部队，从而极大削弱了向西突破的部队。但即使如此，该集团军仍在努力积攒力量。另外，当天深夜，布塞还接到了“可以自行决定最佳进攻方向”的指示。[31]

根据各种文件，这也是第9集团军收到的最后一条命令——至于后续的指示可能没有通过电话或电台传达到他们手里。对于让第9集团军北上的问题，指挥层做了很多讨论，但没有证据显示第9集团军知晓此事。[32]在提到后续局势时，我们必须顾及上述事实。

希特勒命令第9集团军进攻解救柏林：方向——柯尼希斯武斯特豪森–马琳费尔德；方向——梅尔基施布赫霍尔茨–洛文布鲁赫

有一些迹象表明，希特勒甚至希望第9集团军在与第12集团军会合之前就向柏林方向进攻。早在4月23日，他似乎就和人讨论过这种想法。[33]4月24日—25日晚上或4月25日早些时候，当希特勒批准第12集团军改变进攻方向时，他显然还命令第9集团军不要向西突围，而是从柯尼希斯武斯特豪森一带向西北方的马琳费尔德（当地是柏林的一处郊区，距离市中心大约10公里）推进，以便打破苏军对首都的包围。[34]从西北部（即柏林南部的东西向高速公路）出发，向马琳费尔德这座位于高速路正北方、处在公路–柏林中点上的城镇进击。

马琳费尔德位于策伦多夫–新克尔恩一线，甚至略微更加靠南，按照报告，苏军的兵锋早已在清晨掠过此处，但似乎可以推测，当地仍在德军手里。

但是，在4月25日的命令中，约德尔依然重申第9集团军应向洛文布鲁赫进攻，以便与第12集团军建立联系。

此前，约德尔曾与冯·特罗塔讨论过希特勒的进攻计划（即从柯尼希斯武斯特豪森向马琳费尔德前进），但后者表示，第9集团军没有从这个方向突破的能力。随后，约德尔请求冯·特罗塔让第9集团军向西进攻，以便与温克的第12集团军会师。冯·特罗塔同意了这一请求，但提出不能让第9集团军继续坚守东线，约德尔回答说，他们只用在当地设置一条警戒线即可。整个谈话最终是这样结束的："（第9集团军）必须带着狂热的决心，从施维洛湖（当地位于柏林西南，距波茨坦约10公里，和前文中的"施维洛赫湖"不是一地，后者位于柏林东南约100公里、科特布斯以北40公里）以南向西推进。"[35]

提到施维洛湖表明，约德尔和冯·特罗塔都赞成把突围地点改在更靠近东西向高速公路的地方，至于目标指向施维洛湖以南的费尔奇——如果一切顺利，他们将在当地遇到从西面赶来的第12集团军。届时，第9集团军的进攻部队将抵达苏军矛头的西面和柏林的西南方，从而切断越过高速路向柏林进发的苏军前锋。但另一方面，该集团军还需要守住东部和东南部侧翼，这也意味着——他们把守的前线将非常漫长。[36]

4月25日17时20分，约德尔向维斯瓦河集团军群发布了一份命令，并要求将其转发给第9和第12集团军。该命令是对之前指示的追认，其中这样写道：

第9集团军的任务是保护侧翼和后方（即南部、东部和北部前线），并且投入北翼部队，沿着柏林南部的高速公路向西进攻。与此同时，第12集团军将从尼梅克-贝尔齐希地区向西北方①的洛文布鲁赫推进，与第9集团军会师。

必须全力守住吕本-卢考-达默（Dahme）地区，以便让中央集团军群有机会从南向北推进，将战线连成一片。

第9集团军的表现将决定能否切断围城之敌，解救德国首都——在柏林，元首仍然对援军满怀信心！无需多言，这次进攻必须投入最后的预备队，防守侧翼和后方的部队必须在他们的阵地上坚持到最后一颗子弹。[37]

（备注：需要指出，该命令第2段提到的区域位于吕本-措森公路的西部

① 原文如此，应为东北方。

和南部，早在1945年4月23日便已失陷。在约德尔的命令发布时，当地已没有任何德军，“全力守住吕本-卢考-达默”的任务更是无从谈起。）

由于国防军最高统帅部和希特勒总部之间的通信仍然正常，因此可以认为，对于这条让第9和第12集团军同时朝洛文布鲁赫进攻的命令，希特勒是知情的。它还可能影响了希特勒的判断——在几个小时之后，希特勒又决定，让第9集团军、第12集团军和第3装甲集团军一起为解救柏林发动相信攻击。

同时，第12集团军还接到通知，不宜将所有部队集中到勃兰登堡地区，下属的第20军应继续对费尔奇发动攻击。[38]

由于前述的两处攻击目标——费尔奇和洛文布鲁赫——相距整整21公里，似乎可以假定第12集团军将分头行动，沿着多条路线推进，或是先向北运动，之后再转身向东。[39]

就在这些命令下达后不久，希特勒又签署了协调第9、第12和第3装甲集团军行动的指示。不久，他又致电卡尔·邓尼茨海军元帅，指出解救柏林的战斗将决定德国的命运——从此时开始，其他战线将只有次要意义。[40]

第 9 集团军并未得知新命令，继续从梅尔基施布赫霍尔茨向西朝卢肯瓦尔德进攻

如前所述，1945年4月25日17时20分，约德尔向维斯瓦河集团军群发出了一份命令，并确认了先前对第9集团军的指示。同一天19时55分，该命令抵达维斯瓦河集团军群手中[41]，但不清楚是否被转发给了第9集团军。在此期间的电话时断时续，最终，维斯瓦河集团军群通过一封第9集团军的来电（16时30分发出，17时20分抵达维斯瓦河集团军群）得知，其下属部队已从梅尔基施布赫霍尔茨开始突围，正一路向卢肯瓦尔德前进，最初进展良好。但1小时后，第9集团军再次来电，由于不间断的空袭，整个进攻放缓了不少。另外，他们申请获得战斗机支援。[42]

后来才知道，第9集团军的西进计划遭遇波折。数个地段（包括梅尔基施布赫霍尔茨地区的出发线），他们都遭遇进攻，并因此在4月25日22时30分被迫分两路前进。北方的攻击群在托伊皮茨与梅尔基施布赫霍尔茨附近遭遇苏军，计划在午夜时分发动进攻，而南方的攻击群在20时左右从施莱普齐

希（Schlepzig）出发朝巴鲁特前进，并在克劳斯尼克（Krausnick）以南小有进展——在当地，两座横跨施普雷河的桥梁已在建造中。午夜过后不久，第9集团军又传来一份电报，其中简单指出，在托伊皮茨和克劳斯尼克之间，其下属部队正在向卢肯瓦尔德方向攻击。[43]

这表明北方和南方的攻击群都在取得进展。需要注意的是，这些攻击都是向西进行的——这在当时的地图上有显示。[44]

整个晚间，许多无线电信息都提及了第9集团军的空运补给计划，并讨论了通信方面的问题。[45]［备注：奇怪的是，根据报告，涉及空中补给的信息可以正常传送，但局势发展的信息却极少（甚至根本没有）传送成功。］

4 月 25 日，命令与行动的脱节

根据4月25日晚些时候的情况，第9集团军似乎没有按命令行动。

根据国防军最高统帅部和维斯瓦河集团军群的要求，该集团军应严格按照4月24日白天和晚间的命令，从梅尔基施布赫霍尔茨地区向西北方进攻。但实际上，在经过一番波折后，他们开始兵分两路向西进攻。其中北路部队从梅尔基施布赫霍尔茨向托伊皮茨进发，然后转向正西，目标是卢肯瓦尔德。南路部队则从施莱普齐希出发，径直向正西方的巴鲁特和卢肯瓦尔德推进。上述路线的选择可能与通信中断有关，导致其没有收到4月25日17时20分抵达维斯瓦河集团军群的最新命令，或者是来不及改变计划。但其中可能还有一个更合理的理由：在第12集团军的配合下，经过一番试探，第9集团军在苏军防线上找到一处软肋，并立刻借此机会向卢肯瓦尔德方向突围。

如前所述，与此同时，第12集团军也向第20军的所有3个师发出命令：从尼梅克以西地区（按照原计划，德军将从当地朝东北进攻，但在集结时遭到苏军攻击）向北运动，以便朝洛文布鲁赫推进。

4 月 25 日，第 12 集团军从尼梅克 – 贝尔齐希向贝利茨进攻；第 12 集团军和第 9 集团军会师的计划

实际上，早在4月25日8时和11时，第12集团军已开始从尼梅克和贝尔齐希之间向北朝贝利茨推进。这次进攻投入的部队主要由初上战场的年轻人组

成，他们的表现出奇的优秀，不断克服苏军的顽强抵抗，向北和东北方向推进。4月26日，他们已进抵贝利茨西南的森林地带。有证据表明，第12集团军计划继续向费尔奇（靠近南北和东西高速公路的交汇处，位于施维洛湖的南端）推进，一些下属部队则转向东面和东南方，试图向特雷宾和卢肯瓦尔德前进，并与第9集团军会合。[46]

上述行动表明，他们仍在执行4月23日的命令。从中还可以推测，两军计划在洛文布鲁赫地区（即东西向高速公路或其南方）会合，但这一部分命令没有得到执行。

我们无法确定维斯瓦河集团军群总部是否为第9集团军的北上制订了明确计划。但没有疑问的是，按照计划，第9集团军和第12集团军的会师是为了向柏林发动向心攻势，切断和摧毁当地周围的苏军。[47]

4月25日，第9集团军向卢肯瓦尔德突围的后续进展

但第9集团军的急迫之事却是向西跳出包围，以避免全军覆灭。[48]

但在向西进攻的同时，其东侧战线也在不断收缩。到4月25日傍晚，该集团军的四面八方已是一片混乱，只有战线的大致走向可以确定：柯尼希斯武斯特豪森–梅尔基施布赫霍尔茨–施莱普齐希–吕本以东–施维洛赫湖（西岸）–沙米策尔湖（西岸）–米格尔湖东南端某点–东西向高速公路以北某点，而且中间存在很多豁口、突出部和凹陷。[49]

4月25日，希特勒解救柏林的命令

如前所述，在4月25日下午晚些时候，希特勒宣布，解救柏林的战斗将决定德国的命运。

在稍早之前的19时，他还发布了一条旨在协调各路解围部队的命令。

其中部分内容如下：

> 各个攻击集群必须紧密地结合在一起，不考虑侧翼和周边，坚韧和果断地进行强行突破；也只有如此，第9集团军才可以与柏林恢复联系，并摧毁强大的敌军部队……

为此，第9集团军将坚守施普雷森林（Spreewald）和菲尔斯滕瓦尔德之间的东部前线，并取最短的路线向西进攻，与第12集团军建立联系。

后者的南部集群将在维滕贝格附近留下掩护部队，并从贝尔齐希地区出发，沿贝利茨–费尔奇轴线进军。苏军坦克第4集团军正在勃兰登堡一带推进，如果成功，这股苏军的交通线将被切断。同时，第12集团军也将与第9集团军恢复联系。

2个集团军一旦会合，就必须向北推进，消灭柏林南部的敌军部队，与柏林在宽大战线上连成一片。[50]

这道命令在4月26日0时25分传到国防军最高统帅部，当天8时15分，约德尔回复希特勒，从第9集团军和第12集团军的进展看，局势似乎令人鼓舞——第9集团军已撕开苏军防线上的弱点，正在向卢肯瓦尔德推进。在贝利茨方向，第12集团军也在25日—26日夜间出发，开始第二阶段的攻势，目前正在向东推进，试图与第9集团军取得联络。[51]

但值得注意的是，对第12集团军的行动，约德尔给希特勒的报告与事实存在一些出入。根据现有证据，虽然由于苏军在尼梅克地区的压力，进攻部队一度被迫重新集结，大约25日6点和11点，第12集团军的进攻部队已开始从贝尔齐希地区（位于尼梅克以西）朝贝利茨推进。但在20个小时后，约德尔却在给希特勒的报告中宣称，第12集团军的出发时间是25日—26日夜间。

另外值得注意的是，在希特勒给第12集团军的命令中，还要求他们只在维滕贝格地区留下掩护部队，这表明尽管苏军和西方盟军即将在德国中部会师，但希特勒更关注的仍然是解救柏林。1945年4月26日，西方盟军和苏联在托尔高附近正式会师。[52]

4 月 25 日和 26 日的事态发展；第 9 集团军的西进和困境

目前，我们不清楚希特勒4月25日19时的命令是否到达了第9集团军，也不知道其他指示的传达情况，或是该部队在4月25日—26日夜间其余时段的进展。4月26日7时15分，维斯瓦河集团军群收到了一份第9集团军的来电，其中报告了4月24日的空中活动、飞行架次、中弹情况和损失。另外，在26日8时

20分致电索取形势报告后，维斯瓦河集团军群还收到了第9集团军的下列回信（10时40分发出，12时45分收到）：

第5军在克莱伦（Kleren）—莱纳（Leine）—鲍厄（Baue）—吕赫哈格（Lüchhardg）［应为莱希哈特（Leichardt）］—迪内斯多夫（Dienesdorf）—沙米策尔湖南缘一线的撤退按计划进行。突破口延伸至莱布谢尔（Leibschel）。第11军①的情况不清楚。敌人在施托尔科西南方向（沙米策尔湖以西）发起猛烈攻击，还极有可能猛攻多尔根布罗特（Dolgenbrodt）—古措夫（Gustow）（应为古索）和甘齐希（Ganzig）［即根兴（Gensing）］地区。科尔贝格（Kolberg）②附近的局势很紧张。[53]

随后，第9集团军便音信全无，直到4月26日18时35分，维斯瓦河集团军群才间接得知他们已越过巴鲁特–措森高速公路。[54]

希特勒和约德尔的最后谈话；希特勒命令第9集团军北上，与第12集团军相互策应

26日18点整，约德尔与希特勒进行了最后一次通话。在此大约4个小时后，国防军最高统帅部才得知第9集团军已穿越巴鲁特–措森高速公路（不久前，他们还收到了第12集团军进展良好的消息）。[55]我们似乎可以肯定地假设，在电话中，约德尔只向希特勒报告了他所知道的情况，而对第9集团军的新情况一无所知。闻讯，希特勒立刻指示约德尔向第9集团军阐明局势，并要求他们恪尽职守，与第12集团军一起立刻向北推进。[56]

4月27日，约德尔向第12集团军、维斯瓦河集团军群和第9集团军发出了一份电报。这份电报没有时间落款，因此实际发送时间可能是4月26日下午晚些时候或4月26日—27日夜间。该电报的内容如下：

---

① 即党卫军第11装甲军。

② 当地位于施托尔科以西，柯尼希斯武斯特豪森以东，和前文中的科尔贝格不是一地。

元首命令第9集团军和第12集团军发起向心攻击，此举不仅是为了拯救第9集团军，更是为了拯救柏林。

第12集团军下辖的第20军将在抵达贝利茨–费尔奇一线之后继续向洛文布鲁赫–施坦斯多夫继续进攻；第9集团军则应转向北方，与第12集团军会合，随后在卢肯瓦尔德–巴鲁特一带提供掩护。[57]

虽然希特勒和约德尔之间的最后一次通话记录稀少，但从上述电报中，我们显然可以推断出一些关键情况。另外，在4月27日，克雷布斯也给国防军最高统帅部发送了一份类似电报，其中这样写道：

解救柏林的战斗已经达到高潮。我们不仅要尽快与温克（第12集团军）建立联系，还要向北推进，与柏林连成一片。

只有英勇果决，我们才能力挽狂澜。

元首正在柏林指挥防御，他希望第9集团军恪尽职守。[58]

随这份电报送达的还有一份致维斯瓦河集团军群和第9集团军的命令，该命令由约德尔起草，但没有给出时间和日期，其中这样写道：

解救柏林的战斗已经达到了高潮。只要第9集团军和第12集团军会合，立刻赶往北方，施泰因纳集团军集群从奥拉宁堡向南冲向泰格尔，柏林的形势就会迎来转机。

柏林的元首希望各部队恪尽职责。未能全力挽救局势和元首的人，将注定遭到历史和德国人民的唾弃。[59]

这份文稿的措辞与凯特尔给维斯瓦河集团军群、第9集团军和第12集团军的命令高度相似。后者是4月27日17点之后发布的，很可能直接借用了约德尔草稿的内容。[60]

［备注：在推断凯特尔命令的发布时间时，我们的依据有两个：首先，编号更靠前的一份文件是17点发送的（对象是维斯瓦河集团军群和第12集

团军）；而且这一点也可以得到军事研究文件MS D-398（撰写者是舒尔茨，Schultz）的印证。]

但真正的问题是：第9集团军是否接到了这份命令——如果是，又是在什么时间？

综合上述文件、命令和呼吁，我们似乎可以判断：希特勒之所以在26日18时与约德尔的通话中让第9集团军向北穿过特雷宾、朝洛文布鲁赫推进，很可能是因为约德尔告诉他，该集团军向西朝卢肯瓦尔德的突围进展顺利。由于凯特尔不在（他于1945年4月26日下午和晚上离开了国防军最高统帅部），约德尔立刻奉希特勒的旨意发布了命令。[61]也正是因此，我们可以断定约德尔给维斯瓦河集团军群的电报很可能是在4月26日晚些时候或4月27日早些时候从国防军最高统帅部发出的，而且必然早于凯特尔于27日17时的呼吁。但我们不知道约德尔的信息是否到达了维斯瓦河集团军群——迄今为止，在后者的文件中还没有发现相关的副本。但鉴于约德尔曾在4月26日22时40分与海因里齐通话，因此我们可以假定维斯瓦河集团军群确实知情。无可否认，双方并未提到第9和第12集团军攻击方向的变化，也没有谈论形势的最新发展，但这可以被解释为这些议题已经被讨论过。另外值得一提的是这次通话的混乱，它也是当时局势高度紧张的写照。其部分内容如下——

海因里齐：对柏林的空运再次（给第9集团军）带来了不利影响。我对此表示愤怒和不满。成千上万的人被抛弃。我们辜负了战友。

约德尔：柏林的需求比第9集团军更重要。如果柏林今天不能守住，那我们发动进攻还有什么意义？你要顾全大局。

海因里齐：你的想法完全不对。

约德尔：我想说的是，事情有轻重缓急之分。没有柏林，我们将失去一切。

海因里齐：但布塞（第9集团军）必须尽快突围，也只有如此，我们才有机会帮助柏林。

约德尔：克兰普尼茨的弹药库被提前炸毁了，否则柏林的物资供应就不会如此糟糕。那里的人快疯了。我们不能让人民和国家领袖陷入困境。

海因里齐：我可没有这么说。请不要歪曲我的意思。

约德尔：在我看来，你想表达的意思就是——虽然柏林的民众正在受苦受难，但一个集团军理应比他们获得更好的资源。今晚可能是我们最后一次向柏林派遣飞机了，之后，我们会向城外（的第9集团军）提供一切。

海因里齐：但也请你好好记住——第9集团军有成千上万的人，他们必须得到帮助——是你，让他们置于这种困境！[62]

（备注：约德尔之前一直在阻挠第9集团军撤离奥得河前线。）[63]

第9集团军：不了解命令

4月26日16时30分至4月27日1时30分，维斯瓦河集团军群和第9集团军的电话联络和无线电联络全部中断，导致前者不仅无法传达让集团军北上的指示，还无法知晓最新的行动进展。

午夜前不久，维斯瓦河集团军群获悉，第12集团军“没有按计划向东移动接应第9集团军”。[64]

相关情况是通过电话简要传达的，也许是想表达迫于苏军在尼梅克一带的压力，第12集团军改变了进攻方向。但需要指出的是，虽然遭遇了上述波折，第12集团军仍在到达贝利茨后向东和东南方向迂回，成功与第9集团军残部会合。[65]

今天，我们已无法确定第9集团军是否收到了希特勒的命令。因为此时该部队的局面异常危急——不仅需要在东面（即德方所谓的“后方”）阻挡苏军的进攻，还必须向西突围。该部队只剩一套无线电接收设备，因此布塞本人大部分时间都只能待在通信车上。

按照党卫军第5山地军的参谋长舒尔特斯（Schultes）上校在战后的回忆，在该集团军内部，已经没有人还打算北上救援柏林。他们只想着一件事：跳出包围，不被苏军俘虏。在地图上，所有部队的行军路线都指向西方，或略微偏向西北。他们的目的只有一个——与第12集团军取得联系。[66]

4月27日，第9集团军的形势和困境，凯特尔的命令和呼吁

维斯瓦河集团军群收到的情报显示，到4月27日中午，第9集团军的形

势如下：在东部战线，各部队继续撤退，苏军不断逼近，并且有坦克和战斗机支援。这条战线始于南面的哈特曼斯多夫（Hartmannsdorf），并穿过杜伦霍夫（Dürrenhof）、库什科夫（Kuschkow）、普雷琴（Pretschen）、普拉特科（Platkow）、阿伦斯多夫（Ahrensdorf）延伸到沙米策尔湖南端。另外还可以推测，德军占据着沙米策尔湖西岸。在它的西北部，苏联人正试图在大绍恩湖（Großer Schauener See）和朗格湖（Langer See）之间（即科尔贝格–施托尔科一带）撕开德军防线。

只要看一眼地图就会发现，如果苏军从当地达成突破，将很容易与从南面包抄过来的友军会师［当时后者正在向东和东北方向朝科尔贝格进军，试图切断依然坚守在柯尼希斯武斯特豪森以东（即高速公路附近和正北方向）的德军］。

针对第9集团军的突围进展，相关报告还指出，虽然在梅尔基施布赫霍尔茨附近，苏军的突破已被肃清，但托伊皮茨和托尔诺（Tornow）仍在他们手里。在此期间，北方攻击群显然又一分为二，并抵达了缪肯多夫（Mückendorf）和巴鲁特东北方的树林。在这两个地方，苏军的反击都相当猛烈。与此同时，南方集群也遭到进攻——苏军从马索夫护林员小屋和高速公路向北突击，一举将南方集群切断。换言之，苏军显然是想从南北两个方向掐断这条狭窄至极的逃生通道。尽管如此，布塞将军仍然报告说："但大家的信念是——第9集团军将坚持下去，并战斗到最后"。由于局势迫切需要第12集团军的援助，因此，维斯瓦河集团军群也向后者通报了相关情况。[67]

当天晚些时候，维斯瓦河集团军群将第9集团军的情况总结为"不幸的是，非常糟糕"。[68]

4月27日，国防军最高统帅部显然知晓第9集团军的情况，因为他们和维斯瓦河集团军群司令部通过数次电话，而且后者的参谋长冯·特罗塔将军当天也在国防军最高统帅部总部。[69]

4月27日不到17时，凯特尔返回国防军最高统帅部总部，并敦促维斯瓦河集团军群、第12集团军和第9集团军全力解救柏林。这种乐观让人难以置信，因为维斯瓦河集团军群早就知道第9集团军的情况，而且也与国防军最高统帅部有电话联络。无论如何，凯特尔也许真的相信，如果2个集团军能按计划向柏林进发，局势就会有所改观。

但不管怎样，4月28日，国防军最高统帅部仍在官方公报中宣称第9集团军进展良好。[70]另外，在当天3时，凯特尔也没有在与克雷布斯将军的通话（目的是向希特勒报告柏林东北部、奥拉宁堡地区的局势）中提到当地的攻击已经取消。克雷布斯闻讯表示，必须在未来48小时内打破柏林的包围，否则一切都将无可挽回。凯特尔的回复是，他将全力朝温克和布塞施压，让他们继续向北推进——他知道这将是化解首都危机的唯一方式。[71]

也许正是凯特尔的态度和提交的报告，让希特勒相信第12和第9集团军终会赶来。直到4月28日早些时候，他都对第9集团军的前进寄予厚望——但事实上，前线指挥官们已根本不再理睬凯特尔的命令。[72]在上述通话后不久，国防军最高统帅部收到消息，其中明确指出第9集团军没有向北推进，而是已向西突围。这条信息直到很晚的时候（即1945年4月30日1时）才传送给希特勒。关于凯特尔给希特勒的报告，以及该报告和现实的差异，军事研究文件MS R-69（作者为鲍尔）有比较详细的阐述。

第 9 集团军装甲部队向西突围；国防军最高统帅部命令第 9 集团军残部向西撤退，与第 12 集团军会合

4月28日，在凯特尔致电希特勒总部后不久，国防军最高统帅部又收到一条从第9集团军转发过来的报告："一些先头装甲部队没有按照上级的严令行事，已经向西面突围，而其他部队则止步不前，并被敌军击退。官兵们太疲惫了，弹药和汽油捉襟见肘，无法重新进攻或积极防御。"[73]但布塞也在电文中补充道："第9集团军将坚持下去，战斗到底。"[74]

鉴于上述情况，国防军最高统帅部只得对第9集团军的行动表示追认。

约德尔在4月28日向第9集团军致电："由于柏林的形势，第9集团军必须立即向西突围——无论集体行动还是化整为零——以便让还能作战的人员加入第12集团军。今晚将为你们空运物资。"[75]

我们无法追查这道命令的传达情况，但对第9集团军来说，不管国防军最高统帅部是否批准，他们都已经在向西突围的路上了，所有人的目标只有一个——与第12集团军会合。[76]

第 9 集团军与第 12 集团军会合；第 9 集团军投降

在第12集团军看来，支援第9集团军是义不容辞的责任。其麾下的第20军与该集团军建立了无线电联系，并警告苏军正在于特博格和特罗伊恩布里岑之间密集部署。根据指引，第9集团军的残余部队转向更北面，即特罗伊恩布里岑和贝利茨之间，因为苏军对当地的控制相对薄弱。[77]与此同时，接应的第12集团军又比命令的要求多坚守了48个小时。在5月1日—2日，一共有约20000—30000名第9集团军的士兵抵达第12集团军的前线。他们失去了全部装备，而且筋疲力尽，无法继续作战。依靠友军提供的运输工具，他们抵达易北河畔，并被第一批送往对岸，最终与第12集团军一起向美军第9集团军投降。[78]

第3装甲集团军

本节内容始于1945年3月10日（即哈索·冯·曼陀菲尔取代艾哈德·劳斯大将之后），并为战争最后几个月德国北部的战斗和指挥决策（来自第3装甲集团军及其下属单位）提供了大量新细节。其中包括了许多第一手访谈、私人日记和作战日志，而且它们都是第一次面世。

本节第一部分是对哈索·冯·曼陀菲尔和缪勒–希勒布兰德的访谈原稿——均由采访人员为科尼利厄斯·瑞恩（Cornelius Ryan）的《最后一役》而收集。在战争末期，第3装甲集团军面对优势敌军节节抵抗，对于他们在防御计划和执行中面临的问题，这些访谈提供了一份极好的补充。其中前一份访谈稿长达13页，而后者只有4页，有些内容可谓别有趣味，并填补了历史记录中的空白，另外一些则带来了疑点，因为它们和众所周知或广为报道的情况存在出入。例如，人们经常提到，戈特哈德·海因里齐大将之所以被免除维斯瓦河集团军群的指挥权，是因为他擅自命令第7装甲师撤退，并因此让威廉·凯特尔元帅恼羞成怒。[79]但按照曼陀菲尔本人的回忆，命令该师撤退的是他自己。在确定别无选择之后，海因里齐给凯特尔打了电话，并引发了海因里齐、曼陀菲尔和凯特尔在十字路口的那次戏剧性会面。针对这件事，曼陀菲尔的叙述与其他叙述存在矛盾，而且很可能是为了保护上司而故意为之。但即使如此，该叙述仍然为最后几周的激战提供了一个全新的视角。

对于二战的研究者们来说，冯·曼陀菲尔之所以为人熟知，是因为他曾在非洲、俄罗斯和西欧担任装甲部队指挥官，尤其是在1944年欧洲战场的阿登攻势（守望莱茵行动）中指挥过第5装甲集团军。但对于他指挥第3装甲集团军的情况，各种资料却鲜有记载。因此，冯·曼陀菲尔本人的叙述特别有价值。在访谈期间，他坦率地描述了下属部队的作战情况和状态，并指出尽管苏军的打击迫在眉睫，但准备工作仍然有很多不足。同时，第3装甲集团军参谋长缪勒-希勒布兰德也保存着一小本战时日记，但上面只记载着几个关键日期。他的访谈内容虽然不如曼陀菲尔详尽，但确实反映了他对几个关键人物的态度，并为海因里齐遭撤职一事提供了另一种视角。

在冯·曼陀菲尔和缪勒·希勒布兰德的叙述结束后，我们还提供了三个小节，内容涉及了各军及其下属的各师和战斗群。其中第一节是第32军的作战日志；第二节是马丁·加雷斯（Martin Gareis）步兵上将的战时日记，他曾负责指挥第46装甲军和奥得河军残部，此外，我们还附上了这2个军的作战日志；最后一节则是第101军的作战日志。这些文件将帮助我们一窥第3装甲集团军作战行动的全貌。

白俄罗斯第 2 方面军的战役目标

白俄罗斯第2方面军由苏联元帅康斯坦丁·罗科索夫斯基指挥。过去2个月，他们一直在强攻战线后方的各种要塞，如格劳登茨、科尔贝格和但泽。3月，该方面军撕裂了第3装甲集团军和第2集团军的前线，使维斯瓦河集团军的防御土崩瓦解，并令波美拉尼亚的德国部队溃不成军。到3月20日，他们已完全控制了奥得河以东的波美拉尼亚地区。

在朱可夫准备向柏林进军时，罗科索夫斯基也接到了突入北德平原的命令。他的作战区域始于波罗的海沿岸，随后向南延伸，途经施韦特附近的菲诺运河以北，随后穿过昂格明德-约阿希姆斯塔尔-采德尼克-旧鲁平-屈里茨，一直延伸到易北河畔的维滕贝尔格。在这些地段，罗科索夫斯基投入了第2突击集团军（含骑兵第3军）、第70集团军（含近卫坦克第8军）、第65集团军（含机械化第8军）和第49集团军（含近卫坦克第1军和近卫坦克第3军）。在波罗的海沿岸，他还部署了2个集团军——第19集团军和近卫坦克第5集团军（含坦克第29军）[80]作为预备队，以防范任何两栖登陆。鉴于这支部队的规模

（占兵力的1/3），我们似乎可以推测，其任务很可能是提防波兰流亡政府在英国的支持下登陆。随着战争接近尾声，苏联的战后计划也浮出水面，甚至消灭德军这一目标也要为此让路。

（参见地图32）

其中，罗科索夫斯基的首要目标是攻占德国北部。[81]为此，他将行动分为三步。首先，他需要进行包抄和包围斯德丁要塞。为此，其麾下的第2突击集团军将从珀利茨以北渡过奥得河口，并与斯德丁以南渡过奥得河的第70集团军形成南北夹击之势。与此同时，第65集团军和第49集团军也将在施韦特以北渡河，并向普伦茨劳——维斯瓦河集团军群司令部的驻地——推进。为执行上述任务，苏军需要在奥得河西岸推进50公里，扑向德军的于克尔河防线。该阶段计划耗时4天，但实际上，他们花了6天多的时间才抵达目标地。在第2阶段，上述4个集团军将向西北偏西方向前进160公里，在第10—12天抵达格赖夫斯瓦尔德（位于波罗的海沿岸）–马尔肖（位于米里茨湖以西）–普里茨瓦尔克以东一线，但在截止日期（5月2日）到来时，该方面军仍然在上述目标线的东面。在第3阶段，白俄罗斯第2方面军将沿着一条较窄的战线前进，在行动第15天抵达维斯马（位于波罗的海沿岸），南面的什未林和易北河畔，即战后苏占区的西部边缘。虽然西方盟军早在5月2日便到达了上述地区，但罗科索夫斯基的部队却没能完成任务。另外，第3阶段远不是罗科索夫斯基的最终作战目标。虽然现存的苏军规划图并没有详细说明启动下一个作战目标的决策节点，但显而易见，罗科索夫斯基的全部装甲和机械化部队还将准备发起一次大规模的钳形攻势，并穿越易北河，径直夺取吕贝克和汉堡——深入战后的英军占领区。

但罗科索夫斯基的部队从未抵达汉堡。在柏林守军投降时，他们只是勉强实现了第2阶段的目标，而且较原计划晚了两天。在抵达第三阶段的目标线时，他们发现维斯马已被英军占领，这也证明了当西方盟军于4月份从莱茵河一路向东高歌猛进时，苏军却不断在东部遭遇激烈抵抗。另一个有趣之处是，在向西撤退期间，除了曾短暂在奥得河一线、于克尔河一线和新勃兰登堡地区止步外，第3装甲集团军几乎从未停留。换句话说，曼陀菲尔的部队是在进行分阶段撤退，并且无心卷入一场旷日持久的防御战，这给了罗科索夫斯基一些行动自由。例如，斯德丁要塞几乎未经一战就被德军放弃了，这为罗科索夫斯基腾出了第2突击集团军，使之能沿着海岸向西北方自由推进。面对一群毫无战意的敌人，罗科索夫斯基的部队仅仅勉强达到了预定目标——这不禁让人遐想，如果曼陀菲尔和海因里齐下令死守，苏军是否将更加步履维艰。

对哈索－埃卡德·冯·曼陀菲尔男爵的战后访谈

除了细微的文字修正和调整，下列访谈稿的内容全部忠实于原文。在开头，采访者首先对曼陀菲尔做了一番描述：

曼陀菲尔短小精悍，身高几乎不超过5英尺3英寸或4英寸。

有一个关于他的笑话：“他只差1厘米就是元帅”。他是如此之矮，以至于所有照片都是在装甲车上拍摄的，而且几乎不露出腰部以下——这样一来，他就可以站在一个小箱子上，并向摄影师隐藏真实身高。

曼陀菲尔出生于1897年，是个走运的人。3月5日，他撤出鲁尔，但下属的第5装甲集团军（隶属于B集团军群）却随莫德尔在鲁尔包围圈中被歼灭。[82]

他记得某天凌晨3点，在临时指挥部里，哈佩（Harper）大将把他叫醒，说：“希特勒要见你。”曼陀菲尔说：“我就是这样得救的。”

3月6日，他去了柏林，在帝国总理府一个非常大的房间里与希特勒单独交谈。他之前曾在这里拜会过希特勒，在曼陀菲尔看来，“这里似乎是整个总理府中唯一一个看上去完好无损的房间。希特勒的外表令我非常惊讶。他颤颤巍巍，步履蹒跚，已经完全失去了平时雷厉风行的风范。他还做了一件奇怪的事：瘫躺在沙发的扶手上。因为房间很大，而且没有旁人，这让我有机会好好打量他。我最后一次见到他是在1944年12月12日，即阿登攻势之前。但现在的他非常疲惫，显得心力交瘁。”

之前，曼陀菲尔曾注意到，希特勒右侧的瘫痪相当明显，为了移动桌上的地图和文件，他需要用左手抬起右手。“不过，”曼陀菲尔说，“3月6日我见到他时，他的精神很好。我不知道这次召见的原因，但肯定不是要枪毙我。”

希特勒倚靠在沙发的扶手上，开始痛骂陆军的将领。这种气急败坏的状态持续了大约15分钟。曼陀菲尔仍然记得希特勒的一些言论："所有的将军都是骗子！骗子！"曼陀菲尔后来回忆道："我没能插上一句话。何况军队里有个古老的规则——不要打断上司的咆哮。"曼陀菲尔一言不发，随后希特勒突然停止了发作。这时曼陀菲尔说道："我的元首，如果我没想错，您也是在说我和第5装甲集团军的将军。"

希特勒说："不，没有。这也是我召见你的原因——我不能再指望东线的将军们了。现在只剩下你和其他几个我可以信任的人。你必须去东线，设法恢复部分秩序。除了你的（第3）装甲集团军，希姆莱会给你一些增援。然后你将向东南方进攻，目标是波森；另外，舍尔纳也将从西南方突向这座城市。这样，你们就可以把苏军包围在奥得河畔。"[83]

（备注：曼陀菲尔的前任是艾哈德·劳斯大将——一位备受古德里安尊重的军官，古德里安在回忆录中提到，他曾向希特勒反对这次人事变更，并宣称这是一种"不公"。[84]但出于对波美拉尼亚失守的不满，3月11日，希特勒还是让曼陀菲尔接替了他的职务。）[85]

采访继续进行：

这时，曼陀菲尔还不知道维斯瓦河集团军群的指挥官是希姆莱。所以当希特勒提到"希姆莱会给你……"时感到非常惊讶："我不知道希姆莱——还有预备军的人——和这有什么关系。莫非我的部队将不隶属于奥得河畔的某个集团军群？"

希特勒接着说："我已经把维斯瓦河集团军群交给希姆莱——唯一的原因是他可以阻止部队逃离波美拉尼亚。"

曼陀菲尔被这番话震惊了，因为他和国防军的其他将领一样，都知道希姆莱对军事一窍不通。但在此时，他选择了沉默。随后，希特勒再次开始对国防军的将军们大发议论，说他们没有给他送来准确完整的报告。在会议结束前，曼陀菲尔打断了希特勒的话："我的元首，在阿登和其他地方，我给您的报告总是毫无瑕疵。"

随后，曼陀菲尔向希特勒告辞，在室外的前厅，他见到了凯特尔元帅。

曼陀菲尔对他说："你应该抗议元首对将领们的这种看法——尤其是对我和我的将军们。我非常严肃地告诉你，因为你也是我们之中的一员，这将代表你的立场。"凯特尔回答说："我以前就告诉过你，你太年轻，脾气太急，最好不要说让元首不高兴的话。"这样的话，他已经听过不止一次——也正是因此，他一直看不起凯特尔。

之后，曼陀菲尔去了比尔肯海姆（Birkenheim），即维斯瓦河集团军群司令部所在地，并见到了希姆莱。他这样谈到当时的会面："让我印象特别深刻的是，这个地方弥漫着一派和平气息，还有秘书和女接待员。当时，我还没有老到无法观赏女接待员的地步。我想听取简报，但希姆莱的参谋长拉默丁却什么也没有说。为了解释情况，希姆莱随后摊开一张1：300000的地图，用手指含糊不清地在上面挥舞。希姆莱似乎什么都不知道，坦率地说，因为他对这些都不感兴趣。我问了几个关于部队、部队名称、补给和弹药的问题，发现希姆莱对此根本是一头雾水。老实说，在这个所谓的简报结束时，我甚至不知道自己在什么地方，也不知道集团军群的参谋部里有谁，更不知道其中有两位非常优秀的国防军军人——艾斯曼（上校）和金策尔将军，否则我应该去找他们。

随后我驱车前往斯德丁，并在那里见到了我的参谋长布克哈特·缪勒-希勒布兰德少将和作战参谋汉斯·鲁登道夫（Hans Ludendorff）上校——后者是一战名将鲁登道夫将军最年长的侄子。"

在斯德丁，曼陀菲尔终于查明了形势。以下是他眼中的情况：

"整个集团军位于奥得河沿岸，战线从乌瑟多姆和诺林（Nollin）延伸到弗里岑，全长大约150公里。我拥有几个步兵师、装甲师、党卫军师、1个海军步兵师和一些预备役部队，总人数约30万。

随后，我问了每个军人都会问的问题：这30万人作为士兵，作为人力，他们的素质如何？除了预备役部队之外，这些师曾经一直都在波美拉尼亚、东普鲁士或西普鲁士作战。这意味着他们已经马不停蹄战斗了几个月，没有得到替换或休整。

在我看来，鉴于上述情况，这些步兵师实际上消耗严重。只有参谋军官还算素质优秀，但他们几乎没有受过相关训练，不能算是真正的前线作战领导人。"

从1944年开始，德军营长的平均寿命下降到了只有2—3个月，连长大约只有4个星期。曼陀菲尔提到："真正有作战经验的人——那些经验丰富的老练士官——同样极为匮乏。每个普通步兵师都是如此。如果没有军官和士官，1个8000—9000人的师最多只能在前线发挥出5000人的战斗力。"

至于集团军辖下的海军步兵师虽然有一流的指挥人员，但按照曼陀菲尔的看法，其中的士兵："他们服役的地方是甲板，战场价值很低。但希姆莱却把这些人交给了我，可我又能把他们用到哪里呢？……这个师虽然是希特勒和凯特尔组建的样板部队，但你根本不能——当然是作为战斗人员——指望他们。"曼陀菲尔也补充道："尽管问题很多，但他们仍然在奥得河畔的战斗中表现出色。这份功劳不属于将军们，而是属于士官们。在前线，他们扮演了悲剧性的角色，还有那些没有经验的年轻列兵，他们都在尽力坚守。虽然在当时，我没让水兵参加战斗，但因为局势所迫，他们后来还是被部署到了一个很窄的地段。"

随后，曼陀菲尔提到了对装甲师和党卫军的看法：

"装甲师的情况完全不同。即使在战争的第5年，它们都得到了一如既往的出色训练——这是古德里安和他继任者的功劳……为了震慑敌军，希特勒计划组建更多装甲师，但古德里安和我一直都表示反对。

为保持装甲师的绝对完好，我们拼尽全力。如果有人受伤，我们就会在其康复后送回原来的装甲师，而不是像其他地方一样，送到希姆莱正忙于组织的某个国民掷弹兵师，这些师大多是由刚出院的伤员组成的，根本无法让他们发挥价值。但如果把装甲部队的'老伙计'们集中起来，与老战友安排在原先的'安乐窝'中，就能让这些人心满意足、士气高昂。

我想说的第三种部队是党卫军的师团。它们总能从国内获得最好的预备人员。党卫军经常把整个年级的高中生征走，编入希特勒青年团，然后再编入党卫军，令国防军望尘莫及。举个例子，当我的儿子被编入党卫军时，我根本插不上手，因为他是从学校被直接征走的。于是，我只好从大德意志装甲师给他发了一封电报，说他已经加入了国防军，这样党卫军就没有办法了。这让党卫军拥有齐备的装甲车辆和武器，一流的人员，优秀的装备、制服，还有你能想到的一切。"

虽然党卫军有出类拔萃的战斗人员，但曼陀菲尔也指出，按照国防军的标准，他们的将军都素质低劣：

“希特勒曾问我，他的前司机——泽普·迪特里希在指挥1个党卫军装甲军时的表现。我回答说：‘嗯，虽然他很洋洋得意，但他根本是个门外汉。’

一旦党卫军被投入某地，我都必须向希特勒报告，因为他希望了解一切相关的事情。我们根本无法执行机动作战，因为没有运输工具……步兵只有民用车辆，而且燃料很少。除此之外，道路上全都是从东面涌来的难民。在法国，我们会把他们赶下道路，但在这里不行，他们是同胞，马车上装着他们的全部家当或行李。总之，这是根本不可能的事情。

另一个问题是盟军的（空中）优势。德军虽然人数不少，但他们根本没有飞机……这就是1945年3月的情况，我从未见过这样的事情。也正是因此，德军士兵在奥得河前线的行动应当被专门载入史册。”

在曼陀菲尔看来，希特勒的命令，即与舍尔纳联合发动进攻，“完全是痴人说梦”。他的参谋长缪勒-希勒布兰德将军后来告诉（采访者）：“这些命令真是可笑，我们根本没有理会。”

“所以，”曼陀菲尔说，“我告诉参谋和士兵，真正的命令很简单，就是守住奥得河。我每天都会在前线待上8个小时，而且有一个原则——告诉部下真相。”

曼陀菲尔还说：

“不过，这只是一个方面，作为第3装甲集团军的指挥官，我还有另一个问题要考虑。1943年8月，我离开非洲，被派往东线，一直在那里待到1944年。我看到，苏军学会了很多东西，不仅是战略上，更重要的是在技术层面。他们不再像以前那样用坦克鲁莽猛冲，而是变得聪明了。他们用坦克在前面开路，然后等待步兵跟进。随后，这些坦克将实施迂回，从侧翼发起打击——这是种精明的战术。在1943年和1944年，他们真的是进步巨大。我军在1941年的防御方针则过时了。为了适应形势，我们必须改弦更张，因此，我采取了步兵在前，装甲师在后的配置，并在3月6日到4月20日用这种方式保持了奥得河前线完整。在有些地段，步兵没能守住，让苏军渡过了奥得河。但后来我投入装甲部队，歼灭了这些敌人。

在4月（16日）之后，苏军开始猛攻第9集团军。很快，我的南翼也遭到波及。我跟下属形容说，苏军在狠掐我的后背，尤其是右侧大腿根。

党卫军第3（日耳曼）装甲军被调走，更是让我六神无主。该军的一个师——北欧师由约阿希姆·齐格勒（党卫军少将）指挥。齐格勒是我的老朋友，因此我邀请他来见我。我对他说：‘齐格勒，你可能得去柏林。要注意用兵的方式。记住，一定要像在东线一样，不要把北欧师投入城镇。那里属于步兵。想想基辅、哈尔科夫和罗斯托夫。如果你被迫率领整个师进入柏林，请务必集中使用装甲车辆，并提供足够的步兵保护（显然，这些装甲车辆会在巷战中沦为火箭筒的靶子）。’至于该军的另外2个党卫军师则被拨给了埃伯斯瓦尔德的施泰因纳。因此，我只有步兵师，没有装甲部队，也几乎没有反坦克武器。

听说老部队第7装甲师正在赶来，我稍微有些宽慰。他们乘船抵达斯维内明德，并向我报到。但这个师只有大约2000人，没有装甲车辆，没有卡车，没有大炮，没有重武器、机枪甚至高射炮。可能就在这时，在希特勒和凯特尔的地图上，又竖起了第7装甲师的旗帜！这就是他们利用师团‘鬼魂’的方式。

在我失去3个党卫军师的同时，苏军则跃跃欲试，准备在斯德丁以东发动进攻。由于当面只有步兵，他们似乎志在必得。整整3天，我每天乘坐1架小型鹳式侦察机前去侦察。他们毫不隐瞒，大摇大摆地调集着许多火炮。他们根本不理会我们的侦察机，更没有（用防空炮火）击中它，所以你可以看得一清二楚。

在23日—24日（作者按：曼陀菲尔实际指的是4月20日）的夜色将尽时，他们开始炮击斯德丁和施韦特之间的地区，这次炮击铺天盖地，骇人心魄，持续了近三个小时。在炮火的掩护下，苏军步兵开始乘坐橡胶划艇，即他们的浮舟，蜂拥着渡过奥得河。第一批渡河的人员开始攻击我们的步兵掩体，以便为装甲部队扫清道路。这些炮火当然不能摧毁一切（但他们确实多年来一直想用这种方式杀死我），但可以让步兵蜷缩起来。之后，苏军步兵将开始扫除我军步兵，如此前进3—4公里。接着，装甲部队将会赶上。你无法想象苏联人建造浮桥的速度有多快。他们有着最神奇的想象力。简直让人难以置信。[86]苏军一路突破到普伦茨劳，然后向北面的帕斯沃克转向，随后又突破到安克拉姆。他们在3天内完成了这一切！”［作者按：实际上，苏军直到4月24日晚间（即4天后）才穿过兰多沼泽（Randowbruch），随后又花了2天才抵达普伦茨劳。4月26日，他们的攻势便在普伦茨劳附近的于克尔河一线达到了极限］

1943年至1944年，苏军与我们的兵力对比约为7：1。但即使是在1945年，德国步兵也没有担心过寡不敌众，而是仍然感到拥有优势。所以我下达命令：‘当苏军进攻时，手拉手撤退，但不要让防线破裂。’因此，当苏军突破到普伦茨劳时，我对撤退表示同意。人们因而逃出生天，因为我的目标就是尽可能多地挽救生命。在保持防线完整的同时，整个集团军开始慢慢向西撤退。我不希望他们沦为苏军的战俘。从人性的角度，领导者必须对下属负责——你不能把荒唐的命令交给忠实跟随你多年的年轻军官。”（曼陀菲尔还补充说，不久前在西点军校，他告诉学员，军官绝不应该下达一条他自己都无法执行的命令。）[87]

（参见地图33）

曼陀菲尔继续道：

“这次进攻是由罗科索夫斯基的部队进行的。罗科索夫斯基很厉害。他是一个善战的将军，而且一直在晋升。虽然我们的损失很少，但在普伦茨劳地区，我们的25000人仍然被迫撤退。而且就在这一天，希特勒又重申了之前的命令——要寸步不离奥得河，必须死死守住这个地段。

接着，在（4月）24日—25日的晚间，我在普伦茨劳接待了来访的海因里齐。我这样告诉他事实：‘没有装甲车辆，没有反坦克炮，没有武器，道路上满是难民，不可能守住阵地。在我看来，甚至连新阵地都无法守住。对我们来说，最重要的是确保集团军的战线完整。此外，同样重要的是，我们还必须与位于纵深侧翼的施泰因纳保持联系，并与布塞（即特奥多尔·布塞——第9集团军司令）连成一片。无论发生什么，我们都必须保持防线的连贯……’海因里齐不是特别高兴，但他被迫承认这个事实。”

这次谈话是在曼陀菲尔指挥部的花园里进行的，他们当时就在当地踱步。曼陀菲尔解释说：“这是我朋友的庄园，它保存得不错”。

此时，海因里齐除了第3装甲集团军外已没有其他部队，因为第9集团军已被包围和切断。海因里齐不得不将这次谈话报告给国防军最高统帅部，结果，凯特尔出发去找海因里齐。

显然，凯特尔联系不上海因里齐在比尔肯海姆的总部。因此，在4月27日，他们决定于11点在菲尔斯滕贝格和新施特雷利茨之间的公路上会面。安排是通过无线电完成的。

曼陀菲尔回忆道：

“我到达时，凯特尔已经和一位军官先到了。凯特尔稍微在道路另一边。我和副官一起到达。我向凯特尔致意，然后走到一边，与他的副官交谈。这是礼节性的，但因为我不想在上司海因里齐抵达之前与凯特尔说话。海因里齐来的时候是孤身一人，随行军官都在车里。然后凯特尔和我让副官们离开，现场只剩下我们几个人。

海因里齐一来，凯特尔就大发雷霆。他声嘶力竭地吼道：‘你为什么要撤！你的命令是守住奥得河！希特勒命令你守住！告诉你不要动！’”

海因里齐非常勇敢，有理有据地向凯特尔解释了情况。曼陀菲尔说：“他的论点完全合乎逻辑。海因里齐对凯特尔说：‘以我现有的部队无法守住奥得河前线。我需要预备队。单凭现在这些部队，我们还得撤得更远。’随后，海因里齐这样结束了谈话：‘我已请来了曼陀菲尔将军，反正部队是他的，他可以详细解释’。”

在讨论期间，凯特尔不停打断海因里齐，按照曼陀菲尔的看法：“这番谈话一点都不绅士，简直是一场大灾难。”随后，曼陀菲尔向凯特尔敬了个礼，说：“你了解我，元帅先生，我在3月拜见希特勒时说过，无论如何我都会说出实话。我现在要告诉你的就是这些实话。”

曼陀菲尔接着描述了海因里齐向凯特尔解释过的情况，他们没有装甲车辆，没有反坦克炮，路上塞满了难民，连弹药也捉襟见肘。“我最后表示，”曼陀菲尔说，“很遗憾，如果要再次进攻，就必须给前线增援，否则我将被迫撤得更远。我之所以来这里，就是为了搞清楚这些增援是否存在。”凯特尔的回话是：“我没有预备队。这是元首的命令，你必须坚守阵地——这是元首的命令！”

凯特尔被激怒了，用他的元帅权杖——所谓的“业余元帅权杖”，或者说，一根短棍——不断地敲着左手掌心，说：“我命令第3装甲集团军转向，原地坚守。”曼陀菲尔听了这番话，非常平静地说道：“第3装甲集团军听从的是哈索·冯·曼陀菲尔将军的命令。”按照曼陀菲尔的说法，“凯特尔开始大喊大叫，胡言乱语，我和海因里齐都听不懂”。

在这次发作的尾声，凯特尔对曼陀菲尔说：“冯·曼陀菲尔将军，你必须为今天做的事情负历史责任。”

曼陀菲尔站直了身子——整整5英尺4英寸，说：“200年来，曼陀菲尔家族一直在为普鲁士和德意志效力，而且历来敢做敢当。今天，我，哈索·冯·曼陀菲尔将军，很高兴能担起这个责任。我现在不会做任何让步。”说完，他敬了个礼，转身离去。就在他这样做的时候，凯特尔以近乎威胁的姿势向海因里齐迈了一步——“从现在起，你不再担任维斯瓦河集团军群司令。我随后将任命接替你的人。”

凯特尔非常幸运。在他说话的时候，曼陀菲尔注意到森林里有一群人。起初，他以为他们是凯特尔的参谋，但不久就意识到这些人是自己的部下，而且都有武器。曼陀菲尔说：“如果凯特尔敢碰我一根汗毛，他就会被当场击毙。看到我的手下拿着冲锋枪躲在森林里，我相当惊讶。当时我不知道是谁命令他们过来的，也许是我的副官或参谋长。起初我确实以为他们是凯特尔的人，但当我走近一看，却发现都是我的下属。这是一个相当大的意外，真的。”

海因里齐完全支持曼陀菲尔。在凯特尔如此突然地下达解职命令时，海因里齐的脸色已经发白。曼陀菲尔回忆道：“我为他感到难过。海因里齐是一个非常好的基督徒，道德高尚，5年来，他一直身负重担，现在，在战争结束前3天，他却被迫站在那里，被粗暴地解除职务。”

之后，曼陀菲尔提议让他的参谋人员陪同海因里齐回到总部，因为他“担心海因里齐可能在路上被捕，或者坦率地说，可能是其他不测”。海因里齐听从了这个善意的提议。当曼陀菲尔抵达自己的司令部时，看到一份电传消息，说海因里齐已被解职，维斯瓦河集团军群司令现在由他担任。

曼陀菲尔回忆道：

“我看了一眼，非常恼火。只用1分钟，我就告诉我的参谋长缪勒-希勒布兰德——考虑到今天上午讨论的方式、内容，以及海因里齐大将被撤职一事，我拒绝接管维斯瓦河集团军群。第3装甲集团军和所有下属部队将听从曼陀菲尔将军的命令——然后我签下了名字。

我告诉缪勒-希勒布兰德：‘把这个亲自交给凯特尔，并将副本发给我的所有下属司令部。我想让部队知道，他们现在只听从于我。’”

据曼陀菲尔说，那是在4月28日晚上20点整。

曼陀菲尔继续道：“临近午夜时分，电话铃响了。我非常惊讶，因为我们一直在使用无线电，而且以为电话线已经中断。但某个军官接了电话。他走过来对我说：‘将军，约德尔想和你谈谈。’我相当惊讶，因为我从来没有和约德尔通过话。”

约德尔对曼陀菲尔说：“请你解释一下你的电报。”显然，约德尔不知道凯特尔要求他接替海因里齐的工作，但曼陀菲尔的电报到达时，约德尔却在场。约德尔甚至不知道海因里齐已被撤职。曼陀菲尔说：“我简洁了当地解释了发生的事情，然后拒绝接受这份工作，还说我已下定决心。”约德尔回答说：“再考虑一下。”对此，曼陀菲尔说：“这件事没有什么可考虑的。”接着，他直接挂断了电话。

第二天，冯·蒂佩尔施基希将军来到了曼陀菲尔的总部。之前，冯·蒂佩尔斯基尔希受了伤，并要求海因里齐给他一些事情做。海因里齐给了他第21集团军——1个有名无实的集团军。然而，当冯·蒂佩尔斯基来到时——4月29日的中午——他告诉曼陀菲尔，他被任命为维斯瓦河集团军群的司令。曼陀菲尔“感到震惊，因为作为一名普鲁士军官，而且是出身于普鲁士禁卫军的军官，他有责任像我一样拒绝。”

然而，曼陀菲尔什么也没说，他只是感到伤心。曼陀菲尔冷冷地介绍了情况，并用这样的话做了总结：“这个地区是第3装甲集团军，他们听命于我。我对你们的司令部没有任何兴趣。”谈话结束后，曼陀菲尔问参谋长缪勒-希勒布兰德：“我想知道为什么蒂佩尔施基希同意接受指挥权？”缪勒-希勒布兰德回答说：“蒂佩尔施基希告诉我，凯特尔拿军事荣誉作为要挟，让他根本无法拒绝。”

第2天，即4月30日，蒂佩尔施基希辞职。

5月1日，新的任命下达，人选是斯图登特将军。曼陀菲尔收到一份电报，说斯图登特将成为集团军群司令。曼陀菲尔说：“据我所知，他从未上任。”5月1日大约10点30分，曼陀菲尔还在广播中听到一则消息，“希特勒已英勇阵亡”。

曼陀菲尔说：“这很好笑，但我完全没有任何反应，我的参谋们也是如此，过去8天，他们没有一个人睡觉。另外，美军已经从背后突破，正向吕贝克进军。”

在过去的十天里，曼陀菲尔还接待了形形色色的访客，包括施佩尔、里宾特洛甫、戈林和莱伊。他说：“他们都搓着手问：‘情况如何？接下来呢？你为什么不进攻？’”曼陀菲尔说，他当时立刻反诘道：“还是想想你们自己吧！”曼陀菲尔补充说：“没有人回答，我知道这些政治领导人肯定完蛋了。”

曼陀菲尔继续道：

“与此同时，由于（敌军）向吕贝克进攻，我已无法与‘布鲁门特里特’集群和恩斯特·布施（Ernst Busch）元帅的西北最高司令部取得联系。［当时，李奇微（Ridgeway）、加文（Gavin）和第82空降师都被配属给英军，可能参与了这次行动］（作者按：确实如此。美军第82空降师当时被配属给伯纳德·蒙哥马利元帅的第21集团军群，该集团军从下游渡过易北河，突入战斗苏占区和第3装甲集团军背后）所以我在5月1日向部队下令，要求他们‘肩并肩、手挽手’地撤退到什未林–路德维希斯卢斯特铁路后方，因为有消息说这条铁路就是美国和苏联占领区的分界线。随后在5月1日，我的参谋长坐着他的小飞机——一架鹳式，与美国人进行了接触。我们有3架飞机，上面都绑着投降的标志——白色床单。对我来说，这是个悲伤的时刻。

还有选择吗？我的部队和难民加起来肯定有50万人，这是唯一的出路。5月2日，一位美军上校和我的参谋长一同坐着吉普车来到我的总部，这让我非常惊讶。美军上校说：‘本人还不能接受贵集团军的投降，但请你跟我来。’”

他非常有礼貌，而且一丝不苟。然后我对鲁登道夫说，让部下们放下武器，穿过铁路线，向美军投降。所有的武器和文件都应当被销毁。根据一战期间的经历，我知道等待自己的是什么。我之前一直在思考，并知道自己接下来的命运如何。但我也知道，绝不能让任何一个单位被苏联人俘虏——这是我的一贯目标。我没有告诉传令兵去收拾东西，因为每个人都已经准备好了。全体参谋人员正在列队，他们相互握手，我也和他们一一握手告别，提醒他们要保持勇气，要为德国的重建贡献力量。然后我驱车离开了。”

对布克哈特·缪勒－希勒布兰德的战后访谈

除了文字上的细微修正和调整外，以下访谈稿也全部来自原文：

缪勒–希勒布兰德是第3装甲集团军司令哈索·冯·曼陀菲尔将军的参谋长。1945年，他曾保留了一小本日记，但只有一些简短备注，用途也只是确定日期。

3月10日：曼陀菲尔将军抵达。

3月11日：曼陀菲尔将军上任。

4月16日：对第9集团军的攻势开始。

4月17日：对第3装甲集团军的试探性进攻开始。

4月20日：对第3装甲集团军的进攻开始。

4月25日：第3装甲集团军开始撤退。

4月27日：与曼陀菲尔、海因里齐和凯特尔会面。旁边是一条注释：与曼陀菲尔和战犯凯特尔会面。

5月2日：前往美军第8（步兵）师。

5月3日：第3装甲集团军投降。

以下是缪勒–希勒布兰德对曼陀菲尔的印象：“曼陀菲尔是一个优秀的战术家，但不是一个好的战略家。他和隆美尔一样，是个活跃的人，总是在前线，最重要的是，对形势有敏锐的直觉。”他补充说，在与国防军最高统帅部谈话时，他表现得非常精明。当时，凯特尔去了前线（可能是他头一次去前线），发现德军士兵正在撤退，立刻打电话质问曼陀菲尔，但曼陀菲尔却平静地回答：“哦，不用担心，那是后方训练。”

缪勒–希勒布兰德还提到，作战参谋汉斯·鲁登道夫崇拜希特勒，但不是纳粹。他回忆说，当汉斯·鲁登道夫得知第3装甲集团军要撤退时，说：“别这样，这是抗命。绝对不行。”缪勒–希勒布兰德只是挥手让他坐下，并说：“不要激动，别这么严肃。”

缪勒–希勒布兰德还记得，他曾对手下说过：“奥得河防线是守不住的，最多只能坚持两三天，然后就会耗尽炮弹。接下来该怎么办？”正因如此，他最终做出决定：“我们必须向预先划定的战线撤退，出于担心，我向曼陀菲尔解释了情况，但后者却表示，这是绝对合理和正确的。”

他记得在4月6日，集团军接收了一批（德国海军的）水兵，他向曼陀菲尔表示：“来自Z-6号驱逐舰的水兵，真不知道该如何利用。”曼陀菲尔也有同感，认为他们用处不大，因此决定将他们布置在战线后方的湖区附近。

缪勒–希勒布兰德还回忆说：“由于没有炮兵，我们便把斯德丁合成燃油工厂周围的高射炮全部征走，并把高射炮手同我们自己的炮兵混编在一起。这也是我们唯一能集结起来的远程火力。但这些高射炮都安置在斯德丁合成燃油工厂周围的混凝土掩体中，而且没有运输车辆，因此是无法机动的，所以一旦炮弹用完，就只能丢在原地。”

有一天，戈林打电话给曼陀菲尔，命令他去“卡琳宫”庄园以北的一座村庄商谈。后来，曼陀菲尔告诉缪勒–希勒布兰德：“戈林来的时候化了妆，就像个演员。我向他汇报，告诉了他形势的真相，但他只关心自己的命运。这次会面是在一所校舍内进行的，外面人很多，在出来时，戈林把他那把装饰华美的匕首送给了外面的一个小男孩，还拍着他的头说：‘做一个勇敢的德国人。’”

缪勒–希勒布兰德说，冯·特罗塔是个死忠的纳粹分子，所以，他（缪勒–希勒布兰德）总是直接与齐亚纳姆（Zianamn，陆军最高司令部中的某个参谋）交涉，以便绕开冯·特罗塔。颇为讽刺的是，战后，提洛·冯·特罗塔试图重返军队（联邦德国国防军），但此时，德军的人事主管恰恰是缪勒–希勒布兰德，后者当即否决了他的申请。

缪勒–希勒布兰德证实，在曼陀菲尔、海因里齐和凯特尔见面时，正是他命令第3装甲集团军司令部保护这次一波三折的会晤。他还讲了这样一个故事：

“我一直很讨厌他（凯特尔）。几年前，作为一名年轻军官，我认为他傲慢、自以为是，而且才能平庸，完全没法和他共处。但在当时，我的未婚妻与凯特尔的女儿关系非常好。有几次她跟我说：'凯特尔夫妇非常希望你去做客。我拒绝了，还和她大吵了一架，最后我说：'听好了——凯特尔家的人和我，你只能选一个。'（她最后选择了年轻的缪勒-希勒布兰德，并嫁给了他）

随着战争继续，凯特尔接连犯下一个个愚蠢的错误时，我意识到最初的看法并没有错。最初，凯特尔把这次会面安排在了我们的总部。我不知道会发生什么，但明白它可能酿成灾祸，因为曼陀菲尔和海因里齐说不定会被当场逮捕，接下来，任何人都知道他们将遭遇什么。我需要帮手，并认为集团军司令部连连长和后勤参谋都是值得托付的人。我告诉他们："海因里齐和曼陀菲尔有生命危险，你们应该拿好冲锋枪，在会议室旁的房间待命。如果发生不测——尽管我不太确定——就必须保证海因里齐和曼陀菲尔免遭逮捕，更不能让他们遭遇其他危险。但在最后一刻，凯特尔改变了安排，提议会议在路边举行。我不了解当时的情况，但可能是由于忙碌或其他原因。突然，我得知曼陀菲尔在会议前离开了。我冲出去，找来我的人，让他们开车去追。我告诉他们，无论什么事情，都必须确保曼陀菲尔和海因里齐的安全，哪怕要向凯特尔开枪。在会面进行时，他们躲在树林里。但曼陀菲尔和海因里齐都不知道这些安排。这些事情都是我一个人做的，对此，我一点都不后悔。"

第3装甲集团军北部的战斗：第32军地段

以下是弗里德里希·沙克（Friedrich A. Schack）步兵上将对1945年3月25日至5月2日情况的回忆。沙克指挥的是第3装甲集团军下属的第32军（包括斯德丁要塞），上任时间只比海因里齐晚几天。他的回忆凸显了贯穿本书的一个重要主题：德军部队兵力不足，并且备受武器、装备和弹药匮乏的困扰。沙克还指出，他与当地的大区领袖存在矛盾，导致与国民突击队的早期合作很不顺利。此外，各个大区还在私下囤积武器——纳粹德国末期指挥和资源分配的混乱从中可见一斑。

1945年3月24日晚上，我抵达斯德丁西北方的一处郊区，接管了第2军留后司令部（指挥官：霍恩莱因上将）的原下属部队。其交通线与党卫军的1个军［党卫军第3（日耳曼）装甲军］相连，从斯德丁以南的高速路一直延伸到斯德丁潟湖附近的新瓦尔普。左翼是乌瑟多姆岛，岛上守军由安萨特将军指挥，兵力大约有3个师，与其他地段没有真正的交通线相连。我的任务是利用留后司令部的人员组建1个军部——第32军军部，以此分担霍恩莱因将军的工作，使其专心担任留后司令部指挥官。

由于我带来了司令部的原班人马，因此在3月26日便与霍恩莱因完成了交接，他则带领第2军留后司令部前往更西面的地区。

这些就是我上任时的情况。

在我军撤出阿尔特达姆之后，当地的前线一直相对平静。主战线沿着达姆施湖西岸展开。在斯德丁的东南方，我军控制着一个桥头堡，而在南面，主战线则与一条从波莫伦斯多夫（Pommerensdorf）向波德尤赫延伸的水道毗邻，东面则紧贴着东奥得河。

波德尤赫、阿尔特达姆及其北缘的机场都已落入敌军手中。波德尤赫附近帝国高速公路上的奥得河大桥已被炸毁；在斯德丁附近的西奥得河上，所有桥梁也做了爆破准备。

斯德丁市中心是一大片残垣断壁。我最后一次看到这座城市是在1941年的夏天，当时我们曾在这里装船前往芬兰。城内的瓦砾让我迷失了方向，而且主干道以外的部分几乎无人清理。只有在破坏较少的郊区，你才能认识到这个城市曾经是多么的整洁和美丽。

城内幸存的人口估计有30000人。

大区领袖施韦德-科堡住在该市西北部的一座小村庄里。他的副手西蒙（Simon）则经常在外出差。

第32军下属部队的部署情况如下：

右翼是许纳尔中将指挥的斯德丁要塞司令部，其中包括奥特纳中将的第281步兵师

第549国民掷弹兵师（延克少将）

福格特师级集群（福格特少将）

第5猎兵师（冯·希克斯特中将）

这些部队的战斗力参差不齐，而且总体很低。它们曾在前线损失殆尽，如今只剩下残兵败将，里面充斥着被拦截的逃兵和国民突击队。各个师的武器数量不足，而且型号各异，导致物资供应和获取备件变得异常复杂。

火炮和重型步兵武器少得可怜。有些部队连轻武器都无法配齐。至于大多数其他装备同样是付之阙如。

例如福格特师级集群的3个步兵团：

其中1个是海军步兵团，人员来自临时征调，都没有作战经验。

1个团人员主要来自新瓦尔普训练场，团长是之前的训练场指挥官。

第3个团只相当于1个营，全部是前海关人员。

该师的直属炮兵则由笨重且无法机动的高炮组成。在其他师里，我们可以找到由劳工营、国土防卫部队和国民突击队改编的部队，还有1个希特勒青年团营——总之是聚集了附近能搜罗到的一切。在这些部队中，军官和下级指挥人员的知识与能力往往参差不齐。在这种情况下，我们需要确保寻找一些可以充当指挥官的人才，并通过替换和内部调动，为连和连以下指挥岗位换上合格人员。

另外，虽然大区领袖施韦德-科堡以帝国防务专员的身份组建了一些国民突击队营，但他不愿意放权，更不愿将这些部队无条件地提供给军部。有一次，他甚至绕过第32军军部，直接调走了已部署的国民突击队。1945年4月5日，针对这种干扰指挥的做法，我们对他进行了非常严肃的训话，并威胁要解除他的指挥权，之后他才有所收敛。

最终，所有国民突击队营都被全面纳入国防军。不仅如此，尽管部队迫切需要武器，但这位大区领袖直到此时才交出藏匿的700支新步枪——对于缓解紧缺，这算得上是一个“重大贡献”。

斯德丁被宣布为要塞。挖掘土方和兴修工程的人们随处可见。但战斗中最重要的东西——堪用的部队和要塞炮兵却少之又少。何况消除这种匮乏并不是可以迅速完成的事情。

3月27日，我与第3装甲集团军司令冯·曼陀菲尔装甲兵上将第一次会面，在交谈中，我和他都有相同的看法，并表示要让斯德丁这个要塞“实至名归”。

3月29日，要塞区的范围被临时扩大——纳入了高速公路以南的第1海军步兵师（师长：布莱克温少将）。1945年3月31日，该师被第610特别师（师长：伦德尔少将）替换。

4月3日和4月7日，维斯瓦河集团军群司令海因里齐大将亲自指出斯德丁要塞的防御存在缺陷。

随后几天，通过把高炮单位编入地面部队，情况得到了显著改观。斯德丁的炮兵指挥官孔茨（Cuntz）上校是个非常积极的人，为执行新任务，他将所有（高射）炮兵编为多组，重新进行训练——这项决定还得到了高射炮兵指挥官泽姆巴赫（Sambach）上校的充分理解和支持。

为加快要塞建设、统一工程标准，工兵指挥官宾格曼（Bingaman）上校同样竭尽全力——之前，这些项目都是由独立于军方的纳粹党党部管理。

另外，第32军军部也做了两手准备：如果形势需要，它将跟随第3装甲集团军撤退。

在进行规划期间，我们在高速公路以北建造了1个大型防御工事群，该工事群始于勒克尼茨（Löcknitz）以南，并沿着兰多河曲折延伸——这项工程后来证明了它的价值。由于达姆施湖难以逾越，敌军必然将从高速公路以南发动主攻，随后从南向北推进，从后方攻克斯德丁，因此，第32军将防御的重点放在了南方。毕竟，早在3月22日，敌军便已在屈斯特林以西突破了第9集团军的战线，之后，前线再也没有平静过。4月16日，朱可夫元帅发起大规模攻势——整整2个坦克集团军刺穿了第9集团军和第3装甲集团军之间的防线，直奔柏林而去。

这段时间，第32军的高级指挥人员发生过几次变动——有些是因为疾病和年老，有些源于一直进行的部队重组。

1945年4月11日，福格特少将被来自柏林总部的冯·勒德布尔上校取代。

4月18日，延克少将离开第549国民掷弹兵师，其职务由罗林上校接任。

4月19日，许纳尔中将的斯德丁城防司令一职被布吕尔少将接过。

在人员补充方面，我们进展良好：许多国民突击队、补充部队、空军和海军单位被解散，人员则转入一线部队。由于前线（在3月）和4月的平静，这项工作得以顺利开展。按照设想，要塞部队和各师应足以在东奥得河、西奥得河和达姆施湖构成的两道天堑背后坚守一段时间。但这些部队都是仓促拼凑起来的，要么装备过时，要么完全缺乏作战经验，还无法进行机动，根本无法在开阔环境下与敌人野战。

4月中旬，形势越来越紧张，尤其是在帝国高速公路附近。敌人试图用高音喇叭瓦解我方的士气。在阿尔特达姆北部，苏军投入了波兰第1集团军，让人不免担心保卢斯集团军的德军（变节）部队会部署在这里——这让我非常不快。4月20日，敌人开始猛烈进攻高速公路支路，但面对精心安排的密集炮火，他们损失惨重，并最终被逐退。不过，在高速公路支路以南的沼泽地，他们仍然占领了一些据点。

4月22日，敌人沿着高速公路进一步向南进攻。形势危急，第281步兵师在4月22日—23日夜间离开原阵地，直接部署到要塞区右侧，以替换当地的第610特别师。

另外，斯德丁要塞和第281步兵师之间的缺口也有被突破的危险，只是因为第5要塞团（加强有1个要塞营）的反击，险情才得以化解。

4月24日，敌人再次向第32军的南翼发起进攻，但得益于集结在当地的炮兵，我军阵地仍然完好无损。但在更东面，有连片火焰在城镇中腾起——敌军正从这个方向推进，让人不免心生焦虑。

4月25日，敌军的进攻规模很大，迫于形势，第32军军部被迫在9点将右翼撤往高速公路以北的防御阵地——勒克尼茨附近的兰多河一线。

敌人还试图向勒克尼茨突破，但面对激烈抵抗，这一企图没有得逞。在此期间，我军的8.8厘米高射炮有力打击了在上述方向推进的敌方坦克。

敌军战斗轰炸机不停地袭击勒克尼茨周边的渡口，使交通陷入瘫痪，大小道路上随处可见尸体和车辆的残骸。

鉴于敌军已控制了大片土地，第32军军部现在获准带领部队与第3装甲集团军一起撤退。

在高层指挥部门，每个人都清楚地知道，我们之所以继续战斗，就是为了避免让更多德国人落入苏军之手。

所有道路都被难民队伍挤得水泄不通，敌军的战斗轰炸机在白天异常活跃，让难民不得不沿路隐蔽。晚上，尤其是在拥挤不堪的瓶颈地段（尤其是在城市），敌军飞机则会在降落伞照明弹的辅助下发动空袭，并给难民带来了不小损失。

不仅如此，希特勒还命令破坏沿途设施。为了不加剧平民百姓的痛苦，军部命令纳粹党党部和地方军事单位制止一切破坏活动——除非得到军部同意，否则擅自进行破坏者将以“破坏防御”的罪名被送上军事法庭。通过上述方式，第32军管辖范围内的经济设施都得到了保存。如果时间允许，粮食仓库将被移交给民众。

只在敌人逼近时，桥梁才会被炸毁——这种情况主要发生在防区南部——在当地，追击之敌经常进行迂回，并给我们带来了不少危险。

有鉴于此，军部选择让右翼部队从勒克尼茨附近出发，随后穿过帕斯沃克、新勃兰登堡（不含镇内）、特雷普托、马尔钦（Malchin）、居斯特罗和瓦尔诺（Warnow）等地，最终绕行到什未林湖（Schweringer See）北端。

至于冯·勒德布尔的师级集群则会在安克拉姆附近北上，在那里，安萨特军将负责接应。

安萨特军在乌瑟多姆岛坚守到5月7日，随后乘驳船前往基尔以北地区，并在停火后顺利抵达。

除此之外，军部并没有其他向北撤退的行动。

撤退行动也对部队提出了不寻常的要求——他们完全不适合运动战，但每天又必须长途行军。在南翼，敌军的装备和机动性都具有显著优势，此外，柏林方向每天都会传来不好的消息——这些都挫伤了部队的士气，瓦解的迹象与日俱增。

但在指挥官的努力下，散兵游勇被一次次聚集起来，并投入到危险地带。[88]

以下是4月25日之后，第32军致第3装甲集团军的每日作战报告和给下属部队的命令——当天也是第3装甲集团军防御的转折点。24小时后，苏军白俄罗斯第2方面军在普伦茨劳击溃了德军的残余抵抗，并开始迅速朝易北河和波罗的海沿岸进军。

1945年4月25日的当日报告

1. 在南部前线，布吕尔战斗群（即斯德丁要塞守军）右翼的军正在持续遭遇压力，其当面之敌拥有坦克支援，还有对地攻击机轮番发起空袭。

在第549国民掷弹兵师的防区，敌方设法在巴尼姆斯洛（Barnimslow）和卡罗方向夺取了一些地面，这两座村庄也宣告失守。

在白天，该战斗群还在居斯特罗以南、普利兹洛（Pritzlow）以东和小莱因肯多夫（Klein Reinkendorf）以南不断遭到进攻。我军立刻对突破之敌发动反击，最终收复了各处主战线，敌军的损失极为惨重。

斯德丁A机枪营在防御战中的战果尤其抢眼。

全军的其他地段并没有发生战斗，但斯德丁和后方地带却遭到了大量轰炸和扫射。

显然，敌军正在试图包抄我军，使我军无法继续后撤。

2. 截至当天18点30分，第549国民掷弹兵师的主战线大致位于霍亨霍夫（Hohenhof）附近的一座小农场–巴尼姆斯洛西北角–小莱因肯多夫以北的铁路一线，其他地段较之前没有变化。

3. 从20点整开始，海军要塞团将隶属于第549国民掷弹兵师，第5波美拉尼亚掷弹兵团将隶属于冯·勒德布尔师级集群。

4.（没有报告）

5. 第549国民掷弹兵师的师部位于施温嫩兹（Schwennenz）。第389步兵师的师部位于萨尔泽庄园（Salzew Estate）。

6.（无报告）

7. 参见集团军的命令。

8. 布吕尔战斗群估计敌军有300名阵亡，4挺重机枪和3挺轻机枪被缴获/摧毁，另有11人被俘。截至目前，第549国民掷弹兵师报告击毁8辆坦克。

9. 本日天气晴朗

10. –

以上内容已验证无误

（签名）

总参谋部少校

供集团军司令部阅览

参谋长签名

冯·齐策维茨（v. Zitzewitz）

4月25日，鉴于苏军的突破已是迫在眉睫，第32军对部队进行了最后一次大规模重组，其内容也体现在了当天16时45分发布的、编号为“Ia No. 965/45 geh.”的文件中。

军部第11号命令

1. 敌方已深深楔入我军右翼部队，并前进至卡塞科–彭昆（Penkun）一线。随着敌方步兵、装甲部队和炮兵不断涌入桥头堡，他们向施默尔恩（Schmölln）和勒克尼茨突破的意图已愈加明显。接下来，他们将夺取兰多河上的渡口，还有可能向北推进，并包围斯德丁。

2. 4月25日—26日夜间，第32军军部将把主战线撤往：

沃多（Woddow）–沃尔霍（Wolchow）–门金（Menkin）–勒克尼茨–布克（Book）–布兰肯塞（Blankensee）–纳森海德–诺伊恩多夫湖（Neuendorfer See）–卡尔平湖（Karpiner See）–哈夫霍斯特（Haffhorst），并坚守上述阵地。

主战线和分界线的确切走向参见附图。

3. 为此，各师和布吕尔战斗群（原斯德丁要塞驻军）将从21点整开始沿各自的运动路线向指定战线撤退。

各部队需在4月26日4点之前做好防御准备，并向军部报告。

各部队防区的交界处为：

（1）第32军与第46装甲军的交界处——沃多东北偏东方向2.5公里处小树林的东南角（即第389步兵师阻击阵地和第549国民掷弹兵师的主战线的交界处）。

（2）第549国民掷弹兵师和布吕尔战斗群——勒克尼茨湖（Löcknitzer See）东北角。

（3）布吕尔战斗群和冯·勒德布尔师级集群——诺伊恩多夫湖以西的47号据点。

对于重武器，如其所在阵地未与敌军交战，各部队应在作战要求（已下达）允许的范围内将其撤往新阵地/阻击阵地。

4. 殿后部队：

第549国民掷弹兵师和布吕尔战斗群（只限于至奥得河的右翼地区）将在当前阵地各留下1个团，炮兵支援力量的配置将由军炮兵司令决定。在以奥得河为主战线的地区，殿后部队的规模只需要上述兵力的一半即可。

殿后部队的动身时间将稍后给出。

5. 阻击阵地：

接到本人的口头指示后，第389步兵师应在4月25日20点之前进入沃多–格拉索（Glasow）–勒本（Lebehn）–施温嫩兹–林肯（Lienken）–纳森海德一线的阵地，并加以坚守，其中弗拉索（Flasow）–林肯地区将成为重中之重。

在此期间，第549野战补充营和第5装甲掷弹兵训练营将听从该师调遣。上述部队将在莱金（Retzin）–格兰博（Grambow）一线建立环形外围阵地。另外，第1装甲歼击营也将暂时接受该师指挥。

关键是要尽可能地阻止敌军攻入勒克尼茨附近的兰多沼泽渡口，并严密留意来自南方的威胁。

上述部队还应对前线以外地区开展广泛侦察，并与第281步兵师和第549国民掷弹兵师保持密切联系，以便及时确定和报告敌方的任何活动。

6. 战斗部署：

第549国民掷弹兵师需将1个团的兵力部署在兰多河地区，另在布吕索夫（Brüssow）和诺因菲尔德（Neuenfeld）各保留1个团的兵力，以便将来自南翼的威胁挡在格利茨（Göritz）[①]–克罗考（Klockow）–卡尔姆措（Carmzow）–沃多一线以外。

第3高炮团第1营将负责勒克尼茨地区（1个高炮连）和卡尔姆措–沃多一线（营主力）的反坦克行动，并在第549国民掷弹兵师进入指定防区时听从其调遣。

布吕尔战斗群将重点防守右翼，并在戈尔科（Gorkow）–梅韦根（Mewegen）–罗滕克伦佩诺（Rothenklempenow）地区留下至少一个团充当师级预备队。其麾下的第1团则将作为军预备队部署在格利茨–蒂登（Tieden）一带。

冯·勒德布尔师级集群将守卫诺伊恩多夫湖–卡尔平湖–哈夫霍斯特一带的主战线，并封锁格拉斯许特（Glashütte）至蒂罗芬（Teerofen）、路德维希港庄园（Ludwigshafen Estate）至赖特（Reith）的瓶颈地带——为此，他们需要在上述地点各留下1个营的警戒兵力。根据军参谋长的特别口头命令，埃尔夫潟湖

---

① 和前文所述的格里茨同名，但不是一地。

战斗群（Haffkampfgruppe Elf）将负责警戒侧翼。

7. 炮兵：

（1）编组情况：

第549国民掷弹兵师

炮兵指挥官——帕格尔（Pagel）中校

下属单位——

第1549炮兵团

第374高炮营（最初仍隶属于第389步兵师）

第389步兵师

炮兵指挥官——冯·穆尔道上校

下属单位——

第437高炮营

第929陆军独立炮兵营

第374高炮营（临时配属）

布吕尔战斗群

炮兵指挥官——费舍尔（Fischer）中校

下属单位——

第3132炮兵团（下辖第3156炮兵营和第3158炮兵营）

第214高炮营

冯·勒德布尔师级集群

炮兵指挥官——格劳特（Grauert）上校

下属单位——

第605高炮营

（2）反坦克炮配置情况：

第3高炮团第1营将隶属于第549国民掷弹兵师，进入防御区后，该营将沿着卡尔姆措–沃多一线建立一道反坦克外围防线，同时在勒克尼茨留下1个炮兵连用于对地作战（FKT）。

（3）支撑点分队：

在本命令下达时，第1109高炮营将直接隶属于第32军炮兵司令部，并前往贝格霍尔茨（Bergholz）–门金地区充当支撑点分队，该营需建立防御阵地，以便在阻击阵地和全军南翼发挥作用。

(4) 战斗任务：

炮兵尤其要确保以下任务万无一失——

支援阻击阵地中的第389步兵师。

阻止敌军从勒克尼茨附近取得突破，并防止我军南翼遭到洞穿。

用尽量猛烈的火力，杀伤施默尔恩以东地区、东南地区，以及兰多河大桥以东公路上的敌军。

8. 工兵

（1）渡口修建单位

第555特别团级工兵指挥部——该部队将直接隶属于军部，负责在兰多沼泽一带开辟以下渡口：

在勒克尼茨的铁路桥附近，开辟带出入口的车辆渡口；在勒克尼茨公路桥南侧建造一座应急桥。

对瑟尔科（Cerkow）[1]和多罗森瓦尔德（Dorotheenwalde）附近的桥梁进行加固，将负载能力提升至16吨。拉脱维亚野战补充兵站（Latvian Field Replacement Depot）的劳工应继续在当地坚守岗位。

所有的渡河点——包括104国道上的勒克尼茨公路桥和军部辖区内的兰多沼泽渡口——都应做好爆破准备。其中，勒克尼茨公路桥的引爆命令将由第389步兵师下达。

为执行本任务，以下单位将由第555特别团级工兵指挥部调遣：

第549国民掷弹兵师的1个工兵连

第389步兵师的1个工兵连

第132军直属工兵连未部署的部队［指挥官：本廷（Benthin）少尉］

根据协商，拉脱维亚野战补充兵站将为上述部队提供额外人员。

(2) 障碍物

---

① 原文如此，此处地名有误，应为格尔科（Gorkow）。

各师负责加固桥梁，并在自身辖区内修建障碍物。

(3) 建筑部队

斯德丁要塞和军部直属的所有建筑部队应立刻开赴贝灵（Belling）–佩茨尼克（Petznick）–施皮格尔贝格–布卢门哈根地区（帕斯沃克西北部），并向帕斯沃克的地方指挥官（Ortskommandantur）汇报，以便领取命令，确定后续部署地点——相关汇报工作将由第555特别团级工兵指挥部的一名军官负责。

与此同时，军部将动用一切现有兵力在斯德丁–勒克尼茨–帕斯沃克道路上巡逻。

各师和布吕尔战斗群必须设置交通管制分队，配备精力高度充沛的军官和士兵，他们将无情地履行公务，确保行动顺利进行，并在必要时使用武力。由于空中威胁加剧，所有行动必须在天亮时结束——至少在最关键的道路上是如此。月夜行车时必须保持车距，避免减速和扎堆，尤其是在瓶颈地带（勒克尼茨！）。从4月25日20点整开始，所有交通管制勤务单位和分队都将由军部的克诺茨（Knortz）少校［来自军指挥机关（Führungsabteilung）负责的特别军需管理处（Qu. z.b.V.），并将听取军部的专门指示］指挥。

9. 军预备队

(1) 第549国民掷弹兵师的2个掷弹兵团——位于克吕索和诺因菲尔德附近。

(2) 布吕尔战斗群的1个掷弹兵团——位于格利茨和蒂登附近。

10. 通信

(1) 必须破坏斯德丁的通信设施——准备工作由布吕尔战斗群负责，一旦军部下令，他们将立刻采取措施。

(2) 军部4月18日签署的、编号为“Ia/N. No. 86/45 g.Kdos.”的命令一直未能发出，通信参谋需留意此事。

(3) 应特别注意切断通向沦陷区的通信线路。

(4) 通信设备要随身携带，不要指望获得新设备。

(5) 在市镇人口疏散后，当地的邮政工程人员仍将继续部署，并将与德国国防军的邮政办公室一起撤出。

(6) 帝国邮政的长途电话和电话接线室应立刻用男性员工替代剩

余的女性员工。

(7) 如果指挥部需要迁移，应预先宣布停止通信。进入新指挥所后，通信应立即开始。调试时间应尽量缩短，以避免被无线电测向手段发现。

11. 军指挥所位置

(1) 军指挥机关位于科布伦茨（Koblenz）[①]，4月25日18点整就位（此处难以辨认），帕斯沃克。

(2) 军后勤机关（Qu-Abteilung）位于克鲁格斯多夫（Krugsdorf），4月25日18点整就位。

（本文件部分内容已在之前的零散命令中有记录）

分发名单：起草中

签字：沙克

以上内容已验证无误

（签字）

总参谋部少校

此外，当天15点，布吕尔战斗群的作战参谋与第32军的作战参谋通了电话，后者明确表示，沙克将军已明确下达指示："布吕尔战斗群必须彻底炸毁斯德丁附近的桥梁，使敌军无法从残骸过桥，并使其无法在短期内将桥梁修复。炸桥必须干净利落，以便后续行动及时进行。"另外，通话还要求从斯德丁撤走全部守军，并按照当天命令有序完成各项任务。

当天晚些时候，第3装甲集团军还发出了一份电传命令，该命令的编号是"Ia Nr.3481/45 geh."，与高射炮手的使用有关。高射炮手是专业人员，但有些指挥部却将他们编入了行军营等陆军单位，以便充当步兵。该命令叫停了这种做法，并禁止将其调往其他单位。其中还提到："在主战线上单独

① 原文如此，此处似有误。

部署2厘米高炮没有任何意义，会导致不必要的高昂损失。2厘米高炮（包括车载型号）要以排为单位部署，以便排长在大规模战斗中提供统一的战术领导和火力指挥。”

4月26日，部队开始向西运动。很多德籍和外籍人员脱离队伍擅自向西逃亡，纪律开始瓦解。问题是如此严重，以至于海因里齐在4月26日凌晨3点10分签署了一道紧急命令。其中这样写道：

第3装甲集团军未来几天的战斗将具有决定性意义。必须对斗志松懈的部队采取最严厉的措施。每一个指挥人员都应该知道，其部队的表现将决定整个集团军群的命运。

维斯瓦河集团军群总司令

签字

海因里齐

第3装甲集团军司令部作战参谋

签字

鲁登道夫上校[89]

在海因里齐发布的众多命令中，只有这一条要求使用严刑峻法（采取最严厉的措施）来维持纪律。毕竟，他最不愿看到的就是整个集团军群（或其中的大部分战斗部队）被俄国人切断后路。但没有证据表明，在部队溃退期间，他和他的下属曾将这一威胁付诸实施。

随后，第32军签署了下列命令：

11点15分	军长致罗林上校：撤退应从左翼开始。立刻向小桥头堡移动，同时保持右翼不动。小桥头堡应有1个营进驻。第2个营将向卡塞科地区推进，以便听候师司令部调遣。
11点45分	致布吕尔战斗群：布吕尔战斗群应立刻占据主战线，并在格林农庄（Gollin Estate）-比斯马克（Bismarck）东郊-霍亨菲尔德庄园（Hohenfelde Estate）-博克村（Bock）南郊-施马格罗庄园（Schmagerow Estate）设置前哨作战阵地。第3要塞步兵团将向右翼派遣强大兵力，并在戈尔科以东的森林中听候该师①调遣。

① 即布吕尔战斗群。

续前表

12点20分	致第5要塞步兵团（舒尔茨少校）：第5要塞步兵团应立即占据和保持主战线，重点是公路。A机枪营将接受该团指挥。此外，该团还应抽调一支预备队，以便随时待命，发起反击。[90]

4月26日中午，针对苏军的行动，第32军又发布了对第11号命令的补充。重点是帕斯沃克的防御——当地也是穿过新勃兰登堡、进入德国北部的门户，目前由第389步兵师的高炮部队防守。其内容如下：

1. 第389步兵师应派遣1个营占据莱金–拉明（Ramin）–施温嫩兹一线，并在布吕索夫–沃尔霍一线部署1个团，以保护全军的南翼。一旦第281步兵师和第549国民掷弹兵师的大部队通过，该师将沿着巴赫格伦德（Bachgrund）–萨尔佐（Salzow）西南500米–普勒文（Plöwen）东缘构建一个狭小的桥头堡，并确保勒克尼茨的桥梁通畅——直到该师的最后一批部队撤离。其间，第549野战补充营将继续由第389步兵师指挥。第389步兵师的师部最初必须留在萨尔佐，直到小桥头堡构建完毕，在桥头堡撤空之后，他们将前往卡塞洛林场办公室，并与格拉姆佐（Gramzow）森林中供第3军区司令部调遣的各团保持联系。

第549国民掷弹兵师应部署1个团来保护右翼，并接替当地的海军要塞团。

2. 不同于之前发布的第11号命令，现要求第389步兵师的所有炮兵穿过勒克尼茨，前往一个既能保护本军纵深侧翼同时又能消灭敌军在巴格米尔（Bagemühl）附近突破企图的位置。另外，有关部队还应尽量在施默尔恩附近集结火炮，以进行密集射击。

3. 反坦克防御

第389步兵师应派遣反坦克炮连保护布吕索夫–沃尔霍一线。目前部署在莱金–格兰博附近的第374高炮营（以及隶属于该营的、来自第437高炮营的部分下属单位）应在夜间进驻法伦瓦尔德（Fahrenwald）–祖塞多姆（Züsedom）–达默洛（Damerow）–尼登（Nieden）一线，并以公路为防御重点，击退突向帕斯沃克的敌军坦克。

只要海军团仍在侧翼阵地上提供保护，第374营的高炮战斗部队就应在掩蔽阵地中继续坚守。第374营和第437营均应由第1549炮兵团团长指挥。在侧翼外围防御阵地撤空之前，第1549炮兵团团长将隶属于第389步兵师，并为该师执行炮兵任务。

第6高炮旅的装甲歼击连将由第389步兵师指挥，并在卡塞科林场办公室附近待命。

（首字母签名）

签字：沙克

以上内容已验证无误

（签名）

总参谋部少校[91]

在此期间，曼陀菲尔下属的各军依然呈现出溃散之兆。这让曼陀菲尔被迫在26日20点40分专门发布命令，重申海因里齐"贯彻纪律"的指示。

致：

第32军军长

目前，逃兵数量很多，我在此再次强调，应以最严格的方式执行相关命令。我要求秩序部队阻挡所有携带武器越过拦截线（Sperrlinien）的国防军单位，让他们离开车辆，如此等等，并把他们全部送回各师。在遭遇敌方火力或进攻时，如果作战单位不战而退，所有部署在后方的重武器、高射炮和其他炮兵都要直接向他们开火。

此外，我还要重申之前的命令，除非有作战参谋或后勤参谋的命令，否则各种物资和后勤部队不得擅自行动。

冯·曼陀菲尔，装甲兵上将

命令编号：Ia No. 3488/45 geh.[92]

和海因里齐一样，为了做最后挣扎，曼陀菲尔也下令向撤退的士兵开火。因为他知道，如果有任何作战部队动摇，那么第3装甲集团军将被苏军坦克部队切断退路。虽然没有证据表明这些规定得到了执行，但我们确实无法排除这种可能。

4月28日，沙克对第32军的记录仍在继续——在该军从斯德丁向西北方缓慢撤退期间，他仍试图积极地进行指挥。而且根据他的记录，在放弃斯德丁后，苏军设法切断了一些德军殿后部队：

4月28日，第389步兵师位于普鲁斯莱本（Prusleben）[①]、第281步兵师位于罗斯马尔索（Rosemarsow）、第549国民掷弹兵师位于维尔津（Welzin）——各下属部队则位于特雷普托（Treptow）[②]南缘和托伦瑟河（Tollense）到克伦佩诺（Klempenow）之间狭窄区域的后方。之前的（斯德丁）要塞守军，即现在的布吕尔战斗群已向北运动，并在上默克（Hohenmocker）、布赫霍尔茨（Buchholz）[③]和上布索（Hohenbüssow）附近建立了人员拦截阵地，以防止残余部队在特雷普托的阵地遭到突破。

4月29日，右翼的第389步兵师和左翼的第549国民掷弹兵师封锁了连接马尔钦湖（Malchinersee）和库默罗湖（Kummerower See）的水道，而布吕尔战斗群则先后在代明（Demmin）和达尔贡（Dargun）以东使敌军停止前进。再往北是第102步兵师的残部——主要是250名师部人员——他们最初控制着布鲁德斯多夫（Brudersdorf）一带，随后撤往格诺因（Gnoien）和纳斯多尔米尔巴赫（Nasdorer Mühlbach）。在代明以西地区，5000名成功逃生的第32军人员集结在一起，他们将组成新的营，加入布吕尔战斗群和第102步兵师。

前线被强大的敌军部队撕裂。第389步兵师再次在泰特罗（Teterow）承担起阻击任务，第549国民掷弹兵师则位于蒂尔科（Thürkow）、莱菲措（Levitzow）、施韦青（Schwetzin）和大维斯滕费尔德（Gross Wüstenfelde）一带。沿途不断有补充部队加入进来，例如，4月30日，1个1000人的伞兵团在维斯马向我们报到，这个团只有300支步枪，但没有机枪——该团后来被派往拉格（Laage）、居斯特罗、瓦伦（Waren）和诺伊基尔希（Neukirch）等处，并被当地的其他单位接收。4月29日，在主突破口，敌军的强大装甲部队前进至罗斯托克，同时还有小股侦察部队跟进到什未林，这增加了第32军需要撤退的距

① 原文如此，此地似乎应为普里普斯莱本（Pripsleben）。
② 原文如此，此地实际指的是旧特雷普托（Altentreptow），下同。
③ 和前文中的布赫霍尔茨并非同一地。

离。但在此期间没有发生更多的大规模战斗。[93]

以下是第32军在1945年5月1日的最后一批作战报告：

致：

布吕尔战斗群

1. 大约3点，敌军在泰特罗达成突破。

2. 第32军，尤其是第389步兵师和第549国民掷弹兵师将立即向居斯特罗和拉格方向部署，并有可能随后投入比措（Bützow）和居斯特罗方向；布吕尔战斗群将前往拉格，第102步兵师将前往施万（Schwaan），泽姆巴赫集群将前往罗斯托克。

3. 布吕尔战斗群将立刻向拉格方向展开，并炸毁当地东南的普鲁德溪（Plüdderbach）上的桥梁，以及附近雷克尼茨河（Recknitz）上的桥梁，同时坚守这座城镇——直到第102步兵师所有部队开始向施万运动。随后，本战斗群将集结起来，在帕辛（Passin）–塞洛（Selow）–霍斯特（Horst）一带听从军部调遣。

此外，布吕尔战斗群还应当与位于蒂尔科附近的第549国民掷弹兵师警戒分队保持联系，直到当天9点。

4. 师(战斗群)指挥所：克龙斯坎普(Kronskaap)，位于拉格以西2公里。

5. 第102步兵师将向施万方向展开，并在最后一批部队渡过雷克尼茨河之后炸毁泰辛（Tessin）附近的桥梁。随后，该师将穿过泰辛（位于雷克尼茨河西岸）向施万运动，并守住当地的渡口，以便布吕尔战斗群过河，随后，该师将在瓦尔诺河（Warnow）西岸设防，继续开展防御。

师指挥所：福尔贝克（Vorbeck），位于施万西南4公里。

6. 泽姆巴赫集群将向罗斯托克展开，并与该师的作战指挥部建立联系。该战斗群还应检查罗斯托克东部和南部通往帕彭多夫（Papendorf）的桥梁（包括铁路桥），确定其爆破是否准备就绪。

指挥所：罗斯托克城防司令部。

7. 对于各师，最初的关键是尽其所能前往各条河流西岸，随后销毁一切渡河手段。铁路桥和铁路设备均应当予以爆破和摧毁，并使用一切手段确保行动秩序。

对于拉格和施万一带的桥梁，军工兵指挥官（Kopifü）将自行利用辅助部队做好爆破准备。

8. 军指挥所位置：库尔岑特雷肖（Kurzen Trechow）[94]

沙克的叙述并没有结束：

这样一来就万事俱备了：敌人没能截断无尽的难民群，也没能绕过第32军的主力。相反，我们抵达了布尔什维克和西方盟军规定的边界背后——最初是什未林湖（Schweringer See）至维斯马一线。1945年5月2日，配属给英军的美国第82空降师突然出现在军部后方，并俘虏了所有精疲力竭的部队。

军长后来被押往英国，之前，他一直和全军待在一起，最初的地点是小特雷博（Klein Trebbow），之后是格兰博，在五旬节之后则是什未林北部的一个大型战俘营——设置在一座德国空军的兵营里。但在军长眼中，他还有一项任务未做：当时仍有大量难民涌过分界线，并在军部附近稍作停留——他一直在询问这些难民，掌握苏军行动的证据，并将其交给美国人。毕竟当时仍有一种幻想：在出兵时标榜“基督教”和“人权”的西方大国，会基于同样的理由和我们联手，把苏军赶出东部。[95]

最后，沙克对西撤期间的见闻做了一些总结：

最后，我想谈一谈以下见闻。

对大部分落入苏军之手的民众，各级纳粹党党部都负有不可推卸的责任——他们的冥顽不灵酿成了灾难。

在不少情况下，当部队撤退时，附近的民众还在忙着耕作，根本来不及逃离。不仅如此，民众的反应也大相径庭。有的人惊慌失措，有些人愤愤不平，但也有一些人做出了表率。举个例子，一位年轻的伯爵夫人亲自骑马走在队伍最前方，沿途不断有战斗轰炸机袭击，还有各种骇人的消息传来，但他们始终保持着镇定和冷静。

第32军的下属部队都勇敢战斗，尤其是在最初几天，尽管他们装备不足，来源五花八门，但表现远远超过了人们的预期。每个人都明白，在这决定性的时刻，只有勇敢坚持，难民潮才能顺利转移，他们自己也才能得救。

在4月29日之前发生在南翼的激战中，德国人身上蕴藏的不屈斗志随处可见——由于指挥人员的决心和部队的牺牲精神，局势一次又一次转危为安。随着时间流逝，部队急需撤退，他们没有机动手段，而且精疲力竭，但仍然完成了任务——仅仅这一点就值得肯定。从始至终，官兵之间都保持着完全的信任——这种信任源于牢不可破的战友情谊，尽管纳粹党的丑陋宣传经常从中作梗，但直到最后，这种情谊都完好如初。

没有装甲车辆，没有机动反坦克武器，没有空中支援，没有机动火炮，没有重型步兵武器，没有其他装备，也没有运转正常的供应体系，我们只能依靠仅有的库存和街头的守军，而且缺乏必要的机动通信设备。但另一方面，我们面对的敌军装甲部队却无比强大，只有在最后时刻，它才被筋疲力尽的士兵用铁拳击退。

没有指挥人员、缺乏通讯设备，再加上极端疲惫，瓦解的情况越来越多。此外，在战斗打响时，很多部队经常来不及展开，或是被临时集结起来。坦克碾过一群群抵抗者，把他们彻底打散，随着撤退继续，他们再也没有集合到一起。

但即使如此，这些人仍然为难民队伍争得了必要的机会，也挽救了分界线背后的军主力——这一切都要感谢这群有着特殊品格的德国士兵，他们坚持到了最后，直到苦涩的结局来临。[96]

第3装甲集团军南部的战斗：第46装甲军和奥得河军地段

以下所有内容均来自对第46装甲军军长马丁·加雷斯的采访——是在20世纪60年代初由科尼利厄斯·瑞恩的研究助手为《最后一役》而收集的。下面的内容是一份附带的说明，现全文转载如下：

1891年10月6日，马丁·加雷斯出生在柏林附近的布赫（Buch）。1919

年，他与妻子安娜–玛丽亚（Anna-Maria）结婚，育有两男一女共三个孩子。其中一个儿子在潜艇部队服役，并在战争期间丧生。

加雷斯来自一个1802年便定居在柏林的家庭，高祖父和祖父都是音乐家，父亲则是一位新教牧师。1904年，12岁的加雷斯成为军官候补生，1909年进入波茨坦军校，并在1911年获得了少尉军衔。

一战期间，加雷斯在第24步兵团机枪连服役，并在1914年10月30日负伤。1915年4月，他重返西线，直到战争结束都一直在此服役。战后，他留在魏玛国防军中，在慕尼黑军校担任教官，在此期间不断晋升，并于1938年8月1日成为中校。

二战爆发时，加雷斯在第282掷弹兵团担任团长[①]，该团也是第98步兵师下属的3个（步兵）团之一。1940年和1941年，他参加了对法国和苏联的入侵。在入侵苏联期间，第98步兵师从斯摩棱斯克一直打到距离莫斯科67公里的地方，然后，正如他在战后回忆的那样，严冬降临，在古德里安的坦克陷入泥潭之后，步兵只能孤军作战，而且希特勒命令他们“坚守阵地，直到最后一人”。

1941年12月21日，他接到了撤退命令——即使在最理想的状态下，执行这道命令都困难重重，更不用说是在物资奇缺的严冬时节。加雷斯回忆说，在此期间，整个第98步兵师几乎不复存在。1942年1月1日，他正式成为第98步兵师师长，并在1942年2月晋升为少将。按照他的回忆，当时这个师只剩下300人，其中“大部分损失……都是因为严寒。有1个月，即2月，气温是零下50度”。后来他这样告诉采访人员：“正是在此时，我第一次开始怀疑希特勒。”

1942年夏天，加雷斯首次成为戈特哈德·海因里齐的部下。由于上一个冬天的作战经历，他显然成了一个不愿盲从命令的人——特别是当他认为这些命令会导致不必要的损失时。加雷斯在战后表示，与这位新上司共处不久，他便“第一次与海因里齐发生争执”。加雷斯说，在当时的战斗中，他的师损失惨重，每个连往往只剩下9个或10个人。这次争执的起因则与乌格拉河（Ugre

① 原文如此，更确切的说法是应该是第282步兵团。

River）防线的战斗有关。尽管人员损失严重，但海因里齐仍然命令他守住防线并发起反击。加雷斯回忆说，这导致了他与海因里齐的第一次冲突，他向海因里齐亮明态度，说这些攻击根本毫无意义。但海因里齐却不以为然，并坚持要求进攻——当然，它们都失败了。[97]在战斗告一段落后，加雷斯被勒令向冯·克卢格（von Kluge）元帅做检讨。第98步兵师则被调往高加索地区。按照加雷斯的说法，在临别时，海因里齐说了这样一番话："你这是在给自己和下属部队找麻烦。"对海因里齐的指挥风格，加雷斯的看法与后来在维斯瓦河集团军群时完全相反。3年后他们在奥得河前线的友好关系表明，他们过去的分歧都仅限于职业层面，其中没有掺杂私人恩怨，也没有对往事耿耿于怀。

在高加索地区，第98步兵师继续遭遇严重损失，特别是军官、士官和有经验的士兵。正如加雷斯所说："这个师失去了主心骨，已无法恢复元气。"1943年10月，苏军开始进攻，以绝对优势兵力横扫刻赤半岛。第98步兵师被迫渡过刻赤海峡，向塞瓦斯托波尔撤退。1943年11月到1944年2月，加雷斯的师损失惨重，以至于"几乎山穷水尽"。但正是在这段战斗期间，他在1943年11月29日获得了骑士十字勋章。在采访中，加雷斯表示，1944年2月，由于部队损失巨大，他公开反对进攻一座山丘，因为"这样的攻击毫无意义"。这导致他被革除职务，并回到了德国国内。然而，对他的人事档案的审查提供了他被解除指挥权的另一个原因。当时，指挥部对他的评价报告指出，他是一个"文雅、克制、严谨的军人，而且透露着一种当年军官候补生的老派气质。是纳粹主义者。对自己和部下要求严格……很有战术天赋。以令人钦佩的精力参与了3次刻赤战役。在第3次刻赤战役（1944年1月10日至29日）中，他患上了严重的流感，并伴有高烧，但他仍然鼓起斗志，在激战中咬牙坚持。"加雷斯申请病假，1944年4月17日，第17集团军司令部批准了这一请求。有趣的是，尽管他宣称自己公然抗命，但评价报告仍然显示他是个"纳粹主义者"。[98]

按照采访者的看法，也许是为了把自己塑造成一个反纳粹分子，加雷斯宣称他一度以为自己会被关进托尔高监狱，甚至被处决，但多亏了希特勒的副官（鲁道夫）施蒙特（Schmundt）——他们彼此很熟——他并没有入狱或挨上一枪。[99]7月，施蒙特给他打电话说："元首想再给你一次证明自己的机会”。于是，加雷斯被派往巴尔干地区，指挥第264步兵师。他担任第264步兵师师长的时间很短，但经历颇为曲折。1944年10月12日，下一份评价报告指出，他具有“老普鲁士人的性格。有高度的责任感，以及卓越的战术处理能力”。也许更重要的是，报告还说：“在与游击队［被称为匪徒（Banden）］的艰苦战斗中，他带领部队化险为夷”。报告还提到，他已完全康复，这难免让人怀疑他之前的革职一事的真实原因也许纯粹是生病。[100]1944年10月，他重新成为陆军最高司令部的后备指挥官，直到1945年1月。他的下一份职务是第46装甲军军长。我们无法确定加雷斯是否对采访人员说了谎，但有证据显示他确实不太诚实。

1945年1月19日，他成为第46装甲军军长，上司是费迪南德·舍尔纳元帅①。加雷斯向舍尔纳报到，后者告诉他：“你将立即接管第46装甲军。一到司令部，你就得逮捕你的前任，并通知宪兵将他押往托尔高，接下来，你将从南部朝苏军的侧翼发动进攻。”加雷斯回忆说，舍尔纳处事方式一贯粗暴，从这件事上就可见一斑，而且他还记得，他没有从舍尔纳那里得到对局势的任何介绍。随后，加雷斯抵达第2集团军司令部，该集团军的参谋长向他出示了一道命令，并表示：“我们集团军的司令已经被捕。你的任务根本就是荒谬的——如果发动进攻，只要几个小时，你就会进入苏军的战俘营；但如果不服从命令，你最好还是飞去托尔高，把自己关进监狱。”

加雷斯还没来得及彻底接管部队，苏军便发动了维斯瓦河–奥得河战略攻势，后者一路横扫波兰，切断了第46装甲军与中央集团军群其他部队的联系，并将该部队一路推向波罗的海沿岸。加雷斯也向北赶去，经过8个小时的搜索，他终于找到了军部——按照加雷斯的说法，“为了找到指挥部……他一路睁大眼睛眺望”。随后，作为第2集团军的一部分，第46装甲军被编入新成立的维斯瓦河集团军群。3月初，苏军发动攻势，试图夺取波美拉尼亚和西普鲁士，以便在进攻柏林和德国东部之前消除来自右翼的隐患。其间，第2集团军的大部分兵力被迫退入一个以但泽市为中心的包围圈，这个包围圈日渐萎缩，

---

① 原文如此，当时舍尔纳的军衔仍然是大将。

其中也包括第46装甲军。

3月18日或19日，加雷斯接到国防军最高统帅部的命令：从但泽乘船出发，与第46装甲军和第2集团军的其他部队一道前往斯维内明德。3月29日，他抵达目的地。他乘坐的是一艘万吨轮，船上拥挤不堪，有参谋人员、一些下属部队和大批被德国海军从波罗的海沿岸运来的难民。

3月31日，第46装甲军第一次被标记在维斯瓦河集团军群的每日作战地图上，地点在奥得河西岸的奥得河军地段内。到4月4日，该军军部已在第3装甲集团军的右翼就位。

在战斗期间，加雷斯还曾在4月23日奉命接管奥得河军和其下属作战部队。尽管这一点并没有记录在维斯瓦河集团军群的作战日志中，但集团军群的每日作战地图显示，奥得河军军部确实被调离前线，并转移到西南方向。换言之，加雷斯实际掌握了第3装甲集团军的大部分作战单位，并直接负责在奥得河下游抵挡苏军。也正是因此，他的记录无疑具有重大历史价值。

以下是加雷斯的晋升和勋奖情况：

军衔——1909年12月21日，候补军官；1911年8月18日，少尉；1918年8月18日，中尉；1923年10月1日，上尉；1933年8月1日，少校；1936年3月1日，中校；1938年8月1日，上校；1942年2月1日，少将；1943年1月1日，中将；1945年4月1日，步兵上将。

勋奖——骑士十字勋章，1943年11月29日，获得于第98步兵师师长任上；德意志金质十字奖章，1941年10月18日，获得于第282步兵团团长任上；带双剑的霍亨索伦王室骑士十字勋章，1918年9月30日；1914年版普鲁士一级铁十字勋章；1914年版普鲁士二级铁十字勋章；梅克伦堡-什未林大公国二级军事功绩勋章；梅克伦堡-什未林大公国一级军事功绩勋章；1918年版黑色战伤勋章；一级武装部队长期服役勋章；四级武装部队长期服役勋章；1939年版一级铁十字勋饰；1939年版二级铁十字勋饰；银质步兵突击奖章；1941/1942年俄国冬季战役奖章；罗马尼亚三级勇敢的米哈伊勋章（Order Michael der Tapfere），1944年7月12日。

（参见地图34）

第46装甲军军长马丁·加雷斯将军的战时日记

加雷斯的战时日记始于1945年3月29日，止于同年5月4日。在第3装甲集团军（指挥官：冯·曼陀菲尔）遭到白俄罗斯第2方面军（指挥官：康斯坦丁·罗科索夫斯基元帅）时，他指挥的第46装甲军受到了迎面重击。当柏林以北的前线最终崩溃时，他曾身在现场，随后又见证了德军在重压之下的且战且退，以及向易北河的最终狂奔——因为西方盟军至少会给俘虏一些安全保证。在每天的记录结束时，加雷斯还会记录下他的看法，这为我们提供了一个难得的机会，使我们可以一睹国防军高级指挥官在第三帝国灭亡前夕的真正心态。除了战斗本身，这些看法还涉及了希特勒、国防军最高统帅部/陆军最高司令部以及各种关联人物，如党卫军上将埃里希·冯·登·巴赫–泽列夫斯基和帝国元帅赫尔曼·戈林。

科尼利厄斯·瑞恩的档案中包含的加雷斯战时日记是翻译版，其德文原版已无从获取。为了提升可读性和准确性，笔者对部分内容做了修饰。这些日记内容也曾被编入了《奥得河前线1945》第1卷，尤其是维斯瓦河集团军群作战日志中涉及第46装甲军和奥得河军的条目。这让读者可以将他的记录与作战日志中的官方记录做比较。另外，对于关键的4月23日—27日，我们还附上了数份第3装甲集团军的作战日志。

最后需要说明的是地名。正如导言中所说，为核实每一个地名，我们付出了极大努力，对加雷斯的战时日记也不例外。但事不凑巧，其中一些无法在地图上找到。这可能是因为原译者没有正确地翻译德语，也可能是由于战况激烈导致加雷斯未能正确记录。但无论情况如何，我们仍然确保了其中一部分地名的正确性，使我们可以借助当时的地图追查日记中的内容。

除了细微调整，以下文字全部来自日记原文：

3月29日

当天2点，卸载停止，第3艘船仍然没有抵达。

9时，我驱车前往帕斯沃克的集团军（司令部）[101]，沿途经过乌瑟多姆和安克拉姆。一路上有不少交通管制点，导致我们的身份文件和军人证都被检查了一遍。这一路有雷克勒本（Reckleben）和穆勒（Müller）随行。安克拉姆城内到处是徒劳无用的破坏痕迹。整个行程风平浪静。周围是春天的气息，沿途有新芽、银莲花、獐耳细辛、山雀、野雀和鹳。

在集团军（司令部），我们一行人解释了情况。话题不离一个词——奥得河前线。集团军参谋长缪勒-希勒布兰德少将曾是第46装甲军的军长①。作战参谋是鲁登道夫上校。我在斯德丁的时候便认识这个人，而且冯·曼陀菲尔将军也和我很熟。这里的接待格外亲切和热情——与第2集团军的情况形成了鲜明对比。[102]曼陀菲尔和我聊了半个小时，这让我感到特别愉快。按照计划，我们将在未来5—6天内完成部署，部队将先在普伦茨劳以西地区集结。这一切有种不真实的感觉，因为“奥得河前线”这个词意味着，战火已经烧到了国土腹地。但守卫这条战线的却不是什么精兵劲旅，而（是）由法国人（查理曼师）、匈牙利人、拉脱维亚人、苏联人和一些德国部队组成的杂牌军。其中没有一支部队像我们以前投入战斗的那些师团。各战斗群武器不足，缺乏弹药，而且几乎没有预备队。所有的预备队都在哪里？难道我们一直在自欺欺人吗？部队会不会抵抗到最后——直到玉石俱焚？奥得河畔的这些部队根本无法抵抗坦克、炮火和轰炸机的进攻。当苏联人在广阔战线上发动进攻，并取得突破时，会发生什么？谁来阻止他们与美英联军会合？当核心地带都岌岌可危时，所有这些前哨阵地还有什么用？一想到这些，我就痛苦不堪。在集团军司令部，我给慕尼黑方面打了电话，接电话的是当地军区的冯·波钦格（von Pochinger）上尉，他表示会通知伦格里斯（Lenggries）。[103]

我们返回班辛（Bansin）。有报告传来，我军将从31日起再开赴新地段——这免去了我们在耶稣受难日的奔波之苦。

3月30日

天气晴朗；在沿海森林边上散步2小时，银莲花和獐耳细辛到处盛开。远方有12艘船停泊在潟湖中。周围一片和平与宁静。返回后与雷克勒本交谈，说的事情全让人忧虑。时间过得很快。4个星期后会发生什么？我们根本无法回答这个问题，但一想起这些，我就担心不已。下午清闲无事。

---

① 原文如此，此处有误，缪勒-希勒布兰德少将只在第46装甲军担任过参谋长。

3月31日

我军将在昂格明德附近占据阵地。当天早些时候，我驱车前往集团军群总部。[104]不幸的是，集团军群司令海因里齐大将和参谋长金策尔将军还没有到，但艾斯曼上校在。我们同意明天再向海因里齐汇报。随后，我继续驱车前往预定部署地段，发现当地满是部队，多数是党卫军。我们暂时寄住在昂格明德北部的布里森布罗（Briesenbrow），这是一座老旧的农舍，但被照顾得很好。当地法官——穆勒（Müller）的妻子负责里里外外。接风晚宴有兔肝。

我军应从4月4日起进驻新防区。我们可能会被安排到格尔斯多夫庄园（Schloss Görlsdorf）——利纳尔（Lynar）亲王的领地。

4月1日

8时，冯·曼陀菲尔将军来电，祝贺我晋升为步兵上将。

13时，两位指挥官——海因里齐大将和冯·曼陀菲尔上将——正式宣布上任。海因里齐听取了我的报告，并向我致以友好问候，过程中我不免想起在（俄国前线）中部尤赫诺夫（Juchnow）和乌格拉河附近和他共事的时光。这次2个小时的会晤准备讨论近在眼前的苏军攻势，以及相关的防御事项，范围涉及其中的方方面面。有好几次，（海因里齐）大将都表现出了他的个性——让我们坚决执行命令和决策，但不给任何商量的空间。但让我高兴的是，我在他身上发现了一种古老的、从未磨灭的军人气质——坚毅和顽强。在讨论的最后，他明确表示，由于弹药、燃料、武器和部队都严重短缺，苏军的大规模攻势将很难抵抗。

4月2日

8时出发，视察军所在地段。（当时，第46装甲军的下属单位包括）第1海军步兵师和第547国民掷弹兵师，师长分别是布莱克温少将和弗隆霍费尔少将。和我想的一样，德国海军对步兵训练和纪律问题很不上心，他们（第1海军步兵师）有很多东西需要学习。但布莱克温将军无疑会成为一个好老师。他是好样的，也很招我喜欢。为勘察战场，我们去了奥得河前线的两个地段。我们看到，虽然掘开堤坝之后引发了洪水，但在下游河道，其制造的障碍很有限，但岸边的我方村庄已化为瓦砾，陷入泽国，成为这场战争的受害者。上述2个师的问题也很大。该如何让这些残兵败将变得善战？德国海军组建了一堆散漫的单位，却没有把这些单位打造成有机整体——对于这种情况，海军难辞其咎。在老熟人弗隆霍费尔少将的旁边站着一位军官候补生，还有他的作战参谋威尔曼少校，这是一位非常年轻的斯德丁人，之前曾是我在慕尼黑军校教导队的部下。直到22点，我才到达戈尔斯多夫的住地，这里是利纳尔亲王的领地。

党卫军上将冯·登·巴赫-泽列夫斯基曾在我住的房间下榻，这里非常阔气，但又大又冷。[105]壁炉很精美，但取暖效果很糟。亲王已经过世，但年迈的亲王夫人殿下和一些家人仍住在庄园里。21时，我很快躺在奢侈的大床（长宽都有1.8米）上睡着了，完全没有注意到2颗炸弹落在附近。很明显，这2颗炸弹的目标是附近的铁路货场或列车，因此没有给我带来多少麻烦。

4月3日

第二批人员，即分头出发的军部参谋人员，还没有到达。看来，接管指挥权的工作需要推迟到次日。我把这一整天的空闲用在了斟酌命令、研究地图和思考上。日落之前，云层稀疏，我和雷克勒本一起在美丽的大戈尔斯多夫猎场散步，只是这里现在已没有动物了。到处鲜花盛开。雨后的空气清新而凛冽，让人不愿再想战争中的事情。晚饭后，（我）和党卫军上将冯·登·巴赫-泽列夫斯基谈话，喝了一杯葡萄酒。他是一个高大强壮的人，而且自视甚高，认为自己不仅是一位卓越的政治家，还是随机应变的大师。在众多脑满肠肥，而且自命不凡的讨厌鬼中，冯·登·巴赫-泽列夫斯基可以说得上是一个典型。他不是军人，更不配成为将军，他的军衔不是靠拼搏挣来的，而是直接来自上面的赏赐。他竟然跟我说，我根本不懂战略和战术，但他就是需要我这样的人。

他招待我的酒太可怕了，后劲就是证明。

4月4日

6时，我接管了整个地段的指挥权。冯·登·巴赫-泽列夫斯基的参谋部直到16时才彻底搬走，一整个下午都在折腾。16时，冯·曼陀菲尔将军来访。首先是公事，然后是喝咖啡，在此期间，我们就当前形势和未来发展交换了意见。我们的想法完全一致。如果结局猝然到来，我们将尽快返回家人身边——除非使命还在召唤我们去做其他力所能及的事情。接下来，我们将过着朝不保夕的日子——这一点毋庸置疑。

17时之后，我们与党卫军北欧师师长、党卫军少将齐格勒一起讨论形势，尤其是该师进入我军地段的问题。他给人留下了很好的印象。夜晚很安静。一个俘虏被带了进来，他证实了白俄罗斯第2方面军的存在。换言之，我们必须做好敌军较早发动攻击的准备。

此时，第46装甲军的作战序列如下：右翼，第1海军步兵师；左翼，第547国民掷弹兵师。后者虽不满员，但拥有一些战斗经验。第1海军步兵师则是由冗余的海军年轻新兵拼凑成的，他们缺乏训练，虽然人数众多，但下级指挥人员非常糟糕。只有师、团和营的主官是现役一线军人。

第46装甲军的右侧友邻部队是第5猎兵师，左侧友邻部队是第610警戒师，可用的预备队包括1个所谓的警察猎兵旅，几个由匈牙利人、罗马尼亚人和苏联人组成的单位，一些国民突击队，外加1个所谓的胃病营——全部是出院的胃溃疡病员。

在前线后方的农村地区还部署着党卫军上将乌莱因①的党卫军第3（日耳曼）装甲军，该军拥有3个师——北欧师、尼德兰师和瓦隆人师。昂格明德一带有布罗伊尔伞兵补充旅（Fallschirmjäger-Ersatz-Brigade Breuer）②——其第1团和第2团位于卡琳宫附近。此外还有兰多沼泽一带的格哈德装甲训练部队（Panzerausbildungstruppen Gerhard）③，该部队大约有2000人。最后是第211突击炮旅、第186突击炮旅[106]和采登桥头堡的党卫军米利乌斯分队。

4月5日

7时30分，前往第1海军步兵师防区。水兵不可能在上岸后自动成为步兵，在训练和教育上，我们有很多工作要做。少数几名海军军官已经有了白头发。年轻的海军士兵这么多，为什么他们没有在更早之前被编入陆军呢？布莱克温是个严厉但热心的老师。下午，我抽空拜访了孀居在家的亲王夫人——她是个和蔼健谈的老太太。

---

① 原文如此，乌莱因实际是一位陆军军官。

② 该单位的全称是赫尔曼·戈林第2伞兵装甲补充与训练旅。

③ 该单位可能是波罗的海装甲训练分队。

4月6日

先后与集团军群通信主任梅尔泽中将和炮兵司令克林克（Klinke）上校会面。金策尔到访，随后半个小时，我们交换了对形势的意见——该如何审时度势、冷静应对？从中可以得出什么结论？高层会把我们带向何处？接下来的3周会发生什么事情？我们准备再次与集团军群司令会面。晚上吃完饭，亲王夫人和她来庄园做客的几个亲友与我一起寒暄。与亲王夫人交谈期间，我非常激动，最后她邀请我一起喝杯茶——作为缓和气氛的方式。上了年纪的海军将领冯·洛温菲尔德（von Lowenfeld）当时也住在庄园里，并邀请我去他的领地做客，但我最终没能成行。

4月7日

清晨的浓雾被阳光和暖意冲散。一个绚丽的春日降临了——这也可能是我最后一次在大公园里散步。苏联人将从8日开始在200公里的战线上发动总攻。我的参谋长穆勒中校奉命去前方侦察。新任军需官——冯·凯瑟（von Kayser）少校前来报到——他是一名现役军官，出身于骑兵部队。之后，我会见了军部的“国家社会主义指导军官”。我给他提供的宣传方向是：“不说大话，不宣传演讲，开诚布公、严肃，恪守职责。”

当天，里斯（Riess）少校从柏林的父母家中返回。我之前给他放了1天假，因为他的父母正在柏林挨饿，所以他想送一些土豆回去。傍晚时分，我前往集团军群司令部，与司令会面。但司令部的人不认为苏军会在明天行动，而是还要等6到8天。这次与金策尔将军、迪克曼（Dieckmann）上校、副官处主管、军需主管、作战参谋，以及集团军群司令的护卫军官——冯·比拉（von Bila）会面持续了几个小时。随后，我被一个人留在那里，并和金策尔进行了短暂但热烈的交谈。金策尔的心情特别好，因为他刚刚得到消息，他的儿子虽然第7次受伤，但现在可以撤到斯维内明德了。另外，金策尔还以一种引人入胜的方式讲述了一个关于迪特尔（Dietl）[①]的有趣故事：迪特尔比舍尔纳年轻，却是两人中第一个获得大将军衔的。这两人很早就认识，但彼此都看不顺

---

① 即爱德华·迪特尔大将，纳尔维克战役中的德军指挥官，后来负责从挪威方向进攻苏联。

眼。舍尔纳有一个习惯，即追逐开得太快的汽车，并用配枪向超速车辆射击，以此叫停对方。之后，舍尔纳会开到旁边，抓住车上的人批评一番——这实际上是宪兵该做的事情。有一天，一辆轿车从他身边快速驶过。舍尔纳追了上去，但没能赶上，因为那辆轿车开得太快了。最后他还是追了上去，打了几枪，将对方拦下。随着挡风玻璃慢慢放下，迪特尔将军探出头来，然后说道："原来这个车匪路霸是你啊……"

4月8日

在这个明媚的春日，苏军并没有进攻。在前往弗隆霍费尔少将主管地段的路上，我与党卫军尼德兰师的师长做了交谈，该师位于后方的加固阵地上。随后，我驱车前往施韦特市，在教堂塔楼上，可以向东看到被洪水淹没的奥得沼泽。那里没有任何风吹草动。令人困惑的是，在之前造访集团军群司令部期间，我得知纳粹党大区领袖已经收到了疏散命令，但施韦特仍然到处是居民——面对苏军的进攻，这里肯定会血流成河。我预感小城维尔拉登也会出现同样的情况。

4月9日

4月9日，我收到母亲的消息，她在从柏林逃往德绍期间遭到轰炸，所在的房屋被直接击中。人们把她从起火的房子里救了出来，但除了随身衣物，她已一无所有。我无法联系上她，因为美军已攻入图林根。这让我担心过不了多久，大家都将彼此失散。邮件将停止，所有的通信将遭到破坏。一切没有头绪，也没有希望，仿佛将永无休止。

未来几周会发生什么？考虑到目前的弹药储备，我们又该怎么长期抵抗苏军的大规模攻势？坦克和自行火炮没有汽油，该怎么行动？没有燃料、没有弹药、没有武器、没有指挥官，英雄主义和狂热又有什么用？由于"狼人运动"提供的口实[107]，有多少妇女、儿童和村庄将被极端的报复措施消灭？这群游击队员又怎么可能让敌人伤筋动骨？但可以肯定的是，他们必然会戕害和牺牲更多无辜的人。这种煽动游击战的做法是错误的，也是不可理喻的。

不莱梅、希尔德斯海姆（Hildesheim）和埃尔富特（Erfurt）失守。这些事件一个接一个地发生。人们可能会问：为什么会这样？德国军队已经垮了吗？为什么他们在撤退、瓦解、溃逃，导致城市接二连三陷落？是士兵们的错吗？

这一点必须解释清楚。事实上，他们完成了超人的任务。他们没有错。他们之所以没有继续坚持，是因为这一切超出了他们的极限。但这些真的无法挽救吗？德国的一小块本土腹地已再也没有能战的守军，但与此同时，一个个集团军却在遥远的前线失血至死。这不由得让人掩面痛哭。

4月10日

7时30分，我前往施托尔珀地区。不幸的是，由于宾兹镇的阻挡，我无法看到奥得河对岸的敌人。返回时，我拜访了埃伯斯瓦尔德的城防司令布吕尔（Brühl）少将。他曾在我的老部队（第98步兵师）长期担任炮兵团团长，这让我非常高兴。我希望他继续担任我的下属。有人也许会问，在奥得河前线，我与即将投入战斗的人谈了什么？他们都认为，我们必须守住奥得河，让美英联军赶来接管，决不能让苏联人占领此处。还有人说："现在我们终于明白了，7月20日的那些人都是烈士。"是的，现在终于能听到这样的话了——但他们明白得太迟，让我很是难受。[108]

每当想到母亲被人从起火房屋里救出，我都满怀歉疚。令我痛苦和措手不及的是，她还失去了所有行李——考虑到她年事已高，接下来肯定将非常难熬。但我又很高兴，因为得知她已经在图林根地区阿恩施塔特（Arnstadt）的亲戚家安顿下来。夜里，冯·古施泰特（von Gustedt）上校来访。他是我的第一任参谋长，之前在但泽被炸伤，现在已经康复。他拄着拐杖行动，但精神依旧很好。我让他直接上床休息，因为他看上去太惨了。

4月11日

新闻报道堆积如山。有迹象表明，在屈斯特林的两翼，以及在斯德丁附近，有些情况正在酝酿。在一本"塞德利茨自由运动"炮制的大宣传册中有吕特波尔德·施泰德勒（Luitpold Steidle）上校撰写的社论。我无法相信——1938年，他曾在我慕尼黑军校的教导队中担任战术教员。我从来没有想到过他会做出这种事！

温暖的春天让百花盛放；栗树、山毛榉和接骨木吐出新叶。樱桃树开花了。看到这派明媚的春光，人们几乎可以忘掉严峻的形势。但这种享受注定是短暂的，之后痛苦的现实就会强行闯进来，占据我们的整个脑海——

维也纳和汉诺威已经沦陷，面对海量的苏军和坦克，柏林也危在旦夕。

一切古老的、既成的和永久的理念都在瓦解。整个世界的物质和科学都在与我们为敌，而驱动它们的则是狂热的仇恨和毁灭的冲动。面对如此肆无忌惮的力量，我们这些1914年—1918年的老兵又一次在战争的最后见证了崩溃，任何挣扎、牺牲和努力似乎都无济于事。但我希望，历史有一天会宣判我们这些军官无罪。无论过去还是未来，军队都是实现政治目的的手段，但政治绝不能干涉军队的指挥，也不能插手军队的管理。过去，德国的政治领导层一直在粗暴地干涉军队的行动，甚至到了不择手段、违背所有战争原则的地步——这些事情迟早有一天会真相大白。无论是大国关系、现实环境、军备长期建设，还是人员补充和物资供应，最高层一律漠然视之，这导致了我们目前的困境。在无数次战斗中，德国军队的英雄壮举堪称独一无二、旷古未闻，但这也成了我们今天走进死胡同、最终全面崩溃的原因。我们这些军官将注定得不到感激，还会背负所有的罪责和污点。有传言说，罗伯特·莱伊[109]将组建一支阿道夫·希特勒志愿军团，只有政治领导人才能参与。现在我们还有一个改变形势的机会，但它还有待检验。

下午，我与集团军群的后勤主管有一次讨论，主题是弹药、燃料和武器短缺。尽管为此绞尽脑汁，但不幸的是，他根本无能为力。另外，他还无法回答一个问题：为什么党卫军北欧师、尼德兰师和瓦隆人师会侵吞那么多年轻人，还有数不清的车辆，并任凭他们在乡间游荡——就像一群寄生虫？[110]

4月12日

为了查明第1海军步兵师前线的隐患，我驱车前往当地，和布莱克温将军一起乘划艇勘察了奥得河上的关键地点。另外，我还给这支部队带去了大量的雪茄和香烟，因为他们特别缺乏这种“紧俏物品”。布莱克温还抱怨收不到亲属的消息。我们何时才能了解他们的命运？他们何时才能知道我们这些出征之人的情况？局势将在何时变得不可收拾？也许是驱赶奴隶劳工上路的时候？乘船抵达奥得河堤坝，在这里散步，你可以充分享受远足的乐趣——天空碧蓝，阳光和煦，周围是郁郁青草，还有周日的宁谧。我们沿着施图茨科夫（Stutzkow）至旧加洛（Alt Galow）较高河岸的半侧斜坡前行。在这里，宽广的奥得河谷地被尽收眼底。因为堤坝，河水涨起，眼前是一片波光粼粼，这似乎是一派和平景象，但一想到和平，我就会感到痛苦和羞辱，到那时会怎样呢？

4月13日

4月13日，《国防军公报》称马格德堡和维滕贝尔格失守。英军也抵达了汉堡郊外。冯·曼陀菲尔将军来访，过程中谈到局势，我们都很受触动。另外，我们还谈到了领导层，以及未来和眼下即将发生的事情。我们确信，在14天内，战争的决定性转折将来临，我们将陷入饥荒，而且只能听天由命。《国防军公报》还宣布：柯尼斯堡守军司令拉施将军已被判处死刑，而且没有任何辩护——现在，全世界都知道了这件事。我和曼陀菲尔都同意，这是在进一步抹黑德国军人的名声。这种罪行简直不可饶恕，因为被诬陷的对象完全能证明为祖国和事业的牺牲。有些将军和总参谋部军官也许有罪，但总的来说，无论态度还是能力，他们都要比第三帝国的政治领导人更经得起历史检验。

4月14日

4月14日，我前往第210突击炮旅，视察他们的部署和战备情况。之后，我前去寻找2个观察点，以便全面观察维尔拉登和施韦特周边地区，最终在布卢门哈根附近和海纳斯多夫西南方找到了理想位置。与我同行的是一位军官候补生，他一路历尽艰险，才抵达了弗隆霍费尔少将在奥得河畔的阵地。从斯塔加德到施韦特期间，这位年轻人着实经历了一番冒险，他看起来胡子拉碴，满脸痛苦，说自己的所有部下都被苏军打死，回到战线时已是孤身一人。

下午，在布莱克温将军的指挥所里，我与海因里齐将军讨论了局势和战斗指挥权的问题。出席会议的还有党卫军上将冯·登·巴赫–泽列夫斯基、高射炮师师长冯·希佩尔（von Hippel）中将[111]和里特纳（Rittner）上校。会上的气氛非常凝重，会议背景是：在巴特弗赖恩瓦尔德以南地区，苏军有发动总攻的征兆，而且多次取得突破。当地的师团令人失望，没有守住阵地。另外，就算士兵们有抵抗意志，也无法抵御持续炮击带来的恐惧。用一贯的强硬方式，海因里齐将军提出了对防御部队的基本要求，并让我谈一谈后卫部队的组建和集结。之后，他开始与冯·曼陀菲尔将军单独讨论局势，而我和布莱克温将军则离开了房间。在此期间，布莱克温调了一杯清澈而美味的饮料作为补偿。就在海因里齐大将准备驱车离开的时候，三四辆威风凛凛的奔驰车从屋子旁驶过。帝国元帅赫尔曼·戈林先生从第一辆车上下来，还有大约8到

10名军官随行。在简短介绍之后，我们和他在农舍的一个小房间开会。他穿着一件定制的、带布制帝国元帅肩章的军大衣，脖子上挂着大铁十字勋章，蓝色马克斯勋章则在下面，而在两枚勋章之上，则是一张肥胖、洋洋自得、事不关己、放荡恣肆的脸。这是一个领导人在严酷时期的样子吗？更何况他是一个重任在肩的大人物。他的脸上看不出一点忧虑或是对大局的思考——完全没有！令人震惊的是，他的谈话完全是一些毫无意义的琐事，比如他的康拉德伞兵军（Fallschirmjäger-Korps Konrad）[①]和他们在战线后方的肆意妄为。他还大言不惭："为了保护卡琳宫，我在入口道路布置了2辆虎式坦克。"我们每个人都有一种感觉：他的权力已经旁落。当时，海因里齐大将就站在他旁边，沉重的责任和任务写在脸上，有一种在青铜上镌刻出来的感觉。整个晚上，我都无法摆脱这位领导人（戈林）给我的羞辱。

在他离开后，我们谈到了局势的发展。对于党卫军少将齐格勒的辖区，显而易见，我们应竭力阻止俄国人在此处渡过奥得河，只要还有一点弹药和燃料，（我们）就必须坚守到美国人到来。

4月15日

在右侧友邻部队的地段，战斗肯定已经打响，枪炮的嘈杂声不时传来。而在下午，我们也被波及，因为弗隆霍费尔的前沿阵地遭到试探性进攻。

经过2天的准备，4月16日，朱可夫和科涅夫对第9集团军和第4装甲集团军发起总攻。但在第3装甲集团军方向，战况依然平静。加雷斯在战时日记中继续写道：

4月16日

16日清晨，我前往弗隆霍费尔麾下的1个团。敌军已开始试探他们的防区。浓雾遮蔽了奥得河东岸。据说（苏军）曾试图在几个地点渡过奥得河，但被我军发现和击败，想必损失十分惨重。显然，敌人已经就位，我们很快就能

---

① 原文如此，这里可能指的是伞兵上将保罗·康拉特（Paul Conrath）负责的伞兵训练部队。

看到总攻，而且正如新闻显示的那样，这次攻势已经在屈斯特林和尼斯河之间开始。对于奥得河防线的未来，我们再也不用怀疑了。

下午，来自波茨坦的情报参谋穆勒（Müller）少校发来一条消息：遭到轰炸，完全被毁［作者注：这里想表达的是穆勒的家毁于盟军轰炸］，但家人无恙。当地的天文台（observatory）也被破坏了。

在这多事之秋的前夜，我的脑海里闪过很多严肃的事情：为什么我们没有坚守父辈的信仰？为什么我们没能将上一辈人最神圣的责任传递给年轻人？

基督教是西方文化的同义词，也是所有西方道德的源泉——但现在，什么取代了它？即使在一切崩溃的时候，纳粹主义的世界观仍然在苦难和悲剧中作祟。

维斯瓦河集团军群作战日志对第46装甲军的记录：

第547国民掷弹兵师派出战斗巡逻队，试图建立前方观察哨。苏军用火炮轰击某些地段，并用突击队发动进攻。[112]第46装甲军和奥得河军都发现了苏军船只。[113]

4月17日

4月17日，我终于有时间检查昂格明德城防司令的工作，然后发现他的人员和命令都不符合要求。在昂格明德，我们必须安排一个雷厉风行、行事必果的人。现任城防司令完全做不到这些。我问他能不能严格维持城市的纪律和秩序，他居然这样回答：“不行，这里离奥得河只有10公里，而且到处都是居民，这些非战斗人员会影响战备措施。”但是，这些可怜鬼能逃到哪里去呢？苏军从5个地段对我军的防区进行侦察，并且试图乘小船构建桥头堡，以便发起后续进攻。但到傍晚时分，他们已被全部击退——尤其是在霍恩施泰滕、下克赖尼希（Niederkränig）、尼珀维瑟（Nipperwiese）①和马林霍夫（Marienhof）等处。

① 即今天波兰境内的奥格尼察（Ognica）。

维斯瓦河集团军群作战日志对第46装甲军的记录：

清晨时分，苏军试图在尼珀维瑟南北侧以及下克赖尼希西北方寻找渡口，但被我军击退。此外，苏军还多次对格赖芬哈根以西和高速公路沿线的德军警戒阵地发动进攻。[114]

加雷斯的战时日记仍在继续：

4月18日

4月18日，我在一处森林中的新指挥所找到了弗隆霍费尔将军。在施韦特、维尔拉登和菲迪霍夫对岸，苏军正在不断逼近。巨大的损失没有吓倒他们——他们有的是人，弹药也非常充裕。如果我们从某个地段打出300发炮弹，他们就会回敬500—600发。在现场，我与弗隆霍费尔讨论了所有的情况和问题。目前，最重要的是不能让苏军在奥得河西岸立足——一切措施都应当为此服务。在我军的友邻部队（作者按：第9集团军北翼的第101军）方向，苏军的主攻正如火如荼地进行着。但在霍恩施泰滕，他们建立桥头堡的企图遭到挫败。在旧格利岑（Alt Glietzen）以南，他们已兵临旧奥得河，前方就是弗里岑。

我下午回到指挥所时得知，莫德尔元帅已在鲁尔地区举枪自尽。他是我在阿伦施泰因（Allenstein）时的老团长，现在却被迫用这种方式结束生命。每当想起这个人，我就不由得仗剑叹息。

担心的事情在中午发生了。苏军轰炸机飞临昂格明德，投下的不只有传单，还有炸弹。当地有人员死亡。每当想起阿恩施塔特等落入敌军手中的地区，还有亲朋挚爱的遭遇，以及不知何时才能联络上他们，我都感到非常压抑。毫无疑问，痛苦的结局正在向我们靠近。只有对上帝的信仰，才能让我得到片刻安宁——不管你的悲伤多么强烈，它都能给你宽慰。

傍晚时分，弗隆霍费尔师又传来了一份令人异常沮丧的报告：敌人以排级兵力渡过奥得河，弗里德里希斯塔尔的防御工事沦陷，我军正在设法夺回。我亲自向集团军群司令海因里齐报告了情况，并说反击已经开始。23时，我接到海因里齐的电话，对方非常沮丧和恼火："怎么可能发生这种事……"24点，又有消息传来：先前的报告不过是虚惊一场，苏军没有渡过奥得河——真是风声鹤唳。

维斯瓦河集团军群作战日志对第46装甲军的记录：

苏军继续对尼珀维瑟地区发动试探性进攻。[115]该军现有高射炮的数量为40门。另有20门正在运往第547国民掷弹兵师途中，还有30门正在运往第1海军步兵师。[116]

4月19日

前往布莱克温的师，和他一起确定了应急防御措施，并决定派兵占领霍恩施泰滕西部的森林。苏联人已经从下萨顿（Niedersaaten）前进至诺因哈根（Neuenhagen）附近，并威胁到奥得贝格。正因如此，除了东面的战线，布莱克温的师还需要应对南翼6公里的敌情。天气也变得糟糕，一股强大的西北冷风将沙尘吹向东南，天空一片灰暗。但雨水却没有降临。最后一次下雨还是4月初的事情。傍晚时分，我们在大喇叭中听到戈培尔的演说。他提到了相信命运，另外，这个戈培尔居然还谈到了相信上帝。他从来没有像今天这样说过这么多和上帝有关的事情。是的，他甚至提到要仰赖它，并描绘了一幅即将来临的、战争结束后的美丽画面。我们每个人当然都希望如此——但光靠空话没法带来胜利！

维斯瓦河集团军群作战日志对第46装甲军的记录：

在第5猎兵师防区，苏军从奥得河西面和南面发动进攻，并试图朝菲诺运河闸口（Finow-Schleusse）推进。[117]同时，苏军还动用营级兵力在奥得河汊道（Querfahrt，位于尼珀维瑟至施韦特之间）两侧发动进攻——尽管战斗前哨进行了最顽强的抵抗，但依旧被苏军击退。[118]

4月20日，罗科索夫斯基的白俄罗斯第2方面军开始横渡奥得河，攻击第3

装甲集团军的防线。而在南面，朱可夫仍然在德军的工事面前举步维艰，但罗科索夫斯基挑选的进攻时机似乎与此并无关联。

4月20日

4月20日凌晨5时30分，斯德丁以南的高速公路到施韦特之间传来阵阵炮火。在两栖坦克的支援下，敌军进攻了本军防区，即菲迪霍夫附近由弗隆霍费尔负责的地段（第547国民掷弹兵师防区）和施韦特的尼珀维瑟地区。俄国人的空军提供了支持，但投入兵力和炮火都很虚弱。该防区给人的印象是，尽管苏军已在柏林和包岑方向发起了大规模攻势，但在这里却没有完成准备，而是在被迫采取行动。一个半小时后，炮火明显变弱，局势恢复正常。也许对布尔什维克领导人（斯大林）来说，在希特勒生日这天发动新进攻具有重大意义。

9时，我驱车前往弗隆霍费尔的师。没过多久，枪炮声变得更加猛烈。在舍讷马克，可以看到巨大的烟云在施韦特和维尔拉登上空腾起。在半小时的停顿期间，苏军战斗轰炸机从低空飞来，对着道路与村庄轰炸、扫射，迫使我多次把车停在大树下面。运动或尘土经常让我们暴露目标，转眼间敌机就会杀到。在第547国民掷弹兵师的林间指挥所，弗隆霍费尔用好消息等着我。到目前为止，布尔什维克的所有进攻都被击退。敌军想必损失惨重。除了战死者，还有许多伤员在奥得河的洪水中溺亡。但另一方面，在第547国民掷弹兵当面，已查明番号的（苏军）师就有4个。它们来自苏军第49集团军，根据众所周知的编制，相信当地还会出现其他5个师。当我在11时驱车前往别处时，敌人仍未能突破主战线。军预备队驻扎的森林营地遭遇轰炸，有人员损失。我命令在更后方的空旷森林中建立新营地，并将部队分散部署。

在南面，形势岌岌可危。根据截获的信息，在柏林方向，大批坦克撕开了埃伯斯瓦尔德、韦尔诺伊兴、施特劳斯贝格附近的广阔战线，并插入我部队南翼纵深。情况将如何发展？友邻部队——（原属于第9集团军的）第101军已被置于曼陀菲尔的装甲集团军麾下。在弗赖恩瓦尔德地区，韦尔诺伊兴有可能被突破，通过当地，布尔什维克大军可以向西方和西北方畅行无阻。为了不被困在奥得河畔，我们必须向西北朝新勃兰登堡撤退。但是然后呢？

下午我通知利纳亲王夫人——不管怎样，她都必须尽快逃离。车辆、每天的行进距离、路线、行李、要带的人——这些都得预先考虑。她真的是一个模范女性，性格开朗且敞亮。她说："我不会抛下民众一个人走。"

傍晚时分，弗隆霍费尔师报告说，在进攻重点地段，敌军被击退，弗里德里希斯塔尔附近的战线已收复。

维斯瓦河集团军群作战日志对奥得河军的记录：

苏军于5点30分在整个正面发起猛烈炮击，[119]并在奥得河西岸的几个地点成功站稳脚跟，登陆部队的实力颇为可观。该军立刻发起反击，将加尔茨及当地东北林区之敌击退，还肃清了梅舍林（Mescherin）的敌人。[120]另外，他们还挫败了对施塔费尔德（Staffelde）的数次袭击。但在高速公路两侧，苏军却进攻得手，并渗透到了下舍宁根（Unter-Schöningen）、席勒斯多夫和下扎登（Niederzahden）。这些村庄当时由开赴前线的动员单位守卫。穆勒师①发起反击，收复了下舍宁根和席勒斯多夫。随后，德军部队开始从席勒斯多夫向北进攻。第281师也对突入下扎登的苏军实施反击。[121]空中侦察显示，该军正面共部署了10000门远程火炮和迫击炮。[122]

维斯瓦河集团军群作战日志对第46装甲军的记录：

在施韦特地区，苏军被击退，其横渡西奥得河的尝试宣告失败。在该军左翼，敌方从6点整开始炮轰，[123]并用一个配备两栖坦克（作者按：在报告中写作"Schwimmpanzer"）的团级梯队袭击了奥得河汊道［位于尼珀维瑟和弗里德里希斯塔格（Friedrichstag）］的两岸。但这次攻击被击退。[124]在施韦特东北，德军收复的水闸房在激战后再次失陷。[125]空中侦察在该军当面发现了3300门远程火炮、4500门迫击炮和反坦克炮以及1500门火箭炮。[126]

① 即前文中的穆勒师级集群。

4月21日

经过一个平静的夜晚，久违的雨水和阴霾终于降临，苏军从11点开始在施韦特和弗里德里希斯塔尔附近继续进攻，试图强行渡过奥得河。他们的大炮再一次发出轰鸣，步兵也大举压上。弗隆霍费尔所部（第547国民掷弹兵师）与渡过奥得河的敌军前锋全面交战，尤其是该师的北部地段，但弗隆霍费尔认为他可以应付。在我们的左右两翼——北方和南方——形势似乎异常严峻。苏军坦克已经进抵贝尔瑙（Bernau，位于全军战线的南方），在斯德丁南部高速公路的苏军桥头堡附近，形势也变得异常险恶。

但在南翼，贝尔瑙却不是最大的隐患，真正的问题来自埃伯斯瓦尔德。敌人已经逼近当地，并来到了第1海军步兵师侧后方20公里处。由于燃料短缺，我们的机动反坦克部队几近瘫痪。[127]如果被包围，接下来我们能做的恐怕不必多说。12点，赫尔曼·戈林伞兵旅的指挥官布罗伊尔伞兵上将①（作者按：该部队实际是布劳尔战斗群，由从泽劳向北撤退的第9伞兵师残部和其他空军部队组成）和我在一起。[128]我们讨论了形势，他认为我们纯粹是“为了战斗而战斗”，“已经没有任何目标可言”。他给人的印象非常消极，没有希望，没有信心和期待——完全听天由命。但事情还没有结束——我们决不会放弃，更不想因此蒙羞。几天后，我们将继续在德国北部战斗，顶着苏军的追击向西面和西北面撤退。撤退？没错，因为我们的弹药和燃料已经不堪一战，撤退虽然耻辱，但我们别无选择。那目标和意义呢？难道这不是一种自我毁灭吗？也许吧！但如果不这样，我们将一无所获。

维斯瓦河集团军群作战日志对奥得河军的记录：

苏军丢失了席勒斯多夫和下舍宁根。[129]战斗继续在加尔茨北部进行。[130]

维斯瓦河集团军群作战日志对第46装甲军的记录：

① 布罗伊尔的军衔实际为上校。

该军发起反击，将苏军逼退到魏森湖（Weissensee），[131]但格赖芬哈根以西的海关大楼失守。在施瓦兹闸口（Schwarze sluice）以南1公里处，我军通过反击暂时控制了局面。清晨，针对席勒斯多夫的第三次反击打响，报告显示，在这一区域，苏军的抵抗相当顽强。[132]弗里德里希斯塔尔的苏军被击退。另外，该军还用火炮驱散了东奥得河渡口之敌，[133]并在白天给进攻施韦特的敌人造成了惨重损失。[134]

4月22日

前往新的南部前线。在此期间，我途经科林修道院（Kloster Chorin），抵达了第4伞兵团①的团部。与此同时，苏军也抵达了埃伯斯瓦尔德，该市部分地段腾起熊熊大火。尽管多次接到警告，但当地的大部分民众之前仍留在城内，直到此时才匆忙离开住所，并向北方和西北方涌去。厚重的烟云飘荡在城市上空。在视察期间，我们讨论了部队编组、命令和炮火支援问题，以及重要防御据点的安排。

我从伞兵旅的指挥所返回。在奥得河前线，情况大体平静。施韦特和弗里德里希斯塔尔遭遇数次营级规模的进攻，但都被守军击退。下午，我去了布莱克温的第1海军步兵师，和他讨论情况。我下达命令，让预备队准备投入战斗。回到指挥所不久，我接到命令，鉴于加尔茨-科比措-古斯托一带局势危急，第1海军步兵师将赶赴当地，原阵地则由伞兵旅接管。整个晚上，我都在下达各种指示和命令，和部下讨论问题。放弃这个师让我很痛苦，但总体形势要求我如此。如果战线在斯德丁附近破裂，后果将非常致命。

4月22日，我们的友邻部队是波罗的海（装甲训练）分队[135]和韦尔曼战斗群（Kampfgruppe Wellmann），再往北是富尔里德上校的第610特别师和第281步兵师。此外还有一些匆匆拼凑起来的战斗群，它们都被投入到新出现的6公里南部战线上。

维斯瓦河集团军群作战日志对奥得河军的记录：

① 原文如此，可能指的是赫尔曼·戈林第2伞兵装甲补充与训练旅下属的赫尔曼·戈林第4伞兵装甲补充与训练团。

有苏军渗入青年旅舍（Jugendherberge）及其以北的森林。俘虏证实，席勒斯多夫有架桥活动。在重炮火力掩护下，苏军对上扎登发动攻势，导致当地再度沦陷。[136]他们还扩大了梅舍林桥头堡，并推进至坦托东部。[137]在加尔茨附近，该军的防线全面崩溃，施塔费尔德附近的森林地带也落入敌手。第610师遭遇强大进攻，被迫向西和西北方向撤退。[138]第281师也在高速公路两侧遭到攻击，但挫败了对方的突破企图，并击毁12辆坦克；[139]在其左翼方向，守军被击退至科比措。[140]

维斯瓦河集团军群作战日志对第46装甲军的记录：

该军在施韦特东北部击退了进攻。苏军在自动火器和重迫击炮的掩护下四次对这座城市实施攻击，但都被第547国民掷弹兵师击退。据报道，在腓特烈斯塔尔附近，苏军也在对地攻击机的支援下两度来犯，而且攻势猛烈，一度在第547师的战线上撕开了一个小口子，但德军通过反击收复了失地。[141]

4月23日

前往在弗里德里希斯塔尔附近作战的某团团部（来自第547国民掷弹兵师），沿途遭遇苏军战斗轰炸机，一度身处险境。只是因为及时跳车，掩蔽得当，我才勉强得救。在接近目的地期间，从加尔茨方向传来的枪炮声更加猛烈。当我在地堡里与团长卢肯（Lucken）少校会晤时，我的作战参谋从弗隆霍费尔师的地段打来电话，说军部正在紧急转移，并接管了加尔茨和斯德丁之间的前线（当地之前由奥得河军负责）。

看来，“变化是生活的调味品”这句话并不总是准确。我回到戈尔斯多夫，在这里，古施泰特给我提供了很多细节。我们必须在下午进入新指挥所，并在晚上接管新地段。

这处指挥所目前暂且设在拉德维茨（Radewitz）地区一处紧贴高速公路的地方，很像一座城堡。它的主人是舒尔茨先生，他之前花钱被贵族收养，并获得了伯爵头衔。此时，他和太太——自然就是伯爵夫人——仍然没有离开。看到我们，舒尔茨显得非常不友善，他态度拘谨，还有一种诡异的疏远。

前线形势比这更糟。苏军桥头堡已变得硕大无比，其宽度为16公里，从加尔茨施莱（Gartzer Schrei）延伸到普利兹洛（Pritzlow），而纵深则有6公里，一直抵达坦托郊外。尽管苏军何时从当地发动总攻还有待观察，但当地的形势已无法挽救。此外，在我要接管的奥得河军地段，其组织情况……还有部队、武器、物资、敌情……没错，完全是一塌糊涂。唯一高兴的是与霍恩莱因将军的重逢——他和我熟识已久，正在奉命接管居斯特罗附近的防区。我们坐了2个小时，一起谈论今天和过去。他要去戈尔斯多夫，我把亲王夫人托付给他照顾，并请求在必要时帮助她及时疏散。傍晚时分，敌军又取得了非常令人不快的突破。坦克（先头部队）在三个地点出现，而且还在攻城略地。其中一个突破口出现在加尔茨以北的前线；上莱因肯多夫（Hohen Reinkendorf）宣告失守，坦托也可能已经沦陷，而且所有地段都传来部队筋疲力尽的报告。奥得河军真是甩给了我们一个烂摊子。

维斯瓦河集团军群作战日志对奥得河军的记录：

苏联人在傍晚沿该军右翼推进。据报道，从傍晚到清晨，该军前线的空中活动密集。[142]施韦特东北和弗里德里希斯塔尔东南部遭遇多次攻击。苏联人继续在高速公路以南增兵，其步兵和坦克途经吉索（Geosow）抵达上莱因肯多夫–坦托一线。[143] 该军报告说，过去几天的战斗让他们损失惨重，1个营的兵力只相当于1个连队。[144] 奥得河军的糟糕状况迫使海因里齐解除了其军长哈格曼（Hagemann）的职务。[145]

维斯瓦河集团军群作战日志对第46装甲军的记录：

该军挫败了对下菲诺的进攻，给予敌人重大杀伤。[146]

随着苏军扩大桥头堡，德军前线的压力持续增加。在奥得河和德军主战线之间，许多小村和城镇都爆发了肉搏战。以下是第3装甲集团军在4月23日编写的一份作战报告，编号为“Ia No. M 337/45 geh.”，其中着重呈现了4月22日至23日的战况、预备队开赴主战线的情况，以及德国空军的部署：

1. 今天，在主要地段，敌军继续在坦克支援下从宽大战线上发动攻击，试图向西占领更多土地。但我们仍有可能挫败其突破奥得河前线的企图。

在本装甲集团军的西南侧，敌人在哈维尔河和霍亨索伦运河的多个地段突破了不断拉长的警戒线，占领了沃尔滕（Volten）和奥拉宁堡，前锋则推到了施万特（Schwante）的两翼。根据其他消息来源和俘虏的供述，敌军将向瑙恩（Nauen）和新鲁平推进。

我军从利本瓦尔德东南方向进攻的前锋遭到强大阻力，不仅如此，敌军还反戈一击，投入2个营的兵力试图夺取克罗伊茨布鲁赫（Kreuzbruch），但未能得手。北行的机动车辆纵队表明，他们试图在这一地区发动后续进攻。

在扩大后的埃伯斯瓦尔德桥头堡，第25装甲掷弹兵师战斗群在午夜之后继续坚守防区，击退了22次连级到营级的进攻，还肃清了一些孤立的突破口。坚守期间，我方用铁拳击毁2辆坦克，另俘虏14名苏军。

在施韦特东北部和弗里德里希斯塔尔东南部，第46装甲军也多次击退进攻之敌，规模最大有营一级——这些成功有些是通过反击实现的。

敌人加强了奥得河西岸的桥头堡，并在前一天晚间将桥头堡的宽度扩大到约20公里。在格赖芬哈根以南和周边，渡口陆续建立起来。此外，他们还在上雷尼肯多夫（Hohenreinikendorf）至坦托一线的正南方搭起浮桥，试图将我军分割开来。目前，我军正在构建新防线，机动防御部队则关注着帕尔格夫（Pargev）和舍宁根之间的一处缺口——经历过4天的猛烈炮击和对地攻击机的连番空袭，当地的步兵部队已被大幅削弱，以第368掷弹兵团为例，4月23日清晨，该团只剩下大约170名战斗人员。第1海军步兵师正在匆忙与德国空军的训练单位换防，暂时无法在一两天内投入战斗。就算一切顺利，敌军恐怕也早已取得突破，甚至逼近兰多沼泽中的渡口。在科比措周围，战斗持续了整整一天，敌军对地攻击机活动极端频繁。攻入该镇之敌最初被突击炮击退，但在傍晚，该镇又爆发激战。

在霍亨索伦（运河）地区，敌军发起9次攻击，兵力为连级至营级，且大部分都有坦克支援，但全部被第549国民掷弹兵师击败。在上扎登和库劳（Kurow）附近，敌方的其他准备工作被我军的密集炮击打断。在高速公路附近的交通干线，双方的争夺十分激烈。敌军在15辆坦克的支援下对普利兹洛发起猛攻，当地一度在下午失守。我军的2个营和追猎者坦克歼击车发起反击，最终在晚上夺回该镇。在夜间和白天，第549国民掷弹兵师一共摧毁了6辆坦克。

敌军地面攻击机的密集活动再次严重阻碍了所有行动。但德国空军也多次升空执行任务，目前的报告显示，他们击落了10架敌机。

2. 在潘库姆（Pankum）、施托尔科、舍恩菲尔德和彼得斯哈根（Petershagen）等地，赫尔曼·戈林第2伞兵装甲补充与训练旅正在乘卡车与第1海军步兵师换防。

第46装甲军军部接替奥得河军军部的工作也已开始。

第350号装甲列车和第16号动力装甲列车（Triebwagen 16）已调入施泰因纳集群。

3. 在迪夫诺夫前线，除第10海军步兵团之外的第3海军步兵师已全部被第402训练师替换，目前还有10艘运输船。

4. 第389步兵师和冯·勒德布尔集群的新分界线：珀利茨北缘。

5. 战果：

4月22日，施泰因纳集群在奥拉宁堡以东击毁7辆坦克。

4月23日，第101军用铁拳击毁2辆坦克，此外还摧毁反坦克炮4门、重机枪4挺，抓获俘虏14人。同时，该军还拦截了437名士官和士兵，并将其送回前线。

第46装甲军俘获敌军3人。

4月22日晚些时候还有下列报告传来——

第547国民掷弹兵师取得了53个狙杀战绩，还用铁拳摧毁1辆坦克。

赫尔曼·戈林第2伞兵装甲补充与训练旅也摧毁了1辆坦克和2门反坦克炮。

4月21日—22日，第281步兵师共击毁坦克22辆，其中7辆由近战武器摧毁。

在本日白天和夜间，第549国民掷弹兵师共摧毁坦克6辆。

6. 天气多云，部分有雨。道路可以通行。

7. 奥得河军报告：

步兵战斗力急剧下降。部队严重混杂。各营战斗力降至连级。主战线只能靠一连串据点维持。

第3装甲集团军司令部

签字：缪勒-希勒布兰德少将[147]

加雷斯的战时日记继续道：

4月24日

4月24日一早，我们在施瓦内贝格（Schwaneberg）的新指挥所安顿完毕——这个地点是我确定的，在兰多沼泽旧指挥所的正西面。今天，等待我们的是一场大战，布尔什维克从3个地方开始进攻：上莱因肯多夫西南方向；坦托西部和西北方；罗索夫（Rossow）一带。其中第一个方向对弗隆霍费尔师威胁很大。随之而来的还有战斗轰炸机，它们的活动十分频繁。受其影响，第1海军陆战师将陷入激战，并会从卡塞科直接投入战斗。9时30分，由于战斗轰炸机大举来袭，我们被迫前往地窖避难。炸弹落点很近，还有航空机枪的闪光和射击声，以及窗户令人心悸的破碎声——如同魔鬼在大肆破坏。空袭一波接着一波。我们旁边的阵地（靠近一处步兵弹药堆放点）陷入火海，还有2部无线电台被炸飞。直到19时，我们都没有从地窖里出来。战斗只能通过无线电就地指挥。不过，每隔一段时间，就会有一条电话线修好，让我可以和3个师通话。总的来说，各团都大致守住了斯德丁-卡塞科铁路一线。但在彼得斯哈根附近，布尔什维克的50辆坦克取得突破，开始向彭昆方向推进——我们在那里已无可用之兵，防御只能由担任预备队的高炮进行。

快19点时，我联系了冯·曼陀菲尔将军，在汇报情况之后，我建议他在夜间构建一处新阵地，以阻止这次危险的突破。换言之，这需要让大部分炮兵进入兰多沼泽以西的阵地。他表示完全同意，并将亲自向上述单位的联络官下指示——随后的一个晚上将被用来调动部队。我们在地窖的房间里待了一会儿；在村庄中，还有几座房子在燃烧。夜晚的天空澄澈明朗。银色的满月将光芒洒向战乱和桎梏中的乡村。大家心情都很沉重。午夜时分，布尔什维克开始用4门远程重炮向施默尔恩地区进行扰乱射击。不断有炮弹落在附近，并将人们一次次吓醒。

维斯瓦河集团军群作战日志对奥得河军的记录：

在科尔比措–普利兹洛–居斯特罗一线，敌人的进攻瓦解，德军炮兵射击技术精湛。[148]

维斯瓦河集团军群作战日志对第46装甲军的记录：

苏联人在12公里长的战线上打开缺口，攻入彼得斯哈根。坦托和达尼措（Danitzow）相继陷落。在进攻之前，苏军会用远程火炮和迫击炮猛烈炮击，并投入大量战斗轰炸机和对地攻击机。这使得该军无法调集预备队，更无法有效部署第1海军步兵师。正如报告中所说："我军实力太弱，彼得斯哈根西北部的深远突破恐怕难以肃清。到4月25日，敌军可能继续长驱直入，局势将非常危急。"[149]

以下是第3装甲集团军在4月24日编写的一份作战报告，编号为"Ia No. M 348/45 geh."。该文件提到，德国空军再次飞临前线。另外，在朱可夫大举向西进军期间，第9集团军下属的第101军被迫退入第3装甲集团军战线，并改由后者指挥：

1. 敌人继续在施潘道的西北部和奥拉宁堡的西部施加压力，先头坦克部队一直推进到瑙恩、柯尼希斯霍斯特（Königshorst）和林纳姆（Linum）地区。其后续摩托化和骑兵部队源源不断赶来。向西后撤的我军部队在费尔贝林以南形成了一个桥头堡，并封锁了林河（Rhin）直到克雷门（Kremmen）以北的地区。当天上午，克雷门在激战之后沦陷。在利本瓦尔德东南，敌军以营级兵力渡过霍亨索伦运河。我军目前正在轻型高炮的支援下发起反击。此外，苏军还多次试图在泽彭闸口（Zerpen lock）附近渡河，但基本被我军击退。

在埃伯斯瓦尔德两侧，第101军最初击退了敌军连级部队在坦克支援下的进攻，击毁坦克4辆。但之后，敌军开始在宽大战线上向埃伯斯瓦尔德发动进攻，并得到了对地攻击机的协助，还有强大的坦克作为后援。经过激烈战斗，他们一度取得进展，并在投入后续部队后成功夺取了城市的一部分，但该市仍有部分据点在继续战斗。

在原属于奥得河军的下菲诺（Niederfinow）和弗里德里希斯塔尔一线，敌军在对地攻击机的掩护下来袭。弗里德里希斯塔尔附近遭到4轮进攻，但对方都未得手。侦察显示，敌军已在弗里德里希斯塔尔以东的奥得河堤岸上构建阵地，这表明他们会发动后续进攻。另外，敌人还攻击了我军的左翼。其中1支连级规模的分队从霍亨塞尔肖出动，试图在坦克掩护下向平诺西北地区前进，但被我们击退。

苏军从奥得河西岸的桥头堡出击，攻击了第46装甲军在加尔茨以北约12公里宽的单薄防线，经过拉锯战，苏军前锋已攻入彼得斯哈根西北，该镇岌岌可危，坦托和达米佐夫（Damitzow）也宣告沦陷。

在攻击期间，敌军利用远程火炮和迫击炮作为后盾，它们火力猛烈，永无休止，战斗轰炸机和对地攻击机也异常活跃。由于空袭，我们完全无法调动预备队，更无法把第1海军步兵师调上前线。

虽然大部分军官都表现得格外英勇，但他们终究无法挽回大局——在各个重要防御据点，步兵们已经苦战数日，根本无力继续坚持；在彼得斯哈根西北的深远突破口也无法凭借现有兵力肃清。4月25日，敌军还穿过兰多沼泽，突破至高速公路路口，从而带来了严峻威胁。

在科尔比措、普利兹洛和居斯特罗，敌军也反复发动进攻，但被炮兵堪称典范的火力打击粉碎。

在此期间，第549国民掷弹兵师的部队曾4次攻入普利兹洛，只是均被优势敌军击退。此外，敌军还进一步沿高速公路向前方调集部队，其中有高射炮、自行火炮和坦克。

我们的空军也以多种方式支援了这场防御战，在本集团军作战区域上空共击落敌机36架。

2. 第101军军部已接管了施泰因纳集群左翼的指挥权，其战线现在延伸到利本瓦尔德。第25装甲掷弹兵师已经从埃伯斯瓦尔德以西抽身，进入施泰因纳集群右翼的侧后方。

赫尔曼·戈林第2伞兵装甲补充与训练旅接管了原先属于第1海军

步兵师的地段。

第1海军步兵师现在隶属于第46装甲军司令部。

第2海军步兵团（配属于第389步兵师）已被第4要塞步兵团替换。

第3海军步兵师（不含炮兵营第2连和工兵营第1连）在沃林岛的最后一批部队已经动身，正在前往施泰因纳集群途中。

3. 普特洛斯陆军士官学校（Army NCO School in Putlos）、党卫军第33查理曼武装掷弹兵师师部和下属1个营正在从后方向柏林行军。

4. 施泰因纳集群和第101军的分界线为：

利本瓦尔德以东1公里处–克罗伊茨布鲁赫东缘。

作战指挥部位置：

施泰因纳集群（4月25日起）——格兰塞

赫尔曼·戈林第2伞兵装甲补充与训练旅——博尔肯多夫（Bölkendorf）北缘

5. 天气大部多云，凉爽，小路依旧泥泞。

第3装甲集团军司令部

签字：缪勒–希勒布兰德少将[150]

当时，维斯瓦河集团军群的弹药、汽油和物资只能支撑大约3天。雪上加霜的是，第3装甲集团军已与白俄罗斯第2方面军连续进行了5天激战。正如加雷斯在下文中所说，士兵们都承受着不言而喻的压力。前线虽然守住了，但在兰多沼泽，战线已濒临瓦解。这对第3装甲集团军而言非常致命——如果苏军在此处取得突破，德军将没有任何预备队来封堵突破口，第3装甲集团军将被切为两段。为摆脱包围，第3装甲集团军决定撤退，向西方盟军靠拢。但一个问题也摆在了曼陀菲尔和加雷斯面前，这次撤退会有序进行，还是会演变为溃败？加雷斯继续写道：

4月25日

4月24日—25日夜间，冯·曼陀菲尔将军根据建议，对部队进行了重新编组，各单位也相继开赴后方的新战线。这条战线上的部队包括韦尔曼集群、第1海军步兵师和格哈德上校指挥的波罗的海装甲训练团，任务是在兰多沼泽以西继续抵抗。4月25日5时，我到达帕斯沃克以南的舍内费尔德（Schönefeld），并在冯·贝尔格（von Berg）伯爵的宅邸落脚——这里随即成为我们的指挥所。屋主还留在宅子中。当时月亮刚刚落下，在四周的晨空中，到处是火灾形成的烟柱——它们是对周边小村狂轰滥炸的产物。今天将会阳光明媚。这里的庄稼和草地还没有长成，空气相当清新，气温则有些寒冷。

起初，布尔什维克并没有追击，直到11时，他们才开始用坦克攻击卡塞科–瓦廷（Wartin）–格伦茨（Grunz）–克拉科（Krackow）–上霍尔茨（Hohenholz）和更东面一线。接着是无休止的空袭。在不断增兵的同时，敌人也开始将矛头缓缓转向斯德丁。中午时分，海因里齐大将抵达。尽管部队被打得七零八落，而且精疲力竭、伤痕累累、缺乏弹药，但海因里齐却不允许他们脱离战斗——哪怕这一决定已得到了集团军司令部的同意。更难以理解的是，他认为这些部队还有能力发动攻击。在离开后，他指责曼陀菲尔批准了**我**（着重号为作者所加）的建议。这让我很难过——这些人已无法像之前那样战斗，因为他们根本打不下去了。何况他们的训练很不充分，也没有合适的指挥官。我看不到这么做的意义。

曼陀菲尔在15时找到我，他想的和我一样。对于明天，我满怀顾虑。如果苏联人越过兰多沼泽，各地的部队将会解体。

16时整，我们经历了一次残酷的轰炸。10枚炸弹命中旁边的农舍，但难以置信的是，农舍并未被夷为平地。一枚炸弹击中了宅邸本身，正好穿过窗户，砸在副官的床上，但没有爆炸。

在黑暗中，越来越多的布尔什维克从西面的隘道和林中小径悄悄穿过兰多沼泽。整个夜晚，坏消息不断传来，联络官带着这些消息来来往往，电传机响个不停。有一段时间，局势看起来相当严峻。

在我4月26日寻找的部队中，还有施密特（Schmidt）上校指挥的第281步兵师。

维斯瓦河集团军群作战日志对奥得河军的记录：

在左翼，苏军在炮兵和对地攻击机的支援下扑向弗里德里希斯塔尔。施韦特附近也有突破口。[151]在霍亨塞尔肖，一次小规模进攻被我军挫败。卡塞科仍由德军坚守，但瓦廷在激烈巷战后沦陷。[152]

维斯瓦河集团军群作战日志对第46装甲军的记录：

备受削弱的德军无力阻止苏军长驱直入。该军的前线在弗里德里希斯塔尔–卡塞科–瓦廷–克拉科–斯德丁一带延伸。尽管施默尔恩桥头堡拥有800名士兵和14辆坦克，但仍未能守住阵地，按照其报告所述：“无论意志还是实力，我们的部队都不再强大，无法阻止敌人。无处不在的敌方空军让我们士气消沉，使部队及其重武器无法行动。”[153]尽管如此，还是有报告显示，面对苏军的重压，该军依然仓促构建了一道后方阵地。[154]掩护德军后撤的是第210突击炮旅，因为在彭昆一带的行动，该旅得到了上级的表彰。[155]

4月26日，战线的瓦解已难以避免，第3装甲集团军被迫采取应对措施。以下文件是他们给第32军的指导方针，但其中也介绍了其他各军的形势和最后一批预备队的部署。

参考文件：
第3装甲集团军司令部编号为“Ia，no.3450/45 geh.”的文件
第3装甲集团军司令部编号为“Ia，no.3451/45 geh.”的文件（日期：1945年4月25日）

1. 根据参考文件2第1条的规定，奥得河军、第46装甲军和第32军司令部应保持守势，阻止敌军继续向西和西南方运动。

2. 如果敌军控制了兰多沼泽东岸的要地，就可以对兰多河流域一览无余。届时，他们不需一战，就能为进攻获得有利条件。有鉴于此，我们必须在兰多沼泽的东岸高地留下强大殿后部队，并确保炮火支援及时到位。

3. 如果我们被迫撤出4月26日的战线，并继续向西后退，各部队应抽调下列单位供第3装甲集团军司令部使用。

（1）第101军军部：

党卫军第49装甲掷弹兵团第3营

(2) 奥得河军军部：

党卫军第23装甲掷弹兵团第1营

党卫军第49装甲掷弹兵团第1营和第2营

党卫军第4装甲炮兵营主力和集团军直属突击营

上述部队的使用将有专门的命令规定。

4. 4月25日—26日晚间，第101军军部应将党卫军第7装甲掷弹兵团（阳光团）派往施泰因纳集群，并直接与后者协调。

5. 奥得河军军部应将党卫军第23装甲掷弹兵团第1营派往第32军负责的采伦廷（Zerenthin）地区，而不是第46装甲军。

6. 在各军辖下，有很多负责临时警戒的训练单位。这些单位将继续根据战术需要，保持现有隶属关系，但党卫军第103野战训练旅除外。多余的部队（尤其是没有武器的部队）将由第3装甲集团军司令部调拨给其他单位。

按计划，党卫军第103野战训练旅将调往施泰因纳集群。

第3装甲集团军司令部

文件编号：Ia, no. 3485 geh.

签字：缪勒-希勒布兰德少将

x）4月26日16时抵达采伦廷

（此处难以辨认）第1549炮兵团（签字首字母）

4月26日[156]

对于曼陀菲尔，4月26日无疑是一个重要转折点。在普伦茨劳附近，苏军的突破已无法阻挡，他必须做出决定：要么向西且战且退，要么坚守奥得河，进而去西伯利亚服苦役。面对江河日下的局势，加雷斯在日记中动情地描述道：

4月26日

清晨伴着雾霭降临。经查，在兰多沼泽的这一面（西面），敌军已在5个地点站稳了脚跟。敌机也开始肆意攻击村庄和满是难民的道路，让人们被迫不断寻找掩护。在视察格哈德上校的波罗的海装甲训练团期间，我得到了一条重大消息：布尔什维克已在2个区域取得突破，随着坦克到来，当地的形势将异常危急。但总的来说，两位指挥官——施密特上校和格哈德上校——都希望阻止这股向西奔涌的潮水。返回时，我在路上遇到曼陀菲尔。我们离开车辆，命令司机隐蔽，在路边山脊上围绕未来形势讨论了一刻钟。中午时分，局势急转直下。在中路的普伦茨劳方向，前线遭到洞穿。30—40辆（苏联）坦克在步兵掩护下，穿过施默尔恩（Schmölln）和埃克施泰特（Eickstedt）向德伦塞（Drense）–格吕诺推进。

来袭的战斗轰炸机几乎一架接着一架，似乎是和坦克一起肆意捉弄我们。这种情况不由让人哭泣。我们的指挥所两次遭到攻击。屋顶被彻底破坏。在攻击间歇，我和集团军群参谋长冯·特罗塔少将在电话中交谈。他说，我得阻止敌军的突破。好啊，用什么？指挥官在做什么白日梦？部队已无能为力。因为指挥官和军士们的失误，因为缺乏弹药、反坦克炮、坦克、空中支援和保暖衣物，因为敌军物质优势的持续压迫，还因为官兵对最后的胜利已失去信心。难道军官、士官和勇敢的士兵就该继续去死吗？城市和村庄被烧毁了。苦难在老弱妇孺之中蔓延。为什么我们还要为注定的失败战斗？这些想法耗尽了每个人的力量，让他们选择了放弃。

17时，苏军坦克已距普伦茨劳只有10公里，威胁到了试图从当地缺口撤退的部队。此外，苏军坦克还从埃克施泰特出发，向南北两个方向继续前进。土崩瓦解的迹象正在浮现。黄昏时分，我们的指挥部被迫转移。一行人途经达默洛、尼登（Niden）、舍恩维尔德（Schönwerder）、居斯特罗和舍讷马克，一路向阿伦德塞（Arendsee）前进。在22点抵达目的地之前，我遇到许多漫长的难民纵队。沿途，普伦茨劳西南方的火光一直映在我的眼眸里。午夜时分，我们查明，敌人的50辆坦克正在向普伦茨劳飞奔——明天，我们将面临艰难的一天。

维斯瓦河集团军群作战日志对奥得河军的记录：

该军几乎没有报告苏军的活动。[157]为了保持与友军战线的联系，挫败敌人向梅克伦堡地区突破的企图，该军的残余部队必须将防线撤至韦尔贝林湖（Werbellin Lake）、萨维尼茨湖（Sawenitz Lake）、下于克尔湖、上于克尔湖以及帕斯沃克、耶格尔布吕克（Jägerbrueck）、赖特（Reith）和旧瓦尔普一带。[158]

维斯瓦河集团军群作战日志对第46装甲军的记录：

该军有效地接替了位于敌军进攻主轴线上的、已支离破碎的奥得河军。面对整条战线上的沉重压力，第46装甲军正在向于克尔河一线后退。[159]这一区域也是苏军切断斯德丁与外界联系、突破第3装甲集团军防线的主要方向。傍晚时分，虚弱的波罗的海装甲训练分队在一片混乱中发起反击，未能击退早先抵达巴格米尔和兰多沼泽地的苏军。苏军坦克部队还渡过了狭窄的鲁多夫（Rudow）水道。尽管其中有11辆被击毁，但仍有30辆继续向格吕诺（位于普伦茨劳以东6公里处）前进。据报道，还有30辆苏军坦克突破了只有孱弱步兵把守的阵地，一路抵达格伦贝格以西地区。德军发起反击，暂时将突破口封闭。一支强大的苏军步兵部队暂时止步于沃林附近，但他们仍然穿过施瓦内贝格向西北方向前进，突破到了巴格米尔以北3公里处的森林地区。据报道，在该军的右翼，第1海军步兵师“斗志全然颓丧……军官们奋力催促都无济于事”，[160]其中部分部队遭到包围。[161]德国炮兵在“挫败敌军步兵和坦克部队的全面突破中发挥了重要作用”，部分区域爆发了白刃战。清晨早些时候，苏军部队渗入莱金。但在松嫩贝格（Sonnenberg）–施温嫩兹地区，苏军前锋停止了脚步；在诺因基兴（Neuenkirchen）–瓦姆利茨（Wamlitz）地区，他们也被迫停止前进。到下午，15辆苏军坦克抵达勒克尼茨，但被逐退至该镇东部。在当地，激战持续了一整天，共有8辆苏军坦克被击毁。在整个白天，苏军继续猛烈空袭德军的防御工事、村庄和道路，德国空军宣称击落飞机18架，还击毁或击瘫20辆坦克。[162]报告显示，党卫军阳光团已在白天抵达普伦茨劳的危机地段。[163]

对于德军战线瓦解后的惨状，加雷斯这样写道：

4月27日

形势变化迅速。普伦茨劳和塞豪森（Seehausen）这两处支撑点再也无法抵挡坦克和不间断的空袭。9时，我和年轻的护卫官冯·帕隆比尼（von Palombini）少尉前往第1海军步兵师师部。我们一直走到克罗赫伦多夫（Kröchlendorf），但在当地，我们被迫寻找掩护。12架轰炸机袭击了这个空荡的村庄，东北方3公里处的戈尔米茨（Gollmitz）则传来枪声。苏军坦克似乎抵达了克罗赫伦多夫东部的目标区，并在当地暂时止步，但轰鸣声依旧清晰可辨。时间紧迫，我必须继续前进。到处都是散兵游勇，他们正在向西涌去。崩溃的迹象已经出现。另外，我们还见证了对博伊岑堡（Boitzenburg）庄园的猛烈空袭。这座庄园是如此美丽，但没有什么能阻挡那些低飞的重型机器。（在苏军这里，）破坏似乎已成为一项艺术。

13时，情况显而易见，普伦茨劳以西的广阔战线已被撕开。苏军的装甲矛头抵达了施马赫滕哈根（Schmachtenhagen）宅邸、格尔米茨、舍讷马克东部和霍尔岑多夫（Holzendorf），距离原先沙波（Schapow）附近的军指挥所只有7公里。显而易见，军部接下来应当撤到卡尔维茨（Carwitz）、费尔德贝格、利希滕贝格和菲尔斯滕维尔德一带的湖区隘道附近——也只有在这里，尚可一战的零散部队才能停下脚步。全军土崩瓦解的征兆正在隐隐浮现。最终，我把军部迁移到费尔德贝格附近的吕滕哈根（Lüttenhagen），随后出发前往费尔德贝格，这里也是后方区域指挥官所在地，我将在这里与集团军司令会晤。但一抵达，我便得知集团军司令部已去了基滕多夫（Kittendorf）。费尔德贝格城内到处都是难民，数不清的车队挤满路面——让我费了不少力气才抵达。就在我离开城市10分钟后，大胆的布尔什维克飞行员便呼啸而至，向这座小城的街道、房屋和难民投下炸弹。当地的难民猝不及防，并承受了令人发指的痛苦和绝望。为什么是这样?

15时，抵达吕滕哈根。我们很幸运，因为天空中出现了云层。春季的第一场暴风雨随之降临，让难忍的飞机噪声骤然停止。我们的思绪又一次回到了这片美丽精致的乡村与土地，回到了纯净的德国精神，回到了这片必须舍弃给亚洲大军的心爱家园。愿上帝保佑，毁灭那些在背后诋毁中伤、使我们无法阻止这场入侵的人。上帝曾说："我必伸其冤。"我相信这一点，全心全意地相信——希望它实现!

敌人的压力并没有减轻，傍晚时分，第46装甲军的前线位于大梅肖湖

（Grosser Mechowsee）—克吕瑟林湖（Krüselinsee）—卡尔维茨湖（Carwitzer See）—布赖特卢钦湖（Breiter Luzinesee）—达姆施湖[①]—沃尔夫斯哈根（Wolfshagen）一线，第1海军步兵师和波罗的海装甲训练分队也再次遭到猛烈攻击，他们很快就会无力招架。

在天黑之前，为躲避在低空游弋的苏军战机，保护无线电设备，我把司令部转移到一个林间小农场。晚上，我被迫报告：参谋长冯·古施泰特上校病倒了。哮喘、胸膜炎、血液循环障碍影响了他的活动，让他无法坚持下去。我必须把他送到战地医院，并下令将他转移到特拉弗明德（Travemünde）。

为了不使第3装甲集团军陷入包围，德军匆匆在普伦茨劳西北45公里处的新勃兰登堡建立了一条新防线。之前科尔贝格要塞的保卫者——富尔里德上校被任命为第610特别师师长和新勃兰登堡的城防司令。随着苏军继续向西北方前进，第101军和党卫军第3（日耳曼）装甲军最终将与第3装甲集团军分离，成为施泰因纳集团军集群的一部分，并在最后被划入组建于第3装甲集团军后方的第21集团军。以下这份报告由第3装甲集团军发布于4月27日，编号为“Ia No. M 349/45 geh.”。有趣的是，其中不仅概述了当天的形势，还给出了狙击手和铁拳的战绩，这表明尽管战场形势混乱，但希姆莱在2月的命令仍然得到了执行。

1. 本集团军南线没有大规模战斗。盖门多夫遭到多次进攻，苏军投入兵力多达1个师，但都未能得手。在萨克森豪森附近的林区东南部，苏军也卷土重来，我军已对其发动反攻。敌军昨天在贝诺维（Bernöwe）以北的突破口有被控制住的可能。

在东面，敌军趁夜突入普伦茨劳，并且一直在扩大占领区域，清晨，其近卫坦克第1军和强大的步兵部队已深深突入后方地区。同时，还有1支兵力至少为团级的部队在兰格马克突破了[②]上吕克尔湖（Oberückersee）和下吕克尔湖

---

① 此处有误，结合地图，应为达姆湖（Dammsee）。

② 原文如此，此处明显有误，应为突破了兰格马克师的阵地。

（Unterückersee）之间的设防瓶颈地区。在普伦茨劳以西，敌军则击败了第1海军步兵师下属战斗群一部的阻击，并在下午抵达兴登堡（Hindenburg）和宾茨（Beenz），并攻克了博伊岑堡。此外，其先头坦克分队和步兵也继续推进，抵达了费尔德贝格以东5公里处。

在西北方向，第281步兵师的1个战斗群在普伦茨劳－沃尔德格克（Woldegk）公路两侧和霍尔岑多夫西北部遭遇猛攻，但他们不仅击退了敌人，还击毁了8辆坦克。第46装甲军的下属部队被打乱，由于普伦茨劳附近的突破，它们都已很难归建。数天以来，该军一直在从事惨烈的防御战，除了第281步兵师的战斗群，其下属部队的抵抗力量已山穷水尽。

在第32军方向，其前线已大致后撤到于克尔河两侧，即帕斯沃克－耶格尔布吕克－赖特一线，但在中午时分，敌军步兵和坦克仍在不断试探前进。在措灵（Zolling）地区，他们更是在零星坦克的支援下撕开了一些局部缺口。这方面的具体情况还有待查明。

只要天气允许，敌军的对地攻击机便会在前线和后方大肆活动，以支援其进攻。夜间，敌军在格里斯托（Gristow，位于卡敏以西）登陆，并占领了这座岛屿。白天，我们可以看到敌军增援部队，其中有坦克和机动车辆。

对斯维内明德的夜间轰炸给国家码头造成了严重破坏。

2.（记录于左侧空白处）文件编号：1484/45 g.

以下部队隶属于奥得河军：滕普林（Templin）地区的一千零一夜装甲歼击分队，以及党卫军第49装甲掷弹兵团第3营。

富尔里德上校调往第610特别师师部，担任新勃兰登堡的城防司令，并由后方封锁线指挥官（Commandant of the rear blockage line）调遣。

3. 维斯瓦河装甲歼击师将1个营调往莫伦贝克（Möllenbeck，费尔德贝格西北10公里处），1个连调往沃尔德格克。

4. 作战指挥部位置：

第101军——施卢夫特（Schluft）

奥得河军——阿嫩瓦尔德（Arnenwalde）

第46装甲军——蒂茨霍夫（Tiedtshof，布兰肯塞以北2公里处）

第32军——克罗考

后方封锁线司令部——基滕多夫

新分界线：

奥得河军/第46装甲军：新施特雷利茨东北缘–戈尔登鲍姆（Goldenbaum）的南缘–120号据点–罗塞诺（Rosenow）南缘。

5. 第281步兵师摧毁敌方坦克8辆。

第8海军步兵团（隶属于第3海军步兵师）第2营营部的赫伯特·海因茨勒（Herbert Heinzler）下士狙杀了27名敌军，还在一个中午取得了14个未确认战果。

6. 上午天气晴朗，下午多云，有雨。道路可以通行。

第3装甲集团军司令部作战参谋部门

签字：缪勒–希勒布兰德

少将（缩写）[164]

此时，第32军已被割裂，并开始向北朝安克拉姆撤退。第46装甲军右翼和南面施泰因纳集团军集群之间的缺口不断扩大，一支预备队——包括第25装甲掷弹兵师和第7装甲师——正在奉命开赴当地。但这些单位与其说是师，倒不如说是加强团。在部队运用上，海因里齐和上级有分歧，这为他的革职埋下了伏笔。与此同时，在整条前线，德国士兵和党卫军外籍志愿兵开始公开朝易北河撤退，试图投奔西方盟军。纪律也荡然无存。但曼陀菲尔和下属指挥官们仍在竭力领导部队，试图维持防线，避免部队被包围，并保护数十万为躲避战火而向西艰难跋涉的德国难民。

加雷斯也描述了末日般的场面：

4月28日

今天必将有一场大战。经查，2个坦克军已出现在我军正面。敌军在费尔德贝格和菲尔斯滕瓦尔德之间冲进我方前线，他们的目标是新勃兰登堡。

由于部下大部分逃亡，费尔德贝格城防司令自杀。只有第1海军步兵师的200人和波罗的海装甲歼击分队还在作战。第281步兵师被切断在北部，无法向新勃兰登堡运动，而且被彻底打散。与此同时，第7装甲师和第25装甲掷弹兵师被塞进前线的缺口，即新施特雷利茨以东的湖区和托伦瑟湖之间——希望这条战线能坚守至少24小时。19点不到，军部以东3公里处有敌方坦克开火，见状，我们匆匆动身，途经新勃兰登堡前往小瓦尔霍（Klein Varchow）——新指挥部所在地。在新勃兰登堡，城市里满是难民，而且人数不断增加。人们只能一点点徒步穿过这座城市。这些印象让人终生难忘，我眼前总能浮现出这些苦难、恐怖和沮丧的景象，直到我死。

20时30分，我们的轿车与海因里齐大将的轿车相遇。我来到他的车上。即使是海因里齐，都被部队的瓦解闹得心烦意乱。我向他报告了装甲军的情况和对明天的展望。当天21点30分，我们在彭茨林分开，我（现在）来到了小瓦尔霍。夜间还传来一条令人揪心的消息：敌军部队——以坦克为主力——正在向新勃兰登堡推进。坐在轿车上，海因里齐和我被周围的景象震惊了。被驱赶上路的难民精疲力竭，他们的表情充满绝望，未来仿佛没有出路，甚至可能更为糟糕——所有这些都在他们的脸上展现得一清二楚。甚至是海因里齐大将——这位受过严格训练，早已喜怒不形于色的坚毅老兵——也被触动和震惊了。很长一段时间，我们都沉默不语。

维斯瓦河集团军群作战日志对第46装甲军的记录：

命令要求修建的后方工事根本没有完成。苏军对费尔德贝格和菲尔斯滕维尔德的攻击据称被击退，还有1辆坦克被摧毁。[165]同时，苏军仍在从普伦茨劳西部和西北部地区扩张战果，试图追击撤退中的我军部队，这给了我军很大压力，他们的步兵和坦克顺着从恩格湖（Engesee）以南和费尔德贝格东北方打开的缺口向西推进，并在行进间占领了梅伦巴克（Mellenback）与新施特雷利茨–沃尔德格克之间的公路。向西北前进的苏军坦克已抵达沃尔德格克的东南和南部，以及沃尔茨哈根（Wolzhagen）以东。有报告显示，苏军坦克出现在了沃尔德格克东南5公里处，并以20辆为一个集群在当地行动。按照俘虏的供词，此处的苏军来自近卫坦克第3军、近卫坦克第19旅和步兵第186师，我军则继续与其坦克部队激烈交战。[166]交代上述情报的苏联俘虏还供称，近卫坦克第19旅在普伦茨劳地区的德军空袭中损失惨重，在发动进攻前，他们得到了10辆坦克的加强。[167]

4月28日/29日，在新勃兰登堡的战斗也是第3装甲集团军最后一次像样的挣扎。由于纪律崩溃，以及弹药、汽油和补给匮乏，该集团军已很难组织起有力抵抗。部队只能化作许多小战斗群，继续原地各自为战，并尽可能与友邻部队协调。由于苏军行动迅速，加上通信不畅，曼陀菲尔和他的军长们无法协调集团军、军或师一级的后续行动。所有团和团以下部队只能孤军奋斗。

在接下来的几天里，加雷斯的叙述充满了深深的失落——他将问题全部归咎于约德尔和凯特尔，还描述了向易北河撤退时的景象：

4月29日

4月29日，参战部队包括：第7装甲师一部，第1海军步兵师残部、波罗的海装甲歼击分队一部、第25装甲掷弹兵师一部和第281步兵师残部。

5时，施密特上校报告：敌军攻入新勃兰登堡。城防司令（富尔里德上校）下落不明。桥头堡（守军）也逃之夭夭。施密特师的残部还有200人，目前占据着城市西部的制高点。但施密特上校补充说，这些部队已不再具备战斗价值。第25装甲掷弹兵师接到命令，立刻接管和守住新勃兰登堡一带。军部的穆勒少校和冯·凯瑟少校正在赶赴当地查探情况。此外，我还派遣了一个由哈同（Hartung）上尉指挥的小型战斗群，其中有6辆突击炮（作者按：该战斗群可能是第210突击炮旅或一千零一夜战斗群）。

9时，我与冯·曼陀菲尔将军会面。第25装甲掷弹兵师师长布尔迈斯特将军也参加了讨论。虽然该师必须向新勃兰登堡转移，但根据布尔迈斯特的报告，其中有1个团甚至还没有集结完毕。我命令布尔迈斯特立即接管新勃兰登堡以西的指挥权，截至当天中午，当地的突破已暂时得到控制。但在南线，即新施特雷利茨以东，危机正愈演愈烈。敌人投入30辆坦克，在罗德林（Rödlin）取得突破，并威胁到当地和乌萨德尔之间的第7装甲师各营。此处的部队必须后撤。霍亨齐里茨——路易丝王后（Queen Luise）挚爱的美丽庄园——因此沦为战场。为什么还要进行这场没有意义、没有目标的战争？

我们真该抓住凯特尔这个老混蛋——他是个十足的蠢货！我们还要把约

德尔也抓起来，他们都是前线的外行、无可救药的白痴，发出的命令都是痴人说梦！是谁下了这些指示？是帝国元帅？海军元帅？汉堡的布施元帅？党卫队全国领袖希姆莱？是陆军元帅，不，办公室元帅凯特尔？也许这些“勋章挂架”都不是！是纳粹党的领袖们？这些大演说家和“嘴炮战士”如今在哪？上天啊，只有前线的一小群人还在战斗到底——真是痛心疾首！这场六年的战争结局竟是这样。

16时，新施特雷利茨附近的形势愈发恶化。苏军在3个地段取得突破。今天晚上，来自亚洲的大军将抵达这个美丽的地方！

第7装甲师损失惨重，被迫向卡岑贝格（Katzenberg）–彭茨林撤退。他们明天已无法守住这条战线，第25装甲掷弹兵师的情况也是如此。只有在克尔平湖（Kölpinsee）和马尔钦湖之间狭窄的隘道上，我们才有可能稳住战线——但前提是布尔什维克的机动车辆没有捷足先登，而且我们仍然能与左右两翼（即霍恩莱因和沙克的部队）保持联系。就像捉迷藏一样，我们被迫在夜间再次搬走指挥部。

21时，我离开小瓦尔霍，前往索根罗斯（Sorgenlos，字面意思是“无忧”）——瓦伦以北一个名字很美的庄园过夜。但在这个大宅子里，我可以随处看到仓皇逃命的迹象，可能是这里的人们看到了向村庄和难民纵队随意射击的敌机。在庄园被仓促遗弃之后，沿路的难民很快冲进来，洗劫了这里的衣橱和抽屉。

4月30日

天气寒冷而多云。夜间没有传来报告。各师和战斗群都在行军。

第281步兵师估计能与敌军脱离接触，但第7装甲师将遭遇重大困难，并蒙受惨重损失。上午，敌军大有从2个地段突破之势，其中一个位于彭茨林至瓦伦，另一个位于新勃兰登堡至马尔钦之间，其中每个地段都分别有30到40辆坦克，还有跟随的摩托化步兵。这将是一场不平等的战斗，也是步兵与车辆的较量。但对于局势，我们完全束手无策，只能做一个看客，并尽力把下属部队带到易北河方向。

我开车返回克尔平湖和马尔钦湖之间的防线，它们位于一连串湖泊之间。在前述2处危机地段和部分区域设防势在必行。虽然工作已经启动，但我们很难在这条防线上停留超过24小时。当时，我们的两翼都遭到包抄。如果部队能忍受极端的困难（例如不分昼夜的战斗和行军），并跳出这条狭窄走廊，我们将最终形成一条朝向东北方的战线［维特施托克–迈恩堡（Meyenburg）–德明北部］。每过24小时，我们的人员、车辆和武器都会减少。在新勃兰登堡之后，第281步兵师的师长施密特便下落不明。我在开车经过多宾的新指挥部时大吃一惊，因为这座村庄里里外外都被凯特尔元帅、约德尔大将和国防军最高统帅部的参谋人员占据了。

在与约德尔大将讨论期间，我向他介绍了形势，而且围绕部队的战斗力问题产生了激烈争吵。在我的一生中，我从未与一位上级发生如此公开和尖锐的冲突。我觉得约德尔很可悲。他老了，累了，而且心烦意乱。他真正该做的是站在高处审时度势，但他完全脱离现实，并深陷在各种不切实际的计划和想法中。可是我没能敌得过他的慷慨陈词，在这些激昂的话语中，他提到了当前的局势，我们的义务，以及可能的未来；这让我为自己的强硬感到羞愧——因为我无法说服他，同时，我还表示了对他的信任。

凯特尔被这次激烈争吵吸引，走进房间，待了一会，远远地打了个招呼便离开了。他看起来很胖，洋洋自得，事不关己，还有一种奇妙的自信，而且外表颇为油腻。

天黑前，布尔什维克带着坦克闯入瓦伦，打通了经马尔钦通往泰特罗的道路。局势愈发危急。我和新任参谋长尼克劳斯（Niclaus）上校一直枯坐到24时。他是一个敞亮的东普鲁士人，富有同情心而且个性鲜明。雷克勒本、穆勒–科佩尼库斯（Müller-Kopernikus）、冯·凯瑟和里斯也加入了进来，在未来几天里，我们一同进行了许多思考和讨论。

在接下来4天的日记中，加雷斯记录了他对希特勒毙命一事的感受，还提到了被俘后的如释重负。

5月1日

周围绿意盎然，鲜花到处盛开。料峭的西北风吹来，虽然天气渐暖，但我们却感到寒意弥漫。

今天，我先与冯·曼陀菲尔将军会晤，之后又与第7装甲师的克里斯滕上校和第25装甲掷弹兵师的布尔迈斯特将军碰面。与此同时，敌军坦克则从瓦伦方向朝贾贝尔（Jabel）附近的南翼压迫过来。集团军的情况很不乐观，但现在，我们都知道了需要做什么。由于南北两翼的压力越来越大，加上友邻部队的形势，我们现在必须穿过普劳厄湖（Plauer See）–旧什未林湖（Alt Schweringer See）–克拉科湖（Krakower See）–因塞尔湖（Inselsee）之间的狭窄地带，以此与敌人脱离接触。我们决定在天黑时完成这一任务。在天黑之前，我们将把指挥部转移到戈德贝格（Goldberg）南部以南的格兰博。空气仍然非常凉爽。园中矗立着许多美妙的古树：几棵百年老橡树，1棵开着锈红色花朵的血榉树，1棵枝条浅绿的垂柳，还有2棵依偎的虬松——它们向着池塘弯腰，周围是精心修剪的草坪和春天的花朵。但它们还能存在多久？

20时后，应80多岁的主人——冯·布兰登施泰因（von Brandenstein）的邀请，我们坐在一起喝了杯酒。22时，我们惊讶地听到希特勒丧命的消息，这让每个人都垂头丧气、神情凝重。对于邓尼茨这个继任者，我们都无法认同。为什么不找一个老元帅呢？如果一定要选择的话，为什么不是冯·克莱斯特或冯·伦德施泰特？

很快，我们便告辞了。独自回到房间，我脑海里想的全部是希特勒的死。对于这个蛊惑全民族的人，我的感觉是，甩掉他是一种巨大的解脱。这个人滥用了多少善意？有多少人相信他的话，但最后却痛苦地失望了？因为这个魔头，有多少地方血流成河？那些被他引诱的人给德意志民族带来了多么可怕的罪过？但现在他死了，我们终于可以看清这个人的本质，以及他把我们带向了何处。

5月2日

一觉醒来，希特勒的死仍在我脑海中挥之不去，但我没有时间沉思。早在6点，布尔什维克便开始从两翼进攻湖区之间、卡罗附近的狭窄陆上通道，而且投入了坦克。

7时30分，苏军坦克突破防御，向卡罗隆隆推进。

8时，我来到第7装甲师的指挥部。情况很糟，士兵们已无力坚持，几乎山穷水尽。我命令部队进入后方阻击线，但根本不指望他们会成功。

再往前走就是第25装甲掷弹兵师了。那里的情况良好，什么都没有发生。我把情况告诉了布尔迈斯特，并给出了行动指示。

之后，我回到指挥所。中午时分，形势有了新变化，很明显，我们的唯一出路就是抵达什未林以南宽阔的低地平原，随后，一切都将结束。我下达命令：随后48小时，所有的师和战斗群都可以在本区域后方自由行动，它们包括第25装甲掷弹兵师、第7装甲师、霍伊恩中将的施拉格特步兵师，以及韦尔曼上校、富尔里德和布莱克温的指挥部。后来，军部也向这片低地平原转移，目的地是鲁施（Rusch）——一座靠近拉杜恩（Raduhn）的小村。刚抵达，我便得到消息，美军已占领什未林和路德维希斯卢斯特，其控制区一直延伸到布尔奇（Burch）东侧。正是因此，集团军司令部并没有按计划前往什未林以南的普拉特，而是在当地更西面。鲁登道夫上校也建议我将军部安置在低地平原西部。

我迅速选择了一个小村庄——普尔弗霍夫（Pulverhof），当地位于什未林以南、乌利茨（Uelitz）的西南方。抵达后，我立即开始前往集团军指挥所，以便与冯·曼陀菲尔将军讨论形势。但这次行程与我想象的不同。在冯·帕隆比尼少尉的陪同下，我穿过乌利茨以西的森林，然后是苏尔斯托夫村（Sülstorf）。在村中央，我们必须向东转。离路口50米处，我看到有一群人，他们的装束和帝国劳工组织很像。我把车停在十字路口，俯身想看地图，突然间传来一声响亮的“Stop”——之后，更多这样的声音传来，许多冲锋枪和其他火器正在对准我们。我的司机想踩油门，但我阻止了他，并喊了句“停车”。一会儿，从西面来的美军便将我们团团围住。他们的武器瞄准，子弹上膛，我的生死似乎在一线之间。

有三四个士兵冲向汽车，用手枪指着我，要我的武器和手表。我在车里站起来，想找一名美国军官。令我非常惊讶的是，远方出现了韦尔曼上校，他也是在5分钟前以类似的方式被俘的。很快，一名美国军官驱散了我周围的士兵，而我则继续保持着警惕。我们周围站着许多来自“狂野西部”的绿褐色士兵，路边还有很多小汽车，与我们的大众汽车非常相似。周围的窗口白布招展，民众对和平表现出无条件的渴望，几乎到了俯首帖耳的程度。妇女们对士兵微笑。随后，一群黑人士兵走过。对于我们而言，他们十分陌生，他们的手势和笑脸让我们很是不安，对其他民众和妇女来说更是如此。我请求去某个团级指挥部，这个愿望立即得到了满足。

在2辆小汽车风驰电掣的护送下，我们一路来到霍尔特（Hordt）。在那里，有个军官询问了我的身份。我表示，非常希望去他们的师部。很快，我们就踏上了去什未林的道路。从哈格诺（Hagenow）到什未林的大路上全部是难民和后方部队——后者有一部分让人格外难堪。卡车上挤满了纵情高歌的少男少女——这让我羞愧得无地自容。丢人现眼的后方部队啊！在什未林的师部，我要求去军部，以便与其他部队和战斗人员取得联系，避免他们被苏军俘获。我得到的回复是："我们完全理解，要是被苏军抓住，你们的命运将非常悲惨。"确实如此。我解释说，所有在路上或闲逛的人都来自后方部队，他们与战斗部队完全是两回事。经过几周激战，前线人员都筋疲力尽，正在用最后一点力气向美军防线且战且退。我们不可能两线作战，更不会向美军开火，希望美军也同样如此。各个师将在指定地段集结，并在第46装甲军麾下安置。为此，我们有48小时。

但这一切来得没有这么快。军官、翻译和口译们商讨、离开、返回，在当天23点，美军向我们表示，可以把全军带到哈格诺。城市里到处都有卫兵站岗执勤。宪兵试图指挥交通，并取得了一些成功。实际上，一切似乎都在有条不紊地进行着。

24时，冻僵的我们抵达哈格诺。不幸的是，美军军长和部队在一起，但参谋长在（等候），我只好在漆黑的街上站了1小时。

5月3日

我终于被带进房屋，并被迫在一条狭窄走廊里等候。之后，我被领进了参谋长的办公室。他给我留下了很好的印象，并礼貌地问我是否想吃饭和抽烟。我的两个愿望都得到了满足。之后，我们必须回到什未林的师部。在那里，我找了一个军官当司机，他将把我带到普尔弗霍夫的指挥部。接近3点的时候，我抵达什未林，那里已是熙熙攘攘。在哈格诺市郊外，1个战俘营已经建起。数以万计的人围坐在篝火旁或蜷缩在睡袋里。这里到处都是闪烁的红色；由于无数车辆——主要来自党卫军和空军——向西蠕行，道路上水泄不通。我们只能慢慢通过。在什未林和斯卢特霍夫（Sluterhof）的道路两旁有大堆的自行车，似乎是被扔在一起的。它们显然属于那些后撤的士兵。过了一会儿，一位军官出现，我们很快来到对方的集团军司令部，在那里，参谋长缪勒-希勒布兰德将军走了出来。原来他也曾在美军的军部待过。

4时，我又一次来到普尔弗霍夫的森林别墅——这里冷得像冰窖。但值得高兴的是，全体参谋都在，还有一个温暖的小房间留给我。他们的关心和担忧令我欣慰万分。然后我一直睡到10点。外面仍然相当寒冷。在此期间，下列人员陆续抵达：布莱克温、霍伊恩、军炮兵司令克林克上校——但布尔迈斯特将军仍和部下在一起。看来美军已经突破了沼泽地，向东推进到了普劳厄湖——实际上穿透了我们最后的战线。只是我们的命运依旧悬而未决。我们会被转移到西方吗？我们有理由担心自己将被移交给俄国人——这也是让所有官兵最揪心的事。离家乡近的人是否能很快获释？这些问题必须弄清楚。与下一位美国军官约好晚上见面。明天，5月4日，会有车来带我去哈格诺。

晚上，我们一起坐在林间宅邸的房间里。想着今天和明天的事。

5月4日

5月4日，我在指定的时间，即8时30分，等待美国军官——但是徒劳。似乎这个时间太早了。在林间宅邸，情况也是如此。所有悬着的心都没有放下，而且我是孤身一人。但我仍然相信下属部队可以被美军接管，而不是成为苏联人的苦工。

不知什么时候，有辆吉普车载着一名军官和一名司机来了，他们向我解释说，再过48小时，我将真正成为俘虏。我和军官坐在车里，踏上了去往监狱的道路。

加雷斯将军对1945年5月8日投降的补充说明：

1945年5月8日的投降

我们被长长的卡车纵队带到哈格诺，在当地的老空军营地过夜。曼陀菲尔集团军白天被俘的高级军官也在当地，次日，我们继续前往吕内堡（Luneburg），在当地的工厂度过一晚。

次日早上，我与其他高级军官分道扬镳。在1辆吉普车上，有位英国军官喊我的名字，将我带到蒙哥马利元帅在吕内堡平原的帐篷营地。我在这里得知，德国战俘越来越多，作为一名德国将军，我将负责照顾他们。此外，我还将照管蒙哥马利集团军群后方的大城市，尤其是当地的卫生和物资供应，并向蒙哥马利报告问题和需求。我的宿营点是蒙哥马利驻地旁边的一座小帐篷——只有一道白布将我们隔开。这样看来，我的任务还没有结束，而且能给民众带来很大帮助。之后，在5月8日傍晚，我奉命前往参谋长的拖车里，我刚到达，他们就说我可以——或者说应该——听一听盟军的胜利广播。这消息侵袭着我，让我深感震惊；但又改变不了什么。我的耳朵向着听筒凑过去，听见了喜庆的胜利宣言。但我不确定我是否真的听到了全文。这个消息让人目瞪口呆，如此令人震惊，以至于当宣言结束后，我带着颤抖的膝盖走出车辆，回到我自己的小帐篷。“摩尔人完成了任务，他可以走了。”（出自弗里德里希·席勒《斐斯科对热那亚的阴谋》的第3幕）

第101军的最后一战

第101军位于第9集团军的最北翼，但后来被迫撤往埃伯斯瓦尔德市的西北方，并在当地与苏军进行了一番恶战。之后，该军迅速撤往菲诺运河对岸，并在第3装甲集团军南翼、奥得河军和党卫军第3（日耳曼）装甲军之间占据了防御阵地。到4月28日，其左翼已与第3装甲集团军的其他部队脱离接触，并孤悬在采德尼克地区。随后，该军继续以半独立的姿态作战，并和党卫军第3（日耳曼）装甲军一同向西北方的易北河撤退，还在战争结束前几天被划入第21集团军。以下这份该军的作战日志是由冯·布吕内克（von Brünneck）还原的，始于4月24日，止于5月7日，原始版本已在向西方盟军投降前作为“机密”文件烧毁。其中提到的“军长”即该军的指挥官。

（参见地图35）

4月24日

作战指挥部位于埃伯斯瓦尔德附近的戈尔措。

一夜无事之后，大约在10点30分，苏军的远程和迫击炮开始猛烈发难，其部队开始从西南偏南方向和东面进攻埃伯斯瓦尔德。12时30分，该城陷落，但我们在霍亨索伦运河沿岸设立了一条拦截线。军长亲自检查了拦截线上的人员配置。

第25装甲掷弹兵师调离，取代他们的是克雷辛（Kresin）指挥的1个战斗群（即第606特别师残部）。

4月25日

作战指挥部位于约阿希姆斯塔尔西南方的扎贝砖厂（Zabe brickwork）。全天基本平静。

4月26日

作战指挥部位于施卢夫特。由于苏军向普伦茨劳和施韦特一带发动进攻，为了避免左翼被包抄，全军奉命撤退，并前往韦尔贝林湖沿岸构建防线。军长与各师和战斗群的指挥官讨论了这一行动。

4月27日

由于苏军突破至普伦茨劳以西地区，我部队发现需要继续向西撤退，计划是沿沃斯运河（包括采德尼克和利本瓦尔德）构建的新防御阵地。这也是上级在夜间下达给集团军的指示。

第606特别师正在接受另一次重组。

4月26日上午，（曼陀菲尔）下令撤退，27日，撤退按计划进行。

4月28日

作战指挥部位于劳琛多夫（Rauschendorf）。

撤退继续按计划进行。敌人只在我部队左翼和左翼军（即加雷斯的第46装甲军）的防区有所推进。军长视察了沃斯运河沿岸的阵地和渡口，并与右翼地段的指挥官——冯·库默（von Kummer）上校讨论了从利本瓦尔德附近（即与友军部队的连接处）撤退的问题。

此外，军长还与党卫军第3（日耳曼）装甲军的施泰因纳上将讨论了后续的联合行动。

虽然文职政府已不再运转，但我们没有对平民发出行动指示。不过，我们仍认为应当通过集团军彻底澄清情况。

4月29日

总体而言，我部队右翼正按计划向沃斯运河撤退，但左翼遭到了敌方的凌厉进攻，其间，敌军抵达伯格沃尔和玛丽埃塔（Marietta），并且建立了桥头堡。为了前往预定防线，左翼的团被迫杀出一条通道。由于左翼友军的抵抗瓦解，我部队正面临严峻威胁。

另外，在各个地段，敌方的空中活动也有增加之势。大约17点，敌人从侧翼再次逼近我方退路（他们在布赫霍尔茨附近的友军阵地取得突破，并开始朝门兹/格兰塞推进），试图包围我们的部队。傍晚时分，格兰塞仍然在我军手中。有鉴于此，指挥官下令全军撤往祖伦和当地以南的湖区一线，以求稍作喘息，进而再撤到另一条能保存实力的战线。

部队在夜间出发。第5猎兵师的行动取得了部分成功。

第606特别师也且战且行，一切按计划进行。在此期间，各部队带走了全部的重型装备。

指挥官亲自制定了下一条主战线附近的警戒措施。

新隶属单位：拉普克战斗群（Kampfgruppe Rapke）和第3海军步兵师。

第3海军步兵师接替了第606特别师。拉普克战斗群负责在祖伦一线向北至策欣附近实施警戒。

4月30日

作战指挥部位于维特施托克附近的罗索夫。

第21集团军司令冯·蒂佩尔施基希将军访问了此处。

他提到的事项包括：

1.波茨坦战斗群（即施普雷河集团军集群）和第12集团军正在易北河和哈维尔河之间作战，试图从当地北上。

2.为实现上述目标，有必要掩护其东部侧翼。为此，第101军必须守住防区内的米里茨湖/新鲁平一线。

3.尽管部队状况和地形都对执行任务不利，但鉴于形势发展，我们仍必须守住预定的主战线。此外，第1空军训练师（1.Luftwaffe-Ausbildungs- Division）和1个党卫军警察师也将抵达，首批部队预计明日抵达。

接到命令后，军长与各师长讨论了所有依然可行的必要举措。全天局势总体平静。下午，布劳恩斯贝格（Braunsberg）附近有交战。

5月1日

1945年5月1日，敌军已逼近主战线，并攻占了布劳恩斯贝格。拉普克战斗群没有任何通信设备，因此通信能力极差。

根据军需官提供的消息和报告，敌军突破了我部队北部的阵地，但当地根本没有反坦克武器。有鉴于此，我军只能在多条孤立战线上各自为战，试图确保交通线上各部队的安全。

没有增援部队抵达。

5月2日

命令要求将多瑟河（Dosse）定为新防线。

但由于什未林被美军占领，且通往路德维希斯卢斯特的公路也已失陷，我军准备从格拉博、小拉施（Klein Laasch）和诺伊施塔特（Neustadt）附近渡过多瑟河，并根据集团军和美军的协议在这条前线背后进行抵抗。命令还要求在东面的渡口附近构建桥头堡阵地。

作战指挥部位于门廷（Mentin）。

5月3日

鉴于苏军正在全力从南部进攻，我军未按上述计划行动。随后数日，军作战指挥部先后转移到施泰因贝克（Steinbeck）和施波尔尼茨（Spornitz）。由于与各师和集团军失去联络，军部一行人离开驻地。穿过马茨洛（Matzlow），抵达（占领）分界线上的格尔登施塔特（Goldenstädt），最终被关入苏尔斯托夫战俘营。

以下是一份由第3（摩托化）战地猎兵团第1营发给第101军的战斗报告，其中描述了格拉博周围的局势，并介绍了5月3日向美军投降时的最初情况。对于被夹在美苏两军之间的第101军，本文件提供了一些有趣的信息。

1. 本营的任务：在格拉博周边，大致沿着埃尔德纳（Eldena）–格拉博一线，分别向东和向南建立1条人员拦截线。

2. 由于苏军和美军情况不明，本营派出了摩托化侦察队。侦察结果如下：

6点整：大贝尔格（Gross Berge）和小贝尔格（Klein Berge）被苏军占领。

8点整：格拉博没有敌情，但该城挂起了白旗，一些美国军官在德国军官的陪同下穿过街道，显然是准备投降。

8点45分：埃尔德纳落入敌手；1辆美军装甲侦察车向我们的摩托化侦察巡逻队开火，随即被铁拳打瘫。

10点10分：马尔尼茨（Marnitz）没有敌人，当地西南方向有伞兵后撤。机枪和步枪交火激烈。

10点30分：与位于巴尔科（Barkow）的第101军作战指挥部取得联系——当时后者正在前往施泰因贝克。

10点45分：齐根多夫（Ziegendorf）东南方向有步枪和机枪射击。

11点45分：与施托尔珀的第21集团军的作战指挥部取得联系。上级命令建立一个新桥头堡，其大致始于瓦贝尔森林，随后向东延伸到埃尔德运河（Elde Canal），然后经过布利芬斯托尔夫（Blievenstorf）一直抵达诺伊霍夫（Neuhof）。

3. 为了帮助组建桥头堡，收拢零散人员，全营转移到布利芬斯托尔夫一带，大约13点30分，司令（冯·蒂佩尔施基希将军）随同其参谋长一起视察了桥头堡的构建。

高射炮阵地已经就位，由零散人员组建的单位也已部署完毕。营里的部分军官被任命为营、连和排的指挥官。14点整，命令传来，全营的大部分人员应在营长的带领下开赴诺伊施塔特。在向美军交出轻武器后，全营于15时左右在沃伯林（Wöbbelin）以东的森林中集结，并于19时左右被美军带到苏尔斯托夫以北的战俘营。

营长志愿为美军指挥官效力，以便充当秩序部队，对方立即采纳了这一提议。

（签名）

少校，营长

与此同时，第101军的其他部队也开始向美军大规模投降。

5月4日

军长接管了营地内人员（约25000名军人和10000—15000名平民）的指挥权。

与美方建立联系后，美军向军部与其他相关单位的人员委派了新任务。

这些任务包括：

1. 维持秩序和纪律。

2. 医疗和卫生。

3. 向军人和平民供应食物（和）水。

4. 与占领部队保持联络。

所有单位都应编写报告，以便军部开展后续工作。一个主要联络点正在建立。

5月5日

经过与各部队指挥官的讨论，营地被分成了4部分，每个部分设有1个总部。严格的命令已下达，旨在将四散的各部队集合起来，维持营地的秩序和清洁。

各营地负责人将在最高行政官兰茨（Lanz）的协助下建立食品供应服务。

这需要建立屠宰场、面包房、财务、食品分配设施，热食供应将在所有野战厨房收拢完毕后开始。在此期间，食物将向美军领取。

5月6日

居住条件仍不理想，尤其是平民百姓的住地。由于美军拒绝将战俘营迁往食宿条件更好的地点，因此，我们命令帝国劳工组织的人员建造应急房舍。伤病员和有多个孩子的平民家庭被允许疏散。

5月7日

食品供应设施开始按计划运转。[168]

哈维尔河前线：柏林西北部的战斗

希特勒青年团装甲猎杀补充旅的战斗

4月25日，朱可夫的坦克部队渡过柏林西北部的哈维尔河，威胁到德军的纵深。海因里齐和参谋们担心，如果苏军朝西北方前进，第3装甲集团军和维斯瓦河集团军群司令部的后路将被切断——届时，他们不仅将无法前往易北河，还会像第9集团军一样被包围和歼灭。

但朱可夫从未如此行事，相反，他更关注的是切断柏林与西方的通道。国防军最高统帅部和陆军最高司令部对此毫不知情，仍然试图坚守哈维尔河上的渡口以及柏林西北部地区——许多宝贵的资源因此被消耗在这里。根据这一方针，德军需要保持第3装甲集团军和第12集团军之间的联系，还为此在4月28日组建了第21集团军——也是第三帝国投降前成立的最后一个集团军级单位，并由库尔特·冯·蒂佩尔施基希步兵上将指挥。关于哈维尔河沿岸的最后战斗、参与行动的德军部队，以及其中的指挥关系，人们通常所知甚少，而且也极少有原始文件存世。要还原4月27日至5月3日之间的战况，我们只能审视维斯瓦河集团军群现存的每日作战地图，以及下文所列的若干记录。

4月25日，第12集团军下属的第41装甲军遭到了直接威胁。当时，该军正在为守住瑙恩西北方的前线而战。其右翼是党卫军第3（日耳曼）装甲军——该军的第25装甲掷弹兵师刚刚向南发动了一次有力的反击。为保护维斯瓦河集团军群的后方地段，抵御朱可夫白俄罗斯第1方面军坦克部队的进攻，国防军最高统帅部向南方派遣了至少十余支部队。但这些举动的最终目标不是拯救维斯瓦河集团军群，而是为了向柏林发起反击。离开元首地堡之后几天，凯特尔一直把解救柏林当成第一要务。为此，他向第41装甲军左翼派遣了几个新师团，如复仇武器师（Division Z.V.，又名高德克师），冯·哈克师（Division v. Hake）和柏林师（Division Berlin，4月28日更名为迈尔师）。此外还有一批小型单位，如巴尔团（Regiment Bahr）、宗克尔曼团（Regiment Zünkermann）、第199团、科贝尔施派斯团（Regiment Kuobelspies）、第902团、博滕贝格团（Regiment Bottenberg）、鲁迪格团（Regiment Rüdiger）、布林克曼团（Regiment Brinkmann）、施特罗贝尔团（Regiment Strobel）、第3/120装甲歼击连（Pz.Jg.Kp. 3/120）、普特罗斯士官学校（1个营）和从基尔调来的约6000名士兵。几天后，第1希特勒青年团装甲猎杀旅也从德国西北部抵达。

在4月25日至28日之间，该区域发生了几个重大事件。首先，海因里齐不顾国防军最高统帅部的命令，向第41装甲军后方的第7装甲师下达指示，要求其抽出1个团，与第25装甲掷弹兵师一起前往北面。其次，在维斯瓦河集团军群其他部队向北撤退的同时，第101军和党卫军第3（日耳曼）装甲军开始向西北方撤退。得知前一份命令后，凯特尔决定革除海因里齐维斯瓦河集团军群司令的职务，同时组建了1个新的指挥部，即第21集团军，以守卫易北河和哈维尔河之间的地区。该集团军计划由库尔特·冯·蒂佩尔施基希步兵上将指挥，下属部队包括第27军、第101军、党卫军第3（日耳曼）装甲军和一系列在终战前夕动员起来的小分队，防区则从维斯瓦河集团军群的右翼延伸到第12集团军左翼。4月28日，冯·蒂佩尔施基希暂时接管了维斯瓦河集团军群的指挥权，以便等待库尔特·斯图登特大将的到来（斯图登特4月30日抵达，但很快弃职西逃，让维斯瓦河集团军群自生自灭）。在此期间，各个指挥官被迫自行做出选择：要么继续坚守，要么向西撤往西方盟军的占领区。见状，施泰因纳迅速命令所部向西北方撤退。格拉赫·冯·高德克（Gerlach von Gaudecker）上校也自行指挥复仇武器师掉头向西，试图投奔美军。此举给第41装甲军左翼留下了一个缺口，并在其他小部队身上制造了连锁反应。不仅如此，第41装甲军军长霍尔斯特（Holste）中将也擅离岗位，和家人一起骑马逃往易北河。这导致米里茨湖–哈维尔贝格（位于易北河畔）之间陷入了“指挥真空”。随后5天，这个地区出现了大批散兵游勇——他们一路西行，躲避着苏军巡逻队，试图越过分界线，抵达西方盟军占领区。

下列目击记录来自希特勒青年团高级中队长（Hauptgefolgschaftsführer）霍斯特·福格特（Horst Voigt），其中叙述了战争最后几天发生在柏林西北部这片关键区域的一连串事件。[169]当时，福格特在希特勒青年团装甲猎杀补充旅担任特别勤务官，该旅是第1希特勒青年团装甲猎杀旅的下属单位，并在第三帝国毁灭前夕被派往前线。

第1希特勒青年团装甲猎杀旅又名希特勒青年团装甲歼击旅，隶属于霍尔斯特的第41装甲军，任务是保持第12集团军左翼和第21集团军右翼之间的联系。在战后的一系列信件中，福格特回顾了自己的经历和见闻。但由于其中的评论相当情绪化，而且颇有争议，笔者删去了一些文字，并隐藏了部分人员的姓名。即使如此，他的回忆仍然不失为一扇特殊的窗口，让我们可以一窥在党卫军第3（日耳曼）装甲军和霍尔斯特第41装甲军之间保护维斯瓦河集团军群后方的战斗。

其中，第1封信是福格特在1986年1月写给该部队前成员R.诺尔廷（R. Nölting）的。信中概述了当时的情况，并批评了施泰因纳和霍尔斯特等指挥官：

我刚刚收到你本月2日和3日发来的信件及其附件。非常感谢！我想直接回答你。也许这里面存在什么误解。我同样认识到，我们实际是从不同的立场上看待共同经历的事件，而历史的任务则是给出某种整体的见解，以便让只经历了事件一小部分的人更好地看待过去……（此处删去）例如，战史上曾记载，5月2日，乌尔里希·冯·胡滕步兵师下属的某掷弹兵团肃清了哈维尔贝格附近的险情。这份记录的来源是该师师长——退役中将恩格尔（曾担任元首陆军副官）对瑞士军官协会（Schweizer Offiziersgesellschaft）的一次演讲，但他给出的日期是错误的。我们都知道，挽回当地局面的是谁。这个团直到5月3日才抵达，只是为希特勒青年团装甲猎杀旅第4营完成了一些稳定局势的扫尾工作而已。该团的团长——一位少校——为此获得了德意志金质十字奖章，但这是一种战功勋章，只是因为我通过“G某”的长期呼吁，这一错误记录才得到了纠正……（此处删去）

遗憾的是，我们的旅并没有得到恰当的关注与记录，而且很不幸，我没能及时纠正这些误区。人们从只言片语中得到的印象是，希特勒青年团的领导层全部是军人，但我想澄清情况并非如此……另外，史书也（根本没有提到）施泰因纳的荒谬行为，尽管上司们对他极为赞赏，但我对他的评价完全相反。施泰因纳想去帝国总理府逮捕阿道夫·希特勒，还向党卫军第4警察装甲掷弹兵师师长、党卫军上校哈尔泽（哈尔泽当时正在指挥1个由各师残部组成的旅，即哈尔泽旅，逮捕希特勒的任务也将由该旅执行）下达了命令。这件事确实发生过（作者按：指下令逮捕希特勒），但由于苏军已在瑙恩达成突破（4月25日），他们的计划才最终流产。[170]在所谓的奥拉宁堡战斗群（Oranienburg Kampfgruppe，即施泰因纳集团军级集群）被调给第41装甲军军长霍尔斯特，以便他（霍尔斯特）从北面解救德国首都［也正是因此，希特勒青年团上级区队长（Obergebietsführer）施吕德尔（Schlünder）博士带领同名的希特勒青年团战斗群（一个由希特勒青年团员和国民突击队组成的精锐团）去了柏林防区的皮彻尔斯多夫大桥（Pichelsdorfer bridge）一带，以便控制柏林-施潘道公路，从而帮助解围部队］之后，施泰因纳——这位党卫军上将却建议霍尔斯特“保持原状”。用英语简单地说，就是不要继续进攻（原文此处有着重号）（当然，鉴于敌军的优势，他也没有发动进攻的力量！）。后来，施泰因纳成了第21集团军司令冯·蒂佩尔施基希步兵上将（在精明强干的海因里齐大将被凯特尔元帅撤职之后，他被迫暂时接管维斯瓦河集团军群，直到斯图登特大将上任）的代表——当时（4月28日—29日），该集团军正位于第12集团军（温克装甲兵上将）下属的第41装甲军和第3装甲集团军（曼陀菲尔装甲兵上将）之间。在一份紧急呼吁中，凯特尔元帅要求维斯瓦河集团军群的高层指挥官和师长们在行动中顾及温克的第12集团军（该集团军正在准备接应从哈尔伯口袋突围的第9集团军），然后使战线向北连成一片。面对来自国防军最高统帅部首脑的指令，施泰因纳却从中作梗，他口头要求将军们尽快占领西面的地形，以便"收拢"（原文如此）（德国）部队，进而"用于西线"。正是由于施泰因纳，党卫军第3（日耳曼）装甲军（即霍尔斯特第41装甲军的左翼友邻部队）才会仓皇撤走，导致敌军在哈维尔贝格以北突破到了易北河畔。接下来发生了你知道的事情！在上级和第12集团军毫无觉察的情况下，那位"杰出"的格尔拉赫·冯·高德克上校偷偷在桑道（Sandau）附近向美军投降。[171]高德克根本没有把自己的师（即复仇武器师）部署到前线，而是把赫尔曼·戈林装甲歼击旅和冯·沃尔夫旅（Brigade von Wolff）顶了上去。

当时，第1希特勒青年团装甲猎杀旅刚刚完成换防，从勒文贝格抵达了赫尔曼·戈林装甲歼击旅背后的集结地。4月30日，我们大致构建了1个近乎环形的阵地，保护着霍尔斯特在德雷茨（Dreetz）部队训练场的指挥部。该指挥部的前方就是赫尔曼·戈林装甲歼击旅（该旅在4月30日解散）。随后，第1希特勒青年团装甲猎杀旅前往哈维尔以西的新驻地，其第4营则奉命加入（施吕德尔的）希特勒青年团战斗群。

除了第4营，施吕德尔的希特勒青年团战斗群还包括梅克伦堡希特勒青年团坦克歼击营（Hitlerjugend Panzerjagd-Bataillon Mecklenburg）和1个帝国劳工组织营，后来又在4月30日得到了1个党卫军营的加强。正如你所知，该营是我在新鲁平地区时从施托贝克（Storbeck）派往哈维尔贝格的，并由1名获得过德意志金质十字奖章的上级旗队长（Oberbannführer）带领。与此同时，冯·高德克上校则将他的部队——复仇武器师——部署在了第4营的两翼，试图使苏军行动迟滞，确保桑道附近易北河渡口的安全。但我们都知道，当我去会晤希特勒青年团大队长（Stammführer）维尔纳·佐赫（Werner Zoch）时，我自己的军官巡逻队发现在第4营的右翼，复仇武器师的1个空军团抛弃了阵地。这导致敌军1

个先头营下属的快速部队（包括3辆坦克和50名骑兵）突入了哈维尔贝格——之后发生的事情想必你已经知道了。当我和佐赫在营部入口会谈时，我们还都看到第4营左翼的1个掷弹兵团也在慌忙撤退。看到情况，我立刻提出建议：必须保住哈维尔贝格城内的护城河大桥（Stadtgraben bridge）。佐赫让我去执行这项任务，我立刻找到城防司令，而且工兵爆破小组也在他这里。我报告说：前线还有希特勒青年团的1个营，并请求他允许该营向桥梁撤退，同时在当地构建起桥头堡阵地。虽然命令立刻下达，但我清楚地知道，仅靠希特勒青年团是无法长期拖住南进之敌的。在桑道附近，有成百上千的士兵抛弃了步枪，血流成河的场面正在我眼前浮现！求得佐赫的同意后，我在第4营行政官——上级中队长（Obergefolgschaftsführer）古斯特·马尔（Gustel Mahr）陪同下，在市政厅的地下室里找到了城防司令，周围还有3个已成为“光杆司令”的上校（可能包括冯·高德克本人）。我向他陈述了我的担心，并请求他允许我把逃跑的掷弹兵团带到前线，以替换希特勒青年团员。5月2日—3日晚间，我们（马尔和我）把该团的团长从（此处难以辨认）一户人家的床上叫了起来，并告诉他，根据哈维尔贝格城防司令的指示，他必须带领手头部队赶赴前线，否则惨剧将在所难免［之前，我们也将相关情况通报给了克拉赫（Krach）和他的副官，但后者却试图阻止我们］。当时，他应该还有1个半连的团预备队，他焦急地询问我们，希特勒青年团是否会继续坚守，我骗他说：“国防军都开溜了，我可不想让年轻人当替死鬼（这套说辞是我在夜间寻找该团时和马尔一起想出来的）。”与此同时，霍尔斯特中将下令逮捕和枪决冯·高德克上校。但讽刺的是，霍尔斯特自己却带着妻子和女儿骑马逃跑了。当第12集团军参谋长想要逮捕他时，温克只是疲惫地挥了挥手，任凭他扬长而去。因为抛弃了部下，霍尔斯特后来遭到了所有知情者的鄙视。但即使如此，霍尔斯特仍然安稳地领着将军的退休金——这不是一笔小钱——直到去世。（此处删去）霍尔斯特的参谋长是霍斯特·比利茨（Horst Bielitz）上校。当1942年，我作为上尉跟随勒希林旅（Brigade Röchling）参加沃尔霍夫（Wolchow）的冬季战役时便认识他，但现在，他却承担着解散第41装甲军军部的悲惨使命。随后，第39装甲军军长阿恩特（Arndt）中将接管了哈维尔贝格以南地区，本旅第4营和第1营所在的佐赫希特勒青年团战斗群（Hitlerjugend Kampfgruppe Zoch）也改由该军指挥。霍尔斯特是阿道夫·希特勒的最后希望。施吕德尔希特勒青年团战斗群也在焦急地徒劳等待着他们的消息。最终，阿道夫·希特勒选择了自杀。在此期间，温克装甲兵上将的第20军抵达费尔奇附近，解救了波茨坦守军（即雷曼集团军集群）。但在东面、南面和北面，第12集团军都在孤军作战，解救柏林根本无从谈起。在救出波茨坦守军（雷曼集团军集群）后，他们唯一能做的事情就是让第20军构建一处有利阵地，以接应布塞步兵上将的第9集团军，在后者的下属部队中还包括了奥得河畔法兰克福希特勒青年团/国民突击队团（Hitlerjugend-Volkssturm Regiment Frankfurt/Oder），该团的指挥官是希特勒青年团旗队长基斯根（Kiesgen）——（在其突围后），佐赫团①也被交由该部队指挥。[172]

在第12集团军左翼和奥拉宁堡战斗群方面，希特勒青年团/国民突击队混编部队同样经历了悲惨的战斗，它们也许需要用一个章节专门概述。需要说明的是：我们的旅之前确实隶属于第9集团军，并一直在跟随第56装甲军行动。在施特劳斯贝格附近的战斗结束后，全旅的主力才和第101军一道被击退到北面，另一些人则向南进入柏林，后来又（辗转北上）与大部队会合——在此期间，帝国青年领袖的全权代表（Plenipotentiary of the Youth Leader of the German Reich）、希特勒青年团高级旗队长（Hauptbannführer）埃克哈特·席梅尔普芬尼希（Ekkart Schimmelpfennig）曾试图将该旅提供给第3装甲集团军（司令——冯·曼陀菲尔装甲兵上将），但遭到了对方的拒绝。施泰因纳曾自吹自擂说，有1个希特勒青年团旅向他报到，这些人只配备了步枪，但他把这个旅送了回去。这简直是胡说八道。事实是，第1希特勒青年团装甲猎杀旅成了国防军最高统帅部的预备队，并部署在特申多夫–格兰塞以南的96号公路沿线，以保护国防军最高统帅部及其指挥机关（即凯特尔元帅和约德尔大将）——换言之，就是在勒文贝格附近的斜交阵地上扮演类似“铁丝网”的角色。另外，其所在区域也位于施泰因纳集团军级集群/第3装甲集团军后方。我抵达第1希特勒青年团装甲猎杀旅是在4月27日，当时，这支部队刚刚脱离预备队，并被凯特尔元帅派往第12集团军，也正是因此，我被派往新鲁平担任联络官。

① 原文如此，应为营。

福格特的这封信提到了德军指挥层在战争最后几天的混乱、无序和崩溃，还批判了施泰因纳的做法——在党卫军部队中，这种避战自保的情况非常普遍：在北欧师，师长齐格勒试图避免在柏林作战；尼德兰师的德鲁伊特尔团也被要求“不要冒险”（见前文尼德兰师的“作战综述”部分）；第3装甲集团军中的外籍志愿党卫军部队则率先向西撤退，甚至没有得到曼陀菲尔或海因里齐的同意。根据推测，这些举动都是遵循了施泰因纳的指示。虽然从自保的角度，这些举动都不难理解——毕竟用不了几周，战争就会结束——但它们削弱了海因里齐对奥得河前线的控制力，并影响了其他德军部队向西撤退时的安全。

（参见地图36）

下文的三份报告同样是福格特撰写的，其中详细介绍了第1希特勒青年团装甲猎杀旅的组建和战斗经过。该旅名义上由帝国青年领袖阿图尔·阿克斯曼指挥，但实际指挥者是希特勒青年团上级旗队长奥托·科恩（Otto Kern），作战参谋则是希特勒青年团大队长孔茨（Kunz）：

根据帝国青年领袖阿图尔·阿克斯曼的命令，希特勒青年团装甲猎杀补充旅奉命从（措森以南的）小科里斯（Klein Köris）调往当地（哈维尔河沿岸），加入留在柏林防御地带的第1希特勒青年团装甲猎杀旅。

随后，补充旅中有2名获得过金质近战勋饰的下级军官被调走，以便和12名来自军校团的少尉和高级候补军官一道前去执行临时任务。由于苏军的乌克兰第1方面军从尼斯河畔的福斯特桥头堡取得了突破，全旅于4月19日接到警报，并由陆军最高司令部的凯瑟上校负责指挥。凯瑟作战群（Gefechtsgruppe Kaether）的指挥部设在措森的“迈巴赫1”营地，即陆军最高司令部的总部。其中，希特勒青年团装甲猎杀补充旅应在托伊皮茨附近的狭窄陆上走廊封锁帝国高速公路（即柏林环城公路–科特布斯一线）。为此，该旅组建了1个警备营，其中包括该旅的原有人员、配属军人和50名属于第3类服役人员（DV III）希特勒青年团员，它们组成了2支分队，共计4个装甲歼击特遣队/8个装甲猎杀班，并在大科里斯（Gross Köris）附近的帝国高速公路出口构建了阵地。根据设想，其左翼将在托伊皮茨湖（Teupitzsee）西岸与第1弗里德里希–

路德维希·雅恩掷弹兵团［团长：上级劳工领袖（Oberstarbeitsführer）科诺普卡］建立联系。

与此同时，苏军近卫坦克第3集团军的矛头在巴鲁特停了下来，以便维护车辆、补充燃料。在他们北面则是1支弱小的国民突击队分队（由第1类/第2类服役人员组成）和2门用于地面作战的8.8厘米高射炮。在南部，第21装甲师已经转移阵地，托伊皮茨也有敌军活动。4月20日，希特勒青年团装甲猎杀补充旅的警备营在大科里斯（Gross Köris）被友军部队替换下来。由于白俄罗斯第1方面军的部队从东北方（即明谢贝格附近）威胁到了泽兰兵营（Seeland camp），加上敌军正在向凯瑟作战群［4月20日晚之后改由厄特尔（Oertel）上校指挥］的警戒阵地逼近，补充旅及“迈巴赫1”营地的文职人员（包括帝国青年领袖的野战办公室）先是在20日晚间转移到了西滕（Siethen），后来又在21日抵达波茨坦，并暂时寄住在第1帝国青年领袖学校（Reichsjugendführerschule I）。在当地，希特勒青年团上级旗队长奥伦多夫（Ohlendorf）与柏林–夏洛滕堡（Charlottenburg）的帝国青年领袖办公室取得了联系，后者发出指示：补充旅应在4月23日与第1希特勒青年团装甲猎杀旅的其他部队（据说位于费尔贝林附近）会合。在向瑙恩前进期间，我们遇到了大队难民，以及1个搭乘追猎者歼击车赶赴帝国首都的党卫军外籍志愿兵装甲战斗群。随后，一行人在拉希科（Läsikow）和弗里萨克（Friesack）附近分别度过了一晚。4月25日，卡车纵队抵达鲁平地区的班岑多夫（Banzendorf，位于格兰塞以西），军事训练营的民间人员在当地离开。在莱茵斯贝格以南的菲利茨（Vielitz），部队终于找到了第1希特勒青年团装甲猎杀旅的指挥所。

4月27日，希特勒青年团上级旗队长奥托·科恩命令我（前希特勒青年团装甲猎杀补充旅特别勤务官）前往新鲁平（即前装甲兵监察处所在地），向第12集团军的作战参谋——陆军中校冯·博尔特–达赫罗登男爵报到，以便协调战斗部署，并充当驻第12集团军的联络官。

奥拉宁堡以北的形势

直到1945年4月20日，笔者都在泽兰兵营［位于泰尔托地区的科里斯湖（Köriser See）畔的大科里斯，当地也是希特勒青年团全国训练营和帝国青年领袖办公室所在地］担任希特勒青年团装甲猎杀补充旅旅部的特别勤务军官，因此我有必要介绍该旅4月27日编入第1希特勒青年团装甲猎杀旅期间的形势。

4月19日至20日，希特勒青年团装甲猎杀补充旅警备营被编入措森一带的凯瑟作战群（由陆军最高司令部直辖），负责在托伊皮茨附近的狭窄陆上走廊封锁帝国高速公路（即柏林环城公路–科特布斯一线），之后又奉命途经西滕前往波茨坦（第1帝国青年领袖学校）。4月22日，帝国青年领袖阿克斯曼命令该部队与第1希特勒青年团装甲猎杀旅会合，还表示后者“据说位于费尔贝林附近”。4月23日，担任补充旅旅长的奥伦多夫上级旗队长乘车出发。但此时通向瑙恩的公路只剩一条，他最初先抵达了拉希科，并于4月25日带领参谋人员和下属部队来到班岑多夫——当地位于鲁平地区、格兰塞镇的西面。在这段时间，他们要找的第1希特勒青年团装甲猎杀旅正部署在勒文贝格附近，并占据着第196号公路和第96号公路交叉口附近的一处斜交阵地（在纳森海德和格兰塞之间，但没有包括这2座城镇），其旅部［即帝国青年领袖办公室，由担任副旅长的科恩上级旗队长（原为空军预备役军官）指挥］位于菲利茨［位于赫茨贝格（Herzberg）以北、勒文贝格和新鲁平之间］。

与此同时，苏军白俄罗斯第1方面军于4月23日—24日突破到瑙恩一带，并于当日（4月25日）在凯钦同乌克兰第1方面军会合，从而包围了德国首都柏林。

当时，各部队的隶属关系一片混乱。其中一个例子是党卫军上将施泰因纳的集团军级集群［指挥部是党卫军第3（日耳曼）装甲军军部］，该集群位于奥拉宁堡两侧，并负责利用收拢到的部队解救柏林。按照他的说法，他遣走了1支希特勒青年团部队（属于国民突击队中的第3类服役人员），因为他们只配备了步枪。但维斯瓦河集团军群的现存记录并没有显示这一点。另外，和很多资料的记录不同，该旅也并不隶属于维斯瓦河装甲歼击师，而是直属于国防军最高统帅部，并在4月27日根据凯特尔元帅的命令转入第12集团军。

按照计划，第12集团军（司令为温克装甲兵上将）将投入第41装甲军（军长为霍尔斯特中将）在施泰因纳集团军级集群右翼发动攻击。与此同时，位于柏林防御地带的施吕德尔希特勒青年团战斗群也接到了希特勒本人的指示——前往施潘道附近，守住施普雷河口以南横跨哈维尔河的皮彻尔斯多夫大桥。在北面，德军将投入第25装甲掷弹兵师发动进攻，第7装甲师也在赶来途中。复仇武器师的师长冯·高德克上校在给妻子的信中提到，他曾在霍尔斯特军的一次会议上向第7装甲师师长告别，但最终，第7装甲师并没有参与行动，而是被调往第3装甲集团军（隶属于维斯瓦河集团军群）执行其他任务。同样，第25装甲掷弹兵师后来也沿第96号公路（由第1希特勒青年团装甲猎杀旅守卫）去了梅克伦堡地区。计划投入进攻的部队还包括施拉格特（步兵）师（即第1帝国劳工组织步兵师），其部分单位将前往勒文贝格附近的斜交阵地，接替第1希特勒青年团装甲猎杀旅。从左到右，施泰因纳集团军级集群的主战线一共有下列部队：冯·沃尔夫旅［指挥官为冯·沃尔夫少校，包括第115（摩托化）侦察营（又名第115装甲侦察营）、（党卫军）第103野战补充旅旅部和1个下属营、第630（摩托化）工兵营（欠第1连）和党卫军第103装甲驱逐团的1个营］；海军装甲歼击旅的1个营；党卫军第4警察装甲掷弹兵师（大部）；第3海军步兵师；第1空军师（1.Luftwaffen-Division）；位于泽彭施鲁塞（Zerpenschleuse）附近的克雷辛战斗群［指挥官是第138高级炮兵司令部司令克雷辛上校，包括第86空军团第2营、伞兵士官学校（Fallschirmoberjäger）的2个营、赫尔曼·戈林军官和士官再培训班（Offz.u.Uffz.–Umschulungslehrgang Hermann Goring），并加强有第6突击高炮团的3个连］。在右翼的费尔贝林，施泰因纳与霍尔斯特军勉强有联系，左翼则是第3装甲集团军辖下的第101军。第1希特勒青年团装甲猎杀旅则位于这条向东延伸的战线后方，并负责提供警戒，同时保护第3装甲集团军的后方地带。4月27日，该旅接到了新的隶属命令，同时，施泰因纳集团军级集群则被解散，包括奥拉宁堡战斗群（含冯·沃尔夫旅）、党卫军第4警察装甲掷弹兵师（大部）、第3海军步兵师和第1空军师在内的原下属部队则转入霍尔斯特中将辖下。除此之外，由于第1希特勒青年团装甲猎杀旅调离，施拉格特步兵师［即第1帝国劳工组织步兵师，之前曾跟随第39装甲军投入了在吕讷堡石楠草原（Lueneburger Heide）的战斗］也一度被交给霍尔斯特指挥——虽然该师从一开始就是计划交给第12集团军的。该师后来成为维斯瓦河集团军群的“消防队”，并因为表现优异获得了良好声誉。

第12集团军左翼的形势

1945年4月27日，调动命令传到了鲁平地区菲利茨的指挥所。我和下属的行政人员（阿道夫·希特勒学校的学生）前往新鲁平——这里曾经是装甲兵监察处的总部。我将在当地的装甲兵军营向第12集团军的作战参谋部门汇报，并充当全旅与该集团军的联络官。在接到正式任命之前，我曾向当地的城防司令（1名上校）报到，并给自己找了一处驻地。新鲁平的城防司令来自复仇武器师，他邀请我参加司令部的每日简报会，还和我们一起在军官餐厅进餐。但我发现，这位上校只是位光杆司令，不仅无法长期坚守城市，甚至缺乏警戒兵力。退役少将奥斯卡·蒙策尔（Oskar Munzel）在第6装甲团的战史中也证实，“随着苏军接近”，当地的原守备部队——第5装甲补充营——便撤到了诺德马克（Nordmark）地区。

由于左翼的第21集团军仍未就位，也没有与右翼的第12集团军建立联系，形势异常危险。当我到达时，第12集团军左翼的情况是：冯·高德克上校的复仇武器师只把下属的赫尔曼·戈林装甲歼击旅派到了5号公路（该公路从瑙恩方向延伸而来，其中瑙恩早在4月24日便已沦陷）另一侧，其前线朝向南方，并且位于森茨克（Senzke）一带。而在弗拉托（Flatow）附近，则有奥拉宁堡战斗群辖下的冯·沃尔夫旅［由第115（摩托化）侦察营营长指挥］——在施泰因纳集团军级集群的任务取消后，奥拉宁堡战斗群便被暂时划拨给了霍尔斯特中将的第41装甲军。复仇师的右翼友邻单位是哈维尔河前线的冯·哈克师/师级集群，后者同样属于霍尔斯特军。而在左翼，复仇师则和党卫军4警察装甲掷弹兵师保持着联系。

命令要求放水淹没林河草地（Rhinluch），但此举遭到了新鲁平城防司令部的怀疑和反对。这片草地位于旧弗里萨克（Alt-Friesack）以西、比茨湖（Bützsee）和鲁平湖（Ruppiner See）之间，是一条狭窄的陆上通道，历史可以追溯到弗里德里希大王的年代，当时同样属于冯·高德克上校的防区。但与第12集团军和第21集团军在莱茵贝格附近的缺口相比，这片草地反而成了次要地段——因为前者可以让苏军坦克一直抵达哈维尔河畔的菲尔斯滕贝格。在费尔贝林——这片大选帝侯曾骑马驰骋、为勃兰登堡和普鲁士奠定基业的古战场——1个不久前被编入冯·沃尔夫旅［下属部队还包括第115（摩托化）加强侦察营和党卫军第103装甲驱逐团的1个营（成员为罗马尼亚人）］的空军预备学校营（人员来自希特勒青年团）为稳定战线发挥了重大价值，还摧毁了一些敌军坦克。

科恩指挥的第1希特勒青年团装甲猎杀旅仍然位于96号公路和167号公路交叉口附近，继续看守着勒文贝格附近的斜交阵地。与此同时，施拉格特（步兵）师（即第1帝国劳工组织步兵师，当时正在前往弗里萨克，以充当集团军预备队）的一部则接管了这个交叉口。在转移后，第1希特勒青年团装甲猎杀旅在霍尔斯特军的军部周围构建了防御阵地。甚至在抵达位于德雷茨的希特勒青年团军事训练营（Hitlerjugend Wehrertüchtigungslager Dreetz）之后，他们仍承担着保护军部的使命。在此期间，第1希特勒青年团装甲猎杀旅的主力（第1营至第3营）紧邻着赫尔曼·戈林装甲歼击旅，并位于主战线的南翼。上述空军预备学校营（人员来自希特勒青年团）则从费尔贝林撤离，并转移到屈里茨充当旅预备队。

利用第1希特勒青年团装甲猎杀旅的人员，德军组建了新鲁平战斗群（Kampfgruppe Neuruppin），其下属部队包括旅第4营、梅克伦堡希特勒青年团坦克歼击营（后来成为该旅的第6个营）、帝国劳工组织第1/91营，任务是在新鲁平城防司令的指挥下，和复仇武器师一道保护第12集团军的左翼。但实际上，这项任务完全是由希特勒青年团员和帝国劳工组织完成的——直到4月30日，充当支援部队的党卫军托马拉营（得到1个突击连加强）才抵达施托贝克。4月30日傍晚，新鲁平战斗群将鲁平湖和旧鲁平–施托贝克–卡特博（Katerbow）一线的阵地交给了第3海军步兵师的海军掷弹兵，尽管后者的成员年龄并没有比希特勒青年团员大到哪里去。同时，复仇武器师则在冯·高德克上校指挥下擅自向西运动，而且根本没有通知新鲁平战斗群。（作者按：这一决定来自师长冯·高德克上校，他后来在易北河上向美军第29步兵师投降）。

在担任联络官时，我还拦截了一些撤退的希特勒青年团和帝国劳工组织单位，并在此期间偶尔使用过“非常规手段”，从而帮助我们勉强建立了侧翼警戒。这些工作既依靠了原有的巡逻队和侦察兵，还得到了希特勒青年团第24旗队（Bann 24）志愿者的帮助——在局势稳定后，这些志愿者便被送回了家里。在城市的街道上，到处是重伤员和难民队伍，他们等待着前往别处。但城内的国民突击队没有被召集起来，纳粹党地区领袖也不知去向。

福格特的记录显示，即使在战争的最后一周，国防军最高统帅部仍在继续组建和部署新部队，试图以此阻击苏军。这些部队缺乏训练，武器和装备也少得可怜，通信状况极差，只能各自为战。但他们确实对苏军前锋起到了一些拖延作用，并保护了向易北河撤退的士兵和平民，但前提是他们能跟上队伍。

复仇武器师的投降

在德军的“末日部队”中，复仇武器师尤其特殊。1944年中期，德国开始批量生产V-2火箭（即“第2号复仇武器”），并在1944年9月做好了部署准备。但在“720密谋”之后，希姆莱的党卫队官僚机构开始大肆扩张，并接管了V-2火箭首席工程师维尔纳·冯·布劳恩领导下的研究项目。8月31日，党卫队地区总队长卡尔–弗朗茨·卡姆勒（Karl Franz Kammler）成为V-2项目的最高主管，复仇武器师就此诞生。其麾下共有6306人、1592部车辆，并立刻开始准备希特勒要求在9月5日对英国发动的企鹅行动（Operation Pinguin）。[173]成员很多是技术人员，还掌握着当时全世界最先进的科技。1944年9月至1945年2月，该师的V-2机动发射分队向英国、法国、比利时、荷兰甚至德国本土的目标发射了3000多枚弹头重约1吨的弹道火箭。但到2月下旬，由于液氧短缺，V-2发射受到了很多束缚。希姆莱认为，该师已经不再需要安保部队了，并命令将他们编为海斯特曼战斗群（Kampfgruppe Heistermann）。该战斗群最初被部署到柏林附近的贝尔瑙地区，后来又前往泽劳高地，并参加了柏林之战的最初阶段。[174]

3月底，V-2的发射彻底终止。该师2个团——第901复仇武器炮兵团和第902复仇武器炮兵团的残余人员则奉命担任步兵。4月底，他们被派往柏林西北方的第41装甲军（军长为霍尔斯特中将），师长则由冯·高德克上校担任，但高德克却另有想法。4月29日晚，他命令党卫军中校沃尔夫冈·韦茨林（Wolfgang Wetzling）和国防军少校马泰斯（Matheis）渡过易北河，尝试与美国第29步兵师接洽，以便在戈莱本（Gorleben）地区投降。[175]作为回报，他们将交出该师的所有技术文件和有经验的V-2导弹发射人员，从而避免它们落入苏军手中。美国人被这一条件打动，很快就表示同意，大约3000名德国专家闻讯立刻向易北河进发，还有更多人紧随其后。战后，该师的很多专业人员来到得克萨斯州的布利斯堡（Fort Bliss）“重操旧业”，并在冯·布劳恩博士领导下帮助美国启动了火箭计划。[176]另外，美军第29步兵师还在一份5月3日的情报文件中指出，冯·高德克的“单独投降”对第41装甲军的其他部队起了“鼓励作用”。[177]

得知冯·高德克的抗命行为，霍尔斯特中将立刻要求将其枪决。但不久，霍尔斯特也效仿了这种做法，在4月29日抛弃了部下和指挥部，和家人一起逃往西部。这也导致了该军防区的崩溃，并让福格特倍感愤怒。

（参见地图37）

本章尾注：

1. 关于各条战线上的指挥体系，读者可参见：（1）弗雷斯特·波格《第二次世界大战中的美国陆军——最高司令部》（*The Supreme Command, UNITED STATES ARMY IN WORLD WAR II*）（1954年在华盛顿出版）；（2）美国军事研究文件MS R-69《维斯瓦河集团军群的覆灭与第12集团军》（马格纳·鲍尔撰写）。

2. 参见《最高统帅部致维斯瓦河集团军群的通告，1945年4月21日》，该文件出自弗雷斯特·波格撰写的《第二次世界大战中的美国陆军——最高司令部》；亦参见国会研究处文件CRS 75122/7《维斯瓦河集团军群作战日志，1945年4月20日至29日》附录（*Heeresgruppe Weichsel, Anlagen zum KTB 20.—29. IV.45*，以下简称“维斯瓦河集团军群作战日志附录”）。

3. 参见1945年4月21日18点45分，克雷布斯与海因里齐的电话通话记录，出自军事历史主管办公室文件X-500《维斯瓦河集团军群的电话通话详情，1945年4月22日至29日》（以下简称“X-500号文件”），摘自《维斯瓦河集团军群作战日志附录》。

4. 参见1945年4月22日，维斯瓦河集团军群致第9集团军的命令，出自《维斯瓦河集团军群作战日志附录》。

5. 参见美国军事研究文件MS D-398《国防军最高统帅部作战日志，1945年4月20日至1945年5月19日》（*OKW, KTB 20.IV.—19. V.45*）。该作战日志记录了国防军最高统帅部在战争结束前的活动，保管人是一位在1945年春天调入该指挥部的伤残军人——约阿希姆·舒尔茨少校。根据上述官方记录和个人经历，舒尔茨撰写了回忆录《最后30天》（*Die Letzten 30 Tage*）（1951年在斯图加特出版）。该命令表明，希特勒打算让2个集团军会合，切断从南面向柏林进攻的苏军。其内容亦可参见1945年4月22日17时5分，布塞与海因里齐的电话通话记录，出自“X-500号文件”。

6. 本结论来自马格纳·鲍尔。

7. 参见1945年4月22日21时30分，海因里齐与克雷布斯的电话通话记录，出自“X-500号文件”。

8. 参见美国军事研究文件MS D-398（舒尔茨）。需指出：凯特尔先是在4月22日—23日晚间视察了第20军军部，随后又视察了温克的司令部和沙恩霍斯特师的师部。4月23日，他返回希特勒在帝国总理府的总部，参加了局势会议，随后返回克兰普尼茨的国防军最高统帅部总部。之后，凯特尔又再次访问了第12集团军司令部，并在4月23日23时左右抵达。详情亦可参见1945年4月23日1时10分的通话记录，出自《维斯瓦河集团军群作战日志附录》。

9. 参见美国军事研究文件MS D-398（舒尔茨）。需指出：原文中没有说明时间，但估计是在4月22日—23日晚上。

10. 当地又名温迪施布赫霍尔茨（Wendisch Buchholz），但在希特勒上台后被改为此名。

11. 参见维斯瓦河集团军群致陆军最高司令部的态势报告，出自《维斯瓦河集团军群作战日志附录》；亦参见4月22日和23日的电话通话记录，出自“X-500号文件”。

12. 参见1945年4月23日的电话通话记录，出自“I-500号文件”，其中提到：“温克和布塞应当从两边进军，让敌人无法北上。”冯·特罗塔将军抵达维斯瓦河集团军群司令部是在4月20日，随后在21日听取了形势简报，并在4月22日正式成为集团军群参谋长——其情况可参见“X-500号文件”中1945年4月22日的电话通话记录。

13. 参见“X-500号文件”中的一系列电话通话记录。

14. 参见美国军事研究文件MS P-136《柏林德军的防御计划》（*The German Defense Plan of Berlin*）（威廉·威尔姆勒上校撰写），以及1945年4月23日的电话通话记录，出自“X-500号文件”。

15. 参见1945年4月22日，维斯瓦河集团军群致陆军最高司令部的文电（态势报告，编号6031），出自《维斯瓦河集团军群作战日志附录》。

16. 参见1945年4月23日19点30分，德国空军东北司令部情报参谋部门致第9集团军的文电（编号824/45），出自《维斯瓦河集团军群作战日志附录》。

17. 参见1945年4月22日，维斯瓦河集团军群致第9集团军群和其他部队的文电（编号6008/45），以及1945年4月22日，维斯瓦河集团军群致陆军最高司令部的每日报告，两者均出自《维斯瓦河集团军群作战日志附录》。

18. 参见1945年4月23日23时25分，布塞与海因里齐的电话通话记录，出自“X-500号文件”。

19. 参见1945年4月23日21时31分，布塞与海因里齐的电话通话记录，出自“X-500号文件”。

20. 参见多份电话通话记录，尤其是1945年4月23日21时31分布塞与海因里齐的电话通话记录，出自“X-500号文件”。

21. 参见1945年4月25日9时15分，海因里齐与兰普斯上校的电话通话记录，出自“X-500号文件”。

22. 参见美国军事研究文件MS D-398（舒尔茨）中关于1945年4月24日的第一段记录，即15时10分之前的部分。

23. 这两段内容主要来自约德尔与海因里齐的通话记录，以及1945年4月24日维斯瓦河集团军群致第9集团军的文电，均出自“X-500号文件”。

24. 参见美国军事研究文件MS D-398（舒尔茨）。

25. 参见美国军事研究文件MS D-398（舒尔茨）。

26. 参见美国军事研究文件MS B-606《最后的集结：第12集团军在东西线之间德国腹地的战斗，1945年4月13日至1945年5月7日》（作者为第12集团军参谋长京特·赖希海尔姆上校）。

27. 参见美国军事研究文件MS D-398（舒尔茨）。

28. 此处系马格纳·鲍尔得出的结论，其基础是陆军最高司令部作战局第3处绘制的1：300000形势图，标题为《易北河/奥得河地段第12集团军和维斯瓦河集团军群形势图，1945年4月25日下午》（*Abschnitt Elbe/oder, Lage AOK 12 u. H.Gr Weichsel. Stand 25 Apr 45. Abends*，以下简称为“1945年4月25日第12集团军1：300000形势图”）。

29. 参见1945年4月25日11时5分的电话通话记录，出自“X-500号文件”。

30. 参见美国军事研究文件MS D-398（舒尔茨）。

31. 参见美国军事研究文件MS D-398（舒尔茨）中1945年4月25日0时30分的记录条目；1945年4月24日21时23分的电话通话记录，出自“X-500号文件”；1945年4月24日22时30分，克雷布斯与海因里齐的电话通话记录，出自“X-500号文件”——该记录提到“布塞完全可以对（与友军）会合的地点做出最佳判断”。

32. 本结论来自马格纳·鲍尔。

33. 参见美国军事研究文件MS P-136（威尔姆勒）中附件的第3项。

34. 参见1945年4月25日14时30分约德尔与维斯瓦河参谋长的电话通话记录，出自“X-500号文件”。

35. 参见1945年4月25日14时30分约德尔与维斯瓦河参谋长的电话通话记录，出自“X-500号文件”，以及15点12分（无日期），维斯瓦河集团军群参谋长的事务通报，出自国会研究处文件CRS 75122/11。

36. 本结论来自马格纳·鲍尔。

37. 参见美国军事研究文件MS D-398（舒尔茨），以及1945年4月24日由国防军最高统帅部下发的、编号为“OKW/WFSt/Op (H). Nr. 003836”，并由约德尔签发给凯瑟林和其他人员的命令，出自《国防军最高统帅部命令和相关部队（投降），1945年4月13日至4月20日》［*OKW Befehle and Die Truppe (Kapitulation) 13.IV.—20. V.45*，以下简称为“国防军最高统帅部命令，1945年4月13日至4月20日”］。对于4月中旬至5月中旬的形势，该文件提供了极为宝贵的信息，因为其中的大部分文电都是由凯特尔和约德尔亲自签署的，并且保留了当时的更正、修改和评论（其内容简称为《国防军最高统帅部命令补编》）。

38. 参见1945年4月25日，国防军指挥参谋部致第12集团军的文电，出自《国防军最高统帅部命令补编》；美国军事研究文件MS D-398（舒尔茨）。

39. 此处为马格纳·鲍尔所做的评估。

40. 参见美国军事研究文件MS D-398（舒尔茨）中1945年4月25日19时13分的记录条目。

41. 参见维斯瓦河集团军群的无线电通信记录，出自《维斯瓦河集团军群作战日志附录》。

42. 参见第9集团军致维斯瓦河集团军群的第538号无线电报；维斯瓦河集团军群致第12集团军的第6094号无线电报。以上文电均出自《维斯瓦河集团军群作战日志附录》。

43. 参见1945年4月26日，维斯瓦河集团军群致陆军最高司令部的晨间报告（其中引用了三份来自第9集团军的无线电报），出自《维斯瓦河集团军群作战日志附录》；美国军事研究文件MS B-606（赖希海尔姆）——但该文件附件2称第9集团军进攻的日期为1945年4月28日。

44. 参见《1945年4月25日第12集团军1：300000形势图》。

45. 参见《维斯瓦河集团军群作战日志附录》。

46. 美国军事研究文件MS B-606（赖希海尔姆）宣称这次行动发生在4月25日，但美国军事研究文件MS D-398（舒尔茨）在4月26日20点30分的条目则宣称其发生在4月26日——希特勒得到的消息也是如此。

47. 此处为马格纳·鲍尔根据文件作出的评估。

48. 本处信息来自作者（马格纳·鲍尔）对前党卫军第5山地军（隶属于第9集团军）参谋长舒尔特斯上校的采访。

49. 参见《1945年4月25日第12集团军1：300000形势图》。

50. 参见1945年4月25日19时，希特勒给约德尔的命令副本（无编号，1945年4月26日0时25分由最高统帅部记录），出自《国防军最高统帅部命令补编》。

51. 参见1945年4月26日约德尔致帝国总理府的文电（编号OKW/WFSt Op Nr.88885/45），以及1945年4月26日（时间可能为22时12分）福斯（Voss）海军中将致国防军最高统帅部的文电——两者均出自《国防军最高统帅部命令补编》。另外，美国军事研究文件MS B-606（赖希海尔姆）则宣称这一行动发生在1945年4月28日—29日。

52. 参见弗雷斯特·波格《第二次世界大战中的美国陆军——最高司令部》，第467页。

53. 参见维斯瓦河集团军群的无线电通信记录，出自《维斯瓦河集团军群作战日志附录》。另外，美国军事研究文件MS R-69《维斯瓦河集团军群的覆灭与第12集团军》（马格纳·鲍尔）也提供了更多信息。

54. 参见1945年4月26日18时35分，哈纳克与兰佩的电话通话记录，出自“X-500号文件”。

55. 参见美国军事研究文件MS D-398（舒尔茨）中1945年4月26日20点30分和22点15分的记录条目。

56. 参见1945年4月26日18时，希特勒与约德尔的电话通话记录，出自美国军事研究文件MS D-398（舒尔茨）（其中并未提到第12集团军）。

57. 参见编号为OKW/WFSt/Op (H) Nordost. Nr. 003822/45的无线电报（约德尔签字），出自《国防军最高统帅部命令补编》。需要注意的是，上述几条电报的时间是根据《国防军最高统帅部命令补编》中的3条文电和美国军事研究文件MS D-398（舒尔茨）的记录推定的。

58. 参见1945年4月27日（无时间），克雷布斯致国防军指挥参谋部主管的确认文电，出自《国防军最高统帅部命令补编》。

59. 参见约德尔在克雷布斯无线电报上留下的手写记录，出自《国防军最高统帅部命令补编》。

60. 参见维斯瓦河集团军群致第9集团军和第12集团军的文电（编号为88 861/45），出自《国防军最高统帅部命令补编》，以及美国军事研究文件MS D-398（舒尔茨）。

61. 参见美国军事研究文件MS D-398（舒尔茨）。

62. 参见1945年4月26日22时40分，约德尔与海因里齐的电话通话记录，出自“I-500号文件”。

63. 参见1945年4月26日22时40分，约德尔与海因里齐的电话通话记录，出自“X-500号文件”。

64. 参见1945年4月26日23时23分的电话通话记录，出自“X-500号文件”。

65. 参见1955年10月，马格纳·鲍尔对舒尔特斯上校的采访记录。相关信息亦可参见本报告第17页和《1945年4月25日第12集团军1：300000形势图》。

66. 参见1955年10月，马格纳·鲍尔对舒尔特斯上校的采访记录。

67. 参见1945年4月27日12点10分，第9集团军致维斯瓦河集团军群的晨间态势无线电报告；1945年4月27日维斯瓦河集团军群的每日态势报告——两者均出自《维斯瓦河集团军群作战日志附录》。另外需要注意的是，第一份无线电态势报告的手写注释表明，该文电是发给第12集团军的。

68. 1945年4月27日16时45分，维斯瓦河集团军群作战参谋与第3装甲集团军参谋长的电话通话记录，出自“X-500号文件”。

69. 1945年4月27日的电话通话记录，出自“X-500号文件”。

70.参见国会研究处文件CRS OKW/20《来自元首大本营的特别报告，1943年2月3日至1945年5月9日》。

71. 参见美国军事研究文件MS D-398（舒尔茨）。

72. 参见美国军事研究文件MS P-136（威尔姆勒）附件部分，第101页。

73. 参见国防军指挥参谋部作战处（陆军）东北分处发给国防军最高统帅部的报告——出自《国防军最高统帅部命令补编》；美国军事研究文件MS D-398（舒尔茨）；1945年4月28日，维斯瓦河集团军群致陆军最高统帅部的态势报告，出自《维斯瓦河集团军群作战日志附录》。

74. 此处为马格纳·鲍尔的结论。

75. 参见美国军事研究文件MS D-398（舒尔茨），以及1945年4月28日，约德尔致第12集团军、维斯瓦河集团军群和第9集团军的文电部分内容（编号为3865/45）——出自《国防军最高统帅部命令补编》。

76. 参见1955年10月，马格纳·鲍尔对舒尔特斯上校的采访记录。

77. 参见美国军事研究文件MS B-606（赖希海尔姆），第31—32页。

78. 参见美国军事研究文件MS B-606（赖希海尔姆）；美国军事研究文件MS B-220《德国第12集团军

和美国第9集团军在斯滕达尔的投降谈判，1945年5月4日》[作者为装甲兵上将马克斯·冯·埃德尔斯海姆（Max von Edelsheim）男爵]；美国军事研究文件MS P-136（威尔姆勒）。

79. 在战后出版的日记中，国防军最高统帅部总长威廉·凯特尔非常清楚地说明了他将海因里齐革职的原因。他当时与第7装甲师师长一起查看了作战地图，发现第3装甲集团军正在大举撤退。而且他还注意到，这次撤退是按部就班的，而且早已做好了计划，命令已在4月27日晚上由海因里齐下达，但完全没有通知他本人。凯特尔在日记中写道，4月28日，他命令海因里齐和冯·曼陀菲尔在指定的十字路口会面，以便讨论形势。他还以指责的口吻记录道，他认为这份计划出自海因里齐的参谋长——伊沃·冯·特罗塔将军之手。上述信息来自《威廉·凯特尔元帅回忆录》（*The Memoirs of Field- Marshal Wilhelm Keitel*）（纽约：库珀广场出版社，1965年出版），第217—218页。

80. 近卫第5坦克集团军是二战中苏军最知名的部队之一，成立于1942年2月，拥有多达3个坦克军和1个机械化军，并参加过以下行动：1943年夏季，保卫库尔斯克突出部的南部地区，并在著名的普洛霍罗夫卡（Prokhorovka）之战中对抗党卫军第2装甲军；1943年—1944年冬季瓦解科尔松-切尔卡瑟包围圈；1944年夏天，在巴格拉季昂行动中担任扩大战果的主要力量，并在包围明斯克期间发挥了关键作用。另外，该集团军还攻占了立陶宛的维尔纽斯，并在1940年后再次让这个波罗的海国家重回苏联的掌控。尽管有上述胜利，但该集团军却蒙上了“损失过大”的恶名。其指挥官帕维尔·罗特米斯特罗夫（Pavel Rotmistrov）中将也被解除职务，并被在斯大林格勒战役期间担任机械化第4军军长的瓦西里·沃尔斯基（Vasily Volsky）大将取代。1944年12月至1945年3月间，该集团军一直在波罗的海沿岸同第3装甲集团军作战，从东普鲁士的梅梅尔一直打到埃尔平，并切断了第2集团军与北方集团军群的联系。在东普鲁士的战斗中，该部队的指挥官感染了肺结核，1945年3月入院治疗，并在次年去世。其下属部队也被缩减到1个坦克军。在战争最后阶段，该集团军并未参加柏林战役和对德国的最后进攻，而是在战线后方担任守备部队。

81. 此类信息来自2000年11月俄罗斯联邦国家档案馆发布的一系列地图，其中显示了苏军白俄罗斯第2方面军的作战规划。笔者获得了这些规划图的副本。

82. 瓦尔特·莫德尔元帅是B集团军群的指挥官，他拒绝向包围“鲁尔口袋”的西方盟军投降，并在4月21日自杀。

83. 这是海因茨·古德里安早先夏至行动的延续，并试图将大部分苏军包围在奥得河东岸。希特勒所说的舍尔纳就是费迪南德·舍尔纳元帅，他指挥着维斯瓦河集团军群南部的中央集团军群。

84. 参见海因茨·古德里安《装甲指挥官》，第421页。

85. 德国联邦档案馆-军事档案分馆文件T311/169/I441，附录1。

86. 原始采访中还有这样一段内容：“脚注：在谈及俄国人的想象力时，曼陀菲尔曾提到了苏军的一件奇闻。在部队出发前，他们会让狗携带地雷，进入德军阵地。这些地雷固定在狗的背上，并连接着一根长绳。当狗向前走，抵达埋设地雷的确切位置时，绳子就会被拉动，地雷会从狗身上落下，狗随后返回。”

87. 战后，冯·曼陀菲尔成为美国政府的常客，并经常在美军的院校授课。

88. 参见德国联邦档案馆-军事档案分馆文件RH-32-1，沙克记录稿。

89. 参见德国联邦档案馆-军事档案分馆文件RH 24-32-1。

90. 参见德国联邦档案馆-军事档案分馆文件RH 24-32-1。

91. 参见德国联邦档案馆-军事档案分馆文件RH 24-32-1。

92. 参见德国联邦档案馆-军事档案分馆文件RH 24-32-1。

93. 参见德国联邦档案馆-军事档案分馆文件 RH-32-1，沙克记录稿。

94. 参见德国联邦档案馆-军事档案分馆文件RH 24-32-1。

95. 参见德国联邦档案馆-军事档案分馆文件RH 24-32-1。

96. 参见德国联邦档案馆-军事档案分馆文件RH 24-32-2。

97. 1945年在奥得河前线，加雷斯对海因里齐的印象与之前有很大不同。我们只能猜测，俄国前线的战斗（尤其是1942年和1943年的战斗）给海因里齐带来了很大变化，并最终让他“不再把从军当成自豪的事业”（参见《奥得河前线1945》第1卷第3章）。

98. 参见美国国家档案馆柏林文件中心的A3345《杂项文献》，陆军第1分类，第208号文件盒，加雷斯人事档案。

99. 当克劳斯·冯·施陶芬贝格在东普鲁士的“狼穴”引爆炸弹时，鲁道夫·施蒙特恰巧在现场，并被炸成重伤，之后死于伤势恶化。

100. 参见美国国家档案馆柏林文件中心的A3345《杂项文献》，陆军第1分类，第208号文件盒，加雷斯人事档案。

101. 加雷斯在这里指的是第3装甲集团军司令部。

102. 在这里，加雷斯指的是他到达第2集团军司令部时的情况，他的第46装甲军最初曾隶属于该部队。

103. 这些人与加雷斯的关系已不得而知，但表明加雷斯曾试图为第46装甲军调集更多后备人员。

104. 加雷斯在此处指的是维斯瓦河集团军群总部。

105. 埃里希·冯·登·巴赫-泽列夫斯基是奥得河军的军长，后来被霍恩莱因将军接替。

106. 在维斯瓦河集团军群的每日作战地图上，这2个旅被分别标为第210突击炮旅和第184突击炮旅。

107. 从1945年4月1日开始，德国方面开始用“狼人”电台向沦陷区的德国人发布抵抗信息，试图煽动当地民众的游击抵抗。

108. 在这里，加雷斯直接提到了1944年7月20日在东普鲁士“狼穴”总部刺杀阿道夫·希特勒的阴谋，这次阴谋是陆军上校克劳斯-申克·冯·施陶芬贝格伯爵策划的。

109. 罗伯特·莱伊是纳粹政治家，也是德意志劳工阵线的负责人。他涉嫌在战争期间虐待奴隶劳工，并在战后候审期间自杀。

110. 党卫军各师在奥得河前线制造了哪些具体问题尚无法得知，不过，这些看法显然呼应了海因里齐在上任之初的发现。也正是这种情况，让海因里齐决定将党卫军各师调离前线。

111. 这位中将的全名是瓦尔特·冯·希佩尔，但按照其他记录，他当时正在意大利指挥第10集团军的高炮部队——换言之，加雷斯在这里的记录可能有误。另外，巴赫-泽列夫斯基的到场也值得怀疑，因为他在几周前就已经辞去了军长职务。

112. 参见美国国家档案馆文件T311/169/7221735-36。

113. 参见美国国家档案馆文件T311/169/7221746。

114. 参见美国国家档案馆文件T-311/169/7221780。

115. 参见美国国家档案馆文件T311/169/7221853。

116. 同上。

117. 参见美国国家档案馆文件T311/169/7221926。

118. 参见美国国家档案馆文件T-311/169/7221921。

119. 参见美国国家档案馆文件T311/170/7222031。

120. 参见美国国家档案馆文件T311/170/7222008。

121. 同上。

122. 参见美国国家档案馆文件T311/170/7222015。

123. 参见美国国家档案馆文件T311/170/7222031。

124. 参见美国国家档案馆文件T311/170/7222028和T311/170/7222008。

125. 参见美国国家档案馆文件T311/170/7222008。

126. 参见美国国家档案馆文件T311/170/7222015。

127. 加雷斯这里指的可能是第1海军步兵师防区内的第183突击炮旅，也有可能是其他的装甲部队。

128. 布劳尔之前曾担任第9集团军麾下第9伞兵师的师长，并在不久前刚被撤职，因为他申请让部队离开前线接受休整。

129. 参见美国国家档案馆文件T311/170/7222078。

130. 参见美国国家档案馆文件T311/170/7222065。

131. 参见美国国家档案馆文件T311/170/7222062。

132. 参见美国国家档案馆文件T311/170/7222059-60。

133. 参见美国国家档案馆文件T311/170/7222078。

134. 参见美国国家档案馆文件T311/170/7222066。

135. 在这里，加雷斯可能反映的是波罗的海装甲训练分队的情况。

136. 参见美国国家档案馆文件T311/170/7222125。

137. 参见美国国家档案馆文件T311/170/7222130。

138. 参见美国国家档案馆文件T311/170/7222139-140。

139. 参见美国国家档案馆文件T311/170/7222130。

140. 参见美国国家档案馆文件T311/170/7222140。

141. 参见美国国家档案馆文件T311/170/7222138。

142. 参见美国国家档案馆文件T311/170/7222189。

143. 参见美国国家档案馆文件T311/170/7222192-197和T311/170/7222201-202。

144. 参见美国国家档案馆文件T311/170/7222202。

145. 参见美国国家档案馆文件T311/170/7222249。

146. 参见美国国家档案馆文件T311/170/7222189。

147. 参见德国联邦档案馆-军事档案分馆文件RH 24-32-1。

148. 参见美国国家档案馆文件T311/170/7222264。

149. 参见美国国家档案馆文件T311/170/7222264和T311/170/7222269。

150. 参见德国联邦档案馆-军事档案分馆文件RH 24-32-1。

151. 参见美国国家档案馆文件T311/170/7222323。

152. 同上。

153. 同上。

154. 参见美国国家档案馆文件T311/170/7222382。

155. 参见美国国家档案馆文件T311/170/7222383。

156. 参见德国联邦档案馆-军事档案分馆文件RH 24-32-1。

157. 参见美国国家档案馆文件T311/170/7222408-09。

158. 同上。

159. 参见美国国家档案馆文件T311/170/7222410。

160. 参见美国国家档案馆文件T311/170/7222408-09。

161. 参见美国国家档案馆文件T311/170/7222410。

162. 参见美国国家档案馆文件T311/170/7222408-09。

163. 同上。

164. 参见德国联邦档案馆-军事档案分馆文件RH 24-32-1。

165. 参见美国国家档案馆文件T311/170/7222476。

166. 参见美国国家档案馆文件T78/469/Folder H3/224，转引自《维斯瓦河集团军群4月28日的作战日志》。

167. 同上。

168. 参见德国联邦档案馆-军事档案分馆文件RH 24-101。

169. 福格特的正式职务是希特勒青年团装甲猎杀补充旅旅部特别参谋军官。这些记录摘取自他写的三封信，日期分别是1982年8月25日、1982年8月27日和1985年1月5日，出自德国联邦档案馆-军事档案分馆文件N756-78c。其内容较原文有所改动，并根据上下文改变了叙述顺序。

170. 有确凿证据显示，施泰因纳曾决心对希特勒采取行动。其中一份证词来自党卫队地区总队长兼党卫军中将奥托·奥伦多夫（Otto Ohlendorf），他曾在东线指挥D特别行动队（Einsatzgruppen D），之后在帝国保安处第3局（Amt III, RSHA）任职，并与希姆莱一道在弗伦斯堡度过了战争最后几周。在战后被囚禁期间，他向审讯人员供述了1945年4月与希姆莱的最后谈话，其中涉及了如何让党卫队与西方盟国达成条件，以便结束战争的问题。奥伦多夫提到，在最后几个月，希姆莱在许多问题上与希特勒有分歧。希姆莱希望在德国建立新秩序，党卫队高级地区总队长施泰因纳、党卫队高级地区总队长希尔德布兰特（Hildebrandt）和党卫队高级地区总队长戈特贝格（Gottberg）都表示赞成。奥伦多夫还指出，早在1945年1月，施泰因纳便提到过改组政府的问题，并担心希姆莱瞻前顾后，对希特勒俯首帖耳，无法成就大事（另外，也正是这种优柔寡断，让希特勒经常把希姆莱排除在一些事务之外）。上述内容出自《对奥托·奥伦多夫的审讯摘要》（*Brief of Interrogation of Otto Ohlendorf*）（美国陆军审讯处首席军法官办公室，德国纽伦堡：1945年10月29日），第1页。另外，党卫军第4警察装甲掷弹兵师师长瓦尔特·哈尔泽也证实施泰因纳试图逮捕希特勒，从而结束战争：4月23日，施泰因纳命令他将党卫军第7装甲掷弹兵团派往柏林，以便逮捕希特勒，并与西方盟国停战。按照哈尔泽的说法，这项任务将由骑士十字勋章获得者奥托·普拉格尔执行。但由于苏军在4月24日封闭了柏林包围圈，上述计划最终胎死腹中。详情可参见弗里德里希·胡泽曼撰写的《忠贞不渝：党卫军第4警察装甲掷弹兵师战史》第2卷胡斯曼，第489页。如果施泰因纳确实下令突袭元首地堡，无论成功与否，都会产生巨大影响。

171. 冯·高德克曾在1944年8月作为第4装甲师下属的第33装甲掷弹兵团团长而获得了骑士十字勋章。在苏军发动巴格拉季昂夏季攻势时，他在防御战中发挥了重要领导作用，后来在1945年1月成为后备指挥官。

172. 最后，希特勒青年团旗队长彼得·基斯根组建了1个战斗群，该战斗群奉命担任第39装甲军的预备队，其下属部队包括希特勒青年团装甲猎杀补充旅一部——第1营和第4营（即萨克森营，指挥官为希特勒青年团大队长佐赫）——柯尼斯堡营（Bataillon Königsberg）以及跟随第9集团军突围抵达第12集团军防线的基斯根希特勒青年团战斗群的残部。

173. 参见默里·巴伯和迈克尔·科尔《希特勒的火箭兵：对英国发射V2的人》（*Hitler' s Rocket Soldiers: The Men Who Fired the V2s Against England*）（英国：残旗出版社，2011年出版），第41页。

174. 参见默里·巴伯和迈克尔·科尔《希特勒的火箭兵：对英国发射V2的人》，第178—179页。

175. 参见卡尔-海因茨·施韦特韦格《战争结束时的温德兰》第4卷［戈莱本战俘营（Kriegsende im Wendland, Band IV: Gefangenenlager Gorleben）］（诺德施泰特：按需出版有限公司，2010年出版），第24页。

176. 参见卡尔-海因茨·施韦特韦格《战争结束时的温德兰》第4卷，第27页。

177. 参见卡尔-海因茨·施韦特韦格《战争结束时的温德兰》第4卷，第25页。

第十一部分

总评

“纳粹德国已是穷途末路。如果德国人民继续垂死挣扎，只会付出更为惨重的代价。”

——雅尔塔会议新闻公报，1945年2月13日

这份对奥得河前线的研究不只是为了呈现第三帝国的崩溃，还试图探讨在战败前夕，希特勒、希姆莱、古德里安和海因里齐的决策对战后局势产生了怎样的影响。

维斯瓦河集团军群从一开始就难逃失败。它诞生于纳粹德国的生死存亡之际，但从未得到相应的资源。对于战争的结局，该集团军群比东线的任何部队都影响更大，但无论是希姆莱，还是古德里安，都没能给防御带来任何改观。不仅如此，他们还浪费了大量资源和时间，而这些都是德国无法承受的。只有在海因里齐接过指挥权后，维斯瓦河集团军群才获得了一个明确的作战目标：不让苏军攻占柏林，而是将其留给西方盟国。

在维斯瓦河集团军群司令任上，希姆莱并没有给局势带来任何改变。透过他和陆军最高司令部发布的命令，我们可以看到大人物和各军种之间的勾心斗角——也正是这些，使德军在奥得河畔的防御几乎缺乏建树。尤其是1月底至2月中旬，他们本可以构建起更坚实的防御体系，但这关键的几周却被凭空浪费了。相反，他们将时间和资源投入到了古德里安的夏至行动上，试图切断和歼灭斯德丁南部的苏军先头部队。但这次行动不仅惨遭失败，还为苏军迅速攻占波美拉尼亚提供了条件。

对于守卫奥得河前线，希姆莱的唯一贡献就是在国防军最高统帅部的全力支持下制定了严刑峻法，并将其用于鞭策部队。在这方面，他甚至不需要花太多力气，因为德军早已对这一套颇为娴熟。亲历者的记录显示，经常有德军士兵因为怯懦或抗命而被草草处决，而金策尔等师级指挥官、各种要塞指挥官和宪兵则充当了行刑人的角色。希姆莱不仅将严刑峻法用于阻止士兵违纪，还将其视为一种鞭策工具。虽然此举刺激了部分部队，让他们在撤退时负隅顽抗，但在没有成建制部队的地区，这些举措并没有为改善防御带来帮助。另外，希姆莱还总是强调单个士兵的斗志，但这种思路与战场实际完全脱节——一名狙击手或铁拳射手不能为德国挽回败局，后者真正需要的，是统一而协调的防御，也只有如此，帝国才能获得一些喘息时间——但对于军事能力有限的希姆莱，这显然是他无法理解的。

随着波美拉尼亚失守，希姆莱短暂的军事生涯也落幕了。在他离职后不久，古德里安也被解除了陆军最高司令部参谋长的职务。这次解职的深层原因很多。首先，在部队指挥上，古德里安经常固执己见，与希姆莱产生争执，导致维斯瓦河集团军群的参谋部门很难有效规划和执行防御。此外，古德里安对格伦的偏听偏信（无论其准确性如何）也给德军战线带来了裂痕。不仅如此，在军事行动领域，最终的拍板人是希特勒，但古德里安同样经常与之发生冲突。

对维斯瓦河集团军群的行动，古德里安施加了巨大的影响力。该集团军群的许多命令实际都源自于他，但他不仅违背了希特勒的旨意，也没有听取希姆莱或集团军群参谋部的意见，更何况还有孤注一掷之嫌。古德里安肯定知道，苏军在步兵、装甲车辆、火炮和迫击炮方面具有绝对优势，而且摩托化水平、弹药储备和空中优势也足以与德军在巴巴罗萨行动初期的情况比肩。尽管有这样的认识，古德里安还是拒绝选择防御。相反，他认为最好的做法是进攻，尤其是在波美拉尼亚和奥得河前线，这让参战各师遭到了猛烈的火力打击，并承受了无法弥补的人员和物资损失。

古德里安阅读过日食行动的文件，并知晓其中的含义。但直到离职前几天，他才开始向维斯瓦河集团军群的新司令海因里齐发布指示，要求他在奥得河畔拖住苏军，等待西方盟国到来。古德里安本可以更早地选择这条道路，避免希特勒对德国的“战略自杀”——毕竟在1月底到3月底，他原本拥有整整8周时间可以准备防御。这就引出了一个问题：如果德军提早决定采取守势，局势会发生什么变化？虽然一切只能归于遐想，但只要看看海因里齐在短短3周内取得的成就，我们便不难猜出当时可能会发生什么。

在奥得河前线，德军的人员补充体系充当了他们的唯一亮点——得益于此，德军在波美拉尼亚和奥得河畔稳定了破碎的前线。虽然按照普遍的看法，德军的领导力、训练和武器装备在战争后期仍然具有一定优势，在某些情况下，战斗力也超过了对手，但这并不能解释为何经历过苏军摧枯拉朽的维斯瓦河–奥得河攻势之后，他们仍然稳定了前线。显然，德军最可圈可点的地方是在恶劣条件下组建、装备（尽管常常不够齐全）和保障了诸多新的野战师团。在这些部队中，许多下属单位都来自帝国境内的各个训练和补充营。在战争最后几个月，如果不是德军在组织方面的努力，维斯瓦河集团军不可能将如此多的新单位投入战场，更不可能建立起像样的防御。同样，纳粹德国之所以能在最后6个月苟延残喘下去，在很大程度上也是得益于国防军最高统帅部持续组建部队的能力——尽管这些部队的素质已大不如前。

德军的补充体系——预备军和军区会将民间的新兵不断送往重建/新建的作战师团。尽管这些部队的训练和装备水平已远非战争初期可比，但该体系确实为前线提供了大量人员。在防守奥得河前线的作战师团中，有三分之二锻造于1945年——这一事实也凸显了德军补充体系在阻挡苏军前进方面的意义。在1945年冬季的困境中，如果不是这种部署新部队的能力，东线可能会提前几个月崩溃，并导致苏军攻入西方盟国的战后控制区。无可否认，这将加速第三帝国的灭亡，并让数百万战俘、奴隶劳工和集中营囚犯提前得救，但战后的形势也将因此更加变幻莫测。欧洲可能会踏上一条截然不同的道路。

如果战争末期，苏军乘胜占领了德国和中欧的大部分地区，西方盟国将在政治和战略上陷入不利。届时，他们可能将永远无法进入西柏林。以下内容摘自美军驻柏林部队（U.S. Army in Berlin）的解密历史，其中显示了在1945年纳粹德国投降之前控制欧洲领土的重要性：

美军进驻柏林

在制定占领德国和柏林的基本协议时，双方还无法确定其军队能攻入德国多远。例如，在1945年4月下旬，苏军夺取了柏林，但美军也快速推进，远远越过了西方和苏联划定的占领区边界。到1945年5月8日欧洲停战时，美军已控制了很大一块原本由苏联占领的地区。

由于基本协议没有规定美军进驻柏林的事项，哈里·杜鲁门总统于（1945年）6月14日写信给约瑟夫·斯大林元帅，表示将把部队撤往占领区分界线以西，但希望苏方允许美军从占领区和不来梅飞地（Bremen enclave）通过航空、公路和铁路自由进入柏林。斯大林于6月18日答复说：“……根据上述计划，您可以在德国采取一切必要措施。”为了落实这一换文，几天后，柏林召开了一次三方会议，并做出了某些进驻安排。根据会议精神，美军从前方阵地撤出，7月1日，第1空降集团军（First Airborne Army）的成员进入柏林。

直到今天，这项土地交易仍然鲜为人知……[1]

在战争最后几个月，纳粹德国决心在何处负隅顽抗，以及它的抵抗力度，都将对战后产生影响。在捷克斯洛伐克西部和奥地利，美军几乎如入无人之境，这也意味着，如果他们发起协同行动，渡过易北河中游，届时，西方盟国将抢在苏军之前攻入柏林和维斯瓦河集团军群后方。尽管盟军最高司令德怀特·艾森豪威尔的高层幕僚们认为，美军的伤亡可能达到10万，但另一些证据却显示，如果盟军真的发动进攻，他们根本不会遭受重大损失。在苏军发动总攻后，美军第83步兵师跨越易北河，建立了第一座桥头堡，该部队的情报报告显示（详情见前文“第12集团军”部分），德国第12集团军的下属部队已接到命令，禁止与西方盟军作战。盟军进军柏林还有一项更有利的因素：海因里齐必然会对此坐视不管，因为从一开始，这就是他的战役目标。如果西方盟军夺取柏林和德国东部，将为其对抗苏联提供重要的政治和战略筹码。如果后者想进入柏林，并控制德国东部的资源产地，也许将被迫做出妥协，如同意西方盟国的要求，在波兰和捷克斯洛伐克等地进行“自由选举”。虽然最终艾森豪威尔并没有选择向柏林推进，而是转身向德国南部和东南部进军，但如果不是因为海因里齐在奥得河前线的坚守，美军可能无法如此深入战后的苏军占领区。

另外，由于海因里齐一度在泽劳高地阻挡了朱可夫的白俄罗斯第1方面军，4月17日—18日，斯大林命令科涅夫的乌克兰第1方面军北上进入柏林。也正是因此，直到5月初，苏军才开始向南朝布拉格和捷克斯洛伐克推进。不仅如此，科涅夫还被迫调兵对付第12集团军——随着美军止步于易北河沿岸，该集团军得以从西线抽身，而第9集团军也正带着鱼死网破的狂热奋力突围。当科涅夫在5月6日根据斯大林的命令转身南下时，乔治·巴顿将军的第3集团军各师已越过苏台德地区，并于5月7日抵达皮尔森（Pilzen），从而深入了战后的苏军占领区。

虽然海因里齐对奥得河前线的防御未能避免柏林陷落，也没有引诱西方盟军渡过易北河，进入德国首都，但他确实将朱可夫的总攻拖延了4天，这让斯大林相信有必要让科涅夫出手，帮助他尽快夺取已化为废墟的纳粹首都。在极端不利的情况下，海因里齐凭借几个缺兵少将的师（都来自国防军最高统帅部在战争末期的动员）进行了顽强的弹性防御，这些都证明他是一位出色的指挥官。与同期的许多其他指挥官（比如行政官僚希姆莱，以及执着于进攻的古德里安）相比，海因里齐显然对战争艺术的理论和实践有着更深刻的领悟，不仅如此，他还知道如何在逆境中运用这些知识。如果海因里齐对奥得河前线的防御不是如此有效，斯大林可能会提前几周命令科涅夫南下进入捷克斯洛伐克，从而给战后局势带来难以预料的后果——因为杜鲁门正是利用西方盟国控制的捷克斯洛伐克领土，才换取了美国对柏林部分区域的占领。

虽然此时的柏林只是一片残垣断壁，但西方盟国对它的控制却深深影响了欧洲的历史——冷战正是在这片前纳粹德国首都的废墟之上开始，并在1989年随着柏林墙的倒塌而终结。

本章尾注：

1. 参见《美军驻柏林部队，1945—1961》（*The U.S. Army in Berlin 1945—1961*）（美国驻欧陆军总部作战司，1962年出版），第3—4页。

附录A

维斯瓦河集团军群的指挥官和重要人员

集团军群司令

党卫队全国领袖海因里希·希姆莱：1945年1月21日—3月20日（被希特勒/古德里安解职）

戈特哈德·海因里齐大将：1945年3月21日—4月28日（被凯特尔解职）

库尔特·冯·蒂佩尔施基希步兵上将：1945年4月28日—5月1日（被凯特尔任命为代理指挥官）。

库尔特·斯图登特空军大将：1945年5月1日—1945年5月3日投降时（到任后即向西逃亡）

参谋长

党卫军中将海因茨·拉默丁：1945年1月25日—1945年3月20日

埃伯哈德·金策尔中将：1945年3月21日—4月21日

伊沃-提洛·冯·特罗塔少将：1945年4月22日—29日

埃里希·德特勒夫森少将：1945年4月30日—1945年5月3日投降时

1945年5月3日向西方盟军投降的集团军群高级军官名单

集团军群司令：库尔特·斯图登特空军大将（逃往西部）

参谋长：埃里希·德特勒夫森少将

作战参谋：汉斯-格奥尔格·艾斯曼上校

作战处处长：哈纳克中校

情报参谋：冯·哈尔林（von Harling）上校

后勤参谋：冯·吕克尔特（von Rückert）上校

工兵主任：丁特尔中将

运输主任：哈姆贝格尔上校

通信主任：梅尔泽中将

炮兵主任：克林克（Klinke）上校（前任：福格特）

兽医主任：兽医中将拉特曼（Rathsmann）博士（前任：特雷贝施博士）

训练参谋：韦伯少校（行政）/朗格（Lang）上尉（助理）

第3装甲集团军

集团军司令

埃哈德·劳斯大将：1944年8月16日—1945年3月10日

装甲兵上将哈索-埃卡尔德·冯·曼陀菲尔男爵：1945年3月10日—1945年5月8日

参谋长

布克哈特·缪勒-希勒布兰德少将：1944年9月25日—1945年5月8日

作战参谋

汉斯·克罗恩少校

第 32 军军长

弗里德里希-奥古斯特·沙克步兵上将

第 46 装甲军军长

马丁·加雷斯步兵上将

奥得河军（第 27 军）军长

京特·克拉佩中将，1945年2月4日—10日

党卫军上将埃里希·冯·登·巴赫-泽列夫斯基，2月11日—4月4日

沃尔夫·哈格曼（Wolf Hagemann）中将，4月5日—4月23日（被海因里齐撤职）

不明（可能隶属于第46装甲军），4月23日—投降

党卫军第 3（日耳曼）装甲军军长

马丁·乌莱因中将，1945年2月11日—3月24日

党卫军上将菲利克斯·施泰因纳，3月24日—投降

第9集团军

集团军司令

特奥多尔·布塞步兵上将

参谋长

霍尔茨上校

第101军军长

希克斯特中将（该军后来归入第3装甲集团军）

第56装甲军军长

赫尔穆特·魏德林炮兵上将

党卫军第11装甲军军长

党卫军上将马蒂亚斯·克莱因海斯特坎普[1]

第5军军长

韦格（Waeger）炮兵上将

党卫军第5山地军军长

耶克恩党卫军上将

第12集团军

集团军司令

瓦尔特·温克装甲兵上将

参谋长

京特·赖希海尔姆上校

作战参谋

胡伯图斯·冯·洪博尔特-达赫罗登中校

第39装甲军军长

卡尔·德克尔（Karl Decker）装甲兵上将（4月21日自杀）[2]

卡尔·阿恩特（Karl Arndt）中将，4月25日—投降

副官：京特·纳姆斯劳（Günter Namslau）中校

参谋长：维尔纳·沃尔夫（Werner Wolff）上校

作战参谋：约阿希姆·冯·塞德利茨（Joachim von Seydlitz-Kurzbach）少校

第 41 装甲军军长

鲁道夫·霍尔斯特中将（4月30日左右逃走）

参谋长：霍斯特·比利茨上校

作战参谋：沃尔夫冈·舍福尔德（Wolfgang Schefold）少校

第 20 军军长

埃里克·科勒（Eric Koehler）骑兵上将

参谋长：彼得·冯·巴特勒（Peter von Butler）中校

作战参谋：维克托·贝克尔（Victor Becker）少校

第 48 装甲军军长

马克西米利安·冯·埃德尔斯海姆

参谋长：库尔特·冯·基恩勒（Kurt Ritter und Edler Kienle）上校

作战参谋：阿尔弗雷德·哈格曼（Alfred Hegemann）少校

本章尾注：

1. 1945年5月9日，克莱因海斯特坎普获得骑士十字勋章的橡叶饰（第871名获得者）。该奖项由布塞将军亲自推荐，以表彰他在苏军总攻最初阶段对党卫军第11装甲军的指挥。此外，该军军部分队的指挥官古斯塔夫-彼得·雷伯党卫军中校也在4月28日被布塞授予骑士十字勋章，以表彰他在从哈尔伯突围期间指挥1个坦克猎杀小组时的表现。

2. 1945年4月26日，德克尔因担任第39装甲军军长期间的表现而被追授骑士十字勋章双剑饰（第149名获得者）。

附录 B

奥得河前线的骑士十字勋章及配饰获得者小计

以下5张表格统计了奥得河前线及柏林之战中，各参战部队获得骑士十字勋章及配饰的情况。所有表格的数据均来自本书第八部分《奥得河前线的作战部队》。但需要指出，本表格统计的不是所有在1945年1月至5月在奥得河和易北河之间获得骑士十字勋章的人员，而是在本书第八部分所述单位中的获奖人员和部分相关人员。虽然我们参考了许多部队战史，并调查了不少骑士十字勋章的颁发记录，但缺漏依旧在所难免。其中一个例子是空军，尤其是第1和第4航空队投入奥得河前线的单位——它们超出了本书的研究范畴，因此未被纳入统计。情况类似的还有虽然在柏林作战，但所在部队未被列入第八部分的人员。不过，我们仍然额外包含了2人，他们的情况比较特殊，主要是所在部队太小，而且获奖情况缺乏第一手文件证实。第一位是弗里茨·维列克尔（Fritz Vierecker）上尉，他是奥得河军辖下一个未知分队的指挥官，获得日期据称为4月28日；另一个是科尔贝格警备营（又名科尔贝格突击营，隶属于穆勒战斗群）营长汉斯·伦纳茨（Hans Lennartz）上尉，获得日期为5月9日。

另外需要指出，本书所列的获奖者很多资格存疑。根据阿道夫·希特勒1944年9月修订的认证流程，任何失踪、被俘或被拘禁的人员都不能获得骑士十字勋章。鉴于许多勋章是在4月底和5月初颁发的，但获奖者已经投降，这些授勋实际是不合规定的——对于在1945年5月9日1点，即第三帝国正式投降之后授予的勋章，情况尤其如此。

另一批有瑕疵的勋章被称为邓尼茨指令（Dönitz Directive）。希特勒自杀后，邓尼茨成为第三帝国首脑，并在5月7日下令自动批准了所有通过正式渠道提交的骑士十字勋章授予申请。但过去10年，研究人员更详细的分析显示，这道指令实际是一道规定，本意是一旦颁奖申请通过了正常流程，并且认为可以颁发，邓尼茨将为其提供最终认证。如果从更严格的角度，这批获得者很多都没有获奖资格，因为邓尼茨根本就没有看到过这些申请。

最后一批有瑕疵的获得者则是因为缺乏必要的证明文件。在战争末期，由于文件匮乏，通信中断，以及与审批当局的矛盾，有问题的骑士十字勋章数量大幅增加。在德国空军中，这种情况始于1945年3月；在陆军和党卫军中始于1945年4月中旬；在海军中则始于1945年4月底。事实上，基于严格的考察标准，本文所列的120名骑士十字勋章（及其配饰）获奖者有不少都属于这种类型。对此，有兴趣的读者可参见维特·舍尔策撰写的《德国陆军、空军、海军、党卫军、国民突击队和盟国部队的骑士十字勋章获得者，1939—1945（根据德国联邦档案馆的文件撰写）》一书第117—186页。另外，对于1945年时混乱的勋章颁发流程（参见上文），舍尔策也做了一些介绍。

以下5张表格详细说明了骑士十字勋章按军种、月份和职级的授予情况。通过这些数字，我们不难发现几个有趣的趋势。首先，陆军获得者的比例最多，占59%，然后是党卫军，占41%。其次，约92%的获得者是军官。第三，大部分获奖人员都是在4月获得批准的，即苏军发起总攻，奥得河前线地带陷入激烈战斗之后。不过，由于授奖流程一般需要数周时间，这些授勋很多是针对3月的行动，至于表彰4月份战斗的勋章可能要到5月才会颁发。也正是因此，除非可以知道推荐文件中提及的具体日期，否则我们将很难确定其获奖事迹对应的月份。最后值得一提的是，陆军和党卫军的骑士十字勋章获得者人数基本与投入奥得河前线的人数成正比，这也表明在授奖时，上级并没有对某一军种有所偏袒。

表36 奥得河前线的骑士十字勋章钻石饰获得者小计

	陆军		空军		海军		党卫军		国民突击队		
月份	军官	士官和士兵	军官	士官和士兵	军官	士官和士兵	军官	士官和士兵	军官	士官和士兵	合计
1月											0
2月											0
3月											0
4月	1										1
5月											0
总计	1	0	0	0	0	0	0	0	0	0	1

表37 奥得河前线的骑士十字勋章双剑饰获得者小计

	陆军		空军		海军		党卫军		国民突击队		
月份	军官	士官和士兵	军官	士官和士兵	军官	士官和士兵	军官	士官和士兵	军官	士官和士兵	合计
1月											0
2月							1				1
3月											0
4月	2										2
5月							1				1
总计	2	0	0	0	0	0	2	0	0	0	4

表38 奥得河前线的骑士十字勋章橡叶饰获得者小计

	陆军		空军		海军		党卫军		国民突击队		
月份	军官	士官和士兵	军官	士官和士兵	军官	士官和士兵	军官	士官和士兵	军官	士官和士兵	合计
1月											0
2月	2										2
3月	6										6
4月							5				5
5月	2						1				3
总计	10	0	0	0	0	0	6	0	0	0	16

表39 奥得河前线的骑士十字勋章获得者小计

	陆军		空军		海军		党卫军		国民突击队		
月份	军官	士官和士兵	军官	士官和士兵	军官	士官和士兵	军官	士官和士兵	军官	士官和士兵	合计
1月											0
2月	8	1					5				14
3月	8	3					6		3		20

续前表

	陆军		空军		海军		党卫军		国民突击队		
月份	军官	士官和士兵	军官	士官和士兵	军官	士官和士兵	军官	士官和士兵	军官	士官和士兵	合计
4月	16	6		1	1		11	1		1	37
5月	11	2	1				13	1			28
总计	43	12	1	1	1	0	35	2	3	1	99

表40 奥得河前线的骑士十字勋章及其配饰获得者数据汇总

	陆军		空军		海军		党卫军		国民突击队		
月份	军官	士官和士兵	军官	士官和士兵	军官	士官和士兵	军官	士官和士兵	军官	士官和士兵	合计
1月	0	0	0	0	0	0	0	0	0	0	0
2月	10	1	0	0	0	0	6	0	0	0	17
3月	14	3	0	0	0	0	6	0	3	0	26
4月	19	6	0	1	1	0	16	1	0	1	45
5月	13	2	1	0	0	0	15	1	0	0	32
总计	56	12	1	1	1	0	44	2	3	1	120

附录 C

维斯瓦河集团军群的指挥关系，1945 年 1 月 21 日至 5 月 3 日

指挥部与上下级单位的指挥关系，是影响其在战役层面运转效能的重要因素。为了构建顺畅的指挥关系，克服指挥人员个性差异带来的挑战，各国军队构建了层级制军事指挥结构，并设置了专业的参谋机构。这些参谋机构将以条令为基础、依据作业规程，为下属部队起草命令。上述关系越顺畅，指挥就越高效。从上述角度，我们把维斯瓦河集团军群的历史分成了三个阶段，并用关系图展示了每个阶段的指挥问题，以及它们对奥得河前线军事行动的影响。和《奥得河前线1945》丛书中的其他内容一样，这些总结都建立在笔者对集团军群指挥流程的详尽研究上。另外，我们还提供了3张示意图，以直观的方式展示了维斯瓦河集团军群在不同阶段指挥关系的显著差别。

第1阶段为1月21日至3月20日，即希姆莱担任集团军群司令期间。这个阶段的指挥关系是间接的，绕过了原有的指挥链。特别值得注意的是，虽然希姆莱是集团军群司令，但他也是党卫队和预备军的最高负责人。由于国防军最高统帅部仍对预备军（以及军区）影响重大，希姆莱仍需要与之就相关事务展开协商。而且毫无疑问，这些工作牵扯了他很多精力。

在常规指挥链条中，陆军最高司令部将把命令下发给维斯瓦河集团军群，并由后者在斟酌和修改后再将其下发至各集团军。但在希姆莱担任司令期间，这些传统的指挥流程都未能正常运转，他和古德里安配合也不融洽。正如下图所示，他们都试图绕开对方：希姆莱经常无视陆军最高司令部，直接通过

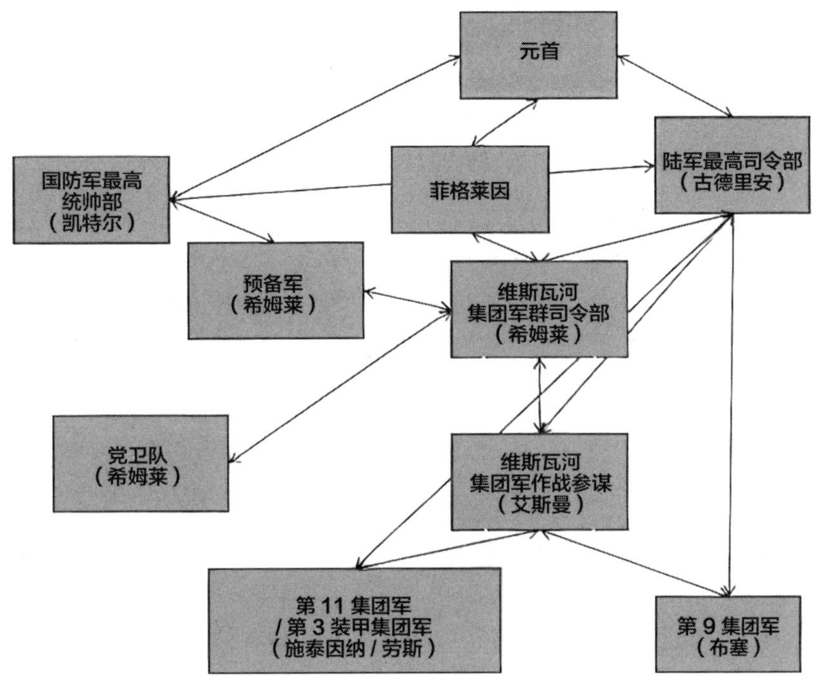

维斯瓦河集团军群在第一阶段（1 月 21 日至 3 月 20 日）的指挥关系

党卫队的代表——党卫军中将菲格莱因影响希特勒，古德里安则不与希姆莱事先协商，直接向集团军群的作战参谋艾斯曼或3个集团军（第11集团军、第3装甲集团军和第9集团军）下达指示，尤其是在试图调动部队或发动攻击时。事实上，该集团军群的指挥更多是古德里安通过艾斯曼完成的。最后需要指出的是，对于希姆莱下达的指示，下属部队几乎很少进行参谋作业。这在布塞的集团军尤其如此，其接收和传达通常只间隔几个小时。而在曼陀菲尔的集团军，时间要略长一点。在这个阶段，有效的军事决策几乎不存在，并给奥得河前线的防御带来了严重影响。

第2阶段为3月21日至4月25日，即海因里齐指挥维斯瓦河集团军群期间。在3月26日，即第二次解救屈斯特林结束时，一种传统的垂直指挥结构终于被建立起来。当时，海因里齐忠实的老部下——伊沃–提洛·冯·特罗塔上校刚被任命为陆军最高司令部指挥参谋部主管，并为他提供了许多帮助。海因里齐没有让陆军最高司令部直接向下属部队发号施令，而是要求所有命令必须经过他的司令部，以便评估其内容是否符合实际。更重要的也许是，他总是先行动，之后才向陆军最高司令部和希特勒汇报，而不是被动地等待指示。通过这种做法，他确保了一段时间的指挥稳定，并实现了3月23日防御意图中陈述的许多目标，例如建立和巩固泽劳高地防线，构建2支集中的机动预备队，以及重组虚弱的下属部队等（参见《奥得河前线1945》第1卷第10章）。但4月16日苏军发起总攻之后，问题还是出现了。希特勒不切实际地要求第9集团军死守奥得河前线，这种荒唐的要求在元首地堡和海因里齐的指挥部之间引发了争端。布塞的短视让他没能透过任务看得更深，更没能像曼陀菲尔一样自行做出明智的判断，直到希特勒允许后，他才开始准备向西撤退。直到4月26日，海因里齐建立的这套指挥体系才在国防军最高统帅部接管了柏林防务后停止运转。

第3阶段开始于4月26日，并持续到维斯瓦河集团军群投降。在该阶段，国防军最高统帅部命令第56装甲军进入柏林。在元首地堡，一个负责柏林城防的独立指挥部建立起来。无论什么决策，国防军最高统帅部、陆军最高司令部和元首地堡都没有同维斯瓦河集团军群或第9集团军预先协调。同时，虽然海因里齐指挥着第12集团军、第9集团军和党卫军第3（日耳曼）装甲军，但国防军最高统帅部却经常绕过他，直接向这些部队发号施令，要求它们救援柏林，这就相当于架空了海

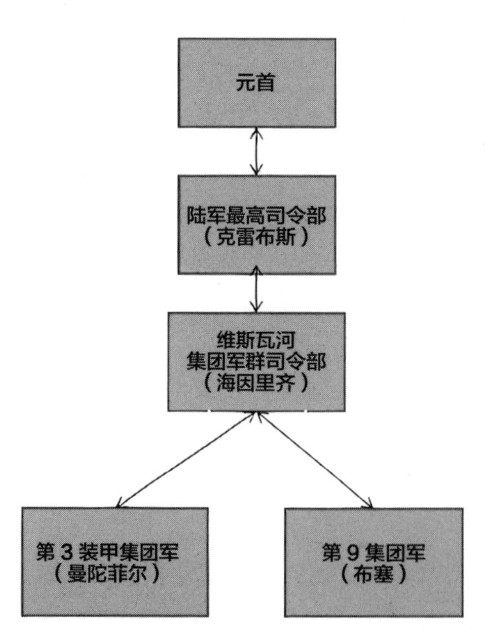

维斯瓦河集团军群在第二阶段（3月21日至4月25日）的指挥关系

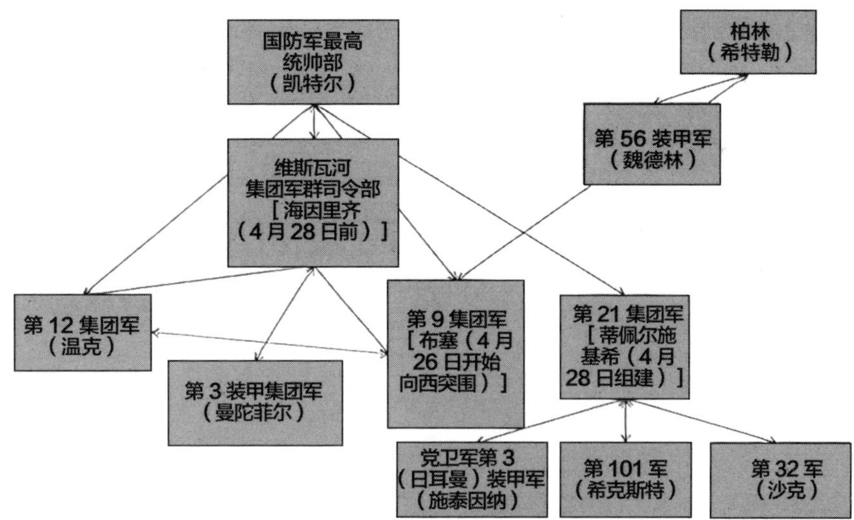

维斯瓦河集团军群在第三阶段（4月26日至5月3日）的指挥关系

因里齐。在这种情况下，海因里齐选择了抗命，但之前的损失已无可挽回，并让奥得河前线的指挥陷入混乱。4月28日，国防军最高统帅部组建了第21集团军，该军下属单位有党卫军第3（日耳曼）装甲军、第101军和第32军。同样，这一决策也没有与维斯瓦河集团军群事先磋商。26日，海因里齐自行命令曼陀菲尔的第3装甲集团军先行撤退。这一做法在2天后被国防军最高统帅部发觉，并导致海因里齐在28日当天被凯特尔革职。在海因里齐离任前，他命令部下尽可能拖住苏军，让伤员和难民投奔西方盟军。各集团军/军则一面与苏军作战，一面自行向西方撤退（图中温克和布塞之间的虚线代表突围后，第9集团军的残部由第12集团军指挥）。

在4月21日/22日，苏军打破柏林外围的最后一道防线之后，海因里齐有4天时间调遣部队、应对局面。不幸的是，第12集团军却在4月26日接到命令开赴柏林，同时他还失去了2支关键部队——第56装甲军和党卫军第3（日耳曼）装甲军的指挥权。随着国防军最高统帅部直接插手柏林周边的战事，奥得河前线的命运已无可改变。

附录 D

海因里希·希姆莱的最后时刻：第三帝国的军事统帅

在人生最后一年，海因里希·希姆莱对希特勒的影响力急剧上升，在第三帝国内部，许多事务被纳入了党卫队的掌控。希姆莱一直希望指挥千军万马，随着权力膨胀，他的渴望也在增长。

17岁时，希姆莱曾作为军官候补生在巴伐利亚第11步兵团服役。在那里，他对军人生活的向往很快被现实冲垮。在家信中，他向父母抱怨到军营生活的艰苦，比如简陋的生活环境和恶劣的伙食。在最初几封信中，希姆莱用了一个拉丁语签名——“miles Heinrich”，其中，“miles”的意思是“士兵”，但也有“勇士”和“骑士”的意味。在随后一段时间，希姆莱一面以此自况，一面继续向父母抱怨兵营生活的艰难——这个少年向往军旅，但显然被斯巴达式的生活打了个措手不及。不过，在他走向战场之前，巴伐利亚革命便在1918年11月7日爆发，随后是一战停战，让他最终以军官候补生的身份退役。[1]

尽管战败和革命剥夺了他成为少尉军官的机会，但希姆莱却从没有放弃军事上的野心。在建功疆场的梦想破灭26年之后，希姆莱被任命为莱茵河集团军群司令——尽管此时的德国已是节节失利。上莱茵河集团军群是希特勒在1944年12月10日决定设立的，任务是守住莱茵河西岸的桥头堡——所谓的“科尔马口袋”（Colmar Pocket），并在东岸构建防线。但事实上，设置这样一个指挥部根本没有必要，各种研究也无法解释这一决定背后的动机。希姆莱虽然被希特勒任命为集团军群司令，却并不由格德·冯·伦德施泰特元帅指挥的西线最高司令部指挥。相反，他将绕开国防军的指挥链，直接向希特勒汇报。在这个全新的小指挥班子麾下只有第19集团军和一些新动员的部队，总人数略超过10万。

上任之初，希姆莱便摆出了咄咄逼人的架势，并首先解除了弗里德里希·魏泽步兵上将的职务，理由是他意志不够坚定。替换者是齐格弗里德·拉斯普（Siegfried Rasp）步兵上将，尽管此人不久前才获得晋升，还没有指挥集团军的经验。这次人事变动也表明，希姆莱更需要的是忠诚，而不是指挥能力。对于西线最高司令部的冯·伦德施泰特元帅来说，这个不听调遣的司令部成了一大麻烦，让他很难协调守望莱茵行动和北风行动。不仅如此，这一任命还让希姆莱以为，只要自己能按希特勒的旨意办事，甚至连总参谋部的命令也可以不用理会。在北风行动中，希姆莱几乎自行其是，没有与陆军做任何协调，这让西线最高司令部失去了扩大战果的机会——正如美国陆军在该战役的官方战史中描述的那样："显而易见，希姆莱有自己的盘算，在北风行动和后续的战役中，G集团军群和上莱茵河集团军群的行动是脱节的。"[2]作为希姆莱的顶头上司，希特勒原本可以命令各方密切合作，但他没有这样做。这表明他完全是在考验这位部下，仿佛是在审视他是否有资格独当一面。

在上莱茵河集团军群任上，希姆莱通过自己的政治影响力和行政权力（如预备军司令和国民突击队主管）为部队争取到了一些人员和装备。随着各师战斗力恢复，他开始策划攻势，这就是在1945年1月7日发动的夏至行动（和后来波美拉尼亚的攻势同名）。在行动中，虽然他没能为希特勒献上斯特拉斯堡，但德军仍有小胜，比如肃清了伊尔河（Ill River）东岸，迫使法军后撤。几周后，希特勒解散了上莱茵河集团军群，将第19集团军重新交由西线最高司令部。他对希姆莱的考验结束了，并将这位忠实门徒派往了维斯瓦河集团军群。

就这样，希姆莱实现了儿时指挥千军万马的梦想，但问题在于，他的战场经验几乎为零，教育经历也仅限于担任过军官候补生。而且和上莱茵河集团军群的情况不同，维斯瓦河集团军群并不是向希特勒直接汇报，而是隶属于陆军最高司令部。在这种森严的指挥体系中，他面对着许多分歧，人际矛盾也比比皆是，让他难以招架。之前，他只有十余万士兵，现在却指挥着数十万人；之前是100公里战线上的1个集团军和4个军，现在则是近500公里上的3个集团军、12个军以及一连串要塞。这绝非前线的次要地段，而是国防军最高统帅部辖下最重要的区域，而且正遭受苏军在战争中最强大的攻势，他的每一项决定都关系着柏林的安危。

正如我们在整个第2卷中所述，在军事生涯的巅峰，即掌管维斯瓦河集团军群期间，希姆莱辱没了使命。[3]在军事上的失败后，他的政治威望也一落千丈，试图与西方盟国媾和的尝试也宣告失败。希特勒在元首地堡自杀后，邓尼茨海军元帅的临时政府将他拒之门外。最后几天，他套上一身士官制服，试图躲避追捕，最终在落网后自杀丧命。

以下是希姆莱在第三帝国崩溃前担任军事统帅的时间线索：

1944年6月6日：西方盟国发动霸王行动，在法国诺曼底地区登陆。

1944年6月22日：苏军发动巴格拉季昂行动，歼灭中央集团军群，抵达东普鲁士边境。

1944年7月20日：冯·施陶芬贝格伯爵刺杀希特勒，试图推翻纳粹政权，但功败垂成。

1944年7月21日：希姆莱成为预备军司令，其下属的盖世太保和帝国保安处严惩了“720”事件的军方和民间参与者。

1944年9月19日：希姆莱命令创建狼人组织，由党卫队高级地区总队长汉斯·普吕茨曼指挥，试图在西方盟国与苏联占领区发动游击战。[4]

1944年9月26日：根据希特勒之命，国民突击队成立，希姆莱负责管辖。

1944年11月19日：希姆莱与国防军最高统帅部共同推行“连坐法”，试图驱策前线部队继续战斗，制止部队擅自撤退或投降。

1944年11月：希姆莱合并了陆军和党卫军的军官候补生招募办公室，并由党卫军统一管辖，国防军最高统帅部同意将1927—1928年新兵中的20%拨付给党卫军。[5]

1944年12月10日：希特勒任命希姆莱担任西线上莱茵河集团军群总司令，这也是希姆莱第一次担任军事统帅。

1945年1月21日：希特勒任命希姆莱为维斯瓦河集团军群总司令。

1945年2月15日：夏至行动开始，但未能对波美拉尼亚南部的苏军形成深远影响。

1945年2月28日：苏军发动进攻，试图夺取波美拉尼亚。

1945年2月29日[①]至3月15日：波美拉尼亚的德军战线崩溃，当地离失守已近在咫尺。

1945年3月13日：希特勒向戈培尔表示，他对希姆莱非常失望，因为他早已发出过警告，苏军的下个进攻方向不是柏林，而是波美拉尼亚（这些内容来自希特勒向戈培尔提供的军事会议概要，以便其了解情况）。[6]

1945年3月14日：戈培尔在阅读过这份概要后，对希特勒的观点表示赞同。正如戈培尔在日记中所说，希特勒认为将军们完全无视他的直觉，希姆莱也受到了陆军最高司令部的摆布，并将为波美拉尼亚失守永世蒙羞。[7]

1945年3月15日：由于希姆莱取缺乏指挥能力，而且丢失了波美拉尼亚，希特勒在盛怒之下对其大加辱骂。[8]

1945年3月17日：在与第3装甲集团军司令哈索·冯·曼陀菲尔通信期间，希姆莱精神崩溃。

1945年3月18日或19日：古德里安说服希姆莱交出职务，并得到了希特勒的同意。[9]

1945年3月20日：第3装甲集团军残部从阿尔特达姆桥头堡撤离，奥得河东岸的波美拉尼亚地区全部落入苏军手中。

1945年3月：希姆莱试图通过贝纳多特伯爵与西方盟国媾和。

1945年3月20日：海因里齐被古德里安任命为维斯瓦河集团军群司令，并得到了希特勒的批准。

1945年3月21日：戈培尔在日记中写道，他听说希姆莱辞去维斯瓦河集团军司令一职，这是一个好想法，并总结说为追求军事桂冠，希姆莱犯了一个错误，损害了他在希特勒面前的政治信用。[10]

1945年3月22日：希姆莱把维斯瓦河集团军群司令一职交给海因里齐，并提到他计划与西方盟国谈判。

---

① 原文如此，1945年为平年，该年的2月仅有28天。

1945年4月18日：希姆莱将各区域的权力移交给党卫队的部下。

1945年4月25日：希姆莱通过贝纳多特伯爵提出交出德国西部，但西方盟国拒绝接受。[11]

1945年4月30日：希特勒在元首地堡自杀。

1945年5月1日：德国广播公布希特勒的死讯，邓尼茨接任德国领导人并组建新政府。

1945年5月3日：德军开始投降。

1945年5月5日：希姆莱与党卫军高层会面，计划在石勒苏益格–荷尔施泰因地区建立一个党卫队领地，与西方国家独立展开谈判，还为下属们指派了新职务。[12]在此期间，希姆莱有数天都与党卫队高级地区总队长奥托·奥伦多夫同行，后者在战后曾向审讯人员供称，他“建议希姆莱解散党卫队，向盟军投降”，但希姆莱却说，“由于集中营和种族灭绝方面的责任，他不会考虑投降这个选项……”[13]

1945年5月6日：邓尼茨革去希姆莱内务部长的职务，并拒绝其参与新政府的组建。

1945年5月初：渴望成为军官、在战场上指挥千军万马的希姆莱换上便服，戴上假胡子，化装成海因里希·希青格尔（Heinrich Hitzinger）上士向西逃亡。

1945年5月22日：希姆莱在布雷默弗德（Bremervörde）被俘。

1945年5月23日：邓尼茨的“弗伦斯堡政府”被英军俘虏，部分高级官员自杀。

1945年5月23日：19点，希姆莱坦白真实身份，并在23点接受搜身，在此期间，他咬破藏在嘴里的黑色胶囊，随后因抢救无效死去。

本章尾注：

1. 参见彼得·隆格里奇《海因里希·希姆莱传》，第23—26页。

2. 参见《第二次世界大战中的美国陆军：欧洲战区从里维埃拉到莱茵河》（*United States Army in World War II: The European Theatre of Operations: Riviera to the Rhine*）（华盛顿特区：美国陆军军事历史中心，1993年出版），第510页。

3. 从孩提时代，希姆莱一直幻想着自己能指挥千军万马。至于在欧洲清洗犹太人、进行种族屠杀，他反倒当成了某种“不得已”的任务。正如彼得·隆格里奇在最新的希姆莱传记中总结的那样，在构建纳粹理想国家期间，种族屠杀并不是终极目标，而只是实现目标的第一步。参见彼得·隆格里奇《海因里希·希姆莱传》，第747—748页。

4. 参见彼得·隆格里奇《海因里希·希姆莱传》，第714页。

5. 参见彼得·隆格里奇《海因里希·希姆莱传》，第702页。

6. 参见《最后的记录，1945年：戈培尔日记》，第127页。

7. 参见《最后的记录，1945年：戈培尔日记》，第137—138页。

8. 参见《最后的记录，1945年：戈培尔日记》，第145页。

9. 参见海因茨·古德里安《装甲指挥官》，第421—422页。

10. 参见《最后的记录，1945年：戈培尔日记》，第191页。

11. 参见罗杰·曼维尔和海因里希·弗兰克尔《海因里希·希姆莱：党卫队和盖世太保头目的罪恶一生》，第236页。

12. 参见罗杰·曼维尔和海因里希·弗兰克尔《海因里希·希姆莱：党卫队和盖世太保头目的罪恶一生》，第242—243页；彼得·隆格里奇《海因里希·希姆莱传》，第733页。

13. 参见《对奥托·奥伦多夫的审讯摘要》，第1页。

参考资料

第一手资料

德国联邦档案馆－军事档案分馆

[位于德国弗赖堡（College ParkFreiburg）]

MSG 3/2571–2589：《波森老兵互助协会通讯》N 756–78c：沃尔夫冈·沃珀萨尔收藏：维斯瓦河集团军群1945年4月11日至1945年4月30日的战斗历程

N 756–393：沃尔夫冈·沃珀萨尔收藏：党卫军的战斗经历（Kämpfe und Einsätze der Waffen-SS）

RH 3–23–15：党卫军第23尼德兰志愿装甲掷弹兵师

RH 10–173：明谢贝格装甲师

RH 10–185：第25装甲掷弹兵师

RH 19 XV：维斯瓦河集团军群

RH 20–9：第9集团军

RH 24–32，第1卷—第3K卷：第32军

RH 24–101，第1卷—第4卷：第101军/奥得河军

RH 26–309：第309步兵师，暨大柏林步兵师

RH 26–1010，第1卷—第4卷：德内克师/第549国民掷弹兵师

RH 27–18：第18装甲掷弹兵师

RH 27–20：第20装甲掷弹兵师

RM 7/192：德国海军海战指挥部（Seekriegsleitung der Kriegsmarine）档案第2.2卷第B部分：每周局势回顾和总体军事形势第5编——1943年11月—1945年4月

RS 3–11：党卫军第11北欧志愿装甲掷弹兵师

RS 3–15：党卫军第15（拉脱维亚第1）装甲掷弹兵师

联邦军事档案馆－军事档案分馆波茨坦分中心（Zwischenarchiv Potsdam）

WF-03/17398：第514—521页，“1945年2月2日—1945年3月30日的晨间和日间报告”

科尼利厄斯·瑞恩档案［位于俄亥俄州阿森斯（Athens），俄亥俄大学奥尔登图书馆曼恩中心］

德军部分

第66号文件盒

第2号档案袋

汉斯–海因里希·洛曼访谈稿

第67号文件盒

第13号档案袋

马丁·加雷斯访谈稿及日记

第14号档案袋

布克哈特·缪勒–希勒布兰德访谈稿

第16号档案袋

哈索·冯·曼陀菲尔访谈稿

第68号文件盒

第2号档案袋

汉斯–格奥尔格·艾斯曼回忆录

第24号档案袋

汉斯–彼得·舒勒斯访谈稿

第170号文件盒

第12号档案袋

威利·费尔德海姆访谈稿

多诺万纽伦堡审判档案集（位于康奈尔大学法律图书馆）

第XVII/53/044卷：《对奥托·奥伦多夫的审讯摘要》（美国陆军审讯处；德国纽伦堡，1945年10月29日编写）

第XVII/53/061/02卷：反情报部门第29号审讯报告（CI Intermediate Interrogation Report，CIIR）第29号——《对党卫队旅队长兼警察少将恩斯特-奥古斯特·罗德的审讯报告》（美国驻欧部队司令部战区军事情报勤务中心，1945年10月29日编写）

第CVII/C 01卷：《德国政要情报报告，1945年4月15日至18日》（编号：G.R.G.N. No. 1）［盟军远征部队最高司令部（SHAEF），1945年4月21日（?）编写］

第CVII/C 01卷：《帝国保安处下属机构：可能参与的战争罪行》（*Sections of the R.S.H.A. Possibly Involved in War Crimes*）（1945年6月23日编写）

第XCIX/25卷：《第12号特别审讯系列报告：阿图尔·格雷瑟》（第7集团军司令部对德情报处心理战分处，1945年6月1日编写）

美国国家档案馆［位于马里兰州大学公园市（College Park）］

第242号档案组：美国国家档案馆收缴的外国档案

T78：陆军最高司令部档案

T175：党卫队全国领袖和德国警察总长档案

T311：德国野战司令部档案——集团军

T321：德国空军最高司令部总部档案

T354：党卫军杂项档案（“再安置”机构、党卫军、党卫队高层机构）

德国军事态势图

第44号文件盒：1945年2月15日至1945年4月7日

第45号文件盒：东线态势图，1945年4月8日至1945年5月22日

第46号文件盒：维斯瓦河集团军群，1945年1月23日至1945年3月13日

第47号文件盒：维斯瓦河集团军群，1945年3月14日至1945年4月30日

第407号档案组：军务办公室记录

（Records of the Adjutant General’s Office）

第6军情报部门第131号报告，伪装成美军的德国人

柏林文件中心

A3343档案组：党卫军军官人事文件

海因茨·拉默丁人事文件

A3345档案组：杂项收藏文件陆军部分

汉斯-格奥尔格·艾斯曼人事文件

马丁·加雷斯人事文件

美国陆军军事研究文件

陆军部第20-269号单行本《德军在俄国战役中的小分队行动》（陆军部，1953年7月出版）

《德国预备军资料补充，1945年5月》（华盛顿特区：军事情报处，1945年出版）

美国军事研究文件MS D-189《波美拉尼亚战役和东线的指挥》（艾哈德·劳斯大将撰写）（美国陆军驻欧司令部历史处，1947年4月编写）

美国军事研究文件MS D-230《党卫军第15掷弹兵师的行动，1945年1月—2月》（无日期）

美国军事研究文件MS D-281《俄国人的最后进攻，1945：第27军辖区》（欧洲司令部总部，首席历史学家办公室：无日期）

美国军事研究文件R-79《第9集团军的最后进攻和投降，1945年4月21日至5月7日》（马格纳·鲍尔撰写）（欧洲司令部总部，首席历史学家办公室：1956年编写）

《美军驻柏林部队，1945—1961》（美国驻欧陆军总部作战司，1962年出版）

《第二次世界大战中的美国陆军：欧洲战区——从里维埃拉到莱茵河》

（华盛顿特区：美国陆军军事历史中心）

未发表手稿

弗里茨-鲁道夫·阿弗尔迪克《第90步兵（装甲掷弹兵）团战史：最后一幕——第90装甲掷弹兵团在1945年的战争中》（基尔，1996年出版）

弗里茨-鲁道夫·阿弗尔迪克的日记副本（所有人为“Vf.”）

雅各布·罗布迈尔《党卫军第15装甲歼击（追猎者）连，暨党卫军第561（特别）装甲歼击营》（无日期）

弗雷塔·冯·洛林霍芬《魔鬼的孤注一掷：第7/108法兰肯国民突击队营、陶伯河上游罗滕堡连、安斯巴赫连、魏森堡连和丁克斯比尔连的戏剧性战斗经历》（无出版日期）

里奥纳德·沙普《里奥纳德·沙普在党卫军伞兵部队的日记，1943年1月14日—1945年5月3日》（无出版日期）

赫尔穆特·塞弗特《1945年与猎鹰团（即党卫军狐穴特别团）共同作战的回忆》（无出版日期）

其他第一手资料

卡尔·弗里施军士长的军人证

京特·努尔曼少尉的军人证

阿洛伊斯·萨辛下士的军人证

公开出版物

书籍

由弗拉迪斯拉夫·安德斯撰写，安东尼奥·穆诺兹编辑的《希特勒军队中的俄罗斯志愿者，1941—1945》（*Russian Volunteers in Hitler's Army 1941—1945*）（纽约：轴心欧罗巴出版社，1997年出版）

凯瑟琳·安德烈耶夫《弗拉索夫与俄罗斯解放运动：苏联版本的真相与流亡者的说辞》（*Vlasov and the Russian Liberation Movement: Soviet Reality and Emigré Theories*）（剑桥：剑桥大学出版社，1987年出版）

默里·巴伯和迈克尔·科尔《希特勒的火箭兵：对英国发射V2的人》（*Hitler's Rocket Soldiers: The Men Who Fired the V2s Against England*）（英国普尔伯勒：残旗出版社，2011年出版）

克里斯特·贝里斯特伦《从巴格拉季昂到柏林：东线的最后空战，1944—1945》（*Bagration to Berlin, the Final Air Battles in the East: Berlin and the Final Air Battles*）（英国赫舍姆：伊恩·艾伦出版社，2008年出版）

佩里·比迪斯科姆《党卫军猎兵营：纳粹抵抗运动秘史，1944—1945》（*The SS Hunter Battalions: The Hidden History of The Nazi Resistance Movement 1944—45*）（英国格洛斯特郡：时代出版社，2006年出版）

佩里·比迪斯科姆《最后的纳粹：党卫军狼人游击队在欧洲的抵抗》（*The Last Nazis: SS Werwolf Guerrilla Resistance in Europe 1944—1947*）（南卡罗来纳州查尔斯敦：时代出版社，2000年出版）

佩里·比迪斯科姆《狼人！纳粹游击运动史，1944—1946》（*Werwolf! The History of the National Socialist Guerrilla Movement 1944—1946*）（多伦多：多伦多大学出版社，1998年出版）

菲利普·布洛德《希特勒的匪徒猎手》（*Hitler's Bandit Hunters*）（华盛顿特区：波托马克出版社，2008年出版）

艾伦·布兰特《最后的佛兰德斯骑士》（*The Last Knight of Flanders*）（宾夕法尼亚州阿特格伦：希弗出版社）

唐纳德·布朗洛《装甲男爵：哈索·冯·曼陀菲尔将军的戎马生涯》（*Panzer Baron: The Military Exploits of General Hasso von Manteuffel*）（马萨诸塞州北昆西：克里斯托弗出版社，1973年出版）

沃尔夫冈·布韦尔特《奥得河畔法兰克福要塞：一座城市在战争末期的经历》，出自维尔纳·斯坦格编辑的《勃兰登堡在1945年》（*Brandenburg im Jahr 1945*）（波茨坦：勃兰登堡州立政治教育中心，1995年）

克里斯托弗·克拉克《钢铁王国：普鲁士的崛起与衰落，1604—1947》（*Iron Kingdom: The Rise and Downfall of Prussia, 1604—1947*）（马萨诸塞州剑桥：哈佛大学贝尔纳普出版社，2006年出版）

亚历山大·达林《德国在俄罗斯的统治，1941—1945：占领政策研究》

（*German Rule in Russia 1941—1945: A Study of Occupation Policies*）（纽约州纽约市：八边形出版社，1980年出版）

诺曼·戴维斯《起义，1944：华沙之战》（*Rising 44: The Battle for Warsaw*）（纽约州纽约市：维京-企鹅出版社，2009年出版）

《国防军公报，1939—1945，第3卷：1944年1月1日—1945年5月9日》（*Die Wehrmachtberichte 1939—1945, Band 3: 1 Januar 1944 bis 9. Mai 1945*）（慕尼黑：德国平装书出版社，1985年出版）

约阿希姆·恩格尔曼《第18步兵师/装甲掷弹兵师，1939—1945：一部图文史》（*Die 18.Infanterie-und PanzergrenadierDivision 1934—1945: Ein Schicksalsbericht in Bildern*）（德国埃戈尔斯海姆：多夫勒出版社，2004年出版）

安德烈·菲特和迪特尔·贝赫托德《最后的前线：1945年在易北河沿岸吕讷堡-劳恩堡-吕贝克-路德维希斯卢斯特地区的战斗》（*Die letzte Front: Die Kämpfe an der Elbe 1945 in Bereich Lüneburg-Lauenburg- Lübeck-Ludwigslust*）（亚琛：赫利俄斯出版社，2011年出版）

查尔斯·弗利《非凡突击队》（*Commando Extraordinary*）（纽约：班坦图书公司，1979年出版）

罗伯特·福布斯《为了欧洲：党卫军中的法国志愿者》（*Pour L'Europe: The French Volunteers of the Waffen-SS*）（2000年，私人出版）

于尔根·弗斯特《狼狈为奸还是迫不得已？国防军、战争和大屠杀》，出自迈克尔·贝伦鲍姆和亚伯拉罕·佩克编辑的《大屠杀与历史：已知、未知、争论和反思》（*The Holocaust and History: The Known, The Unknown, The Disputed, and The Reexamined*）（印第安纳州布卢明顿：印第安纳大学出版社，1998年出版）

斯蒂芬·弗里茨《东方战争：希特勒在东方的灭绝战争》（*Ostkrieg: Hitler's War of Extermination in the East*）（肯塔基州列克星敦：肯塔基大学出版社，2011年出版）

马丁·加雷斯《法兰肯-苏台德德意志第98步兵师的战斗历程和结局》（*Kampf und Ende der Fränkisch-Sudetendeutschen 98.Infanterie Division*）（德国埃戈尔斯海姆：多夫勒出版社，2004年出版）

京特·盖勒曼《温克集团军：希特勒的最后希望》（*Die Armee Wenck*）（波恩：伯纳德和格雷夫出版社，2007年出版）

《反对希特勒的德国人》（*Germans Against Hitler*）（德国波恩：联邦政治教育中心，1969年出版）

大卫·格兰茨上校《红军指战员在说话！对维斯瓦河–奥得河行动参战老兵的采访，1945年1月至2月》［*Red Army Officers Speak! Interviews with veterans of the Vistula-Oder Operation (January-February 1945)*］，（1997年，私人出版）

大卫·格兰茨上校《1986年战争艺术研讨会发言记录：从维斯瓦河到奥得河，苏军进攻行动，1944年10月至1945年3月》（*1986 Art of War Symposium: From the Vistula to the Oder: Soviet Offensive Operations—October 1944-March 1945, A Transcript of Proceedings*）（美国陆军军事学院陆战中心，1986年5月19日至23日）

瓦尔特·格尔里茨编辑的《德国最高指挥部首脑威廉·凯特尔元帅回忆录，1938—1945年》（*The Memoirs of Field-Marshal Wilhelm Keitel: Chief of the German High Command, 1938—1945*）（纽约：库珀广场出版社），2000年出版）

海因茨·古德里安《装甲指挥官》（*Panzer Leader*）（纽约州纽约市：德·卡波出版社，1996年出版）

斯蒂芬·汉密尔顿《奥得河前线1945：戈特哈德·海因里齐大将、维斯瓦河集团军群和德国在东线的最后防御，3月20日至5月3日》（*The Oder Front 1945: Generaloberst Gotthard Heinrici, Heeresgruppe Weichsel, and Germany's Final Defense in the East March-May 1945*）（英国索利哈尔：赫利昂出版公司，2011年出版）

斯蒂芬·汉密尔顿《血腥的街道：苏军对柏林的突击，1945年4月》（*Bloody Streets: The Soviet Assault on Berlin, April 1945*）（英国索利哈尔：赫利昂出版公司，2008年出版）

罗尔夫·欣泽《痛苦的结局：北乌克兰集团军群、A集团军群和中央集团军群在东线的最后战斗，1944—1945》（*To the Bitter End: The Final battles of Army Groups North Ukraine, A, Centre, Eastern Front 1944—45*）（英国索利哈尔：赫利昂出版公司，2005年出版）

海因茨·赫内和赫尔曼·措林《间谍将军：格伦将军及其间谍网络的真

相》（*The General was a Spy: The Truth About General Gehlen and His Spy Ring*）（纽约：科沃德、麦肯和乔希根出版社，1971年出版）

由卡尔·冯·克劳塞维茨撰写，米歇尔·霍华德和彼得·帕雷特编辑的《战争论》（*On War*）（新泽西州普林斯顿：普林斯顿大学出版社，1989年出版）

弗里德里希·胡泽曼《忠贞不渝：党卫军第4警察装甲掷弹兵师战史，第2卷：1943年至1945年》（*In Good Faith: The History of the 4.SSPolizei-Panzer-Grenadier-Division, Volume 2: 1943—1945*）（曼尼托巴省温尼伯：J.J.费多罗维茨出版社，2009年出版）

托尼·朱特《战争之后：1945年以来的欧洲史》（ *Postwar: A History of Europe Since 1945*）（纽约州纽约市：企鹅出版社，2005年出版）

伊恩·克肖《终结：希特勒德国的顽抗与毁灭，1944—1945》（*The End: The Defiance and Destruction of Hitler's Germany, 1944—1945*）（纽约州纽约市：企鹅出版社，2011年出版）

伊恩·克肖《希特勒，1936—1945：复仇之神》（ *Hitler: 1936—1945 Nemesis*）（纽约：W.W.诺顿出版社，2000年出版）

汉斯·基瑟尔《希特勒的最后士兵：国民突击队，1944—1945》（*Hitler's Last Levy: The Volkssturm 1944—45*）（索利哈尔：赫利昂出版公司，2005年出版）

弗里茨·科拉泽《1945，屈斯特林崩塌时》（*1945 Als Küstrin in Trümmer sank*）（法兰克福：铬胶版印刷公司，2006年出版）

克里沃舍夫《20世纪苏联的人员伤亡和战斗损失》（*Soviet Casualties and Combat Losses in the Twentieth Century*）（伦敦：格林希尔出版社，1997年出版）

弗朗茨·库洛夫斯基《突击炮前进！突击炮在前线》（*Sturmgeschütze Vor!: Assault Guns to the East*）（加拿大温尼伯：J.J.费多罗维茨出版社，1999年出版）

理查德·兰德威尔《党卫军第5山地军和第32一月三十日装甲掷弹兵师在奥得河前线，1945》（*Mountain Corps and 32nd SS panzer Grenadier Division 30 Januar on the Oder Front, 1945*）（俄勒冈州布鲁金斯，胜利符号出版社，1991年出版）

托尼·勒蒂西埃《屈斯特林之围：通往柏林的门户》（*The Siege of Küstrin 1945: The Gateway to Berlin*）（巴恩斯利：笔与剑出版社，2009年出版）

托尼·勒蒂西埃《朱可夫在奥得河畔：柏林的决战》（*Zhukov at the Oder: The Decisive Battle for Berlin*）（康涅狄格州韦斯特波特：普莱格尔出版社，1996年出版）

彼得·隆格里奇《海因里希·希姆莱传》（*Heinrich*）（英格兰牛津：牛津大学出版社，2012年出版）

罗杰·曼维尔和海因里希·弗兰克尔《海因里希·希姆莱：党卫队和盖世太保头目的罪恶一生》（*Heinrich Himmler: The Sinister Life of the Head of the SS and Gestapo*）（纽约州纽约市：法尔河出版社，2009年出版）

罗尔夫·米凯利斯《二战中党卫军和秩序警察中的拉脱维亚人》（*Latvians in the Ordungspolizei and Waffen-SS In World War II*）（宾夕法尼亚州阿特格伦：希弗出版社，2012年出版）

罗尔夫·米凯利斯《党卫军第32一月三十日志愿掷弹兵师》（*The 32nd SS-Freiwilligen-Grenadier-Division 30.Januar*）（宾夕法尼亚州阿特格伦：希弗出版社，2008年出版）

罗尔夫·米凯利斯《党卫军第500/600伞兵营》（*Das SS-Fallschirmjäger-Bataillon 500/600*）（柏林，多夫勒出版社，2004年出版）

罗尔夫·米凯利斯《党卫军第10弗伦斯贝格装甲师》（*Die 10.SS-Panzer-Division Frundsberg*）（柏林：多夫勒出版社，2004年出版）

罗尔夫·米凯利斯《党卫军第11北欧志愿装甲掷弹兵师》（*Die 11.SS-Freiwilligen-Panzer-GrenadierDivision Nordland*）（柏林：米凯利斯出版社，2003年出版）

塞缪尔·米查姆《德国在东线的失败，1944—1945》（*The German Defeat in the East 1944—45*）（宾夕法尼亚州梅卡尼克斯堡：斯塔克波尔图书公司，2001年出版）

卡尔-海因茨·蒙赫《第210突击炮营/突击炮旅》（*Stug.Abt./Brig. 210*）（波兰卡托维兹：模型爱好出版社，2007年出版）

卡尔-海因茨·蒙赫《德国第653重装甲歼击营二战战史》（*The Combat History of German Heavy Anti-Tank Unit 653 in World War II*）（宾夕法尼亚州梅卡尼克斯堡：斯塔克波尔图书公司，2005年出版）

安东尼奥·穆诺兹和奥列格·罗曼科博士《希特勒的白俄罗斯：白俄罗斯的通敌、种族灭绝和反游击战争，1941—1944》（*Hitler's White Russians: Collaboration, Extermination, and Anti-Partisan Warfare in Byelorussia, 1941—1944*）（纽约：欧罗巴出版社，2003年出版）

安东尼奥·穆诺兹《被遗忘的军团：武装党卫军鲜为人知的作战部队》（*Forgotten Legions: Obscure Combat Formations of the Waffen-SS*）（纽约：轴心欧罗巴出版社，1991年出版）

埃里希·穆拉夫斯基《波美拉尼亚之战：东线的最后防御战》（*Der Kampf um Pommern: Die Letzten Abwehrschlachten im Osten*）（德国埃森：菩提树出版社，2010年出版）

诺曼·奈马克《斯大林的种族灭绝》（*Stalin's Genocides*）（新泽西州普林斯顿：普林斯顿大学出版社，2010年出版）

道格·纳什《他们无法夺取胜利：第272国民掷弹兵师，从许特根森林到帝国的心脏》（*Victory Was Beyond Their Grasp: With the 272nd Volks-Grenadier Division from the Hürtgen Forest to the Heart of the Reich*）（宾夕法尼亚州贝德福德：阿伯乔纳出版社，2008年出版）

索恩克·奈茨塞尔和哈罗德·维尔泽《德国士兵：战斗、杀戮和死亡》（*Soldaten. On Fighting, Killing, and Dying: The Secret World War II Transcripts of German POWs*）（纽约：阿尔弗雷德·克诺夫出版社，2012年出版)

索恩克·奈茨塞尔编辑的《窃听：希特勒的将军》（*Tapping Hitler's Generals*）（明尼苏达州圣保罗：MBI出版社，2007年出版）

卡门·尼文金《救火队：德国装甲师，1943—1945》（*Fire Brigades: The Panzer Divisions 1943—1945*）（曼尼托巴省温尼伯：J.J.费多罗维茨出版社，2008年出版）

阿拉斯泰尔·诺博尔《纳粹统治和苏军在德国东部的进攻，1944—1945：至暗时刻》（*Nazi Rule and the Soviet Offensive in Eastern Germany, 1944—1945*）（布赖顿：苏塞克斯学术出版社，2009年出版）

阿尔弗雷德·奥特《戈尔曼·戈林装甲师：从团到装甲军》（*The HG Panzer Division: From Regiment to Armored Corps*）（宾夕法尼亚州西切斯特：希弗出

版社，1989年出版）

艾瓦尔·彼得森《义不容辞：拉脱维亚士兵——柏林最后的守卫者》（*Mums jâpârnâk: L atvieðu karavîripçdçjie Berlînes aizstâvji*）（拉脱维亚里加：圆圈出版社，2003年出版）

佩里·皮里克《从列宁格勒到柏林：德国党卫军中的荷兰志愿者，1941—1945》（*From Leningrad to Berlin: Dutch Volunteers in the Service of the German Waffen-SS, 1941—1945*）（荷兰苏斯特贝赫：观点出版社，2001年出版）

格拉尔德·拉姆《上帝与我们同在：勃兰登堡与柏林之战的回忆》（*Gott Mit Uns: Kriegserlebnisse aus Brandenburg und Berlin*）（沃尔特斯多夫：格拉尔德·拉姆出版社，2001年出版）

阿道夫·雷尼克《第5猎兵师战史》（*Jäger-Division*）（德国埃戈尔斯海姆：多夫勒出版社，2003年出版）

理查德·罗兹《死亡之主：党卫队特别行动队和大屠杀的诞生》（*Masters of Death: The SS-Einsatzgruppen and the Invention of the Holocaust*）（纽约：阿尔弗雷德·克诺夫出版社，2002年出版）

詹姆斯–查尔斯·罗伊《消失的王国：穿越普鲁士历史的旅程》（*The Vanished Kingdom: Travels Through the History of Prussia*）（科罗拉多州博尔德：西方视野出版社，1999年出版）

乌尔里希·沙夫特《东方的战争：维斯瓦河与奥得河和尼斯河之间的痛苦结局》（*Krieg im Osten: Das bittere Ende jenseits der Weichsel bis Oder und Neiße*）（德国瓦尔斯罗德，沙夫特军事图书出版社，2002年出版）

霍斯特·谢伯特《幽灵师：第7装甲师战史》（*Die Gespenster-Division: Dis Geschichte der 7.Panzer-Division*）（德国埃戈尔斯海姆：多夫勒出版社，2006年出版）

维特·舍尔策《德国陆军、空军、海军、党卫军、国民突击队和盟国部队的骑士十字勋章获得者，1939—1945（根据德国联邦档案馆的文件撰写）》（*Die Ritterkreuzträger: Die Inhaber des Ritterkreuzes des Eisernen Kreuzes 1939 von Heer, Luftwaffe, Kriegsmarine, Waffen-SS, Volkssturm sowie mit Deutschland verbündeter Streitkräfte nach den Unterlagen des Bundesarchivs. Zweite Auflage mit Berichtigungen, Ergänzungen und

Neueinträgen）（耶拿：舍尔策军事出版社，2007年出版）

沃尔夫冈·施耐德《帝国之虎》（*Das Reich Tigers*）（加拿大温尼伯：J.J.费多罗维茨出版社，2006年出版）

沃尔夫冈·施耐德《虎之战迹》（*Tigers in Combat*）第2卷（加拿大温尼伯：J.J.费多罗维茨出版社，1998年出版）

珀西·施拉姆《德国国防军最高统帅部作战日志，1940—1945》第1—4卷［*Kriegstagbuch Des Oberkommandos Der Wehrmacht, 1940—1945 (Wehrmachtführungsstab): Band I—IV*］（慕尼黑：伯纳德和格雷夫出版社，1982年出版）

威廉·施罗德《第25师战史》（*Die Geschichte der 25.Division*）（德国：私人出版，1980年出版）

亨里克·舒尔策《19日战争：在第19集团军和第12集团军缺口之间的弗里德里希–路德维希·雅恩帝国劳工组织步兵师》（*19 Tage Krieg: Die RAD-Infanteriedivision Friedrich Ludwig Jahn in der Lücke Zwischen 9. Und 12. Armee*）（柏林：格雷芬海尼兴温克勒–德鲁克有限公司，2011年出版）

卡尔–海因茨·施韦特韦格《战争结束时的温德兰第4卷：戈莱本战俘营》（*Kriegsende im Wendland, Band IV: Gefangenenlager Gorleben*）（诺德施泰特：按需出版有限公司，2010年出版）

露塔·塞佩蒂斯《灰影之间》（*Between Shades of gray*）（纽约州纽约市：夜莺出版社，2011年出版）

赫尔穆特·斯帕特《大德意志装甲军战史》第1—3卷（*The History of the Panzerkorps Großdeutschland vol. 1—3*）（温尼伯：J.J.费多罗维茨出版社，1995年出版）

蒂姆西·施耐德《血色大地：希特勒和斯大林之间的东欧》（*Bloodlands: Europe Between Hitler and Stalin*）（纽约：基础出版社，2011年出版）

汉斯–马丁·施廷佩尔《荒谬，1945：一个伞兵师的组建、作战和毁灭》（*Widersinn 1945: Aufstellung, Einsatz und Untergang einer Fallschirmjägerdivision*）（哥廷根：居维利埃出版社，2003年）

罗尔夫·斯托夫斯《第22装甲师、第25装甲师、第27装甲师和第233预备役装甲师战史》（*Die 22.Panzer-Division, 25.Panzer-Division, 27.Panzer-Division und die 233.Reserve-Panzer-Division*）（弗里德贝格：波宗–帕拉斯出版社，1985年出版）

小查尔斯·西德诺《毁灭士兵》（*Soldiers of Destruction*）（新泽西州普林斯顿：普林斯顿大学出版社，1990年出版）

于尔根·托尔瓦尔德《幻影：希特勒军队中的苏军士兵》（*The Illusion: Soviet Soldiers in Hitler's Armies*）（纽约州纽约市：哈科特–布雷斯–乔万诺维奇出版社，1975年出版）

于尔根·托尔瓦尔德《冬季的溃逃：俄国的征服，1945年1月至5月》（*Flight in the Winter: Russia Conquers—January to May 1945*）（纽约州纽约市：万神殿出版社，1951年出版）

威廉·提克《忠诚的悲剧》（*Tragedy of the Faithful*）（加拿大温尼伯：J.J.费多罗维茨出版社，2001年出版）

威廉·提克《在战争最后岁月的风暴中：党卫军第2装甲军及党卫军第9霍亨施陶芬师和第10弗伦斯贝格师》（*In the Firestorm of the Last Years of the War: II.SS-Panzerkorps with the 9. and 10.SS-Divisions Hohenstaufen and Frundsberg*）（加拿大温尼伯：J.J.费多罗维茨出版社，1999年出版）

休·特雷弗–罗珀编辑的《最后的记录，1945年：戈培尔日记》（*Final Entries 1945: The Lost Diaries of Joseph Goebbels*）（英国巴恩斯利：笔与剑出版社，2007年出版）

休·特雷弗–罗珀编辑的《从闪电战到失败：希特勒战争密令集，1939—1945》（*Blitzkrieg to Defeat: Hitler's War Directives 1939—1945*）（纽约州纽约市：霍尔特、里内哈特和温斯顿出版社，1964年出版）

海因策·乌尔里希《沙恩霍斯特步兵师：1945年4月/5月的战斗》（*Die Infanterie-Division Scharnhorst: Ihr Einsatz im April/Mai 1945*）（德国奥舍斯莱本：齐滕博士出版社，2011年出版）

汉斯–乌尔里希·鲁德尔《斯图卡飞行员》（*Stuka Pilot*）（纽约州纽约市：班坦图书公司，1979年出版）

约翰内斯·福克尔《科尔贝格的最后时刻：一座德意志城市的战斗和毁灭，1945年3月》（*Die Letzten Tage von Kolberg: Kampf und Untergang einer deutschen*

Stadt in März 1945）（德国贝尔特海姆地区施内尔巴赫：菩提树出版社，1995年出版）

见汉斯·福格特《阿恩斯瓦德周边的战斗》，出自《当阿恩斯瓦尔德燃烧时：一部记录》（*Arnswalde Brannter: Eine Dokumentation*）（柏林：阿恩斯瓦尔德教区，1968年出版）

戴维·耶尔顿《希特勒的国民突击队：纳粹民兵和德国的陷落，1944—1945》（*Hitler's Volkssturm: The Nazi Militia and the Fall of Germany, 1944—1945*）（堪萨斯州劳伦斯：堪萨斯大学出版社，2002年出版）

弗朗茨-鲁道夫·齐尔姆《斯德丁要塞和驻军史》（*Geschichte der Festung und Garnison Stettin*）（奥斯纳布吕克：文献出版社，1988年出版）

期刊文章

克里斯托弗·帕帕罗内，“美国陆军的决策：过去、现在和未来”，出自《军事评论》杂志2001年7—8月号

“法国：拉默丁事件”，出自《时代》杂志1971年1月11日号

约翰尼斯·赫特尔《三十年战争般的行径：海因里齐将军在苏德战争第一年的书信》，出自德国《近代史季刊》第48卷，第2期

网站

“纳粹和东德宣传指南”（兰道尔·比特维尔克教授维护）：http://www.calvin.edu/academic/cas/gpa/

第83步兵师（詹姆斯·韦斯特维护）：http://www.indianamilitary.org/83RD/SoThinkMenu/83rdSTART.htm

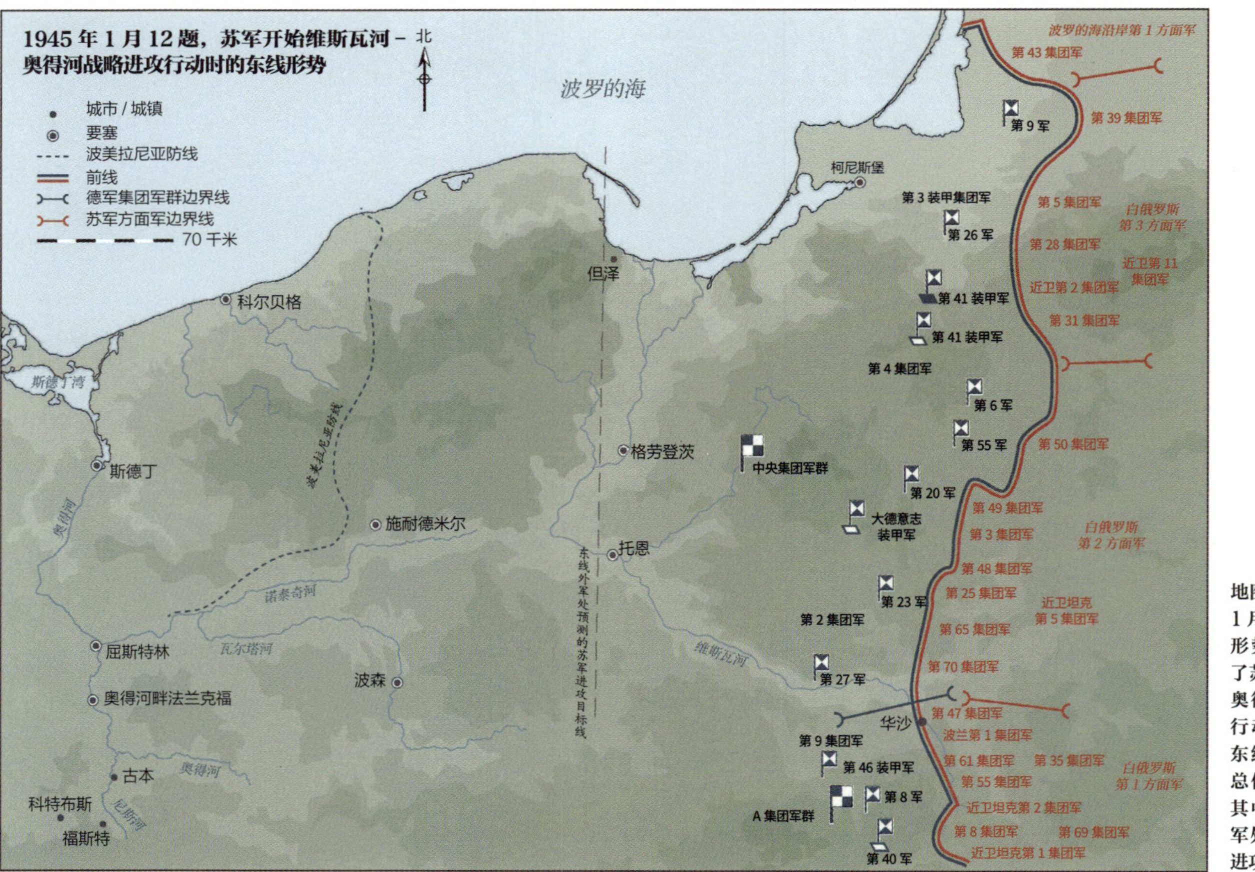

地图 1：1945 年 1 月 12 日的东线形势。其中展示了苏军维斯瓦河－奥得河战略进攻行动发起前夕，东线苏德两军的总体部署情况。其中可见东线外军处预测的苏军进攻目标线。

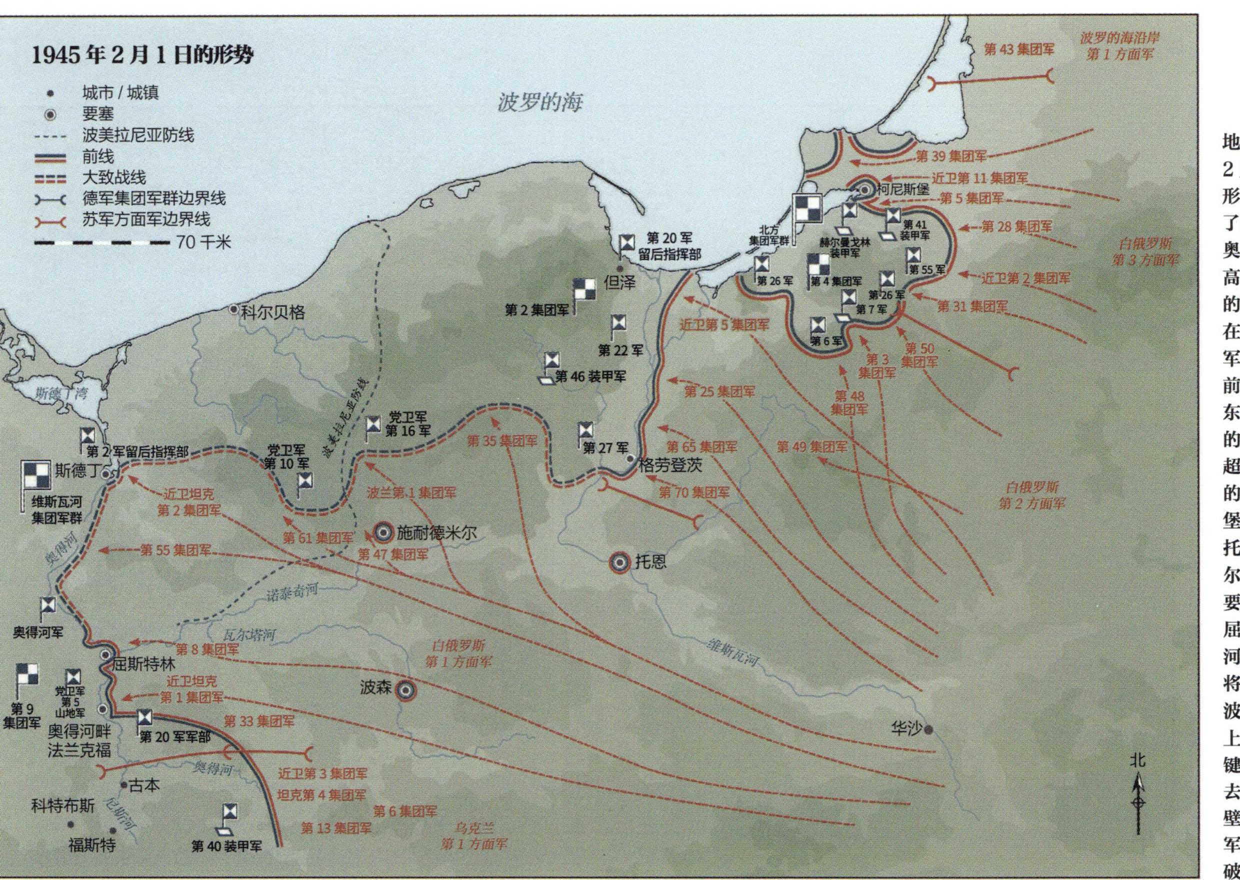

地图 2：1945 年 2 月 1 日的东线形势。其中展示了苏军维斯瓦河-奥得河攻势到达高潮时苏德两军的总体部署情况。在攻势期间，苏军渡过了奥得河，前进距离几乎是东线外军处预测的两倍，更大大超过了苏军自己的期望。柯尼斯堡、格劳登茨、托恩、施奈德米尔和波森被划为要塞。斯德丁、屈斯特林和奥得河畔法兰克福也将步其后尘。在波美拉尼亚防线上，由于大量关键装备早年被调去修建“大西洋壁垒”，因此苏军轻易达成了突破。

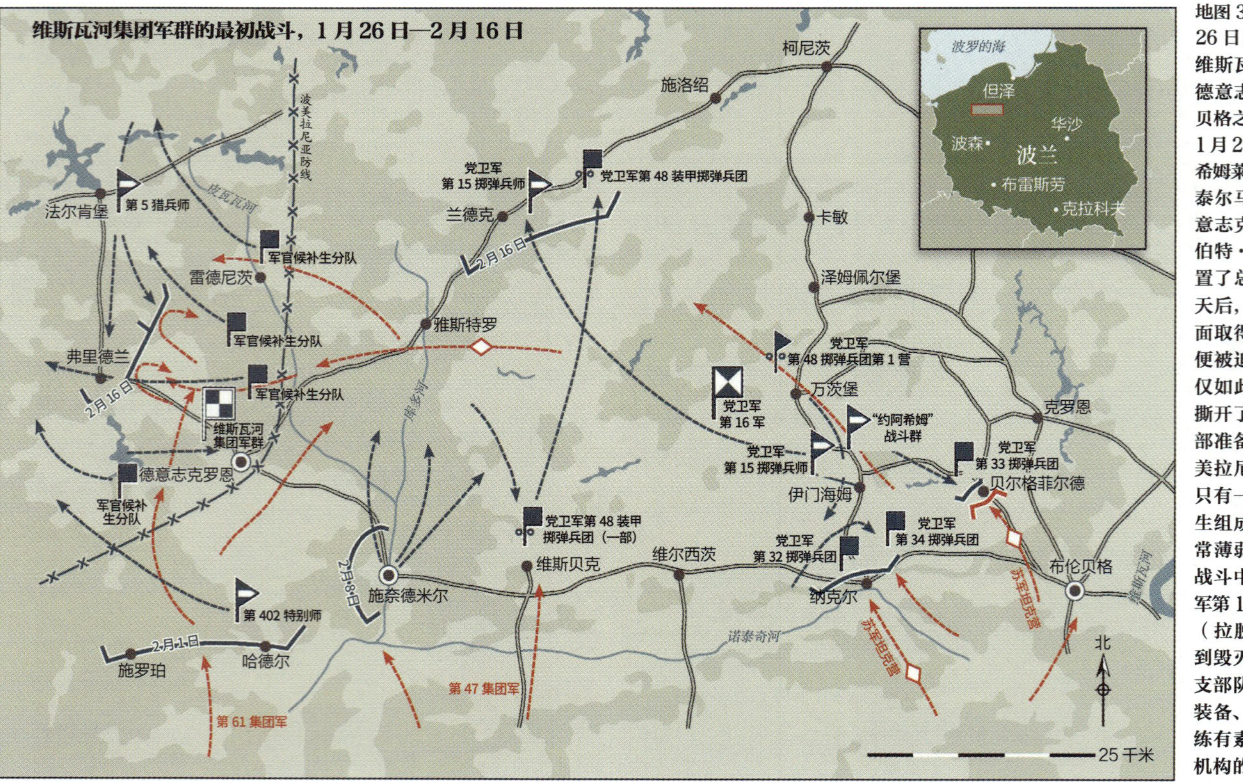

地图3：1945年1月26日至2月16日，维斯瓦河集团军群在德意志克罗恩和布伦贝格之间的初步战况。1月25—26日夜间，希姆莱的指挥列车"施泰尔马克"号开入德意志克罗恩，并在罗伯特·莱伊的别墅设置了总部。但就在几天后，由于苏军在南面取得突破，希姆莱便被迫撤离当地。不仅如此，这轮突破还撕开了陆军最高司令部准备长期坚守的波美拉尼亚防线（守军只有一些由军官候补生组成的团，实力非常薄弱）。在最初的战斗中，东面的党卫军第15武装掷弹兵师（拉脱维亚第1）遭到毁灭性打击——这支部队不仅缺乏一般装备、重型武器、训练有素的人员，指挥机构的经验也严重不足。

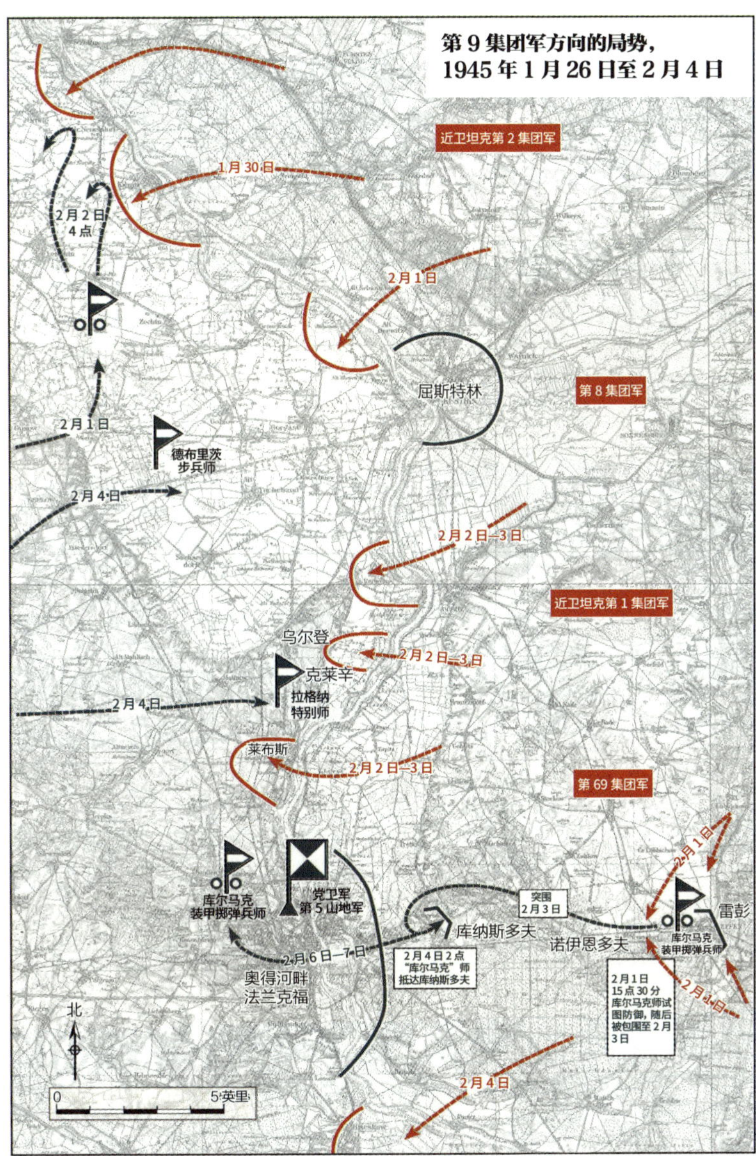

地图 4：第 9 集团军方向的局势，1945 年 1 月 26 日至 2 月 4 日。1 月 30 日，苏军从基尼茨渡过奥得河，在他们的桥头堡和柏林元首地堡之间找不到一个德国师。作为最先抵达的部队，第 25 装甲掷弹兵师迅速发起反击，试图歼灭立足未稳的苏军。虽然这一行动宣告失败，但他们成功遏制了对手，使其放弃了西进企图。到 2 月 4 日，又有 2 支未经战阵的部队——拉格纳特别师和德布里茨步兵师赶来。他们进入奥得沼泽地区，与试图扩大桥头堡的苏军爆发了拉锯战斗。如果苏军抢在 4 月 16 日前夺取泽劳高地，德军在柏林以东的全部防御措施都将失去意义。在南面，库尔马克装甲掷弹兵师刚刚在奥得河东岸接受了战火洗礼，并在 2 月初撤往西岸——这支部队随后将向北开进，并在守卫莱特宛凸地的战斗中发挥关键作用。

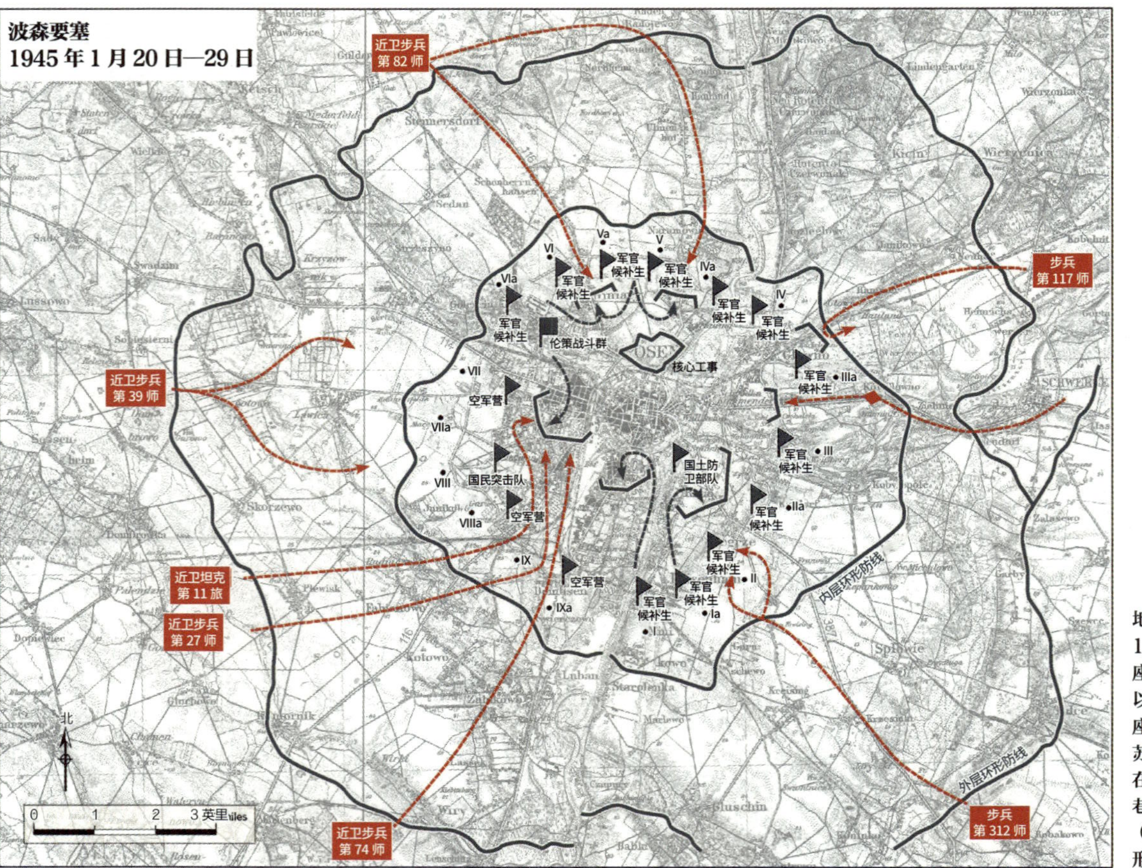

地图 5：波森要塞，1945 年 1 月 20 日至 29 日。作为一座要塞城市，波森的历史可以追溯到中世纪，它的 18 座外围要塞拱卫着主堡，对苏军构成了巨大威胁。双方在严寒、暴雪和晨雾中逐屋巷战，但苏军仍在主攻方向（即南方）突破了守军的环形防御。

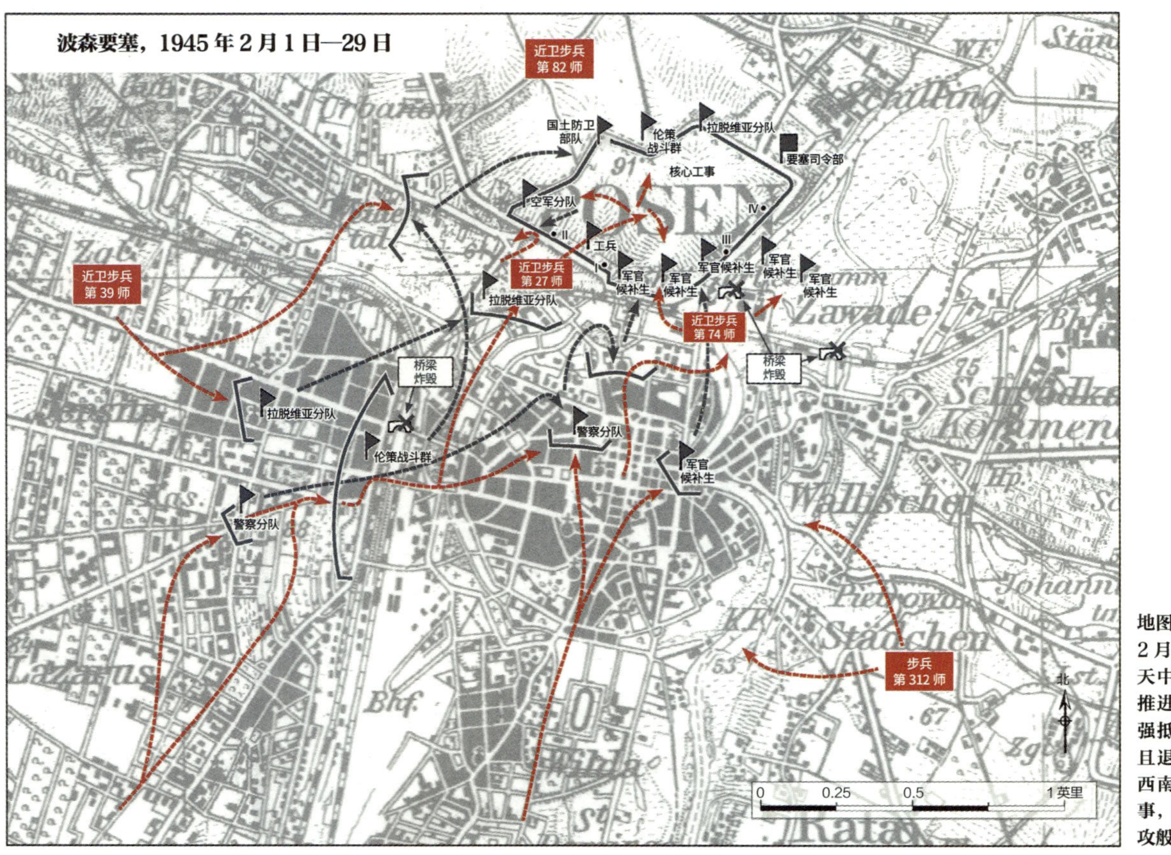

地图6：波森要塞，1945年2月1日至29日。在近30天中，苏军逐个街区地向北推进，德军则依托旧城区顽强抵抗，并向北朝主堡且战且退。最后，围攻的苏军从西南方突破了主堡的要塞工事，整个过程就像中世纪围攻般严酷惨烈。

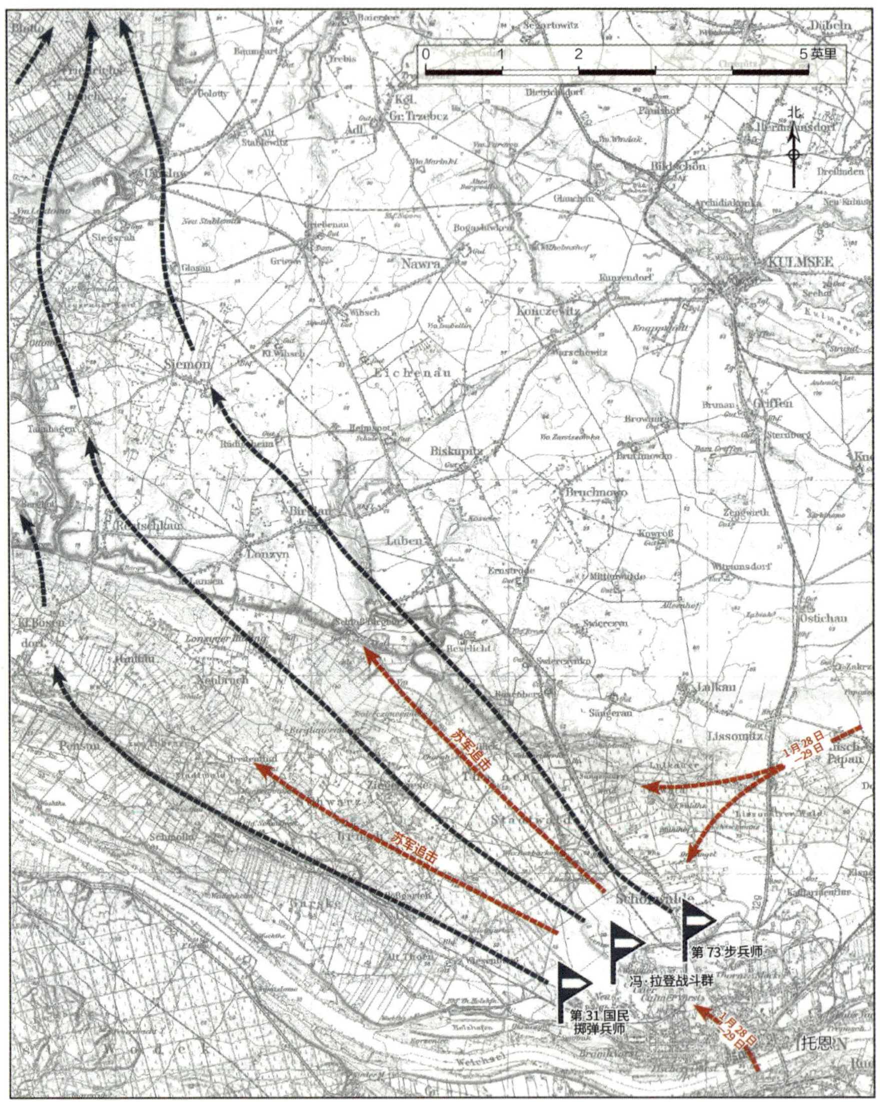

地图 7：托恩要塞突围，1945 年 1 月 31 日至 2 月 3 日。1 月 31 日，第 31 国民掷弹兵师、冯·拉登战斗群、第 73 步兵师开始从托恩要塞突围。一场暴雪掩盖了他们的行踪，虽然有部分殿后单位被苏军歼灭，但在 2 月 3 日，其余守军还是顺利抵达了己方战线。

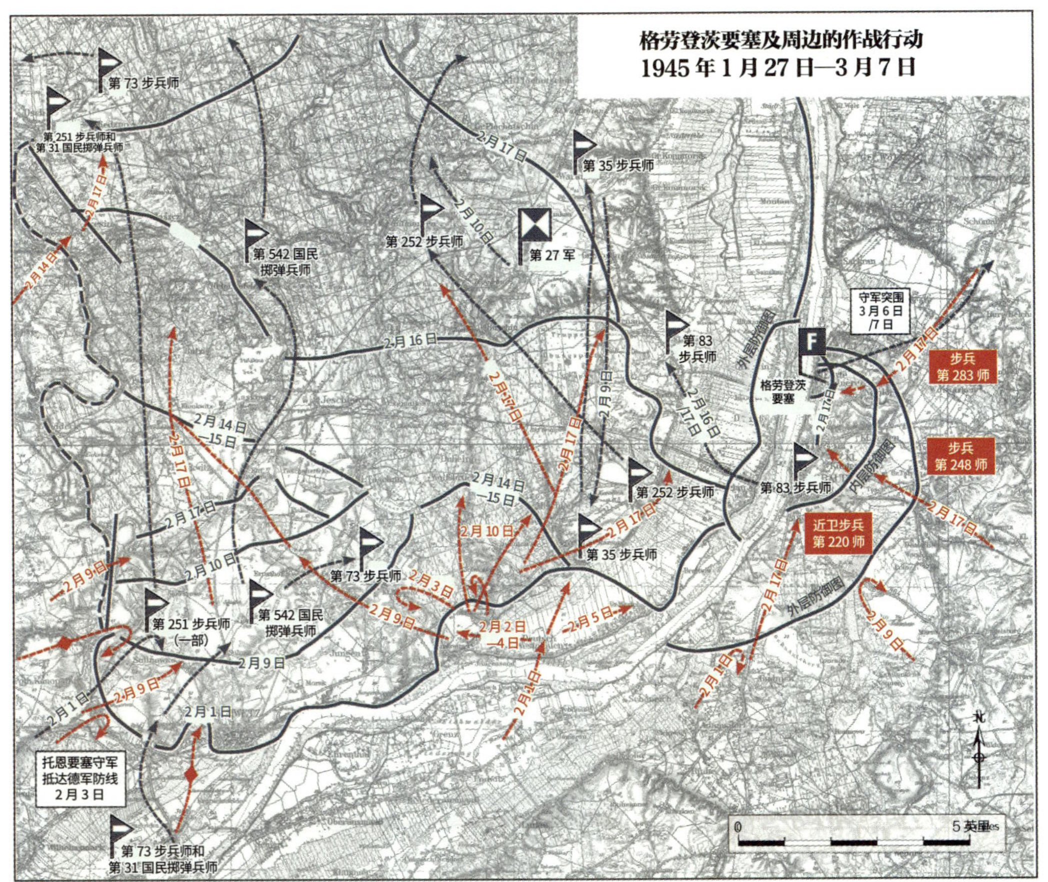

地图 8：格劳登茨要塞及周边的作战行动，1945 年 1 月 27 日至 3 月 7 日。从托恩要塞突围的部队立刻投入到了维斯瓦河下游地区，在这里，激烈的防御战正在进行。第 73 步兵师在这些战斗中表现优异，在 2 月 9 日，他们用一场反攻稳定了战线，使德军得以有序向西北方撤退。格劳登茨要塞陷入孤立，3 月 6 日至 7 日，其守军向西北方突围，但抵达友军战线者寥寥无几。

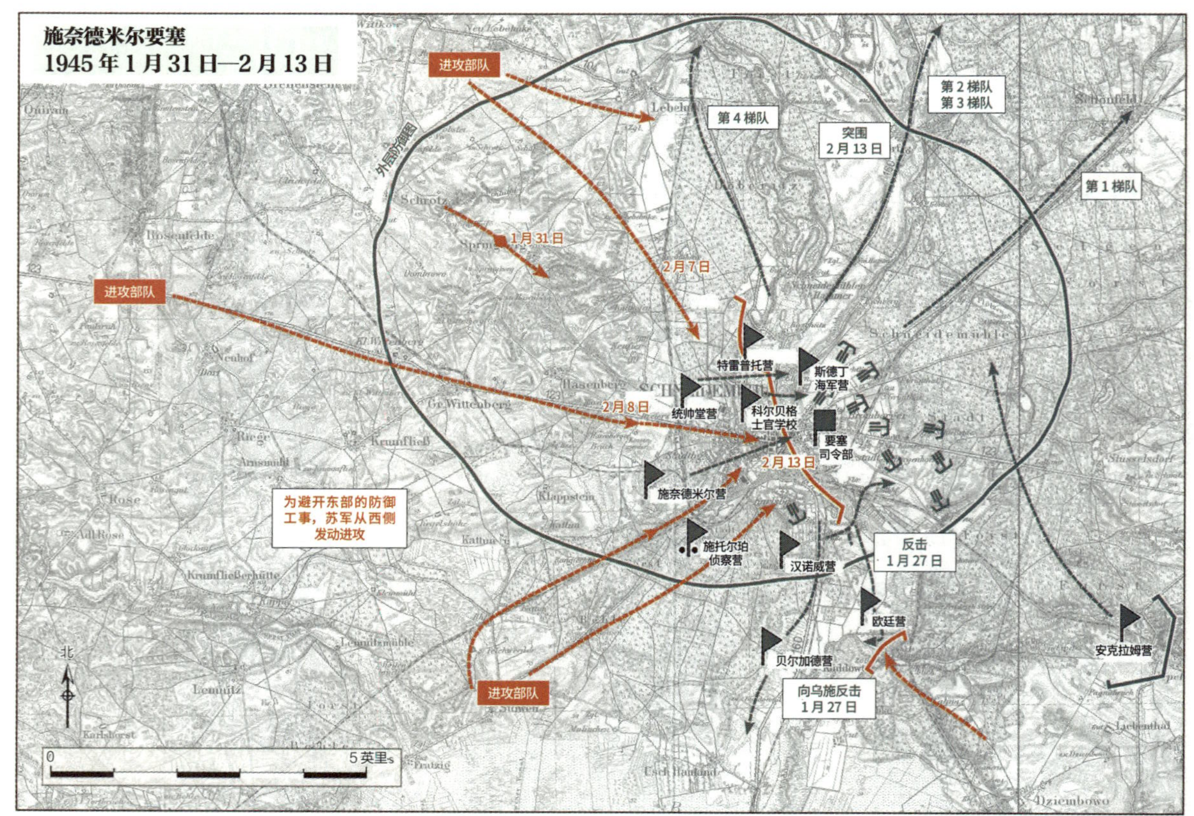

地图 9：施奈德米尔要塞，1945 年 1 月 31 日至 2 月 13 日。施奈德米尔攻防战持续了两周，苏军不断从西面和南面蚕食守军工事。2 月 13 日，守军向北面和西北方向突围，但只有少数人幸运生还。

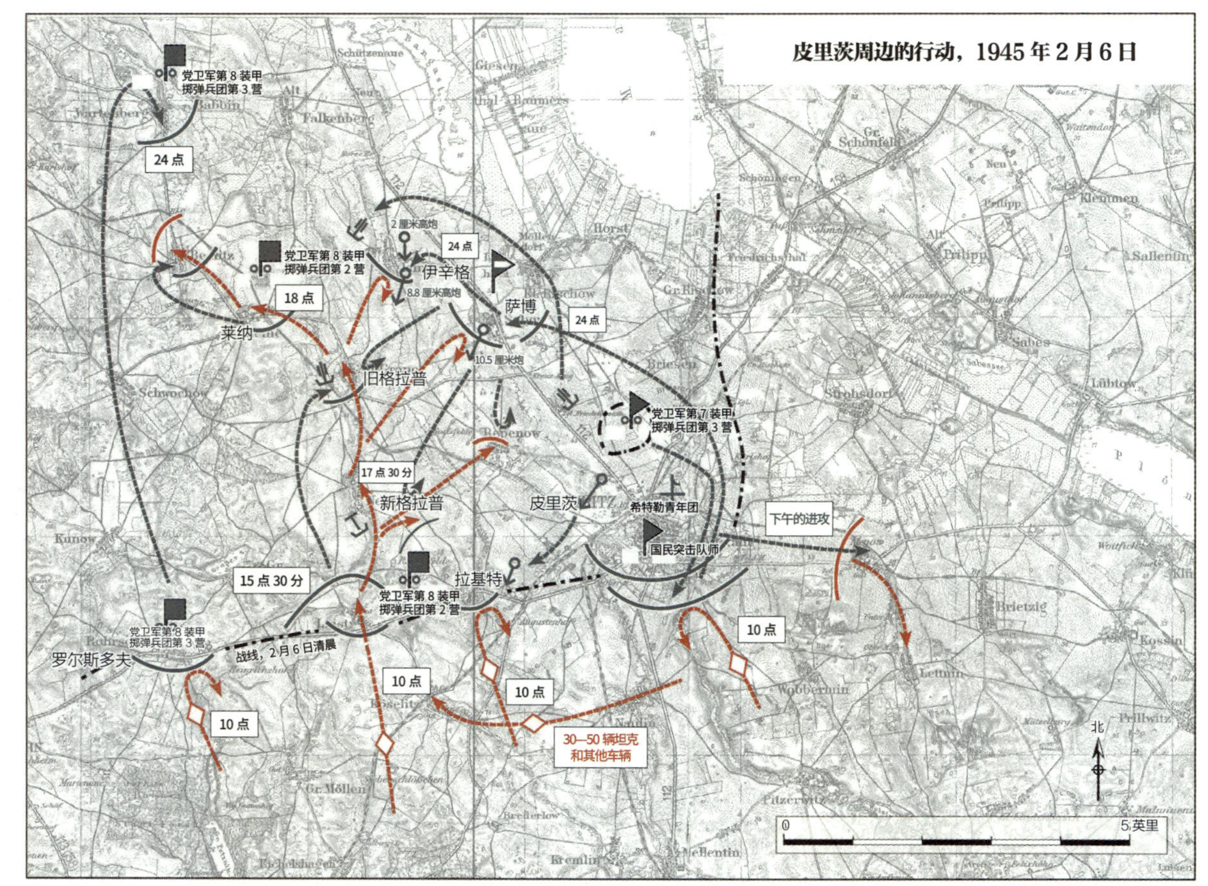

地图10：皮里茨周边的行动，1945年2月6日。这场战斗发生在波美拉尼亚地区，当天，德军在千钧一发之际挫败了苏军突入斯德丁、切断第11集团军陆上通道的企图。由于德内克师下属应急单位和党卫军第4警察装甲掷弹兵师一部的迅速介入，德军稳定了前线。

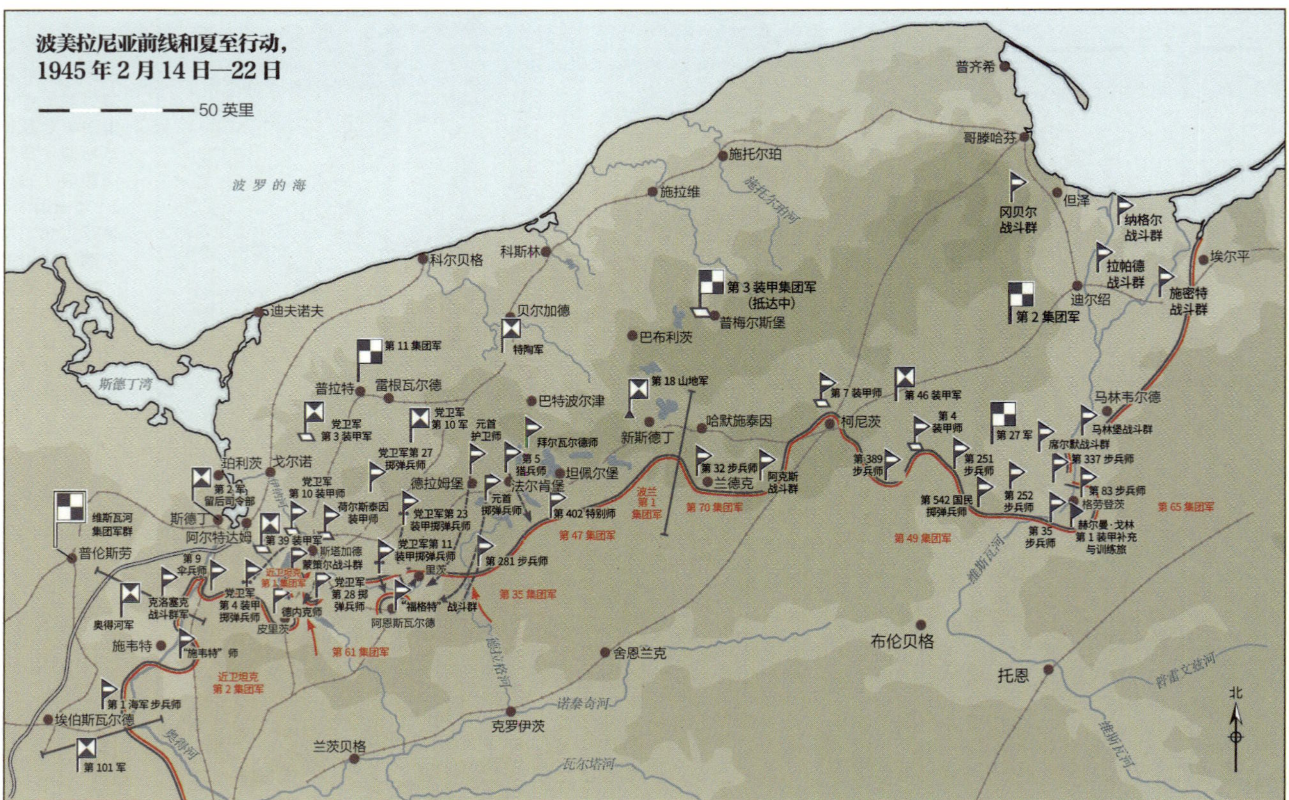

地图 11：波美拉尼亚前线和夏至行动，1945 年 2 月 14 日至 22 日。本图显示了这段时期苏德两军的整体部署。其间，德军的南方攻势进展甚微，虽然他们在阿恩斯瓦尔德解救了数千名军民，但离古德里安摧毁近卫坦克第 2 集团军的宏大目标依旧相去甚远。面对苏军的反戈一击，这些进攻部队被迫转入防御。

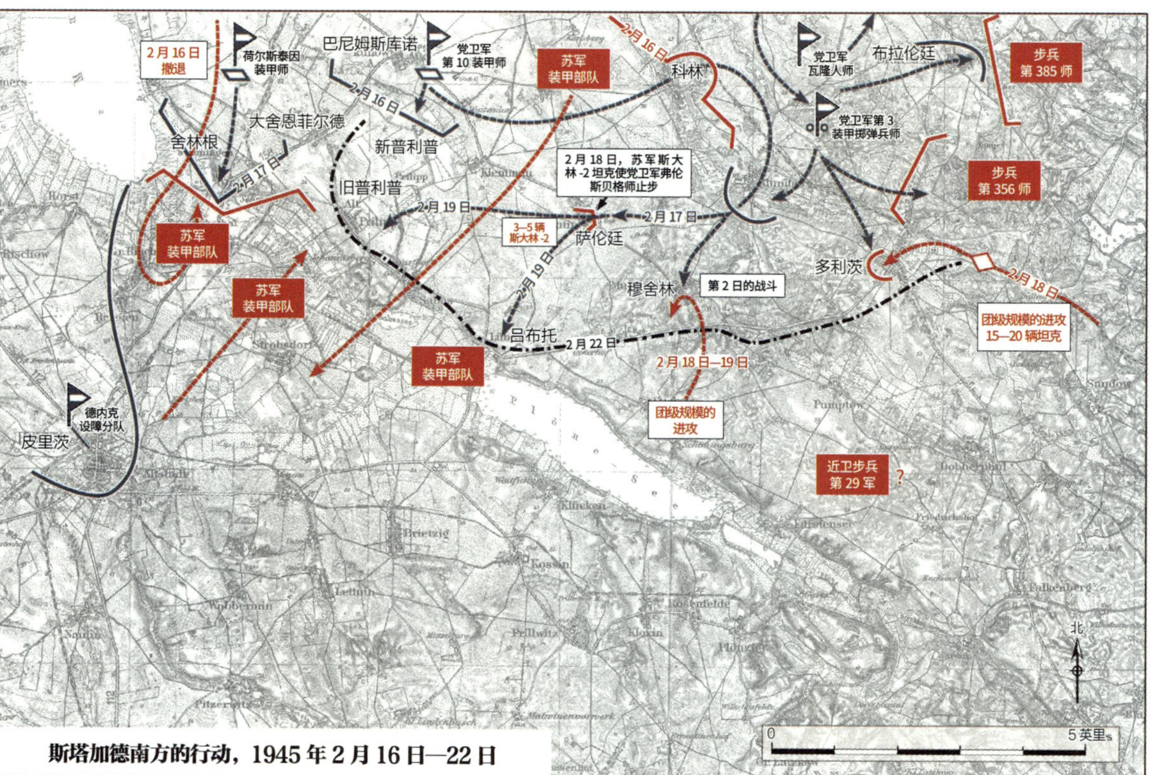

地图 12：斯塔加德南方的行动，1945 年 2 月 16 日至 22 日。夏至行动的西路部队虽然突入苏军阵地数公里，但从人员和装备损失上看，他们的行动完全是得不偿失。在此期间还发生了一系列小规模行动，例如在 2 月 18 日，苏军一个斯大林 -2 坦克排 / 坦克连成功阻止了党卫军第 10 弗伦斯伯格装甲师的推进。

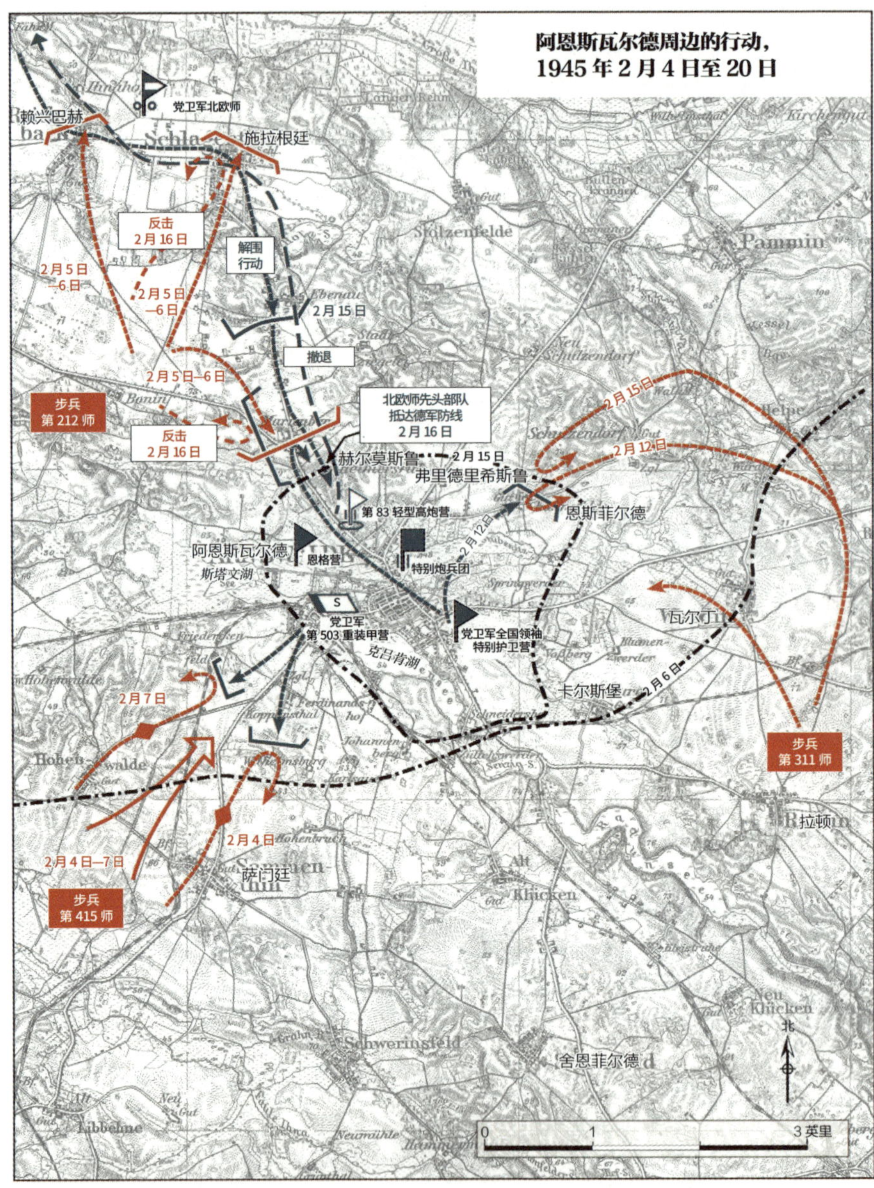

地图 13：阿恩斯瓦尔德周边的行动，1945 年 2 月 4 日至 20 日。在中路，夏至行动旗开得胜，党卫军第 11 北欧装甲掷弹兵师抵达阿恩斯瓦尔德，将守军和全部平民救回己方战线——这也为整个行动增添了一丝“人道”的色彩。有趣的是，苏军并没有在此期间进行炮击或轰炸，也许是看中了当地作为物资运输枢纽的价值。他们后来的波美拉尼亚攻势之所以能达到摧枯拉朽的效果，显然与最大限度地保护交通设施有关。

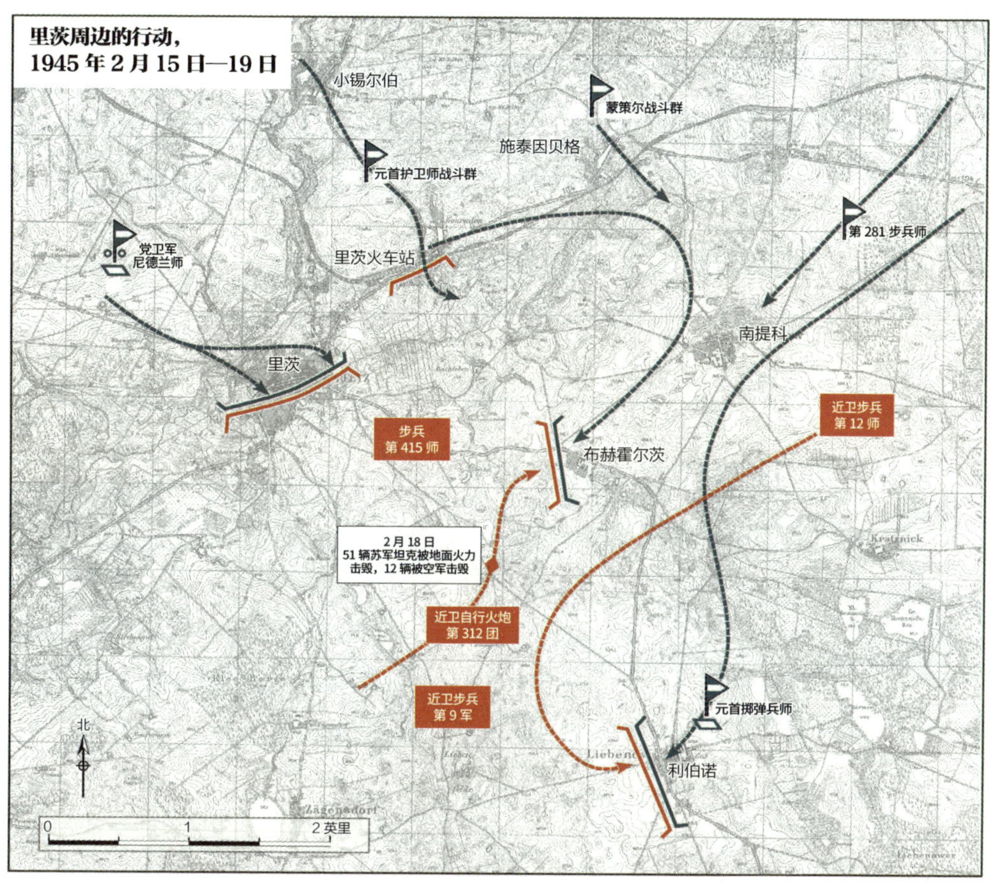

地图 14：里茨周边的行动，1945 年 2 月 15 日至 19 日。在夏至行动的东翼，进攻部队夺取了伊纳河北岸的里茨，之后，元首护卫师、第 281 步兵师和元首掷弹兵师继续向东推进。双方在布赫霍尔茨郊外爆发了大规模坦克战，德军宣称击毁了 51 辆苏军的自行火炮和坦克。

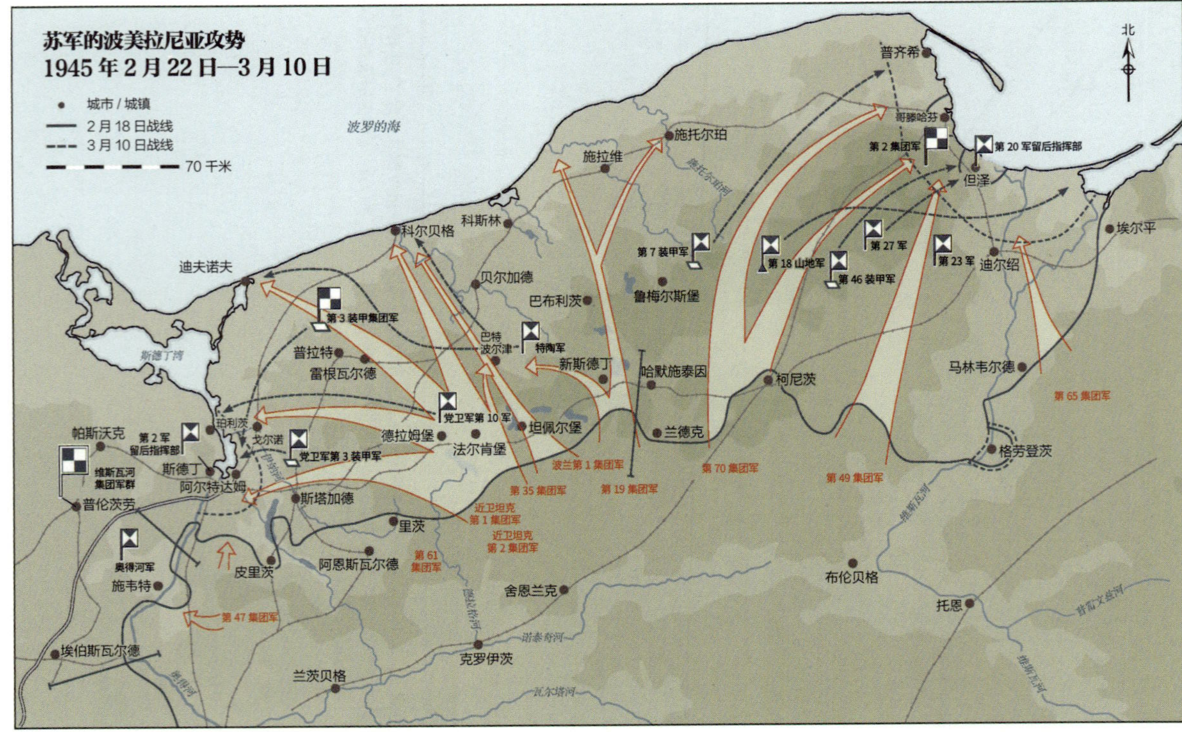

地图15：苏军的波美拉尼亚攻势，1945年2月22日至3月10日。这场席卷波美拉尼亚的行动在第11集团军 / 第3装甲集团军的东翼揭幕，经过精心准备，苏军进攻部队迅速撕开防线，冲向科斯林和施托尔珀等地，切断了第2集团军与维斯瓦河集团军群的联络。随后，苏军的矛头调转向西，开始朝奥得河推进，另一部分则继续从皮里茨一带向斯德丁猛冲。这次攻势也淋漓尽致地表明了德国守军的虚弱，以及防御计划的杂乱无章——他们根本没有保留任何战役预备队，导致在夏至行动结束几天后，苏军便转守为攻，并一举得手。不到两周之后，德国第3装甲集团军便被赶入了一个狭小的桥头堡，其位置在斯德丁以南的阿尔特达姆。虽然此时苏军还可以趁德国人立足未稳，从东面直扑柏林，给德军以毁灭性打击，但他们并没有这样做，而是选择了巩固新占领的土地。为此，他们留下了两个集团军，其中一个就是近卫坦克第5集团军。

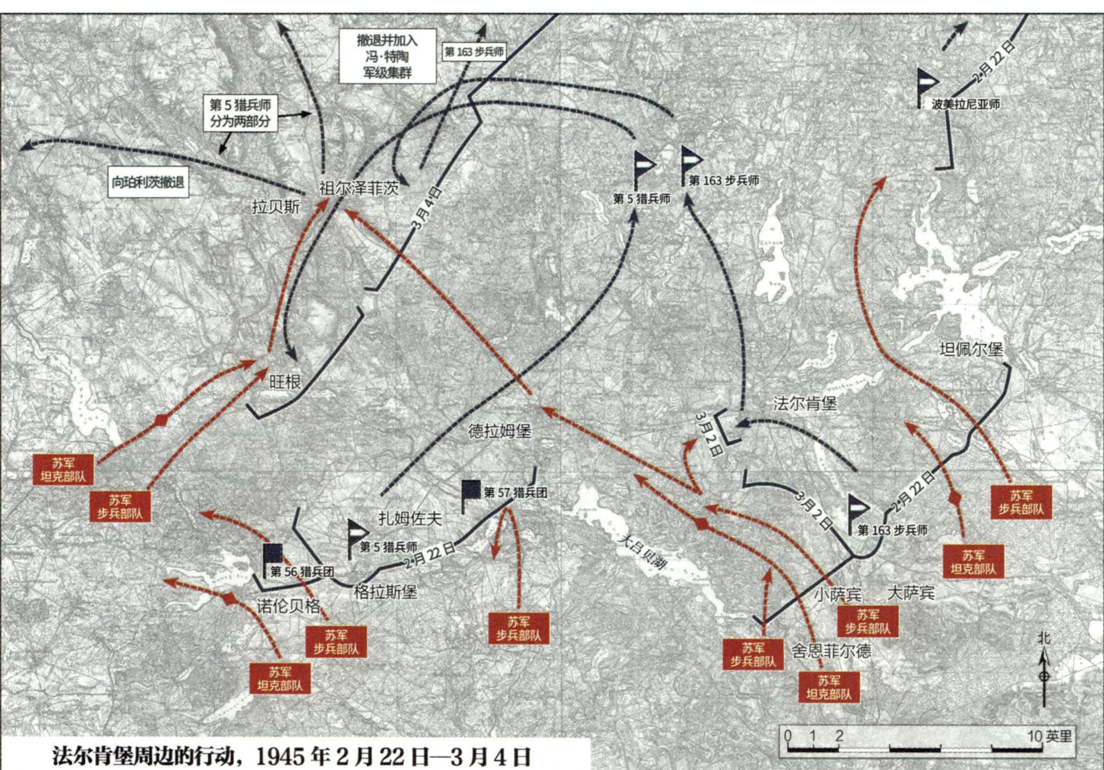

地图 16: 法尔肯堡周边的行动，1945 年 2 月 22 日至 3 月 4 日。法尔肯堡遭到了苏军第 3 突击集团军和近卫坦克第 1 集团军的联手猛攻。当地森林密布，利用这一环境，第 5 猎兵师、第 163 步兵师和波美拉尼亚补充师抵抗了超过 1 周，到 3 月 4 日，上述部队（也被称为冯·特陶战斗群 / 冯·特陶军级集群）全部与主力失去联系，只好向西撤退。唯一的例外是第 5 猎兵师，该师被分割为 2 个部分，其中一部分向西北方向的波罗的海沿岸撤退，另一部分则向西面，即斯德丁以北的珀利茨撤退。

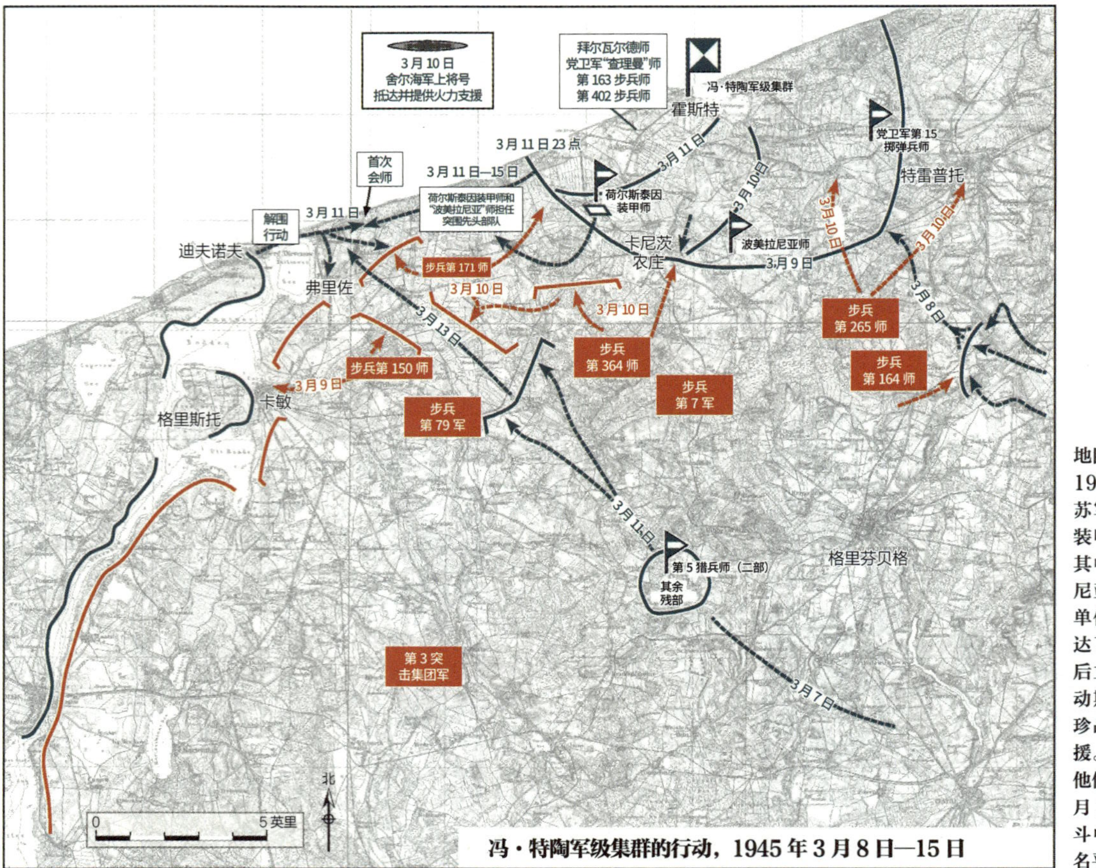

地图17：冯·特陶军级集群的行动，1945年3月8日至15日。3月初，苏军对波美拉尼亚的攻势已将第3装甲集团军切割成了数个军级集群。其中冯·特陶军级集群位于波美拉尼亚中部，包括数个被孤立的师级单位。这些部队在3月8日左右抵达了波罗的海沿岸，在完成重组之后立刻向迪夫诺夫前进。在向西运动期间，他们得到了德国空军和袖珍战列舰“舍尔海军上将”号的支援。第5猎兵师一部也与之会合，他们和荷尔斯泰因装甲师一道，在3月11日至13日打破苏军封锁的战斗中立下汗马功劳，还保护了数千名平民。

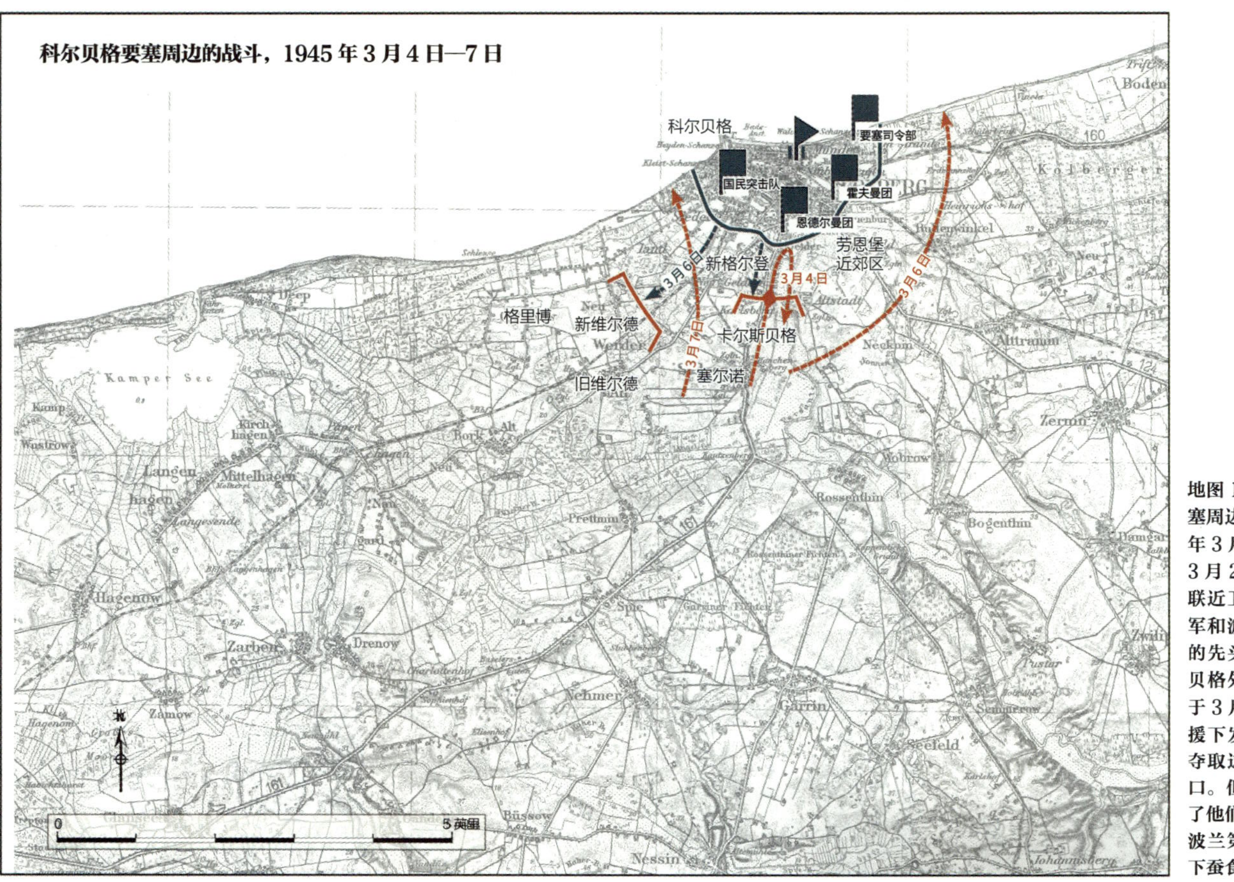

地图 18：科尔贝格要塞周边的战斗，1945 年 3 月 4 日至 7 日。3 月 2 日至 3 日，苏联近卫坦克第 1 集团军和波兰第 1 集团军的先头部队抵达科尔贝格外围。他们随即于 3 月 4 日在坦克支援下发动进攻，试图夺取这座波罗的海港口。但少数守军挫败了他们的企图。之后，波兰第 1 集团军被留下蚕食和夺取城镇。

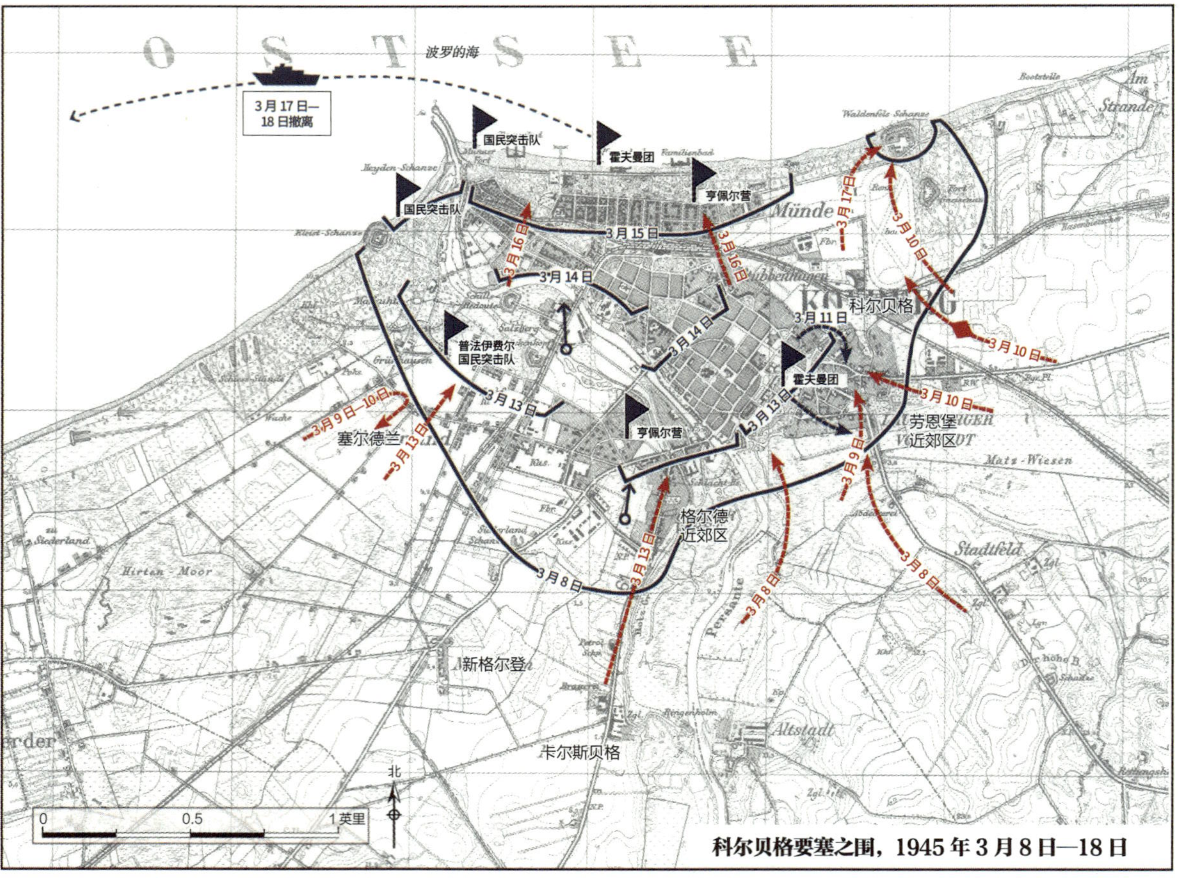

地图19：科尔贝格要塞之围，1945年3月8日至18日。科尔贝格的战斗大约持续了10天。波兰人的尝试一开始遭遇挫折，但后来制订了更周密的进攻计划——先从两翼突破，随后进攻中央地带，向北直达市中心。镇内爆发了逐屋逐户的激战。3月15日，德军在要塞两翼的主要工事相继失守，被迫向海岸撤退。3月17日，他们开始从海路疏散，并在24小时后全部撤出，最终和平民一道在德国海军的护送下抵达了斯维内明德。

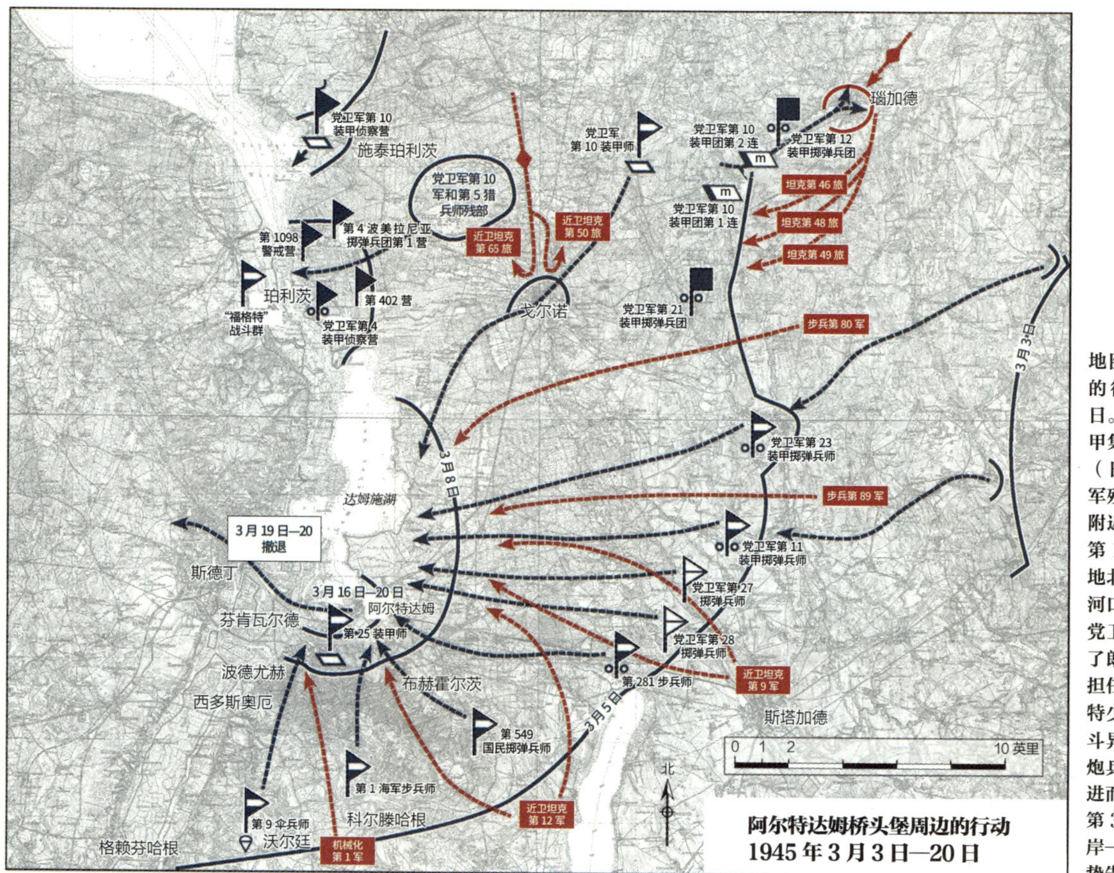

地图 20：阿尔特达姆桥头堡周边的行动，1945 年 3 月 3 日至 20 日。3 月，第 11 集团军 / 第 3 装甲集团军的残部［包括党卫军第 3（日耳曼）装甲军和党卫军第 10 军残部等单位］被赶入阿尔特达姆附近的一个狭小桥头堡。而党卫军第 10 装甲师侦察营则被切断在当地北面，后来在 3 月中旬渡过奥得河口向西撤退。第 5 猎兵师一部和党卫军第 10 军的残余人员则抵达了朗根贝格桥头堡（指挥官是 2 月担任阿恩斯瓦尔德城防司令的福格特少将）。在这个拥挤的区域，战斗异常激烈。苏军投入装甲部队和炮兵，试图蚕食德军的外围阵地，进而歼灭桥头堡守军。3 月 20 日，第 3 装甲集团军残部撤往奥得河对岸——至此，苏军的波美拉尼亚攻势告一段落。

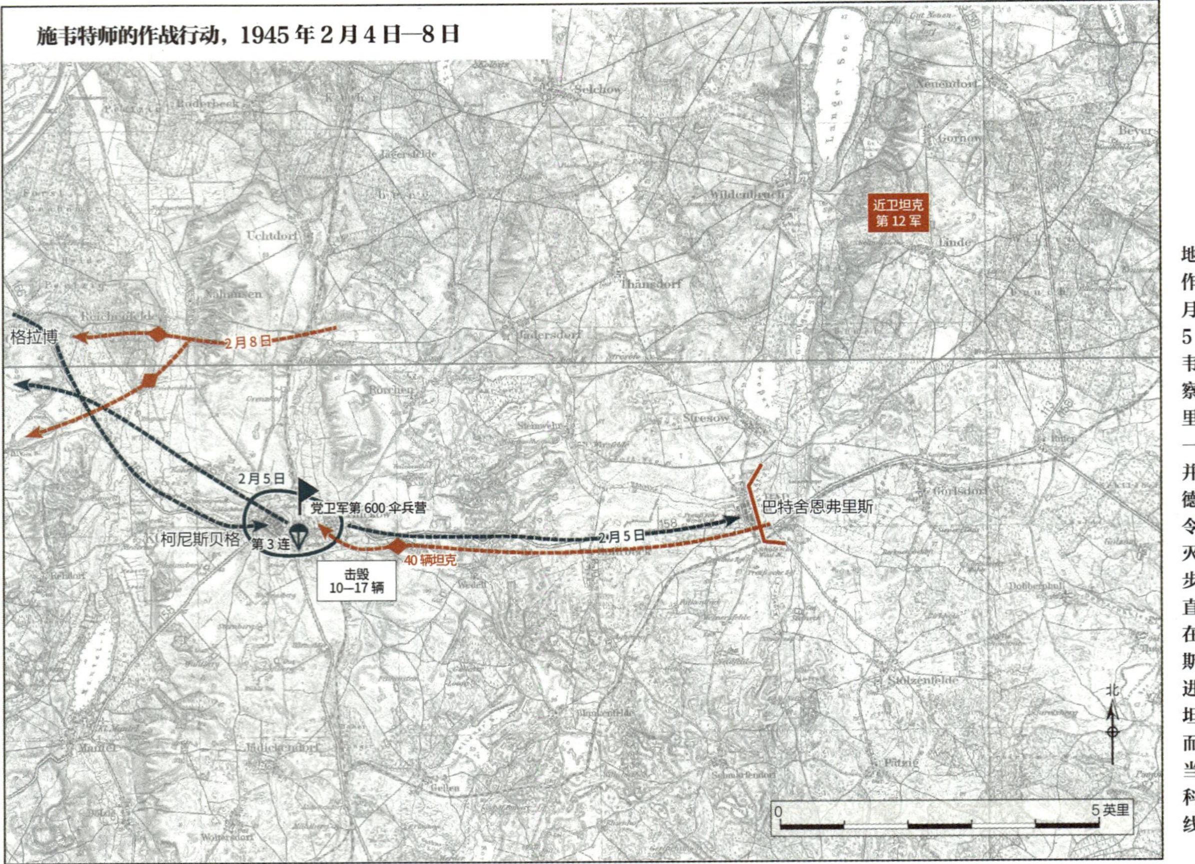

地图 21：施韦特师的作战行动，1945 年 2 月 4 日至 8 日。2 月 5 日，斯科尔兹内的施韦特师向东进行武装侦察，并抵达巴特舍恩弗里斯（Bad Schönfliess）一带。之前，苏军可能并未发现施韦特对岸的德军阵地，这一新动向令他们颇为警觉。为消灭斯科尔兹内，他们在步兵尚未赶到的情况下直接投入了坦克部队。在对德军作战据点柯尼斯贝格发动的团级装甲进攻中，有近一半参战坦克因为缺乏步兵掩护而被击毁。苏军随即向当地调集增援，迫使斯科尔兹内率部从外围防线向奥得河沿岸撤退。

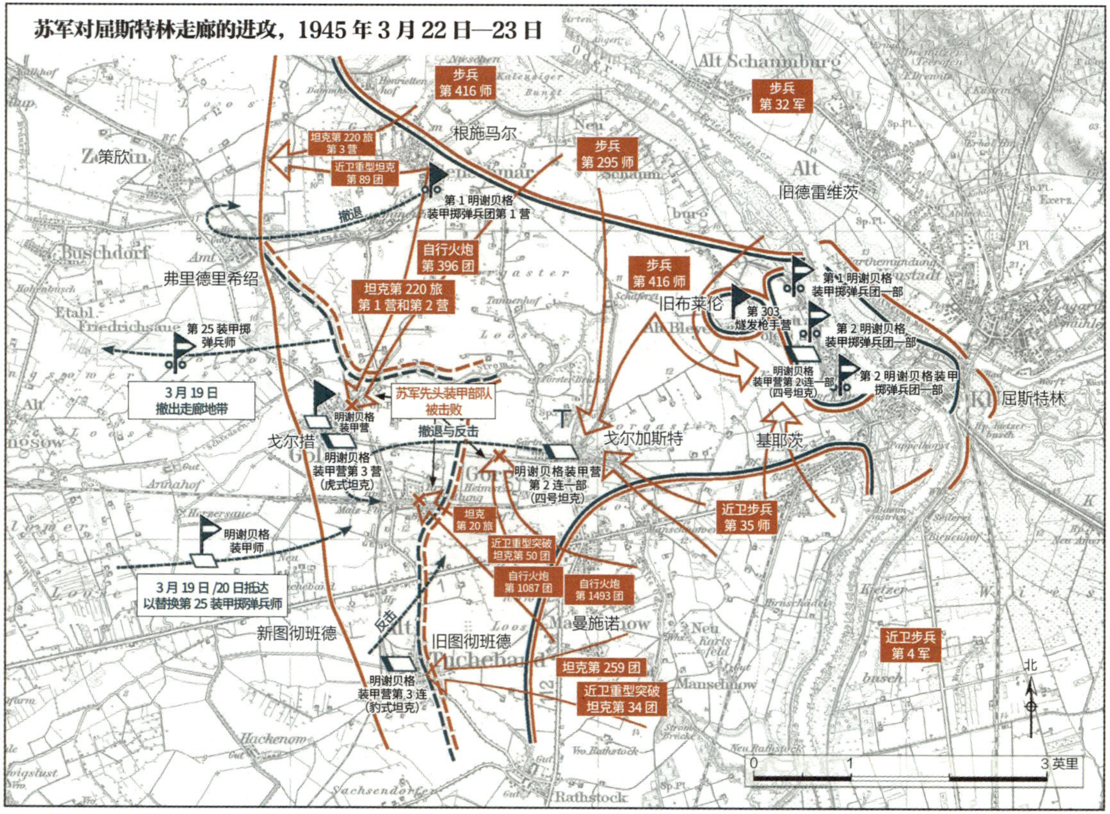

苏军对屈斯特林走廊的进攻，1945 年 3 月 22 日—23 日

地图 22：苏军对屈斯特林走廊的进攻，1945 年 3 月 22 日至 23 日。3 月 20 日，第 25 装甲掷弹兵师奉命撤出位于奥得沼泽的防御阵地，准备前往南方参加回旋镖行动，其原阵地则被第 20 装甲掷弹兵师接过。苏军利用了这一战术机会，在 3 月 21 日对屈斯特林走廊发动夹击。他们进展迅速，将明谢贝格装甲师的 2 个营切断在城内；在旧图彻班德，第 303 德布里茨步兵师的猎兵营[①]也与大部队失去联络。德军被迫将战线后撤至切欣－戈尔措－旧图彻班德一线。但在戈尔措－戈尔加斯特附近，明谢贝格装甲师的豹式和虎式坦克干净利落地挫败了苏军先头部队的进攻。面对上述形势变化，德军取消了仓促制订的回旋镖行动计划，第 25 装甲掷弹兵师则奉命原地留守，准备投入解围行动。

① 原文如此，实际有误，应为“装甲歼击营”。

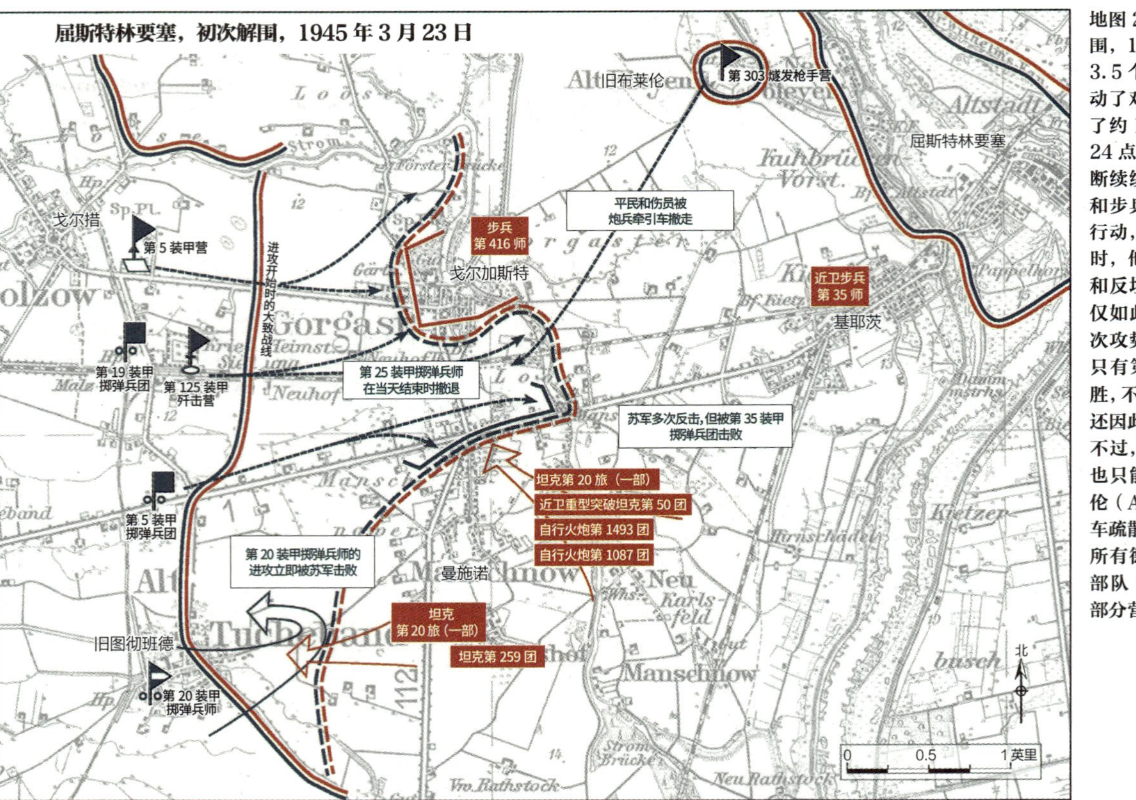

地图 23：屈斯特林要塞，初次解围，1945 年 3 月 23 日。在短短 3.5 个小时的计划后，德军便发动了对屈斯特林的进攻，并投入了约 1 个军的兵力。这次进攻在 24 点发起，当时正值满月，在断断续续的炮火支援下，德军坦克和步兵在缺乏协同的情况下投入行动，当试图穿过一大片开阔地时，他们立刻在苏军的曲射火力和反坦克炮打击下损失惨重。不仅如此，苏军还立刻反击，让这次攻势在数小时内便戛然而止。只有第 25 装甲掷弹兵师略有小胜，不仅击毁了数十辆苏军坦克，还因此得到《国防军公报》的表彰。不过，占领戈尔加斯特后，他们也只能就地转入防御；在旧布莱伦（Alt Bleyen），该师用牵引车疏散了当地民众。到黄昏时分，所有德军都退回了出发线。有些部队（如第 20 装甲掷弹兵师的部分营）蒙受了高达 50% 的损失。

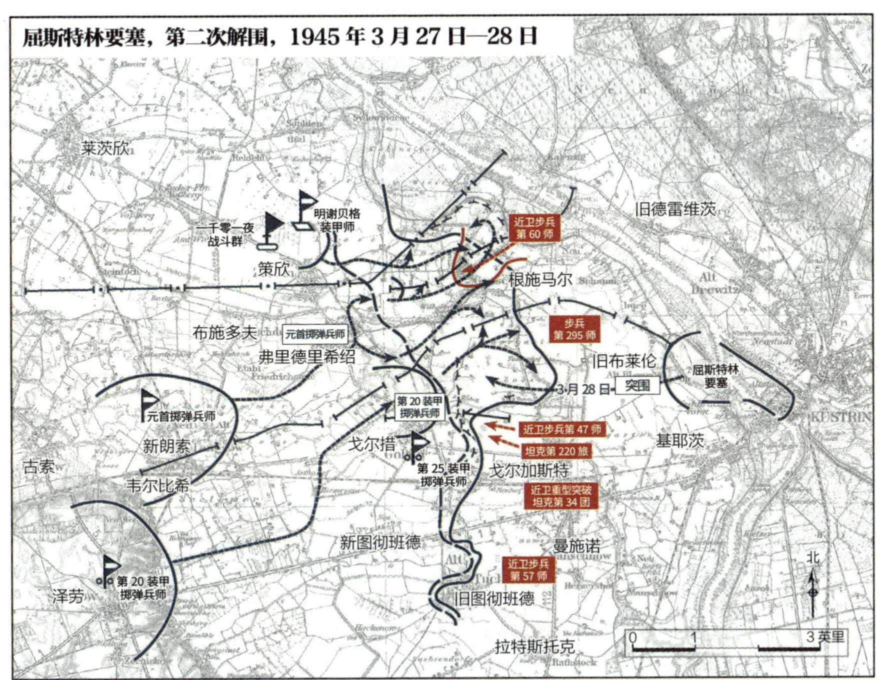

地图 24：屈斯特林要塞，第二次解围，1945 年 3 月 27 日至 28 日。本地图展现了德军第二次解围行动的原始计划和实际进展，以及苏军部队的情况。不顾海因里齐推荐的另一个方案，希特勒下令发动这次攻势，试图重新打通屈斯特林走廊。黎明时分，天色昏暗，德军再次出击，并把重点地段定在了戈尔措以北地区。掩护左翼的明谢贝格装甲师是一支弱旅，但得到了一千零一夜战斗群的加强。同时，在 4 月[1]26/27 日夜间，参加过初次解围的第 20 装甲掷弹兵师也离开了休整地——泽劳镇，并和党卫军第 502 重装甲营共同开赴戈尔措附近，准备在行动中担任主攻。在他们左翼是新抵达的元首掷弹兵师，该师是解围的另一支重要力量。第 25 装甲掷弹兵师位于右翼，负责在肃清当面苏军的同时占领戈尔加斯特。另外，正如图中的攻击出发线和部队分界线所示，元首掷弹兵师的目标不仅是取得突破，还要击溃当面之敌，摧毁奥得河西岸、根施马尔－旧布莱伦地区的苏军桥头堡。第 20 装甲掷弹兵师则应在达成突破之后转向左翼，拓宽陆上走廊，确保这条连接屈斯特林西北部的通道安全无虞。这两个师虽然抵达了最初的攻击目标线，但在火箭炮、远程火炮和迫击炮的猛烈打击之下，他们无法继续前进。第 25 装甲掷弹兵师也遭遇来自戈尔加斯特方向的反击，很快停滞不前。在最左翼，明谢贝格装甲师和一千零一夜战斗群同样进展甚微。在这次行动中，虽然德军的炮火准备更为猛烈，也比第一次解围协同水平更高，但仍然收效甚微——因为德军参战各师实力太弱，而且各自为战，无法克服苏军的猛烈火力。在数小时内，整个行动就陷入停顿，被迫取消。3 月 28 日，屈斯特林要塞的残余守军抗命突围，返回了己方战线。

① 原文如此，应为3月。

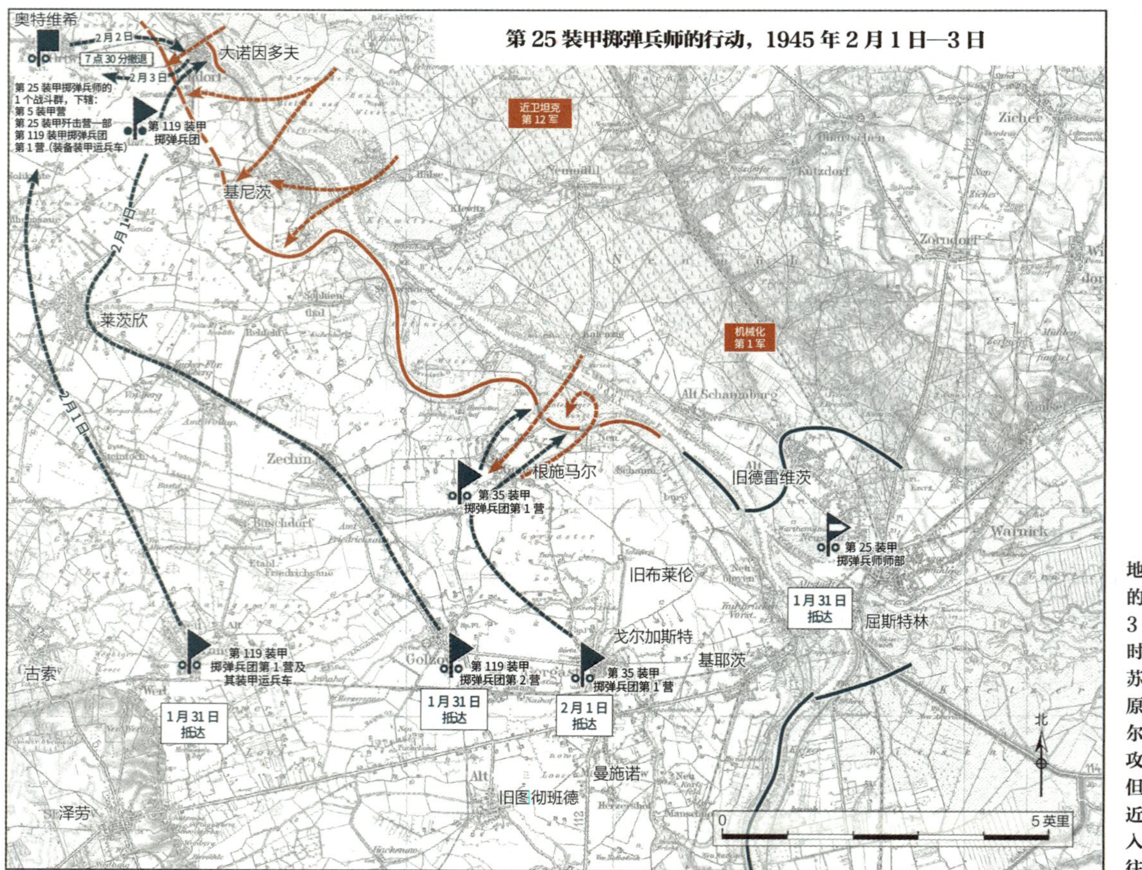

地图 25：第 25 装甲掷弹兵师的行动，1945 年 2 月 1 日至 3 日。第 25 装甲掷弹兵师及时在 2 月初赶到奥得沼泽，是苏军未能占领泽劳高地的重要原因之一。该师随后对根施马尔和大诺因多夫桥头堡发动进攻，让苏军止步于奥得河西岸，但没能歼灭苏军桥头堡。随后近两个月，双方在奥得沼泽陷入对峙，苏军则不断把增援运往当地。

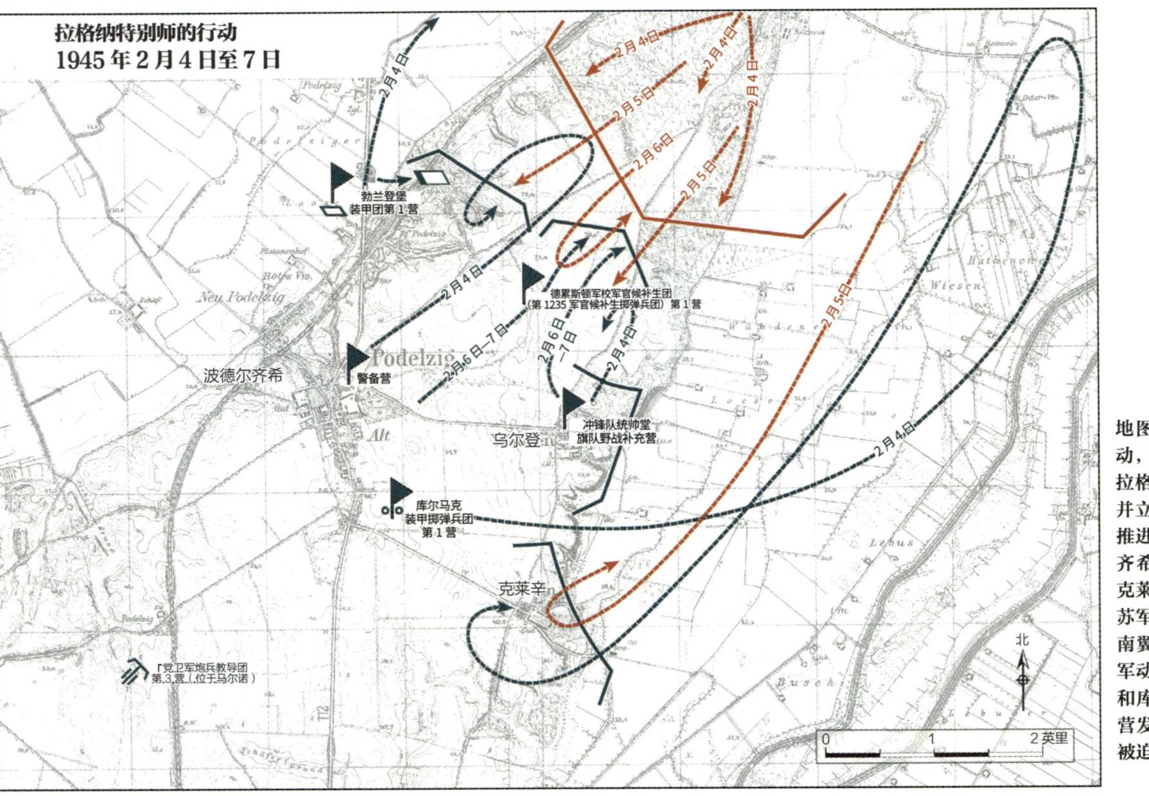

地图 26：拉格纳特别师的行动，1945 年 2 月 4 日至 7 日。拉格纳师部署在莱特宛凸地，并立刻投入了阻止苏军向西南推进的行动。战斗在新波德尔齐希－波德尔齐希－乌尔登－克莱辛一线尤其激烈——一旦苏军在当地得手，泽劳高地的南翼就会失守。2 月 4 日，德军动用勃兰登堡装甲团第 1 营和库尔马克装甲掷弹兵团第 1 营发动反击，但最终失败，并被迫转入防守。

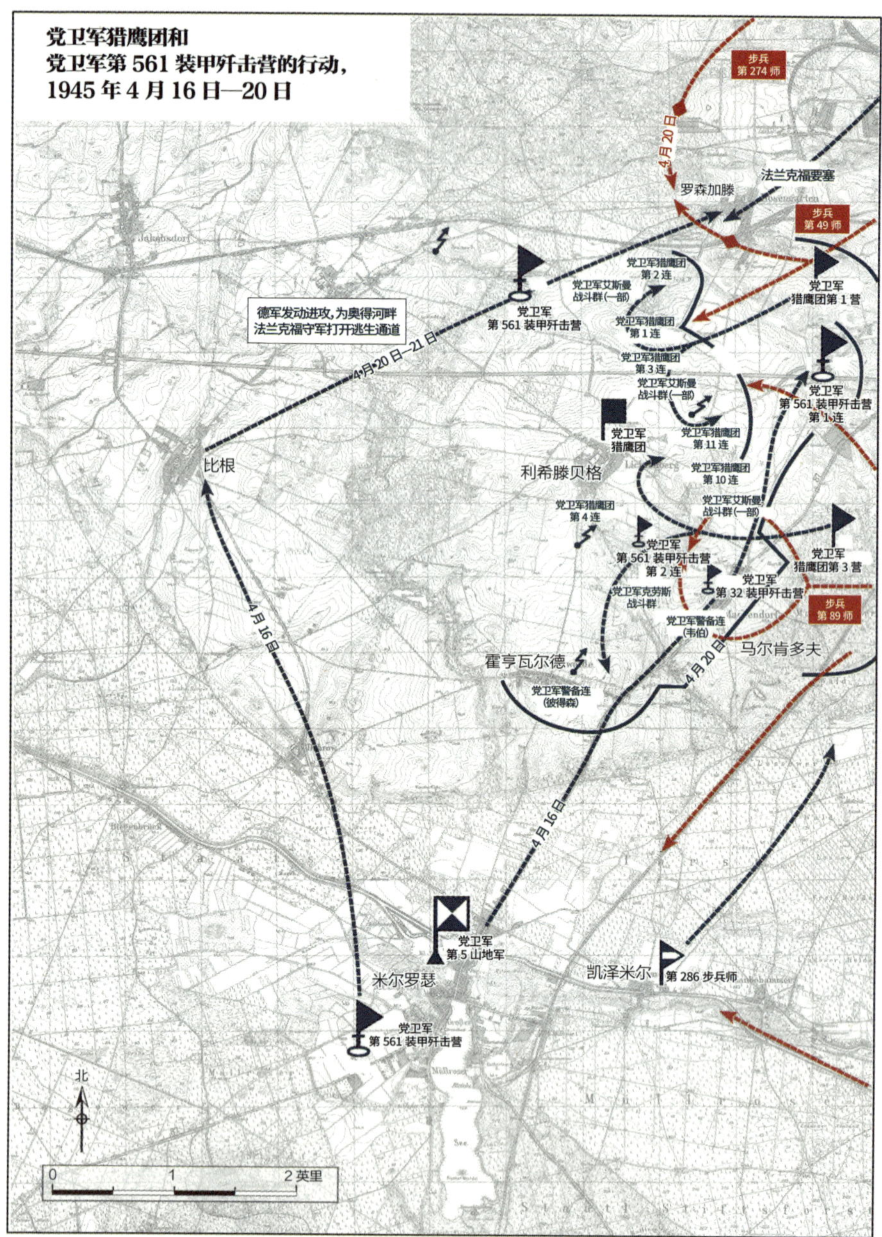

地图 27：党卫军猎鹰团和党卫军第 561 装甲歼击营的行动，1945 年 4 月 16 日至 20 日。4 月 16 日至 20 日，猎鹰团最初的顽强抵抗为党卫军第 561 装甲歼击营创造了良好机会，后者在一次进攻中打开了前往奥得河畔法兰克福的通道，与这个孤悬数天的要塞取得了联系。

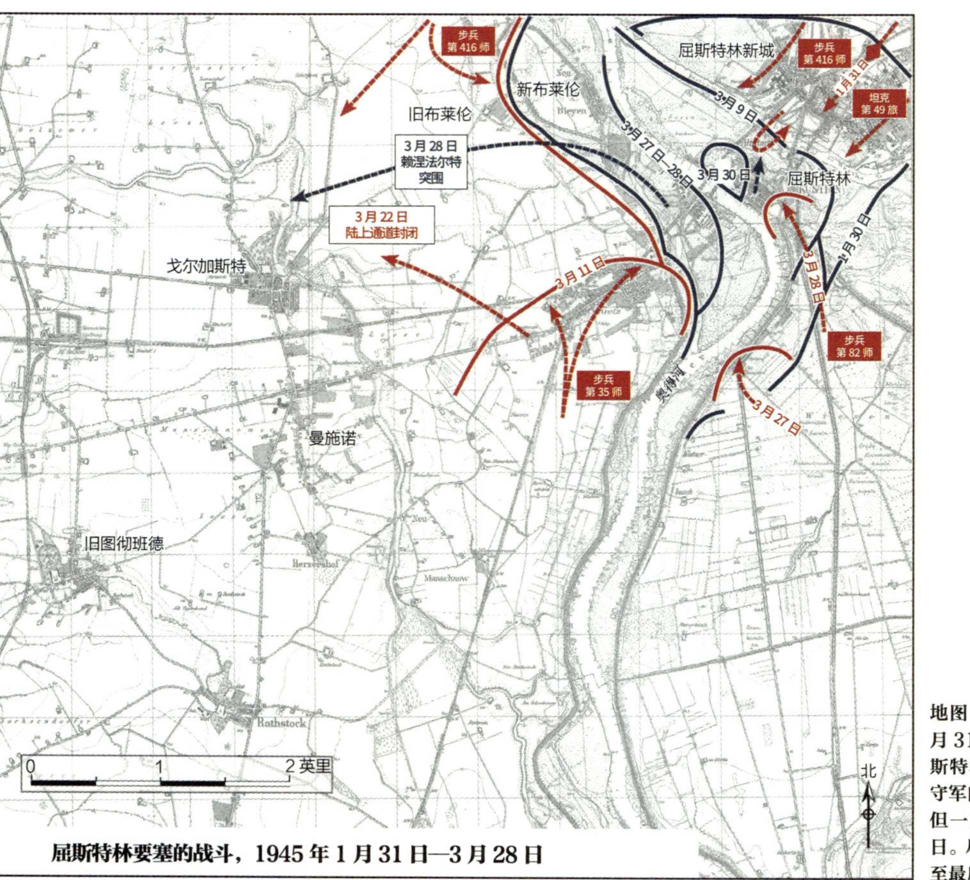

屈斯特林要塞的战斗，1945年1月31日—3月28日

地图 28：屈斯特林要塞的战斗，1945 年 1 月 31 日至 3 月 28 日。本图为我们展示了屈斯特林攻防战的各个阶段，以及 3 月 28 日守军向西突围的行动。苏军首先占领了新城，但一支国民突击队仍在旧城抵抗到 3 月 30 日。尽管守军司令汉斯·赖涅法尔特奉命“战至最后一弹”，但依旧抛弃了这座城市。

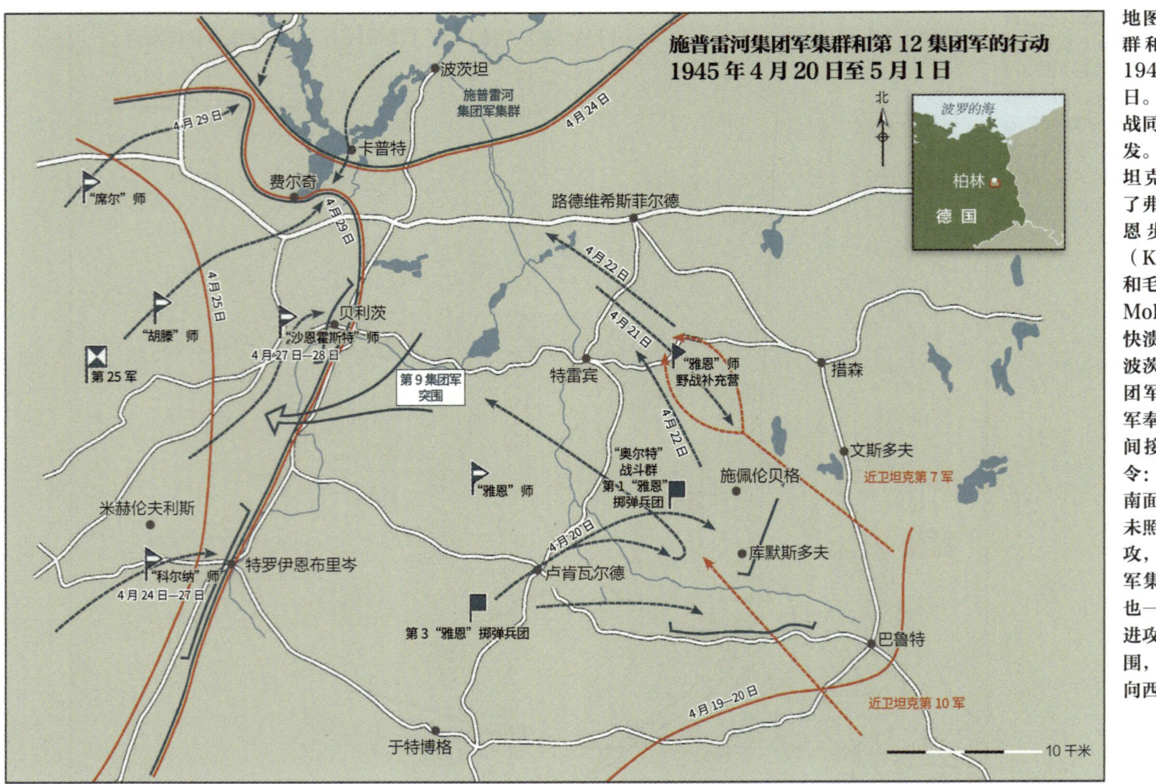

地图 29：施普雷河集团军集群和第 12 集团军的行动，1945 年 4 月 20 日至 5 月 1 日。在 4 月的最后 10 天，激战同样在柏林西南门户方向爆发。为抵御科涅夫麾下的近卫坦克第 3 集团军，德军投入了弗里德里希－路德维希·雅恩步兵师、奥尔特战斗群（Kampfgruppe Oerter）和毛奇战斗群（Kampfgruppe Moltke）等单位，但它们很快溃不成军，残部只能向北朝波茨坦撤退，并与施普雷河集团军集群会合。温克的第 20 军奉命离开易北河畔，在此期间接到了一份不切实际的命令：与第 9 集团军会师，从南面打破柏林之围。但温克从未照办，而是选择朝波茨坦进攻，从而解救了施普雷河集团军集群。同时，第 20 军各师也一直在前线抵御着科涅夫的进攻，直到第 9 集团军成功突围，之后，它们才向西撤退，向西方盟国投降。

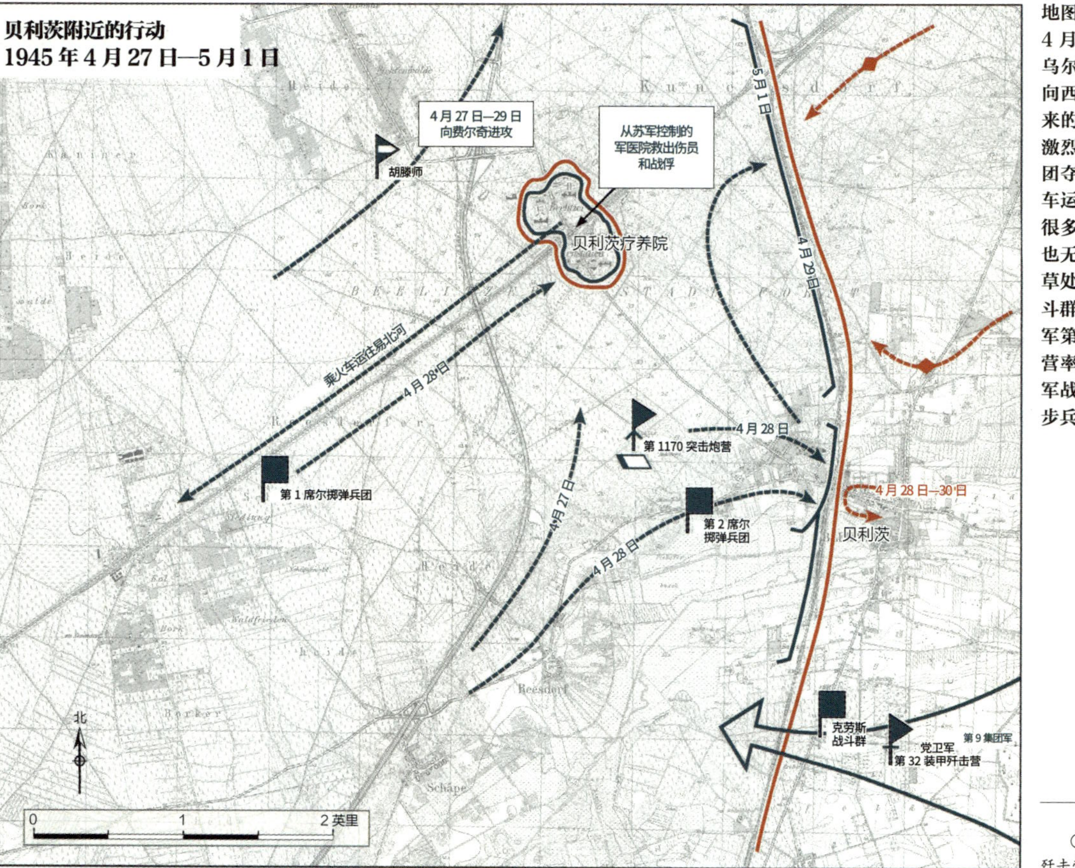

地图 30：贝利茨附近的行动，1945 年 4 月 27 日至 5 月 1 日。4 月 28 日，乌尔里希·冯·胡滕师和沙恩霍斯特师向西北[①]推进并抵达了贝利茨。在接下来的两天，苏德双方为争夺该镇爆发了激烈战斗。在北面，沙恩霍斯特师第 1 团夺回了一座德国医院，并将伤员用火车运往易北河。温克的这次进攻解救了很多人的生命，因为对于这些无法行动也无法送进劳动营的人，苏军通常会草草处决了之。在贝利茨南面，克劳斯战斗群（Kampfgruppe Kraus）和党卫军第 32 一月三十日志愿掷弹兵师 1 个营率领的第 9 集团军先头部队抵达了德军战线。可以说在此期间，沙恩霍斯特步兵师发挥了决定性作用。

① 原文如此，应为党卫军第560特别装甲歼击营。

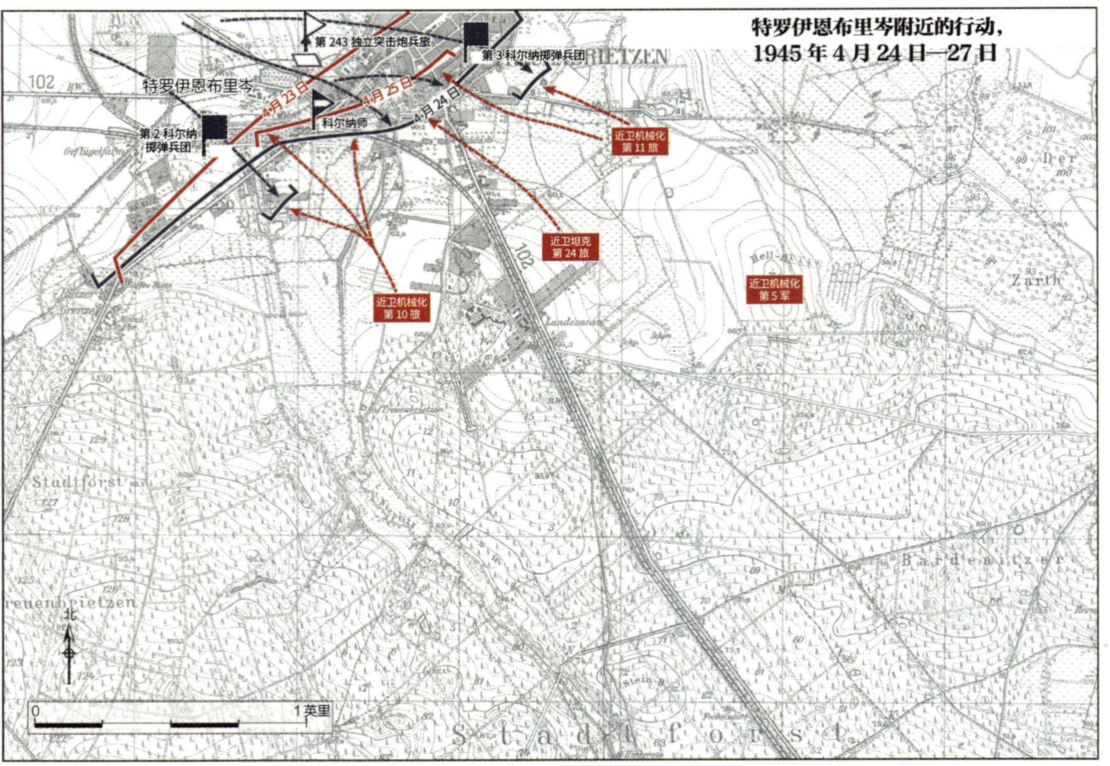

地图 31：特罗伊恩布里岑附近的行动，1945 年 4 月 24 日至 27 日。在第 12 集团军东翼和特罗伊恩布里岑，特奥多尔·科尔纳步兵师卷入了激烈战斗，该镇更是数次易手。德军在当地阻止了苏军的企图，使其无力干涉德军在更北方，即贝里茨和费尔奇的进攻，为第 20 军其他师解救施普雷河集团军集群和第 9 集团军创造了可能。

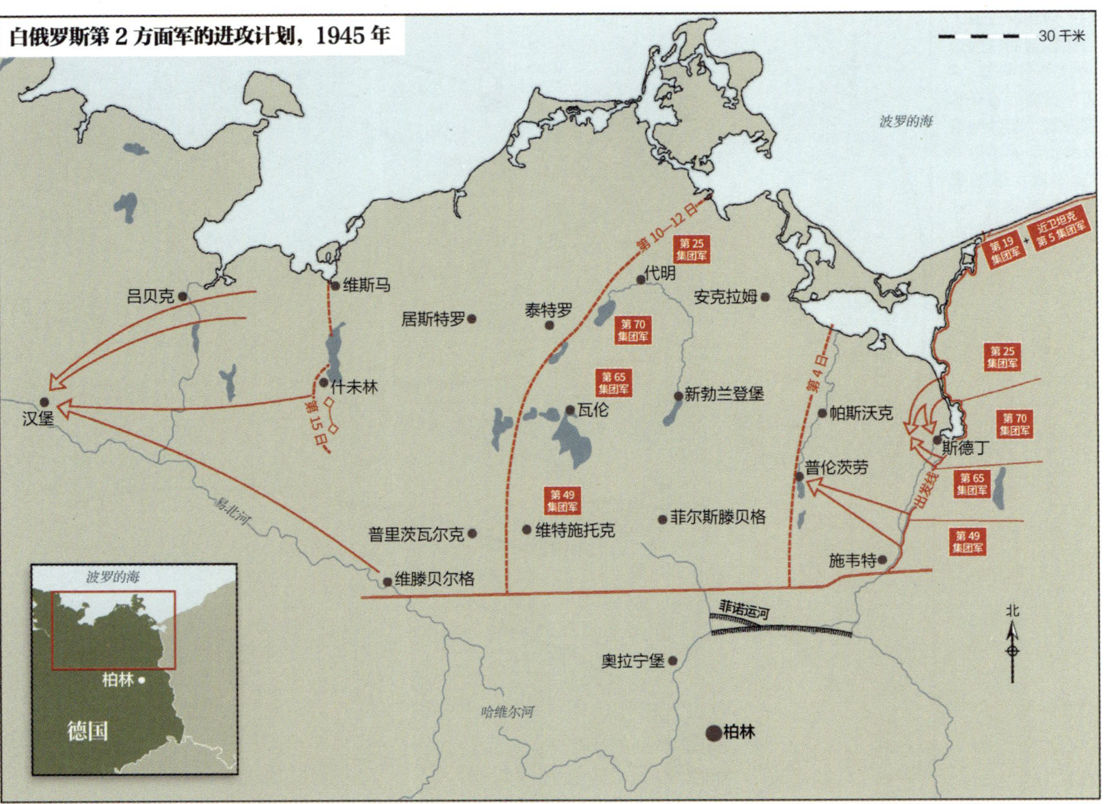

地图 32：白俄罗斯第 2 方面军的进攻计划，1945 年。白俄罗斯第 2 方面军的进攻计划分为 3 个阶段，并以夺取汉堡为最终目标。但由于第 3 装甲集团军撤退有序，减缓了他们的进攻速度，苏军的目标落了空。英军第 21 集团军群因此渡过易北河，进入维斯马和什未林地区，并在当地俘虏了维斯瓦河集团军群残部。

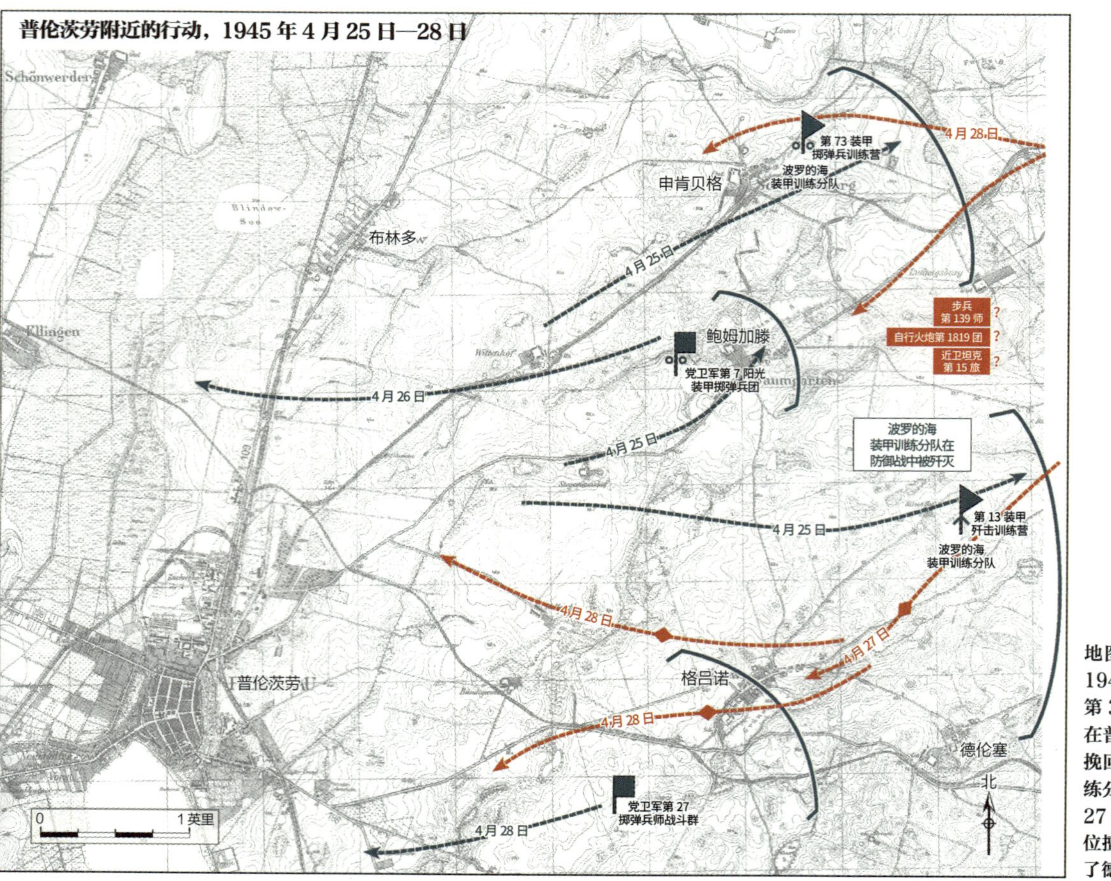

地图 33：普伦茨劳附近的行动，1945 年 4 月 25 日至 28 日。在第 3 装甲集团军境内，战线最终在普伦茨劳以东被彻底突破了。为挽回局势，德军把波罗的海装甲训练分队分散投入了战斗。党卫军第 27 兰格马克志愿掷弹兵师部分单位擅自向西撤退，使苏军轻易撕开了德军的最后一道防线。

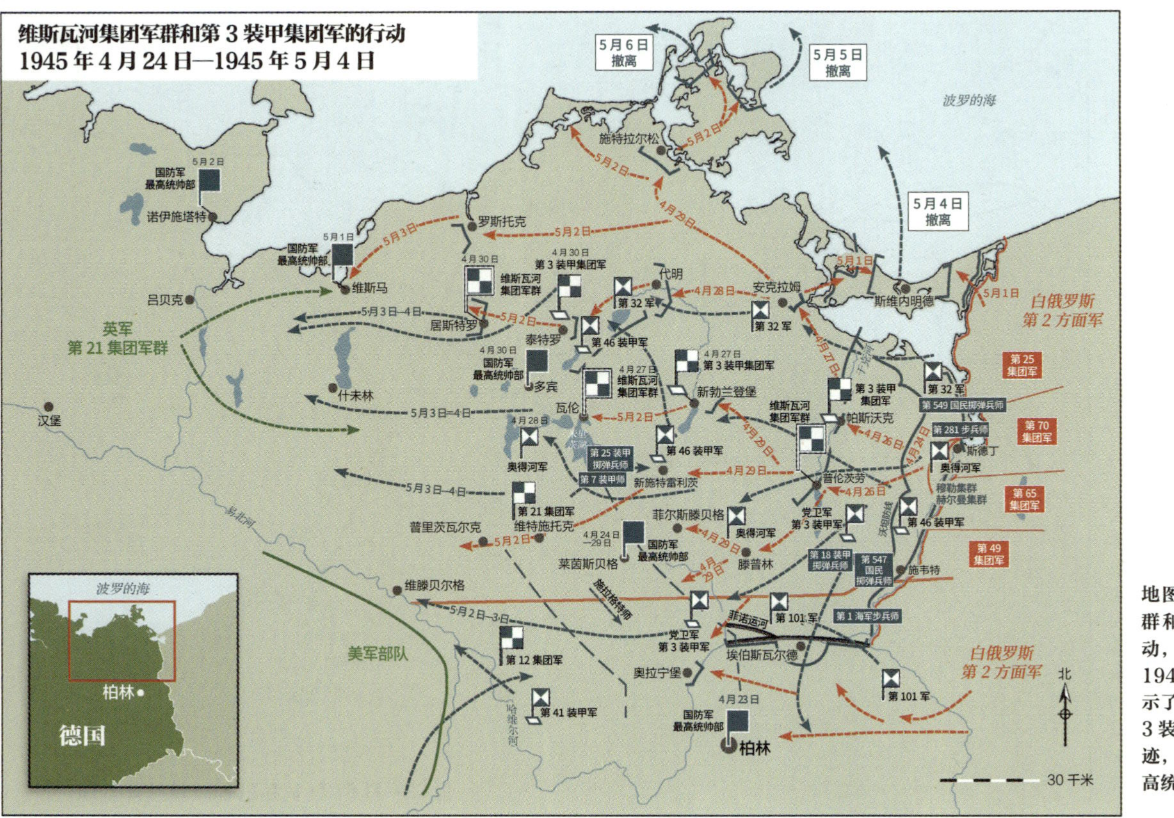

地图34：维斯瓦河集团军群和第3装甲集团军的行动，1945年4月24日至1945年5月4日。本图展示了维斯瓦河集团军群与第3装甲集团军的最后活动轨迹，其中也包含了国防军最高统帅部最后已知的位置。

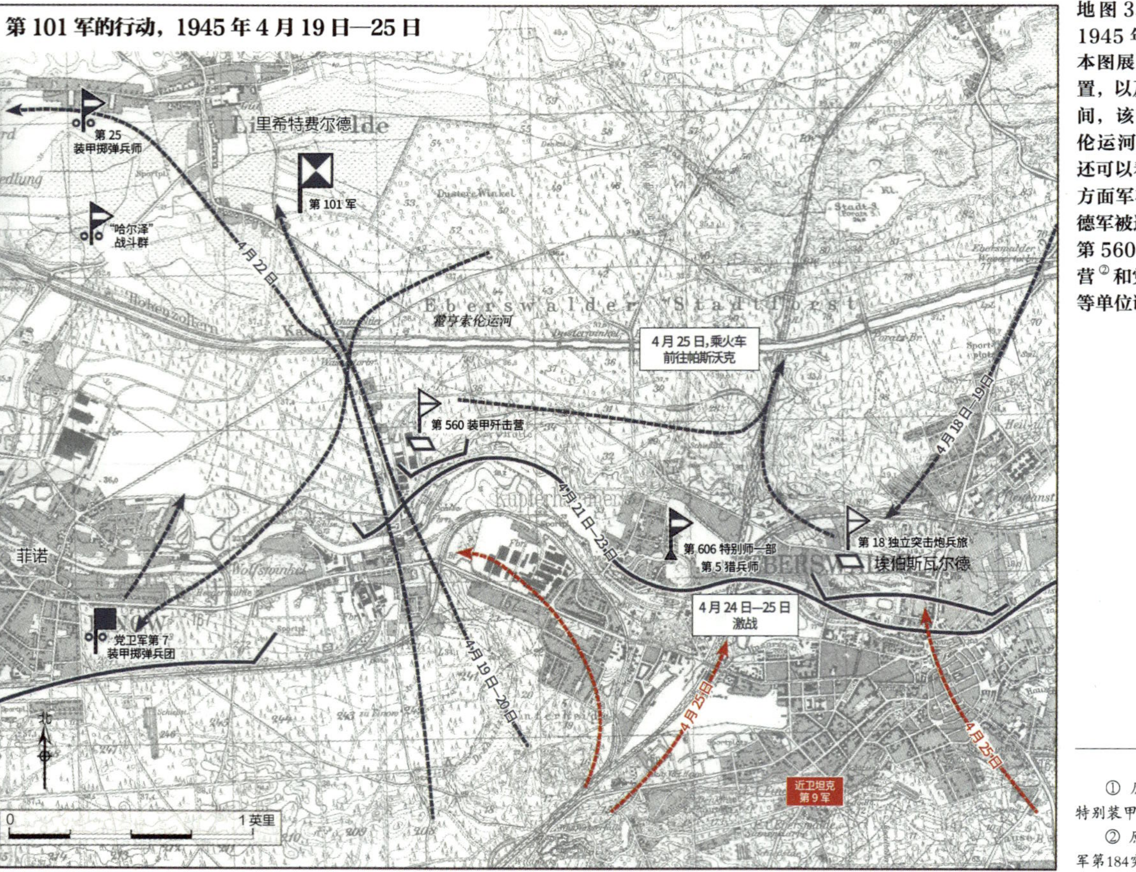

地图 35：第 101 军的行动，1945 年 4 月 19 日至 25 日。本图展示了第 101 军的大体位置，以及在埃伯斯瓦尔德作战期间，该军向菲诺运河和霍亨索伦运河对岸撤退的情况。其中还可以看到，由于白俄罗斯第 2 方面军在普伦茨劳方向的压力，德军被迫在 4 月 25 日把党卫军第 560 装甲营[①]、第 184 装甲营[②]和党卫军第 7 装甲掷弹兵团等单位调往北方。

① 原文如此，应为党卫军第560特别装甲歼击营。

② 原文如此，这支部队实际是陆军第184突击炮兵旅。

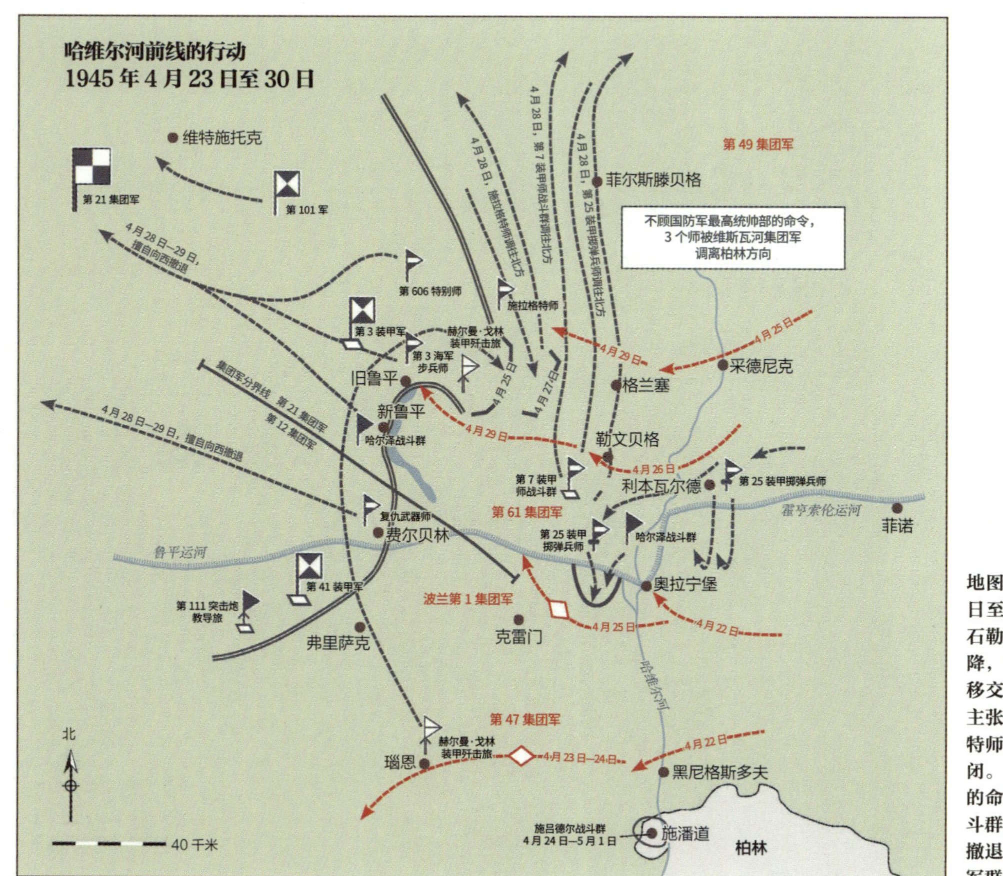

地图 36：哈维尔河前线的行动，1945 年 4 月 23 日至 30 日。党卫军第 3（日耳曼）装甲军自行向石勒苏益格－荷尔施泰因地区撤退，向英国军队投降，复仇师也独自前往西方向美军缴械，并向后者移交了大量 V1 和 V2 导弹的作战数据。这些自作主张的行动在战线上打开了一个缺口，仅靠施拉格特师和希特勒青年团坦克歼击补充旅已无法将其封闭。4 月 28 日，海因里齐不顾国防军最高统帅部的命令，要求第 25 装甲掷弹兵师、第 7 装甲师战斗群和施拉格特师北上，掩护第 3 装甲集团军残部撤退。这道命令也让海因里齐丢掉了维斯瓦河集团军群司令一职。

地图 37：德国的总体战局，1945 年 4 月至 5 月。4 月 11 日，即苏军对柏林发动总攻 5 天前，西方盟国已抵达易北河畔。但随后 8 天，他们都在按兵不动，甚至到苏军于 4 月 24 日抵达柏林近郊时都是如此，从而放弃抢先占领第三帝国首都的机会。另外值得注意的是，西方国家只用了大约 2 周时间便前进了 300 公里，横穿德国中部，几乎是柏林战役中苏军同期前进速度的 3 倍。

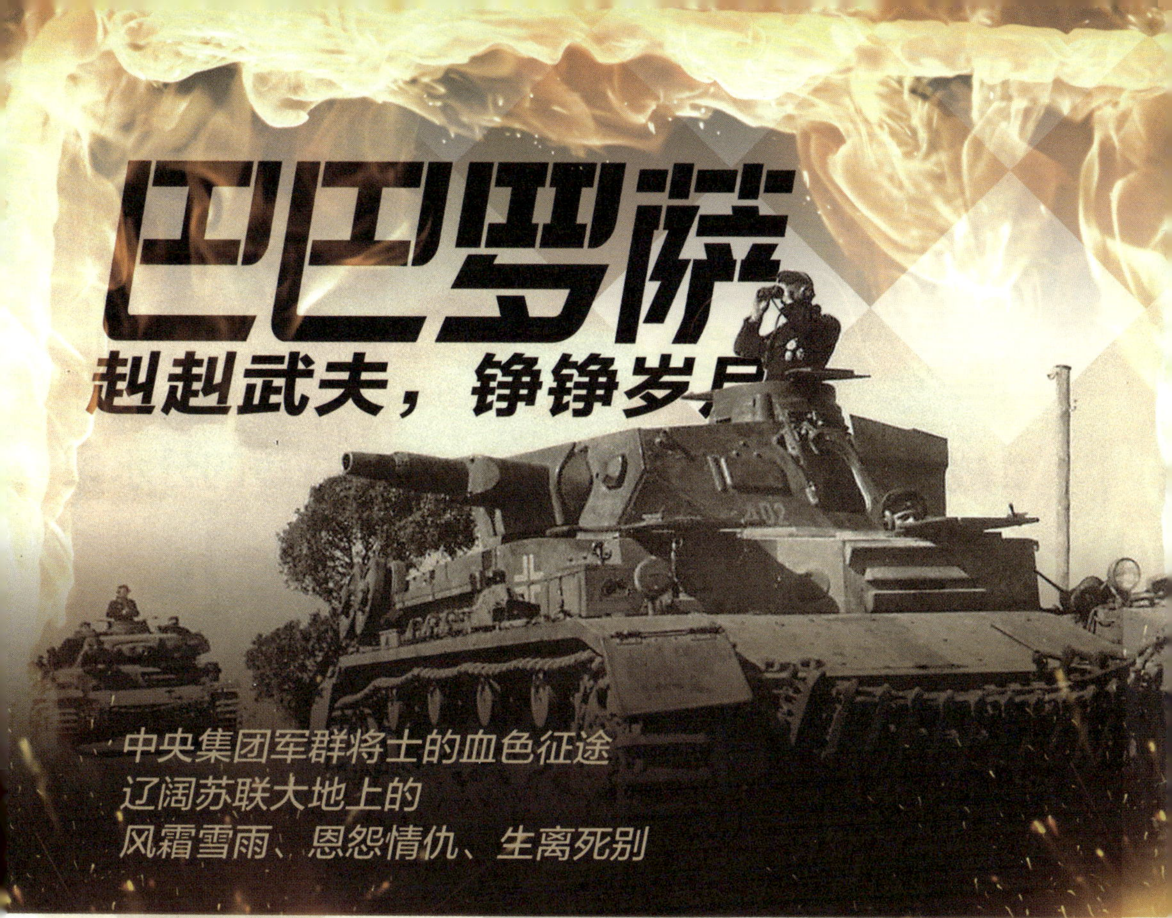
巴巴罗萨
赳赳武夫，铮铮岁月
中央集团军群将士的血色征途
辽阔苏联大地上的
风霜雪雨、恩怨情仇、生离死别

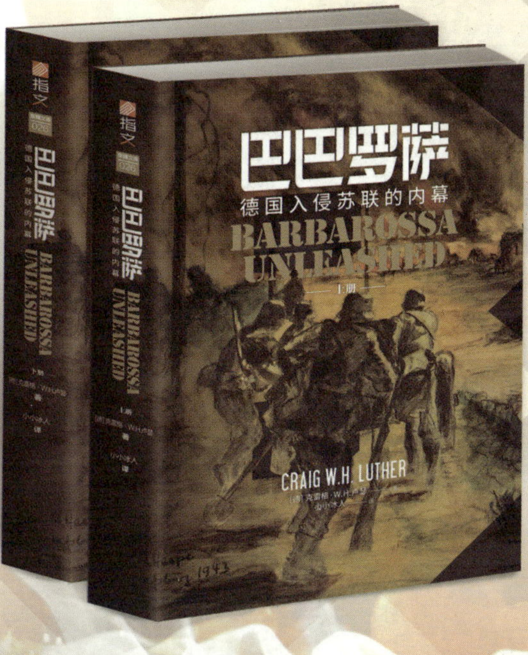
指文
巴巴罗萨
德国入侵苏联的内幕
BARBAROSSA UNLEASHED
上册
CRAIG W.H. LUTHER

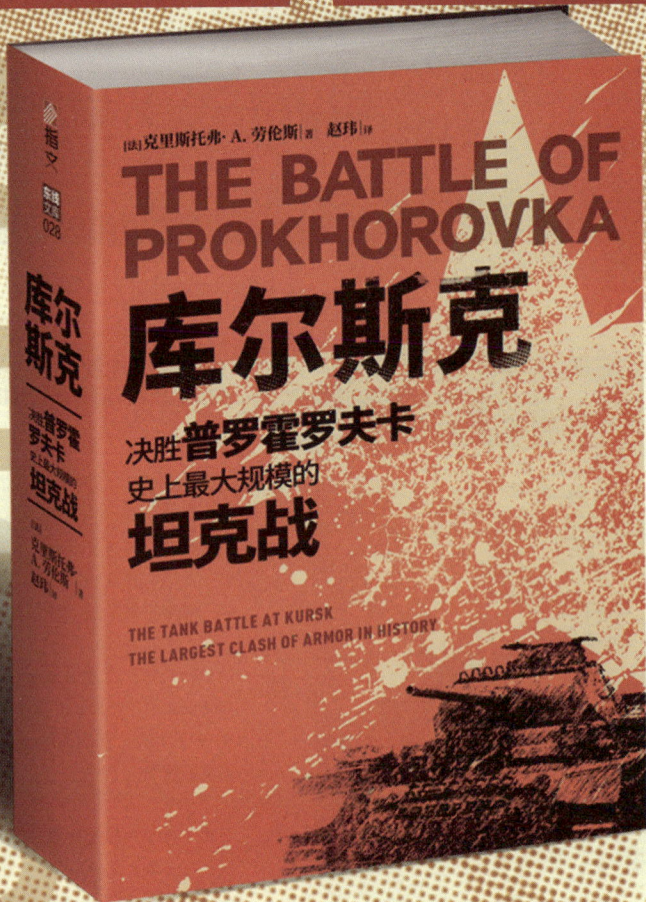